2025

年版

法律法规全书系列

中华人民共和国

纪检监察法律法规全书

THE DISCIPLINE INSPECTION AND SUPERVISION LAWS AND REGULATIONS

·含指导性案例·

法律出版社法规中心 编

法律出版社
LAW PRESS·CHINA
北京

图书在版编目（CIP）数据

中华人民共和国纪检监察法律法规全书：含指导性案例 / 法律出版社法规中心编. -- 6 版. -- 北京：法律出版社, 2025. --（法律法规全书系列）. -- ISBN 978 - 7 - 5197 - 9738 - 6

Ⅰ. D262.6;D922.114.9

中国国家版本馆 CIP 数据核字第 20249ED418 号

中华人民共和国纪检监察法律法规全书(含指导性案例)
ZHONGHUA RENMIN GONGHEGUO JIJIAN JIANCHA FALÜ FAGUI QUANSHU(HAN ZHIDAOXING ANLI)

法律出版社法规中心 编

责任编辑 董 昱
装帧设计 臧晓飞

出版发行 法律出版社
编辑统筹 法规出版分社
责任校对 张红蕊
责任印制 耿润瑜
经　　销 新华书店

开本 787 毫米×960 毫米 1/16
印张 57　**字数** 1826 千
版本 2025 年 1 月第 6 版
印次 2025 年 1 月第 1 次印刷
印刷 永清县金鑫印刷有限公司

地址:北京市丰台区莲花池西里 7 号(100073)
网址:www. lawpress. com. cn
投稿邮箱:info@ lawpress. com. cn
举报盗版邮箱:jbwq@ lawpress. com. cn

销售电话:010 - 83938349
客服电话:010 - 83938350
咨询电话:010 - 63939796

书号:ISBN 978 - 7 - 5197 - 9738 - 6　**定价**:118.00 元

凡购买本社图书,如有印装错误,我社负责退换。电话:010 - 83938349

编辑出版说明

党的十九大报告指出:“经过长期努力,中国特色社会主义进入了新时代,这是我国发展新的历史方位。”这个新时代,是承前启后、继往开来、在新的历史条件下继续夺取中国特色社会主义伟大胜利的时代,是决胜全面建成小康社会、进而全面建设社会主义现代化强国的时代。

中国特色社会主义进入新时代,我们党一定要有新气象新作为。打铁必须自身硬。党要团结带领人民进行伟大斗争、推进伟大事业、实现伟大梦想,必须毫不动摇坚持和完善党的领导,毫不动摇把党建设得更加坚强有力。

站在我国发展新的历史方位上,纪检监察机关在加强党的建设、推进全面从严治党上承担着重要角色,肩负着党章和宪法赋予的神圣使命,肩负着守护党的初心使命的重要职责,肩负着党和人民的殷切期望。国家法律法规和党规党纪是纪检监察工作的重要依据,为便于纪检监察人员依法依规开展工作,我们精心编辑出版了这本《中华人民共和国纪检监察法律法规全书(含指导性案例)》。本书具有以下特点:

一、收录全面,编排合理,查询方便

本书收录了截至2024年12月25日以来公布的与纪检监察相关的党规党纪、国家法律法规、司法解释、部门规章及政策规定。

全书分为两篇,每一篇分为若干部分,每一部分下细化出若干专题,专题下按照“法律法规”和“党规党纪”分列文件。以期达到体例清晰、查询方便的目的。

全书按照实体法规和程序法规划分为两篇,即上篇“纪检监察实体法规”和下篇“纪检监察办案程序规定”。上篇中,“党的纪律”部分,包括依据《中国共产党纪律处分条例》划分的6个专题(“政治纪律”“组织纪律”“廉洁纪律”“群众纪律”“工作纪律”“生活纪律”)和基于问责机制在管党治党中的重要作用而单列的“问责规定”专题;职务犯罪部分分列“贪污贿赂罪”和“渎职罪”专题;处分制度部分分列“党纪处分”和“政务处分”专题。下篇中,依据《中国共产党纪律检查机关监督执纪工作规则》分为“监督检查”“谈话函询”“审查调查”“案件审理”;依据《中华人民共和国监察法》单列“反腐败国际合作”。

二、法律文本标准,特设条旨,权威实用

作为专业法律出版机构,多年来,我社积淀了丰富的标准法律文本资源,并根据立法进度及时更新相关内容,有能力向公民传播权威的法律信息。全书对重点法律附加条旨,可指引读者迅速找到自己需要的条文,实用性强。

三、特色服务,动态增补

为保持本书与新法的同步更新,避免读者在一定周期内重复购书,特结合法律出版社法规中心的资源优势提供动态增补服务。(1)为方便读者一次性获取版本更新后的全部增补文件,本书特设封底增补材料二维码,供读者扫描查看、下载版本更新后的全部法律文件增补材料。(2)鉴于本书出版后至下一版本出版前不免有新文件发布或失效文件更新,为了方便广大读者及时获取该领域的新法律文件,本书创新推出动态增补服务,读者可扫描侧边动态增补二维码,查看、阅读本书出版后一段时间内更新的或新发布的法律文件。

动态增补二维码

由于编者水平有限,还望读者在使用过程中不吝赐教、提出您的宝贵意见(邮箱地址:faguizhongxin@163.com),以便本书继续修订完善。谢谢!

法律出版社法规中心

2025年1月

总　目　录

上篇　纪检监察实体法规

下篇　纪检监察办案程序规定

附录

目　录

上篇　纪检监察实体法规

一、综合法律法规

二、党的纪律

1. 政治纪律

2. 组织纪律

(1)组织、人事制度

① 加星号的文件为重见件,在目录中可归于不同类别,在正文中只收录一次。

三、职务犯罪

1.贪污贿赂罪

2. 政务处分

·法律法规·

·党规党纪·

下篇　纪检监察办案程序规定

一、监督检查

1. 党内监督

・党规党纪・

2. 信访举报

・法律法规・

・党规党纪・

二、谈话函询

・党规党纪・

三、审查调查

・法律法规・

・党规党纪・

四、案件审理

·法律法规·

·党规党纪·

五、反腐败国际合作

·法律法规·

附录

上篇　纪检监察实体法规

一、综合法律法规

分子，团结一切可以团结的力量。在长期的革命、建设、改革过程中，已经结成由中国共产党领导的，有各民主党派和各人民团体参加的，包括全体社会主义劳动者、社会主义事业的建设者、拥护社会主义的爱国者、拥护祖国统一和致力于中华民族伟大复兴的爱国者的广泛的爱国统一战线，这个统一战线将继续巩固和发展。中国人民政治协商会议是有广泛代表性的统一战线组织，过去发挥了重要的历史作用，今后在国家政治生活、社会生活和对外友好活动中，在进行社会主义现代化建设、维护国家的统一和团结的斗争中，将进一步发挥它的重要作用。中国共产党领导的多党合作和政治协商制度将长期存在和发展。

中华人民共和国是全国各族人民共同缔造的统一的多民族国家。平等团结互助和谐的社会主义民族关系已经确立，并将继续加强。在维护民族团结的斗争中，要反对大民族主义，主要是大汉族主义，也要反对地方民族主义。国家尽一切努力，促进全国各民族的共同繁荣。

中国革命、建设、改革的成就是同世界人民的支持分不开的。中国的前途是同世界的前途紧密地联系在一起的。中国坚持独立自主的对外政策，坚持互相尊重主权和领土完整、互不侵犯、互不干涉内政、平等互利、和平共处的五项原则，坚持和平发展道路，坚持互利共赢开放战略，发展同各国的外交关系和经济、文化交流，推动构建人类命运共同体；坚持反对帝国主义、霸权主义、殖民主义，加强同世界各国人民的团结，支持被压迫民族和发展中国家争取和维护民族独立、发展民族经济的正义斗争，为维护世界和平和促进人类进步事业而努力。

本宪法以法律的形式确认了中国各族人民奋斗的成果，规定了国家的根本制度和根本任务，是国家的根本法，具有最高的法律效力。全国各族人民、一切国家机关和武装力量、各政党和各社会团体、各企业事业组织，都必须以宪法为根本的活动准则，并且负有维护宪法尊严、保证宪法实施的职责。

第一章 总 纲

第一条 【国体】[①]中华人民共和国是工人阶级领导的、以工农联盟为基础的人民民主专政的社会主义国家。

社会主义制度是中华人民共和国的根本制度。中国共产党领导是中国特色社会主义最本质的特征。禁止任何组织或者个人破坏社会主义制度。

第二条 【政体】中华人民共和国的一切权力属于人民。

人民行使国家权力的机关是全国人民代表大会和地方各级人民代表大会。

人民依照法律规定，通过各种途径和形式，管理国家事务，管理经济和文化事业，管理社会事务。

第三条 【民主集中制原则】中华人民共和国的国家机构实行民主集中制的原则。

全国人民代表大会和地方各级人民代表大会都由民主选举产生，对人民负责，受人民监督。

国家行政机关、监察机关、审判机关、检察机关都由人民代表大会产生，对它负责，受它监督。

中央和地方的国家机构职权的划分，遵循在中央的统一领导下，充分发挥地方的主动性、积极性的原则。

第四条 【民族政策】中华人民共和国各民族一律平等。国家保障各少数民族的合法的权利和利益，维护和发展各民族的平等团结互助和谐关系。禁止对任何民族的歧视和压迫，禁止破坏民族团结和制造民族分裂的行为。

国家根据各少数民族的特点和需要，帮助各少数民族地区加速经济和文化的发展。

各少数民族聚居的地方实行区域自治，设立自治机关，行使自治权。各民族自治地方都是中华人民共和国不可分离的部分。

各民族都有使用和发展自己的语言文字的自由，都有保持或者改革自己的风俗习惯的自由。

第五条 【法治原则】中华人民共和国实行依法治国，建设社会主义法治国家。

国家维护社会主义法制的统一和尊严。

一切法律、行政法规和地方性法规都不得同宪法相抵触。

一切国家机关和武装力量、各政党和各社会团体、各企业事业组织都必须遵守宪法和法律。一切违反宪法和法律的行为，必须予以追究。

任何组织或者个人都不得有超越宪法和法律的特权。

第六条 【公有制与按劳分配原则】中华人民共和国的社会主义经济制度的基础是生产资料的社会主义公有制，即全民所有制和劳动群众集体所有制。社会主义公有制消灭人剥削人的制度，实行各尽所能、按劳分配的原则。

国家在社会主义初级阶段，坚持公有制为主体、多种所有制经济共同发展的基本经济制度，坚持按劳分配为主体、多种分配方式并存的分配制度。

① 条文主旨为编者所加，下同。

第七条 【国有经济】国有经济,即社会主义全民所有制经济,是国民经济中的主导力量。国家保障国有经济的巩固和发展。

第八条 【集体经济】农村集体经济组织实行家庭承包经营为基础、统分结合的双层经营体制。农村中的生产、供销、信用、消费等各种形式的合作经济,是社会主义劳动群众集体所有制经济。参加农村集体经济组织的劳动者,有权在法律规定的范围内经营自留地、自留山、家庭副业和饲养自留畜。

城镇中的手工业、工业、建筑业、运输业、商业、服务业等行业的各种形式的合作经济,都是社会主义劳动群众集体所有制经济。

国家保护城乡集体经济组织的合法的权利和利益,鼓励、指导和帮助集体经济的发展。

第九条 【自然资源的归属与利用】矿藏、水流、森林、山岭、草原、荒地、滩涂等自然资源,都属于国家所有,即全民所有;由法律规定属于集体所有的森林和山岭、草原、荒地、滩涂除外。

国家保障自然资源的合理利用,保护珍贵的动物和植物。禁止任何组织或者个人用任何手段侵占或者破坏自然资源。

第十条 【土地制度】城市的土地属于国家所有。

农村和城市郊区的土地,除由法律规定属于国家所有的以外,属于集体所有;宅基地和自留地、自留山,也属于集体所有。

国家为了公共利益的需要,可以依照法律规定对土地实行征收或者征用并给予补偿。

任何组织或者个人不得侵占、买卖或者以其他形式非法转让土地。土地的使用权可以依照法律的规定转让。

一切使用土地的组织和个人必须合理地利用土地。

第十一条 【个体经济、私营经济】在法律规定范围内的个体经济、私营经济等非公有制经济,是社会主义市场经济的重要组成部分。

国家保护个体经济、私营经济等非公有制经济的合法的权利和利益。国家鼓励、支持和引导非公有制经济的发展,并对非公有制经济依法实行监督和管理。

第十二条 【保护公共财产】社会主义的公共财产神圣不可侵犯。

国家保护社会主义的公共财产。禁止任何组织或者个人用任何手段侵占或者破坏国家的和集体的财产。

第十三条 【保护私有财产】公民的合法的私有财产不受侵犯。

国家依照法律规定保护公民的私有财产权和继承权。

国家为了公共利益的需要,可以依照法律规定对公民的私有财产实行征收或者征用并给予补偿。

第十四条 【发展生产与社会保障】国家通过提高劳动者的积极性和技术水平,推广先进的科学技术,完善经济管理体制和企业经营管理制度,实行各种形式的社会主义责任制,改进劳动组织,以不断提高劳动生产率和经济效益,发展社会生产力。

国家厉行节约,反对浪费。

国家合理安排积累和消费,兼顾国家、集体和个人的利益,在发展生产的基础上,逐步改善人民的物质生活和文化生活。

国家建立健全同经济发展水平相适应的社会保障制度。

第十五条 【社会主义市场经济】国家实行社会主义市场经济。

国家加强经济立法,完善宏观调控。

国家依法禁止任何组织或者个人扰乱社会经济秩序。

第十六条 【国有企业】国有企业在法律规定的范围内有权自主经营。

国有企业依照法律规定,通过职工代表大会和其他形式,实行民主管理。

第十七条 【集体经济组织】集体经济组织在遵守有关法律的前提下,有独立进行经济活动的自主权。

集体经济组织实行民主管理,依照法律规定选举和罢免管理人员,决定经营管理的重大问题。

第十八条 【外资经济】中华人民共和国允许外国的企业和其他经济组织或者个人依照中华人民共和国法律的规定在中国投资,同中国的企业或者其他经济组织进行各种形式的经济合作。

在中国境内的外国企业和其他外国经济组织以及中外合资经营的企业,都必须遵守中华人民共和国的法律。它们的合法的权利和利益受中华人民共和国法律的保护。

第十九条 【教育事业】国家发展社会主义的教育事业,提高全国人民的科学文化水平。

国家举办各种学校,普及初等义务教育,发展中等教育、职业教育和高等教育,并且发展学前教育。

国家发展各种教育设施,扫除文盲,对工人、农民、国家工作人员和其他劳动者进行政治、文化、科学、技术、业务的教育,鼓励自学成才。

国家鼓励集体经济组织、国家企业事业组织和其他社会力量依照法律规定举办各种教育事业。

国家推广全国通用的普通话。

第二十条　【科技事业】国家发展自然科学和社会科学事业,普及科学和技术知识,奖励科学研究成果和技术发明创造。

第二十一条　【医疗卫生与体育事业】国家发展医疗卫生事业,发展现代医药和我国传统医药,鼓励和支持农村集体经济组织、国家企业事业组织和街道组织举办各种医疗卫生设施,开展群众性的卫生活动,保护人民健康。

国家发展体育事业,开展群众性的体育活动,增强人民体质。

第二十二条　【文化事业】国家发展为人民服务、为社会主义服务的文学艺术事业、新闻广播电视事业、出版发行事业、图书馆博物馆文化馆和其他文化事业,开展群众性的文化活动。

国家保护名胜古迹、珍贵文物和其他重要历史文化遗产。

第二十三条　【人才培养】国家培养为社会主义服务的各种专业人才,扩大知识分子的队伍,创造条件,充分发挥他们在社会主义现代化建设中的作用。

第二十四条　【精神文明建设】国家通过普及理想教育、道德教育、文化教育、纪律和法制教育,通过在城乡不同范围的群众中制定和执行各种守则、公约,加强社会主义精神文明的建设。

国家倡导社会主义核心价值观,提倡爱祖国、爱人民、爱劳动、爱科学、爱社会主义的公德,在人民中进行爱国主义、集体主义和国际主义、共产主义的教育,进行辩证唯物主义和历史唯物主义的教育,反对资本主义的、封建主义的和其他的腐朽思想。

第二十五条　【计划生育】国家推行计划生育,使人口的增长同经济和社会发展计划相适应。

第二十六条　【生活、生态环境】国家保护和改善生活环境和生态环境,防治污染和其他公害。

国家组织和鼓励植树造林,保护林木。

第二十七条　【国家机关工作原则及工作人员就职宣誓】一切国家机关实行精简的原则,实行工作责任制,实行工作人员的培训和考核制度,不断提高工作质量和工作效率,反对官僚主义。

一切国家机关和国家工作人员必须依靠人民的支持,经常保持同人民的密切联系,倾听人民的意见和建议,接受人民的监督,努力为人民服务。

国家工作人员就职时应当依照法律规定公开进行宪法宣誓。

第二十八条　【社会秩序维护】国家维护社会秩序,镇压叛国和其他危害国家安全的犯罪活动,制裁危害社会治安、破坏社会主义经济和其他犯罪的活动,惩办和改造犯罪分子。

第二十九条　【武装力量】中华人民共和国的武装力量属于人民。它的任务是巩固国防,抵抗侵略,保卫祖国,保卫人民的和平劳动,参加国家建设事业,努力为人民服务。

国家加强武装力量的革命化、现代化、正规化的建设,增强国防力量。

第三十条　【行政区划】中华人民共和国的行政区域划分如下:

(一)全国分为省、自治区、直辖市;

(二)省、自治区分为自治州、县、自治县、市;

(三)县、自治县分为乡、民族乡、镇。

直辖市和较大的市分为区、县。自治州分为县、自治县、市。

自治区、自治州、自治县都是民族自治地方。

第三十一条　【特别行政区】国家在必要时得设立特别行政区。在特别行政区内实行的制度按照具体情况由全国人民代表大会以法律规定。

第三十二条　【对外国人的保护】中华人民共和国保护在中国境内的外国人的合法权利和利益,在中国境内的外国人必须遵守中华人民共和国的法律。

中华人民共和国对于因为政治原因要求避难的外国人,可以给予受庇护的权利。

第二章　公民的基本权利和义务

第三十三条　【公民资格及其平等权】凡具有中华人民共和国国籍的人都是中华人民共和国公民。

中华人民共和国公民在法律面前一律平等。

国家尊重和保障人权。

任何公民享有宪法和法律规定的权利,同时必须履行宪法和法律规定的义务。

第三十四条　【参选权】中华人民共和国年满十八周岁的公民,不分民族、种族、性别、职业、家庭出身、宗教信仰、教育程度、财产状况、居住期限,都有选举权和被选举权;但是依照法律被剥夺政治权利的人除外。

第三十五条　【基本政治自由】中华人民共和国公民有言论、出版、集会、结社、游行、示威的自由。

第三十六条　【宗教信仰自由】中华人民共和国公民有

宗教信仰自由。

任何国家机关、社会团体和个人不得强制公民信仰宗教或者不信仰宗教，不得歧视信仰宗教的公民和不信仰宗教的公民。

国家保护正常的宗教活动。任何人不得利用宗教进行破坏社会秩序、损害公民身体健康、妨碍国家教育制度的活动。

宗教团体和宗教事务不受外国势力的支配。

第三十七条 **【人身自由】**中华人民共和国公民的人身自由不受侵犯。

任何公民，非经人民检察院批准或者决定或者人民法院决定，并由公安机关执行，不受逮捕。

禁止非法拘禁和以其他方法非法剥夺或者限制公民的人身自由，禁止非法搜查公民的身体。

第三十八条 **【人格尊严权】**中华人民共和国公民的人格尊严不受侵犯。禁止用任何方法对公民进行侮辱、诽谤和诬告陷害。

第三十九条 **【住宅权】**中华人民共和国公民的住宅不受侵犯。禁止非法搜查或者非法侵入公民的住宅。

第四十条 **【通信自由和秘密权】**中华人民共和国公民的通信自由和通信秘密受法律的保护。除因国家安全或者追查刑事犯罪的需要，由公安机关或者检察机关依照法律规定的程序对通信进行检查外，任何组织或者个人不得以任何理由侵犯公民的通信自由和通信秘密。

第四十一条 **【监督权】**中华人民共和国公民对于任何国家机关和国家工作人员，有提出批评和建议的权利；对于任何国家机关和国家工作人员的违法失职行为，有向有关国家机关提出申诉、控告或者检举的权利，但是不得捏造或者歪曲事实进行诬告陷害。

对于公民的申诉、控告或者检举，有关国家机关必须查清事实，负责处理。任何人不得压制和打击报复。

由于国家机关和国家工作人员侵犯公民权利而受到损失的人，有依照法律规定取得赔偿的权利。

第四十二条 **【劳动权利义务】**中华人民共和国公民有劳动的权利和义务。

国家通过各种途径，创造劳动就业条件，加强劳动保护，改善劳动条件，并在发展生产的基础上，提高劳动报酬和福利待遇。

劳动是一切有劳动能力的公民的光荣职责。国有企业和城乡集体经济组织的劳动者都应当以国家主人翁的态度对待自己的劳动。国家提倡社会主义劳动竞赛，奖励劳动模范和先进工作者。国家提倡公民从事义务劳动。

国家对就业前的公民进行必要的劳动就业训练。

第四十三条 **【劳动者的休息权】**中华人民共和国劳动者有休息的权利。

国家发展劳动者休息和休养的设施，规定职工的工作时间和休假制度。

第四十四条 **【退休制度】**国家依照法律规定实行企业事业组织的职工和国家机关工作人员的退休制度。退休人员的生活受到国家和社会的保障。

第四十五条 **【社会保障权利】**中华人民共和国公民在年老、疾病或者丧失劳动能力的情况下，有从国家和社会获得物质帮助的权利。国家发展为公民享受这些权利所需要的社会保险、社会救济和医疗卫生事业。

国家和社会保障残废军人的生活，抚恤烈士家属，优待军人家属。

国家和社会帮助安排盲、聋、哑和其他有残疾的公民的劳动、生活和教育。

第四十六条 **【受教育权利义务】**中华人民共和国公民有受教育的权利和义务。

国家培养青年、少年、儿童在品德、智力、体质等方面全面发展。

第四十七条 **【文化活动权】**中华人民共和国公民有进行科学研究、文学艺术创作和其他文化活动的自由。国家对于从事教育、科学、技术、文学、艺术和其他文化事业的公民的有益于人民的创造性工作，给以鼓励和帮助。

第四十八条 **【妇女的平等权】**中华人民共和国妇女在政治的、经济的、文化的、社会的和家庭的生活等各方面享有同男子平等的权利。

国家保护妇女的权利和利益，实行男女同工同酬，培养和选拔妇女干部。

第四十九条 **【婚姻家庭制度】**婚姻、家庭、母亲和儿童受国家的保护。

夫妻双方有实行计划生育的义务。

父母有抚养教育未成年子女的义务，成年子女有赡养扶助父母的义务。

禁止破坏婚姻自由，禁止虐待老人、妇女和儿童。

第五十条 **【华侨、归侨的权益保障】**中华人民共和国保护华侨的正当的权利和利益，保护归侨和侨眷的合法的权利和利益。

第五十一条 **【公民自由和权利的限度】**中华人民共和国公民在行使自由和权利的时候，不得损害国家的、社会的、集体的利益和其他公民的合法的自由和权利。

第五十二条 【维护国家统一和民族团结的义务】中华人民共和国公民有维护国家统一和全国各民族团结的义务。

第五十三条 【遵纪守法的义务】中华人民共和国公民必须遵守宪法和法律,保守国家秘密,爱护公共财产,遵守劳动纪律,遵守公共秩序,尊重社会公德。

第五十四条 【维护祖国的安全、荣誉和利益的义务】中华人民共和国公民有维护祖国的安全、荣誉和利益的义务,不得有危害祖国的安全、荣誉和利益的行为。

第五十五条 【捍卫国家的义务】保卫祖国、抵抗侵略是中华人民共和国每一个公民的神圣职责。

依照法律服兵役和参加民兵组织是中华人民共和国公民的光荣义务。

第五十六条 【纳税的义务】中华人民共和国公民有依照法律纳税的义务。

第三章 国家机构

第一节 全国人民代表大会

第五十七条 【全国人大的性质及常设机关】中华人民共和国全国人民代表大会是最高国家权力机关。它的常设机关是全国人民代表大会常务委员会。

第五十八条 【国家立法权的行使主体】全国人民代表大会和全国人民代表大会常务委员会行使国家立法权。

第五十九条 【全国人大的组成及选举】全国人民代表大会由省、自治区、直辖市、特别行政区和军队选出的代表组成。各少数民族都应当有适当名额的代表。

全国人民代表大会代表的选举由全国人民代表大会常务委员会主持。

全国人民代表大会代表名额和代表产生办法由法律规定。

第六十条 【全国人大的任期】全国人民代表大会每届任期五年。

全国人民代表大会任期届满的两个月以前,全国人民代表大会常务委员会必须完成下届全国人民代表大会代表的选举。如果遇到不能进行选举的非常情况,由全国人民代表大会常务委员会以全体组成人员的三分之二以上的多数通过,可以推迟选举,延长本届全国人民代表大会的任期。在非常情况结束后一年内,必须完成下届全国人民代表大会代表的选举。

第六十一条 【全国人大的会议制度】全国人民代表大会会议每年举行一次,由全国人民代表大会常务委员会召集。如果全国人民代表大会常务委员会认为必要,或者有五分之一以上的全国人民代表大会代表提议,可以临时召集全国人民代表大会会议。

全国人民代表大会举行会议的时候,选举主席团主持会议。

第六十二条 【全国人大的职权】全国人民代表大会行使下列职权:

(一)修改宪法;

(二)监督宪法的实施;

(三)制定和修改刑事、民事、国家机构的和其他的基本法律;

(四)选举中华人民共和国主席、副主席;

(五)根据中华人民共和国主席的提名,决定国务院总理的人选;根据国务院总理的提名,决定国务院副总理、国务委员、各部部长、各委员会主任、审计长、秘书长的人选;

(六)选举中央军事委员会主席;根据中央军事委员会主席的提名,决定中央军事委员会其他组成人员的人选;

(七)选举国家监察委员会主任;

(八)选举最高人民法院院长;

(九)选举最高人民检察院检察长;

(十)审查和批准国民经济和社会发展计划和计划执行情况的报告;

(十一)审查和批准国家的预算和预算执行情况的报告;

(十二)改变或者撤销全国人民代表大会常务委员会不适当的决定;

(十三)批准省、自治区和直辖市的建置;

(十四)决定特别行政区的设立及其制度;

(十五)决定战争和和平的问题;

(十六)应当由最高国家权力机关行使的其他职权。

第六十三条 【全国人大的罢免权】全国人民代表大会有权罢免下列人员:

(一)中华人民共和国主席、副主席;

(二)国务院总理、副总理、国务委员、各部部长、各委员会主任、审计长、秘书长;

(三)中央军事委员会主席和中央军事委员会其他组成人员;

(四)国家监察委员会主任;

(五)最高人民法院院长;

(六)最高人民检察院检察长。

第六十四条 【宪法的修改及法律案的通过】宪法的修

改，由全国人民代表大会常务委员会或者五分之一以上的全国人民代表大会代表提议，并由全国人民代表大会以全体代表的三分之二以上的多数通过。

法律和其他议案由全国人民代表大会以全体代表的过半数通过。

第六十五条 【全国人大常委会的组成及选举】全国人民代表大会常务委员会由下列人员组成：

委员长，

副委员长若干人，

秘书长，

委员若干人。

全国人民代表大会常务委员会组成人员中，应当有适当名额的少数民族代表。

全国人民代表大会选举并有权罢免全国人民代表大会常务委员会的组成人员。

全国人民代表大会常务委员会的组成人员不得担任国家行政机关、监察机关、审判机关和检察机关的职务。

第六十六条 【全国人大常委会的任期】全国人民代表大会常务委员会每届任期同全国人民代表大会每届任期相同，它行使职权到下届全国人民代表大会选出新的常务委员会为止。

委员长、副委员长连续任职不得超过两届。

第六十七条 【全国人大常委会的职权】全国人民代表大会常务委员会行使下列职权：

（一）解释宪法，监督宪法的实施；

（二）制定和修改除应当由全国人民代表大会制定的法律以外的其他法律；

（三）在全国人民代表大会闭会期间，对全国人民代表大会制定的法律进行部分补充和修改，但是不得同该法律的基本原则相抵触；

（四）解释法律；

（五）在全国人民代表大会闭会期间，审查和批准国民经济和社会发展计划、国家预算在执行过程中所必须作的部分调整方案；

（六）监督国务院、中央军事委员会、国家监察委员会、最高人民法院和最高人民检察院的工作；

（七）撤销国务院制定的同宪法、法律相抵触的行政法规、决定和命令；

（八）撤销省、自治区、直辖市国家权力机关制定的同宪法、法律和行政法规相抵触的地方性法规和决议；

（九）在全国人民代表大会闭会期间，根据国务院总理的提名，决定部长、委员会主任、审计长、秘书长的人选；

（十）在全国人民代表大会闭会期间，根据中央军事委员会主席的提名，决定中央军事委员会其他组成人员的人选；

（十一）根据国家监察委员会主任的提请，任免国家监察委员会副主任、委员；

（十二）根据最高人民法院院长的提请，任免最高人民法院副院长、审判员、审判委员会委员和军事法院院长；

（十三）根据最高人民检察院检察长的提请，任免最高人民检察院副检察长、检察员、检察委员会委员和军事检察院检察长，并且批准省、自治区、直辖市的人民检察院检察长的任免；

（十四）决定驻外全权代表的任免；

（十五）决定同外国缔结的条约和重要协定的批准和废除；

（十六）规定军人和外交人员的衔级制度和其他专门衔级制度；

（十七）规定和决定授予国家的勋章和荣誉称号；

（十八）决定特赦；

（十九）在全国人民代表大会闭会期间，如果遇到国家遭受武装侵犯或者必须履行国际间共同防止侵略的条约的情况，决定战争状态的宣布；

（二十）决定全国总动员或者局部动员；

（二十一）决定全国或者个别省、自治区、直辖市进入紧急状态；

（二十二）全国人民代表大会授予的其他职权。

第六十八条 【全国人大常委会的工作分工】全国人民代表大会常务委员会委员长主持全国人民代表大会常务委员会的工作，召集全国人民代表大会常务委员会会议。副委员长、秘书长协助委员长工作。

委员长、副委员长、秘书长组成委员长会议，处理全国人民代表大会常务委员会的重要日常工作。

第六十九条 【全国人大与其常委会的关系】全国人民代表大会常务委员会对全国人民代表大会负责并报告工作。

第七十条 【全国人大的专门委员会及其职责】全国人民代表大会设立民族委员会、宪法和法律委员会、财政经济委员会、教育科学文化卫生委员会、外事委员会、华侨委员会和其他需要设立的专门委员会。在全国人民代表大会闭会期间，各专门委员会受全国人民代表大会常务委员会的领导。

各专门委员会在全国人民代表大会和全国人民代表大会常务委员会领导下，研究、审议和拟订有关议案。

第七十一条　【特定问题的调查委员会】全国人民代表大会和全国人民代表大会常务委员会认为必要的时候，可以组织关于特定问题的调查委员会，并且根据调查委员会的报告，作出相应的决议。

调查委员会进行调查的时候，一切有关的国家机关、社会团体和公民都有义务向它提供必要的材料。

第七十二条　【提案权】全国人民代表大会代表和全国人民代表大会常务委员会组成人员，有权依照法律规定的程序分别提出属于全国人民代表大会和全国人民代表大会常务委员会职权范围内的议案。

第七十三条　【质询权】全国人民代表大会代表在全国人民代表大会开会期间，全国人民代表大会常务委员会组成人员在常务委员会开会期间，有权依照法律规定的程序提出对国务院或者国务院各部、各委员会的质询案。受质询的机关必须负责答复。

第七十四条　【司法豁免权】全国人民代表大会代表，非经全国人民代表大会会议主席团许可，在全国人民代表大会闭会期间非经全国人民代表大会常务委员会许可，不受逮捕或者刑事审判。

第七十五条　【言论、表决豁免权】全国人民代表大会代表在全国人民代表大会各种会议上的发言和表决，不受法律追究。

第七十六条　【全国人大代表的义务】全国人民代表大会代表必须模范地遵守宪法和法律，保守国家秘密，并且在自己参加的生产、工作和社会活动中，协助宪法和法律的实施。

全国人民代表大会代表应当同原选举单位和人民保持密切的联系，听取和反映人民的意见和要求，努力为人民服务。

第七十七条　【对全国人大代表的监督和罢免】全国人民代表大会代表受原选举单位的监督。原选举单位有权依照法律规定的程序罢免本单位选出的代表。

第七十八条　【全国人大及其常委会的组织和工作程序】全国人民代表大会和全国人民代表大会常务委员会的组织和工作程序由法律规定。

第二节　中华人民共和国主席

第七十九条　【主席、副主席的选举及任期】中华人民共和国主席、副主席由全国人民代表大会选举。

有选举权和被选举权的年满四十五周岁的中华人民共和国公民可以被选为中华人民共和国主席、副主席。

中华人民共和国主席、副主席每届任期同全国人民代表大会每届任期相同。

第八十条　【主席的职权】中华人民共和国主席根据全国人民代表大会的决定和全国人民代表大会常务委员会的决定，公布法律，任免国务院总理、副总理、国务委员、各部部长、各委员会主任、审计长、秘书长，授予国家的勋章和荣誉称号，发布特赦令，宣布进入紧急状态，宣布战争状态，发布动员令。

第八十一条　【主席的外交职权】中华人民共和国主席代表中华人民共和国，进行国事活动，接受外国使节；根据全国人民代表大会常务委员会的决定，派遣和召回驻外全权代表，批准和废除同外国缔结的条约和重要协定。

第八十二条　【副主席的职权】中华人民共和国副主席协助主席工作。

中华人民共和国副主席受主席的委托，可以代行主席的部分职权。

第八十三条　【主席、副主席的换届时间】中华人民共和国主席、副主席行使职权到下届全国人民代表大会选出的主席、副主席就职为止。

第八十四条　【主席、副主席的缺位处理】中华人民共和国主席缺位的时候，由副主席继任主席的职位。

中华人民共和国副主席缺位的时候，由全国人民代表大会补选。

中华人民共和国主席、副主席都缺位的时候，由全国人民代表大会补选；在补选以前，由全国人民代表大会常务委员会委员长暂时代理主席职位。

第三节　国　务　院

第八十五条　【国务院的性质、地位】中华人民共和国国务院，即中央人民政府，是最高国家权力机关的执行机关，是最高国家行政机关。

第八十六条　【国务院的组成】国务院由下列人员组成：

总理，

副总理若干人，

国务委员若干人，

各部部长，

各委员会主任，

审计长，

秘书长。

国务院实行总理负责制。各部、各委员会实行部长、主任负责制。

国务院的组织由法律规定。

第八十七条　【国务院的任期】国务院每届任期同全国

人民代表大会每届任期相同。

总理、副总理、国务委员连续任职不得超过两届。

第八十八条 【国务院的工作分工】总理领导国务院的工作。副总理、国务委员协助总理工作。

总理、副总理、国务委员、秘书长组成国务院常务会议。

总理召集和主持国务院常务会议和国务院全体会议。

第八十九条 【国务院的职权】国务院行使下列职权：

（一）根据宪法和法律，规定行政措施，制定行政法规，发布决定和命令；

（二）向全国人民代表大会或者全国人民代表大会常务委员会提出议案；

（三）规定各部和各委员会的任务和职责，统一领导各部和各委员会的工作，并且领导不属于各部和各委员会的全国性的行政工作；

（四）统一领导全国地方各级国家行政机关的工作，规定中央和省、自治区、直辖市的国家行政机关的职权的具体划分；

（五）编制和执行国民经济和社会发展计划和国家预算；

（六）领导和管理经济工作和城乡建设、生态文明建设；

（七）领导和管理教育、科学、文化、卫生、体育和计划生育工作；

（八）领导和管理民政、公安、司法行政等工作；

（九）管理对外事务，同外国缔结条约和协定；

（十）领导和管理国防建设事业；

（十一）领导和管理民族事务，保障少数民族的平等权利和民族自治地方的自治权利；

（十二）保护华侨的正当的权利和利益，保护归侨和侨眷的合法的权利和利益；

（十三）改变或者撤销各部、各委员会发布的不适当的命令、指示和规章；

（十四）改变或者撤销地方各级国家行政机关的不适当的决定和命令；

（十五）批准省、自治区、直辖市的区域划分，批准自治州、县、自治县、市的建置和区域划分；

（十六）依照法律规定决定省、自治区、直辖市的范围内部分地区进入紧急状态；

（十七）审定行政机构的编制，依照法律规定任免、培训、考核和奖惩行政人员；

（十八）全国人民代表大会和全国人民代表大会常务委员会授予的其他职权。

第九十条 【各部、委首长负责制及各部、委的决定权】国务院各部部长、各委员会主任负责本部门的工作；召集和主持部务会议或者委员会会议、委务会议，讨论决定本部门工作的重大问题。

各部、各委员会根据法律和国务院的行政法规、决定、命令，在本部门的权限内，发布命令、指示和规章。

第九十一条 【审计机关及其职权】国务院设立审计机关，对国务院各部门和地方各级政府的财政收支，对国家的财政金融机构和企业事业组织的财务收支，进行审计监督。

审计机关在国务院总理领导下，依照法律规定独立行使审计监督权，不受其他行政机关、社会团体和个人的干涉。

第九十二条 【国务院与全国人大及其常委会的关系】国务院对全国人民代表大会负责并报告工作；在全国人民代表大会闭会期间，对全国人民代表大会常务委员会负责并报告工作。

第四节 中央军事委员会

第九十三条 【中央军委的组成、职责与任期】中华人民共和国中央军事委员会领导全国武装力量。

中央军事委员会由下列人员组成：

主席，

副主席若干人，

委员若干人。

中央军事委员会实行主席负责制。

中央军事委员会每届任期同全国人民代表大会每届任期相同。

第九十四条 【中央军委主席对全国人大及其常委会负责】中央军事委员会主席对全国人民代表大会和全国人民代表大会常务委员会负责。

第五节 地方各级人民代表大会和地方各级人民政府

第九十五条 【地方人大及政府的设置和组织】省、直辖市、县、市、市辖区、乡、民族乡、镇设立人民代表大会和人民政府。

地方各级人民代表大会和地方各级人民政府的组织由法律规定。

自治区、自治州、自治县设立自治机关。自治机关的组织和工作根据宪法第三章第五节、第六节规定的基本原则由法律规定。

第九十六条 【地方人大的性质及常委会的设置】地方

各级人民代表大会是地方国家权力机关。

县级以上的地方各级人民代表大会设立常务委员会。

第九十七条 【地方人大代表的选举】省、直辖市、设区的市的人民代表大会代表由下一级的人民代表大会选举;县、不设区的市、市辖区、乡、民族乡、镇的人民代表大会代表由选民直接选举。

地方各级人民代表大会代表名额和代表产生办法由法律规定。

第九十八条 【地方人大的任期】地方各级人民代表大会每届任期五年。

第九十九条 【地方人大的职权】地方各级人民代表大会在本行政区域内,保证宪法、法律、行政法规的遵守和执行;依照法律规定的权限,通过和发布决议,审查和决定地方的经济建设、文化建设和公共事业建设的计划。

县级以上的地方各级人民代表大会审查和批准本行政区域内的国民经济和社会发展计划、预算以及它们的执行情况的报告;有权改变或者撤销本级人民代表大会常务委员会不适当的决定。

民族乡的人民代表大会可以依照法律规定的权限采取适合民族特点的具体措施。

第一百条 【地方性法规的制定】省、直辖市的人民代表大会和它们的常务委员会,在不同宪法、法律、行政法规相抵触的前提下,可以制定地方性法规,报全国人民代表大会常务委员会备案。

设区的市的人民代表大会和它们的常务委员会,在不同宪法、法律、行政法规和本省、自治区的地方性法规相抵触的前提下,可以依照法律规定制定地方性法规,报本省、自治区人民代表大会常务委员会批准后施行。

第一百零一条 【地方人大的选举权和罢免权】地方各级人民代表大会分别选举并且有权罢免本级人民政府的省长和副省长、市长和副市长、县长和副县长、区长和副区长、乡长和副乡长、镇长和副镇长。

县级以上的地方各级人民代表大会选举并且有权罢免本级监察委员会主任、本级人民法院院长和本级人民检察院检察长。选出或者罢免人民检察院检察长,须报上级人民检察院检察长提请该级人民代表大会常务委员会批准。

第一百零二条 【对地方人大代表的监督和罢免】省、直辖市、设区的市的人民代表大会代表受原选举单位的监督;县、不设区的市、市辖区、乡、民族乡、镇的人民代表大会代表受选民的监督。

地方各级人民代表大会代表的选举单位和选民有权依照法律规定的程序罢免由他们选出的代表。

第一百零三条 【地方人大常委会的组成、地位及职务禁止】县级以上的地方各级人民代表大会常务委员会由主任、副主任若干人和委员若干人组成,对本级人民代表大会负责并报告工作。

县级以上的地方各级人民代表大会选举并有权罢免本级人民代表大会常务委员会的组成人员。

县级以上的地方各级人民代表大会常务委员会的组成人员不得担任国家行政机关、监察机关、审判机关和检察机关的职务。

第一百零四条 【地方人大常委会的职权】县级以上的地方各级人民代表大会常务委员会讨论、决定本行政区域内各方面工作的重大事项;监督本级人民政府、监察委员会、人民法院和人民检察院的工作;撤销本级人民政府的不适当的决定和命令;撤销下一级人民代表大会的不适当的决议;依照法律规定的权限决定国家机关工作人员的任免;在本级人民代表大会闭会期间,罢免和补选上一级人民代表大会的个别代表。

第一百零五条 【地方政府的性质、地位及其负责制】地方各级人民政府是地方各级国家权力机关的执行机关,是地方各级国家行政机关。

地方各级人民政府实行省长、市长、县长、区长、乡长、镇长负责制。

第一百零六条 【地方政府的任期】地方各级人民政府每届任期同本级人民代表大会每届任期相同。

第一百零七条 【地方政府的职权】县级以上地方各级人民政府依照法律规定的权限,管理本行政区域内的经济、教育、科学、文化、卫生、体育事业、城乡建设事业和财政、民政、公安、民族事务、司法行政、计划生育等行政工作,发布决定和命令,任免、培训、考核和奖惩行政工作人员。

乡、民族乡、镇的人民政府执行本级人民代表大会的决议和上级国家行政机关的决定和命令,管理本行政区域内的行政工作。

省、直辖市的人民政府决定乡、民族乡、镇的建置和区域划分。

第一百零八条 【地方政府内部及各级政府之间的关系】县级以上的地方各级人民政府领导所属各工作部门和下级人民政府的工作,有权改变或者撤销所属各工作部门和下级人民政府的不适当的决定。

第一百零九条 【地方政府审计机关的地位和职权】县

级以上的地方各级人民政府设立审计机关。地方各级审计机关依照法律规定独立行使审计监督权，对本级人民政府和上一级审计机关负责。

第一百一十条 【地方政府与同级人大、上级政府的关系】地方各级人民政府对本级人民代表大会负责并报告工作。县级以上的地方各级人民政府在本级人民代表大会闭会期间，对本级人民代表大会常务委员会负责并报告工作。

地方各级人民政府对上一级国家行政机关负责并报告工作。全国地方各级人民政府都是国务院统一领导下的国家行政机关，都服从国务院。

第一百一十一条 【居民委员会和村民委员会】城市和农村按居民居住地区设立的居民委员会或者村民委员会是基层群众性自治组织。居民委员会、村民委员会的主任、副主任和委员由居民选举。居民委员会、村民委员会同基层政权的相互关系由法律规定。

居民委员会、村民委员会设人民调解、治安保卫、公共卫生等委员会，办理本居住地区的公共事务和公益事业，调解民间纠纷，协助维护社会治安，并且向人民政府反映群众的意见、要求和提出建议。

第六节 民族自治地方的自治机关

第一百一十二条 【民族自治机关】民族自治地方的自治机关是自治区、自治州、自治县的人民代表大会和人民政府。

第一百一十三条 【自治地方的人大及其常委会的组成】自治区、自治州、自治县的人民代表大会中，除实行区域自治的民族的代表外，其他居住在本行政区域内的民族也应当有适当名额的代表。

自治区、自治州、自治县的人民代表大会常务委员会中应当有实行区域自治的民族的公民担任主任或者副主任。

第一百一十四条 【自治地方的政府首长的人选】自治区主席、自治州州长、自治县县长由实行区域自治的民族的公民担任。

第一百一十五条 【民族自治地方的自治权】自治区、自治州、自治县的自治机关行使宪法第三章第五节规定的地方国家机关的职权，同时依照宪法、民族区域自治法和其他法律规定的权限行使自治权，根据本地方实际情况贯彻执行国家的法律、政策。

第一百一十六条 【自治条例和单行条例】民族自治地方的人民代表大会有权依照当地民族的政治、经济和文化的特点，制定自治条例和单行条例。自治区的自治条例和单行条例，报全国人民代表大会常务委员会批准后生效。自治州、自治县的自治条例和单行条例，报省或者自治区的人民代表大会常务委员会批准后生效，并报全国人民代表大会常务委员会备案。

第一百一十七条 【财政自治权】民族自治地方的自治机关有管理地方财政的自治权。凡是依照国家财政体制属于民族自治地方的财政收入，都应当由民族自治地方的自治机关自主地安排使用。

第一百一十八条 【地方性经济的自主权】民族自治地方的自治机关在国家计划的指导下，自主地安排和管理地方性的经济建设事业。

国家在民族自治地方开发资源、建设企业的时候，应当照顾民族自治地方的利益。

第一百一十九条 【地方文化事业的自主权】民族自治地方的自治机关自主地管理本地方的教育、科学、文化、卫生、体育事业，保护和整理民族的文化遗产，发展和繁荣民族文化。

第一百二十条 【民族自治地方的公安部队】民族自治地方的自治机关依照国家的军事制度和当地的实际需要，经国务院批准，可以组织本地方维护社会治安的公安部队。

第一百二十一条 【自治机关的公务语言】民族自治地方的自治机关在执行职务的时候，依照本民族自治地方自治条例的规定，使用当地通用的一种或者几种语言文字。

第一百二十二条 【国家对民族自治地方的帮助、扶持】国家从财政、物资、技术等方面帮助各少数民族加速发展经济建设和文化建设事业。

国家帮助民族自治地方从当地民族中大量培养各级干部、各种专业人才和技术工人。

第七节 监察委员会

第一百二十三条 【监察机关】中华人民共和国各级监察委员会是国家的监察机关。

第一百二十四条 【监察委员会的组成及任期】中华人民共和国设立国家监察委员会和地方各级监察委员会。

监察委员会由下列人员组成：

主任，

副主任若干人，

委员若干人。

监察委员会主任每届任期同本级人民代表大会每届任期相同。国家监察委员会主任连续任职不得超过两届。

监察委员会的组织和职权由法律规定。

第一百二十五条 【各级监察委员会间的关系】中华人

民共和国国家监察委员会是最高监察机关。

国家监察委员会领导地方各级监察委员会的工作,上级监察委员会领导下级监察委员会的工作。

第一百二十六条 【监察委员会与人大的关系】国家监察委员会对全国人民代表大会和全国人民代表大会常务委员会负责。地方各级监察委员会对产生它的国家权力机关和上一级监察委员会负责。

第一百二十七条 【监察权独立】监察委员会依照法律规定独立行使监察权,不受行政机关、社会团体和个人的干涉。

监察机关办理职务违法和职务犯罪案件,应当与审判机关、检察机关、执法部门互相配合,互相制约。

第八节 人民法院和人民检察院

第一百二十八条 【审判机关】中华人民共和国人民法院是国家的审判机关。

第一百二十九条 【人民法院的设置及任期】中华人民共和国设立最高人民法院、地方各级人民法院和军事法院等专门人民法院。

最高人民法院院长每届任期同全国人民代表大会每届任期相同,连续任职不得超过两届。

人民法院的组织由法律规定。

第一百三十条 【审判公开原则和辩护原则】人民法院审理案件,除法律规定的特别情况外,一律公开进行。被告人有权获得辩护。

第一百三十一条 【审判权独立】人民法院依照法律规定独立行使审判权,不受行政机关、社会团体和个人的干涉。

第一百三十二条 【各级审判机关间的关系】最高人民法院是最高审判机关。

最高人民法院监督地方各级人民法院和专门人民法院的审判工作,上级人民法院监督下级人民法院的审判工作。

第一百三十三条 【法院与人大的关系】最高人民法院对全国人民代表大会和全国人民代表大会常务委员会负责。地方各级人民法院对产生它的国家权力机关负责。

第一百三十四条 【法律监督机关】中华人民共和国人民检察院是国家的法律监督机关。

第一百三十五条 【检察院的设置及任期】中华人民共和国设立最高人民检察院、地方各级人民检察院和军事检察院等专门人民检察院。

最高人民检察院检察长每届任期同全国人民代表大会每届任期相同,连续任职不得超过两届。

人民检察院的组织由法律规定。

第一百三十六条 【检察权独立】人民检察院依照法律规定独立行使检察权,不受行政机关、社会团体和个人的干涉。

第一百三十七条 【各级检察机关间的关系】最高人民检察院是最高检察机关。

最高人民检察院领导地方各级人民检察院和专门人民检察院的工作,上级人民检察院领导下级人民检察院的工作。

第一百三十八条 【检察院与人大的关系】最高人民检察院对全国人民代表大会和全国人民代表大会常务委员会负责。地方各级人民检察院对产生它的国家权力机关和上级人民检察院负责。

第一百三十九条 【诉讼语言】各民族公民都有用本民族语言文字进行诉讼的权利。人民法院和人民检察院对于不通晓当地通用的语言文字的诉讼参与人,应当为他们翻译。

在少数民族聚居或者多民族共同居住的地区,应当用当地通用的语言进行审理;起诉书、判决书、布告和其他文书应当根据实际需要使用当地通用的一种或者几种文字。

第一百四十条 【司法机关间的分工与制衡原则】人民法院、人民检察院和公安机关办理刑事案件,应当分工负责,互相配合,互相制约,以保证准确有效地执行法律。

第四章 国旗、国歌、国徽、首都

第一百四十一条 【国旗、国歌】中华人民共和国国旗是五星红旗。

中华人民共和国国歌是《义勇军进行曲》。

第一百四十二条 【国徽】中华人民共和国国徽,中间是五星照耀下的天安门,周围是谷穗和齿轮。

第一百四十三条 【首都】中华人民共和国首都是北京。

中华人民共和国监察法

1. 2018年3月20日第十三届全国人民代表大会第一次会议通过

2. 根据2024年12月25日第十四届全国人民代表大会常务委员会第十三次会议《关于修改〈中华人民共和国监察法〉的决定》修正

目 录

第一章 总　　则

第一条 【立法目的】为了深入开展廉政建设和反腐败工作，加强对所有行使公权力的公职人员的监督，实现国家监察全面覆盖，持续深化国家监察体制改革，推进国家治理体系和治理能力现代化，根据宪法，制定本法。

第二条 【指导思想】坚持中国共产党对国家监察工作的领导，以马克思列宁主义、毛泽东思想、邓小平理论、"三个代表"重要思想、科学发展观、习近平新时代中国特色社会主义思想为指导，构建集中统一、权威高效的中国特色国家监察体制。

第三条 【法律地位】各级监察委员会是行使国家监察职能的专责机关，依照本法对所有行使公权力的公职人员（以下称公职人员）进行监察，调查职务违法和职务犯罪，开展廉政建设和反腐败工作，维护宪法和法律的尊严。

第四条 【依法独立行使监察权】监察委员会依照法律规定独立行使监察权，不受行政机关、社会团体和个人的干涉。

监察机关办理职务违法和职务犯罪案件，应当与审判机关、检察机关、执法部门互相配合，互相制约。

监察机关在工作中需要协助的，有关机关和单位应当根据监察机关的要求依法予以协助。

第五条 【监察原则】国家监察工作严格遵照宪法和法律，以事实为根据，以法律为准绳；权责对等，严格监督；遵守法定程序，公正履行职责；尊重和保障人权，在适用法律上一律平等，保障监察对象及相关人员的合法权益；惩戒与教育相结合，宽严相济。

第六条 【监察地位】国家监察工作坚持标本兼治、综合治理，强化监督问责，严厉惩治腐败；深化改革、健全法治，有效制约和监督权力；加强法治教育和道德教育，弘扬中华优秀传统文化，构建不敢腐、不能腐、不想腐的长效机制。

第二章 监察机关及其职责

第七条 【监察机关设置】中华人民共和国国家监察委员会是最高监察机关。

省、自治区、直辖市、自治州、县、自治县、市、市辖区设立监察委员会。

第八条 【国家监察委员会】国家监察委员会由全国人民代表大会产生，负责全国监察工作。

国家监察委员会由主任、副主任若干人、委员若干人组成，主任由全国人民代表大会选举，副主任、委员由国家监察委员会主任提请全国人民代表大会常务委员会任免。

国家监察委员会主任每届任期同全国人民代表大会每届任期相同，连续任职不得超过两届。

国家监察委员会对全国人民代表大会及其常务委员会负责，并接受其监督。

第九条 【地方各级监察委员会】地方各级监察委员会由本级人民代表大会产生，负责本行政区域内的监察工作。

地方各级监察委员会由主任、副主任若干人、委员若干人组成，主任由本级人民代表大会选举，副主任、委员由监察委员会主任提请本级人民代表大会常务委员会任免。

地方各级监察委员会主任每届任期同本级人民代表大会每届任期相同。

地方各级监察委员会对本级人民代表大会及其常务委员会和上一级监察委员会负责，并接受其监督。

第十条 【上下级关系】国家监察委员会领导地方各级监察委员会的工作，上级监察委员会领导下级监察委员会的工作。

第十一条 【法定职责】监察委员会依照本法和有关法律规定履行监督、调查、处置职责：

（一）对公职人员开展廉政教育，对其依法履职、秉公用权、廉洁从政从业以及道德操守情况进行监督检查；

（二）对涉嫌贪污贿赂、滥用职权、玩忽职守、权力寻租、利益输送、徇私舞弊以及浪费国家资财等职务违法和职务犯罪进行调查；

（三）对违法的公职人员依法作出政务处分决定；对履行职责不力、失职失责的领导人员进行问责；对涉嫌职务犯罪的，将调查结果移送人民检察院依法审查、提起公诉；向监察对象所在单位提出监察建议。

第十二条 【派驻派出】各级监察委员会可以向本级中国共产党机关、国家机关、中国人民政治协商会议委员会机关、法律法规授权或者委托管理公共事务的组织和单位以及辖区内特定区域、国有企业、事业单位等派驻或者派出监察机构、监察专员。

经国家监察委员会批准，国家监察委员会派驻本级实行垂直管理或者双重领导并以上级单位领导为主的单位、国有企业的监察机构、监察专员，可以向驻在单位的下一级单位再派出。

经国家监察委员会批准，国家监察委员会派驻监察机构、监察专员，可以向驻在单位管理领导班子的普通高等学校再派出；国家监察委员会派驻国务院国有资产监督管理机构的监察机构，可以向驻在单位管理领导班子的国有企业再派出。

监察机构、监察专员对派驻或者派出它的监察委员会或者监察机构、监察专员负责。

第十三条　【授权监察】派驻或者派出的监察机构、监察专员根据授权，按照管理权限依法对公职人员进行监督，提出监察建议，依法对公职人员进行调查、处置。

第十四条　【监察官制度】国家实行监察官制度，依法确定监察官的等级设置、任免、考评和晋升等制度。

第三章　监察范围和管辖

第十五条　【监察对象】监察机关对下列公职人员和有关人员进行监察：

（一）中国共产党机关、人民代表大会及其常务委员会机关、人民政府、监察委员会、人民法院、人民检察院、中国人民政治协商会议各级委员会机关、民主党派机关和工商业联合会机关的公务员，以及参照《中华人民共和国公务员法》管理的人员；

（二）法律、法规授权或者受国家机关依法委托管理公共事务的组织中从事公务的人员；

（三）国有企业管理人员；

（四）公办的教育、科研、文化、医疗卫生、体育等单位中从事管理的人员；

（五）基层群众性自治组织中从事管理的人员；

（六）其他依法履行公职的人员。

第十六条　【级别管辖】各级监察机关按照管理权限管辖本辖区内本法第十五条规定的人员所涉监察事项。

上级监察机关可以办理下一级监察机关管辖范围内的监察事项，必要时也可以办理所辖各级监察机关管辖范围内的监察事项。

监察机关之间对监察事项的管辖有争议的，由其共同的上级监察机关确定。

第十七条　【指定管辖】上级监察机关可以将其所管辖的监察事项指定下级监察机关管辖，也可以将下级监察机关有管辖权的监察事项指定给其他监察机关管辖。

监察机关认为所管辖的监察事项重大、复杂，需要由上级监察机关管辖的，可以报请上级监察机关管辖。

第四章　监察权限

第十八条　【监察调查权】监察机关行使监督、调查职权，有权依法向有关单位和个人了解情况，收集、调取证据。有关单位和个人应当如实提供。

监察机关及其工作人员对监督、调查过程中知悉的国家秘密、工作秘密、商业秘密、个人隐私和个人信息，应当保密。

任何单位和个人不得伪造、隐匿或者毁灭证据。

第十九条　【谈话、函询】对可能发生职务违法的监察对象，监察机关按照管理权限，可以直接或者委托有关机关、人员进行谈话，或者进行函询，要求说明情况。

第二十条　【谈话、讯问】在调查过程中，对涉嫌职务违法的被调查人，监察机关可以进行谈话，要求其就涉嫌违法行为作出陈述，必要时向被调查人出具书面通知。

对涉嫌贪污贿赂、失职渎职等职务犯罪的被调查人，监察机关可以进行讯问，要求其如实供述涉嫌犯罪的情况。

第二十一条　【强制到案】监察机关根据案件情况，经依法审批，可以强制涉嫌严重职务违法或者职务犯罪的被调查人到案接受调查。

第二十二条　【询问】在调查过程中，监察机关可以询问证人等人员。

第二十三条　【责令候查】被调查人涉嫌严重职务违法或者职务犯罪，并有下列情形之一的，经监察机关依法审批，可以对其采取责令候查措施：

（一）不具有本法第二十四条第一款所列情形的；

（二）符合留置条件，但患有严重疾病、生活不能自理的，系怀孕或者正在哺乳自己婴儿的妇女，或者生活不能自理的人的唯一扶养人；

（三）案件尚未办结，但留置期限届满或者对被留置人员不需要继续采取留置措施的；

（四）符合留置条件，但因为案件的特殊情况或者办理案件的需要，采取责令候查措施更为适宜的。

被责令候查人员应当遵守以下规定：

（一）未经监察机关批准不得离开所居住的直辖市、设区的市的城市市区或者不设区的市、县的辖区；

（二）住址、工作单位和联系方式发生变动的，在二十四小时以内向监察机关报告；

（三）在接到通知的时候及时到案接受调查；

（四）不得以任何形式干扰证人作证；

（五）不得串供或者伪造、隐匿、毁灭证据。

被责令候查人员违反前款规定，情节严重的，可以依法予以留置。

第二十四条 【留置】被调查人涉嫌贪污贿赂、失职渎职等严重职务违法或者职务犯罪，监察机关已经掌握其部分违法犯罪事实及证据，仍有重要问题需要进一步调查，并有下列情形之一的，经监察机关依法审批，可以将其留置在特定场所：

（一）涉及案情重大、复杂的；

（二）可能逃跑、自杀的；

（三）可能串供或者伪造、隐匿、毁灭证据的；

（四）可能有其他妨碍调查行为的。

对涉嫌行贿犯罪或者共同职务犯罪的涉案人员，监察机关可以依照前款规定采取留置措施。

留置场所的设置、管理和监督依照国家有关规定执行。

第二十五条 【管护】对于未被留置的下列人员，监察机关发现存在逃跑、自杀等重大安全风险的，经依法审批，可以进行管护：

（一）涉嫌严重职务违法或者职务犯罪的自动投案人员；

（二）在接受谈话、函询、询问过程中，交代涉嫌严重职务违法或者职务犯罪问题的人员；

（三）在接受讯问过程中，主动交代涉嫌重大职务犯罪问题的人员。

采取管护措施后，应当立即将被管护人员送留置场所，至迟不得超过二十四小时。

第二十六条 【查询、冻结】监察机关调查涉嫌贪污贿赂、失职渎职等严重职务违法或者职务犯罪，根据工作需要，可以依照规定查询、冻结涉案单位和个人的存款、汇款、债券、股票、基金份额等财产。有关单位和个人应当配合。

冻结的财产经查明与案件无关的，应当在查明后三日内解除冻结，予以退还。

第二十七条 【搜查】监察机关可以对涉嫌职务犯罪的被调查人以及可能隐藏被调查人或者犯罪证据的人的身体、物品、住处和其他有关地方进行搜查。在搜查时，应当出示搜查证，并有被搜查人或者其家属等见证人在场。

搜查女性身体，应当由女性工作人员进行。

监察机关进行搜查时，可以根据工作需要提请公安机关配合。公安机关应当依法予以协助。

第二十八条 【调取、查封、扣押】监察机关在调查过程中，可以调取、查封、扣押用以证明被调查人涉嫌违法犯罪的财物、文件和电子数据等信息。采取调取、查封、扣押措施，应当收集原物原件，会同持有人或者保管人、见证人，当面逐一拍照、登记、编号，开列清单，由在场人员当场核对、签名，并将清单副本交财物、文件的持有人或者保管人。

对调取、查封、扣押的财物、文件，监察机关应当设立专用账户、专门场所，确定专门人员妥善保管，严格履行交接、调取手续，定期对账核实，不得毁损或者用于其他目的。对价值不明物品应当及时鉴定，专门封存保管。

查封、扣押的财物、文件经查明与案件无关的，应当在查明后三日内解除查封、扣押，予以退还。

第二十九条 【勘验检查、调查实验】监察机关在调查过程中，可以直接或者指派、聘请具有专门知识的人在调查人员主持下进行勘验检查。勘验检查情况应当制作笔录，由参加勘验检查的人员和见证人签名或者盖章。

必要时，监察机关可以进行调查实验。调查实验情况应当制作笔录，由参加实验的人员签名或者盖章。

第三十条 【鉴定】监察机关在调查过程中，对于案件中的专门性问题，可以指派、聘请有专门知识的人进行鉴定。鉴定人进行鉴定后，应当出具鉴定意见，并且签名。

第三十一条 【技术调查措施】监察机关调查涉嫌重大贪污贿赂等职务犯罪，根据需要，经过严格的批准手续，可以采取技术调查措施，按照规定交有关机关执行。

批准决定应当明确采取技术调查措施的种类和适用对象，自签发之日起三个月以内有效；对于复杂、疑难案件，期限届满仍有必要继续采取技术调查措施的，经过批准，有效期可以延长，每次不得超过三个月。对于不需要继续采取技术调查措施的，应当及时解除。

第三十二条 【通缉】依法应当留置的被调查人如果在逃，监察机关可以决定在本行政区域内通缉，由公安机关发布通缉令，追捕归案。通缉范围超出本行政区域的，应当报请有权决定的上级监察机关决定。

第三十三条 【限制出境】监察机关为防止被调查人及相关人员逃匿境外，经省级以上监察机关批准，可以对被调查人及相关人员采取限制出境措施，由公安机关依法执行。对于不需要继续采取限制出境措施的，应当及时解除。

第三十四条 【涉嫌职务犯罪的被调查人从宽处罚情形】涉嫌职务犯罪的被调查人主动认罪认罚，有下列情形之一的，监察机关经领导人员集体研究，并报上一级监察机关批准，可以在移送人民检察院时提出从宽处罚的建议：

（一）自动投案，真诚悔罪悔过的；

（二）积极配合调查工作，如实供述监察机关还未掌握的违法犯罪行为的；

（三）积极退赃，减少损失的；

（四）具有重大立功表现或者案件涉及国家重大利益等情形的。

第三十五条 【职务违法犯罪的涉案人员从宽处罚情形】职务违法犯罪的涉案人员揭发有关被调查人职务违法犯罪行为，查证属实的，或者提供重要线索，有助于调查其他案件的，监察机关经领导人员集体研究，并报上一级监察机关批准，可以在移送人民检察院时提出从宽处罚的建议。

第三十六条 【证据】监察机关依照本法规定收集的物证、书证、证人证言、被调查人供述和辩解、视听资料、电子数据等证据材料，在刑事诉讼中可以作为证据使用。

监察机关在收集、固定、审查、运用证据时，应当与刑事审判关于证据的要求和标准相一致。

以非法方法收集的证据应当依法予以排除，不得作为案件处置的依据。

第三十七条 【公职人员涉嫌职务违法或者职务犯罪问题线索移送及管辖】人民法院、人民检察院、公安机关、审计机关等国家机关在工作中发现公职人员涉嫌贪污贿赂、失职渎职等职务违法或者职务犯罪的问题线索，应当移送监察机关，由监察机关依法调查处置。

被调查人既涉嫌严重职务违法或者职务犯罪，又涉嫌其他违法犯罪的，一般应当由监察机关为主调查，其他机关予以协助。

第五章 监察程序

第三十八条 【报案与举报】监察机关对于报案或者举报，应当接受并按照有关规定处理。对于不属于本机关管辖的，应当移送主管机关处理。

第三十九条 【线索管理】监察机关应当严格按照程序开展工作，建立问题线索处置、调查、审理各部门相互协调、相互制约的工作机制。

监察机关应当加强对调查、处置工作全过程的监督管理，设立相应的工作部门履行线索管理、监督检查、督促办理、统计分析等管理协调职能。

第四十条 【线索处置】监察机关对监察对象的问题线索，应当按照有关规定提出处置意见，履行审批手续，进行分类办理。线索处置情况应当定期汇总、通报，定期检查、抽查。

第四十一条 【线索初步核实】需要采取初步核实方式处置问题线索的，监察机关应当依法履行审批程序，成立核查组。初步核实工作结束后，核查组应当撰写初步核实情况报告，提出处理建议。承办部门应当提出分类处理意见。初步核实情况报告和分类处理意见报监察机关主要负责人审批。

第四十二条 【立案】经过初步核实，对监察对象涉嫌职务违法犯罪，需要追究法律责任的，监察机关应当按照规定的权限和程序办理立案手续。

监察机关主要负责人依法批准立案后，应当主持召开专题会议，研究确定调查方案，决定需要采取的调查措施。

立案调查决定应当向被调查人宣布，并通报相关组织。涉嫌严重职务违法或者职务犯罪的，应当通知被调查人家属，并向社会公开发布。

第四十三条 【调查取证】监察机关对职务违法和职务犯罪案件，应当进行调查，收集被调查人有无违法犯罪以及情节轻重的证据，查明违法犯罪事实，形成相互印证、完整稳定的证据链。

调查人员应当依法文明规范开展调查工作。严禁以暴力、威胁、引诱、欺骗及其他非法方式收集证据，严禁侮辱、打骂、虐待、体罚或者变相体罚被调查人和涉案人员。

监察机关及其工作人员在履行职责过程中应当依法保护企业产权和自主经营权，严禁利用职权非法干扰企业生产经营。需要企业经营者协助调查的，应当保障其人身权利、财产权利和其他合法权益，避免或者尽量减少对企业正常生产经营活动的影响。

第四十四条 【调查程序】调查人员采取讯问、询问、强制到案、责令候查、管护、留置、搜查、调取、查封、扣押、勘验检查等调查措施，均应当依照规定出示证件，出具书面通知，由二人以上进行，形成笔录、报告等书面材料，并由相关人员签名、盖章。

调查人员进行讯问以及搜查、查封、扣押等重要取证工作，应当对全过程进行录音录像，留存备查。

第四十五条 【调查限定原则】调查人员应当严格执行调查方案，不得随意扩大调查范围、变更调查对象和事项。

对调查过程中的重要事项，应当集体研究后按程序请示报告。

第四十六条 【强制到案、责令候查、管护的审批及时间】采取强制到案、责令候查或者管护措施，应当按照规定的权限和程序，经监察机关主要负责人批准。

强制到案持续的时间不得超过十二小时；需要采取管护或者留置措施的，强制到案持续的时间不得超过二十四小时。不得以连续强制到案的方式变相拘禁被调查人。

责令候查最长不得超过十二个月。

监察机关采取管护措施的，应当在七日以内依法作出留置或者解除管护的决定，特殊情况下可以延长一日至三日。

第四十七条 【留置措施的报批】监察机关采取留置措施，应当由监察机关领导人员集体研究决定。设区的市级以下监察机关采取留置措施，应当报上一级监察机关批准。省级监察机关采取留置措施，应当报国家监察委员会备案。

第四十八条 【留置时间】留置时间不得超过三个月。在特殊情况下，可以延长一次，延长时间不得超过三个月。省级以下监察机关采取留置措施的，延长留置时间应当报上一级监察机关批准。监察机关发现采取留置措施不当或者不需要继续采取留置措施的，应当及时解除或者变更为责令候查措施。

对涉嫌职务犯罪的被调查人可能判处十年有期徒刑以上刑罚，监察机关依照前款规定延长期限届满，仍不能调查终结的，经国家监察委员会批准或者决定，可以再延长二个月。

省级以上监察机关在调查期间，发现涉嫌职务犯罪的被调查人另有与留置时的罪行不同种的重大职务犯罪或者同种的影响罪名认定、量刑档次的重大职务犯罪，经国家监察委员会批准或者决定，自发现之日起依照本条第一款的规定重新计算留置时间。留置时间重新计算以一次为限。

第四十九条 【公安机关协助】监察机关采取强制到案、责令候查、管护、留置措施，可以根据工作需要提请公安机关配合。公安机关应当依法予以协助。

省级以下监察机关留置场所的看护勤务由公安机关负责，国家监察委员会留置场所的看护勤务由国家另行规定。留置看护队伍的管理依照国家有关规定执行。

第五十条 【管护或者留置的执行】采取管护或者留置措施后，应当在二十四小时以内，通知被管护人员、被留置人员所在单位和家属，但有可能伪造、隐匿、毁灭证据，干扰证人作证或者串供等有碍调查情形的除外。有碍调查的情形消失后，应当立即通知被管护人员、被留置人员所在单位和家属。解除管护或者留置的，应当及时通知被管护人员、被留置人员所在单位和家属。

被管护人员、被留置人员及其近亲属有权申请变更管护、留置措施。监察机关收到申请后，应当在三日以内作出决定；不同意变更措施的，应当告知申请人，并说明不同意的理由。

监察机关应当保障被强制到案人员、被管护人员以及被留置人员的饮食、休息和安全，提供医疗服务。对其谈话、讯问的，应当合理安排时间和时长，谈话笔录、讯问笔录由被谈话人、被讯问人阅看后签名。

被管护人员、被留置人员涉嫌犯罪移送司法机关后，被依法判处管制、拘役或者有期徒刑的，管护、留置一日折抵管制二日，折抵拘役、有期徒刑一日。

第五十一条 【审理审议】监察机关在调查工作结束后，应当依法对案件事实和证据、性质认定、程序手续、涉案财物等进行全面审理，形成审理报告，提请集体审议。

第五十二条 【调查处置】监察机关根据监督、调查结果，依法作出如下处置：

（一）对有职务违法行为但情节较轻的公职人员，按照管理权限，直接或者委托有关机关、人员，进行谈话提醒、批评教育、责令检查，或者予以诫勉；

（二）对违法的公职人员依照法定程序作出警告、记过、记大过、降级、撤职、开除等政务处分决定；

（三）对不履行或者不正确履行职责负有责任的领导人员，按照管理权限对其直接作出问责决定，或者向有权作出问责决定的机关提出问责建议；

（四）对涉嫌职务犯罪的，监察机关经调查认为犯罪事实清楚，证据确实、充分的，制作起诉意见书，连同案卷材料、证据一并移送人民检察院依法审查、提起公诉；

（五）对监察对象所在单位廉政建设和履行职责存在的问题等提出监察建议。

监察机关经调查，对没有证据证明被调查人存在违法犯罪行为的，应当撤销案件，并通知被调查人所在单位。

第五十三条 【违法财物处置】监察机关经调查，对违法取得的财物，依法予以没收、追缴或者责令退赔；对涉嫌犯罪取得的财物，应当随案移送人民检察院。

第五十四条 【审查起诉】对监察机关移送的案件，人民检察院依照《中华人民共和国刑事诉讼法》对被调查人采取强制措施。

人民检察院经审查，认为犯罪事实已经查清，证据确实、充分，依法应当追究刑事责任的，应当作出起诉决定。

人民检察院经审查，认为需要补充核实的，应当退回监察机关补充调查，必要时可以自行补充侦查。对于补充调查的案件，应当在一个月内补充调查完毕。补充调查以二次为限。

人民检察院对于有《中华人民共和国刑事诉讼法》规定的不起诉的情形的，经上一级人民检察院批准，依法作出不起诉的决定。监察机关认为不起诉的决定有错误的，可以向上一级人民检察院提请复议。

第五十五条　【被调查人逃匿或者死亡情况的处理】监察机关在调查贪污贿赂、失职渎职等职务犯罪案件过程中，被调查人逃匿或者死亡，有必要继续调查的，应当继续调查并作出结论。被调查人逃匿，在通缉一年后不能到案，或者死亡的，由监察机关提请人民检察院依照法定程序，向人民法院提出没收违法所得的申请。

第五十六条　【处理决定的救济】监察对象对监察机关作出的涉及本人的处理决定不服的，可以在收到处理决定之日起一个月内，向作出决定的监察机关申请复审，复审机关应当在一个月内作出复审决定；监察对象对复审决定仍不服的，可以在收到复审决定之日起一个月内，向上一级监察机关申请复核，复核机关应当在二个月内作出复核决定。复审、复核期间，不停止原处理决定的执行。复核机关经审查，认定处理决定有错误的，原处理机关应当及时予以纠正。

第六章　反腐败国际合作

第五十七条　【国际交流、合作】国家监察委员会统筹协调与其他国家、地区、国际组织开展的反腐败国际交流、合作，组织反腐败国际条约实施工作。

第五十八条　【国际执法司法合作和司法协助】国家监察委员会会同有关单位加强与有关国家、地区、国际组织在反腐败方面开展引渡、移管被判刑人、遣返、联合调查、调查取证、资产追缴和信息交流等执法司法合作和司法协助。

第五十九条　【国际追逃追赃防逃组织协调】国家监察委员会加强对反腐败国际追逃追赃和防逃工作的组织协调，督促有关单位做好相关工作：

（一）对于重大贪污贿赂、失职渎职等职务犯罪案件，被调查人逃匿到国（境）外，掌握证据比较确凿的，通过开展境外追逃合作，追捕归案；

（二）向赃款赃物所在国请求查询、冻结、扣押、没收、追缴、返还涉案资产；

（三）查询、监控涉嫌职务犯罪的公职人员及其相关人员进出国（境）和跨境资金流动情况，在调查案件过程中设置防逃程序。

第七章　对监察机关和监察人员的监督

第六十条　【人大监督】各级监察委员会应当接受本级人民代表大会及其常务委员会的监督。

各级人民代表大会常务委员会听取和审议本级监察委员会的专项工作报告，组织执法检查。

县级以上各级人民代表大会及其常务委员会举行会议时，人民代表大会代表或者常务委员会组成人员可以依照法律规定的程序，就监察工作中的有关问题提出询问或者质询。

第六十一条　【社会监督】监察机关应当依法公开监察工作信息，接受民主监督、社会监督、舆论监督。

第六十二条　【特约监察员监督】监察机关根据工作需要，可以从各方面代表中聘请特约监察员。特约监察员按照规定对监察机关及其工作人员履行职责情况实行监督。

第六十三条　【内部监督】监察机关通过设立内部专门的监督机构等方式，加强对监察人员执行职务和遵守法律情况的监督，建设忠诚、干净、担当的监察队伍。

第六十四条　【禁闭】监察人员涉嫌严重职务违法或者职务犯罪，为防止造成更为严重的后果或者恶劣影响，监察机关经依法审批，可以对其采取禁闭措施。禁闭的期限不得超过七日。

被禁闭人员应当配合监察机关调查。监察机关经调查发现被禁闭人员符合管护或者留置条件的，可以对其采取管护或者留置措施。

本法第五十条的规定，适用于禁闭措施。

第六十五条　【监察人员法定义务】监察人员必须模范遵守宪法和法律，忠于职守、秉公执法，清正廉洁、保守秘密；必须具有良好的政治素质，熟悉监察业务，具备运用法律、法规、政策和调查取证等能力，自觉接受监督。

第六十六条　【登记备案制度】对于监察人员打听案情、过问案件、说情干预的，办理监察事项的监察人员应当及时报告。有关情况应当登记备案。

发现办理监察事项的监察人员未经批准接触被调查人、涉案人员及其特定关系人，或者存在交往情形的，知情人应当及时报告。有关情况应当登记备案。

第六十七条　【回避制度】办理监察事项的监察人员有下列情形之一的，应当自行回避，监察对象、检举人及其他有关人员也有权要求其回避：

（一）是监察对象或者检举人的近亲属的；

（二）担任过本案的证人的；

（三）本人或者其近亲属与办理的监察事项有利害关系的；

（四）有可能影响监察事项公正处理的其他情形的。

第六十八条 【离任后的义务】监察机关涉密人员离岗离职后，应当遵守脱密期管理规定，严格履行保密义务，不得泄露相关秘密。

监察人员辞职、退休三年内，不得从事与监察和司法工作相关联且可能发生利益冲突的职业。

第六十九条 【申诉权】监察机关及其工作人员有下列行为之一的，被调查人及其近亲属、利害关系人有权向该机关申诉：

（一）采取强制到案、责令候查、管护、留置或者禁闭措施法定期限届满，不予以解除或者变更的；

（二）查封、扣押、冻结与案件无关或者明显超出涉案范围的财物的；

（三）应当解除查封、扣押、冻结措施而不解除的；

（四）贪污、挪用、私分、调换或者违反规定使用查封、扣押、冻结的财物的；

（五）利用职权非法干扰企业生产经营或者侵害企业经营者人身权利、财产权利和其他合法权益的；

（六）其他违反法律法规、侵害被调查人合法权益的行为。

受理申诉的监察机关应当在受理申诉之日起一个月内作出处理决定。申诉人对处理决定不服的，可以在收到处理决定之日起一个月内向上一级监察机关申请复查，上一级监察机关应当在收到复查申请之日起二个月内作出处理决定，情况属实的，及时予以纠正。

第七十条 【错案追责】对调查工作结束后发现立案依据不充分或者失实，案件处置出现重大失误，监察人员严重违法的，应当追究负有责任的领导人员和直接责任人员的责任。

第八章 法律责任

第七十一条 【拒不执行监察决定、无正当理由拒不采纳监察建议的法律责任】有关单位拒不执行监察机关作出的处理决定，或者无正当理由拒不采纳监察建议的，由其主管部门、上级机关责令改正，对单位给予通报批评；对负有责任的领导人员和直接责任人员依法给予处理。

第七十二条 【妨害监察行为的法律责任】有关人员违反本法规定，有下列行为之一的，由其所在单位、主管部门、上级机关或者监察机关责令改正，依法给予处理：

（一）不按要求提供有关材料，拒绝、阻碍调查措施实施等拒不配合监察机关调查的；

（二）提供虚假情况，掩盖事实真相的；

（三）串供或者伪造、隐匿、毁灭证据的；

（四）阻止他人揭发检举、提供证据的；

（五）其他违反本法规定的行为，情节严重的。

第七十三条 【诬告陷害行为的法律责任】监察对象对控告人、检举人、证人或者监察人员进行报复陷害的；控告人、检举人、证人捏造事实诬告陷害监察对象的，依法给予处理。

第七十四条 【负有责任的领导人员和直接责任人员的法律责任】监察机关及其工作人员有下列行为之一的，对负有责任的领导人员和直接责任人员依法给予处理：

（一）未经批准、授权处置问题线索，发现重大案情隐瞒不报，或者私自留存、处理涉案材料的；

（二）利用职权或者职务上的影响干预调查工作、以案谋私的；

（三）违法窃取、泄露调查工作信息，或者泄露举报事项、举报受理情况以及举报人信息的；

（四）对被调查人或者涉案人员逼供、诱供，或者侮辱、打骂、虐待、体罚或者变相体罚的；

（五）违反规定处置查封、扣押、冻结的财物的；

（六）违反规定发生办案安全事故，或者发生安全事故后隐瞒不报、报告失实、处置不当的；

（七）违反规定采取强制到案、责令候查、管护、留置或者禁闭措施，或者法定期限届满，不予以解除或者变更的；

（八）违反规定采取技术调查、限制出境措施，或者不按规定解除技术调查、限制出境措施的；

（九）利用职权非法干扰企业生产经营或者侵害企业经营者人身权利、财产权利和其他合法权益的；

（十）其他滥用职权、玩忽职守、徇私舞弊的行为。

第七十五条 【刑事责任】违反本法规定，构成犯罪的，依法追究刑事责任。

第七十六条 【国家赔偿责任】监察机关及其工作人员行使职权，侵犯公民、法人和其他组织的合法权益造成损害的，依法给予国家赔偿。

第九章 附则

第七十七条 【具体授权】中国人民解放军和中国人民武装警察部队开展监察工作，由中央军事委员会根据本法制定具体规定。

第七十八条 【施行日期】本法自公布之日起施行。《中华人民共和国行政监察法》同时废止。

中华人民共和国监察法实施条例

1. 2021年9月20日国家监察委员会公告第1号公布
2. 自2021年9月20日起施行

目　　录

第一章　总　　则

第一条　为了推动监察工作法治化、规范化，根据《中华人民共和国监察法》（以下简称监察法），结合工作实际，制定本条例。

第二条　坚持中国共产党对监察工作的全面领导，增强政治意识、大局意识、核心意识、看齐意识，坚定中国特色社会主义道路自信、理论自信、制度自信、文化自信，坚决维护习近平总书记党中央的核心、全党的核心地位，坚决维护党中央权威和集中统一领导，把党的领导贯彻到监察工作各方面和全过程。

第三条　监察机关与党的纪律检查机关合署办公，坚持法治思维和法治方式，促进执纪执法贯通、有效衔接司法，实现依纪监督和依法监察、适用纪律和适用法律有机融合。

第四条　监察机关应当依法履行监督、调查、处置职责，坚持实事求是，坚持惩前毖后、治病救人，坚持惩戒与教育相结合，实现政治效果、法律效果和社会效果相统一。

第五条　监察机关应当坚定不移惩治腐败，推动深化改革、完善制度，规范权力运行，加强思想道德教育、法治教育、廉洁教育，引导公职人员提高觉悟、担当作为、依法履职，一体推进不敢腐、不能腐、不想腐体制机制建设。

第六条　监察机关坚持民主集中制，对于线索处置、立案调查、案件审理、处置执行、复审复核中的重要事项应当集体研究，严格按照权限履行请示报告程序。

第七条　监察机关应当在适用法律上一律平等，充分保障监察对象以及相关人员的人身权、知情权、财产权、申辩权、申诉权以及申请复审复核权等合法权益。

第八条　监察机关办理职务犯罪案件，应当与人民法院、人民检察院互相配合、互相制约，在案件管辖、证据审查、案件移送、涉案财物处置等方面加强沟通协调，对于人民法院、人民检察院提出的退回补充调查、排除非法证据、调取同步录音录像、要求调查人员出庭等意见依法办理。

第九条　监察机关开展监察工作，可以依法提请组织人事、公安、国家安全、审计、统计、市场监管、金融监管、财政、税务、自然资源、银行、证券、保险等有关部门、单位予以协助配合。

有关部门、单位应当根据监察机关的要求，依法协助采取有关措施、共享相关信息、提供相关资料和专业技术支持，配合开展监察工作。

第二章　监察机关及其职责

第一节　领导体制

第十条　国家监察委员会在党中央领导下开展工作。地方各级监察委员会在同级党委和上级监察委员会双重领导下工作，监督执法调查工作以上级监察委员会领导为主，线索处置和案件查办在向同级党委报告的同时应当一并向上一级监察委员会报告。

上级监察委员会应当加强对下级监察委员会的领导。下级监察委员会对上级监察委员会的决定必须执行，认为决定不当的，应当在执行的同时向上级监察委员会反映。上级监察委员会对下级监察委员会作出的错误决定，应当按程序予以纠正，或者要求下级监察委员会予以纠正。

第十一条　上级监察委员会可以依法统一调用所辖各级监察机关的监察人员办理监察事项。调用决定应当以书面形式作出。

监察机关办理监察事项应当加强互相协作和配合，对于重要、复杂事项可以提请上级监察机关予以协调。

第十二条　各级监察委员会依法向本级中国共产党机关、国家机关、法律法规授权或者受委托管理公共事务的组织和单位以及所管辖的国有企业事业单位等派驻或者派出监察机构、监察专员。

省级和设区的市级监察委员会依法向地区、盟、开发区等不设置人民代表大会的区域派出监察机构或者监察专员。县级监察委员会和直辖市所辖区（县）监察委员会可以向街道、乡镇等区域派出监察机构或者监察专员。

监察机构、监察专员开展监察工作,受派出机关领导。

第十三条 派驻或者派出的监察机构、监察专员根据派出机关授权,按照管理权限依法对派驻或者派出监督单位、区域等的公职人员开展监督,对职务违法和职务犯罪进行调查、处置。监察机构、监察专员可以按规定与地方监察委员会联合调查严重职务违法、职务犯罪,或者移交地方监察委员会调查。

未被授予职务犯罪调查权的监察机构、监察专员发现监察对象涉嫌职务犯罪线索的,应当及时向派出机关报告,由派出机关调查或者依法移交有关地方监察委员会调查。

第二节 监察监督

第十四条 监察机关依法履行监察监督职责,对公职人员政治品行、行使公权力和道德操守情况进行监督检查,督促有关机关、单位加强对所属公职人员的教育、管理、监督。

第十五条 监察机关应当坚决维护宪法确立的国家指导思想,加强对公职人员特别是领导人员坚持党的领导、坚持中国特色社会主义制度,贯彻落实党和国家路线方针政策、重大决策部署,履行从严管理监督职责,依法行使公权力等情况的监督。

第十六条 监察机关应当加强对公职人员理想教育、为人民服务教育、宪法法律法规教育、优秀传统文化教育,弘扬社会主义核心价值观,深入开展警示教育,教育引导公职人员树立正确的权力观、责任观、利益观,保持为民务实清廉本色。

第十七条 监察机关应当结合公职人员的职责加强日常监督,通过收集群众反映、座谈走访、查阅资料、召集或者列席会议、听取工作汇报和述责述廉、开展监督检查等方式,促进公职人员依法用权、秉公用权、廉洁用权。

第十八条 监察机关可以与公职人员进行谈心谈话,发现政治品行、行使公权力和道德操守方面有苗头性、倾向性问题的,及时进行教育提醒。

第十九条 监察机关对于发现的系统性、行业性的突出问题,以及群众反映强烈的问题,可以通过专项检查进行深入了解,督促有关机关、单位强化治理,促进公职人员履职尽责。

第二十条 监察机关应当以办案促进整改、以监督促进治理,在查清问题、依法处置的同时,剖析问题发生的原因,发现制度建设、权力配置、监督机制等方面存在的问题,向有关机关、单位提出改进工作的意见或者监察建议,促进完善制度,提高治理效能。

第二十一条 监察机关开展监察监督,应当与纪律监督、派驻监督、巡视监督统筹衔接,与人大监督、民主监督、行政监督、司法监督、审计监督、财会监督、统计监督、群众监督和舆论监督等贯通协调,健全信息、资源、成果共享等机制,形成监督合力。

第三节 监察调查

第二十二条 监察机关依法履行监察调查职责,依据监察法、《中华人民共和国公职人员政务处分法》(以下简称政务处分法)和《中华人民共和国刑法》(以下简称刑法)等规定对职务违法和职务犯罪进行调查。

第二十三条 监察机关负责调查的职务违法是指公职人员实施的与其职务相关联,虽不构成犯罪但依法应当承担法律责任的下列违法行为:

(一)利用职权实施的违法行为;

(二)利用职务上的影响实施的违法行为;

(三)履行职责不力、失职失责的违法行为;

(四)其他违反与公职人员职务相关的特定义务的违法行为。

第二十四条 监察机关发现公职人员存在其他违法行为,具有下列情形之一的,可以依法进行调查、处置:

(一)超过行政违法追究时效,或者超过犯罪追诉时效、未追究刑事责任,但需要依法给予政务处分的;

(二)被追究行政法律责任,需要依法给予政务处分的;

(三)监察机关调查职务违法或者职务犯罪时,对被调查人实施的事实简单、清楚,需要依法给予政务处分的其他违法行为一并查核的。

监察机关发现公职人员成为监察对象前有前款规定的违法行为的,依照前款规定办理。

第二十五条 监察机关依法对监察法第十一条第二项规定的职务犯罪进行调查。

第二十六条 监察机关依法调查涉嫌贪污贿赂犯罪,包括贪污罪,挪用公款罪,受贿罪,单位受贿罪,利用影响力受贿罪,行贿罪,对有影响力的人行贿罪,对单位行贿罪,介绍贿赂罪,单位行贿罪,巨额财产来源不明罪,隐瞒境外存款罪,私分国有资产罪,私分罚没财物罪,以及公职人员在行使公权力过程中实施的职务侵占罪,挪用资金罪,对外国公职人员、国际公共组织官员行贿罪,非国家工作人员受贿罪和相关联的对非国家工作人员行贿罪。

第二十七条 监察机关依法调查公职人员涉嫌滥用职权

犯罪，包括滥用职权罪，国有公司、企业、事业单位人员滥用职权罪，滥用管理公司、证券职权罪，食品、药品监管渎职罪，故意泄露国家秘密罪，报复陷害罪，阻碍解救被拐卖、绑架妇女、儿童罪，帮助犯罪分子逃避处罚罪，违法发放林木采伐许可证罪，办理偷越国（边）境人员出入境证件罪，放行偷越国（边）境人员罪，挪用特定款物罪，非法剥夺公民宗教信仰自由罪，侵犯少数民族风俗习惯罪，打击报复会计、统计人员罪，以及司法工作人员以外的公职人员利用职权实施的非法拘禁罪、虐待被监管人罪、非法搜查罪。

第二十八条 监察机关依法调查公职人员涉嫌玩忽职守犯罪，包括玩忽职守罪，国有公司、企业、事业单位人员失职罪，签订、履行合同失职被骗罪，国家机关工作人员签订、履行合同失职被骗罪，环境监管失职罪，传染病防治失职罪，商检失职罪，动植物检疫失职罪，不解救被拐卖、绑架妇女、儿童罪，失职造成珍贵文物损毁、流失罪，过失泄露国家秘密罪。

第二十九条 监察机关依法调查公职人员涉嫌徇私舞弊犯罪，包括徇私舞弊低价折股、出售国有资产罪，非法批准征收、征用、占用土地罪，非法低价出让国有土地使用权罪，非法经营同类营业罪，为亲友非法牟利罪，枉法仲裁罪，徇私舞弊发售发票、抵扣税款、出口退税罪，商检徇私舞弊罪，动植物检疫徇私舞弊罪，放纵走私罪，放纵制售伪劣商品犯罪行为罪，招收公务员、学生徇私舞弊罪，徇私舞弊不移交刑事案件罪，违法提供出口退税凭证罪，徇私舞弊不征、少征税款罪。

第三十条 监察机关依法调查公职人员在行使公权力过程中涉及的重大责任事故犯罪，包括重大责任事故罪，教育设施重大安全事故罪，消防责任事故罪，重大劳动安全事故罪，强令、组织他人违章冒险作业罪，危险作业罪，不报、谎报安全事故罪，铁路运营安全事故罪，重大飞行事故罪，大型群众性活动重大安全事故罪，危险物品肇事罪，工程重大安全事故罪。

第三十一条 监察机关依法调查公职人员在行使公权力过程中涉及的其他犯罪，包括破坏选举罪，背信损害上市公司利益罪，金融工作人员购买假币、以假币换取货币罪，利用未公开信息交易罪，诱骗投资者买卖证券、期货合约罪，背信运用受托财产罪，违法运用资金罪，违法发放贷款罪，吸收客户资金不入账罪，违规出具金融票证罪，对违法票据承兑、付款、保证罪，非法转让、倒卖土地使用权罪，私自开拆、隐匿、毁弃邮件、电报罪，故意延误投递邮件罪，泄露不应公开的案件信息罪，披露、报道不应公开的案件信息罪，接送不合格兵员罪。

第三十二条 监察机关发现依法由其他机关管辖的违法犯罪线索，应当及时移送有管辖权的机关。

监察机关调查结束后，对于应当给予被调查人或者涉案人员行政处罚等其他处理的，依法移送有关机关。

第四节 监察处置

第三十三条 监察机关对违法的公职人员，依据监察法、政务处分法等规定作出政务处分决定。

第三十四条 监察机关在追究违法的公职人员直接责任的同时，依法对履行职责不力、失职失责，造成严重后果或者恶劣影响的领导人员予以问责。

监察机关应当组成调查组依法开展问责调查。调查结束后经集体讨论形成调查报告，需要进行问责的按照管理权限作出问责决定，或者向有权作出问责决定的机关、单位书面提出问责建议。

第三十五条 监察机关对涉嫌职务犯罪的人员，经调查认为犯罪事实清楚，证据确实、充分，需要追究刑事责任的，依法移送人民检察院审查起诉。

第三十六条 监察机关根据监督、调查结果，发现监察对象所在单位在廉政建设、权力制约、监督管理、制度执行以及履行职责等方面存在问题需要整改纠正的，依法提出监察建议。

监察机关应当跟踪了解监察建议的采纳情况，指导、督促有关单位限期整改，推动监察建议落实到位。

第三章 监察范围和管辖

第一节 监察对象

第三十七条 监察机关依法对所有行使公权力的公职人员进行监察，实现国家监察全面覆盖。

第三十八条 监察法第十五条第一项所称公务员范围，依据《中华人民共和国公务员法》（以下简称公务员法）确定。

监察法第十五条第一项所称参照公务员法管理的人员，是指有关单位中经批准参照公务员法进行管理的工作人员。

第三十九条 监察法第十五条第二项所称法律、法规授权或者受国家机关依法委托管理公共事务的组织中从事公务的人员，是指在上述组织中，除参照公务员法管理的人员外，对公共事务履行组织、领导、管理、监督等职责的人员，包括具有公共事务管理职能的行业协会等组织中从事公务的人员，以及法定检验检测、检疫等机构中从事公务的人员。

第四十条 监察法第十五条第三项所称国有企业管理人员，是指国家出资企业中的下列人员：

（一）在国有独资、全资公司、企业中履行组织、领导、管理、监督等职责的人员；

（二）经党组织或者国家机关，国有独资、全资公司、企业，事业单位提名、推荐、任命、批准等，在国有控股、参股公司及其分支机构中履行组织、领导、管理、监督等职责的人员；

（三）经国家出资企业中负有管理、监督国有资产职责的组织批准或者研究决定，代表其在国有控股、参股公司及其分支机构中从事组织、领导、管理、监督等工作的人员。

第四十一条 监察法第十五条第四项所称公办的教育、科研、文化、医疗卫生、体育等单位中从事管理的人员，是指国家为了社会公益目的，由国家机关举办或者其他组织利用国有资产举办的教育、科研、文化、医疗卫生、体育等事业单位中，从事组织、领导、管理、监督等工作的人员。

第四十二条 监察法第十五条第五项所称基层群众性自治组织中从事管理的人员，是指该组织中的下列人员：

（一）从事集体事务和公益事业管理的人员；

（二）从事集体资金、资产、资源管理的人员；

（三）协助人民政府从事行政管理工作的人员，包括从事救灾、防疫、抢险、防汛、优抚、帮扶、移民、救济款物的管理，社会捐助公益事业款物的管理，国有土地的经营和管理，土地征收、征用补偿费用的管理，代征、代缴税款，有关计划生育、户籍、征兵工作，协助人民政府等国家机关在基层群众性自治组织中从事的其他管理工作。

第四十三条 下列人员属于监察法第十五条第六项所称其他依法履行公职的人员：

（一）履行人民代表大会职责的各级人民代表大会代表，履行公职的中国人民政治协商会议各级委员会委员、人民陪审员、人民监督员；

（二）虽未列入党政机关人员编制，但在党政机关中从事公务的人员；

（三）在集体经济组织等单位、组织中，由党组织或者国家机关，国有独资、全资公司、企业，国家出资企业中负有管理监督国有和集体资产职责的组织，事业单位提名、推荐、任命、批准等，从事组织、领导、管理、监督等工作的人员；

（四）在依法组建的评标、谈判、询价等组织中代表国家机关，国有独资、全资公司、企业，事业单位，人民团体临时履行公共事务组织、领导、管理、监督等职责的人员；

（五）其他依法行使公权力的人员。

第四十四条 有关机关、单位、组织集体作出的决定违法或者实施违法行为的，监察机关应当对负有责任的领导人员和直接责任人员中的公职人员依法追究法律责任。

第二节 管 辖

第四十五条 监察机关开展监督、调查、处置，按照管理权限与属地管辖相结合的原则，实行分级负责制。

第四十六条 设区的市级以上监察委员会按照管理权限，依法管辖同级党委管理的公职人员涉嫌职务违法和职务犯罪案件。

县级监察委员会和直辖市所辖区（县）监察委员会按照管理权限，依法管辖本辖区内公职人员涉嫌职务违法和职务犯罪案件。

地方各级监察委员会按照本条例第十三条、第四十九条规定，可以依法管辖工作单位在本辖区内的有关公职人员涉嫌职务违法和职务犯罪案件。

监察机关调查公职人员涉嫌职务犯罪案件，可以依法对涉嫌行贿犯罪、介绍贿赂犯罪或者共同职务犯罪的涉案人员中的非公职人员一并管辖。非公职人员涉嫌利用影响力受贿罪的，按照其所利用的公职人员的管理权限确定管辖。

第四十七条 上级监察机关对于下一级监察机关管辖范围内的职务违法和职务犯罪案件，具有下列情形之一的，可以依法提级管辖：

（一）在本辖区有重大影响的；

（二）涉及多个下级监察机关管辖的监察对象，调查难度大的；

（三）其他需要提级管辖的重大、复杂案件。

上级监察机关对于所辖各级监察机关管辖范围内有重大影响的案件，必要时可以依法直接调查或者组织、指挥、参与调查。

地方各级监察机关所管辖的职务违法和职务犯罪案件，具有第一款规定情形的，可以依法报请上一级监察机关管辖。

第四十八条 上级监察机关可以依法将其所管辖的案件指定下级监察机关管辖。

设区的市级监察委员会将同级党委管理的公职人员涉嫌职务违法或者职务犯罪案件指定下级监察委员会管辖的，应当报省级监察委员会批准；省级监察委员会将同级党委管理的公职人员涉嫌职务违法或者职务犯罪案件指定下级监察委员会管辖的，应当报国家监察委员会相关监督检查部门备案。

上级监察机关对于下级监察机关管辖的职务违法和职务犯罪案件，具有下列情形之一，认为由其他下级监察机关管辖更为适宜的，可以依法指定给其他下级监察机关管辖：

（一）管辖有争议的；

（二）指定管辖有利于案件公正处理的；

（三）下级监察机关报请指定管辖的；

（四）其他有必要指定管辖的。

被指定的下级监察机关未经指定管辖的监察机关批准，不得将案件再行指定管辖。发现新的职务违法或者职务犯罪线索，以及其他重要情况、重大问题，应当及时向指定管辖的监察机关请示报告。

第四十九条 工作单位在地方、管理权限在主管部门的公职人员涉嫌职务违法和职务犯罪，一般由驻在主管部门、有管辖权的监察机构、监察专员管辖；经协商，监察机构、监察专员可以按规定移交公职人员工作单位所在地的地方监察委员会调查，或者与地方监察委员会联合调查。地方监察委员会在工作中发现上述公职人员有关问题线索，应当向驻在主管部门、有管辖权的监察机构、监察专员通报，并协商确定管辖。

前款规定单位的其他公职人员涉嫌职务违法和职务犯罪，可以由地方监察委员会管辖；驻在主管部门的监察机构、监察专员自行立案调查的，应当及时通报地方监察委员会。

地方监察委员会调查前两款规定案件，应当将立案、留置、移送审查起诉、撤销案件等重要情况向驻在主管部门的监察机构、监察专员通报。

第五十条 监察机关办理案件中涉及无隶属关系的其他监察机关的监察对象，认为需要立案调查的，应当商请有管理权限的监察机关依法立案调查。商请立案时，应当提供涉案人员基本情况、已经查明的涉嫌违法犯罪事实以及相关证据材料。

承办案件的监察机关认为由其一并调查更为适宜的，可以报请有权决定的上级监察机关指定管辖。

第五十一条 公职人员既涉嫌贪污贿赂、失职渎职等严重职务违法和职务犯罪，又涉嫌公安机关、人民检察院等机关管辖的犯罪，依法由监察机关为主调查的，应当由监察机关和其他机关分别依职权立案，监察机关承担组织协调职责，协调调查和侦查工作进度、重要调查和侦查措施使用等重要事项。

第五十二条 监察机关必要时可以依法调查司法工作人员利用职权实施的涉嫌非法拘禁、刑讯逼供、非法搜查等侵犯公民权利、损害司法公正的犯罪，并在立案后及时通报同级人民检察院。

监察机关在调查司法工作人员涉嫌贪污贿赂等职务犯罪中，可以对其涉嫌的前款规定的犯罪一并调查，并及时通报同级人民检察院。人民检察院在办理直接受理侦查的案件中，发现犯罪嫌疑人同时涉嫌监察机关管辖的其他职务犯罪，经沟通全案移送监察机关管辖的，监察机关应当依法进行调查。

第五十三条 监察机关对于退休公职人员在退休前或者退休后，或者离职、死亡的公职人员在履职期间实施的涉嫌职务违法或者职务犯罪行为，可以依法进行调查。

对前款规定人员，按照其原任职务的管辖规定确定管辖的监察机关；由其他监察机关管辖更为适宜的，可以依法指定或者交由其他监察机关管辖。

第四章 监察权限

第一节 一般要求

第五十四条 监察机关应当加强监督执法调查工作规范化建设，严格按规定对监察措施进行审批和监管，依照法定的范围、程序和期限采取相关措施，出具、送达法律文书。

第五十五条 监察机关在初步核实中，可以依法采取谈话、询问、查询、调取、勘验检查、鉴定措施；立案后可以采取讯问、留置、冻结、搜查、查封、扣押、通缉措施。需要采取技术调查、限制出境措施的，应当按照规定交有关机关依法执行。设区的市级以下监察机关在初步核实中不得采取技术调查措施。

开展问责调查，根据具体情况可以依法采取相关监察措施。

第五十六条 开展讯问、搜查、查封、扣押以及重要的谈话、询问等调查取证工作，应当全程同步录音录像，并保持录音录像资料的完整性。录音录像资料应当妥善保管、及时归档，留存备查。

人民检察院、人民法院需要调取同步录音录像的，监察机关应当予以配合，经审批依法予以提供。

第五十七条 需要商请其他监察机关协助收集证据材料的，应当依法出具《委托调查函》；商请其他监察机关对采取措施提供一般性协助的，应当依法出具《商请协助采取措施函》。商请协助事项涉及协助地监察机关管辖的监察对象的，应当由协助地监察机关按照所涉人员的管理权限报批。协助地监察机关对于协助请求，应当依法予以协助配合。

第五十八条 采取监察措施需要告知、通知相关人员的，应当依法办理。告知包括口头、书面两种方式，通知应当采取书面方式。采取口头方式告知的，应当将相关情况制作工作记录；采取书面方式告知、通知的，可以通过直接送交、邮寄、转交等途径送达，将有关回执或者凭证附卷。

无法告知、通知，或者相关人员拒绝接收的，调查人员应当在工作记录或者有关文书上记明。

第二节 证 据

第五十九条 可以用于证明案件事实的材料都是证据，包括：

（一）物证；

（二）书证；

（三）证人证言；

（四）被害人陈述；

（五）被调查人陈述、供述和辩解；

（六）鉴定意见；

（七）勘验检查、辨认、调查实验等笔录；

（八）视听资料、电子数据。

监察机关向有关单位和个人收集、调取证据时，应当告知其必须依法如实提供证据。对于不按要求提供有关材料，泄露相关信息，伪造、隐匿、毁灭证据，提供虚假情况或者阻止他人提供证据的，依法追究法律责任。

监察机关依照监察法和本条例规定收集的证据材料，经审查符合法定要求的，在刑事诉讼中可以作为证据使用。

第六十条 监察机关认定案件事实应当以证据为根据，全面、客观地收集、固定被调查人有无违法犯罪以及情节轻重的各种证据，形成相互印证、完整稳定的证据链。

只有被调查人陈述或者供述，没有其他证据的，不能认定案件事实；没有被调查人陈述或者供述，证据符合法定标准的，可以认定案件事实。

第六十一条 证据必须经过查证属实，才能作为定案的根据。审查认定证据，应当结合案件的具体情况，从证据与待证事实的关联程度、各证据之间的联系、是否依照法定程序收集等方面进行综合判断。

第六十二条 监察机关调查终结的职务违法案件，应当事实清楚、证据确凿。证据确凿，应当符合下列条件：

（一）定性处置的事实都有证据证实；

（二）定案证据真实、合法；

（三）据以定案的证据之间不存在无法排除的矛盾；

（四）综合全案证据，所认定事实清晰且令人信服。

第六十三条 监察机关调查终结的职务犯罪案件，应当事实清楚，证据确实、充分。证据确实、充分，应当符合下列条件：

（一）定罪量刑的事实都有证据证明；

（二）据以定案的证据均经法定程序查证属实；

（三）综合全案证据，对所认定事实已排除合理怀疑。

证据不足的，不得移送人民检察院审查起诉。

第六十四条 严禁以暴力、威胁、引诱、欺骗以及非法限制人身自由等非法方法收集证据，严禁侮辱、打骂、虐待、体罚或者变相体罚被调查人、涉案人员和证人。

第六十五条 对于调查人员采用暴力、威胁以及非法限制人身自由等非法方法收集的被调查人供述、证人证言、被害人陈述，应当依法予以排除。

前款所称暴力的方法，是指采用殴打、违法使用戒具等方法或者变相肉刑的恶劣手段，使人遭受难以忍受的痛苦而违背意愿作出供述、证言、陈述；威胁的方法，是指采用以暴力或者严重损害本人及其近亲属合法权益等进行威胁的方法，使人遭受难以忍受的痛苦而违背意愿作出供述、证言、陈述。

收集物证、书证不符合法定程序，可能严重影响案件公正处理的，应当予以补正或者作出合理解释；不能补正或者作出合理解释的，对该证据应当予以排除。

第六十六条 监察机关监督检查、调查、案件审理、案件监督管理等部门发现监察人员在办理案件中，可能存在以非法方法收集证据情形的，应当依据职责进行调查核实。对于被调查人控告、举报调查人员采用非法方法收集证据，并提供涉嫌非法取证的人员、时间、地点、方式和内容等材料或者线索的，应当受理并进行审核。根据现有材料无法证明证据收集合法性的，应当进行调查核实。

经调查核实，确认或者不能排除以非法方法收集证据的，对有关证据依法予以排除，不得作为案件定性处置、移送审查起诉的依据。认定调查人员非法取证的，应当依法处理，另行指派调查人员重新调查取证。

监察机关接到对下级监察机关调查人员采用非法方法收集证据的控告、举报，可以直接进行调查核实，也可以交由下级监察机关调查核实。交由下级监察机关调查核实的，下级监察机关应当及时将调查结果报告上级监察机关。

第六十七条 对收集的证据材料及扣押的财物应当妥善保管，严格履行交接、调用手续，定期对账核实，不得违规使用、调换、损毁或者自行处理。

第六十八条 监察机关对行政机关在行政执法和查办案件中收集的物证、书证、视听资料、电子数据，勘验、检查等笔录，以及鉴定意见等证据材料，经审查符合法定要求的，可以作为证据使用。

根据法律、行政法规规定行使国家行政管理职权的组织在行政执法和查办案件中收集的证据材料，视为行政机关收集的证据材料。

第六十九条 监察机关对人民法院、人民检察院、公安机关、国家安全机关等在刑事诉讼中收集的物证、书证、视听资料、电子数据，勘验、检查、辨认、侦查实验等笔录，以及鉴定意见等证据材料，经审查符合法定要求的，可以作为证据使用。

监察机关办理职务违法案件，对于人民法院生效刑事判决、裁定和人民检察院不起诉决定采信的证据材料，可以直接作为证据使用。

第三节 谈 话

第七十条 监察机关在问题线索处置、初步核实和立案调查中，可以依法对涉嫌职务违法的监察对象进行谈话，要求其如实说明情况或者作出陈述。

谈话应当个别进行。负责谈话的人员不得少于二人。

第七十一条 对一般性问题线索的处置，可以采取谈话方式进行，对监察对象给予警示、批评、教育。谈话应当在工作地点等场所进行，明确告知谈话事项，注重谈清问题、取得教育效果。

第七十二条 采取谈话方式处置问题线索的，经审批可以由监察人员或者委托被谈话人所在单位主要负责人等进行谈话。

监察机关谈话应当形成谈话笔录或者记录。谈话结束后，可以根据需要要求被谈话人在十五个工作日以内作出书面说明。被谈话人应当在书面说明每页签名，修改的地方也应当签名。

委托谈话的，受委托人应当在收到委托函后的十五个工作日以内进行谈话。谈话结束后及时形成谈话情况材料报送监察机关，必要时附被谈话人的书面说明。

第七十三条 监察机关开展初步核实工作，一般不与被核查人接触；确有需要与被核查人谈话的，应当按规定报批。

第七十四条 监察机关对涉嫌职务违法的被调查人立案后，可以依法进行谈话。

与被调查人首次谈话时，应当出示《被调查人权利义务告知书》，由其签名、捺指印。被调查人拒绝签名、捺指印的，调查人员应当在文书上记明。对于被调查人未被限制人身自由的，应当在首次谈话时出具《谈话通知书》。

与涉嫌严重职务违法的被调查人进行谈话的，应当全程同步录音录像，并告知被调查人。告知情况应当在录音录像中予以反映，并在笔录中记明。

第七十五条 立案后，与未被限制人身自由的被调查人谈话的，应当在具备安全保障条件的场所进行。

调查人员按规定通知被调查人所在单位派员或者被调查人家属陪同被调查人到指定场所的，应当与陪同人员办理交接手续，填写《陪送交接单》。

第七十六条 调查人员与被留置的被调查人谈话的，按照法定程序在留置场所进行。

与在押的犯罪嫌疑人、被告人谈话的，应当持以监察机关名义出具的介绍信、工作证件，商请有关案件主管机关依法协助办理。

与在看守所、监狱服刑的人员谈话的，应当持以监察机关名义出具的介绍信、工作证件办理。

第七十七条 与被调查人进行谈话，应当合理安排时间、控制时长，保证其饮食和必要的休息时间。

第七十八条 谈话笔录应当在谈话现场制作。笔录应当详细具体，如实反映谈话情况。笔录制作完成后，应当交给被调查人核对。被调查人没有阅读能力的，应当向其宣读。

笔录记载有遗漏或者差错的，应当补充或者更正，由被调查人在补充或者更正处捺指印。被调查人核对无误后，应当在笔录中逐页签名、捺指印。被调查人拒绝签名、捺指印的，调查人员应当在笔录中记明。调查人员也应当在笔录中签名。

第七十九条 被调查人请求自行书写说明材料的，应当准许。必要时，调查人员可以要求被调查人自行书写说明材料。

被调查人应当在说明材料上逐页签名、捺指印，在末页写明日期。对说明材料有修改的，在修改之处应当捺指印。说明材料应当由二名调查人员接收，在首页记明接收的日期并签名。

第八十条 本条例第七十四条至第七十九条的规定，也适用于在初步核实中开展的谈话。

第四节 讯 问

第八十一条 监察机关对涉嫌职务犯罪的被调查人，可以依法进行讯问，要求其如实供述涉嫌犯罪的情况。

第八十二条 讯问被留置的被调查人，应当在留置场所进行。

第八十三条 讯问应当个别进行，调查人员不得少于二人。

首次讯问时，应当向被讯问人出示《被调查人权利义务告知书》，由其签名、捺指印。被讯问人拒绝签名、捺指印的，调查人员应当在文书上记明。被讯问人未被限制人身自由的，应当在首次讯问时向其出具《讯问通知书》。

讯问一般按照下列顺序进行：

（一）核实被讯问人的基本情况，包括姓名、曾用名、出生年月日、户籍地、身份证件号码、民族、职业、政治面貌、文化程度、工作单位及职务、住所、家庭情况、社会经历，是否属于党代表大会代表、人大代表、政协委员，是否受到过党纪政务处分，是否受到过刑事处罚等；

（二）告知被讯问人如实供述自己罪行可以依法从宽处理和认罪认罚的法律规定；

（三）讯问被讯问人是否有犯罪行为，让其陈述有罪的事实或者无罪的辩解，应当允许其连贯陈述。

调查人员的提问应当与调查的案件相关。被讯问人对调查人员的提问应当如实回答。调查人员对被讯问人的辩解，应当如实记录，认真查核。

讯问时，应当告知被讯问人将进行全程同步录音录像。告知情况应当在录音录像中予以反映，并在笔录中记明。

第八十四条 本条例第七十五条至第七十九条的要求，也适用于讯问。

第五节 询　问

第八十五条 监察机关按规定报批后，可以依法对证人、被害人等人员进行询问，了解核实有关问题或者案件情况。

第八十六条 证人未被限制人身自由的，可以在其工作地点、住所或者其提出的地点进行询问，也可以通知其到指定地点接受询问。到证人提出的地点或者调查人员指定的地点进行询问的，应当在笔录中记明。

调查人员认为有必要或者证人提出需要由所在单位派员或者其家属陪同到询问地点的，应当办理交接手续并填写《陪送交接单》。

第八十七条 询问应当个别进行。负责询问的调查人员不得少于二人。

首次询问时，应当向证人出示《证人权利义务告知书》，由其签名、捺指印。证人拒绝签名、捺指印的，调查人员应当在文书上记明。证人未被限制人身自由的，应当在首次询问时向其出具《询问通知书》。

询问时，应当核实证人身份，问明证人的基本情况，告知证人应当如实提供证据、证言，以及作伪证或者隐匿证据应当承担的法律责任。不得向证人泄露案情，不得采用非法方法获取证言。

询问重大或者有社会影响案件的重要证人，应当对询问过程全程同步录音录像，并告知证人。告知情况应当在录音录像中予以反映，并在笔录中记明。

第八十八条 询问未成年人，应当通知其法定代理人到场。无法通知或者法定代理人不能到场的，应当通知未成年人的其他成年亲属或者所在学校、居住地基层组织的代表等有关人员到场。询问结束后，由法定代理人或者有关人员在笔录中签名。调查人员应当将到场情况记录在案。

询问聋、哑人，应当有通晓聋、哑手势的人员参加。调查人员应当在笔录中记明证人的聋、哑情况，以及翻译人员的姓名、工作单位和职业。询问不通晓当地通用语言、文字的证人，应当有翻译人员。询问结束后，由翻译人员在笔录中签名。

第八十九条 凡是知道案件情况的人，都有如实作证的义务。对故意提供虚假证言的证人，应当依法追究法律责任。

证人或者其他任何人不得帮助被调查人隐匿、毁灭、伪造证据或者串供，不得实施其他干扰调查活动的行为。

第九十条 证人、鉴定人、被害人因作证，本人或者近亲属人身安全面临危险，向监察机关请求保护的，监察机关应当受理并及时进行审查；对于确实存在人身安全危险的，监察机关应当采取必要的保护措施。监察机关发现存在上述情形的，应当主动采取保护措施。

监察机关可以采取下列一项或者多项保护措施：

（一）不公开真实姓名、住址和工作单位等个人信息；

（二）禁止特定的人员接触证人、鉴定人、被害人及其近亲属；

（三）对人身和住宅采取专门性保护措施；

（四）其他必要的保护措施。

依法决定不公开证人、鉴定人、被害人的真实姓名、住址和工作单位等个人信息的，可以在询问笔录等法律文书、证据材料中使用化名。但是应当另行书面说明使用化名的情况并标明密级，单独成卷。

监察机关采取保护措施需要协助的，可以提请公安机关等有关单位和要求有关个人依法予以协助。

第九十一条　本条例第七十六条至第七十九条的要求，也适用于询问。询问重要涉案人员，根据情况适用本条例第七十五条的规定。

询问被害人，适用询问证人的规定。

第六节　留　　置

第九十二条　监察机关调查严重职务违法或者职务犯罪，对于符合监察法第二十二条第一款规定的，经依法审批，可以对被调查人采取留置措施。

监察法第二十二条第一款规定的严重职务违法，是指根据监察机关已经掌握的事实及证据，被调查人涉嫌的职务违法行为情节严重，可能被给予撤职以上政务处分；重要问题，是指对被调查人涉嫌的职务违法或者职务犯罪，在定性处置、定罪量刑等方面有重要影响的事实、情节及证据。

监察法第二十二条第一款规定的已经掌握其部分违法犯罪事实及证据，是指同时具备下列情形：

（一）有证据证明发生了违法犯罪事实；

（二）有证据证明该违法犯罪事实是被调查人实施；

（三）证明被调查人实施违法犯罪行为的证据已经查证属实。

部分违法犯罪事实，既可以是单一违法犯罪行为的事实，也可以是数个违法犯罪行为中任何一个违法犯罪行为的事实。

第九十三条　被调查人具有下列情形之一的，可以认定为监察法第二十二条第一款第二项所规定的可能逃跑、自杀：

（一）着手准备自杀、自残或者逃跑的；

（二）曾经有自杀、自残或者逃跑行为的；

（三）有自杀、自残或者逃跑意图的；

（四）其他可能逃跑、自杀的情形。

第九十四条　被调查人具有下列情形之一的，可以认定为监察法第二十二条第一款第三项所规定的可能串供或者伪造、隐匿、毁灭证据：

（一）曾经或者企图串供，伪造、隐匿、毁灭、转移证据的；

（二）曾经或者企图威逼、恐吓、利诱、收买证人，干扰证人作证的；

（三）有同案人或者与被调查人存在密切关联违法犯罪的涉案人员在逃，重要证据尚未收集完成的；

（四）其他可能串供或者伪造、隐匿、毁灭证据的情形。

第九十五条　被调查人具有下列情形之一的，可以认定为监察法第二十二条第一款第四项所规定的可能有其他妨碍调查行为：

（一）可能继续实施违法犯罪行为的；

（二）有危害国家安全、公共安全等现实危险的；

（三）可能对举报人、控告人、被害人、证人、鉴定人等相关人员实施打击报复的；

（四）无正当理由拒不到案，严重影响调查的；

（五）其他可能妨碍调查的行为。

第九十六条　对下列人员不得采取留置措施：

（一）患有严重疾病、生活不能自理的；

（二）怀孕或者正在哺乳自己婴儿的妇女；

（三）系生活不能自理的人的唯一扶养人。

上述情形消除后，根据调查需要可以对相关人员采取留置措施。

第九十七条　采取留置措施时，调查人员不得少于二人，应当向被留置人员宣布《留置决定书》，告知被留置人员权利义务，要求其在《留置决定书》上签名、捺指印。被留置人员拒绝签名、捺指印的，调查人员应当在文书上记明。

第九十八条　采取留置措施后，应当在二十四小时以内通知被留置人员所在单位和家属。当面通知的，由有关人员在《留置通知书》上签名。无法当面通知的，可以先以电话等方式通知，并通过邮寄、转交等方式送达《留置通知书》，要求有关人员在《留置通知书》上签名。

因可能毁灭、伪造证据，干扰证人作证或者串供等有碍调查情形而不宜通知的，应当按规定报批，记录在案。有碍调查的情形消失后，应当立即通知被留置人员所在单位和家属。

第九十九条　县级以上监察机关需要提请公安机关协助采取留置措施的，应当按规定报批，请同级公安机关依法予以协助。提请协助时，应当出具《提请协助采取留置措施函》，列明提请协助的具体事项和建议，协助采取措施的时间、地点等内容，附《留置决定书》复印件。

因保密需要，不适合在采取留置措施前向公安机关告知留置对象姓名的，可以作出说明，进行保密处理。

需要提请异地公安机关协助采取留置措施的，应当按规定报批，向协作地同级监察机关出具协作函件和相关文书，由协作地监察机关提请当地公安机关依法予以协助。

第一百条 留置过程中，应当保障被留置人员的合法权益，尊重其人格和民族习俗，保障饮食、休息和安全，提供医疗服务。

第一百零一条 留置时间不得超过三个月，自向被留置人员宣布之日起算。具有下列情形之一的，经审批可以延长一次，延长时间不得超过三个月：

（一）案情重大，严重危害国家利益或者公共利益的；

（二）案情复杂，涉案人员多、金额巨大，涉及范围广的；

（三）重要证据尚未收集完成，或者重要涉案人员尚未到案，导致违法犯罪的主要事实仍须继续调查的；

（四）其他需要延长留置时间的情形。

省级以下监察机关采取留置措施的，延长留置时间应当报上一级监察机关批准。

延长留置时间的，应当在留置期满前向被留置人员宣布延长留置时间的决定，要求其在《延长留置时间决定书》上签名、捺指印。被留置人员拒绝签名、捺指印的，调查人员应当在文书上记明。

延长留置时间的，应当通知被留置人员家属。

第一百零二条 对被留置人员不需要继续采取留置措施的，应当按规定报批，及时解除留置。

调查人员应当向被留置人员宣布解除留置措施的决定，由其在《解除留置决定书》上签名、捺指印。被留置人员拒绝签名、捺指印的，调查人员应当在文书上记明。

解除留置措施的，应当及时通知被留置人员所在单位或者家属。调查人员应当与交接人办理交接手续，并由其在《解除留置通知书》上签名。无法通知或者有关人员拒绝签名的，调查人员应当在文书上记明。

案件依法移送人民检察院审查起诉的，留置措施自犯罪嫌疑人被执行拘留时自动解除，不再办理解除法律手续。

第一百零三条 留置场所应当建立健全保密、消防、医疗、餐饮及安保等安全工作责任制，制定紧急突发事件处置预案，采取安全防范措施。

留置期间发生被留置人员死亡、伤残、脱逃等办案安全事故、事件的，应当及时做好处置工作。相关情况应当立即报告监察机关主要负责人，并在二十四小时以内逐级上报至国家监察委员会。

第七节 查询、冻结

第一百零四条 监察机关调查严重职务违法或者职务犯罪，根据工作需要，按规定报批后，可以依法查询、冻结涉案单位和个人的存款、汇款、债券、股票、基金份额等财产。

第一百零五条 查询、冻结财产时，调查人员不得少于二人。调查人员应当出具《协助查询财产通知书》或者《协助冻结财产通知书》，送交银行或者其他金融机构、邮政部门等单位执行。有关单位和个人应当予以配合，并严格保密。

查询财产应当在《协助查询财产通知书》中填写查询账号、查询内容等信息。没有具体账号的，应当填写足以确定账户或者权利人的自然人姓名、身份证件号码或者企业法人名称、统一社会信用代码等信息。

冻结财产应当在《协助冻结财产通知书》中填写冻结账户名称、冻结账号、冻结数额、冻结期限起止时间等信息。冻结数额应当具体、明确，暂时无法确定具体数额的，应当在《协助冻结财产通知书》上明确写明“只收不付”。冻结证券和交易结算资金时，应当明确冻结的范围是否及于孳息。

冻结财产，应当为被调查人及其所扶养的亲属保留必需的生活费用。

第一百零六条 调查人员可以根据需要对查询结果进行打印、抄录、复制、拍照，要求相关单位在有关材料上加盖证明印章。对查询结果有疑问的，可以要求相关单位进行书面解释并加盖印章。

第一百零七条 监察机关对查询信息应当加强管理，规范信息交接、调阅、使用程序和手续，防止滥用和泄露。

调查人员不得查询与案件调查工作无关的信息。

第一百零八条 冻结财产的期限不得超过六个月。冻结期限到期未办理续冻手续的，冻结自动解除。

有特殊原因需要延长冻结期限的，应当在到期前按原程序报批，办理续冻手续。每次续冻期限不得超过六个月。

第一百零九条 已被冻结的财产可以轮候冻结，不得重复冻结。轮候冻结的，监察机关应当要求有关银行或者其他金融机构等单位在解除冻结或者作出处理前予以通知。

监察机关接受司法机关、其他监察机关等国家机关移送的涉案财物后，该国家机关采取的冻结期限届满，监察机关续行冻结的顺位与该国家机关冻结的顺位相同。

第一百一十条 冻结财产应当通知权利人或者其法定代理人、委托代理人，要求其在《冻结财产告知书》上签名。冻结股票、债券、基金份额等财产，应当告知权利人或者其法定代理人、委托代理人有权申请出售。

对于被冻结的股票、债券、基金份额等财产，权利人或者其法定代理人、委托代理人申请出售，不损害国家利益、被害人利益，不影响调查正常进行的，经审批可以在案件办结前由相关机构依法出售或者变现。对于被冻结的汇票、本票、支票即将到期的，经审批可以在案件办结前由相关机构依法出售或者变现。出售上述财产的，应当出具《许可出售冻结财产通知书》。

出售或者变现所得价款应当继续冻结在其对应的银行账户中；没有对应的银行账户的，应当存入监察机关指定的专用账户保管，并将存款凭证送监察机关登记。监察机关应当及时向权利人或者其法定代理人、委托代理人出具《出售冻结财产通知书》，并要求其签名。拒绝签名的，调查人员应当在文书上记明。

第一百一十一条 对于冻结的财产，应当及时核查。经查明与案件无关的，经审批，应当在查明后三日以内将《解除冻结财产通知书》送交有关单位执行。解除情况应当告知被冻结财产的权利人或者其法定代理人、委托代理人。

第八节 搜 查

第一百一十二条 监察机关调查职务犯罪案件，为了收集犯罪证据、查获被调查人，按规定报批后，可以依法对被调查人以及可能隐藏被调查人或者犯罪证据的人的身体、物品、住处、工作地点和其他有关地方进行搜查。

第一百一十三条 搜查应当在调查人员主持下进行，调查人员不得少于二人。搜查女性的身体，由女性工作人员进行。

搜查时，应当有被搜查人或者其家属、其所在单位工作人员或者其他见证人在场。监察人员不得作为见证人。调查人员应当向被搜查人或者其家属、见证人出示《搜查证》，要求其签名。被搜查人或者其家属不在场，或者拒绝签名的，调查人员应当在文书上记明。

第一百一十四条 搜查时，应当要求在场人员予以配合，不得进行阻碍。对以暴力、威胁等方法阻碍搜查的，应当依法制止。对阻碍搜查构成违法犯罪的，依法追究法律责任。

第一百一十五条 县级以上监察机关需要提请公安机关依法协助采取搜查措施的，应当按规定报批，请同级公安机关予以协助。提请协助时，应当出具《提请协助采取搜查措施函》，列明提请协助的具体事项和建议，搜查时间、地点、目的等内容，附《搜查证》复印件。

需要提请异地公安机关协助采取搜查措施的，应当按规定报批，向协作地同级监察机关出具协作函件和相关文书，由协作地监察机关提请当地公安机关予以协助。

第一百一十六条 对搜查取证工作，应当全程同步录音录像。

对搜查情况应当制作《搜查笔录》，由调查人员和被搜查人或者其家属、见证人签名。被搜查人或者其家属不在场，或者拒绝签名的，调查人员应当在笔录中记明。

对于查获的重要物证、书证、视听资料、电子数据及其放置、存储位置应当拍照，并在《搜查笔录》中作出文字说明。

第一百一十七条 搜查时，应当避免未成年人或者其他不适宜在搜查现场的人在场。

搜查人员应当服从指挥、文明执法，不得擅自变更搜查对象和扩大搜查范围。搜查的具体时间、方法，在实施前应当严格保密。

第一百一十八条 在搜查过程中查封、扣押财物和文件的，按照查封、扣押的有关规定办理。

第九节 调 取

第一百一十九条 监察机关按规定报批后，可以依法向有关单位和个人调取用以证明案件事实的证据材料。

第一百二十条 调取证据材料时，调查人员不得少于二人。调查人员应当依法出具《调取证据通知书》，必要时附《调取证据清单》。

有关单位和个人配合监察机关调取证据，应当严格保密。

第一百二十一条 调取物证应当调取原物。原物不便搬运、保存，或者依法应当返还，或者因保密工作需要不能调取原物的，可以将原物封存，并拍照、录像。对原物拍照或者录像时，应当足以反映原物的外形、内容。

调取书证、视听资料应当调取原件。取得原件确有困难或者因保密工作需要不能调取原件的，可以调取副本或者复制件。

调取物证的照片、录像和书证、视听资料的副本、复制件的，应当书面记明不能调取原物、原件的原因，原物、原件存放地点，制作过程，是否与原物、原件相符，并由调查人员和物证、书证、视听资料原持有人签名或者盖章。持有人无法签名、盖章或者拒绝签名、盖章的，应当在笔录中记明，由见证人签名。

第一百二十二条 调取外文材料作为证据使用的，应当交由具有资质的机构和人员出具中文译本。中文译本应当加盖翻译机构公章。

第一百二十三条 收集、提取电子数据，能够扣押原始存储介质的，应当予以扣押、封存并在笔录中记录封存状态。无法扣押原始存储介质的，可以提取电子数据，但应当在笔录中记明不能扣押的原因、原始存储介质的存放地点或者电子数据的来源等情况。

由于客观原因无法或者不宜采取前款规定方式收集、提取电子数据的，可以采取打印、拍照或者录像等方式固定相关证据，并在笔录中说明原因。

收集、提取的电子数据，足以保证完整性，无删除、修改、增加等情形的，可以作为证据使用。

收集、提取电子数据，应当制作笔录，记录案由、对象、内容，收集、提取电子数据的时间、地点、方法、过程，并附电子数据清单，注明类别、文件格式、完整性校验值等，由调查人员、电子数据持有人（提供人）签名或者盖章；电子数据持有人（提供人）无法签名或者拒绝签名的，应当在笔录中记明，由见证人签名或者盖章。有条件的，应当对相关活动进行录像。

第一百二十四条 调取的物证、书证、视听资料等原件，经查明与案件无关的，经审批，应当在查明后三日以内退还，并办理交接手续。

第十节 查封、扣押

第一百二十五条 监察机关按规定报批后，可以依法查封、扣押用以证明被调查人涉嫌违法犯罪以及情节轻重的财物、文件、电子数据等证据材料。

对于被调查人到案时随身携带的物品，以及被调查人或者其他相关人员主动上交的财物和文件，依法需要扣押的，依照前款规定办理。对于被调查人随身携带的与案件无关的个人用品，应当逐件登记，随案移交或者退还。

第一百二十六条 查封、扣押时，应当出具《查封/扣押通知书》，调查人员不得少于二人。持有人拒绝交出应当查封、扣押的财物和文件的，可以依法强制查封、扣押。

调查人员对于查封、扣押的财物和文件，应当会同在场见证人和被查封、扣押财物持有人进行清点核对，开列《查封/扣押财物、文件清单》，由调查人员、见证人和持有人签名或者盖章。持有人不在场或者拒绝签名、盖章的，调查人员应当在清单上记明。

查封、扣押财物，应当为被调查人及其所扶养的亲属保留必需的生活费用和物品。

第一百二十七条 查封、扣押不动产和置于该不动产上不宜移动的设施、家具和其他相关财物，以及车辆、船舶、航空器和大型机械、设备等财物，必要时可以依法扣押其权利证书，经拍照或者录像后原地封存。调查人员应当在查封清单上记明相关财物的所在地址和特征，已经拍照或者录像及其权利证书被扣押的情况，由调查人员、见证人和持有人签名或者盖章。持有人不在场或者拒绝签名、盖章的，调查人员应当在清单上记明。

查封、扣押前款规定财物的，必要时可以将被查封财物交给持有人或者其近亲属保管。调查人员应当告知保管人妥善保管，不得对被查封财物进行转移、变卖、毁损、抵押、赠予等处理。

调查人员应当将《查封/扣押通知书》送达不动产、生产设备或者车辆、船舶、航空器等财物的登记、管理部门，告知其在查封期间禁止办理抵押、转让、出售等权属关系变更、转移登记手续。相关情况应当在查封清单上记明。被查封、扣押的财物已经办理抵押登记的，监察机关在执行没收、追缴、责令退赔等决定时应当及时通知抵押权人。

第一百二十八条 查封、扣押下列物品，应当依法进行相应的处理：

（一）查封、扣押外币、金银珠宝、文物、名贵字画以及其他不易辨别真伪的贵重物品，具备当场密封条件的，应当当场密封，由二名以上调查人员在密封材料上签名并记明密封时间。不具备当场密封条件的，应当在笔录中记明，以拍照、录像等方法加以保全后进行封存。查封、扣押的贵重物品需要鉴定的，应当及时鉴定。

（二）查封、扣押存折、银行卡、有价证券等支付凭证和具有一定特征能够证明案情的现金，应当记明特征、编号、种类、面值、张数、金额等，当场密封，由二名以上调查人员在密封材料上签名并记明密封时间。

（三）查封、扣押易损毁、灭失、变质等不宜长期保存的物品以及有消费期限的卡、券，应当在笔录中记明，以拍照、录像等方法加以保全后进行封存，或者经审批委托有关机构变卖、拍卖。变卖、拍卖的价款存入专用账户保管，待调查终结后一并处理。

（四）对于可以作为证据使用的录音录像、电子数据存储介质，应当记明案由、对象、内容，录制、复制的时间、地点、规格、类别、应用长度、文件格式及长度等，制作清单。具备查封、扣押条件的电子设备、存储介质应当密封保存。必要时，可以请有关机关协助。

（五）对被调查人使用违法犯罪所得与合法收入共同购置的不可分割的财产，可以先行查封、扣押。对无法分割退还的财产，涉及违法的，可以在结案后委托有关单位拍卖、变卖，退还不属于违法所得的部分及孳息；涉及职务犯罪的，依法移送司法机关处置。

（六）查封、扣押危险品、违禁品，应当及时送交有关部门，或者根据工作需要严格封存保管。

第一百二十九条　对于需要启封的财物和文件，应当由二名以上调查人员共同办理。重新密封时，由二名以上调查人员在密封材料上签名、记明时间。

第一百三十条　查封、扣押涉案财物，应当按规定将涉案财物详细信息、《查封/扣押财物、文件清单》录入并上传监察机关涉案财物信息管理系统。

对于涉案款项，应当在采取措施后十五日以内存入监察机关指定的专用账户。对于涉案物品，应当在采取措施后三十日以内移交涉案财物保管部门保管。因特殊原因不能按时存入专用账户或者移交保管的，应当按规定报批，将保管情况录入涉案财物信息管理系统，在原因消除后及时存入或者移交。

第一百三十一条　对于已移交涉案财物保管部门保管的涉案财物，根据调查工作需要，经审批可以临时调用，并应当确保完好。调用结束后，应当及时归还。调用和归还时，调查人员、保管人员应当当面清点查验。保管部门应当对调用和归还情况进行登记，全程录像并上传涉案财物信息管理系统。

第一百三十二条　对于被扣押的股票、债券、基金份额等财产，以及即将到期的汇票、本票、支票，依法需要出售或者变现的，按照本条例关于出售冻结财产的规定办理。

第一百三十三条　监察机关接受司法机关、其他监察机关等国家机关移送的涉案财物后，该国家机关采取的查封、扣押期限届满，监察机关续行查封、扣押的顺位与该国家机关查封、扣押的顺位相同。

第一百三十四条　对查封、扣押的财物和文件，应当及时进行核查。经查明与案件无关的，经审批，应当在查明后三日以内解除查封、扣押，予以退还。解除查封、扣押的，应当向有关单位、原持有人或者近亲属送达《解除查封/扣押通知书》，附《解除查封/扣押财物、文件清单》，要求其签名或者盖章。

第一百三十五条　在立案调查之前，对监察对象及相关人员主动上交的涉案财物，经审批可以接收。

接收时，应当由二名以上调查人员，会同持有人和见证人进行清点核对，当场填写《主动上交财物登记表》。调查人员、持有人和见证人应当在登记表上签名或者盖章。

对于主动上交的财物，应当根据立案及调查情况及时决定是否依法查封、扣押。

第十一节　勘验检查

第一百三十六条　监察机关按规定报批后，可以依法对与违法犯罪有关的场所、物品、人身、尸体、电子数据等进行勘验检查。

第一百三十七条　依法需要勘验检查的，应当制作《勘验检查证》；需要委托勘验检查的，应当出具《委托勘验检查书》，送具有专门知识、勘验检查资格的单位（人员）办理。

第一百三十八条　勘验检查应当由二名以上调查人员主持，邀请与案件无关的见证人在场。勘验检查情况应当制作笔录，并由参加勘验检查人员和见证人签名。

勘验检查现场、拆封电子数据存储介质应当全程同步录音录像。对现场情况应当拍摄现场照片、制作现场图，并由勘验检查人员签名。

第一百三十九条　为了确定被调查人或者相关人员的某些特征、伤害情况或者生理状态，可以依法对其人身进行检查。必要时可以聘请法医或者医师进行人身检查。检查女性身体，应当由女性工作人员或者医师进行。被调查人拒绝检查的，可以依法强制检查。

人身检查不得采用损害被检查人生命、健康或者贬低其名誉、人格的方法。对人身检查过程中知悉的个人隐私，应当严格保密。

对人身检查的情况应当制作笔录，由参加检查的调查人员、检查人员、被检查人员和见证人签名。被检查人员拒绝签名的，调查人员应当在笔录中记明。

第一百四十条　为查明案情，在必要的时候，经审批可以依法进行调查实验。调查实验，可以聘请有关专业人员参加，也可以要求被调查人、被害人、证人参加。

进行调查实验，应当全程同步录音录像，制作调查实验笔录，由参加实验的人签名。进行调查实验，禁止一切足以造成危险、侮辱人格的行为。

第一百四十一条　调查人员在必要时，可以依法让被害人、证人和被调查人对与违法犯罪有关的物品、文件、尸体或者场所进行辨认；也可以让被害人、证人对被调查人进行辨认，或者让被调查人对涉案人员进行辨认。

辨认工作应当由二名以上调查人员主持进行。在辨认前，应当向辨认人详细询问辨认对象的具体特征，避免辨认人见到辨认对象，并告知辨认人作虚假辨认应当承担的法律责任。几名辨认人对同一辨认对象进行辨认时，应当由辨认人个别进行。辨认应当形成笔录，并由调查人员、辨认人签名。

第一百四十二条　辨认人员时，被辨认的人数不得少于七人，照片不得少于十张。

辨认人不愿公开进行辨认时，应当在不暴露辨认人的情况下进行辨认，并为其保守秘密。

第一百四十三条 组织辨认物品时一般应当辨认实物。被辨认的物品系名贵字画等贵重物品或者存在不便搬运等情况的，可以对实物照片进行辨认。辨认人进行辨认时，应当在辨认出的实物照片与附纸骑缝上捺指印予以确认，在附纸上写明该实物涉案情况并签名、捺指印。

辨认物品时，同类物品不得少于五件，照片不得少于五张。

对于难以找到相似物品的特定物，可以将该物品照片交由辨认人进行确认后，在照片与附纸骑缝上捺指印，在附纸上写明该物品涉案情况并签名、捺指印。在辨认人确认前，应当向其详细询问物品的具体特征，并对确认过程和结果形成笔录。

第一百四十四条 辨认笔录具有下列情形之一的，不得作为认定案件的依据：

（一）辨认开始前使辨认人见到辨认对象的；

（二）辨认活动没有个别进行的；

（三）辨认对象没有混杂在具有类似特征的其他对象中，或者供辨认的对象数量不符合规定的，但特定辨认对象除外；

（四）辨认中给辨认人明显暗示或者明显有指认嫌疑的；

（五）辨认不是在调查人员主持下进行的；

（六）违反有关规定，不能确定辨认笔录真实性的其他情形。

辨认笔录存在其他瑕疵的，应当结合全案证据审查其真实性和关联性，作出综合判断。

第十二节 鉴　　定

第一百四十五条 监察机关为解决案件中的专门性问题，按规定报批后，可以依法进行鉴定。

鉴定时应当出具《委托鉴定书》，由二名以上调查人员送交具有鉴定资格的鉴定机构、鉴定人进行鉴定。

第一百四十六条 监察机关可以依法开展下列鉴定：

（一）对笔迹、印刷文件、污损文件、制成时间不明的文件和以其他形式表现的文件等进行鉴定；

（二）对案件中涉及的财务会计资料及相关财物进行会计鉴定；

（三）对被调查人、证人的行为能力进行精神病鉴定；

（四）对人体造成的损害或者死因进行人身伤亡医学鉴定；

（五）对录音录像资料进行鉴定；

（六）对因电子信息技术应用而出现的材料及其派生物进行电子证据鉴定；

（七）其他可以依法进行的专业鉴定。

第一百四十七条 监察机关应当为鉴定提供必要条件，向鉴定人送交有关检材和对比样本等原始材料，介绍与鉴定有关的情况。调查人员应当明确提出要求鉴定事项，但不得暗示或者强迫鉴定人作出某种鉴定意见。

监察机关应当做好检材的保管和送检工作，记明检材送检环节的责任人，确保检材在流转环节的同一性和不被污染。

第一百四十八条 鉴定人应当在出具的鉴定意见上签名，并附鉴定机构和鉴定人的资质证明或者其他证明文件。多个鉴定人的鉴定意见不一致的，应当在鉴定意见上记明分歧的内容和理由，并且分别签名。

监察机关对于法庭审理中依法决定鉴定人出庭作证的，应当予以协调。

鉴定人故意作虚假鉴定的，应当依法追究法律责任。

第一百四十九条 调查人员应当对鉴定意见进行审查。对经审查作为证据使用的鉴定意见，应当告知被调查人及相关单位、人员，送达《鉴定意见告知书》。

被调查人或者相关单位、人员提出补充鉴定或者重新鉴定申请，经审查符合法定要求的，应当按规定报批，进行补充鉴定或者重新鉴定。

对鉴定意见告知情况可以制作笔录，载明告知内容和被告知人的意见等。

第一百五十条 经审查具有下列情形之一的，应当补充鉴定：

（一）鉴定内容有明显遗漏的；

（二）发现新的有鉴定意义的证物的；

（三）对鉴定证物有新的鉴定要求的；

（四）鉴定意见不完整，委托事项无法确定的；

（五）其他需要补充鉴定的情形。

第一百五十一条 经审查具有下列情形之一的，应当重新鉴定：

（一）鉴定程序违法或者违反相关专业技术要求的；

（二）鉴定机构、鉴定人不具备鉴定资质和条件的；

（三）鉴定人故意作出虚假鉴定或者违反回避规定的；

（四）鉴定意见依据明显不足的；

（五）检材虚假或者被损坏的；

（六）其他应当重新鉴定的情形。

决定重新鉴定的，应当另行确定鉴定机构和鉴定人。

第一百五十二条 因无鉴定机构，或者根据法律法规等规定，监察机关可以指派、聘请具有专门知识的人就案件的专门性问题出具报告。

第十三节 技术调查

第一百五十三条 监察机关根据调查涉嫌重大贪污贿赂等职务犯罪需要，依照规定的权限和程序报经批准，可以依法采取技术调查措施，按照规定交公安机关或者国家有关执法机关依法执行。

前款所称重大贪污贿赂等职务犯罪，是指具有下列情形之一：

（一）案情重大复杂，涉及国家利益或者重大公共利益的；

（二）被调查人可能被判处十年以上有期徒刑、无期徒刑或者死刑的；

（三）案件在全国或者本省、自治区、直辖市范围内有较大影响的。

第一百五十四条 依法采取技术调查措施的，监察机关应当出具《采取技术调查措施委托函》《采取技术调查措施决定书》和《采取技术调查措施适用对象情况表》，送交有关机关执行。其中，设区的市级以下监察机关委托有关执行机关采取技术调查措施，还应当提供《立案决定书》。

第一百五十五条 技术调查措施的期限按照监察法的规定执行，期限届满前未办理延期手续的，到期自动解除。

对于不需要继续采取技术调查措施的，监察机关应当按规定及时报批，将《解除技术调查措施决定书》送交有关机关执行。

需要依法变更技术调查措施种类或者增加适用对象的，监察机关应当重新办理报批和委托手续，依法送交有关机关执行。

第一百五十六条 对于采取技术调查措施收集的信息和材料，依法需要作为刑事诉讼证据使用的，监察机关应当按规定报批，出具《调取技术调查证据材料通知书》向有关执行机关调取。

对于采取技术调查措施收集的物证、书证及其他证据材料，监察机关应当制作书面说明，写明获取证据的时间、地点、数量、特征以及采取技术调查措施的批准机关、种类等。调查人员应当在书面说明上签名。

对于采取技术调查措施获取的证据材料，如果使用该证据材料可能危及有关人员的人身安全，或者可能产生其他严重后果的，应当采取不暴露有关人员身份、技术方法等保护措施。必要时，可以建议由审判人员在庭外进行核实。

第一百五十七条 调查人员对采取技术调查措施过程中知悉的国家秘密、商业秘密、个人隐私，应当严格保密。

采取技术调查措施获取的证据、线索及其他有关材料，只能用于对违法犯罪的调查、起诉和审判，不得用于其他用途。

对采取技术调查措施获取的与案件无关的材料，应当经审批及时销毁。对销毁情况应当制作记录，由调查人员签名。

第十四节 通缉

第一百五十八条 县级以上监察机关对在逃的应当被留置人员，依法决定在本行政区域内通缉的，应当按规定报批，送交同级公安机关执行。送交执行时，应当出具《通缉决定书》，附《留置决定书》等法律文书和被通缉人员信息，以及承办单位、承办人员等有关情况。

通缉范围超出本行政区域的，应当报有决定权的上级监察机关出具《通缉决定书》，并附《留置决定书》及相关材料，送交同级公安机关执行。

第一百五十九条 国家监察委员会依法需要提请公安部对在逃人员发布公安部通缉令的，应当先提请公安部采取网上追逃措施。如情况紧急，可以向公安部同时出具《通缉决定书》和《提请采取网上追逃措施函》。

省级以下监察机关报请国家监察委员会提请公安部发布公安部通缉令的，应当先提请本地公安机关采取网上追逃措施。

第一百六十条 监察机关接到公安机关抓获被通缉人员的通知后，应当立即核实被抓获人员身份，并在接到通知后二十四小时以内派员办理交接手续。边远或者交通不便地区，至迟不得超过三日。

公安机关在移交前，将被抓获人员送往当地监察机关留置场所临时看管的，当地监察机关应当接收，并保障临时看管期间的安全，对工作信息严格保密。

监察机关需要提请公安机关协助将被抓获人员带回的，应当按规定报批，请本地同级公安机关依法予以协助。提请协助时，应当出具《提请协助采取留置措施函》，附《留置决定书》复印件及相关材料。

第一百六十一条 监察机关对于被通缉人员已经归案、死亡，或者依法撤销留置决定以及发现有其他不需要继续采取通缉措施情形的，应当经审批出具《撤销通缉通知书》，送交协助采取原措施的公安机关执行。

第十五节 限制出境

第一百六十二条 监察机关为防止被调查人及相关人员逃匿境外，按规定报批后，可以依法决定采取限制出境措施，交由移民管理机构依法执行。

第一百六十三条 监察机关采取限制出境措施应当出具有关函件，与《采取限制出境措施决定书》一并送交移民管理机构执行。其中，采取边控措施的，应当附《边控对象通知书》；采取法定不批准出境措施的，应当附《法定不准出境人员报备表》。

第一百六十四条 限制出境措施有效期不超过三个月，到期自动解除。

到期后仍有必要继续采取措施的，应当按原程序报批。承办部门应当出具有关函件，在到期前与《延长限制出境措施期限决定书》一并送交移民管理机构执行。延长期限每次不得超过三个月。

第一百六十五条 监察机关接到口岸移民管理机构查获被决定采取留置措施的边控对象的通知后，应当于二十四小时以内到达口岸办理移交手续。无法及时到达的，应当委托当地监察机关及时前往口岸办理移交手续。当地监察机关应当予以协助。

第一百六十六条 对于不需要继续采取限制出境措施的，应当按规定报批，及时予以解除。承办部门应当出具有关函件，与《解除限制出境措施决定书》一并送交移民管理机构执行。

第一百六十七条 县级以上监察机关在重要紧急情况下，经审批可以依法直接向口岸所在地口岸移民管理机构提请办理临时限制出境措施。

第五章 监察程序

第一节 线索处置

第一百六十八条 监察机关应当对问题线索归口受理、集中管理、分类处置、定期清理。

第一百六十九条 监察机关对于报案或者举报应当依法接受。属于本级监察机关管辖的，依法予以受理；属于其他监察机关管辖的，应当在五个工作日以内予以转送。

监察机关可以向下级监察机关发函交办检举控告，并进行督办，下级监察机关应当按期回复办理结果。

第一百七十条 对于涉嫌职务违法或者职务犯罪的公职人员主动投案的，应当依法接待和办理。

第一百七十一条 监察机关对于执法机关、司法机关等其他机关移送的问题线索，应当及时审核，并按照下列方式办理：

（一）本单位有管辖权的，及时研究提出处置意见；

（二）本单位没有管辖权但其他监察机关有管辖权的，在五个工作日以内转送有管辖权的监察机关；

（三）本单位对部分问题线索有管辖权的，对有管辖权的部分提出处置意见，并及时将其他问题线索转送有管辖权的机关；

（四）监察机关没有管辖权的，及时退回移送机关。

第一百七十二条 信访举报部门归口受理本机关管辖监察对象涉嫌职务违法和职务犯罪问题的检举控告，统一接收有关监察机关以及其他单位移送的相关检举控告，移交本机关监督检查部门或者相关部门，并将移交情况通报案件监督管理部门。

案件监督管理部门统一接收巡视巡察机构和审计机关、执法机关、司法机关等其他机关移送的职务违法和职务犯罪问题线索，按程序移交本机关监督检查部门或者相关部门办理。

监督检查部门、调查部门在工作中发现的相关问题线索，属于本部门受理范围的，应当报送案件监督管理部门备案；属于本机关其他部门受理范围的，经审批后移交案件监督管理部门分办。

第一百七十三条 案件监督管理部门应当对问题线索实行集中管理、动态更新，定期汇总、核对问题线索及处置情况，向监察机关主要负责人报告，并向相关部门通报。

问题线索承办部门应当指定专人负责管理线索，逐件编号登记、建立管理台账。线索管理处置各环节应当由经手人员签名，全程登记备查，及时与案件监督管理部门核对。

第一百七十四条 监督检查部门应当结合问题线索所涉及地区、部门、单位总体情况进行综合分析，提出处置意见并制定处置方案，经审批按照谈话、函询、初步核实、暂存待查、予以了结等方式进行处置，或者按照职责移送调查部门处置。

函询应当以监察机关办公厅（室）名义发函给被反映人，并抄送其所在单位和派驻监察机构主要负责人。被函询人应当在收到函件后十五个工作日以内写出说明材料，由其所在单位主要负责人签署意见后发函回复。被函询人为所在单位主要负责人的，或者被函询人所作说明涉及所在单位主要负责人的，应当直接发函回复监察机关。

被函询人已经退休的，按照第二款规定程序办理。

监察机关根据工作需要，经审批可以对谈话、函询情况进行核实。

第一百七十五条　检举控告人使用本人真实姓名或者本单位名称，有电话等具体联系方式的，属于实名检举控告。监察机关对实名检举控告应当优先办理、优先处置，依法给予答复。虽有署名但不是检举控告人真实姓名（单位名称）或者无法验证的检举控告，按照匿名检举控告处理。

信访举报部门对属于本机关受理的实名检举控告，应当在收到检举控告之日起十五个工作日以内按规定告知实名检举控告人受理情况，并做好记录。

调查人员应当将实名检举控告的处理结果在办结之日起十五个工作日以内向检举控告人反馈，并记录反馈情况。对检举控告人提出异议的应当如实记录，并向其进行说明；对提供新证据材料的，应当依法核查处理。

第二节　初步核实

第一百七十六条　监察机关对具有可查性的职务违法和职务犯罪问题线索，应当按规定报批后，依法开展初步核实工作。

第一百七十七条　采取初步核实方式处置问题线索，应当确定初步核实对象，制定工作方案，明确需要核实的问题和采取的措施，成立核查组。

在初步核实中应当注重收集客观性证据，确保真实性和准确性。

第一百七十八条　在初步核实中发现或者受理被核查人新的具有可查性的问题线索的，应当经审批纳入原初核方案开展核查。

第一百七十九条　核查组在初步核实工作结束后应当撰写初步核实情况报告，列明被核查人基本情况、反映的主要问题、办理依据、初步核实结果、存在疑点、处理建议，由全体人员签名。

承办部门应当综合分析初步核实情况，按照拟立案调查、予以了结、谈话提醒、暂存待查，或者移送有关部门、机关处理等方式提出处置建议，按照批准初步核实的程序报批。

第三节　立　案

第一百八十条　监察机关经过初步核实，对于已经掌握监察对象涉嫌职务违法或者职务犯罪的部分事实和证据，认为需要追究其法律责任的，应当按规定报批后，依法立案调查。

第一百八十一条　监察机关立案调查职务违法或者职务犯罪案件，需要对涉嫌行贿犯罪、介绍贿赂犯罪或者共同职务犯罪的涉案人员立案调查的，应当一并办理立案手续。需要交由下级监察机关立案的，经审批交由下级监察机关办理立案手续。

对单位涉嫌受贿、行贿等职务犯罪，需要追究法律责任的，依法对该单位办理立案调查手续。对事故（事件）中存在职务违法或者职务犯罪问题，需要追究法律责任，但相关责任人员尚不明确的，可以以事立案。对单位立案或者以事立案后，经调查确定相关责任人员的，按照管理权限报批确定被调查人。

监察机关根据人民法院生效刑事判决、裁定和人民检察院不起诉决定认定的事实，需要对监察对象给予政务处分的，可以由相关监督检查部门依据司法机关的生效判决、裁定、决定及其认定的事实、性质和情节，提出给予政务处分的意见，按程序移送审理。对依法被追究行政法律责任的监察对象，需要给予政务处分的，应当依法办理立案手续。

第一百八十二条　对案情简单、经过初步核实已查清主要职务违法事实，应当追究监察对象法律责任，不再需要开展调查的，立案和移送审理可以一并报批，履行立案程序后再移送审理。

第一百八十三条　上级监察机关需要指定下级监察机关立案调查的，应当按规定报批，向被指定管辖的监察机关出具《指定管辖决定书》，由其办理立案手续。

第一百八十四条　批准立案后，应当由二名以上调查人员出示证件，向被调查人宣布立案决定。宣布立案决定后，应当及时向被调查人所在单位等相关组织送达《立案通知书》，并向被调查人所在单位主要负责人通报。

对涉嫌严重职务违法或者职务犯罪的公职人员立案调查并采取留置措施的，应当按规定通知被调查人家属，并向社会公开发布。

第四节　调　查

第一百八十五条　监察机关对已经立案的职务违法或者职务犯罪案件应当依法进行调查，收集证据查明违法犯罪事实。

调查职务违法或者职务犯罪案件，对被调查人没有采取留置措施的，应当在立案后一年以内作出处理决定；对被调查人解除留置措施的，应当在解除留置措施后一年以内作出处理决定。案情重大复杂的案件，经上一级监察机关批准，可以适当延长，但延长期限不得超过六个月。

被调查人在监察机关立案调查以后逃匿的，调查期限自被调查人到案之日起重新计算。

第一百八十六条　案件立案后，监察机关主要负责人应当依照法定程序批准确定调查方案。

监察机关应当组成调查组依法开展调查。调查工作应当严格按照批准的方案执行，不得随意扩大调查范围、变更调查对象和事项，对重要事项应当及时请示报告。调查人员在调查工作期间，未经批准不得单独接触任何涉案人员及其特定关系人，不得擅自采取调查措施。

第一百八十七条　调查组应当将调查认定的涉嫌违法犯罪事实形成书面材料，交给被调查人核对，听取其意见。被调查人应当在书面材料上签署意见。对被调查人签署不同意见或者拒不签署意见的，调查组应当作出说明或者注明情况。对被调查人提出申辩的事实、理由和证据应当进行核实，成立的予以采纳。

调查组对于立案调查的涉嫌行贿犯罪、介绍贿赂犯罪或者共同职务犯罪的涉案人员，在查明其涉嫌犯罪问题后，依照前款规定办理。

对于按照本条例规定，对立案和移送审理一并报批的案件，应当在报批前履行本条第一款规定的程序。

第一百八十八条　调查组在调查工作结束后应当集体讨论，形成调查报告。调查报告应当列明被调查人基本情况、问题线索来源及调查依据、调查过程，涉嫌的主要职务违法或者职务犯罪事实，被调查人的态度和认识，处置建议及法律依据，并由调查组组长以及有关人员签名。

对调查过程中发现的重要问题和形成的意见建议，应当形成专题报告。

第一百八十九条　调查组对被调查人涉嫌职务犯罪拟依法移送人民检察院审查起诉的，应当起草《起诉建议书》。《起诉建议书》应当载明被调查人基本情况，调查简况，认罪认罚情况，采取留置措施的时间，涉嫌职务犯罪事实以及证据，对被调查人从重、从轻、减轻或者免除处罚等情节，提出对被调查人移送起诉的理由和法律依据，采取强制措施的建议，并注明移送案卷数及涉案财物等内容。

调查组应当形成被调查人到案经过及量刑情节方面的材料，包括案件来源、到案经过，自动投案、如实供述、立功等量刑情节，认罪悔罪态度、退赃、避免和减少损害结果发生等方面的情况说明及相关材料。被检举揭发的问题已被立案、查破，被检举揭发人已被采取调查措施或者刑事强制措施、起诉或者审判的，还应当附有关法律文书。

第一百九十条　经调查认为被调查人构成职务违法或者职务犯罪的，应当区分不同情况提出相应处理意见，经审批将调查报告、职务违法或者职务犯罪事实材料、涉案财物报告、涉案人员处理意见等材料，连同全部证据和文书手续移送审理。

对涉嫌职务犯罪的案件材料应当按照刑事诉讼要求单独立卷，与《起诉建议书》、涉案财物报告、同步录音录像资料及其自查报告等材料一并移送审理。

调查全过程形成的材料应当案结卷成、事毕归档。

第五节　审　　理

第一百九十一条　案件审理部门收到移送审理的案件后，应当审核材料是否齐全、手续是否完备。对被调查人涉嫌职务犯罪的，还应当审核相关案卷材料是否符合职务犯罪案件立卷要求，是否在调查报告中单独表述已查明的涉嫌犯罪问题，是否形成《起诉建议书》。

经审核符合移送条件的，应当予以受理；不符合移送条件的，经审批可以暂缓受理或者不予受理，并要求调查部门补充完善材料。

第一百九十二条　案件审理部门受理案件后，应当成立由二人以上组成的审理组，全面审理案卷材料。

案件审理部门对于受理的案件，应当以监察法、政务处分法、刑法、《中华人民共和国刑事诉讼法》等法律法规为准绳，对案件事实证据、性质认定、程序手续、涉案财物等进行全面审理。

案件审理部门应当强化监督制约职能，对案件严格审核把关，坚持实事求是、独立审理，依法提出审理意见。坚持调查与审理相分离的原则，案件调查人员不得参与审理。

第一百九十三条　审理工作应当坚持民主集中制原则，经集体审议形成审理意见。

第一百九十四条　审理工作应当在受理之日起一个月以内完成，重大复杂案件经批准可以适当延长。

第一百九十五条　案件审理部门根据案件审理情况，经审批可以与被调查人谈话，告知其在审理阶段的权利义务，核对涉嫌违法犯罪事实，听取其辩解意见，了解有关情况。与被调查人谈话时，案件审理人员不得少于二人。

具有下列情形之一的，一般应当与被调查人谈话：

（一）对被调查人采取留置措施，拟移送起诉的；

（二）可能存在以非法方法收集证据情形的；

（三）被调查人对涉嫌违法犯罪事实材料签署不同意见或者拒不签署意见的；

（四）被调查人要求向案件审理人员当面陈述的；

（五）其他有必要与被调查人进行谈话的情形。

第一百九十六条 经审理认为主要违法犯罪事实不清、证据不足的，应当经审批将案件退回承办部门重新调查。

有下列情形之一，需要补充完善证据的，经审批可以退回补充调查：

（一）部分事实不清、证据不足的；

（二）遗漏违法犯罪事实的；

（三）其他需要进一步查清案件事实的情形。

案件审理部门将案件退回重新调查或者补充调查的，应当出具审核意见，写明调查事项、理由、调查方向、需要补充收集的证据及其证明作用等，连同案卷材料一并送交承办部门。

承办部门补充调查结束后，应当经审批将补证情况报告及相关证据材料，连同案卷材料一并移送案件审理部门；对确实无法查明的事项或者无法补充的证据，应当作出书面说明。重新调查终结后，应当重新形成调查报告，依法移送审理。

重新调查完毕移送审理的，审理期限重新计算。补充调查期间不计入审理期限。

第一百九十七条 审理工作结束后应当形成审理报告，载明被调查人基本情况、调查简况、涉嫌违法或者犯罪事实、被调查人态度和认识、涉案财物处置、承办部门意见、审理意见等内容，提请监察机关集体审议。

对被调查人涉嫌职务犯罪需要追究刑事责任的，应当形成《起诉意见书》，作为审理报告附件。《起诉意见书》应当忠实于事实真象，载明被调查人基本情况，调查简况，采取留置措施的时间，依法查明的犯罪事实和证据，从重、从轻、减轻或者免除处罚等情节，涉案财物情况，涉嫌罪名和法律依据，采取强制措施的建议，以及其他需要说明的情况。

案件审理部门经审理认为现有证据不足以证明被调查人存在违法犯罪行为，且通过退回补充调查仍无法达到证明标准的，应当提出撤销案件的建议。

第一百九十八条 上级监察机关办理下级监察机关管辖案件的，可以经审理后按程序直接进行处置，也可以经审理形成处置意见后，交由下级监察机关办理。

第一百九十九条 被指定管辖的监察机关在调查结束后应当将案件移送审理，提请监察机关集体审议。

上级监察机关将其所管辖的案件指定管辖的，被指定管辖的下级监察机关应当按照前款规定办理后，将案件报上级监察机关依法作出政务处分决定。上级监察机关在作出决定前，应当进行审理。

上级监察机关将下级监察机关管辖的案件指定其他下级监察机关管辖的，被指定管辖的监察机关应当按照第一款规定办理后，将案件送交有管理权限的监察机关依法作出政务处分决定。有管理权限的监察机关应当进行审理，审理意见与被指定管辖的监察机关意见不一致的，双方应当进行沟通；经沟通不能取得一致意见的，报请有权决定的上级监察机关决定。经协商，有管理权限的监察机关在被指定管辖的监察机关审理阶段可以提前阅卷，沟通了解情况。

对于前款规定的重大、复杂案件，被指定管辖的监察机关经集体审议后将处理意见报有权决定的上级监察机关审核同意的，有管理权限的监察机关可以经集体审议后依法处置。

第六节 处　　置

第二百条 监察机关根据监督、调查结果，依据监察法、政务处分法等规定进行处置。

第二百零一条 监察机关对于公职人员有职务违法行为但情节较轻的，可以依法进行谈话提醒、批评教育、责令检查，或者予以诫勉。上述方式可以单独使用，也可以依据规定合并使用。

谈话提醒、批评教育应当由监察机关相关负责人或者承办部门负责人进行，可以由被谈话提醒、批评教育人所在单位有关负责人陪同；经批准也可以委托其所在单位主要负责人进行。对谈话提醒、批评教育情况应当制作记录。

被责令检查的公职人员应当作出书面检查并进行整改。整改情况在一定范围内通报。

诫勉由监察机关以谈话或者书面方式进行。以谈话方式进行的，应当制作记录。

第二百零二条 对违法的公职人员依法需要给予政务处分的，应当根据情节轻重作出警告、记过、记大过、降级、撤职、开除的政务处分决定，制作政务处分决定书。

第二百零三条 监察机关应当将政务处分决定书在作出后一个月以内送达被处分人和被处分人所在机关、单位，并依法履行宣布、书面告知程序。

政务处分决定自作出之日起生效。有关机关、单位、组织应当依法及时执行处分决定，并将执行情况向监察机关报告。处分决定应当在作出之日起一个月以内执行完毕，特殊情况下经监察机关批准可以适当延长办理期限，最迟不得超过六个月。

第二百零四条 监察机关对不履行或者不正确履行职责造成严重后果或者恶劣影响的领导人员,可以按照管理权限采取通报、诫勉、政务处分等方式进行问责;提出组织处理的建议。

第二百零五条 监察机关依法向监察对象所在单位提出监察建议的,应当经审批制作监察建议书。

监察建议书一般应当包括下列内容:

(一)监督调查情况;

(二)调查中发现的主要问题及其产生的原因;

(三)整改建议、要求和期限;

(四)向监察机关反馈整改情况的要求。

第二百零六条 监察机关经调查,对没有证据证明或者现有证据不足以证明被调查人存在违法犯罪行为的,应当依法撤销案件。省级以下监察机关撤销案件后,应当在七个工作日以内向上一级监察机关报送备案报告。上一级监察机关监督检查部门负责备案工作。

省级以下监察机关拟撤销上级监察机关指定管辖或者交办案件的,应当将《撤销案件意见书》连同案卷材料,在法定调查期限到期七个工作日前报指定管辖或者交办案件的监察机关审查。对于重大、复杂案件,在法定调查期限到期十个工作日前报指定管辖或者交办案件的监察机关审查。

指定管辖或者交办案件的监察机关由监督检查部门负责审查工作。指定管辖或者交办案件的监察机关同意撤销案件的,下级监察机关应当作出撤销案件决定,制作《撤销案件决定书》;指定管辖或者交办案件的监察机关不同意撤销案件的,下级监察机关应当执行该决定。

监察机关对于撤销案件的决定应当向被调查人宣布,由其在《撤销案件决定书》上签名、捺指印,立即解除留置措施,并通知其所在机关、单位。

撤销案件后又发现重要事实或者有充分证据,认为被调查人有违法犯罪事实需要追究法律责任的,应当重新立案调查。

第二百零七条 对于涉嫌行贿等犯罪的非监察对象,案件调查终结后依法移送起诉。综合考虑行为性质、手段、后果、时间节点、认罪悔罪态度等具体情况,对于情节较轻,经审批不予移送起诉的,应当采取批评教育、责令具结悔过等方式处置;应当给予行政处罚的,依法移送有关行政执法部门。

对于有行贿行为的涉案单位和人员,按规定记入相关信息记录,可以作为信用评价的依据。

对于涉案单位和人员通过行贿等非法手段取得的财物及孳息,应当依法予以没收、追缴或者责令退赔。对于违法取得的其他不正当利益,依照法律法规及有关规定予以纠正处理。

第二百零八条 对查封、扣押、冻结的涉嫌职务犯罪所得财物及孳息应当妥善保管,并制作《移送司法机关涉案财物清单》随案移送人民检察院。对作为证据使用的实物应当随案移送;对不宜移送的,应当将清单、照片和其他证明文件随案移送。

对于移送人民检察院的涉案财物,价值不明的,应当在移送起诉前委托进行价格认定。在价格认定过程中,需要对涉案财物先行作出真伪鉴定或者出具技术、质量检测报告的,应当委托有关鉴定机构或者检测机构进行真伪鉴定或者技术、质量检测。

对不属于犯罪所得但属于违法取得的财物及孳息,应当依法予以没收、追缴或者责令退赔,并出具有关法律文书。

对经认定不属于违法所得的财物及孳息,应当及时予以返还,并办理签收手续。

第二百零九条 监察机关经调查,对违法取得的财物及孳息决定追缴或者责令退赔的,可以依法要求公安、自然资源、住房城乡建设、市场监管、金融监管等部门以及银行等机构、单位予以协助。

追缴涉案财物以追缴原物为原则,原物已经转化为其他财物的,应当追缴转化后的财物;有证据证明依法应当追缴、没收的涉案财物无法找到、被他人善意取得、价值灭失减损或者与其他合法财产混合且不可分割的,可以依法追缴、没收其他等值财产。

追缴或者责令退赔应当自处置决定作出之日起一个月以内执行完毕。因被调查人的原因逾期执行的除外。

人民检察院、人民法院依法将不认定为犯罪所得的相关涉案财物退回监察机关的,监察机关应当依法处理。

第二百一十条 监察对象对监察机关作出的涉及本人的处理决定不服的,可以在收到处理决定之日起一个月以内,向作出决定的监察机关申请复审。复审机关应当依法受理,并在受理后一个月以内作出复审决定。监察对象对复审决定仍不服的,可以在收到复审决定之日起一个月以内,向上一级监察机关申请复核。复核机关应当依法受理,并在受理后二个月以内作出复核决定。

上一级监察机关的复核决定和国家监察委员会的复审、复核决定为最终决定。

第二百一十一条 复审、复核机关承办部门应当成立工作组,调阅原案卷宗,必要时可以进行调查取证。承办部门应当集体研究,提出办理意见,经审批作出复审、复核决定。决定应当送达申请人,抄送相关单位,并在一定范围内宣布。

复审、复核期间,不停止原处理决定的执行。复审、复核机关经审查认定处理决定有错误或者不当的,应当依法撤销、变更原处理决定,或者责令原处理机关及时予以纠正。复审、复核机关经审查认定处理决定事实清楚、适用法律正确的,应当予以维持。

坚持复审复核与调查审理分离,原案调查、审理人员不得参与复审复核。

第七节 移送审查起诉

第二百一十二条 监察机关决定对涉嫌职务犯罪的被调查人移送起诉的,应当出具《起诉意见书》,连同案卷材料、证据等,一并移送同级人民检察院。

监察机关案件审理部门负责与人民检察院审查起诉的衔接工作,调查、案件监督管理等部门应当予以协助。

国家监察委员会派驻或者派出的监察机构、监察专员调查的职务犯罪案件,应当依法移送省级人民检察院审查起诉。

第二百一十三条 涉嫌职务犯罪的被调查人和涉案人员符合监察法第三十一条、第三十二条规定情形的,结合其案发前的一贯表现、违法犯罪行为的情节、后果和影响等因素,监察机关经综合研判和集体审议,报上一级监察机关批准,可以在移送人民检察院时依法提出从轻、减轻或者免除处罚等从宽处罚建议。报请批准时,应当一并提供主要证据材料、忏悔反思材料。

上级监察机关相关监督检查部门负责审查工作,重点审核拟认定的从宽处罚情形、提出的从宽处罚建议,经审批在十五个工作日以内作出批复。

第二百一十四条 涉嫌职务犯罪的被调查人有下列情形之一,如实交代自己主要犯罪事实的,可以认定为监察法第三十一条第一项规定的自动投案,真诚悔罪悔过:

(一)职务犯罪问题未被监察机关掌握,向监察机关投案的;

(二)在监察机关谈话、函询过程中,如实交代监察机关未掌握的涉嫌职务犯罪问题的;

(三)在初步核实阶段,尚未受到监察机关谈话时投案的;

(四)职务犯罪问题虽被监察机关立案,但尚未受到讯问或者采取留置措施,向监察机关投案的;

(五)因伤病等客观原因无法前往投案,先委托他人代为表达投案意愿,或者以书信、网络、电话、传真等方式表达投案意愿,后到监察机关接受处理的;

(六)涉嫌职务犯罪潜逃后又投案,包括在被通缉、抓捕过程中投案的;

(七)经查实确已准备去投案,或者正在投案途中被有关机关抓获的;

(八)经他人规劝或者在他人陪同下投案的;

(九)虽未向监察机关投案,但向其所在党组织、单位或者有关负责人员投案,向有关巡视巡察机构投案,以及向公安机关、人民检察院、人民法院投案的;

(十)具有其他应当视为自动投案的情形的。

被调查人自动投案后不能如实交代自己的主要犯罪事实,或者自动投案并如实供述自己的罪行后又翻供的,不能适用前款规定。

第二百一十五条 涉嫌职务犯罪的被调查人有下列情形之一的,可以认定为监察法第三十一条第二项规定的积极配合调查工作,如实供述监察机关还未掌握的违法犯罪行为:

(一)监察机关所掌握线索针对的犯罪事实不成立,在此范围外被调查人主动交代其他罪行的;

(二)主动交代监察机关尚未掌握的犯罪事实,与监察机关已掌握的犯罪事实属不同种罪行的;

(三)主动交代监察机关尚未掌握的犯罪事实,与监察机关已掌握的犯罪事实属同种罪行的;

(四)监察机关掌握的证据不充分,被调查人如实交代有助于收集定案证据的。

前款所称同种罪行和不同种罪行,一般以罪名区分。被调查人如实供述其他罪行的罪名与监察机关已掌握犯罪的罪名不同,但属选择性罪名或者在法律、事实上密切关联的,应当认定为同种罪行。

第二百一十六条 涉嫌职务犯罪的被调查人有下列情形之一的,可以认定为监察法第三十一条第三项规定的积极退赃,减少损失:

(一)全额退赃的;

(二)退赃能力不足,但被调查人及其亲友在监察机关追缴赃款赃物过程中积极配合,且大部分已追缴到位的;

(三)犯罪后主动采取措施避免损失发生,或者积极采取有效措施减少、挽回大部分损失的。

第二百一十七条 涉嫌职务犯罪的被调查人有下列情形之一的,可以认定为监察法第三十一条第四项规定的具有重大立功表现:

（一）检举揭发他人重大犯罪行为且经查证属实的；

（二）提供其他重大案件的重要线索且经查证属实的；

（三）阻止他人重大犯罪活动的；

（四）协助抓捕其他重大职务犯罪案件被调查人、重大犯罪嫌疑人（包括同案犯）的；

（五）为国家挽回重大损失等对国家和社会有其他重大贡献的。

前款所称重大犯罪一般是指依法可能被判处无期徒刑以上刑罚的犯罪行为；重大案件一般是指在本省、自治区、直辖市或者全国范围内有较大影响的案件；查证属实一般是指有关案件已被监察机关或者司法机关立案调查、侦查，被调查人、犯罪嫌疑人被监察机关采取留置措施或者被司法机关采取强制措施，或者被告人被人民法院作出有罪判决，并结合案件事实、证据进行判断。

监察法第三十一条第四项规定的案件涉及国家重大利益，是指案件涉及国家主权和领土完整、国家安全、外交、社会稳定、经济发展等情形。

第二百一十八条 涉嫌行贿等犯罪的涉案人员有下列情形之一的，可以认定为监察法第三十二条规定的揭发有关被调查人职务违法犯罪行为，查证属实或者提供重要线索，有助于调查其他案件：

（一）揭发所涉案件以外的被调查人职务犯罪行为，经查证属实的；

（二）提供的重要线索指向具体的职务犯罪事实，对调查其他案件起到实质性推动作用的；

（三）提供的重要线索有助于加快其他案件办理进度，或者对其他案件固定关键证据、挽回损失、追逃追赃等起到积极作用的。

第二百一十九条 从宽处罚建议一般应当在移送起诉时作为《起诉意见书》内容一并提出，特殊情况下也可以在案件移送后、人民检察院提起公诉前，单独形成从宽处罚建议书移送人民检察院。对于从宽处罚建议所依据的证据材料，应当一并移送人民检察院。

监察机关对于被调查人在调查阶段认罪认罚，但不符合监察法规定的提出从宽处罚建议条件，在移送起诉时没有提出从宽处罚建议的，应当在《起诉意见书》中写明其自愿认罪认罚的情况。

第二百二十条 监察机关一般应当在正式移送起诉十日前，向拟移送的人民检察院采取书面通知等方式预告移送事宜。对于已采取留置措施的案件，发现被调查人因身体等原因存在不适宜羁押等可能影响刑事强制措施执行情形的，应当通报人民检察院。对于未采取留置措施的案件，可以根据案件具体情况，向人民检察院提出对被调查人采取刑事强制措施的建议。

第二百二十一条 监察机关办理的职务犯罪案件移送起诉，需要指定起诉、审判管辖的，应当与同级人民检察院协商有关程序事宜。需要由同级人民检察院的上级人民检察院指定管辖的，应当商请同级人民检察院办理指定管辖事宜。

监察机关一般应当在移送起诉二十日前，将商请指定管辖函送交同级人民检察院。商请指定管辖函应当附案件基本情况，对于被调查人已被其他机关立案侦查的犯罪认为需要并案审查起诉的，一并进行说明。

派驻或者派出的监察机构、监察专员调查的职务犯罪案件需要指定起诉、审判管辖的，应当报派出机关办理指定管辖手续。

第二百二十二条 上级监察机关指定下级监察机关进行调查，移送起诉时需要人民检察院依法指定管辖的，应当在移送起诉前由上级监察机关与同级人民检察院协商有关程序事宜。

第二百二十三条 监察机关对已经移送起诉的职务犯罪案件，发现遗漏被调查人罪行需要补充移送起诉的，应当经审批出具《补充起诉意见书》，连同相关案卷材料、证据等一并移送同级人民检察院。

对于经人民检察院指定管辖的案件需要补充移送起诉的，可以直接移送原受理移送起诉的人民检察院；需要追加犯罪嫌疑人、被告人的，应当再次商请人民检察院办理指定管辖手续。

第二百二十四条 对于涉嫌行贿犯罪、介绍贿赂犯罪或者共同职务犯罪等关联案件的涉案人员，移送起诉时一般应当随主案确定管辖。

主案与关联案件由不同监察机关立案调查的，调查关联案件的监察机关在移送起诉前，应当报告或者通报调查主案的监察机关，由其统一协调案件管辖事宜。因特殊原因，关联案件不宜随主案确定管辖的，调查主案的监察机关应当及时通报和协调有关事项。

第二百二十五条 监察机关对于人民检察院在审查起诉中书面提出的下列要求应当予以配合：

（一）认为可能存在以非法方法收集证据情形，要求监察机关对证据收集的合法性作出说明或者提供相关证明材料的；

（二）排除非法证据后，要求监察机关另行指派调查人员重新取证的；

（三）对物证、书证、视听资料、电子数据及勘验检查、辨认、调查实验等笔录存在疑问，要求调查人员提供获取、制作的有关情况的；

（四）要求监察机关对案件中某些专门性问题进行鉴定，或者对勘验检查进行复验、复查的；

（五）认为主要犯罪事实已经查清，仍有部分证据需要补充完善，要求监察机关补充提供证据的；

（六）人民检察院依法提出的其他工作要求。

第二百二十六条 监察机关对于人民检察院依法退回补充调查的案件，应当向主要负责人报告，并积极开展补充调查工作。

第二百二十七条 对人民检察院退回补充调查的案件，经审批分别作出下列处理：

（一）认定犯罪事实的证据不够充分的，应当在补充证据后，制作补充调查报告书，连同相关材料一并移送人民检察院审查，对无法补充完善的证据，应当作出书面情况说明，并加盖监察机关或者承办部门公章；

（二）在补充调查中发现新的同案犯或者增加、变更犯罪事实，需要追究刑事责任的，应当重新提出处理意见，移送人民检察院审查；

（三）犯罪事实的认定出现重大变化，认为不应当追究被调查人刑事责任的，应当重新提出处理意见，将处理结果书面通知人民检察院并说明理由；

（四）认为移送起诉的犯罪事实清楚，证据确实、充分的，应当说明理由，移送人民检察院依法审查。

第二百二十八条 人民检察院在审查起诉过程中发现新的职务违法或者职务犯罪问题线索并移送监察机关的，监察机关应当依法处置。

第二百二十九条 在案件审判过程中，人民检察院书面要求监察机关补充提供证据，对证据进行补正、解释，或者协助人民检察院补充侦查的，监察机关应当予以配合。监察机关不能提供有关证据材料的，应当书面说明情况。

人民法院在审判过程中就证据收集合法性问题要求有关调查人员出庭说明情况时，监察机关应当依法予以配合。

第二百三十条 监察机关认为人民检察院不起诉决定有错误的，应当在收到不起诉决定书后三十日以内，依法向其上一级人民检察院提请复议。监察机关应当将上述情况及时向上一级监察机关书面报告。

第二百三十一条 对于监察机关移送起诉的案件，人民检察院作出不起诉决定，人民法院作出无罪判决，或者监察机关经人民检察院退回补充调查后不再移送起诉，涉及对被调查人已生效政务处分事实认定的，监察机关应当依法对政务处分决定进行审核。认为原政务处分决定认定事实清楚、适用法律正确的，不再改变；认为原政务处分决定确有错误或者不当的，依法予以撤销或者变更。

第二百三十二条 对于贪污贿赂、失职渎职等职务犯罪案件，被调查人逃匿，在通缉一年后不能到案，或者被调查人死亡，依法应当追缴其违法所得及其他涉案财产的，承办部门在调查终结后应当依法移送审理。

监察机关应当经集体审议，出具《没收违法所得意见书》，连同案卷材料、证据等，一并移送人民检察院依法提出没收违法所得的申请。

监察机关将《没收违法所得意见书》移送人民检察院后，在逃的被调查人自动投案或者被抓获的，监察机关应当及时通知人民检察院。

第二百三十三条 监察机关立案调查拟适用缺席审判程序的贪污贿赂犯罪案件，应当逐级报送国家监察委员会同意。

监察机关承办部门认为在境外的被调查人犯罪事实已经查清，证据确实、充分，依法应当追究刑事责任的，应当依法移送审理。

监察机关应当经集体审议，出具《起诉意见书》，连同案卷材料、证据等，一并移送人民检察院审查起诉。

在审查起诉或者缺席审判过程中，犯罪嫌疑人、被告人向监察机关自动投案或者被抓获的，监察机关应当立即通知人民检察院、人民法院。

第六章 反腐败国际合作

第一节 工作职责和领导体制

第二百三十四条 国家监察委员会统筹协调与其他国家、地区、国际组织开展反腐败国际交流、合作。

国家监察委员会组织《联合国反腐败公约》等反腐败国际条约的实施以及履约审议等工作，承担《联合国反腐败公约》司法协助中央机关有关工作。

国家监察委员会组织协调有关单位建立集中统一、高效顺畅的反腐败国际追逃追赃和防逃协调机制，统筹协调、督促指导各级监察机关反腐败国际追逃追赃等涉外案件办理工作，具体履行下列职责：

（一）制定反腐败国际追逃追赃和防逃工作计划，研究工作中的重要问题；

（二）组织协调反腐败国际追逃追赃等重大涉外案件办理工作；

（三）办理由国家监察委员会管辖的涉外案件；

（四）指导地方各级监察机关依法开展涉外案件办理工作；

（五）汇总和通报全国职务犯罪外逃案件信息和追逃追赃工作信息；

（六）建立健全反腐败国际追逃追赃和防逃合作网络；

（七）承担监察机关开展国际刑事司法协助的主管机关职责；

（八）承担其他与反腐败国际追逃追赃等涉外案件办理工作相关的职责。

第二百三十五条 地方各级监察机关在国家监察委员会领导下，统筹协调、督促指导本地区反腐败国际追逃追赃等涉外案件办理工作，具体履行下列职责：

（一）落实上级监察机关关于反腐败国际追逃追赃和防逃工作部署，制定工作计划；

（二）按照管辖权限或者上级监察机关指定管辖，办理涉外案件；

（三）按照上级监察机关要求，协助配合其他监察机关开展涉外案件办理工作；

（四）汇总和通报本地区职务犯罪外逃案件信息和追逃追赃工作信息；

（五）承担本地区其他与反腐败国际追逃追赃等涉外案件办理工作相关的职责。

省级监察委员会应当会同有关单位，建立健全本地区反腐败国际追逃追赃和防逃协调机制。

国家监察委员会派驻或者派出的监察机构、监察专员统筹协调、督促指导本部门反腐败国际追逃追赃等涉外案件办理工作，参照第一款规定执行。

第二百三十六条 国家监察委员会国际合作局归口管理监察机关反腐败国际追逃追赃等涉外案件办理工作。地方各级监察委员会应当明确专责部门，归口管理本地区涉外案件办理工作。

国家监察委员会派驻或者派出的监察机构、监察专员和地方各级监察机关办理涉外案件中有关执法司法国际合作事项，应当逐级报送国家监察委员会审批。由国家监察委员会依法直接或者协调有关单位与有关国家（地区）相关机构沟通，以双方认可的方式实施。

第二百三十七条 监察机关应当建立追逃追赃和防逃工作内部联络机制。承办部门在调查过程中，发现被调查人或者重要涉案人员外逃、违法所得及其他涉案财产被转移到境外的，可以请追逃追赃部门提供工作协助。监察机关将案件移送人民检察院审查起诉后，仍有重要涉案人员外逃或者未追缴的违法所得及其他涉案财产的，应当由追逃追赃部门继续办理，或者由追逃追赃部门指定协调有关单位办理。

第二节 国（境）内工作

第二百三十八条 监察机关应当将防逃工作纳入日常监督内容，督促相关机关、单位建立健全防逃责任机制。

监察机关在监督、调查工作中，应当根据情况制定对监察对象、重要涉案人员的防逃方案，防范人员外逃和资金外流风险。监察机关应当会同同级组织人事、外事、公安、移民管理等单位健全防逃预警机制，对存在外逃风险的监察对象早发现、早报告、早处置。

第二百三十九条 监察机关应当加强与同级人民银行、公安等单位的沟通协作，推动预防、打击利用离岸公司和地下钱庄等向境外转移违法所得及其他涉案财产，对涉及职务违法和职务犯罪的行为依法进行调查。

第二百四十条 国家监察委员会派驻或者派出的监察机构、监察专员和地方各级监察委员会发现监察对象出逃、失踪、出走，或者违法所得及其他涉案财产被转移至境外的，应当在二十四小时以内将有关信息逐级报送至国家监察委员会国际合作局，并迅速开展相关工作。

第二百四十一条 监察机关追逃追赃部门统一接收巡视巡察机构、审计机关、行政执法部门、司法机关等单位移交的外逃信息。

监察机关对涉嫌职务违法和职务犯罪的外逃人员，应当明确承办部门，建立案件档案。

第二百四十二条 监察机关应当依法全面收集外逃人员涉嫌职务违法和职务犯罪证据。

第二百四十三条 开展反腐败国际追逃追赃等涉外案件办理工作，应当把思想教育贯穿始终，落实宽严相济刑事政策，依法适用认罪认罚从宽制度，促使外逃人员回国投案或者配合调查、主动退赃。开展相关工作，应当尊重所在国家（地区）的法律规定。

第二百四十四条 外逃人员归案、违法所得及其他涉案财产被追缴后，承办案件的监察机关应当将情况逐级报送国家监察委员会国际合作局。监察机关应当依法对涉案人员和违法所得及其他涉案财产作出处置，或者请有关单位依法处置。对不需要继续采取相关措施的，应当及时解除或者撤销。

第三节 对外合作

第二百四十五条 监察机关对依法应当留置或者已经决定留置的外逃人员，需要申请发布国际刑警组织红色通报的，应当逐级报送国家监察委员会审核。国家监察委员会审核后，依法通过公安部向国际刑警组织提出申请。

需要延期、暂停、撤销红色通报的，申请发布红色通报的监察机关应当逐级报送国家监察委员会审核，由国家监察委员会依法通过公安部联系国际刑警组织办理。

第二百四十六条 地方各级监察机关通过引渡方式办理相关涉外案件的，应当按照引渡法、相关双边及多边国际条约等规定准备引渡请求书及相关材料，逐级报送国家监察委员会审核。由国家监察委员会依法通过外交等渠道向外国提出引渡请求。

第二百四十七条 地方各级监察机关通过刑事司法协助方式办理相关涉外案件的，应当按照国际刑事司法协助法、相关双边及多边国际条约等规定准备刑事司法协助请求书及相关材料，逐级报送国家监察委员会审核。由国家监察委员会依法直接或者通过对外联系机关等渠道，向外国提出刑事司法协助请求。

国家监察委员会收到外国提出的刑事司法协助请求书及所附材料，经审查认为符合有关规定的，作出决定并交由省级监察机关执行，或者转交其他有关主管机关。省级监察机关应当立即执行，或者交由下级监察机关执行，并将执行结果或者妨碍执行的情形及时报送国家监察委员会。在执行过程中，需要依法采取查询、调取、查封、扣押、冻结等措施或者需要返还涉案财物的，根据我国法律规定和国家监察委员会的执行决定办理有关法律手续。

第二百四十八条 地方各级监察机关通过执法合作方式办理相关涉外案件的，应当将合作事项及相关材料逐级报送国家监察委员会审核。由国家监察委员会依法直接或者协调有关单位，向有关国家（地区）相关机构提交并开展合作。

第二百四十九条 地方各级监察机关通过境外追诉方式办理相关涉外案件的，应当提供外逃人员相关违法线索和证据，逐级报送国家监察委员会审核。由国家监察委员会依法直接或者协调有关单位向有关国家（地区）相关机构提交，请其依法对外逃人员调查、起诉和审判，并商有关国家（地区）遣返外逃人员。

第二百五十条 监察机关对依法应当追缴的境外违法所得及其他涉案财产，应当责令涉案人员以合法方式退赔。涉案人员拒不退赔的，可以依法通过下列方式追缴：

（一）在开展引渡等追逃合作时，随附请求有关国家（地区）移交相关违法所得及其他涉案财产；

（二）依法启动违法所得没收程序，由人民法院对相关违法所得及其他涉案财产作出冻结、没收裁定，请有关国家（地区）承认和执行，并予以返还；

（三）请有关国家（地区）依法追缴相关违法所得及其他涉案财产，并予以返还；

（四）通过其他合法方式追缴。

第七章 对监察机关和监察人员的监督

第二百五十一条 监察机关和监察人员必须自觉坚持党的领导，在党组织的管理、监督下开展工作，依法接受本级人民代表大会及其常务委员会的监督，接受民主监督、司法监督、社会监督、舆论监督，加强内部监督制约机制建设，确保权力受到严格的约束和监督。

第二百五十二条 各级监察委员会应当按照监察法第五十三条第二款规定，由主任在本级人民代表大会常务委员会全体会议上报告专项工作。

在报告专项工作前，应当与本级人民代表大会有关专门委员会沟通协商，并配合开展调查研究等工作。各级人民代表大会常务委员会审议专项工作报告时，本级监察委员会应当根据要求派出领导成员列席相关会议，听取意见。

各级监察委员会应当认真研究办理本级人民代表大会常务委员会反馈的审议意见，并按照要求书面报告办理情况。

第二百五十三条 各级监察委员会应当积极接受、配合本级人民代表大会常务委员会组织的执法检查。对本级人民代表大会常务委员会的执法检查报告，应当认真研究处理，并向其报告处理情况。

第二百五十四条 各级监察委员会在本级人民代表大会常务委员会会议审议与监察工作有关的议案和报告时，应当派相关负责人到会听取意见，回答询问。

监察机关对依法交由监察机关答复的质询案应当按照要求进行答复。口头答复的，由监察机关主要负责人或者委派相关负责人到会答复。书面答复的，由监察机关主要负责人签署。

第二百五十五条 各级监察机关应当通过互联网政务媒体、报刊、广播、电视等途径，向社会及时准确公开下列监察工作信息：

（一）监察法规；

（二）依法应当向社会公开的案件调查信息；

（三）检举控告地址、电话、网站等信息；

（四）其他依法应当公开的信息。

第二百五十六条 各级监察机关可以根据工作需要，按程序选聘特约监察员履行监督、咨询等职责。特约监察员名单应当向社会公布。

监察机关应当为特约监察员依法开展工作提供必要条件和便利。

第二百五十七条 监察机关实行严格的人员准入制度，严把政治关、品行关、能力关、作风关、廉洁关。监察人员必须忠诚坚定、担当尽责、遵纪守法、清正廉洁。

第二百五十八条 监察机关应当建立监督检查、调查、案件监督管理、案件审理等部门相互协调制约的工作机制。

监督检查和调查部门实行分工协作、相互制约。监督检查部门主要负责联系地区、部门、单位的日常监督检查和对涉嫌一般违法问题线索处置。调查部门主要负责对涉嫌严重职务违法和职务犯罪问题线索进行初步核实和立案调查。

案件监督管理部门负责对监督检查、调查工作全过程进行监督管理，做好线索管理、组织协调、监督检查、督促办理、统计分析等工作。案件监督管理部门发现监察人员在监督检查、调查中有违规办案行为的，及时督促整改；涉嫌违纪违法的，根据管理权限移交相关部门处理。

第二百五十九条 监察机关应当对监察权运行关键环节进行经常性监督检查，适时开展专项督查。案件监督管理、案件审理等部门应当按照各自职责，对问题线索处置、调查措施使用、涉案财物管理等进行监督检查，建立常态化、全覆盖的案件质量评查机制。

第二百六十条 监察机关应当加强对监察人员执行职务和遵纪守法情况的监督，按照管理权限依法对监察人员涉嫌违法犯罪问题进行调查处置。

第二百六十一条 监察机关及其监督检查、调查部门负责人应当定期检查调查期间的录音录像、谈话笔录、涉案财物登记资料，加强对调查全过程的监督，发现问题及时纠正并报告。

第二百六十二条 对监察人员打听案情、过问案件、说情干预的，办理监察事项的监察人员应当及时向上级负责人报告。有关情况应当登记备案。

发现办理监察事项的监察人员未经批准接触被调查人、涉案人员及其特定关系人，或者存在交往情形的，知情的监察人员应当及时向上级负责人报告。有关情况应当登记备案。

第二百六十三条 办理监察事项的监察人员有监察法第五十八条所列情形之一的，应当自行提出回避；没有自行提出回避的，监察机关应当依法决定其回避，监察对象、检举人及其他有关人员也有权要求其回避。

选用借调人员、看护人员、调查场所，应当严格执行回避制度。

第二百六十四条 监察人员自行提出回避，或者监察对象、检举人及其他有关人员要求监察人员回避的，应当书面或者口头提出，并说明理由。口头提出的，应当形成记录。

监察机关主要负责人的回避，由上级监察机关主要负责人决定；其他监察人员的回避，由本级监察机关主要负责人决定。

第二百六十五条 上级监察机关应当通过专项检查、业务考评、开展复查等方式，强化对下级监察机关及监察人员执行职务和遵纪守法情况的监督。

第二百六十六条 监察机关应当对监察人员有计划地进行政治、理论和业务培训。培训应当坚持理论联系实际、按需施教、讲求实效，突出政治机关特色，建设高素质专业化监察队伍。

第二百六十七条 监察机关应当严格执行保密制度，控制监察事项知悉范围和时间。监察人员不准私自留存、隐匿、查阅、摘抄、复制、携带问题线索和涉案资料，严禁泄露监察工作秘密。

监察机关应当建立健全检举控告保密制度，对检举控告人的姓名(单位名称)、工作单位、住址、电话和邮箱等有关情况以及检举控告内容必须严格保密。

第二百六十八条 监察机关涉密人员离岗离职后，应当遵守脱密期管理规定，严格履行保密义务，不得泄露相关秘密。

第二百六十九条 监察人员离任三年以内，不得从事与监察和司法工作相关联且可能发生利益冲突的职业。

监察人员离任后，不得担任原任职监察机关办理案件的诉讼代理人或者辩护人，但是作为当事人的监护人或者近亲属代理诉讼或者进行辩护的除外。

第二百七十条 监察人员应当严格遵守有关规范领导干部配偶、子女及其配偶经商办企业行为的规定。

第二百七十一条 监察机关在履行职责过程中应当依法保护企业产权和自主经营权，严禁利用职权非法干扰企业生产经营。需要企业经营者协助调查的，应当依法保障其合法的人身、财产等权益，避免或者减少对涉案企业正常生产、经营活动的影响。

查封企业厂房、机器设备等生产资料，企业继续使用对该财产价值无重大影响的，可以允许其使用。对于正在运营或者正在用于科技创新、产品研发的设备和技术资料等，一般不予查封、扣押，确需调取违法犯罪证据的，可以采取拍照、复制等方式。

第二百七十二条 被调查人及其近亲属认为监察机关及监察人员存在监察法第六十条第一款规定的有关情形，向监察机关提出申诉的，由监察机关案件监督管理部门依法受理，并按照法定的程序和时限办理。

第二百七十三条 监察机关在维护监督执法调查工作纪律方面失职失责的，依法追究责任。监察人员涉嫌严重职务违法、职务犯罪或者对案件处置出现重大失误的，既应当追究直接责任，还应当严肃追究负有责任的领导人员责任。

监察机关应当建立办案质量责任制，对滥用职权、失职失责造成严重后果的，实行终身责任追究。

第八章 法律责任

第二百七十四条 有关单位拒不执行监察机关依法作出的下列处理决定的，应当由其主管部门、上级机关责令改正，对单位给予通报批评，对负有责任的领导人员和直接责任人员依法给予处理：

（一）政务处分决定；

（二）问责决定；

（三）谈话提醒、批评教育、责令检查，或者予以诫勉的决定；

（四）采取调查措施的决定；

（五）复审、复核决定；

（六）监察机关依法作出的其他处理决定。

第二百七十五条 监察对象对控告人、申诉人、批评人、检举人、证人、监察人员进行打击、压制等报复陷害的，监察机关应当依法给予政务处分。构成犯罪的，依法追究刑事责任。

第二百七十六条 控告人、检举人、证人采取捏造事实、伪造材料等方式诬告陷害的，监察机关应当依法给予政务处分，或者移送有关机关处理。构成犯罪的，依法追究刑事责任。

监察人员因依法履行职责遭受不实举报、诬告陷害、侮辱诽谤，致使名誉受到损害的，监察机关应当会同有关部门及时澄清事实，消除不良影响，并依法追究相关单位或者个人的责任。

第二百七十七条 监察机关应当建立健全办案安全责任制。承办部门主要负责人和调查组组长是调查安全第一责任人。调查组应当指定专人担任安全员。

地方各级监察机关履行管理、监督职责不力发生严重办案安全事故的，或者办案中存在严重违规违纪违法行为的，省级监察机关主要负责人应当向国家监察委员会作出检讨，并予以通报、严肃追责问责。

案件监督管理部门应当对办案安全责任制落实情况组织经常性检查和不定期抽查，发现问题及时报告并督促整改。

第二百七十八条 监察人员在履行职责中有下列行为之一的，依法严肃处理；构成犯罪的，依法追究刑事责任：

（一）贪污贿赂、徇私舞弊的；

（二）不履行或者不正确履行监督职责，应当发现的问题没有发现，或者发现问题不报告、不处置，造成严重影响的；

（三）未经批准、授权处置问题线索，发现重大案情隐瞒不报，或者私自留存、处理涉案材料的；

（四）利用职权或者职务上的影响干预调查工作的；

（五）违法窃取、泄露调查工作信息，或者泄露举报事项、举报受理情况以及举报人信息的；

（六）对被调查人或者涉案人员逼供、诱供，或者侮辱、打骂、虐待、体罚或者变相体罚的；

（七）违反规定处置查封、扣押、冻结的财物的；

（八）违反规定导致发生办案安全事故，或者发生安全事故后隐瞒不报、报告失实、处置不当的；

（九）违反规定采取留置措施的；

（十）违反规定限制他人出境，或者不按规定解除出境限制的；

（十一）其他职务违法和职务犯罪行为。

第二百七十九条 对监察人员在履行职责中存在违法行为的，可以根据情节轻重，依法进行谈话提醒、批评教育、责令检查、诫勉，或者给予政务处分。构成犯罪的，依法追究刑事责任。

第二百八十条 监察机关及其工作人员在行使职权时，有下列情形之一的，受害人可以申请国家赔偿：

（一）采取留置措施后，决定撤销案件的；

（二）违法没收、追缴或者违法查封、扣押、冻结财物造成损害的；

（三）违法行使职权，造成被调查人、涉案人员或者证人身体伤害或者死亡的；

（四）非法剥夺他人人身自由的；

（五）其他侵犯公民、法人和其他组织合法权益造成损害的。

受害人死亡的，其继承人和其他有扶养关系的亲属有权要求赔偿；受害的法人或者其他组织终止的，其权利承受人有权要求赔偿。

第二百八十一条 监察机关及其工作人员违法行使职权侵犯公民、法人和其他组织的合法权益造成损害的，该机关为赔偿义务机关。申请赔偿应当向赔偿义务机关提出，由该机关负责复审复核工作的部门受理。

赔偿以支付赔偿金为主要方式。能够返还财产或者恢复原状的，予以返还财产或者恢复原状。

第九章 附 则

第二百八十二条 本条例所称监察机关，包括各级监察委员会及其派驻或者派出监察机构、监察专员。

第二百八十三条 本条例所称“近亲属”，是指夫、妻、父、母、子、女、同胞兄弟姊妹。

第二百八十四条 本条例所称以上、以下、以内，包括本级、本数。

第二百八十五条 期间以时、日、月、年计算，期间开始的时和日不算在期间以内。本条例另有规定的除外。

按照年、月计算期间的，到期月的对应日为期间的最后一日；没有对应日的，月末日为期间的最后一日。

期间的最后一日是法定休假日的，以法定休假日结束的次日为期间的最后一日。但被调查人留置期间应当至到期之日为止，不得因法定休假日而延长。

第二百八十六条 本条例由国家监察委员会负责解释。

第二百八十七条 本条例自发布之日起施行。

中华人民共和国监察官法

1. 2021年8月20日第十三届全国人民代表大会常务委员会第三十次会议通过
2. 2021年8月20日中华人民共和国主席令第92号公布
3. 自2022年1月1日起施行

目 录

第一章 总 则

第一条 【立法目的和依据】为了加强对监察官的管理和监督，保障监察官依法履行职责，维护监察官合法权益，推进高素质专业化监察官队伍建设，推进监察工作规范化、法治化，根据宪法和《中华人民共和国监察法》，制定本法。

第二条 【指导思想】监察官的管理和监督坚持中国共产党领导，坚持以马克思列宁主义、毛泽东思想、邓小平理论、“三个代表”重要思想、科学发展观、习近平新时代中国特色社会主义思想为指导，坚持党管干部原则，增强监察官的使命感、责任感、荣誉感，建设忠诚干净担当的监察官队伍。

第三条 【监察官的范围】监察官包括下列人员：

（一）各级监察委员会的主任、副主任、委员；

（二）各级监察委员会机关中的监察人员；

（三）各级监察委员会派驻或者派出到中国共产党机关、国家机关、法律法规授权或者委托管理公共事务的组织和单位以及所管辖的行政区域等的监察机构中的监察人员、监察专员；

（四）其他依法行使监察权的监察机构中的监察人员。

对各级监察委员会派驻到国有企业的监察机构工作人员、监察专员，以及国有企业中其他依法行使监察权的监察机构工作人员的监督管理，参照执行本法有关规定。

第四条 【严格自我约束】监察官应当忠诚坚定、担当尽责、清正廉洁，做严格自律、作风优良、拒腐防变的表率。

第五条 【工作要求】监察官应当维护宪法和法律的尊严和权威，以事实为根据，以法律为准绳，客观公正地履行职责，保障当事人的合法权益。

第六条 【集体研究】监察官应当严格按照规定的权限和程序履行职责，坚持民主集中制，重大事项集体研究。

第七条 【国家监督】监察机关应当建立健全对监察官的监督制度和机制，确保权力受到严格约束。

监察官应当自觉接受组织监督和民主监督、社会监督、舆论监督。

第八条 【履职保护】监察官依法履行职责受法律保护，不受行政机关、社会团体和个人的干涉。

第二章 监察官的职责、义务和权利

第九条 【监察官职责】监察官依法履行下列职责：

（一）对公职人员开展廉政教育；

（二）对公职人员依法履职、秉公用权、廉洁从政从业以及道德操守情况进行监督检查；

（三）对法律规定由监察机关管辖的职务违法和

职务犯罪进行调查；

（四）根据监督、调查的结果，对办理的监察事项提出处置意见；

（五）开展反腐败国际合作方面的工作；

（六）法律规定的其他职责。

监察官在职权范围内对所办理的监察事项负责。

第十条　【监察官义务】监察官应当履行下列义务：

（一）自觉坚持中国共产党领导，严格执行中国共产党和国家的路线方针政策、重大决策部署；

（二）模范遵守宪法和法律；

（三）维护国家和人民利益，秉公执法，勇于担当、敢于监督，坚决同腐败现象作斗争；

（四）依法保障监察对象及有关人员的合法权益；

（五）忠于职守，勤勉尽责，努力提高工作质量和效率；

（六）保守国家秘密和监察工作秘密，对履行职责中知悉的商业秘密和个人隐私、个人信息予以保密；

（七）严守纪律，恪守职业道德，模范遵守社会公德、家庭美德；

（八）自觉接受监督；

（九）法律规定的其他义务。

第十一条　【监察官权利】监察官享有下列权利：

（一）履行监察官职责应当具有的职权和工作条件；

（二）履行监察官职责应当享有的职业保障和福利待遇；

（三）人身、财产和住所安全受法律保护；

（四）提出申诉或者控告；

（五）《中华人民共和国公务员法》等法律规定的其他权利。

第三章　监察官的条件和选用

第十二条　【任职条件】担任监察官应当具备下列条件：

（一）具有中华人民共和国国籍；

（二）忠于宪法，坚持中国共产党领导和社会主义制度；

（三）具有良好的政治素质、道德品行和廉洁作风；

（四）熟悉法律、法规、政策，具有履行监督、调查、处置等职责的专业知识和能力；

（五）具有正常履行职责的身体条件和心理素质；

（六）具备高等学校本科及以上学历；

（七）法律规定的其他条件。

本法施行前的监察人员不具备前款第六项规定的学历条件的，应当接受培训和考核，具体办法由国家监察委员会制定。

第十三条　【任职限制】有下列情形之一的，不得担任监察官：

（一）因犯罪受过刑事处罚，以及因犯罪情节轻微被人民检察院依法作出不起诉决定或者被人民法院依法免予刑事处罚的；

（二）被撤销中国共产党党内职务、留党察看、开除党籍的；

（三）被撤职或者开除公职的；

（四）被依法列为失信联合惩戒对象的；

（五）配偶已移居国（境）外，或者没有配偶但是子女均已移居国（境）外的；

（六）法律规定的其他情形。

第十四条　【选用标准】监察官的选用，坚持德才兼备、以德为先，坚持五湖四海、任人唯贤，坚持事业为上、公道正派，突出政治标准，注重工作实绩。

第十五条　【监察官选用】监察官采用考试、考核的办法，从符合监察官条件的人员中择优选用。

第十六条　【录用】录用监察官，应当依照法律和国家有关规定采取公开考试、严格考察、平等竞争、择优录取的办法。

第十七条　【选调】监察委员会可以根据监察工作需要，依照法律和国家有关规定从中国共产党机关、国家机关、事业单位、国有企业等机关、单位从事公务的人员中选择符合任职条件的人员担任监察官。

第十八条　【选拔、聘任】监察委员会可以根据监察工作需要，依照法律和国家有关规定在从事与监察机关职能职责相关的职业或者教学、研究的人员中选拔或者聘任符合任职条件的人员担任监察官。

第四章　监察官的任免

第十九条　【任免权限和程序】国家监察委员会主任由全国人民代表大会选举和罢免，副主任、委员由国家监察委员会主任提请全国人民代表大会常务委员会任免。

地方各级监察委员会主任由本级人民代表大会选举和罢免，副主任、委员由监察委员会主任提请本级人民代表大会常务委员会任免。

新疆生产建设兵团各级监察委员会主任、副主任、委员，由新疆维吾尔自治区监察委员会主任提请自治区人民代表大会常务委员会任免。

其他监察官的任免，按照管理权限和规定的程序办理。

第二十条 **【宪法宣誓】**监察官就职时应当依照法律规定进行宪法宣誓。

第二十一条 **【免职】**监察官有下列情形之一的，应当免去其监察官职务：

（一）丧失中华人民共和国国籍的；

（二）职务变动不需要保留监察官职务的；

（三）退休的；

（四）辞职或者依法应当予以辞退的；

（五）因违纪违法被调离或者开除的；

（六）法律规定的其他情形。

第二十二条 **【兼职限制】**监察官不得兼任人民代表大会常务委员会的组成人员，不得兼任行政机关、审判机关、检察机关的职务，不得兼任企业或者其他营利性组织、事业单位的职务，不得兼任人民陪审员、人民监督员、执业律师、仲裁员和公证员。

监察官因工作需要兼职的，应当按照管理权限批准，但是不得领取兼职报酬。

第二十三条 **【地域回避】**监察官担任县级、设区的市级监察委员会主任的，应当按照有关规定实行地域回避。

第二十四条 **【任职回避】**监察官之间有夫妻关系、直系血亲关系、三代以内旁系血亲以及近姻亲关系的，不得同时担任下列职务：

（一）同一监察委员会的主任、副主任、委员，上述人员和其他监察官；

（二）监察委员会机关同一部门的监察官；

（三）同一派驻机构、派出机构或者其他监察机构的监察官；

（四）上下相邻两级监察委员会的主任、副主任、委员。

第五章 监察官的管理

第二十五条 **【等级设置】**监察官等级分为十三级，依次为总监察官、一级副总监察官、二级副总监察官，一级高级监察官、二级高级监察官、三级高级监察官、四级高级监察官，一级监察官、二级监察官、三级监察官、四级监察官、五级监察官、六级监察官。

第二十六条 **【总监察官】**国家监察委员会主任为总监察官。

第二十七条 **【等级评定】**监察官等级的确定，以监察官担任的职务职级、德才表现、业务水平、工作实绩和工作年限等为依据。

监察官等级晋升采取按期晋升和择优选升相结合的方式，特别优秀或者作出特别贡献的，可以提前选升。

第二十八条 **【配套规定】**监察官的等级设置、确定和晋升的具体办法，由国家另行规定。

第二十九条 **【职前培训】**初任监察官实行职前培训制度。

第三十条 **【日常培训】**对监察官应当有计划地进行政治、理论和业务培训。

培训应当突出政治机关特色，坚持理论联系实际、按需施教、讲求实效，提高专业能力。

监察官培训情况，作为监察官考核的内容和任职、等级晋升的依据之一。

第三十一条 **【培训机构】**监察官培训机构按照有关规定承担培训监察官的任务。

第三十二条 **【学科建设】**国家加强监察学科建设，鼓励具备条件的普通高等学校设置监察专业或者开设监察课程，培养德才兼备的高素质监察官后备人才，提高监察官的专业能力。

第三十三条 **【任职交流】**监察官依照法律和国家有关规定实行任职交流。

第三十四条 **【辞职】**监察官申请辞职，应当由本人书面提出，按照管理权限批准后，依照规定的程序免去其职务。

第三十五条 **【辞退】**监察官有依法应当予以辞退情形的，依照规定的程序免去其职务。

辞退监察官应当按照管理权限决定。辞退决定应当以书面形式通知被辞退的监察官，并列明作出决定的理由和依据。

第六章 监察官的考核和奖励

第三十六条 **【考核要求和方式】**对监察官的考核，应当全面、客观、公正，实行平时考核、专项考核和年度考核相结合。

第三十七条 **【考核内容】**监察官的考核应当按照管理权限，全面考核监察官的德、能、勤、绩、廉，重点考核政治素质、工作实绩和廉洁自律情况。

第三十八条 **【考核结果】**年度考核结果分为优秀、称职、基本称职和不称职四个等次。

考核结果作为调整监察官等级、工资以及监察官奖惩、免职、降职、辞退的依据。

第三十九条 **【考核结果通知】**年度考核结果以书面形式通知监察官本人。监察官对考核结果如果有异议，可以申请复核。

第四十条 **【奖励规定】**对在监察工作中有显著成绩和贡献，或者有其他突出事迹的监察官、监察官集体，给予奖励。

第四十一条 【奖励情形】监察官有下列表现之一的，给予奖励：

（一）履行监督职责，成效显著的；

（二）在调查、处置职务违法和职务犯罪工作中，做出显著成绩和贡献的；

（三）提出有价值的监察建议，对防止和消除重大风险隐患效果显著的；

（四）研究监察理论、总结监察实践经验成果突出，对监察工作有指导作用的；

（五）有其他功绩的。

监察官的奖励按照有关规定办理。

第七章 监察官的监督和惩戒

第四十二条 【内部监督】监察机关应当规范工作流程，加强内部监督制约机制建设，强化对监察官执行职务和遵守法律情况的监督。

第四十三条 【对监察官的检举控告】任何单位和个人对监察官的违纪违法行为，有权检举、控告。受理检举、控告的机关应当及时调查处理，并将结果告知检举人、控告人。

对依法检举、控告的单位和个人，任何人不得压制和打击报复。

第四十四条 【司法执法监督】对于审判机关、检察机关、执法部门等移送的监察官违纪违法履行职责的问题线索，监察机关应当及时调查处理。

第四十五条 【特约监察员的监督】监察委员会根据工作需要，按照规定从各方面代表中聘请特约监察员等监督人员，对监察官履行职责情况进行监督，提出加强和改进监察工作的意见、建议。

第四十六条 【规定事项报告备案】监察官不得打听案情、过问案件、说情干预。对于上述行为，办理监察事项的监察官应当及时向上级报告。有关情况应当登记备案。

办理监察事项的监察官未经批准不得接触被调查人、涉案人员及其特定关系人，或者与其进行交往。对于上述行为，知悉情况的监察官应当及时向上级报告。有关情况应当登记备案。

第四十七条 【工作回避】办理监察事项的监察官有下列情形之一的，应当自行回避，监察对象、检举人、控告人及其他有关人员也有权要求其回避；没有主动申请回避的，监察机关应当依法决定其回避：

（一）是监察对象或者检举人、控告人的近亲属的；

（二）担任过本案的证人的；

（三）本人或者其近亲属与办理的监察事项有利害关系的；

（四）有可能影响监察事项公正处理的其他情形的。

第四十八条 【保密规定】监察官应当严格执行保密制度，控制监察事项知悉范围和时间，不得私自留存、隐匿、查阅、摘抄、复制、携带问题线索和涉案资料，严禁泄露监察工作秘密。

监察官离岗离职后，应当遵守脱密期管理规定，严格履行保密义务，不得泄露相关秘密。

第四十九条 【离任回避】监察官离任三年内，不得从事与监察和司法工作相关联且可能发生利益冲突的职业。

监察官离任后，不得担任原任职监察机关办理案件的诉讼代理人或者辩护人，但是作为当事人的监护人或者近亲属代理诉讼、进行辩护的除外。

监察官被开除后，不得担任诉讼代理人或者辩护人，但是作为当事人的监护人或者近亲属代理诉讼、进行辩护的除外。

第五十条 【规范亲属经商办企业】监察官应当遵守有关规范领导干部配偶、子女及其配偶经商办企业行为的规定。违反规定的，予以处理。

第五十一条 【亲属从业回避】监察官的配偶、父母、子女及其配偶不得以律师身份担任该监察官所任职监察机关办理案件的诉讼代理人、辩护人，或者提供其他有偿法律服务。

第五十二条 【法律责任】监察官有下列行为之一的，依法给予处理；构成犯罪的，依法追究刑事责任：

（一）贪污贿赂的；

（二）不履行或者不正确履行监督职责，应当发现的问题没有发现，或者发现问题不报告、不处置，造成恶劣影响的；

（三）未经批准、授权处置问题线索，发现重大案情隐瞒不报，或者私自留存、处理涉案材料的；

（四）利用职权或者职务上的影响干预调查工作、以案谋私的；

（五）窃取、泄露调查工作信息，或者泄露举报事项、举报受理情况以及举报人信息的；

（六）隐瞒、伪造、变造、故意损毁证据、案件材料的；

（七）对被调查人或者涉案人员逼供、诱供，或者侮辱、打骂、虐待、体罚、变相体罚的；

（八）违反规定采取调查措施或者处置涉案财物的；

（九）违反规定发生办案安全事故，或者发生安全事故后隐瞒不报、报告失实、处置不当的；

(十)其他职务违法犯罪行为。

监察官有其他违纪违法行为,影响监察官队伍形象,损害国家和人民利益的,依法追究相应责任。

第五十三条 【停职】监察官涉嫌违纪违法,已经被立案审查、调查、侦查,不宜继续履行职责的,按照管理权限和规定的程序暂时停止其履行职务。

第五十四条 【履职责任制】实行监察官责任追究制度,对滥用职权、失职失责造成严重后果的,终身追究责任或者进行问责。

监察官涉嫌严重职务违法、职务犯罪或者对案件处置出现重大失误的,应当追究负有责任的领导人员和直接责任人员的责任。

第八章 监察官的职业保障

第五十五条 【调离事由】除下列情形外,不得将监察官调离:

(一)按规定需要任职回避的;

(二)按规定实行任职交流的;

(三)因机构、编制调整需要调整工作的;

(四)因违纪违法不适合继续从事监察工作的;

(五)法律规定的其他情形。

第五十六条 【履职不受干涉】任何单位或者个人不得要求监察官从事超出法定职责范围的事务。

对任何干涉监察官依法履职的行为,监察官有权拒绝并予以全面如实记录和报告;有违纪违法情形的,由有关机关根据情节轻重追究有关人员的责任。

第五十七条 【人身安全受保护】监察官的职业尊严和人身安全受法律保护。

任何单位和个人不得对监察官及其近亲属打击报复。

对监察官及其近亲属实施报复陷害、侮辱诽谤、暴力侵害、威胁恐吓、滋事骚扰等违法犯罪行为的,应当依法从严惩治。

第五十八条 【澄清正名】监察官因依法履行职责遭受不实举报、诬告陷害、侮辱诽谤,致使名誉受到损害的,监察机关应当会同有关部门及时澄清事实,消除不良影响,并依法追究相关单位或者个人的责任。

第五十九条 【保护措施】监察官因依法履行职责,本人及其近亲属人身安全面临危险的,监察机关、公安机关应当对监察官及其近亲属采取人身保护、禁止特定人员接触等必要保护措施。

第六十条 【工资福利待遇】监察官实行国家规定的工资制度,享受监察官等级津贴和其他津贴、补贴、奖金、保险、福利待遇。监察官的工资及等级津贴制度,由国家另行规定。

第六十一条 【抚恤优待】监察官因公致残的,享受国家规定的伤残待遇。监察官因公牺牲或者病故的,其亲属享受国家规定的抚恤和优待。

第六十二条 【退休待遇】监察官退休后,享受国家规定的养老金和其他待遇。

第六十三条 【监察官的控告权】对于国家机关及其工作人员侵犯监察官权利的行为,监察官有权提出控告。

受理控告的机关应当依法调查处理,并将调查处理结果及时告知本人。

第六十四条 【复审复核】监察官对涉及本人的政务处分、处分和人事处理不服的,可以依照规定的程序申请复审、复核,提出申诉。

第六十五条 【权利救济】对监察官的政务处分、处分或者人事处理错误的,应当及时予以纠正;造成名誉损害的,应当恢复名誉、消除影响、赔礼道歉;造成经济损失的,应当赔偿。对打击报复的直接责任人员,应当依法追究其责任。

第九章 附 则

第六十六条 【法律适用】有关监察官的权利、义务和管理制度,本法已有规定的,适用本法的规定;本法未作规定的,适用《中华人民共和国公务员法》等法律法规的规定。

第六十七条 【授权规定】中国人民解放军和中国人民武装警察部队的监察官制度,按照国家和军队有关规定执行。

第六十八条 【施行日期】本法自 2022 年 1 月 1 日起施行。

中华人民共和国公务员法

1. 2005 年 4 月 27 日第十届全国人民代表大会常务委员会第十五次会议通过

2. 根据 2017 年 9 月 1 日第十二届全国人民代表大会常务委员会第二十九次会议《关于修改〈中华人民共和国法官法〉等八部法律的决定》修正

3. 2018 年 12 月 29 日第十三届全国人民代表大会常务委员会第七次会议修订

4. 自 2019 年 6 月 1 日起施行

目 录

第一章　总　　则

第一条　【立法目的】为了规范公务员的管理，保障公务员的合法权益，加强对公务员的监督，促进公务员正确履职尽责，建设信念坚定、为民服务、勤政务实、敢于担当、清正廉洁的高素质专业化公务员队伍，根据宪法，制定本法。

第二条　【定义】本法所称公务员，是指依法履行公职、纳入国家行政编制、由国家财政负担工资福利的工作人员。

公务员是干部队伍的重要组成部分，是社会主义事业的中坚力量，是人民的公仆。

第三条　【适用范围】公务员的义务、权利和管理，适用本法。

法律对公务员中领导成员的产生、任免、监督以及监察官、法官、检察官等的义务、权利和管理另有规定的，从其规定。

第四条　【指导思想】公务员制度坚持中国共产党领导，坚持以马克思列宁主义、毛泽东思想、邓小平理论、“三个代表”重要思想、科学发展观、习近平新时代中国特色社会主义思想为指导，贯彻社会主义初级阶段的基本路线，贯彻新时代中国共产党的组织路线，坚持党管干部原则。

第五条　【公开、平等、竞争、择优和法治原则】公务员的管理，坚持公开、平等、竞争、择优的原则，依照法定的权限、条件、标准和程序进行。

第六条　【监督约束与激励保障并重原则】公务员的管理，坚持监督约束与激励保障并重的原则。

第七条　【任用原则】公务员的任用，坚持德才兼备、以德为先，坚持五湖四海、任人唯贤，坚持事业为上、公道正派，突出政治标准，注重工作实绩。

第八条　【分类管理】国家对公务员实行分类管理，提高管理效能和科学化水平。

第九条　【宪法宣誓】公务员就职时应当依照法律规定公开进行宪法宣誓。

第十条　【履行职责的法律保障】公务员依法履行职责的行为，受法律保护。

第十一条　【经费保障】公务员工资、福利、保险以及录用、奖励、培训、辞退等所需经费，列入财政预算，予以保障。

第十二条　【主管部门】中央公务员主管部门负责全国公务员的综合管理工作。县级以上地方各级公务员主管部门负责本辖区内公务员的综合管理工作。上级公务员主管部门指导下级公务员主管部门的公务员管理工作。各级公务员主管部门指导同级各机关的公务员管理工作。

第二章　公务员的条件、义务与权利

第十三条　【公务员的条件】公务员应当具备下列条件：

（一）具有中华人民共和国国籍；

（二）年满十八周岁；

（三）拥护中华人民共和国宪法，拥护中国共产党领导和社会主义制度；

（四）具有良好的政治素质和道德品行；

（五）具有正常履行职责的身体条件和心理素质；

（六）具有符合职位要求的文化程度和工作能力；

（七）法律规定的其他条件。

第十四条　【公务员的义务】公务员应当履行下列义务：

（一）忠于宪法，模范遵守、自觉维护宪法和法律，自觉接受中国共产党领导；

（二）忠于国家，维护国家的安全、荣誉和利益；

（三）忠于人民，全心全意为人民服务，接受人民监督；

（四）忠于职守，勤勉尽责，服从和执行上级依法作出的决定和命令，按照规定的权限和程序履行职责，努力提高工作质量和效率；

（五）保守国家秘密和工作秘密；

（六）带头践行社会主义核心价值观，坚守法治，遵守纪律，恪守职业道德，模范遵守社会公德、家庭美德；

（七）清正廉洁，公道正派；

（八）法律规定的其他义务。

第十五条 【公务员的权利】公务员享有下列权利：

（一）获得履行职责应当具有的工作条件；

（二）非因法定事由、非经法定程序，不被免职、降职、辞退或者处分；

（三）获得工资报酬，享受福利、保险待遇；

（四）参加培训；

（五）对机关工作和领导人员提出批评和建议；

（六）提出申诉和控告；

（七）申请辞职；

（八）法律规定的其他权利。

第三章 职务、职级与级别

第十六条 【职位分类】国家实行公务员职位分类制度。

公务员职位类别按照公务员职位的性质、特点和管理需要，划分为综合管理类、专业技术类和行政执法类等类别。根据本法，对于具有职位特殊性，需要单独管理的，可以增设其他职位类别。各职位类别的适用范围由国家另行规定。

第十七条 【职务与职级并行制度】国家实行公务员职务与职级并行制度，根据公务员职位类别和职责设置公务员领导职务、职级序列。

第十八条 【领导职务层次】公务员领导职务根据宪法、有关法律和机构规格设置。

领导职务层次分为：国家级正职、国家级副职、省部级正职、省部级副职、厅局级正职、厅局级副职、县处级正职、县处级副职、乡科级正职、乡科级副职。

第十九条 【职级序列】公务员职级在厅局级以下设置。

综合管理类公务员职级序列分为：一级巡视员、二级巡视员、一级调研员、二级调研员、三级调研员、四级调研员、一级主任科员、二级主任科员、三级主任科员、四级主任科员、一级科员、二级科员。

综合管理类以外其他职位类别公务员的职级序列，根据本法由国家另行规定。

第二十条 【具体职位的设立】各机关依照确定的职能、规格、编制限额、职数以及结构比例，设置本机关公务员的具体职位，并确定各职位的工作职责和任职资格条件。

第二十一条 【公务员的领导职务、职级与级别】公务员的领导职务、职级应当对应相应的级别。公务员领导职务、职级与级别的对应关系，由国家规定。

根据工作需要和领导职务与职级的对应关系，公务员担任的领导职务和职级可以互相转任、兼任；符合规定资格条件的，可以晋升领导职务或者职级。

公务员的级别根据所任领导职务、职级及其德才表现、工作实绩和资历确定。公务员在同一领导职务、职级上，可以按照国家规定晋升级别。

公务员的领导职务、职级与级别是确定公务员工资以及其他待遇的依据。

第二十二条 【衔级】国家根据人民警察、消防救援人员以及海关、驻外外交机构等公务员的工作特点，设置与其领导职务、职级相对应的衔级。

第四章 录 用

第二十三条 【录取原则】录用担任一级主任科员以下及其他相当职级层次的公务员，采取公开考试、严格考察、平等竞争、择优录取的办法。

民族自治地方依照前款规定录用公务员时，依照法律和有关规定对少数民族报考者予以适当照顾。

第二十四条 【录用管理机关】中央机关及其直属机构公务员的录用，由中央公务员主管部门负责组织。地方各级机关公务员的录用，由省级公务员主管部门负责组织，必要时省级公务员主管部门可以授权设区的市级公务员主管部门组织。

第二十五条 【报考资格】报考公务员，除应当具备本法第十三条规定的条件以外，还应当具备省级以上公务员主管部门规定的拟任职位所要求的资格条件。

国家对行政机关中初次从事行政处罚决定审核、行政复议、行政裁决、法律顾问的公务员实行统一法律职业资格考试制度，由国务院司法行政部门商有关部门组织实施。

第二十六条 【禁止录用情形】下列人员不得录用为公务员：

（一）因犯罪受过刑事处罚的；

（二）被开除中国共产党党籍的；

（三）被开除公职的；

（四）被依法列为失信联合惩戒对象的；

（五）有法律规定不得录用为公务员的其他情形的。

第二十七条 【录用公务员的前提】录用公务员，应当在规定的编制限额内，并有相应的职位空缺。

第二十八条 【招考公告】录用公务员，应当发布招考公告。招考公告应当载明招考的职位、名额、报考资格条件、报考需要提交的申请材料以及其他报考须知事项。

招录机关应当采取措施，便利公民报考。

第二十九条 【报考申请的审查】招录机关根据报考资格条件对报考申请进行审查。报考者提交的申请材料应当真实、准确。

第三十条 【考试内容】公务员录用考试采取笔试和面试等方式进行，考试内容根据公务员应当具备的基本能力和不同职位类别、不同层级机关分别设置。

第三十一条 【资格复查与体检】招录机关根据考试成绩确定考察人选，并进行报考资格复审、考察和体检。

体检的项目和标准根据职位要求确定。具体办法由中央公务员主管部门会同国务院卫生健康行政部门规定。

第三十二条 【拟录用名单的公示】招录机关根据考试成绩、考察情况和体检结果，提出拟录用人员名单，并予以公示。公示期不少于五个工作日。

公示期满，中央一级招录机关应当将拟录用人员名单报中央公务员主管部门备案；地方各级招录机关应当将拟录用人员名单报省级或者设区的市级公务员主管部门审批。

第三十三条 【特别录用规则】录用特殊职位的公务员，经省级以上公务员主管部门批准，可以简化程序或者采用其他测评办法。

第三十四条 【试用期】新录用的公务员试用期为一年。试用期满合格的，予以任职；不合格的，取消录用。

第五章 考 核

第三十五条 【考核内容】公务员的考核应当按照管理权限，全面考核公务员的德、能、勤、绩、廉，重点考核政治素质和工作实绩。考核指标根据不同职位类别、不同层级机关分别设置。

第三十六条 【考核种类】公务员的考核分为平时考核、专项考核和定期考核等方式。定期考核以平时考核、专项考核为基础。

第三十七条 【定期考核的方式】非领导成员公务员的定期考核采取年度考核的方式。先由个人按照职位职责和有关要求进行总结，主管领导在听取群众意见后，提出考核等次建议，由本机关负责人或者授权的考核委员会确定考核等次。

领导成员的考核由主管机关按照有关规定办理。

第三十八条 【考核结果】定期考核的结果分为优秀、称职、基本称职和不称职四个等次。

定期考核的结果应当以书面形式通知公务员本人。

第三十九条 【考核结果的作用】定期考核的结果作为调整公务员职位、职务、职级、级别、工资以及公务员奖励、培训、辞退的依据。

第六章 职务、职级任免

第四十条 【任免制度】公务员领导职务实行选任制、委任制和聘任制。公务员职级实行委任制和聘任制。

领导成员职务按照国家规定实行任期制。

第四十一条 【选任制公务员的任免】选任制公务员在选举结果生效时即任当选职务；任期届满不再连任或者任期内辞职、被罢免、被撤职的，其所任职务即终止。

第四十二条 【委任制公务员的任免】委任制公务员试用期满考核合格，职务、职级发生变化，以及其他情形需要任免职务、职级的，应当按照管理权限和规定的程序任免。

第四十三条 【任职前提】公务员任职应当在规定的编制限额和职数内进行，并有相应的职位空缺。

第四十四条 【禁止兼职报酬】公务员因工作需要在机关外兼职，应当经有关机关批准，并不得领取兼职报酬。

第七章 职务、职级升降

第四十五条 【晋升条件】公务员晋升领导职务，应当具备拟任职务所要求的政治素质、工作能力、文化程度和任职经历等方面的条件和资格。

公务员领导职务应当逐级晋升。特别优秀的或者工作特殊需要的，可以按照规定破格或者越级晋升。

第四十六条 【晋升程序】公务员晋升领导职务，按照下列程序办理：

（一）动议；

（二）民主推荐；

（三）确定考察对象，组织考察；

（四）按照管理权限讨论决定；

（五）履行任职手续。

第四十七条 【社会选拔】厅局级正职以下领导职务出现空缺且本机关没有合适人选的，可以通过适当方式面向社会选拔任职人选。

第四十八条 【公示和试用期制度】公务员晋升领导职务的，应当按照有关规定实行任职前公示制度和任职试用期制度。

第四十九条 【职级逐级晋升】公务员职级应当逐级晋升，根据个人德才表现、工作实绩和任职资历，参考民主推荐或者民主测评结果确定人选，经公示后，按照管理权限审批。

第五十条 【不称职的处理】公务员的职务、职级实行能上能下。对不适宜或者不胜任现任职务、职级的，应当进行调整。

公务员在年度考核中被确定为不称职的，按照规定程序降低一个职务或者职级层次任职。

第八章 奖 励

第五十一条 **【奖励原则】**对工作表现突出，有显著成绩和贡献，或者有其他突出事迹的公务员或者公务员集体，给予奖励。奖励坚持定期奖励与及时奖励相结合，精神奖励与物质奖励相结合、以精神奖励为主的原则。

公务员集体的奖励适用于按照编制序列设置的机构或者为完成专项任务组成的工作集体。

第五十二条 **【奖励情形】**公务员或者公务员集体有下列情形之一的，给予奖励：

（一）忠于职守，积极工作，勇于担当，工作实绩显著的；

（二）遵纪守法，廉洁奉公，作风正派，办事公道，模范作用突出的；

（三）在工作中有发明创造或者提出合理化建议，取得显著经济效益或者社会效益的；

（四）为增进民族团结，维护社会稳定做出突出贡献的；

（五）爱护公共财产，节约国家资财有突出成绩的；

（六）防止或者消除事故有功，使国家和人民群众利益免受或者减少损失的；

（七）在抢险、救灾等特定环境中做出突出贡献的；

（八）同违纪违法行为作斗争有功绩的；

（九）在对外交往中为国家争得荣誉和利益的；

（十）有其他突出功绩的。

第五十三条 **【奖励种类】**奖励分为：嘉奖、记三等功、记二等功、记一等功、授予称号。

对受奖励的公务员或者公务员集体予以表彰，并对受奖励的个人给予一次性奖金或者其他待遇。

第五十四条 **【集体奖励】**给予公务员或者公务员集体奖励，按照规定的权限和程序决定或者审批。

第五十五条 **【特殊奖励】**按照国家规定，可以向参与特定时期、特定领域重大工作的公务员颁发纪念证书或者纪念章。

第五十六条 **【奖励撤销】**公务员或者公务员集体有下列情形之一的，撤销奖励：

（一）弄虚作假，骗取奖励的；

（二）申报奖励时隐瞒严重错误或者严重违反规定程序的；

（三）有严重违纪违法等行为，影响称号声誉的；

（四）有法律、法规规定应当撤销奖励的其他情形的。

第九章 监督与惩戒

第五十七条 **【勤政廉政教育】**机关应当对公务员的思想政治、履行职责、作风表现、遵纪守法等情况进行监督，开展勤政廉政教育，建立日常管理监督制度。

对公务员监督发现问题的，应当区分不同情况，予以谈话提醒、批评教育、责令检查、诫勉、组织调整、处分。

对公务员涉嫌职务违法和职务犯罪的，应当依法移送监察机关处理。

第五十八条 **【接受监督】**公务员应当自觉接受监督，按照规定请示报告工作、报告个人有关事项。

第五十九条 **【公务员的纪律】**公务员应当遵纪守法，不得有下列行为：

（一）散布有损宪法权威、中国共产党和国家声誉的言论，组织或者参加旨在反对宪法、中国共产党领导和国家的集会、游行、示威等活动；

（二）组织或者参加非法组织，组织或者参加罢工；

（三）挑拨、破坏民族关系，参加民族分裂活动或者组织、利用宗教活动破坏民族团结和社会稳定；

（四）不担当，不作为，玩忽职守，贻误工作；

（五）拒绝执行上级依法作出的决定和命令；

（六）对批评、申诉、控告、检举进行压制或者打击报复；

（七）弄虚作假，误导、欺骗领导和公众；

（八）贪污贿赂，利用职务之便为自己或者他人谋取私利；

（九）违反财经纪律，浪费国家资财；

（十）滥用职权，侵害公民、法人或者其他组织的合法权益；

（十一）泄露国家秘密或者工作秘密；

（十二）在对外交往中损害国家荣誉和利益；

（十三）参与或者支持色情、吸毒、赌博、迷信等活动；

（十四）违反职业道德、社会公德和家庭美德；

（十五）违反有关规定参与禁止的网络传播行为或者网络活动；

（十六）违反有关规定从事或者参与营利性活动，在企业或者其他营利性组织中兼任职务；

（十七）旷工或者因公外出、请假期满无正当理由逾期不归；

（十八）违纪违法的其他行为。

第六十条　【执行公务的责任问题】公务员执行公务时，认为上级的决定或者命令有错误的，可以向上级提出改正或者撤销该决定或者命令的意见；上级不改变该决定或者命令，或者要求立即执行的，公务员应当执行该决定或者命令，执行的后果由上级负责，公务员不承担责任；但是，公务员执行明显违法的决定或者命令的，应当依法承担相应的责任。

第六十一条　【处分和免予处分的条件】公务员因违纪违法应当承担纪律责任的，依照本法给予处分或者由监察机关依法给予政务处分；违纪违法行为情节轻微，经批评教育后改正的，可以免予处分。

对同一违纪违法行为，监察机关已经作出政务处分决定的，公务员所在机关不再给予处分。

第六十二条　【处分种类】处分分为：警告、记过、记大过、降级、撤职、开除。

第六十三条　【处分的原则、程序】对公务员的处分，应当事实清楚、证据确凿、定性准确、处理恰当、程序合法、手续完备。

公务员违纪违法的，应当由处分决定机关决定对公务员违纪违法的情况进行调查，并将调查认定的事实以及拟给予处分的依据告知公务员本人。公务员有权进行陈述和申辩；处分决定机关不得因公务员申辩而加重处分。

处分决定机关认为对公务员应当给予处分的，应当在规定的期限内，按照管理权限和规定的程序作出处分决定。处分决定应当以书面形式通知公务员本人。

第六十四条　【处分的后果和期限】公务员在受处分期间不得晋升职务、职级和级别，其中受记过、记大过、降级、撤职处分的，不得晋升工资档次。

受处分的期间为：警告，六个月；记过，十二个月；记大过，十八个月；降级、撤职，二十四个月。

受撤职处分的，按照规定降低级别。

第六十五条　【处分的解除】公务员受开除以外的处分，在受处分期间有悔改表现，并且没有再发生违纪违法行为的，处分期满后自动解除。

解除处分后，晋升工资档次、级别和职务、职级不再受原处分的影响。但是，解除降级、撤职处分的，不视为恢复原级别、原职务、原职级。

第十章　培　　训

第六十六条　【培训制度】机关根据公务员工作职责的要求和提高公务员素质的需要，对公务员进行分类分级培训。

国家建立专门的公务员培训机构。机关根据需要也可以委托其他培训机构承担公务员培训任务。

第六十七条　【培训体系】机关对新录用人员应当在试用期内进行初任培训；对晋升领导职务的公务员应当在任职前或者任职后一年内进行任职培训；对从事专项工作的公务员应当进行专门业务培训；对全体公务员应当进行提高政治素质和工作能力、更新知识的在职培训，其中对专业技术类公务员应当进行专业技术培训。

国家有计划地加强对优秀年轻公务员的培训。

第六十八条　【培训管理】公务员的培训实行登记管理。

公务员参加培训的时间由公务员主管部门按照本法第六十七条规定的培训要求予以确定。

公务员培训情况、学习成绩作为公务员考核的内容和任职、晋升的依据之一。

第十一章　交流与回避

第六十九条　【交流制度】国家实行公务员交流制度。

公务员可以在公务员和参照本法管理的工作人员队伍内部交流，也可以与国有企业和不参照本法管理的事业单位中从事公务的人员交流。

交流的方式包括调任、转任。

第七十条　【调任条件】国有企业、高等院校和科研院所以及其他不参照本法管理的事业单位中从事公务的人员，可以调入机关担任领导职务或者四级调研员以上及其他相当层次的职级。

调任人选应当具备本法第十三条规定的条件和拟任职位所要求的资格条件，并不得有本法第二十六条规定的情形。调任机关应当根据上述规定，对调任人选进行严格考察，并按照管理权限审批，必要时可以对调任人选进行考试。

第七十一条　【转任】公务员在不同职位之间转任应当具备拟任职位所要求的资格条件，在规定的编制限额和职数内进行。

对省部级正职以下的领导成员应当有计划、有重点地实行跨地区、跨部门转任。

对担任机关内设机构领导职务和其他工作性质特殊的公务员，应当有计划地在本机关内转任。

上级机关应当注重从基层机关公开遴选公务员。

第七十二条　【挂职锻炼】根据工作需要，机关可以采取挂职方式选派公务员承担重大工程、重大项目、重点任务或者其他专项工作。

公务员在挂职期间，不改变与原机关的人事关系。

第七十三条 【交流的决定和申请】公务员应当服从机关的交流决定。

公务员本人申请交流的,按照管理权限审批。

第七十四条 【任职回避】公务员之间有夫妻关系、直系血亲关系、三代以内旁系血亲关系以及近姻亲关系的,不得在同一机关双方直接隶属于同一领导人员的职位或者有直接上下级领导关系的职位工作,也不得在其中一方担任领导职务的机关从事组织、人事、纪检、监察、审计和财务工作。

公务员不得在其配偶、子女及其配偶经营的企业、营利性组织的行业监管或者主管部门担任领导成员。

因地域或者工作性质特殊,需要变通执行任职回避的,由省级以上公务员主管部门规定。

第七十五条 【地域回避】公务员担任乡级机关、县级机关、设区的市级机关及其有关部门主要领导职务的,应当按照有关规定实行地域回避。

第七十六条 【公务回避】公务员执行公务时,有下列情形之一的,应当回避:

(一)涉及本人利害关系的;

(二)涉及与本人有本法第七十四条第一款所列亲属关系人员的利害关系的;

(三)其他可能影响公正执行公务的。

第七十七条 【申请回避】公务员有应当回避情形的,本人应当申请回避;利害关系人有权申请公务员回避。其他人员可以向机关提供公务员需要回避的情况。

机关根据公务员本人或者利害关系人的申请,经审查后作出是否回避的决定,也可以不经申请直接作出回避决定。

第七十八条 【回避的法律适用】法律对公务员回避另有规定的,从其规定。

第十二章 工资、福利与保险

第七十九条 【工资制度】公务员实行国家统一规定的工资制度。

公务员工资制度贯彻按劳分配的原则,体现工作职责、工作能力、工作实绩、资历等因素,保持不同领导职务、职级、级别之间的合理工资差距。

国家建立公务员工资的正常增长机制。

第八十条 【工资内容】公务员工资包括基本工资、津贴、补贴和奖金。

公务员按照国家规定享受地区附加津贴、艰苦边远地区津贴、岗位津贴等津贴。

公务员按照国家规定享受住房、医疗等补贴、补助。

公务员在定期考核中被确定为优秀、称职的,按照国家规定享受年终奖金。

公务员工资应当按时足额发放。

第八十一条 【工资水平】公务员的工资水平应当与国民经济发展相协调、与社会进步相适应。

国家实行工资调查制度,定期进行公务员和企业相当人员工资水平的调查比较,并将工资调查比较结果作为调整公务员工资水平的依据。

第八十二条 【福利待遇】公务员按照国家规定享受福利待遇。国家根据经济社会发展水平提高公务员的福利待遇。

公务员执行国家规定的工时制度,按照国家规定享受休假。公务员在法定工作日之外加班的,应当给予相应的补休,不能补休的按照国家规定给予补助。

第八十三条 【社保待遇】公务员依法参加社会保险,按照国家规定享受保险待遇。

公务员因公牺牲或者病故的,其亲属享受国家规定的抚恤和优待。

第八十四条 【待遇法定】任何机关不得违反国家规定自行更改公务员工资、福利、保险政策,擅自提高或者降低公务员的工资、福利、保险待遇。任何机关不得扣减或者拖欠公务员的工资。

第十三章 辞职与辞退

第八十五条 【辞职的申请和审批】公务员辞去公职,应当向任免机关提出书面申请。任免机关应当自接到申请之日起三十日内予以审批,其中对领导成员辞去公职的申请,应当自接到申请之日起九十日内予以审批。

第八十六条 【不得辞职的情形】公务员有下列情形之一的,不得辞去公职:

(一)未满国家规定的最低服务年限的;

(二)在涉及国家秘密等特殊职位任职或者离开上述职位不满国家规定的脱密期限的;

(三)重要公务尚未处理完毕,且须由本人继续处理的;

(四)正在接受审计、纪律审查、监察调查,或者涉嫌犯罪,司法程序尚未终结的;

(五)法律、行政法规规定的其他不得辞去公职的情形。

第八十七条 【领导职务的辞职制度】担任领导职务的公务员,因工作变动依照法律规定需要辞去现任职务的,应当履行辞职手续。

担任领导职务的公务员,因个人或者其他原因,可以自愿提出辞去领导职务。

领导成员因工作严重失误、失职造成重大损失或者恶劣社会影响的,或者对重大事故负有领导责任的,应当引咎辞去领导职务。

领导成员因其他原因不再适合担任现任领导职务的,或者应当引咎辞职本人不提出辞职的,应当责令其辞去领导职务。

第八十八条　【辞退情形】公务员有下列情形之一的,予以辞退:

（一）在年度考核中,连续两年被确定为不称职的;

（二）不胜任现职工作,又不接受其他安排的;

（三）因所在机关调整、撤销、合并或者缩减编制员额需要调整工作,本人拒绝合理安排的;

（四）不履行公务员义务,不遵守法律和公务员纪律,经教育仍无转变,不适合继续在机关工作,又不宜给予开除处分的;

（五）旷工或者因公外出、请假期满无正当理由逾期不归连续超过十五天,或者一年内累计超过三十天的。

第八十九条　【不得辞退情形】对有下列情形之一的公务员,不得辞退:

（一）因公致残,被确认丧失或者部分丧失工作能力的;

（二）患病或者负伤,在规定的医疗期内的;

（三）女性公务员在孕期、产假、哺乳期内的;

（四）法律、行政法规规定的其他不得辞退的情形。

第九十条　【辞退通知和后果】辞退公务员,按照管理权限决定。辞退决定应当以书面形式通知被辞退的公务员,并应当告知辞退依据和理由。

被辞退的公务员,可以领取辞退费或者根据国家有关规定享受失业保险。

第九十一条　【离职交接和审计】公务员辞职或者被辞退,离职前应当办理公务交接手续,必要时按照规定接受审计。

第十四章　退　　休

第九十二条　【强制退休】公务员达到国家规定的退休年龄或者完全丧失工作能力的,应当退休。

第九十三条　【提前退休】公务员符合下列条件之一的,本人自愿提出申请,经任免机关批准,可以提前退休:

（一）工作年限满三十年的;

（二）距国家规定的退休年龄不足五年,且工作年限满二十年的;

（三）符合国家规定的可以提前退休的其他情形的。

第九十四条　【退休后待遇】公务员退休后,享受国家规定的养老金和其他待遇,国家为其生活和健康提供必要的服务和帮助,鼓励发挥个人专长,参与社会发展。

第十五章　申诉与控告

第九十五条　【复核和申诉】公务员对涉及本人的下列人事处理不服的,可以自知道该人事处理之日起三十日内向原处理机关申请复核;对复核结果不服的,可以自接到复核决定之日起十五日内,按照规定向同级公务员主管部门或者作出该人事处理的机关的上一级机关提出申诉;也可以不经复核,自知道该人事处理之日起三十日内直接提出申诉:

（一）处分;

（二）辞退或者取消录用;

（三）降职;

（四）定期考核定为不称职;

（五）免职;

（六）申请辞职、提前退休未予批准;

（七）不按照规定确定或者扣减工资、福利、保险待遇;

（八）法律、法规规定可以申诉的其他情形。

对省级以下机关作出的申诉处理决定不服的,可以向作出处理决定的上一级机关提出再申诉。

受理公务员申诉的机关应当组成公务员申诉公正委员会,负责受理和审理公务员的申诉案件。

公务员对监察机关作出的涉及本人的处理决定不服向监察机关申请复审、复核的,按照有关规定办理。

第九十六条　【处理复核和申诉的期限】原处理机关应当自接到复核申请书后的三十日内作出复核决定,并以书面形式告知申请人。受理公务员申诉的机关应当自受理之日起六十日内作出处理决定;案情复杂的,可以适当延长,但是延长时间不得超过三十日。

复核、申诉期间不停止人事处理的执行。

公务员不因申请复核、提出申诉而被加重处理。

第九十七条　【及时纠错】公务员申诉的受理机关审查认定人事处理有错误的,原处理机关应当及时予以纠正。

第九十八条　【控告】公务员认为机关及其领导人员侵犯其合法权益的,可以依法向上级机关或者监察机关提出控告。受理控告的机关应当按照规定及时处理。

第九十九条　【不得捏造事实和诬告陷害】公务员提出申诉、控告,应当尊重事实,不得捏造事实,诬告、陷害他人。对捏造事实,诬告、陷害他人的,依法追究法律责任。

第十六章 职位聘任

第一百条 【聘任制的适用】机关根据工作需要,经省级以上公务员主管部门批准,可以对专业性较强的职位和辅助性职位实行聘任制。

前款所列职位涉及国家秘密的,不实行聘任制。

第一百零一条 【聘任方法和前提】机关聘任公务员可以参照公务员考试录用的程序进行公开招聘,也可以从符合条件的人员中直接选聘。

机关聘任公务员应当在规定的编制限额和工资经费限额内进行。

第一百零二条 【聘任合同】机关聘任公务员,应当按照平等自愿、协商一致的原则,签订书面的聘任合同,确定机关与所聘公务员双方的权利、义务。聘任合同经双方协商一致可以变更或者解除。

聘任合同的签订、变更或者解除,应当报同级公务员主管部门备案。

第一百零三条 【聘任合同的内容】聘任合同应当具备合同期限,职位及其职责要求,工资、福利、保险待遇,违约责任等条款。

聘任合同期限为一年至五年。聘任合同可以约定试用期,试用期为一个月至十二个月。

聘任制公务员实行协议工资制,具体办法由中央公务员主管部门规定。

第一百零四条 【聘任管理】机关依据本法和聘任合同对所聘公务员进行管理。

第一百零五条 【仲裁】聘任制公务员与所在机关之间因履行聘任合同发生争议的,可以自争议发生之日起六十日内申请仲裁。

省级以上公务员主管部门根据需要设立人事争议仲裁委员会,受理仲裁申请。人事争议仲裁委员会由公务员主管部门的代表、聘用机关的代表、聘任制公务员的代表以及法律专家组成。

当事人对仲裁裁决不服的,可以自接到仲裁裁决书之日起十五日内向人民法院提起诉讼。仲裁裁决生效后,一方当事人不履行的,另一方当事人可以申请人民法院执行。

第十七章 法律责任

第一百零六条 【违法行为和处罚】对有下列违反本法规定情形的,由县级以上领导机关或者公务员主管部门按照管理权限,区别不同情况,分别予以责令纠正或者宣布无效;对负有责任的领导人员和直接责任人员,根据情节轻重,给予批评教育、责令检查、诫勉、组织调整、处分;构成犯罪的,依法追究刑事责任:

(一)不按照编制限额、职数或者任职资格条件进行公务员录用、调任、转任、聘任和晋升的;

(二)不按照规定条件进行公务员奖惩、回避和办理退休的;

(三)不按照规定程序进行公务员录用、调任、转任、聘任、晋升以及考核、奖惩的;

(四)违反国家规定,更改公务员工资、福利、保险待遇标准的;

(五)在录用、公开遴选等工作中发生泄露试题、违反考场纪律以及其他严重影响公开、公正行为的;

(六)不按照规定受理和处理公务员申诉、控告的;

(七)违反本法规定的其他情形的。

第一百零七条 【离职后从业限制】公务员辞去公职或者退休的,原系领导成员、县处级以上领导职务的公务员在离职三年内,其他公务员在离职两年内,不得到与原工作业务直接相关的企业或者其他营利性组织任职,不得从事与原工作业务直接相关的营利性活动。

公务员辞去公职或者退休后有违反前款规定行为的,由其原所在机关的同级公务员主管部门责令限期改正;逾期不改正的,由县级以上市场监管部门没收该人员从业期间的违法所得,责令接收单位将该人员予以清退,并根据情节轻重,对接收单位处以被处罚人员违法所得一倍以上五倍以下的罚款。

第一百零八条 【主管部门工作人员的违法责任】公务员主管部门的工作人员,违反本法规定,滥用职权、玩忽职守、徇私舞弊,构成犯罪的,依法追究刑事责任;尚不构成犯罪的,给予处分或者由监察机关依法给予政务处分。

第一百零九条 【对虚假行为的处罚】在公务员录用、聘任等工作中,有隐瞒真实信息、弄虚作假、考试作弊、扰乱考试秩序等行为的,由公务员主管部门根据情节作出考试成绩无效、取消资格、限制报考等处理;情节严重的,依法追究法律责任。

第一百一十条 【用人机关的违法责任】机关因错误的人事处理对公务员造成名誉损害的,应当赔礼道歉、恢复名誉、消除影响;造成经济损失的,应当依法给予赔偿。

第十八章 附则

第一百一十一条 【领导成员的界定】本法所称领导成员,是指机关的领导人员,不包括机关内设机构担任领导职务的人员。

第一百一十二条　【参照适用】法律、法规授权的具有公共事务管理职能的事业单位中除工勤人员以外的工作人员，经批准参照本法进行管理。

第一百一十三条　【施行日期】本法自2019年6月1日起施行。

·党规党纪·

中国共产党章程

中国共产党第二十次全国代表大会部分修改，2022年10月22日通过

总　纲

中国共产党是中国工人阶级的先锋队，同时是中国人民和中华民族的先锋队，是中国特色社会主义事业的领导核心，代表中国先进生产力的发展要求，代表中国先进文化的前进方向，代表中国最广大人民的根本利益。党的最高理想和最终目标是实现共产主义。

中国共产党以马克思列宁主义、毛泽东思想、邓小平理论、“三个代表”重要思想、科学发展观、习近平新时代中国特色社会主义思想作为自己的行动指南。

马克思列宁主义揭示了人类社会历史发展的规律，它的基本原理是正确的，具有强大的生命力。中国共产党人追求的共产主义最高理想，只有在社会主义社会充分发展和高度发达的基础上才能实现。社会主义制度的发展和完善是一个长期的历史过程。坚持马克思列宁主义的基本原理，走中国人民自愿选择的适合中国国情的道路，中国的社会主义事业必将取得最终的胜利。

以毛泽东同志为主要代表的中国共产党人，把马克思列宁主义的基本原理同中国革命的具体实践结合起来，创立了毛泽东思想。毛泽东思想是马克思列宁主义在中国的运用和发展，是被实践证明了的关于中国革命和建设的正确的理论原则和经验总结，是中国共产党集体智慧的结晶。在毛泽东思想指引下，中国共产党领导全国各族人民，经过长期的反对帝国主义、封建主义、官僚资本主义的革命斗争，取得了新民主主义革命的胜利，建立了人民民主专政的中华人民共和国；新中国成立以后，顺利地进行了社会主义改造，完成了从新民主主义到社会主义的过渡，确立了社会主义基本制度，发展了社会主义的经济、政治和文化。

十一届三中全会以来，以邓小平同志为主要代表的中国共产党人，总结新中国成立以来正反两方面的经验，解放思想，实事求是，实现全党工作中心向经济建设的转移，实行改革开放，开辟了社会主义事业发展的新时期，逐步形成了建设中国特色社会主义的路线、方针、政策，阐明了在中国建设社会主义、巩固和发展社会主义的基本问题，创立了邓小平理论。邓小平理论是马克思列宁主义的基本原理同当代中国实践和时代特征相结合的产物，是毛泽东思想在新的历史条件下的继承和发展，是马克思主义在中国发展的新阶段，是当代中国的马克思主义，是中国共产党集体智慧的结晶，引导着我国社会主义现代化事业不断前进。

十三届四中全会以来，以江泽民同志为主要代表的中国共产党人，在建设中国特色社会主义的实践中，加深了对什么是社会主义、怎样建设社会主义和建设什么样的党、怎样建设党的认识，积累了治党治国新的宝贵经验，形成了“三个代表”重要思想。“三个代表”重要思想是对马克思列宁主义、毛泽东思想、邓小平理论的继承和发展，反映了当代世界和中国的发展变化对党和国家工作的新要求，是加强和改进党的建设、推进我国社会主义自我完善和发展的强大理论武器，是中国共产党集体智慧的结晶，是党必须长期坚持的指导思想。始终做到“三个代表”，是我们党的立党之本、执政之基、力量之源。

十六大以来，以胡锦涛同志为主要代表的中国共产党人，坚持以邓小平理论和“三个代表”重要思想为指导，根据新的发展要求，深刻认识和回答了新形势下实现什么样的发展、怎样发展等重大问题，形成了以人为本、全面协调可持续发展的科学发展观。科学发展观是同马克思列宁主义、毛泽东思想、邓小平理论、“三个代表”重要思想既一脉相承又与时俱进的科学理论，是马克思主义关于发展的世界观和方法论的集中体现，是马克思主义中国化重大成果，是中国共产党集体智慧的结晶，是发展中国特色社会主义必须长期坚持的指导思想。

十八大以来，以习近平同志为主要代表的中国共产党人，坚持把马克思主义基本原理同中国具体实际相结合、同中华优秀传统文化相结合，科学回答了新时代坚持和发展什么样的中国特色社会主义、怎样坚持和发展中国特色社会主义等重大时代课题，创立了习近平新时代中国特色社会主义思想。习近平新时代中国特色社会主义思想是对马克思列宁主义、毛泽东思想、邓小平理论、“三个代表”重要思想、科学发展观的继承和发展，是当代中国马克思主义、二十一世纪马克思主义，是中华文化和中国精神的时代精华，是党和人民实践经验和集体智慧的结晶，是中国特色社会主义理论体系的重要组成部分，是全党全国人民为实现中华民族伟大复兴而奋斗的行动指南，必须长期坚持并不断发展。在习近平新时代中国特色社会主义思想指导下，中国共产党领导全国各族人民，统揽伟大斗争、伟大工程、伟大事业、伟大梦想，推动中国特色社会主义进入了新时代，实现第一个百年奋斗目标，开启了实现第二个百年奋斗目标新征程。

改革开放以来我们取得一切成绩和进步的根本原因，归结起来就是：开辟了中国特色社会主义道路，形成了中国特色社会主义理论体系，确立了中国特色社会主义制度，发展了中国特色社会主义文化。全党同志要倍加珍惜、长期坚持和不断发展党历经艰辛开创的这条道路、这个理论体系、这个制度、这个文化，高举中国特色社会主义伟大旗帜，坚定道路自信、理论自信、制度自信、文化自信，发扬斗争精神，增强斗争本领，贯彻党的基本理论、基本路线、基本方略，为实现推进现代化建设、完成祖国统一、维护世界和平与促进共同发展这三大历史任务，实现第二个百年奋斗目标、实现中华民族伟大复兴的中国梦而奋斗。

中国共产党自成立以来，始终把为中国人民谋幸福、为中华民族谋复兴作为自己的初心使命，历经百年奋斗，从根本上改变了中国人民的前途命运，开辟了实现中华民族伟大复兴的正确道路，展示了马克思主义的强大生命力，深刻影响了世界历史进程，锻造了走在时代前列的中国共产党。经过长期实践，积累了坚持党的领导、坚持人民至上、坚持理论创新、坚持独立自主、坚持中国道路、坚持胸怀天下、坚持开拓创新、坚持敢于斗争、坚持统一战线、坚持自我革命的宝贵历史经验，这是党和人民共同创造的精神财富，必须倍加珍惜、长期坚持，并在实践中不断丰富和发展。

我国正处于并将长期处于社会主义初级阶段。这是在原本经济文化落后的中国建设社会主义现代化不可逾越的历史阶段，需要上百年的时间。我国的社会主义建设，必须从我国的国情出发，走中国特色社会主义道路，以中国式现代化全面推进中华民族伟大复兴。在现阶段，我国社会的主要矛盾是人民日益增长的美好生活需要和不平衡不充分的发展之间的矛盾。由于国内的因素和国际的影响，阶级斗争还在一定范围内长期存在，在某种条件下还有可能激化，但已经不是主要矛盾。我国社会主义建设的根本任务，是进一步解放生产力，发展生产力，逐步实现社会主义现代化，并且为此而改革生产关系和上层建筑中不适应生产力发展的方面和环节。必须坚持和完善公有制为主体、多种所有制经济共同发展，按劳分配为主体、多种分配方式并存，社会主义市场经济体制等基本经济制度，鼓励一部分地区和一部分人先富起来，逐步实现全体人民共同富裕，在生产发展和社会财富增长的基础上不断满足人民日益增长的美好生活需要，促进人的全面发展。发展是我们党执政兴国的第一要务。必须坚持以人民为中心的发展思想，把握新发展阶段，贯彻创新、协调、绿色、开放、共享的新发展理念，加快构建以国内大循环为主体、国内国际双循环相互促进的新发展格局，推动高质量发展。各项工作都要把有利于发展社会主义社会的生产力，有利于增强社会主义国家的综合国力，有利于提高人民的生活水平，作为总的出发点和检验标准，尊重劳动、尊重知识、尊重人才、尊重创造，做到发展为了人民、发展依靠人民、发展成果由人民共享。必须按照中国特色社会主义事业“五位一体”总体布局和“四个全面”战略布局，统筹推进经济建设、政治建设、文化建设、社会建设、生态文明建设，协调推进全面建设社会主义现代化国家、全面深化改革、全面依法治国、全面从严治党。新时代新征程，经济和社会发展的战略目标是，到二〇三五年基本实现社会主义现代化，到本世纪中叶把我国建成社会主义现代化强国。

中国共产党在社会主义初级阶段的基本路线是：领导和团结全国各族人民，以经济建设为中心，坚持四项基本原则，坚持改革开放，自力更生，艰苦创业，为把我国建设成为富强民主文明和谐美丽的社会主义现代化强国而奋斗。

中国共产党在领导社会主义事业中，必须坚持以经济建设为中心，其他各项工作都服从和服务于这个中心。要实施科教兴国战略、人才强国战略、创新驱动发展战略、乡村振兴战略、区域协调发展战略、可持续发展战略、军民融合发展战略，充分发挥科学技术作为第一生产力的作用，充分发挥人才作为第一资源的作用，充分发挥创新作为引领发展第一动力的作用，依靠科技进步，提高劳动者素质，促进国民经济更高质量、更有效率、更加公平、更可持续、更为安全发展。

坚持社会主义道路、坚持人民民主专政、坚持中国共产党的领导、坚持马克思列宁主义毛泽东思想这四项基本原则，是我们的立国之本。在社会主义现代化建设的整个过程中，必须坚持四项基本原则，反对资产阶级自由化。

坚持改革开放,是我们的强国之路。只有改革开放,才能发展中国、发展社会主义、发展马克思主义。要全面深化改革,完善和发展中国特色社会主义制度,推进国家治理体系和治理能力现代化。要从根本上改革束缚生产力发展的经济体制,坚持和完善社会主义市场经济体制;与此相适应,要进行政治体制改革和其他领域的改革。要坚持对外开放的基本国策,吸收和借鉴人类社会创造的一切文明成果。改革开放应当大胆探索,勇于开拓,提高改革决策的科学性,更加注重改革的系统性、整体性、协同性,在实践中开创新路。

中国共产党领导人民发展社会主义市场经济。毫不动摇地巩固和发展公有制经济,毫不动摇地鼓励、支持、引导非公有制经济发展。发挥市场在资源配置中的决定性作用,更好发挥政府作用,建立完善的宏观调控体系。统筹城乡发展、区域发展、经济社会发展、人与自然和谐发展、国内发展和对外开放,调整经济结构,转变经济发展方式,推进供给侧结构性改革。促进新型工业化、信息化、城镇化、农业现代化同步发展,建设社会主义新农村,走中国特色新型工业化道路,建设创新型国家和世界科技强国。

中国共产党领导人民发展社会主义民主政治。坚持党的领导、人民当家作主、依法治国有机统一,走中国特色社会主义政治发展道路、中国特色社会主义法治道路,扩大社会主义民主,建设中国特色社会主义法治体系,建设社会主义法治国家,巩固人民民主专政,建设社会主义政治文明。坚持和完善人民代表大会制度、中国共产党领导的多党合作和政治协商制度、民族区域自治制度以及基层群众自治制度。发展更加广泛、更加充分、更加健全的全过程人民民主,推进协商民主广泛多层制度化发展,切实保障人民管理国家事务和社会事务、管理经济和文化事业的权利。尊重和保障人权。广开言路,建立健全民主选举、民主协商、民主决策、民主管理、民主监督的制度和程序。完善中国特色社会主义法律体系,加强法律实施工作,实现国家各项工作法治化。

中国共产党领导人民发展社会主义先进文化。建设社会主义精神文明,实行依法治国和以德治国相结合,提高全民族的思想道德素质和科学文化素质,为改革开放和社会主义现代化建设提供强大的思想保证、精神动力和智力支持,建设社会主义文化强国。加强社会主义核心价值体系建设,坚持马克思主义指导思想,树立中国特色社会主义共同理想,弘扬以爱国主义为核心的民族精神和以改革创新为核心的时代精神,培育和践行社会主义核心价值观,倡导社会主义荣辱观,增强民族自尊、自信和自强精神,抵御资本主义和封建主义腐朽思想的侵蚀,扫除各种社会丑恶现象,努力使我国人民成为有理想、有道德、有文化、有纪律的人民。对党员要进行共产主义远大理想教育。大力发展教育、科学、文化事业,推动中华优秀传统文化创造性转化、创新性发展,继承革命文化,发展社会主义先进文化,提高国家文化软实力。牢牢掌握意识形态工作领导权,不断巩固马克思主义在意识形态领域的指导地位,巩固全党全国人民团结奋斗的共同思想基础。

中国共产党领导人民构建社会主义和谐社会。按照民主法治、公平正义、诚信友爱、充满活力、安定有序、人与自然和谐相处的总要求和共同建设、共同享有的原则,以保障和改善民生为重点,解决好人民最关心、最直接、最现实的利益问题,使发展成果更多更公平惠及全体人民,不断增强人民群众获得感,努力形成全体人民各尽其能、各得其所而又和谐相处的局面。加强和创新社会治理。严格区分和正确处理敌我矛盾和人民内部矛盾这两类不同性质的矛盾。加强社会治安综合治理,依法坚决打击各种危害国家安全和利益、危害社会稳定和经济发展的犯罪活动和犯罪分子,保持社会长期稳定。坚持总体国家安全观,统筹发展和安全,坚决维护国家主权、安全、发展利益。

中国共产党领导人民建设社会主义生态文明。树立尊重自然、顺应自然、保护自然的生态文明理念,增强绿水青山就是金山银山的意识,坚持节约资源和保护环境的基本国策,坚持节约优先、保护优先、自然恢复为主的方针,坚持生产发展、生活富裕、生态良好的文明发展道路。着力建设资源节约型、环境友好型社会,实行最严格的生态环境保护制度,形成节约资源和保护环境的空间格局、产业结构、生产方式、生活方式,为人民创造良好生产生活环境,实现中华民族永续发展。

中国共产党坚持对人民解放军和其他人民武装力量的绝对领导,贯彻习近平强军思想,加强人民解放军的建设,坚持政治建军、改革强军、科技强军、人才强军、依法治军,建设一支听党指挥、能打胜仗、作风优良的人民军队,把人民军队建设成为世界一流军队,切实保证人民解放军有效履行新时代军队使命任务,充分发挥人民解放军在巩固国防、保卫祖国和参加社会主义现代化建设中的作用。

中国共产党维护和发展平等团结互助和谐的社会主义民族关系,积极培养、选拔少数民族干部,帮助少数民族和民族地区发展经济、文化和社会事业，铸牢中华民族共同体意识，实现各民族共同团结奋斗、共同繁荣发展。全面贯彻党的宗教工作基本方针，团结信教群众为经济社会发展作贡献。

中国共产党同全国各民族工人、农民、知识分子团结在一起，同各民主党派、无党派人士、各民族的爱国力量团结在一起，进一步发展和壮大由全体社会主义劳动者、社会主义事业的建设者、拥护社会主义的爱国者、拥护祖国统一和致力于中华民族伟大复兴的爱国者组成的最广泛的爱国统一战线。不断加强全国人民包括香港特别行政区同胞、澳门特别行政区同胞、台湾同胞和海外侨胞的团结。全面准确、坚定不移贯彻“一个国家、两种制度”的方针，促进香港、澳门长期繁荣稳定，坚决反对和遏制“台独”，完成祖国统一大业。

中国共产党坚持独立自主的和平外交政策，坚持和平发展道路，坚持互利共赢的开放战略，统筹国内国际两个大局，积极发展对外关系，努力为我国的改革开放和现代化建设争取有利的国际环境。在国际事务中，弘扬和平、发展、公平、正义、民主、自由的全人类共同价值，坚持正确义利观，维护我国的独立和主权，反对霸权主义和强权政治，维护世界和平，促进人类进步，推动构建人类命运共同体，推动建设持久和平、普遍安全、共同繁荣、开放包容、清洁美丽的世界。在互相尊重主权和领土完整、互不侵犯、互不干涉内政、平等互利、和平共处五项原则的基础上，发展我国同世界各国的关系。不断发展我国同周边国家的睦邻友好关系，加强同发展中国家的团结与合作。遵循共商共建共享原则，推进“一带一路”建设。按照独立自主、完全平等、互相尊重、互不干涉内部事务的原则，发展我党同各国共产党和其他政党的关系。

中国共产党要领导全国各族人民实现第二个百年奋斗目标、实现中华民族伟大复兴的中国梦，必须紧密围绕党的基本路线，坚持和加强党的全面领导，坚持党要管党、全面从严治党，弘扬坚持真理、坚守理想，践行初心、担当使命，不怕牺牲、英勇斗争，对党忠诚、不负人民的伟大建党精神，加强党的长期执政能力建设、先进性和纯洁性建设，以改革创新精神全面推进党的建设新的伟大工程，以党的政治建设为统领，全面推进党的政治建设、思想建设、组织建设、作风建设、纪律建设，把制度建设贯穿其中，深入推进反腐败斗争，全面提高党的建设科学化水平，以伟大自我革命引领伟大社会革命。坚持立党为公、执政为民，发扬党的优良传统和作风，不断提高党的领导水平和执政水平，提高拒腐防变和抵御风险的能力，不断增强自我净化、自我完善、自我革新、自我提高能力，不断增强党的阶级基础和扩大党的群众基础，不断提高党的创造力、凝聚力、战斗力，建设学习型、服务型、创新型的马克思主义执政党，使我们党始终走在时代前列，成为领导全国人民沿着中国特色社会主义道路不断前进的坚强核心。党的建设必须坚决实现以下六项基本要求：

第一，坚持党的基本路线。全党要用邓小平理论、“三个代表”重要思想、科学发展观、习近平新时代中国特色社会主义思想和党的基本路线统一思想，统一行动，并且毫不动摇地长期坚持下去。必须把改革开放同四项基本原则统一起来，全面落实党的基本路线，反对一切“左”的和右的错误倾向，要警惕右，但主要是防止“左”。必须提高政治判断力、政治领悟力、政治执行力，增强贯彻落实党的理论和路线方针政策的自觉性和坚定性。

第二，坚持解放思想，实事求是，与时俱进，求真务实。党的思想路线是一切从实际出发，理论联系实际，实事求是，在实践中检验真理和发展真理。全党必须坚持这条思想路线，积极探索，大胆试验，开拓创新，创造性地开展工作，不断研究新情况，总结新经验，解决新问题，在实践中丰富和发展马克思主义，推进马克思主义中国化时代化。

第三，坚持新时代党的组织路线。全面贯彻习近平新时代中国特色社会主义思想，以组织体系建设为重点，着力培养忠诚干净担当的高素质干部，着力集聚爱国奉献的各方面优秀人才，坚持德才兼备、以德为先、任人唯贤，为坚持和加强党的全面领导、坚持和发展中国特色社会主义提供坚强组织保证。全党必须增强党组织的政治功能和组织功能，培养选拔党和人民需要的好干部，培养和造就大批堪当时代重任的社会主义事业接班人，聚天下英才而用之，从组织上保证党的基本理论、基本路线、基本方略的贯彻落实。

第四，坚持全心全意为人民服务。党除了工人阶级和最广大人民群众的利益，没有自己特殊的利益。党在任何时候都把群众利益放在第一位，同群众同甘共苦，保持最密切的联系，坚持权为民所用、情为民所系、利为民所谋，不允许任何党员脱离群众，凌驾于群众之上。我们党的最大政治优势是密切联系群众，党执政后的最大危险是脱离群众。党风问题、党同人民群众联系问题是关系党生死存亡的问题。党在自己的工作中实行群众路线，一切为了群众，一切依靠群众，从群众中来，到群众中去，把党的正确主张变为群众的自觉行动。

第五,坚持民主集中制。民主集中制是民主基础上的集中和集中指导下的民主相结合。它既是党的根本组织原则,也是群众路线在党的生活中的运用。必须充分发扬党内民主,尊重党员主体地位,保障党员民主权利,发挥各级党组织和广大党员的积极性创造性。必须实行正确的集中,牢固树立政治意识、大局意识、核心意识、看齐意识,坚定维护以习近平同志为核心的党中央权威和集中统一领导,保证全党的团结统一和行动一致,保证党的决定得到迅速有效的贯彻执行。加强和规范党内政治生活,增强党内政治生活的政治性、时代性、原则性、战斗性,发展积极健康的党内政治文化,营造风清气正的良好政治生态。党在自己的政治生活中正确地开展批评和自我批评,在原则问题上进行思想斗争,坚持真理,修正错误。努力造成又有集中又有民主,又有纪律又有自由,又有统一意志又有个人心情舒畅生动活泼的政治局面。

第六,坚持从严管党治党。全面从严治党永远在路上,党的自我革命永远在路上。新形势下,党面临的执政考验、改革开放考验、市场经济考验、外部环境考验是长期的、复杂的、严峻的,精神懈怠危险、能力不足危险、脱离群众危险、消极腐败危险更加尖锐地摆在全党面前。要把严的标准、严的措施贯穿于管党治党全过程和各方面。坚持依规治党、标本兼治,不断健全党内法规体系,坚持把纪律挺在前面,加强组织性纪律性,在党的纪律面前人人平等。强化全面从严治党主体责任和监督责任,加强对党的领导机关和党员领导干部特别是主要领导干部的监督,不断完善党内监督体系。深入推进党风廉政建设和反腐败斗争,以零容忍态度惩治腐败,一体推进不敢腐、不能腐、不想腐。

中国共产党的领导是中国特色社会主义最本质的特征,是中国特色社会主义制度的最大优势,党是最高政治领导力量。党政军民学,东西南北中,党是领导一切的。党要适应改革开放和社会主义现代化建设的要求,坚持科学执政、民主执政、依法执政,加强和改善党的领导。党必须按照总揽全局、协调各方的原则,在同级各种组织中发挥领导核心作用。党必须集中精力领导经济建设,组织、协调各方面的力量,同心协力,围绕经济建设开展工作,促进经济社会全面发展。党必须实行民主的科学的决策,制定和执行正确的路线、方针、政策,做好党的组织工作和宣传教育工作,发挥全体党员的先锋模范作用。党必须在宪法和法律的范围内活动。党必须保证国家的立法、司法、行政、监察机关,经济、文化组织和人民团体积极主动地、独立负责地、协调一致地工作。党必须加强对工会、共产主义青年团、妇女联合会等群团组织的领导,使它们保持和增强政治性、先进性、群众性,充分发挥作用。党必须适应形势的发展和情况的变化,完善领导体制,改进领导方式,增强执政能力。共产党员必须同党外群众亲密合作,共同为建设中国特色社会主义而奋斗。

第一章 党 员

第一条 年满十八岁的中国工人、农民、军人、知识分子和其他社会阶层的先进分子,承认党的纲领和章程,愿意参加党的一个组织并在其中积极工作、执行党的决议和按期交纳党费的,可以申请加入中国共产党。

第二条 中国共产党党员是中国工人阶级的有共产主义觉悟的先锋战士。

中国共产党党员必须全心全意为人民服务,不惜牺牲个人的一切,为实现共产主义奋斗终身。

中国共产党党员永远是劳动人民的普通一员。除了法律和政策规定范围内的个人利益和工作职权以外,所有共产党员都不得谋求任何私利和特权。

第三条 党员必须履行下列义务:

(一)认真学习马克思列宁主义、毛泽东思想、邓小平理论、“三个代表”重要思想、科学发展观、习近平新时代中国特色社会主义思想,学习党的路线、方针、政策和决议,学习党的基本知识和党的历史,学习科学、文化、法律和业务知识,努力提高为人民服务的本领。

(二)增强“四个意识”、坚定“四个自信”、做到“两个维护”,贯彻执行党的基本路线和各项方针、政策,带头参加改革开放和社会主义现代化建设,带动群众为经济发展和社会进步艰苦奋斗,在生产、工作、学习和社会生活中起先锋模范作用。

(三)坚持党和人民的利益高于一切,个人利益服从党和人民的利益,吃苦在前,享受在后,克己奉公,多做贡献。

(四)自觉遵守党的纪律,首先是党的政治纪律和政治规矩,模范遵守国家的法律法规,严格保守党和国家的秘密,执行党的决定,服从组织分配,积极完成党的任务。

(五)维护党的团结和统一,对党忠诚老实,言行一致,坚决反对一切派别组织和小团体活动,反对阳奉阴违的两面派行为和一切阴谋诡计。

(六)切实开展批评和自我批评,勇于揭露和纠正违反党的原则的言行和工作中的缺点、错误,坚决同消极腐败现象作斗争。

（七）密切联系群众，向群众宣传党的主张，遇事同群众商量，及时向党反映群众的意见和要求，维护群众的正当利益。

（八）发扬社会主义新风尚，带头实践社会主义核心价值观和社会主义荣辱观，提倡共产主义道德，弘扬中华民族传统美德，为了保护国家和人民的利益，在一切困难和危险的时刻挺身而出，英勇斗争，不怕牺牲。

第四条 党员享有下列权利：

（一）参加党的有关会议，阅读党的有关文件，接受党的教育和培训。

（二）在党的会议上和党报党刊上，参加关于党的政策问题的讨论。

（三）对党的工作提出建议和倡议。

（四）在党的会议上有根据地批评党的任何组织和任何党员，向党负责地揭发、检举党的任何组织和任何党员违法乱纪的事实，要求处分违法乱纪的党员，要求罢免或撤换不称职的干部。

（五）行使表决权、选举权，有被选举权。

（六）在党组织讨论决定对党员的党纪处分或作出鉴定时，本人有权参加和进行申辩，其他党员可以为他作证和辩护。

（七）对党的决议和政策如有不同意见，在坚决执行的前提下，可以声明保留，并且可以把自己的意见向党的上级组织直至中央提出。

（八）向党的上级组织直至中央提出请求、申诉和控告，并要求有关组织给以负责的答复。

党的任何一级组织直至中央都无权剥夺党员的上述权利。

第五条 发展党员，必须把政治标准放在首位，经过党的支部，坚持个别吸收的原则。

申请入党的人，要填写入党志愿书，要有两名正式党员作介绍人，要经过支部大会通过和上级党组织批准，并且经过预备期的考察，才能成为正式党员。

介绍人要认真了解申请人的思想、品质、经历和工作表现，向他解释党的纲领和党的章程，说明党员的条件、义务和权利，并向党组织作出负责的报告。

党的支部委员会对申请入党的人，要注意征求党内外有关群众的意见，进行严格的审查，认为合格后再提交支部大会讨论。

上级党组织在批准申请人入党以前，要派人同他谈话，作进一步的了解，并帮助他提高对党的认识。

在特殊情况下，党的中央和省、自治区、直辖市委员会可以直接接收党员。

第六条 预备党员必须面向党旗进行入党宣誓。誓词如下：我志愿加入中国共产党，拥护党的纲领，遵守党的章程，履行党员义务，执行党的决定，严守党的纪律，保守党的秘密，对党忠诚，积极工作，为共产主义奋斗终身，随时准备为党和人民牺牲一切，永不叛党。

第七条 预备党员的预备期为一年。党组织对预备党员应当认真教育和考察。

预备党员的义务同正式党员一样。预备党员的权利，除了没有表决权、选举权和被选举权以外，也同正式党员一样。

预备党员预备期满，党的支部应当及时讨论他能否转为正式党员。认真履行党员义务，具备党员条件的，应当按期转为正式党员；需要继续考察和教育的，可以延长预备期，但不能超过一年；不履行党员义务，不具备党员条件的，应当取消预备党员资格。预备党员转为正式党员，或延长预备期，或取消预备党员资格，都应当经支部大会讨论通过和上级党组织批准。

预备党员的预备期，从支部大会通过他为预备党员之日算起。党员的党龄，从预备期满转为正式党员之日算起。

第八条 每个党员，不论职务高低，都必须编入党的一个支部、小组或其他特定组织，参加党的组织生活，接受党内外群众的监督。党员领导干部还必须参加党委、党组的民主生活会。不允许有任何不参加党的组织生活、不接受党内外群众监督的特殊党员。

第九条 党员有退党的自由。党员要求退党，应当经支部大会讨论后宣布除名，并报上级党组织备案。

党员缺乏革命意志，不履行党员义务，不符合党员条件，党的支部应当对他进行教育，要求他限期改正；经教育仍无转变的，应当劝他退党。劝党员退党，应当经支部大会讨论决定，并报上级党组织批准。如被劝告退党的党员坚持不退，应当提交支部大会讨论，决定把他除名，并报上级党组织批准。

党员如果没有正当理由，连续六个月不参加党的组织生活，或不交纳党费，或不做党所分配的工作，就被认为是自行脱党。支部大会应当决定把这样的党员除名，并报上级党组织批准。

第二章 党的组织制度

第十条 党是根据自己的纲领和章程，按照民主集中制组织起来的统一整体。党的民主集中制的基本原则是：

（一）党员个人服从党的组织，少数服从多数，下级组织服从上级组织,全党各个组织和全体党员服从党的全国代表大会和中央委员会。

(二)党的各级领导机关,除它们派出的代表机关和在非党组织中的党组外,都由选举产生。

(三)党的最高领导机关,是党的全国代表大会和它所产生的中央委员会。党的地方各级领导机关,是党的地方各级代表大会和它们所产生的委员会。党的各级委员会向同级的代表大会负责并报告工作。

(四)党的上级组织要经常听取下级组织和党员群众的意见,及时解决他们提出的问题。党的下级组织既要向上级组织请示和报告工作,又要独立负责地解决自己职责范围内的问题。上下级组织之间要互通情报、互相支持和互相监督。党的各级组织要按规定实行党务公开,使党员对党内事务有更多的了解和参与。

(五)党的各级委员会实行集体领导和个人分工负责相结合的制度。凡属重大问题都要按照集体领导、民主集中、个别酝酿、会议决定的原则,由党的委员会集体讨论,作出决定;委员会成员要根据集体的决定和分工,切实履行自己的职责。

(六)党禁止任何形式的个人崇拜。要保证党的领导人的活动处于党和人民的监督之下,同时维护一切代表党和人民利益的领导人的威信。

第十一条 党的各级代表大会的代表和委员会的产生,要体现选举人的意志。选举采用无记名投票的方式。候选人名单要由党组织和选举人充分酝酿讨论。可以直接采用候选人数多于应选人数的差额选举办法进行正式选举。也可以先采用差额选举办法进行预选,产生候选人名单,然后进行正式选举。选举人有了解候选人情况、要求改变候选人、不选任何一个候选人和另选他人的权利。任何组织和个人不得以任何方式强迫选举人选举或不选举某个人。

党的地方各级代表大会和基层代表大会的选举,如果发生违反党章的情况,上一级党的委员会在调查核实后,应作出选举无效和采取相应措施的决定,并报再上一级党的委员会审查批准,正式宣布执行。

党的各级代表大会代表实行任期制。

第十二条 党的中央和地方各级委员会在必要时召集代表会议,讨论和决定需要及时解决的重大问题。代表会议代表的名额和产生办法,由召集代表会议的委员会决定。

第十三条 凡是成立党的新组织,或是撤销党的原有组织,必须由上级党组织决定。

在党的地方各级代表大会和基层代表大会闭会期间,上级党的组织认为有必要时,可以调动或者指派下级党组织的负责人。

党的中央和地方各级委员会可以派出代表机关。

第十四条 党的中央和省、自治区、直辖市委员会实行巡视制度,在一届任期内,对所管理的地方、部门、企事业单位党组织实现巡视全覆盖。

中央有关部委和国家机关部门党组(党委)根据工作需要,开展巡视工作。

党的市(地、州、盟)和县(市、区、旗)委员会建立巡察制度。

第十五条 党的各级领导机关,对同下级组织有关的重要问题作出决定时,在通常情况下,要征求下级组织的意见。要保证下级组织能够正常行使他们的职权。凡属应由下级组织处理的问题,如无特殊情况,上级领导机关不要干预。

第十六条 有关全国性的重大政策问题,只有党中央有权作出决定,各部门、各地方的党组织可以向中央提出建议,但不得擅自作出决定和对外发表主张。

党的下级组织必须坚决执行上级组织的决定。下级组织如果认为上级组织的决定不符合本地区、本部门的实际情况,可以请求改变;如果上级组织坚持原决定,下级组织必须执行,并不得公开发表不同意见,但有权向再上一级组织报告。

党的各级组织的报刊和其他宣传工具,必须宣传党的路线、方针、政策和决议。

第十七条 党组织讨论决定问题,必须执行少数服从多数的原则。决定重要问题,要进行表决。对于少数人的不同意见,应当认真考虑。如对重要问题发生争论,双方人数接近,除了在紧急情况下必须按多数意见执行外,应当暂缓作出决定,进一步调查研究,交换意见,下次再表决;在特殊情况下,也可将争论情况向上级组织报告,请求裁决。

党员个人代表党组织发表重要主张,如果超出党组织已有决定的范围,必须提交所在的党组织讨论决定,或向上级党组织请示。任何党员不论职务高低,都不能个人决定重大问题;如遇紧急情况,必须由个人作出决定时,事后要迅速向党组织报告。不允许任何领导人实行个人专断和把个人凌驾于组织之上。

第十八条 党的中央、地方和基层组织,都必须重视党的建设,经常讨论和检查党的宣传工作、教育工作、组织工作、纪律检查工作、群众工作、统一战线工作等,注意研究党内外的思想政治状况。

第三章 党的中央组织

第十九条 党的全国代表大会每五年举行一次，由中央委员会召集。中央委员会认为有必要，或者有三分之一以上的省一级组织提出要求，全国代表大会可以提前举行；如无非常情况，不得延期举行。

全国代表大会代表的名额和选举办法，由中央委员会决定。

第二十条 党的全国代表大会的职权是：

（一）听取和审查中央委员会的报告；

（二）审查中央纪律检查委员会的报告；

（三）讨论并决定党的重大问题；

（四）修改党的章程；

（五）选举中央委员会；

（六）选举中央纪律检查委员会。

第二十一条 党的全国代表会议的职权是：讨论和决定重大问题；调整和增选中央委员会、中央纪律检查委员会的部分成员。调整和增选中央委员及候补中央委员的数额，不得超过党的全国代表大会选出的中央委员及候补中央委员各自总数的五分之一。

第二十二条 党的中央委员会每届任期五年。全国代表大会如提前或延期举行，它的任期相应地改变。中央委员会委员和候补委员必须有五年以上的党龄。中央委员会委员和候补委员的名额，由全国代表大会决定。中央委员会委员出缺，由中央委员会候补委员按照得票多少依次递补。

中央委员会全体会议由中央政治局召集，每年至少举行一次。中央政治局向中央委员会全体会议报告工作，接受监督。

在全国代表大会闭会期间，中央委员会执行全国代表大会的决议，领导党的全部工作，对外代表中国共产党。

第二十三条 党的中央政治局、中央政治局常务委员会和中央委员会总书记，由中央委员会全体会议选举。中央委员会总书记必须从中央政治局常务委员会委员中产生。

中央政治局和它的常务委员会在中央委员会全体会议闭会期间，行使中央委员会的职权。

中央书记处是中央政治局和它的常务委员会的办事机构；成员由中央政治局常务委员会提名，中央委员会全体会议通过。

中央委员会总书记负责召集中央政治局会议和中央政治局常务委员会会议，并主持中央书记处的工作。

党的中央军事委员会组成人员由中央委员会决定，中央军事委员会实行主席负责制。

每届中央委员会产生的中央领导机构和中央领导人，在下届全国代表大会开会期间，继续主持党的经常工作，直到下届中央委员会产生新的中央领导机构和中央领导人为止。

第二十四条 中国人民解放军的党组织，根据中央委员会的指示进行工作。中央军事委员会负责军队中党的工作和政治工作，对军队中党的组织体制和机构作出规定。

第四章 党的地方组织

第二十五条 党的省、自治区、直辖市的代表大会，设区的市和自治州的代表大会，县（旗）、自治县、不设区的市和市辖区的代表大会，每五年举行一次。

党的地方各级代表大会由同级党的委员会召集。在特殊情况下，经上一级委员会批准，可以提前或延期举行。

党的地方各级代表大会代表的名额和选举办法，由同级党的委员会决定，并报上一级党的委员会批准。

第二十六条 党的地方各级代表大会的职权是：

（一）听取和审查同级委员会的报告；

（二）审查同级纪律检查委员会的报告；

（三）讨论本地区范围内的重大问题并作出决议；

（四）选举同级党的委员会，选举同级党的纪律检查委员会。

第二十七条 党的省、自治区、直辖市、设区的市和自治州的委员会，每届任期五年。这些委员会的委员和候补委员必须有五年以上的党龄。

党的县（旗）、自治县、不设区的市和市辖区的委员会，每届任期五年。这些委员会的委员和候补委员必须有三年以上的党龄。

党的地方各级代表大会如提前或延期举行，由它选举的委员会的任期相应地改变。

党的地方各级委员会的委员和候补委员的名额，分别由上一级委员会决定。党的地方各级委员会委员出缺，由候补委员按照得票多少依次递补。

党的地方各级委员会全体会议，每年至少召开两次。

党的地方各级委员会在代表大会闭会期间，执行上级党组织的指示和同级党代表大会的决议，领导本地方的工作，定期向上级党的委员会报告工作。

第二十八条 党的地方各级委员会全体会议，选举常务委员会和书记、副书记，并报上级党的委员会批准。党的地方各级委员会的常务委员会，在委员会全体会议闭会期间，行使委员会职权；在下届代表大会开会期间，继续主持经常工作，直到新的常务委员会产生为止。

党的地方各级委员会的常务委员会定期向委员会全体会议报告工作，接受监督。

第二十九条　党的地区委员会和相当于地区委员会的组织，是党的省、自治区委员会在几个县、自治县、市范围内派出的代表机关。它根据省、自治区委员会的授权，领导本地区的工作。

第五章　党的基层组织

第三十条　企业、农村、机关、学校、医院、科研院所、街道社区、社会组织、人民解放军连队和其他基层单位，凡是有正式党员三人以上的，都应当成立党的基层组织。

党的基层组织，根据工作需要和党员人数，经上级党组织批准，分别设立党的基层委员会、总支部委员会、支部委员会。基层委员会由党员大会或代表大会选举产生，总支部委员会和支部委员会由党员大会选举产生，提出委员候选人要广泛征求党员和群众的意见。

第三十一条　党的基层委员会、总支部委员会、支部委员会每届任期三年至五年。基层委员会、总支部委员会、支部委员会的书记、副书记选举产生后，应报上级党组织批准。

第三十二条　党的基层组织是党在社会基层组织中的战斗堡垒，是党的全部工作和战斗力的基础。它的基本任务是：

（一）宣传和执行党的路线、方针、政策，宣传和执行党中央、上级组织和本组织的决议，充分发挥党员的先锋模范作用，积极创先争优，团结、组织党内外的干部和群众，努力完成本单位所担负的任务。

（二）组织党员认真学习马克思列宁主义、毛泽东思想、邓小平理论、“三个代表”重要思想、科学发展观、习近平新时代中国特色社会主义思想，推进“两学一做”学习教育、党史学习教育常态化制度化，学习党的路线、方针、政策和决议，学习党的基本知识，学习科学、文化、法律和业务知识。

（三）对党员进行教育、管理、监督和服务，提高党员素质，坚定理想信念，增强党性，严格党的组织生活，开展批评和自我批评，维护和执行党的纪律，监督党员切实履行义务，保障党员的权利不受侵犯。加强和改进流动党员管理。

（四）密切联系群众，经常了解群众对党员、党的工作的批评和意见，维护群众的正当权利和利益，做好群众的思想政治工作。

（五）充分发挥党员和群众的积极性创造性，发现、培养和推荐他们中间的优秀人才，鼓励和支持他们在改革开放和社会主义现代化建设中贡献自己的聪明才智。

（六）对要求入党的积极分子进行教育和培养，做好经常性的发展党员工作，重视在生产、工作第一线和青年中发展党员。

（七）监督党员干部和其他任何工作人员严格遵守国家法律法规，严格遵守国家的财政经济法规和人事制度，不得侵占国家、集体和群众的利益。

（八）教育党员和群众自觉抵制不良倾向，坚决同各种违纪违法行为作斗争。

第三十三条　街道、乡、镇党的基层委员会和村、社区党组织，统一领导本地区基层各类组织和各项工作，加强基层社会治理，支持和保证行政组织、经济组织和群众性自治组织充分行使职权。

国有企业党委（党组）发挥领导作用，把方向、管大局、保落实，依照规定讨论和决定企业重大事项。国有企业和集体企业中党的基层组织，围绕企业生产经营开展工作。保证监督党和国家的方针、政策在本企业的贯彻执行；支持股东会、董事会、监事会和经理（厂长）依法行使职权；全心全意依靠职工群众，支持职工代表大会开展工作；参与企业重大问题的决策；加强党组织的自身建设，领导思想政治工作、精神文明建设、统一战线工作和工会、共青团、妇女组织等群团组织。

非公有制经济组织中党的基层组织，贯彻党的方针政策，引导和监督企业遵守国家的法律法规，领导工会、共青团等群团组织，团结凝聚职工群众，维护各方的合法权益，促进企业健康发展。

社会组织中党的基层组织，宣传和执行党的路线、方针、政策，领导工会、共青团等群团组织，教育管理党员，引领服务群众，推动事业发展。

实行行政领导人负责制的事业单位中党的基层组织，发挥战斗堡垒作用。实行党委领导下的行政领导人负责制的事业单位中党的基层组织，对重大问题进行讨论和作出决定，同时保证行政领导人充分行使自己的职权。

各级党和国家机关中党的基层组织，协助行政负责人完成任务，改进工作，对包括行政负责人在内的每个党员进行教育、管理、监督，不领导本单位的业务工作。

第三十四条 党支部是党的基础组织，担负直接教育党员、管理党员、监督党员和组织群众、宣传群众、凝聚群众、服务群众的职责。

第六章 党的干部

第三十五条 党的干部是党的事业的骨干，是人民的公仆，要做到忠诚干净担当。党按照德才兼备、以德为先的原则选拔干部，坚持五湖四海、任人唯贤，坚持事业为上、公道正派，反对任人唯亲，努力实现干部队伍的革命化、年轻化、知识化、专业化。

党重视教育、培训、选拔、考核和监督干部，特别是培养、选拔优秀年轻干部。积极推进干部制度改革。

党重视培养、选拔女干部和少数民族干部。

第三十六条 党的各级领导干部必须信念坚定、为民服务、勤政务实、敢于担当、清正廉洁，模范地履行本章程第三条所规定的党员的各项义务，并且必须具备以下的基本条件：

（一）具有履行职责所需要的马克思列宁主义、毛泽东思想、邓小平理论、“三个代表”重要思想、科学发展观的水平，带头贯彻落实习近平新时代中国特色社会主义思想，努力用马克思主义的立场、观点、方法分析和解决实际问题，坚持讲学习、讲政治、讲正气，经得起各种风浪的考验。

（二）具有共产主义远大理想和中国特色社会主义坚定信念，坚决执行党的基本路线和各项方针、政策，立志改革开放，献身现代化事业，在社会主义建设中艰苦创业，树立正确政绩观，做出经得起实践、人民、历史检验的实绩。

（三）坚持解放思想，实事求是，与时俱进，开拓创新，认真调查研究，能够把党的方针、政策同本地区、本部门的实际相结合，卓有成效地开展工作，讲实话，办实事，求实效。

（四）有强烈的革命事业心和政治责任感，有实践经验，有胜任领导工作的组织能力、文化水平和专业知识。

（五）正确行使人民赋予的权力，坚持原则，依法办事，清正廉洁，勤政为民，以身作则，艰苦朴素，密切联系群众，坚持党的群众路线，自觉地接受党和群众的批评和监督，加强道德修养，讲党性、重品行、作表率，做到自重、自省、自警、自励，反对形式主义、官僚主义、享乐主义和奢靡之风，反对特权思想和特权现象，反对任何滥用职权、谋求私利的行为。

（六）坚持和维护党的民主集中制，有民主作风，有全局观念，善于团结同志，包括团结同自己有不同意见的同志一道工作。

第三十七条 党员干部要善于同党外干部合作共事，尊重他们，虚心学习他们的长处。

党的各级组织要善于发现和推荐有真才实学的党外干部担任领导工作，保证他们有职有权，充分发挥他们的作用。

第三十八条 党的各级领导干部，无论是由民主选举产生的，或是由领导机关任命的，他们的职务都不是终身的，都可以变动或解除。

年龄和健康状况不适宜于继续担任工作的干部，应当按照国家的规定退、离休。

第七章 党的纪律

第三十九条 党的纪律是党的各级组织和全体党员必须遵守的行为规则，是维护党的团结统一、完成党的任务的保证。党组织必须严格执行和维护党的纪律，共产党员必须自觉接受党的纪律的约束。

第四十条 党的纪律主要包括政治纪律、组织纪律、廉洁纪律、群众纪律、工作纪律、生活纪律。

坚持惩前毖后、治病救人，执纪必严、违纪必究，抓早抓小、防微杜渐，按照错误性质和情节轻重，给以批评教育、责令检查、诫勉直至纪律处分。运用监督执纪“四种形态”，让“红红脸、出出汗”成为常态，党纪处分、组织调整成为管党治党的重要手段，严重违纪、严重触犯刑律的党员必须开除党籍。

党内严格禁止用违反党章和国家法律的手段对待党员，严格禁止打击报复和诬告陷害。违反这些规定的组织或个人必须受到党的纪律和国家法律的追究。

第四十一条 对党员的纪律处分有五种：警告、严重警告、撤销党内职务、留党察看、开除党籍。

留党察看最长不超过两年。党员在留党察看期间没有表决权、选举权和被选举权。党员经过留党察看，确已改正错误的，应当恢复其党员的权利；坚持错误不改的，应当开除党籍。

开除党籍是党内的最高处分。各级党组织在决定或批准开除党员党籍的时候，应当全面研究有关的材料和意见，采取十分慎重的态度。

第四十二条 对党员的纪律处分，必须经过支部大会讨论决定，报党的基层委员会批准；如果涉及的问题比较重要或复杂，或给党员以开除党籍的处分，应分别不同情况，报县级或县级以上党的纪律检查委员会审查批准。在特殊情况下，县级和县级以上各级党的委员会和纪律检查委员会有权直接决定给党员以纪律处分。

对党的中央委员会委员、候补委员，给以警告、严重警告处分，由中央纪律检查委员会常务委员会审议后，报党中央批准。对地方各级党的委员会委员、候补委员，给以警告、严重警告处分，应由上一级纪律检查委员会批准，并报它的同级党的委员会备案。

对党的中央委员会和地方各级委员会的委员、候补委员，给以撤销党内职务、留党察看或开除党籍的处分，必须由本人所在的委员会全体会议三分之二以上的多数决定。在全体会议闭会期间，可以先由中央政治局和地方各级委员会常务委员会作出处理决定，待召开委员会全体会议时予以追认。对地方各级委员会委员和候补委员的上述处分，必须经过上级纪律检查委员会常务委员会审议，由这一级纪律检查委员会报同级党的委员会批准。

严重触犯刑律的中央委员会委员、候补委员，由中央政治局决定开除其党籍；严重触犯刑律的地方各级委员会委员、候补委员，由同级委员会常务委员会决定开除其党籍。

第四十三条　党组织对党员作出处分决定，应当实事求是地查清事实。处分决定所依据的事实材料和处分决定必须同本人见面，听取本人说明情况和申辩。如果本人对处分决定不服，可以提出申诉，有关党组织必须负责处理或者迅速转递，不得扣压。对于确属坚持错误意见和无理要求的人，要给以批评教育。

第四十四条　党组织如果在维护党的纪律方面失职，必须问责。

对于严重违犯党的纪律、本身又不能纠正的党组织，上一级党的委员会在查明核实后，应根据情节严重的程度，作出进行改组或予以解散的决定，并报再上一级党的委员会审查批准，正式宣布执行。

第八章　党的纪律检查机关

第四十五条　党的中央纪律检查委员会在党的中央委员会领导下进行工作。党的地方各级纪律检查委员会和基层纪律检查委员会在同级党的委员会和上级纪律检查委员会双重领导下进行工作。上级党的纪律检查委员会加强对下级纪律检查委员会的领导。

党的各级纪律检查委员会每届任期和同级党的委员会相同。

党的中央纪律检查委员会全体会议，选举常务委员会和书记、副书记，并报党的中央委员会批准。党的地方各级纪律检查委员会全体会议，选举常务委员会和书记、副书记，并由同级党的委员会通过，报上级党的委员会批准。党的基层委员会是设立纪律检查委员会，还是设立纪律检查委员，由它的上一级党组织根据具体情况决定。党的总支部委员会和支部委员会设纪律检查委员。

党的中央和地方纪律检查委员会向同级党和国家机关全面派驻党的纪律检查组，按照规定向有关国有企业、事业单位派驻党的纪律检查组。纪律检查组组长参加驻在单位党的领导组织的有关会议。他们的工作必须受到该单位党的领导组织的支持。

第四十六条　党的各级纪律检查委员会是党内监督专责机关，主要任务是：维护党的章程和其他党内法规，检查党的路线、方针、政策和决议的执行情况，协助党的委员会推进全面从严治党、加强党风建设和组织协调反腐败工作，推动完善党和国家监督体系。

党的各级纪律检查委员会的职责是监督、执纪、问责，要经常对党员进行遵守纪律的教育，作出关于维护党纪的决定；对党的组织和党员领导干部履行职责、行使权力进行监督，受理处置党员群众检举举报，开展谈话提醒、约谈函询；检查和处理党的组织和党员违反党的章程和其他党内法规的比较重要或复杂的案件，决定或取消对这些案件中的党员的处分；进行问责或提出责任追究的建议；受理党员的控告和申诉；保障党员的权利。

各级纪律检查委员会要把处理特别重要或复杂的案件中的问题和处理的结果，向同级党的委员会报告。党的地方各级纪律检查委员会和基层纪律检查委员会要同时向上级纪律检查委员会报告。

各级纪律检查委员会发现同级党的委员会委员有违犯党的纪律的行为，可以先进行初步核实，如果需要立案检查的，应当在向同级党的委员会报告的同时向上一级纪律检查委员会报告；涉及常务委员的，报告上一级纪律检查委员会，由上一级纪律检查委员会进行初步核实，需要审查的，由上一级纪律检查委员会报它的同级党的委员会批准。

第四十七条　上级纪律检查委员会有权检查下级纪律检查委员会的工作，并且有权批准和改变下级纪律检查委员会对于案件所作的决定。如果所要改变的该下级纪律检查委员会的决定，已经得到它的同级党的委员会的批准，这种改变必须经过它的上一级党的委员会批准。

党的地方各级纪律检查委员会和基层纪律检查委员会如果对同级党的委员会处理案件的决定有不同意见，可以请求上一级纪律检查委员会予以复查；如果发现同级党的委员会或它的成员有违犯党的纪律的情况，在同级党的委员会不给予解决或不给予正确解决的时候，有权向上级纪律检查委员会提出申诉，请求协助处理。

第九章 党 组

第四十八条 在中央和地方国家机关、人民团体、经济组织、文化组织和其他非党组织的领导机关中，可以成立党组。党组发挥领导作用。党组的任务，主要是负责贯彻执行党的路线、方针、政策；加强对本单位党的建设的领导，履行全面从严治党责任；讨论和决定本单位的重大问题；做好干部管理工作；讨论和决定基层党组织设置调整和发展党员、处分党员等重要事项；团结党外干部和群众，完成党和国家交给的任务；领导机关和直属单位党组织的工作。

第四十九条 党组的成员，由批准成立党组的党组织决定。党组设书记，必要时还可以设副书记。

党组必须服从批准它成立的党组织领导。

第五十条 在对下属单位实行集中统一领导的国家工作部门和有关单位的领导机关中，可以建立党委，党委的产生办法、职权和工作任务，由中央另行规定。

第十章 党和共产主义青年团的关系

第五十一条 中国共产主义青年团是中国共产党领导的先进青年的群团组织，是广大青年在实践中学习中国特色社会主义和共产主义的学校，是党的助手和后备军。共青团中央委员会受党中央委员会领导。共青团的地方各级组织受同级党的委员会领导，同时受共青团上级组织领导。

第五十二条 党的各级委员会要加强对共青团的领导，注意团的干部的选拔和培训。党要坚决支持共青团根据广大青年的特点和需要，生动活泼地、富于创造性地进行工作，充分发挥团的突击队作用和联系广大青年的桥梁作用。

团的县级和县级以下各级委员会书记，企业事业单位的团委员会书记，是党员的，可以列席同级党的委员会和常务委员会的会议。

第十一章 党徽党旗

第五十三条 中国共产党党徽为镰刀和锤头组成的图案。

第五十四条 中国共产党党旗为旗面缀有金黄色党徽图案的红旗。

第五十五条 中国共产党的党徽党旗是中国共产党的象征和标志。党的各级组织和每一个党员都要维护党徽党旗的尊严。要按照规定制作和使用党徽党旗。

中国共产党纪律检查委员会工作条例

1. 2021年12月6日中共中央政治局会议审议批准
2. 2021年12月24日中共中央发布

第一章 总 则

第一条 为了加强和规范新时代党的纪律检查委员会工作，根据《中国共产党章程》，制定本条例。

第二条 党的各级纪律检查委员会高举中国特色社会主义伟大旗帜，以马克思列宁主义、毛泽东思想、邓小平理论、“三个代表”重要思想、科学发展观、习近平新时代中国特色社会主义思想为指导，增强“四个意识”、坚定“四个自信”、做到“两个维护”，不忘初心、牢记使命，深入贯彻全面从严治党战略方针，坚定不移推进党风廉政建设和反腐败斗争，构建一体推进不敢腐、不能腐、不想腐体制机制，从严从实加强自身建设，自觉接受监督，充分发挥监督保障执行、促进完善发展作用。

第三条 党的各级纪律检查委员会是党内监督专责机关，是党推进全面从严治党、开展党风廉政建设和反腐败斗争的专门力量。

党的各级纪律检查委员会的主要任务是：维护党的章程和其他党内法规，检查党的理论和路线方针政策、党中央决策部署执行情况，协助党的委员会推进全面从严治党、加强党风建设和组织协调反腐败工作。

党的各级纪律检查委员会把坚决维护习近平总书记党中央的核心、全党的核心地位，维护党中央权威和集中统一领导作为最高政治原则和根本政治责任。

第四条 党的各级纪律检查委员会遵循以下原则开展工作：

（一）坚持党的全面领导，坚持党中央集中统一领导。

（二）坚持以人民为中心，践行党的根本宗旨和群众路线。

（三）坚持民主集中制，实行集体领导和个人分工负责相结合的制度。

（四）坚持严的主基调，全面从严、一严到底。

（五）坚持实事求是，依规依纪依法履行职责。

（六）坚持惩前毖后、治病救人，实现政治效果、纪法效果、社会效果有机统一。

第二章 领导体制

第五条 党的中央纪律检查委员会（国家监察委员会）在党中央领导下进行工作，履行党的最高纪律检查机关（国家最高监察机关）职责。

党的中央纪律检查委员会严格执行加强和维护党中央集中统一领导的各项制度要求，及时向中央政治局、中央政治局常务委员会请示汇报工作，研究重大事项、重要问题以及作出立案审查决定、给予党纪处分等事项向党中央请示报告。执行党中央重要决定的情况应当专题报告。

第六条　党的地方各级纪律检查委员会和基层纪律检查委员会在同级党的委员会和上级纪律检查委员会双重领导下进行工作。

党的地方各级纪律检查委员会和基层纪律检查委员会应当落实同级党的委员会推进全面从严治党、加强党风廉政建设和反腐败工作的部署，执行同级党委作出的决定，及时向同级党委汇报工作，按照规定请示报告重大事项。

上级党的纪律检查委员会加强对下级纪律检查委员会的领导，对下级纪委的工作作出部署、提出要求；督促指导和支持下级纪委开展同级监督，检查下级纪委的工作，定期听取工作汇报，开展政治和业务培训；坚持查办腐败案件以上级纪委领导为主，按照规定审议和批准下级纪委关于线索处置、立案审查、纪律处分等的请示报告，按照程序改变下级纪委作出的错误或者不当的决定，必要时直接审查或者组织、指挥审查下级纪委管辖范围内有重大影响或者复杂的案件。

第七条　党的中央纪律检查委员会与国家监察委员会合署办公，党的地方各级纪律检查委员会与地方各级监察委员会合署办公，实行一套工作机构、两个机关名称，履行党的纪律检查和国家监察两项职责，实现纪委监委领导体制和工作机制的统一融合，集中决策、一体运行，坚持纪严于法，执纪执法贯通。

第三章　产生和运行

第八条　党的中央纪律检查委员会由党的全国代表大会选举产生，每届任期和党的中央委员会任期相同。

党的中央纪律检查委员会全体会议，选举常务委员会和书记、副书记，并报党的中央委员会批准。

第九条　中央纪律检查委员会委员应当政治坚定、对党忠诚、敢于斗争、担当作为、清正廉洁，具备组织领导纪律检查工作、推进党风廉政建设和反腐败斗争的能力。

中央纪律检查委员会委员应当认真履行以下职责：

（一）参加中央纪委全体会议，积极发表意见、提出建议。

（二）在纪律检查机关担负具体工作的委员，应当模范履行岗位职责，高质量完成所承担的纪律检查工作。

（三）未在纪律检查机关担负具体工作的委员，应当支持和帮助本地区、本部门、本单位纪律检查机关开展工作；了解所在地区、部门、单位党组织和党员领导干部遵守党章党规党纪、贯彻落实党中央决策部署等情况，提出意见建议，重要问题及时向中央纪委常委会反映。

（四）对中央纪委的工作，以及中央纪委常委、其他中央纪委委员进行监督。

（五）承担中央纪委安排的其他任务。

第十条　党的中央纪律检查委员会通过召开全体会议的方式行使以下职权：

（一）制定贯彻落实党的全国代表大会和党中央决议决定的重大部署、重大措施。

（二）听取和审议常务委员会工作报告。

（三）选举常务委员会和书记、副书记。

（四）讨论和决定纪检监察工作的重大问题、重大事项。

（五）按照权限审议重要党内法规或者规范性文件。

（六）决定或者追认给予中央纪委委员撤销党内职务以上处分。

（七）研究决定常务委员会提请决定的事项，或者应当由全体会议决定的其他重要事项。

第十一条　党的中央纪律检查委员会全体会议每年至少召开一次，由中央纪律检查委员会常务委员会召集并主持。

党的中央纪律检查委员会全体会议应当有三分之二以上委员到会方可召开。委员因故不能参加会议的应当在会前请假，其意见可以用书面形式表达。根据需要，可以安排有关人员列席会议。

根据讨论和决定事项的不同，采用举手、无记名投票等方式进行表决，赞成票超过应到会委员半数的为通过。

对中央纪律检查委员会委员给予撤销党内职务以上处分，必须由应到会委员三分之二以上的多数决定，报党中央批准。

第十二条　中央纪律检查委员会常务委员会贯彻落实党中央决策部署，以及中央纪律检查委员会全体会议的决定和部署，向全体会议报告工作，接受监督。在全体会议闭会期间，行使中央纪律检查委员会职权，主要包括：

（一）讨论向党的全国代表大会的工作报告，向党中央请示报告工作，学习贯彻党中央决策部署。

（二）召集全体会议，对拟提交全体会议讨论和决定的事项先行审议、提出意见。

（三）讨论和决定纪检监察工作的重要问题、重要事项。

（四）按照权限审议党内法规或者规范性文件。

（五）听取以中央纪委名义立案审查的有关案件情况通报。

（六）按照权限讨论和决定对违犯党纪的党组织、党员处理、处分等事项。

（七）决定给予中央纪委委员撤销党内职务以上处分，并报党中央批准，待召开全体会议时予以追认。

（八）按照干部管理权限审议干部任免事项。

（九）研究决定应当由常务委员会决定的其他重要事项。

第十三条 中央纪律检查委员会常务委员会会议一般定期召开，遇有重要情况可以随时召开。

中央纪律检查委员会常务委员会会议由中央纪委书记召集并主持，会议议题由书记确定。

中央纪律检查委员会常务委员会会议应当有半数以上常委会委员到会方可召开。审议干部任免事项必须有三分之二以上常委会委员到会。根据需要，可以安排有关人员列席会议。

讨论和决定重要问题，应当进行表决。涉及多个事项的，应当逐项表决。表决可以根据讨论和决定事项的不同，采用口头、举手、无记名投票或者记名投票等方式进行，赞成票超过应到会常委会委员半数的为通过。

第十四条 中央纪律检查委员会办公会议一般定期召开，遇有重要情况可以随时召开。办公会议由中央纪委书记召集并主持，会议议题由书记确定，驻委的副书记、常委会委员及有关负责同志参加。办公会议研究或者决定以下事项：

（一）学习贯彻党中央决策部署。

（二）机关日常工作中需要研究、决定或者通报的重要事项。

（三）按照权限讨论和决定对违犯党纪的党的组织、党员处理、处分等事项。

（四）按照干部管理权限讨论和决定有关干部任免事项。

（五）其他需要提交办公会议讨论的重要事项。

第十五条 中央纪律检查委员会机关根据工作需要，设立必要的内设机构，依照有关规定配置机构职能和权限。

第十六条 党的地方各级纪律检查委员会由同级党的代表大会选举产生，每届任期和同级党的委员会任期相同。

党的地方各级纪律检查委员会全体会议，选举常务委员会和书记、副书记，并由同级党的委员会通过，报上级党的委员会批准。

上级党的委员会可以根据工作需要，在下级党的代表大会闭会期间，调动、任免下级纪律检查委员会书记、副书记。

第十七条 党的地方各级纪律检查委员会通过召开全体会议的方式行使以下职权：

（一）制定贯彻落实党中央决策部署以及中央纪委工作部署，同级党的代表大会和党委决议决定、上级纪委工作要求的重大措施。

（二）听取和审议常务委员会工作报告。

（三）选举常务委员会和书记、副书记。

（四）讨论和决定管辖范围内纪检监察工作的重大问题、重大事项。

（五）按照权限审议规范性文件。

（六）决定或者追认给予本级纪委委员撤销党内职务以上处分。

（七）研究决定常务委员会提请决定的事项，或者应当由全体会议决定的其他重要事项。

第十八条 地方各级纪律检查委员会常务委员会贯彻落实党中央决策部署以及中央纪委工作部署，落实同级党委、上级纪委、本级纪委全体会议的工作部署，向全体会议报告工作，接受监督。在全体会议闭会期间，行使本级纪律检查委员会职权，主要包括：

（一）讨论向同级党的代表大会的工作报告，向同级党委和上级纪委请示报告工作。

（二）召集全体会议，对拟提交全体会议讨论和决定的事项先行审议、提出意见。

（三）讨论和决定管辖范围内纪检监察工作的重要问题、重要事项。

（四）按照权限审议规范性文件。

（五）听取以本级纪委名义立案审查的有关案件情况通报。

（六）按照权限讨论和决定对违犯党纪的党组织、党员处理、处分等事项。

（七）决定给予本级纪委委员撤销党内职务以上处分，并报同级党委批准后，按照规定报上一级纪委备案或者批准，待召开本级纪委全体会议时予以追认。

（八）按照干部管理权限审议干部任免事项。

（九）研究决定应当由常务委员会决定的其他重要事项。

第十九条 地方各级纪律检查委员会委员的任职条件、履职要求，全体会议和常务委员会会议的召开、表决，以及机关机构设置等事项，参照本条例第九条、第十一条、第十三条、第十五条的规定执行。

第二十条 党的基层委员会是设立纪律检查委员会，还是设立纪律检查委员，由它的上一级党组织根据有关规定和具体情况决定。

党的基层纪律检查委员会由党员大会或者党员代表大会选举产生，每届任期和同级党的委员会任期相同。

党的基层纪律检查委员会选出的书记、副书记，经同级党的委员会通过后，报上级党组织批准。

基层纪律检查委员会委员的任职条件、履职要求等事项，按照有关规定执行。

第二十一条 党的基层纪律检查委员会根据需要及时召开全体会议，传达学习党中央决策部署以及中央纪委工作部署，传达学习同级党委和上级纪委的工作部署，提出贯彻落实的具体措施，研究讨论管辖范围内纪律检查工作的重要问题、重要事项，按照权限讨论或者决定对违犯党纪的党组织、党员处理、处分等事项。

第二十二条 乡镇和企业、机关、高校等单位中的党的基层纪律检查委员会应当按照党章、本条例和其他党内法规的有关规定，结合实际建立健全议事规则、工作制度，注重发挥纪委委员在监督执纪、议事决策方面的作用，根据工作需要可以组织纪委委员参与监督执纪有关事项。

党的基层纪律检查委员会可以按照有关规定，设立必要的工作机构，配备专职工作人员。

党的基层纪律检查委员会应当指导和督促同级党的委员会所属基层党组织纪律检查委员履行职责、发挥作用。

第二十三条 因调离本地区、辞去公职、退休等原因不适宜继续担任纪律检查委员会委员职务的，应当辞去或者按照程序免去其纪委委员职务。死亡、丧失国籍、被追究刑事责任、被停止党籍、受到撤销党内职务以上处分的，其纪委委员职务自动终止。辞去、免去或者自动终止地方纪委委员、基层纪委委员职务的，应当报上一级党的委员会备案。

第四章 主要任务

第二十四条 党的各级纪律检查委员会坚定维护党章，促进党组织和党员牢固树立党章意识、严格遵守党章规定，发挥党章作为管党治党总章程的作用，以严明的纪律巩固党的团结统一。切实维护各项党内法规，有规必依、执规必严、违规必究，保证党内法规得到有效执行，促进依规治党。

第二十五条 党的各级纪律检查委员会检查党的理论和路线方针政策的执行情况，坚持服务党和国家工作大局，坚决维护党中央权威和集中统一领导，推动党组织和党员统一意志、统一行动。加强对党中央决策部署落实情况的监督检查，坚持跟进监督、精准监督、全程监督，督促党组织和党员履职尽责、担当作为，确保党中央政令畅通、令行禁止。

第二十六条 党的各级纪律检查委员会协助同级党的委员会推进全面从严治党：

（一）协助同级党委制定全面从严治党规划、计划，推动各项工作落实。

（二）推动全面从严治党主体责任制度执行，检查同级党委领导班子成员包括“一把手”管党治党责任落实情况，监督下级党组织落实主体责任情况。

（三）加强对同级党委领导班子监督，发现班子成员包括“一把手”履职尽责、廉洁自律等方面重要问题，按照规定如实报告。

（四）协助同级党委加强对本地区本单位政治生态、党风廉政等情况分析，有关问题向同级党委报告并提出意见建议。

（五）协助同级党委开展巡视巡察工作。

（六）对日常监督、巡视巡察、审计监督等发现问题整改情况开展检查，通过加强监督推动整改常态化。

（七）协助起草相关党内法规和规范性文件。

（八）参与党委组织的管党治党有关专项工作。

坚持履行协助职责和监督责任有机结合，促进全面从严治党党委主体责任和纪委监督责任贯通协同。

第二十七条 党的各级纪律检查委员会协助同级党的委员会加强党风建设，锲而不舍落实中央八项规定精神，大力弘扬党的光荣传统和优良作风，驰而不息纠治形式主义、官僚主义、享乐主义和奢靡之风，坚决纠正损害群众利益的不正之风，保持党同人民群众的血肉联系。

第二十八条 党的各级纪律检查委员会协助同级党的委员会组织协调反腐败工作，坚定不移推进反腐败斗争，坚持和完善党中央集中统一领导、各级党委统筹指挥、纪委监委组织协调、职能部门高效协同、人民群众支持参与的反腐败工作体制机制。

发挥党委反腐败协调机构的统筹协调作用，开展反腐败国际追逃追赃等工作，加强相关部门协作配合，增强反腐败整体合力。

第二十九条 党的纪律检查工作坚持把一体推进不敢腐、不能腐、不想腐作为反腐败斗争的基本方针、新时代全面从严治党的重要方略，惩治震慑、制度约束、提高觉悟一体发力，系统施治、标本兼治，努力取得更多制度性成果和更大治理成效：

（一）坚持无禁区、全覆盖、零容忍，坚持重遏制、强高压、长震慑，坚持受贿行贿一起查，巩固不敢腐。

（二）坚持将惩治腐败与深化改革、促进治理贯通起来，深入查找制度和体制机制存在的问题，推动补齐制度短板、堵塞监管漏洞、规范权力运行，强化不能腐。

（三）坚持教育党员、干部坚定理想信念宗旨，提高党性觉悟，提升道德修养，涵养廉洁文化，筑牢思想上拒腐防变的堤坝，自觉不想腐。

第三十条 发挥党的纪律检查工作在党和国家监督体系中的重要作用，强化对权力运行的制约和监督，重点加强对领导干部特别是主要领导干部的监督，提升监督全覆盖质量，增强监督的政治性、严肃性、协同性、有效性。

深化纪检监察体制改革，推进纪律监督、监察监督、派驻监督、巡视监督统筹衔接，整合运用监督力量，构建系统集成、协同高效的监督机制。坚持以党内监督为主导，促进人大监督、民主监督、行政监督、司法监督、审计监督、财会监督、统计监督、群众监督、舆论监督等各类监督有机贯通、相互协调，健全信息沟通、线索移交、措施配合、成果共享等机制，形成常态长效的监督合力。

第五章 工作职责

第三十一条 党的各级纪律检查委员会围绕实现党章赋予的任务，坚持聚焦主责主业，履行监督、执纪、问责职责。

坚持把监督作为基本职责，抓早抓小、防微杜渐，综合考虑错误性质、情节后果、主观态度等因素，依规依纪依法、精准有效运用监督执纪“四种形态”：

（一）党员、干部有作风纪律方面的苗头性、倾向性问题或者轻微违纪问题，或者有一般违纪问题但具备免予处分情形的，运用监督执纪第一种形态，按照规定进行谈话提醒、批评教育、责令检查等，或者予以诫勉。

（二）党员、干部有一般违纪问题，或者违纪问题严重但具有主动交代等从轻减轻处分情形的，运用监督执纪第二种形态，按照规定给予警告、严重警告处分，或者建议单处、并处停职检查、调整职务、责令辞职、免职等处理。

（三）党员、干部有严重违纪问题，或者严重违纪并构成严重职务违法的，运用监督执纪第三种形态，按照规定给予撤销党内职务、留党察看、开除党籍处分，同时建议给予降职或者依法给予撤职、开除公职、调整其享受的待遇等处理。

（四）党员、干部严重违纪、涉嫌犯罪的，运用监督执纪第四种形态，按照规定给予开除党籍处分，同时依法给予开除公职、调整或者取消其享受的待遇等处理，再移送司法机关依法追究刑事责任。

第三十二条 党的各级纪律检查委员会应当把自觉遵守纪律的教育作为基础性工作，经常开展党章党规教育，强化党的政治纪律、组织纪律、廉洁纪律、群众纪律、工作纪律、生活纪律教育，深入开展警示教育，以案明纪、以案说法。

开展廉政教育，加强全面从严治党、党风廉政建设和反腐败工作的形势任务以及家风家教等宣传教育，推进廉洁文化建设，营造崇廉拒腐氛围。

根据形势需要，着眼保障党的中心工作，作出维护党纪的决定，制定相关法规文件，严明纪律要求，教育、引导和规范党组织、党员行为。

第三十三条 党的纪律检查委员会应当强化政治监督，重点监督党组织、党员特别是领导干部以下情况：

（一）对党忠诚，坚持党的领导，贯彻落实党的理论和路线方针政策、党中央决策部署，践行“两个维护”的情况。

（二）坚定理想信念宗旨，牢记初心使命，践行入党誓词，坚持中国特色社会主义制度的情况。

（三）落实全面从严治党主体责任和监督责任的情况。

（四）贯彻执行民主集中制，公正用权、依法用权、廉洁用权、担当作为的情况。

政治监督应当突出“关键少数”，重点加强对“一把手”、同级党委特别是常委会委员的监督。

第三十四条 党的纪律检查委员会应当加强日常监督，监督方式主要包括：座谈，召集、参加或者列席会议，了解党内同志和社会群众反映；查阅查询相关资料和信息数据；现场调查，驻点监督；督促巡视巡察整改；谈心谈话，听取工作汇报，听取述责述廉；建立健全党员领导干部廉政档案，开展党风廉政意见回复等工作。

开展专项监督，针对落实党中央决策部署中的突出问题，行业性、系统性、区域性的管党治党重点问题，形式主义、官僚主义、享乐主义和奢靡之风问题，群众反映强烈、损害群众利益的突出问题加强监督检查。必要时，可以组织、参加或者督促开展集中整治、专项治理。

加强基层监督，促进基层监督资源和力量整合，发挥纪检监察、巡察等作用，有效衔接村（居）务监督，建立监督信息网络平台，扩大群众参与，及时发现、处理群众身边的腐败问题和不正之风。

第三十五条 党的各级纪律检查委员会应当畅通信访举报渠道，依规依纪受理党员群众的信访举报，健全分办、交办、督办、反馈等工作机制。

对信访举报情况应当定期分析研判，对反映的典型性、普遍性、苗头性问题提出有针对性的工作建议，形成综合分析或者专题分析材料，向同级党委、上级纪委报告或者向有关党组织通报。

对于信访举报反映、监督执纪中发现以及巡视巡察机构和其他单位移交的问题线索，应当实行集中管理，采取谈话函询、初步核实、暂存待查、予以了结等方式分类处置，做到件件有着落。

第三十六条 党的各级纪律检查委员会对反映党组织、党员的问题线索经过初步核实，对于涉嫌违纪、需要追究党纪责任的，应当按照规定予以立案审查。

各级纪律检查委员会按照管理权限，审查违反党章和其他党内法规的比较重要或者复杂的案件，主要包括：同级党委委员、候补委员，同级纪委委员，同级党委管理的党员干部，以及同级党委工作部门，同级党委批准设立的党组（党委），下一级党委、纪委等涉嫌违纪案件；案情重大复杂，需要采取重要审查措施的案件；同级党委、上级纪委交办的其他案件。

地方各级纪律检查委员会和基层纪律检查委员会对于处理涉及同级党委委员、候补委员，同级党委管理的正职领导干部，同级纪委常委、监委委员等人员的案件，以及涉及政治问题、国家安全等特别重要或者复杂案件中的问题和处理的结果，在向同级党委报告的同时，即向上级纪委一并报告。

纪律审查工作应当依规依纪采取谈话、查询、调取、暂扣、封存、勘验检查、鉴定等措施，以及通过要求相关组织作出说明等方式，收集证据，查明事实，处置违纪所得。

第三十七条 党的各级纪律检查委员会根据纪律审查结果，依据相关党内法规，对应当追究党纪责任的党组织和党员进行纪律处理、处分。

对于各级纪律检查委员会立案审查的党员，需要给予纪律处分的，一般由负责审查的纪委提出处分意见，经被审查人所在党支部的党员大会讨论形成决议，并按照规定报党的基层委员会批准或者有权处分的党组织审批。在特殊情况下，县级和县级以上各级纪委有权直接决定给予党员纪律处分，主要包括：案情涉密、敏感；违纪案件跨地区跨部门跨单位；违纪党员所在的基层党组织无法正常履行职责、不正确履行职责或者其负责人同违纪问题有关联；违纪党员为县级或者县级以上各级党委管理的党员干部；党章和其他党内法规明确规定的相关情况。

地方各级纪律检查委员会和基层纪律检查委员会对同级党的委员会处理案件的决定有不同意见的，可以请求上一级纪委予以复查。

建立健全处分决定执行公示、回访教育、情况报告和专项检查等制度，加强与相关党组织及职能部门的协作沟通，确保处分决定得到严格执行。

第三十八条 党的纪律检查委员会发现党组织、党的领导干部在党的建设、党的事业中失职失责的，应当依据相关党内法规开展问责调查，查明失职失责问题，向党的委员会提出责任追究的建议，或者按照规定的权限和程序作出问责决定。

第三十九条 党的纪律检查委员会对于党员因合法权益受到党组织或者其他党员侵害提出的控告，按照规定予以受理，及时恰当进行处理。通过办理党员的控告发现的违纪违法问题，按照本章规定进行检查和处理。

对于党员因不服纪委或者其他党组织给予本人的处理、处分而提出的申诉，按照规定予以受理，进行复议复查。

第四十条 党的各级纪律检查委员会应当依据相关党内法规，加强对党组织和领导干部履行保障党员权利工作职责的监督检查，依规依纪查处侵犯党员权利的行为。开展监督执纪工作，应当落实保障党员权利的规定和要求。

第四十一条 在监督检查、纪律审查等过程中，应当注意查找分析监督对象所在党组织党风廉政建设、管理监督等方面存在的突出问题，采取制发纪律检查建议书或者其他适当方式，提出有关强化管党治党、净化政治生态、健全制度、整改纠正等意见建议，督促指导和推动有关地区、部门、单位党组织举一反三、切实整改。

对于涉及党的建设、党的事业的普遍性、倾向性问题，应当进行深入调研，形成专题报告，报送同级党委、上级纪委或者通报相关党组织，推动解决问题、规范决策、完善政策、健全制度。

第六章 派驻、派出机构

第四十二条 党的中央纪律检查委员会国家监察委员会、地方各级纪律检查委员会监察委员会向同级党和国家机关全面派驻纪检监察组，按照规定可以向国有企业、事业单位等其他组织和单位派驻纪检监察组。

党的中央和地方各级委员会派出党的机关工作委员会、街道工作委员会等代表机关的，党的中央纪律检查委员会国家监察委员会、地方各级纪律检查委员会监察委员会可以相应派出纪检监察工作委员会。

第四十三条 派驻机构是派出它的党的纪律检查委员会监察委员会的组成部分，由派出机关直接领导、统一管理。

派出机构在派出它的党的纪律检查委员会监察委员会和本级党的工作委员会双重领导下进行工作。派出机构按照规定开展纪律检查工作，领导管辖范围内机关纪委等纪检机构的工作。

第四十四条 派驻机构根据派出机关授权开展监督执纪问责工作：

（一）加强对驻在单位（含综合监督单位）的监督，重点对驻在单位领导班子及其成员、党组（党委）管理的领导班子及其成员等进行监督。

（二）监督促进驻在单位领导班子贯彻落实党的理论和路线方针政策、党中央决策部署，履行全面从严治党主体责任。

（三）经常、及时地向派出机关报告情况和问题。

（四）加强对驻在单位纪检机构的业务指导和监督检查，促进其履行监督责任。

（五）认真处理信访举报，对问题线索进行集中管理和处置。

（六）依规依纪开展纪律审查，严肃查处违纪问题。

（七）按照管理权限作出问责决定或者提出问责建议。

（八）协助驻在单位党组（党委）做好巡视巡察工作。

（九）完成派出机关交办的其他任务。

第四十五条 健全派驻监督工作机制，统筹协调派出机关内设监督检查室、派驻纪检监察组、地方纪检监察机关、巡视巡察机构等力量，通过“室组”联动监督、“室组地”联合办案等方式，提高派驻监督质量。

县（市、区）纪律检查委员会监察委员会开展派驻监督工作，应当保证派驻机构人员力量，推动监督工作向基层延伸，采取综合派驻、工作协作等方式，提升监督效能。

第七章 队伍建设和监督

第四十六条 党的各级纪律检查委员会必须坚持以习近平新时代中国特色社会主义思想武装头脑、指导实践、推动工作，突出抓好党的政治建设，教育引导纪检干部不断提高政治判断力、政治领悟力、政治执行力，带头践行“两个维护”，敢于善于斗争，做到忠诚干净担当。

第四十七条 贯彻新时代党的组织路线，坚持党管干部，严把干部准入关，加强思想淬炼、政治历练、实践锻炼、专业训练，加强理论研究和学科建设，提高把握政策、监督执纪、做思想政治工作等能力，建设高素质专业化干部队伍。

第四十八条 加强作风建设和纪律建设，保证纪检干部严守政治纪律和政治规矩，模范遵守党的纪律和国家法律，坚持实事求是，深入开展调查研究，密切联系群众，树立纪律严明、作风深入、工作扎实、谦虚谨慎、秉公执纪的良好形象。

第四十九条 加强监督执纪规范化建设，健全法规制度，规范工作流程，牢固树立法治意识、程序意识、证据意识，依规依纪依法行使纪律检查权。

第五十条 党的纪律检查委员会必须接受最严格的约束和监督，在同级党委和上级纪委的领导、监督下强化自我监督，自觉接受党的组织和党员的监督。建立完善监督检查、审查调查、案件监督管理、案件审理相互协调、相互制约的工作机制，发挥内设干部监督机构、机关纪委等作用，加大监管和自我净化力度，坚决防治“灯下黑”。

党的纪律检查委员会应当自觉接受民主监督、群众监督、舆论监督等各方面监督。任何单位和个人对纪检机关、纪检干部的违纪违法行为，有权提出检举、控告。

第五十一条 严格执行纪检干部打听案情、过问案件、说情干预问题报告制度，有关情况应当登记备案。

纪检干部发现审查组工作人员未经批准接触被审查人、涉案人员及其特定关系人，或者存在交往情形的，应当及时报告并登记备案。

第五十二条 办理纪检事项的纪检干部存在可能影响事项公正处理情形的，应当主动申请回避，被审查人、检举控告人以及其他有关人员也有权要求其回避。

第五十三条 纪检干部应当严格执行保密制度，不准私自留存、隐匿、查阅、摘抄、复制、携带问题线索和涉案资料，严禁泄露审查工作情况。

纪检干部离职的，应当严格遵守有关离职后从业限制的规定，三年内不得从事与纪律检查工作相关的职业。

第五十四条　建立健全安全责任制，严格防范发生审查安全事故。组织开展经常性检查和不定期抽查，发现问题及时督促整改。

第五十五条　纪检干部有以案谋私、跑风漏气、滥用职权以及其他违规违纪违法行为的，必须严肃查处；构成犯罪的，依法追究刑事责任。

纪检机关及其领导干部履行职责过程中失职失责造成严重后果或者恶劣影响的，应当严肃问责。

第八章　附　　则

第五十六条　新疆生产建设兵团党的各级纪律检查委员会，党的地区纪律检查委员会和相当于地区纪委的其他纪律检查委员会，党组（党委）纪检组（纪委），纪律检查委员，参照执行本条例。

第五十七条　中央军事委员会可以根据本条例，制定相关规定。

第五十八条　本条例由中央纪律检查委员会负责解释。

第五十九条　本条例自发布之日起施行。

纪检监察机关派驻机构工作规则

1. 2022年6月2日中共中央政治局常委会会议审议批准
2. 2022年6月22日中共中央办公厅发布

第一章　总　　则

第一条　为了加强和规范纪检监察机关派驻机构工作，根据《中国共产党纪律检查委员会工作条例》和《中华人民共和国监察法》，制定本规则。

第二条　派驻机构工作坚持以习近平新时代中国特色社会主义思想为指导，增强“四个意识”、坚定“四个自信”、做到“两个维护”，坚持自我革命，坚持敢于斗争，坚持实事求是，深入贯彻全面从严治党战略方针，坚定不移推进党风廉政建设和反腐败斗争，建立健全系统集成、协同高效的派驻监督体制机制，增强“派”的权威和“驻”的优势，一体推进不敢腐、不能腐、不想腐，充分发挥监督保障执行、促进完善发展作用。

第三条　在党中央集中统一领导下，中央纪律检查委员会国家监察委员会向中央一级党和国家机关以及其他组织派驻纪检监察机构，地方各级纪律检查委员会监察委员会向本级党和国家机关以及其他组织派驻纪检监察机构。派驻机构是派出机关的组成部分，与驻在单位是监督和被监督的关系。

派驻机构应当强化政治监督，把坚持和加强党的领导贯穿工作全过程各方面，推动驻在单位切实做到“两个维护”，贯彻党的理论和路线方针政策，落实党中央决策部署。

第四条　派驻机构遵循以下原则开展工作：

（一）坚持党中央集中统一领导，强化组织自上而下的监督功能；

（二）坚持民主集中制，重要事项集体研究决定；

（三）坚持敢于善于监督，完善常态化监督工作机制；

（四）坚持职责定位，依规依纪依法履行职责；

（五）坚持各项监督统筹衔接，推动全面从严治党主体责任和监督责任一体落实；

（六）坚持监督与被监督相统一，自觉接受各方面监督。

第五条　派驻机构应当持续深化转职能、转方式、转作风，聚焦全面从严治党、党风廉政建设和反腐败工作，强化监督职责，突出工作重点，创新履职方式，有效运用“四种形态”，增强派驻监督全覆盖的有效性，推动派驻监督工作高质量发展。

第二章　组织设置

第六条　中央纪律检查委员会国家监察委员会向中央一级党和国家机关、中管金融企业派驻纪检监察组。地方各级纪律检查委员会监察委员会向本级党和国家机关、所管辖的国有金融企业派驻纪检监察组。

中央纪律检查委员会国家监察委员会、地方各级纪律检查委员会监察委员会按照规定向国有企业、普通高等学校等单位派驻纪检监察组；或者依法派驻监察机构，派驻监察专员并设立监察专员办公室，与该单位党的纪律检查机构合署办公。

对系统规模大、直属单位多、监督对象多的单位，可以单独派驻纪检监察组；对业务关联度高，或者需要统筹力量实施监督的相关单位，可以综合派驻纪检监察组。

第七条　派驻机构主要负责人按照规定担任驻在单位的党组（党委）成员，履行监督专责，不分管驻在单位工作。

派驻机构主要负责人实行交流任职、定期轮岗。

第八条　派驻机构的领导机构是组务会。组务会由派驻机构正职、副职组成。组务会会议学习贯彻落实党中央决策部署，贯彻中央纪委国家监委工作部署，落实派出机关工作安排，研究讨论管辖范围内纪检监察工作的重要问题、重要事项，按照权限讨论或者决定党纪政务处分等事项。

派驻机构应当健全组务会会议以及组长办公会议、专题会议等会议制度，完善议事决策机制。

第九条 派驻机构应当按照信访举报、监督检查、审查调查、案件监督管理、案件审理相互协调、相互制约的原则，结合实际设置内设机构或者明确人员分工。

第三章 领导体制

第十条 各级党委应当加强对纪检监察机关派驻机构工作的领导，健全机构设置、干部管理、工作保障等机制，听取纪律检查委员会监察委员会关于派驻监督工作的汇报，推动派驻机构履职尽责。

第十一条 驻在单位应当支持配合派驻机构工作，主动及时通报重要情况、重要问题，根据派驻机构工作需要提供有关材料，为派驻机构开展工作创造条件、提供保障。

第十二条 派驻机构由派出机关直接领导、统一管理，向派出机关负责，受派出机关监督。

各级纪律检查委员会常务委员会应当定期听取派驻监督工作情况报告。派出机关分管领导应当定期召开派驻机构负责人会议，经常同派驻机构主要负责人研究工作。

第十三条 派出机关相关部门根据职能职责，加强对派驻机构的指导、联系、服务和保障。

监督检查部门协助分管领导联系派驻机构日常工作：

（一）指导督促派驻机构履行职责；

（二）对派驻机构请示报告的问题、事项进行审核把关；

（三）对派出机关交办的重要案件、事项进行督促办理；

（四）办理派驻机构提请支持、协调的重要事项；

（五）向派驻机构通报驻在单位领导班子及其成员、驻在单位上级党委管理的其他人员的一般性问题和谈话提醒、批评教育、责令检查、诫勉谈话等情况；

（六）联系开展其他工作。

第十四条 派出机关相关部门应当会同派驻机构联合开展以下监督工作：

（一）开展专项检查，推动驻在单位落实党中央决策部署；

（二）研判驻在单位政治生态，有针对性地开展监督；

（三）开展专题调查研究，查找分析利用公共权力和资源设租寻租、离职后违规从业等行业性、系统性廉洁风险，向驻在单位提出意见建议或者督促开展专项治理；

（四）支持配合派出机关同级党委巡视巡察机构开展工作，对整改情况进行监督；

（五）推动驻在单位落实纪检监察建议；

（六）其他需要联合开展的监督工作。

第十五条 派出机关监督检查部门、审查调查部门对于派驻机构管辖的重大、复杂案件，经批准可以直接办理或者组织、指挥办理。

第十六条 派出机关相关部门应当指导、协调派驻机构与地方纪律检查委员会监察委员会协作开展以下工作：

（一）协同开展专项检查、专项监督，推动解决有关系统和领域的突出问题；

（二）协作采取监督检查、审查调查措施；

（三）协商确定驻在单位党员、干部以及监察对象涉嫌违纪和职务违法、职务犯罪案件的管辖，或者由派驻机构报请派出机关指定有关地方纪委监委管辖；

（四）联合审查调查驻在单位党员、干部以及监察对象涉嫌违纪和职务违法、职务犯罪案件；

（五）其他需要协作开展的工作。

第十七条 派出机关相关部门应当组织、指导各派驻机构之间协作配合开展以下工作：

（一）针对共性或者关联性问题同步开展专项监督；

（二）对重大、复杂案件进行联合审查调查；

（三）协作开展案件审理、复议复查和复审工作；

（四）对派出机关部署的重要工作落实情况开展交叉检查或者联合检查；

（五）联合开展调研、培训；

（六）其他需要协作配合开展的工作。

第十八条 派驻机构应当加强对驻在单位内设纪检机构及直属单位纪检机构的业务指导和监督检查，督促、支持其发挥职能作用，推动纪检干部队伍建设，加强政治教育和业务培训，协调人员力量开展监督执纪工作。

第十九条 派驻垂直管理单位的纪检监察组应当加强对驻在单位的下一级单位纪检机构的业务指导和监督检查，对驻在单位各级纪检机构的工作进行统筹，推动层层落实监督责任。下一级单位纪检机构的监督执纪工作以派驻纪检监察组领导为主，线索处置和案件查办在向同级党组（党委）报告的同时应当一并向派驻纪检监察组报告。

实行双重领导并以上级单位领导为主的单位，国有企业、国有金融企业的派驻机构工作，参照前款规定执行。

第二十条　各级纪律检查委员会监察委员会派出的机关纪检监察工作委员会，按照规定审理有关派驻机构审查调查的案件，定期向派出机关报告案件审理工作情况。在派出机关领导下，建立健全案件质量评查机制，向派驻机构反馈评查结果。

机关纪检监察工作委员会应当加强与派驻机构的沟通协调，对本级党和国家机关部门机关纪委的执纪审查工作进行协同指导。

第二十一条　派驻国有资产监管机构、教育行政部门等的纪检监察组，按照规定协助派出机关加强对国有企业、普通高等学校等单位派驻机构工作的指导，形成监督合力。

派驻国有资产监管机构的纪检监察组，应当加强对驻在单位党组（党委）管理领导班子的国有企业纪检机构监督执纪工作的领导。相关国有企业纪检机构的线索处置和案件查办在向同级党委报告的同时，应当一并向派驻纪检监察组报告。

第四章　工作职责

第二十二条　派驻机构依规依纪依法履行监督执纪问责和监督调查处置职责。

第二十三条　派驻机构应当把监督作为基本职责，结合驻在单位实际，重点监督检查以下情况：

（一）对党忠诚，践行党的性质宗旨情况；

（二）贯彻党的理论和路线方针政策、落实党中央决策部署、践行"两个维护"情况；

（三）落实全面从严治党主体责任、加强党风廉政建设和反腐败工作情况；

（四）贯彻执行民主集中制、依规依法履职用权、廉洁自律等情况。

第二十四条　派驻机构应当重点监督以下对象：

（一）驻在单位领导班子及其成员特别是主要负责人；

（二）驻在单位上级党委管理的其他人员；

（三）驻在单位党组（党委）管理的领导班子及其成员；

（四）其他列入重点监督对象的驻在单位人员。

第二十五条　派驻机构应当支持和督促驻在单位党组（党委）落实全面从严治党主体责任，协助其开展内部巡视巡察，推动驻在单位深化改革、健全制度、完善治理、防控风险。

第二十六条　派驻机构应当结合派驻监督工作情况，推动驻在单位党组（党委）开展全面从严治党、党风廉政建设和反腐败工作的形势任务教育，强化纪法教育、警示教育，推进廉洁文化建设，教育引导党员、干部以及监察对象修身律己，筑牢思想道德防线。

第二十七条　派驻机构对反映驻在单位党组织和党员、干部以及监察对象问题的检举控告，按照规定受理和处置。

第二十八条　派驻机构对驻在单位领导班子及其成员、驻在单位上级党委管理的其他人员涉嫌违纪和职务违法、职务犯罪问题线索，经批准可以参与派出机关的初步核实、审查调查工作。

第二十九条　派驻机构负责审查以下党组织和党员涉嫌违犯党纪的案件：

（一）驻在单位党组（党委）直接领导的党组织；

（二）驻在单位党组（党委）管理的领导班子成员；

（三）本规则第二十四条第四项规定的人员。

派驻机构必要时可以审查驻在单位党组（党委）管理的其他党组织和党员涉嫌违犯党纪的案件。

派驻机构根据派出机关授权，依法调查驻在单位监察对象涉嫌职务违法、职务犯罪案件。

第三十条　派驻机构按照管理权限，对违纪违法的驻在单位党组织和党员、干部以及监察对象进行处理处分，对不履行或者不正确履行职责的驻在单位党组织和领导干部进行问责。

第三十一条　派驻机构负责受理和处置以下申诉或者复审申请：

（一）党组织和党员对派驻机构所作处理决定不服的申诉；

（二）监察对象对派驻机构所作处理决定不服的复审申请；

（三）被调查人及其近亲属对派驻机构及其工作人员侵害被调查人合法权益行为的申诉。

对于派驻机构立案审查调查后由驻在单位作出处理决定案件的申诉或者复核申请，派驻机构应当协助驻在单位做好有关处置工作。

第五章　履职程序

第三十二条　派驻机构开展日常监督应当深入实际、深入群众，监督方式包括：

（一）参加会议。参加或者列席驻在单位领导班子会议等重要会议，了解学习贯彻党中央决策部署以及上级党组织决定情况和班子成员的意见态度，"三重一大"决策制度执行情况，按照规定向派出机关报告。

（二）谈心谈话。同党员、干部和群众广泛谈心谈话，听取对监督对象的反映，发现监督对象存在苗头性、倾向性问题的，进行谈话提醒、批评教育。

（三）听取汇报。听取驻在单位党组（党委）管理的领导班子及其成员履行管党治党责任情况的汇报，发现责任落实不到位的，进行提醒纠正。

（四）查阅资料。按照规定查阅、复制驻在单位有关文件、资料、数据等材料，了解核实有关情况。

（五）沟通情况。加强与驻在单位机关党委、党委办公室和组织人事、巡视巡察、法规法务、财务审计等部门的沟通，及时发现和通报问题。

（六）分析研判。分析信访举报、党风廉政等情况，对典型性、普遍性问题向驻在单位提出意见建议。

（七）廉政把关。建立健全、动态更新驻在单位党组（党委）管理的领导干部廉政档案，严把党风廉政意见回复关。

（八）实地调查。开展驻点调研、现场核查，精准发现驻在单位存在的突出问题。

（九）其他开展日常监督的方式。

第三十三条　派驻机构应当严格执行报告制度，发现驻在单位领导班子及其成员重要问题、重要事项及时向派出机关报告。

派驻机构应当经常对驻在单位领导班子及其成员坚持党的领导、加强党的建设、履行全面从严治党主体责任情况以及党风廉政状况进行分析，每年向派出机关提交专题报告。

第三十四条　派驻机构应当定期会同驻在单位党组（党委）专题研究全面从严治党、党风廉政建设和反腐败工作。派出机关监督检查部门根据情况派员参加。

派驻机构主要负责人应当经常与驻在单位党组（党委）主要负责人就政治生态、作风建设、廉洁风险等情况交换意见，提出工作建议，督促完善有关制度措施。

第三十五条　派驻机构应当向驻在单位领导班子成员通报其分管部门和单位领导干部遵守党章党规党纪、廉洁自律等情况，推动领导班子成员落实“一岗双责”要求，抓好分管部门和单位的党风廉政建设工作。

第三十六条　派驻机构对驻在单位开展内部巡视巡察提供以下协助：

（一）通报监督执纪执法中发现的问题；

（二）处置内部巡视巡察移交的问题线索；

（三）检查整改责任落实情况；

（四）其他协助内部巡视巡察的工作。

第三十七条　派驻机构应当指定专人负责管理涉嫌违纪和职务违法、职务犯罪问题线索，逐件编号登记，建立管理台账。

派驻机构应当结合日常监督掌握的情况，对问题线索进行综合分析、适当了解，采取谈话函询、初步核实、暂存待查、予以了结等方式进行处置。线索处置意见应当自收到线索之日起1个月内提出。

处置问题线索应当报派驻机构主要负责人审批，并按照规定报派出机关备案。

第三十八条　派驻机构经过初步核实，需要进行立案审查调查的，应当报派驻机构主要负责人审批。其中，对驻在单位党组（党委）直接领导的党组织、党组（党委）管理的领导班子成员中的正职领导干部立案和副职领导干部涉嫌严重职务违法、职务犯罪立案的，应当报派出机关审批。

派驻机构在立案前应当征求驻在单位党组（党委）主要负责人意见，对于有不同意见的应当报派出机关决定。确因安全保密等特殊情况，经派出机关同意，也可以在立案后及时向驻在单位党组（党委）主要负责人通报。

第三十九条　派驻机构按照规定报批后，可以依规依纪依法采取谈话、讯问、询问、留置、查询、冻结、搜查、调取、查封、扣押（暂扣、封存）、勘验检查、鉴定措施。对依法应当交有关机关执行的措施，报派出机关审批并以派出机关名义办理。

派驻机构应当对审查调查措施进行严格监管，建立措施使用台账，定期将有关情况报派出机关案件监督管理部门、监督检查部门备案。

第四十条　派驻机构审查调查工作结束后，应当按照规定进行审理，提出纪律处理或者党纪处分建议、拟作出的政务处分决定或者处分建议，通报驻在单位党组（党委）。

第四十一条　驻在单位党组（党委）按照权限和程序，对违纪的党组织、党员作出纪律处理或者党纪处分决定。

派驻机构按照管理权限，对违法的监察对象依法作出政务处分决定；建议驻在单位处分的，由驻在单位依法依规作出处分决定。

派驻机构提出的处理处分建议与驻在单位党组（党委）的意见不同又不能协商一致的，由派驻机构报派出机关研究决定。

第四十二条　派驻机构发现驻在单位党组（党委）管理的党组织和领导干部失职失责造成严重后果或者恶劣影响，需要进行问责调查的，应当报派驻机构主要负责人审批后，启动问责调查程序。

派驻机构应当依规依纪依法开展问责调查，查明失职失责问题，按照管理权限作出问责决定，或者向有权作出问责决定的党组织（单位）提出问责建议。

对党组织采取改组方式问责的，按照党章和其他党内法规规定的权限、程序执行。对领导干部采取党纪政务处分方式问责的，按照本规则第三十八条、第四十条、第四十一条办理。

第四十三条　派驻机构对调查的监察对象和涉案人员涉嫌职务犯罪案件，经集体审议，认为犯罪事实清楚，证据确实、充分，需要追究刑事责任的，依法依规移送人民检察院审查起诉。

第四十四条　派驻机构发现驻在单位在贯彻党中央决策部署、落实全面从严治党主体责任、开展党风廉政建设以及决策机制、监督管理、制度执行等方面存在突出问题或者薄弱环节的，应当提出纪检监察建议。

派驻机构应当加强对驻在单位问题整改情况的监督检查，督促限期整改、反馈，推动纪检监察建议落实到位。

第六章　管理监督

第四十五条　派驻机构必须坚持以习近平新时代中国特色社会主义思想武装头脑、指导实践、推动工作，以党的政治建设为统领推进党的各方面建设，教育引导派驻机构干部忠于职守、履职尽责，不断提高政治判断力、政治领悟力、政治执行力，带头增强“四个意识”、坚定“四个自信”、做到“两个维护”，发扬党的优良传统和作风，加强思想淬炼、政治历练、实践锻炼、专业训练，增强法治意识、程序意识、证据意识，建设政治素质高、忠诚干净担当、专业化能力强、敢于善于斗争的派驻机构干部队伍。

派驻机构党组织应当严格执行党的组织生活制度，推进党支部标准化规范化建设，增强党组织政治功能和组织力凝聚力，发挥战斗堡垒作用。

第四十六条　派出机关应当严把派驻机构干部入口关，按照干部管理权限统筹派出机关和派驻机构干部的选拔任用、人员交流、考核培训、监督管理，有计划地安排派驻机构干部参与派出机关工作、进行培养锻炼。

第四十七条　派出机关应当每年组织派驻机构主要负责人进行述责述廉。结合驻在单位特点，对派驻机构履行职责以及自身建设等方面情况进行考核。考核中，应当听取驻在单位领导班子和有关方面的意见，并将其作为考核的重要依据。

第四十八条　派驻机构应当加强规范化、法治化、正规化建设，明确职权范围，健全内控机制，规范工作流程和审批权限，完善回避、保密和过问、干预案件登记备案等管理制度，建立健全办案安全责任制，推动各项工作依规依纪依法进行。

第四十九条　派驻机构应当坚持打铁必须自身硬，坚持严的标准，勇于刀刃向内，牢固树立监督者更要自觉接受监督的意识，加强自我管理、自我约束，不断提高免疫力，切实防治“灯下黑”。

派驻机构应当接受派出机关同级党委巡视巡察监督和派出机关的管理监督，对所提监督意见进行整改落实，并报告整改情况。

派驻机构应当明确专门机构或者人员负责干部日常管理监督工作，及时汇总各方面意见，对自身权力运行的关键环节进行经常性检查，认真核查相关检举控告，按照规定将处置情况向派出机关干部监督部门报告。

派驻机构应当听取驻在单位领导班子对派驻机构工作的意见建议，认真研究处理，并及时反馈。自觉接受驻在单位党员、干部和群众的监督，畅通意见反映渠道，对反映的问题进行调查核实处置，不断完善制度、改进工作。

第五十条　派驻机构干部有跑风漏气、迟报瞒报、滥用职权、以案谋私以及其他违规违纪违法行为的，依规依纪依法严肃处理；构成犯罪的，依法追究刑事责任。

第五十一条　派驻机构及其领导干部不履行或者不正确履行职责，导致应当发现的问题没有发现，或者发现问题不报告不处置，执纪执法不严格不规范，造成严重后果或者恶劣影响的，予以严肃问责。

第七章　附　　则

第五十二条　本规则涉及的审批权限均指最低审批权限，工作中根据需要可以按照更高层级的审批权限报批。

第五十三条　派驻国有企业、普通高等学校的监察机构、监察专员（监察专员办公室）除执行本规则外，还应当执行中央纪律检查委员会国家监察委员会相关规定。

第五十四条　中央军事委员会可以根据本规则制定相关细则。

第五十五条　本规则由中央纪律检查委员会国家监察委员会负责解释。

第五十六条　本规则自发布之日起施行。此前发布的其他有关纪检监察机关派驻机构工作的规定，凡与本规则不一致的，按照本规则执行。

中国共产党党员权利保障条例

1. 2004年9月9日中共中央政治局常委会会议审议批准,2004年9月22日中共中央发布
2. 2020年11月30日中共中央政治局会议修订,2020年12月25日中共中央发布

第一章 总 则

第一条 为了坚持党的领导,加强党的建设,发扬党内民主,保障党员权利,增强党的生机活力,根据《中国共产党章程》,制定本条例。

第二条 党员权利保障坚持以马克思列宁主义、毛泽东思想、邓小平理论、“三个代表”重要思想、科学发展观、习近平新时代中国特色社会主义思想为指导,增强“四个意识”、坚定“四个自信”、做到“两个维护”,不忘初心、牢记使命,坚定不移全面从严治党,推动各级党组织落实和保障党员权利,激发广大党员的积极性、主动性、创造性,增强党的创造力、凝聚力、战斗力,永葆党的先进性和纯洁性,为全面建设社会主义现代化国家、实现中华民族伟大复兴作出贡献。

第三条 党员权利保障应当遵循以下原则:

(一)坚持民主和集中相结合,既激发党员参与党内事务的热情,又要求党员按照党性原则行使权利;

(二)坚持义务和权利相统一,切实履行党章规定的义务,正确行使各项权利,在宪法和法律的范围内活动;

(三)坚持在党的纪律面前人人平等,不允许任何党员享有特权;

(四)坚持充分全面保障党员权利,完善权利保障措施,畅通权利行使渠道,增强工作实效。

第四条 党组织必须尊重党员主体地位,强化管党治党政治责任,将党员权利保障融入新时代党的建设,严格按照党章和其他党内法规保障党员各项权利、完善党员权利保障制度机制。

党员应当增强党的观念和主体意识,将行使党章规定的权利作为对党应尽的责任,向党组织讲真话、讲实话、讲心里话,敢于担当、敢于负责,遵守纪律规矩,正确行使权利。

第五条 任何侵犯党员权利的行为必须受到追究。党组织应当以事实为根据、以党章党规党纪为准绳,对侵犯党员权利行为作出认定和处理。

第二章 党员权利的行使

第六条 党员享有的党章规定的各项权利必须受到尊重和保护,党的任何一级组织、任何党员都无权剥夺。预备党员除了没有表决权、选举权和被选举权以外,享有同正式党员一样的权利。

党员行使权利时不得侵犯其他党员的权利。

第七条 党员有党内知情权,有权按照规定参加党的有关会议、阅读党的有关文件,了解党的路线方针政策和决议,本人所在党组织贯彻党中央决策部署以及上级党组织决定、落实全面从严治党主体责任、开展重点工作情况以及其他党内事务。

第八条 党员有接受党的教育培训权,有权提出教育培训要求,参加党组织安排的集中学习教育、专题学习教育、集中轮训、脱产培训、网络培训。

第九条 党员有党内参加讨论权,有权在党的会议上和党报党刊上参加关于党的理论、政策的学习讨论,并充分发表意见;有权按照规定在党内参加有关重要决策和重要问题的讨论,参加党组织开展的征求意见等活动,反映真实情况,积极建言献策。

党员在讨论党的基本理论、基本路线、基本方略的过程中,应当自觉同党中央保持高度一致。

第十条 党员有党内建议和倡议权,有权以口头或者书面方式对本人所在党组织、上级党组织直至中央的各方面工作提出建议和倡议,有权按照规定在干部选拔任用中推荐优秀干部,在党组织巡视巡察、检查督查中对党的工作提出建议。

第十一条 党员有党内监督权,有权在党的会议上以口头或者书面方式有根据地批评党的任何组织和任何党员,揭露、要求纠正工作中存在的缺点和问题,在民主评议中指出领导干部和其他党员的缺点错误;有权向党组织反映对本人所在党组织、领导干部、其他党员的意见。党员以书面方式提出的批评意见应当按照规定送被批评者或者有关党组织。

党员有权向党组织负责地揭发、检举党的任何组织和任何党员的违纪违法事实,提出处理、处分有违纪违法行为党组织和党员的要求。

党员进行批评、揭发、检举以及提出处理、处分要求,应当通过组织渠道,不得随意扩散传播、网络散布,不得夸大和歪曲事实,更不得捏造事实、诬告陷害。

第十二条 党员有党内提出罢免撤换要求权,有权向所在党组织或者上级党组织反映领导干部不称职的情况,负责地提出罢免或者撤换不称职领导干部的要求。

党员提出罢免或者撤换要求应当严肃负责,按照组织原则,符合有关程序。

第十三条　党员有党内表决权,有权按照规定在党组织讨论决定问题时参加表决,在表决前了解情况,在讨论中充分发表意见。表决时可以表示赞成、不赞成或者弃权。

第十四条　党员有党内选举权,有权参加党内选举,了解候选人情况、要求改变候选人、不选任何一个候选人和另选他人。

党员有党内被选举权,有权经过规定程序成为候选人和当选。

第十五条　党员有党内申辩权,有权实事求是地对被反映的本人问题向党组织作出说明、解释;在基层党组织讨论决定对自身处分或者作出鉴定时,有权参加和进行申辩,其他党员可以为其作证和辩护。

第十六条　党员有党内提出不同意见权,对党的决议和政策如有不同意见,在坚决执行的前提下,有权向党组织声明保留,并且可以把自己的意见向党的上级组织直至中央反映;有权按照规定在党组织讨论决定"三重一大"事项或者征求意见、干部选拔任用以及公示等过程中提出不同意见。

党员不得公开发表同中央决定不一致的意见。

第十七条　党员有党内请求权,遇到重要问题需要党组织帮助解决的,有权按照规定程序逐级向本人所在党组织、上级党组织直至中央提出请求,并要求有关党组织给予负责的答复。

第十八条　党员有党内申诉权,对于党组织给予本人的处理、处分或者作出的鉴定、审查结论不服的,有权按照规定程序逐级向本人所在党组织、上级党组织直至中央提出申诉。

党员认为党组织给予其他党员的处理、处分或者作出的鉴定、审查结论不当的,有权按照规定程序逐级向党组织直至中央提出意见。

第十九条　党员有党内控告权,合法权益受到党组织或者其他党员侵害的,有权向本人所在党组织、上级党组织直至中央提出控告,要求对侵害其合法权益的行为依规依纪进行处理。

第三章　保障措施

第二十条　党组织应当按照规定确定党务公开的内容、方式和范围,保障党员及时了解党内事务。

党的代表大会、代表会议和党的委员会全体会议以及其他重要会议召开后,党组织应当按照规定将会议内容和精神向党员传达。党组织作出的决议决定应当按照规定及时向党员通报。

党组织应当按照规定为党员提供阅读党内有关文件的必要条件。党员因缺乏阅读能力或者其他原因无法直接阅读文件的,党组织应当按照规定向其传达文件精神。

第二十一条　党组织应当按照规定召开党员大会、党小组会、支部委员会会议和组织生活会,开展谈心谈话,组织民主评议,保障党员参加学习讨论、议事决策,进行批评和自我批评。

第二十二条　党组织应当按照规定、有计划地对党员进行教育和培训,深入开展党的创新理论教育,加强党性教育和理想信念教育,注重了解和掌握党员的学习需求,创新教育培训方式,有针对性地开展政策、科技、管理、法规等培训,保证党员接受教育培训的学时和质量。

第二十三条　党组织作出重要决议决定前,应当通过调研、论证、咨询等方式,充分征求党员意见,在党内凝聚共识、汇集智慧。党的路线方针政策和党中央重大决策部署、重要党内法规研究制定过程中,应当在一定范围内征求党员意见。党的地方组织、基层组织研究作出重要决议决定,应当在本级组织管辖的一定范围内征求党员意见。一般情况下,对于存在重大分歧的,应当在进一步调查研究、交换意见后再启动决策程序。

第二十四条　党组织应当积极利用党的会议、报刊、网站,为党员参加党的理论和政策讨论、发表认识体会、提出意见建议提供条件。注重汇总研究党员意见,用以加强和改进党的工作。下级党组织应当根据上级党组织的安排,组织党员参加讨论。

第二十五条　党组织应当紧扣新时代党建工作特点和党员权利保障要求,创新保障党员权利的方法手段,为党员行使权利提供便捷渠道。

第二十六条　党组织讨论决定问题必须坚持民主集中制,执行少数服从多数原则,决定重要问题应当按照规定进行表决。表决前应当充分讨论酝酿,表决情况和不同意见及其理由应当如实记录。

第二十七条　党组织应当支持和鼓励党员对党的工作提出建议和倡议。对于党员的建议和倡议,党组织应当认真听取、研究,合理的予以采纳;对于改进工作有重大帮助的,应当对提出建议和倡议的党员给予表扬。

党组织应当支持和保护向组织讲真话、报实情的党员,认真听取各种不同意见。对于持有不同意见的党员,只要本人坚决执行党的决议和政策,就不得对其歧视或者进行追究;对于持有错误意见的党员,应当进行批评、帮助、教育。

第二十八条 党组织应当健全党代表大会代表联系党员制度，支持和保障党代表大会代表加强与基层党员的联系，了解和反映党员意见和建议，听取党员对其履职的意见。领导干部应当认真执行直接联系党员制度，深入实际、深入基层，主动听取党员意见和诉求，及时回应党员关切。

第二十九条 党组织进行选举时，应当严格执行选举制度规则，充分体现选举人的意志。

党的任何组织和任何党员不得以任何方式妨碍党员在党内自主行使选举权和被选举权，不得阻挠有选举权和被选举权的人到场，不得以任何方式追查选举人的投票意向。

第三十条 党员被依法留置、逮捕的，党组织应当按照管理权限中止其表决权、选举权和被选举权等党员权利。根据监察机关、司法机关处理结果，可以恢复其党员权利的，应当及时予以恢复。

党员受留党察看处分期间，没有表决权、选举权和被选举权。留党察看期间确有悔改表现的，期满后应当恢复其党员权利。

党员被停止党籍的，党员权利相应停止。对于停止党籍的党员，符合条件的，可以按照规定程序恢复党籍和党员权利。

第三十一条 党组织在巡视巡察和检查督查中，可以通过个别谈话、召开座谈会、调查研究、受理来信来访等方式，广泛收集和听取党员意见建议。

被巡视巡察、检查督查的党组织应当保障党员反映意见的权利，不得妨碍党员反映问题、提出建议。

第三十二条 党组织应当严格落实党内民主监督各项制度，畅通监督渠道，支持和鼓励党员发扬斗争精神，同各种违纪违法行为和不正之风作斗争。对于党员的批评、揭发、检举、控告以及提出的有关处理、处分和罢免、撤换要求，党组织应当按照规定及时恰当处理，并给予负责的答复。

党组织应当保障检举控告人的权益，对检举控告人的信息以及检举控告内容必须严格保密，严禁将检举控告材料转给被检举控告的组织和人员。提倡和鼓励实名检举控告，对实名检举控告优先办理、优先处置，告知受理情况、反馈处理结果；对于检举控告严重违纪违法问题经查证属实的，应当给予表扬。

对于党员检举控告和反映的问题，任何党组织和领导干部都不准隐瞒不报、拖延不办。对于通过正常渠道反映问题的党员，任何组织和个人都不准打击报复，不准擅自进行追查，不准采取调离工作岗位、降格使用等惩罚措施。

第三十三条 党组织应当建立健全激励机制，把党员在推进改革中因缺乏经验、先行先试出现的失误错误，同明知故犯的违纪违法行为区分开来；把尚无明确限制的探索性试验中的失误错误，同明令禁止后依然我行我素的违纪违法行为区分开来；把为推动发展的无意过失，同为谋取私利的违纪违法行为区分开来。正确把握党员在工作中出现失误错误的性质和影响，给予实事求是、客观公正的处理，保护党员担当作为的积极性。

第三十四条 对于诬告陷害行为，党组织应当依规依纪严肃处理。对于经核查认定党员受到失实检举控告、确有必要澄清的，应当按照规定对检举控告失实的具体问题进行澄清。

第三十五条 在对党员进行监督执纪中应当充分保障党员权利，严格依规依纪依法开展工作，不得使用违反党章党规党纪和法律法规的手段、措施。对于本人的说明和申辩、其他党员所作的证明和辩护，应当认真听取、如实记录、及时核实，合理的予以采纳；不予采纳的，应当说明理由。党员实事求是的申辩、作证和辩护，应当受到保护。

处理、处分所依据的事实材料应当同本人见面。处理、处分的决定应当向本人宣布，并写明党员的申诉权以及受理申诉的组织等内容。事实材料和决定应当由本人签署意见，对签署不同意见或者拒不签署意见的，应当作出说明或者注明情况。

第三十六条 党组织对受到处理、处分的党员应当进行跟踪回访，教育引导他们正确认识、改正错误，放下包袱、积极工作。对于影响期满、表现好的党员，符合条件的应当正常使用。

第三十七条 党组织应当认真处理党员的申诉，并给予负责的答复。对于党员的申诉，有关党组织应当按照规定进行复议、复查，不得扣压。上级党组织认为必要时，可以直接或者指定有关党组织进行复议、复查。

经复议、复查或者审查决定，对于全部或者部分纠正的案件，重新作出的决定应当在一定范围内宣布。对于处理正确而本人拒不接受的，给予批评教育；对于无正当理由反复申诉的，有关党组织应当正式通知本人不再受理并在适当范围内宣布。

党员对党组织给予其他党员的处理、处分或者鉴定、审查结论提出的意见，有关党组织应当认真研究处理。

第三十八条 企业、农村和街道、社区等党的基层组织应当注重维护流动党员权利，加强和改进流动党员管理和服务工作，健全流出地、流入地党组织沟通协调机制，保障流动党员正常参加组织生活、行使党员权利。

第三十九条　党组织应当关心党员思想、工作、学习、生活，做好党内关怀帮扶工作。对于党员提出的请求应当及时受理，合理合规的应当及时解决，一时难以解决的应当说明情况，不属于党组织职责范围的可以向有关部门反映。

第四章　职责任务和责任追究

第四十条　党委（党组）必须落实全面从严治党主体责任，加强对党员权利保障工作的领导，严格执行党员权利保障方面的党内法规和制度措施；明确同级纪委和党的工作机关、直属单位以及相当于这一层级的党组（党委）的相关任务和要求，督促下级党组织和领导干部履行相关职责，及时发现和纠正党员权利保障工作中存在的问题；宣传党员权利保障方面的党内法规和政策要求，经常开展党员义务和权利教育，引导广大党员增强责任意识、正确行使权利。

第四十一条　党的纪律检查机关应当担负起保障党员权利的职责，加强对党组织和领导干部履行党员权利保障工作职责情况的监督检查，受理和处置有关党员权利保障方面的检举、控告和申诉，检查和处理侵犯党员权利方面的案件，对侵犯党员权利的党组织和党员作出处理、处分决定或者提出处理、处分建议。

第四十二条　党委办公厅（室）、组织部、宣传部、统战部、政法委员会和党的机关工作委员会等党的工作机关应当结合自身职能和工作实际，抓好党员权利保障工作的落实；研究解决职责范围内党员权利保障工作的重要问题，向本级党委、纪委提出意见建议，为保障党员权利正常行使创造条件、提供服务。

第四十三条　党的基层组织应当发挥战斗堡垒作用，严格落实党员权利保障方面的法规制度，保障党员充分行使各项权利；经常了解党员意见和诉求，及时研究解决，发现党员权利受到侵犯的，及时处理或者向上级党组织报告。

第四十四条　领导干部特别是高级干部应当以身作则，带头履行党员义务、正确行使党员权利，提高民主素养，平等对待同志，自觉同特权思想和特权现象作斗争，营造党员积极行使权利的良好氛围。

领导干部应当模范遵守和严格执行党员权利保障方面的法规制度，支持和鼓励党员正常行使权利。各级党组织主要负责同志应当担负起第一责任人的职责，加强对党员权利保障工作的调查研究和相关机制建设，推动解决突出问题，抓好本地区本部门本单位党员权利保障工作的落实。

第四十五条　党组织和领导干部有下列侵犯党员权利情形之一的，应当依规依纪追究责任：

（一）不按照规定公开党内事务，侵犯党员知情权；

（二）违反民主集中制原则，压制、破坏党内民主，违规决定重大问题；

（三）在民主推荐、民主测评、民主评议、考核考察和党内选举等工作中，违背组织原则，以强迫、威胁、欺骗、拉拢等手段，妨碍党员自主行使表决权、选举权和被选举权等权利；

（四）对党员批评、揭发、检举、控告、申辩、作证、辩护、申诉等正常行使权利的行为进行追究，或者采取阻挠压制、打击报复等措施妨碍党员正常行使权利；

（五）泄露揭发、检举、控告等应当保密的信息；

（六）违规违法使用审查调查措施，侵犯党员合法权益；

（七）对党员正常行使权利的诉求消极应付、推诿扯皮，依照政策或者有关规定能够解决而不及时解决；

（八）其他侵犯党员权利的情形。

第四十六条　党员不正确行使权利，损害党、国家和人民利益，有下列行为之一的，应当依规依纪追究责任：

（一）公开发表违背党的理论路线方针政策和党中央重大决策部署的观点和意见；

（二）不按照组织原则和程序进行批评、揭发、检举、控告以及提出处理、处分、罢免、撤换要求，或者随意扩散、传播；

（三）制作、发布、传播违反党的纪律或者法律法规规定的网络信息或者其他信息；

（四）捏造事实、伪造材料诬告陷害；

（五）其他不正确行使党员权利的行为。

第四十七条　对于有侵犯党员权利行为的党组织，上级党组织应当责令改正；情节较重的，按照规定追究纪律责任。

对于有侵犯党员权利行为的党员，其所在党组织或者上级党组织可以采取责令停止侵权行为、责令赔礼道歉，以及批评教育、责令检查、诫勉等方式给予处理；情节较重的，按照规定给予组织调整或者组织处理、党纪处分。

第四十八条　党组织和领导干部违反党章和其他党内法规的规定，不履行或者不正确履行保障党员权利的职责，造成严重后果或者恶劣影响的，应当按照管理权限由相关党委（党组）、党的纪律检查机关或者党的工作机关予以问责。

第四十九条 对于因侵犯党员权利受到党纪追究或者在保障党员权利方面失职失责被问责的党员，需要给予政务处分或者其他处理的，作出党纪处分决定、问责决定的党组织应当通报相关单位，由相关单位依法给予政务处分或者其他处理；构成犯罪的，依法追究刑事责任。

第五章 附　　则

第五十条 中央军事委员会可以根据本条例制定相关规定。

第五十一条 本条例由中央纪律检查委员会商中央组织部解释。

第五十二条 本条例自发布之日起施行。

党委（党组）落实全面从严治党主体责任规定

中共中央办公厅 2020 年 3 月 9 日发布

第一章 总　　则

第一条 为了全面落实党委（党组）全面从严治党主体责任，推动全面从严治党向纵深发展，根据《中国共产党章程》和有关党内法规，制定本规定。

第二条 本规定适用于地方党委和按照《中国共产党党组工作条例》设立的党组（党委）。

党的纪律检查机关、党的工作机关、党委直属事业单位在本单位落实全面从严治党主体责任，党的基层组织落实全面从严治党主体责任，参照本规定执行。

第三条 党委（党组）必须深入贯彻习近平新时代中国特色社会主义思想，增强“四个意识”、坚定“四个自信”、做到“两个维护”，不忘初心、牢记使命，守责、负责、尽责，一以贯之、坚定不移全面从严治党，以伟大自我革命引领伟大社会革命，以科学理论引领全党理想信念，以“两个维护”引领全党团结统一，以正风肃纪反腐凝聚党心军心民心，永葆党的先进性和纯洁性，确保党始终成为中国特色社会主义事业的坚强领导核心。

第四条 党委（党组）落实全面从严治党主体责任，应当遵循以下原则：

（一）坚持紧紧围绕加强和改善党的全面领导；

（二）坚持全面从严治党各领域各方面各环节全覆盖；

（三）坚持真管真严、敢管敢严、长管长严；

（四）坚持全面从严治党过程和效果相统一。

第五条 中央和国家机关在全面从严治党中具有特殊地位和作用，必须在落实全面从严治党责任中走在前、作表率，全面提高机关党的建设质量，建设让党中央放心、让人民群众满意的模范机关，引领带动各地区各部门抓好全面从严治党。

第二章 责 任 内 容

第六条 地方党委应当将党的建设与经济社会发展同谋划、同部署、同推进、同考核，加强对本地区全面从严治党各项工作的领导。主要包括：

（一）坚决维护以习近平同志为核心的党中央权威和集中统一领导，坚决贯彻执行党中央决策部署以及上级党组织决定；

（二）在本地区发挥总揽全局、协调各方的领导作用，在经济社会发展各项工作中坚持和加强党的全面领导，在同级各种组织中发挥领导作用；

（三）把党的政治建设摆在首位，坚定政治信仰，强化政治领导，提高政治能力，净化政治生态，始终在政治立场、政治方向、政治原则、政治道路上同党中央保持高度一致；

（四）把党的思想建设作为基础性建设来抓，坚定理想信念，用习近平新时代中国特色社会主义思想武装头脑、指导实践、推动工作，落实意识形态工作责任制；

（五）贯彻新时代党的组织路线，坚持民主集中制，树立和坚持正确选人用人导向，建设忠诚干净担当的高素质专业化干部队伍，加强党的基层组织和党员队伍建设，做好人才工作，夯实党执政的组织基础；

（六）持之以恒抓好党的作风建设，落实中央八项规定精神，持续整治“四风”特别是形式主义、官僚主义，反对特权思想和特权现象，密切党同人民群众的血肉联系；

（七）加强党的纪律建设，重点强化政治纪律和组织纪律，带动廉洁纪律、群众纪律、工作纪律、生活纪律严起来；

（八）落实制度治党、依规治党要求，加强本地区党内法规制度建设，严格落实党内法规执行责任制，确保党内法规制度落地见效；

（九）落实党风廉政建设主体责任，深入推进反腐败斗争，一体推进不敢腐、不能腐、不想腐，巩固发展反腐败斗争压倒性胜利；

（十）领导、支持和监督党的纪律检查机关、党的工作机关、党委直属事业单位、党组(党委)和下级地方党委、党的基层组织等落实全面从严治党主体责任,形成全面从严治党整体合力;

(十一)加强对本地区统一战线工作和群团工作的领导,动员、组织所属党组织和广大党员,团结带领群众实现党的目标任务;

(十二)勇于和善于结合本地区实际,切实解决影响全面从严治党的突出问题。

第七条 党组(党委)应当坚持党建工作与业务工作同谋划、同部署、同推进、同考核,加强对本单位(本系统)全面从严治党各项工作的领导。主要包括:

(一)坚决维护以习近平同志为核心的党中央权威和集中统一领导,坚决贯彻执行党中央决策部署以及上级党组织决定;

(二)在本单位(本系统)发挥把方向、管大局、保落实的领导作用,推动党的主张和重大决策转化为法律法规、政策政令和社会共识,确保党的理论和路线方针政策在本单位(本系统)贯彻落实;

(三)把党的政治建设摆在首位,提高政治站位,彰显政治属性,强化政治引领,增强政治能力,始终在政治立场、政治方向、政治原则、政治道路上同党中央保持高度一致,涵养良好的机关政治生态;

(四)强化理论武装,学懂弄通做实习近平新时代中国特色社会主义思想,引导党员、干部坚定理想信念宗旨,落实意识形态工作责任制;

(五)坚持民主集中制,贯彻党管干部、党管人才原则,加强忠诚干净担当的高素质专业化干部队伍建设,加强党的基层组织和党员队伍建设,着力提高党内活动和党的组织生活质量,做好人才工作;

(六)加强和改进作风,落实中央八项规定精神,持续整治"四风"特别是形式主义、官僚主义,反对特权思想和特权现象;

(七)加强党的纪律建设,履行党风廉政建设主体责任,支持纪检监察机关履行监督责任,一体推进不敢腐、不能腐、不想腐;

(八)带头遵守党内法规制度,严格落实党内法规执行责任制,建立健全本单位(本系统)党建工作制度,不断提高制度执行力;

(九)领导机关和直属单位党组织的工作,支持配合党的机关工委对本单位(本系统)党的工作的统一领导,自觉接受党的机关工委对其履行机关党建主体责任的指导督促,防止出现"灯下黑";

(十)加强对本单位(本系统)统一战线工作和群团工作的领导,重视对党外干部、人才的培养使用,团结带领党外干部和群众,凝聚各方面智慧力量,完成党中央以及上级党组织交给的任务;

(十一)勇于和善于结合本单位(本系统)实际,切实解决影响全面从严治党的突出问题。

第八条 党委(党组)领导班子成员应当强化责任担当,狠抓责任落实,增强落实全面从严治党责任的自觉和能力,带头遵守执行全面从严治党各项规定,自觉接受党组织、党员和群众监督,在全面从严治党中发挥示范表率作用。

党委(党组)书记应当履行本地区本单位全面从严治党第一责任人职责,做到重要工作亲自部署、重大问题亲自过问、重点环节亲自协调、重要案件亲自督办;管好班子、带好队伍、抓好落实,支持、指导和督促领导班子其他成员、下级党委(党组)书记履行全面从严治党责任,发现问题及时提醒纠正。

党委(党组)领导班子其他成员根据工作分工对职责范围内的全面从严治党工作负重要领导责任,按照"一岗双责"要求,领导、检查、督促分管部门和单位全面从严治党工作,对分管部门和单位党员干部从严进行教育管理监督。

第九条 党的建设工作领导小组是党委抓全面从严治党的议事协调机构,应当加强对本地区党的建设工作的指导,定期听取工作汇报,及时研究解决重大问题。

党的纪律检查机关在履行全面从严治党监督责任同时,应当通过重大事项请示报告、提出意见建议、监督推动党委(党组)决策落实等方式,协助党委(党组)落实全面从严治党主体责任。

党委办公厅(室)、职能部门、办事机构等是党委抓全面从严治党的具体执行机关,应当在党委统一领导下充分发挥职能作用,在职责范围内抓好全面从严治党相关工作。

党的机关工委作为党委派出机关,应当统一组织、规划、部署本级机关党的工作,指导机关开展党的各方面建设,指导机关各级党组织实施对党员特别是党员领导干部的监督和管理。

部门和单位机关党委作为机关党建工作专责机构,应当聚焦主责主业,充分发挥职能作用,协助党组(党委)落实全面从严治党主体责任。

第三章 责任落实

第十条 党委(党组)每半年应当至少召开 1 次常委会会议(党组会议)专题研究全面从严治党工作,分析研判形势,研究解决瓶颈和短板,提出加强和改进的措施。

第十一条 党委（党组）可以根据本规定，结合实际制定责任清单，具体明确党委（党组）及其书记和领导班子其他成员承担的全面从严治党责任。制定责任清单，应当坚持简便易行、务实管用。

第十二条 党委（党组）每年年初应当根据党中央决策部署以及上级党组织决定，结合本地区本单位全面从严治党形势和任务，坚持问题导向，突出工作重点，制定本地区本单位落实全面从严治党主体责任的年度任务安排，明确责任分工和完成时限。

第十三条 党委（党组）书记应当加强对全面从严治党的调查研究，了解工作推进情况，发现和解决实践中的突出问题。

调查研究应当注重听取党的代表大会代表、党员、干部、基层党组织和群众关于全面从严治党的意见建议。

第十四条 党委（党组）应当开展经常性的全面从严治党宣传教育，特别是党章党规和党性党风党纪教育，注重发挥正反典型的示范警示作用，在本地区本单位营造全面从严治党良好氛围。

第十五条 党委（党组）及其领导班子成员应当将落实全面从严治党责任情况作为年度民主生活会对照检查内容，深入查摆存在的问题，开展严肃认真的批评和自我批评，提出务实管用的整改措施。

本地区本单位发生重大违纪违法案件、严重“四风”问题，党委（党组）应当及时召开专题民主生活会，认真对照检查，深刻剖析反思，明确整改责任。

第十六条 党委（党组）书记对领导班子其他成员、下一级党委（党组）书记，领导班子其他成员对分管部门和单位党组织书记，发现存在政治、思想、工作、生活、作风、纪律等方面苗头性、倾向性问题的，应当及时进行提醒谈话；发现落实全面从严治党责任不到位、管党治党问题较多、党员群众来信来访反映问题较多的，应当及时进行约谈，严肃批评教育，督促落实责任。

第十七条 党委（党组）应当通过会议、文件等形式通报本地区本单位落实全面从严治党主体责任情况，及时通报因责任落实不力被问责的典型问题，采取组织调整或者组织处理、纪律处分方式问责的，应当以适当方式公开。

第十八条 党委（党组）应当开展有针对性的教育培训，强化政治教育和政治训练，增强本地区本单位党组织和党员领导干部落实全面从严治党责任的意识，提高落实全面从严治党责任的能力和水平。

第四章 监督追责

第十九条 地方党委每年年初应当向上一级党委书面报告上一年度落实全面从严治党主体责任情况。地方党委常委会应当将落实全面从严治党主体责任情况作为向全会报告工作的一项重要内容。

党组（党委）每年年初应当向批准其设立的党组织书面报告上一年度落实全面从严治党主体责任情况。

第二十条 上级党组织应当加强对党委（党组）落实全面从严治党主体责任情况的监督检查和巡视巡察，着力发现和解决责任不明确、不全面、不落实等问题。

监督检查和巡视巡察中，应当注重发挥党员、干部、基层党组织和群众、新闻媒体等的作用，推动形成监督合力。

第二十一条 统筹党风廉政建设、意识形态工作、基层党建工作等方面考核，结合领导班子和领导干部考核，建立健全落实全面从严治党主体责任考核制度，在年度考核和相关考核工作中突出了解全面从严治党责任落实情况。

考核结果在本地区本单位一定范围内公布。考核结果作为对领导班子总体评价和领导干部选拔任用、实绩评价、激励约束的重要依据。

第二十二条 党委（党组）及其领导班子成员落实全面从严治党责任，有下列情形之一的，应当依规依纪追究责任：

（一）贯彻执行党中央关于全面从严治党重大决策部署以及上级党组织有关决定不认真、不得力；

（二）履行全面从严治党第一责任人职责、重要领导责任不担当、不作为；

（三）本地区本单位政治意识淡化、党的领导弱化、党建工作虚化、责任落实软化，管党治党宽松软；

（四）本地区本单位在管党治党方面出现重大问题或者造成严重后果；

（五）其他应当追究责任的情形。

第五章 附　　则

第二十三条 中央军事委员会可以根据本规定，制定军队党委落实全面从严治党主体责任规定。

第二十四条 本规定由中央办公厅负责解释。

第二十五条 本规定自发布之日起施行。

纪检监察规范性文件备案审查规定

1．2024年1月2日中共中央纪委制定
2．2024年1月15日发布

第一章　总　　则

第一条　为了规范纪检监察规范性文件备案审查工作，维护纪检监察法规制度体系协调统一，增强法规制度权威性和执行力，根据《中国共产党党内法规和规范性文件备案审查规定》和《中华人民共和国监察法实施条例》等法规，结合工作实际，制定本规定。

第二条　本规定适用于地方各级纪委监委、新疆生产建设兵团各级纪委监委制定的纪检监察规范性文件的备案审查工作。

中央纪委国家监委制定的法规和规范性文件根据有关规定进行备案。

本规定所称纪检监察规范性文件，是指纪委监委在履行职责过程中形成的，在其管辖范围内具有普遍约束力、在一定时期内可以反复适用，以纪委监委或者其办公厅（室）发文字号印发的文件。

下列文件不列入备案审查范围：

（一）印发领导讲话、年度工作要点、年度工作方案、工作总结、分工方案等内容的文件；

（二）关于人事调整、表彰奖励、处分处理等事项的文件；

（三）仅适用于纪委监委机关内设机构、直属单位，规范机要收发、后勤保障、财务管理等内部日常管理的文件；

（四）请示、报告、会议活动通知、会议纪要、情况通报等文件；

（五）其他不具有普遍约束力、不能反复适用的文件。

第三条　备案审查工作应当遵循下列原则：

（一）有件必备，凡属备案审查范围的都应当及时报备，不得瞒报、漏报、迟报；

（二）有备必审，对报备的纪检监察规范性文件应当及时、严格审查，不得备而不审；

（三）有错必纠，对审查中发现的问题应当按照规定作出处理，不得打折扣、搞变通。

第四条　纪委监委制定的纪检监察规范性文件应当向上一级纪委监委报备。上级纪委监委对下一级纪委监委报备的纪检监察规范性文件进行审查。备案审查工作具体由法规工作机构或者承担法规工作职能的工作机构（以下统称法规工作机构）办理。

第五条　加强备案审查工作信息化建设，建立健全覆盖全国纪检监察系统、互联互通、功能完备、操作便捷的备案审查平台，提高备案审查工作信息化水平。

第二章　报　　备

第六条　制定机关应当自纪检监察规范性文件发布之日起30日内，以本级纪委监委办公厅（室）的名义进行报备。

对未按照规定时限报备的，审查机关应当要求制定机关限期补报，必要时可以予以通报。

第七条　制定机关报备纪检监察规范性文件，应当提交1份备案报告、正式文本和备案说明，并报送电子文本。备案说明应当写明制定背景、政策创新及其依据、制定过程、向同级党委或者人大常委会报备等情况。

已建立备案审查平台的，电子文本通过平台报送。尚未建立备案审查平台的，电子文本可以通过纪检监察内网电子邮件、机要交换光盘等方式报送。

第八条　对属于备案审查范围且报备材料符合要求的纪检监察规范性文件，审查机关应当予以登记接收。

对属于本规定第二条第四款所列文件的，应当不予备案，并反馈报备机关。

对报备材料不符合本规定第七条第一款要求的，应当暂缓备案，并要求报备机关限期补正材料。

第九条　报备机关应当于每年2月1日前，将上一年度以纪委监委或者其办公厅（室）发文字号印发的文件目录报送审查机关备查，并根据审查机关要求提供文件目录内相关文本。文件目录应当包括文件名称、发文字号、主送机关、定密情况、发布机关、发布日期、向审查机关报备情况等内容。

第三章　审　　查

第十条　审查机关应当从下列方面对纪检监察规范性文件进行审查：

（一）政治性审查。包括是否认真贯彻落实习近平新时代中国特色社会主义思想，是否同党的基本理论、基本路线、基本方略相一致，是否与党中央关于健全全面从严治党体系、党的自我革命制度规范体系、党和国家监督体系以及深入推进纪检监察体制改革等决策部署相符合，是否与中央纪委国家监委重要工作部署相符合，是否严守党的政治纪律和政治规矩等。

（二）合法合规性审查。包括是否同党章和其他党内法规、宪法和法律、上位规范性文件相抵触，是否与同位规范性文件对同一事项的规定相冲突，是否符合制定权限和程序，是否落实精简文件、改进文风要求等。

（三）合理性审查。包括是否适应推动纪检监察工作高质量发展的形势任务需要，是否可能在社会上造成重大负面影响，是否违反公平公正原则，对纪检监察机关及其工作人员行使职权、履行职责设定的措施、程序、时限、内容等是否符合立规目的和实际情况等。

（四）规范性审查。包括名称使用是否适当，体例格式是否正确，表述是否规范等。

审查机关在审查中，应当注重保护报备机关结合实际改革创新的积极性。

对事关党中央重大决策部署调整、涉及党内法规和国家法律重要修改等方面的纪检监察规范性文件，审查机关可以开展专项审查。

第十一条 审查机关及其法规工作机构对内容复杂敏感、专业性强、涉及面广的纪检监察规范性文件，可以征求有关单位、本机关有关部门的意见建议或者进行会商研究。必要时，审查机关可以提请上一级纪委监委进行指导。

审查机关有关部门应当在职责范围内积极协助开展审查工作，共同发挥审核把关作用。

第十二条 审查机关对审查中发现的问题，可以与报备机关进行沟通，必要时要求其作出说明。报备机关应当在规定时限内就有关事项说明理由和依据，同时可以提出处理措施。

第四章 处　　理

第十三条 审查机关根据不同情形，对报备的纪检监察规范性文件作出相应处理决定，并督促报备机关及时办理。报备机关应当落实审查机关的处理决定。

第十四条 对审查中没有发现问题的纪检监察规范性文件，审查机关应当直接予以备案通过，并及时反馈报备机关。

审查机关发现已经备案通过的纪检监察规范性文件存在问题的，可以重新启动审查程序。

第十五条 对没有原则性问题，但存在下列情形之一的纪检监察规范性文件，审查机关可以予以备案通过，并向报备机关提出建议：

（一）有关规定基本合法合规，但需要在执行中把握好尺度；

（二）有关规定实施后上级精神发生变化或者新的改革措施即将出台，需要报备机关了解掌握；

（三）征求意见中有关单位、部门提出的意见建议具有较高参考价值；

（四）其他需要提出建议的情形。

第十六条 对没有原则性问题，但存在名称使用、体例格式、文字表述等不规范情形的纪检监察规范性文件，审查机关可以予以备案通过，并将相关情况告知报备机关。

报备机关多次出现不规范情形的，审查机关可以予以通报。

第十七条 对没有原则性问题，但存在下列情形之一的纪检监察规范性文件，审查机关可以予以备案通过，并对报备机关进行书面提醒：

（一）有关政治表述不够规范；

（二）有关规定在执行中可能产生偏差或者引起误解；

（三）有关规定不够合理；

（四）制定程序不规范；

（五）不符合精简文件、改进文风要求；

（六）其他需要书面提醒的情形。

对可以采用修改原文件、印发补充文件等方式进行整改的文件，报备机关应当积极整改，防止产生不良影响。对存在前款第四项和第五项规定情形、不适宜通过上述方式进行整改的文件，报备机关应当采取措施，避免再次出现同一问题。

审查机关要求报告处理情况的，报备机关应当在收到书面提醒后30日内报告。报备机关未在规定时限内报告处理情况的，审查机关可以予以通报，或者约谈报备机关有关负责人。

第十八条 对存在下列情形之一的纪检监察规范性文件，审查机关应当不予备案通过，并要求报备机关进行纠正：

（一）违背党的理论和路线方针政策；

（二）同党章和其他党内法规、宪法和法律、上位规范性文件相抵触；

（三）明显不合理；

（四）不符合制定权限；

（五）其他需要纠正的情形。

在作出纠正决定前，审查机关认为纪检监察规范性文件的有关规定不立即停止执行可能造成严重后果的，应当及时通知报备机关暂停执行该文件部分或者全部内容。

审查机关法规工作机构发现纪检监察规范性文件存在第一款规定情形，且该文件同时向报备机关同级党委或者人大常委会报备的，应当征求报备机关同级党委或者人大常委会备案审查工作机构的意见。发现存在第一款第一项、第二项规定情形的，应当及时将相关情况向审查机关主要负责人报告。

对审查发现的问题，审查机关可以发函要求报备机关纠正。审查机关依据本规定第十二条就有关问题与报备机关沟通的，报备机关可以主动纠正。报备机关应当采用修改原文件、印发补充文件、废止原文件等方式进行纠正，及时妥善处理复杂敏感、可能产生不良影响的事项，并在收到审查机关纠正要求之日起 30 日内向其报告纠正情况。

审查机关对纠正后符合要求的纪检监察规范性文件，应当予以备案通过。报备机关未在规定时限内纠正问题或者报告有关纠正措施，且无正当理由的，审查机关可以作出撤销相关纪检监察规范性文件的决定。

第十九条 审查机关对纪检监察规范性文件作出审查处理决定，应当按照规定权限和程序审批。其中，对需要发函要求纠正的，应当报审查机关主要负责人审批。

第二十条 审查机关法规工作机构一般应当在登记接收纪检监察规范性文件之日起 30 日内完成审查处理工作。发现可能存在问题的，可以适当延长审查处理时间，但一般不超过 3 个月。

审查机关应当将备案审查工作有关资料存档备查。

第二十一条 审查机关应当及时总结备案审查工作情况，采取下列方式加强对报备的纪检监察规范性文件的综合利用：

（一）定期通报予以书面提醒和纠正的典型问题；

（二）对有借鉴价值、示范意义的纪检监察规范性文件，发布全文或者编发工作信息；

（三）定期发布备案文件目录；

（四）提炼和吸收成熟经验做法，制定层级更高的纪检监察规范性文件；

（五）其他可以进行综合利用的方式。

第五章 监督保障

第二十二条 中央纪委国家监委负责统筹协调、督促指导各级纪委监委备案审查工作。省级和市级纪委监委负责统筹协调、督促指导下级纪委监委备案审查工作。

第二十三条 纪委监委应当注重开展备案审查工作业务培训，通过建立工作联系点、人才库等方式，建设高素质专业化的备案审查队伍。

第二十四条 有下列情形之一，造成严重后果的，依规依纪依法追究有关纪委监委、领导干部以及工作人员的责任：

（一）履行政治责任不到位，对备案审查工作不重视不部署，组织领导不力；

（二）违反报备工作程序和时限要求，报备不规范、不及时甚至不报备，或者对审查机关指出的问题拒不整改或者整改不及时、不到位；

（三）违反审查工作程序和时限要求，审查不严格，出现明显错误；

（四）其他应当追究责任的情形。

第六章 附 则

第二十五条 乡镇（街道）纪检监察机构制定的规范性文件的备案审查，参照本规定执行。

纪委监委派驻机构、派出机构，国有企业、普通高等学校等单位纪检监察机构制定的规范性文件，需要报派出机关或者上一级纪委备案审查的，参照本规定执行。

第二十六条 本规定由中央纪委国家监委负责解释。

第二十七条 本规定自 2024 年 2 月 1 日起施行。中央纪委办公厅 2019 年 12 月 26 日印发的《关于加强纪检监察规范性文件备案审查工作的通知》同时废止。

二、党的纪律

资料补充栏

1. 政治纪律

·法律法规·

全国人民代表大会常务委员会关于取缔邪教组织、防范和惩治邪教活动的决定

1999年10月30日第九届全国人民代表大会常务委员会第十二次会议通过

为了维护社会稳定，保护人民利益，保障改革开放和社会主义现代化建设的顺利进行，必须取缔邪教组织、防范和惩治邪教活动。根据宪法和有关法律，特作如下决定：

一、坚决依法取缔邪教组织，严厉惩治邪教组织的各种犯罪活动。邪教组织冒用宗教、气功或者其他名义，采用各种手段扰乱社会秩序，危害人民群众生命财产安全和经济发展，必须依法取缔，坚决惩治。人民法院、人民检察院和公安、国家安全、司法行政机关要各司其职，共同做好这项工作。对组织和利用邪教组织破坏国家法律、行政法规实施，聚众闹事，扰乱社会秩序，以迷信邪说蒙骗他人，致人死亡，或者奸淫妇女、诈骗财物等犯罪活动，依法予以严惩。

二、坚持教育与惩罚相结合，团结、教育绝大多数被蒙骗的群众，依法严惩极少数犯罪分子。在依法处理邪教组织的工作中，要把不明真相参与邪教活动的人同组织和利用邪教组织进行非法活动、蓄意破坏社会稳定的犯罪分子区别开来。对受蒙骗的群众不予追究。对构成犯罪的组织者、策划者、指挥者和骨干分子，坚决依法追究刑事责任；对于自首或者有立功表现的，可以依法从轻、减轻或者免除处罚。

三、在全体公民中深入持久地开展宪法和法律的宣传教育，普及科学文化知识。依法取缔邪教组织，惩治邪教活动，有利于保护正常的宗教活动和公民的宗教信仰自由。要使广大人民群众充分认识邪教组织严重危害人类、危害社会的实质，自觉反对和抵制邪教组织的影响，进一步增强法制观念，遵守国家法律。

四、防范和惩治邪教活动，要动员和组织全社会的力量，进行综合治理。各级人民政府和司法机关应当认真落实责任制，把严防邪教组织的滋生和蔓延，防范和惩治邪教活动作为一项重要任务长期坚持下去，维护社会稳定。

最高人民法院、最高人民检察院关于办理组织、利用邪教组织破坏法律实施等刑事案件适用法律若干问题的解释

1. *2017年1月4日最高人民法院审判委员会第1706次会议、2016年12月8日最高人民检察院第十二届检察委员会第58次会议通过*
2. *2017年1月25日公布*
3. *法释〔2017〕3号*
4. *自2017年2月1日起施行*

为依法惩治组织、利用邪教组织破坏法律实施等犯罪活动，根据《中华人民共和国刑法》《中华人民共和国刑事诉讼法》有关规定，现就办理此类刑事案件适用法律的若干问题解释如下：

第一条　冒用宗教、气功或者以其他名义建立，神化、鼓吹首要分子，利用制造、散布迷信邪说等手段蛊惑、蒙骗他人，发展、控制成员，危害社会的非法组织，应当认定为刑法第三百条规定的“邪教组织”。

第二条　组织、利用邪教组织，破坏国家法律、行政法规实施，具有下列情形之一的，应当依照刑法第三百条第一款的规定，处三年以上七年以下有期徒刑，并处罚金：

（一）建立邪教组织，或者邪教组织被取缔后又恢复、另行建立邪教组织的；

（二）聚众包围、冲击、强占、哄闹国家机关、企业事业单位或者公共场所、宗教活动场所，扰乱社会秩序的；

（三）非法举行集会、游行、示威，扰乱社会秩序的；

（四）使用暴力、胁迫或者以其他方法强迫他人加入或者阻止他人退出邪教组织的；

（五）组织、煽动、蒙骗成员或者他人不履行法定义务的；

（六）使用“伪基站”“黑广播”等无线电台（站）或者无线电频率宣扬邪教的；

（七）曾因从事邪教活动被追究刑事责任或者二年内受过行政处罚，又从事邪教活动的；

（八）发展邪教组织成员五十人以上的；

（九）敛取钱财或者造成经济损失一百万元以上的；

（十）以货币为载体宣扬邪教，数量在五百张（枚）以上的；

（十一）制作、传播邪教宣传品，达到下列数量标准之一的：

1. 传单、喷图、图片、标语、报纸一千份（张）以上的；

2. 书籍、刊物二百五十册以上的；

3. 录音带、录像带等音像制品二百五十盒（张）以上的；

4. 标识、标志物二百五十件以上的；

5. 光盘、U盘、储存卡、移动硬盘等移动存储介质一百个以上的；

6. 横幅、条幅五十条（个）以上的。

（十二）利用通讯信息网络宣扬邪教，具有下列情形之一的：

1. 制作、传播宣扬邪教的电子图片、文章二百张（篇）以上，电子书籍、刊物、音视频五十册（个）以上，或者电子文档五百万字符以上、电子音视频二百五十分钟以上的；

2. 编发信息、拨打电话一千条（次）以上的；

3. 利用在线人数累计达到一千以上的聊天室，或者利用群组成员、关注人员等账号数累计一千以上的通讯群组、微信、微博等社交网络宣扬邪教的；

4. 邪教信息实际被点击、浏览数达到五千次以上的。

（十三）其他情节严重的情形。

第三条 组织、利用邪教组织，破坏国家法律、行政法规实施，具有下列情形之一的，应当认定为刑法第三百条第一款规定的“情节特别严重”，处七年以上有期徒刑或者无期徒刑，并处罚金或者没收财产：

（一）实施本解释第二条第一项至第七项规定的行为，社会危害特别严重的；

（二）实施本解释第二条第八项至第十二项规定的行为，数量或者数额达到第二条规定相应标准五倍以上的；

（三）其他情节特别严重的情形。

第四条 组织、利用邪教组织，破坏国家法律、行政法规实施，具有下列情形之一的，应当认定为刑法第三百条第一款规定的“情节较轻”，处三年以下有期徒刑、拘役、管制或者剥夺政治权利，并处或者单处罚金：

（一）实施本解释第二条第一项至第七项规定的行为，社会危害较轻的；

（二）实施本解释第二条第八项至第十二项规定的行为，数量或者数额达到相应标准五分之一以上的；

（三）其他情节较轻的情形。

第五条 为了传播而持有、携带，或者传播过程中被当场查获，邪教宣传品数量达到本解释第二条至第四条规定的有关标准的，按照下列情形分别处理：

（一）邪教宣传品是行为人制作的，以犯罪既遂处理；

（二）邪教宣传品不是行为人制作，尚未传播的，以犯罪预备处理；

（三）邪教宣传品不是行为人制作，传播过程中被查获的，以犯罪未遂处理；

（四）邪教宣传品不是行为人制作，部分已经传播出去的，以犯罪既遂处理，对于没有传播的部分，可以在量刑时酌情考虑。

第六条 多次制作、传播邪教宣传品或者利用通讯信息网络宣扬邪教，未经处理的，数量或者数额累计计算。

制作、传播邪教宣传品，或者利用通讯信息网络宣扬邪教，涉及不同种类或者形式的，可以根据本解释规定的不同数量标准的相应比例折算后累计计算。

第七条 组织、利用邪教组织，制造、散布迷信邪说，蒙骗成员或者他人绝食、自虐等，或者蒙骗病人不接受正常治疗，致人重伤、死亡的，应当认定为刑法第三百条第二款规定的组织、利用邪教组织“蒙骗他人，致人重伤、死亡”。

组织、利用邪教组织蒙骗他人，致一人以上死亡或者三人以上重伤的，处三年以上七年以下有期徒刑，并处罚金。

组织、利用邪教组织蒙骗他人，具有下列情形之一的，处七年以上有期徒刑或者无期徒刑，并处罚金或者没收财产：

（一）造成三人以上死亡的；

（二）造成九人以上重伤的；

（三）其他情节特别严重的情形。

组织、利用邪教组织蒙骗他人，致人重伤的，处三年以下有期徒刑、拘役、管制或者剥夺政治权利，并处或者单处罚金。

第八条 实施本解释第二条至第五条规定的行为，具有下列情形之一的，从重处罚：

（一）与境外机构、组织、人员勾结，从事邪教活动的；

（二）跨省、自治区、直辖市建立邪教组织机构、发展成员或者组织邪教活动的；

（三）在重要公共场所、监管场所或者国家重大节日、重大活动期间聚集滋事，公开进行邪教活动的；

（四）邪教组织被取缔后，或者被认定为邪教组织后，仍然聚集滋事，公开进行邪教活动的；

（五）国家工作人员从事邪教活动的；

（六）向未成年人宣扬邪教的；

（七）在学校或者其他教育培训机构宣扬邪教的。

第九条 组织、利用邪教组织破坏国家法律、行政法规实施，符合本解释第四条规定情形，但行为人能够真诚悔罪，明确表示退出邪教组织、不再从事邪教活动的，可以不起诉或者免予刑事处罚。其中，行为人系受蒙蔽、胁迫参加邪教组织的，可以不作为犯罪处理。

组织、利用邪教组织破坏国家法律、行政法规实施，行为人在一审判决前能够真诚悔罪，明确表示退出邪教组织、不再从事邪教活动的，分别依照下列规定处理：

（一）符合本解释第二条规定情形的，可以认定为刑法第三百条第一款规定的“情节较轻”；

（二）符合本解释第三条规定情形的，可以不认定为刑法第三百条第一款规定的“情节特别严重”，处三年以上七年以下有期徒刑，并处罚金。

第十条 组织、利用邪教组织破坏国家法律、行政法规实施过程中，又有煽动分裂国家、煽动颠覆国家政权或者侮辱、诽谤他人等犯罪行为的，依照数罪并罚的规定定罪处罚。

第十一条 组织、利用邪教组织，制造、散布迷信邪说，组织、策划、煽动、胁迫、教唆、帮助其成员或者他人实施自杀、自伤的，依照刑法第二百三十二条、第二百三十四条的规定，以故意杀人罪或者故意伤害罪定罪处罚。

第十二条 邪教组织人员以自焚、自爆或者其他危险方法危害公共安全的，依照刑法第一百一十四条、第一百一十五条的规定，以放火罪、爆炸罪、以危险方法危害公共安全罪等定罪处罚。

第十三条 明知他人组织、利用邪教组织实施犯罪，而为其提供经费、场地、技术、工具、食宿、接送等便利条件或者帮助的，以共同犯罪论处。

第十四条 对于犯组织、利用邪教组织破坏法律实施罪、组织、利用邪教组织致人重伤、死亡罪，严重破坏社会秩序的犯罪分子，根据刑法第五十六条的规定，可以附加剥夺政治权利。

第十五条 对涉案物品是否属于邪教宣传品难以确定的，可以委托地市级以上公安机关出具认定意见。

第十六条 本解释自2017年2月1日起施行。最高人民法院、最高人民检察院《关于办理组织和利用邪教组织犯罪案件具体应用法律若干问题的解释》（法释〔1999〕18号），最高人民法院、最高人民检察院《关于办理组织和利用邪教组织犯罪案件具体应用法律若干问题的解释（二）》（法释〔2001〕19号），以及最高人民法院、最高人民检察院《关于办理组织和利用邪教组织犯罪案件具体应用法律若干问题的解答》（法发〔2002〕7号）同时废止。

·党规党纪·

关于党内政治生活的若干准则

中国共产党第十一届中央委员会第五次全体会议1980年2月29日通过

党的十一届三中全会决定将全党工作的着重点转移到社会主义现代化建设上来。在新的历史时期，必须认真维护党规党法，切实搞好党风，加强和改善党的领导，在全党和全国范围内造成一个既有民主又有集中，既有自由又有纪律，既有个人心情舒畅、生动活泼又有统一意志、安定团结的政治局面。只有这样，才能充分发挥广大党员的革命热情和工作积极性，团结全党和全国各族人民胜利实现社会主义四个现代化的伟大任务。

我们党在长期的革命斗争中，特别是经过延安整风运动和党的第七次代表大会，全面总结了处理党内关系的正反两方面的经验，逐步形成了以实事求是、理论联系实际、党员和领导密切联系群众、开展批评与自我批评、坚持民主集中制为主要内容的党内政治生活准则。全党同志遵循这些准则，空前团结，步调一致，取得了抗日战争和解放战争的胜利。

全国解放以后，在社会主义革命和建设中，广大党员基本上坚持了党的好传统好作风。但是，由于革命斗争胜利和党在全国处于执政党地位而在一部分同志中产生的骄傲自满情绪，由于党和国家的民主集中制不够健全，由于封建阶级和资产阶级思想的影响，党内脱离实际、脱离群众、主观主义、官僚主义、独断专行、特权思想等不良倾向有所发展，同时在党内斗争的指导上发生了一些缺点和错误，党内正常的政治生活在一定程度上受到损害。特别是在文化大革命期间，林彪、“四人帮”出于篡党夺权的需要，利用当时党所犯的严重错误，大搞封建法西斯主义、无政府主义和派性分裂活动，肆意践踏党规党法，取消党的领导，使党的组织，党员的党性观念，党的优良传统和作风，都遭到了极其严重的破坏。粉碎“四人帮”以来，党中央大力整顿党风党纪，党的优良传统和作风已经有所恢复。但是，治愈林彪、“四人帮”给党造成的创伤，还需要进行广泛深入的教育和艰巨复杂的斗争。为了全面恢复和进一步发扬党的优良传统和作风，健全党的民主生活，维护党的集中统一，增强党的团结，巩固党的组织和纪律，提高党的战斗力，中央根据目前党的状况，向全党重申党内政治生活的下列准则。

一、坚持党的政治路线和思想路线

坚持党的政治路线和思想路线，是党内政治生活准则中最根本的一条。党中央所提出的政治路线，其基本内容是，团结全国各族人民，调动一切积极因素，同心同德，鼓足干劲，力争上游，多快好省地建设现代化的社会主义强国（党的政治路线的正式表述，以党的第十二次全国代表大会将要通过的党章总纲为准）。这是一条反映全国人民最高利益的马克思列宁主义的路线，全党同志必须坚决贯彻执行。

思想路线是党制定和执行政治路线的基础。党的思想路线要求坚持社会主义道路，坚持无产阶级专政，坚持党的领导，坚持马列主义、毛泽东思想。我们党一贯倡导的辩证唯物主义的思想方法和工作方法，其根本点就是一切从实际出发，理论联系实际，实事求是。林彪、“四人帮”长期歪曲、篡改马列主义、毛泽东思想，违反它的精神实质，离开实践标准，把毛泽东同志所说的每句话都当作真理，都当作法律和教条，严重地束缚了人们的思想。所以必须强调破除迷信，解放思想，以实践作为检验真理的唯一标准，认真研究新情况，解决新问题。只有这样，才能发展马列主义、毛泽东思想，才是真正捍卫和高举马列主义、毛泽东思想的伟大旗帜。

坚持正确的政治路线和思想路线，必须反对两种错误的思想倾向。

一是要反对思想僵化，反对一切从本本出发。那种本本上有的不许改，本本上没有的不许说、不许做的思想，是一种反马克思主义的思想，是执行党的政治路线的巨大障碍。我们看形势、想问题、办事情，一定要从客观实际出发，一定要把马列主义的基本原理同当前的国内外形势发展结合起来；同社会主义现代化建设的具体实践结合起来，一定要把党的路线、方针、政策同本地区、本单位的具体情况结合起来，进行实事求是的研究，以解决当前革命斗争和现代化建设过程中的各种理论和实际问题。

二是要反对和批判否定社会主义道路，否定无产阶级专政，否定党的领导，否定马列主义、毛泽东思想的错误观点和修正主义思潮。社会主义是中国走向繁荣富强的唯一正确的道路；无产阶级专政是社会主义革命和建设胜利的保障；党是领导全国人民实现四个现代化的核心力量；马列主义、毛泽东思想是指导我们进行革命和建设的理论基础。在实现四个现代化的斗争中，必须始终坚持这四项基本原则。

党的各级组织、各部门、每一个共产党员，都要自觉地、坚定不移地执行党的政治路线和思想路线。对党的路线和党的领导采取对抗、消极抵制或阳奉阴违的两面派态度，是党的纪律所不容许的。

二、坚持集体领导，反对个人专断

集体领导是党的领导的最高原则之一。从中央到基层的各级党的委员会，都要按照这一原则实行集体领导和个人分工负责相结合的制度。凡是涉及党的路线、方针、政策的大事，重大工作任务的部署，干部的重要任免、调动和处理，群众利益方面的重要问题，以及上级领导机关规定应由党委集体决定的问题，应该根据情况分别提交党的委员会、常委会或书记处、党组集体讨论决定，而不得由个人专断。

在任何情况下，都不许用其他形式的组织取代党委会及其常委会的领导。党委成立的研究处理任何专题的组织，必须在党委领导之下进行工作，不得代替党委，更不得凌驾于党委之上。

在党委会内，决定问题要严格遵守少数服从多数的原则。书记和委员不是上下级关系，书记是党的委员会中平等的一员。书记或第一书记要善于集中大家的意见，不允许搞“一言堂”、家长制。

各个领导成员之间，要互相支持、互相谅解、善于合作。大家都要自觉地维护党委集体领导的威信。在开展批评与自我批评的时候，既要坚持原则，又要与人为善。

党委会讨论重大问题，要让大家畅所欲言，各抒己见。讨论中发生了分歧，既要认真考虑少数人的意见，又不可议而不决，耽误工作。

坚持集体领导，并不是降低和否定个人的作用，集体领导必须和个人分工负责相结合。要明确地规定每个领导成员所负的具体责任，做到事事有人管，人人有专责，不要事无巨细统统拿到党委会上讨论。

在分工负责中，书记或第一书记担负着组织党委的活动和处理日常工作的主要责任。不应借口集体领导而降低和抹煞书记或第一书记在党委会中的重要作用。

要按照马克思主义的原则，正确认识和处理领袖、政党、阶级和群众的关系。对领导人的宣传要实事求是，禁止无原则的歌功颂德。不许用剥削阶级的阿谀之辞称颂无产阶级的领导人，不许歪曲历史和捏造事实来宣扬领导人的功绩。禁止给领导人祝寿、送礼、发致敬函电。对活着的人不许设纪念馆，对已故的领袖们不应多设纪念馆。禁止用党的领导人的名字作街名、地名、企业和学校的名字。除外事活动外，禁止在领导人外出时组织迎送，张贴标语，敲锣打鼓，举行宴会。

三、维护党的集中统一，严格遵守党的纪律

民主集中制是党的根本组织原则。林彪、"四人帮"搞极"左"路线和无政府主义，既破坏了民主，又破坏了集中；既破坏了自由，又破坏了纪律。这种无政府主义流毒，至今没有肃清。因此，必须严肃地重申"个人服从组织，少数服从多数，下级服从上级，全党服从中央"的原则。每个党员要把维护党的集中统一，严格遵守党的纪律，作为自己言论和行动的准则。

每个共产党员特别是各级党委的成员，都必须坚决执行党委的决定。如果有不同意见，可以保留，或者向上一级党委提出声明，但在上级或本级党委改变决定以前，除了执行决定会立即引起严重后果的非常紧急的情况之外，必须无条件地执行原来的决定。

必须反对和防止分散主义。全党服从中央，是维护党的集中统一的首要条件，是贯彻执行党的路线、方针、政策的根本保证。任何部门、任何下级组织和党员，对党的决定采取各行其是、各自为政的态度，合意的就执行，不合意的就不执行，公开地或者变相地进行抵制，以至擅自推翻，都是严重违反党纪的行为。

对于关系党和国家的根本利益和全局的重大政治性的理论和政策问题，有不同看法，可以在党内适当的场合进行讨论。但是，在什么时候、用什么方式在报刊上进行讨论，应由中央决定。党的报刊必须无条件地宣传党的路线、方针、政策和政治观点。对于中央已经作出决定的这种有重大政治性的理论和政策问题，党员如有意见，可以经过一定的组织程序提出，但是绝对不允许在报刊、广播的公开宣传中发表同中央的决定相反的言论；也不得在群众中散布与党的路线、方针、政策和决议相反的意见。这是党的纪律。

每个共产党员和党的干部，都必须按照党的利益高于一切的原则来处理个人问题，自觉地服从党组织对自己工作的分配、调动和安排。如果认为对自己的工作分配不适当，可以提出意见，但经过党组织考虑作出最后决定时，必须服从。

每个党员都必须严守党和国家的机密，并同泄漏党和国家机密的现象作坚决的斗争。一切党员看文件，听传达，参加党的会议，都要严格遵守保密纪律，严禁把党的秘密泄漏给家属、亲友和其他不应该知道这种秘密的人。必须注意内外有别，凡属党内不许对外公开的事情，不准向党外传布。

共产党员特别是各级领导干部必须成为遵守国家法律，遵守劳动纪律、工作纪律，遵守共产主义道德的模范。

共产党员无论何时何事，必须顾全党的、国家的和人民的大局，并且用这种顾全大局的精神教育群众。这是共产党员革命觉悟的重要表现，也是巩固全国安定团结的重要保证。少数人闹事，党员必须按照党的政策向他们进行宣传解释，慎重处理，使事态平息；对他们提出的某些合理要求，要说服和帮助他们通过正常的途径解决。共产党员在任何情况下，都不得怂恿、支持和参加闹事。

四、坚持党性，根绝派性

党是无产阶级的先进分子所组成的统一的战斗的集体，必须坚持党在马列主义、毛泽东思想原则基础上的团结，反对破坏党的团结统一的任何形式的派性和派别活动。

在党内组织秘密集团是分裂党和颠覆党的犯罪行为。共产党员绝对不允许参加反对党的秘密组织和秘密活动。各级党的组织和每个共产党员，都要从林彪、"四人帮"煽动派性，组织秘密集团，阴谋篡党夺权的反革命事件中吸取教训，提高警惕，坚决防止这类事件的重演。

派性同无产阶级的党性是根本不相容的。搞小派别，结帮营私，是剥削阶级极端个人主义和无政府主义的表现，是封建阶级和小生产者的行帮思想在党内的反映。

一部分党员如果背着党有组织地进行与党的路线、决议相背离的活动，就是派性活动。进行派性活动，必然会阻碍党的路线、方针、政策的贯彻执行，破坏安定团结的政治局面，如果不加以坚决制止而任其发展，就会导致党的分裂。

目前党内虽然已经不存在公开的派别集团，但有些受林彪、"四人帮"影响较深的干部和党员仍然有派性，甚至仍在进行派性活动；在一些地区、部门和单位，“明无山头暗有礁”，派性的“幽灵”不散，派性分子经常抵制党的方针政策和上级决议的执行。

各级党组织和每个共产党员一定要坚持党性，为根绝派性进行不懈的斗争。对于坚持派性屡教不改的人，一定要给予严肃的纪律处分。不应该让这样的人进领导班子，已在领导岗位上的一定要撤下来。

党的干部特别是领导干部，在处理党内关系方面要实行“五湖四海”的原则，这就是说，要团结一切忠实于党的利益的同志，团结大多数。共产党员一定要有共产主义者的伟大胸襟，严以律己，宽以待人。在处理同志的关系上，只问他是否坚决执行党的路线，遵守党的纪律，不应因为私怨而耿耿于怀，排挤打击，不应由于亲疏而有不同的对待。绝对禁止搞宗派活动，搞小圈子；不允许拉拢一部分人，排斥一部分人；抬一部分人，压一部分人。不要纠缠历史旧账。

在党和群众的关系上，同样要防止和反对宗派主义倾向。共产党员在人民群众中是少数，必须把亿万群众团结在党的周围，同心同德地为实现四化而奋斗。共产党员必须在群众中起模范作用，吃苦在前，享受在后，满腔热情地团结非党同志一道工作。

在干部工作中要坚持正派的公道的作风，坚持任人唯贤，反对任人唯亲。严禁以派性划线，严禁利用职权在党内拉私人关系，培植私人势力。共产党员应该忠于党的组织和党的原则，不应该效忠于某个人。任何人不得把党的干部当作私有财产，不得把上下级关系变成人身依附关系。

五、要讲真话，言行一致

忠于党和人民的事业，说老实话，做老实事，当老实人，光明磊落，表里如一，是共产党人应有的品质。全党同志一定要努力肃清林彪、“四人帮”横行时期造成的假话盛行的歪风邪气，恢复和发扬党一贯倡导的讲真话，不讲假话，言行一致的优良作风。

共产党员要忠诚坦白，对党组织不隐瞒自己的错误和自己的思想、观点。对人对事要开诚布公，有什么意见，有什么批评，摆在桌面上。不要会上不说，会下乱说；不要当面一套，背后一套；不要口是心非，阳奉阴违。

要坚决反对拉拉扯扯，吹吹拍拍，看领导眼色说话办事，拿原则做交易，投机钻营，向党伸手要名誉地位的官僚政客作风和市侩行为。

共产党员无论何时何地、对人对己都要尊重事实，按照事物的本来面貌如实地向党反映情况。不可看领导需要什么就提供什么，报喜不报忧，更不许可弄虚作假，骗取信任、荣誉和奖励。不准以任何理由和任何名义纵容、暗示、诱使、命令或强迫下级说假话。

凡是弄虚作假给党和人民的利益造成重大损失的；凡是说假话骗取了荣誉地位的；凡是用说假话来掩饰严重过失或达到其他个人目的的；凡是纵容或诱迫下级说假话的，都必须绳以党纪。对于那些不怕打击报复，敢于为保卫党和人民的利益说真话的人，应该给予表扬。

各级党的领导机关和领导干部要做实事求是的模范。在工作中，各种不同意见都要听，成绩、缺点都要了解。要鼓励下级同志讲心里话，反映真实情况。要努力造成和保持让人当面提意见包括尖锐意见而进行从容讨论的气氛。

六、发扬党内民主，正确对待不同意见

发扬党内民主，首先要允许党员发表不同的意见，对问题进行充分的讨论，真正做到知无不言，言无不尽。只要不反对党的基本政治立场，不搞阴谋诡计，不在群众中进行派性分裂活动，不在群众中散布违反党的路线、方针、政策的言论，不泄漏党和国家的秘密，由于认识错误而讲错了话或者写了有错误的文章，不得认为是违反了党纪而给予处分。要严格实行不抓辫子、不扣帽子、不打棍子的“三不主义”。所谓不抓辫子、不扣帽子、不打棍子，就是禁止任意夸大一个人的错误，罗织成为罪状，并给予政治上、组织上的打击甚至迫害。

要纠正一部分领导干部中缺乏民主精神，听不得批评意见，甚至压制批评的家长作风。对于任何党员提出的批评和意见，只要是正确的，都应该采纳和接受。如果确有错误，只能实事求是地指出来，不允许追查所谓动机和背景。

必须注意区别：反对某个同志的某个意见，不等于反对这个同志，反对某个领导机关的某个同志，不等于反对这个组织，不等于反领导，更不等于反党。

领导干部利用职权对同志挟嫌报复、打击陷害，用“穿小鞋”、“装材料”的办法和任意加上“反党”、“反领导”、“恶毒攻击”、“犯路线错误”等罪名整人，是违反党内民主制度和违反革命道德品质的行为。对敢于坚持真理的同志妄加反革命的罪名，乱用专政手段，进行残酷迫害，这是严重违法的罪行，必须受到党纪国法的严惩。

党内在思想上理论上有不同认识、有争论是正常的。对待思想上理论上的是非，只能采取摆事实、讲道理、民主讨论的办法求得解决，决不能采取压服的办法。有些思想理论是非一时解决不了的，除了具有重大政治性的和迫切现实性的问题以外，不要匆忙作结论，留待以后进一步研究和经过实践来解决。

把思想认识问题任意扣上"砍旗"、"毒草"、"资产阶级"、"修正主义"种种政治帽子，任意说成是敌我性质的政治问题，不仅破坏党内正常的政治生活，造成思想僵化，而且易于被反党野心家所利用，破坏社会主义国家的民主秩序。这种做法必须制止。

七、保障党员的权利不受侵犯

各级党组织必须切实保障党员的各项权利。侵犯党员权利的行为，是严重违反党纪的。

党员有权在党的会议上和党的报刊上参加关于党的政策的制定和实施问题的讨论，有权在党的会议上对党的任何组织和个人提出批评。党员对党的方针、政策、决议有不同意见，可以在党的会议上提出，也可以向各级党组织直至中央作口头或书面的报告。党组织应当欢迎党员群众的批评和建议，并且鼓励党员为了推进社会主义事业提出创造性的见解和主张。

对于犯了严重错误拒不改正或不称职的干部，党员有权建议罢免或调换。

党员对党组织关于他本人或其他人的处理，有权在党的会议上、或向上级组织直至中央提出声明、申诉、控告和辩护。党组织对党员的声明、申诉、控告和辩护必须及时处理或转递，不得扣压，承办单位不得推诿。申诉和控告信不许转给被控告人处理。不许对申诉人或控告人进行打击报复。控告人和被控告人都不允许诬陷他人，对诬陷他人者，要按党纪国法严肃处理。

党组织对党员的鉴定、结论和处分决定，必须同本人见面。在通过处分决定的时候，如无特殊情况，应通知本人出席会议。党组织要认真听取和考虑本人的意见。如本人有不同的意见，应将组织决定和本人意见一并报上级党组织审定。

八、选举要充分体现选举人的意志

党内真正实行民主选举，才有可能建立起在党员和群众中有威信的强有力的领导班子。

各级党组织应按照党章规定，定期召开党员大会和代表大会。党的各级委员会要按期改选。每届代表和委员，应有一定数量的更新。选举要充分发扬民主，真正体现选举人的意志，候选人名单要由党员或代表通过充分酝酿讨论提出。选举应实行候选人多于应选人的差额选举办法，或者先采用差额选举办法产生候选人作为预选，然后进行正式选举。党员数量少的单位，可不实行差额选举或实行预选。候选人的基本情况要向选举人介绍清楚。选举一律用无记名投票。

选举人要注意把那些坚决拥护和执行党的政治路线和思想路线，大公无私，严守法纪，坚持党性，有强烈的革命事业心和政治责任心，有一定的专业知识和专业能力的干部选进领导班子。还要特别注意选举符合上述条件的中青年干部。

不得规定必须选举或不选举某个人。个别有特殊情况的人，需要由组织上推荐选入的，也必须确实取得多数选举人的同意。要坚决反对和防止侵犯党员选举权利，使选举流于形式，妨碍选举人体现自己意志的现象。

在各级党的代表大会闭会期间，上级党委可以根据工作需要，任免、调动下级党委的负责人。

凡是需要整顿，暂不具备民主选举条件的单位，经上级党组织批准，可暂缓举行选举，其领导人由上级指派。

九、同错误倾向和坏人坏事作斗争

为了端正党风，巩固无产阶级专政，树立良好的社会风尚，团结全体人民同心同德搞好四化，必须同错误倾向和坏人坏事作斗争。

各级党组织要充分发挥战斗堡垒作用，率领党员和群众，坚决揭露和打击反革命分子、贪污盗窃分子、刑事犯罪分子和严重违法乱纪分子。

对于派性、无政府主义、极端个人主义和官僚主义、特殊化等错误倾向，要进行严肃的批评和斗争。

对社会上的歪风邪气、错误的和反动的思潮，必须进行批判和斗争。

对于错误倾向和坏人坏事，采取明哲保身的自由主义态度，不制止，不争辩，不斗争，躲闪回避，就是放弃了共产党员的战斗责任，就是缺乏党性的表现。

共产党员特别是各级领导干部在同错误倾向和坏人坏事作斗争中，要有大无畏的革命精神，敢于挺身而出，不怕得罪人，不怕撕破脸皮，不怕受到打击迫害。只有这样，才能使错误倾向得到克服和纠正，使犯错误的人得到挽救，使坏人受到应有的制裁。

十、正确对待犯错误的同志

在党内斗争中，对犯错误的同志，采取"惩前毖后，治病救人"、"团结——批评——团结"的方针，达到既弄清思想、又团结同志的目的，是我们党的优良传统。对于一切犯错误的同志，要历史地全面地评价他们的功过是非，不要一犯错误就全盘否定；也不要纠缠历史上发生过而已经查清的问题和历史上犯过而已经纠正了的错误。要在弄清事实的基础上,具体分析他们所犯错误的性质和程度,以热情的同志式的态度,帮助他们认识犯错误的原因,指出改正的办法,启发他们做必要的检查。要相信犯错误的同志大多数是可以改正的,要给他们改正错误、继续为党工作的条件。

在分析一个同志所犯错误的时候,首先必须严格分清两类不同性质的矛盾。不可把工作中的一般错误或思想认识上的错误说成是政治错误,不可把一般的政治错误说成是路线错误,也不可把犯了路线错误、但仍属于党内斗争性质的问题,同属于企图颠覆党、颠覆社会主义国家的反革命性质的问题混淆起来。企图颠覆党、颠覆社会主义国家的阴谋家、野心家、反革命两面派,同党和人民的矛盾属于敌我矛盾。这种人是极少数。要把跟着上级或主要领导人犯了路线错误的人,同参与篡党夺权阴谋活动的人加以区别。

党内斗争,不许实行残酷斗争、无情打击。对犯错误的同志进行批评是完全必要的,但是不可采取一哄而起的围攻、不让本人辩解、也不让其他同志发表不同意见的“斗争会”方式,因为这种方式实际上是以势压人,而不是以理服人。党内不准用超越党的纪律或违犯国家法律的手段对待党员。要绝对禁止采用林彪、“四人帮”的封建法西斯手段解决党内问题。严禁所谓揪斗,严禁人身侮辱和人身迫害,严禁诱供逼供。

对人的处理应十分慎重。敌我矛盾和人民内部矛盾一时分不清的,先按人民内部矛盾处理。凡涉及定敌我矛盾、开除党籍、提交司法机关处理的,更要慎重。任何情况下都不允许株连无辜的家属和亲友。

建国以来的冤案、假案、错案,不管是哪一级组织、哪一个领导人定的和批的,都要实事求是地纠正过来,一切不实之词必须推倒。

犯了错误的同志,应该诚恳地接受党组织和同志们的批评教育和纪律处分。要吸取教训,认真改正,更好地为党工作。对于确实犯有严重错误、拒不承认而又坚持无理取闹的人,要加重处分。

十一、接受党和群众的监督,不准搞特权

各级领导干部都是人民的公仆,只有勤勤恳恳为人民服务的义务,没有在政治上、生活上搞特殊化的权利。按照工作需要,对领导人提供某些合理的便利条件并保证他们的安全是必要的,但绝不允许违反制度搞特殊化。

在我们的国家中,人们只有分工的不同,没有尊卑贵贱的分别。谁也不是低人一等的奴隶或高人一等的贵族。那种认为自己的权力可以不受任何限制的思想,就是腐朽的封建特权思想,这种思想必须受到批判和纠正。共产党员和干部应该把谋求特权和私利看成是极大的耻辱。

必须坚持在真理面前人人平等,在党纪国法面前人人平等的原则。党内决不容许有不受党纪国法约束或凌驾于党组织之上的特殊党员。决不允许共产党员利用职权谋取私利。

任何领导干部都不允许超越党组织所赋予自己的权限,侵犯集体的权限和别人的权限。所有的党员都是平等的同志和战友,党的领导干部要以平等的态度待人,不能以为自己讲的话不管正确与否,别人都得服从,更不能摆官架子,动辄训人、骂人。由于上级领导人员的缺点和错误,使下级的工作出了问题,上级要主动给下级承担责任,首先作自我批评。

各级领导干部必须保持和发扬我党艰苦奋斗,与群众同甘共苦的光荣传统。要坚决克服一部分领导干部中为自己和家属谋求特殊待遇的恶劣倾向。禁止领导人违反财经纪律,任意批钱批物。禁止利用职权为家属亲友在升学、转学、晋级、就业、出国等方面谋求特殊照顾。禁止违反规定动用公款请客送礼。禁止违反规定动用公款为领导人修建个人住宅。禁止公私不分,假公济私,用各种借口或巧立名目侵占、挥霍国家和集体的财物。

党的各级领导人员必须自觉地严格遵守关于生活待遇的规定,同时加强对子女的教育。如果违反了有关规定,经过批评教育仍不改正的,必须给予党的纪律处分。

任何领导干部,不得违反党的干部标准和组织原则,将自己的亲属提拔到领导岗位上来;不得让他们超越职权干预党和国家的工作;不应把他们安排在自己身边的要害岗位上。

为了保持党和广大人民群众的密切联系,防止党的领导干部和党员由人民的公仆变成骑在人民头上的老爷,必须采取自下而上和自上而下相结合、党内和党外相结合的方法,加强党组织和群众对党的领导干部和党员的监督。要监督他们是不是认真学习和贯彻执行党的路线、方针、政策,是不是遵守党纪国法,是不是坚持党的优良传统和作风,是不是搞特权,是不是在生产、工作、学习和对敌斗争中起模范作用,是不是密切联系群众和为人民谋利益。要表扬那些觉悟高、党性强、表现好的同志,批评教育表现差的同志。

要在充分走群众路线的基础上,建立和完善对干部的考试、考核、奖惩、轮换、退休、罢免等一整套制度。通过实行这些制度,真正做到功过分明,赏罚分明,鼓励先进,激励后进。

各级领导干部要定期听取所在单位的党员和群众的意见和评论。各级党组织要重视群众来信来访中对领导干部、党员的批评和意见。党组织要将党员和群众的评论、批评和意见经核实后报送上级党委,作为考核干部的一个重要依据。

每个党员不论职务高低,都必须编入党的一个组织,参加组织生活。各级党委或常委都应定期召开民主生活会,交流思想,开展批评和自我批评。

十二、努力学习,做到又红又专

四个现代化建设的艰巨任务,需要培养和造就一支宏大的坚持社会主义道路的具有专业知识的干部队伍,同时要把适合于这个要求的中年和青年干部(包括党员和非党员)大胆地提拔到领导岗位上来,让他们在工作中发挥长处,弥补短处。这是摆在全党面前一项迫切、重大的政治任务。

共产党员必须成为实现四个现代化的先锋战士,努力做到又红又专。"红"就是具有坚定正确的政治方向,坚持四项基本原则;"专"就是学习和掌握现代化建设的专业知识,成为本职工作的内行和能手。专不等于红,但红必须专。一个共产党员不认真学习专业知识,在本职工作上长期当外行,不能对四化建设做出真正的贡献,他的所谓政治觉悟和先进性就是空谈。

为了改善和加强党对现代化建设的领导,必须大大提高全体党员的文化、科学技术和业务水平。每个共产党员特别是各级领导干部,一定要以高度的革命进取精神,顽强刻苦地学习和掌握专业知识,必须成为本职工作的内行。干哪一行就必须精通哪一行。满足于一般化的领导,甚至长期安于当外行,不学无术,违反客观规律,搞瞎指挥,必然会给现代化建设带来严重损害。这样的人,经过批评教育,仍然不能改正的,要从领导岗位上撤换下来。

每个共产党员都必须以无产阶级先锋战士的标准,严格要求自己,努力学习和领会马列主义、毛泽东思想,不断提高觉悟程度和进行现代化建设的本领,以求对四化建设做出更大的贡献。某些党员和领导干部,革命意志衰退,不努力学习,不积极工作,不能在生产、工作、学习以及对敌斗争中起先锋模范作用,他们的行为不符合共产党员的光荣称号,损害了党在群众中的威信。对于这样的同志,必须进行严肃的教育和批评。经过长期教育不能改正的,不具备或者丧失了共产党员条件的人,应该劝其退党。

《关于党内政治生活的若干准则》是党的重要法规,全体党员要认真学习,自觉遵守,要对照"准则"的规定,认真检查自己的工作和作风。党的各级领导机关和领导干部要带头执行。任何党员如果有违反本准则的行为,要进行批评教育,情节严重的必须按照党的纪律给予处分,直至开除党籍。

各级党委和党的纪律检查委员会要定期检查本准则的执行情况,由纪律检查委员会向党的代表大会或党的委员会提出报告。

全党同志一定要振奋革命精神,彻底肃清林彪、"四人帮"的流毒,排除各种干扰和阻力,把维护党规党法,切实搞好党风这件关系到四个现代化的成败,关系到党和国家前途和命运的大事做好,使我们党成为更加团结一致,更加朝气蓬勃,更加具有战斗力的无产阶级先锋队组织。

关于新形势下党内政治生活的若干准则

中国共产党第十八届中央委员会第六次全体会议 2016 年 10 月 27 日通过

办好中国的事情,关键在党,关键在党要管党、从严治党。党要管党必须从党内政治生活管起,从严治党必须从党内政治生活严起。

开展严肃认真的党内政治生活,是我们党的优良传统和政治优势。在长期实践中,我们党坚持把开展严肃认真的党内政治生活作为党的建设重要任务来抓,形成了以实事求是、理论联系实际、密切联系群众、批评和自我批评、民主集中制、严明党的纪律等为主要内容的党内政治生活基本规范,为巩固党的团结和集中统一、保持党的先进性和纯洁性、增强党的生机活力积累了丰富经验,为保证完成党在各个历史时期中心任务发挥了重要作用。

一九八〇年,党的十一届五中全会深刻总结历史经验特别是"文化大革命"的教训,制定了《关于党内政治生活的若干准则》,为拨乱反正、恢复和健全党内政治生活、推进党的建设发挥了重要作用,其主要原则和规定今天依然适用,要继续坚持。

新形势下,党内政治生活状况总体是好的。同时,一个时期以来,党内政治生活中也出现了一些突出问题,主要是:在一些党员、干部包括高级干部中,理想信念不坚定、对党不忠诚、纪律松弛、脱离群众、独断专行、弄虚作假、庸懒无为,个人主义、分散主义、自由主义、好人主义、宗派主义、山头主义、拜金主义不同程度存在,形式主义、官僚主义、享乐主义和奢靡之风问题突出,任人唯亲、跑官要官、买官卖官、拉票贿选现象屡禁不止,滥用权力、贪污受贿、腐化堕落、违法乱纪等现象滋生蔓延。特别是高级干部中极少数人政治野心膨胀、权欲熏心,搞阳奉阴违、结党营私、团团伙伙、拉帮结派、谋取权位等政治阴谋活动。这些问题,严重侵蚀党的思想道德基础,严重破坏党的团结和集中统一,严重损害党内政治生态和党的形象,严重影响党和人民事业发展。这就要求我们必须继续以改革创新精神加强党的建设,加强和规范党内政治生活,全面提高党的建设科学化水平。

党的十八大以来,以习近平同志为核心的党中央身体力行、率先垂范,坚定推进全面从严治党,坚持思想建党和制度治党紧密结合,集中整饬党风,严厉惩治腐败,净化党内政治生态,党内政治生活展现新气象,赢得了党心民心,为开创党和国家事业新局面提供了重要保证。

历史经验表明,我们党作为马克思主义政党,必须旗帜鲜明讲政治,严肃认真开展党内政治生活。为更好进行具有许多新的历史特点的伟大斗争、推进党的建设新的伟大工程、推进中国特色社会主义伟大事业,经受"四大考验"、克服"四种危险",有必要制定一部新形势下党内政治生活的准则。

新形势下加强和规范党内政治生活,必须以党章为根本遵循,坚持党的政治路线、思想路线、组织路线、群众路线,着力增强党内政治生活的政治性、时代性、原则性、战斗性,着力增强党自我净化、自我完善、自我革新、自我提高能力,着力提高党的领导水平和执政水平、增强拒腐防变和抵御风险能力,着力维护党中央权威、保证党的团结统一、保持党的先进性和纯洁性,努力在全党形成又有集中又有民主、又有纪律又有自由、又有统一意志又有个人心情舒畅生动活泼的政治局面。

新形势下加强和规范党内政治生活,重点是各级领导机关和领导干部,关键是高级干部特别是中央委员会、中央政治局、中央政治局常务委员会的组成人员。高级干部特别是中央领导层组成人员必须以身作则,模范遵守党章党规,严守党的政治纪律和政治规矩,坚持不忘初心、继续前进,坚持率先垂范、以上率下,为全党全社会作出示范。

一、坚定理想信念

共产主义远大理想和中国特色社会主义共同理想,是中国共产党人的精神支柱和政治灵魂,也是保持党的团结统一的思想基础。必须高度重视思想政治建设,把坚定理想信念作为开展党内政治生活的首要任务。

理想信念动摇是最危险的动摇,理想信念滑坡是最危险的滑坡。全党同志必须把对马克思主义的信仰、对社会主义和共产主义的信念作为毕生追求,在改造客观世界的同时不断改造主观世界,解决好世界观、人生观、价值观这个"总开关"问题,不断增强政治定力,自觉成为共产主义远大理想和中国特色社会主义共同理想的坚定信仰者和忠实实践者;必须坚定对中国特色社会主义的道路自信、理论自信、制度自信、文化自信。领导干部特别是高级干部要以实际行动让党员和群众感受到理想信念的强大力量。

全体党员必须永远保持建党时中国共产党人的奋斗精神,把理想信念的坚定性体现在做好本职工作的过程中,自觉为推进中国特色社会主义事业而苦干实干,在胜利时和顺境中不骄傲不自满,在困难时和逆境中不消沉不动摇,经受住各种赞誉和诱惑考验,经受住各种风险和挑战考验,永葆共产党人政治本色。

坚定理想信念,必须加强学习。思想理论上的坚定清醒是政治上坚定的前提。全党必须毫不动摇坚持马克思主义指导思想,党的各级组织必须坚持不懈抓好理论武装,广大党员、干部特别是高级干部必须自觉抓好学习、增强党性修养。把马克思主义理论作为必修课,认真学习马克思列宁主义、毛泽东思想、邓小平理论、"三个代表"重要思想、科学发展观,认真学习习近平总书记系列重要讲话精神,认真学习党章党规,不断提高马克思主义思想觉悟和理论水平。系统掌握马克思主义基本原理,学会用马克思主义立场、观点、方法观察问题、分析问题、解决问题,特别是要聚焦现实问题,不断深化对共产党执政规律、社会主义建设规律、人类社会发展规律的认识。适应时代进步和事业发展要求,广泛学习经济、政治、文化、社会、生态文明以及哲学、历史、法律、科技、国防、国际等各方面知识,提高战略思维、创新思维、辩证思维、法治思维、底线思维能力,提高领导能力专业化水平。

坚持和创新党内学习制度。以党委(党组)中心组学习等制度为主要抓手,各级党组织要定期开展集体学习。党员、干部每年要完成规定的学习任务,领导干部要定期参加党校学习。坚持开展党内集中学习教育。各级党组织要加强督促检查,把学习情况作为领导班子和领导干部考核的重要内容。坚持中央领导同志作专题报告制度。健全党内重大思想理论问题分析研究和情况通报制度，强化互联网思想理论引导，把深层次思想理论问题讲清楚，帮助党员、干部站稳政治立场，分清是非界限，坚决抵制错误思想侵蚀。

二、坚持党的基本路线

党在社会主义初级阶段的基本路线是党和国家的生命线、人民的幸福线，也是党内政治生活正常开展的根本保证。必须全面贯彻执行党的基本路线，把以经济建设为中心同坚持四项基本原则、坚持改革开放这两个基本点统一于中国特色社会主义伟大实践，任何时候都不能有丝毫偏离和动摇。

全党必须毫不动摇坚持以经济建设为中心，聚精会神抓好发展这个党执政兴国的第一要务，坚持以人民为中心的发展思想，统筹推进“五位一体”总体布局和协调推进“四个全面”战略布局，坚持创新、协调、绿色、开放、共享的发展理念，努力提高发展质量和效益，不断提高人民生活水平，为实现“两个一百年”奋斗目标、实现中华民族伟大复兴的中国梦打下坚实物质基础。

全党必须毫不动摇坚持四项基本原则，根本是坚持党的领导，坚持中国特色社会主义道路、中国特色社会主义理论体系、中国特色社会主义制度、中国特色社会主义文化，做到头脑清醒、立场坚定，矢志不移坚持和发展中国特色社会主义。

全党必须毫不动摇坚持改革开放，发挥群众首创精神，勇于自我革命，勇于推进理论创新、实践创新、制度创新、文化创新以及其他各方面创新，坚定不移实施对外开放基本国策，决不能安于现状、墨守成规。新形势下，党领导人民全面深化改革，是为了推动中国特色社会主义制度自我完善和发展，推进国家治理体系和治理能力现代化，既不走封闭僵化的老路、也不走改旗易帜的邪路。

全党必须把坚持党的思想路线贯穿于执行党的基本路线全过程，坚持解放思想、实事求是、与时俱进、求真务实，坚持理论联系实际，一切从实际出发，在实践中检验真理和发展真理，既反对各种否定马克思主义的错误倾向，又破除对马克思主义的教条式理解。坚持从我国仍处于并将长期处于社会主义初级阶段这个基本国情出发，不断研究新情况、总结新经验、解决新问题，不断推进马克思主义中国化。

全党必须坚决捍卫党的基本路线，对否定党的领导、否定我国社会主义制度、否定改革开放的言行，对歪曲、丑化、否定中国特色社会主义的言行，对歪曲、丑化、否定党的历史、中华人民共和国历史、人民军队历史的言行，对歪曲、丑化、否定党的领袖和英雄模范的言行，对一切违背、歪曲、否定党的基本路线的言行，必须旗帜鲜明反对和抵制。

考察识别干部特别是高级干部必须首先看是否坚定不移贯彻党的基本路线。党员、干部特别是高级干部在大是大非面前不能态度暧昧，不能动摇基本政治立场，不能被错误言论所左右。当人民利益受到损害、党和国家形象受到破坏、党的执政地位受到威胁时，要挺身而出、亮明态度，主动坚决开展斗争。对在大是大非问题上没有立场、没有态度、无动于衷、置身事外，在错误言行面前不抵制、不斗争，明哲保身、当老好人等政治不合格的坚决不用，已在领导岗位的要坚决调整，情节严重的要严肃处理。

三、坚决维护党中央权威

坚决维护党中央权威、保证全党令行禁止，是党和国家前途命运所系，是全国各族人民根本利益所在，也是加强和规范党内政治生活的重要目的。必须坚持党员个人服从党的组织，少数服从多数，下级组织服从上级组织，全党各个组织和全体党员服从党的全国代表大会和中央委员会，核心是全党各个组织和全体党员服从党的全国代表大会和中央委员会。

坚持党的领导，首先是坚持党中央的集中统一领导。一个国家、一个政党，领导核心至关重要。全党必须牢固树立政治意识、大局意识、核心意识、看齐意识，自觉在思想上政治上行动上同党中央保持高度一致。党的各级组织、全体党员特别是高级干部都要向党中央看齐，向党的理论和路线方针政策看齐，向党中央决策部署看齐，做到党中央提倡的坚决响应、党中央决定的坚决执行、党中央禁止的坚决不做。

涉及全党全国性的重大方针政策问题，只有党中央有权作出决定和解释。各部门各地方党组织和党员领导干部可以向党中央提出建议，但不得擅自作出决定和对外发表主张。对党中央作出的决议和制定的政策如有不同意见，在坚决执行的前提下，可以向党组织提出保留意见，也可以按组织程序把自己的意见向党的上级组织直至党中央提出。

全党必须自觉服从党中央领导。全国人大、国务院、全国政协，中央纪律检查委员会，最高人民法院、最高人民检察院，中央和国家机关各部门，人民军队，各人民团体，各地方，各企事业单位、社会组织，其党组织都要不折不扣执行党中央决策部署。

全党必须严格执行重大问题请示报告制度。全国人大常委会、国务院、全国政协，中央纪律检查委员会，最高人民法院、最高人民检察院，中央和国家机关各部门，各人民团体，各省、自治区、直辖市，其党组织要定期向党中央报告工作。研究涉及全局的重大事项或作出重大决定要及时向党中央请示报告，执行党中央重要决定的情况要专题报告。遇有突发性重大问题和工作中重大问题要及时向党中央请示报告，情况紧急必须临机处置的，要尽职尽力做好工作，并迅速报告。

省、自治区、直辖市党委在党中央领导下开展工作，同级各个组织中的党组织和领导干部要自觉接受同级党委领导、向同级党委负责，重大事项和重要情况及时向同级党委请示报告。

全党必须自觉防止和反对个人主义、分散主义、自由主义、本位主义。对党中央决策部署，任何党组织和任何党员都不准合意的执行、不合意的不执行，不准先斩后奏，更不准口是心非、阳奉阴违。属于部门和地方职权范围内的工作部署，要以贯彻党中央决策部署为前提，发挥积极性、主动性、创造性，但决不允许自行其是、各自为政，决不允许有令不行、有禁不止，决不允许搞上有政策、下有对策。

四、严明党的政治纪律

纪律严明是全党统一意志、统一行动、步调一致前进的重要保障，是党内政治生活的重要内容。必须严明党的纪律，把纪律挺在前面，用铁的纪律从严治党。

坚持纪律面前一律平等，遵守纪律没有特权，执行纪律没有例外，党内决不允许存在不受纪律约束的特殊组织和特殊党员。每一个党员对党的纪律都要心存敬畏、严格遵守，任何时候任何情况下都不能违反党的纪律。党的各级组织和全体党员要坚决同一切违反党的纪律的行为作斗争。

政治纪律是党最根本、最重要的纪律，遵守党的政治纪律是遵守党的全部纪律的基础。全党特别是高级干部必须严格遵守党的政治纪律和政治规矩。党员不准散布违背党的理论和路线方针政策的言论，不准公开发表违背党中央决定的言论，不准泄露党和国家秘密，不准参与非法组织和非法活动，不准制造、传播政治谣言及丑化党和国家形象的言论。党员不准搞封建迷信，不准信仰宗教，不准参与邪教，不准纵容和支持宗教极端势力、民族分裂势力、暴力恐怖势力及其活动。

党员、干部特别是高级干部不准在党内搞小山头、小圈子、小团伙，严禁在党内拉私人关系、培植个人势力、结成利益集团。对那些投机取巧、拉帮结派、搞团团伙伙的人，要严格防范，依纪依规处理。坚决防止野心家、阴谋家窃取党和国家权力。

党的各级组织和全体党员必须对党忠诚老实、光明磊落，说老实话、办老实事、做老实人，如实向党反映和报告情况，反对搞两面派、做“两面人”，反对弄虚作假、虚报浮夸，反对隐瞒实情、报喜不报忧。领导机关和领导干部不准以任何理由和名义纵容、唆使、暗示或强迫下级说假话。凡因弄虚作假、隐瞒实情给党和人民事业造成重大损失的，凡因弄虚作假、隐瞒实情骗取荣誉、地位、奖励或其他利益的，凡因纵容、唆使、暗示或强迫下级弄虚作假、隐瞒实情的，都要依纪依规严肃问责追责。对坚持原则、敢于说真话的同志，要给予支持、保护、鼓励。

党内不准搞拉拉扯扯、吹吹拍拍、阿谀奉承。对领导人的宣传要实事求是，禁止吹捧，禁止给领导人祝寿、送礼、发致敬函电，禁止在领导干部国内考察工作时组织迎送、张贴标语、敲锣打鼓、铺红地毯、举行宴会等。

党的各级组织必须担负起执行和维护政治纪律和政治规矩的责任，对违反政治纪律的行为要坚决批评制止，不能听之任之。党的各级组织和纪律检查机关要加强纪律执行情况的监督和检查，坚决防止和纠正执行纪律宽松软的问题。

五、保持党同人民群众的血肉联系

人民立场是党的根本政治立场，人民群众是党的力量源泉。我们党来自人民，失去人民拥护和支持，党就会失去根基。必须把坚持全心全意为人民服务的根本宗旨、保持党同人民群众的血肉联系作为加强和规范党内政治生活的根本要求。

全党必须牢固树立人民群众是历史创造者的历史唯物主义观点，站稳群众立场，增进群众感情。党的各级组织、全体党员特别是各级领导机关和领导干部要贯彻党的群众路线，做到一切为了群众，一切依靠群众，从群众中来，到群众中去，为群众办实事、解难事，当好人民公仆。坚持问政于民、问需于民、问计于民，决不允许在群众面前自以为是、盛气凌人，决不允许当官做老爷、漠视群众疾苦，更不允许欺压群众、损害和侵占群众利益。改进和创新联系群众方法，建立和完善民意调查等制度，利用传统媒体和互联网等各种渠道了解社情民意，倾听群众呼声，密切党群干群关系，把对上负责和对下负责一致起来，着力实现好、维护好、发展好最广大人民根本利益。

全党必须坚决反对形式主义、官僚主义、享乐主义和奢靡之风，领导干部特别是高级干部要以身作则。反对形式主义，重在解决作风飘浮、工作不实，文山会海、表面文章，贪图虚名、弄虚作假等问题。反对官僚主义，重在解决脱离实际、脱离群众，消极应付、推诿扯皮，作风霸道、迷恋特权等问题。反对享乐主义，重在解决追名逐利、贪图享受，讲究排场、玩物丧志等问题。反对奢靡之风，重在解决铺张浪费、挥霍无度，骄奢淫逸、腐化堕落等问题。坚持抓常、抓细、抓长，特别是要防范和查处各种隐性、变异的“四风”问题，把落实中央八项规定精神常态化、长效化。

党的各级组织、全体党员特别是领导干部必须提高做群众工作能力，既服务群众又带领群众坚定不移贯彻落实党的理论和路线方针政策，把党的主张变为群众的自觉行动，引领群众听党话、跟党走。坚决反对命令主义，坚决反对“尾巴主义”，不允许为了个人政绩、选票和形象脱离实际随意决策、随便许愿。

坚持领导干部调查研究、定期接待群众来访、同干部群众谈心、群众满意度测评等制度。各级领导干部必须深入实际、深入基层、深入群众，多到条件艰苦、情况复杂、矛盾突出的地方解决问题，千方百计为群众排忧解难。领导干部下基层要接地气，轻车简从，了解实情，督查落实，解决问题，坚决反对作秀、哗众取宠。对一切搞劳民伤财的“形象工程”和“政绩工程”的行为，要严肃问责追责，依纪依法处理。在应对重大安全事件、重大突发事件、重大自然灾害事件等事件中，领导干部必须深入一线、靠前指挥，及时协调解决突出问题，及时回应社会关切。

党员、干部必须顾全大局，自觉维护社会和谐稳定，遇到涉及自身利益和局部利益的问题应该通过正常渠道向上级反映，积极主动做好化解社会矛盾、防控社会风险工作，不准组织、参与、纵容扰乱社会秩序的非法活动。

六、坚持民主集中制原则

民主集中制是党的根本组织原则，是党内政治生活正常开展的重要制度保障。坚持集体领导制度，实行集体领导和个人分工负责相结合，是民主集中制的重要组成部分，必须始终坚持，任何组织和个人在任何情况下都不允许以任何理由违反这项制度。

各级党委（党组）必须坚持集体领导制度。凡属重大问题，要按照集体领导、民主集中、个别酝酿、会议决定的原则，由集体讨论、按少数服从多数作出决定，不允许用其他形式取代党委及其常委会（或党组）的领导。落实党委常委会（或党组）议事规则和决策程序，健全常委会向全委会定期报告工作并接受监督制度，坚决反对和防止独断专行或各自为政，坚决反对和防止议而不决、决而不行、行而不实，坚决反对和防止以党委集体决策名义集体违规。各级党委（党组）要善于观大势、抓大事、管全局，及时发现和解决矛盾和难题，不上推下卸，不留后遗症。建立上级组织在作出同下级组织有关重要决策前征求下级组织意见的制度。

领导班子成员必须增强全局观念和责任意识，在研究工作时充分发表意见，决策形成后一抓到底，不得违背集体决定自作主张、自行其是。坚决反对和纠正当面不说、背后乱说，会上不说、会后乱说，当面一套、背后一套等错误言行。坚持讲原则、讲规矩，共同维护坚持党性原则基础上的团结。

党委（党组）主要负责同志必须发扬民主、善于集中、敢于担责。在研究讨论问题时要把自己当成班子中平等的一员，充分发扬民主，严格按程序决策、按规矩办事，注意听取不同意见，正确对待少数人意见，不能搞一言堂甚至家长制。支持班子成员在职责范围内独立负责开展工作，坚决防止和克服名为集体领导、实际上个人或少数人说了算，坚决防止和克服名为集体负责、实际上无人负责。

领导班子成员必须坚决执行党组织决定，如有不同意见，可以保留或向上一级党组织提出，但在上级或本级党组织改变决定以前，除执行决定会立即引起严重后果等紧急情况外，必须无条件执行已作出的决定。

领导班子成员分工按规定向上级党委报备，无正当理由、未向上级党委报备不得调整。领导干部要自觉服从组织分工安排，任何人都不能向组织讨价还价、不服从组织安排。领导干部不准把分管工作、分管领域和地方当作“私人领地”，不准搞独断专行。

在党的工作和活动中，该以组织名义出面不能以个人名义出面，该由集体研究不能个人擅自表态，不允许用个人主张代替党组织的主张、用个人决定代替党组织的决定。

七、发扬党内民主和保障党员权利

党内民主是党的生命，是党内政治生活积极健康的重要基础。要坚持和完善党内民主各项制度，提高党内民主质量，党内决策、执行、监督等工作必须执行党章党规确定的民主原则和程序，任何党组织和个人都不得压制党内民主、破坏党内民主。

中央委员会、中央政治局、中央政治局常务委员会和党的各级委员会作出重大决策部署，必须深入开展调查研究，广泛听取各方面意见和建议，凝聚智慧和力量，做到科学决策、民主决策、依法决策。

必须尊重党员主体地位、保障党员民主权利，落实党员知情权、参与权、选举权、监督权，保障全体党员平等享有党章规定的党员权利、履行党章规定的党员义务，坚持党内民主平等的同志关系，党内一律称同志。任何党组织和党员不得侵害党员民主权利。

畅通党员参与讨论党内事务的途径，拓宽党员表达意见渠道，营造党内民主讨论的政治氛围。健全党内重大决策论证评估和征求意见等制度。党的各级组织对重大决策和重大问题应该采取多种方式征求党员意见，党员有权在党的会议上发表不同意见，对党的决议和政策如有不同意见，在坚决执行的前提下，可以声明保留，并且可以把自己的意见向党的上级组织直至党中央提出。推进党务公开，发展和用好党务公开新形式，使党员更好了解和参与党内事务。

党内选举必须体现选举人意志，规范和完善选举制度规则。党的任何组织和个人不得以任何方式妨碍选举人依照规定自主行使选举权，坚决反对和防止侵犯党员选举权和被选举权的现象，坚决防止和查处拉票贿选等行为。

坚持党的代表大会制度。未经批准不得提前或延期召开党的代表大会。落实党代表大会代表任期制，实行代表提案制，健全代表参与重大决策、参加重要干部推荐和民主评议、列席党委有关会议、联系党员群众等制度。更好发挥党的地方各级委员会及委员作用。健全党内情况通报制度、情况反映制度，畅通党员表达意见、要求撤换不称职基层党组织领导班子成员的渠道。按期进行党的基层委员会、总支部和支部委员会换届。

党员有权向党负责地揭发、检举党的任何组织和任何党员违纪违法的事实，提倡实名举报。党员有权在党的会议上有根据地批评党的任何组织和任何党员。党组织既要严肃处理对举报者的歧视、刁难、压制行为特别是打击报复行为，又要严肃追查处理诬告陷害行为。对受到诽谤、诬告、严重失实举报的党员，党组织要及时为其澄清和正名。要保障党员申辩、申诉等权利。对执纪中的过错或违纪行为，要依规及时纠正、消除影响并追究有关组织和人员的责任。

八、坚持正确选人用人导向

坚持正确选人用人导向，是严肃党内政治生活的组织保证。必须严格标准、健全制度、完善政策、规范程序，使选出来的干部组织放心、群众满意、干部服气。

选拔任用干部必须坚持党章规定的干部条件，坚持德才兼备、以德为先，坚持五湖四海、任人唯贤，坚持信念坚定、为民服务、勤政务实、敢于担当、清正廉洁的好干部标准。把公道正派作为干部工作核心理念贯穿选人用人全过程，做到公道对待干部、公平评价干部、公正使用干部。

选人用人必须强化党组织的领导和把关作用，落实干部选拔任用工作纪实制度，确保每个环节都规范操作。组织部门要严格按政策、原则、制度办事，实事求是考察评价干部，敢于为干部说公道话，敢于抵制选人用人中的违规行为，形成能者上、庸者下、劣者汰的选人用人导向。加强选人用人监督问责，对用人失察失误的严肃追究责任。

党的各级组织必须自觉防范和纠正用人上的不正之风和种种偏向。坚决禁止跑官要官、买官卖官、拉票贿选等行为，坚决禁止向党伸手要职务、要名誉、要待遇行为，坚决禁止向党组织讨价还价、不服从组织决定的行为。坚决纠正唯票、唯分、唯生产总值、唯年龄等取人偏向，坚决克服由少数人在少数人中选人的倾向。领导干部要带头执行党的干部政策，不准任人唯亲、搞亲亲疏疏，不准封官许愿、跑风漏气、收买人心，不准个人为干部提拔任用打招呼、递条子。领导干部不得干预曾经工作生活过的地方、曾经工作过的单位和不属于自己分管领域的干部选拔任用工作，有关地方和单位党组织要抵制这种违反党的组织原则的行为。

任何人都不准把党的干部当作私有财产，党内不准搞人身依附关系。领导干部特别是高级干部不能搞家长制，要求别人唯命是从，特别是不能要求下级办违反党纪国法的事情；下级应该抵制上级领导干部的这种要求并向更上级党组织直至党中央报告，不应该对上级领导干部无原则服从。规范和纯洁党内同志交往，领导干部对党员不能颐指气使，党员对领导干部不能阿谀奉承。

干部是党的宝贵财富，必须既严格教育、严格管理、严格监督，又在政治上、思想上、工作上、生活上真诚关爱，鼓励干部干事创业、大胆作为。

建立容错纠错机制，宽容干部在工作中特别是改革创新中的失误。坚持惩前毖后、治病救人，正确对待犯错误的干部，帮助其认识和改正错误。不得混淆干部所犯错误性质或夸大错误程度对干部作出不适当的处理，不得利用干部所犯错误泄私愤、打击报复。

党的各级组织和领导干部必须牢记空谈误国、实干兴邦，践行正确政绩观，发扬钉钉子精神，力戒空谈，察实情、出实招、办实事、求实效，做到守土尽责。各级领导干部要无私无畏，做到面对矛盾敢于迎难而上，面对危险敢于挺身而出，面对失误敢于承担责任。党的各级组织要旗帜鲜明为敢于担当的干部担当，为敢于负责的干部负责。对不担当、不作为、敷衍塞责的干部要严肃批评，必要时给予组织处理或党纪处分；对失职渎职的要严肃问责，造成严重后果的要严肃追责，依纪依法处理。

九、严格党的组织生活制度

党的组织生活是党内政治生活的重要内容和载体，是党组织对党员进行教育管理监督的重要形式。必须坚持党的组织生活各项制度，创新方式方法，增强党的组织生活活力。

全体党员、干部特别是高级干部必须增强党的意识，时刻牢记自己第一身份是党员。任何党员都不能游离于党的组织之外，更不能凌驾于党的组织之上。每个党员无论职务高低，都要参加党的组织生活。党组织要严格执行组织生活制度，确保党的组织生活经常、认真、严肃。

坚持"三会一课"制度。党员必须参加党员大会、党小组会和上党课，党支部要定期召开支部委员会会议。"三会一课"要突出政治学习和教育，突出党性锻炼，坚决防止表面化、形式化、娱乐化、庸俗化。领导干部要以普通党员身份参加所在党支部或党小组的组织生活，坚持党员领导干部讲党课制度。每个党员都要按规定自觉交纳党费，党费使用和管理要公开透明。

坚持民主生活会和组织生活会制度。会前要广泛听取意见、深入谈心交心，会上要认真查摆问题、深刻剖析根源、明确整改方向，会后要逐一整改落实。上级党组织领导班子成员定期、随机参加下级党组织领导班子民主生活会和组织生活会，发现问题及时纠正。中央政治局带头开好民主生活会。

坚持谈心谈话制度。党组织领导班子成员之间、班子成员和党员之间、党员和党员之间要开展经常性的谈心谈话，坦诚相见，交流思想，交换意见。领导干部要带头谈，也要接受党员、干部约谈。

坚持对党员进行民主评议。督促党员对照党章规定的党员标准、对照入党誓词、联系个人实际进行党性分析，强化党员意识、增强党的观念、提高党性修养。对党性不强的党员，及时进行批评教育，限期改正；经教育仍无转变的，应劝其退党或除名。

领导干部必须强化组织观念，工作中重大问题和个人有关事项必须按规定按程序向组织请示报告，离开岗位或工作所在地要事先向组织请示报告。对无正当理由不按时报告、不如实报告或隐瞒不报的，要严肃处理。

十、开展批评和自我批评

批评和自我批评是我们党强身治病、保持肌体健康的锐利武器，也是加强和规范党内政治生活的重要手段。必须坚持不懈把批评和自我批评这个武器用好。

批评和自我批评必须坚持实事求是，讲党性不讲私情、讲真理不讲面子，坚持"团结——批评——团结"，按照"照镜子、正衣冠、洗洗澡、治治病"的要求，严肃认真提意见，满腔热情帮同志，决不能把自我批评变成自我表扬、把相互批评变成相互吹捧。

党员、干部必须严于自我解剖，对发现的问题要深入剖析原因，认真整改。对待批评要有则改之、无则加勉，不能搞无原则的纷争。

批评必须出于公心，不主观武断，不发泄私愤。坚决反对事不关己、高高挂起，明知不对、少说为佳的庸俗哲学和好人主义，坚决克服文过饰非、知错不改等错误倾向。

党的领导机关和领导干部对各种不同意见都必须听取，鼓励下级反映真实情况。党内工作会议的报告、讲话以及各类工作总结，上级机关和领导干部检查指导工作，既要讲成绩和经验，又要讲问题和不足；既要注重解决问题，又要从问题中反思自身工作和领导责任。

领导干部特别是高级干部必须带头从谏如流、敢于直言，以批评和自我批评的示范行动引导党员、干部打消自我批评怕丢面子、批评上级怕穿小鞋、批评同级怕伤和气、批评下级怕丢选票等思想顾虑。把发现和解决自身问题的能力作为考核评价领导班子的重要依据。

十一、加强对权力运行的制约和监督

监督是权力正确运行的根本保证，是加强和规范党内政治生活的重要举措。必须加强对领导干部的监督，党内不允许有不受制约的权力，也不允许有不受监督的特殊党员。

完善权力运行制约和监督机制，形成有权必有责、用权必担责、滥权必追责的制度安排。实行权力清单制度，公开权力运行过程和结果，健全不当用权问责机制，把权力关进制度笼子，让权力在阳光下运行。

党的各级组织和领导干部必须在宪法法律范围内活动，增强法治意识、弘扬法治精神，自觉按法定权限、规则、程序办事，决不能以言代法、以权压法、徇私枉法，决不能违规干预司法。

营造党内民主监督环境，畅通党内民主监督渠道。党的各级组织和全体党员要增强监督意识，既履行监督责任，又接受各方面监督。

党内监督必须突出党的领导机关和领导干部特别是主要领导干部。领导干部要正确对待监督，主动接受监督，习惯在监督下开展工作，决不能拒绝监督、逃避监督。

领导干部特别是高级干部必须加强自律、慎独慎微，自觉检查和及时纠正在行使权力、廉政勤政方面存在的问题，做到可以行使的权力按规则正确行使，该由上级组织行使的权力下级组织不能行使，该由领导班子集体行使的权力班子成员个人不能擅自行使，不该由自己行使的权力决不能行使。

对涉及违纪违法行为的举报，对党员反映的问题，任何党组织和领导干部都不准隐瞒不报、拖延不办。涉及所反映问题的领导干部应该回避，不准干预或插手组织调查。

党员、干部反映他人的问题，应该出于党性，通过党内正常渠道实名进行，不准散布小道消息，不准散发匿名信，不准诬告陷害等。对通过正常渠道反映问题的党员，任何组织和个人都不准打击报复，不准擅自进行追查，不准采取调离工作岗位、降格使用等惩罚措施。

坚持授权者要负责监督，发现问题要及时处置。强化上级组织对下级组织特别是主要领导干部行使权力的监督，防止权力失控和滥用。

对党组织和党员、干部行使权力进行监督，必须依纪依法进行。纪检监察、司法机关严格依纪依法按程序对涉嫌严重违纪违法行为进行调查。任何组织和个人不得自行决定或受指使对党员、干部采取非法调查手段。对违反规定的，要严肃追究纪律和法律责任。

十二、保持清正廉洁的政治本色

建设廉洁政治，坚决反对腐败，是加强和规范党内政治生活的重要任务。必须筑牢拒腐防变的思想防线和制度防线，着力构建不敢腐、不能腐、不想腐的体制机制，保持党的肌体健康和队伍纯洁。

各级领导干部必须严以修身、严以用权、严以律己，谋事要实、创业要实、做人要实，经得起权力、金钱、美色考验，用党和人民赋予的权力为人民服务。

领导干部特别是高级干部必须带头践行社会主义核心价值观，继承和发扬党的优良传统和作风，弘扬中华民族传统美德，讲修养、讲道德、讲诚信、讲廉耻，养成共产党人的高风亮节，自觉远离低级趣味。

各级领导干部是人民公仆，没有搞特殊化的权利。中央政治局要带头执行中央八项规定。各级领导干部特别是高级干部要坚持立党为公、执政为民，坚持公私分明、先公后私、克己奉公，带头保持谦虚、谨慎、不骄、不躁的作风，保持艰苦奋斗的作风，带头执行廉洁自律准则，自觉同特权思想和特权现象作斗争，不准利用权力为自己和他人谋取私利，禁止违反财经制度批钱批物批项目，禁止用各种借口或巧立名目侵占、挥霍国家和集体财物，禁止违反规定提高干部待遇标准。

领导干部特别是高级干部必须注重家庭、家教、家风，教育管理好亲属和身边工作人员。严格执行领导干部个人有关事项报告制度，进一步规范领导干部配偶子女从业行为。禁止利用职权或影响力为家属亲友谋求特殊照顾，禁止领导干部家属亲友插手领导干部职权范围内的工作、插手人事安排。各级领导班子和领导干部对来自领导干部家属亲友的违规干预行为要坚决抵制，并将有关情况报告党组织。

全体党员、干部特别是高级干部必须拒腐蚀、永不沾，坚决同消极腐败现象作斗争，坚决抵制潜规则，自觉净化社交圈、生活圈、朋友圈，决不能把商品交换那一套搬到党内政治生活和工作中来。党的各级组织要担负起反腐倡廉政治责任，坚持有腐必反、有贪必肃，坚持“老虎”、“苍蝇”一起打，坚持无禁区、全覆盖、零容忍，党内决不允许有腐败分子藏身之地。

加强和规范党内政治生活是全党的共同任务，必须全党一起动手。各级党委（党组）要全面履行加强和规范党内政治生活的领导责任，着力解决突出问题，建立健全党内政治生活制度体系，把加强和规范党内政治生活各项任务落到实处。深入开展党内政治生活准则宣传教育，把党内政治生活准则列为党员、干部教育培训的必修内容。

落实党委主体责任和纪委监督责任，强化责任追究。党委（党组）主要负责人要认真履行第一责任人责任。党的各级组织要强化对党内政治生活准则落实情况的督促检查，建立健全问责机制，上级党组织要加强对下级党组织的指导监督检查，各级组织部门和机关党组织要加强日常管理，各级纪律检查机关要严肃查处违反党内政治生活准则的各种行为。

加强和规范党内政治生活，要从中央委员会、中央政治局、中央政治局常务委员会做起。高级干部要清醒认识自己岗位对党和国家的特殊重要性，职位越高越要自觉按照党提出的标准严格要求自己，越要做到党性坚强、党纪严明，做到对党始终忠诚、永不叛党。制定高级干部贯彻落实本准则的实施意见，指导和督促高级干部在遵守和执行党内政治生活准则上作全党表率。

全面从严治党永远在路上。全党要坚持不懈努力，共同营造风清气正的政治生态，确保党始终成为中国特色社会主义事业的坚强领导核心。

中央纪委关于叛逃、出走的共产党员党籍、党纪处理的暂行规定

1990年7月18日

第一条 为正确处理共产党员叛逃、出走的问题，根据《中国共产党章程》《中共中央纪律检查委员会关于共产党员在涉外活动中违犯纪律党纪处分的暂行规定》《中共中央纪律检查委员会关于共产党员和党的组织参加动乱、反革命暴乱党纪处分的若干规定》，制定本规定。

第二条 本规定所称的“叛逃”，是指逃往国外、境外不归或滞留国外、境外不归，并有反对党和社会主义祖国的言行或申请政治避难的行为。

因触犯我国刑律，为逃避制裁，逃往国外、境外的，视为叛逃。

本规定所称的“出走”，是指前往国外、境外不归或滞留国外、境外不归，但没有反对党和社会主义祖国的言行的行为。

第三条 有下列行为之一的，应给予开除党籍处分：

（一）进行以反对四项基本原则，推翻我国政府为目的的活动的，或申请政治避难的；

（二）携带党和国家秘密文件，投靠外国或港、澳、台机构，或口头向上述机构提供党和国家秘密的；

（三）在国外、境外投靠、参加与我为敌的反动组织、团体的；

（四）在国外、境外有严重腐化堕落行为而出走的；

（五）因触犯我国刑律，为逃避制裁，畏罪不归的。

第四条 出走人员不听从组织劝告，继续滞留驻在国或去第三国就业，但没有反对党和社会主义祖国的言论或行动的，停止其党籍；超过六个月的，视为自行脱党，党内予以除名。

第五条 出走后很快醒悟，不满六个月即返回祖国并作出检查的，给予警告、严重警告或撤销党内职务处分；情节严重的，给予留党察看处分。

第六条 故意为叛逃人员提供方便条件的，给予留党察看或开除党籍处分。

故意为出走人员提供方便条件的，给予警告、严重警告或撤销党内职务处分。

因工作失职，致使所属人员叛逃的，给予警告、严重警告或撤销党内职务处分。

因工作失职，致使所属人员出走的，给予警告，严重警告处分，情节严重的，给予撤销党内职务处分；情节轻微的，可免予处分。

第七条 出走人员犯有其他违犯党纪行为的，依照中央纪委有关规定合并处理。

第八条 本规定关于出走人员的处理办法，适用于我驻外机构人员、临时出国出境团组人员。

因私出国出境人员、自费留学人员出走后的党籍处理，按中央组织部中组发〔1981〕19号文件的规定执行。

第九条 国外、境外常驻人员中的共产党员叛逃、出走后党籍、党纪的处理，先由使（领）馆党委提出处理意见，报派出部门的党组织审批。

其中对常驻人员中的司局级以上（含司局级）干部和临时出国人员的处理，应由国内有关部门按处分党员批准权限的有关规定办理。

第十条 本规定由中共中央纪律检查委员会负责解释。

第十一条 本规定自下发之日起施行。

中共中央、国务院关于进一步做好宗教工作若干问题的通知

1991年2月5日

各省、自治区、直辖市党委和人民政府，各大军区党委，中央和国家机关各部委，军委各总部、各军兵种党委，各人民团体：

党的十一届三中全会以来，在各级党委、政府和爱国宗教团体的共同努力下，党的宗教政策逐步贯彻落实，宗教工作取得了显著成绩。开放和安排了宗教活动场所，恢复和建立了爱国宗教团体，公民宗教信仰自由的权利、正常的宗教活动和宗教团体的合法权益受到法律和政策的保护，依法处理了利用宗教进行的违法犯罪活动，宗教活动在大多数地区是正常的。宗教界人士的爱国主义、社会主义觉悟有了提高，他们拥护中国共产党的领导和社会主义制度，积极协助党和政府贯彻宗教政策，在维护社会稳定和民族团结、促进祖

国统一、开展国际友好往来等方面，做了大量有益的工作，党领导的各民族宗教界爱国主义统一战线进一步巩固和壮大，各民族信教群众积极参加社会主义物质文明和精神文明建设。实践证明，党和政府的宗教政策是正确的，宗教工作总的形势是好的。但是必须看到，境外敌对势力一直利用宗教作为其推行“和平演变”战略的一个重要手段，不断对我进行渗透和破坏活动。民族分裂分子也利用宗教煽动骚乱闹事，攻击党的领导和社会主义制度，破坏祖国统一和民族团结。有的地方少数敌对分子活动猖獗，建立非法组织，同我们争夺寺观教堂领导权；有的非法开办经文学校、修院、神学院，同我们争夺青少年。有的寺庙恢复了被废除的宗教封建特权和压迫剥削，一些基层出现利用宗教干预国家行政、干预司法、干预学校教育的情况。同时也必须看到，在贯彻执行宗教信仰自由政策方面还存在不少问题，有的地方侵犯公民宗教信仰自由的权利，侵犯寺观教堂的合法权益，干涉宗教团体正常的教务活动，应该退还的宗教房产和寺观教堂长期得不到解决。因宗教问题或对宗教问题处理失当引发的社会矛盾时有发生。各级党委和政府必须清醒地认识到这些问题的复杂性和严重性，高度重视宗教工作。

正确对待和处理宗教问题，是我国社会主义建设事业中的一个重要课题，是建设有中国特色的社会主义的一个重要内容。做好宗教工作，对于维护社会稳定、增进民族团结、促进祖国统一和四化建设都有着不容忽视的重要意义。《中共中央关于我国社会主义时期宗教问题的基本观点和基本政策》（中发〔1982〕19号）是指导宗教工作的重要文件，要继续认真贯彻执行。要保持宗教政策的连续性和稳定性。今后一个时期，党和政府对宗教的工作的基本任务是：认真贯彻党的宗教政策，维护公民宗教信仰自由的权利，加强对信教群众和宗教界人士的爱国主义和社会主义教育，调动他们的积极因素，支持他们开展有益的工作，巩固和发展同宗教界的爱国统一战线，依法对宗教事务进行管理，制止和打击利用宗教进行违法犯罪活动，坚决抵制境外宗教敌对势力的渗透活动，为维护稳定、增进团结、统一祖国、振兴中华服务。现就进一步做好宗教工作的若干问题通知如下：

一、全面正确地贯彻执行宗教信仰自由政策

尊重和保护宗教信仰自由，是党和国家对待宗教问题的一项长期的基本政策。宗教信仰自由是宪法赋予公民的一项权利。公民有信仰宗教的自由，也有不信仰宗教的自由，任何国家机关、社会团体和个人不得强制公民信仰宗教或不信仰宗教，不得歧视信仰宗教的公民和不信仰宗教的公民。宗教活动必须在法律和政策范围内进行，国家保护正常的宗教活动。公民在行使宗教信仰自由权利的同时，必须履行自己的义务。任何人不得利用宗教反对党的领导和社会主义制度，危害国家统一、社会稳定和民族团结，不得损害社会、集体的利益，妨碍其他公民的合法权利。任何人不得利用宗教干预国家行政、司法、学校教育和社会公共教育，不得利用宗教进行妨碍义务教育实施的活动，不得恢复已被废除的宗教封建特权和压迫剥削制度。信教和不信教的群众之间、信仰不同宗教和不同教派的群众之间，都要彼此尊重，相互团结。在多数群众不信教的地方要注意尊重和保护少数信教群众的权利，在多数群众信教的地方要注意尊重和保护少数不信教群众的权利，使信教群众和不信教群众团结起来，共同致力于社会主义现代化建设事业。

贯彻执行宗教信仰自由政策，要坚决纠正侵犯公民宗教信仰自由的权利和宗教界合法权益的现象。在宗教活动场所过少的地方，要解决好正常宗教活动所必需的场所，要妥善处理历史遗留的宗教房产问题，以有利于团结广大信教群众，有利于国家和社会的稳定。

二、依法对宗教事务进行管理

依法对宗教事务进行管理，是指政府对有关宗教的法律、法规和政策的贯彻实施进行行政管理和监督。政府依法保护宗教团体和寺观教堂的合法权益，保护宗教教职人员履行正常的教务活动，保护信教群众正常的宗教活动，防止和制止不法分子利用宗教和宗教活动制造混乱、违法犯罪，抵制境外敌对势力利用宗教进行渗透。对宗教事务进行管理，是为了使宗教活动纳入法律、法规和政策的范围，不是去干预正常的宗教活动和宗教团体的内部事务。

一切宗教活动场所都应依法登记（具体办法另行规定）。经过登记的宗教活动场所受法律保护，在政府宗教事务部门的行政领导下，由爱国宗教团体和宗教教职人员按照民主管理的原则负责管理。开放新的宗教活动场所，须经县以上人民政府批准。坚决制止自封传道人的传教布道活动以及其他各种非法传教活动。依法取缔非法开办的经文学校和修道院、神学院。

我国宗教团体和宗教事务要坚持独立自主自办教会的原则，不受境外势力的支配。应在平等友好的基础上积极地正确地开展宗教方面的对外交往，坚决抵制境外宗教敌对势力控制我国宗教的企图。不允许任

何境外宗教团体和个人干预我国宗教事务，在我国设立办事机构，建立寺观教堂，进行传教活动。对来自境外的宗教书刊、音像制品和其他宣传品，由政府有关部门制定管理办法，加强管理；凡有煽动反对四项基本原则、反对政府等反动内容的，要依法收缴。任何人不得接受来自境外的、以渗透为目的的宗教津贴和传教经费。我宗教团体和寺观教堂接受境外宗教组织和宗教徒的大宗捐赠，要经省一级人民政府或国务院宗教事务局批准。宗教团体邀请境外宗教组织和宗教人士来访或应邀出访，需经省一级人民政府或国务院宗教事务局批准，重大涉外活动，需报国务院审批。非宗教团体邀请或接待有宗教背景的各种团体和有重要影响的宗教人士来访、旅游，要向宗教事务部门通报。经贸、科技、文化、教育、卫生、体育、旅游等部门对外开展交流与合作，涉及境外宗教组织及其附属机构或个人，签订有关合作项目，不得带有传教、设立宗教机构、建立寺观教堂等宗教内容的条件。

要加快宗教立法工作。国务院宗教事务局应抓紧起草有关宗教事务的行政法规。各省、自治区、直辖市也可根据国家的有关法律和法规，结合当地实际情况，制定地方性的有关宗教事务的行政法规。

基层人民政权要加强对宗教工作的领导，认真贯彻党和国家的宗教政策，帮助宗教教职人员和信教群众管好宗教活动场所，依法进行宗教活动。

三、充分发挥爱国宗教团体的作用

爱国宗教团体是党和政府团结、教育宗教界人士的桥梁。充分发挥爱国宗教团体的作用，是贯彻执行好党的宗教政策，使宗教活动正常化的重要组织保证。要切实改变一些地方发挥爱国宗教团体作用不够的现象，支持和帮助他们加强自身建设，按照自身的特点和规章自主地开展活动，充分调动他们的积极性。要鼓励和支持他们办好以自养为目的的生产、服务和社会公益事业。要帮助他们解决办公用房、经费以及一些地方教职人员生活方面存在的困难，为他们开展工作创造必要的条件。一切爱国宗教团体都应当接受党和政府的领导，遵守国家法律，发扬自我教育的传统，经常对教职人员进行爱国主义、社会主义、时事政策、国家法律、法规等教育，不断提高维护国家和民族利益，坚持独立自主自办原则的自觉性。

我国宗教界人士的绝大多数是爱国守法的，他们同党和政府长期合作，是维护国家和社会稳定，联系信教群众，办好教务的重要力量。各级党政领导机关要经常听取爱国宗教团体和宗教界人士的意见和建议，涉及宗教方面的重大问题，要同他们充分协商。要支持和帮助爱国宗教团体办好宗教院校，有计划、有组织地培养一支热爱祖国、接受党的领导、坚持走社会主义道路、维护祖国统一和民族团结、有宗教学识、并能联系信教群众的宗教教职人员队伍。当前，要加强对寺观教堂和其他宗教活动点主持人的培训。

四、坚决打击利用宗教进行的犯罪活动

在依法保护公民宗教信仰自由权利和正常宗教活动的同时，必须依法坚决打击利用宗教进行破坏活动的反革命分子和其他刑事犯罪分子。各级公安部门要采取有力措施，坚决制止借宗教问题煽动群众闹事，扰乱社会治安，破坏国家统一和民族团结。对触犯刑律的要依法处理，对勾结境外敌对势力、危害国家安全的首恶分子，要从严惩办。对非法宗教组织要坚决取缔。对从事违法活动的宗教场所，情节轻微的要批评教育，限期改正；屡教不改或情节严重的要依法处理。

在工作中要严格区分和正确处理两类不同性质的矛盾，正确掌握政策，团结和依靠宗教界爱国力量，分化、瓦解敌对势力，把受他们影响、控制的群众争取团结过来，把少数首要分子孤立起来。

国家司法部门对于惩治利用宗教进行犯罪活动要依法作出司法解释。公检法要相互协调，依法打击犯罪活动。

五、健全宗教工作机构，加强宗教工作干部队伍建设

为进一步做好宗教工作，要健全政府宗教工作机构。省（自治区、直辖市）、市（地、州）和宗教工作任务繁重的县（区），政府应设立宗教工作机构，列入政府序列。一般县（区）已设立宗教工作机构的，应予保留，没有设立宗教工作机构的，可与有关部门合署办公，配备专职干部。有宗教工作任务的乡镇要有人分管宗教工作，任务重的要配备专职干部。

要十分重视宗教工作干部的培训，不断提高他们的素质。宗教工作干部要充分认识所从事的工作的意义和责任，认真学习马克思主义哲学和宗教理论、党的方针政策，熟悉有关法律，掌握宗教工作的知识，善于团结宗教界人士和信教群众，使自己逐渐成为具备良好的政治素质、优良的工作作风和较高专业知识的宗教工作干部。各级党委和政府要在政治上、工作上、生活上关心宗教工作干部。

六、加强党对宗教工作的领导

党对宗教工作的领导，主要是政治领导，掌握政治方向和重大方针政策。各级党委和政府要把宗教工作列入议事日程，定期研究分析宗教工作形势，认真检查宗教政策贯彻落实情况，及时解决存在的问题，动员全党、各级政府和社会各方面进一步重视、关心和做好宗教工作，使宗教同社会主义社会相适应。

各级党政负责同志和党委统战部门要做好宗教界代表人士的工作，加强同他们的联系，介绍党的方针政策，通报有关情况，虚心听取他们的意见，帮助他们解决工作中的问题。

各级党委和政府要加强思想政治工作，指导宣传部门向广大群众进行爱国主义、社会主义和民族团结的教育，积极向人民群众特别是广大青少年进行辩证唯物主义和历史唯物主义（包括无神论）的教育，培养广大青少年成为有理想、有道德、有文化、有纪律的一代新人。要指导和帮助工会、共青团、妇联积极开展各种健康有益的活动，关心和帮助职工、青年、妇女解决工作和生活中遇到的困难，教育他们正确对待生老病死、吉凶祸福等问题，树立科学的世界观和人生观。出版涉及宗教的作品，既不允许违背党和国家的宗教政策，伤害信教群众的宗教感情，也不允许利用宗教歪曲历史，损害国家统一和民族团结。

共产党员不得信仰宗教，不得参加宗教活动。对参加宗教活动的党员要耐心进行教育，帮助他们树立正确的世界观，划清无神论和有神论的界限，坚定共产主义信念；对坚持不改的要劝其退党。对那些参与煽动宗教狂热、支持滥建寺观教堂的，要严肃地进行批评教育，经教育仍不悔改的要开除党籍。在那些基本上是全民信教的少数民族地区，生活在基层的共产党员参加某些带有宗教色彩，属于民族传统的群众性活动问题，按中央有关规定执行。

各地党委和政府接到本通知后，要在全面检查执行宗教政策的基础上，认真总结近年来处理宗教问题的经验教训，结合本地区的实际情况，制定具体措施，认真贯彻执行。各省、自治区、直辖市党委和政府应将检查总结情况，向中央、国务院写出书面报告。

中央纪委法规室对《关于几人商量后由一人署名举报是否属于非组织活动等问题的咨询请示》的答复

2002 年 6 月 18 日

北京市纪委政策法规室：

你室 2002 年 6 月 6 日传来的《关于几人商量后由一人署名举报是否属于非组织活动等问题的咨询请示》收悉。经研究，答复如下：

一、关于几人商量后由一人署名举报是否属于非组织活动问题

《中国共产党纪律处分条例（试行）》（以下简称条例）第四十八条规定的在党内搞非组织活动错误，是指共产党员违反组织原则，通过串通、合谋、拉帮结伙等方式，有预谋地向党组织反映不实情况或在其他党员群众中散布消息，或者在组织活动和重要事项的决策中统一口径、协调行动，以达到个人或者小团体目的或者打击、贬损党内其他同志，损害党的民主集中制、损害党的团结和战斗力的行为。

根据《中国共产党章程》、《中国共产党党员权利保障条例（试行）》、《中共中央纪委、监察部关于保护检举、控告人的规定》等党内法规关于党员检举、控告权利的规定，党员有权以口头或书面方式向党的各级组织直至中央负责的揭发、检举党的任何组织和任何党员违法违纪的事实；有权要求处分违法违纪党员；有权要求党的组织罢免或撤换不称职党员领导干部的职务。但是，党员在进行批评、揭发、检举时，必须实事求是，明确列举事实根据，不得夸大和歪曲事实，更不准捏造事实、诬告陷害；必须按组织原则办事，符合有关程序，不得随便扩散、传播。

因此，对于请示中所述几人商量后由一人署名举报的情形，如果举报的问题属实或基本属实，且只是向上级组织举报，没有扩散、传播的，不属于进行非组织活动。

二、对于补登符合事实的记录，但署去年日期的行为是否属于制造伪证问题

构成伪证错误应具备两个特征：一是发生在检查处理违法违纪案件过程中；二是为了陷害他人或者出于包庇、袒护或者其他目的，提供虚假证据。因此，如果不是在检查处理违法违纪案件过程中，为了陷害他人或者出于包庇、袒护或者其他目的，而是补登符合事实的记录，即使签署了去年的日期，这种行为虽然不对，也不构成伪证错误。

中央纪委办公厅关于转发《广播电视播出机构中的共产党员违反宣传纪律党纪处分暂行规定》的通知

2002 年 7 月 15 日

各省、自治区、直辖市党委、政府、纪委、监察厅（局），中央各部委，中央国家机关各部委党组(党委)、纪检组(纪委)、监察局，中央纪委各派驻纪检组，监察部各派驻监察局、监察专员办公室，中央直属机关工委、纪工委，中央国家机关工委、纪工委，中央金融工委、纪工委，中央企业工委、纪工委，军委纪委：

国家广播电影电视总局党组制定的《广播电视播出机构中的共产党员违反宣传纪律党纪处分暂行规定》，已经中央纪委同意。现转发给你们，请贯彻执行。

广播电视播出机构中的共产党员违反宣传纪律党纪处分暂行规定

第一条　为了确保广播电视宣传坚持党性原则，坚持正确的舆论导向，根据《中国共产党纪律处分条例(试行)》、《广播电视管理条例》、《中共中央宣传部、国家广播电影电视总局关于建立违纪违规广播电视播出机构警告制度的意见》、《中国新闻工作者职业道德准则》、《关于禁止有偿新闻的若干规定》等有关规定，制定本规定。

第二条　本规定适用于广播电视播出机构中的共产党员。

本规定所称“广播电视播出机构”是指经国务院广播电影电视行政部门批准设立的全国广播电影电视系统的广播电台、电视台、广播电视台等播出广播电视节目的机构。

第三条　广播电视播出机构中的共产党员在宣传工作中应当遵守宣传纪律，不得违反宣传工作管理规定，播出的语言、文字、声音、图像等不得含有违反宪法、法律、法规、规章、党和国家政策等的错误内容。

第四条　在宣传工作中违反政治纪律，播出下列内容之一的，对负有直接责任的主管人员和其他直接责任人员中的共产党员，给予党内严重警告处分；情节较重的，给予撤销党内职务或者留党察看处分；情节严重的，给予开除党籍处分。

(一)反对宪法确定的基本原则的；

(二)反对四项基本原则的；

(三)反对党的基本理论、基本路线、基本纲领的；

(四)反对党和国家重大政策的；

(五)危害国家统一、主权和领土完整的；

(六)煽动仇视政府，扰乱社会秩序，破坏社会稳定的；

(七)煽动民族仇恨、民族歧视，破坏民族团结的；

(八)传播政治谣言，侮辱、毁谤或丑化党和国家及领导人形象的；

(九)其他违反政治纪律内容的。

第五条　宣扬邪教的，对负有直接责任的主管人员和其他直接责任人员中的共产党员，给予党内严重警告处分；情节较重的，给予撤销党内职务或者留党察看处分；情节严重的，给予开除党籍处分。

第六条　在宣传工作中，泄露党和国家秘密的，对负有直接责任的主管人员和其他直接责任人员中的共产党员，情节较轻的，给予党内警告或者严重警告处分；情节较重的，给予撤销党内职务或者留党察看处分；情节严重的，给予开除党籍处分。

第七条　在宣传工作中危害国家安全或者损害国家荣誉和利益，有下列情形之一的，对负有直接责任的主管人员和其他直接责任人员中的共产党员，给予党内警告或者严重警告处分；情节较重的，给予撤销党内职务或者留党察看处分；情节严重的，给予开除党籍处分。

(一)违反我国对外政策，播出不符合我国外交口径的言行，造成不良影响的；

(二)违反规定报道涉外案件，造成不良影响的；

(三)对外提供违反《广播电视管理条例》第三十二条规定的广播电视节目，被境外组织利用的；

(四)其他危害国家安全或者损害国家荣誉和利益行为的。

第八条　违反民族、宗教政策，有下列情形之一的，对负有直接责任的主管人员和其他直接责任人员中的共产党员，给予党内警告或严重警告处分；情节较重的，给予撤销党内职务或者留党察看处分；情节严重的，给予开除党籍处分。

(一)因错误宣传报道诱发不安定事件的；

(二)违反规定报道境外民族分裂或宗教极端分子的恐怖活动，造成不良后果的；

(三)播出贬损少数民族祖先、文化、重要人物、风俗习惯或其他伤害少数民族同胞感情的内容，引起少数民族群众强烈不满的；

(四)播出贬损合法宗教信仰、宗教组织、宗教领袖、神职人员、宗教礼仪或宗教活动的内容，造成不良后果的；

(五)违反规定允许境外传媒在我国境内播放宗教节目的；

(六)播出其他违反民族、宗教政策内容，造成不良后果的。

第九条　在宣传工作中，有下列情形之一的，对负有直接责任的主管人员和其他直接责任人员中的共产党员，情节较轻的，给予党内警告处分；情节较重的，给予党内严重警告或者撤销党内职务处分；情节严重的，给予留党察看或者开除党籍处分。

（一）播出宣扬淫秽、赌博行为内容的；

（二）播出宣扬暴力或教唆犯罪内容的；

（三）播出宣扬伪科学或鼓吹封建迷信内容的；

（四）有其他妨害社会管理秩序行为的。

第十条 违反有关规定，有下列情形之一的，对负有直接责任的主管人员和其他直接责任人员中的共产党员，情节较轻的，给予党内警告处分；情节较重的，给予党内严重警告或者撤销党内职务处分；情节严重的，给予留党察看或者开除党籍处分。

（一）违反新闻真实性原则，制作播出虚假新闻，拒不更正或澄清事实的；

（二）对重要事件进行错误报道，造成不良影响的；

（三）超越司法程序，对案件进行定罪、定性式报道，造成不良影响的；

（四）违反规定报道群体性事件、案件，给社会稳定带来损害的；

（五）违反规定发表分析预测、炒作个股的消息、文章等，误导股市，造成不良后果的；

（六）违反规定片面报道会议讨论内容，触及敏感问题，造成不良后果的；

（七）违反规定播出汛情、疫情、震情及核事故等重大事故的；

（八）新闻报道中有其他违法违纪行为的。

第十一条 在宣传工作中侵犯他人人身权利或其他合法权利，有下列情形之一的，对负有直接责任的主管人员和其他直接责任人员中的共产党员，情节较轻的，给予党内警告处分；情节较重的，给予党内严重警告或者撤销党内职务处分；情节严重的，给予留党察看或者开除党籍处分。

（一）侮辱或者诽谤他人，侵害他人合法权益的；

（二）报道各类案件时，未征得办案人、被害人、检举人、知情人同意，公开他们的姓名、地址、工作单位、图像及其他相关资料的；

（三）播出未成年犯罪嫌疑人的姓名、地址、图像及其他相关资料的；

（四）播出披露未成年人隐私的；

（五）播出内容泄露商业秘密或个人隐私、个人档案内容，造成不良后果的；

（六）播出其他侵犯他人人身权利、合法权利内容的。

第十二条 在宣传工作中违反规定或者严重不负责任，有下列情形之一的，对负有直接责任的主管人员和其他直接责任人员中的共产党员，情节较轻的，给予党内警告处分；情节较重的，给予党内严重警告处分；情节严重的，给予撤销党内职务、留党察看或者开除党籍处分。

（一）违反审稿（片）制度规定，擅自播发稿件、节目的；

（二）预告的重要节目或指定的节目无正当理由不按要求播出，或受众关注的节目未按计划播出，引起受众强烈不满或其他严重后果的；

（三）未经审查批准播放广播电视节目，造成不良影响的；

（四）广告充当新闻播出的；

（五）在直播节目中，未按规定采用必要设备，所播内容造成不良影响的；

（六）涉及法律、医药及科技等专门知识不按有关规定处理，播出错误内容，造成不良后果的；

（七）有其他违反宣传工作规定行为或失职行为的。

第十三条 违反宣传工作管理规定，有下列情形之一的，对负有直接责任的主管人员和其他直接责任人员中的共产党员，情节较轻的，给予党内警告处分；情节较重的，给予党内严重警告处分；情节严重的，给予撤销党内职务、留党察看或者开除党籍处分。

（一）在采访工作中，违背党和国家政策或者损害国家尊严、利益，造成不良后果的；

（二）有违反《关于禁止有偿新闻的若干规定》行为的；

（三）未经批准，擅自以编辑记者身份采访，造成不良后果的；

（四）有其他违反宣传工作管理规定行为的。

第十四条 广播电视播出机构发生上述违反宣传纪律的行为，造成严重不良影响或严重后果的，对负有主要领导责任、重要领导责任的主要负责人实行责任追究，在其他直接责任人员所受处分档次以下，酌情给予处分。

第十五条 对于严重违反党的宣传纪律，本身又不能纠正的党组织的领导机构和全体或者大多数党员严重违反党的宣传纪律的党组织，根据《中国共产党纪律处分条例（试行）》第十七条和第十八条的规定处理。

第十六条 广播电影电视系统的报刊、出版社、信息网站、发射台、转播台、监测台（站）等，参照执行本规定。

第十七条 本规定由中央纪委驻国家广播电影电视总局纪检组负责解释。

第十八条 本规定自下发之日起施行。

中共中央关于加强党的政治建设的意见

中共中央2019年1月31日印发

为深入贯彻落实习近平新时代中国特色社会主义思想和党的十九大精神,切实加强党的政治建设,坚持和加强党的全面领导,推进全面从严治党向纵深发展,不断提高党的执政能力和领导水平,确保全党统一意志、统一行动、步调一致向前进,现提出如下意见。

一、加强党的政治建设的总体要求

旗帜鲜明讲政治是我们党作为马克思主义政党的根本要求。党的政治建设是党的根本性建设,决定党的建设方向和效果,事关统揽推进伟大斗争、伟大工程、伟大事业、伟大梦想。

在革命、建设、改革各个时期,我们党都高度重视党的政治建设,形成了讲政治的优良传统。党的十八大以来,以习近平同志为核心的党中央把党的政治建设摆在更加突出位置,加大力度抓,形成了鲜明的政治导向,消除了党内严重政治隐患,推动党的政治建设取得重大历史性成就。同时,必须清醒看到,党内存在的政治问题还没有得到根本解决,一些党组织和党员干部忽视政治、淡化政治、不讲政治的问题还比较突出,有的甚至存在偏离中国特色社会主义方向的严重问题。切实有效解决这些问题,必须进一步加强党的政治建设。

加强党的政治建设,必须高举中国特色社会主义伟大旗帜,全面贯彻党的十九大精神,坚持以马克思列宁主义、毛泽东思想、邓小平理论、"三个代表"重要思想、科学发展观、习近平新时代中国特色社会主义思想为指导,坚持党的基本理论、基本路线、基本方略,落实新时代党的建设总要求,增强"四个意识",坚定"四个自信",坚决维护习近平总书记党中央的核心、全党的核心地位,坚决维护党中央权威和集中统一领导,把准政治方向,坚持党的政治领导,夯实政治根基,涵养政治生态,防范政治风险,永葆政治本色,提高政治能力,把我们党建设得更加坚强有力,确保我们党始终成为中国特色社会主义事业的坚强领导核心,为实现"两个一百年"奋斗目标和中华民族伟大复兴的中国梦提供坚强政治保证。

加强党的政治建设,目的是坚定政治信仰,强化政治领导,提高政治能力,净化政治生态,实现全党团结统一、行动一致。要以党章为根本遵循,把党章明确的党的性质和宗旨、指导思想和奋斗目标、路线和纲领落到实处。要突显党的政治建设的根本性地位,聚焦党的政治属性、政治使命、政治目标、政治追求持续发力。要以党的政治建设为统领,把政治标准和政治要求贯穿党的思想建设、组织建设、作风建设、纪律建设以及制度建设、反腐败斗争始终,以政治上的加强推动全面从严治党向纵深发展,引领带动党的建设质量全面提高。要坚持问题导向,注重"靶向治疗",针对政治意识不强、政治立场不稳、政治能力不足、政治行为不端等突出问题强弱项补短板。要把党的政治建设融入党和国家重大决策部署的制定和落实全过程,做到党的政治建设与各项业务工作特别是中心工作紧密结合、相互促进。

二、坚定政治信仰

加强党的政治建设,必须坚持马克思主义指导地位,坚持用习近平新时代中国特色社会主义思想武装全党、教育人民,夯实思想根基,牢记初心使命,凝聚同心共筑中国梦的磅礴力量。

(一)坚持用党的科学理论武装头脑

马克思主义是我们立党立国的根本指导思想。习近平新时代中国特色社会主义思想是当代中国马克思主义、21世纪马克思主义,是全党全国人民为实现中华民族伟大复兴而奋斗的行动指南,是经过实践检验、富有实践伟力的强大思想武器,必须长期坚持并不断发展。要深入学习习近平新时代中国特色社会主义思想,加强思想政治教育,推动学习教育往深里走、往心里走、往实里走,真正做到学深悟透、融会贯通、真信笃行,巩固全党全国人民团结奋斗的共同思想基础。要坚定理想信念,牢固树立共产主义远大理想和中国特色社会主义共同理想,挺起共产党人的精神脊梁,坚决防止不信马列信鬼神、不信真理信金钱,坚决反对各种歪曲、篡改、否定马克思主义的错误思想。要坚定"四个自信",坚信中国特色社会主义是科学社会主义理论逻辑和中国社会发展历史逻辑的辩证统一,是当代中国发展进步的根本方向,是全面建成小康社会、全面建成社会主义现代化强国、实现中华民族伟大复兴的必由之路。领导干部要带头学理论、强信念,筑牢信仰之基,补足精神之钙,把稳思想之舵。实施年轻干部理想信念宗旨教育计划,大力培养造就具有坚定共产主义信仰和较高马克思主义理论素养的社会主义建设者和接班人。

（二）坚定执行党的政治路线

党在社会主义初级阶段的基本路线作为党的政治路线，是党和国家的生命线、人民的幸福线，必须坚决捍卫、坚定执行。越是面临严峻复杂的国际国内形势，越是处于中华民族伟大复兴的关键时期，越要保持清醒头脑和战略定力，全面贯彻执行党的政治路线，把以经济建设为中心同坚持四项基本原则、坚持改革开放两个基本点统一于中国特色社会主义伟大实践，绝不能有丝毫偏离和动摇。坚持党的政治路线，必须全面贯彻实施新时代中国特色社会主义基本方略，统筹推进"五位一体"总体布局和协调推进"四个全面"战略布局，为实现"两个一百年"奋斗目标不懈努力。全党制定执行大政方针，要从党的政治路线出发；部署推进党和国家事业发展重大战略、重大任务、重大工作，要紧紧围绕党的政治路线来进行。各地区各部门确定工作思路、工作部署、政策措施，要自觉同党的政治路线对标对表、及时校准偏差。要坚决同一切违背、歪曲、否定党的政治路线的言行作斗争。

（三）坚决站稳政治立场

政治立场事关根本。全党必须始终坚定马克思主义立场，坚持党性和人民性相统一，坚决站稳党性立场和人民立场。要坚持以党的旗帜为旗帜、以党的方向为方向、以党的意志为意志，始终做到在党言党、在党忧党、在党为党，任何时候都同党同心同德。要坚持以人民为中心，立党为公、执政为民，践行全心全意为人民服务的根本宗旨，树立真挚的人民情怀，把人民放在心中最高位置，始终相信人民，紧紧依靠人民，把人民对美好生活的向往作为奋斗目标。要把对党负责和对人民负责高度统一起来，想问题、作决策、办事情都从人民利益出发，崇尚实干、勤政为民，把精力和心思用在稳增长、促改革、调结构、惠民生、防风险、保稳定上，着力解决人民群众最关心最直接最现实的利益问题，努力让人民群众有更多获得感、幸福感、安全感。

三、坚持党的政治领导

党是最高政治领导力量，党的领导是中国特色社会主义最本质的特征，是中国特色社会主义制度的最大优势。加强党的政治建设，必须坚持和加强党的全面领导，完善党的领导体制，改进党的领导方式，承担起执政兴国的政治责任。

（四）坚决做到"两个维护"

事在四方，要在中央。坚持和加强党的全面领导，最重要的是坚决维护党中央权威和集中统一领导；坚决维护党中央权威和集中统一领导，最关键的是坚决维护习近平总书记党中央的核心、全党的核心地位。要教育引导党员干部从历史和现实、理论和实践、国内和国际的结合上深刻认识、强化认同，不断增强拥护核心、跟随核心、捍卫核心的思想自觉政治自觉行动自觉，始终同以习近平同志为核心的党中央保持高度一致，做到党中央提倡的坚决响应、党中央决定的坚决执行、党中央禁止的坚决不做。要以党章为根本依据，不断完善保障"两个维护"的制度机制，严格执行《关于新形势下党内政治生活的若干准则》、《中国共产党重大事项请示报告条例》、《中共中央政治局关于加强和维护党中央集中统一领导的若干规定》等党内法规，加强对贯彻执行党的路线方针政策和决议情况的督促检查，完善党中央重大决策部署和习近平总书记重要指示批示贯彻落实的督查问责机制。要以正确的认识、正确的行动坚决做到"两个维护"，坚决防止和纠正一切偏离"两个维护"的错误言行，不得搞任何形式的"低级红"、"高级黑"，决不允许对党中央阳奉阴违做两面人、搞两面派、搞"伪忠诚"。

（五）完善党的领导体制

坚持党总揽全局、协调各方，建立健全坚持和加强党的全面领导的制度体系，为把党的领导落实到改革发展稳定、内政外交国防、治党治国治军各领域各方面各环节提供坚实制度保障。研究制定党领导经济社会各方面重要工作的党内法规。健全党中央集中统一领导重大工作的体制机制。完善地方党委、党组、党的工作机关实施党的领导的体制机制。建立健全国有企业党委（党组）和农村、事业单位、街道社区等的基层党组织发挥领导作用的制度规定。贯彻落实宪法规定，制定和修改有关法律法规要明确规定党领导相关工作的法律地位。将坚持党的全面领导的要求载入人大、政府、法院、检察院的组织法，载入政协、民主党派、工商联、人民团体、国有企业、高等学校、有关社会组织等的章程，健全党对这些组织实施领导的制度规定，确保其始终在党的领导下积极主动、独立负责、协调一致地开展工作。

（六）改进党的领导方式

着眼于党把方向、谋大局、定政策、促改革，强化战略思维、创新思维、辩证思维、法治思维、底线思维，正确制定和坚决执行党的路线方针政策，不断增强党的政治领导力、思想引领力、群众组织力、社会号召力。要坚持民主集中制这一根本领导制度，善于运用民主的办法汇集意见、科学决策，善于通过协商的方式增进共识、凝聚力量,同时善于集中、敢于担责,防止议而不决、决而不行。要坚持群众路线这一基本领导方法,不断增强群众工作本领,大兴调查研究之风,改进和创新联系群众的途径方法,坚持走好网上群众路线,汇集民智民力,善于通过群众喜闻乐见方式宣传党的理论和路线方针政策,把党的主张变为群众自觉行动。坚决反对"四风"特别是形式主义、官僚主义。要坚持依法执政这一基本领导方式,注重运用法治思维和法治方式治国理政,善于使党的主张通过法定程序成为国家意志、转化为法律法规,自觉把党的领导活动纳入制度轨道。

四、提高政治能力

加强党的政治建设,关键是要提高各级各类组织和党员干部的政治能力。必须进一步增强党组织政治功能,彰显国家机关政治属性,发挥群团组织政治作用,强化国有企事业单位政治导向,不断提高党员干部特别是领导干部政治本领。

(七)增强党组织政治功能

党的力量来自组织。政治属性是党组织的根本属性,政治功能是党组织的基本功能,要认真贯彻落实新时代党的组织路线,不断强化各级各类党组织的政治属性和政治功能。党中央是党的最高领导机关,是党的组织体系的大脑和中枢,对党和国家事业发展重大工作实行集中统一领导,涉及全党全国性的重大方针政策问题只能由党中央作出决定和解释。地方党委要在党中央和上级党委领导下,全面领导本地区经济社会发展,全面负责本地区党的建设,坚决纠正党的领导弱化、党的建设缺失、全面从严治党不力问题。党的基层组织要着力提升组织力,突出政治功能、强化政治引领,下大气力解决软弱涣散问题。党支部要担负起直接教育党员、管理党员、监督党员和组织群众、宣传群众、凝聚群众、服务群众的职责,发挥好战斗堡垒作用。党组要在批准其设立的党组织领导下,在本部门本单位发挥好把方向、管大局、保落实的重要作用,确保党中央和上级党组织决策部署在本部门本单位贯彻落实。党的各级纪委要进一步强化党内监督专责机关的职能定位,全面监督执纪问责,坚决维护党章党规党纪的严肃性和权威性。党的工作机关要更好发挥党委参谋助手作用,提高履职尽责的政治性和有效性,力求参当其时、谋当其用,更好服务党委决策、抓好决策落实。党员要强化党的意识和组织观念,自觉做到思想上认同组织、政治上依靠组织、工作上服从组织、感情上信赖组织。所有党组织和全体党员都必须牢固树立一盘棋意识,在党中央集中统一领导下齐心协力、步调一致开展工作,形成党的组织体系整体合力。

(八)彰显国家机关政治属性

中央和地方各级人大机关、行政机关、政协机关、监察机关、审判机关、检察机关本质上都是政治机关,旗帜鲜明讲政治是应尽之责。要始终坚持在党的领导下依法实施经济社会管理活动,坚决贯彻落实党的基本理论、基本路线、基本方略,积极主动将党的领导主张和重大决策部署转化为法律法规和政策政令,转化为对经济社会管理的部署安排和工作活动,转化为领导体制、工作机制和管理方式方法创新,转化为推动经济社会发展的实际效果。国家机关履行职责、开展工作,要提高政治站位,把准政治方向,注重政治效果,考虑政治影响,坚决防止和纠正把政治与业务割裂开来、对立起来的错误认识和做法,确保政治和业务融为一体、高度统一。

(九)发挥群团组织政治作用

工会、共青团、妇联等群团组织是党领导下的政治组织,政治性是群团组织的灵魂。各群团组织要认真履行政治职责,充分发挥联系人民群众的桥梁和纽带作用,加大政治动员、政治引领、政治教育工作力度,更好承担起引导群众听党话、跟党走的政治任务,把自己联系的群众最广泛最紧密地团结在党的周围。要坚定不移坚持党的领导,坚定不移走中国特色社会主义群团发展道路,不折不扣落实党中央关于群团改革的决策部署,切实增强群团组织的政治性、先进性、群众性。

(十)强化国有企事业单位政治导向

国有企业是中国特色社会主义的重要物质基础和政治基础,事业单位承担着满足人民群众日益增长的公益服务需求职责,都是我们党执政兴国的重要依靠力量。国有企事业单位必须始终坚持党的领导,坚决贯彻执行党的路线方针政策,认真落实党中央关于推进国有企事业单位改革发展的决策部署,切实加强本单位党的建设工作,充分发挥党组织重要作用,保证本单位工作坚持正确政治方向、取得良好政治效果。

(十一)提高党员干部政治本领

党员干部特别是领导干部要加强政治能力训练和政治实践历练,切实提高把握方向、把握大势、把握全局的能力和辨别政治是非、保持政治定力、驾驭政治局面、防范政治风险的能力。要在大是大非面前态度鲜明、立场坚定,始终在政治立场、政治方向、政治原则、政治道路上同以习近平同志为核心的党中央保持高度一致。要善于从政治上研判形势、分析问题,自觉在党和国家工作大局下想问题、做工作,做到一切服从大局、一切服务大局。要强化忧患意识、风险意识,增强政治敏锐性和政治鉴别力,对容易诱发政治问题特别是重大突发事件的敏感因素、苗头性倾向性问题,对意识形态领域各种错误思潮、模糊认识、不良现象,保持高度警惕,做到眼睛亮、见事早、行动快。要提高风险处置能力,及时阻断不同领域风险转换通道,防止非公共性风险扩大为公共性风险、非政治性风险演变为政治风险。要增强斗争精神,强化政治担当,敢于亮剑、善于斗争,发现违反政治纪律、危害政治安全的行为坚决抵制,做勇于斗争的"战士",不做爱惜羽毛的"绅士",严防对挑战政治底线的错误言论和不良风气听之任之、逃避责任、失职失察。

五、净化政治生态

加强党的政治建设,必须把营造风清气正的政治生态作为基础性、经常性工作,浚其源、涵其林,养正气、固根本,锲而不舍、久久为功,实现正气充盈、政治清明。

(十二)严肃党内政治生活

营造良好政治生态,必须严格执行《关于新形势下党内政治生活的若干准则》,着力提高党内政治生活质量,努力在全党形成又有集中又有民主、又有纪律又有自由、又有统一意志又有个人心情舒畅生动活泼的政治局面。增强党内政治生活的政治性,强化政治教育和政治引领,让党员干部经常接受政治体检,打扫政治灰尘,净化政治灵魂,增强政治免疫力,坚决防止和克服党内政治生活忽视政治、淡化政治、不讲政治的倾向。增强党内政治生活的时代性,主动适应信息时代新形势和党员队伍新变化,积极运用互联网、大数据等新兴技术,创新党组织活动内容方式,推进"智慧党建",使党内政治生活始终充满活力,坚决防止和克服党内政治生活不讲创新、不讲活力、照搬照套的倾向。增强党内政治生活的原则性,坚持按原则开展党的工作和活动,按原则处理党内各种关系,按原则解决党内矛盾和问题,严格执行党的组织生活制度,认真召开民主生活会和组织生活会,提高"三会一课"质量,落实谈心谈话、民主评议党员和主题党日等制度,坚持和完善重温入党誓词、党员过"政治生日"等政治仪式,使党内生活庄重、严肃、规范,坚决防止和克服党内政治生活不讲原则、平淡化庸俗化随意化的倾向。增强党内政治生活的战斗性,坚持以整风精神开展批评和自我批评,勇于思想交锋、揭短亮丑,旗帜鲜明坚持真理、修正错误,统一意志、增进团结,建立健全民主生活会列席指导、及时叫停、责令重开、整改通报等制度,坚决防止和克服党内政治生活一团和气、评功摆好、明哲保身的倾向。

(十三)严明党的政治纪律和政治规矩

政治纪律是党最根本、最重要的纪律,是净化政治生态的重要保证。要把坚决做到"两个维护"作为首要政治纪律,在全党持续深入开展忠诚教育,开展"守纪律、讲规矩"模范机关创建和先进个人评选活动,教育督促党员干部始终对党忠诚老实,决不允许在重大政治原则问题上、大是大非问题上同党中央唱反调,搞自由主义。严格执行《中国共产党纪律处分条例》,严肃查处违反政治纪律的行为,通过严明政治纪律带动党的其他纪律严起来。坚持"五个必须",必须维护党中央权威,决不允许背离党中央要求另搞一套;必须维护党的团结,决不允许在党内培植个人势力;必须遵循组织程序,决不允许擅作主张、我行我素;必须服从组织决定,决不允许搞非组织活动;必须管好领导干部亲属和身边工作人员,决不允许他们擅权干政、谋取私利。严肃查处"七个有之"问题,把政治上蜕变的两面人及时辨别出来、清除出去,坚决防止党内形成利益集团攫取政治权力、改变党的性质,坚决防止山头主义和宗派主义危害党的团结、破坏党的集中统一。

(十四)发展积极健康的党内政治文化

营造良好政治生态,离不开党内政治文化的浸润滋养。坚持"三严三实",大力弘扬忠诚老实、公道正派、实事求是、清正廉洁等价值观,充分利用各类爱国主义教育基地和党性教育基地对广大党员干部进行教育和熏陶,增强党员干部的政治定力、纪律定力、道德定力、拒腐定力。大力倡导清清爽爽的同志关系、规规矩矩的上下级关系、干干净净的政商关系,弘扬正气、树立新风。推动中华优秀传统文化创造性转化、创新性发展,培育党员干部政治气节、政治风骨。发扬革命文化,传承红色基因,弘扬革命精神,教育党员干部正确处理公和私、义和利、是和非、正和邪、苦和乐的关系。弘扬社会主义先进文化,推进社会主义核心价值观宣传教育,引导党员干部带头做社会主义核心价值观的坚定信仰者、积极传播者、模范践行者。坚决抵制庸俗腐朽的政治文化,自觉抵制商品交换原则对党内生活的侵蚀,狠刹权权交易、权钱交易、权色交易等不正之风,破除关系学、厚黑学、官场术等封建糟粕,坚决防止和反对个人主义、分散主义、自由主义、本位主义、好人主义,坚决防止和反对宗派主义、圈子文化、码头文化。

(十五)突出政治标准选人用人

选人用人是政治生态的风向标。要坚持党管干部原则,贯彻新时期好干部标准,始终把政治标准放在第一位,注重选拔任用牢固树立“四个意识”、自觉坚定“四个自信”、坚决做到“两个维护”、全面贯彻执行党的理论和路线方针政策、忠诚干净担当的干部,对政治不合格的干部实行“一票否决”,已经在领导岗位的坚决调整。严格执行《党政领导干部选拔任用工作条例》,在选人用人中进一步突出政治标准,强化政治把关。制定实施《党政领导干部考核工作条例》,建立健全领导干部政治素质识别和评价机制,强化对干部政治忠诚、政治定力、政治担当、政治能力、政治自律等方面的深入考察考核,坚决把政治上的两面人挡在门外。匡正选人用人风气,坚持不懈整治选人用人上的不正之风,对任人唯亲、说情打招呼、跑官要官、买官卖官、拉票贿选等行为发现一起查处一起,对“带病提拔”的干部实行倒查,对政治标准把关不严的严肃处理。严格执行干部选拔任用工作纪实制度,对私自干预下级或者原任职地方和单位选人用人的,记录在案并严肃追究责任。

(十六)永葆清正廉洁的政治本色

坚决反对腐败,建设廉洁政治,是涵养政治生态的必要条件和重要任务。强化不敢腐的震慑,坚持反腐败无禁区、全覆盖、零容忍,坚持重遏制、强高压、长震慑,运用监督执纪“四种形态”,重点查处党的十八大以来不收敛、不收手,问题线索反映集中、群众反映强烈,政治问题和经济问题交织的腐败案件,严肃查处违反中央八项规定精神的问题,持续保持反腐败高压态势。扎紧不能腐的笼子,健全党和国家监督体系,加强对权力运行的制约和监督,通过改革和制度创新切断利益输送链条。特别要针对管人管钱管物管项目的单位和岗位,查找廉政风险点,通过科学管理、严格监督和发挥巡视利剑作用,切实管住权力,坚决反对特权行为和特权现象,让人民群众真正感受到清正干部、清廉政府、清明政治就在身边。增强不想腐的自觉,领导干部特别是高级干部要带头加强党性修养,知敬畏、存戒惧、守底线,坚决防范被利益集团“围猎”,持之以恒锤炼政德,明大德、守公德、严私德,带头遵守《中国共产党廉洁自律准则》,注重家庭家教家风,自觉做廉洁自律、廉洁用权、廉洁齐家的模范。

六、强化组织实施

加强党的政治建设是一项重大艰巨的政治任务。各地区各部门要进一步增强推进党的政治建设的自觉性坚定性,把思想和行动统一到党中央部署要求上来,加强组织领导、强化责任担当,确保本意见提出的各项举措落到实处,确保党的政治建设取得成效。

(十七)落实领导责任

建立健全推进党的政治建设工作责任制,各级党委(党组)要切实负起本地区本部门党的政治建设工作主体责任,将其纳入党委(党组)工作总体布局,摆在首要位置来抓,认真研究部署、大力推进落实。党委(党组)书记要认真履行第一责任人职责,对党的政治建设重要工作亲自部署、重要问题亲自过问、重大事件亲自处置。党委(党组)其他成员要根据职责分工,按照“一岗双责”要求,抓好分管部门和领域党的政治建设工作。各级党的建设工作领导小组要发挥统筹协调的职能作用,各级纪检监察机关和党委有关部门要各司其职、各负其责,履行推进党的政治建设工作相关职责。中央和国家机关要在推进党的政治建设上带好头、作示范,在深入学习贯彻习近平新时代中国特色社会主义思想上作表率,在始终同党中央保持高度一致上作表率,在坚决贯彻落实党中央决策部署上作表率,建设让党中央放心、让人民群众满意的模范机关。

(十八)抓住“关键少数”

加强党的政治建设,要坚持抓“关键少数”和管“绝大多数”相结合,重点是抓住领导机关和领导干部,发挥其示范引领作用。各级领导干部特别是高级干部要深刻认识自己在加强党的政治建设中的特殊重要性和肩负的重大责任,职位越高越要自觉严格要求自己,注重加强政治历练、积累政治经验、增进政治智慧,做到信念如磐、意志如铁,政治坚定、绝对忠诚,清正廉洁、担当负责,坚决做到“两个维护”,成为坚定的马克思主义者。实施“一把手”政治能力提升计划。

(十九)强化制度保障

加强党的政治建设,要把建章立制贯穿全过程各方面,建立健全长效机制,形成系统完备、有效管用的政治规范体系,真正实现党的政治建设有章可循、有据可依。坚持集成联动,完善党内法规制度体系有关制度,健全国家法律体系有关规定,在各类章程中明确提出有关要求,做到相辅相成、有机统一。坚持明确标准,既提出政治高线,激励党员干部向往践行,又划出政治底线,防止党员干部逾矩失范。坚持执规必严,加大宣传教育和执行力度,督促党员干部把党的政治规范刻印在心上、落实在行动上,坚决维护制度权威。

（二十）加强监督问责

各地区各部门要加强对党的政治建设工作的监督检查，将其作为巡视巡察和督查检查的重要内容，深化政治巡视，强化政治监督，着力发现和纠正政治偏差。探索建立本地区本部门政治生态评价体系。把党的政治建设工作情况纳入党委（党组）书记抓党建述职评议和党建考核评价体系，并突出其权重。坚持失责必问、问责必严，对落实党的政治建设责任不到位、推进党的政治建设工作不力以及违反党的政治纪律和政治规矩的行为严肃追责问责。

各地区各部门要紧密结合自身实际制定贯彻实施本意见的具体措施。中央军委可以根据本意见提出加强军队党的政治建设的具体意见。

2. 组织纪律

(1)组织、人事制度

·法律法规·

中华人民共和国国务院组织法

1. 1982年12月10日第五届全国人民代表大会第五次会议通过并于同日公布施行
2. 2024年3月11日第十四届全国人民代表大会第二次会议修订

第一条 【立法目的】为了健全国务院的组织和工作制度,保障和规范国务院行使职权,根据宪法,制定本法。

第二条 【性质】中华人民共和国国务院,即中央人民政府,是最高国家权力机关的执行机关,是最高国家行政机关。

第三条 【指导思想和服务宗旨】国务院坚持中国共产党的领导,坚持以马克思列宁主义、毛泽东思想、邓小平理论、“三个代表”重要思想、科学发展观、习近平新时代中国特色社会主义思想为指导,坚决维护党中央权威和集中统一领导,坚决贯彻落实党中央决策部署,贯彻新发展理念,坚持依法行政,依照宪法和法律规定,全面正确履行政府职能。

国务院坚持以人民为中心、全心全意为人民服务,坚持和发展全过程人民民主,始终同人民保持密切联系,倾听人民的意见和建议,建设人民满意的法治政府、创新政府、廉洁政府和服务型政府。

第四条 【负责机制】国务院对全国人民代表大会负责并报告工作;在全国人民代表大会闭会期间,对全国人民代表大会常务委员会负责并报告工作。

国务院应当自觉接受全国人民代表大会及其常务委员会的监督。

第五条 【组成】国务院由总理、副总理、国务委员、各部部长、各委员会主任、中国人民银行行长、审计长、秘书长组成。

国务院实行总理负责制。总理领导国务院的工作。

副总理、国务委员协助总理工作,按照分工负责分管领域工作;受总理委托,负责其他方面的工作或者专项任务;根据统一安排,代表国务院进行外事活动。

第六条 【职权行使】国务院行使宪法和有关法律规定的职权。

第七条 【会议制度】国务院实行国务院全体会议和国务院常务会议制度。国务院全体会议由国务院全体成员组成。国务院常务会议由总理、副总理、国务委员、秘书长组成。总理召集和主持国务院全体会议和国务院常务会议。国务院工作中的重大问题,必须经国务院常务会议或者国务院全体会议讨论决定。

第八条 【国务院会议主要任务】国务院全体会议的主要任务是讨论决定政府工作报告、国民经济和社会发展规划等国务院工作中的重大事项,部署国务院的重要工作。

国务院常务会议的主要任务是讨论法律草案、审议行政法规草案,讨论、决定、通报国务院工作中的重要事项。

国务院全体会议和国务院常务会议讨论决定的事项,除依法需要保密的外,应当及时公布。

国务院根据需要召开总理办公会议和国务院专题会议。

第九条 【文件签署】国务院发布的行政法规、决定、命令,向全国人民代表大会或者全国人民代表大会常务委员会提出的议案,任免人员,由总理签署。

第十条 【秘书长职责】国务院秘书长在总理领导下,负责处理国务院的日常工作。

国务院设副秘书长若干人,协助秘书长工作。

国务院设立办公厅,由秘书长领导。

第十一条 【组成部门的设立、撤销或者合并】国务院组成部门的设立、撤销或者合并,经总理提出,由全国人民代表大会决定;在全国人民代表大会闭会期间,由全国人民代表大会常务委员会决定。国务院组成部门确定或者调整后,由全国人民代表大会或者全国人民代表大会常务委员会公布。

第十二条 【组成部门人员设置】国务院组成部门设部长(主任、行长、审计长)一人,副部长(副主任、副行长、副审计长)二至四人;委员会可以设委员五至十人。

国务院组成部门实行部长(主任、行长、审计长)负责制。部长(主任、行长、审计长)领导本部门的工作,召集和主持部务(委务、行务、署务)会议,讨论决定本部门工作的重大问题;签署上报国务院的重要请示、报告和发布的命令、指示。副部长(副主任、副行长、副审计长)协助部长(主任、行长、审计长)工作。

国务院副秘书长、各部副部长、各委员会副主任、中国人民银行副行长、副审计长由国务院任免。

第十三条　【设立直属机构及办事机构】国务院可以根据工作需要和优化协同高效精简的原则,按照规定程序设立若干直属机构主管各项专门业务,设立若干办事机构协助总理办理专门事项。每个机构设负责人二至五人,由国务院任免。

第十四条　【工作规定与规章制定】国务院组成部门工作中的方针、政策、计划和重大行政措施,应当向国务院请示报告,由国务院决定。根据法律和国务院的行政法规、决定、命令,主管部门可以在本部门的权限范围内发布命令、指示。

国务院组成部门和具有行政管理职能的直属机构以及法律规定的机构,可以根据法律和国务院的行政法规、决定、命令,在本部门的权限范围内,制定规章。

第十五条　【统一领导】国务院统一领导全国地方各级国家行政机关的工作。

第十六条　【决策原则】国务院坚持科学决策、民主决策、依法决策,健全行政决策制度体系,规范重大行政决策程序,加强行政决策执行和评估,提高决策质量和效率。

第十七条　【行政监督与政务公开】国务院健全行政监督制度,加强行政复议、备案审查、行政执法监督、政府督查等工作,坚持政务公开,自觉接受各方面监督,强化对行政权力运行的制约和监督。

第十八条　【组成人员行为准则】国务院组成人员应当坚决维护党中央权威和集中统一领导,模范遵守宪法和法律,认真履行职责,带头反对形式主义、官僚主义,为民务实,严守纪律,勤勉廉洁。

第十九条　【各部门工作职责】国务院组成部门、直属机构、办事机构应当各司其职、各负其责、加强协调、密切配合,确保党中央、国务院各项工作部署贯彻落实。

第二十条　【施行日期】本法自公布之日起施行。

中华人民共和国地方各级人民代表大会和地方各级人民政府组织法(节录)

1. 1979年7月1日第五届全国人民代表大会第二次会议通过
2. 根据1982年12月10日第五届全国人民代表大会第五次会议《关于修改〈中华人民共和国地方各级人民代表大会和地方各级人民政府组织法〉的若干规定的决议》第一次修正
3. 根据1986年12月2日第六届全国人民代表大会常务委员会第十八次会议《关于修改〈中华人民共和国地方各级人民代表大会和地方各级人民政府组织法〉的决定》第二次修正
4. 根据1995年2月28日第八届全国人民代表大会常务委员会第十二次会议《关于修改〈中华人民共和国地方各级人民代表大会和地方各级人民政府组织法〉的决定》第三次修正
5. 根据2004年10月27日第十届全国人民代表大会常务委员会第十二次会议《关于修改〈中华人民共和国地方各级人民代表大会和地方各级人民政府组织法〉的决定》第四次修正
6. 根据2015年8月29日第十二届全国人民代表大会常务委员会第十六次会议《关于修改〈中华人民共和国地方各级人民代表大会和地方各级人民政府组织法〉、〈中华人民共和国全国人民代表大会和地方各级人民代表大会选举法〉、〈中华人民共和国全国人民代表大会和地方各级人民代表大会代表法〉的决定》第五次修正
7. 根据2022年3月11日第十三届全国人民代表大会第五次会议《关于修改〈中华人民共和国地方各级人民代表大会和地方各级人民政府组织法〉的决定》第六次修正

第二章　地方各级人民代表大会

第一节　地方各级人民代表大会的组成和任期

第七条　省、自治区、直辖市、自治州、县、自治县、市、市辖区、乡、民族乡、镇设立人民代表大会。

第八条　省、自治区、直辖市、自治州、设区的市的人民代表大会代表由下一级的人民代表大会选举;县、自治县、不设区的市、市辖区、乡、民族乡、镇的人民代表大会代表由选民直接选举。

地方各级人民代表大会代表名额和代表产生办法由选举法规定。各行政区域内的少数民族应当有适当的代表名额。

第九条　地方各级人民代表大会每届任期五年。

第二节　地方各级人民代表大会的职权

第十条　省、自治区、直辖市的人民代表大会根据本行政区域的具体情况和实际需要,在不同宪法、法律、行政法规相抵触的前提下,可以制定和颁布地方性法规,报全国人民代表大会常务委员会和国务院备案。

设区的市、自治州的人民代表大会根据本行政区域的具体情况和实际需要，在不同宪法、法律、行政法规和本省、自治区的地方性法规相抵触的前提下，可以依照法律规定的权限制定地方性法规，报省、自治区的人民代表大会常务委员会批准后施行，并由省、自治区的人民代表大会常务委员会报全国人民代表大会常务委员会和国务院备案。

省、自治区、直辖市以及设区的市、自治州的人民代表大会根据区域协调发展的需要，可以开展协同立法。

第十一条 县级以上的地方各级人民代表大会行使下列职权：

（一）在本行政区域内，保证宪法、法律、行政法规和上级人民代表大会及其常务委员会决议的遵守和执行，保证国家计划和国家预算的执行；

（二）审查和批准本行政区域内的国民经济和社会发展规划纲要、计划和预算及其执行情况的报告，审查监督政府债务，监督本级人民政府对国有资产的管理；

（三）讨论、决定本行政区域内的政治、经济、教育、科学、文化、卫生、生态环境保护、自然资源、城乡建设、民政、社会保障、民族等工作的重大事项和项目；

（四）选举本级人民代表大会常务委员会的组成人员；

（五）选举省长、副省长，自治区主席、副主席，市长、副市长，州长、副州长，县长、副县长，区长、副区长；

（六）选举本级监察委员会主任、人民法院院长和人民检察院检察长；选出的人民检察院检察长，须报经上一级人民检察院检察长提请该级人民代表大会常务委员会批准；

（七）选举上一级人民代表大会代表；

（八）听取和审议本级人民代表大会常务委员会的工作报告；

（九）听取和审议本级人民政府和人民法院、人民检察院的工作报告；

（十）改变或者撤销本级人民代表大会常务委员会的不适当的决议；

（十一）撤销本级人民政府的不适当的决定和命令；

（十二）保护社会主义的全民所有的财产和劳动群众集体所有的财产，保护公民私人所有的合法财产，维护社会秩序，保障公民的人身权利、民主权利和其他权利；

（十三）保护各种经济组织的合法权益；

（十四）铸牢中华民族共同体意识，促进各民族广泛交往交流交融，保障少数民族的合法权利和利益；

（十五）保障宪法和法律赋予妇女的男女平等、同工同酬和婚姻自由等各项权利。

第十二条 乡、民族乡、镇的人民代表大会行使下列职权：

（一）在本行政区域内，保证宪法、法律、行政法规和上级人民代表大会及其常务委员会决议的遵守和执行；

（二）在职权范围内通过和发布决议；

（三）根据国家计划，决定本行政区域内的经济、文化事业和公共事业的建设计划和项目；

（四）审查和批准本行政区域内的预算和预算执行情况的报告，监督本级预算的执行，审查和批准本级预算的调整方案，审查和批准本级决算；

（五）决定本行政区域内的民政工作的实施计划；

（六）选举本级人民代表大会主席、副主席；

（七）选举乡长、副乡长，镇长、副镇长；

（八）听取和审议乡、民族乡、镇的人民政府的工作报告；

（九）听取和审议乡、民族乡、镇的人民代表大会主席团的工作报告；

（十）撤销乡、民族乡、镇的人民政府的不适当的决定和命令；

（十一）保护社会主义的全民所有的财产和劳动群众集体所有的财产，保护公民私人所有的合法财产，维护社会秩序，保障公民的人身权利、民主权利和其他权利；

（十二）保护各种经济组织的合法权益；

（十三）铸牢中华民族共同体意识，促进各民族广泛交往交流交融，保障少数民族的合法权利和利益；

（十四）保障宪法和法律赋予妇女的男女平等、同工同酬和婚姻自由等各项权利。

少数民族聚居的乡、民族乡、镇的人民代表大会在行使职权的时候，可以依照法律规定的权限采取适合民族特点的具体措施。

第十三条 地方各级人民代表大会有权罢免本级人民政府的组成人员。县级以上的地方各级人民代表大会有权罢免本级人民代表大会常务委员会的组成人员和由它选出的监察委员会主任、人民法院院长、人民检察院检察长。罢免人民检察院检察长，须报经上一级人民检察院检察长提请该级人民代表大会常务委员会批准。

第三节 地方各级人民代表大会会议的举行

第十四条 地方各级人民代表大会会议每年至少举行一次。乡、民族乡、镇的人民代表大会会议一般每年举行两次。会议召开的日期由本级人民代表大会常务委员会或者乡、民族乡、镇的人民代表大会主席团决定，并予以公布。

遇有特殊情况，县级以上的地方各级人民代表大会常务委员会或者乡、民族乡、镇的人民代表大会主席团可以决定适当提前或者推迟召开会议。提前或者推迟召开会议的日期未能在当次会议上决定的，常务委员会或者其授权的主任会议，乡、民族乡、镇的人民代表大会主席团可以另行决定，并予以公布。

县级以上的地方各级人民代表大会常务委员会或者乡、民族乡、镇的人民代表大会主席团认为必要，或者经过五分之一以上代表提议，可以临时召集本级人民代表大会会议。

地方各级人民代表大会会议有三分之二以上的代表出席，始得举行。

第十五条 县级以上的地方各级人民代表大会会议由本级人民代表大会常务委员会召集。

第十六条 地方各级人民代表大会举行会议，应当合理安排会期和会议日程，提高议事质量和效率。

第十七条 县级以上的地方各级人民代表大会每次会议举行预备会议，选举本次会议的主席团和秘书长，通过本次会议的议程和其他准备事项的决定。

预备会议由本级人民代表大会常务委员会主持。每届人民代表大会第一次会议的预备会议，由上届本级人民代表大会常务委员会主持。

县级以上的地方各级人民代表大会举行会议的时候，由主席团主持会议。

县级以上的地方各级人民代表大会会议设副秘书长若干人；副秘书长的人选由主席团决定。

第十八条 乡、民族乡、镇的人民代表大会设主席，并可以设副主席一人至二人。主席、副主席由本级人民代表大会从代表中选出，任期同本级人民代表大会每届任期相同。

乡、民族乡、镇的人民代表大会主席、副主席不得担任国家行政机关的职务；如果担任国家行政机关的职务，必须向本级人民代表大会辞去主席、副主席的职务。

乡、民族乡、镇的人民代表大会主席、副主席在本级人民代表大会闭会期间负责联系本级人民代表大会代表，根据主席团的安排组织代表开展活动，反映代表和群众对本级人民政府工作的建议、批评和意见，并负责处理主席团的日常工作。

第十九条 乡、民族乡、镇的人民代表大会举行会议的时候，选举主席团。由主席团主持会议，并负责召集下一次的本级人民代表大会会议。乡、民族乡、镇的人民代表大会主席、副主席为主席团的成员。

主席团在本级人民代表大会闭会期间，每年选择若干关系本地区群众切身利益和社会普遍关注的问题，有计划地安排代表听取和讨论本级人民政府的专项工作报告，对法律、法规实施情况进行检查，开展视察、调研等活动；听取和反映代表和群众对本级人民政府工作的建议、批评和意见。主席团在闭会期间的工作，向本级人民代表大会报告。

第二十条 地方各级人民代表大会每届第一次会议，在本届人民代表大会代表选举完成后的两个月内，由上届本级人民代表大会常务委员会或者乡、民族乡、镇的上次人民代表大会主席团召集。

第二十一条 县级以上的地方各级人民政府组成人员和监察委员会主任、人民法院院长、人民检察院检察长，乡级的人民政府领导人员，列席本级人民代表大会会议；县级以上的其他有关机关、团体负责人，经本级人民代表大会常务委员会决定，可以列席本级人民代表大会会议。

第二十二条 地方各级人民代表大会举行会议的时候，主席团、常务委员会、各专门委员会、本级人民政府，可以向本级人民代表大会提出属于本级人民代表大会职权范围内的议案，由主席团决定提交人民代表大会会议审议，或者并交有关的专门委员会审议、提出报告，再由主席团审议决定提交大会表决。

县级以上的地方各级人民代表大会代表十人以上联名，乡、民族乡、镇的人民代表大会代表五人以上联名，可以向本级人民代表大会提出属于本级人民代表大会职权范围内的议案，由主席团决定是否列入大会议程，或者先交有关的专门委员会审议，提出是否列入大会议程的意见，再由主席团决定是否列入大会议程。

列入会议议程的议案，在交付大会表决前，提案人要求撤回的，经主席团同意，会议对该项议案的审议即行终止。

第二十三条 在地方各级人民代表大会审议议案的时候，代表可以向有关地方国家机关提出询问，由有关机关派人说明。

第二十四条 地方各级人民代表大会举行会议的时候，代表十人以上联名可以书面提出对本级人民政府和它所属各工作部门以及监察委员会、人民法院、人民检察院的质询案。质询案必须写明质询对象、质询的问题和内容。

质询案由主席团决定交由受质询机关在主席团会议、大会全体会议或者有关的专门委员会会议上口头答复，或者由受质询机关书面答复。在主席团会议或者专门委员会会议上答复的，提质询案的代表有权列席会议，发表意见；主席团认为必要的时候，可以将答复质询案的情况报告印发会议。

质询案以口头答复的，应当由受质询机关的负责人到会答复；质询案以书面答复的，应当由受质询机关的负责人签署，由主席团印发会议或者印发提质询案的代表。

第二十五条 地方各级人民代表大会进行选举和通过决议，以全体代表的过半数通过。

第四节 地方国家机关组成人员的选举、罢免和辞职

第二十六条 县级以上的地方各级人民代表大会常务委员会的组成人员，乡、民族乡、镇的人民代表大会主席、副主席，省长、副省长，自治区主席、副主席，市长、副市长，州长、副州长，县长、副县长，区长、副区长，乡长、副乡长，镇长、副镇长，监察委员会主任，人民法院院长，人民检察院检察长的人选，由本级人民代表大会主席团或者代表依照本法规定联合提名。

省、自治区、直辖市的人民代表大会代表三十人以上书面联名，设区的市和自治州的人民代表大会代表二十人以上书面联名，县级的人民代表大会代表十人以上书面联名，可以提出本级人民代表大会常务委员会组成人员，人民政府领导人员，监察委员会主任，人民法院院长，人民检察院检察长的候选人。乡、民族乡、镇的人民代表大会代表十人以上书面联名，可以提出本级人民代表大会主席、副主席，人民政府领导人员的候选人。不同选区或者选举单位选出的代表可以酝酿、联合提出候选人。

主席团提名的候选人人数，每一代表与其他代表联合提名的候选人人数，均不得超过应选名额。

提名人应当如实介绍所提名的候选人的情况。

第二十七条 人民代表大会常务委员会主任、秘书长，乡、民族乡、镇的人民代表大会主席，人民政府正职领导人员，监察委员会主任，人民法院院长，人民检察院检察长的候选人数可以多一人，进行差额选举；如果提名的候选人只有一人，也可以等额选举。人民代表大会常务委员会副主任，乡、民族乡、镇的人民代表大会副主席，人民政府副职领导人员的候选人数应比应选人数多一人至三人，人民代表大会常务委员会委员的候选人数应比应选人数多十分之一至五分之一，由本级人民代表大会根据应选人数在选举办法中规定具体差额数，进行差额选举。如果提名的候选人数符合选举办法规定的差额数，由主席团提交代表酝酿、讨论后，进行选举。如果提名的候选人数超过选举办法规定的差额数，由主席团提交代表酝酿、讨论后，进行预选，根据在预选中得票多少的顺序，按照选举办法规定的差额数，确定正式候选人名单，进行选举。

县级以上的地方各级人民代表大会换届选举本级国家机关领导人员时，提名、酝酿候选人的时间不得少于两天。

第二十八条 选举采用无记名投票方式。代表对于确定的候选人，可以投赞成票，可以投反对票，可以另选其他任何代表或者选民，也可以弃权。

第二十九条 地方各级人民代表大会选举本级国家机关领导人员，获得过半数选票的候选人人数超过应选名额时，以得票多的当选。如遇票数相等不能确定当选人时，应当就票数相等的人再次投票，以得票多的当选。

获得过半数选票的当选人数少于应选名额时，不足的名额另行选举。另行选举时，可以根据在第一次投票时得票多少的顺序确定候选人，也可以依照本法规定的程序另行提名、确定候选人。经本级人民代表大会决定，不足的名额的另行选举可以在本次人民代表大会会议上进行，也可以在下一次人民代表大会会议上进行。

另行选举人民代表大会常务委员会副主任、委员，乡、民族乡、镇的人民代表大会副主席，人民政府副职领导人员时，依照本法第二十七条第一款的规定，确定差额数，进行差额选举。

第三十条 地方各级人民代表大会补选常务委员会主任、副主任、秘书长、委员，乡、民族乡、镇的人民代表大会主席、副主席，省长、副省长，自治区主席、副主席，市长、副市长，州长、副州长，县长、副县长，区长、副区长，乡长、副乡长，镇长、副镇长，监察委员会主任，人民法

院院长，人民检察院检察长时，候选人数可以多于应选人数，也可以同应选人数相等。选举办法由本级人民代表大会决定。

第三十一条　县级以上的地方各级人民代表大会举行会议的时候，主席团、常务委员会或者十分之一以上代表联名，可以提出对本级人民代表大会常务委员会组成人员、人民政府组成人员、监察委员会主任、人民法院院长、人民检察院检察长的罢免案，由主席团提请大会审议。

乡、民族乡、镇的人民代表大会举行会议的时候，主席团或者五分之一以上代表联名，可以提出对人民代表大会主席、副主席，乡长、副乡长，镇长、副镇长的罢免案，由主席团提请大会审议。

罢免案应当写明罢免理由。

被提出罢免的人员有权在主席团会议或者大会全体会议上提出申辩意见，或者书面提出申辩意见。在主席团会议上提出的申辩意见或者书面提出的申辩意见，由主席团印发会议。

向县级以上的地方各级人民代表大会提出的罢免案，由主席团交会议审议后，提请全体会议表决；或者由主席团提议，经全体会议决定，组织调查委员会，由本级人民代表大会下次会议根据调查委员会的报告审议决定。

第三十二条　县级以上的地方各级人民代表大会常务委员会组成人员、专门委员会组成人员和人民政府领导人员，监察委员会主任，人民法院院长，人民检察院检察长，可以向本级人民代表大会提出辞职，由大会决定是否接受辞职；大会闭会期间，可以向本级人民代表大会常务委员会提出辞职，由常务委员会决定是否接受辞职。常务委员会决定接受辞职后，报本级人民代表大会备案。人民检察院检察长的辞职，须报经上一级人民检察院检察长提请该级人民代表大会常务委员会批准。

乡、民族乡、镇的人民代表大会主席、副主席，乡长、副乡长，镇长、副镇长，可以向本级人民代表大会提出辞职，由大会决定是否接受辞职。

第五节　地方各级人民代表大会各委员会

第三十三条　省、自治区、直辖市、自治州、设区的市的人民代表大会根据需要，可以设法制委员会、财政经济委员会、教育科学文化卫生委员会、环境与资源保护委员会、社会建设委员会和其他需要设立的专门委员会；县、自治县、不设区的市、市辖区的人民代表大会根据需要，可以设法制委员会、财政经济委员会等专门委员会。

各专门委员会受本级人民代表大会领导；在大会闭会期间，受本级人民代表大会常务委员会领导。

第三十四条　各专门委员会的主任委员、副主任委员和委员的人选，由主席团在代表中提名，大会通过。在大会闭会期间，常务委员会可以任免专门委员会的个别副主任委员和部分委员，由主任会议提名，常务委员会会议通过。

各专门委员会每届任期同本级人民代表大会每届任期相同，履行职责到下届人民代表大会产生新的专门委员会为止。

第三十五条　各专门委员会在本级人民代表大会及其常务委员会领导下，开展下列工作：

（一）审议本级人民代表大会主席团或者常务委员会交付的议案；

（二）向本级人民代表大会主席团或者常务委员会提出属于本级人民代表大会或者常务委员会职权范围内同本委员会有关的议案，组织起草有关议案草案；

（三）承担本级人民代表大会常务委员会听取和审议专项工作报告、执法检查、专题询问等的具体组织实施工作；

（四）按照本级人民代表大会常务委员会工作安排，听取本级人民政府工作部门和监察委员会、人民法院、人民检察院的专题汇报，提出建议；

（五）对属于本级人民代表大会及其常务委员会职权范围内同本委员会有关的问题，进行调查研究，提出建议；

（六）研究办理代表建议、批评和意见，负责有关建议、批评和意见的督促办理工作；

（七）办理本级人民代表大会及其常务委员会交办的其他工作。

第三十六条　县级以上的地方各级人民代表大会可以组织关于特定问题的调查委员会。

主席团或者十分之一以上代表书面联名，可以向本级人民代表大会提议组织关于特定问题的调查委员会，由主席团提请全体会议决定。

调查委员会由主任委员、副主任委员和委员组成，由主席团在代表中提名，提请全体会议通过。

调查委员会应当向本级人民代表大会提出调查报告。人民代表大会根据调查委员会的报告，可以作出相应的决议。人民代表大会可以授权它的常务委员会听取调查委员会的调查报告，常务委员会可以作出相应的决议，报人民代表大会下次会议备案。

第三十七条 乡、民族乡、镇的每届人民代表大会第一次会议通过的代表资格审查委员会，行使职权至本届人民代表大会任期届满为止。

第六节 地方各级人民代表大会代表

第三十八条 地方各级人民代表大会代表任期，从每届本级人民代表大会举行第一次会议开始，到下届本级人民代表大会举行第一次会议为止。

第三十九条 地方各级人民代表大会代表、常务委员会组成人员，在人民代表大会和常务委员会会议上的发言和表决，不受法律追究。

第四十条 县级以上的地方各级人民代表大会代表，非经本级人民代表大会主席团许可，在大会闭会期间，非经本级人民代表大会常务委员会许可，不受逮捕或者刑事审判。如果因为是现行犯被拘留，执行拘留的公安机关应当立即向该级人民代表大会主席团或者常务委员会报告。

第四十一条 地方各级人民代表大会代表在出席人民代表大会会议和执行代表职务的时候，国家根据需要给予往返的旅费和必要的物质上的便利或者补贴。

第四十二条 县级以上的地方各级人民代表大会代表向本级人民代表大会及其常务委员会提出的对各方面工作的建议、批评和意见，由本级人民代表大会常务委员会的办事机构交有关机关和组织研究办理并负责答复。

乡、民族乡、镇的人民代表大会代表向本级人民代表大会提出的对各方面工作的建议、批评和意见，由本级人民代表大会主席团交有关机关和组织研究办理并负责答复。

地方各级人民代表大会代表的建议、批评和意见的办理情况，由县级以上的地方各级人民代表大会常务委员会办事机构或者乡、民族乡、镇的人民代表大会主席团向本级人民代表大会常务委员会或者乡、民族乡、镇的人民代表大会报告，并予以公开。

第四十三条 地方各级人民代表大会代表应当与原选区选民或者原选举单位和人民群众保持密切联系，听取和反映他们的意见和要求，充分发挥在发展全过程人民民主中的作用。

省、自治区、直辖市、自治州、设区的市的人民代表大会代表可以列席原选举单位的人民代表大会会议。

县、自治县、不设区的市、市辖区、乡、民族乡、镇的人民代表大会代表分工联系选民，有代表三人以上的居民地区或者生产单位可以组织代表小组。

地方各级人民代表大会代表应当向原选区选民或者原选举单位报告履职情况。

第四十四条 省、自治区、直辖市、自治州、设区的市的人民代表大会代表受原选举单位的监督；县、自治县、不设区的市、市辖区、乡、民族乡、镇的人民代表大会代表受选民的监督。

地方各级人民代表大会代表的选举单位和选民有权随时罢免自己选出的代表。代表的罢免必须由原选举单位以全体代表的过半数通过，或者由原选区以选民的过半数通过。

第四十五条 地方各级人民代表大会代表因故不能担任代表职务的时候，由原选举单位或者由原选区选民补选。

第三章 县级以上的地方各级人民代表大会常务委员会

第一节 常务委员会的组成和任期

第四十六条 省、自治区、直辖市、自治州、县、自治县、市、市辖区的人民代表大会设立常务委员会，对本级人民代表大会负责并报告工作。

第四十七条 省、自治区、直辖市、自治州、设区的市的人民代表大会常务委员会由本级人民代表大会在代表中选举主任、副主任若干人、秘书长、委员若干人组成。

县、自治县、不设区的市、市辖区的人民代表大会常务委员会由本级人民代表大会在代表中选举主任、副主任若干人和委员若干人组成。

常务委员会的组成人员不得担任国家行政机关、监察机关、审判机关和检察机关的职务；如果担任上述职务，必须向常务委员会辞去常务委员会的职务。

常务委员会组成人员的名额：

（一）省、自治区、直辖市四十五人至七十五人，人口超过八千万的省不超过九十五人；

（二）设区的市、自治州二十九人至五十一人，人口超过八百万的设区的市不超过六十一人；

（三）县、自治县、不设区的市、市辖区十五人至三十五人，人口超过一百万的县、自治县、不设区的市、市辖区不超过四十五人。

省、自治区、直辖市每届人民代表大会常务委员会组成人员的名额，由省、自治区、直辖市的人民代表大会依照前款规定，按人口多少并结合常务委员会组成人员结构的需要确定。自治州、县、自治县、市、市辖区每届人民代表大会常务委员会组成人员的名额，由省、自治区、直辖市的人民代表大会常务委员会依照前款规定，按人口多少并结合常务委员会组成人员结构的需要确定。每届人民代表大会常务委员会组成人员的名额经确定后，在本届人民代表大会的任期内不再变动。

第四十八条　县级以上的地方各级人民代表大会常务委员会每届任期同本级人民代表大会每届任期相同，它行使职权到下届本级人民代表大会选出新的常务委员会为止。

第二节　常务委员会的职权

第四十九条　省、自治区、直辖市的人民代表大会常务委员会在本级人民代表大会闭会期间，根据本行政区域的具体情况和实际需要，在不同宪法、法律、行政法规相抵触的前提下，可以制定和颁布地方性法规，报全国人民代表大会常务委员会和国务院备案。

设区的市、自治州的人民代表大会常务委员会在本级人民代表大会闭会期间，根据本行政区域的具体情况和实际需要，在不同宪法、法律、行政法规和本省、自治区的地方性法规相抵触的前提下，可以依照法律规定的权限制定地方性法规，报省、自治区的人民代表大会常务委员会批准后施行，并由省、自治区的人民代表大会常务委员会报全国人民代表大会常务委员会和国务院备案。

省、自治区、直辖市以及设区的市、自治州的人民代表大会常务委员会根据区域协调发展的需要，可以开展协同立法。

第五十条　县级以上的地方各级人民代表大会常务委员会行使下列职权：

（一）在本行政区域内，保证宪法、法律、行政法规和上级人民代表大会及其常务委员会决议的遵守和执行；

（二）领导或者主持本级人民代表大会代表的选举；

（三）召集本级人民代表大会会议；

（四）讨论、决定本行政区域内的政治、经济、教育、科学、文化、卫生、生态环境保护、自然资源、城乡建设、民政、社会保障、民族等工作的重大事项和项目；

（五）根据本级人民政府的建议，审查和批准本行政区域内的国民经济和社会发展规划纲要、计划和本级预算的调整方案；

（六）监督本行政区域内的国民经济和社会发展规划纲要、计划和预算的执行，审查和批准本级决算，监督审计查出问题整改情况，审查监督政府债务；

（七）监督本级人民政府、监察委员会、人民法院和人民检察院的工作，听取和审议有关专项工作报告，组织执法检查，开展专题询问等；联系本级人民代表大会代表，受理人民群众对上述机关和国家工作人员的申诉和意见；

（八）监督本级人民政府对国有资产的管理，听取和审议本级人民政府关于国有资产管理情况的报告；

（九）听取和审议本级人民政府关于年度环境状况和环境保护目标完成情况的报告；

（十）听取和审议备案审查工作情况报告；

（十一）撤销下一级人民代表大会及其常务委员会的不适当的决议；

（十二）撤销本级人民政府的不适当的决定和命令；

（十三）在本级人民代表大会闭会期间，决定副省长、自治区副主席、副市长、副州长、副县长、副区长的个别任免；在省长、自治区主席、市长、州长、县长、区长和监察委员会主任、人民法院院长、人民检察院检察长因故不能担任职务的时候，根据主任会议的提名，从本级人民政府、监察委员会、人民法院、人民检察院副职领导人员中决定代理的人选；决定代理检察长，须报上一级人民检察院和人民代表大会常务委员会备案；

（十四）根据省长、自治区主席、市长、州长、县长、区长的提名，决定本级人民政府秘书长、厅长、局长、委员会主任、科长的任免，报上一级人民政府备案；

（十五）根据监察委员会主任的提名，任免监察委员会副主任、委员；

（十六）按照人民法院组织法和人民检察院组织法的规定，任免人民法院副院长、庭长、副庭长、审判委员会委员、审判员，任免人民检察院副检察长、检察委员会委员、检察员，批准任免下一级人民检察院检察长；省、自治区、直辖市的人民代表大会常务委员会根据主任会议的提名，决定在省、自治区内按地区设立的和在直辖市内设立的中级人民法院院长的任免，根据省、自治区、直辖市的人民检察院检察长的提名，决定人民检察院分院检察长的任免；

（十七）在本级人民代表大会闭会期间，决定撤销个别副省长、自治区副主席、副市长、副州长、副县长、副区长的职务；决定撤销由它任命的本级人民政府其他组成人员和监察委员会副主任、委员，人民法院副院长、庭长、副庭长、审判委员会委员、审判员，人民检察院副检察长、检察委员会委员、检察员，中级人民法院院长，人民检察院分院检察长的职务；

（十八）在本级人民代表大会闭会期间，补选上一级人民代表大会出缺的代表和罢免个别代表。

常务委员会讨论前款第四项规定的本行政区域内

的重大事项和项目,可以作出决定或者决议,也可以将有关意见、建议送有关地方国家机关或者单位研究办理。有关办理情况应当及时向常务委员会报告。

第三节 常务委员会会议的举行

第五十一条 常务委员会会议由主任召集并主持,每两个月至少举行一次。遇有特殊需要时,可以临时召集常务委员会会议。主任可以委托副主任主持会议。

县级以上的地方各级人民政府、监察委员会、人民法院、人民检察院的负责人,列席本级人民代表大会常务委员会会议。

常务委员会会议有常务委员会全体组成人员过半数出席,始得举行。

常务委员会的决议,由常务委员会以全体组成人员的过半数通过。

第五十二条 县级以上的地方各级人民代表大会常务委员会主任会议可以向本级人民代表大会常务委员会提出属于常务委员会职权范围内的议案,由常务委员会会议审议。

县级以上的地方各级人民政府、人民代表大会各专门委员会,可以向本级人民代表大会常务委员会提出属于常务委员会职权范围内的议案,由主任会议决定提请常务委员会会议审议,或者先交有关的专门委员会审议、提出报告,再提请常务委员会会议审议。

省、自治区、直辖市、自治州、设区的市的人民代表大会常务委员会组成人员五人以上联名,县级的人民代表大会常务委员会组成人员三人以上联名,可以向本级常务委员会提出属于常务委员会职权范围内的议案,由主任会议决定是否提请常务委员会会议审议,或者先交有关的专门委员会审议、提出报告,再决定是否提请常务委员会会议审议。

第五十三条 在常务委员会会议期间,省、自治区、直辖市、自治州、设区的市的人民代表大会常务委员会组成人员五人以上联名,县级的人民代表大会常务委员会组成人员三人以上联名,可以向常务委员会书面提出对本级人民政府及其工作部门、监察委员会、人民法院、人民检察院的质询案。质询案必须写明质询对象、质询的问题和内容。

质询案由主任会议决定交由受质询机关在常务委员会全体会议上或者有关的专门委员会会议上口头答复,或者由受质询机关书面答复。在专门委员会会议上答复的,提质询案的常务委员会组成人员有权列席会议,发表意见;主任会议认为必要的时候,可以将答复质询案的情况报告印发会议。

质询案以口头答复的,应当由受质询机关的负责人到会答复;质询案以书面答复的,应当由受质询机关的负责人签署,由主任会议印发会议或者印发提质询案的常务委员会组成人员。

第五十四条 省、自治区、直辖市、自治州、设区的市的人民代表大会常务委员会主任、副主任和秘书长组成主任会议;县、自治县、不设区的市、市辖区的人民代表大会常务委员会主任、副主任组成主任会议。

主任会议处理常务委员会的重要日常工作:

(一)决定常务委员会每次会议的会期,拟订会议议程草案,必要时提出调整会议议程的建议;

(二)对向常务委员会提出的议案和质询案,决定交由有关的专门委员会审议或者提请常务委员会全体会议审议;

(三)决定是否将议案和决定草案、决议草案提请常务委员会全体会议表决,对暂不交付表决的,提出下一步处理意见;

(四)通过常务委员会年度工作计划等;

(五)指导和协调专门委员会的日常工作;

(六)其他重要日常工作。

第五十五条 常务委员会主任因为健康情况不能工作或者缺位的时候,由常务委员会在副主任中推选一人代理主任的职务,直到主任恢复健康或者人民代表大会选出新的主任为止。

第四节 常务委员会各委员会和工作机构

第五十六条 县级以上的地方各级人民代表大会常务委员会设立代表资格审查委员会。

代表资格审查委员会的主任委员、副主任委员和委员的人选,由常务委员会主任会议在常务委员会组成人员中提名,常务委员会任免。

第五十七条 代表资格审查委员会审查代表的选举是否符合法律规定。

第五十八条 主任会议或者五分之一以上的常务委员会组成人员书面联名,可以向本级人民代表大会常务委员会提议组织关于特定问题的调查委员会,由全体会议决定。

调查委员会由主任委员、副主任委员和委员组成,由主任会议在常务委员会组成人员和其他代表中提名,提请全体会议通过。

调查委员会应当向本级人民代表大会常务委员会提出调查报告。常务委员会根据调查委员会的报告,可以作出相应的决议。

第五十九条 常务委员会根据工作需要，设立办事机构和法制工作委员会、预算工作委员会、代表工作委员会等工作机构。

省、自治区的人民代表大会常务委员会可以在地区设立工作机构。

市辖区、不设区的市的人民代表大会常务委员会可以在街道设立工作机构。工作机构负责联系街道辖区内的人民代表大会代表，组织代表开展活动，反映代表和群众的建议、批评和意见，办理常务委员会交办的监督、选举以及其他工作，并向常务委员会报告工作。

县、自治县的人民代表大会常务委员会可以比照前款规定，在街道设立工作机构。

第六十条 县级以上的地方各级人民代表大会常务委员会和各专门委员会、工作机构应当建立健全常务委员会组成人员和各专门委员会、工作机构联系代表的工作机制，支持和保障代表依法履职，扩大代表对各项工作的参与，充分发挥代表作用。

县级以上的地方各级人民代表大会常务委员会通过建立基层联系点、代表联络站等方式，密切同人民群众的联系，听取对立法、监督等工作的意见和建议。

第四章 地方各级人民政府

第一节 一般规定

第六十一条 省、自治区、直辖市、自治州、县、自治县、市、市辖区、乡、民族乡、镇设立人民政府。

第六十二条 地方各级人民政府应当维护宪法和法律权威，坚持依法行政，建设职能科学、权责法定、执法严明、公开公正、智能高效、廉洁诚信、人民满意的法治政府。

第六十三条 地方各级人民政府应当坚持以人民为中心，全心全意为人民服务，提高行政效能，建设服务型政府。

第六十四条 地方各级人民政府应当严格执行廉洁从政各项规定，加强廉政建设，建设廉洁政府。

第六十五条 地方各级人民政府应当坚持诚信原则，加强政务诚信建设，建设诚信政府。

第六十六条 地方各级人民政府应当坚持政务公开，全面推进决策、执行、管理、服务、结果公开，依法、及时、准确公开政府信息，推进政务数据有序共享，提高政府工作的透明度。

第六十七条 地方各级人民政府应当坚持科学决策、民主决策、依法决策，提高决策的质量。

第六十八条 地方各级人民政府应当依法接受监督，确保行政权力依法正确行使。

第六十九条 地方各级人民政府对本级人民代表大会和上一级国家行政机关负责并报告工作。县级以上的地方各级人民政府在本级人民代表大会闭会期间，对本级人民代表大会常务委员会负责并报告工作。

全国地方各级人民政府都是国务院统一领导下的国家行政机关，都服从国务院。

地方各级人民政府实行重大事项请示报告制度。

中华人民共和国全国人民代表大会和地方各级人民代表大会选举法

1. 1979年7月1日第五届全国人民代表大会第二次会议通过
2. 根据1982年12月10日第五届全国人民代表大会第五次会议《关于修改〈中华人民共和国全国人民代表大会和地方各级人民代表大会选举法〉的若干规定的决议》第一次修正
3. 根据1986年12月2日第六届全国人民代表大会常务委员会第十八次会议《关于修改〈中华人民共和国全国人民代表大会和地方各级人民代表大会选举法〉的决定》第二次修正
4. 根据1995年2月28日第八届全国人民代表大会常务委员会第十二次会议《关于修改〈中华人民共和国全国人民代表大会和地方各级人民代表大会选举法〉的决定》第三次修正
5. 根据2004年10月27日第十届全国人民代表大会常务委员会第十二次会议《关于修改〈中华人民共和国全国人民代表大会和地方各级人民代表大会选举法〉的决定》第四次修正
6. 根据2010年3月14日第十一届全国人民代表大会第三次会议《关于修改〈中华人民共和国全国人民代表大会和地方各级人民代表大会选举法〉的决定》第五次修正
7. 根据2015年8月29日第十二届全国人民代表大会常务委员会第十六次会议《关于修改〈中华人民共和国地方各级人民代表大会和地方各级人民政府组织法〉、〈中华人民共和国全国人民代表大会和地方各级人民代表大会选举法〉、〈中华人民共和国全国人民代表大会和地方各级人民代表大会代表法〉的决定》第六次修正
8. 根据2020年10月17日第十三届全国人民代表大会常务委员会第二十二次会议《关于修改〈中华人民共和国全国人民代表大会和地方各级人民代表大会选举法〉的决定》第七次修正

目 录

第一章　总　　则

第一条　【立法根据】根据中华人民共和国宪法，制定全国人民代表大会和地方各级人民代表大会选举法。

第二条　【选举工作坚持的原则】全国人民代表大会和地方各级人民代表大会代表的选举工作，坚持中国共产党的领导，坚持充分发扬民主，坚持严格依法办事。

第三条　【选举方式】全国人民代表大会的代表，省、自治区、直辖市、设区的市、自治州的人民代表大会的代表，由下一级人民代表大会选举。

不设区的市、市辖区、县、自治县、乡、民族乡、镇的人民代表大会的代表，由选民直接选举。

第四条　【选举资格】中华人民共和国年满十八周岁的公民，不分民族、种族、性别、职业、家庭出身、宗教信仰、教育程度、财产状况和居住期限，都有选举权和被选举权。

依照法律被剥夺政治权利的人没有选举权和被选举权。

第五条　【一人一票】每一选民在一次选举中只有一个投票权。

第六条　【军队选举办法另订】人民解放军单独进行选举，选举办法另订。

第七条　【代表广泛】全国人民代表大会和地方各级人民代表大会的代表应当具有广泛的代表性，应当有适当数量的基层代表，特别是工人、农民和知识分子代表；应当有适当数量的妇女代表，并逐步提高妇女代表的比例。

全国人民代表大会和归侨人数较多地区的地方人民代表大会，应当有适当名额的归侨代表。

旅居国外的中华人民共和国公民在县级以下人民代表大会代表选举期间在国内的，可以参加原籍地或者出国前居住地的选举。

第八条　【选举经费】全国人民代表大会和地方各级人民代表大会的选举经费，列入财政预算，由国库开支。

第二章　选举机构

第九条　【主持选举的机构】全国人民代表大会常务委员会主持全国人民代表大会代表的选举。省、自治区、直辖市、设区的市、自治州的人民代表大会常务委员会主持本级人民代表大会代表的选举。

不设区的市、市辖区、县、自治县、乡、民族乡、镇设立选举委员会，主持本级人民代表大会代表的选举。不设区的市、市辖区、县、自治县的选举委员会受本级人民代表大会常务委员会的领导。乡、民族乡、镇的选举委员会受不设区的市、市辖区、县、自治县的人民代表大会常务委员会的领导。

省、自治区、直辖市、设区的市、自治州的人民代表大会常务委员会指导本行政区域内县级以下人民代表大会代表的选举工作。

第十条　【选举委员会组成人员的任命】不设区的市、市辖区、县、自治县的选举委员会的组成人员由本级人民代表大会常务委员会任命。乡、民族乡、镇的选举委员会的组成人员由不设区的市、市辖区、县、自治县的人民代表大会常务委员会任命。

选举委员会的组成人员为代表候选人的，应当辞去选举委员会的职务。

第十一条　【选举委员会的职责】选举委员会履行下列职责：

（一）划分选举本级人民代表大会代表的选区，分配各选区应选代表的名额；

（二）进行选民登记，审查选民资格，公布选民名单；受理对于选民名单不同意见的申诉，并作出决定；

（三）确定选举日期；

（四）了解核实并组织介绍代表候选人的情况；根据较多数选民的意见，确定和公布正式代表候选人名单；

（五）主持投票选举；

（六）确定选举结果是否有效，公布当选代表名单；

（七）法律规定的其他职责。

选举委员会应当及时公布选举信息。

第三章　地方各级人民代表大会代表名额

第十二条　【代表名额】地方各级人民代表大会的代表名额，按照下列规定确定：

（一）省、自治区、直辖市的代表名额基数为三百五十名，省、自治区每十五万人可以增加一名代表，直辖市每二万五千人可以增加一名代表；但是，代表总名额不得超过一千名；

（二）设区的市、自治州的代表名额基数为二百四十名，每二万五千人可以增加一名代表；人口超过一千万的，代表总名额不得超过六百五十名；

（三）不设区的市、市辖区、县、自治县的代表名额基数为一百四十名，每五千人可以增加一名代表；人口超过一百五十五万的，代表总名额不得超过四百五十名；人口不足五万的，代表总名额可以少于一百四十名；

（四）乡、民族乡、镇的代表名额基数为四十五名，每一千五百人可以增加一名代表；但是，代表总名额不得超过一百六十名；人口不足二千的，代表总名额可以少于四十五名。

按照前款规定的地方各级人民代表大会的代表名额基数与按人口数增加的代表数相加，即为地方各级人民代表大会的代表总名额。

自治区、聚居的少数民族多的省，经全国人民代表大会常务委员会决定，代表名额可以另加百分之五。聚居的少数民族多或者人口居住分散的县、自治县、乡、民族乡，经省、自治区、直辖市的人民代表大会常务委员会决定，代表名额可以另加百分之五。

第十三条　【代表具体名额的确定】省、自治区、直辖市的人民代表大会代表的具体名额，由全国人民代表大会常务委员会依照本法确定。设区的市、自治州和县级的人民代表大会代表的具体名额，由省、自治区、直辖市的人民代表大会常务委员会依照本法确定，报全国人民代表大会常务委员会备案。乡级的人民代表大会代表的具体名额，由县级的人民代表大会常务委员会依照本法确定，报上一级人民代表大会常务委员会备案。

第十四条　【名额固定与变动】地方各级人民代表大会的代表总名额经确定后，不再变动。如果由于行政区划变动或者由于重大工程建设等原因造成人口较大变动的，该级人民代表大会的代表总名额依照本法的规定重新确定。

依照前款规定重新确定代表名额的，省、自治区、直辖市的人民代表大会常务委员会应当在三十日内将重新确定代表名额的情况报全国人民代表大会常务委员会备案。

第十五条　【名额分配原则】地方各级人民代表大会代表名额，由本级人民代表大会常务委员会或者本级选举委员会根据本行政区域所辖的下一级各行政区域或者各选区的人口数，按照每一代表所代表的城乡人口数相同的原则，以及保证各地区、各民族、各方面都有适当数量代表的要求进行分配。在县、自治县的人民代表大会中，人口特少的乡、民族乡、镇，至少应有代表一人。

地方各级人民代表大会代表名额的分配办法，由省、自治区、直辖市人民代表大会常务委员会参照全国人民代表大会代表名额分配的办法，结合本地区的具体情况规定。

第四章　全国人民代表大会代表名额

第十六条　【全国人大代表的产生】全国人民代表大会的代表，由省、自治区、直辖市的人民代表大会和人民解放军选举产生。

全国人民代表大会代表的名额不超过三千人。

香港特别行政区、澳门特别行政区应选全国人民代表大会代表的名额和代表产生办法，由全国人民代表大会另行规定。

第十七条　【全国人大代表名额分配原则】全国人民代表大会代表名额，由全国人民代表大会常务委员会根据各省、自治区、直辖市的人口数，按照每一代表所代表的城乡人口数相同的原则，以及保证各地区、各民族、各方面都有适当数量代表的要求进行分配。

省、自治区、直辖市应选全国人民代表大会代表名额，由根据人口数计算确定的名额数、相同的地区基本名额数和其他应选名额数构成。

全国人民代表大会代表名额的具体分配，由全国人民代表大会常务委员会决定。

第十八条　【少数民族代表名额分配原则】全国少数民族应选全国人民代表大会代表，由全国人民代表大会常务委员会参照各少数民族的人口数和分布等情况，分配给各省、自治区、直辖市的人民代表大会选出。人口特少的民族，至少应有代表一人。

第五章　各少数民族的选举

第十九条　【少数民族聚居地方的代表名额分配】有少数民族聚居的地方，每一聚居的少数民族都应有代表参加当地的人民代表大会。

聚居境内同一少数民族的总人口数占境内总人口数百分之三十以上的，每一代表所代表的人口数应相当于当地人民代表大会每一代表所代表的人口数。

聚居境内同一少数民族的总人口数不足境内总人口数百分之十五的，每一代表所代表的人口数可以适当少于当地人民代表大会每一代表所代表的人口数，但不得少于二分之一;实行区域自治的民族人口特少的自治县,经省、自治区的人民代表大会常务委员会决定,可以少于二分之一。人口特少的其他聚居民族,至少应有代表一人。

聚居境内同一少数民族的总人口数占境内总人口数百分之十五以上、不足百分之三十的,每一代表所代表的人口数,可以适当少于当地人民代表大会每一代表所代表的人口数,但分配给该少数民族的应选代表名额不得超过代表总名额的百分之三十。

第二十条 【少数民族聚居地方其他民族代表名额的分配】自治区、自治州、自治县和有少数民族聚居的乡、民族乡、镇的人民代表大会,对于聚居在境内的其他少数民族和汉族代表的选举,适用本法第十九条的规定。

第二十一条 【散居少数民族代表名额的分配】散居的少数民族应选当地人民代表大会的代表,每一代表所代表的人口数可以少于当地人民代表大会每一代表所代表的人口数。

自治区、自治州、自治县和有少数民族聚居的乡、民族乡、镇的人民代表大会,对于散居的其他少数民族和汉族代表的选举,适用前款的规定。

第二十二条 【少数民族聚居地方代表的选举办法】有少数民族聚居的不设区的市、市辖区、县、乡、民族乡、镇的人民代表大会代表的产生,按照当地的民族关系和居住状况,各少数民族选民可以单独选举或者联合选举。

自治县和有少数民族聚居的乡、民族乡、镇的人民代表大会,对于居住在境内的其他少数民族和汉族代表的选举办法,适用前款的规定。

第二十三条 【民族自治地方选举使用的文字】自治区、自治州、自治县制定或者公布的选举文件、选民名单、选民证、代表候选人名单、代表当选证书和选举委员会的印章等,都应当同时使用当地通用的民族文字。

第二十四条 【少数民族选举的其他事项】少数民族选举的其他事项,参照本法有关各条的规定办理。

第六章 选区划分

第二十五条 【选区的划分办法】不设区的市、市辖区、县、自治县、乡、民族乡、镇的人民代表大会的代表名额分配到选区,按选区进行选举。选区可以按居住状况划分,也可以按生产单位、事业单位、工作单位划分。

选区的大小,按照每一选区选一名至三名代表划分。

第二十六条 【每一代表代表人数大体相等原则】本行政区域内各选区每一代表所代表的人口数应当大体相等。

第七章 选民登记

第二十七条 【选民登记】选民登记按选区进行,经登记确认的选民资格长期有效。每次选举前对上次选民登记以后新满十八周岁的、被剥夺政治权利期满后恢复政治权利的选民,予以登记。对选民经登记后迁出原选区的,列入新迁入的选区的选民名单;对死亡的和依照法律被剥夺政治权利的人,从选民名单上除名。

精神病患者不能行使选举权利的,经选举委员会确认,不列入选民名单。

第二十八条 【选民资格确认】选民名单应在选举日的二十日以前公布,实行凭选民证参加投票选举的,并应当发给选民证。

第二十九条 【选民资格的异议和处理】对于公布的选民名单有不同意见的,可以在选民名单公布之日起五日内向选举委员会提出申诉。选举委员会对申诉意见,应在三日内作出处理决定。申诉人如果对处理决定不服,可以在选举日的五日以前向人民法院起诉,人民法院应在选举日以前作出判决。人民法院的判决为最后决定。

第八章 代表候选人的提出

第三十条 【代表候选人提名】全国和地方各级人民代表大会的代表候选人,按选区或者选举单位提名产生。

各政党、各人民团体,可以联合或者单独推荐代表候选人。选民或者代表,十人以上联名,也可以推荐代表候选人。推荐者应向选举委员会或者大会主席团介绍代表候选人的情况。接受推荐的代表候选人应当向选举委员会或者大会主席团如实提供个人身份、简历等基本情况。提供的基本情况不实的,选举委员会或者大会主席团应当向选民或者代表通报。

各政党、各人民团体联合或者单独推荐的代表候选人的人数,每一选民或者代表参加联名推荐的代表候选人的人数,均不得超过本选区或者选举单位应选代表的名额。

第三十一条 【差额选举】全国和地方各级人民代表大会代表实行差额选举,代表候选人的人数应多于应选代表的名额。

由选民直接选举人民代表大会代表的,代表候选人的人数应多于应选代表名额三分之一至一倍;由县级以上的地方各级人民代表大会选举上一级人民代表大会代表的,代表候选人的人数应多于应选代表名额五分之一至二分之一。

第三十二条 【正式代表候选人的确定】由选民直接选举人民代表大会代表的,代表候选人由各选区选民和各政党、各人民团体提名推荐。选举委员会汇总后，将代表候选人名单及代表候选人的基本情况在选举日的十五日以前公布，并交各该选区的选民小组讨论、协商，确定正式代表候选人名单。如果所提代表候选人的人数超过本法第三十一条规定的最高差额比例，由选举委员会交各该选区的选民小组讨论、协商，根据较多数选民的意见，确定正式代表候选人名单；对正式代表候选人不能形成较为一致意见的，进行预选，根据预选时得票多少的顺序，确定正式代表候选人名单。正式代表候选人名单及代表候选人的基本情况应当在选举日的七日以前公布。

县级以上的地方各级人民代表大会在选举上一级人民代表大会代表时，提名、酝酿代表候选人的时间不得少于两天。各该级人民代表大会主席团将依法提出的代表候选人名单及代表候选人的基本情况印发全体代表，由全体代表酝酿、讨论。如果所提代表候选人的人数符合本法第三十一条规定的差额比例，直接进行投票选举。如果所提代表候选人的人数超过本法第三十一条规定的最高差额比例，进行预选，根据预选时得票多少的顺序，按照本级人民代表大会的选举办法根据本法确定的具体差额比例，确定正式代表候选人名单，进行投票选举。

第三十三条　【上级代表候选人不限于各该级代表】县级以上的地方各级人民代表大会在选举上一级人民代表大会代表时，代表候选人不限于各该级人民代表大会的代表。

第三十四条　【介绍代表候选人】选举委员会或者人民代表大会主席团应当向选民或者代表介绍代表候选人的情况。推荐代表候选人的政党、人民团体和选民、代表可以在选民小组或者代表小组会议上介绍所推荐的代表候选人的情况。选举委员会根据选民的要求，应当组织代表候选人与选民见面，由代表候选人介绍本人的情况，回答选民的问题。但是，在选举日必须停止代表候选人的介绍。

第三十五条　【公民选举不得接受境外资助】公民参加各级人民代表大会代表的选举，不得直接或者间接接受境外机构、组织、个人提供的与选举有关的任何形式的资助。

违反前款规定的，不列入代表候选人名单；已经列入代表候选人名单的，从名单中除名；已经当选的，其当选无效。

第九章　选举程序

第三十六条　【严格依法选举】全国人民代表大会和地方各级人民代表大会代表的选举，应当严格依照法定程序进行，并接受监督。任何组织或者个人都不得以任何方式干预选民或者代表自由行使选举权。

第三十七条　【领取选票】在选民直接选举人民代表大会代表时，选民根据选举委员会的规定，凭身份证或者选民证领取选票。

第三十八条　【组织投票方式】选举委员会应当根据各选区选民分布状况，按照方便选民投票的原则设立投票站，进行选举。选民居住比较集中的，可以召开选举大会，进行选举；因患有疾病等原因行动不便或者居住分散并且交通不便的选民，可以在流动票箱投票。

第三十九条　【主持间接选举的机构】县级以上的地方各级人民代表大会在选举上一级人民代表大会代表时，由各该级人民代表大会主席团主持。

第四十条　【无记名投票】全国和地方各级人民代表大会代表的选举，一律采用无记名投票的方法。选举时应当设有秘密写票处。

选民如果是文盲或者因残疾不能写选票的，可以委托他信任的人代写。

第四十一条　【选举自由】选举人对于代表候选人可以投赞成票，可以投反对票，可以另选其他任何选民，也可以弃权。

第四十二条　【委托投票】选民如果在选举期间外出，经选举委员会同意，可以书面委托其他选民代为投票。每一选民接受的委托不得超过三人，并应当按照委托人的意愿代为投票。

第四十三条　【监票计票】投票结束后，由选民或者代表推选的监票、计票人员和选举委员会或者人民代表大会主席团的人员将投票人数和票数加以核对，作出记录，并由监票人签字。

代表候选人的近亲属不得担任监票人、计票人。

第四十四条　【选举与选票的有效】每次选举所投的票数，多于投票人数的无效，等于或者少于投票人数的有效。

每一选票所选的人数，多于规定应选代表人数的作废，等于或者少于规定应选代表人数的有效。

第四十五条　【当选条件】在选民直接选举人民代表大会代表时，选区全体选民的过半数参加投票，选举有效。代表候选人获得参加投票的选民过半数的选票时，始得当选。

县级以上的地方各级人民代表大会在选举上一级人民代表大会代表时，代表候选人获得全体代表过半数的选票时，始得当选。

获得过半数选票的代表候选人的人数超过应选代

表名额时,以得票多的当选。如遇票数相等不能确定当选人时,应当就票数相等的候选人再次投票,以得票多的当选。

获得过半数选票的当选代表的人数少于应选代表的名额时,不足的名额另行选举。另行选举时,根据在第一次投票时得票多少的顺序,按照本法第三十一条规定的差额比例,确定候选人名单。如果只选一人,候选人应为二人。

依照前款规定另行选举县级和乡级的人民代表大会代表时,代表候选人以得票多的当选,但是得票数不得少于选票的三分之一;县级以上的地方各级人民代表大会在另行选举上一级人民代表大会代表时,代表候选人获得全体代表过半数的选票,始得当选。

第四十六条 【选举结果的宣布】选举结果由选举委员会或者人民代表大会主席团根据本法确定是否有效,并予以宣布。

当选代表名单由选举委员会或者人民代表大会主席团予以公布。

第四十七条 【代表资格审查委员会依法审查】代表资格审查委员会依法对当选代表是否符合宪法、法律规定的代表的基本条件,选举是否符合法律规定的程序,以及是否存在破坏选举和其他当选无效的违法行为进行审查,提出代表当选是否有效的意见,向本级人民代表大会常务委员会或者乡、民族乡、镇的人民代表大会主席团报告。

县级以上的各级人民代表大会常务委员会或者乡、民族乡、镇的人民代表大会主席团根据代表资格审查委员会提出的报告,确认代表的资格或者确定代表的当选无效,在每届人民代表大会第一次会议前公布代表名单。

第四十八条 【代表不得兼任的情形】公民不得同时担任两个以上无隶属关系的行政区域的人民代表大会代表。

第十章 对代表的监督和罢免、辞职、补选

第四十九条 【选民和原选举单位的监督、罢免权】全国和地方各级人民代表大会的代表,受选民和原选举单位的监督。选民或者选举单位都有权罢免自己选出的代表。

第五十条 【罢免要求的提出和表决】对于县级的人民代表大会代表,原选区选民五十人以上联名,对于乡级的人民代表大会代表,原选区选民三十人以上联名,可以向县级的人民代表大会常务委员会书面提出罢免要求。

罢免要求应当写明罢免理由。被提出罢免的代表有权在选民会议上提出申辩意见,也可以书面提出申辩意见。

县级的人民代表大会常务委员会应当将罢免要求和被提出罢免的代表的书面申辩意见印发原选区选民。

表决罢免要求,由县级的人民代表大会常务委员会派有关负责人员主持。

第五十一条 【罢免案的提出和表决】县级以上的地方各级人民代表大会举行会议的时候,主席团或者十分之一以上代表联名,可以提出对由该级人民代表大会选出的上一级人民代表大会代表的罢免案。在人民代表大会闭会期间,县级以上的地方各级人民代表大会常务委员会主任会议或者常务委员会五分之一以上组成人员联名,可以向常务委员会提出对由该级人民代表大会选出的上一级人民代表大会代表的罢免案。罢免案应当写明罢免理由。

县级以上的地方各级人民代表大会举行会议的时候,被提出罢免的代表有权在主席团会议和大会全体会议上提出申辩意见,或者书面提出申辩意见,由主席团印发会议。罢免案经会议审议后,由主席团提请全体会议表决。

县级以上的地方各级人民代表大会常务委员会举行会议的时候,被提出罢免的代表有权在主任会议和常务委员会全体会议上提出申辩意见,或者书面提出申辩意见,由主任会议印发会议。罢免案经会议审议后,由主任会议提请全体会议表决。

第五十二条 【罢免的表决方式】罢免代表采用无记名的表决方式。

第五十三条 【罢免决议的通过】罢免县级和乡级的人民代表大会代表,须经原选区过半数的选民通过。

罢免由县级以上的地方各级人民代表大会选出的代表,须经各该级人民代表大会过半数的代表通过;在代表大会闭会期间,须经常务委员会组成人员的过半数通过。罢免的决议,须报送上一级人民代表大会常务委员会备案、公告。

第五十四条 【相应职务的撤销】县级以上的各级人民代表大会常务委员会组成人员,县级以上的各级人民代表大会专门委员会成员的代表职务被罢免的,其常务委员会组成人员或者专门委员会成员的职务相应撤销,由主席团或者常务委员会予以公告。

乡、民族乡、镇的人民代表大会主席、副主席的代表职务被罢免的,其主席、副主席的职务相应撤销,由

主席团予以公告。

第五十五条　【辞职】全国人民代表大会代表，省、自治区、直辖市、设区的市、自治州的人民代表大会代表，可以向选举他的人民代表大会的常务委员会书面提出辞职。常务委员会接受辞职，须经常务委员会组成人员的过半数通过。接受辞职的决议，须报送上一级人民代表大会常务委员会备案、公告。

县级的人民代表大会代表可以向本级人民代表大会常务委员会书面提出辞职，乡级的人民代表大会代表可以向本级人民代表大会书面提出辞职。县级的人民代表大会常务委员会接受辞职，须经常务委员会组成人员的过半数通过。乡级的人民代表大会接受辞职，须经人民代表大会过半数的代表通过。接受辞职的，应当予以公告。

第五十六条　【相应职务的终止】县级以上的各级人民代表大会常务委员会组成人员，县级以上的各级人民代表大会的专门委员会成员，辞去代表职务的请求被接受的，其常务委员会组成人员、专门委员会成员的职务相应终止，由常务委员会予以公告。

乡、民族乡、镇的人民代表大会主席、副主席，辞去代表职务的请求被接受的，其主席、副主席的职务相应终止，由主席团予以公告。

第五十七条　【补选】代表在任期内，因故出缺，由原选区或者原选举单位补选。

地方各级人民代表大会代表在任期内调离或者迁出本行政区域的，其代表资格自行终止，缺额另行补选。

县级以上的地方各级人民代表大会闭会期间，可以由本级人民代表大会常务委员会补选上一级人民代表大会代表。

补选出缺的代表时，代表候选人的名额可以多于应选代表的名额，也可以同应选代表的名额相等。补选的具体办法，由省、自治区、直辖市的人民代表大会常务委员会规定。

对补选产生的代表，依照本法第四十七条的规定进行代表资格审查。

第十一章　对破坏选举的制裁

第五十八条　【破坏选举行为的法律责任】为保障选民和代表自由行使选举权和被选举权，对有下列行为之一，破坏选举，违反治安管理规定的，依法给予治安管理处罚；构成犯罪的，依法追究刑事责任：

（一）以金钱或者其他财物贿赂选民或者代表，妨害选民和代表自由行使选举权和被选举权的；

（二）以暴力、威胁、欺骗或者其他非法手段妨害选民和代表自由行使选举权和被选举权的；

（三）伪造选举文件、虚报选举票数或者有其他违法行为的；

（四）对于控告、检举选举中违法行为的人，或者对于提出要求罢免代表的人进行压制、报复的。

国家工作人员有前款所列行为的，还应当由监察机关给予政务处分或者由所在机关、单位给予处分。

以本条第一款所列违法行为当选的，其当选无效。

第五十九条　【破坏选举行为的调查处理】主持选举的机构发现有破坏选举的行为或者收到对破坏选举行为的举报，应当及时依法调查处理；需要追究法律责任的，及时移送有关机关予以处理。

第十二章　附　　则

第六十条　【实施细则的制定主体】省、自治区、直辖市的人民代表大会及其常务委员会根据本法可以制定选举实施细则，报全国人民代表大会常务委员会备案。

中华人民共和国人民法院组织法

1. 1979年7月1日第五届全国人民代表大会第二次会议通过

2. 根据1983年9月2日第六届全国人民代表大会常务委员会第二次会议《关于修改〈中华人民共和国人民法院组织法〉的决定》第一次修正

3. 根据1986年12月2日第六届全国人民代表大会常务委员会第十八次会议《关于修改〈中华人民共和国地方各级人民代表大会和地方各级人民政府组织法〉的决定》第二次修正

4. 根据2006年10月31日第十届全国人民代表大会常务委员会第二十四次会议《关于修改〈中华人民共和国人民法院组织法〉的决定》第三次修正

5. 2018年10月26日第十三届全国人民代表大会常务委员会第六次会议修订

目　　录

第一章　总　　则

第一条　【立法目的】为了规范人民法院的设置、组织和职权，保障人民法院依法履行职责，根据宪法，制定本法。

第二条　【法院性质和任务】人民法院是国家的审判机关。

人民法院通过审判刑事案件、民事案件、行政案件以及法律规定的其他案件，惩罚犯罪，保障无罪的人不受刑事追究，解决民事、行政纠纷，保护个人和组织的合法权益，监督行政机关依法行使职权，维护国家安全和社会秩序，维护社会公平正义，维护国家法制统一、尊严和权威，保障中国特色社会主义建设的顺利进行。

第三条　【法院设置依据】人民法院依照宪法、法律和全国人民代表大会常务委员会的决定设置。

第四条　【审判权独立】人民法院依照法律规定独立行使审判权，不受行政机关、社会团体和个人的干涉。

第五条　【平等】人民法院审判案件在适用法律上一律平等，不允许任何组织和个人有超越法律的特权，禁止任何形式的歧视。

第六条　【公正】人民法院坚持司法公正，以事实为根据，以法律为准绳，遵守法定程序，依法保护个人和组织的诉讼权利和其他合法权益，尊重和保障人权。

第七条　【公开】人民法院实行司法公开，法律另有规定的除外。

第八条　【司法责任制】人民法院实行司法责任制，建立健全权责统一的司法权力运行机制。

第九条　【各级人大及其常委会的监督】最高人民法院对全国人民代表大会及其常务委员会负责并报告工作。地方各级人民法院对本级人民代表大会及其常务委员会负责并报告工作。

各级人民代表大会及其常务委员会对本级人民法院的工作实施监督。

第十条　【最高人民法院地位】最高人民法院是最高审判机关。

最高人民法院监督地方各级人民法院和专门人民法院的审判工作，上级人民法院监督下级人民法院的审判工作。

第十一条　【接受群众监督】人民法院应当接受人民群众监督，保障人民群众对人民法院工作依法享有知情权、参与权和监督权。

第二章　人民法院的设置和职权

第十二条　【人民法院的设置】人民法院分为：

（一）最高人民法院；

（二）地方各级人民法院；

（三）专门人民法院。

第十三条　【地方各级人民法院的设置】地方各级人民法院分为高级人民法院、中级人民法院和基层人民法院。

第十四条　【新疆生产建设兵团人民法院的管理】在新疆生产建设兵团设立的人民法院的组织、案件管辖范围和法官任免，依照全国人民代表大会常务委员会的有关规定。

第十五条　【专门人民法院的管理】专门人民法院包括军事法院和海事法院、知识产权法院、金融法院等。

专门人民法院的设置、组织、职权和法官任免，由全国人民代表大会常务委员会规定。

第十六条　【最高人民法院受案范围】最高人民法院审理下列案件：

（一）法律规定由其管辖的和其认为应当由自己管辖的第一审案件；

（二）对高级人民法院判决和裁定的上诉、抗诉案件；

（三）按照全国人民代表大会常务委员会的规定提起的上诉、抗诉案件；

（四）按照审判监督程序提起的再审案件；

（五）高级人民法院报请核准的死刑案件。

第十七条　【死刑核准】死刑除依法由最高人民法院判决的以外，应当报请最高人民法院核准。

第十八条　【司法解释及指导性案例】最高人民法院可以对属于审判工作中具体应用法律的问题进行解释。

最高人民法院可以发布指导性案例。

第十九条　【巡回法庭】最高人民法院可以设巡回法庭，审理最高人民法院依法确定的案件。

巡回法庭是最高人民法院的组成部分。巡回法庭的判决和裁定即最高人民法院的判决和裁定。

第二十条　【高级人民法院序列】高级人民法院包括：

（一）省高级人民法院；

（二）自治区高级人民法院；

（三）直辖市高级人民法院。

第二十一条　【高级人民法院受案范围】高级人民法院审理下列案件：

（一）法律规定由其管辖的第一审案件；

（二）下级人民法院报请审理的第一审案件；

（三）最高人民法院指定管辖的第一审案件；

（四）对中级人民法院判决和裁定的上诉、抗诉案件；

（五）按照审判监督程序提起的再审案件；

（六）中级人民法院报请复核的死刑案件。

第二十二条　【中级人民法院序列】中级人民法院包括：

（一）省、自治区辖市的中级人民法院；

（二）在直辖市内设立的中级人民法院；

（三）自治州中级人民法院；

（四）在省、自治区内按地区设立的中级人民法院。

第二十三条　【中级人民法院受案范围】中级人民法院审理下列案件：

（一）法律规定由其管辖的第一审案件；

（二）基层人民法院报请审理的第一审案件；

（三）上级人民法院指定管辖的第一审案件；

（四）对基层人民法院判决和裁定的上诉、抗诉案件；

（五）按照审判监督程序提起的再审案件。

第二十四条　【基层人民法院序列】基层人民法院包括：

（一）县、自治县人民法院；

（二）不设区的市人民法院；

（三）市辖区人民法院。

第二十五条　【基层人民法院职责】基层人民法院审理第一审案件，法律另有规定的除外。

基层人民法院对人民调解委员会的调解工作进行业务指导。

第二十六条　【人民法庭】基层人民法院根据地区、人口和案件情况，可以设立若干人民法庭。

人民法庭是基层人民法院的组成部分。人民法庭的判决和裁定即基层人民法院的判决和裁定。

第二十七条　【专业审判庭和综合业务机构】人民法院根据审判工作需要，可以设必要的专业审判庭。法官员额较少的中级人民法院和基层人民法院，可以设综合审判庭或者不设审判庭。

人民法院根据审判工作需要，可以设综合业务机构。法官员额较少的中级人民法院和基层人民法院，可以不设综合业务机构。

第二十八条　【审判辅助机构和行政管理机构】人民法院根据工作需要，可以设必要的审判辅助机构和行政管理机构。

第三章　人民法院的审判组织

第二十九条　【审理案件方式】人民法院审理案件，由合议庭或者法官一人独任审理。

合议庭和法官独任审理的案件范围由法律规定。

第三十条　【合议庭的组成】合议庭由法官组成，或者由法官和人民陪审员组成，成员为三人以上单数。

合议庭由一名法官担任审判长。院长或者庭长参加审理案件时，由自己担任审判长。

审判长主持庭审、组织评议案件，评议案件时与合议庭其他成员权利平等。

第三十一条　【合议庭决定依据】合议庭评议案件应当按照多数人的意见作出决定，少数人的意见应当记入笔录。评议案件笔录由合议庭全体组成人员签名。

第三十二条　【裁判文书】合议庭或者法官独任审理案件形成的裁判文书，经合议庭组成人员或者独任法官签署，由人民法院发布。

第三十三条　【责任制】合议庭审理案件，法官对案件的事实认定和法律适用负责；法官独任审理案件，独任法官对案件的事实认定和法律适用负责。

人民法院应当加强内部监督，审判活动有违法情形的，应当及时调查核实，并根据违法情形依法处理。

第三十四条　【陪审员参与】人民陪审员依照法律规定参加合议庭审理案件。

第三十五条　【赔偿委员会】中级以上人民法院设赔偿委员会，依法审理国家赔偿案件。

赔偿委员会由三名以上法官组成，成员应当为单数，按照多数人的意见作出决定。

第三十六条　【审判委员会设置】各级人民法院设审判委员会。审判委员会由院长、副院长和若干资深法官组成，成员应当为单数。

审判委员会会议分为全体会议和专业委员会会议。

中级以上人民法院根据审判工作需要，可以按照审判委员会委员专业和工作分工，召开刑事审判、民事行政审判等专业委员会会议。

第三十七条　【审判委员会职能】审判委员会履行下列职能：

（一）总结审判工作经验；

（二）讨论决定重大、疑难、复杂案件的法律适用；

（三）讨论决定本院已经发生法律效力的判决、裁定、调解书是否应当再审；

（四）讨论决定其他有关审判工作的重大问题。

最高人民法院对属于审判工作中具体应用法律的问题进行解释，应当由审判委员会全体会议讨论通过；发布指导性案例，可以由审判委员会专业委员会会议讨论通过。

第三十八条　【审判委员会会议要求】审判委员会召开全体会议和专业委员会会议，应当有其组成人员的过半数出席。

审判委员会会议由院长或者院长委托的副院长主持。审判委员会实行民主集中制。

审判委员会举行会议时，同级人民检察院检察长或者检察长委托的副检察长可以列席。

第三十九条　【提请审判委员会讨论案件】合议庭认为案件需要提交审判委员会讨论决定的，由审判长提出申请，院长批准。

审判委员会讨论案件，合议庭对其汇报的事实负责，审判委员会委员对本人发表的意见和表决负责。审判委员会的决定，合议庭应当执行。

审判委员会讨论案件的决定及其理由应当在裁判文书中公开，法律规定不公开的除外。

第四章　人民法院的人员组成

第四十条　【审判人员的组成】人民法院的审判人员由院长、副院长、审判委员会委员和审判员等人员组成。

第四十一条　【院长、副院长职责】人民法院院长负责本院全面工作，监督本院审判工作，管理本院行政事务。人民法院副院长协助院长工作。

第四十二条　【最高人民法院法官产生办法】最高人民法院院长由全国人民代表大会选举，副院长、审判委员会委员、庭长、副庭长和审判员由院长提请全国人民代表大会常务委员会任免。

最高人民法院巡回法庭庭长、副庭长，由最高人民法院院长提请全国人民代表大会常务委员会任免。

第四十三条　【地方各级法官产生办法】地方各级人民法院院长由本级人民代表大会选举，副院长、审判委员会委员、庭长、副庭长和审判员由院长提请本级人民代表大会常务委员会任免。

在省、自治区内按地区设立的和在直辖市内设立的中级人民法院院长，由省、自治区、直辖市人民代表大会常务委员会根据主任会议的提名决定任免，副院长、审判委员会委员、庭长、副庭长和审判员由高级人民法院院长提请省、自治区、直辖市人民代表大会常务委员会任免。

第四十四条　【院长任期】人民法院院长任期与产生它的人民代表大会每届任期相同。

各级人民代表大会有权罢免由其选出的人民法院院长。在地方人民代表大会闭会期间，本级人民代表大会常务委员会认为人民法院院长需要撤换的，应当报请上级人民代表大会常务委员会批准。

第四十五条　【人员分类管理】人民法院的法官、审判辅助人员和司法行政人员实行分类管理。

第四十六条　【员额制】法官实行员额制。法官员额根据案件数量、经济社会发展情况、人口数量和人民法院审级等因素确定。

最高人民法院法官员额由最高人民法院商有关部门确定。地方各级人民法院法官员额，在省、自治区、直辖市内实行总量控制、动态管理。

第四十七条　【法官选任】法官从取得法律职业资格并且具备法律规定的其他条件的人员中选任。初任法官应当由法官遴选委员会进行专业能力审核。上级人民法院的法官一般从下级人民法院的法官中择优遴选。

院长应当具有法学专业知识和法律职业经历。副院长、审判委员会委员应当从法官、检察官或者其他具备法官、检察官条件的人员中产生。

法官的职责、管理和保障，依照《中华人民共和国法官法》的规定。

第四十八条　【法官助理职责】人民法院的法官助理在法官指导下负责审查案件材料、草拟法律文书等审判辅助事务。

符合法官任职条件的法官助理，经遴选后可以按照法官任免程序任命为法官。

第四十九条　【书记员职责】人民法院的书记员负责法庭审理记录等审判辅助事务。

第五十条　【司法警察职责】人民法院的司法警察负责法庭警戒、人员押解和看管等警务事项。

司法警察依照《中华人民共和国人民警察法》管理。

第五十一条　【司法技术人员职责】人民法院根据审判工作需要，可以设司法技术人员，负责与审判工作有关的事项。

第五章　人民法院行使职权的保障

第五十二条　【禁止越权行为】任何单位或者个人不得要求法官从事超出法定职责范围的事务。

对于领导干部等干预司法活动、插手具体案件处理，或者人民法院内部人员过问案件情况的，办案人员应当全面如实记录并报告；有违法违纪情形的，由有关机关根据情节轻重追究行为人的责任。

第五十三条　【生效法律文书的履行】人民法院作出的判决、裁定等生效法律文书，义务人应当依法履行；拒不履行的，依法追究法律责任。

第五十四条　【维护法庭秩序和审判权威】人民法院采取必要措施，维护法庭秩序和审判权威。对妨碍人民法院依法行使职权的违法犯罪行为，依法追究法律责任。

第五十五条 **【培训制度】**人民法院实行培训制度，法官、审判辅助人员和司法行政人员应当接受理论和业务培训。

第五十六条 **【人员编制】**人民法院人员编制实行专项管理。

第五十七条 **【经费保障】**人民法院的经费按照事权划分的原则列入财政预算，保障审判工作需要。

第五十八条 **【信息化建设】**人民法院应当加强信息化建设，运用现代信息技术，促进司法公开，提高工作效率。

第六章 附 则

第五十九条 **【施行日期】**本法自2019年1月1日起施行。

中华人民共和国人民检察院组织法

1. 1979年7月1日第五届全国人民代表大会第二次会议通过
2. 根据1983年9月2日第六届全国人民代表大会常务委员会第二次会议《关于修改〈中华人民共和国人民检察院组织法〉的决定》第一次修正
3. 根据1986年12月2日第六届全国人民代表大会常务委员会第十八次会议《关于修改〈中华人民共和国地方各级人民代表大会和地方各级人民政府组织法〉的决定》第二次修正
4. 2018年10月26日第十三届全国人民代表大会常务委员会第六次会议修订

目 录

第一章 总 则

第一条 **【立法目的】**为了规范人民检察院的设置、组织和职权，保障人民检察院依法履行职责，根据宪法，制定本法。

第二条 **【检察院性质和任务】**人民检察院是国家的法律监督机关。

人民检察院通过行使检察权，追诉犯罪，维护国家安全和社会秩序，维护个人和组织的合法权益，维护国家利益和社会公共利益，保障法律正确实施，维护社会公平正义，维护国家法制统一、尊严和权威，保障中国特色社会主义建设的顺利进行。

第三条 **【检察院设置依据】**人民检察院依照宪法、法律和全国人民代表大会常务委员会的决定设置。

第四条 **【独立行使检察权】**人民检察院依照法律规定独立行使检察权，不受行政机关、社会团体和个人的干涉。

第五条 **【平等】**人民检察院行使检察权在适用法律上一律平等，不允许任何组织和个人有超越法律的特权，禁止任何形式的歧视。

第六条 **【公正】**人民检察院坚持司法公正，以事实为根据，以法律为准绳，遵守法定程序，尊重和保障人权。

第七条 **【公开】**人民检察院实行司法公开，法律另有规定的除外。

第八条 **【司法责任制】**人民检察院实行司法责任制，建立健全权责统一的司法权力运行机制。

第九条 **【各级人大及其常委会的监督】**最高人民检察院对全国人民代表大会及其常务委员会负责并报告工作。地方各级人民检察院对本级人民代表大会及其常务委员会负责并报告工作。

各级人民代表大会及其常务委员会对本级人民检察院的工作实施监督。

第十条 **【最高人民检察院地位】**最高人民检察院是最高检察机关。

最高人民检察院领导地方各级人民检察院和专门人民检察院的工作，上级人民检察院领导下级人民检察院的工作。

第十一条 **【接受群众监督】**人民检察院应当接受人民群众监督，保障人民群众对人民检察院工作依法享有知情权、参与权和监督权。

第二章 人民检察院的设置和职权

第十二条 **【人民检察院的设置】**人民检察院分为：

（一）最高人民检察院；

（二）地方各级人民检察院；

（三）军事检察院等专门人民检察院。

第十三条 **【地方各级人民检察院的设置】**地方各级人民检察院分为：

（一）省级人民检察院，包括省、自治区、直辖市人民检察院；

（二）设区的市级人民检察院，包括省、自治区辖市人民检察院，自治州人民检察院，省、自治区、直辖市人民检察院分院；

（三）基层人民检察院，包括县、自治县、不设区的市、市辖区人民检察院。

第十四条 【新疆生产建设兵团人民检察院的管理】在新疆生产建设兵团设立的人民检察院的组织、案件管辖范围和检察官任免，依照全国人民代表大会常务委员会的有关规定。

第十五条 【专门人民检察院的管理】专门人民检察院的设置、组织、职权和检察官任免，由全国人民代表大会常务委员会规定。

第十六条 【特定区域人民检察院的设立】省级人民检察院和设区的市级人民检察院根据检察工作需要，经最高人民检察院和省级有关部门同意，并提请本级人民代表大会常务委员会批准，可以在辖区内特定区域设立人民检察院，作为派出机构。

第十七条 【检察室的设立】人民检察院根据检察工作需要，可以在监狱、看守所等场所设立检察室，行使派出它的人民检察院的部分职权，也可以对上述场所进行巡回检察。

省级人民检察院设立检察室，应当经最高人民检察院和省级有关部门同意。设区的市级人民检察院、基层人民检察院设立检察室，应当经省级人民检察院和省级有关部门同意。

第十八条 【业务机构的设立】人民检察院根据检察工作需要，设必要的业务机构。检察官员额较少的设区的市级人民检察院和基层人民检察院，可以设综合业务机构。

第十九条 【检察辅助机构和行政管理机构的设立】人民检察院根据工作需要，可以设必要的检察辅助机构和行政管理机构。

第二十条 【人民检察院职权】人民检察院行使下列职权：

（一）依照法律规定对有关刑事案件行使侦查权；

（二）对刑事案件进行审查，批准或者决定是否逮捕犯罪嫌疑人；

（三）对刑事案件进行审查，决定是否提起公诉，对决定提起公诉的案件支持公诉；

（四）依照法律规定提起公益诉讼；

（五）对诉讼活动实行法律监督；

（六）对判决、裁定等生效法律文书的执行工作实行法律监督；

（七）对监狱、看守所的执法活动实行法律监督；

（八）法律规定的其他职权。

第二十一条 【行使法律监督职权的调查核实】人民检察院行使本法第二十条规定的法律监督职权，可以进行调查核实，并依法提出抗诉、纠正意见、检察建议。有关单位应当予以配合，并及时将采纳纠正意见、检察建议的情况书面回复人民检察院。

抗诉、纠正意见、检察建议的适用范围及其程序，依照法律有关规定。

第二十二条 【对死刑复核、追诉案件的监督审查】最高人民检察院对最高人民法院的死刑复核活动实行监督；对报请核准追诉的案件进行审查，决定是否追诉。

第二十三条 【司法解释与指导性案例】最高人民检察院可以对属于检察工作中具体应用法律的问题进行解释。

最高人民检察院可以发布指导性案例。

第二十四条 【上级人民检察院的职权】上级人民检察院对下级人民检察院行使下列职权：

（一）认为下级人民检察院的决定错误的，指令下级人民检察院纠正，或者依法撤销、变更；

（二）可以对下级人民检察院管辖的案件指定管辖；

（三）可以办理下级人民检察院管辖的案件；

（四）可以统一调用辖区的检察人员办理案件。

上级人民检察院的决定，应当以书面形式作出。

第二十五条 【下级人民检察院的执行义务】下级人民检察院应当执行上级人民检察院的决定；有不同意见的，可以在执行的同时向上级人民检察院报告。

第二十六条 【列席同级人民法院审判委员会会议】人民检察院检察长或者检察长委托的副检察长，可以列席同级人民法院审判委员会会议。

第二十七条 【人民监督员的监督权】人民监督员依照规定对人民检察院的办案活动实行监督。

第三章 人民检察院的办案组织

第二十八条 【办理案件方式】人民检察院办理案件，根据案件情况可以由一名检察官独任办理，也可以由两名以上检察官组成办案组办理。

由检察官办案组办理的，检察长应当指定一名检察官担任主办检察官，组织、指挥办案组办理案件。

第二十九条 【检察长的职权】检察官在检察长领导下开展工作，重大办案事项由检察长决定。检察长可以将部分职权委托检察官行使，可以授权检察官签发法律文书。

第三十条 【检察委员会设置】各级人民检察院设检察委员会。检察委员会由检察长、副检察长和若干资深检察官组成，成员应当为单数。

第三十一条 【检察委员会职能】检察委员会履行下列

职能：

（一）总结检察工作经验；

（二）讨论决定重大、疑难、复杂案件；

（三）讨论决定其他有关检察工作的重大问题。

最高人民检察院对属于检察工作中具体应用法律的问题进行解释、发布指导性案例，应当由检察委员会讨论通过。

第三十二条 【**检察委员会会议要求**】检察委员会召开会议，应当有其组成人员的过半数出席。

检察委员会会议由检察长或者检察长委托的副检察长主持。检察委员会实行民主集中制。

地方各级人民检察院的检察长不同意本院检察委员会多数人的意见，属于办理案件的，可以报请上一级人民检察院决定；属于重大事项的，可以报请上一级人民检察院或者本级人民代表大会常务委员会决定。

第三十三条 【**提请检察委员会讨论案件**】检察官可以就重大案件和其他重大问题，提请检察长决定。检察长可以根据案件情况，提交检察委员会讨论决定。

检察委员会讨论案件，检察官对其汇报的事实负责，检察委员会委员对本人发表的意见和表决负责。检察委员会的决定，检察官应当执行。

第三十四条 【**检察官办案责任制**】人民检察院实行检察官办案责任制。检察官对其职权范围内就案件作出的决定负责。检察长、检察委员会对案件作出决定的，承担相应责任。

第四章 人民检察院的人员组成

第三十五条 【**检察人员的组成**】人民检察院的检察人员由检察长、副检察长、检察委员会委员和检察员等人员组成。

第三十六条 【**检察长、副检察长职责**】人民检察院检察长领导本院检察工作，管理本院行政事务。人民检察院副检察长协助检察长工作。

第三十七条 【**最高检检察官产生办法**】最高人民检察院检察长由全国人民代表大会选举和罢免，副检察长、检察委员会委员和检察员由检察长提请全国人民代表大会常务委员会任免。

第三十八条 【**地方各级检察官产生办法**】地方各级人民检察院检察长由本级人民代表大会选举和罢免，副检察长、检察委员会委员和检察员由检察长提请本级人民代表大会常务委员会任免。

地方各级人民检察院检察长的任免，须报上一级人民检察院检察长提请本级人民代表大会常务委员会批准。

省、自治区、直辖市人民检察院分院检察长、副检察长、检察委员会委员和检察员，由省、自治区、直辖市人民检察院检察长提请本级人民代表大会常务委员会任免。

第三十九条 【**检察长任期**】人民检察院检察长任期与产生它的人民代表大会每届任期相同。

全国人民代表大会常务委员会和省、自治区、直辖市人民代表大会常务委员会根据本级人民检察院检察长的建议，可以撤换下级人民检察院检察长、副检察长和检察委员会委员。

第四十条 【**人员分类管理**】人民检察院的检察官、检察辅助人员和司法行政人员实行分类管理。

第四十一条 【**员额制**】检察官实行员额制。检察官员额根据案件数量、经济社会发展情况、人口数量和人民检察院层级等因素确定。

最高人民检察院检察官员额由最高人民检察院商有关部门确定。地方各级人民检察院检察官员额，在省、自治区、直辖市内实行总量控制、动态管理。

第四十二条 【**检察官选任**】检察官从取得法律职业资格并且具备法律规定的其他条件的人员中选任。初任检察官应当由检察官遴选委员会进行专业能力审核。上级人民检察院的检察官一般从下级人民检察院的检察官中择优遴选。

检察长应当具有法学专业知识和法律职业经历。副检察长、检察委员会委员应当从检察官、法官或者其他具备检察官、法官条件的人员中产生。

检察官的职责、管理和保障，依照《中华人民共和国检察官法》的规定。

第四十三条 【**检察官助理职责**】人民检察院的检察官助理在检察官指导下负责审查案件材料、草拟法律文书等检察辅助事务。

符合检察官任职条件的检察官助理，经遴选后可以按照检察官任免程序任命为检察官。

第四十四条 【**书记员职责**】人民检察院的书记员负责案件记录等检察辅助事务。

第四十五条 【**司法警察职责**】人民检察院的司法警察负责办案场所警戒、人员押解和看管等警务事项。

司法警察依照《中华人民共和国人民警察法》管理。

第四十六条 【**检察技术人员**】人民检察院根据检察工作需要，可以设检察技术人员，负责与检察工作有关的事项。

第五章 人民检察院行使职权的保障

第四十七条 【**禁止越权行为**】任何单位或者个人不得

要求检察官从事超出法定职责范围的事务。

对于领导干部等干预司法活动、插手具体案件处理，或者人民检察院内部人员过问案件情况的，办案人员应当全面如实记录并报告；有违法违纪情形的，由有关机关根据情节轻重追究行为人的责任。

第四十八条 【妨害公务的法律责任】人民检察院采取必要措施，维护办案安全。对妨碍人民检察院依法行使职权的违法犯罪行为，依法追究法律责任。

第四十九条 【培训制度】人民检察院实行培训制度，检察官、检察辅助人员和司法行政人员应当接受理论和业务培训。

第五十条 【编制管理】人民检察院人员编制实行专项管理。

第五十一条 【经费保障】人民检察院的经费按照事权划分的原则列入财政预算，保障检察工作需要。

第五十二条 【信息化建设】人民检察院应当加强信息化建设，运用现代信息技术，促进司法公开，提高工作效率。

第六章 附 则

第五十三条 【施行日期】本法自2019年1月1日起施行。

中华人民共和国村民委员会组织法

1. 1998年11月4日第九届全国人民代表大会常务委员会第五次会议通过
2. 2010年10月28日第十一届全国人民代表大会常务委员会第十七次会议修订
3. 根据2018年12月29日第十三届全国人民代表大会常务委员会第七次会议《关于修改〈中华人民共和国村民委员会组织法〉〈中华人民共和国城市居民委员会组织法〉的决定》修正

目 录

第一章 总 则

第一条 【立法目的】为了保障农村村民实行自治，由村民依法办理自己的事情，发展农村基层民主，维护村民的合法权益，促进社会主义新农村建设，根据宪法，制定本法。

第二条 【村委会的性质和职责】村民委员会是村民自我管理、自我教育、自我服务的基层群众性自治组织，实行民主选举、民主决策、民主管理、民主监督。

村民委员会办理本村的公共事务和公益事业，调解民间纠纷，协助维护社会治安，向人民政府反映村民的意见、要求和提出建议。

村民委员会向村民会议、村民代表会议负责并报告工作。

第三条 【村委会的设立原则】村民委员会根据村民居住状况、人口多少，按照便于群众自治，有利于经济发展和社会管理的原则设立。

村民委员会的设立、撤销、范围调整，由乡、民族乡、镇的人民政府提出，经村民会议讨论同意，报县级人民政府批准。

村民委员会可以根据村民居住状况、集体土地所有权关系等分设若干村民小组。

第四条 【基层党组织的作用】中国共产党在农村的基层组织，按照中国共产党章程进行工作，发挥领导核心作用，领导和支持村民委员会行使职权；依照宪法和法律，支持和保障村民开展自治活动、直接行使民主权利。

第五条 【乡级政府与村委会的关系】乡、民族乡、镇的人民政府对村民委员会的工作给予指导、支持和帮助，但是不得干预依法属于村民自治范围内的事项。

村民委员会协助乡、民族乡、镇的人民政府开展工作。

第二章 村民委员会的组成和职责

第六条 【村委会的组成】村民委员会由主任、副主任和委员共三至七人组成。

村民委员会成员中，应当有妇女成员，多民族村民居住的村应当有人数较少的民族的成员。

对村民委员会成员，根据工作情况，给予适当补贴。

第七条 【村委会下属委员会的组成】村民委员会根据需要设人民调解、治安保卫、公共卫生与计划生育等委员会。村民委员会成员可以兼任下属委员会的成员。人口少的村的村民委员会可以不设下属委员会，由村民委员会成员分工负责人民调解、治安保卫、公共卫生与计划生育等工作。

第八条 【村委会的经济职能】村民委员会应当支持和组织村民依法发展各种形式的合作经济和其他经济，承担本村生产的服务和协调工作，促进农村生产建设和经济发展。

村民委员会依照法律规定，管理本村属于村农民集体所有的土地和其他财产，引导村民合理利用自然资源，保护和改善生态环境。

村民委员会应当尊重并支持集体经济组织依法独立进行经济活动的自主权，维护以家庭承包经营为基础、统分结合的双层经营体制，保障集体经济组织和村民、承包经营户、联户或者合伙的合法财产权和其他合法权益。

第九条 【村委会的文化职能】村民委员会应当宣传宪法、法律、法规和国家的政策，教育和推动村民履行法律规定的义务、爱护公共财产，维护村民的合法权益，发展文化教育，普及科技知识，促进男女平等，做好计划生育工作，促进村与村之间的团结、互助，开展多种形式的社会主义精神文明建设活动。

村民委员会应当支持服务性、公益性、互助性社会组织依法开展活动，推动农村社区建设。

多民族村民居住的村，村民委员会应当教育和引导各民族村民增进团结、互相尊重、互相帮助。

第十条 【村委会的自治职能】村民委员会及其成员应当遵守宪法、法律、法规和国家的政策，遵守并组织实施村民自治章程、村规民约，执行村民会议、村民代表会议的决定、决议，办事公道，廉洁奉公，热心为村民服务，接受村民监督。

第三章 村民委员会的选举

第十一条 【村委会成员的选举方式及任期】村民委员会主任、副主任和委员，由村民直接选举产生。任何组织或者个人不得指定、委派或者撤换村民委员会成员。

村民委员会每届任期五年，届满应当及时举行换届选举。村民委员会成员可以连选连任。

第十二条 【村委会选举委员会的组成及职责】村民委员会的选举，由村民选举委员会主持。

村民选举委员会由主任和委员组成，由村民会议、村民代表会议或者各村民小组会议推选产生。

村民选举委员会成员被提名为村民委员会成员候选人，应当退出村民选举委员会。

村民选举委员会成员退出村民选举委员会或者因其他原因出缺的，按照原推选结果依次递补，也可以另行推选。

第十三条 【村民的选举权及其登记】年满十八周岁的村民，不分民族、种族、性别、职业、家庭出身、宗教信仰、教育程度、财产状况、居住期限，都有选举权和被选举权；但是，依照法律被剥夺政治权利的人除外。

村民委员会选举前，应当对下列人员进行登记，列入参加选举的村民名单：

（一）户籍在本村并且在本村居住的村民；

（二）户籍在本村，不在本村居住，本人表示参加选举的村民；

（三）户籍不在本村，在本村居住一年以上，本人申请参加选举，并且经村民会议或者村民代表会议同意参加选举的公民。

已在户籍所在村或者居住村登记参加选举的村民，不得再参加其他地方村民委员会的选举。

第十四条 【村民名单的公布及异议】登记参加选举的村民名单应当在选举日的二十日前由村民选举委员会公布。

对登记参加选举的村民名单有异议的，应当自名单公布之日起五日内向村民选举委员会申诉，村民选举委员会应当自收到申诉之日起三日内作出处理决定，并公布处理结果。

第十五条 【村委会的选举程序】选举村民委员会，由登记参加选举的村民直接提名候选人。村民提名候选人，应当从全体村民利益出发，推荐奉公守法、品行良好、公道正派、热心公益、具有一定文化水平和工作能力的村民为候选人。候选人的名额应当多于应选名额。村民选举委员会应当组织候选人与村民见面，由候选人介绍履行职责的设想，回答村民提出的问题。

选举村民委员会，有登记参加选举的村民过半数投票，选举有效；候选人获得参加投票的村民过半数的选票，始得当选。当选人数不足应选名额的，不足的名额另行选举。另行选举的，第一次投票未当选的人员得票多的为候选人，候选人以得票多的当选，但是所得票数不得少于已投选票总数的三分之一。

选举实行无记名投票、公开计票的方法，选举结果应当当场公布。选举时，应当设立秘密写票处。

登记参加选举的村民，选举期间外出不能参加投票的，可以书面委托本村有选举权的近亲属代为投票。村民选举委员会应当公布委托人和受委托人的名单。

具体选举办法由省、自治区、直辖市的人民代表大会常务委员会规定。

第十六条 【村委会成员的罢免】本村五分之一以上有选举权的村民或者三分之一以上的村民代表联名，可以提出罢免村民委员会成员的要求，并说明要求罢免的理由。被提出罢免的村民委员会成员有权提出申辩意见。

罢免村民委员会成员，须有登记参加选举的村民过半数投票，并须经投票的村民过半数通过。

第十七条 【破坏选举的法律后果】以暴力、威胁、欺骗、贿赂、伪造选票、虚报选举票数等不正当手段当选村民委员会成员的，当选无效。

对以暴力、威胁、欺骗、贿赂、伪造选票、虚报选举票数等不正当手段，妨害村民行使选举权、被选举权，破坏村民委员会选举的行为，村民有权向乡、民族乡、镇的人民代表大会和人民政府或者县级人民代表大会常务委员会和人民政府及其有关主管部门举报，由乡级或者县级人民政府负责调查并依法处理。

第十八条 【村委会成员职务的终止】村民委员会成员丧失行为能力或者被判处刑罚的，其职务自行终止。

第十九条 【村委会成员的补选】村民委员会成员出缺，可以由村民会议或者村民代表会议进行补选。补选程序参照本法第十五条的规定办理。补选的村民委员会成员的任期到本届村民委员会任期届满时止。

第二十条 【村委会工作的移交】村民委员会应当自新一届村民委员会产生之日起十日内完成工作移交。工作移交由村民选举委员会主持，由乡、民族乡、镇的人民政府监督。

第四章 村民会议和村民代表会议

第二十一条 【村民会议的组成及召集】村民会议由本村十八周岁以上的村民组成。

村民会议由村民委员会召集。有十分之一以上的村民或者三分之一以上的村民代表提议，应当召集村民会议。召集村民会议，应当提前十天通知村民。

第二十二条 【村民会议的召开】召开村民会议，应当有本村十八周岁以上村民的过半数，或者本村三分之二以上的户的代表参加，村民会议所作决定应当经到会人员的过半数通过。法律对召开村民会议及作出决定另有规定的，依照其规定。

召开村民会议，根据需要可以邀请驻本村的企业、事业单位和群众组织派代表列席。

第二十三条 【村民会议的权力】村民会议审议村民委员会的年度工作报告，评议村民委员会成员的工作；有权撤销或者变更村民委员会不适当的决定；有权撤销或者变更村民代表会议不适当的决定。

村民会议可以授权村民代表会议审议村民委员会的年度工作报告，评议村民委员会成员的工作，撤销或者变更村民委员会不适当的决定。

第二十四条 【经村民会议讨论决定方可办理的事项】涉及村民利益的下列事项，经村民会议讨论决定方可办理：

（一）本村享受误工补贴的人员及补贴标准；

（二）从村集体经济所得收益的使用；

（三）本村公益事业的兴办和筹资筹劳方案及建设承包方案；

（四）土地承包经营方案；

（五）村集体经济项目的立项、承包方案；

（六）宅基地的使用方案；

（七）征地补偿费的使用、分配方案；

（八）以借贷、租赁或者其他方式处分村集体财产；

（九）村民会议认为应当由村民会议讨论决定的涉及村民利益的其他事项。

村民会议可以授权村民代表会议讨论决定前款规定的事项。

法律对讨论决定村集体经济组织财产和成员权益的事项另有规定的，依照其规定。

第二十五条 【村民代表会议的组成】人数较多或者居住分散的村，可以设立村民代表会议，讨论决定村民会议授权的事项。村民代表会议由村民委员会成员和村民代表组成，村民代表应当占村民代表会议组成人员的五分之四以上，妇女村民代表应当占村民代表会议组成人员的三分之一以上。

村民代表由村民按每五户至十五户推选一人，或者由各村民小组推选若干人。村民代表的任期与村民委员会的任期相同。村民代表可以连选连任。

村民代表应当向其推选户或者村民小组负责，接受村民监督。

第二十六条 【村民代表会议的召集】村民代表会议由村民委员会召集。村民代表会议每季度召开一次。有五分之一以上的村民代表提议，应当召集村民代表会议。

村民代表会议有三分之二以上的组成人员参加方可召开，所作决定应当经到会人员的过半数同意。

第二十七条 【村民自治章程、村规民约以及村民会议或者村民代表会议的决定】村民会议可以制定和修改村民自治章程、村规民约，并报乡、民族乡、镇的人民政府备案。

村民自治章程、村规民约以及村民会议或者村民代表会议的决定不得与宪法、法律、法规和国家的政策相抵触，不得有侵犯村民的人身权利、民主权利和合法财产权利的内容。

村民自治章程、村规民约以及村民会议或者村民代表会议的决定违反前款规定的，由乡、民族乡、镇的人民政府责令改正。

第二十八条 【村民小组会议的召开】召开村民小组会

议,应当有本村民小组十八周岁以上的村民三分之二以上,或者本村民小组三分之二以上的户的代表参加,所作决定应当经到会人员的过半数同意。

【村民小组组长的推选及任期】村民小组组长由村民小组会议推选。村民小组组长任期与村民委员会的任期相同,可以连选连任。

【村民小组会议的职责】属于村民小组的集体所有的土地、企业和其他财产的经营管理以及公益事项的办理,由村民小组会议依照有关法律的规定讨论决定,所作决定及实施情况应当及时向本村民小组的村民公布。

第五章 民主管理和民主监督

第二十九条 **【村委会的工作原则】**村民委员会应当实行少数服从多数的民主决策机制和公开透明的工作原则,建立健全各种工作制度。

第三十条 **【村务公开制度】**村民委员会实行村务公开制度。

村民委员会应当及时公布下列事项,接受村民的监督:

(一)本法第二十三条、第二十四条规定的由村民会议、村民代表会议讨论决定的事项及其实施情况;

(二)国家计划生育政策的落实方案;

(三)政府拨付和接受社会捐赠的救灾救助、补贴补助等资金、物资的管理使用情况;

(四)村民委员会协助人民政府开展工作的情况;

(五)涉及本村村民利益,村民普遍关心的其他事项。

前款规定事项中,一般事项至少每季度公布一次;集体财务往来较多的,财务收支情况应当每月公布一次;涉及村民利益的重大事项应当随时公布。

村民委员会应当保证所公布事项的真实性,并接受村民的查询。

第三十一条 **【村务公开制度的保障】**村民委员会不及时公布应当公布的事项或者公布的事项不真实的,村民有权向乡、民族乡、镇的人民政府或者县级人民政府及其有关主管部门反映,有关人民政府或者主管部门应当负责调查核实,责令依法公布;经查证确有违法行为的,有关人员应当依法承担责任。

第三十二条 **【村务监督机构及其职责】**村应当建立村务监督委员会或者其他形式的村务监督机构,负责村民民主理财,监督村务公开等制度的落实,其成员由村民会议或者村民代表会议在村民中推选产生,其中应有具备财会、管理知识的人员。村民委员会成员及其近亲属不得担任村务监督机构成员。村务监督机构成员向村民会议和村民代表会议负责,可以列席村民委员会会议。

第三十三条 **【民主评议】**村民委员会成员以及由村民或者村集体承担误工补贴的聘用人员,应当接受村民会议或者村民代表会议对其履行职责情况的民主评议。民主评议每年至少进行一次,由村务监督机构主持。

村民委员会成员连续两次被评议不称职的,其职务终止。

第三十四条 **【村务档案】**村民委员会和村务监督机构应当建立村务档案。村务档案包括:选举文件和选票,会议记录,土地发包方案和承包合同,经济合同,集体财务账目,集体资产登记文件,公益设施基本资料,基本建设资料,宅基地使用方案,征地补偿费使用及分配方案等。村务档案应当真实、准确、完整、规范。

第三十五条 **【经济责任审计】**村民委员会成员实行任期和离任经济责任审计,审计包括下列事项:

(一)本村财务收支情况;

(二)本村债权债务情况;

(三)政府拨付和接受社会捐赠的资金、物资管理使用情况;

(四)本村生产经营和建设项目的发包管理以及公益事业建设项目招标投标情况;

(五)本村资金管理使用以及本村集体资产、资源的承包、租赁、担保、出让情况,征地补偿费的使用、分配情况;

(六)本村五分之一以上的村民要求审计的其他事项。

村民委员会成员的任期和离任经济责任审计,由县级人民政府农业部门、财政部门或者乡、民族乡、镇的人民政府负责组织,审计结果应当公布,其中离任经济责任审计结果应当在下一届村民委员会选举之前公布。

第三十六条 **【法律责任】**村民委员会或者村民委员会成员作出的决定侵害村民合法权益的,受侵害的村民可以申请人民法院予以撤销,责任人依法承担法律责任。

村民委员会不依照法律、法规的规定履行法定义务的,由乡、民族乡、镇的人民政府责令改正。

乡、民族乡、镇的人民政府干预依法属于村民自治范围事项的,由上一级人民政府责令改正。

第六章 附 则

第三十七条 **【工作条件和经费】**人民政府对村民委员会协助政府开展工作应当提供必要的条件;人民政府有关部门委托村民委员会开展工作需要经费的,由委托部门承担。

村民委员会办理本村公益事业所需的经费，由村民会议通过筹资筹劳解决；经费确有困难的，由地方人民政府给予适当支持。

第三十八条 【驻村单位与村委会的关系】驻在农村的机关、团体、部队、国有及国有控股企业、事业单位及其人员不参加村民委员会组织，但应当通过多种形式参与农村社区建设，并遵守有关村规民约。

村民委员会、村民会议或者村民代表会议讨论决定与前款规定的单位有关的事项，应当与其协商。

第三十九条 【地方人大和政府的职责】地方各级人民代表大会和县级以上地方各级人民代表大会常务委员会在本行政区域内保证本法的实施，保障村民依法行使自治权利。

第四十条 【实施办法】省、自治区、直辖市的人民代表大会常务委员会根据本法，结合本行政区域的实际情况，制定实施办法。

第四十一条 【施行日期】本法自公布之日起施行。

中华人民共和国
全国人民代表大会组织法

1. 1982年12月10日第五届全国人民代表大会第五次会议通过

2. 1982年12月10日全国人民代表大会公告公布施行

3. 根据2021年3月11日第十三届全国人民代表大会第四次会议《关于修改〈中华人民共和国全国人民代表大会组织法〉的决定》修正

目　　录

第一章　总　　则

第一条 【立法目的】为了健全全国人民代表大会及其常务委员会的组织和工作制度，保障和规范其行使职权，坚持和完善人民代表大会制度，保证人民当家作主，根据宪法，制定本法。

第二条 【性质、地位】全国人民代表大会是最高国家权力机关，其常设机关是全国人民代表大会常务委员会。

第三条 【基本原则】全国人民代表大会及其常务委员会坚持中国共产党的领导，坚持以马克思列宁主义、毛泽东思想、邓小平理论、"三个代表"重要思想、科学发展观、习近平新时代中国特色社会主义思想为指导，依照宪法和法律规定行使职权。

第四条 【民主选举】全国人民代表大会由民主选举产生，对人民负责，受人民监督。

全国人民代表大会及其常务委员会坚持全过程民主，始终同人民保持密切联系，倾听人民的意见和建议，体现人民意志，保障人民权益。

第五条 【立法权】全国人民代表大会及其常务委员会行使国家立法权，决定重大事项，监督宪法和法律的实施，维护社会主义法制的统一、尊严、权威，建设社会主义法治国家。

第六条 【组织和活动原则】全国人民代表大会及其常务委员会实行民主集中制原则，充分发扬民主，集体行使职权。

第七条 【对外交往】全国人民代表大会及其常务委员会积极开展对外交往，加强同各国议会、国际和地区议会组织的交流与合作。

第二章　全国人民代表大会会议

第八条 【大会任期及会议的召集】全国人民代表大会每届任期五年。

全国人民代表大会会议每年举行一次，由全国人民代表大会常务委员会召集。全国人民代表大会常务委员会认为必要，或者有五分之一以上的全国人民代表大会代表提议，可以临时召集全国人民代表大会会议。

第九条 【代表资格审查】全国人民代表大会代表选出后，由全国人民代表大会常务委员会代表资格审查委员会进行审查。

全国人民代表大会常务委员会根据代表资格审查委员会提出的报告，确认代表的资格或者确定个别代表的当选无效，在每届全国人民代表大会第一次会议前公布代表名单。

对补选的全国人民代表大会代表，依照前款规定进行代表资格审查。

第十条 【代表团】全国人民代表大会代表按照选举单位组成代表团。各代表团分别推选代表团团长、副团长。

代表团在每次全国人民代表大会会议举行前，讨论全国人民代表大会常务委员会提出的关于会议的准备事项；在会议期间，对全国人民代表大会的各项议案进行审议,并可以由代表团团长或者由代表团推派的代表,在主席团会议上或者大会全体会议上,代表代表团对审议的议案发表意见。

第十一条　【预备会议】全国人民代表大会每次会议举行预备会议,选举本次会议的主席团和秘书长,通过本次会议的议程和其他准备事项的决定。

主席团和秘书长的名单草案,由全国人民代表大会常务委员会委员长会议提出,经常务委员会会议审议通过后,提交预备会议。

第十二条　【主席团主持会议】主席团主持全国人民代表大会会议。

主席团推选常务主席若干人,召集并主持主席团会议。

主席团推选主席团成员若干人分别担任每次大会全体会议的执行主席,并指定其中一人担任全体会议主持人。

第十三条　【大会秘书处】全国人民代表大会会议设立秘书处。秘书处由秘书长和副秘书长若干人组成。副秘书长的人选由主席团决定。

秘书处在秘书长领导下,办理主席团交付的事项,处理会议日常事务工作。副秘书长协助秘书长工作。

第十四条　【主席团处理事项】主席团处理下列事项:

(一)根据会议议程决定会议日程;

(二)决定会议期间代表提出议案的截止时间;

(三)听取和审议关于议案处理意见的报告,决定会议期间提出的议案是否列入会议议程;

(四)听取和审议秘书处和有关专门委员会关于各项议案和报告审议、审查情况的报告,决定是否将议案和决定草案、决议草案提请会议表决;

(五)听取主席团常务主席关于国家机构组成人员人选名单的说明,提名由会议选举的国家机构组成人员的人选,依照法定程序确定正式候选人名单;

(六)提出会议选举和决定任命的办法草案;

(七)组织由会议选举或者决定任命的国家机构组成人员的宪法宣誓;

(八)其他应当由主席团处理的事项。

第十五条　【常务主席的职权】主席团常务主席就拟提请主席团审议事项,听取秘书处和有关专门委员会的报告,向主席团提出建议。

主席团常务主席可以对会议日程作必要的调整。

第十六条　【提出议案】全国人民代表大会主席团,全国人民代表大会常务委员会,全国人民代表大会各专门委员会,国务院,中央军事委员会,国家监察委员会,最高人民法院,最高人民检察院,可以向全国人民代表大会提出属于全国人民代表大会职权范围内的议案。

第十七条　【代表提案权】一个代表团或者三十名以上的代表联名,可以向全国人民代表大会提出属于全国人民代表大会职权范围内的议案。

第十八条　【国家领导人候选人名单】全国人民代表大会常务委员会委员长、副委员长、秘书长、委员的人选,中华人民共和国主席、副主席的人选,中央军事委员会主席的人选,国家监察委员会主任的人选,最高人民法院院长和最高人民检察院检察长的人选,由主席团提名,经各代表团酝酿协商后,再由主席团根据多数代表的意见确定正式候选人名单。

第十九条　【其他国家领导人候选人的提名】国务院总理和国务院其他组成人员的人选、中央军事委员会除主席以外的其他组成人员的人选,依照宪法的有关规定提名。

第二十条　【国家领导人的罢免案】全国人民代表大会主席团、三个以上的代表团或者十分之一以上的代表,可以提出对全国人民代表大会常务委员会的组成人员,中华人民共和国主席、副主席,国务院和中央军事委员会的组成人员,国家监察委员会主任,最高人民法院院长和最高人民检察院检察长的罢免案,由主席团提请大会审议。

第二十一条　【质询案】全国人民代表大会会议期间,一个代表团或者三十名以上的代表联名,可以书面提出对国务院以及国务院各部门、国家监察委员会、最高人民法院、最高人民检察院的质询案。

第三章　全国人民代表大会常务委员会

第二十二条　【常委会的任期】全国人民代表大会常务委员会对全国人民代表大会负责并报告工作。

全国人民代表大会常务委员会每届任期同全国人民代表大会每届任期相同,行使职权到下届全国人民代表大会选出新的常务委员会为止。

第二十三条　【常委会的组成】全国人民代表大会常务委员会由下列人员组成:

委员长,

副委员长若干人,

秘书长,

委员若干人。

常务委员会的组成人员由全国人民代表大会从代表中选出。

常务委员会的组成人员不得担任国家行政机关、监察机关、审判机关和检察机关的职务；如果担任上述职务，应当向常务委员会辞去常务委员会的职务。

第二十四条 **【常委会领导工作分工】**常务委员会委员长主持常务委员会会议和常务委员会的工作。副委员长、秘书长协助委员长工作。副委员长受委员长的委托，可以代行委员长的部分职权。

委员长因为健康情况不能工作或者缺位的时候，由常务委员会在副委员长中推选一人代理委员长的职务，直到委员长恢复健康或者全国人民代表大会选出新的委员长为止。

第二十五条 **【委员长会议】**常务委员会的委员长、副委员长、秘书长组成委员长会议，处理常务委员会的重要日常工作：

（一）决定常务委员会每次会议的会期，拟订会议议程草案，必要时提出调整会议议程的建议；

（二）对向常务委员会提出的议案和质询案，决定交由有关的专门委员会审议或者提请常务委员会全体会议审议；

（三）决定是否将议案和决定草案、决议草案提请常务委员会全体会议表决，对暂不交付表决的，提出下一步处理意见；

（四）通过常务委员会年度工作要点、立法工作计划、监督工作计划、代表工作计划、专项工作规划和工作规范性文件等；

（五）指导和协调各专门委员会的日常工作；

（六）处理常务委员会其他重要日常工作。

第二十六条 **【代表资格审查委员会】**常务委员会设立代表资格审查委员会。

代表资格审查委员会的主任委员、副主任委员和委员的人选，由委员长会议在常务委员会组成人员中提名，常务委员会任免。

第二十七条 **【常委会办公厅】**常务委员会设立办公厅，在秘书长领导下工作。

常务委员会设副秘书长若干人，由委员长提请常务委员会任免。

第二十八条 **【工作委员会】**常务委员会设立法制工作委员会、预算工作委员会和其他需要设立的工作委员会。

工作委员会的主任、副主任和委员由委员长提请常务委员会任免。

香港特别行政区基本法委员会、澳门特别行政区基本法委员会的设立、职责和组成人员任免，依照有关法律和全国人民代表大会有关决定的规定。

第二十九条 **【提出议案】**委员长会议，全国人民代表大会各专门委员会，国务院，中央军事委员会，国家监察委员会，最高人民法院，最高人民检察院，常务委员会组成人员十人以上联名，可以向常务委员会提出属于常务委员会职权范围内的议案。

第三十条 **【质询案】**常务委员会会议期间，常务委员会组成人员十人以上联名，可以向常务委员会书面提出对国务院以及国务院各部门、国家监察委员会、最高人民法院、最高人民检察院的质询案。

第三十一条 **【常委会的人事任免权】**常务委员会在全国人民代表大会闭会期间，根据国务院总理的提名，可以决定国务院其他组成人员的任免；根据中央军事委员会主席的提名，可以决定中央军事委员会其他组成人员的任免。

第三十二条 **【常委会的职务撤销权】**常务委员会在全国人民代表大会闭会期间，根据委员长会议、国务院总理的提请，可以决定撤销国务院其他个别组成人员的职务；根据中央军事委员会主席的提请，可以决定撤销中央军事委员会其他个别组成人员的职务。

第三十三条 **【常委会工作报告】**常务委员会在全国人民代表大会每次会议举行的时候，必须向全国人民代表大会提出工作报告。

第四章 全国人民代表大会各委员会

第三十四条 **【专门委员会】**全国人民代表大会设立民族委员会、宪法和法律委员会、监察和司法委员会、财政经济委员会、教育科学文化卫生委员会、外事委员会、华侨委员会、环境与资源保护委员会、农业与农村委员会、社会建设委员会和全国人民代表大会认为需要设立的其他专门委员会。各专门委员会受全国人民代表大会领导；在全国人民代表大会闭会期间，受全国人民代表大会常务委员会领导。

各专门委员会由主任委员、副主任委员若干人和委员若干人组成。

各专门委员会的主任委员、副主任委员和委员的人选由主席团在代表中提名，全国人民代表大会会议表决通过。在大会闭会期间，全国人民代表大会常务委员会可以任免专门委员会的副主任委员和委员，由委员长会议提名，常务委员会会议表决通过。

第三十五条 **【专门委员会的任期】**各专门委员会每届任期同全国人民代表大会每届任期相同，履行职责到下届全国人民代表大会产生新的专门委员会为止。

第三十六条 **【主任委员和顾问】**各专门委员会主任委

员主持委员会会议和委员会的工作。副主任委员协助主任委员工作。

各专门委员会可以根据工作需要,任命专家若干人为顾问;顾问可以列席专门委员会会议,发表意见。

顾问由全国人民代表大会常务委员会任免。

第三十七条 【专门委员会的工作】各专门委员会的工作如下:

(一)审议全国人民代表大会主席团或者全国人民代表大会常务委员会交付的议案;

(二)向全国人民代表大会主席团或者全国人民代表大会常务委员会提出属于全国人民代表大会或者全国人民代表大会常务委员会职权范围内同本委员会有关的议案,组织起草法律草案和其他议案草案;

(三)承担全国人民代表大会常务委员会听取和审议专项工作报告有关具体工作;

(四)承担全国人民代表大会常务委员会执法检查的具体组织实施工作;

(五)承担全国人民代表大会常务委员会专题询问有关具体工作;

(六)按照全国人民代表大会常务委员会工作安排,听取国务院有关部门和国家监察委员会、最高人民法院、最高人民检察院的专题汇报,提出建议;

(七)对属于全国人民代表大会或者全国人民代表大会常务委员会职权范围内同本委员会有关的问题,进行调查研究,提出建议;

(八)审议全国人民代表大会常务委员会交付的被认为同宪法、法律相抵触的国务院的行政法规、决定和命令,国务院各部门的命令、指示和规章,国家监察委员会的监察法规,省、自治区、直辖市和设区的市、自治州的人民代表大会及其常务委员会的地方性法规和决定、决议,省、自治区、直辖市和设区的市、自治州的人民政府的决定、命令和规章,民族自治地方的自治条例和单行条例,经济特区法规,以及最高人民法院、最高人民检察院具体应用法律问题的解释,提出意见;

(九)审议全国人民代表大会主席团或者全国人民代表大会常务委员会交付的质询案,听取受质询机关对质询案的答复,必要的时候向全国人民代表大会主席团或者全国人民代表大会常务委员会提出报告;

(十)研究办理代表建议、批评和意见,负责有关建议、批评和意见的督促办理工作;

(十一)按照全国人民代表大会常务委员会的安排开展对外交往;

(十二)全国人民代表大会及其常务委员会交办的其他工作。

第三十八条 【民族委员会工作职责】民族委员会可以对加强民族团结问题进行调查研究,提出建议;审议自治区报请全国人民代表大会常务委员会批准的自治区的自治条例和单行条例,向全国人民代表大会常务委员会提出报告。

第三十九条 【宪法和法律委员会工作职责】宪法和法律委员会承担推动宪法实施、开展宪法解释、推进合宪性审查、加强宪法监督、配合宪法宣传等工作职责。

宪法和法律委员会统一审议向全国人民代表大会或者全国人民代表大会常务委员会提出的法律草案和有关法律问题的决定草案;其他专门委员会就有关草案向宪法和法律委员会提出意见。

第四十条 【财政经济委员会工作职责】财政经济委员会对国务院提出的国民经济和社会发展计划草案、规划纲要草案、中央和地方预算草案、中央决算草案以及相关报告和调整方案进行审查,提出初步审查意见、审查结果报告;其他专门委员会可以就有关草案和报告向财政经济委员会提出意见。

第四十一条 【调查委员会】全国人民代表大会或者全国人民代表大会常务委员会可以组织对于特定问题的调查委员会。调查委员会的组织和工作,由全国人民代表大会或者全国人民代表大会常务委员会决定。

第五章 全国人民代表大会代表

第四十二条 【代表任期】全国人民代表大会代表每届任期五年,从每届全国人民代表大会举行第一次会议开始,到下届全国人民代表大会举行第一次会议为止。

第四十三条 【代表的义务】全国人民代表大会代表必须模范地遵守宪法和法律,保守国家秘密,并且在自己参加的生产、工作和社会活动中,协助宪法和法律的实施。

第四十四条 【代表为人民服务】全国人民代表大会代表应当同原选举单位和人民保持密切联系,可以列席原选举单位的人民代表大会会议,通过多种方式听取和反映人民的意见和要求,努力为人民服务,充分发挥在全过程民主中的作用。

第四十五条 【密切与代表联系】全国人民代表大会常务委员会和各专门委员会、工作委员会应当同代表保持密切联系,听取代表的意见和建议,支持和保障代表依法履职,扩大代表对各项工作的参与,充分发挥代表作用。

全国人民代表大会常务委员会建立健全常务委员会组成人员和各专门委员会、工作委员会联系代表的工作机制。

全国人民代表大会常务委员会办事机构和工作机构为代表履行职责提供服务保障。

第四十六条　【代表的监督权】全国人民代表大会代表向全国人民代表大会或者全国人民代表大会常务委员会提出的对各方面工作的建议、批评和意见，由全国人民代表大会常务委员会办事机构交由有关机关、组织研究办理并负责答复。

对全国人民代表大会代表提出的建议、批评和意见，有关机关、组织应当与代表联系沟通，充分听取意见，介绍有关情况，认真研究办理，及时予以答复。

全国人民代表大会有关专门委员会和常务委员会办事机构应当加强对办理工作的督促检查。常务委员会办事机构每年向常务委员会报告代表建议、批评和意见的办理情况，并予以公开。

第四十七条　【代表执行职务时的物质保障】全国人民代表大会代表在出席全国人民代表大会会议和执行其他属于代表的职务的时候，国家根据实际需要给予适当的补贴和物质上的便利。

第四十八条　【代表的言论表决豁免】全国人民代表大会代表、全国人民代表大会常务委员会的组成人员，在全国人民代表大会和全国人民代表大会常务委员会各种会议上的发言和表决，不受法律追究。

第四十九条　【代表的司法豁免】全国人民代表大会代表非经全国人民代表大会主席团许可，在全国人民代表大会闭会期间非经全国人民代表大会常务委员会许可，不受逮捕或者刑事审判。

全国人民代表大会代表如果因为是现行犯被拘留，执行拘留的公安机关应当立即向全国人民代表大会主席团或者全国人民代表大会常务委员会报告。

地方各级人民政府机构设置和编制管理条例

1. 2007年2月24日国务院令第486号公布

2. 自2007年5月1日起施行

第一章　总　　则

第一条　为了规范地方各级人民政府机构设置，加强编制管理，提高行政效能，根据宪法、地方各级人民代表大会和地方各级人民政府组织法，制定本条例。

第二条　地方各级人民政府机构的设置、职责配置、编制核定以及对机构编制工作的监督管理，适用本条例。

第三条　地方各级人民政府机构设置和编制管理工作，应当按照经济社会全面协调可持续发展的要求，适应全面履行职能的需要，遵循精简、统一、效能的原则。

第四条　地方各级人民政府的机构编制工作，实行中央统一领导、地方分级管理的体制。

第五条　县级以上各级人民政府机构编制管理机关应当按照管理权限履行管理职责，并对下级机构编制工作进行业务指导和监督。

第六条　依照国家规定的程序设置的机构和核定的编制，是录用、聘用、调配工作人员、配备领导成员和核拨经费的依据。

县级以上各级人民政府应当建立机构编制、人员工资与财政预算相互制约的机制，在设置机构、核定编制时，应当充分考虑财政的供养能力。机构实有人员不得突破规定的编制。禁止擅自设置机构和增加编制。对擅自设置机构和增加编制的，不得核拨财政资金或者挪用其他资金安排其经费。

第七条　县级以上各级人民政府行政机构不得干预下级人民政府行政机构的设置和编制管理工作，不得要求下级人民政府设立与其业务对口的行政机构。

第二章　机构设置管理

第八条　地方各级人民政府行政机构应当以职责的科学配置为基础，综合设置，做到职责明确、分工合理、机构精简、权责一致，决策和执行相协调。

地方各级人民政府行政机构应当根据履行职责的需要，适时调整。但是，在一届政府任期内，地方各级人民政府的工作部门应当保持相对稳定。

第九条　地方各级人民政府行政机构的设立、撤销、合并或者变更规格、名称，由本级人民政府提出方案，经上一级人民政府机构编制管理机关审核后，报上一级人民政府批准；其中，县级以上地方各级人民政府行政机构的设立、撤销或者合并，还应当依法报本级人民代表大会常务委员会备案。

第十条　地方各级人民政府行政机构职责相同或者相近的，原则上由一个行政机构承担。

行政机构之间对职责划分有异议的，应当主动协商解决。协商一致的，报本级人民政府机构编制管理机关备案；协商不一致的，应当提请本级人民政府机构编制管理机关提出协调意见，由机构编制管理机关报本级人民政府决定。

第十一条　地方各级人民政府设立议事协调机构，应当严格控制；可以交由现有机构承担职能的或者由现有机构进行协调可以解决问题的，不另设立议事协调机构。

为办理一定时期内某项特定工作设立的议事协调机构,应当明确规定其撤销的条件和期限。

第十二条 县级以上地方各级人民政府的议事协调机构不单独设立办事机构,具体工作由有关的行政机构承担。

第十三条 地方各级人民政府行政机构根据工作需要和精干的原则,设立必要的内设机构。县级以上地方各级人民政府行政机构的内设机构的设立、撤销、合并或者变更规格、名称,由该行政机构报本级人民政府机构编制管理机关审批。

第三章 编制管理

第十四条 地方各级人民政府行政机构的编制,应当根据其所承担的职责,按照精简的原则核定。

第十五条 机构编制管理机关应当按照编制的不同类别和使用范围审批编制。地方各级人民政府行政机构应当使用行政编制,事业单位应当使用事业编制,不得混用、挤占、挪用或者自行设定其他类别的编制。

第十六条 地方各级人民政府的行政编制总额,由省、自治区、直辖市人民政府提出,经国务院机构编制管理机关审核后,报国务院批准。

第十七条 根据工作需要,国务院机构编制管理机关报经国务院批准,可以在地方行政编制总额内对特定的行政机构的行政编制实行专项管理。

第十八条 地方各级人民政府根据调整职责的需要,可以在行政编制总额内调整本级人民政府有关部门的行政编制。但是,在同一个行政区域不同层级之间调配使用行政编制的,应当由省、自治区、直辖市人民政府机构编制管理机关报国务院机构编制管理机关审批。

第十九条 地方各级人民政府议事协调机构不单独确定编制,所需要的编制由承担具体工作的行政机构解决。

第二十条 地方各级人民政府行政机构的领导职数,按照地方各级人民代表大会和地方各级人民政府组织法的有关规定确定。

第四章 监督检查

第二十一条 县级以上各级人民政府机构编制管理机关应当按照管理权限,对机构编制管理的执行情况进行监督检查;必要时,可以会同监察机关和其他有关部门对机构编制管理的执行情况进行监督检查。有关组织和个人应当予以配合。

第二十二条 县级以上各级人民政府机构编制管理机关实施监督检查时,应当严格执行规定的程序,发现违反本条例规定的行为,应当向本级人民政府提出处理意见和建议。

第二十三条 地方各级人民政府机构编制管理机关,应当如实向上级机构编制管理机关提交机构编制年度统计资料,不得虚报、瞒报、伪造。

第二十四条 县级以上各级人民政府机构编制管理机关应当定期评估机构和编制的执行情况,并将评估结果作为调整机构编制的参考依据。评估的具体办法,由国务院机构编制管理机关制定。

第二十五条 任何组织和个人对违反机构编制管理规定的行为,都有权向机构编制管理机关、监察机关等有关部门举报。

县级以上各级人民政府机构编制管理机关应当接受社会监督。

第五章 法律责任

第二十六条 有下列行为之一的,由机构编制管理机关给予通报批评,并责令限期改正;情节严重的,对直接负责的主管人员和其他直接责任人员,依法给予处分:

(一)擅自设立、撤销、合并行政机构或者变更规格、名称的;

(二)擅自改变行政机构职责的;

(三)擅自增加编制或者改变编制使用范围的;

(四)超出编制限额调配财政供养人员、为超编人员核拨财政资金或者挪用其他资金安排其经费、以虚报人员等方式占用编制并冒用财政资金的;

(五)擅自超职数、超规格配备领导成员的;

(六)违反规定干预下级人民政府行政机构的设置和编制管理工作的;

(七)违反规定审批机构、编制的;

(八)违反机构编制管理规定的其他行为。

第二十七条 机构编制管理机关工作人员在机构编制管理工作中滥用职权、玩忽职守、徇私舞弊,构成犯罪的,依法追究刑事责任;尚不构成犯罪的,依法给予处分。

第六章 附则

第二十八条 本条例所称编制,是指机构编制管理机关核定的行政机构和事业单位的人员数额和领导职数。

第二十九条 地方的事业单位机构和编制管理办法,由省、自治区、直辖市人民政府机构编制管理机关拟定,报国务院机构编制管理机关审核后,由省、自治区、直辖市人民政府发布。事业编制的全国性标准由国务院机构编制管理机关会同国务院财政部门和其他有关部门制定。

第三十条 本条例自2007年5月1日起施行。

·党规党纪·

中国共产党地方委员会工作条例

中共中央2015年12月25日印发

第一章 总 则

第一条 为了落实全面从严治党要求，加强和改进党的地方委员会工作，提高党的执政能力和领导水平，促进党的执政目标的实现，根据《中国共产党章程》，制定本条例。

第二条 本条例适用于党的省、自治区、直辖市，设区的市和自治州，县（旗）、自治县、不设区的市和市辖区委员会及其常务委员会。

第三条 党的地方委员会在本地区发挥总揽全局、协调各方的领导核心作用，按照协调推进"四个全面"战略布局，对本地区经济建设、政治建设、文化建设、社会建设、生态文明建设实行全面领导，对本地区党的建设全面负责。

第四条 党的地方委员会工作必须遵循以下原则：

（一）坚持高举中国特色社会主义伟大旗帜，坚决贯彻党的理论和路线方针政策。

（二）坚持立党为公、执政为民，认真践行党的宗旨和群众路线。

（三）坚持解放思想、实事求是、与时俱进、求真务实，结合本地区实际创造性开展工作。

（四）坚持民主集中制，增强党的地方委员会领导集体活力和党的团结统一。

（五）坚持党要管党、从严治党，始终保持党的先进性和纯洁性。

（六）坚持在宪法和法律范围内活动，依据党章和其他党内法规履职尽责。

第五条 党的地方委员会主要实行政治、思想和组织领导，把方向、管大局、作决策、保落实：

（一）对本地区重大问题作出决策。

（二）通过法定程序使党组织的主张成为地方性法规、地方政府规章或者其他政令。

（三）加强对本地区宣传思想文化工作的领导，牢牢掌握意识形态工作领导权、话语权。

（四）按照干部管理权限任免和管理干部，向地方国家机关、政协组织、人民团体、国有企事业单位等推荐重要干部。

（五）支持和保证人大、政府、政协、法院、检察院、人民团体等依法依章程独立负责、协调一致地开展工作，发挥这些组织中党组的领导核心作用。

（六）加强对本地区群团工作和统一战线工作的领导。

（七）动员、组织所属党组织和广大党员，团结带领群众实现党的目标任务。

第二章 组织和成员

第六条 党的地方委员会由同级党代表大会选举产生，由委员、候补委员组成，每届任期5年。

党的地方委员会的常务委员会（简称常委会）由党的地方委员会全体会议（简称全会）选举产生，由党的地方委员会书记、副书记和常委会其他委员组成。

第七条 党的地方委员会委员、候补委员配备应当具有代表性，符合党龄、年龄、性别、专业等方面要求。人选应当包括书记、副书记和常委会其他委员，一般还应当包括同级政府领导班子成员，同级人大常委会、政协、法院、检察院主要负责人，同级党委和政府有关部门主要负责人，同级工会、共青团、妇联主要负责人，下一级党委和政府主要负责人，以及适当比例的基层党员。

党的地方委员会任期内，委员出缺的由候补委员按照得票多少依次递补，递补后仍有空缺的可以召开党代表大会或者党代表会议补选。

因调离本地区、辞去公职、退休等原因不适宜继续担任党委委员、候补委员的，应当辞去或者由所在的党的地方委员会按程序免去其党委委员、候补委员职务。死亡、丧失国籍、被追究刑事责任、被停止党籍、受到留党察看以上党纪处分的，委员、候补委员职务自动终止。辞去、免去或者自动终止委员、候补委员职务的，应当报上一级党委备案。确有必要时，上一级党委可以任免下级党委委员、候补委员职务。

第八条 常委会委员配备，由上级党委根据工作需要，按照有利于贯彻执行民主集中制、提高议事决策水平的原则决定。常委会委员名额，省级为11至13人，市、县两级为9至11人，个别地方需要适当增减的，由党中央决定或者省级党委根据中央精神审批。

党的地方委员会设书记1名、副书记2名，个别民族自治地方需要适当增加副书记职数的，由党中央决定或者省级党委根据中央精神审批。

党的地方委员会换届时，书记、副书记和常委会其他委员由全会选举产生，并报上一级党委审批。新当选的书记、副书记和常委会其他委员一般应当任满一届。在党代表大会闭会期间，上级党委可以根据工作需要,调动、任免下级党委书记、副书记和常委会其他委员,其数额在任期内一般不得超过常委会委员职数的二分之一。

第三章　职　　责

第九条　党的地方委员会在党代表大会闭会期间,执行上级党组织的指示和同级党代表大会的决议、决定,领导本地区的工作。

党的地方委员会应当通过召开全会的方式履行以下职责:

(一)制定贯彻执行党中央和上级党组织决策部署以及同级党代表大会决议、决定的重大措施。

(二)讨论和决定本地区经济社会发展战略、重大改革事项、重大民生保障等经济社会发展重大问题。

(三)讨论和决定本地区党的建设方面的重大问题,审议通过重要党内法规或者规范性文件。

(四)决定召开同级党代表大会或者党代表会议,并对提议事项先行审议、提出意见。

(五)听取和审议常委会工作报告或者专项工作报告。

(六)选举书记、副书记和常委会其他委员;通过同级党的纪律检查委员会全体会议选举产生的书记、副书记和常委会其他委员。

(七)决定递补党委委员;批准辞去或者决定免去党委委员、候补委员;决定改组或者解散下一级党组织;决定或者追认给予党委委员、候补委员撤销党内职务以上党纪处分。

(八)研究讨论本地区行政区划调整以及有关党政群机构设立、变更和撤销方案。

(九)对常委会提请决定的事项或者应当由全会决定的其他重要事项作出决策。

第十条　常委会在全会闭会期间行使党的地方委员会职权,主持经常工作。其主要职责是:

(一)召集全会,向全会报告工作并接受监督;对拟提交全会讨论和决定的事项先行审议、提出意见。

(二)组织实施上级党组织决策部署和全会决议、决定。

(三)向上级党组织请示报告工作,讨论和决定下级党组织请示报告的重要事项。

(四)对本地区经济社会发展和宣传思想文化工作、组织工作、纪律检查工作、群众工作、统一战线工作、政法工作等方面经常性工作中的重要问题作出决定。

(五)按照有关规定推荐、提名、任免干部,必要时对重要干部的任免可以征求党委委员意见;教育、管理、监督干部;研究决定党员干部纪律处分有关事项。

(六)对应当由常委会决定的其他重要事项作出决定。

第十一条　党委书记主持党的地方委员会全面工作,组织常委会活动,协调常委会委员的工作,对党委工作负主要责任。

担任政府正职的党委副书记主持政府全面工作,组织政府党组活动。不担任政府职务的党委副书记主要协助书记抓党的建设工作,同时可以根据需要协调和负责其他方面工作。

常委会其他委员根据分工负责有关工作,履行分管领域从严治党责任。

第十二条　党的地方委员会应当建立职责清单制度,明确常委会及其成员职责,并在一定范围内公开。

第十三条　党的地方委员会必须认真履行全面从严治党主体责任,书记必须履行抓党建第一责任人职责。常委会应当定期研究党建工作,每年至少向全会和上一级党委专题报告1次抓党建工作情况。充分发挥党的建设工作领导小组职能作用。加强基层党组织建设,实行市、县两级党委书记抓基层党建工作述职评议考核制度,完善党建工作考核综合评价体系,确保党建各项部署落到实处。

党的地方委员会应当认真履行党风廉政建设主体责任,领导和支持纪律检查机关履行监督责任,坚持纪在法前、纪严于法,严格执行和维护党的纪律,推动形成不敢腐、不能腐、不想腐的廉洁从政环境。

第十四条　党的地方委员会及其成员应当加强思想政治建设,坚持用马克思列宁主义、毛泽东思想、中国特色社会主义理论体系武装头脑,深入学习贯彻习近平总书记系列重要讲话精神,坚定理想信念,严守政治纪律和政治规矩。严肃党内政治生活,按照规定参加民主生活会和组织生活会。严格落实中央关于改进工作作风、密切联系群众的各项规定,坚决反对形式主义、官僚主义、享乐主义和奢靡之风。切实增强践行“三严三实”要求的思想自觉和行动自觉,带头营造良好政治生态。严格遵守《中国共产党廉洁自律准则》等有关规定,切实做到为民、务实、清廉。

第四章　组织原则

第十五条　党的地方委员会必须始终在思想上政治上行动上同党中央保持高度一致,坚决贯彻执行党中央决策部署和上级党组织决定,坚决维护党中央权威,任何地方工作部署都必须以贯彻中央精神为前提。

党的地方委员会应当每年向上一级党委作1次全面工作情况报告，执行党中央和上级党组织某项重要决定的情况应当专题报告。遇有重大突发事件、重大问题应当及时请示报告。

第十六条 党的地方委员会应当支持和保证下级党组织依法依规正常履职。凡属下级党组织职责范围内的事项，如无特殊情况，应当由下级党组织处理。

党的地方委员会作出同下级党组织有关的重要决定，一般应当事前征求下级党组织意见。需要同级党代表大会代表、下级党组织和党员了解的重要情况和重大问题，应当及时通报。

第十七条 党的地方委员会应当坚持民主集中制，实行集体领导和个人分工负责相结合的制度。凡属应当由全会或者常委会会议讨论和决定的事项，必须由集体研究决定，任何个人或者少数人无权擅自决定。在集体讨论和决定问题时，个人应当充分发表意见。个人对集体作出的决定必须坚决执行，有不同意见的可以保留，也可以向上级党组织报告。

常委会委员应当根据分工和集体决定，勇于担当、敢于负责，切实履行职责；对不属于自己分管的工作，也应当从全局出发关心支持，加强研究，积极提出意见和建议。

第十八条 党委书记应当带头执行民主集中制，充分发扬党内民主，善于集中正确意见，自觉接受常委会其他委员监督，不得凌驾于组织之上、班子之上，不得搞独断专行。

常委会其他委员应当支持书记开展工作，自觉接受书记对其工作的督促检查。

常委会委员应当在党性原则基础上维护团结，互相信任、互相谅解、互相支持、互相监督。

第十九条 常委会委员代表党委的讲话和报告，署名发表或者出版同工作有关的文章、著作、言论，应当事先经过常委会审定或者党委书记批准。

常委会委员在调查研究、检查指导工作或者参加其他公务活动时发表的个人意见，应当符合党委集体决定精神。

第五章 议事和决策

第二十条 党的地方委员会及其常委会议事决策应当坚持集体领导、民主集中、个别酝酿、会议决定，实行科学决策、民主决策、依法决策。

第二十一条 党的地方委员会及其常委会应当健全决策咨询机制，重大决策一般应当在调查研究基础上提出方案，充分听取各方面意见，进行风险评估和合法合规性审查，经过全会或者常委会会议讨论和决定。

第二十二条 全会每年至少召开2次，遇有重要情况可以随时召开。全会由常委会召集并主持，议题一般由常委会征询党委委员、候补委员意见后确定。

全会应当有三分之二以上党委委员到会方可召开。党委委员、候补委员因故不能参加会议的应当在会前请假，其意见可以用书面形式表达。根据工作需要，常委会可以确定有关人员列席全会。

表决可以根据讨论和决定事项的不同，采用举手、无记名投票或者记名投票等方式进行，赞成票超过应到会党委委员半数为通过。未到会党委委员的意见不得计入票数。候补委员没有表决权。

对党委委员、候补委员作出撤销党内职务以上党纪处分决定，必须由全会三分之二以上多数决定。在特殊情况下，可以先由常委会作出处理决定，待召开全会时予以追认。对党委委员、候补委员的上述处分，必须经上级党委批准。

第二十三条 常委会会议一般每月召开2次，遇有重要情况可以随时召开。

常委会会议由党委书记召集并主持。书记不能参加会议的，可以委托副书记召集并主持。会议议题由书记提出，或者由常委会其他委员提出建议、书记综合考虑后确定。

常委会会议应当有半数以上常委会委员到会方可召开。讨论和决定干部任免事项必须有三分之二以上常委会委员到会。常委会委员因故不能参加会议的应当在会前请假，其意见可以用书面形式表达。根据工作需要，会议召集人可以确定有关人员列席会议。

表决可以根据讨论和决定事项的不同，采用口头、举手、无记名投票或者记名投票等方式进行，赞成票超过应到会常委会委员半数为通过。未到会常委会委员的意见不得计入票数。会议讨论和决定多个事项，应当逐项表决。

常委会会议由专门人员如实记录，决定事项应当编发会议纪要。经常委会会议讨论通过、以党委名义上报或者下发的文件，由书记签发。

遇重大突发事件、抢险救灾等紧急情况，不能及时召开常委会会议决策的，书记、副书记或者常委会其他委员可以临机处置，事后应当及时向常委会报告。

第二十四条 党的地方委员会及其常委会可以根据工作需要召开扩大会议，但不得代替全会、常委会会议作出决策。

第二十五条　需要提交常委会会议审议的重要事项，可以先召开书记专题会议进行酝酿。书记专题会议由书记主持，副书记和其他有关常委会委员等参加。书记专题会议不得代替常委会会议作出决策。

常委会委员可以根据工作需要，在其职责范围内主持召开议事协调会议，研究解决有关问题，但不得超越权限作出决策。

党的地方委员会应当加强对同级人大、政府、政协等的领导，建立健全沟通协调机制，及时通报重要情况。注重通过国家机关、政协组织、民主党派、人民团体、基层单位等渠道，就经济社会发展重大问题和涉及群众切身利益实际问题，广泛协商、广集民智、增进共识、增强合力。

第二十六条　党的地方委员会通过全会作出的决策，由常委会负责组织实施；常委会作出的决策，由常委会委员分工负责组织实施。

党的地方委员会应当建立有效的督查、评估和反馈机制，确保决策落实。决策执行过程中需作重大调整的，应当按照谁决策、谁调整的原则通过召开全会或者常委会会议决定。

第六章　监督和追责

第二十七条　党的地方委员会向同级党代表大会负责并报告工作，应当自觉接受上级党委领导和工作监督，并接受上级和同级纪律检查机关监督，接受下级党组织和党员群众的监督，接受各民主党派和无党派人士的民主监督。

党的地方委员会应当有计划地邀请同级党代表大会代表列席全会或者常委会会议等重要会议，适当增加列席的人员数量和频次。定期组织党代表大会代表进行专题调研，组织党代表大会代表开展提案提议，充分听取意见建议。

第二十八条　上级党委应当定期对下一级党委常委会及其成员履行职责情况进行考核，建立健全奖惩机制。考核具体工作由上级党委组织部门牵头，纪律检查机关、党委有关部门参与。

第二十九条　违反本条例有关规定的，根据情节轻重，给予批评教育、责令作出检查、诫勉谈话、通报批评或者调离岗位、责令辞职、免职、降职等处理；应当追究党纪政纪责任的，依照《中国共产党纪律处分条例》、《行政机关公务员处分条例》等有关规定给予相应处分；涉嫌违法犯罪的，按照国家有关法律规定处理。

第七章　附　　则

第三十条　党的地区委员会和相当于地区委员会的组织，可以参照执行本条例。

第三十一条　党的地方各级委员会应当根据本条例，结合各自实际制定和完善工作规则。

第三十二条　本条例由中央办公厅商中央组织部解释。

第三十三条　本条例自2015年12月25日起施行。1996年4月5日中共中央印发的《中国共产党地方委员会工作条例（试行）》同时废止。

中国共产党工作机关条例（试行）

中共中央2017年3月1日印发

第一章　总　　则

第一条　为了规范党的工作机关的设立和运行，提高党的工作机关履职能力和工作水平，保证党的理论和路线方针政策得到有效贯彻执行，根据《中国共产党章程》，制定本条例。

第二条　党的工作机关是党实施政治、思想和组织领导的政治机关，是落实党中央和地方各级党委决策部署，实施党的领导、加强党的建设、推进党的事业的执行机关，主要包括办公厅（室）、职能部门、办事机构和派出机关。

第三条　本条例适用于中央和地方党的工作机关。

党委直属事业单位、设在党的工作机关或者由党的工作机关管理的机关，参照本条例执行，法律法规和中央另有规定的除外。

党的纪律检查机关的产生和运行，按照党章和中央有关规定执行。

第四条　党的工作机关开展工作应当遵循以下原则：

（一）坚持加强党的领导，坚决维护党中央权威；

（二）坚持党的政治路线、思想路线、组织路线、群众路线；

（三）坚持贯彻民主集中制，增强党的团结统一和机关工作活力；

（四）坚持各司其职、相互配合，确保党的各项工作协调一致、协同推进；

（五）坚持全面从严治党、依规治党，依照党章党规履行职责；

（六）坚持在宪法法律范围内活动，支持同级国家机关和其他组织依法依章程开展工作。

第二章 设 立

第五条 党的工作机关的设立，应当适应加强党的领导和党的建设的需要，遵循精简、统一、效能原则，实行总量控制和限额管理。

根据工作需要，党的工作机关可以与职责相近的国家机关等合并设立或者合署办公。合并设立或者合署办公仍由党委主管。

严格控制议事协调机构常设办事机构的设立。议事协调机构负责的事项，可以交由现有工作机关牵头协调或者建立协调配合机制解决的，不另设常设办事机构。

第六条 党中央工作机关的设立、撤销、合并或者变更，由中央机构编制管理部门提出方案，按程序报党中央审批决定。

地方党委工作机关的设立、撤销、合并或者变更，由同级机构编制管理部门提出方案，按规定程序由本级党委讨论决定后，报上级党委审批。

第七条 党的工作机关的领导机构和决策形式是部(厅、室)务会或者委员会，一般由正职、副职、派驻纪检组组长或者纪工委书记及其他成员组成。

党的工作机关的领导职数，根据工作需要和从严控制的原则，严格按照有关规定执行。

党的工作机关正职由上级机构领导成员兼任的，可以设常务副职，协助其处理日常工作。

党的工作机关不设正职领导助理，一般不设秘书长。确有必要时，经党中央批准，党中央职能部门可以设秘书长。

第八条 党的工作机关根据工作需要和精干效能的原则设置必要的内设机构。内设机构的设立、撤销、合并或者变更，按照规定的权限和程序审批。

第九条 党的工作机关在核定的行政编制内配备机关工作人员。

第三章 职 责

第十条 党的工作机关应当职责明确、权责一致，其职责一般依据党章党规确定，具体职责由有关职能配置、内设机构、人员编制规定予以明确。

应当由党委履行的职责，党委不得将其授予工作机关。

第十一条 党的工作机关应当履行以下职责：

(一)坚决贯彻落实党的理论和路线方针政策以及党委决策部署，确保政令畅通；

(二)研究部署职责范围内的工作，按照规定制发党内法规和规范性文件，抓好组织实施和督促落实；

(三)当好党委参谋助手，及时报告有关情况、反映问题、提出意见建议，为党委决策提供服务；

(四)抓好机关党的建设工作，加强对本单位群团工作的领导；

(五)承办党委和上级工作机关交办的有关事项。

第十二条 党委办公厅(室)是党委的综合部门，负责推动党委决策部署的落实，按照党委要求协调有关方面开展工作，承担党委运行保障具体事务。

第十三条 党委职能部门是负责党委某一方面工作的主管部门，按照规定行使相对独立的管理职能，制定相关政策法规并组织实施，协调指导本系统、本领域工作。

第十四条 党委办事机构是协助党委办理某一方面重要事务的机构，一般是指党委为加强跨领域、跨部门重要工作的领导和组织协调而设立的议事协调机构的常设办事机构，承担议事协调机构的综合性服务工作，可以根据有关规定履行特定管理职责。

第十五条 党委派出机关是党委为加强对特定领域、行业、系统领导而派出的工作机关，根据有关规定代表党委领导该领域、行业、系统的工作。

第十六条 党的工作机关必须牢固树立政治意识、大局意识、核心意识、看齐意识，始终在思想上政治上行动上同党中央保持高度一致。按照全面从严治党要求，加强机关党的建设和队伍思想政治建设，教育引导党员干部坚定理想信念，强化宗旨意识，始终保持对党的事业、对党中央的绝对忠诚，自觉践行“三严三实”要求，在守纪律、讲规矩方面作出表率。

党的工作机关应当加强业务能力建设，开展经常性的学习培训和业务交流，勇于探索实践，善于总结工作规律，不断提高干部队伍专业化水平和履职尽责本领。

第四章 决策与执行

第十七条 党的工作机关必须坚持民主集中制，领导班子实行集体领导和个人分工负责相结合的制度。凡属本机关重大事项，应当按照集体领导、民主集中、个别酝酿、会议决定的原则，由领导班子集体研究决定。领导班子成员应当根据集体决定和分工，勇于担当，敢于负责，切实履行职责。

第十八条 党的工作机关应当通过召开部(厅、室)务会会议、委员会会议等形式讨论决定下列重大事项：

(一)学习贯彻党中央、上级和本级党委的有关决定、指示和工作部署；

（二）研究讨论贯彻执行本机关职责范围内相关方针政策与法律法规的具体措施；

（三）讨论决定本机关重大决策、重要人事任免、重大项目安排、大额资金使用等事项；

（四）审议向党中央或者本级党委以及上级党的工作机关请示报告的重要事项；

（五）研究部署本机关党的建设方面的重要事项；

（六）研究讨论其他重要事项。

党的工作机关领导班子应当科学决策、民主决策、依法决策。对重大事项的决策，一般应当经过调查研究、征求意见、专业评估、合法合规性审查和集体讨论决定等程序。

第十九条　部（厅、室）务会会议、委员会会议由党的工作机关主要负责同志召集并主持，领导班子成员参加。根据工作需要，会议召集人可以确定有关人员列席会议。会议由专门人员如实记录，对决定事项编发会议纪要，并按照规定存档备查。

第二十条　党的工作机关应当建立有效的督查、评估和反馈机制，确保领导班子决策落实。

第二十一条　党的工作机关根据工作需要，可以召开部长（主任、书记）办公会议，组织推进部（厅、室）务会会议、委员会会议决策事项的落实和研究讨论专项工作。部长（主任、书记）办公会议由部长（主任、书记）或者委托领导班子其他成员主持召开，领导班子有关成员和有关内设机构主要负责人等参加。部长（主任、书记）办公会议不得代替部（厅、室）务会会议、委员会会议作出决策。

第二十二条　党的工作机关领导班子及其成员应当加强思想政治建设，认真学习马克思列宁主义、毛泽东思想，坚持用中国特色社会主义理论体系武装头脑，深入学习贯彻习近平总书记系列重要讲话精神和治国理政新理念新思想新战略，不断增强中国特色社会主义的道路自信、理论自信、制度自信、文化自信。严守党的政治纪律和政治规矩，严肃党内政治生活。严格落实中央关于改进工作作风、密切联系群众的各项规定，坚决反对形式主义、官僚主义、享乐主义和奢靡之风。

党的工作机关领导班子应当认真履行全面从严治党主体责任，落实党风廉政建设责任制，模范执行廉洁自律各项规定，坚决维护党的纪律，推动形成风清气正、干事创业的良好环境。

第五章　监督与追责

第二十三条　党的工作机关接受党委的全面监督，每年至少向党委作1次全面工作情况报告，遇有重要情况及时请示报告。执行党中央和上级党组织某项重要指示和决定的情况，应当进行专题报告。对党的工作机关作出的不适当决定，本级党委或者上级党的工作机关有权撤销或者变更。

党的工作机关应当自觉接受党的纪律检查机关及其派驻机构、党委直属机关纪工委以及机关纪委的监督。

第二十四条　党的工作机关领导班子应当自觉接受党内监督和群众监督。领导班子成员应当如实向党组织报告个人有关事项、述职述廉述德，接受组织监督。

第二十五条　党委应当定期对所属工作机关履职情况进行检查考核，具体工作由党委组织部门负责，考核结果在一定范围内通报。

第二十六条　党的工作机关领导班子成员违反本条例有关规定的，根据情节轻重，给予批评教育、责令作出检查、诫勉、通报批评或者调离岗位、责令辞职、免职、降职等处理；应当追究党纪政纪责任的，依照有关规定给予相应处分。

第六章　附　　则

第二十七条　机构编制管理部门应当根据本条例科学编制党的工作机关职能配置、内设机构、人员编制规定，按程序报本级党委审批后，以党委文件或者党委办公厅（室）文件形式发布。

第二十八条　中央军事委员会可以根据本条例，制定相关规定。

第二十九条　本条例由中央办公厅商中央组织部、中央机构编制委员会办公室解释。

第三十条　本条例自2017年3月1日起施行。

中国共产党支部工作条例（试行）

中共中央2018年10月28日印发

第一章　总　　则

第一条　为了坚持和加强党的全面领导，弘扬“支部建在连上”光荣传统，落实党要管党、全面从严治党要求，全面提升党支部组织力，强化党支部政治功能，充分发挥党支部战斗堡垒作用，巩固党长期执政的组织基础，根据《中国共产党章程》和有关党内法规，制定本条例。

第二条　党支部是党的基础组织，是党组织开展工作的基本单元，是党在社会基层组织中的战斗堡垒，是党的全部工作和战斗力的基础，担负直接教育党员、管理党员、监督党员和组织群众、宣传群众、凝聚群众、服务群众的职责。

第三条　党支部工作必须遵循以下原则：

（一）坚持以马克思列宁主义、毛泽东思想、邓小平理论、“三个代表”重要思想、科学发展观、习近平新时代中国特色社会主义思想为指导，遵守党章，加强思想理论武装，坚定理想信念，不忘初心、牢记使命，始终保持先进性和纯洁性。

（二）坚持把党的政治建设摆在首位，牢固树立“四个意识”，坚定“四个自信”，做到“四个服从”，旗帜鲜明讲政治，坚决维护习近平总书记党中央的核心、全党的核心地位，坚决维护党中央权威和集中统一领导。

（三）坚持践行党的宗旨和群众路线，组织引领党员、群众听党话、跟党走，成为党员、群众的主心骨。

（四）坚持民主集中制，发扬党内民主，尊重党员主体地位，严肃党的纪律，提高解决自身问题的能力，增强生机活力。

（五）坚持围绕中心、服务大局，充分发挥积极性主动性创造性，确保党的路线方针政策和决策部署贯彻落实。

第二章　组织设置

第四条　党支部设置一般以单位、区域为主，以单独组建为主要方式。企业、农村、机关、学校、科研院所、社区、社会组织、人民解放军和武警部队连（中）队以及其他基层单位，凡是有正式党员3人以上的，都应当成立党支部。

党支部党员人数一般不超过50人。

第五条　结合实际创新党支部设置形式，使党的组织和党的工作全覆盖。

规模较大、跨区域的农民专业合作组织，专业市场、商业街区、商务楼宇等，符合条件的，应当成立党支部。

正式党员不足3人的单位，应当按照地域相邻、行业相近、规模适当、便于管理的原则，成立联合党支部。联合党支部覆盖单位一般不超过5个。

为期6个月以上的工程、工作项目等，符合条件的，应当成立党支部。

流动党员较多，工作地或者居住地相对固定集中，应当由流出地党组织商流入地党组织，依托园区、商会、行业协会、驻外地办事机构等成立流动党员党支部。

第六条　党支部的成立，一般由基层单位提出申请，所在乡镇（街道）或者单位基层党委召开会议研究决定并批复，批复时间一般不超过1个月。

基层党委审批同意后，基层单位召开党员大会选举产生党支部委员会或者不设委员会的党支部书记、副书记。批复和选举结果由基层党委报上级党委组织部门备案。

根据工作需要，上级党委可以直接作出在基层单位成立党支部的决定。

第七条　对因党员人数或者所在单位、区域等发生变化，不再符合设立条件的党支部，上级党组织应当及时予以调整或者撤销。

党支部的调整和撤销，一般由党支部报所在乡镇（街道）或者单位基层党委批准，也可以由所在乡镇（街道）或者单位基层党委直接作出决定，并报上级党委组织部门备案。

第八条　为执行某项任务临时组建的机构，党员组织关系不转接的，经上级党组织批准，可以成立临时党支部。

临时党支部主要组织党员开展政治学习，教育、管理、监督党员，对入党积极分子进行教育培养等，一般不发展党员、处分处置党员，不收缴党费，不选举党代表大会代表和进行换届。

临时党支部书记、副书记和委员由批准其成立的党组织指定。

临时组建的机构撤销后，临时党支部自然撤销。

第三章　基本任务

第九条　党支部的基本任务是：

（一）宣传和贯彻落实党的理论和路线方针政策，宣传和执行党中央、上级党组织及本党支部的决议。讨论决定或者参与决定本地区本部门本单位重要事项，充分发挥党员先锋模范作用，团结组织群众，努力完成本地区本部门本单位所担负的任务。

（二）组织党员认真学习马克思列宁主义、毛泽东思想、邓小平理论、“三个代表”重要思想、科学发展观、习近平新时代中国特色社会主义思想，推进“两学一做”学习教育常态化制度化，学习党的路线方针政策和决议，学习党的基本知识，学习科学、文化、法律和业务知识。做好思想政治工作和意识形态工作。

（三）对党员进行教育、管理、监督和服务，突出政治教育，提高党员素质，坚定理想信念，增强党性，严格党的组织生活，开展批评和自我批评，维护和执行党的纪律，监督党员切实履行义务，保障党员的权利不受侵犯。加强和改进流动党员管理。关怀帮扶生活困难党员和老党员。做好党费收缴、使用和管理工作。依规稳妥处置不合格党员。

（四）密切联系群众，向群众宣传党的政策，经常了解群众对党员、党的工作的批评和意见，了解群众诉求，维护群众的正当权利和利益，做好群众的思想政治工作，凝聚广大群众的智慧和力量。领导本地区本部门本单位工会、共青团、妇女组织等群团组织，支持它们依照各自章程独立负责地开展工作。

（五）对要求入党的积极分子进行教育和培养，做好经常性的发展党员工作，把政治标准放在首位，严格程序、严肃纪律，发展政治品质纯洁的党员。发现、培养和推荐党员、群众中间的优秀人才。

（六）监督党员干部和其他任何工作人员严格遵守国家法律法规，严格遵守国家的财政经济法规和人事制度，不得侵占国家、集体和群众的利益。

（七）实事求是对党的建设、党的工作提出意见建议，及时向上级党组织报告重要情况。教育党员、群众自觉抵制不良倾向，坚决同各种违纪违法行为作斗争。

（八）按照规定，向党员、群众通报党的工作情况，公开党内有关事务。

第十条　不同领域党支部结合实际，分别承担各自不同的重点任务：

（一）村党支部，全面领导隶属本村的各类组织和各项工作，围绕实施乡村振兴战略开展工作，组织带领农民群众发展集体经济，走共同富裕道路，领导村级治理，建设和谐美丽乡村。贫困村党支部应当动员和带领群众，全力打赢脱贫攻坚战。

（二）社区党支部，全面领导隶属本社区的各类组织和各项工作，围绕巩固党在城市执政基础、增进群众福祉开展工作，领导基层社会治理，组织整合辖区资源，服务社区群众、维护和谐稳定、建设美好家园。

（三）国有企业和集体企业中的党支部，保证监督党和国家方针政策的贯彻执行，围绕企业生产经营开展工作，按规定参与企业重大问题的决策，服务改革发展、凝聚职工群众、建设企业文化，创造一流业绩。

（四）高校中的党支部，保证监督党的教育方针贯彻落实，巩固马克思主义在高校意识形态领域的指导地位，加强思想政治引领，筑牢学生理想信念根基，落实立德树人根本任务，保证教学科研管理各项任务完成。

（五）非公有制经济组织中的党支部，引导和监督企业严格遵守国家法律法规，团结凝聚职工群众，依法维护各方合法权益，建设企业先进文化，促进企业健康发展。

（六）社会组织中的党支部，引导和监督社会组织依法执业、诚信从业，教育引导职工群众增强政治认同，引导和支持社会组织有序参与社会治理、提供公共服务、承担社会责任。

（七）事业单位中的党支部，保证监督改革发展正确方向，参与重要决策，服务人才成长，促进事业发展。事业单位中发挥领导作用的党支部，对重大问题进行讨论和作出决定。

（八）各级党和国家机关中的党支部，围绕服务中心、建设队伍开展工作，发挥对党员的教育、管理、监督作用，协助本部门行政负责人完成任务、改进工作。

（九）流动党员党支部，组织流动党员开展政治学习，过好组织生活，进行民主评议，引导党员履行党员义务，行使党员权利，充分发挥作用。对组织关系不在本党支部的流动党员民主评议等情况，应当通报其组织关系所在党支部。

（十）离退休干部职工党支部，宣传执行党的路线方针政策，根据党员实际情况，组织参加学习，开展党的组织生活，听取意见建议，引导他们结合自身实际发挥作用。

第四章　工作机制

第十一条　党支部党员大会是党支部的议事决策机构，由全体党员参加，一般每季度召开1次。

党支部党员大会的职权是：听取和审查党支部委员会的工作报告；按照规定开展党支部选举工作，推荐出席上级党代表大会的代表候选人，选举出席上级党代表大会的代表；讨论和表决接收预备党员和预备党员转正、延长预备期或者取消预备党员资格；讨论决定对党员的表彰表扬、组织处置和纪律处分；决定其他重要事项。

村、社区重要事项以及与群众利益密切相关的事项，必须经过党支部党员大会讨论。

党支部党员大会议题提交表决前，应当经过充分讨论。表决必须有半数以上有表决权的党员到会方可进行，赞成人数超过应到会有表决权的党员的半数为通过。

第十二条　党支部委员会是党支部日常工作的领导机构。

党支部委员会会议一般每月召开1次，根据需要可以随时召开，对党支部重要工作进行讨论、作出决定等。党支部委员会会议须有半数以上委员到会方可进行。重要事项提交党员大会决定前，一般应当经党支部委员会会议讨论。

第十三条 党员人数较多或者党员工作地、居住地比较分散的党支部，按照便于组织开展活动原则，应当划分若干党小组，并设立党小组组长。党小组组长由党支部指定，也可以由所在党小组党员推荐产生。

党小组主要落实党支部工作要求，完成党支部安排的任务。

党小组会一般每月召开1次，组织党员参加政治学习、谈心谈话、开展批评和自我批评等。

第十四条 党支部党员大会、党支部委员会会议由党支部书记召集并主持。书记不能参加会议的，可以委托副书记或者委员召集并主持。党小组会由党小组组长召集并主持。

第五章 组织生活

第十五条 党支部应当严格执行党的组织生活制度，经常、认真、严肃地开展批评和自我批评，增强党内政治生活的政治性、时代性、原则性、战斗性。

党员领导干部应当带头参加所在党支部或者党小组组织生活。

第十六条 党支部应当组织党员按期参加党员大会、党小组会和上党课，定期召开党支部委员会会议。

“三会一课”应当突出政治学习和教育，突出党性锻炼，以“两学一做”为主要内容，结合党员思想和工作实际，确定主题和具体方式，做到形式多样、氛围庄重。

党课应当针对党员思想和工作实际，回应普遍关心的问题，注重身边人讲身边事，增强吸引力感染力。党员领导干部应当定期为基层党员讲党课，党委（党组）书记每年至少讲1次党课。

党支部每月相对固定1天开展主题党日，组织党员集中学习、过组织生活、进行民主议事和志愿服务等。主题党日开展前，党支部应当认真研究确定主题和内容；开展后，应当抓好议定事项的组织落实。

对经党组织同意可以不转接组织关系的党员，所在单位党组织可以将其纳入一个党支部或者党小组，参加组织生活。

第十七条 党支部每年至少召开1次组织生活会，一般安排在第四季度，也可以根据工作需要随时召开。组织生活会一般以党支部党员大会、党支部委员会会议或者党小组会形式召开。

组织生活会应当确定主题，会前认真学习，谈心谈话，听取意见；会上查摆问题，开展批评和自我批评，明确整改方向；会后制定整改措施，逐一整改落实。

第十八条 党支部一般每年开展1次民主评议党员，组织党员对照合格党员标准、对照入党誓词，联系个人实际进行党性分析。

党支部召开党员大会，按照个人自评、党员互评、民主测评的程序，组织党员进行评议。党员人数较多的党支部，个人自评和党员互评可以在党小组范围内进行。党支部委员会会议或者党员大会根据评议情况和党员日常表现情况，提出评定意见。

民主评议党员可以结合组织生活会一并进行。

第十九条 党支部应当经常开展谈心谈话。党支部委员之间、党支部委员和党员之间、党员和党员之间，每年谈心谈话一般不少于1次。谈心谈话应当坦诚相见、交流思想、交换意见、帮助提高。

党支部应当注重分析党员思想状况和心理状态。对家庭发生重大变故和出现重大困难、身心健康存在突出问题等情况的党员，党支部书记应当帮助做好心理疏导；对受到处分处置以及有不良反映的党员，党支部书记应当有针对性地做好思想政治工作。

第六章 党支部委员会建设

第二十条 有正式党员7人以上的党支部，应当设立党支部委员会。党支部委员会由3至5人组成，一般不超过7人。

党支部委员会设书记和组织委员、宣传委员、纪检委员等，必要时可以设1名副书记。

正式党员不足7人的党支部，设1名书记，必要时可以设1名副书记。

第二十一条 村、社区党支部委员会每届任期5年，其他基层单位党支部委员会一般每届任期3年。

党支部委员会由党支部党员大会选举产生，党支部书记、副书记一般由党支部委员会会议选举产生，不设委员会的党支部书记、副书记由党支部党员大会选举产生。选出的党支部委员，报上级党组织备案；党支部书记、副书记，报上级党组织批准。党支部书记、副书记、委员出现空缺，应当及时进行补选。确有必要时，上级党组织可以指派党支部书记或者副书记。

建立健全党支部按期换届提醒督促机制。根据党组织隶属关系和干部管理权限，上级党组织对任期届满的党支部，一般提前6个月以发函或者电话通知等形式，提醒做好换届准备。对需要延期或者提前换届的，应当认真审核、从严把关，延长或者提前期限一般不超过1年。

第二十二条　党支部书记主持党支部全面工作，督促党支部其他委员履行职责、发挥作用，抓好党支部委员会自身建设，向党支部委员会、党员大会和上级党组织报告工作。

党支部副书记协助党支部书记开展工作。党支部其他委员按照职责分工开展工作。

第二十三条　党支部书记应当具备良好政治素质，热爱党的工作，具有一定的政策理论水平、组织协调能力和群众工作本领，敢于担当、乐于奉献，带头发挥先锋模范作用，在党员、群众中有较高威信，一般应当具有1年以上党龄。

第二十四条　上级党组织应当结合不同领域实际，突出政治标准，按照组织程序，采取多种方式，选拔符合条件的优秀党员担任党支部书记。

村、社区应当注重从带富能力强的村民、复员退伍军人、经商务工人员、乡村教师、乡村医生、社会工作者、大学生村官、退休干部职工等群体中选拔党支部书记。对没有合适人选的，上级党组织可以跨地域或者从机关和企事业单位选派党支部书记。根据工作需要，上级党组织可以选派优秀干部到村、社区担任党支部第一书记，指导、帮助党支部书记开展工作，主要承担建强党支部、推动中心工作、为民办事服务、提升治理水平等职责任务。符合条件的村、社区党支部书记可以通过法定程序担任村民委员会、居民委员会主任。

机关、国有企业、事业单位，党支部书记一般由本部门本单位主要负责人担任，也可以由本部门本单位其他负责人担任。根据工作需要，上级党组织可以选派党员干部担任专职党支部书记。

非公有制经济组织、社会组织，一般从管理层中选任党支部书记，应当注重从业务骨干中选拔党支部书记。没有合适人选的，可以由上级党组织选派党支部书记。

加强党支部书记后备队伍建设，注意发现优秀党员作为党支部书记后备人才培养，建立村、社区等领域党支部书记后备人才库。

第二十五条　上级党组织应当经常对党支部书记、副书记和其他委员进行培训。

党支部书记培训纳入党员、干部教育培训规划，对新任党支部书记应当进行任职培训。中央组织部组织开展党支部书记示范培训，地方、行业、系统一般根据党组织隶属关系，分层分类开展党支部书记全员轮训。党支部书记每年应当至少参加1次县级以上党组织举办的集中轮训。注意统筹安排，防止频繁参训，确保党支部书记做好日常工作。

对党支部书记、副书记和其他委员的培训应当突出党的基本理论、基本政策、基本知识及党务工作基本要求，党的优良传统和作风，党规党纪等内容。注重发挥优秀党支部书记传帮带作用。

第二十六条　注重从优秀村、社区党支部书记中选拔乡镇和街道领导干部，考录公务员和招聘事业单位人员。

培养树立党支部书记先进典型，对优秀党支部书记给予表彰表扬。

第二十七条　党支部委员会成员应当自觉接受上级党组织和党员、群众监督，加强互相监督。

党支部书记每年应当向上级党组织和党支部党员大会述职，接受评议考核，考核结果作为评先评优、选拔使用的重要依据。

第二十八条　建立持续整顿软弱涣散党支部工作机制。对不适宜担任党支部书记、副书记和委员职务的，上级党组织应当及时作出调整。对存在换届选举拉票贿选、宗族宗教和黑恶势力干扰渗透等问题的，上级党组织应当及时严肃处理。

第七章　领导和保障

第二十九条　各级党委（党组）应当把党支部建设作为最重要的基本建设，定期研究讨论、加强领导指导，切实履行主体责任。县级党委每年至少专题研究1次党支部建设工作。

各级党委（党组）书记应当带头建立党支部工作联系点，带头深入基层调查研究，发现和解决问题，总结推广经验。

第三十条　党委组织部门应当经常对党支部建设情况进行分析研判，加强分类指导和督促检查，扩大先进党支部增量，提升中间党支部水平，整顿后进党支部。加强党支部标准化、规范化建设。基层党委一般应当配备专兼职组织员，加强对党支部建设的具体指导。

各级党委组织部门应当注意通过党支部了解掌握党员干部日常表现，干部考察应当听取考察对象所在党支部的意见。

村、社区党支部书记纳入县级党委组织部备案管理。

第三十一条　村、社区党支部工作纳入县级党委巡察监督工作内容。

第三十二条　抓党支部建设情况应当列入各级党委书记抓基层党建工作述职评议考核的重要内容，作为评判其履行管党治党政治责任情况的重要依据。对抓党支部建设不力、各项工作不落实的，上级党委及其组织部门应当进行约谈。对党支部建设出现严重问题，党员、群众反映强烈的，应当按照规定严肃问责。

第三十三条 各级党组织应当为党支部开展工作提供必要条件，给予经费保障。增强村、社区党支部运转经费保障能力，落实村、社区党支部书记报酬待遇，并根据当地经济发展水平建立正常增长机制。给予非公有制经济组织和社会组织党支部工作经费支持。加强村、社区和园区等领域基层党组织活动场所建设，积极运用现代技术和信息化手段，充分发挥办公议事、开展党的活动、提供便民服务等综合功能。

县级以上党委管理的党费每年应当按照一定比例下拨到党支部，重点支持贫困村党支部、困难国有企业党支部、非公有制经济组织和社会组织党支部、流动党员党支部、离退休干部职工党支部等开展党的活动。

第八章 附 则

第三十四条 村、社区党的基层委员会、总支部委员会，按照本条例执行。

第三十五条 中央军事委员会可以根据本条例，制定相关规定。

第三十六条 本条例由中央组织部负责解释。

第三十七条 本条例自2018年10月28日起施行。其他有关党支部的规定与本条例不一致的，按照本条例执行。

中国共产党农村基层组织工作条例

中共中央2018年12月28日印发

第一章 总 则

第一条 农村工作在党和国家事业全局中具有重要战略地位，是全党工作的重中之重。为了认真贯彻落实新时代党的建设总要求和新时代党的组织路线，坚持和加强党对农村工作的全面领导，深入实施乡村振兴战略，推动全面从严治党向基层延伸，提高党的农村基层组织建设质量，为新时代乡村全面振兴提供坚强政治和组织保证，根据《中国共产党章程》，制定本条例。

第二条 乡镇党的委员会（以下简称乡镇党委）和村党组织（村指行政村）是党在农村的基层组织，是党在农村全部工作和战斗力的基础，全面领导乡镇、村的各类组织和各项工作。必须坚持党的农村基层组织领导地位不动摇。

第三条 党的农村基层组织必须高举中国特色社会主义伟大旗帜，坚持以马克思列宁主义、毛泽东思想、邓小平理论、“三个代表”重要思想、科学发展观、习近平新时代中国特色社会主义思想为指导，坚决维护习近平总书记党中央的核心、全党的核心地位，坚决维护党中央权威和集中统一领导，牢固树立“四个意识”，坚定“四个自信”，做到“四个服从”，坚持党要管党、全面从严治党，以提升组织力为重点，突出政治功能，努力成为宣传党的主张、贯彻党的决定、领导基层治理、团结动员群众、推动改革发展的坚强战斗堡垒。

第二章 组织设置

第四条 乡镇应当设立党的基层委员会。乡镇党委每届任期5年，由党员大会或者党员代表大会选举产生。

第五条 以村为基本单元设置党组织。有正式党员3人以上的村，应当成立党支部；不足3人的，可以与邻近村联合成立党支部。党员人数超过50人的村，或者党员人数虽不足50人、确因工作需要的村，可以成立党的总支部。党员人数100人以上的村，根据工作需要，经县级地方党委批准，可以成立党的基层委员会，下设若干党支部；村党的委员会受乡镇党委领导。

村党的委员会、总支部委员会、支部委员会每届任期5年，由党员大会选举产生。党员人数500人以上的村党的委员会，经乡镇党委批准，可以由党员代表大会选举产生。

第六条 县以上有关部门驻乡镇的单位，应当根据党员人数和工作需要成立党的基层组织。这些党组织，除党中央另有规定的以外，受乡镇党委领导。

第七条 农村经济组织、社会组织具备单独成立党组织条件的，根据工作需要，可以成立党组织，一般由所在村党组织或者乡镇党委领导。在跨村跨乡镇的经济组织、社会组织中成立的党组织，由批准其成立的上级党组织或者县级党委组织部门确定隶属关系。

村改社区应当同步调整或者成立党组织。

村及以下成立或者撤销党组织，必须经乡镇党委或者以上党组织批准。

第八条 乡镇党委一般设委员7至9名，其中书记1名、副书记2至3名，应当设组织委员、宣传委员，纪委书记由党委委员兼任。党委委员按照乡镇领导职务配备，应当进行合理分工，保证各项工作有人负责。

村党的支部委员会一般设委员3至5名，其中书记1名，必要时可以设副书记1名；正式党员不足7人的支部，不设支部委员会。村党的总支部委员会一般设委员5至7名，其中书记1名、副书记1名、纪检委员1名。村党的委员会一般设委员5至7名，最多不超过9名，其中书记1名、副书记1至2名、纪委书记1名。

第三章 职责任务

第九条 乡镇党委的主要职责是：

（一）宣传和贯彻执行党的路线方针政策和党中央、上级党组织及本乡镇党员代表大会（党员大会）的决议。

（二）讨论和决定本乡镇经济建设、政治建设、文化建设、社会建设、生态文明建设和党的建设以及乡村振兴中的重大问题。需由乡镇政权机关或者集体经济组织决定的重要事项，经乡镇党委研究讨论后，由乡镇政权机关或者集体经济组织依照法律和有关规定作出决定。

（三）领导乡镇政权机关、群团组织和其他各类组织，加强指导和规范，支持和保证这些机关和组织依照国家法律法规以及各自章程履行职责。

（四）加强乡镇党委自身建设和村党组织建设，以及其他隶属乡镇党委的党组织建设，抓好发展党员工作，加强党员队伍建设。维护和执行党的纪律，监督党员干部和其他任何工作人员严格遵守国家法律法规。

（五）按照干部管理权限，负责对干部的教育、培训、选拔、考核和监督工作。协助管理上级有关部门驻乡镇单位的干部。做好人才服务和引进工作。

（六）领导本乡镇的基层治理，加强社会主义民主法治建设和精神文明建设，加强社会治安综合治理，做好生态环保、美丽乡村建设、民生保障、脱贫致富、民族宗教等工作。

第十条 村党组织的主要职责是：

（一）宣传和贯彻执行党的路线方针政策和党中央、上级党组织及本村党员大会（党员代表大会）的决议。

（二）讨论和决定本村经济建设、政治建设、文化建设、社会建设、生态文明建设和党的建设以及乡村振兴中的重要问题并及时向乡镇党委报告。需由村民委员会提请村民会议、村民代表会议决定的事情或者集体经济组织决定的重要事项，经村党组织研究讨论后，由村民会议、村民代表会议或者集体经济组织依照法律和有关规定作出决定。

（三）领导和推进村级民主选举、民主决策、民主管理、民主监督，推进农村基层协商，支持和保障村民依法开展自治活动。领导村民委员会以及村务监督委员会、村集体经济组织、群团组织和其他经济组织、社会组织，加强指导和规范，支持和保证这些组织依照国家法律法规以及各自章程履行职责。

（四）加强村党组织自身建设，严格组织生活，对党员进行教育、管理、监督和服务。负责对要求入党的积极分子进行教育和培养，做好发展党员工作。维护和执行党的纪律。加强对村、组干部和经济组织、社会组织负责人的教育、管理和监督，培养村级后备力量。做好本村招才引智等工作。

（五）组织群众、宣传群众、凝聚群众、服务群众，经常了解群众的批评和意见，维护群众正当权利和利益，加强对群众的教育引导，做好群众思想政治工作。

（六）领导本村的社会治理，做好本村的社会主义精神文明建设、法治宣传教育、社会治安综合治理、生态环保、美丽村庄建设、民生保障、脱贫致富、民族宗教等工作。

第十一条 党员人数较多的村党支部，可以划分若干党小组。党小组在支部委员会领导下开展工作，组织党员学习和参加组织生活，检查党员履行义务、行使权利和执行支部委员会、党员大会决议的情况，反映党员、群众的意见。

第四章 经济建设

第十二条 党的农村基层组织应当加强对经济工作的领导，坚持以经济建设为中心，贯彻创新、协调、绿色、开放、共享的发展理念，加快推进农业农村现代化，持续增加农民收入，不断满足群众对美好生活的需要。具体任务包括：

（一）坚持以公有制为主体、多种所有制经济共同发展的基本经济制度，巩固和完善农村基本经营制度，坚持农村土地集体所有，坚持家庭经营基础性地位，坚持稳定土地承包关系，走共同富裕之路。

（二）稳定发展粮食生产，发展多种经营应当同支持和促进粮食生产相结合。

（三）推动乡村产业振兴，推进农村一二三产业融合发展，让农民合理分享全产业链增值收益。

（四）坚持绿水青山就是金山银山理念，实现农业农村绿色发展、可持续发展。

（五）领导制定本地经济发展规划，组织、动员各方面力量保证规划实施。

（六）组织党员、群众学习农业科学技术知识，运用科技发展经济。吸引各类人才到农村创业创新。

第十三条 党的农村基层组织应当动员和带领群众全力打赢脱贫攻坚战，如期实现脱贫目标，巩固发展脱贫攻坚成果、防止返贫，组织发展乡村致富产业，推动农民就业创业，教育引导农民既“富口袋”又“富脑袋”，依靠自己的辛勤劳动创造幸福美好生活。

第十四条 党的农村基层组织应当因地制宜推动发展壮大集体经济，领导和支持集体经济组织管理集体资产，协调利益关系，组织生产服务和集体资源合理开发，确保集体资产保值增值，确保农民受益。

第五章 精神文明建设

第十五条 党的农村基层组织应当组织群众学习习近平新时代中国特色社会主义思想，培育和践行社会主义核心价值观，开展中国特色社会主义和实现中华民族伟大复兴的中国梦宣传教育，爱国主义、集体主义和社会主义教育，党的路线方针政策教育，思想道德和民主法治教育，引导农民正确处理国家、集体、个人三者之间的利益关系，培养有理想、有道德、有文化、有纪律的新型农民。

党的农村基层组织应当加强群众培训，通过新时代文明实践中心（所、站）、农民夜校等渠道，深入宣传教育群众，用中国特色社会主义文化、社会主义思想道德牢牢占领农村思想文化阵地。

第十六条 党的农村基层组织应当改善农村人居环境，倡导文明健康生活方式。传承发展提升农村优秀传统文化，保护传统村落，加强农村文化设施建设，开展健康有益的文体活动。改善办学条件，普及义务教育。开展文明村镇、文明家庭创建活动，破除封建迷信和陈规陋习，推进移风易俗，弘扬时代新风。

第十七条 党的农村基层组织应当加强和改进思想政治工作。宣传党组织和党员先进事迹，宣传好人好事，弘扬真善美，传播正能量。了解群众思想状况，帮助解决实际困难，引导群众自觉听党话、感党恩、跟党走。

第十八条 党的农村基层组织应当加强对党员、群众的无神论宣传教育，引导党员、群众自觉抵制腐朽落后文化侵蚀，弘扬科学精神，普及科学知识。做好农村宗教工作，加强对信教群众的工作，管理好宗教活动场所，依法制止利用宗教干涉农村公共事务，坚决抵御非法宗教活动和境外渗透活动。必须在意识形态上站稳立场，旗帜鲜明反对各种错误观点，同一切歪风邪气、违法犯罪行为作斗争。

第六章 乡村治理

第十九条 党的农村基层组织应当加强对各类组织的统一领导，打造充满活力、和谐有序的善治乡村，形成共建共治共享的乡村治理格局。

村党组织书记应当通过法定程序担任村民委员会主任和村级集体经济组织、合作经济组织负责人，村“两委”班子成员应当交叉任职。村务监督委员会主任一般由党员担任，可以由非村民委员会成员的村党组织班子成员兼任。村民委员会成员、村民代表中党员应当占一定比例。

村级重大事项决策实行“四议两公开”，即村党组织提议、村“两委”会议商议、党员大会审议、村民会议或者村民代表会议决议，决议公开、实施结果公开。

第二十条 党的农村基层组织应当健全党组织领导的自治、法治、德治相结合的乡村治理体系。深化村民自治实践，制定完善村规民约，建立健全村务监督委员会，加强村级民主监督。推广新时代“枫桥经验”，推进乡村法治建设，提升乡村德治水平，建设平安乡村。

依法严厉打击农村黑恶势力、宗族恶势力、宗教极端势力、“村霸”，严防其侵蚀基层干部和基层政权。坚决惩治黑恶势力“保护伞”。

第二十一条 党的农村基层组织应当加强农村生态文明建设，组织党员、群众参与山水林田湖草系统治理，加强污染防治，保护生态环境，建设美丽乡村。

第二十二条 党的农村基层组织应当保障和改善民生，努力解决入园入托、上学、就业、看病、养老、居住、出行、饮水等群众最关心最直接最现实的利益问题，加强对贫困人口、留守儿童和妇女、老年人、残疾人、“五保户”等人群的关爱服务。投放农村的公共服务资源，应当以乡镇、村党组织为主渠道落实，保证有资源、有能力为群众服务。

注重运用现代信息技术，提升乡村治理智能化水平。

第七章 领导班子和干部队伍建设

第二十三条 农村基层干部应当认真学习和忠实践行习近平新时代中国特色社会主义思想，学习党的基本理论、基本路线、基本方略，学习必备知识技能。懂农业，掌握“三农”政策，熟悉农村情况，有能力、有措施、有办法解决实际问题；爱农村，扎根农村基层，安身安心安业，甘于奉献、苦干实干；爱农民，对农民群众充满感情、始终放在心上，把农民群众的利益摆在第一位，与农民群众想在一起、干在一起，不断创造美好生活。

各级党组织应当注重加强农村基层干部教育培训，不断提高素质。县级党委每年至少对村党组织书记培训1次。

第二十四条 加强农村基层干部队伍作风建设。坚持实事求是，不准虚假浮夸；坚持依法办事，不准违法乱纪；坚持艰苦奋斗，不准奢侈浪费；坚持说服教育，不准强迫命令；坚持廉洁奉公，不准以权谋私。坚决反对形式主义、官僚主义、享乐主义和奢靡之风。

严格农村基层干部管理监督，坚决纠正损害群众利益行为，严厉整治群众身边腐败问题。

第二十五条 乡镇党委领导班子应当由信念坚定、为民服务、勤政务实、敢于担当、清正廉洁，善于结合实际开展工作的党员干部组成。乡镇党委书记还应当具备一定的理论和政策水平，坚持依法办事，具有较强的组织协调能力、群众工作能力、处理农村复杂问题的能力，熟悉党务工作和"三农"工作，带头实干、敢抓敢管。

注重从优秀村党组织书记、选调生、大学生村官、乡镇事业编制人员中选拔乡镇领导干部，从优秀村党组织书记中考录乡镇公务员、招聘乡镇事业编制人员。重视发现培养选拔优秀年轻干部、女干部和少数民族干部。

第二十六条 村党组织领导班子应当由思想政治素质好、道德品行好、带富能力强、协调能力强，公道正派、廉洁自律，热心为群众服务的党员组成。村党组织书记还应当具备一定的政策水平，坚持依法办事，善于做群众工作，甘于奉献、敢闯敢拼。

村党组织书记应当注重从本村致富能手、外出务工经商返乡人员、本乡本土大学毕业生、退役军人中的党员培养选拔。每个村应当储备村级后备力量。

村党组织书记由县级党委组织部门备案管理。

根据工作需要，上级党组织可以向村党组织选派第一书记。

第二十七条 党的农村基层组织领导班子应当坚定执行党的政治路线。始终在政治立场、政治方向、政治原则、政治道路上同以习近平同志为核心的党中央保持高度一致，组织推进农村深化改革，促进各项事业发展，维护社会和谐稳定，不断增强群众获得感、幸福感、安全感。

第二十八条 党的农村基层组织领导班子应当贯彻党的思想路线。反映情况、安排工作、决定事项必须实事求是，一切从实际出发，说实话、办实事、求实效。

第二十九条 党的农村基层组织领导班子应当贯彻新时代党的组织路线。全面加强农村基层组织体系建设，建强战斗堡垒，把党员组织起来，把人才凝聚起来，把群众动员起来，合力推动新时代乡村全面振兴。

第三十条 党的农村基层组织领导班子应当贯彻党的群众路线。决定重大事项要同群众商量，布置工作任务要向群众讲清道理；经常听取群众意见，不断改进工作；关心群众生产生活，维护群众的合法权益，切实减轻群众负担。

第三十一条 党的农村基层组织领导班子应当贯彻党的民主集中制，认真执行集体领导和个人分工负责相结合的制度。凡属重要问题，必须经过集体讨论决定，不允许个人或者少数人说了算。书记应当有民主作风，善于发挥每个委员的作用，敢于负责。委员应当积极参与和维护集体领导，主动做好分工负责的工作。

第三十二条 乡镇党委领导班子每年至少召开 1 次民主生活会，村党组织领导班子每年至少召开 1 次组织生活会，严肃认真地开展批评和自我批评，接受党员、群众的监督。

第八章 党员队伍建设

第三十三条 党的农村基层组织应当组织党员认真学习和忠实践行习近平新时代中国特色社会主义思想，推进"两学一做"学习教育常态化制度化，认真开展党内主题教育活动，学习党的基本理论、基本路线、基本方略，学习形势政策、科学文化、市场经济、党内法规和国家法律法规等知识。

县、乡两级党委应当加强农村党员教育培训，建好用好乡镇党校、党员活动室，注重运用现代信息技术开展党员教育。乡镇党委每年至少对全体党员分期分批集中培训 1 次。

第三十四条 党的农村基层组织应当严格党的组织生活。坚持"三会一课"制度，村党组织应当以党支部为单位，每月相对固定 1 天开展主题党日，组织党员学习党的文件、上党课，开展民主议事、志愿服务等，突出党性锻炼，防止表面化、形式化。党员领导干部应当定期为基层党员讲党课。

党支部应当经常开展谈心谈话。

第三十五条 党的农村基层组织应当坚持和完善民主评议党员制度。对优秀党员，进行表彰表扬；对不合格党员，加强教育帮助，依照有关规定，分别给予限期改正、劝其退党、党内除名等组织处置。

第三十六条 党的农村基层组织应当教育和监督党员履行义务，尊重和保障党员的各项权利。推进党务公开，使党员对党内事务有更多的了解和参与。

第三十七条 党的农村基层组织应当加强和改进流动党员教育管理。流入地党组织应当及时将外来党员编入党的支部和小组，组织他们参加组织生活和党的活动。流出地党组织应当加强对外出党员的经常联系，可以在外出党员相对集中的地方建立流动党员党组织。

流动党员每半年至少向流出地党组织汇报 1 次在外情况。

第三十八条 党的农村基层组织应当严格执行党的纪律。经常对党员进行遵纪守法教育。党员违犯党的纪律,应当及时教育或者处理,问题严重的应当向上级党组织报告。对于受到党的纪律处分的,应当加强教育,帮助其改正错误。

第三十九条 党的农村基层组织应当按照控制总量、优化结构、提高质量、发挥作用的总要求和有关规定,把政治标准放在首位,做好发展党员工作。注重从青年农民、农村外出务工人员中发展党员,注意吸收妇女入党。

村级党组织发展党员必须经过乡镇党委审批。

第四十条 农村党员应当在社会主义物质文明建设和精神文明建设中发挥先锋模范作用,带头投身乡村振兴,带领群众共同致富。

党的农村基层组织应当组织开展党员联系农户、党员户挂牌、承诺践诺、设岗定责等活动,给党员分配适当的社会工作和群众工作,为党员发挥作用创造条件。

第九章　领导和保障

第四十一条 各级党委特别是县级党委应当高度重视党的农村基层组织建设,认真履行主体责任。

党的农村基层组织建设情况应当作为市县乡党委书记抓基层党建述职评议考核的重要内容,纳入巡视巡察工作内容,作为领导班子综合评价和领导干部选拔任用的重要依据。县级党委组织部门应当以足够精力抓好党的农村基层组织建设。

对党的农村基层组织建设重视不够、落实不力的,应当及时提醒、约谈;出现严重问题的,应当严肃问责追责。督促抓好问题的整改落实。

第四十二条 各级党委特别是县级党委应当坚持抓乡促村,持续加强基本队伍、基本活动、基本阵地、基本制度、基本保障建设,整顿软弱涣散村党组织,整乡推进、整县提升。

乡镇党委应当全面落实抓村级组织建设的直接责任。乡镇党委书记和党委领导班子其他成员应当包村联户,经常沉下去摸情况、查问题,及时研究解决。

第四十三条 乡镇工作机构设置和人员配备,应当坚持加强服务、密切联系群众、治理重心下移的原则,构建权责相称、简约高效的基层管理体制,保证乡镇工作力量。乡镇应当设立党建工作办公室或者党建工作站,配备专职组织员,配强党务力量。加强乡镇小食堂、小厕所、小澡堂、小图书室、小文体活动室和周转房建设,改善乡镇干部工作和生活条件。

第四十四条 各级党委应当健全以财政投入为主的稳定的村级组织运转经费保障制度,建立正常增长机制。落实村干部基本报酬,发放人数和标准应当依据有关规定、从实际出发合理确定,保障正常离任村干部生活补贴。落实村级组织办公经费、服务群众经费、党员活动经费。建好管好用好村级组织活动场所,整合利用各类资源,规范标识、挂牌,发挥“一室多用”的综合功能,服务凝聚群众,教育引导群众。

第四十五条 各级党组织应当满怀热情关心关爱农村基层干部和党员,政治上激励、工作上支持、待遇上保障、心理上关怀,宣传表彰优秀农村基层干部先进典型,彰显榜样力量,激励新担当新作为。

第十章　附　　则

第四十六条 省、自治区、直辖市党委可以根据本条例,结合本地区情况制定实施办法。

第四十七条 本条例由中共中央组织部负责解释。

第四十八条 本条例自 2018 年 12 月 28 日起施行。1999 年 2 月 13 日中共中央印发的《中国共产党农村基层组织工作条例》同时废止。

中国共产党党组工作条例

中共中央 2019 年 4 月 6 日印发

第一章　总　　则

第一条 为了进一步规范和改进党组工作,坚持和加强党的全面领导,提高党的长期执政能力和领导水平,更好发挥党总揽全局、协调各方的领导核心作用,根据《中国共产党章程》,制定本条例。

第二条 党组是党在中央和地方国家机关、人民团体、经济组织、文化组织和其他非党组织的领导机关中设立的领导机构,在本单位发挥领导作用,是党对非党组织实施领导的重要组织形式。

第三条 党组工作必须坚持以马克思列宁主义、毛泽东思想、邓小平理论、“三个代表”重要思想、科学发展观、习近平新时代中国特色社会主义思想为指导,坚决维护习近平总书记核心地位,坚决维护党中央权威和集中统一领导,切实履行领导职责,充分发挥领导作用,不断提高领导水平,确保本单位全面贯彻党的基本理论、基本路线、基本方略,确保党始终成为中国特色社会主义事业的坚强领导核心。

第四条 党组工作应当遵循以下原则:

（一）坚持旗帜鲜明讲政治，加强党的领导，增强“四个意识”、坚定“四个自信”、做到“两个维护”，坚决贯彻落实党的理论和路线方针政策，坚决贯彻落实党中央重大决策部署，在思想上政治上行动上同以习近平同志为核心的党中央保持高度一致；

（二）坚持全面从严治党，担当管党治党主体责任，贯彻新时代党的建设总要求，贯彻新时代党的组织路线，推动全面从严治党向纵深发展；

（三）坚持民主集中制，确保党组活力和坚强有力，推动形成良好政治局面；

（四）坚持依据党章党规开展工作，在宪法法律范围内活动；

（五）坚持正确领导方式，实现党组发挥领导作用与本单位领导班子依法依章程履行职责相统一。

第五条　党中央和地方各级党委加强对党组工作的领导。党组必须服从批准其设立的党组织领导。

党委组织部门负责党组设立审核、日常管理等方面的具体工作，纪检监察机关、党的机关工委和其他工作机关根据职责做好相关工作。

第二章　设　　立

第六条　中央和地方国家机关、人民团体、经济组织、文化组织和其他非党组织的领导机关中，有党员领导成员 3 人以上的，经批准可以设立党组。

第七条　下列单位一般应当设立党组：

（一）县级以上人大常委会、政府、政协、法院、检察院；

（二）县级以上政府工作部门、派出机关（街道办事处除外）、直属事业单位；

（三）县级以上工会、妇联等人民团体；

（四）中管企业；

（五）县级以上政府设立的有关管委会的工作部门；

（六）其他有必要设立党组的单位。

第八条　下列单位经党中央批准，可以设立党组：

（一）全国性的重要文化组织、社会组织；

（二）其他需要设立党组的单位。

第九条　下列单位一般不设立党组：

（一）领导机关中的党员领导成员不足 3 人的；

（二）与党的机关合并设立或者合署办公的；

（三）由党的机关代管或者管理等并纳入党的机关序列的；

（四）县级以上政府直属事业单位以外的其他事业单位；

（五）共青团组织；

（六）中管企业的下属企业，地方国有企业；

（七）地方文化组织、社会组织。

第十条　市级以上人大常委会、政府、政协，应当设立机关党组。

县级人大常委会、政府、政协根据工作需要，可以设立机关党组。

人大常委会、政府、政协设立机关党组的，其办公厅（室）不再设立党组。

第十一条　下列单位经批准，可以设立分党组：

（一）国务院有关部门的派出机构；

（二）具有行业、系统管理需要的国务院有关直属事业单位、中央一级有关人民团体的下属单位；

（三）省级以上人大、政协的专门委员会；

（四）市级以上法院、检察院的派出机构。

设立分党组的单位，其下属单位不再设立分党组。

第十二条　党组的设立，应当由党中央或者本级地方党委审批。有关管委会的工作部门设立党组，由本级党委授权管委会党工委审批。党组不得审批设立党组。

分党组的设立，由党组报本级党委组织部门审批。

新成立的有关单位符合设立党组条件的，党中央或者本级地方党委可以根据需要作出设立党组的决定，也可以由需要设立党组的单位或者其上级主管部门党组织提出设立申请，由党中央或者本级地方党委审批。

变更、撤销党组的，由批准其设立的党组织作出决定。

第十三条　国家机关、人民团体党组一般不设立工作机构，确需设立的经批准可以在本单位有关内设机构加挂党组办公室牌子。

第十四条　党组设书记，必要时可以设副书记。

党组书记一般由本单位领导班子主要负责人担任，主要负责人不是中共党员或者由上级领导兼任以及因其他情况不宜担任党组书记的，党组书记、主要负责人可以分设。党组其他成员一般由本单位领导班子成员中的党员干部、派驻本单位的纪检监察组组长担任，必要时也可以由本单位重要职能部门或者下属单位党员主要负责人担任。

国有企业党组书记根据企业内部治理结构形式确定，建立董事会的一般由董事长担任，未建立董事会的一般由总经理担任。党组其他成员一般由进入董事会、监事会、经理层的党员领导人员和纪检监察组组长（派驻本企业的纪检监察组组长）根据工作需要担任。

党组成员一般设 3 至 7 人。副省部级以上单位、中管企业党组成员一般不超过9人,个别单位确需增加的,由党中央决定。市县两级政府及县级以上地方政府个别工作部门确需增加的,按程序报请省级党委批准,但总数不得超过9人。

第十五条 党组成员除应当具备党章和《党政领导干部选拔任用工作条例》规定的党员领导干部的基本条件外,还应当有3年以上党龄,其中厅局级以上单位的党组成员应当有5年以上党龄。

党组成员的任免一般由批准设立党组的党组织决定。实行双重领导的单位设立党组的,其党组成员的任免按照干部管理权限执行。分党组成员的任免由上级单位党组决定。企业党组成员的任免,按照干部管理权限执行。

第三章 职 责

第十六条 党组发挥把方向、管大局、保落实的领导作用,全面履行领导责任,加强对本单位业务工作和党的建设的领导,推动党的主张和重大决策转化为法律法规、政策政令和社会共识,确保党的理论和路线方针政策的贯彻落实。

第十七条 党组讨论和决定本单位下列重大问题:

(一)贯彻落实党中央以及上级党组织决策部署的重大举措;

(二)制定拟订法律法规规章和重要规范性文件中的重大事项;

(三)业务工作发展战略、重大部署和重大事项;

(四)重大改革事项;

(五)重要人事任免等事项;

(六)重大项目安排;

(七)大额资金使用、大额资产处置、预算安排;

(八)职能配置、机构设置、人员编制事项;

(九)审计、巡视巡察、督查检查、考核奖惩等重大事项;

(十)重大思想动态的政治引导;

(十一)党的建设方面的重大事项;

(十二)其他应当由党组讨论和决定的重大问题。

党组应当紧密结合本单位实际,对前款规定的重大问题进行明确细化、列出具体清单。清单内容根据需要动态调整。

第十八条 党组必须坚持党建工作与业务工作同谋划、同部署、同推进、同考核,加强对本单位党的建设的领导,落实新时代党的建设总要求,履行全面从严治党责任,提高党的建设质量。具体包括:

(一)把党的政治建设摆在首位,增强"四个意识"、坚定"四个自信"、做到"两个维护",提高政治站位,彰显政治属性,强化政治引领,切实增强政治能力,始终在政治立场、政治方向、政治原则、政治道路上同以习近平同志为核心的党中央保持高度一致;

(二)强化理论武装,组织学习习近平新时代中国特色社会主义思想,推进"两学一做"学习教育常态化制度化,引导党员、干部坚定理想信念宗旨,自觉加强党性锻炼;

(三)落实意识形态工作责任制,确保业务工作体现意识形态工作要求、维护意识形态安全;

(四)按照党管干部、党管人才原则,加强高素质专业化干部队伍建设,做好人才工作;

(五)加强党的基层组织建设和党员队伍建设,讨论和决定基层党组织设置调整和发展党员、处分党员等重要事项;

(六)加强和改进作风,密切联系群众,严格落实中央八项规定精神,坚决反对"四风"特别是形式主义、官僚主义;

(七)加强党的纪律建设,履行党风廉政建设主体责任,支持纪检监察机关履行监督责任;

(八)推进建章立制,建立健全体现党中央要求、符合本单位特点、比较完备、务实管用的党建工作制度,并抓好落实。

党组领导机关和直属单位党组织的工作,支持配合党的机关工委对本单位党的工作的统一领导,自觉接受党的机关工委对其履行机关党建主体责任的指导督促。

党组书记必须认真履行抓党建第一责任人职责,党组其他成员按照"一岗双责"要求抓好职责范围内党的建设工作。

第十九条 党组应当加强对本单位统战工作和工会、共青团、妇联等群团工作的领导,重视对党外干部、人才的培养使用,更好团结带领党外干部和群众,凝聚各方面智慧力量,完成党中央以及上级党组织交给的任务。

第二十条 实行双重领导并以上级单位领导为主的单位党组,可以讨论和决定本系统工作规划部署、机构设置、干部队伍管理、党的建设等重要事项。

国有企业党组讨论和决定重大事项时,应当与《中华人民共和国公司法》、《中华人民共和国企业国有资产法》等法律法规相符合,并与公司章程相衔接。重大经营管理事项必须经党组研究讨论后,再由董事会或者经理层作出决定。

第二十一条 党组书记主持党组全面工作,负责召集和主持党组会议，组织党组活动，签发党组文件。

党组副书记和党组其他成员根据党组决定，按照授权负责有关工作，行使相关职权。

党组书记空缺时，上级党组织可以指定党组副书记或者党组其他成员主持党组日常工作。

第二十二条　党组及其成员应当自觉加强自身建设，坚定政治信仰，增强“四个意识”、坚定“四个自信”、做到“两个维护”，严肃党内政治生活，严守党的纪律规矩，弘扬党的优良传统作风，不断提高领导本领，敢于担当负责，自觉接受监督，在深入学习贯彻习近平新时代中国特色社会主义思想上作表率，在始终同以习近平同志为核心的党中央保持高度一致上作表率，在坚决贯彻落实党中央决策部署上作表率。

第四章　组织原则

第二十三条　党组及其成员必须始终在政治立场、政治方向、政治原则、政治道路上同以习近平同志为核心的党中央保持高度一致，坚决执行党中央决策部署以及上级党组织决定，党组任何工作部署都必须以贯彻党中央精神为前提，坚决维护习近平总书记核心地位，坚决维护党中央权威和集中统一领导。

第二十四条　下列党组在履行职责过程中，除必须服从批准其设立的党组织领导外，还应当按照规定接受有关党组的领导或者指导：

（一）人大常委会机关党组、政府机关党组、政协机关党组，分别接受人大常委会党组、政府党组、政协党组的领导；

（二）政府工作部门党组、政府派出机关党组、政府直属事业单位党组，接受政府党组的指导督促；

（三）政府工作部门管理的单位党组，接受部门党组的指导督促；

（四）实行双重领导的单位党组，接受上级单位党组的领导。

中央组织部负责全国国有企业党建工作的宏观指导，会同国务院国资委党委履行对中管企业党建工作的具体指导职能，国务院国资委党委履行对中管企业党建工作的日常管理职责。

第二十五条　分党组应当接受上级单位党组的领导，上级单位设立机关党组的，还应当接受机关党组的指导。

第二十六条　党组应当按照《中国共产党重大事项请示报告条例》等有关规定，向批准其设立的党组织和其他有关党组织请示报告工作。

县级以上人大常委会党组、政府党组、政协党组、法院党组、检察院党组应当按照规定，向本级党委请示报告工作。

第二十七条　党组对有关重要问题作出决定时，应当根据需要充分征求机关和直属单位党组织以及本单位党员群众的意见，重要情况应当及时进行通报。党组应当按照规定实行党务公开。

第二十八条　党组实行集体领导制度。凡属党组职责范围内的事项，必须执行少数服从多数的原则，由党组成员集体讨论和决定，任何个人或者少数人无权擅自决定。

党组书记应当带头执行民主集中制，不得凌驾于组织之上，不得独断专行。党组其他成员应当对党组讨论和决定的事项积极提出意见和建议。

党组成员必须坚决服从党组集体决定，有不同意见的，在坚决执行的前提下，可以声明保留，也可以向上级党组织反映，但不得在其他场合发表不同意见。

第二十九条　以党组名义发布或者上报的文件、发表的文章，党组成员代表党组的讲话和报告，应当事先经党组集体讨论或者传批审定。党组成员署名发表或者出版同工作有关的文章、著作、言论，应当事先经党组审定或者党组书记批准。

党组成员在调查研究、检查指导工作或者参加其他公务活动时发表的个人意见，应当符合党中央以及上级党组织、党组的有关精神。

第五章　决策与执行

第三十条　党组应当按照集体领导、民主集中、个别酝酿、会议决定的原则作出决策，实行科学决策、民主决策、依法决策。

第三十一条　党组作出重大决策，一般应当经过调查研究、征求意见、充分酝酿等程序，按照规则由集体讨论和决定。

党组讨论和决定人事任免事项，应当严格按照《党政领导干部选拔任用工作条例》等有关规定执行。

党组讨论和决定基层党组织设置调整和发展党员、处分党员重要事项，应当严格按照党章党规和党中央有关规定执行。

第三十二条　党组决策一般采用党组会议形式。党组会议一般每月召开1次，遇有重要情况可以随时召开。

党组会议议题由党组书记提出，或者由党组其他成员提出建议、党组书记综合考虑后确定。会议议题应当提前书面通知党组成员。

第三十三条　党组会议应当有半数以上党组成员到会方可召开，讨论和决定干部任免、处分党员事项必须有三分之二以上党组成员到会。党组成员因故不能参加会议的应当在会前请假，其意见可以用书面形式表达。党组会议议题涉及本人或者其亲属以及存在其他需要回避情形的，有关党组成员应当回避。

根据工作需要，召开党组会议可以请不是党组成员的本单位领导班子成员列席。会议召集人可以根据议题指定有关人员列席会议。批准其设立的党组织等可以派员列席党组会议。

第三十四条 党组会议议题提交表决前，应当进行充分讨论。

表决可以采用口头、举手、无记名投票或者记名投票等方式进行，赞成票超过应到会党组成员半数为通过。未到会党组成员的书面意见不得计入票数。表决实行会议主持人末位表态制。会议研究决定多个事项的，应当逐项进行表决。

党组会议由专门人员如实记录，决定事项应当编发会议纪要，并按照规定存档备查。

第三十五条 党组决策一经作出，应当坚决执行。党组应当督促推动本单位领导班子依法依章程及时全面落实党组决策。党组成员应当在职责范围内认真抓好党组决策贯彻落实。

党组应当建立有效的督查、评估和反馈机制，确保党组决策落实。

第六章 党组性质党委

第三十六条 党组性质党委，是指党在对下属单位实行集中统一领导的国家工作部门和有关单位的领导机关中设立的领导机构，在本单位、本系统发挥领导作用。

党组性质党委，由上级党组织直接批准设立，不同于由选举产生的地方党委和基层党委。

第三十七条 下列国家工作部门和单位经批准，可以设立党组性质党委：

（一）对下属单位实行集中统一领导的国家工作部门；

（二）根据中央授权对有关单位实行集中统一领导的国家工作部门；

（三）政治要求高、工作性质特殊、系统规模大的国家工作部门；

（四）对下级单位实行垂直管理的国家工作部门；

（五）金融监管机构；

（六）中管金融企业。

地方国家机关设立党组性质党委，一般应当同中央国家机关对应。

第三十八条 党组性质党委的设立、变更和撤销，一般应当由党中央或者本级地方党委审批。

对下属单位实行集中统一领导的国家工作部门和单位党组性质党委，根据党中央授权可以负责审批下属单位党组性质党委的设立、变更和撤销。

党组性质党委根据需要并按照规定权限和程序审批后，可以设立工作机构。

第三十九条 党组性质党委除履行本条例第三章规定的党组相关职责外，还领导或者指导本系统党组织的工作，讨论和决定下属单位工作规划部署、机构设置、干部队伍管理、党的建设等重要事项。

第七章 监督与追责

第四十条 建立党组（党委）书记述责述廉制度。批准设立党组（党委）的党组织根据需要可以听取党组（党委）书记报告履职情况，加强对权力运行的监督制约。

建立党组（党委）及其成员履职考核制度，一般由批准设立党组（党委）的党组织负责考核，纪检监察机关、党的有关工作机关、党的机关工委参与。

实行双重领导且以上级单位领导为主的单位党组（党委）及其成员，可以由上级单位党组（党委）会同地方党委组织开展考核。具体考核工作按照党中央有关规定执行。

实行垂直管理单位的党组性质党委及其成员，由上级单位党组性质党委组织开展考核，如有需要，可以按照规定征求地方党委意见。

党组（党委）及其成员执行本条例情况，应当自觉接受纪检监察机关、本单位基层党组织和党员群众的监督，纳入巡视巡察范围和党员民主评议内容。

第四十一条 党组（党委）及其成员、有关党组织及其工作人员应当严格按照本条例履行职责。违反本条例的，根据情节轻重，给予批评教育、责令作出检查、诫勉、通报批评或者调离岗位、责令辞职、免职、降职等处理，或者依规依纪依法给予处分；涉嫌犯罪的，依法追究刑事责任。

对发生集体违反本条例行为的，或者在其他党组（党委）成员出现严重违反本条例行为上存在重大过失的，还应当追究党组（党委）书记的相关责任。

党组（党委）重大决策失误的，对参与决策的党组（党委）成员实行终身责任追究。

党组（党委）成员在讨论和决定有关事项时，对重大失误决策明确持不赞成态度或者保留意见的，应当免除或者减轻责任。

第八章　附　　则

第四十二条　党组性质党委、机关党组、分党组的设立和运行等，除本条例有专门规定外，适用党组有关规定。

第四十三条　党组（党委）应当根据本条例，结合实际制定和完善工作规则。

第四十四条　本条例由中央组织部会同中央办公厅解释。

第四十五条　本条例自 2019 年 4 月 6 日起施行。2015 年 6 月 11 日中共中央印发的《中国共产党党组工作条例（试行）》同时废止。其他有关党组（党委）规定，凡与本条例不一致的，按照本条例执行。

中国共产党党和国家机关基层组织工作条例

1. 中共中央 2010 年 6 月 4 日发布
2. 中共中央政治局会议 2019 年 11 月 29 日修订

第一章　总　　则

第一条　为了深入贯彻习近平新时代中国特色社会主义思想，贯彻落实新时代党的建设总要求和新时代党的组织路线，坚持和完善中国特色社会主义制度、推进国家治理体系和治理能力现代化，切实加强和改进机关党的工作，充分发挥机关基层党组织作用，推动机关治理和各项事业发展，根据《中国共产党章程》和有关党内法规，制定本条例。

第二条　机关基层党组织在上级党的委员会或者党的机关工作委员会和本单位党组（党委）（包括不设党组、党委的单位领导班子，下同）领导下，协助本单位负责人完成任务，改进工作，对包括本单位负责人在内的每个党员进行教育、管理、监督，不领导本单位业务工作。

第三条　机关基层党组织必须高举中国特色社会主义伟大旗帜，以马克思列宁主义、毛泽东思想、邓小平理论、“三个代表”重要思想、科学发展观、习近平新时代中国特色社会主义思想为指导，坚持党的基本理论、基本路线、基本方略，增强“四个意识”、坚定“四个自信”、做到“两个维护”，以党的政治建设为统领，以提升组织力为重点，以党支部建设为基础，全面提高机关党的建设质量，在深入学习贯彻习近平新时代中国特色社会主义思想上作表率，在始终同以习近平同志为核心的党中央保持高度一致上作表率，在坚决贯彻落实党中央各项决策部署上作表率，建设让党中央放心、让人民群众满意的模范机关，促进本单位各项工作任务的完成。

第四条　机关基层党组织工作应当遵循以下原则：

（一）坚持和加强党的全面领导，旗帜鲜明讲政治，把政治标准、政治要求贯彻到工作全过程和事业发展各方面；

（二）坚持党要管党、全面从严治党，抓住“关键少数”、管好“绝大多数”，始终保持党的先进性和纯洁性；

（三）坚持围绕中心、建设队伍、服务群众，推动党建工作与业务工作深度融合、相互促进；

（四）坚持以上率下，发挥领导机关和领导干部示范引领作用；

（五）坚持继承和创新相结合，增强机关党建工作实效。

第二章　组 织 设 置

第五条　机关党员 100 人以上的，设立党的基层委员会。党员不足 100 人的，因工作需要，经上级党组织批准，也可以设立党的基层委员会。党的基层委员会由党员大会或者党员代表大会选举产生，每届任期一般为 5 年。

机关党的代表大会代表实行任期制。

第六条　机关党员 50 人以上、100 人以下的，设立党的总支部委员会。党员不足 50 人的，因工作需要，经上级党组织批准，也可以设立党的总支部委员会。党的总支部委员会由党员大会选举产生，每届任期一般为 3 年。

第七条　机关正式党员 3 人以上的，成立党支部。正式党员 7 人以上的党支部，设立支部委员会；正式党员不足 7 人的党支部，设 1 名书记，必要时可以设 1 名副书记。党的支部委员会和不设支部委员会的支部书记、副书记，每届任期一般为 3 年。

第八条　机关基层党组织应当严格执行任期制度，任期届满按期进行换届选举。书记、副书记选举产生后，报上级党组织批准。

机关党的基层委员会和不设党的基层委员会的总支部委员会的书记，应当由本单位党员负责人担任。党员人数和直属单位较多的机关党的基层委员会，设专职副书记。党支部书记原则上由本单位党员主要负责人担任。书记、副书记在任期内职务变动，应当征得上级党组织同意。

第九条　机关党的基层委员会应当设立机关党的纪律检查委员会。机关党的纪律检查委员会书记由机关党的基层委员会副书记担任。机关党的总支部委员会和支部委员会设立纪律检查委员。

机关党的纪律检查委员会在同级机关党的基层委员会和上级机关纪检监察工作委员会双重领导下进行工作，接受派驻纪检监察组的业务指导和监督检查。

第三章 基本职责

第十条 机关党的基层委员会（含不设党的基层委员会的总支部委员会、支部委员会）的基本职责是：

（一）深入学习和贯彻习近平新时代中国特色社会主义思想，坚持和落实中国特色社会主义根本制度、基本制度、重要制度，宣传和执行党的路线、方针、政策，宣传和执行党中央、党的上级组织和本组织的决议，充分发挥党组织战斗堡垒作用和党员先锋模范作用，积极创先争优，团结、组织党内外干部和群众，努力完成本单位所担负的任务。

（二）推进“两学一做”学习教育常态化制度化，组织党员深入学习党的创新理论，学习党的路线、方针、政策和决议，学习党的基本知识和党史、新中国史、改革开放史，学习党章党规党纪和国家法律法规，学习业务知识和经济、政治、文化、社会、生态文明等各方面知识。

（三）对党员进行教育、管理、监督和服务，严格党的组织生活，维护和执行党的纪律，监督党员切实履行义务，保障党员权利不受侵犯。监督党员干部和其他任何工作人员严格遵守国家法律法规，加强党风廉政建设，坚决同各种违纪违法行为作斗争。

（四）密切联系群众，经常了解群众对党员、党的工作的批评和意见，了解群众诉求，维护群众正当权利和利益。

（五）对要求入党的积极分子进行教育、培养和考察，做好发展党员工作。

（六）做好思想政治工作和意识形态工作，推进机关社会主义精神文明建设，培育和践行社会主义核心价值观。

（七）协助党组（党委）管理机关基层党组织和群团组织的干部；配合组织人事部门对机关领导干部进行考察、考核和民主评议，对机关干部的选拔任用和奖惩提出意见。

（八）领导机关工会、共青团、妇女组织等群团组织，支持这些组织依照各自的章程独立负责地开展工作。

（九）按照党组织的隶属关系，领导直属单位党的工作。

第十一条 机关党的纪律检查委员会的职责是监督、执纪、问责，主要包括：

（一）维护党章和其他党内法规，经常对党员进行遵守纪律的教育，作出关于维护党纪的决定。

（二）检查党组织和党员贯彻执行党的路线、方针、政策和决议的情况，对党组织和党员领导干部履行职责、行使权力进行监督。

（三）协助机关党的基层委员会推进全面从严治党、加强党风建设和组织协调反腐败工作。

（四）受理处置党员群众检举举报，开展谈话提醒、约谈函询。

（五）按照有关规定，检查、处理党组织和党员违反党章和其他党内法规的案件，决定或者取消对这些案件中的党员的处分；进行问责或者提出责任追究的建议。

（六）受理党员控告和申诉；保障党员权利。

第四章 党的政治建设

第十二条 机关基层党组织必须把党的政治建设摆在首位，落实党的政治建设责任，推动党和国家机关彰显政治属性，在加强党的政治建设上带好头、作示范。

第十三条 坚持以党的创新理论武装头脑，引导党员、干部学深悟透、融会贯通、真信笃行，自觉做习近平新时代中国特色社会主义思想的坚定信仰者、忠实实践者。把不忘初心、牢记使命作为加强党的建设的永恒课题和全体党员、干部的终身课题，形成长效机制，锤炼党员、干部忠诚干净担当的政治品格。发挥领导干部领学促学作用，提高党员、干部运用党的创新理论指导实践、推动工作的能力。有计划地对年轻干部进行理想信念宗旨教育。

第十四条 坚持党的政治领导，教育引导党员、干部坚决做到“两个维护”，在思想上政治上行动上同以习近平同志为核心的党中央保持高度一致。严明党的政治纪律和政治规矩，严肃党内政治生活，发展积极健康的党内政治文化。加强对党忠诚教育，落实“四个服从”，严格执行重大事项请示报告制度。

第十五条 提高政治能力，强化政治担当，强化制度执行力，推动党的主张和决策部署转化为本单位本领域的政策法规、制度措施，提升治理效能。发扬斗争精神，有效防范化解风险。坚持全心全意为人民服务的根本宗旨，贯彻党的群众路线，完善党员、干部联系群众制度，为群众办实事、解难事。

第十六条 坚决反对形式主义、官僚主义、享乐主义和奢靡之风，教育引导党员、干部坚持实事求是的思想路线，树立正确政绩观，把对上负责和对下负责一致起来，转变作风，真抓实干。

第十七条 围绕党和国家重要工作部署以及本单位业务工作，针对机关工作人员思想情况，做好思想政治工作。对机关工作人员进行政治理论教育，爱国主义、集体主义、社会主义教育，形势政策教育，纪律和廉政教育，政治品德、职业道德、社会公德、家庭美德教育，引导机关工作人员弘扬优良传统作风，保持为民务实清廉的政治本色。将解决思想问题与解决实际问题相结合，增强思想政治工作实效。定期向党的机关工作委员会和本单位党组（党委）汇报机关思想政治工作情况，提出改进工作的意见和建议。

第五章 党员队伍建设

第十八条 机关基层党组织应当坚持集中教育和经常性教育相结合、组织培训和个人自学相结合，提高机关党员学习教育的针对性和实效性。组织党员和党组织领导班子成员每年参加集中培训。组织党员认真参加党内集中学习教育。落实党员领导干部讲党课制度。

第十九条 严格执行党的组织生活制度，确保党的组织生活经常、认真、严肃。开好民主生活会和组织生活会，认真开展批评和自我批评。经常分析党员思想状况，提高“三会一课”质量，落实谈心谈话、民主评议党员和主题党日等制度，完善重温入党誓词、入党志愿书等活动。党员领导干部应当自觉参加双重组织生活，推动所在党支部建设成为先进党支部。稳妥有序处置不合格党员。

第二十条 做好党员服务工作，建立健全党内关怀帮扶长效机制。关心党员思想、学习、工作和生活，了解党员需求，及时反映涉及党员切身利益的重要情况。关心关爱因公殉职、牺牲党员的家庭和因公伤残党员。认真做好离退休干部职工党员、流动党员的服务工作，为生活困难党员提供帮助。

第二十一条 组织开展创建党员先锋岗、争当服务群众标兵、党员承诺践诺等活动，鼓励党员到社区为群众服务，引导和激励党员带头贯彻落实党中央决策部署、做好本职工作、完成急难险重任务，带动机关工作人员建功新时代、争创新业绩。

第二十二条 坚持把政治标准放在首位，按照控制总量、优化结构、提高质量、发挥作用的总要求和有关规定发展党员，严格发展程序，严肃工作纪律。

第六章 党内民主和监督

第二十三条 机关基层党组织必须坚持民主集中制，加强机关党内基层民主建设，切实推进党内民主，充分发挥机关基层党组织和广大党员的积极性、主动性、创造性，坚决维护党的集中统一。

第二十四条 坚持集体领导制度，凡属重要事项都应当按照集体领导、民主集中、个别酝酿、会议决定的原则，由集体讨论、按少数服从多数作出决定。机关基层党组织负责人应当带头发扬民主，自觉接受党员监督。

第二十五条 尊重党员主体地位，保障党员民主权利，落实机关党员知情权、参与权、选举权、监督权。推进党务公开，健全党内情况通报制度、情况反映制度，畅通党员参与讨论党内事务的途径，拓宽党员表达意见渠道。机关基层党组织讨论决定重要事项前，应当充分听取党员的意见。

第二十六条 机关基层党组织应当加强对党员特别是党员领导干部的日常监督，保证党员严格遵守党章党规党纪、严格遵守和执行制度、做到忠诚干净担当，维护党的团结和统一，增强党组织的创造力、凝聚力、战斗力。

（一）定期检查、通报党员参加组织生活的情况，向上级党组织报告党员领导干部参加双重组织生活的情况；

（二）督促开好党员领导干部民主生活会，加强对本单位内设机构和直属单位党员领导干部民主生活会的指导；

（三）机关基层党组织专职副书记列席本单位党员领导干部民主生活会和党组（党委）以及本单位负责人召开的有关会议；

（四）了解并掌握机关党员以及领导干部的思想、作风和工作情况，及时向上级党组织和本单位党组（党委）反映；

（五）了解党员、干部落实廉政风险防控措施情况，发现问题及时向上级党组织和本单位党组（党委）报告；

（六）每年至少召开1次机关党员干部大会，听取本单位主要负责人通报工作情况；

（七）做好群众来信来访工作；

（八）支持党员行使监督权利，履行监督义务，防止各种形式的打击报复。

第二十七条 机关基层党组织应当对党员、干部平时多过问、多提醒，及时发现和纠正苗头性、倾向性问题，问题严重的向上级党组织报告。对违犯党纪的党组织和党员依规依纪恰当予以处理。

第七章 党务工作人员队伍建设

第二十八条 机关基层党组织根据工作需要，本着有利于加强党的工作和精干高效的原则，设置办事机构，配备必要的工作人员。

第二十九条 坚持把党务工作岗位作为培养锻炼干部的重要平台,注重选拔政治强、业务精、作风好的干部专兼职从事党务工作,建设一支高素质专业化的机关党务工作人员队伍。

第三十条 机关专职党务工作人员的配备,一般占机关工作人员总数的1%至2%。机关工作人员较少的单位,应当保证有专人负责。机关党建任务较重、工作力量不足的单位,应当适当增加人员。机关专职党务工作人员的编制,列入机关行政编制。

第三十一条 按照守信念、讲奉献、有本领、重品行的要求,加强机关基层党组织书记队伍建设。以明确责任、考核监督、保障服务为重点,加强对机关基层党组织领导班子的管理。定期安排机关党务工作人员特别是机关基层党组织负责人轮训。对新任机关基层党组织负责人进行任职培训。

第三十二条 有计划地安排机关专职党务工作人员与行政、业务工作人员之间的双向交流。把兼职的党务工作人员开展党务工作情况作为干部年度考核和评优评先的重要参考。及时发现、表彰和宣传机关党务工作人员中的先进典型。

第八章 领导和保障

第三十三条 机关党建工作在各级党委领导下,由同级党的机关工作委员会统一领导、单位党组(党委)具体领导和管理,有关部门各负其责、密切配合,形成工作合力。

第三十四条 党的机关工作委员会统一领导所属机关党的工作,指导督促各单位党组(党委)落实机关党建主体责任。定期对各单位党组(党委)、机关基层党组织、党员领导干部落实机关党建工作责任制、机关党建重点工作和重要制度情况进行督查,及时向同级党委报告有关情况。

机关纪检监察工作委员会作为同级纪委监委的派出机构,在同级纪委监委、党的机关工作委员会双重领导下,领导各单位机关党的纪律检查委员会工作。

第三十五条 党组(党委)领导机关和直属单位党组织的工作,履行全面从严治党主体责任。

党组(党委)应当定期研究机关党建工作,督促落实各项任务。通过机关基层党组织了解机关工作人员的思想情况,以及对重要决策和领导干部廉洁自律等方面的反映和意见,支持机关基层党组织对党员特别是党员领导干部进行监督。建立健全党建工作制度体系,加强党建工作保障。

党组(党委)主要负责人履行第一责任人职责,其他成员按照"一岗双责"要求抓好职责范围内党建工作。党组(党委)每年在本单位一定范围内通报抓机关党建工作情况、接受评议。

第三十六条 对党组织关系实行属地管理的下级单位党建工作,党组(党委)应当加强与其所在地党委的沟通配合,及时研究解决重要问题。

对归口领导或者管理的单位党建工作,党组(党委)应当加强监督指导,履行全面从严治党相关责任。

第三十七条 机关党的基层委员会(含不设党的基层委员会的总支部委员会、支部委员会)的设置调整、换届、委员会组成以及机关党的纪律检查委员会的组成,书记、副书记的任免等,经党组(党委)讨论决定后,报党的机关工作委员会审批。

机关党的基层委员会审批预备党员或者预备党员转正,应当提前报党组(党委)讨论决定。机关不设党的基层委员会的总支部委员会、支部委员会接收预备党员或者讨论预备党员转正,应当经党组(党委)审核把关后,报党的机关工作委员会审批。

党组(党委)按照干部管理权限,讨论决定处分党员有关事项,在作出党纪处分决定前应当与派驻纪检监察组交换意见。处分决定生效后,有关处分决定和材料应当按照要求报机关纪检监察工作委员会备案。

第三十八条 落实机关党建责任、加强机关党建工作情况应当纳入各单位领导班子以及领导干部考核内容。地方各级党委常委会每年至少听取1次党的机关工作委员会的工作汇报。

第三十九条 开展党组织书记抓基层党建述职评议考核工作。按照有关规定,党的机关工作委员会书记每年向同级党委述职,机关基层党组织书记每年向上级党组织述职,接受评议考核。

第四十条 机关基层党组织开展活动,所需财政资金列入本单位部门预算,保障"三会一课"、主题党日、党员和入党积极分子教育培训、学习调研等需要。党费主要作为党员教育经费的补充。

第九章 附 则

第四十一条 本条例适用于县级以上各级党的机关、人大机关、行政机关、政协机关、监察机关、审判机关、检察机关以及群团机关的党组织。党组织关系在党的机关工作委员会的其他单位的基层党组织参照本条例执行,另有规定的从其规定。

第四十二条 本条例由中央组织部负责解释。

第四十三条 本条例自发布之日起施行。

中国共产党国有企业基层组织工作条例（试行）

1. 中共中央政治局会议2019年11月29日审议批准
2. 中共中央2019年12月30日发布

第一章 总 则

第一条 为了深入贯彻习近平新时代中国特色社会主义思想，贯彻落实新时代党的建设总要求和新时代党的组织路线，坚持和加强党对国有企业的全面领导，提高国有企业党的建设质量，推动国有企业高质量发展，根据《中国共产党章程》和有关法律，制定本条例。

第二条 国有企业党组织必须高举中国特色社会主义伟大旗帜，以马克思列宁主义、毛泽东思想、邓小平理论、“三个代表”重要思想、科学发展观、习近平新时代中国特色社会主义思想为指导，坚持党的基本理论、基本路线、基本方略，增强“四个意识”、坚定“四个自信”、做到“两个维护”，坚持和加强党的全面领导，坚持党要管党、全面从严治党，突出政治功能，提升组织力，强化使命意识和责任担当，推动国有企业深化改革，完善中国特色现代企业制度，增强国有经济竞争力、创新力、控制力、影响力、抗风险能力，为做强做优做大国有资本提供坚强政治和组织保证。

第三条 国有企业党组织工作应当遵循以下原则：

（一）坚持加强党的领导和完善公司治理相统一，把党的领导融入公司治理各环节；

（二）坚持党建工作与生产经营深度融合，以企业改革发展成果检验党组织工作成效；

（三）坚持党管干部、党管人才，培养高素质专业化企业领导人员队伍和人才队伍；

（四）坚持抓基层打基础，突出党支部建设，增强基层党组织生机活力；

（五）坚持全心全意依靠工人阶级，体现企业职工群众主人翁地位，巩固党执政的阶级基础。

第二章 组织设置

第四条 国有企业党员人数100人以上的，设立党的基层委员会（以下简称党委）。党员人数不足100人、确因工作需要的，经上级党组织批准，也可以设立党委。

党员人数50人以上、100人以下的，设立党的总支部委员会（以下简称党总支）。党员人数不足50人、确因工作需要的，经上级党组织批准，也可以设立党总支。

正式党员3人以上的，成立党支部。正式党员7人以上的党支部，设立支部委员会。

经党中央批准，中管企业一般设立党组，中管金融企业设立党组性质党委。

第五条 国有企业党委由党员大会或者党员代表大会选举产生，每届任期一般为5年。党总支和支部委员会由党员大会选举产生，每届任期一般为3年。任期届满应当按期进行换届选举。根据党组织隶属关系和干部管理权限，上级党组织一般应当提前6个月提醒做好换届准备工作。

中央企业直属企业（单位）党组织换届选举工作，以中央企业党委（党组）为主指导，审批程序按照党内有关规定办理。中央企业及其直属企业（单位）召开党员代表大会，可以为党组织隶属地方党组织的下一级企业（单位）分配代表名额。

第六条 国有企业党委一般由5至9人组成，最多不超过11人，其中书记1人、副书记1至2人。设立常务委员会的，党委常务委员会委员一般5至7人、最多不超过9人，党委委员一般15至21人。党委委员一般应当有3年以上党龄，其中中央企业及其直属企业（单位）、省属国有企业的党委委员应当有5年以上党龄。

国有企业党总支一般由5至7人组成，最多不超过9人；支部委员会由3至5人组成，一般不超过7人。正式党员不足7人的党支部，设1名书记，必要时可以设1名副书记。党支部（党总支）书记一般应当有1年以上党龄。

第七条 国有企业党组织书记、副书记以及设立常务委员会的党委常务委员会委员，一般由本级委员会全体会议选举产生。选举结果报上级党组织批准。

中央企业党委（党组）认为有必要时，可以调动或者指派直属企业（单位）党组织负责人。

第八条 国有企业党委设立纪律检查委员会或者纪律检查委员，党总支和支部委员会设立纪律检查委员。

第九条 国有企业在推进混合所有制改革过程中，应当同步设置或者调整党的组织，理顺党组织隶属关系，同步选配好党组织负责人和党务工作人员，有效开展党的工作。

第十条 为执行某项任务临时组建的工程项目、研发团队等机构，党员组织关系不转接的，经上级党组织批准，可以成立临时党组织。临时党组织领导班子成员由批准其成立的党组织指定。

第三章 主要职责

第十一条 国有企业党委(党组)发挥领导作用,把方向、管大局、保落实,依照规定讨论和决定企业重大事项。主要职责是:

(一)加强企业党的政治建设,坚持和落实中国特色社会主义根本制度、基本制度、重要制度,教育引导全体党员始终在政治立场、政治方向、政治原则、政治道路上同以习近平同志为核心的党中央保持高度一致;

(二)深入学习和贯彻习近平新时代中国特色社会主义思想,学习宣传党的理论,贯彻执行党的路线方针政策,监督、保证党中央重大决策部署和上级党组织决议在本企业贯彻落实;

(三)研究讨论企业重大经营管理事项,支持股东(大)会、董事会、监事会和经理层依法行使职权;

(四)加强对企业选人用人的领导和把关,抓好企业领导班子建设和干部队伍、人才队伍建设;

(五)履行企业党风廉政建设主体责任,领导、支持内设纪检组织履行监督执纪问责职责,严明政治纪律和政治规矩,推动全面从严治党向基层延伸;

(六)加强基层党组织建设和党员队伍建设,团结带领职工群众积极投身企业改革发展;

(七)领导企业思想政治工作、精神文明建设、统一战线工作,领导企业工会、共青团、妇女组织等群团组织。

第十二条 国有企业党支部(党总支)以及内设机构中设立的党委围绕生产经营开展工作,发挥战斗堡垒作用。主要职责是:

(一)学习宣传和贯彻落实党的理论和路线方针政策,宣传和执行党中央、上级党组织和本组织的决议,团结带领职工群众完成本单位各项任务。

(二)按照规定参与本单位重大问题的决策,支持本单位负责人开展工作。

(三)做好党员教育、管理、监督、服务和发展党员工作,严格党的组织生活,组织党员创先争优,充分发挥党员先锋模范作用。

(四)密切联系职工群众,推动解决职工群众合理诉求,认真做好思想政治工作。领导本单位工会、共青团、妇女组织等群团组织,支持它们依照各自章程独立负责地开展工作。

(五)监督党员、干部和企业其他工作人员严格遵守国家法律法规、企业财经人事制度,维护国家、集体和群众的利益。

(六)实事求是对党的建设、党的工作提出意见建议,及时向上级党组织报告重要情况。按照规定向党员、群众通报党的工作情况。

第四章 党的领导和公司治理

第十三条 国有企业应当将党建工作要求写入公司章程,写明党组织的职责权限、机构设置、运行机制、基础保障等重要事项,明确党组织研究讨论是董事会、经理层决策重大问题的前置程序,落实党组织在公司治理结构中的法定地位。

第十四条 坚持和完善“双向进入、交叉任职”领导体制,符合条件的党委(党组)班子成员可以通过法定程序进入董事会、监事会、经理层,董事会、监事会、经理层成员中符合条件的党员可以依照有关规定和程序进入党委(党组)。

党委(党组)书记、董事长一般由一人担任,党员总经理担任副书记。确因工作需要由上级企业领导人员兼任董事长的,根据企业实际,党委书记可以由党员总经理担任,也可以单独配备。

不设董事会只设执行董事的独立法人企业,党委书记和执行董事一般由一人担任。总经理单设且是党员的,一般应当担任党委副书记。

分公司等非独立法人企业,党委书记和总经理是否分设,结合实际确定。分设的一般由党委书记担任副总经理、党员总经理担任党委副书记。

中央企业党委(党组)配备专职副书记,专职副书记一般进入董事会且不在经理层任职,专责抓好党建工作。规模较大、职工和党员人数较多的中央企业所属企业(单位)和地方国有企业党委,可以配备专职副书记。国有企业党委(党组)班子中的内设纪检组织负责人,一般不兼任其他职务,确需兼任的,报上级党组织批准。

国有企业党组织实行集体领导和个人分工负责相结合的制度,进入董事会、监事会、经理层的党组织领导班子成员必须落实党组织决定。

第十五条 国有企业重大经营管理事项必须经党委(党组)研究讨论后,再由董事会或者经理层作出决定。研究讨论的事项主要包括:

(一)贯彻党中央决策部署和落实国家发展战略的重大举措;

(二)企业发展战略、中长期发展规划,重要改革方案;

(三)企业资产重组、产权转让、资本运作和大额投资中的原则性方向性问题;

（四）企业组织架构设置和调整，重要规章制度的制定和修改；

（五）涉及企业安全生产、维护稳定、职工权益、社会责任等方面的重大事项；

（六）其他应当由党委（党组）研究讨论的重要事项。

国有企业党委（党组）应当结合企业实际制定研究讨论的事项清单，厘清党委（党组）和董事会、监事会、经理层等其他治理主体的权责。

具有人财物重大事项决策权且不设党委的独立法人企业的党支部（党总支），一般由党员负责人担任书记和委员，由党支部（党总支）对企业重大事项进行集体研究把关。

第十六条　国有企业党组织应当按照干部管理权限，规范动议提名、组织考察、讨论决定等程序，落实对党忠诚、勇于创新、治企有方、兴企有为、清正廉洁的要求，做好选配企业领导人员工作，加大优秀年轻领导人员培养选拔力度，加强企业领导人员管理监督，保证党对干部人事工作的领导权和对重要干部的管理权。

实施人才强企战略，健全人才培养、引进、使用机制，重点做好企业经营管理人才、专业技术人才、高技能人才以及特殊领域紧缺人才工作，激发和保护企业家精神，营造鼓励创新创业的良好环境。

第十七条　健全以职工代表大会为基本形式的民主管理制度，探索职工参与管理的有效方式，推进厂务公开、业务公开，保障职工知情权、参与权、表达权、监督权，维护职工合法权益。重大决策应当听取职工意见，涉及职工切身利益的重大问题必须经过职工代表大会或者职工大会审议。坚持和完善职工董事制度、职工监事制度，保证职工代表有序参与公司治理。

第五章　党员队伍建设

第十八条　国有企业党组织应当坚持集中教育和经常性教育相结合，采取集中轮训、党委（党组）理论学习中心组学习、理论宣讲、在线学习培训等方式，强化政治理论教育、党的宗旨教育、党章党规党纪教育和革命传统教育，组织引导党员认真学习党史、新中国史、改革开放史，推进“两学一做”学习教育常态化制度化，把不忘初心、牢记使命作为加强党的建设的永恒课题和全体党员、干部的终身课题，形成长效机制。

第十九条　严肃党的组织生活，认真召开民主生活会和组织生活会，提高“三会一课”质量，落实谈心谈话、民主评议党员和主题党日等制度，增强党内政治生活的政治性、时代性、原则性、战斗性。坚持重温入党誓词、重温入党志愿书等有效做法，落实党员领导干部讲党课制度。

第二十条　强化党员日常管理，及时转接党员组织关系，督促党员按期足额交纳党费，增强党员意识。加强和改进青年党员、农民工党员、出国（境）党员、流动党员、劳务派遣制员工党员的管理服务。有针对性做好离退休职工党员、兼并重组和破产企业职工党员管理服务工作。

从政治、思想、工作、生活上关心关爱党员，建立健全党内关怀帮扶机制，在重要节日、纪念日等走访慰问功勋荣誉表彰奖励获得者，经常联系关心因公伤残党员、老党员、生活困难党员和因公殉职、牺牲党员的家庭，帮助解决实际问题。

严格执行党的纪律，对违犯党的纪律的党员，按照党内有关规定及时进行教育或者处理。

第二十一条　按照控制总量、优化结构、提高质量、发挥作用的总要求和有关规定发展党员。坚持把政治标准放在首位，重视在生产经营一线、青年职工和高知识群体中发展党员，力争每个班组都有党员。注重把生产经营骨干培养成党员，把党员培养成生产经营骨干。对技术能手、青年专家等优秀人才，党组织应当加强联系、重点培养。

第二十二条　紧密结合企业生产经营开展党组织活动，通过设立党员责任区、党员示范岗、党员突击队、党员服务队等形式，引导党员创先争优、攻坚克难，争当生产经营的能手、创新创业的模范、提高效益的标兵、服务群众的先锋。引导党员积极参与志愿服务，注重发挥党员在区域化党建和基层治理中的重要作用。

第六章　党的政治建设

第二十三条　国有企业党组织必须把党的政治建设摆在首位，担负起党的政治建设责任，提高政治站位，强化政治引领，增强政治能力，涵养政治生态，防范政治风险，坚决落实党中央决策部署，推动企业聚焦主责主业，服务国家发展战略，全面履行经济责任、政治责任、社会责任。

第二十四条　坚持用党的创新理论武装党员干部职工，突出政治教育和政治训练，推动习近平新时代中国特色社会主义思想进企业、进车间、进班组、进头脑，引领职工群众听党话、跟党走。开展中国特色社会主义和实现中华民族伟大复兴中国梦宣传教育，加强爱国主义、集体主义、社会主义教育，抓好形势政策教育。

第二十五条　坚持以社会主义核心价值观引领企业文化建设，传承弘扬国有企业优良传统和作风，培育家国情怀，增强应对挑战的斗志，提升产业兴国、实业报国的精气神。深化文明单位创建，组织开展岗位技能竞赛，开展群众性文化体育活动，弘扬劳模精神、工匠精神，大力宣传、表彰先进典型，发挥示范引领作用，造就有理想守信念、懂技术会创新、敢担当讲奉献的新时代国有企业职工队伍。

第二十六条 把思想政治工作作为经常性、基础性工作，把解决思想问题同解决实际问题结合起来，多做得人心、暖人心、稳人心的工作，积极构建和谐劳动关系，努力将矛盾化解在基层。健全落实企业领导人员基层联系点、党员与职工结对帮带等制度，定期开展职工思想动态分析，有针对性做好人文关怀和心理疏导。注意在企业改革重组、化解过剩产能、处置“僵尸企业”和企业破产等过程中，深入细致做好思想工作，解决职工群众困难，引导职工群众拥护支持改革，积极参与改革。

第二十七条 坚持党建带群建，充分发挥群团组织桥梁纽带作用，推动群团组织团结动员职工群众围绕企业改革发展和生产经营建功立业，多为职工群众办好事、解难事，维护和发展职工群众利益。

第七章 党内民主和监督

第二十八条 国有企业党组织应当落实党员的知情权、参与权、选举权、监督权，畅通党员参与党内事务的途径，推进党务公开，建立健全党员定期评议党组织领导班子等制度。落实党员代表大会代表任期制，健全代表联系党员群众等制度，积极反映基层党组织和党员意见建议。

第二十九条 落实全面从严治党责任，强化政治监督，加强对党的理论和路线方针政策以及重大决策部署贯彻落实的监督检查。严格落实中央八项规定及其实施细则精神，坚决反对形式主义、官僚主义、享乐主义和奢靡之风。加强对制度执行的监督，加强对企业关键岗位、重要人员特别是主要负责人的监督，强化对权力集中、资金密集、资源富集、资产聚集的重点部门和单位的监督，突出“三重一大”决策、工程招投标、改制重组、产权变更和交易等重点环节的监督，严肃查处侵吞挥霍国有资产、利益输送等违规违纪问题。问题严重的，应当及时向上级党组织报告。

第三十条 落实党内监督责任，建立健全党内监督制度机制，强化日常管理和监督，充分发挥内设纪检组织、党委工作机构、基层党组织和党员的监督作用。加强对企业领导人员的党性教育、宗旨教育、警示教育，落实谈心谈话制度，加大提醒、函询、诫勉等力度，通过巡视巡察、考察考核、调研督导、处理信访举报、抽查核实个人有关事项报告等方式，督促企业领导人员依规依法用权、廉洁履职。

善用企业监事会、审计、法律、财务等监督力量，发挥职工群众监督、社会监督和舆论监督作用，推动各类监督有机贯通、相互协调，形成监督合力，提高监督效能。

第三十一条 国有企业内设纪检组织履行监督执纪问责职责，协助党委推进全面从严治党、加强党风建设和组织协调反腐败工作，精准运用监督执纪“四种形态”，坚决惩治和预防腐败。

各级纪委监委派驻企业的纪检监察机构根据授权履行纪检、监察职责，代表上级纪委监委对企业党委（党组）实行监督，督促推动国有企业党委（党组）落实全面从严治党主体责任。

第八章 领导和保障

第三十二条 各级党委应当把国有企业党的建设纳入整体工作部署和党的建设总体规划，按照管人管党建相统一的原则，健全上下贯通、执行有力的严密体系，形成党委统一领导、党委组织部门牵头抓总、国有资产监管部门党组（党委）具体指导和日常管理、有关部门密切配合、企业党组织履职尽责的工作格局。中央组织部负责全国国有企业党的建设工作的宏观指导。

中央企业直属企业（单位）党建工作，以中央企业党委（党组）领导、指导为主，企业所在地的市地以上党委协助。

中管金融企业党委垂直领导本系统的党组织，负责抓好本系统党建工作。

第三十三条 国有企业党组织履行党的建设主体责任，书记履行第一责任人职责，专职副书记履行直接责任，内设纪检组织负责人履行监督责任，党组织领导班子其他成员履行“一岗双责”，董事会、监事会和经理层党员成员应当积极支持、主动参与企业党建工作。

各级党组织应当强化党建工作责任制落实情况的督促检查，层层传导压力，推动工作落实。

第三十四条 全面推行党组织书记抓基层党建述职评议考核。强化考核结果运用，考核结果在一定范围内通报，并作为企业领导人员政治素质考察和综合考核评价的重要依据。

企业党组织每年年初向上级党组织全面报告上年度党建工作情况，党组织领导班子成员定期向本企业党组织报告抓党建工作情况。

第三十五条 国有企业党委按照有利于加强党的工作和精干高效协调原则，根据实际需要设立办公室、组织部、宣传部等工作机构，有关机构可以与企业职能相近的管理部门合署办公。领导人员管理和基层党组织建设一般由一个部门统一负责，分属两个部门的应当由同一个领导班子成员分管。

第三十六条 根据企业职工人数和实际需要，配备一定比例专兼职党务工作人员。选优配强党组织书记，把党支部书记岗位作为培养选拔企业领导人员的重要台阶。注重选拔政治素质好、熟悉经营管理、作风正派、在职工群众中有威信的党员骨干做企业党建工作，把党务工作岗位作为培养企业复合型人才的重要平台。严格落实同职级、同待遇政策，推动党务工作人员与其他经营管理人员双向交流。

加强对党支部书记和党务工作人员的培训，确保党支部书记和党务工作人员每年至少参加1次集中培训。新任党支部书记一般应当在半年内完成任职培训。

第三十七条 通过纳入管理费用、党费留存等渠道，保障企业党组织工作经费，并向生产经营一线倾斜。纳入管理费用的部分，一般按照企业上年度职工工资总额1%的比例安排，由企业纳入年度预算。整合利用各类资源，建好用好党组织活动阵地。

建立党支部工作经常性督查指导机制，推进党支部标准化、规范化建设，抓好软弱涣散基层党组织整顿提升。注重运用网络信息化手段和新媒体平台，增强党组织活动和党员教育管理工作的吸引力、实效性。

第三十八条 坚持有责必问、失责必究。对国有企业党的建设思想不重视、工作不得力的，应当及时提醒、约谈或者通报批评，限期整改。对违反本条例规定的，按照有关规定追究责任。

第九章 附 则

第三十九条 本条例适用于国有独资、全资企业和国有资本绝对控股企业。国有资本相对控股并具有实际控制力的企业，结合实际参照本条例执行。

第四十条 本条例由中央组织部负责解释。

第四十一条 本条例自2019年12月30日起施行。其他有关国有企业党组织工作的规定，凡与本条例不一致的，按照本条例执行。

中国共产党中央委员会工作条例

1. 中共中央政治局会议2020年9月28日审议批准
2. 中共中央2020年9月30日发布

第一章 总 则

第一条 为了加强党的中央委员会工作，根据《中国共产党章程》，制定本条例。

第二条 党的最高领导机关，是党的全国代表大会和它所产生的中央委员会。在全国代表大会闭会期间，中央委员会领导党的全部工作，对外代表中国共产党。

第三条 中央委员会高举中国特色社会主义伟大旗帜，以马克思列宁主义、毛泽东思想、邓小平理论、“三个代表”重要思想、科学发展观、习近平新时代中国特色社会主义思想为指导，带头增强“四个意识”、坚定“四个自信”、做到“两个维护”，不忘初心、牢记使命，总揽全局、协调各方，以坚定正确的政治立场和政治方向，团结带领全党全军全国各族人民为全面建成社会主义现代化强国、实现中华民族伟大复兴的中国梦不懈奋斗。

第四条 中央委员会开展工作，牢牢把握以下原则：

（一）坚持党对一切工作的领导，确保党中央集中统一领导。

（二）坚持和发展中国特色社会主义，全面贯彻党的基本理论、基本路线、基本方略。

（三）坚持解放思想，实事求是，与时俱进，求真务实。

（四）坚持全心全意为人民服务，以人民为中心，为人民执政、靠人民执政。

（五）坚持民主集中制，充分发扬党内民主，实行正确有效集中，维护党的团结统一。

（六）坚持从严管党治党，永葆党的先进性和纯洁性。

第二章 领导地位

第五条 中央委员会、中央政治局、中央政治局常务委员会是党的组织体系的大脑和中枢，在推进中国特色社会主义事业中把方向、谋大局、定政策、促改革。涉及全党全国性的重大方针政策问题，只有党中央有权作出决定和解释。

党中央重大决策部署，是全党全军全国各族人民统一思想、统一意志、统一行动的依据。

第六条 党中央统揽伟大斗争、伟大工程、伟大事业、伟大梦想，统筹推进“五位一体”总体布局、协调推进“四个全面”战略布局，全面领导改革发展稳定、内政外交国防、治党治国治军等各领域各方面工作，对党和国家事业发展重大工作实行集中统一领导。

第七条 各级人大、政府、政协、监察机关、审判机关、检察机关，武装力量，各民主党派和无党派人士，人民团体，企事业单位，基层群众性自治组织，社会组织等，都必须自觉接受党中央领导。

第八条 全党各个组织和全体党员必须自觉服从党中央，向党中央看齐，坚决维护党中央权威和集中统一领导，自觉在思想上政治上行动上同党中央保持高度一致。

第三章 领导体制

第九条 中央委员会由党的全国代表大会选举产生，由委员和候补委员组成，每届任期五年。全国代表大会如提前或者延期举行，中央委员会的任期相应地改变。

中央委员会委员和候补委员的名额，由全国代表大会决定。中央委员会委员和候补委员必须有五年以上的党龄。人选应当集中各地区、各部门、各条战线、各个行业党的执政骨干和优秀代表，政治坚定、素质优良、分布均衡、结构合理，能够担负起治党治国治军、推进新时代中国特色社会主义事业的历史重任。

中央委员会委员出缺，由中央委员会候补委员按照得票多少依次递补。

第十条 中央政治局、中央政治局常务委员会和中央委员会总书记，由中央委员会全体会议选举。中央委员会总书记必须从中央政治局常务委员会委员中产生。

中央书记处是中央政治局和它的常务委员会的办事机构；成员由中央政治局常务委员会提名，中央委员会全体会议通过。

每届中央委员会产生的中央领导机构和中央领导人，在下届全国代表大会开会期间，继续主持党的经常工作，直到下届中央委员会产生新的中央领导机构和中央领导人为止。

第十一条 在党中央领导下，中央军事委员会履行党和国家的最高军事领导机关职责。中央军事委员会实行主席负责制。

第十二条 在党中央领导下，中央纪律检查委员会（国家监察委员会）履行党的最高纪律检查机关（国家最高监察机关）职责。

第十三条 党中央设立若干决策议事协调机构，在党中央领导下，负责相关重大工作的顶层设计、统筹协调、整体推进、督促落实。

党中央设立若干工作机关，在党中央领导下，主管或者办理中央相关工作。

党中央在全国人大常委会、国务院、全国政协、最高人民法院、最高人民检察院等设立党组，对党中央负责，贯彻执行党中央决策部署。

第四章 领导职权

第十四条 在党的全国代表大会闭会期间，中央委员会执行全国代表大会的决议，行使以下职权：

（一）召集全国代表大会，决定全国代表大会代表的名额和选举办法；讨论中央委员会向全国代表大会的报告、中央纪律检查委员会向全国代表大会的报告、党章修正案，并决定提请全国代表大会审查和审议。必要时决定召开党的全国代表会议，决定全国代表会议代表的名额和产生办法。

（二）选举产生中央领导机构和中央委员会总书记，通过中央书记处成员，决定中央军事委员会组成人员，批准中央纪律检查委员会全体会议选举产生的常务委员会和书记、副书记；增选、增补中央领导机构成员，增补中央书记处成员、中央军事委员会组成人员。

（三）听取和讨论中央政治局工作报告。

（四）讨论和决定关系党和国家事业发展全局的重大问题。

（五）讨论决定国家主席、副主席推荐人选，全国人大常委会、国务院、全国政协、中央军事委员会、国家监察委员会、最高人民法院、最高人民检察院领导人员推荐人选。

（六）决定递补中央委员会委员；决定或者追认给以中央委员会委员、候补委员撤销党内职务、留党察看或者开除党籍的处分。

（七）讨论和决定党治国理政、管党治党中其他重大问题和事项。

中央委员会全体会议闭会期间，中央委员会的职权由中央政治局和它的常务委员会行使。

第十五条 中央政治局贯彻执行全国代表大会和中央委员会的决议、决定，向中央委员会全体会议报告工作，接受监督，行使以下职权：

（一）召集并主持中央委员会全体会议，研究决定提请中央委员会全体会议审议的问题和事项。

（二）讨论和决定关系党和国家事业发展全局的重大问题和事项。

（三）中央委员会全体会议闭会期间，决定给以中央委员会委员、候补委员撤销党内职务、留党察看或者开除党籍的处分，待召开中央委员会全体会议时予以追认；决定开除严重触犯刑律的中央委员会委员、候补委员党籍。

（四）按照有关规定推荐、提名、任免干部；决定对有关党的领导干部的处理处分事项。

（五）研究决定其他应当由中央政治局决定的重大问题和事项。

第十六条 中央政治局常务委员会贯彻执行全国代表大

会和中央委员会的决议、决定，组织实施中央政治局制定的方针政策，行使以下职权：

（一）处理党中央日常工作。

（二）研究讨论关系党和国家事业发展全局的重大问题和事项并提出意见，提交中央政治局审议。

（三）研究决定党和国家工作中的重大问题和事项。

（四）对重大突发性事件作出处置决定和工作部署。

（五）听取中央书记处工作报告和中央纪律检查委员会（国家监察委员会）、全国人大常委会党组、国务院党组、全国政协党组、最高人民法院党组、最高人民检察院党组等的工作汇报。

（六）按照有关规定推荐、提名、任免干部；决定对有关党的领导干部的处理处分事项。

（七）研究决定其他应当由中央政治局常务委员会决定的重大问题和事项。

第十七条　中央委员会总书记负责召集中央政治局会议和中央政治局常务委员会会议，并主持中央书记处的工作。

第十八条　中央书记处根据中央政治局、中央政治局常务委员会和中央委员会总书记的指示安排开展工作。

第五章　领导方式

第十九条　党中央深刻把握共产党执政规律、社会主义建设规律、人类社会发展规律，坚持和发展马克思主义思想方法和工作方法，适应新时代新要求，改进和完善领导方式，加强党的长期执政能力建设，提高党科学执政、民主执政、依法执政水平。

第二十条　党中央举旗定向、掌舵领航，指引党和国家事业的前进方向。加强政治引领，坚定不移走中国特色社会主义道路。加强思想引领，用习近平新时代中国特色社会主义思想武装全党、教育人民。加强风范引领，以强大真理力量和人格力量凝聚党心军心民心。

第二十一条　党中央总揽全局、协调各方，确保全党全军全国各族人民统一意志、统一行动、步调一致向前进。统揽各项工作，整体推进党和国家各方面事业。统揽各方力量，领导各级各类组织和广大党员、干部、群众一体行动。统揽国家治理，坚持和完善中国特色社会主义制度、推进国家治理体系和治理能力现代化。

第二十二条　党中央以高度的责任担当、强烈的忧患意识、无畏的革命精神，领导全党以伟大自我革命引领伟大社会革命，把新时代中国特色社会主义伟大事业不断推向前进。

第六章　决策部署

第二十三条　党中央按照集体领导、民主集中、个别酝酿、会议决定的原则，对党和国家工作的重大问题作出决策。根据需要，分别召开中央委员会全体会议、中央政治局会议、中央政治局常务委员会会议讨论决定。

党中央作出重大决策部署，必须深入调查研究，广泛听取各方面意见和建议，加强分析论证，凝聚智慧共识，做到科学决策、民主决策、依法决策。

第二十四条　中央委员会全体会议每年至少举行一次。会议议题由中央政治局在党内一定范围征询意见后确定。

中央委员会全体会议应当有半数以上中央委员会委员到会方可召开。中央委员会委员、候补委员因故不能参加会议的应当在会前请假，其意见可以用书面形式表达。根据需要，可以安排有关人员列席会议。

根据讨论和决定事项的不同，采用举手、无记名投票等方式进行表决，赞成票超过应到会委员半数的为通过。未到会委员的意见不计入票数。候补委员不参加表决。

对中央委员会委员、候补委员给以撤销党内职务、留党察看或者开除党籍的处分，必须由中央委员会全体会议三分之二以上的多数决定。在中央委员会全体会议闭会期间，可以先由中央政治局作出处理决定，待召开中央委员会全体会议时予以追认。

第二十五条　中央政治局会议一般定期召开，遇有重要情况可以随时召开。会议议题由中央委员会总书记确定。

中央政治局会议应当有半数以上中央政治局委员到会方可召开。根据需要，可以安排有关人员列席会议。

中央政治局会议在决定问题时应当经过充分讨论，涉及多个事项的应当逐项进行讨论和决定。

第二十六条　中央政治局常务委员会会议一般定期召开，遇有重要情况可以随时召开。会议议题由中央委员会总书记确定。

中央政治局常务委员会会议应当有半数以上中央政治局常务委员会委员到会方可召开。根据需要，可以安排有关人员列席会议。

中央政治局常务委员会会议在决定问题时应当经过充分讨论，涉及多个事项的应当逐项进行讨论和决定。

第二十七条　按照党中央决策部署和中央委员会总书记指示要求，中央书记处召开办公会议研究讨论有关事项。会议议题由中央委员会总书记确定。

第二十八条 党中央根据需要召开工作会议、专题会议等,分析形势,部署工作。

第二十九条 按照党中央决策部署和中央委员会总书记指示要求,党中央决策议事协调机构召开会议,研究决定、部署协调相关领域重大工作。会议议题由中央委员会总书记确定或者审定。

有关事项经党中央决策议事协调机构会议审议后,根据需要提请中央政治局常务委员会会议审议。

第三十条 党中央就党和国家重要方针政策、重大问题、重要人事安排等进行协商,听取各民主党派中央、全国工商联和无党派人士代表的意见和建议,通报重要情况,沟通思想、增进共识。

第七章 自身建设

第三十一条 中央委员会、中央政治局、中央政治局常务委员会的组成人员必须将"两个维护"作为根本政治要求,带头做到"两个维护",确保党中央政令畅通、令行禁止,确保党中央决策部署落地见效。

第三十二条 中央委员会、中央政治局、中央政治局常务委员会的组成人员必须牢记自己是党的最高领导机关的一员,坚持组织原则和党性原则,严守政治纪律和政治规矩,按程序办事、按规则办事、按集体意志办事,坚决维护党的团结统一。

中央委员会、中央政治局、中央政治局常务委员会的组成人员应当自觉执行党章等党内法规,自觉贯彻党的群众路线,严格执行中央八项规定,坚决反对形式主义、官僚主义、享乐主义和奢靡之风,自觉同特权思想和特权现象作斗争,始终保持清正廉洁的政治本色。

中央政治局委员应当及时将工作中的重大决策、重大事项、重要情况向党中央请示报告。在执行过程中需要对党中央决策、决定和重大工作部署作出调整的,必须报党中央批准。

第三十三条 中央委员会、中央政治局、中央政治局常务委员会的组成人员应当带头发扬党内民主,认真执行党章等党内法规确定的民主原则和程序。中央政治局每年召开民主生活会。中央委员会委员、候补委员参加中央委员会全体会议,应当积极就党和国家工作发表意见、提出建议。

第八章 附则

第三十四条 本条例由中央办公厅负责解释。

第三十五条 本条例自发布之日起施行。

中国共产党组织工作条例

1. 中共中央政治局会议2021年4月30日审议批准

2. 中共中央2021年5月22日发布

第一章 总则

第一条 为了深入贯彻习近平新时代中国特色社会主义思想,贯彻落实新时代党的建设总要求和新时代党的组织路线,推进党的组织工作科学化制度化规范化,提高党的组织工作质量,根据《中国共产党章程》和有关法律,制定本条例。

第二条 党的组织工作是以党的组织体系建设、领导班子和干部队伍建设、人才队伍建设、党员队伍建设为主要内容的实践活动,是巩固党的执政基础、实现党的全面领导、完成党的全部工作的重要保证,是党领导人民不断夺取革命、建设、改革胜利的优良传统和独特优势。

第三条 党的组织工作坚持以马克思列宁主义、毛泽东思想、邓小平理论、"三个代表"重要思想、科学发展观、习近平新时代中国特色社会主义思想为指导,增强"四个意识"、坚定"四个自信"、做到"两个维护",以加强党的长期执政能力建设、先进性和纯洁性建设为主线,以党的政治建设为统领,以组织体系建设为重点,着力培养忠诚干净担当的高素质干部,着力集聚爱国奉献的各方面优秀人才,充分发挥基层党组织战斗堡垒作用和党员先锋模范作用,为坚持和加强党的全面领导、坚持和发展中国特色社会主义提供坚强组织保证。

第四条 党的组织工作遵循以下原则:

(一)坚持党的全面领导;

(二)坚持组织路线服务政治路线;

(三)坚持民主集中制;

(四)坚持党的群众路线;

(五)坚持党管干部、党管人才;

(六)坚持德才兼备、以德为先、任人唯贤;

(七)坚持党的组织和党的工作全覆盖;

(八)坚持实事求是、公道正派;

(九)坚持依法依规、科学规范。

第二章 领导体制和职责

第五条 组织工作实行党中央集中统一领导,各级党委(党组)分级分类领导,组织部门专门负责,有关方面各司其职、密切配合的领导体制。

党中央以及地方党委设置组织部，各级党政机关、人民团体、国有企业和事业单位党组织设置组织工作机构或者专职工作岗位，专门负责组织工作。

中央组织部指导各级组织部门工作，上级组织部门指导下级组织部门工作。

第六条　党中央决定组织工作路线方针政策，制定组织工作重要党内法规和规范性文件，对组织工作重大战略、重大改革、重大举措、重大事项作出决策，全面领导党的组织体系建设、干部工作、人才工作，按照有关规定推荐、提名、任免干部。

党中央一般每5年召开1次全国组织工作会议，对一个时期的组织工作作出全面部署。

第七条　地方党委对本地区组织工作负主体责任。主要职责是：

（一）贯彻落实党的组织工作路线方针政策，执行党中央以及上级党组织关于组织工作的决策部署、指示要求，按照权限制定组织工作党内法规和规范性文件，研究部署本地区组织工作重大事项和重要工作；

（二）领导同级人大、政府、政协、监察机关、审判机关、检察机关、人民团体等党的组织工作，指导和督促检查下级党组织开展组织工作；

（三）领导本地区党的组织体系建设，加强基层党组织和党员队伍建设；

（四）按照干部管理权限任免和管理干部，向地方国家机关、政协组织、人民团体、国有企业和事业单位等推荐重要干部；

（五）贯彻人才强国战略，统筹协调有关方面共同参与和推动本地区人才工作；

（六）完成党中央以及上级党组织交办的其他任务。

党组对本单位组织工作的领导职责，按照有关规定执行。

第八条　中央组织部和地方党委组织部的主要职责是：

（一）在党中央以及本级党委领导下，具体负责落实党的组织工作路线方针政策和决策部署，按照权限和分工制定、起草组织工作党内法规和规范性文件，推进组织制度贯彻落实；

（二）研究组织工作重要理论和实践问题，提出完善制度机制的政策建议，为党中央以及本级党委决策提供参考；

（三）负责党的组织体系建设，加强基层党组织和党员队伍建设；

（四）负责干部工作和干部队伍的统一管理，按照干部管理权限和分工负责领导班子建设的有关具体工作；

（五）负责人才工作的指导协调和人才的联系服务；

（六）负责公务员工作的统一管理；

（七）负责离退休干部工作的统一管理；

（八）统一管理机构编制委员会办公室；

（九）完成党中央以及本级党委交办的其他任务。

第三章　党的组织体系建设

第九条　坚持马克思主义建党原则，健全维护党的集中统一的组织制度，完善上下贯通、执行有力的组织体系，实现党的组织和党的工作全覆盖，不断增强党的政治领导力、思想引领力、群众组织力、社会号召力。

第十条　按照党章规定建立健全党的各级各类组织，形成包括党的中央组织、地方组织、基层组织在内，涵盖党的纪律检查机关、党的工作机关、党组，纵向到底、横向到边的严密组织架构。

适应形势任务的发展变化，及时调整和优化党组织设置。为执行某项任务临时组建的机构，可以按照有关规定成立临时党组织。除另有规定外，一般按照属地管理原则，规范和理顺基层党组织隶属关系。

第十一条　党的中央委员会、中央政治局、中央政治局常务委员会是党的组织体系的大脑和中枢，在推进中国特色社会主义事业中把方向、谋大局、定政策、促改革。坚持和完善党的领导制度体系，健全党中央对重大工作的领导体制，完善推动党中央决策部署落实机制，严格执行向党中央请示报告制度。

第十二条　党的地方委员会在本地区发挥总揽全局、协调各方的领导作用，全面领导本地区经济社会发展，全面负责本地区党的建设，履行把方向、管大局、作决策、保落实职责。坚持和完善党的地方组织工作制度，健全议事决策和监督机制，增强整体功能，提高领导水平，把党的地方组织建设成为坚决听从党中央指挥、管理严格、监督有力、班子团结、风气纯正的坚强组织。

第十三条　党的基层组织是党在社会基层组织中的战斗堡垒，是党的全部工作和战斗力的基础。坚持大抓基层的鲜明导向，以提升组织力为重点，大力加强企业、农村、机关、学校、医院、科研院所、街道社区、社会组织等基层党组织建设，推进组织设置和活动方式创新，增强党组织政治功能，选优配强党组织带头人，把各领域党的基层组织建设成为宣传党的主张、贯彻党的决定、领导基层治理、团结动员群众、推动改革发展的坚强战斗堡垒。

党支部是党的基础组织，是党组织开展工作的基本单元。全面推进党支部标准化规范化建设，加强基础工作，完善基本制度，提升基本能力，落实基本保障，充分发挥党支部直接教育党员、管理党员、监督党员和组织群众、宣传群众、凝聚群众、服务群众的职责作用。党员人数较多或者党员工作地、居住地比较分散的党支部，应当按照便于组织开展活动原则，划分若干党小组。

第十四条 党组在本单位发挥领导作用，履行把方向、管大局、保落实职责。坚持和完善党组工作制度，健全工作规则和决策机制，坚持党建工作与业务工作同谋划、同部署、同推进、同考核，督促推动本单位领导班子依法依章程及时全面落实党组决策，确保党的理论和路线方针政策在本单位贯彻落实。

第十五条 围绕建设信念坚定、政治可靠、结构合理、素质优良、纪律严明、作用突出的党员队伍，做好发展党员和党员教育、管理、监督、服务工作。

发展党员应当按照控制总量、优化结构、提高质量、发挥作用的总要求，把政治标准放在首位，严格程序、严格把关，保证新发展党员质量。加强入党积极分子队伍建设，加强发展对象、预备党员的教育培养。

党员教育应当把学习贯彻习近平新时代中国特色社会主义思想作为首要政治任务，组织开展党内集中教育和党员经常性教育，坚持组织培训和个人自学相结合，引导党员不忘初心、牢记使命、不懈奋斗。

党员管理应当严格做好党籍管理、组织关系管理、党费收缴使用管理、日常监督、组织处置等工作，加强和改进流动党员管理。结合不同群体党员实际，组织引导党员充分发挥先锋模范作用。

加强党内激励关怀帮扶，保障党员民主权利，开展党内表彰，做好关爱服务党员工作。

第十六条 坚持民主集中制，完善发展党内民主和实行正确集中的相关制度。坚持党的代表大会制度，完善党内选举制度，落实党代表大会代表任期制和党的各级组织任期等制度。建立健全包括组织设置、组织生活、组织运行、组织管理、组织监督等在内的完整组织制度体系，完善党委（党组）落实全面从严治党主体责任的制度。

第十七条 严格执行《关于新形势下党内政治生活的若干准则》，坚持和完善民主生活会、组织生活会制度，健全“三会一课”、主题党日、谈心谈话、民主评议党员等制度，落实党员领导干部双重组织生活制度，发展积极健康的党内政治文化，确保党的组织生活经常、认真、严肃，不断增强政治性、时代性、原则性、战斗性，不断增强党自我净化、自我完善、自我革新、自我提高能力。

第十八条 各级党组织和全体党员必须坚决维护习近平总书记党中央的核心、全党的核心地位，坚决维护党中央权威和集中统一领导，坚持党员个人服从党的组织，少数服从多数，下级组织服从上级组织，全党各个组织和全体党员服从党的全国代表大会和中央委员会。落实全面从严治党战略部署，不断完善组织纪律各项要求，深入开展纪律教育，加强对组织纪律执行情况的监督检查，严肃查处违反组织纪律的行为，提高纪律的权威性和约束力，做到有令必行、有禁必止，执纪必严、违纪必究。

第四章 干部工作

第十九条 坚持党管干部原则，坚持德才兼备、以德为先，坚持五湖四海、任人唯贤，坚持好干部标准，坚持正确用人导向，统筹干部素质培养、知事识人、选拔任用、从严管理、正向激励体系建设，统筹领导班子和干部队伍建设，统筹党政机关、人民团体、国有企业和事业单位干部队伍建设，着力建设忠诚干净担当的高素质专业化干部队伍。

第二十条 干部工作实行党中央集中统一领导下分级分类管理的体制。党委（党组）及其组织部门应当加强对干部工作的统一管理。根据事权划分、行业领域属性特点、机构设置和业务管理体制以及队伍建设需要，合理确定干部管理职责、范围、权限、方式和程序，做好干部双重管理工作。

第二十一条 领导班子建设必须把党的政治建设摆在首位，坚持高标准严要求，坚持统筹谋划、整体推进，坚持分类指导、精准施策，严格执行民主集中制，深化理论武装，优化班子结构，增强整体功能，保持班子稳定，提高政治判断力、政治领悟力、政治执行力，努力把各级领导班子锻造成为忠实践行习近平新时代中国特色社会主义思想、坚定贯彻落实党中央决策部署的坚强领导集体。

第二十二条 建立健全源头培养、跟踪培养、全程培养的素质培养体系，突出政治素质，注重分类分级，加强思想淬炼、政治历练、实践锻炼、专业训练，把思想理论武装、理想信念教育、知识结构改善、能力素质提升贯穿干部成长全过程。注重在基层一线和困难艰苦地区培养锻炼干部，增强斗争精神，提高治理能力，使广大干部政治素养、理论水平、专业能力、实践本领跟上时代发展步伐。

第二十三条　建立健全日常考核、分类考核、近距离考核的知事识人体系，贯彻新发展理念，坚持正确政绩观，把区分优劣、奖优罚劣、激励担当、促进发展作为基本任务，优化考核内容和考核指标体系，完善考核方式方法，统筹开展平时考核、年度考核、专项考核、任期考核，全方位、多渠道了解干部，注意掌握干部在重大任务、重大斗争一线的表现。强化考核结果运用，把考核结果与干部选拔任用、教育培养、管理监督、激励约束、问责追责等结合起来，推动形成能者上、优者奖、庸者下、劣者汰的正确导向。

第二十四条　建立健全以德为先、任人唯贤、人事相宜的选拔任用体系，充分发挥党组织领导和把关作用，把政治标准放在首位，严把政治关、品行关、能力关、作风关、廉洁关，严格落实干部选拔任用的原则、条件、程序，严格执行干部任期、任职回避等制度，树立注重基层、注重实践、讲担当重担当的用人导向，提高干部考察质量，精准科学选人用人，切实把党和人民需要的好干部选出来用起来。加强干部选拔任用工作全程监督，营造风清气正的选人用人环境。

拓宽选人用人视野，推进地方与部门之间、地区之间、部门之间、党政机关与国有企业和事业单位以及其他社会组织之间的干部交流，综合运用援派、挂职等方式，加大对国家重大战略选派干部支持力度。

第二十五条　建立健全管思想、管工作、管作风、管纪律的从严管理体系，聚焦领导干部特别是党政正职，突出对干部做到“两个维护”、遵守党章党规党纪和宪法法律法规、执行党的路线方针政策、贯彻落实党中央决策部署、遵守党内政治生活准则等情况的政治监督。坚持抓早抓小抓经常，加强日常管理和对履职尽责、担当作为的监督，推动广大干部严格按照制度履行职责、行使权力、开展工作。

第二十六条　建立健全崇尚实干、带动担当、加油鼓劲的正向激励体系，坚持严管和厚爱结合、激励和约束并重，加强对敢担当善作为干部的激励保护，以正确用人导向引领干事创业导向。正确对待、合理使用被问责和受处分干部，完善被诬告干部澄清正名制度，健全表彰奖励制度，落实和完善干部工资、福利与保险制度，关心关爱干部身心健康，加大对基层干部特别是困难艰苦地区干部的政策倾斜力度，充分调动广大干部干事创业的积极性主动性创造性。

第二十七条　着眼党和国家事业长远发展需要，坚持拓宽来源、优化结构、改进方式、提高质量，从各条战线、各个领域、各个行业发现选拔优秀年轻干部，优化成长路径，建立上下联动、长期关注的干部常态化培养锻炼机制，完善适时使用、动态管理机制，健全促进优秀年轻干部脱颖而出的制度措施，推动年轻干部加强思想理论武装和基层实践锻炼、提高解决实际问题的能力。用好各年龄段干部，优化干部队伍梯次结构。统筹做好培养选拔女干部、少数民族干部和党外干部工作。

第二十八条　加强党对公务员队伍的集中统一领导，健全统一规范高效的公务员工作领导体制。贯彻落实《中华人民共和国公务员法》，完善中国特色公务员制度，健全职务与职级并行、录用交流、考核奖惩、培训监督等制度，构建规范完备的公务员管理法规体系，健全科学有效的公务员管理机制。坚持和完善公务员分类管理，提高管理效能和科学化水平。

第二十九条　严格执行干部退休制度，加强离退休干部思想政治建设和党组织建设，完善和创新离退休干部服务管理工作，组织引导离退休干部发挥作用。

第三十条　坚持和加强党对机构编制工作的集中统一领导，建立健全组织部门统一管理机构编制委员会办公室的工作制度，做好完善领导管理体制相关工作，统筹干部和机构编制资源，确保机构编制管理和干部管理有机衔接。

第五章　人才工作

第三十一条　坚持党管人才原则，确立人才引领发展的战略地位，遵循社会主义市场经济规律和人才成长规律，破除束缚人才发展的思想观念和体制机制障碍，构建科学规范、开放包容、运行高效的人才发展治理体系，全方位培养、引进、用好人才，着力集聚爱国奉献的各方面优秀人才，推进实施人才强国战略、创新驱动发展战略，为民族复兴伟业提供强大人才支撑。

第三十二条　各级党委（党组）应当加强对本地区本部门本单位人才工作的领导，形成党委统一领导，组织部门牵头抓总，有关部门各司其职、密切配合，用人单位发挥主体作用、社会力量广泛参与的党管人才工作格局。

党中央设立中央人才工作协调小组，对全国人才工作和人才队伍建设进行宏观指导、统筹协调、政策创新、重点推动、督促检查。中央人才工作协调小组下设办公室，负责处理中央人才工作协调小组日常工作。中央人才工作协调小组办公室设在中央组织部。

地方党委设立人才工作领导（协调）机构，统筹协调本地区人才工作和人才队伍建设。党委和政府所属系统内承担人才工作职能较多或者人才比较集中的职能部门，可以根据实际设立人才工作领导机构和办事机构。

第三十三条 紧紧围绕经济社会发展需求，聚焦重大发展战略，加强对人才队伍建设的宏观谋划，培养造就大批德才兼备的高素质人才。坚持高端引领、整体开发，组织实施重大人才工程，统筹推进各领域人才队伍建设。

第三十四条 树立全球视野和战略眼光，实行更加积极、更加开放、更加有效的人才政策，坚持以用为本，聚天下英才而用之。推进人才资源的优化配置，充分发挥市场的决定性作用和更好发挥政府作用，鼓励引导人才向艰苦边远地区和基层一线流动。

第三十五条 协调推进人才发展体制机制改革和政策创新，坚决破除唯论文、唯职称、唯学历、唯奖项，健全人才引进、培养、使用、评价、流动、激励机制，加快构建具有吸引力和国际竞争力的人才制度体系，向用人主体放权，为人才松绑，激发人才创新活力。

第三十六条 发挥党的政治优势、组织优势、密切联系群众优势，加强对各方面人才的政治引领和政治吸纳，引导广大人才矢志爱国奉献、勇于创新创造。坚持党委联系服务专家制度，完善领导干部直接联系服务人才工作机制，及时听取人才的意见建议，关心人才的工作生活。

第三十七条 树立强烈的人才意识，完善人才服务保障体系，加强对优秀人才和先进典型的宣传，营造尊重劳动、尊重知识、尊重人才、尊重创造的良好氛围，鼓励创新、宽容失败，开创人人皆可成才、人人尽展其才的生动局面。

第六章 保障和监督

第三十八条 各级党委（党组）应当切实加强对组织工作的领导，关心和支持组织部门履行职责、开展工作，合理配置机构编制，充实工作力量，提供必要的工作条件和经费保障，统筹协调各方面，形成做好组织工作的合力。加强组织部门领导班子建设，注重选拔政治上强、坚持原则、公道正派、有党务工作经历的干部担任组织部门领导干部。

第三十九条 组织部门应当坚决贯彻执行党中央以及党委（党组）的决策部署，严格执行重大事项请示报告制度。坚持和完善部务会会议制度，健全议事规则和程序，充分发挥部务会集体领导和把关作用。

第四十条 组织部门应当聚焦主责主业，健全工作机制，优化工作流程，加强调查研究，注重运用互联网技术、数字技术和信息化手段，提高工作效能。

第四十一条 组织部门应当强化政治机关意识，带头发扬党的光荣传统和优良作风，带头增强“四个意识”、坚定“四个自信”、做到“两个维护”，坚持以党的政治建设为统领，深入推进从严治部、从严律己、从严带队伍，努力建设讲政治、重公道、业务精、作风好的模范部门，让党中央放心、让党员干部人才信赖、让人民群众满意。

加强组工干部队伍建设，强化政治纪律和政治规矩教育，严守组织人事纪律和保密纪律，坚持清正廉洁，着力提升专业化能力，确保政治上绝对可靠、对党绝对忠诚。

第四十二条 各级党委（党组）应当落实全面从严治党主体责任，加强对本条例执行情况的监督检查，将本条例执行情况纳入领导班子和领导干部考核内容，纳入巡视巡察范围。

第四十三条 违反本条例有关规定的，根据情节轻重，给予批评教育、责令检查、诫勉、组织处理或者依规依纪依法给予处分。

第七章 附 则

第四十四条 中央军事委员会可以根据本条例精神，制定相关规定。

第四十五条 本条例由中央组织部负责解释。

第四十六条 本条例自发布之日起施行。

中国共产党基层组织选举工作条例

1. 中共中央政治局会议2020年6月29日审议批准
2. 中共中央2020年7月13日发布

第一章 总 则

第一条 为了深入贯彻习近平新时代中国特色社会主义思想，贯彻落实新时代党的建设总要求和新时代党的组织路线，坚持和加强党的全面领导，坚持党要管党、全面从严治党，健全党的民主集中制，完善党内选举制度，增强基层党组织政治功能，提升基层党组织组织力，根据《中国共产党章程》和有关党内法规，制定本条例。

第二条 本条例适用于企业、农村、机关、学校、科研院所、街道社区、社会组织和其他基层单位设立的党的委员会、总支部委员会、支部委员会（含不设委员会的党支部），以及党的基层纪律检查委员会的选举工作。

第三条 党的基层组织设立的委员会任期届满应当按期进行换届选举。

如需延期或者提前进行换届选举，应当报上级党组织批准。延长或者提前期限一般不超过1年。

第四条　党的基层组织设立的委员会一般由党员大会选举产生。党员人数在500名以上或者所辖党组织驻地分散的，经上级党组织批准，可以召开党员代表大会进行选举。

第五条　正式党员有表决权、选举权、被选举权。受留党察看处分的党员在留党察看期间没有表决权、选举权和被选举权；预备党员没有表决权、选举权和被选举权。党员被依法留置、逮捕的，党组织应当按照管理权限中止其表决权、选举权和被选举权等党员权利。

第六条　选举应当充分发扬民主，尊重和保障党员的民主权利，体现选举人的意志。任何组织和个人不得以任何方式强迫选举人选举或者不选举某个人。

第二章　代表的产生

第七条　党员代表大会的代表应当自觉增强“四个意识”、坚定“四个自信”、做到“两个维护”，遵守党章党规党纪和法律法规，具有履行职责的能力，能反映本选举单位的意见，代表党员的意志。

第八条　代表的名额一般为100名至200名，最多不超过300名。具体名额由召集党员代表大会的党组织按照有利于党员了解和直接参与党内事务，有利于讨论决定问题的原则确定，报上级党组织批准。

代表名额的分配根据所辖党组织数量、党员人数和代表具有广泛性的原则确定。优化代表结构，确保生产和工作一线代表比例。

大型国有企业、高等学校召开党员代表大会，其二级企业、直属单位党组织隶属其他地方或者单位党组织，且党员人数较多的，可以适当分配一定代表名额。

第九条　代表候选人的差额不少于应选人数的20%。

第十条　代表产生的主要程序是：

（一）从党支部开始推荐提名。根据多数党组织和党员的意见，提出代表候选人推荐人选。

（二）选举单位就代表候选人推荐人选与上级党组织沟通，提出代表候选人初步人选。采取适当方式加强审核把关，可以对代表候选人初步人选在一定范围内公示。

（三）选举单位研究确定代表候选人预备人选，报召开党员代表大会的党的基层委员会审查。

（四）选举单位召开党员大会或者党员代表大会，根据多数选举人的意见确定候选人，进行选举。

第十一条　上届党的委员会成立代表资格审查小组，负责对代表的产生程序和资格进行审查。

代表的产生不符合规定程序的，应当责成原选举单位重新进行选举；代表不具备资格的，应当责成原选举单位撤换。

代表资格审查小组应当向党员代表大会预备会议报告审查情况。经审查通过后的代表，获得正式资格。

第三章　委员会的产生

第十二条　党的基层组织设立的委员会委员候选人，按照德才兼备、以德为先和班子结构合理的原则提名。

不同领域、不同类型和不同层级党的基层组织，其委员候选人的条件，根据党中央精神和上级党组织要求，可以结合实际情况进一步细化。

第十三条　委员候选人的差额不少于应选人数的20%。

第十四条　党的总支部委员会、支部委员会委员的产生，由上届委员会根据多数党员的意见提出人选，报上级党组织审查同意后，组织党员酝酿确定候选人，在党员大会上进行选举。

第十五条　党的基层委员会和经批准设立的纪律检查委员会委员的产生，召开党员大会的，由上届党的委员会根据所辖多数党组织的意见提出人选，报上级党组织审查同意后，组织党员酝酿确定候选人，提交党员大会进行选举；召开党员代表大会的，由上届党的委员会根据所辖多数党组织的意见提出人选，报上级党组织审查同意后，提请大会主席团讨论通过，由大会主席团提交各代表团（组）酝酿讨论，根据多数代表的意见确定候选人，提交党员代表大会进行选举。

第十六条　党的基层组织设立的委员会的书记、副书记的产生，由上届委员会提出候选人，报上级党组织审查同意后，在委员会全体会议上进行选举。

不设委员会的党支部书记、副书记的产生，由全体党员充分酝酿，提出候选人，报上级党组织审查同意后进行选举。

第十七条　经批准设立常务委员会的委员会，其常务委员会委员候选人，由上届委员会按照比应选人数多1至2人的差额提出，报上级党组织审查同意后，在委员会全体会议上进行选举。

第十八条　委员会委员在任期内出缺，一般应当召开党员大会或者党员代表大会补选。

上级党的组织认为有必要时，可以调动或者指派下级党组织的负责人。

第四章　选举的实施

第十九条　进行选举时，有选举权的到会人数不少于应到会人数的五分之四，会议有效。

第二十条　召开党员大会进行选举，由上届委员会主持。

不设委员会的党支部进行选举,由上届党支部书记主持。

召开党员代表大会进行选举,由大会主席团主持。大会主席团成员由上届党的委员会或者各代表团(组)从代表中提名,经全体代表酝酿讨论,提交党员代表大会预备会议表决通过。

委员会第一次全体会议选举常务委员会委员和书记、副书记,召开党员代表大会的,由大会主席团指定1名新选出的委员主持;召开党员大会的,由上届委员会推荐1名新当选的委员主持。

第二十一条 选举前,选举单位的党组织或者大会主席团应当以适当方式将候选人的简历、工作实绩和主要优缺点向选举人作出实事求是的介绍,对选举人提出的询问作出负责的答复。根据选举人的要求,可以组织候选人与选举人见面,回答选举人提出的问题。

第二十二条 选举设监票人,负责对选举全过程进行监督。

党员大会或者党员代表大会选举的监票人,由全体党员或者各代表团(组)从不是候选人的党员或者代表中推选,经党员大会、党员代表大会或者大会主席团会议表决通过。

委员会选举的监票人,从不是书记、副书记、常务委员会委员候选人的委员中推选,经全体委员表决通过。

第二十三条 选举设计票人。计票人在监票人监督下进行工作。

第二十四条 选举采用无记名投票的方式。选票上的代表和委员、常务委员会委员候选人名单以姓氏笔画为序排列,书记、副书记候选人名单按照上级党组织批准的顺序排列。

选举人不能填写选票的,可以由本人委托非候选人按照选举人的意志代写。因故未出席会议的党员或者代表不能委托他人代为投票。

第二十五条 选举人对候选人可以投赞成票或者不赞成票,也可以弃权。投不赞成票者可以另选他人。

第二十六条 投票结束后,监票人、计票人应当将投票人数、发出选票数和收回选票数加以核对,作出记录,由监票人签字并报告被选举人的得票数。

第二十七条 选举收回的选票数,等于或者少于投票人数,选举有效;多于投票人数,选举无效,应当重新选举。

每一选票所选人数,等于或者少于规定应选人数的为有效票,多于规定应选人数的为无效票。

第二十八条 实行差额预选时,赞成票超过应到会有选举权人数半数的,方可列为正式候选人。

第二十九条 进行正式选举时,被选举人获得的赞成票超过应到会有选举权人数半数的,始得当选。

获得赞成票超过半数的被选举人数多于应选名额时,以得票多少为序,至取足应选名额为止。如遇票数相等不能确定当选人时,应当就票数相等的被选举人再次投票,得赞成票多的当选。

获得赞成票超过半数的被选举人数少于应选名额时,对不足的名额另行选举。如果接近应选名额,经半数以上选举人同意或者大会主席团决定,也可以减少名额,不再进行选举。

第三十条 被选举人得票情况,包括得赞成票、不赞成票、弃权票和另选他人等,预选时由监票人向上届委员会或者大会主席团报告,正式选举时由监票人向选举人报告。

第三十一条 当选人名单由会议主持人向选举人宣布。

当选的党员代表大会代表、委员会委员,其名单以姓氏笔画为序排列。

当选的常务委员会委员和书记、副书记,其名单按照上级党组织批准的顺序排列。

第五章　呈报审批

第三十二条 召开党员大会或者党员代表大会的请示,按照党组织隶属关系,报有审批权限的上级党组织审批。召开党员大会的,一般提前1个月报批;召开党员代表大会的,一般提前4个月报批。

第三十三条 新一届党的委员会和纪律检查委员会委员、常务委员会委员和书记、副书记候选人预备人选,一般于召开党员大会或者党员代表大会1个月前,报有审批权限的上级党组织审批。

第三十四条 选出的委员,报上级党组织备案;常务委员会委员和书记、副书记,报上级党组织批准。

纪律检查委员会选出的常务委员会委员和书记、副书记,经同级党的委员会通过后,报上级党组织批准。

第六章　纪律和监督

第三十五条 加强对党的基层组织选举工作的领导,坚持教育在先、警示在先、预防在先,严肃政治纪律、组织纪律以及换届工作纪律要求,强化制度意识、严格制度执行、维护制度权威,引导党员和代表正确行使民主权利,保证选举工作平稳有序。

落实全面从严治党责任,严禁拉帮结派、拉票贿选、跑风漏气等非组织行为,严防黑恶势力、宗族势力、宗教势力干扰破坏选举,强化监督检查和责任追究,确保选举工作风清气正。

第三十六条　本条例由上级党的委员会及其组织部门和上级党的纪律检查委员会负责监督实施，执行情况纳入巡视巡察监督工作内容。

第三十七条　在选举中，凡有违反党章和本条例规定行为的，必须认真查处，根据问题的性质和情节轻重，对有关党员给予批评教育直至纪律处分，对失职失责的党组织和党的领导干部进行问责。

第七章　附　　则

第三十八条　选举单位应当根据本条例制定选举办法，经党员大会或者党员代表大会讨论通过后执行。

第三十九条　中国人民解放军和中国人民武装警察部队党的基层组织的选举，由中央军事委员会根据本条例的精神作出规定。

第四十条　本条例由中央组织部负责解释。

第四十一条　本条例自发布之日起施行。1990 年 6 月 27 日中共中央印发的《中国共产党基层组织选举工作暂行条例》同时废止。

中国共产党地方组织选举工作条例

1. 中共中央政治局常委会会议 1993 年 12 月 16 日审议批准，中共中央 1994 年 1 月 26 日发布

2. 中共中央政治局会议 2020 年 12 月 11 日修订，中共中央 2020 年 12 月 28 日发布

第一章　总　　则

第一条　为了深入贯彻习近平新时代中国特色社会主义思想，贯彻落实新时代党的建设总要求和新时代党的组织路线，坚持和加强党的全面领导，坚持党要管党、全面从严治党，健全党的民主集中制，完善党内选举制度，加强党的地方组织建设，提高党的执政能力和领导水平，根据《中国共产党章程》和有关党内法规，制定本条例。

第二条　本条例适用于党的省、自治区、直辖市，设区的市和自治州，县（旗）、自治县、不设区的市和市辖区的代表大会及其委员会，以及党的地方纪律检查委员会的选举工作。

第三条　党的地方各级组织任期届满，应当按期进行换届选举。如需延期或者提前换届选举，应当经上一级党的委员会批准。延长期限不得超过 1 年。

第四条　党的地方各级代表大会代表，委员会委员和候补委员、常务委员会委员，纪律检查委员会委员、常务委员会委员实行差额选举。

党的地方各级委员会和纪律检查委员会书记、副书记实行等额选举。

第五条　选举应当充分发扬民主，尊重和保障选举人的民主权利，体现选举人的意志。任何组织和个人不得以任何方式强迫选举人选举或者不选举某个人。

第六条　选举采用无记名投票方式。

第七条　选举可以直接采用候选人数多于应选人数的差额选举办法进行正式选举；也可以先采用差额选举办法进行预选，产生候选人名单，然后进行正式选举。

第二章　代表的产生

第八条　党的地方各级代表大会代表应当是党员中的优秀分子，认真贯彻执行党的基本理论、基本路线、基本方略，自觉增强“四个意识”、坚定“四个自信”、做到“两个维护”，牢记党的初心和使命，密切联系党员和人民群众，发挥模范带头作用，遵守党章党规党纪和宪法法律法规，按照党性原则办事，具有履行代表职责的能力。

第九条　党的地方各级代表大会代表的名额，由召开代表大会的党的委员会全体会议，按照有利于充分发扬党内民主、有利于讨论决定问题和代表具有广泛性的原则确定，报上一级党的委员会批准。

党的省、自治区、直辖市代表大会代表名额，一般为 400 至 800 名。

设区的市和自治州代表大会代表名额，一般为 300 至 500 名。

县（旗）、自治县、不设区的市和市辖区代表大会代表名额，一般为 200 至 400 名。

所辖党组织数量和党员人数较多或者较少的，可以适当增加或者减少代表名额。

第十条　党的地方各级代表大会代表的选举单位，一般按照党的下一级地方组织或者基层组织划分。党的地方各级委员会派出的机关工作委员会、街道工作委员会等，经同级党的委员会批准，可以划分为选举单位。

第十一条　代表名额的分配由召开代表大会的党的委员会按照所辖党组织数量、党员人数和工作需要确定。

第十二条　党的地方各级代表大会代表中应当有各级领导干部、各类专业技术人员、各条战线先进模范人物、中国人民解放军、中国人民武装警察部队等各方面的代表。

代表构成的指导性比例由召开代表大会的党的委员会根据实际情况确定。确保生产和工作一线代表比例，工人、农民代表应当有一定数量。女代表占代表总数的比例一般不少于本地区女党员占党员总数的比例。民族自治地方少数民族代表占代表总数的比例一般不少于本地区少数民族党员占党员总数的比例。

党的省、自治区、直辖市代表大会代表中，生产和工作一线代表占代表总数的比例一般不少于30%，其中应当有一定比例的各类专业技术人员、各条战线先进模范人物。

第十三条 党的地方各级代表大会代表候选人的差额比例，不少于20%。

第十四条 党的地方各级代表大会代表的产生，采取自下而上、上下结合、反复酝酿、逐级遴选的办法进行。主要程序是：

（一）选举单位按照分配的名额，组织所辖党组织从党支部开始推荐提名，经过充分酝酿协商，根据多数党组织或者多数党员的意见提出代表候选人推荐人选；

（二）选举单位就代表候选人推荐人选与上级党组织进行沟通，提出代表候选人初步人选考察对象并进行考察，严格审核把关，集体研究确定代表候选人初步人选，并在一定范围内公示，公示期不少于5个工作日；

（三）选举单位召开党的委员会全体会议确定代表候选人预备人选，报召开代表大会的党的委员会审查；

（四）选举单位召开党员大会或者代表大会或者代表会议，对代表候选人预备人选进行充分酝酿，根据多数选举人的意见确定候选人，进行选举，选出的代表报召开代表大会的党的委员会审批。

代表大会召开前，由同一选举单位选出的代表出缺数量较多的，根据工作需要，可以按照上述程序进行补选。

第十五条 党的地方各级委员会在代表大会召开前，负责对代表的产生程序和代表资格进行初步审查。

党的地方代表大会成立的代表资格审查委员会在听取党的委员会的审查情况报告后，提出代表资格审查报告。经大会预备会议或者大会主席团通过的代表，获得正式资格。

第三章 委员会委员的产生

第十六条 党的地方各级委员会委员、候补委员和纪律检查委员会委员候选人的提名，必须贯彻干部队伍革命化、年轻化、知识化、专业化方针，坚持信念坚定、为民服务、勤政务实、敢于担当、清正廉洁的新时期好干部标准，坚持德才兼备、以德为先、任人唯贤的原则和结构合理的要求。

第十七条 党的地方各级委员会候补委员人数，一般不少于委员、候补委员总数的15%。

第十八条 党的地方各级委员会委员、候补委员和纪律检查委员会委员候选人的差额比例，不少于10%。

第十九条 党的地方各级委员会委员、候补委员和纪律检查委员会委员产生的程序是：

（一）党的委员会全体会议确定下届委员会、纪律检查委员会组成的原则；

（二）常务委员会按照干部选拔任用等有关规定，组织酝酿和推荐，在广泛听取意见的基础上，提出候选人初步人选；

（三）党的委员会组建考察组对候选人初步人选进行考察，突出政治标准，强化政治素质考察，严格审核把关；

（四）常务委员会根据考察情况确定候选人预备人选，报上一级党的委员会审批；

（五）大会主席团审议候选人预备人选，提请各代表团充分酝酿，根据多数选举人的意见确定候选人，由大会进行选举。

第二十条 党的地方各级委员会委员、候补委员一般应当分别选举，先选举委员，再选举候补委员。委员候选人落选后，可以作为候补委员候选人。也可以实行委员、候补委员一并选举，在获得赞成票超过应到会人数半数的候选人中，按照得票多少，先取足委员，再取足候补委员。

第四章 常务委员会委员和书记、副书记的产生

第二十一条 党的地方各级委员会和纪律检查委员会常务委员会委员候选人数，应当分别多于应选人数1至2人。

第二十二条 党的地方各级委员会和纪律检查委员会常务委员会委员和书记、副书记产生的程序是：

（一）常务委员会提出候选人预备人选，报上一级党的委员会审批；

（二）新选举产生的党的委员会和纪律检查委员会分别召开全体会议，对候选人预备人选进行充分酝酿，根据多数委员的意见确定候选人；

（三）党的委员会和纪律检查委员会全体会议进行选举时，先选举常务委员会委员，再选举书记、副书记。

第二十三条 党的地方各级纪律检查委员会全体会议选

举产生的常务委员会委员和书记、副书记，需经同级党的委员会全体会议通过。

第五章　选举的实施

第二十四条　代表大会选举时，参加人数超过应到会人数的半数，方能进行选举。委员会全体会议选举时，参加人数超过应到会人数的三分之二，方能进行选举。

第二十五条　代表大会选举工作中的重大问题，由大会主席团集体讨论决定。

代表大会的选举工作由大会主席团常务委员会主持。

大会主席团成员一般占代表人数的10%左右，由党的委员会或者各代表团从代表中提名，经大会预备会议表决通过。大会主席团常务委员会委员由党的委员会提名，经大会主席团会议表决通过。

第二十六条　党的地方各级委员会和纪律检查委员会第一次全体会议的选举，由大会主席团各委托1名新当选的委员主持。

第二十七条　大会主席团或者选举单位党组织应当实事求是地向选举人介绍候选人的有关情况，并对选举人提出的询问作出负责的答复。

第二十八条　代表大会选举设总监票人1名，必要时也可以设副总监票人1名；设监票人若干名。监票人由各代表团从不是候选人的选举人中推荐，总监票人、副总监票人由大会主席团常务委员会从监票人中提名，经大会主席团或者大会表决通过。

党的地方各级委员会和纪律检查委员会第一次全体会议的选举设监票人若干名。监票人由会议主持人从不是候选人的委员中提名，经选举人表决通过。

第二十九条　选举设计票人若干名。计票人由大会秘书长或者委员会第一次全体会议的主持人指定，在监票人的监督下工作。

第三十条　选票上的代表、委员、候补委员、常务委员会委员候选人名单按照姓氏笔画为序排列，书记、副书记候选人按照上级党的委员会批准的顺序排列。

第三十一条　选举人不能填写选票的，可以由本人委托非候选人按照选举人的意志代为填写。

因故未出席会议的选举人，不能委托他人代为投票。

第三十二条　选举人对候选人可以投赞成票，可以投不赞成票，也可以弃权。投不赞成票者可以另选他人。

第三十三条　投票结束后，监票人、计票人应当将投票人数、发出选票数和收回选票数加以核对，作出记录，由监票人签字并报告被选举人的得票数。

第三十四条　选举收回的选票数，等于或者少于发出的选票数，选举有效；多于发出的选票数，选举无效，应当重新选举。

每张选票所选的人数，等于或者少于规定应选人数的为有效票，多于规定应选人数的为无效票。

第三十五条　差额预选时，可以集中投票，也可以分代表团投票，由大会统一计票。

第三十六条　正式选举时，被选举人获得赞成票超过应到会有选举权人数半数的，始得当选。获得赞成票超过半数的被选举人数多于应选名额时，以得票多少为序，至取足应选名额为止；如遇票数相等不能确定当选人时，一般应就票数相等的被选举人再次投票，得票多的当选。获得赞成票超过半数的被选举人数少于应选名额时，不足的名额可以从未当选的得票多的被选举人中重新选举；如果接近应选名额，经半数以上选举人同意或者大会主席团决定，也可以不再选举。

预选时，获得赞成票超过应到会有选举权人数半数的候选人，方可列为正式候选人；确定正式候选人，原则上以得票多少为序。如遇票数相等不能确定正式候选人或者获得赞成票超过半数的被选举人少于、接近应选名额时，按照正式选举时的相应办法处理。

第三十七条　被选举人得票情况，预选时由总监票人向大会主席团报告；正式选举时由总监票人向选举人报告，当选人名单由会议主持人向选举人宣布。

报告得票情况，包括得赞成票、不赞成票、弃权票和另选他人等。

第三十八条　当选的党的地方各级代表大会代表，党的地方各级委员会委员、纪律检查委员会委员，其名单按照姓氏笔画为序排列。

当选的党的地方各级委员会候补委员，其名单按照得票多少排列，得票相等的按照姓氏笔画为序排列。

当选的党的地方各级委员会和纪律检查委员会常务委员会委员、书记、副书记，其名单按照上级党的委员会批准的顺序排列。

第六章　呈报审批

第三十九条　召开代表大会的请示，党的省、自治区、直辖市委员会一般于召开代表大会4个月前报党的中央委员会审批；其他党的地方委员会一般于召开代表大会2个月前报上一级党的委员会审批。请示的内容包括：代表大会召开的时间和大会议程；代表名额、差额比例，代表构成的指导性比例；党的委员会委员、候补委员和常务委员会委员名额、差额比例，书记、副书记名额；纪律检查委员会委员和常务委员会委员名额、差额比例，书记、副书记名额；选举办法。

第四十条　党的地方各级委员会委员、候补委员，常务委员会委员和书记、副书记候选人预备人选；纪律检查委员会委员，常务委员会委员和书记、副书记候选人预备人选，一般于召开代表大会1个月前报上一级党的委员会审批。

第四十一条　当选的党的地方各级委员会委员、候补委员，纪律检查委员会委员，报上一级党的委员会备案。

当选的党的地方各级委员会常务委员会委员和书记、副书记，纪律检查委员会常务委员会委员和书记、副书记，报上一级党的委员会批准。

第七章　纪律和监督

第四十二条　加强党对地方组织选举工作的领导，把纪律和规矩挺在前面，坚持教育在先、警示在先、预防在先，严肃政治纪律、组织纪律和换届纪律，引导党员和代表正确行使民主权利，保证选举工作健康有序。

落实全面从严治党责任，严禁拉帮结派、拉票贿选、说情打招呼、违规用人、跑风漏气、干扰换届等违规违纪违法行为，强化监督检查和责任追究，营造良好政治生态，确保选举风清气正。

第四十三条　本条例由党的中央委员会以及中央纪律检查委员会和地方各级委员会、纪律检查委员会负责监督实施，执行情况纳入巡视巡察监督工作内容。

第四十四条　党的地方各级代表大会的选举，如果发生违反党章的情况，上一级党的委员会在调查核实后，应当作出选举无效和采取相应措施的决定，并报再上一级党的委员会审查批准，正式宣布执行。

第四十五条　凡违反本条例规定，妨害选举人行使民主权利，或者对检举选举中违规违纪违法行为的人进行压制、打击报复的，应当根据问题的性质和情节轻重，对有关党组织或者党员给予处理处分，对失职失责的党组织和党的领导干部进行问责；涉嫌违法犯罪的，按照有关法律规定处理。

第八章　附　　则

第四十六条　党的地方各级组织的选举，应当根据本条例制定具体选举办法，经半数以上应到会选举人同意后实施。

第四十七条　民族自治地方党组织执行本条例需要采取某些变通办法的，应当报上级党组织批准。

第四十八条　本条例由中央组织部负责解释。

第四十九条　本条例自发布之日起施行。

公务员职务、职级与级别管理办法

1.　中共中央组织部2019年12月23日制定
2.　中共中央组织部2020年3月3日发布

第一条　为了完善公务员领导职务、职级与级别设置和管理制度，健全公务员激励和保障机制，建设信念坚定、为民服务、勤政务实、敢于担当、清正廉洁的高素质专业化公务员队伍，根据《中华人民共和国公务员法》等有关法律法规和《公务员职务与职级并行规定》，制定本办法。

第二条　公务员领导职务、职级与级别设置和管理坚持以马克思列宁主义、毛泽东思想、邓小平理论、“三个代表”重要思想、科学发展观、习近平新时代中国特色社会主义思想为指导，贯彻新时代中国共产党的组织路线，坚持党管干部原则，加强党对公务员队伍的集中统一领导，遵循依法、科学、规范、效能的原则。

第三条　领导职务、职级与级别是实施公务员管理，确定公务员工资以及其他待遇的依据。

第四条　公务员级别由低至高依次为二十七级至一级。

第五条　公务员领导职务层次与级别的对应关系是：

（一）国家级正职：一级；
（二）国家级副职：四级至二级；
（三）省部级正职：八级至四级；
（四）省部级副职：十级至六级；
（五）厅局级正职：十三级至八级；
（六）厅局级副职：十五级至十级；
（七）县处级正职：十八级至十二级；
（八）县处级副职：二十级至十四级；
（九）乡科级正职：二十二级至十六级；
（十）乡科级副职：二十四级至十七级。

副部级机关内设机构、副省级城市机关的司局级正职对应十五级至十级；司局级副职对应十七级至十一级。

第六条　公务员领导职务与职级的设置、厅局级以下领导职务对应的最低职级、职级与级别的对应关系，按照有关规定执行。

第七条　确定公务员领导职务、职级，应当在规定的领导职务、职级序列和职数限额内，按照有关任职条件和程序进行。

第八条　晋升、降低领导职务、职级或者调任、转任以及因其他原因需要明确领导职务、职级的，按照拟任领导职务、职级任职条件等确定。

第九条　公务员晋升领导职务应当具备的资格条件，按照《党政领导干部选拔任用工作条例》和有关法律、法规、章程规定执行。其中，晋升乡科级领导职务的最低任职年限条件为：

（一）晋升乡科级正职领导职务的，应当任乡科级副职领导职务2年以上，或者任乡科级副职领导职务和三级、四级主任科员及相当层次职级累计2年以上，或者任三级、四级主任科员及相当层次职级累计2年以上，或者任四级主任科员及相当层次职级2年以上。

（二）晋升乡科级副职领导职务的，应当任一级科员及相当层次职级3年以上。

第十条　公务员级别应当根据其所任领导职务、职级及德才表现、工作实绩、资历确定。

第十一条　新录用的公务员试用期满考核合格后，职级、级别的确定按照有关规定执行。

第十二条　通过面向社会选拔、调任等方式进入机关的公务员，其级别按照新任领导职务、职级，结合本人原任职务、工作经历、文化程度等条件，参照机关同类人员确定。

第十三条　公务员晋升领导职务、职级后，原级别低于新任领导职务、职级对应最低级别的，晋升到新任领导职务、职级对应的最低级别；原级别已在新任领导职务、职级对应范围的，除晋升一级、三级调研员和一级、三级主任科员及相当层次职级外，在原级别的基础上晋升一个级别。

第十四条　公务员累计5年年度考核结果均为称职以上等次的，可以在领导职务、职级对应级别范围内晋升一个级别。

第十五条　担任领导职务的公务员辞去领导职务后的级别确定，以及公务员因年度考核被确定为不称职等次、受到组织调整或者组织处理、受到处分应当降低领导职务、职级与级别的，按照有关规定执行。

第十六条　公务员受到诫勉、组织调整或者组织处理、处分等，遇有影响期且影响期未满或者期满影响使用的，以及有法律法规规定的其他影响晋升的情形的，不晋升领导职务、职级与级别。

第十七条　公务员级别的确定、晋升，按照管理权限，由决定其领导职务、职级任免的机关批准。

第十八条　县级以上公务员主管部门负责领导职务、职级与级别设置、确定工作的组织实施和监督管理。

第十九条　对不按照规定的职数要求、资格条件及程序等设置、确定公务员领导职务、职级与级别的，不予批准或者备案；已经作出的决定一律无效，由公务员主管部门按照管理权限予以纠正。

第二十条　对违反规定进行公务员领导职务、职级与级别确定的，应当根据具体情况，依规依纪依法追究负有责任的领导人员和直接责任人员的责任。

第二十一条　监察官、法官、检察官等职务、职级的设置和管理另行规定。

第二十二条　本办法由中共中央组织部负责解释。

第二十三条　本办法自发布之日起施行，2006年4月9日中共中央、国务院印发的《〈中华人民共和国公务员法〉实施方案》附件三《公务员职务与级别管理规定》同时废止。

公务员登记办法

1. 中共中央组织部2019年12月23日制定
2. 中共中央组织部2020年3月3日发布

第一条　为了规范公务员登记，依法确定公务员身份，建设信念坚定、为民服务、勤政务实、敢于担当、清正廉洁的高素质专业化公务员队伍，根据《中华人民共和国公务员法》（以下简称公务员法）等有关法律法规，制定本办法。

第二条　公务员登记坚持以马克思列宁主义、毛泽东思想、邓小平理论、“三个代表”重要思想、科学发展观、习近平新时代中国特色社会主义思想为指导，贯彻新时代中国共产党的组织路线，坚持党管干部原则，加强党对公务员队伍的集中统一领导，坚持依法依规、分级负责、及时准确。

第三条　公务员登记采取各级机关统一组织的形式，由各级机关按照规定的程序确定登记对象、填写《公务员登记表》，报审核、审批及备案机关。

第四条　公务员登记应当在国家行政编制限额内，严格按照规定的范围、对象、条件和程序进行。

第五条　登记的范围和条件：

（一）依法履行公职、纳入国家行政编制、由国家财政负担工资福利且在编在职的除工勤人员以外的工作人员；

（二）具备公务员法第十三条规定的条件。

第六条　登记的对象：

（一）试用期满经考核合格的新录用公务员；

（二）按规定安置到公务员职位工作的军队转业干部；

（三）通过调任、聘任、面向社会选拔等方式到机关任职的人员；

（四）原不具有公务员身份，依照法律或者有关章程经选举等方式担任机关领导职务的人员；

（五）已经进行参照公务员法管理机关（单位）工作人员登记，因工作需要交流到机关任职的人员；

（六）其他符合登记条件的人员。

第七条　对违反有关法律法规和政策规定进入机关的人员，不予登记。

第八条　登记工作的程序：

（一）所在机关确定登记对象，填写《公务员登记表》，报审核机关；

（二）审核机关签署意见，报审批机关；

（三）审批机关签署意见；

（四）需要备案的，由审批机关报备案机关。

第九条　登记工作的管理权限：

（一）县级以下机关公务员登记，由所在机关确定登记对象、填写《公务员登记表》，县级公务员主管部门审核，市（地）级公务员主管部门审批后，报省级公务员主管部门备案。

市（地）级机关公务员登记，由所在机关干部人事部门确定登记对象、填写《公务员登记表》，所在机关审核，同级公务员主管部门审批后，报省级公务员主管部门备案。

省级机关公务员登记，由所在机关干部人事部门确定登记对象、填写《公务员登记表》，所在机关审核，同级公务员主管部门审批。

（二）中央机关公务员登记，由所在机关干部人事部门确定登记对象、填写《公务员登记表》并审核，所在机关审批后，报中央公务员主管部门备案。

（三）中央垂直管理部门公务员登记，由所在机关确定登记对象、填写《公务员登记表》，省级机关审核，中央垂直管理机关审批后，报中央公务员主管部门备案。

省以下垂直管理部门公务员登记，由所在机关确定登记对象、填写《公务员登记表》，省垂直管理机关审核，省级公务员主管部门审批。

（四）各级机关领导成员的公务员登记按照干部管理权限进行。

第十条　公务员登记审批一般应当在公务员任职后1个月内进行。

除新录用公务员外，公务员登记审批完成后，所在机关方可按照有关规定履行工资审批等各项手续。

审批后的《公务员登记表》应当装入被登记人员干部人事档案。

第十一条　备案机关可根据实际情况，确定登记备案的方式和时限，但每年度应当至少集中备案一次。

第十二条　登记备案的材料一般应当包括登记备案说明、《公务员登记备案汇总表》、《公务员登记表》复印件、被登记人员进入机关的证明材料等。

登记备案说明的内容一般应当包括本单位行政编制数、实有人员数、各职务职级层次的职数及实有人员数等。

第十三条　备案机关发现存在违规登记情形的，应当责令审批机关撤销登记。

第十四条　对因撤销登记、调出机关、辞去公职、被辞退、被开除、退休、死亡等原因退出公务员队伍的人员，所在机关应当于次年1月31日前，按照登记工作管理权限，将上一年度退出情况说明及《公务员退出汇总表》报审批机关、备案机关。

第十五条　各级公务员主管部门要加强对公务员登记工作的监督指导，严肃登记工作纪律。对在登记过程中违反规定、弄虚作假的，应当根据具体情况，依规依纪依法追究负有责任的领导人员和直接责任人员的责任。

第十六条　各级公务员主管部门要做好公务员登记的基础工作，结合公务员管理信息系统建设，推进公务员登记工作信息化，加强登记数据信息的管理维护。

第十七条　参照公务员法管理的机关（单位）中除工勤人员以外的工作人员的登记工作，参照本办法执行。

第十八条　担任中央管理职务的公务员登记工作按照有关规定执行。

第十九条　本办法由中共中央组织部负责解释。

第二十条　本办法自发布之日起施行，2006年4月9日中共中央、国务院印发的《〈中华人民共和国公务员法〉实施方案》附件二《公务员登记实施办法》，2009年9月22日中共中央组织部办公厅、人力资源社会保障部办公厅印发的《关于进一步做好公务员登记工作的通知》同时废止。

附件：（略）

公务员范围规定

1.　中共中央组织部2019年12月23日制定

2.　中共中央组织部2020年3月3日发布

第一条　为了明确公务员范围，规范公务员管理，建设信念坚定、为民服务、勤政务实、敢于担当、清正廉洁的高素质专业化公务员队伍，根据《中华人民共和国公务员法》等有关法律法规，制定本规定。

第二条 公务员范围确定坚持以马克思列宁主义、毛泽东思想、邓小平理论、“三个代表”重要思想、科学发展观、习近平新时代中国特色社会主义思想为指导，贯彻新时代中国共产党的组织路线，坚持党管干部原则，加强党对公务员队伍的集中统一领导，从中国国情出发，体现我国政治制度的特色，符合干部人事管理的实际。

第三条 公务员是干部队伍的重要组成部分，是社会主义事业的中坚力量，是人民的公仆。列入公务员范围的工作人员必须同时符合下列条件：

（一）依法履行公职；

（二）纳入国家行政编制；

（三）由国家财政负担工资福利。

第四条 下列机关中除工勤人员以外的工作人员列入公务员范围：

（一）中国共产党各级机关；

（二）各级人民代表大会及其常务委员会机关；

（三）各级行政机关；

（四）中国人民政治协商会议各级委员会机关；

（五）各级监察机关；

（六）各级审判机关；

（七）各级检察机关；

（八）各民主党派和工商联的各级机关。

第五条 中国共产党各级机关中列入公务员范围的人员：

（一）中央和地方各级党委、纪律检查委员会的领导人员；

（二）中央和地方各级党委工作部门、办事机构和派出机构的工作人员；

（三）中央和地方各级纪律检查委员会机关及其向党和国家机关等派驻或者派出机构的工作人员；

（四）街道、乡、镇党委机关的工作人员。

第六条 各级人民代表大会及其常务委员会机关中列入公务员范围的人员：

（一）县级以上各级人民代表大会常务委员会领导人员，乡、镇人民代表大会主席、副主席；

（二）县级以上各级人民代表大会常务委员会工作机构和办事机构的工作人员；

（三）县级以上各级人民代表大会专门委员会办事机构的工作人员。

第七条 各级行政机关中列入公务员范围的人员：

（一）各级人民政府的领导人员；

（二）县级以上各级人民政府工作部门和派出机构的工作人员；

（三）乡、镇人民政府机关的工作人员。

第八条 中国人民政治协商会议各级委员会机关中列入公务员范围的人员：

（一）中国人民政治协商会议各级委员会的领导人员；

（二）中国人民政治协商会议各级委员会工作机构的工作人员。

第九条 各级监察机关中列入公务员范围的人员：

（一）国家和地方各级监察委员会的领导人员；

（二）国家和地方各级监察委员会机关及其向党和国家机关等派驻或者派出机构的工作人员。

第十条 各级审判机关中列入公务员范围的人员：

（一）最高人民法院和地方各级人民法院的法官、审判辅助人员；

（二）最高人民法院和地方各级人民法院的司法行政人员。

第十一条 各级检察机关中列入公务员范围的人员：

（一）最高人民检察院和地方各级人民检察院的检察官、检察辅助人员；

（二）最高人民检察院和地方各级人民检察院的司法行政人员。

第十二条 各民主党派和工商联的各级机关中列入公务员范围的人员：

（一）中国国民党革命委员会中央和地方各级委员会的领导人员，工作机构的工作人员；

（二）中国民主同盟中央和地方各级委员会的领导人员，工作机构的工作人员；

（三）中国民主建国会中央和地方各级委员会的领导人员，工作机构的工作人员；

（四）中国民主促进会中央和地方各级委员会的领导人员，工作机构的工作人员；

（五）中国农工民主党中央和地方各级委员会的领导人员，工作机构的工作人员；

（六）中国致公党中央和地方各级委员会的领导人员，工作机构的工作人员；

（七）九三学社中央和地方各级委员会的领导人员，工作机构的工作人员；

（八）台湾民主自治同盟中央和地方各级委员会的领导人员，工作机构的工作人员。

中华全国工商业联合会和地方各级工商联的领导

人员,工作机构的工作人员。

第十三条 下列人员人事关系所在部门和单位不属于本规定第四条所列机关的,不列入公务员范围:

(一)中国共产党的各级代表大会代表、委员会委员、委员会候补委员、纪律检查委员会委员;

(二)各级人民代表大会代表、常务委员会组成人员、专门委员会成员;

(三)中国人民政治协商会议各级委员会常务委员、委员;

(四)各民主党派中央和地方各级委员会委员、常委和专门委员会成员。中华全国工商业联合会和地方工商联执行委员、常务委员会成员和专门委员会成员。

第十四条 列入公务员范围的人员按照有关规定登记后,方可确定为公务员。

第十五条 本规定由中共中央组织部负责解释。

第十六条 本规定自发布之日起施行,2006 年 4 月 9 日中共中央、国务院印发的《〈中华人民共和国公务员法〉实施方案》附件一《公务员范围规定》同时废止。

中央纪委、中组部、总政治部关于领导干部不得参加自发成立的"老乡会"、"校友会"、"战友会"组织的通知

2002 年 4 月 4 日

各省、自治区、直辖市纪委、党委组织部,中央和国家机关各部委、各人民团体纪检(监察)、干部(人事)部门,新疆生产建设兵团纪委、党委组织部,中央管理的国有重要骨干企业纪检、人事部门,各大军区、各军兵种、各总部、军事科学院、国防大学、国防科学技术大学、武警部队政治部:

近些年来,一些领导干部参加了自发成立的"老乡会"、"校友会"、"战友会"(以下简称"三会")等组织,或者频繁参加老乡、校友、战友之间的各种联谊类活动,有的还是发起者或组织者。领导干部参加此类组织和活动,多数是为了联络感情,广交朋友,或者为家乡的经济发展、为母校的建设献计献策,帮忙出力。但也有部分领导干部参与其中后,借联谊、聚会之名,大吃大喝,挥霍浪费,有的甚至编织"关系网",拉"小圈子",搞团团伙伙或非组织活动,在干部群众中产生了不良影响。为了规范领导干部在参加此类组织和活动方面的行为,现作出如下规定:

一、领导干部不得参加自发成立(未经民政部门登记注册)的老乡、校友、战友之间的各种联谊会之类的组织,不得担当这类联谊会的发起人和组织者,不得在这类联谊会中担任相应职务。已经参加的,必须退出;已经担任职务的,必须辞去。

二、在职领导干部、特别是党员领导干部,由于统战工作等特殊情况,需要参加在各级民政部门登记注册的"三会"组织或者继续留任的,要按照干部管理权限审批。退(离)休领导干部参加这些"三会"组织,要向原工作单位党组织报告;需要担任秘书长以上职务的,要按照干部管理权限审批。

三、领导干部参加老乡、校友、战友之间的各种联谊类活动,要坚持党的原则,遵守党的纪律和国家有关法律,倡导健康文明、积极向上的人际交往。

四、领导干部参加老乡、校友、战友之间的各种联谊类活动,不得借机编织"关系网",搞亲亲疏疏、团团伙伙,更不得有"结盟"、"金兰结义"等行为。

五、领导干部不得利用职权用公款为此类组织和活动提供赞助,不得用公款报销此类活动经费。

六、领导干部要把违反规定参加老乡、校友、战友之间的各种联谊类活动的情况,作为廉洁自律的内容,严格自查自纠。

七、各级领导干部要严格执行上述规定,发挥表率作用。组织上发现领导干部在参加"三会"组织和老乡、校友、战友之间的各种联谊类活动中有违反规定行为的,要及时进行批评教育,促其改正;对违背组织原则,情节严重的,要给予党纪政纪处分。各级纪检(监察)机关、组织(人事)部门和军队政治部门要加强检查和监督。

国有企事业单位的各级领导干部遵照以上规定执行。

关于党员领导干部述职述廉的暂行规定

中共中央办公厅 2005 年 12 月 19 日印发

第一条 为加强对党员领导干部的管理和监督,根据《中国共产党党内监督条例(试行)》,制定本规定。

第二条 本规定适用于中央各部门的领导班子成员,全国人大常委会、国务院、全国政协工作部门的党组(党委)成员,最高人民法院、最高人民检察院党组成员;地方各级党委、纪委及党委工作部门的领导班子成员,人大常委会、政府、政协、人民法院、人民检察院及政府工作部门的党组(党委)成员;县级以上党委、政府派出机关、直属机构、办事机构、直属事业单位和工会、共

青团、妇联等人民团体的领导班子中的党员干部。相当于上述级别的党组(党委)的领导班子成员。

上述单位中的非中共党员领导干部,适用本规定。

第三条　党委(党组)负责本地区本单位党员领导干部述职述廉工作的组织实施。

第四条　述职述廉的主要内容是:学习贯彻邓小平理论、"三个代表"重要思想、科学发展观和党的路线方针政策情况,执行民主集中制情况,履行岗位职责和党风廉政建设责任情况,遵守廉洁从政规定情况,存在的突出问题和改正措施,其他需要说明的情况。

第五条　述职述廉分别在届中和换届前一年结合领导班子民主生活会进行。没有届期的领导班子参照有届期的执行。

各地区各部门可以从实际出发,适当扩大参加述职述廉会议的人员范围。

第六条　在述职述廉前,党委(党组)要广泛征求干部群众对领导班子成员的意见,并由主要负责人如实反馈给本人。对领导班子主要负责人的意见,由上一级纪律检查机关和组织(人事)部门反馈。领导干部本人也要通过谈心等形式,充分听取意见。

第七条　党委(党组)于本地区本单位的述职述廉工作结束后一个月内,将述职述廉工作总结报上一级党委(党组),并分别抄送上一级纪律检查机关和组织(人事)部门。

第八条　纪律检查机关和组织(人事)部门要加强对下一级领导班子开展述职述廉工作的督促指导。要派人参加述职述廉会议,了解有关情况;述职述廉后,结合当年的年度考核组织民主评议或民主测评。发现领导干部在述职述廉中隐瞒、回避重要问题,以及对存在的突出问题不认真改正的,根据党委(党组)意见,对其进行诫勉谈话,情节严重的给予组织处理。

第九条　在地方党委、政府领导班子中担任两个以上领导职务的党员干部,应当分别在任职的领导班子的民主生活会上述职述廉。

在县级以上党委、政府工作部门领导班子中担任两个以上领导职务的党员干部,可以在任主要领导职务的领导班子的民主生活会上述职述廉。

第十条　基层党委、纪委,党总支、党支部负责人的述职述廉工作,由省、自治区、直辖市纪委、党委组织部根据《中国共产党党内监督条例(试行)》和本规定,结合本地实际情况,制定实施办法。

第十一条　中国人民解放军和中国人民武装警察部队的党员领导干部述职述廉的规定,由解放军总政治部参照本规定制定。

第十二条　本规定由中央组织部商中央纪委解释。

第十三条　本规定自发布之日起施行。

中共中央组织部关于进一步从严管理干部档案的通知

2014年6月12日

干部档案是历史地、全面地考察了解干部的重要依据,体现了干部的基本诚信,也反映了组织人事部门的管理水平。一段时间以来,少数干部为了个人目的在档案上弄虚作假,有的组织人事部门审核把关不严,致使涂改伪造年龄、学历、身份等问题不时出现,造成了不良影响。为落实中央从严管理干部的要求,坚决整治干部档案工作中的不正之风,严明组织人事纪律,现就进一步加强干部档案从严管理通知如下。

一、**严禁干部档案弄虚作假。**干部档案真实性是干部工作严肃性的基本保证,涂改伪造干部档案属于违法违纪行为。各地区各部门要严格执行《党政领导干部选拔任用工作条例》《干部档案工作条例》等有关规定,严禁涂改干部档案,严禁在干部年龄、工龄、党龄、学历、经历和身份(以下简称"三龄二历一身份")等方面弄虚作假。各级干部要自觉讲诚信、懂规矩、守纪律,严肃对待个人档案,如实填写有关材料,确保档案信息真实准确。

二、**严格实行干部档案任前审核制度。**各级组织人事部门要按照干部管理权限和"谁管理、谁把关,谁考察、谁审核,谁签字、谁负责"原则,对拟选拔任用干部、交流任职干部、军队转业干部和新进干部队伍人员的档案进行严格审核,重点审核"三龄二历一身份"等内容。发现档案涂改、材料和信息涉嫌造假的,要立即查核,未核准前一律暂缓考察并停止任职、录用程序。特别要严格执行《关于认真做好干部出生日期管理工作的通知》(组通字〔2006〕41号),在办理干部录用、任免等事项时,要对干部的出生日期进行认真核对、确保无误,凡已经组织认定而干部本人又要求更改出生日期的,均不再办理。

三、**严格审核干部任前公示信息。**按照《关于严格审核干部任前公示信息的通知》(组厅字〔2012〕36号)要求,干部选任部门要认真审核干部任前公示信息,发现有疑义的要立即查核,未核准前不得公示;经查核没有问题但有特殊情况可能引起公众质疑的,公示时应作必要说明。

四、严格干部档案日常管理。干部档案材料形成部门要认真核对有关信息，确保归档材料真实准确、规范完整，杜绝假材料。干部档案使用部门要严格遵守查借阅纪律，严禁在查借阅过程中涂改、抽取、撤换、添加档案材料；借阅的档案要妥善管理，严禁擅自转借。干部档案管理部门要坚持从严管档，逐份审核归档材料；严格查借阅审批手续，查借阅归还的档案要逐卷逐页审核；严格干部档案转递制度，严禁将档案交个人自带或转递。组织人事部门要加强与纪检监察、政法、人社、教育等相关部门和军队的协调联系，共同研究解决干部档案管理中的薄弱环节和突出问题，制定完善相关政策。要创新干部档案管理的方法和手段，积极推进干部档案数字化，不断提高管档工作水平。

五、严格落实干部档案工作责任制。干部选任部门负有档案使用把关责任，发现干部档案涂改造假、重要信息记载不一致等问题，要立即报告、认真核实、及时处理。干部档案管理部门负有业务把关责任，在档案和材料接收、查借阅、转递、保管等环节，要严格制度、全程把关、不留死角。严格执行《党政领导干部选拔任用工作责任追究办法（试行）》《档案管理违法违纪行为处分规定》等规定，凡发现干部档案弄虚作假的都要全程倒查，存在隐情不报、把关不严等失职渎职行为的，不仅查处当事人，而且追究相关责任人的责任。

六、从严加强干部档案队伍建设。各级组织人事部门要按照《干部档案工作条例》规定，坚持标准、严把入口，选配政治可靠、作风正派、责任心强、业务素质好的中共党员从事干部档案工作；根据工作需要，及时充实力量、优化结构，保持队伍相对稳定。要强化党性教育和纪律约束，着力引导干部档案工作人员坚持原则、公道正派、敢于担当，切实增强事业心和责任感，坚决抵制各种不正之风。要加强业务培训，提高干部档案工作人员业务水平和工作能力。要把从严管理与关心爱护结合起来，从思想、学习、工作、生活等方面关心干部档案工作人员，及时帮助解决实际困难，充分调动他们的积极性，努力建设一支爱岗敬业、默默奉献、富有“安、专、迷”精神的干部档案队伍。

干部人事档案造假问题处理办法（试行）

中共中央组织部 2015 年 11 月 18 日印发

第一条 为贯彻全面从严治党、从严管理监督干部的要求，坚决整治干部人事档案造假问题，维护干部人事档案的真实性、严肃性，提升干部工作的公信力，根据《中华人民共和国档案法》《党政领导干部选拔任用工作条例》《干部档案工作条例》等法律法规，制定本办法。

第二条 本办法适用于对公务员、参照公务员法管理人员、国有企业和事业单位领导人员等档案造假行为的处理。

第三条 对干部人事档案造假问题进行处理，坚持实事求是、准确定性，坚持区别情况、恰当处理，坚持宽严相济、惩教结合。

第四条 本办法所称干部人事档案造假，是指以谋取不正当利益为目的，采取篡改、伪造等手段，造成干部信息失真失实的行为。

第五条 有下列情形之一的，认定为干部人事档案造假行为：

（一）篡改、伪造出生时间、参加工作时间、入党时间、学习经历、工作履历、民族成份等信息的；

（二）篡改、伪造公务员（干部）、企事业单位人员身份等材料的；

（三）篡改、伪造学历、学位等材料的；

（四）篡改、伪造评（聘）专业技术职称（职务）等材料的；

（五）篡改、伪造加入中国共产党或者民主党派等材料的；

（六）篡改、伪造党代会代表、人大代表、政协委员等材料的；

（七）篡改、伪造录（聘）用、招工、入伍、转业安置、工资待遇等材料的；

（八）篡改、伪造考核、考察、任免、鉴定、政审等材料的；

（九）篡改、伪造评先评优、奖励等材料的；

（十）擅自抽取、撤换、添加、销毁档案材料的；

（十一）冒用、顶替他人身份等材料，在入学、入伍、招工、招录等方面谋取不正当利益的；

（十二）存在其他篡改、伪造情形的。

第六条 有下列情形之一的，对当事人进行处理：

（一）直接或者请托他人对本人档案材料实施造假的；

（二）本人亲属、特定关系人及其他有关人员对本人档案材料实施造假，本人知情、默许，或者当时不知情但知情后未及时向组织报告的；

（三）对档案中有关问题，拒不配合组织调查，不如实说明情况或者提供虚假情况的；

（四）存在其他违规违纪违法情形的。

第七条 有下列情形之一的，对直接责任人（包括干部人事档案材料形成部门、干部工作机构、干部人事档案工作机构的有关人员和其他参与造假人员）进行处理：

（一）接受他人请托或者利用职务、工作上的便利，直接实施造假的；

（二）违规查阅、借阅、转递档案等，为他人造假提供方便的；

（三）不认真履行职责，对发现存在明显问题的档案材料不及时报告、不按照规定处理的；

（四）在干部人事档案造假问题调查工作中，隐瞒、歪曲事实真相，提供虚假材料或者销毁有关证据的；

（五）存在其他违规违纪违法情形的。

第八条 有下列情形之一的，对有关领导人员进行处理：

（一）授意、指使或者纵容、默许有关部门和人员实施档案造假行为的；

（二）干扰、阻挠有关部门对档案造假问题进行调查、处理的；

（三）拒不执行上级处理意见或者违规变通处理的；

（四）本地区本单位档案造假问题突出，且查处不力的；

（五）存在其他违规违纪违法情形的。

第九条 有本办法第六条、第七条、第八条所列情形的，应对当事人和有关人员给予相应的组织处理。情节较轻的，给予批评教育、责令书面检查、诫勉处理；情节较重的，给予停职检查、调离岗位、限制提拔使用处理；情节严重或者干部群众反映强烈、造成恶劣影响的，给予引咎辞职、责令辞职、免职、降职处理。

干部人事档案造假行为涉嫌违纪的，由纪检监察机关依据《中国共产党纪律处分条例》等有关规定处理；涉嫌违法犯罪的，由司法机关依据有关法律规定处理。

本办法施行前，已经作出结论如需进行复查复议的，适用当时的规定或者政策。尚未作出结论的，如果行为发生时的规定或者政策不认为是违规的，依照当时的规定或者政策处理；如果行为发生时的规定或者政策认为是违规的，而本办法不认为是违规或者处理较轻的，依照本办法规定处理。

第十条 通过干部人事档案造假获取的不正当利益，经组织审查认定后，依据有关规定予以纠正、撤销或者取消。

第十一条 在干部选拔任用工作中，应当严格审核干部人事档案，凡发现涉嫌造假的，一律暂停选任程序，进行调查核实；问题未查清前不得提拔或者重用。

第十二条 对干部人事档案造假问题进行处理，应当在深入调查核实、仔细甄别鉴定的基础上，必要时听取本人陈述，经集体研究决定。坚持具体问题具体分析，将篡改、伪造档案材料的行为与"填写不一致""信息勘误纠正"等情况严格区分开来，确保处理结果客观公正。

第十三条 领导干部因干部人事档案造假问题受到组织处理或者党纪、政纪处分的，其影响期按照有关规定执行。

第十四条 本办法由中共中央组织部负责解释。

第十五条 本办法自2015年11月18日起施行。

关于党的基层组织任期的意见

中共中央办公厅2018年7月12日印发

党的十九大党章修正案规定："党的基层委员会、总支部委员会、支部委员会每届任期三年至五年。"为贯彻落实党章规定，严肃党内政治生活，严格党的组织制度，完善党的基层组织任期，现提出如下意见。

一、党的基层委员会每届任期一般为5年，党的总支部委员会、支部委员会每届任期一般为3年，其中，村和社区党的委员会、总支部委员会、支部委员会每届任期为5年。

本意见印发前已换届的党的基层组织，原则上从本届任期届满后，开始执行上述规定。

二、党的基层组织应严格执行任期制度，任期届满按期进行换届选举。如需延期或提前进行换届选举，应报上级党的委员会批准，延长或提前期限一般不超过1年。

三、各地区各部门各单位党委（党组）要高度重视，加强组织领导，确保党的基层组织任期调整统一规范、平稳衔接。根据党组织隶属关系和干部管理权限，上级党组织要切实负起责任，认真做好基层党组织领导班子调整配备等相关换届准备工作，及时提醒督促按期换届。

四、中国人民解放军、中国人民武装警察部队党的基层组织任期，由中央军委规定。

五、本意见自发布之日起施行。其他有关党的基层组织任期的规定,凡与本意见不一致的,按照本意见执行。

干部人事档案工作条例

中共中央办公厅 2018 年 11 月 20 日印发

第一章 总 则

第一条 为了贯彻新时代党的组织路线,落实从严管理干部要求,充分发挥干部人事档案在建设高素质专业化干部队伍中的重要作用,推动干部人事档案工作科学化、制度化、规范化,根据《中国共产党章程》等党内法规和《中华人民共和国公务员法》、《中华人民共和国档案法》等国家法律法规,制定本条例。

第二条 干部人事档案是各级党委(党组)和组织人事等有关部门在党的组织建设、干部人事管理、人才服务等工作中形成的,反映干部个人政治品质、道德品行、思想认识、学习工作经历、专业素养、工作作风、工作实绩、廉洁自律、遵纪守法以及家庭状况、社会关系等情况的历史记录材料。

第三条 干部人事档案是教育培养、选拔任用、管理监督干部和评鉴人才的重要基础,是维护干部人才合法权益的重要依据,是社会信用体系的重要组成部分,是党的重要执政资源,属于党和国家所有。

第四条 干部人事档案工作必须坚持以马克思列宁主义、毛泽东思想、邓小平理论、“三个代表”重要思想、科学发展观、习近平新时代中国特色社会主义思想为指导,坚持和加强党的全面领导,坚持党要管党、全面从严治党,坚持德才兼备、以德为先、任人唯贤,坚持科学管理、改革创新,服务广大干部人才,服务党的建设新的伟大工程,服务新时代中国特色社会主义伟大事业。

第五条 干部人事档案工作应当遵循下列原则:

(一)党管干部、党管人才;

(二)依规依法、全面从严;

(三)分级负责、集中管理;

(四)真实准确、完整规范;

(五)方便利用、安全保密。

第六条 本条例适用于党政领导干部、机关公务员、参照公务员法管理的机关(单位)工作人员(工勤人员除外),国有企事业单位领导人员、管理人员和专业技术人员的人事档案管理工作。

第二章 管理体制和职责

第七条 全国干部人事档案工作在党中央领导下,由中央组织部主管,各地区各部门各单位按照干部管理权限分级负责、集中管理。

第八条 中央组织部负责全国干部人事档案工作的宏观指导、政策研究、制度建设、协调服务和监督检查。

建立由中央组织部牵头、中央和国家机关有关部门参与的干部人事档案工作协调配合机制,研究完善相关政策和业务标准,解决有关问题,促进工作有机衔接、协同推进。

第九条 各级党委(党组)领导本地区本部门本单位干部人事档案工作,贯彻落实党中央相关部署要求,研究解决工作机构、经费和条件保障等问题,将干部人事档案工作列为党建工作目标考核内容。

第十条 各级组织人事部门负责本地区本部门本单位干部人事档案工作,建立健全规章制度和工作机制,配齐配强工作力量,组织开展宣传、指导和监督检查。

第十一条 中央组织部负责集中管理中央管理干部的人事档案。

第十二条 中央和国家机关各部委、参照公务员法管理的机关(单位)组织人事部门,中管金融企业、中央企业、党委书记和校长列入中央管理的高校组织人事部门,负责集中管理党委(党组)管理的干部(领导人员、管理人员、专业技术人员,下同)和本单位其他干部的人事档案。

第十三条 省(自治区、直辖市)、市(地、州、盟)党委组织部门负责集中管理本级党委管理干部的人事档案;省、市级直属机关和国有企事业单位组织人事部门集中管理党委(党组)管理的干部和本单位其他干部的人事档案。

县(市、区、旗)以下机关(单位)的干部人事档案可以按不同类别、身份,由县(市、区、旗)党委组织部门、人力资源社会保障部门等分别集中管理。

第十四条 根据工作需要,经上级组织人事部门批准,有关机关(单位)组织人事部门可以集中管理下级单位的干部人事档案。

第十五条 干部人事档案工作人员和与其档案管理同在一个部门且有夫妻、直系血亲、三代以内旁系血亲、近姻亲关系人员的档案,由干部人事档案工作人员所在单位组织人事部门另行指定专人管理。

第十六条 组织人事部门应当明确负责干部人事档案工作的机构(以下简称干部人事档案工作机构),每管理 1000 卷档案一般应当配备 1 名专职工作人员。有业务指导任务的干部人事档案工作机构，还应当配备相应的业务指导人员。管理档案数量较少且未设立工作机构的单位，应当明确岗位，专人负责。

干部人事档案工作机构（含干部人事档案工作岗位，下同）的职责包括：

（一）负责干部人事档案的建立、接收、保管、转递，档案材料的收集、鉴别、整理、归档，档案信息化等日常管理工作；

（二）负责干部人事档案的查（借）阅、档案信息研究等利用工作，组织开展干部人事档案审核工作；

（三）配合有关方面调查涉及干部人事档案的违规违纪违法行为；

（四）指导和监督检查下级单位干部人事档案工作；

（五）办理其他有关事项。

第十七条　组织人事部门应当选配政治素质好、专业能力强、作风正派的党员干部从事干部人事档案工作。强化党性教育和业务培训，从严管理，加强激励保障。

干部人事档案工作人员应当政治坚定、坚持原则、忠于职守、甘于奉献、严守纪律。对于表现优秀的干部人事档案工作人员，应当注重培养使用。

第三章　内容和分类

第十八条　干部人事档案内容根据新时代党的建设和组织人事工作以及经济社会发展需要确定，保证真实准确、全面规范、鲜活及时。

第十九条　干部人事档案主要内容和分类包括：

（一）履历类材料。主要有《干部履历表》和干部简历等材料。

（二）自传和思想类材料。主要有自传、参加党的重大教育活动情况和重要党性分析、重要思想汇报等材料。

（三）考核鉴定类材料。主要有平时考核、年度考核、专项考核、任（聘）期考核，工作鉴定，重大政治事件、突发事件和重大任务中的表现，援派、挂职锻炼考核鉴定，党组织书记抓基层党建评价意见等材料。

（四）学历学位、专业技术职务（职称）、学术评鉴和教育培训类材料。主要有中学以来取得的学历学位，职业（任职）资格和评聘专业技术职务（职称），当选院士、入选重大人才工程，发明创造、科研成果获奖、著作译著和有重大影响的论文目录，政策理论、业务知识、文化素养培训和技能训练情况等材料。

（五）政审、审计和审核类材料。主要有政治历史情况审查，领导干部经济责任审计和自然资源资产离任审计的审计结果及整改情况、履行干部选拔任用工作职责离任检查结果及说明，证明，干部基本信息审核认定、干部人事档案任前审核登记表，廉洁从业结论性评价等材料。

（六）党、团类材料。主要有《中国共产党入党志愿书》、入党申请书、转正申请书、培养教育考察，党员登记表，停止党籍、恢复党籍，退党、脱党，保留组织关系、恢复组织生活，《中国共产主义青年团入团志愿书》、入团申请书，加入或者退出民主党派等材料。

（七）表彰奖励类材料。主要有表彰和嘉奖、记功、授予荣誉称号，先进事迹以及撤销奖励等材料。

（八）违规违纪违法处理处分类材料。主要有党纪政务处分，组织处理，法院刑事判决书、裁定书，公安机关有关行政处理决定，有关行业监管部门对干部有失诚信、违反法律和行政法规等行为形成的记录，人民法院认定的被执行人失信信息等材料。

（九）工资、任免、出国和会议代表类材料。主要有工资待遇审批、参加社会保险，录用、聘用、招用、入伍、考察、任免、调配、军队转业（复员）安置、退（离）休、辞职、辞退，公务员（参照公务员法管理人员）登记、遴选、选调、调任、职级晋升，职务、职级套改，事业单位管理岗位职员等级晋升，出国（境）审批，当选党的代表大会、人民代表大会、政协会议、群团组织代表会议、民主党派代表会议等会议代表（委员）及相关职务等材料。

（十）其他可供组织参考的材料。主要有毕业生就业报到证、派遣证，工作调动介绍信，国（境）外永久居留资格、长期居留许可等证件有关内容的复印件和体检表等材料。

干部人事档案材料具体内容和分类标准由中央组织部确定。

第二十条　各级党政机关、国有企事业单位和其他组织及个人应当按照各自职责，共同做好干部人事档案内容建设。

中央组织部会同有关部门统一明确归档材料的内容填写、格式规范等要求。

各级党政机关、国有企事业单位和其他组织应当按照要求制发材料。

干部本人和材料形成部门必须如实、规范填写材料。

材料形成部门应当按照相关规定审核材料，在材料形成后1个月内主动向相应的干部人事档案工作机构移交。

第四章 日常管理

第二十一条 干部人事档案日常管理主要包括档案建立、接收、保管、转递、信息化、统计和保密,档案材料的收集、鉴别、整理和归档等。

日常管理工作中,组织人事部门及其干部人事档案工作机构应当执行国家档案管理的有关法律法规,接受同级档案行政管理部门的业务监督和指导。

第二十二条 干部人事档案分为正本和副本。

首次参加工作被录用或者聘用为本条例第六条所列人员的,由相应的干部人事档案工作机构以其入党、入团,录用、聘用,中学以来的学籍、奖惩和自传等材料为基础,建立档案正本,并且负责管理。

干部所在单位或者协管单位干部人事档案工作机构根据工作需要,可以建立副处级或者相当职务以上干部的干部人事档案副本,并且负责管理。副本由正本主要材料的复制件构成。正本有关材料和信息变更时,副本应当相应变更。

发现干部人事档案丢失或者损毁的,必须立即报告上级组织人事部门,并且全力查找或者补救。确实无法找到或者补救的,经报上级组织人事部门批准,由负责管理档案的干部人事档案工作机构协调有关单位重新建立档案或者补充必要证明材料。

第二十三条 干部人事数字档案是按照国家相关技术标准,利用扫描等技术手段将干部人事纸质档案转化形成的数字图像和数字文本。

组织人事部门及其干部人事档案工作机构在干部人事档案数字化过程中,应当严格规范档案目录建库、档案扫描、图像处理、数据存储、数据验收、数据交换、数据备份、安全管理等基本环节,保证数字档案的真实性、完整性、可用性、安全性,确保与纸质档案一致。

干部人事数字档案在利用、转递和保密等方面按照纸质档案相关要求管理。

第二十四条 组织人事部门及其干部人事档案工作机构应当按照预防为主、防治结合的要求,建立和维护科学合理的档案存放秩序,按照有关标准要求建设干部人事档案库房,加强库房安全管理和技术防护。档案数量较少的单位,也应当设置专用房间保管档案。阅档场所、整理场所、办公场所应当分开。

第二十五条 干部人事档案管理权限发生变动的,原管理单位的干部人事档案工作机构应当对档案进行认真核对整理,保证档案内容真实准确、材料齐全完整,并在2个月内完成转递;现管理单位的干部人事档案工作机构应当认真审核,严格把关,一般应当在接到档案2个月内完成审核入库。

干部出现辞职、出国不归或者被辞退、解除(终止)劳动(聘用)合同、开除公职等情况,在党委(党组)或者组织人事等有关部门对当事人作出结论意见或者处理处分,经保密审查后,原管理单位的干部人事档案工作机构应当将档案转递至相应的干部人事档案工作机构、公共就业和人才服务机构或者本人户籍所在地的社会保障服务机构。接收单位不得无故拒绝接收人事档案。

转递干部人事档案必须通过机要交通或者安排专人送取,转递单位和接收单位应当严格履行转递手续。

因行政区划调整、机构改革等原因单位撤销合并、职能划转、职责调整,国有企业破产、重组等,组织人事部门应当制定干部人事档案移交工作方案,编制移交清单,按照有关要求及时移交档案。

干部死亡5年后,其人事档案移交本单位档案部门保存,按同级国家档案馆接收范围的规定进馆。

第二十六条 组织人事部门及其干部人事档案工作机构应当按照国家相关标准和要求,加强档案信息资源的规划、建设、开发和管理,提升档案信息采集、处理、传输、利用能力,建立健全安全、便捷、共享、高效的干部人事档案信息化管理体系。

第二十七条 组织人事部门及其干部人事档案工作机构应当定期对干部人事档案日常管理、基础设施和队伍建设等工作情况进行统计、分析、研判,加强档案资源科学管理。

第二十八条 各级党政机关、国有企事业单位和其他组织及个人,对于属于国家秘密、工作秘密的干部人事档案材料和信息,应当严格保密;对于涉及商业秘密、个人隐私的材料和信息,应当按照国家有关法律规定进行管理。

第二十九条 干部人事档案工作机构及其工作人员应当按照相关标准和要求,及时收集材料,鉴别材料内容是否真实,检查材料填写是否规范、手续是否完备等;对于应当归档的材料准确分类,逐份编写材料目录,整理合格后,一般应当在2个月内归档。

第五章 利用和审核

第三十条 干部人事档案利用工作应当强化服务理念,严格利用程序,创新利用方式,提高利用效能,充分发挥档案资政作用、体现凭证价值。

干部人事档案利用方式主要包括查(借)阅、复制和摘录等。

第三十一条　因工作需要，符合下列情形之一的，可以查阅干部人事档案：

（一）政治审查、发展党员、党员教育、党员管理等；

（二）干部录用、聘用、考核、考察、任免、调配、职级晋升、教育培养、职称评聘、表彰奖励、工资待遇、公务员登记备案、退（离）休、社会保险、治丧等；

（三）人才引进、培养、评选、推送等；

（四）巡视、巡察，选人用人检查、违规选人用人问题查核，组织处理，党纪政务处分，涉嫌违法犯罪的调查取证、案件查办等；

（五）经具有干部管理权限的党委（党组）、组织人事部门批准的编史修志，撰写大事记、人物传记，举办展览、纪念活动等；

（六）干部日常管理中，熟悉了解干部，研究、发现和解决有关问题等；

（七）其他因工作需要利用的事项。

干部本人及其亲属办理公证、诉讼取证等有关干部个人合法权益保障的事项，可以按照有关规定提请相应的组织人事等部门查阅档案。

复制、摘录的档案材料，应当按照有关要求管理和使用。

第三十二条　查阅干部人事档案按照以下程序和要求进行：

（一）查阅单位如实填写干部人事档案查阅审批材料，按照程序报单位负责同志审批签字并加盖公章；

（二）查阅档案应当2人以上，一般均为党员；

（三）干部人事档案工作机构应当按照程序审批；

（四）在规定时限内查阅。

第三十三条　干部人事档案一般不予外借，确因工作需要借阅的，借阅单位应当履行审批手续，在规定时限内归还，归还时干部人事档案工作机构应当认真核对档案材料。

第三十四条　组织人事部门及其干部人事档案工作机构应当按照统一要求，结合实际制定查（借）阅干部人事档案的具体规定。

第三十五条　组织人事部门应当坚持“凡提必审”、“凡进必审”、干部管理权限发生变化的“凡转必审”，在干部动议、考察、任职前公示、录用、聘用、遴选、选调、交流，人才引进，军队转业（复员）安置，档案转递、接收等环节，严格按照有关政策和标准，及时做好干部人事档案审核工作。

第三十六条　干部人事档案审核应当在全面审核档案内容的基础上，重点审核干部的出生日期、参加工作时间、入党时间、学历学位、工作经历、干部身份、家庭主要成员及重要社会关系、专业技术职务（职称）、学术评鉴、奖惩等基本信息，审核档案内容是否真实、档案材料是否齐全、档案材料记载内容之间的关联性是否合理以及是否有影响干部使用的情形等。

第三十七条　干部人事档案审核中发现的问题应当按照相关规定及时进行整改和处理。涉及干部个人信息重新认定的，应当及时通知干部所在单位和干部本人。

凡发现档案材料或者信息涉嫌造假的，组织人事部门等应当立即查核，未核准前，一律暂缓考察或者暂停任职、录用、聘用、调动等程序。

第三十八条　组织人事部门及其干部人事档案工作机构应当运用大数据等信息技术，建立健全干部人事档案科学利用机制，为干部资源配置、领导班子建设、干部队伍宏观管理、组织人事工作规律研究等提供精准高效服务。

第六章　纪律和监督

第三十九条　开展干部人事档案工作必须遵守下列纪律：

（一）严禁篡改、伪造干部人事档案；

（二）严禁提供虚假材料、不如实填报干部人事档案信息；

（三）严禁转递、接收、归档涉嫌造假或者来历不明的干部人事档案材料；

（四）严禁利用职务、工作上的便利，直接实施档案造假，授意、指使、纵容、默许他人档案造假，为档案造假提供方便，或者在知情后不及时向组织报告；

（五）严禁插手、干扰有关部门调查、处理档案造假问题；

（六）严禁擅自抽取、撤换、添加干部人事档案材料；

（七）严禁圈划、损坏、扣留、出卖、交换、转让、赠送干部人事档案；

（八）严禁擅自提供、摘录、复制、拍摄、保存、丢弃、销毁干部人事档案；

（九）严禁违规转递、接收和查（借）阅干部人事档案；

（十）严禁擅自将干部人事档案带出国（境）外；

（十一）严禁泄露或者擅自对外公开干部人事档案内容。

第四十条　党委（党组）及其组织人事部门对干部人事档案工作和本条例实施情况进行监督检查。

纪检监察机关、巡视巡察机构按照有关规定，对干部人事档案工作进行监督检查。

第四十一条　党委（党组）及其组织人事部门在干部人事档案工作中，必须严格执行本条例，自觉接受组织监督和党员、干部、群众监督。

下级机关（单位）和党员、干部、群众对干部人事档案工作中的违纪违规行为，有权向上级党委（党组）及其组织人事部门、纪检监察机关举报、申诉，受理部门和机关应当按照有关规定查核处理。

第四十二条　对于违反相关规定和纪律的，依据有关规定予以纠正；根据情节轻重，给予批评教育、组织处理或者党纪政务处分，并视情追究相关人员责任。涉嫌违法犯罪的，按照国家法律法规处理。

第七章　附　　则

第四十三条　流动人员和自主择业军队转业干部等其他人员的人事档案管理工作，由相关主管部门根据本条例精神另行规定。

第四十四条　中国人民解放军和中国人民武装警察部队干部人事档案工作规定，由中央军事委员会根据本条例精神制定。

第四十五条　本条例由中央组织部负责解释。

第四十六条　本条例自2018年11月20日起施行。1991年4月2日中央组织部、国家档案局印发的《干部档案工作条例》同时废止。

事业单位人事管理回避规定

中共中央组织部、人力资源社会保障部2019年9月18日印发

第一章　总　　则

第一条　为规范事业单位人事管理工作，维护人事管理公平公正，根据《事业单位人事管理条例》及有关法律法规，制定本规定。

第二条　坚持以习近平新时代中国特色社会主义思想为指导，贯彻落实全面从严治党要求，坚持党管干部、党管人才原则，以公正廉洁高效履职为准则，加强事业单位人事管理回避工作，加强对任职岗位和履职情况的监督约束，促进社会事业健康发展。

第三条　本规定所称事业单位人事管理回避包括岗位回避和履职回避。

第四条　事业单位人事管理工作所有参与方以及可能影响公正的特定关系人需要回避的，适用本规定。

事业单位领导人员回避按照本规定执行，法律法规另有规定的，从其规定。

第五条　事业单位、主管部门、事业单位人事综合管理部门按照干部人事管理权限，负责事业单位人事管理回避的执行和监督。

第二章　岗位回避

第六条　事业单位工作人员凡有下列亲属关系的，不得在同一事业单位聘用至具有直接上下级领导关系的管理岗位，不得在其中一方担任领导人员的事业单位聘用至从事组织（人事）、纪检监察、审计、财务工作的岗位，也不得聘用至双方直接隶属于同一领导人员的从事组织（人事）、纪检监察、审计、财务工作的内设机构正职岗位：

（一）夫妻关系；

（二）直系血亲关系，包括祖父母、外祖父母、父母、子女、孙子女、外孙子女；

（三）三代以内旁系血亲关系，包括叔伯姑舅姨、兄弟姐妹、堂兄弟姐妹、表兄弟姐妹、侄子女、甥子女；

（四）近姻亲关系，包括配偶的父母、配偶的兄弟姐妹及其配偶、子女的配偶及子女配偶的父母、三代以内旁系血亲的配偶；

（五）其他亲属关系，包括养父母子女、形成抚养关系的继父母子女及由此形成的直系血亲、三代以内旁系血亲和近姻亲关系。

前款所称同一事业单位，是指依法登记的同一事业单位法人。

第七条　本规定所称直接上下级领导关系包括：

（一）领导班子正职与副职；

（二）同一内设机构正职与副职；

（三）上级正职、副职与下级正职；

（四）单位无内设机构的，其正职、副职与其他管理人员以及从事审计、财务工作的专业技术人员；

（五）内设机构无下一级单位的，其正职、副职与其他管理人员以及从事审计、财务工作的专业技术人员。

第八条　事业单位工作人员岗位回避按照以下程序办理：

（一）本人提出回避申请，或者有关单位、人员提出回避要求。

（二）所在单位或者主管部门按照干部人事管理权限在1个月内作出回避决定。作出回避决定前，应当听取需要回避人员及相关人员的意见。

（三）回避决定作出后，及时通知申请人，需要回避的，应当自回避决定作出之日起1个月内调整至相应岗位，并变更或者重新订立聘用合同。

第九条　岗位等级不同的一般由岗位等级较低的一方回避；岗位等级相同或者岗位类别不同的，根据工作需要和实际情况决定其中一方回避。

第十条　因地域、专业、工作性质特殊等因素，需要灵活执行岗位回避政策的，可由省级以上事业单位人事综合管理部门、中央和国家机关各部门结合实际作出具体规定。

第三章　履职回避

第十一条　事业单位工作人员应当回避的履职活动包括：

（一）岗位设置、公开招聘、聘用解聘（任免）、考核考察、奖励、处分、交流、人事争议处理、出国（境）审批；

（二）人事考试、职称评审、人才评价；

（三）招生考试、项目评审、成果评选、资金审批与监管；

（四）其他应当回避的履职活动。

第十二条　事业单位工作人员履行第十一条所列职责时，有下列情形之一的，应当回避，不得参加相关调查、考察、讨论、评议、投票、评分、审核、决定等活动，也不得以任何方式施加影响：

（一）涉及本人利害关系的；

（二）涉及与本人有本规定第六条所列亲属关系人员的利害关系的；

（三）其他可能影响公正履行职责的。

第十三条　事业单位工作人员履职回避按照以下程序办理：

（一）本人或利害关系人提出回避申请，或者有关单位提出回避要求。

（二）本人所在单位或者主管部门按照干部人事管理权限作出回避决定。其中，成立聘用工作组织、考核工作组织、申诉公正委员会、学术委员会等专项工作组织的，工作组织负责人的回避由成立该工作组织的单位决定，工作组织其他工作人员的回避可授权工作组织负责人决定。作出回避决定前，应当听取需要回避的人员及相关人员的意见。

（三）根据回避决定需要回避的，应当自回避决定作出之日起退出相关工作。

回避决定应当及时作出。回避决定作出前，本人可视情况确定是否先行退出相关履职活动。

第十四条　事业单位外请专家及其他人员参加本规定第十一条所列相关活动时，具有本规定第十二条所列情形的，应当回避。回避办理程序一般参照本规定第十三条进行。回避决定由邀请单位或者授权其组织（人事）部门、专项工作组织负责人作出。

第四章　管理与监督

第十五条　按照干部人事管理权限应当由事业单位作出或者授权作出回避决定的，特殊情况下，主管部门或者事业单位人事综合管理部门可以直接作出。

第十六条　事业单位工作人员必须服从回避决定，无正当理由拒不服从的，视情节轻重依法依规给予组织处理或处分。所在单位、主管部门负责督促回避决定落实到位。

事业单位工作人员应当主动报告应回避的情形。有需要回避的情形不及时报告或者有意隐瞒的，予以批评教育；造成不良后果的，依法依规给予组织处理或处分。

第十七条　事业单位外请专家及其他人员有需要回避的情形不及时报告或者有意隐瞒造成不良后果的，有关部门予以记录，在一定期限内不得邀请其参加相关活动；适用组织处理或处分的，可建议有关部门按照干部人事管理权限依法依规给予组织处理或处分。

第十八条　由于相关人员隐瞒应当回避情形，造成工作结果不公正的，按照国家有关规定取消或者撤销获取的资质、资格、荣誉、奖金、学籍、岗位、项目、资金等。

第十九条　事业单位及其主管部门对拟新进人员和拟调整岗位人员，应当依据本规定严格审查把关，避免形成回避关系。对因婚姻、岗位变化等新形成的回避关系，应当及时予以调整。

事业单位违反本规定的，由同级事业单位人事综合管理部门或者主管部门责令限期改正；逾期不改正的，按照干部人事管理权限对负有领导责任和直接责任的人员依法依规给予组织处理或处分。

第二十条　对个人、组织据实反映本规定所列各类需要回避情形的，有关单位、部门应当按照干部人事管理权限及时处理。

第五章　附　　则

第二十一条　主管部门对所属事业单位实施人事管理工作需要回避的，参照本规定执行，法律法规另有规定的从其规定。

第二十二条　机关工勤人员的回避，参照本规定执行。

第二十三条　本规定由中共中央组织部、人力资源社会保障部负责解释。

第二十四条　本规定自2020年1月1日起施行。

事业单位领导人员管理规定

1. 2015年5月28日中共中央批准，2015年5月28日中共中央办公厅发布

2. 2022年1月14日中共中央修订，2022年1月14日中共中央办公厅发布

第一章　总　　则

第一条　为了加强和改进事业单位领导人员管理，健全选拔任用机制和管理监督机制，建设一支德才兼备、忠诚干净担当的高素质专业化事业单位领导人员队伍，根据有关党内法规和法律，制定本规定。

第二条　本规定适用于省级以上党委和政府直属以及部门所属事业单位领导班子成员，省级以上人大常委会、政协、纪委监委、人民法院、人民检察院、群众团体机关所属事业单位领导班子成员。

有关党内法规和法律对事业单位领导人员管理另有规定的，从其规定。

事业单位内设机构负责人选拔任用工作按照本规定第二章、第三章有关条款执行。

第三条　事业单位领导人员的管理，应当适应事业单位公益性、服务性、专业性、技术性等特点，遵循领导人员成长规律，激发事业单位活力，推动公益事业高质量发展。工作中，坚持下列原则：

（一）党管干部、党管人才；

（二）德才兼备、以德为先，五湖四海、任人唯贤；

（三）事业为上、人岗相适、人事相宜；

（四）注重实干担当和工作实绩、群众公认；

（五）分级分类管理；

（六）民主集中制；

（七）依规依法办事。

第四条　党委（党组）及其组织（人事）部门按照干部管理权限履行事业单位领导人员管理职责，负责本规定的组织实施。

第二章　任职条件和资格

第五条　事业单位领导人员应当具备下列基本条件：

（一）思想政治素质好，理想信念坚定，自觉坚持以马克思列宁主义、毛泽东思想、邓小平理论、“三个代表”重要思想、科学发展观、习近平新时代中国特色社会主义思想为指导，坚决贯彻执行党的理论和路线方针政策，增强“四个意识”、坚定“四个自信”、做到“两个维护”，自觉在思想上政治上行动上同党中央保持高度一致。

（二）组织领导能力强，自觉贯彻执行民主集中制，善于科学管理、沟通协调、依法办事、推动落实，工作实绩突出。

（三）专业素养好，熟悉有关政策法规和行业发展情况，具有胜任岗位职责的专业知识和专业能力。

（四）创新意识强，勤于学习，勇于探索，敢于攻坚克难，有开拓进取、追求卓越的韧劲，能够切实推进技术、管理、制度等重要创新。

（五）事业心和责任感强，热爱公益事业；坚持以人民为中心的发展思想，求真务实、勤勉敬业、担当作为，忠实履行公共服务的政治责任和社会责任；有斗争精神和斗争本领；团结协作，群众威信高。

（六）正确行使职权，坚持原则，带头践行社会主义核心价值观，恪守职业道德，严于律己，清正廉洁。

不同行业事业单位领导人员基本条件应当适应本行业特点和要求。其中，宣传思想文化系统事业单位领导人员应当坚持政治家办报办刊办台办新媒体，有强烈的意识形态阵地意识；高等学校和中小学校领导人员应当认真贯彻党的教育方针，坚持社会主义办学方向，自觉落实立德树人根本任务；科研事业单位领导人员应当坚持高水平科技自立自强的方向，坚持面向世界科技前沿、面向经济主战场、面向国家重大需求、面向人民生命健康，尊重科研工作规律，弘扬科学家精神，自觉践行创新科技、服务国家、造福人民的价值理念；公立医院领导人员应当坚持为人民健康服务的方向，有适应医院高质量发展的先进管理理念和实践经验。

党员领导人员应当自觉履行党建工作“一岗双责”，专职从事党务工作的领导人员还应当熟悉党建工作，善于做思想政治工作。

正职领导人员应当带头提高政治判断力、政治领悟力、政治执行力，具有驾驭全局的能力，善于抓班子带队伍，民主作风好。

第六条　事业单位领导人员应当具备下列基本资格：

（一）一般应当具有大学本科以上文化程度。

（二）提任六级以上管理岗位领导职务的，一般应当具有5年以上工作经历。

（三）从管理岗位领导职务副职提任正职的，应当具有副职岗位2年以上任职经历；从下级正职提任上级副职的，应当具有下级正职岗位3年以上任职经历。

（四）主要以专业技术面向社会提供公益服务的事业单位领导班子行政正职、分管业务工作的副职一般应当具有从事本行业专业工作的经历。

（五）具有正常履行职责的身体条件。

（六）符合有关党内法规、法律法规和行业主管部门规定的其他任职资格要求。

第七条　事业单位内设机构负责人基本条件应当符合本规定第五条规定；基本资格应当符合本规定第六条第一、二、三、五、六项规定，其中，负责业务工作的内设机构负责人，还应当具有与本岗位相关的专业教育背景或者具有从事本行业专业工作的经历。

第八条　从专业技术岗位到管理岗位担任领导人员或者内设机构负责人的，其任职资格一般应当符合第六条第一、二、五、六项规定，并且具有相应的专业技术职务（岗位）任职经历。其中，直接提任领导人员的，还应当具有一定的管理工作经历。

第九条　特别优秀的，或者因国家重大战略、重大工程、重大项目、重点任务选拔高精尖缺人才担任领导人员以及内设机构负责人等工作特殊需要的，可以适当放宽任职资格。

放宽任职资格以及从专业技术岗位到管理岗位担任领导班子正职或者四级以上管理岗位领导职务的，应当从严掌握，并报上级组织（人事）部门同意。

第三章　选拔任用

第十条　党委（党组）及其组织（人事）部门按照干部管理权限，根据事业单位不同领导体制和领导班子建设实际，提出启动领导人员选拔任用工作意见。

事业单位领导班子配备和领导人员选拔任用，应当立足事业发展需要，加强通盘考虑、科学谋划，及时选优配强，优化年龄、专业、经历等结构，增强领导班子整体功能。

第十一条　事业单位领导人员选拔任用，必须严格按照核定或者批准的领导职数和岗位设置方案进行。

第十二条　选拔事业单位领导人员，一般采取单位内部推选、外部选派方式进行。根据行业特点和工作需要，可以采取竞争（聘）上岗、公开选拔（聘）、委托相关机构遴选等方式产生人选。

第十三条　选拔事业单位领导人员，应当经过民主推荐，合理确定参加民主推荐人员范围，规范谈话调研推荐和会议推荐方式方法。

第十四条　对事业单位领导职务拟任人选，必须依据选拔任用条件，结合行业特点和岗位要求，全面考察其德、能、勤、绩、廉，严把政治关、品行关、能力关、作风关、廉洁关。

第十五条　综合分析人选的考察考核、一贯表现和人岗相适等情况，全面历史辩证地作出评价，既重管理能力、专业素养和工作实绩，更重政治品质、道德品行、作风和廉政情况，防止简单以票或者以分取人。

第十六条　选拔任用事业单位领导人员，应当严格执行干部选拔任用工作任前事项报告制度，严格遵守党委（党组）讨论决定干部任免事项有关规定，按照干部管理权限由党委（党组）集体讨论作出任免决定，或者决定提出推荐、提名的意见。

第十七条　任用事业单位领导人员，区别不同情况实行选任制、委任制、聘任制。对行政领导人员，结合行业特点和单位实际，逐步加大聘任制推行力度。

实行聘任制的，聘任关系通过聘任通知、聘任书等形式确定，根据需要可以签订聘任合同，所聘职务及相关待遇在聘期内有效。

第十八条　提任三级以下管理岗位领导职务的，应当在一定范围内进行任职前公示，公示期不少于5个工作日。

第十九条　提任非选举产生的三级以下管理岗位领导职务的，实行任职试用期制度。试用期一般为1年。

第二十条　事业单位内设机构负责人选拔任用方式按照本规定第十二条、第十七条规定执行。主要以专业技术面向社会提供公益服务的事业单位，可以根据工作需要积极探索有效办法，搞活搞好内部用人制度。

根据干部管理权限和事业单位不同领导体制实际，实行党委领导下的行政领导人负责制的，由党委集体讨论作出任免决定；实行行政领导人负责制的，党政主要领导应当对人选等情况进行充分沟通，由党组织集体讨论作出任免决定，或者由党组织研究提出拟任人选、党政领导会议集体讨论，依规依法任免（聘任、解聘），根据工作需要，也可以由上级党组织统筹管理，按照规定程序讨论决定。

第二十一条　选拔任用工作具体程序和要求，参照《党政领导干部选拔任用工作条例》及有关规定，结合事业单位实际确定。

第四章　任期和任期目标责任

第二十二条　事业单位领导班子和领导人员一般应当实行任期制。

每个任期一般为3至5年。领导人员在同一岗位连续任职一般不超过10年，工作特殊需要的，按照干部管理权限经批准后可以适当延长任职年限。

第二十三条　事业单位领导班子和领导人员一般应当实

行任期目标责任制。

任期目标的设定，应当符合立足新发展阶段、贯彻新发展理念、构建新发展格局、推动高质量发展的要求，体现不同行业、不同类型事业单位特点，注重打基础、利长远、求实效。

第二十四条 任期目标由事业单位领导班子集体研究确定，领导班子的任期目标一般应当报经主管机关（部门）批准或者备案。

制定任期目标时，应当充分听取单位职工代表大会或者职工代表的意见，注意体现服务对象的意见。

第五章 考核评价

第二十五条 事业单位领导班子和领导人员的考核，主要是年度考核和任期考核，根据工作实际开展平时考核、专项考核。考核评价以岗位职责、任期目标为依据，以日常管理为基础，注重政治素质、业绩导向和社会效益，突出党建工作实效。

积极推进分类考核，结合行业特点和事业单位实际，合理确定考核内容和指标，注意改进考核方法，提高质量和效率。

第二十六条 综合分析研判考核情况和日常了解掌握情况，客观公正地作出评价，形成考核评价意见，确定考核评价等次。

领导班子年度考核和任期考核的评价等次，分为优秀、良好、一般、较差；领导人员年度考核和任期考核的评价等次，分为优秀、合格、基本合格、不合格。

平时考核、专项考核的结果可以采用考核报告、评语、等次或者鉴定等形式确定。

第二十七条 考核评价结果应当以适当方式向领导班子和领导人员反馈，并作为领导班子建设和领导人员选拔任用、培养教育、管理监督、激励约束、问责追责等的重要依据。

第六章 交流、回避

第二十八条 完善事业单位领导人员交流制度。交流的重点对象一般是正职领导人员，专职从事党务工作、分管人财物的副职领导人员以及其他因工作需要交流的人员。

第二十九条 积极推进同行业或者相近行业事业单位之间领导人员交流，统筹推进事业单位与党政机关、国有企业、社会组织之间领导人员交流。

专业性强的领导人员交流，应当加强研判和统筹，注意发挥其专业特长。

第三十条 实行事业单位领导人员任职回避制度。有夫妻关系、直系血亲关系、三代以内旁系血亲关系以及近姻亲关系的，不得在同一事业单位领导班子任职，不得在同一单位担任双方直接隶属于同一领导人员的职务或者有直接上下级领导关系的职务，也不得在领导人员所在事业单位本级内设管理机构以及分管联系单位从事组织（人事）、纪检监察、审计、财务部门负责工作。

第三十一条 实行事业单位领导人员履职回避制度。事业单位领导人员在履行职责过程中，涉及本人及其近亲属利害关系或者其他可能影响公正履行职责情况的，本人应当回避。

第七章 职业发展和激励保障

第三十二条 完善事业单位领导人员培养教育制度，加强思想政治建设和能力培养，强化分行业培训，注重实践锻炼，提高思想政治素质、专业水平和管理工作能力。

第三十三条 统筹各类教育培训，充分利用党校（行政学院）、干部学院等机构资源，原则上每 5 年对事业单位领导人员培训全覆盖。

第三十四条 任期结束后未达到退休年龄界限的事业单位领导人员，适合继续从事专业工作的，鼓励和支持其后续职业发展；其他领导人员，根据本人实际和工作需要，作出适当安排。

第三十五条 完善事业单位领导人员收入分配制度，落实工资正常增长机制，根据事业单位类别和经费来源等，结合考核情况合理确定领导人员的绩效工资水平，使其收入与履职情况和单位长远发展相联系，与本单位职工的平均收入水平保持合理关系。

第三十六条 事业单位领导人员在本职工作中表现突出、有显著成绩和贡献的，在处理突发事件和承担专项重要工作中作出显著成绩和贡献的，或者有其他突出事迹的，按照有关规定给予表彰奖励。注意引导和促进领导人员在推动加快科技自立自强、服务保障民生等方面担当作为、履职尽责。

第三十七条 加强对事业单位领导人员的人文关怀，开展经常性谈心谈话，及时了解情况，听取意见建议，帮助解决实际困难。

按照有关规定做好容错纠错工作，宽容领导人员在改革创新中的失误，营造鼓励探索、支持创新的良好环境。

第八章 监督约束

第三十八条 党委（党组）及纪检监察机关、组织（人事）

部门、行业主管部门按照管理权限和职责分工，履行对事业单位领导班子和领导人员的监督责任。

第三十九条　监督的重点内容是：践行“两个维护”，对党忠诚，贯彻落实党的理论和路线方针政策、党中央决策部署以及上级党组织决定情况；依法办事，执行民主集中制，履行职责，担当作为，行风建设，选人用人，国有资产管理，收入分配情况；落实全面从严治党主体责任和监督责任，职业操守，以身作则，遵守纪律，廉洁自律等情况。

第四十条　完善事业单位领导班子权力运行机制和领导人员特别是主要负责人监督制约机制，构建严密有效的监督体系。发挥党内监督带动作用，推动民主监督、行政监督、司法监督、审计监督、财会监督、群众监督、舆论监督等贯通协调、形成合力，强化领导班子内部监督，综合运用考察考核、述职述廉、民主生活会、谈心谈话、巡视巡察、提醒、函询、诫勉等措施，对领导班子和领导人员进行监督。

严格落实干部选拔任用工作“一报告两评议”、领导干部报告个人有关事项、规范干部兼职、因私出国（境）和配偶、子女及其配偶经商办企业，以及经济责任审计、问责等管理监督有关制度。

第四十一条　事业单位领导人员有违规违纪违法行为的，依规依纪依法给予处理、处分；构成犯罪的，依法追究刑事责任。

第九章　退　　出

第四十二条　完善事业单位领导人员退出机制，促进领导人员能上能下、能进能出，增强队伍生机活力。

第四十三条　事业单位领导人员有下列情形之一，一般应当免去现职：

（一）达到任职年龄界限或者退休年龄界限的；

（二）年度考核、任期考核被确定为不合格的，或者连续2年年度考核被确定为基本合格的；

（三）解除聘任关系（聘任合同）或者聘任期满不再续聘的；

（四）受到责任追究应当免职的；

（五）不适宜担任现职应当免职的；

（六）因违规违纪违法应当免职的；

（七）因健康原因，无法正常履行工作职责1年以上的；

（八）因工作需要或者其他原因应当免去现职的。

第四十四条　实行事业单位领导人员辞职制度。辞职包括因公辞职、自愿辞职、引咎辞职和责令辞职。辞职程序和辞职后从业限制等，按照有关规定执行。

第四十五条　事业单位领导人员的退休，按照有关规定执行。事业单位正职领导人员特别优秀的，根据工作需要和本人履职情况，按照有关规定经批准可以延迟免职（退休）。

第四十六条　事业单位领导人员退出领导岗位从事专业工作的，由本单位党委（党组）研究并报上级组织（人事）部门同意，可以不再按照领导人员管理。

第四十七条　事业单位领导人员退出领导岗位后，应当继续履行保密责任，严格执行保密规定，落实脱密期管理相关要求。

第十章　附　　则

第四十八条　中央组织部可以会同有关行业主管部门根据本规定，制定完善有关行业事业单位领导人员管理具体办法。

第四十九条　市（地、州、盟）级以下党委和政府直属以及部门所属事业单位和人大常委会、政协、纪委监委、人民法院、人民检察院、群众团体机关所属事业单位领导人员的管理，由各省、自治区、直辖市党委参照本规定制定或者完善具体办法。

第五十条　本规定由中央组织部负责解释。

第五十一条　本规定自发布之日起施行。

机构编制违规违纪违法行为处理和问责规则（试行）

2022年2月21日中央机构编制委员会印发

第一章　总　　则

第一条　为严肃机构编制纪律，规范和加强机构编制违规违纪违法行为处理和问责工作，根据《中国共产党机构编制工作条例》、《中国共产党问责条例》和《机构编制监督检查工作办法》等有关规定，制定本规则。

第二条　机构编制违规违纪违法行为处理和问责工作，坚持以习近平新时代中国特色社会主义思想为指导，着眼于加强党中央对机构编制工作的集中统一领导，突出政治监督，强化职能监督，维护机构编制纪律的严肃性权威性。

第三条　机构编制违规违纪违法行为处理和问责工作遵循以下原则：

（一）坚持统一领导、分级负责；

（二）坚持实事求是、依规依法；

（三）坚持有错必纠、失责必问；

(四)坚持精准有效、惩防并举。

第四条　各级机构编制委员会对机构编制违规违纪违法行为采取处理措施,以及对违规单位党组织和党的领导干部实施问责,适用本规则。

本规则所称违规单位是指实施机构编制违规违纪违法行为的党委(党组)、各类机关和事业单位,其中各类机关是指党的机关、人大机关、行政机关、政协机关、监察机关、审判机关、检察机关和各民主党派机关、群团机关,各类事业单位是指党委和政府直属事业单位、上述机关所属事业单位及由政府资产监督管理机构履行出资人职责的企业举办的事业单位。

第五条　各级机构编制委员会办公室应当按照相应管理权限,承担机构编制违规违纪违法行为处理和问责的具体工作。

第二章　处理措施的情形、方式及适用

第六条　在机构编制工作中存在以下情形之一,经调查认定属于机构编制违规违纪违法行为的,有管理权限的机构编制委员会办公室应当采取处理措施:

(一)在贯彻落实党和国家机构改革和机构编制重大决策部署过程中有令不行、有禁不止,上有政策、下有对策,搞变通、拖延改革或者逾期不执行、不报告,不按照"三定"规定履行职责;

(二)擅自设立、撤销、合并机构或者变更机构名称、规格、性质、职责权限,擅自调整机构管理体制,在限额外设置机构,变相增设机构或者提高机构规格;

(三)擅自增加编制种类、突破行政编制总额增加编制、改变编制使用范围、挤占挪用基层编制;

(四)违规审批机构编制、核定领导职数;

(五)伪造、虚报、瞒报、拒报机构编制统计、重要事项、登记管理数据、实名信息和核查数据;

(六)违规在部门规章和规范性文件中对机构编制事项作出具体规定,通过项目资金分配、督查考核、评比表彰、达标验收,以及召开会议、电话通知、口头打招呼等方式干预地方或者下级机构设置、职能配置和编制配备;

(七)其他违反机构编制管理规定的行为。

对工作中发现的违规超职数、超规格配备领导干部,违规超编录(聘)用、调任、转任人员,挤占挪用财政资金、其他资金为超编人员安排经费,以虚报人员等方式占用编制并冒用财政资金等行为,机构编制委员会办公室应当及时移送有关机关依规依纪依法查处和纠正。

第七条　对机构编制违规违纪违法行为,根据事实、性质、情节和危害程度,机构编制委员会办公室可以采取以下处理措施:

(一)通报批评;

(二)责令限期纠正;

(三)予以纠正。

上述处理措施,可以单独使用,也可以依照规定合并使用。

第八条　对有典型性、普遍性的机构编制违规违纪违法行为,机构编制委员会办公室报同级机构编制委员会同意后,可以在一定范围内通报批评。

通报批评由机构编制委员会办公室单独或者会同相关部门以书面形式作出,可以根据工作需要采取点名或者不点名的方式。

第九条　对有本规则第六条所列情形的违规单位,机构编制委员会办公室应当书面责令其限期纠正,并明确具体的整改要求和整改期限。

整改期限一般不超过 3 个月,违规单位应当在期限内将整改情况书面报机构编制委员会办公室备案。对情况复杂、整改期限内不能完成整改的,违规单位应当在到期前 10 个工作日内,书面说明理由并申请延期。最长整改期限不超过 12 个月。

第十条　对拒不落实责令限期纠正要求的违规单位,或者经调查认为必要时,机构编制委员会办公室报同级机构编制委员会同意后,可以直接予以纠正。

第十一条　对机构编制违规违纪违法行为情节较轻、未造成不良影响或者严重后果的责任人,机构编制委员会办公室可以采取以下处理措施:

(一)约谈;

(二)责令说明情况;

(三)下达告诫书。

上述处理措施,可以单独使用,也可以依照规定合并使用。

第十二条　机构编制委员会办公室可以约谈违规单位的负责人或者相关人员,指出相关问题、开展纪律提醒、提出整改要求。

机构编制委员会办公室监督检查机构负责提出约谈建议,包括约谈对象、约谈事由、约谈依据,以及被约谈方的主要问题等,报本办公室负责人同意后实施。

第十三条　对违规违纪违法情节说明不详实、整改情况不完备的,机构编制委员会办公室可以责令有关责任人说明违规违纪违法行为的发生背景、决策过程、原因分析、整改方案等情况。

机构编制委员会办公室监督检查机构负责提出责

令说明情况的建议，报本办公室负责人同意后实施。有关责任人应当在1个月内，向机构编制委员会办公室书面说明情况。

第十四条 对约谈或者责令说明情况后再次发生机构编制违规违纪违法行为的单位，机构编制委员会办公室可以向其责任人下达告诫书，指出相关问题、开展严肃批评、进行纪律申诫。

机构编制委员会办公室监督检查机构负责提出下达告诫书的建议，报本办公室负责人同意后实施。

第十五条 各级机构编制委员会办公室对机构编制违规违纪违法行为及其责任人采取的处理措施，根据有关规定和工作需要，通报同级纪检监察机关、组织部门。

第三章 问责的情形、方式及适用

第十六条 对违规单位存在下列情形之一的，有管理权限的机构编制委员会办公室应当对负有责任的党组织和党的领导干部进行问责：

（一）违反机构编制党内法规、党和国家机构改革以及党中央关于机构编制工作的重大决策部署，造成严重不良后果的；

（二）对机构编制违规违纪违法行为整改不力或者拒不整改，经机构编制委员会办公室采取处理措施后仍拖延整改，造成恶劣影响的；

（三）按照有关规定需要进行问责的其他情形。

对党组织问责的，应当同时对该党组织中负有责任的领导班子成员进行问责。

第十七条 机构编制委员会办公室对违规单位党组织的问责，根据危害程度以及具体情况，可以采取以下方式：

（一）检查。责令作出书面检查并切实整改。

（二）通报。责令整改，并在一定范围内通报。

第十八条 机构编制委员会办公室对违规单位党的领导干部的问责，根据危害程度以及具体情况，可以采取以下方式：

（一）通报。进行严肃批评，责令作出书面检查、切实整改，并在一定范围内通报。

（二）诫勉。以谈话或者书面方式进行诫勉。

上述问责方式，可以单独使用，也可以依据规定合并使用。问责方式有影响期的，按照有关规定执行。

第十九条 对于失职失责危害严重，需要对问责对象给予组织调整或者组织处理、党纪政务处分的，机构编制委员会办公室应当移送有管理权限的党委（党组）、任免机关（单位）、纪检监察机关并提出处理建议。涉嫌违法犯罪的，按照有关法律规定处理。

第二十条 发现有本规则第十六条所列问责情形，需要进行问责调查的，有管理权限的机构编制委员会办公室监督检查机构提出启动问责的建议，经本办公室主要负责人审批，及时启动问责调查程序。

机构编制委员会办公室对同级党委直接领导的党组织及其主要负责人启动问责调查，应当报同级党委主要负责人批准。

第二十一条 机构编制委员会办公室启动问责调查后，应当组成调查组，依规依纪依法开展调查，查明党组织、党的领导干部失职失责问题，综合考虑主客观因素和区分不同情况，精准提出处理意见。调查对象应当积极配合调查，如实提供有关情况和材料。

机构编制委员会办公室可以根据工作需要，会同同级纪检监察机关、组织部门联合开展问责调查。

第二十二条 查明调查对象失职失责问题后，调查组应当撰写事实材料，与调查对象见面，听取其陈述和申辩，并记录在案；对合理意见，应当予以采纳。

调查工作结束后，调查组应当集体讨论，形成调查结论，列明调查对象基本情况、调查依据、调查过程，问责事实，调查对象的态度、认识及其申辩，处理意见及依据，由调查组组长以及有关人员签名后，履行审批手续。

第二十三条 有管理权限的机构编制委员会办公室对违规单位党组织和党的领导干部的问责决定或者问责建议，应当按程序报同级机构编制委员会同意并报同级党委或者其主要负责人批准后作出，并向违规单位同级纪委和组织部门通报。

第二十四条 机构编制委员会办公室作出问责决定后，应当及时向被问责党组织、被问责领导干部及其所在党组织宣布并督促执行。

第二十五条 机构编制违规违纪违法行为实行终身问责，对失职失责性质恶劣、后果严重的，不论其责任人是否调离转岗、提拔或者退休等，都应当严肃问责。

第二十六条 对机构编制违规违纪违法行为不予问责，免予问责，从轻、减轻或者从重、加重问责的，按照《中国共产党问责条例》有关规定执行。

第二十七条 问责对象对问责决定不服的，可以自收到问责决定之日起1个月内，向问责决定机关提出书面申诉。

问责决定机关应当在1个月内作出申诉处理决定，并以书面形式告知提出申诉的党组织、领导干部及其所在党组织。

申诉期间，不停止问责决定的执行。

第四章 附　　则

第二十八条 各省级机构编制委员会可以根据本规则，结合实际制定具体实施办法。

第二十九条 本规则由中央机构编制委员会办公室负责解释。

第三十条 本规则自发布之日起施行。

(2)党员管理、党建工作

·党规党纪·

中国共产党党员教育管理工作条例

中共中央2019年5月6日印发

第一章 总　　则

第一条 为了深入学习贯彻习近平新时代中国特色社会主义思想，加强党员教育管理工作，提高党员队伍建设质量，保持党员队伍的先进性和纯洁性，根据《中国共产党章程》和有关党内法规，制定本条例。

第二条 党员教育管理是党的建设基础性经常性工作。党组织应当加强党员教育管理，引导党员坚定共产主义远大理想和中国特色社会主义共同理想，增强“四个意识”、坚定“四个自信”、做到“两个维护”，增强党性，提高素质，认真履行义务，正确行使权利，充分发挥先锋模范作用。

第三条 党员教育管理工作以马克思列宁主义、毛泽东思想、邓小平理论、“三个代表”重要思想、科学发展观、习近平新时代中国特色社会主义思想为指导，落实新时代党的建设总要求和新时代党的组织路线，坚持教育、管理、监督、服务相结合，推进“两学一做”学习教育常态化制度化，不断增强党员教育管理针对性和有效性，努力建设政治合格、执行纪律合格、品德合格、发挥作用合格的党员队伍。

第四条 党员教育管理工作遵循以下原则：

（一）坚持党要管党、全面从严治党，将严的要求落实到党员教育管理工作全过程和各方面，党员领导干部带头接受教育管理；

（二）坚持以党的政治建设为统领，突出党性教育和政治理论教育，引导党员遵守党章党规党纪，不忘初心、牢记使命；

（三）坚持围绕中心、服务大局，注重党员教育管理质量和实效，保证党的理论和路线方针政策、党中央决策部署贯彻落实；

（四）坚持从实际出发，加强分类指导，尊重党员主体地位，充分发挥党支部直接教育、管理、监督党员作用。

第二章 学习贯彻习近平新时代中国特色社会主义思想

第五条 把用习近平新时代中国特色社会主义思想武装全党作为党员教育管理的首要政治任务，引导党员充分认识学习贯彻习近平新时代中国特色社会主义思想的重大意义，自觉学懂弄通做实。

第六条 组织党员读原著、学原文、悟原理，深入学习领会习近平新时代中国特色社会主义思想的核心要义、基本精神、实践要求，掌握贯穿其中的马克思主义立场观点方法，增强政治自觉、理论自信、情感融入。建立以学习贯彻习近平新时代中国特色社会主义思想为中心内容的党员教育教材体系。

教育引导党员把学习习近平新时代中国特色社会主义思想同学习马克思列宁主义、毛泽东思想、邓小平理论、“三个代表”重要思想、科学发展观紧密结合起来，不断提高马克思主义思想觉悟和理论水平。

第七条 坚持集中教育和经常性教育相结合，组织培训和个人自学相结合，采取集中轮训、党委（党组）理论学习中心组学习、理论宣讲、组织生活、在线学习培训等方式，形成习近平新时代中国特色社会主义思想学习教育长效机制，推动党员学深悟透、入脑入心。

第八条 弘扬理论联系实际的马克思主义学风，引导党员把自己摆进去、把职责摆进去、把工作摆进去，学以致用、知行合一，提高政治站位，强化责任担当，增强过硬本领，做好本职工作，自觉做习近平新时代中国特色社会主义思想坚定信仰者和忠实实践者。

党员领导干部应当坚持更高标准、更严要求，全面学、系统学、贯通学、深入学、跟进学，自觉用以武装头脑、指导实践、推动工作，发挥示范带动作用。

第三章 党员教育基本任务

第九条 加强政治理论教育，突出党的创新理论学习，组织党员学习党的基本理论、基本路线、基本方略，学习马克思主义基本原理和党的基本知识，引导党员坚定理想信念，增强党性修养，努力掌握并自觉运用马克思主义立场观点方法。

第十条 突出政治教育和政治训练，严格党内政治生活锻炼，教育党员旗帜鲜明讲政治，提高政治觉悟和政治能力，严守政治纪律和政治规矩，永葆共产党人政治本色，做到“四个服从”，在思想上政治上行动上同以习近平同志为核心的党中央保持高度一致。

第十一条　强化党章党规党纪教育，引导党员牢记入党誓词，坚持合格党员标准，自觉遵守党的纪律，带头践行社会主义核心价值观，培养高尚道德情操，培育良好思想作风、学风、工作作风、生活作风和家风。加强宪法法律法规教育，引导党员尊法学法守法用法。

第十二条　加强党的宗旨教育，引导党员践行全心全意为人民服务的根本宗旨，贯彻党的群众路线，提高群众工作本领，密切联系服务群众。

第十三条　进行革命传统教育，引导党员学习党史、国史、改革开放史、社会主义发展史和中华优秀传统文化，铭记党的奋斗历程，弘扬党的优良传统，传承红色基因，践行共产党人价值观，激发爱国主义热情。

第十四条　开展形势政策教育，围绕贯彻执行党和国家重大决策、推进落实重大任务，宣讲党的路线方针政策，解读世情国情党情，回应党员关注的问题，引导党员正确认识形势，把思想和行动统一到党中央要求上来。

第十五条　注重知识技能教育，根据党员岗位职责要求和工作需要，组织引导党员学习掌握业务知识、科技知识、实用技术等，帮助党员提高综合素质和履职能力，增强服务本领。

第四章　党员日常教育管理主要方式

第十六条　党支部应当运用“三会一课”制度，对党员进行经常性的教育管理。党员应当按期参加党员大会、党小组会和上党课，进行学习交流，汇报思想、工作等情况。党员领导干部应当参加双重组织生活。

党支部应当每月开展1次主题党日，贴近党员思想和工作实际，组织党员集中学习、过组织生活、进行民主议事和开展志愿服务等。

党员应当按期交纳党费。党组织应当做好党费收缴、使用和管理工作。

第十七条　党支部每年至少召开1次组织生活会，也可以根据工作需要随时召开，一般以党员大会、党支部委员会会议或者党小组会形式进行。

第十八条　党支部一般每年开展1次民主评议党员。党支部召开党员大会，按照个人自评、党员互评、民主测评的程序，组织党员进行评议。党支部委员会会议或者党员大会根据评议情况和党员日常表现情况，提出评定意见。

民主评议党员可以结合组织生活会一并进行。

第十九条　基层党组织应当注重分析党员思想状况和心理状态，党组织负责人应当经常同党员谈心谈话，有针对性地做好思想政治工作。

第二十条　市、县党委或者基层党委每年应当组织党员集中轮训，主要依托县级党校（行政学校）、基层党校等进行。根据事业发展和党的建设重点任务，结合本地区本部门本单位中心工作和党员实际，确定培训内容和方式。党员每年集中学习培训时间一般不少于32学时。

第二十一条　党组织应当按照党中央部署要求，组织党员认真参加党内集中学习教育，引导党员围绕学习教育主题，深入学习党的创新理论，查找解决自身存在的突出问题。

省级党委、行业系统党组织可以根据党员思想状况和党的建设需要，适时开展专题学习教育。

第二十二条　党组织应当充分发挥党员的先锋模范作用，结合不同群体党员实际，通过树立、学习身边的榜样，设立党员示范岗、党员责任区，开展设岗定责、承诺践诺等，引导党员做好本职工作，干在实处、走在前列，创先争优，在联系服务群众、完成重大任务中勇于担当作为，做到平常时候看得出来、关键时刻站得出来、危急关头豁得出来。

鼓励和引导党员参与志愿服务。党员应当积极参加党组织开展的志愿服务活动，也可以自行开展志愿服务活动。

第二十三条　党组织应当坚持从严教育管理和热情关心爱护相统一，从政治、思想、工作、生活上激励关怀帮扶党员。

针对老党员的身体、居住和家庭等实际情况，采取灵活方式，进行教育管理服务，组织他们参加党的组织生活，发挥力所能及的作用。对年老体弱、行动不便、身患重病甚至失能的党员，组织活动和开展学习教育不作硬性要求，党组织通过送学上门、走访慰问等方式，给予更多关心照顾。

第五章　党籍和党员组织关系管理

第二十四条　经党支部党员大会通过、基层党委审批接收的预备党员，自通过之日起，即取得党籍。

对因私出国并在国外长期定居的党员，出国学习研究超过5年仍未返回的党员，一般予以停止党籍。停止党籍的决定由保留其组织关系的党组织按照有关规定作出。

对与党组织失去联系6个月以上、通过各种方式查找仍然没有取得联系的党员，予以停止党籍。停止党籍的决定由所在党支部或者上级党组织按照有关规定作出。停止党籍2年后确实无法取得联系的，按照自行脱党予以除名。

对停止党籍的党员，符合条件的，可以按照规定程序恢复党籍。对劝其退党、劝而不退除名、自行脱党除名、退党除名、开除党籍的，原则上不能恢复党籍，符合条件的可以重新入党。

第二十五条 党员组织关系是指党员对党的基层组织的隶属关系。

每个党员都必须编入党的一个支部、小组或者其他特定组织。有固定工作单位并且单位已经建立党组织的党员，一般编入其所在单位党组织。没有固定工作单位，或者单位未建立党组织的党员，一般编入其经常居住地或者公共就业和人才服务机构、园区、楼宇等党组织。

党员工作单位、经常居住地发生变动的，或者外出学习、工作、生活6个月以上并且地点相对固定的，应当转移组织关系。具有审批预备党员权限的基层党委，可以在全国范围直接相互转移和接收党员组织关系。党组织接收党员组织关系时，如有必要，可以采取适当方式查核党员档案。对组织关系转出但尚未被接收的党员，原所在党组织仍然负有管理责任。党组织不得无故拒转拒接党员组织关系。

第二十六条 对没有人事档案的党员，应当由具有审批预备党员权限的基层党委建立党员档案，由所在党委或者县级以上党委组织部门保存。

有条件的地方，实行党员档案电子化管理。

第六章 党员监督和组织处置

第二十七条 党组织应当通过严格组织生活、听取群众意见、检查党员工作等多种方式，监督党员遵守党章党规党纪特别是政治纪律和政治规矩情况，遵守宪法法律法规和道德规范情况，参加组织生活情况，履行党员义务、联系服务群众、发挥先锋模范作用情况等。

第二十八条 发现党员有思想、工作、生活、作风和纪律方面苗头性倾向性问题的，以及群众对其有不良反映的，党组织负责人应当及时进行提醒谈话，抓早抓小、防微杜渐。

第二十九条 对党员不按照规定参加党的组织生活、不按时交纳党费、流动到外地工作生活不与党组织主动保持联系的，以及存在其他与党的要求不相符合的行为、情节较轻的，党组织应当采取适当方式及时进行批评教育，帮助其改进提高。

第三十条 对缺乏革命意志，不履行党员义务，不符合党员条件，但本人能够正确认识错误、愿意接受教育管理并且决心改正的党员，党组织应当作出限期改正处置，限期改正时间不超过1年。对给予限期改正处置的党员应当采取帮助教育措施。

第三十一条 党员具有下列情形之一的，按照规定程序给予除名处置：

（一）理想信念缺失，政治立场动摇，已经丧失党员条件的，予以除名；

（二）信仰宗教，经党组织帮助教育仍没有转变的，劝其退党，劝而不退的予以除名；

（三）因思想蜕化提出退党，经教育后仍然坚持退党的，予以除名；

（四）为了达到个人目的以退党相要挟，经教育不改的，劝其退党，劝而不退的予以除名；

（五）限期改正期满后仍无转变的，劝其退党，劝而不退的予以除名；

（六）没有正当理由，连续6个月不参加党的组织生活，或者不交纳党费，或者不做党所分配的工作，按照自行脱党予以除名。

对违犯党纪的党员，按照《中国共产党纪律处分条例》规定给予党纪处分。

第七章 流动党员管理

第三十二条 基层党组织应当加强流动党员管理，对外出6个月以上并且没有转移组织关系的流动党员，应当保持经常联系，跟进做好教育培训、管理服务等工作。在流动党员相对集中的地方，流出地党组织可以依托园区、商会、行业协会、驻外地办事机构等成立流动党员党组织。

流入地党组织应当协助做好流动党员日常管理。按照组织关系一方隶属、参加多重组织生活的方式，组织流动党员就近就便参加组织生活。乡镇、街道、村、社区、园区等党群服务中心应当向流动党员开放。流动党员可以在流入地党组织或者流动党员党组织参加民主评议。

对具备转移组织关系条件的流动党员，流出地和流入地党组织应当衔接做好转接工作。

第三十三条 农村党支部应当明确专人负责同流动党员保持联系。乡镇党委应当掌握流动党员基本情况，指导督促党支部加强日常教育管理。利用流动党员集中返乡等时机，组织其参加组织生活或者教育培训。对政治素质较好、有致富带富能力的流动党员，应当及时纳入村后备力量培养。

城市社区党组织对异地居住的流动党员，引导其向居住地党组织报到，自觉参加居住地党组织的活动，接受党组织管理。对在异地定居的党员，引导和帮助其及时转移组织关系。

公共就业和人才服务机构党组织应当建立健全流动人才党员党组织，理顺流动人才党员组织关系，加强和改进流动人才党员日常教育管理。

第三十四条 高校党组织对组织关系保留在学校的高校毕业生流动党员，应当继续履行管理职责。党员组织关系保留时间一般不超过2年，对符合转出组织关系条件的及时转出。

对出国（境）学习研究党员，由原就读高校或者工作单位党组织保留其组织关系，每半年至少与其联系1次。出国（境）学习研究党员返回后按照规定恢复组织生活。

第八章 党员教育管理信息化

第三十五条 适应时代发展要求，充分运用互联网技术和信息化手段，改进党员教育管理工作，推进基层党建传统优势与信息技术深度融合，不断提高党员教育管理现代化水平。

第三十六条 统筹规划、整合资源，健全党员信息库，加强全国党员管理信息系统建设，推动党员干部现代远程教育和党员电化教育创新发展，推进党员教育管理网站、移动客户端等平台一体化建设，建立党性教育基地网上平台，打造党务、政务、服务有机融合的网络阵地。

第三十七条 坚持网上和网下相结合，依托党员教育管理信息化平台，开展党员信息管理、党组织活动指导管理、流动党员管理服务、发展党员管理和党费管理等业务应用，为党员提供在线学习培训、转接组织关系、参与党内事务和关怀帮扶等服务。

注重利用信息数据，对党员队伍状况和党员教育管理工作进行实时分析研判，及时发现问题，不断改进工作。

第三十八条 党员应当主动学网用网，依托各类党员教育管理信息化平台，积极参加在线学习培训，认真参加党组织的活动，自觉接受党组织的教育管理。通过网络向群众宣传党的理论和路线方针政策，听取群众意见，联系服务群众。

党组织应当教育引导党员严格规范网络行为，敢于同网上错误言论作斗争，不得制作、发布、传播违反党的纪律规定和国家法律法规的信息内容。

第九章 组织领导和工作保障

第三十九条 在党中央领导下，由中央组织部牵头，中央纪委国家监委机关、中央宣传部、中央党校（国家行政学院）、中央和国家机关工委、教育部党组、国务院国资委党委等参加，建立全国党员教育管理工作协调小组，负责全国党员教育管理工作的规划部署、组织协调和检查指导，协调小组办公室设在中央组织部。省、自治区、直辖市党委应当建立党员教育管理工作协调机构。建立健全党员教育管理工作协调机构运行机制，充分发挥职能作用。

中央组织部主要负责党员教育管理工作统筹协调，抓好党员集中教育和经常性教育的组织安排，加强对党员教育管理工作的具体指导。

中央纪委国家监委机关主要负责党员纪律作风教育，指导开展党员监督，查处党员违犯党的纪律和职务违法、职务犯罪行为。

中央宣传部主要负责党员政治理论教育、形势政策教育，指导协调编写党员教育教材，组织党员先进典型的学习宣传。

中央党校（国家行政学院）主要负责党员领导干部培训，指导地方党校（行政学院）将党员教育培训列入教学计划，保证课时和教学质量。

中央和国家机关工委主要负责指导中央和国家机关各级党组织做好党员教育管理工作。

教育部党组主要负责宏观指导高等学校党员教育管理工作。

国务院国资委党委主要负责所监管企业党员教育管理工作。

地方各级党委组织部和纪检监察机关、党委宣传部、党校（行政学院）、机关工委、教育工委、国资委党委等，分别按照职能职责，承担党员教育管理工作任务。

第四十条 地方各级党委和部门单位党组（党委）领导本地区本部门本单位党员教育管理工作，贯彻执行党中央关于党员教育管理工作的方针政策和部署要求，定期研究党员教育管理工作，分析党员队伍状况，有针对性地提出工作措施。

基层党委履行抓党员教育管理的基本职责，推动落实上级党组织工作安排，组织做好党员集中培训、组织关系管理、表彰激励、关怀帮扶、组织处置、纪律处分等工作，指导所辖党支部做好党员日常教育管理工作。党支部按照党章和党内有关规定，履行相关工作职责。党小组应当落实党支部关于党员教育管理工作的要求和任务。

第四十一条　乡镇、街道、国有企业、高等学校等基层党委，按照规定配备一定数量的专兼职组织员，由县级以上党委组织部门进行业务指导和管理，承担指导督促发展党员和党员教育管理等工作。

实行党员教育讲师聘任制，县级以上党委从优秀党校教师、基层党组织书记、先进模范人物、党务工作者、专家学者、实用技术人才、离退休干部等人员中选聘党员教育讲师。

加强县级党校（行政学校）和基层党校建设。县级党校（行政学校）应当将党员集中培训作为重要任务。有计划地组织安排党员教育讲师到基层授课。注重发挥党群服务中心、党员干部教育培训基地、新时代文明实践中心的作用。

加强全国党员教育培训教材建设规划，组织编写全国党员教育基本教材。各地区各部门各单位可以结合实际，开发各具特色、务实管用的党员教育教材。

第四十二条　党员教育管理工作经费应当列入地方各级财政预算，结合实际按照党员数量划拨，重点保障农村、社区、非公有制经济组织和社会组织、公共就业和人才服务机构等基层党组织开展党员教育管理，形成稳定的经费保障机制。各级党委留存的党费主要用于教育培训党员、支持基层党组织开展组织生活。加强对革命老区、民族地区、边疆地区、贫困地区党员教育管理工作经费支持。

第四十三条　各级党委各党组应当加强对党员教育管理工作的检查考核。基层党委每年把党员教育管理工作情况作为向上级党组织报告工作的重要内容。在基层党建工作述职评议考核中，对党组织负责人抓党员教育管理工作情况作出评价。上级党组织在开展年度考核和任期考核中，应当考核检查下级党组织党员教育管理工作情况。

对在党员教育管理工作中失职失责的，按照有关规定予以问责追责。

第十章　附　　则

第四十四条　中国人民解放军和中国人民武装警察部队党员教育管理工作规定，由中央军事委员会根据本条例制定。

第四十五条　本条例由中央组织部负责解释。

第四十六条　本条例自2019年5月6日起施行。

关于中国共产党党费收缴、使用和管理的规定

中共中央组织部2008年2月4日印发

按照党章规定向党组织交纳党费，是共产党员必须具备的起码条件，是党员对党组织应尽的义务。党费收缴、使用和管理，是党的基层组织建设和党员队伍建设中的一项重要工作。为了适应形势发展的要求，进一步加强和改进党费收缴、使用、管理工作，现作如下规定。

一、党 费 收 缴

第一条　按月领取工资的党员，每月以工资总额中相对固定的、经常性的工资收入（税后）为计算基数，按规定比例交纳党费。

工资总额中相对固定的、经常性的工资收入包括：机关工作人员（不含工人）的职务工资、级别工资、津贴补贴；事业单位工作人员的岗位工资、薪级工资、绩效工资、津贴补贴；机关工人的岗位工资、技术等级（职务）工资、津贴补贴；企业人员工资收入中的固定部分（基本工资、岗位工资）和活的部分（奖金）。

第二条　党员交纳党费的比例为：每月工资收入（税后）在3000元以下（含3000元）者，交纳月工资收入的0.5%；3000元以上至5000元（含5000元）者，交纳1%；5000元以上至10000元（含10000元）者，交纳1.5%；10000元以上者，交纳2%。

第三条　实行年薪制人员中的党员，每月以当月实际领取的薪酬收入为计算基数，参照第一条、第二条规定交纳党费。

第四条　不按月取得收入的个体经营者等人员中的党员，每月以个人上季度月平均纯收入为计算基数，参照第一条、第二条规定交纳党费。

第五条　离退休干部、职工中的党员，每月以实际领取的离退休费总额或养老金总额为计算基数，5000元以下（含5000元）的按0.5%交纳党费，5000元以上的按1%交纳党费。

第六条　农民党员每月交纳党费0.2元—1元。学生党员、下岗失业的党员、依靠抚恤或救济生活的党员、领取当地最低生活保障金的党员，每月交纳党费0.2元。

第七条　交纳党费确有困难的党员，经党支部研究，报上

一级党委批准后,可以少交或免交党费。

第八条　预备党员从支部大会通过其为预备党员之日起交纳党费。

第九条　党员一般应当向其正式组织关系所在的党支部交纳党费。持《中国共产党流动党员活动证》的党员,外出期间可以持证向流入地党组织交纳党费。

第十条　党员工资收入发生变化后,从按新工资标准领取工资的当月起,以新的工资收入为基数,按照规定比例交纳党费。

第十一条　党员自愿多交党费不限。自愿一次多交纳1000元以上的党费,全部上缴中央。具体办法是:由所在基层党委代收,并提供该党员的简要情况,通过省、自治区、直辖市党委组织部,中央直属机关工委、中央国家机关工委组织部,国务院国资委党委、中央各金融机构党委组织部,铁道部政治部、民航总局党委组织部,解放军总政治部组织部转交中央组织部。中央组织部给本人出具收据。

第十二条　党员应当增强党员意识,主动按月交纳党费。遇到特殊情况,经党支部同意,可以每季度交纳一次党费,也可以委托其亲属或者其他党员代为交纳或者补交党费。补交党费的时间一般不得超过6个月。

第十三条　对不按照规定交纳党费的党员,其所在党组织应及时对其进行批评教育,限期改正。对无正当理由,连续6个月不交纳党费的党员,按自行脱党处理。

第十四条　党组织应当按照规定收缴党员党费,不得垫交或扣缴党员党费,不得要求党员交纳规定以外的各种名目的"特殊党费"。

第十五条　各省、自治区、直辖市党委,中央直属机关工委,中央国家机关工委,国务院国资委党委,中央各金融机构党委,铁道部政治部,民航总局党委和解放军总政治部,每年按全年党员实交党费总数的5%上缴中央。上缴中央的党费应当于次年4月底前汇入中央组织部党费账户,不得少缴或拖延。

第十六条　铁路、民航系统党的关系在地方的党委,每年按照全年党员实交党费总数的10%向所在地方党委上缴党费。中国人民银行的地市级分支机构和中央其他金融机构的省级分支机构党委,每年按本地本系统党员全年实交党费总数的5%向所在地方党委上缴党费,其他派出机构和下属单位党委不再向地方党委上缴党费。

二、党费使用

第十七条　使用党费应当坚持统筹安排、量入为出、收支平衡、略有结余的原则。

第十八条　使用党费要向农村、街道社区和其他有困难的基层党组织倾斜。

第十九条　党费必须用于党的活动,主要作为党员教育经费的补充,其具体使用范围包括:(1)培训党员;(2)订阅或购买用于开展党员教育的报刊、资料、音像制品和设备;(3)表彰先进基层党组织、优秀共产党员和优秀党务工作者;(4)补助生活困难的党员;(5)补助遭受严重自然灾害的党员和修缮因灾受损的基层党员教育设施。

第二十条　使用和下拨党费,必须集体讨论决定,不得个人或者少数人说了算。

第二十一条　请求下拨党费的请示,应当向上一级党组织提出,不得越级申请。上级党组织下拨的党费,必须专款专用,不得挪作他用。

三、党费管理

第二十二条　党费由党委组织部门代党委统一管理。党费的具体管理工作由各级党委组织部门承担党员教育管理职能的内设机构承办。

第二十三条　党费的具体财务工作由各级党委组织部门内设的财务机构或者同级党委的财务机构代办。必须指定专人负责,实行会计、出纳分设。党费会计核算和会计档案管理,参照财政部制定的《行政单位会计制度》执行。

第二十四条　党费应当以党委或党委组织部门的名义单独设立银行账户,必须存入中国工商银行、中国农业银行、中国银行、中国建设银行、交通银行、中国邮政储蓄银行,不得存入其它银行或者非银行金融机构。党费利息是党费收入的一部分,不得挪作他用。依法保障党费安全,不得利用党费账户从事经济活动,不得将党费用于购买国债以外的投资。

第二十五条　党委组织部门要加强对党费管理工作人员的培训,提高其政治素质和业务水平。党费管理工作人员,必须先培训,后上岗。党费管理工作人员变动时,要严格按照党费管理的有关规定和财务制度办好交接手续。

第二十六条　党费收缴、使用和管理的情况要作为党务公开的一项重要内容。党的基层委员会和各级地方委员会应当在党员大会或者党的代表大会上,向大会报告(或书面报告)党费收缴、使用和管理情况,接受党员或者党的代表大会代表的审议和监督。各级地方党委组织部门应当每年向同级党委和上级党委组织部门报告党费收缴、使用和管理情况,同时向下级党组织通报。党支部应当每年向党员公布一次党费收缴情况。

第二十七条　党的地方委员会和基层委员会可以留存党费。具体留存单位和留存比例，由各省、自治区、直辖市党委，中央直属机关工委，中央国家机关工委，国务院国资委党委，中央各金融机构党委，铁道部政治部，民航总局党委，解放军总政治部，根据实际情况和工作需要确定，留存比例应当向基层倾斜。

第二十八条　各省、自治区、直辖市党委组织部，中央直属机关工委、中央国家机关工委组织部，国务院国资委党委、中央各金融机构党委组织部，铁道部政治部、民航总局党委组织部，解放军总政治部组织部，每年4月底前就上年度党费收缴、使用和管理情况向中央组织部提交书面报告。报告内容是：上年度党费收缴、使用和结存的数额；党费开支的主要项目；党费收缴、使用和管理工作中的经验、做法、存在的问题及改进的意见和建议等。

第二十九条　各级党委组织部门每年要检查一次党费收缴、使用和管理的情况，总结经验，发现问题，及时纠正。

第三十条　对违反党费收缴、使用和管理规定的，依据《中国共产党纪律处分条例》及有关规定严肃查处，触犯刑律的依法处理。

第三十一条　中国人民解放军和中国人民武装警察部队中的党组织收缴、使用和管理党费的办法，由解放军总政治部参照本规定制定。

第三十二条　本规定自2008年4月1日起施行，过去规定与本规定不一致的，以本规定为准。

第三十三条　本规定由中央组织部负责解释。

中国共产党发展党员工作细则

中共中央办公厅2014年5月28日印发

第一章　总　　则

第一条　为了规范发展党员工作，保证新发展的党员质量，保持党的先进性和纯洁性，根据《中国共产党章程》和党内有关规定，制定本细则。

第二条　党的基层组织应当把吸收具有马克思主义信仰、共产主义觉悟和中国特色社会主义信念，自觉践行社会主义核心价值观的先进分子入党，作为一项经常性重要工作。

第三条　发展党员工作应当贯彻党的基本理论、基本路线、基本纲领、基本经验、基本要求，按照控制总量、优化结构、提高质量、发挥作用的总要求，坚持党章规定的党员标准，始终把政治标准放在首位；坚持慎重发展、均衡发展，有领导、有计划地进行；坚持入党自愿原则和个别吸收原则，成熟一个，发展一个。

禁止突击发展，反对“关门主义”。

第二章　入党积极分子的确定和培养教育

第四条　党组织应当通过宣传党的政治主张和深入细致的思想政治工作，提高党外群众对党的认识，不断扩大入党积极分子队伍。

第五条　年满十八岁的中国工人、农民、军人、知识分子和其他社会阶层的先进分子，承认党的纲领和章程，愿意参加党的一个组织并在其中积极工作、执行党的决议和按期交纳党费的，可以申请加入中国共产党。

第六条　入党申请人应当向工作、学习所在单位党组织提出入党申请，没有工作、学习单位或工作、学习单位未建立党组织的，应当向居住地党组织提出入党申请。

流动人员还可以向单位所在地党组织或单位主管部门党组织提出入党申请，也可以向流动党员党组织提出入党申请。

第七条　党组织收到入党申请书后，应当在一个月内派人同入党申请人谈话，了解基本情况。

第八条　在入党申请人中确定入党积极分子，应当采取党员推荐、群团组织推优等方式产生人选，由支部委员会（不设支部委员会的由支部大会，下同）研究决定，并报上级党委备案。

第九条　党组织应当指定一至两名正式党员作入党积极分子的培养联系人。培养联系人的主要任务是：

（一）向入党积极分子介绍党的基本知识；

（二）了解入党积极分子的政治觉悟、道德品质、现实表现和家庭情况等，做好培养教育工作，引导入党积极分子端正入党动机；

（三）及时向党支部汇报入党积极分子情况；

（四）向党支部提出能否将入党积极分子列为发展对象的意见。

第十条　党组织应当采取吸收入党积极分子听党课、参加党内有关活动，给他们分配一定的社会工作以及集中培训等方法，对入党积极分子进行马克思列宁主义、毛泽东思想和中国特色社会主义理论体系教育，党的路线、方针、政策和党的基本知识教育，党的历史和优良传统、作风教育以及社会主义核心价值观教育，使他们懂得党的性质、纲领、宗旨、组织原则和纪律，懂得党员的义务和权利，帮助他们端正入党动机，确立为共产主义事业奋斗终身的信念。

第十一条　党支部每半年对入党积极分子进行一次考察。基层党委每年对入党积极分子队伍状况作一次分析。针对存在的问题，采取改进措施。

第十二条　入党积极分子工作、学习所在单位（居住地）发生变动，应当及时报告原单位（居住地）党组织。原单位（居住地）党组织应当及时将培养教育等有关材料转交现单位（居住地）党组织。现单位（居住地）党组织应当对有关材料进行认真审查，并接续做好培养教育工作。培养教育时间可连续计算。

第三章　发展对象的确定和考察

第十三条　对经过一年以上培养教育和考察、基本具备党员条件的入党积极分子，在听取党小组、培养联系人、党员和群众意见的基础上，支部委员会讨论同意并报上级党委备案后，可列为发展对象。

第十四条　发展对象应当有两名正式党员作入党介绍人。入党介绍人一般由培养联系人担任，也可由党组织指定。

受留党察看处分、尚未恢复党员权利的党员，不能作入党介绍人。

第十五条　入党介绍人的主要任务是：

（一）向发展对象解释党的纲领、章程，说明党员的条件、义务和权利；

（二）认真了解发展对象的入党动机、政治觉悟、道德品质、工作经历、现实表现等情况，如实向党组织汇报；

（三）指导发展对象填写《中国共产党入党志愿书》，并认真填写自己的意见；

（四）向支部大会负责地介绍发展对象的情况；

（五）发展对象批准为预备党员后，继续对其进行教育帮助。

第十六条　党组织必须对发展对象进行政治审查。

政治审查的主要内容是：对党的理论和路线、方针、政策的态度；政治历史和在重大政治斗争中的表现；遵纪守法和遵守社会公德情况；直系亲属和与本人关系密切的主要社会关系的政治情况。

政治审查的基本方法是：同本人谈话、查阅有关档案材料、找有关单位和人员了解情况以及必要的函调或外调。在听取本人介绍和查阅有关材料后，情况清楚的可不函调或外调。对流动人员中的发展对象进行政治审查时，还应当征求其户籍所在地和居住地基层党组织的意见。

政治审查必须严肃认真、实事求是，注重本人的一贯表现。审查情况应当形成结论性材料。

凡是未经政治审查或政治审查不合格的，不能发展入党。

第十七条　基层党委或县级党委组织部门应当对发展对象进行短期集中培训。培训时间一般不少于三天（或不少于二十四个学时）。培训时主要学习党章、《关于党内政治生活的若干准则》等文件。中央组织部组织编写的《入党教材》，可以作为学习辅导材料。

未经培训的，除个别特殊情况外，不能发展入党。

第四章　预备党员的接收

第十八条　接收预备党员应当严格按照党章规定的程序办理。

第十九条　支部委员会应当对发展对象进行严格审查，经集体讨论认为合格后，报具有审批权限的基层党委预审。

基层党委对发展对象的条件、培养教育情况等进行审查，根据需要听取执纪执法等相关部门的意见。审查结果以书面形式通知党支部，并向审查合格的发展对象发放《中国共产党入党志愿书》。

发展对象未来三个月内将离开工作、学习单位的，一般不办理接收预备党员的手续。

第二十条　经基层党委预审合格的发展对象，由支部委员会提交支部大会讨论。

召开讨论接收预备党员的支部大会，有表决权的到会人数必须超过应到会有表决权人数的半数。

第二十一条　支部大会讨论接收预备党员的主要程序是：

（一）发展对象汇报对党的认识、入党动机、本人履历、家庭和主要社会关系情况，以及需向党组织说明的问题；

（二）入党介绍人介绍发展对象有关情况，并对其能否入党表明意见；

（三）支部委员会报告对发展对象的审查情况；

（四）与会党员对发展对象能否入党进行充分讨论，并采取无记名投票方式进行表决。赞成人数超过应到会有表决权的正式党员的半数，才能通过接收预备党员的决议。因故不能到会的有表决权的正式党员，在支部大会召开前正式向党支部提出书面意见的，应当统计在票数内。

支部大会讨论两个以上的发展对象入党时，必须逐个讨论和表决。

第二十二条　党支部应当及时将支部大会决议写入《中国共产党入党志愿书》，连同本人入党申请书、政治审查材料、培养教育考察材料等，一并报上级党委审批。

支部大会决议主要包括：发展对象的主要表现；应到会和实际到会有表决权的党员人数；表决结果；通过决议的日期；支部书记签名。

第二十三条 预备党员必须由党委（工委，下同）审批。

乡镇（街道）党委所属的基层党委，不能审批预备党员，但应当对支部大会通过接收的预备党员进行审议。

党总支不能审批预备党员，但应当对支部大会通过接收的预备党员进行审议。

除另有规定外，临时党组织不能接收、审批预备党员。

党组不能审批预备党员。

第二十四条 党委审批前，应当指派党委委员或组织员同发展对象谈话，作进一步的了解，并帮助发展对象提高对党的认识。谈话人应当将谈话情况和自己对发展对象能否入党的意见，如实填写在《中国共产党入党志愿书》上，并向党委汇报。

第二十五条 党委审批预备党员，必须集体讨论和表决。

党委主要审议发展对象是否具备党员条件、入党手续是否完备。发展对象符合党员条件、入党手续完备的，批准其为预备党员。党委审批意见写入《中国共产党入党志愿书》，注明预备期的起止时间，并通知报批的党支部。党支部应当及时通知本人并在党员大会上宣布。对未被批准入党的，应当通知党支部和本人，做好思想工作。

党委会审批两个以上的发展对象入党时，应当逐个审议和表决。

第二十六条 党委对党支部上报的接收预备党员的决议，应当在三个月内审批，并报上级党委组织部门备案。如遇特殊情况可适当延长审批时间，但不得超过六个月。

第二十七条 在特殊情况下，党的中央和省、自治区、直辖市委员会可以直接接收党员。

第二十八条 对在中国特色社会主义事业中为党和人民利益英勇献身，事迹突出，在一定范围内有较大影响，生前一贯表现良好并曾向党组织提出过入党要求的人员，可以追认为党员。

追认党员必须严格掌握，由所在单位党组织讨论决定后，经上级党委审查，报省一级党委批准。

第五章 预备党员的教育、考察和转正

第二十九条 党组织应当及时将上级党委批准的预备党员编入党支部和党小组，对预备党员继续进行教育和考察。

第三十条 预备党员必须面向党旗进行入党宣誓。入党宣誓仪式，一般由基层党委或党支部（党总支）组织进行。

第三十一条 党组织应当通过党的组织生活、听取本人汇报、个别谈心、集中培训、实践锻炼等方式，对预备党员进行教育和考察。

第三十二条 预备党员的预备期为一年。预备期从支部大会通过其为预备党员之日算起。

预备党员预备期满，党支部应当及时讨论其能否转为正式党员。认真履行党员义务、具备党员条件的，应当按期转为正式党员；需要继续考察和教育的，可以延长一次预备期，延长时间不能少于半年，最长不超过一年；不履行党员义务、不具备党员条件的，应当取消其预备党员资格。

预备党员违犯党纪，情节较轻，尚可保留预备党员资格的，应当对其进行批评教育或延长预备期；情节较重的，应当取消其预备党员资格。

预备党员转为正式党员、延长预备期或取消预备党员资格，应当经支部大会讨论通过和上级党组织批准。

第三十三条 预备党员转正的手续是：本人向党支部提出书面转正申请；党小组提出意见；党支部征求党员和群众的意见；支部委员会审查；支部大会讨论、表决通过；报上级党委审批。

讨论预备党员转正的支部大会，对到会人数、赞成人数等要求与讨论接收预备党员的支部大会相同。

第三十四条 党委对党支部上报的预备党员转正的决议，应当在三个月内审批。审批结果应当及时通知党支部。党支部书记应当同本人谈话，并将审批结果在党员大会上宣布。

党员的党龄，从预备期满转为正式党员之日算起。

第三十五条 预备期未满的预备党员工作、学习所在单位（居住地）发生变动，应当及时报告原所在党组织。原所在党组织应当及时将对其培养教育和考察的情况，认真负责地介绍给接收预备党员的党组织。

党组织应当对转入的预备党员的入党材料进行严格审查，对无法认定的预备党员，报县级以上党委组织部门批准，不予承认。

第三十六条 基层党组织对转入的预备党员，在其预备期满时，如认为有必要，可推迟讨论其转正问题，推迟时间不超过六个月。转为正式党员的，其转正时间自

预备期满之日算起。

第三十七条　预备党员转正后，党支部应当及时将其《中国共产党入党志愿书》、入党申请书、政治审查材料、转正申请书和培养教育考察材料，交党委存入本人人事档案。无人事档案的，建立党员档案，由所在党委或县级党委组织部门保存。

第六章　发展党员工作的领导和纪律

第三十八条　各级党委应当把发展党员工作列入重要议事日程，纳入党建工作责任制，作为党建工作述职、评议、考核和党务公开的重要内容。

对发展党员工作情况，市（地、州、盟）、县（市、区、旗）党委每半年检查一次，省、自治区、直辖市党委每年检查一次。检查结果及时上报，并向下通报。

重视从青年工人、农民、知识分子中发展党员，优化党员队伍结构。对具备发展党员条件但长期不做发展党员工作的基层党组织，上级党委应当加强指导和督促检查，必要时对其进行组织整顿。

第三十九条　各级党委组织部门每年应当向同级党委和上级党委组织部门报告发展党员工作情况和发展党员工作计划，如实反映带有倾向性的问题和对违反规定发展党员的查处情况。

第四十条　县以上党委及其组织部门应当重视对组织员的选拔、配备和培训，充分发挥他们在发展党员工作中的作用。

第四十一条　各级党组织对发展党员工作中出现的违纪违规问题和不正之风，应当严肃查处。对不坚持标准、不履行程序、超过审批时限和培养考察失职、审查把关不严的党组织及其负责人、直接责任人应当进行批评教育，情节严重的给予纪律处分。典型案例应当及时通报，对违反规定吸收入党的，一律不予承认，并在支部大会上公布。

对采取弄虚作假或其他手段把不符合党员条件的人发展为党员，或为非党员出具党员身份证明的，应当依纪依法严肃处理。

第四十二条　《中国共产党入党志愿书》的式样由中央组织部负责制定，省级党委组织部门按照式样统一印制，并严格管理。

第七章　附　　则

第四十三条　本细则由中央组织部负责解释。

第四十四条　本细则自发布之日起施行。《中国共产党发展党员工作细则（试行）》（中组发〔1990〕3 号）同时废止。

关于加强中小学校党的建设工作的意见

中共中央组织部、中共教育部党组 2016 年 6 月 29 日印发

中小学教育是国民教育体系的基础，担负着培养德智体美全面发展的社会主义建设者和接班人的重要使命。加强中小学校党的建设，对于全面贯彻党的教育方针、保证社会主义办学方向、落实立德树人根本任务、办好人民满意的教育，具有重要意义。近年来，中小学校党建工作取得明显成效，但也存在着不少薄弱环节和突出问题，一些学校党组织和党的工作覆盖还有空白点，党组织隶属关系不规范，政治功能弱化，党员教育管理松散，思想政治工作薄弱，等等。为落实全面从严治党要求，切实加强中小学校党的建设，充分发挥学校党组织战斗堡垒作用和党员先锋模范作用，根据党章和有关法律法规，现提出如下意见。

一、充分发挥中小学校党组织政治核心作用

1. 中小学校党组织是党在学校中全部工作和战斗力的基础，发挥政治核心作用，全面负责学校党的思想、组织、作风、反腐倡廉和制度建设，把握学校发展方向，参与决定重大问题并监督实施，支持和保证校长依法行使职权，领导学校德育和思想政治工作，培育和践行社会主义核心价值观，维护各方合法权益，推动学校健康发展。

（1）全面贯彻执行党的理论和路线方针政策，贯彻执行党的教育方针，引导监督学校遵守国家法律法规，依法治校、规范管理，确保正确办学方向。

（2）参与讨论决定学校发展规划、重要改革、财务预决算和教学科研、招生录取、基本建设等方面的重大事项，以及涉及师生员工切身利益的重要问题。

（3）坚持党管干部原则，在选人用人中发挥主导作用，负责学校内设机构负责人的教育培养和选拔任用，协助上级党组织做好学校领导人员的教育管理监督等工作。

（4）坚持党管人才原则，参与讨论决定人才工作政策措施，会同有关方面做好各类人才培养、引进、使用、管理、服务和奖惩工作，对教职工聘用考评、职称评审等提出意见。

（5）坚持立德树人、德育为先，做好思想政治工作和意识形态工作，开展社会主义核心价值观教育，加强学校文化和精神文明建设，推动形成良好校风教风学风。

(6)完善学校党组织设置和工作机制,创建学习型服务型创新型党组织,扩大党内基层民主,严格党内组织生活,做好发展党员和党员教育管理服务工作。

(7)领导学校党的纪律检查工作,落实党风廉政建设责任制,严格执行《中国共产党廉洁自律准则》《中国共产党纪律处分条例》等规定,加强对违纪违法问题的预防、监督和查处。

(8)领导工会、共青团、少先队等群团组织和教职工大会(代表大会),做好统一战线工作。

2. 建立党组织参与决策和监督、有效发挥作用的制度机制。完善领导班子配备方式,推行党组织与行政领导班子成员双向进入、交叉任职,保证党组织在重大事项决策中的地位。健全议事决策制度,明确党组织参与决策具体内容和程序,规范党组织会议、党政联席会议制度,按照民主集中制原则集体讨论决定重要事项。健全沟通协调机制,对重大议题和事项,党组织与行政领导班子成员要充分沟通酝酿、形成共识。定期组织党员、教职工代表等听取校长工作报告和重大事项情况通报,保证对决策实施的监督。对不符合党的路线方针政策、国家法律法规或不按程序决策的做法,党组织要及时提出意见或向上级党组织报告。

3. 边疆地区、民族地区已明确实行党组织领导下的校长负责制的中小学校,党组织要加强对学校各项工作、各类组织的领导,积极探索发挥领导核心作用的有效途径。

二、健全完善中小学校党建工作管理体制

4. 明确管理主体。按照与教育管理体制相适应、管党建管业务相结合的原则,中小学校党建工作一般由县级以上地方党委教育工作部门或教育行政部门党组织统一领导和指导。

5. 规范隶属关系。中小学校党组织关系一般隶属于市、县级党委教育工作部门或教育行政部门党组织,所在乡镇(街道)、村(社区)党组织协助管理。高等学校等单位和部门举办的中小学校,其党组织关系一般由举办单位和部门党组织管理,所在地方党委教育工作部门或教育行政部门党组织协助管理。

6. 健全工作制度。各级党委教育工作部门或教育行政部门党组织要加强对中小学校党建工作的指导、督促和检查,纳入教育督导内容,与教育教学业务同部署、同落实、同考评。建立党建工作联席会、例会等制度,加强直接联系和分类指导,推动工作落实。

三、全面提升中小学校党组织建设水平

7. 推进党组织和党的工作全覆盖。加大党组织组建力度,有3名以上正式党员的学校,都要单独建立党组织,并按期进行换届。正式党员不足3人的学校或偏远地区的农村学校(教学点),可就近就便与其他学校建立联合党组织,也可挂靠乡镇(街道)、村(社区)党组织。暂时没有党员的学校,要通过调剂或聘任党员教师、选派党建指导员等措施,推动尽快建立党组织。新建学校,应同步谋划党组织组建和党的工作开展。

8. 选优配强党组织书记。注重选拔党性强、懂教育、会管理、有威信、善于做思想政治工作的优秀党员干部担任党组织书记。党组织书记一般应具备教师资格,经过学校党务和行政岗位锻炼。推行党组织书记、校长"一肩挑",办学规模大、党员人数多的学校,应配备熟悉党务工作、有较强组织协调能力的同志担任党组织专职副书记,全力抓好党建工作。党组织书记和校长分设的,党组织书记一般应兼任副校长,党员校长一般应兼任副书记。学校没有党组织书记合适人选的,可由上级党组织选派。对不胜任工作的党组织书记,要按有关规定及时进行调整。

9. 创新党组织活动内容方式。把党组织工作融入学校教育教学各项工作中,防止"两张皮"。建立党组织班子成员和党员联系服务师生员工制度,组织党员老教师、教学骨干与年轻教师结对子。实施党员名师工程,组织党员承诺践诺,开展岗位建功、教学竞赛、建言献策等活动。积极运用现代信息技术手段开展党组织活动,增强活动影响力吸引力。

10. 做好发展党员和党员教育管理工作。严格党员标准,抓好入党积极分子培养,重视发展优秀青年教师、学科带头人入党,健全把骨干教师培养成党员、把党员教师培养成教学管理骨干的"双培养"机制。组织党员认真学习党章党规,学习习近平总书记系列重要讲话,增强党性、提高素质。强化对党员的日常管理、组织关系管理,落实"三会一课"、民主生活会和组织生活会、党员党性分析和民主评议、党员活动日等制度,及时稳妥处置不合格党员。落实谈心谈话、走访慰问、帮扶救助等制度,注重帮助生活困难党员和老党员解决实际问题。

11. 强化对党务工作者培训和激励。把中小学校党务工作者纳入基层党务干部培训范围,加强党规党纪、党建工作、学校管理、廉洁自律等知识和能力培训。抓好党组织书记任职培训、业务培训和专题培训,每年至少集中培训1次。完善激励政策,党组织书记(副书记)与校长(副校长)在岗位等级确定、考核奖励、待遇落实等方面同等对待。专职党务工作人员比照学校同级行政管理人员落实相关待遇，兼职党务工作者应计算工作量。优秀党务工作者、优秀共产党员应与同级表彰的优秀教育工作者、优秀教师等享受同等待遇。

四、把抓好德育和思想政治工作作为中小学校党组织重要任务

12. 抓好学生德育工作。建立党组织主导、校长负责、群团组织参与、家庭社会联动的德育工作机制。党组织要经常研究分析学生思想道德状况，跟进做好有关工作；党组织书记要把德育工作抓在手上，推动解决重要问题。把社会主义核心价值观融入教育教学全过程，促进学生养成良好思想品德和行为习惯。抓好教室、寝室、图书馆、食堂和网络等思想文化阵地建设与管理，及时解决学生实际困难和苗头性倾向性问题，使德育工作融入学生日常学习生活，促进全员、全过程、全方位育人。

13. 做好教职工思想政治工作。深入开展中国特色社会主义和中国梦宣传教育，加强党史国史和形势政策教育，引导教职工增强政治认同和教书育人责任感。建立常态化的政治理论学习制度，每月至少组织1次教职工政治学习。加强人文关怀和心理疏导，定期分析教职工思想动态，积极为教职工排忧解难。

14. 推进师德师风建设。强化社会公德、职业道德、家庭美德、个人品德教育，注重培育宣传师德标兵、教学骨干和优秀班主任、德育工作者等先进典型，引导教师争做有理想信念、有道德情操、有扎实学识、有仁爱之心的好老师。坚持课堂讲授有纪律，严禁在教育教学活动中有反对党的领导、反对中国特色社会主义制度、有损国家利益和不利于学生健康成长的言行。实行师德"一票否决制"，把师德表现作为教师资格注册、年度考核、职称评审、岗位聘用、评优奖励的首要标准。对教师体罚学生、收受礼品礼金等行为，要批评教育、责令改正；道德败坏、造成不良影响的，按照有关规定严肃处理。对违反师德行为监管不力的，追究党组织书记和行政负责人的责任。

五、切实加强对中小学校党建工作的领导

15. 构建责任明晰、协调推进的工作格局。各级党委要认真履行主体责任，加强领导和指导，每年至少听取1次中小学校党建工作情况汇报。党委组织部门要统筹协调，强化督促指导；党委教育工作部门或教育行政部门党组织要负起直接责任，明确专门内设机构和人员，上下联动、具体指导。要立足各类中小学校实际，研究制定党建工作办法措施，防止"一刀切"。加强与宣传、财政、人力资源社会保障等部门的沟通协调，形成工作合力。健全有关部门和学校党组织抓党建述职评议考核制度，落实问题清单、任务清单、责任清单。对中小学校党建工作不抓不管、出现严重问题的，严肃问责追究。

16. 加强基础保障。中小学校要根据办学规模、党员人数等，设立党组织工作机构，配强工作力量。党建工作经费要纳入学校年度经费预算安排。上级党委可按留存党费的一定比例下拨中小学校，用于党组织活动。整合利用学校现有场所，建立党员活动室、学习室，并配备必要设施。注重将人财物等资源向农村偏远地区和党建基础薄弱的中小学校倾斜，健全城乡中小学校党组织互联互帮机制，倡导学校与机关、企事业单位、乡镇（街道）、村（社区）党组织结对共建、资源共享、共同发展。

本意见适用于公办中小学校（含中等职业学校），公办幼儿园参照执行。各地区各有关部门要结合实际，提出贯彻落实的具体措施和办法。

县以上党和国家机关党员领导干部民主生活会若干规定

中共中央2016年12月23日印发

第一条 为了落实全面从严治党要求，坚持和完善县以上党和国家机关党员领导干部民主生活会制度，根据《中国共产党章程》和《关于新形势下党内政治生活的若干准则》、《中国共产党党内监督条例》等有关党内法规，制定本规定。

第二条 本规定所称县以上党和国家机关党员领导干部，是指县以上党的各级委员会、纪律检查委员会的常务委员会委员，工作委员会委员，党组（党委）成员，以及县以上党和国家机关各部门（含人民团体）的党员领导干部。

经济组织、文化组织、社会组织和其他组织的党组（党委）成员，执行本规定。

第三条 民主生活会是党内政治生活的重要内容，是发扬党内民主、加强党内监督、依靠领导班子自身力量解决矛盾和问题的重要方式。坚持和完善民主生活会制度，对于新形势下加强和规范党内政治生活，增强党自我净化、自我完善、自我革新、自我提高能力，实现党的正确领导，维护党的团结和集中统一，引导党员领导干部牢固树立政治意识、大局意识、核心意识、看齐意识，自觉践行“三严三实”要求，始终做到忠诚干净担当，具有重要作用。

党员领导干部还应当以普通党员身份参加所在党支部（党小组）组织生活会，过好双重组织生活。

第四条　民主生活会应当遵循“团结——批评——团结”的方针，贯彻整风精神，充分发扬民主，开展积极健康的思想斗争，增强党内政治生活的政治性、时代性、原则性、战斗性。参加民主生活会的党员领导干部应当严肃认真开展批评和自我批评，坚持实事求是，讲党性不讲私情、讲真理不讲面子，按照“照镜子、正衣冠、洗洗澡、治治病”的要求，严肃认真提意见，满腔热情帮同志，达到统一思想、增进团结、互相监督、共同提高的目的。

第五条　民主生活会应当确定主题，一般由上级党组织统一确定，或者由领导班子根据自身建设实际确定，并报上级党组织同意。

第六条　民主生活会应当围绕主题，就以下基本内容进行对照检查，开展批评和自我批评：

（一）遵守党章，坚定理想信念，贯彻党的理论路线方针政策和决议，执行党的政治纪律和政治规矩，维护党中央权威的情况。

（二）加强领导班子自身建设，实行民主集中制，维护领导班子团结，严格党的组织生活制度，坚持正确用人导向，开展批评和自我批评的情况。

（三）正确行使权力，履职尽责、积极作为，坚持科学决策、民主决策、依法决策，反对特权、秉公用权的情况。

（四）带头践行社会主义核心价值观，艰苦奋斗，清正廉洁，遵纪守法，注重家庭、家教、家风，教育管理好亲属和身边工作人员的情况。

（五）执行党的群众路线，站稳人民立场，改进领导作风，深入调查研究，密切联系群众的情况。

（六）履行全面从严治党主体责任和监督责任，加强党风廉洁建设和反腐败工作的情况。

受到诫勉谈话的，应当说明整改情况。

第七条　民主生活会每年召开1次，一般安排在第四季度。因特殊情况需要提前或者延期召开的，应当报上级党组织同意。

民主生活会到会人数必须达到应到会人数的三分之二以上。

第八条　领导班子遇到重要或者普遍性问题，出现重大决策失误或者对突发事件处置失当，经纪律检查、巡视和审计发现重要问题，以及发生违纪违法案件等情况的，应当专门召开民主生活会，及时剖析整改。

第九条　召开民主生活会应当制定会议方案，提前10日报上级党组织审核，并做好以下准备工作：

（一）领导班子成员认真学习党章党规和党的创新理论以及有关文件，提高思想认识，把握标准要求。

（二）由党委（党组）或者委托组织部门、机关党组织征求党员、干部和群众的意见建议，并如实向领导班子及其成员反馈。领导班子成员应当就反映本人的有关问题，向组织作出说明。

（三）领导班子成员之间互相谈心谈话，交流思想，交换意见，并与分管单位主要负责人谈心，也应当接受党员、干部约谈。

（四）撰写领导班子对照检查材料和个人发言提纲，查摆问题，进行党性分析，提出整改措施。个人发言提纲应当自己动手撰写，并按规定说明个人有关事项。

第十条　民主生活会由领导班子主要负责人主持，一般按以下程序进行：

（一）通报上一次民主生活会整改措施落实情况和本次民主生活会征求意见情况。

（二）主要负责人代表领导班子作对照检查。

（三）领导班子成员逐一进行对照检查，作自我批评，其他成员对其提出批评意见。

（四）主要负责人总结会议情况，提出整改工作要求。

因故缺席的人员应当提交书面发言材料。会后，将会议情况和批评意见转告缺席人。

第十一条　民主生活会应当直面问题，领导干部应当在会上把自身存在的突出问题说清楚、谈透彻，开展批评和自我批评，明确整改方向。自我批评应当联系实际、针对问题、触及思想。相互批评应当开诚布公指出问题，防止以工作建议代替批评意见。对待批评应当有则改之、无则加勉，不搞无原则纷争，也不搞一团和气。

批评和自我批评的具体意见，不得随意散布。

第十二条　民主生活会列席人员，根据有关规定和会议内容确定。列席人员可以发言，对领导班子及其成员提出批评或者建议。

第十三条　民主生活会应当切实解决问题，对检查和反映出来的问题，领导班子及其成员应当制定整改措施，确定整改目标和完成时限。对群众反映强烈的突出问题进行专项整治。需要上级党组织帮助解决的，应当及时向上级党组织报告。反映领导班子成员的违纪问题，由党的纪律检查机关处理。

第十四条　在民主生活会上提出的重要问题，党组织没有及时研究解决和向上级党组织报告的，应当追究主要负责人责任；造成严重后果的，依纪依规严肃处理。

第十五条　民主生活会结束后15日内，应当将会议情况报告和会议记录报上级党组织，并报送上级纪委和党委组织部门。报告的主要内容是征求意见的情况、开展批评和自我批评的情况、检查和反映出来的主要问题及整改措施。省部级单位召开民主生活会的情况，由中央组织部会同中央纪委机关形成综合报告，报党中央。

民主生活会召开情况应当向下级党组织或者本单位通报。对于群众普遍关心问题的整改措施，以适当方式公布。

第十六条　中央政治局带头开好民主生活会。各级党委（党组）履行组织开好民主生活会的领导责任。上级党组织应当通过派出督导组、派人列席等方式，对下级单位召开的民主生活会进行督促检查和指导，具体工作由组织部门会同纪律检查机关负责。对问题突出的领导班子，上级党组织主要负责人应当亲自过问，派出得力的负责人列席民主生活会，严肃指出问题、深入分析原因、切实帮助解决。党的机关工作委员会参与对同级直属机关召开的民主生活会的督促检查和指导。党中央主要负责督促检查和指导省部级单位召开的民主生活会。

第十七条　上级党组织负责人，纪律检查机关、组织部门负责人每年应当随机参加一定数量的下级单位召开的民主生活会，了解情况，进行指导，发现问题及时纠正。纪律检查机关、组织部门派人列席下一级各单位召开的民主生活会。

第十八条　执行民主生活会制度情况，纳入领导班子及其成员履行全面从严治党责任考核内容，作为考核评价领导班子的重要依据。对不按规定召开民主生活会的应当严肃指出、限期整改，对走过场的责令重新召开，并在一定范围通报批评，情节严重的追究主要负责人责任。对无正当理由不参加民主生活会的党员领导干部，给予严肃批评教育。

第十九条　国有企业党组织、高等学校党组织、乡镇党委等基层党组织领导干部民主生活会，参照本规定执行。

第二十条　中国人民解放军和中国人民武装警察部队党组织的民主生活会制度，由中央军委参照本规定作出规定。

第二十一条　本规定由中央组织部负责解释。

第二十二条　本规定自2016年12月23日起施行。1990年5月25日中共中央印发的《关于县以上党和国家机关党员领导干部民主生活会的若干规定》同时废止。

中国共产党党委（党组）理论学习中心组学习规则

中共中央办公厅2017年1月30日印发

第一章　总　　则

第一条　为了进一步推进党委（党组）理论学习中心组学习制度化、规范化，推动理论武装工作深入开展，提高领导干部的理论水平和工作能力，加强领导班子思想政治建设，根据《中国共产党章程》和其他有关党内法规，制定本规则。

第二条　党委（党组）理论学习中心组学习，是各级党委（党组）领导班子和领导干部在职理论学习的重要组织形式，是严肃党内政治生活、强化党性修养的重要内容，是加强各级领导班子思想政治建设的重要制度，是建设学习型服务型创新型的马克思主义执政党、提高党的执政能力和领导水平的重要途径。

各级党委（党组）应当把理论学习中心组学习列入重要议事日程，纳入党建工作责任制，纳入意识形态工作责任制。

第三条　党委（党组）理论学习中心组学习以政治学习为根本，以深入学习中国特色社会主义理论体系为首要任务，以深入学习贯彻习近平总书记系列重要讲话精神为重点，以掌握和运用马克思主义立场、观点、方法为目的，坚持围绕中心、服务大局，坚持知行合一、学以致用，坚持问题导向、注重实效，坚持依规管理、从严治学。

第四条　本规则适用于各级党委（党组）理论学习中心组学习，党的各级纪律检查机关、工作机关、直属事业单位的领导班子理论学习中心组学习。

其他党组织参照本规则组织学习。

第二章　组织与职责

第五条　党委（党组）理论学习中心组主要由党委（党组）领导班子成员组成，可以根据学习需要适当吸收有关人员参加。

第六条 各级党委（党组）对本级理论学习中心组学习负主体责任，对本地区本部门本单位的理论学习中心组学习负领导责任。

党委（党组）书记是理论学习中心组学习第一责任人，书记不能参加学习时，由主持党委（党组）日常工作的负责人代行职责。

党委（党组）负责宣传思想工作的成员是理论学习中心组学习直接责任人，主要职责是配合党委（党组）书记做好学习的组织工作。

党委（党组）其他成员应当积极参加学习，自觉遵守理论学习中心组学习制度，按照学习安排或者受委派承担相应职责。

第七条 党委（党组）理论学习中心组应当配备学习秘书，由宣传部、办公厅（室）、组织部或者机关党委等机构负责人担任，由宣传部负责人牵头。

宣传部、办公厅（室）、组织部、机关党委、讲师团等机构人员应当协助学习秘书共同做好学习服务工作。

第三章 学习内容、形式与要求

第八条 党委（党组）理论学习中心组学习内容包括：

（一）马克思列宁主义、毛泽东思想、邓小平理论、“三个代表”重要思想、科学发展观，习近平总书记系列重要讲话和治国理政新理念新思想新战略。

（二）党章党规党纪和党的基本知识。

（三）党的路线、方针、政策和决议。

（四）国家法律法规。

（五）社会主义核心价值观。

（六）党的历史、中国历史、世界历史和科学社会主义发展史。

（七）推进中国特色社会主义事业所需要的经济、政治、文化、社会、生态、科技、军事、外交、民族、宗教等方面知识。

（八）改革发展实践中的重点、难点问题。

（九）党中央和上级党组织要求学习的其他重要内容。

第九条 党委（党组）理论学习中心组可以通过以下适当形式，开展切实有效的学习活动：

（一）集体学习研讨。各级党委（党组）理论学习中心组应当将集体学习研讨作为学习的主要形式，把重点发言和集体研讨、专题学习和系统学习结合起来，深入开展学习讨论和互动交流。理论学习中心组学习以中心组成员自己学、自己讲为主，适当组织专题讲座、辅导报告。

（二）个人自学。理论学习中心组成员应当根据形势任务的要求，结合工作需要和本人实际，明确学习重点，研读必要书目，下功夫刻苦学习。

（三）专题调研。理论学习中心组成员应当把理论学习与专题调研结合起来，深入基层、深入群众，扎实开展调查研究，深化理论学习。

理论学习中心组成员应当积极参加学习讲坛、读书会、报告会等学习活动，充分利用网络学习平台开展学习，拓宽学习渠道，提升学习效果。

党委（党组）理论学习中心组应当结合本地区本部门本单位实际，创新学习方式，改进学习方法，增强学习的吸引力、针对性和实效性。

第十条 理论学习中心组应当坚持把学习马克思主义理论作为做好一切工作的看家本领，把学习党的基本理论与学习党的理论创新成果结合起来，把握精神实质，掌握精髓要义，做到真学真懂真信真用。

坚持学以立德、学以修身、学以益智、学以增才，把提高理论素质与增强党性修养、提升工作本领结合起来，坚定理想信念，加强党性锻炼，提高精神境界。

大力弘扬理论联系实际的马克思主义学风，紧密结合改革开放和社会主义现代化建设的实际，紧密结合思想和工作实际，努力掌握马克思主义立场、观点、方法，学以致用、用以促学、学用相长，把学习成果转化为有效的政策举措。学习理论贵在精、贵在管用。坚持问题导向，提高运用党的基本理论解决实际问题的能力。

理论学习中心组成员应当发挥“关键少数”的示范和表率作用，自觉学习、带头学习，努力成为建设学习型党组织和学习型领导班子的精心组织者、积极促进者、自觉实践者，带动全党大兴学习之风。

集体学习研讨应当保证学习时间和质量，每年应当集中一定时间学习，每季度不少于1次。提倡理论学习中心组成员结合工作实际撰写学习心得、调研报告或者理论文章。

第四章 学习管理、考核与问责

第十一条 党委（党组）理论学习中心组每年年初按照党中央和上级党组织部署，结合工作实际，制定年度学习计划。

年度学习计划由本级党委（党组）审定后施行，并报送上级党委宣传部、组织部或者有关党的机关工作委员会备案。

第十二条 上级党委宣传部会同组织部等有关部门，负责理论学习中心组学习情况的督查考核。督查可以采取自查、抽查或者普查等方式。考核可以结合领导班子和领导干部年度考核进行。

有关党的机关工作委员会负责各级机关、企事业单位党组织理论学习中心组学习情况的督查,并将督查情况通报党委宣传部、组织部。

第十三条 党委(党组)理论学习中心组每年向上级党委宣传部、组织部报送中心组学习情况;各级机关、企事业单位党组织理论学习中心组每年向有关党的机关工作委员会报送中心组学习情况。

党委宣传部、组织部每年通报下级党委(党组)理论学习中心组学习情况;有关党的机关工作委员会每年通报同级机关、企事业单位党组织理论学习中心组学习情况。

第十四条 对党委(党组)理论学习中心组学习开展不力、出现错误倾向产生恶劣影响的,应当按照有关规定问责。

第五章 附　　则

第十五条 各省、自治区、直辖市党委,中央直属机关工委、中央国家机关工委,可以根据本规则,结合实际制定实施办法。

中国人民解放军和中国人民武装警察部队党委理论学习中心组学习规则,由中央军事委员会根据本规则的基本精神制定。

第十六条 本规则由中央宣传部负责解释。

第十七条 本规则自 2017 年 1 月 30 日起施行。此前有关规定与本规则不一致的,以本规则为准。

中央和国家机关基层党组织党建活动经费管理办法

财政部、中央直属机关工委、中央国家机关工委 2017 年 8 月 19 日印发

第一章 总　　则

第一条 为加强中央和国家机关基层党组织建设,推进"两学一做"学习教育常态化制度化,规范党建活动经费管理,依据《中华人民共和国预算法》《中国共产党和国家机关基层组织工作条例》等有关法律法规,制定本办法。

第二条 中央和国家机关基层党组织使用财政资金开展的党建活动,适用本办法。

本办法所称中央和国家机关基层党组织,是指党的关系隶属于中央直属机关工委、中央国家机关工委的中央和国家机关各部门、各人民团体(以下简称各单位)按照《中国共产党和国家机关基层组织工作条例》设置的机关党的基层组织(包括党的基层委员会、党总支、党支部),不包括各单位机关党委。

本办法所称党建活动,是指基层党组织开展的"三会一课"、主题党日活动、党员和入党积极分子教育培训、学习调研等活动。

第三条 各单位基层党组织开展党建活动,必须坚持厉行节约、反对浪费的原则,统筹使用财政资金和党费,结合党建工作要求和机关工作实际,按年度编制计划,实行审批备案管理。

第二章 计划管理

第四条 各单位基层党组织开展党建活动,应当按年度编制党建活动计划(包括活动内容、形式、时间、地点、人数、所需经费及列支渠道等),报单位机关党委审核。

第五条 各单位基层党组织编制党建活动计划,应当充分听取党员意见,并经基层党的委员会或支部(总支)委员会讨论。

第六条 各单位机关党委汇总并审核所属基层党组织年度党建活动计划,经单位财务部门审核后,报部委(党组、党委)批准。

各单位机关党委要严格控制到常驻地以外开展的党建活动规模、时间和数量。

第七条 各单位基层党组织根据党建工作需要,临时增加使用财政资金开展的党建活动,应当报单位机关党委和财务部门批准。

第八条 各单位应当于每年 3 月 31 日前按党组织隶属关系,将党建活动计划分别报中央直属机关工委、中央国家机关工委备案。

第三章 开支范围和标准

第九条 本办法所称党建活动经费支出项目包括:租车费、城市间交通费、伙食费、住宿费、场地费、讲课费、资料费和其他费用。

(一)租车费是指开展党建活动需集体出行发生的租车费用。

(二)城市间交通费是指到常驻地以外开展党建活动发生的城市间交通支出。

(三)伙食费是指开展党建活动期间发生的用餐费用。

(四)住宿费是指开展党建活动期间发生的租住房间的费用。

（五）场地费是指用于党建活动的会议室、活动场地租金。

（六）讲课费是指请师资为党员授课所支付的费用。

（七）资料费是指为党员学习教育集中购买的培训资料费用。

第十条 党建活动经费按支出项目，分别执行下列标准：

（一）城市间交通费、住宿费，参照中央和国家机关差旅费有关规定，按标准执行；个人不得领取交通补助。

（二）伙食费，参照中央和国家机关差旅费有关规定，在差旅费伙食补助费标准内据实报销；一天仅一次就餐的，人均伙食费不超过 40 元；个人不得领取伙食补助。

（三）讲课费，参照中央和国家机关培训费有关标准执行。

（四）租车费，大巴士（25 座以上）每辆每天不超过 1500 元，中巴士（25 座及以下）每辆每天不超过 1000 元；租车到常驻地以外的，租车费可以适当增加。

（五）场地费，每半天人均不得超过 50 元。

（六）资料费和其他有关费用经批准后据实报销。

第四章 活动组织

第十一条 开展党建活动，要突出增强党员的政治意识、大局意识、核心意识、看齐意识，同时注重与中心工作结合，注重质量效果，防止形式主义。

第十二条 开展主题党日活动，应当有详细的活动方案，明确主题，注重活动的政治性和庄重感。

第十三条 开展党建活动，要充分发挥党员的主体作用，必须自行组织，不得将活动组织委托给旅行社等其他单位。

第十四条 开展党建活动，要因地制宜，充分利用本地条件；每个基层党组织到常驻地以外开展党建活动原则上每两年不超过一次；要严格控制租用场地举办活动，确需租用的，要选择安全、经济、便捷的场地。

第十五条 开展党建活动，要根据实际情况集体出行。集体出行确需租用车辆的，应当视人数多少租用大巴车或中巴车，不得租用轿车（5 座及以下）。到常驻地以外开展党建活动，一般不得乘坐飞机。

第十六条 开展党建活动，要严格遵守中央八项规定精神，严格执行廉洁自律各项规定。

严禁借党建活动名义安排公款旅游；严禁到党中央、国务院明令禁止的风景名胜区开展党建活动；严禁借党建活动名义组织会餐或安排宴请；严禁组织高消费娱乐健身活动；严禁购置电脑、复印机、打印机、传真机等固定资产以及开支与党建活动无关的其他费用；严禁套取资金设立“小金库”；严禁发放任何形式的个人补助；严禁转嫁党建活动费用。

第五章 报销结算

第十七条 报销党建活动经费，需经单位机关党委审核后履行报销程序。

各单位财务部门应当严格按照规定进行审核报销。

第十八条 党建活动的资金支付，应当执行国库集中支付和公务卡管理有关制度规定。

第十九条 党建活动所需财政资金，原则上在部门预算公用经费中列支，由各单位在年度部门预算中合理保障。

第六章 监督检查

第二十条 各单位应当将党建活动经费开支情况以适当方式公开。

第二十一条 各单位应当于每年 3 月 31 日前将上年度党建活动开展情况（包括活动形式、内容、时间、地点、人数、经费开支及列支渠道等）按党组织隶属关系，分别报中央直属机关工委、中央国家机关工委备案。

第二十二条 中央直属机关工委、中央国家机关工委、财政部等有关部门对各单位党建活动经费管理使用情况进行监督检查。

（一）党建活动计划的编报是否符合规定；

（二）临时增加党建活动是否报单位机关党委批准；

（三）党建活动经费开支范围和开支标准是否符合规定；

（四）党建活动经费报销和支付是否符合规定；

（五）是否存在奢侈浪费现象；

（六）是否存在其他违反本办法的行为。

第二十三条 有违反本办法的行为，由中央直属机关工委、中央国家机关工委、财政部等有关部门责令改正，追回资金，并予以通报。相关责任人员按规定予以党纪政纪处分；涉嫌违法的，移交司法机关处理。

第七章 附 则

第二十四条 各单位应当按照本办法，结合本单位业务特点和工作实际，制定基层党组织党建活动经费管理具体规定。

第二十五条 事业单位参照本办法执行。

第二十六条 本办法由财政部会同中央直属机关工委、

中央国家机关工委负责解释。

第二十七条　本办法自2017年10月1日起施行。

中央和国家机关严格党的组织生活制度的若干规定（试行）

1. 中央和国家机关工作委员会2019年3月28日制定
2. 2019年4月22日发布

第一章　总　　则

第一条　为了进一步严格中央和国家机关党的组织生活制度，切实增强党内政治生活的政治性、时代性、原则性、战斗性，根据《中国共产党章程》和《关于新形势下党内政治生活的若干准则》、《中国共产党支部工作条例（试行）》等有关党内法规，制定本规定。

第二条　严格党的组织生活制度应当坚持以习近平新时代中国特色社会主义思想为指导，带头增强“四个意识”、做到“两个维护”；坚持围绕中心、建设队伍、服务群众，以提升组织力为重点，突出政治功能；坚持民主集中制，发扬党内民主，深入开展批评和自我批评；坚持求真务实、探索创新，聚焦和解决突出问题；坚持高标准严要求，发挥党员领导干部示范表率作用，不断提高党的组织生活质量。

第三条　中央和国家机关各部门应当加强对执行党的组织生活制度的监督检查，基层党组织应当把严格党的组织生活作为对党员进行教育管理监督的重要形式，确保各项制度落到实处。

各级党组织书记应当认真履行第一责任人职责，切实抓好党的组织生活制度落实。党员干部应当增强党的意识和党员意识，无论职务高低，都要自觉参加党的组织生活。

党内重要仪式、活动等应当悬挂党旗，党员佩戴党员徽章。

第二章　严格“三会一课”

第四条　党员必须参加党员大会、党小组会和上党课，党支部应当定期召开党支部委员会会议。

党支部党员大会一般由党支部书记召集并主持，全体党员参加，一般每季度召开1次。党支部委员会会议一般由党支部书记召集并主持，党支部委员参加，一般每月召开1次。党小组会由党小组组长召集并主持，一般每月召开1次。党支部应当定期组织党员上党课，一般每季度开展1次。

第五条　“三会一课”应当突出政治学习和教育，突出党性锻炼，把学习习近平新时代中国特色社会主义思想作为首要任务，结合党员思想和工作实际确定主题和具体方式，做到形式多样、氛围庄重，防止表面化、形式化、娱乐化、庸俗化。不得用业务会代替“三会”，不得用业务课代替党课。

重要的集体学习，一般不得请假；确需请假的，应当以适当方式补课。

第六条　坚持党员领导干部讲党课制度，部门党组（党委）主要负责人每年至少为党员讲1次党课，其他成员每年至少为分管单位党员讲1次党课；基层党组织书记每年至少为所在党组织党员讲1次党课。

党课内容应当突出政治性、思想性、时代性，贴近党员、贴近实际，不搞照本宣科。

第七条　党支部每月相对固定一天收缴党费，党员应当主动按时足额交纳党费。党支部应当按照规定上缴党费，一般每季度上缴1次，最长不能超过6个月。

各部门机关党委或者基层党委应当在党员大会或者党的代表大会上报告党费收缴、使用和管理情况。党支部应当每年向党员公布1次党费收缴情况。

第三章　严格双重组织生活

第八条　党员领导干部应当以普通党员身份参加所在党支部或者党小组的组织生活。因故不能参加的，应当事先向所在党支部或者党小组请假。党的高级干部应当督促身边工作人员参加所在党组织的政治学习和组织生活。

第九条　各部门机关党委应当加强对部门党组（党委）领导班子成员及内设机构、直属单位党员领导干部参加双重组织生活的组织协调和督促检查，并以适当方式向全体党员通报党员领导干部参加双重组织生活情况。

党支部或者党小组应当认真记录党员领导干部参加组织生活情况，并向上级党组织报告。党员领导干部应当在年度述职中报告参加双重组织生活情况。

第四章　严格民主生活会和组织生活会

第十条　领导班子民主生活会每年召开1次，一般安排在第四季度。因特殊情况需要提前或者延期召开的，应当报上级党组织同意。民主生活会到会人数必须达到应到会人数的三分之二以上。

组织生活会一般以党支部党员大会、党支部委员会会议或者党小组会形式召开，每年至少召开1次。

第十一条　召开民主生活会和组织生活会之前，应当组织理论学习，广泛听取意见，深入谈心交心。会上，积极开展批评和自我批评，认真查摆问题，深刻剖析根源，明确整改方向，党员干部应当把群众反映、巡视反馈、组织约谈函询、个人须报告的重大事项和有关问题说清楚，提出整改措施。会后，应当逐一整改落实。

上级党组织领导班子成员应当随机参加一定数量的下级单位召开的民主生活会和组织生活会，了解情况、进行指导，发现问题及时纠正。

中央和国家机关工委参与对各部门党组（党委）领导班子民主生活会的督促检查和指导。

第十二条　遇到重要或者普遍性问题，出现重大决策失误或者对突发性事件处置失当，经纪律检查、巡视和审计发现重要问题，以及发生违纪违法案件等情况的，应当专门召开民主生活会或者组织生活会，及时剖析整改。

第五章　严格谈心谈话

第十三条　党组织领导班子成员之间、班子成员和党员之间、党员和党员之间应当开展经常性谈心谈话，坦诚相见、交流思想、交换意见、帮助提高。领导干部要带头谈，也应当接受党员干部约谈。谈心谈话每年不少于1次，一般可以结合年度工作总结、民主生活会、组织生活会、民主评议党员、主题党日等进行。

第十四条　坚持严管和厚爱相结合，认真开展提醒谈话、诫勉谈话，注意利用重要节点开展谈心谈话，做到岗位变动必谈、组织处理必谈、发生家庭变故必谈、发现苗头性问题必谈，及时做好心理疏导和思想政治工作，重要情况及时向党组织报告。

第六章　严格民主评议党员

第十五条　坚持对党员进行民主评议，督促党员对照党员标准、对照入党誓词，联系个人实际进行党性分析。

第十六条　民主评议党员工作以党支部为单位进行，一般每年开展1次，可以结合组织生活会一并进行。按照个人自评、党员互评、民主测评的程序，组织党员进行评议。党员人数较多的党支部，个人自评和党员互评可以在党小组内进行。

党支部委员会会议或者党员大会根据评议情况和党员日常表现情况，提出评定意见。

第十七条　民主评议为优秀的党员，党支部应当以适当形式进行表扬或者表彰，对工作表现突出的党员，报请上级党组织予以表彰。民主评议为不合格的党员，党组织应当根据其表现和态度，按照有关规定作出处理。

第七章　严格请示报告

第十八条　严格执行《中国共产党重大事项请示报告条例》。党员应当向所在党组织请示报告重大事项。党员领导干部应当依规如实向党组织报告个人有关事项，离开岗位或者工作所在地应当事先向组织请示报告。

第十九条　各部门机关党委每年向中央和国家机关工委、部门党组（党委）报告1次年度机关党建工作情况，重大事项、重点工作、重要情况及时报告。各部门机关纪委每半年向中央和国家机关纪检监察工委报告1次机关纪检工作情况。

第八章　严格主题党日

第二十条　主题党日以党支部为基本单位，也可以基层党委、党总支或者党小组为单位，每月相对固定1天开展。

主题党日可以结合“三会一课”进行，组织党员集中学习、上党课、过组织生活、进行民主议事和志愿服务等。鼓励各级党组织探索创新，积极开展形式多样的主题党日。充分利用中央和国家机关的光荣历史以及爱国主义教育基地、党性教育基地等红色资源，开展党性教育。

第二十一条　主题党日姓“党”，应当突出政治性，并严格遵守中央八项规定及其实施细则精神，厉行节约、务求实效，力戒形式主义。

第九章　严格党员宣誓

第二十二条　基层党组织及时举行预备党员入党宣誓仪式。入党宣誓必须在预备期内进行。党组织可以指派一名正式党员作为领誓人。

第二十三条　充分利用“七一”等重要时间节点，结合“三会一课”等，开展党员重温入党誓词活动，完善重温入党志愿书、党员过“政治生日”等政治仪式。

第十章　附　　则

第二十四条　本规定由中央和国家机关工委基层组织建设指导部会同中央和国家机关工委组织部负责解释。

第二十五条　本规定自2019年4月22日起施行。

中央和国家机关党小组工作规则（试行）

1. 中央和国家机关工作委员会2019年3月28日制定
2. 2019年4月22日发布

为了进一步加强和规范中央和国家机关党小组工作，根据《中国共产党章程》和《中国共产党支部工作条例（试行）》等有关党内法规，制定本规则。

第一章　党小组设置

第一条　根据党员数量和工作需要科学设置党小组。党员人数在20人以上的党支部，一般应当划分若干党小组；党员人数不足20人的，可以根据工作需要划分党小组。每个党小组不少于3名党员，其中至少有1名为正式党员。

第二条　党小组的建立、调整和撤销，由党支部决定并报上级党组织备案。

党支部设置或者工作形势发生变化的，可以根据需要对党小组的设置作出相应调整。

第二章　职责任务

第三条　党小组的主要职责是落实党支部工作要求，完成党支部安排的任务，积极开展党内活动，督促指导党员发挥先锋模范作用。

第四条　党小组的基本任务是：

（一）突出政治功能，教育引导党员带头增强"四个意识"，坚定"四个自信"，做到"两个维护"，在深入学习贯彻习近平新时代中国特色社会主义思想上作表率，在始终同以习近平同志为核心的党中央保持高度一致上作表率，在坚决贯彻落实党中央各项决策部署上作表率；

（二）组织党员认真学习马克思列宁主义、毛泽东思想、邓小平理论、"三个代表"重要思想、科学发展观、习近平新时代中国特色社会主义思想，学习党的路线、方针、政策，学习党的基本知识等；

（三）严格党的组织生活，深入进行谈心谈话，认真开展批评和自我批评，组织和督促党员按时参加党的活动；

（四）协助党支部对党员进行教育、管理和监督，做好入党积极分子和发展对象培养教育、预备党员考察、党费收缴等日常工作，关心党员的思想、工作、学习、生活等情况，及时向党支部反映党员的意见建议和实际困难；

（五）组织党员做好群众工作，经常向群众宣传党的基本理论、基本路线、基本方略，做好群众的思想政治工作，及时向党支部反映群众的意见和诉求；

（六）坚决贯彻落实党中央决策部署，推进本部门本单位中心工作，执行上级党组织决议，完成党支部交办的任务。

第三章　组织生活

第五条　党小组会。围绕党的中心工作和党支部的具体任务召开。会前，党小组组长应当向党支部请示，确定会议内容，将议题通知全体党员；会上，组织党员开展学习讨论。会议应当做好记录，存档备查。党小组会由党小组组长召集并主持，一般每月召开1次。

第六条　组织生活会。会前，应当围绕会议主题组织学习，开展谈心谈话，充分听取意见；会上，认真查摆问题，开展批评和自我批评，明确整改方向；会后，制定整改措施，抓好落实，并及时向党支部报告。

第七条　民主评议党员。根据党支部统一安排，督促党员对照合格党员标准、对照入党誓词，联系个人实际进行党性分析，开展个人自评和党员互评。评议情况及时向党支部报告。

第八条　谈心谈话。党小组组长和党员之间、党员和党员之间应当开展经常性谈心谈话，坦诚相见、交流思想、交换意见、帮助提高。

第九条　主题党日。突出政治引领，组织党员集中学习、上党课、过组织生活、进行民主议事和志愿服务等，引导党员加强党性锻炼，增强党性观念和宗旨意识。党小组开展主题党日，应当报党支部同意。

第四章　党小组组长

第十条　党小组组长应当具备下列条件：

（一）正式党员；

（二）政治素质高，具备一定的政策理论水平，熟悉党的基本知识；

（三）热爱党的工作，有较强的事业心和责任感，在党员和群众中有较高威信；

（四）组织协调能力较强，能够团结带领党员完成党支部交办的各项任务。

第十一条　党小组组长由党支部指定，也可以由党小组党员推荐产生，一般由所在处、室党员主要负责人担任。

第十二条　党小组组长在党支部委员会的领导下开展工作，主要职责是：

（一）加强政治引领，组织党员开展政治学习，了解掌握党员思想动态，做好党员思想政治工作；

（二）引导党员发挥先锋模范作用，落实党中央决策部署和上级党组织要求，完成所在部门、单位工作任务；

（三）根据党支部决议和工作安排，向党员布置任务，并负责督促检查；

（四）召集并主持党小组会，严格党的组织生活；

（五）组织党员做好联系服务群众工作，及时向党支部反映有关情况；

（六）培养入党积极分子，协助党支部做好发展党员工作；

（七）收缴党费；

（八）完成党支部交办的其他任务；

党小组组长应当认真履责、以身作则，并自觉接受党支部和所在党小组党员的监督。

第五章　组织领导

第十三条　党支部应当加强对党小组工作的领导，积极为其开展工作提供有利条件。对工作开展不力的党小组组长进行约谈或者调整。党小组每年年底应当向党支部报告本年度工作情况。

第十四条　中央和国家机关各部门应当把党小组建设情况纳入各级党组织书记抓基层党建述职评议考核的重要内容，党员领导干部带头参加所在党小组活动，指导督促党支部按照应建尽建原则完善党小组设置，规范党小组活动，加强党小组组长教育培训，不断提高党小组工作质量。

第六章　附　　则

第十五条　本规则由中央和国家机关工委基层组织建设指导部负责解释。

第十六条　本规则自2019年4月22日起施行。

（3）选人用人、违规使用干部

·法律法规·

事业单位人事管理条例

1. 2014年4月25日国务院令第652号公布
2. 自2014年7月1日起施行

第一章　总　　则

第一条　为了规范事业单位的人事管理，保障事业单位工作人员的合法权益，建设高素质的事业单位工作人员队伍，促进公共服务发展，制定本条例。

第二条　事业单位人事管理，坚持党管干部、党管人才原则，全面准确贯彻民主、公开、竞争、择优方针。

国家对事业单位工作人员实行分级分类管理。

第三条　中央事业单位人事综合管理部门负责全国事业单位人事综合管理工作。

县级以上地方各级事业单位人事综合管理部门负责本辖区事业单位人事综合管理工作。

事业单位主管部门具体负责所属事业单位人事管理工作。

第四条　事业单位应当建立健全人事管理制度。

事业单位制定或者修改人事管理制度，应当通过职工代表大会或者其他形式听取工作人员意见。

第二章　岗位设置

第五条　国家建立事业单位岗位管理制度，明确岗位类别和等级。

第六条　事业单位根据职责任务和工作需要，按照国家有关规定设置岗位。

岗位应当具有明确的名称、职责任务、工作标准和任职条件。

第七条　事业单位拟订岗位设置方案，应当报人事综合管理部门备案。

第三章　公开招聘和竞聘上岗

第八条　事业单位新聘用工作人员，应当面向社会公开招聘。但是，国家政策性安置、按照人事管理权限由上级任命、涉密岗位等人员除外。

第九条　事业单位公开招聘工作人员按照下列程序进行：

（一）制定公开招聘方案；

（二）公布招聘岗位、资格条件等招聘信息；

（三）审查应聘人员资格条件；

（四）考试、考察；

（五）体检；

（六）公示拟聘人员名单；

（七）订立聘用合同，办理聘用手续。

第十条　事业单位内部产生岗位人选，需要竞聘上岗的，按照下列程序进行：

（一）制定竞聘上岗方案；

（二）在本单位公布竞聘岗位、资格条件、聘期等信息；

（三）审查竞聘人员资格条件；

（四）考评；

（五）在本单位公示拟聘人员名单；

（六）办理聘任手续。

第十一条　事业单位工作人员可以按照国家有关规定进行交流。

第四章　聘用合同

第十二条　事业单位与工作人员订立的聘用合同，期限一般不低于3年。

第十三条　初次就业的工作人员与事业单位订立的聘用

合同期限3年以上的,试用期为12个月。

第十四条　事业单位工作人员在本单位连续工作满10年且距法定退休年龄不足10年,提出订立聘用至退休的合同的,事业单位应当与其订立聘用至退休的合同。

第十五条　事业单位工作人员连续旷工超过15个工作日,或者1年内累计旷工超过30个工作日的,事业单位可以解除聘用合同。

第十六条　事业单位工作人员年度考核不合格且不同意调整工作岗位,或者连续两年年度考核不合格的,事业单位提前30日书面通知,可以解除聘用合同。

第十七条　事业单位工作人员提前30日书面通知事业单位,可以解除聘用合同。但是,双方对解除聘用合同另有约定的除外。

第十八条　事业单位工作人员受到开除处分的,解除聘用合同。

第十九条　自聘用合同依法解除、终止之日起,事业单位与被解除、终止聘用合同人员的人事关系终止。

第五章　考核和培训

第二十条　事业单位应当根据聘用合同规定的岗位职责任务,全面考核工作人员的表现,重点考核工作绩效。考核应当听取服务对象的意见和评价。

第二十一条　考核分为平时考核、年度考核和聘期考核。

年度考核的结果可以分为优秀、合格、基本合格和不合格等档次,聘期考核的结果可以分为合格和不合格等档次。

第二十二条　考核结果作为调整事业单位工作人员岗位、工资以及续订聘用合同的依据。

第二十三条　事业单位应当根据不同岗位的要求,编制工作人员培训计划,对工作人员进行分级分类培训。

工作人员应当按照所在单位的要求,参加岗前培训、在岗培训、转岗培训和为完成特定任务的专项培训。

第二十四条　培训经费按照国家有关规定列支。

第六章　奖励和处分

第二十五条　事业单位工作人员或者集体有下列情形之一的,给予奖励:

(一)长期服务基层,爱岗敬业,表现突出的;

(二)在执行国家重要任务、应对重大突发事件中表现突出的;

(三)在工作中有重大发明创造、技术革新的;

(四)在培养人才、传播先进文化中作出突出贡献的;

(五)有其他突出贡献的。

第二十六条　奖励坚持精神奖励与物质奖励相结合、以精神奖励为主的原则。

第二十七条　奖励分为嘉奖、记功、记大功、授予荣誉称号。

第二十八条　事业单位工作人员有下列行为之一的,给予处分:

(一)损害国家声誉和利益的;

(二)失职渎职的;

(三)利用工作之便谋取不正当利益的;

(四)挥霍、浪费国家资财的;

(五)严重违反职业道德、社会公德的;

(六)其他严重违反纪律的。

第二十九条　处分分为警告、记过、降低岗位等级或者撤职、开除。

受处分的期间为:警告,6个月;记过,12个月;降低岗位等级或者撤职,24个月。

第三十条　给予工作人员处分,应当事实清楚、证据确凿、定性准确、处理恰当、程序合法、手续完备。

第三十一条　工作人员受开除以外的处分,在受处分期间没有再发生违纪行为的,处分期满后,由处分决定单位解除处分并以书面形式通知本人。

第七章　工资福利和社会保险

第三十二条　国家建立激励与约束相结合的事业单位工资制度。

事业单位工作人员工资包括基本工资、绩效工资和津贴补贴。

事业单位工资分配应当结合不同行业事业单位特点,体现岗位职责、工作业绩、实际贡献等因素。

第三十三条　国家建立事业单位工作人员工资的正常增长机制。

事业单位工作人员的工资水平应当与国民经济发展相协调、与社会进步相适应。

第三十四条　事业单位工作人员享受国家规定的福利待遇。

事业单位执行国家规定的工时制度和休假制度。

第三十五条　事业单位及其工作人员依法参加社会保险,工作人员依法享受社会保险待遇。

第三十六条　事业单位工作人员符合国家规定退休条件的,应当退休。

第八章　人事争议处理

第三十七条　事业单位工作人员与所在单位发生人事争

议的，依照《中华人民共和国劳动争议调解仲裁法》等有关规定处理。

第三十八条 事业单位工作人员对涉及本人的考核结果、处分决定等不服的，可以按照国家有关规定申请复核、提出申诉。

第三十九条 负有事业单位聘用、考核、奖励、处分、人事争议处理等职责的人员履行职责，有下列情形之一的，应当回避：

（一）与本人有利害关系的；

（二）与本人近亲属有利害关系的；

（三）其他可能影响公正履行职责的。

第四十条 对事业单位人事管理工作中的违法违纪行为，任何单位或者个人可以向事业单位人事综合管理部门、主管部门或者监察机关投诉、举报，有关部门和机关应当及时调查处理。

第九章 法律责任

第四十一条 事业单位违反本条例规定的，由县级以上事业单位人事综合管理部门或者主管部门责令限期改正；逾期不改正的，对直接负责的主管人员和其他直接责任人员依法给予处分。

第四十二条 对事业单位工作人员的人事处理违反本条例规定给当事人造成名誉损害的，应当赔礼道歉、恢复名誉、消除影响；造成经济损失的，依法给予赔偿。

第四十三条 事业单位人事综合管理部门和主管部门的工作人员在事业单位人事管理工作中滥用职权、玩忽职守、徇私舞弊的，依法给予处分；构成犯罪的，依法追究刑事责任。

第十章 附则

第四十四条 本条例自2014年7月1日起施行。

事业单位公开招聘人员暂行规定

1. 2005年11月16日人事部令第6号公布

2. 自2006年1月1日起施行

第一章 总则

第一条 为实现事业单位人事管理的科学化、制度化和规范化，规范事业单位招聘行为，提高人员素质，制定本规定。

第二条 事业单位招聘专业技术人员、管理人员和工勤人员，适用本规定。参照公务员制度进行管理和转为企业的事业单位除外。

事业单位新进人员除国家政策性安置、按干部人事管理权限由上级任命及涉密岗位等确需使用其他方法选拔任用人员外，都要实行公开招聘。

第三条 公开招聘要坚持德才兼备的用人标准，贯彻公开、平等、竞争、择优的原则。

第四条 公开招聘要坚持政府宏观管理与落实单位用人自主权相结合，统一规范、分类指导、分级管理。

第五条 公开招聘由用人单位根据招聘岗位的任职条件及要求，采取考试、考核的方法进行。

第六条 政府人事行政部门是政府所属事业单位进行公开招聘工作的主管机关。政府人事行政部门与事业单位的上级主管部门负责对事业单位公开招聘工作进行指导、监督和管理。

第七条 事业单位可以成立由本单位人事部门、纪检监察部门、职工代表及有关专家组成的招聘工作组织，负责招聘工作的具体实施。

第二章 招聘范围、条件及程序

第八条 事业单位招聘人员应当面向社会，凡符合条件的各类人员均可报名应聘。

第九条 应聘人员必须具备下列条件：

（一）具有中华人民共和国国籍；

（二）遵守宪法和法律；

（三）具有良好的品行；

（四）岗位所需的专业或技能条件；

（五）适应岗位要求的身体条件；

（六）岗位所需要的其他条件。

第十条 事业单位公开招聘人员，不得设置歧视性条件要求。

第十一条 公开招聘应按下列程序进行：

（一）制定招聘计划；

（二）发布招聘信息；

（三）受理应聘人员的申请，对资格条件进行审查；

（四）考试、考核；

（五）身体检查；

（六）根据考试、考核结果，确定拟聘人员；

（七）公示招聘结果；

（八）签订聘用合同，办理聘用手续。

第三章 招聘计划、信息发布与资格审查

第十二条 招聘计划由用人单位负责编制，主要包括以下内容：招聘的岗位及条件、招聘的时间、招聘人员的

数量、采用的招聘方式等。

第十三条　国务院直属事业单位的年度招聘计划须报人事部备案；国务院各部委直属事业单位的招聘计划须报上级主管部门核准并报人事部备案。

各省、自治区、直辖市人民政府直属事业单位的招聘计划须报省（区、市）政府人事行政部门备案；各省、自治区、直辖市政府部门直属事业单位的招聘计划须报上级主管部门核准并报同级政府人事行政部门备案。

地（市）、县（市）人民政府所属事业单位的招聘计划须报地区或设区的市政府人事行政部门核准。

第十四条　事业单位招聘人员应当公开发布招聘信息，招聘信息应当载明用人单位情况简介、招聘的岗位、招聘人员数量及待遇；应聘人员条件；招聘办法；考试、考核的时间（时限）、内容、范围；报名方法等需要说明的事项。

第十五条　用人单位或组织招聘的部门应对应聘人员的资格条件进行审查，确定符合条件的人员。

第四章　考试与考核

第十六条　考试内容应为招聘岗位所必需的专业知识、业务能力和工作技能。

第十七条　考试科目与方式根据行业、专业及岗位特点确定。

第十八条　考试可采取笔试、面试等多种方式。

对于应聘工勤岗位的人员，可根据需要重点进行实际操作能力测试。

第十九条　考试由事业单位自行组织，也可以由政府人事行政部门、事业单位上级主管部门统一组织。

政府人事行政部门所属考试服务机构和人才服务机构可受事业单位、政府人事行政部门或事业单位上级主管部门委托，为事业单位公开招聘人员提供服务。

第二十条　急需引进的高层次、短缺专业人才，具有高级专业技术职务或博士学位的人员，可以采取直接考核的方式招聘。

第二十一条　对通过考试的应聘人员，用人单位应组织对其思想政治表现、道德品质、业务能力、工作实绩等情况进行考核，并对应聘人员资格条件进行复查。

第五章　聘　　用

第二十二条　经用人单位负责人员集体研究，按照考试和考核结果择优确定拟聘人员。

第二十三条　对拟聘人员应在适当范围进行公示，公示期一般为7至15日。

第二十四条　用人单位与拟聘人员签订聘用合同前，按照干部人事管理权限的规定报批或备案。

第二十五条　用人单位法定代表人或者其委托人与受聘人员签订聘用合同，确立人事关系。

第二十六条　事业单位公开招聘的人员按规定实行试用期制度。试用期包括在聘用合同期限内。

试用期满合格的，予以正式聘用；不合格的，取消聘用。

第六章　纪律与监督

第二十七条　事业单位公开招聘人员实行回避制度。

凡与聘用单位负责人员有夫妻关系、直系血亲关系、三代以内旁系血亲或者近姻亲关系的应聘人员，不得应聘该单位负责人员的秘书或者人事、财务、纪律检查岗位，以及有直接上下级领导关系的岗位。

聘用单位负责人员和招聘工作人员在办理人员聘用事项时，涉及与本人有上述亲属关系或者其他可能影响招聘公正的，也应当回避。

第二十八条　招聘工作要做到信息公开、过程公开、结果公开，接受社会及有关部门的监督。

第二十九条　政府人事行政部门和事业单位的上级主管部门要认真履行监管职责，对事业单位招聘过程中违反干部人事纪律及本规定的行为要予以制止和纠正，保证招聘工作的公开、公平、公正。

第三十条　严格公开招聘纪律。对有下列违反本规定情形的，必须严肃处理。构成犯罪的，依法追究刑事责任：

（一）应聘人员伪造、涂改证件、证明，或以其他不正当手段获取应聘资格的；

（二）应聘人员在考试考核过程中作弊的；

（三）招聘工作人员指使、纵容他人作弊，或在考试考核过程中参与作弊的；

（四）招聘工作人员故意泄露考试题目的；

（五）事业单位负责人员违反规定私自聘用人员的；

（六）政府人事行政部门、事业单位主管部门工作人员违反规定，影响招聘公平、公正进行的；

（七）违反本规定的其他情形的。

第三十一条　对违反公开招聘纪律的应聘人员，视情节轻重取消考试或聘用资格；对违反本规定招聘的受聘人员，一经查实，应当解除聘用合同，予以清退。

第三十二条　对违反公开招聘纪律的工作人员，视情节轻重调离招聘工作岗位或给予处分；对违反公开招聘纪律的其他相关人员，按照有关规定追究责任。

第七章 附 则

第三十三条 事业单位需要招聘外国国籍人员的，须报省级以上政府人事行政部门核准，并按照国家有关规定进行招聘。

第三十四条 省、自治区、直辖市政府人事行政部门可以根据本规定，制定本地区的公开招聘办法。

第三十五条 本规定自2006年1月1日起执行。

·党规党纪·

党政领导干部选拔任用工作条例

中共中央2019年3月3日印发

第一章 总 则

第一条 为了坚持和加强党的全面领导，深入贯彻新时代党的组织路线和干部工作方针政策，落实党要管党、全面从严治党特别是从严管理干部的要求，坚持新时期好干部标准，建立科学规范的党政领导干部选拔任用制度，形成有效管用、简便易行、有利于优秀人才脱颖而出的选人用人机制，推进干部队伍革命化、年轻化、知识化、专业化，建设一支高举中国特色社会主义伟大旗帜，以马克思列宁主义、毛泽东思想、邓小平理论、“三个代表”重要思想、科学发展观、习近平新时代中国特色社会主义思想为指导，忠诚干净担当的高素质专业化党政领导干部队伍，保证党的基本理论、基本路线、基本方略全面贯彻执行和新时代中国特色社会主义事业顺利发展，根据《中国共产党章程》等党内法规和有关国家法律，制定本条例。

第二条 选拔任用党政领导干部，必须坚持下列原则：

（一）党管干部；

（二）德才兼备、以德为先，五湖四海、任人唯贤；

（三）事业为上、人岗相适、人事相宜；

（四）公道正派、注重实绩、群众公认；

（五）民主集中制；

（六）依法依规办事。

第三条 选拔任用党政领导干部，必须把政治标准放在首位，符合将领导班子建设成为坚持党的基本理论、基本路线、基本方略，全心全意为人民服务，具有推进新时代中国特色社会主义事业发展的能力，结构合理、团结坚强的领导集体的要求。

树立注重基层和实践的导向，大力选拔敢于负责、勇于担当、善于作为、实绩突出的干部。

注重发现和培养选拔优秀年轻干部，用好各年龄段干部。

统筹做好培养选拔女干部、少数民族干部和党外干部工作。

对不适宜担任现职的领导干部应当进行调整，推进领导干部能上能下。

第四条 本条例适用于选拔任用中共中央、全国人大常委会、国务院、全国政协、中央纪律检查委员会工作部门领导成员或者机关内设机构担任领导职务的人员，国家监察委员会、最高人民法院、最高人民检察院领导成员（不含正职）和内设机构担任领导职务的人员；县级以上地方各级党委、人大常委会、政府、政协、纪委监委、法院、检察院及其工作部门领导成员或者机关内设机构担任领导职务的人员；上列工作部门内设机构担任领导职务的人员。

选拔任用参照公务员法管理的群团机关和县级以上党委、政府直属事业单位的领导成员及其内设机构担任领导职务的人员，参照本条例执行。

上列机关、单位选拔任用非中共党员领导干部，参照本条例执行。

选拔任用民族区域自治地方党政领导干部，法律法规和政策另有规定的，从其规定。

第五条 本条例第四条所列范围中选举和依法任免的党政领导职务，党组织推荐、提名人选的产生，适用本条例的规定，其选举和依法任免按照有关法律、章程和规定进行。

第六条 党委（党组）及其组织（人事）部门按照干部管理权限履行选拔任用党政领导干部职责，切实发挥把关作用，负责本条例的组织实施。

第二章 选拔任用条件

第七条 党政领导干部必须信念坚定、为民服务、勤政务实、敢于担当、清正廉洁，具备下列基本条件：

（一）自觉坚持以马克思列宁主义、毛泽东思想、邓小平理论、“三个代表”重要思想、科学发展观、习近平新时代中国特色社会主义思想为指导，努力用马克思主义立场、观点、方法分析和解决实际问题，坚持讲学习、讲政治、讲正气，牢固树立政治意识、大局意识、核心意识、看齐意识，坚决维护习近平总书记核心地位，坚决维护党中央权威和集中统一领导，自觉在思想上政治上行动上同党中央保持高度一致，经得起各种风浪考验；

（二）具有共产主义远大理想和中国特色社会主义坚定信念，坚定道路自信、理论自信、制度自信、文化自信，坚决贯彻执行党的理论和路线方针政策，立志改革开放，献身现代化事业，在社会主义建设中艰苦创业，树立正确政绩观，做出经得起实践、人民、历史检验的实绩；

（三）坚持解放思想，实事求是，与时俱进，求真务实，认真调查研究，能够把党的方针政策同本地区本部门实际相结合，卓有成效地开展工作，落实“三严三实”要求，主动担当作为，真抓实干，讲实话，办实事，求实效；

（四）有强烈的革命事业心、政治责任感和历史使命感，有斗争精神和斗争本领，有实践经验，有胜任领导工作的组织能力、文化水平和专业素养；

（五）正确行使人民赋予的权力，坚持原则，敢抓敢管，依法办事，以身作则，艰苦朴素，勤俭节约，坚持党的群众路线，密切联系群众，自觉接受党和群众的批评、监督，加强道德修养，讲党性、重品行、作表率，带头践行社会主义核心价值观，廉洁从政、廉洁用权、廉洁修身、廉洁齐家，做到自重自省自警自励，反对形式主义、官僚主义、享乐主义和奢靡之风，反对任何滥用职权、谋求私利的行为；

（六）坚持和维护党的民主集中制，有民主作风，有全局观念，善于团结同志，包括团结同自己有不同意见的同志一道工作。

第八条　提拔担任党政领导职务的，应当具备下列基本资格：

（一）提任县处级领导职务的，应当具有五年以上工龄和两年以上基层工作经历。

（二）提任县处级以上领导职务的，一般应当具有在下一级两个以上职位任职的经历。

（三）提任县处级以上领导职务，由副职提任正职的，应当在副职岗位工作两年以上；由下级正职提任上级副职的，应当在下级正职岗位工作三年以上。

（四）一般应当具有大学专科以上文化程度，其中厅局级以上领导干部一般应当具有大学本科以上文化程度。

（五）应当经过党校（行政学院）、干部学院或者组织（人事）部门认可的其他培训机构的培训，培训时间应当达到干部教育培训的有关规定要求。确因特殊情况在提任前未达到培训要求的，应当在提任后一年内完成培训。

（六）具有正常履行职责的身体条件。

（七）符合有关法律规定的资格要求。提任党的领导职务的，还应当符合《中国共产党章程》等规定的党龄要求。

职级公务员担任领导职务，按照有关规定执行。

第九条　党政领导干部应当逐级提拔。特别优秀或者工作特殊需要的干部，可以突破任职资格规定或者越级提拔担任领导职务。

破格提拔的特别优秀干部，应当政治过硬、德才素质突出、群众公认度高，且符合下列条件之一：在关键时刻或者承担急难险重任务中经受住考验、表现突出、作出重大贡献；在条件艰苦、环境复杂、基础差的地区或者单位工作实绩突出；在其他岗位上尽职尽责，工作实绩特别显著。

因工作特殊需要破格提拔的干部，应当符合下列情形之一：领导班子结构需要或者领导职位有特殊要求的；专业性较强的岗位或者重要专项工作急需的；艰苦边远地区、贫困地区急需引进的。

破格提拔干部必须从严掌握。不得突破本条例第七条规定的基本条件和第八条第一款第七项规定的资格要求。任职试用期未满或者提拔任职不满一年的，不得破格提拔。不得在任职年限上连续破格。不得越两级提拔。

第十条　拓宽选人视野和渠道，党政领导干部可以从党政机关选拔任用，也可以从党政机关以外选拔任用，注意从企业、高等学校、科研院所等单位以及社会组织中发现选拔。地方党政领导班子成员应当注意从担任过县（市、区、旗）、乡（镇、街道）党政领导职务的干部和国有企事业单位领导人员中选拔。

第三章　分析研判和动议

第十一条　组织（人事）部门应当深化对干部的日常了解，坚持知事识人，把功夫下在平时，全方位、多角度、近距离了解干部。根据日常了解情况，对领导班子和领导干部进行综合分析研判，为党委（党组）选人用人提供依据和参考。

第十二条　党委（党组）或者组织（人事）部门根据工作需要和领导班子建设实际，结合综合分析研判情况，提出启动干部选拔任用工作意见。

第十三条　组织（人事）部门综合有关方面建议和平时了解掌握的情况，对领导班子和领导干部进行动议分析，就选拔任用的职位、条件、范围、方式、程序和人选意向等提出初步建议。

个人向党组织推荐领导干部人选，必须负责地写出推荐材料并署名。

第十四条　组织（人事）部门将初步建议向党委（党组）主要领导成员汇报，对初步建议进行完善，在一定范围内进行沟通酝酿，形成工作方案。

对动议的人选严格把关，根据工作需要，可以提前核查有关事项。

第十五条 研判和动议时，根据工作需要和实际情况，如确有必要，也可以把公开选拔、竞争上岗作为产生人选的一种方式。领导职位出现空缺且本地区本部门没有合适人选的，特别是需要补充紧缺专业人才或者配备结构需要干部的，可以通过公开选拔产生人选；领导职位出现空缺，本单位本系统符合资格条件人数较多且需要进一步比选择优的，可以通过竞争上岗产生人选。公开选拔、竞争上岗一般适用于副职领导职位。

公开选拔、竞争上岗应当结合岗位特点，坚持组织把关，突出政治素质、专业素养、工作实绩和一贯表现，防止简单以分数、票数取人。

公开选拔、竞争上岗设置的资格条件突破规定的，应当事先报上级组织（人事）部门审核同意。

第四章 民主推荐

第十六条 选拔任用党政领导干部，应当经过民主推荐。民主推荐包括谈话调研推荐和会议推荐，推荐结果作为选拔任用的重要参考，在一年内有效。

第十七条 领导班子换届，民主推荐按照职位设置全额定向推荐；个别提拔任职或者进一步使用，可以按照拟任职位进行定向推荐，也可以根据拟任职位的具体情况进行非定向推荐；进一步使用的，可以采取听取意见的方式进行，其中正职也可以参照个别提拔任职进行民主推荐。

第十八条 地方领导班子换届，民主推荐应当经过下列程序：

（一）进行谈话调研推荐，提前向谈话对象提供谈话提纲、换届政策说明、干部名册等相关材料，提出有关要求，提高谈话质量；

（二）综合考虑谈话调研推荐情况以及人选条件、岗位要求、班子结构等，经与本级党委沟通协商后，由上级党委或者组织部门研究提出会议推荐参考人选，参考人选应当差额提出；

（三）召开推荐会议，由本级党委主持，考察组说明换届有关政策，介绍参考人选产生情况，提出有关要求，组织填写推荐表；

（四）对民主推荐情况进行综合分析；

（五）向上级党委或者组织部门汇报民主推荐情况。

第十九条 地方领导班子换届，谈话调研推荐一般由下列人员参加：

（一）党委成员；

（二）人大常委会、政府、政协领导成员；

（三）纪委监委领导成员；

（四）法院、检察院主要领导成员；

（五）党委工作部门、政府工作部门、群团组织主要领导成员；

（六）下一级党委和政府主要领导成员；

（七）其他需要参加的人员，可以根据知情度、关联度和代表性原则确定。

推荐人大常委会、政府、政协领导成员人选，应当有民主党派、工商联主要领导成员和无党派代表人士参加。

参加会议推荐的人员参照上列范围确定，可以适当调整。

第二十条 个别提拔任职，或者进一步使用需要进行民主推荐的，民主推荐程序可以参照本条例第十八条规定进行；必要时也可以先进行会议推荐，再进行谈话调研推荐。先进行谈话调研推荐的，可以提出会议推荐参考人选，参考人选应当差额提出。单位人数较少、参加会议推荐人员范围与谈话调研推荐人员范围基本相同，且谈话调研推荐意见集中的，根据实际情况，可以不再进行会议推荐。

根据工作需要，可以在民主推荐前对推荐职位、条件、范围以及符合职位要求和任职条件的人选，在人选所在地区或者单位领导班子范围内进行沟通。

第二十一条 个别提拔任职，或者进一步使用需要进行民主推荐的，参加民主推荐人员一般按照下列范围执行：

（一）民主推荐地方党政领导班子成员人选，参照本条例第十九条规定执行，可以适当调整。

（二）民主推荐工作部门领导成员人选，谈话调研推荐由本部门领导成员、内设机构担任主要领导职务的人员、直属单位主要领导成员以及其他需要参加的人员参加；根据实际情况还可以吸收本系统下级单位主要领导成员参加。参加会议推荐的人员范围可以适当调整。

（三）民主推荐内设机构领导职务拟任人选，参照前项所列范围确定，也可以在内设机构范围内进行。

第二十二条 党委和政府及其工作部门个别特殊需要的领导成员人选，可以由党委（党组）或者组织（人事）部门推荐，报上级组织（人事）部门同意后作为考察对象。

第五章 考 察

第二十三条 确定考察对象，应当根据工作需要和干部德才条件，将民主推荐与日常了解、综合分析研判以及岗位匹配度等情况综合考虑，深入分析、比较择优，防止把推荐票等同于选举票、简单以推荐票取人。

第二十四条　有下列情形之一的，不得列为考察对象：

（一）违反政治纪律和政治规矩的；

（二）群众公认度不高的；

（三）上一年年度考核结果为基本称职以下等次的；

（四）有跑官、拉票等非组织行为的；

（五）除特殊岗位需要外，配偶已移居国（境）外，或者没有配偶但子女均已移居国（境）外的；

（六）受到诫勉、组织处理或者党纪政务处分等影响期未满或者期满影响使用的；

（七）其他原因不宜提拔或者进一步使用的。

第二十五条　地方领导班子换届，由本级党委书记与副书记、分管组织、纪检监察等工作的常委根据上级党委组织部门反馈的情况，对考察对象人选进行酝酿，本级党委常委会研究提出考察对象建议名单，经与上级党委组织部门沟通后，确定考察对象。对拟新进党政领导班子的考察对象，应当在一定范围内公示。

个别提拔任职或者进一步使用，按照干部管理权限，由党委（党组）或者上级组织（人事）部门研究确定考察对象。

考察对象一般应当多于拟任职务人数，个别提拔任职或者进一步使用时意见比较集中的，也可以等额确定考察对象。

第二十六条　对确定的考察对象，由组织（人事）部门进行严格考察。

双重管理干部的考察工作，由主管方负责组织实施，根据工作需要会同协管方进行。

第二十七条　考察党政领导职务拟任人选，必须依据干部选拔任用条件和不同领导职务的职责要求，全面考察其德、能、勤、绩、廉，严把政治关、品行关、能力关、作风关、廉洁关。

突出政治标准，注重了解政治理论学习情况，深入考察政治忠诚、政治定力、政治担当、政治能力、政治自律等方面的情况。

深入考察道德品行，加强对工作时间之外表现的考察，注重了解社会公德、职业道德、家庭美德、个人品德等方面的情况。

强化专业素养考察，深入了解专业知识、专业能力、专业作风、专业精神等方面的情况。

注重考察工作实绩，围绕贯彻落实党中央重大决策部署，统筹推进“五位一体”总体布局和协调推进“四个全面”战略布局，深入了解履行岗位职责、贯彻新发展理念、推动高质量发展取得的实际成效。考察地方党政领导班子成员，应当把经济建设、政治建设、文化建设、社会建设、生态文明建设和党的建设等情况作为考察评价的重要内容，防止单纯以经济增长速度评定工作实绩。考察党政工作部门领导干部，应当把履行党的建设职责，制定和执行政策、推动改革创新、营造良好发展环境、提供优质公共服务、维护社会公平正义等作为考察评价的重要内容。

加强作风考察，深入了解为民服务、求真务实、勤勉敬业、敢于担当、奋发有为，遵守中央八项规定精神，反对形式主义、官僚主义、享乐主义和奢靡之风等情况。

强化廉政情况考察，深入了解遵守廉洁自律有关规定，保持高尚情操和健康情趣，慎独慎微，秉公用权，清正廉洁，不谋私利，严格要求亲属和身边工作人员等情况。

根据实际需要，针对不同层级、不同岗位考察对象，实行差异化考察，对党政正职人选，坚持更高标准、更严要求，突出把握政治方向、驾驭全局、抓班子带队伍等方面情况的考察。

第二十八条　考察党政领导职务拟任人选，应当保证充足的考察时间，经过下列程序：

（一）制定考察工作方案；

（二）同考察对象呈报单位或者所在单位党委（党组）主要领导成员就考察工作方案沟通情况，征求意见；

（三）根据考察对象的不同情况，通过适当方式在一定范围内发布干部考察预告；

（四）采取个别谈话、发放征求意见表、民主测评、实地走访、查阅干部人事档案和工作资料等方法，广泛深入地了解情况，根据需要进行专项调查、延伸考察等，注意了解考察对象生活圈、社交圈情况；

（五）同考察对象面谈，进一步了解其政治立场、思想品质、价值取向、见识见解、适应能力、性格特点、心理素质等方面情况，以及缺点和不足，鉴别印证有关问题，深化对考察对象的研判；

（六）综合分析考察情况，与考察对象的一贯表现进行比较、相互印证，全面准确地对考察对象作出评价；

（七）向考察对象呈报单位或者所在单位党委（党组）主要领导成员反馈考察情况，并交换意见；

（八）考察组研究提出人选任用建议，向派出考察组的组织（人事）部门汇报，经组织（人事）部门集体研究提出任用建议方案，向本级党委（党组）报告。

考察内设机构领导职务拟任人选程序，可以根据实际情况适当简化。

第二十九条 考察地方党政领导班子成员拟任人选，个别谈话和征求意见的范围一般为：

（一）党委和政府领导成员，人大常委会、政协、纪委监委、法院、检察院主要领导成员；

（二）考察对象所在单位领导成员；

（三）考察对象所在单位有关工作部门主要领导成员或者内设机构担任主要领导职务的人员和直属单位主要领导成员；

（四）其他有关人员。

第三十条 考察工作部门领导班子成员拟任人选，个别谈话和征求意见的范围一般为：

（一）考察对象上级领导机关有关领导成员；

（二）考察对象所在单位领导成员；

（三）考察对象所在单位内设机构担任主要领导职务的人员和直属单位主要领导成员；

（四）其他有关人员。

考察内设机构领导职务拟任人选，个别谈话和征求意见的范围参照上列规定执行。

第三十一条 考察党政领导职务拟任人选，应当听取考察对象所在单位组织（人事）部门、纪检监察机关、机关党组织的意见，根据需要可以听取巡视巡察机构、审计机关和其他相关部门意见。

组织（人事）部门必须严格审核考察对象的干部人事档案，查核个人有关事项报告，就党风廉政情况听取纪检监察机关意见，对反映问题线索具体、有可查性的信访举报进行核查。对需要进行经济责任审计的考察对象，应当事先按照有关规定进行审计。

考察对象呈报单位或者所在单位党委（党组）必须就考察对象廉洁自律情况提出结论性意见，并由党委（党组）书记、纪委书记（纪检监察组组长）签字。机关内设机构领导职务的拟任人选考察对象，也应当由相关党组织和纪检监察机构出具廉洁自律情况结论性意见。

第三十二条 考察党政领导职务拟任人选，必须形成书面考察材料，建立考察文书档案。已经任职的，考察材料归入本人干部人事档案。考察材料必须写实，评判应当全面、准确、客观，用具体事例反映考察对象的情况，包括下列内容：

（一）德、能、勤、绩、廉方面的主要表现以及主要特长、行为特征；

（二）主要缺点和不足；

（三）民主推荐、民主测评、考察谈话情况；

（四）审核干部人事档案、查核个人有关事项报告、听取纪检监察机关意见、核查信访举报等情况的结论。

第三十三条 党委（党组）或者组织（人事）部门选派具有较高素质的人员组建考察组，考察组由两名以上成员组成。考察组负责人应当由思想政治素质好、具有较丰富工作经验并熟悉干部工作的人员担任。

实行干部考察工作责任制。考察组必须坚持原则，公道正派，深入细致，如实反映考察情况和意见，对考察材料负责，履行干部选拔任用风气监督职责。

第六章 讨论决定

第三十四条 党政领导职务拟任人选，在讨论决定或者决定呈报前，应当根据职位和人选的不同情况，分别在党委（党组）、人大常委会、政府、政协等有关领导成员中进行酝酿。

工作部门领导成员拟任人选，应当征求上级分管领导成员的意见。

非中共党员拟任人选，应当征求党委统战部门和民主党派、工商联主要领导成员、无党派代表人士的意见。

双重管理干部的任免，主管方应当事先征求协管方意见，进行酝酿。征求意见一般采用书面形式进行。协管方自收到主管方意见之日起一个月内未予答复的，视为同意。双方意见不一致时，正职的任免报上级党委组织部门协调，副职的任免由主管方决定。

第三十五条 选拔任用党政领导干部，应当按照干部管理权限由党委（党组）集体讨论作出任免决定，或者决定提出推荐、提名的意见。属于上级党委（党组）管理的，本级党委（党组）可以提出选拔任用建议。

对拟破格提拔的人选在讨论决定前，必须报经上级组织（人事）部门同意。越级提拔或者不经过民主推荐列为破格提拔人选的，应当在考察前报告，经批复同意后方可进行。

第三十六条 市（地、州、盟）、县（市、区、旗）党委和政府领导班子正职的拟任人选和推荐人选，一般应当由上级党委常委会提名并提交全会无记名投票表决；全会闭会期间，由党委常委会作出决定，决定前应当征求党委委员的意见。

第三十七条 有下列情形之一的，不得提交会议讨论：

（一）没有按照规定进行民主推荐、考察的；

（二）拟任人选所在单位党委（党组）对廉洁自律情况没有作出结论性意见的，或者纪检监察机关未反馈意见的，或者纪检监察机关有不同意见的；

（三）个人有关事项报告未查核或者经查核存疑尚未查清的；

（四）线索具体、有可查性的信访举报尚未调查清楚的；

（五）干部人事档案中身份、年龄、工龄、党龄、学历、经历等存疑尚未查清的；

（六）巡视巡察、审计等工作中发现重大问题尚未作出结论的；

（七）没有按照规定向上级报告或者报告后未经批复同意的干部任免事项；

（八）其他原因不宜提交会议讨论的。

第三十八条　党委（党组）讨论决定干部任免事项，必须有三分之二以上成员到会，并保证与会成员有足够时间听取情况介绍、充分发表意见。与会成员对任免事项，应当逐一发表同意、不同意或者缓议等明确意见，党委（党组）主要负责人应当最后表态。在充分讨论的基础上，采取口头表决、举手表决或者无记名投票等方式进行表决。意见分歧较大时，暂缓进行表决。

党委（党组）有关干部任免的决定，需要复议的，应当经党委（党组）超过半数成员同意后方可进行。

第三十九条　党委（党组）讨论决定干部任免事项，应当按照下列程序进行：

（一）党委（党组）分管组织（人事）工作的领导成员或者组织（人事）部门负责人，逐个介绍领导职务拟任人选的推荐、考察和任免理由等情况，其中涉及破格提拔等需要按照要求事先向上级组织（人事）部门报告的选拔任用有关工作事项，应当说明具体事由和征求上级组织（人事）部门意见的情况；

（二）参加会议人员进行充分讨论；

（三）进行表决，以党委（党组）应到会成员超过半数同意形成决定。

第四十条　需要报上级党委（党组）审批的拟提拔任职的干部，必须呈报党委（党组）请示并附干部任免审批表、干部考察材料、本人干部人事档案和党委（党组）会议纪要、讨论记录、民主推荐情况等材料。上级组织（人事）部门对呈报的材料应当严格审查。

需要报上级备案的干部，应当按照规定及时向上级组织（人事）部门备案。

第七章　任　　职

第四十一条　党政领导职务实行选任制、委任制，部分专业性较强的领导职务可以实行聘任制。

第四十二条　实行党政领导干部任职前公示制度。

提拔担任厅局级以下领导职务的，除特殊岗位和在换届考察时已进行过公示的人选外，在党委（党组）讨论决定后、下发任职通知前，应当在一定范围内公示。公示内容应当真实准确，便于监督，涉及破格提拔的还应当说明破格的具体情形和理由。公示期不少于五个工作日。公示结果不影响任职的，办理任职手续。

第四十三条　实行党政领导干部任职试用期制度。

提拔担任下列非选举产生的厅局级以下领导职务的，试用期为一年：

（一）党委、人大常委会、政府、政协工作部门副职和内设机构领导职务；

（二）纪委监委机关内设机构、派出机构领导职务；

（三）法院、检察院内设机构的非国家权力机关依法任命的领导职务。

试用期满后，经考核胜任现职的，正式任职；不胜任的，免去试任职务，一般按照试任前职级或者职务层次安排工作。

第四十四条　实行任职谈话制度。对决定任用的干部，由党委（党组）指定专人同本人谈话，肯定成绩，指出不足，提出要求和需要注意的问题。

对破格提拔以及通过公开选拔、竞争上岗任职的干部，试用期满正式任职时，党委（党组）还应当指定专人进行谈话。

第四十五条　党政领导职务的任职时间，按照下列时间计算：

（一）由党委（党组）决定任职的，自党委（党组）决定之日起计算；

（二）由党的代表大会、党的委员会全体会议、党的纪律检查委员会全体会议、人民代表大会、政协全体会议选举、决定任命的，自当选、决定任命之日起计算；

（三）由人大常委会或者政协常委会任命或者决定任命的，自人大常委会、政协常委会任命或者决定任命之日起计算；

（四）由党委向政府提名由政府任命的，自政府任命之日起计算。

第八章　依法推荐、提名和民主协商

第四十六条　党委向人民代表大会或者人大常委会推荐

需要由人民代表大会或者人大常委会选举、任命、决定任命的领导干部人选，应当事先向人民代表大会临时党组织或者人大常委会党组和人大常委会组成人员中的党员介绍党委推荐意见。人民代表大会临时党组织、人大常委会党组和人大常委会组成人员以及人大代表中的党员，应当认真贯彻党委推荐意见，带头依法办事，正确履行职责。

第四十七条 党委向人民代表大会推荐由人民代表大会选举、决定任命的领导干部人选，应当以本级党委名义向人民代表大会主席团提交推荐书，介绍所推荐人选的有关情况，说明推荐理由。

党委向人大常委会推荐由人大常委会任命、决定任命的领导干部人选，应当在人大常委会审议前，按照规定程序提出，介绍所推荐人选的有关情况。

第四十八条 党委向政府提名由政府任命的政府工作部门和机构领导成员人选，在党委讨论决定后，由政府任命。

第四十九条 领导班子换届，党委推荐人大常委会、政府、政协领导成员人选和监察委员会主任、法院院长、检察院检察长人选，应当事先向民主党派、工商联主要领导成员和无党派代表人士通报有关情况，进行民主协商。

第五十条 党委推荐的领导干部人选，在人民代表大会选举、决定任命或者人大常委会任命、决定任命前，如果人大代表或者人大常委会组成人员对所推荐人选提出不同意见，党委应当认真研究，并作出必要的解释或者说明。如果发现有事实依据、足以影响选举或者任命的问题，党委可以建议人民代表大会或者人大常委会按照规定程序暂缓选举、任命、决定任命，也可以重新推荐人选。

政协领导成员候选人的推荐和协商提名，按照政协章程和有关规定办理。

第九章　交流、回避

第五十一条 实行党政领导干部交流制度。

（一）交流的对象主要是：因工作需要交流的；需要通过交流锻炼提高领导能力的；在一个地方或者部门工作时间较长的；按照规定需要回避的；因其他原因需要交流的。交流的重点是县级以上地方党委和政府的领导成员，纪委监委、法院、检察院、党委和政府部分工作部门的主要领导成员。

（二）地方党委和政府领导成员原则上应当任满一届，在同一职位上任职满十年的，必须交流；在同一职位连续任职达到两个任期的，不再推荐、提名或者任命担任同一职务。同一地方（部门）的党政正职一般不同时易地交流。

（三）党政机关内设机构处级以上领导干部在同一职位上任职时间较长的，应当进行交流。

（四）经历单一或者缺少基层工作经历的年轻干部，应当有计划地派到基层、艰苦边远地区和复杂环境工作，坚决防止“镀金”思想和短期行为。

（五）加强工作统筹，加大干部交流力度。推进地方与部门之间、地区之间、部门之间、党政机关与国有企事业单位以及其他社会组织之间的干部交流，推动形成国有企事业单位、社会组织干部人才及时进入党政机关的良性工作机制。

（六）干部交流由党委（党组）及其组织（人事）部门按照干部管理权限组织实施，严格把握人选的资格条件。干部个人不得自行联系交流事宜，领导干部不得指定交流人选。同一干部不宜频繁交流。

（七）交流的干部接到任职通知后，应当在党委（党组）或者组织（人事）部门限定的时间内到任。跨地区跨部门交流的，应当同时转移行政关系、工资关系和党的组织关系。

第五十二条 实行党政领导干部任职回避制度。

党政领导干部任职回避的亲属关系为：夫妻关系、直系血亲关系、三代以内旁系血亲以及近姻亲关系。有上列亲属关系的，不得在同一机关担任双方直接隶属于同一领导人员的职务或者有直接上下级领导关系的职务，也不得在其中一方担任领导职务的机关从事组织（人事）、纪检监察、审计、财务工作。

领导干部不得在本人成长地担任县（市）党委和政府以及纪委监委、组织部门、法院、检察院、公安部门主要领导成员，一般不得在本人成长地担任市（地、盟）党委和政府以及纪委监委、组织部门、法院、检察院、公安部门主要领导成员。

第五十三条 实行党政领导干部选拔任用工作回避制度。

党委（党组）及其组织（人事）部门讨论干部任免，涉及与会人员本人及其亲属的，本人必须回避。

干部考察组成员在干部考察工作中涉及其亲属的，本人必须回避。

第十章　免职、辞职、降职

第五十四条 党政领导干部有下列情形之一的，一般应当免去现职：

（一）达到任职年龄界限或者退休年龄界限的；

（二）受到责任追究应当免职的；

（三）不适宜担任现职应当免职的；

（四）因违纪违法应当免职的；

（五）辞职或者调出的；

（六）非组织选派，个人申请离职学习期限超过一年的；

（七）因健康原因，无法正常履行工作职责一年以上的；

（八）因工作需要或者其他原因应当免去现职的。

第五十五条　实行党政领导干部辞职制度。辞职包括因公辞职、自愿辞职、引咎辞职和责令辞职。

辞职应当符合有关规定，手续依照法律或者有关规定程序办理。

第五十六条　引咎辞职、责令辞职和因问责被免职的党政领导干部，一年内不安排领导职务，两年内不得担任高于原任职务层次的领导职务。同时受到党纪政务处分的，按照影响期长的规定执行。

第五十七条　实行党政领导干部降职制度。党政领导干部在年度考核中被确定为不称职的，因工作能力较弱、受到组织处理或者其他原因不适宜担任现职务层次的，应当降职使用。降职使用的干部，其待遇按照新任职务职级的标准执行。

第五十八条　因不适宜担任现职调离岗位、免职的，一年内不得提拔。降职使用的干部重新提拔，按照有关规定执行。

重新任职或者提拔任职，应当根据具体情形、工作需要和个人情况综合考虑，合理安排使用。

对符合有关规定给予容错的干部，应当客观公正对待。

第十一章　纪律和监督

第五十九条　选拔任用党政领导干部，必须严格执行本条例的各项规定，并遵守下列纪律：

（一）不准超职数配备、超机构规格提拔领导干部、超审批权限设置机构配备干部，或者违反规定擅自设置职务名称、提高干部职务职级待遇；

（二）不准采取不正当手段为本人或者他人谋取职务、提高职级待遇；

（三）不准违反规定程序动议、推荐、考察、讨论决定任免干部，或者由主要领导成员个人决定任免干部；

（四）不准私自泄露研判、动议、民主推荐、民主测评、考察、酝酿、讨论决定干部等有关情况；

（五）不准在干部考察工作中隐瞒或者歪曲事实真相；

（六）不准在民主推荐、民主测评、组织考察和选举中搞拉票、助选等非组织活动；

（七）不准利用职务便利私自干预下级或者原任职地区、系统和单位干部选拔任用工作；

（八）不准在机构变动，主要领导成员即将达到任职年龄界限、退休年龄界限或者已经明确即将离任时，突击提拔、调整干部；

（九）不准在干部选拔任用工作中任人唯亲、排斥异己、封官许愿，拉帮结派、搞团团伙伙，营私舞弊；

（十）不准篡改、伪造干部人事档案，或者在干部身份、年龄、工龄、党龄、学历、经历等方面弄虚作假。

第六十条　加强干部选拔任用工作全程监督，严格执行干部选拔任用全程纪实和任前事项报告、“一报告两评议”、专项检查、离任检查、立项督查、“带病提拔”问题倒查等制度。严肃查处违反组织（人事）纪律的行为。对违反本条例规定的事项，按照有关规定对党委（党组）主要领导成员和有关领导成员、组织（人事）部门有关领导成员以及其他直接责任人作出组织处理或者纪律处分；涉嫌违法犯罪的，移送有关国家机关依法处理。

对无正当理由拒不服从组织调动或者交流决定的，依规依纪依法予以免职或者降职使用，并视情节轻重给予处分。

第六十一条　实行党政领导干部选拔任用工作责任追究制度。凡用人失察失误造成严重后果的，本地区本部门用人上的不正之风严重、干部群众反映强烈以及对违反组织（人事）纪律的行为查处不力的，应当根据具体情况，严肃追究党委（党组）及其主要领导成员、有关领导成员、组织（人事）部门、纪检监察机关、干部考察组有关领导成员以及其他直接责任人的责任。

第六十二条　党委（党组）及其组织（人事）部门对干部选拔任用工作和贯彻执行本条例的情况进行监督检查，认真受理有关干部选拔任用工作的举报、申诉，制止、纠正违反本条例的行为，并对有关责任人提出处理意见或者处理建议。

纪检监察机关、巡视巡察机构按照有关规定，加强对干部选拔任用工作的监督检查。

第六十三条　实行地方党委组织部门和纪检监察、巡视巡察、机构编制、审计、信访等有关机构联席会议制度，就加强对干部选拔任用工作的监督，沟通信息、交流情况、研究问题，提出意见和建议。联席会议由组织部门召集。

第六十四条　党委（党组）及其组织（人事）部门在干部选拔任用工作中，必须严格执行本条例，坚持出以公心、公正用人，严格规范履职用权行为，自觉接受党内监督、社会监督、群众监督。下级机关和党员、干部、群众对干部选拔任用工作中的违规违纪行为，有权向上级党委（党组）及其组织（人事）部门、纪检监察机关举报、申诉，受理部门和机关应当按照有关规定查核处理。

第十二章 附 则

第六十五条 本条例对工作部门的规定，同时适用于办事机构、派出机构、特设机构以及其他直属机构。

第六十六条 选拔任用乡（镇、街道）的党政领导干部，由省、自治区、直辖市党委根据本条例制定相应的实施办法。

第六十七条 中国人民解放军和中国人民武装警察部队领导干部的选拔任用办法，由中央军事委员会根据本条例的原则作出规定。

第六十八条 本条例由中共中央组织部负责解释。

第六十九条 本条例自2019年3月3日起施行。2014年1月14日中共中央印发的《党政领导干部选拔任用工作条例》同时废止。

中共中央关于地方党委向地方国家机关推荐领导干部的若干规定

1990年1月12日

第一条 地方党委向地方国家机关推荐领导干部是它应当履行的一项重要职责。推荐范围包括：地方人大常委会组成人员、人民政府组成人员、人民法院院长、人民检察院检察长，以及属于党委管理的由地方国家机关任命的其他领导干部。

第二条 地方党委向地方国家机关推荐领导干部，必须贯彻革命化、年轻化、知识化、专业化的方针，坚持德才兼备的标准，体现民主、择优的原则。被推荐的人选应是坚持四项基本原则，坚持改革开放，作风正派，廉洁奉公，能胜任所推荐职务并为群众所信赖的干部。

第三条 在地方人民代表大会换届时，地方党委提出需由上级党委审批的换届人事安排方案，应经下列程序：

1. 通过民主推荐或民主评议，广泛听取各方面意见，包括听取民主党派、群众团体、无党派人士的意见。

2. 确定被考察人选，组织考察。

3. 党委常委会或全委会讨论确定推荐人选，报上级党委审批。

4. 上级党委组织部门考察后提请党委审批。

5. 向人大常委会党组、人大常委会组成人员中的党员介绍上级党委批准的人事安排方案，进一步听取意见；向民主党派负责人、无党派人士中的代表人物通报有关情况，进行民主协商。

6. 向人民代表大会主席团提交推荐书，说明推荐理由，介绍所推荐人选的基本情况，回答有关问题。

第四条 在地方人民代表大会换届时，地方党委推荐由人大常委会决定的政府部门正职，应经下列程序：

1. 通过民主推荐或民主评议，广泛听取各方面意见。

2. 确定被考察人选，组织考察。

3. 听取政府首长和分管副职的意见；属地方党委和上级业务部门双重管理的干部，还应听取上级业务部门的意见。

4. 党委常委会或全委会讨论确定推荐人选。

5. 向人大常委会党组或主任会议成员、政府党组或政府常务会议成员通报党委关于人事安排的意见和所推荐人选的基本情况。

6. 根据党委的推荐意见，政府首长向人大常委会提名，由政府首长或他委托的有关部门介绍所提名人选的基本情况，回答有关问题。

第五条 在地方人民代表大会本届任期内，地方党委向地方国家机关推荐个别人选，应听取群众和有关方面意见，由组织部门考察，党委集体讨论决定，按干部管理权限报上级党委审批，依照法律规定任免。

第六条 地方人民代表大会开会期间，大会主席团和各代表团应成立临时党组织，在同级党委领导下进行工作。临时党组织在选举工作中的主要任务是：宣传贯彻党的干部路线、方针、政策；向人大代表中的党员介绍党委的人事安排方案，贯彻党委的意图；向党委反映人大代表提出的意见和建议。

人大代表和人大常委会组成人员中的党员，要积极贯彻党委意图，带头依法办事，正确履行职责。对党委推荐的人选有不同意见，应向党组织反映。不得利用散发传单、传播不实传闻等方式，影响他人依法表达选举意志。

第七条 人大常委会党组成员或正副主任中的多数人，对党委推荐人选如有不同意见，党委可以重新推荐人选；如果认为人选不宜改变，应作出说明，并在人大常委会党组或正副主任中进一步酝酿，待意见比较一致后，再行推荐。

属于双重管理的干部，双方对推荐人选如有不同意见，协商不一致时，以主管方提出的干部作为推荐人选。在向上级党委报告时，应反映协管方的意见。

第八条　由地方党委推荐的干部，在人民代表大会选举或人大常委会决定过程中如发现有一定根据、足以影响任命的问题，确实来不及查清，地方党委可建议人民代表大会或人大常委会暂缓选举或决定，待问题查清后，再决定是否继续推荐。

第九条　由地方党委推荐、人民代表大会选举的干部落选后，根据工作需要和本人条件，可推荐为其他职务人选。如果再次推荐为同一职务人选，应在一年以后。

由地方党委推荐、人大常委会决定的干部未获通过，可根据工作需要和本人条件，经进一步协商后，在下一次人大常委会例会时继续推荐。连续两次未获通过的，不得再推荐为同一职务人选。

第十条　由人民代表大会选举和人大常委会决定的干部请求辞职，应按干部管理权限上报，经批准后，再依法向国家机关提出辞职报告。由人民代表大会选举和人大常委会决定的干部调动工作或退（离）休，应依法向人民代表大会或人大常委会提出辞职报告。

第十一条　人民代表大会和人大常委会收到罢免案或撤职议案时，人民代表大会主席团临时党组织和人大常委会党组应及时向党委报告。属于上级党委管理的干部还应向上级党委报告。人民代表大会主席团临时党组织和人大常委会党组应按党委意见开展工作，并依照法定程序办理。

中央纪委、中组部关于坚决防止和查处干部选拔任用工作中的不正之风和违纪违法行为的通知

2001年5月1日

各省、自治区、直辖市党委，中央各部委，国家机关各部委党组（党委），各人民团体党组，中央管理的国有重要骨干企业党组（党委）：

严格按照党的干部路线方针政策选拔任用干部，是按照“三个代表”的要求，加强党的建设，全面、正确、积极地贯彻党的基本路线，保证有中国特色社会主义事业不断巩固和发展的根本大计。当前，干部选拔任用工作的情况总体上是好的。各级党委（党组）及其组织人事部门认真贯彻执行《党政领导干部选拔任用工作暂行条例》（以下简称《条例》），加强领导班子和干部队伍建设，不断深化干部人事制度改革，坚决同用人上的不正之风作斗争，从组织上保证了改革开放和社会主义现代化建设的顺利进行。但在一些地方和部门也存在不少问题，有的还相当严重，突出表现在违反《条例》规定的原则、标准和程序选拔任用干部，“跑官要官”之风屡禁不止，“买官卖官”案件和拉票、搞贿选的现象时有发生。这些不良风气和腐败现象，严重干扰党的干部路线方针政策的贯彻执行，败坏党的风气，损害党的形象，人民群众深恶痛绝，坚决防止和查处，是党心所向，民心所向。从今年起，地方各级领导班子将陆续换届。坚决防止和查处干部选拔任用工作中的不正之风和违纪违法行为，对于进一步端正党风，维护干部工作的严肃性，保证换届工作顺利进行，保持干部队伍的纯洁，增强党的凝聚力和战斗力，具有重要意义。为此，特作如下通知：

一、严明组织人事工作纪律，按照规定的原则、标准和程序选拔任用干部。各级党委（党组）及其组织人事部门要认真贯彻执行《条例》。党委（党组）领导班子每年至少要集中学习一次《条例》及《关于对违反〈党政领导干部选拔任用工作暂行条例〉行为的处理规定》，进一步掌握选拔任用干部的原则、标准、程序，明确工作纪律。要把执行《条例》的情况作为领导班子民主生活会的重要内容，认真对照检查。

选拔任用党政领导干部，必须全面正确地贯彻干部队伍“四化”方针和德才兼备原则，经过民主推荐、组织考察、集体讨论决定。考察干部要客观公正，全面了解干部的真实情况，严禁隐瞒或歪曲事实真相；提交党委（党组）会议讨论任用的干部人选，必须经过组织考察，严禁临时动议决定干部任免；干部的任免，要由党委（党组）集体讨论决定，严禁个人或少数人说了算；干部的进退留转，必须坚持个人服从组织，严禁通过拉关系、走门子，拉票、行贿等手段谋取职务或职级待遇；领导干部个人推荐干部人选，要出以公心，认真负责地写出署名的推荐材料，严禁封官许愿，为他人提拔调动说情、打招呼，或在调离后干预原地区、原单位的干部选拔任用工作；领导干部和组织人事干部要正确运用权力，廉洁自律，严禁在干部选拔任用工作中谋取私利，收受或索取贿赂；配备干部必须严格遵守领导干部职数和干部职务名称表，严禁突破职数、滥设职位提拔干部；在机构即将变动或主要领导干部的工作即将调动时，党委（党组）应暂缓研究干部任免事项，严禁突击提拔干部；严格保守组织人事机密，严禁泄露酝酿讨论干部任免的情况。

二、加强对干部选拔任用工作的监督检查，及时发现和纠正存在的问题。各级党委（党组）及其组织人事部门要加强对下级党委（党组）及其组织人事部门贯彻执行《条例》情况的监督检查。中央组织部每两年对各省（区、市）、中央和国家机关部委的干部选拔任用工作进行一次检查，平时进行抽查。加强组织部门与执纪执法机关和有关部门的联系，经常沟通情况，交流信息。党委组织部和党政机关干部人事部门在考察干部时，要认真听取干部所在单位纪委（纪检组）的意见。凡属地方和部门主管的主要领导干部的提拔任用，组织人事部门在提请党委（党组）讨论决定前，应征求同级纪委（纪检组）的意见。地方领导班子换届期间，纪检机关和组织部门联合派出的检查组，要把地方党委及其组织部门执行党的干部路线方针政策情况作为一项重要内容进行检查，发现问题及时反映和督促处理。要加强群众监督，发挥舆论监督的作用。考察干部要进一步发扬民主，适当扩大谈话范围，注重群众公论，注意研究分析少数人的意见；进一步做好举报的受理工作，对反映问题严重、内容具体的举报，要认真调查核实，确有问题的要严肃处理。提倡署名举报。凡署名举报的，应采取适当方式向举报人反馈查核情况。

三、加大查处力度，严厉惩处干部选拔任用工作中的违纪违法行为。要认真贯彻《中国共产党纪律处分条例（试行）》、《关于对违反〈党政领导干部选拔任用工作暂行条例〉行为的处理规定》和《中共中央组织部关于加强组织部门干部监督工作若干意见（试行）》。对违反《条例》规定的原则、标准、程序和纪律选拔任用干部的，不管涉及到谁，都要严肃处理，坚决防止和纠正用人上的不正之风，严肃查处违纪违法行为。对“跑官要官”的，不仅不能提拔重用，在重要岗位上的要予以调整，已得到提拔的要坚决撤下来；对拉票、搞非组织活动的，一律不得提拔使用，并给予相应的纪律处分；对为“跑官要官”的人说情、打招呼的，要严肃批评，造成用人失误的，根据情节轻重给予组织处理或纪律处分；对“买官卖官”、搞贿选的，要依纪从严处分，涉嫌犯罪的，要移交司法机关依法追究刑事责任。每年年底前，各省（区、市）党委组织部，中央国家机关、人民团体和中央管理的国有重要骨干企业干部人事部门，要将处理此类问题和案件的情况，向中央组织部写出专题报告。

四、教育干部和党员加强党性修养，提高遵守组织人事工作纪律的自觉性。要进一步加强领导班子和干部队伍的思想政治建设，教育干部讲学习、讲政治、讲正气，增强党性和宗旨观念，树立正确的权力观、地位观、利益观，正确对待个人的进退留转，自觉服从组织安排，严格遵守组织人事工作纪律。领导班子调整和换届期间，要积极主动地宣传党和国家的有关政策和法律法规，加强思想政治工作。教育干部和党员讲党性，讲大局，讲原则，支持和贯彻党委的意图，依照国家有关法律和党内法规履行好自己的职责，发现拉票、搞贿选等现象，必须坚决抵制，并及时向组织报告。对参与拉票、搞贿选的，要严肃处理。要注意保护和支持严格按照党的原则办事、敢于同用人上的不正之风和违纪违法行为作斗争的同志。对打击报复的，一经发现，严惩不贷。要加强警示教育，对查处的“跑官要官”、“买官卖官”及拉票、搞贿选等典型案件，要在适当范围内通报，有的可在新闻媒体曝光。大力弘扬正气，打击歪风邪气，为做好干部选拔任用工作营造良好的社会氛围。

五、深化干部人事制度改革，从源头上防止和克服用人上的不正之风和违纪违法行为。防止和查处干部选拔任用工作中的不正之风和违纪违法行为，是一项长期而艰巨的任务。在严肃查处违纪违法行为的同时，要认真贯彻《深化干部人事制度改革纲要》和中央纪委第五次全会精神，进一步扩大民主，引入竞争机制，促使优秀人才脱颖而出；健全相关制度措施，形成正常的干部更新交替机制；逐步实现干部选拔任用、考核、交流、监督等工作的规范化。当前，要大力推行公开选拔党政领导干部制度和干部任前公示制；积极试行干部考察预告制、党委（党组）集体讨论干部投票表决制、干部任职试用期制。按照中央的要求，地（市）、县（市）党委、政府领导班子正职的拟任人选，逐步做到分别由省（区、市）、市的党委常委会提名，党的委员会全体会议审议，进行无记名投票表决；在全委会闭会期间，可由党委常委会议作出决定，但在常委会作出决定之前，必须征求全委会成员的意见。要以地方领导班子换届为契机，积极推行这项制度。要进一步建立和完善干部推荐责任制、干部考察责任制、干部选拔任用决策责任制和用人失察失误责任追究制，形成干部选拔任用工作责任制度体系。通过体制创新，逐步铲除“跑官要官”、“买官卖官”等不正之风和违纪违法行为产生的土壤和条件。

六、认真落实责任，切实加强领导。各级党委（党组）要从事关党和国家前途命运的高度，充分认识防止和查处干部选拔任用工作中不正之风和违纪违法行为的极端重要性和紧迫性，把这项工作列入重要议事日程，认真研究，作出部署，采取有效措施，一级抓一级，层层抓落实。对本地区本部门近年来的干部工作，要认真回顾总结，扎扎实实解决好存在的突出问题。领导班子的每个成员特别是主要负责同志要带头贯彻执行《条例》，自觉坚持民主集中制原则，坚决反对和抵制“跑官要官”、“买官卖官”等现象；要增强政治敏锐性和政治鉴别力，善于见微知著，发现苗头性、倾向性问题，及时果断处理。

各级组织人事部门要认真贯彻执行《条例》，严格遵守组织人事工作纪律和办事制度，坚持党的原则，发现问题及时制止，重大问题要及时向党委（党组）和上级党委组织部门报告。纪检机关和组织部门要把严肃查处“跑官要官”、“买官卖官”以及拉票、搞贿选等违纪违法行为，作为干部监督工作的一项重要任务来抓，做到有声势，有措施，有成效。

要认真落实党风廉政建设责任制。凡本地区本部门“跑官要官”、“买官卖官”以及拉票、搞贿选等问题严重、群众反映强烈的，要追究党委（党组）及其组织人事部门负责人和其他有关人员的责任；对此类案件查处不力的，要追究纪检机关负责人和其他有关人员的责任。

公开选拔党政领导干部工作暂行规定

中共中央办公厅2004年4月8日印发

第一章　总　　则

第一条　为进一步规范和完善公开选拔党政领导干部工作，推进干部工作的科学化、民主化、制度化，促使优秀人才脱颖而出，根据《党政领导干部选拔任用工作条例》和有关法律、法规，制定本规定。

第二条　公开选拔是党政领导干部选拔任用方式之一。

本规定所称的公开选拔党政领导干部，是指党委（党组）及其组织（人事）部门面向社会采取公开报名，考试与考察相结合的办法，选拔党政领导干部。

第三条　公开选拔党政领导干部工作必须遵循《党政领导干部选拔任用工作条例》规定的原则，坚持公开、公平、公正，坚持考试与考察相结合。

第四条　公开选拔适用于选拔地方党委、人大常委会、政府、政协、纪委工作部门或者工作机构的领导成员或者其人选，以及其他适于公开选拔的领导成员或者其人选。

涉及国家安全、重要机密等特殊职位，不宜进行公开选拔。

第五条　公开选拔党政领导干部应当根据领导班子和干部队伍建设的需要，有计划地进行，逐步做到经常化、制度化。

有下列情形之一的，一般应当进行公开选拔：

（一）为了改善领导班子结构，需要集中选拔领导干部；

（二）领导职位空缺较多，需要集中选拔领导干部；

（三）领导职位出现空缺，本单位无合适人选；

（四）选拔专业性较强职位和紧缺专业职位的领导干部；

（五）其他需要进行公开选拔的情形。

第六条　公开选拔工作应当经过下列程序：

（一）发布公告；

（二）报名与资格审查；

（三）统一考试（包括笔试和面试）；

（四）组织考察，研究提出人选方案；

（五）党委（党组）讨论决定；

（六）办理任职手续。

第七条　公开选拔工作在党委（党组）领导下，由组织（人事）部门组织实施。

公开选拔工作应当坚持从实际出发，制定合理的工作方案，提高科学化水平，降低成本。

第二章　公告、报名和资格审查

第八条　公开选拔应当在适当范围内发布公告。公告内容包括选拔职位以及职位说明、选拔范围、报名条件与资格、选拔程序和遴选方式、时间安排等。

第九条　公开选拔应当在调查研究和分析预测的基础上，根据选拔职位的层次、人才分布情况和国家有关政策，合理确定报名人员的范围。

第十条　报名人员应当符合《党政领导干部选拔任用工作条例》规定的基本条件和任职资格。

在国有企业、事业单位工作的报名人员，应当具备与所报职位要求相当的资格。

对有特殊要求的职位，可以附加其他条件。

第十一条　根据选拔职位对人才的需求和选拔优秀年轻干部的需要，可以对报名人员的职务层次、任职年限等任职资格适当放宽。但报上一级职位的，需在本级职位任满一年；越一级报名的，应当在本级职位任满四年；不得越两级报名。

第十二条　海外留学回国人员、非公有制经济组织和社会组织中的人员等,其报名条件和资格由组织实施公开选拔的党委(党组)及其组织(人事)部门根据有关政策确定。

第十三条 报名人员通过组织推荐或者个人自荐等方式报名,并填写报名登记表。报名登记表一般应由所在单位组织(人事)部门审核。

第十四条 组织(人事)部门按照公布的报名条件和资格进行资格审查,审查合格者准予参加笔试。经资格审查合格参加笔试的人数与选拔职位的比例一般不低于10:1。

第三章 考 试

第十五条 考试分为笔试和面试。笔试主要测试应试者对领导干部应具备的基本理论、基本知识、基本方法和专业知识的掌握程度,特别是运用理论、知识和方法分析解决领导工作中实际问题的能力。面试主要测试应试者在领导能力素质、个性特征等方面对选拔职位的适应程度。

第十六条 笔试、面试依据《党政领导干部公开选拔和竞争上岗考试大纲》命题。命题前应当进行职位分析,增强命题的针对性。试题一般从全国领导干部考试通用题库以及经认定合格的省级组织部门题库中提取。

第十七条 笔试分为公共科目考试和专业科目考试,采用闭卷方式进行。

第十八条 根据笔试成绩,从高分到低分确定面试人选。面试人选与选拔职位的比例一般为5:1。

第十九条 面试应当根据需要选择适当的测评方法,注重科学性。

第二十条 面试由面试小组负责考试和评分。面试小组由有关领导、专家、组织人事干部等人员组成,一般不少于7人。

同一职位的面试一般由同一面试小组负责考试和评分。

第二十一条 面试小组成员应当具有较高的思想政治素质,公道正派,并熟悉人才测评工作。面试小组中必须有熟悉选拔职位业务的人员。面试小组成员要实行回避制度。面试前应当对面试小组成员进行培训。

第二十二条 根据笔试、面试成绩确定应试者的考试综合成绩。

第二十三条 笔试、面试成绩和考试综合成绩应当及时通知应试者本人,并在适当范围内公开。

第二十四条 市(地)、县(市)公开选拔党政领导干部,条件允许时可以由上一级党委组织部门统一组织考试。

第四章 组 织 考 察

第二十五条 根据考试综合成绩,从高分到低分确定考察人选。考察人选与选拔职位的比例一般为3:1。

第二十六条 组织(人事)部门依据干部选拔任用条件和选拔职位的职责要求,坚持德才兼备原则,对考察对象的德、能、勤、绩、廉进行全面考察,对是否适合和胜任选拔职位作出评价。要注重考察工作实绩和群众公认程度。

第二十七条 实行考察预告制。将考察对象的简要情况、考察时间、考察组联系方式等,向考察对象所在工作单位或者向社会进行预告。

第二十八条 考察采取个别谈话、发放征求意见表、民主测评、实地考察、查阅资料、专项调查、同考察对象面谈等方法进行。

第二十九条 同一职位的考察对象,应当由同一考察组考察。

第三十条 跨地区、跨部门的考察,考察对象所在单位的组织(人事)部门,应当积极支持和配合,并出具鉴定材料。

第五章 决 定 任 用

第三十一条 组织(人事)部门根据考察情况和考试成绩,研究提出任用建议。

第三十二条 按照干部管理权限,由党委(党组)集体讨论作出任用决定,或者决定提出推荐、提名的意见。

党委(党组)集体讨论认为无合适人选的,该职位选拔可以空缺。

第三十三条 对党委(党组)决定任用的干部和决定推荐、提名的人选进行公示。公示后,未发现影响任用问题的,办理任职手续或者按照有关规定推荐、提名,并向社会公布选拔结果。

第三十四条 对公开选拔任用的干部实行一年的试用期。试用期满后,经考核胜任的,正式任职;不胜任的,免去试任职务,一般按试任前职务层次安排工作。

不适用试用期制的干部,任职一年后经考核不胜任的,提出免职意见。

第三十五条 对经过考察符合任用条件但未能任用的人员,符合后备干部条件的,可以纳入后备干部队伍进行培养。

第六章 纪律和监督

第三十六条 公开选拔党政领导干部必须遵守以下纪律:

(一)确保公开、公平、公正,不准事先内定人选;

（二）严格按照公开选拔工作方案规定的内容和程序操作，不准在实施过程中随意更改；

（三）报考人员要自觉遵守公开选拔工作的有关规定，不准弄虚作假，搞非组织活动；

（四）有关单位要客观、全面地反映和提供考察对象的真实情况，不得夸大、隐瞒或者歪曲事实；

（五）工作人员要严格遵守干部人事工作纪律，特别要严格执行保密制度和回避制度，不准泄露考试试题、评分情况、考察情况、党委（党组）讨论情况等。

第三十七条 对公开选拔工作要加强监督。必要时，成立由纪检机关（监察部门）等有关方面组成的监督小组，对公开选拔工作进行监督。

对公开选拔工作中的违纪行为，干部、群众可以向上级组织（人事）部门或者纪检机关（监察部门）检举、申诉。受理机关和部门应当按照有关规定认真核实处理。

第三十八条 对违反本规定第三十六条的，要按照有关规定给予相应的党纪政纪处分。

第七章 附 则

第三十九条 各省、自治区、直辖市党委组织部门可以根据本规定，结合本地实际，制定实施细则。

第四十条 公开选拔工会、共青团、妇联等人民团体的领导成员推荐人选和国有企业、事业单位的领导人员，可以参照本规定执行。

第四十一条 本规定由中共中央组织部负责解释。

第四十二条 本规定自发布之日起施行。

党政领导干部辞职暂行规定

中共中央办公厅2004年4月8日印发

第一章 总 则

第一条 为建立健全党政领导干部辞职制度，加强对党政领导干部的管理和监督，根据《党政领导干部选拔任用工作条例》和有关法律、法规，制定本规定。

第二条 党政领导干部辞职包括因公辞职、自愿辞职、引咎辞职和责令辞职。

第三条 本规定适用于中共中央、全国人大常委会、国务院、全国政协、中央纪律检查委员会的工作部门或者机关内设机构的领导成员，最高人民法院、最高人民检察院的领导成员（不含正职）和内设机构的领导成员；县级以上地方各级党委、人大常委会、政府、政协、纪委、人民法院、人民检察院及其工作部门或者机关内设机构的领导成员；上列工作部门的内设机构的领导成员。

第四条 党委（党组）及其组织（人事）部门，按照干部管理权限履行本规定中的有关职责，负责本规定的组织实施。

第二章 因公辞职

第五条 领导干部担任由人大、政协选举产生的领导职务，任期未满因工作需要变动职务，依照法律或者政协章程规定应当辞去现任领导职务的，向本级人民代表大会、人大常委会或者政协提出辞去现任领导职务。

第六条 领导干部因公辞职，应当在接到党委（党组）通知后7日内，向任免机关提出辞去现任职务的书面申请。

第七条 因公辞职的领导干部另有任用，按照有关法律规定拟任职务与现任职务不能同时担任的，应当在任免机关批准其辞职后，再对外公布其新任职务。

第三章 自愿辞职

第八条 党政领导干部因个人或者其他原因，可以自愿提出辞去现任领导职务或者公职。

第九条 党政领导干部自愿辞职应当经过下列程序：

（一）干部本人按照干部管理权限，以书面形式向党委（党组）提出辞职申请。辞职申请应当说明辞职原因等情况，同时辞去公职的还应说明辞职后去向等。

（二）组织（人事）部门对干部辞职原因、辞职条件等有关情况进行了解审核，并提出初步意见。审核中应当听取干部所在单位的意见及纪检机关（监察部门）的意见，并与干部本人谈话。

（三）按照干部管理权限，党委（党组）集体研究，作出同意辞职、不同意辞职或者暂缓辞职的决定。对申请辞去领导职务同时辞去公职的，党委（党组）除对是否同意其辞去领导职务作出决定外；还应对是否同意其辞去公职作出决定。

（四）党委（党组）作出同意辞职决定后，按照有关规定办理辞职手续。由人大、政协选举、任命、决定任命的领导干部，依照法律或者政协章程的有关规定办理。

第十条 党委（党组）应当自接到干部辞职申请之日起三个月内予以答复。答复意见应当以书面形式通知辞职干部所在单位和干部本人。超过三个月未予答复的，视为同意辞职。

第十一条 党政领导干部有下列情形之一的，不得辞去领导职务：

（一）有重要公务尚未处理完毕，而且须由本人继续处理的；

（二）由人大、政协选举、任命、决定任命的领导干部任职不满一年的；

（三）正在接受纪检机关（监察部门）、司法机关调查或者审计机关审计的；

（四）有其他特殊原因的。

第十二条 党政领导干部具有本规定第十一条所列情形之一的或者有下列情形之一的，不得辞去公职：

（一）在涉及国家安全、重要机密等特殊职位上任职或者离开上述职位不满解密期限的；

（二）未满最低服务年限的；

（三）有其他特殊原因的。

第十三条 党政领导干部辞去公职后三年内，不得到原任职务管辖的地区和业务范围内的企业、经营性事业单位和社会中介组织任职；不得从事或者代理与原工作业务直接相关的经商办企业活动。

第四章 引咎辞职

第十四条 党政领导干部因工作严重失误、失职造成重大损失或者恶劣影响，或者对重大事故负有重要领导责任等，不宜再担任现职，本人应当引咎辞去现任领导职务。

第十五条 党政领导干部有下列情形之一的，应当引咎辞职：

（一）因工作失职，引发严重的群体性事件，或者对群体性、突发性事件处置失当，造成严重后果或者恶劣影响，负主要领导责任的；

（二）决策严重失误，造成巨大经济损失或者恶劣影响，负主要领导责任的；

（三）在抗灾救灾、防治疫情等方面严重失职，造成重大损失或者恶劣影响，负主要领导责任的；

（四）在安全工作方面严重失职，连续或者多次发生重大责任事故，或者发生特大责任事故，负主要领导责任的；连续或者多次发生特大责任事故，或者发生特别重大责任事故，负主要领导责任、重要领导责任的；

（五）在市场监管、环境保护、社会管理等方面管理、监督严重失职，连续或者多次发生重大事故、重大案件，造成巨大损失或者恶劣影响，负主要领导责任的；

（六）执行《党政领导干部选拔任用工作条例》不力，造成用人严重失察、失误，影响恶劣，负主要领导责任的；

（七）疏于管理监督，致使班子成员或者下属连续或多次出现严重违纪违法行为，造成恶劣影响，负主要领导责任的；

（八）对配偶、子女、身边工作人员严重违纪违法知情不管，造成恶劣影响的；

（九）有其他应当引咎辞职情形的。

第十六条 党政领导干部引咎辞职应当经过下列程序：

（一）干部本人按照干部管理权限，以书面形式向党委（党组）提出辞职申请。辞职申请应当说明辞职原因和思想认识等。

（二）组织（人事）部门对辞职原因等情况进行了解审核，并提出初步意见。审核中应当听取纪检机关（监察部门）的意见，并与干部本人谈话。

（三）按照干部管理权限，党委（党组）集体研究，作出同意辞职、不同意辞职或者暂缓辞职的决定。党委（党组）的决定应当及时通知干部所在单位和干部本人。

（四）党委（党组）作出同意辞职决定后，按照有关规定办理辞职手续。由人大、政协选举、任命、决定任命的领导干部，依照法律或者政协章程的有关规定办理。

第十七条 党委（党组）应当自接到干部引咎辞职申请三个月内予以答复。

第十八条 任免机关在同意干部引咎辞职后，一般应当将干部引咎辞职情况在一定范围内公布。

第五章 责令辞职

第十九条 党委（党组）及其组织（人事）部门根据党政领导干部任职期间的表现，认定其已不再适合担任现职，可以通过一定程序责令其辞去现任领导职务。

党政领导干部有本规定第十五条所列情形之一，应当引咎辞职而不提出辞职申请的，党委（党组）应当责令其辞职。

第二十条 责令辞职应当经过下列程序：

（一）党委（党组）作出责令干部辞职的决定，并指派专人与干部本人谈话。责令干部辞职的决定应当以书面形式通知干部本人。

（二）被责令辞职的干部应当在接到责令辞职通知后15日内向任免机关提出书面辞职申请。

（三）按照有关规定办理辞职手续。由人大、政协选举、任命、决定任命的领导干部，依照法律或者政协章程的有关规定办理。

第二十一条 被责令辞职的干部若对组织决定不服,可以在接到责令辞职通知后15日内,向作出决定的党委(党组)提出书面申诉。

第二十二条 党委(党组)接到申诉后,应当及时组织人员进行核查,并在一个月内作出复议决定。复议决定以书面形式通知干部本人。

复议决定仍维持原决定的,干部本人应当在接到复议决定后3日内向任免机关提出书面辞职申请。对复议决定仍有不同意见的,可以向上级党委(党组)反映,但应当执行复议决定。

第二十三条 被责令辞职的领导干部不服从组织决定、拒不辞职的,予以免职或者提请任免机关予以罢免。

第六章 相关事宜

第二十四条 党政领导干部辞职,按照有关规定需进行经济责任审计的,党委(党组)及其组织(人事)部门应当委托审计机关进行经济责任审计。

第二十五条 党政领导干部辞职,应当自任免机关批准之日起15日内,办理公务交接等相关手续。

对拒不办理公务交接手续的,按照有关规定给予相应的党纪政纪处分。

第二十六条 党政领导干部在辞职审批期间或者组织决定其暂缓辞职期间不得擅自离职。对擅自离职的,按照有关规定给予相应的党纪政纪处分。

第二十七条 引咎辞职、责令辞职的干部同时提出辞去公职的,应当符合本规定第十二条所列的条件。其中,责令辞职的干部同时提出辞去公职的,须按自愿辞去公职的程序办理。

第二十八条 引咎辞职、责令辞职的干部构成违纪的,按照有关规定给予党纪政纪处分;触犯法律的,依法追究法律责任。

第二十九条 对引咎辞职、责令辞职以及自愿辞去领导职务的干部,根据辞职原因、个人条件、工作需要等情况予以适当安排。

第七章 附　则

第三十条 本规定所称主要领导责任,是指在其职责范围内,对直接主管的工作不负责、不履行或者不正确履行职责,对造成的损失和影响负直接领导责任;重要领导责任,是指在其职责范围内,对应管的工作或者参与决定的工作,不履行或者不正确履行职责,对造成的损失和影响负次要领导责任。

第三十一条 本规定对工作部门的规定,同时适用于办事机构、派出机构以及其他直属机构。

乡(镇、街道)的党政领导干部辞职,可以适用本规定。

县级以上党委、政府直属事业单位和工会、共青团、妇联等人民团体的领导成员辞职,参照本规定执行。

第三十二条 本规定第三条、第三十一条所列范围内,担任同级非领导职务的干部辞职,参照本规定执行。

第三十三条 国有企业领导人员的辞职,由有关部门根据本规定的精神,制定具体办法。

第三十四条 本规定由中共中央组织部负责解释。

第三十五条 本规定自发布之日起施行。

党的地方委员会全体会议对下一级党委、政府领导班子正职拟任人选和推荐人选表决办法

中共中央办公厅2004年4月8日印发

第一条 为扩大党内民主,完善干部选拔任用制度,根据《中国共产党章程》、《中国共产党地方委员会工作条例(试行)》、《党政领导干部选拔任用工作条例》和有关规定,制定本办法。

第二条 本办法适用于党的省、自治区、直辖市,设区的市、自治州委员会全体会议(以下简称全委会),对下一级党委、政府领导班子正职的拟任人选和推荐人选的表决,以及全委会闭会期间征求全委会成员的意见。

第三条 市(地、州、盟)、县(市、区、旗)党委、政府领导班子正职的拟任人选和推荐人选,一般应当由上一级党委常委会提名并提交全委会无记名投票表决。

全委会闭会期间急需任用的,按照干部管理权限,由党委常委会作出决定,决定前应当征求全委会成员的意见。

第四条 全委会的表决由党委常委会主持,按照下列程序进行:

(一)公布党委常委会提名的拟任人选、推荐人选名单;

(二)党委分管干部工作的领导成员或者组织部门负责人,逐一介绍拟任人选、推荐人选的推荐、考察和任用理由等情况;

(三)对拟任人选、推荐人选进行审议;

(四)无记名投票表决;

(五)宣布表决结果。

第五条　审议时，全委会成员是拟任人选或者推荐人选，以及与拟任人选或者推荐人选有亲属关系的，本人必须回避。审议后，回避的委员参加投票表决。

第六条　对审议中提出的有关问题，由党委分管干部工作的领导成员或者组织部门负责人作出说明。

对意见分歧较大或者有重大问题不清楚的，由党委常委会决定是否暂缓表决。

第七条　全委会表决时，必须有三分之二以上的委员到会。委员可以投同意票、不同意票或者弃权票，但不得另提他人。表决以应到会委员超过半数同意为通过。缺席的委员不得委托他人投票，也不另行投票。

第八条　投票表决设监票人、计票人若干名。监票人由党委常委会在全委会成员中提名，提交全委会审议通过。计票人由党委常委会指定，在监票人监督下进行工作。监票人和计票人应当实行公务回避。

第九条　计票完毕，由监票人向全委会报告计票结果。主持人宣布表决结果。

第十条　全委会投票表决未获通过的拟任人选或者推荐人选，一般不再提名为同一职位人选。确需再次提名为同一职位人选的，必须提交另一次全委会表决。两次未获通过的，不得再提名为同一职位人选。

第十一条　暂缓表决的，党委常委会应当在下一次全委会前作出是否继续提名的决定。继续提名的，应当提交全委会表决。

第十二条　全委会闭会期间，按照下列程序征求全委会成员的意见：

（一）根据党委意见，组织部门将征求意见表、提名人选的基本情况、提名理由等材料，以书面方式送达全委会成员。

（二）全委会成员收到征求意见材料后，应当在规定的时间内将意见以书面形式向组织部门反馈。对提名人选，可以表示同意、不同意或者弃权的意见。不表示意见或者逾期不反馈意见的，视为同意。征求候补委员的意见表不设同意、不同意或者弃权栏目，只设反映情况栏目。

如遇特殊情况，全委会成员本人可以电话或者口头方式反馈意见，组织部门应当指定专人做好记录，该记录与书面意见具有同等效力。

（三）由组织部门将征求意见情况向党委常委会汇报。

（四）经征求意见，超过全体成员半数不同意拟任人选、推荐人选的，党委常委会应当作出不予任用或者不予推荐的决定。

（五）全委会成员反映拟任人选、推荐人选有重大问题的，党委常委会应当责成有关部门调查核实，并根据调查核实情况，及时作出是否任用或者推荐的决定。对署名反映问题的，应当将调查核实情况向反映问题的全委会成员反馈。

第十三条　全委会成员必须遵守保密纪律，不准泄露提名、讨论、投票等情况。

在全委会表决和征求意见过程中，任何人不得诬陷诽谤他人和进行串联、拉票等非组织活动。

对违反规定的，应当根据具体情况追究主要责任人以及其他直接责任人的责任。

第十四条　党的地区、盟委员会对县（市、旗）党委、政府领导班子正职拟任人选和推荐人选的决定，一般采取无记名投票的办法。

党的地方委员会全体会议表决党委、政府工作部门正职领导干部的拟任人选和推荐人选，党的县（市、区、旗）委员会全体会议表决乡（镇、街道）党政领导班子正职的拟任人选和推荐人选，参照本办法执行。

第十五条　本办法由中共中央组织部负责解释。

第十六条　本办法自发布之日起施行。

党政领导干部任职回避暂行规定

中共中央办公厅2006年6月10日印发

第一条　为了加强对党政领导干部的管理和监督，保证领导干部公正履行职责，促进党风廉政建设，根据《中华人民共和国公务员法》、《党政领导干部选拔任用工作条例》和有关法律法规，制定本规定。

第二条　本规定适用于中共中央、全国人大常委会、国务院、全国政协的工作部门和工作机构的领导成员，上述工作部门和工作机构的内设机构的领导干部；中央纪委和最高人民法院、最高人民检察院的副职领导成员及其机关内设机构的领导干部；县级以上地方党委、人大常委会、政府、政协及其工作部门和工作机构的领导成员，上述工作部门和工作机构的内设机构的领导干部；县级以上地方纪委和人民法院、人民检察院的领导成员及其机关内设机构的领导干部。

第三条　有夫妻关系、直系血亲关系、三代以内旁系血亲关系以及近姻亲关系的，不得在同一机关担任双方直接隶属于同一领导人员的职务或者有直接上下级领导关系的职务，也不得在其中一方担任领导职务的机关从事组织（人事）、纪检（监察）、审计、财务等工作。

第四条 领导干部的配偶、子女及其配偶以独资、合伙或者较大份额参股的方式，经营企业或者举办经营性民办非企业单位的，该领导干部不得在上述企业或者单位的行业监管或者业务主管部门担任领导成员。

第五条 领导干部不得在本人成长地担任县（市）党委、政府以及纪检机关、组织部门、人民法院、人民检察院、公安部门正职领导成员，一般不得在本人成长地担任市（地、盟）党委、政府以及纪检机关、组织部门、人民法院、人民检察院、公安部门正职领导成员。

民族自治地方的少数民族领导干部参照上款规定执行。

第六条 领导干部任职时存在需要回避情况的，按照干部管理权限由组织（人事）部门提出回避意见，报党委（党组）作出决定。必要时，组织（人事）部门可要求领导干部报告拟任职务所需要回避的情况。

第七条 领导干部任职期间出现需要回避情况的，本人应当提出回避申请。所在单位党组织发现其有需要回避情况的应当提出回避建议，按照干部管理权限由组织（人事）部门审核后提出意见，报党委（党组）作出决定。

第八条 个人、组织有权反映领导干部需要回避的情况，接到反映的机关应当按照干部管理权限交有关组织（人事）部门处理。

第九条 出现本规定第三条所列需要回避情形时，职务层次不同的，一般由职务层次较低的一方回避；职务层次相当的，根据工作需要和实际情况决定其中一方回避。

第十条 实行回避需要跨地区跨部门调整、按照干部管理权限本级难以安排的，报请上级组织（人事）部门协调解决。

第十一条 经人民代表大会选举产生的领导干部需要实行地域回避的，根据实际情况，可以在任期内调整的，在任期内予以调整；任期内难以调整的，任期届满后予以调整。

第十二条 组织（人事）部门提出回避意见报党委（党组）决定前，可以听取领导干部本人及相关人员的意见。

第十三条 领导干部有需要回避的情况不及时报告或者有意隐瞒的，应当予以批评，情节严重的进行组织处理。

第十四条 领导干部必须服从回避决定。无正当理由拒不服从的，就地免职或者降职使用。

第十五条 除本规定第三条、第四条、第五条所列情形外，法律法规对领导干部任职回避另有规定的，从其规定。

国家驻外机构领导干部的任职回避，由有关部门另行规定。

第十六条 各级党委（党组）及其组织（人事）部门按照干部管理权限，负责本规定的组织实施，对执行党政领导干部任职回避制度的情况进行监督，对违反本规定的行为予以纠正。

第十七条 工会、共青团、妇联等人民团体和县级以上党政机关所属事业单位领导干部的任职回避，参照本规定执行。

第十八条 乡（镇、街道）领导干部的任职回避办法，由省（自治区、直辖市）党委根据本规定制定。

第十九条 本规定由中共中央组织部负责解释。

第二十条 本规定自发布之日起施行。

党政领导干部职务任期暂行规定

中共中央办公厅2006年6月10日印发

第一条 为了规范党政领导干部职务任期和任期管理工作，保持领导干部任期内的稳定，增强干部队伍的活力，根据《中华人民共和国宪法》、《中国共产党章程》、《中华人民共和国地方各级人民代表大会和地方各级人民政府组织法》、《中华人民共和国公务员法》、《党政领导干部选拔任用工作条例》和有关法律法规，制定本规定。

第二条 本规定适用于中共中央、全国人大常委会、国务院、全国政协的工作部门和工作机构的正职领导成员；县级以上地方党委、政府领导成员，纪委、人民法院、人民检察院的正职领导成员；省（自治区、直辖市）、市（地、州、盟）党委、人大常委会、政府、政协的工作部门和工作机构的正职领导成员。

第三条 党政领导职务每个任期为5年。

第四条 党政领导干部在任期内应当保持稳定。除有下列情形之一的，应当任满一个任期：

（一）达到退休年龄的；

（二）由于健康原因不能或者不宜继续担任现职务的；

（三）不称职需要调整职务的；

（四）自愿辞职或者引咎辞职、责令辞职的；

（五）因受处分或处罚需要变动职务或者被罢免职务的；

（六）因工作特殊需要调整职务的。

党政领导干部在一个任期内因工作特殊需要调整职务，一般不得超过一次。

第五条 党政领导干部任期内和任期届满应当按照有关规定进行考核，考核结果作为干部使用的重要依据。

第六条 党政领导干部在同一职位上连续任职达到两个任期，不再推荐、提名或者任命担任同一职务。

第七条 党政领导干部担任同一层次领导职务累计达到15年的，不再推荐、提名或者任命担任第二条所列范围内的同一层次领导职务。根据干部个人情况和工作需要对其工作予以适当安排。

第八条 民族自治地方的少数民族党政领导干部执行本规定第六条和第七条，经批准可以适当放宽。

第九条 党政领导干部任期内调整职务，任职3年以上的，计算为一个任期；任职不足3年的，只计算任职年限，不计算任期届数。

第十条 选任制党政领导干部在新一届领导班子选举产生时，原任领导职务自然解除。

工作部门和工作机构正职领导成员任期届满不再连任的，按有关规定由任免机关下达免职通知，免去其担任的领导职务。

第十一条 各级党委（党组）及其组织（人事）部门按照干部管理权限，负责本规定的组织实施，对执行本规定的情况进行监督，对违反本规定的行为予以纠正。

第十二条 工会、共青团、妇联等人民团体的正职领导成员实行任期制度，按照有关章程并参照本规定执行。

市（地、州、盟）级以上党委、政府直属事业单位的正职领导成员实行任期制度，参照本规定执行。

第十三条 省（自治区、直辖市）党委根据本规定精神，结合各地实际，对乡（科）级党政领导干部实行任期制度作出规定，并报中共中央组织部备案。

第十四条 本规定由中共中央组织部负责解释。

第十五条 本规定自发布之日起施行。

公务员职务任免与职务升降规定（试行）

中共中央组织部、人事部2008年2月29日印发

第一章 总 则

第一条 为完善公务员职务管理，合理任用公务员，规范公务员职务任免与职务升降工作，根据公务员法和有关法律、法规、章程，制定本规定。

第二条 公务员的职务任免与职务升降，必须贯彻党的干部路线和方针，坚持下列原则：

（一）党管干部原则；

（二）任人唯贤、德才兼备、注重实绩原则；

（三）民主、公开、竞争、择优原则。

第三条 本规定适用于委任制公务员。

选任制公务员以及法官、检察官职务的任免、升降按照有关法律、法规和章程的规定执行。

聘任制公务员的职务任免与职务升降，另行规定。

第四条 公务员职务任免与职务升降工作按照干部管理权限，依照法定的条件和程序进行。

第五条 领导成员职务应当按照规定实行任期制。

第二章 任 职

第六条 公务员任职，按照公务员职务序列，在规定的编制限额和职数内进行，并有相应的职位空缺。

第七条 公务员任职，应当具备拟任职务所要求的条件和资格。

第八条 公务员任职，应当符合交流和回避等有关规定。

第九条 公务员具有下列情形之一的，应予任职：

（一）新录用公务员试用期满经考核合格的；

（二）通过调任、公开选拔等方式进入公务员队伍的；

（三）晋升或者降低职务的；

（四）转任、挂职锻炼的；

（五）免职后需要新任职务的；

（六）其他原因需要任职的。

第十条 公务员任职，一般按照下列程序进行：

（一）按照有关规定提出拟任职人选；

（二）根据职位要求对拟任职人选进行考察或者了解；

（三）按照干部管理权限集体讨论决定；

（四）按照规定履行任职手续。

第十一条 公务员职务的任职时间，按照《党政领导干部选拔任用工作条例》和有关规定计算。

第十二条 公务员任职时，应当按照规定确定级别。

第十三条 公务员因工作需要在机关外兼任职务的，应当经有关机关批准，并不得领取兼职报酬。

第三章 免 职

第十四条 公务员具有下列情形之一的，应予免职：

（一）晋升职务后需要免去原任职务的；

（二）降低职务的；

（三）转任的；

（四）辞职或者调出机关的；

（五）非组织选派，离职学习期限超过一年的；

（六）退休的；

（七）其他原因需要免职的。

第十五条 公务员免职，按照下列程序进行：

（一）提出免职建议；

（二）对免职事由进行审核；

（三）按照干部管理权限集体讨论决定；

（四）按照规定履行免职手续。

第十六条 公务员有下列情形之一的，其职务自然免除，可不再办理免职手续，由所在单位报任免机关备案：

（一）受到刑事处罚或者劳动教养的；

（二）受到撤职以上处分的；

（三）被辞退的；

（四）法律、法规及有关章程有其他规定的。

第四章 晋升职务

第十七条 公务员晋升职务，应当具备拟任职务所要求的思想政治素质、工作能力、文化程度和任职经历等方面的条件和资格。

第十八条 公务员晋升职务，在规定任职资格年限内的年度考核结果均为称职以上等次。

第十九条 晋升县处级以上领导职务的公务员，应当具备《党政领导干部选拔任用工作条例》和有关法律、法规、章程规定的资格。

晋升乡科级领导职务的公务员，应当符合下列资格条件：

（一）具有大学专科以上文化程度；

（二）晋升乡科级正职领导职务的，应当担任副乡科级职务两年以上；

（三）晋升乡科级副职领导职务的，应当担任科员级职务三年以上；

（四）具有正常履行职责的身体条件；

（五）其他应当具备的资格。

第二十条 晋升综合管理类非领导职务须具备下列任职年限条件：

（一）晋升巡视员职务，应当任厅局级副职领导职务或者副巡视员五年以上；

（二）晋升副巡视员职务，应当任县处级正职领导职务或者调研员五年以上；

（三）晋升调研员职务，应当任县处级副职领导职务或者副调研员四年以上；

（四）晋升副调研员职务，应当任乡科级正职领导职务或者主任科员四年以上；

（五）晋升主任科员职务，应当任乡科级副职领导职务或者副主任科员三年以上；

（六）晋升副主任科员职务，应当任科员三年以上；

（七）晋升科员职务，应当任办事员三年以上。

晋升综合管理类以外其他职位类别非领导职务所需的任职年限条件，按照有关规定执行。

第二十一条 公务员晋升职务，应当逐级晋升。

特别优秀的公务员或者工作特殊需要的，可以破格或者越级晋升职务。破格和越级晋升条件和程序另行规定。

第二十二条 公务员晋升领导职务，按照下列程序办理：

（一）民主推荐，确定考察对象；

（二）组织考察，研究提出任职建议方案，并根据需要在一定范围内进行酝酿；

（三）按照干部管理权限集体讨论决定；

（四）按照规定办理任职手续。

公务员晋升非领导职务，参照前款规定的程序办理。

第二十三条 机关内设机构厅局级正职以下领导职务出现空缺时，可以在本机关或者本系统内通过竞争上岗的方式，产生任职人选。

厅局级正职以下领导职务或者副调研员以上及其他相当职务层次的非领导职务出现空缺，可以面向社会公开选拔，产生任职人选。

第二十四条 公务员晋升领导职务的，应当按照有关规定实行任前公示制度和任职试用期制度。

第五章 降 职

第二十五条 科员以上职务的公务员，在定期考核中被确定为不称职的，应予降职。

第二十六条 公务员降职，一般降低一个职务层次。

第二十七条 公务员降职，按照下列程序进行：

（一）提出降职建议；

（二）对降职事由进行审核并听取拟降职人的意见；

（三）按照干部管理权限集体讨论决定；

（四）按照规定办理降职手续。

第二十八条 公务员被降职的，其级别超过新任职务对应的最高级别的，应当同时降至新任职务对应的最高级别。

第二十九条 降职的公务员，在新的职位工作一年以上，德才表现和工作实绩突出，经考察符合晋升职务条件的，可晋升职务。其中，降职时降低级别的，其级别按照规定晋升；降职时未降低级别的，晋升到降职前职务层次的职务时，其级别不随职务晋升。

第六章　纪律与监督

第三十条　在公务员的职务任免与职务升降工作中，不得有下列行为：

（一）超编制、超职数、超机构规格或者自设职位任用与晋升公务员职务；

（二）随意放宽或者改变公务员职务任用和晋升的条件；

（三）在考察工作中隐瞒、歪曲事实真相，或者泄露酝酿、讨论公务员职务任免与职务升降的情况；

（四）违反规定程序决定公务员的职务任免与职务升降；

（五）突击晋升公务员职务；

（六）任人唯亲、封官许愿、营私舞弊、打击报复；

（七）其他妨碍公务员职务任免与职务升降工作公正合理进行的行为。

第三十一条　对违反本规定作出的决定，由有关机关予以纠正，并按规定对主要责任人以及其他直接责任人进行处理，触犯法律的，依法处理。

第三十二条　公务员对免职、降职决定不服，可以按照有关规定申请复核或者提出申诉。公务员主管部门和有关机关按照有关规定负责处理。

第七章　附　　则

第三十三条　双重管理的公务员职务任免与职务升降，按照有关规定办理。

第三十四条　参照公务员法管理的机关（单位）工作人员的职务任免与职务升降，参照本规定执行。

第三十五条　本规定由中共中央组织部、人事部负责解释。

第三十六条　本规定自发布之日起施行。

党政领导干部选拔任用工作有关事项报告办法（试行）

中共中央组织部 2010 年 3 月 9 日印发

第一条　为加强对党政领导干部选拔任用工作的监督，进一步规范干部选拔任用行为，防止和纠正用人上不正之风，根据《党政领导干部选拔任用工作条例》、《党政领导干部选拔任用工作监督检查办法（试行）》，制定本办法。

第二条　党委（党组）组织（人事）部门按照干部管理权限，负责本级党委管理的党政领导干部选拔任用工作有关事项的报告工作，并负责审核下一级组织（人事）部门报告的党政领导干部选拔任用工作有关事项。

第三条　在干部选拔任用工作中有下列情形之一的，应当按照要求书面报告上一级组织（人事）部门，经批复同意后方可进行：

（一）在机构变动或者主要领导成员已经明确即将离任时确因工作需要提拔、调整干部的；

（二）越级提拔干部的；

（三）党委、政府及其工作部门个别特殊需要的领导成员人选，不经民主推荐，由组织推荐提名作为考察对象的；

（四）市、县、乡党政正职在同一岗位任期不到 3 年进行调整的；

（五）其他应当事先报批的事项。

本条第（四）项需要报经更上一级组织（人事）部门批复同意。

报告内容包括提拔调整干部的原由，拟提拔调整对象个人情况、任用意向，职数配备以及其他需要说明的情况。

第四条　在干部选拔任用工作中有下列情形之一的，在作出决定前应当征求上一级组织（人事）部门的意见：

（一）破格提拔干部的；

（二）除领导班子换届外，一批集中调整干部数量较大的（具体数量界限由各级组织人事部门根据实际确定）；

（三）领导干部的近亲属在领导干部所在单位（系统）内提拔任用，或者在领导干部所在地区提拔担任下一级领导职务的；

（四）领导干部的秘书等身边工作人员提拔任用的；

（五）领导干部因被问责受到组织处理或者纪律处分，影响期满拟重新任用的；

（六）超过任职年龄或者规定任期需要继续留任的；

（七）其他需要报告的事项。

本条第（三）项所称领导干部的近亲属，是指与领导干部有夫妻关系、直系血亲关系、三代以内旁系血亲以及近姻亲关系的人员。

征求意见应当以书面形式事前函报上一级组织（人事）部门，随函附报拟提拔任用干部的《干部任免审批表》、考察材料等。

第五条　上级组织（人事）部门依据有关规定审核报告事项，应当在 15 个工作日内予以答复。未经答复，不得提交党委（党组）会议讨论决定相关任用事项。党委（党组）会议讨论研究有关干部任用时，本级组织（人事）部门应当如实报告征求意见的情况。

第六条　凡违反本办法作出的干部任用决定，应当予以纠正，并按照规定追究有关责任人的责任。

第七条　工会、共青团、妇联等人民团体和国有企事业单位参照本办法执行。

第八条　本办法由中共中央组织部负责解释。

第九条　本办法自发布之日起施行。

地方党委常委会向全委会报告干部选拔任用工作并接受民主评议办法（试行）

中共中央组织部2010年3月9日印发

第一条　为加强对干部选拔任用工作的民主监督，提高选人用人公信度，根据《中国共产党党内监督条例（试行）》、《党政领导干部选拔任用工作监督检查办法（试行）》，制定本办法。

第二条　地方党委常委会每年向全委会报告工作时，要专题报告年度干部选拔任用工作情况，并在一定范围内接受对本级党委干部选拔任用工作和新选拔任用领导干部的民主评议（以下简称“一报告两评议”）。

第三条　“一报告两评议”一般安排在当年年底或者次年年初的全委（扩大）会上进行，可以与领导班子和领导干部年度总结或者年度考核结合进行。下列人员参加民主评议：

（一）全委会成员；

（二）本级人大、政府、政协领导班子成员；

（三）本级纪委常委会成员；

（四）本级人民法院、人民检察院、党委工作部门、政府工作部门、人民团体及本级党委、政府派出机构的主要领导成员；

（五）下一级党委和政府的主要领导成员；

（六）其他需要参加的人员。

第四条　党委负责人代表常委会报告干部选拔任用工作。干部选拔任用工作专题报告可作为单独的报告，也可作为常委会工作报告的一个专项内容。报告一般包括下列内容：

（一）选拔任用干部的总体情况；

（二）贯彻执行党的干部路线方针政策的情况；

（三）创新选人用人措施和办法，建立健全干部选拔任用和监督机制的情况；

（四）整治用人上不正之风的情况（包括上年度评议整改措施落实情况）；

（五）存在的主要问题和改进的措施；

（六）其他需要报告的情况。

第五条　参加评议人员采取无记名方式填写《干部选拔任用工作民主评议表》和《新选拔任用干部民主评议表》。新选拔任用干部民主评议的对象包括近一年内选拔任用的下列人员：

（一）下一级党委、政府正职领导干部；

（二）本级党委、政府工作部门正职领导干部；

（三）由本级党委管理的其他正职领导干部；

（四）破格提拔（含越级提拔）的由本级党委管理的领导干部；

（五）其他提拔担任重要岗位领导职务的干部（具体评议对象由上级党委组织部门根据实际情况确定）。

地方党政领导班子集中换届时，可以只对本级党委新提拔的正职领导干部进行评议。

第六条　“一报告两评议”由上级党委组织部门会同本级党委组织实施。本级党委组织部门应当提前将开展“一报告两评议”的具体安排报告上级党委组织部门。民主评议表的收集、统计由上级党委组织部门负责，本级党委组织部门配合做好有关工作。

上级党委组织部门或者巡视组本年度已经对该地区干部选拔任用工作进行过检查和民主评议的，经报上级党委组织部门同意，可不再进行民主评议。

第七条　“一报告两评议”结束后，上级党委组织部门应当及时反馈民主评议结果。党委常委会应当对民主评议结果进行分析，研究提出加强和改进工作的措施，并采取适当方式向全委会成员通报干部选拔任用工作民主评议结果和相关整改措施。

第八条　根据民主评议结果，上级党委组织部门对民主评议满意度高、工作成绩突出的，要予以表扬；对民主评议满意度明显偏低、干部群众反映强烈的，经组织考核认定后，按照规定追究有关责任人员的责任，并督促进行整改。

对民主评议满意度明显偏低、干部群众意见集中的干部，本级党委组织部门应当对其选拔任用情况作出说明，并进行相应的教育和处理。

第九条　开展“一报告两评议”应当严格遵守纪律。不准弄虚作假、隐瞒真实情况，不准干扰参加评议人员表达真实看法，不准更改、伪造民主评议结果，不得以征求意见等方式代替民主评议。

第十条 各级党委、政府工作部门和工会、共青团、妇联等人民团体以及国有企事业单位党委(党组)参照本办法的有关规定,结合领导班子和领导干部年度总结或者年度考核开展"一报告两评议"。

第十一条 本办法由中共中央组织部负责解释。

第十二条 本办法自发布之日起施行。

附件:1. 干部选拔任用工作民主评议表(样表)(略)

2. 新选拔任用干部民主评议表(样表)(略)

市县党委书记履行干部选拔任用工作职责离任检查办法(试行)

中共中央组织部2010年3月9日印发

第一条 为促进市(地、州、盟)、县(市、区、旗)党委书记(以下简称市县党委书记)认真履行干部选拔任用工作职责,提高选人用人质量,根据《党政领导干部选拔任用工作条例》、《党政领导干部选拔任用工作监督检查办法(试行)》,制定本办法。

第二条 市县党委书记履行干部选拔任用工作职责离任检查,是指市县党委书记因提拔使用、平级交流、到龄退休等原因即将离任时,由上级党委组织部门对其任职期间履行干部选拔任用工作职责的情况进行检查。

第三条 对因拟提拔使用即将离任的市县党委书记的检查,一般结合干部考察进行,由上级党委组织部门派出的干部考察组负责实施。

第四条 对因平级交流、到龄退休等原因即将离任的市县党委书记的检查,按照干部管理权限由上级党委组织部门干部监督机构负责组织实施。

第五条 对即将离任的市县党委书记履行干部选拔任用工作职责的情况,重点检查下列内容:

(一)任职期间贯彻执行党的干部路线方针政策的情况;

(二)任职期间市县党委选拔任用的干部的情况;

(三)任职期间本地区用人风气的情况;

(四)任职期间遵守组织人事纪律的情况特别是离任前有无突击提拔调整干部的情况;

(五)任职期间加强干部监督管理工作的情况;

(六)其他应当检查的情况。

第六条 离任检查一般按下列程序进行:

(一)即将离任的市县党委书记报告任职期间第五条所列情况;

(二)在一定范围内对即将离任的市县党委书记任职期间履行干部选拔任用工作职责情况和市县党委近期新任用的干部进行民主评议;

(三)通过个别访谈、召开座谈会、受理举报等方式听取干部群众意见;

(四)查阅干部任免相关材料;

(五)向下达检查任务的党委组织部门报告检查情况;

(六)向被检查的市县党委书记反馈检查结果。

市县党委集中换届时,对拟提拔使用的市县党委书记履行干部选拔任用工作职责的离任检查,除本条第(一)、(二)项外,其他程序可以结合考察工作适当简化。

第七条 对拟提拔使用的市县党委书记的民主评议,参加人员范围与考察时的参加民主测评人员范围一致。

对因平级交流、到龄退休等原因即将离任的市县党委书记的民主评议,一般由下列人员参加:

(一)全委会成员;

(二)本级人大、政府、政协领导班子成员;

(三)本级纪委常委会成员;

(四)本级人民法院、人民检察院主要领导成员;

(五)其他需要参加的人员。

第八条 检查结果作为评价、使用市县党委书记的重要依据。对民主评议中履行干部选拔任用工作职责总体评价"满意"、"基本满意"两项比率合计不足三分之二,或者用人风气总体评价"好"、"较好"两项比率合计不足三分之二的人员,经组织考核认定,要采取相应的组织处理措施,其中拟提拔使用的,应当取消其资格。

拟提拔使用干部的考察材料中应当反映检查情况和民主评议结果。

第九条 检查发现即将离任的市县党委书记任职期间存在严重违反干部选拔任用工作规定问题的,以及在干部选拔任用工作中不履行或者不正确履行职责导致用人失察失误、造成严重后果或者恶劣影响的,要进行调查核实。经调查属实的,根据有关规定追究其责任,给予相应的组织处理或者纪律处分,对于拟提拔使用的,先取消其提拔资格,再视情况作进一步处理。

对于在新任用的干部民主评议中满意度明显偏低的干部,市县党委书记应当就其任用情况作出说明。考察组或者检查组应当对其任用过程进行调查了解。

第十条 各省、自治区、直辖市党委组织部门可根据本办法制定实施细则。党政机关直属单位党组(党委)书记的离任检查,可参照本办法执行。

第十一条　本办法由中共中央组织部负责解释。

第十二条　本办法自发布之日起施行。

附件:1. 市县党委书记履行干部选拔任用工作职责情况民主评议表(样表)(略)

2. 市县党委近期新任用干部民主评议表(样表)(略)

3. 市县党委管理的干部违纪违法受处理情况表(样表)(略)

人事争议处理规定

1. 中共中央组织部、人事部、解放军总政治部2007年8月9日印发

2. 根据2011年8月15日中共中央组织部、人力资源和社会保障部、解放军总政治部《关于修改〈人事争议处理规定〉的通知》修正

第一章　总　　则

第一条　为公正及时地处理人事争议,保护当事人的合法权益,根据《中华人民共和国公务员法》、《中国人民解放军文职人员条例》等有关法律法规,制定本规定。

第二条　本规定适用于下列人事争议:

(一)实施公务员法的机关与聘任制公务员之间、参照《中华人民共和国公务员法》管理的机关(单位)与聘任工作人员之间因履行聘任合同发生的争议。

(二)事业单位与工作人员之间因解除人事关系、履行聘用合同发生的争议。

(三)社团组织与工作人员之间因解除人事关系、履行聘用合同发生的争议。

(四)军队聘用单位与文职人员之间因履行聘用合同发生的争议。

(五)依照法律、法规规定可以仲裁的其他人事争议。

第三条　人事争议发生后,当事人可以协商解决;不愿协商或者协商不成的,可以向主管部门申请调解,其中军队聘用单位与文职人员的人事争议,可以向聘用单位的上一级单位申请调解;不愿调解或调解不成的,可以向人事争议仲裁委员会申请仲裁。当事人也可以直接向人事争议仲裁委员会申请仲裁。当事人对仲裁裁决不服的,可以向人民法院提起诉讼。

第四条　当事人在人事争议处理中的地位平等,适用法律、法规平等。

当事人有使用本民族语言文字申请仲裁的权利。人事争议仲裁委员会对于不熟悉当地通用语言文字的当事人,应当为他们翻译。

第五条　处理人事争议,应当注重调解,遵循合法、公正、及时的原则,以事实为依据,以法律为准绳。

第二章　组织机构

第六条　省(自治区、直辖市)、副省级市、地(市、州、盟)、县(市、区、旗)设立人事争议仲裁委员会。

人事争议仲裁委员会独立办案,相互之间无隶属关系。

第七条　人事争议仲裁委员会由公务员主管部门代表、聘任(用)单位代表、工会组织代表、受聘人员代表以及人事、法律专家组成。人事争议仲裁委员会组成人员应当是单数,设主任一名、副主任二至四名、委员若干名。

同级人民政府分管人事工作的负责人或者政府人事行政部门的主要负责人任人事争议仲裁委员会主任。

第八条　人事争议仲裁委员会实行少数服从多数原则,不同意见应如实记录。

第九条　人事争议仲裁委员会的职责是:

(一)负责处理管辖范围内的人事争议。

(二)决定仲裁员的聘任和解聘。

(三)法律、法规规定由人事争议仲裁委员会承担的其他职责。

第十条　人事争议仲裁委员会下设办事机构,其职责是:负责人事争议案件的受理、仲裁文书送达、档案管理以及仲裁员的考核、培训等日常工作,办理人事争议仲裁委员会授权的其他事宜。办事机构设在同级人民政府人事部门。

第十一条　人事争议仲裁委员会处理人事争议案件实行仲裁庭制度,仲裁庭是人事争议仲裁委员会处理人事争议案件的基本形式。仲裁庭一般由三名仲裁员组成。人事争议仲裁委员会指定一名仲裁员担任首席仲裁员,主持仲裁庭工作;另两名仲裁员可由双方当事人各选定一名,也可由人事争议仲裁委员会指定。简单的人事争议案件,经双方当事人同意,人事争议仲裁委员会可以指定一名仲裁员独任处理。

第十二条　人事争议仲裁委员会可以聘任有关部门的工作人员、专家学者和律师为专职或兼职仲裁员。仲裁员的职责是:受人事争议仲裁委员会的委托或当事人的选择,负责人事争议案件的具体处理工作。

兼职仲裁员与专职仲裁员在仲裁活动中享有同等

权利。

兼职仲裁员进行仲裁活动时，所在单位应当给予支持。

第三章　管　　辖

第十三条　中央机关、直属机构、直属事业单位及其在京所属单位的人事争议由北京市负责处理人事争议的仲裁机构处理，也可以由北京市根据情况授权所在地的区（县）负责处理人事争议的仲裁机构处理。

中央机关在京外垂直管理机构以及中央机关、直属机构、直属事业单位在京外所属事业单位的人事争议，由所在地的省（自治区、直辖市）设立的人事争议仲裁委员会处理，也可由省（自治区、直辖市）根据情况授权所在地的人事争议仲裁委员会处理。

第十四条　省（自治区、直辖市）、副省级市、地（市、州、盟）、县（市、区、旗）人事争议仲裁委员会的管辖范围，由省（自治区、直辖市）确定。

第十五条　军队聘用单位与文职人员的人事争议，一般由聘用单位所在地的县（市、区、旗）人事争议仲裁委员会处理，其中师级聘用单位与文职人员的人事争议，由所在地的地（市、州、盟）、副省级市人事争议仲裁委员会处理，军级以上聘用单位与文职人员的人事争议由所在地的省（自治区、直辖市）人事争议仲裁委员会处理。

第四章　仲　　裁

第十六条　当事人从知道或应当知道其权利受到侵害之日起六十日内，以书面形式向有管辖权的人事争议仲裁委员会申请仲裁。

当事人因不可抗力或者有其他正当理由超过申请仲裁时效，经人事争议仲裁委员会调查确认的，人事争议仲裁委员会应当受理。

第十七条　当事人向人事争议仲裁委员会申请仲裁，应当提交仲裁申请书，并按被申请人人数递交副本。

仲裁申请书应当载明下列事项：

（一）申请人和被申请人姓名、性别、年龄、职业及职务、工作单位、住所和联系方式。申请人或被申请人是单位的，应写明单位的名称、住所、法定代表人或者主要负责人的姓名、职务和联系方式。

（二）仲裁请求和所依据的事实、理由。

（三）证据和证据来源、证人姓名和住所。

发生人事争议的一方在五人以上，并且有共同的仲裁请求和理由的，可以推举一至两名代表参加仲裁活动。代表人放弃、变更仲裁请求或者承认对方的仲裁请求，进行和解，必须经过被代表的当事人同意。

第十八条　人事争议仲裁委员会在收到仲裁申请书之日起十个工作日内，认为不符合受理条件的，应当书面通知申请人不予受理，并说明理由；认为符合受理条件的，应当受理，将受理通知书送达申请人，将仲裁申请书副本送达被申请人。

第十九条　被申请人应当在收到仲裁申请书副本之日起十个工作日内提交答辩书。被申请人没有按时提交或者不提交答辩书的，不影响仲裁的进行。

第二十条　仲裁应当公开开庭进行，涉及国家、军队秘密和个人隐私的除外。涉及商业秘密，当事人申请不公开开庭的，可以不公开开庭。当事人协议不开庭的，仲裁庭可以书面仲裁。

第二十一条　人事争议仲裁委员会应当在开庭审理人事争议案件五个工作日前，将开庭时间、地点、仲裁庭组成人员等书面通知当事人。申请人经书面通知无正当理由不到庭，或者到庭后未经仲裁庭许可中途退庭的，视为撤回仲裁申请。被申请人经书面通知无正当理由不到庭，或者未经仲裁庭许可中途退庭的，可以缺席裁决。

当事人有正当理由的，在开庭前可以申请延期开庭，是否延期由仲裁庭决定。

第二十二条　仲裁庭处理人事争议应注重调解。自受理案件到作出裁决前，都要积极促使当事人双方自愿达成调解协议。

当事人经调解自愿达成书面协议的，仲裁庭应当根据调解协议的内容制作仲裁调解书。协议内容不得违反法律法规，不得侵犯社会公共利益和他人的合法权益。

调解书由仲裁庭成员署名，加盖人事争议仲裁委员会印章。调解书送达后，即发生法律效力。

当庭调解未达成协议或者仲裁调解书送达前当事人反悔的，仲裁庭应当及时进行仲裁裁决。

第二十三条　当事人应当对自己的主张提供证据。仲裁庭认为有关证据由用人单位提供更方便的，应要求用人单位提供。

用人单位作出解除人事关系和不同意工作人员要求辞职或终止聘任（用）合同引发的人事争议，由用人单位负责举证。

仲裁庭认为需要调查取证的，可以自行取证。

第二十四条　人事争议仲裁委员会在处理人事争议时，有权向有关单位查阅与案件有关的档案、资料和其他证明材料，并有权向知情人调查，有关单位和个人不得拒绝并应当如实提供相关材料。人事争议仲裁委员会及其工作人员对调查人事争议案件中涉及的国家秘密、军队秘密、商业秘密和个人隐私应当保密。

第二十五条　当事人的举证材料应在仲裁庭上出示，并进行质证。只有经过质证认定的事实和证据，才能作为仲裁裁决的依据。

第二十六条　当事人在仲裁过程中有权进行辩论。辩论终结时，仲裁庭应当征询当事人的最后意见。

第二十七条　仲裁庭应当将开庭情况记入笔录。当事人和其他仲裁参与人认为对自己陈述的记录有遗漏或者差错的，有权申请补正。如果不予补正，应当记录该申请，并注明不予补正的原因。

笔录由仲裁员、书记员、当事人和其他仲裁参与人署名或者盖章。

第二十八条　仲裁裁决应当按照多数仲裁员的意见作出，少数仲裁员的不同意见应当记入笔录。

仲裁庭对重大、疑难以及仲裁庭不能形成多数处理意见案件的处理，应当提交人事争议仲裁委员会讨论决定；人事争议仲裁委员会作出的决定，仲裁庭必须执行。

仲裁庭应当在裁决作出后五个工作日内制作裁决书。裁决书由仲裁庭成员署名并加盖人事争议仲裁委员会印章。

第二十九条　仲裁庭处理人事争议案件，一般应当在受理案件之日起九十日内结案。需要延期的，经人事争议仲裁委员会批准，可以适当延期，但是延长的期限不得超过三十日。

第三十条　当事人、法定代理人可以委托一至二名律师或其他代理人进行仲裁活动。委托律师和其他代理人进行仲裁活动，应当向人事争议仲裁委员会提交有委托人签名或盖章的委托书。委托书应当明确委托事项和权限。

第三十一条　有下列情形之一的，仲裁员应当自行申请回避，当事人和代理人有权以口头或书面方式申请其回避：

（一）是案件的当事人、代理人或者当事人、代理人的近亲属。

（二）与案件有利害关系。

（三）与案件当事人、代理人有其他关系，可能影响公正仲裁的。

前款规定适用于书记员、鉴定人员、勘验人员和翻译人员。

第三十二条　当事人对仲裁裁决不服的，可以按照《中华人民共和国公务员法》、《中国人民解放军文职人员条例》以及最高人民法院相关司法解释的规定，自收到裁决书之日起十五日内向人民法院提起诉讼；逾期不起诉的，裁决书即发生法律效力。

第三十三条　对发生法律效力的调解书或者裁决书，当事人必须履行。一方当事人逾期不履行的，另一方当事人可以依照国家有关法律法规和最高人民法院相关司法解释的规定申请人民法院执行。

第五章　罚　　则

第三十四条　当事人及有关人员在仲裁过程中有下列行为之一的，人事争议仲裁委员会应当予以批评教育、责令改正；触犯法律的，提请司法机关依法追究法律责任：

（一）干扰仲裁活动，阻碍仲裁工作人员工作的。

（二）拒绝提供有关文件、资料和其他证明材料的。

（三）提供虚假情况的。

（四）对仲裁工作人员、仲裁参与人、证人进行打击报复的。

（五）其他应予以批评教育、责令改正或应依法追究法律责任的行为。

第三十五条　仲裁工作人员在仲裁活动中有徇私舞弊、收受贿赂、敲诈勒索、滥用职权等侵犯当事人合法权益行为的，由所在单位或上级机关给予处分；是仲裁员的，由人事争议仲裁委员会予以解聘；触犯法律的，提请司法机关依法追究法律责任。

第六章　附　　则

第三十六条　因考核、职务任免、职称评审等发生的人事争议，按照有关规定处理。

第三十七条　本规定由中共中央组织部、人事部、中国人民解放军总政治部负责解释，省、自治区、直辖市可根据本规定制定实施办法。

第三十八条　本规定自2007年10月1日起施行，1997年人事部发布的《人事争议处理暂行规定》（人发〔1997〕71号）同时废止。

公务员回避规定

1. 中共中央组织部、人力资源和社会保障部2011年12月8日制定，2011年12月12日发布

2. 中共中央组织部2020年12月8日修订，2020年12月28日发布

第一章　总　　则

第一条　为了加强对公务员的管理和监督，完善权力运行制约机制，防止利益冲突，保证公务员依法、公正执行公务，建设信念坚定、为民服务、勤政务实、敢于担当、清正廉洁的高素质专业化公务员队伍，根据《中华人民共和国公务员法》等有关法律法规，制定本规定。

第二条 公务员回避，是指机关依照法律法规规定，对公务员在有关职位担任领导职务或者职级、执行公务等作出限制或者调整。

公务员回避包括任职回避、地域回避和公务回避。

法律法规对公务员中领导成员以及监察官、法官、检察官等回避另有规定的，按照有关规定办理。

第三条 公务员回避工作坚持以马克思列宁主义、毛泽东思想、邓小平理论、“三个代表”重要思想、科学发展观、习近平新时代中国特色社会主义思想为指导，贯彻新时代党的组织路线和干部工作方针政策，加强党对公务员队伍的集中统一领导，坚持下列原则：

（一）党管干部；

（二）从严管理、注重预防、及时调整；

（三）客观公正；

（四）依法依规办事。

第四条 各级公务员主管部门按照管理权限和职责分工负责公务员回避工作的综合管理、业务指导和监督检查。各级机关按照管理权限负责公务员回避的组织实施。

第二章 任职回避

第五条 公务员凡有下列亲属关系的，不得在同一机关双方直接隶属于同一领导人员的职位或者有直接上下级领导关系的职位工作，也不得在其中一方担任领导职务的机关从事组织、人事、纪检、监察、审计和财务工作：

（一）夫妻关系；

（二）直系血亲关系，包括祖父母、外祖父母、父母、子女、孙子女、外孙子女；

（三）三代以内旁系血亲关系，包括伯叔姑舅姨、兄弟姐妹、堂兄弟姐妹、表兄弟姐妹、侄子女、甥子女；

（四）近姻亲关系，包括配偶的父母、配偶的兄弟姐妹及其配偶、子女的配偶及子女配偶的父母、三代以内旁系血亲的配偶。

本规定所列亲属关系，包括法律规定的拟制血亲关系。

本规定所称直接隶属，是指具有直接上下级领导关系；同一领导人员，包括同一级领导班子成员；直接上下级领导关系，包括上一级正副职与下一级正副职之间的领导关系。

第六条 有第五条所列亲属关系的，不得以录用、调任、聘任、转任等方式到其中一方担任领导成员的机关工作。

第七条 公务员不得在其配偶、子女及其配偶经营的企业、营利性组织的行业监管或者主管部门担任领导成员。

第八条 公务员任职回避按照以下程序办理：

（一）本人提出回避申请或者所在机关提出回避建议。

（二）组织人事部门按照管理权限进行审核，并提出回避意见报任免机关。在报任免机关决定前，应当听取公务员本人及相关人员的意见。

（三）任免机关作出决定。需要回避的，原则上在组织人事部门提出回避意见之日起30日内予以调整。一般由领导职务层次较低或者不担任领导职务的一方回避；领导职务层次相同或者均不担任领导职务的，根据工作需要和实际情况决定其中一方回避。

特殊情况下，任免机关可以直接作出回避决定。

第九条 机关执行任职回避确有困难的，公务员主管部门根据管理权限可以统筹协调安排。

第十条 因地域或者工作性质特殊，需要变通执行任职回避的，由省级以上公务员主管部门规定。

第三章 地域回避

第十一条 公务员担任乡（镇）党委和政府主要领导职务的，应当实行地域回避；公务员不得在本人成长地担任县（市）党委和政府主要领导职务，一般不得在本人成长地担任市（地、盟）党委和政府主要领导职务。

公务员不得在本人成长地担任县（市）纪委监委、组织部门、法院、检察院、公安部门主要领导职务，一般不得在本人成长地担任市（地、盟）纪委监委、组织部门、法院、检察院、公安部门主要领导职务。

民族自治地方的少数民族领导干部的地域回避按照有关法律规定并结合本地实际执行。

第十二条 公务员地域回避的程序按照本规定第八条的规定办理。

第四章 公务回避

第十三条 公务员应当回避的公务活动包括：

（一）考试录用、聘任、调任、领导职务与职级升降任免、考核、考察、奖惩、转任、出国（境）审批；

（二）巡视、巡察、纪检、监察、审计、仲裁、案件侦办、审判、检察、信访举报处理；

（三）税费稽征、项目和资金审批、招标采购、行政许可、行政处罚；

（四）其他应当回避的公务活动。

第十四条　公务员执行第十三条所列公务时，有下列情形之一的，应当回避，不得参加有关调查、讨论、审核、决定等，也不得以任何方式施加影响：

（一）涉及本人利害关系的；

（二）涉及与本人有本规定第五条所列亲属关系人员的利害关系的；

（三）其他可能影响公正执行公务的。

第十五条　公务员公务回避按照以下程序办理：

（一）本人或者利害关系人及时提出回避申请，或者主管领导提出回避要求。

（二）所在机关及时进行审查作出是否回避的决定，并告知申请人。

（三）对需要回避的，由所在机关调整公务安排。

特殊情况下，所在机关可以直接作出回避决定。

第五章　管理与纪律

第十六条　对拟进入机关的人员和拟晋升、转任等的人员，应当依据本规定加强事前提醒、严格审查把关，根据需要提前调整，避免形成回避关系。对因婚姻、职位变化等新形成的回避关系，应当及时予以调整。

第十七条　公务员应当服从回避决定。无正当理由拒不服从的，应当予以免职或者降职使用，直至不再形成回避关系。

公务员应当及时主动报告需要回避的情形。有需要回避的情形不及时报告或者故意隐瞒的，应当区分不同情况，予以批评教育、责令检查、诫勉、组织调整或者组织处理；影响公正执行公务，造成不良后果的，应当给予相应处分。

第十八条　对个人、组织反映公务员需要回避的，有关机关应当按照管理权限及时处理。

第十九条　在公务员回避工作中，对有不按照规定审核回避条件、办理回避申请、作出回避调整等情形的，区分不同情况，予以责令纠正或者宣布无效；根据情节轻重，依规依纪依法追究负有责任的领导人员和直接责任人员责任。

第二十条　各级公务员主管部门应当结合公务员管理信息系统建设，推进公务员回避工作信息化、规范化。

第六章　附　　则

第二十一条　国家驻外机构公务员的回避，由有关部门另行规定。

第二十二条　参照公务员法管理的机关（单位）中除工勤人员以外的工作人员的回避，参照本规定执行。

第二十三条　本规定由中共中央组织部负责解释。

第二十四条　本规定自发布之日起施行。

关于加强干部选拔任用工作监督的意见

中共中央组织部2014年1月21日印发

加强干部选拔任用工作监督，是保证选贤任能、纯洁用人风气的重要举措。近些年来，各级党委（党组）和组织人事部门认真贯彻党的干部路线方针政策，加强选人用人监督，整治用人上不正之风，取得积极成效。但是，在一些地方和单位，违规用人问题仍时有发生，跑官要官、拉票贿选、买官卖官等不正之风屡禁不止，干部群众反映强烈。目前，中央颁发了新修订的《党政领导干部选拔任用工作条例》（以下简称《干部任用条例》），这既是规范干部选拔任用工作的总章程，也是加强干部选拔任用工作监督的重要依据。为了贯彻落实党要管党、从严治党方针，严明组织纪律，大力营造风清气正的用人环境，保证《干部任用条例》严格执行，经中央同意，现提出如下意见。

一、认真贯彻《干部任用条例》，严格按制度规定选人用人。各级党委（党组）和组织人事部门要不折不扣执行《干部任用条例》，严格按规定的原则、标准、条件、资格、程序和纪律办事，有规必依、执规必严。严禁违反规定程序选拔任用干部，严禁私自干预下级或原任职单位干部任用，严禁在干部考察中隐瞒或歪曲事实真相，严禁在干部档案上弄虚作假，严禁跑风漏气，严禁突击提拔调整干部，严禁封官许愿、任人唯亲、营私舞弊，严禁采取跑官要官、说情打招呼等手段为本人或他人谋取职位，严禁搞拉票等非组织活动，严禁超职数配备、超机构规格提拔干部或违规提高干部职级待遇。

二、严格把好人选廉政关，坚决防止“带病提拔”。要严格考察人选对象的党风廉政情况，认真听取纪检监察机关意见，对有问题反映应当核查但尚未核查或正在核查的，不得提交党委（党组）讨论决定，对有反映但不构成违纪的要从严掌握。对人选对象，要认真查阅个人有关事项报告情况，必要时进行核实，对不如实填报或隐瞒不报的，不得提拔任用。要严格干部档案审核，对人选干部身份、年龄、工龄、党龄、学历、经历等档案信息要仔细核查，不得放过任何疑点。对干部任职公示期间收到的有关问题反映，要按规定认真调查核实，没有查清之前，不得办理任职手续。

三、严厉查处违规用人行为，坚决整治用人上的不正之风。不论是集中换届还是日常干部选拔任用，对违反组织人事纪律的实行“零容忍”、坚决不放过，发现一起、查处一起，让那些搞不正之风的人不仅捞不到好处，而且受到严厉惩处。对跑官要官的，一律不得提拔使用，并记录在案，视情节给予批评教育或组织处理；对拉票贿选的，一律排除出人选名单或取消候选人资格，已经提拔的责令辞职或者免职、降职，贿选的还要依纪依法处理；对买官卖官的，一律先停职或免职，移送执纪执法机关处理；对违反规定作出的干部任用决定，一律宣布无效，按干部管理权限予以纠正；对说情、打招呼和私自干预下级干部选拔任用的，一律坚决抵制，视情节给予批评教育或组织处理。健全完善“12380”综合举报受理平台，坚持和完善立项督查制度，对群众反映的选人用人问题，认真查核、严肃处理。加大违规用人案件通报、曝光力度，发挥警示震慑作用。

四、建立倒查机制，强化干部选拔任用责任追究。认真落实《党政领导干部选拔任用工作责任追究办法（试行）》有关规定，凡出现“带病提拔”、突击提拔、违规破格提拔等问题，都要对选拔任用过程进行倒查，存在隐情不报、违反程序等失职渎职行为的，不仅查处当事人，而且追究责任人，一查到底、问责到人。对一个地方和单位连续发生或大面积发生违反组织人事纪律问题的，以及对违反组织人事纪律行为查处不力的，必须严肃追究党委（党组）主要领导的责任，严肃追究组织人事部门和相关部门负责人的责任。要建立干部选拔任用纪实制度，为开展倒查、追究问责提供依据。

五、加大监督检查力度，及时发现和纠正存在的问题。以贯彻落实《干部任用条例》等法规为主要内容，加强选人用人工作监督检查，着力检查程序是否合规、导向是否端正、风气是否清正、结果是否公正。要强化重点检查，对干部群众反映强烈的突出问题、举报反映多的地方和单位进行有针对性的检查；深化巡视检查，充分发挥巡视对选人用人的监督作用；开展普遍检查，每3至5年分级分类对所有有用人权的单位全面检查一遍。要注重事前监督，严格执行干部选拔任用工作有关事项报告制度，凡应报告而未报告的任用事项一律无效，防止出现违规破格提拔干部、任人唯亲、借竞争性选拔变相违规用人等问题。要加强结果监督，坚持和完善干部选拔任用“一报告两评议”、离任检查等制度，有效规范选人用人行为。

六、组工干部要坚持公道正派，严格执行组织人事纪律。各级组织人事部门要把干部选拔任用工作监督摆在突出位置来抓，干部监督机构要具体负责监督任务的组织实施，干部工作机构要结合自身职责做好有关监督工作。干部考察组要履行“一岗双责”，既做好考察工作，又监督用人风气。组工干部要切实增强党性，坚持原则、公道正派、敢于担当，严格按党的政策办事、按规章制度办事、按组织程序办事，带头维护干部工作的严肃性，坚决抵制和纠正用人上的不正之风。对违反组织人事纪律的，一律清除出组工干部队伍。

关于防止干部“带病提拔”的意见

中共中央办公厅2016年8月15日印发

为贯彻落实全面从严治党、从严管理干部的要求，进一步加强和改进干部选拔任用工作，不断提高选人用人质量，切实防止干部“带病提拔”，根据《党政领导干部选拔任用工作条例》、《中国共产党纪律处分条例》、《中国共产党问责条例》等党内法规和有关规定，现提出如下意见。

一、落实工作责任。各级党委（党组）对选人用人负主体责任，党委（党组）书记是第一责任人，组织人事部门和纪检监察机关分别承担直接责任和监督责任。要强化党组织领导和把关作用，坚持党管干部原则和好干部标准，落实“三严三实”要求，大力培养、大胆使用忠诚干净担当、谋改革促发展实绩突出的干部。党委（党组）在向上级党组织推荐报送拟提拔或进一步使用的人选时，要认真负责地对人选廉洁自律情况提出结论性意见，实行党委（党组）书记、纪委书记（纪检组组长）在意见上签字制度。考核评价党委（党组）和组织人事部门、纪检监察机关以及有关领导干部，要把履行选人用人职责情况作为重要内容。

二、深化日常了解。坚持经常性、近距离、有原则地广泛接触干部，深入了解干部的日常品行和表现，多渠道、多层次、多侧面识别干部。通过调研、平时考核、年度考核、任期考核、民主生活会、述职述廉等渠道，及时掌握干部的德才表现、重要情况和群众口碑，注重了解干部在重大事件、重要关头、关键时刻的表现。多与干部谈心谈话，改进谈话方法，提高谈话质量，观察干部的见识见解、禀性情怀、境界格局、道德品质和综合素质。健全完善日常联系通报机制，组织人事部门应当及时收集整理纪检监察、审计、信访、巡视、督导等执纪监督方面信息和网络舆情反映的干部有关情况，建立干部监督信息档案。

三、注重分析研判。充分运用日常了解掌握的情况，根据干部一贯表现，突出对政治品质、道德品行、作风表现、履行选人用人职责、廉洁自律等情况的综合分析，发现线索，查找问题。根据问题线索，及时对干部进行谈话或函询，认真调查核实情况。对干部有关问题及其性质、程度等进行会诊辨析、筛查甄别，作出判断。对现任党政正职、党政正职拟任人选、近期拟提拔或进一步使用人选、问题反映较多的干部要重点研判。开展经常性分析研判，党委（党组）书记应当注意听取研判情况汇报，并有针对性地参加专题研判，全面深入掌握干部情况。

四、加强动议审查。规范动议主体职责权限和程序，按照民主集中制原则，形成合理方案，提出符合好干部标准的人选。坚持先定规矩后议人选，按照以事择人、按岗选人的要求，对领导班子优化方向、拟选拔职位资格条件和人选产生范围等进行充分酝酿，在此基础上比选择优，研究意向性人选。对纳入考虑范围的有关人选，提前审核其政治表现和廉洁自律等情况，充分听取有关方面意见，重视研究不同意见，认真进行分析，对有问题疑点经核实不影响使用的，可以列为意向性人选。积极探索领导班子成员在动议环节实名推荐干部办法和差额酝酿党政正职岗位人选办法。

五、强化任前把关。考察工作要突出针对性、增强灵活性、提高有效性，针对不同考察对象的具体情况，细化考察内容，改进考察方式，力争考察结果全面、客观、准确。选好配强考察工作人员，明确考察谈话保密与承诺责任，营造讲真话的氛围，提高考察质量。根据考察对象履历、家庭关系、社会背景等情况，抓住重要行为特征，有针对性地找知情人谈话。适当拉开考察与会议讨论的时间间隔，采取民意调查、专项调查、延伸考察、实地走访、家访等办法，广泛深入地了解干部。改进考察对象公示和任职前公示方式，探索扩大公示内容、范围和延长公示时间，充分接受干部群众监督。强化审核措施，做到干部档案“凡提必审”，个人有关事项报告“凡提必核”，纪检监察机关意见“凡提必听”，反映违规违纪问题线索具体、有可查性的信访举报“凡提必查”。前移审核关口，做到动议即审，该核早核。对发现问题影响使用的，及时中止选拔任用程序；疑点没有排除、问题没有查清的，不得提交会议讨论或任用。对一时存疑、暂未使用的干部，要本着高度负责的态度，及时查清问题、作出结论，为那些受到诬告、诽谤、陷害的干部澄清正名，严肃处理打击报复、诬告陷害行为。坚持事业为上、公道正派，保护作风过硬、敢作敢为、锐意进取的干部，对那些想干事、能干事、敢担当、善作为的干部要旗帜鲜明地撑腰鼓劲、大胆使用。

六、严格责任追究。充分发挥组织监督和群众监督作用，认真落实干部选拔任用工作纪实等各项监督制度，加强对干部选拔任用工作经常性监督检查。建立健全干部“带病提拔”问责机制，党委（党组）及组织人事部门、纪检监察机关按照职责权限，实行责任追究。要逐一检查动议、民主推荐、考察、讨论决定、任职等各个环节的主要工作和重要情况，甄别相关责任人的责任。对干部在政治品质、道德品行、廉洁自律等方面存在违规违纪行为影响使用，但由于领导不力、把关不严、考察不准、核查不认真，甚至故意隐瞒、执意提拔，造成干部“带病提拔”的，要按照有关规定，区别不同情况，严肃追究党委（党组）、组织人事部门、纪检监察机关、干部考察组主要负责人和有关领导干部及相关责任人的责任。凡因干部“带病提拔”造成恶劣影响的，连续出现或大面积出现干部“带病提拔”情况的，要追究党委（党组）主要负责人的责任。对干部“带病提拔”的典型案例，要及时进行通报。

党委（党组）讨论决定干部任免事项守则

中共中央组织部 2016 年 11 月 24 日印发

1. 选拔任用干部必须坚持党章规定的干部条件，坚持德才兼备、以德为先，坚持五湖四海、任人唯贤，坚持事业为上、公道正派，坚持注重实绩、群众公认，坚持信念坚定、为民服务、勤政务实、敢于担当、清正廉洁的好干部标准，树立正确的用人导向。

2. 坚持党管干部原则，认真贯彻民主集中制，强化党委（党组）的领导和把关作用。严格执行干部选拔任用工作程序，没有按规定进行酝酿动议、民主推荐、组织考察的不上会，没有按规定核实清楚有关问题的不上会，没有按规定向上级报告或报告后未经批复同意的干部任免事项不上会。

3. 讨论决定前，对拟提拔或进一步使用人选的干部档案必审、个人有关事项报告必核、纪检监察机关意见必听、线索具体的信访举报必查，坚决防止“带病提拔”。

4. 党委（党组）成员必须有三分之二以上到会，与会成员在充分讨论的基础上进行表决，以应到会成员超过半数同意形成决定。

5. 党委(党组)分管组织(人事)工作的领导成员或组织(人事)部门负责人,逐个介绍人选的推荐考察、任免理由等情况,其中涉及破格提拔的,应当说明具体情形、理由和征求上级组织(人事)部门意见的情况。
6. 与会成员应当逐一发表同意、不同意或缓议等明确意见,党委(党组)主要负责人应最后表态。意见分歧较大时,暂缓进行表决。会议讨论决定情况由专人如实记录,决定任免事项应当编发纪要,并按规定存档。
7. 讨论的人选,凡涉及与会人员本人及其亲属的,本人必须回避。
8. 不得以个别征求意见、领导圈阅等形式代替党委(党组)会集体讨论决定干部任免,党委(党组)主要负责人不得凌驾于组织之上,反对和防止个人或少数人专断。
9. 干部任免决定需要复议的,应当经党委(党组)超过半数成员同意后方可进行。
10. 严守纪律,不准任人唯亲,不准突击提拔调整干部,不准临时动议决定干部,不准超职数配备、超机构规格提拔任用干部,不准泄露讨论决定情况,坚决防止和纠正选人用人上的不正之风。

聘任制公务员管理规定(试行)

中共中央办公厅、国务院办公厅 2017 年 9 月 19 日印发

第一章 总 则

第一条 为了健全用人机制,满足机关吸引和使用优秀人才的需求,提高公务员队伍专业化水平,规范公务员聘任工作,保障机关和聘任制公务员合法权益,根据《中华人民共和国公务员法》等相关法律法规,制定本规定。

第二条 本规定所称聘任制公务员,是指以合同形式聘任、依法履行公职、纳入国家行政编制、由国家财政负担工资福利的工作人员。

涉及国家秘密的职位不实行聘任制。

第三条 聘任制公务员的管理,坚持党管干部、党管人才原则,坚持德才兼备、以德为先,坚持公开、平等、竞争、择优,坚持监督约束与激励保障并重,依照法定的权限、条件、标准和程序进行。

机关依据公务员法和聘任合同对所聘公务员进行管理。

第四条 中央公务员主管部门负责全国聘任制公务员的综合管理工作。县级以上地方各级公务员主管部门负责本辖区内聘任制公务员的综合管理工作。上级公务员主管部门指导下级公务员主管部门的聘任制公务员管理工作。各级公务员主管部门指导同级机关的聘任制公务员管理工作。

第二章 职位设置与招聘

第五条 机关聘任公务员,主要面向专业性较强的职位,确有特殊需要的,也可以面向辅助性职位。聘任为领导职务的,应当是专业性较强的职位。

专业性较强的职位,是指具有低替代性,要求具备经过专门学习才能掌握的专业知识、专业技能的职位。

辅助性职位,是指具有较强事务性,在机关工作中处于辅助地位的职位。

第六条 机关聘任公务员,应当根据工作需要,在规定的编制限额和工资经费限额内进行。

第七条 机关聘任公务员,应当制定职位设置与招聘工作方案。职位设置与招聘工作方案包括聘任事由、编制使用情况、拟聘职位及名额、资格条件、待遇、聘期、招聘方式、程序等内容。

中央和国家机关及其直属机构职位设置与招聘工作方案,报中央公务员主管部门审批。省级以下机关及其直属机构职位设置与招聘工作方案,按程序逐级审核后报省级公务员主管部门审批。

省级以上公务员主管部门或者经授权同意的设区的市级公务员主管部门具体负责招聘的组织实施。

第八条 应聘人员除应当具备公务员法规定的条件外,还应当具备省级以上公务员主管部门批准的拟聘任职位所要求的资格条件。

应聘人员不得应聘与聘任机关公务员有任职回避情形的职位。

第九条 机关聘任公务员,一般应当面向社会公开招聘。公开招聘按照以下程序进行:

(一)发布招聘公告。招聘公告应当载明聘任机关、聘任职位、职责、应聘资格条件、待遇、聘期,报名的方式方法、时间和地点,应聘需要提交的申请材料,考试测评内容、时间和地点以及其他应聘须知事项。

(二)报名与资格审查。应聘人员应当向机关提交真实、准确的申请材料。机关在规定时间内确认应聘人员是否具有应聘资格。

(三)考试测评。采取笔试、面试等方式进行,突出岗位特点,重点测查应聘人员的专业素养、业务能力和岗位匹配程度。

(四)考察与体检。机关根据考试测评成绩确定考察人选,并对其进行考察和体检。考察内容主要包括应聘人员的政治思想、道德品质、能力素质、学习和工作表现、工作业绩、遵纪守法、廉洁自律等方面的情况。

(五)公示。机关根据考试测评、考察情况和体检结果,择优提出拟聘任人员名单,并进行公示。公示期不少于五个工作日。

(六)审批或者备案。公示期满,对没有问题或者所反映问题不影响聘任的,中央和国家机关及其直属机构拟聘任人员名单报中央公务员主管部门备案,地方各级机关拟聘任人员名单报省级公务员主管部门或者经授权同意的设区的市级公务员主管部门审批。

(七)办理聘任手续。聘任机关与拟聘任人员签订聘任合同,办理相关手续。

公开招聘专业性较强的职位,经省级以上公务员主管部门批准,可以对上述程序进行调整或者适当简化。

第十条　对于工作急需、符合聘任职位条件的人选少、难以进行公开招聘的专业性较强的职位,经省级以上公务员主管部门批准,机关可以从符合条件的人员中直接选聘。直接选聘一般按照以下程序进行:

(一)提出拟聘任人选。机关根据平时掌握的情况或者通过相关单位、专业机构、同行专家等推荐,提出拟聘任人选。

(二)资格审查。根据招聘资格条件对应聘人员进行审查,重点审查政治品质、工作履历和工作业绩。

(三)考核测评。采取履历分析、面试比选、专家评审、业绩考核等方式,重点对拟聘任人选的专业素养、业务能力和岗位匹配程度进行考核、测评。

(四)考察与体检。

(五)公示。

(六)审批或者备案。

(七)办理聘任手续。

第十一条　机关不得聘任有下列情形之一的人员:

(一)曾因犯罪受过刑事处罚的;

(二)曾被开除公职或者因违纪违法被机关、事业单位解除聘任合同或者聘用合同的;

(三)涉嫌违纪违法正在接受专门机关审查尚未作出结论的;

(四)受纪律处分期间或者未满影响期限的;

(五)按照有关规定被列为失信联合惩戒对象的;

(六)法律法规规定的其他不得担任公务员情形的。

第三章　聘任合同

第十二条　机关聘任公务员,应当按照平等自愿、协商一致的原则,与所聘公务员签订书面的聘任合同,确定双方的权利和义务。

第十三条　聘任合同应当具备合同期限,职位及其职责要求,工作条件,工资、福利、保险待遇,解除聘任合同情形,违约责任等条款。

聘任机关与所聘公务员根据需要,可以在聘任合同中约定前款规定之外的保密管理、离职后从业限制等其他事项。

第十四条　聘任合同期限为一年至五年,由聘任机关根据工作任务和目标与拟聘任公务员协商确定。首次签订聘任合同的,可以约定试用期,试用期为一个月至六个月。

聘任为领导职务的,聘任合同期限为三年至五年,试用期为一年。

第十五条　聘任合同经双方协商一致,可以变更或者解除。变更或者解除聘任合同,应当采用书面形式。

第十六条　有下列情形之一的,聘任机关可以解除聘任合同:

(一)未经批准在其他单位兼职的;

(二)患病或者非因公负伤规定医疗期满后,不能从事原工作的;

(三)因订立合同所依据的客观情况发生重大变化,致使合同无法继续履行,经双方协商,未能就变更聘任合同内容达成协议的;

(四)法律法规规定或者聘任合同约定聘任机关可以解除聘任合同的其他情形。

聘任机关因前款第(二)、(三)项情形之一解除聘任合同的,应当提前三十日以书面形式通知聘任制公务员本人。

第十七条　有下列情形之一的,聘任机关应当解除聘任合同:

(一)经试用不符合聘任条件的;

(二)聘期内年度考核不称职的;

(三)不履行公务员义务,不遵守公务员纪律,经教育仍无转变,不适合继续在机关工作的;

(四)除本规定第十六条第一款第(二)项的情形外,其他因个人原因不能正常履行聘任合同约定工作职责的;

(五)旷工或者因公外出、请假期满无正当理由逾期不归连续超过十五天,或者一年内累计超过三十天的;

（六）有严重违纪违法行为或者被依法追究刑事责任的；

（七）法律法规规定或者聘任合同约定聘任机关应当解除聘任合同的其他情形。

第十八条 聘任制公务员在聘期内有公务员法规定不得辞退情形之一的，聘任机关不得解除聘任合同，但有本规定第十六条第一款第（一）项和第十七条第（一）、（三）、（五）、（六）、（七）项情形的除外。

第十九条 有下列情形之一的，聘任制公务员以书面形式通知机关后可以解除聘任合同：

（一）在试用期内的；

（二）聘任机关未按照聘任合同约定支付工资、未依法为聘任制公务员缴纳社会保险费等，或者未提供必要工作条件的；

（三）法律法规规定或者聘任合同约定聘任制公务员可以解除聘任合同的其他情形。

第二十条 聘任制公务员可以申请解除聘任合同，但有下列情形之一的除外：

（一）重要公务尚未处理完毕，且必须由本人继续处理的；

（二）正在接受审计、纪律审查，或者涉嫌犯罪，司法程序尚未终结的；

（三）法律法规规定或者聘任合同约定的其他不得解除聘任合同的情形。

聘任制公务员申请解除聘任合同，应当以书面形式向聘任机关提出。聘任机关应当在三十日内予以答复，未在规定时间内答复的视为同意解除聘任合同。未获批准前，聘任制公务员不得自行离职。

第二十一条 依照本规定第十六条第一款第（二）、（三）项解除聘任合同的，聘任机关应当向聘任制公务员支付经济补偿。经济补偿按照聘任制公务员在本机关工作的年限，每满一年支付一个月工资的标准执行。工作六个月以上不满一年的，支付一个月工资的经济补偿；不满六个月的，支付半个月工资的经济补偿。

依照本规定第十九条第（二）项解除聘任合同的，聘任机关应当按照合同约定支付工资，补缴社会保险费，并承担相应违约责任。

第二十二条 聘任合同期满或者聘任合同约定的终止条件出现，聘任合同即行终止。

聘任制公务员患病或者非因公负伤在规定的医疗期内的，女性在孕期、产假、哺乳期内的，聘任合同应当延续至相应的情形消失时终止，本人要求不延续的除外。

第二十三条 聘任合同解除或者终止，聘任机关应当出具解除或者终止聘任合同的书面证明，按规定办理人事档案、社会保险关系转移等相关手续；聘任制公务员应当按照要求进行公务交接，并履行法律法规规定和聘任合同约定的相关义务。

第二十四条 聘任合同的签订、变更、解除或者终止，应当报同级公务员主管部门备案。

第四章 日常管理

第二十五条 聘任制公务员试用期满合格后，聘任机关按照有关规定进行聘任制公务员登记，人事档案由聘任机关管理和保存。

第二十六条 聘任机关根据公务员考核有关规定，依据聘任合同全面考核聘任制公务员的德、能、勤、绩、廉，重点考核其完成聘任合同确定的工作任务情况。考核结果作为聘任制公务员获得工资、奖励等的依据。

聘任制公务员的考核坚持平时考核和定期考核相结合，定期考核一般按照年度进行，必要时可以采取聘期考核、绩效考核、目标责任考核等方式，考核结果应当向本人反馈。

第二十七条 聘任制公务员在聘期内一般不得变动职位。

聘任机关根据工作需要、考核结果和聘任制公务员本人意愿，经省级以上公务员主管部门批准，聘任合同期满后可以续聘。

对在专业性较强的职位上表现突出、作出显著成绩和贡献、工作长期需要的聘任制公务员，聘期满五年，年度考核结果均为称职以上或者聘期考核结果为优秀的，经省级以上公务员主管部门批准，可以转为委任制公务员。

第二十八条 聘任制公务员实行协议工资制，聘任制公务员工资一般按月支付，也可以实行年薪制等特殊工资政策。

聘任机关应当根据聘任职位，综合考虑市场同类人员和本单位其他公务员工资水平等因素，提出聘任职位所需的工资额度，报同级人力资源社会保障、财政部门核定。聘任制公务员的工资水平根据市场同类人员和本单位其他公务员工资水平调整情况进行调整。

第二十九条 聘任制公务员按照国家规定和聘任协议享受住房补贴、医疗补助等。

第三十条 聘任制公务员按照国家有关规定参加基本养老保险和职业年金、基本医疗保险、工伤保险、失业保险、生育保险。

第三十一条　聘任制公务员工资、福利、保险等待遇所需经费，通过政府预算安排。

第三十二条　国家鼓励聘任制公务员在工作中进行发明创造，对取得显著经济效益或者社会效益的给予奖励。

符合条件的聘任制公务员，经批准可以参加中央和地方各级重大人才工程和科研项目评选。

第三十三条　聘任制公务员与聘任机关之间因履行聘任合同发生争议的，可以依据有关规定申请人事争议仲裁。当事人对仲裁裁决不服的，可以按照有关规定向人民法院提起诉讼。仲裁裁决生效后，一方当事人不履行的，另一方当事人可以申请人民法院执行。

第五章　纪律监督

第三十四条　聘任制公务员必须遵守公务员法等相关法律法规规定和聘任合同约定的纪律要求。

聘任制公务员在履行职责中有弄虚作假、滥用职权、玩忽职守、徇私舞弊等违纪违法行为的，依照有关规定给予批评教育、组织处理或者纪律处分；构成犯罪的，依法追究刑事责任。

第三十五条　机关公开招聘和直接选聘公务员应当依法接受监督。组织招聘时，公务员主管部门和机关应当及时受理举报，并按照管理权限处理。

有下列情形之一的，省级以上公务员主管部门或者经授权同意的设区的市级公务员主管部门视情况分别予以责令纠正或者宣布无效；对负有领导责任和直接责任的人员，根据情节轻重，给予批评教育、组织处理或者纪律处分；构成犯罪的，依法追究刑事责任：

（一）不按规定的编制限额进行聘任的；

（二）不按规定的资格条件和程序聘任的；

（三）未经授权，擅自出台、变更聘任政策，造成不良影响的；

（四）聘任工作中徇私舞弊的。

第三十六条　从事聘任工作的人员有下列情形之一的，按照管理职能和权限，视情节轻重，给予批评教育、组织处理或者纪律处分；构成犯罪的，依法追究刑事责任：

（一）泄露试题或者其他招聘秘密信息的；

（二）弄虚作假进行聘任的；

（三）利用工作便利，协助应聘人员作弊的；

（四）因工作失职造成不良后果的；

（五）违反法律法规及本规定的其他行为的。

第三十七条　对违反招聘纪律的应聘人员，视情节轻重，分别给予批评教育，取消考试测评、考察与体检资格，不予聘任或者解除聘任合同等处理。

应聘人员在考试及相关环节中违纪违规行为的认定与处理，参照公务员考试录用违纪违规行为处理有关规定执行。

第三十八条　除本规定第十九条所列情形外，聘任制公务员提出解除聘任合同的，按照公务员从业限制有关规定，领导职务公务员在离职三年内，其他公务员在离职两年内，不得到与原工作业务直接相关的企业或者其他营利性组织任职，不得从事与原工作业务直接相关的营利性活动。

第六章　附　　则

第三十九条　法律法规对领导职务聘任另有规定的，从其规定。

第四十条　参照公务员法管理机关（单位）聘任工勤人员以外的工作人员，参照本规定执行。

第四十一条　本规定由中共中央组织部、人力资源社会保障部及国家公务员局负责解释。

第四十二条　本规定自2017年9月19日起施行。2011年1月28日中共中央组织部、人力资源社会保障部印发的《聘任制公务员管理试点办法》同时废止。

干部选拔任用工作监督检查和责任追究办法

中共中央办公厅2019年5月13日印发

第一章　总　　则

第一条　为了落实全面从严治党和从严管理干部要求，规范干部选拔任用工作监督检查和责任追究，根据《党政领导干部选拔任用工作条例》、《中国共产党党内监督条例》、《中国共产党问责条例》等党内法规，制定本办法。

第二条　干部选拔任用工作监督检查和责任追究，坚持以习近平新时代中国特色社会主义思想为指导，贯彻新时代党的组织路线，落实新时期好干部标准，树立正确导向，突出政治监督，从严查处违规用人问题和选人用人中的不正之风，严肃追究失职失察责任，促进形成风清气正的用人生态。

第三条　干部选拔任用工作监督检查和责任追究，坚持党委（党组）领导、分级负责，实事求是、依法依规，发扬民主、群众参与，分类施策、精准有效，防治并举、失责必究。

第四条 党委(党组)及其组织(人事)部门按照职责权限,负责干部选拔任用工作的监督检查和责任追究,纪检监察机关、巡视巡察机构按照有关规定履行干部选拔任用工作监督职责。

中央组织部负责监督检查和责任追究工作的宏观指导,地方党委组织部和垂直管理单位组织(人事)部门负责指导本地区本系统的监督检查和责任追究工作。

第五条 本办法适用于各级党的机关、人大机关、行政机关、政协机关、监察机关、审判机关、检察机关以及事业单位、群团组织、国有企业干部选拔任用工作的监督检查和责任追究。

第二章 监督检查重点内容

第六条 坚持党管干部原则情况。重点监督检查是否按照干部管理权限由党委(党组)履行干部选拔任用责任,是否按照民主集中制和党委(党组)议事规则、决策程序讨论决定干部任免事项。

第七条 坚持好干部标准和树立正确用人导向情况。重点监督检查是否坚持德才兼备、以德为先,坚持五湖四海、任人唯贤,坚持事业为上、公道正派;是否坚持新时期好干部标准,严把政治关、品行关、能力关、作风关、廉洁关,选拔任用忠诚干净担当的干部。

第八条 执行干部选拔任用工作政策规定情况。重点监督检查是否按照机构规格和职数、资格条件、工作程序选拔任用干部;是否深入考察,认真查核,对人选严格把关;是否严格执行交流、回避、任期、退休、干部选拔任用请示报告等制度规定;是否严格落实干部管理监督制度。

第九条 遵守组织人事纪律和匡正选人用人风气情况。重点监督检查是否严格遵守干部选拔任用工作纪律,是否采取有力措施严肃查处和纠正选人用人不正之风。

第十条 促进干部担当作为情况。重点监督检查是否采取有效措施激励干部担当作为,是否对不担当不作为的干部严格管理、严肃问责。

第三章 监督检查工作机制

第十一条 建立健全干部选拔任用工作组织监督、民主监督机制,把专项检查与日常监督结合起来,将监督检查贯穿干部选拔任用工作全过程。

第十二条 强化上级党组织监督检查。主要采取任前事项报告、"一报告两评议"、专项检查、离任检查、问题核查等方式进行。

第十三条 完善党委(党组)领导班子内部监督。党委(党组)研究干部任免事项,应当把酝酿贯穿始终,认真听取班子成员意见。会议讨论决定时,领导班子成员应当逐一发表意见,主要负责人最后表态。领导班子成员对人选意见分歧较大时,应当暂缓表决。不得以个别征求意见、领导圈阅等形式代替集体讨论决定。

第十四条 健全组织(人事)部门内部监督。选拔任用领导干部应当向干部监督机构了解情况,干部监督机构负责人列席研究讨论干部任免事项会议。认真执行干部选拔任用工作纪实制度,建立自查制度,每年对干部选拔任用工作情况进行1次自查。

第十五条 拓宽群众监督渠道。认真查核和处理群众举报反映的问题,定期开展分析研判,及时研究提出工作意见。自觉接受舆论监督,及时回应群众关切。完善"12380"举报受理平台,提高举报受理工作信息化水平。

第十六条 健全地方党委干部选拔任用监督工作联席会议制度,加强有关部门的沟通协调,形成监督工作合力。联席会议由组织部门召集,一般每年召开1次,重要情况随时沟通。

第四章 任前事项报告

第十七条 在干部选拔任用工作中,有下列情形之一,应当在事前向上级组织(人事)部门报告:

(一)机构变动或者主要领导成员即将离任前提拔、调整干部的;

(二)除领导班子换届外,一次集中调整干部数量较大或者一定时期内频繁调整干部的;

(三)因机构改革等特殊情况暂时超职数配备干部的;

(四)党委和政府及其工作部门个别特殊需要的领导成员人选,不经民主推荐,由组织推荐提名作为考察对象的;

(五)破格、越级提拔干部的;

(六)领导干部秘书等身边工作人员提拔任用的;

(七)领导干部近亲属在领导干部所在单位(系统)内提拔任用,或者在领导干部所在地区提拔担任下一级领导职务的;

(八)国家级贫困县、集中连片特困地区地市在完成脱贫任务前党政正职职级晋升或者岗位变动的,以及市(地、州、盟)、县(市、区、旗)、乡(镇)党政正职任职不满3年进行调整的;

(九)领导干部因问责引咎辞职或者被责令辞职、免职、降职、撤职,影响期满拟重新担任领导职务或者提拔任职的;

(十)各类高层次人才中配偶已移居国(境)外或

者没有配偶但子女均已移居国（境）外人员、本人已移居国（境）外的人员（含外籍专家），因工作需要在限制性岗位任职的；

（十一）干部达到任职或者退休年龄界限，需要延迟免职（退休）的；

（十二）其他应当报告的事项。

第十八条　上级组织（人事）部门接到干部选拔任用工作有关事项报告后，应当认真审核研究，并在15个工作日内予以答复。未经答复或者未经同意的人选不得提交党委（党组）会议讨论决定。未按照规定报告或者报告后未经同意作出的干部任用决定，应当予以纠正。

第五章　干部选拔任用工作“一报告两评议”

第十九条　党委（党组）每年应当结合全会或者领导班子和领导干部年度总结考核，报告干部选拔任用工作情况，接受对年度干部选拔任用工作和所提拔任用干部的民主评议。

第二十条　参加民主评议人员范围，地方一般为参加和列席全会人员，其他单位一般为参加领导班子和领导干部年度总结考核会议人员，并有一定数量的干部群众代表。

提拔任用干部民主评议对象，地方一般为本级党委近一年内提拔的正职领导干部；其他单位一般为近一年内提拔担任内设机构领导职务的人员和直属单位领导班子成员。

第二十一条　“一报告两评议”由上级组织（人事）部门会同被评议地方和单位组织实施，评议结果应当及时反馈，并作为考核领导班子和领导干部的重要参考。

对评议反映的突出问题，上级组织（人事）部门应当采取约谈、责令作出说明等方式，督促被评议地方和单位整改。对认可度明显偏低的干部，被评议地方和单位应当对其选拔任用过程进行分析、作出说明，并视情进行教育或者处理。

第二十二条　被评议地方和单位应当向参加民主评议人员通报评议结果和整改情况。

第六章　专项检查

第二十三条　党委（党组）开展常规巡视巡察期间，同级组织（人事）部门应当通过派出检查组等方式，对选人用人工作进行专项检查。

结合专项检查，可以对领导干部担当作为情况进行检查。

第二十四条　检查组在巡视巡察组组长领导下开展工作。检查前，巡视巡察组应当向检查组提供所发现的选人用人问题线索。检查组发现的主要问题，应当提供给巡视巡察组，并写入巡视巡察报告。

第二十五条　检查工作结束后，检查组应当形成检查情况报告，报派出检查组的组织（人事）部门主要负责人或者党委（党组）负责人审定后，与巡视巡察情况一并反馈，并有针对性地提出整改意见。

第二十六条　被检查地方和单位应当积极配合检查，如实提供情况，对照检查反馈意见抓好整改落实，并于收到反馈意见后2个月内向派出检查组的组织（人事）部门报告整改情况。派出检查组的组织（人事）部门应当加强对整改情况的监督，确保问题整改到位。

第二十七条　对选人用人问题反映突出的地方和单位，上级组织（人事）部门可以视情开展重点检查。

第七章　离任检查

第二十八条　市（地、州、盟）、县（市、区、旗）党委书记离任时，应当对其任职期间干部选拔任用工作进行检查。

第二十九条　离任检查通过民主评议、查阅干部选拔任用工作相关材料、听取干部群众意见等方式进行。

第三十条　离任检查按照干部管理权限由上级组织部门开展。对拟提拔重用的检查对象，结合干部考察工作进行，检查结果在考察材料中予以反映，并作为评价使用的重要参考。

第八章　问题核查

第三十一条　组织（人事）部门对监督检查发现和群众举报、媒体反映的违规选人用人问题线索，应当采取调查核实、提醒、函询或者要求作出说明等方式办理。

第三十二条　对严重违规选人用人问题实行立项督查，办理单位应当认真组织调查，不得层层下转。查核结果和处理意见一般在2个月内书面报告上级组织（人事）部门。

第三十三条　对提拔任现职后受到撤销党内职务或者撤职以上党纪政务处分，且其违纪违法问题发生在提拔任职前的干部，应当按照干部管理权限，由组织（人事）部门对其选拔任用过程进行倒查，也可以由上级组织（人事）部门倒查，并及时形成倒查工作报告。

第九章　责任追究

第三十四条　对违规选人用人问题，党委（党组）负全面领导责任，领导班子主要负责人和直接主管的班子成员承担主要领导责任，参与决策的领导班子其他成员承担领导责任。组织（人事）部门、纪检监察机关、干部考察组有关负责人和其他责任人员在各自职责范围内承担相应责任。

第三十五条 干部选拔任用工作有下列情形之一，应当追究党委（党组）及其主要负责人或者直接主管的领导班子成员、参与决策的领导班子其他成员的责任：

（一）民主集中制执行不到位，党委（党组）领导把关作用发挥不力，出现重大用人失察失误，产生恶劣影响的；

（二）用人导向出现偏差，选人用人不正之风严重，干部不担当不作为问题突出，干部群众反映强烈的；

（三）落实主体责任不到位，对选人用人问题和干部不担当不作为问题不处置、不整改、不问责，造成严重后果的；

（四）维护和执行组织人事纪律不力，导致选人用人违规违纪行为多发，造成恶劣影响的；

（五）其他应当追究的失职失责情形。

第三十六条 干部选拔任用工作有下列情形之一，应当追究组织（人事）部门有关负责人和其他责任人员的责任：

（一）不按照规定的职数、资格条件、工作程序、纪律要求选拔任用干部的；

（二）不按照规定向上级组织（人事）部门报告干部选拔任用工作有关事项的；

（三）不按照规定对所属地方、单位干部选拔任用工作监督检查导致问题突出的；

（四）对反映线索具体、有可查性的选人用人问题不按照规定进行调查核实或者作出处理的；

（五）其他应当追究的失职失责情形。

第三十七条 干部选拔任用工作有下列情形之一，应当追究纪检监察机关有关负责人和其他责任人员的责任：

（一）不如实回复拟任人选廉洁自律情况并提出结论性意见的；

（二）对收到的反映拟任人选问题线索具体、有可查性的信访举报不按照规定调查核实，或者对相关违纪违法问题不按照规定调查处理的；

（三）不按照规定履行干部选拔任用工作监督职责造成严重后果的；

（四）其他应当追究的失职失责情形。

第三十八条 干部选拔任用工作有下列情形之一，应当追究干部考察组有关负责人和其他责任人员的责任：

（一）不按照规定程序和要求进行考察的；

（二）考察严重失真失实，或者隐瞒歪曲事实真相、泄露重要考察信息的；

（三）不认真审核干部人事档案信息，或者对反映考察对象的举报不如实报告，以及不按照规定对问题进行了解核实，造成严重后果的；

（四）其他应当追究的失职失责情形。

第三十九条 党委（党组）有本办法所列应当追究责任的情形，情节较轻的，责令作出书面检查；情节较重的，责令整改并在一定范围内通报；情节严重、本身又不能纠正的，应当予以改组。

第四十条 领导干部和有关责任人员有本办法所列应当追究责任的情形，情节较轻的，给予批评教育、责令作出书面检查、通报或者诫勉处理；情节较重的，给予停职检查、调离岗位、限制提拔使用处理；情节严重的，应当引咎辞职或者给予责令辞职、免职、降职处理。

应当给予纪律处分的，依照有关规定追究纪律责任。涉嫌违法犯罪的，移送有关国家机关依法处理。

第十章　附　　则

第四十一条 本办法由中央组织部负责解释。

第四十二条 本办法自 2019 年 5 月 13 日起施行。2003 年 6 月 19 日中央办公厅印发的《党政领导干部选拔任用工作监督检查办法（试行）》、2010 年 3 月 7 日中央办公厅印发的《党政领导干部选拔任用工作责任追究办法（试行）》同时废止。

公务员录用规定

1. *2007 年 11 月 6 日中共中央组织部、人事部制定*
2. *2019 年 10 月 15 日中共中央组织部修订，2019 年 11 月 26 日发布*

第一章　总　　则

第一条 为规范公务员录用工作，保证新录用公务员的基本素质，建设信念坚定、为民服务、勤政务实、敢于担当、清正廉洁的高素质专业化公务员队伍，根据《中华人民共和国公务员法》（以下简称公务员法）和有关法律法规，制定本规定。

第二条 本规定适用于各级机关录用担任一级主任科员以下及其他相当职级层次的公务员。

第三条 公务员录用坚持以马克思列宁主义、毛泽东思想、邓小平理论、“三个代表”重要思想、科学发展观、习近平新时代中国特色社会主义思想为指导，贯彻新时代中国共产党的组织路线和干部工作方针政策，突出政治标准，坚持下列原则：

（一）党管干部；

（二）公开、平等、竞争、择优；

（三）德才兼备、以德为先，五湖四海、任人唯贤；

（四）事业为上、公道正派，人岗相适、人事相宜；

（五）依法依规办事。

第四条　录用公务员，采取公开考试、严格考察、平等竞争、择优录取的办法。录用政策和考试内容应当体现分类分级管理要求。

第五条　录用公务员，应当在规定的编制限额内，并有相应的职位空缺。

第六条　录用公务员，应当按照下列程序进行：

（一）发布招考公告；

（二）报名与资格审查；

（三）考试；

（四）体检；

（五）考察；

（六）公示；

（七）审批或者备案。

省级以上公务员主管部门可以对上述程序进行调整。

第七条　民族自治地方录用公务员，依照法律和有关规定执行。具体办法由省级以上公务员主管部门确定。

第八条　公务员主管部门和招录机关应当采取措施，便利报考者报名和参加考试。有残疾人参加考试时，根据需要予以协助。

第二章　管理机构

第九条　中央公务员主管部门负责全国公务员录用的综合管理工作。具体包括：

（一）拟定公务员录用法规；

（二）制定公务员录用的规章、政策；

（三）指导和监督地方各级机关公务员的录用工作；

（四）负责组织中央机关及其直属机构公务员的录用。

第十条　省级公务员主管部门负责本辖区公务员录用的综合管理工作。具体包括：

（一）贯彻有关公务员录用的法律、法规、规章和政策；

（二）根据公务员法和本规定，制定本辖区内公务员录用实施办法；

（三）负责组织本辖区内各级机关公务员的录用；

（四）指导和监督设区的市级以下各级机关公务员录用工作；

（五）承办中央公务员主管部门委托的公务员录用有关工作。

必要时，省级公务员主管部门可以授权设区的市级公务员主管部门组织本辖区内公务员的录用。

第十一条　设区的市级以下公务员主管部门按照省级公务员主管部门的规定，负责本辖区内公务员录用的有关工作。

第十二条　招录机关按照公务员主管部门的要求，负责本机关及直属机构公务员录用的有关工作。

第十三条　公务员录用有关专业性、技术性、事务性工作可以授权或者委托考试机构以及其他专业机构承担。

第三章　录用计划与招考公告

第十四条　招录机关根据队伍建设需要和职位要求，提出招考的职位、名额和报考资格条件，拟定录用计划。

第十五条　中央机关及其直属机构的录用计划，由中央公务员主管部门审定。

省级机关及其直属机构的录用计划，由省级公务员主管部门审定。设区的市级以下机关录用计划的申报程序和审批权限，由省级公务员主管部门规定。

第十六条　省级以上公务员主管部门依据有关法律、法规、规章和政策，制定招考工作方案。

设区的市级公务员主管部门经授权组织本辖区公务员录用，其招考工作方案应当报经省级公务员主管部门审核同意。

第十七条　公务员主管部门依据招考工作方案，制定招考公告，面向社会发布。招考公告应当载明以下内容：

（一）招录机关、招考职位、名额和报考资格条件；

（二）报名方式方法、时间和地点；

（三）报考需要提交的申请材料；

（四）考试科目、时间和地点；

（五）其他须知事项。

第四章　报名与资格审查

第十八条　报考公务员，应当具备下列资格条件：

（一）具有中华人民共和国国籍；

（二）年龄为十八周岁以上，三十五周岁以下；

（三）拥护中华人民共和国宪法，拥护中国共产党领导和社会主义制度；

（四）具有良好的政治素质和道德品行；

（五）具有正常履行职责的身体条件和心理素质；

（六）具有符合职位要求的工作能力；

（七）具有大学专科以上文化程度；

（八）省级以上公务员主管部门规定的拟任职位所要求的资格条件；

（九）法律、法规规定的其他条件。

前款第（二）、（七）项所列条件，经省级以上公务员主管部门批准，可以适当调整。

报考行政机关中行政处罚决定审核、行政复议、行政裁决、法律顾问等职位的，应当取得法律职业资格。

公务员主管部门和招录机关不得设置与职位要求无关的报考资格条件。

第十九条　下列人员不得报考公务员：

（一）因犯罪受过刑事处罚的；

（二）被开除中国共产党党籍的；

（三）被开除公职的；

（四）被依法列为失信联合惩戒对象的；

（五）有法律规定不得录用为公务员的其他情形的。

第二十条　报考者不得报考录用后即构成公务员法第七十四条所列情形的职位，也不得报考与本人有夫妻关系、直系血亲关系、三代以内旁系血亲关系以及近姻亲关系的人员担任领导成员的用人单位的职位。

第二十一条　报考者应当向招录机关提交报考申请材料，报考者提交的申请材料应当真实、准确、完整。

招录机关根据报考资格条件对报考申请进行审查，确认报考者是否具有报考资格。资格审查贯穿录用全过程。

第五章　考　　试

第二十二条　公务员录用考试采取笔试和面试等方式进行，考试内容根据公务员应当具备的基本能力和不同职位类别、不同层级机关分别设置，重点测查用习近平新时代中国特色社会主义思想指导分析和解决问题的能力。

第二十三条　笔试包括公共科目和专业科目。公共科目由中央公务员主管部门统一确定。专业科目由省级以上公务员主管部门根据需要设置。

第二十四条　招录机关按照省级以上公务员主管部门的规定，根据报考者笔试成绩由高到低的顺序确定面试人选。

面试的内容和方法，由省级以上公务员主管部门规定。

面试应当组成面试考官小组。面试考官小组由具有面试考官资格的人员组成。面试考官资格的认定与管理，由省级以上公务员主管部门负责。

第二十五条　有下列情形之一的，可以简化程序或者采用其他测评办法：

（一）不宜公开招考的；

（二）需要专门测查有关专业技能水平的；

（三）专业人才紧缺难以形成竞争的；

（四）省级以上公务员主管部门规定的其他情形。

以上情形的适用范围和实施办法，由省级以上公务员主管部门确定。

第六章　体　　检

第二十六条　招录机关按照省级以上公务员主管部门的规定，根据报考者考试成绩由高到低的顺序确定体检人选，并进行体检。

第二十七条　体检的项目和标准根据职位要求确定。具体办法由中央公务员主管部门会同国务院卫生健康行政部门规定。

第二十八条　承担体检工作的医疗机构由设区的市级以上公务员主管部门会同同级卫生健康行政部门指定。

体检完毕，主检医生应当审核体检结果并签名，医疗机构加盖公章。

第二十九条　招录机关或者报考者对体检结果有疑问的，可以按照规定提出复检。复检只能进行一次。体检结果以复检结论为准。

必要时，设区的市级以上公务员主管部门可以要求体检对象重新体检。

第三十条　招录机关根据职位需要，经省级以上公务员主管部门批准，可以对报考者进行体能测评。体能测评的项目和标准根据职位要求确定。具体办法由中央公务员主管部门规定。

第三十一条　招录机关根据职位需要，经省级以上公务员主管部门批准，可以对报考者有关心理素质进行测评，测评结果作为择优确定拟录用人员的重要参考。

第七章　考　　察

第三十二条　招录机关根据报考者的考试成绩等确定考察人选，并进行报考资格复审和考察。

第三十三条　报考资格复审主要核实报考者是否符合规定的报考资格条件，确认其报名时提交的信息和材料是否真实、准确、完整。

第三十四条　考察工作突出政治标准，重点考察人选是否符合增强“四个意识”、坚定“四个自信”、做到“两个维护”，热爱中国共产党、热爱祖国、热爱人民等政治要求。考察内容主要包括人选的政治素质、道德品行、能力素质、心理素质、学习和工作表现、遵纪守法、廉洁自律、职位匹配度以及是否需要回避等方面的情况。

考察人选达不到公务员应当具备的条件或者不符合报考职位要求的，不得确定为拟录用人员。

第三十五条　考察应当组成考察组。考察组由两人以上组成，采取个别谈话、实地走访、严格审核人事档案、查询社会信用记录、同考察人选面谈等方法，根据需要也可以进行延伸考察等，广泛深入地了解情况，做到全面、客观、公正，并据实写出考察材料。考察情况作为择优确定拟录用人员的主要依据。考察对象所在单位（学校）或者相关单位应予积极配合，并客观、真实反映有关情况。

省级（含副省级）以上招录机关，可以实行差额考察。

第八章　公示、审批或者备案

第三十六条　招录机关根据报考者的考试成绩、体检结果和考察情况等，择优提出拟录用人员名单，向社会公示。公示期不少于五个工作日。

第三十七条　公示内容包括招录机关名称、拟录用职位，拟录用人员姓名、性别、准考证号、毕业院校或者工作单位，监督电话以及省级以上公务员主管部门规定的其他事项。

公示期满，对没有问题或者反映问题不影响录用的，按照规定程序办理审批或者备案手续；对有严重问题并查有实据的，不予录用；对反映有严重问题，但一时难以查实的，暂缓录用，待查实并作出结论后再决定是否录用。

第三十八条　中央机关及其直属机构拟录用人员名单应当报中央公务员主管部门备案；地方各级招录机关拟录用人员名单应当报省级或者设区的市级公务员主管部门审批。

第九章　试　　用

第三十九条　新录用的公务员试用期为一年，自报到之日起计算。试用期内，由招录机关对新录用的公务员进行考核，并按照规定进行初任培训。

第四十条　新录用公务员试用期满考核合格的，招录机关应当按照有关规定予以任职定级。

第四十一条　新录用公务员试用期满考核不合格的，取消录用。

试用期间发现新录用公务员有不具备公务员条件、不符合报考职位要求、不能胜任职位工作等情形的，取消录用。

新录用公务员有公务员法第八十九条规定情形的，不得取消录用。

第四十二条　中央机关及其直属机构取消录用的人员名单，应当报中央公务员主管部门备案。地方各级招录机关取消录用的审批权限由省级公务员主管部门规定。

第四十三条　新录用公务员取消录用的时间，从作出取消录用决定之日起计算。取消录用决定应当以书面形式通知本人，停发工资、转递档案以及转接社会保险关系等按照有关规定执行。

第十章　纪律与监督

第四十四条　从事录用工作的人员凡有公务员法第七十六条所列情形之一的，应当实行回避。

第四十五条　有下列情形之一的，由省级以上公务员主管部门或者设区的市级公务员主管部门，视情况分别予以责令纠正或者宣布无效；对负有责任的领导人员和直接责任人员，根据情节轻重，给予批评教育、责令检查、诫勉、组织调整或者组织处理；涉嫌违纪违法需要追究责任的，依规依纪依法予以处分；涉嫌犯罪的，移送有关国家机关依法处理：

（一）不按照规定的编制限额和职位要求进行录用的；

（二）不按照规定的任职资格条件和程序录用的；

（三）未经授权，擅自出台、变更录用政策，造成不良影响的；

（四）录用工作中徇私舞弊，情节严重的；

（五）发生泄露试题、违反考场纪律以及其他严重影响公开、公正行为的。

第四十六条　从事录用工作的人员有下列情形之一的，由公务员主管部门或者所在单位，根据情节轻重，给予批评教育、责令检查、诫勉、组织调整或者组织处理；涉嫌违纪违法需要追究责任的，依规依纪依法予以处分；涉嫌犯罪的，移送有关国家机关依法处理：

（一）泄露试题和其他录用秘密信息的；

（二）利用工作便利，伪造考试成绩或者其他录用工作有关资料的；

（三）利用工作便利，协助报考者考试作弊的；

（四）因工作失职，导致录用工作重新进行的；

（五）违反录用工作纪律的其他行为。

第四十七条 报考者有违反报考规则和管理规定行为的，由公务员主管部门、招录机关或者考试机构按照管理权限，分别采取纠正、批评教育、答卷不予评阅、当科考试成绩为零分、终止录用程序等方式进行现场处置或者事后处置。

报考者有隐瞒真实信息、弄虚作假、考试作弊、扰乱考试秩序等违反录用纪律行为的，情节较轻的，由省级以上公务员主管部门或者设区的市级公务员主管部门给予考试成绩无效、取消资格等处理；情节严重的，给予五年内限制报考的处理；情节特别严重的，给予终身限制报考的处理；涉嫌犯罪的，移送有关国家机关依法处理。

第四十八条 公务员录用工作接受监督。报考者可以向公务员主管部门、招录机关、考试机构提出意见建议；认为其合法权益受到侵犯的，可以依据有关规定进行信访、申诉、控告或者检举；对违纪违规行为处理决定不服的，可以进行陈述和申辩、申请行政复议或者提起行政诉讼。公务员主管部门、招录机关、考试机构和相关部门应当及时受理，并按照规定程序和权限处理。

第十一章 附 则

第四十九条 参照公务员法管理的机关（单位）录用工勤人员以外的工作人员，参照本规定执行。

第五十条 本规定由中共中央组织部负责解释。

第五十一条 本规定自2019年11月26日起施行。

公务员调任规定

1. *中共中央组织部、人事部2008年2月29日制定*
2. *中共中央组织部2019年10月15日修订*
3. *2019年11月26日发布*

第一章 总 则

第一条 为拓宽选人视野和渠道，优化公务员队伍结构，规范公务员调任工作，建设信念坚定、为民服务、勤政务实、敢于担当、清正廉洁的高素质专业化公务员队伍，根据《中华人民共和国公务员法》（以下简称公务员法）和有关法律法规，制定本规定。

第二条 本规定所称调任，是指国有企业、高等院校和科研院所以及其他不参照公务员法管理的事业单位中从事公务的人员调入机关担任领导职务或者四级调研员以上及其他相当层次的职级。

调任职级公务员应当主要补充机关紧缺的优秀专业人才。

调任领导成员另有规定的，从其规定。

第三条 公务员调任坚持以马克思列宁主义、毛泽东思想、邓小平理论、“三个代表”重要思想、科学发展观、习近平新时代中国特色社会主义思想为指导，贯彻新时代中国共产党的组织路线和干部工作方针政策，突出政治标准，根据工作和队伍建设需要以及资格条件，坚持组织安排与个人意愿相结合，从严掌握，择优任用，坚持下列原则：

（一）党管干部；

（二）德才兼备、以德为先，五湖四海、任人唯贤；

（三）事业为上、人岗相适、人事相宜；

（四）公道正派、注重实绩、群众公认；

（五）依法依规办事。

第四条 调任应当在规定的编制限额和职数内进行，并有相应的职位空缺。

第五条 各级公务员主管部门按照管理权限和职责分工负责公务员调任工作的综合管理和监督检查。

第二章 调任资格条件

第六条 调任人选除应当具备公务员法第十三条规定的条件外，还应当具备下列资格条件：

（一）政治立场坚定、政治素质过硬，增强“四个意识”、坚定“四个自信”、做到“两个维护”。

（二）具有胜任工作的能力素质、文化水平和专业素养，勤奋敬业、实绩突出。

（三）具有与拟调任职位要求相当的工作经历和任职资历。

（四）具备公务员法及其配套法规规定的晋升至拟任职务职级累计所需的最低工作年限。

专业技术人员调入机关任职的，应当担任副高级专业技术职务2年以上，或者已担任正高级专业技术职务。

（五）调入中央机关、省级机关任职的，应当具有大学本科以上文化程度；调入市（地）级以下机关任职的，应当具有大学专科以上文化程度。

（六）调任厅局级领导职务或者一级、二级巡视员及其他相当层次职级的，原则上不超过55周岁；调任县处级领导职务、县级和乡镇机关乡科级领导职务或者一级至四级调研员及其他相当层次职级的，原则上不超过50周岁；调任其他乡科级领导职务的，原则上不超过45周岁。

（七）符合法律、法规、章程规定的其他条件。

因工作特殊需要，前款第（四）、（五）、（六）项所列条件需适当调整的，应当符合下列情形之一：领导班子结构需要或者调任职位有特殊要求的；专业性较强的岗位或者重要专项工作急需的；艰苦边远地区、贫困地区急需引进的。调整时，市（地）级以下机关应当按照干部管理权限报上一级公务员主管部门批准同意，省级以上机关应当按照干部管理权限报同级公务员主管部门批准同意。

必要时，省级公务员主管部门可根据本地区干部人才队伍实际，对第一款第（四）、（五）、（六）项条件作统一规定，报中央公务员主管部门同意后实施。

第七条　公务员调出机关后拟再调入机关担任高于调出机关时所任职务职级的，应当具备从调出机关时所任职务职级晋升至拟调任职务职级所需的任职资格年限。

第八条　有下列情形之一的人员，不得调任：

（一）因犯罪受过刑事处罚的；

（二）被开除中国共产党党籍的；

（三）被开除公职的；

（四）被依法列为失信联合惩戒对象的；

（五）涉嫌违纪违法正在接受有关专门机关审查尚未作出结论的；

（六）受处分期间或者未满影响期限的；

（七）正在接受审计机关审计的；

（八）法律、法规规定的其他情形。

第三章　调任程序

第九条　调任按照以下程序进行：

（一）根据工作和队伍建设需要确定调任职位及调任条件；

（二）提出调任人选；

（三）征求调出单位意见；

（四）组织考察；

（五）集体讨论决定；

（六）调任公示；

（七）报批或者备案；

（八）办理调动、任职和公务员登记手续。

第十条　根据调任职位的要求，调任人选通过组织推荐方式产生。必要时，可以对调任人选进行考试。

第十一条　对调任人选应当进行严格考察，依据调任资格条件和调任职位的职责要求，全面考察德、能、勤、绩、廉等方面表现，突出政治标准，注重了解政治理论学习、制度执行力和治理能力情况，深入考察政治忠诚、政治定力、政治担当、政治能力、政治自律等方面情况，严把政治关、品行关、能力关、作风关、廉洁关，并形成书面考察材料。考察材料应当写实，评判应当全面、准确、客观，用具体事例反映调任人选的情况。

考察时，应当采取个别谈话、实地走访、同调任人选面谈等方法，根据需要也可以进行专项调查、延伸考察等，听取调任人选所在单位有关领导、群众和组织（人事）部门、纪检监察机关、机关党组织的意见，审核干部人事档案，查核个人有关事项报告，查询社会信用记录，对反映问题线索具体、有可查性的信访举报进行核查。所在单位应予积极配合，并提供客观、真实反映调任人选现实表现和廉政情况的材料。材料由调任人选所在单位党委（党组）提出结论性意见，必要时，由党委（党组）书记、纪委书记（纪检监察组组长）签字。

第十二条　根据考察情况集体讨论决定拟调任人员，并按照任前公示制有关规定在调出、调入单位予以公示。公示期不少于五个工作日。

第十三条　公示期满，对没有反映问题或者反映问题不影响调任的，按规定程序进行审批或者备案；对反映有严重问题未经查实的，待查实并作出结论后再决定是否调任。

第十四条　按照干部管理权限确定拟调任人员后，调入机关按照规定的权限办理审批或者备案。

地方省级以下机关调任公务员应当报市（地）级以上公务员主管部门审批。

呈报审批、备案的材料应当包括请示、公务员调任审批（备案）表、考察材料、调出单位意见和纪检监察机关提供的廉政情况；按规定需要进行经济责任审计的人员，应当对其进行审计，并提供审计机关的审计结论。

调任人员审批、备案后，办理调动手续，并按有关规定进行公务员登记。

第十五条　调任人员的级别和有关待遇，根据其调任职务职级，结合本人原任职务、工作经历、文化程度等条件，比照调入机关同等条件人员确定。

第十六条　调任人员除由国家权力机关依法任命职务的以外，一般实行任职试用期制，试用期为一年。试用期满考核合格的，正式任职；考核不合格的，另行安排工作。

第四章　纪律与监督

第十七条　调任应当遵守下列纪律：

（一）调任审批或者备案机关应当严格履行职责，认真审核把关，不得随意降低标准，放宽条件；

（二）调入机关应当严格履行有关程序，按照干部管理权限集体讨论决定,不得个人或者少数人说了算,弄虚作假,搞不正之风,不得将调任用于人员安置、解决待遇,不得突击调任人员;

(三)调出单位应当严格执行干部人事管理工作的有关法规、政策,提供真实情况,不得突击提拔;

(四)参加考察的人员应当如实反映考察情况和意见,不得隐瞒、歪曲事实真相;

(五)调任人员应当遵守有关规定,接到调动通知后,在规定期限内办理行政、工资关系等有关手续。

第十八条 调任工作中存在应当回避情形的,按照有关规定执行。

第十九条 对违反本规定的调任事项,呈报的不予批准,已经作出决定的宣布无效;对负有责任的领导人员和直接责任人员,根据情节轻重,给予批评教育、责令检查、诫勉、组织调整或者组织处理;涉嫌违纪违法需要追究责任的,依规依纪依法予以处分;涉嫌犯罪的,移送有关国家机关依法处理。

第五章 附 则

第二十条 国有企业、高等院校和科研院所以及其他不参照公务员法管理的事业单位中从事公务的人员调入参照公务员法管理的机关(单位)担任本规定第二条所列职务职级,参照本规定执行。

第二十一条 本规定由中共中央组织部负责解释。

第二十二条 本规定自2019年11月26日起施行。

附件:(略)

公务员辞退规定

1. 中共中央组织部、人力资源和社会保障部2009年7月9日制定,2009年7月24日发布

2. 中共中央组织部2020年12月8日修订,2020年12月28日发布

第一章 总 则

第一条 为了规范公务员辞退工作,保障机关和公务员的合法权益,建设信念坚定、为民服务、勤政务实、敢于担当、清正廉洁的高素质专业化公务员队伍,根据《中华人民共和国公务员法》等有关法律法规,制定本规定。

第二条 公务员辞退,是指机关依照法律法规规定,解除与公务员的任用关系。

法律法规对监察官、法官、检察官等辞退另有规定的,按照有关规定办理。

第三条 公务员辞退工作坚持以马克思列宁主义、毛泽东思想、邓小平理论、“三个代表”重要思想、科学发展观、习近平新时代中国特色社会主义思想为指导,贯彻新时代党的组织路线和干部工作方针政策,加强党对公务员队伍的集中统一领导,坚持下列原则:

(一)党管干部;

(二)从严管理;

(三)公道正派;

(四)依法依规办事。

第四条 各级公务员主管部门按照管理权限和职责分工负责公务员辞退工作的综合管理、业务指导和监督检查。各级机关按照管理权限负责公务员辞退的审核、审批等工作。

第二章 辞退情形和程序

第五条 辞退公务员,应当依照法定的情形、权限和程序办理。

第六条 公务员有下列情形之一的,予以辞退:

(一)在年度考核中,连续2年被确定为不称职的;

(二)不胜任现职工作,又不接受其他安排的;

(三)因所在机关调整、撤销、合并或者缩减编制员额需要调整工作,本人拒绝合理安排的;

(四)不履行公务员义务,不遵守法律和公务员纪律,经教育仍无转变,不适合继续在机关工作,又不宜给予开除处分的;

(五)旷工或者因公外出、请假期满无正当理由逾期不归连续超过15个工作日,或者1年内累计超过30个工作日的。

第七条 对有下列情形之一的公务员,不得辞退:

(一)因公致残,被确认丧失或者部分丧失工作能力的;

(二)患病或者负伤,在规定的医疗期内的;

(三)女性公务员在孕期、产假、哺乳期内的;

(四)法律、行政法规规定的其他不得辞退的情形。

第八条 辞退公务员,按照下列程序办理:

(一)所在单位在核准事实的基础上,提出建议并填写《辞退公务员审批表》报任免机关。

(二)组织人事部门审核。

(三)任免机关集体讨论,审批并作出辞退决定。对拟辞退且按照规定需要进行经济责任审计的,应当事先对其进行审计。

任免机关根据有关规定可以直接作出辞退决定。

县级以下机关辞退公务员，由县级公务员主管部门审核并报县级党委审批后作出决定。

（四）作出辞退决定的，应当向被辞退公务员送达《辞退公务员通知书》，告知辞退依据和理由，同时将辞退决定送呈报单位。

（五）办理公务交接手续。

（六）将《辞退公务员审批表》和辞退决定等存入本人人事档案，同时将辞退决定送同级公务员主管部门备案。

第九条 任免机关在办理公务员辞退时，对正在接受审计、纪律审查、监察调查，或者涉嫌犯罪，司法程序尚未终结的，暂缓审批。

第十条 《辞退公务员通知书》应当在作出辞退决定后10个工作日内送达本人。

第十一条 被辞退公务员办理公务交接手续，应当自《辞退公务员通知书》送达之日起10个工作日内完成。

对拒不办理公务交接手续的，撤销辞退决定，给予开除处分。

第十二条 被辞退公务员对辞退决定不服的，可以按照规定申请复核或者提出申诉。复核、申诉期间不停止辞退决定的执行。

第三章 管理与纪律

第十三条 公务员被辞退后，不再具有公务员身份，其所任领导职务、职级自然免除，自作出辞退决定之日的次月起停发工资。

第十四条 被辞退公务员原系涉密人员的，应当按照有关规定进行脱密期管理。

第十五条 公务员被辞退后，原所在机关应当自作出辞退决定之日起2个月内将其人事档案转递至相应的人事档案工作机构、公共就业和人才服务机构或者本人户籍所在地社会保障服务机构。具体按照人事档案工作有关规定办理。

本人应当配合转递人事档案，未予配合的，其后果由本人承担。

第十六条 被辞退公务员已参加失业保险的，根据国家有关规定享受失业保险待遇；未参加失业保险的，领取辞退费。其他社会保险按照有关规定执行。

第十七条 辞退费由接收人事档案的相关服务机构按月发放。原所在机关应当在人事档案转出后15个工作日内，将辞退费一次性拨付。相关服务机构发放确有困难的，由原所在机关按月发放。

公务员被辞退前连续工作满1年以上的，自被辞退的次月起发放辞退费。

辞退费发放标准为公务员被辞退时所任领导职务、职级对应的基本工资。

辞退费发放期限根据被辞退公务员在机关的工作年限确定。工作年限不满2年的，按照3个月发放；满2年的，按照4个月发放；2年以上的，每增加1年增发1个月，但最长不得超过24个月。

第十八条 出现下列情形之一的，辞退费停发：

（一）重新就业；

（二）应征服兵役；

（三）移居国（境）外；

（四）被判处刑罚；

（五）享受基本养老保险待遇；

（六）死亡。

被辞退公务员有前款第（一）、（二）、（三）、（四）、（五）项情形之一的，应当主动告知相关服务机构或者原所在机关。

由相关服务机构发放辞退费且有前款所列情形未发放的，应当将辞退费返还被辞退公务员原所在机关。

第十九条 辞退公务员所需经费，应当列入财政预算，予以保障。

第二十条 公务员被辞退后重新就业的，在计算工作年限时，其被辞退前在机关的工作年限合并计算。

第二十一条 在辞退公务员工作中，对有滥用职权、徇私舞弊、打击报复、弄虚作假等行为的，区别不同情况，予以责令纠正或者宣布无效；根据情节轻重，依规依纪依法追究负有责任的领导人员和直接责任人员责任。

第四章 附 则

第二十二条 辞退参照公务员法管理的机关（单位）中除工勤人员以外的工作人员，参照本规定执行。

第二十三条 本规定由中共中央组织部负责解释。

第二十四条 本规定自发布之日起施行。

附件：1. 辞退公务员审批表（略）

2. 关于辞退×××的决定（略）

3. 辞退公务员通知书存根（略）

公务员录用违规违纪行为处理办法

1. 2009年11月9日中共中央组织部、人力资源社会保障部制定
2. 2016年9月6日中共中央组织部、人力资源社会保障部、国家公务员局修订
3. 2021年8月25日中共中央组织部部务会会议修订，2021年9月18日中共中央组织部、人力资源社会保障部发布

第一章 总 则

第一条 为规范公务员录用违规违纪行为的认定与处理，维护公务员录用工作的公平公正，严把公务员队伍入口关，根据《中华人民共和国公务员法》和《公务员录用规定》等有关法律法规，制定本办法。

第二条 本办法适用于公务员录用中报考者和工作人员违规违纪行为的认定与处理。

第三条 公务员录用违规违纪行为的认定与处理，应当事实清楚、证据确凿、程序规范、适用规定准确。

第四条 公务员主管部门、招录机关和考试机构以及其他相关单位按照规定的职责权限，对违规违纪行为进行认定与处理。

第二章 报考者违规违纪行为处理

第五条 报考者提交的涉及报考资格的申请材料或者信息不实的，负责资格审查工作的招录机关或者公务员主管部门应当认定其报名无效，终止其录用程序；有恶意注册报名信息，扰乱报名秩序或者伪造、变造有关材料骗取报考资格等行为的，由设区的市级以上公务员主管部门给予其取消本次报考资格并五年内限制报考公务员的处理。

第六条 报考者在考试过程中有下列行为之一的，由具体组织实施考试的考试机构、招录机关或者公务员主管部门给予其所涉科目（场次）考试成绩为零分的处理：

（一）将规定以外的物品带入考场，经提醒仍未按要求放在指定位置的；

（二）参加考试时未按规定时间入场、离场的；

（三）未在指定座位参加考试，或者擅自离开座位、出入考场的；

（四）未按规定填写（填涂）、录入本人或者考试相关信息，以及在规定以外的位置标注本人信息或者其他特殊标记的；

（五）故意损坏本人试卷、答题卡（答题纸）等考场配发材料或者本人使用的考试机等设施设备的；

（六）在考试开始信号发出前答题的，或者在考试结束信号发出后继续答题的；

（七）其他情节较轻的违规违纪行为。

第七条 报考者在考试过程中有下列行为之一的，由设区的市级以上公务员主管部门给予其取消本次考试资格并五年内限制报考公务员的处理：

（一）抄袭他人答题信息或者协助他人抄袭答题信息的；

（二）查看、偷听违规带入考场与考试有关的文字、视听资料的；

（三）使用禁止携带的通讯设备或者具有计算、存储功能电子设备的；

（四）携带具有避开或者突破考场防范作弊的安全管理措施，获取、记录、传递、接收、存储考试试题、答案等功能的程序、工具，以及专门用于作弊的程序、工具（以下简称作弊器材）的；

（五）抢夺、故意损坏他人试卷、答题卡（答题纸）、草稿纸等考场配发材料或者他人使用的考试机等设施设备的；

（六）违反规定将试卷、答题卡（答题纸）等考场配发材料带出考场的；

（七）其他情节严重、影响恶劣的违规违纪行为。

第八条 报考者在考试过程中有下列行为之一的，由省级以上公务员主管部门给予其取消本次考试资格并终身限制报考公务员的处理：

（一）使用伪造、变造或者盗用他人的居民身份证、准考证以及其他证明材料参加考试的；

（二）3人以上串通作弊或者参与有组织作弊的；

（三）代替他人或者让他人代替自己参加考试的；

（四）使用本办法第七条第四项所列作弊器材的；

（五）非法侵入考试信息系统或者非法获取、删除、修改、增加系统数据的；

（六）其他情节特别严重、影响特别恶劣的违规违纪行为。

第九条 在阅卷过程中发现报考者之间同一科目作答内容雷同，并经阅卷专家组确认的，由具体组织实施考试的考试机构给予其该科目（场次）考试成绩为零分的处理，录用程序终止。作答内容雷同的认定方法和标准由省级以上考试机构确定。

报考者之间同一科目作答内容雷同，并有其他相关证据证明其作弊行为成立的，视具体情形按照本办法第七条、第八条的规定处理。

第十条　报考者有隐瞒影响录用的疾病或者病史以及其他妨碍体检工作正常进行的行为，情节较轻的，负责组织体检的招录机关或者公务员主管部门应当终止其录用程序；有交换、替换检验样本等情节严重、影响恶劣行为的，由设区的市级以上公务员主管部门给予其取消本次考试资格并五年内限制报考公务员的处理；有串通作弊、让他人顶替体检等情节特别严重、影响特别恶劣行为的，由省级以上公务员主管部门给予其取消本次考试资格并终身限制报考公务员的处理。

第十一条　报考者在考察、体能测评、心理素质测评等环节有弄虚作假、隐瞒事实真相以及其他妨碍相关工作正常进行的行为，情节较轻的，负责组织实施的招录机关或者公务员主管部门应当终止其录用程序；情节严重、影响恶劣的，由设区的市级以上公务员主管部门给予其取消本次考试资格并五年内限制报考公务员的处理；情节特别严重、影响特别恶劣的，由省级以上公务员主管部门给予其取消本次考试资格并终身限制报考公务员的处理。

第十二条　报考者应当自觉维护公务员录用工作秩序，有下列行为之一的，应当终止其录用程序；情节严重、影响恶劣的，由设区的市级以上公务员主管部门给予其取消本次考试资格并五年内限制报考公务员的处理；情节特别严重、影响特别恶劣的，由省级以上公务员主管部门给予其取消本次考试资格并终身限制报考公务员的处理：

（一）故意扰乱考点、考场等工作场所秩序的；

（二）拒绝、妨碍工作人员履行管理职责的；

（三）威胁、侮辱、诽谤、诬陷、殴打工作人员或者其他报考者的；

（四）通过搞利益输送或者利益交换，谋取考试资格、录用机会、经济利益以及其他不当利益的；

（五）购买本办法第七条第四项所列作弊器材的；

（六）其他扰乱公务员录用工作秩序的行为。

第十三条　报考者在公务员录用中有违规违纪行为，涉嫌违法犯罪的，移送有关国家机关依法处理。

报考者为国家公职人员的，应当将其违规违纪行为和处理结果通报所在单位。

第十四条　试用期间查明报考者有本办法所列违规违纪行为的，应当取消录用并按照本办法的有关规定给予其相应的处理。

任职定级后查明有本办法所列违规违纪行为的，按照有关规定给予其相应的处理。

第十五条　报考者有情节严重、影响恶劣或者情节特别严重、影响特别恶劣的违规违纪行为的，应当记入公务员录用诚信档案库，并按照有关规定进行信用信息共享等管理。

第三章　工作人员违规违纪行为处理

第十六条　有下列情形之一的，根据情节轻重，依规依纪依法追究负有责任的领导人员和直接责任人员责任；涉嫌违法犯罪的，移送有关国家机关依法处理：

（一）不按照规定的编制限额和职位要求进行录用的；

（二）不按照规定的任职资格条件和程序录用的；

（三）未经授权，擅自出台、变更录用政策，造成不良影响的；

（四）录用工作中徇私舞弊的；

（五）发生泄露试题、违反考场纪律以及其他影响公平、公正行为的。

第十七条　工作人员有下列情形之一的，根据情节轻重，依规依纪依法追究责任；涉嫌违法犯罪的，移送有关国家机关依法处理：

（一）泄露试题和其他录用秘密信息的；

（二）利用工作便利，伪造考试成绩或者其他录用工作有关资料的；

（三）利用工作便利，协助报考者作弊的；

（四）因工作失职，影响录用工作正常进行的；

（五）其他违反录用工作纪律的行为。

第四章　违规违纪行为处理程序

第十八条　报考者的违规违纪行为被当场发现的，工作人员应当予以制止，并收集、保存相应证据材料，如实记录违规违纪事实和现场处置情况，由2名以上工作人员签字，报送负责组织有关工作的公务员主管部门、招录机关或者考试机构。

第十九条　对报考者违规违纪行为作出处理决定前，应当告知报考者拟作出的处理决定以及相关事实、理由和依据，并告知报考者依法享有陈述和申辩的权利。作出处理决定的公务员主管部门、招录机关或者考试机构对报考者提出的事实、理由和证据，应当进行复核。

第二十条　对报考者违规违纪行为作出处理决定的，应当制作公务员录用违规违纪行为处理决定书，采取直接送达、委托送达、邮寄送达或者公告等方式送达。

对给予五年内限制报考公务员或者终身限制报考公务员处理的报考者，限制报考的日期自作出处理决定之日起计算。

第二十一条　报考者对违规违纪行为处理决定不服的，

可以依法申请行政复议或者提起行政诉讼。

第二十二条　对工作人员违规违纪行为的处理，由相关单位按照职责权限和程序办理。

工作人员对违规违纪行为处理不服的，可以按照规定申请复核或者提出申诉等。

第五章　附　　则

第二十三条　报考者和工作人员以外的其他人员，有干扰公务员录用秩序等行为的，依据有关法律法规处理。

第二十四条　参照公务员法管理的机关（单位）中除工勤人员以外的工作人员录用中违规违纪行为的认定与处理，参照本办法执行。

第二十五条　本办法由中共中央组织部、人力资源社会保障部负责解释。

第二十六条　本办法自发布之日起施行。

附件：公务员录用违规违纪行为处理决定书（样式）

公务员录用违规违纪行为处理决定书
（样式）

编号：________

________考生（身份证号______________）：

你在参加______________中，在______________环节有_________的违规违纪情形。根据《公务员录用违规违纪行为处理办法》第____条第____款第____项的规定，给予_________处理。

如对处理决定不服，可自收到本处理决定书之日起60日内依法申请行政复议，或者自收到本处理决定书之日起6个月内依法提起行政诉讼。

（作出处理决定单位盖章）

年　月　日

专业技术类公务员管理规定

1. 2016年7月8日中共中央批准，2016年7月8日中共中央办公厅、国务院办公厅发布

2. 2023年9月1日中共中央修订，2023年9月1日中共中央办公厅发布

第一章　总　　则

第一条　为了加强党对公务员队伍的集中统一领导，适应全面建设社会主义现代化国家、深入推进国家治理体系和治理能力现代化的要求，落实新时代好干部标准，完善公务员职位分类，建立健全符合专业技术类公务员特点的管理制度，提高管理效能和科学化水平，建设忠诚干净担当的高素质专业化公务员队伍，根据《中华人民共和国公务员法》和有关党内法规，制定本规定。

第二条　本规定所称专业技术类公务员，是指专门从事专业技术工作，具有专业知识、专业技能，为机关履行职责提供技术支持和保障的公务员，其职责具有强技术性、低替代性。

第三条　专业技术类公务员的管理，坚持以习近平新时代中国特色社会主义思想为指导，贯彻新时代党的建设总要求和新时代党的组织路线，突出政治标准，注重专业要求，坚持下列原则：

（一）党管干部、党管人才；

（二）德才兼备、以德为先、五湖四海、任人唯贤；

（三）事业为上、公道正派、人岗相适、人事相宜；

（四）注重实绩、业内认可、分类评价；

（五）监督约束与激励保障并重。

第四条　专业技术类公务员应当忠于宪法，模范遵守、自觉维护宪法和法律，自觉接受党的领导，具有良好的政治素质和道德品行。

第五条　中央公务员主管部门负责全国专业技术类公务员的综合管理工作。县级以上地方各级公务员主管部门负责本辖区内专业技术类公务员的综合管理工作。上级公务员主管部门指导下级公务员主管部门的专业技术类公务员管理工作。各级公务员主管部门指导同级机关的专业技术类公务员管理工作。

第二章　职位设置

第六条　专业技术类公务员职位根据工作性质、专业特点和管理需要，一般在市地级以上机关以专业技术工作为主要职责的内设机构或者岗位设置。经批准，部分县（市、区、旗）专门从事专业技术工作公务员较多的机关可以设置专业技术类公务员职位。县级以上机关可以设置专业技术类公务员特设职位引进高层次人才。

专业技术类公务员职位设置范围由中央公务员主管部门确定。

第七条　机关依照职能、国家行政编制等，根据中央公务员主管部门确定的职位设置范围，制定本机关专业技术类公务员职位设置方案，并确定职位的具体工作职责和任职资格条件。

第八条　中央机关及其直属机构专业技术类公务员职位设置方案，报中央公务员主管部门审批；省级以下机关及其直属机构专业技术类公务员职位设置方案，由省级公务员主管部门审批后报中央公务员主管部门备案。

第三章　职务、职级与级别

第九条　专业技术类公务员实行职务与职级并行制度，设置领导职务、职级序列。

专业技术类公务员领导职务根据有关党内法规、法律法规和机构规格设置。

专业技术类公务员职级序列分为十一个层次。通用职级名称由高至低依次为：一级总监、二级总监、一级高级主管、二级高级主管、三级高级主管、四级高级主管、一级主管、二级主管、三级主管、四级主管、专业技术员。

具体职级名称由中央公务员主管部门以通用职级名称为基础确定。

第十条　专业技术类公务员职级与级别的对应关系是：

（一）一级总监：十三级至八级；

（二）二级总监：十五级至十级；

（三）一级高级主管：十七级至十一级；

（四）二级高级主管：十八级至十二级；

（五）三级高级主管：十九级至十三级；

（六）四级高级主管：二十级至十四级；

（七）一级主管：二十一级至十五级；

（八）二级主管：二十二级至十六级；

（九）三级主管：二十三级至十七级；

（十）四级主管：二十四级至十八级；

（十一）专业技术员：二十六级至十八级。

第十一条　专业技术类公务员职级与综合管理类、行政执法类公务员职级的对应关系是：

（一）一级总监：一级巡视员；

（二）二级总监：二级巡视员、督办；

（三）一级高级主管：一级调研员、一级高级主办；

（四）二级高级主管：二级调研员、二级高级主办；

（五）三级高级主管：三级调研员、三级高级主办；

（六）四级高级主管：四级调研员、四级高级主办；

（七）一级主管：一级主任科员、一级主办；

（八）二级主管：二级主任科员、二级主办；

（九）三级主管：三级主任科员、三级主办；

（十）四级主管：四级主任科员、四级主办；

（十一）专业技术员：一级科员、一级行政执法员。

第十二条　专业技术类公务员职级按照下列规格设置：

（一）中央机关，省、自治区、直辖市机关，副省级城市机关设置一级总监以下职级；

（二）市（地、州、盟）、直辖市的区机关设置二级总监以下职级，副省级城市的区机关设置一级高级主管以下职级；

（三）部分县（市、区、旗）专门从事专业技术工作公务员较多的机关设置二级高级主管以下职级。

第十三条　专业技术类公务员职级职数一般应当按照专业技术类公务员职位数量的一定比例核定，具体职数比例按照有关规定执行。

职数较少或者难以按照各机关分别核定的专业技术类公务员职级，一般由市地级以上公务员主管部门根据实际情况和职级晋升审批权限，分级统筹核定和使用。

第十四条　中央和省级机关垂直管理的机构、实行双重领导并以部门领导为主的机构、市地级以上机关的直属单位或者派出机构等，根据机构规格，参照第十二条、第十三条规定，设置专业技术类公务员职级并核定职数。

第十五条　根据服务党和国家重大战略、重大工程、重大项目等需要，经省级以上公务员主管部门批准，县级以上机关可以引进高层次急需人才在专业技术类公务员特设职位上担任一级总监、二级总监、一级高级主管，其中突破规格、职数限额设置的职级，职数单独管理。

第四章　职务、职级任免与升降

第十六条　专业技术类公务员任职，应当具备相应的专业技术任职资格，在规定的职位设置范围和职数内进行。

第十七条　专业技术任职资格由高至低依次为高级、中级、初级。高级包括正高级和副高级。

担任专业技术类公务员厅局级副职以上领导职务或者一级、二级总监和一级高级主管，应当具备正高级专业技术任职资格；担任专业技术类公务员县处级领导职务或者二级、三级、四级高级主管，应当具备副高级以上专业技术任职资格；担任专业技术类公务员乡科级正职领导职务或者一级、二级主管，应当具备中级以上专业技术任职资格；担任专业技术类公务员乡科级副职领导职务或者三级、四级主管和专业技术员，应当具备初级以上专业技术任职资格。

专业技术任职资格评定按照有关规定执行。专业技术任职资格与专业技术人才职称，可以按照规定进行互认转换。

第十八条　专业技术类公务员晋升职级，应当具备拟任职级所要求的政治素质、工作能力、专业技术任职资格、工作实绩、任职年限、纪律作风等方面的基本条件，并在规定任职年限内的年度考核结果均为称职以上等次。

晋升专业技术类公务员职级的任职年限、程序、审批权限等要求，根据对应的综合管理类公务员职级，按照《公务员职务与职级并行规定》执行。

机关必须把政治标准放在首位，考准考实拟晋升职级人选的政治素质。

第十九条　对有政治能力不过硬，缺乏应有的政治判断力、政治领悟力、政治执行力，在涉及党的领导等重大原则问题上立场不坚定、态度暧昧，担当和斗争精神不强，事业心和责任感不强，专业知识、专业技能不足，作风不严不实，职业道德失范，专业技术工作失误造成严重后果等情形，被认定为不适宜或者不胜任现任专业技术类公务员领导职务、职级的，应当按照有关规定及时予以调整。

专业技术类公务员在年度考核中被确定为不称职的，按照有关规定降低一个职务或者职级层次任职。

第二十条　专业技术类公务员转任其他职位类别公务员或者专业技术任职资格被取消的，应当予以免职。

第二十一条　试用期满考核合格并取得相应专业技术任职资格的新录用专业技术类公务员，应当按照规定在一级主管以下职级层次任职定级。

第五章　管理与监督

第二十二条　一级主管以下职级层次专业技术类公务员的录用，应当采取公开考试、严格考察、平等竞争、择优录取的办法。

考试内容根据专业技术类公务员应当具备的基本能力和不同职位要求设置，重点测查政治素质、专业技术基础知识和运用专业技术处理实际问题的能力。

根据职位特点和工作需要，经省级以上公务员主管部门批准，可以对有关专业知识、专业技能进行测查。

第二十三条　根据工作需要，机关可以按照公务员聘任有关规定，对部分专业技术类公务员职位实行聘任制。

第二十四条　专业技术类公务员的考核，按照公务员考核有关规定，以职位职责和所承担的专业技术工作为基本依据，有针对性地设置考核内容和指标，采取体现职位特点的考核方法，全面考核德、能、勤、绩、廉，重点考核政治素质和工作实绩，引导专业技术类公务员树立和践行正确政绩观。考核结果作为专业技术任职资格评定的重要依据。

第二十五条　专业技术类公务员应当按照规定接受初任培训、任职培训、专门业务培训、在职培训；培训内容主要包括政治素质、专业素养、职业道德、廉洁自律等方面，应当按照知识更新的需要，强化专业知识和专业技能等培训。

机关应当加强对专业技术类公务员的实践锻炼、专业训练，增强提供技术支持和保障的专业能力。

第二十六条　国有企业、高等学校和科研院所以及其他不参照公务员法管理的事业单位中从事公务的人员，可以根据工作和队伍建设需要，按照公务员调任有关规定调入机关，并根据认定的专业技术任职资格担任专业技术类公务员领导职务或者四级高级主管以上职级。

第二十七条　专业技术类公务员转任，一般在专业技术类公务员职位范围内进行。因工作需要，也可以在不同职位类别之间进行。

专业技术类公务员在专业技术类公务员职位范围内转任的，一般转任相同专业的职位。因工作需要，也可以转任到相关、相近专业的职位。

专业技术类公务员因工作需要转任其他职位类别公务员的，按照干部管理权限或者职级晋升审批权限，综合考虑其任职经历等条件，比照确定领导职务、职级。

其他职位类别公务员转任专业技术类公务员的，应当具备拟转任职位所要求的专业技术任职资格等条件。

第二十八条　专业技术类公务员实行国家统一规定的工资制度，按照国家规定享受基本工资、津贴、补贴和奖金。

第二十九条　国家鼓励专业技术类公务员在工作中进行发明创造，对取得显著经济效益或者社会效益的给予奖励。

作出杰出贡献且符合条件的，可以纳入院士参评、国务院和地方政府特殊津贴评定等范围。

符合条件的专业技术类公务员，经批准可以参加中央和地方各级重大人才工程、科技奖励和科研项目评选，纳入人才服务保障体系。

第三十条　机关应当落实从严管理干部要求，严明政治纪律和政治规矩，加强对专业技术类公务员全方位管理和经常性监督。专业技术类公务员有公开发表存在严重政治问题言论、对党不忠诚不老实、表里不一、阳奉阴违等违反政治纪律行为的，在履行职责中有弄虚作假、滥用职权、玩忽职守、徇私舞弊等违纪违法行为的，按照有关规定给予谈话提醒、批评教育、责令检查、诫勉、组织处理、处分；构成犯罪的，依法追究刑事责任。

第三十一条　专业技术类公务员辞去公职或者退休的，

应当遵守从业限制规定。原所在机关和有关部门应当按照规定加强对专业技术类公务员离职从业行为的管理监督。

第三十二条　对有下列情形的，由县级以上领导机关或者公务员主管部门按照管理权限，区别不同情况，分别予以责令纠正或者宣布无效；对负有责任的领导人员和直接责任人员，根据情节轻重，给予批评教育、责令检查、诫勉、组织处理、处分；构成犯罪的，依法追究刑事责任：

（一）擅自扩大专业技术类公务员职位设置范围；

（二）超职数设置专业技术类公务员领导职务、职级；

（三）随意放宽任职资格条件或者改变专业技术任职资格评定标准；

（四）违反规定的条件和程序进行录用、调任、转任、聘任、晋升以及考核、奖惩；

（五）违反国家规定，更改专业技术类公务员工资、福利、保险待遇标准；

（六）违反本规定的其他行为。

第六章　附　　则

第三十三条　担任领导职务的专业技术类公务员，有关党内法规和法律对其选拔任用、管理监督等另有规定的，按照有关规定执行。

第三十四条　专业技术类公务员的管理，本规定未作规定的，按照《中华人民共和国公务员法》及其配套法规执行。

第三十五条　参照公务员法管理的机关（单位）中从事专业技术工作的工作人员，经省级以上公务员主管部门批准，参照本规定进行管理。

第三十六条　本规定由中共中央组织部负责解释。

第三十七条　本规定自发布之日起施行。

行政执法类公务员管理规定

1. 2016年7月8日中共中央批准，2016年7月8日中共中央办公厅、国务院办公厅发布

2. 2023年9月1日中共中央修订，2023年9月1日中共中央办公厅发布

第一章　总　　则

第一条　为了加强党对公务员队伍的集中统一领导，适应全面建设社会主义现代化国家、深入推进国家治理体系和治理能力现代化的要求，落实新时代好干部标准，完善公务员职位分类，建立健全符合行政执法类公务员特点的管理制度，提高管理效能和科学化水平，建设忠诚干净担当的高素质专业化公务员队伍，根据《中华人民共和国公务员法》和有关党内法规，制定本规定。

第二条　本规定所称行政执法类公务员，是指依照法律、法规对行政相对人直接履行行政许可、行政处罚、行政强制、行政征收、行政收费、行政检查等执法职责的公务员，其职责具有执行性、强制性。

第三条　行政执法类公务员的管理，坚持以习近平新时代中国特色社会主义思想为指导，贯彻新时代党的建设总要求和新时代党的组织路线，突出政治标准，强化行政执法能力，坚持下列原则：

（一）党管干部、党管人才；

（二）德才兼备、以德为先、五湖四海、任人唯贤；

（三）事业为上、公道正派、人岗相适、人事相宜；

（四）注重实绩、群众公认，提高执法效能；

（五）监督约束与激励保障并重。

第四条　行政执法类公务员应当忠于宪法，模范遵守、自觉维护宪法和法律，自觉接受党的领导，具有良好的政治素质和道德品行。

第五条　行政执法类公务员应当按照规定的权限和程序认真履行职责，坚持依法行政、依法办事，做到严格规范公正文明执法，提高执法执行力和公信力，保障和促进社会公平正义，维护人民合法权益。

第六条　中央公务员主管部门负责全国行政执法类公务员的综合管理工作。县级以上地方各级公务员主管部门负责本辖区内行政执法类公务员的综合管理工作。上级公务员主管部门指导下级公务员主管部门的行政执法类公务员管理工作。各级公务员主管部门指导同级机关的行政执法类公务员管理工作。

第二章　职位设置

第七条　行政执法类公务员职位根据工作性质、执法职能和管理需要，一般在以行政执法工作为主要职责的市地级以下机关或者内设机构设置。根据行政执法机构设置实际，省级、副省级城市机关也可以设置行政执法类公务员职位。

行政执法类公务员职位设置范围由中央公务员主管部门确定。

第八条　机关依照职能、国家行政编制等，根据中央公务员主管部门确定的职位设置范围，制定本机关行政执法类公务员职位设置方案，并确定职位的具体工作职责和任职资格条件。

第九条 中央机关直属机构行政执法类公务员职位设置方案，报中央公务员主管部门审批；省级以下机关及其直属机构行政执法类公务员职位设置方案，由省级公务员主管部门审批，职位设置等情况每年度报中央公务员主管部门备案。

第三章 职务、职级与级别

第十条 行政执法类公务员实行职务与职级并行制度，设置领导职务、职级序列。

行政执法类公务员领导职务根据有关党内法规、法律法规和机构规格设置。

行政执法类公务员职级序列分为十一个层次。通用职级名称由高至低依次为：督办、一级高级主办、二级高级主办、三级高级主办、四级高级主办、一级主办、二级主办、三级主办、四级主办、一级行政执法员、二级行政执法员。

具体职级名称由中央公务员主管部门以通用职级名称为基础确定。

第十一条 行政执法类公务员职级与级别的对应关系是：

（一）督办：十五级至十级；

（二）一级高级主办：十七级至十一级；

（三）二级高级主办：十八级至十二级；

（四）三级高级主办：十九级至十三级；

（五）四级高级主办：二十级至十四级；

（六）一级主办：二十一级至十五级；

（七）二级主办：二十二级至十六级；

（八）三级主办：二十三级至十七级；

（九）四级主办：二十四级至十八级；

（十）一级行政执法员：二十六级至十八级；

（十一）二级行政执法员：二十七级至十九级。

第十二条 行政执法类公务员职级与综合管理类、专业技术类公务员职级的对应关系是：

（一）督办：二级巡视员、二级总监；

（二）一级高级主办：一级调研员、一级高级主管；

（三）二级高级主办：二级调研员、二级高级主管；

（四）三级高级主办：三级调研员、三级高级主管；

（五）四级高级主办：四级调研员、四级高级主管；

（六）一级主办：一级主任科员、一级主管；

（七）二级主办：二级主任科员、二级主管；

（八）三级主办：三级主任科员、三级主管；

（九）四级主办：四级主任科员、四级主管；

（十）一级行政执法员：一级科员、专业技术员；

（十一）二级行政执法员：二级科员。

第十三条 行政执法类公务员职级按照下列规格设置：

（一）市（地、州、盟）、直辖市的区机关设置督办以下职级；

（二）副省级城市的区机关设置一级高级主办以下职级；

（三）县（市、区、旗）机关设置二级高级主办以下职级。

省、自治区、直辖市机关和副省级城市机关设有行政执法类公务员职位的，设置督办以下职级。

第十四条 行政执法类公务员职级职数一般应当按照行政执法类公务员职位数量的一定比例核定，具体职数比例按照有关规定执行。

职数较少或者难以按照各机关分别核定的行政执法类公务员职级，一般由县级以上公务员主管部门根据实际情况和职级晋升审批权限，分级统筹核定和使用。

第十五条 中央和省级机关垂直管理的机构、实行双重领导并以部门领导为主的机构、市地级以上机关的直属单位或者派出机构等，根据机构规格，参照第十三条、第十四条规定，设置行政执法类公务员职级并核定职数。

第四章 职务、职级任免与升降

第十六条 行政执法类公务员任职，应当在规定的职位设置范围和职数内进行。

第十七条 行政执法类公务员晋升职级，应当具备拟任职级所要求的政治素质、工作能力、工作实绩、任职年限、纪律作风等方面的基本条件，并在规定任职年限内的年度考核结果均为称职以上等次。

晋升行政执法类公务员职级的任职年限、程序、审批权限等要求，根据对应的综合管理类公务员职级，按照《公务员职务与职级并行规定》执行。

机关必须把政治标准放在首位，考准考实拟晋升职级人选的政治素质。

第十八条 对有政治能力不过硬，缺乏应有的政治判断力、政治领悟力、政治执行力，在涉及党的领导等重大原则问题上立场不坚定、态度暧昧，担当和斗争精神不强，事业心和责任感不强，行政执法能力不足，作风不严不实，职业道德失范，行政执法工作不规范不文明造成不良社会影响等情形，被认定为不适宜或者不胜任现任行政执法类公务员领导职务、职级的，应当按照有关规定及时予以调整。

行政执法类公务员在年度考核中被确定为不称职的，按照有关规定降低一个职务或者职级层次任职。

第十九条 行政执法类公务员转任其他职位类别公务员的，应当予以免职。

第二十条　试用期满考核合格的新录用行政执法类公务员，应当按照规定在一级主办以下职级层次任职定级。

第五章　管理与监督

第二十一条　一级主办以下职级层次行政执法类公务员的录用，应当采取公开考试、严格考察、平等竞争、择优录取的办法。

考试内容根据行政执法类公务员应当具备的基本能力和不同职位要求设置，重点测查政治素质、法律素养和法律执行等能力。

根据职位特点和工作需要，经省级以上公务员主管部门批准，可以对有关心理素质、体能等进行测评。

第二十二条　行政执法类公务员的考核，按照公务员考核有关规定，以职位职责和所承担的行政执法工作为基本依据，有针对性地设置考核内容和指标，采取体现职位特点的考核方法，全面考核德、能、勤、绩、廉，重点考核政治素质和履行行政执法职责、完成行政执法工作的情况，必要时可以听取行政相对人的意见，引导行政执法类公务员树立和践行正确政绩观。

第二十三条　行政执法类公务员应当按照规定接受初任培训、任职培训、专门业务培训、在职培训；培训内容主要包括政治素质、工作能力、职业道德、廉洁自律等方面，应当强化法律、法规和执法技能、文明执法、应急处突能力等培训。

机关应当加强对行政执法类公务员的实践锻炼、专业训练，增强行政执法能力和服务群众本领。

第二十四条　国有企业、高等学校和科研院所以及其他不参照公务员法管理的事业单位中从事公务的人员，可以根据工作和队伍建设需要，按照公务员调任有关规定调入机关，担任行政执法类公务员领导职务或者四级高级主办以上职级。

第二十五条　行政执法类公务员转任，一般在行政执法类公务员职位范围内进行。因工作需要，也可以在不同职位类别之间进行。行政执法类公务员在行政许可、行政处罚等同一职位工作满10年的，应当转任。

行政执法类公务员转任其他职位类别公务员的，按照干部管理权限或者职级晋升审批权限，综合考虑其任职经历等条件，比照确定领导职务、职级。

其他职位类别公务员转任行政执法类公务员的，应当具备拟转任职位所要求的条件。

第二十六条　行政执法类公务员实行国家统一规定的工资制度，按照国家规定享受基本工资、津贴、补贴和奖金。

第二十七条　机关应当落实从严管理干部要求，严明政治纪律和政治规矩，加强对行政执法类公务员全方位管理和经常性监督，完善行政执法程序，强化行政执法监督机制，严格落实行政执法责任制和责任追究制度。

行政执法类公务员应当自觉接受监督。

第二十八条　行政执法类公务员有公开发表存在严重政治问题言论、对党不忠诚不老实、表里不一、阳奉阴违等违反政治纪律行为的，在履行职责中有态度恶劣粗暴造成不良后果或者影响、故意刁难或者吃拿卡要、弄虚作假、滥用职权、玩忽职守、徇私枉法、打击报复行政相对人等违纪违法行为以及违反机关的决定和命令的，按照有关规定给予谈话提醒、批评教育、责令检查、诫勉、组织处理、处分；构成犯罪的，依法追究刑事责任。

第二十九条　行政执法类公务员在执行公务中有应当回避情形的，本人应当申请回避，行政相对人可以提出回避申请，主管领导可以提出回避要求，由所在机关作出回避决定。

第三十条　行政执法类公务员辞去公职或者退休的，应当遵守从业限制规定。原所在机关和有关部门应当按照规定加强对行政执法类公务员离职从业行为的管理监督。

第三十一条　对有下列情形的，由县级以上领导机关或者公务员主管部门按照管理权限，区别不同情况，分别予以责令纠正或者宣布无效；对负有责任的领导人员和直接责任人员，根据情节轻重，给予批评教育、责令检查、诫勉、组织处理、处分；构成犯罪的，依法追究刑事责任：

（一）擅自扩大行政执法类公务员职位设置范围；

（二）超职数设置行政执法类公务员领导职务、职级；

（三）随意放宽任职资格条件；

（四）违反规定的条件和程序进行录用、调任、转任、晋升以及考核、奖惩；

（五）违反国家规定，更改行政执法类公务员工资、福利、保险待遇标准；

（六）违反本规定的其他行为。

第六章　附　　则

第三十二条　担任领导职务的行政执法类公务员，有关党内法规和法律对其选拔任用、管理监督等另有规定的，按照有关规定执行。

第三十三条　行政执法类公务员的管理，本规定未作规定的，按照《中华人民共和国公务员法》及其配套法规执行。

第三十四条　参照公务员法管理的事业单位中从事行政执法工作的工作人员，经省级以上公务员主管部门批准，参照本规定进行管理。

第三十五条　本规定由中共中央组织部负责解释。

第三十六条　本规定自发布之日起施行。

(4)个人事项

·党规党纪·

中央纪委、中组部关于党员隐瞒入党前的错误行为如何处理问题的答复

1995年3月1日

中央国家机关纪工委：

你委关于党员入党前的错误行为如何处理的请示收悉。经研究，答复如下：

一、党员向党组织隐瞒的入党前的错误行为，如属重大问题，一般应对该党员予以党内除名；对于个别入党多年且一贯表现好或在工作中做出了突出贡献，可留在党内的，以向党组织隐瞒严重错误论，酌情给予党纪处分。

二、党员向党组织隐瞒的入党前的错误行为，如属一般问题，可不予追究，但要对该党员进行批评教育。

三、对于“文革”前的历史问题以及“文革”中的问题，党中央和中组部已有文件规定的，仍按有关文件规定处理。

3. 廉洁纪律

·党规党纪·

中国共产党廉洁自律准则

中共中央2015年10月18日印发

中国共产党全体党员和各级党员领导干部必须坚定共产主义理想和中国特色社会主义信念，必须坚持全心全意为人民服务根本宗旨，必须继承发扬党的优良传统和作风，必须自觉培养高尚道德情操，努力弘扬中华民族传统美德，廉洁自律，接受监督，永葆党的先进性和纯洁性。

党员廉洁自律规范

第一条　坚持公私分明，先公后私，克己奉公。

第二条　坚持崇廉拒腐，清白做人，干净做事。

第三条　坚持尚俭戒奢，艰苦朴素，勤俭节约。

第四条　坚持吃苦在前，享受在后，甘于奉献。

党员领导干部廉洁自律规范

第五条　廉洁从政，自觉保持人民公仆本色。

第六条　廉洁用权，自觉维护人民根本利益。

第七条　廉洁修身，自觉提升思想道德境界。

第八条　廉洁齐家，自觉带头树立良好家风。

关于纪委协助党委组织协调反腐败工作的规定（试行）

中共中央纪律检查委员会2005年7月26日印发

第一章　总　　则

第一条　为了切实保障纪委履行协助党委组织协调反腐败工作的职责，充分发挥有关部门在反腐败工作中的职能作用，形成反腐败合力，促进反腐败工作深入开展，根据《中国共产党章程》和其他有关党内法规，制定本规定。

第二条　纪委协助党委组织协调反腐败工作（以下简称组织协调工作），是指纪委在同级党委的领导下，按照同级党委和上级纪委的总体部署和要求，协助同级党委研究、部署、协调、督促检查反腐败各项工作。

第三条　纪委开展组织协调工作，应当坚持党要管党、从严治党，坚持标本兼治、综合治理、惩防并举、注重预防，坚持依照党内法规和国家法律，各司其职。

第二章　组织协调的主要任务

第四条　贯彻落实《建立健全教育、制度、监督并重的惩治和预防腐败体系实施纲要》，围绕领导干部廉洁从政，纠正损害群众利益的不正之风，查办违纪违法案件，从源头上预防和治理腐败等开展工作。

第五条　根据同级党委的要求和实际情况，研究反腐败工作的重要问题，及时向同级党委提出意见和建议。

第六条　根据同级党委和上级纪委关于反腐败工作的总体部署和要求，按照有关部门的职责进行任务分解，明确责任，提出要求，组织落实。

第七条　加强与各方面的联系和沟通，协调有关部门的关系，解决工作中的矛盾和问题。

第八条　对有关部门承担的反腐败任务落实情况进行督促检查。

第三章　组织协调的程序

第九条　纪委进行组织协调工作应当遵循以下步骤：

（一）确定需要组织协调的事项；

（二）召集有关部门研究、制定实施方案；

（三）组织实施；

（四）督促检查有关部门承担任务的进展情况；

（五）要求有关部门书面报告承担任务的落实情况；

（六）向党委报告组织协调事项完成情况。

第十条　纪委组织协调的事项除同级党委和上级纪委交办的以外，根据需要，由纪委常委会或者纪委分管领导确定；纪委认为重要的组织协调事项，应当报同级党委或者党委主要负责人批准并报上一级纪委备案。

有关部门认为需要纪委组织协调的事项，可以向纪委提出建议，由纪委决定或者由纪委报党委决定。

第十一条　经纪委组织协调确定的事项，应当以实施意见、工作安排意见、会议纪要等书面形式交有关部门实施；在查办案件中，因紧急或者保密等特殊情况，经纪委分管办案工作的领导同意，也可以采取当面通知或者电话通知等方式向有关部门提出，但应当作好记录，留案备查，事后应当及时补办相关手续。

实施意见、工作安排意见、会议纪要等文件的内容应当包括：部署或确定的事项、牵头部门和参与部门、工作任务分工和要求等。

第十二条　纪委对有关部门承担的反腐败任务落实情况

的督促检查,可以采取听取汇报、按规定调阅有关材料、听取有关人员意见、实地了解情况、要求书面报告等方式定期或者不定期进行。

对在督促检查中发现的问题,纪委应当采取相应措施帮助解决或者及时纠正,重要问题应当及时向党委报告。

第十三条 有关部门在落实所承担的反腐败任务中遇到的问题,应当及时向纪委报告。纪委应当根据情况,采取相应措施,必要时可以召开由有关部门参加的协调会议加以解决;经协调不能取得一致意见的,由纪委提请党委决定。

第四章 组织协调的保障

第十四条 党委应当加强对纪委组织协调工作的领导,明确任务和要求,支持纪委履行组织协调职责。

第十五条 纪委应当依照党内法规和国家法律开展组织协调工作,正确处理与有关部门在反腐败工作中的关系,支持、配合有关部门的工作,保证反腐败各项任务的落实。

第十六条 有关部门应当支持、配合纪委履行组织协调职责,对经纪委组织协调确定的任务和要求,应当依照法定职责和程序各司其职,各负其责,加强协作配合,并接受纪委的督促检查。

第十七条 有关部门党政领导班子和领导干部应当按照《关于实行党风廉政建设责任制的规定》,对本部门承担的反腐败任务切实负起领导责任,并组织实施。

第十八条 巡视工作机构应当把纪委组织协调事项落实情况作为巡视工作的一项重要内容,加强监督。

第十九条 违反本规定不履行或者不正确履行职责的,由党委或者纪委对责任人给予批评教育或者予以组织处理,并责令限期改正;情节严重或者造成严重后果的,依纪依法追究纪律责任;涉嫌犯罪的,移送司法机关依法处理。

第五章 附 则

第二十条 各省、自治区、直辖市党委,国务院国有资产监督管理委员会党委,中国银行业监督管理委员会、中国证券监督管理委员会、中国保险监督管理委员会以及其他实行垂直管理部门的党委(党组),可以根据本规定,结合各自工作的实际情况,制定实施办法,报中共中央纪律检查委员会备案。

中国人民解放军和中国人民武装警察部队的纪委协助党委组织协调反腐败工作的规定,由中央军委参照本规定制定。

第二十一条 本规定由中共中央纪律检查委员会负责解释。

第二十二条 本规定自发布之日起施行。

关于实行党风廉政建设责任制的规定

中共中央、国务院2010年11月10日印发

第一章 总 则

第一条 为了加强党风廉政建设,明确领导班子、领导干部在党风廉政建设中的责任,推动科学发展,促进社会和谐,提高党的执政能力,保持和发展党的先进性,根据《中华人民共和国宪法》和《中国共产党章程》,制定本规定。

第二条 本规定适用于各级党的机关、人大机关、行政机关、政协机关、审判机关、检察机关的领导班子、领导干部。

人民团体、国有和国有控股企业(含国有和国有控股金融企业)、事业单位的领导班子、领导干部参照执行本规定。

第三条 实行党风廉政建设责任制,要以邓小平理论和"三个代表"重要思想为指导,深入贯彻落实科学发展观,坚持党要管党、从严治党,坚持标本兼治、综合治理、惩防并举、注重预防,扎实推进惩治和预防腐败体系建设,保证党中央、国务院关于党风廉政建设的决策和部署的贯彻落实。

第四条 实行党风廉政建设责任制,要坚持党委统一领导,党政齐抓共管,纪委组织协调,部门各负其责,依靠群众的支持和参与。要把党风廉政建设作为党的建设和政权建设的重要内容,纳入领导班子、领导干部目标管理,与经济建设、政治建设、文化建设、社会建设以及生态文明建设和业务工作紧密结合,一起部署,一起落实,一起检查,一起考核。

第五条 实行党风廉政建设责任制,要坚持集体领导与个人分工负责相结合,谁主管、谁负责,一级抓一级、层层抓落实。

第二章 责任内容

第六条 领导班子对职责范围内的党风廉政建设负全面领导责任。

领导班子主要负责人是职责范围内的党风廉政建设第一责任人,应当重要工作亲自部署、重大问题亲自过问、重点环节亲自协调、重要案件亲自督办。

领导班子其他成员根据工作分工，对职责范围内的党风廉政建设负主要领导责任。

第七条　领导班子、领导干部在党风廉政建设中承担以下领导责任：

（一）贯彻落实党中央、国务院以及上级党委（党组）、政府和纪检监察机关关于党风廉政建设的部署和要求，结合实际研究制定党风廉政建设工作计划、目标要求和具体措施，每年召开专题研究党风廉政建设的党委常委会议（党组会议）和政府廉政建设工作会议，对党风廉政建设工作任务进行责任分解，明确领导班子、领导干部在党风廉政建设中的职责和任务分工，并按照计划推动落实；

（二）开展党性党风党纪和廉洁从政教育，组织党员、干部学习党风廉政建设理论和法规制度，加强廉政文化建设；

（三）贯彻落实党风廉政法规制度，推进制度创新，深化体制机制改革，从源头上预防和治理腐败；

（四）强化权力制约和监督，建立健全决策权、执行权、监督权既相互制约又相互协调的权力结构和运行机制，推进权力运行程序化和公开透明；

（五）监督检查本地区、本部门、本系统的党风廉政建设情况和下级领导班子、领导干部廉洁从政情况；

（六）严格按照规定选拔任用干部，防止和纠正选人用人上的不正之风；

（七）加强作风建设，纠正损害群众利益的不正之风，切实解决党风政风方面存在的突出问题；

（八）领导、组织并支持执纪执法机关依纪依法履行职责，及时听取工作汇报，切实解决重大问题。

第三章　检查考核与监督

第八条　党委（党组）应当建立党风廉政建设责任制的检查考核制度，建立健全检查考核机制，制定检查考核的评价标准、指标体系，明确检查考核的内容、方法、程序。

第九条　党委（党组）应当建立健全党风廉政建设责任制领导小组，负责对下一级领导班子、领导干部党风廉政建设责任制执行情况的检查考核。

第十条　检查考核工作每年进行一次。检查考核可以与领导班子、领导干部工作目标考核、年度考核、惩治和预防腐败体系建设检查工作等结合进行，也可以组织专门检查考核。

检查考核情况应当及时向同级党委（党组）报告。

第十一条　党委（党组）应当将检查考核情况在适当范围内通报。对检查考核中发现的问题，要及时研究解决，督促整改落实。

第十二条　党委（党组）应当建立和完善检查考核结果运用制度。检查考核结果作为对领导班子总体评价和领导干部业绩评定、奖励惩处、选拔任用的重要依据。

第十三条　纪检监察机关（机构）、组织人事部门协助同级党委（党组）开展对党风廉政建设责任制执行情况的检查考核，或者根据职责开展检查工作。

第十四条　党委常委会应当将执行党风廉政建设责任制的情况，作为向同级党的委员会全体会议报告工作的一项重要内容。

第十五条　领导干部执行党风廉政建设责任制的情况，应当列为民主生活会和述职述廉的重要内容，并在本单位、本部门进行评议。

第十六条　党委（党组）应当将贯彻落实党风廉政建设责任制的情况，每年专题报告上一级党委（党组）和纪委。

第十七条　中央和省、自治区、直辖市党委巡视组应当依照巡视工作的有关规定，加强对有关党组织领导班子及其成员执行党风廉政建设责任制情况的巡视监督。

第十八条　党委（党组）应当结合本地区、本部门、本系统实际，建立走访座谈、社会问卷调查等党风廉政建设社会评价机制，动员和组织党员、群众有序参与，广泛接受监督。

第四章　责任追究

第十九条　领导班子、领导干部违反或者未能正确履行本规定第七条规定的职责，有下列情形之一的，应当追究责任：

（一）对党风廉政建设工作领导不力，以致职责范围内明令禁止的不正之风得不到有效治理，造成不良影响的；

（二）对上级领导机关交办的党风廉政建设责任范围内的事项不传达贯彻、不安排部署、不督促落实，或者拒不办理的；

（三）对本地区、本部门、本系统发现的严重违纪违法行为隐瞒不报、压案不查的；

（四）疏于监督管理，致使领导班子成员或者直接管辖的下属发生严重违纪违法问题的；

（五）违反规定选拔任用干部，或者用人失察、失误造成恶劣影响的；

（六）放任、包庇、纵容下属人员违反财政、金融、税务、审计、统计等法律法规，弄虚作假的；

（七）有其他违反党风廉政建设责任制行为的。

第二十条　领导班子有本规定第十九条所列情形，情节较轻的,责令作出书面检查;情节较重的,给予通报批评;情节严重的,进行调整处理。

第二十一条 领导干部有本规定第十九条所列情形,情节较轻的,给予批评教育、诫勉谈话、责令作出书面检查;情节较重的,给予通报批评;情节严重的,给予党纪处分、政务处分,或者给予调整职务、责令辞职、免职和降职等组织处理。涉嫌犯罪的,移送司法机关依法处理。

以上责任追究方式可以单独使用,也可以合并使用。

第二十二条 领导班子、领导干部具有本规定第十九条所列情形,并具有下列情节之一的,应当从重追究责任:

(一)对职责范围内发生的问题进行掩盖、袒护的;

(二)干扰、阻碍责任追究调查处理的。

第二十三条 领导班子、领导干部具有本规定第十九条所列情形,并具有下列情节之一的,可以从轻或者减轻追究责任:

(一)对职责范围内发生的问题及时如实报告并主动查处和纠正,有效避免损失或者挽回影响的;

(二)认真整改,成效明显的。

第二十四条 领导班子、领导干部违反本规定,需要查明事实、追究责任的,由有关机关或者部门按照职责和权限调查处理。其中需要追究党纪责任、给予政务处分的,由纪检监察机关按照有关规定程序办理;需要给予组织处理的,由组织人事部门或者由负责调查的纪检监察机关会同组织人事部门,按照有关权限和程序办理。

第二十五条 实施责任追究,要实事求是,分清集体责任和个人责任、主要领导责任和重要领导责任。

追究集体责任时,领导班子主要负责人和直接主管的领导班子成员承担主要领导责任,参与决策的班子其他成员承担重要领导责任。对错误决策提出明确反对意见而没有被采纳的,不承担领导责任。

错误决策由领导干部个人决定或者批准的,追究该领导干部个人的责任。

第二十六条 实施责任追究不因领导干部工作岗位或者职务的变动而免予追究。已退休但按照本规定应当追究责任的,仍须进行相应的责任追究。

第二十七条 受到责任追究的领导班子、领导干部,取消当年年度考核评优和评选各类先进的资格。

单独受到责令辞职、免职处理的领导干部,一年内不得重新担任与其原任职务相当的领导职务;受到降职处理的,两年内不得提升职务。同时受到党纪处分、政务处分和组织处理的,按影响期较长的执行。

第二十八条 各级纪检监察机关应当加强对下级党委(党组)、政府实施责任追究情况的监督检查,发现有应当追究而未追究或者责任追究处理决定不落实等问题的,应当及时督促下级党委(党组)、政府予以纠正。

第五章 附 则

第二十九条 各省、自治区、直辖市,中央和国家机关各部委可以根据本规定制定实施办法。

第三十条 中央军委可以根据本规定,结合中国人民解放军和中国人民武装警察部队的实际情况,制定具体规定。

第三十一条 本规定由中央纪委国家监委负责解释。

第三十二条 本规定自发布之日起施行。1998 年 11 月发布的《关于实行党风廉政建设责任制的规定》同时废止。

农村基层干部廉洁履行职责若干规定(试行)

中共中央办公厅、国务院办公厅 2011 年 5 月 23 日印发

为进一步加强农村党风廉政建设,促进农村基层干部廉洁履行职责,维护农村集体和农民群众利益,推动农村科学发展,促进农村社会和谐,依据《中国共产党章程》和其他有关党内法规、国家法律法规,制定本规定。

总 则

农村党风廉政建设关系党的执政基础。农村基层干部廉洁履行职责,是坚持以邓小平理论和“三个代表”重要思想为指导,深入贯彻落实科学发展观,全面贯彻落实党的路线方针政策,加快推进社会主义新农村建设的重要保障;是新形势下加强党的执政能力建设和先进性建设,造就高素质农村基层干部队伍的重要内容;是保证农村基层干部正确行使权力,发展基层民主,保障农民权益,促进农村和谐稳定的重要基础,是加强和创新社会管理,做好新形势下群众工作,密切党群干群关系的必然要求。

农村基层干部应当坚定理想信念,牢记和践行全心全意为人民服务的宗旨,恪尽职守、为民奉献;应当发扬党的优良传统和作风,求真务实、艰苦奋斗;应当遵守党的纪律和国家法律，知法守法、依法办事；应当正确履行职责和自觉接受监督，清正廉洁、公道正派；应当倡导健康文明的社会风尚，崇尚科学、移风易俗。

第一章 乡镇领导班子成员和基层站所负责人廉洁履行职责行为规范

第一条 禁止滥用职权，侵害群众合法权益。不准有下列行为：

（一）非法征占、侵占、“以租代征”转用、买卖农村土地和森林、山岭、草原、荒地、滩涂、水面等资源；

（二）违反乡镇土地利用总体规划、村镇建设规划和基本农田保护规定进行审批和建设；

（三）侵占、截留、挪用、挥霍或者违反规定借用农村集体财产或者各项强农惠农资金、物资以及征地补偿费等；

（四）违反规定干预、插手农村村级组织选举或者农村集体资金、资产、资源的使用、分配、承包、租赁以及农村工程建设等事项；

（五）违反规定扣押、收缴群众款物或者处罚群众；

（六）对发现的严重侵害群众合法权益的违纪违法行为隐瞒不报、压案不查；

（七）其他滥用职权，侵害群众合法权益的行为。

第二条 禁止利用职务之便，谋取不正当利益。不准有下列行为：

（一）索取、收受或者以借为名占用管理、服务对象财物，或者吃拿卡要；

（二）在管理、服务活动中违反规定收取费用或者谋取私利；

（三）用公款或者由村级组织、乡镇企业、私营企业报销、支付应当由个人负担的费用；

（四）设立“小金库”，侵吞、截留、挪用、坐支公款；

（五）利用职权和职务上的影响为亲属谋取利益；

（六）其他利用职务之便，为本人或者他人谋取不正当利益的行为。

第三条 禁止搞不正之风，损害党群干群关系。不准有下列行为：

（一）违反规定选拔任用干部，或者在乡镇党委和政府换届选举中拉票贿选，败坏选人用人风气；

（二）弄虚作假，骗取荣誉和其他利益；

（三）在社会保障、政策扶持、救灾救济款物分配等事项中违规办事、显失公平；

（四）漠视群众正当诉求，或者对待群众态度恶劣，故意刁难群众；

（五）大吃大喝，公款旅游，或者违反规定配备、使用小汽车；

（六）大操大办婚丧喜庆事宜，或者借机敛财。

第二章 村党组织领导班子成员和村民委员会成员廉洁履行职责行为规范

第四条 禁止在村级组织选举中拉票贿选、破坏选举。不准有下列行为：

（一）违反法定程序组织、参与选举，或者伪造选票、虚报选举票数、篡改选举结果；

（二）采取暴力、威胁、欺骗、贿赂等不正当手段参选或者妨害村民依法行使选举权、被选举权；

（三）利用宗教、宗族、家族势力或者黑恶势力干扰、操纵、破坏选举。

第五条 禁止在村级事务决策中独断专行、以权谋私。不准有下列行为：

（一）违反规定处置集体资金、资产、资源，或者擅自用集体财产为他人提供担保，损害集体利益；

（二）违法违规发包集体土地、调整收回农民承包土地、强迫或者阻碍农民流转土地承包经营权，非法转让、出租集体土地，或者违反规定强制调整农民宅基地；

（三）在政府拨付和接受社会捐赠的各类救灾救助、补贴补助资金、物资以及退耕还林退牧还草款物、征地补偿费使用分配发放等方面违规操作、挪用、侵占，或者弄虚作假、优亲厚友；

（四）在集体资金使用、集体经济项目和工程建设项目立项及承包、宅基地使用安排以及耕地、山林等集体资源承包、租赁、流转等经营活动中暗箱操作，为本人或者他人谋取私利；

（五）违背村民意愿超范围、超标准向村民筹资筹劳，加重村民负担，或者向村民乱集资、乱摊派、乱收费。

第六条 禁止在村级事务管理中滥用职权、损公肥私。不准有下列行为：

（一）采取侵占、截留、挪用、私分、骗取等手段非法占有集体资金、资产、资源或者其他公共财物；

（二）在计划生育、落户、殡葬等各项管理、服务工作中或者受委托从事公务活动时，吃拿卡要、故意刁难群众或者收受、索取财物；

（三）违反规定无据收（付）款，不按审批程序报销发票，或者设立“小金库”，隐瞒、截留、坐支集体收入；

（四）以虚报、冒领等手段套取、骗取或者截留、私分国家对集体土地的补偿、补助费以及各项强农惠农补助资金、项目扶持资金；

（五）未经批准擅自借用集体款物或者经批准借用集体款物但逾期不还，或者违反规定用集体资金、公物操办个人婚丧喜庆事宜；

（六）以办理村务为名，请客送礼、大吃大喝，挥霍浪费集体资金，或者滥发奖金、补贴，用集体资金支付应当由个人负担的费用。

第七条　禁止在村级事务监督中弄虚作假、逃避监督。不准有下列行为：

（一）不按照规定实行民主理财，或者伪造、变造、隐匿、销毁财务会计资料；

（二）阻挠、干扰村民依法行使询问质询权、罢免权等监督权利；

（三）阻挠、干扰经济责任审计以及其他重大事项的审计；

（四）阻挠、干扰有关机关、部门依法进行的监督检查或者案件查处。

第八条　禁止妨害和扰乱社会管理秩序。不准有下列行为：

（一）参与、纵容、支持黑恶势力活动；

（二）组织、参与宗族宗派纷争或者聚众闹事；

（三）参与色情、赌博、吸毒、迷信、邪教等活动或者为其提供便利条件；

（四）违反计划生育政策或者纵容、支持他人违反计划生育政策。

第三章　实施与监督

第九条　各级党委和政府负责本规定的贯彻实施。开展教育培训，完善考评激励，落实待遇保障，加强监督检查，促进农村基层干部自觉贯彻执行本规定。

第十条　各级党委和政府应当结合本规定的贯彻实施建立健全农村基层党务公开、政务公开、村务公开和办事公开制度以及农村基层干部经济责任审计制度，推进农村基层权力运行公开透明。

第十一条　县（市、区、旗）党委和政府每年应当对乡镇领导班子成员执行本规定的情况进行一次检查考核。

县（市、区、旗）有关主管部门每年应当按照干部管理权限对基层站所负责人执行本规定的情况进行一次检查考核。检查考核时应当充分听取基层站所所在地的乡镇党委和政府的意见，并将考核结果通报乡镇党委和政府。

乡镇党委和政府每年应当对村党组织领导班子成员和村民委员会成员执行本规定的情况进行一次检查考核。

第十二条　纪检监察机关协助同级党委和政府或者根据职责开展对本规定贯彻实施情况的监督检查，依纪依法查处农村基层干部违反本规定的行为。

第十三条　村党组织和村民委员会应当依据本规定完善村规民约，建立廉政承诺制度，健全监督制约机制，保证本规定的贯彻执行。

第十四条　村党组织和村民委员会应当结合贯彻执行本规定健全党组织领导的村级民主自治机制。对村级重大事务实行村党组织提议、村党组织和村民委员会商议、党员大会审议、村民会议或者村民代表会议决议，决议内容和实施结果应当公开。

第十五条　村党组织和村民委员会应当结合贯彻执行本规定建立健全党务公开、村务公开和财务公开制度。

第十六条　村党组织领导班子成员和村民委员会成员应当将贯彻执行本规定的情况作为民主生活会对照检查、年度述职述廉和民主评议的重要内容，接受党员和村民的监督。

第十七条　村务监督委员会或者其他形式的村务监督机构应当依法履行监督职责，对村民委员会成员执行本规定的情况进行监督。

第十八条　村民代表可以对村民委员会成员执行本规定的情况进行询问和质询。

第十九条　农村基层干部遵守本规定的情况应当作为对其奖励惩处、考核评价、选拔任用、考录的重要依据。

第四章　违反规定行为的处理

第二十条　乡镇领导班子成员和基层站所负责人有违反本规定第一章所列行为的，视情节轻重，由有关机关、部门依照职责权限给予诫勉谈话、通报批评、调离岗位、责令辞职、免职、降职等处理。

需要给予处分的，依照有关规定办理。

乡镇党委和政府领导班子成员因工作失职，应当进行问责的，依照《关于实行党政领导干部问责的暂行规定》处理。

涉嫌犯罪的，移送司法机关依法处理。

第二十一条　村党组织领导班子成员有违反本规定第二章所列行为的，视情节轻重，由有关机关、部门依照职责权限给予警示谈话、责令公开检讨、通报批评、停职检查、责令辞职、免职等处理。

应当追究党纪责任的，依照《中国共产党纪律处分条例》给予相应的党纪处分。

涉嫌犯罪的，移送司法机关依法处理。

第二十二条　村民委员会成员有违反本规定第二章所列行为的，视情节轻重，由有关机关、部门依照职责权限给予警示谈话、责令公开检讨、通报批评、取消当选资格等处理或者责令其辞职,拒不辞职的,依照《中华人民共和国村民委员会组织法》的规定予以罢免。

对其中的党员,应当追究党纪责任的,依照《中国共产党纪律处分条例》给予相应的党纪处分。

涉嫌犯罪的,移送司法机关依法处理。

第二十三条　农村基层干部违反本规定获取的不正当经济利益,应当依法予以没收、追缴或者责令退赔;给国家、集体或者村民造成损失的,应当依照有关规定承担赔偿责任。

第二十四条　村党组织领导班子成员和村民委员会成员受到本规定第二十一条、第二十二条处理的,由县(市、区、旗)或者乡镇党委和政府按照规定减发或者扣发绩效补贴(工资)、奖金。

第二十五条　村党组织领导班子成员和村民委员会成员中的党员因违反本规定受到撤销党内职务处分的,或者受到留党察看处分恢复党员权利后,两年内不得担任村党组织领导班子成员;被责令辞职、免职的,一年内不得担任村党组织领导班子成员。

第五章　附　　则

第二十六条　本规定适用于乡镇党委和政府领导班子成员、人大主席团负责人、基层站所负责人,村(社区)党组织(含党委、总支、支部)领导班子成员、村(居)民委员会成员。

乡镇其他干部、基层站所其他工作人员,农村集体经济组织中的党组织(含党委、总支、支部)领导班子成员、农村集体经济组织负责人,村民小组负责人,参照执行本规定。

第二十七条　各省、自治区、直辖市党委和政府可以根据本规定,结合实际情况制定具体实施办法,并报中央纪委国家监委备案。

第二十八条　本规定由中央纪委国家监委负责解释。

第二十九条　本规定自发布之日起施行。

关于改进工作作风、密切联系群众的八项规定

中共中央政治局2012年12月4日审议通过

中共中央政治局2012年12月4日在北京召开会议,审议通过中共中央政治局《关于改进工作作风、密切联系群众的八项规定》。规定要求:

一、要改进调查研究,到基层调研要深入了解真实情况,总结经验、研究问题、解决困难、指导工作,向群众学习、向实践学习,多同群众座谈,多同干部谈心,多商量讨论,多解剖典型,多到困难和矛盾集中、群众意见多的地方去,切忌走过场、搞形式主义;要轻车简从、减少陪同、简化接待,不张贴悬挂标语横幅,不安排群众迎送,不铺设迎宾地毯,不摆放花草,不安排宴请。

二、要精简会议活动,切实改进会风,严格控制以中央名义召开的各类全国性会议和举行的重大活动,不开泛泛部署工作和提要求的会,未经中央批准一律不出席各类剪彩、奠基活动和庆祝会、纪念会、表彰会、博览会、研讨会及各类论坛;提高会议实效,开短会、讲短话,力戒空话、套话。

三、要精简文件简报,切实改进文风,没有实质内容、可发可不发的文件、简报一律不发。

四、要规范出访活动,从外交工作大局需要出发合理安排出访活动,严格控制出访随行人员,严格按照规定乘坐交通工具,一般不安排中资机构、华侨华人、留学生代表等到机场迎送。

五、要改进警卫工作,坚持有利于联系群众的原则,减少交通管制,一般情况下不得封路、不清场闭馆。

六、要改进新闻报道,中央政治局同志出席会议和活动应根据工作需要、新闻价值、社会效果决定是否报道,进一步压缩报道的数量、字数、时长。

七、要严格文稿发表,除中央统一安排外,个人不公开出版著作、讲话单行本,不发贺信、贺电,不题词、题字。

八、要厉行勤俭节约,严格遵守廉洁从政有关规定,严格执行住房、车辆配备等有关工作和生活待遇的规定。

(1)滥用职权

·法律法规·

国务院办公厅转发证监会等部门关于依法打击和防控资本市场内幕交易意见的通知

1. 2010年11月16日

2. 国办发〔2010〕55号

各省、自治区、直辖市人民政府,国务院各部委、各直属机构:

证监会、公安部、监察部、国资委、预防腐败局《关于依法打击和防控资本市场内幕交易的意见》已经国务院同意，现转发给你们，请认真贯彻执行。

关于依法打击和防控资本市场内幕交易的意见

为维护市场秩序，保护投资者合法权益，促进我国资本市场稳定健康发展，现就依法打击和防控资本市场内幕交易提出以下意见：

一、统一思想，提高认识

内幕交易，是指上市公司高管人员、控股股东、实际控制人和行政审批部门等方面的知情人员，利用工作之便，在公司并购、业绩增长等重大信息公布之前，泄露信息或者利用内幕信息买卖证券谋取私利的行为。这种行为严重违反了法律法规，损害投资者和上市公司合法权益。证券法第五条规定，“禁止欺诈、内幕交易和操纵证券市场的行为”，第七十三条规定，“禁止证券交易内幕信息的知情人和非法获取内幕信息的人利用内幕信息从事证券交易活动”。刑法第一百八十条、第一百八十二条对内幕交易、利用信息优势操纵证券交易价格等行为的量刑和处罚作出了明确规定。

当前，打击和防控资本市场内幕交易面临的形势较为严峻。一些案件参与主体复杂，交易方式多样，操作手段隐蔽，查处工作难度很大。随着股指期货的推出，内幕交易更具隐蔽性、复杂性。各地区、各相关部门要充分认识内幕交易的危害性，统一思想，高度重视，根据刑法和证券法等法律法规规定，按照齐抓共管、打防结合、综合防治的原则，采取针对性措施，切实做好有关工作。

打击和防控资本市场内幕交易工作涉及面广，社会关注度高，需要动员各方面力量，促进全社会参与。要通过法制宣传、教育培训等多种形式，普及刑法、证券法等法律知识，帮助相关人员和社会公众提高对内幕交易危害性的认识，增强遵纪守法意识。要坚持正确的舆论导向，增强舆论引导的针对性和实效性，充分发挥社会舆论监督作用，形成依法打击和防控资本市场内幕交易的社会氛围。

二、完善制度，有效防控

内幕信息，是指上市公司经营、财务、分配、投融资、并购重组、重要人事变动等对证券价格有重大影响但尚未正式公开的信息。加强内幕信息管理是防控内幕交易的重要环节，对从源头上遏制内幕交易具有重要意义。各地区、各相关部门要建立完善内幕信息登记管理制度，提高防控工作的制度化、规范化水平。

一是抓紧制定涉及上市公司内幕信息的保密制度，包括国家工作人员接触内幕信息管理办法，明确内幕信息范围、流转程序、保密措施和责任追究要求，并指定负责内幕信息管理的机构和人员。二是尽快建立内幕信息知情人登记制度，要求内幕信息知情人按规定实施登记，落实相关人员的保密责任和义务。三是完善上市公司信息披露和停复牌等相关制度，督促上市公司等信息披露义务人严格依照法律法规，真实、准确、完整、及时地披露信息。四是健全考核评价制度，将内幕交易防控工作纳入企业业绩考核评价体系，明确考核的原则、内容、标准、程序和方式。五是细化、充实依法打击和防控内幕交易的规定，完善内幕交易行为认定和举证规则，积极探索内幕交易举报奖励制度。

所有涉及上市公司重大事项的决策程序，都要符合保密制度要求，简化决策流程，缩短决策时限，尽可能缩小内幕信息知情人范围。研究论证上市公司重大事项，原则上应在相关证券停牌后或非交易时间进行。

三、明确职责，重点打击

证券监督管理部门要切实负起监管责任，对涉嫌内幕交易的行为，要及时立案稽查，从快作出行政处罚；对涉嫌犯罪的，要移送司法机关依法追究刑事责任，做到有法必依，执法必严，违法必究；对已立案稽查的上市公司，要暂停其再融资、并购重组等行政许可；对负有直接责任的中介机构及相关人员，要依法依规采取行政措施，暂停或取消其业务资格。公安机关在接到依法移送的案件后，要及时立案侦查。各级监察机关、各国有资产监督管理部门要依据职责分工，对泄露内幕信息或从事内幕交易的国家工作人员、国有（控股）企业工作人员进行严肃处理。

各地区要按照依法打击和防控资本市场内幕交易工作的部署和要求，加强组织领导，落实责任主体，进一步细化和落实各项制度，完善配套措施和办法，强化监督，严格问责，积极支持和配合有关方面做好相关工作。

各地区、各相关部门要认真按照法律法规规定，各司其职，协同配合，建立和完善案件移送、执法合作、信息管理、情况沟通等工作机制，形成上下联动、部门联动、地区联动的综合防治体系和强大打击合力。证监会要会同公安部、监察部、国资委、预防腐败局等部门抓紧开展一次依法打击和防控内幕交易专项检查，查办一批典型案件并公开曝光，震慑犯罪分子。

最高人民法院、最高人民检察院关于办理内幕交易、泄露内幕信息刑事案件具体应用法律若干问题的解释

1. 2011年10月31日最高人民法院审判委员会第1529次会议、2012年2月27日最高人民检察院第十一届检察委员会第72次会议通过
2. 2012年3月29日公布
3. 法释〔2012〕6号
4. 自2012年6月1日起施行

为维护证券、期货市场管理秩序,依法惩治证券、期货犯罪,根据刑法有关规定,现就办理内幕交易、泄露内幕信息刑事案件具体应用法律的若干问题解释如下:

第一条　下列人员应当认定为刑法第一百八十条第一款规定的“证券、期货交易内幕信息的知情人员”:

(一)证券法第七十四条规定的人员;

(二)期货交易管理条例第八十五条第十二项规定的人员。

第二条　具有下列行为的人员应当认定为刑法第一百八十条第一款规定的“非法获取证券、期货交易内幕信息的人员”:

(一)利用窃取、骗取、套取、窃听、利诱、刺探或者私下交易等手段获取内幕信息的;

(二)内幕信息知情人员的近亲属或者其他与内幕信息知情人员关系密切的人员,在内幕信息敏感期内,从事或者明示、暗示他人从事,或者泄露内幕信息导致他人从事与该内幕信息有关的证券、期货交易,相关交易行为明显异常,且无正当理由或者正当信息来源的;

(三)在内幕信息敏感期内,与内幕信息知情人员联络、接触,从事或者明示、暗示他人从事,或者泄露内幕信息导致他人从事与该内幕信息有关的证券、期货交易,相关交易行为明显异常,且无正当理由或者正当信息来源的。

第三条　本解释第二条第二项、第三项规定的“相关交易行为明显异常”,要综合以下情形,从时间吻合程度、交易背离程度和利益关联程度等方面予以认定:

(一)开户、销户、激活资金账户或者指定交易(托管)、撤销指定交易(转托管)的时间与该内幕信息形成、变化、公开时间基本一致的;

(二)资金变化与该内幕信息形成、变化、公开时间基本一致的;

(三)买入或者卖出与内幕信息有关的证券、期货合约时间与内幕信息的形成、变化和公开时间基本一致的;

(四)买入或者卖出与内幕信息有关的证券、期货合约时间与获悉内幕信息的时间基本一致的;

(五)买入或者卖出证券、期货合约行为明显与平时交易习惯不同的;

(六)买入或者卖出证券、期货合约行为,或者集中持有证券、期货合约行为与该证券、期货公开信息反映的基本面明显背离的;

(七)账户交易资金进出与该内幕信息知情人员或者非法获取人员有关联或者利害关系的;

(八)其他交易行为明显异常情形。

第四条　具有下列情形之一的,不属于刑法第一百八十条第一款规定的从事与内幕信息有关的证券、期货交易:

(一)持有或者通过协议、其他安排与他人共同持有上市公司百分之五以上股份的自然人、法人或者其他组织收购该上市公司股份的;

(二)按照事先订立的书面合同、指令、计划从事相关证券、期货交易的;

(三)依据已被他人披露的信息而交易的;

(四)交易具有其他正当理由或者正当信息来源的。

第五条　本解释所称“内幕信息敏感期”是指内幕信息自形成至公开的期间。

证券法第六十七条第二款所列“重大事件”的发生时间,第七十五条规定的“计划”、“方案”以及期货交易管理条例第八十五条第十一项规定的“政策”、“决定”等的形成时间,应当认定为内幕信息的形成之时。

影响内幕信息形成的动议、筹划、决策或者执行人员,其动议、筹划、决策或者执行初始时间,应当认定为内幕信息的形成之时。

内幕信息的公开,是指内幕信息在国务院证券、期货监督管理机构指定的报刊、网站等媒体披露。

第六条　在内幕信息敏感期内从事或者明示、暗示他人从事或者泄露内幕信息导致他人从事与该内幕信息有关的证券、期货交易,具有下列情形之一的,应当认定为刑法第一百八十条第一款规定的“情节严重”:

(一)证券交易成交额在五十万元以上的;

(二)期货交易占用保证金数额在三十万元以上的;

(三)获利或者避免损失数额在十五万元以上的;

（四）三次以上的；

（五）具有其他严重情节的。

第七条 在内幕信息敏感期内从事或者明示、暗示他人从事或者泄露内幕信息导致他人从事与该内幕信息有关的证券、期货交易，具有下列情形之一的，应当认定为刑法第一百八十条第一款规定的"情节特别严重"：

（一）证券交易成交额在二百五十万元以上的；

（二）期货交易占用保证金数额在一百五十万元以上的；

（三）获利或者避免损失数额在七十五万元以上的；

（四）具有其他特别严重情节的。

第八条 二次以上实施内幕交易或者泄露内幕信息行为，未经行政处理或者刑事处理的，应当对相关交易数额依法累计计算。

第九条 同一案件中，成交额、占用保证金额、获利或者避免损失额分别构成情节严重、情节特别严重的，按照处罚较重的数额定罪处罚。

构成共同犯罪的，按照共同犯罪行为人的成交总额、占用保证金总额、获利或者避免损失总额定罪处罚，但判处各被告人罚金的总额应掌握在获利或者避免损失总额的一倍以上五倍以下。

第十条 刑法第一百八十条第一款规定的"违法所得"，是指通过内幕交易行为所获利益或者避免的损失。

内幕信息的泄露人员或者内幕交易的明示、暗示人员未实际从事内幕交易的，其罚金数额按照因泄露而获悉内幕信息人员或者被明示、暗示人员从事内幕交易的违法所得计算。

第十一条 单位实施刑法第一百八十条第一款规定的行为，具有本解释第六条规定情形之一的，按照刑法第一百八十条第二款的规定定罪处罚。

·党规党纪·

中共中央纪委法规室对《关于村委会主任（党员）利用职务之便收受财物行为如何处理的请示》的答复

2005年11月3日

中共安徽省纪委：

你们送来的《关于村委会主任（党员）利用职务之便收受财物行为如何处理的请示》（皖纪〔2005〕37号）以及你委法规室补充送来的《关于村委会主任等人利用职务之便收受财物行为如何处理的请示的补充材料》收悉。经研究，现答复如下：

一、关于能否按照《中国共产党纪律处分条例》第九十五条定性处理的问题

根据现有材料，我们认为，对本案中张某、王某的行为不能按照《中国共产党纪律处分条例》（以下简称《党纪处分条例》）第九十五条的规定定性处理。

根据《中华人民共和国村民委员会组织法》等法律规定，你省该村支委会和村委会研究决定，将出售属于村林场木材所得款项30万元用于维修村级公路（未报乡政府审批）的活动，是村民自治范围内的经营、管理活动，不属于《党纪处分条例》第九十五条所列协助人民政府从事行政管理工作和依照党内法规从事党的纪检、组织（人事）、宣传等公务活动。因此，对该村委会主任张某及村委会委员王某在修路过程中收受修路包工头现金的行为，不能按照《党纪处分条例》第九十五条的规定定性处理。

二、关于能否按照《党纪处分条例》第一百零一条定性处理的问题

根据现有材料，我们认为，对本案中张某、王某的行为，应当按照《党纪处分条例》第一百零一条的规定定性处理。

《党纪处分条例》第一百零一条第一款规定："企业（公司）或者其他单位中的非国家工作人员，利用职务上的便利，索取他人财物，或者非法收受、变相非法收受他人财物为他人谋取利益，情节较轻的，给予警告或者严重警告处分；情节较重的，给予撤销党内职务或者留党察看处分；情节严重的，给予开除党籍处分。"

本案中村委会主任张某及村委会委员王某的行为，在行为的主体、主观方面、客观方面、侵害的客体四个方面都符合《党纪处分条例》第一百零一条第一款的构成要件：张某、王某属于其他单位中的非国家工作人员；主观上具有收受他人财物的故意；客观上具有利用职务上的便利，非法收受县路桥公司负责人陈某现金为陈某谋取利益的行为；同时侵害了国家对有关单位的正常管理秩序。因此，对本案中张某、王某的行为，应当按照《党纪处分条例》第一百零一条的规定定性处理。

中央纪委关于严格禁止利用职务上的便利谋取不正当利益的若干规定

2007年5月29日

根据中央纪委第七次全会精神，为贯彻落实标本兼治、综合治理、惩防并举、注重预防的反腐倡廉方针，针对当前查办违纪案件工作中发现的新情况、新问题，特对国家工作人员中的共产党员提出并重申以下纪律要求：

一、严格禁止利用职务上的便利为请托人谋取利益，以下列交易形式收受请托人财物：

（1）以明显低于市场的价格向请托人购买房屋、汽车等物品；

（2）以明显高于市场的价格向请托人出售房屋、汽车等物品；

（3）以其他交易形式非法收受请托人财物。

前款所列市场价格包括商品经营者事先设定的不针对特定人的最低优惠价格。根据商品经营者事先设定的各种优惠交易条件，以优惠价格购买商品的，不属于违纪。

二、严格禁止利用职务上的便利为请托人谋取利益，收受请托人提供的干股。

干股是指未出资而获得的股份。进行了股权转让登记，或者相关证据证明股份发生了实际转让的，违纪数额按转让行为时股份价值计算，所分红利按违纪孳息处理。股份未实际转让，以股份分红名义获取利益的，实际获利数额应当认定为违纪数额。

三、严格禁止利用职务上的便利为请托人谋取利益，由请托人出资，“合作”开办公司或者进行其他“合作”投资。

利用职务上的便利为请托人谋取利益，以合作开办公司或者其他合作投资的名义，没有实际出资和参与管理、经营而获取“利润”的，以违纪论处。

四、严格禁止利用职务上的便利为请托人谋取利益，以委托请托人投资证券、期货或者其他委托理财的名义，未实际出资而获取“收益”，或者虽然实际出资，但获取“收益”明显高于出资应得收益。

五、严格禁止利用职务上的便利为请托人谋取利益，通过赌博方式收受请托人财物。

执行中应注意区分前款所列行为与赌博活动、娱乐活动的界限。具体认定时，主要应当结合以下因素进行判断：（1）赌博的背景、场合、时间、次数；（2）赌资来源；（3）其他赌博参与者有无事先通谋；（4）输赢钱物的具体情况和金额大小。

六、严格禁止利用职务上的便利为请托人谋取利益，要求或者接受请托人以给特定关系人安排工作为名，使特定关系人不实际工作却获取所谓薪酬。

特定关系人，是指与国家工作人员有近亲属、情妇（夫）以及其他共同利益关系的人。

七、严格禁止利用职务上的便利为请托人谋取利益，授意请托人以本规定所列形式，将有关财物给予特定关系人。

特定关系人中的共产党员与国家工作人员通谋，共同实施前款所列行为的，对特定关系人以共同违纪论处。特定关系人以外的其他人与国家工作人员通谋，由国家工作人员利用职务上的便利为请托人谋取利益，收受请托人财物后双方共同占有的，以共同违纪论处。

八、严格禁止利用职务上的便利为请托人谋取利益之前或者之后，约定在其离职后收受请托人财物，并在离职后收受。

离职前后连续收受请托人财物的，离职前后收受部分均应计入违纪数额。

九、利用职务上的便利为请托人谋取利益，收受请托人房屋、汽车等物品，未变更权属登记或者借用他人名义办理权属变更登记的，不影响违纪的认定。

认定以房屋、汽车等物品为对象的违纪，应注意与借用的区分。具体认定时，除双方交待或者书面协议之外，主要应当结合以下因素进行判断：（1）有无借用的合理事由；（2）是否实际使用；（3）借用时间的长短；（4）有无归还的条件；（5）有无归还的意思表示及行为。

十、收受请托人财物后及时退还或者上交的，不是违纪。

违纪后，因自身或者与违纪有关联的人、事被查处，为掩饰违纪而退还或者上交的，不影响认定违纪。

各级纪律检查机关在办案中发现有本规定所列禁止行为的，依照《中国共产党纪律处分条例》第八十五条等有关规定处理。

(2)厉行节约

·法律法规·

机关事务管理条例(节录)

1．2012年6月28日国务院令第621号公布
2．自2012年10月1日起施行

第一章　总　　则

第一条　为了加强机关事务管理,规范机关事务工作,保障机关正常运行,降低机关运行成本,建设节约型机关,制定本条例。

第二条　各级人民政府及其部门的机关事务管理活动适用本条例。

第四条　国务院机关事务主管部门负责拟订有关机关事务管理的规章制度,指导下级政府公务用车、公务接待、公共机构节约能源资源等工作,主管中央国家机关的机关事务工作。

县级以上地方人民政府机关事务主管部门指导下级政府有关机关事务工作,主管本级政府的机关事务工作。

第五条　县级以上人民政府应当加强对本级政府各部门和下级政府的机关事务工作的监督检查,及时纠正违法违纪行为。

县级以上人民政府发展改革、财政、审计、监察等部门和机关事务主管部门应当根据职责分工,依照有关法律、法规的规定,加强对机关运行经费、资产和服务管理工作的监督检查;接到对违反机关事务管理制度、标准行为的举报,应当及时依法调查处理。

第七条　各级人民政府应当依照国家有关政府信息公开的规定建立健全机关运行经费公开制度,定期公布公务接待费、公务用车购置和运行费、因公出国(境)费等机关运行经费的预算和决算情况。

第二章　经费管理

第十二条　县级以上人民政府应当将公务接待费、公务用车购置和运行费、因公出国(境)费纳入预算管理,严格控制公务接待费、公务用车购置和运行费、因公出国(境)费在机关运行经费预算总额中的规模和比例。

政府各部门应当根据工作需要和机关运行经费预算制定公务接待费、公务用车购置和运行费、因公出国(境)费支出计划,不得挪用其他预算资金用于公务接待、公务用车购置和运行或者因公出国(境)。

第十四条　政府各部门应当依照有关政府采购的法律、法规和规定采购机关运行所需货物和服务;需要招标投标的,应当遵守有关招标投标的法律、法规和规定。

政府各部门应当采购经济适用的货物,不得采购奢侈品、超标准的服务或者购建豪华办公用房。

第十五条　政府各部门采购纳入集中采购目录由政府集中采购机构采购的项目,不得违反规定自行采购或者以化整为零等方式规避政府集中采购。

第三章　资产管理

第十九条　政府各部门应当完善机关资产使用管理制度,建立健全资产账卡和使用档案,定期清查盘点,保证资产安全完整,提高使用效益。

政府各部门的闲置资产应当由本级政府统一调剂使用或者采取公开拍卖等方式处置,处置收益应当上缴国库。

第二十三条　政府各部门不得出租、出借办公用房或者改变办公用房使用功能;未经本级人民政府批准,不得租用办公用房。

第二十四条　国务院机关事务主管部门会同有关部门拟订公务用车配备使用管理办法,定期发布政府公务用车选用车型目录,负责中央国家机关公务用车管理工作。执法执勤类公务用车配备使用管理的具体规定,由国务院财政部门会同有关部门制定。

县级以上地方人民政府公务用车主管部门负责本级政府公务用车管理工作,指导和监督下级政府公务用车管理工作。

第二十五条　政府各部门应当严格执行公务用车编制和配备标准,建立健全公务用车配备更新管理制度,不得超编制、超标准配备公务用车或者超标准租用车辆,不得为公务用车增加高档配置或者豪华内饰,不得借用、占用下级单位和其他单位的车辆,不得接受企业事业单位和个人捐赠的车辆。

第二十六条　政府各部门应当对公务用车实行集中管理、统一调度,并建立健全公务用车使用登记和统计报告制度。

政府各部门应当对公务用车的油耗和维修保养费用实行单车核算。

第四章　服务管理

第二十八条　各级人民政府应当按照简化礼仪、务实节

俭的原则管理和规范公务接待工作。

国务院机关事务主管部门负责拟订政府机关公务接待的相关制度和中央国家机关公务接待标准。县级以上地方人民政府应当结合本地实际，确定公务接待的范围和标准。政府各部门和公务接待管理机构应当严格执行公务接待制度和标准。

县级以上地方人民政府公务接待管理机构负责管理本级政府公务接待工作，指导下级政府公务接待工作。

第二十九条 各级人民政府及其部门应当加强会议管理，控制会议数量、规模和会期，充分利用机关内部场所和电视电话、网络视频等方式召开会议，节省会议开支。

第三十条 政府各部门应当执行有关因公出国（境）的规定，对本部门工作人员因公出国（境）的事由、内容、必要性和日程安排进行审查，控制因公出国（境）团组和人员数量、在国（境）外停留时间，不得安排与本部门业务工作无关的考察和培训。

第五章 法律责任

第三十一条 违反本条例规定，接到对违反机关事务管理制度、标准行为的举报不及时依法调查处理的，由上级机关责令改正；情节严重的，由任免机关或者监察机关对责任人员依法给予处分。

第三十二条 违反本条例规定，有下列情形之一的，由上级机关责令改正，并由任免机关或者监察机关对责任人员给予警告处分；情节较重的，给予记过或者记大过处分；情节严重的，给予降级或者撤职处分：

（一）超预算、超标准开支公务接待费、公务用车购置和运行费、因公出国（境）费，或者挪用其他预算资金用于公务接待、公务用车购置和运行、因公出国（境）的；

（二）采购奢侈品、超标准的服务或者购建豪华办公用房的；

（三）出租、出借办公用房，改变办公用房使用功能，或者擅自租用办公用房的；

（四）超编制、超标准配备公务用车或者超标准租用车辆，或者为公务用车增加高档配置、豪华内饰，或者借用、占用下级单位、其他单位车辆，或者接受企业事业单位、个人捐赠车辆的；

（五）超出规定的项目或者标准提供后勤服务的；

（六）安排与本部门业务工作无关的出国（境）考察或者培训的。

第三十三条 机关事务管理人员在机关事务管理活动中滥用职权、玩忽职守、徇私舞弊或者贪污受贿的，依法给予处分；构成犯罪的，依法追究刑事责任。

第六章 附 则

第三十四条 其他国家机关和有关人民团体的机关事务管理活动，参照本条例执行。

第三十五条 本条例自2012年10月1日起施行。

审计署关于加强公务支出和公款消费审计的若干意见

2014年3月17日

各省、自治区、直辖市和计划单列市、新疆生产建设兵团审计厅（局），署机关各单位、各特派员办事处、各派出审计局：

为深入贯彻落实中央八项规定精神，加强党风廉政建设，促进厉行勤俭节约，反对铺张浪费，根据《党政机关厉行节约反对浪费条例》及有关法律法规，现就进一步加强公务支出和公款消费审计提出以下意见：

一、增强厉行节约反对浪费的责任感和使命感

艰苦奋斗、勤俭节约，是党的优良传统和作风。党中央、国务院历来强调，各级党政机关要大兴艰苦奋斗之风，带头厉行勤俭节约、反对铺张浪费。但近年来，讲排场、比阔气、挥霍公款等奢侈浪费现象时有发生，人民群众反映强烈。党的十八大以来，以习近平同志为总书记的党中央着力加强作风建设，采取有力措施，坚决整治公务支出和公款消费中的违纪违规违法现象，得到人民群众的支持和拥护。各级审计机关和全体审计人员要深刻领会中央八项规定和习近平总书记重要批示精神，充分认识加强公务支出和公款消费审计的重要性和必要性，带头贯彻落实中央规定，坚决反对铺张浪费，切实履行审计监督职责，不断加大对各级党政机关及国有企事业单位公务支出和公款消费的审计力度，为推动党风廉政建设发挥积极作用。

二、加强重点领域和重点环节的审计监督

（一）公务支出预算管理情况。全面检查“三公”经费、会议费、培训费和楼堂馆所建设维护经费等公务支出预算编制、审核报批、执行和决算，以及按规定压缩经费支出规模，及时、全面公开预决算信息等情况，揭示和反映预决算编制不规范，有关公务支出的政府采购预算编报不完整，未经批准通过追加预算等方式突破预算控制规模，超预算、无预算安排支出或实施采购；虚列支出、转移或套取预算资金，超范围、超标准列支公务支出，向下级单位、企业、个人以及驻外机构等转嫁公务支出费用；纳入公务卡强制结算目录的支出未按规定使用公务卡结算，以及违规购置商业预付卡、虚假票据报销、财务管理不规范、决算数据不真实等问题，促进增强预算执行的严肃性，规范预决算编制和财务管理。

（二）会议和培训管理情况。全面检查会议、培训计划编报、审批管理和组织实施等情况，揭示和反映违反规定在五星级宾馆、风景名胜区开会、培训；以培训名义召开会议，组织会餐、安排宴请、公款旅游及其他与会议、培训无关的参观活动，借举办会议、培训及其他各类活动发放纪念品；使用财政性资金举办营业性文艺晚会，未经批准举办节会、庆典、论坛、研讨会、博览会、展会、运动会、赛会活动以及开展评比达标表彰活动等问题，促进落实节俭办会要求，切实精简各类会议活动。

（三）公务接待管理情况。全面检查公务接待审批控制制度、国内公务接待清单制度执行等情况，揭示和反映违反规定将休假、探亲等活动纳入公务接待范围，接待无公函的公务活动和来访人员，组织异地部门间没有特别需要的一般性学习交流、考察调研，以及以招商引资为名变相安排公务接待；超规格组织迎送活动和安排陪同陪餐，增加接待项目，安排超标准接待、高消费娱乐专场文艺演出或参观旅游景点，赠送礼品、礼金、有价证券、纪念品和土特产品等问题，促进简化和规范各类公务接待活动。

（四）公务用车配置和管理使用情况。全面检查执行公务用车（含执法执勤用车）配置和使用管理规定，加强车辆日常运行维护管理等情况，揭示和反映违反规定超编制、超标准配备公务用车，擅自扩大专车配备范围或变相配备专车；换用、借用、占用下属单位或其他单位和个人的车辆，接受企事业单位和个人赠送的车辆，挪用或者固定给个人使用执法执勤、机要通信等公务用车，因私使用公务用车；为公务用车增加高档配置、豪华内饰，提前更新车辆；实行公车改革后超标准发放公务交通补贴，发放公车补贴后仍通过其他形式变相保留公车等问题，促进加强公务用车管理和深化公务用车制度改革。

（五）因公出国（境）管理情况。全面检查年度因公出国（境）计划编制和审批情况，揭示和反映违反规定安排考察性出访和照顾性、无实质内容的一般性出访和出境调研、会议、培训等活动，违规组织跨部门、跨地区团组；私自通过旅行社等组织出国（境）活动，乘坐民航包机和私人、企业及外国航空公司包机，安排超标准住房和用车，擅自增加出访国家或地区、绕道旅行、延长在国外停留时间，以及变相公款出国（境）旅游，出国（境）期间用公款相互宴请或接受礼金、贵重礼品、有价证券等问题，促进从严控制和规范各类因公出国（境）活动。

（六）办公楼等楼堂馆所建设管理情况。全面检查国务院有关本届政府任期内一律不得新建政府性楼堂馆所要求落实情况，揭示和反映违反规定建设办公楼和配套建设大型广场、公园等设施，新建、改建、扩建所属宾馆、招待所等具有接待功能的设施或场所，以建设技术业务用房名义变相建设楼堂馆所，规避审批置换办公用房；超规定面积占有、使用办公用房，违规出租出借、租用办公用房，领导干部长期租用宾馆、酒店房间作为办公用房；超标准装修办公用房、配置办公家具，擅自改变办公用房使用功能等问题，促进严禁违规修建楼堂馆所规定的落实。

（七）机构编制管理情况。认真贯彻国务院领导关于将编制管理情况纳入审计内容的指示精神，全面检查本届政府财政供养人员只减不增目标的落实情况，重点检查超编进人、编外用人等情况；未按编制数和实有人数分别编制申报公用经费和人员经费，为经费自理和企业化管理的事业单位申请基本支出预算，虚报冒领财政资金问题；在编不在岗人员、已调离人员不办理核减编制手续，被判刑或者受到降级、撤职等处分人员仍在原单位、按原职级领取工资和津贴补贴等“吃空饷”问题；在项目经费中安排超编人员和自行设立机构经费等问题，促进控编减编，切实降低行政成本。

（八）国有企业领导人员职务消费情况。全面检查国有企业和国有金融机构领导人员职务消费和业务消费情况，重点关注领导人员职务消费和业务消费制度建立健全情况，以及有关业务招待、考察培训、车辆配备和使用等消费项目和标准的规定执行情况，揭示和反映违反规定借业务接待、商务公关等名义违规列支会所、俱乐部、高尔夫消费等高消费娱乐支出，挥霍浪费甚至贪污侵占国有资产，以及消费支出不公开、不透明等问题，促进规范国有企业和国有金融机构领导人员职务消费和业务消费。

三、推动构建厉行节约反对浪费长效机制

各级审计机关要结合公务支出和公款消费审计，

着力检查各地区、各部门、各单位按照中央八项规定精神和中央要求制定厉行节约反对浪费制度规定等情况，揭示和反映公务支出、公款消费和机构编制管理制度规定及相关开支范围和支出标准不健全、不完善，支出审批程序不明确、不规范，内部控制、监督检查和责任追究制度不健全、不落实等制度缺陷和管理漏洞，深入分析问题产生的原因，提出完善政策制度的意见和建议，促进建立健全加强公务支出和公款消费管理监督的制度体系和政策规定，构建厉行节约反对浪费长效机制，保障中央各项政策措施贯彻落实。

四、强化审计结果运用和公开

各级审计机关要严格依法审计，加大对违法违规问题和典型案例的查处力度，依法处理、督促整改违规问题，对违反党纪政纪或涉嫌违法犯罪问题要按规定及时移送纪检监察机关、司法机关和编制管理机关等有关主管部门查处。加大审计结果公开力度，适时向社会公告一批公款吃喝、公车私用、公款旅游、超标办会、违规建设楼堂馆所、“吃空饷”等典型案件，狠刹铺张浪费之风。对外公告的审计结果涉及上市公司的，应在公告发布5日前将拟公布的内容告知上市公司；对领导干部经济责任审计中发现的相关问题，可以被审计领导干部所在单位财政或财务收支审计结果形式予以公告。

五、切实加强审计工作组织领导

审计署要加强对公务支出和公款消费审计工作的指导和调研，及时了解和掌握工作情况，推动建立健全经常性审计监督制度。地方审计机关要切实加强组织领导，统筹调配资源，每年在各项审计工作中都要认真落实公务支出和公款消费审计要求，上级审计机关要加强对下级审计机关的工作指导和质量检查。审计机关应加强与机构编制管理机关的沟通，在相关审计中，根据需要可商机构编制管理机关派员参加，机构编制管理机关在专项督查和机构、人员编制核查时，需审计机关协助查证的，审计机关应予以协助办理。审计人员要严格遵守审计纪律，规范审计程序，保证审计质量，对审计人员违反审计纪律等行为，要按照规定追究责任。各省、自治区、直辖市和新疆生产建设兵团审计厅（局）要及时汇总本地区审计结果，每年2月底前向审计署报送上年审计情况。

地方审计机关要结合实际，及时制定贯彻实施本意见的具体措施和办法，确保本意见各项部署和要求落到实处。

·党规党纪·

党政机关厉行节约反对浪费条例

中共中央、国务院2013年11月18日印发

第一章 总 则

第一条 为了进一步弘扬艰苦奋斗、勤俭节约的优良作风，推进党政机关厉行节约反对浪费，建设节约型机关，根据国家有关法律法规和中央有关规定，制定本条例。

第二条 本条例适用于党的机关、人大机关、行政机关、政协机关、审判机关、检察机关，以及工会、共青团、妇联等人民团体和参照公务员法管理的事业单位。

第三条 本条例所称浪费，是指党政机关及其工作人员违反规定进行不必要的公务活动，或者在履行公务中超出规定范围、标准和要求，不当使用公共资金、资产和资源，给国家和社会造成损失的行为。

第四条 党政机关厉行节约反对浪费，应当遵循下列原则：坚持从严从简，勤俭办一切事业，降低公务活动成本；坚持依法依规，遵守国家法律法规和党内法规制度的相关规定，严格按程序办事；坚持总量控制，科学设定相关标准，严格控制经费支出总额，加强厉行节约绩效考评；坚持实事求是，从实际出发安排公务活动，取消不必要的公务活动，保证正常公务活动；坚持公开透明，除涉及国家秘密事项外，公务活动中的资金、资产、资源使用等情况应予公开，接受各方面监督；坚持深化改革，通过改革创新破解体制机制障碍，建立健全厉行节约反对浪费工作长效机制。

第五条 中共中央办公厅、国务院办公厅负责统筹协调、指导检查全国党政机关厉行节约反对浪费工作，建立协调联络机制承办具体事务。地方各级党委办公厅（室）、政府办公厅（室）负责指导检查本地区党政机关厉行节约反对浪费工作。

纪检监察机关和组织人事、宣传、外事、发展改革、财政、审计、机关事务管理等部门根据职责分工，依法依规履行对厉行节约反对浪费相关工作的管理、监督等职责。

第六条 各级党委和政府应当加强对厉行节约反对浪费工作的组织领导。党政机关领导班子主要负责人对本地区、本部门、本单位的厉行节约反对浪费工作负总责，其他成员根据工作分工，对职责范围内的厉行节约反对浪费工作负主要领导责任。

第二章 经费管理

第七条 党政机关应当加强预算编制管理，按照综合预算的要求，将各项收入和支出全部纳入部门预算。

党政机关依法取得的罚没收入、行政事业性收费、政府性基金、国有资产收益和处置等非税收入，必须按规定及时足额上缴国库，严禁以任何形式隐瞒、截留、挤占、挪用、坐支或者私分，严禁转移到机关所属工会、培训中心、服务中心等单位账户使用。

第八条 党政机关应当遵循先有预算、后有支出的原则，严格执行预算，严禁超预算或者无预算安排支出，严禁虚列支出、转移或者套取预算资金。

严格控制国内差旅费、因公临时出国（境）费、公务接待费、公务用车购置及运行费、会议费、培训费等支出。年度预算执行中不予追加，因特殊需要确需追加的，由财政部门审核后按程序报批。

建立预算执行全过程动态监控机制，完善预算执行管理办法，建立健全预算绩效管理体系，增强预算执行的严肃性，提高预算执行的准确率，防止年底突击花钱等现象发生。

第九条 推进政府会计改革，进一步健全会计制度，准确核算机关运行经费，全面反映行政成本。

第十条 财政部门应当会同有关部门，根据国内差旅、因公临时出国（境）、公务接待、会议、培训等工作特点，综合考虑经济发展水平、有关货物和服务的市场价格水平，制定分地区的公务活动经费开支范围和开支标准。

加强相关开支标准之间的衔接，建立开支标准调整机制，定期根据有关货物和服务的市场价格变动情况调整相关开支标准，增强开支标准的协调性、规范性、科学性。

严格开支范围和标准，严格支出报销审核，不得报销任何超范围、超标准以及与相关公务活动无关的费用。

第十一条 全面实行公务卡制度。健全公务卡强制结算目录，党政机关国内发生的公务差旅费、公务接待费、公务用车购置及运行费、会议费、培训费等经费支出，除按规定实行财政直接支付或者银行转账外，应当使用公务卡结算。

第十二条 党政机关采购货物、工程和服务，应当遵循公开透明、公平竞争、诚实信用原则。

政府采购应当依法完整编制采购预算，严格执行经费预算和资产配置标准，合理确定采购需求，不得超标准采购，不得超出办公需要采购服务。

严格执行政府采购程序，不得违反规定以任何方式和理由指定或者变相指定品牌、型号、产地。采购公开招标数额标准以上的货物、工程和服务，应当进行公开招标，确需改变采购方式的，应当严格执行有关公示和审批程序。列入政府集中采购目录范围的，应当委托集中采购机构代理采购，并逐步实行批量集中采购。严格控制协议供货采购的数量和规模，不得以协议供货拆分项目的方式规避公开招标。

党政机关应当按照政府采购合同规定的采购需求组织验收。政府采购监督管理部门应当逐步建立政府采购结果评价制度，对政府采购的资金节约、政策效能、透明程度以及专业化水平进行综合、客观评价。

加快政府采购管理交易平台建设，推进电子化政府采购。

第三章 国内差旅和因公临时出国（境）

第十三条 党政机关应当建立健全并严格执行国内差旅内部审批制度，从严控制国内差旅人数和天数，严禁无明确公务目的的差旅活动，严禁以公务差旅为名变相旅游，严禁异地部门间无实质内容的学习交流和考察调研。

第十四条 国内差旅人员应当严格按规定乘坐交通工具、住宿、就餐，费用由所在单位承担。

差旅人员住宿、就餐由接待单位协助安排的，必须按标准交纳住宿费、餐费。差旅人员不得向接待单位提出正常公务活动以外的要求，不得接受礼金、礼品和土特产品等。

第十五条 统筹安排年度因公临时出国计划，严格控制团组数量和规模，不得安排照顾性、无实质内容的一般性出访，不得安排考察性出访，严禁集中安排赴热门国家和地区出访，严禁以各种名义变相公款出国旅游。严格执行因公临时出国限量管理规定，不得把出国作为个人待遇、安排轮流出国。严格控制跨地区、跨部门团组。

组织、外专等有关部门应当加强出国培训总体规划和监督管理，严格控制出国培训规模，科学设置培训项目，择优选派培训对象，提高出国培训的质量和实效。

第十六条 外事管理部门应当加强因公临时出国审核审批管理，对违反规定、不适合成行的团组予以调整或者取消。

加强因公临时出国经费预算总额控制，严格执行经费先行审核制度。无出国经费预算安排的不予批准，确有特殊需要的，按规定程序报批。严禁违反规定使用出国经费预算以外资金作为出国经费，严禁向所属单位、企业、我国驻外机构等摊派或者转嫁出国费用。

第十七条 出国团组应当按规定标准安排交通工具和食宿，不得违反规定乘坐民航包机，不得乘坐私人、企业和外国航空公司包机，不得安排超标准住房和用车，不得擅自增加出访国家或者地区，不得擅自绕道旅行，不得擅自延长在国外停留时间。

出国期间，不得与我国驻外机构和其他中资机构、企业之间用公款互赠礼品或者纪念品，不得用公款相互宴请。

第十八条 严格根据工作需要编制出境计划，加强因公出境审批和管理，不得安排出境考察，不得组织无实质内容的调研、会议、培训等活动。

严格遵守因公出境经费预算、支出、使用、核算等财务制度，不得接受超标准接待和高消费娱乐，不得接受礼金、贵重礼品、有价证券、支付凭证等。

第四章 公务接待

第十九条 建立健全国内公务接待集中管理制度。党政机关公务接待管理部门应当加强对国内公务接待工作的管理和指导。

第二十条 党政机关应当建立公务接待审批控制制度，对无公函的公务活动不予接待，严禁将非公务活动纳入接待范围。

第二十一条 党政机关应当严格执行国内公务接待标准，实行接待费支出总额控制制度。

接待单位应当严格按标准安排接待对象的住宿用房，协助安排用餐的按标准收取餐费，不得在接待费中列支应当由接待对象承担的费用，不得以举办会议、培训等名义列支、转移、隐匿接待费开支。

建立国内公务接待清单制度，如实反映接待对象、公务活动、接待费用等情况。接待清单作为财务报销的凭证之一并接受审计。

第二十二条 外宾接待工作应当遵循服务外交、友好对等、务实节俭的原则。外宾邀请单位应当严格按照有关规定安排接待活动，从严从紧控制外宾团组和接待费用。

第二十三条 有关部门和地方应当参照国内公务接待标准，制定招商引资等活动的接待办法，严格审批，强化管理，严禁超规格、超标准接待，严禁扩大接待范围、增加接待项目，严禁以招商引资等名义变相安排公务接待。

第二十四条 党政机关不得以任何名义新建、改建、扩建所属宾馆、招待所等具有接待功能的设施或者场所。

建立接待资源共享机制，推进机关所属接待、培训场所的集中统一管理和利用。健全服务经营机制，推行机关所属接待、培训场所企业化管理，降低服务经营成本。

积极推进国内公务接待服务社会化改革，有效利用社会资源为国内公务接待提供住宿、餐饮、用车等服务。

第五章 公务用车

第二十五条 坚持社会化、市场化方向，改革公务用车制度，合理有效配置公务用车资源，创新公务交通分类提供方式，保障公务出行，降低行政成本，建立符合国情的新型公务用车制度。

改革公务用车实物配给方式，取消一般公务用车，保留必要的执法执勤、机要通信、应急和特种专业技术用车及按规定配备的其他车辆。普通公务出行由公务人员自主选择，实行社会化提供。取消的一般公务用车，采取公开招标、拍卖等方式公开处置。

适度发放公务交通补贴，不得以车改补贴的名义变相发放福利。

第二十六条 党政机关应当从严配备实行定向化保障的公务用车，不得以特殊用途等理由变相超编制、超标准配备公务用车，不得以任何方式换用、借用、占用下属单位或者其他单位和个人的车辆，不得接受企事业单位和个人赠送的车辆。

严格按规定配备专车，不得擅自扩大专车配备范围或者变相配备专车。

从严控制执法执勤用车的配备范围、编制和标准。执法执勤用车配备应当严格限制在一线执法执勤岗位，机关内部管理和后勤岗位以及机关所属事业单位一律不得配备。

第二十七条 公务用车实行政府集中采购，应当选用国产汽车，优先选用新能源汽车。

公务用车严格按照规定年限更新，已到更新年限尚能继续使用的应当继续使用，不得因领导干部职务晋升、调任等原因提前更新。

公务用车保险、维修、加油等实行政府采购，降低运行成本。

第二十八条 除涉及国家安全、侦查办案等有保密要求的特殊工作用车外，执法执勤用车应当喷涂明显的统一标识。

第二十九条 根据公务活动需要，严格按规定使用公务用车，严禁以任何理由挪用或者固定给个人使用执法执勤、机要通信等公务用车，领导干部亲属和身边工作人员不得因私使用配备给领导干部的公务用车。

第六章 会议活动

第三十条 党政机关应当精简会议，严格执行会议费开支范围和标准。

党政机关会议实行分类管理、分级审批。财政部门应当会同机关事务管理等部门制定本级党政机关会议费管理办法，从严控制会议数量、会期和参会人员规模。完善并严格执行严禁党政机关到风景名胜区开会制度规定。

第三十一条 会议召开场所实行政府采购定点管理。会议住宿用房以标准间为主，用餐安排自助餐或者工作餐。

会议期间，不得安排宴请，不得组织旅游以及与会议无关的参观活动，不得以任何名义发放纪念品。

完善会议费报销制度。未经批准以及超范围、超标准开支的会议费用，一律不予报销。严禁违规使用会议费购置办公设备，严禁列支公务接待费等与会议无关的任何费用，严禁套取会议资金。

第三十二条 建立健全培训审批制度，严格控制培训数量、时间、规模，严禁以培训名义召开会议。

严格执行分类培训经费开支标准，严格控制培训经费支出范围，严禁在培训经费中列支公务接待费、会议费等与培训无关的任何费用。严禁以培训名义进行公款宴请、公款旅游活动。

第三十三条 未经批准，党政机关不得以公祭、历史文化、特色物产、单位成立、行政区划变更、工程奠基或者竣工等名义举办或者委托、指派其他单位举办各类节会、庆典活动，不得举办论坛、博览会、展会活动。严禁使用财政性资金举办营业性文艺晚会。从严控制举办大型综合性运动会和各类赛会。

经批准的节会、庆典、论坛、博览会、展会、运动会、赛会等活动，应当严格控制规模和经费支出，不得向下属单位摊派费用，不得借举办活动发放各类纪念品，不得超出规定标准支付费用邀请名人、明星参与活动。为举办活动专门配备的设备在活动结束后应当及时收回。

第三十四条 严格控制和规范各类评比达标表彰活动，实行中央和省（自治区、直辖市）两级审批制度。评比达标表彰项目费用由举办单位承担，不得以任何方式向相关单位和个人收取费用。

第七章 办公用房

第三十五条 党政机关办公用房建设应当从严控制。凡是违反规定的拟建办公用房项目，必须坚决终止；凡是未按照规定程序履行审批手续、擅自开工建设的办公用房项目，必须停建并予以没收；凡是超规模、超标准、超投资概算建设的办公用房项目，应当根据具体情况限期腾退超标准面积或者全部没收、拍卖。

党政机关办公用房应当严格管理，推进办公用房资源的公平配置和集约使用。凡是超过规定面积标准占有、使用办公用房以及未经批准租用办公用房的，必须腾退；凡是未经批准改变办公用房使用功能的，原则上应当恢复原使用功能。严禁出租出借办公用房，已经出租出借的，到期必须收回；租赁合同未到期的，租金收入应当按照收支两条线管理。

第三十六条 党政机关新建、改建、扩建、购置、置换、维修改造、租赁办公用房，必须严格按规定履行审批程序。采取置换方式配给办公用房的，应当执行新建办公用房各项标准，不得以未使用政府预算建设资金、资产整合等名义规避审批。

第三十七条 党政机关办公用房建设项目应当按照朴素、实用、安全、节能原则，严格执行办公用房建设标准、单位综合造价标准和公共建筑节能设计标准，符合土地利用和城市规划要求。党政机关办公楼不得追求成为城市地标建筑，严禁配套建设大型广场、公园等设施。

第三十八条 党政机关办公用房建设项目投资，统一由政府预算建设资金安排。土地收益和资产转让收益应当按照有关规定实行收支两条线管理，不得直接用于办公用房建设。

党政机关办公用房维修改造项目所需投资，统一列入预算由财政资金安排解决，未经审批的项目不得安排预算。

第三十九条 办公用房建设应当严格执行工程招投标和政府采购有关规定，加强对工程项目的全过程监理和审计监督。加快推行办公用房建设项目代建制。

办公用房因使用时间较长、设施设备老化、功能不全，不能满足办公需求的，可以进行维修改造。维修改造项目应当以消除安全隐患、恢复和完善使用功能、降低能源资源消耗为重点，严格履行审批程序，严格执行维修改造标准。

第四十条 建立健全办公用房集中统一管理制度，对办公用房实行统一调配、统一权属登记。

党政机关应当严格按照有关标准和本单位“三定”方案，从严核定、使用办公用房。超标部分应当移交同级机关事务管理部门用于统一调剂。

新建、调整办公用房的单位，应当按照“建新交旧”、“调新交旧”的原则，在搬入新建或者新调整办公用房的同时，将原办公用房腾退移交机关事务管理部门统一调剂使用。

因机构增设、职能调整确需增加办公用房的，应当在本单位现有办公用房中解决；本单位现有办公用房不能满足需要的，由机关事务管理部门整合办公用房资源调剂解决；无法调剂、确需租用解决的，应当严格履行报批手续，不得以变相补偿方式租用由企业等单位提供的办公用房。

第四十一条　党政机关领导干部应当按照标准配置使用一处办公用房，确因工作需要另行配置办公用房的，应当严格履行审批程序。领导干部不得长期租用宾馆、酒店房间作为办公用房。配置使用的办公用房，在退休或者调离时应当及时腾退并由原单位收回。

第八章　资源节约

第四十二条　党政机关应当节约集约利用资源，加强全过程节约管理，提高能源、水、粮食、办公家具、办公设备、办公用品等的利用效率和效益，统筹利用土地，杜绝浪费行为。

第四十三条　对能源、水的使用实行分类定额和目标责任管理。推广应用节能技术产品，淘汰高耗能设施设备，重点推广应用新能源和可再生能源。积极使用节水型器具，建设节水型单位。

健全节能产品政府采购政策，严格执行节能产品政府强制采购和优先采购制度。

第四十四条　优化办公家具、办公设备等资产的配置和使用，通过调剂方式盘活存量资产，节约购置资金。已到更新年限尚能继续使用的，不得报废处置。

对产生的非涉密废纸、废弃电器电子产品等废旧物品进行集中回收处理，促进循环利用；涉及国家秘密的，按照有关保密规定进行销毁。

第四十五条　党政机关政务信息系统建设应当统筹规划，统一组织实施，防止重复建设和频繁升级。

建立共享共用机制，加强资源整合，推动重要政务信息系统互联互通、信息共享和业务协同，降低软件开发、系统维护和升级等方面费用，防止资源浪费。

积极利用信息化手段，推行无纸化办公，减少一次性办公用品消耗。

第九章　宣传教育

第四十六条　宣传部门应当把厉行节约反对浪费作为重要宣传内容，充分发挥各级各类媒体作用，重视运用互联网等新兴媒体，通过新闻报道、文化作品、公益广告等形式，广泛宣传中华民族勤俭节约的优秀品德，宣传阐释相关制度规定，宣传推广厉行节约的经验做法和先进典型，倡导绿色低碳消费理念和健康文明生活方式。

第四十七条　党政机关应当把加强厉行节约反对浪费教育作为作风建设的重要内容，融入干部队伍建设和机关日常管理之中，建立健全常态化工作机制。对各种铺张浪费现象和行为，应当严肃批评、督促改正。

纪检监察机关应当不定期曝光铺张浪费的典型案例，发挥警示教育作用。

组织人事部门和党校、行政学院、干部学院应当把厉行节约反对浪费作为干部教育培训的重要内容，创新教育方法，切实增强教育培训的针对性和实效性。

第四十八条　党政机关应当围绕建设节约型机关，组织开展形式多样、便于参与的活动，引导干部职工增强节约意识、珍惜物力财力，积极培育和形成崇尚节约、厉行节约、反对浪费的机关文化，为在全社会形成节俭之风发挥示范表率作用。

第十章　监督检查

第四十九条　各级党委和政府应当建立厉行节约反对浪费监督检查机制，明确监督检查的主体、职责、内容、方法、程序等，加强经常性督促检查，针对突出问题开展重点检查、暗访等专项活动。

下级党委和政府应当每年向上级党委和政府报告本地区厉行节约反对浪费工作情况，党委和政府所属部门、单位应当每年向本级党委和政府报告本部门、本单位厉行节约反对浪费工作情况。报告可结合领导班子年度考核和工作报告一并进行。

第五十条　领导干部厉行节约反对浪费工作情况，应当列为领导班子民主生活会和领导干部述职述廉的重要内容并接受评议。

第五十一条　党委办公厅（室）、政府办公厅（室）负责统筹协调相关部门开展对厉行节约反对浪费工作的督促检查。每年至少组织开展一次专项督查，并将督查情况在适当范围内通报。专项督查可以与党风廉政建设责任制检查考核、年终党建工作考核等相结合，督查考核结果应当按照干部管理权限送纪检监察机关和组织人事部门，作为干部管理监督、选拔任用的依据。

第五十二条　纪检监察机关应当加强对厉行节约反对浪费工作的监督检查，受理群众举报和有关部门移送的案件线索，及时查处违纪违法问题。

中央和省、自治区、直辖市党委巡视组应当按照有关规定，加强对有关党组织领导班子及其成员厉行节约反对浪费工作情况的巡视监督。

第五十三条 财政部门应当加强对党政机关预算管理有关工作以及财务、政府采购和会计事项的监督，依法处理发现的违规问题，并及时向本级党委和政府汇报有关结果。

审计部门应当加强对党政机关预算执行、决算和其他财政收支情况，以及有关经济活动的审计监督，加大对党政机关公务支出和公款消费的审计力度，及时向本级党委和政府汇报审计结果，依法处理、督促整改违规问题，并将涉嫌违纪违法问题移送有关部门查处。

第五十四条 党政机关应当建立健全厉行节约反对浪费信息公开制度。除依照法律法规和有关要求须保密的内容和事项外，下列内容应当按照及时、方便、多样的原则，以适当方式进行公开：

（一）预算和决算信息；

（二）政府采购文件、采购预算、中标成交结果、采购合同等情况；

（三）国内公务接待的批次、人数、经费总额等情况；

（四）会议的名称、主要内容、支出金额等情况；

（五）培训的项目、内容、人数、经费等情况；

（六）节会、庆典、论坛、博览会、展会、运动会、赛会等活动举办信息；

（七）办公用房建设、维修改造、使用、运行费用支出等情况；

（八）公务支出和公款消费的审计结果；

（九）其他需要公开的内容。

第五十五条 推动和支持人民代表大会及其常务委员会依法严格审查批准党政机关公务支出预算，加强对预算执行情况的监督。发挥人大代表的监督作用，通过提出意见、建议、批评以及询问、质询等方式加强对党政机关厉行节约反对浪费工作的监督。

支持人民政协对党政机关厉行节约反对浪费工作的监督，自觉接受并积极支持政协委员通过调研、视察、提案等方式加强对党政机关厉行节约反对浪费工作的监督。

第五十六条 重视各级各类媒体在厉行节约反对浪费方面的舆论监督作用。建立舆情反馈机制，及时调查处理媒体曝光的违规违纪违法问题。

发挥群众对党政机关及其工作人员铺张浪费行为的监督作用，认真调查处理群众反映的问题。

第十一章 责任追究

第五十七条 建立党政机关厉行节约反对浪费工作责任追究制度。

对违反本条例规定造成浪费的，应当依纪依法追究相关人员的责任，对负有领导责任的主要负责人或者有关领导干部实行问责。

第五十八条 有下列情形之一的，追究相关人员的责任：

（一）未经审批列支财政性资金的；

（二）采取弄虚作假等手段违规取得审批的；

（三）违反审批要求擅自变通执行的；

（四）违反管理规定超标准或者以虚假事项开支的；

（五）利用职务便利假公济私的；

（六）有其他违反审批、管理、监督规定行为的。

第五十九条 有下列情形之一的，追究主要负责人或者有关领导干部的责任：

（一）本地区、本部门、本单位铺张浪费、奢侈奢华问题严重，对发现的问题查处不力，干部群众反映强烈的；

（二）指使、纵容下属单位或者人员违反本条例规定造成浪费的；

（三）不履行内部审批、管理、监督职责造成浪费的；

（四）不按规定及时公开本地区、本部门、本单位有关厉行节约反对浪费工作信息的；

（五）其他对铺张浪费问题负有领导责任的。

第六十条 违反本条例规定造成浪费的，根据情节轻重，由有关部门依照职责权限给予批评教育、责令作出检查、诫勉谈话、通报批评或者调离岗位、责令辞职、免职、降职等处理。

应当追究党纪政纪责任的，依照《中国共产党纪律处分条例》、《行政机关公务员处分条例》等有关规定给予相应的党纪政纪处分。

涉嫌违法犯罪的，依法追究法律责任。

第六十一条 违反本条例规定获得的经济利益，应当予以收缴或者纠正。

违反本条例规定，用公款支付、报销应由个人支付的费用，应当责令退赔。

第六十二条 受到责任追究的人员对处理决定不服的，可以按照相关规定向有关机关提出申诉。受理申诉机关应当依据有关规定认真受理并作出结论。

申诉期间，不停止处理决定的执行。

第十二章 附 则

第六十三条 各省、自治区、直辖市党委和政府，中央和国家机关各部委，可以根据本条例，结合实际制定实施细则。有关职能部门应当根据各自职责，制定完善相关配套制度。

国有企业、国有金融企业、不参照公务员法管理的事业单位，参照本条例执行。

中国人民解放军和中国人民武装警察部队按照军队有关规定执行。

第六十四条　本条例由中共中央办公厅、国务院办公厅会同有关部门负责解释。

第六十五条　本条例自发布之日起施行。1997 年 5 月 25 日发布的《中共中央、国务院关于党政机关厉行节约制止奢侈浪费行为的若干规定》同时废止。其他有关党政机关厉行节约反对浪费的规定，凡与本条例不一致的，按照本条例执行。

节庆活动管理办法（试行）

中共中央办公厅、国务院办公厅 2012 年 5 月 29 日印发

第一章　总　　则

第一条　为规范节庆活动举办行为，促进节庆活动健康发展，防止节庆活动过多过滥，根据中央有关规定，制定本办法。

第二条　本办法所称节庆活动，是指以公祭、旅游、历史文化、特色物产、机关单位成立、行政区划变更、工程奠基或者竣工等名义举办的各类节会、庆典活动。

第三条　本办法适用于党的机关、人大机关、行政机关、政协机关、审判机关、检察机关、人民团体、经国务院批准免于登记的社会团体（以下简称有关社团），以及上述单位所属的事业单位等举办的各类节庆活动。

党中央、国务院决定开展的节庆活动，国家设立的节日、纪念日、活动日的节庆活动，少数民族传统节日的节庆活动，不适用本办法。

第二章　审 批 权 限

第四条　节庆活动实行中央和省（自治区、直辖市）分级审批制度。

党中央、国务院负责审批下列节庆活动：

（一）中央和国家机关、人民团体、有关社团举办的节庆活动；

（二）各省（自治区、直辖市）党委、人大、政府、政协举办的节庆活动；

（三）省级以下地区、部门和单位，中央和国家机关、人民团体、有关社团所属机关、事业单位等举办的公祭类节庆活动；

（四）各省会（自治区首府）城市、副省级城市举办的行政区划变更类节庆活动。

各省（自治区、直辖市）党委、政府负责审批本地区省级以下地区、部门和单位举办的除第二款第（三）项、第（四）项以外的各类节庆活动。

中央和国家机关、人民团体、有关社团负责审批所属机关、事业单位等举办的除第二款第（三）项以外的各类节庆活动。

第五条　全国清理和规范庆典研讨会论坛活动工作领导小组负责全国节庆活动管理工作的政策指导、统筹协调和监督检查，并对报党中央、国务院审批的节庆活动进行审核。日常工作由文化部负责。

第六条　各省（自治区、直辖市）设立的清理和规范庆典研讨会论坛活动工作领导机构，负责对报省（自治区、直辖市）党委、政府审批的节庆活动进行审核和管理，并将审批同意开展的活动项目报全国清理和规范庆典研讨会论坛活动工作领导小组备案。

第七条　中央和国家机关、人民团体、有关社团审批同意所属机关、事业单位等举办有关节庆活动的，应当及时将活动项目报全国清理和规范庆典研讨会论坛活动工作领导小组备案。

第三章　审 批 原 则

第八条　节庆活动的审批应当按照依据明确、数量适当、规模适度、经费合规的总体要求，从严掌握，注重实效，防止形式主义和铺张浪费。

第九条　举办节庆活动必须贯彻落实科学发展观，坚持围绕中心、服务大局，对推动经济发展、弘扬先进文化、丰富群众生活、促进社会和谐具有重要意义。

第十条　公祭类节庆活动应当以祭祀中华民族人文始祖、祭拜作出重要贡献的历史人物、纪念重大历史事件为主题，具有传承优秀文化、激发爱国热情、弘扬传统美德、增进民族团结的积极作用，举办周期原则上不少于 2 年。

第十一条　严禁举办宣扬封建迷信、文化糟粕的节庆活动。

第十二条　严格控制举办机关单位成立、行政区划变更的纪念性庆典。直辖市、省会（自治区首府）城市及副省级城市一般不举办城市周年庆典，市（地）、县（市）不得举办任何形式的周年庆典活动。

第十三条　学校、医院、科研院所等事业单位一般不举办周年庆典活动，逢十逢百周年等确需举办的，应当按规定报批。

第十四条 各级党政机关不得举办楼堂馆所奠基和竣工庆典活动。

第十五条 中央和国家机关及其所属机关、事业单位等原则上不得与地方联合举办(包括主办、协办、赞助、支持等名义)节庆活动,确需联合举办的,应当按审批权限报党中央、国务院或主管部门批准。

第四章 审批程序

第十六条 中央和国家机关、人民团体、有关社团,各省(自治区、直辖市)党委、人大、政府、政协拟举办节庆活动的,主办单位应当至少提前3个月,于每年4月或者9月按归口分别向党中央、国务院提出申请;特殊情况需临时举办节庆活动的,可单独申请。

省级以下地区、部门和单位,中央和国家机关、人民团体、有关社团所属机关、事业单位等拟举办公祭类节庆活动的,应当根据第一款规定的时间分别通过省(自治区、直辖市)党委、政府,中央和国家机关、人民团体、有关社团,向党中央、国务院提出申请。

各省会(自治区首府)城市、副省级城市因特殊情况拟举办行政区划变更类节庆活动的,应当根据第一款规定的时间通过省(自治区)党委、政府按归口分别向党中央、国务院提出申请。

举办节庆活动原则上不搞周期化,确需定期举办的,应当专项报批。

第十七条 申请举办公祭类节庆活动,应当事先履行专家论证和公开听证程序,并书面征得文化部同意;申请举办涉外节庆活动,应当事先书面征得外交部同意;申请举办旅游类节庆活动,应当事先书面征得省级以上旅游行政管理部门同意;申请举办行政区划变更类节庆活动,应当事先书面征得省级以上民政部门同意。

第十八条 全国清理和规范庆典研讨会论坛活动工作领导小组对申请项目进行审核,并提出建议批准项目名单,报党中央、国务院审批后1个月内通过中国政府网向社会公布。

第十九条 省(自治区、直辖市)清理和规范庆典研讨会论坛活动工作领导机构对申请项目进行审核,并提出建议批准项目名单,报省级党委、政府审批后1个月内通过省级政府网站向社会公布。

第五章 经费管理

第二十条 举办节庆活动应当坚持厉行节约,严格控制活动规模和开支,所需经费实行谁举办谁负责,由举办单位承担,不得向下级单位、企业和个人转嫁费用。

第二十一条 各单位应当严格经费预算,加强对节庆活动的财务收支管理。不得借举办活动发放礼金、礼品、贵重纪念品和各种有价证券、支付凭证,不得重金邀请各类名人参与活动,不得利用节庆活动为单位或者个人谋取私利。

第六章 领导干部出席

第二十二条 严格控制县处级以上领导干部(包括离退休领导干部)出席节庆活动。未经批准,领导干部不得出席各类节庆活动,不得在活动中挂名任职、发贺信贺电、题词、剪彩等。

领导干部原则上不得出席与本职工作无关的节庆活动。

第二十三条 各地区各部门举办的节庆活动,原则上不邀请党和国家领导人出席。确需邀请党和国家领导人出席节庆活动的,举办单位应当提前3个月按归口分别报中央办公厅、全国人大常委会办公厅、国务院办公厅、全国政协办公厅批准。

第二十四条 中央和国家机关各部门主要负责同志出席节庆活动,应当报中央分管领导同志批准;其他负责同志出席活动,应当向主要负责同志报告;其他领导干部出席活动,应当报上级领导批准。

第七章 监督检查

第二十五条 各地区各部门应当严格按照中央有关规定,加强对本地区本部门节庆活动管理工作的组织领导、政策指导和监督检查。

第二十六条 纪检监察、审计机关和财政等部门应当加强对举办节庆活动的监督检查。对擅自举办活动,违规邀请领导干部出席以及领导干部违规出席活动,以举办活动为由向基层、企业和群众收费、摊派、拉赞助,挥霍浪费、滥发钱物等违规违纪行为,依照有关规定严肃处理。

第二十七条 举办节庆活动,应当严格按照有关规定,做好监管、服务工作,制定应急预案,防止安全事故的发生。

第八章 附 则

第二十八条 各省(自治区、直辖市)应当根据本办法制定实施细则,并报全国清理和规范庆典研讨会论坛活动工作领导小组备案。中央和国家机关、人民团体、有关社团可以结合工作实际制定具体措施。

第二十九条 国有和国有控股企业举办节庆活动,参照本办法执行。

第三十条 中国人民解放军和中国人民武装警察部队举

办节庆活动,按照军队的有关规定执行。

第三十一条　本办法由中央办公厅、国务院办公厅负责解释。

第三十二条　本办法自发布之日起施行。以前有关规定,凡与本办法不一致的,以本办法为准。

评比达标表彰活动管理办法

中共中央办公厅、国务院办公厅 2018 年 12 月 21 日印发

第一条　为了规范评比达标表彰活动,加强评比达标表彰管理工作,根据《中共中央关于建立健全党和国家功勋荣誉表彰制度的意见》、《中华人民共和国国家勋章和国家荣誉称号法》、《中国共产党党内功勋荣誉表彰条例》、《国家功勋荣誉表彰条例》等有关规定,制定本办法。

第二条　评比达标表彰工作坚持以习近平新时代中国特色社会主义思想为指导,围绕中心、服务大局,大力弘扬社会主义核心价值观,遵循严格审批、总量控制、合理设置、注重实效的原则,坚持公开、公平、公正,面向基层和工作一线,严格按照规定的条件、权限和程序进行,坚持以精神激励为主、物质奖励为辅,体现先进性、代表性、时代性。

第三条　全国评比达标表彰工作协调小组在党和国家功勋荣誉表彰工作委员会统一领导下,负责全国评比达标表彰工作的政策指导、统筹协调、审核备案、监督检查。全国评比达标表彰工作协调小组办公室设在人力资源社会保障部,负责日常工作。

各省(自治区、直辖市)评比达标表彰工作协调机构负责本地区省级以下评比达标表彰工作的审核和管理,省级人力资源社会保障部门负责日常工作。

第四条　党的机关、人大机关、行政机关、政协机关、监察机关、审判机关、检察机关、人民团体和经国务院批准免予登记的社会团体(以下简称有关社团)及其所属单位,举办的面向各地区各部门或者本系统本行业的各类评比达标表彰活动,适用本办法。

第五条　党中央、国务院决定开展的评比达标表彰活动,不适用本办法。

年度考核、绩效考核、目标考核、责任制考核,属业务性质的资质评定、等级评定、技术考核,以本单位内设机构和人员为评选对象的评比达标表彰项目,不适用本办法。

第六条　评比达标表彰工作实行中央和省(自治区、直辖市)两级审批制度。审批权限不得擅自下放或者变相下放。

党中央、国务院负责审批中央和国家机关、人民团体、有关社团及其所属单位的评比达标表彰项目和各省(自治区、直辖市)的省级评比达标表彰项目。

各省(自治区、直辖市)党委和政府负责审批本地区省级以下评比达标表彰项目。各省(自治区、直辖市)评比达标表彰工作协调机构应当及时将省级以下项目设立、调整或者变更情况报全国评比达标表彰工作协调小组备案。

各地区各部门开展评比达标表彰活动,必须严格控制数量,不得要求下级单位配套开展。

第七条　设立、调整或者变更评比达标表彰项目,应当符合以下要求:

(一)项目对推进社会主义经济建设、政治建设、文化建设、社会建设、生态文明建设和党的建设具有积极作用和重要意义;

(二)项目名称与评选内容相符合,项目范围与主办单位职能范围相一致;

(三)项目奖项、规模和周期设置科学合理,原则上不设置子项目;

(四)项目评选过程公开、公平、公正,程序严格规范;

(五)项目经费预算符合国家有关规定。

第八条　中央和国家机关、人民团体、有关社团及其所属单位的评比达标表彰项目和各省(自治区、直辖市)省级评比达标表彰项目的设立、调整或者变更,在每年 3 月底前按照归口分别向党中央、国务院提出申请。

各省(自治区、直辖市)省级以下评比达标表彰项目按照归口分别向各省(自治区、直辖市)党委或者政府提出申请。

各地区各部门一般不得开展临时性评比达标表彰活动。因重大事件、重要专项工作等特殊情况,确需临时开展评比达标表彰活动的,可以单独申请。

第九条　按照国家有关规定,可以给予表彰奖励但未经批准的评比达标表彰项目,仍应当按照本办法提出申请。

已经批准的评比达标表彰项目,调整或者变更项目名称、主办单位、活动周期、评选范围、奖项设置、奖励标准等,应当重新提出申请。

第十条　申请设立新的或者临时开展的评比达标表彰项目,申报内容应当包括项目名称、主办单位、理由依据、活动周期、评选范围、参评总数、评选名额、奖项设置、奖励标准、评选条件、奖励办法、组织领导、经费来源和表彰形式等。

第十一条 中央和国家机关、人民团体、有关社团及其所属单位的评比达标表彰项目和各省(自治区、直辖市)省级评比达标表彰项目审批一般按照以下程序进行:

(一)中央办公厅、国务院办公厅分别将各地区各部门报党中央、国务院申请开展评比达标表彰活动的请示转全国评比达标表彰工作协调小组办公室;

(二)全国评比达标表彰工作协调小组办公室研究提出初审意见;

(三)全国评比达标表彰工作协调小组集中审核提出拟批复意见(一般在每年第二季度),并将评比达标表彰项目在有关媒体公示5个工作日,涉密项目等可以不公示,因重大事件、重要专项工作等特殊情况需临时开展的,可以单独审核;

(四)全国评比达标表彰工作协调小组将审核意见报党中央、国务院审批后,由全国评比达标表彰工作协调小组批复申报单位;

(五)全国评比达标表彰工作协调小组办公室向社会公布审批结果。

各省(自治区、直辖市)省级以下评比达标表彰项目审批,可以参照以上程序。

第十二条 评比达标表彰活动应当坚持自下而上、逐级审核推荐。主办单位应当就推荐的机关事业单位和干部按照管理权限,征求组织人事部门、纪检监察机关等部门意见;就推荐的企业和企业负责人,征求生态环境、人力资源社会保障、税务、市场监管、应急管理等有关主管部门意见。

第十三条 省部级评比达标表彰一般不评选副司局级或者相当于副司局级以上单位和干部、县级以上党委或者政府,县处级干部原则上不超过评选总数的20%。

第十四条 主办单位应当将评比达标表彰活动的评选条件、评选办法和评选结果等在适当范围内公示。涉及党和国家秘密或者存在不宜公开等事项可以按照规定不予公示。

第十五条 各地区各部门对拟不再举办的评比达标表彰项目,可以申请退出,并按照审批权限向评比达标表彰工作协调机构备案,由评比达标表彰工作协调机构向社会公布。

第十六条 对推动工作失去实际意义或者造成社会负面影响、群众反映比较强烈的评比达标表彰项目,应当按照审批权限由评比达标表彰工作协调机构研究提出撤销意见。各地区各部门省部级拟撤销评比达标表彰项目按照归口分别报经党中央、国务院批准后予以撤销,各省(自治区、直辖市)省级以下拟撤销评比达标表彰项目按照归口分别报经省(自治区、直辖市)党委或者政府批准后予以撤销。对决定撤销的项目,由评比达标表彰工作协调机构向社会公布。

根据需要,全国评比达标表彰工作协调小组可以直接撤销违规或者无存在必要的评比达标表彰项目。

第十七条 各省(自治区、直辖市)评比达标表彰工作协调机构应当及时将本地区省级以下退出和撤销项目报全国评比达标表彰工作协调小组备案。

第十八条 评比达标表彰项目退出或者撤销后,如再次申请同类项目,一般不予受理。

第十九条 主办单位应当承担开展评比达标表彰项目的全部费用,不得以任何形式向参评单位和个人收取费用。

党的机关、人大机关、行政机关、政协机关、监察机关、审判机关、检察机关、人民团体、有关社团、参照公务员法管理的事业单位举办评比达标表彰活动,所需经费按照现行资金渠道解决,纳入部门预算管理。

其他单位举办评比达标表彰活动,所需经费由单位自有资金解决。

第二十条 按照国家有关规定,规范评比达标表彰活动奖金管理。对于表彰奖励获得者发放奖金,标准根据奖励层级、行业特点、表彰规模、物价水平等因素确定,并根据经济社会发展水平动态调整。

对于获得表彰奖励的集体,不发放奖金。

严禁以开展评比达标表彰活动名义违规发放奖金。

第二十一条 各地区各部门应当切实加强对评比达标表彰活动的财务支出管理,坚持厉行节约,严格遵守财经纪律和财务规定。

第二十二条 任何组织和个人,未经批准,不得开展包含"国家"、"中国"、"中华"、"全国"、"亚洲"、"全球"、"世界"以及类似含义字样的评比达标表彰活动,不得开展未冠以上述字样但实质是全国范围的评比达标表彰活动。

对违反前款规定的组织和个人,宣传、发展改革、公安、民政、人力资源社会保障、人民银行、国资、税务、市场监管等部门,按照有关规定,采取责令停止开展活动、消除影响、约谈、公开曝光批评、纳入诚信记录等方式予以处理;违反法律法规的,依法予以行政处罚;构成犯罪的,依法追究刑事责任。

第二十三条 违反本办法规定,有下列情形之一的,由主管机关对单位主要负责人和直接责任人等给予批评教育、诫勉谈话、组织调整或者组织处理；情节严重的，按照有关规定给予党纪、政务处分；构成犯罪的，依法追究刑事责任：

（一）未经批准擅自开展、不按照批准事项开展评比达标表彰活动以及在评比达标表彰活动中违纪违规的；

（二）各级党的机关、人大机关、行政机关、政协机关、监察机关、审判机关、检察机关、人民团体、有关社团、事业单位、国有企业及其工作人员，违规开展或者参加违规开展的评比达标表彰活动的。

第二十四条　对违规开展或者参加违规开展的评比达标表彰活动的单位，由主管机关给予通报批评；情节严重的，5 年内不得开展评比达标表彰活动，取消其 5 年内评优评先资格。

第二十五条　开展评比达标表彰活动，应当主动接受群众监督、社会监督、舆论监督。

各级宣传、互联网信息内容管理工作主管部门应当加强对各类评比达标表彰活动新闻宣传工作的监督管理。任何单位和个人对未经审核批准的评比达标表彰活动，一律不得进行任何形式的宣传报道。

对违规评比达标表彰活动予以宣传报道的，依照本办法第二十二条、第二十三条、第二十四条规定处理。

第二十六条　加强对以国家名义开展评比达标表彰活动的监督管理，搭建查询和公示平台，建立违规评比达标表彰活动举报制度，鼓励群众通过电话、来信、网络等形式及时举报违规开展的评比达标表彰项目和评比达标表彰活动中的违法违规行为。

第二十七条　科学技术奖励活动包括社会力量设立的科学技术奖励，按照《国家科学技术奖励条例》有关规定办理。《国家科学技术奖励条例》规定可以自主设立并报有关部门备案的，应当同时按照本办法要求报全国评比达标表彰工作协调小组备案。

第二十八条　全国性文艺评奖和新闻媒体评奖由中央宣传部按照有关规定办理。

第二十九条　严格控制社会组织举办评比达标表彰活动，具体管理办法由民政部会同有关部门根据有关法律法规另行制定。

第三十条　对境外组织机构在我国境内举办评比达标表彰活动从严审批，具体管理办法另行制定。

第三十一条　《中国共产党党内功勋荣誉表彰条例》另有规定的，从其规定。军队和地方联合开展的评比达标表彰项目参照本办法执行，具体管理办法另行制定。

第三十二条　各省（自治区、直辖市）应当根据本办法制定具体实施细则，报全国评比达标表彰工作协调小组备案。中央和国家机关、人民团体、有关社团可以结合工作实际制定具体措施。

第三十三条　本办法由人力资源社会保障部负责解释。

第三十四条　本办法自 2018 年 12 月 21 日起施行，2010 年 10 月 27 日中央办公厅、国务院办公厅印发的《评比达标表彰活动管理办法（试行）》同时废止。

（3）礼品礼金

·法律法规·

国家行政机关及其工作人员在国内公务活动中不得赠送和接受礼品的规定

1988 年 12 月 1 日国务院令第 20 号发布施行

第一条　为了严肃政纪，保持国家行政机关及其工作人员廉洁，制定本规定。

第二条　国家行政机关及其工作人员在国内公务活动中，不得赠送和接受礼品。

第三条　国家行政机关及其工作人员不得假借名义或者以变相形式赠送和接受礼品：

（一）以鉴定会、评比会、业务会、订货会、展销会、招待会、茶话会、新闻发布会、座谈会、研讨会以及其他会议的形式；

（二）以祝贺春节、元旦、国庆节、中秋节和其他节假日的名义；

（三）以试用、借用、品尝、鉴定的名义；

（四）以祝寿、生日、婚丧嫁娶的名义；

（五）以其他形式和名义。

第四条　本规定所称的礼品，是指礼物、礼金、礼券以及以象征性低价收款的物品。

第五条　国家行政机关违反本规定第二、三条的规定，对负直接责任的机关有关领导人和直接责任者，根据数额多少，情节轻重，分别给予警告、记过、记大过、降级直至撤职处分。

第六条　国家行政机关工作人员，违反本规定第二、三条的规定，接受礼品的，根据数额多少，情节轻重，分别给予警告、记过、记大过、降级直至撤职处分。

国家行政机关工作人员，违反本规定第二、三条的规定，赠送礼品的，应当给予批评教育；影响很坏的，给予警告或者记过处分。

各级国家行政机关的领导人违反前两款规定的，从重处分。

第七条　国家行政机关及其工作人员违反本规定第二、三条的规定，数额较少、情节轻微，经批评教育表示悔改的，可以免予行政处分。

第八条　国家行政机关及其工作人员为谋取不正当利益而赠送、接受或者索取礼品的，按照国家有关惩治行贿、受贿的法律、法规处理。

第九条　对接收的礼品必须在一个月内交出并上交国库。所收礼品不按期交出的，按贪污论处。

第十条　对国家行政机关工作人员赠送和接受礼品的行政处分，依照国家行政机关工作人员的管理权限和行政处分程序的规定办理。

第十一条　本规定由各级国家行政机关执行，各级监察部门负责监督、检查。

第十二条　各省、自治区、直辖市人民政府可以根据本规定制定实施办法。

第十三条　本规定自发布之日起施行。

国务院关于在对外公务活动中赠送和接受礼品的规定

1993年12月5日国务院令第133号发布施行

第一条　为了加强对国家行政机关工作人员在对外公务活动中赠送和接受礼品的管理，严肃外事纪律，保持清廉，制定本规定。

第二条　本规定所称的礼品，是指礼物、礼金、有价证券。

第三条　根据国际惯例和对外工作需要，必要时可以对外赠送礼物。礼物的金额标准另行规定。

第四条　对外赠送礼物必须贯彻节约、从简的原则。礼物应当以具有民族特色的纪念品、传统手工艺品和实用物品为主。

第五条　对来访的外宾，不主动赠送礼物。外宾向我方赠送礼物的，可以适当回赠礼物。

第六条　对外赠送礼物或者回赠礼物，必须经国务院所属部门或者省、自治区、直辖市人民政府批准，或者由其授权的机关批准。审批时，应当从严掌握。

第七条　在对外公务活动中接受的礼物，应当妥善处理。价值按我国市价折合人民币200元以上的，自接受之日起（在国外接受礼物的，自回国之日起）一个月内填写礼品申报单并将应上缴的礼物上缴礼品管理部门或者受礼人所在单位；不满200元的，归受礼人本人或者受礼人所在单位。

在对外公务活动中，对方赠送礼金、有价证券时，应当予以谢绝；确实难以谢绝的，所收礼金、有价证券必须一律上缴国库。

第八条　在对外公务活动中，不得私相授受礼品，不得以明示或者暗示的方式索取礼品。

第九条　国务院机关事务管理局负责保管、处理国务院各部门上缴的礼品。

县级以上地方各级人民政府指定专门单位负责保管、处理该级人民政府各部门上缴的礼品。

第十条　礼品管理部门及有关部门对于收缴的礼品，应当登记造册，妥善保管，及时处理。礼品保管部门应当每年向受礼单位通报礼品处理情况。受礼单位应当将礼品处理情况告知受礼人。

第十一条　国家行政监察机关按照有关规定负责对对外赠送和接受礼品的情况进行监督、检查。

第十二条　国家行政机关工作人员违反本规定的，对负直接责任的机关有关领导人和直接责任人，给予行政处分；构成犯罪的，由司法机关依法追究刑事责任。

对国家行政机关工作人员的行政处分，按照干部管理权限和规定程序办理。

第十三条　国家行政机关工作人员在公务活动中向华侨和香港、澳门、台湾地区的居民赠送礼品和接受其礼品，依照本规定执行。

第十四条　本规定由国务院办公厅负责解释。

第十五条　本规定自发布之日起施行。

国务院办公厅转发人民银行、监察部等部门关于规范商业预付卡管理意见的通知

1. 2011年5月23日

2. 国办发〔2011〕25号

各省、自治区、直辖市人民政府，国务院各部委、各直属机构：

人民银行、监察部、财政部、商务部、税务总局、工商总局、预防腐败局《关于规范商业预付卡管理的意见》已经国务院同意，现转发给你们，请认真贯彻执行。

关于规范商业预付卡管理的意见

近年来，适应信息技术发展和小额支付服务市场创新的客观需要，商业预付卡市场发展迅速。商业预付卡以预付和非金融主体发行为典型特征，按发卡人不同可划分为两类：一类是专营发卡机构发行，可跨地区、跨行业、跨法人使用的多用途预付卡；另一类是商业企业发行，只在本企业或同一品牌连锁商业企业购买商品、服务的单用途预付卡。总体看，商业预付卡在减少现钞使用、便利公众支付、刺激消费等方面发挥了一定作用。同时，商业预付卡市场也存在监管不严、违反财务纪律、缺乏风险防范机制、公款消费和收卡受贿等突出问题，严重扰乱了税收和财务管理秩序，助长了腐败行为。为规范商业预付卡管理、严肃财经纪律、防范金融风险、促进反腐倡廉，现提出如下意见：

一、明确职责，加强管理

强化对商业预付卡发卡人的管理，是规范商业预付卡管理的首要环节，必须进一步明确部门职责，落实分类监管。人民银行要严格按照《非金融机构支付服务管理办法》（中国人民银行令〔2010〕第2号）的规定，加强对多用途预付卡发卡人的监督检查，完善业务管理规章，维护支付体系安全稳定运行。未经人民银行批准，任何非金融机构不得发行多用途预付卡，一经发现，按非法从事支付结算业务予以查处。对商业企业发行的单用途预付卡，商务部门要强化管理，抓紧制定行业标准，适时出台管理办法。金融机构未经批准，不得发行预付卡。

二、健全制度，规范行为

规范商业预付卡的发行和购买，是防范利用商业预付卡洗钱、套现、偷逃税款以及行贿受贿的有效途径，必须进一步建立健全规章制度，加大执法力度。一是建立商业预付卡购卡实名登记制度。对于购买记名商业预付卡和一次性购买1万元（含）以上不记名商业预付卡的单位或个人，由发卡人进行实名登记。二是实施商业预付卡非现金购卡制度。单位一次性购卡金额达5000元（含）以上或个人一次性购卡金额达5万元（含）以上的，通过银行转账方式购买，不得使用现金；使用转账方式购卡的，发卡人要对转出、转入账户名称、账号、金额等进行逐笔登记。三是实行商业预付卡限额发行制度。不记名商业预付卡面值不超过1000元，记名商业预付卡面值不超过5000元。

严格发票和财务管理。发卡人必须严格按照《中华人民共和国发票管理办法》有关规定开具发票。税务部门要加强发票管理和税收稽查，坚决依法查处发卡人在售卡环节出具虚假发票、购卡单位在税前扣除与生产经营无关支出等行为。财政部门要加强财务管理，严厉查处挪用预算资金、利用购卡进行公款消费等行为。

三、坚决治理，防贿促廉

治理收卡受贿等违纪违法行为，是加强反腐倡廉工作的迫切要求和重要环节，必须进一步狠抓落实，加大查处力度。按照《中国共产党党员领导干部廉洁从政若干准则》和《中共中央办公厅国务院办公厅关于严禁党政机关及其工作人员在公务活动中接受和赠送礼金、有价证券的通知》（中办发〔1993〕5号）的规定，严禁国家工作人员特别是领导干部在公务活动中收受任何形式的商业预付卡。凡收受商业预付卡又不按规定及时上交的，以收受同等数额的现金论处。对涉嫌受贿的，依法严肃查处。

四、防范风险，维护权益

加强预付资金管理，维护持卡人合法权益，是防范金融风险的重要手段，必须引起足够重视，进一步完善工作机制。多用途预付卡发卡人接受的、客户用于未来支付需要的预付资金，不属于发卡人的自有财产，发卡人不得挪用、挤占。多用途预付卡发卡人必须在商业银行开立备付金专用存款账户存放预付资金，并与银行签订存管协议，接受银行对备付金使用情况的监督。人民银行要加强对多用途预付卡备付金专用存款账户开立和使用的监管。商务部门要采取有效措施，加强对单用途预付卡预付资金的监管，防范资金风险。

人民银行、商务部要继续健全商业预付卡收费、投诉、保密、赎回、清退等业务管理制度，全面维护持卡人合法权益。为防止发卡人无偿占有卡内残值，方便持卡人使用，记名商业预付卡不设有效期，不记名商业预付卡有效期不得少于3年。对于超过有效期尚有资金余额的，发卡人应提供激活、换卡等配套服务。工商部门要进一步加强监督检查，加大消费维权工作力度，严厉打击侵犯消费者权益的不法行为，及时开展相关消费提示，营造良好的消费环境。

商业预付卡管理涉及部门众多，情况复杂，规范整顿的任务十分艰巨。各有关部门要各负其责，建立对商业预付卡的联合监督检查机制，进一步加强协调配合，齐抓共管，形成合力。2011年年底前，人民银行、商务部等有关部门要联合开展一次商业预付卡市场专项检查，以检查促整改，促进商业预付卡市场规范发展。

·党规党纪·

中共中央办公厅、国务院办公厅关于严禁党政机关及其工作人员在公务活动中接受和赠送礼金、有价证券的通知

1993年4月27日

党中央、国务院对党政机关及其工作人员在公务活动中不得接受和赠送礼品问题曾多次作过规定。但是，一些地区、部门和单位违反规定的现象仍时有发生。特别严重的是，一些企业在开展业务、举办新闻发布会和纪念庆典等活动中，不顾党中央、国务院的明令禁止，以各种名义和形式向党政机关及其工作人员赠送礼金和代币购物券、礼仪储蓄单、债券、股票及其他有价证券。在党政机关工作人员中，接受礼金和有价证券的现象有蔓延的趋势。接受和赠送礼金、有价证券，腐蚀性很大，不仅违反了国家金融管理制度和财经纪律，而且诱发行贿受贿、搞权钱交易、不给好处不办事等腐败行为，败坏党风、政风，损害党和政府的形象，影响改革开放和经济建设的健康发展。广大群众对此反映强烈，如不及时加以坚决制止，将贻害无穷。为此，经党中央、国务院领导同志同意，特作如下通知：

一、各级党政机关及其工作人员（包括离休、退休干部和受党政机关委托、聘任从事公务的人员），特别是领导机关和领导干部，在公务活动包括礼仪庆典、新闻发布会和经济活动中，不得以任何名义和变相形式接受礼金和有价证券。凡违反规定接受礼金和有价证券者，要坚决追究，根据数额多少和情节轻重，给予党纪、政纪处分。对索要或暗示对方赠送礼金和有价证券的，要从重处分。触犯刑律的，要依法惩处。

二、各地区、各部门、各单位（包括企业、事业单位）不得以业务会、招待会、定货展销会、新闻发布会等各种会议和礼仪、庆典、纪念、商务等各种活动及其他的形式或名义，向党政机关及其工作人员赠送礼金和有价证券。凡违反规定的，要追究有关领导的责任。

三、各级党政机关及其工作人员在涉外活动（包括与华侨和港澳台同胞交往活动）中，由于难以谢绝而接受的礼金和有价证券，必须在一个月内全部交出并上缴国库。凡不按期交出的，以贪污论处。

四、各地区、各部门、各单位对上述规定必须坚决贯彻执行。各级领导干部要切实负起责任，严以律己，带头贯彻执行，并对本地区、本部门、本单位的工作人员加强教育管理，对执行本通知的情况加强监督检查，绝不允许敷衍塞责。各级财政部门要加强财务管理，严格把好礼金和有价证券的开支关。各级审计机关要把赠送礼金和有价证券问题作为审计监督的一项经常性内容，严格执行财经纪律。银行要加强现金管理，严防套取现金；各储蓄机构一律不准接受国内任何单位和个人用公款办理礼仪储蓄的业务。各级党的纪律检查机关和行政监察机关，要认真受理群众举报，严肃查处党政机关及其工作人员在公务活动中接受和赠送礼金、有价证券的案件，对于情节严重、影响恶劣的典型案件，要公开处理，以儆效尤。

五、各地区、各部门、各单位过去制定的有关规定，凡与本通知精神不一致的，一律以本通知为准。

关于对党和国家机关工作人员在国内交往中收受的礼品实行登记制度的规定

中共中央办公厅、国务院办公厅1995年4月30日印发

第一条　为保持党和国家机关工作人员廉洁从政，加强党风廉政建设，制定本规定。

第二条　党和国家机关工作人员在国内交往中，不得收受可能影响公正执行公务的礼品馈赠，因各种原因未能拒收的礼品，必须登记上交。

党和国家机关工作人员在国内交往（不含亲友之间的交往）中收受的其他礼品，除价值不大的以外，均须登记。

第三条　按照第二条的规定须登记的礼品，自收受礼品之日起（在外地接受礼品的，自回本单位之日起）一个月内由本人如实填写礼品登记表，并将登记表交所在机关指定的受理登记的部门。受理登记的部门可将礼品的登记情况在本机关内公布。

登记的礼品按规定应上交的，与礼品登记表一并上交所在机关指定的受理登记的部门。

第四条　对于收受后应登记、上交的礼品在规定期限内不登记或不如实登记、不上交的，由所在党组织、行政部门或纪检监察机关责令其登记、上交，并给予批评教育或者党纪处分、政务处分或者其他处分。

第五条　本规定所称党和国家机关工作人员，是指党的机关、人大机关、行政机关、政协机关、审判机关、检察机关中从事公务的人员。

国有企业、事业单位的负责人，国家拨给经费的各社会团体中依照法律从事公务的人员，适用本规定。

第六条　本规定由各级党组织和行政部门负责执行，各级纪检监察机关负责监督检查。

第七条　各省、自治区、直辖市应根据本规定，结合本地区的实际，制定具体的礼品登记标准；中共中央直属机关和中央国家机关的礼品登记标准，由中共中央直属机关事务管理局、国务院机关事务管理局制定。各省、自治区、直辖市和中共中央直属机关事务管理局、国务院机关事务管理局还应制定具体的礼品上交处理办法。各省、自治区、直辖市和中共中央直属机关事务管理局、国务院机关事务管理局制定的礼品登记标准和上交处理办法，要报中央纪委国家监委备案。

第八条　本规定由中央纪委国家监委负责解释。

第九条　本规定自发布之日起施行。

附：

礼品登记表

<table>
<tr><td>登　记　人</td><td></td><td>政治面貌</td><td></td><td>登记时间</td><td></td></tr>
<tr><td>单位、职务</td><td colspan="3"></td><td>电　　话</td><td></td></tr>
<tr><td>礼品名称、数量、型号及价值</td><td colspan="5"></td></tr>
<tr><td>送礼人姓名、单位、职务</td><td colspan="5"></td></tr>
<tr><td colspan="6">送礼时间、地点：</td></tr>
<tr><td colspan="6">（以下由受理礼品登记部门填写）</td></tr>
<tr><td>接受登记部门</td><td colspan="5"></td></tr>
<tr><td>礼品处理情况</td><td colspan="5">经手人：　　批准人：</td></tr>
<tr><td>礼品移交情况</td><td colspan="5">经手人：　　批准人：</td></tr>
</table>

中共中央纪律检查委员会对《关于对党和国家机关工作人员在国内交往中收受的礼品实行登记制度的规定》中几个问题的答复

1996年10月9日

各省、自治区、直辖市纪委，中央和国家机关各部委纪检组(纪委)，中央纪委各派驻纪检组，中直机关和中央国家机关纪工委，军委纪委：

《关于对党和国家机关工作人员在国内交往中收受的礼品实行登记制度的规定》(以下简称《规定》)发布后，一些地方和部门提出了一些问题，经研究，答复如下：

一、本《规定》所称礼品，是指礼物、礼金、礼券以及以象征性低价收款的物品。

二、本《规定》第二条第二款所称“其他礼品”，不包括礼金和礼券。因为按照1993年4月27日中央办公厅、国务院办公厅发布的《关于严禁党政机关及其工作人员在公务活动中接受和赠送礼金、有价证券的通知》，礼金、礼券是严禁收受的，如果收受的，不论价值大小，必须一律登记上交。

三、凡属可能影响公正执行公务的即使是亲友馈赠的礼品，也不能收受，收受的必须登记上交。

四、对违反《规定》者，按照1990年7月1日中央纪委发布的《关于共产党员在经济方面违法违纪党纪处分的若干规定(试行)》给予党纪处分；需要给予政纪处分的比照上述规定处分。

关于各级领导干部接受和赠送现金、有价证券和支付凭证的处分规定

中央纪委、监察部2001年3月26日印发

第一条 为保证各级领导干部廉洁从政，根据2000年12月中央纪委第五次全体会议精神，制定本规定。

第二条 各级领导干部一律不得接受下列单位或者个人的现金、有价证券和支付凭证：

(一)管理和服务的对象；

(二)主管范围内的下属单位和个人；

(三)外商、私营企业主；

(四)其他与行使职权有关系的单位和个人。

第三条 本规定所称领导干部，是指党的机关、人大机关、行政机关、政协机关、审判机关、检察机关中担任副科级以上职务的领导干部，事业单位、人民团体中相当于副科级以上职务的领导干部，国有企业的中层以上领导人员。

第四条 中央纪委第五次全体会议后，领导干部接受第二条所列单位或者个人赠送的现金、有价证券和支付凭证的，不论数额多少，一律给予警告以上的党纪处分直至开除党籍，或者责令辞职、免职、解聘、辞退等组织处理。

需要给予行政处分或者其他纪律处分的，按照有关规定给予相应的处分。

违反本规定，涉嫌犯罪的，移送司法机关处理。

第五条 领导干部的父母、配偶、子女接受与该领导干部行使职权有关系的单位和个人赠送的现金、有价证券和支付凭证，应当追究该领导干部的责任，根据情节轻重，给予相应的纪律处分。

查实本人知道的，依照本规定第四条处理。

第六条 向领导干部赠送现金、有价证券和支付凭证的个人和单位，应当根据情节轻重，给予责任人相应的纪律处分。

第七条 中央纪委第五次全体会议前接受和赠送现金、有价证券和支付凭证，主动如数上交、如实报告组织的，根据情节，可以不予处分、免予处分或者减轻处分；不上交、不主动报告组织的，依照本规定处理。

第八条 本规定由中共中央纪律检查委员会负责解释。

第九条 本规定自发布之日起施行。

中央纪委关于他人给领导干部手机充值问题如何处理的答复

2003年4月9日

各省、自治区、直辖市纪委、监察厅(局)法规室、党风廉政建设室，中央和国家机关各部委纪检组(纪委)、监察局办公室，中央纪委各派驻纪检组办公室，监察部各派驻监察局、监察专员办公室，中央直属机关纪工委办公室，中央国家机关纪工委办公室，总政纪检部秘书室：

最近，一些地方反映，有的人为了达到拉拢、贿赂领导干部的目的，利用手机充值卡直接给领导干部或其配偶、子女的手机充值。对这种现象如何处理？经研究，现答复如下：

一、给领导干部或其配偶、子女的手机充值，是以隐蔽的方式给领导干部赠送现金或者变相行贿的行为，要教育领导干部提高警觉，充分认识接受他人给自己手机充值的危害性，坚决予以拒绝。

二、领导干部明知手机被他人充值的，应及时向所在单位报告，由所在单位酌情处理充值费用；不报告而自行消费的，依照有关规定给予党纪政纪处分。

关于落实中央八项规定精神坚决刹住中秋国庆期间公款送礼等不正之风的通知

中共中央纪委、中央党的群众路线教育实践活动领导小组 2013 年 9 月 3 日印发

近日，习近平总书记在辽宁考察时强调，重大节日期间，是对干部作风的重要检验；中秋节、国庆节就要到了，要坚决刹住公款送节礼、公款吃喝、公款旅游和奢侈浪费等不正之风，过一个风清气正的中秋节、国庆节。为贯彻习近平总书记重要指示，深入推进党的群众路线教育实践活动，切实落实中央八项规定精神，坚决反对"四风"，现重申如下纪律要求：

节日期间，严禁用公款送月饼送节礼；严禁用公款大吃大喝或安排与公务无关的宴请；严禁用公款安排旅游、健身和高消费娱乐活动；严禁以各种名义突击花钱和滥发津贴、补贴、奖金、实物。

各级领导机关、领导干部要把刹住节日期间公款送礼等不正之风作为党的群众路线教育实践活动正风肃纪的重要内容，对出现的问题敢抓敢管，及时提醒、坚决纠正。各级领导干部特别是一把手，要严于律己，从我做起，并加强对亲属和身边工作人员的教育和约束。

各级纪检监察机关要充分发挥职能作用，强化监督检查，对顶风违纪的，发现一起，查处一起，严肃追究直接责任人和有关领导的责任，并对典型案例予以通报曝光，坚决刹住"两节"期间公款送礼等不正之风，切实巩固改进作风的成果。

中央纪委关于严禁公款购买印制寄送贺年卡等物品的通知

2013 年 10 月 31 日

最近，习近平总书记在指导河北省委常委班子专题民主生活会时强调，要认清"四风"的严重性、危害性和顽固性、反复性，锲而不舍、驰而不息抓下去。多年来，每逢元旦、春节，一些地方和单位用公款大量购买、印制、邮寄、赠送贺年卡、明信片、年历等物品，印制越来越奢华、浪费越来越严重。这既是形式主义的表现，又助长了奢靡之风。党的群众路线教育实践活动开展以来，对纠正此风，从党内到社会均有反思、倡议和呼声。为深入落实中央八项规定精神，坚决反对"四风"，现就严禁公款购买印制寄送贺年卡等物品提出如下要求：

各级党政机关、国有企事业单位和金融机构，严禁用公款购买、印制、邮寄、赠送贺年卡、明信片、年历等物品。涉及外事、港澳台事务、侨务等工作需要不在此限，但也要提倡节俭。要严肃财经纪律，强化审计监督，相关费用不准转嫁摊派，一律不予公款报销。

各级纪检监察机关要持之以恒强化监督检查，及时发现问题，坚决予以纠正。对顶风违纪的，发现一起、查处一起，严肃责任追究，通报曝光典型案例。以改进作风的实际成效，不断深化和巩固落实中央八项规定精神的成果。

中央纪委关于严禁元旦春节期间公款购买赠送烟花爆竹等年货节礼的通知

2013 年 11 月 21 日

元旦、春节将至，遵照中央指示，要继续落实好八项规定精神、坚决反对"四风"。节日期间，公款赠送节礼现象普遍，不正之风易发多发，广大群众反映强烈。现提出如下纪律要求：

各级党政机关、人民团体、国有企事业单位和金融机构，严禁用公款购买赠送烟花爆竹、烟酒、花卉、食品等年货节礼（慰问困难群众职工不在此限）。要严肃财经纪律，强化审计监督，相关费用不准转嫁摊派，一律不予公款报销。

各级纪检监察机关要强化执纪监督，对违纪行为快查快办，严格责任追究，及时通报曝光。深入落实八项规定精神，必须在坚持中深化，在深化中坚持，不断巩固纠正"四风"成果。广大党员干部要带头勤俭节约、移风易俗，以优良党风政风带动民风社风，过一个平安欢乐祥和的佳节。

(4)公务用车

·党规党纪·

中央纪委关于对贵州省监察厅关于清理小汽车工作几个问题请示的答复

1994年9月9日

贵州省监察厅：

你厅关于贯彻“新五条规定”的实施意见过程中遇到的几个问题的请示收悉。经研究，答复如下：

一、县(处)级以上领导干部经批准在企业兼任职务的，也应按照中纪发〔1994〕5号文件的规定，不得乘坐所兼任职务的企业的豪华轿车，现仍乘坐的，必须立即退还企业。

二、党政机关借用企业的轿车按规定均应归还企业，如目前企业效益差，应归还的轿车又已用旧，可根据中办发〔1994〕10号文件第二条规定的处理原则，与被借用的企业协商并经上级机关批准，合理作价向企业购买，但不得违反中纪发〔1994〕5号文件第三条及其他有关规定购买企业的进口豪华轿车。

三、为加强廉政建设，各级党政机关不得接受合资企业的外商赠送的小汽车。

四、如个别党政机关使用的都是进口豪华车，无国产车可调换，也应严格执行中纪发〔1994〕5号文件。由各省、自治区、直辖市有关部门在本地区范围内调剂解决。

中央纪委关于清理领导干部使用的奔驰等进口豪华车时间界限问题的答复

1994年11月3日

各省、自治区、直辖市纪委、监察厅(局)，中央和国家机关各部委纪检组(纪委)、监察局，中央纪委各派驻纪检组，监察部各派驻监察局、监察专员办公室，中直机关和中央国家机关纪工委，军委纪委：

中共中央办公厅、国务院办公厅《关于党政机关汽车配备和使用管理的规定》(中办发〔1994〕14号)下发后，一些地区和部门来函来电请示关于清理领导干部使用的奔驰等进口豪华车的时间界限问题，经研究，现答复如下：

一、领导干部凡现在使用奔驰、林肯、卡迪拉克、公爵王等高档进口豪华轿车的，不管何时配备的，应一律在现有车辆中调换。

二、领导干部使用的超过规定标准的其他进口轿车，1992年7月1日以前购置的，可以继续使用。

中央纪委关于清理汽车工作两个有关问题的答复

1995年2月13日

江西省纪委：

你委关于在清理汽车工作中遇到的两个问题的请示收悉。经研究，答复如下：

一、根据《关于中央纪委三次全会重申和提出的党政机关县(处)级以上领导干部廉洁自律“五条规定”的实施意见》(中纪发〔1994〕5号)的规定，凡在1992年7月1日以后，违反中央有关规定，购买供县(处)级以上领导干部乘坐的进口豪华小轿车，无论是“二手车”或是所谓的“过户车”都应清理。

二、这次清理的领导干部用车，仅指“小轿车”，不包括其他小汽车，如越野吉普车、旅行车等。

中央纪委关于清车政策有关问题的答复

1995年11月30日

中共江苏省纪委：

关于《关于中央纪委三次全会重申和提出的党政机关县(处)级以上领导干部廉洁自律“五条规定”的实施意见》第三条“拖欠职工工资(由财政负担的部分)的县(市)，县(市)党政领导机关购买小汽车的，……小汽车予以拍卖或变卖，……”中的“县(市)党政领导机关”的含义问题，答复如下：这里的“县(市)党政领导机关”是指县(市)党的机关、人大机关、行政机关、政协机关、审判机关和检察机关的领导机构及其所属工作部门。

中共中央纪律检查委员会办公厅、监察部办公厅关于禁止对普通轿车进行豪华装修的通知

1996年6月27日

清理党政机关及党政领导干部超标准用车的工作已取得阶段性成果，受到群众的拥护和好评。但是，有些地方出现了将普通轿车进行豪华装修的现象，所花费用几万元、十几万元，有的甚至超过购置该车的价格，严重地违反了中央关于清理豪华小轿车有关规定的精神。为此，特通知如下：

党政机关领导干部的工作用车及国有企业事业单位领导干部的工作用车一律不得进行豪华装修，即购车时不得要求售车单位高于原车配置设计进行装修，也不得借修车之机进行高于原车配置的装修，如增改天窗、电动门窗；调换真皮座椅；增设车载冰箱、电视、CD音响，以及其它与汽车行驶性能无关的设备。中央纪委第三次全会后，对党政领导干部的工作用车进行豪华装修，以及中央纪委第五次全会后，对国有企业事业单位的领导干部的工作用车进行豪华装修的，必须追究有关人员的责任。情节较轻的，责令作出检查；情节较重的，按照有关规定给予党纪政纪处分。本通知下发后继续违反的，从重处分。对严重超出原车配置设计进行装修的车辆，比照清理豪华小轿车的有关规定处理。

关于党政机关县(处)级以上党员领导干部违反廉洁自律规定购买、更换小汽车行为的党纪处理办法

中共中央纪委1996年8月26日印发

为保证党政机关县(处)级以上领导干部廉洁自律有关规定的贯彻执行，正确处理违反规定购买、更换小汽车的行为，依据《中共中央办公厅、国务院办公厅关于党政机关汽车配备和使用管理的规定》、中央纪委第三次全体会议重申和提出的"新五条规定"及其《实施意见》，制定本办法。

本办法发布施行前对违反规定购买、更换小汽车的行为已作了处理的，不再重新处理；未作处理的和本办法发布施行后违反规定购买、更换、装修小汽车的，依照本办法处理。

一、违反中央有关规定，购买供县(处)级以上领导干部乘坐的进口豪华小轿车，或者追求享受更换进口豪华小轿车，不主动检查纠正的，以及在中央纪委第三次全体会议后违反规定购买和更换小轿车的，小轿车予以收缴，并给予有关领导干部警告或严重警告处分；情节严重的，给予撤销党内职务处分。

购买、更换奔驰、林肯、卡迪拉克、公爵王等高档进口豪华小轿车，不主动检查纠正的，以及在中央纪委第三次全体会议后违反规定的，依照前款规定处理。

二、利用职权向企业、下属单位调换、借用和摊派款项购买各种机动车辆，不主动检查纠正的，以及在中央纪委第三次全体会议后向企业、下属单位调换、借用和摊派款项购买机动车辆的，责令其限期纠正，并给予有关领导干部警告或严重警告处分；情节严重的，给予撤销党内职务处分。

三、用贷款、集资款和专项资金购买小汽车供领导干部使用，不主动检查纠正的，以及在中央纪委第三次全体会议后违反规定的，给予有关领导干部和责任者严重警告或撤销党内职务处分。其中，挪用救灾款、救济款、扶贫款、教育基金等专项资金购买的，从重或加重处分。

四、非法购买走私车供领导干部使用的，车辆予以没收，并给予有关领导干部和责任者严重警告或撤销党内职务处分；情节严重的，给予留党察看或开除党籍处分。触犯刑律的，由司法机关依法处理。

五、拖欠职工工资(由财政负担的部分)的县(市)的县(市)党政领导机关购买小汽车，或拖欠职工工资的其他单位购买小汽车，不主动检查纠正的，以及在中央纪委第三次全体会议后违反规定的，责令其限期纠正，并给予有关领导干部警告、严重警告或撤销党内职务处分。

六、在中央纪委第三次全体会议后，对党政机关县(处)级以上领导干部使用的普通轿车进行豪华装修，情节较轻的，责令有关领导干部和责任者作出检查；情节较重的，给予警告或严重警告处分；情节严重的，给予撤销党内职务处分。

在中央纪委第五次全体会议后，对国有企业事业单位的领导干部使用的普通轿车进行豪华装修的，依照前款规定处理。需要给予行政处分的，由其任免机关或监察机关参照本办法和有关规定处理。

七、对党政机关县(处)级以上领导干部违反廉洁自律规定购买、更换、装修小汽车的行为，需要给予行政处分

的,由其任免机关或监察机关参照本办法和有关规定处理。

对国有企业领导干部违反廉洁自律规定购买、更换小汽车的行为,依照《中共中央纪委关于国有企业领导干部廉洁自律“四条规定”的实施和处理意见》的规定处理。

八、各地各部门制定的有关规定与本办法有抵触的,以本办法为准。

九、本办法由中共中央纪律检查委员会负责解释。

党政机关公务用车选用车型目录管理细则

2011年11月14日工业和信息化部、国务院机关事务管理局、中共中央直属机关事务管理局公告2011年第40号发布

第一章 总 则

第一条 为降低行政成本,推进节能减排,规范党政机关公务用车采购管理,根据国家有关法律法规,制定本细则。

第二条 本细则所称公务用车,是指党政机关用于履行公务的机动车辆,分为一般公务用车和执法执勤用车。

一般公务用车是指用于办理公务、机要通信、处置突发事件等公务活动的机动车辆。执法执勤用车是指用于办案、监察、稽查、税务征管等执法执勤公务的专用机动车辆。

公务用车包括轿车、越野车及多功能乘用车。

第三条 国务院机关事务管理局、中共中央直属机关事务管理局、工业和信息化部(以下简称主管部门)负责制订和发布《党政机关公务用车选用车型目录》(以下简称《目录》)。

第四条 《目录》按照企业申报、专家评审、社会公示、联合发布的程序产生。《目录》的制订和发布,应当公开、公正、科学、高效,并接受社会监督。

第五条 主管部门组织汽车行业第三方机构的技术经济专家组成《目录》评审专家组(以下简称专家组)。专家组主要职责如下:

(一)申报企业和车型的技术审查;

(二)参与《目录》车型专项核查;

(三)与《目录》相关的其他技术支持。

第二章 申报企业及车型条件

第六条 申报《目录》的汽车生产企业应符合以下条件:

(一)工业和信息化部《车辆生产企业及产品公告》(以下简称《公告》)内的汽车生产企业;

(二)具备持续的整车技术研发和产品改进能力,设有产品研发机构,近两年企业研究开发费用支出占主营业务收入的比例均不低于3%;

(三)诚实守信,自觉履行社会责任,具有良好的品牌形象,近三年内没有重大知识产权纠纷、重大产品质量安全事故及其他严重违法违规行为;

(四)自觉加强销售和服务网络管理,规范销售和售后服务。实施全国统一的汽车质量保证和服务承诺,并认真履行。

第七条 申报《目录》的车型应具备以下条件:

(一)《公告》内车型;

(二)申报企业应拥有申报车型的产品工业产权、产品改进及认可权、产品技术转让权及国内外市场销售权;

(三)申报前已经连续生产销售3个月(含)以上,并保证进入《目录》后连续生产销售时间不低于6个月;

(四)申报《目录》的轿车:一般公务用车和执法执勤用车发动机排气量不超过1.8升,价格不超过18万元,其中机要通信用车发动机排气量不超过1.6升,价格不超过12万元;纯电动、插电式混合动力等新能源轿车扣除财政补助后价格不超过18万元。申报《目录》的其他车型:具体要求结合实际用车需求并按照有关规定确定。

第三章 《目录》的制订

第八条 《目录》为年度目录,原则上每年制订、发布一次。

第九条 申报《目录》的企业应按照主管部门的通知要求,向主管部门提交申报材料(申报材料格式见附件二)。

第十条 主管部门组织专家组对企业申报材料进行审查。

第十一条 专家组按照《党政机关公务用车选用车型目录》评价指标体系(附件三)要求,完成车型性价比指数计算工作,形成《目录(征求意见稿)》。

第十二条 主管部门向社会公示《目录(征求意见稿)》。公示时间为10个工作日。

第十三条 《目录》由国务院机关事务管理局、中共中央直属机关事务管理局、工业和信息化部联合发布。《目录》适用日期为每年1月1日至12月31日。

第四章 监督管理

第十四条 主管部门要加强对《目录》车型申报和评审的监督管理,不定期对列入《目录》车型的产品技术指标、配置、价格和服务等开展专项核查,查处违规行为。

第十五条 汽车生产企业应及时、准确上报有关资料和数据,并保持《目录》车型技术参数、性能、配置、价格等相对稳定,不得随意提高价格或降低车辆性能、配置及保修期。

第十六条 有以下情形之一的,将取消该车型入选《目录》资格:

(一)产品已停产的;

(二)产品参数和配置信息发生较大变化的;

(三)厂家申报价超过规定价格的;

(四)用车单位反映存在严重质量问题的;

(五)专项核查中发现不符合本细则要求的;

(六)其他违反本细则及相关规定的。

第十七条 专家组和相关工作人员应严格按照本细则规定程序及要求,科学、认真、负责、公正地开展相关工作。对所承担的工作负有诚信以及合规义务,并对企业的申报资料负有保密义务。

第十八条 加强社会监督。任何单位或个人发现申报《目录》的企业和车型有不符合本细则有关规定的,可向主管部门投诉或举报。

第五章 罚 则

第十九条 汽车生产企业有下列情形之一的,主管部门责令其限期整改,拒不整改或者整改不合格的,暂停申报资格,并取消《目录》内所有车型:

(一)违反本细则第十五条规定的;

(二)企业生产车型出现严重质量问题并造成不良社会影响的;

(三)车辆故障频繁且不能及时维修解决,影响公务需求保障的;

(四)申报材料弄虚作假的;

(五)影响专家组成员客观公正开展工作且情节严重的;

(六)其他违反相关法律、法规的。

第二十条 专家组和相关工作人员在工作过程中徇私舞弊、滥用职权、玩忽职守的,依纪依法追究责任。

第六章 附 则

第二十一条 本细则由工业和信息化部、国务院机关事务管理局、中共中央直属机关事务管理局负责解释。

第二十二条 本细则自公布之日起实施。

附件:(略)

关于全面推进公务用车制度改革的指导意见

中共中央办公厅、国务院办公厅2014年7月12日印发

为贯彻落实党的十八大和十八届三中全会精神及《党政机关厉行节约反对浪费条例》,改革公务用车制度,规范公务用车运行管理,有效降低行政成本,现就全面推进公务用车制度改革提出如下指导意见。

一、充分认识公务用车制度改革的重要意义

新中国成立以来,公务用车一直实行实物供给制度,对保障公务出行发挥了重要作用。随着社会主义市场经济体制不断完善,传统公务用车制度越来越难以适应形势发展需要,车辆配备范围过大、运行管理成本偏高、公车私用等问题日益突出,社会对此反映强烈。为解决公务用车领域存在的突出问题,习近平总书记、李克强总理多次作出重要指示,党中央、国务院专门作出部署,强调要全面推进公务用车制度改革。近年来一些地方和部门进行了积极改革探索,为全面推进公务用车制度改革积累了有益经验。

全面推进公务用车制度改革,是加强党风廉政建设、厉行节约反对浪费的重要举措,是转变政府职能、推进后勤服务社会化改革的重要内容,是顺应民意、维护党和政府形象的迫切要求。各地区各部门要充分认识公务用车制度改革的重要意义,采取切实有效措施加快改革步伐。

二、指导思想、基本原则和总体目标

(一)指导思想

按照中央关于厉行节约反对浪费的要求,坚持社会化、市场化方向,加快推进公务用车制度改革,合理有效配置公务用车资源,创新公务交通分类提供方式,保障公务出行,降低行政成本,积极推进廉洁型机关和节约型社会建设。

(二)基本原则

1. 创新制度、分类保障。改革公务用车实物供给方式,取消一般公务用车,普通公务出行实行社会化提供并适度补贴交通费用,从严配备定向化保障的公务用车。

2. 统筹协调、政策配套。妥善处理公务用车制度改革涉及的各种利益关系,科学制定改革方案和配套政策，确保新旧制度平稳过渡、有机衔接。

3. 统一部署、分步实施。各地区各部门按照中央确定的改革方向和原则制定改革实施方案，中央和国家机关先行示范，地方党政机关加快实行，事业单位、国有企业和国有金融企业有序推进。

（三）总体目标

力争在2014年年底前基本完成中央和国家机关及其所属参照公务员法管理的事业单位公务用车制度改革，2015年年底前基本完成地方党政机关公务用车制度改革，用2至3年时间全面完成公务用车制度改革。通过改革，切实实现公务出行便捷合理、交通费用节约可控、车辆管理规范透明、监管问责科学有效，基本形成符合国情的新型公务用车制度。

三、主要任务

（一）改革公务交通保障方式

改革党政机关（包括各级党委、人大、政府、政协、审判、检察机关，各民主党派和工商联，参照公务员法管理的人民团体、群众团体、事业单位，下同）公务用车实物供给方式，取消一般公务用车，保留必要的机要通信、应急、特种专业技术用车和符合规定的一线执法执勤岗位车辆及其他车辆。改革后，行政区域（城区或规定区域）内普通公务出行方式由公务人员自行选择，实行社会化提供，适度发放公务交通补贴。公务交通补贴保障范围要与差旅费保障范围搞好衔接，对边远地区和交通不便地区，要做好远距离公务出行的差旅费保障。鼓励省（自治区、直辖市）所属厅（局）正职主要负责人和市（地、州、盟）、县（市、区、旗）及乡（镇）党政主要负责人参加改革，确因环境所限和工作需要不便取消公务用车的，允许以适当集中形式提供工作用车实物保障，但须严格规范管理，不得再领取公务交通补贴，具体范围由各地根据本意见研究确定。

规范事业单位、国有企业和国有金融企业职务待遇和业务消费，对原符合车辆配备条件的岗位和人员，逐步按规定纳入改革，改革后不得再配备车辆；对保留的必要的国有企业、国有金融企业经营用车和事业单位业务用车实行集中管理；取消与经营和业务保障无关的车辆。事业单位、国有企业和国有金融企业公务用车制度改革要与年薪制、岗位津贴及国家相关财务管理制度等统筹考虑、相互衔接。

（二）合理确定党政机关公务交通补贴标准

各级党政机关要从实际出发，综合考虑公务出行成本、经济发展水平、社会承受能力、辖区面积、自然地理环境、公务出行次数和距离、行政级别和实际承担的工作职责等因素，按照节约成本、保证公务、便于操作、简化档次的要求，确定本地区公务交通补贴标准。根据交通成本等相关因素变化情况，公务交通补贴标准可适时适度进行调整。允许参改单位根据实际情况，从公务交通补贴中划出一定比例作为单位统筹部分，集中用于解决不同岗位之间公务出行不均衡等问题，统筹资金使用须公开透明，具体管理办法由各单位制定。对特别重大抢险救灾、事故处理、突发事件处置等不可预测的特殊事项，各地可从实际出发在应急预案中另行制定特殊情况下公务用车保障办法。地方公务交通补贴标准不得高于中央和国家机关补贴标准的130%，边疆民族地区和其他边远地区标准不得高于中央和国家机关补贴标准的150%。各省（自治区、直辖市）之间补贴标准差距不宜过大，同一省（自治区、直辖市）内不同地区补贴标准差距不得超过20%，同一市（地、州、盟）实行统一的补贴标准。地方补贴标准层级划分可不与中央和国家机关层级完全对应。驻地方的中央垂直管理单位补贴标准按属地化原则参照所在地区标准执行，经费由中央财政负担。

（三）妥善安置司勤人员

各级党政机关根据改革后的实际需要，合理设置司勤人员岗位，采取公开、平等、竞争、择优的方式确定留用人员；未聘人员原则上以内部消化为主，通过内部转岗、开辟新的就业岗位、提前离岗等措施妥善安置。依法做好未留用人员聘用合同或劳动合同的终止、解除工作，维护其合法权益，相关必要支出由各级财政安排专项经费予以保障。各级人力资源社会保障部门会同有关部门组成工作组，负责指导参改单位做好司勤人员安置工作，确保改革平稳推进。参改事业单位、国有企业和国有金融企业要依法做好司勤人员安置工作。

（四）公开规范处置公务用车

取消的公务用车，由各级相关职能部门统一规范处置。对取消的一般公务用车，要制定处置办法，公开招标评估、拍卖机构，通过公开拍卖等方式公开处置。取消车辆处置要防止甩卖和贱卖现象，避免国有资产流失。党政机关公务用车处置收入，扣除有关税费后全部上缴国库。参改事业单位、国有企业和国有金融企业车辆处置收入，按国家有关财务管理制度执行。各地可根据实际情况，对未能及时处置的车辆，采取设立过渡性车辆服务中心或社会化车辆租赁公司的方式，进行市场化运营，减少车辆闲置浪费，过渡期由各地确定，政府不得变相为其提供财政性补贴。

四、健全公务用车管理和保障制度

（一）加强定向化保障车辆管理

各级党政机关公务用车主管部门要会同有关部门严格核定定向化保障公务用车的编制和标准，车辆配备优先选用新能源汽车。执法执勤用车配备应当严格限制在一线执法执勤岗位，机关内部管理和后勤岗位以及机关所属事业单位一律不得配备。除涉及国家安全、侦查办案等有保密要求的特殊工作用车外，执法执勤用车应当喷涂明显的统一标识。机要通信、应急等车辆要充分考虑不同部门的工作差异，根据实际需要合理配备，保障到位。按规定保留的公务用车实行集中管理，逐步探索社会化监督的有效形式和具体办法。在从严控制总量的前提下，各地可根据实际情况确定和优化配置相关一线执法执勤岗位车辆，鼓励各地建立跨部门综合性执法用车平台。进一步精简地方公务用车管理机构。

（二）完善财务管理

党政机关公务交通补贴属于改革性补贴，统一纳入财政预算，在交通费中列支、按月发放，用于保障公务人员普通公务出行。各单位要加强财务管理，按照在编在岗公务员数量和职级核定补贴数额，严格公务交通补贴发放，不得擅自扩大补贴范围、提高补贴标准。

（三）加强公务用车监督检查

把公务用车配备和运行维护费用、交通补贴发放、车辆处置情况等纳入日常和专项审计监督及政务公开范围。党政机关不得以特殊用途等理由变相超编制、超标准配备公务用车，不得以任何方式换用、借用、占用下属单位或其他单位和个人的车辆，不得接受企事业单位和个人赠送的车辆，不得以任何理由违反用途使用或固定给个人使用执法执勤、机要通信等公务用车，不得以公务交通补贴名义变相发放福利。公务人员不得既领取公务交通补贴、又违规乘坐公务用车。纪检监察机关要强化监督检查，及时受理群众举报，依法依纪严肃查处违反公务用车制度改革和公务用车管理的行为，严肃追究相关责任人的责任。

（四）切实保障公务出行

鼓励公务出行利用公共交通服务。各地要采取有效措施，完善城市公共交通服务体系，探索发展适合公务出行的市场化交通定制服务，增加社会化交通供给。及时解决公务出行遇到的实际问题，确保改革后公务出行得到有效保障。

五、认真做好组织实施工作

（一）加强领导，明确责任

公务用车制度改革政策性强、任务艰巨，各地区各部门要高度重视，切实加强领导，严格工作纪律，明确工作责任。中央和地方分别建立公务用车制度改革领导小组，明确工作机制，负责落实各项改革任务，确保改革扎实稳步推进，既要改成，更要改好。

中央公务用车制度改革领导小组由国家发展改革委、国管局、中直管理局牵头，财政部、人力资源社会保障部、审计署等部门参加，主要负责指导、协调全国公务用车制度改革工作，制定并组织实施中央和国家机关公务用车制度改革方案及配套政策，会同有关部门制定中央和国家机关所属非参公事业单位、中央企业和中央金融企业公务用车制度改革方案。

各省（自治区、直辖市）公务用车制度改革领导小组要根据本地区实际情况，负责制定并组织实施本省（自治区、直辖市）党政机关、事业单位、国有企业和国有金融企业公务用车制度改革方案及配套政策。各省（自治区、直辖市）党政机关公务用车制度改革方案报中央公务用车制度改革领导小组批准后实施。

（二）精心组织，扎实推进

各地区各部门要健全工作机制，深入调查研究，细致统计测算，周密制定公务用车制度改革方案，明确时限要求，加强监督检查，及时有效解决改革中遇到的新情况新问题，确保各项工作落到实处。中央和国家机关及各省（自治区、直辖市）要尽快启动公务用车制度改革工作，确保在规定时限内完成改革任务。已先行开展公务用车制度改革的地区和部门要按本意见进行规范。

（三）加强舆论引导，营造良好氛围

切实加强公务用车制度改革舆论宣传工作，做好政策解读，阐释改革的目的和意义，正确引导社会舆论，及时回应社会关切，使广大公务人员和人民群众了解、支持改革，努力为改革营造良好社会氛围。

中央和国家机关公务用车制度改革方案

中共中央办公厅、国务院办公厅 2014 年 7 月 12 日印发

为贯彻落实党的十八大和十八届三中全会精神以及《党政机关厉行节约反对浪费条例》，推进中央和国家机关公务用车制度改革，加快建立新型公务用车制度，有效降低行政成本，根据《关于全面推进公务用车制度改革的指导意见》,制定本方案。

一、目标和原则

(一)总体目标

围绕建设节约型、廉洁型机关的要求,坚持社会化、市场化方向,转变传统的公务用车运行管理方式,合理有效配置公务用车资源,创新公务交通分类提供方式,实现公务出行便捷合理、交通费用节约可控、车辆管理规范透明、监管问责科学有效,为全国公务用车制度改革作出示范。

(二)基本原则

1. 坚持制度创新、保障公务出行。改革公务用车实物供给方式,取消一般公务用车,普通公务出行方式由公务人员自行选择,实行社会化提供并适度补贴交通费用,从严配备定向化保障的公务用车。

2. 坚持统筹兼顾、注重政策配套。综合考虑各种因素,正确处理改革涉及的各方面利益关系,科学制定改革方案和相关配套政策,增强可行性和协调性,确保新旧机制有效转换。

3. 坚持统一部署、分类分步推进。率先推进中央和国家机关及其所属参公事业单位公务用车制度改革,驻地方的中央垂直管理单位公务用车制度改革按照属地化原则推进,中央和国家机关所属非参公事业单位、中央企业和中央金融企业参照本方案制定相关改革政策,坚持先易后难,分类分步稳妥推进改革。

二、主要任务

(一)参改范围

1. 机构范围:中央纪委机关和中央各部门,全国人大机关,国务院各部门,全国政协机关,最高人民法院,最高人民检察院,各人民团体、群众团体,各民主党派中央、全国工商联,中央和国家机关所属参公事业单位。

2. 人员范围:在编在岗的司局级及以下工作人员。

3. 车辆范围:取消一般公务用车,保留必要的机要通信、应急、特种专业技术用车和符合规定的一线执法执勤岗位车辆及其他车辆。

(二)改革方式

1. 对参改的司局级及以下工作人员适度发放公务交通补贴,自行选择公务出行方式,在北京市行政区域(城区)内公务出行不再报销公务交通费用。

2. 按照节约成本、保证公务、便于操作、简化档次的要求,合理确定各职级工作人员公务交通补贴标准。具体为:司局级每人每月 1300 元,处级每人每月 800 元,科级及以下每人每月 500 元。各单位可根据实际情况,从公务交通补贴中划出一定比例作为单位统筹部分,集中用于解决不同岗位之间公务出行不均衡等问题,比例原则上不超过补贴总额的 10%。统筹资金使用要公开透明,具体管理办法由各单位自行制定。

3. 公务交通补贴属于改革性补贴,列入财政预算,在交通费中列支、按月发放,用于保障公务人员普通公务出行。适时适度调整公务交通补贴标准。

4. 执法执勤部门统一参加公务用车制度改革,按规定保留的执法执勤用车要严格配备在一线执法执勤岗位,执法执勤部门的其他一般公务用车一律纳入改革范围。

5. 对未参改单位和人员,不得发放公务交通补贴。

(三)车辆处置

1. 对取消的公务用车,由公务用车主管部门统一规范处置。

2. 对取消的公务用车,委托中介机构进行资产评估,以评估价作为处置基准价,采取公开拍卖等方式进行公开处置,处置结果向社会公开。

3. 处置公务用车所得收入,扣除有关税费后全部上缴中央国库。

4. 取消车辆处置要防止甩卖和贱卖现象,避免国有资产流失。

(四)司勤人员安置

1. 根据保留公务用车的实际需要,合理设置司勤人员岗位,按照公开、平等、竞争、择优的原则,在现有在册正式司勤人员中,采用竞聘上岗、综合择优等方式确定上岗人员。

2. 对其他司勤人员,按照以人为本、积极稳妥、因地制宜的原则,坚持内部消化为主,通过内部转岗、开辟新的就业岗位、提前离岗等多种方式妥善安置,不得将其简单推向社会。

3. 做好相关人员聘用合同或劳动合同的终止、解除工作,妥善处理该类用工形式司勤人员与单位的劳动关系,维护好相关人员合法权益。

4. 人员安置工作由人力资源社会保障部统筹协调,所需支出由财政安排专项经费予以保障。

三、保障措施

(一)加强保留公务用车管理。中央和国家机关各部门各单位根据编制总量和工作性质可保留 5 辆以内的机要通信、应急公务用车,由公务用车主管部门实行编制管理,编制数量和配备标准要根据各部门各单位实际工作情况科学确定,优先选用新能源汽车。执法执勤用车配备应当严格限制在一线执法执勤岗位,机关内部管理和后勤岗位以及机关所属事业单位一律不得配备。财政部要会同有关部门按规定对执法执勤用车进行核定和规范。除涉及国家安全、侦查办案等有保密要求的特殊工作用车外，执法执勤用车应当喷涂明显的统一标识。国管局会同中直管理局负责修订公务用车使用管理办法，加强公务用车规范化管理。进一步精简公务用车管理机构。

（二）严格财务管理。财政部要严格交通费用预算管理。各单位要加强财务管理，按照在编在岗公务员数量和职级核定补贴数额，严格公务交通补贴发放，不得擅自扩大补贴人员范围、提高补贴标准。

（三）加强公务用车纪律检查和审计。严肃公务用车纪律，各部门各单位不得以特殊用途等理由变相超编制、超标准配备公务用车，不得以任何方式换用、借用、占用下属单位或其他单位和个人的车辆，不得接受企事业单位和个人赠送的车辆，不得以任何理由违反用途使用或固定给个人使用执法执勤、机要通信等公务用车，不得以交通补贴名义变相发放福利。公务人员不得既领取公务交通补贴、又违规乘坐公务用车。纪检监察机关负责对公务用车制度改革执行情况进行监督检查，纠正和查处违纪违法行为。审计部门要对公务用车改革情况进行监督，并将改革后公务用车配备和运行维护费用、交通补贴发放、车辆处置情况等纳入日常和专项审计监督。

（四）切实保障公务出行。北京市要采取切实措施，健全城市公共交通服务体系，完善出租车市场化运营管理方式，增加社会化交通供给。及时解决公务出行遇到的问题，保障中央和国家机关普通公务出行。

四、加强组织实施

（一）加强领导。中央公务用车制度改革领导小组负责组织实施中央和国家机关公务用车制度改革工作。各部门各单位要成立公务用车制度改革工作组，负责制定本部门本单位实施方案，报中央公务用车制度改革领导小组批准后组织实施。已先行改革的单位要按照本方案规范执行。

（二）明确责任。各部门各单位主要负责人对本部门本单位公务用车制度改革工作负全面领导责任，要认真研究部署，明确任务分工和责任，确定相关责任人员，把各项工作落到实处，确保改革顺利推进。

（三）分步实施。本方案自印发之日起实施，力争在2014年年底前基本完成。驻地方的中央垂直管理单位改革方案由中央公务用车制度改革领导小组会同有关部门制定，与地方改革同步推进。中央和国家机关所属非参公事业单位、中央企业和中央金融企业改革方案由中央公务用车制度改革领导小组会同有关部门制定，力争在2015年年底前完成。

（四）加强舆论引导。切实做好公务用车制度改革的新闻宣传和舆论引导工作，广泛宣传相关政策规定、典型经验和成效，及时回应社会关切，使广大公务人员和人民群众了解、支持改革，努力为改革营造良好社会氛围。

党政机关公务用车管理办法

1. 中共中央办公厅、国务院办公厅印发
2. 自2017年12月5日起施行

第一章　总　　则

第一条　为了进一步规范党政机关公务用车管理，有效保障公务活动，促进党风廉政建设和节约型机关建设，根据《党政机关厉行节约反对浪费条例》、《机关事务管理条例》等有关规定，制定本办法。

第二条　本办法适用于党的机关、人大机关、行政机关、政协机关、监察机关、审判机关、检察机关，以及工会、共青团、妇联等人民团体和参照公务员法管理的事业单位。

第三条　本办法所称公务用车，是指党政机关配备的用于定向保障公务活动的机动车辆，包括机要通信用车、应急保障用车、执法执勤用车、特种专业技术用车以及其他按照规定配备的公务用车。

机要通信用车是指用于传递、运送机要文件和涉密载体的机动车辆。

应急保障用车是指用于处理突发事件、抢险救灾或者其他紧急公务的机动车辆。

执法执勤用车是指中央批准的执法执勤部门（系统）用于一线执法执勤公务的机动车辆。

特种专业技术用车是指固定搭载专业技术设备、用于执行特殊工作任务的机动车辆。

第四条　党政机关公务用车管理遵循统一管理、定向保障、经济适用、节能环保的原则。

第五条　党政机关公务用车实行统一制度规范、分级分类管理。党政机关公务用车主管部门负责本级党政机关公务用车管理工作，根据职责实行统一编制、统一标准、统一购置经费、统一采购配备管理；指导监督下级党政机关公务用车管理工作。

第二章 编制和标准管理

第六条 党政机关公务用车实行编制管理。车辆编制根据机构设置、人员编制和工作需要等因素确定。

机要通信用车、应急保障用车和其他按照规定配备的公务用车编制由公务用车主管部门会同有关部门确定。

执法执勤用车、特种专业技术用车编制由财政部门会同有关部门确定,并送公务用车主管部门备案。

第七条 党政机关配备公务用车应当严格执行以下标准:

(一)机要通信用车配备价格12万元以内、排气量1.6升(含)以下的轿车或者其他小型客车。

(二)应急保障用车和其他按照规定配备的公务用车配备价格18万元以内、排气量1.8升(含)以下的轿车或者其他小型客车。确因情况特殊,可以适当配备价格25万元以内、排气量3.0升(含)以下的其他小型客车、中型客车或者价格45万元以内的大型客车。

(三)执法执勤用车配备价格12万元以内、排气量1.6升(含)以下的轿车或者其他小型客车,因工作需要可以配备价格18万元以内、排气量1.8升(含)以下的轿车或者其他小型客车。确因情况特殊,可以适当配备价格25万元以内、排气量3.0升(含)以下的其他小型客车、中型客车或者价格45万元以内的大型客车。

(四)特种专业技术用车配备标准由有关部门会同财政部门按照保障工作需要、厉行节约的原则确定。

公务用车配备新能源轿车的,价格不得超过18万元。

上述配备标准应当根据公务保障需要、汽车行业技术发展、市场价格变化等因素适时调整。

第八条 严格控制执法执勤用车的配备范围、编制和标准。执法执勤用车配备应当严格限定在一线执法执勤岗位。

第三章 配备和经费管理

第九条 公务用车主管部门根据公务用车配备更新标准和现状,编制年度公务用车配备更新计划。

第十条 财政部门根据年度公务用车配备更新计划,按照预算管理有关规定统筹安排购置经费,列入公务用车主管部门预算。

第十一条 财政部门会同公务用车主管部门制定公务用车运行费用定额标准,统筹安排公务用车运行费用,列入党政机关部门预算。

第十二条 公务用车主管部门按照政府采购法律法规和国家有关政策规定,统一组织实施公务用车集中采购。

第十三条 党政机关应当配备使用国产汽车,带头使用新能源汽车,按照规定逐步扩大新能源汽车配备比例。

第十四条 地方各级党政机关确因工作需要超出规定标准配备公务用车的,必须报省级公务用车主管部门批准。

党政机关原则上不配备越野车。确因工作需要,按照程序报批后,可以适当配备国产越野车。越野车不得作为领导干部固定用车。

第十五条 除涉及国家安全、侦查办案等有保密要求的特殊工作用车外,党政机关公务用车产权注册登记所有人应当为本机关法人,不得将公务用车登记在下属单位、企业或者个人名下。

第四章 使用和处置管理

第十六条 党政机关应当加强公务用车使用管理,严格按照规定使用公务用车,严禁公车私用、私车公养,不得既领取公务交通补贴又违规使用公务用车。

第十七条 党政机关应当推进公务用车服务平台建设。各地区应当结合实际,将各类公务用车纳入平台集中管理,采用信息化手段统筹调度、高效使用,鼓励通过社会化专业机构提高平台管理运行效率。

第十八条 党政机关应当推进公务用车标识化管理。除涉及国家安全、侦查办案和其他有保密要求的特殊工作用车外,公务用车应当统一标识。

第十九条 党政机关应当建立公务用车管理台账,加强相关证照档案的保存和管理。

各省、自治区、直辖市以及中央和国家机关公务用车主管部门应当建立统一的公务用车管理信息系统,提高公务用车配备使用管理信息化水平。

第二十条 党政机关应当建立健全公务用车使用管理制度,严格执行,加强监督,降低运行成本。

严格公务用车使用时间、事由、地点、里程、油耗、费用等信息登记和公示制度。严格执行回单位或者其他指定地点停放制度,节假日期间除工作需要外应当封存停驶。

实行公务用车保险、维修、加油政府集中采购和定点保险、定点维修、定点加油制度,健全公务用车油耗、运行费用单车核算和年度绩效评价制度。

第二十一条 党政机关应当减少公务用车长途行驶,工作人员到外地办理公务,除特殊情况外,应当乘用公共交通工具。外事接待、会议和集体活动用车主要通过社会租赁方式解决。

第二十二条　公务用车使用年限超过8年的可以更新；达到更新年限仍能继续使用的，应当继续使用。因安全等原因确需提前更新的，应当严格履行审批手续。

公务用车按照规定更新后，可以采取拍卖、厂家回收、报废等方式规范处置旧车。处置收入按照非税收入有关规定管理。

第五章　监督问责

第二十三条　党政机关应当建立公务用车配备更新和使用情况统计报告制度。各省、自治区、直辖市公务用车主管部门负责统计汇总本地区公务用车配备更新和使用情况。国家机关事务管理局、中共中央直属机关事务管理局负责统计汇总中央和国家机关公务用车配备更新和使用情况。

第二十四条　党政机关应当严格执行公务用车配备使用管理各项规定，将公务用车配备更新、使用、处置和经费预算执行等情况纳入内部审计、政务公开和政务诚信建设范围，接受社会监督。

公务用车主管部门应当加强对党政机关公务用车配备更新、使用、处置等情况的监督检查，定期通报或者公示相关情况。

财政、审计部门应当加强对公务用车经费预算管理使用情况的监督检查，依法处理、督促整改违规问题，并将涉嫌违纪违法问题移送有关部门查处。

公安交通管理部门应当定期与公务用车主管部门交换公务用车注册登记信息、使用状态等情况。

纪检监察机关应当及时受理群众举报和有关部门移送的公务用车管理问题线索，严肃查处违纪违法问题。

第二十五条　公务用车主管部门有下列情形之一的，依纪依法追究相关人员责任：

（一）违规核定公务用车编制的；

（二）违规审批超编制、超标准配备公务用车的；

（三）违规审批未到年限更新公务用车的；

（四）违规安排公务用车经费预算的；

（五）有其他未按规定履行管理监督职责行为的。

第二十六条　党政机关有下列情形之一的，依纪依法追究相关人员责任：

（一）超编制、超标准配备公务用车的；

（二）违反规定将公务用车登记在下属单位、企业或者个人名下的；

（三）公车私用、私车公养，或者既领取公务交通补贴又违规使用公务用车的；

（四）换用、借用、占用下属单位或者其他单位和个人的车辆，或者擅自接受企事业单位和个人赠送车辆的；

（五）挪用或者固定给个人使用执法执勤、机要通信等公务用车的；

（六）为公务用车增加高档配置或者豪华内饰的；

（七）在车辆维修等费用中虚列名目或者夹带其他费用，为非本单位车辆报销运行维护费用的；

（八）违规处置公务用车的；

（九）有其他违反公务用车配备使用管理规定行为的。

第六章　附　　则

第二十七条　本办法所称小型客车、中型客车、大型客车等，依据中华人民共和国公共安全行业标准GA 802—2014《机动车类型　术语和定义》界定。

第二十八条　各省、自治区、直辖市以及中央和国家机关各部门，应当根据本办法，结合实际制定具体管理办法。

第二十九条　中央和国家机关所属垂直管理机构、派出机构公务用车由行政主管部门依照本办法进行管理。

各民主党派机关公务用车管理适用本办法。

不参照公务员法管理的事业单位公务用车，按照本办法的原则管理。

第三十条　本办法由国家机关事务管理局、中共中央直属机关事务管理局会同有关部门负责解释。

第三十一条　本办法自2017年12月5日起施行。中共中央办公厅、国务院办公厅2011年1月6日印发的《党政机关公务用车配备使用管理办法》同时废止。

中央国家机关所属垂直管理机构派出机构公务用车管理办法（试行）

国家机关事务管理局2019年12月18日印发

第一条　为了进一步规范和加强中央国家机关所属垂直管理机构、派出机构公务用车管理，巩固公务用车制度改革成果，根据《党政机关公务用车管理办法》（中办发〔2017〕71号）等有关规定，制定本办法。

第二条　本办法适用于中央国家机关所属垂直管理机构、派出机构（以下统称垂管派出机构）的公务用车管理。

第三条　垂管派出机构公务用车按系统实行统一制度规

范、分级分类管理。行政主管部门负责管理所属垂管派出机构公务用车,垂管派出机构负责本机构公务用车日常管理。

第四条 垂管派出机构公务出行应当坚持社会化、向社会购买服务的方向;公务用车编制根据机构设置、人员编制和工作需要等因素确定。

在京垂管派出机构公务用车编制由行政主管部门审核提出意见,报国家机关事务管理局(以下简称国管局)批准;京外垂管派出机构公务用车编制由行政主管部门核定,报国管局备案。

垂管派出机构因新设立或者人员编制、工作职责增加,确需核增车辆编制的,由行政主管部门审核提出意见,报国管局批准。

执法执勤用车、特种专业技术用车编制核定按照《党政机关公务用车管理办法》有关规定办理。

第五条 垂管派出机构应当严格执行公务用车配备标准,实行"处置一辆、更新一辆"原则。

在京垂管派出机构公务用车配备更新,由行政主管部门审核后报国管局批准,具体程序及要求按照《在京中央和国家机关公务用车指标管理办法》(国管资〔2011〕167号)执行。京外垂管派出机构公务用车配备更新,由行政主管部门按程序审批后,按照属地公务用车管理相关政策要求办理车辆注册登记等手续;其中,确因工作需要超出规定标准配车或者配越野车(含SUV)的,应当报国管局备案。

配备更新公务用车涉及资产管理相关事宜的,应当按照有关规定办理。

第六条 垂管派出机构应当加强公务用车集中统一管理,严格按照规定使用公务用车。

行政主管部门应当通过信息化等手段,加强对所属垂管派出机构公务用车管理、使用情况的监督检查。

第七条 垂管派出机构按照规定更新公务用车时,应当先通过中央行政事业单位国有资产处置平台处置旧车;其中,京外垂管派出机构车辆可以通过属地公务用车主管部门按程序确定的车辆处置机构处置。

第八条 行政主管部门按要求组织所属垂管派出机构开展年度公务用车管理情况统计报告工作,汇总、审核本系统公务用车管理情况,编制年度统计报告报送国管局。

第九条 国管局应当加强对垂管派出机构公务用车管理的指导监督,及时通报发现的各类违规问题,将相关工作开展情况纳入中央行政事业单位国有资产管理绩效评价范围。

第十条 垂管派出机构公务用车管理涉及国家安全、侦查办案等有保密要求的,按照《党政机关公务用车管理办法》等相关规定执行。

第十一条 行政主管部门应当根据《党政机关公务用车管理办法》及本办法,结合实际制定本部门所属垂管派出机构公务用车管理实施细则。

第十二条 本办法由国管局负责解释。

第十三条 本办法自印发之日起施行。

(5)住房、办公用房

·法律法规·

机关团体建设楼堂馆所管理条例

1. 2017年10月5日国务院令第688号公布
2. 自2017年12月1日起施行

第一章 总 则

第一条 为了严格控制机关、团体建设楼堂馆所,厉行节约、反对浪费,制定本条例。

第二条 机关、团体建设楼堂馆所,适用本条例。

本条例所称建设,是指新建、扩建、改建、购置;所称楼堂馆所,是指办公用房以及培训中心等各类具有住宿、会议、餐饮等接待功能的场所和设施。

第三条 建设办公用房应当严格履行审批程序,严格执行建设标准。未经批准,不得建设办公用房。

禁止以技术业务用房等名义建设办公用房或者违反规定在技术业务用房中设置办公用房。

第四条 建设办公用房应当遵循朴素、实用、安全、节能的原则。

国务院发展改革部门会同国务院住房城乡建设部门、财政部门制定办公用房建设标准,并向社会公布。

第五条 机关、团体不得建设培训中心等各类具有住宿、会议、餐饮等接待功能的场所和设施。

第二章 项目审批

第六条 建设办公用房的,应当向负责项目审批的机关(以下简称审批机关)报送项目建议书、可行性研究报告、初步设计;购置办公用房的,不报送初步设计。

根据办公用房项目的具体情况,经审批机关同意,项目建议书、可行性研究报告、初步设计可以合并编制报送。

第七条 办公用房项目的审批机关及其审批权限，按照国家有关规定执行。

第八条 审批机关应当严格审核办公用房项目，按照建设标准核定建设内容、建设规模和投资概算。

第九条 办公用房项目有下列情形之一的，审批机关不得批准：

（一）属于禁止建设办公用房的情形；

（二）建设的必要性不充分；

（三）建设资金来源不符合规定；

（四）建设内容、建设规模等不符合建设标准；

（五）其他不得批准的情形。

第十条 对未经批准的办公用房项目，不得办理规划、用地、施工等相关手续，不得安排预算、拨付资金。

第十一条 办公用房项目应当按照审批机关核定的建设内容、建设规模和投资概算进行设计、施工。因国家政策调整、价格上涨、地质条件发生重大变化等原因确需增加投资概算的，应当经原审批机关批准。

第十二条 审批机关应当完善审批工作流程，建立健全审批工作责任制和内部监督机制。

第三章 建设资金

第十三条 办公用房项目的建设资金由预算资金安排。

办公用房项目的建设资金来源不得有下列情形：

（一）挪用各类专项资金；

（二）向单位、个人摊派；

（三）向银行等金融机构借款；

（四）接受赞助或者捐赠；

（五）其他违反规定的情形。

第十四条 办公用房项目的建设资金按照国库集中支付制度的有关规定支付。

第十五条 办公用房项目竣工后，建设单位应当按照规定及时组织编报竣工财务决算，并及时办理固定资产入账手续。

第四章 监督检查

第十六条 审批机关、财政部门、审计机关、监察机关（以下统称监督检查机关）应当按照各自的职责，加强对建设楼堂馆所活动的监督检查和绩效评价。

监督检查机关应当密切配合，建立信息共享机制，并根据实际需要开展联合监督检查、专项监督检查。

第十七条 监督检查机关对建设楼堂馆所活动实施监督检查，有权要求建设单位以及其他相关单位提供有关文件和资料，向有关人员了解情况，进行现场核查。建设单位以及其他相关单位对监督检查应当予以配合，不得拒绝、阻碍。

第十八条 建设单位应当按照有关规定加强办公用房项目档案管理，将项目审批和实施过程中的有关文件、资料存档备查。

第十九条 除依法应当保密的情形外，下列信息应当通过政府网站等便于公众知晓的方式公开：

（一）办公用房项目审批情况，包括建设单位名称、批准的理由以及建设内容、建设规模、投资概算等；增加投资概算的，还应当公开增加投资概算的情况和理由。

（二）监督检查情况，包括发现的违法建设楼堂馆所的单位名称、基本事实以及处理结果等。

第二十条 对违反本条例规定的行为，任何单位和个人有权向监督检查机关举报。

监督检查机关应当通过公开举报电话和邮箱、在政府网站设置举报专栏等方式，接受单位和个人的举报，并及时依法处理。

第五章 法律责任

第二十一条 机关、团体有下列情形之一的，根据具体情况责令停止相关建设活动或者改正，对所涉楼堂馆所予以收缴、拍卖或者责令限期腾退，对负有责任的领导人员和直接责任人员依法给予处分：

（一）建设培训中心等各类具有住宿、会议、餐饮等接待功能的场所和设施；

（二）未经批准建设办公用房；

（三）以技术业务用房等名义建设办公用房，或者违反规定在技术业务用房中设置办公用房；

（四）擅自改变建设内容、扩大建设规模，或者擅自增加投资概算；

（五）办公用房项目建设资金来源不符合规定。

第二十二条 有下列情形之一的，责令改正，对负有责任的领导人员和直接责任人员依法给予处分：

（一）超越审批权限审批办公用房项目；

（二）对不符合规定的办公用房项目予以批准；

（三）对未经批准的办公用房项目办理规划、用地、施工等相关手续，或者安排预算、拨付资金；

（四）其他滥用职权、玩忽职守、徇私舞弊的情形。

第二十三条 建设单位未按照规定将办公用房项目审批和实施过程中的有关文件、资料存档备查，或者转移、隐匿、篡改、毁弃有关文件、资料的，责令改正，对负有责任的领导人员和直接责任人员依法给予处分。

第二十四条 本条例第二十一条至第二十三条规定的处分，由监察机关或者其他有关机关按照管理权限实施，其他处理措施由审批机关实施。

第二十五条 违反本条例规定，构成犯罪的，依法追究刑事责任。

第六章 附 则

第二十六条 本条例所称团体，是指工会、共青团、妇联等人民团体。

第二十七条 财政给予经费保障的事业单位和人民团体以外的其他团体建设楼堂馆所，参照适用本条例。

第二十八条 机关、人民团体、财政给予经费保障的事业单位和其他团体维修办公用房，应当严格履行审批程序，执行维修标准。禁止进行超标准装修或者配置超标准的设施。

违反前款规定的，根据具体情况责令停止维修活动或者改正，对负有责任的领导人员和直接责任人员依法给予处分。

第二十九条 财政给予经费补助的事业单位和人民团体以外的其他团体建设、维修楼堂馆所的管理办法，由国务院发展改革部门会同国务院财政部门、住房城乡建设部门等有关部门以及有关机关事务管理部门按照确有必要、严格控制的原则制定。

国有企业建设、维修楼堂馆所的管理办法，由国务院发展改革部门会同国务院国有资产监督管理机构、财政部门、住房城乡建设部门等有关部门，按照前款规定的原则制定。

第三十条 军队单位建设、维修楼堂馆所，按照军队的有关规定执行。

第三十一条 本条例自2017年12月1日起施行。国务院1988年9月22日发布施行的《楼堂馆所建设管理暂行条例》同时废止。

国务院办公厅关于严禁各单位动用外汇购买商品房的通知

1. 1990年7月19日

2. 国办发〔1990〕48号

各省、自治区、直辖市人民政府，国务院各部委、各直属机构：

最近，一些地方反映，部分企业、事业单位动用外汇为领导干部购买商品房。这不仅违反了国家对外汇使用管理的有关规定，而且严重地违背党中央、国务院关于加强廉政建设、密切联系群众的指示和有关文件精神，破坏党群、干群关系，引起广大群众的不满。根据国务院领导同志的指示精神，为了严肃政纪，及时而坚决地制止和纠正这一现象，特作如下通知：

一、各级政府要认真贯彻执行外汇由国家集中管理的方针，加强对外汇管理工作的领导，严格管理外汇的使用。

二、严禁各行政、企业（不含三资企业）、事业单位动用各种外汇（包括调剂外汇）购买商品房。

（一）外汇管理部门和经营外汇业务的专业银行，要严格把关。对于行政、企业、事业单位动用外汇购买商品房而使用留成外汇额度的，外汇管理部门不得予以办理额度调拨手续；使用外汇现汇时，未经外汇管理部门批准，银行不得为其办理收付手续。

（二）各地房地产开发经营公司以及其他售房单位对各行政、企业、事业单位动用外汇购买商品房的，应拒绝出售；各地房地产管理、交易机构对违反上述规定的单位，不得办理鉴证及房屋所有权登记发证等手续。

（三）准备以外汇购买商品房的，要立即停止；已购买但尚未分配的房屋，不准分配，并要立即退回；对于已经分配住入的，应立即调整租金，按五项因素（折旧费、管理费、维修费、投资利息、税金）计收租金，不准减、免租金，不准补贴，并不得以优惠价格出售给职工。

（四）如发现行政、企业、事业单位私自动用外汇购买商品房的，外汇管理部门应对买卖双方予以处罚。对卖房者，将其外汇收入强制结汇上缴国家；对买房者，处以等值以下的人民币罚款。

三、严禁用公款为领导干部和职工购买超标准、超面积的住房。

规划、设计、建筑、经营单位要严格控制设计、建筑、经营超标准、超面积的住宅。要多设计和建造中低档标准、经济实用的住宅。

四、严禁用公款、公物和单位人工为领导干部和职工超标准装修住房和违法营建私人住宅。建造私房必须经有关部门批准，不得超标准占用土地。

五、各地要结合廉政建设和住房制度改革，对领导干部和职工的住房及其建筑标准进一步作出具体规定，切实防止和纠正极少数领导干部和工作人员利用职权多分房、多占房和任意提高住房建筑标准。

六、重申只有商品房售给华侨、归侨、港澳台同胞时，才能以外汇计价结算的政策原则。各级监察、审计、银行和外汇管理等部门要做好监督、检查。各级政府部门要按照本通知精神，组织一次认真的检查，发现问题，及时严肃处理。

国家土地管理局、监察部关于严肃查处国家行政机关工作人员越权批地、违法占地建私房的通知

1. 1989年8月1日

2. 〔1989〕国土（法）字第95号

各省、自治区、直辖市土地（国土）管理局（厅），监察厅（局）：

近年来，党和国家三令五申，严禁违法占地建私房。但是，一些地方的国家行政机关工作人员越权批地、违法占地建私房的情况仍十分严重，有的未经批准或者弄虚作假骗取批准，违法占用、冒领宅基地；有的违反规定，在城镇规划区内乱建滥盖住房；特别是少数领导干部利用职权，超越批准权限非法批准占用或擅自扩大占用土地建造私房，甚至利用占用的宅基地进行经营性活动，中饱私囊。这些行为，在群众中造成了很坏影响，助长了腐败风气，也严重妨碍了整顿土地管理秩序工作和土地管理事业的改革与发展。各级土地管理部门和监察机关要认真学习和贯彻党的十三届四中全会精神，把严肃查处违法占地建私房作为当前惩治腐败的一项工作来抓。为此，特通知如下：

一、尽快组织力量，对《中华人民共和国土地管理法》实施以来，行政机关工作人员建私房的用地申请，审批手续，是否违反规划，是否超占面积等情况认真进行一次清理、核查。清理、核查的结果要向群众公布。对越权批地，违法占地建私房的，不管涉及什么单位、什么人，都必须依法严肃查处。土地管理部门在查处案件中，需要监察机关予以配合时，监察机关应予配合，必要时可以联合办案。

二、对国家行政机关工作人员利用职权，为亲属谋取地理位置优越的土地建造私房从事经营活动的，或者为自己建造私房用于出租等经营活动和借口出售旧房以高价出售土地的，必须严肃处理，该处分的要处分，该罚款的要罚款，情节恶劣的，坚决收回其建房用地。今后，国家行政机关工作人员凡申请建房用地的都必须将原用宅基地清理退出。对现在因其他原因已占有两处以上宅基地，其中一处以上非本人家庭居住的，各地应采取措施，切实加强管理。严禁用于出租等盈利性活动。

三、对借口“改革土地使用制度”，擅自将集体土地划为宅基地，出售或出租给行政机关工作人员用以建私房的，应当宣布无效，由土地管理部门责令退还占用的土地，并对有关的责任人给予行政处分。

四、土地管理部门要切实搞好廉政建设，健全和完善宅基地审批的各项规章制度，并向群众公开，把宅基地审批工作置于群众的监督之下。监察机关要加强监督检查，对在宅基地审批工作中执法犯法或以地谋私的，要依法从严处理。

今年年底以前，各地土地管理部门应将进行清理、检查以及查处违法占地建私房的情况书面报告上一级土地管理部门，并抄送监察机关。

党政机关办公用房建设标准

1. 2014年11月24日国家发展改革委、住房城乡建设部印发

2. 发改投资〔2014〕2674号

第一章　总　　则

第一条　为规范党政机关办公用房建设，提高投资决策科学化水平，合理确定党政机关办公用房的建设内容、建设规模和标准，满足办公使用功能的需要，加强管理和监督，制定本建设标准。

第二条　本建设标准是党政机关办公用房建设项目决策和建设的全国统一标准，是编制、评估和审批党政机关办公用房建设项目的项目建议书、可行性研究报告、初步设计以及对项目建设进行监督检查的重要依据。

第三条　本建设标准适用于全国乡（镇、苏木）级及以上党的机关、人大机关、行政机关、政协机关、审判机关、检察机关，工会、共青团、妇联等人民团体机关，以及各级机关组成机构、直属机构、派出机构和直属事业单位（以下统称党政机关）办公用房的新建（或购置）、改建和扩建工程。配备、租用办公用房参照执行。

第四条　党政机关办公用房建设必须贯彻艰苦奋斗、勤俭节约、反对浪费的方针，按照统筹兼顾、适用为主、满足办公需要的原则进行建设。

集中建设或联合建设的办公用房，应充分利用公共服务和附属设施，打破系统、部门之间的界限，实行

统一规划、集中管理、共同使用。

第五条 党政机关办公用房建设必须符合土地利用和城乡规划要求，从严控制用地规模，严格土地审批，节约集约用地，严禁超标准占地、低效利用土地，不得占用耕地，新建项目不得配套建设大型广场、公园等设施。

第六条 党政机关办公用房建设应做到庄重、朴素、经济、适用和资源节约，不得定位为城市标志性建筑。外立面不得搞豪华装修，内装修应简洁朴素。

第七条 党政机关办公用房的建设规模应根据使用单位的类别和各级别编制定员，按照本建设标准的规定确定建筑面积。严禁超规模、超标准、超投资建设党政机关办公用房。

第八条 党政机关办公用房的建设除应符合本建设标准外，还应符合国家关于安全、资源节约、环境保护、卫生、绿色建筑等标准和规范要求。

第二章 建筑分类与面积指标

第九条 党政机关办公用房根据单位级别和性质分为五类，其适用对象见表1。

表1 党政机关办公用房类别划分

类别	适用对象
中央机关	中央部（委）级党的机关、人大机关、行政机关、政协机关、审判机关、检察机关，工会、共青团、妇联等人民团体机关，以及各机关派出机构和直属事业单位。
省级机关	省（自治区、直辖市）级党的机关、人大机关、行政机关、政协机关、审判机关、检察机关，工会、共青团、妇联等人民团体机关，以及各机关的组成机构、直属机构、派出机构和直属事业单位。
市级机关	市（地、州、盟）级党的机关、人大机关、行政机关、政协机关、审判机关、检察机关，工会、共青团、妇联等人民团体机关，以及各机关的组成机构、直属机构、派出机构和直属事业单位。
县级机关	县（市、旗）级党的机关、人大机关、行政机关、政协机关、审判机关、检察机关，工会、共青团、妇联等人民团体机关，以及各机关的组成机构、直属机构、派出机构和直属事业单位。
乡级机关	乡（镇、苏木）级党的机关、人大机关、行政机关及其他机关。

第十条 党政机关办公用房由基本办公用房（办公室、服务用房、设备用房）、附属用房两部分组成，并应符合表2的规定。

表2 党政机关办公用房功能分类

办公用房	包括内容	
基本办公用房	办公室	包括领导人员办公室和一般工作人员办公室。
	服务用房	包括会议室、接待室、档案室、图书资料室、机关信息网络用房、机要保密室、文印室、收发室、医务室、值班室、储藏室、物业及工勤人员用房、开水间、卫生间等。
	设备用房	包括变配电室、水泵房、水箱间、中水处理间、锅炉房（或热力交换站）、空调机房、通信机房、电梯机房、建筑智能化系统设备用房等。
附属用房	包括食堂、停车库（汽车库，自行车库，电动车、摩托车库）、警卫用房、人防设施等。	

注：表中所称领导人员是指独立法人单位的领导班子成员。

第十一条 各级工作人员办公室使用面积不应超过表3的规定：

表3 各级工作人员办公室使用面积

类别	适用对象	使用面积（平方米/人）
中央机关	部级正职	54
	部级副职	42
	正司（局）级	24
	副司（局）级	18
	处级	12
	处级以下	9
省级机关	省级正职	54
	省级副职	42
	正厅（局）级	30
	副厅（局）级	24
	正处级	18
	副处级	12
	处级以下	9
市级机关	市级正职	42
	市级副职	30
	正局（处）级	24
	副局（处）级	18
	局（处）级以下	9

续表

类别	适用对象	使用面积(平方米/人)
县级机关	县级正职	30
	县级副职	24
	正科级	18
	副科级	12
	科级以下	9
乡级机关	乡级正职	由省级人民政府按照中央规定和精神自行做出规定,原则上不得超过县级副职。
	乡级副职	
	乡级以下	

注:1. 副省级城市、副部级单位副职办公室面积指标按不超过省(部)级副职标准执行,其组成部门的正、副局(司)级人员办公室面积指标按不超过省级机关或中央机关相应的正、副厅(局、司)级标准执行。副市(厅)、副县(处)级单位以此类推。

2. 中央机关司(局)级派出机构、事业单位按省级机关厅(局)级单位标准执行,处级派出机构、事业单位按市级机关局(处)级单位标准执行;省级机关处级直属机构、派出机构、事业单位按市级机关局(处)级单位标准执行,科级派出机构、事业单位按县级机关科级单位标准执行。其他以此类推。

3. 各级党政机关领导人员办公室可在上列规定的办公室使用面积范围内配备休息室。

4. 省部级领导人员、省(自治区、直辖市)所属厅(局)正职和市(地、州、盟)、县(市、区、旗)党政正职办公室可在上列规定的办公室使用面积范围内配备不超过6平方米的卫生间。

第十二条　服务用房使用面积不应超过表4的规定:

表4　服务用房编制定员人均使用面积

类别	使用面积(平方米/人)	计 算 方 法
中央机关 省级机关	7~9	200人及以下取上限,400人及以上取下限,中间值用公式(1100-x)/100计算确定。
市级机关	6~8	200人及以下取上限,400人及以上取下限,中间值用公式(1000-x)/100计算确定。
县级机关	6~8	100人及以下取上限,200人及以上取下限,中间值用公式(500-x)/50计算确定。

续表

类别	使用面积(平方米/人)	计 算 方 法
乡级机关	由省级人民政府按照中央规定和精神自行做出规定,原则上不得超过县级机关。	——

注:表中x为编制定员。

第十三条　设备用房使用面积应根据地理位置、建设规模以及相关设备需求确定,宜按办公室和服务用房使用面积之和的9%测算。

第十四条　党政机关办公用房应合理确定门厅、走廊、电梯厅等面积,提高使用面积系数。基本办公用房建筑总使用面积系数,多层建筑不应低于65%,高层建筑不应低于60%。

第十五条　附属用房建筑面积,不应超过下列规定:

1. 食堂:食堂餐厅及厨房建筑面积按编制定员计算,编制定员100人及以下的,人均建筑面积为3.7平方米;编制定员超过100人的,超出人员的人均建筑面积为2.6平方米。

2. 停车库:总停车位数应满足城乡规划建设要求,汽车库建筑面积指标为40平方米/辆,超出200个车位以上部分为38平方米/辆,可设置新能源汽车充电桩;自行车库建筑面积指标为1.8平方米/辆;电动车、摩托车库建筑面积指标为2.5平方米/辆。

3. 警卫用房:宜按警卫编制定员及武警营房建筑面积标准计算,人均建筑面积为25平方米。

4. 人防设施:应按国家人防部门规定的设防范围和标准计列建筑面积,本着平战结合、充分利用的原则,在平时可以兼作地下车库、物品仓库等。

第十六条　党政机关办公用房总建筑面积可按下式计算得出:

$$S=[A+B+(A+B)\times9\%]/K+C$$

式中:S—总建筑面积;

A—各级工作人员办公室总使用面积;

B—服务用房总使用面积;

K—基本办公用房建筑总使用面积系数;

C—附属用房总建筑面积。

第三章　选址、布局与建设用地

第十七条　党政机关办公用房选址应符合当地土地利用总体规划和城乡规划的要求,在规划确定的城镇建设用地范围内，选择位置适合、交通便利、环境适宜、基础设施和地质条件良好、有利于安全保卫的地点。

第十八条　党政机关办公用房在城市中的布局宜相对集中。联合建设时，其设备用房和附属用房等应统一规划与建设。

第十九条　党政机关办公用房的建筑总平面布置应遵循功能组织合理、建筑组合紧凑、服务资源共享的原则，科学合理组织和利用地上、地下空间。

第二十条　党政机关办公用房建设用地包括：建筑主体及其附属建筑用地、道路及停车用地、绿化用地等。

第二十一条　党政机关办公用房改建、扩建工程应充分利用原有场地和设施，减少新增用地。

第二十二条　党政机关办公用房建设用地不得用于建造与办公无关的居住或商用建筑等，不得占用风景名胜资源。

第二十三条　党政机关办公用房的建筑容积率不应小于表5的规定，并应满足所在地城乡规划与建设的相关控制要求。

表5　建筑容积率指标

类别	容积率
中央机关	2.0
省级机关	2.0
市级机关	1.2
县级机关	1.0
乡级机关	由省级人民政府按照中央规定和精神自行做出规定。

第二十四条　党政机关办公用房总停车位数应满足当地城乡规划建设要求，地面停车场面积指标为：汽车25平方米/辆，自行车1.2平方米/辆，电动车、摩托车1.8平方米/辆。

第二十五条　党政机关办公用房建设用地的绿地率不宜低于30%，并应满足当地城乡规划和建设有关绿地的控制要求。绿化植被应采用本土植物，不得移栽大树、古树，以降低绿化成本。

第四章　建筑标准

第二十六条　党政机关办公用房不宜建造一、二层的低层建筑，也不应建造超高层、超大体量的建筑。

第二十七条　党政机关基本办公用房建筑面积小于（等于）表6的规定时，不宜单独建设。

表6　建筑面积控制指标

类别	建筑面积（平方米）
中央机关	6000
省级机关	6000
市级机关	4000
县级机关	2000
乡级机关	——

第二十八条　党政机关办公用房标准层每层建筑面积不应低于表7的规定：

表7　标准层建筑面积

分　　类	建筑面积（平方米）
四层及以下办公用房	600
五层及以上多层办公用房	1000
高层办公用房	1200

第二十九条　党政机关办公用房入口门厅高度不应超过两层，门厅的使用面积不应超过表8的规定：

表8　入口门厅的使用面积指标

类别	使用面积（平方米）
中央机关	300
省级机关	300
市级机关	240
县级机关	120
乡级机关	由省级人民政府按照中央规定和精神自行做出规定，原则上不得超过县级机关。

第三十条　党政机关办公用房不得在办公区域内建设阶梯式和有舞台灯光音响、舞台机械、同声传译的会堂、报告厅、大型会议室。建筑物内不宜设置阳光房、采光中厅、室内花园、景观走廊等超出办公用房功能的其他空间或房间。

第三十一条　党政机关办公用房标准层的层高应根据办公室净高要求、结构形式及设施情况确定，不得超越净高规定或结构及设施的合理技术条件加大层高。办公室的净高应符合下列规定：

1. 有集中空调设施并有吊顶的标准单间办公室宜为2.5～2.7米；

2. 无集中空调设施的标准单间办公室宜为2.6～2.8米；

3. 有集中空调设施并有吊顶的大空间办公室宜为2.6～2.8米；

4. 无集中空调设施的大空间办公室宜为2.8～3.0米。

第三十二条 党政机关办公用房标准层的走道净宽应符合下列规定：

1. 走道长度≤40米时，单面布房的走道净宽不宜小于1.5米且不宜大于1.8米，双面布房的走道净宽不宜小于1.8米且不宜大于2.1米。

2. 走道长度>40米时，单面布房的走道净宽不宜小于1.5米且不宜大于2.1米，双面布房的走道净宽不宜小于1.8米且不宜大于2.5米。

第三十三条 五层及五层以上的党政机关办公用房应设置乘客电梯，办公用房的办公区域不应设置自动扶梯。

第三十四条 党政机关办公用房应满足国家有关无障碍规范的要求。

第三十五条 党政机关办公用房的建设应满足功能需求，党政机关一般工作人员办公室宜采用大开间，提高办公室利用率。

第三十六条 党政机关办公用房建筑应符合国家有关建筑设计防火、抗震、节能规范等的规定，并确保建筑在设计使用年限期间能正常使用。

第五章 建筑装修

第三十七条 党政机关办公用房装修设计应构造简洁、色彩适宜，营造庄重、实用、协调的装饰效果，因地制宜地选用节能环保装修材料或构配件。

第三十八条 党政机关办公用房室内装修包括楼地面、墙面、柱面、天棚、内门窗、轻质隔墙、细部等，不包括活动家具、窗帘、饰物等。

第三十九条 党政机关办公用房装修标准可分为基本装修、中级装修、中高级装修三类，并宜符合表9的规定。

表9 装修标准

分类	装修要求
基本装修	选用建筑所在地区经济型普通装修材料或构配件。 楼地面可选用普通PVC地材、地砖、水泥砂浆等；墙、柱面选用普通涂料；天棚刷普通涂料或普通饰面板吊顶；门采用普通复合木门。
中级装修	选用建筑所在地区中等价位的装修材料或构配件。 楼地面可选用中档复合木地板、PVC地材、石材、地砖等；墙、柱面可选用中档饰面板、涂料或壁纸；天棚可做中档饰面板吊顶；门采用中档复合木门或玻璃门。
中高级装修	选用建筑所在地区中等价位、局部选用中高价位的装修材料或构配件。 楼地面可选用中高档石材、木材、普通化纤地毯；墙、柱面可选用中档饰面板或涂料；天棚可做中高档饰面板吊顶；门采用中高档复合木门或玻璃门。

注：同等档次室内装修材料，提倡采用新型环保节能材料。

第四十条 党政机关办公用房建筑装修应符合表10的规定。

表10 装修选用标准

房间或部位＼类别		中央机关、省级机关	市级机关	县级机关	乡级机关
办公室	一般工作人员办公室	基本	基本	基本	基本
	领导人员办公室	中高级	中级	中级或基本	基本
服务用房	会议室、接待室	中高级或中级	中级	中级或基本	基本
	其他用房	基本	基本	基本	基本
设备用房		基本	基本	基本	基本
附属用房		基本	基本	基本	基本
主入口门厅及电梯厅		中高级	中级	中级或基本	基本

第四十一条 党政机关办公用房的办公室及办公区走廊等应采用普通灯具和高效节能型光源，会议室、接待室及主入口门厅可采用装饰性灯具，配用高效节能型光源，但不应选用豪华灯具。

第四十二条 采暖地区一般工作人员办公室不应做装饰性暖气罩。

第四十三条 党政机关办公用房室外装修包括墙面、柱面、外门窗、门头、台阶、坡道等。

第四十四条 党政机关办公用房室外装修设计，应综合考虑所在地区传统文化特色、经济状况、城镇景观及周边建筑风貌，做到实用、协调、庄重。外墙面不宜大面积采用玻璃幕墙，主入口不应使用铜质门、豪华旋转门。

第四十五条 党政机关办公用房装修工程造价包括：室内装修工程、室外装修工程造价。装修工程造价占建筑安装工程费用的比例，不宜超过表11的规定。

表11 装修工程造价占建筑安装工程费用的比例

类别	比例(%)
中央机关	35
省级机关	35
市级机关	35
县级机关	30
乡级机关	25

第六章 室内环境与建筑设备

第四十六条 党政机关办公用房室内环境应符合公共建筑节能设计标准的规定。其中，办公室冬季采暖设定温度不应高于20℃，夏季制冷设定温度不应低于26℃。

第四十七条 党政机关办公用房的一个主立面朝向外窗的窗墙比不应大于0.6，其余朝向外窗的窗墙比不应大于0.4，并满足自然采光的要求。

第四十八条 采用集中采暖、空调系统的办公用房，应设置分楼层或分室内区域或分用户的室温可调控装置，并按使用部门或耗能部门设置热、冷量分摊计量装置。

第四十九条 党政机关办公用房的给水系统应充分利用城镇给水管网直接供水，其供水设备宜采用管网叠压供水设备。

第五十条 党政机关办公用房不得采用冲洗水量大于9升的便器及水箱，洗手(脸)盆宜采用感应式水嘴、延时自闭水嘴，便器采用感应式或延时自闭冲洗阀。卫生器具和配件均应采用节水型产品。

第五十一条 各类用房或部位的照度标准值应符合表12的规定。

表12 照度标准值

房间或部位	照度标准值(lx)
办公室、会议室、接待室、文印室、门厅等	300
档案室、资料室等	200

第五十二条 走廊、楼梯间、门厅等公共场所的照明，宜采用集中控制，并按建筑使用条件和天然采光状况采取分区、分组控制措施。

第七章 智能化系统

第五十三条 党政机关办公用房智能化系统宜由智能化集成系统、信息设施系统、信息化应用系统、公共安全系统、建筑设备管理系统等构成，党政机关可根据各自需要和实际情况配置相应的办公用房智能化系统。

第五十四条 中央机关、省级机关、市级机关办公用房宜设置智能化集成系统。智能化集成系统建设应根据办公用房规模、办公业务的综合性以及建筑设备的控制要求综合考虑确定。

第五十五条 党政机关办公用房信息设施系统宜包括用户电话交换系统、信息网络系统、综合布线系统、有线电视系统、广播系统、会议系统等。系统配置标准宜符合表13的规定。

表13 信息设施系统配置标准

信息设施系统	中央机关、省级机关	市级机关	县级机关	乡级机关
用户电话交换系统	●	●	●	○
信息网络系统	●	●	●	●
综合布线系统	●	●	●	●
有线电视系统	●	●	●	●
广播系统	●	●	○	○
会议系统	●	●	●	○

注：●表示可配置；○表示不宜配置

第五十六条　党政机关办公用房信息化应用系统宜包括办公业务系统、物业运营管理系统、智能卡应用系统、信息安全管理系统等。系统配置标准宜符合表 14 的规定。

表 14　信息化应用系统配置标准

信息化应用系统	中央机关、省级机关	市级机关	县级机关	乡级机关
办公业务系统	●	●	●	○
物业运营管理系统	●	●	○	○
智能卡应用系统	●	●	○	○
信息安全管理系统	●	●	●	○

注：●表示可配置；○表示不宜配置

第五十七条　党政机关办公用房公共安全系统宜包括火灾自动报警系统、安全技术防范系统及与政府职能相关的应急响应系统等。办公用房内（或部分区域）对安全技术防范具有其他特殊要求的范围，应实施符合特殊安全技术防范管理规定所要求的安全技术措施。系统配置标准宜符合表 15 的规定。

表 15　公共安全系统配置标准

公共安全系统		中央机关、省级机关	市级机关	县级机关	乡级机关
火灾自动报警系统		按国家现行有关标准进行配置			
安全技术防范系统	安全防范综合管理系统	●	●	○	○
	入侵（周界）报警系统	●	●	●	●
	视频安防监控系统	●	●	●	●
	出入口控制系统	●	●	●	○
	电子巡查管理系统	●	●	○	○
应急响应系统		应纳入国家各级行政区域应急体系			

注：●表示可配置；○表示不宜配置

第五十八条　党政机关办公用房综合布线系统建设，应根据各类机关办公工作业务和办公人员的岗位职能，配置相应的数据信息端口和电话通信端口。

第八章　附　　则

第五十九条　本建设标准由国家发展和改革委员会、住房和城乡建设部负责解释。

第六十条　本建设标准自发布之日起施行，《国家计委关于印发党政机关办公用房建设标准的通知》（计投资〔1999〕2250 号）同时停止执行。

· 党规党纪 ·

中共中央办公厅、国务院办公厅关于处理党和国家机关正、副省（部）级干部用公款、公物超标准装修住房问题的通知

1991 年 11 月 20 日

近几年来，一些领导干部违反党中央、国务院有关规定，用公款、公物超过规定标准装修住房，在群众中造成了不良影响。为了教育干部，挽回影响，发扬廉洁奉公、艰苦奋斗的优良传统，必须对党和国家机关正、副省（部）级干部用公款、公物超标准装修住房的问题进行处理。为此，特作如下通知：

一、党和国家机关及人民团体正、副省(部)级干部用公款、公物装修住房,必须严格执行《中共中央、国务院印发〈关于高级干部生活待遇的若干规定〉和邓小平同志报告的通知》的规定,国务院各部门的部级干部还要执行国务院机关事务管理局《关于中央国家机关部级干部宿舍修缮标准的规定》。凡违反以上规定用公款、公物超标准装修住房的,属违纪行为。

二、对超标准装修住房所动用的公款,由该干部现所在单位负责向其全部追回。所动用的公物,由该干部现所在单位按装修时当地的国家规定价格折价计款追回。追回的款额一律上缴国库。

三、用公款、公物超标准装修住房的,除了按本通知第二条处理外,还要根据其超过规定标准所动用的款额(含动用公物折价款额)和情节轻重,给予下列处分:

(一)款额不满一万元的,给予警告处分;

(二)款额在一万元以上不满二万元的,给予警告或记过处分;

(三)款额在二万元以上的,给予记过直至撤职处分。

多次动用公款、公物超标准装修住房未经处理的,按照累计动用款额给予处分。

四、用公款、公物超标准装修住房,有下列情形之一者,要从重或加重处分:

(一)侵占、挪用和克扣救灾、防汛、扶贫、教育等公款、公物的;

(二)使国家和集体利益遭受严重损失的;

(三)共同动用公款、公物,负有主要责任的;

(四)伪造、销毁单据,阻挠他人坦白,对检举人、办案人打击报复的;

(五)先以公款、公物高标准装修,后又按住房制度改革有关文件规定的标准价购买该住宅的。

五、动用公款、公物超标准装修住房,款额(含动用公物折价款额)不满一万元,情节轻微,本人又主动检查,及时纠正并退回款、物的,可免予处分,但应给予批评教育。

六、在本通知发出时,正在用公款、公物超标准装修住房的,有关部门应责令其停止施工,并按照本通知的规定对有关人员进行处理。为使住房不受损坏,可按规定的标准重新设计装修。

七、对违反财政法规,批准动用公款、公物超标准装修住房的直接责任者,按《国务院关于发布违反财政法规处罚暂行规定的通知》处理。

八、对违反本通知规定需要给予党纪处分的,由其上级党的机关进行处理。对违反本通知规定需要给予行政处分的,由其上级主管机关按照干部管理权限进行处理。中共中央纪律检查委员会和监察部也可以按管辖权限和处分程序直接处理。

九、已办理退(离)休手续的党和国家机关及人民团体正、副省(部)级干部,适用本通知。

十、国营企事业单位中相当于正、副省(部)级的干部,适用本通知。

十一、本通知执行情况,由中共中央纪律检查委员会和监察部负责监督、检查。

十二、凡在《中共中央关于党和国家机关必须保持廉洁的通知》发布以后,仍用公款、公物超标准装修住房的,按照本通知精神处理;在此以前用公款、公物超标准装修住房的,参照本通知精神酌情处理。

十三、军队机关的高级干部用公款、公物超标准装修住房的处理办法,由中央军委参照本通知精神另行制定。

中共中央办公厅、国务院办公厅关于继续从严控制党政机关办公楼和培训中心项目建设的通知

2003年1月7日

《中共中央、国务院关于党政机关厉行节约制止奢侈浪费行为的若干规定》(中发〔1997〕13号)下发以来,各地区、各部门认真贯彻文件精神,有效地遏制了兴建党政机关办公楼的势头。但是,近几年由于机构调整变化等诸多因素,一些部门和地方又出现了竞相兴建机关办公楼和培训中心的现象。对此,党中央、国务院高度重视,并再次强调,要艰苦奋斗、勤俭建国、勤俭办一切事业,反对讲排场、比阔气、挥霍公款等奢侈浪费现象,领导机关的工作条件只能随着经济发展而逐步改善,要把有限的资金更多地用于改善人民生活方面,继续从严控制党政机关新建办公楼和培训中心。经党中央、国务院同意,现重申并提出以下要求:

一、**严格党政机关办公楼建设项目审批程序。**中央和地方省级党政机关新建办公楼,无论规模大小,一律报国务院审批。中央直属机关的办公楼建设项目,经中共中央直属机关事务管理局审核同意后报国家计委,由国家计委核报国务院审批。国务院各部门的办公楼建设项目,总投资在7000万元以下的,由国务院机关事务管理局征求国家计委意见后报国务院审批,总投资在7000万元以上的,由国家计委核报国务院审批。地方省级党政机关的办公楼建设项目,一律由国家计委

核报国务院审批。省级以下党政机关办公楼建设项目，由省级计划部门核报省级人民政府审批。

二、加快开展党政机关办公用房存量的调整工作。有关部门和地方省级人民政府在审核党政机关办公用房建设项目时，要严格按照《党政机关办公用房建设标准》，从严核定办公用房面积。对办公用房确有困难的，应首先考虑从现有党政机关办公用房存量中调剂解决；确需新建、改扩建和加固改造的，要严格执行审批程序。

三、从严控制党政机关培训中心项目建设。除特殊情况外，原则上不再批准新建培训中心项目。同时，各地区、各部门对现有党政机关培训中心的改扩建要严格控制，严禁进行高档装修，防止变相扩大规模，提高建设标准。

四、积极推进党政机关培训中心管理社会化。为了改变目前党政机关培训中心总量严重过剩、现有培训设施利用率不高的状况，更好地做好干部培训工作，要积极推行培训中心管理社会化。中央和国家机关的有关具体办法由中共中央直属机关事务管理局、国务院机关事务管理局会同有关部门制定并组织实施。

五、各级党委、政府及有关部门要认真贯彻执行本通知精神，各级纪检监察机关要对有关执行情况进行监督检查。对违反本通知规定的党政机关，要视情节轻重追究直接责任人和主要领导的责任，直至给予党纪政纪处分。

六、本通知所称党政机关，是指党的机关、人大机关、行政机关、政协机关、审判机关、检察机关。工会、共青团、妇联等各人民团体适用本通知。国有企业事业单位参照执行本通知。

中共中央办公厅、国务院办公厅印发《建设部、中共中央组织部、财政部关于易地调动干部住房管理暂行规定》的通知

2003年7月30日印发

《建设部、中共中央组织部、财政部关于易地调动干部住房管理暂行规定》已经党中央、国务院领导同志同意，现印发给你们，请认真贯彻执行。

建设部、中共中央组织部、财政部关于易地调动干部住房管理暂行规定

为妥善解决易地调动干部的住房问题，根据《国务院关于进一步深化城镇住房制度改革加快住房建设的通知》（国发〔1998〕23号）及有关文件确定的政策，制定本规定。

一、适用范围

本规定适用于因组织需要易地调动，并按照组织程序办理调动手续的党政干部（以下简称调动干部）。

二、承租或购买现居住公有住房

调动干部一般只能按照房改政策承租或购买一地的公有住房。夫妻两地分居且在本规定印发前已经在两地承租公有住房的，可以在分居期间分别承租两地的公有住房，但只能购买其中一地的现居住公有住房。购买现居住公有住房执行住房所在地的房改政策，购房面积标准执行调动干部新任职务标准。

三、申请领取购房补贴

调动干部购房时，可以根据下列情况，向调入单位申请领取购房补贴，调入单位应当优先发放。

（一）*在原工作地无房干部的购房补贴。*调动干部在原工作地没有承租或购买公有住房，以及按照规定退出原承租或购买的公有住房的，可以按照新工作地无房职工的有关规定，向调入单位申请领取购房补贴；在原工作地已经领取购房补贴的，自调动次月起，按照新工作地的购房补贴政策执行。

（二）*地区差额补贴。*调动干部在原工作地已经领取购房补贴的，如原工作地购房补贴水平低于新工作地，可以向调入单位申请领取地区差额补贴，补贴额按照两地补贴水平的差额计算。调动干部在原工作地已经承租或购买公有住房的，在新工作地购房时，也可以向调入单位申请领取地区差额补贴，但只限于夫妻一方，补贴额按照原职级住房面积标准和两地普通商品住房平均价格的差额计算。调动干部升职的，按照新工作地规定由调入单位发放级差补贴。

（三）*面积差额补贴。*调动干部按照新工作地相应职务住房面积标准，原承租或购买的公有住房没有达标且未在原工作地领取面积差额补贴的，自调动次月起，可以向调入单位申请领取差额补贴；原住房已经达标的，调入单位不再发放差额补贴。

四、建立临时周转住房制度

为方便调动干部的工作和生活，在新工作地没有住房的调动干部，新工作地应当为其提供临时周转住房。

（一）*周转住房的筹集。*周转住房的标准应当以满足调动干部的基本工作和生活需要为原则，房源主要从腾退的现有公房中筹集，也可以购买经济适用住

房;确需新建的,应当严格控制建设标准;原则上不得安排宾馆、招待所作为临时周转住房。

(二)周转住房的租金。调动干部应当按照新工作地规定的公有住房租金标准交纳租金;交纳租金确有困难的,可以按照新工作地有关规定向调入单位申请租金补贴或租金优惠。

(三)周转住房的腾退。调动干部在新工作地购买住房或调离现工作岗位后,应当在6个月内腾退租住的周转住房。本规定印发前已经在两地承租公有住房的,其中一地的承租住房可以比照临时周转住房管理。

五、积极鼓励干部到西部地区工作

(一)购房补贴标准和资金来源。凡调动到西部地区(指执行国家关于西部开发有关文件规定的地区)工作的干部,购房补贴按照新工作地和原工作地补贴额度较高一地的标准执行;原在中央、国家机关和北京、天津、山东、上海、江苏、浙江、福建、广东等地工作的干部,原工作地购房补贴额度高于新工作地的,由原工作地按照调动干部新任职务及原工作地房改政策规定发放购房补贴,一次结清。

(二)购房或租住周转住房。调动到西部地区工作的干部,购房地点可以在新工作地,也可以在原工作地,由调动干部自主选择;在符合条件的情况下可以优先购买经济适用住房。未领取购房补贴前,其所住周转房可以免交租金。

六、住房档案

调动干部在办理调动手续时,个人住房档案应当随干部行政、工资介绍信等一并移交,住房档案应当说明本人及配偶住房状况和双方购房补贴发放情况。

七、严肃纪律

调动干部如有瞒报家庭住房情况,或违反规定多占住房、骗取购房补贴的,有关部门应当按照规定收回多占的住房或骗取的购房补贴,同时给予党纪、政纪处分。

八、其他

(一)各省、自治区、直辖市根据本规定精神,结合实际情况,制定实施办法。企事业单位的调动干部可以参照执行。易地调动的省部级干部住房政策另行规定。

(二)本规定由建设部会同中共中央组织部、财政部负责解释。

(三)本规定自印发之日起实施。

中共中央办公厅、国务院办公厅关于进一步严格控制党政机关办公楼等楼堂馆所建设问题的通知

2007年3月18日

近年来,各地区各部门按照中央的要求,在严格控制党政机关办公楼等楼堂馆所建设方面采取了一些措施,取得了一定成效。但是,最近一些党政机关违规修建办公楼等楼堂馆所现象又有所抬头,且有愈演愈烈之势。有的违反审批程序,越权审批,擅自提高建设标准、扩大建筑面积;有的不注重建筑的使用功能和经济实用性,盲目攀比,贪大求洋,搞豪华装修;有的不惜贷款、举债,甚至挪用扶贫款、救灾款等专项资金修建办公楼等楼堂馆所,群众反映十分强烈。党中央、国务院对此高度重视,明确要求采取有效措施,坚决刹住这股歪风,维护党和政府的良好形象。经党中央、国务院领导同志同意,现就进一步严格控制党政机关办公楼等楼堂馆所建设问题通知如下。

一、充分认识严格控制党政机关办公楼等楼堂馆所建设的重要意义

严格控制党政机关办公楼等楼堂馆所建设,是发扬艰苦奋斗、勤俭节约优良传统的具体体现,是加强党风廉政建设的重要内容,是密切党群干群关系、维护党和政府形象的客观要求。各级党委、政府和各有关部门要充分认识到,违反规定建设办公楼等楼堂馆所,追求和攀比办公场所豪华气派,是一种严重的铺张浪费行为,也是一种滥用权力的腐败行为。这种做法不仅浪费国家财产和资源,加重人民群众负担,而且败坏党风、政风和社会风气,侵蚀党员干部的进取精神和服务意识,危害党和人民的事业。同时还要看到,虽然我国的经济实力和综合国力在不断增强,但我国还是发展中国家,仍处于并将长期处于社会主义初级阶段,全体人民的生活还不富裕,国家建设和发展需要办的事情还很多,必须继续发扬艰苦奋斗的优良传统,必须继续坚持勤俭办一切事业的方针。各级党政机关和领导干部要牢牢把握立党为公、执政为民的本质要求,始终牢记"两个务必",全面加强思想作风建设,带头弘扬新风正气,坚决抵制贪图安逸、追求享乐等不正之风,为全社会做好表率。

二、严格审批党政机关办公楼建设项目

所有新建、扩建、迁建、购置、装修改造党政机关办

公楼项目，必须严格履行审批程序。根据有关规定，中央直属机关办公楼建设项目经中央直属机关事务管理局审核同意后，由国家发展改革委核报国务院审批。国务院各部门办公楼建设项目，总投资 7000 万元以下（含 7000 万元）的，由国务院机关事务管理局征求国家发展改革委意见后报国务院审批；总投资 7000 万元以上的，经国务院机关事务管理局初审后，由国家发展改革委核报国务院审批。中央和国家机关所属事业单位办公楼建设项目，一律报国家发展改革委审批。其中，使用中央预算内投资 7000 万元以上的，由国家发展改革委核报国务院审批。

省（自治区、直辖市）及计划单列市党政机关办公楼建设项目，一律由国家发展改革委核报国务院审批。省直厅（局）级单位和市（地、州、盟）、县（市、区、旗）党政机关办公楼建设项目，由省（自治区、直辖市）人民政府审批。市（地、州、盟）、县（市、区、旗）党政机关直属单位和乡镇党政机关办公楼建设项目，由市（地、州、盟）人民政府（行署）审批。地方各级党政机关直属事业单位办公楼建设项目的审批程序，由各省（自治区、直辖市）人民政府规定。

今后一律不再审批党政机关新建、改扩建包括培训中心在内的各类具有住宿、会议、餐饮等接待功能的设施或场所建设项目，也不得安排财政性资金用于部门、地方所属的现有这类设施或场所的维修改造。各级党政机关要积极推进所属接待设施或场所经营管理的社会化进程，实现与所属部门彻底脱钩。

三、从严控制党政机关办公楼建设标准

党政机关办公楼建设必须体现庄重、朴素、实用和节约资源的原则。办公楼面积标准要严格按照原国家计委《关于印发党政机关办公用房建设标准的通知》（计投资〔1999〕2250 号，以下简称《通知》）的规定执行。办公楼主入口不得设置大门厅，门厅高度不得超过两层楼高。各级领导干部办公室的使用面积，要严格控制在《通知》规定的标准内。不得在办公区域内，以任何理由建设阶梯式和有舞台灯光音响、舞台机械、同声传译的会堂、报告厅、大型会议室。建筑物内不得设置阳光房、采光中厅、室内花园、景观走廊等。

党政机关办公楼不得定位为城市标志性建筑，外立面不得搞豪华装修，内装修要简洁朴素，办公设备的配置要科学实用。电梯、采暖、空调、供配电、弱电等设备以及各类建筑材料均应选用高效、节能、环保的国产产品。凡新建、改扩建的，必须严格执行《公共建筑节能设计标准》，建成后应进行建筑节能测评，凡达不到建筑节能标准的，不得进行竣工验收备案。

党政机关办公楼建设必须符合土地利用和城市规划要求，从严控制用地规模，严禁超标准占地、低效利用土地，不得占用耕地，不得配套建设大型广场、公园等设施。同时，要积极创造条件盘活行政事业单位办公楼存量资源，增加存量供给。对办公用房确有困难的，应首先考虑从现有党政机关办公用房存量中调剂解决；确需新建、改扩建的，应打破系统、部门之间界限，实行集中建设。

要充分发挥限额设计在控制投资和建设标准方面的作用，坚决控制党政机关办公楼工程造价标准。党政机关办公楼单位综合造价（不含土地有关费用及市政配套建设费），省（部）级不得超过 4000 元/平方米，市（地）级不得超过 3000 元/平方米，县（处）级及以下单位不得超过 2500 元/平方米。在不超出上述限额的前提下，各省（自治区、直辖市）可根据本地实际情况制定党政机关办公楼单位综合造价标准。凡超出规定标准的，投资主管部门一律不得受理。除明显物价上涨以及国家政策性调整、自然灾害等不可抗力因素外，经批准的初步设计概算一律不得突破和调整。

四、规范党政机关办公楼建设资金来源和管理方式

党政机关和财政全额拨款事业单位办公楼项目建设投资，统一由政府预算内投资安排，不得使用银行贷款，不得接受任何形式的赞助或捐赠，不得搞任何形式的集资或摊派，不得向其他单位借款，不得让施工单位垫资，严禁挪用各类专项资金。土地收益和资产转让收益要按照有关规定严格实行收支两条线管理，不得直接用于办公楼建设。差额拨款和自收自支事业单位使用行政事业性收费等财政性资金建设办公楼的，在申报项目时要出具财政部门对使用行政事业性收费等财政性资金的审核意见。

加快推进党政机关办公楼建设项目代建制试点工作。逐步推行由专业化项目管理单位组织实施项目建设、建成后移交给使用单位的建设管理模式，不再由使用单位自行组织建设。

投资和规模较大的党政机关办公楼建设项目，投资主管部门应对项目施工图进行复核，对不按初步设计和投资概算批复要求编制的施工图，建设和设计单位必须按要求进行修改。在项目实施过程中，有关部门要加强监督检查，使用单位不得随意干涉。项目建成交付使用前，由纪检监察机关、审计、财政和投资主管等部门组成联合检查组，对项目的建设规模、标准、投资、资金来源进行全面检查。

五、全面清理党政机关办公楼等楼堂馆所建设项目

各地区各部门要对近年来修建党政机关办公楼等楼堂馆所情况进行全面彻底的清理。对清理中发现的问题,要根据不同情况分别作出处理。凡是违反规定拟建和在建的办公楼等楼堂馆所项目,必须坚决停建或缓建;凡是没有按规定履行审批手续,擅自建设的办公楼等楼堂馆所项目,一经查实,要予以没收;凡是超规模、超标准、超投资概算建设的办公楼等楼堂馆所项目,要视具体情况作出腾退超标准面积或全部没收、拍卖处理。对招标交易单位不按批复规模、标准受理招标的,有关部门要责令其停业整顿,并追究直接责任人和主要领导人员的责任;对设计单位不按批复规模、标准设计的,有关部门要依法给予其行政处罚,并禁止其承接政府投资项目的设计业务;对项目未按批复规模、标准实施,监理单位未及时制止并向投资主管部门报告的,有关部门要依法给予其行政处罚,并禁止其承接政府投资项目的监理业务。

六、建立健全相关制度和监管机制

各地区各部门要结合实际,抓紧制定相关制度和实施办法,并切实加强领导,严格落实责任制,确保本通知精神落到实处。投资主管部门要进一步完善审批程序,建立健全审批责任制和内部监督机制,对违规审批等行为要严肃处理。财政部门要严格公共财政支出管理制度,增强预算透明度,对于未经有关部门审批的办公楼建设项目一律不下达财政预算,把党政机关办公楼等楼堂馆所建设预算支出情况作为政务公开的重要内容,主动接受社会监督。建设部门要加强党政机关办公楼等楼堂馆所设计概算、施工预算编制的管理和工程造价标准的制定工作。审计部门要加强对党政机关办公楼等楼堂馆所建设项目的审计监督。纪检监察机关要加强对党政机关办公楼等楼堂馆所建设的监督检查,坚决纠正和查处各种违规违纪行为,对有令不行、有禁不止的,要依照有关规定给予直接责任人党纪政纪处分,并追究有关领导人员的责任。

本通知所称党政机关,包括党的机关、人大机关、行政机关、政协机关、审判机关、检察机关。工会、共青团、妇联等人民团体以及各级党政机关派出机构和直属事业单位适用本通知。国有和国有控股企业参照执行本通知。

中共中央办公厅、国务院办公厅关于党政机关停止新建楼堂馆所和清理办公用房的通知

2013年7月14日

近年来,各地区各部门认真贯彻中央要求,在严格控制党政机关楼堂馆所建设方面采取了一些措施,取得了一定成效。但是,近期一些地区和部门又出现了违规修建楼堂馆所的现象,损害党风政风,影响党和政府形象,人民群众反映强烈。党中央、国务院对此高度重视,强调各级党政机关要大力弘扬艰苦奋斗、勤俭节约的优良作风,认真贯彻落实中央八项规定精神,树立过紧日子的思想,全面停止新建楼堂馆所,规范办公用房管理,切实把有限的资金和资源更多用在发展经济、改善民生上。经党中央、国务院同意,现就有关事项通知如下。

一、全面停止新建党政机关楼堂馆所

自本通知印发之日起,5年内,各级党政机关一律不得以任何形式和理由新建楼堂馆所。

(一)停止新建、扩建楼堂馆所。严禁以任何理由新建楼堂馆所,严禁以危房改造等名义改扩建楼堂馆所,严禁以建技术业务用房名义搭车新建楼堂馆所,严禁改变技术业务用房的用途。

(二)停止迁建、购置楼堂馆所。严禁以城市改造、城市规划等理由在他处重新建设楼堂馆所,严禁以任何理由购置楼堂馆所。

(三)严禁以"学院"、"中心"等名义建设楼堂馆所。严禁接受任何形式的赞助建设和捐赠建设,严禁借企业名义搞任何形式的合作建设、集资建设或专项建设。

(四)已批准但尚未开工建设的楼堂馆所项目,一律停建。

二、严格控制办公用房维修改造项目

办公用房因使用时间较长、设施设备老化、功能不全、存在安全隐患,不能满足办公要求的,可进行维修改造。维修改造项目要以消除安全隐患、恢复和完善使用功能为重点,严格履行审批程序,严格执行维修改造标准,严禁豪华装修。

中央直属机关办公用房维修改造项目,由中直管理局审批。国务院各部门办公用房维修改造项目,由国管局审批。地方各级党政机关办公用房维修改造项

目的审批程序，由各省、自治区、直辖市规定。各地区要根据本地区实际制定党政机关办公用房维修改造标准和工程消耗量定额。

各级党政机关要严格按照2007年印发的《中共中央办公厅、国务院办公厅关于进一步严格控制党政机关办公楼等楼堂馆所建设问题的通知》要求，加强预算和资金使用管理。党政机关办公用房维修改造项目所需投资，统一纳入预算安排财政资金解决，未经审批的项目，不得安排预算。

各级党政机关不得以任何理由安排财政资金用于包括培训中心在内的各类具有住宿、会议、餐饮等接待功能的设施或场所的维修改造。

三、全面清理党政机关和领导干部办公用房

各级党政机关要对占有、使用的办公用房进行全面清理，根据不同情况分别作出如下处理：

（一）超过《党政机关办公用房建设标准》（原国家计委计投资〔1999〕2250号）规定的面积标准占有、使用办公用房的，应予以腾退。

（二）未经批准改变办公用房使用功能的，原则上应恢复原使用功能。

（三）已经出租、出借的办公用房到期应予收回，租赁合同未到期的，租金收入严格按照收支两条线规定管理，到期后不得续租。未经批准租用办公用房的，应予以清理并腾退，严禁以租用过渡性用房名义变相购建使用办公用房。

（四）除在立项批复中明确事业单位和行政机关办公用房一并建设外，所属其他企事业单位一律不得占用行政机关办公用房，已占用的，原则上应予以清理并腾退。

（五）部门和单位在机构变动中转为企业的，所占用的办公用房应予腾退，确实难以腾退的，经批准可租用原办公用房或按规定程序转为企业国有资本金。

（六）各级党政机关领导干部应当严格按照《党政机关办公用房建设标准》的规定配置办公用房。办公用房面积超标准配置的，应予以清理并腾退；领导干部在不同部门同时任职的，应在主要工作部门安排一处办公用房，其他任职部门不再安排办公用房；领导干部工作调动的，由调入部门安排办公用房，原单位的办公用房不再保留；领导干部在人大或政协任职，人大或政协已安排办公用房的，原单位的办公用房不再保留，人大或政协没有安排办公用房的，由原单位根据本人承担工作的实际情况，安排适当的办公用房；领导干部在协会等单位任职的，由协会等单位根据工作需要安排办公用房，原单位的办公用房不再保留；领导干部已办理离退休手续的，原单位的办公用房应及时腾退。

四、严格规范党政机关办公用房管理

各地区要按照有关规定，建立健全办公用房集中统一管理制度，实行统一调配、统一权属登记。要严格按照《党政机关办公用房建设标准》和各部门各单位“三定”规定，从严核定办公用房面积。新建、调整办公用房的部门和单位，要按照“建新交旧”、“调新交旧”原则，在搬入新建或新调整办公用房的同时，及时将原办公用房腾退移交机关事务主管部门。因机构增设、职能调整确需增加办公用房的，应在本部门本单位现有办公用房中解决；本部门本单位现有办公用房不能满足需要的，由机关事务主管部门整合办公用房资源调剂解决；无法调剂、确需租用办公用房的，要严格履行审批手续。各级党政机关要制定本部门本单位办公用房使用管理制度，严格办公用房使用管理。

各级机关事务主管部门要做好办公用房物业管理工作，制定和完善物业服务内容、服务标准和收费标准等制度，并结合机关后勤服务社会化改革，逐步推进办公用房物业服务社会化。

五、切实加强领导，强化监督检查

停止新建党政机关楼堂馆所和清理办公用房，是加强党风廉政建设的重要内容，是密切党群干群关系、维护党和政府形象的客观要求，各级党政机关要高度重视，领导干部要率先垂范。各地区各部门各单位要结合实际，抓紧制定相关制度标准和实施办法，切实加强领导，严格落实责任制，确保本通知精神落到实处。

投资主管部门要进一步完善审批程序，建立健全审批责任制和内部监督机制，对违规审批等行为要严肃处理。财政部门要严格公共财政预算管理，对未按规定履行审批手续的党政机关楼堂馆所建设和维修改造项目一律不得下达财政预算。各部门各单位年终应把楼堂馆所建设和维修改造项目实施情况作为政务公开的重要内容，主动接受社会监督。国土资源管理部门要严格土地供应管理，对未按规定履行审批手续的党政机关楼堂馆所建设和维修改造项目一律不得供地。住房城乡建设部门要加强对党政机关楼堂馆所建设和维修改造项目的监管，并制定相应的标准和工程消耗量定额。机关事务主管部门要完善党政机关办公用房管理制度，定期组织督促检查，并通报检查情况，督促落实办公用房清理工作。审计部门要加强对党政机关楼堂馆所建设和维修改造项目的审计监督。纪检监察机关要坚决纠正和查处党政机关楼堂馆所建设和维修改造项目及办公用房管理使用中的各种违规违纪行为，对有令不行、有禁不止的，依照有关规定严肃追究直接责任人和有关领导人员的责任。

2013 年 9 月 30 日前，各地区要将落实本通知的情况报中央办公厅、国务院办公厅；中央和国家机关各部门落实本通知的情况，按系统分别报中直管理局、国管局，汇总后报中央办公厅、国务院办公厅。中央办公厅、国务院办公厅将视情组织督促检查，并通报检查情况。

本通知所称党政机关，包括党的机关、人大机关、行政机关、政协机关、审判机关、检察机关。各级党政机关派出机构、直属事业单位及工会、共青团、妇联等人民团体适用本通知。国有及国有控股企业参照本通知执行。

本通知所称党政机关楼堂馆所，包括使用财政性资金建设的党政机关办公用房、培训中心，以及以“学院”、“中心”等名义兴建的具有住宿、会议、餐饮等接待功能的设施或场所；领导干部是指省部级以下（含省部级）各级党政领导干部。党政机关使用非财政性资金建设的楼堂馆所，参照本通知执行。

中共中央办公厅、国务院办公厅转发住房城乡建设等部门《关于严禁在历史建筑、公园等公共资源中设立私人会所的暂行规定》的通知

2014 年 10 月 19 日

住房城乡建设部、文化部、公安部、民政部、商务部、税务总局、工商总局、国家旅游局、国爱宗教局、国家文物局《关于严禁在历史建筑、公园等公共资源中设立私人会所的暂行规定》已经中央领导同志同意，现转发给你们，请遵照执行。

关于严禁在历史建筑、公园等公共资源中设立私人会所的暂行规定

第一条 历史建筑、公园等公共资源具有社会公益属性。在历史建筑、公园等公共资源中设立私人会所，侵占群众利益，助长不正之风，社会各方面对此反映强烈。为做好对历史建筑、公园等公共资源中私人会所的清理整治工作，根据国家有关法律法规和中央有关规定，制定本规定。

第二条 本规定所称历史建筑，是指各级各类国有文物保护单位以及烈士纪念设施保护单位、宗教活动场所中具有特殊历史文化价值的建（构）筑物。

本规定所称公园，是指政府投资建设和管理，具有相应设施和管理机构的公共绿地；向公众开放，用于开展游览观赏、休憩健身、文化娱乐、科学普及等活动的公共场所。

本规定所称私人会所，是指改变历史建筑、公园等公共资源属性设立的高档餐饮、休闲、健身、美容、娱乐、住宿、接待等场所，包括实行会员制的场所、只对少数人开放的场所、违规出租经营的场所。

第三条 严禁在历史建筑、公园等公共资源中以自建、租赁、承包、转让、出借、抵押、买断、合资、合作等形式设立私人会所。

第四条 对在历史建筑、公园等公共资源中已经设立的私人会所依法依规整治，区分情况处置：

（一）没有合法手续或者手续不健全的予以关停；

（二）有合法手续但有违规违法行为的予以停业整顿，情节严重的吊销资质；

（三）有合法手续但经营对象、范围、形式等违反相关规定的予以转型或者停业整顿；

（四）出租给单位或者个人作为非经营用途的，由所在地人民政府协调产权单位提出解决办法，租赁合同到期后收回。

第五条 坚持谁主管、谁负责原则。住房城乡建设（园林）、文化、公安、民政、商务、税务、工商、旅游、宗教、文物等部门，应当按照各自职能，认真履行职责，对历史建筑、公园等公共资源中涉及的项目立项、规划建设、消防审批、经营许可、工商登记、税务登记等事项严格审核把关，属于私人会所性质的不予办理。

完善监督管理制度，加强监督检查，发现问题限期整改。对工作失职、徇私舞弊的，依纪依法追究直接责任人和有关领导责任。

第六条 历史建筑、公园等公共资源实行信息公开，接受社会、公众和新闻媒体监督。有关职能部门应当畅通监督渠道，认真受理举报，对违规违法行为，一经发现，严肃查处。

第七条 地方各级党委和政府应当切实加强领导，健全管理体制和工作机制，明确职能职责，搞好统筹协调，研究解决问题，制定政策措施，坚决防止和纠正侵占历史建筑、公园等公共资源的问题。

第八条 本规定自 2014 年 11 月 1 日起施行。

党政机关办公用房管理办法

1. 中共中央办公厅、国务院办公厅印发
2. 自2017年12月5日起施行

第一章 总 则

第一条 为了进一步规范党政机关办公用房管理，推进办公用房资源合理配置和节约集约使用，保障正常办公，降低行政成本，促进党风廉政建设和节约型机关建设，根据《党政机关厉行节约反对浪费条例》、《机关事务管理条例》、《机关团体建设楼堂馆所管理条例》等有关规定，制定本办法。

第二条 本办法适用于各级党政机关办公用房的规划、权属、配置、使用、维修、处置等管理工作。

本办法所称党政机关，是指党的机关、人大机关、行政机关、政协机关、监察机关、审判机关、检察机关，以及工会、共青团、妇联等人民团体和参照公务员法管理的事业单位。

本办法所称办公用房，是指党政机关占有、使用或者可以确认属于机关资产的，为保障党政机关正常运行需要设置的基本工作场所，包括办公室、服务用房、设备用房和附属用房。

第三条 党政机关办公用房管理应当遵循下列原则：

（一）依法合规，严格执行法律法规和党内有关制度规定，强化监督管理；

（二）科学规划，统筹机关办公和公共服务需求，优化布局和功能；

（三）规范配置，科学制定标准，严格审核程序，合理保障需求；

（四）有效利用，统筹调剂余缺，及时依规处置，避免闲置浪费；

（五）厉行节约，注重庄重朴素、经济适用，节约能源资源。

第四条 建立健全党政机关办公用房集中统一管理制度，统一规划、统一权属、统一配置、统一处置。县级以上党政机关办公用房有关管理部门根据职责分工，负责本级党政机关办公用房管理工作，指导下级党政机关办公用房管理工作。

中央和国家机关办公用房管理，由归口的机关事务管理部门负责规划、权属、调剂、使用监管、处置、维修等，国家发展改革委负责建设项目审批、建设标准制定以及投资安排等，财政部负责预算安排、指导开展资产管理等。中央和国家机关所属垂直管理机构、派出机构和参照公务员法管理的事业单位办公用房的权属、使用、维修等有关管理工作，由归口的机关事务管理部门委托行政主管部门负责。

地方各级党政机关办公用房管理的职责分工，由各省、自治区、直辖市参照前款规定，结合本地区实际情况合理确定相关机构承担办公用房管理职责。

各级党政机关是办公用房的使用单位，负责本单位占有、使用办公用房的内部管理和日常维护。

第二章 权属管理

第五条 党政机关办公用房的房屋所有权、土地使用权等不动产权利（以下统称办公用房权属），统一登记至本级机关事务管理部门名下。

中央和国家机关所属垂直管理机构、派出机构和参照公务员法管理的事业单位办公用房权属应当登记在行政主管部门名下。地方各级党政机关所属垂直管理机构、派出机构办公用房权属的登记主体由各省、自治区、直辖市规定。

涉及国家秘密、国家安全等特殊情况的，经机关事务管理部门核准，可以将办公用房权属登记在使用单位名下。

因历史资料缺失、权属不清等问题无法登记的，由机关事务管理部门协调有关部门进行办公用房权属备案，使用单位不得自行处置。

第六条 建立健全党政机关办公用房清查盘点制度。使用单位应当建立本单位办公用房资产管理分台账，资产信息发生变更的，及时调整更新。机关事务管理部门应当建立本级党政机关办公用房资产管理总台账，定期组织清查盘点，确保总台账信息与使用单位分台账信息账账相符，与办公用房实际状况账实相符，与权属证书信息账证相符。

第七条 建立健全党政机关办公用房管理信息统计报告制度。

各级机关事务管理部门应当建立健全本级党政机关办公用房管理信息系统，定期统计汇总办公用房管理情况，报上级机关事务管理部门，并送同级发展改革、财政部门。

国家机关事务管理局、中共中央直属机关事务管理局应当会同有关部门，建立全国党政机关办公用房信息数据库，并纳入国家数据共享交换平台，实现与发展改革、财政、国土资源、住房城乡建设等部门共享共用。各省、自治区、直辖市应当统筹推进本地区办公用房管理信息系统建设，实现上下一体、互联互通、动态管理。

第八条 建立健全党政机关办公用房档案管理制度。使用单位应当加强本单位办公用房档案管理，及时归集权属、建设、维修等原始档案，并移交产权单位。产权单位应当加强办公用房档案的收集、保存和利用，确保档案完整。

第三章 配置管理

第九条 县级以上机关事务管理、发展改革、财政部门应当会同有关部门，结合人员编制情况、办公与业务需要等，编制本级党政机关办公用房配置保障规划，优化办公用房布局，具备条件的逐步推进集中或者相对集中办公，共用配套附属设施。

地方各级人民政府编制土地利用总体规划和城乡规划时，应当统筹安排本级党政机关办公用房用地。县级以上党政机关的驻在地人民政府应当有效保障上级党政机关办公用房用地需求。

第十条 党政机关办公用房配置应当严格执行相关标准，从严核定面积。

国家发展改革委会同住房城乡建设部、财政部，制定和完善党政机关办公用房建设标准，并实行标准动态调整。

第十一条 党政机关办公用房配置方式包括调剂、置换、租用和建设。

第十二条 使用单位需要配置办公用房的，由机关事务管理部门优先整合现有办公用房资源调剂解决。

第十三条 采取置换方式配置办公用房的，应当严格履行审批程序，执行新建办公用房各项标准，确保符合办公用房各类功能要求，并按规定组织资产评估，置换所得超出面积标准的办公用房由机关事务管理部门统一调剂，置换所得收益按照非税收入有关规定管理。

置换旧房的，由机关事务管理部门会同发展改革、财政部门报同级人民政府审批；置换新房的，应当严格履行建设审批程序。不得以置换名义量身打造办公用房，不得以未使用政府预算建设资金、资产整合等名义规避审批。

第十四条 无法调剂或者置换解决办公用房的，可以面向市场租用，但应当严格按照规定履行审批程序。

需租用办公用房的，由使用单位提出申请，经机关事务管理部门核准后，报财政部门审核安排预算；或者由机关事务管理部门统筹本级党政机关办公用房使用需求，制定租用方案，报财政部门审核安排预算后，统一租赁并统筹安排使用。

任何单位不得以变相补偿方式租用由企业等单位提供的办公用房。

各级财政部门会同机关事务管理部门，制定本级党政机关办公用房租金标准，并实行标准动态调整。

第十五条 无法调剂、置换、租用办公用房，或者涉及国家秘密、国家安全等特殊情况的，可以采取建设方式解决，但应当按照国家有关政策从严控制，严格履行审批程序。党政机关办公用房建设包括新建、扩建、改建、购置。

中共中央直属机关办公用房建设项目由归口的机关事务管理部门审核同意后统一申报，由国家发展改革委核报国务院审批。

中央国家机关本级办公用房建设项目，由国家发展改革委核报国务院审批，申报前应当由归口的机关事务管理部门出具必要性审查意见。

中央国家机关所属垂直管理机构、派出机构办公用房建设项目，厅（局）级及以上单位的项目由国家发展改革委审批，申报前应当由归口的机关事务管理部门出具必要性审查意见；厅（局）级以下单位的项目由行政主管部门审批，并报国家发展改革委和归口的机关事务管理部门备案。

中央国家机关所属参照公务员法管理的事业单位的办公用房建设项目，由国务院、国家发展改革委和行政主管部门按照中央预算内投资审批权限分别负责审批，其中由国务院、国家发展改革委审批的项目，申报前应当由归口的机关事务管理部门出具必要性审查意见。

省、自治区、直辖市及计划单列市本级党政机关办公用房建设项目，由国家发展改革委核报国务院审批；地方其他党政机关办公用房建设项目，由省级人民政府审批。

县级党政机关直属单位和乡（镇）级党政机关办公用房建设项目，可以由省级人民政府根据实际情况委托市级人民政府审批。

地方各级党政机关所属垂直管理机构、派出机构和参照公务员法管理的事业单位办公用房建设项目的审批程序，由各省、自治区、直辖市规定。

第十六条 党政机关办公用房配置所需资金，应当通过政府预算安排，不得接受任何形式赞助或者捐款，不得搞任何形式集资或者摊派，不得向其他任何单位借款，不得让施工单位垫资，严禁挪用各类专项资金。

土地收益和资产转让收益按照非税收入有关规定管理，不得直接用于办公用房配置。涉及新增资产的，应当向财政部门申报新增资产配置预算。

第十七条　新配置办公用房的党政机关，应当在搬入新办公用房后1个月内，将超出核定面积的原有办公用房腾退移交同级机关事务管理部门统一调剂使用，不得继续占用或者自行处置，不得自行安排其他单位使用。

第四章　使用管理

第十八条　机关事务管理部门应当与使用单位签订办公用房使用协议，核发办公用房分配使用凭证。

办公用房分配使用凭证可以按照有关规定用于办理使用单位法人登记、集体户籍、大中修项目施工许可等，不得用于出租、出借、经营。

第十九条　使用单位应当严格按照有关规定在核定面积内合理安排使用办公用房，不得擅自改变办公用房使用功能，不得调整给其他单位使用。办公用房安排使用情况应当按年度通过政务内网、公示栏等平台进行内部公示；领导干部办公用房配备情况应当按年度报机关事务管理部门备案，严禁超标准配备、使用办公用房。

领导干部在不同单位同时任职的，应当在主要任职单位安排1处办公用房；主要任职单位与兼职单位相距较远且经常到兼职单位工作的，经严格审批后，可以由兼职单位再安排1处小于标准面积的办公用房，并在免去兼任职务后2个月内腾退兼职单位安排的办公用房。

工作人员调离或者退休的，使用单位应当在办理调离或者退休手续后1个月内收回其办公用房。

第二十条　党政机关工作人员办公室具备条件的，应当采用大开间等形式，提高办公用房利用率。

会议室、接待室等服务用房，可以采取可拆卸式隔断设计，提高空间使用的灵活性。

第二十一条　项目批复中已经明确和机关一并建设办公用房的事业单位，按照面积标准核定后可以继续无偿使用机关办公用房。

公益一类事业单位已经占用的机关办公用房，按照面积标准核定后可以继续无偿使用。公益二类事业单位已经占用的机关办公用房，应当按照规定予以腾退；确有困难的，经机关事务管理部门批准，可以继续有偿使用，租金收益按照非税收入有关规定管理。事业单位已经新建、购置办公用房或者租用其他房屋办公的，应当在6个月内将原有办公用房腾退移交机关事务管理部门。

生产经营类事业单位、国有企业和行业协会商会等社团组织，原则上不得占用党政机关办公用房。

第二十二条　党政机关办公用房使用单位机构、编制调整的，机关事务管理部门应当重新核定其办公用房面积。超出面积标准的，使用单位应当在6个月内将超出部分的办公用房腾退移交机关事务管理部门。

党政机关转为企业的，应当在办理企业工商注册后6个月内将原有办公用房腾退移交机关事务管理部门。转企单位确有困难的，经机关事务管理部门批准，可以继续有偿使用，租金收益按照非税收入有关规定管理；新建、购置或者租用办公用房的，应当在6个月内将原有办公用房腾退移交机关事务管理部门。

党政机关撤销的，应当在6个月内将原有办公用房腾退移交机关事务管理部门。

第二十三条　建立健全政府向社会购买物业服务机制，逐步实现办公用房物业服务社会化、专业化，具备条件的逐步推进统一物业管理服务。

机关事务管理部门应当会同有关部门，按照经济、适度的原则，制定本级党政机关办公用房物业服务内容、服务标准和费用定额。

第二十四条　鼓励有条件的地区探索试行办公用房租金制，逐步推进办公用房经费预算管理和实物资产管理相结合。

第五章　维修管理

第二十五条　党政机关办公用房维修包括日常维修和大中修。中央和国家机关办公用房维修标准由归口的机关事务管理部门、财政部会同住房城乡建设部制定，地方各级党政机关办公用房维修标准由各省、自治区、直辖市结合实际制定，并建立标准动态调整机制。

第二十六条　使用单位负责办公用房的日常检查和维修，所需资金通过部门预算安排。

第二十七条　党政机关办公用房因使用时间较长、设施设备老化、功能不全、存在安全隐患等原因需要大中修的，使用单位向机关事务管理部门提出申请；机关事务管理部门结合办公用房建筑年代、历史维修记录、老化损坏程度、单位建筑面积能耗水平和使用单位的实际需求，统筹安排办公用房大中修项目，报财政部门审核安排预算。

办公用房大中修项目应当严格按照规定履行审批程序，未经审批的项目，不得安排预算。中央和国家机关本级办公用房大中修项目，由归口的机关事务管理部门审批。中央和国家机关所属垂直管理机构、派出机构和参照公务员法管理的事业单位办公用房大中修项目，机关事务管理部门委托行政主管部门审批，其中厅（局）级及以上单位办公用房大中修项目审批情况应当报归口的机关事务管理部门备案。地方各级党政机关办公用房大中修项目的审批程序，由各省、自治区、直辖市规定。

第六章　处置利用管理

第二十八条　党政机关办公用房有下列情形之一闲置的，可以按照有关规定采取调剂使用、转换用途、置换、出租、拍卖、拆除等方式及时处置利用：

（一）同级党政机关办公用房总量满足使用需求，仍有余量的；

（二）因地理位置、周边环境、房屋结构等原因，不适合继续作为办公用房使用的；

（三）因城乡规划调整等需要拆迁的；

（四）经专业机构鉴定属于危房，且无加固改造价值的；

（五）其他原因导致办公用房闲置的。

处置利用党政机关办公用房涉及权属、用途等变更的，应当依法办理相关手续。

第二十九条　同一区域内闲置办公用房具备条件的，应当加强跨系统、跨层级调剂使用。

中央和国家机关所属垂直管理机构、派出机构之间调剂使用的，由行政主管部门审核提出意见，经归口的机关事务管理部门批准后实施，调剂使用情况报财政部备案。

中央和国家机关所属垂直管理机构、派出机构与地方各级党政机关之间调剂使用的，由行政主管部门会同有关地方人民政府审核提出意见，经归口的机关事务管理部门会同财政部批准后实施。

地方同级或者上下级党政机关之间，以及地方各级党政机关所属垂直管理机构、派出机构之间调剂使用的，参照前两款规定办理。

第三十条　具备条件的，机关事务管理部门可以商有关部门将闲置办公用房转为便民服务、社区活动等公益场所，或者按照有关规定置换为其他符合国家政策和需要的资产。

机关事务管理部门可以通过公共资源交易平台统一招租，租金收益按照非税收入有关规定管理。党政机关如有需要，应当及时收回出租的办公用房，统筹调剂使用。使用单位不得擅自出租办公用房。

第三十一条　闲置办公用房无法通过调剂使用、转换用途、置换、出租等方式处置利用的，机关事务管理部门报财政部门批准后，可以通过公共资源交易平台依法公开拍卖，拍卖收益按照非税收入有关规定管理。

第七章　监督问责

第三十二条　党政机关办公用房使用单位应当建立本单位内部使用管理制度，加强监督检查和责任追究，及时发现和纠正违规问题。

党政机关办公用房有关管理部门应当根据职责分工，加强办公用房监管，严格履行相关管理程序，对使用单位的办公用房违规管理使用问题及时按照规定移交有关部门和单位查处。

纪检监察机关应当及时受理群众举报和有关部门移送的办公用房管理案件线索，严肃查处违规违纪问题。

第三十三条　建立健全党政机关办公用房巡检考核制度。

县级以上机关事务管理、发展改革、财政部门会同有关部门，定期对本级党政机关（含所属垂直管理机构、派出机构）办公用房使用情况以及下级党政机关办公用房管理情况进行专项联合巡检，及时发现和纠正违规问题。

办公用房专项巡检应当与党风廉政建设责任制检查考核、政府绩效考核以及党政领导班子和领导干部年度考核相结合，巡检考核结果作为干部管理监督、选拔任用的依据。

第三十四条　建立健全党政机关办公用房管理信息公开制度。除依照法律法规和有关要求需要保密的内容和事项外，办公用房建设、使用、维修、处置利用、运行费用支出等情况，应当在政府门户网站等公共平台定期公开，主动接受社会监督。

第三十五条　建立健全党政机关办公用房管理责任追究制度，对有令不行、有禁不止的，依照有关规定严肃追究相关人员责任。

管理部门有下列情形之一的，依纪依法追究相关人员责任：

（一）违规审批项目或者安排投资计划、预算的；

（二）不按照规定履行调剂、置换、租用、建设等审批程序的；

（三）为使用单位超标准配置办公用房的；

（四）不按照规定处置办公用房的；

（五）办公用房管理信息统计报送中瞒报、漏报的；

（六）对发现的违规问题不及时处理的；

（七）有其他违反办公用房管理规定情形的。

使用单位有下列情形之一的，依纪依法追究相关人员责任：

（一）擅自将办公用房权属登记至本单位或者所属单位名下，或者不配合办理权属登记的；

（二）未经批准建设或者大中修办公用房的；

（三）不按规定腾退移交办公用房的；

（四）未经批准租用、借用办公用房的；

（五）擅自改变办公用房使用功能或者处置办公用房的；

（六）擅自安排企事业单位、社会组织等使用机关办公用房的；

（七）为工作人员超标准配备办公用房，或者未经批准配备两处以上办公用房的；

（八）有其他违反办公用房管理规定情形的。

第八章　附　　则

第三十六条　党政机关本级的技术业务用房以及机关办公区内的技术业务用房，权属统一登记至本级机关事务管理部门名下，从严控制使用范围和用途，原则上不得调整用作办公用房。

党政机关本级的技术业务用房建设项目以及机关办公区内的技术业务用房建设项目，应当严格按规定履行审批程序，项目申报前由机关事务管理部门出具土地、人防等审查意见。

住房城乡建设部会同国家发展改革委、有关业务主管部门，制定和完善各类技术业务用房建设标准，合理区分办公用房和技术业务用房。

第三十七条　各省、自治区、直辖市以及中央和国家机关各部门，应当根据本办法，结合实际制定具体管理办法。

第三十八条　各民主党派机关办公用房管理适用本办法。

不参照公务员法管理的事业单位办公用房管理办法，另行制定。

第三十九条　本办法由国家机关事务管理局、中共中央直属机关事务管理局、国家发展改革委和财政部负责解释。

第四十条　本办法自2017年12月5日起施行。其他有关党政机关办公用房管理的规定，凡与本办法不一致的，按照本办法执行。

中央国家机关所属垂直管理机构、派出机构办公用房管理办法（试行）

国家机关事务管理局2019年10月18日印发

第一条　为了贯彻落实《党政机关办公用房管理办法》（中办发〔2017〕70号），进一步规范中央国家机关所属垂直管理机构、派出机构办公用房管理，制定本办法。

第二条　本办法适用于中央国家机关所属垂直管理机构、派出机构（以下统称垂管派出机构）的办公用房管理。

垂管派出机构办公用房管理在执行《党政机关办公用房管理办法》基础上，同时执行本办法。

第三条　垂管派出机构办公用房的房屋所有权、土地使用权等不动产权利，按照至少上登一级的原则实行统一登记。

行政主管部门负责指导权属单位与使用单位签订办公用房使用协议，核发办公用房分配使用凭证。办公用房分配使用凭证可以按照有关规定用于办理使用单位法人登记、集体户籍、大中修项目施工许可等，不得用于出租、出借、经营。

第四条　垂管派出机构通过调剂使用方式配置办公用房的，应当严格履行审批程序。

在本系统内调剂使用的，审批程序由行政主管部门规定。

跨系统调剂使用的，厅（局）级及以上单位办公用房的调剂使用，由行政主管部门审核提出意见，报国家机关事务管理局（以下简称国管局）批准后实施，调剂使用情况报财政部备案；厅（局）级以下单位办公用房调剂使用的审批程序，由行政主管部门规定。

与地方各级党政机关之间调剂使用的，在与同级地方人民政府协商一致后，厅（局）级及以上单位办公用房的调剂使用，由行政主管部门审核提出意见，经国管局会同财政部批准后实施；厅（局）级以下单位办公用房调剂使用的审批程序，由行政主管部门规定。

第五条　垂管派出机构通过置换旧房方式配置办公用房的，厅（局）级及以上单位的办公用房置换，由行政主管部门审核提出意见，经国管局会同财政部批准后实施；厅（局）级以下单位办公用房置换的审批程序，由行政主管部门规定。置换新房的，严格履行建设审批程序。

第六条　垂管派出机构通过租用方式配置办公用房的，审批程序由行政主管部门规定，其中厅（局）级及以上单位租用办公用房的情况，报国管局备案，并按照规定向财政部申报新增资产配置相关预算，根据批复情况执行。

第七条　垂管派出机构应当加强对同一区域内闲置办公用房的跨系统、跨层级调剂使用，审批程序按照本办法第四条执行。

无法调剂使用的，可以按照有关规定转为便民服务、社区活动等公益场所,或者按照有关规定进行置换、出租、拆除。厅(局)级及以上单位由行政主管部门报国管局审批,处置情况报财政部备案;厅(局)级以下单位的审批程序,由行政主管部门规定。

无法通过上述方式处置利用的,可以通过拍卖方式进行处置。厅(局)级及以上单位办公用房的拍卖,由行政主管部门报国管局审核提出意见,经财政部批准后实施;厅(局)级以下单位的审批程序,由行政主管部门规定。

办公用房出租、拍卖,应当通过公共资源交易平台依法公开进行,所得收益严格按照有关规定管理。

第八条 垂管派出机构办公用房配置、处置等有关事项,涉及资产管理相关事宜的,应当按照有关规定办理。

第九条 垂管派出机构办公用房的物业服务内容、服务标准和费用定额,宜参照所在地党政机关相关标准执行。

第十条 垂管派出机构应当严格按照有关规定在核定面积内合理安排使用办公用房,不得擅自改变办公用房使用功能或者调整给其他单位使用,严禁领导干部超标准配备、使用办公用房。厅(局)级及以上单位的办公用房使用安排方案由行政主管部门核定,统一报国管局备案;厅(局)级以下单位的办公用房使用安排方案的核定权限,由行政主管部门规定。

第十一条 建立健全垂管派出机构办公用房信息统计报告制度和巡检考核制度。

行政主管部门及时归集权属、建设、维修等本部门所属垂管派出机构办公用房原始档案,做好收集、保存、利用、报送等相关工作;定期组织本部门所属垂管派出机构办公用房管理巡检考核,及时发现和纠正违规问题。

国管局会同有关部门建立中央国家机关所属垂管派出机构办公用房信息数据库,实现数据互通、动态管理;定期会同有关部门组织对垂管派出机构办公用房管理使用情况进行专项巡检,对存在重大问题的,依照有关规定严肃追究相关人员责任。

第十二条 垂管派出机构的技术业务用房与办公用房实行统一权属登记,从严控制使用范围和用途,原则上不得调整用作办公用房。

第十三条 垂管派出机构办公用房管理涉及国家秘密、国家安全等特殊情况的,按照《党政机关办公用房管理办法》等相关规定执行。

第十四条 行政主管部门应当根据《党政机关办公用房管理办法》及本办法,结合实际制定本部门所属垂管派出机构办公用房管理实施细则。

第十五条 中央国家机关所属参照公务员法管理的事业单位办公用房管理有关工作,参照本办法执行。

第十六条 本办法由国管局会同财政部等有关部门负责解释。

第十七条 本办法自印发之日起施行。

(6)公务接待

·党规党纪·

党政机关国内公务接待管理规定[①]

中共中央办公厅、国务院办公厅2013年12月1日印发

第一条 为了规范党政机关国内公务接待管理,厉行勤俭节约,反对铺张浪费,加强党风廉政建设,根据《党政机关厉行节约反对浪费条例》规定,制定本规定。

第二条 本规定适用于各级党的机关、人大机关、行政机关、政协机关、审判机关、检察机关,以及工会、共青团、妇联等人民团体和参照公务员法管理事业单位的国内公务接待行为。

本规定所称国内公务,是指出席会议、考察调研、执行任务、学习交流、检查指导、请示汇报工作等公务活动。

第三条 国内公务接待应当坚持有利公务、务实节俭、严格标准、简化礼仪、高效透明、尊重少数民族风俗习惯的原则。

第四条 各级党政机关公务接待管理部门应当结合当地实际,完善国内公务接待管理制度,制定国内公务接待标准。

县级以上党政机关公务接待管理部门负责管理本级党政机关国内公务接待工作,指导下级党政机关国内公务接待工作。

乡镇党委、政府应当加强国内公务接待管理,严格执行有关管理规定和开支标准。

第五条 各级党政机关应当加强公务外出计划管理,科学安排和严格控制外出的时间、内容、路线、频率、人员数量,禁止异地部门间没有特别需要的一般性学习交流、考察调研,禁止重复性考察,禁止以各种名义和方

① 注意学习最新修改的该规定。

式变相旅游,禁止违反规定到风景名胜区举办会议和活动。

公务外出确需接待的,派出单位应当向接待单位发出公函,告知内容、行程和人员。

第六条　接待单位应当严格控制国内公务接待范围,不得用公款报销或者支付应由个人负担的费用。

国家工作人员不得要求将休假、探亲、旅游等活动纳入国内公务接待范围。

第七条　接待单位应当根据规定的接待范围,严格接待审批控制,对能够合并的公务接待统筹安排。无公函的公务活动和来访人员一律不予接待。

公务活动结束后,接待单位应当如实填写接待清单,并由相关负责人审签。接待清单包括接待对象的单位、姓名、职务和公务活动项目、时间、场所、费用等内容。

第八条　国内公务接待不得在机场、车站、码头和辖区边界组织迎送活动,不得跨地区迎送,不得张贴悬挂标语横幅,不得安排群众迎送,不得铺设迎宾地毯;地区、部门主要负责人不得参加迎送。严格控制陪同人数,不得层层多人陪同。

接待单位安排的活动场所、活动项目和活动方式,应当有利于公务活动开展。安排外出考察调研的,应当深入基层、深入群众,不得走过场、搞形式主义。

第九条　接待住宿应当严格执行差旅、会议管理的有关规定,在定点饭店或者机关内部接待场所安排,执行协议价格。出差人员住宿费应当回本单位凭据报销,与会人员住宿费按会议费管理有关规定执行。

住宿用房以标准间为主,接待省部级干部可以安排普通套间。接待单位不得超标准安排接待住房,不得额外配发洗漱用品。

第十条　接待对象应当按照规定标准自行用餐。确因工作需要,接待单位可以安排工作餐一次,并严格控制陪餐人数。接待对象在10人以内的,陪餐人数不得超过3人;超过10人的,不得超过接待对象人数的三分之一。

工作餐应当供应家常菜,不得提供鱼翅、燕窝等高档菜肴和用野生保护动物制作的菜肴,不得提供香烟和高档酒水,不得使用私人会所、高消费餐饮场所。

第十一条　国内公务接待的出行活动应当安排集中乘车,合理使用车型,严格控制随行车辆。

接待单位应当严格按照有关规定使用警车,不得违反规定实行交通管控。确因安全需要安排警卫的,应当按照规定的警卫界限、警卫规格执行,合理安排警力,尽可能缩小警戒范围,不得清场闭馆。

第十二条　各级党政机关应当加强对国内公务接待经费的预算管理,合理限定接待费预算总额。公务接待费用应当全部纳入预算管理,单独列示。

禁止在接待费中列支应当由接待对象承担的差旅、会议、培训等费用,禁止以举办会议、培训为名列支、转移、隐匿接待费开支;禁止向下级单位及其他单位、企业、个人转嫁接待费用,禁止在非税收入中坐支接待费用;禁止借公务接待名义列支其他支出。

第十三条　县级以上地方党委、政府应当根据当地经济发展水平、市场价格等实际情况,按照当地会议用餐标准制定本级国内公务接待工作餐开支标准,并定期进行调整。接待住宿应当按照差旅费管理有关规定,执行接待对象在当地的差旅住宿费标准。接待开支标准应当报上一级党政机关公务接待管理部门、财政部门备案。

第十四条　接待费报销凭证应当包括财务票据、派出单位公函和接待清单。

接待费资金支付应当严格按照国库集中支付制度和公务卡管理有关规定执行。具备条件的地方应当采用银行转账或者公务卡方式结算,不得以现金方式支付。

第十五条　机关内部接待场所应当建立健全服务经营机制,推行企业化管理,推进劳动、用工和分配制度与市场接轨,建立市场化的接待费结算机制,降低服务经营成本,提高资产使用效率,逐步实现自负盈亏、自我发展。

各级党政机关不得以任何名义新建、改建、扩建内部接待场所,不得对机关内部接待场所进行超标准装修或者装饰、超标准配置家具和电器。推进机关内部接待场所集中统一管理和利用,建立资源共享机制。

第十六条　接待单位不得超标准接待,不得组织旅游和与公务活动无关的参观,不得组织到营业性娱乐、健身场所活动,不得安排专场文艺演出,不得以任何名义赠送礼金、有价证券、纪念品和土特产品等。

第十七条　县级以上党政机关公务接待管理部门应当会同有关部门加强对本级党政机关各部门和下级党政机关国内公务接待工作的监督检查。监督检查的主要内容包括:

(一)国内公务接待规章制度制定情况;

(二)国内公务接待标准执行情况;

(三)国内公务接待经费管理使用情况;

(四)国内公务接待信息公开情况;

(五)机关内部接待场所管理使用情况。

党政机关各部门应当定期汇总本部门国内公务接待情况,报同级党政机关公务接待管理部门、财政部门、纪检监察机关备案。

第十八条　财政部门应当对党政机关国内公务接待经费

开支和使用情况进行监督检查。审计部门应当对党政机关国内公务接待经费进行审计，并加强对机关内部接待场所的审计监督。

第十九条 县级以上党政机关公务接待管理部门应当会同财政部门按年度组织公开本级国内公务接待制度规定、标准、经费支出、接待场所、接待项目等有关情况，接受社会监督。

第二十条 各级党政机关应当将国内公务接待工作纳入问责范围。纪检监察机关应当加强对国内公务接待违规违纪行为的查处，严肃追究接待单位相关负责人、直接责任人的党纪责任、行政责任并进行通报，涉嫌犯罪的移送司法机关依法追究刑事责任。

第二十一条 积极推进国内公务接待服务社会化改革，有效利用社会资源为国内公务接待提供住宿、用餐、用车等服务。推行接待用车定点服务制度。

第二十二条 地方各级党委、政府应当依照本规定制定本地区国内公务接待管理办法。

第二十三条 地方各级政府因招商引资等工作需要，接待除国家工作人员以外的其他因公来访人员，应当参照本规定实行单独管理，明确标准，控制经费总额，注重实际效益，加强审批管理，强化审计监督，杜绝奢侈浪费。严禁扩大接待范围、增加接待项目，严禁以招商引资为名变相安排公务接待。

第二十四条 国有企业、国有金融企业和不参照公务员法管理的事业单位参照本规定执行。

第二十五条 本规定由国家机关事务管理局会同有关部门负责解释。

第二十六条 本规定自发布之日起施行。2006 年 10 月 20 日中共中央办公厅、国务院办公厅印发的《党政机关国内公务接待管理规定》同时废止。

（7）社会兼职

·法律法规·

国务院办公厅关于部门领导同志不兼任社会团体领导职务问题的通知

1. 1994 年 4 月 13 日
2. 国办发〔1994〕59 号

国务院各部委、各直属机构：

社会团体是民间性质的社会组织。全国性社会团体一经民政部登记注册，便具有独立法人地位。目前，部门领导同志兼任全国性社会团体领导职务的数量较多，且呈增加趋势。为了贯彻政（政府）社（社会团体）分开的原则，加快政府职能的转变，更好地发挥社会团体的独立作用，同时，为有利于各部门领导同志集中精力做好所担负的行政领导工作，经国务院批准，现就部门领导同志不兼任社会团体领导职务问题通知如下：

一、国务院各部委、各办事机构、各直属机构的领导同志今后不再兼任社会团体领导职务，已兼任社会团体领导职务的，要依照该社会团体章程规定程序，辞去所兼职务。特殊情况确需兼任的，要报经国务院批准。

二、根据《社会团体登记管理条例》的规定，社会团体登记管理机关和业务主管部门要加强对社会团体的日常管理和业务指导，使之健康发展。

本通知内容由民政部负责解释。

民政部关于对《国务院办公厅关于部门领导同志不兼任社会团体领导职务问题的通知》有关内容解释的通知

1. 1994 年 5 月 27 日
2. 民社函〔1994〕127 号

国务院各部委、直属机构、办事机构：

1994 年 4 月 13 日国务院办公厅发出了《国务院办公厅关于部门领导同志不兼任社会团体领导职务问题的通知》（国办发〔1994〕59 号）之后，各部门、各地方不断询问，现将有关内容作如下解释：

一、国务院各部委、各办事机构、各直属机构的领导同志是指上述部门现任的正副部长、正副主任、正副行长、正副署长、正副局长。

二、社会团体的领导职务是指社团的正副理事长（会长）、秘书长。

三、部门领导人因特殊情况确需兼任社会团体领导职务的，由部门直接向国务院写出专题报告，并附上该领导人的简历。

四、部门领导人现已担任社会团体领导职务的，应于《通知》发出一年内退出，由社会团体到民政部办理备案或变更登记手续。

五、各地方政府可参照《通知》精神，根据本地实际情况，自行决定。

民政部关于对《中共中央办公厅、国务院办公厅关于党政机关领导干部不兼任社会团体领导职务的通知》有关问题的解释

1. 1998年11月3日
2. 民社函〔1998〕224号

各省、自治区、直辖市民政厅(局),各副省级城市民政局:

中共中央办公厅、国务院办公厅《关于党政机关领导干部不兼任社会团体领导职务的通知》(中办发〔1998〕17号,以下简称《通知》)下发以后,不少地方民政部门和社会团体及有关部门来电询问有关领导干部兼职的具体问题。为了认真贯彻执行《通知》精神,经商中组部取得一致意见,现就领导干部兼职审批工作中的有关问题作如下解释:

(一)坚持党政机关领导干部不得在社会团体中兼任领导职务的原则。对因特殊情况确需兼任社会团体领导职务的,应由社会团体业务主管单位征得干部所在单位同意,并经本人所在单位组织、人事部门审核后,由干部主管部门按规定程序报批。

经批准兼职的推荐人选,应按所在社团章程履行规定的程序后,再到相应的社团登记管理机关办理手续。

兼任社会团体领导职务的人员,不得领取社会团体的任何报酬。

(二)党政领导干部因特殊情况确需兼任社会团体领导职务的,应按以下原则掌握:其社会团体必须是在国家、地区、行业和社会政治生活中起着重要作用,在中介组织中有一定影响,且主要领导职务一时没有合适人选担任的社团组织,而不是一般的民间性社会团体;在确定社会团体的作用和性质后,确因工作需要,领导干部本人又无其他社会兼职,且所兼任的职务与本职业务相关的,根据实际情况可以批准兼职。

(三)领导职务由中央或地方党委管理的团体,其领导干部如兼任其他社会团体的领导职务,参照《通知》精神执行。

(四)《通知》适用范围,包括担任现职的副县(处)长以上领导干部,以及按照中共中央、国务院有关规定,经组织部门正式任命的副县(处)级以上非领导职务的人员。

(五)《通知》中所指人大机关的领导干部是指正副委员长、正副主任、正副秘书长及人大办事机构和工作机构(仅指法制工作委员会)的副县(处)级以上领导干部;政协机关的领导干部是指正副主席、正副秘书长及政协全国委员会办公厅和各级地方政协办事机构的副县(处)级以上领导干部。

(六)全国人大、全国政协专职常委兼任社会团体领导职务,需按《通知》规定审批。地方各级人大、政协专职常委的兼职,由各地根据实际工作需要研究确定。

(七)现已退出领导岗位,尚未办理离退休手续的人员,兼任社会团体领导职务按《通知》规定审批。

(八)国家各金融机构中属于中央管理的干部兼任社会团体领导职务按《通知》规定审批,其他干部兼职由各单位按《通知》规定精神自行掌握。

(九)中央、国家机关司(局)长兼任社会团体领导职务,由有关部委按照干部管理权限审批。

(十)党政机关在职副县(处)级以上领导干部兼任社会团体名誉职务、常务理事、理事,可不报批。

(十一)县级党政机关所属各部门领导干部兼任社会团体领导职务的问题,参照《通知》精神,由各省、自治区、直辖市在制定本地区的实施办法中予以明确。

(十二)《通知》规定不适用于企业及没有行政管理职能的事业单位。

·党规党纪·

中共中央办公厅、国务院办公厅关于党政机关干部不兼任经济实体职务的补充通知

1985年7月9日

遵照中共中央、国务院的指示,现对党政机关干部不兼任各类公司、企业等经济实体的职务问题,作如下补充通知:

一、根据政企职责分开的原则,所有在职和退居二线的党政机关干部,一律不兼任全民所有制各类公司、企业等经济实体(包括以民间面目出现的全民所有制企业)的职务(包括名誉职务)。已经兼任的,应辞去兼任的职务,或辞去党政机关的职务。

二、不论在职、退居二线或离休、退休的党政机关干部,一律不准受聘担任集体或个体所有制各类公司、企业等经济实体的职务。已受聘担任的,应辞去。

三、党政机关干部不兼任各类公司、企业等经济实体的职

务的原则,同样适用于中外合资、合作企业。凡已兼任合资、合作企业职务的,应辞去合资、合作企业的职务,或辞去党政机关的职务。在辞去合资、合作企业职务时,要和外商讲清楚,以取得对方的谅解,并另选派能与之合作的人员去任职。

四、在上述各类公司、企业中,如有特殊情况需要党政机关干部兼任职务者,必须报经中共中央、国务院批准。

五、本通知中各项规定凡与中共中央、国务院现有规定不一致的,以本通知为准。

中共中央办公厅、国务院办公厅关于清理党和国家机关干部在公司(企业)兼职有关问题的通知

1989年2月5日

中共中央、国务院《关于清理整顿公司的决定》发出后,各地区、各部门对党和国家机关干部在公司(企业)的兼职进行了清理,已有一批党和国家机关干部辞去了公司(企业)职务,或者辞去了机关职务。但是,还有相当数量的党和国家机关干部仍在公司(企业)兼职。为了认真贯彻落实《关于清理整顿公司的决定》,保证清理整顿公司工作的顺利进行,现对清理党和国家机关干部在公司(企业)兼职的有关问题补充通知如下:

一、已到公司(企业)兼职的党和国家机关干部,必须在1989年3月底以前辞去公司(企业)职务,或辞去机关职务。如本人坚持在公司(企业)任职,干部主管部门应免去其机关职务,并将人事、工资等各项关系转到所在公司(企业)。这里所指的党和国家机关干部,包括已退出机关工作岗位,但未办理退(离)休手续的干部(下同)。

二、党和国家机关中具有生产管理经验、专业技术特长的干部,到生产、技术开发、咨询、服务性公司兼职的,也必须辞去机关职务,或辞去公司(企业)职务。

三、在本机关为改善后勤服务工作、方便职工生活而开办的非经营性劳动服务公司兼职的党和国家机关干部,可以继续留任;在党和国家机关开办的、经清查允许保留的经营性劳动服务公司兼职的党和国家机关干部,必须辞去公司职务,或辞去机关职务。

四、党和国家机关干部不得到中外合资企业兼职。少数如因履行职务聘任合同,现在辞去企业职务会影响履行对外合同的,可写出专题报告,按干部管理权限审查批准后,暂时留任。一俟聘任合同到期,应即辞去企业兼职。兼职期间不得领取兼职企业的报酬。

五、党和国家机关干部,凡已到退(离)休年龄的,都应按中央、国务院有关规定办理退(离)休手续。身体健康、具有经营管理经验和专业技术特长的干部,如需到公司(企业)任职,按中共中央办公厅、国务院办公厅《关于县以上党和国家机关退(离)休干部经商办企业问题的若干规定》执行。

六、在兼有政府行政管理职能的公司、事业单位及铁路、邮电、专业银行、保险公司等单位工作的干部,也应按照上述规定执行。

七、各地区、各部门要按照干部管理权限,对在公司(企业)兼职的党和国家机关干部,逐个进行清理,按期办完其辞去公司(企业)职务手续或与机关脱钩的手续,并将清理情况逐级上报干部主管部门。

八、今后,各级党委、政府不再审批党和国家机关干部到公司(企业)兼职。新成立的公司(企业),凡有党和国家机关干部兼职的,工商行政管理部门不予办理审批注册手续。

中央纪委对《关于党政机关工会能否办公司的请示》的答复

1994年7月22日

中共海南省纪委:

你委党风廉政建设室《关于党政机关工会能否办公司的请示》收悉。现答复如下:

根据党中央、国务院关于禁止党政机关和党政干部经商办企业的文件和中央纪委二次、三次会议的精神,党政机关不得兴办任何经济实体,也不得将党政机关所办经济实体转由本单位的工会经办。

中共中央办公厅、国务院办公厅关于党政机关领导干部不兼任社会团体领导职务的通知

1998年7月2日

《国务院办公厅关于部门领导同志不兼任社会团体领导职务问题的通知》(国办发〔1994〕59号)下发后,国务院各部委、各直属机构认真贯彻执行文件精神,已有一批部门领导干部按规定辞去了兼任的社会

团体领导职务。实践证明，部门领导干部不兼任社会团体领导职务的做法有利于这些同志集中精力做好所担负的领导工作，也有利于实行政社分开。目前，在党政机关还有相当数量的县（处）级以上党政领导干部在社会团体中兼任领导职务。为了适应我国政治体制改革和经济体制改革以及机构改革工作的需要，加快政府职能的转变，发挥社会团体应有的社会中介组织作用，经党中央、国务院领导同志同意，现就党政机关领导干部兼任社会团体领导职务问题通知如下：

一、县及县以上各级党的机关、人大机关、行政机关、政协机关、审判机关、检察机关及所属部门的在职县（处）级以上领导干部，不得兼任社会团体（包括境外社会团体）领导职务（含社会团体分支机构负责人）。

二、因特殊情况确需兼任社会团体领导职务的，必须按干部管理权限进行审批，并按照所在社团的章程履行规定程序后，再到相应的社会团体登记管理机关办理有关手续。

未经批准已经兼任社会团体领导职务的，应从本通知下发之日起半年内辞去所兼任的社会团体领导职务；已经批准兼任社会团体领导职务并确需继续兼任的，应按上述规定重新办理审批手续。

三、社会团体领导职务是指社会团体的会长（理事长、主席）、副会长（副理事长、副主席）、秘书长，分会会长（主任委员）、副会长（副主任委员），不包括名誉职务、常务理事、理事。

四、各省、自治区、直辖市应按照本通知精神制定本地区的实施办法；军队领导干部兼任社会团体领导职务问题，由中国人民解放军总政治部按照本通知精神制定相应规定。

具有行政管理职能的事业单位及人民团体参照本通知执行。

五、本通知由中央组织部、民政部负责解释。

关于退出现职、接近或者达到退休年龄的党政领导干部在企业兼职、任职有关问题的意见

2008年4月10日中共中央纪委、中共中央组织部印发

为贯彻落实党的十七大关于加强干部队伍建设和反腐倡廉建设的精神，根据公务员法和有关法律法规、政策规定，现就退出现职、接近或者达到退休年龄的党政领导干部在企业兼职、任职有关问题提出以下意见：

一、退出现职、接近或者达到退休年龄和在地方换届时不再提名尚未办理退休手续的党政领导干部原则上不得在企业兼职，一般也不得安排到企业任职。

二、个别确因工作需要到企业兼职、任职的，应当按照干部管理权限严格审批。不得违反规定，擅自审批党政领导干部到企业兼职、任职。

三、经批准到企业兼职的，不得在企业领取薪酬、奖金等报酬，不得获取股权。

四、经批准到企业任职的，应当将行政、工资等关系转入企业，不再保留公务员身份，不再保留党政机关的各种待遇。不得将行政、工资等关系转回党政机关办理退休；在企业办理退休手续后，也不得将行政、工资等关系转到党政机关。

本意见所指企业包括国有企业和国有控股等企业。在其他营利性组织兼职、任职的，参照本意见执行。对担任上市公司、基金管理公司和中央企业独立董事、独立监事另有规定的，按照有关规定执行。

参照公务员法管理的人民团体和群众团体、事业单位领导人员，按照本意见执行；国家机关委托行使公共事务管理职能的事业单位领导人员，参照本意见执行。

本意见下发前退出现职、接近或者达到退休年龄和在地方换届时不再提名的尚未办理退休手续的党政领导干部在企业兼职、任职的，应当按照本意见予以规范。

关于进一步规范党政领导干部在企业兼职（任职）问题的意见

中共中央组织部2013年10月19日印发

为贯彻落实中央关于从严管理干部的要求，加强干部队伍建设和反腐倡廉建设，根据《中华人民共和国公务员法》、《中国共产党党员领导干部廉洁从政若干准则》和有关文件规定精神，现就进一步规范党政领导干部在企业兼职（任职）问题提出如下意见。

一、现职和不担任现职但未办理退（离）休手续的党政领导干部不得在企业兼职（任职）。

二、对辞去公职或者退（离）休的党政领导干部到企业兼职（任职）必须从严掌握、从严把关，确因工作需要到企业兼职（任职）的，应当按照干部管理权限严格审批。

辞去公职或者退（离）休后三年内，不得到本人原

任职务管辖的地区和业务范围内的企业兼职（任职），也不得从事与原任职务管辖业务相关的营利性活动。

辞去公职或者退（离）休后三年内，拟到本人原任职务管辖的地区和业务范围外的企业兼职（任职）的，必须由本人事先向其原所在单位党委（党组）报告，由拟兼职（任职）企业出具兼职（任职）理由说明材料，所在单位党委（党组）按规定审核并按照干部管理权限征得相应的组织（人事）部门同意后，方可兼职（任职）。

辞去公职或者退（离）休三年后到企业兼职（任职）的，应由本人向其原所在单位党委（党组）报告，由拟兼职（任职）企业出具兼职（任职）理由说明材料，所在单位党委（党组）按规定审批并按照干部管理权限向相应的组织（人事）部门备案。

三、按规定经批准在企业兼职的党政领导干部，不得在企业领取薪酬、奖金、津贴等报酬，不得获取股权和其他额外利益；兼职不得超过1个；所兼任职务实行任期制的，任期届满拟连任必须重新审批或备案，连任不超过两届；兼职的任职年龄界限为70周岁。

四、按规定经批准到企业任职的党政领导干部，应当及时将行政、工资等关系转入企业，不再保留公务员身份，不再保留党政机关的各种待遇。不得将行政、工资等关系转回党政机关办理退（离）休；在企业办理退（离）休手续后，也不得将行政、工资等关系转回党政机关。

五、按规定经批准在企业兼职（任职）的党政领导干部，要严格遵纪守法，廉洁自律，禁止利用职权和职务上的影响为企业或个人谋取不正当利益。党政领导干部在企业兼职期间的履职情况、是否取酬、职务消费和报销有关工作费用等，应每年年底以书面形式报所在单位党委（党组）。

六、限期对党政领导干部违规在企业兼职（任职）进行清理。各地区各部门各单位要根据本意见规定，按照干部管理权限对领导干部在企业兼职（任职）情况进行一次摸底排查，对发现的问题要限期纠正。凡不符合规定，必须在本意见下发后3个月内免去或由本人辞去所兼任（担任）的职务。确属工作需要且符合有关规定精神，但未履行审批或备案程序的，必须在本意见下发后3个月内补办手续。兼职（任职）期间违规领取的薪酬，应按中央纪委有关规定执行。

七、清理工作完成后，如再发现党政领导干部有违规在企业兼职（任职）或领取报酬隐瞒不报的行为，一经查实，要按照有关规定严肃处理。各地区各部门各单位在审批或审核党政领导干部在企业兼职（任职）时存在违规行为的，要追究主要领导及有关负责人的责任。

八、党政领导干部在其他盈利性组织兼职（任职），按照本意见执行。

参照公务员法管理的人民团体和群众团体、事业单位领导干部，按照本意见执行；其他领导干部，参照本意见执行。

九、各地区各部门各单位可根据本意见精神，按照干部管理权限，制定相应的管理实施办法，加强对各级各类领导干部在企业兼职（任职）的规范管理。

十、本意见自发布之日起施行。以往规定与本意见不一致的，按照本意见执行。

中共中央组织部关于规范退（离）休领导干部在社会团体兼职问题的通知

2014年6月25日

当前，领导干部退（离）休后在各类社会团体兼职，或参与成立新的社会团体的情况有所增多。大多数退（离）休领导干部热心参与社会公益事业，积极发挥个人业务专长和经验优势，不求回报，无私奉献，为促进社会团体健康有序发展、推动和谐社会建设作出了贡献。但也有一些退（离）休领导干部以兼职为名，利用个人影响找地方、部门和企事业单位要钱要车要办公场所，甚至领取较高薪酬，造成了不好的社会影响，干部群众对此多有反映。为认真贯彻执行中央八项规定和从严管理干部的精神，对退（离）休领导干部在社会团体兼职行为要进一步从严规范，引导和发挥好他们的作用。经中央批准，现就有关问题通知如下。

一、退（离）休领导干部在社会团体兼任职务（包括领导职务和名誉职务、常务理事、理事等），须按干部管理权限审批或备案后方可兼职。确因工作需要，本人又无其他兼职，且所兼职社会团体的业务与原工作业务或特长相关的，经批准可兼任1个社会团体职务；任期届满拟连任的，必须重新履行有关审批手续，兼职不超过两届；兼职的任职年龄界限为70周岁。

除工作特殊需要外，不得兼任社会团体法定代表人，不得牵头成立新的社会团体或兼任境外社会团体职务。

二、经批准兼任社会团体职务的，兼职期间要发挥好政治把关、经验指导、业务传授等方面的作用，促进社会团体健康有序发展。不得利用个人影响要求党政机关、企事业单位提供办公用房、车辆、资金等；不得以社会团体名义违规从事营利性活动；不得强行要求入会或违规收费、摊派、强制服务、干预会员单位生产经营活动等。

三、兼职不得领取社会团体的薪酬、奖金、津贴等报酬和获取其他额外利益，也不得领取各种名目的补贴等，确属需要的工作经费，要从严控制，不得超过规定标准和实际支出。

四、兼职期间的履职情况、是否取酬和报销有关工作费用等，干部本人应每年年底以书面形式报所在单位党委（党组）。对领取报酬，或履行职责不当的，干部所在单位应责令其辞去社会团体职务。兼职期间违规领取的报酬，应按中央纪委有关规定执行。

五、中央管理的干部退（离）休后兼任社会团体职务，须由干部所在单位党委（党组）审批并报中央组织部备案同意后方可兼职。确需由中央管理的干部兼任职务的社会团体，必须在国家、地区、行业和经济、政治、社会生活中起重要作用，在国内外有一定影响。

备案报告应在社会团体召开有关会议进行选举或决定任命前30日报中央组织部，需说明以下情况：（1）社会团体的基本情况，包括登记事项、宗旨、业务范围和成立时间等内容。（2）领导干部原任职务，兼职的理由，是否兼任法定代表人；本人是否已在其他社会团体中兼职；社会团体召开有关会议进行选举或决定任命的时间。兼职须由社会团体出具邀请函；所兼职的社会团体有业务主管单位的，须有业务主管单位的书面意见。（3）如领导干部已兼任社会团体职务，任期届满拟连任的，需说明干部本人已兼职的时间和任期；如领导干部属新兼任社会团体会长（理事长）职务，需说明原任会长（理事长）不再担任的原因。（4）附拟兼职干部的《干部任免审批表》和社会团体现任领导干部名单一式三份，社会团体章程和社会团体登记证书副本复印件各一份。

六、各地区各部门各单位要根据本通知精神制定相应的管理和审批办法，并对退（离）休领导干部在社会团体兼职情况进行摸底和清理规范。凡未经批准在社会团体兼任职务的，符合规定的，须在本通知下发后半年内履行有关审批手续；不符合规定的，应由本人在半年内辞去所兼任的职务。经批准已在社会团体兼任职务的，应对兼职任期、年龄、履职情况以及是否取酬等情况进行审核并予以规范。

七、本通知适用于各级各类党政机关退（离）休干部。国有企事业单位退（离）休领导人员，参照本通知有关规定执行。

八、本通知自发布之日起施行。以往规定与本通知不一致的，按照本通知执行。

请各地区各部门各单位于2015年1月前将清理规范工作总结报送中央组织部，并填写《中央管理的干部退（离）休后在社会团体兼职有关情况统计表》《中央管理的干部退（离）休后在社会团体兼职有关情况统计汇总表》《规范退（离）休领导干部在社会团体兼职有关情况统计表》。

附件：1. 中央管理的干部退（离）休后在社会团体兼职有关情况统计表

2. 中央管理的干部退（离）休后在社会团体兼职有关情况统计汇总表（表一、表二）

3. 规范退（离）休领导干部在社会团体兼职有关情况统计表（表一、表二）

附件1

中央管理的干部退（离）休后在社会团体兼职有关情况统计表

填表单位：（盖章）　　　　填表人及联系方式：

姓名	原任职务	出生年月	职级	退（离）休时间	清理前					清理后
					兼职数量	兼职时间	兼任职务（如兼法定代表人需注明）	是否报批	目前兼职届数	是否继续兼任
×××（女）	××部原副部长	1949.11	副省部级	2013.04	2	2009.08	××协会副会长	是	2	否
						2013.10	××协会顾问	否	1	是

续表

姓名	原任职务	出生年月	职级	退（离）休时间	清理前					清理后
					兼职数量	兼职时间	兼任职务（如兼法定代表人需注明）	是否报批	目前兼职届数	是否继续兼任
×××	××公司原总经理	1950.02	企业正职	2013.04	1	2013.09	××学会会长（法定代表人）	否	1	否

注：1.“职级”一栏，分别填写为“正省部级”、“副省部级”、“厅局级”、“企业正职”、“企业副职”和“其他”。
2.“目前兼职届数”一栏，如属第一次兼任有关职务的，填写为“1”，换届后兼任第二个任期的填写为“2”，依次类推。

附件2

中央管理的干部退（离）休后在社会团体兼职有关情况统计汇总表

表一：党政机关干部（公务员及参公管理人员）

填表单位：（盖章）　　　　填表人及联系方式：

兼职人员类别及有关情况 / 清理前后情况		兼职人员类别						基本情况					审批情况	
		正省部级		副省部级		厅局级		兼职超过1个的人数	单人兼职最大数量	超过70周岁的人数	最大年龄（岁）	兼职超过两届的人数	履行过审批或备案人次	未履行过审批或备案人次
		人数	人次	人数	人次	人数	人次							
清理前兼职情况	总体情况													
	兼任领导职务情况													
	兼任其他职务情况													
	兼法定代表人情况													
清理后兼职情况	总体情况													
	兼任领导职务情况													
	兼任其他职务情况													
	兼法定代表人情况													

注：1. 领导干部属公务员及参公管理人员的汇总填入此表。
2.“兼任领导职务”是指兼任社团秘书长以上职务；“其他职务”是指除领导职务以外的职务，包括名誉职务、常务理事、理事等（不包括会员）。

中央管理的干部退(离)休后在社会团体兼职有关情况统计汇总表

表二:国有企业事业单位领导人员

填表单位:(盖章)　　　　　　　　　　　　　　　　填表人及联系方式:

兼职人员类别及有关情况 / 清理前后情况		兼职人员类别								基本情况					审批情况	
		未列入参公管理的事业单位				国有企业及金融企业				兼职超过1个的人数	单人兼职最大数量	超过70周岁的人数	最大年龄(岁)	兼职超过两届的人数	履行过审批或备案人次	未履行过审批或备案人次
		正职		副职及其他		正职		副职及其他								
		人数	人次	人数	人次	人数	人次	人数	人次							
清理前兼职情况	总体情况															
	兼任领导职务情况															
	兼任其他职务情况															
	兼法定代表人情况															
清理后兼职情况	总体情况															
	兼任领导职务情况															
	兼任其他职务情况															
	兼法定代表人情况															

注:1. 领导干部属未列入参公管理事业单位领导人员,或国有企业及金融企业领导人员的汇总填入此表。

2. “兼任领导职务”是指兼任社团秘书长以上职务;“其他职务”是指除领导职务以外的职务,包括名誉职务、常务理事、理事等(不包括会员)。

附件3

规范退(离)休领导干部在社会团体兼职有关情况统计表

表一:党政机关干部(公务员及参公管理人员)

填表单位:(盖章)　　　　　　　　　　　　　　　　填表人及联系方式:

兼职人员类别及有关情况 / 清理前后情况		兼职人员类别						基本情况					审批情况	
		厅局级		县处级		乡科级及以下		兼职超过1个的人数	单人兼职最大数量	超过70周岁的人数	最大年龄(岁)	兼职超过两届的人数	履行过审批或备案人次	未履行过审批或备案人次
		人数	人次	人数	人次	人数	人次							
清理前兼职情况	总体情况													
	兼任领导职务情况													
	兼任其他职务情况													
	兼法定代表人情况													

续表

兼职人员类别及有关情况 / 清理前后情况		兼职人员类别						基本情况					审批情况	
		厅局级		县处级		乡科级及以下		兼职超过1个的人数	单人兼职最大数量	超过70周岁的人数	最大年龄（岁）	兼职超过两届的人数	履行过审批或备案人次	未履行过审批或备案人次
		人数	人次	人数	人次	人数	人次							
清理后兼职情况	总体情况													
	兼任领导职务情况													
	兼任其他职务情况													
	兼法定代表人情况													

注：1. 领导干部属公务员及参公管理人员的汇总填入此表。
2. “兼任领导职务”是指兼任社团秘书长以上职务；“其他职务”是指除领导职务以外的职务，包括名誉职务、常务理事、理事等（不包括会员）。

规范退（离）休领导干部在社会团体兼职有关情况统计表

表二：国有企事业单位领导人员

填表单位：（盖章）　　　　填表人及联系方式：

兼职人员类别及有关情况 / 清理前后情况		兼职人员类别				基本情况					审批情况	
		未列入参公管理的事业单位领导人员		国有企业及金融企业领导人员		兼职超过1个的人数	单人兼职最大数量	超过70周岁的人数	最大年龄（岁）	兼职超过两届的人数	履行过审批或备案人次	未履行过审批或备案人次
		人数	人次	人数	人次							
清理前兼职情况	总体情况											
	兼任领导职务情况											
	兼任其他职务情况											
	兼法定代表人情况											
清理后兼职情况	总体情况											
	兼任领导职务情况											
	兼任其他职务情况											
	兼法定代表人情况											

注：1. 领导干部属未列入参公管理事业单位领导人员，或国有企业及金融企业领导人员的汇总填入此表。
2. “兼任领导职务”是指兼任社团秘书长以上职务；“其他职务”是指除领导职务以外的职务，包括名誉职务、常务理事、理事等（不包括会员）。

(8)经商、办企业

·法律法规·

中华人民共和国反洗钱法

1. 2006年10月31日第十届全国人民代表大会常务委员会第二十四次会议通过
2. 2024年11月8日第十四届全国人民代表大会常务委员会第十二次会议修订
3. 自2025年1月1日起施行

目　　录

第一章　总　　则

第一条　【立法目的】为了预防洗钱活动，遏制洗钱以及相关犯罪，加强和规范反洗钱工作，维护金融秩序、社会公共利益和国家安全，根据宪法，制定本法。

第二条　【定义及适用范围】本法所称反洗钱，是指为了预防通过各种方式掩饰、隐瞒毒品犯罪、黑社会性质的组织犯罪、恐怖活动犯罪、走私犯罪、贪污贿赂犯罪、破坏金融管理秩序犯罪、金融诈骗犯罪和其他犯罪所得及其收益的来源、性质的洗钱活动，依照本法规定采取相关措施的行为。

预防恐怖主义融资活动适用本法；其他法律另有规定的，适用其规定。

第三条　【方针原则】反洗钱工作应当贯彻落实党和国家路线方针政策、决策部署，坚持总体国家安全观，完善监督管理体制机制，健全风险防控体系。

第四条　【依法进行】反洗钱工作应当依法进行，确保反洗钱措施与洗钱风险相适应，保障正常金融服务和资金流转顺利进行，维护单位和个人的合法权益。

第五条　【监管部门】国务院反洗钱行政主管部门负责全国的反洗钱监督管理工作。国务院有关部门在各自的职责范围内履行反洗钱监督管理职责。

国务院反洗钱行政主管部门、国务院有关部门、监察机关和司法机关在反洗钱工作中应当相互配合。

第六条　【金融机构和特定非金融机构的反洗钱义务】在中华人民共和国境内（以下简称境内）设立的金融机构和依照本法规定应当履行反洗钱义务的特定非金融机构，应当依法采取预防、监控措施，建立健全反洗钱内部控制制度，履行客户尽职调查、客户身份资料和交易记录保存、大额交易和可疑交易报告、反洗钱特别预防措施等反洗钱义务。

第七条　【信息保密】对依法履行反洗钱职责或者义务获得的客户身份资料和交易信息、反洗钱调查信息等反洗钱信息，应当予以保密；非依法律规定，不得向任何单位和个人提供。

反洗钱行政主管部门和其他依法负有反洗钱监督管理职责的部门履行反洗钱职责获得的客户身份资料和交易信息，只能用于反洗钱监督管理和行政调查工作。

司法机关依照本法获得的客户身份资料和交易信息，只能用于反洗钱相关刑事诉讼。

国家有关机关使用反洗钱信息应当依法保护国家秘密、商业秘密和个人隐私、个人信息。

第八条　【法律保护】履行反洗钱义务的机构及其工作人员依法开展提交大额交易和可疑交易报告等工作，受法律保护。

第九条　【宣传教育】反洗钱行政主管部门会同国家有关机关通过多种形式开展反洗钱宣传教育活动，向社会公众宣传洗钱活动的违法性、危害性及其表现形式等，增强社会公众对洗钱活动的防范意识和识别能力。

第十条　【禁止从事或便利洗钱活动】任何单位和个人不得从事洗钱活动或者为洗钱活动提供便利，并应当配合金融机构和特定非金融机构依法开展的客户尽职调查。

第十一条　【举报、表彰】任何单位和个人发现洗钱活动，有权向反洗钱行政主管部门、公安机关或者其他有关国家机关举报。接受举报的机关应当对举报人和举报内容保密。

对在反洗钱工作中做出突出贡献的单位和个人，按照国家有关规定给予表彰和奖励。

第十二条　【境外洗钱及恐怖融资活动的处理】在中华人民共和国境外（以下简称境外）的洗钱和恐怖主义融资活动，危害中华人民共和国主权和安全，侵犯中华人民共和国公民、法人和其他组织合法权益，或者扰乱境内金融秩序的，依照本法以及相关法律规定处理并追究法律责任。

第二章　反洗钱监督管理

第十三条　【国务院反洗钱行政主管部门的职责】国务院反洗钱行政主管部门组织、协调全国的反洗钱工作，负责反洗钱的资金监测，制定或者会同国务院有关金融管理部门制定金融机构反洗钱管理规定，监督检查金融机构履行反洗钱义务的情况，在职责范围内调查可疑交易活动，履行法律和国务院规定的有关反洗钱的其他职责。

国务院反洗钱行政主管部门的派出机构在国务院反洗钱行政主管部门的授权范围内，对金融机构履行反洗钱义务的情况进行监督检查。

第十四条　【国务院有关金融管理部门的职责】国务院有关金融管理部门参与制定所监督管理的金融机构反洗钱管理规定，履行法律和国务院规定的有关反洗钱的其他职责。

有关金融管理部门应当在金融机构市场准入中落实反洗钱审查要求，在监督管理工作中发现金融机构违反反洗钱规定的，应当将线索移送反洗钱行政主管部门，并配合其进行处理。

第十五条　【有关特定非金融机构主管部门的职责】国务院有关特定非金融机构主管部门制定或者国务院反洗钱行政主管部门会同其制定特定非金融机构反洗钱管理规定。

有关特定非金融机构主管部门监督检查特定非金融机构履行反洗钱义务的情况，处理反洗钱行政主管部门提出的反洗钱监督管理建议，履行法律和国务院规定的有关反洗钱的其他职责。有关特定非金融机构主管部门根据需要，可以请求反洗钱行政主管部门协助其监督检查。

第十六条　【反洗钱监测分析机构的职责】国务院反洗钱行政主管部门设立反洗钱监测分析机构。反洗钱监测分析机构开展反洗钱资金监测，负责接收、分析大额交易和可疑交易报告，移送分析结果，并按照规定向国务院反洗钱行政主管部门报告工作情况，履行国务院反洗钱行政主管部门规定的其他职责。

反洗钱监测分析机构根据依法履行职责的需要，可以要求履行反洗钱义务的机构提供与大额交易和可疑交易相关的补充信息。

反洗钱监测分析机构应当健全监测分析体系，根据洗钱风险状况有针对性地开展监测分析工作，按照规定向履行反洗钱义务的机构反馈可疑交易报告使用情况，不断提高监测分析水平。

第十七条　【信息获取和工作通报】国务院反洗钱行政主管部门为履行反洗钱职责，可以从国家有关机关获取所必需的信息，国家有关机关应当依法提供。

国务院反洗钱行政主管部门应当向国家有关机关定期通报反洗钱工作情况，依法向履行与反洗钱相关的监督管理、行政调查、监察调查、刑事诉讼等职责的国家有关机关提供所必需的反洗钱信息。

第十八条　【海关通报职责】出入境人员携带的现金、无记名支付凭证等超过规定金额的，应当按照规定向海关申报。海关发现个人出入境携带的现金、无记名支付凭证等超过规定金额的，应当及时向反洗钱行政主管部门通报。

前款规定的申报范围、金额标准以及通报机制等，由国务院反洗钱行政主管部门、国务院外汇管理部门按照职责分工会同海关总署规定。

第十九条　【受益所有人信息管理制度】国务院反洗钱行政主管部门会同国务院有关部门建立法人、非法人组织受益所有人信息管理制度。

法人、非法人组织应当保存并及时更新受益所有人信息，按照规定向登记机关如实提交并及时更新受益所有人信息。反洗钱行政主管部门、登记机关按照规定管理受益所有人信息。

反洗钱行政主管部门、国家有关机关为履行职责需要，可以依法使用受益所有人信息。金融机构和特定非金融机构在履行反洗钱义务时依法查询核对受益所有人信息；发现受益所有人信息错误、不一致或者不完整的，应当按照规定进行反馈。使用受益所有人信息应当依法保护信息安全。

本法所称法人、非法人组织的受益所有人，是指最终拥有或者实际控制法人、非法人组织，或者享有法人、非法人组织最终收益的自然人。具体认定标准由国务院反洗钱行政主管部门会同国务院有关部门制定。

第二十条　【移送处理】反洗钱行政主管部门和其他依法负有反洗钱监督管理职责的部门发现涉嫌洗钱以及相关违法犯罪的交易活动，应当将线索和相关证据材料移送有管辖权的机关处理。接受移送的机关应当按照有关规定反馈处理结果。

第二十一条　【反洗钱行政主管部门对金融机构的监管】反洗钱行政主管部门为依法履行监督管理职责，可以要求金融机构报送履行反洗钱义务情况，对金融机构实施风险监测、评估，并就金融机构执行本法以及相关管理规定的情况进行评价。必要时可以按照规定约谈金融机构的董事、监事、高级管理人员以及反洗钱工作直接负责人,要求其就有关事项说明情况;对金融机构履行反洗钱义务存在的问题进行提示。

第二十二条　【监督检查措施】反洗钱行政主管部门进行监督检查时,可以采取下列措施:

(一)进入金融机构进行检查;

(二)询问金融机构的工作人员,要求其对有关被检查事项作出说明;

(三)查阅、复制金融机构与被检查事项有关的文件、资料,对可能被转移、隐匿或者毁损的文件、资料予以封存;

(四)检查金融机构的计算机网络与信息系统,调取、保存金融机构的计算机网络与信息系统中的有关数据、信息。

进行前款规定的监督检查,应当经国务院反洗钱行政主管部门或者其设区的市级以上派出机构负责人批准。检查人员不得少于二人,并应当出示执法证件和检查通知书;检查人员少于二人或者未出示执法证件和检查通知书的,金融机构有权拒绝接受检查。

第二十三条　【洗钱风险指引】国务院反洗钱行政主管部门会同国家有关机关评估国家、行业面临的洗钱风险,发布洗钱风险指引,加强对履行反洗钱义务的机构指导,支持和鼓励反洗钱领域技术创新,及时监测与新领域、新业态相关的新型洗钱风险,根据洗钱风险状况优化资源配置,完善监督管理措施。

第二十四条　【对洗钱高风险国家或地区采取相应措施】对存在严重洗钱风险的国家或者地区,国务院反洗钱行政主管部门可以在征求国家有关机关意见的基础上,经国务院批准,将其列为洗钱高风险国家或者地区,并采取相应措施。

第二十五条　【反洗钱自律组织】履行反洗钱义务的机构可以依法成立反洗钱自律组织。反洗钱自律组织与相关行业自律组织协同开展反洗钱领域的自律管理。

反洗钱自律组织接受国务院反洗钱行政主管部门的指导。

第二十六条　【服务机构及其工作人员的职责】提供反洗钱咨询、技术、专业能力评价等服务的机构及其工作人员,应当勤勉尽责、恪尽职守地提供服务;对于因提供服务获得的数据、信息,应当依法妥善处理,确保数据、信息安全。

国务院反洗钱行政主管部门应当加强对上述机构开展反洗钱有关服务工作的指导。

第三章　反洗钱义务

第二十七条　【金融机构反洗钱内部控制制度】金融机构应当依照本法规定建立健全反洗钱内部控制制度,设立专门机构或者指定内设机构牵头负责反洗钱工作,根据经营规模和洗钱风险状况配备相应的人员,按照要求开展反洗钱培训和宣传。

金融机构应当定期评估洗钱风险状况并制定相应的风险管理制度和流程,根据需要建立相关信息系统。

金融机构应当通过内部审计或者社会审计等方式,监督反洗钱内部控制制度的有效实施。

金融机构的负责人对反洗钱内部控制制度的有效实施负责。

第二十八条　【客户尽职调查制度】金融机构应当按照规定建立客户尽职调查制度。

金融机构不得为身份不明的客户提供服务或者与其进行交易,不得为客户开立匿名账户或者假名账户,不得为冒用他人身份的客户开立账户。

第二十九条　【应开展客户尽职调查的情形】有下列情形之一的,金融机构应当开展客户尽职调查:

(一)与客户建立业务关系或者为客户提供规定金额以上的一次性金融服务;

(二)有合理理由怀疑客户及其交易涉嫌洗钱活动;

(三)对先前获得的客户身份资料的真实性、有效性、完整性存在疑问。

客户尽职调查包括识别并采取合理措施核实客户及其受益所有人身份,了解客户建立业务关系和交易的目的,涉及较高洗钱风险的,还应当了解相关资金来源和用途。

金融机构开展客户尽职调查,应当根据客户特征和交易活动的性质、风险状况进行,对于涉及较低洗钱风险的,金融机构应当根据情况简化客户尽职调查。

第三十条　【洗钱风险管理措施】在业务关系存续期间,金融机构应当持续关注并评估客户整体状况及交易情况,了解客户的洗钱风险。发现客户进行的交易与金融机构所掌握的客户身份、风险状况等不符的,应当进一步核实客户及其交易有关情况;对存在洗钱高风险情形的,必要时可以采取限制交易方式、金额或者频次,限制业务类型,拒绝办理业务,终止业务关系等洗钱风险管理措施。

金融机构采取洗钱风险管理措施,应当在其业务权限范围内按照有关管理规定的要求和程序进行,平衡好管理洗钱风险与优化金融服务的关系,不得采取与洗钱风险状况明显不相匹配的措施，保障与客户依法享有的医疗、社会保障、公用事业服务等相关的基本的、必需的金融服务。

第三十一条 【身份核实】客户由他人代理办理业务的，金融机构应当按照规定核实代理关系，识别并核实代理人的身份。

金融机构与客户订立人身保险、信托等合同，合同的受益人不是客户本人的，金融机构应当识别并核实受益人的身份。

第三十二条 【第三方风险与能力评估】金融机构依托第三方开展客户尽职调查的，应当评估第三方的风险状况及其履行反洗钱义务的能力。第三方具有较高风险情形或者不具备履行反洗钱义务能力的，金融机构不得依托其开展客户尽职调查。

金融机构应当确保第三方已经采取符合本法要求的客户尽职调查措施。第三方未采取符合本法要求的客户尽职调查措施的，由该金融机构承担未履行客户尽职调查义务的法律责任。

第三方应当向金融机构提供必要的客户尽职调查信息，并配合金融机构持续开展客户尽职调查。

第三十三条 【相关部门配合金融机构核实客户信息】金融机构进行客户尽职调查，可以通过反洗钱行政主管部门以及公安、市场监督管理、民政、税务、移民管理、电信管理等部门依法核实客户身份等有关信息，相关部门应当依法予以支持。

国务院反洗钱行政主管部门应当协调推动相关部门为金融机构开展客户尽职调查提供必要的便利。

第三十四条 【客户身份资料和交易记录保存制度】金融机构应当按照规定建立客户身份资料和交易记录保存制度。

在业务关系存续期间，客户身份信息发生变更的，应当及时更新。

客户身份资料在业务关系结束后、客户交易信息在交易结束后，应当至少保存十年。

金融机构解散、被撤销或者被宣告破产时，应当将客户身份资料和客户交易信息移交国务院有关部门指定的机构。

第三十五条 【大额交易和可疑交易报告制度】金融机构应当按照规定执行大额交易报告制度，客户单笔交易或者在一定期限内的累计交易超过规定金额的，应当及时向反洗钱监测分析机构报告。

金融机构应当按照规定执行可疑交易报告制度，制定并不断优化监测标准，有效识别、分析可疑交易活动，及时向反洗钱监测分析机构提交可疑交易报告；提交可疑交易报告的情况应当保密。

第三十六条 【防范新技术等洗钱风险】金融机构应当在反洗钱行政主管部门的指导下，关注、评估运用新技术、新产品、新业务等带来的洗钱风险，根据情形采取相应措施，降低洗钱风险。

第三十七条 【共享反洗钱信息】在境内外设有分支机构或者控股其他金融机构的金融机构，以及金融控股公司，应当在总部或者集团层面统筹安排反洗钱工作。为履行反洗钱义务在公司内部、集团成员之间共享必要的反洗钱信息的，应当明确信息共享机制和程序。共享反洗钱信息，应当符合有关信息保护的法律规定，并确保相关信息不被用于反洗钱和反恐怖主义融资以外的用途。

第三十八条 【单位和个人应配合金融机构尽职调查】与金融机构存在业务关系的单位和个人应当配合金融机构的客户尽职调查，提供真实有效的身份证件或者其他身份证明文件，准确、完整填报身份信息，如实提供与交易和资金相关的资料。

单位和个人拒不配合金融机构依照本法采取的合理的客户尽职调查措施的，金融机构按照规定的程序，可以采取限制或者拒绝办理业务、终止业务关系等洗钱风险管理措施，并根据情况提交可疑交易报告。

第三十九条 【对洗钱风险管理措施有异议的处理】单位和个人对金融机构采取洗钱风险管理措施有异议的，可以向金融机构提出。金融机构应当在十五日内进行处理，并将结果答复当事人；涉及客户基本的、必需的金融服务的，应当及时处理并答复当事人。相关单位和个人逾期未收到答复，或者对处理结果不满意的，可以向反洗钱行政主管部门投诉。

前款规定的单位和个人对金融机构采取洗钱风险管理措施有异议的，也可以依法直接向人民法院提起诉讼。

第四十条 【反洗钱特别预防措施名单】任何单位和个人应当按照国家有关机关要求对下列名单所列对象采取反洗钱特别预防措施：

（一）国家反恐怖主义工作领导机构认定并由其办事机构公告的恐怖活动组织和人员名单；

（二）外交部发布的执行联合国安理会决议通知中涉及定向金融制裁的组织和人员名单；

（三）国务院反洗钱行政主管部门认定或者会同国家有关机关认定的，具有重大洗钱风险、不采取措施可能造成严重后果的组织和人员名单。

对前款第一项规定的名单有异议的，当事人可以依照《中华人民共和国反恐怖主义法》的规定申请复核。对前款第二项规定的名单有异议的，当事人可以按照有关程序提出从名单中除去的申请。对前款第三项规定的名单有异议的，当事人可以向作出认定的部门申请行政复议；对行政复议决定不服的，可以依法提起行政诉讼。

反洗钱特别预防措施包括立即停止向名单所列对象及其代理人、受其指使的组织和人员、其直接或者间接控制的组织提供金融等服务或者资金、资产，立即限制相关资金、资产转移等。

第一款规定的名单所列对象可以按照规定向国家有关机关申请使用被限制的资金、资产用于单位和个人的基本开支及其他必需支付的费用。采取反洗钱特别预防措施应当保护善意第三人合法权益，善意第三人可以依法进行权利救济。

第四十一条　【核查客户及其交易对象】金融机构应当识别、评估相关风险并制定相应的制度，及时获取本法第四十条第一款规定的名单，对客户及其交易对象进行核查，采取相应措施，并向反洗钱行政主管部门报告。

第四十二条　【特定非金融机构参照金融机构反洗钱规定】特定非金融机构在从事规定的特定业务时，参照本章关于金融机构履行反洗钱义务的相关规定，根据行业特点、经营规模、洗钱风险状况履行反洗钱义务。

第四章　反洗钱调查

第四十三条　【反洗钱调查流程】国务院反洗钱行政主管部门或者其设区的市级以上派出机构发现涉嫌洗钱的可疑交易活动或者违反本法规定的其他行为，需要调查核实的，经国务院反洗钱行政主管部门或者其设区的市级以上派出机构负责人批准，可以向金融机构、特定非金融机构发出调查通知书，开展反洗钱调查。

反洗钱行政主管部门开展反洗钱调查，涉及特定非金融机构的，必要时可以请求有关特定非金融机构主管部门予以协助。

金融机构、特定非金融机构应当配合反洗钱调查，在规定时限内如实提供有关文件、资料。

开展反洗钱调查，调查人员不得少于二人，并应当出示执法证件和调查通知书；调查人员少于二人或者未出示执法证件和调查通知书的，金融机构、特定非金融机构有权拒绝接受调查。

第四十四条　【反洗钱调查措施】国务院反洗钱行政主管部门或者其设区的市级以上派出机构开展反洗钱调查，可以采取下列措施：

（一）询问金融机构、特定非金融机构有关人员，要求其说明情况；

（二）查阅、复制被调查对象的账户信息、交易记录和其他有关资料；

（三）对可能被转移、隐匿、篡改或者毁损的文件、资料予以封存。

询问应当制作询问笔录。询问笔录应当交被询问人核对。记载有遗漏或者差错的，被询问人可以要求补充或者更正。被询问人确认笔录无误后，应当签名或者盖章；调查人员也应当在笔录上签名。

调查人员封存文件、资料，应当会同金融机构、特定非金融机构的工作人员查点清楚，当场开列清单一式二份，由调查人员和金融机构、特定非金融机构的工作人员签名或者盖章，一份交金融机构或者特定非金融机构，一份附卷备查。

第四十五条　【临时冻结措施】经调查仍不能排除洗钱嫌疑或者发现其他违法犯罪线索的，应当及时向有管辖权的机关移送。接受移送的机关应当按照有关规定反馈处理结果。

客户转移调查所涉及的账户资金的，国务院反洗钱行政主管部门认为必要时，经其负责人批准，可以采取临时冻结措施。

接受移送的机关接到线索后，对已依照前款规定临时冻结的资金，应当及时决定是否继续冻结。接受移送的机关认为需要继续冻结的，依照相关法律规定采取冻结措施；认为不需要继续冻结的，应当立即通知国务院反洗钱行政主管部门，国务院反洗钱行政主管部门应当立即通知金融机构解除冻结。

临时冻结不得超过四十八小时。金融机构在按照国务院反洗钱行政主管部门的要求采取临时冻结措施后四十八小时内，未接到国家有关机关继续冻结通知的，应当立即解除冻结。

第五章　反洗钱国际合作

第四十六条　【国际合作原则】中华人民共和国根据缔结或者参加的国际条约，或者按照平等互惠原则，开展反洗钱国际合作。

第四十七条　【反洗钱信息资料交换】国务院反洗钱行政主管部门根据国务院授权，负责组织、协调反洗钱国际合作，代表中国政府参与有关国际组织活动，依法与境外相关机构开展反洗钱合作，交换反洗钱信息。

国家有关机关依法在职责范围内开展反洗钱国际合作。

第四十八条　【司法协助】涉及追究洗钱犯罪的司法协助，依照《中华人民共和国国际刑事司法协助法》以及有关法律的规定办理。

第四十九条　【境外金融机构予以配合】国家有关机关在依法调查洗钱和恐怖主义融资活动过程中，按照对等原则或者经与有关国家协商一致，可以要求在境内开立代理行账户或者与我国存在其他密切金融联系的境外金融机构予以配合。

第五十条　【金融机构向外国国家、组织提供相关信息的限制规定】外国国家、组织违反对等、协商一致原则直接要求境内金融机构提交客户身份资料、交易信息，扣押、冻结、划转境内资金、资产，或者作出其他行动的，金融机构不得擅自执行，并应当及时向国务院有关金融管理部门报告。

除前款规定外，外国国家、组织基于合规监管的需要，要求境内金融机构提供概要性合规信息、经营信息等信息的，境内金融机构向国务院有关金融管理部门和国家有关机关报告后可以提供或者予以配合。

前两款规定的资料、信息涉及重要数据和个人信息的，还应当符合国家数据安全管理、个人信息保护有关规定。

第六章　法律责任

第五十一条　【反洗钱工作人员违规进行检查、调查等行为的处罚】反洗钱行政主管部门和其他依法负有反洗钱监督管理职责的部门从事反洗钱工作的人员有下列行为之一的，依法给予处分：

（一）违反规定进行检查、调查或者采取临时冻结措施；

（二）泄露因反洗钱知悉的国家秘密、商业秘密或者个人隐私、个人信息；

（三）违反规定对有关机构和人员实施行政处罚；

（四）其他不依法履行职责的行为。

其他国家机关工作人员有前款第二项行为的，依法给予处分。

第五十二条　【金融机构未按规定制定、完善反洗钱内部控制制度规范等行为的处罚】金融机构有下列情形之一的，由国务院反洗钱行政主管部门或者其设区的市级以上派出机构责令限期改正；情节较重的，给予警告或者处二十万元以下罚款；情节严重或者逾期未改正的，处二十万元以上二百万元以下罚款，可以根据情形在职责范围内或者建议有关金融管理部门限制或者禁止其开展相关业务：

（一）未按照规定制定、完善反洗钱内部控制制度规范；

（二）未按照规定设立专门机构或者指定内设机构牵头负责反洗钱工作；

（三）未按照规定根据经营规模和洗钱风险状况配备相应人员；

（四）未按照规定开展洗钱风险评估或者健全相应的风险管理制度；

（五）未按照规定制定、完善可疑交易监测标准；

（六）未按照规定开展反洗钱内部审计或者社会审计；

（七）未按照规定开展反洗钱培训；

（八）应当建立反洗钱相关信息系统而未建立，或者未按照规定完善反洗钱相关信息系统；

（九）金融机构的负责人未能有效履行反洗钱职责。

第五十三条　【金融机构未按照规定开展客户尽职调查等行为的处罚】金融机构有下列行为之一的，由国务院反洗钱行政主管部门或者其设区的市级以上派出机构责令限期改正，可以给予警告或者处二十万元以下罚款；情节严重或者逾期未改正的，处二十万元以上二百万元以下罚款：

（一）未按照规定开展客户尽职调查；

（二）未按照规定保存客户身份资料和交易记录；

（三）未按照规定报告大额交易；

（四）未按照规定报告可疑交易。

第五十四条　【金融机构为身份不明的客户提供服务等行为的处罚】金融机构有下列行为之一的，由国务院反洗钱行政主管部门或者其设区的市级以上派出机构责令限期改正，处五十万元以下罚款；情节严重的，处五十万元以上五百万元以下罚款，可以根据情形在职责范围内或者建议有关金融管理部门限制或者禁止其开展相关业务：

（一）为身份不明的客户提供服务、与其进行交易，为客户开立匿名账户、假名账户，或者为冒用他人身份的客户开立账户；

（二）未按照规定对洗钱高风险情形采取相应洗钱风险管理措施；

（三）未按照规定采取反洗钱特别预防措施；

（四）违反保密规定，查询、泄露有关信息；

（五）拒绝、阻碍反洗钱监督管理、调查，或者故意提供虚假材料；

（六）篡改、伪造或者无正当理由删除客户身份资料、交易记录；

（七）自行或者协助客户以拆分交易等方式故意逃避履行反洗钱义务。

第五十五条　【金融机构违法致使犯罪所得得以掩饰隐瞒或致恐怖主义融资后果发生的处罚】金融机构有本法第五十三条、第五十四条规定的行为，致使犯罪所得及其收益通过本机构得以掩饰、隐瞒的，或者致使恐怖主义融资后果发生的，由国务院反洗钱行政主管部门或者其设区的市级以上派出机构责令限期改正，涉及金额不足一千万元的，处五十万元以上一千万元以下罚款；涉及金额一千万元以上的，处涉及金额百分之二十以上二倍以下罚款；情节严重的，可以根据情形在职责范围内实施或者建议有关金融管理部门实施限制、禁止其开展相关业务，或者责令停业整顿、吊销经营许可证等处罚。

第五十六条　【对负有责任的管理人员及直接责任人员的单独处罚】国务院反洗钱行政主管部门或者其设区的市级以上派出机构依照本法第五十二条至第五十四条规定对金融机构进行处罚的，还可以根据情形对负有责任的董事、监事、高级管理人员或者其他直接责任人员，给予警告或者处二十万元以下罚款；情节严重的，可以根据情形在职责范围内实施或者建议有关金融管理部门实施取消其任职资格、禁止其从事有关金融行业工作等处罚。

国务院反洗钱行政主管部门或者其设区的市级以上派出机构依照本法第五十五条规定对金融机构进行处罚的，还可以根据情形对负有责任的董事、监事、高级管理人员或者其他直接责任人员，处二十万元以上一百万元以下罚款；情节严重的，可以根据情形在职责范围内实施或者建议有关金融管理部门实施取消其任职资格、禁止其从事有关金融行业工作等处罚。

前两款规定的金融机构董事、监事、高级管理人员或者其他直接责任人员能够证明自己已经勤勉尽责采取反洗钱措施的，可以不予处罚。

第五十七条　【金融机构擅自采取行动以及境外金融机构对调查不予配合的处罚】金融机构违反本法第五十条规定擅自采取行动的，由国务院有关金融管理部门处五十万元以下罚款；情节严重的，处五十万元以上五百万元以下罚款；造成损失的，并处所造成直接经济损失一倍以上五倍以下罚款。对负有责任的董事、监事、高级管理人员或者其他直接责任人员，可以由国务院有关金融管理部门给予警告或者处五十万元以下罚款。

境外金融机构违反本法第四十九条规定，对国家有关机关的调查不予配合的，由国务院反洗钱行政主管部门依照本法第五十四条、第五十六条规定进行处罚，并可以根据情形将其列入本法第四十条第一款第三项规定的名单。

第五十八条　【特定非金融机构违反规定的处罚】特定非金融机构违反本法规定的，由有关特定非金融机构主管部门责令限期改正；情节较重的，给予警告或者处五万元以下罚款；情节严重或者逾期未改正的，处五万元以上五十万元以下罚款；对有关负责人，可以给予警告或者处五万元以下罚款。

第五十九条　【未履行反洗钱特别预防措施义务的处罚】金融机构、特定非金融机构以外的单位和个人未依照本法第四十条规定履行反洗钱特别预防措施义务的，由国务院反洗钱行政主管部门或者其设区的市级以上派出机构责令限期改正；情节严重的，对单位给予警告或者处二十万元以下罚款，对个人给予警告或者处五万元以下罚款。

第六十条　【未按规定提交受益所有人信息的处罚】法人、非法人组织未按照规定向登记机关提交受益所有人信息的，由登记机关责令限期改正；拒不改正的，处五万元以下罚款。向登记机关提交虚假或者不实的受益所有人信息，或者未按照规定及时更新受益所有人信息的，由国务院反洗钱行政主管部门或者其设区的市级以上派出机构责令限期改正；拒不改正的，处五万元以下罚款。

第六十一条　【制定行政处罚裁量基准的参考因素】国务院反洗钱行政主管部门应当综合考虑金融机构的经营规模、内部控制制度执行情况、勤勉尽责程度、违法行为持续时间、危害程度以及整改情况等因素，制定本法相关行政处罚裁量基准。

第六十二条　【刑事责任】违反本法规定，构成犯罪的，依法追究刑事责任。

利用金融机构、特定非金融机构实施或者通过非法渠道实施洗钱犯罪的，依法追究刑事责任。

第七章　附　　则

第六十三条　【履行金融机构反洗钱义务的机构】在境内设立的下列机构，履行本法规定的金融机构反洗钱义务：

（一）银行业、证券基金期货业、保险业、信托业金融机构；

（二）非银行支付机构；

（三）国务院反洗钱行政主管部门确定并公布的其他从事金融业务的机构。

第六十四条　**【履行特定非金融机构反洗钱义务的机构】**在境内设立的下列机构，履行本法规定的特定非金融机构反洗钱义务：

（一）提供房屋销售、房屋买卖经纪服务的房地产开发企业或者房地产中介机构；

（二）接受委托为客户办理买卖不动产，代管资金、证券或者其他资产，代管银行账户、证券账户，为成立、运营企业筹措资金以及代理买卖经营性实体业务的会计师事务所、律师事务所、公证机构；

（三）从事规定金额以上贵金属、宝石现货交易的交易商；

（四）国务院反洗钱行政主管部门会同国务院有关部门根据洗钱风险状况确定的其他需要履行反洗钱义务的机构。

第六十五条　**【施行日期】**本法自2025年1月1日起施行。

金融违法行为处罚办法

1999年2月22日国务院令第260号公布施行

第一条　为了惩处金融违法行为，维护金融秩序，防范金融风险，制定本办法。

第二条　金融机构违反国家有关金融管理的规定，有关法律、行政法规有处罚规定的，依照其规定给予处罚；有关法律、行政法规未作处罚规定或者有关行政法规的处罚规定与本办法不一致的，依照本办法给予处罚。

本办法所称金融机构，是指在中华人民共和国境内依法设立和经营金融业务的机构，包括银行、信用合作社、财务公司、信托投资公司、金融租赁公司等。

第三条　本办法规定的行政处罚，由中国人民银行决定；但是本办法第二十四条、第二十五条规定的行政处罚，由国家外汇管理机关决定。

本办法规定的纪律处分，包括警告、记过、记大过、降级、撤职、留用察看、开除，由所在金融机构或者上级金融机构决定。

金融机构的工作人员依照本办法受到开除的纪律处分的，终身不得在金融机构工作，由中国人民银行通知各金融机构不得任用，并在全国性报纸上公告。金融机构的高级管理人员依照本办法受到撤职的纪律处分的，由中国人民银行决定在一定期限内直至终身不得在任何金融机构担任高级管理职务或者与原职务相当的职务，通知各金融机构不得任用，并在全国性报纸上公告。

本办法所称高级管理人员，是指金融机构的法定代表人和其他主要负责人，包括银行及其分支机构的董事长、副董事长、行长、副行长、主任、副主任；信用合作社的理事长、副理事长、主任、副主任；财务公司、信托投资公司、金融租赁公司等金融机构的董事长、副董事长、总经理、副总经理等。

第四条　金融机构的工作人员离开该金融机构工作后，被发现在该金融机构工作期间违反国家有关金融管理规定的，仍然应当依法追究责任。

第五条　金融机构设立、合并、撤销分支机构或者代表机构的，应当经中国人民银行批准。

未经中国人民银行批准，金融机构擅自设立、合并、撤销分支机构或者代表机构的，给予警告，并处5万元以上30万元以下的罚款；对该金融机构直接负责的高级管理人员，给予撤职直至开除的纪律处分。

第六条　金融机构有下列情形之一的，应当经中国人民银行批准：

（一）变更名称；

（二）变更注册资本；

（三）变更机构所在地；

（四）更换高级管理人员；

（五）中国人民银行规定的其他变更、更换情形。

金融机构未经中国人民银行批准，有前款所列情形之一的，给予警告，并处1万元以上10万元以下的罚款；有前款第（四）项所列情形的，对该金融机构直接负责的高级管理人员，给予撤职直至开除的纪律处分。

第七条　金融机构变更股东、转让股权或者调整股权结构的，应当经中国人民银行批准；涉及国有股权变动的，并应当按照规定经财政部门批准。

未经依法批准，金融机构擅自变更股东、转让股权或者调整股权结构的，给予警告，没收违法所得，并处违法所得1倍以上3倍以下的罚款，没有违法所得的，处5万元以上30万元以下的罚款；对该金融机构直接负责的高级管理人员，给予撤职直至开除的纪律处分。

第八条　金融机构不得虚假出资或者抽逃出资。

金融机构虚假出资或者抽逃出资的，责令停业整顿，并处虚假出资金额或者抽逃出资金额5%以上10%以下的罚款；对该金融机构直接负责的高级管理人员给予开除的纪律处分，对其他直接负责的主管人员和直接责任人员给予记过直至开除的纪律处分；情节严重的，吊销该金融机构的经营金融业务许可证；构成虚假出资、抽逃出资罪或者其他罪的，依法追究刑事责任。

第九条　金融机构不得超出中国人民银行批准的业务范围从事金融业务活动。

金融机构超出中国人民银行批准的业务范围从事金融业务活动的，给予警告，没收违法所得，并处违法所得1倍以上5倍以下的罚款，没有违法所得的，处10万元以上50万元以下的罚款；对该金融机构直接负责的高级管理人员给予撤职直至开除的纪律处分，对其他直接负责的主管人员和直接责任人员给予记过直至开除的纪律处分；情节严重的，责令该金融机构停业整顿或者吊销经营金融业务许可证；构成非法经营罪或者其他罪的，依法追究刑事责任。

第十条　金融机构的代表机构不得经营金融业务。

金融机构的代表机构经营金融业务的，给予警告，没收违法所得，并处违法所得1倍以上3倍以下的罚款，没有违法所得的，处5万元以上30万元以下的罚款；对该金融机构直接负责的高级管理人员给予撤职直至开除的纪律处分，对其他直接负责的主管人员和直接责任人员给予降级直至开除的纪律处分；情节严重的，撤销该代表机构。

第十一条　金融机构不得以下列方式从事帐外经营行为：

（一）办理存款、贷款等业务不按照会计制度记帐、登记，或者不在会计报表中反映；

（二）将存款与贷款等不同业务在同一帐户内轧差处理；

（三）经营收入未列入会计帐册；

（四）其他方式的帐外经营行为。

金融机构违反前款规定的，给予警告，没收违法所得，并处违法所得1倍以上5倍以下的罚款，没有违法所得的，处10万元以上50万元以下的罚款；对该金融机构直接负责的高级管理人员、其他直接负责的主管人员和直接责任人员，给予开除的纪律处分；情节严重的，责令该金融机构停业整顿或者吊销经营金融业务许可证；构成用帐外客户资金非法拆借、发放贷款罪或者其他罪的，依法追究刑事责任。

第十二条　金融机构不得提供虚假的或者隐瞒重要事实的财务会计报告、统计报告。

金融机构提供虚假的或者隐瞒重要事实的财务会计报告、统计报告的，给予警告，并处10万元以上50万元以下的罚款；对该金融机构直接负责的高级管理人员给予撤职直至开除的纪律处分，对其他直接负责的主管人员和直接责任人员给予记大过直至开除的纪律处分；情节严重的，责令该金融机构停业整顿或者吊销经营金融业务许可证；构成提供虚假财会报告罪或者其他罪的，依法追究刑事责任。

第十三条　金融机构不得出具与事实不符的信用证、保函、票据、存单、资信证明等金融票证。

金融机构弄虚作假，出具与事实不符的信用证、保函、票据、存单、资信证明等金融票证的，给予警告，没收违法所得，并处违法所得1倍以上5倍以下的罚款，没有违法所得的，处10万元以上50万元以下的罚款；对该金融机构直接负责的高级管理人员、其他直接负责的主管人员和直接责任人员，给予开除的纪律处分；构成非法出具金融票证罪或者其他罪的，依法追究刑事责任。

第十四条　金融机构对违反票据法规定的票据，不得承兑、贴现、付款或者保证。

金融机构对违反票据法规定的票据，予以承兑、贴现、付款或者保证的，给予警告，没收违法所得，并处违法所得1倍以上3倍以下的罚款，没有违法所得的，处5万元以上30万元以下的罚款；对该金融机构直接负责的高级管理人员、其他直接负责的主管人员和直接责任人员，给予记大过直至开除的纪律处分；造成资金损失的，对该金融机构直接负责的高级管理人员，给予撤职直至开除的纪律处分；构成对违法票据承兑、付款、保证罪或者其他罪的，依法追究刑事责任。

第十五条　金融机构办理存款业务，不得有下列行为：

（一）擅自提高利率或者变相提高利率，吸收存款；

（二）明知或者应知是单位资金，而允许以个人名义开立帐户存储；

（三）擅自开办新的存款业务种类；

（四）吸收存款不符合中国人民银行规定的客户范围、期限和最低限额；

（五）违反规定为客户多头开立帐户；

（六）违反中国人民银行规定的其他存款行为。

金融机构有前款所列行为之一的，给予警告，没收违法所得，并处违法所得1倍以上3倍以下的罚款，没有违法所得的，处5万元以上30万元以下的罚款；对该金融机构直接负责的高级管理人员给予撤职直至开除的纪律处分，对其他直接负责的主管人员和直接责任人员给予降级直至开除的纪律处分；情节严重的，责令该金融机构停业整顿或者吊销经营金融业务许可证。

第十六条 金融机构办理贷款业务，不得有下列行为：

（一）向关系人发放信用贷款；

（二）向关系人发放担保贷款的条件优于其他借款人同类贷款的条件；

（三）违反规定提高或者降低利率以及采用其他不正当手段发放贷款；

（四）违反中国人民银行规定的其他贷款行为。

金融机构有前款所列行为之一的，给予警告，没收违法所得，并处违法所得1倍以上5倍以下的罚款，没有违法所得的，处10万元以上50万元以下的罚款；对该金融机构直接负责的高级管理人员、其他直接负责的主管人员和直接责任人员，给予撤职直至开除的纪律处分；情节严重的，责令该金融机构停业整顿或者吊销经营金融业务许可证；构成违法向关系人发放贷款罪、违法发放贷款罪或者其他罪的，依法追究刑事责任。

第十七条 金融机构从事拆借活动，不得有下列行为：

（一）拆借资金超过最高限额；

（二）拆借资金超过最长期限；

（三）不具有同业拆借业务资格而从事同业拆借业务；

（四）在全国统一同业拆借网络之外从事同业拆借业务；

（五）违反中国人民银行规定的其他拆借行为。

金融机构有前款所列行为之一的，暂停或者停止该项业务，没收违法所得，并处违法所得1倍以上3倍以下的罚款，没有违法所得的，处5万元以上30万元以下的罚款；对该金融机构直接负责的高级管理人员、其他直接负责的主管人员和直接责任人员，给予记大过直至开除的纪律处分。

第十八条 金融机构不得违反国家规定从事证券、期货或者其他衍生金融工具交易，不得为证券、期货或者其他衍生金融工具交易提供信贷资金或者担保，不得违反国家规定从事非自用不动产、股权、实业等投资活动。

金融机构违反前款规定的，给予警告，没收违法所得，并处违法所得1倍以上5倍以下的罚款，没有违法所得的，处10万元以上50万元以下的罚款；对该金融机构直接负责的高级管理人员给予开除的纪律处分，对其他直接负责的主管人员和直接责任人员给予撤职直至开除的纪律处分；情节严重的，责令该金融机构停业整顿或者吊销经营金融业务许可证；构成非法经营罪、违法发放贷款罪或者其他罪的，依法追究刑事责任。

第十九条 金融机构应当遵守中国人民银行有关现金管理的规定，不得允许单位或者个人超限额提取现金。

金融机构违反中国人民银行有关现金管理的规定，允许单位或者个人超限额提取现金的，给予警告，并处5万元以上30万元以下的罚款；对该金融机构直接负责的高级管理人员、其他直接负责的主管人员和直接责任人员，给予记大过直至开除的纪律处分。

第二十条 金融机构应当遵守中国人民银行有关信用卡管理的规定，不得违反规定对持卡人透支或者帮助持卡人利用信用卡套取现金。

金融机构违反中国人民银行有关信用卡管理的规定，对持卡人透支或者帮助持卡人利用信用卡套取现金的，给予警告，并处5万元以上30万元以下的罚款；对该金融机构直接负责的高级管理人员、其他直接负责的主管人员和直接责任人员，给予记大过直至开除的纪律处分。

第二十一条 金融机构应当遵守中国人民银行有关资产负债比例管理的规定。

金融机构违反中国人民银行有关资产负债比例管理规定的，给予警告，没收违法所得，并处违法所得1倍以上3倍以下的罚款，没有违法所得的，处5万元以上30万元以下的罚款；对该金融机构直接负责的高级管理人员，给予记大过直至开除的纪律处分。

第二十二条 金融机构不得占压财政存款或者资金。

金融机构占压财政存款或者资金的，给予警告，没收违法所得，并处违法所得1倍以上3倍以下的罚款，没有违法所得的，处5万元以上30万元以下的罚款；对该金融机构直接负责的高级管理人员给予撤职直至开除的纪律处分，对其他直接负责的主管人员和直接责任人员给予降级直至开除的纪律处分。

第二十三条 金融机构应当依法协助税务机关、海关办理对纳税人存款的冻结、扣划。

金融机构违反前款规定，造成税款流失的，给予警告，并处10万元以上50万元以下的罚款；对该金融机构直接负责的高级管理人员、其他直接负责的主管人员和直接责任人员，给予撤职直至开除的纪律处分；构成违反治安管理行为的，依法给予治安管理处罚；构成妨害公务罪或者其他罪的，依法追究刑事责任。

第二十四条 经营外汇业务的金融机构应当遵守国家外汇管理规定。

经营外汇业务的金融机构违反国家外汇管理规定的，依照外汇管理条例的规定，给予行政处罚；对该金融机构直接负责的高级管理人员、其他直接负责的主管人员和直接责任人员，给予记过直至开除的纪律处分；情节严重的，对该金融机构直接负责的高级管理人员，给予撤职直至开除的纪律处分；构成犯罪的，依法追究刑事责任。

第二十五条　经营外汇业务的金融机构，不得有下列行为：

（一）对大额购汇、频繁购汇、存取大额外币现钞等异常情况不及时报告；

（二）未按照规定办理国际收支申报。

经营外汇业务的金融机构有前款所列行为之一的，给予警告，并处5万元以上30万元以下的罚款；对该金融机构直接负责的高级管理人员、其他直接负责的主管人员和直接责任人员，给予记过直至开除的纪律处分；情节严重的，对该金融机构直接负责的高级管理人员，给予撤职直至开除的纪律处分；构成签订、履行合同失职被骗罪或者其他罪的，依法追究刑事责任。

第二十六条　商业银行不得为证券、期货交易资金清算透支或者为新股申购透支。

商业银行为证券、期货交易资金清算透支或者为新股申购透支的，给予警告，没收违法所得，并处违法所得1倍以上5倍以下的罚款，没有违法所得的，处10万元以上50万元以下的罚款；对该商业银行直接负责的高级管理人员给予开除的纪律处分，对其他直接负责的主管人员和直接责任人员给予撤职直至开除的纪律处分。

第二十七条　财务公司不得有下列行为：

（一）超过中国人民银行批准的规模发行财务公司债券；

（二）吸收非集团成员单位存款或者向非集团成员单位发放贷款；

（三）违反规定向非集团成员单位提供金融服务；

（四）违反中国人民银行规定的其他行为。

财务公司有前款所列行为之一的，给予警告，没收违法所得，并处违法所得1倍以上5倍以下的罚款，没有违法所得的，处10万元以上50万元以下的罚款；对该财务公司直接负责的高级管理人员、其他直接负责的主管人员和直接责任人员，给予记过直至开除的纪律处分；情节严重的，责令该财务公司停业整顿，对直接负责的高级管理人员给予撤职直至开除的纪律处分；构成非法吸收公众存款罪、擅自发行股票、公司企业债券罪或者其他罪的，依法追究刑事责任。

第二十八条　信托投资公司不得以办理委托、信托业务名义吸收公众存款、发放贷款，不得违反国家规定办理委托、信托业务。

信托投资公司违反前款规定的，给予警告，没收违法所得，并处违法所得1倍以上5倍以下的罚款，没有违法所得的，处10万元以上50万元以下的罚款；对该信托投资公司直接负责的高级管理人员、其他直接负责的主管人员和直接责任人员，给予记大过直至开除的纪律处分；情节严重的，暂停或者停止该项业务，对直接负责的高级管理人员给予撤职直至开除的纪律处分；构成非法吸收公众存款罪、集资诈骗罪或者其他罪的，依法追究刑事责任。

第二十九条　金融机构缴纳的罚款和被没收的违法所得，不得列入该金融机构的成本、费用。

第三十条　对中国人民银行所属从事金融业务的机构的金融违法行为的处罚，适用本办法。

第三十一条　对证券违法行为的处罚，依照国家有关证券管理的法律、行政法规执行，不适用本办法。

对保险违法行为的处罚，依照国家有关保险管理的法律、行政法规执行，不适用本办法。

第三十二条　本办法自发布之日起施行。

·党规党纪·

中共中央、国务院关于进一步制止党政机关和党政干部经商、办企业的规定

1986年2月4日

1984年12月中共中央、国务院《关于严禁党政机关和党政干部经商、办企业的决定》下达以后，党政机关办的企业大部分已经停办或者同党政机关脱钩；参与经商、办企业的党政干部，大多数已经回到机关工作或辞去党政职务。但是，这股不正之风还没有完全刹住。有的党政机关和党政干部仍采取各种手法继续经商、办企业；有的党政领导干部还继续兼任企业职务；有的家属利用领导干部的关系及影响经商、办企业；经商、办企业中的一些严重违法行为，特别是牵涉到某些领导干部的问题，至今得不到应有的处理。党政机关和党政干部经商、办企业，以权谋私，损公肥私，危害很大。为了坚决刹住这股不正之风，现对几个有关问题进一步规定如下：

一、党政机关，包括各级党委机关和国家权力机关、行政机关、审判机关、检察机关以及隶属这些机关编制序列的事业单位，一律不准经商、办企业。凡违反规定仍在

开办的企业包括应同机关脱钩而未脱钩，或者明脱钩暗不脱钩的，不管原来经过哪一级批准，都必须立即停办，或者同机关彻底脱钩。

二、凡上述机关的干部、职工，包括退居二线的干部，除中央书记处、国务院特殊批准的以外，一律不准在各类企业中担任职务。已经担任企业职务的，必须立即辞职；否则，必须辞去党政机关职务。

在职干部、职工一律不许停薪留职去经商、办企业。已停薪留职的，或者辞去企业职务回原单位复职，或者辞去机关公职。

三、上述机关的离休、退休干部，除中央书记处、国务院批准者外，不得到国营企业任职。如果到非国营企业任职，必须在离休、退休满两年以后，并且不能到原任职机关管辖行业的企业中任职。离休、退休干部到企业任职以后，即不再享受国家规定的离休、退休待遇。

四、凡参与违法经营活动或为其提供方便的干部、职工，要给予党纪政纪处分，其中的领导干部要从重处理。触犯刑律的，要依法惩处。

五、领导干部的子女、配偶，在党政机关及所属编制序列的事业单位工作的，一律不得离职经商、办企业；不在党政机关及所属编制序列的事业单位工作的，不准利用领导干部的影响和关系经商、办企业，非法牟利。对违反规定的，要严肃处理。非法所得，一律没收。

六、党政机关及所属编制序列的事业单位及其干部开办的企业停办以后，应由直接批准的业务主管部门负责清理。由于违法经营导致亏损倒闭、资不抵债，或者造成其他严重后果的，要由直接批准的业务主管部门和企业共同承担经济责任和法律责任，同时还应追究有关人员的责任。

七、工商行政管理机关对申请开办的企业，必须严格按国家有关规定审批，坚持原则，依法办事，失职者要追究责任。各级领导干部对工商行政管理机关依法行使职权不得干预。

八、本规定适用于工会、共青团、妇联、文联、科协和各种协会、学会等群众组织，以及这些组织的干部和职工。这些组织如有特殊情况，需要办非商业性企业的，必须报经国务院或省、自治区、直辖市人民政府批准。

九、为安排青年就业开办的劳动服务公司和乡镇、街道开办的企业存在的问题，由有关部门组织力量调查研究，另作规定。

十、军队机关和军队干部办企业问题，按照 1985 年 5 月国务院、中央军委批转《关于军队从事生产经营和对外贸易的暂行规定》的通知办理。有关具体问题，由国务院、中央军委另行规定。

各级党委和政府要坚决贯彻落实上述规定，做到令行禁止。对拒不执行的，要严肃处理，并追究领导责任。各级纪委、工商行政管理机关要与组织、人事、审计、税务、银行、司法等部门密切配合，监督执行。

以前有关各项规定，凡与本规定不一致的，以本规定为准。

中共中央办公厅、国务院办公厅关于贯彻执行《中共中央、国务院关于进一步制止党政机关和党政干部经商、办企业的规定》几个问题的说明

1986 年 3 月 29 日

《中共中央、国务院关于进一步制止党政机关和党政干部经商、办企业的规定》（以下简称《规定》）下达以后，在执行中有些单位和地区提出了一些问题。为了正确贯彻落实中共中央、国务院这一规定，经党中央、国务院同意，现将几个有关问题说明如下：

一、《规定》中所说的党政机关和党政干部一律不准经商、办企业，是指各级党政机关和党政干部，不准用公款（行政经费、事业经费、特需经费等）、贷款以及各种形式的集资经商、办企业，为本单位和个人谋取私利。

二、根据《中共中央关于科学技术体制改革的决定》、《中共中央关于教育体制改革的决定》和国家有关规定，科研、教育等事业单位，可以从事与本单位业务、技术有关的技术转让、技术咨询、技术服务、技术承包等经营活动；不得从事与本单位业务、技术无关的经营活动。

三、党政机关为改善后勤服务工作，方便职工生活，可以开办为本机关服务的小卖部、洗衣房、理发室、浴室、招待所、礼堂、印刷厂等，有条件的也可以向社会开放，但应按国家有关规定，向工商行政管理机关申请办理登记，照章纳税。

四、党政机关为解决职工子女就业而兴办的劳动服务公司和其他经营网点，应当继续兴办。但必须以安排待业青年为主，着重发展服务业和加工业，严格遵守国家有关规定，从事合法经营。主办机关应加强领导。

五、《规定》中所说的“彻底脱钩”，是指企业在人、财、物方面与党政机关分开管理，即：企业人员不得列入行政编制；企业实行自主经营、独立核算、照章纳税、承担经济责任，其经济收益党政机关不得占用；企业占用机关

的房屋、设备、运输工具等，必须有偿使用，合理收费。

六、《规定》中所说的领导干部子女、配偶，是指在职和退居二线的县、团级（含县团级）以上干部的子女、配偶。

中共中央办公厅、国务院办公厅关于县以上党和国家机关退（离）休干部经商办企业问题的若干规定

1988年10月3日

严禁党和国家机关及机关干部经商办企业，是党中央、国务院的一贯方针。机关退休（含离休，下同）干部从事经商活动，容易助长官商不分，使有的人利用原来的工作关系和影响参与倒卖活动，损害国家和群众利益，滋生腐败现象，必须坚决制止。为了保持党政机关的清正廉洁，保证治理经济环境、整顿经济秩序和全面深化改革的顺利进行，更好地发挥老干部的表率作用，遵照党中央和国务院的指示，在严禁党和国家机关及机关在职干部经商办企业的同时，对县以上机关的退休干部经商办企业问题作如下规定：

一、党和国家机关的退休干部，不得兴办商业性企业，不得到这类企业任职，不得在商品买卖中居间取酬，不得以任何形式参与倒卖生产资料和紧俏商品，不得向有关单位索要国家的物资，不得进行金融活动。

二、党和国家机关的退休干部，不得到全民所有制企业和外商投资企业（公司）担任任何领导职务（含名誉职务）和其他管理职务，企业也不得聘请他们任职。已经任职的，必须辞去职务。

三、党和国家机关的退休干部，可以应聘到非全民所有制的非商业性企业任职，但到本人原所在机关主管的行业和企业任职，必须在办理退休手续满两年以后。到这些企业任职的，要经所在机关退休干部管理部门批准，并与聘用单位签订合同。

退休干部应聘到这些企业任职期间，原所在机关应即中止其享受的各项生活待遇，改由企业负责。本人在企业所得报酬数额，最高不得超过其原工资与原机关干部平均奖金之和。退休干部到企业任职，应向原机关如实呈报自己的收入。按此规定执行的，在退出企业后由原机关恢复其原生活待遇；不按此规定执行的，应取消其退休待遇，并不再恢复。

四、党和国家机关的退休干部从事养殖业、种植业生产，进行技术开发、咨询、服务，讲学、写作、翻译，以及从事为改善机关后勤服务而开办小卖部、洗衣房、理发室等经营服务活动，继续按《中共中央、国务院关于严禁党政机关和党政干部经商、办企业的决定》的有关规定执行，取得合理报酬，严格照章纳税，其原享受的退休待遇不变。

五、党和国家机关要加强退休干部的管理工作。对违反本规定的退休干部，其原所在机关应及时纠正；不按规定纠正的，要追究该机关主要负责人的责任。退休干部管理部门和工商行政管理、税务、监察、纪检等部门，要经常检查执行本规定的情况。机关党组织和企业党组织，要切实负起监督的责任。

六、本规定同时适用于县以上工会、妇联、共青团、文联以及各种协会、学会等群众组织的退休干部。

军队机关的退休干部经商办企业问题，由中央军委参照本规定制定具体办法。

中组部对《关于县以上党和国家机关退（离）休干部经商办企业问题的若干规定》中有关问题的说明

1989年1月26日

中共中央办公厅、国务院办公厅《关于县以上党和国家机关退（离）休干部经商办企业问题的若干规定》（中办发〔1988〕11号）下发后，有些地区和部门在贯彻执行中提出了一些问题，要求予以解释。对此，经请示有关方面作如下说明：

一、**关于“县以上党和国家机关退（离）休干部”的范围。**《规定》所称“县以上党和国家机关”，是指县和县以上各级党委机关、国家权力机关、行政机关、审判机关、检察机关，也包括工会、共青团、妇联等联合团体机关，以及隶属上述机关编制序列的事业单位。《规定》所称“县以上党和国家机关退（离）休干部”，是指县和县以上党和国家机关中已办理退（离）休手续的所有干部，不只是指这些机关中曾任县和县级以上领导职务的退（离）干部。县以上党和国家机关中到了退休年龄、因工作需要经组织批准继续留任的干部，涉及经商办企业问题时，按在职干部的有关规定执行。对应该退休而未办退休手续、已到企业任职的干部，原所在机关应按有关规定为其办理退休手续，然后按本《规定》办理。

二、**关于“任职”的含义。**《规定》中所说不得到商业性企业、全民所有制企业和外商投资企业“任职”，是指不得担任上述企业内设置的各种领导职务（含名誉职务）和其他管理职务。比如厂长、经理、董事长、董事、

理事长、理事等各种领导职务；顾问、名誉会长、名誉董事长和名誉理事长等名誉职务；会计、出纳、经销和采购等管理职务。至于临时为企业进行技术咨询和应聘从事门卫、巡逻、清扫等各种劳务工作的，不属于文件规定的“任职”范围。

三、**关于辞去在企业所任“职务”需要履行的手续。**对在本《规定》下达前，未经组织批准已到商业性企业、全民所有制企业和外商投资企业任职的县以上党和国家机关退休干部，原机关党政领导和组织应及时向他们传达文件规定，要求他们辞去所任职务。如果本人拒不执行，原所在机关应严格按文件的有关规定作出处理。对本《规定》下达前，经上级领导机关批准到上述企业（公司）任职的退休干部，也应按文件的规定办理，由本人主动辞职或由原任免机关免职。

四、**关于中止应聘到企业任职的退休干部所享受的各项生活待遇问题。**《规定》第三条中所说的应中止的“各项生活待遇”，主要是指县以上党和国家机关退休干部经批准应聘到企业任职期间，其按规定在原机关享受的退休费、生活补贴、副食补贴、物价补贴、用车和住房补贴、医药费、护理费、困难补助费和公用经费、特需经费等各项经费。这些待遇原机关中止后，改由聘用单位解决。

五、**关于允许退休干部从事为改善机关后勤服务工作而开办的经营服务活动项目问题。**《规定》第四条所说的允许县以上党和国家机关退休干部开办“小卖部、洗衣房、理发室等经营服务活动”，包括为改善机关后勤服务工作、方便职工生活而开办的修理部、托儿所等小型服务项目。有条件的可以向社会开放，但应按国家有关规定，办理登记，严格照章纳税。招待所、礼堂、印刷厂等较大的服务设施，应由所在机关开办，可以聘用本机关的退休职工从事管理和服务性工作。退休干部不得兴办有行政管理职能的劳动服务公司，也不得兴办安置待业青年的商业性劳动服务公司。

中共中央办公厅、国务院办公厅关于党政机关兴办经济实体和党政机关干部从事经营活动问题的通知

1992年6月26日

最近一个时期，一些地区陆续作出规定，鼓励党政机关兴办各类经济实体，提倡和支持党政机关干部从事各种经营活动。这是一个政策性强而且比较复杂的问题，必须坚持政企分开的原则。为了防止出现政企不分、官商不分及以权谋私等问题，需要重申一些基本原则和政策界限。经党中央、国务院批准，现通知如下：

一、县及县以上党政机关（包括党委机关、国家权力机关、行政机关、审判机关、检察机关），要坚决执行中共中央、国务院历来的规定，不准经商、办企业。所兴办的各类经济实体，必须与党政机关在财务、名称、人事等方面彻底脱钩。严格划清党政机关管理职权与经济实体经营权的界限，凡是经济实体，必须根据国家法律和政策的规定，自主经营，自负盈亏。严禁用经济实体经营所得增加机关干部的工资、奖金、补贴等收入或用作其他福利开支。严禁党政机关利用自己掌握的权力为经济实体谋取非法利益。

在当前机构改革试点和下一步机构改革中，由政府经济管理部门成建制转为经济实体的，要严格实行政企职责分开，不能“一个机构、两块牌子”，不能再行使政府部门的行政管理职能。

二、县及县以上党政机关在职干部一律不得经商、办企业，不得兼有党政机关干部和企业职工双重身份。在机构改革试点中，应支持和鼓励一部分干部从党政机关分离出来，从事包括第三产业在内的各种经济活动，尤其应提倡其中的专业技术人员领办、承包、租赁亏损、微利企业，创办开发性、服务性的经济实体。但这些人员不能保留原在党政机关担任的职务，不能再以党政机关的名义或以党政机关干部的身份从事经营活动，要与党政机关脱钩。

三、各级党委、政府要遵照党中央、国务院的要求，抓紧当前有利时机，进一步解放思想，加快改革开放和经济发展步伐，力争使经济更好更快地上一个新台阶；同时要继续抓好廉政建设、纠正部门和行业不正之风等工作，注意掌握好党政机关兴办经济实体和党政机关干部从事经营活动中的政策界限。要认真研究新情况，及时解决新问题，使本地区、本部门的改革开放和经济建设工作更健康地向前发展。

中共中央办公厅、国务院办公厅关于转发国家经贸委《关于党政机关与所办经济实体脱钩的规定》的通知

1993年10月9日

国家经贸委《关于党政机关与所办经济实体脱钩的规定》已经党中央、国务院同意，现转发给你们，请

遵照执行。

这项工作,由国家经贸委负责,国家体改委、国家工商局配合。各级党委、政府要切实加强领导,财政、审计、工商行政和纪检监察等部门要按照规定严格要求,加强监督检查,把这项工作做好。

关于党政机关与所办经济实体脱钩的规定

随着机构改革的进一步推进,各级党政机关陆续组建了一批公司和企业集团等经济实体,这对于转变政府职能、妥善安置机关分流人员、发展第三产业起到了一定的积极作用。但是,在兴办经济实体中也出现了一些值得注意的问题,如组建政企不分的“翻牌公司(集团)”,以权经商,强买强卖,垄断经营等。这些问题的出现引起了广大企业和群众的不满,对于深化企业改革,加强党的建设和政权建设,建立社会主义市场经济体制极为不利。为及时纠正这些问题,切实落实党中央关于开展反腐败斗争的工作部署,经党中央、国务院同意,现就党政机关与所办经济实体脱钩的若干问题规定如下:

一、县及县以上各级党政机关要坚决贯彻执行《中共中央办公厅、国务院办公厅关于党政机关兴办经济实体和党政机关干部从事经营活动问题的通知》、《中共中央办公厅、国务院办公厅关于机构改革人员分流中几个问题的通知》以及党中央、国务院其他有关规定,不准经商、办企业。

二、县及县以上各级党的机关、人大机关、审判机关、检察机关和政府机关中的公安、安全、监察、司法、审计、税务、工商行政管理、土地管理、海关、技术监督、商检等部门以及办事机构,均不准:

(一)组建任何类型的经济实体;

(二)以部门名义向经济实体投资、入股;

(三)接受各类经济实体的挂靠。

对现有隶属于上述单位的经济实体,各地、各部门要统筹规划,调查研究,提出划转方案,一律限期在明年6月底前转出(司法部门劳改、劳教企业和各机关后勤服务系统按国家规定开展对社会经营服务的,不在此限)。个别因特殊需要,保留或组建经济实体的,须报经国务院或省级人民政府批准。

应划转的经济实体,尽可能划转到大型企业集团或大型综合性公司。在划转时必须清查资产,按规定办理手续,防止国有资产流失。

三、除上述部门外的国家机关,为适应机构改革、转变职能和分流人员等需要,经批准可以组建经济实体(包括企业集团,下同),但必须同时在职能、财务、人员、名称四个方面与机关彻底脱钩。已经设立但尚未脱钩的,也必须在今年年底前脱钩。

(一)各类经济实体不得兼有行政管理和行业管理的职能。

(二)各类经济实体在财务上与机关脱钩,不向机关上交利润和管理费,不为机关报销各种费用。经济实体单独在财政立户,按照国家规定缴纳税费,接受本级财政部门以及监察、审计、税务等部门的监督。

经济实体与机关财务脱钩和脱钩后对机关经费补贴的具体办法,由财政部制定。

(三)党政机关在职干部一律不得兼有机关干部和企业职工双重身份,不得在经济实体中兼职。凡有兼职的,要如实报告,各部门要负责认真清理,逐个审核,确定其辞去一头的职务。要求在10月底以前清理完毕。

(四)各类经济实体一律不得冠以党政机关的名称。凡已使用机关名称的,必须到工商行政管理部门办理更名手续,否则按注销处理。

四、组建企业集团必须坚持企业自愿和政策引导相结合的原则,认真征求企业和各方面意见。不得按行业“装口袋”,强行“捏合”,不得任意上收企业经营权,取消或变相取消企业法人地位。

五、经济实体与行政机关脱钩后,应当自主经营、独立核算、自负盈亏。国家对各类经济实体只实行行业管理、任免主要干部以及必要的监督、服务等事项,不干预其经营管理活动。

六、除法律、法规另有规定外,各级党政机关均不得利用职权,指定任何一家经济实体垄断经营某项业务,也不得限制、排斥本部门以外的经济实体从事与本部门职能有一定联系的经营业务。对某些确需由少数经济实体经营的特殊业务,应依照法律、法规的规定,采取公开、竞争方式,确定有关经济实体经营,防止部门垄断和地区封锁。

七、对于机关分流人员新组建经济实体的开办资金,财政部门应有明确规定,不得挤占正常开支经费。在成立初期确有困难的,可按《中共中央办公厅、国务院办公厅关于机构改革人员分流中几个问题的通知》规定,区别情况,给予一定的扶持。但要制订具体扶持办法,限期过渡(不超过两年)。对扶持资金,要单独列帐,并接受有关部门的监督。

八、政府部门在机构改革中组建新的经济实体,不得干扰其他企业正常的生产经营活动,影响企业贯彻《全民所有制工业企业转换经营机制条例》,不得强行向其他企业平调人、财、物,摊派铺底资金。国家用于扶持行业发展的有关优惠政策、资金等,应在行业内所有企业间公平合理地落实和分配,不得由新组建的经济实体截留。不得赋予新组建的经济实体特殊经营手段,避免形成不合理的竞争条件。

九、各地区、各部门要指定专门机构,制定贯彻落实《中共中央办公厅、国务院办公厅关于党政机关兴办经济实体和党政机关干部从事经营活动问题的通知》、《中共中央办公厅、国务院办公厅关于机构改革人员分流中几个问题的通知》和本规定的具体措施,对党政机关所办的经济实体进行一次认真的检查、清理,凡不符合本规定的,要坚决予以纠正,切实做好经济实体与机关的脱钩、转出工作,并将检查与纠正情况于今年11月底前报国务院,同时报国家经贸委。

中央纪委关于对企业厂长、经理在党政机关兼职问题的请示的答复

1996年1月10日

各省、自治区、直辖市纪委、监察厅(局),中央和国家机关各部委纪检组(纪委)、监察局,中央纪委各派驻纪检组,监察部各派驻监察局、监察专员办公室,中直机关和中央国家机关纪工委,军委纪委:

最近,一些地区和部门来电来函请示,一些企业的厂长、经理在党政机关兼有职务,在企业是实职,在党政机关是虚职(或挂职),其中的县(处)级以上干部(含副县、处级)是否应执行党政机关干部廉洁自律的有关规定?经中央纪委商中央组织部同意,现答复如下:

一、党中央、国务院和中央纪委多次规定重申:不准党政机关干部在各类经济实体中兼职(含名誉职务)。个别确因工作需要须在经济实体中兼任有关职务的,必须按照干部管理权限经过批准,但不得领取任何报酬。从党和国家的组织人事制度上说,也不准企事业单位的干部在党政机关兼职(依法选举的和个别按照干部管理权限批准的除外)或挂职。未经批准,借口为工作方便让企事业单位的干部在党政机关兼职或挂职的做法,是不允许的,应当予以纠正。

二、在党政机关(包括党委、人大、政府、政协、法院、检察院)及其工作部门担任县(处)级以上(含副县、处级)职务的工作人员,均属党政机关领导干部,不存在虚职或实职的问题,都应当切实遵守中共中央、国务院及中央纪委制定颁布的党政机关县(处)级以上领导干部廉洁自律等各项规定,不得例外。

政法机关不再从事经商活动的实施方案

中共中央办公厅、国务院办公厅1998年10月18日印发

中央最近作出的关于军队、武警部队和政法机关一律不再从事经商活动的决定,是在新形势下加强党的建设、政权建设和军队建设的一项重大决策,是加强党风廉政建设,深入开展反腐败斗争的一项重要举措。对于巩固人民民主专政,维护社会主义市场经济秩序,促进党风、政风和社会风气的好转,保证改革开放和现代化建设的顺利进行,保证国家长治久安,都具有十分重要的意义。各级党委、人民政府和政法机关一定要深刻认识这项工作的重要性和紧迫性,认真贯彻执行中央的这一重大决策,依照国家有关法律、法规和政策规定,结合政法机关的实际情况,坚决抓好落实。

一、指导思想、目标和基本原则

以邓小平同志关于党风廉政建设的一系列重要论述和江泽民同志关于军队、武警部队和政法机关一律不再从事经商活动的一系列重要指示为指导思想,讲政治,顾大局,守纪律,雷厉风行,令行禁止,确保1998年年底前完成各级政法机关与所办经营性企业彻底脱钩的任务。今后政法机关一律不再从事经商活动。

做好这项工作应遵循以下主要原则:一是政法机关不再从事经商活动,各级财政对政法机关履行职能所必需的经费要给予保证;二是政法机关移交的经营性企业,其资产实行无偿划转,债权债务一并移交;三是移交或撤销企业的人员要区别情况予以妥善安置;四是依法办事,严明纪律,严守国家秘密;五是加强国有资产监管,防止国有资产流失,保证企业的正常生产经营活动不受影响;六是保持政法队伍的稳定和社会稳定。

二、撤销、移交和保留企业的范围

(一)撤销企业的范围

政法机关(含机关工会、离退休干部服务机构,下同)及其所属单位(事业单位、社会团体,下同)办的下列经营性企业,应予撤销:

1. 无资金、无场地设施、无经营机构的企业;

2. 已在工商行政管理部门登记注册，但尚未经营的企业，或已经停业、歇业的企业；

3. 经营不善，连年亏损，主管部门决定撤销的企业；

4. 严重违法经营的企业；

5. 政法机关及其所属单位为获得某种利益出具“全资”手续，但未作实际投资的企业；

6. 政法机关已决定撤销和有条件撤销的企业；

7. 其他不能保留也不宜移交的企业。

（二）移交企业的范围

政法机关及其所属单位办的下列具有独立法人资格的经营性企业，应予移交：

1. 政法机关办的经营性企业；

2. 政法机关具有行政管理职能的事业单位办的经营性企业；

3. 政法机关不具有行政管理职能的事业单位办的与自身业务无关的经营性企业；

4. 机关服务中心办的不具有机关服务性质的经营性企业；

5. 机关所属事业单位、社会团体和服务中心开展有偿服务延伸而办成的经营性企业（包括从事房地产、金融、证券交易和娱乐业的公司等）；

6. 政法机关及其所属单位与其他单位或自然人办的中外合资、合作或参股的经营性企业中的股权，应依法移交；

7. 其他不能保留也不宜撤销的企业。

（三）保留企业的范围

政法机关及其所属单位办的下列企业，可以适当保留：

1. 机关服务中心和事业单位后勤部门办的主要为后勤保障服务的企业；

2. 政法系统院校、科研单位办的与教学、科研业务相关的企业；

3. 其他具有独立法人资格的事业单位（报社、出版社、杂志社等）办的与自身业务相关的企业。

三、撤销、移交和保留企业的处理

（一）撤销企业的处理

撤销企业的工作由各级政法机关及其所属单位负责。对被撤销企业要进行清产核资、资产评估，由企业主管部门会同财政（国资）部门予以确认并提出处理意见。要清理债权债务。被撤销企业要依法向工商行政管理部门办理注销手续；被撤销企业不申请注销登记的，由该企业的主管部门负责申请。被撤销企业正在履行的经济合同、技术合同等，由企业法定代表人和企业主管部门按照有关法律法规处理。

（二）移交企业的处理

中央政法机关需要移交的经营性企业，向全国军队、武警部队和政法机关企业交接工作办公室（以下简称全国交接工作办公室）移交；地方各级政法机关需要移交的经营性企业，按照属地移交的原则，根据企业（或集团公司母公司）注册地，向同级地方交接工作办公室或政府指定的部门移交。

根据工作需要，市（地）、县（市）两级可成立交接工作办公室，或由政府指定部门，负责本地区政法机关经营性企业的交接、清理和规范工作。

企业移交时党的组织关系以及共青团、工会的组织关系要一并移交，具体实施办法由中央组织部商全国交接工作办公室及有关方面制定。

实施步骤如下：

1. 准备阶段。由政法机关负责组织对所属拟移交的经营性企业的资产、债权债务、人员和生产经营情况等进行前期清理造册。经贸、财政、银行、税务、人事、劳动和社会保障、工商等政府部门负责组织制订有关交接、清理与处理的实施办法和政策措施。这一阶段的工作于1998年10月底以前完成。

2. 移交和接收阶段。按照“先交接、后清理、再处理”的原则，由政法机关在前期清理结果的基础上提出移交企业名单，分别向全国交接工作办公室和地方交接工作办公室或政府指定的部门移交。移交和接收阶段不对移交企业进行清产核资。这一阶段的工作于1998年12月底以前完成。

3. 清理和处理阶段。全国交接工作办公室和地方交接工作办公室（或政府指定的部门）负责对政法机关移交的企业组织全面清理，在清理的基础上，按照中央关于企业改革的方向和要求，结合产业结构、企业结构调整，区别不同情况进行规范和处理。

移交企业不得向机关及其所属单位保留的企业转移，防止明交暗不交。移交过程中，企业要做好人员、财务、生产经营等方面的衔接，保持企业生产经营活动的正常进行，防止在交接期间出现企业管理失控。

（三）保留企业的管理

中央各政法机关和地方各级政法机关拟保留的企业，必须分别报经中央和省、自治区、直辖市党委、人民政府成立的军队武警部队政法机关不再从事经商活动工作领导小组审批。

保留企业不得冠以政法机关名称，不得利用政法机关的权力和影响从事经商活动。保留企业要加强财务管理,实行独立核算,主管部门不得从保留企业提取或报销费用。在保留企业任职的人员,不得同时兼任机关行政职务,其工资、福利待遇只能享受一头。保留企业一律不得接受企业挂靠。

四、挂靠企业的处理

凡挂靠政法机关及其所属单位的企业,一律解除挂靠关系。

解除挂靠关系由各级政法机关及其所属单位负责。解除挂靠关系应依照有关法规变更登记,妥善处理债权债务及经济合同问题。挂靠企业在挂靠期间获得的经营特许,按国家有关法律规定重新进行审批。今后,政法机关及其所属单位不得接受企业挂靠。

五、特殊类型企业的处理

(一)监狱、劳教企业

监狱、劳教所办的为罪犯、劳教人员提供劳动场所、劳动手段和劳动对象的生产企业及为其服务的企业,以及地处边远、偏僻地区的监狱、劳教所为安置干警家属、子女就业的企业,可以保留。

其他与为监狱、劳教工作服务无关的经营性企业应一律移交或撤销。

(二)过渡性安置企业

司法行政机关与劳动部门共同开办的为刑释、解教人员作过渡性安置的企业,可以保留。司法行政机关不得向其收取管理费。企业自主经营,独立核算。

(三)保安服务公司

公安机关办的为维护社会治安服务的保安服务公司可以保留。

保安服务公司统一由公安机关领导和管理。保安服务公司的设立及其法定代表人的任命必须经县(市)以上公安机关审查批准;非法设立的,一律予以取缔。保安服务公司实行自主经营、自负盈亏、自我约束、自我发展,与公安机关在经济上脱钩。保安服务公司不得经营非保安业务,不得从事商贸活动,不得接受企业挂靠。

公安机关办的保安服务公司有下列情形之一的,予以撤销:

1. 未按法定程序批准,擅自组建的;

2. 以保安服务为名,从事保安服务业务以外的经营性活动的;

3. 未经工商行政管理部门登记注册的;

4. 管理混乱,严重违法经营,造成不良影响的。

(四)特殊保障性企业

政法机关为履行职能所办的生产特种产品(如警服、警衔、警用器材、证照、机动车牌照等)和提供特殊服务(如特种车辆检测、维修等)的保障性企业,可以保留。保留的特殊保障性企业,要与政法机关在经济上脱钩,并不得接受企业挂靠。政法机关要对其严格管理监督。

六、资产和债权债务的处理

(一)移交企业的资产移交采取无偿划转方式。即对政法机关移交企业的资产一律实行无偿划转,企业的债权债务也一并移交。划转指标原则上以1997年度企业财务会计决算为基础。

(二)涉及政法机关和移交企业之间的债权债务按以下原则处理:移交企业欠交政法机关主办单位的利润和管理费一律不再上交,其中欠交利润全额转为国家资本金,欠交的管理费,已从成本中提取的,冲销企业管理费。

(三)涉及政法机关移交企业与银行等金融机构之间的债权债务按以下原则处理:

1. 移交企业原主办单位向银行等金融机构借款又转贷给企业的,由企业与原贷款银行等金融机构重新签订借款合同后,原借款合同终止履行。

2. 原担保单位属此次移交范围内的企业或其他经营性企业的,按原担保条款继续提供担保;原担保单位属政法机关及其所属单位的,由借款企业提供经债权人认可的单位担保,原担保合同终止履行。

3. 移交企业直接向银行等金融机构的借款,移交后法人主体资格不变的,原借款合同仍然有效;移交后法人主体资格发生变化的,由移交变更后的企业承担移交企业的债务,并与银行等金融机构重新签订借款合同,原借款合同终止履行。担保合同按上述规定处理。

(四)撤销企业的银行债务按以下原则处理:有效抵押部分所得,应优先偿还债权金融机构贷款;保证贷款应当由保证人负责偿还;其余贷款在处理企业其他财产所得中按比例偿还,确属无力偿还的,在银行呆坏帐准备金中核销。

(五)移交和撤销企业的资产清理和债权债务等有关具体问题,由财政部、中国人民银行与政法机关共同研究提出具体办法并组织实施。

七、人员安置

(一)干警安置

凡编制仍在机关的干警,原则上随所在企业的去向安置。凡留企业的,应根据法律法规和有关规定,与机关脱离行政关系。有特殊情况的,由政法机关根据工作需要、本人条件,作出安排,并纳入机构改革范围一并考虑。凡回机关的人员，必须与企业彻底脱钩。已到离退休年龄的干警，按有关规定办理离退休手续。

（二）职工安置

在明确界定职工范围和人数的前提下，移交企业的在职职工、离退休人员，随企业一并移交。对其中的在职职工，应按照国家有关劳动法律法规和有关政策，理顺其劳动关系。企业尚未参加社会养老保险的，按有关规定补办养老保险手续。

对撤销企业的在职职工，也应明确界定职工范围和人数。对其中实行劳动合同制的职工，应当按照劳动法律法规和劳动合同的约定办理。对于撤销企业已参加失业保险的，其职工可按失业人员对待，享受失业保险待遇；没有参加失业保险的国有企业，其职工可按国有企业下岗职工对待，其基本生活保障资金按照《中共中央、国务院关于切实做好国有企业下岗职工基本生活保障和再就业工作的通知》（中发〔1998〕10号）规定筹集。撤销企业职工可享受国家和地方促进下岗职工和失业人员再就业的扶持优惠政策。

离退休人员已参加养老保险统筹的，由当地保险经办机构直接发放养老金；未参加的，按照人均10年养老金数额计算补缴或划转所需费用后，由社会保险经办机构直接发放养老金。

（三）移交、撤销企业的人员应是1998年6月30日前企业在册人员。

（四）移交和撤销企业的人员安置和社会保障问题，由人事部、劳动和社会保障部、民政部与政法机关研究提出具体办法并组织实施。

八、政法机关履行职能的经费保证

（一）政法机关不再从事经商活动和实行“收支两条线”管理后，其履行职能所必需的经费，各级政府和财政部门要按照分级管理、分级负担和“从优待警”的原则给予保证，并列入预算。具体数额在安排1999年及以后年度预算时一并考虑。

对政法机关编制内人员按照国家规定的基本工资、补助工资、岗位津贴等政策性经费，必须按时、足额发放；对政法机关行政办公经费，要按照高于当地一般行政机关一倍以上的标准予以安排；对办案业务经费，要根据工作任务予以安排，大要案所需经费实行专项报批，专项安排；对装备经费，要根据工作需要和财力可能，制定装备标准，逐步配备到位；对基础设施建设，应纳入社会发展计划，实行统一规划和管理。

（二）随着经济发展和财政收入的增长，中央和地方各级人民政府要逐步加大对政法机关的经费投入，逐步提高政法干警待遇，逐步改善政法机关的工作条件。省级人民政府要从中央对地方的一般性转移支付中安排必要的经费，用于政法机关。

（三）中央和省级财政要增加对贫困地区政法机关的专项补助经费。中央财政从1999年起加大对贫困地区的补助力度；省级财政要结合本地区的实际情况，逐步建立政法机关经费保障机制。

（四）各级政法机关要按照有关规定和“收支两条线”管理的要求，健全财务管理制度，加强支出管理，艰苦奋斗，勤俭节约，高效廉洁地履行职责。

财政保障的具体措施由财政部商政法机关制定后，报国务院批准执行。

九、加强领导，严明纪律，维护稳定

各级党委、人民政府和政法机关要把贯彻执行中央关于政法机关不再从事经商活动的决定，作为一项严肃的政治任务，从大局出发，坚决、认真、果断地抓好落实。要不折不扣地按政策办事，坚决维护政策的严肃性、权威性。

在企业撤销、移交和接收过程中，必须严格遵守中央及有关部门规定的各项纪律。对违反纪律的，要追究主管人员和直接责任人员的责任；构成犯罪的，要依法追究刑事责任。

要把维护稳定贯穿于工作的全过程，采取有力措施，确保政法队伍稳定、企业职工稳定和社会稳定。

各级党委和人民政府要加强领导、搞好协调，各级政法机关要切实负起责任，各级纪检、监察机关要加强监督检查，政府有关职能部门要各司其职，各负其责，密切协作，保证这项工作按照中央的部署如期完成。

各省、自治区、直辖市党委和人民政府、中央各政法机关应根据本方案，结合实际，制定具体实施细则。

中共中央办公厅、国务院办公厅关于中央党政机关与所办经济实体和管理的直属企业脱钩有关问题的通知

1998年11月8日

党中央、国务院一直非常重视党政机关与所办经济实体脱钩的问题。《中共中央办公厅、国务院办公厅关于转发国家经贸委〈关于党政机关与所办经济实体脱钩的规定〉的通知》（中办发〔1993〕17号，以下简称《规定》）发出后，在全国范围内开展了党政机关与所办经济实体脱钩的工作，通过各地区、各部门的共同

努力,取得了一定成效;但是由于认识不足、体制不顺、法规不健全等种种原因,许多部门与所办经济实体至今未能实现完全脱钩。这不仅影响党政机关公正执行公务,而且损害党政机关的形象,甚至产生腐败现象。根据中央关于军队、武警部队和政法机关一律不再从事经商活动决定的精神,以及政府部门不再直接管理企业的要求,党中央、国务院决定,中央党政机关必须在1998年底以前与所办经济实体和管理的直属企业完全脱钩,不再直接管理企业。为使这项工作顺利进行,现就有关问题通知如下:

一、中央党政机关与所办经济实体和管理的直属企业脱钩,要在《规定》要求实现"四脱钩"(即在职能、财务、人员、名称四个方面与党政机关实现脱钩)的基础上,进一步做到:(一)各部门直属的各类企业,一律与主管部门解除行政隶属关系,各部门不再作为主管部门直接管理这些企业。(二)原由各部门管理的企业,与主管部门脱钩后,属于大型企业和企业集团的,以及经国务院批准的涉及国计民生的主要行业的重点企业,其领导干部职务由中央管理:金融类企业,一律交由中共中央金融工作委员会(以下简称中央金融工委)管理;非金融类企业,一律交由中央大型企业工作委员会(以下简称中央企业工委)、人事部管理。其他企业的领导干部职务一律按属地原则,交由地方管理。党的关系根据企业的不同特点和情况分别划转:金融类企业一律划归中央金融工委管理;中央管理的企业,党的关系原在地方的不作变动,原在中央和国家机关的暂由中央、国家机关党工委管理;移交地方的企业,党的关系划归同级党组织管理。(三)原由各部门管理的企业,在财务上与原主管部门彻底脱钩后,属中央管理的企业,其资产管理及有关的财务关系由财政部负责;属地方管理的企业,其资产管理及有关的财务关系由地方财政部门负责。所有企业都要按照属地原则参加社会保险统筹。(四)各部门移交中央和地方管理的企业,必须是能够正常经营运行的企业,移交企业的资产实行无偿划转,有关债权债务一并移交;如属资不抵债、亏损累累的企业,必须由原主管部门负责停产整顿,或者关闭安置,妥善处理。

二、脱钩工作分金融类企业和非金融类企业两条线进行。金融类企业的脱钩工作,由中央金融工委、中国人民银行、中国证券监督管理委员会、中国保险监督管理委员会成立工作小组负责;非金融类企业的脱钩工作,由中央企业工委、国家经贸委、人事部成立工作小组负责(以下简称两个工作小组)。两个工作小组的主要职责是:具体负责中央党政机关与所办经济实体和管理的直属企业脱钩的组织、指导、审查、监督工作,会同有关部门研究制订总体处理意见和具体实施方案,完成党中央、国务院交办的其他有关事项。各部门也要责成专人,负责本部门所办经济实体和管理的直属企业的脱钩工作。

三、各省、自治区、直辖市党委和人民政府对中央党政机关移交地方的企业,一定要按照政企分开的原则,切实做好有关工作,不能把接收的企业层层下放。

四、1998年底前,各部门要按照党中央、国务院的统一部署,在调查、清理、登记造册的基础上,提出分类处理意见;两个工作小组会同财政部、劳动保障部、国家工商局以及中共中央直属机关事务管理局、国务院机关事务管理局等有关部门,根据对各部门分类处理意见的审查情况,研究提出总体处理意见和具体实施方案,报党中央、国务院批准后,各部门与所办经济实体和管理的直属企业即行脱钩。然后在两个工作小组的指导、监督下,按照批准的总体处理意见和具体实施方案,由各部门对所办经济实体和管理的直属企业分别进行处理。

五、为防止国有资产流失和发生违法违纪行为,各部门及所办经济实体和管理的直属企业在脱钩工作中,必须严格财经纪律和各项规章制度,严守以下纪律:(一)不准隐匿、转移、转让、出卖企业资产或变更企业登记;不准逃废、悬空银行债务,不准逃废欠税;(二)不准以任何名义私分企业钱物和侵吞国家资产;(三)不准弄虚作假,涂改、转移或者销毁帐目;(四)不准抽逃企业资金;(五)不准突击花钱、分钱、分物;(六)不准从企业调拨资金和向企业摊派各种费用;(七)不准突击进人、突击提高工资和离退休待遇;暂停提干和办理离退休手续;(八)有违法违纪嫌疑的人员,一律不准出国(境)。违反上述纪律的,要追究主管部门主要领导人和直接责任人的责任,并视情节轻重,给予党纪、政纪处分;构成犯罪的,要依法追究刑事责任。

六、中央政法机关与所办企业脱钩的工作仍按《政法机关不再从事经商活动的实施方案》(中办发〔1998〕25号)的规定办理。

中央党政机关与所办经济实体和管理的直属企业脱钩,不再直接管理企业,是新形势下加强党的建设、政权建设,巩固机构改革成果,建立和完善社会主义市场经济体制的一项重大举措。各地区、各部门一定要深刻认识中央党政机关与所办经济实体和管理的直属企业脱钩的必要性、重要性和紧迫性,把这项工作作为严肃的政治任务，从改革、发展、稳定的大局出发，坚定信心、雷厉风行，不折不扣、扎扎实实地贯彻落实，并确保人心稳定和生产经营活动正常进行。

中共中央办公厅、国务院办公厅关于做好中央党政机关与所办境外企业脱钩工作有关问题的补充通知

1998年12月31日

按照《中共中央办公厅、国务院办公厅关于中央党政机关与所办经济实体和管理的直属企业脱钩有关问题的通知》（中办发〔1998〕27号，以下简称《通知》）要求，外经贸部正在会同有关部门对中央党政机关所办的境外企业的情况进行调查摸底，研究脱钩工作的总体处理意见和具体实施方案。为保证中央党政机关与所办境外企业脱钩工作顺利进行，经党中央、国务院领导同志同意，现就有关问题补充通知如下：

一、中央党政机关与所办境外企业脱钩工作政策性强、对外影响大，比较敏感，各部门及所办的境外企业必须严格财经纪律和各项规章制度，严守《通知》第五条规定的八项纪律，并严格保守秘密，任何部门、单位和个人不得擅自对外披露有关信息和进行表态。

二、中央党政机关各部门要加强对境外企业的监督和管理。对已发现有问题嫌疑的境外企业及人员，要采取有效措施，加强监控；对有问题嫌疑的人员要迅即调回，在查清问题前一律不准出国（境）。

对于违反《通知》有关规定和上述纪律的单位和个人，要追究主管部门主要领导人和直接责任人的责任，并视情节轻重给予党纪、政纪处分；构成犯罪的，要依法追究其刑事责任。

关于省、地两级党委、政府主要领导干部配偶、子女个人经商办企业的具体规定（试行）

2001年2月8日中共中央纪委印发

为了贯彻落实中央纪委第四次全会提出的“省（部）、地（厅）级领导干部的配偶、子女，不准在该领导干部管辖的业务范围内个人从事可能与公共利益发生冲突的经商办企业活动”的要求，对省（自治区、直辖市）、地（市）两级党委、政府主要领导干部配偶、子女在该领导干部任职地区个人从事经商办企业活动作出如下规定：

一、不准从事房地产开发、经营及相关代理、评估、咨询等有偿中介活动。

二、不准从事广告代理、发布等经营活动。

三、不准开办律师事务所；受聘担任律师的，不准在领导干部管辖地区代理诉讼。

四、不准从事营业性歌厅、舞厅、夜总会等娱乐业，洗浴按摩等行业的经营活动。

五、不准从事其他可能与公共利益发生冲突的经商办企业活动。

已经从事上述经商办企业活动的，或者领导干部的配偶、子女退出所从事的经商办企业活动，或者领导干部本人辞去现任职务或给予组织处理。本规定发布后，再从事上述活动的，对领导干部本人以违纪论处。

各省、自治区、直辖市可根据实际情况制定补充规定。

关于党政机关工作人员个人证券投资行为若干规定

中共中央办公厅、国务院办公厅2001年4月3日印发

第一条　为规范党政机关工作人员个人证券投资行为，促进党政机关工作人员廉洁自律，加强党风廉政建设，促进证券市场健康发展，制定本规定。

第二条　本规定所称党政机关工作人员个人证券投资行为，是指党政机关工作人员将其合法的财产以合法的方式投资于证券市场，买卖股票和证券投资基金的行为。

第三条　党政机关工作人员个人可以买卖股票和证券投资基金。在买卖股票和证券投资基金时，应当遵守有关法律、法规的规定，严禁下列行为：

（一）利用职权、职务上的影响或者采取其他不正当手段，索取或者强行买卖股票、索取或者倒卖认股权证；

（二）利用内幕信息直接或者间接买卖股票和证券投资基金，或者向他人提出买卖股票和证券投资基金的建议；

（三）买卖或者借他人名义持有、买卖其直接业务管辖范围内的上市公司的股票；

（四）借用本单位的公款，或者借用管理和服务对象的资金，或者借用主管范围内的下属单位和个人的资金，或者借用其他与其行使职权有关系的单位和个人的资金，购买股票和证券投资基金；

（五）以单位名义集资买卖股票和证券投资基金；

（六）利用工作时间、办公设施买卖股票和证券投资基金；

（七）其他违反《中华人民共和国证券法》和相关法律、法规的行为。

第四条　上市公司的主管部门以及上市公司的国有控股单位的主管部门中掌握内幕信息的人员及其父母、配偶、子女及其配偶，不准买卖上述主管部门所管理的上市公司的股票。

第五条　国务院证券监督管理机构及其派出机构、证券交易所和期货交易所的工作人员及其父母、配偶、子女及其配偶，不准买卖股票。

第六条　本人的父母、配偶、子女及其配偶在证券公司、基金管理公司任职的，或者在由国务院证券监督管理机构授予证券期货从业资格的会计（审计）师事务所、律师事务所、投资咨询机构、资产评估机构、资信评估机构任职的，该党政机关工作人员不得买卖与上述机构有业务关系的上市公司的股票。

第七条　掌握内幕信息的党政机关工作人员，在离开岗位三个月内，继续受本规定的约束。

由于新任职务而掌握内幕信息的党政机关工作人员，在任职前已持有的股票和证券投资基金必须在任职后一个月内作出处理，不得继续持有。

第八条　各综合性经济管理部门及行业管理部门，应当根据工作性质，对其工作人员进入证券市场的行为作出限制性规定，报中央纪委国家监委备案。

第九条　党政机关工作人员违反本规定的，应当给予党纪处分、政务处分或者其他处分；有犯罪嫌疑的，移送司法机关依法处理。有违法所得的，应当予以没收。

第十条　本规定所称党政机关工作人员，是指党的机关、人大机关、行政机关、政协机关、审判机关、检察机关中的工作人员。依照公务员制度管理的事业单位，具有行政管理职能和行政执法职能的企业、事业单位，以及工会、共青团、妇联、文联、作协、科协等群众团体机关中的工作人员；各级党政机关、工会、共青团、妇联、文联、作协、科协等群众团体机关所属事业单位中的工作人员适用本规定。

第十一条　除买卖股票和证券投资基金外，买卖其他股票类证券及其衍生产品，适用本规定。

第十二条　本规定由中央纪委国家监委负责解释。

第十三条　本规定自发布之日起施行。对于本规定发布前党政机关工作人员利用职权或者职务上的影响购买、收受“原始股”，以及其他违反当时规定买卖股票的行为，应当继续依照原有的规定予以查处。

中央纪委关于中共外交部纪律检查委员会《关于“两办”通知的规定是否适用于驻外人员，驻外人员个人是否可从事当地的股票交易和证券投资活动的请示》的答复

2001 年 9 月 21 日

中共外交部纪律检查委员会：

你委《关于“两办”通知的规定是否适用于驻外人员，驻外人员个人是否可从事当地的股票交易和证券投资活动的请示》收悉。经研究，现答复如下：

一、由外交部管理的驻国外和驻港澳地区的外交人员，属于《关于党政机关工作人员个人证券投资行为若干规定》第十条所称的党政机关工作人员。因此，《关于党政机关工作人员个人证券投资行为若干规定》适用于上述驻外人员。

二、关于上述驻外人员可否从事驻在国家和驻在地区的股票交易和证券投资活动，应由外交部根据实际情况，作为对外交人员纪律方面的一项要求，作出是否允许的规定。

中央纪委关于青海省纪委案件审理室《关于党员领导干部是否能公开出售利用业余时间创作的书法作品的请示》的答复意见

2004 年 2 月 4 日

青海省纪委案件审理室：

你室《关于党员领导干部是否能公开出售利用业余时间创作的书法作品的请示》收悉。经研究，并经征求党风廉政建设室意见，现答复如下：

有关党员领导干部能否公开出售其利用业余时间创作的书法作品问题，情况比较复杂。如果该党员领导干

部在出售书法作品时未利用职权、职务或地位形成的便利条件,就没有违反有关规定,应当予以准许。但是,在实践中,如果买方是该党员领导干部的服务管理对象,就很难保证其作品的推销、出售不受其职权、职务或地位的影响。因此,在许可这种行为的同时,应对此行为作出限制性规定和要求,如加强事前报告、事后申报等,便于组织掌握。

就你们请示的问题来看,根据有关禁止党员干部个人经商、办企业的规定要求,如果范某某同志并未利用其职权、职务或地位形成的便利条件出售本人利用业余时间创作的书法作品,则不宜视其为违反党员干部不得经商的规定。

以上意见供参考。

关于党政领导干部辞职从事经营活动有关问题的意见(节录)

中共中央办公厅 2004 年 4 月 8 日印发

近年来,随着社会主义市场经济的发展,在一些地方特别是经济较发达地区,党政领导干部辞去公职经商、办企业或参与其他营利性经营活动即辞职"下海"的逐渐增多。这是新形势下正常的人才流动,对于推动非公有制经济发展,促进干部能上能下、能进能出,建立干部正常退出机制具有积极作用。但是,也出现了一些值得注意的问题。有的领导干部辞职只是向组织打个招呼,没有正式提出书面申请,未经组织批准,就擅自离岗;有的辞职后直接受聘于原管辖地区或者管辖业务范围内的企业,利用在职时的职务影响进行不公平竞争,谋取不正当利益,等等,造成了一些消极影响。为了规范党政领导干部辞职从事经营活动,根据《党政领导干部选拔任用工作条例》、《国家公务员暂行条例》以及有关法规政策,现提出以下意见。

一、领导干部辞去公职应当符合辞职条件

《国家公务员暂行条例》、《国家公务员辞职辞退暂行规定》规定,辞去公职是公务员的一项权利,公务员辞职要符合一定的条件。各地在执行过程中,既要保障干部的辞职权利,又要掌握好辞职的条件。对党的高级干部、地方党政正职和一些特殊岗位的干部辞去公职应当从严掌握。在涉及国家安全、重要机密等特殊职位上任职或者离开上述职位不满解密期限的,重要公务尚未处理完毕且须由本人继续处理的,正在接受纪检(监察)、司法机关调查或者审计机关审计的,未满最低服务年限的,或者有其他特殊原因的,不得辞去公职。由人大、政协选举、任命、决定任命的领导干部任职不满一年的,也不得辞去公职。

二、领导干部辞去公职必须履行辞职程序

领导干部辞去公职必须严格按照有关程序办理:辞职申请人按干部管理权限,向党委(党组)提出书面申请,辞职申请应当说明辞职原因和辞职后去向;组织(人事)部门对辞职申请进行了解审核并提出初步意见,对需进行经济责任审计的干部要委托审计机关对其进行经济责任审计;党委(党组)通过集体研究,作出同意辞职、不同意辞职或者暂缓辞职的决定,并在作出决定后指派专人与申请辞职的干部谈话;被批准辞职的干部在规定的时间内办理公务交接和离职手续。由人大、政协选举、任命、决定任命的领导干部,在党委(党组)作出同意辞职的决定后,按规定程序办理有关手续。任免机关批准干部辞职后,可在一定范围内予以公布。申请辞职的干部在任免机关未批准之前,不得擅自离职,否则按照有关规定给予相应的党纪政纪处分。

三、领导干部辞去公职后从业应有必要限制

党政领导干部辞去公职后三年内,不得到原任职务管辖的地区和业务范围内的企业、经营性事业单位和社会中介组织任职,不得从事或者代理与原工作业务直接相关的经商、办企业活动。担任县级以上地方党委、人大常委会、政府、政协领导职务的领导干部以及具有审批、执法监督等职能部门的领导干部辞职,要按照上述精神从严管理。以上规定,也适用于提前退休的领导干部。领导干部离职后要自觉遵守这些规定。各地组织部门要与有关部门密切配合,制定相应措施,保证规定的执行和落实。

四、需要注意和解决的相关问题

根据有关规定再次重申,县级以上(含县级)党政机关不得采用停薪留职、带薪留职等方式鼓励领导干部离职离岗经商、办企业。已出台此类政策的地方,要予以纠正,并采取妥善措施处理好相关问题。对乡(镇、街道)机关,要根据机构改革进展情况,调查研究后再提出规范意见。

党政领导干部辞职"下海"是新形势下干部管理工作中遇到的一个新问题。各地区各部门对此要高度重视,既要认真执行有关规定,加以规范管理,又要加强调查研究,及时总结经验,积极探索有效管理办法。

关于规范中管干部辞去公职或者退(离)休后担任上市公司、基金管理公司独立董事、独立监事的通知

中共中央纪委、中共中央组织部 2008 年 6 月 25 日印发

各省、自治区、直辖市纪委、党委组织部，中央和国家机关各部委纪检组(纪委)、组织人事部门，中央纪委各派驻纪检组，中央直属机关纪工委，中央国家机关纪工委，军委纪委：

为规范中管干部辞去公职或者退(离)休后担任上市公司、基金管理公司独立董事、独立监事的行为，鼓励其发挥个人专长，参与社会发展，同时，防止其可能利用原有职权或者地位形成的便利条件谋取不正当利益，根据《中华人民共和国公务员法》和有关文件精神，现对规范中管干部辞去公职或者退(离)休后担任上市公司、基金管理公司独立董事、独立监事的行为通知如下：

一、中管干部辞去公职或者退(离)休后，因其原有职权或者地位在一定时间内仍有较大影响，对其担任上市公司、基金管理公司独立董事、独立监事的行为必须严格限制。

二、中管干部辞去公职或者退(离)休后三年内，不得到与本人原工作业务直接相关的上市公司、基金管理公司担任独立董事、独立监事，不得从事与本人原工作业务直接相关的营利性活动。中管干部辞去公职或者退(离)休后可以到与本人原工作业务不直接相关的上市公司、基金管理公司担任独立董事、独立监事。

三、中管干部辞去公职或者退(离)休后三年内按照规定担任上市公司、基金管理公司独立董事、独立监事的，必须由拟聘任独立董事、独立监事的公司征得该干部原所在单位党组(党委)同意，并由该干部原所在单位党组(党委)征求中央纪委、中央组织部意见后，再由拟聘任独立董事、独立监事的公司正式任命。

中管干部辞去公职或者退(离)休三年后担任上市公司、基金管理公司独立董事、独立监事的，应由本人向其所在单位党组(党委)报告，并由其所在单位党组(党委)向中央组织部备案，同时抄报中央纪委。

四、中管干部辞去公职后担任上市公司、基金管理公司独立董事、独立监事的，可以领取相应报酬，具体数额应当由其所在的上市公司、基金管理公司董事会制订预案，股东大会审议通过，并在公司年报中进行披露。

五、中管干部退(离)休后担任上市公司、基金管理公司独立董事、独立监事的，不得领取报酬、津贴和获取其他额外利益。所在的上市公司、基金管理公司可按照有关规定，报销其工作费用。

六、中管干部辞去公职或者退(离)休后三年内，已担任与本人原工作业务直接相关的上市公司、基金管理公司独立董事、独立监事的，应辞去所担任的独立董事、独立监事。中管干部辞去公职或者退(离)休后三年内现已担任与本人原工作业务不直接相关的上市公司、基金管理公司独立董事、独立监事，但未履行本通知规定程序的，要抓紧履行相应程序。

七、本通知自发布之日起施行。中央纪委、中央组织部已经发布的有关规定与本通知不一致的，依据本通知执行。

八、其他党员领导干部辞去公职或者退(离)休后担任上市公司、基金管理公司独立董事、独立监事的，按照本通知执行。

九、各地区各部门于 2008 年年底前将执行本通知的情况以书面形式分别报告中央纪委和中央组织部。

关于规范公务员辞去公职后从业行为的意见

中共中央组织部、人力资源和社会保障部、国家工商行政管理总局、国家公务员局 2017 年 4 月 28 日发布

为贯彻落实党中央关于全面从严治党、从严管理干部要求，加强对权力运行的制约和监督，防止出现公务员辞去公职后从业中的违纪违法现象，根据《中华人民共和国公务员法》《中国共产党纪律处分条例》等法律法规，对规范公务员辞去公职后从业行为提出如下意见。

一、本意见所规范的公务员辞去公职后就业行为，是指公务员根据本人意愿提出辞去公职，经批准依法解除公务员身份，到国有企事业以外的单位就业或自主创业。

二、各级机关中原系领导班子成员的公务员以及其他担任县处级以上职务的公务员，辞去公职后 3 年内，不得接受原任职务管辖地区和业务范围内的企业、中介机构或其他营利性组织的聘任，个人不得从事与原任职务管辖业务直接相关的营利性活动；其他公务员辞去公职后 2 年内，不得接受与原工作业务直接相关的企业、中介机构或其他营利性组织的聘任，个人不得从事与原工作业务直接相关的营利性活动。

“原任职务”或“原工作业务”，一般应包括辞去公职前3年内担任过的职务或从事过的工作业务。

三、公务员辞去公职后从业行为是否违反上述规定，由其原单位认定。省级以上具有行政审批、行业监管、执法监督等职能的机关，应当结合实际，逐步建立公务员辞去公职后从业行为限制清单。

四、公务员申请辞去公职时应当如实报告从业去向，签署承诺书，对遵守从业限制规定、保守国家秘密和工作秘密，以及在从业限制期限内主动报告从业变动情况等作出承诺。

五、公务员所在单位或上级组织（人事）部门在批准其辞去公职前要与本人谈话，了解其从业意向，提醒严格遵守从业限制规定，告知违规从业须承担的法律责任。对不符合从业限制规定的，要劝其调整从业意向；经劝说仍不调整的，不予批准其辞去公职申请。对经批准同意辞去公职的，在从业限制期限内，原单位每年至少与其联系一次，了解和核查从业情况，发现有违反规定的情形，应当及时向公务员主管部门报告。

六、公务员辞去公职后有违规从业行为的，由公务员主管部门会同原单位责令其限期解除与接收单位的聘任关系或终止违规经营性活动；逾期不改正的，公务员主管部门要会同有关部门，对其违规从业所得数额进行调查核定，由县级以上工商、市场监管等部门依法没收，责令接收单位将该人员清退，并根据情节轻重，对接收单位处以被处罚人员违规从业所得一倍以上五倍以下罚款。违规从业人员为中共党员的，依照有关党规党纪给予相应处分。对涉嫌犯罪的，移交司法机关依法处理。

公务员主管部门会同有关部门将辞去公职人员违规从业行为纳入个人信用记录。接收单位为企业的，工商、市场监管部门将其受行政处罚情况录入企业信用信息系统。

七、建立健全公务员辞去公职后从业备案和监督检查制度。经批准同意辞去公职的公务员，由原单位报公务员主管部门备案。公务员主管部门通过专项检查、接受信访举报、了解舆情报道等方式，对各单位落实公务员辞去公职后从业规定情况进行指导和监督检查。对未按照规定审批，或未履行提醒告知、备案、了解核实等职责，导致辞去公职人员违规从业的，对单位给予通报批评，对相关负责人进行提醒、函询和诫勉，视情节轻重给予组织处理或纪律处分。

八、要准确把握和执行政策，正确对待公务员依法辞去公职行为，支持人才的合理流动，充分尊重和保障辞去公职人员合法就业和创业的权益。

九、对参照公务员法管理机关（单位）工作人员，以及公务员交流到国有企事业单位未满从业限制期限，辞去公职后从业行为的规范，参照本意见执行。

十、本意见自2017年4月28日起施行，由中央组织部、人力资源社会保障部、工商总局、国家公务员局负责解释。

（9）津补贴

·法律法规·

违规发放津贴补贴行为处分规定

1. 2013年6月13日监察部、人社部、财政部、审计署令第31号公布
2. 自2013年8月1日起施行

第一条 为维护收入分配秩序，严肃财经纪律，规范津贴补贴政策执行，根据《中华人民共和国行政监察法》、《中华人民共和国公务员法》、《行政机关公务员处分条例》及其他有关法律、行政法规，制定本规定。

第二条 本规定所称津贴补贴包括国家统一规定的津贴补贴和工作性津贴、生活性补贴、离退休人员补贴、改革性补贴以及奖金、实物、有价证券等。

第三条 有违规发放津贴补贴行为的单位，其负有责任的领导人员和直接责任人员，以及有违规发放津贴补贴行为的个人，应当承担纪律责任。属于下列人员的，由任免机关或者监察机关按照管理权限依法给予处分：

（一）行政机关公务员；

（二）法律、法规授权的具有公共事务管理职能的事业单位中经批准参照《中华人民共和国公务员法》管理的工作人员。

法律、行政法规对违规发放津贴补贴行为的处分另有规定的，从其规定。

第四条 有下列行为之一的，给予警告处分；情节较重的，给予记过或者记大过处分；情节严重的，给予降级或者撤职处分：

（一）违反规定自行新设项目或者继续发放已经明令取消的津贴补贴的；

（二）超过规定标准、范围发放津贴补贴的；

（三）违反中共中央组织部、人力资源社会保障部有关公务员奖励的规定，以各种名义向职工普遍发放各类奖金的；

（四）在实施职务消费和福利待遇货币化改革并发放补贴后，继续开支相关职务消费和福利费用的；

（五）违反规定发放加班费、值班费和未休年休假补贴的；

（六）违反《中共中央纪委、中共中央组织部、监察部、财政部、人事部、审计署关于规范公务员津贴补贴问题的通知》（中纪发〔2006〕17号）等规定，擅自提高标准发放改革性补贴的；

（七）超标准缴存住房公积金的；

（八）以有价证券、支付凭证、商业预付卡、实物等形式发放津贴补贴的；

（九）违反规定使用工会会费、福利费及其他专项经费发放津贴补贴的；

（十）借重大活动筹备或者节日庆祝之机，变相向职工普遍发放现金、有价证券或者与活动无关的实物的；

（十一）违反规定向关联单位（企业）转移好处，再由关联单位（企业）以各种名目给机关职工发放津贴补贴的；

（十二）其他违反规定发放津贴补贴的。

第五条 将执收执罚工作与津贴补贴挂钩，使用行政事业性收费、罚没收入发放津贴补贴的，给予记大过处分；情节严重的，给予降级或者撤职处分。

第六条 以发放津贴补贴的形式，变相将国有资产集体私分给个人的，给予记大过处分；情节较重的，给予降级或者撤职处分；情节严重的，给予开除处分。

第七条 违反财政部关于行政事业单位工资津贴补贴有关会计核算的规定核算津贴补贴的，给予警告处分；情节较重的，给予记过或者记大过处分；情节严重的，给予降级或者撤职处分。

第八条 使用"小金库"款项发放津贴补贴的，给予警告处分；情节较重的，给予记过或者记大过处分；情节严重的，给予降级或者撤职处分。

第九条 利用职务上的便利或者职务影响，违反规定在其他单位领取津贴补贴的，给予记过或者记大过处分；情节较重的，给予降级或者撤职处分；情节严重的，给予开除处分。

第十条 以虚报、冒领等手段骗取财政资金发放津贴补贴的，给予记大过处分；情节较重的，给予降级或者撤职处分；情节严重的，给予开除处分。

以虚报、冒领等手段骗取财政资金，并以发放津贴补贴的形式合伙私分的，依照前款规定从重处分。

第十一条 在执行津贴补贴政策中不负责任，导致本地区、本部门、本系统和本单位发生严重违规发放津贴补贴行为的，给予记过或者记大过处分；情节较重的，给予降级或者撤职处分；情节严重的，给予开除处分。

第十二条 不制止、不查处本地区、本部门、本系统和本单位发生的严重违规发放津贴补贴行为的，给予记过或者记大过处分；情节较重的，给予降级或者撤职处分；情节严重的，给予开除处分。

第十三条 对违规发放的津贴补贴，应当按有关规定责令整改，并清退收回。

第十四条 经费来源由财政补助的事业单位工作人员有本规定所列行为的，参照本规定第四条至第十二条规定的违纪情节，依照《事业单位工作人员处分暂行规定》处理。

第十五条 处分的程序和不服处分的申诉，依照《中华人民共和国行政监察法》、《中华人民共和国公务员法》、《行政机关公务员处分条例》等有关法律法规的规定办理。

第十六条 有违规发放津贴补贴行为，应当给予党纪处分的，移送党的纪律检查机关处理；涉嫌犯罪的，移送司法机关处理。

第十七条 本规定由监察部、人力资源社会保障部、财政部、审计署负责解释。

第十八条 本规定自2013年8月1日起施行。

·党规党纪·

违规发放津贴补贴行为适用《中国共产党纪律处分条例》若干问题的解释

中央纪委2012年2月4日印发

为维护收入分配秩序，严肃财经纪律，规范津贴补贴发放工作，现对违规发放津贴补贴行为适用《中国共产党纪律处分条例》若干问题解释如下：

一、本解释所称津贴补贴包括国家统一规定的津贴补贴和工作性津贴、生活性补贴、离退休人员补贴、改革性补贴以及奖金、实物、有价证券等。

二、各级党的机关、人大机关、行政机关、政协机关、审判机关、检察机关、民主党派机关，以及经批准参照《中华人民共和国公务员法》管理和经费来源主要由财政拨款的事业单位,违反津贴补贴管理规定的,对负有领导责任和直接责任的人员中的共产党员(以下统称有关责任人员),依照本解释追究责任。

三、有下列行为之一的,对有关责任人员,依照《中国共产党纪律处分条例》第一百二十六条的规定追究责任:

(一)违反规定自行新设项目或者继续发放已经明令取消的津贴补贴的;

(二)超过规定标准、范围发放津贴补贴的;

(三)违反中共中央组织部、人力资源社会保障部有关公务员奖励的规定,以各种名义向职工普遍发放各类奖金的;

(四)在实施职务消费和福利待遇货币化改革并发放补贴后,继续开支相关职务消费和福利费用的;

(五)违反规定发放加班费、值班费和未休年休假补贴的;

(六)违反《中共中央纪委、中共中央组织部、监察部、财政部、人事部、审计署关于规范公务员津贴补贴问题的通知》等规定,擅自提高标准发放改革性补贴的;

(七)超标准缴存住房公积金的;

(八)继续以有价证券、支付凭证、商业预付卡、实物等形式发放津贴补贴的;

(九)将执收执罚工作与津贴补贴挂钩,使用行政事业性收费、罚没收入发放津贴补贴的;

(十)违反规定使用工会会费、福利费及其他专项经费发放津贴补贴的;

(十一)借重大活动筹备或者节日庆祝之机,变相向职工普遍发放现金、有价证券或者与活动无关的实物的;

(十二)其他违反规定发放津贴补贴的。

四、以发放津贴补贴的形式,变相将国有资产集体私分给个人的,对有关责任人员,依照《中国共产党纪律处分条例》第八十四条的规定追究责任。

五、违反财政部关于行政事业单位工资津贴补贴有关会计核算的规定核算津贴补贴的,对有关责任人员,依照《中国共产党纪律处分条例》第一百二十五条的规定追究责任。

六、使用“小金库”款项发放津贴补贴的,对有关责任人员,依照《设立“小金库”和使用“小金库”款项违纪行为适用〈中国共产党纪律处分条例〉若干问题的解释》的有关规定追究责任。

七、利用职务上的便利或者职务影响,违反规定在其他单位领取津贴补贴的,对有关责任人员,依照《中国共产党纪律处分条例》第七十二条的规定追究责任。

八、以虚报、冒领等手段骗取财政资金发放津贴补贴的,对有关责任人员,依照《中国共产党纪律处分条例》第一百一十四条的规定追究责任。

以虚报、冒领等手段骗取财政资金,并以发放津贴补贴的形式合伙私分的,依照《中国共产党纪律处分条例》第一百一十四条的规定加重追究责任。

九、在规范津贴补贴工作中不负责任,导致本地区、本部门、本系统和本单位发生严重违规发放津贴补贴行为的,依照《中国共产党纪律处分条例》第一百二十七条和《关于实行党风廉政建设责任制的规定》的相关规定追究主要负责人的责任。

十、不制止、不查处本地区、本部门、本系统和本单位发生的严重违规发放津贴补贴行为的,对有关责任人员,依照《中国共产党纪律处分条例》第一百二十八条的规定追究责任。

十一、对违规发放的津贴补贴,应当按有关规定责令整改,并清退收回违规发放的津贴补贴。

(10)国有企业廉洁从业规定

·法律法规·

关于国有企业领导人员违反廉洁自律“七项要求”政纪处分规定

1. 2009年1月23日监察部、人社部、国资委令第17号公布
2. 自2009年3月1日起施行

第一条 为了促进国有企业领导人员廉洁从业,惩处违反廉洁自律要求的行为,根据《中华人民共和国行政监察法》、《行政机关公务员处分条例》、《财政违法行为处罚处分条例》等有关法律法规,制定本规定。

第二条 本规定适用于国有独资、国有控股、国有参股企业中由行政机关或者政府直属特设机构以委任、派遣、提名、聘任等形式任命的国有企业领导人员。

第三条 国有企业领导人员不得有下列行为:

(一)利用职务上的便利通过同业经营或关联交易为本人或特定关系人谋取利益;

(二)相互为对方及其配偶、子女和其他特定关系人从事营利性经营活动提供便利条件;

(三)在企业资产整合、引入战略投资者等过程中利用职权谋取私利；

（四）擅自抵押、担保、委托理财；

（五）利用企业上市或上市公司并购、重组、定向增发等过程中的内幕信息为本人或特定关系人谋取利益；

（六）授意、指使、强令财会人员提供虚假财务报告；

（七）违规自定薪酬、兼职取酬、滥发补贴和奖金。

第四条 利用职务上的便利通过同业经营或者关联交易为本人或者特定关系人谋取利益，有下列情形之一的，给予记过或者记大过处分；情节较重的，给予降级或者撤职处分；情节严重的，给予开除处分：

（一）本人经营或者为特定关系人经营与其所任职企业相同或者有竞争关系业务的；

（二）为本人或者特定关系人谋取属于本企业商业机会的；

（三）利用本企业商业秘密、知识产权、业务渠道、资质、品牌或者商业信誉，为本人或者特定关系人谋取利益的；

（四）与本人或者特定关系人经营或者实际控制的企业订立合同或者进行交易的；

（五）本人或者特定关系人在本企业的关联企业或者与本企业有业务关系的企业从事证券投资以外的投资入股的；

（六）不按照独立企业之间的业务往来支付价款、费用，或者以优于对非关联方同类交易的条件进行交易的；

（七）为本人或者特定关系人经营的企业拆借资金、提供担保或者转嫁风险的；

（八）不按照规定披露关联交易信息的。

第五条 相互为对方及其配偶、子女和其他特定关系人从事营利性经营活动提供便利条件，有下列情形之一的，给予记过或者记大过处分；情节较重的，给予降级或者撤职处分；情节严重的，给予开除处分：

（一）将本单位的盈利业务交由对方及其配偶、子女和其他特定关系人经营的；

（二）以明显高于市场的价格向对方及其配偶、子女和其他特定关系人经营管理的单位采购商品、提供服务或者以明显低于市场的价格向对方及其配偶、子女和其他特定关系人经营管理的单位销售商品、提供服务的；

（三）向对方及其配偶、子女和其他特定关系人经营管理的单位采购不合格商品的；

（四）向对方及其配偶、子女和其他特定关系人经营管理的单位提供本企业的商业机会或者商业秘密的；

（五）为对方及其配偶、子女和其他特定关系人经营管理的单位拆借资金、提供担保或者承担风险的；

（六）通过虚假招标、串通招标或者控制中标结果等方式为对方及其配偶、子女和其他特定关系人谋求中标的。

授意、指使下属单位、关联企业、与本企业有业务关系的企业或者人员从事前款所列行为的，按照前款规定处理。

第六条 在企业资产整合、引入战略投资者等过程中，利用职权谋取私利，有下列情形之一的，给予记过或者记大过处分；情节较重的，给予降级或者撤职处分；情节严重的，给予开除处分：

（一）索取他人财物，或者收受他人财物，非法处置国有资产权益的；

（二）隐匿、截留、转移国有资产的；

（三）违反规定以经济补偿金、企业年金、商业保险等名义将国有资产集体私分给个人的；

（四）为谋求业绩，编造或者提供虚假财务报告的；

（五）为谋取其他不正当利益，不履行或者不正确履行职责，造成国有资产流失的。

第七条 擅自以企业资产提供担保的，给予警告、记过或者记大过处分；造成损失的，给予降级或者撤职处分；造成重大损失的，给予开除处分。

第八条 擅自将企业资金、证券等金融性资产委托他人管理投资的，给予警告、记过或者记大过处分；情节较重的，给予降级或者撤职处分；情节严重的，给予开除处分。

第九条 利用企业上市或者上市公司并购、重组、定向增发等过程中的内幕信息为本人或特定关系人谋取利益的，给予记过或者记大过处分；情节较重的，给予降级或者撤职处分；情节严重的，给予开除处分。

第十条 授意、指使、强令财会人员提供虚假财务报告的，给予警告处分；情节较重的，给予记过或者记大过处分；情节严重的，给予降级或者撤职处分。

第十一条 违反规定自行决定本级领导人员薪酬或者滥发补贴和奖金的，给予警告、记过或者记大过处分；情节较重的，给予降级或者撤职处分；情节严重的，给予开除处分。

第十二条 违反规定兼职或者兼职取酬的，给予记过或者记大过处分；情节较重的，给予降级或者撤职处分；情节严重的，给予开除处分。

第十三条　本规定所称特定关系人，是指与国有企业领导人员有近亲属、情妇（夫）以及其他共同利益关系的人。

第十四条　本规定由监察部、人力资源和社会保障部、国务院国资委负责解释。

第十五条　本规定自2009年3月1日起施行。

·党规党纪·

中央纪委对宁夏区纪委《关于领导干部廉洁自律中的两个问题的请示》的答复

1995年8月18日

中共宁夏回族自治区纪委：

你委1995年7月21日《关于领导干部廉洁自律中的两个问题的请示》收悉。经研究答复如下：

一、国有企业领导干部能否领取兼职职务的工资、奖金，过去没有明确规定。1995年1月23日中央纪委第五次全会作出明确规定后，将领取的兼职职务的工资、奖金及其他酬金据为己有的，均属违纪行为，依照中共中央纪委《关于国有企业领导干部廉洁自律"四条规定"的实施和处理意见》处理。

二、领导干部购买公有住房，必须按照1994年7月18日《国务院关于深化城镇住房制度改革的决定》的规定执行："职工按成本价或标准价购买公有住房，每个家庭只能享受一次，购房的数量必须严格按照国家和各级人民政府规定的分配住房的控制标准执行，超过部分一律执行市场价"。"职工以成本价购买的住房，产权归个人所有……"。"职工以标准价购买的住房，拥有部分产权，即占有权、使用权、有限的收益权和处分权，可以继承。产权比例按售房当年标准价占成本价的比重确定"。

由此可见，按照国家和各级人民政府规定的分配住房的控制标准，标准面积以内部分由职工按标准价购买，超过标准面积部分按市场价购买，在这种情况下，职工才对所购住房拥有部分产权，即占有权、使用权、有限的收益权和处分权，产权比例才可按售房当年标准价占成本价的比重确定。《请示》中所称的"标准面积以内部分由单位出钱，超标准面积部分包括相应的配套设施，由个人出钱均按市场价购买，房屋产权为单位与个人共有，按出资份额确定单位与个人产权比例"的做法，明显违背了国家的房改政策，是一种侵占国家或集体利益的违纪行为。

中共中央纪律检查委员会、监察部关于中央纪委第四次全会重申和提出的国有企业领导人员廉洁自律有关规定的解释

2000年11月30日

为落实中央纪委第四次全会重申和提出的关于国有企业领导人员廉洁自律五项规定，现将有关问题解释如下：

一、中央纪委第四次全会重申和提出的国有企业领导人员廉洁自律五项规定中所称国有企业领导人员包括：

国有独资企业以及国有独资企业所属具有独立经营权的单位和授权经营单位（或分支机构）的领导人员；国有独资企业委派到其他企业的领导人员；国有资产占控股地位或者主导地位的公司中由上级党组织、行政机关或者国有资产授权经营单位委派、任命、招聘的领导人员以及其他经上述单位批准执行职务的领导人员。

国有大型、特大型企业的中层经营管理人员适用中央纪委第四次全会重申和提出的国有企业领导人员廉洁自律五项规定。

未依照公务员制度管理的事业单位的领导人员以及未承担行政职能的事业单位的领导人员参照执行。

二、"不准个人擅自决定企业的大额度资金运作、生产经营和企业改革的重大决策、重要的人事任免等事项。"

个人擅自决定，是指违反企业制度所规定的决策程序、个人或者少数人作出决定。

大额度资金，是指超过由企业或者企业主管部门所规定的企业领导人员有权调动、使用的资金限额以上的资金。

重大决策，是指依照《中华人民共和国公司法》、《中华人民共和国全民所有制工业企业法》以及其他有关法律、法规规定应当由股东大会（股东会）、董事会、职工代表大会决定的事项；企业的资产重组，工程发包，对外担保；企业对外部投资，在国（境）外投资；企业上市、配股、分红，股权收购、转让；企业重大技术改造，引进重要技术和设备，新产品开发，委托生产，转产；企业的工资制度和福利制度等涉及企业生产经营、改革、重要管理制度、职工利益等重大事项的决策。

重要人事任免，是指企业对本企业中层以上经营管理人员和下属企业、单位负责人的任命、免职或者聘用、解除聘用。

三、“不准将国有资产转移到个人名下或其他企业谋取非法利益。”

将国有资产转移到个人名下，是指国有企业领导人员以划转、调拨、公款私存、将用公款购买的房产或汽车等公物落户给私人、无偿或低价将国有企业的有形资产或无形资产让私人使用或者转让给私人以及其他任何方式将国有资产转移到私人名下。

其他企业，是指国有企业领导人员所在企业以外的任何企业和其他经营性单位。

四、“未经投资者批准，不准以个人名义在国（境）外注册公司或投资参股。”

不准以个人名义在国（境）外注册公司或投资参股，是指国有企业领导人员不得用企业资金以个人名义或者其他人的名义在国（境）外注册公司，投资参股或购买上市公司股票，购置不动产，或者进行其他经营活动。

因驻在国家或地区的法律规定，必须以个人名义进行上述活动的，应当经过投资企业批准；投资企业有上级主管部门或者上级企业的，还应当报经上级主管部门或者上级企业批准。进行上述行为，应当按照规定办理以个人名义进行产权注册委托协议书的公证手续。

五、“不准利用职权为配偶、子女及其他亲属经商办企业提供便利和优惠条件。”

提供便利和优惠条件，是指提供人力、资金、关系贷款、物资、技术、设备、担保、经营场所、经营项目、商标、品牌、专利、非公开信息、客户市场等方面的便利，或者以降低卖出价格、提高买入价格或者降低场地、设备租金，以及其他方式提供优惠条件。

国有企业领导人员的配偶、子女及其他亲属经商办企业既包括私人的经商办企业或者其他经营性活动，也包括以承包、租赁、委托、合作、联营等方式在国有、集体单位的经商办企业或者其他经营性活动。

六、“不准配偶、子女个人从事可能侵害该企业利益的生产经营活动。”

配偶、子女个人从事的生产经营活动，是指国有企业领导人员的配偶、子女个人经办或者与他人合办私营经济组织；个人受聘担任外商独资企业、中外合资企业、私营经济组织高级职位；个人在国（境）外注册公司后回国经营；个人进行中介活动等方式从事生产经营活动。

可能侵害该企业利益的生产经营活动，是指国有企业领导人员的配偶、子女个人所从事的生产经营活动与国有企业领导人员所在企业直接发生商品、劳务、经济担保等经济关系，或者依托国有企业领导人员所在企业进行生产经营活动。

国有企业领导人员的配偶、子女个人所从事的生产经营活动，因专利、特许经营等原因具有经营项目的独占性，企业必须与其发生经济往来的，其经营的项目及项目所涉及的重要指标应当列为厂务公开的一项内容。

七、“不准擅自兼任下属企业或其他企业的领导职务，经批准兼职的不得领取兼职工资或其他报酬。”

擅自兼任下属企业或其他企业的领导职务，是指按照干部管理权限，未经主管部门、上级企业或者本企业批准，兼任下属企业或者其他企业的领导职务，或者担任这些企业的顾问或名誉职务。

主管部门、上级企业或者本企业批准国有企业领导人员兼职，应当确定其本职和兼职。国有企业领导人员组织人事关系和工资关系所在单位的职务为本职，其他职务为兼职。组织人事关系和工资关系不在一处的，应当并为一处。

下属企业或其他企业包括：本企业的下级企业、本企业下属的具有独立经营权的单位、授权经营的单位，与本企业合营或者本企业参股经营的企业以及经营性事业单位，本企业以外的国有、集体、私营经济组织。

国有企业领导人员经批准兼职的，兼职单位给予的工资或者其他报酬，应当上交本企业。

企业领导人员个人出资在经批准兼职的企业合法持有的股份，其红利不视为个人兼职取酬。但兼职企业给予企业领导人员的股份及其红利应视为兼职取酬。

国有企业领导人员违反廉洁自律“七项要求”适用《中国共产党纪律处分条例》若干问题的解释

中央纪委2008年6月6日印发

为贯彻执行中国共产党第十七届中央纪律检查委员会第二次全体会议提出的国有企业领导人员廉洁自律“七项要求”，严肃惩处相关违纪行为，现对国有企业领导人员中的共产党员违反“七项要求”行为适用

《中国共产党纪律处分条例》的若干问题解释如下。

一、处理国有企业领导人员中的共产党员违反第十七届中央纪委第二次全会提出的廉洁自律"七项要求"的行为,适用本解释。

国有企业领导人员是指国有及国有控股企业领导人员,包括国有独资企业以及国有独资企业所属具有独立经营权的单位和授权经营单位(或分支机构)的中层以上领导人员;国有独资企业委派到其他企业的领导人员;国有资产占控股地位或者主导地位的公司中由上级党组织、行政机关或者国有资产授权经营单位委派、任命、聘用的领导人员以及其他经上述单位批准执行职务的领导人员;国有及国有控股企业党组织的领导人员。

国有企业领导人员违反"七项要求"行为涉及的特定关系人是党员的,按照共同违纪处理。

二、不准利用职务上的便利通过同业经营或关联交易为本人或特定关系人谋取利益。

利用职务上的便利通过同业经营为本人或者特定关系人谋取利益,有下列情形之一的,依照《中国共产党纪律处分条例》第一百零三条的规定处理:

(一)本人经营或者为特定关系人经营与其所任职企业相同或者有竞争关系的业务;

(二)为本人或者特定关系人谋取属于本企业的商业机会;

(三)利用本企业商业秘密、知识产权、业务渠道、资质、品牌或者商业信誉,为本人或者特定关系人谋取利益。

利用职务上的便利通过关联交易为本人或者特定关系人谋取利益,有下列情形之一的,依照《中国共产党纪律处分条例》第一百一十二条的规定处理:

(一)与本人或者特定关系人经营或者实际控制的企业订立合同或者进行交易;

(二)本人或者特定关系人在本企业的关联企业或者与本企业有业务关系的企业从事证券投资以外的投资入股;

(三)不按照独立企业之间的业务往来支付价款、费用,或者以优于对非关联方同类交易的条件进行交易;

(四)为本人或者特定关系人经营的企业拆借资金、提供担保或者转嫁风险;

(五)不按照规定披露关联交易信息。

三、不准相互为对方及其配偶、子女和其他特定关系人从事营利性经营活动提供便利条件。

相互为对方及其配偶、子女和其他特定关系人从事营利性经营活动提供便利条件,有下列情形之一的,依照《中国共产党纪律处分条例》第一百零四条的规定处理:

(一)将本单位的盈利业务交由对方及其配偶、子女和其他特定关系人经营;

(二)以明显高于市场的价格向对方及其配偶、子女和其他特定关系人经营管理的单位采购商品、提供服务或者以明显低于市场的价格向对方及其配偶、子女和其他特定关系人经营管理的单位销售商品、提供服务;

(三)向对方及其配偶、子女和其他特定关系人经营管理的单位采购不合格商品;

(四)向对方及其配偶、子女和其他特定关系人经营管理的单位提供本企业的商业机会或者商业秘密;

(五)为对方及其配偶、子女和其他特定关系人经营管理的单位拆借资金、提供担保或者承担风险;

(六)通过虚假招标、串通招标或者控制中标结果等方式为对方及其配偶、子女和其他特定关系人谋求中标。

授意、指使下属单位、关联企业、与本企业有业务关系的企业或者人员从事前款所列行为的,按照前款规定处理。

四、不准在企业资产整合、引入战略投资者等过程中利用职权谋取私利。

在企业重组改制、资产整合、引入战略投资者等过程中,利用职务上的便利,索取他人财物,或者收受他人财物,非法处置国有资产权益的,依照《中国共产党纪律处分条例》第八十五条的规定处理;

隐匿、截留、转移国有资产的,依照《中国共产党纪律处分条例》第八十三条的规定处理;

在国家法律法规规定外,以经济补偿金、企业年金、商业保险等名义将国有资产集体私分给个人的,依照《中国共产党纪律处分条例》第八十四条的规定处理;

为谋求业绩,编造或者提供虚假财务报告的,依照《中国共产党纪律处分条例》第一百二十五条的规定处理;

为谋取其他不正当利益,不履行或者不正确履行职责,造成国有资产流失的,依照《中国共产党纪律处分条例》第一百二十七条的规定处理。

五、不准擅自抵押、担保、委托理财。

擅自以企业资产抵押的,依照《中国共产党纪律处分条例》第一百二十六条的规定处理；

擅自以企业资产为他人提供担保的，依照《中国共产党纪律处分条例》第一百二十一条的规定处理；

擅自将企业资金、证券等金融性资产委托他人管理投资的，依照《中国共产党纪律处分条例》第一百二十六条的规定处理。

六、不准利用企业上市或上市公司并购、重组、定向增发等过程中的内幕信息为本人或特定关系人谋取利益。

本人或者特定关系人利用企业上市或者上市公司并购、重组、定向增发等过程中的内幕信息进行证券、期货等交易的，依照《中国共产党纪律处分条例》第一百一十一条的规定处理；

本人或者特定关系人利用企业上市或者上市公司并购、重组、定向增发等过程中的内幕信息进行证券、期货交易以外的营利性活动的，依照《中国共产党纪律处分条例》第一百一十二条的规定处理；

向他人提供企业上市或者上市公司并购、重组、定向增发等过程中的内幕信息，本人或者特定关系人索取或者收受他人财物的，依照《中国共产党纪律处分条例》第八十五条的规定处理。

七、不准授意、指使、强令财会人员提供虚假财务报告。

授意、指使、强令财会人员提供虚假财务报告的，依照《中国共产党纪律处分条例》第一百二十五条第二款的规定处理。

八、不准违规自定薪酬、兼职取酬、滥发补贴和奖金。

违反规定自行决定本级领导人员薪酬的，依照《中国共产党纪律处分条例》第八十二条的规定处理；

违反规定兼职或者兼职取酬的，依照《中国共产党纪律处分条例》第七十七条第一款的规定处理；

违反规定滥发补贴和奖金的，依照《中国共产党纪律处分条例》第一百二十六条的规定处理。

九、违反"七项要求"，构成本《解释》未作规定的贪污、贿赂、挪用公款、滥用职权等违纪行为的，依照《中国共产党纪律处分条例》的相关规定处理。

国有企业领导人员廉洁从业若干规定

中共中央办公厅、国务院办公厅2009年7月1日印发

第一章　总　　则

第一条　为规范国有企业领导人员廉洁从业行为，加强国有企业反腐倡廉建设，维护国家和出资人利益，促进国有企业科学发展，依据国家有关法律法规和党内法规，制定本规定。

第二条　本规定适用于国有独资企业、国有控股企业（含国有独资金融企业和国有控股金融企业）及其分支机构的领导班子成员。

第三条　国有企业领导人员应当遵守国家法律法规和企业规章制度，依法经营、开拓创新、廉洁从业、诚实守信，切实维护国家利益、企业利益和职工合法权益，努力实现国有企业又好又快发展。

第二章　廉洁从业行为规范

第四条　国有企业领导人员应当切实维护国家和出资人利益。不得有滥用职权、损害国有资产权益的下列行为：

（一）违反决策原则和程序决定企业生产经营的重大决策、重要人事任免、重大项目安排及大额度资金运作事项；

（二）违反规定办理企业改制、兼并、重组、破产、资产评估、产权交易等事项；

（三）违反规定投资、融资、担保、拆借资金、委托理财、为他人代开信用证、购销商品和服务、招标投标等；

（四）未经批准或者经批准后未办理保全国有资产的法律手续，以个人或者其他名义用企业资产在国（境）外注册公司、投资入股、购买金融产品、购置不动产或者进行其他经营活动；

（五）授意、指使、强令财会人员进行违反国家财经纪律、企业财务制度的活动；

（六）未经履行国有资产出资人职责的机构和人事主管部门批准，决定本级领导人员的薪酬和住房补贴等福利待遇；

（七）未经企业领导班子集体研究，决定捐赠、赞助事项，或者虽经企业领导班子集体研究但未经履行国有资产出资人职责的机构批准，决定大额捐赠、赞助事项；

（八）其他滥用职权、损害国有资产权益的行为。

第五条　国有企业领导人员应当忠实履行职责。不得有利用职权谋取私利以及损害本企业利益的下列行为：

（一）个人从事营利性经营活动和有偿中介活动，或者在本企业的同类经营企业、关联企业和与本企业有业务关系的企业投资入股；

（二）在职或者离职后接受、索取本企业的关联企业、与本企业有业务关系的企业，以及管理和服务对象提供的物质性利益；

（三）以明显低于市场的价格向请托人购买或者

以明显高于市场的价格向请托人出售房屋、汽车等物品,以及以其他交易形式非法收受请托人财物;

（四）委托他人投资证券、期货或者以其他委托理财名义,未实际出资而获取收益,或者虽然实际出资,但获取收益明显高于出资应得收益;

（五）利用企业上市或者上市公司并购、重组、定向增发等过程中的内幕消息、商业秘密以及企业的知识产权、业务渠道等无形资产或者资源,为本人或者配偶、子女及其他特定关系人谋取利益;

（六）未经批准兼任本企业所出资企业或者其他企业、事业单位、社会团体、中介机构的领导职务,或者经批准兼职的,擅自领取薪酬及其他收入;

（七）将企业经济往来中的折扣费、中介费、佣金、礼金,以及因企业行为受到有关部门和单位奖励的财物等据为己有或者私分;

（八）其他利用职权谋取私利以及损害本企业利益的行为。

第六条　国有企业领导人员应当正确行使经营管理权,防止可能侵害公共利益、企业利益行为的发生。不得有下列行为:

（一）本人的配偶、子女及其他特定关系人,在本企业的关联企业、与本企业有业务关系的企业投资入股;

（二）将国有资产委托、租赁、承包给配偶、子女及其他特定关系人经营;

（三）利用职权为配偶、子女及其他特定关系人从事营利性经营活动提供便利条件;

（四）利用职权相互为对方及其配偶、子女和其他特定关系人从事营利性经营活动提供便利条件;

（五）本人的配偶、子女及其他特定关系人投资或者经营的企业与本企业或者有出资关系的企业发生可能侵害公共利益、企业利益的经济业务往来;

（六）按照规定应当实行任职回避和公务回避而没有回避;

（七）离职或者退休后三年内,在与原任职企业有业务关系的私营企业、外资企业和中介机构担任职务、投资入股,或者在上述企业或者机构从事、代理与原任职企业经营业务相关的经营活动;

（八）其他可能侵害公共利益、企业利益的行为。

第七条　国有企业领导人员应当勤俭节约,依据有关规定进行职务消费。不得有下列行为:

（一）超出报履行国有资产出资人职责的机构备案的预算进行职务消费;

（二）将履行工作职责以外的费用列入职务消费;

（三）在特定关系人经营的场所进行职务消费;

（四）不按照规定公开职务消费情况;

（五）用公款旅游或者变相旅游;

（六）在企业发生非政策性亏损或者拖欠职工工资期间,购买或者更换小汽车、公务包机、装修办公室、添置高档办公设备等;

（七）使用信用卡、签单等形式进行职务消费,不提供原始凭证和相应的情况说明;

（八）其他违反规定的职务消费以及奢侈浪费行为。

第八条　国有企业领导人员应当加强作风建设,注重自身修养,增强社会责任意识,树立良好的公众形象。不得有下列行为:

（一）弄虚作假,骗取荣誉、职务、职称、待遇或者其他利益;

（二）大办婚丧喜庆事宜,造成不良影响,或者借机敛财;

（三）默许、纵容配偶、子女和身边工作人员利用本人的职权和地位从事可能造成不良影响的活动;

（四）用公款支付与公务无关的娱乐活动费用;

（五）在有正常办公和居住场所的情况下用公款长期包租宾馆;

（六）漠视职工正当要求,侵害职工合法权益;

（七）从事有悖社会公德的活动。

第三章　实施与监督

第九条　国有企业应当依据本规定制定规章制度或者将本规定的要求纳入公司章程,建立健全监督制约机制,保证本规定的贯彻执行。

国有企业党委（党组）书记、董事长、总经理为本企业实施本规定的主要责任人。

第十条　国有企业领导人员应当将贯彻落实本规定的情况作为民主生活会对照检查、年度述职述廉和职工代表大会民主评议的重要内容,接受监督和民主评议。

第十一条　国有企业应当明确决策原则和程序,在规定期限内将生产经营的重大决策、重要人事任免、重大项目安排及大额度资金运作事项的决策情况报告履行国有资产出资人职责的机构,将涉及职工切身利益的事项向职工代表大会报告。

需经职工代表大会讨论通过的事项,应当经职工代表大会讨论通过后实施。

第十二条　国有企业应当完善以职工代表大会为基本形式的企业民主管理制度,实行厂务公开制度,并报履行国有资产出资人职责的机构备案。

第十三条 国有企业应当按照有关规定建立健全职务消费制度，报履行国有资产出资人职责的机构备案，并将职务消费情况作为厂务公开的内容向职工公开。

第十四条 国有企业领导人员应当按年度向履行国有资产出资人职责的机构报告兼职、投资入股、国（境）外存款和购置不动产情况，配偶、子女从业和出国（境）定居及有关情况，以及本人认为应当报告的其他事项，并以适当方式在一定范围内公开。

第十五条 国有企业应当结合本规定建立领导人员从业承诺制度，规范领导人员从业行为以及离职和退休后的相关行为。

第十六条 履行国有资产出资人职责的机构和人事主管部门应当结合实际，完善国有企业领导人员的薪酬管理制度，规范和完善激励和约束机制。

第十七条 纪检监察机关、组织人事部门和履行国有资产出资人职责的机构，应当对国有企业领导人员进行经常性的教育和监督。

第十八条 履行国有资产出资人职责的机构和审计部门应当依法开展各项审计监督，严格执行国有企业领导人员任期和离任经济责任审计制度，建立健全纪检监察和审计监督工作的协调运行机制。

第十九条 各级纪检监察机关、组织人事部门和履行国有资产出资人职责机构的纪检监察机构，应当对所管辖的国有企业领导人员执行本规定的情况进行监督检查。

国有企业的纪检监察机构应当结合年度考核，每年对所管辖的国有企业领导人员执行本规定的情况进行监督检查，并作出评估，向企业党组织和上级纪检监察机构报告。

对违反本规定行为的检举和控告，有关机构应当及时受理，并作出处理决定或者提出处理建议。

对违反本规定行为的检举和控告符合函询条件的，应当按规定进行函询。

对检举、控告违反本规定行为的职工进行打击报复的，应当追究相关责任人的责任。

第二十条 各级组织人事部门和履行国有资产出资人职责的机构，应当将廉洁从业情况作为对国有企业领导人员考察、考核的重要内容和任免的重要依据。

第二十一条 国有企业的监事会应当依照有关规定加强对国有企业领导人员廉洁从业情况的监督。

按照本规定第十一条至第十四条向履行国有资产出资人职责的机构报告、备案的事项，应当同时抄报本企业监事会。

第四章 违反规定行为的处理

第二十二条 国有企业领导人员违反本规定第二章所列行为规范的，视情节轻重，由有关机构按照管理权限分别给予警示谈话、调离岗位、降职、免职处理。

应当追究纪律责任的，除适用前款规定外，视情节轻重，依照国家有关法律法规给予相应的处分。

对于其中的共产党员，视情节轻重，依照《中国共产党纪律处分条例》给予相应的党纪处分。

涉嫌犯罪的，依法移送司法机关处理。

第二十三条 国有企业领导人员受到警示谈话、调离岗位、降职、免职处理的，应当减发或者全部扣发当年的绩效薪金、奖金。

第二十四条 国有企业领导人员违反本规定获取的不正当经济利益，应当责令清退；给国有企业造成经济损失的，应当依据国家或者企业的有关规定承担经济赔偿责任。

第二十五条 国有企业领导人员违反本规定受到降职处理的，两年内不得担任与其原任职务相当或者高于其原任职务的职务。

受到免职处理的，两年内不得担任国有企业的领导职务；因违反国家法律，造成国有资产重大损失被免职的，五年内不得担任国有企业的领导职务。

构成犯罪被判处刑罚的，终身不得担任国有企业的领导职务。

第五章 附 则

第二十六条 国有企业领导班子成员以外的对国有资产负有经营管理责任的其他人员、国有企业所属事业单位的领导人员参照本规定执行。

国有参股企业（含国有参股金融企业）中对国有资产负有经营管理责任的人员参照本规定执行。

第二十七条 本规定所称履行国有资产出资人职责的机构，包括作为国有资产出资人代表的各级国有资产监督管理机构、尚未实行政资分开代行出资人职责的政府主管部门和其他机构以及授权经营的母公司。

本规定所称特定关系人，是指与国有企业领导人员有近亲属以及其他共同利益关系的人。

第二十八条 国务院国资委，各省、自治区、直辖市，可以根据本规定制定实施办法，并报中央纪委国家监委备案。

中国银保监会、中国证监会，中央管理的国有独资金融企业和国有控股金融企业，可以结合金融行业的实际，制定本规定的补充规定，并报中央纪委国家监委备案。

第二十九条　本规定由中央纪委国家监委商中央组织部解释。

第三十条　本规定自发布之日起施行。2004年发布的《国有企业领导人员廉洁从业若干规定(试行)》同时废止。

现行的其他有关规定，凡与本规定不一致的，依照本规定执行。

关于进一步推进国有企业贯彻落实“三重一大”决策制度的意见

中共中央办公厅、国务院办公厅2010年6月5日印发

为全面贯彻党的十七大和十七届四中全会精神，切实加强国有企业反腐倡廉建设，进一步促进国有企业领导人员廉洁从业，规范决策行为，提高决策水平，防范决策风险，保证国有企业科学发展，按照中央关于凡属重大决策、重要人事任免、重大项目安排和大额度资金运作(简称“三重一大”)事项必须由领导班子集体作出决定的要求，现就进一步推进国有企业贯彻落实“三重一大”决策制度提出如下意见。

一、指导思想和基本原则

(一)高举中国特色社会主义伟大旗帜，以邓小平理论和“三个代表”重要思想为指导，深入贯彻落实科学发展观，根据《建立健全惩治和预防腐败体系2008—2012年工作规划》部署，落实《国有企业领导人员廉洁从业若干规定》要求，以明确决策范围、规范决策程序、强化监督检查和责任追究为重点，进一步推进国有企业“三重一大”决策制度的贯彻落实。

(二)“三重一大”事项坚持集体决策原则。国有企业应当健全议事规则，明确“三重一大”事项的决策规则和程序，完善群众参与、专家咨询和集体决策相结合的决策机制。国有企业党委(党组)、董事会、未设董事会的经理班子等决策机构要依据各自的职责、权限和议事规则，集体讨论决定“三重一大”事项，防止个人或少数人专断。要坚持务实高效，保证决策的科学性；充分发扬民主，广泛听取意见，保证决策的民主性；遵守国家法律法规、党内法规和有关政策，保证决策合法合规。

二、“三重一大”事项的主要范围

(三)重大决策事项，是指依照《中华人民共和国公司法》、《中华人民共和国全民所有制工业企业法》、《中华人民共和国企业国有资产法》、《中华人民共和国商业银行法》、《中华人民共和国证券法》、《中华人民共和国保险法》以及其他有关法律法规和党内法规规定的应当由股东大会(股东会)、董事会、未设董事会的经理班子、职工代表大会和党委(党组)决定的事项。主要包括企业贯彻执行党和国家的路线方针政策、法律法规和上级重要决定的重大措施，企业发展战略、破产、改制、兼并重组、资产调整、产权转让、对外投资、利益调配、机构调整等方面的重大决策，企业党的建设和安全稳定的重大决策，以及其他重大决策事项。

(四)重要人事任免事项，是指企业直接管理的领导人员以及其他经营管理人员的职务调整事项。主要包括企业中层以上经营管理人员和下属企业、单位领导班子成员的任免、聘用、解除聘用和后备人选的确定，向控股和参股企业委派股东代表，推荐董事会、监事会成员和经理、财务负责人，以及其他重要人事任免事项。

(五)重大项目安排事项，是指对企业资产规模、资本结构、盈利能力以及生产装备、技术状况等产生重要影响的项目的设立和安排。主要包括年度投资计划，融资、担保项目，期权、期货等金融衍生业务，重要设备和技术引进，采购大宗物资和购买服务，重大工程建设项目，以及其他重大项目安排事项。

(六)大额度资金运作事项，是指超过由企业或者履行国有资产出资人职责的机构所规定的企业领导人员有权调动、使用的资金限额的资金调动和使用。主要包括年度预算内大额度资金调动和使用，超预算的资金调动和使用，对外大额捐赠、赞助，以及其他大额度资金运作事项。

三、“三重一大”事项决策的基本程序

(七)“三重一大”事项提交会议集体决策前应当认真调查研究，经过必要的研究论证程序，充分吸收各方面意见。重大投资和工程建设项目，应当事先充分听取有关专家的意见。重要人事任免，应当事先征求国有企业和履行国有资产出资人职责机构的纪检监察机构的意见。研究决定企业改制以及经营管理方面的重大问题、涉及职工切身利益的重大事项、制定重要的规章制度，应当听取企业工会的意见，并通过职工代表大会或者其他形式听取职工群众的意见和建议。

(八)决策事项应当提前告知所有参与决策人员，并为所有参与决策人员提供相关材料。必要时，可事先听取反馈意见。

（九）党委（党组）、董事会、未设董事会的经理班子应当以会议的形式，对职责权限内的“三重一大”事项作出集体决策。不得以个别征求意见等方式作出决策。紧急情况下由个人或少数人临时决定的，应在事后及时向党委（党组）、董事会或未设董事会的经理班子报告；临时决定人应当对决策情况负责，党委（党组）、董事会或未设董事会的经理班子应当在事后按程序予以追认。经董事会授权，经理班子决策“三重一大”事项的，按照本意见执行。

（十）决策会议符合规定人数方可召开。与会人员要充分讨论并分别发表意见，主要负责人应当最后发表结论性意见。会议决定多个事项时，应逐项研究决定。若存在严重分歧，一般应当推迟作出决定。

（十一）会议决定的事项、过程、参与人及其意见、结论等内容，应当完整、详细记录并存档备查。

（十二）决策作出后，企业应当及时向履行国有资产出资人职责的机构报告有关决策情况；企业负责人应当按照分工组织实施，并明确落实部门和责任人。参与决策的个人对集体决策有不同意见，可以保留或者向上级反映，但在没有作出新的决策前，不得擅自变更或者拒绝执行。如遇特殊情况需对决策内容作重大调整，应当重新按规定履行决策程序。

（十三）董事会、未设董事会的经理班子研究“三重一大”事项时，应事先与党委（党组）沟通，听取党委（党组）的意见。进入董事会、未设董事会的经理班子的党委（党组）成员，应当贯彻党组织的意见或决定。企业党组织要团结带领全体党员和广大职工群众，推动决策的实施，并对实施中发现的与党和国家方针政策、法律法规不符或脱离实际的情况及时提出意见，如得不到纠正，应当向上级反映。

（十四）建立“三重一大”事项决策的回避制度；建立对决策的考核评价和后评估制度，逐步健全决策失误纠错改正机制和责任追究制度。

四、组织实施和监督检查

（十五）国有企业党委（党组）书记、董事长、未设董事会的总经理（总裁）为本企业实施本意见的主要责任人。

（十六）国有企业应当依据本意见制定具体的实施办法，报履行国有资产出资人职责的机构审查批准。履行国有资产出资人职责的机构，在制定或审批国有企业章程时，应当根据本意见明确相关要求。

（十七）履行国有资产出资人职责的机构应当对国有企业制定的“三重一大”事项范围是否全面科学、决策程序是否严密、责任追究措施是否有效进行严格审查，予以批准的，应当在批准后监督其实施。

（十八）纪检监察机关应当督促指导履行国有资产出资人职责机构的纪检监察机构，切实加强对所管辖的国有企业贯彻落实“三重一大”决策制度情况的监督检查。

（十九）国有企业的纪检监察机构在依照《国有企业领导人员廉洁从业若干规定》的规定，结合年度考核进行监督检查，作出评估，并向企业党组织和上级纪检监察机构报告时，应当将国有企业领导人员执行“三重一大”决策制度的情况作为重点内容。

（二十）“三重一大”决策制度的执行情况，应当作为巡视、党风廉政建设责任制考核的重要内容和企业领导人员经济责任审计的重点事项；作为民主生活会、企业领导人员述职述廉的重要内容；作为厂务公开的重要内容，除按照国家法律法规和有关政策应当保密的事项外，在适当范围内公开。

（二十一）组织人事部门、履行国有资产出资人职责的机构和审计机关，应当将“三重一大”决策制度的执行情况，作为对企业领导人员考察、考核的重要内容和任免以及经济责任履行情况审计评价的重要依据。

（二十二）国有企业领导人员违反“三重一大”决策制度的，应当依照《国有企业领导人员廉洁从业若干规定》和相关法律法规给予相应的处理，违反规定获取的不正当经济利益，应当责令清退；给国有企业造成经济损失的，应当承担经济赔偿责任。

（二十三）本意见适用于国有和国有控股企业（含国有和国有控股金融机构）。

违反《国有企业领导人员廉洁从业若干规定》行为适用《中国共产党纪律处分条例》的解释

中央纪委2012年2月4日印发

第一条　为规范国有企业领导人员廉洁从业行为，保证《国有企业领导人员廉洁从业若干规定》（以下简称《若干规定》）的贯彻实施，正确处理违反《若干规定》的行为，加强国有企业反腐倡廉建设，制定本解释。

第二条　对违反《若干规定》的国有企业领导人员中的共产党员，依照本解释追究责任。

第三条　违反《若干规定》第四条第一项的规定，违反决策原则和程序决定企业生产经营的重大决策、重要人事任免、重大项目安排及大额度资金运作事项的,依照《中国共产党纪律处分条例》第六十一条的规定处理。

第四条　违反《若干规定》第四条第二项的规定,违反规定办理企业改制、兼并、重组、破产、资产评估、产权交易等事项的,区别不同情形分别给予处理:

(一)隐匿、截留、转移、侵吞国有资产的,依照《中国共产党纪律处分条例》第八十三条的规定处理;

(二)将国有资产集体私分给个人的,依照《中国共产党纪律处分条例》第八十四条的规定处理;

(三)利用职务上的便利,索取他人财物,或者收受他人财物,非法处置国有资产权益,为他人谋取利益的,依照《中国共产党纪律处分条例》第八十五条的规定处理;

(四)编造或者提供虚假财务报告的,依照《中国共产党纪律处分条例》第一百二十五条的规定处理;

(五)不履行或者不正确履行职责,造成国有资产流失的,依照《中国共产党纪律处分条例》第一百二十七条的规定处理。

第五条　违反《若干规定》第四条第三项的规定,违反规定投资、融资、担保、拆借资金、委托理财、为他人代开信用证、购销商品和服务、招标投标等的,区别不同情形分别给予处理:

(一)违反规定以企业资产提供担保、为他人代开信用证的,依照《中国共产党纪律处分条例》第一百二十一条的规定处理;

(二)违反规定投资、融资、拆借资金的,或者违反规定将企业资金、证券等金融性资产委托他人管理投资的,依照《中国共产党纪律处分条例》第一百二十六条的规定处理;

(三)违反规定购销商品和服务、招标投标的,依照《中国共产党纪律处分条例》第一百二十四条的规定处理。

第六条　违反《若干规定》第四条第四项的规定,未经批准或者经批准后未办理保全国有资产的法律手续,以个人或者其他名义用企业资产在国(境)外注册公司、投资入股、购买金融产品、购置不动产或者进行其他经营活动的,依照《中国共产党纪律处分条例》第七十七条的规定处理。

第七条　违反《若干规定》第四条第五项的规定,授意、指使、强令财会人员进行违反国家财经纪律、企业财务制度的活动的,《中国共产党纪律处分条例》有条文明确规定的,依照该规定处理;没有条文明确规定的,依照《中国共产党纪律处分条例》第一百二十六条的规定处理。

强令财会人员进行违反国家财经纪律、企业财务制度的活动的,应当从重或者加重处分。

第八条　违反《若干规定》第四条第六项的规定,未经履行国有资产出资人职责的机构和人事主管部门批准,决定本级领导人员的薪酬和住房补贴等福利待遇的,依照《中国共产党纪律处分条例》第八十二条的规定处理。

第九条　违反《若干规定》第四条第七项的规定,未经企业领导班子集体研究决定捐赠、赞助事项,或者虽经企业领导班子集体研究但未经履行国有资产出资人职责的机构批准,决定大额捐赠、赞助事项的,依照《中国共产党纪律处分条例》第六十一条的规定处理。

第十条　违反《若干规定》第五条第一项的规定,个人从事营利性经营活动和有偿中介活动,或者在本企业的同类经营企业、关联企业和与本企业有业务关系的企业投资入股的,区别不同情形分别给予处理:

(一)个人从事营利性经营活动和有偿中介活动的,依照《中国共产党纪律处分条例》第七十七条的规定处理;

(二)在本企业的同类经营企业投资入股或者参与经营的,依照《中国共产党纪律处分条例》第一百零三条的规定处理;

(三)在本企业的关联企业和与本企业有业务关系的企业投资入股或者参与经营的,依照《中国共产党纪律处分条例》第一百一十二条的规定处理。

第十一条　违反《若干规定》第五条第二项的规定,在职或者离职后接受、索取本企业的关联企业、与本企业有业务关系的企业,以及管理和服务对象提供的物质性利益的,区别不同情形分别给予处理:

(一)在职或者离职后接受本企业的关联企业、与本企业有业务关系的企业,以及管理和服务对象提供的物质性利益,未利用职务便利或者影响,为上述企业和对象谋取利益的,依照《中国共产党纪律处分条例》第七十四条的规定处理;

(二)利用职务便利或者影响,为本企业的关联企业、与本企业有业务关系的企业,以及管理和服务对象谋取利益,在职或者离职后接受上述企业和对象提供的物质性利益,或者向上述企业和对象索取物质性利益的,依照《中国共产党纪律处分条例》第八十五条的规定处理。

第十二条　违反《若干规定》第五条第三项的规定,以明显低于市场的价格向请托人购买或者以明显高于市场的价格向请托人出售房屋、汽车等物品，以及以其他交易形式非法收受请托人财物的，依照《中国共产党纪律处分条例》第八十五条的规定处理。

第十三条 违反《若干规定》第五条第四项的规定，委托他人投资证券、期货或者以其他委托理财名义，未实际出资而获取收益，或者虽然实际出资，但获取收益明显高于出资应得收益的，依照《中国共产党纪律处分条例》第八十五条的规定处理。

第十四条 违反《若干规定》第五条第五项的规定，利用企业上市或者上市公司并购、重组、定向增发等过程中的内幕消息、商业秘密以及企业的知识产权、业务渠道等无形资产或者资源为本人或者配偶、子女及其他特定关系人谋取利益的，区别不同情形分别给予处理：

（一）本人或者配偶、子女及其他特定关系人利用企业上市或者上市公司并购、重组、定向增发等过程中的内幕消息进行证券、期货等交易的，依照《中国共产党纪律处分条例》第一百一十一条的规定处理；

（二）本人或者配偶、子女及其他特定关系人利用企业的商业秘密、知识产权、业务渠道等无形资产或者资源进行营利性活动的，依照《中国共产党纪律处分条例》第一百零三条的规定处理；

（三）向他人提供企业上市或者上市公司并购、重组、定向增发等过程中的内幕消息、商业秘密以及企业的知识产权、业务渠道等，本人或者配偶、子女及其他特定关系人索取或者收受他人财物的，依照《中国共产党纪律处分条例》第八十五条的规定处理。

第十五条 违反《若干规定》第五条第六项的规定，未经批准兼任本企业所出资企业或者其他企业、事业单位、社会团体、中介机构的领导职务，或者经批准兼职的，擅自领取薪酬及其他收入的，依照《中国共产党纪律处分条例》第七十七条的规定处理。

第十六条 违反《若干规定》第五条第七项的规定，将企业经济往来中的折扣费、中介费、佣金、礼金以及因企业行为受到有关部门和单位奖励的财物等据为己有或者私分的，依照《中国共产党纪律处分条例》第八十三条的规定处理。

第十七条 违反《若干规定》第六条第一项的规定，本人的配偶、子女及其他特定关系人，在本企业的关联企业、与本企业有业务关系的企业投资入股的，依照《中国共产党纪律处分条例》第一百一十二条的规定处理。

第十八条 违反《若干规定》第六条第二项的规定，将国有资产委托、租赁、承包给配偶、子女及其他特定关系人经营的，依照《中国共产党纪律处分条例》第一百零四条的规定处理。

第十九条 违反《若干规定》第六条第三项的规定，利用职权为配偶、子女及其他特定关系人从事营利性经营活动提供便利条件的，依照《中国共产党纪律处分条例》第一百零四条的规定处理。

第二十条 违反《若干规定》第六条第四项的规定，利用职权相互为对方及其配偶、子女和其他特定关系人从事营利性经营活动提供便利条件的，依照《中国共产党纪律处分条例》第一百零四条的规定处理。

第二十一条 违反《若干规定》第六条第五项的规定，本人的配偶、子女及其他特定关系人投资或者经营的企业与本企业或者有出资关系的企业发生可能侵害公共利益、企业利益的经济业务往来的，依照《中国共产党纪律处分条例》第一百一十二条的规定处理。

第二十二条 违反《若干规定》第六条第六项的规定，按照规定应当实行任职回避和公务回避而没有回避的，依照《中国共产党纪律处分条例》第六十五条的规定处理。

第二十三条 违反《若干规定》第六条第七项的规定，离职或者退休后三年内，在与原任职企业有业务关系的私营企业、外资企业和中介机构担任职务、投资入股，或者在上述企业或者机构从事、代理与原任职企业经营业务相关的经营活动的，依照《中国共产党纪律处分条例》第八十二条的规定处理。

第二十四条 违反《若干规定》第七条第一项的规定，超出报履行国有资产出资人职责的机构备案的预算进行职务消费的，依照《中国共产党纪律处分条例》第七十八条的规定处理。

第二十五条 违反《若干规定》第七条第二项的规定，将履行工作职责以外的费用列入职务消费的，依照《中国共产党纪律处分条例》第一百二十六条的规定处理。

将应由个人承担的费用列入职务消费的，依照《中国共产党纪律处分条例》第八十三条的规定处理。

第二十六条 违反《若干规定》第七条第三项的规定，在特定关系人经营的场所进行职务消费的，依照《中国共产党纪律处分条例》第八十二条的规定处理。

第二十七条 违反《若干规定》第七条第四项的规定，不按照规定公开职务消费情况的，依照《中国共产党纪律处分条例》第一百二十六条的规定处理。

第二十八条 违反《若干规定》第七条第五项的规定，用公款旅游或者变相旅游的，依照《中国共产党纪律处分条例》第七十八条的规定处理。

第二十九条　违反《若干规定》第七条第六项的规定，在企业发生非政策性亏损或者拖欠职工工资期间，购买或者更换小汽车、公务包机、装修办公室、添置高档办公设备等的，依照《中国共产党纪律处分条例》第七十八条的规定处理。

第三十条　违反《若干规定》第七条第七项的规定，使用信用卡、签单等形式进行职务消费，不提供原始凭证和相应的情况说明的，依照《中国共产党纪律处分条例》第一百二十六条的规定处理。

第三十一条　违反《若干规定》第八条第一项的规定，弄虚作假，骗取荣誉、职务、职称、待遇或者其他利益的，依照《中国共产党纪律处分条例》第一百四十九条的规定处理。

第三十二条　违反《若干规定》第八条第二项的规定，大办婚丧喜庆事宜，造成不良影响，或者借机敛财的，依照《中国共产党纪律处分条例》第八十一条的规定处理。

第三十三条　违反《若干规定》第八条第三项的规定，默许、纵容配偶、子女和身边工作人员利用本人的职权和地位从事可能造成不良影响的活动的，依照《中国共产党纪律处分条例》第八十二条的规定处理。

第三十四条　违反《若干规定》第八条第四项的规定，用公款支付与公务无关的娱乐活动费用的，依照《中国共产党纪律处分条例》第八十三条的规定处理。

第三十五条　违反《若干规定》第八条第五项的规定，在有正常办公和居住场所的情况下用公款长期包租宾馆的，依照《中国共产党纪律处分条例》第七十八条的规定处理。

第三十六条　违反《若干规定》第八条第六项的规定，漠视职工正当要求，侵害职工合法权益的，区别不同情形分别给予处理：

（一）漠视职工正当要求，对涉及职工合法权益的问题能解决而不解决的，依照《中国共产党纪律处分条例》第一百三十一条的规定处理；

（二）侵害职工合法权益，《中国共产党纪律处分条例》有条文明确规定的，依照该规定处理；没有条文明确规定的，依照《中国共产党纪律处分条例》第一百四十八条的规定处理。

第三十七条　违反《若干规定》第八条第七项的规定，从事有悖社会公德的活动的，《中国共产党纪律处分条例》有条文明确规定的，依照该规定处理；没有条文明确规定的，依照《中国共产党纪律处分条例》第一百五十四条的规定处理。

（11）公款旅游

·法律法规·

国务院办公厅关于坚决制止滥发钱、物和用公款旅游的通知

1. 1987年8月19日
2. 国办发〔1987〕49号

国务院曾三令五申，严禁滥发钱、物和用公款旅游。但是，近年来不少单位无视国家规定，仍然以各种名目滥发钱、物和用公款旅游，目前还有发展的趋势。这不仅加重了财政负担，影响了市场供应，加剧了交通运输紧张，同时也助长了社会上的不良风气，群众对此反映强烈。为了节减财政开支，控制消费基金的增长，促进党风和社会风气的好转，必须对滥发钱、物和用公款旅游的问题采取有效措施，坚决加以制止。为此，特作如下通知：

一、国务院决定，对中央各部门、各单位今年一至七月份违反规定发放各种钱、物的情况进行一次彻底清查。

各部门、各单位的领导必须认真组织自查，如实登记报告。自查结果要在规定期限内，经本部门、本单位负责同志签字后报审计署汇总上报国务院。审计署要在各部门、各单位自查的基础上，会同有关部门进行抽查。对隐瞒不报、以多报少、弄虚作假的，要追究该部门、该单位领导和有关人员的责任，情节严重的要给予行政处分。

二、各地区、各部门、各单位不得违反规定，以任何借口、任何形式乱发奖金、补贴、津贴和购物券，也不准以各种名义发放和变相发放各种食品、生活用品，包括无偿发放、单位补贴和用公款垫付、长期挂账等。严禁中央各部门、各单位利用职权向地方索要、低价购买或无偿接受地方赠送的工业品和农副土特产品。

三、各地区、各部门要严格按照中共中央办公厅、国务院办公厅中办发〔1986〕4号文件的规定，制止用公款（包括各种预算外资金）组织干部旅游，不得借出差、开会、参观、学习等名义搞变相旅游。今后，如有违反此项规定的除政治上要作严肃处理外，经费开支一律不予报销，谁批准谁出钱。职工个人利用各种假期旅

游的，所需各项费用，一律由本人自理，单位不予补贴。

四、各地区、各部门组织离休干部参观工农业建设项目和健康休养，应按有关规定严格控制，经费开支最高不得超过预算安排的公用费，超过者一律由自己负担。

五、对于违反国家规定滥发钱、物和用公款旅游的，对单位、直接责任人和单位领导人，由审计、财政部门按照《国务院关于违反财政法规处罚的暂行规定》和其他有关规定严肃处理。坚决防止今冬明春再次出现“公费过年”、“公费过节”的错误做法。对一些典型案例，在情况查实后，要公开处理，以教育广大干部群众。

所有国家干部都应发扬艰苦奋斗的精神，廉洁奉公，自觉遵守本通知的各项规定。

国务院办公厅关于严禁滥发钱物和赠送礼品的通知

1. 1988年9月22日
2. 国办发〔1988〕54号

各省、自治区、直辖市人民政府，国务院各部委、各直属机构：

为了坚决贯彻党中央、国务院关于治理经济环境、整顿经济秩序、深化改革和保持党政机关廉洁的指示精神，彻底纠正滥发钱物、铺张浪费之风，特通知如下：

一、各地区、各部门、各单位一律不得违反规定，在平日或中秋、国庆、元旦、春节等节日不准以任何借口、任何形式滥发奖金、补贴、津贴，不准随意扩大补贴、津贴范围或提高标准。不准以各种名义和形式（包括无偿、单位补贴、公款垫付和长期挂账等）发放或变相发放各种食品、生活用品。违反者要追究主要领导人和当事人的责任。

二、严禁中央各部门、各单位到外地以低于当地规定的价格采购过年、过节用品。

三、严禁中央各部门、各单位索要或无偿接受地方和下属单位的工业品、农副土特产品，严禁地方和部门的下属单位用公款向上级机关（或个人）馈赠土特产品、工业品和其他礼品。

四、各地区、各部门、各单位的主要领导同志要亲自负责，教育广大干部群众发扬艰苦奋斗的精神，廉洁奉公，自觉遵守本通知的各项规定。

用公款出国（境）旅游及相关违纪行为处分规定

2010年8月12日监察部、人力资源和社会保障部令第23号公布施行

第一条 为规范因公出国（境）管理秩序，明确相关政策界限，惩处用公款出国（境）旅游及相关违纪行为，根据《中华人民共和国行政监察法》、《中华人民共和国公务员法》和《行政机关公务员处分条例》等有关法律、行政法规，制定本规定。

第二条 本规定适用于下列人员：

（一）行政机关公务员；

（二）法律、法规授权的具有管理公共事务职能的组织以及国家行政机关依法委托的组织中除工勤人员以外的工作人员；

（三）企业、事业单位、社会团体中由行政机关任命的人员。

第三条 本规定所称用公款出国（境）旅游行为，是指无出国（境）公务，组织或者参加用公款支付全部或者部分费用，到国（境）外进行参观、游览等活动的行为；其中包括无实质性公务，以考察、学习、培训、研讨、招商、参展、参加会议等名义，变相用公款出国（境）旅游的行为。

第四条 用公款出国（境）旅游的，给予记过或者记大过处分；情节较重的，给予降级或者撤职处分；情节严重的，给予开除处分。

组织用公款出国（境）旅游的，给予降级或者撤职处分；情节严重的，给予开除处分。

第五条 有下列行为之一的，给予警告或者记过处分；情节较重的，给予记大过或者降级处分；情节严重的，给予撤职处分：

（一）虚报出国（境）公务骗取批准的；

（二）购买、伪造邀请函或者编造虚假日程骗取批准的；

（三）采取伪造个人身份、资料等形式，安排与出国（境）公务无关人员出国（境）的；

（四）避开主管部门委托非主管部门办理因公出国（境）审核审批手续的；

（五）违反因公出国（境）管理规定，将一个团组拆分为若干团组报批或者审核审批的；

（六）其他违反因公出国（境）审核审批管理规

定的。

第六条　组织以营利为目的的跨地区、跨部门团组用公款出国(境)的,给予记过或者记大过处分;情节较重的,给予降级或者撤职处分;情节严重的,给予开除处分。

第七条　擅自批准或者同意延长在国(境)外停留时间,绕道安排行程,或者到未经批准进行公务活动的国家(地区)、城市,造成不良影响或者经济损失的,给予警告、记过或者记大过处分;情节较重的,给予降级或者撤职处分;情节严重的,给予开除处分。

第八条　因公出国(境)派出单位和审核审批管理部门玩忽职守、滥用职权,致使发生用公款出国(境)旅游行为,造成不良影响或者经济损失的,给予记过或者记大过处分;情节较重的,给予降级或者撤职处分;情节严重的,给予开除处分。

第九条　对本地区、本部门、本系统、本单位发生的用公款出国(境)旅游行为不制止、不查处,造成不良影响或者经济损失的,给予记过或者记大过处分;情节较重的,给予降级或者撤职处分;情节严重的,给予开除处分。

第十条　用公款出国(境)旅游的,应当责令其退赔用公款支付的各项费用。

第十一条　处分的程序和不服处分的申诉,依照《中华人民共和国行政监察法》、《中华人民共和国公务员法》、《行政机关公务员处分条例》等有关法律法规的规定办理。

第十二条　有公款出国(境)旅游及相关违纪行为,应当给予党纪处分的,移送党的纪律检查机关处理;涉嫌犯罪的,移送司法机关处理。

第十三条　本规定由监察部、人力资源社会保障部负责解释。

第十四条　本规定自公布之日起施行。

·党规党纪·

中共中央办公厅、国务院办公厅关于坚决制止干部用公款旅游的通知

1986年2月1日

近年来,一些干部,包括有的高级干部,不顾中央、国务院三令五申,继续用公款旅游或变相旅游。有的以出差、参观学习为名游山玩水;有的退出或即将退出领导岗位的同志,用公款外出旅游;有些部门和单位,尤其是一些学会、协会,不从工作需要出发,到旅游区、风景区召开会议。这样做,助长党内和社会上的不正之风,浪费了人力、物力和财力,在群众中造成很坏的影响。为了坚决制止干部用公款旅游,根据中央书记处、国务院的指示,现通知如下:

一、各级领导干部,首先是高级干部,必须做到不用公款旅游。如果违反规定,领导机关和纪检部门要责令他们认真检查,严肃处理。对查处不力的部门和单位,上级要追究其领导责任。

二、严禁借出差、开会等名义用公款旅游。干部出差应根据工作需要,经主管领导批准后按计划执行。出差期间,要严格遵守工作纪律和财经纪律,不允许离开工作地区,用公款到旅游区、名胜区游览。对违反纪律的要提出批评,情节严重的要给予纪律处分,超支费用不予报销。

党政机关、企事业单位以及人民团体、学术组织,原则上不得到旅游城市和风景名胜区召开会议。如确需到这些地方召开会议,应报上级主管机关审查批准,并征得当地人民政府的同意,在时间安排上要避开旅游旺季。

所有会议都不得用公款组织游览。

三、坚决制止以参观学习为名用公款旅游。各地各部门要严格控制外出参观学习。如确有必要组织外出参观,跨县的,要报地(市)主管部门批准;跨地(市)的,要报省级主管部门批准;跨省的,须经省、自治区、直辖市人民政府批准,并事先征得参观地区省人民政府和接待单位的同意。否则,一律不予接待。所有的外出参观学习,都应明确目的,控制人数,严格规定时间、往返路线和经费数额。不按规定办事,绕道或中途滞留用公款旅游的,按违纪处理,费用不予报销。

省、自治区、直辖市党委书记、省长、主席、市长跨省活动,应分别报中央或国务院领导同志批准。中央、国家机关部长离京外出,应事先向中央办公厅或国务院办公厅报告。

四、各级干部疗养、休养和探亲,必须严格执行国家有关规定。正副省(部)长级干部外出疗养、休养时,因病或年老体弱确需家属陪同的,经批准,只报销一名家属的同席车船机票费和住宿费。

各地区、各部门、各单位不得用公款组织离退休干部旅游或以其他名义变相旅游,不得把离休干部的公用经费发给个人。离休干部参观工农业建设项目活动,应按有关规定严格管理。

五、财务部门和财会人员要严格按规章制度办事,堵塞用公款旅游的漏洞。对违反规定的费用,无论是谁花的、谁批的,都不予报销。各级领导干部要支持财务部门和财会人员履行职责。如果领导干部强令报销用公款旅游或变相旅游的费用,财会人员有权拒绝办理,并向上级主管部门、纪检部门如实反映。上级主管部门和纪检部门应查明情况,严肃处理。财会人员应模范遵守财经纪律,违章徇私、放弃职责的,要严肃批评,责令改正。

各级党委和政府接此通知后,应立即向所属单位和全体干部进行传达,认真贯彻执行。过去的有关规定与本通知不一致的,以本通知为准。

中央纪委、外交部、监察部关于对跨地区跨部门团组加强管理、监督和检查坚决制止公款出国旅游的通知

2000 年 9 月 7 日

各省、自治区、直辖市党委和人民政府,中央和国家机关各部委、各直属机构,各人民团体、各中央企业:

改革开放以来,我国对外交流合作日益增多,因公出国人员不断增加。近年来,因公出国管理总的情况是好的,但也存在一些问题,特别是跨地区跨部门出国团组(以下简称双跨团组)问题较多,主要表现在有些党政机关和企事业单位公费出国团组过多过滥的问题没有得到有效遏制。一些隶属或挂靠在党政机关的学会、协会、基金会、中心、院校、研究所、报社等单位,假借考察、学习、研讨、培训等名义,以营利"创收"为目的组织无实质内容的双跨团组,用公款变相出国旅游,耗费了国家大量资金,助长了领导干部的不正之风,严重损害了党的威信,在群众中造成很坏影响。为加强公费出国管理,制止以营利为目的组织双跨团组,刹住公款出国旅游的歪风,促进党风廉政建设,现就组织双跨团组有关问题提出以下意见,请切实遵照执行。

一、严格执行组团规定

各地区、各部门要进一步落实《中共中央办公厅、国务院办公厅关于严禁用公费变相出国(境)旅游的通知》(中办发〔1993〕16 号)和《国务院办公厅印发关于跨地区跨部门因公出国(境)团组管理办法的通知》(国办发〔1997〕29 号)两个文件精神,严格执行组团规定。中央和国家机关各部门、各人民团体和具有出国任务审批权的各全国性社会团体,可按规定的程序组织少量双跨团组。但参团人员只限于与组团单位有直接领导或业务指导关系的部门和单位人员。其他任何单位包括各类学会、协会、基金会、中心、公司、院校、办事处等均不得组织双跨团组。中央和国家机关各部门一律不得委托所属学会、协会、基金会等组织双跨团组。

企业因实施具体经贸项目,确需组织双跨团组的,组团范围仅限于与该项目有直接关系的单位或人员,所有党政机关和享受国家财政补贴的事业单位人员不得参团。少数全国性行业协会,因参加国际会议等重要活动,确需组织少量双跨团组的,须事先书面征求外交部意见,并按规定程序组织本行业协会会员或会员单位的人员参加,其他单位的人员一律不得参加。

确需组织双跨团组出国招商、举办或参加展览以及赴国外培训等活动的单位和部门,应严格遵照外经贸部《关于出国(境)举办招商和办展等经贸活动的管理办法》(外经贸政发〔1995〕第 481 号)、国家外专局和外交部《关于派遣团组和人员赴国(境)外培训的暂行管理办法》(外专发〔1993〕314 号)执行。

二、外事主管部门对组织双跨团组实施事先审核制度

组团单位必须事先向参团人员所在中央和国家机关各部门、各人民团体和具有出国任务审批权的各全国性社会团体的外事主管部门书面征求意见;参团人员属地方的,组团单位必须事先向具有出国任务审批权的地方人民政府外事办公室书面征求意见。未经中央单位外事主管部门或具有出国任务审批权的地方人民政府外事办公室的书面同意,组团单位不得出具出国任务通知书。对于违反规定发出的出国任务通知书,参团单位和外事部门一律不予确认,不办理护照、签证手续。

组团单位书面征求意见时,必须附上组团请示报告(复印件)、出访详细日程、收费标准等材料。

三、从严审批组织双跨团组事项

(一)中央和国家机关各部门、各人民团体和具有出国任务审批权的各全国性社会团体,及其挂靠的全国性行业协会组织双跨团组,须呈请中央和国家机关各部门及上述团体主管外事的负责人审批。

(二)各地方组织的双跨团组,由省、自治区、直辖市人民政府外事办公室统一审核后,报当地人民政府主管外事的负责人审批。

(三)在组织双跨团组过程中,严禁化整为零,将同一团组划分为若干小团组报批。各外事主管部门在

预审或审批时，应严格把关，坚决制止，并将有关情况及时报告纪检监察机关和上级外事主管部门。

四、对双跨团组的收费标准进行严格的财务审核

（一）组团单位应按财政部规定的统一标准收费，除国际机票、境外食宿、交通、工杂费以及办理出国必须交纳的费用以外，一律不得再向参团人员收取其它费用。

（二）组团单位在上呈双跨团组请示报告中，必须注明经费来源、具体收费项目和用汇额度。组织双跨团组，境外费用一律以外汇结算，禁止一切违反国家外汇管制的行为。

（三）各外事主管部门在审核双跨团组的请示报告时，可就其中涉及收费的部分征询同级财务部门的意见；亦可在团组回国后，提请同级审计部门对团组费用支出情况进行专项审计。

对以营利为目的，违反财政部规定标准收费的，应一律不予批准；对审计中发现的经济问题，应根据国家有关规定严肃处理。

五、建立双跨团组备案制度

中央和国家机关各部门、各人民团体和具有出国任务审批权的各全国性社会团体审批的双跨团组，应将出国任务批件抄送所在部门或单位的纪检监察机构备案；未设立纪检监察机构的，应分别向中直纪工委、中央国家机关纪工委、中央金融纪工委备案。各地方审批的双跨团组，应将出国任务批件抄送同级纪检监察机关备案。纪检监察机关对备案时发现的违纪违规情况，应及时纠正。

六、加强监督检查，从严查处违规组织双跨团组的案件

对本通知下发后继续违规组织双跨团组的，纪检监察机关要追究组团单位和审批单位当事人和主管负责人的责任，给予必要的纪律处分；对利用组团牟利的，要加重处分，并追缴全部违纪所得。对玩忽职守、滥用因公临时出国审批权的单位，外事主管部门要视情节轻重，暂停直至收回其出国任务审批权；对违规组织双跨团组的典型案件，要发现一起，严肃查处一起，并公开曝光。有关负责出国招商、举办或参加展览和出国培训的归口管理部门要切实负起责任，对有组团资格的单位以招商、举办或参加展览和培训为名组织公款出国旅游的，除追究组团单位和审批单位的责任外，还要追究归口管理部门和未做好监督检查工作的纪检监察部门的责任。纪检监察和外事主管部门未认真履行管理和监督检查职责的，同样要承担失察的责任。

中共中央办公厅、国务院办公厅关于坚决制止公款出国（境）旅游的通知

2009年2月20日

2008年3月，《中共中央办公厅、国务院办公厅印发〈关于进一步加强因公出国（境）管理的若干规定〉的通知》（中办发〔2008〕9号）印发以来，中央纪委、外交部等10部门在全国范围内开展了制止公款出国（境）旅游专项治理工作，取得了一定成效。但是，因公出国（境）仍然存在一些突出问题：出访团组和人员数量增长过快；一些地方和部门对因公出国（境）审批把关不严，监管不力；借因公出国（境）之机公款旅游问题比较严重，名目繁多，花样翻新。公款出国（境）旅游不仅造成巨大浪费，而且严重损害党和政府形象，必须坚决制止。现就有关问题通知如下。

一、领导干部要以身作则，严格自律。各级领导干部要大力发扬艰苦奋斗和勤俭节约的优良传统，自觉抵制铺张浪费、奢靡之风。要带头严格执行中办发〔2008〕9号文件和其他各项外事规章制度，不组织、不参加各类公款出国（境）旅游活动。要从严掌握因公出国（境）任务安排，不得将因公出国（境）作为福利待遇，不得以任何方式影响因公出国（境）审核审批工作。

二、大力压缩因公出国（境）经费、团组数和人数。2009年各地区各部门因公出国（境）经费支出要在近3年平均数基础上压缩20%，并相应减少团组数和人数。要按照财政部等部门下发的《加强党政干部因公出国（境）经费管理暂行办法》，将因公出国（境）经费全部纳入专项预算管理，实行经费先行审核。党政干部因公出国（境）不得挪用其他公共资金，不得由企事业单位出资或补助，不得向下属机构和地方摊派，不得用公款报销违反规定持因私证件出国（境）的费用。

三、审核审批部门要认真履行职责，严格把关。审核审批部门要对因公出国（境）团组任务的必要性、报批材料的真实性、行程安排的合理性严格审核，切实防止以公务为名，行公款旅游之实。坚决禁止一般性考察和重复考察，从严控制团组在国（境）外停留时间。要对出访团组是否严格执行批准日程，以及完成任务和遵守纪律的情况进行检查，对出访报告进行评估。财政、审计等部门要加强对因公出国（境）经费使用情况的监督。对违规审核审批以及不认真履行审核审批职责的，要严肃追究有关领导和直接责任人的责任。

四、按照谁派出、谁负责的原则，强化因公出国（境）团组派出单位的责任。各派出单位要高度重视因公出国（境）管理工作，严格执行有关规定，杜绝弄虚作假和违规操作。出访团组负责人要切实负起责任，不得擅自更改行程，增加出访国家、地区或城市，延长境外停留时间。要将制止公款出国（境）旅游作为党风廉政建设责任制考核的一项重要内容，对出现公款出国（境）旅游情况的，既要追究团组负责人的责任，也要追究派出单位领导的责任。

五、严厉打击旅行社及中介机构为因公出国（境）团组联系或购买邀请函、编造虚假日程等行为。旅游、工商等职能部门要加强监管，对违规操作的，要依法处罚。情节严重的，要取消其经营资格。

六、严肃查处公款出国（境）旅游案件。各级纪检监察、审计等机关要高度重视查处公款出国（境）旅游案件，对顶风违纪的要从严处理并及时曝光。要重点查处虚报出国（境）任务、通过购买邀请函骗取批准的案件；擅自更改行程，增加出访国家、地区或城市，延长境外停留时间的案件；党政干部挪用其他公共资金，由企事业单位出资或补助，向下属机构或地方摊派出国（境）费用等案件。除严肃追究有关人员的责任外，公款出国（境）旅游的费用，一律由团组成员个人承担。

七、改革和完善因公出国（境）管理制度。外事管理部门要强化外事工作的集中统一管理，解决外事审批权方面存在的问题。要清理、规范审批权限，细化审批标准，提高审批质量。要完善因公出国（境）团组境外活动情况核查机制，并接受群众监督。

用公款出国（境）旅游及相关违纪行为适用《中国共产党纪律处分条例》若干问题的解释

中央纪委2010年6月9日印发

为明确相关政策界限，惩处用公款出国（境）旅游及相关违纪行为，现就用公款出国（境）旅游及相关违纪行为适用《中国共产党纪律处分条例》若干问题解释如下。

一、本解释所称用公款出国（境）旅游行为，是指无出国（境）公务，组织或者参加用公款支付全部或者部分费用，到国（境）外进行参观、游览等活动的行为；其中包括无实质性公务，以考察、学习、培训、研讨、招商、参展、参加会议等名义，变相用公款出国（境）旅游的行为。

二、用公款出国（境）旅游的，依照《中国共产党纪律处分条例》第七十八条的规定处理；其中，对于组织者，给予撤销党内职务或者留党察看处分，情节严重的，给予开除党籍处分。

三、以不正当方式谋求本人或者他人用公款出国（境），有下列行为之一的，依照《中国共产党纪律处分条例》第六十八条的规定处理：

（一）虚报出国（境）公务骗取批准的；

（二）购买、伪造邀请函或者编造虚假日程骗取批准的；

（三）采取伪造个人身份、资料等形式，安排与出国（境）公务无关人员出国（境）的；

（四）避开主管部门委托非主管部门办理因公出国（境）审核审批手续的；

（五）违反因公出国（境）管理规定，将一个团组拆分为若干团组报批或者审核审批的；

（六）其他以不正当方式谋求本人或者他人用公款出国（境）的。

四、组织以营利为目的的跨地区、跨部门团组用公款出国（境）的，依照《中国共产党纪律处分条例》第七十七条的规定处理。

五、擅自批准或者同意延长在国（境）外停留时间，绕道安排行程，或者到未经批准进行公务活动的国家（地区）、城市，造成不良影响或者经济损失的，依照《中国共产党纪律处分条例》第六十九条的规定处理。

六、因公出国（境）派出单位和审核审批管理部门滥用职权或者玩忽职守，致使发生用公款出国（境）旅游行为，造成较大损失的，依照《中国共产党纪律处分条例》第一百二十七条的规定处理；虽未造成较大损失，但给本地区、本单位造成严重不良影响的，依照《中国共产党纪律处分条例》第一百三十九条的规定处理。

七、对本地区、本部门、本系统、本单位发生的用公款出国（境）旅游行为不制止、不查处，造成较大损失的，依照《中国共产党纪律处分条例》第一百二十七条的规定处理；虽未造成较大损失，但给本地区、本部门、本系统、本单位造成严重不良影响的，依照《中国共产党纪律处分条例》第一百三十九条的规定处理。

党组织负责人有前款所列行为的，依照《中国共产党纪律处分条例》第一百二十八条的规定处理。

八、用公款出国（境）旅游的，依照《中国共产党纪律处分条例》第四十一条的规定，应当责令其退赔用公款支付的各项费用。

中共中央办公厅、国务院办公厅关于严禁党政机关到风景名胜区开会的通知

2014年9月19日

1998年中央办公厅、国务院办公厅下发《关于严禁党政机关到风景名胜区开会的通知》以来，各级党政机关到风景名胜区尤其是到中央明令禁止的12个风景名胜区开会现象得到了有效遏制。但是，违规到上述风景名胜区开会问题仍未完全杜绝，到其他热点风景名胜区开会以及在风景名胜区外开会到区内旅游的情况时有发生，有的单位还巧立名目组织公款旅游，损害了党和政府形象，广大干部群众对此反映强烈。为深入贯彻落实中央八项规定精神和《党政机关厉行节约反对浪费条例》，坚决杜绝以会议名义到风景名胜区公款旅游等违规行为，经党中央、国务院同意，现就有关事项通知如下。

一、各级党政机关一律不得到八达岭—十三陵、承德避暑山庄外八庙、五台山、太湖、普陀山、黄山、九华山、武夷山、庐山、泰山、嵩山、武当山、武陵源（张家界）、白云山、桂林漓江、三亚热带海滨、峨眉山—乐山大佛、九寨沟—黄龙、黄果树、西双版纳、华山21个风景名胜区召开会议，禁止召开会议的区域范围以风景名胜区总体规划确定的核心景区地域范围为准。

二、地方各级党政机关的会议一律在本行政区域内召开，不得到其他地区召开；因工作需要确需跨行政区域召开会议的，必须报同级党委、政府批准。风景名胜区核心景区与地方政府主要行政区域高度重合的，当地党政机关应当在机关内部会议场所或定点饭店召开会议。中央和国家机关各部门到京外召开会议的，必须严格执行会议费管理有关规定。

会议主办单位要合理安排会议日程，严格遵守报到、离会时限，严禁超出规定时限为参会人员提供食宿，严禁组织与会议无关的参观、考察等活动。

三、党政机关召开涉及旅游、宗教、林业、地震、气象、生态环保、国土资源以及景区规划等工作的专业性会议，确需到禁止名单中的风景名胜区召开的，应当完善管理制度，从严控制、严格审批。垂直管理单位应当报上一级主管部门批准，其他单位报同级党委、政府批准。

四、严禁各级党政机关以召开会议等名义组织公款旅游。严禁在会议费、培训费、接待费中列支风景名胜区等各类旅游景点门票费、导游费、景区内设施使用费、往返景区交通费等应由个人承担的费用。严禁向下级单位以及旅游景区管理部门、接待服务场所、旅游中介公司等单位转嫁上述费用。严禁违反规定要求旅游景区管理部门、有关企业等单位免除上述费用。

五、财政部门要建立会议经费定期或不定期财政监督检查制度，审计机关要建立会议费经常性审计监督制度，加大审计结果公开力度，必要时对旅游景区管理部门、接待服务场所、会议培训中介机构等单位开展延伸监督检查和审计，防止转嫁费用，并及时将违规违纪线索移交纪检监察机关。

六、本通知适用于各级党的机关、人大机关、行政机关、政协机关、审判机关、检察机关，以及工会、共青团、妇联等人民团体和参照公务员法管理的事业单位。

七、此前有关规定与本通知不一致的，以本通知为准。

4. 群众纪律

·法律法规·

国务院办公厅关于做好当前减轻农民负担工作的意见

1. 2006年6月16日
2. 国办发〔2006〕48号

各省、自治区、直辖市人民政府,国务院各部委、各直属机构:

近年来,随着农村税费改革全面推进,各项支农惠农政策进一步强化,农民负担重的状况发生了根本性变化,农民负担已得到明显减轻。减轻农民负担工作也由重点"治重"、"治乱"转入巩固农村税费改革成果、有效防止反弹的新阶段。但是,当前减轻农民负担工作仍然面临着许多新情况、新问题。一些干部产生了盲目乐观的思想,放松了对农民负担的监管;有的地方巧立名目乱收费、乱罚款以及各种集资、摊派现象有所抬头;各项支农惠农政策在不同程度上存在着不落实或落实不到位等问题;在征地和安置补偿过程中,损害农民权益的问题仍比较突出。为切实做好当前农民负担监督管理工作,防止农民负担反弹,不断巩固农村税费改革成果,经国务院同意,现提出如下意见:

一、准确把握减轻农民负担工作的总体要求

各地区、各部门要从全面落实科学发展观,统筹城乡经济社会发展,推进社会主义新农村建设,加快全面建设小康社会进程的高度,深刻认识做好新形势下减轻农民负担工作的重要性和艰巨性,澄清和消除各种模糊认识及盲目乐观情绪,准确把握减轻农民负担工作的总体要求,强化监管措施,加强制度建设,努力做到"四个坚持":一是坚持标本兼治。既要坚定不移地推进农村综合改革,加大治本工作力度,逐步消除农民负担反弹的隐患,又要加强对农民负担的监督管理,控制农民负担增加。二是坚持尊重农民意愿。在改善农村基础设施和发展农村公益事业中,既要引导农民对直接受益的项目出资出劳,把国家投入与农民投工投劳有机结合,改善农民生产生活条件,又要防止超越农民承受能力,违背农民意愿,加重农民负担。三是坚持推进基层民主。通过逐步规范基层民主制度,不断增强农民群众的民主意识,强化民主监督,切实保障农民群众的知情权、决策权、监督权。四是坚持预防与查处相结合。要加强教育,着力构筑防止农民负担反弹的思想和工作防线,坚决查处违规违纪行为。

二、进一步明确农民负担监管工作重点

减轻农民负担工作要继续坚持以维护农民合法权益为中心,适时调整监督管理工作范围。当前,要重点做好五方面的监管工作:一是规范涉及农民负担的行政事业性收费的管理,加强对涉及农民负担文件出台、项目公示的审核。二是加强对农业生产性费用和村集体收费的监管。对农民反应强烈的农业灌溉水费电费、排涝排渍收费、农业生产资料价格等实行重点监管。同时,要将与农民负担有关的承包土地、"册外地"、草地等方面的不合理收费纳入监管范围。三是强化对村民"一事一议"筹资筹劳的监管。要纠正违背农民意愿、超范围超标准向农民筹资筹劳和强行以资代劳等问题,防止将"一事一议"筹资筹劳变成加重农民负担的新口子。同时,加强对筹集的资金、劳务和专项补助资金的管理,提高使用效率。四是开展对向农民专业合作经济组织乱收费乱摊派等问题的监管,保护农民专业合作经济组织及其成员的合法权益。五是做好对农民补贴补偿和对村级财政性补助资金的监管,并将农民反应强烈的征地补偿等涉及农民权益的问题纳入监管范围。

三、认真落实和完善减轻农民负担的"四项制度"

各地要进一步落实和健全涉农税收、价格及收费"公示制",适时更新公示内容,创新公示形式,除在乡镇政府所在地统一公示外,涉农收费单位要在收费现场进行公示。认真落实农村义务教育收费"一费制",对实行免学杂费的地区,除按"一费制"规定的额度收取课本费、作业本费和寄宿学生住宿费外,学校不得再向学生收取其他费用;对享受免费提供教科书的学生,不再收取课本费。乡镇、村级组织和农村中小学校公费订阅报刊要严格执行"限额制",坚持自愿订阅原则,严禁摊派发行。继续深入贯彻执行涉及农民负担案(事)件"责任追究制",坚持对涉及农民负担案(事)件进行通报,进一步完善预防和处置涉及农民负担案(事)件的有效机制。

四、重点治理农民反应强烈的突出问题

各地要从实际出发,深入开展对农村义务教育、农民建房、农村土地、殡葬、计划生育等方面乱收费、乱罚款的专项治理。农村中小学校向学生提供服务,必须坚持学生自愿和非盈利原则，不得强制服务和强制收费，不得向学生收费统一购买教学辅导材料和学具，不得要求学生统一购买校服、卧具。严禁向农民家庭承包的土地收取土地承包费。今年要在全国范围内重点抓好农民普遍反应强烈的农业灌溉水费电费问题的专项治理。继续选择农民负担重的县（市、区）进行综合治理，实行检查、处理、整改全程监督。

五、严格规范村级组织收费

开展对村级组织乱收费行为的专项治理，严禁有关部门或单位委托村级组织向农民收取税费，违反规定的要坚决纠正。地方各级人民政府及有关部门需要村级组织协助开展工作的，要提供必要的工作经费，严禁将部门或单位经费的缺口转嫁给村级组织。建立健全村级组织运转经费保障机制，加大对村级组织运转资金补助力度，确保补助资金及时足额到位，确保五保户供养、村干部报酬和村级办公经费等方面的支出。村级补助资金要专款专用，确定到县、控制到乡、落实到村，防止“跑冒滴漏”。地方各级人民政府进行农村公益事业建设必须量力而行，不准向村级组织摊派、集资或强制要求村级配套。严禁村级组织擅自设立项目向农民收费，严禁用押金、违约金、罚款等不合法方式来约束村民、管理村务。

六、健全以“一事一议”为主要形式的村民民主议事机制

各地要认真总结经验，按照群众急需、直接受益、量力而行、民主决策的原则，进一步规范议事程序、范围和标准，逐步建立以政府补助资金为引导、筹补结合的农村基础设施等公益事业建设投入新机制，引导农民依靠自己的辛勤劳动改善自身生产生活条件。在推进“一事一议”中，各地要积极探索加强农村基层民主制度建设的新途径。所议事项要符合大多数农民的需要，解决农民迫切需要解决的问题；议事过程要坚持民主程序，不走过场，不搞形式主义；实施过程和结果要让群众全程参与监督，筹资筹劳的使用情况要透明公开。强化财政投入与农民投入相结合，有条件的地方可采取以奖代补、项目补助等办法给予支持，引导农民自愿出资出劳。

七、完善农民负担日常监督管理机制

要继续坚持和完善农民负担监督卡、项目审核与监测等日常监督管理制度，将农民负担监督管理与农村土地承包、农村集体财务和农村审计等管理紧密结合，切实维护农民合法权益。强化农民负担信访管理，畅通涉及农民负担的信访渠道，建立健全信访受理、督办、处理和反馈制度，做到受理及时、督办得力、处理到位。强化农民负担检查，实行综合检查与专项检查、检查与回访、明察与暗访、检查与处理相结合，不断提高检查效果。强化对违规违纪行为的查处，重点查处向农民乱收费、乱罚款、截留平调挪用农民的各种补贴补偿款以及其他涉及农民负担的案（事）件。有关部门要尽快研究制定对涉及农民负担的违规违纪行为的处理办法。

八、强化减轻农民负担工作责任制

地方各级人民政府要继续坚持主要领导亲自抓、负总责的工作制度，层层落实责任，一级抓一级，一级对一级负责。继续落实谁主管、谁负责的专项治理部门责任制，强化分工协作、齐抓共管的工作机制。加强调查研究，积极研究探索新形势下对农民负担监督管理的长效机制。加强法制建设，完善相关法律法规，切实做到依法监督管理农民负担。各地要制定和完善减轻农民负担工作考核办法，逐步形成制度，重点对政府主要领导负责制、涉农收费监管、农民权益维护、制度建设、案件查处等方面进行考核。对减轻农民负担工作成绩突出的，要进行表彰。对农民负担问题较多的地方或单位，要实行重点监控，限期整改，确保减轻农民负担的各项政策落到实处。

国务院办公厅关于进一步做好减轻农民负担工作的意见

1. 2012年4月17日
2. 国办发〔2012〕22号

各省、自治区、直辖市人民政府，国务院各部委、各直属机构：

近年来，随着国家强农惠农富农政策实施力度的逐步加大和农民负担监管工作的不断加强，农民负担总体上保持在较低水平，由此引发的矛盾大幅减少，农村干群关系明显改善。但最近一个时期以来，一些地方对减轻农民负担工作重视程度有所下降，监管力度有所减弱，涉农乱收费问题不断出现，向农民集资摊派现象有所抬头，惠农补贴发放中乱收代扣问题时有发生，一事一议筹资筹劳实施不够规范，部分领域农民负担增长较快。为进一步做好减轻农民负担工作，切实防止农民负担反弹，经国务院同意，现提出如下意见：

一、明确减轻农民负担工作的总体要求

做好减轻农民负担工作，要全面贯彻落实科学发展观,以维护农民合法权益为中心,以规范涉农收费为重点,以强化监督检查为手段,将农民负担监管工作融入到统筹城乡发展、加强农村社会管理、落实强农惠农富农政策中,将农民负担监管领域向农村基础设施建设、农村公共服务、农业社会化服务等方面延伸,创新监管思路、拓展监管范围、强化工作措施、加强制度建设,严格禁止各种不合理收费和集资摊派,坚决纠正违反政策规定加重农民负担的行为,确保农民负担继续控制在较低水平,促进农村社会和谐稳定。

二、严格管理涉农收费和价格

面向农民的行政事业性收费必须严格按照法律法规和国务院相关规定收取,严禁向农民"搭车"收费或摊派各种费用。严格执行涉农收费文件"审核制",防止出台加重农民负担的政策文件;全面推进涉农收费和价格"公示制",及时更新公示内容、创新公示形式,提高收费透明度。加强对农村义务教育、计划生育、农民建房、婚姻登记、生猪屠宰等领域乱收费的重点监督,深入开展行业专项检查,解决农民反映的突出问题。对农村义务教育阶段的学校,要坚持学生自愿征订教辅资料的原则,不得突破"一教一辅";突出学生食堂的公益性,合理控制饭菜价格,不得按学期或年度向就餐学生收取餐费;严禁以赞助、捐助的名义向村级组织摊派教师工资和活动经费。对不符合有关法律规定生育子女的农民,除依法征收社会抚养费外,严禁收取其他费用。对依法利用农村集体土地新建、翻建自用住房的农民,除收取土地和房屋权属证书工本费外,严禁收取其他费用。对办理婚姻登记的农民,除收取婚姻登记证书工本费外,严禁收取其他费用。对生猪养殖户,严禁在屠宰环节多收乱收费用。对农民的各种补贴补偿款,不得抵扣和代缴其他费用,不得"搭车"收费或配售商品。要在总结农业综合水价改革试点经验的基础上,进一步完善有关政策措施,降低农民水费支出。

三、规范实施村民一事一议筹资筹劳

开展一事一议筹资筹劳,要充分尊重农民意愿,严格规范议事程序,准确界定适用范围,合理确定限额标准。各省级人民政府要进一步完善本地区村民一事一议筹资筹劳实施办法。从2013年开始,一事一议筹资筹劳限额标准按绝对数额确定。一事一议项目不需农民投工或农民投工难以完成的,不得筹劳;确需农民投工的,要按实际需要合理确定筹劳数量;自愿以资代劳的,要严格控制数量、比例及工价标准,防止用自愿以资代劳名义变相向农民筹资。完善一事一议筹资筹劳操作程序,按照民主议事、方案审核、政府补助、验收检查等环节操作,规范组织实施。加大专项检查力度,坚决纠正层层下放限额标准权限,乡镇统筹使用、县级集中管理一事一议筹资筹劳资金以及套取、挪用政府补助资金等违规问题。全面推进村级公益事业建设一事一议财政奖补工作,加大奖补力度,扩大奖补覆盖面,完善制度办法,促进村级公益事业健康发展。

四、深入治理加重村级组织和农民专业合作社负担问题

加强对向村级组织收费事项的日常审核监管,防止乱收费和各种摊派行为。严禁将应由政府承担的建设和服务费用、部门工作经费转由村级组织承担,严禁地方有关部门或单位委托村级组织向农民收取费用。村级组织不得擅自设立项目向农民收费,严禁用罚款和违规收取押金、违约金等方式来管理村务。严格执行村级组织公费订阅报刊"限额制",禁止任何组织和个人向村级组织摊派发行报刊、图书和音像制品等出版物,逐步加大主要党报党刊向村级组织免费赠阅力度。加强农民专业合作社负担监管,深入治理乱收费、乱罚款和集资摊派等问题,加大动态监管和跟踪督查力度,推动落实各项优惠扶持政策。

五、建立和完善农民负担监管制度

抓紧建立健全涉及农民负担政策文件会签、信息公开和备案制度,各级有关部门出台涉及农民负担的政策文件必须会签同级人民政府农民负担监管部门。全面推行农村基础设施建设项目审核制度,对各级部门实施的建设项目,应由政府投入的,要及时足额到位,不得向农民和村级组织摊派;需要农民筹资筹劳的,必须经过同级人民政府农民负担监管部门审核,防止向村级组织和农民转嫁负担。建立农民参与农村基础设施建设项目管理机制,提高农民民主议事能力和管理水平。进一步完善农民负担监督卡制度,及时更新内容,标明举报电话,便于农民监督和反映问题。建立和完善农民负担监测制度,扩大监测范围,提高监测质量,为政府决策提供科学依据。

六、加强涉及农民负担事项的检查监督

地方各级人民政府要对减轻农民负担政策落实情况和强农惠农富农政策落实中涉及农民负担情况进行年度检查,检查结果在适当范围内通报,对发现的问题要跟踪督办。要结合实际,选择突出问题和重点领域开展专项治理,强化治理措施,确保治理成效。有关部门要严格执行谁主管、谁负责的部门责任制,深入开展自查自纠,切实解决本系统、本部门加重农民负担问题。中央和省级有关部门要选择问题较多的市(地)、

县,省级和市级有关部门也要选择问题较多的县、乡,联合开展农民负担综合治理,督促制定治理方案,排查突出问题,限期整改到位,切实防止区域性、行业性农民负担反弹。加大对涉及农民筹资筹劳事项的专项审计力度,及时公布审计结果,接受农民群众监督。进一步畅通农民负担信访渠道,加强综合协调,推动解决信访反映的重点难点问题。

七、严肃查处涉及农民利益的违规违纪行为

加大对涉及农民利益违规违纪问题的查处力度,对向农民、村级组织和农民专业合作社违规违纪收取的各种款项,坚决予以退还;对违规使用的农民劳务,按当地工价标准给予农民合理补偿;对擅自出台、设立涉及加重农民负担的文件和收费项目、建设项目,坚决予以撤销;对擅自提高的收费标准,坚决予以降低。严格实行农民负担责任追究制度,对违反政策规定,加重农民负担或影响强农惠农富农政策落实的相关责任人员,要依照有关规定予以严肃处理。

八、加强减轻农民负担工作的组织领导

地方各级人民政府要坚持主要领导亲自抓、负总责的工作制度,加强组织领导,层层落实责任,坚持实行减轻农民负担"一票否决"制度,继续保持减轻农民负担的高压态势,绝不能因为农业税的取消而思想麻痹,绝不能因为农民收入增加和农民负担水平下降而工作松懈。要健全减轻农民负担工作领导机构,加强队伍建设,保证工作经费,确保农民负担监管工作的顺利开展。要加强调查研究,及时掌握并妥善解决统筹城乡发展中涉农负担出现的新情况新问题,防止苗头性、局部性问题演变成趋势性、全局性问题。要加大对基层干部的宣传培训力度,不断提高其农村政策水平,增强服务能力。有关部门要加强对各地减轻农民负担工作情况的督导,及时通报结果。各省级人民政府要根据本意见的要求,结合本地实际,抓紧制定具体实施意见。

·党规党纪·

关于在党的群众路线教育实践活动中严肃整治"会所中的歪风"的通知

中共中央纪委、中央党的群众路线教育实践活动领导小组 2013 年 12 月 22 日印发

近年来,一些地方将历史建筑、公园等公共资源变为私人会所的现象屡见不鲜,其中存在违法设立经营、侵占群众利益、助长奢靡之风、滋生腐败行为等问题,群众反映强烈。特别是一些党员领导干部出入私人会所,吃喝玩乐,甚至搞权钱交易、权色交易等,严重影响党风政风,带坏了社会风气。为深入贯彻落实中央八项规定精神,坚决反对"四风",遵照中央指示,现就严肃整治"会所中的歪风"提出如下要求:

一、各地区各部门各单位党委(党组)要组织力量深入调研,依法加强监管,结合反"四风"活动采取有针对性的措施加以解决。要把整治"会所中的歪风"作为教育实践活动反"四风"的内容,严肃整治;在整改落实和建章立制中,提出明确要求,加强对党员干部的教育和管理,发现问题及时提醒、坚决纠正。

二、各级纪检监察机关要加强监督执纪,盯住党员领导干部,严肃查处出入私人会所吃喝玩乐等违规违纪行为,严格责任追究,及时通报曝光,形成威慑。

三、党员领导干部在教育实践活动整改落实、建章立制中要作出承诺:不出入私人会所、不接受和持有私人会所会员卡,自觉接受党组织和人民群众的监督。

关于完善党员干部直接联系群众制度的意见

中共中央办公厅 2014 年 3 月 8 日印发

为深入贯彻落实党的十八大、十八届三中全会精神和习近平总书记系列讲话精神,进一步密切党群干群关系,根据《中国共产党章程》和《十八届中央政治局关于改进工作作风、密切联系群众的八项规定》等有关党内法规制度规定,现就完善党员干部直接联系群众制度提出如下意见。

做好党员干部直接联系群众工作的总体要求是:忠实践行全心全意为人民服务的根本宗旨和党的群众路线,以维护群众利益为核心,以直接联系为主要方式,以制度建设为保障,以了解群众、学习群众、服务群众、引导群众为主要任务,进一步落实为民务实清廉要求,密切党同人民群众的血肉联系。坚持领导带头、加强分类指导、突出工作重点、尊重群众主体地位,更好地团结带领广大人民群众共同推进中国特色社会主义伟大事业,实现中华民族伟大复兴的中国梦。

党员干部直接联系群众要建立健全以下具体制度。

一、调查研究制度。除个别特殊部门外,中央和国家机关各部门主要负责同志每年都要到基层调研若干次。各省(自治区、直辖市)党政主要负责同志除开展经常性调研外,每年要到基层驻点调研,深入点上蹲住调研要保证一定时间。各地区各部门其他党员领导干部到基层调研,由本地区本部门结合实际提出具体要求。党员领导干部到基层调研要严格遵守中央八项规定精神,加强统筹、明确主题、增强目的性,轻车简从、改进作风,多到困难较多、情况复杂、矛盾尖锐的地方去,深入了解真实情况,通过"解剖麻雀"认识规律,以更好地总结经验、研究问题、解决困难、指导工作。鼓励机关党员干部利用探亲休假等机会开展随机调研。

二、基层联系点制度。县处级以上党政领导班子成员要建立基层联系点。原则上,各省(自治区、直辖市)党政领导班子成员联系到县(市、区、旗)及以下,市(地、州、盟)党政领导班子成员联系到乡镇(街道)及以下,县(市、区、旗)党政领导班子成员联系到村(社区),中央和国家机关各部门以及其他机关党员领导干部主要联系本部门本系统的基层单位。各层级联系点一般不重复交叉,可与扶贫点、挂职地方等相结合,一个联系点的联系时间不得少于1年,可以长期联系。省部级、市厅级党员领导干部深入联系点每年至少1次,县处级党员领导干部每年不少于2次。党员领导干部到联系点可与驻点调研结合起来,主要任务是了解社情民意,帮助当地建强基层组织、谋划发展思路、解决发展难题,充分发挥联系点的辐射带动作用。乡镇(街道)党政领导班子成员每人结对联系2户以上基层群众,每年走访几次,及时宣传党的路线方针政策、了解群众利益诉求、听取意见建议、帮助解决问题、做好思想政治工作。结对联系户的联系时间不得少于1年,可以长期联系。

三、基层挂职任职制度。县级以上机关要选派党员干部特别是后备干部、年轻干部和没有基层工作经历的干部,到县、乡特别是条件艰苦、环境复杂的基层单位、与群众接触比较直接的岗位和村、社区、企业、社会组织等基层一线挂职任职、驻点包户,时间不少于1年,挂职期间原则上与原单位工作脱钩。加强对挂职任职干部的监督管理和实绩考核,引导挂职任职干部自觉践行群众路线、认真履行职责,做到工作学习在基层、生活交友在基层、锻炼成长在基层。

四、定期接待群众来访制度。各地区党政领导班子成员要定期接待群众来访,省(自治区、直辖市)领导干部每半年至少1天,市(地、州、盟)领导干部每季度至少1天,县(市、区、旗)领导干部每月至少1天,乡镇(街道)领导干部每周至少1天。各地党委和政府工作部门领导干部、中央和国家机关党员领导干部定期接待群众来访工作,由各地区各部门结合实际提出具体要求。党员领导干部接访可采取定点接访、重点约访、带案下访、上门回访等多种方式,方便群众参与。党员领导干部接访要建立工作台账,明确承办单位和责任人,以便督办落实和答复来访群众。对人数较多的集体上访,在依法规范、依法处置的同时,党政领导班子成员要出面接访、化解矛盾。县处级以上党政领导班子成员要及时处理群众来信及群众通过网上信箱、热线电话、政务微博等方式反映的诉求。党员干部要定期走访群众,农村、社区基层干部要通过各种方式普遍走访辖区群众,及时收集社情民意、协调利益纠纷、化解各类矛盾。

五、与干部群众谈心制度。党员领导干部特别是党政领导班子成员在日常工作中,要与干部群众开展谈心活动,及时了解他们的学习、思想、工作、生活情况,既肯定成绩、指出不足,又明确方向、鞭策鼓励;既虚心听取意见建议,又切实帮助解决实际困难,对发现的苗头性、倾向性问题要及时进行教育引导,防止矛盾积累激化。谈心活动每年至少开展2次,可与党员民主生活会谈心结合起来安排。谈心活动可采取个别谈话、集体座谈、随机交流等多种形式,营造实事求是、客观公正、坦诚相见的良好氛围,通过广泛深入的谈心谈话,进一步沟通思想、增进理解、促进团结、形成共识。基层党支部负责人每年要与所属党员至少进行2次谈心谈话,同时要广泛开展基层党员干部与群众谈心活动,努力实现全覆盖。

六、征集群众意见制度。县级以上党政机关要通过建立健全公示、听证咨询、民意调查等制度,设立意见箱、开通热线电话、发放征求意见卡等方式,利用现代信息技术手段,就经济社会发展中的重要问题和人民群众最关心最直接最现实的利益问题广泛征集群众意见,与群众协商,并以适当方式反馈或公布群众意见采纳处理情况。探索建立网上群众工作制度,逐步建立党员干部与网民有效沟通机制,运用网络手段和博客、微博、微信、论坛等平台,广泛听取民意,并做好对网民的宣传引导工作。各级人大、政协中的党组织和党委统战部门要充分履行职责,积极发挥党员人大代表、政协委员的作用,密切同人民群众的联系,注意加强同各民主党派、工商联和无党派人士的联系,通过走访慰问、结对联系、个别访谈、民主恳谈等多种方式,听取和反映各行业、各界别、各阶层群众和代表人士的意见建议。党员干部要随时了解征集群众意见，并及时向有关地区或部门反映。从中央到地方，各级党委和政府要定期收集汇总、分析研判群众意见，作为科学决策的重要依据。

七、**党员承诺践诺制度**。基层机关、企事业单位和社会组织的党员以及流动党员既要积极参加所在单位的承诺践诺活动，又要向居住地社区（村）党组织报到，自觉参加各类公益活动、志愿服务活动和主题实践活动，主动联系服务身边群众。农村和社区的党员要积极参加以服务群众为主要内容的"设岗定责"活动，认真履行岗位责任，主动接受群众监督。各地要以乡镇（街道）、村（社区）基层干部为骨干，以网格为单位整合资源，组织辖区内党员干部成立联系服务群众团队，为群众提供便利、快捷、有效服务。窗口单位和服务行业的党员在日常工作中要坚持佩戴党员徽章，亮出党员身份和服务承诺，提高服务质量，展现良好形象。

八、**市县党代会代表直接联系群众制度**。市（地、州、盟）、县（市、区、旗）两级党代会要合理设置各有分工的党代会代表工作小组，定期组织党代会代表开展调查研究、工作视察、建言献策等活动。同时，组织党代会代表定期接待党员、群众，收集意见建议。党代会代表要接受党员、群众监督，强化对党员负责、为群众服务的意识，通过发挥模范带头作用把群众团结到党组织周围。党组织要积极协调党代会代表所在工作单位为党代会代表开展有关活动提供时间保障等相应的便利条件。

各级党组织要高度重视党员干部直接联系群众工作，切实加强组织领导。各级党的建设工作领导小组及其办公室要加强日常组织协调工作，纪检机关和组织、宣传、政法、统战等部门要各司其职、相互配合，形成工作合力。工会、共青团、妇联等人民团体要按照各自章程和有关规定做好联系服务群众工作，示范带动其他社会组织积极联系服务群众。基层党组织要认真履行职责，做好党员干部直接联系群众的具体组织工作。要大力宣传党员干部直接联系群众的重要意义和目标要求，总结推广先进经验和典型做法，形成正确导向和良好氛围。加强对党员干部直接联系群众工作的督促检查和考核评价，定期进行工作通报，对严重脱离群众、脱离实际、损害群众利益、影响党群干群关系的恶性事件按照有关规定及时予以严肃处理。坚持定期报告工作，各省（自治区、直辖市）和新疆生产建设兵团党员干部直接联系群众工作情况，由党委每年年底向中央报告；中央和国家机关党员干部直接联系群众工作情况，由中央直属机关工委、中央国家机关工委每年年底向中央报告。

各地区各部门要根据本意见精神，结合实际制定具体实施办法和相关配套措施，并在实践中不断探索完善。以往相关制度规定与本意见精神不相符合的，要作相应调整。

中国人民解放军和中国人民武装警察部队的党员干部直接联系群众制度，由总政治部根据本意见精神制定。

关于进一步整治"会所中的歪风"的通知

中央党的群众路线教育实践活动领导小组 2014 年 5 月 16 日印发

中央纪委、中央党的群众路线教育实践活动领导小组《关于在党的群众路线教育实践活动中严肃整治"会所中的歪风"的通知》（群组发〔2013〕31 号）下发后，各地区各部门各单位认真学习贯彻，采取有力措施，加强专项整治，取得了初步成效。根据中央有关指示精神，为巩固已有工作成果，进一步整治"会所中的歪风"，现提出如下要求。

一、**进一步加大整治力度**。这次整治主要针对在历史建筑、公园等公共资源中实行会员制的会所、只对少数人开放的场所、违规出租经营的场所。各省（区、市）要制定工作方案，明确任务要求，落实责任单位，组织力量集中时间开展专项清理，切实解决存在的违法设立经营、侵占群众利益、助长奢靡之风、滋生腐败行为等问题。对设在历史建筑、公园等公共资源中的会所依法依规整治，杜绝历史建筑、公园等公共资源违法违规出租现象，建立健全加强监管的长效机制。于 7 月底前将专项整治工作情况报中央党的群众路线教育实践活动领导小组办公室。

二、**继续把整治"会所中的歪风"作为教育实践活动反"四风"重要内容**。党员领导干部不出入私人会所是指，党员领导干部不得出入实行会员制、只有会员才能出入的会所或不向公众开放、只对少数人开放的餐饮服务、休闲娱乐、美容健身等场所。第二批教育实践活动中，要组织党员领导干部作出不出入私人会所、不接受和持有私人会所会员卡的公开承诺，并纳入对照检查的内容，在专题民主生活会上进行明示，自觉接受监督。对第一批教育实践活动中党员领导干部的承诺情况及整改落实、建章立制情况要进行回头看，发现问题坚决纠正。

三、**中央和国务院有关部门要认真履行职责，与省区市密切配合、上下联动。**公安、民政、住建、商务、文化、税务、工商、旅游、宗教工作等部门要在认真抓好本系统专项整治的同时，加强工作指导和政策研究，进一步健全完善监管制度，推动专项整治工作深入开展。

四、各地区各部门各单位要强化监督检查，对党员领导干部违规出入私人会所的行为，一经发现，严肃查处；对典型问题通报曝光，以形成威慑，警示教育党员干部。

5. 工作纪律

（1）考核制度

·法律法规·

中央企业负责人经营业绩考核办法

1. 2019年3月1日国务院国有资产监督管理委员会令第40号公布
2. 自2019年4月1日起施行

第一章　总　　则

第一条　坚持以习近平新时代中国特色社会主义思想为指导，全面贯彻党的十九大精神和党中央、国务院关于深化国有企业改革、完善国有资产管理体制的一系列重大决策部署，切实履行企业国有资产出资人职责，维护所有者权益，落实国有资产保值增值责任，建立健全有效的激励约束机制，引导中央企业实现高质量发展，加快成为具有全球竞争力的世界一流企业，根据《中华人民共和国公司法》《中华人民共和国企业国有资产法》《企业国有资产监督管理暂行条例》等有关法律法规和《中共中央　国务院关于深化国有企业改革的指导意见》（中发〔2015〕22号）以及深化中央管理企业负责人薪酬制度改革等有关规定，制定本办法。

第二条　本办法考核的中央企业负责人，是指经国务院授权由国务院国有资产监督管理委员会（以下简称国资委）履行出资人职责的企业（以下简称企业）中由中央或者国资委管理的人员。

第三条　企业负责人经营业绩考核遵循以下原则：

（一）坚持质量第一效益优先。牢固树立新发展理念，以供给侧结构性改革为主线，加快质量变革、效率变革、动力变革，不断做强做优做大国有资本。

（二）坚持市场化方向。遵循市场经济规律和企业发展规律，健全市场化经营机制，充分发挥市场在资源配置中的决定性作用，强化正向激励，激发企业活力。

（三）坚持依法依规。准确把握出资人监管边界，依法合规履行出资人职权，坚持以管资本为主加强国有资产监管，有效落实国有资产保值增值责任。

（四）坚持短期目标与长远发展有机统一。切实发挥企业战略引领作用，构建年度考核与任期考核相结合，立足当前、着眼长远的考核体系。

（五）坚持国际对标行业对标。瞄准国际先进水平，强化行业对标，不断提升企业在全球产业发展中的话语权和影响力，加快成为具有全球竞争力的世界一流企业。

（六）坚持业绩考核与激励约束紧密结合。坚持权责利相统一，建立与企业负责人选任方式相匹配、与企业功能性质相适应、与经营业绩相挂钩的差异化激励约束机制。

第四条　年度经营业绩考核和任期经营业绩考核采取由国资委主任或者其授权代表与企业主要负责人签订经营业绩责任书的方式进行。

第二章　考核导向

第五条　突出效益效率，引导企业加快转变发展方式，优化资源配置，不断提高经济效益、资本回报水平、劳动产出效率和价值创造能力，实现质量更高、效益更好、结构更优的发展。

第六条　突出创新驱动，引导企业坚持自主创新，加大研发投入，加快关键核心技术攻关，强化行业技术引领，不断增强核心竞争能力。

第七条　突出实业主业，引导企业聚焦主业做强实业，加快结构调整，注重环境保护，着力补齐发展短板，积极培育新动能，不断提升协调发展可持续发展能力。

第八条　突出国际化经营，引导企业推进共建“一带一路”走深走实，加强国际合作，推动产品、技术、标准、服务、品牌走出去，规范有序参与国际市场竞争，不断提升国际化经营水平。

第九条　突出服务保障功能，引导企业在保障国家安全和国民经济运行、发展前瞻性战略性产业中发挥重要作用。鼓励企业积极承担社会责任。

第十条　健全问责机制，引导企业科学决策，依法合规经营，防范经营风险，防止国有资产流失，维护国有资本安全。

第三章　分类考核

第十一条　根据国有资本的战略定位和发展目标，结合企业实际，对不同功能和类别的企业，突出不同考核重点，合理设置经营业绩考核指标及权重，确定差异化考核标准，实施分类考核。

第十二条　对主业处于充分竞争行业和领域的商业类企业，以增强国有经济活力、放大国有资本功能、实现国有资本保值增值为导向，重点考核企业经济效益、资本回报水平和市场竞争能力,引导企业优化资本布局,提高资本运营效率,提升价值创造能力。

第十三条 对主业处于关系国家安全、国民经济命脉的重要行业和关键领域、主要承担重大专项任务的商业类企业,以支持企业可持续发展和服务国家战略为导向,在保证合理回报和国有资本保值增值的基础上,加强对服务国家战略、保障国家安全和国民经济运行、发展前瞻性战略性产业情况的考核。适度降低经济效益指标和国有资本保值增值率指标考核权重,合理确定经济增加值指标的资本成本率。承担国家安全、行业共性技术或国家重大专项任务完成情况较差的企业,无特殊客观原因的,在业绩考核中予以扣分或降级处理。

第十四条 对公益类企业,以支持企业更好地保障民生、服务社会、提供公共产品和服务为导向,坚持经济效益和社会效益相结合,把社会效益放在首位,重点考核产品服务质量、成本控制、营运效率和保障能力。根据不同企业特点,有区别地将经济增加值和国有资本保值增值率指标纳入年度和任期考核,适当降低考核权重和回报要求。对社会效益指标引入第三方评价,评价结果较差的企业,根据具体情况,在业绩考核中予以扣分或降级处理。

第十五条 对国有资本投资、运营公司,加强落实国有资本布局和结构优化目标、提升国有资本运营效率以及国有资本保值增值等情况的考核。

第十六条 对科技进步要求高的企业,重点关注自主创新能力的提升,加强研发投入、科技成果产出和转化等指标的考核。在计算经济效益指标时,可将研发投入视同利润加回。

第十七条 对结构调整任务重的企业,重点关注供给侧结构性改革、主业转型升级、新产业新业态新模式发展,加强相关任务阶段性成果的考核。

第十八条 对国际化经营要求高的企业,加强国际资源配置能力、国际化经营水平等指标的考核。

第十九条 对资产负债水平较高的企业,加强资产负债率、经营性现金流、资本成本率等指标的考核。

第二十条 对节能环保重点类和关注类企业,加强反映企业行业特点的综合性能耗、主要污染物排放等指标的考核。

第二十一条 对具备条件的企业,运用国际对标行业对标,确定短板指标纳入年度或任期考核。

第二十二条 建立健全业绩考核特殊事项清单管理制度。将企业承担的保障国家安全、提供公共服务等事项列入管理清单,对当期经营业绩产生重大影响的特殊事项,在考核时予以适当处理。

第四章 目标管理

第二十三条 国资委按照企业发展与国民经济发展速度相适应、与国民经济重要支柱地位相匹配、与高质量发展要求相符合的原则,主导确定企业经营业绩总体目标(以下简称总体目标)。

第二十四条 企业考核目标值应与总体目标相衔接,根据不同功能企业情况,原则上以基准值为基础予以核定。

第二十五条 考核基准值根据企业功能定位,兼顾企业经营性质和业务特点,依据考核指标近三年完成值、客观调整因素和行业对标情况综合确定。

第二十六条 年度净利润、经济增加值等指标目标值可设置为三档。

第一档:目标值达到历史最好水平,或者明显好于上年完成值且增幅高于总体目标增幅。

第二档:目标值不低于基准值。

第三档:目标值低于基准值。

经行业对标,目标值处于国际优秀水平或国内领先水平的,不进入第三档。

第二十七条 国资委将年度净利润、经济增加值等指标目标值与考核计分、结果评级紧密结合。

第一档目标值,完成后指标得满分,同时根据目标值先进程度给予加分奖励。

第二档目标值,完成后正常计分。

第三档目标值,完成后加分受限,考核结果不得进入 A 级。

第二十八条 净利润等经济效益指标的目标值与工资总额预算挂钩,根据目标值的先进程度确定不同的工资总额预算水平。

第五章 考核实施

第二十九条 企业负责人经营业绩考核工作由国资委考核分配工作领导小组组织实施。

第三十条 年度经营业绩考核以公历年为考核期,任期经营业绩考核以三年为考核期。

第三十一条 经营业绩责任书内容:

(一)双方的单位名称、职务和姓名;

(二)考核内容及指标;

(三)考核与奖惩;

(四)责任书的变更、解除和终止;

(五)其他需要约定的事项。

第三十二条　经营业绩责任书签订程序：

（一）考核期初，企业按照国资委经营业绩考核要求，将考核期内考核目标建议值和必要的说明材料报送国资委。

（二）国资委对考核目标建议值进行审核，并就考核目标值及有关内容同企业沟通后予以确定。

（三）由国资委主任或者其授权代表同企业主要负责人签订经营业绩责任书。

第三十三条　考核期中，国资委对经营业绩责任书执行情况实施预评估，对考核目标完成进度不理想的企业提出预警。

第三十四条　建立重大事项报告制度。企业发生较大及以上生产安全责任事故和网络安全事件、重大及以上突发环境事件、重大及以上质量事故、重大资产损失、重大法律纠纷案件、重大投融资和资产重组等，对经营业绩产生重大影响的，应及时向国资委报告。

第三十五条　经营业绩完成情况按照下列程序进行考核：

（一）考核期末，企业依据经审计的财务决算数据，形成经营业绩总结分析报告报送国资委。

（二）国资委依据经审计并经审核的企业财务决算报告和经审查的统计数据，结合总结分析报告，对企业负责人考核目标的完成情况进行考核，形成考核与奖惩意见。

（三）国资委将考核与奖惩意见反馈给企业。企业负责人对考核与奖惩意见有异议的，可及时向国资委反映。国资委将最终确认的考核结果在一定范围内公开。

第三十六条　落实董事会对经理层的经营业绩考核职权。

（一）授权董事会考核经理层的企业，国资委与董事会授权代表签订年度和任期经营业绩责任书，董事会依据国资委考核要求并结合本企业实际对经理层实施经营业绩考核。

（二）国资委根据签订的经营业绩责任书和企业考核目标完成情况，确定企业主要负责人年度和任期经营业绩考核结果。

（三）董事会根据国资委确定的经营业绩考核结果，结合经理层个人履职绩效，确定经理层业绩考核结果和薪酬分配方案。

第三十七条　董事会应根据国资委经营业绩考核导向和要求，制订、完善企业内部的经营业绩考核办法，报国资委备案。

第六章　奖　惩

第三十八条　年度经营业绩考核和任期经营业绩考核等级分为A、B、C、D四个级别。A级企业根据考核得分，结合企业国际对标行业对标情况综合确定，数量从严控制。

第三十九条　国资委依据年度和任期经营业绩考核结果对企业负责人实施奖惩。经营业绩考核结果作为企业负责人薪酬分配的主要依据和职务任免的重要依据。

第四十条　企业负责人的薪酬由基本年薪、绩效年薪、任期激励收入三部分构成。

第四十一条　对企业负责人实行物质激励与精神激励。物质激励主要包括与经营业绩考核结果挂钩的绩效年薪和任期激励收入。精神激励主要包括给予任期通报表扬等方式。

第四十二条　企业负责人的绩效年薪以基本年薪为基数，根据年度经营业绩考核结果并结合绩效年薪调节系数确定。

第四十三条　绩效年薪按照一定比例实施按月预发放。国资委依据年度经营业绩半年预评估结果对企业负责人预发绩效年薪予以调整。

第四十四条　任期激励收入根据任期经营业绩考核结果，在不超过企业负责人任期内年薪总水平的30%以内确定。

第四十五条　对科技创新取得重大成果、承担重大专项任务和社会参与作出突出贡献的企业，在年度经营业绩考核中给予加分奖励。

第四十六条　对经营业绩优秀以及在科技创新、国际化经营、节能环保、品牌建设等方面取得突出成绩的，经国资委评定后对企业予以任期激励。

第四十七条　连续两年年度经营业绩考核结果为D级或任期经营业绩考核结果为D级，且无重大客观原因的，对企业负责人予以调整。

第四十八条　企业发生下列情形之一的，国资委根据具体情节给予降级或者扣分处理；违规经营投资造成国有资产损失或其他严重不良后果，按照有关规定对相关责任人进行责任追究处理；情节严重的，给予纪律处分或者对企业负责人进行调整；涉嫌犯罪的，依法移送国家监察机关或司法机关查处。

（一）违反《中华人民共和国会计法》《企业会计准则》等有关法律法规规章，虚报、瞒报财务状况的；

（二）企业法定代表人及相关负责人违反国家法律法规和规定，导致发生较大及以上生产安全责任事故和网络安全事件、重大及以上突发环境事件、重大质量责任事故、重大违纪和法律纠纷案件、境外恶性竞争、偏离核定主业盲目投资等情形，造成重大不良影响或者国有资产损失的。

第四十九条 鼓励探索创新，激发和保护企业家精神。企业实施重大科技创新、发展前瞻性战略性产业等，对经营业绩产生重大影响的，按照“三个区分开来”原则和有关规定，可在考核上不做负向评价。

第七章 附 则

第五十条 企业在考核期内经营环境发生重大变化，或者发生清产核资、改制重组、主要负责人变动等情况，国资委可以根据具体情况变更经营业绩责任书的相关内容。

第五十一条 对混合所有制企业以及处于特殊发展阶段的企业，根据企业功能定位、改革目标和发展战略，考核指标、考核方式可以“一企一策”确定。

第五十二条 中央企业专职党组织负责人、纪委书记（纪检监察组组长）的考核有其他规定的，从其规定。

第五十三条 国有资本参股公司、被托管和兼并企业中由国资委管理的企业负责人，其经营业绩考核参照本办法执行。

第五十四条 各省、自治区、直辖市和新疆生产建设兵团国有资产监督管理机构，设区的市、自治州级国有资产监督管理机构对国家出资企业负责人的经营业绩考核，可参照本办法并结合实际制定具体规定。

第五十五条 本办法由国资委负责解释，具体实施方案另行制定。

第五十六条 本办法自2019年4月1日起施行。《中央企业负责人经营业绩考核办法》（国资委令第33号）同时废止。

事业单位工作人员考核规定

1. 2023年1月12日中共中央组织部、人力资源社会保障部印发

2. 人社部发〔2023〕6号

第一章 总 则

第一条 为了准确评价事业单位工作人员的德才表现和工作实绩，规范事业单位工作人员考核工作，推动建设堪当民族复兴重任、忠诚干净担当的高素质专业化事业单位工作人员队伍，把新时代好干部标准落到实处，根据《事业单位人事管理条例》和有关法律法规，制定本规定。

第二条 事业单位工作人员考核，是指事业单位或者主管机关（部门）按照干部人事管理权限及规定的标准和程序，对事业单位工作人员的政治素质、履职能力、工作实绩、作风表现等进行的了解、核实和评价。

对事业单位领导人员的考核，按照有关规定执行。

第三条 事业单位工作人员考核工作，坚持以习近平新时代中国特色社会主义思想为指导，贯彻新时代党的组织路线和干部工作方针政策，着眼于充分调动事业单位工作人员积极性主动性创造性、促进新时代公益事业高质量发展，坚持尊重劳动、尊重知识、尊重人才、尊重创造，全面准确评价事业单位工作人员，鲜明树立新时代选人用人导向，推动形成能者上、优者奖、庸者下、劣者汰的良好局面。工作中，应当坚持下列原则：

（一）党管干部、党管人才；

（二）德才兼备、以德为先；

（三）事业为上、公道正派；

（四）注重实绩、群众公认；

（五）分级分类、简便有效；

（六）考用结合、奖惩分明。

第四条 事业单位工作人员考核的方式主要是年度考核和聘期考核，根据工作实际开展平时考核、专项考核。

第二章 考核内容

第五条 对事业单位工作人员的考核，以岗位职责和所承担的工作任务为基本依据，全面考核德、能、勤、绩、廉，突出对德和绩的考核。

（一）德。坚持将政治标准放在首位，全面考核政治品质和道德品行，重点了解学习贯彻习近平新时代中国特色社会主义思想，坚定拥护“两个确立”，增强“四个意识”、坚定“四个自信”、做到“两个维护”，坚定理想信念，坚守初心使命，忠于宪法、忠于国家、忠于人民的情况；做到坚持原则、敢于斗争、善于斗争的情况；模范践行社会主义核心价值观，胸怀祖国、服务人民，恪守职业道德，遵守社会公德、家庭美德和个人品德等情况。

（二）能。全面考核适应新时代要求履行岗位职责的政治能力、工作能力、专业素养和技术技能水平，重点了解政治判断力、政治领悟力、政治执行力和学习调研能力、依法办事能力、群众工作能力、沟通协调能力、贯彻执行能力、改革创新能力、应急处突能力等情况。

（三）勤。全面考核精神状态和工作作风，重点了解爱岗敬业、勤勉尽责、担当作为、锐意进取、勇于创造、甘于奉献等情况。

（四）绩。全面考核践行以人民为中心的发展思想，依法依规履行岗位职责、承担急难险重任务、为群众职工办实事等情况，重点了解完成工作的数量、质量、时效、成本，产生的社会效益和经济效益，服务对象满意度等情况。

（五）廉。全面考核廉洁从业情况，重点了解落实中央八项规定及其实施细则精神，执行本系统、本行业、本单位行风建设相关规章制度，遵规守纪、廉洁自律等情况。

第六条　对事业单位工作人员实行分级分类考核，考核内容应当细化明确考核要素和具体指标，体现不同行业、不同类型、不同层次、不同岗位工作人员的特点和具体要求，增强针对性、有效性。

第七条　对面向社会提供公益服务的事业单位工作人员的考核，突出公益服务职责，加强服务质量、行为规范、技术技能、行风建设等考核。宣传思想文化、教育、科技、卫生健康等重点行业领域事业单位要按照分类推进人才评价机制改革有关要求，分别确定工作人员考核内容的核心要素，合理设置指标权重，实行以行业属性为基础的差别化考核。

对主要为机关提供支持保障的事业单位工作人员的考核，突出履行支持保障职责情况考核。根据实际情况，可以与主管机关（部门）工作人员考核统筹。

第八条　对事业单位专业技术人员的考核，应当结合专业技术工作特点，以创新价值、能力、贡献为导向，注重公共服务意识、专业理论知识、专业能力水平、创新服务及成果等。

对事业单位管理人员的考核，应当结合管理工作特点，注重管理水平、组织协调能力、工作规范性、廉政勤政情况等。

对事业单位工勤技能人员的考核，应当结合工勤技能工作特点，注重技能水平、服务态度、质量、效率等。

第三章　年度考核

第九条　年度考核是以年度为周期对事业单位工作人员总体表现所进行的综合性考核，一般每年年末或者次年年初进行。

第十条　年度考核的结果一般分为优秀、合格、基本合格和不合格四个档次。

第十一条　年度考核确定为优秀档次应当具备下列条件：

（一）思想政治素质高，理想信念坚定，贯彻落实党中央决策部署坚决有力，模范遵守法律法规，恪守职业道德，具有良好社会公德、家庭美德和个人品德；

（二）履行岗位职责能力强，精通本职业务，与岗位要求相应的专业技术技能或者管理水平高；

（三）公共服务意识和工作责任心强，勤勉敬业奉献，改革创新意识强，工作作风好；

（四）全面履行岗位职责，高质量地完成各项工作任务，工作实绩突出，对社会或者单位有贡献，服务对象满意度高；

（五）廉洁从业且在遵守廉洁纪律方面具有模范带头作用。

第十二条　年度考核确定为合格档次应当具备下列条件：

（一）思想政治素质较高，能够贯彻落实党中央决策部署，自觉遵守法律法规和职业道德，具有较好社会公德、家庭美德和个人品德；

（二）履行岗位职责能力较强，熟悉本职业务，与岗位要求相应的专业技术技能或者管理水平较高；

（三）公共服务意识和工作责任心较强，工作认真负责，工作作风较好；

（四）能够履行岗位职责，较好地完成工作任务，服务对象满意度较高；

（五）廉洁从业。

第十三条　事业单位工作人员有下列情形之一的，年度考核应当确定为基本合格档次：

（一）思想政治素质一般，在贯彻落实党中央决策部署以及遵守职业道德、社会公德、家庭美德、个人品德等方面存在明显不足；

（二）履行岗位职责能力较弱，与岗位要求相应的专业技术技能或者管理水平较低；

（三）公共服务意识和工作责任心一般，工作纪律性不强，工作消极，或者工作作风方面存在明显不足；

（四）能够基本履行岗位职责、完成工作任务，但完成工作的数量不足、质量和效率不高，或者在工作中有一定的失误，或者服务对象满意度较低；

（五）能够基本做到廉洁从业，但某些方面存在不足。

第十四条　事业单位工作人员有下列情形之一的，年度考核应当确定为不合格档次：

（一）思想政治素质较差，在贯彻落实党中央决策部署以及职业道德、社会公德、家庭美德、个人品德等方面存在严重问题；

（二）业务素质和工作能力不能适应岗位要求；

（三）公共服务意识和工作责任心缺失，工作不担当、不作为，或者工作作风差；

（四）不履行岗位职责、未能完成工作任务，或者在工作中因严重失职失误造成重大损失或者恶劣社会影响；

（五）在廉洁从业方面存在问题，且情形较为严重。

第十五条 事业单位工作人员年度考核优秀档次人数，一般不超过本单位应参加年度考核的工作人员总人数的20%。优秀档次名额应当向一线岗位、艰苦岗位以及获得表彰奖励的人员倾斜。

事业单位在相应考核年度内有下列情形之一的，经主管机关（部门）或者同级事业单位人事综合管理部门审核同意，工作人员年度考核优秀档次的比例可以适当提高，一般掌握在25%：

（一）单位获得集体记功以上奖励的；

（二）单位取得重大工作创新或者作出突出贡献，取得有关机关（部门）认定的；

（三）单位绩效考核获得优秀档次的。

对单位绩效考核为不合格档次的，以及问题较多、被问责的事业单位，主管机关（部门）或者同级事业单位人事综合管理部门应当降低其年度考核优秀档次比例，一般不超过15%。

第十六条 对事业单位工作人员开展年度考核，可以成立考核委员会或者考核工作领导小组，负责考核工作的组织实施，相应的组织人事部门承担具体工作。考核委员会或者考核工作领导小组由本单位成立的，一般由单位主要负责人担任主任（组长），成员由单位其他领导人员、组织人事部门和纪检监察机构有关人员、职工代表等组成；由主管机关（部门）成立的，一般由主管机关（部门）组织人事部门负责人担任主任（组长），成员由主管机关（部门）组织人事部门有关人员以及事业单位有关领导人员、从事组织人事和纪检监察工作的有关人员、职工代表等组成。

第十七条 年度考核一般按照下列程序进行：

（一）制定方案。考核委员会或者考核工作领导小组制定事业单位年度考核工作方案，通过职工代表大会或者其他形式听取工作人员意见后，面向全单位发布。

（二）总结述职。事业单位工作人员按照岗位职责任务、考核内容以及有关要求进行总结，填写年度考核表，必要时可以在一定范围内述职。

（三）测评、核实与评价。考核委员会或者考核工作领导小组可以采取民主测评、绩效评价、听取主管领导意见以及单位内部评议、服务对象满意度调查、第三方评价等符合岗位特点的方法，对考核对象进行综合评价，提出考核档次建议。

（四）确定档次。事业单位领导班子或者主管机关（部门）组织人事部门集体研究审定考核档次。拟确定为优秀档次的须在本单位范围进行公示，公示期一般不少于5个工作日。考核结果以书面形式告知被考核人员，由本人签署意见。

第四章 聘期考核

第十八条 聘期考核是对事业单位工作人员在一个完整聘期内总体表现所进行的全方位考核，以聘用（任）合同为依据，以聘期内年度考核结果为基础，一般在聘用（任）合同期满前一个月内完成。

聘期考核侧重考核聘期任务目标完成情况。

第十九条 聘期考核的结果一般分为合格和不合格等档次。

第二十条 事业单位工作人员完成聘期目标任务，且聘期内年度考核均在合格及以上档次的，聘期考核应当确定为合格档次。

第二十一条 事业单位工作人员无正当理由，未完成聘期目标任务的，聘期考核应当确定为不合格档次。

第二十二条 事业单位工作人员聘期考核一般应当按照总结述职，测评、核实与评价，实绩分析，确定档次等程序进行，结合实际也可以与年度考核统筹进行。

第五章 平时考核和专项考核

第二十三条 平时考核是对事业单位工作人员日常工作和一贯表现所进行的经常性考核。

第二十四条 对事业单位工作人员开展平时考核，主要结合日常管理工作进行，根据行业和单位特点，可以采取工作检查、考勤记录、谈心谈话、听取意见等方法，具体操作办法由事业单位结合实际确定。

事业单位可以根据自身实际，探索建立平时考核记录，形成考核结果。平时考核结果可以采用考核报告、评语、档次或者鉴定等形式确定。

第二十五条 专项考核是对事业单位工作人员在完成重要专项工作、承担急难险重任务、应对和处置突发事件中的工作态度、担当精神、作用发挥、实际成效等情况所进行的针对性考核。

根据平时掌握情况，对表现突出或者问题反映较多的工作人员，可以进行专项考核。

第二十六条 对事业单位工作人员开展专项考核，可以按照了解核实、综合研判、结果反馈等程序进行，或者结合推进专项工作灵活安排。

专项考核结果可以采用考核报告、评语、档次或者鉴定等形式确定。

第六章 考核结果运用

第二十七条 坚持考用结合，将考核结果与选拔任用、培养教育、管理监督、激励约束、问责追责等结合起来，作为事业单位工作人员调整岗位、职务、职员等级、工资和评定职称、奖励，以及变更、续订、解除、终止聘用（任）合同等的依据。

第二十八条 事业单位工作人员年度考核被确定为合格以上档次的，按照下列规定办理：

（一）增加一级薪级工资；

（二）按照有关规定发放绩效工资；

（三）本考核年度计算为现聘岗位（职员）等级的任职年限。

其中，年度考核被确定为优秀档次的，在绩效工资分配时，同等条件下应当予以倾斜；在岗位晋升、职称评聘时，同等条件下应当予以优先考虑。

第二十九条 事业单位工作人员年度考核被确定为基本合格档次的，按照下列规定办理：

（一）责令作出书面检查，限期改进；

（二）不得增加薪级工资；

（三）相应核减绩效工资；

（四）本考核年度不计算为现聘岗位（职员）等级的任职年限，下一考核年度内不得晋升岗位（职员）等级；

（五）连续两年被确定为基本合格档次的，予以组织调整或者组织处理。

第三十条 事业单位工作人员年度考核被确定为不合格档次的，按照下列规定办理：

（一）不得增加薪级工资；

（二）相应核减绩效工资；

（三）向低一级岗位（职员）等级调整；

（四）本考核年度不计算为现聘岗位（职员）等级的任职年限；

（五）被确定为不合格档次且不同意调整工作岗位，或者连续两年被确定为不合格档次的，可以按规定解除聘用（任）合同。

其中，受处理、处分时已按规定降低岗位（职员）等级且当年年度考核被确定为不合格档次的，为避免重复处罚，不再向低一级岗位（职员）等级调整。

第三十一条 事业单位工作人员年度考核不确定档次的，按照下列规定办理：

（一）不得增加薪级工资；

（二）相应核减绩效工资；

（三）本考核年度不计算为现聘岗位（职员）等级的任职年限，连续两年不确定档次的，视情况调整工作岗位。

第三十二条 事业单位工作人员聘期考核被确定为合格档次且所聘岗位存续的，经本人、单位协商一致，可以续订聘用（任）合同。

聘期考核被确定为不合格档次的，合同期满一般不再续聘；特殊情况确需续订聘用（任）合同的，应当报经主管机关（部门）审核同意。

第三十三条 事业单位工作人员考核形成的结论性材料，应当存入本人干部人事档案。

第三十四条 平时考核、专项考核结果作为年度考核、聘期考核的重要参考。

运用平时考核、专项考核结果，有针对性地加强激励约束、培养教育，鼓励先进、鞭策落后。

第三十五条 考核中发现事业单位工作人员存在问题的，根据问题性质和情节轻重，依规依纪依法给予处理、处分；对涉嫌犯罪的，依法追究刑事责任。

第三十六条 事业单位工作人员对考核确定为基本合格或者不合格档次不服的，可以按照有关规定申请复核、提出申诉。

第七章 相关事宜

第三十七条 对初次就业的事业单位工作人员，在本单位工作不满考核年度半年的（含试用期），参加年度考核，只写评语，不确定档次。

对非初次就业的工作人员，当年在其他单位工作时间与本单位工作时间合并计算，不满考核年度半年的（含试用期），参加年度考核，只写评语，不确定档次；满考核年度半年的（含试用期），由其现所在事业单位进行年度考核并确定档次，原工作单位提供有关情况。

前款所称其他单位工作时间，可以根据干部人事档案有关记载、劳动合同、社会保险缴费证明等综合认定。

第三十八条 对事业单位外派的工作人员进行年度考核，按照下列规定办理：

（一）挂职、援派、驻外的工作人员，在外派期间一般由工作时间超过考核年度半年的单位进行考核并以适当的方式听取派出单位或者接收单位的意见。

（二）单位派出学习培训、执行任务的工作人员，经批准以兼职创新、在职创办企业或者选派到企业工作、参与项目合作等方式进行创新创业的专业技术人员，由人事关系所在单位进行考核，主要根据学习培训、执行任务、创新创业的表现确定档次，由相关单位提供在外表现情况。

第三十九条 对同时在事业单位管理岗位和专业技术岗位两类岗位任职人员的考核，应当以两类岗位的职责任务为依据，实行双岗位双考核。

第四十条 对高校、科研院所等事业单位的科研人员，立足其工作特点，探索完善考核方法，合理确定考核周期和频次，促进科研人员潜心研究、创造科研成果。

第四十一条 病假、事假、非单位派出外出学习培训累计超过考核年度半年的事业单位工作人员，参加年度考核，不确定档次。

女职工按规定休产假超过考核年度半年的，参加年度考核，确定档次。

第四十二条 事业单位工作人员涉嫌违纪违法被立案审查调查尚未结案的，参加年度考核，不写评语，不确定档次。结案后未受处分或者给予警告处分的，按规定补定档次。

第四十三条 受党纪政务处分或者组织处理、诫勉的事业单位工作人员参加年度考核，按照有关规定办理。

同时受党纪政务处分和组织处理的，按照对其年度考核结果影响较重的处理、处分确定年度考核结果。

第四十四条 对无正当理由不参加考核的事业单位工作人员，经教育后仍拒绝参加的，直接确定其考核档次为不合格。

第四十五条 事业单位或者主管机关（部门）应当加强考核工作统筹，优化工作流程，注意运用互联网技术和信息化手段，简便高效开展考核工作，提高考核质量和效率。

第四十六条 各级事业单位人事综合管理部门和主管机关（部门），应当加强对事业单位工作人员考核工作的指导监督。

对在考核过程中有徇私舞弊、打击报复、弄虚作假等行为的，按照有关规定予以严肃处理。

第八章　附　　则

第四十七条 机关工勤人员的考核，参照本规定执行。

第四十八条 各地区各部门可以根据本规定，结合实际制定事业单位工作人员考核具体办法或者细则。

第四十九条 本规定由中共中央组织部、人力资源社会保障部负责解释。

第五十条 本规定自发布之日起施行。

·党规党纪·

党政领导干部考核工作条例

中共中央办公厅 2019 年 4 月 7 日印发

第一章　总　　则

第一条 为了坚持和加强党的全面领导，坚持党要管党、全面从严治党，推动各级党政领导班子和领导干部做到忠诚干净担当、带头贯彻落实党中央决策部署，完善干部考核评价机制，建设一支信念坚定、为民服务、勤政务实、敢于担当、清正廉洁的高素质党政领导干部队伍，根据《中国共产党章程》和有关法律，制定本条例。

第二条 本条例所称考核工作，是指党委（党组）及其组织（人事）部门按照干部管理权限，对党政领导班子和领导干部的政治素质、履职能力、工作成效、作风表现等所进行的了解、核实和评价，以此作为加强领导班子和领导干部队伍建设的重要依据。

考核方式主要包括平时考核、年度考核、专项考核、任期考核。

第三条 考核工作以马克思列宁主义、毛泽东思想、邓小平理论、“三个代表”重要思想、科学发展观、习近平新时代中国特色社会主义思想为指导，贯彻落实新时代党的建设总要求和新时代党的组织路线，坚持把政治标准放在首位，着眼于实现“两个一百年”奋斗目标，突出考核贯彻党中央重大决策部署，统筹推进“五位一体”总体布局和协调推进“四个全面”战略布局、贯彻落实新发展理念的实际成效，坚持严管和厚爱结合、激励和约束并重，奖勤罚懒、奖优罚劣，调动各级党政领导班子和领导干部积极性、主动性、创造性，树立讲担当、重担当、改革创新、干事创业的鲜明导向。

第四条 考核工作坚持下列原则：

（一）党管干部；

（二）德才兼备、以德为先；

（三）事业为上、公道正派；

（四）注重实绩、群众公认；

（五）客观全面、简便有效；

（六）考用结合、奖惩分明。

第五条 本条例适用于考核中共中央、全国人大常委会、国务院、全国政协工作部门或者有关工作机构的领导班子和领导干部；中央纪委国家监委领导班子和领导干部（不含正职）；最高人民法院、最高人民检察院领导班子和领导干部(不含正职);县级以上地方各级党委、人大常委会、政府、政协、纪委监委、法院、检察院的领导班子和领导干部;县级以上地方各级党委、人大常委会、政府、政协工作部门或者有关工作机构的领导班子和领导干部。

参照公务员法管理的县级以上党委和政府直属事业单位、群团组织的领导班子和领导干部的考核,参照本条例执行。

第六条 中央和国家机关领导班子和领导干部应当在思想上政治上行动上发挥表率作用,带头接受高标准严格考核。

第二章 考核内容

第七条 领导班子考核内容主要包括:

(一)政治思想建设。全面考核领导班子坚决维护习近平总书记党中央的核心、全党的核心地位,坚决维护党中央权威和集中统一领导,坚持和加强党的全面领导,执行党的理论和路线方针政策,增强"四个意识",做到"四个服从",遵守政治纪律和政治规矩的情况;用习近平新时代中国特色社会主义思想武装头脑,坚定理想信念,坚定"四个自信",不忘初心、牢记使命的情况;坚持民主集中制,执行新形势下党内政治生活若干准则,发现和解决自身问题,营造风清气正政治生态的情况;践行新时代党的组织路线,贯彻新时期好干部标准,树立正确选人用人导向的情况。

(二)领导能力。全面考核领导班子适应新时代要求、落实党中央决策部署、完成目标任务的能力,重点了解学习本领、政治领导本领、改革创新本领、科学发展本领、依法执政本领、群众工作本领、狠抓落实本领、驾驭风险本领。

(三)工作实绩。全面考核领导班子政绩观和工作成效。考核政绩观,主要看是否恪守立党为公、执政为民理念,是否具有"功成不必在我"精神,以造福人民为最大政绩,真正做到对历史和人民负责。考核地方党委和政府领导班子的工作实绩,应当看全面工作,看推动本地区经济建设、政治建设、文化建设、社会建设、生态文明建设,解决发展不平衡不充分问题,满足人民日益增长的美好生活需要的情况和实际成效。考核其他领导班子的工作实绩,主要看全面履行职能、服务大局和中心工作的情况和实际成效。注重考核各级党委(党组)领导班子落实新时代党的建设总要求、抓党建工作的实绩。

(四)党风廉政建设。全面考核领导班子履行管党治党政治责任,加强党风廉政建设,持之以恒正风肃纪,推进反腐败斗争等情况。

(五)作风建设。全面考核领导班子坚持以人民为中心,贯彻党的群众路线,密切联系群众,为群众排忧解难,全心全意为人民服务的情况;结合实际落实党中央决策部署,增强人民获得感、幸福感、安全感的情况;深入改进作风,落实中央八项规定及其实施细则精神,反对"四风"特别是形式主义、官僚主义的情况;实事求是,真抓实干,察实情、出实招、办实事、求实效的情况。

第八条 领导干部考核内容主要包括:

(一)德。全面考核领导干部政治品质和道德品行。考核领导干部的政治品质,重点了解坚定理想信念、对党忠诚、尊崇党章、遵守政治纪律和政治规矩,在思想上政治上行动上同以习近平同志为核心的党中央保持高度一致等情况。考核领导干部的道德品行,重点了解坚守忠诚老实、公道正派、实事求是、清正廉洁等价值观,遵守社会公德、职业道德、家庭美德和个人品德等情况。

(二)能。全面考核领导干部履职尽责特别是应对突发事件、群体性事件过程中的政治能力、专业素养和组织领导能力等情况。

(三)勤。全面考核领导干部的精神状态和工作作风,重点了解发扬革命精神、斗争精神,坚持"三严三实",勤勉敬业、恪尽职守,认真负责、紧抓快办,锐意进取、敢于担当,艰苦奋斗、甘于奉献等情况。

(四)绩。全面考核领导干部坚持正确政绩观,履职尽责、完成日常工作、承担急难险重任务、处理复杂问题、应对重大考验的情况和实际成效。考核党委(党组)书记的工作实绩,首先看抓党建工作的成效,考核领导班子其他党员领导干部的工作实绩应当加大抓党建工作的权重。

(五)廉。全面考核领导干部落实党风廉政建设"一岗双责"政治责任,遵守廉洁自律准则,带头落实中央八项规定及其实施细则精神,秉公用权,树立良好家风,严格要求亲属和身边工作人员,反对"四风"和特权思想、特权现象等情况。

第九条 具体考核内容的确定必须以贯彻党中央精神为前提,根据党中央决策部署及时调整优化。

第十条 落实新发展理念,突出高质量发展导向,构建推动高质量发展指标体系,改进推动高质量发展的政绩考核,因地制宜合理设置经济社会发展实绩考核指标和权重,突出对打好重点任务攻坚战的考核,加强对深化供给侧结构性改革、保障和改善民生、加强和创新社会治理、推动创新发展、加强法治建设、促进社会公平正义等工作的考核,加大安全生产、社会稳定、新增债务等约束性指标的考核权重。

第十一条 坚持从实际出发,实行分级分类考核。考核内容应当体现不同区域、不同部门、不同类型、不同层次领导班子和领导干部特点。

第十二条 根据不同岗位职责要求,明确领导班子和领导干部不担当不作为的具体情形和评价标准,推动工作落实和担当尽责。

第十三条 建立健全可量化、能定责、可追责的领导班子和领导干部工作目标以及岗位职责规范,作为确定考核内容的重要依据。

第三章 平时考核

第十四条 平时考核是对领导班子日常运行情况和领导干部一贯表现所进行的经常性考核,及时肯定鼓励、提醒纠偏。

第十五条 平时考核应当突出重点。

考核领导班子的日常运行情况,重点了解政治思想建设、执行民主集中制、贯彻党的群众路线、科学决策、完成重点任务和反对“四风”等情况。

考核领导干部的一贯表现,重点了解政治态度、担当精神、工作思路、工作进展,特别是对待是与非、公与私、真与假、实与虚的表现等情况。

第十六条 平时考核主要结合领导班子和领导干部日常管理进行,可以采取下列途径:

(一)列席领导班子民主生活会、理论学习中心组学习、重要工作会议,参加重要工作活动等;

(二)与干部本人或者知情人谈心谈话,到所在单位听取干部群众意见;

(三)开展调研走访、专题调查、现场观摩等;

(四)结合党内集中学习教育、纪委监委日常监督、巡视巡察、工作督查、干部培训等进行深入了解;

(五)其他适当方法。

第十七条 平时考核可以根据实际情况形成考核结果。考核结果可以采用考核报告、评语、等次或者鉴定等形式确定。

第十八条 建立平时考核工作档案,将相关材料整理归档,作为了解评价领导班子日常运行情况和领导干部一贯表现的重要依据。

第四章 年度考核

第十九条 年度考核是以年度为周期对领导班子和领导干部所进行的综合性考核,一般在每年年末或者次年年初组织开展。

根据工作需要,各级党委(党组)每年可以选定部分领导班子和领导干部进行重点考核。

第二十条 年度考核一般按照下列程序进行:

(一)总结述职。召开会议,领导班子总结报告全年工作,领导干部进行个人述职。

(二)民主测评。根据对领导班子和领导干部考核内容的要求设计测评表,由参加民主测评的人员填写评价意见。参加测评的人员范围,按照知情度、关联度、代表性原则,结合实际确定。

(三)个别谈话。与领导班子成员、相关干部群众以及其他需要参加的人员个别谈话了解情况。

(四)了解核实。根据需要采取查阅资料、采集有关数据和信息、实地调研等方式,核实考核对象有关情况。

(五)形成考核结果。对领导班子和领导干部进行综合分析,形成考核结果并及时反馈。

当年开展党内集中学习教育、换届考察、巡视巡察的,年度考核可以结合实际适当简化程序。

根据工作需要和实际情况,对公共服务部门和窗口单位的领导班子和领导干部,可以在一定范围内听取公众意见。

第二十一条 领导班子年度考核结果一般分为优秀、良好、一般、较差4个等次。领导干部年度考核结果分为优秀、称职、基本称职、不称职4个等次。

优秀是指综合表现突出,出色履行领导职责或者岗位要求,圆满地完成了年度工作任务,成绩显著。

良好、称职是指综合表现好,认真履行领导职责或者岗位要求,较好地完成了年度工作任务。

一般、基本称职是指综合表现勉强达到领导职责或者岗位要求,或者在某个方面存在明显不足、有较大问题。

较差、不称职是指综合表现达不到领导职责或者岗位要求,或者在某个方面存在严重问题、出现重大错误。

各级党委(党组)应当结合实际,制定考核等次具体评定标准。

第二十二条 担任多项职务的领导干部,一般在承担主要工作职责的单位进行考核,对兼任的其他工作以适当方式进行了解。

新提拔任职的领导干部,按照现任职务进行考核,注意了解在原任职岗位的工作情况。

交流任职的领导干部,在现工作单位进行考核,其交流任职前的有关情况由原单位提供。

援派或者挂职锻炼的领导干部，由当年工作半年以上的地方或者单位进行考核，以适当方式听取派出单位或者接收单位的意见。

本年度内病、事假累计超过半年的领导干部，参加年度考核，不确定等次。

涉嫌违纪违法被立案审查调查尚未结案、受党纪政务处分或者组织处理的领导干部，其年度考核按照有关规定进行。

第五章 专项考核

第二十三条 专项考核是对领导班子和领导干部在完成重要专项工作、承担急难险重任务、应对和处置重大突发事件中的工作态度、担当精神、作用发挥、实际成效等情况所进行的针对性考核。

根据平时掌握情况，对表现突出或者问题反映较多的领导班子和领导干部，可以进行专项考核。

第二十四条 专项考核一般应当按照下列程序进行：

(一)制定方案。明确考核对象、考核内容指标、程序步骤和工作要求等。

(二)听取考核对象的总结汇报。

(三)了解核实。采取查阅资料、实地调研、舆情分析、个别谈话、民主测评等方式，核实印证有关情况，必要时可以向纪检监察机关或者审计、信访等部门了解情况。

(四)形成考核结果。对领导班子和领导干部作出评价。

第二十五条 专项考核结果可以采用考核报告、评语、等次或者鉴定等形式确定。

第六章 任期考核

第二十六条 任期考核是对实行任期制的领导班子和领导干部在一届任期内总体表现所进行的全方位考核，一般结合换届考察或者任期届满当年年度考核进行。

任期考核应当突出对完成届期目标或者任期目标情况的考核。

第二十七条 任期考核一般应当按照总结述职、民主测评、个别谈话、了解核实、实绩分析、形成考核结果等程序进行。

第二十八条 任期考核结果可以采用考核报告、评语、等次或者鉴定等形式确定。

第七章 考核结果确定

第二十九条 考核结果确定应当加强综合分析研判，坚持定性与定量相结合，全面、历史、辩证地分析个人贡献与集体作用、主观努力与客观条件、增长速度与质量效益、显绩与潜绩、发展成果与成本代价等情况，注重了解人民群众对经济社会发展的真实感受和评价，防止简单以地区生产总值以及增长率排名或者以民主测评、民意调查得票得分确定考核结果。

第三十条 平时考核、年度考核、专项考核、任期考核情况应当相互补充印证，坚持考人与考事相结合，注重吸收运用巡视巡察、审计、绩效管理、工作督查、相关部门业务考核、个人有关事项报告查核等成果，把敢不敢扛事、愿不愿做事、能不能干事作为识别干部、评判优劣的重要标准，增强考核结果的真实性、准确性。

第三十一条 考核结果应当全面准确反映考核对象情况，以考核报告、评语、鉴定等形式确定结果的，应当明确具体肯定成绩和优点，指出问题和不足。

第三十二条 年度考核结果以平时考核结果为基础，年度考核优秀等次应当在平时考核结果好的考核对象中产生。

领导班子年度考核优秀等次比例一般不超过参加考核领导班子总数的30%，领导干部年度考核优秀等次比例一般不超过参加考核领导干部总人数的25%。

领导班子为优秀等次的，其领导成员评为优秀等次的比例可以适当上调，最高不超过30%；领导班子为一般等次的，其领导成员评为优秀等次的比例不得超过20%，主要负责人一般不得确定为优秀等次；领导班子为较差等次的，其领导成员评为优秀等次的比例不得超过15%，主要负责人一般不得确定为称职及以上等次。

第三十三条 有下列情形之一，领导班子和领导干部年度考核结果不得确定为优秀等次：

(一)贯彻落实党中央决策部署成效不明显的；

(二)干事创业精气神不够，拈轻怕重、患得患失，不敢直面矛盾、不愿动真碰硬，不担当不作为的；

(三)受到上级党委和政府通报批评，责令检查的；

(四)工作实绩不突出的；

(五)组织领导能力较弱，年度工作目标任务完成不好的；

(六)履行管党治党责任不力，违反廉洁自律规定的；

(七)其他原因不宜确定为优秀等次的。

在上级党组织开展的基层党建述职评议考核工作中，党委(党组)书记抓基层党建工作情况综合评价等次未达到好的，其年度考核结果不得确定为优秀等次。

第三十四条 有下列情形之一，领导班子年度考核结果应当确定为较差等次，领导干部年度考核结果应当确定为不称职等次：

（一）违反政治纪律和政治规矩，政治上出现问题的；

（二）不执行民主集中制，领导班子运行状况不好，不能正常发挥职能作用，领导干部闹无原则纠纷，影响较差的；

（三）责任心差、能力水平低，不能履行或者不胜任岗位职责要求，依法履职出现重大问题的；

（四）表态多调门高，行动少落实差，敷衍塞责、庸懒散拖，作风形象不佳，群众意见大，造成恶劣影响的；

（五）不坚守工作岗位，擅离职守的；

（六）其他原因应当确定为较差或者不称职等次的。

第三十五条 领导班子和领导干部在履职担当、改革创新过程中出现失误错误，经综合分析给予容错的，应当客观评价，合理确定考核结果。

第三十六条 考核对象对考核结果有异议的，可以按照有关规定提出复核或者申诉。

第八章 考核结果运用

第三十七条 坚持考用结合，将考核结果与选拔任用、培养教育、管理监督、激励约束、问责追责等结合起来，鼓励先进、鞭策落后，推动能上能下，促进担当作为，严厉治庸治懒。

第三十八条 考核结果采取个别谈话、工作通报、会议讲评等方式，实事求是地向领导班子和领导干部反馈，肯定成绩、指出不足，督促整改，传导压力、激发动力。

第三十九条 依据考核结果，有针对性地加强领导班子建设：

（一）领导班子作出重要贡献的，按照有关规定记功、授予称号，给予物质奖励；

（二）领导班子表现突出或者年度考核结果为优秀等次的，按照有关规定给予嘉奖；

（三）领导班子运行状况不好、凝聚力战斗力不强、不担当不作为、干部群众意见较大的，应当进行调整；

（四）领导班子年度考核结果为一般等次的，应当责成其向上级党组织写出书面报告，剖析原因、进行整改；

（五）领导班子年度考核结果为较差或者连续两年为一般等次的，应当对主要负责人和相关责任人进行调整。

第四十条 依据考核结果，激励约束领导干部：

（一）领导干部作出重大贡献的，可以按照有关规定记功、授予称号，给予物质奖励；表现突出或者年度考核结果为优秀等次的，按照有关规定给予嘉奖；连续三年为优秀等次的，记三等功，同等条件下优先使用。

（二）领导干部年度考核结果为称职及以上等次的，按照有关规定享受年度考核奖金、晋升工资级别和级别工资档次。

（三）领导干部年度考核结果为基本称职等次的，应当对其进行诫勉，限期改进。

（四）领导干部年度考核结果为不称职等次的，按照规定程序降低一个职务或者职级层次任职。

（五）不参加年度考核、参加年度考核不确定等次或者年度考核结果为基本称职以下等次的，该年度不计算为晋升职务职级的任职年限，不计算为晋升工资级别和级别工资档次的考核年限。

（六）领导干部不适宜担任现职的，应当根据有关规定对其进行调整。

第四十一条 依据考核结果加强干部教育培养，按照“缺什么补什么”的原则，对领导干部进行调学调训、安排实践锻炼，补齐能力素质短板。对有潜力的优秀年轻干部加强针对性培养。

第四十二条 考核中发现领导班子和领导干部存在问题的，区分不同情形，予以谈话提醒直至组织处理；发现违纪违法问题线索，移送纪检监察、司法机关处理。

第四十三条 领导干部考核形成的结论性材料，应当存入干部人事档案。

第九章 组织实施

第四十四条 党委（党组）及其组织（人事）部门按照干部管理权限，履行考核领导班子和领导干部的职责。

党委（党组）承担考核工作主体责任，党委（党组）书记是第一责任人，组织（人事）部门承担具体工作责任。

第四十五条 考核人员应当具有较高的思想政治素质以及胜任考核工作的政策水平和业务知识，公道正派，组织纪律观念和保密意识强。考核人员按照规定实行公务回避。

根据工作需要，党委（党组）可以组建和派出考核组。考核组组长根据每次考核任务确定并授权，应当具有较强的组织领导能力，坚持原则、敢于担当。

第四十六条 实行考核工作责任制。

考核人员应当认真履行职责，按照规定的程序和要求实施考核，全面客观准确地了解和反映情况，公道公平公正地对待和评价领导班子和领导干部。

考核人员应当在考核材料上签名，对考核材料的客观性、真实性负责。

第四十七条　考核工作的组织实施应当严肃认真、稳妥审慎，注意与日常工作相协调、相促进。根据不同考核对象和考核任务，改进创新考核方法，充分发扬民主，多到基层干部群众中、多在乡语口碑中听取意见、了解情况，坚持在现场看、见具体事，多渠道、多层次、多侧面了解核实领导班子和领导干部的现实表现。

第四十八条　组织（人事）部门应当加强考核工作信息化建设，充分运用互联网技术和信息化手段开展考核，提高工作质量和效率。

第四十九条　各级党委（党组）应当加强对本地区本部门本单位干部考核工作与其他业务考核工作的统一领导、统筹协调和督促指导，整合考核力量，归并考核项目和种类，严格控制“一票否决”事项，防止多头考核、重复考核。

第十章　纪律与监督

第五十条　考核工作必须严格遵守下列纪律：

（一）不准搞形式、走过场；

（二）不准隐瞒、歪曲事实；

（三）不准弄虚作假；

（四）不准搞非组织活动；

（五）不准泄露谈话内容、测评结果等考核工作秘密；

（六）不准凭个人好恶评价干部、决定或者改变考核结果；

（七）不准借考核之机谋取私利；

（八）不准干扰、妨碍考核工作；

（九）不准打击报复干部和反映问题的人员。

第五十一条　领导班子和领导干部应当正确对待和接受组织考核，如实汇报工作和思想，客观反映情况。

对不按照要求参加或者不认真配合考核工作，经教育后仍不改正的，领导班子年度考核结果直接确定为较差等次，领导干部年度考核结果直接确定为不称职等次。

第五十二条　对不按照规定组织开展考核、考核工作失真失实造成严重后果、本地区本部门本单位考核工作中不正之风严重、干部群众反映强烈以及对违反考核工作纪律等行为查处不力的，应当追究党委（党组）及其组织（人事）部门主要负责人和有关领导成员、直接责任人的责任。

第五十三条　对违反本条例的，根据情节轻重，依规依纪给予批评教育、责令检查、通报批评、诫勉、组织调整或者组织处理，涉嫌违纪或者职务违法、职务犯罪的，按照有关纪律和法律法规处理。

第五十四条　党委（党组）、纪检监察机关、组织（人事）部门应当加强对考核工作的监督检查，自觉接受群众和舆论监督，认真受理有关举报、复核、申诉，严肃查处违反考核工作纪律的行为。

第十一章　附　　则

第五十五条　本条例对工作部门的规定，同时适用于党委和政府的办事机构、派出机构、特设机构以及其他直属机构。

第五十六条　本条例由中共中央组织部负责解释。

第五十七条　本条例自2019年4月7日起施行。1998年5月26日中共中央组织部印发的《党政领导干部考核工作暂行规定》、2009年7月16日中共中央组织部印发的《党政领导班子和领导干部年度考核办法（试行）》同时废止。此前发布的有关领导班子和领导干部考核的规定，凡与本条例不一致的，按照本条例执行。

中共中央组织部关于改进地方党政领导班子和领导干部政绩考核工作的通知

2013年12月6日

为贯彻落实党的十八大和十八届三中全会关于改革和完善干部考核评价制度，完善发展成果考核评价体系的精神，促进各级领导干部树立正确的政绩观，推动经济社会科学发展，经中央同意，现就改进地方党政领导班子和领导干部政绩考核工作的有关问题通知如下。

1. 政绩考核要突出科学发展导向。地方党政领导班子和领导干部的年度考核、目标责任考核、绩效考核、任职考察、换届考察以及其他考核考察，要看全面工作，看经济、政治、文化、社会、生态文明建设和党的建设的实际成效，看解决自身发展中突出矛盾和问题的成效，不能仅仅把地区生产总值及增长率作为考核评价政绩的主要指标，不能搞地区生产总值及增长率排名。中央有关部门不能单纯以地区生产总值及增长率来衡量各省（自治区、直辖市）发展成效。地方各级党委政府不能简单以地区生产总值及增长率排名评定下一级领导班子和领导干部的政绩和考核等次。

2. 完善政绩考核评价指标。根据不同地区、不同层级领导班子和领导干部的职责要求，设置各有侧重、各有特色的考核指标，把有质量、有效益、可持续的经济发展和民生改善、社会和谐进步、文化建设、生态文明建设、党的建设等作为考核评价的重要内容。强化约束性指标考核，加大资源消耗、环境保护、消化产能过剩、安全生产等指标的权重。更加重视科技创新、教育文化、劳动就业、居民收入、社会保障、人民健康状况的考核。

3. 对限制开发区域不再考核地区生产总值。对限制开发的农产品主产区和重点生态功能区，分别实行农业优先和生态保护优先的绩效评价，不考核地区生产总值、工业等指标。对禁止开发的重点生态功能区，全面评价自然文化资源原真性和完整性保护情况。对生态脆弱的国家扶贫开发工作重点县取消地区生产总值考核，重点考核扶贫开发成效。

4. 加强对政府债务状况的考核。把政府负债作为政绩考核的重要指标，强化任期内举债情况的考核、审计和责任追究，防止急于求成，以盲目举债搞“政绩工程”。注重考核发展思路、发展规划的连续性，考核坚持和完善前任正确发展思路、一张好蓝图抓到底的情况，考核积极化解历史遗留问题的情况，把是否存在“新官不理旧账”“吃子孙饭”等问题作为考核评价领导班子和领导干部履职尽责的重要内容。

5. 加强对政绩的综合分析。辩证地看主观努力与客观条件、前任基础与现任业绩、个人贡献与集体作用，既看发展成果，又看发展成本与代价；既注重考核显绩，更注重考核打基础、利长远的潜绩；既考核尽力而为，又考核量力而行，全面历史辩证地评价领导班子和领导干部的政绩。注意识别和制止“形象工程”“政绩工程”，防止和纠正以高投入、高排放、高污染换取经济增长速度，防止和纠正不作为、乱作为等问题。

6. 选人用人不能简单以地区生产总值及增长率论英雄。要按照好干部的标准，根据干部的德才素质、工作需要、群众公认等情况综合评价干部，注重选拔自觉坚持和领导科学发展、成绩突出、群众公认的干部。不能简单地把经济增长速度与干部的德能勤绩廉划等号，将其作为干部提拔任用的依据，作为高配干部或者提高干部职级待遇的依据，作为末位淘汰的依据。

7. 实行责任追究。制定违背科学发展行为责任追究办法，强化离任责任审计，对拍脑袋决策、拍胸脯蛮干，给国家利益造成重大损失的，损害群众利益造成恶劣影响的，造成资源严重浪费的，造成生态严重破坏的，盲目举债留下一摊子烂账的，要记录在案，视情节轻重，给予组织处理或党纪政纪处分，已经离任的也要追究责任。

8. 规范和简化各类工作考核。加强对考核的统筹整合，切实解决多头考核、重复考核、繁琐考核等问题，简化考核程序，提高考核效率。精简各类专项业务工作考核，取消名目繁多、导向不正确的考核，防止考核过多过滥、“一票否决”泛化和基层迎考迎评负担沉重的现象。中央管理的领导班子和领导干部当年开展专项学习教育活动或换届考察、巡视的，可不再重复进行年度考核，根据年度工作情况，综合运用专项活动督导以及换届考察、巡视等成果形成年度考核意见。

各地区各部门要按照本通知精神，完善考核评价制度，抓紧清理和调整考核评价指标，废止不符合中央要求的制度规定，树立正确的考核导向，使考核由单纯比经济总量、比发展速度，转变为比发展质量、发展方式、发展后劲，引导各级领导班子和领导干部牢固树立“功成不必在我”的发展观念，做出经得起实践、人民、历史检验的政绩。

中管金融企业领导班子和领导人员综合考核评价暂行办法

中共中央组织部 2015 年 2 月 5 日印发

第一章　总　　则

第一条　为加强中管金融企业领导班子建设和领导人员管理，建设党和人民需要的金融企业家队伍，推动中管金融企业持续稳定健康发展，切实履行经济责任、政治责任、社会责任，根据相关法律法规，制定本办法。

第二条　综合考核评价坚持党管干部原则，坚持德才兼备、以德为先，坚持注重实绩、群众公认，将出资人认可、市场认可和组织认可相结合，突出金融企业特点，注重经济效益和社会效益，强调风险管控和可持续发展，做到客观公正、简便易行、有效管用。

第三条　结合金融企业功能定位和领导人员岗位职责，实行分类考核，运用综合测评、定量考核、定性评价和分析研判等方法，对中管金融企业领导班子和领导人员的政治素质、履职能力、工作实绩、作风建设和廉洁从业等情况进行综合考核评价。

第四条　综合考核评价以日常管理为基础,分为年度综合考核评价和任期综合考核评价。

任期综合考核评价周期为3年,与中管金融企业经营业绩考核周期相一致。

第五条　本办法所称领导班子是指由中管金融企业领导人员组成的团队,领导人员包括:董事长、副董事长、执行董事,监事长,行长(总经理、总裁,下同)、副行长(副总经理、副总裁),党委书记、党委副书记、党委委员,纪委书记。

第六条　综合考核评价结果作为领导班子调整和领导人员选拔任用、教育培养、管理监督、薪酬分配、激励保障的重要依据。

第七条　综合考核评价工作由中央组织部组织实施。

第二章　综合考核评价内容

第八条　领导班子综合考核评价包括政治素质、经营业绩、团结协作和作风形象4项一级综合测评指标和绩效评价1项定量考核指标。

一级综合测评指标包括13项二级综合测评指标。其中,政治素质包括政治方向、党建工作、社会责任;经营业绩包括经营效益、风险管控、可持续发展、管理效能;团结协作包括民主集中、整体合力、运行机制;作风形象包括廉洁自律、联系群众、选人用人(见附件1)。

综合测评指标依据所设置的评价要点和标准进行测评(见附件2),绩效评价定量考核指标直接采用财政部评价结果。

第九条　领导班子综合测评指标的权重:经营业绩占50%;政治素质、团结协作、作风形象共占50%,所含9项二级综合测评指标权重相同。

领导班子综合考核评价得分中,综合测评得分占50%,绩效评价得分占50%。

第十条　根据金融企业功能定位和经营管理特点,分类设置经营业绩指标的评价内容和权重(见附件1、2)。

(一)对政策性银行和政策性保险企业的经营业绩考核,强调实现国家政策意图和政策性金融服务质量及管理水平,重点评价政策性金融业务发展、风险控制和财务状况等方面情况。其中,经营效益占30%,风险管控占30%,可持续发展占20%,管理效能占20%。

(二)对商业性银行和商业性保险企业的经营业绩考核,强调资产运营质量和金融服务能力,重点评价经营效益、风险控制、业务发展、管理水平和服务质量等方面情况。对保险企业还要评价在重大自然灾害等突发事件中的应急处置成效。其中,经营效益占40%,风险管控占30%,可持续发展占20%,管理效能占10%。

(三)对其他金融企业的经营业绩考核,强调资产运营质量和综合经营能力,重点评价经营效益、风险控制、业务发展和集团管控等方面情况。其中,经营效益占40%,风险管控占30%,可持续发展占15%,管理效能占15%。

第十一条　领导人员综合考核评价包括业绩、素质、能力和廉洁从业4项一级综合测评指标和11项二级综合测评指标。其中,业绩包括履职绩效、协同成效;素质包括政治素质、职业素养;能力包括科学决策、推动执行、学习创新、团队建设;廉洁从业包括廉洁自律、作风建设、依法合规(见附件3)。

综合测评指标依据所设置的评价要点和标准进行测评(见附件4)。

第十二条　领导人员综合考核评价指标的权重:业绩占50%,其中履职绩效占70%,协同成效占30%;素质、能力和廉洁从业共占50%,所含9项二级综合测评指标权重相同。

第十三条　根据岗位职责要求,有针对性地对领导人员进行综合考核评价。

(一)对董事会成员重点评价制定战略规划、科学民主决策、实施风险管控、完善公司治理和推动可持续发展等方面情况。对董事长还要评价推动董事会规范有效运作等方面情况。

(二)对监事长重点评价加强履职尽责监督、实施财务与内部控制监督、促进监事会规范建设与有效运转等方面情况。

(三)对经营班子成员重点评价落实董事会决议、实施战略规划、完成经营管理目标、推进业务转型与发展创新、加强风险控制与基础管理等方面情况。对行长还要评价组织带领经营班子、发挥经营班子成员作用等方面情况。

对未建立董事会企业的领导班子正职,按本条第一、三款相关内容进行评价。

(四)对党委成员重点评价落实从严治党责任,保证监督党和国家方针政策的贯彻执行,参与重大问题决策,落实党管干部原则和党管人才原则,加强党组织建设、党员队伍建设、反腐倡廉建设,开展思想政治工作,培育企业文化,维护职工合法权益及企业稳定等方面情况。对党委书记还要评价履行党建工作第一责任人职责、抓党建的实效,包括发挥党委领导核心作用、执行民主集中制、完善党委工作机制、确保党委落实党风廉政建设主体责任等方面情况;对党委副书记还要评价协助党委书记抓好党组织建设、党员队伍建设等方面情况;对纪委书记还要评价履行监督检查职责、推进惩防体系建设、开展反腐倡廉教育、加强廉洁自律监督、查办违纪违法案件、确保纪委落实党风廉政建设监督责任等方面情况。

对担任多个职务的领导人员,按照上述要求同时评价其所任职务的履职情况。

第三章 年度综合考核评价

第十四条 年度综合考核评价工作在任期内前两个年度的年底或者次年年初开始实施。

第十五条 企业领导班子和领导人员分别撰写述职报告,内容包括本年度履行职责、作风建设、廉洁自律情况,取得成绩和存在不足以及改进措施等。

交流任职不足半年的,提交书面述职报告,不参加年度综合考核评价,也不参加对领导班子和其他领导人员的民主测评,参加个别谈话。

第十六条 综合测评。

(一)企业内部民主测评。结合企业年度工作会等集中性会议,召开由领导班子成员、近两年退出领导岗位的原领导班子成员和中层管理人员、职工代表参加的民主测评工作会议。企业主要负责人代表领导班子述职并对本人履职情况进行述职,其他正职对本人履职情况进行述职,副职提交书面述职报告,与会人员分别对领导班子和领导人员进行民主测评。

职工代表主要从本级职代会代表,省部级以上先进模范,全国和省区市党代会代表、人大代表、政协委员,专业技术骨干中产生。人数一般不少于参加测评会议总人数的15%。

(二)非执行董事测评。建立董事会的企业,非执行董事(不含外籍董事,下同)根据日常了解情况,对领导班子和领导人员进行测评。

(三)国务院派驻监事会(以下简称外部监事会)测评。外部监事会根据监督检查了解的情况,对领导班子和领导人员进行测评。

第十七条 计算年度综合测评得分。

(一)领导班子综合测评主体的权重(见附件5)。

建立董事会的企业,领导班子成员占30%,近两年退出领导岗位的原领导班子成员和中层管理人员占55%,职工代表占10%,非执行董事占5%。未配备非执行董事的企业,非执行董事的权重按其他测评主体的权重比例进行分配。

未建立董事会的企业,领导班子成员占30%,近两年退出领导岗位的原领导班子成员和中层管理人员占50%,职工代表占10%,外部监事会占10%。

(二)领导人员综合测评主体的权重(见附件6)。

建立董事会的企业,领导班子正职占20%,领导班子副职占15%,近两年退出领导岗位的原领导班子成员和中层管理人员占50%,职工代表占10%,非执行董事占5%。未配备非执行董事的企业,非执行董事的权重按其他测评主体的权重比例进行分配。

未建立董事会的企业,领导班子正职占10%,领导班子副职占15%,近两年退出领导岗位的原领导班子成员和中层管理人员占55%,职工代表占10%,外部监事会占10%。

第十八条 个别谈话。主要了解领导班子和领导人员素质能力、履行职责、工作实绩、作风形象和廉洁自律等方面情况。参加个别谈话的人员主要包括领导班子成员和近两年退出领导岗位的原领导班子成员。根据需要,可增加部分职能部门和二级单位主要负责人、部分职工代表。建立董事会的企业,谈话范围还可以包括非执行董事。

第十九条 听取意见。未建立董事会的企业,听取外部监事会主席对领导班子和领导人员履职尽责、廉洁自律等情况的意见。根据需要,听取纪检监察机关、中央巡视组、审计和金融监管等部门意见。

第二十条 综合分析研判。根据年度综合考核评价和日常了解掌握的情况,结合金融企业的行业特点、经营管理情况和领导人员岗位职责,对领导班子和领导人员年度表现进行综合分析研判,提出加强和改进领导班子建设的意见建议。

第二十一条 反馈年度综合考核评价情况。向企业主要负责人反馈领导班子和领导人员年度综合考核评价情况,一般应当分别向企业其他领导人员反馈领导班子和本人年度综合考核评价情况。

企业领导班子和领导人员根据反馈意见,制定整改措施,并作为领导班子民主生活会的重要内容。

第二十二条 将领导班子年度综合测评得分和绩效评价得分,加权计算得出领导班子年度综合考核评价得分。

第二十三条 对年度综合考核评价情况较差的领导班子和领导人员,提出明确整改要求并限期落实整改措施,视情况进行诫勉谈话;问题严重的,进行组织调整。

对年度综合考核评价得分在本企业领导班子中连

续两年排名靠后的正职和排名末位的副职，经综合分析研判确属不胜任的，进行组织调整。

领导人员年度综合考核评价不胜任的，不得领取绩效年薪。

第四章　任期综合考核评价

第二十四条　任期综合考核评价工作在任期届满当年年底或者次年年初开始实施。

第二十五条　企业领导班子和领导人员分别撰写任期述职报告，内容包括任期内履行职责、作风建设、廉洁自律情况，取得成绩和存在不足以及改进措施等，同时专项介绍本年度工作情况。

交流任职不足半年的，不参加任期综合考核评价，具体操作按照第十五条相关规定执行。

第二十六条　综合测评。按照第十六条相关规定组织开展企业内部民主测评、非执行董事或者外部监事会测评。

在企业民主测评工作会议上，企业主要负责人代表领导班子进行述职并对本人履职情况进行述职，其他领导人员进行述职。

本次综合测评结果同时作为本年度综合测评结果。

第二十七条　计算任期综合测评得分。将任期内3次综合测评结果，依次按照30%、30%、40%的权重，加权计算得出任期综合测评得分。

领导人员在本企业参加过两次综合测评的，前后两次测评得分分别占40%和60%权重；只参加过1次的，该次测评得分占100%权重。

第二十八条　个别谈话和听取意见。个别谈话主要了解任期内领导班子和领导人员素质能力、履行职责、工作实绩、作风形象和廉洁自律等方面情况。参加个别谈话的人员主要包括领导班子成员、近两年退出领导岗位的原领导班子成员、部分职能部门和二级单位主要负责人、部分职工代表。建立董事会的企业，谈话范围还包括非执行董事。

按照第十九条相关规定听取有关方面的意见。

第二十九条　社会评价。根据需要，委托相关部门或者中介机构对企业社会形象、服务质量、客户满意度等情况进行评价。

第三十条　综合分析研判和反馈。按照第二十条相关规定，对领导班子和领导人员任期表现进行综合分析研判。按照第二十一条相关规定，向企业反馈任期综合考核评价情况。

第三十一条　将领导班子任期综合测评得分和绩效评价得分，加权计算得出任期综合考核评价得分。综合分析研判任期综合考核评价总体情况，提出领导班子任期综合考核评价等级建议，形成领导班子和领导人员任期综合考核评价报告。

第三十二条　领导班子任期综合考核评价结果分为"优秀""良好""一般""较差"4个等级。

有下列情形之一的，经综合分析研判后不得评为"优秀"等级：

（一）领导班子任期内贯彻执行党的路线方针政策和国家宏观调控政策不力的；

（二）企业经营业绩较差的；

（三）企业或者领导班子成员因发生严重违纪违法案件被司法机关、纪检监察机关和审计部门等处理处罚过的；

（四）企业或者领导班子成员被金融监管部门处以重大监管处罚的；

（五）因违规决策或者决策失误给企业造成重大损失的；

（六）企业出现重大责任事故和严重影响社会稳定事件的；

（七）存在其他突出问题的。

第三十三条　领导班子任期综合考核评价结果为"优秀"的，以适当方式予以表彰；结果为"良好"的，进行勉励，并指出不足，分析原因，促其进一步改进；结果为"一般"的，限期整改，并进行适当调整；结果为"较差"的，进行组织调整。

第三十四条　领导人员任期内履行职责、工作实绩、作风形象和廉洁自律等方面表现突出的，以适当方式予以表彰，并将其综合考核评价情况作为培养使用的重要依据；表现一般的，指出问题和不足，限期改进，视具体情况进行岗位调整；表现较差确属不胜任的，解聘或者免职。

有下列情形之一的，根据具体情况进行组织处理：

（一）领导人员任期内除因不可抗力外未完成主要工作目标的；

（二）对企业重大决策失误或者重大事故负有责任的；

（三）给企业造成重大损失的；

（四）受到金融监管部门重大监管处罚的；

（五）存在违纪违法问题的；

（六）存在其他突出问题的。

领导人员任期综合考核评价不胜任的，不得领取任期激励收入。

第五章　附　　则

第三十五条　地方和其他国有及国有控股金融企业领导班子和领导人员的综合考核评价,可以结合实际参照本办法制定有关办法。

第三十六条　本办法由中央组织部负责解释。

第三十七条　本办法自发布之日起施行。《中管金融企业领导班子和领导人员综合考核评价办法(试行)》(中组发〔2012〕4 号)同时废止。

附件 1

中管金融企业领导班子综合测评指标和权重

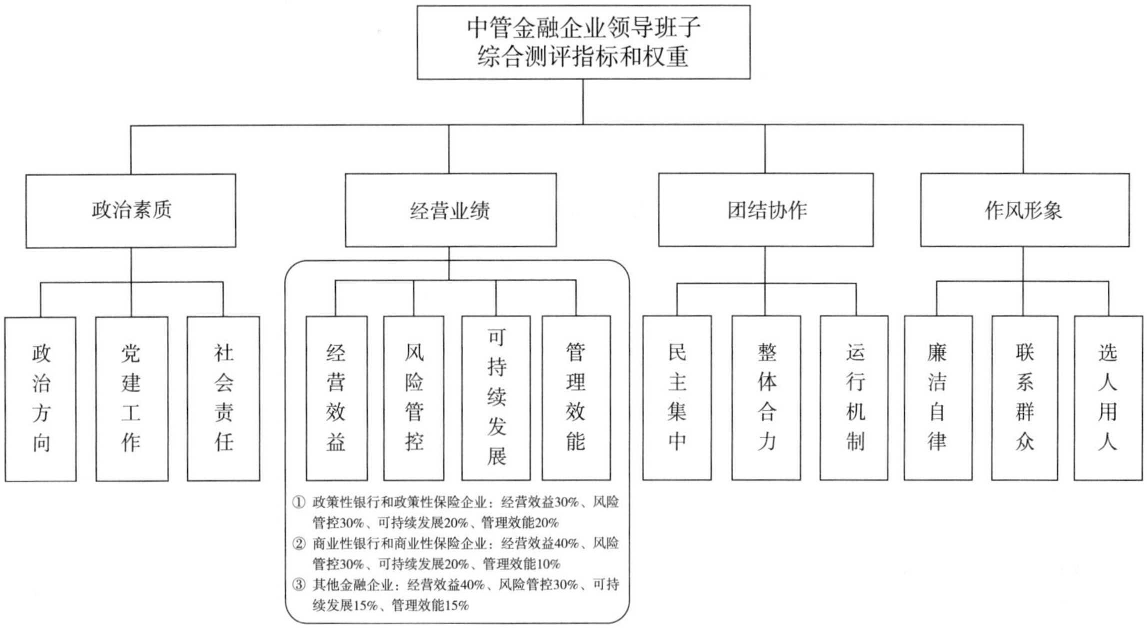

注：领导班子综合测评指标中，经营业绩占50%；政治素质、团结协作、作风形象共占50%，所含9项二级综合测评指标权重相同。

附件 2

中管金融企业领导班子综合测评指标评价要点和标准

一级指标	二级指标	评价要点和标准
政治素质	政治方向	坚持党的基本理论、基本路线、基本纲领、基本经验、基本要求，坚定中国特色社会主义道路自信、理论自信、制度自信，坚决贯彻执行党和国家方针政策，遵守党的政治纪律，在思想上政治上行动上与党中央保持高度一致；毫不动摇地坚持党的领导，确保中央对中管金融企业的控制力；自觉服从服务国家经济金融发展战略，充分发挥中管金融企业对于国民经济发展的支持和保障作用，保障国家金融安全；坚持国有金融企业改革发展的社会主义方向，认真贯彻落实全面深化改革战略部署；坚持依法治企。
	党建工作	坚持党要管党、从严治党，承担好落实好从严治党责任，坚持党建工作和中心工作一起谋划、一起部署、一起考核，防止"一手硬、一手软"；充分发挥企业党委领导核心作用，把党的政治优势、组织优势转化为企业发展优势；注重加强企业基层党组织建设，加强党务工作者队伍和党员队伍建设，有效发挥基层党组织战斗堡垒作用和党员先锋模范作用；积极培育并带头践行社会主义核心价值观，推进企业文化建设，思想政治工作扎实有效。
	社会责任	支持国家经济转型与产业升级，促进绿色、低碳、循环发展；关注民生，加大对"三农"、中小微企业等金融支持力度，优化金融服务；正确处理企业利益与公共利益的关系，正确处理企业与社会、地方的关系，实现和谐发展；坚持依法合规经营，模范遵守商业道德和行业规则，注重客户服务，维护企业商誉；在发生重大自然灾害和突发事件时及时提供支持和援助，支持社会公益事业，树立企业良好形象。
经营业绩	经营效益	注重价值创造，取得经得起实践、人民和历史检验的实绩。对政策性银行和政策性保险企业，要求企业经营状况良好；对商业性银行、商业性保险企业和其他金融企业，要求盈利能力不断增强，资产利润率、资本利润率稳步提升。
	风险管控	风险控制意识强，风险管控机制健全，各项规章制度完备，内控合规管理水平高。对政策性银行和政策性保险企业，要求兼顾服务国家战略和防范金融风险双重目标；对商业性银行和商业性保险企业，要求注重风险识别、预警、处置和化解；对其他金融企业，要求加强集团整体风险管控能力。
	可持续发展	科学制定中长期发展规划，正确处理当前和长远、显绩和潜绩的关系，避免短期行为；注重与国际先进企业对标，积极发挥行业引领作用。对政策性银行和政策性保险企业，要求切实发挥政策性金融的战略性、基础性作用，实现政策性业务健康发展和国有金融资产保值增值，推动经济社会发展的同时实现企业自身发展；对商业性银行、商业性保险企业和其他金融企业，要求注重发展质量，坚持创新驱动发展，加大产品创新、服务创新和管理创新力度，重视培育企业核心竞争力。
	管理效能	注重加强集团管控，决策机制健全，方法科学，管理效率高，执行力强；对重大问题和突发事件反应迅速、判断准确、处置有力。
团结协作	民主集中	严肃党内政治生活，严格按照党内政治生活准则和党的各项规定办事，提高党内政治生活的政治性、原则性、战斗性；坚持民主集中制，重大决策、重要干部任免、重大项目安排和大额度资金运作事项等坚持集体研究决策；主要负责人民主意识强，能够广泛听取各方面意见建议；班子成员能够畅所欲言，充分发表意见；坚持原则，勇于开展批评和自我批评，大力开展积极健康的思想斗争，民主生活会质量高。
	整体合力	领导班子善于统揽全局，坚强有力，干事创业的氛围好；主要负责人善于团结班子成员，充分发挥班子成员作用；班子成员大局意识强，相互支持、密切配合、团结共事，领导班子整体功能得到充分发挥。
	运行机制	公司治理主体之间协调运转、有效制衡；领导班子分工合理、职责明确；工作制度和议事规则健全，运行良好，工作效率高。

续表

一级指标	二级指标	评价要点和标准
作风形象	廉洁自律	严格执行党风廉政建设责任制，深入推进以完善惩治和预防腐败体系为重点的反腐倡廉建设；坚持以严的标准要求干部、以严的措施管理干部、以严的纪律约束干部，使干部心有所畏、言有所戒、行有所止；加强领导人员的法制教育和法治实践，建立重大决策终身责任追究制度和责任倒查机制；严格执行履职待遇和业务支出制度，规范领导人员从业行为；加大案件防控力度，领导班子成员无违纪违法现象。
	联系群众	贯彻落实中央八项规定精神；全心全意依靠职工群众，坚持以人为本，切实维护员工的合法权益；落实民主管理制度，支持职工群众参与民主管理；建立与企业效益相匹配的职工收入增长机制，共享改革发展成果；创造积极和谐的职业环境，员工队伍稳定、满意度高。
	选人用人	坚持党管干部原则，坚持德才兼备、以德为先，大力培养选拔信念坚定、为民服务、勤政务实、敢于担当、清正廉洁的好干部；坚持公道正派，秉公用权，以坚强党性选党性坚强的人，以好的作风选作风好的人，防止"带病提拔"；坚持党管人才原则，以造就具有国际视野的高层次创新型金融人才为重点，统筹抓好各类人才队伍建设。

附件 3

中管金融企业领导人员综合考核评价指标和权重

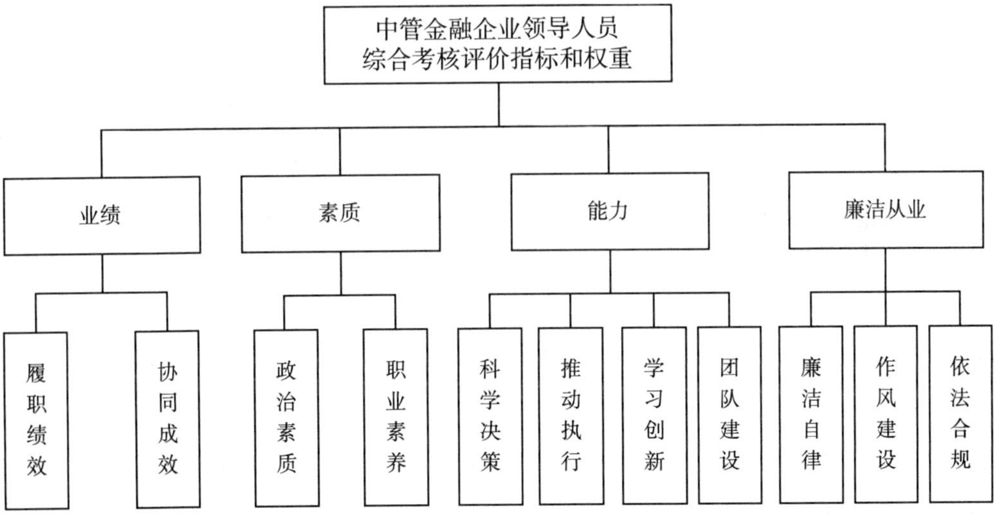

注：领导人员综合考核评价，业绩占50%，其中履职绩效占70%，协同成效占30%；素质、能力和廉洁从业共占50%，所含9项二级综合测评指标权重相同。

附件4

中管金融企业领导人员综合测评指标评价要点和标准

一级指标	二级指标	评价要点和标准
业绩	履职绩效	董事会成员重点评价：制定战略规划、科学民主决策、实施风险管控、完善公司治理和推动可持续发展等方面情况。对董事长还要评价推动董事会规范有效运作等方面情况。
		监事长重点评价：加强履职尽责监督、实施财务与内部控制监督、促进监事会规范建设与有效运转等方面情况。
		经营班子成员重点评价：落实董事会决议、实施战略规划、完成经营管理目标、推进业务转型与发展创新、加强风险控制与基础管理等方面情况。对行长还要评价组织带领经营班子、发挥经营班子成员作用等方面情况。
		党委成员重点评价：落实从严治党责任，保证监督党和国家方针政策的贯彻执行，参与重大问题决策，落实党管干部原则和党管人才原则，加强党组织建设、党员队伍建设、反腐倡廉建设，开展思想政治工作，培育企业文化，维护职工合法权益及企业稳定等方面情况。对党委书记还要评价履行党建工作第一责任人职责、抓党建的实效，包括发挥党委领导核心作用、执行民主集中制、完善党委工作机制、确保党委落实党风廉政建设主体责任等方面情况；对党委副书记还要评价协助党委书记抓好党组织建设、党员队伍建设等方面情况；对纪委书记还要评价履行监督检查职责、推进惩防体系建设、开展反腐倡廉教育、加强廉洁自律监督、查办违纪违法案件、确保纪委落实党风廉政建设监督责任等方面情况。
	协同成效	积极协同配合领导班子其他成员推动工作；坚持从企业改革发展大局出发谋划和推动工作，研究讨论重大问题时积极建言献策，在推动企业整体发展中发挥建设性作用。
素质	政治素质	坚定共产主义远大理想，真诚信仰马克思主义，在思想上政治上行动上与党中央保持高度一致；认真学习贯彻中国特色社会主义理论体系特别是习近平总书记系列重要讲话精神，矢志不渝为中国特色社会主义而奋斗，努力成为中国特色社会主义金融家；在党言党、在党忧党、在党为党，把爱党、忧党、兴党、护党落实到工作生活各个环节，敢于同形形色色违反党内政治生活原则和制度的现象作斗争；牢固树立正确的是非观、义利观、权力观、事业观，坚定政治立场，明辨大是大非；遵守党的纪律特别是政治纪律、组织纪律，自觉加强党性锻炼，不断提高党性修养，坚守共产党员精神追求。
	职业素养	把发展壮大国有金融企业作为职业追求，安心、专注、迷恋国有金融企业改革发展事业；勤勉敬业，始终充满干事创业的激情和动力；风险意识强，坚持稳健审慎的经营理念，有效平衡风险管理与业务发展的关系；严守国家和企业秘密，遵守商业道德，诚信践诺，坚守职业精神。
能力	科学决策	思路清晰、有前瞻性，善于把握国内国际经济发展趋势和行业发展规律，具有战略意识和全球视野；坚持按程序办事，坚持科学决策、民主决策、依法决策；注重调查研究，能够针对形势变化及时调整思路和对策。
	推动执行	认真贯彻落实上级精神，具备驾驭全局、应对复杂局面、解决企业改革发展稳定重点问题的能力；大胆管理，敬业守责、认真负责、勇于担责；善于优化资源配置，协调各方力量，有序推进各项工作。
	学习创新	注重学习，学以致用，积极推进企业体制创新、机制创新、管理创新，不断增强企业发展动力和核心竞争力。
	团队建设	善于抓班子、带队伍，注重发现、培养和使用人才；充分调动干部职工积极性、主动性和创造性，带领的团队凝聚力和战斗力强。
廉洁从业	廉洁自律	自觉遵守中央关于企业领导人员廉洁自律的相关规定，敬畏权力、管好权力、慎用权力；坚决抵制贪污腐败，做到清正廉洁、作风正派；严格要求自己和配偶、子女及身边工作人员，杜绝滥用职权、以权谋私等行为；主动接受组织和职工群众监督，认真执行领导人员个人有关事项报告制度和述职述廉制度。
	作风建设	自觉践行“三严三实”要求，认真贯彻落实中央八项规定精神，坚决反对形式主义、官僚主义、享乐主义和奢靡之风；带头坚守正道、弘扬正气，努力营造良好治企环境；强化宗旨意识，增强群众观点，密切联系群众，在职工群众中威信高；坚持原则、敢于担当，求真务实、真抓实干，艰苦奋斗、勤俭办企业。
	依法合规	坚持依法治企，严格遵守国家相关法律法规，合规意识强；提高法治思维和依法办事能力，不得违法行使权力，更不能以言代法、以权压法、徇私枉法；恪守领导人员从业承诺，按照企业内部规章制度和程序从事经营管理工作。

附件5

建立董事会的中管金融企业领导班子综合测评主体权重

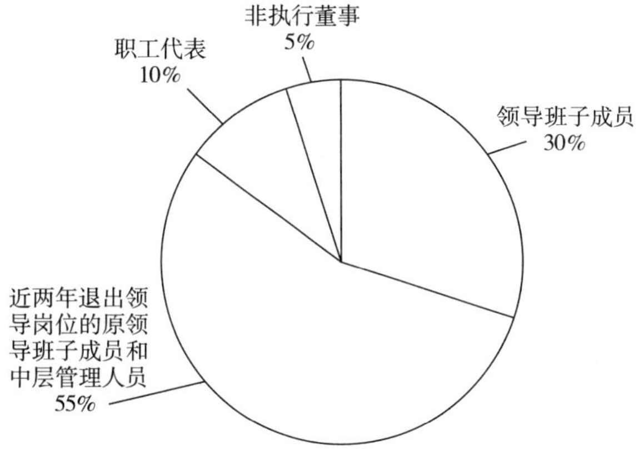

未建立董事会的中管金融企业领导班子综合测评主体权重

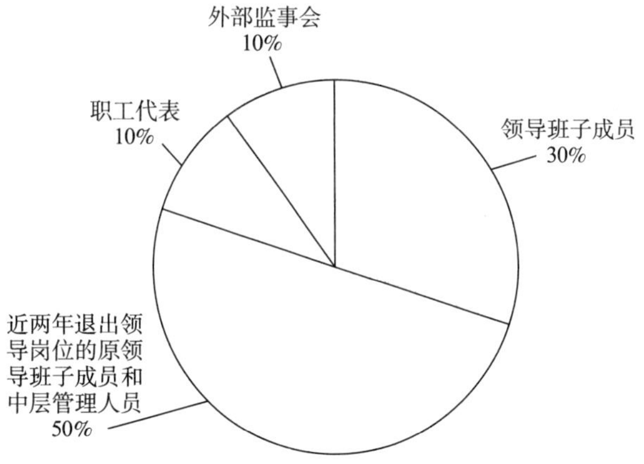

附件 6

建立董事会的中管金融企业领导人员综合测评主体权重

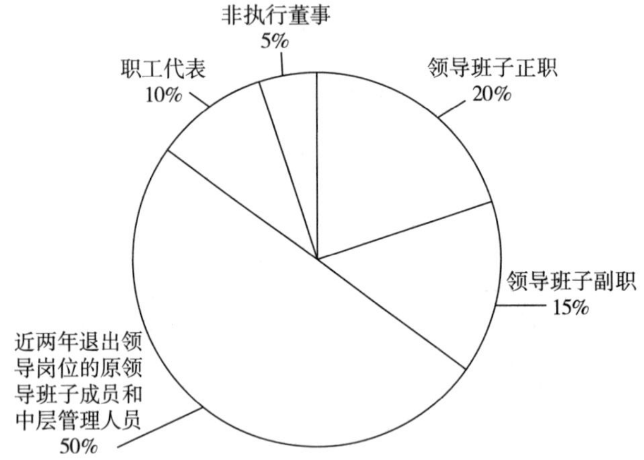

未建立董事会的中管金融企业领导人员综合测评主体权重

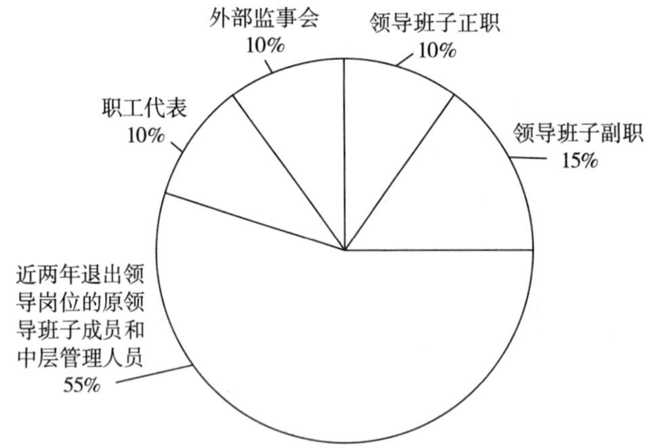

健全落实社会治安综合治理领导责任制规定

中共中央办公厅、国务院办公厅 2016 年 2 月 27 日印发

第一章　总　　则

第一条　为深入推进社会治安综合治理，健全落实领导责任制，全面推进平安中国建设，确保人民安居乐业、社会安定有序、国家长治久安，制定本规定。

第二条　本规定适用于各级党的机关、人大机关、行政机关、政协机关、审判机关、检察机关及其领导班子、领导干部。

人民团体、事业单位、国有企业及其领导班子、领导干部、领导人员参照执行本规定。

第三条　健全落实社会治安综合治理领导责任制，应当坚持以邓小平理论、“三个代表”重要思想、科学发展观为指导，深入贯彻落实习近平总书记系列重要讲话精神，紧紧围绕全面建成小康社会、全面深化改革、全面依法治国、全面从严治党的战略布局，坚持问题导向、法治思维、改革创新，抓住“关键少数”，强化担当意识，落实领导责任，科学运用评估、督导、考核、激励、惩戒等措施，形成正确导向，一级抓一级，层层抓落实，使各级领导班子、领导干部切实担负起维护一方稳定、确保一方平安的重大政治责任，保证党中央、国务院关于社会治安综合治理决策部署的贯彻落实。

第二章 责任内容

第四条 严格落实属地管理和谁主管谁负责原则，构建党委领导、政府主导、综治协调、各部门齐抓共管、社会力量积极参与的社会治安综合治理工作格局。

第五条 各级党委和政府应当切实加强对社会治安综合治理的领导，列入重要议事日程，纳入经济社会发展总体规划，认真研究解决工作中的重要问题，从人力物力财力上保证社会治安综合治理工作的顺利开展。

各地党政主要负责同志是社会治安综合治理的第一责任人，社会治安综合治理的分管负责同志是直接责任人，领导班子其他成员承担分管工作范围内社会治安综合治理的责任。

第六条 各部门各单位应当各负其责，充分发挥职能作用，积极参与社会治安综合治理，主动承担好预防和减少违法犯罪、维护社会治安和社会稳定的责任，认真抓好本部门本单位的综合治理工作，与业务工作同规划、同部署、同检查、同落实。

第七条 各级社会治安综合治理委员会及其办公室应当在党委和政府的统一领导下，认真组织各有关单位参与社会治安综合治理工作，加强调查研究和督导检查，及时通报、分析社会治安形势，协调解决工作中遇到的突出问题，总结推广典型经验，统筹推进社会治安综合治理工作。

第三章 督促检查

第八条 各地区各部门各单位应当建立完善社会治安综合治理目标管理责任制，把社会治安综合治理各项任务分解为若干具体目标，制定易于执行检查的措施，建立严格的督促检查制度、定量考核制度、评价奖惩制度，自上而下层层签订社会治安综合治理责任书。

第九条 各级党委常委会应当将执行社会治安综合治理领导责任制的情况，作为向同级党的委员会全体会议报告工作的一项重要内容。

各级党政领导班子和有关领导干部应当将履行社会治安综合治理责任情况作为年度述职报告的重要内容。

第十条 社会治安综合治理委员会成员单位每年应当对本单位本系统部署和开展社会治安综合治理、推进平安建设的有关情况进行总结，对下一年度的工作作出安排，并报同级社会治安综合治理委员会。

下一级社会治安综合治理委员会每年应当向上一级社会治安综合治理委员会报告工作。

第十一条 各级党委和政府应当将社会治安综合治理纳入工作督促检查范围，适时组织开展专项督促检查。

各级社会治安综合治理委员会及其办公室应当动员组织党员、群众有序参与，推动社会治安综合治理各项决策部署落到实处。

第十二条 各级党委和政府应当建立健全社会治安综合治理考核评价制度机制，制定完善考核评价标准和指标体系，明确考核评价的内容、方法、程序。

第十三条 各级党委和政府应当强化社会治安综合治理考核评价结果运用，把社会治安综合治理工作实绩作为对领导班子和领导干部综合考核评价的重要内容，与业绩评定、职务晋升、奖励惩处等挂钩。各级社会治安综合治理委员会及其办公室应当推动建立健全社会治安综合治理工作实绩档案。

各级组织人事部门在考察党政主要领导干部和社会治安综合治理分管领导干部实绩、进行提拔使用和晋职晋级时，应当了解和掌握相关领导干部抓社会治安综合治理工作的情况。

第十四条 县级以上社会治安综合治理委员会及其办公室应当按照中央有关规定，加强与同级纪检监察机关、组织人事部门的协调配合，协同做好有关奖惩工作。

第四章 表彰奖励

第十五条 对真抓实干、社会治安综合治理工作成绩突出的地方、部门和单位的党政主要领导干部和分管领导干部，应当按照有关规定给予表彰和嘉奖。对受到嘉奖的领导干部，应当将有关材料存入本人档案。

第十六条 中央社会治安综合治理委员会、中央组织部、人力资源社会保障部每四年开展一次全国社会治安综合治理先进集体、先进工作者评选表彰工作。

第十七条 对受到表彰的全国社会治安综合治理先进集体党政主要领导干部和分管领导干部应当进行嘉奖。对受到表彰的全国社会治安综合治理先进工作者，应当落实省部级先进工作者和劳动模范待遇。

第十八条 对连续三次以上受到表彰的全国社会治安综合治理先进集体，由中央社会治安综合治理委员会以适当形式予以表扬。

第十九条　地方各级社会治安综合治理委员会和组织人事部门要配合做好全国社会治安综合治理先进集体、先进工作者等的评选表彰工作。

第五章　责任督导和追究

第二十条　党政领导班子、领导干部违反本规定或者未能正确履行本规定所列职责，有下列情形之一的，应当进行责任督导和追究：

（一）不重视社会治安综合治理和平安建设，相关工作措施落实不力，本地区本系统本单位基层基础工作薄弱，治安秩序严重混乱的；

（二）本地区本系统本单位在较短时间内连续发生重大刑事案件、群体性事件、公共安全事件的；

（三）本地区本系统本单位发生特别重大刑事案件、群体性事件、公共安全事件的；

（四）本地区本单位社会治安综合治理工作（平安建设）考核评价不合格、不达标的；

（五）对群众反映强烈的社会治安重点地区和突出公共安全、治安问题等，没有采取有效措施或者出现反弹的；

（六）各级党委和政府及社会治安综合治理委员会认为需要查究的其他事项。

第二十一条　对党政领导班子、领导干部进行责任督导和追究的方式包括：通报、约谈、挂牌督办、实施一票否决权制、引咎辞职、责令辞职、免职等。因违纪违法应当承担责任的，给予党纪政纪处分；构成犯罪的，依法追究刑事责任。

第二十二条　对具有本规定第二十条所列情形的地区、单位，由相应县级以上社会治安综合治理委员会办公室以书面形式进行通报，必要时由社会治安综合治理委员会进行通报，限期进行整改。

第二十三条　对受到通报后仍未按期完成整改目标，或者具有本规定第二十条所列情形且危害严重或者影响重大的地区、单位，由相应的上一级社会治安综合治理委员会办公室主任对其党政主要领导干部、社会治安综合治理工作分管领导干部和负有责任的其他领导班子成员进行约谈，必要时由社会治安综合治理委员会主任、副主任约谈，帮助分析原因，督促限期整改。

第二十四条　对受到约谈后仍未按期完成整改目标，或者具有本规定第二十条所列情形且危害特别严重或者影响特别重大但尚不够实施一票否决权制的地区、单位，由相应的上一级社会治安综合治理委员会办公室挂牌督办，限期进行整改。必要时，可派驻工作组对挂牌督办地区、单位进行检查督办。

中央社会治安综合治理委员会办公室每年从公共安全、治安问题相对突出的市（地、州、盟）中，确定若干作为挂牌督办的重点整治单位，加强监督管理。

对受到挂牌督办的地区、单位，在半年内取消该地区、单位评选综合性荣誉称号的资格和该地区、单位主要领导干部、主管领导干部、分管领导干部评先受奖、晋职晋级的资格。

第二十五条　对受到挂牌督办后仍未按期完成整改目标，或者有本规定第二十条所列情形且危害特别严重或者影响特别重大的地区、单位，由相应的上一级社会治安综合治理委员会按照中央有关规定，商有关部门共同研究决定实行一票否决权制。

第二十六条　对受到一票否决权制处理的地区、单位，在一年内，取消该地区、单位评选综合性荣誉称号的资格，由组织人事部门按照有关权限和程序办理；取消该地区、单位主要领导干部、主管领导干部、分管领导干部评先受奖、晋职晋级的资格，由组织人事部门按照干部管理权限和程序办理，并会同社会治安综合治理委员会办公室，按照中央有关规定向上级有关部门进行报告、备案。需要追究该地区、单位党政领导干部责任的，移送纪检监察机关依纪依法处理。

第二十七条　对中央驻地方单位需要实行一票否决权制的，由省级社会治安综合治理委员会向其主管单位和中央社会治安综合治理委员会提出书面建议。

第二十八条　党政领导干部具有本规定第二十条所列情形，按照《关于实行党政领导干部问责的暂行规定》应当采取引咎辞职、责令辞职、免职等方式问责的，由纪检监察机关、组织人事部门按照管理权限办理。

第二十九条　党政领导班子、领导干部具有本规定第二十条所列情形，并具有下列情节之一的，应当从重进行责任督导和追究：

（一）干扰、阻碍调查和责任追究的；

（二）弄虚作假、隐瞒事实真相、瞒报漏报重大情况的；

（三）对检举人、控告人等打击报复的；

（四）党内法规和国家法律法规规定的其他从重情节。

第三十条　党政领导班子、领导干部具有本规定第二十条所列情形，并具有下列情节之一的，可以从轻进行责任督导和追究：

（一）主动采取措施，有效避免损失、挽回影响的；

（二）积极配合调查，并且主动承担责任的；

（三）党内法规和国家法律法规规定的其他从轻

情节。

第六章　附　　则

第三十一条　各省、自治区、直辖市，新疆生产建设兵团，中央和国家机关各部门可以根据本规定制定实施办法。

第三十二条　本规定由中央社会治安综合治理委员会负责解释。

第三十三条　本规定自2016年2月27日起施行。

脱贫攻坚责任制实施办法

中共中央办公厅、国务院办公厅2016年10月11日印发

第一章　总　　则

第一条　为了全面落实脱贫攻坚责任制，根据《中共中央、国务院关于打赢脱贫攻坚战的决定》和中央有关规定，制定本办法。

第二条　本办法适用于中西部22个省（自治区、直辖市）党委和政府、有关中央和国家机关脱贫攻坚责任的落实。

第三条　脱贫攻坚按照中央统筹、省负总责、市县抓落实的工作机制，构建责任清晰、各负其责、合力攻坚的责任体系。

第二章　中央统筹

第四条　党中央、国务院主要负责统筹制定脱贫攻坚大政方针，出台重大政策举措，完善体制机制，规划重大工程项目，协调全局性重大问题、全国性共性问题。

第五条　国务院扶贫开发领导小组负责全国脱贫攻坚的综合协调，建立健全扶贫成效考核、贫困县约束、督查巡查、贫困退出等工作机制，组织实施对省级党委和政府扶贫开发工作成效考核，组织开展脱贫攻坚督查巡查和第三方评估，有关情况向党中央、国务院报告。

第六条　国务院扶贫开发领导小组建设精准扶贫精准脱贫大数据平台，建立部门间信息互联共享机制，完善农村贫困统计监测体系。

第七条　有关中央和国家机关按照工作职责，运用行业资源落实脱贫攻坚责任，按照《贯彻实施〈中共中央、国务院关于打赢脱贫攻坚战的决定〉重要政策措施分工方案》要求制定配套政策并组织实施。

第八条　中央纪委机关对脱贫攻坚进行监督执纪问责，最高人民检察院对扶贫领域职务犯罪进行集中整治和预防，审计署对脱贫攻坚政策落实和资金重点项目进行跟踪审计。

第三章　省负总责

第九条　省级党委和政府对本地区脱贫攻坚工作负总责，并确保责任制层层落实；全面贯彻党中央、国务院关于脱贫攻坚的大政方针和决策部署，结合本地区实际制定政策措施，根据脱贫目标任务制定省级脱贫攻坚滚动规划和年度计划并组织实施。省级党委和政府主要负责人向中央签署脱贫责任书，每年向中央报告扶贫脱贫进展情况。

第十条　省级党委和政府应当调整财政支出结构，建立扶贫资金增长机制，明确省级扶贫开发投融资主体，确保扶贫投入力度与脱贫攻坚任务相适应；统筹使用扶贫协作、对口支援、定点扶贫等资源，广泛动员社会力量参与脱贫攻坚。

第十一条　省级党委和政府加强对扶贫资金分配使用、项目实施管理的检查监督和审计，及时纠正和处理扶贫领域违纪违规问题。

第十二条　省级党委和政府加强对贫困县的管理，组织落实贫困县考核机制、约束机制、退出机制；保持贫困县党政正职稳定，做到不脱贫不调整、不摘帽不调离。

第四章　市县落实

第十三条　市级党委和政府负责协调域内跨县扶贫项目，对项目实施、资金使用和管理、脱贫目标任务完成等工作进行督促、检查和监督。

第十四条　县级党委和政府承担脱贫攻坚主体责任，负责制定脱贫攻坚实施规划，优化配置各类资源要素，组织落实各项政策措施，县级党委和政府主要负责人是第一责任人。

第十五条　县级党委和政府应当指导乡、村组织实施贫困村、贫困人口建档立卡和退出工作，对贫困村、贫困人口精准识别和精准退出情况进行检查考核。

第十六条　县级党委和政府应当制定乡、村落实精准扶贫精准脱贫的指导意见并监督实施，因地制宜，分类指导，保证贫困退出的真实性、有效性。

第十七条　县级党委和政府应当指导乡、村加强政策宣传，充分调动贫困群众的主动性和创造性，把脱贫攻坚政策措施落实到村到户到人。

第十八条　县级党委和政府应当坚持抓党建促脱贫攻坚，强化贫困村基层党组织建设，选优配强和稳定基层干部队伍。

第十九条　县级政府应当建立扶贫项目库，整合财政涉农资金，建立健全扶贫资金项目信息公开制度，对扶贫资金管理监督负首要责任。

第五章 合力攻坚

第二十条 东西部扶贫协作和对口支援双方各级党政主要负责人必须亲力亲为，推动建立精准对接机制，聚焦脱贫攻坚，注重帮扶成效，加强产业带动、劳务协作、人才交流等方面的合作。东部地区应当根据财力增长情况，逐步增加帮扶投入；西部地区应当主动对接，整合用好资源。

第二十一条 各定点扶贫单位应当紧盯建档立卡贫困人口，细化实化帮扶措施，督促政策落实和工作到位，切实做到扶真贫、真扶贫，不脱贫不脱钩。

第二十二条 军队和武警部队应当发挥组织严密、突击力强等优势，积极参与地方脱贫攻坚，有条件的应当承担定点帮扶任务。

第二十三条 各民主党派应当充分发挥在人才和智力扶贫上的优势和作用，做好脱贫攻坚民主监督工作。

第二十四条 民营企业、社会组织和公民个人应当积极履行社会责任，主动支持和参与脱贫攻坚。

第六章 奖 惩

第二十五条 各级党委和政府、扶贫开发领导小组以及有关中央和国家机关可以按照有关规定对落实脱贫攻坚责任到位、工作成效显著的部门和个人，以适当方式予以表彰，并作为干部选拔使用的重要依据；对不负责任、造成不良影响的，依纪依法追究相关部门和人员责任。

第二十六条 各级党委和政府、扶贫开发领导小组以及有关中央和国家机关对在脱贫攻坚中作出突出贡献的社会帮扶主体，予以大力宣传，并按照有关规定进行表彰。

第七章 附 则

第二十七条 中西部22个省（自治区、直辖市）应当参照本办法，结合本地区实际制定实施细则。其他省（自治区、直辖市）可以参照本办法实施。

第二十八条 本办法由国务院扶贫开发领导小组办公室负责解释。

第二十九条 本办法自2016年10月11日起施行。

党政主要负责人履行推进法治建设第一责任人职责规定

中共中央办公厅、国务院办公厅2016年11月30日印发

第一条 为贯彻落实党中央关于全面依法治国的部署要求，推动党政主要负责人切实履行推进法治建设第一责任人职责，根据有关党内法规和国家法律法规，制定本规定。

第二条 本规定适用于县级以上地方党委和政府主要负责人。

第三条 党政主要负责人履行推进法治建设第一责任人职责，必须坚持党的领导、人民当家作主、依法治国有机统一；坚持宪法法律至上，反对以言代法、以权压法、徇私枉法；坚持统筹协调，做到依法治国、依法执政、依法行政共同推进，法治国家、法治政府、法治社会一体建设；坚持权责一致，确保有权必有责、有责要担当、失责必追究；坚持以身作则、以上率下，带头尊法学法守法用法。

第四条 党政主要负责人作为推进法治建设第一责任人，应当切实履行依法治国重要组织者、推动者和实践者的职责，贯彻落实党中央关于法治建设的重大决策部署，统筹推进科学立法、严格执法、公正司法、全民守法，自觉运用法治思维和法治方式深化改革、推动发展、化解矛盾、维护稳定，对法治建设重要工作亲自部署、重大问题亲自过问、重点环节亲自协调、重要任务亲自督办，把本地区各项工作纳入法治化轨道。

第五条 党委主要负责人在推进法治建设中应当履行以下主要职责：

（一）充分发挥党委在推进本地区法治建设中的领导核心作用，定期听取有关工作汇报，及时研究解决有关重大问题，将法治建设纳入地区发展总体规划和年度工作计划，与经济社会发展同部署、同推进、同督促、同考核、同奖惩；

（二）坚持全面从严治党、依规治党，加强党内法规制度建设，提高党内法规制度执行力；

（三）严格依法依规决策，落实党委法律顾问制度、公职律师制度，加强对党委文件、重大决策的合法合规性审查；

（四）支持本级人大、政府、政协、法院、检察院依法依章程履行职能、开展工作，督促领导班子其他成员和下级党政主要负责人依法办事，不得违规干预司法活动、插手具体案件处理；

（五）坚持重视法治素养和法治能力的用人导向，加强法治工作队伍建设和政法机关领导班子建设；

（六）深入推进法治宣传教育，推动全社会形成浓厚法治氛围。

第六条 政府主要负责人在推进法治建设中应当履行以下主要职责：

（一）加强对本地区法治政府建设的组织领导，制定工作规划和年度工作计划，及时研究解决法治政府建设有关重大问题，为推进法治建设提供保障、创造条件；

（二）严格执行重大行政决策法定程序，建立健全政府法律顾问制度、公职律师制度，依法制定规章和规范性文件，全面推进政务公开；

（三）依法全面履行政府职能，推进行政执法责任制落实，推动严格规范公正文明执法；

（四）督促领导班子其他成员和政府部门主要负责人依法行政，推动完善政府内部层级监督和专门监督，纠正行政不作为、乱作为；

（五）自觉维护司法权威，认真落实行政机关出庭应诉、支持法院受理行政案件、尊重并执行法院生效裁判的制度；

（六）完善行政机关工作人员学法用法制度，组织实施普法规划，推动落实"谁执法谁普法"责任。

第七条　党政主要负责人应当将履行推进法治建设第一责任人职责情况列入年终述职内容，上级党委应当对下级党政主要负责人履行推进法治建设第一责任人职责情况开展定期检查、专项督查。

第八条　上级党委应当将下级党政主要负责人履行推进法治建设第一责任人职责情况纳入政绩考核指标体系，作为考察使用干部、推进干部能上能下的重要依据。

第九条　党政主要负责人不履行或者不正确履行推进法治建设第一责任人职责的，应当依照《中国共产党问责条例》等有关党内法规和国家法律法规予以问责。

第十条　中共中央、国务院工作部门的主要负责人，县级以上地方党委和政府工作部门的主要负责人，乡（镇、街道）党政主要负责人，参照本规定执行。

第十一条　本规定由中央办公厅、国务院办公厅负责解释。

第十二条　本规定自2016年11月30日起施行。

生态文明建设目标评价考核办法

中共中央办公厅、国务院办公厅2016年12月2日印发

第一章　总　　则

第一条　为了贯彻落实党的十八大和十八届三中、四中、五中、六中全会精神，加快绿色发展，推进生态文明建设，规范生态文明建设目标评价考核工作，根据有关党内法规和国家法律法规，制定本办法。

第二条　本办法适用于对各省、自治区、直辖市党委和政府生态文明建设目标的评价考核。

第三条　生态文明建设目标评价考核实行党政同责，地方党委和政府领导成员生态文明建设一岗双责，按照客观公正、科学规范、突出重点、注重实效、奖惩并举的原则进行。

第四条　生态文明建设目标评价考核在资源环境生态领域有关专项考核的基础上综合开展，采取评价和考核相结合的方式，实行年度评价、五年考核。

评价重点评估各地区上一年度生态文明建设进展总体情况，引导各地区落实生态文明建设相关工作，每年开展1次。考核主要考查各地区生态文明建设重点目标任务完成情况，强化省级党委和政府生态文明建设的主体责任，督促各地区自觉推进生态文明建设，每个五年规划期结束后开展1次。

第二章　评　　价

第五条　生态文明建设年度评价（以下简称年度评价）工作由国家统计局、国家发展改革委、环境保护部会同有关部门组织实施。

第六条　年度评价按照绿色发展指标体系实施，主要评估各地区资源利用、环境治理、环境质量、生态保护、增长质量、绿色生活、公众满意程度等方面的变化趋势和动态进展，生成各地区绿色发展指数。

绿色发展指标体系由国家统计局、国家发展改革委、环境保护部会同有关部门制定，可以根据国民经济和社会发展规划纲要以及生态文明建设进展情况作相应调整。

第七条　年度评价应当在每年8月底前完成。

第八条　年度评价结果应当向社会公布，并纳入生态文明建设目标考核。

第三章　考　　核

第九条　生态文明建设目标考核（以下简称目标考核）工作由国家发展改革委、环境保护部、中央组织部牵头，会同财政部、国土资源部、水利部、农业部、国家统计局、国家林业局、国家海洋局等部门组织实施。

第十条　目标考核内容主要包括国民经济和社会发展规划纲要中确定的资源环境约束性指标，以及党中央、国务院部署的生态文明建设重大目标任务完成情况，突出公众的获得感。考核目标体系由国家发展改革委、环境保护部会同有关部门制定，可以根据国民经济和社会发展规划纲要以及生态文明建设进展情况作相应调整。

有关部门应当根据国家生态文明建设的总体要求,结合各地区经济社会发展水平、资源环境禀赋等因素,将考核目标科学合理分解落实到各省、自治区、直辖市。

第十一条 目标考核在五年规划期结束后的次年开展,并于9月底前完成。各省、自治区、直辖市党委和政府应当对照考核目标体系开展自查,在五年规划期结束次年的6月底前,向党中央、国务院报送生态文明建设目标任务完成情况自查报告,并抄送考核牵头部门。资源环境生态领域有关专项考核的实施部门应当在五年规划期结束次年的6月底前,将五年专项考核结果送考核牵头部门。

第十二条 目标考核采用百分制评分和约束性指标完成情况等相结合的方法,考核结果划分为优秀、良好、合格、不合格四个等级。考核牵头部门汇总各地区考核实际得分以及有关情况,提出考核等级划分、考核结果处理等建议,并结合领导干部自然资源资产离任审计、领导干部环境保护责任离任审计、环境保护督察等结果,形成考核报告。

考核等级划分规则由考核牵头部门根据实际情况另行制定。

第十三条 考核报告经党中央、国务院审定后向社会公布,考核结果作为各省、自治区、直辖市党政领导班子和领导干部综合考核评价、干部奖惩任免的重要依据。

对考核等级为优秀、生态文明建设工作成效突出的地区,给予通报表扬;对考核等级为不合格的地区,进行通报批评,并约谈其党政主要负责人,提出限期整改要求;对生态环境损害明显、责任事件多发地区的党政主要负责人和相关负责人(含已经调离、提拔、退休的),按照《党政领导干部生态环境损害责任追究办法(试行)》等规定,进行责任追究。

第四章 实 施

第十四条 国家发展改革委、环境保护部、中央组织部会同国家统计局等部门建立生态文明建设目标评价考核部际协作机制,研究评价考核工作重大问题,提出考核等级划分、考核结果处理等建议,讨论形成考核报告,报请党中央、国务院审定。

第十五条 生态文明建设目标评价考核采用有关部门组织开展专项考核认定的数据、相关统计和监测数据,以及自然资源资产负债表数据成果,必要时评价考核牵头部门可以对专项考核等数据作进一步核实。

因重大自然灾害等非人为因素导致有关考核目标未完成的,经主管部门核实后,对有关地区相关考核指标得分进行综合判定。

第十六条 有关部门和各地区应当切实加强生态文明建设领域统计和监测的人员、设备、科研、信息平台等基础能力建设,加大财政支持力度,增加指标调查频率,提高数据的科学性、准确性和一致性。

第五章 监 督

第十七条 参与评价考核工作的有关部门和机构应当严格执行工作纪律,坚持原则、实事求是,确保评价考核工作客观公正、依规有序开展。各省、自治区、直辖市不得篡改、伪造或者指使篡改、伪造相关统计和监测数据,对于存在上述问题并被查实的地区,考核等级确定为不合格。对徇私舞弊、瞒报谎报、篡改数据、伪造资料等造成评价考核结果失真失实的,由纪检监察机关和组织(人事)部门按照有关规定严肃追究有关单位和人员责任;涉嫌犯罪的,依法移送司法机关处理。

第十八条 有关地区对考核结果和责任追究决定有异议的,可以向作出考核结果和责任追究决定的机关和部门提出书面申诉,有关机关和部门应当依据相关规定受理并进行处理。

第六章 附 则

第十九条 各省、自治区、直辖市党委和政府可以参照本办法,结合本地区实际,制定针对下一级党委和政府的生态文明建设目标评价考核办法。

第二十条 本办法由国家发展改革委、环境保护部、中央组织部、国家统计局商有关部门负责解释。

第二十一条 本办法自2016年12月2日起施行。

地方党政领导干部食品安全责任制规定

1. 中共中央办公厅、国务院办公厅印发

2. 自2019年2月5日起施行

第一章 总 则

第一条 为了进一步落实食品安全党政同责要求,强化食品安全属地管理责任,健全食品安全工作责任制,保障人民群众"舌尖上的安全",根据有关党内法规和国家法律,制定本规定。

第二条 本规定所称食品安全包括食用农产品质量安全。

本规定所称分管食品安全工作是指分管食用农产品质量安全监管、食品安全监管等工作。

本规定所称食品安全相关工作是指卫生健康、生态环境、粮食、教育、政法、宣传、民政、建设、文化、旅游、交通运输等行业或者领域与食品安全紧密相关的工作,以及为食品安全提供支持的发展改革、科技、工信、财政、商务等领域工作。

第三条 本规定适用于县级以上地方各级党委和政府领导班子成员(以下统称地方党政领导干部)。

第四条 实行地方党政领导干部食品安全责任制,必须坚持以习近平新时代中国特色社会主义思想为指导,增强“四个意识”、坚定“四个自信”、做到“两个维护”,牢固树立以人民为中心的发展思想,贯彻落实食品安全“四个最严”的要求,深入实施食品安全战略,承担起“促一方发展、保一方平安”的政治责任,不断提高食品安全工作水平,努力增强人民群众的获得感、幸福感、安全感。

第五条 建立地方党政领导干部食品安全工作责任制,应当遵循以下原则:

(一)坚持党政同责、一岗双责,权责一致、齐抓共管,失职追责、尽职免责;

(二)坚持谋发展必须谋安全,管行业必须管安全,保民生必须保安全;

(三)坚持综合运用考核、奖励、惩戒等措施,督促地方党政领导干部履行食品安全工作职责,确保党中央、国务院关于食品安全工作的决策部署贯彻落实。

第六条 地方各级党委和政府对本地区食品安全工作负总责,主要负责人是本地区食品安全工作第一责任人,班子其他成员对分管(含协管、联系,下同)行业或者领域内的食品安全工作负责。

第二章 职 责

第七条 地方各级党委主要负责人应当全面加强党对本地区食品安全工作的领导,认真贯彻执行党中央关于食品安全工作的方针政策、决策部署和指示精神,上级党委的决定和相关法律法规要求,职责主要包括:

(一)组织学习贯彻习近平总书记关于食品安全工作的重要指示批示精神和党中央关于食品安全工作的方针政策、决策部署,不断提高地方党政领导干部的政治站位,增强做好食品安全工作的责任感和使命感;

(二)全面加强党对本地区食品安全工作的领导,将食品安全工作作为向党委全会报告的重要内容;

(三)建立健全党委常委会委员食品安全相关工作责任清单,督促党委常委会其他委员履行食品安全相关工作责任,并将食品安全工作纳入地方党政领导干部政绩考核内容;

(四)开展食品安全工作专题调研,召开党委常委会会议或者专题会议,听取食品安全工作专题汇报,及时研究解决食品安全工作重大问题,推动完善食品安全治理体系;

(五)加强食品安全工作部门领导班子建设、干部队伍建设和机构建设,不断提升食品安全治理能力;

(六)协调各方重视和支持食品安全工作,加强食品安全宣传,把握正确舆论导向,营造良好工作氛围。

第八条 地方各级政府主要负责人应当加强对本地区食品安全工作的领导,认真贯彻执行党中央、国务院关于食品安全工作的方针政策、决策部署和指示精神,上级党委和政府、本级党委的决定和相关法律法规要求,职责主要包括:

(一)领导本地区食品安全工作,组织推动地方政府落实食品安全属地管理责任;

(二)坚持新发展理念,正确处理发展和安全的关系,将食品安全工作纳入本地区国民经济和社会发展规划、政府工作重点,并接受人大、政协的监督;

(三)建立健全本地区食品安全监管责任体系,明确本级政府领导班子成员食品安全工作责任和政府相关部门食品安全工作职责,指导督促政府领导班子成员和相关部门落实工作责任;

(四)加强食品安全监管能力、执法能力建设,整合监管力量,优化监管机制,提高监管、执法队伍专业化水平,建立健全食品安全财政投入保障机制,保障监管、执法部门依法履职必需的经费和装备;

(五)开展食品安全工作专题调研,组织召开政府常务会议、办公会议或者专题会议,听取本地区食品安全工作汇报,及时研究解决食品安全工作突出问题;

(六)落实高质量发展要求,推进食品及食品相关产业转型升级,不断提高产业发展水平。

第九条 地方各级党委常委会其他委员应当按照职责分工,加强对分管行业或者领域内食品安全相关工作的领导,协助党委主要负责人,统筹推进分管行业或者领域内食品安全相关工作,督促指导相关部门依法履行工作职责,及时研究解决分管行业或者领域内食品安全相关工作问题。

第十条 地方各级政府分管食品安全工作负责人应当加强对本地区食品安全监管工作的领导,具体负责组织本地区食品安全监管工作,职责主要包括:

（一）协助党委和政府主要负责人落实食品安全属地管理责任，组织制定贯彻落实党中央、国务院关于食品安全工作的方针政策、决策部署和指示精神，上级以及本级党委和政府的决定和相关法律法规的具体措施；

（二）组织开展食品安全工作专题调研，研究制定本地区食品安全专项规划、年度重点工作计划，统筹推进本地区食品安全工作；

（三）组织协调食品安全监管部门和相关部门，及时分析食品安全形势，研究解决食品安全领域相关问题，推动完善"从农田到餐桌"全链条全过程食品安全监管机制；

（四）组织推动食品安全监管部门和相关部门建立信息共享机制，推进"互联网＋"食品安全监管，不断提升食品安全监管效能和治理能力现代化水平；

（五）组织实施食品安全风险防控、隐患排查和专项治理，坚决防范系统性、区域性食品安全风险；

（六）组织制定食品安全事故应急预案，及时组织开展本地区食品安全突发事件应对处置和调查处理；

（七）组织开展食品安全工作评议考核，督促本级政府相关部门和下级政府落实食品安全工作责任；

（八）组织开展食品安全普法和科普宣传、安全教育、诚信体系建设等工作，推动食品安全社会共治。

第十一条　地方各级政府领导班子其他成员应当按照职责分工，加强对分管行业或者领域内食品安全相关工作的领导，协助政府主要负责人，统筹推进分管行业或者领域内食品安全相关工作，督促指导相关部门依法履行工作职责，及时研究解决分管行业或者领域内食品安全相关工作问题。

第三章　考核监督

第十二条　地方各级党委和政府应当对落实食品安全重大部署、重点工作情况进行跟踪督办。

第十三条　地方各级党委应当结合巡视巡察工作安排，对地方党政领导干部履行食品安全工作职责情况进行检查。

第十四条　地方各级党委和政府应当充分发挥评议考核"指挥棒"作用，推动地方党政领导干部落实食品安全工作责任。

第十五条　跟踪督办、履职检查、评议考核结果应当作为地方党政领导干部考核、奖惩和使用、调整的重要参考。因履职不到位被追究责任的地方党政领导干部，在评优评先、选拔任用等方面按照有关规定执行。

第四章　奖　　惩

第十六条　地方党政领导干部在食品安全工作中敢于作为、勇于担当、履职尽责，有下列情形之一的，按照有关规定给予表彰奖励：

（一）及时有效组织预防食品安全事故和消除重大食品安全风险隐患，使国家和人民群众利益免受重大损失的；

（二）在食品安全工作中有重大创新并取得显著成效的；

（三）连续在食品安全工作评议考核中成绩优秀的；

（四）作出其他突出贡献的。

第十七条　地方党政领导干部在落实食品安全工作责任中有下列情形之一的，应当按照有关规定进行问责：

（一）未履行本规定职责和要求，或者履职不到位的；

（二）对本区域内发生的重大食品安全事故，或者社会影响恶劣的食品安全事件负有领导责任的；

（三）对本区域内发生的食品安全事故，未及时组织领导有关部门有效处置，造成不良影响或者较大损失的；

（四）对隐瞒、谎报、缓报食品安全事故负有领导责任的；

（五）违规插手、干预食品安全事故依法处理和食品安全违法犯罪案件处理的；

（六）有其他应当问责情形的。

第十八条　地方党政领导干部有本规定第十七条所列情形的，按照干部管理权限依规依纪依法进行问责。涉嫌职务违法犯罪的，由监察机关依法调查处置。

第十九条　地方党政领导干部及时报告失职行为并主动采取补救措施，有效预防或者减少食品安全事故重大损失、挽回社会严重不良影响，或者积极配合问责调查，并主动承担责任的，按照有关规定从轻、减轻追究责任。对工作不力导致重大或者特别重大食品安全事故，或者造成严重不良影响的，应当从重追究责任。

第五章　附　　则

第二十条　乡镇（街道）党政领导干部，各类开发区管理机构党政领导干部，参照本规定执行。

第二十一条　本规定由市场监管总局会同农业农村部解释。

第二十二条　本规定自2019年2月5日起施行。

公务员平时考核办法(试行)

1. 中共中央组织部2019年8月27日制定
2. 中共中央组织部2019年11月26日发布

第一条 为了加强党对公务员队伍的集中统一领导,贯彻落实习近平总书记关于干部考核要把功夫下在平时的重要要求,建立日常考核、分类考核、近距离考核的知事识人体系,激励广大公务员新时代新担当新作为,促进事业发展和公务员成长进步,根据《中华人民共和国公务员法》和有关法律法规,制定本办法。

第二条 本办法所称公务员平时考核,是指各级机关按照干部管理权限,对非领导成员公务员日常工作和一贯表现所进行的了解、核实和评价。

第三条 公务员平时考核坚持党管干部原则,坚持把政治标准放在首位,坚持严管和厚爱结合、激励和约束并重,坚持客观公正、精准科学,坚持注重实绩、奖惩分明,坚持分级分类、简便易行。

第四条 公务员平时考核由其所在机关组织实施,作为加强公务员日常管理的重要抓手,党委(党组)承担考核工作主体责任,组织(人事)部门承担具体工作责任。

公务员主管部门负责公务员平时考核工作的业务指导、综合管理和监督检查。

加强考核总量控制,除党中央、国务院统一部署和依照公务员法开展的考核外,机关不得自行设置以全体公务员为对象的经常性考核项目,防止多头考核、重复考核。

第五条 公务员平时考核以公务员的职位职责和所承担的工作任务为依据,及时了解公务员德、能、勤、绩、廉日常表现,重点考核深入学习贯彻习近平新时代中国特色社会主义思想、遵守政治纪律和政治规矩、践行党的群众路线、完成日常工作任务和阶段工作目标的情况,以及承担急难险重任务、处理复杂问题、应对重大考验的表现等。

对直接面向群众的窗口单位和服务部门的公务员,应当突出考核服务态度、服务质量和服务承诺兑现情况,注重了解为群众办实事解难事的实效,关注群众获得感满意度。

第六条 机关可以结合职能职责和工作任务,区分不同类别、层级和职位公务员特点,设置考核指标。注重制定量化指标,加强对公务员完成工作的数量和质量的考核。不得简单将有没有台账记录、工作笔记等作为工作是否落实的标准,不得简单以留痕多少评判工作好坏,防止过度留痕。

第七条 公务员平时考核一般按照下列程序进行:

(一)个人小结。公务员对照机关要求、职责任务或者考核指标,如实对本人工作表现情况进行简要小结,以书面或者口头汇报形式报主管领导。

(二)审核评鉴。主管领导对公务员的个人小结进行审核,提出考核结果等次建议,由同级主要领导审定,也可以由领导班子或者机关组织(人事)部门审定。

审核评鉴应当结合日常了解、群众评价以及服务对象意见等情况,吸收运用绩效管理等成果,根据需要听取纪检监察机关意见,注重看公务员担当作为表现情况,综合研判,实事求是确定考核结果,防止简单依据个人小结对公务员作出评价。

对直接面向群众的窗口单位和服务部门的公务员,可以在一定范围内开展服务对象评议。

(三)结果反馈。有关领导或者机关组织(人事)部门采取适当方式,及时向公务员本人反馈考核结果,肯定成绩、指出不足,提出改进要求,听取本人意见。

机关根据工作性质和队伍特点,合理确定公务员平时考核周期,确保达到考核效果,减轻公务员负担,防止搞形式、走过场。

机关应当将公务员平时考核周期报同级公务员主管部门同意后组织实施。

第八条 公务员平时考核结果分为好、较好、一般和较差4个等次。

好等次公务员人数原则上掌握在本机关参加平时考核的公务员总人数的40%以内。评定为好等次的公务员,应当在本机关范围内公开。

好等次名额应当向基层一线和艰苦岗位公务员倾斜。

第九条 机关组织(人事)部门应当结合实际,提出评定平时考核结果等次的标准,对考核工作进行督促检查,及时掌握平时考核情况。

第十条 公务员在承担急难险重任务、处理复杂问题、应对重大考验时,表现突出、有显著成绩和贡献的,当期平时考核结果可以直接确定为好等次,并及时给予奖励。

公务员在重大关头、关键时刻不服从组织安排,或者推诿扯皮、敷衍塞责造成不良后果的,当期平时考核结果可以直接确定为较差等次。

第十一条　强化平时考核结果运用，根据考核结果有针对性地加强激励约束、培养教育，鼓励先进、鞭策落后，营造见贤思齐、比学赶超的良好氛围。

对平时考核结果为好等次的公务员，以适当方式及时予以表扬，可以按照有关规定给予物质奖励。对平时考核一贯表现优秀的公务员，在选拔任用、职务职级晋升、评先奖优等方面优先考虑。

对平时考核结果为一般等次的公务员，及时谈话提醒。对平时考核结果为较差等次的公务员，及时批评教育，必要时进行诫勉。发现存在违纪违法问题的，按照有关纪律和法律法规处理。机关应当根据具体情形，帮助引导公务员查找分析原因，制定整改措施，激发自我完善的内生动力，为其改进提高创造条件。

第十二条　平时考核结果与年度考核结果挂钩。年度考核确定为优秀等次的，应当从当年平时考核结果好等次较多且无一般、较差等次的公务员中产生。当年平时考核结果均为好等次的，年度考核可以在规定比例内优先确定为优秀等次。

当年平时考核结果一般、较差等次累计次数超过一半的，年度考核原则上应当确定为基本称职或者不称职等次。当年平时考核结果均为较差等次的，年度考核可以直接确定为不称职等次。

平时考核结果记入公务员年度考核登记表。对年度考核为优秀等次的公务员进行公示时，应当公示其当年平时考核结果等次。

第十三条　机关应当把平时考核发现的问题作为优化内部职能和人员配置的重要参考，完善工作机制，提高工作效能。

第十四条　公务员应当按照规定参加平时考核。对无正当理由不参加的，或者在考核过程中有弄虚作假等行为的，视情况给予批评教育、责令检查；经教育后拒不改正的，当年年度考核确定为不称职等次。

公务员对本人考核结果有异议的，可以向机关组织（人事）部门反映。

派出参加学习培训、抽调参加专项工作的公务员，其平时考核由所在机关根据实际情况合理安排。公务员援派或者挂职期间，由接收单位进行平时考核。病、事假累计时间超过当期平时考核周期一半的，参加考核，不确定等次。

第十五条　严格考核工作纪律。严肃查处徇私舞弊、打击报复等行为。对于不按照规定组织开展平时考核、造成不良影响的，依规依纪作出处理。

第十六条　县级以上公务员主管部门可以根据平时考核工作开展情况，调整本辖区内机关年度考核优秀等次比例，调整后比例最高不超过35%。

第十七条　机关应当结合实际，运用互联网技术和信息化手段开展平时考核，提高考核工作智能化水平，力求简便快捷，防止繁琐操作。

第十八条　参照公务员法管理的机关（单位）除工勤人员以外的工作人员的平时考核，参照本办法执行。

第十九条　本办法由中共中央组织部负责解释。

第二十条　本办法自2020年1月1日起施行。

党委（党组）书记抓基层党建工作述职评议考核办法（试行）

1. 中共中央组织部印发
2. 自2019年12月30日起施行

第一条　为坚持和加强党的全面领导，完善党委（党组）书记抓基层党建工作述职评议考核制度，夯实基层党建工作，落实管党治党政治责任，推进全面从严治党向基层延伸，根据《中国共产党章程》和《中国共产党地方委员会工作条例》《中国共产党党组工作条例》《党政领导干部考核工作条例》等党内法规，制定本办法。

第二条　开展党委（党组）书记抓基层党建工作述职评议考核（以下简称“述职评议考核”），必须坚持以习近平新时代中国特色社会主义思想为指导，把党的政治建设摆在首位，全面从严治党；坚持围绕中心、服务大局，推动基层党建与中心工作深度融合；坚持书记抓、抓书记，强化责任落实；坚持分类指导、务求实效，重在解决问题，坚决防止形式主义。

第三条　开展述职评议考核，以市（地、州、盟）、县（市、区、旗）、乡镇（街道）为重点，推动机关、国有企业和高校、公立医院等事业单位全覆盖。

每年由省（自治区、直辖市）、市（地、州、盟）、县（市、区、旗）党委分别组织开展市（地、州、盟）、县（市、区、旗）、乡镇（街道）党（工）委书记述职评议考核。省（自治区、直辖市）党委组织开展市（地、州、盟）党委书记述职评议考核时，应将同级机关工委、国资委党委、教育（高校）工委、非公有制企业和社会组织工委书记等纳入，可选择部分有代表性的省直机关、省属国有企业、高校等党委（党组）书记进行述职。市（地、州、盟）、县（市、区、旗）党委组织开展述职评议考核工作参照进行。

中央和国家机关工委组织开展中央和国家机关各部门机关党委书记述职评议考核，部门机关党委组织开展内设机构和直属单位党组织书记述职评议考核。中管金融企业和中央企业党委（党组）组织二级以下单位党组织书记逐级开展述职评议考核。

省以下各级机关、地方国有企业及其下属单位党组织书记和高校、公立医院等事业单位党组织书记述职评议考核，一般按照党组织隶属关系，由其上一级党组织开展。

第四条 述职评议考核应聚焦坚持和加强党的全面领导，落实党中央和上级党组织关于基层党建工作部署要求，履行基层党建工作责任，以提升组织力为重点，突出政治功能。主要包括以下内容：

（一）推进基层党组织和广大党员、干部深入学习贯彻习近平新时代中国特色社会主义思想，认真落实习近平总书记重要指示批示精神和党中央重大决策部署，把不忘初心、牢记使命作为全体党员、干部的终身课题，增强"四个意识"、坚定"四个自信"、做到"两个维护"等情况；

（二）党委（党组）书记履行抓基层党建和全面从严治党工作第一责任人职责，推动党委（党组）履行抓基层党建工作主体责任、班子其他成员履行分管领域基层党建工作责任等情况；

（三）落实基层党建工作重点任务，推进基层党组织建设，加强党支部建设和党员队伍建设，联系服务群众等情况；

（四）紧紧围绕党和国家工作大局、本地区本部门本单位中心任务，充分发挥基层党组织战斗堡垒作用和党员先锋模范作用等情况；

（五）推动基层党组织落实党风廉政建设责任制、意识形态工作责任制等全面从严治党有关工作情况。

各地区各部门各单位可结合实际，根据每年年初明确的基层党建工作重点任务，确定年度述职评议考核重点内容，注重考核上年度述职评议考核整改清单落实情况和巡视、巡察反馈中涉及基层党建工作问题整改情况，着力解决突出问题，防止面面俱到、走过场。

第五条 述职评议考核一般安排在当年年底或次年年初进行。

述职可采取现场述职与书面述职相结合的方式进行。市（地、州、盟）、县（市、区、旗）、乡镇（街道）党（工）委书记一般应现场述职。述职的党组织书记要紧扣述职评议考核重点内容，把自己摆进去，总结工作成效，主要查摆突出问题、分析产生根源，提出破解工作瓶颈的措施。

党委（党组）书记应经常深入一线调研了解基层党建工作情况，推动解决突出问题。述职评议前，要对履职尽责抓基层党建工作情况进行总结，为述职、点评做好准备。

上级党组织一般以党委常委会扩大会议或党委（党组）扩大会议的形式，听取下一级党组织书记述职。根据不同层级实际，可邀请部分熟悉基层党建工作情况的党代表、人大代表、政协委员和基层党员干部群众代表参加。

听取述职的上级党组织书记应逐一进行点评，班子其他成员可结合工作分工进行点评，重点指出存在的问题和努力方向。点评一般采取"一述一评"的方式进行，也可结合实际集中点评。现场述职评议时，要组织参会人员进行评议。述职评议后，应将述职报告在一定范围内公布，接受基层党组织和党员群众监督。

第六条 将基层党建考核统一纳入党委（党组）书记抓基层党建工作述职评议考核，推动与其他业务考核统筹开展。

述职评议前，上级党组织一般应对基层党建工作情况进行实地考核，深入了解下一级党组织书记抓基层党建工作情况。根据不同层级、不同类型党组织职责任务和工作实际，精简优化考核内容，注重实绩实效，越往下考核工作越要简化。改进考核方式，多到现场看，多见具体事，多听群众说，对可以通过现场查看、走访党员群众等作出评价的，一般不以听汇报、查资料、看台账的方式进行考核，不以开会发文、领导批示、记录留痕、信息宣传数量等评判工作好坏，防止形式主义，切实为基层减负。

上级党组织应依据述职评议和实地考核结果，并结合平时调研了解，对下一级党组织书记抓基层党建工作情况形成综合评价意见，肯定成绩，指出问题，并按"好、较好、一般、差"确定等次，评价为"较好"或以下等次的应占一定比例。综合评价意见及等次经党委（党组）研究后，向被评议考核人反馈，在一定范围内通报，并按照干部管理权限，由组织人事部门根据有关规定归入干部人事档案。

第七条 把抓基层党建工作情况作为党委（党组）书记工作实绩评定的重要内容，作为领导干部选拔任用、培养教育和奖励惩戒的重要依据，作为评价所在单位年度党建工作情况的重要依据。对述职评议考核综合评价等次未达到"好"的，其年度考核不得评定为"优秀"等次；对综合评价等次为"一般"和"差"的，要约谈提醒、限期整改，问题严重的要依照有关规定严肃追责问责。

述职的党组织书记应针对述职评议考核中指出的问题，列出整改清单，认真抓好整改落实。上级党组织应健全经常性指导推动机制，强化督促检查，及时通报整改情况，避免简单以问责代替整改。

第八条　各级党委（党组）加强对述职评议考核的领导，党委组织部门要精心组织实施。

中央组织部和省（自治区、直辖市）、市（地、州、盟）党委组织部门加强工作指导，分别派人参加省（自治区、直辖市）、市（地、州、盟）、县（市、区、旗）召开的述职评议会并进行点评。党委组织部门会同同级机关工委、国资委党委、教育（高校）工委等，加强对机关、国有企业、高校述职评议考核的指导。

各级党委（党组）开展述职评议考核情况，应及时向上一级党组织报告。

第九条　本办法由中共中央组织部负责解释。

第十条　本办法自2019年12月30日起施行。

中央和国家机关基层党组织书记抓党建工作述职评议考核实施办法（试行）

1. 中央和国家机关工作委员会2020年4月26日制定
2. 2020年4月28日发布

第一条　为了深入贯彻落实习近平总书记在中央和国家机关党的建设工作会议上的重要讲话精神，改进完善机关党建工作述职评议考核制度，推动中央和国家机关党的建设高质量发展，根据《中国共产党党和国家机关基层组织工作条例》、《党委（党组）书记抓基层党建工作述职评议考核办法（试行）》等党内法规，制定本办法。

第二条　开展基层党组织书记抓党建工作述职评议考核（以下简称述职评议考核），必须坚持以习近平新时代中国特色社会主义思想为指导，把党的政治建设摆在首位，把政治标准、政治要求贯彻到工作全过程；坚持围绕中心、建设队伍、服务群众，推动机关党建与业务工作深度融合；坚持书记抓、抓书记，层层压实主体责任；坚持分类指导、务求实效，重在解决问题；坚持客观公正、简便易行，坚决防止形式主义。

第三条　中央和国家机关工委组织开展中央和国家机关各部门（以下简称各部门）机关党委书记述职评议考核，各部门机关党委组织开展部门内设机构和直属单位党组织书记述职评议考核。其他各级基层党组织书记述职评议考核，一般按照党组织隶属关系，由上一级党组织参照本办法逐级开展。

第四条　述职评议考核应当聚焦落实习近平总书记在中央和国家机关党的建设工作会议上的重要讲话精神和《关于加强和改进中央和国家机关党的建设的意见》，落实党中央和部门党组（党委）关于机关党建工作的部署要求，落实中央和国家机关工委关于中央和国家机关党建年度工作要点和重点任务安排，落实机关党建工作责任制，以提升组织力为重点，突出政治功能。主要包括以下内容：

（一）以党的政治建设为统领，坚决贯彻落实党中央决策部署和习近平总书记重要指示批示精神，增强“四个意识”、坚定“四个自信”、做到“两个维护”、当好“三个表率”，建设让党中央放心、让人民群众满意的模范机关情况。

（二）深入学习贯彻习近平新时代中国特色社会主义思想，把不忘初心、牢记使命作为党员、干部的终身课题，推进“两学一做”学习教育常态化制度化，抓好领导干部和年轻干部两个重点深化政治理论学习等情况；落实意识形态工作责任制、加强思想政治工作情况。

（三）围绕党和国家工作大局、本部门本单位中心任务，推动党建工作与业务工作深度融合，充分发挥基层党组织战斗堡垒作用和党员先锋模范作用情况。

（四）落实党支部工作条例、机关基层党组织工作条例，推进党支部标准化规范化建设，创建“四强”党支部情况；严格“三会一课”等组织生活制度，加强党员教育管理监督情况。

（五）落实中央八项规定精神，持续整治“四风”特别是形式主义、官僚主义，联系服务群众情况；开展纪律教育、警示教育，严格监督执纪问责，推进反腐败工作情况。

（六）加强机关党建制度建设，落实中央党内法规以及中央和国家机关工委、本部门制定的机关党建制度情况。

（七）落实机关党建工作责任，特别是各级党组织书记履行职责、推动领导班子成员履行“一岗双责”情况，以及推进党务干部队伍建设情况。

（八）上一年度述职评议考核整改清单落实情况和巡视、督查、检查反馈的涉及机关党建突出问题整改情况。

各部门可以结合实际，根据每年年初明确的机关党建工作重点任务，细化年度述职评议考核内容。根据不同层级、不同类型党组织的职责任务和工作实际，对考核内容进行精简优化，注重实绩实效。

第五条 各部门机关党委书记向中央和国家机关工委述职，采取书面述职、现场述职两种方式进行。在各部门普遍书面述职的基础上，中央和国家机关工委每年选择部分部门开展机关党委书记现场述职，并进行评议考核。

中央和国家机关工委对部门机关党委书记的评议考核，由领导小组测评、党员群众代表测评、现场述职测评等3部分组成，按照适当权重进行综合评价。

（一）领导小组测评。中央和国家机关工委成立述职评议考核工作领导小组，根据年度述职报告和平时督查、调研了解情况进行综合分析测评。

（二）党员群众代表测评。以适当方式组织部门内设机构、直属单位党组织书记和部分党员群众测评。

（三）现场述职测评。召开现场述职评议会，部门机关党委书记分别述职，中央和国家机关工委分管日常工作的副书记进行点评，中央和国家机关工委领导班子成员以及内设机构、直属单位主要负责人和各部门机关党委常务副书记、党建专家代表进行评议并测评。

第六条 各部门内设机构、直属单位党组织书记向机关党委述职，述职评议考核工作由部门机关党委结合实际开展。基层党组织较多的部门可以采取现场述职和书面述职相结合的方式。现场述职一般以部门党组（党委）（扩大）会议、党建工作领导小组会议、机关党委（扩大）会议等形式进行。根据不同层级实际，可以邀请熟悉基层党建工作情况的党代表、人大代表、政协委员和基层党员群众代表参加。中央和国家机关工委派员参加部分部门的述职评议。

听取述职的上级党组织书记应当逐一进行点评，班子其他成员可以结合工作分工进行点评，重点指出存在的问题和努力方向。现场述职评议时，应当组织参会人员进行评议。述职评议后，应当将述职报告在一定范围内公布，接受基层党组织和党员群众监督。

其他各级基层党组织书记述职评议考核方式，由上一级党组织研究确定。

第七条 述职评议考核一般安排在当年年底或者次年年初进行。述职的党组织书记要紧扣述职评议考核内容，把自己摆进去，对履行职责抓基层党建工作情况进行总结，认真撰写述职报告，讲成绩实事求是，讲问题精准到位，分析原因深刻透彻，提出措施务实管用，多用数字和事例说话。

各部门党组（党委）书记、机关党委书记应当经常深入一线调研了解基层党建工作情况，推动解决突出问题。上级党组织应当对基层党建工作情况进行随机走访、实地考核，深入了解下一级党组织书记抓基层党建工作情况，多到现场看、多见具体事、多听群众说，防止简单以听汇报、查资料、看台账等方式进行考核和以开会发文、领导批示、记录留痕等评判工作好坏。

第八条 上级党组织根据述职评议和实地考核结果，并结合平时调研了解，对下一级党组织书记抓基层党建工作情况形成综合评价意见，肯定成绩、指出问题，并按照“好”、“较好”、“一般”、“差”确定等次，评价为“好”的原则上不超过50%，综合评价意见以及等次以适当方式向述职的党组织书记反馈，在一定范围内通报，并按照干部管理权限，由组织人事部门根据有关规定归入干部人事档案。

在述职年度内任职时间不足6个月的基层党组织书记，不对其履职情况评定等次，评价意见可以作为对所在基层党组织党建工作情况进行评价的重要参考。

第九条 各部门在各级领导班子和领导干部年度考核中，应当加大抓党建工作的权重，把抓基层党建工作情况作为党组织书记确定考核等次的重要依据，作为领导干部选拔任用、培养教育和奖励惩戒的重要依据，作为评价所在部门单位年度党建工作情况的重要依据。对述职评议考核综合评价等次未达到“好”的，党组织书记年度考核结果不得评定为“优秀”等次；对综合评价等次为“一般”和“差”的，或者评价为“差”次数较多的，要约谈提醒、限期整改，问题严重的要依照有关规定严肃追责问责。

第十条 述职的党组织书记应当认真梳理自己查摆、领导点评、群众评议、考核反馈指出的问题，列出整改清单，逐项抓好整改落实，防止问题“年年述、年年改、年年在”。机关党委要健全经常性指导推动机制，强化督促检查，定期通报整改情况，及时跟踪问效。

第十一条 各部门党组（党委）要加强对述职评议考核的领导，机关党委要精心组织实施。各级党组织开展述职评议考核情况，应当及时向上一级党组织报告。

第十二条 本办法由中央和国家机关工委负责解释，具体解释工作由中央和国家机关工委基层组织建设指导部承担。

第十三条 本办法自2020年4月28日起施行。

公务员考核规定

1. 中共中央组织部、人事部2006年12月26日制定，2007年1月4日发布
2. 中共中央组织部2020年12月8日修订，2020年12月28日发布

第一章　总　　则

第一条　为了准确评价公务员的德才表现和工作实绩，规范公务员考核工作，建设信念坚定、为民服务、勤政务实、敢于担当、清正廉洁的高素质专业化公务员队伍，根据《中华人民共和国公务员法》和有关法律法规，制定本规定。

第二条　公务员考核，是指机关按照规定的权限、标准和程序，对非领导成员公务员的政治素质、履职能力、工作实绩、作风表现等所进行的了解、核实和评价。

对领导成员的考核，由主管机关按照《党政领导干部考核工作条例》等有关规定办理。

第三条　公务员考核工作坚持以马克思列宁主义、毛泽东思想、邓小平理论、“三个代表”重要思想、科学发展观、习近平新时代中国特色社会主义思想为指导，贯彻新时代党的组织路线和干部工作方针政策，着眼于加强党对公务员队伍的集中统一领导、推进国家治理体系和治理能力现代化，把政治标准放在首位，突出考核公务员做好本职工作的实际成效，树立讲担当、重担当、改革创新、干事创业的鲜明导向，坚持下列原则：

（一）注重实绩、群众公认；

（二）客观公正、精准科学；

（三）分级分类、简便易行；

（四）奖惩分明、有效管用。

第二章　考核内容和标准

第四条　对公务员的考核，以公务员的职位职责和所承担的工作任务为基本依据，全面考核德、能、勤、绩、廉，重点考核政治素质和工作实绩。

（一）德。全面考核政治品质和道德品行，重点了解学习贯彻习近平新时代中国特色社会主义思想，坚定理想信念，坚守初心使命，忠于宪法、忠于国家、忠于人民，增强“四个意识”、坚定“四个自信”、做到“两个维护”的情况；带头践行社会主义核心价值观，恪守职业道德，遵守社会公德、家庭美德和个人品德等情况。

（二）能。全面考核适应新时代要求履职尽责的政治能力、工作能力和专业素养，重点了解政治鉴别能力、学习调研能力、依法行政能力、群众工作能力、沟通协调能力、贯彻执行能力、改革创新能力、应急处突能力等情况。

（三）勤。全面考核精神状态和工作作风，重点了解忠于职守，遵守工作纪律，爱岗敬业、勤勉尽责，敢于担当、甘于奉献等情况。

（四）绩。全面考核坚持以人民为中心，依法依规履行职位职责、承担急难险重任务等情况，重点了解完成工作的数量、质量、效率和所产生的效益等情况。

（五）廉。全面考核遵守廉洁从政规定，落实中央八项规定及其实施细则精神等情况，重点了解秉公用权、廉洁自律等情况。

第五条　公务员的考核分为平时考核、专项考核和定期考核等方式。定期考核以平时考核、专项考核为基础。

平时考核是对公务员日常工作和一贯表现所进行的经常性考核，一般按照个人小结、审核评鉴、结果反馈等程序进行。

专项考核是对公务员完成重要专项工作，承担急难险重任务和关键时刻的政治表现、担当精神、作用发挥、实际成效等情况所进行的针对性考核，可以按照了解核实、综合研判、结果反馈等程序进行，或者结合推进专项工作灵活安排。

定期考核采取年度考核的方式，是对公务员一个自然年度内总体表现所进行的综合性考核，在每年年末或者翌年年初进行。

第六条　年度考核结果分为优秀、称职、基本称职和不称职4个等次。

第七条　确定为优秀等次应当具备下列条件：

（一）思想政治素质高；

（二）精通业务，工作能力强；

（三）责任心强，勤勉尽责，工作作风好；

（四）圆满完成年度工作任务，工作实绩突出；

（五）清正廉洁。

第八条　确定为称职等次应当具备下列条件：

（一）思想政治素质较高；

（二）熟悉业务，工作能力较强；

（三）责任心强，工作积极，工作作风较好；

（四）能够完成本职工作；

（五）廉洁自律。

第九条　公务员有下列情形之一的，应当确定为基本称职等次：

（一）思想政治素质一般；

（二）履行职责的工作能力较弱；

（三）责任心一般，工作消极，或者工作作风方面存在明显不足；

（四）能基本完成本职工作，但完成工作的数量不足、质量和效率不高，或者在工作中有较大失误；

（五）能基本做到廉洁自律，但某些方面存在不足。

第十条　公务员有下列情形之一的，应当确定为不称职等次：

（一）思想政治素质较差；

（二）业务素质和工作能力不能适应工作要求；

（三）责任心缺失，工作不担当、不作为，或者工作作风差；

（四）不能完成工作任务，或者在工作中因严重失误、失职造成重大损失或者恶劣社会影响；

（五）存在不廉洁问题，且情形较为严重。

第十一条　公务员有受相应处分等特殊情形的，按照有关规定参加年度考核，不确定等次。

第十二条　公务员年度考核优秀等次人数，一般掌握在本机关应参加年度考核的公务员总人数的20%以内；经同级公务员主管部门审核同意，可以掌握在25%以内。优秀等次名额应当向获得表彰奖励以及基层一线、艰苦岗位公务员倾斜。

县级以上公务员主管部门对综合表现突出或者问题较多的机关，可以适当提高或者降低其优秀等次比例。

第三章　考核程序

第十三条　公务员考核由其所在机关组织实施。党委（党组）承担考核工作主体责任，组织（人事）部门承担具体工作责任。

机关在年度考核时可以设立考核委员会。考核委员会由本机关领导成员、组织（人事）部门、纪检监察机关及其他有关部门人员和公务员代表组成。

第十四条　年度考核一般按照下列程序进行：

（一）总结述职。公务员按照职位职责、年度目标任务和有关要求进行总结，在一定范围内述职，突出重点、简明扼要填写公务员年度考核登记表。

（二）民主测评。对担任机关内设机构领导职务的公务员，在一定范围内进行民主测评。根据需要，可以对其他公务员进行民主测评。

（三）了解核实。采取个别谈话、实地调研、服务对象评议等方式了解核实公务员有关情况。根据需要，听取纪检监察机关意见。

（四）审核评鉴。主管领导对公务员表现以及有关情况进行综合分析，有针对性地写出评语，提出考核等次建议和改进提高的要求。

（五）确定等次。由本机关负责人或者授权的考核委员会确定考核等次。对优秀等次公务员在本机关范围内公示，公示时间不少于5个工作日。考核结果以书面形式通知公务员，由公务员本人签署意见。

第十五条　年度考核确定为优秀等次的，应当从当年平时考核、专项考核结果好的公务员中产生。

第十六条　公务员对年度考核确定为不称职等次不服的，可以按照有关规定申请复核、申诉。

第十七条　各机关应当将公务员年度考核登记表存入公务员本人干部人事档案，同时将本机关公务员年度考核情况报送同级公务员主管部门。

第四章　考核结果运用

第十八条　公务员年度考核结果作为调整公务员职位、职务、职级、级别、工资以及公务员奖惩、培训、辞退的依据。

第十九条　公务员年度考核确定为优秀等次的，按照下列规定办理：

（一）当年给予嘉奖，在本机关范围内通报表扬；晋升上一职级所要求的任职年限缩短半年。

（二）连续三年确定为优秀等次的，记三等功；晋升职务职级时，在同等条件下优先考虑。

第二十条　公务员年度考核确定为称职以上等次的，按照下列规定办理：

（一）累计两年确定为称职以上等次的，在所定级别对应工资标准内晋升一个工资档次。

（二）累计五年确定为称职以上等次的，在所任职务职级对应级别范围内晋升一个级别。

（三）本考核年度计算为晋升职务职级的任职年限，同时符合规定的其他任职资格条件的，具有晋升职务职级的资格。

（四）享受年度考核奖金。

第二十一条　公务员年度考核确定为基本称职等次的，按照下列规定办理：

（一）对其进行诫勉，责令作出书面检查，限期改进。

（二）本考核年度不计算为按年度考核结果晋升级别和级别工资档次的考核年限。

（三）本考核年度不计算为晋升职务职级的任职年限；下一年内不得晋升职务职级。

（四）不享受年度考核奖金。

（五）连续两年确定为基本称职等次的，予以组织调整或者组织处理。

第二十二条　公务员年度考核确定为不称职等次的，按照下列规定办理：

（一）本考核年度不计算为晋升职务职级的任职年限；降低一个职务或者职级层次任职。

（二）本考核年度不计算为按年度考核结果晋升级别和级别工资档次的考核年限。

（三）不享受年度考核奖金。

（四）连续两年确定为不称职等次的，予以辞退。

第二十三条　参加年度考核不确定等次的，按照下列规定办理：

（一）本考核年度不计算为按年度考核结果晋升级别和级别工资档次的考核年限。

（二）不享受年度考核奖金。

（三）本考核年度不计算为晋升职务职级的任职年限；连续两年不确定等次的，视情况调整工作岗位。

第二十四条　公务员主管部门和公务员所在机关应当根据考核情况，有针对性地对公务员进行教育培训，帮助公务员改进提高。

第五章　相关事宜

第二十五条　新录用的公务员在试用期内参加年度考核，只写评语，不确定等次，作为任职、定级的依据。

第二十六条　调任或者转任的公务员，由其调任或者转任的现工作单位进行考核并确定等次。其调任或者转任前的有关情况，由原单位提供。

援派或者挂职锻炼的公务员，在援派或者挂职锻炼期间，一般由当年工作半年以上的地方或者单位进行考核，以适当方式听取派出单位或者接收单位的意见。

单位派出学习培训、参加专项工作的公务员，由派出单位进行考核，主要根据学习培训、专项工作表现确定等次。其学习培训、专项工作表现的相关情况，由学习培训和专项工作单位提供。

第二十七条　病、事假累计超过考核年度半年的公务员，参加考核，不确定等次。

第二十八条　公务员涉嫌违纪违法被立案审查调查尚未结案的，参加年度考核，不写评语、不确定等次。结案后，不给予处分或者给予警告处分的，按照规定补定等次。

第二十九条　受处分公务员的年度考核，按照下列规定办理：

（一）受警告处分的当年，参加年度考核，不得确定为优秀等次；

（二）受记过处分的当年，受记大过、降级、撤职处分的当年及第二年，参加年度考核，只写评语，不确定等次。

第三十条　受党纪处分和组织处理、诫勉的公务员参加年度考核，按照有关规定办理。

受政务处分的公务员参加年度考核，按照本规定第二十八条、第二十九条规定办理。

同时受党纪处分、政务处分或者所在机关给予处分、组织处理的，按照对其考核结果影响较重的处分确定受处分影响期间考核结果。

第三十一条　公务员应当按照规定参加考核。对无正当理由不参加年度考核的公务员，经教育后仍然拒绝参加的，直接确定其考核结果为不称职等次。

考核中发现公务员存在违纪违法问题线索的，移送纪检监察、司法机关处理。

第三十二条　县级以上公务员主管部门负责本辖区内公务员考核工作的综合管理和指导监督，每年按照不少于机关总数10%的比例，对本辖区内各机关公务员考核工作进行核查了解。

对在考核过程中有徇私舞弊、打击报复、弄虚作假等违纪违法行为的，依照有关规定予以严肃处理。

第三十三条　机关应当结合实际，运用互联网技术和信息化手段简便高效开展公务员考核工作。

第三十四条　公务员考核工作所需经费，列入同级财政预算，予以保障。

第六章　附　　则

第三十五条　参照公务员法管理的机关（单位）中除工勤人员以外的工作人员的考核，参照本规定执行。各地区各部门可结合实际制定具体的实施细则。

第三十六条　本规定由中共中央组织部负责解释。

第三十七条　本规定自发布之日起施行。

附件：公务员年度考核登记表（略）

乡村振兴责任制实施办法

1. 2022年11月28日中共中央批准

2. 2022年11月28日中共中央办公厅、国务院办公厅发布

第一章　总　　则

第一条　为了全面落实乡村振兴责任制，根据《中国共产党农村工作条例》、《中华人民共和国乡村振兴促进法》，制定本办法。

第二条　实行乡村振兴责任制，坚持以习近平新时代中国特色社会主义思想为指导，增强“四个意识”、坚定“四个自信”、做到“两个维护”，实行中央统筹、省负总责、市县乡抓落实的乡村振兴工作机制，构建职责清晰、各负其责、合力推进的乡村振兴责任体系，举全党全社会之力全面推进乡村振兴，加快农业农村现代化。

第三条 坚持党对农村工作的全面领导，健全党委统一领导、政府负责、党委农村工作部门统筹协调的农村工作领导体制，省市县乡村五级书记抓乡村振兴。

第四条 在党中央领导下，中央农村工作领导小组负责巩固拓展脱贫攻坚成果、全面推进乡村振兴的牵头抓总、统筹协调，推动建立健全乡村振兴责任落实、组织推动、社会动员、要素保障、考核评价、工作报告、监督检查等机制并抓好组织实施。

第二章 部门责任

第五条 中央和国家机关有关部门乡村振兴责任主要包括：

（一）深入学习贯彻习近平总书记关于“三农”工作的重要论述和重要指示精神，认真落实党中央、国务院关于乡村振兴战略的方针政策和决策部署，以及相关法律法规要求，结合职责研究和组织实施乡村振兴战略。

（二）加快建设农业强国，扎实推动乡村产业、人才、文化、生态、组织振兴，拟订并组织实施乡村振兴战略规划、重大政策、重大工程等，组织起草有关法律法规草案，指导推进和综合协调乡村振兴中的重大问题。

（三）全方位夯实粮食安全根基，强化藏粮于地、藏粮于技物质基础，健全辅之以利、辅之以义保障机制，执行最严格的耕地保护制度，牢牢守住十八亿亩耕地红线，逐步把永久基本农田全部建成高标准农田，深入实施种业振兴行动，强化农业科技和装备支撑，健全种粮农民收益保障机制和主产区利益补偿机制，持续提高农业综合生产能力，确保粮食和重要农产品有效供给。树立大食物观，发展设施农业，构建多元化食物供给体系。深化农业供给侧结构性改革，推动品种培优、品质提升、品牌打造和标准化生产，提升农业质量效益和竞争力。

（四）巩固拓展脱贫攻坚成果，完善并组织实施配套政策，健全并推进实施防止返贫动态监测和帮扶机制，重点帮扶支持国家乡村振兴重点帮扶县、易地搬迁集中安置点等重点区域，持续做好中央单位定点帮扶工作，让脱贫攻坚成果更加扎实、更可持续。

（五）落实行业或者领域内乡村振兴各项任务，提出和落实推进乡村发展、乡村建设、乡村治理的主要目标和重大举措，针对存在的薄弱环节和突出问题，规范和健全制度措施、体制机制和政策体系。

（六）以处理好农民和土地的关系为主线深化农村改革，巩固和完善农村基本经营制度，发展新型农村集体经济，发展新型农业经营主体和社会化服务，发展农业适度规模经营。深化农村土地制度、农村集体产权制度改革，赋予农民更加充分的财产权益。完善农业支持保护制度，健全农村金融服务体系。持续深化供销合作社、农垦、农业水价、集体林权、国有林场林区等重点领域改革，推动农村改革扩面、提速、集成。

（七）坚持农业农村优先发展，在干部配备、要素配置、资金投入、公共服务等方面对乡村振兴予以优先保障，健全城乡融合发展体制机制和政策体系，畅通城乡要素流动。

（八）总结推介乡村振兴经验典型。组织开展乡村振兴战略实施情况监测评价。按照规定组织开展乡村振兴有关督查考核、示范创建、表彰奖励等工作。

第六条 中央农村工作领导小组办公室根据中央农村工作领导小组安排部署，负责牵头组织开展乡村振兴重大政策研究、重大事项协调、重大任务督促落实等工作。

第七条 中央和国家机关有关部门应当根据有关党内法规、法律法规规定和职责分工落实乡村振兴各项任务，加强对本单位本系统乡村振兴工作的领导，建立健全乡村振兴工作机制，加强部门协同，形成工作合力。

中央和国家机关有关部门党组（党委）对本单位本系统乡村振兴工作负主体责任，领导班子主要负责人是第一责任人。

第三章 地方责任

第八条 地方党委和政府乡村振兴责任主要包括：

（一）深入学习贯彻习近平总书记关于“三农”工作的重要论述和重要指示精神，认真落实党中央、国务院关于乡村振兴战略的方针政策和决策部署，以及相关法律法规要求，结合本地区实际实施乡村振兴战略。

（二）以乡村振兴统揽新时代“三农”工作，将乡村振兴纳入本地区国民经济和社会发展规划、党委和政府工作重点统筹谋划部署，结合实际制定推动乡村振兴的政策措施、专项规划和年度任务并组织实施。

（三）把确保粮食和重要农产品供给作为首要任务，全面落实耕地保护和粮食安全党政同责，严格落实耕地和永久基本农田保护、高标准农田建设任务，保质保量完成粮食和重要农产品生产目标任务，调动农民种粮积极性，全面提高本地区粮食安全保障能力。

（四）把巩固拓展脱贫攻坚成果摆在突出位置，确保兜底保障水平稳步提高，确保“三保障”和饮水安全保障水平持续巩固提升，不断缩小收入差距、发展差距，增强脱贫地区和脱贫群众内生发展动力，切实运行好防止返贫动态监测和帮扶机制，守住不发生规模性返贫底线，努力让脱贫群众生活更上一层楼。

（五）立足本地区农业农村优势特色资源规划发展乡村产业，拓展农业多种功能、挖掘乡村多元价值，打造农业全产业链，促进农村一二三产业融合发展，推动建立现代农业产业体系、生产体系和经营体系，推动现代服务业同现代农业深度融合，把产业链延伸环节更多留在乡村，把产业发展的增值收益更多留给农民，拓宽农民增收致富渠道。

（六）鼓励和引导各类人才投身乡村振兴，选派优秀干部到乡村振兴一线岗位，大力培养本土人才，引导返乡回乡下乡就业创业人员参与乡村振兴，支持专业人才通过多种方式服务乡村，推动乡村振兴各领域人才规模不断壮大、素质稳步提升、结构持续优化。

（七）加强农村精神文明建设，组织开展新时代文明实践活动，深化群众性精神文明创建，广泛践行社会主义核心价值观，引导农民群众听党话、感党恩、跟党走。推进城乡精神文明建设融合发展，加强乡村公共文化服务体系建设，传承和发展优秀传统文化，持续推进农村移风易俗，推动形成文明乡风、良好家风、淳朴民风。

（八）加强农村生态文明建设，牢固树立和践行绿水青山就是金山银山的理念，加强乡村生态保护和环境治理修复，坚持山水林田湖草沙一体化保护和系统治理，持续抓好农业面源污染防治，加强土壤污染源头防控以及受污染耕地安全利用，健全耕地休耕轮作制度，防治外来物种侵害，促进农业农村绿色发展。

（九）组织实施乡村建设行动，结合农民群众实际需要，统筹乡村基础设施和公共服务布局，完善乡村水、电、路、气、通信、广播电视、物流等基础设施，提升农房建设质量，加强传统村落保护利用，加强村级综合服务设施建设，持续改善农村人居环境，提高农村教育、医疗、养老、文化、社会保障等服务水平，加快义务教育优质均衡发展和城乡一体化，加强县域商业体系建设，逐步使农村基本具备现代生活条件，建设宜居宜业和美乡村。

（十）加强农村基层组织建设，建立健全党委领导、政府负责、民主协商、社会协同、公众参与、法治保障、科技支撑的现代乡村社会治理体制和党组织领导的自治、法治、德治相结合的乡村治理体系。减轻基层组织负担。健全农村社会治安防控体系、公共安全体系和矛盾纠纷一站式、多元化解决机制，及时妥善处理信访事项，加强农业综合执法，及时处置自然灾害、公共卫生、安全生产、食品安全等风险隐患。持续整治侵害农民利益的不正之风和群众身边的腐败问题。

（十一）协同推进乡村振兴战略和新型城镇化战略的实施，以县域为重要切入点加快城乡融合发展，推进空间布局、产业发展、基础设施、基本公共服务等县域统筹。依法编制村庄规划，分类有序推进村庄建设，严格规范村庄撤并。加快农业转移人口市民化，持续推动农业转移人口融入城镇，积极推进城镇基本公共服务常住人口全覆盖，保障进城落户农民合法土地权益，鼓励依法自愿有偿转让。

（十二）坚持农村土地农民集体所有，坚持家庭经营基础性地位，坚持稳定土地承包关系，维护农户内家庭成员依法平等享有的各项权益，在守住土地公有制性质不改变、耕地不减少、粮食生产能力不减弱、农民利益不受损等底线基础上，充分尊重基层和群众创造，发挥农民主体作用，用好试点试验手段，推动农村重点领域和关键环节改革攻坚突破、落地见效。

（十三）统筹资源要素配置支持乡村振兴，优先保障乡村振兴财政投入，提高土地出让收入用于农业农村比例，县域新增贷款主要用于支持乡村振兴，落实政策性农业保险制度，确保投入力度与经济发展水平相同步、与乡村振兴目标任务相适应。完善农村新增建设用地保障机制，满足乡村产业、公共服务设施和农民住宅用地合理需求。

（十四）加强党对“三农”工作的全面领导，发挥各级党委农村工作领导小组牵头抓总、统筹协调等作用，推进议事协调规范化制度化建设，建立健全重点任务分工落实机制。加强各级党委农村工作部门建设，充实工作力量，完善运行机制，强化决策参谋、统筹协调、政策指导、推动落实、督导检查等职能。坚持大抓基层的鲜明导向，抓党建促乡村振兴。

第九条　省级党委和政府对本地区乡村振兴工作负总责，并确保乡村振兴责任制层层落实。

省级党委和政府主要负责人是本地区乡村振兴第一责任人，责任主要包括：

（一）结合本地区实际谋划确定乡村振兴阶段性

目标任务和针对性政策措施，抓好乡村振兴重点任务分工、重大项目实施、重要资源配置等。

（二）每年主持召开党委农村工作会议，部署乡村振兴年度重点任务。定期主持召开党委常委会会议、政府常务会议听取工作汇报，研究决策重大事项，研究审议乡村振兴有关重要法规、规划、政策以及改革事项。定期组织党委理论学习中心组开展乡村振兴专题学习。

（三）组织开展乡村振兴督促指导和工作调研，总结推广典型经验，及时纠正和处理乡村振兴领域违纪违规问题。落实乡村振兴联系点制度，带头定点联系1个以上涉农县。

（四）推动完善考核监督、激励约束机制，督促党委常委会委员、政府领导班子成员根据职责分工抓好分管（含协管、联系，下同）行业（领域）或者部门（单位）乡村振兴具体工作。

第十条 市级党委和政府负责本地区乡村振兴工作，做好上下衔接、域内协调、督促检查，发挥好以市带县作用。

市级党委和政府主要负责人是本地区乡村振兴第一责任人，责任主要包括：

（一）研究提出推进乡村振兴的阶段目标、年度计划和具体安排，及时分解工作任务，指导县级抓好落实，对乡村振兴有关项目实施、资金使用和管理、目标任务完成情况进行督促、检查和监督。

（二）每年主持召开党委农村工作会议，部署年度重点任务。定期召开党委常委会会议、政府常务会议听取工作汇报，推进乡村振兴重点任务，及时研究解决乡村振兴重大问题。定期组织党委理论学习中心组开展乡村振兴专题学习。

（三）定点联系1个以上涉农乡镇，定期开展乡村振兴专题调研，总结经验做法、研究解决问题、指导推进工作。

（四）督促党委常委会委员、政府领导班子成员根据职责分工抓好分管行业（领域）或者部门（单位）乡村振兴具体工作。

第十一条 县级党委和政府是乡村振兴"一线指挥部"。

县级党委和政府主要负责人是本地区乡村振兴第一责任人，应当把主要精力放在乡村振兴工作上，责任主要包括：

（一）结合本地区实际谋划制定乡村振兴规划和年度实施方案，明确阶段性目标和年度目标任务，整合各类资源要素，做好乡村振兴进度安排、资金使用、项目实施、工作推进等，组织落实好各项政策措施。

（二）每年主持召开党委农村工作会议，部署年度重点任务。定期主持召开党委常委会会议、政府常务会议专题研究乡村振兴工作，不定期召开工作调度会、现场推进会，扎实推进乡村振兴重点任务。定期组织党委理论学习中心组开展乡村振兴专题学习。

（三）推动建立乡村振兴推进机制，组织攻坚重点任务，谋划推进落实乡村振兴重点任务、重大项目、重要政策，确保乡村振兴每年都有新进展。

（四）以县域为单位组织明确村庄分类，优化村庄布局，指导推动村庄规划编制，分类推进乡村振兴。建立乡村振兴相关项目库，健全乡村振兴资金项目信息公开制度，对乡村振兴资金项目管理负首要责任。

（五）深入基层联系群众，经常性调研乡村振兴工作，定点联系1个以上行政村，原则上任期内基本走遍辖区内所有行政村，协调解决乡村振兴推进过程中的困难和问题。

（六）督促党委常委会委员、政府领导班子成员根据职责分工抓好分管行业（领域）或者部门（单位）乡村振兴具体工作。

第十二条 乡镇党委和政府应当把乡村振兴作为中心任务，发挥基层基础作用，健全统一指挥和统筹协调机制，"一村一策"加强精准指导服务，组织编制村庄规划，抓好乡村振兴资金项目落地、重点任务落实。

乡镇党委和政府主要负责人是本地区乡村振兴第一责任人，谋划符合本地区实际的具体目标任务和抓手，每年制定工作计划，组织落实上级党委和政府部署的乡村振兴重点工作。经常性、制度化进村入户开展调研，原则上任期内走遍辖区所有自然村组。

第十三条 村党组织统一领导村级各类组织和各项工作，村民委员会和农村集体经济组织发挥基础性作用，全面落实"四议两公开"制度，组织动员农民群众共同参与乡村振兴。确定本村乡村振兴重点任务并组织实施，具体落实各级各部门下达的各类政策、项目、资金等。及时公开村级党务、村务、财务情况，公布惠农政策落实、土地征收征用以及土地流转、集体经营性建设用地入市、资金使用和项目建设等情况。

村党组织书记是本村乡村振兴第一责任人，带领村"两委"班子成员抓好具体任务落实，加强与驻村第一书记和工作队等帮扶力量沟通协调，经常性入户走访农民群众，原则上每年走遍或者联系本村所有农户，及时协调解决农民群众生产生活实际问题。

第四章　社会动员

第十四条　中央定点帮扶单位应当履行帮扶责任，聚焦巩固拓展脱贫攻坚成果和全面推进乡村振兴，制定年度计划，发挥自身优势创新帮扶举措，持续选派挂职干部和驻村第一书记，加强工作指导，督促政策落实，提高帮扶实效。

第十五条　东西部协作双方各级党委和政府应当坚持双向协作、互惠互利、多方共赢，统筹推进教育、文化、医疗卫生、科技等领域对口帮扶工作，深化区县、村企、学校、医院等结对帮扶，加强产业合作、资源互补、劳务对接、人才交流等，把帮扶重点转向巩固拓展脱贫攻坚成果和全面推进乡村振兴。

第十六条　工会、共青团、妇联、科协、残联等群团组织应当发挥优势和力量参与乡村振兴。鼓励和支持各民主党派、工商联以及无党派人士等在乡村振兴中发挥积极作用。

第十七条　支持军队持续推进定点帮扶工作，健全长效机制，巩固提升帮扶成效，协助建强基层组织，支持提高民生服务水平，深化军民共建社会主义精神文明活动，积极促进退役军人投身乡村振兴。

第十八条　企事业单位和社会组织应当积极履行社会责任，支持乡村振兴。深入实施“万企兴万村”行动，探索建立健全企业支持乡村振兴机制。发挥第三次分配作用，鼓励引导各类公益慈善资金支持乡村振兴。鼓励公民个人主动参与乡村振兴。

第五章　考核监督

第十九条　实行乡村振兴战略实绩考核制度。

中央农村工作领导小组负责组织开展省级党委和政府推进乡村振兴战略实绩考核，制定考核办法。坚持全面考核与突出重点相结合、统一规范与分类考核相结合、实绩考核与督导检查相结合，重点考核省级党委和政府落实乡村振兴责任制以及党中央、国务院部署的乡村振兴阶段性目标任务和年度重点工作完成情况。中央农村工作领导小组办公室、中央组织部、农业农村部每年制定考核工作方案，明确考核指标和具体程序，经中央农村工作领导小组审定后，会同中央和国家机关有关部门组织实施。考核结果报党中央、国务院审定后，向各省（自治区、直辖市）党委和政府通报，并作为对省级党委和政府领导班子以及有关领导干部综合考核评价的重要依据。

省级党委和政府参照上述规定，结合实际组织开展市县党政领导班子和领导干部推进乡村振兴战略实绩考核。

乡村振兴战略实绩考核应当实事求是、客观公正，坚持定量与定性相结合、以定量指标为主，探索采取第三方评估、暗访抽查、群众认可度调查等方式对各地乡村振兴工作进展情况进行评估评价。考核工作应当力戒形式主义、官僚主义，防止出现频繁报数据材料、过度留痕等问题，切实减轻基层负担。

第二十条　实行乡村振兴工作报告制度。

各级党委和政府应当每年向上级党委和政府报告实施乡村振兴战略进展情况。

各级党委应当将实施乡村振兴战略进展情况作为向本级党的代表大会、党委全体会议报告的重要内容。

第二十一条　中央农村工作领导小组每年对各省（自治区、直辖市）实施乡村振兴战略情况开展督查，督查结果纳入年度乡村振兴战略实绩考核；每年对中央和国家机关有关部门实施乡村振兴战略情况开展督查。

县级以上地方党委和政府定期对下级党委和政府乡村振兴战略实施情况开展监督，及时发现和解决存在的问题，推动政策举措落实落地。

第二十二条　中央纪委国家监委对乡村振兴决策部署落实情况进行监督执纪问责。国家发展改革委、财政部、农业农村部、审计署、国家乡村振兴局等部门和单位按照各自职责对乡村振兴政策落实、资金使用和项目实施等实施监督。

第二十三条　农业农村部、国家统计局依法建立客观反映乡村振兴进展的指标和统计体系。县级以上地方党委和政府应当对本地区乡村振兴战略实施情况进行评估。

第六章　奖　　惩

第二十四条　地方党委和政府以及党委农村工作领导小组、中央和国家机关有关部门可以按照有关规定，对落实乡村振兴责任到位、工作成效显著的部门和个人，以及作出突出贡献的社会帮扶主体，以适当方式予以表彰激励。

第二十五条　各级党委和政府及其有关部门在乡村振兴工作中不履行或者不正确履行职责，存在形式主义、官僚主义等问题的，应当依照有关党内法规和法律法规，追究负有责任的领导人员和直接责任人员的责任；构成犯罪的，依法追究刑事责任。

第二十六条　建立常态化约谈机制，对乡村振兴工作中履职不力、工作滞后的，上级党委和政府应当约谈下级党委和政府,本级党委和政府应当约谈同级有关部门。

第七章 附 则

第二十七条 各省(自治区、直辖市)、新疆生产建设兵团可以根据本办法,结合本地区实际制定实施细则。

第二十八条 本办法由中央农村工作领导小组办公室负责解释。

第二十九条 本办法自发布之日起施行。

(2)保密纪律

·法律法规·

中华人民共和国保守国家秘密法

1. 1988年9月5日第七届全国人民代表大会常务委员会第三次会议通过

2. 2010年4月29日第十一届全国人民代表大会常务委员会第十四次会议第一次修订

3. 2024年2月27日第十四届全国人民代表大会常务委员会第八次会议第二次修订

目 录

第一章 总 则

第一条 **【立法目的】**为了保守国家秘密,维护国家安全和利益,保障改革开放和社会主义现代化建设事业的顺利进行,根据宪法,制定本法。

第二条 **【定义】**国家秘密是关系国家安全和利益,依照法定程序确定,在一定时间内只限一定范围的人员知悉的事项。

第三条 **【党的领导】**坚持中国共产党对保守国家秘密(以下简称保密)工作的领导。中央保密工作领导机构领导全国保密工作,研究制定、指导实施国家保密工作战略和重大方针政策,统筹协调国家保密重大事项和重要工作,推进国家保密法治建设。

第四条 **【基本原则】**保密工作坚持总体国家安全观,遵循党管保密、依法管理,积极防范、突出重点,技管并重、创新发展的原则,既确保国家秘密安全,又便利信息资源合理利用。

法律、行政法规规定公开的事项,应当依法公开。

第五条 **【保密义务】**国家秘密受法律保护。

一切国家机关和武装力量、各政党和各人民团体、企业事业组织和其他社会组织以及公民都有保密的义务。

任何危害国家秘密安全的行为,都必须受到法律追究。

第六条 **【主管部门】**国家保密行政管理部门主管全国的保密工作。县级以上地方各级保密行政管理部门主管本行政区域的保密工作。

第七条 **【机关、单位保密职责】**国家机关和涉及国家秘密的单位(以下简称机关、单位)管理本机关和本单位的保密工作。

中央国家机关在其职权范围内管理或者指导本系统的保密工作。

第八条 **【保密工作责任制】**机关、单位应当实行保密工作责任制,依法设置保密工作机构或者指定专人负责保密工作,健全保密管理制度,完善保密防护措施,开展保密宣传教育,加强保密监督检查。

第九条 **【宣传教育】**国家采取多种形式加强保密宣传教育,将保密教育纳入国民教育体系和公务员教育培训体系,鼓励大众传播媒介面向社会进行保密宣传教育,普及保密知识,宣传保密法治,增强全社会的保密意识。

第十条 **【保护保密领域的知识产权】**国家鼓励和支持保密科学技术研究和应用,提升自主创新能力,依法保护保密领域的知识产权。

第十一条 **【工作规划和经费预算】**县级以上人民政府应当将保密工作纳入本级国民经济和社会发展规划,所需经费列入本级预算。

机关、单位开展保密工作所需经费应当列入本机关、本单位年度预算或者年度收支计划。

第十二条 **【人才队伍建设和表彰奖励】**国家加强保密人才培养和队伍建设,完善相关激励保障机制。

对在保守、保护国家秘密工作中做出突出贡献的组织和个人,按照国家有关规定给予表彰和奖励。

第二章 国家秘密的范围和密级

第十三条 **【国家秘密的基本范围】**下列涉及国家安全

和利益的事项，泄露后可能损害国家在政治、经济、国防、外交等领域的安全和利益的，应当确定为国家秘密：

（一）国家事务重大决策中的秘密事项；

（二）国防建设和武装力量活动中的秘密事项；

（三）外交和外事活动中的秘密事项以及对外承担保密义务的秘密事项；

（四）国民经济和社会发展中的秘密事项；

（五）科学技术中的秘密事项；

（六）维护国家安全活动和追查刑事犯罪中的秘密事项；

（七）经国家保密行政管理部门确定的其他秘密事项。

政党的秘密事项中符合前款规定的，属于国家秘密。

第十四条　【密级】国家秘密的密级分为绝密、机密、秘密三级。

绝密级国家秘密是最重要的国家秘密，泄露会使国家安全和利益遭受特别严重的损害；机密级国家秘密是重要的国家秘密，泄露会使国家安全和利益遭受严重的损害；秘密级国家秘密是一般的国家秘密，泄露会使国家安全和利益遭受损害。

第十五条　【保密事项范围】国家秘密及其密级的具体范围（以下简称保密事项范围），由国家保密行政管理部门单独或者会同有关中央国家机关规定。

军事方面的保密事项范围，由中央军事委员会规定。

保密事项范围的确定应当遵循必要、合理原则，科学论证评估，并根据情况变化及时调整。保密事项范围的规定应当在有关范围内公布。

第十六条　【定密责任人】机关、单位主要负责人及其指定的人员为定密责任人，负责本机关、本单位的国家秘密确定、变更和解除工作。

机关、单位确定、变更和解除本机关、本单位的国家秘密，应当由承办人提出具体意见，经定密责任人审核批准。

第十七条　【定密权限】确定国家秘密的密级，应当遵守定密权限。

中央国家机关、省级机关及其授权的机关、单位可以确定绝密级、机密级和秘密级国家秘密；设区的市级机关及其授权的机关、单位可以确定机密级和秘密级国家秘密；特殊情况下无法按照上述规定授权定密的，国家保密行政管理部门或者省、自治区、直辖市保密行政管理部门可以授予机关、单位定密权限。具体的定密权限、授权范围由国家保密行政管理部门规定。

下级机关、单位认为本机关、本单位产生的有关定密事项属于上级机关、单位的定密权限，应当先行采取保密措施，并立即报请上级机关、单位确定；没有上级机关、单位的，应当立即提请有相应定密权限的业务主管部门或者保密行政管理部门确定。

公安机关、国家安全机关在其工作范围内按照规定的权限确定国家秘密的密级。

第十八条　【派生定密】机关、单位执行上级确定的国家秘密事项或者办理其他机关、单位确定的国家秘密事项，需要派生定密的，应当根据所执行、办理的国家秘密事项的密级确定。

第十九条　【机关、单位的定密职责】机关、单位对所产生的国家秘密事项，应当按照保密事项范围的规定确定密级，同时确定保密期限和知悉范围；有条件的可以标注密点。

第二十条　【保密期限】国家秘密的保密期限，应当根据事项的性质和特点，按照维护国家安全和利益的需要，限定在必要的期限内；不能确定期限的，应当确定解密的条件。

国家秘密的保密期限，除另有规定外，绝密级不超过三十年，机密级不超过二十年，秘密级不超过十年。

机关、单位应当根据工作需要，确定具体的保密期限、解密时间或者解密条件。

机关、单位对在决定和处理有关事项工作过程中确定需要保密的事项，根据工作需要决定公开的，正式公布时即视为解密。

第二十一条　【知悉范围】国家秘密的知悉范围，应当根据工作需要限定在最小范围。

国家秘密的知悉范围能够限定到具体人员的，限定到具体人员；不能限定到具体人员的，限定到机关、单位，由该机关、单位限定到具体人员。

国家秘密的知悉范围以外的人员，因工作需要知悉国家秘密的，应当经过机关、单位主要负责人或者其指定的人员批准。原定密机关、单位对扩大国家秘密的知悉范围有明确规定的，应当遵守其规定。

第二十二条　【国家秘密标志】机关、单位对承载国家秘密的纸介质、光介质、电磁介质等载体（以下简称国家秘密载体）以及属于国家秘密的设备、产品，应当作出国家秘密标志。

涉及国家秘密的电子文件应当按照国家有关规定作出国家秘密标志。

不属于国家秘密的，不得作出国家秘密标志。

第二十三条 【密级、保密期限和知悉范围的变更】国家秘密的密级、保密期限和知悉范围，应当根据情况变化及时变更。国家秘密的密级、保密期限和知悉范围的变更，由原定密机关、单位决定，也可以由其上级机关决定。

国家秘密的密级、保密期限和知悉范围变更的，应当及时书面通知知悉范围内的机关、单位或者人员。

第二十四条 【审核与解密】机关、单位应当每年审核所确定的国家秘密。

国家秘密的保密期限已满的，自行解密。在保密期限内因保密事项范围调整不再作为国家秘密，或者公开后不会损害国家安全和利益，不需要继续保密的，应当及时解密；需要延长保密期限的，应当在原保密期限届满前重新确定密级、保密期限和知悉范围。提前解密或者延长保密期限的，由原定密机关、单位决定，也可以由其上级机关决定。

第二十五条 【不明确、有争议事项的确定】机关、单位对是否属于国家秘密或者属于何种密级不明确或者有争议的，由国家保密行政管理部门或者省、自治区、直辖市保密行政管理部门按照国家保密规定确定。

第三章 保密制度

第二十六条 【国家秘密载体保密管理】国家秘密载体的制作、收发、传递、使用、复制、保存、维修和销毁，应当符合国家保密规定。

绝密级国家秘密载体应当在符合国家保密标准的设施、设备中保存，并指定专人管理；未经原定密机关、单位或者其上级机关批准，不得复制和摘抄；收发、传递和外出携带，应当指定人员负责，并采取必要的安全措施。

第二十七条 【密品管理】属于国家秘密的设备、产品的研制、生产、运输、使用、保存、维修和销毁，应当符合国家保密规定。

第二十八条 【国家秘密载体管理禁止性规定】机关、单位应当加强对国家秘密载体的管理，任何组织和个人不得有下列行为：

（一）非法获取、持有国家秘密载体；

（二）买卖、转送或者私自销毁国家秘密载体；

（三）通过普通邮政、快递等无保密措施的渠道传递国家秘密载体；

（四）寄递、托运国家秘密载体出境；

（五）未经有关主管部门批准，携带、传递国家秘密载体出境；

（六）其他违反国家秘密载体保密规定的行为。

第二十九条 【国家秘密信息管理禁止性规定】禁止非法复制、记录、存储国家秘密。

禁止未按照国家保密规定和标准采取有效保密措施，在互联网及其他公共信息网络或者有线和无线通信中传递国家秘密。

禁止在私人交往和通信中涉及国家秘密。

第三十条 【涉密信息系统的管理】存储、处理国家秘密的计算机信息系统（以下简称涉密信息系统）按照涉密程度实行分级保护。

涉密信息系统应当按照国家保密规定和标准规划、建设、运行、维护，并配备保密设施、设备。保密设施、设备应当与涉密信息系统同步规划、同步建设、同步运行。

涉密信息系统应当按照规定，经检查合格后，方可投入使用，并定期开展风险评估。

第三十一条 【信息系统、信息设备管理禁止性规定】机关、单位应当加强对信息系统、信息设备的保密管理，建设保密自监管设施，及时发现并处置安全保密风险隐患。任何组织和个人不得有下列行为：

（一）未按照国家保密规定和标准采取有效保密措施，将涉密信息系统、涉密信息设备接入互联网及其他公共信息网络；

（二）未按照国家保密规定和标准采取有效保密措施，在涉密信息系统、涉密信息设备与互联网及其他公共信息网络之间进行信息交换；

（三）使用非涉密信息系统、非涉密信息设备存储或者处理国家秘密；

（四）擅自卸载、修改涉密信息系统的安全技术程序、管理程序；

（五）将未经安全技术处理的退出使用的涉密信息设备赠送、出售、丢弃或者改作其他用途；

（六）其他违反信息系统、信息设备保密规定的行为。

第三十二条 【安全保密产品、保密技术装备的管理】用于保护国家秘密的安全保密产品和保密技术装备应当符合国家保密规定和标准。

国家建立安全保密产品和保密技术装备抽检、复检制度，由国家保密行政管理部门设立或者授权的机构进行检测。

第三十三条 【出版媒体及网络信息的管理】报刊、图书、音像制品、电子出版物的编辑、出版、印制、发行，广播节目、电视节目、电影的制作和播放，网络信息的制作、复制、发布、传播,应当遵守国家保密规定。

第三十四条 【网络运营者信息管理和配合义务】网络运营者应当加强对其用户发布的信息的管理,配合监察机关、保密行政管理部门、公安机关、国家安全机关对涉嫌泄露国家秘密案件进行调查处理;发现利用互联网及其他公共信息网络发布的信息涉嫌泄露国家秘密的,应当立即停止传输该信息,保存有关记录,向保密行政管理部门或者公安机关、国家安全机关报告;应当根据保密行政管理部门或者公安机关、国家安全机关的要求,删除涉及泄露国家秘密的信息,并对有关设备进行技术处理。

第三十五条 【信息公开保密审查】机关、单位应当依法对拟公开的信息进行保密审查,遵守国家保密规定。

第三十六条 【数据保密管理】开展涉及国家秘密的数据处理活动及其安全监管应当符合国家保密规定。

国家保密行政管理部门和省、自治区、直辖市保密行政管理部门会同有关主管部门建立安全保密防控机制,采取安全保密防控措施,防范数据汇聚、关联引发的泄密风险。

机关、单位应当对汇聚、关联后属于国家秘密事项的数据依法加强安全管理。

第三十七条 【涉外保密管理】机关、单位向境外或者向境外在中国境内设立的组织、机构提供国家秘密,任用、聘用的境外人员因工作需要知悉国家秘密的,按照国家有关规定办理。

第三十八条 【会议、活动保密管理】举办会议或者其他活动涉及国家秘密的,主办单位应当采取保密措施,并对参加人员进行保密教育,提出具体保密要求。

第三十九条 【要害部门部位保密管理】机关、单位应当将涉及绝密级或者较多机密级、秘密级国家秘密的机构确定为保密要害部门,将集中制作、存放、保管国家秘密载体的专门场所确定为保密要害部位,按照国家保密规定和标准配备、使用必要的技术防护设施、设备。

第四十条 【军事禁区等场所、部位保密管理】军事禁区、军事管理区和属于国家秘密不对外开放的其他场所、部位,应当采取保密措施,未经有关部门批准,不得擅自决定对外开放或者扩大开放范围。

涉密军事设施及其他重要涉密单位周边区域应当按照国家保密规定加强保密管理。

第四十一条 【从事涉密业务的企事业单位的管理】从事涉及国家秘密业务的企业事业单位,应当具备相应的保密管理能力,遵守国家保密规定。

从事国家秘密载体制作、复制、维修、销毁,涉密信息系统集成,武器装备科研生产,或者涉密军事设施建设等涉及国家秘密业务的企业事业单位,应当经过审查批准,取得保密资质。

第四十二条 【涉密采购和委托涉密业务保密管理】采购涉及国家秘密的货物、服务的机关、单位,直接涉及国家秘密的工程建设、设计、施工、监理等单位,应当遵守国家保密规定。

机关、单位委托企业事业单位从事涉及国家秘密的业务,应当与其签订保密协议,提出保密要求,采取保密措施。

第四十三条 【涉密人员分类管理】在涉密岗位工作的人员(以下简称涉密人员),按照涉密程度分为核心涉密人员、重要涉密人员和一般涉密人员,实行分类管理。

任用、聘用涉密人员应当按照国家有关规定进行审查。

涉密人员应当具有良好的政治素质和品行,经过保密教育培训,具备胜任涉密岗位的工作能力和保密知识技能,签订保密承诺书,严格遵守国家保密规定,承担保密责任。

涉密人员的合法权益受法律保护。对因保密原因合法权益受到影响和限制的涉密人员,按照国家有关规定给予相应待遇或者补偿。

第四十四条 【涉密人员管理制度】机关、单位应当建立健全涉密人员管理制度,明确涉密人员的权利、岗位责任和要求,对涉密人员履行职责情况开展经常性的监督检查。

第四十五条 【涉密人员出境管理】涉密人员出境应当经有关部门批准,有关机关认为涉密人员出境将对国家安全造成危害或者对国家利益造成重大损失的,不得批准出境。

第四十六条 【涉密人员离岗离职规定】涉密人员离岗离职应当遵守国家保密规定。机关、单位应当开展保密教育提醒,清退国家秘密载体,实行脱密期管理。涉密人员在脱密期内,不得违反规定就业和出境,不得以任何方式泄露国家秘密;脱密期结束后,应当遵守国家保密规定,对知悉的国家秘密继续履行保密义务。涉密人员严重违反离岗离职及脱密期国家保密规定的,机关、单位应当及时报告同级保密行政管理部门,由保密行政管理部门会同有关部门依法采取处置措施。

第四十七条 【泄密事件报告】国家工作人员或者其他公民发现国家秘密已经泄露或者可能泄露时,应当立即采取补救措施并及时报告有关机关、单位。机关、单位接到报告后，应当立即作出处理，并及时向保密行政管理部门报告。

第四章 监督管理

第四十八条 【规章、标准制定】国家保密行政管理部门依照法律、行政法规的规定，制定保密规章和国家保密标准。

第四十九条 【监督管理职责】保密行政管理部门依法组织开展保密宣传教育、保密检查、保密技术防护、保密违法案件调查处理工作，对保密工作进行指导和监督管理。

第五十条 【定密纠正】保密行政管理部门发现国家秘密确定、变更或者解除不当的，应当及时通知有关机关、单位予以纠正。

第五十一条 【保密检查与依法查处】保密行政管理部门依法对机关、单位遵守保密法律法规和相关制度的情况进行检查；涉嫌保密违法的，应当及时调查处理或者组织、督促有关机关、单位调查处理；涉嫌犯罪的，应当依法移送监察机关、司法机关处理。

对严重违反国家保密规定的涉密人员，保密行政管理部门应当建议有关机关、单位将其调离涉密岗位。

有关机关、单位和个人应当配合保密行政管理部门依法履行职责。

第五十二条 【保密违法行为处置措施】保密行政管理部门在保密检查和案件调查处理中，可以依法查阅有关材料、询问人员、记录情况，先行登记保存有关设施、设备、文件资料等；必要时，可以进行保密技术检测。

保密行政管理部门对保密检查和案件调查处理中发现的非法获取、持有的国家秘密载体，应当予以收缴；发现存在泄露国家秘密隐患的，应当要求采取措施，限期整改；对存在泄露国家秘密隐患的设施、设备、场所，应当责令停止使用。

第五十三条 【密级鉴定】办理涉嫌泄露国家秘密案件的机关，需要对有关事项是否属于国家秘密、属于何种密级进行鉴定的，由国家保密行政管理部门或者省、自治区、直辖市保密行政管理部门鉴定。

第五十四条 【处分监督】机关、单位对违反国家保密规定的人员不依法给予处分的，保密行政管理部门应当建议纠正；对拒不纠正的，提请其上一级机关或者监察机关对该机关、单位负有责任的领导人员和直接责任人员依法予以处理。

第五十五条 【风险评估、监测预警、应急处置、信息通报】设区的市级以上保密行政管理部门建立保密风险评估机制、监测预警制度、应急处置制度，会同有关部门开展信息收集、分析、通报工作。

第五十六条 【行业自律】保密协会等行业组织依照法律、行政法规的规定开展活动，推动行业自律，促进行业健康发展。

第五章 法律责任

第五十七条 【组织、个人保密违法责任】违反本法规定，有下列情形之一，根据情节轻重，依法给予处分；有违法所得的，没收违法所得：

（一）非法获取、持有国家秘密载体的；

（二）买卖、转送或者私自销毁国家秘密载体的；

（三）通过普通邮政、快递等无保密措施的渠道传递国家秘密载体的；

（四）寄递、托运国家秘密载体出境，或者未经有关主管部门批准，携带、传递国家秘密载体出境的；

（五）非法复制、记录、存储国家秘密的；

（六）在私人交往和通信中涉及国家秘密的；

（七）未按照国家保密规定和标准采取有效保密措施，在互联网及其他公共信息网络或者有线和无线通信中传递国家秘密的；

（八）未按照国家保密规定和标准采取有效保密措施，将涉密信息系统、涉密信息设备接入互联网及其他公共信息网络的；

（九）未按照国家保密规定和标准采取有效保密措施，在涉密信息系统、涉密信息设备与互联网及其他公共信息网络之间进行信息交换的；

（十）使用非涉密信息系统、非涉密信息设备存储、处理国家秘密的；

（十一）擅自卸载、修改涉密信息系统的安全技术程序、管理程序的；

（十二）将未经安全技术处理的退出使用的涉密信息设备赠送、出售、丢弃或者改作其他用途的；

（十三）其他违反本法规定的情形。

有前款情形尚不构成犯罪，且不适用处分的人员，由保密行政管理部门督促其所在机关、单位予以处理。

第五十八条 【机关、单位重大泄密和定密不当法律责任】机关、单位违反本法规定，发生重大泄露国家秘密案件的，依法对直接负责的主管人员和其他直接责任人员给予处分。不适用处分的人员，由保密行政管理部门督促其主管部门予以处理。

机关、单位违反本法规定，对应当定密的事项不定密，对不应当定密的事项定密，或者未履行解密审核责任，造成严重后果的，依法对直接负责的主管人员和其他直接责任人员给予处分。

第五十九条　【网络运营者保密违法责任】网络运营者违反本法第三十四条规定的，由公安机关、国家安全机关、电信主管部门、保密行政管理部门按照各自职责分工依法予以处罚。

第六十条　【承担涉密业务单位保密违法责任】取得保密资质的企业事业单位违反国家保密规定的，由保密行政管理部门责令限期整改，给予警告或者通报批评；有违法所得的，没收违法所得；情节严重的，暂停涉密业务、降低资质等级；情节特别严重的，吊销保密资质。

未取得保密资质的企业事业单位违法从事本法第四十一条第二款规定的涉密业务的，由保密行政管理部门责令停止涉密业务，给予警告或者通报批评；有违法所得的，没收违法所得。

第六十一条　【保密行政管理部门工作人员违法责任】保密行政管理部门的工作人员在履行保密管理职责中滥用职权、玩忽职守、徇私舞弊的，依法给予处分。

第六十二条　【刑事责任】违反本法规定，构成犯罪的，依法追究刑事责任。

第六章　附　　则

第六十三条　【军队保密规定授权】中国人民解放军和中国人民武装警察部队开展保密工作的具体规定，由中央军事委员会根据本法制定。

第六十四条　【工作秘密管理】机关、单位对履行职能过程中产生或者获取的不属于国家秘密但泄露后会造成一定不利影响的事项，适用工作秘密管理办法采取必要的保护措施。工作秘密管理办法另行规定。

第六十五条　【施行日期】本法自 2024 年 5 月 1 日起施行。

最高人民法院关于审理为境外窃取、刺探、收买、非法提供国家秘密、情报案件具体应用法律若干问题的解释

1. 2000 年 11 月 20 日最高人民法院审判委员会第 1142 次会议通过
2. 2001 年 1 月 17 日公布
3. 法释〔2001〕4 号
4. 自 2001 年 1 月 22 日起施行

为依法惩治为境外的机构、组织、人员窃取、刺探、收买、非法提供国家秘密、情报犯罪活动，维护国家安全和利益，根据刑法有关规定，现就审理这类案件具体应用法律的若干问题解释如下：

第一条　刑法第一百一十一条规定的“国家秘密”，是指《中华人民共和国保守国家秘密法》第二条、第八条以及《中华人民共和国保守国家秘密法实施办法》第四条确定的事项。

刑法第一百一十一条规定的“情报”，是指关系国家安全和利益、尚未公开或者依照有关规定不应公开的事项。

对为境外机构、组织、人员窃取、刺探、收买、非法提供国家秘密之外的情报的行为，以为境外窃取、刺探、收买、非法提供情报罪定罪处罚。

第二条　为境外窃取、刺探、收买、非法提供国家秘密或者情报，具有下列情形之一的，属于“情节特别严重”，处十年以上有期徒刑、无期徒刑，可以并处没收财产：

（一）为境外窃取、刺探、收买、非法提供绝密级国家秘密的；

（二）为境外窃取、刺探、收买、非法提供三项以上机密级国家秘密的；

（三）为境外窃取、刺探、收买、非法提供国家秘密或者情报，对国家安全和利益造成其他特别严重损害的。

实施前款行为，对国家和人民危害特别严重、情节特别恶劣的，可以判处死刑，并处没收财产。

第三条　为境外窃取、刺探、收买、非法提供国家秘密或者情报，具有下列情形之一的，处五年以上十年以下有期徒刑，可以并处没收财产：

（一）为境外窃取、刺探、收买、非法提供机密级国家秘密的；

（二）为境外窃取、刺探、收买、非法提供三项以上秘密级国家秘密的；

（三）为境外窃取、刺探、收买、非法提供国家秘密或者情报，对国家安全和利益造成其他严重损害的。

第四条　为境外窃取、刺探、收买、非法提供秘密级国家秘密或者情报，属于“情节较轻”，处五年以下有期徒刑、拘役、管制或者剥夺政治权利，可以并处没收财产。

第五条　行为人知道或者应当知道没有标明密级的事项关系国家安全和利益，而为境外窃取、刺探、收买、非法提供的，依照刑法第一百一十一条的规定以为境外窃取、刺探、收买、非法提供国家秘密罪定罪处罚。

第六条　通过互联网将国家秘密或者情报非法发送给境外的机构、组织、个人的，依照刑法第一百一十一条的规定定罪处罚；将国家秘密通过互联网予以发布，情节严重的，依照刑法第三百九十八条的规定定罪处罚。

第七条 审理为境外窃取、刺探、收买、非法提供国家秘密案件,需要对有关事项是否属于国家秘密以及属于何种密级进行鉴定的,由国家保密工作部门或者省、自治区、直辖市保密工作部门鉴定。

·党规党纪·

纪检监察工作中国家秘密及其密级具体范围的规定

1. 中央纪委、监察部、国家保密局1995年4月21日印发
2. 自1995年7月1日起施行

第一条 根据《中华人民共和国保守国家秘密法》第九、第十条制定本规定。

第二条 纪检监察工作中国家秘密及其密级具体范围

(一)绝密级事项

1. 检举、控告党和国家领导人或省、部级党政府领导班子中的重大问题的事项;

2. 未公布的党中央、国务院批准立案查办的违纪案件的具体案情及查处的具体情况。

(二)机密级事项

1. 检举、控告省、部级党政领导干部或地(市)级党政领导班子中的重大问题的事项;

2. 未公布的全国及省一级纪检监察工作的重要部署、案件综合分析材料和统计数字;

3. 未公布的中央纪委、监察部和省一级纪检监察机关正在立案查处的违纪案件的具体案情及有关情况;

4. 未公布的全国查处违纪案件和受党纪、政纪处分的统计数字;

5. 中央纪委、监察部和省一级纪检监察机关查办涉外案件的决策、方案和案件材料。

(三)秘密级事项

1. 检举、揭发地(市)级党政领导干部或县级党政领导班子中的重要问题的有关事项;

2. 未公布的地(市)级或县级纪检监察机关正在立案查处的重要违纪案件的具体案情;

3. 地(市)级或县级纪检监察机关查办的涉外案件的决策、方案和案件材料;

4. 未公布的省一级查处违纪案件和受党纪、政纪处分的统计数字。

第三条 纪检监察工作中涉及其他部门的国家秘密事项,应按照国家有关主管部门的保密范围确定其密级。

第四条 纪检监察工作中不属于国家秘密但又不宜公开的事项,应作为内部事项管理,具体范围由县以上纪检监察机关规定,未经批准不得擅自扩散。

第五条 本规定由中共中央纪律检查委员会、中华人民共和国监察部、保密委员会负责解释。

第六条 本规定自1995年7月1日起生效。中共中央纪律检查委员会、国家保密局1989年10月27日制定的《纪检工作中国家秘密及其密级具体范围的规定》(中纪发〔1989〕13号)和中华人民共和国监察部、国家保密局1991年2月12日制定了《行政监察工作中国家秘密及其密级具体范围的规定》(监发〔1991〕4号)同时废止。

中共中央纪委办公厅、监察部办公厅、中共中央纪委监察部保密委员会、中共中央纪委监察部信息中心关于加强计算机信息网络系统保密工作的通知

1996年10月4日

近年来,全国纪检监察机关在计算机应用工作中十分重视计算机信息网络的保密问题,一些地区和部门采取措施,突出抓了信息网络的保密设备建设,这对提高工作效率和质量,保证信息系统的安全,起到了重要的保障作用。但是,在计算机信息网络的建设中忽视信息网络加密工作的现象还不同程度地存在,如有的单位利用地方邮电局的通用电子邮政信箱组成纪检监察信息网络,有的在计算机信息网络中使用软件加密,有的至今还没有考虑计算机网络加密问题,这些都严重影响了整个纪检监察计算机信息系统的安全,给纪检监察信息保密工作埋下隐患。为了加强计算机信息网络的保密工作,防止因计算机、传真机等现代办公设备应用中疏于保密而发生失密泄密问题,现重申以下规定:

一、各单位要有一名领导同志主管机关办公自动化工作以及计算机信息网络建设的保密工作。请于1996年12月10日前,将该领导同志的姓名、职务报中央纪委监察部信息中心。

二、全国纪检监察系统的办公自动化工作以及计算机保密通信网络建设工作,由中央纪委监察部信息中心统一管理。各单位要在信息中心指导下制定规划、进行

相关设备的选型,并组织实施。

三、计算机网络所需保密设备的研制、购买、安装、维修、更新等工作均由中央纪委监察部信息中心统一负责。在网络中必须使用经中央保密委员会批准、由中央纪委监察部信息中心配备的加密机(加密卡),不得建立明码通信或自行采取其他保密措施的计算机信息网络。

四、计算机网络加密机的密钥系绝密级文件,统一由中央纪委监察部信息中心制发,各单位要有专人管理、使用,不得泄露。

五、加密机(加密卡)系高技术、高密级专用设备,各单位要严格管理使用,不准向任何无关人员介绍加密机(加密卡)的使用技术或提供有关资料。

六、加密机管理使用人员调动时,要按机要人员要求办理设备、密码、技术手册等交接手续。

七、各单位要按照此通知要求对本单位的计算机信息网络保密工作进行一次认真检查,发现问题及时纠正。有疑难问题,请及时与中央纪委监察部信息中心联系。

我们将在 1997 年上半年对全国纪检监察系统计算机信息网络保密工作情况进行一次检查,对做得好的单位给以表扬和奖励,对不按上述要求进行检查纠正,也不及时反映问题的单位,要追究有关领导和当事人的责任。

中共中央保密委员会办公室、国家保密局关于国家秘密载体保密管理的规定

中共中央办公厅、国务院办公厅 2000 年 12 月 7 日转发

第一章　总　　则

第一条　为加强国家秘密载体的保密管理,确保国家秘密的安全,根据《中华人民共和国保守国家秘密法》及其实施办法,制定本规定。

第二条　本规定所称国家秘密载体(以下简称秘密载体),是指以文字、数据、符号、图形、图像、声音等方式记载国家秘密信息的纸介质、磁介质、光盘等各类物品。磁介质载体包括计算机硬盘、软盘和录音带、录像带等。

第三条　本规定适用于负责制作、收发、传递、使用、保存和销毁秘密载体的所有机关、单位(以下统称涉密机关、单位)。

第四条　秘密载体的保密管理,遵循严格管理、严密防范、确保安全、方便工作的原则。

第五条　涉密机关、单位应当指定专门机构或人员负责本机关、单位秘密载体的日常管理工作。

第六条　各级保密工作部门对所辖行政区域内涉密机关、单位执行本规定负有指导、监督、检查的职责。

上级机关对下级机关、单位执行本规定负有指导、监督、检查的职责。

涉密机关、单位的保密工作机构对本机关、单位执行本规定负有指导、监督、检查的职责。

第二章　秘密载体的制作

第七条　制作秘密载体,应当依照有关规定标明密级和保密期限,注明发放范围及制作数量,绝密级、机密级的应当编排顺序号。

第八条　纸介质秘密载体应当在本机关、单位内部文印室或保密工作部门审查批准的定点单位印制。

磁介质、光盘等秘密载体应当在本机关、单位内或保密工作部门审查批准的单位制作。

第九条　制作秘密载体过程中形成的不需归档的材料,应当及时销毁。

第十条　制作秘密载体的场所应当符合保密要求。使用电子设备的应当采取防电磁泄漏的保密措施。

第三章　秘密载体的收发与传递

第十一条　收发秘密载体,应当履行清点、登记、编号、签收等手续。

第十二条　传递秘密载体,应当选择安全的交通工具和交通路线,并采取相应的安全保密措施。

第十三条　传递秘密载体,应当包装密封;秘密载体的信封或者袋牌上应当标明密级、编号和收发件单位名称。

使用信封封装绝密级秘密载体时,应当使用由防透视材料制作的、周边缝有韧线的信封,信封的封口及中缝处应当加盖密封章或加贴密封条;使用袋子封装时,袋子的接缝处应当使用双线缝纫,袋口应当用铅志进行双道密封。

第十四条　传递秘密载体,应当通过机要交通、机要通信或者指派专人进行,不得通过普通邮政或非邮政渠道传递;设有机要文件交换站的城市,在市内传递机密级、秘密级秘密载体,可以通过机要文件交换站进行。

第十五条　传递绝密级秘密载体,必须按下列规定办理:

(一)送往外地的绝密级秘密载体,通过机要交通、机要通信递送。

中央部级以上,省(自治区、直辖市)、计划单列市厅级以上和解放军驻直辖市、省会(首府)、计划单列

市的军级以上单位及经批准地区的要害部门相互来往的绝密级秘密载体，由机要交通传递。

不属于以上范围的绝密级秘密载体由机要通信传递。

（二）在本地传递绝密级秘密载体，由发件或收件单位派专人直接传递。

（三）传递绝密级秘密载体，实行二人护送制。

第十六条　向我驻外机构传递秘密载体，应当按照有关规定履行审批手续，通过外交信使传递。

第十七条　采用现代通信及计算机网络等手段传输国家秘密信息，应当遵守有关保密规定。

第四章　秘密载体的使用

第十八条　涉密机关、单位收到秘密载体后，由主管领导根据秘密载体的密级和制发机关、单位的要求及工作的实际需要，确定本机关、单位知悉该国家秘密人员的范围。任何机关、单位和个人不得擅自扩大国家秘密的知悉范围。

涉密机关、单位收到绝密级秘密载体后，必须按照规定的范围组织阅读和使用，并对接触和知悉绝密级秘密载体内容的人员做出文字记载。

第十九条　阅读和使用秘密载体应当在符合保密要求的办公场所进行；确需在办公场所以外阅读和使用秘密载体的，应当遵守有关保密规定。

阅读和使用绝密级秘密载体必须在指定的符合保密要求的办公场所进行。

第二十条　阅读和使用秘密载体，应当办理登记、签收手续，管理人员要随时掌握秘密载体的去向。

第二十一条　传达国家秘密时，凡不准记录、录音、录像的，传达者应当事先申明。

第二十二条　复制秘密载体，应当按照下列规定办理：

（一）复制绝密级秘密载体，应当经密级确定机关、单位或其上级机关批准；

（二）复制制发机关、单位允许复制的机密、秘密级秘密载体，应当经本机关、单位的主管领导批准；

（三）复制秘密载体，不得改变其密级、保密期限和知悉范围；

（四）复制秘密载体，应当履行登记手续；复制件应当加盖复制机关、单位的戳记，并视同原件管理；

（五）涉密机关、单位不具备复制条件的，应当到保密工作部门审查批准的定点单位复制秘密载体。

第二十三条　汇编秘密文件、资料，应当经原制发机关、单位批准，未经批准不得汇编。

经批准汇编秘密文件、资料时，不得改变原件的密级、保密期限和知悉范围；确需改变的，应当经原制发机关、单位同意。

汇编秘密文件、资料形成的秘密载体，应当按其中的最高密级和最长保密期限标志和管理。

第二十四条　摘录、引用国家秘密内容形成的秘密载体，应当按原件的密级、保密期限和知悉范围管理。

第二十五条　因工作确需携带秘密载体外出，应当符合下列要求：

（一）采取保护措施，使秘密载体始终处于携带人的有效控制之下；

（二）携带绝密级秘密载体应当经本机关、单位主管领导批准，并有二人以上同行；

（三）参加涉外活动不得携带秘密载体；因工作确需携带的，应当经本机关、单位主管领导批准，并采取严格的安全保密措施；禁止携带绝密级秘密载体参加涉外活动。

第二十六条　禁止将绝密级秘密载体携带出境；因工作需要携带机密级、秘密级秘密载体出境的，应当按照有关保密规定办理批准和携带手续。

携带涉密便携式计算机出境，按前款规定办理。

第五章　秘密载体的保存

第二十七条　保存秘密载体，应当选择安全保密的场所和部位，并配备必要的保密设备。

绝密级秘密载体应当在安全可靠的保密设备中保存，并由专人管理。

第二十八条　工作人员离开办公场所，应当将秘密载体存放在保密设备里。

第二十九条　涉密机关、单位每年应定期对当年所存秘密载体进行清查、核对，发现问题及时向保密工作部门报告。

按照规定应当清退的秘密载体，应及时如数清退，不得自行销毁。

第三十条　涉密人员、秘密载体管理人员离岗、离职前，应当将所保管的秘密载体全部清退，并办理移交手续。

第三十一条　需要归档的秘密载体，应当按照国家有关档案法律规定归档。

第三十二条　被撤销或合并的涉密机关、单位，应当将秘密载体移交给承担其原职能的机关、单位或上级机关，并履行登记、签收手续。

第六章　秘密载体的销毁

第三十三条　销毁秘密载体，应当经本机关、单位主管领导审核批准，并履行清点、登记手续。

第三十四条 销毁秘密载体,应当确保秘密信息无法还原。

销毁纸介质秘密载体,应当采用焚毁、化浆等方法处理;使用碎纸机销毁的,应当使用符合保密要求的碎纸机;送造纸厂销毁的,应当送保密工作部门指定的厂家销毁,并由送件单位二人以上押运和监销。

销毁磁介质、光盘等秘密载体,应当采用物理或化学的方法彻底销毁。

第三十五条 禁止将秘密载体作为废品出售。

第七章 罚 则

第三十六条 涉密人员或秘密载体的管理人员违反本规定,情节轻微的,由本机关、单位的保密工作机构给予批评教育;情节严重、造成重大泄密隐患的,保密工作部门应当给予通报批评,所在单位应当将其调离涉密岗位。

涉密机关、单位违反本规定造成泄密隐患的,由其所在行政区域的保密工作部门或所在系统的上级保密工作机构发出限期整改通知书;该机关、单位应当在接到通知书后30日内提出整改方案和措施,消除泄密隐患,并向保密工作部门或保密工作机构写出书面报告。

第三十七条 违反本规定泄露国家秘密的,按照有关规定给予责任人行政或党纪处分;情节严重构成犯罪的,依法追究刑事责任。

第八章 附 则

第三十八条 用于记录秘密载体收发、使用、清退、销毁的登记簿,应当由有关部门指定专人妥善保管。

第三十九条 国家秘密设备和产品按照《国家秘密设备、产品的保密规定》管理。

第四十条 本规定由国家保密局负责解释。

第四十一条 本规定自2001年1月1日起施行。已有的秘密载体保密管理规定,凡与本规定不一致的,以本规定为准。

(3)形式主义、官僚主义

·党规党纪·

中共中央办公厅、国务院办公厅关于进一步精简会议和文件的意见

2001年12月4日

党的十五届六中全会作出的《关于加强和改进党的作风建设的决定》明确提出:“改进领导方式和工作方法。下决心精简会议和文件,改进会风和文风。”近年来,党中央、国务院多次强调要改进作风,深入实际,切实精简会议和文件,并采取了一些实际措施,取得了一定成效。但是,会议过多,请领导同志出席事务性活动过多,各类文件简报过多的情况仍然没有根本改变,影响了领导机关和领导干部同人民群众的密切联系,不利于各级党委和政府集中精力抓工作。为此,要把进一步精简会议和文件,作为全面实践“三个代表”要求,认真落实十五届六中全会精神的一个突出问题来抓。经党中央、国务院同意,现重申并提出以下规定和要求:

一、采取有力措施,坚决精简各类会议活动

1.减少会议活动数量。从中央和国家机关做起,各地区、各部门安排会议活动一律要从严掌握。能不开的会议坚决不开,可以合并开的合并召开;要尽可能利用现代通信和技术手段召开电视电话会议,条件具备的可以直接开到基层,避免层层开会。一律不准巧立名目召开各种属联谊性、轮流做东的“片会”。以党中央、国务院名义召开的全国性会议要统筹安排,从严控制;中央和国家机关各部门每年召开的本系统全国性工作会议原则上只开1次,特殊情况不得超过2次。各地区、各部门首先是省部级以上的党政机关要严格控制举行各类纪念会、研讨会、表彰会、剪彩、奠基、首发首映式以及各种检查、评比等活动。元旦、春节期间,党政机关之间不搞相互走访拜年活动。对必须举办的会议和活动,要明确主题,充分准备,注重实效。

2.压缩会议活动规模。各类会议活动要尽量压缩规模,减少参加人员。以党中央、国务院名义召开的会议和举办的活动,应按照批准的方案组织实施。中央和国家机关各部门召开的全国性会议,会期不得超过3天,与会人员最多不得超过300人,未经党中央、国务院批准不得邀请各省区市党委、政府主要负责同志和分管负责同志出席。中央和国家机关各部门不能以地方领导同志是否出席本系统的会议活动作为衡量地方是否重视某项工作的依据。省区市召开的会议,未经批准,也不要邀请中央和国家机关有关部门负责同志出席。各地区、各部门要从严控制举办大规模的群众性活动,少数确需举办的活动经批准后方可举行,并要加强领导,精心组织,周密安排,确保安全。

3.严格控制会议活动经费。各地区、各部门举办

会议活动要认真执行有关财务规定，厉行节约，反对铺张浪费。不得超标准使用经费和摊派、转嫁经费负担；不得借召开会议、举办活动名义发放纪念品；不得组织高消费娱乐、健身活动；不得到中央明令禁止的风景名胜区召开会议和举办活动。需要安排住宿的，要在定点接待的宾馆、招待所，不得安排豪华宾馆、涉外旅游饭店。领导干部下基层要轻车简从，不搞层层陪同，不得超标准安排用餐。财政、审计等部门要严格按照有关规定加强对会议活动经费的控制、管理和审核。未经批准召开的会议，会议经费一律不予报销。各级纪检、监察机关对违反有关规定和纪律的行为要坚决查处。

4. 严格会议活动报批程序。以党中央、国务院名义召开的全国性会议和举行的重大活动，由承办部门提出具体方案，经中共中央办公厅、国务院办公厅审核后报党中央、国务院审批。中央和国家机关各部门召开的全国性会议和举行的重要活动，应事先明确名称、主题、时间、地点、人员范围，经中共中央办公厅、国务院办公厅审核后报批。

二、严格把关，减少请领导同志参加事务性活动

5. 安排领导同志出席会议活动要坚持突出重点、精简务实的原则。为了减少请领导同志出席事务性活动，除因特殊需要外，原则上不邀请领导同志参加剪彩、奠基、首发首映式、颁奖等活动。中央党政军群各部门召开的表彰会、座谈会、研讨会、报告会、周年纪念活动，一般不邀请中央领导同志出席、发贺信和接见会议代表，各种商业性节庆活动不得邀请领导同志参加。省部一级和省以下部门批准兴建的纪念物、建筑物和创办的出版物以及周年纪念等，原则上不请中央领导同志题词、题字。不得请中央领导同志为商业性活动和单位题词、题字。确需领导同志参加的会议活动，要精心组织，讲求实效。

6. 严格请领导同志出席会议活动的报批程序。各地区、各部门举行的会议活动，确需邀请党中央、国务院领导同志出席的，要严格按照规定，经各地区、各部门主要负责同志把关后送中共中央办公厅、国务院办公厅审核报批，不得通过其他渠道直接邀请。

7. 改进领导同志出席会议活动的新闻报道。中央领导同志出席部门举办的会议活动，原则上不作新闻报道；需要报道的，须报经参加该会议活动的领导同志同意。中央领导同志观看一般性的文艺演出，不作新闻报道。由中央组织或经中央批准举行的有重大影响的会议活动，中央领导同志下基层考察工作、调查研究等活动，新闻报道应从实际工作需要出发，内容要准确、鲜明、生动，播报时间、篇幅要尽量简短，力戒空泛和一般化。不要把中央领导同志是否出席作为报道与否或报道规格的标准。

8. 地方领导同志出席会议活动要从实际出发，不搞层层仿效。中央举办或中央领导同志出席一些必要的会议活动，地方和部门要从实际出发，不要一概仿效举行相应的会议活动。地方领导同志出席会议活动的新闻报道，也要参照中央领导同志出席会议活动的新闻报道原则严格掌握。

三、加强管理，切实精简各类文件简报

9. 大力压缩发文数量。发文应当注重实效，切实解决实际问题，坚持少而精的原则，可发可不发的公文坚决不发，可长可短的公文一定要短。凡是法律法规已有明确规定的一律不再发文，已全文公开播发见报的不再印发文件。对党中央、国务院文件，各地区、各部门要结合实际提出具体贯彻落实意见，不得照抄照搬，层层转发。对现有的简报要清理压缩，该停的停，能并的并。对确定印发的文件简报，要从内容、形式、发送范围、印数等方面拟定具体改进措施。

10. 进一步压缩文件简报报送范围。各地区、各部门的文件简报可以报送党中央、国务院，省部级内设机构和下属单位的文件简报一律不得直接报送党中央、国务院。各地区、各部门需要报送党中央、国务院或中共中央办公厅、国务院办公厅的文件简报，应向中共中央办公厅、国务院办公厅备案，今后凡不在备案之列的文件简报一律不予受理。

11. 严格按照隶属关系和职权范围行文。各地区、各部门向党中央、国务院报文，属于党委职权范围以内的工作以党委(党组)名义报党中央，属于政府职权范围以内的工作以政府或部门名义报国务院。凡本部门发文或几个部门联合发文能够解决的，不得要求党中央、国务院批转或由中共中央办公厅、国务院办公厅转发；未经党中央、国务院批准，中央和国家机关各部门不得向地方党委、政府发文，也不能要求地方党委、政府向本部门报文；部门的内设机构除办公厅(室)根据授权可以对外正式行文外，其它内设机构不得对外正式行文。

12. 下大气力提高文件简报质量。各地区、各部门印发的文件简报既要加强对全局工作的指导性，又要注重在具体工作中的可操作性，切实提高针对性和时效性。要注意改进文风，文件简报要简明扼要，分析问题要切中要害，所提建议要切实可行。

四、加强督促检查,确保收到实效

13. 各地区、各部门要按照党的十五届六中全会《决定》精神和本《意见》的要求,对本地区、本部门的各类会议活动和现有的文件简报进行全面清理,该精简的精简,该取消的取消。各级领导机关和领导干部要切实负起责任,带头转变作风,带头精简会议和文件,带头深入基层调查研究,注重解决实际问题,在狠抓各项工作的落实上下功夫。要充分利用现代化办公手段,推动党政机关信息化建设,切实改进领导方式和工作方法,真正从源头上解决文山会海问题。中共中央办公厅、国务院办公厅将对本《意见》的贯彻落实情况进行督促检查。

关于解决形式主义突出问题为基层减负的通知

中共中央办公厅2019年3月6日印发

各省、自治区、直辖市党委,中央各部委,国家机关各部委党组(党委),解放军各大单位、中央军委机关各部门党委,各人民团体党组:

党的十八大以来,习近平总书记就加强党的作风建设,力戒形式主义、官僚主义作出一系列重要指示。近期,习近平总书记专门作出重要批示,强调2019年要解决一些困扰基层的形式主义问题,切实为基层减负。为贯彻落实习近平总书记重要指示批示精神,更好为基层干部松绑减负,激励广大干部担当作为、不懈奋斗,经中央领导同志同意,决定将2019年作为"基层减负年",现就有关工作要求通知如下。

一、以党的政治建设为统领加强思想教育,着力解决党性不纯、政绩观错位的问题

坚持用习近平新时代中国特色社会主义思想武装头脑,在深化消化转化上下功夫,把理论学习的成效体现到增强党性修养、提高工作能力、改进工作作风、推动党的事业发展上。将力戒形式主义、官僚主义作为全党开展的"不忘初心、牢记使命"主题教育重要内容,教育引导党员干部牢记党的宗旨,坚持实事求是的思想路线,树立正确政绩观,把对上负责与对下负责统一起来。从领导机关首先是中央和国家机关做起,开展作风建设专项整治行动,发扬斗争精神,对困扰基层的形式主义问题进行大排查,着重从思想观念、工作作风和领导方法上找根源、抓整改。严明政治纪律和政治规矩,认真汲取秦岭北麓西安境内违建别墅问题的深刻教训,坚决防止和纠正落实党中央决策部署不用心、不务实、不尽力,口号喊得震天响、行动起来轻飘飘的问题,真正把树牢"四个意识"、做到"两个维护"的要求落到实处。(中央纪委国家监委机关、中央办公厅、中央组织部、中央宣传部、中央和国家机关工委等落实)

二、严格控制层层发文、层层开会,着力解决文山会海反弹回潮的问题

认真贯彻落实中央八项规定及其实施细则精神,从中央层面做起,层层大幅度精简文件和会议,确保发给县级以下的文件、召开的会议减少30%—50%。发扬"短实新"文风,坚决压缩篇幅,防止穿靴戴帽、冗长空洞,中央印发的政策性文件原则上不超过10页,地方和部门也要按此从严掌握。地方各级、基层单位贯彻落实中央和上级文件,可结合实际制定务实管用的举措,除有明确规定外,不再制定贯彻落实意见和实施细则。科学确定中央文件密级和印发范围,能公开的公开。少开会、开短会,开管用的会。上级会议原则上只开到下一级,经批准直接开到县级的会议,不再层层开会。严禁随意拔高会议规格、扩大会议规模,未经批准不得要求党委和政府主要负责同志以及部门一把手参会,减少陪会。提倡合并开会、套开会议,多采用电视电话、网络视频会议等形式。提高会议实效,不搞照本宣科,不搞泛泛表态,不刻意搞传达不过夜,坚决防止同一事项议而不决、反复开会。进一步改革会议公文制度,选择一些地方和单位开展治理文山会海工作试点。(中央办公厅、国务院办公厅等落实)

三、加强计划管理和监督实施,着力解决督查检查考核过多过频、过度留痕的问题

抓好《中共中央办公厅关于统筹规范督查检查考核工作的通知》贯彻落实,严格控制总量,实行年度计划和审批报备制度,中央和国家机关有关部门原则上每年搞1次综合性督查检查考核,对县乡村和厂矿企业学校的督查检查考核事项减少50%以上的目标要确保执行到位。强化结果导向,考核评价一个地方和单位的工作,关键看有没有解决实际问题、群众的评价怎么样。坚决纠正机械式做法,不得随意要求基层填表报数、层层报材料,不得简单将有没有领导批示、开会发文、台账记录、工作笔记等作为工作是否落实的标准,不得以微信工作群、政务APP上传工作场景截图或录制视频来代替对实际工作评价。严格控制"一票否决"事项,不能动辄签"责任状",变相向地方和基层推卸责任。对涉及城市评选评比表彰的各类创建活动进行集中清理,该撤销的撤销,该合并的合并。对巡视巡察、环保督察、脱贫攻坚督查考核、政府大督查、党建考核等,牵头部门也要倾听基层意见进行完善,提出优化改进措施。调查研究、执法检查等要轻车简从、务求实效,不干扰基层正常工作。(中央纪委国家监察委机关、中央办公厅、中央组织部、中央宣传部、全国人大常委会办公厅、国务院办公厅、全国政协办公厅等落实)

四、完善问责制度和激励关怀机制,着力解决干部不敢担当作为的问题

坚持严管和厚爱结合,实事求是、依规依纪依法严肃问责、规范问责、精准问责、慎重问责,真正起到问责一个、警醒一片的效果。修订《中国共产党问责条例》。有效解决问责不力和问责泛化简单化等问题。正确对待被问责的干部,对影响期满、表现好的干部,符合有关条件的,该使用的要使用。制定纪检监察机关处理检举控告工作规则,保障党员权利,及时为干部澄清正名,严肃查处诬告陷害行为。改进谈话和函询工作方法,有效减轻干部不必要的心理负担。把“三个区分开来”的要求具体化,正确把握干部在工作中出现失误错误的性质和影响,切实保护干部干事创业的积极性,为担当者担当,为负责者负责。对基层干部特别是困难艰苦地区和奋战在脱贫攻坚第一线的干部,给予更多理解和支持,在政策、待遇等方面给予倾斜。(中央纪委国家监委机关、中央组织部等落实)

五、加强组织领导,为解决困扰基层的形式主义问题提供坚强保障

在党中央集中统一领导下,建立中央层面整治形式主义为基层减负专项工作机制,由中央办公厅牵头,中央纪委国家监委机关、中央组织部、中央宣传部、中央改革办、中央和国家机关工委、全国人大常委会办公厅、国务院办公厅、全国政协办公厅等参加,负责统筹协调推进落实工作。各地区各部门党委(党组)要切实履行主体责任,一把手负总责,党委办公厅(室)负责协调推进落实,把力戒形式主义、官僚主义作为重要任务,拿出有效管用的整治措施。加强政治巡视和政治督查,加大舆论监督力度,对形式主义、官僚主义典型问题点名道姓通报曝光,对干实事、作风好的先进典型及时总结推广,为广大党员干部作示范、树标杆。(中央纪委国家监委机关、中央办公厅、中央组织部、中央宣传部、国务院办公厅等落实)

(4)设立“小金库”

·法律法规·

违反行政事业性收费和罚没收入收支两条线管理规定行政处分暂行规定

2000年2月12日国务院令第281号公布施行

第一条　为了严肃财经纪律,加强廉政建设,落实行政事业性收费和罚没收入“收支两条线”管理,促进依法行政,根据法律、行政法规和国家有关规定,制定本规定。

第二条　国家公务员和法律、行政法规授权行使行政事业性收费或者罚没职能的事业单位的工作人员有违反“收支两条线”管理规定行为的,依照本规定给予行政处分。

第三条　本规定所称“行政事业性收费”,是指下列属于财政性资金的收入:

(一)依据法律、行政法规、国务院有关规定、国务院财政部门与计划部门共同发布的规章或者规定以及省、自治区、直辖市的地方性法规、政府规章或者规定和省、自治区、直辖市人民政府财政部门与计划(物价)部门共同发布的规定所收取的各项收费;

(二)法律、行政法规和国务院规定的以及国务院财政部门按照国家有关规定批准的政府性基金、附加。

事业单位因提供服务收取的经营服务性收费不属于行政事业性收费。

第四条　本规定所称“罚没收入”,是指法律、行政法规授权的执行处罚的部门依法实施处罚取得的罚没款和没收物品的折价收入。

第五条　违反规定,擅自设立行政事业性收费项目或者设置罚没处罚的,对直接负责的主管人员和其他直接责任人员给予降级或者撤职处分。

第六条　违反规定,擅自变更行政事业性收费或者罚没范围、标准的,对直接负责的主管人员和其他直接责任人员给予记大过处分;情节严重的,给予降级或者撤职处分。

第七条　对行政事业性收费项目审批机关已经明令取消或者降低标准的收费项目,仍按原定项目或者标准收费的,对直接负责的主管人员和其他直接责任人员给予记大过处分;情节严重的,给予降级或者撤职处分。

第八条　下达或者变相下达罚没指标的，对直接负责的主管人员和其他直接责任人员给予降级或者撤职处分。

第九条　违反《收费许可证》规定实施行政事业性收费的，对直接负责的主管人员和其他直接责任人员给予警告处分；情节严重的，给予记过或者记大过处分。

第十条　违反财政票据管理规定实施行政事业性收费、罚没的，对直接负责的主管人员和其他直接责任人员给予降级或者撤职处分；以实施行政事业性收费、罚没的名义收取钱物，不出具任何票据的，给予开除处分。

第十一条　违反罚款决定与罚款收缴分离的规定收缴罚款的，对直接负责的主管人员和其他直接责任人员给予记大过或者降级处分。

第十二条　不履行行政事业性收费、罚没职责，应收不收、应罚不罚，经批评教育仍不改正的，对直接负责的主管人员和其他直接责任人员给予警告处分；情节严重的，给予记过或者记大过处分。

第十三条　不按照规定将行政事业性收费纳入单位财务统一核算、管理的，对直接负责的主管人员和其他直接责任人员给予记过处分；情节严重的，给予记大过或者降级处分。

第十四条　不按照规定将行政事业性收费缴入国库或者预算外资金财政专户的，对直接负责的主管人员和其他直接责任人员给予记大过处分；情节严重的，给予降级或者撤职处分。

不按照规定将罚没收入上缴国库的，依照前款规定给予处分。

第十五条　违反规定，擅自开设银行帐户的，对直接负责的主管人员和其他直接责任人员给予降级处分；情节严重的，给予撤职或者开除处分。

第十六条　截留、挪用、坐收坐支行政事业性收费、罚没收入的，对直接负责的主管人员和其他直接责任人员给予降级处分；情节严重的，给予撤职或者开除处分。

第十七条　违反规定，将行政事业性收费、罚没收入用于提高福利补贴标准或者扩大福利补贴范围、滥发奖金实物、挥霍浪费或者有其他超标准支出行为的，对直接负责的主管人员和其他直接责任人员给予记大过处分；情节严重的，给予降级或者撤职处分。

第十八条　不按照规定编制预算外资金收支计划、单位财务收支计划和收支决算的，对直接负责的主管人员和其他直接责任人员给予记过处分；情节严重的，给予记大过或者降级处分。

第十九条　不按照预算和批准的收支计划核拨财政资金，贻误核拨对象正常工作的，对直接负责的主管人员和其他直接责任人员给予记过处分；情节严重的，给予记大过或者降级处分。

第二十条　对坚持原则抵制违法违纪的行政事业性收费、罚没行为的单位或者个人打击报复的，给予降级处分；情节严重的，给予撤职或者开除处分。

第二十一条　实施行政处分的权限以及不服行政处分的申诉，按照国家有关规定办理。

第二十二条　违反本规定，构成犯罪的，依法追究刑事责任。

第二十三条　本规定自发布之日起施行。

国务院关于清理检查“小金库”的通知

1. 1989年11月14日
2. 国发〔1989〕77号

近几年来，不少机关、团体、企业和事业单位，违反国家财经制度，私设各种形式的“小金库”，屡禁不止。这是造成国家财政收入流失，消费基金增长过猛的重要原因之一，不仅助长了奢侈浪费，而且腐蚀干部，败坏党风和社会风气。为此，国务院决定，结合开展一九八九年税收、财务、物价大检查，对私设的“小金库”进行一次全面彻底的清理和检查。现通知如下：

一、清理、检查“小金库”，是治理整顿、加强廉政建设的一项措施，具有重要的意义。各级党政领导一定要统一思想，提高认识，排除干扰，把清理和检查“小金库”切实抓好。要通过清理和检查“小金库”，严肃纪律，加强法制，把非法侵占的收入收回来，把各项财务收支纳入正常渠道，严格管理。

二、所有机关、团体、企业和事业单位，除了党费、团费、工会会费、稿费提成和职工互助金等项目外，凡侵占、截留国家和单位的收入，化大公为小公、化公为私，未在本单位财务会计部门列收列支、私存私放的各项资金，均属“小金库”，都要进行清理和检查。这次清理、检查，主要是一九八八年和一九八九年列入“小金库”的各项收支，以及历年滚存的“小金库”结余。自本通知发布之日起，“小金库”的各项资金一律停止支付，违者要从严处理。

三、所有机关、团体、企业和事业单位，都要由单位领导亲自挂帅，认真做好思想动员、组织落实和安排部署工作，组成有财会负责人参加的专门班子，迅速开展自查。要主动清理本单位（包括所属内部单位和企业的分厂、车间、班组和科室等）私设的各种形式“小金库”，如实上报“小金库”的各项收支金额，不得隐匿不报或避重就轻、报小不报大。发现有这类情况的，要追究单位领导和财会负责人的责任。自查的截止期限，最迟不得超过十二月十五日。各地区、各部门已列入税收、财务、物价大检查重点检查的单位，都要把“小金库”作为一项重要内容，认真进行检查。此外，还要组织力量，选择一批单位，对“小金库”问题进行重点抽查，严防走过场。经过这次清理和检查以后，所有机关、团体、企业和事业单位一律不准私设“小金库”。

四、对于清查出来的各项“小金库”资金，要严格按照“自查从宽，被查从严”的原则进行处理。凡在自查期限内，单位主动自查自报的“小金库”资金，已用于生产和集体福利的，要转入本单位财务会计部门的账目，在自有资金项下作列收列支处理；已用于职工奖金、实物、补贴、津贴的，要纳入单位奖金发放总额，按规定补交奖金税；余额部分，不分资金来源，一律上交财政50%，单位留用50%。留用的款项，全部转入单位财务会计部门的账目，作单位自有资金管理。

对不认真自查而被上级派出的检查组查出的各项“小金库”资金，凡已经支用的，不分资金用途，全部由单位用自有资金补足，上交财政；余额部分，全部没收，上交财政，并处以罚款。性质严重、情节恶劣的，还要追究单位领导和财会负责人的责任。在自查和被查中，如发现有贪污等触犯刑律行为的，应移交司法机关依法惩处。要发动群众积极举报，并为举报人保密。对举报有功人员，要适当给予奖励。对有打击报复行为的，要从重从严处理。

五、清理和检查“小金库”的工作，由各级税收、财务、物价大检查办公室和财政部门共同负责。各级大检查办公室和财政部门要指派专人负责这项工作。各级银行要积极予以支持和配合，共同把清理、检查“小金库”的工作做好。国务院和地方各级政府的大检查办公室，要在同级银行开立“清查小金库资金”专户。各机关、团体、企业和事业单位应交的各项“小金库”资金，均由单位财务会计部门集中，并按其隶属关系（中央、省区市、地市、县区）直接汇交同级大检查办公室在银行开立的“清查小金库资金”专户。如有拖延不交的，按违反财经法纪论处。各级大检查办公室和财政部门以及派出的工作组、检查组，要加强监督检查，确保应交的各项“小金库”资金及时收缴入库。

六、有关清理、检查“小金库”的具体规定，由财政部会同国务院税收、财务、物价大检查办公室另行制定，下达执行。部队各单位的“小金库”如何清理和检查，请解放军总后勤部根据本“通知”精神，作出具体规定，报财政部和国务院税收、财务、物价大检查办公室备案。

本“通知”的各项规定，只适用于清理和检查“小金库”，对税收、财务、物价大检查中其他问题的检查和处理不能沿用。

国务院办公厅关于进一步清理检查“小金库”的通知

1. 1990年2月22日
2. 国办发明电〔1990〕6号

各省、自治区、直辖市、计划单列市人民政府，国务院各部委、各直属机构：

《国务院关于清理检查“小金库”的通知》（国发〔1989〕77号）发出以后，各地区、各部门做了不少工作，到去年十二月底，全国共查出各种“小金库”资金10.01亿元，清查工作取得了初步成绩。但从全国看，这项工作还未深入开展起来，许多部门、企业和单位还存有侥幸心理，没有认真清理和检查。为此，国务院决定，在今年一季度，各地区、各部门要继续深入开展清查“小金库”的工作。现通知如下：

一、清理检查“小金库”是贯彻落实党的十三届四中全会和五中全会精神，搞好治理整顿、加强廉政建设，端正党风、政风和社会风气的一项重要措施，各省、自治区、直辖市、计划单列市人民政府和各部门要把这项工作作为二、三月份的重要工作，并指定一位负责同志挂帅，再次进行部署，切实抓出成效。要进一步统一思想，提高对清查工作重要性和迫切性的认识。继续发动企业、单位和部门进行自查自报，广泛开展群众性的举报活动，并组织力量选择一批企业、事业和行政单位进行抽查复查，排除干扰，把清查“小金库”工作不断推向深入。

二、对查出的“小金库”资金，要严格按照《国务院关于清理检查“小金库”的通知》和财政部、国务院税收财务物价大检查办公室的具体规定处理。再次重申以下纪律：

（一）自国务院《通知》发出之日起，凡继续动用“小金库”资金的，都要用单位自有资金归垫，私自转移的要如数追回；

（二）私自将未动用的“小金库”资金全部转作单位收入，不按规定比例上交财政的，要如数补交；

（三）对拒不清理、检查和继续私设“小金库”的，一经查出，要加重处罚，并追究单位领导和当事人的责任；

（四）经过这次清查后，任何单位都不得私设“小金库”。

凡今年三月底以前，单位自查自报出来的“小金库”资金，仍按自查政策处理。清查“小金库”资金的汇总报表继续按月报送。

三、各新闻单位要积极配合清查工作，搞好宣传报道，充分发挥社会舆论的监督作用。

四、各省、自治区、直辖市、计划单列市人民政府和各部门，在今年四月底以前，要向国务院报送清查“小金库”工作的总结，同时抄送国务院税收财务物价大检查办公室。

设立“小金库”和使用“小金库”款项违法违纪行为政纪处分暂行规定

1. 2010年1月5日监察部、人社部、财政部、审计署令第19号公布

2. 自2010年2月15日起施行

第一条　为规范财政秩序，严肃财经纪律，惩处设立“小金库”和使用“小金库”款项违法违纪行为，确保“小金库”治理工作取得实效，根据《中华人民共和国行政监察法》、《中华人民共和国公务员法》、《行政机关公务员处分条例》、《财政违法行为处罚处分条例》及其他有关法律、行政法规，制定本规定。

第二条　本规定所称“小金库”，是指违反法律法规及其他有关规定，应列入而未列入符合规定的单位账簿的各项资金（含有价证券）及其形成的资产。

第三条　国家行政机关及其内设机构有设立“小金库”或者使用“小金库”款项行为的，对负有责任的领导人员和其他直接责任人员（以下统称有关责任人员），由任免机关或者监察机关按照管理权限，依法给予处分。

国有及国有控股企业、事业单位有设立“小金库”或者使用“小金库”款项行为的，对负有责任的领导人员和其他直接责任人员中由国家行政机关任命的人员（以下统称有关责任人员），由任免机关或者监察机关按照管理权限，依法给予处分。

第四条　有设立“小金库”行为的，对有关责任人员，给予记过或者记大过处分；情节严重的，给予降级或者撤职处分。

第五条　使用“小金库”款项吃喝、旅游、送礼、进行娱乐活动或者有其他类似行为的，对有关责任人员，给予警告处分；情节较重的，给予记过或者记大过处分；情节严重的，给予降级或者撤职处分。

第六条　使用“小金库”款项新建、改建、扩建、装修办公楼或者培训中心等的，对有关责任人员，给予警告处分；情节较重的，给予记过或者记大过处分；情节严重的，给予降级或者撤职处分。

第七条　使用“小金库”款项提高福利补贴标准或者扩大福利补贴范围、滥发奖金实物或者有类似支出行为的，对有关责任人员，给予警告处分；情节较重的，给予记过或者记大过处分；情节严重的，给予降级或者撤职处分。

第八条　使用“小金库”款项报销应由个人负担的费用的，对有关责任人员，给予记过或者记大过处分；情节较重的，给予降级或者撤职处分；情节严重的，给予开除处分。

第九条　以单位名义将“小金库”财物集体私分给单位职工的，对有关责任人员，给予记过或者记大过处分；情节较重的，给予降级或者撤职处分；情节严重的，给予开除处分。

第十条　有设立“小金库”或者使用“小金库”款项行为，并且有本规定之外的其他违法违纪行为需要合并处理的，对有关责任人员，依照《行政机关公务员处分条例》第十条的规定追究责任。

第十一条　对在治理“小金库”工作中有弄虚作假、对抗检查、拒不纠正、销毁证据、突击花钱、压案不查、打击报复举报人等行为的，依法从重处理。

第十二条　中共中央办公厅、国务院办公厅《关于深入开展“小金库”治理工作的意见》（中办发〔2009〕18号）印发前，有设立“小金库”或者使用“小金库”款项行为，情节较轻，且能够按照有关规定认真自查自纠的，可以免予处分；情节较重，但能够按照有关规定自查自纠的，可以减轻或者从轻处分；情节严重，但能够按照有关规定自查自纠的，可以从轻处分。

第十三条　中共中央办公厅、国务院办公厅《关于深入开展“小金库”治理工作的意见》（中办发〔2009〕18号）印发后再设立或者继续设立“小金库”的，对有关责任人员，按照组织程序先予免职，再依据本规定追究责任。

第十四条　本规定由监察部、人力资源社会保障部、财政部、审计署负责解释。

第十五条　本规定自2010年2月15日起施行。

禁止金融机构设置“小金库”的财务管理规定

1. 2005年6月16日财政部印发
2. 财金〔2005〕67号
3. 自2005年7月1日起施行

第一章　总　　则

第一条　为进一步规范和强化金融机构财务管理，严肃国家财经纪律，禁止金融机构设置“小金库”，根据《中华人民共和国会计法》、《财政违法行为处罚处分条例》和其他有关法律、法规，制定本规定。

第二条　本规定所称金融机构，是指在中华人民共和国境内依法设立的银行、金融资产管理公司、保险公司、证券公司、基金管理公司、信托投资公司、期货公司、财务公司、信用社、担保机构等（以下简称金融机构）。

第三条　本规定所称“小金库”，是指违反国家财经法规及其他有关规定，侵占、截留国家和金融机构的收入，未纳入金融机构法定会计账簿内（以下简称账内）核算的资产，私存私放的各项资金。

第四条　金融机构财会部门应当统一负责金融机构银行账户的开设和管理工作，做好财务会计管理的各项基础工作，根据实际发生的经济业务事项进行会计核算，做到原始记录准确、完整，禁止以虚假的经济业务事项和资料进行会计核算。

金融机构财会部门应当严格遵守财务会计管理制度，将各项收支纳入账内管理和核算，做到账账、账证、账款、账实、账表相符，禁止设置“小金库”。

第二章　收入管理

第五条　凡属金融机构经营业务范围内的各项收入，应当在依法设置的会计账簿上统一登记、核算，禁止违反《中华人民共和国会计法》和国家统一的会计制度的规定设置会计账簿登记、核算。

第六条　金融机构各项贷款应当按照国家规定的适用利率计算利息收入，按照财务会计制度规定核算应收利息。对转入表外科目核算的应收未收利息，应当按照国家有关规定进行严格管理。禁止少计漏计、少收漏收。

禁止将贷款与存款等不同业务在同一账户内轧差处理。

第七条　金融机构应当按照规定确认和核算金融机构往来利息收入，禁止将利息收入转移到其他单位和境外，用于其他支出。

金融机构系统内各级机构之间相互融通拆借的资金往来，按市场利率或者规定的系统内资金往来利率计收的利息，应当及时、准确、完整地纳入收入核算。

金融机构存放在同业的存款，以及拆放给系统外金融机构的资金，所得利息应当全额入账。

第八条　金融资产管理公司应当按照规定及时上划、汇总办事处处置资产回收的现金，并全部纳入账内核算。禁止在资产处置后故意延期收款，或者将回收资金存放在其他单位、另设账户私存私放。

第九条　金融机构应当按照规定的范围、标准和费率收取各项手续费，并将手续费收入全部纳入账内核算。禁止将手续费收入存放在其他单位，或者以任何理由坐收坐支。

金融机构手续费收入应当按照会计制度有关规定，按结算业务手续费收入、委托贷款手续费收入、外汇买卖和结售汇业务手续费收入、信用卡签购手续费收入、股票、债券、基金代理业务手续费收入、代理房地产信贷手续费收入、保管箱业务收入、代征代缴证券交易印花税手续费收入等，设置明细账进行核算。

第十条　金融机构投资收益、汇兑收益、证券买卖差价收入及其他营业收入，应当严格按照财务会计制度规定，及时、准确、完整地入账。对收回已经核销的呆账，应当按照有关规定纳入账内核算。禁止以少计漏计等方式截留、转移收入。

第十一条　金融机构营业外收入应当按照形成原因如数纳入对应账户核算，包括盘盈清理固定资产净收入、罚款罚没收入、出纳长款收入、抵债资产变现净收入高出抵债资产账面价值的差额收入、其他营业外收入等。

第十二条　金融机构经营各项业务所获得的回扣、佣金、好处费等收入一律纳入账内核算，禁止隐匿或者转移、私存私放、坐收坐支、私自用于个人福利。

第三章　支出管理

第十三条　金融机构各项支出，包括成本费用支出、资本性支出和营业外支出，应当严格按照财务会计制度规定，据实列入对应账户核算，禁止虚列、多列或者作其他账务处理。

第十四条　金融机构以负债形式筹集的各类资金，应当按照国家规定的适用利率分档次提取应付利息，并按照规定结息，禁止多提或者少提应付利息。

第十五条　金融机构支付金融机构往来利息支出，包括向人民银行借入资金、办理再贴现业务、同业往来和其他金融机构借入资金的利息支出，以及金融机构系统内部资金往来发生的利息支出，一律采取转账结算，直接汇划到对方的结算账户，禁止支付现金或者另设账户结算。

第十六条　金融机构财会部门应当严格控制各项成本费用支出标准，费用支出一律纳入账内核算。禁止虚列费用支出套取现金，用于其他支出或者转移存放到其他单位和境外。

金融机构财会部门应当按照规定使用费用科目，禁止以错用会计科目等手段调配、转移、列支成本费用，通过账外设账的形式私存私放资金。

金融机构委托代办手续费、业务宣传费、业务招待费、防灾费一律据实列支，禁止预提。

第十七条　保险公司必须严格执行国家法律、法规和规章对代理手续费和佣金支出标准的规定。

除个人代理人外，保险公司必须以转账方式支付代理手续费，禁止以现金方式支付代理手续费，或者在代理手续费和佣金中列支与此无关的、应当由保险公司自行支付的工资奖金、招待费等费用。

保险公司应当严格按照合同规定，支付保险中介机构代理手续费。

保险公司必须要求保险中介机构设置独立的代收保费账户，并由保险公司和保险中介机构共同管理，保险中介机构不得单独动用该账户上的资金。

禁止保险公司及其职工向投保人提供保险费折扣、其他利益，或者超范围、超标准向保险代理人支付代理手续费，变相设置“小金库”。

第十八条　禁止保险公司通过扩大保险理赔金额、虚假理赔、编造保险标的及出险原因等，套取现金设置“小金库”。

第十九条　金融机构营业外支出应当按照发生原因如数纳入对应账户核算，包括盘亏清理固定资产净损失、出纳短款、抵债资产变现净收入低于抵债资产账面价值的差额、院校经费支出、非常损失、违约和赔偿支出、公益救济性捐款支出、其他营业外支出等。

第四章　其他管理

第二十条　金融机构应当建立和健全抵债资产管理制度，严格资产价值的核算，抵债资产经营和处置获得的收入一律纳入账内核算，禁止抵债资产收取后隐瞒不报，账外设账进行管理。

第二十一条　金融机构应当严格控制资本性支出，加强固定资产管理。固定资产严格按照财务会计制度规定的原则计价和计提折旧。禁止私自处理金融机构固定资产。

固定资产购建过程中所获得的回扣、佣金、好处费等收入，一律纳入账内核算，禁止通过任何形式隐匿或者转移、私存私放、坐收坐支。

金融机构以购买、租赁等方式获取大宗物品、工程和服务时，应当进行集中采购，禁止违反规定进行采购。

禁止侵占国家和金融机构资产、私揽业务获取账外收入。

第二十二条　金融机构应当严格执行国家有关现金管理制度，加强现金管理，控制现金使用，做到库存现金账面余额与库存金额相符。禁止用不符合财务会计制度规定的凭证顶替库存现金、使用转账凭证套换现金、利用账户套取现金，将资金转移到账外。

第二十三条　金融机构与境外金融机构业务往来中收取的回惠、回佣和回扣等必须纳入金融机构账内统一核算。

金融机构与境外机构签订委托代理等业务合同时，应当要求境外机构将回惠、回佣和回扣等汇回境内，统一作收入处理，禁止利用积分等方式进行境外培训、考察。

金融机构到境外培训、考察的费用，以及境外业务需要的招待费等正常支出，按规定渠道列支。

金融机构财会部门要切实加强对境外分支机构的财务管理，禁止通过各种渠道在境外设置“小金库”。

第二十四条　金融机构应当建立健全财会监督制度，建立职责分明、相互监督的制约机制，严格各项业务的财务核算，从根源上消除形成“小金库”的各种隐患。

金融机构应当加强对财务的检查、考核力度，强化对业务单证及会计凭证的检查。加大集中出单、集中核保力度。

金融机构应当加强对自办经济实体的管理，禁止利用自办经济实体私存私放资金、坐收坐支自办经济实体经营收入。

第五章　监督检查

第二十五条　金融机构应当建立、健全内部财务会计监督制度，明确记账人员与经济业务事项和会计事项的审批人员、经办人员、财物保管人员的职责权限，并相互分离、相互制约；明确重要经济业务事项的决策和执行的相互监督、相互制约程序；明确财产清查的范围、期限和组织程序；明确对会计资料定期进行内部审计的办法和程序。

第二十六条　主管财政部门依法对金融机构实施财务监

督检查。发现金融机构设置的“小金库”要及时责令改正,调整有关会计科目,追回资产和资金,没收非法所得。对使用“小金库”资金向个人发放的奖金、实物、津贴、补贴等,责成金融机构依法追回。

主管财政部门对金融机构设置“小金库”的行为,按照《财政违法行为处罚处分条例》有关规定进行处理。对涉嫌犯罪的,移送公安、司法机关处理。

第二十七条 金融机构设置“小金库”涉嫌违反税收法规的,按照《中华人民共和国税收征收管理法》有关规定处理。

第二十八条 主管财政部门工作人员实施监督检查中滥用职权、玩忽职守、徇私舞弊的,依法给予行政处分;构成犯罪的,依法追究刑事责任。

第六章 附 则

第二十九条 本规定自2005年7月1日起施行。

·党规党纪·

中央纪委、监察部、财政部、审计署关于在党政机关和事业单位开展“小金库”专项治理工作的实施办法

2009年4月23日

根据《中共中央办公厅国务院办公厅印发〈关于深入开展“小金库”治理工作的意见〉的通知》(中办发〔2009〕18号,以下简称《意见》),现就在党政机关和事业单位开展“小金库”专项治理工作制定实施办法如下。

一、专项治理的范围和内容

(一)专项治理范围

此次专项治理范围是全国党政机关和事业单位,事业单位中要以财政全额拨款事业单位为重点(包括境外机构,下同)。

党政机关包括各级党的机关、人大机关、行政机关、政协机关、审判机关、检察机关以及工会、共青团、妇联等人民团体。

事业单位是指按照《事业单位登记管理暂行条例(修正)》(中华人民共和国国务院令第411号)和中央机构编制委员会办公室《关于批转〈事业单位登记管理暂行条例实施细则〉的通知》(中央编办发〔2005〕15号)规定所设立的各类社会服务组织。

(二)专项治理内容

违反法律法规及其他有关规定,应列入而未列入符合规定的单位账簿的各项资金(含有价证券)及其形成的资产,均纳入治理范围。重点是2007年以来各项“小金库”资金的收支数额,以及2006年底“小金库”资金滚存余额和形成的资产。对设立“小金库”数额较大或情节严重的,应追溯到以前年度。

“小金库”主要表现形式包括:

1. 违规收费、罚款及摊派设立“小金库”;
2. 用资产处置、出租收入设立“小金库”;
3. 以会议费、劳务费、培训费和咨询费等名义套取资金设立“小金库”;
4. 经营收入未纳入规定账簿核算设立“小金库”;
5. 虚列支出转出资金设立“小金库”;
6. 以假发票等非法票据骗取资金设立“小金库”;
7. 上下级单位之间相互转移资金设立“小金库”。

二、专项治理的方法和步骤

此次专项治理工作从《意见》下发之日起至2009年底基本结束,主要采取自查自纠和重点检查相结合的方式进行。

(一)动员部署(《意见》下发之日起至2009年5月底)(略)

(二)自查自纠(截至2009年6月底)

对自查中发现的各种违法违规问题,必须自觉纠正。自查自纠工作结束后,各单位按规定上报自查自纠总结报告,并填报《单位“小金库”自查自纠情况报告表》(见附件2)。各单位负责人对自查自纠情况负完全责任。自查面必须达到100%。

为保证自查效果,各地区各部门要组织力量有重点地进行督促指导,及时做好政策解释和咨询工作。有关部门和单位也要组织力量开展内部检查,尽量把问题解决在自查阶段。各级“小金库”治理日常工作机构根据《单位“小金库”自查自纠情况报告表》汇总填列《“小金库”自查自纠情况统计表》(见附件3),逐级上报。各省(自治区、直辖市)、中央和国家机关各部门“小金库”治理日常工作机构于6月30日前将自查自纠总结报告和统计表报送中央治理“小金库”工作领导小组办公室。

(三)重点检查(2009年7月初至10月底)

在自查自纠基础上,中央和地方各级“小金库”治理领导机构要组织开展重点检查,重点检查面不得低于纳入治理范围单位总数的5%,重点领域、重点部门和重点单位检查面不得低于20%。

重点检查对象：

1. 执收、执罚权相对集中的部门和单位；

2. 教育、卫生、交通、民政等与人民群众利益密切相关的部门和单位；

3. 宾馆、培训中心、招待所、出版社、报社、杂志社等与党政机关、事业单位有隶属关系的单位；

4. 以前检查发现存在“小金库”的部门和单位；

5. 有群众举报的部门和单位；

6. 自查自纠措施不得力、工作走过场的部门和单位。

重点检查要与规范津贴补贴、规范行政事业单位经营性资产管理、节约和控制行政成本支出、加强银行账户监管，以及行政事业单位发票管理检查、救灾资金管理使用情况检查、扩大内需促进经济增长和政策落实情况监督检查等工作相结合，也要与财政监管、审计监督、税务稽查等日常监管工作相结合，整体推进，综合实施。

重点检查报告及《“小金库”重点检查情况统计表》（见附件4）要逐级上报，各省（自治区、直辖市）“小金库”治理日常工作机构汇总后，于2009年11月20日前报送中央治理“小金库”工作领导小组办公室。

（四）整改落实（截至2009年11月底）

各地区各部门要针对治理工作中发现的问题，制定整改措施并抓好落实，做到资金资产处理到位、违纪责任人员处理到位。

各省（自治区、直辖市）、中央和国家机关各部门“小金库”治理日常工作机构要将专项治理工作情况形成书面报告，于2009年12月10日前报中央治理“小金库”工作领导小组办公室，由其对全国“小金库”专项治理工作进行全面总结分析，形成专题报告，经中央治理“小金库”工作领导小组审定后报党中央、国务院。

三、专项治理的政策规定

对专项治理中发现的“小金库”，要严格按照“依法处理，宽严相济”的原则进行处理。

（一）“小金库”治理工作鼓励自查，对自查发现的问题从轻从宽处理。凡自查认真、纠正及时的，对责任单位可从轻、减轻或免予行政处罚，对有关责任人员可从轻、减轻或免予处分。对自查出的“小金库”，要如数转入符合规定的单位账簿，依法进行财务、税务等相关处理。各部门各单位对其所属单位进行的内部检查，视同自查。

（二）对被查发现的“小金库”，除依法进行财务、税务等相关处理外，还要对责任单位和责任人员依法予以行政处罚，并依纪依法追究责任。

对设立“小金库”负有领导责任和直接责任的人员，依照《设立“小金库”违纪行为适用〈中国共产党纪律处分条例〉若干问题的解释》、《设立“小金库”违法违纪行为政纪处分暂行规定》，严肃追究责任。

（三）对专项治理工作中走过场的部门和单位，主管部门和专项治理领导机构要及时了解掌握有关情况，给予通报批评并责令整改；对问题严重的，要追究主要负责人的责任。

（四）对在专项治理工作中弄虚作假、压案不查、对抗检查、拒不纠正、销毁证据、突击花钱、打击报复举报人的，或重点检查中发现“小金库”数额巨大、情节严重的，要按照有关规定从重处理。涉嫌犯罪的，移交司法机关依法处理。

（五）《意见》下发后再设立“小金库”的，对主要领导、分管领导和直接责任人要严肃处理，按照组织程序先予以免职，再依据党纪政纪和有关法律法规追究责任。

（六）对专项治理工作中发现的其他违反法律法规的问题，按国家有关法律法规进行处理。

四、专项治理的组织领导

此次专项治理工作在党中央、国务院的领导下，实行条块结合、分级负责。

中央成立由中央纪委、监察部、财政部、审计署牵头的治理“小金库”工作领导小组，成员单位包括中央组织部、中央宣传部、公安部、中国人民银行、国家税务总局、银监会等部门。领导小组主要负责指导和协调全国范围内“小金库”治理工作，研究制定有关政策规定和治理措施，协调解决有关重要问题。领导小组办公室设在财政部，负责“小金库”治理的日常组织协调工作。

各地区各部门要成立由分管领导牵头、相关部门负责人参加的专项治理领导机构，并设立日常工作机构。各省（自治区、直辖市）、中央和国家机关各部门“小金库”治理领导机构及日常工作机构的设立情况要在2009年5月10日前报中央治理“小金库”工作领导小组办公室。

五、专项治理的工作要求

（一）做好宣传发动

《意见》下发后，中央治理“小金库”工作领导小组将召开全国电视电话会议进行部署。各地区各部门要充分利用报纸、广播、电视等各种新闻渠道，多形式、多层次、多角度地宣传治理工作的重要意义、工作内容和政策规定，对治理工作中发现并查处的典型案例有选择地予以公开曝光，把思想认识统一到中央的决策部署上来。

各级“小金库”治理日常工作机构要通过编发工作简报等方式，及时通报治理“小金库”工作进展情况，加强信息沟通，促进工作深入开展。

（二）落实举报制度

各级“小金库”治理日常工作机构要设立并公布举报电话、举报信箱，注意发挥网络举报作用。要认真做好举报的受理工作，建立举报登记和查处督办制度，指定专人负责，做到件件有交待、事事有着落。要认真执行信访工作保密制度，切实保护举报人的合法权益，对打击报复举报人的，依法依纪从严惩处。对举报有功的单位和个人，根据查出并已收缴入库的“小金库”资金、税款和罚款的金额，给予3% -5%的奖励，奖金最高额为10万元，由同级财政负担。

（三）完善协调机制

“小金库”治理领导机构及日常工作机构要主动加强与各地区各部门的沟通和联系，及时研究明确专项治理的有关政策规定和工作要求，加强对方案制定、自查自纠、重点检查、案件移送、宣传报道等工作的督促指导和组织协调，建立起分工明确、运转顺畅、配合有力的专项治理工作协调机制。各级纪检监察机关和组织人事部门要加强对有关纪律规定执行情况的监督检查，严肃查处违纪违规典型，对有关责任人员及时作出处理；各级财政、审计部门要做好重点检查工作的组织实施和对违反财政法律法规问题的处理处罚工作；各级宣传部门要协调有关新闻单位做好宣传工作；各级公安机关要做好“小金库”有关经济犯罪案件的侦查处理工作；各级税务部门要做好有关涉税问题的查处工作；各级人民银行和银监机构要协调商业银行对专项治理工作给予支持配合，对专项治理中涉及的账户查询、资金冻结和划转等事宜，依法及时办理，特别是对“小金库”举报线索的核查取证工作，金融机构要积极配合。

（四）强化工作督导

在专项治理工作期间，中央治理“小金库”工作领导小组将派出督导组，分赴各地区各部门加强督促和指导，总结推广好的经验做法，督办典型案件，验收治理效果。对工作组织领导不力、自查自纠和重点检查不认真，以及拒绝接受重点检查的部门和单位，及时给予批评并责令整改。各地区各部门也要开展督导工作。

附件：（略）

设立“小金库”和使用“小金库”款项违纪行为适用《中国共产党纪律处分条例》若干问题的解释

中共中央纪委2009年7月24日印发

为规范财政秩序，严肃财经纪律，深入贯彻落实科学发展观，惩处设立“小金库”和使用“小金库”款项违纪行为，确保“小金库”治理工作取得实效，现对设立“小金库”和使用“小金库”款项违纪行为适用《中国共产党纪律处分条例》若干问题解释如下：

一、本解释所称“小金库”，是指违反法律法规及其他有关规定，应列入而未列入符合规定的单位账簿的各项资金（含有价证券）及其形成的资产。

二、党和国家机关、人民团体、事业单位、国有和国有控股企业及其内设机构有设立“小金库”行为的，对负有责任的领导人员和其他直接责任人员中的共产党员（以下统称有关责任人员），依照本解释追究责任。

三、有设立“小金库”行为的，对有关责任人员，依照《中国共产党纪律处分条例》第一百二十六条的规定追究责任。

四、使用“小金库”款项吃喝、旅游、送礼、进行娱乐活动或者以其他方式挥霍的，对有关责任人员，依照《中国共产党纪律处分条例》第七十八条的规定追究责任。

五、使用“小金库”款项新建、改建、扩建、装修办公楼或者培训中心等的，对有关责任人员，依照《中国共产党纪律处分条例》第一百二十六条的规定追究责任。

六、使用“小金库”款项提高福利补贴标准或者扩大福利补贴范围、滥发奖金实物或者有其他超标准支出行为的，对有关责任人员，依照《中国共产党纪律处分条例》第一百二十六条的规定追究责任。

七、使用“小金库”款项报销应由个人负担的费用的，对有关责任人员，依照《中国共产党纪律处分条例》第七十二条的规定追究责任。

八、以单位名义将“小金库”财物集体私分给单位职工的，对有关责任人员，依照《中国共产党纪律处分条例》第八十四条的规定追究责任。

九、有设立“小金库”或者使用“小金库”款项行为，并且有本解释规定之外的其他违纪行为需要合并处理的，对有关责任人员，依照《中国共产党纪律处分条例》第二十五条的规定追究责任。

十、对在治理“小金库”工作中有弄虚作假、压案不查、对抗检查、拒不纠正、销毁证据、突击花钱、打击报复举报人等行为的，从重处理。

对在治理“小金库”工作中不负责任，造成严重不良后果的部门和单位，追究主要负责人的责任。

十一、有设立“小金库”或者使用“小金库”款项行为，情节较轻，且能够按照有关规定认真自查自纠的，可以免予处分。

有设立“小金库”或者使用“小金库”款项行为，情节较重，但能够按照有关规定自查自纠的，可以减轻或者从轻处分。

有设立“小金库”或者使用“小金库”款项行为，情节严重，但能够按照有关规定自查自纠的，可以从轻处分。

十二、中共中央办公厅、国务院办公厅《关于深入开展“小金库”治理工作的意见》（中办发〔2009〕18 号）印发后再设立或者变换方式继续设立“小金库”的，对有关责任人员，按照组织程序先予免职，再依据本解释追究责任。

（5）安全生产

·法律法规·

中华人民共和国安全生产法

1. 2002 年 6 月 29 日第九届全国人民代表大会常务委员会第二十八次会议通过

2. 根据 2009 年 8 月 27 日第十一届全国人民代表大会常务委员会第十次会议《关于修改部分法律的决定》第一次修正

3. 根据 2014 年 8 月 31 日第十二届全国人民代表大会常务委员会第十次会议《关于修改〈中华人民共和国安全生产法〉的决定》第二次修正

4. 根据 2021 年 6 月 10 日第十三届全国人民代表大会常务委员会第二十九次会议《关于修改〈中华人民共和国安全生产法〉的决定》第三次修正

目　　录

第一章　总　　则

第一条　【立法目的】为了加强安全生产工作，防止和减少生产安全事故，保障人民群众生命和财产安全，促进经济社会持续健康发展，制定本法。

第二条　【效力范围】在中华人民共和国领域内从事生产经营活动的单位（以下统称生产经营单位）的安全生产，适用本法；有关法律、行政法规对消防安全和道路交通安全、铁路交通安全、水上交通安全、民用航空安全以及核与辐射安全、特种设备安全另有规定的，适用其规定。

第三条　【工作方针、理念、机制】安全生产工作坚持中国共产党的领导。

安全生产工作应当以人为本，坚持人民至上、生命至上，把保护人民生命安全摆在首位，树牢安全发展理念，坚持安全第一、预防为主、综合治理的方针，从源头上防范化解重大安全风险。

安全生产工作实行管行业必须管安全、管业务必须管安全、管生产经营必须管安全，强化和落实生产经营单位主体责任与政府监管责任，建立生产经营单位负责、职工参与、政府监管、行业自律和社会监督的机制。

第四条　【生产经营单位的基本义务】生产经营单位必须遵守本法和其他有关安全生产的法律、法规，加强安全生产管理，建立健全全员安全生产责任制和安全生产规章制度，加大对安全生产资金、物资、技术、人员的投入保障力度，改善安全生产条件，加强安全生产标准化、信息化建设，构建安全风险分级管控和隐患排查治理双重预防机制，健全风险防范化解机制，提高安全生产水平，确保安全生产。

平台经济等新兴行业、领域的生产经营单位应当根据本行业、领域的特点，建立健全并落实全员安全生产责任制，加强从业人员安全生产教育和培训，履行本法和其他法律、法规规定的有关安全生产义务。

第五条　【生产经营单位主要负责人及其他负责人的职责】生产经营单位的主要负责人是本单位安全生产第一责任人，对本单位的安全生产工作全面负责。其他负责人对职责范围内的安全生产工作负责。

第六条　【从业人员安全生产权利义务】生产经营单位的从业人员有依法获得安全生产保障的权利，并应当依法履行安全生产方面的义务。

第七条 【工会职责】工会依法对安全生产工作进行监督。

生产经营单位的工会依法组织职工参加本单位安全生产工作的民主管理和民主监督，维护职工在安全生产方面的合法权益。生产经营单位制定或者修改有关安全生产的规章制度，应当听取工会的意见。

第八条 【安全生产规划】国务院和县级以上地方各级人民政府应当根据国民经济和社会发展规划制定安全生产规划，并组织实施。安全生产规划应当与国土空间规划等相关规划相衔接。

各级人民政府应当加强安全生产基础设施建设和安全生产监管能力建设，所需经费列入本级预算。

县级以上地方各级人民政府应当组织有关部门建立完善安全风险评估与论证机制，按照安全风险管控要求，进行产业规划和空间布局，并对位置相邻、行业相近、业态相似的生产经营单位实施重大安全风险联防联控。

第九条 【各级人民政府安全生产工作职责】国务院和县级以上地方各级人民政府应当加强对安全生产工作的领导，建立健全安全生产工作协调机制，支持、督促各有关部门依法履行安全生产监督管理职责，及时协调、解决安全生产监督管理中存在的重大问题。

乡镇人民政府和街道办事处，以及开发区、工业园区、港区、风景区等应当明确负责安全生产监督管理的有关工作机构及其职责，加强安全生产监管力量建设，按照职责对本行政区域或者管理区域内生产经营单位安全生产状况进行监督检查，协助人民政府有关部门或者按照授权依法履行安全生产监督管理职责。

第十条 【安全生产监督管理体制】国务院应急管理部门依照本法，对全国安全生产工作实施综合监督管理；县级以上地方各级人民政府应急管理部门依照本法，对本行政区域内安全生产工作实施综合监督管理。

国务院交通运输、住房和城乡建设、水利、民航等有关部门依照本法和其他有关法律、行政法规的规定，在各自的职责范围内对有关行业、领域的安全生产工作实施监督管理；县级以上地方各级人民政府有关部门依照本法和其他有关法律、法规的规定，在各自的职责范围内对有关行业、领域的安全生产工作实施监督管理。对新兴行业、领域的安全生产监督管理职责不明确的，由县级以上地方各级人民政府按照业务相近的原则确定监督管理部门。

应急管理部门和对有关行业、领域的安全生产工作实施监督管理的部门，统称负有安全生产监督管理职责的部门。负有安全生产监督管理职责的部门应当相互配合、齐抓共管、信息共享、资源共用，依法加强安全生产监督管理工作。

第十一条 【安全生产相关标准】国务院有关部门应当按照保障安全生产的要求，依法及时制定有关的国家标准或者行业标准，并根据科技进步和经济发展适时修订。

生产经营单位必须执行依法制定的保障安全生产的国家标准或者行业标准。

第十二条 【安全生产国家标准的制定】国务院有关部门按照职责分工负责安全生产强制性国家标准的项目提出、组织起草、征求意见、技术审查。国务院应急管理部门统筹提出安全生产强制性国家标准的立项计划。国务院标准化行政主管部门负责安全生产强制性国家标准的立项、编号、对外通报和授权批准发布工作。国务院标准化行政主管部门、有关部门依据法定职责对安全生产强制性国家标准的实施进行监督检查。

第十三条 【安全生产教育】各级人民政府及其有关部门应当采取多种形式，加强对有关安全生产的法律、法规和安全生产知识的宣传，增强全社会的安全生产意识。

第十四条 【协会组织职责】有关协会组织依照法律、行政法规和章程，为生产经营单位提供安全生产方面的信息、培训等服务，发挥自律作用，促进生产经营单位加强安全生产管理。

第十五条 【为安全生产提供技术、管理服务机构的职责】依法设立的为安全生产提供技术、管理服务的机构，依照法律、行政法规和执业准则，接受生产经营单位的委托为其安全生产工作提供技术、管理服务。

生产经营单位委托前款规定的机构提供安全生产技术、管理服务的，保证安全生产的责任仍由本单位负责。

第十六条 【生产安全事故责任追究制度】国家实行生产安全事故责任追究制度，依照本法和有关法律、法规的规定，追究生产安全事故责任单位和责任人员的法律责任。

第十七条 【安全生产权力和责任清单】县级以上各级人民政府应当组织负有安全生产监督管理职责的部门依法编制安全生产权力和责任清单，公开并接受社会监督。

第十八条 【国家鼓励安全生产科研及技术推广】国家

鼓励和支持安全生产科学技术研究和安全生产先进技术的推广应用，提高安全生产水平。

第十九条　【国家奖励】国家对在改善安全生产条件、防止生产安全事故、参加抢险救护等方面取得显著成绩的单位和个人，给予奖励。

第二章　生产经营单位的安全生产保障

第二十条　【生产经营单位应当具备安全生产条件】生产经营单位应当具备本法和有关法律、行政法规和国家标准或者行业标准规定的安全生产条件；不具备安全生产条件的，不得从事生产经营活动。

第二十一条　【生产经营单位的主要负责人的职责】生产经营单位的主要负责人对本单位安全生产工作负有下列职责：

（一）建立健全并落实本单位全员安全生产责任制，加强安全生产标准化建设；

（二）组织制定并实施本单位安全生产规章制度和操作规程；

（三）组织制定并实施本单位安全生产教育和培训计划；

（四）保证本单位安全生产投入的有效实施；

（五）组织建立并落实安全风险分级管控和隐患排查治理双重预防工作机制，督促、检查本单位的安全生产工作，及时消除生产安全事故隐患；

（六）组织制定并实施本单位的生产安全事故应急救援预案；

（七）及时、如实报告生产安全事故。

第二十二条　【全员安全生产责任制】生产经营单位的全员安全生产责任制应当明确各岗位的责任人员、责任范围和考核标准等内容。

生产经营单位应当建立相应的机制，加强对全员安全生产责任制落实情况的监督考核，保证全员安全生产责任制的落实。

第二十三条　【安全投入保障义务】生产经营单位应当具备的安全生产条件所必需的资金投入，由生产经营单位的决策机构、主要负责人或者个人经营的投资人予以保证，并对由于安全生产所必需的资金投入不足导致的后果承担责任。

有关生产经营单位应当按照规定提取和使用安全生产费用，专门用于改善安全生产条件。安全生产费用在成本中据实列支。安全生产费用提取、使用和监督管理的具体办法由国务院财政部门会同国务院应急管理部门征求国务院有关部门意见后制定。

第二十四条　【安全生产管理机构及人员的设置、配备】矿山、金属冶炼、建筑施工、运输单位和危险物品的生产、经营、储存、装卸单位，应当设置安全生产管理机构或者配备专职安全生产管理人员。

前款规定以外的其他生产经营单位，从业人员超过一百人的，应当设置安全生产管理机构或者配备专职安全生产管理人员；从业人员在一百人以下的，应当配备专职或者兼职的安全生产管理人员。

第二十五条　【安全生产管理机构及管理人员的职责】生产经营单位的安全生产管理机构以及安全生产管理人员履行下列职责：

（一）组织或者参与拟订本单位安全生产规章制度、操作规程和生产安全事故应急救援预案；

（二）组织或者参与本单位安全生产教育和培训，如实记录安全生产教育和培训情况；

（三）组织开展危险源辨识和评估，督促落实本单位重大危险源的安全管理措施；

（四）组织或者参与本单位应急救援演练；

（五）检查本单位的安全生产状况，及时排查生产安全事故隐患，提出改进安全生产管理的建议；

（六）制止和纠正违章指挥、强令冒险作业、违反操作规程的行为；

（七）督促落实本单位安全生产整改措施。

生产经营单位可以设置专职安全生产分管负责人，协助本单位主要负责人履行安全生产管理职责。

第二十六条　【履职要求与履职保障】生产经营单位的安全生产管理机构以及安全生产管理人员应当恪尽职守，依法履行职责。

生产经营单位作出涉及安全生产的经营决策，应当听取安全生产管理机构以及安全生产管理人员的意见。

生产经营单位不得因安全生产管理人员依法履行职责而降低其工资、福利等待遇或者解除与其订立的劳动合同。

危险物品的生产、储存单位以及矿山、金属冶炼单位的安全生产管理人员的任免，应当告知主管的负有安全生产监督管理职责的部门。

第二十七条　【知识和管理能力】生产经营单位的主要负责人和安全生产管理人员必须具备与本单位所从事的生产经营活动相应的安全生产知识和管理能力。

危险物品的生产、经营、储存、装卸单位以及矿山、金属冶炼、建筑施工、运输单位的主要负责人和安全生产管理人员，应当由主管的负有安全生产监督管理职责的部门对其安全生产知识和管理能力考核合格。考核不得收费。

危险物品的生产、储存、装卸单位以及矿山、金属冶炼单位应当有注册安全工程师从事安全生产管理工作。鼓励其他生产经营单位聘用注册安全工程师从事安全生产管理工作。注册安全工程师按专业分类管理，具体办法由国务院人力资源和社会保障部门、国务院应急管理部门会同国务院有关部门制定。

第二十八条 【安全生产教育和培训】生产经营单位应当对从业人员进行安全生产教育和培训，保证从业人员具备必要的安全生产知识，熟悉有关的安全生产规章制度和安全操作规程，掌握本岗位的安全操作技能，了解事故应急处理措施，知悉自身在安全生产方面的权利和义务。未经安全生产教育和培训合格的从业人员，不得上岗作业。

生产经营单位使用被派遣劳动者的，应当将被派遣劳动者纳入本单位从业人员统一管理，对被派遣劳动者进行岗位安全操作规程和安全操作技能的教育和培训。劳务派遣单位应当对被派遣劳动者进行必要的安全生产教育和培训。

生产经营单位接收中等职业学校、高等学校学生实习的，应当对实习学生进行相应的安全生产教育和培训，提供必要的劳动防护用品。学校应当协助生产经营单位对实习学生进行安全生产教育和培训。

生产经营单位应当建立安全生产教育和培训档案，如实记录安全生产教育和培训的时间、内容、参加人员以及考核结果等情况。

第二十九条 【技术更新的安全教育培训】生产经营单位采用新工艺、新技术、新材料或者使用新设备，必须了解、掌握其安全技术特性，采取有效的安全防护措施，并对从业人员进行专门的安全生产教育和培训。

第三十条 【特种作业人员安全管理规定】生产经营单位的特种作业人员必须按照国家有关规定经专门的安全作业培训，取得相应资格，方可上岗作业。

特种作业人员的范围由国务院应急管理部门会同国务院有关部门确定。

第三十一条 【建设项目安全设施“三同时”制度】生产经营单位新建、改建、扩建工程项目（以下统称建设项目）的安全设施，必须与主体工程同时设计、同时施工、同时投入生产和使用。安全设施投资应当纳入建设项目概算。

第三十二条 【特殊建设项目安全评价】矿山、金属冶炼建设项目和用于生产、储存、装卸危险物品的建设项目，应当按照国家有关规定进行安全评价。

第三十三条 【建设项目安全设计审查】建设项目安全设施的设计人、设计单位应当对安全设施设计负责。

矿山、金属冶炼建设项目和用于生产、储存、装卸危险物品的建设项目的安全设施设计应当按照国家有关规定报经有关部门审查，审查部门及其负责审查的人员对审查结果负责。

第三十四条 【建设项目安全设施施工与验收】矿山、金属冶炼建设项目和用于生产、储存、装卸危险物品的建设项目的施工单位必须按照批准的安全设施设计施工，并对安全设施的工程质量负责。

矿山、金属冶炼建设项目和用于生产、储存、装卸危险物品的建设项目竣工投入生产或者使用前，应当由建设单位负责组织对安全设施进行验收；验收合格后，方可投入生产和使用。负有安全生产监督管理职责的部门应当加强对建设单位验收活动和验收结果的监督核查。

第三十五条 【安全警示标志】生产经营单位应当在有较大危险因素的生产经营场所和有关设施、设备上，设置明显的安全警示标志。

第三十六条 【安全设备管理】安全设备的设计、制造、安装、使用、检测、维修、改造和报废，应当符合国家标准或者行业标准。

生产经营单位必须对安全设备进行经常性维护、保养，并定期检测，保证正常运转。维护、保养、检测应当作好记录，并由有关人员签字。

生产经营单位不得关闭、破坏直接关系生产安全的监控、报警、防护、救生设备、设施，或者篡改、隐瞒、销毁其相关数据、信息。

餐饮等行业的生产经营单位使用燃气的，应当安装可燃气体报警装置，并保障其正常使用。

第三十七条 【特种设备安全管理】生产经营单位使用的危险物品的容器、运输工具，以及涉及人身安全、危险性较大的海洋石油开采特种设备和矿山井下特种设备，必须按照国家有关规定，由专业生产单位生产，并经具有专业资质的检测、检验机构检测、检验合格，取得安全使用证或者安全标志，方可投入使用。检测、检验机构对检测、检验结果负责。

第三十八条 【工艺、设备淘汰制度】国家对严重危及生产安全的工艺、设备实行淘汰制度，具体目录由国务院应急管理部门会同国务院有关部门制定并公布。法律、行政法规对目录的制定另有规定的，适用其规定。

省、自治区、直辖市人民政府可以根据本地区实际情况制定并公布具体目录，对前款规定以外的危及生产安全的工艺、设备予以淘汰。

生产经营单位不得使用应当淘汰的危及生产安全的工艺、设备。

第三十九条　【危险物品的监管】生产、经营、运输、储存、使用危险物品或者处置废弃危险物品的，由有关主管部门依照有关法律、法规的规定和国家标准或者行业标准审批并实施监督管理。

生产经营单位生产、经营、运输、储存、使用危险物品或者处置废弃危险物品，必须执行有关法律、法规和国家标准或者行业标准，建立专门的安全管理制度，采取可靠的安全措施，接受有关主管部门依法实施的监督管理。

第四十条　【重大危险源安全管理】生产经营单位对重大危险源应当登记建档，进行定期检测、评估、监控，并制定应急预案，告知从业人员和相关人员在紧急情况下应当采取的应急措施。

生产经营单位应当按照国家有关规定将本单位重大危险源及有关安全措施、应急措施报有关地方人民政府应急管理部门和有关部门备案。有关地方人民政府应急管理部门和有关部门应当通过相关信息系统实现信息共享。

第四十一条　【风险管控和隐患排查治理】生产经营单位应当建立安全风险分级管控制度，按照安全风险分级采取相应的管控措施。

生产经营单位应当建立健全并落实生产安全事故隐患排查治理制度，采取技术、管理措施，及时发现并消除事故隐患。事故隐患排查治理情况应当如实记录，并通过职工大会或者职工代表大会、信息公示栏等方式向从业人员通报。其中，重大事故隐患排查治理情况应当及时向负有安全生产监督管理职责的部门和职工大会或者职工代表大会报告。

县级以上地方各级人民政府负有安全生产监督管理职责的部门应当将重大事故隐患纳入相关信息系统，建立健全重大事故隐患治理督办制度，督促生产经营单位消除重大事故隐患。

第四十二条　【生产经营场所和员工宿舍安全管理】生产、经营、储存、使用危险物品的车间、商店、仓库不得与员工宿舍在同一座建筑物内，并应当与员工宿舍保持安全距离。

生产经营场所和员工宿舍应当设有符合紧急疏散要求、标志明显、保持畅通的出口、疏散通道。禁止占用、锁闭、封堵生产经营场所或者员工宿舍的出口、疏散通道。

第四十三条　【危险作业现场安全管理】生产经营单位进行爆破、吊装、动火、临时用电以及国务院应急管理部门会同国务院有关部门规定的其他危险作业，应当安排专门人员进行现场安全管理，确保操作规程的遵守和安全措施的落实。

第四十四条　【从业人员安全管理】生产经营单位应当教育和督促从业人员严格执行本单位的安全生产规章制度和安全操作规程；并向从业人员如实告知作业场所和工作岗位存在的危险因素、防范措施以及事故应急措施。

生产经营单位应当关注从业人员的身体、心理状况和行为习惯，加强对从业人员的心理疏导、精神慰藉，严格落实岗位安全生产责任，防范从业人员行为异常导致事故发生。

第四十五条　【生产经营单位提供劳动防护用品】生产经营单位必须为从业人员提供符合国家标准或者行业标准的劳动防护用品，并监督、教育从业人员按照使用规则佩戴、使用。

第四十六条　【检查职责及重大事故隐患报告】生产经营单位的安全生产管理人员应当根据本单位的生产经营特点，对安全生产状况进行经常性检查；对检查中发现的安全问题，应当立即处理；不能处理的，应当及时报告本单位有关负责人，有关负责人应当及时处理。检查及处理情况应当如实记录在案。

生产经营单位的安全生产管理人员在检查中发现重大事故隐患，依照前款规定向本单位有关负责人报告，有关负责人不及时处理的，安全生产管理人员可以向主管的负有安全生产监督管理职责的部门报告，接到报告的部门应当依法及时处理。

第四十七条　【经费保障】生产经营单位应当安排用于配备劳动防护用品、进行安全生产培训的经费。

第四十八条　【交叉作业的安全管理】两个以上生产经营单位在同一作业区域内进行生产经营活动，可能危及对方生产安全的，应当签订安全生产管理协议，明确各自的安全生产管理职责和应当采取的安全措施，并指定专职安全生产管理人员进行安全检查与协调。

第四十九条　【发包与出租的安全生产责任】生产经营单位不得将生产经营项目、场所、设备发包或者出租给不具备安全生产条件或者相应资质的单位或者个人。

生产经营项目、场所发包或者出租给其他单位的，生产经营单位应当与承包单位、承租单位签订专门的安全生产管理协议,或者在承包合同、租赁合同中约定各自的安全生产管理职责;生产经营单位对承包单位、承租单位的安全生产工作统一协调、管理,定期进行安全检查,发现安全问题的,应当及时督促整改。

矿山、金属冶炼建设项目和用于生产、储存、装卸危险物品的建设项目的施工单位应当加强对施工项目的安全管理,不得倒卖、出租、出借、挂靠或者以其他形式非法转让施工资质,不得将其承包的全部建设工程转包给第三人或者将其承包的全部建设工程支解以后以分包的名义分别转包给第三人,不得将工程分包给不具备相应资质条件的单位。

第五十条 **【事故发生时主要负责人职责】**生产经营单位发生生产安全事故时,单位的主要负责人应当立即组织抢救,并不得在事故调查处理期间擅离职守。

第五十一条 **【工伤保险和安全生产责任保险】**生产经营单位必须依法参加工伤保险,为从业人员缴纳保险费。

国家鼓励生产经营单位投保安全生产责任保险;属于国家规定的高危行业、领域的生产经营单位,应当投保安全生产责任保险。具体范围和实施办法由国务院应急管理部门会同国务院财政部门、国务院保险监督管理机构和相关行业主管部门制定。

第三章 从业人员的安全生产权利义务

第五十二条 **【劳动合同应载明的安全事项】**生产经营单位与从业人员订立的劳动合同,应当载明有关保障从业人员劳动安全、防止职业危害的事项,以及依法为从业人员办理工伤保险的事项。

生产经营单位不得以任何形式与从业人员订立协议,免除或者减轻其对从业人员因生产安全事故伤亡依法应承担的责任。

第五十三条 **【知情权和建议权】**生产经营单位的从业人员有权了解其作业场所和工作岗位存在的危险因素、防范措施及事故应急措施,有权对本单位的安全生产工作提出建议。

第五十四条 **【批评、检举、控告、拒绝权】**从业人员有权对本单位安全生产工作中存在的问题提出批评、检举、控告;有权拒绝违章指挥和强令冒险作业。

生产经营单位不得因从业人员对本单位安全生产工作提出批评、检举、控告或者拒绝违章指挥、强令冒险作业而降低其工资、福利等待遇或者解除与其订立的劳动合同。

第五十五条 **【紧急撤离权】**从业人员发现直接危及人身安全的紧急情况时,有权停止作业或者在采取可能的应急措施后撤离作业场所。

生产经营单位不得因从业人员在前款紧急情况下停止作业或者采取紧急撤离措施而降低其工资、福利等待遇或者解除与其订立的劳动合同。

第五十六条 **【及时救治义务及损害赔偿请求权】**生产经营单位发生生产安全事故后,应当及时采取措施救治有关人员。

因生产安全事故受到损害的从业人员,除依法享有工伤保险外,依照有关民事法律尚有获得赔偿的权利的,有权提出赔偿要求。

第五十七条 **【从业人员安全生产义务】**从业人员在作业过程中,应当严格落实岗位安全责任,遵守本单位的安全生产规章制度和操作规程,服从管理,正确佩戴和使用劳动防护用品。

第五十八条 **【从业人员接受安全生产教育培训】**从业人员应当接受安全生产教育和培训,掌握本职工作所需的安全生产知识,提高安全生产技能,增强事故预防和应急处理能力。

第五十九条 **【对事故隐患及不安全因素的报告义务】**从业人员发现事故隐患或者其他不安全因素,应当立即向现场安全生产管理人员或者本单位负责人报告;接到报告的人员应当及时予以处理。

第六十条 **【工会监督】**工会有权对建设项目的安全设施与主体工程同时设计、同时施工、同时投入生产和使用进行监督,提出意见。

工会对生产经营单位违反安全生产法律、法规,侵犯从业人员合法权益的行为,有权要求纠正;发现生产经营单位违章指挥、强令冒险作业或者发现事故隐患时,有权提出解决的建议,生产经营单位应当及时研究答复;发现危及从业人员生命安全的情况时,有权向生产经营单位建议组织从业人员撤离危险场所,生产经营单位必须立即作出处理。

工会有权依法参加事故调查,向有关部门提出处理意见,并要求追究有关人员的责任。

第六十一条 **【被派遣劳动者的权利义务】**生产经营单位使用被派遣劳动者的,被派遣劳动者享有本法规定的从业人员的权利,并应当履行本法规定的从业人员的义务。

第四章 安全生产的监督管理

第六十二条 **【政府和应急管理部门职责】**县级以上地方各级人民政府应当根据本行政区域内的安全生产状

况，组织有关部门按照职责分工，对本行政区域内容易发生重大生产安全事故的生产经营单位进行严格检查。

应急管理部门应当按照分类分级监督管理的要求，制定安全生产年度监督检查计划，并按照年度监督检查计划进行监督检查，发现事故隐患，应当及时处理。

第六十三条　【安全生产事项的审批、验收】负有安全生产监督管理职责的部门依照有关法律、法规的规定，对涉及安全生产的事项需要审查批准（包括批准、核准、许可、注册、认证、颁发证照等，下同）或者验收的，必须严格依照有关法律、法规和国家标准或者行业标准规定的安全生产条件和程序进行审查；不符合有关法律、法规和国家标准或者行业标准规定的安全生产条件的，不得批准或者验收通过。对未依法取得批准或者验收合格的单位擅自从事有关活动的，负责行政审批的部门发现或者接到举报后应当立即予以取缔，并依法予以处理。对已经依法取得批准的单位，负责行政审批的部门发现其不再具备安全生产条件的，应当撤销原批准。

第六十四条　【审批、验收的禁止性规定】负有安全生产监督管理职责的部门对涉及安全生产的事项进行审查、验收，不得收取费用；不得要求接受审查、验收的单位购买其指定品牌或者指定生产、销售单位的安全设备、器材或者其他产品。

第六十五条　【现场检查权】应急管理部门和其他负有安全生产监督管理职责的部门依法开展安全生产行政执法工作，对生产经营单位执行有关安全生产的法律、法规和国家标准或者行业标准的情况进行监督检查，行使以下职权：

（一）进入生产经营单位进行检查，调阅有关资料，向有关单位和人员了解情况；

（二）对检查中发现的安全生产违法行为，当场予以纠正或者要求限期改正；对依法应当给予行政处罚的行为，依照本法和其他有关法律、行政法规的规定作出行政处罚决定；

（三）对检查中发现的事故隐患，应当责令立即排除；重大事故隐患排除前或者排除过程中无法保证安全的，应当责令从危险区域内撤出作业人员，责令暂时停产停业或者停止使用相关设施、设备；重大事故隐患排除后，经审查同意，方可恢复生产经营和使用；

（四）对有根据认为不符合保障安全生产的国家标准或者行业标准的设施、设备、器材以及违法生产、储存、使用、经营、运输的危险物品予以查封或者扣押，对违法生产、储存、使用、经营危险物品的作业场所予以查封，并依法作出处理决定。

监督检查不得影响被检查单位的正常生产经营活动。

第六十六条　【配合监督检查】生产经营单位对负有安全生产监督管理职责的部门的监督检查人员（以下统称安全生产监督检查人员）依法履行监督检查职责，应当予以配合，不得拒绝、阻挠。

第六十七条　【安全生产监督检查人员的工作原则】安全生产监督检查人员应当忠于职守，坚持原则，秉公执法。

安全生产监督检查人员执行监督检查任务时，必须出示有效的行政执法证件；对涉及被检查单位的技术秘密和业务秘密，应当为其保密。

第六十八条　【书面记录】安全生产监督检查人员应当将检查的时间、地点、内容、发现的问题及其处理情况，作出书面记录，并由检查人员和被检查单位的负责人签字；被检查单位的负责人拒绝签字的，检查人员应当将情况记录在案，并向负有安全生产监督管理职责的部门报告。

第六十九条　【各部门联合检查】负有安全生产监督管理职责的部门在监督检查中，应当互相配合，实行联合检查；确需分别进行检查的，应当互通情况，发现存在的安全问题应当由其他有关部门进行处理的，应当及时移送其他有关部门并形成记录备查，接受移送的部门应当及时进行处理。

第七十条　【强制停止生产经营活动】负有安全生产监督管理职责的部门依法对存在重大事故隐患的生产经营单位作出停产停业、停止施工、停止使用相关设施或者设备的决定，生产经营单位应当依法执行，及时消除事故隐患。生产经营单位拒不执行，有发生生产安全事故的现实危险的，在保证安全的前提下，经本部门主要负责人批准，负有安全生产监督管理职责的部门可以采取通知有关单位停止供电、停止供应民用爆炸物品等措施，强制生产经营单位履行决定。通知应当采用书面形式，有关单位应当予以配合。

负有安全生产监督管理职责的部门依照前款规定采取停止供电措施，除有危及生产安全的紧急情形外，应当提前二十四小时通知生产经营单位。生产经营单位依法履行行政决定、采取相应措施消除事故隐患的，负有安全生产监督管理职责的部门应当及时解除前款规定的措施。

第七十一条　【监察】监察机关依照监察法的规定，对负有安全生产监督管理职责的部门及其工作人员履行安全生产监督管理职责实施监察。

第七十二条　【安全生产服务机构资质与义务】承担安全评价、认证、检测、检验职责的机构应当具备国家规定的资质条件，并对其作出的安全评价、认证、检测、检验结果的合法性、真实性负责。资质条件由国务院应急管理部门会同国务院有关部门制定。

承担安全评价、认证、检测、检验职责的机构应当建立并实施服务公开和报告公开制度，不得租借资质、挂靠、出具虚假报告。

第七十三条　【举报核查】负有安全生产监督管理职责的部门应当建立举报制度，公开举报电话、信箱或者电子邮件地址等网络举报平台，受理有关安全生产的举报；受理的举报事项经调查核实后，应当形成书面材料；需要落实整改措施的，报经有关负责人签字并督促落实。对不属于本部门职责，需要由其他有关部门进行调查处理的，转交其他有关部门处理。

涉及人员死亡的举报事项，应当由县级以上人民政府组织核查处理。

第七十四条　【举报权利和公益诉讼】任何单位或者个人对事故隐患或者安全生产违法行为，均有权向负有安全生产监督管理职责的部门报告或者举报。

因安全生产违法行为造成重大事故隐患或者导致重大事故，致使国家利益或者社会公共利益受到侵害的，人民检察院可以根据民事诉讼法、行政诉讼法的相关规定提起公益诉讼。

第七十五条　【居民委员会、村民委员会对安全隐患的报告义务】居民委员会、村民委员会发现其所在区域内的生产经营单位存在事故隐患或者安全生产违法行为时，应当向当地人民政府或者有关部门报告。

第七十六条　【举报奖励】县级以上各级人民政府及其有关部门对报告重大事故隐患或者举报安全生产违法行为的有功人员，给予奖励。具体奖励办法由国务院应急管理部门会同国务院财政部门制定。

第七十七条　【舆论监督】新闻、出版、广播、电影、电视等单位有进行安全生产公益宣传教育的义务，有对违反安全生产法律、法规的行为进行舆论监督的权利。

第七十八条　【违法行为信息库】负有安全生产监督管理职责的部门应当建立安全生产违法行为信息库，如实记录生产经营单位及其有关从业人员的安全生产违法行为信息；对违法行为情节严重的生产经营单位及其有关从业人员，应当及时向社会公告，并通报行业主管部门、投资主管部门、自然资源主管部门、生态环境主管部门、证券监督管理机构以及有关金融机构。有关部门和机构应当对存在失信行为的生产经营单位及其有关从业人员采取加大执法检查频次、暂停项目审批、上调有关保险费率、行业或者职业禁入等联合惩戒措施，并向社会公示。

负有安全生产监督管理职责的部门应当加强对生产经营单位行政处罚信息的及时归集、共享、应用和公开，对生产经营单位作出处罚决定后七个工作日内在监督管理部门公示系统予以公开曝光，强化对违法失信生产经营单位及其有关从业人员的社会监督，提高全社会安全生产诚信水平。

第五章　生产安全事故的应急救援与调查处理

第七十九条　【加强生产安全事故应急能力建设】国家加强生产安全事故应急能力建设，在重点行业、领域建立应急救援基地和应急救援队伍，并由国家安全生产应急救援机构统一协调指挥；鼓励生产经营单位和其他社会力量建立应急救援队伍，配备相应的应急救援装备和物资，提高应急救援的专业化水平。

国务院应急管理部门牵头建立全国统一的生产安全事故应急救援信息系统，国务院交通运输、住房和城乡建设、水利、民航等有关部门和县级以上地方人民政府建立健全相关行业、领域、地区的生产安全事故应急救援信息系统，实现互联互通、信息共享，通过推行网上安全信息采集、安全监管和监测预警，提升监管的精准化、智能化水平。

第八十条　【各级人民政府建立应急救援体系】县级以上地方各级人民政府应当组织有关部门制定本行政区域内生产安全事故应急救援预案，建立应急救援体系。

乡镇人民政府和街道办事处，以及开发区、工业园区、港区、风景区等应当制定相应的生产安全事故应急救援预案，协助人民政府有关部门或者按照授权依法履行生产安全事故应急救援工作职责。

第八十一条　【生产经营单位制定应急救援预案】生产经营单位应当制定本单位生产安全事故应急救援预案，与所在地县级以上地方人民政府组织制定的生产安全事故应急救援预案相衔接，并定期组织演练。

第八十二条　【高危行业生产经营单位的应急救援义务】危险物品的生产、经营、储存单位以及矿山、金属冶炼、城市轨道交通运营、建筑施工单位应当建立应急救援组织；生产经营规模较小的，可以不建立应急救援组织,但应当指定兼职的应急救援人员。

危险物品的生产、经营、储存、运输单位以及矿山、金属冶炼、城市轨道交通运营、建筑施工单位应当配备必要的应急救援器材、设备和物资,并进行经常性维护、保养,保证正常运转。

第八十三条 【安全事故报告和抢救义务】生产经营单位发生生产安全事故后,事故现场有关人员应当立即报告本单位负责人。

单位负责人接到事故报告后,应当迅速采取有效措施,组织抢救,防止事故扩大,减少人员伤亡和财产损失,并按照国家有关规定立即如实报告当地负有安全生产监督管理职责的部门,不得隐瞒不报、谎报或者迟报,不得故意破坏事故现场、毁灭有关证据。

第八十四条 【行政机关事故报告义务】负有安全生产监督管理职责的部门接到事故报告后,应当立即按照国家有关规定上报事故情况。负有安全生产监督管理职责的部门和有关地方人民政府对事故情况不得隐瞒不报、谎报或者迟报。

第八十五条 【事故抢救】有关地方人民政府和负有安全生产监督管理职责的部门的负责人接到生产安全事故报告后,应当按照生产安全事故应急救援预案的要求立即赶到事故现场,组织事故抢救。

参与事故抢救的部门和单位应当服从统一指挥,加强协同联动,采取有效的应急救援措施,并根据事故救援的需要采取警戒、疏散等措施,防止事故扩大和次生灾害的发生,减少人员伤亡和财产损失。

事故抢救过程中应当采取必要措施,避免或者减少对环境造成的危害。

任何单位和个人都应当支持、配合事故抢救,并提供一切便利条件。

第八十六条 【事故调查处理的原则】事故调查处理应当按照科学严谨、依法依规、实事求是、注重实效的原则,及时、准确地查清事故原因,查明事故性质和责任,评估应急处置工作,总结事故教训,提出整改措施,并对事故责任单位和人员提出处理建议。事故调查报告应当依法及时向社会公布。事故调查和处理的具体办法由国务院制定。

事故发生单位应当及时全面落实整改措施,负有安全生产监督管理职责的部门应当加强监督检查。

负责事故调查处理的国务院有关部门和地方人民政府应当在批复事故调查报告后一年内,组织有关部门对事故整改和防范措施落实情况进行评估,并及时向社会公开评估结果;对不履行职责导致事故整改和防范措施没有落实的有关单位和人员,应当按照有关规定追究责任。

第八十七条 【责任事故的法律后果】生产经营单位发生生产安全事故,经调查确定为责任事故的,除了应当查明事故单位的责任并依法予以追究外,还应当查明对安全生产的有关事项负有审查批准和监督职责的行政部门的责任,对有失职、渎职行为的,依照本法第九十条的规定追究法律责任。

第八十八条 【不得阻挠和干涉对事故的依法调查处理】任何单位和个人不得阻挠和干涉对事故的依法调查处理。

第八十九条 【定期统计分析生产安全事故情况】县级以上地方各级人民政府应急管理部门应当定期统计分析本行政区域内发生生产安全事故的情况,并定期向社会公布。

第六章 法律责任

第九十条 【监管部门工作人员的违法行为及责任】负有安全生产监督管理职责的部门的工作人员,有下列行为之一的,给予降级或者撤职的处分;构成犯罪的,依照刑法有关规定追究刑事责任:

(一)对不符合法定安全生产条件的涉及安全生产的事项予以批准或者验收通过的;

(二)发现未依法取得批准、验收的单位擅自从事有关活动或者接到举报后不予取缔或者不依法予以处理的;

(三)对已经依法取得批准的单位不履行监督管理职责,发现其不再具备安全生产条件而不撤销原批准或者发现安全生产违法行为不予查处的;

(四)在监督检查中发现重大事故隐患,不依法及时处理的。

负有安全生产监督管理职责的部门的工作人员有前款规定以外的滥用职权、玩忽职守、徇私舞弊行为的,依法给予处分;构成犯罪的,依照刑法有关规定追究刑事责任。

第九十一条 【监管部门违法责任】负有安全生产监督管理职责的部门,要求被审查、验收的单位购买其指定的安全设备、器材或者其他产品的,在对安全生产事项的审查、验收中收取费用的,由其上级机关或者监察机关责令改正,责令退还收取的费用;情节严重的,对直接负责的主管人员和其他直接责任人员依法给予处分。

第九十二条 【承担安全评价、认证、检测、检验职责的机构及责任人员的法律责任】承担安全评价、认证、检测、检验职责的机构出具失实报告的，责令停业整顿，并处三万元以上十万元以下的罚款；给他人造成损害的，依法承担赔偿责任。

承担安全评价、认证、检测、检验职责的机构租借资质、挂靠、出具虚假报告的，没收违法所得；违法所得在十万元以上的，并处违法所得二倍以上五倍以下的罚款，没有违法所得或者违法所得不足十万元的，单处或者并处十万元以上二十万元以下的罚款；对其直接负责的主管人员和其他直接责任人员处五万元以上十万元以下的罚款；给他人造成损害的，与生产经营单位承担连带赔偿责任；构成犯罪的，依照刑法有关规定追究刑事责任。

对有前款违法行为的机构及其直接责任人员，吊销其相应资质和资格，五年内不得从事安全评价、认证、检测、检验等工作；情节严重的，实行终身行业和职业禁入。

第九十三条　【未投入保证安全生产所必需的资金的法律责任】生产经营单位的决策机构、主要负责人或者个人经营的投资人不依照本法规定保证安全生产所必需的资金投入，致使生产经营单位不具备安全生产条件的，责令限期改正，提供必需的资金；逾期未改正的，责令生产经营单位停产停业整顿。

有前款违法行为，导致发生生产安全事故的，对生产经营单位的主要负责人给予撤职处分，对个人经营的投资人处二万元以上二十万元以下的罚款；构成犯罪的，依照刑法有关规定追究刑事责任。

第九十四条　【主要负责人未履行安全生产职责的法律责任】生产经营单位的主要负责人未履行本法规定的安全生产管理职责的，责令限期改正，处二万元以上五万元以下的罚款；逾期未改正的，处五万元以上十万元以下的罚款，责令生产经营单位停产停业整顿。

生产经营单位的主要负责人有前款违法行为，导致发生生产安全事故的，给予撤职处分；构成犯罪的，依照刑法有关规定追究刑事责任。

生产经营单位的主要负责人依照前款规定受刑事处罚或者撤职处分的，自刑罚执行完毕或者受处分之日起，五年内不得担任任何生产经营单位的主要负责人；对重大、特别重大生产安全事故负有责任的，终身不得担任本行业生产经营单位的主要负责人。

第九十五条　【发生生产安全事故后主要负责人的法律责任】生产经营单位的主要负责人未履行本法规定的安全生产管理职责，导致发生生产安全事故的，由应急管理部门依照下列规定处以罚款：

（一）发生一般事故的，处上一年年收入百分之四十的罚款；

（二）发生较大事故的，处上一年年收入百分之六十的罚款；

（三）发生重大事故的，处上一年年收入百分之八十的罚款；

（四）发生特别重大事故的，处上一年年收入百分之一百的罚款。

第九十六条　【其他负责人和安全生产管理人员未履行安全生产职责的法律责任】生产经营单位的其他负责人和安全生产管理人员未履行本法规定的安全生产管理职责的，责令限期改正，处一万元以上三万元以下的罚款；导致发生生产安全事故的，暂停或者吊销其与安全生产有关的资格，并处上一年年收入百分之二十以上百分之五十以下的罚款；构成犯罪的，依照刑法有关规定追究刑事责任。

第九十七条　【与从业人员、教育培训相关的违法行为及法律责任】生产经营单位有下列行为之一的，责令限期改正，处十万元以下的罚款；逾期未改正的，责令停产停业整顿，并处十万元以上二十万元以下的罚款，对其直接负责的主管人员和其他直接责任人员处二万元以上五万元以下的罚款：

（一）未按照规定设置安全生产管理机构或者配备安全生产管理人员、注册安全工程师的；

（二）危险物品的生产、经营、储存、装卸单位以及矿山、金属冶炼、建筑施工、运输单位的主要负责人和安全生产管理人员未按照规定经考核合格的；

（三）未按照规定对从业人员、被派遣劳动者、实习学生进行安全生产教育和培训，或者未按照规定如实告知有关的安全生产事项的；

（四）未如实记录安全生产教育和培训情况的；

（五）未将事故隐患排查治理情况如实记录或者未向从业人员通报的；

（六）未按照规定制定生产安全事故应急救援预案或者未定期组织演练的；

（七）特种作业人员未按照规定经专门的安全作业培训并取得相应资格，上岗作业的。

第九十八条　【与矿山、金属冶炼建设项目相关违法行为及法律后果】生产经营单位有下列行为之一的，责令停止建设或者停产停业整顿，限期改正，并处十万元以上五十万元以下的罚款，对其直接负责的主管人员和其他直接责任人员处二万元以上五万元以下的罚款；逾期未改正的，处五十万元以上一百万元以下的罚款，对其直接负责的主管人员和其他直接责任人员处五万元以上十万元以下的罚款；构成犯罪的，依照刑法有关规定追究刑事责任：

（一）未按照规定对矿山、金属冶炼建设项目或者用于生产、储存、装卸危险物品的建设项目进行安全评价的；

（二）矿山、金属冶炼建设项目或者用于生产、储存、装卸危险物品的建设项目没有安全设施设计或者安全设施设计未按照规定报经有关部门审查同意的；

（三）矿山、金属冶炼建设项目或者用于生产、储存、装卸危险物品的建设项目的施工单位未按照批准的安全设施设计施工的；

（四）矿山、金属冶炼建设项目或者用于生产、储存、装卸危险物品的建设项目竣工投入生产或者使用前，安全设施未经验收合格的。

第九十九条　【与安全设备相关的违法行为及法律后果】生产经营单位有下列行为之一的，责令限期改正，处五万元以下的罚款；逾期未改正的，处五万元以上二十万元以下的罚款，对其直接负责的主管人员和其他直接责任人员处一万元以上二万元以下的罚款；情节严重的，责令停产停业整顿；构成犯罪的，依照刑法有关规定追究刑事责任：

（一）未在有较大危险因素的生产经营场所和有关设施、设备上设置明显的安全警示标志的；

（二）安全设备的安装、使用、检测、改造和报废不符合国家标准或者行业标准的；

（三）未对安全设备进行经常性维护、保养和定期检测的；

（四）关闭、破坏直接关系生产安全的监控、报警、防护、救生设备、设施，或者篡改、隐瞒、销毁其相关数据、信息的；

（五）未为从业人员提供符合国家标准或者行业标准的劳动防护用品的；

（六）危险物品的容器、运输工具，以及涉及人身安全、危险性较大的海洋石油开采特种设备和矿山井下特种设备未经具有专业资质的机构检测、检验合格，取得安全使用证或者安全标志，投入使用的；

（七）使用应当淘汰的危及生产安全的工艺、设备的；

（八）餐饮等行业的生产经营单位使用燃气未安装可燃气体报警装置的。

第一百条　【违反危险物品安全管理的法律责任】未经依法批准，擅自生产、经营、运输、储存、使用危险物品或者处置废弃危险物品的，依照有关危险物品安全管理的法律、行政法规的规定予以处罚；构成犯罪的，依照刑法有关规定追究刑事责任。

第一百零一条　【与安全管理制度相关的违法行为及法律责任】生产经营单位有下列行为之一的，责令限期改正，处十万元以下的罚款；逾期未改正的，责令停产停业整顿，并处十万元以上二十万元以下的罚款，对其直接负责的主管人员和其他直接责任人员处二万元以上五万元以下的罚款；构成犯罪的，依照刑法有关规定追究刑事责任：

（一）生产、经营、运输、储存、使用危险物品或者处置废弃危险物品，未建立专门安全管理制度、未采取可靠的安全措施的；

（二）对重大危险源未登记建档，未进行定期检测、评估、监控，未制定应急预案，或者未告知应急措施的；

（三）进行爆破、吊装、动火、临时用电以及国务院应急管理部门会同国务院有关部门规定的其他危险作业，未安排专门人员进行现场安全管理的；

（四）未建立安全风险分级管控制度或者未按照安全风险分级采取相应管控措施的；

（五）未建立事故隐患排查治理制度，或者重大事故隐患排查治理情况未按照规定报告的。

第一百零二条　【未采取措施消除事故隐患的法律责任】生产经营单位未采取措施消除事故隐患的，责令立即消除或者限期消除，处五万元以下的罚款；生产经营单位拒不执行的，责令停产停业整顿，对其直接负责的主管人员和其他直接责任人员处五万元以上十万元以下的罚款；构成犯罪的，依照刑法有关规定追究刑事责任。

第一百零三条　【违反承包、出租中安全管理职责的法律责任】生产经营单位将生产经营项目、场所、设备发包或者出租给不具备安全生产条件或者相应资质的单位或者个人的，责令限期改正，没收违法所得；违法所得十万元以上的，并处违法所得二倍以上五倍以下的罚款；没有违法所得或者违法所得不足十万元的，单处或者并处十万元以上二十万元以下的罚款；对其直接负责的主管人员和其他直接责任人员处一万元以上二万元以下的罚款；导致发生生产安全事故给他人造成损害的，与承包方、承租方承担连带赔偿责任。

生产经营单位未与承包单位、承租单位签订专门的安全生产管理协议或者未在承包合同、租赁合同中明确各自的安全生产管理职责，或者未对承包单位、承租单位的安全生产统一协调、管理的，责令限期改正，处五万元以下的罚款，对其直接负责的主管人员和其他直接责任人员处一万元以下的罚款；逾期未改正的，责令停产停业整顿。

矿山、金属冶炼建设项目和用于生产、储存、装卸危险物品的建设项目的施工单位未按照规定对施工项目进行安全管理的，责令限期改正，处十万元以下的罚款，对其直接负责的主管人员和其他直接责任人员处二万元以下的罚款；逾期未改正的，责令停产停业整顿。以上施工单位倒卖、出租、出借、挂靠或者以其他形式非法转让施工资质的，责令停产停业整顿，吊销资质证书，没收违法所得；违法所得十万元以上的，并处违法所得二倍以上五倍以下的罚款，没有违法所得或者违法所得不足十万元的，单处或者并处十万元以上二十万元以下的罚款；对其直接负责的主管人员和其他直接责任人员处五万元以上十万元以下的罚款；构成犯罪的，依照刑法有关规定追究刑事责任。

第一百零四条　【违反交叉作业安全管理的法律责任】两个以上生产经营单位在同一作业区域内进行可能危及对方安全生产的生产经营活动，未签订安全生产管理协议或者未指定专职安全生产管理人员进行安全检查与协调的，责令限期改正，处五万元以下的罚款，对其直接负责的主管人员和其他直接责任人员处一万元以下的罚款；逾期未改正的，责令停产停业。

第一百零五条　【员工宿舍不符合安全要求的法律责任】生产经营单位有下列行为之一的，责令限期改正，处五万元以下的罚款，对其直接负责的主管人员和其他直接责任人员处一万元以下的罚款；逾期未改正的，责令停产停业整顿；构成犯罪的，依照刑法有关规定追究刑事责任：

（一）生产、经营、储存、使用危险物品的车间、商店、仓库与员工宿舍在同一座建筑内，或者与员工宿舍的距离不符合安全要求的；

（二）生产经营场所和员工宿舍未设有符合紧急疏散需要、标志明显、保持畅通的出口、疏散通道，或者占用、锁闭、封堵生产经营场所或者员工宿舍出口、疏散通道的。

第一百零六条　【免责协议无效】生产经营单位与从业人员订立协议，免除或者减轻其对从业人员因生产安全事故伤亡依法应承担的责任的，该协议无效；对生产经营单位的主要负责人、个人经营的投资人处二万元以上十万元以下的罚款。

第一百零七条　【从业人员不服从安全管理的法律责任】生产经营单位的从业人员不落实岗位安全责任，不服从管理，违反安全生产规章制度或者操作规程的，由生产经营单位给予批评教育，依照有关规章制度给予处分；构成犯罪的，依照刑法有关规定追究刑事责任。

第一百零八条　【拒绝、阻碍安全检查的法律责任】违反本法规定，生产经营单位拒绝、阻碍负有安全生产监督管理职责的部门依法实施监督检查的，责令改正；拒不改正的，处二万元以上二十万元以下的罚款；对其直接负责的主管人员和其他直接责任人员处一万元以上二万元以下的罚款；构成犯罪的，依照刑法有关规定追究刑事责任。

第一百零九条　【未按规定投保的法律责任】高危行业、领域的生产经营单位未按照国家规定投保安全生产责任保险的，责令限期改正，处五万元以上十万元以下的罚款；逾期未改正的，处十万元以上二十万元以下的罚款。

第一百一十条　【主要负责人不立即组织抢救的法律责任】生产经营单位的主要负责人在本单位发生生产安全事故时，不立即组织抢救或者在事故调查处理期间擅离职守或者逃匿的，给予降级、撤职的处分，并由应急管理部门处上一年年收入百分之六十至百分之一百的罚款；对逃匿的处十五日以下拘留；构成犯罪的，依照刑法有关规定追究刑事责任。

生产经营单位的主要负责人对生产安全事故隐瞒不报、谎报或者迟报的，依照前款规定处罚。

第一百一十一条　【对生产安全事故隐瞒不报、谎报或者迟报的法律责任】有关地方人民政府、负有安全生产监督管理职责的部门，对生产安全事故隐瞒不报、谎报或者迟报的，对直接负责的主管人员和其他直接责任人员依法给予处分；构成犯罪的，依照刑法有关规定追究刑事责任。

第一百一十二条　【拒不改正的法律后果】生产经营单位违反本法规定，被责令改正且受到罚款处罚，拒不改正的，负有安全生产监督管理职责的部门可以自作出责令改正之日的次日起，按照原处罚数额按日连续处罚。

第一百一十三条　【“关闭”行政处罚的具体适用】生产经营单位存在下列情形之一的，负有安全生产监督管理职责的部门应当提请地方人民政府予以关闭，有关部门应当依法吊销其有关证照。生产经营单位主要负责人五年内不得担任任何生产经营单位的主要负责人；情节严重的，终身不得担任本行业生产经营单位的主要负责人：

（一）存在重大事故隐患，一百八十日内三次或者一年内四次受到本法规定的行政处罚的；

（二）经停产停业整顿，仍不具备法律、行政法规和国家标准或者行业标准规定的安全生产条件的；

（三）不具备法律、行政法规和国家标准或者行业标准规定的安全生产条件，导致发生重大、特别重大生产安全事故的；

（四）拒不执行负有安全生产监督管理职责的部门作出的停产停业整顿决定的。

第一百一十四条 【应急管理部门处以罚款的情形】发生生产安全事故，对负有责任的生产经营单位除要求其依法承担相应的赔偿等责任外，由应急管理部门依照下列规定处以罚款：

（一）发生一般事故的，处三十万元以上一百万元以下的罚款；

（二）发生较大事故的，处一百万元以上二百万元以下的罚款；

（三）发生重大事故的，处二百万元以上一千万元以下的罚款；

（四）发生特别重大事故的，处一千万元以上二千万元以下的罚款。

发生生产安全事故，情节特别严重、影响特别恶劣的，应急管理部门可以按照前款罚款数额的二倍以上五倍以下对负有责任的生产经营单位处以罚款。

第一百一十五条 【行政处罚决定机关】本法规定的行政处罚，由应急管理部门和其他负有安全生产监督管理职责的部门按照职责分工决定；其中，根据本法第九十五条、第一百一十条、第一百一十四条的规定应当给予民航、铁路、电力行业的生产经营单位及其主要负责人行政处罚的，也可以由主管的负有安全生产监督管理职责的部门进行处罚。予以关闭的行政处罚，由负有安全生产监督管理职责的部门报请县级以上人民政府按照国务院规定的权限决定；给予拘留的行政处罚，由公安机关依照治安管理处罚的规定决定。

第一百一十六条 【赔偿】生产经营单位发生生产安全事故造成人员伤亡、他人财产损失的，应当依法承担赔偿责任；拒不承担或者其负责人逃匿的，由人民法院依法强制执行。

生产安全事故的责任人未依法承担赔偿责任，经人民法院依法采取执行措施后，仍不能对受害人给予足额赔偿的，应当继续履行赔偿义务；受害人发现责任人有其他财产的，可以随时请求人民法院执行。

第七章 附 则

第一百一十七条 【法律术语】本法下列用语的含义：

危险物品，是指易燃易爆物品、危险化学品、放射性物品等能够危及人身安全和财产安全的物品。

重大危险源，是指长期地或者临时地生产、搬运、使用或者储存危险物品，且危险物品的数量等于或者超过临界量的单元（包括场所和设施）。

第一百一十八条 【安全事故的划分标准】本法规定的生产安全一般事故、较大事故、重大事故、特别重大事故的划分标准由国务院规定。

国务院应急管理部门和其他负有安全生产监督管理职责的部门应当根据各自的职责分工，制定相关行业、领域重大危险源的辨识标准和重大事故隐患的判定标准。

第一百一十九条 【施行日期】本法自2002年11月1日起施行。

国务院关于特大安全事故行政责任追究的规定

2001年4月21日国务院令第302号公布施行

第一条 为了有效地防范特大安全事故的发生，严肃追究特大安全事故的行政责任，保障人民群众生命、财产安全，制定本规定。

第二条 地方人民政府主要领导人和政府有关部门正职负责人对下列特大安全事故的防范、发生，依照法律、行政法规和本规定的规定有失职、渎职情形或者负有领导责任的，依照本规定给予行政处分；构成玩忽职守罪或者其他罪的，依法追究刑事责任：

（一）特大火灾事故；

（二）特大交通安全事故；

（三）特大建筑质量安全事故；

（四）民用爆炸物品和化学危险品特大安全事故；

（五）煤矿和其他矿山特大安全事故；

（六）锅炉、压力容器、压力管道和特种设备特大安全事故；

（七）其他特大安全事故。

地方人民政府和政府有关部门对特大安全事故的防范、发生直接负责的主管人员和其他直接责任人员，比照本规定给予行政处分；构成玩忽职守罪或者其他罪的，依法追究刑事责任。

特大安全事故肇事单位和个人的刑事处罚、行政处罚和民事责任，依照有关法律、法规和规章的规定执行。

第三条　特大安全事故的具体标准，按照国家有关规定执行。

第四条　地方各级人民政府及政府有关部门应当依照有关法律、法规和规章的规定，采取行政措施，对本地区实施安全监督管理，保障本地区人民群众生命、财产安全，对本地区或者职责范围内防范特大安全事故的发生、特大安全事故发生后的迅速和妥善处理负责。

第五条　地方各级人民政府应当每个季度至少召开一次防范特大安全事故工作会议，由政府主要领导人或者政府主要领导人委托政府分管领导人召集有关部门正职负责人参加，分析、布置、督促、检查本地区防范特大安全事故的工作。会议应当作出决定并形成纪要，会议确定的各项防范措施必须严格实施。

第六条　市（地、州）、县（市、区）人民政府应当组织有关部门按照职责分工对本地区容易发生特大安全事故的单位、设施和场所安全事故的防范明确责任、采取措施，并组织有关部门对上述单位、设施和场所进行严格检查。

第七条　市（地、州）、县（市、区）人民政府必须制定本地区特大安全事故应急处理预案。本地区特大安全事故应急处理预案经政府主要领导人签署后，报上一级人民政府备案。

第八条　市（地、州）、县（市、区）人民政府应当组织有关部门对本规定第二条所列各类特大安全事故的隐患进行查处；发现特大安全事故隐患的，责令立即排除；特大安全事故隐患排除前或者排除过程中，无法保证安全的，责令暂时停产、停业或者停止使用。法律、行政法规对查处机关另有规定的，依照其规定。

第九条　市（地、州）、县（市、区）人民政府及其有关部门对本地区存在的特大安全事故隐患，超出其管辖或者职责范围的，应当立即向有管辖权或者负有职责的上级人民政府或者政府有关部门报告；情况紧急的，可以立即采取包括责令暂时停产、停业在内的紧急措施，同时报告；有关上级人民政府或者政府有关部门接到报告后，应当立即组织查处。

第十条　中小学校对学生进行劳动技能教育以及组织学生参加公益劳动等社会实践活动，必须确保学生安全。严禁以任何形式、名义组织学生从事接触易燃、易爆、有毒、有害等危险品的劳动或者其他危险性劳动。严禁将学校场地出租作为从事易燃、易爆、有毒、有害等危险品的生产、经营场所。

中小学校违反前款规定的，按照学校隶属关系，对县（市、区）、乡（镇）人民政府主要领导人和县（市、区）人民政府教育行政部门正职负责人，根据情节轻重，给予记过、降级直至撤职的行政处分；构成玩忽职守罪或者其他罪的，依法追究刑事责任。

中小学校违反本条第一款规定的，对校长给予撤职的行政处分，对直接组织者给予开除公职的行政处分；构成非法制造爆炸物罪或者其他罪的，依法追究刑事责任。

第十一条　依法对涉及安全生产事项负责行政审批（包括批准、核准、许可、注册、认证、颁发证照、竣工验收等，下同）的政府部门或者机构，必须严格依照法律、法规和规章规定的安全条件和程序进行审查；不符合法律、法规和规章规定的安全条件的，不得批准；不符合法律、法规和规章规定的安全条件，弄虚作假，骗取批准或者勾结串通行政审批工作人员取得批准的，负责行政审批的政府部门或者机构除必须立即撤销原批准外，应当对弄虚作假骗取批准或者勾结串通行政审批工作人员的当事人依法给予行政处罚；构成行贿罪或者其他罪的，依法追究刑事责任。

负责行政审批的政府部门或者机构违反前款规定，对不符合法律、法规和规章规定的安全条件予以批准的，对部门或者机构的正职负责人，根据情节轻重，给予降级、撤职直至开除公职的行政处分；与当事人勾结串通的，应当开除公职；构成受贿罪、玩忽职守罪或者其他罪的，依法追究刑事责任。

第十二条　对依照本规定第十一条第一款的规定取得批准的单位和个人，负责行政审批的政府部门或者机构必须对其实施严格监督检查；发现其不再具备安全条件的，必须立即撤销原批准。

负责行政审批的政府部门或者机构违反前款规定，不对取得批准的单位和个人实施严格监督检查，或者发现其不再具备安全条件而不立即撤销原批准的，对部门或者机构的正职负责人，根据情节轻重，给予降级或者撤职的行政处分；构成受贿罪、玩忽职守罪或者其他罪的，依法追究刑事责任。

第十三条　对未依法取得批准，擅自从事有关活动的，负责行政审批的政府部门或者机构发现或者接到举报后，应当立即予以查封、取缔，并依法给予行政处罚；属于经营单位的，由工商行政管理部门依法相应吊销营业执照。

负责行政审批的政府部门或者机构违反前款规定，对发现或者举报的未依法取得批准而擅自从事有关活动的，不予查封、取缔、不依法给予行政处罚，工商行政管理部门不予吊销营业执照的，对部门或者机构的正职负责人，根据情节轻重，给予降级或者撤职的行政处分；构成受贿罪、玩忽职守罪或者其他罪的，依法追究刑事责任。

第十四条 市（地、州）、县（市、区）人民政府依照本规定应当履行职责而未履行，或者未按照规定的职责和程序履行，本地区发生特大安全事故的，对政府主要领导人，根据情节轻重，给予降级或者撤职的行政处分；构成玩忽职守罪的，依法追究刑事责任。

负责行政审批的政府部门或者机构、负责安全监督管理的政府有关部门，未依照本规定履行职责，发生特大安全事故的，对部门或者机构的正职负责人，根据情节轻重，给予撤职或者开除公职的行政处分；构成玩忽职守罪或者其他罪的，依法追究刑事责任。

第十五条 发生特大安全事故，社会影响特别恶劣或者性质特别严重的，由国务院对负有领导责任的省长、自治区主席、直辖市市长和国务院有关部门正职负责人给予行政处分。

第十六条 特大安全事故发生后，有关县（市、区）、市（地、州）和省、自治区、直辖市人民政府及政府有关部门应当按照国家规定的程序和时限立即上报，不得隐瞒不报、谎报或者拖延报告，并应当配合、协助事故调查，不得以任何方式阻碍、干涉事故调查。

特大安全事故发生后，有关地方人民政府及政府有关部门违反前款规定的，对政府主要领导人和政府部门正职负责人给予降级的行政处分。

第十七条 特大安全事故发生后，有关地方人民政府应当迅速组织救助，有关部门应当服从指挥、调度，参加或者配合救助，将事故损失降到最低限度。

第十八条 特大安全事故发生后，省、自治区、直辖市人民政府应当按照国家有关规定迅速、如实发布事故消息。

第十九条 特大安全事故发生后，按照国家有关规定组织调查组对事故进行调查。事故调查工作应当自事故发生之日起60日内完成，并由调查组提出调查报告；遇有特殊情况的，经调查组提出并报国家安全生产监督管理机构批准后，可以适当延长时间。调查报告应当包括依照本规定对有关责任人员追究行政责任或者其他法律责任的意见。

省、自治区、直辖市人民政府应当自调查报告提交之日起30日内，对有关责任人员作出处理决定；必要时，国务院可以对特大安全事故的有关责任人员作出处理决定。

第二十条 地方人民政府或者政府部门阻挠、干涉对特大安全事故有关责任人员追究行政责任的，对该地方人民政府主要领导人或者政府部门正职负责人，根据情节轻重，给予降级或者撤职的行政处分。

第二十一条 任何单位和个人均有权向有关地方人民政府或者政府部门报告特大安全事故隐患，有权向上级人民政府或者政府部门举报地方人民政府或者政府部门不履行安全监督管理职责或者不按照规定履行职责的情况。接到报告或者举报的有关人民政府或者政府部门，应当立即组织对事故隐患进行查处，或者对举报的不履行、不按照规定履行安全监督管理职责的情况进行调查处理。

第二十二条 监察机关依照行政监察法的规定，对地方各级人民政府和政府部门及其工作人员履行安全监督管理职责实施监察。

第二十三条 对特大安全事故以外的其他安全事故的防范、发生追究行政责任的办法，由省、自治区、直辖市人民政府参照本规定制定。

第二十四条 本规定自公布之日起施行。

生产安全事故报告和调查处理条例

1. 2007年4月9日国务院令第493号公布
2. 自2007年6月1日起施行

第一章 总 则

第一条 为了规范生产安全事故的报告和调查处理，落实生产安全事故责任追究制度，防止和减少生产安全事故，根据《中华人民共和国安全生产法》和有关法律，制定本条例。

第二条 生产经营活动中发生的造成人身伤亡或者直接经济损失的生产安全事故的报告和调查处理，适用本条例；环境污染事故、核设施事故、国防科研生产事故的报告和调查处理不适用本条例。

第三条 根据生产安全事故（以下简称事故）造成的人员伤亡或者直接经济损失，事故一般分为以下等级：

（一）特别重大事故，是指造成30人以上死亡，或者100人以上重伤（包括急性工业中毒，下同），或者1亿元以上直接经济损失的事故；

（二）重大事故，是指造成10人以上30人以下死亡，或者50人以上100人以下重伤，或者5000万元以上1亿元以下直接经济损失的事故；

（三）较大事故，是指造成3人以上10人以下死亡，或者10人以上50人以下重伤，或者1000万元以上5000万元以下直接经济损失的事故；

（四）一般事故，是指造成3人以下死亡，或者10人以下重伤，或者1000万元以下直接经济损失的事故。

国务院安全生产监督管理部门可以会同国务院有关部门，制定事故等级划分的补充性规定。

本条第一款所称的“以上”包括本数，所称的“以下”不包括本数。

第四条 事故报告应当及时、准确、完整，任何单位和个人对事故不得迟报、漏报、谎报或者瞒报。

事故调查处理应当坚持实事求是、尊重科学的原则，及时、准确地查清事故经过、事故原因和事故损失，查明事故性质，认定事故责任，总结事故教训，提出整改措施，并对事故责任者依法追究责任。

第五条 县级以上人民政府应当依照本条例的规定，严格履行职责，及时、准确地完成事故调查处理工作。

事故发生地有关地方人民政府应当支持、配合上级人民政府或者有关部门的事故调查处理工作，并提供必要的便利条件。

参加事故调查处理的部门和单位应当互相配合，提高事故调查处理工作的效率。

第六条 工会依法参加事故调查处理，有权向有关部门提出处理意见。

第七条 任何单位和个人不得阻挠和干涉对事故的报告和依法调查处理。

第八条 对事故报告和调查处理中的违法行为，任何单位和个人有权向安全生产监督管理部门、监察机关或者其他有关部门举报，接到举报的部门应当依法及时处理。

第二章 事故报告

第九条 事故发生后，事故现场有关人员应当立即向本单位负责人报告；单位负责人接到报告后，应当于1小时内向事故发生地县级以上人民政府安全生产监督管理部门和负有安全生产监督管理职责的有关部门报告。

情况紧急时，事故现场有关人员可以直接向事故发生地县级以上人民政府安全生产监督管理部门和负有安全生产监督管理职责的有关部门报告。

第十条 安全生产监督管理部门和负有安全生产监督管理职责的有关部门接到事故报告后，应当依照下列规定上报事故情况，并通知公安机关、劳动保障行政部门、工会和人民检察院：

（一）特别重大事故、重大事故逐级上报至国务院安全生产监督管理部门和负有安全生产监督管理职责的有关部门；

（二）较大事故逐级上报至省、自治区、直辖市人民政府安全生产监督管理部门和负有安全生产监督管理职责的有关部门；

（三）一般事故上报至设区的市级人民政府安全生产监督管理部门和负有安全生产监督管理职责的有关部门。

安全生产监督管理部门和负有安全生产监督管理职责的有关部门依照前款规定上报事故情况，应当同时报告本级人民政府。国务院安全生产监督管理部门和负有安全生产监督管理职责的有关部门以及省级人民政府接到发生特别重大事故、重大事故的报告后，应当立即报告国务院。

必要时，安全生产监督管理部门和负有安全生产监督管理职责的有关部门可以越级上报事故情况。

第十一条 安全生产监督管理部门和负有安全生产监督管理职责的有关部门逐级上报事故情况，每级上报的时间不得超过2小时。

第十二条 报告事故应当包括下列内容：

（一）事故发生单位概况；

（二）事故发生的时间、地点以及事故现场情况；

（三）事故的简要经过；

（四）事故已经造成或者可能造成的伤亡人数（包括下落不明的人数）和初步估计的直接经济损失；

（五）已经采取的措施；

（六）其他应当报告的情况。

第十三条 事故报告后出现新情况的，应当及时补报。

自事故发生之日起30日内，事故造成的伤亡人数发生变化的，应当及时补报。道路交通事故、火灾事故自发生之日起7日内，事故造成的伤亡人数发生变化的，应当及时补报。

第十四条 事故发生单位负责人接到事故报告后，应当立即启动事故相应应急预案，或者采取有效措施，组织抢救，防止事故扩大，减少人员伤亡和财产损失。

第十五条 事故发生地有关地方人民政府、安全生产监督管理部门和负有安全生产监督管理职责的有关部门接到事故报告后，其负责人应当立即赶赴事故现场，组织事故救援。

第十六条 事故发生后，有关单位和人员应当妥善保护事故现场以及相关证据，任何单位和个人不得破坏事故现场、毁灭相关证据。

因抢救人员、防止事故扩大以及疏通交通等原因，需要移动事故现场物件的，应当做出标志，绘制现场简图并做出书面记录，妥善保存现场重要痕迹、物证。

第十七条　事故发生地公安机关根据事故的情况，对涉嫌犯罪的，应当依法立案侦查，采取强制措施和侦查措施。犯罪嫌疑人逃匿的，公安机关应当迅速追捕归案。

第十八条　安全生产监督管理部门和负有安全生产监督管理职责的有关部门应当建立值班制度，并向社会公布值班电话，受理事故报告和举报。

第三章　事故调查

第十九条　特别重大事故由国务院或者国务院授权有关部门组织事故调查组进行调查。

重大事故、较大事故、一般事故分别由事故发生地省级人民政府、设区的市级人民政府、县级人民政府负责调查。省级人民政府、设区的市级人民政府、县级人民政府可以直接组织事故调查组进行调查，也可以授权或者委托有关部门组织事故调查组进行调查。

未造成人员伤亡的一般事故，县级人民政府也可以委托事故发生单位组织事故调查组进行调查。

第二十条　上级人民政府认为必要时，可以调查由下级人民政府负责调查的事故。

自事故发生之日起30日内（道路交通事故、火灾事故自发生之日起7日内），因事故伤亡人数变化导致事故等级发生变化，依照本条例规定应当由上级人民政府负责调查的，上级人民政府可以另行组织事故调查组进行调查。

第二十一条　特别重大事故以下等级事故，事故发生地与事故发生单位不在同一个县级以上行政区域的，由事故发生地人民政府负责调查，事故发生单位所在地人民政府应当派人参加。

第二十二条　事故调查组的组成应当遵循精简、效能的原则。

根据事故的具体情况，事故调查组由有关人民政府、安全生产监督管理部门、负有安全生产监督管理职责的有关部门、监察机关、公安机关以及工会派人组成，并应当邀请人民检察院派人参加。

事故调查组可以聘请有关专家参与调查。

第二十三条　事故调查组成员应当具有事故调查所需要的知识和专长，并与所调查的事故没有直接利害关系。

第二十四条　事故调查组组长由负责事故调查的人民政府指定。事故调查组组长主持事故调查组的工作。

第二十五条　事故调查组履行下列职责：

（一）查明事故发生的经过、原因、人员伤亡情况及直接经济损失；

（二）认定事故的性质和事故责任；

（三）提出对事故责任者的处理建议；

（四）总结事故教训，提出防范和整改措施；

（五）提交事故调查报告。

第二十六条　事故调查组有权向有关单位和个人了解与事故有关的情况，并要求其提供相关文件、资料，有关单位和个人不得拒绝。

事故发生单位的负责人和有关人员在事故调查期间不得擅离职守，并应当随时接受事故调查组的询问，如实提供有关情况。

事故调查中发现涉嫌犯罪的，事故调查组应当及时将有关材料或者其复印件移交司法机关处理。

第二十七条　事故调查中需要进行技术鉴定的，事故调查组应当委托具有国家规定资质的单位进行技术鉴定。必要时，事故调查组可以直接组织专家进行技术鉴定。技术鉴定所需时间不计入事故调查期限。

第二十八条　事故调查组成员在事故调查工作中应当诚信公正、恪尽职守，遵守事故调查组的纪律，保守事故调查的秘密。

未经事故调查组组长允许，事故调查组成员不得擅自发布有关事故的信息。

第二十九条　事故调查组应当自事故发生之日起60日内提交事故调查报告；特殊情况下，经负责事故调查的人民政府批准，提交事故调查报告的期限可以适当延长，但延长的期限最长不超过60日。

第三十条　事故调查报告应当包括下列内容：

（一）事故发生单位概况；

（二）事故发生经过和事故救援情况；

（三）事故造成的人员伤亡和直接经济损失；

（四）事故发生的原因和事故性质；

（五）事故责任的认定以及对事故责任者的处理建议；

（六）事故防范和整改措施。

事故调查报告应当附具有关证据材料。事故调查组成员应当在事故调查报告上签名。

第三十一条　事故调查报告报送负责事故调查的人民政府后，事故调查工作即告结束。事故调查的有关资料应当归档保存。

第四章　事故处理

第三十二条　重大事故、较大事故、一般事故，负责事故调查的人民政府应当自收到事故调查报告之日起15日内做出批复；特别重大事故，30日内做出批复，特殊情况下，批复时间可以适当延长，但延长的时间最长不超过30日。

有关机关应当按照人民政府的批复,依照法律、行政法规规定的权限和程序,对事故发生单位和有关人员进行行政处罚,对负有事故责任的国家工作人员进行处分。

事故发生单位应当按照负责事故调查的人民政府的批复,对本单位负有事故责任的人员进行处理。

负有事故责任的人员涉嫌犯罪的,依法追究刑事责任。

第三十三条　事故发生单位应当认真吸取事故教训,落实防范和整改措施,防止事故再次发生。防范和整改措施的落实情况应当接受工会和职工的监督。

安全生产监督管理部门和负有安全生产监督管理职责的有关部门应当对事故发生单位落实防范和整改措施的情况进行监督检查。

第三十四条　事故处理的情况由负责事故调查的人民政府或者其授权的有关部门、机构向社会公布,依法应当保密的除外。

第五章　法律责任

第三十五条　事故发生单位主要负责人有下列行为之一的,处上一年年收入40%至80%的罚款;属于国家工作人员的,并依法给予处分;构成犯罪的,依法追究刑事责任:

(一)不立即组织事故抢救的;

(二)迟报或者漏报事故的;

(三)在事故调查处理期间擅离职守的。

第三十六条　事故发生单位及其有关人员有下列行为之一的,对事故发生单位处100万元以上500万元以下的罚款;对主要负责人、直接负责的主管人员和其他直接责任人员处上一年年收入60%至100%的罚款;属于国家工作人员的,并依法给予处分;构成违反治安管理行为的,由公安机关依法给予治安管理处罚;构成犯罪的,依法追究刑事责任:

(一)谎报或者瞒报事故的;

(二)伪造或者故意破坏事故现场的;

(三)转移、隐匿资金、财产,或者销毁有关证据、资料的;

(四)拒绝接受调查或者拒绝提供有关情况和资料的;

(五)在事故调查中作伪证或者指使他人作伪证的;

(六)事故发生后逃匿的。

第三十七条　事故发生单位对事故发生负有责任的,依照下列规定处以罚款:

(一)发生一般事故的,处10万元以上20万元以下的罚款;

(二)发生较大事故的,处20万元以上50万元以下的罚款;

(三)发生重大事故的,处50万元以上200万元以下的罚款;

(四)发生特别重大事故的,处200万元以上500万元以下的罚款。

第三十八条　事故发生单位主要负责人未依法履行安全生产管理职责,导致事故发生的,依照下列规定处以罚款;属于国家工作人员的,并依法给予处分;构成犯罪的,依法追究刑事责任:

(一)发生一般事故的,处上一年年收入30%的罚款;

(二)发生较大事故的,处上一年年收入40%的罚款;

(三)发生重大事故的,处上一年年收入60%的罚款;

(四)发生特别重大事故的,处上一年年收入80%的罚款。

第三十九条　有关地方人民政府、安全生产监督管理部门和负有安全生产监督管理职责的有关部门有下列行为之一的,对直接负责的主管人员和其他直接责任人员依法给予处分;构成犯罪的,依法追究刑事责任:

(一)不立即组织事故抢救的;

(二)迟报、漏报、谎报或者瞒报事故的;

(三)阻碍、干涉事故调查工作的;

(四)在事故调查中作伪证或者指使他人作伪证的。

第四十条　事故发生单位对事故发生负有责任的,由有关部门依法暂扣或者吊销其有关证照;对事故发生单位负有事故责任的有关人员,依法暂停或者撤销其与安全生产有关的执业资格、岗位证书;事故发生单位主要负责人受到刑事处罚或者撤职处分的,自刑罚执行完毕或者受处分之日起,5年内不得担任任何生产经营单位的主要负责人。

为发生事故的单位提供虚假证明的中介机构,由有关部门依法暂扣或者吊销其有关证照及其相关人员的执业资格;构成犯罪的,依法追究刑事责任。

第四十一条　参与事故调查的人员在事故调查中有下列行为之一的,依法给予处分;构成犯罪的,依法追究刑事责任:

（一）对事故调查工作不负责任，致使事故调查工作有重大疏漏的；

（二）包庇、袒护负有事故责任的人员或者借机打击报复的。

第四十二条　违反本条例规定，有关地方人民政府或者有关部门故意拖延或者拒绝落实经批复的对事故责任人的处理意见的，由监察机关对有关责任人员依法给予处分。

第四十三条　本条例规定的罚款的行政处罚，由安全生产监督管理部门决定。

法律、行政法规对行政处罚的种类、幅度和决定机关另有规定的，依照其规定。

第六章　附　　则

第四十四条　没有造成人员伤亡，但是社会影响恶劣的事故，国务院或者有关地方人民政府认为需要调查处理的，依照本条例的有关规定执行。

国家机关、事业单位、人民团体发生的事故的报告和调查处理，参照本条例的规定执行。

第四十五条　特别重大事故以下等级事故的报告和调查处理，有关法律、行政法规或者国务院另有规定的，依照其规定。

第四十六条　本条例自 2007 年 6 月 1 日起施行。国务院 1989 年 3 月 29 日公布的《特别重大事故调查程序暂行规定》和 1991 年 2 月 22 日公布的《企业职工伤亡事故报告和处理规定》同时废止。

煤矿安全生产条例

1. 2024 年 1 月 24 日国务院令第 774 号公布

2. 自 2024 年 5 月 1 日起施行

第一章　总　　则

第一条　为了加强煤矿安全生产工作，防止和减少煤矿生产安全事故，保障人民群众生命财产安全，制定本条例。

第二条　在中华人民共和国领域和中华人民共和国管辖的其他海域内的煤矿安全生产，适用本条例。

第三条　煤矿安全生产工作坚持中国共产党的领导。

煤矿安全生产工作应当以人为本，坚持人民至上、生命至上，把保护人民生命安全摆在首位，贯彻安全发展理念，坚持安全第一、预防为主、综合治理的方针，从源头上防范化解重大安全风险。

煤矿安全生产工作实行管行业必须管安全、管业务必须管安全、管生产经营必须管安全，按照国家监察、地方监管、企业负责，强化和落实安全生产责任。

第四条　煤矿企业应当履行安全生产主体责任，加强安全生产管理，建立健全并落实全员安全生产责任制和安全生产规章制度，加大对安全生产资金、物资、技术、人员的投入保障力度，改善安全生产条件，加强安全生产标准化、信息化建设，构建安全风险分级管控和隐患排查治理双重预防机制，健全风险防范化解机制，提高安全生产水平，确保安全生产。

煤矿企业主要负责人（含实际控制人，下同）是本企业安全生产第一责任人，对本企业安全生产工作全面负责。其他负责人对职责范围内的安全生产工作负责。

第五条　县级以上人民政府应当加强对煤矿安全生产工作的领导，建立健全工作协调机制，支持、督促各有关部门依法履行煤矿安全生产工作职责，及时协调、解决煤矿安全生产工作中的重大问题。

第六条　县级以上人民政府负有煤矿安全生产监督管理职责的部门对煤矿安全生产实施监督管理，其他有关部门按照职责分工依法履行煤矿安全生产相关职责。

第七条　国家实行煤矿安全监察制度。国家矿山安全监察机构及其设在地方的矿山安全监察机构负责煤矿安全监察工作，依法对地方人民政府煤矿安全生产监督管理工作进行监督检查。

国家矿山安全监察机构及其设在地方的矿山安全监察机构依法履行煤矿安全监察职责，不受任何单位和个人的干涉。

第八条　国家实行煤矿生产安全事故责任追究制度。对煤矿生产安全事故责任单位和责任人员，依照本条例和有关法律法规的规定追究法律责任。

国家矿山安全监察机构及其设在地方的矿山安全监察机构依法组织或者参与煤矿生产安全事故调查处理。

第九条　县级以上人民政府负有煤矿安全生产监督管理职责的部门、国家矿山安全监察机构及其设在地方的矿山安全监察机构应当建立举报制度，公开举报电话、信箱或者电子邮件地址等网络举报平台，受理有关煤矿安全生产的举报并依法及时处理；对需要由其他有关部门进行调查处理的，转交其他有关部门处理。

任何单位和个人对事故隐患或者安全生产违法行为，有权向前款规定的部门和机构举报。举报事项经核查属实的，依法依规给予奖励。

第十条　煤矿企业从业人员有依法获得安全生产保障的

权利，并应当依法履行安全生产方面的义务。

第十一条 国家矿山安全监察机构应当按照保障煤矿安全生产的要求，在国务院应急管理部门的指导下，依法及时拟订煤矿安全生产国家标准或者行业标准，并负责煤矿安全生产强制性国家标准的项目提出、组织起草、征求意见、技术审查。

第十二条 国家鼓励和支持煤矿安全生产科学技术研究和煤矿安全生产先进技术、工艺的推广应用，提升煤矿智能化开采水平，推进煤矿安全生产的科学管理，提高安全生产水平。

第二章 煤矿企业的安全生产责任

第十三条 煤矿企业应当遵守有关安全生产的法律法规以及煤矿安全规程，执行保障安全生产的国家标准或者行业标准。

第十四条 新建、改建、扩建煤矿工程项目（以下统称煤矿建设项目）的建设单位应当委托具有建设工程设计企业资质的设计单位进行安全设施设计。

安全设施设计应当包括煤矿水、火、瓦斯、冲击地压、煤尘、顶板等主要灾害的防治措施，符合国家标准或者行业标准的要求，并报省、自治区、直辖市人民政府负有煤矿安全生产监督管理职责的部门审查。安全设施设计需要作重大变更的，应当报原审查部门重新审查，不得先施工后报批、边施工边修改。

第十五条 煤矿建设项目的建设单位应当对参与煤矿建设项目的设计、施工、监理等单位进行统一协调管理，对煤矿建设项目安全管理负总责。

施工单位应当按照批准的安全设施设计施工，不得擅自变更设计内容。

第十六条 煤矿建设项目竣工投入生产或者使用前，应当由建设单位负责组织对安全设施进行验收，并对验收结果负责；经验收合格后，方可投入生产和使用。

第十七条 煤矿企业进行生产，应当依照《安全生产许可证条例》的规定取得安全生产许可证。未取得安全生产许可证的，不得生产。

第十八条 煤矿企业主要负责人对本企业安全生产工作负有下列职责：

（一）建立健全并落实全员安全生产责任制，加强安全生产标准化建设；

（二）组织制定并实施安全生产规章制度和作业规程、操作规程；

（三）组织制定并实施安全生产教育和培训计划；

（四）保证安全生产投入的有效实施；

（五）组织建立并落实安全风险分级管控和隐患排查治理双重预防工作机制，督促、检查安全生产工作，及时消除事故隐患；

（六）组织制定并实施生产安全事故应急救援预案；

（七）及时、如实报告煤矿生产安全事故。

第十九条 煤矿企业应当设置安全生产管理机构并配备专职安全生产管理人员。安全生产管理机构和安全生产管理人员负有下列安全生产职责：

（一）组织或者参与拟订安全生产规章制度、作业规程、操作规程和生产安全事故应急救援预案；

（二）组织或者参与安全生产教育和培训，如实记录安全生产教育和培训情况；

（三）组织开展安全生产法律法规宣传教育；

（四）组织开展安全风险辨识评估，督促落实重大安全风险管控措施；

（五）制止和纠正违章指挥、强令冒险作业、违反规程的行为，发现威胁安全的紧急情况时，有权要求立即停止危险区域内的作业，撤出作业人员；

（六）检查安全生产状况，及时排查事故隐患，对事故隐患排查治理情况进行统计分析，提出改进安全生产管理的建议；

（七）组织或者参与应急救援演练；

（八）督促落实安全生产整改措施。

煤矿企业应当配备主要技术负责人，建立健全并落实技术管理体系。

第二十条 煤矿企业从业人员负有下列安全生产职责：

（一）遵守煤矿企业安全生产规章制度和作业规程、操作规程，严格落实岗位安全责任；

（二）参加安全生产教育和培训，掌握本职工作所需的安全生产知识，提高安全生产技能，增强事故预防和应急处理能力；

（三）及时报告发现的事故隐患或者其他不安全因素。

对违章指挥和强令冒险作业的行为，煤矿企业从业人员有权拒绝并向县级以上地方人民政府负有煤矿安全生产监督管理职责的部门、所在地矿山安全监察机构报告。

煤矿企业不得因从业人员拒绝违章指挥或者强令冒险作业而降低其工资、福利等待遇，无正当理由调整工作岗位，或者解除与其订立的劳动合同。

第二十一条 煤矿企业主要负责人和安全生产管理人员应当通过安全生产知识和管理能力考核，并持续保持相应水平和能力。

煤矿企业从业人员经安全生产教育和培训合格，方可上岗作业。煤矿企业特种作业人员应当按照国家有关规定经专门的安全技术培训和考核合格，并取得相应资格。

第二十二条　煤矿企业应当为煤矿分别配备专职矿长、总工程师，分管安全、生产、机电的副矿长以及专业技术人员。

对煤（岩）与瓦斯（二氧化碳）突出、高瓦斯、冲击地压、煤层容易自燃、水文地质类型复杂和极复杂的煤矿，还应当设立相应的专门防治机构，配备专职副总工程师。

第二十三条　煤矿企业应当按照国家有关规定建立健全领导带班制度并严格考核。

井工煤矿企业的负责人和生产经营管理人员应当轮流带班下井，并建立下井登记档案。

第二十四条　煤矿企业应当为从业人员提供符合国家标准或者行业标准的劳动防护用品，并监督、教育从业人员按照使用规则佩戴、使用。

煤矿井下作业人员实行安全限员制度。煤矿企业应当依法制定井下工作时间管理制度。煤矿井下工作岗位不得使用劳务派遣用工。

第二十五条　煤矿企业使用的安全设备的设计、制造、安装、使用、检测、维修、改造和报废，应当符合国家标准或者行业标准。

煤矿企业应当建立安全设备台账和追溯、管理制度，对安全设备进行经常性维护、保养并定期检测，保证正常运转，对安全设备购置、入库、使用、维护、保养、检测、维修、改造、报废等进行全流程记录并存档。

煤矿企业不得使用应当淘汰的危及生产安全的设备、工艺，具体目录由国家矿山安全监察机构制定并公布。

第二十六条　煤矿的采煤、掘进、机电、运输、通风、排水、排土等主要生产系统和防瓦斯、防煤（岩）与瓦斯（二氧化碳）突出、防冲击地压、防火、防治水、防尘、防热害、防滑坡、监控与通讯等安全设施，应当符合煤矿安全规程和国家标准或者行业标准规定的管理和技术要求。

煤矿企业及其有关人员不得关闭、破坏直接关系生产安全的监控、报警、防护、救生设备、设施，或者篡改、隐瞒、销毁其相关数据、信息，不得以任何方式影响其正常使用。

第二十七条　井工煤矿应当有符合煤矿安全规程和国家标准或者行业标准规定的安全出口、独立通风系统、安全监控系统、防尘供水系统、防灭火系统、供配电系统、运送人员装置和反映煤矿实际情况的图纸，并按照规定进行瓦斯等级、冲击地压、煤层自燃倾向性和煤尘爆炸性鉴定。

井工煤矿应当按矿井瓦斯等级选用相应的煤矿许用炸药和电雷管，爆破工作由专职爆破工承担。

第二十八条　露天煤矿的采场及排土场边坡与重要建筑物、构筑物之间应当留有足够的安全距离。

煤矿企业应当定期对露天煤矿进行边坡稳定性评价，评价范围应当涵盖露天煤矿所有边坡。达不到边坡稳定要求时，应当修改采矿设计或者采取安全措施，同时加强边坡监测工作。

第二十九条　煤矿企业应当依法制定生产安全事故应急救援预案，与所在地县级以上地方人民政府组织制定的生产安全事故应急救援预案相衔接，并定期组织演练。

煤矿企业应当设立专职救护队；不具备设立专职救护队条件的，应当设立兼职救护队，并与邻近的专职救护队签订救护协议。发生事故时，专职救护队应当在规定时间内到达煤矿开展救援。

第三十条　煤矿企业应当在依法确定的开采范围内进行生产，不得超层、越界开采。

采矿作业不得擅自开采保安煤柱，不得采用可能危及相邻煤矿生产安全的决水、爆破、贯通巷道等危险方法。

第三十一条　煤矿企业不得超能力、超强度或者超定员组织生产。正常生产煤矿因地质、生产技术条件、采煤方法或者工艺等发生变化导致生产能力发生较大变化的，应当依法重新核定其生产能力。

县级以上地方人民政府及其有关部门不得要求不具备安全生产条件的煤矿企业进行生产。

第三十二条　煤矿企业应当按照煤矿灾害程度和类型实施灾害治理，编制年度灾害预防和处理计划，并根据具体情况及时修改。

第三十三条　煤矿开采有下列情形之一的，应当编制专项设计：

（一）有煤（岩）与瓦斯（二氧化碳）突出的；

（二）有冲击地压危险的；

（三）开采需要保护的建筑物、水体、铁路下压煤或者主要井巷留设煤柱的；

（四）水文地质类型复杂、极复杂或者周边有老窑采空区的；

（五）开采容易自燃和自燃煤层的；

（六）其他需要编制专项设计的。

第三十四条 在煤矿进行石门揭煤、探放水、巷道贯通、清理煤仓、强制放顶、火区密闭和启封、动火以及国家矿山安全监察机构规定的其他危险作业，应当采取专门安全技术措施，并安排专门人员进行现场安全管理。

第三十五条 煤矿企业应当建立安全风险分级管控制度，开展安全风险辨识评估，按照安全风险分级采取相应的管控措施。

煤矿企业应当建立健全事故隐患排查治理制度，采取技术、管理措施，及时发现并消除事故隐患。事故隐患排查治理情况应当如实记录，并定期向从业人员通报。重大事故隐患排查治理情况的书面报告经煤矿企业负责人签字后，每季度报县级以上地方人民政府负有煤矿安全生产监督管理职责的部门和所在地矿山安全监察机构。

煤矿企业应当加强对所属煤矿的安全管理，定期对所属煤矿进行安全检查。

第三十六条 煤矿企业有下列情形之一的，属于重大事故隐患，应当立即停止受影响区域生产、建设，并及时消除事故隐患：

（一）超能力、超强度或者超定员组织生产的；

（二）瓦斯超限作业的；

（三）煤（岩）与瓦斯（二氧化碳）突出矿井未按照规定实施防突措施的；

（四）煤（岩）与瓦斯（二氧化碳）突出矿井、高瓦斯矿井未按照规定建立瓦斯抽采系统，或者系统不能正常运行的；

（五）通风系统不完善、不可靠的；

（六）超层、越界开采的；

（七）有严重水患，未采取有效措施的；

（八）有冲击地压危险，未采取有效措施的；

（九）自然发火严重，未采取有效措施的；

（十）使用应当淘汰的危及生产安全的设备、工艺的；

（十一）未按照规定建立监控与通讯系统，或者系统不能正常运行的；

（十二）露天煤矿边坡角大于设计最大值或者边坡发生严重变形，未采取有效措施的；

（十三）未按照规定采用双回路供电系统的；

（十四）新建煤矿边建设边生产，煤矿改扩建期间，在改扩建的区域生产，或者在其他区域的生产超出设计规定的范围和规模的；

（十五）实行整体承包生产经营后，未重新取得或者及时变更安全生产许可证而从事生产，或者承包方再次转包，以及将井下采掘工作面和井巷维修作业外包的；

（十六）改制、合并、分立期间，未明确安全生产责任人和安全生产管理机构，或者在完成改制、合并、分立后，未重新取得或者及时变更安全生产许可证等的；

（十七）有其他重大事故隐患的。

第三十七条 煤矿企业及其有关人员对县级以上人民政府负有煤矿安全生产监督管理职责的部门、国家矿山安全监察机构及其设在地方的矿山安全监察机构依法履行职责，应当予以配合，按照要求如实提供有关情况，不得隐瞒或者拒绝、阻挠。

对县级以上人民政府负有煤矿安全生产监督管理职责的部门、国家矿山安全监察机构及其设在地方的矿山安全监察机构查处的事故隐患，煤矿企业应当立即进行整改，并按照要求报告整改结果。

第三十八条 煤矿企业应当及时足额安排安全生产费用等资金，确保符合安全生产要求。煤矿企业的决策机构、主要负责人对由于安全生产所必需的资金投入不足导致的后果承担责任。

第三章 煤矿安全生产监督管理

第三十九条 煤矿安全生产实行地方党政领导干部安全生产责任制，强化煤矿安全生产属地管理。

第四十条 省、自治区、直辖市人民政府应当按照分级分类监管的原则，明确煤矿企业的安全生产监管主体。

县级以上人民政府相关主管部门对未依法取得安全生产许可证等擅自进行煤矿生产的，应当依法查处。

乡镇人民政府在所辖区域内发现未依法取得安全生产许可证等擅自进行煤矿生产的，应当采取有效措施制止，并向县级人民政府相关主管部门报告。

第四十一条 省、自治区、直辖市人民政府负有煤矿安全生产监督管理职责的部门审查煤矿建设项目安全设施设计，应当自受理之日起30日内审查完毕，签署同意或者不同意的意见，并书面答复。

省、自治区、直辖市人民政府负有煤矿安全生产监督管理职责的部门应当加强对建设单位安全设施验收活动和验收结果的监督核查。

第四十二条 省、自治区、直辖市人民政府负有煤矿安全生产监督管理职责的部门负责煤矿企业安全生产许可证的颁发和管理，并接受国家矿山安全监察机构及其设在地方的矿山安全监察机构的监督。

第四十三条 县级以上地方人民政府负有煤矿安全生产监督管理职责的部门应当编制煤矿安全生产年度监督

检查计划，并按照计划进行监督检查。

煤矿安全生产年度监督检查计划应当抄送所在地矿山安全监察机构。

第四十四条 县级以上地方人民政府负有煤矿安全生产监督管理职责的部门依法对煤矿企业进行监督检查，并将煤矿现场安全生产状况作为监督检查重点内容。监督检查可以采取以下措施：

（一）进入煤矿企业进行检查，重点检查一线生产作业场所，调阅有关资料，向有关单位和人员了解情况；

（二）对检查中发现的安全生产违法行为，当场予以纠正或者要求限期改正；

（三）对检查中发现的事故隐患，应当责令立即排除；重大事故隐患排除前或者排除过程中无法保证安全的，应当责令从危险区域内撤出作业人员，责令暂时停产或者停止使用相关设施、设备；

（四）对有根据认为不符合保障安全生产的国家标准或者行业标准的设施、设备、器材予以查封或者扣押。

监督检查不得影响煤矿企业的正常生产经营活动。

第四十五条 县级以上地方人民政府负有煤矿安全生产监督管理职责的部门应当将重大事故隐患纳入相关信息系统，建立健全重大事故隐患治理督办制度，督促煤矿企业消除重大事故隐患。

第四十六条 县级以上地方人民政府负有煤矿安全生产监督管理职责的部门应当加强对煤矿安全生产技术服务机构的监管。

承担安全评价、认证、检测、检验等职责的煤矿安全生产技术服务机构应当依照有关法律法规和国家标准或者行业标准的规定开展安全生产技术服务活动，并对出具的报告负责，不得租借资质、挂靠、出具虚假报告。

第四十七条 县级以上人民政府及其有关部门对存在安全生产失信行为的煤矿企业、煤矿安全生产技术服务机构及有关从业人员，依法依规实施失信惩戒。

第四十八条 对被责令停产整顿的煤矿企业，在停产整顿期间，有关地方人民政府应当采取有效措施进行监督检查。

煤矿企业有安全生产违法行为或者重大事故隐患依法被责令停产整顿的，应当制定整改方案并进行整改。整改结束后要求恢复生产的，县级以上地方人民政府负有煤矿安全生产监督管理职责的部门应当组织验收，并在收到恢复生产申请之日起20日内组织验收完毕。验收合格的，经本部门主要负责人签字，并经所在地矿山安全监察机构审核同意，报本级人民政府主要负责人批准后，方可恢复生产。

第四十九条 县级以上地方人民政府负有煤矿安全生产监督管理职责的部门对被责令停产整顿或者关闭的煤矿企业，应当在5个工作日内向社会公告；对被责令停产整顿的煤矿企业经验收合格恢复生产的，应当自恢复生产之日起5个工作日内向社会公告。

第四章 煤矿安全监察

第五十条 国家矿山安全监察机构及其设在地方的矿山安全监察机构应当依法履行煤矿安全监察职责，对县级以上地方人民政府煤矿安全生产监督管理工作加强监督检查，并及时向有关地方人民政府通报监督检查的情况，提出改善和加强煤矿安全生产工作的监察意见和建议，督促开展重大事故隐患整改和复查。

县级以上地方人民政府应当配合和接受国家矿山安全监察机构及其设在地方的矿山安全监察机构的监督检查，及时落实监察意见和建议。

第五十一条 设在地方的矿山安全监察机构应当对所辖区域内煤矿安全生产实施监察；对事故多发地区，应当实施重点监察。国家矿山安全监察机构根据实际情况，组织对全国煤矿安全生产的全面监察或者重点监察。

第五十二条 国家矿山安全监察机构及其设在地方的矿山安全监察机构对县级以上地方人民政府煤矿安全生产监督管理工作进行监督检查，可以采取以下方式：

（一）听取有关地方人民政府及其负有煤矿安全生产监督管理职责的部门工作汇报；

（二）调阅、复制与煤矿安全生产有关的文件、档案、工作记录等资料；

（三）要求有关地方人民政府及其负有煤矿安全生产监督管理职责的部门和有关人员就煤矿安全生产工作有关问题作出说明；

（四）有必要采取的其他方式。

第五十三条 国家矿山安全监察机构及其设在地方的矿山安全监察机构履行煤矿安全监察职责，有权进入煤矿作业场所进行检查，参加煤矿企业安全生产会议，向有关煤矿企业及人员了解情况。

国家矿山安全监察机构及其设在地方的矿山安全监察机构发现煤矿现场存在事故隐患的，有权要求立即排除或者限期排除；发现有违章指挥、强令冒险作业、违章作业以及其他安全生产违法行为的，有权立即纠正或者要求立即停止作业；发现威胁安全的紧急情况时，有权要求立即停止危险区域内的作业并撤出作业人员。

矿山安全监察人员履行煤矿安全监察职责，应当出示执法证件。

第五十四条 国家矿山安全监察机构及其设在地方的矿山安全监察机构发现煤矿企业存在重大事故隐患责令停产整顿的，应当及时移送县级以上地方人民政府负有煤矿安全生产监督管理职责的部门处理并进行督办。

第五十五条 国家矿山安全监察机构及其设在地方的矿山安全监察机构发现煤矿企业存在应当由其他部门处理的违法行为的，应当及时移送有关部门处理。

第五十六条 国家矿山安全监察机构及其设在地方的矿山安全监察机构和县级以上人民政府有关部门应当建立信息共享、案件移送机制，加强协作配合。

第五十七条 国家矿山安全监察机构及其设在地方的矿山安全监察机构应当加强煤矿安全生产信息化建设，运用信息化手段提升执法水平。

煤矿企业应当按照国家矿山安全监察机构制定的安全生产电子数据规范联网并实时上传电子数据，对上传电子数据的真实性、准确性和完整性负责。

第五十八条 国家矿山安全监察机构及其设在地方的矿山安全监察机构依法对煤矿企业贯彻执行安全生产法律法规、煤矿安全规程以及保障安全生产的国家标准或者行业标准的情况进行监督检查，行使本条例第四十四条规定的职权。

第五十九条 发生煤矿生产安全事故后，煤矿企业及其负责人应当迅速采取有效措施组织抢救，并依照《生产安全事故报告和调查处理条例》的规定立即如实向当地应急管理部门、负有煤矿安全生产监督管理职责的部门和所在地矿山安全监察机构报告。

国家矿山安全监察机构及其设在地方的矿山安全监察机构应当根据事故等级和工作需要，派出工作组赶赴事故现场，指导配合事故发生地地方人民政府开展应急救援工作。

第六十条 煤矿生产安全事故按照事故等级实行分级调查处理。

特别重大事故由国务院或者国务院授权有关部门依照《生产安全事故报告和调查处理条例》的规定组织调查处理。重大事故、较大事故、一般事故由国家矿山安全监察机构及其设在地方的矿山安全监察机构依照《生产安全事故报告和调查处理条例》的规定组织调查处理。

第五章 法律责任

第六十一条 未依法取得安全生产许可证等擅自进行煤矿生产的，应当责令立即停止生产，没收违法所得和开采出的煤炭以及采掘设备；违法所得在10万元以上的，并处违法所得2倍以上5倍以下的罚款；没有违法所得或者违法所得不足10万元的，并处10万元以上20万元以下的罚款。

关闭的煤矿企业擅自恢复生产的，依照前款规定予以处罚。

第六十二条 煤矿企业有下列行为之一的，依照《中华人民共和国安全生产法》有关规定予以处罚：

（一）未按照规定设置安全生产管理机构并配备安全生产管理人员的；

（二）主要负责人和安全生产管理人员未按照规定经考核合格并持续保持相应水平和能力的；

（三）未按照规定进行安全生产教育和培训，未按照规定如实告知有关的安全生产事项，或者未如实记录安全生产教育和培训情况的；

（四）特种作业人员未按照规定经专门的安全作业培训并取得相应资格，上岗作业的；

（五）进行危险作业，未采取专门安全技术措施并安排专门人员进行现场安全管理的；

（六）未按照规定建立并落实安全风险分级管控制度和事故隐患排查治理制度的，或者重大事故隐患排查治理情况未按照规定报告的；

（七）未按照规定制定生产安全事故应急救援预案或者未定期组织演练的。

第六十三条 煤矿企业有下列行为之一的，责令限期改正，处10万元以上20万元以下的罚款；逾期未改正的，责令停产整顿，并处20万元以上50万元以下的罚款，对其直接负责的主管人员和其他直接责任人员处3万元以上5万元以下的罚款：

（一）未按照规定制定并落实全员安全生产责任制和领导带班等安全生产规章制度的；

（二）未按照规定为煤矿配备矿长等人员和机构，或者未按照规定设立救护队的；

（三）煤矿的主要生产系统、安全设施不符合煤矿安全规程和国家标准或者行业标准规定的；

（四）未按照规定编制专项设计的；

（五）井工煤矿未按照规定进行瓦斯等级、冲击地压、煤层自燃倾向性和煤尘爆炸性鉴定的；

（六）露天煤矿的采场及排土场边坡与重要建筑

物、构筑物之间安全距离不符合规定的，或者未按照规定保持露天煤矿边坡稳定的；

（七）违章指挥或者强令冒险作业、违反规程的。

第六十四条　对存在重大事故隐患仍然进行生产的煤矿企业，责令停产整顿，明确整顿的内容、时间等具体要求，并处50万元以上200万元以下的罚款；对煤矿企业主要负责人处3万元以上15万元以下的罚款。

第六十五条　煤矿企业超越依法确定的开采范围采矿的，依照有关法律法规的规定予以处理。

擅自开采保安煤柱或者采用可能危及相邻煤矿生产安全的决水、爆破、贯通巷道等危险方法进行采矿作业的，责令立即停止作业，没收违法所得；违法所得在10万元以上的，并处违法所得2倍以上5倍以下的罚款；没有违法所得或者违法所得不足10万元的，并处10万元以上20万元以下的罚款；造成损失的，依法承担赔偿责任。

第六十六条　煤矿企业有下列行为之一的，责令改正；拒不改正的，处10万元以上20万元以下的罚款；对其直接负责的主管人员和其他直接责任人员处1万元以上2万元以下的罚款：

（一）违反本条例第三十七条第一款规定，隐瞒存在的事故隐患以及其他安全问题的；

（二）违反本条例第四十四条第一款规定，擅自启封或者使用被查封、扣押的设施、设备、器材的；

（三）有其他拒绝、阻碍监督检查行为的。

第六十七条　发生煤矿生产安全事故，对负有责任的煤矿企业除要求其依法承担相应的赔偿等责任外，依照下列规定处以罚款：

（一）发生一般事故的，处50万元以上100万元以下的罚款；

（二）发生较大事故的，处150万元以上200万元以下的罚款；

（三）发生重大事故的，处500万元以上1000万元以下的罚款；

（四）发生特别重大事故的，处1000万元以上2000万元以下的罚款。

发生煤矿生产安全事故，情节特别严重、影响特别恶劣的，可以按照前款罚款数额的2倍以上5倍以下对负有责任的煤矿企业处以罚款。

第六十八条　煤矿企业的决策机构、主要负责人、其他负责人和安全生产管理人员未依法履行安全生产管理职责的，依照《中华人民共和国安全生产法》有关规定处罚并承担相应责任。

煤矿企业主要负责人未依法履行安全生产管理职责，导致发生煤矿生产安全事故的，依照下列规定处以罚款：

（一）发生一般事故的，处上一年年收入40%的罚款；

（二）发生较大事故的，处上一年年收入60%的罚款；

（三）发生重大事故的，处上一年年收入80%的罚款；

（四）发生特别重大事故的，处上一年年收入100%的罚款。

第六十九条　煤矿企业及其有关人员有瞒报、谎报事故等行为的，依照《中华人民共和国安全生产法》、《生产安全事故报告和调查处理条例》有关规定予以处罚。

有关地方人民政府及其应急管理部门、负有煤矿安全生产监督管理职责的部门和设在地方的矿山安全监察机构有瞒报、谎报事故等行为的，对负有责任的领导人员和直接责任人员依法给予处分。

第七十条　煤矿企业存在下列情形之一的，应当提请县级以上地方人民政府予以关闭：

（一）未依法取得安全生产许可证等擅自进行生产的；

（二）3个月内2次或者2次以上发现有重大事故隐患仍然进行生产的；

（三）经地方人民政府组织的专家论证在现有技术条件下难以有效防治重大灾害的；

（四）有《中华人民共和国安全生产法》规定的应当提请关闭的其他情形。

有关地方人民政府作出予以关闭的决定，应当立即组织实施。关闭煤矿应当达到下列要求：

（一）依照法律法规有关规定吊销、注销相关证照；

（二）停止供应并妥善处理民用爆炸物品；

（三）停止供电，拆除矿井生产设备、供电、通信线路；

（四）封闭、填实矿井井筒，平整井口场地，恢复地貌；

（五）妥善处理劳动关系，依法依规支付经济补偿、工伤保险待遇，组织离岗时职业健康检查，偿还拖欠工资，补缴欠缴的社会保险费；

（六）设立标识牌；

（七）报送、移交相关报告、图纸和资料等；

（八）有关法律法规规定的其他要求。

第七十一条 有下列情形之一的，依照《中华人民共和国安全生产法》有关规定予以处罚：

（一）煤矿建设项目没有安全设施设计或者安全设施设计未按照规定报经有关部门审查同意的；

（二）煤矿建设项目的施工单位未按照批准的安全设施设计施工的；

（三）煤矿建设项目竣工投入生产或者使用前，安全设施未经验收合格的；

（四）煤矿企业违反本条例第二十四条第一款、第二十五条第一款和第二款、第二十六条第二款规定的。

第七十二条 承担安全评价、认证、检测、检验等职责的煤矿安全生产技术服务机构有出具失实报告、租借资质、挂靠、出具虚假报告等情形的，对该机构及直接负责的主管人员和其他直接责任人员，应当依照《中华人民共和国安全生产法》有关规定予以处罚并追究相应责任。其主要负责人对重大、特别重大煤矿生产安全事故负有责任的，终身不得从事煤矿安全生产相关技术服务工作。

第七十三条 本条例规定的行政处罚，由县级以上人民政府负有煤矿安全生产监督管理职责的部门和其他有关部门、国家矿山安全监察机构及其设在地方的矿山安全监察机构按照职责分工决定，对同一违法行为不得给予两次以上罚款的行政处罚。对被责令停产整顿的煤矿企业，应当暂扣安全生产许可证等。对违反本条例规定的严重违法行为，应当依法从重处罚。

第七十四条 地方各级人民政府、县级以上人民政府负有煤矿安全生产监督管理职责的部门和其他有关部门、国家矿山安全监察机构及其设在地方的矿山安全监察机构有下列情形之一的，对负有责任的领导人员和直接责任人员依法给予处分：

（一）县级以上人民政府负有煤矿安全生产监督管理职责的部门、国家矿山安全监察机构及其设在地方的矿山安全监察机构不依法履行职责，不及时查处所辖区域内重大事故隐患和安全生产违法行为的；县级以上人民政府其他有关部门未依法履行煤矿安全生产相关职责的；

（二）乡镇人民政府在所辖区域内发现未依法取得安全生产许可证等擅自进行煤矿生产，没有采取有效措施制止或者没有向县级人民政府相关主管部门报告的；

（三）对被责令停产整顿的煤矿企业，在停产整顿期间，因有关地方人民政府监督检查不力，煤矿企业在停产整顿期间继续生产的；

（四）关闭煤矿未达到本条例第七十条第二款规定要求的；

（五）县级以上人民政府负有煤矿安全生产监督管理职责的部门、国家矿山安全监察机构及其设在地方的矿山安全监察机构接到举报后，不及时处理的；

（六）县级以上地方人民政府及其有关部门要求不具备安全生产条件的煤矿企业进行生产的；

（七）有其他滥用职权、玩忽职守、徇私舞弊情形的。

第七十五条 违反本条例规定，构成犯罪的，依法追究刑事责任。

第六章 附 则

第七十六条 本条例自2024年5月1日起施行。《煤矿安全监察条例》和《国务院关于预防煤矿生产安全事故的特别规定》同时废止。

监察机关参加生产安全事故调查处理的规定

1. 2012年11月15日监察部令第28号公布
2. 自2013年1月1日起施行

第一章 总 则

第一条 为了规范监察机关参加生产安全事故调查处理工作，落实生产安全事故责任追究制度，防止和减少生产安全事故，根据《中华人民共和国行政监察法》、《中华人民共和国安全生产法》、《生产安全事故报告和调查处理条例》及其他有关法律、行政法规，制定本规定。

第二条 监察机关参加本级人民政府统一组织或者本级人民政府授权有关部门组织，上级监察机关委托、指定，以及本级监察机关领导人员批准的生产安全事故调查处理工作，适用本规定。

第三条 监察机关参加生产安全事故调查处理，应当坚持科学严谨、依法依规、实事求是、注重实效的原则。

对生产安全事故违法违纪行为的调查处理，应当做到事实清楚、证据确凿、定性准确、处理恰当、程序合法、手续完备。

第四条 根据生产安全事故造成的人员伤亡或者直接经济损失情况，监察机关按照下列规定实行分级调查；必要时，上级监察机关可以直接办理所辖各级监察机关管辖范围内的生产安全事故的调查处理：

（一）造成30人以上死亡，或者100人以上重伤（包括急性工业中毒，下同），或者1亿元以上直接经济损失的特别重大事故，由国务院监察机关参加调查；

（二）造成10人以上30人以下死亡，或者50人以上100人以下重伤，或者5000万元以上1亿元以下直接经济损失的重大事故，由省级人民政府监察机关参加调查；

（三）造成3人以上10人以下死亡，或者10人以上50人以下重伤，或者1000万元以上5000万元以下直接经济损失的较大事故，由设区的市级人民政府监察机关参加调查；

（四）造成3人以下死亡，或者10人以下重伤，或者1000万元以下直接经济损失的一般事故，由县级人民政府监察机关参加调查。

没有造成人员伤亡或者直接经济损失，但是社会影响恶劣的事故，国务院或者有关地方人民政府认为需要调查处理的，监察机关依照本规定执行。

第五条 重大及以下等级事故，事故发生地与事故发生单位不在同一个县级以上行政区域的，原则上由事故发生地的县级以上监察机关为主参加调查；必要时，由对事故发生单位有管辖权的监察机关为主参加调查，有关监察机关协助调查。发生争议的，由其共同的上级监察机关决定。

调查结束后，有关监察机关按照管理权限分别处理各自管辖范围内的事项。在作出处理决定之前，应当通报、协商各自的处理意见。协商不一致的，由其共同的上级监察机关决定。

第六条 监察机关参加生产安全事故调查处理，依法履行下列职责：

（一）参与事故的原因、性质等方面的调查认定；

（二）组织开展对事故涉及的监察对象违法违纪行为的调查，依法作出监察决定或者提出监察建议；

（三）受理对事故涉及的监察对象违法违纪行为的控告、检举；

（四）对监察对象在事故调查处理工作中履行职责、遵纪守法情况进行监督；

（五）向有关监察对象提出监察建议，督促总结事故教训，健全生产安全规章制度。

第二章 立案与调查

第七条 监察机关参加生产安全事故调查，以本级人民政府、上级监察机关或者本级监察机关批准参加调查的决定、批复作为立案依据，不再另行履行立案报批手续。立案时间为作出决定、批复之日。

经认定属于自然灾害或者刑事案件的，按照有关规定处理。

第八条 监察机关参加生产安全事故调查，应当制定调查方案，经监察机关参加调查组的负责人批准后执行。

调查方案包括应当查明的问题和线索；调查人员的组成和分工；调查步骤、方法等内容。

第九条 监察机关应当依法、全面、客观地收集相关证据。调查取证时，调查人员不得少于2人。

第十条 监察机关可以进行现场勘查、检查，并应当制作笔录或者勘查、检查报告，由参加勘查、检查的人员和见证人签名或者盖章；必要时可以拍照、录像。

第十一条 监察机关进行调查询问应当个别进行，并现场制作谈话笔录。

第十二条 监察机关根据调查工作需要，可以提请有关行政部门、机构予以协助；对涉及的专门性问题，可以提请有关专门机构或者人员作出鉴定结论。

第十三条 监察机关应当将调查认定的违法违纪事实形成书面材料，与被调查人见面，并听取其陈述和申辩。

监察机关应当要求被调查人在调查事实见面材料上签署意见并签名。被调查人提出异议的，监察机关应当作出书面说明。

第十四条 事故调查结束后，监察机关参加事故调查的部门应当制作调查报告。调查报告的主要内容包括：立案依据；事故的基本事实；事故的原因及性质；有关单位和人员的责任及处理建议等。

第十五条 监察机关参加生产安全事故调查的时限，按照《生产安全事故报告和调查处理条例》的有关规定执行。

第十六条 监察机关参加生产安全事故调查的人员有下列情形之一，应当自行回避；被调查人、控告人、检举人以及与事故发生单位有利害关系的公民、法人或者其他组织有权申请其回避：

（一）是被调查人或者控告人、检举人的近亲属的；

（二）本人或者近亲属与事故发生单位有利害关系的；

（三）与被调查人或者控告人、检举人有其他关系，可能影响事故公正调查处理的。

监察机关负责人的回避，由上一级监察机关负责人决定；其他调查人员的回避，由所在监察机关负责人决定。监察机关发现参加调查的人员有应当回避的情形，可以直接决定该人员回避。

第十七条 监察机关参加生产安全事故调查的人员应当遵守事故调查组的纪律，保守秘密，不得擅自发布与事故有关的信息。

第十八条 监察机关在参加生产安全事故调查处理中，对监察对象涉嫌贪污、受贿等违反行政纪律的问题，可以根据实际情况并案或者另行立案调查处理。另行立案调查的，按照监察机关有关规定办理。

第十九条 发现调查组成员涉嫌违法违纪的，监察机关参加事故调查的部门应当报告本监察机关，经本监察机关负责人批准，由有关部门按照管理权限调查处理。

第三章 事故处理

第二十条 监察机关对事故责任人员处理意见的审核，按照以下规定办理：

（一）由国务院统一组织或者国务院授权有关部门组织，国务院监察机关参加调查的特别重大事故，国务院监察机关参加调查的部门应当将案件移送审理部门进行审理；审理部门进行审理后，提交国务院监察机关研究决定或者提出意见。

（二）由地方人民政府组织或者授权、委托有关部门组织调查的生产安全事故，监察机关参加调查的部门应当将案件移送审理部门进行审理；由本监察机关提出对责任人员的处理意见，经地方人民政府同意后，报上一级监察机关备案。

（三）根据上级监察机关的相关决定或者批复参加调查的，监察机关参加调查的部门应当将案件移送审理部门进行审理；由本监察机关提出对责任人员的处理意见，并报作出相关决定或者批复的上级监察机关审定。

由上级监察机关参加调查的事故处理意见，已经上级监察机关审理的，下级监察机关在落实处理意见过程中可以不再审理。

第二十一条 移送审理的事故类案件，应当具备以下材料：

（一）立案依据；

（二）调查报告；

（三）参加调查部门的意见及其主管领导的批示；

（四）全部证据材料；

（五）被调查人事实见面材料和本人的意见及参加调查部门对其意见的说明；

（六）事故技术鉴定报告；

（七）其他应当移送审理的材料。

第二十二条 对重大复杂、社会关注度高、定性处理难度大的案件，监察机关参加事故调查的部门在基本事实查清、基本责任明确后，经本监察机关领导批准，审理部门可以提前介入审理。

第二十三条 监察机关依法提出的处理意见，应当提请事故调查组纳入事故调查报告。

第二十四条 监察机关在接到本级人民政府对事故调查组调查报告的批复后，应当依照法律、法规规定的权限和程序，对负有责任的监察对象直接作出处分决定或者逐级通知下级监察机关作出处分决定。下级监察机关落实处理意见的情况，应当在作出处分决定60日内逐级报上级监察机关备案。

第二十五条 监察机关对监察对象作出处分决定后，应当抄送本级人民政府人事部门或者有关部门执行。

第二十六条 监察机关在事故调查处理中应当加强与司法机关的协作配合。被调查人涉嫌犯罪的，应当移送司法机关依法处理。

第二十七条 事故责任人中的监察对象受到刑事追究的，监察机关应当根据司法机关的生效判决、裁定和决定及其认定的事实、性质和情节，按照管理权限依法给予处分或者作出其他处理。

第二十八条 监察机关应当会同有关部门对落实处理意见和执行处分决定的情况进行监督检查。

拒不执行或者故意违反规定不正确执行、故意拖延或者擅自变更处理意见、处分决定的，对负有责任的领导人员和直接责任人员依法给予处分。

第二十九条 受到处分的监察对象对处分决定不服的，可以依照《中华人民共和国行政监察法》、《中华人民共和国公务员法》和《行政机关公务员处分条例》的有关规定提出申诉。

第四章 附 则

第三十条 监察机关参加本级人民政府统一组织或者本级人民政府授权有关部门组织，上级监察机关委托、指定，以及本级监察机关领导批准的生产安全事故以外的其他事故灾难和公共卫生事件、社会安全事件的调查处理，原则上参照本规定进行。国家法律法规另有规定的，从其规定。

第三十一条 本规定由监察部负责解释。

第三十二条 本规定自2013年1月1日起施行。《监察机关参加特别重大事故调查处理的暂行规定》（监发〔1991〕3号）和《监察部关于对特大、重大责任事故责任人员行政处分分级审批的通知》（监发〔1997〕3号）同时废止。

安全生产违法行为行政处罚办法

1. 2007年11月30日国家安全生产监督管理总局令第15号公布

2. 根据2015年4月2日国家安全生产监督管理总局令第77号《关于修改〈《生产安全事故报告和调查处理条例》罚款处罚暂行规定〉等四部规章的决定》修正

第一章　总　　则

第一条　为了制裁安全生产违法行为，规范安全生产行政处罚工作，依照行政处罚法、安全生产法及其他有关法律、行政法规的规定，制定本办法。

第二条　县级以上人民政府安全生产监督管理部门对生产经营单位及其有关人员在生产经营活动中违反有关安全生产的法律、行政法规、部门规章、国家标准、行业标准和规程的违法行为（以下统称安全生产违法行为）实施行政处罚，适用本办法。

煤矿安全监察机构依照本办法和煤矿安全监察行政处罚办法，对煤矿、煤矿安全生产中介机构等生产经营单位及其有关人员的安全生产违法行为实施行政处罚。

有关法律、行政法规对安全生产违法行为行政处罚的种类、幅度或者决定机关另有规定的，依照其规定。

第三条　对安全生产违法行为实施行政处罚，应当遵循公平、公正、公开的原则。

安全生产监督管理部门或者煤矿安全监察机构（以下统称安全监管监察部门）及其行政执法人员实施行政处罚，必须以事实为依据。行政处罚应当与安全生产违法行为的事实、性质、情节以及社会危害程度相当。

第四条　生产经营单位及其有关人员对安全监管监察部门给予的行政处罚，依法享有陈述权、申辩权和听证权；对行政处罚不服的，有权依法申请行政复议或者提起行政诉讼；因违法给予行政处罚受到损害的，有权依法申请国家赔偿。

第二章　行政处罚的种类、管辖

第五条　安全生产违法行为行政处罚的种类：

（一）警告；

（二）罚款；

（三）没收违法所得、没收非法开采的煤炭产品、采掘设备；

（四）责令停产停业整顿、责令停产停业、责令停止建设、责令停止施工；

（五）暂扣或者吊销有关许可证，暂停或者撤销有关执业资格、岗位证书；

（六）关闭；

（七）拘留；

（八）安全生产法律、行政法规规定的其他行政处罚。

第六条　县级以上安全监管监察部门应当按照本章的规定，在各自的职责范围内对安全生产违法行为行政处罚行使管辖权。

安全生产违法行为的行政处罚，由安全生产违法行为发生地的县级以上安全监管监察部门管辖。中央企业及其所属企业、有关人员的安全生产违法行为的行政处罚，由安全生产违法行为发生地的设区的市级以上安全监管监察部门管辖。

暂扣、吊销有关许可证和暂停、撤销有关执业资格、岗位证书的行政处罚，由发证机关决定。其中，暂扣有关许可证和暂停有关执业资格、岗位证书的期限一般不得超过6个月；法律、行政法规另有规定的，依照其规定。

给予关闭的行政处罚，由县级以上安全监管监察部门报请县级以上人民政府按照国务院规定的权限决定。

给予拘留的行政处罚，由县级以上安全监管监察部门建议公安机关依照治安管理处罚法的规定决定。

第七条　两个以上安全监管监察部门因行政处罚管辖权发生争议的，由其共同的上一级安全监管监察部门指定管辖。

第八条　对报告或者举报的安全生产违法行为，安全监管监察部门应当受理；发现不属于自己管辖的，应当及时移送有管辖权的部门。

受移送的安全监管监察部门对管辖权有异议的，应当报请共同的上一级安全监管监察部门指定管辖。

第九条　安全生产违法行为涉嫌犯罪的，安全监管监察部门应当将案件移送司法机关，依法追究刑事责任；尚不够刑事处罚但依法应当给予行政处罚的，由安全监管监察部门管辖。

第十条　上级安全监管监察部门可以直接查处下级安全监管监察部门管辖的案件，也可以将自己管辖的案件交由下级安全监管监察部门管辖。

下级安全监管监察部门可以将重大、疑难案件报请上级安全监管监察部门管辖。

第十一条 上级安全监管监察部门有权对下级安全监管监察部门违法或者不适当的行政处罚予以纠正或者撤销。

第十二条 安全监管监察部门根据需要，可以在其法定职权范围内委托符合《行政处罚法》第十九条规定条件的组织或者乡、镇人民政府以及街道办事处、开发区管理机构等地方人民政府的派出机构实施行政处罚。受委托的单位在委托范围内，以委托的安全监管监察部门名义实施行政处罚。

委托的安全监管监察部门应当监督检查受委托的单位实施行政处罚，并对其实施行政处罚的后果承担法律责任。

第三章 行政处罚的程序

第十三条 安全生产行政执法人员在执行公务时，必须出示省级以上安全生产监督管理部门或者县级以上地方人民政府统一制作的有效行政执法证件。其中对煤矿进行安全监察，必须出示国家安全生产监督管理总局统一制作的煤矿安全监察员证。

第十四条 安全监管监察部门及其行政执法人员在监督检查时发现生产经营单位存在事故隐患的，应当按照下列规定采取现场处理措施：

（一）能够立即排除的，应当责令立即排除；

（二）重大事故隐患排除前或者排除过程中无法保证安全的，应当责令从危险区域撤出作业人员，并责令暂时停产停业、停止建设、停止施工或者停止使用相关设施、设备，限期排除隐患。

隐患排除后，经安全监管监察部门审查同意，方可恢复生产经营和使用。

本条第一款第（二）项规定的责令暂时停产停业、停止建设、停止施工或者停止使用相关设施、设备的期限一般不超过6个月；法律、行政法规另有规定的，依照其规定。

第十五条 对有根据认为不符合安全生产的国家标准或者行业标准的在用设施、设备、器材，违法生产、储存、使用、经营、运输的危险物品，以及违法生产、储存、使用、经营危险物品的作业场所，安全监管监察部门应当依照《行政强制法》的规定予以查封或者扣押。查封或者扣押的期限不得超过30日，情况复杂的，经安全监管监察部门负责人批准，最多可以延长30日，并在查封或者扣押期限内作出处理决定：

（一）对违法事实清楚、依法应当没收的非法财物予以没收；

（二）法律、行政法规规定应当销毁的，依法销毁；

（三）法律、行政法规规定应当解除查封、扣押的，作出解除查封、扣押的决定。

实施查封、扣押，应当制作并当场交付查封、扣押决定书和清单。

第十六条 安全监管监察部门依法对存在重大事故隐患的生产经营单位作出停产停业、停止施工、停止使用相关设施、设备的决定，生产经营单位应当依法执行，及时消除事故隐患。生产经营单位拒不执行，有发生生产安全事故的现实危险的，在保证安全的前提下，经本部门主要负责人批准，安全监管监察部门可以采取通知有关单位停止供电、停止供应民用爆炸物品等措施，强制生产经营单位履行决定。通知应当采用书面形式，有关单位应当予以配合。

安全监管监察部门依照前款规定采取停止供电措施，除有危及生产安全的紧急情形外，应当提前24小时通知生产经营单位。生产经营单位依法履行行政决定、采取相应措施消除事故隐患的，安全监管监察部门应当及时解除前款规定的措施。

第十七条 生产经营单位被责令限期改正或者限期进行隐患排除治理的，应当在规定限期内完成。因不可抗力无法在规定限期内完成的，应当在进行整改或者治理的同时，于限期届满前10日内提出书面延期申请，安全监管监察部门应当在收到申请之日起5日内书面答复是否准予延期。

生产经营单位提出复查申请或者整改、治理限期届满的，安全监管监察部门应当自申请或者限期届满之日起10日内进行复查，填写复查意见书，由被复查单位和安全监管监察部门复查人员签名后存档。逾期未整改、未治理或者整改、治理不合格的，安全监管监察部门应当依法给予行政处罚。

第十八条 安全监管监察部门在作出行政处罚决定前，应当填写行政处罚告知书，告知当事人作出行政处罚决定的事实、理由、依据，以及当事人依法享有的权利，并送达当事人。当事人应当在收到行政处罚告知书之日起3日内进行陈述、申辩，或者依法提出听证要求，逾期视为放弃上述权利。

第十九条 安全监管监察部门应当充分听取当事人的陈述和申辩，对当事人提出的事实、理由和证据，应当进行复核；当事人提出的事实、理由和证据成立的，安全监管监察部门应当采纳。

安全监管监察部门不得因当事人陈述或者申辩而加重处罚。

第二十条 安全监管监察部门对安全生产违法行为实施

行政处罚，应当符合法定程序，制作行政执法文书。

第一节　简易程序

第二十一条　违法事实确凿并有法定依据，对个人处以50元以下罚款、对生产经营单位处以1000元以下罚款或者警告的行政处罚的，安全生产行政执法人员可以当场作出行政处罚决定。

第二十二条　安全生产行政执法人员当场作出行政处罚决定，应当填写预定格式、编有号码的行政处罚决定书并当场交付当事人。

安全生产行政执法人员当场作出行政处罚决定后应当及时报告，并在5日内报所属安全监管监察部门备案。

第二节　一般程序

第二十三条　除依照简易程序当场作出的行政处罚外，安全监管监察部门发现生产经营单位及其有关人员有应当给予行政处罚的行为的，应当予以立案，填写立案审批表，并全面、客观、公正地进行调查，收集有关证据。对确需立即查处的安全生产违法行为，可以先行调查取证，并在5日内补办立案手续。

第二十四条　对已经立案的案件，由立案审批人指定两名或者两名以上安全生产行政执法人员进行调查。

有下列情形之一的，承办案件的安全生产行政执法人员应当回避：

（一）本人是本案的当事人或者当事人的近亲属的；

（二）本人或者其近亲属与本案有利害关系的；

（三）与本人有其他利害关系，可能影响案件的公正处理的。

安全生产行政执法人员的回避，由派出其进行调查的安全监管监察部门的负责人决定。进行调查的安全监管监察部门负责人的回避，由该部门负责人集体讨论决定。回避决定作出之前，承办案件的安全生产行政执法人员不得擅自停止对案件的调查。

第二十五条　进行案件调查时，安全生产行政执法人员不得少于两名。当事人或者有关人员应当如实回答安全生产行政执法人员的询问，并协助调查或者检查，不得拒绝、阻挠或者提供虚假情况。

询问或者检查应当制作笔录。笔录应当记载时间、地点、询问和检查情况，并由被询问人、被检查单位和安全生产行政执法人员签名或者盖章；被询问人、被检查单位要求补正的，应当允许。被询问人或者被检查单位拒绝签名或者盖章的，安全生产行政执法人员应当在笔录上注明原因并签名。

第二十六条　安全生产行政执法人员应当收集、调取与案件有关的原始凭证作为证据。调取原始凭证确有困难的，可以复制，复制件应当注明“经核对与原件无异”的字样和原始凭证存放的单位及其处所，并由出具证据的人员签名或者单位盖章。

第二十七条　安全生产行政执法人员在收集证据时，可以采取抽样取证的方法；在证据可能灭失或者以后难以取得的情况下，经本单位负责人批准，可以先行登记保存，并应当在7日内作出处理决定：

（一）违法事实成立依法应当没收的，作出行政处罚决定，予以没收；依法应当扣留或者封存的，予以扣留或者封存；

（二）违法事实不成立，或者依法不应当予以没收、扣留、封存的，解除登记保存。

第二十八条　安全生产行政执法人员对与案件有关的物品、场所进行勘验检查时，应当通知当事人到场，制作勘验笔录，并由当事人核对无误后签名或者盖章。当事人拒绝到场的，可以邀请在场的其他人员作证，并在勘验笔录中注明原因并签名；也可以采用录音、录像等方式记录有关物品、场所的情况后，再进行勘验检查。

第二十九条　案件调查终结后，负责承办案件的安全生产行政执法人员应当填写案件处理呈批表，连同有关证据材料一并报本部门负责人审批。

安全监管监察部门负责人应当及时对案件调查结果进行审查，根据不同情况，分别作出以下决定：

（一）确有应受行政处罚的违法行为的，根据情节轻重及具体情况，作出行政处罚决定；

（二）违法行为轻微，依法可以不予行政处罚的，不予行政处罚；

（三）违法事实不能成立，不得给予行政处罚；

（四）违法行为涉嫌犯罪的，移送司法机关处理。

对严重安全生产违法行为给予责令停产停业整顿、责令停产停业、责令停止建设、责令停止施工、吊销有关许可证、撤销有关执业资格或者岗位证书、5万元以上罚款、没收违法所得、没收非法开采的煤炭产品或者采掘设备价值5万元以上的行政处罚的，应当由安全监管监察部门的负责人集体讨论决定。

第三十条　安全监管监察部门依照本办法第二十九条的规定给予行政处罚，应当制作行政处罚决定书。行政处罚决定书应当载明下列事项：

（一）当事人的姓名或者名称、地址或者住址；

（二）违法事实和证据；

（三）行政处罚的种类和依据；

（四）行政处罚的履行方式和期限；

（五）不服行政处罚决定，申请行政复议或者提起行政诉讼的途径和期限；

（六）作出行政处罚决定的安全监管监察部门的名称和作出决定的日期。

行政处罚决定书必须盖有作出行政处罚决定的安全监管监察部门的印章。

第三十一条 行政处罚决定书应当在宣告后当场交付当事人；当事人不在场的，安全监管监察部门应当在7日内依照民事诉讼法的有关规定，将行政处罚决定书送达当事人或者其他的法定受送达人：

（一）送达必须有送达回执，由受送达人在送达回执上注明收到日期，签名或者盖章；

（二）送达应当直接送交受送达人。受送达人是个人的，本人不在交他的同住成年家属签收，并在行政处罚决定书送达回执的备注栏内注明与受送达人的关系；

（三）受送达人是法人或者其他组织的，应当由法人的法定代表人、其他组织的主要负责人或者该法人、组织负责收件的人签收；

（四）受送达人指定代收人的，交代收人签收并注明受当事人委托的情况；

（五）直接送达确有困难的，可以挂号邮寄送达，也可以委托当地安全监管监察部门代为送达，代为送达的安全监管监察部门收到文书后，必须立即交受送达人签收；

（六）当事人或者他的同住成年家属拒绝接收的，送达人应当邀请有关基层组织或者所在单位的代表到场，说明情况，在行政处罚决定书送达回执上记明拒收的事由和日期，由送达人、见证人签名或者盖章，将行政处罚决定书留在当事人的住所；也可以把行政处罚决定书留在受送达人的住所，并采用拍照、录像等方式记录送达过程，即视为送达；

（七）受送达人下落不明，或者用以上方式无法送达的，可以公告送达，自公告发布之日起经过60日，即视为送达。公告送达，应当在案卷中注明原因和经过。

安全监管监察部门送达其他行政处罚执法文书，按照前款规定办理。

第三十二条 行政处罚案件应当自立案之日起30日内作出行政处罚决定；由于客观原因不能完成的，经安全监管监察部门负责人同意，可以延长，但不得超过90日；特殊情况需进一步延长的，应当经上一级安全监管监察部门批准，可延长至180日。

第三节 听证程序

第三十三条 安全监管监察部门作出责令停产停业整顿、责令停产停业、吊销有关许可证、撤销有关执业资格、岗位证书或者较大数额罚款的行政处罚决定之前，应当告知当事人有要求举行听证的权利；当事人要求听证的，安全监管监察部门应当组织听证，不得向当事人收取听证费用。

前款所称较大数额罚款，为省、自治区、直辖市人大常委会或者人民政府规定的数额；没有规定数额的，其数额对个人罚款为2万元以上，对生产经营单位罚款为5万元以上。

第三十四条 当事人要求听证的，应当在安全监管监察部门依照本办法第十八条规定告知后3日内以书面方式提出。

第三十五条 当事人提出听证要求后，安全监管监察部门应当在收到书面申请之日起15日内举行听证会，并在举行听证会的7日前，通知当事人举行听证的时间、地点。

当事人应当按期参加听证。当事人有正当理由要求延期的，经组织听证的安全监管监察部门负责人批准可以延期1次；当事人未按期参加听证，并且未事先说明理由的，视为放弃听证权利。

第三十六条 听证参加人由听证主持人、听证员、案件调查人员、当事人及其委托代理人、书记员组成。

听证主持人、听证员、书记员应当由组织听证的安全监管监察部门负责人指定的非本案调查人员担任。

当事人可以委托1至2名代理人参加听证，并提交委托书。

第三十七条 除涉及国家秘密、商业秘密或者个人隐私外，听证应当公开举行。

第三十八条 当事人在听证中的权利和义务：

（一）有权对案件涉及的事实、适用法律及有关情况进行陈述和申辩；

（二）有权对案件调查人员提出的证据质证并提出新的证据；

（三）如实回答主持人的提问；

（四）遵守听证会场纪律，服从听证主持人指挥。

第三十九条 听证按照下列程序进行：

（一）书记员宣布听证会场纪律、当事人的权利和义务。听证主持人宣布案由，核实听证参加人名单，宣布听证开始；

（二）案件调查人员提出当事人的违法事实、出示

证据,说明拟作出的行政处罚的内容及法律依据;

(三)当事人或者其委托代理人对案件的事实、证据、适用的法律等进行陈述和申辩,提交新的证据材料;

(四)听证主持人就案件的有关问题向当事人、案件调查人员、证人询问;

(五)案件调查人员、当事人或者其委托代理人相互辩论;

(六)当事人或者其委托代理人作最后陈述;

(七)听证主持人宣布听证结束。

听证笔录应当当场交当事人核对无误后签名或者盖章。

第四十条　有下列情形之一的,应当中止听证:

(一)需要重新调查取证的;

(二)需要通知新证人到场作证的;

(三)因不可抗力无法继续进行听证的。

第四十一条　有下列情形之一的,应当终止听证:

(一)当事人撤回听证要求的;

(二)当事人无正当理由不按时参加听证的;

(三)拟作出的行政处罚决定已经变更,不适用听证程序的。

第四十二条　听证结束后,听证主持人应当依据听证情况,填写听证会报告书,提出处理意见并附听证笔录报安全监管监察部门负责人审查。安全监管监察部门依照本办法第二十九条的规定作出决定。

第四章　行政处罚的适用

第四十三条　生产经营单位的决策机构、主要负责人、个人经营的投资人(包括实际控制人,下同)未依法保证下列安全生产所必需的资金投入之一,致使生产经营单位不具备安全生产条件的,责令限期改正,提供必需的资金,可以对生产经营单位处1万元以上3万元以下罚款,对生产经营单位的主要负责人、个人经营的投资人处5000元以上1万元以下罚款;逾期未改正的,责令生产经营单位停产停业整顿:

(一)提取或者使用安全生产费用;

(二)用于配备劳动防护用品的经费;

(三)用于安全生产教育和培训的经费;

(四)国家规定的其他安全生产所必须的资金投入。

生产经营单位主要负责人、个人经营的投资人有前款违法行为,导致发生生产安全事故的,依照《生产安全事故罚款处罚规定(试行)》的规定给予处罚。

第四十四条　生产经营单位的主要负责人未依法履行安全生产管理职责,导致生产安全事故发生的,依照《生产安全事故罚款处罚规定(试行)》的规定给予处罚。

第四十五条　生产经营单位及其主要负责人或者其他人员有下列行为之一的,给予警告,并可以对生产经营单位处1万元以上3万元以下罚款,对其主要负责人、其他有关人员处1000元以上1万元以下的罚款:

(一)违反操作规程或者安全管理规定作业的;

(二)违章指挥从业人员或者强令从业人员违章、冒险作业的;

(三)发现从业人员违章作业不加制止的;

(四)超过核定的生产能力、强度或者定员进行生产的;

(五)对被查封或者扣押的设施、设备、器材、危险物品和作业场所,擅自启封或者使用的;

(六)故意提供虚假情况或者隐瞒存在的事故隐患以及其他安全问题的;

(七)拒不执行安全监管监察部门依法下达的安全监管监察指令的。

第四十六条　危险物品的生产、经营、储存单位以及矿山、金属冶炼单位有下列行为之一的,责令改正,并可以处1万元以上3万元以下的罚款:

(一)未建立应急救援组织或者生产经营规模较小、未指定兼职应急救援人员的;

(二)未配备必要的应急救援器材、设备和物资,并进行经常性维护、保养,保证正常运转的。

第四十七条　生产经营单位与从业人员订立协议,免除或者减轻其对从业人员因生产安全事故伤亡依法应承担的责任的,该协议无效;对生产经营单位的主要负责人、个人经营的投资人按照下列规定处以罚款:

(一)在协议中减轻因生产安全事故伤亡对从业人员依法应承担的责任的,处2万元以上5万元以下的罚款;

(二)在协议中免除因生产安全事故伤亡对从业人员依法应承担的责任的,处5万元以上10万元以下的罚款。

第四十八条　生产经营单位不具备法律、行政法规和国家标准、行业标准规定的安全生产条件,经责令停产停业整顿仍不具备安全生产条件的,安全监管监察部门应当提请有管辖权的人民政府予以关闭;人民政府决定关闭的,安全监管监察部门应当依法吊销其有关许可证。

第四十九条　生产经营单位转让安全生产许可证的,没收违法所得,吊销安全生产许可证,并按照下列规定处以罚款：

（一）接受转让的单位和个人未发生生产安全事故的，处10万元以上30万元以下的罚款；

（二）接受转让的单位和个人发生生产安全事故但没有造成人员死亡的，处30万元以上40万元以下的罚款；

（三）接受转让的单位和个人发生人员死亡生产安全事故的，处40万元以上50万元以下的罚款。

第五十条 知道或者应当知道生产经营单位未取得安全生产许可证或者其他批准文件擅自从事生产经营活动，仍为其提供生产经营场所、运输、保管、仓储等条件的，责令立即停止违法行为，有违法所得的，没收违法所得，并处违法所得1倍以上3倍以下的罚款，但是最高不得超过3万元；没有违法所得的，并处5000元以上1万元以下的罚款。

第五十一条 生产经营单位及其有关人员弄虚作假，骗取或者勾结、串通行政审批工作人员取得安全生产许可证书及其他批准文件的，撤销许可及批准文件，并按照下列规定处以罚款：

（一）生产经营单位有违法所得的，没收违法所得，并处违法所得1倍以上3倍以下的罚款，但是最高不得超过3万元；没有违法所得的，并处5000元以上1万元以下的罚款；

（二）对有关人员处1000元以上1万元以下的罚款。

有前款规定违法行为的生产经营单位及其有关人员在3年内不得再次申请该行政许可。

生产经营单位及其有关人员未依法办理安全生产许可证书变更手续的，责令限期改正，并对生产经营单位处1万元以上3万元以下的罚款，对有关人员处1000元以上5000元以下的罚款。

第五十二条 未取得相应资格、资质证书的机构及其有关人员从事安全评价、认证、检测、检验工作，责令停止违法行为，并按照下列规定处以罚款：

（一）机构有违法所得的，没收违法所得，并处违法所得1倍以上3倍以下的罚款，但是最高不得超过3万元；没有违法所得的，并处5000元以上1万元以下的罚款；

（二）有关人员处5000元以上1万元以下的罚款。

第五十三条 生产经营单位及其有关人员触犯不同的法律规定，有两个以上应当给予行政处罚的安全生产违法行为的，安全监管监察部门应当适用不同的法律规定，分别裁量，合并处罚。

第五十四条 对同一生产经营单位及其有关人员的同一安全生产违法行为，不得给予两次以上罚款的行政处罚。

第五十五条 生产经营单位及其有关人员有下列情形之一的，应当从重处罚：

（一）危及公共安全或者其他生产经营单位安全的，经责令限期改正，逾期未改正的；

（二）一年内因同一违法行为受到两次以上行政处罚的；

（三）拒不整改或者整改不力，其违法行为呈持续状态的；

（四）拒绝、阻碍或者以暴力威胁行政执法人员的。

第五十六条 生产经营单位及其有关人员有下列情形之一的，应当依法从轻或者减轻行政处罚：

（一）已满14周岁不满18周岁的公民实施安全生产违法行为的；

（二）主动消除或者减轻安全生产违法行为危害后果的；

（三）受他人胁迫实施安全生产违法行为的；

（四）配合安全监管监察部门查处安全生产违法行为，有立功表现的；

（五）主动投案，向安全监管监察部门如实交待自己的违法行为的；

（六）具有法律、行政法规规定的其他从轻或者减轻处罚情形的。

有从轻处罚情节的，应当在法定处罚幅度的中档以下确定行政处罚标准，但不得低于法定处罚幅度的下限。

本条第一款第（四）项所称的立功表现，是指当事人有揭发他人安全生产违法行为，并经查证属实；或者提供查处其他安全生产违法行为的重要线索，并经查证属实；或者阻止他人实施安全生产违法行为；或者协助司法机关抓捕其他违法犯罪嫌疑人的行为。

安全生产违法行为轻微并及时纠正，没有造成危害后果的，不予行政处罚。

第五章 行政处罚的执行和备案

第五十七条 安全监管监察部门实施行政处罚时，应当同时责令生产经营单位及其有关人员停止、改正或者限期改正违法行为。

第五十八条 本办法所称的违法所得，按照下列规定计算：

（一）生产、加工产品的，以生产、加工产品的销售收入作为违法所得；

（二）销售商品的，以销售收入作为违法所得；

（三）提供安全生产中介、租赁等服务的，以服务收入或者报酬作为违法所得；

（四）销售收入无法计算的，按当地同类同等规模的生产经营单位的平均销售收入计算；

（五）服务收入、报酬无法计算的，按照当地同行业同种服务的平均收入或者报酬计算。

第五十九条　行政处罚决定依法作出后，当事人应当在行政处罚决定的期限内，予以履行；当事人逾期不履的，作出行政处罚决定的安全监管监察部门可以采取下列措施：

（一）到期不缴纳罚款的，每日按罚款数额的3%加处罚款，但不得超过罚款数额；

（二）根据法律规定，将查封、扣押的设施、设备、器材和危险物品拍卖所得价款抵缴罚款；

（三）申请人民法院强制执行。

当事人对行政处罚决定不服申请行政复议或者提起行政诉讼的，行政处罚不停止执行，法律另有规定的除外。

第六十条　安全生产行政执法人员当场收缴罚款的，应当出具省、自治区、直辖市财政部门统一制发的罚款收据；当场收缴的罚款，应当自收缴罚款之日起2日内，交至所属安全监管监察部门；安全监管监察部门应当在2日内将罚款缴付指定的银行。

第六十一条　除依法应当予以销毁的物品外，需要将查封、扣押的设施、设备、器材和危险物品拍卖抵缴罚款的，依照法律或者国家有关规定处理。销毁物品，依照国家有关规定处理；没有规定的，经县级以上安全监管监察部门负责人批准，由两名以上安全生产行政执法人员监督销毁，并制作销毁记录。处理物品，应当制作清单。

第六十二条　罚款、没收违法所得的款项和没收非法开采的煤炭产品、采掘设备，必须按照有关规定上缴，任何单位和个人不得截留、私分或者变相私分。

第六十三条　县级安全生产监督管理部门处以5万元以上罚款、没收违法所得、没收非法生产的煤炭产品或者采掘设备价值5万元以上、责令停产停业、停止建设、停止施工、停产停业整顿、吊销有关资格、岗位证书或者许可证的行政处罚的，应当自作出行政处罚决定之日起10日内报设区的市级安全生产监督管理部门备案。

第六十四条　设区的市级安全生产监管监察部门处以10万元以上罚款、没收违法所得、没收非法生产的煤炭产品或者采掘设备价值10万元以上、责令停产停业、停止建设、停止施工、停产停业整顿、吊销有关资格、岗位证书或者许可证的行政处罚的，应当自作出行政处罚决定之日起10日内报省级安全监管监察部门备案。

第六十五条　省级安全监管监察部门处以50万元以上罚款、没收违法所得、没收非法生产的煤炭产品或者采掘设备价值50万元以上、责令停产停业、停止建设、停止施工、停产停业整顿、吊销有关资格、岗位证书或者许可证的行政处罚的，应当自作出行政处罚决定之日起10日内报国家安全生产监督管理总局或者国家煤矿安全监察局备案。

对上级安全监管监察部门交办案件给予行政处罚的，由决定行政处罚的安全监管监察部门自作出行政处罚决定之日起10日内报上级安全监管监察部门备案。

第六十六条　行政处罚执行完毕后，案件材料应当按照有关规定立卷归档。

案卷立案归档后，任何单位和个人不得擅自增加、抽取、涂改和销毁案卷材料。未经安全监管监察部门负责人批准，任何单位和个人不得借阅案卷。

第六章　附　　则

第六十七条　安全生产监督管理部门所用的行政处罚文书式样，由国家安全生产监督管理总局统一制定。

煤矿安全监察机构所用的行政处罚文书式样，由国家煤矿安全监察局统一制定。

第六十八条　本办法所称的生产经营单位，是指合法和非法从事生产或者经营活动的基本单元，包括企业法人、不具备企业法人资格的合伙组织、个体工商户和自然人等生产经营主体。

第六十九条　本办法自2008年1月1日起施行。原国家安全生产监督管理局（国家煤矿安全监察局）2003年5月19日公布的《安全生产违法行为行政处罚办法》、2001年4月27日公布的《煤矿安全监察程序暂行规定》同时废止。

·党规党纪·

安全生产领域违纪行为适用《中国共产党纪律处分条例》若干问题的解释

中央纪委2007年10月8日印发

为加强安全生产工作，惩处安全生产领域违纪行为，促进安全生产法律法规的贯彻实施，保障人民群众生命财产和公共财产安全，现对安全生产领域违纪行为适用《中国共产党纪律处分条例》若干问题解释如下：

一、党和国家工作人员或者其他从事公务的人员在安全生产领域，有下列情形之一的，依照《中国共产党纪律处分条例》第一百二十七条规定处理：

（一）利用职权干预生产安全事故调查工作或者阻挠、干涉对事故责任人员进行责任追究的；

（二）不执行对事故责任人员的处理决定，或者擅自改变上级机关对事故责任人员的处理意见的；

（三）利用职权干预安全生产行政许可、审批或者安全生产监督执法的；

（四）利用职权干预安全生产中介活动的；

（五）利用职权干预安全生产装备、设备、设施采购或者招标投标等活动的；

（六）有其他利用职权干预生产经营活动危及安全生产行为的。

二、党组织负责人在安全生产领域有下列情形之一的，依照《中国共产党纪律处分条例》第一百二十八条规定处理：

（一）不执行党和国家安全生产方针政策和安全生产法律、法规、规章以及上级机关、主管部门有关安全生产的决定、命令、指示的；

（二）制定或者采取与党和国家安全生产方针政策以及安全生产法律、法规、规章相抵触的规定或措施，造成不良后果或者经上级机关、有关部门指出仍不改正的。

三、国家行政机关或者法律、法规授权的部门、单位的工作人员在安全生产领域，违反规定实施行政许可或者审批，有下列情形之一的，依照《中国共产党纪律处分条例》第一百二十九条规定处理：

（一）向不符合法定安全生产条件的生产经营单位或者经营者颁发有关证照的；

（二）对不具备法定条件机构、人员的安全生产资质、资格予以批准认定的；

（三）对经责令整改仍不具备安全生产条件的生产经营单位，不撤销原行政许可、审批或者不依法查处的；

（四）违法委托单位或者个人行使有关安全生产的行政许可权或者审批权的；

（五）有其他违反规定实施安全生产行政许可或者审批行为的。

四、国家行政机关或者法律、法规授权的部门、单位的工作人员在安全生产领域，有下列情形之一的，依照《中国共产党纪律处分条例》第一百二十九条规定处理：

（一）批准向合法的生产经营单位或者经营者超量提供剧毒品、火工品等危险物资，造成危害后果的；

（二）批准向非法的或者不具备安全生产条件的生产经营单位或者经营者，提供剧毒品、火工品等危险物资或者其他生产经营条件的。

五、国家行政机关或者法律、法规授权的部门、单位的工作人员，未按照有关规定对有关单位新建、改建、扩建工程项目的安全设施组织审查验收的，依照《中国共产党纪律处分条例》第一百三十一条规定处理。

六、国有企业（公司）和集体所有制企业（公司）的工作人员，违反安全生产作业方面的规定，有下列情形之一的，依照《中国共产党纪律处分条例》第一百三十三条规定处理：

（一）对存在的重大安全隐患，未采取有效措施的；

（二）违章指挥，强令工人冒险作业的；

（三）未按规定进行安全生产教育和培训并经考核合格，允许从业人员上岗，致使违章作业的；

（四）超能力、超强度、超定员组织生产经营，拒不执行有关部门整改指令的。

其他企业（公司）的工作人员有前款规定情形的，依照前款的规定酌情处理。

七、国有企业（公司）和集体所有制企业（公司）的工作人员，违反有关安全生产行政许可的规定，有下列情形之一的，依照《中国共产党纪律处分条例》第一百三十三条规定处理：

（一）未取得安全生产行政许可及相关证照或者不具备安全生产条件从事生产经营活动的；

（二）弄虚作假，骗取安全生产相关证照的；

（三）出借、出租、转让或者冒用安全生产相关证照的；

（四）被依法责令停产停业整顿、吊销证照、关闭的生产经营单位，继续从事生产经营活动的。

其他企业（公司）的工作人员有前款规定情形的，依照前款的规定酌情处理。

八、国有企业（公司）和集体所有制企业（公司）的工作人员，在安全生产、经营、管理等活动中有下列情形之一的，依照《中国共产党纪律处分条例》第一百三十三条规定处理：

（一）未按照有关规定保证安全生产所必需的资金投入，导致产生重大安全隐患的；

（二）制造、销售、使用国家明令淘汰或者不符合国家标准的设施、设备、器材或者产品的；

（三）拒绝执法人员进行现场检查或者在被检查时隐瞒事故隐患，不如实反映情况的。

其他企业（公司）的工作人员有前款规定情形的，依照前款的规定酌情处理。

九、国家机关工作人员的配偶、子女及其配偶违反规定在煤矿等企业投资入股或者在安全生产领域经商办企业的，对该国家机关工作人员依照《中国共产党纪律处分条例》第七十七条规定处理。

国有企业领导人员的配偶、子女及其配偶违反规定在煤矿等企业投资入股或者在安全生产领域经商办企业的，依照前款规定处理。

十、承担安全评价、培训、认证、资质验证、设计、检测、检验等工作的机构，出具虚假报告等与事实不符的文件材料的，依照《中国共产党纪律处分条例》第一百一十条规定处理。

中央纪委国家监委开展特别重大生产安全责任事故追责问责审查调查工作规定（试行）

1. 2020年12月15日中共中央纪委制定
2. 2020年12月27日发布

第一章 总 则

第一条 为了规范中央纪委国家监委开展特别重大生产安全责任事故追责问责审查调查工作，根据《中国共产党纪律处分条例》《中国共产党问责条例》《中国共产党纪律检查机关监督执纪工作规则》等党内法规和《中华人民共和国监察法》《中华人民共和国安全生产法》等法律法规，结合工作实际，制定本规定。

第二条 中央纪委国家监委开展特别重大生产安全责任事故追责问责审查调查，坚持以习近平新时代中国特色社会主义思想为指导，增强“四个意识”、坚定“四个自信”、做到“两个维护”，坚持党中央集中统一领导，及时主动向党中央请示报告，重大事项报请党中央审批决定。坚持全面从严治党，失责必问，违纪违法必究，为营造安全稳定的经济社会发展环境、提高全社会安全生产水平、维护广大人民群众生命财产安全提供坚强纪法保障。

第三条 中央纪委国家监委开展特别重大生产安全责任事故追责问责审查调查，应当立足自身职责定位，依规依纪依法进行，不受行政机关、社会团体和个人的干涉。

第四条 中央纪委国家监委开展特别重大生产安全责任事故追责问责审查调查，坚持执纪执法贯通，有效衔接司法；坚持实事求是，做到事实清楚、证据确凿、定性准确、处理恰当、手续完备、程序合规。

第五条 中央纪委国家监委开展特别重大生产安全责任事故追责问责审查调查，履行下列职责：

（一）对事故涉及的党组织和党员、干部以及监察对象涉嫌违纪或者职务违法、职务犯罪开展审查调查；

（二）对违纪或者职务违法的党组织和党员、干部以及监察对象依纪依法作出党纪政务处分决定或者提出处理处置建议；对涉嫌职务犯罪的，依法移送检察机关审查起诉；

（三）对地方党委和政府、各级职能部门、相关单位及领导人员贯彻落实党中央关于安全生产的决策部署以及安全生产法律法规不力，履行管理、监督职责不力等情况进行问责；

（四）对参与事故调查的有关单位及人员依规依法履行职责、秉公用权等情况进行监督；

（五）对责任事故追责问责审查调查中发现的突出问题，向有关党组织、单位提出纪律检查建议或者监察建议，督促完善制度，提高治理水平。

第六条 中央纪委国家监委对特别重大等级以下但社会影响大、情况复杂的生产安全责任事故，必要时可以直接进行追责问责审查调查，或者派员指导相关纪检监察机关进行追责问责审查调查。

第二章 工作机制

第七条 中央纪委国家监委党风政风监督室负责对中央纪委国家监委开展特别重大生产安全责任事故追责问责审查调查工作（以下简称责任事故追责问责审查调查工作）的统筹安排和综合协调，并从同类事故量纪处理平衡等角度提出意见。

第八条 中央纪委国家监委责任事故追责问责审查调查组（以下简称审查调查组）一般由联系事故发生地的监督检查室牵头成立，具体负责责任事故追责问责审查调查工作；发生事故的单位、行业主管部门等属于中央纪委国家监委其他监督检查室联系的，有关监督检查室应当协助配合。中央纪委国家监委领导另有指示、批示的，按照领导指示、批示确定牵头承办部门。

中央纪委国家监委有关部门按照职责分工做好相关协调联络、线索管理、信息发布、宣传报道等工作。

第九条 审查调查组组长一般应当由牵头承办部门主要负责人担任；副组长一般应当包括牵头承办部门一名

局级干部（巡视员）和事故发生地省级纪委监委一名负责人；涉及多个省级行政区域的，牵头承办部门可以视情提请中央纪委国家监委相关监督检查室和省级纪委监委派员参加，相关监督检查室和省级纪委监委应当派员参加。

第十条 审查调查组应当加强与地方纪委监委、设在主管部门的纪检监察机构等的沟通协调。相关地方纪委监委、设在主管部门的纪检监察机构等应当按要求参加、配合中央纪委国家监委责任事故追责问责审查调查工作，做好中央纪委国家监委交办案件的审查调查和处理处置工作。

第十一条 审查调查组应当加强与国务院事故调查组、有关部门及相关单位的协作配合。

第十二条 中央纪委国家监委案件审理室负责对中管干部党纪政务处分、涉嫌职务犯罪案件以及对有关党组织进行纪律处理案件的审理；按照全案把关、总体把握平衡原则，采取上下联合审理、分级审核把关的方式，组织协调并指导地方纪委监委、设在主管部门的纪检监察机构案件审理部门按规定对非中管干部党纪政务处分、涉嫌职务犯罪案件以及其他党组织进行纪律处理的案件进行审理。

第十三条 中央纪委国家监委开展责任事故追责问责审查调查工作涉及中管干部的问题线索，应当根据职责分工，由牵头承办部门和相关审查调查室按照有关规定办理。

第三章 审查调查

第十四条 中央纪委国家监委收到国务院事故调查组的邀请后，应当及时介入事故调查，跟踪了解事故调查进展情况。在国务院事故调查组初步确定为责任事故后，及时启动追责问责审查调查工作。

国务院或者有关部门未组织事故调查组，或者未邀请中央纪委国家监委介入事故调查的，中央纪委国家监委可以根据中央领导批示或者事故性质、后果和影响，督促其及时成立调查组，或者视情自行启动追责问责审查调查工作。

第十五条 中央纪委国家监委对责任事故追责问责审查调查工作，实行以事立案。牵头承办部门按照中央纪委国家监委立案有关工作程序规定办理立案手续。

第十六条 审查调查组开展责任事故追责问责审查调查，应当制定审查调查方案，并按程序报批后执行。

审查调查方案应当包括需要查明的问题和线索，审查调查步骤、方法，谈话、询问的人员范围以及采取的审查调查措施等内容。

审查调查组可以根据工作进展情况分阶段制定审查调查方案，并按程序报批。

第十七条 以事立案后，审查调查组可以采取谈话、询问、查询、调取、勘验检查、鉴定、技术调查、限制出境措施；在确定被审查调查人后可以采取讯问、留置、冻结、搜查、查封、扣押（暂扣、封存）、通缉措施。采取技术调查、通缉、限制出境措施的，按程序报批后，交有关机关执行。

审查调查组采取上述审查调查措施时应当严格按照《中国共产党纪律检查机关监督执纪工作规则》《监察机关监督执法工作规定》等规定的适用情形、权限、程序报批和实施。

第十八条 审查调查组应当依规依纪依法收集、固定、审查、运用证据，做到全面、客观，形成相互印证、完整稳定的证据链。

审查调查组需要收集、固定的证据主要包括：

（一）证明事故发生原因、性质、人员伤亡及直接经济损失等情况的证据；

（二）生产经营单位的有关证照、从业人员安全生产资质或者上岗作业资格证明、安全生产教育和培训档案、相关设备材料的安全检验报告、安全生产和事故隐患排查治理规章制度，以及反映安全生产管理机构和安全生产管理人员设置配备、重大危险源登记建档、应急救援预案制定演练和组织实施等情况的证据；

（三）地方党委和政府、职能部门、相关单位的“三定”规定，内设机构和职能设置文件，领导班子和有关内设机构人员名单、职责分工等证明文件，证明职责履行情况的会议纪要、文件通知、检查方案、执法文书等材料，有关安全检查记录、检验记录和监测数据等材料，反映应急救援情况的证据；

（四）证明被审查调查人、问责调查对象主体身份和职务职责的任职履历表、任命文件、职责证明文件等证据；

（五）其他证明责任事实和情节轻重的相关证据。

第十九条 审查调查组应当及时接收国务院事故调查组建议追责问责的人员名单、调查报告、谈话笔录及相关证据等材料。对于国务院事故调查组移交的证据材料，审查调查组应当按照《中华人民共和国监察法》《中华人民共和国刑事诉讼法》以及有关规定进行审查，符合规定的可以作为证据使用。

第二十条 审查调查组经前期审查调查确定相关责任人员后，应当按照规定的审批权限报请批准确定被审查调查人。其中，属于中管干部的，报党中央批准；对其他人员，报中央纪委书记、国家监委主任批准。经批准后，审查调查组应当进一步补充完善证据，做好后续审查调查工作。

确定被审查调查人后，应当向被审查调查人宣布，并按照干部管理权限和党组织隶属关系向主管部门和党组织关系所在的党委(党组)主要负责人通报。

第二十一条　对涉嫌职务犯罪的被调查人，属于中管干部的，按照有关规定确定承办部门并按程序办理；属于非中管干部的，一般交由被调查人工作单位所在地纪委监委立案调查，也可以根据需要指定其他地方纪委监委立案调查。

对工作地点(党的组织关系)在地方、管理权限在主管部门的涉嫌职务犯罪的被调查人，一般交由地方纪委监委立案调查。办理非中管干部案件的地方纪委监委应当及时向设在主管部门的纪检监察机构通报情况，加强协调沟通。设在主管部门的纪检监察机构应当积极予以协助。

第二十二条　审查调查中发现党组织、领导人员不履行或者不正确履行职责，存在应当予以问责的情形的，按照《中国共产党问责条例》《关于实行党政领导干部问责的暂行规定》《中华人民共和国监察法》等规定的权限、程序开展问责。

第二十三条　审查调查组查明涉嫌违纪、职务违法、失职失责问题后，应当撰写事实材料，与被审查调查人、问责调查对象见面，听取其陈述和申辩。被审查调查人、问责调查对象应当在事实材料上签署意见，对签署不同意见或者拒不签署意见的，审查调查组应当作出说明或者注明情况。

第二十四条　签署事实材料后，对涉嫌违纪、职务违法或者失职失责问题的非中管干部，牵头承办部门按程序报批后，按照干部管理权限交相关纪检监察机关立案审查调查或者按规定办理。

第二十五条　中央纪委国家监委牵头承办部门应当加强对办理非中管干部涉嫌职务犯罪案件调查工作的地方纪委监委的工作指导。有关地方纪委监委在案件事实、证据等发生重大变化时，应当及时向中央纪委国家监委报告。案件移送审查起诉后，省级纪委监委应当将有关情况及时报告中央纪委国家监委。

第二十六条　审查调查组发现党组织和党员、干部以及监察对象涉嫌与事故无关的其他违纪或者职务违法、职务犯罪问题线索的，可以根据实际情况并案或者按规定另行办理。

第二十七条　审查调查工作结束，审查调查组应当对办理非中管干部案件的纪检监察机关提出的处理处置、问责建议审核把关，并根据情况征求相关地方、单位党委(党组)意见，统筹形成全案处理处置、问责建议和责任事故审查调查报告。

审查调查报告应当列明事故的基本情况、发生原因及性质，审查调查过程，地方党委和政府、各级职能部门和相关单位的责任事实，被审查调查人、问责调查对象的责任事实及与事故发生的关系，态度、认识和申辩，被采取留置措施情况，处理处置建议及党纪法律依据等，并由审查调查组组长以及有关人员签名。

审查调查报告以及有关材料按程序报批后，移送中央纪委国家监委案件审理室。牵头承办部门指导办理非中管干部案件的纪检监察机关及时将有关案件依照规定移送审理。

第四章　审理和处理处置

第二十八条　经中央纪委国家监委领导批准，对于重大复杂、社会关注度高、定性处理难度大的案件，案件审理室可以提前介入；被审查调查人、问责调查对象涉及中管干部的，案件审理室一般应当提前介入。

第二十九条　需要给予中管干部党纪政务处分或有关党组织纪律处理的，牵头承办部门移送审理的材料应当包括：

(一)立案依据；

(二)审查调查报告；

(三)牵头承办部门的意见及领导批示；

(四)全部证据材料；

(五)被审查调查人、问责调查对象事实见面材料和本人的意见及审查调查组对其有关意见的说明；

(六)国务院事故调查组调查报告(调查组审定稿)；

(七)其他应当移送审理的材料。

全案不涉及给予中管干部党纪政务处分或有关党组织纪律处理的，牵头承办部门将审查调查报告，被审查调查人、问责调查对象事实见面材料和本人的意见及审查调查组对其有关意见的说明，国务院事故调查组调查报告(调查组审定稿)移送中央纪委国家监委案件审理室总体把握。

第三十条　中央纪委国家监委案件审理室按照本规定第十二条的规定，对应当由本级审理的事项审理后，形成审理报告，提请中央纪委常委会会议审议，同时对地方相关纪委监委案件审理部门的审理情况把关后，将案件整体情况一并向中央纪委常委会会议报告。

如全案不涉及中央纪委国家监委案件审理室直接

审理事项的，牵头承办部门负责将全案审查调查情况及处理处置、问责意见向中央纪委常委会会议报告。

第三十一条 需要对省级地方党委、政府以及中央部门、单位采取检查方式问责的，应当责成有关省、自治区、直辖市党委和政府党组、中央部委以及国家机关部委、中管企事业单位党组（党委）向党中央作出书面检查；同时，责成有关省、自治区、直辖市人民政府，国务院有关部门、中管企事业单位向国务院作出书面检查。

需要对有关党组织采取通报、改组方式问责的，按照有关规定执行。

第三十二条 对中管干部的处理处置、问责意见，对省、自治区、直辖市党委、政府党组，中央部委，国家机关部委、中管企事业单位党组（党委）的问责意见，以及其他需要呈报党中央批准的，由中央纪委国家监委按程序报党中央批准后，由牵头承办部门或者案件审理室按照规定执行落实。

对非中管干部和其他单位党委（党组）的处理处置、问责意见，经中央纪委国家监委批准后，由牵头承办部门指导督促地方纪委监委、设在主管部门的纪检监察机构按照权限和有关规定执行落实。

中央纪委国家监委及其牵头承办部门应当及时将处理处置、问责意见向国务院及其事故调查组通报。

第三十三条 针对追责问责审查调查中发现的突出问题，牵头承办部门按程序报批后，以“中共中央纪委”“国家监委”名义向有关党组织、单位提出纪律检查建议或者监察建议，并督促整改落实。

第三十四条 中央纪委国家监委牵头承办部门应当对地方纪委监委调查涉嫌职务犯罪案件情况，非中管干部和省级以下单位党委（党组）的处理处置、问责意见执行，以及纪律检查建议、监察建议落实情况开展监督检查。对不执行或者不正确执行的，应当及时予以纠正或者处理。

第三十五条 中央纪委国家监委宣传部应当与中央宣传部及国务院事故调查组牵头单位的相关部门对接，研究提出新闻报道和对外公布方案，在中央宣传部统筹下，与国务院事故调查组牵头单位一并做好事故调查报告、责任事故追责问责审查调查和处理处置、问责情况的新闻报道和对外公布工作，依规依法不宜公开的除外。牵头承办部门应当配合做好相关工作。

第五章 监督管理

第三十六条 审查调查组有正式党员3人以上的，应当设立临时党支部，加强对成员的教育、管理、监督，开展政策理论学习，做好思想政治工作，及时发现问题、进行批评纠正，发挥战斗堡垒作用。

第三十七条 建立健全追责问责审查调查安全责任制，审查调查组组长是审查调查安全第一责任人。审查调查组开展谈话前应当做好风险评估、医疗保障、安全防范工作以及应对突发事件的预案；谈话结束前做好被谈话人思想工作，谈话后按程序与相关单位或者人员做好交接，保证审查调查工作的顺利开展和人员安全。

第三十八条 审查调查、审理人员是被审查调查人、问责调查对象或者检举人近亲属、本案证人、利害关系人，或者存在其他可能影响公正审查调查、审理情形的，不得参与有关审查调查、审理工作。

审查调查、审理人员遇有上述情形的，应当主动申请回避，被审查调查人、问责调查对象、检举人以及其他有关人员也有权要求其回避。选用借调人员、看护人员、审查调查场所，应当严格执行回避制度。

第三十九条 追责问责审查调查、审理过程中，纪检监察机关、参与事故调查的单位及其工作人员具有下列情形之一的，应当依规依纪严肃处理；涉嫌职务违法、职务犯罪的，依法追究法律责任：

（一）不依规依法履行职责，致使事故调查处理、审查调查工作有重大疏漏的；

（二）包庇、袒护负有责任的人员或者借机打击报复的；

（三）对应当移交纪检监察机关、司法机关追究责任的人员不予移交的；

（四）不按要求提供有关材料，不配合追责问责审查调查的；

（五）违反工作纪律、保密纪律，擅自发布、泄露与事故有关的信息，擅自与被审查调查人、问责调查对象或者涉案人员及特定关系人接触的；

（六）有其他违反党内法规和法律法规规定行为的。

第六章 附 则

第四十条 中央纪委国家监委组织的审查调查组原则上统一使用“中央纪委国家监委某某特别重大生产安全责任事故追责问责审查调查组”名称。

第四十一条 中央纪委国家监委开展特别重大生产安全责任事故以外的其他事故或者公共卫生、环境污染、社会安全事件等的追责问责审查调查，参照本规定执行。法律法规另有规定的，从其规定。

第四十二条 各省、自治区、直辖市纪委监委可以参照本规定制定本级开展生产安全责任事故追责问责审查调查的具体规定。

第四十三条 本规定由中央纪委国家监委负责解释。

第四十四条 本规定自发布之日起施行。

(6)因公出国、涉外纪律

·法律法规·

加强党政干部因公出国(境)经费管理暂行办法

1. 2008年8月5日财政部、外交部、监察部、审计署、国家预防腐败局印发

2. 财行〔2008〕230号

第一条 为贯彻落实党中央、国务院关于加强因公出国(境)管理工作的指示精神,切实规范党政干部因公出国(境)活动,进一步严格因公出国(境)经费审批及监督管理,强化预算约束,提高财政资金使用效益,制定本办法。

第二条 各级党政机关因公出国(境)活动,包括访问、考察、培训、参加国际活动等,应严格执行中共中央办公厅、国务院办公厅《关于进一步加强因公出国(境)管理的若干规定》(中办发〔2008〕9号),严格遵守预算管理的法律、行政法规,不得为不符合因公出国(境)条件的团组安排经费。

第三条 各级财政部门应进一步加强对因公出国(境)经费的预算管理。应根据财力的可能,科学合理地安排因公出国(境)经费预算额度,将因公出国(境)经费全部纳入预算管理,未安排预算的单位视为无出国(境)任务安排。严格控制因公出国(境)经费预算规模,对各级党政机关因公出国(境)经费预算实行零增长。

第四条 各级财政部门应进一步加强对因公出国(境)活动的用汇额度管理。按照各级党政机关因公出国(境)经费预算规模相应安排出国(境)用汇额度,采取切实措施加强党政机关出国(境)用汇管理,实行因公出国(境)经费预算及用汇额度双控制。

第五条 各级党政机关应切实加强因公出国(境)经费管理。要在财政部门批准的年度因公出国(境)经费预算和外汇额度内核定出国(境)计划,并根据工作需要组织安排出国(境)活动,确定出国(境)团组数量和规模,如需调整,应在预算内调剂安排。各级党政机关不得超预算或无预算安排出国(境)团组,不得接受或变相接受企事业单位资助,或向同级机关、下级机关和下属单位摊派、转嫁费用。

第六条 各级党政机关应贯彻"勤俭办外事"的方针,加强对因公出国(境)团组的财经纪律教育。因公出国(境)团组应严格执行各项费用开支标准,本着务实、高效、精简、节约的原则开展工作,努力提高工作效率和工作质量。

第七条 各级党政机关应建立因公出国(境)经费先行审核制度。因公出国(境)经费审批部门和任务审批部门要实行审批联动,从源头上把握和控制因公出国(境)活动,坚决制止公款出国(境)旅游行为。因公出国(境)经费审批部门和任务审批部门应根据各自的职责参与因公出国(境)的审批联动,具体审核原则如下:

(一)各级党政机关按照部门预算管理程序向同级财政部门申请出国(境)经费预算时,必须同时提供上一年度出国(境)经费预算执行情况。

(二)各级外事审批部门与财政部门应及时沟通因公出国(境)计划情况。各级财政部门应根据国家和地方财力及出国(境)经费预算申请情况确定各部门的出国经费预算额度,并实行总量控制。

(三)各地区各部门每年1月底前向中央外事工作领导小组办公室和外交部报送省部级人员本年度出国(境)计划时,应明确预算安排可以保证出国(境)团组经费开支。

(四)各级党政机关预算经各级人大批准以后,各级外事审批部门与派出单位的财务部门要根据出国(境)经费预算对纳入出国(境)计划的具体出国(境)任务逐一进行任务和经费联动审核,相互及时沟通情况,严格把关,堵塞漏洞。

(五)各级外事审批部门在审批因公出国(境)任务时,派出单位的财务部门应出具经费安排的意见,双跨类团组参团人员由其所在单位的财务部门出具经费审核意见,确保出国(境)任务在部门预算确定的出国(境)经费预算额度内执行。

(六)中央外事工作领导小组办公室和外交部在审批省部级因公出国(境)团组任务时,团组成员所在中央单位财务部门、地方财政部门应出具经费安排的意见。

(七)对于部门预算中未安排出国(境)经费预算,要求使用其他经费(包括单位行政、事业经费,摊派经费,企业赞助经费等)的因公出国(境)团组申请,视为无出国(境)经费预算安排,财务部门一律不得出具认可意见。凡未经财务部门经费审核认可的因公出国(境)申请,各级外事审批部门一律不予批准。

第八条　国家外国专家局安排的出国(境)培训团组,已纳入国家外国专家局计划并由其资助的出国人员,由国家外国专家局出具经费审核意见,其他参团人员由其所在单位的财务部门出具经费审核意见。

第九条　财务部门应进一步严格对因公出国(境)团组的经费核销管理。对因公出国(境)团组提供的出国(境)任务批件、护照(包括签证和出入境记录)复印件及有效费用明细票据进行认真审核,严格按照批准的出国(境)团组人数、天数、出国路线、经费计划以及有关的经费开支标准等进行核销,不得核销与公务活动无关的开支和计划外发生的费用,不得核销虚假费用单据。

除中央有关文件规定的特殊情况外,各级财务部门一律不得报销党政干部持因私出国(境)证件的出国(境)费用。

第十条　各级党政机关应建立健全对因公出国(境)团组的内部监督检查机制。财务部门应定期或不定期对因公出国(境)团组及经费使用情况进行检查,并于每年第一季度向同级财政部门报送上年度因公出国(境)经费和外汇使用情况。

第十一条　各级纪检监察机关应加强对因公出国(境)经费使用情况的有效监管。应将监管因公出国(境)经费使用情况作为坚决制止公费出国(境)旅游的重要内容,加大监督检查力度。

第十二条　各级审计机关应加强对因公出国(境)经费使用情况的审计监督。应将因公出国(境)经费的管理和使用情况的审计监督作为审计工作的重点,对各单位因公出国(境)经费管理和使用情况进行专项审计。

第十三条　各级纪检监察、审计机关对因公出国(境)经费使用管理中出现的违反财经纪律的行为,应按有关规定严肃处理。对弄虚作假,挪用其他资金、摊派转嫁出国(境)费用的,各级纪检监察机关要追究组团单位和团组相关人员的责任;对不认真履行经费审核、核销责任的,要追究财政、财务部门相关人员的责任;对未经经费审核部门认可而批准出国(境)的,要追究外事审批部门相关人员的责任。对涉嫌犯罪的要移送司法机关依法追究刑事责任。

第十四条　各地区各部门根据本办法并结合实际情况制定加强因公出国(境)经费管理的具体办法及出国任务与经费审批联动的具体实施方案。

第十五条　事业单位因公出国(境)经费的管理可参照本办法执行。

第十六条　本办法由财政部负责解释。

第十七条　本办法自发布之日起实施。

因公临时出国经费管理办法

1. 2013年12月20日财政部、外交部印发

2. 财行〔2013〕516号

第一章　总　　则

第一条　为了进一步规范因公临时出国经费管理,加强预算监督,提高资金使用效益,保证外事工作的顺利开展,根据《中华人民共和国预算法》、《党政机关厉行节约反对浪费条例》等法律法规,制定本办法。

第二条　本办法适用于各级党政军机关、人大政协机关、审判机关、检察机关、民主党派、人民团体和事业单位因公组派临时代表团组的省部级以下(含省部级)出国人员(以下简称出国人员)。

第三条　各地区各部门各单位因公组派临时出国团组应当坚持强化预算约束、优化经费结构、厉行勤俭节约、讲求务实高效的原则,严格控制因公临时出国规模,规范因公临时出国经费管理。

第二章　预算管理和计划管理

第四条　因公临时出国经费应当全部纳入预算管理,并按照下列规定执行:

(一)各级财政部门应当加强因公临时出国经费的预算管理,严格控制因公临时出国经费总额,科学合理地安排因公临时出国经费预算。

(二)各地区各部门各单位应当加强预算硬约束,认真贯彻落实厉行节约的要求,在核定的年度因公临时出国经费预算内,务实高效、精简节约地安排因公临时出国活动,不得超预算或无预算安排出访团组。确有特殊需要的,按规定程序报批。

第五条　出访团组实行计划审批管理,并按照下列规定执行:

(一)各地区各部门各单位应当认真贯彻中央有关外事管理规定,科学制订年度因公临时出国计划,认真履行因公临时出国计划报批制度,严格控制因公临时出国团组人数、国家数和在外停留天数,正确执行限量管理规定。组团单位和派出单位要明确责任,谁派出、谁负责。

(二)因公临时出国应当坚持因事定人的原则,不得因人找事,不得安排照顾性和无实质内容的一般性出访,不得安排考察性出访。

（三）各级外事部门应当加强因公临时出国计划的审核审批管理,严格把关,对违反规定、不适合成行的团组予以调整或者取消。驻外使馆答复国内因公临时出国征求意见时,应当严格履行把关职责。

第六条　各地区各部门各单位出国经费的支付,应当严格按照国库集中支付制度和公务卡管理制度的有关规定执行。

各地区各部门各单位应当严格执行各项经费开支标准,不得擅自突破,严禁接受或变相接受企事业单位资助,严禁向同级机关、下级机关、下属单位、企业、驻外机构等摊派或转嫁出访费用。

第七条　各地区各部门各单位应当建立因公临时出国计划与财务管理的内部控制制度。出访团组应当事先填报《因公临时出国任务和预算审批意见表》（见附 1）,由单位外事和财务部门分别出具审签意见,明确审核责任。出国任务、出国经费预算未通过审核的,不得安排出访团组。

第三章　经费管理

第八条　因公临时出国经费包括:国际旅费、国外城市间交通费、住宿费、伙食费、公杂费和其他费用。

国际旅费,是指出境口岸至入境口岸旅费。

国外城市间交通费,是指为完成工作任务所必须发生的,在出访国家的城市与城市之间的交通费用。

住宿费是指出国人员在国外发生的住宿费用。

伙食费是指出国人员在国外期间的日常伙食费用。

公杂费是指出国人员在国外期间的市内交通、邮电、办公用品、必要的小费等费用。

其他费用主要是指出国签证费用、必需的保险费用、防疫费用、国际会议注册费用等。

第九条　国际旅费按照下列规定执行:

（一）选择经济合理的路线。出国人员应当优先选择由我国航空公司运营的国际航线,由于航班衔接等原因确需选择外国航空公司航线的,应当事先报经单位外事和财务部门审批同意。不得以任何理由绕道旅行,或以过境名义变相增加出访国家和时间。

（二）按照经济适用的原则,通过政府采购等方式,选择优惠票价,并尽可能购买往返机票。

（三）因公临时出国购买机票,须经本单位外事和财务部门审批同意。机票款由本单位通过公务卡、银行转账方式支付,不得以现金支付。单位财务部门应当根据《航空运输电子客票行程单》等有效票据注明的金额予以报销。

（四）出国人员应当严格按照规定安排交通工具,不得乘坐民航包机或私人、企业和外国航空公司包机。

（五）省部级人员可以乘坐飞机头等舱、轮船一等舱、火车高级软卧或全列软席列车的商务座;司局级人员可以乘坐飞机公务舱、轮船二等舱、火车软卧或全列软席列车的一等座;其他人员均乘坐飞机经济舱、轮船三等舱、火车硬卧或全列软席列车的二等座。所乘交通工具舱位等级划分与以上不一致的,可乘坐同等水平的舱位。所乘交通工具未设置上述规定中本级别人员可乘坐舱位等级的,应乘坐低一等级舱位。上述人员发生的国际旅费据实报销。

（六）出国人员乘坐国际列车,国内段按国内差旅费的有关规定执行;国外段超过 6 小时以上的按自然（日历）天数计算,每人每天补助 12 美元。

第十条　出国人员根据出访任务需要在一个国家城市间往来,应当事先在出国计划中列明,并报本单位外事和财务部门批准。未列入出国计划、未经本单位外事和财务部门批准的,不得在国外城市间往来。出国人员的旅程必须按照批准的计划执行,其城市间交通费凭有效原始票据据实报销。

第十一条　住宿费按照下列规定执行:

（一）出国人员应当严格按照规定安排住宿,省部级人员可安排普通套房,住宿费据实报销;厅局级及以下人员安排标准间,在规定的住宿费标准之内予以报销。

（二）参加国际会议等的出国人员,原则上应当按照住宿费标准执行。如对方组织单位指定或推荐酒店,应当严格把关,通过询价方式从紧安排,超出费用标准的,须事先报经本单位外事和财务部门批准。经批准,住宿费可据实报销。

第十二条　伙食费和公杂费按照下列规定执行:

（一）出国人员伙食费、公杂费可以按规定的标准发给个人包干使用。包干天数按离、抵我国国境之日计算。

（二）根据工作需要和特点,不宜个人包干的出访团组,其伙食费和公杂费由出访团组统一掌握,包干使用。

（三）外方以现金或实物形式提供伙食费和公杂费接待我代表团组的,出国人员不再领取伙食费和公杂费。

（四）出访用餐应当勤俭节约，不上高档菜肴和酒水，自助餐也要注意节俭。

第十三条 出访团组对外原则上不搞宴请，确需宴请的，应当连同出国计划一并报批，宴请标准按照所在国家一人一天的伙食费标准掌握。

出访团组与我国驻外使领馆等外交机构和其他中资机构、企业之间一律不得用公款相互宴请。

第十四条 出访团组在国外期间，收授礼品应当严格按有关规定执行。原则上不对外赠送礼品，确有必要赠送的，应当事先报经本单位外事和财务部门审批同意，按照厉行节俭的原则，选择具有民族特色的纪念品、传统手工艺品和实用物品，朴素大方，不求奢华。

出访团组与我国驻外使领馆等外交机构和其他中资机构、企业之间一律不得以任何名义、任何方式互赠礼品或纪念品。

第十五条 出国签证费用、防疫费用、国际会议注册费用等凭有效原始票据据实报销。根据到访国要求，出国人员必须购买保险的，应当事先报经本单位外事和财务部门批准后，按照到访国驻华使领馆要求购买，凭有效原始票据据实报销。

第十六条 出国人员回国报销费用时，须凭有效票据填报有团组负责人审核签字的国外费用报销单（具体表格由各单位制定）。各种报销凭证须用中文注明开支内容、日期、数量、金额等，并由经办人签字。

各单位财务部门应当根据本办法制定本单位财务报销审批的具体规定，加强对因公临时出国团组的经费核销管理。各单位财务部门应当对因公临时出国团组提交的出国任务批件、护照（包括签证和出入境记录）复印件及有效费用明细票据进行认真审核，严格按照批准的出国团组人员、天数、路线、经费预算及开支标准核销经费，不得核销与出访任务无关的开支。

第十七条 中央各部门根据出国经费预算，结合实际购汇需求，自主核定本部门及其所属单位购汇数额，通过财政部批准的人民币资金账户，向外汇指定银行购买外汇。

省级财政部门根据本级各部门和下级财政部门的申请，自主核定本地区购汇数额，并确定一家外汇指定银行具体办理购汇手续。

第四章 监督检查

第十八条 除涉密内容和事项外，因公临时出国经费的预决算应当按照预决算信息公开的有关规定，及时公开，主动接受社会监督。

第十九条 各级外事、财政、审计等部门对因公临时出国情况进行定期或不定期联合检查。各级财政部门应当定期或不定期对各部门各单位因公临时出国经费管理使用情况进行监督检查。审计部门应当对各部门各单位因公临时出国经费管理使用情况进行审计。

财务部门应当建立健全因公临时出国团组内部监督检查机制，每半年向同级外事、财政部门报送本部门本单位因公临时出国经费使用情况。严格按照预算绩效管理的有关规定，加强因公临时出国经费预算绩效评价，切实提高预算资金的使用效益。

第二十条 组团单位应当采取集中形式，对团组全体人员进行行前财经纪律教育。对出国人员违反本办法规定，有下列行为之一的，除相关开支一律不予报销外，按照《财政违法行为处罚处分条例》等有关规定严肃处理，并追究有关人员责任：

（一）违规扩大出国经费开支范围的；

（二）擅自提高经费开支标准的；

（三）虚报团组级别、人数、国家数、天数等，套取出国经费的；

（四）使用虚假发票报销出国费用的；

（五）其他违反本办法的行为。

第五章 附 则

第二十一条 各地区各部门各单位因公临时赴香港、澳门、台湾地区的，适用本办法。

第二十二条 各地区各部门各单位可以根据本办法，结合实际制定具体规定，报财政部备案。边境地区有频繁出国任务的，其因公临时出国经费开支标准和管理办法由所在省、自治区财政厅根据实际情况制定，并报财政部备案。

第二十三条 对与我新建交或未建交国家，相关经费开支标准暂按照经济水平相近的邻国标准执行。

第二十四条 财政部、外交部根据出访国家或地区经济发展、物价等变动情况，对相关经费开支标准适时调整。

第二十五条 国有企业和其他因公临时出国人员参照本办法执行。

第二十六条 本办法由财政部、外交部负责解释。

第二十七条 本办法自发布之日起30日后施行。财政部、外交部《关于印发〈临时出国人员费用开支标准和管理办法〉的通知》（财行〔2001〕73号）和财政部、中国民用航空总局《关于加强因公出国机票管理的通知》（财外字〔1998〕283号）同时废止。

附：（略）

· 党规党纪 ·

中共中央组织部关于共产党员因私事出国或去港澳地区的若干问题的规定

1981 年 9 月 1 日

几年来，随着形势的发展，政策的落实，国际交往的增多，归侨、侨眷、港澳同胞亲属中的共产党员，因私事申请出国或去港澳地区的，也相继增加，这是一种正常现象。对于党员因私事出境的审查批准工作，1957 年 1 月 23 日中央组织部虽曾作过规定，但因时隔多年，情况有了很大变化，有些内容需要作相应的改变。关于申请出境的审批问题，1978 年 6 月 29 日国务院批转了公安部、外交部、国务院侨务办公室《关于放宽和改进归侨、侨眷出境审批的意见》，1980 年 2 月 25 日公安部、外交部、国务院侨务办公室又发了《关于进一步做好出境审批工作的通知》。共产党员因私事要求出境，除按照上述两个文件中的规定，进行办理外，对党员的审批手续和出境后党籍的处理等问题，作如下规定：

一、审批手续。凡因私事要求出境的共产党员，必须向所在单位的党组织和公安部门提出申请。以公安部门为主，与同级党委组织部共同商议（党员领导干部要按干部管理范围报批），经审查同意后，由公安部门办理出境手续。

党员自费出国留学，应与出境办理私事有所不同，他们的出国审批手续，可按照国务院 1981 年 1 月 14 日国发 13 号文件《关于自费出国留学的暂行规定》执行。

二、党员出境以前，所在单位党组织要对他们做好政治思想工作。要教育他们热爱祖国，关心祖国的社会主义建设事业，严格保守党和国家的机密。在国外不得以党员身份参加任何活动。临时请假出境的党员，应按期返回工作岗位。对出境定居的党员，要教育他们，积极参加华侨爱国统一战线的活动。

三、出境后，党员组织关系的处理办法：

（1）短期请假出国或去港澳探亲办理私事者，他们的党员组织关系，仍保留在原单位（农村党员，保留在公社党委）。

（2）自费出国留学者，在他们学成回国之前，党员组织关系，保留在原单位。

（3）对于出国或去港澳长期定居的党员，在他们出境以后，即停止党籍，基层党组织可将他们的党员组织关系和档案材料一并转移到县或相当县一级的党委组织部门，保存备查。

（4）党员出境超过假期（含续假）一年以上未归者，他们的党员组织关系和档案材料也要转到县或相当县一级的党委组织部门，保存备查。

（5）党员出境，本人提出要求退党的，可以按党章规定，办理退党手续。

（6）经批准出境定居的预备党员，不再办理转正手续，其预备党员资格，也不再保留。

四、出境回来后，要求恢复党员组织生活或解决党籍的，可按以下原则处理：

（1）党员如期回国，应及时向原单位党组织汇报出境期间的情况。党组织也要主动关心了解他们在外的情况和表现。如无问题，即可恢复其党员组织生活。

党员超过假期回国，本人要向党组织申述理由，经过审查，如理由正当，又无问题者，也可恢复其党员组织生活。

无故超假半年左右，或有一般性的错误，可根据具体情况，给予适当的批评教育，必要时，要给予适当处分，待本人有了认识时，也可恢复其党员组织生活。

无故超假一年以上回国者，一般不能恢复组织生活，应按自行脱党处理。如发现有严重问题者，经审查，情况属实，要严肃处理，有的要给予开除党籍的处分。

（2）经批准已出境定居的党员，若干年后又返回者，本人提出要求解决其党籍问题时，由原所在单位党组织向本人说明，因他们长期脱离党的生活，原则上不能恢复党籍，回国后表现好，可以重新入党。如有特殊理由，认为可以恢复其党籍者，要由县或相当县一级的党委组织部门审查，报省、市、自治区党委组织部批准。

（3）自费出国留学的党员，学成回国后，经过了解，证明在国外确无问题，可以恢复党员组织生活。如果是预备党员，在国外学习期间表现良好，可以按期转正。

五、有中国人民解放军军籍的党员，因私事申请出境，要按总政治部的有关规定办理。

六、过去的有关规定，如与本规定有抵触者，以本规定为准。

中央纪委、中组部、中央外事工作领导小组办公室、人事部、外交部、公安部、国家安全部、监察部、国务院港澳事务办公室关于加强党政机关县(处)级以上领导干部出国(境)管理工作的意见

1999年6月26日

近年来,党中央、国务院及各有关部门先后制定下发了一系列关于领导干部出国(境)审批和管理的规定,对于保证对外交往的正常开展,维护国家利益起到了重要作用。为了进一步健全制度,堵塞漏洞,加大对领导干部监督管理的力度,现就加强党政机关县(处)级以上领导干部出国(境)管理工作提出如下意见:

一、严格履行出国(境)审批手续

(一)派驻国(境)外机构工作人员的审批。县(处)级领导干部派驻国(境)外机构工作,须经所在省、自治区、直辖市的党委组织部或省、自治区、直辖市党委授权的部门,中央部委、国家机关部委党组(党委)审批。地(厅、司、局)级干部派驻国(境)外机构工作,须经所在的省、自治区、直辖市党委或中央部委、国家机关部委党组(党委)审批。中央管理的干部派驻国(境)外机构工作,由有关省、自治区、直辖市党委或中央部委、国家机关部委党组(党委)报中央审批。

县(处)级以上领导干部派驻国外使馆、领馆、联合国代表机构、其他国际组织、新华社香港分社和新华社澳门分社的,其出国(境)审批手续随任职手续一并办理。派出担任中央管理职务的,凭中央的任职通知办理出国或赴香港、澳门地区的手续。

县(处)级以上领导干部一般不得在国(境)外中资机构(企业)兼职。因特殊情况,需派驻国(境)外中资机构(企业)工作的,事先要征得外交部及驻外使、领馆或新华社香港分社、新华社澳门分社的同意后再办理审批手续。其中,中央管理的干部需派驻国(境)外中资机构(企业)工作的,由有关省、自治区、直辖市党委或中央部委、国家机关部委党组(党委)报中央审批,凭中央的批件办理出国或赴香港、澳门地区的手续。

(二)因公临时出国(境)的审批。副县(处)级干部因公临时出国(境),由所在单位党委或组织、人事部门负责填写《因公出国及赴港澳人员审查表》,提出审查意见并办理报批手续。正县(处)级以上干部因公临时出国(境),一般可与出国(境)任务一起办理审批手续,但要由所在单位填写《因公出国(境)人员备案表》,按干部管理权限,报上级组织、人事部门备案审核。

中央管理的干部因公临时出国(境),按中央规定,分别由中央外事工作领导小组办公室、外交部、国务院港澳事务办公室审核后报中央外事工作领导小组或国务院审批。中央管理的厅(局)级干部因公临时出国(境)和边境省(自治区)的省级干部因公临时到毗邻国家(地区)不须报经中央外事工作领导小组、国务院审批的,由所在的省、自治区、直辖市党委或中央部委、国家机关部委党组(党委)审批,报中央组织部备案。

(三)因私出国(境)的审批。领导干部申请因私出国(境),须严格按干部管理权限,报经上级组织、人事部门批准同意后,再到公安部门办理出国(境)手续。副省部级以上干部申请因私出国(境),仍按中央组织部《关于审批高级干部因私出国(出境)问题的通知》(组通字〔1992〕20号)规定办理审批手续。中央管理的厅(局)级干部申请因私出国(境),须由有关省、自治区、直辖市党委或中央部委、国家机关部委党组(党委)提出意见报中央组织部审批。

领导干部申请出国(境)定居(包括申请办理前往港澳通行证),要区别不同情况办理审批手续。担任现职的,要在辞去现职一年以后,离、退休的,要在办理离、退休手续半年以后,按干部管理权限报上级党委及组织、人事部门审批;中央管理的干部,由有关省、自治区、直辖市党委或中央部委、国家机关部委党组(党委)提出意见(民主党派和无党派人士要事先征得中央统战部同意),经中央组织部审核后报中央审批。上述人员经批准后,凭批件到公安部门办理手续,其中涉密人员要在规定的销密期满后,方可办理审批手续。

各级领导干部出国(境)探亲、旅游和办理其他私事,一律不得接受外商或驻国(境)外中资机构(企业)的资助。

二、严格护照和赴港澳通行证件的管理

(一)要认真执行国家关于因公护照和出国(境)通行证件管理的规定。因公临时出国(境)和常驻国(境)外工作期满回国(境)后,要在规定的期限内将护照或出国(境)通行证件交由发证机关指定的部门统一保管。有关单位或部门要定期将因公护照和出国

（境）通行证件上交保管的情况向发证机关报告。对在规定的期限内不上交因公护照和出国（境）通行证件的，发证机关和保管部门要及时向同级组织、人事部门通报有关情况，并向上级党委（党组）报告。对不按期上交因公护照和出国（境）通行证件的要通报批评，并按规定给予相应的处罚。县（处）级以上领导干部出国（境）和在国（境）外期间要持用符合其在外身份的护照或通行证件，不得同时持用因公和因私两种出国（境）证件。

（二）领导干部申请因私出国（境），在办妥因私出国护照或往来港澳通行证后，要向所属地区和部门党组织报告并登记。报告和登记的内容包括持证人姓名、职务、发证机关、发证日期、有效期限、证件号码和证件的使用情况等。本《意见》下发前已经办妥因私出国护照和往来港澳通行证的，要向所属地区和部门党组织补报和登记。

（三）领导干部不得在国（境）外办理退休或辞职手续，不得以任何理由私自办理外国长期居留证（绿卡）、前往港澳通行证、香港和澳门的永久性居民身份证。已经办理的，本人要主动向所属地区或部门的党组织报告（中央管理的干部，要向中央组织部报告），并按有关规定处理。

县（处）级以上领导干部的配偶出国定居或办理了外国长期居留证、前往港澳通行证、香港和澳门的永久性居民身份证的，领导干部本人要向所在地区和部门党组织报告。其中，中央管理的干部在向所属地区或部门党组织报告的同时，要向中央组织部报告。

三、严肃查处违纪违法行为

对县（处）级以上领导干部严重违反外事纪律或出走（含滞留不归）、叛逃的，要认真核实情况，查找原因，总结教训，严肃处理有关人员。对未经组织批准，私自获取国（境）外永久居留权的，一经发现立即调回，并给予党纪、政纪处分。要将情况及时向国家安全机关通报并向上级组织部门报告，逐级上报中央组织部。隐瞒不报或拖延上报的，要视情节轻重给予党纪政纪处分。今后，凡在办理党政机关县（处）级以上领导干部出国（境）审批手续中越权审批，弄虚作假，骗取护照或赴港澳通行证的，有关单位一经发现，要立即向上级组织部门、纪检监察机关和发证机关报告，对违纪违法的，要严肃查处。对在国（境）外期间有危害国家安全行为的，有关部门要配合国家安全机关认真查处。对触犯刑律的，要移送司法机关依法追究刑事责任。

四、实行领导干部出国（境）管理工作责任制

要按照干部管理权限，分级负责，一级抓一级。各级党组织要进一步增强政治责任感，把领导干部出国（境）管理工作列入议事日程，抓紧抓实。对所管理的领导干部因公、因私出国（境），要严格履行审批手续，认真做好因公护照和赴港澳通行证的保管、收缴工作，认真实行因私护照和赴港澳通行证的报告、登记制度，加强与有关部门的协调配合，发现问题要及时上报并严肃查处。

各省、自治区、直辖市党委和中央各部委、国家机关各部委党组（党委），要根据上述意见精神，制定出本地区、本部门的具体规定，切实加强各级领导干部出国（境）的管理工作。

各事业单位和企业单位党委，要参照本《意见》的规定，加强对领导干部出国（境）的管理工作。

关于加强国家工作人员因私事出国（境）管理的暂行规定

中共中央组织部、中共中央金融工作委员会、中共中央企业工作委员会、公安部、人事部2003年1月14日印发

第一条 为加强对国家工作人员因私事出国（境）管理，适应改革开放和经济发展的需要，制定本规定。

第二条 国家工作人员因私事出国（境），应按照组织、人事管理权限履行审批手续。

第三条 本规定所称国家工作人员，是指国家公务员以及参照、依照公务员管理的国家工作人员。

国有公司、企业中从事公务的人员和国家机关、国有公司、企业、事业单位委派到非国有企业单位、社会团体从事公务的人员，以国家工作人员论。

第四条 下列国家工作人员（以下称“登记备案人员”）申请因私事出国（境），须向户口所在地的公安机关出入境管理部门提交所在工作单位对申请人出国（境）的意见。

（一）各级党政机关、人大、政协、人民法院、人民检察院、人民团体、事业单位在职的县（处）级以上领导干部，离（退）休的厅（局）级以上干部；

（二）金融机构、国有企业的法人代表，县级以上金融机构领导成员及其相应职级的领导干部，国有大中型企业中层以上管理人员，国有控股、参股企业中的国有股权代表；

（三）各部门、行业中涉及国家安全及国有资产安全、行业机密的人员。

第五条　登记备案人员的基本情况由其所在工作单位负责向公安机关登记备案。登记备案的内容包括:姓名、性别、出生日期、身份证号码、户口所在地、工作单位、现任职务、主管部门等。登记备案人员工作单位、现任职务、主管部门等发生变化的,有关单位应当及时变更相应登记备案的内容。

第六条　公安机关负责本地区国家工作人员登记备案工作的业务指导和数据管理。

第七条　公安机关出入境管理部门受理公民因私事出国(境)申请时,应当核实有关单位登记备案的情况,确定是否颁发出入境证件。已登记备案的国家工作人员,如未提交所在工作单位对申请人因私事出国(境)的意见,公安机关出入境管理部门不予受理或办理。

第八条　各级组织、人事部门和公安机关在因私事出国(境)管理工作中,应建立有效的联系机制,制定责任制度和保密制度,指定专人负责。

第九条　各级组织、人事部门应对本单位已申领出入境证件的国家工作人员严格执行有关管理规定,实行因私事出国(境)报告登记制度,要求出国(境)人员在境外遵守外事纪律,未经批准不得逾期滞留。登记备案人员已申领的出入境证件,由所在单位组织、人事部门集中保管。

第十条　各级组织、人事部门因未按规定办理审批手续或登记备案手续的,公安机关违反规定办理出入境证件造成国家利益损失的,应视情节追究直接责任人和主管领导的责任,按照有关规定给予行政处分或者依法予以处罚。

第十一条　各地区、各部门可根据实际情况,制定具体实施办法,按照隶属关系,分别报送中央组织部、中央金融工委、中央企业工委、公安部、人事部备案。

第十二条　本规定由中央组织部、中央金融工委、中央企业工委、公安部、人事部负责解释。

第十三条　本规定自印发之日起执行。

中央纪委、中组部、外交部、公安部、国家安全部、监察部、人事部、商务部关于进一步加强党员干部出国(境)管理的通知

2004年12月16日

改革开放以来,党中央、国务院先后下发一系列文件,对党员干部出国(境)管理工作提出了明确要求。各地区、各部门认真贯彻执行党中央、国务院的规定,取得了比较好的效果。但是,随着国际交往日益增多,人员和资金跨境流动日益频繁,近年来一些党员干部出国(境)私自不归的情况屡有发生,甚至少数党员干部携赃款外逃,给党和国家在政治上造成恶劣影响,在经济上造成重大损失,严重危害我国国家安全和社会稳定。对此,必须采取有效措施加以解决。为进一步加强党员干部出国(境)管理工作,现就有关问题通知如下:

一、进一步加强因公出国(境)人员的管理

(一)加强教育,防范在先。要认真学习贯彻"三个代表"重要思想,有针对性地对出国(境)党员干部进行理想信念、爱国主义、民族精神、外事纪律、安全保密等方面的教育。要把教育与管理结合起来,坚持和完善出国(境)人员行前集中培训、谈话提醒等行之有效的做法和制度。要及时了解和掌握出国(境)人员的思想动态,发现苗头性问题,提前采取措施,防止问题的发生。

(二)强化管理,从严把关。党员干部因公出国(境),必须严格按照《关于因公出国人员审查的规定》(中办发〔1991〕8号)和《关于因公出国人员审查的补充规定》(中办发〔1993〕23号)规定的批准权限进行审批。县(处)级以上党员干部因公出国(境)的审批,要严格执行《关于加强党政机关县(处)级以上领导干部出国(境)管理工作的意见》(中办发〔1999〕23号)的有关规定。

(三)健全制度,规范党员干部在因公出国(境)期间的行为。对派驻国(境)外工作的党员干部,派出单位应制定相应的管理办法和规定。临时出国(境)的团组,应建立临时党支部(党小组);团组成员未经团组领导同意,不得单独活动;不得擅自变更出访路线;不得擅自延长在国(境)外的期限;重要情况要及时报告派出单位和外交部等有关部门。

二、对因私出国(境)党员干部进行严格审查

(一)党员干部因私出国(境),要按照干部管理权限,严格履行审批手续。县(处)级以上党员干部因私出国(境)的审批,要严格执行中办发〔1999〕23号文件的有关规定。各地区、各部门不得擅自或变相下放审批权限。对党员领导干部和涉及管理人、财、物,机要档案以及其他重要岗位的党员干部,要严格审查,着重审查近期政治表现和廉政情况。对法律规定不准出境和涉嫌严重违纪违法的党员干部,不得批准其出国(境)。

（二）严格按照中央组织部、公安部、人事部等五部门《关于加强国家工作人员因私事出国（境）管理的暂行规定》（公通字〔2003〕13号），进一步完善国家机关在职县（处）级以上领导干部、离（退）休厅（局）级以上干部和涉及国家安全、国有资产安全、行业机密等人员因私出国（境）的登记备案工作。

（三）加强党员干部因私出国（境）后的管理。因私出国（境）的党员干部，在国（境）外不得以党员身份参加公开活动，每季度要把在国（境）外的情况向所在单位和单位党组织汇报一次，重要情况要及时报告。党员组织关系的处理，要严格执行《中央组织部关于共产党员因私事出国或去港澳地区的若干问题的规定》（中组发〔1981〕19号）。回国后及时向所在单位报告。

三、切实做好出国（境）证件的管理工作

（一）因公出国（境）的党员干部，应在回国（境）后15天内，将所持因公出国（境）证件交由发证机关指定的部门统一保管或注销。对拒不执行规定的，吊销其所持证件。

（二）党员干部申领因私护照或往来港澳通行证后，以及每次因私出国（境）前，要向所在单位组织人事部门报告并登记；各单位的领导干部，要按照干部管理权限向上一级组织人事部门报告并登记。本通知下发后，各部门要对党员干部申领上述证照的情况进行清理，对未报告登记的，要组织补报和登记。

（三）因私出国（境）的国家机关登记备案人员，应在回国（境）后10天内，将所持因私出国（境）证件交由所在单位组织人事部门集中保管。

（四）各单位要建立出国（境）证照专人负责制和护照使用登记保管制度。

（五）党员干部办理外国长期居留证、前往港澳通行证、香港和澳门永久性居民身份证，县（处）级以上党员干部的配偶出国定居或办理上述证件的，要严格执行中办发〔1999〕23号文件的有关规定。

四、明确责任，加强监督检查

（一）各省、自治区、直辖市，中央、国家机关各部委，要高度重视党员干部出国（境）管理工作，切实加强领导，明确责任，抓好落实。各地区、各部门要明确一名领导同志负责这项工作，组织人事部门要建立健全具体的工作程序和制度。各业务主管部门特别是外交、商务、金融等部门及负责出国（境）审批、出入境证件颁发部门，要分别负起责任。

（二）加强对党员干部出国（境）管理工作的监督检查。各地区、各部门要按管理权限和程序做好日常监督工作，定期逐级上报党员干部出国（境）管理工作的情况。下级组织人事部门每年第一季度将上年度党员干部出国（境）情况向上级组织人事部门作书面报告，重大情况及时报告。上级主管部门和纪检监察机关要定期或不定期地对党员干部出国（境）管理工作进行专项检查，发现问题及时纠正。

（三）加大查处违纪违法案件的力度。对党员干部出国（境）私自不归的，要给予相应的党纪政纪处分或采取组织处理措施。对给国家造成严重不良影响或有危害国家安全行为的，要从严惩处；对涉嫌犯罪的，公安、国家安全等部门要加大缉捕力度。对党员干部在出国（境）或办理出国（境）审批手续中弄虚作假，甚至伪造、变造或者买卖、使用伪造的出国（境）证件的，要依纪依法严肃查处。对驻国（境）外机构或临时出国（境）团组发生人员擅自脱离组织出走、叛逃，或者有其他严重违纪行为的，除对当事人进行严肃处理外，还应当依照规定追究该机构或团组领导人以及派出单位负责人的责任。对违反出国（境）证件管理规定，拒不交出所持出国（境）证件的党员干部，应当给予批评教育，情节严重的还应给予相应的党纪政纪处分。对在出国（境）管理工作中严重不负责任、失职渎职导致党员干部出国（境）私自不归，或发生问题后不报告、不处理的，要依纪依法追究主管部门领导和有关人员责任。对一些出国（境）后私自不归和外逃后被引渡或遣送回国的党员干部受到党纪国法惩处的典型案例，要及时通过内部通报或公开报道，警示广大党员干部。

（四）纪检监察、组织、外交、公安、国家安全、人事、商务等各有关部门要充分发挥职能作用，各负其责，严格管理，密切配合，齐抓共管。要加强联系，及时沟通情况，形成有效预防和处理党员干部出国（境）私自不归问题的工作协调机制。要充分利用现代化信息技术手段，建立和完善出国（境）登记备案人员证照审批、资料管理和出国（境）情况信息数据库，并实现出国（境）相关管理部门间联网，建立信息共享机制。各地外事部门要定期通报因公护照收缴保管情况，及时准确上传颁照数据。财政、金融部门要对巨额资金和外汇使用流动等情况进行汇集和分析，并加强监管。纪检监察机关要对党员干部持有和使用出入境证件情况进行汇总和分析，及时掌握涉嫌违纪违法且有出国（境）动向人员的情况，并向公安机关提出依法采取措施、控制他们出国（境）的建议，公安机关要积极予以协助。外交、公安、国家安全、监察等部门，要进一步研究如何加强党员干部出国（境）管理和加强国际警务合作问题，完善有关政策，并提出相应措施。教育、科技、国家安全、人事、商务等部门，要研究防范科技骨干、高级管理和技术人才出国（境）私自不归问题，提出防范措施。

五、非党员干部出国（境）管理参照本通知执行。

六、本通知自 2004 年 12 月 31 日起执行，原有规定中凡与本通知不符的，以本通知为准。

中央纪委、中组部、外交部、公安部关于加强因公出国（境）团组境外纪律的通知

2007 年 3 月 6 日

中央和国家机关各部委，各人民团体，各省、自治区、直辖市纪委、党委组织部、人民政府外事办公室、公安厅（局），各中央企业：

随着对外交往日益增多，我一些因公出国（境）团体在境外违反外事纪律，从事与出访任务无关活动行为时有发生，个别团组及个别人员甚至借出国（境）考察访问之机参与赌博、色情活动，或出入赌博、色情场所，挥霍公款，对外造成极其恶劣的影响，为加强因公出国（境）管理和纪律教育，现通知如下：

一、明确纪律要求。各出访团组的出国（境）任务审批单位（或委托其外事部门）负责因公团组行前外事纪律教育培训。培训根据团组出访任务采取集中教育、团长重点谈话和团员个别提醒等方式。要结合典型事例，注重实效，增强警示效果。行前外事纪律教育要明确出国（境）团组在境外期间的有关要求，特别要明确以下几点要求：

（一）不得擅自延长在外停留时间；未经批准不得变更出访路线，或以任何理由绕道旅行；不得参加与访问任务无关的活动和会议。

（二）因私外出须严格执行请示汇报制度，不得随意单独活动。

（三）严禁出入赌博场所，不得使用任何形式的资金参与赌博活动，不准以任何借口自行或接受接待单位安排前往赌博场所，严禁进行网络赌博。

（四）严禁出入色情场所和观看色情表演，不得参加涉及低级趣味的娱乐游览项目。

（五）不得借出访之机谋取私利。

（六）不得违反国家规定收送礼品。

（七）不得使用公款大吃大喝，聚众酗酒；不得使用公款购买高档消费品、礼品或参加高消费娱乐活动。

（八）增强安全保密意识，未经批准，不得携带涉密载体（包括纸质文件和电磁介质等）；妥善保管内部材料，未经批准，不得对外提供内部文件和资料；不在非保密场所谈论涉密事项；不得泄露国家秘密和商业秘密。

（九）增强应急应变意识，注意防范反华敌对势力的干扰、破坏，避免与可疑人员接触，拒收任何可疑信函和物品。

（十）增强防盗、防抢、防诈骗的自我保护意识，遇到重大事项应及时与我驻外机构取得联系。

（十一）增强证照管理意识，切实遵守证照管理的有关规定。在境外期间，由本人或指定专人妥善保管证件照，并在回国（境）15 天内交由发证机关指定的部门统一保管或注销。

二、建立责任追究制度。两人以上的出国（境）团组须指定一名团长或负责人。在境外期间，团组成员必须服从团长或负责人领导。团长或负责人在授权范围内，对团组的境外活动应切实负起责任，除负责主持团组与外方的交流外，还要负责管理和督促团组成员遵守各项外事纪律。团组及团组成员发生违规违纪行为，特别是涉及参与赌博、出入赌博场所的，除对当事人进行严肃处理外，将根据情节追究团长或负责人责任，以及派出单位负责人的责任。

三、强化监督和报告机制。出访团组在国（境）外应接受我驻当地使领馆的指导和监督，遇到重要问题要及时汇报。我各部门和中资企业驻当地的派驻机构要对所接待的团组进行监督和提醒，必要时要向我驻当地使领馆报告。各出访团组出访结束后要向上级主管部门报送出访报告，并抄送出国（境）任务审批部门，报告中要专门汇报在国（境）外遵守外事纪律情况。

四、加大查处力度。外事、纪律检查、监察、组织人事、审计、财务等部门要建立工作协调机制，加大对因公出国（境）团组的监管和对违规违纪行为的查处力度。对违反规定的领导干部要按有关规定严肃处理，进行通报批评、诫勉谈话或禁止其再次出国（境）；需要追究党政纪责任的，依照有关规定给予党政纪处分；涉嫌犯罪的，移送司法机关依法追究刑事责任。党政领导干部、国有企事业单位负责人和其他国家公职人员因私出国（境）可参照执行。

(7)干预和插手市场经济活动、财政资金分配

·法律法规·

中华人民共和国政府采购法

1. 2002年6月29日第九届全国人民代表大会常务委员会第二十八次会议通过

2. 根据2014年8月31日第十二届全国人民代表大会常务委员会第十次会议《关于修改〈中华人民共和国保险法〉等五部法律的决定》修正

目 录

第一章 总 则

第一条 【立法目的】为了规范政府采购行为,提高政府采购资金的使用效益,维护国家利益和社会公共利益,保护政府采购当事人的合法权益,促进廉政建设,制定本法。

第二条 【适用范围、政府采购及其对象】在中华人民共和国境内进行的政府采购适用本法。

本法所称政府采购,是指各级国家机关、事业单位和团体组织,使用财政性资金采购依法制定的集中采购目录以内的或者采购限额标准以上的货物、工程和服务的行为。

政府集中采购目录和采购限额标准依照本法规定的权限制定。

本法所称采购,是指以合同方式有偿取得货物、工程和服务的行为,包括购买、租赁、委托、雇用等。

本法所称货物,是指各种形态和种类的物品,包括原材料、燃料、设备、产品等。

本法所称工程,是指建设工程,包括建筑物和构筑物的新建、改建、扩建、装修、拆除、修缮等。

本法所称服务,是指除货物和工程以外的其他政府采购对象。

第三条 【政府采购的原则】政府采购应当遵循公开透明原则、公平竞争原则、公正原则和诚实信用原则。

第四条 【招标投标适用的法律】政府采购工程进行招标投标的,适用招标投标法。

第五条 【供应商自由进入采购市场】任何单位和个人不得采用任何方式,阻挠和限制供应商自由进入本地区和本行业的政府采购市场。

第六条 【采购预算】政府采购应当严格按照批准的预算执行。

第七条 【集中采购】政府采购实行集中采购和分散采购相结合。集中采购的范围由省级以上人民政府公布的集中采购目录确定。

属于中央预算的政府采购项目,其集中采购目录由国务院确定并公布;属于地方预算的政府采购项目,其集中采购目录由省、自治区、直辖市人民政府或者其授权的机构确定并公布。

纳入集中采购目录的政府采购项目,应当实行集中采购。

第八条 【采购限额】政府采购限额标准,属于中央预算的政府采购项目,由国务院确定并公布;属于地方预算的政府采购项目,由省、自治区、直辖市人民政府或者其授权的机构确定并公布。

第九条 【指导思想】政府采购应当有助于实现国家的经济和社会发展政策目标,包括保护环境,扶持不发达地区和少数民族地区,促进中小企业发展等。

第十条 【本国采购与例外情形】政府采购应当采购本国货物、工程和服务。但有下列情形之一的除外:

(一)需要采购的货物、工程或者服务在中国境内无法获取或者无法以合理的商业条件获取的;

(二)为在中国境外使用而进行采购的;

(三)其他法律、行政法规另有规定的。

前款所称本国货物、工程和服务的界定,依照国务院有关规定执行。

第十一条 【信息公开】政府采购的信息应当在政府采购监督管理部门指定的媒体上及时向社会公开发布,但涉及商业秘密的除外。

第十二条 【回避制度】在政府采购活动中,采购人员及相关人员与供应商有利害关系的,必须回避。供应商认为采购人员及相关人员与其他供应商有利害关系的,可以申请其回避。

前款所称相关人员,包括招标采购中评标委员会的组成人员,竞争性谈判采购中谈判小组的组成人员,询价采购中询价小组的组成人员等。

第十三条 【主管部门】各级人民政府财政部门是负责政府采购监督管理的部门,依法履行对政府采购活动的监督管理职责。

各级人民政府其他有关部门依法履行与政府采购活动有关的监督管理职责。

第二章 政府采购当事人

第十四条 【采购当事人】政府采购当事人是指在政府采购活动中享有权利和承担义务的各类主体,包括采购人、供应商和采购代理机构等。

第十五条 【采购人】采购人是指依法进行政府采购的国家机关、事业单位、团体组织。

第十六条 【集中采购机构】集中采购机构为采购代理机构。设区的市、自治州以上人民政府根据本级政府采购项目组织集中采购的需要设立集中采购机构。

集中采购机构是非营利事业法人,根据采购人的委托办理采购事宜。

第十七条 【集中采购机构的采购活动要求】集中采购机构进行政府采购活动,应当符合采购价格低于市场平均价格、采购效率更高、采购质量优良和服务良好的要求。

第十八条 【集中采购与自行采购的适用情形】采购人采购纳入集中采购目录的政府采购项目,必须委托集中采购机构代理采购;采购未纳入集中采购目录的政府采购项目,可以自行采购,也可以委托集中采购机构在委托的范围内代理采购。

纳入集中采购目录属于通用的政府采购项目的,应当委托集中采购机构代理采购;属于本部门、本系统有特殊要求的项目,应当实行部门集中采购;属于本单位有特殊要求的项目,经省级以上人民政府批准,可以自行采购。

第十九条 【采购代理机构的选择】采购人可以委托集中采购机构以外的采购代理机构,在委托的范围内办理政府采购事宜。

采购人有权自行选择采购代理机构,任何单位和个人不得以任何方式为采购人指定采购代理机构。

第二十条 【委托采购须签订协议】采购人依法委托采购代理机构办理采购事宜的,应当由采购人与采购代理机构签订委托代理协议,依法确定委托代理的事项,约定双方的权利义务。

第二十一条 【供应商】供应商是指向采购人提供货物、工程或者服务的法人、其他组织或者自然人。

第二十二条 【供应商条件】供应商参加政府采购活动应当具备下列条件:

(一)具有独立承担民事责任的能力;

(二)具有良好的商业信誉和健全的财务会计制度;

(三)具有履行合同所必需的设备和专业技术能力;

(四)有依法缴纳税收和社会保障资金的良好记录;

(五)参加政府采购活动前三年内,在经营活动中没有重大违法记录;

(六)法律、行政法规规定的其他条件。

采购人可以根据采购项目的特殊要求,规定供应商的特定条件,但不得以不合理的条件对供应商实行差别待遇或者歧视待遇。

第二十三条 【供应商的选择】采购人可以要求参加政府采购的供应商提供有关资质证明文件和业绩情况,并根据本法规定的供应商条件和采购项目对供应商的特定要求,对供应商的资格进行审查。

第二十四条 【联合体】两个以上的自然人、法人或者其他组织可以组成一个联合体,以一个供应商的身份共同参加政府采购。

以联合体形式进行政府采购的,参加联合体的供应商均应当具备本法第二十二条规定的条件,并应当向采购人提交联合协议,载明联合体各方承担的工作和义务。联合体各方应当共同与采购人签订采购合同,就采购合同约定的事项对采购人承担连带责任。

第二十五条 【禁止不正当竞争】政府采购当事人不得相互串通损害国家利益、社会公共利益和其他当事人的合法权益;不得以任何手段排斥其他供应商参与竞争。

供应商不得以向采购人、采购代理机构、评标委员会的组成人员、竞争性谈判小组的组成人员、询价小组的组成人员行贿或者采取其他不正当手段谋取中标或者成交。

采购代理机构不得以向采购人行贿或者采取其他不正当手段谋取非法利益。

第三章 政府采购方式

第二十六条 【采购方式】政府采购采用以下方式:

(一)公开招标;

(二)邀请招标;

(三)竞争性谈判;

（四）单一来源采购；

（五）询价；

（六）国务院政府采购监督管理部门认定的其他采购方式。

公开招标应作为政府采购的主要采购方式。

第二十七条　【公开招标】采购人采购货物或者服务应当采用公开招标方式的，其具体数额标准，属于中央预算的政府采购项目，由国务院规定；属于地方预算的政府采购项目，由省、自治区、直辖市人民政府规定；因特殊情况需要采用公开招标以外的采购方式的，应当在采购活动开始前获得设区的市、自治州以上人民政府采购监督管理部门的批准。

第二十八条　【禁止规避公开招标】采购人不得将应当以公开招标方式采购的货物或者服务化整为零或者以其他任何方式规避公开招标采购。

第二十九条　【邀请招标】符合下列情形之一的货物或者服务，可以依照本法采用邀请招标方式采购：

（一）具有特殊性，只能从有限范围的供应商处采购的；

（二）采用公开招标方式的费用占政府采购项目总价值的比例过大的。

第三十条　【竞争性谈判】符合下列情形之一的货物或者服务，可以依照本法采用竞争性谈判方式采购：

（一）招标后没有供应商投标或者没有合格标的或者重新招标未能成立的；

（二）技术复杂或者性质特殊，不能确定详细规格或者具体要求的；

（三）采用招标所需时间不能满足用户紧急需要的；

（四）不能事先计算出价格总额的。

第三十一条　【单一来源采购】符合下列情形之一的货物或者服务，可以依照本法采用单一来源方式采购：

（一）只能从唯一供应商处采购的；

（二）发生了不可预见的紧急情况不能从其他供应商处采购的；

（三）必须保证原有采购项目一致性或者服务配套的要求，需要继续从原供应商处添购，且添购资金总额不超过原合同采购金额百分之十的。

第三十二条　【询价】采购的货物规格、标准统一、现货货源充足且价格变化幅度小的政府采购项目，可以依照本法采用询价方式采购。

第四章　政府采购程序

第三十三条　【预算部门职责】负有编制部门预算职责的部门在编制下一财政年度部门预算时，应当将该财政年度政府采购的项目及资金预算列出，报本级财政部门汇总。部门预算的审批，按预算管理权限和程序进行。

第三十四条　【邀请招标的供应商选择】货物或者服务项目采取邀请招标方式采购的，采购人应当从符合相应资格条件的供应商中，通过随机方式选择三家以上的供应商，并向其发出投标邀请书。

第三十五条　【投标期间】货物和服务项目实行招标方式采购的，自招标文件开始发出之日起至投标人提交投标文件截止之日止，不得少于二十日。

第三十六条　【废标】在招标采购中，出现下列情形之一的，应予废标：

（一）符合专业条件的供应商或者对招标文件作实质响应的供应商不足三家的；

（二）出现影响采购公正的违法、违规行为的；

（三）投标人的报价均超过了采购预算，采购人不能支付的；

（四）因重大变故，采购任务取消的。

废标后，采购人应当将废标理由通知所有投标人。

第三十七条　【废标后续程序】废标后，除采购任务取消情形外，应当重新组织招标；需要采取其他方式采购的，应当在采购活动开始前获得设区的市、自治州以上人民政府采购监督管理部门或者政府有关部门批准。

第三十八条　【竞争性谈判的程序】采用竞争性谈判方式采购的，应当遵循下列程序：

（一）成立谈判小组。谈判小组由采购人的代表和有关专家共三人以上的单数组成，其中专家的人数不得少于成员总数的三分之二。

（二）制定谈判文件。谈判文件应当明确谈判程序、谈判内容、合同草案的条款以及评定成交的标准等事项。

（三）确定邀请参加谈判的供应商名单。谈判小组从符合相应资格条件的供应商名单中确定不少于三家的供应商参加谈判，并向其提供谈判文件。

（四）谈判。谈判小组所有成员集中与单一供应商分别进行谈判。在谈判中，谈判的任何一方不得透露与谈判有关的其他供应商的技术资料、价格和其他信息。谈判文件有实质性变动的，谈判小组应当以书面形式通知所有参加谈判的供应商。

（五）确定成交供应商。谈判结束后，谈判小组应当要求所有参加谈判的供应商在规定时间内进行最后报价，采购人从谈判小组提出的成交候选人中根据符合采购需求、质量和服务相等且报价最低的原则确定成交供应商,并将结果通知所有参加谈判的未成交的供应商。

第三十九条 【单一来源采购的当事人义务】采取单一来源方式采购的,采购人与供应商应当遵循本法规定的原则,在保证采购项目质量和双方商定合理价格的基础上进行采购。

第四十条 【询价采购的程序】采取询价方式采购的,应当遵循下列程序:

(一)成立询价小组。询价小组由采购人的代表和有关专家共三人以上的单数组成,其中专家的人数不得少于成员总数的三分之二。询价小组应当对采购项目的价格构成和评定成交的标准等事项作出规定。

(二)确定被询价的供应商名单。询价小组根据采购需求,从符合相应资格条件的供应商名单中确定不少于三家的供应商,并向其发出询价通知书让其报价。

(三)询价。询价小组要求被询价的供应商一次报出不得更改的价格。

(四)确定成交供应商。采购人根据符合采购需求、质量和服务相等且报价最低的原则确定成交供应商,并将结果通知所有被询价的未成交的供应商。

第四十一条 【验收】采购人或者其委托的采购代理机构应当组织对供应商履约的验收。大型或者复杂的政府采购项目,应当邀请国家认可的质量检测机构参加验收工作。验收方成员应当在验收书上签字,并承担相应的法律责任。

第四十二条 【采购文件】采购人、采购代理机构对政府采购项目每项采购活动的采购文件应当妥善保存,不得伪造、变造、隐匿或者销毁。采购文件的保存期限为从采购结束之日起至少保存十五年。

采购文件包括采购活动记录、采购预算、招标文件、投标文件、评标标准、评估报告、定标文件、合同文本、验收证明、质疑答复、投诉处理决定及其他有关文件、资料。

采购活动记录至少应当包括下列内容:

(一)采购项目类别、名称;

(二)采购项目预算、资金构成和合同价格;

(三)采购方式,采用公开招标以外的采购方式的,应当载明原因;

(四)邀请和选择供应商的条件及原因;

(五)评标标准及确定中标人的原因;

(六)废标的原因;

(七)采用招标以外采购方式的相应记载。

第五章 政府采购合同

第四十三条 【适用法律】政府采购合同适用合同法。采购人和供应商之间的权利和义务,应当按照平等、自愿的原则以合同方式约定。

采购人可以委托采购代理机构代表其与供应商签订政府采购合同。由采购代理机构以采购人名义签订合同的,应当提交采购人的授权委托书,作为合同附件。

第四十四条 【合同形式】政府采购合同应当采用书面形式。

第四十五条 【监管部门规定合同必备条款】国务院政府采购监督管理部门应当会同国务院有关部门,规定政府采购合同必须具备的条款。

第四十六条 【中标与合同签订】采购人与中标、成交供应商应当在中标、成交通知书发出之日起三十日内,按照采购文件确定的事项签订政府采购合同。

中标、成交通知书对采购人和中标、成交供应商均具有法律效力。中标、成交通知书发出后,采购人改变中标、成交结果的,或者中标、成交供应商放弃中标、成交项目的,应当依法承担法律责任。

第四十七条 【采购合同的备案】政府采购项目的采购合同自签订之日起七个工作日内,采购人应当将合同副本报同级政府采购监督管理部门和有关部门备案。

第四十八条 【合同分包】经采购人同意,中标、成交供应商可以依法采取分包方式履行合同。

政府采购合同分包履行的,中标、成交供应商就采购项目和分包项目向采购人负责,分包供应商就分包项目承担责任。

第四十九条 【补充合同】政府采购合同履行中,采购人需追加与合同标的相同的货物、工程或者服务的,在不改变合同其他条款的前提下,可以与供应商协商签订补充合同,但所有补充合同的采购金额不得超过原合同采购金额的百分之十。

第五十条 【合同的变更、中止与终止】政府采购合同的双方当事人不得擅自变更、中止或者终止合同。

政府采购合同继续履行将损害国家利益和社会公共利益的,双方当事人应当变更、中止或者终止合同。有过错的一方应当承担赔偿责任,双方都有过错的,各自承担相应的责任。

第六章 质疑与投诉

第五十一条 【质疑与答复】供应商对政府采购活动事

项有疑问的，可以向采购人提出询问，采购人应当及时作出答复，但答复的内容不得涉及商业秘密。

第五十二条 **【供应商的质疑权】**供应商认为采购文件、采购过程和中标、成交结果使自己的权益受到损害的，可以在知道或者应知其权益受到损害之日起七个工作日内，以书面形式向采购人提出质疑。

第五十三条 **【采购人答复义务】**采购人应当在收到供应商的书面质疑后七个工作日内作出答复，并以书面形式通知质疑供应商和其他有关供应商，但答复的内容不得涉及商业秘密。

第五十四条 **【采购代理机构答复义务】**采购人委托采购代理机构采购的，供应商可以向采购代理机构提出询问或者质疑，采购代理机构应当依照本法第五十一条、第五十三条的规定就采购人委托授权范围内的事项作出答复。

第五十五条 **【供应商投诉权】**质疑供应商对采购人、采购代理机构的答复不满意或者采购人、采购代理机构未在规定的时间内作出答复的，可以在答复期满后十五个工作日内向同级政府采购监督管理部门投诉。

第五十六条 **【对投诉的处理】**政府采购监督管理部门应当在收到投诉后三十个工作日内，对投诉事项作出处理决定，并以书面形式通知投诉人和与投诉事项有关的当事人。

第五十七条 **【处理投诉时的采购暂停】**政府采购监督管理部门在处理投诉事项期间，可以视具体情况书面通知采购人暂停采购活动，但暂停时间最长不得超过三十日。

第五十八条 **【对投诉处理的行政、司法救济】**投诉人对政府采购监督管理部门的投诉处理决定不服或者政府采购监督管理部门逾期未作处理的，可以依法申请行政复议或者向人民法院提起行政诉讼。

第七章 监督检查

第五十九条 **【采购监查】**政府采购监督管理部门应当加强对政府采购活动及集中采购机构的监督检查。

监督检查的主要内容是：

（一）有关政府采购的法律、行政法规和规章的执行情况；

（二）采购范围、采购方式和采购程序的执行情况；

（三）政府采购人员的职业素质和专业技能。

第六十条 **【采购监查部门禁止采购】**政府采购监督管理部门不得设置集中采购机构，不得参与政府采购项目的采购活动。

采购代理机构与行政机关不得存在隶属关系或者其他利益关系。

第六十一条 **【集中采购机构的内部监管】**集中采购机构应当建立健全内部监督管理制度。采购活动的决策和执行程序应当明确，并相互监督、相互制约。经办采购的人员与负责采购合同审核、验收人员的职责权限应当明确，并相互分离。

第六十二条 **【对采购人员的要求】**集中采购机构的采购人员应当具有相关职业素质和专业技能，符合政府采购监督管理部门规定的专业岗位任职要求。

集中采购机构对其工作人员应当加强教育和培训；对采购人员的专业水平、工作实绩和职业道德状况定期进行考核。采购人员经考核不合格的，不得继续任职。

第六十三条 **【采购标准与采购结果公开】**政府采购项目的采购标准应当公开。

采用本法规定的采购方式的，采购人在采购活动完成后，应当将采购结果予以公布。

第六十四条 **【采购人遵循法定方式与程序采购】**采购人必须按照本法规定的采购方式和采购程序进行采购。

任何单位和个人不得违反本法规定，要求采购人或者采购工作人员向其指定的供应商进行采购。

第六十五条 **【采购监管部门的检查权】**政府采购监督管理部门应当对政府采购项目的采购活动进行检查，政府采购当事人应当如实反映情况，提供有关材料。

第六十六条 **【采购监管部门的考核义务】**政府采购监督管理部门应当对集中采购机构的采购价格、节约资金效果、服务质量、信誉状况、有无违法行为等事项进行考核，并定期如实公布考核结果。

第六十七条 **【其他部门的监督】**依照法律、行政法规的规定对政府采购负有行政监督职责的政府有关部门，应当按照其职责分工，加强对政府采购活动的监督。

第六十八条 **【审计监督】**审计机关应当对政府采购进行审计监督。政府采购监督管理部门、政府采购各当事人有关政府采购活动，应当接受审计机关的审计监督。

第六十九条 **【监察机关的监察】**监察机关应当加强对参与政府采购活动的国家机关、国家公务员和国家行政机关任命的其他人员实施监察。

第七十条 **【对违法采购的控告权】**任何单位和个人对政府采购活动中的违法行为，有权控告和检举，有关部门、机关应当依照各自职责及时处理。

第八章 法律责任

第七十一条 【应予行政处分的采购方行为】采购人、采购代理机构有下列情形之一的,责令限期改正,给予警告,可以并处罚款,对直接负责的主管人员和其他直接责任人员,由其行政主管部门或者有关机关给予处分,并予通报:

(一)应当采用公开招标方式而擅自采用其他方式采购的;

(二)擅自提高采购标准的;

(三)以不合理的条件对供应商实行差别待遇或者歧视待遇的;

(四)在招标采购过程中与投标人进行协商谈判的;

(五)中标、成交通知书发出后不与中标、成交供应商签订采购合同的;

(六)拒绝有关部门依法实施监督检查的。

第七十二条 【有可能构成犯罪的采购方行为】采购人、采购代理机构及其工作人员有下列情形之一,构成犯罪的,依法追究刑事责任;尚不构成犯罪的,处以罚款,有违法所得的,并处没收违法所得,属于国家机关工作人员的,依法给予行政处分:

(一)与供应商或者采购代理机构恶意串通的;

(二)在采购过程中接受贿赂或者获取其他不正当利益的;

(三)在有关部门依法实施的监督检查中提供虚假情况的;

(四)开标前泄露标底的。

第七十三条 【发生违法采购之后对采购本身的处理】有前两条违法行为之一影响中标、成交结果或者可能影响中标、成交结果的,按下列情况分别处理:

(一)未确定中标、成交供应商的,终止采购活动;

(二)中标、成交供应商已经确定但采购合同尚未履行的,撤销合同,从合格的中标、成交候选人中另行确定中标、成交供应商;

(三)采购合同已经履行的,给采购人、供应商造成损失的,由责任人承担赔偿责任。

第七十四条 【未按规定实行集中采购的处理】采购人对应当实行集中采购的政府采购项目,不委托集中采购机构实行集中采购的,由政府采购监督管理部门责令改正;拒不改正的,停止按预算向其支付资金,由其上级行政主管部门或者有关机关依法给予其直接负责的主管人员和其他直接责任人员处分。

第七十五条 【违反采购公开原则的处理】采购人未依法公布政府采购项目的采购标准和采购结果的,责令改正,对直接负责的主管人员依法给予处分。

第七十六条 【采购方擅自处理采购文件的责任】采购人、采购代理机构违反本法规定隐匿、销毁应当保存的采购文件或者伪造、变造采购文件的,由政府采购监督管理部门处以二万元以上十万元以下的罚款,对其直接负责的主管人员和其他直接责任人员依法给予处分;构成犯罪的,依法追究刑事责任。

第七十七条 【供应商的违法行为】供应商有下列情形之一的,处以采购金额千分之五以上千分之十以下的罚款,列入不良行为记录名单,在一至三年内禁止参加政府采购活动,有违法所得的,并处没收违法所得,情节严重的,由工商行政管理机关吊销营业执照;构成犯罪的,依法追究刑事责任:

(一)提供虚假材料谋取中标、成交的;

(二)采取不正当手段诋毁、排挤其他供应商的;

(三)与采购人、其他供应商或者采购代理机构恶意串通的;

(四)向采购人、采购代理机构行贿或者提供其他不正当利益的;

(五)在招标采购过程中与采购人进行协商谈判的;

(六)拒绝有关部门监督检查或者提供虚假情况的。

供应商有前款第(一)至(五)项情形之一的,中标、成交无效。

第七十八条 【采购代理机构违法采购的处理】采购代理机构在代理政府采购业务中有违法行为的,按照有关法律规定处以罚款,可以在一至三年内禁止其代理政府采购业务,构成犯罪的,依法追究刑事责任。

第七十九条 【违法采购的民事责任】政府采购当事人有本法第七十一条、第七十二条、第七十七条违法行为之一,给他人造成损失的,并应依照有关民事法律规定承担民事责任。

第八十条 【采购监管违法的处理】政府采购监督管理部门的工作人员在实施监督检查中违反本法规定滥用职权,玩忽职守,徇私舞弊的,依法给予行政处分;构成犯罪的,依法追究刑事责任。

第八十一条 【怠于处理投诉的责任】政府采购监督管理部门对供应商的投诉逾期未作处理的,给予直接负责的主管人员和其他直接责任人员行政处分。

第八十二条 【采购考核中的违法行为的处理】政府采购监督管理部门对集中采购机构业绩的考核,有虚假陈述，隐瞒真实情况的，或者不作定期考核和公布考核结果的，应当及时纠正，由其上级机关或者监察机关对其负责人进行通报，并对直接负责的人员依法给予行政处分。

集中采购机构在政府采购监督管理部门考核中，虚报业绩，隐瞒真实情况的，处以二万元以上二十万元以下的罚款，并予以通报；情节严重的，取消其代理采购的资格。

第八十三条　【非采购当事人违法行为的处理】任何单位或者个人阻挠和限制供应商进入本地区或者本行业政府采购市场的，责令限期改正；拒不改正的，由该单位、个人的上级行政主管部门或者有关机关给予单位责任人或者个人处分。

第九章　附　　则

第八十四条　【适用除外】使用国际组织和外国政府贷款进行的政府采购，贷款方、资金提供方与中方达成的协议对采购的具体条件另有规定的，可以适用其规定，但不得损害国家利益和社会公共利益。

第八十五条　【特殊采购例外】对因严重自然灾害和其他不可抗力事件所实施的紧急采购和涉及国家安全和秘密的采购，不适用本法。

第八十六条　【军事采购】军事采购法规由中央军事委员会另行制定。

第八十七条　【实施办法】本法实施的具体步骤和办法由国务院规定。

第八十八条　【施行日期】本法自2003年1月1日起施行。

财政违法行为处罚处分条例

1. 2004年11月30日国务院令第427号公布
2. 根据2011年1月8日国务院令第588号《关于废止和修改部分行政法规的规定》修订

第一条　为了纠正财政违法行为，维护国家财政经济秩序，制定本条例。

第二条　县级以上人民政府财政部门及审计机关在各自职权范围内，依法对财政违法行为作出处理、处罚决定。

省级以上人民政府财政部门的派出机构，应当在规定职权范围内，依法对财政违法行为作出处理、处罚决定；审计机关的派出机构，应当根据审计机关的授权，依法对财政违法行为作出处理、处罚决定。

根据需要，国务院可以依法调整财政部门及其派出机构（以下统称财政部门）、审计机关及其派出机构（以下统称审计机关）的职权范围。

有财政违法行为的单位，其直接负责的主管人员和其他直接责任人员，以及有财政违法行为的个人，属于国家公务员的，由监察机关及其派出机构（以下统称监察机关）或者任免机关依照人事管理权限，依法给予行政处分。

第三条　财政收入执收单位及其工作人员有下列违反国家财政收入管理规定的行为之一的，责令改正，补收应当收取的财政收入，限期退还违法所得。对单位给予警告或者通报批评。对直接负责的主管人员和其他直接责任人员给予警告、记过或者记大过处分；情节严重的，给予降级或者撤职处分：

（一）违反规定设立财政收入项目；

（二）违反规定擅自改变财政收入项目的范围、标准、对象和期限；

（三）对已明令取消、暂停执行或者降低标准的财政收入项目，仍然依照原定项目、标准征收或者变换名称征收；

（四）缓收、不收财政收入；

（五）擅自将预算收入转为预算外收入；

（六）其他违反国家财政收入管理规定的行为。

《中华人民共和国税收征收管理法》等法律、行政法规另有规定的，依照其规定给予行政处分。

第四条　财政收入执收单位及其工作人员有下列违反国家财政收入上缴规定的行为之一的，责令改正，调整有关会计账目，收缴应当上缴的财政收入，限期退还违法所得。对单位给予警告或者通报批评。对直接负责的主管人员和其他直接责任人员给予记大过处分；情节较重的，给予降级或者撤职处分；情节严重的，给予开除处分：

（一）隐瞒应当上缴的财政收入；

（二）滞留、截留、挪用应当上缴的财政收入；

（三）坐支应当上缴的财政收入；

（四）不依照规定的财政收入预算级次、预算科目入库；

（五）违反规定退付国库库款或者财政专户资金；

（六）其他违反国家财政收入上缴规定的行为。

《中华人民共和国税收征收管理法》、《中华人民共和国预算法》等法律、行政法规另有规定的，依照其规定给予行政处分。

第五条　财政部门、国库机构及其工作人员有下列违反国家有关上解、下拨财政资金规定的行为之一的，责令改正，限期退还违法所得。对单位给予警告或者通报批评。对直接负责的主管人员和其他直接责任人员给予记过或者记大过处分；情节较重的，给予降级或者撤职处分；情节严重的，给予开除处分：

（一）延解、占压应当上解的财政收入；

（二）不依照预算或者用款计划核拨财政资金；

（三）违反规定收纳、划分、留解、退付国库库款或者财政专户资金；

（四）将应当纳入国库核算的财政收入放在财政专户核算；

（五）擅自动用国库库款或者财政专户资金；

（六）其他违反国家有关上解、下拨财政资金规定的行为。

第六条　国家机关及其工作人员有下列违反规定使用、骗取财政资金的行为之一的，责令改正，调整有关会计账目，追回有关财政资金，限期退还违法所得。对单位给予警告或者通报批评。对直接负责的主管人员和其他直接责任人员给予记大过处分；情节较重的，给予降级或者撤职处分；情节严重的，给予开除处分：

（一）以虚报、冒领等手段骗取财政资金；

（二）截留、挪用财政资金；

（三）滞留应当下拨的财政资金；

（四）违反规定扩大开支范围，提高开支标准；

（五）其他违反规定使用、骗取财政资金的行为。

第七条　财政预决算的编制部门和预算执行部门及其工作人员有下列违反国家有关预算管理规定的行为之一的，责令改正，追回有关款项，限期调整有关预算科目和预算级次。对单位给予警告或者通报批评。对直接负责的主管人员和其他直接责任人员给予警告、记过或者记大过处分；情节较重的，给予降级处分；情节严重的，给予撤职处分：

（一）虚增、虚减财政收入或者财政支出；

（二）违反规定编制、批复预算或者决算；

（三）违反规定调整预算；

（四）违反规定调整预算级次或者预算收支种类；

（五）违反规定动用预算预备费或者挪用预算周转金；

（六）违反国家关于转移支付管理规定的行为；

（七）其他违反国家有关预算管理规定的行为。

第八条　国家机关及其工作人员违反国有资产管理的规定，擅自占有、使用、处置国有资产的，责令改正，调整有关会计账目，限期退还违法所得和被侵占的国有资产。对单位给予警告或者通报批评。对直接负责的主管人员和其他直接责任人员给予记大过处分；情节较重的，给予降级或者撤职处分；情节严重的，给予开除处分。

第九条　单位和个人有下列违反国家有关投资建设项目规定的行为之一的，责令改正，调整有关会计账目，追回被截留、挪用、骗取的国家建设资金，没收违法所得，核减或者停止拨付工程投资。对单位给予警告或者通报批评，其直接负责的主管人员和其他直接责任人员属于国家公务员的，给予记大过处分；情节较重的，给予降级或者撤职处分；情节严重的，给予开除处分：

（一）截留、挪用国家建设资金；

（二）以虚报、冒领、关联交易等手段骗取国家建设资金；

（三）违反规定超概算投资；

（四）虚列投资完成额；

（五）其他违反国家投资建设项目有关规定的行为。

《中华人民共和国政府采购法》、《中华人民共和国招标投标法》、《国家重点建设项目管理办法》等法律、行政法规另有规定的，依照其规定处理、处罚。

第十条　国家机关及其工作人员违反《中华人民共和国担保法》及国家有关规定，擅自提供担保的，责令改正，没收违法所得。对单位给予警告或者通报批评。对直接负责的主管人员和其他直接责任人员给予警告、记过或者记大过处分；造成损失的，给予降级或者撤职处分；造成重大损失的，给予开除处分。

第十一条　国家机关及其工作人员违反国家有关账户管理规定，擅自在金融机构开立、使用账户的，责令改正，调整有关会计账目，追回有关财政资金，没收违法所得，依法撤销擅自开立的账户。对单位给予警告或者通报批评。对直接负责的主管人员和其他直接责任人员给予降级处分；情节严重的，给予撤职或者开除处分。

第十二条　国家机关及其工作人员有下列行为之一的，责令改正，调整有关会计账目，追回被挪用、骗取的有关资金，没收违法所得。对单位给予警告或者通报批评。对直接负责的主管人员和其他直接责任人员给予降级处分；情节较重的，给予撤职处分；情节严重的，给予开除处分：

（一）以虚报、冒领等手段骗取政府承贷或者担保的外国政府贷款、国际金融组织贷款；

（二）滞留政府承贷或者担保的外国政府贷款、国际金融组织贷款；

（三）截留、挪用政府承贷或者担保的外国政府贷款、国际金融组织贷款；

（四）其他违反规定使用、骗取政府承贷或者担保的外国政府贷款、国际金融组织贷款的行为。

第十三条 企业和个人有下列不缴或者少缴财政收入行为之一的，责令改正，调整有关会计账目，收缴应当上缴的财政收入，给予警告，没收违法所得，并处不缴或者少缴财政收入10%以上30%以下的罚款；对直接负责的主管人员和其他直接责任人员处3000元以上5万元以下的罚款：

（一）隐瞒应当上缴的财政收入；

（二）截留代收的财政收入；

（三）其他不缴或者少缴财政收入的行为。

属于税收方面的违法行为，依照有关税收法律、行政法规的规定处理、处罚。

第十四条 企业和个人有下列行为之一的，责令改正，调整有关会计账目，追回违反规定使用、骗取的有关资金，给予警告，没收违法所得，并处被骗取有关资金10%以上50%以下的罚款或者被违规使用有关资金10%以上30%以下的罚款；对直接负责的主管人员和其他直接责任人员处3000元以上5万元以下的罚款：

（一）以虚报、冒领等手段骗取财政资金以及政府承贷或者担保的外国政府贷款、国际金融组织贷款；

（二）挪用财政资金以及政府承贷或者担保的外国政府贷款、国际金融组织贷款；

（三）从无偿使用的财政资金以及政府承贷或者担保的外国政府贷款、国际金融组织贷款中非法获益；

（四）其他违反规定使用、骗取财政资金以及政府承贷或者担保的外国政府贷款、国际金融组织贷款的行为。

属于政府采购方面的违法行为，依照《中华人民共和国政府采购法》及有关法律、行政法规的规定处理、处罚。

第十五条 事业单位、社会团体、其他社会组织及其工作人员有财政违法行为的，依照本条例有关国家机关的规定执行；但其在经营活动中的财政违法行为，依照本条例第十三条、第十四条的规定执行。

第十六条 单位和个人有下列违反财政收入票据管理规定的行为之一的，销毁非法印制的票据，没收违法所得和作案工具。对单位处5000元以上10万元以下的罚款；对直接负责的主管人员和其他直接责任人员处3000元以上5万元以下的罚款。属于国家公务员的，还应当给予降级或者撤职处分；情节严重的，给予开除处分：

（一）违反规定印制财政收入票据；

（二）转借、串用、代开财政收入票据；

（三）伪造、变造、买卖、擅自销毁财政收入票据；

（四）伪造、使用伪造的财政收入票据监（印）制章；

（五）其他违反财政收入票据管理规定的行为。

属于税收收入票据管理方面的违法行为，依照有关税收法律、行政法规的规定处理、处罚。

第十七条 单位和个人违反财务管理的规定，私存私放财政资金或者其他公款的，责令改正，调整有关会计账目，追回私存私放的资金，没收违法所得。对单位处3000元以上5万元以下的罚款；对直接负责的主管人员和其他直接责任人员处2000元以上2万元以下的罚款。属于国家公务员的，还应当给予记大过处分；情节严重的，给予降级或者撤职处分。

第十八条 属于会计方面的违法行为，依照会计方面的法律、行政法规的规定处理、处罚。对其直接负责的主管人员和其他直接责任人员，属于国家公务员的，还应当给予警告、记过或者记大过处分；情节较重的，给予降级或者撤职处分；情节严重的，给予开除处分。

第十九条 属于行政性收费方面的违法行为，《中华人民共和国行政许可法》、《违反行政事业性收费和罚没收入收支两条线管理规定行政处分暂行规定》等法律、行政法规及国务院另有规定的，有关部门依照其规定处理、处罚、处分。

第二十条 单位和个人有本条例规定的财政违法行为，构成犯罪的，依法追究刑事责任。

第二十一条 财政部门、审计机关、监察机关依法进行调查或者检查时，被调查、检查的单位和个人应当予以配合，如实反映情况，不得拒绝、阻挠、拖延。

违反前款规定的，责令限期改正。逾期不改正的，对属于国家公务员的直接负责的主管人员和其他直接责任人员，给予警告、记过或者记大过处分；情节严重的，给予降级或者撤职处分。

第二十二条 财政部门、审计机关、监察机关依法进行调查或者检查时，经县级以上人民政府财政部门、审计机关、监察机关的负责人批准，可以向与被调查、检查单位有经济业务往来的单位查询有关情况，可以向金融机构查询被调查、检查单位的存款，有关单位和金融机构应当配合。

财政部门、审计机关、监察机关在依法进行调查或者检查时，执法人员不得少于2人，并应当向当事人或者有关人员出示证件；查询存款时，还应当持有县级以上人民政府财政部门、审计机关、监察机关签发的查询存款通知书，并负有保密义务。

第二十三条　财政部门、审计机关、监察机关依法进行调查或者检查时，在有关证据可能灭失或者以后难以取得的情况下，经县级以上人民政府财政部门、审计机关、监察机关的负责人批准，可以先行登记保存，并应当在7日内及时作出处理决定。在此期间，当事人或者有关人员不得销毁或者转移证据。

第二十四条　对被调查、检查单位或者个人正在进行的财政违法行为，财政部门、审计机关应当责令停止。拒不执行的，财政部门可以暂停财政拨款或者停止拨付与财政违法行为直接有关的款项，已经拨付的，责令其暂停使用；审计机关可以通知财政部门或者其他有关主管部门暂停财政拨款或者停止拨付与财政违法行为直接有关的款项，已经拨付的，责令其暂停使用，财政部门和其他有关主管部门应当将结果书面告知审计机关。

第二十五条　依照本条例规定限期退还的违法所得，到期无法退还的，应当收缴国库。

第二十六条　单位和个人有本条例所列财政违法行为，财政部门、审计机关、监察机关可以公告其财政违法行为及处理、处罚、处分决定。

第二十七条　单位和个人有本条例所列财政违法行为，弄虚作假骗取荣誉称号及其他有关奖励的，应当撤销其荣誉称号并收回有关奖励。

第二十八条　财政部门、审计机关、监察机关的工作人员滥用职权、玩忽职守、徇私舞弊的，给予警告、记过或者记大过处分；情节较重的，给予降级或者撤职处分；情节严重的，给予开除处分。构成犯罪的，依法追究刑事责任。

第二十九条　财政部门、审计机关、监察机关及其他有关监督检查机关对有关单位或者个人依法进行调查、检查后，应当出具调查、检查结论。有关监督检查机关已经作出的调查、检查结论能够满足其他监督检查机关履行本机关职责需要的，其他监督检查机关应当加以利用。

第三十条　财政部门、审计机关、监察机关及其他有关机关应当加强配合，对不属于其职权范围的事项，应当依法移送。受移送机关应当及时处理，并将结果书面告知移送机关。

第三十一条　对财政违法行为作出处理、处罚和处分决定的程序，依照本条例和《中华人民共和国行政处罚法》、《中华人民共和国行政监察法》等有关法律、行政法规的规定执行。

第三十二条　单位和个人对处理、处罚不服的，依照《中华人民共和国行政复议法》、《中华人民共和国行政诉讼法》的规定申请复议或者提起诉讼。

国家公务员对行政处分不服的，依照《中华人民共和国行政监察法》、《中华人民共和国公务员法》等法律、行政法规的规定提出申诉。

第三十三条　本条例所称“财政收入执收单位”，是指负责收取税收收入和各种非税收入的单位。

第三十四条　对法律、法规授权的具有管理公共事务职能的组织以及国家行政机关依法委托的组织及其工勤人员以外的工作人员，企业、事业单位、社会团体中由国家行政机关以委任、派遣等形式任命的人员以及其他人员有本条例规定的财政违法行为，需要给予处分的，参照本条例有关规定执行。

第三十五条　本条例自2005年2月1日起施行。1987年6月16日国务院发布的《国务院关于违反财政法规处罚的暂行规定》同时废止。

中华人民共和国招标投标法实施条例

1. 2011年12月20日国务院令第613号公布
2. 根据2017年3月1日国务院令第676号《关于修改和废止部分行政法规的决定》第一次修订
3. 根据2018年3月19日国务院令第698号《关于修改和废止部分行政法规的决定》第二次修订
4. 根据2019年3月2日国务院令第709号《关于修改部分行政法规的决定》第三次修订

第一章　总　　则

第一条　为了规范招标投标活动，根据《中华人民共和国招标投标法》（以下简称招标投标法），制定本条例。

第二条　招标投标法第三条所称工程建设项目，是指工程以及与工程建设有关的货物、服务。

前款所称工程，是指建设工程，包括建筑物和构筑物的新建、改建、扩建及其相关的装修、拆除、修缮等；所称与工程建设有关的货物，是指构成工程不可分割的组成部分，且为实现工程基本功能所必需的设备、材料等；所称与工程建设有关的服务，是指为完成工程所需的勘察、设计、监理等服务。

第三条 依法必须进行招标的工程建设项目的具体范围和规模标准，由国务院发展改革部门会同国务院有关部门制订，报国务院批准后公布施行。

第四条 国务院发展改革部门指导和协调全国招标投标工作，对国家重大建设项目的工程招标投标活动实施监督检查。国务院工业和信息化、住房城乡建设、交通运输、铁道、水利、商务等部门，按照规定的职责分工对有关招标投标活动实施监督。

县级以上地方人民政府发展改革部门指导和协调本行政区域的招标投标工作。县级以上地方人民政府有关部门按照规定的职责分工，对招标投标活动实施监督，依法查处招标投标活动中的违法行为。县级以上地方人民政府对其所属部门有关招标投标活动的监督职责分工另有规定的，从其规定。

财政部门依法对实行招标投标的政府采购工程建设项目的政府采购政策执行情况实施监督。

监察机关依法对与招标投标活动有关的监察对象实施监察。

第五条 设区的市级以上地方人民政府可以根据实际需要，建立统一规范的招标投标交易场所，为招标投标活动提供服务。招标投标交易场所不得与行政监督部门存在隶属关系，不得以营利为目的。

国家鼓励利用信息网络进行电子招标投标。

第六条 禁止国家工作人员以任何方式非法干涉招标投标活动。

第二章 招　　标

第七条 按照国家有关规定需要履行项目审批、核准手续的依法必须进行招标的项目，其招标范围、招标方式、招标组织形式应当报项目审批、核准部门审批、核准。项目审批、核准部门应当及时将审批、核准确定的招标范围、招标方式、招标组织形式通报有关行政监督部门。

第八条 国有资金占控股或者主导地位的依法必须进行招标的项目，应当公开招标；但有下列情形之一的，可以邀请招标：

（一）技术复杂、有特殊要求或者受自然环境限制，只有少量潜在投标人可供选择；

（二）采用公开招标方式的费用占项目合同金额的比例过大。

有前款第二项所列情形，属于本条例第七条规定的项目，由项目审批、核准部门在审批、核准项目时作出认定；其他项目由招标人申请有关行政监督部门作出认定。

第九条 除招标投标法第六十六条规定的可以不进行招标的特殊情况外，有下列情形之一的，可以不进行招标：

（一）需要采用不可替代的专利或者专有技术；

（二）采购人依法能够自行建设、生产或者提供；

（三）已通过招标方式选定的特许经营项目投资人依法能够自行建设、生产或者提供；

（四）需要向原中标人采购工程、货物或者服务，否则将影响施工或者功能配套要求；

（五）国家规定的其他特殊情形。

招标人为适用前款规定弄虚作假的，属于招标投标法第四条规定的规避招标。

第十条 招标投标法第十二条第二款规定的招标人具有编制招标文件和组织评标能力，是指招标人具有与招标项目规模和复杂程度相适应的技术、经济等方面的专业人员。

第十一条 国务院住房城乡建设、商务、发展改革、工业和信息化等部门，按照规定的职责分工对招标代理机构依法实施监督管理。

第十二条 招标代理机构应当拥有一定数量的具备编制招标文件、组织评标等相应能力的专业人员。

第十三条 招标代理机构在招标人委托的范围内开展招标代理业务，任何单位和个人不得非法干涉。

招标代理机构代理招标业务，应当遵守招标投标法和本条例关于招标人的规定。招标代理机构不得在所代理的招标项目中投标或者代理投标，也不得为所代理的招标项目的投标人提供咨询。

第十四条 招标人应当与被委托的招标代理机构签订书面委托合同，合同约定的收费标准应当符合国家有关规定。

第十五条 公开招标的项目，应当依照招标投标法和本条例的规定发布招标公告、编制招标文件。

招标人采用资格预审办法对潜在投标人进行资格审查的，应当发布资格预审公告、编制资格预审文件。

依法必须进行招标的项目的资格预审公告和招标公告，应当在国务院发展改革部门依法指定的媒介发布。在不同媒介发布的同一招标项目的资格预审公告或者招标公告的内容应当一致。指定媒介发布依法必须进行招标的项目的境内资格预审公告、招标公告，不得收取费用。

编制依法必须进行招标的项目的资格预审文件和招标文件，应当使用国务院发展改革部门会同有关行政监督部门制定的标准文本。

第十六条 招标人应当按照资格预审公告、招标公告或者投标邀请书规定的时间、地点发售资格预审文件或者招标文件。资格预审文件或者招标文件的发售期不得少于5日。

招标人发售资格预审文件、招标文件收取的费用应当限于补偿印刷、邮寄的成本支出,不得以营利为目的。

第十七条 招标人应当合理确定提交资格预审申请文件的时间。依法必须进行招标的项目提交资格预审申请文件的时间,自资格预审文件停止发售之日起不得少于5日。

第十八条 资格预审应当按照资格预审文件载明的标准和方法进行。

国有资金占控股或者主导地位的依法必须进行招标的项目,招标人应当组建资格审查委员会审查资格预审申请文件。资格审查委员会及其成员应当遵守招标投标法和本条例有关评标委员会及其成员的规定。

第十九条 资格预审结束后,招标人应当及时向资格预审申请人发出资格预审结果通知书。未通过资格预审的申请人不具有投标资格。

通过资格预审的申请人少于3个的,应当重新招标。

第二十条 招标人采用资格后审办法对投标人进行资格审查的,应当在开标后由评标委员会按照招标文件规定的标准和方法对投标人的资格进行审查。

第二十一条 招标人可以对已发出的资格预审文件或者招标文件进行必要的澄清或者修改。澄清或者修改的内容可能影响资格预审申请文件或者投标文件编制的,招标人应当在提交资格预审申请文件截止时间至少3日前,或者投标截止时间至少15日前,以书面形式通知所有获取资格预审文件或者招标文件的潜在投标人;不足3日或者15日的,招标人应当顺延提交资格预审申请文件或者投标文件的截止时间。

第二十二条 潜在投标人或者其他利害关系人对资格预审文件有异议的,应当在提交资格预审申请文件截止时间2日前提出;对招标文件有异议的,应当在投标截止时间10日前提出。招标人应当自收到异议之日起3日内作出答复;作出答复前,应当暂停招标投标活动。

第二十三条 招标人编制的资格预审文件、招标文件的内容违反法律、行政法规的强制性规定,违反公开、公平、公正和诚实信用原则,影响资格预审结果或者潜在投标人投标的,依法必须进行招标的项目的招标人应当在修改资格预审文件或者招标文件后重新招标。

第二十四条 招标人对招标项目划分标段的,应当遵守招标投标法的有关规定,不得利用划分标段限制或者排斥潜在投标人。依法必须进行招标的项目的招标人不得利用划分标段规避招标。

第二十五条 招标人应当在招标文件中载明投标有效期。投标有效期从提交投标文件的截止之日起算。

第二十六条 招标人在招标文件中要求投标人提交投标保证金的,投标保证金不得超过招标项目估算价的2%。投标保证金有效期应当与投标有效期一致。

依法必须进行招标的项目的境内投标单位,以现金或者支票形式提交的投标保证金应当从其基本账户转出。

招标人不得挪用投标保证金。

第二十七条 招标人可以自行决定是否编制标底。一个招标项目只能有一个标底。标底必须保密。

接受委托编制标底的中介机构不得参加受托编制标底项目的投标,也不得为该项目的投标人编制投标文件或者提供咨询。

招标人设有最高投标限价的,应当在招标文件中明确最高投标限价或者最高投标限价的计算方法。招标人不得规定最低投标限价。

第二十八条 招标人不得组织单个或者部分潜在投标人踏勘项目现场。

第二十九条 招标人可以依法对工程以及与工程建设有关的货物、服务全部或者部分实行总承包招标。以暂估价形式包括在总承包范围内的工程、货物、服务属于依法必须进行招标的项目范围且达到国家规定规模标准的,应当依法进行招标。

前款所称暂估价,是指总承包招标时不能确定价格而由招标人在招标文件中暂时估定的工程、货物、服务的金额。

第三十条 对技术复杂或者无法精确拟定技术规格的项目,招标人可以分两阶段进行招标。

第一阶段,投标人按照招标公告或者投标邀请书的要求提交不带报价的技术建议,招标人根据投标人提交的技术建议确定技术标准和要求,编制招标文件。

第二阶段,招标人向在第一阶段提交技术建议的投标人提供招标文件,投标人按照招标文件的要求提交包括最终技术方案和投标报价的投标文件。

招标人要求投标人提交投标保证金的,应当在第二阶段提出。

第三十一条 招标人终止招标的，应当及时发布公告，或者以书面形式通知被邀请的或者已经获取资格预审文件、招标文件的潜在投标人。已经发售资格预审文件、招标文件或者已经收取投标保证金的，招标人应当及时退还所收取的资格预审文件、招标文件的费用，以及所收取的投标保证金及银行同期存款利息。

第三十二条 招标人不得以不合理的条件限制、排斥潜在投标人或者投标人。

招标人有下列行为之一的，属于以不合理条件限制、排斥潜在投标人或者投标人：

（一）就同一招标项目向潜在投标人或者投标人提供有差别的项目信息；

（二）设定的资格、技术、商务条件与招标项目的具体特点和实际需要不相适应或者与合同履行无关；

（三）依法必须进行招标的项目以特定行政区域或者特定行业的业绩、奖项作为加分条件或者中标条件；

（四）对潜在投标人或者投标人采取不同的资格审查或者评标标准；

（五）限定或者指定特定的专利、商标、品牌、原产地或者供应商；

（六）依法必须进行招标的项目非法限定潜在投标人或者投标人的所有制形式或者组织形式；

（七）以其他不合理条件限制、排斥潜在投标人或者投标人。

第三章 投　　标

第三十三条 投标人参加依法必须进行招标的项目的投标，不受地区或者部门的限制，任何单位和个人不得非法干涉。

第三十四条 与招标人存在利害关系可能影响招标公正性的法人、其他组织或者个人，不得参加投标。

单位负责人为同一人或者存在控股、管理关系的不同单位，不得参加同一标段投标或者未划分标段的同一招标项目投标。

违反前两款规定的，相关投标均无效。

第三十五条 投标人撤回已提交的投标文件，应当在投标截止时间前书面通知招标人。招标人已收取投标保证金的，应当自收到投标人书面撤回通知之日起5日内退还。

投标截止后投标人撤销投标文件的，招标人可以不退还投标保证金。

第三十六条 未通过资格预审的申请人提交的投标文件，以及逾期送达或者不按照招标文件要求密封的投标文件，招标人应当拒收。

招标人应当如实记载投标文件的送达时间和密封情况，并存档备查。

第三十七条 招标人应当在资格预审公告、招标公告或者投标邀请书中载明是否接受联合体投标。

招标人接受联合体投标并进行资格预审的，联合体应当在提交资格预审申请文件前组成。资格预审后联合体增减、更换成员的，其投标无效。

联合体各方在同一招标项目中以自己名义单独投标或者参加其他联合体投标的，相关投标均无效。

第三十八条 投标人发生合并、分立、破产等重大变化的，应当及时书面告知招标人。投标人不再具备资格预审文件、招标文件规定的资格条件或者其投标影响招标公正性的，其投标无效。

第三十九条 禁止投标人相互串通投标。

有下列情形之一的，属于投标人相互串通投标：

（一）投标人之间协商投标报价等投标文件的实质性内容；

（二）投标人之间约定中标人；

（三）投标人之间约定部分投标人放弃投标或者中标；

（四）属于同一集团、协会、商会等组织成员的投标人按照该组织要求协同投标；

（五）投标人之间为谋取中标或者排斥特定投标人而采取的其他联合行动。

第四十条 有下列情形之一的，视为投标人相互串通投标：

（一）不同投标人的投标文件由同一单位或者个人编制；

（二）不同投标人委托同一单位或者个人办理投标事宜；

（三）不同投标人的投标文件载明的项目管理成员为同一人；

（四）不同投标人的投标文件异常一致或者投标报价呈规律性差异；

（五）不同投标人的投标文件相互混装；

（六）不同投标人的投标保证金从同一单位或者个人的账户转出。

第四十一条 禁止招标人与投标人串通投标。

有下列情形之一的，属于招标人与投标人串通投标：

（一）招标人在开标前开启投标文件并将有关信

息泄露给其他投标人；

（二）招标人直接或者间接向投标人泄露标底、评标委员会成员等信息；

（三）招标人明示或者暗示投标人压低或者抬高投标报价；

（四）招标人授意投标人撤换、修改投标文件；

（五）招标人明示或者暗示投标人为特定投标人中标提供方便；

（六）招标人与投标人为谋求特定投标人中标而采取的其他串通行为。

第四十二条　使用通过受让或者租借等方式获取的资格、资质证书投标的，属于招标投标法第三十三条规定的以他人名义投标。

投标人有下列情形之一的，属于招标投标法第三十三条规定的以其他方式弄虚作假的行为：

（一）使用伪造、变造的许可证件；

（二）提供虚假的财务状况或者业绩；

（三）提供虚假的项目负责人或者主要技术人员简历、劳动关系证明；

（四）提供虚假的信用状况；

（五）其他弄虚作假的行为。

第四十三条　提交资格预审申请文件的申请人应当遵守招标投标法和本条例有关投标人的规定。

第四章　开标、评标和中标

第四十四条　招标人应当按照招标文件规定的时间、地点开标。

投标人少于3个的，不得开标；招标人应当重新招标。

投标人对开标有异议的，应当在开标现场提出，招标人应当当场作出答复，并制作记录。

第四十五条　国家实行统一的评标专家专业分类标准和管理办法。具体标准和办法由国务院发展改革部门会同国务院有关部门制定。

省级人民政府和国务院有关部门应当组建综合评标专家库。

第四十六条　除招标投标法第三十七条第三款规定的特殊招标项目外，依法必须进行招标的项目，其评标委员会的专家成员应当从评标专家库内相关专业的专家名单中以随机抽取方式确定。任何单位和个人不得以明示、暗示等任何方式指定或者变相指定参加评标委员会的专家成员。

依法必须进行招标的项目的招标人非因招标投标法和本条例规定的事由，不得更换依法确定的评标委员会成员。更换评标委员会的专家成员应当依照前款规定进行。

评标委员会成员与投标人有利害关系的，应当主动回避。

有关行政监督部门应当按照规定的职责分工，对评标委员会成员的确定方式、评标专家的抽取和评标活动进行监督。行政监督部门的工作人员不得担任本部门负责监督项目的评标委员会成员。

第四十七条　招标投标法第三十七条第三款所称特殊招标项目，是指技术复杂、专业性强或者国家有特殊要求，采取随机抽取方式确定的专家难以保证胜任评标工作的项目。

第四十八条　招标人应当向评标委员会提供评标所必需的信息，但不得明示或者暗示其倾向或者排斥特定投标人。

招标人应当根据项目规模和技术复杂程度等因素合理确定评标时间。超过三分之一的评标委员会成员认为评标时间不够的，招标人应当适当延长。

评标过程中，评标委员会成员有回避事由、擅离职守或者因健康等原因不能继续评标的，应当及时更换。被更换的评标委员会成员作出的评审结论无效，由更换后的评标委员会成员重新进行评审。

第四十九条　评标委员会成员应当依照招标投标法和本条例的规定，按照招标文件规定的评标标准和方法，客观、公正地对投标文件提出评审意见。招标文件没有规定的评标标准和方法不得作为评标的依据。

评标委员会成员不得私下接触投标人，不得收受投标人给予的财物或者其他好处，不得向招标人征询确定中标人的意向，不得接受任何单位或者个人明示或者暗示提出的倾向或者排斥特定投标人的要求，不得有其他不客观、不公正履行职务的行为。

第五十条　招标项目设有标底的，招标人应当在开标时公布。标底只能作为评标的参考，不得以投标报价是否接近标底作为中标条件，也不得以投标报价超过标底上下浮动范围作为否决投标的条件。

第五十一条　有下列情形之一的，评标委员会应当否决其投标：

（一）投标文件未经投标单位盖章和单位负责人签字；

（二）投标联合体没有提交共同投标协议；

（三）投标人不符合国家或者招标文件规定的资格条件；

（四）同一投标人提交两个以上不同的投标文件

或者投标报价,但招标文件要求提交备选投标的除外;

(五)投标报价低于成本或者高于招标文件设定的最高投标限价;

(六)投标文件没有对招标文件的实质性要求和条件作出响应;

(七)投标人有串通投标、弄虚作假、行贿等违法行为。

第五十二条 投标文件中有含义不明确的内容、明显文字或者计算错误,评标委员会认为需要投标人作出必要澄清、说明的,应当书面通知该投标人。投标人的澄清、说明应当采用书面形式,并不得超出投标文件的范围或者改变投标文件的实质性内容。

评标委员会不得暗示或者诱导投标人作出澄清、说明,不得接受投标人主动提出的澄清、说明。

第五十三条 评标完成后,评标委员会应当向招标人提交书面评标报告和中标候选人名单。中标候选人应当不超过3个,并标明排序。

评标报告应当由评标委员会全体成员签字。对评标结果有不同意见的评标委员会成员应当以书面形式说明其不同意见和理由,评标报告应当注明该不同意见。评标委员会成员拒绝在评标报告上签字又不书面说明其不同意见和理由的,视为同意评标结果。

第五十四条 依法必须进行招标的项目,招标人应当自收到评标报告之日起3日内公示中标候选人,公示期不得少于3日。

投标人或者其他利害关系人对依法必须进行招标的项目的评标结果有异议的,应当在中标候选人公示期间提出。招标人应当自收到异议之日起3日内作出答复;作出答复前,应当暂停招标投标活动。

第五十五条 国有资金占控股或者主导地位的依法必须进行招标的项目,招标人应当确定排名第一的中标候选人为中标人。排名第一的中标候选人放弃中标、因不可抗力不能履行合同、不按照招标文件要求提交履约保证金,或者被查实存在影响中标结果的违法行为等情形,不符合中标条件的,招标人可以按照评标委员会提出的中标候选人名单排序依次确定其他中标候选人为中标人,也可以重新招标。

第五十六条 中标候选人的经营、财务状况发生较大变化或者存在违法行为,招标人认为可能影响其履约能力的,应当在发出中标通知书前由原评标委员会按照招标文件规定的标准和方法审查确认。

第五十七条 招标人和中标人应当依照招标投标法和本条例的规定签订书面合同,合同的标的、价款、质量、履行期限等主要条款应当与招标文件和中标人的投标文件的内容一致。招标人和中标人不得再行订立背离合同实质性内容的其他协议。

招标人最迟应当在书面合同签订后5日内向中标人和未中标的投标人退还投标保证金及银行同期存款利息。

第五十八条 招标文件要求中标人提交履约保证金的,中标人应当按照招标文件的要求提交。履约保证金不得超过中标合同金额的10%。

第五十九条 中标人应当按照合同约定履行义务,完成中标项目。中标人不得向他人转让中标项目,也不得将中标项目肢解后分别向他人转让。

中标人按照合同约定或者经招标人同意,可以将中标项目的部分非主体、非关键性工作分包给他人完成。接受分包的人应当具备相应的资格条件,并不得再次分包。

中标人应当就分包项目向招标人负责,接受分包的人就分包项目承担连带责任。

第五章 投诉与处理

第六十条 投标人或者其他利害关系人认为招标投标活动不符合法律、行政法规规定的,可以自知道或者应当知道之日起10日内向有关行政监督部门投诉。投诉应当有明确的请求和必要的证明材料。

就本条例第二十二条、第四十四条、第五十四条规定事项投诉的,应当先向招标人提出异议,异议答复期间不计算在前款规定的期限内。

第六十一条 投诉人就同一事项向两个以上有权受理的行政监督部门投诉的,由最先收到投诉的行政监督部门负责处理。

行政监督部门应当自收到投诉之日起3个工作日内决定是否受理投诉,并自受理投诉之日起30个工作日内作出书面处理决定;需要检验、检测、鉴定、专家评审的,所需时间不计算在内。

投诉人捏造事实、伪造材料或者以非法手段取得证明材料进行投诉的,行政监督部门应当予以驳回。

第六十二条 行政监督部门处理投诉,有权查阅、复制有关文件、资料,调查有关情况,相关单位和人员应当予以配合。必要时,行政监督部门可以责令暂停招标投标活动。

行政监督部门的工作人员对监督检查过程中知悉的国家秘密、商业秘密,应当依法予以保密。

第六章 法律责任

第六十三条 招标人有下列限制或者排斥潜在投标人行为之一的，由有关行政监督部门依照招标投标法第五十一条的规定处罚：

（一）依法应当公开招标的项目不按照规定在指定媒介发布资格预审公告或者招标公告；

（二）在不同媒介发布的同一招标项目的资格预审公告或者招标公告的内容不一致，影响潜在投标人申请资格预审或者投标。

依法必须进行招标的项目的招标人不按照规定发布资格预审公告或者招标公告，构成规避招标的，依照招标投标法第四十九条的规定处罚。

第六十四条 招标人有下列情形之一的，由有关行政监督部门责令改正，可以处10万元以下的罚款：

（一）依法应当公开招标而采用邀请招标；

（二）招标文件、资格预审文件的发售、澄清、修改的时限，或者确定的提交资格预审申请文件、投标文件的时限不符合招标投标法和本条例规定；

（三）接受未通过资格预审的单位或者个人参加投标；

（四）接受应当拒收的投标文件。

招标人有前款第一项、第三项、第四项所列行为之一的，对单位直接负责的主管人员和其他直接责任人员依法给予处分。

第六十五条 招标代理机构在所代理的招标项目中投标、代理投标或者向该项目投标人提供咨询的，接受委托编制标底的中介机构参加受托编制标底项目的投标或者为该项目的投标人编制投标文件、提供咨询的，依照招标投标法第五十条的规定追究法律责任。

第六十六条 招标人超过本条例规定的比例收取投标保证金、履约保证金或者不按照规定退还投标保证金及银行同期存款利息的，由有关行政监督部门责令改正，可以处5万元以下的罚款；给他人造成损失的，依法承担赔偿责任。

第六十七条 投标人相互串通投标或者与招标人串通投标的，投标人向招标人或者评标委员会成员行贿谋取中标的，中标无效；构成犯罪的，依法追究刑事责任；尚不构成犯罪的，依照招标投标法第五十三条的规定处罚。投标人未中标的，对单位的罚款金额按照招标项目合同金额依照招标投标法规定的比例计算。

投标人有下列行为之一的，属于招标投标法第五十三条规定的情节严重行为，由有关行政监督部门取消其1年至2年内参加依法必须进行招标的项目的投标资格：

（一）以行贿谋取中标；

（二）3年内2次以上串通投标；

（三）串通投标行为损害招标人、其他投标人或者国家、集体、公民的合法利益，造成直接经济损失30万元以上；

（四）其他串通投标情节严重的行为。

投标人自本条第二款规定的处罚执行期限届满之日起3年内又有该款所列违法行为之一的，或者串通投标、以行贿谋取中标情节特别严重的，由工商行政管理机关吊销营业执照。

法律、行政法规对串通投标报价行为的处罚另有规定的，从其规定。

第六十八条 投标人以他人名义投标或者以其他方式弄虚作假骗取中标的，中标无效；构成犯罪的，依法追究刑事责任；尚不构成犯罪的，依照招标投标法第五十四条的规定处罚。依法必须进行招标的项目的投标人未中标的，对单位的罚款金额按照招标项目合同金额依照招标投标法规定的比例计算。

投标人有下列行为之一的，属于招标投标法第五十四条规定的情节严重行为，由有关行政监督部门取消其1年至3年内参加依法必须进行招标的项目的投标资格：

（一）伪造、变造资格、资质证书或者其他许可证件骗取中标；

（二）3年内2次以上使用他人名义投标；

（三）弄虚作假骗取中标给招标人造成直接经济损失30万元以上；

（四）其他弄虚作假骗取中标情节严重的行为。

投标人自本条第二款规定的处罚执行期限届满之日起3年内又有该款所列违法行为之一的，或者弄虚作假骗取中标情节特别严重的，由工商行政管理机关吊销营业执照。

第六十九条 出让或者出租资格、资质证书供他人投标的，依照法律、行政法规的规定给予行政处罚；构成犯罪的，依法追究刑事责任。

第七十条 依法必须进行招标的项目的招标人不按照规定组建评标委员会，或者确定、更换评标委员会成员违反招标投标法和本条例规定的，由有关行政监督部门责令改正，可以处10万元以下的罚款，对单位直接负责的主管人员和其他直接责任人员依法给予处分；违法确定或者更换的评标委员会成员作出的评审结论无效，依法重新进行评审。

国家工作人员以任何方式非法干涉选取评标委员会成员的，依照本条例第八十条的规定追究法律责任。

第七十一条　评标委员会成员有下列行为之一的，由有关行政监督部门责令改正；情节严重的，禁止其在一定期限内参加依法必须进行招标的项目的评标；情节特别严重的，取消其担任评标委员会成员的资格：

（一）应当回避而不回避；

（二）擅离职守；

（三）不按照招标文件规定的评标标准和方法评标；

（四）私下接触投标人；

（五）向招标人征询确定中标人的意向或者接受任何单位或者个人明示或者暗示提出的倾向或者排斥特定投标人的要求；

（六）对依法应当否决的投标不提出否决意见；

（七）暗示或者诱导投标人作出澄清、说明或者接受投标人主动提出的澄清、说明；

（八）其他不客观、不公正履行职务的行为。

第七十二条　评标委员会成员收受投标人的财物或者其他好处的，没收收受的财物，处3000元以上5万元以下的罚款，取消担任评标委员会成员的资格，不得再参加依法必须进行招标的项目的评标；构成犯罪的，依法追究刑事责任。

第七十三条　依法必须进行招标的项目的招标人有下列情形之一的，由有关行政监督部门责令改正，可以处中标项目金额10‰以下的罚款；给他人造成损失的，依法承担赔偿责任；对单位直接负责的主管人员和其他直接责任人员依法给予处分：

（一）无正当理由不发出中标通知书；

（二）不按照规定确定中标人；

（三）中标通知书发出后无正当理由改变中标结果；

（四）无正当理由不与中标人订立合同；

（五）在订立合同时向中标人提出附加条件。

第七十四条　中标人无正当理由不与招标人订立合同，在签订合同时向招标人提出附加条件，或者不按照招标文件要求提交履约保证金的，取消其中标资格，投标保证金不予退还。对依法必须进行招标的项目的中标人，由有关行政监督部门责令改正，可以处中标项目金额10‰以下的罚款。

第七十五条　招标人和中标人不按照招标文件和中标人的投标文件订立合同，合同的主要条款与招标文件、中标人的投标文件的内容不一致，或者招标人、中标人订立背离合同实质性内容的协议的，由有关行政监督部门责令改正，可以处中标项目金额5‰以上10‰以下的罚款。

第七十六条　中标人将中标项目转让给他人的，将中标项目肢解后分别转让给他人的，违反招标投标法和本条例规定将中标项目的部分主体、关键性工作分包给他人的，或者分包人再次分包的，转让、分包无效，处转让、分包项目金额5‰以上10‰以下的罚款；有违法所得的，并处没收违法所得；可以责令停业整顿；情节严重的，由工商行政管理机关吊销营业执照。

第七十七条　投标人或者其他利害关系人捏造事实、伪造材料或者以非法手段取得证明材料进行投诉，给他人造成损失的，依法承担赔偿责任。

招标人不按照规定对异议作出答复，继续进行招标投标活动的，由有关行政监督部门责令改正，拒不改正或者不能改正并影响中标结果的，依照本条例第八十一条的规定处理。

第七十八条　国家建立招标投标信用制度。有关行政监督部门应当依法公告对招标人、招标代理机构、投标人、评标委员会成员等当事人违法行为的行政处理决定。

第七十九条　项目审批、核准部门不依法审批、核准项目招标范围、招标方式、招标组织形式的，对单位直接负责的主管人员和其他直接责任人员依法给予处分。

有关行政监督部门不依法履行职责，对违反招标投标法和本条例规定的行为不依法查处，或者不按照规定处理投诉、不依法公告对招标投标当事人违法行为的行政处理决定的，对直接负责的主管人员和其他直接责任人员依法给予处分。

项目审批、核准部门和有关行政监督部门的工作人员徇私舞弊、滥用职权、玩忽职守，构成犯罪的，依法追究刑事责任。

第八十条　国家工作人员利用职务便利，以直接或者间接、明示或者暗示等任何方式非法干涉招标投标活动，有下列情形之一的，依法给予记过或者记大过处分；情节严重的，依法给予降级或者撤职处分；情节特别严重的，依法给予开除处分；构成犯罪的，依法追究刑事责任：

（一）要求对依法必须进行招标的项目不招标，或者要求对依法应当公开招标的项目不公开招标；

（二）要求评标委员会成员或者招标人以其指定的投标人作为中标候选人或者中标人，或者以其他方式非法干涉评标活动，影响中标结果；

（三）以其他方式非法干涉招标投标活动。

第八十一条 依法必须进行招标的项目的招标投标活动违反招标投标法和本条例的规定，对中标结果造成实质性影响，且不能采取补救措施予以纠正的，招标、投标、中标无效，应当依法重新招标或者评标。

第七章 附 则

第八十二条 招标投标协会按照依法制定的章程开展活动，加强行业自律和服务。

第八十三条 政府采购的法律、行政法规对政府采购货物、服务的招标投标另有规定的，从其规定。

第八十四条 本条例自2012年2月1日起施行。

违反土地管理规定行为处分办法

1. *2008年5月9日监察部、人力资源和社会保障部、国土资源部令第15号公布*
2. *自2008年6月1日起施行*

第一条 为了加强土地管理，惩处违反土地管理规定的行为，根据《中华人民共和国土地管理法》、《中华人民共和国行政监察法》、《中华人民共和国公务员法》、《行政机关公务员处分条例》及其他有关法律、行政法规，制定本办法。

第二条 有违反土地管理规定行为的单位，其负有责任的领导人员和直接责任人员，以及有违反土地管理规定行为的个人，应当承担纪律责任，属于下列人员的（以下统称有关责任人员），由任免机关或者监察机关按照管理权限依法给予处分：

（一）行政机关公务员；

（二）法律、法规授权的具有公共事务管理职能的事业单位中经批准参照《中华人民共和国公务员法》管理的工作人员；

（三）行政机关依法委托的组织中除工勤人员以外的工作人员；

（四）企业、事业单位中由行政机关任命的人员。

法律、行政法规、国务院决定和国务院监察机关、国务院人力资源和社会保障部门制定的处分规章对违反土地管理规定行为的处分另有规定的，从其规定。

第三条 有下列行为之一的，对县级以上地方人民政府主要领导人员和其他负有责任的领导人员，给予警告或者记过处分；情节较重的，给予记大过或者降级处分；情节严重的，给予撤职处分：

（一）土地管理秩序混乱，致使一年度内本行政区域违法占用耕地面积占新增建设用地占用耕地总面积的比例达到15%以上或者虽然未达到15%，但造成恶劣影响或者其他严重后果的；

（二）发生土地违法案件造成严重后果的；

（三）对违反土地管理规定行为不制止、不组织查处的；

（四）对违反土地管理规定行为隐瞒不报、压案不查的。

第四条 行政机关在土地审批和供应过程中不执行或者违反国家土地调控政策，有下列行为之一的，对有关责任人员，给予记大过处分；情节较重的，给予降级或者撤职处分；情节严重的，给予开除处分：

（一）对国务院明确要求暂停土地审批仍不停止审批的；

（二）对国务院明确禁止供地的项目提供建设用地的。

第五条 行政机关及其公务员违反土地管理规定，滥用职权，非法批准征收、占用土地的，对有关责任人员，给予记过或者记大过处分；情节较重的，给予降级或者撤职处分；情节严重的，给予开除处分。

有前款规定行为，且有徇私舞弊情节的，从重处分。

第六条 行政机关及其公务员有下列行为之一的，对有关责任人员，给予记过或者记大过处分；情节较重的，给予降级或者撤职处分；情节严重的，给予开除处分：

（一）不按照土地利用总体规划确定的用途批准用地的；

（二）通过调整土地利用总体规划，擅自改变基本农田位置，规避建设占用基本农田由国务院审批规定的；

（三）没有土地利用计划指标擅自批准用地的；

（四）没有新增建设占用农用地计划指标擅自批准农用地转用的；

（五）批准以“以租代征”等方式擅自占用农用地进行非农业建设的。

第七条 行政机关及其公务员有下列行为之一的，对有关责任人员，给予警告或者记过处分；情节较重的，给予记大过或者降级处分；情节严重的，给予撤职处分：

（一）违反法定条件，进行土地登记、颁发或者更换土地证书的；

（二）明知建设项目用地涉嫌违反土地管理规定，尚未依法处理，仍为其办理用地审批、颁发土地证书的；

（三）在未按照国家规定的标准足额收缴新增建

设用地土地有偿使用费前，下发用地批准文件的；

（四）对符合规定的建设用地申请或者土地登记申请，无正当理由不予受理或者超过规定期限未予办理的；

（五）违反法定程序批准征收、占用土地的。

第八条　行政机关及其公务员违反土地管理规定，滥用职权，非法低价或者无偿出让国有建设用地使用权的，对有关责任人员，给予记过或者记大过处分；情节较重的，给予降级或者撤职处分；情节严重的，给予开除处分。

有前款规定行为，且有徇私舞弊情节的，从重处分。

第九条　行政机关及其公务员在国有建设用地使用权出让中，有下列行为之一的，对有关责任人员，给予警告或者记过处分；情节较重的，给予记大过或者降级处分；情节严重的，给予撤职处分：

（一）应当采取出让方式而采用划拨方式或者应当招标拍卖挂牌出让而协议出让国有建设用地使用权的；

（二）在国有建设用地使用权招标拍卖挂牌出让中，采取与投标人、竞买人恶意串通，故意设置不合理的条件限制或者排斥潜在的投标人、竞买人等方式，操纵中标人、竞得人的确定或者出让结果的；

（三）违反规定减免或者变相减免国有建设用地使用权出让金的；

（四）国有建设用地使用权出让合同签订后，擅自批准调整土地用途、容积率等土地使用条件的；

（五）其他违反规定出让国有建设用地使用权的行为。

第十条　未经批准或者采取欺骗手段骗取批准，非法占用土地的，对有关责任人员，给予警告、记过或者记大过处分；情节较重的，给予降级或者撤职处分；情节严重的，给予开除处分。

第十一条　买卖或者以其他形式非法转让土地的，对有关责任人员，给予警告、记过或者记大过处分；情节较重的，给予降级或者撤职处分；情节严重的，给予开除处分。

第十二条　行政机关侵占、截留、挪用被征收土地单位的征地补偿费用和其他有关费用的，对有关责任人员，给予记大过处分；情节较重的，给予降级或者撤职处分；情节严重的，给予开除处分。

第十三条　行政机关在征收土地过程中，有下列行为之一的，对有关责任人员，给予警告或者记过处分；情节较重的，给予记大过或者降级处分；情节严重的，给予撤职处分：

（一）批准低于法定标准的征地补偿方案的；

（二）未按规定落实社会保障费用而批准征地的；

（三）未按期足额支付征地补偿费用的。

第十四条　县级以上地方人民政府未按期缴纳新增建设用地土地有偿使用费的，责令限期缴纳；逾期仍不缴纳的，对有关责任人员，给予记大过处分；情节较重的，给予降级或者撤职处分；情节严重的，给予开除处分。

第十五条　行政机关及其公务员在办理农用地转用或者土地征收申报、报批等过程中，有谎报、瞒报用地位置、地类、面积等弄虚作假行为，造成不良后果的，对有关责任人员，给予记过或者记大过处分；情节较重的，给予降级或者撤职处分；情节严重的，给予开除处分。

第十六条　国土资源行政主管部门及其工作人员有下列行为之一的，对有关责任人员，给予记过或者记大过处分；情节较重的，给予降级或者撤职处分；情节严重的，给予开除处分：

（一）对违反土地管理规定行为按规定应报告而不报告的；

（二）对违反土地管理规定行为不制止、不依法查处的；

（三）在土地供应过程中，因严重不负责任，致使国家利益遭受损失的。

第十七条　有下列情形之一的，应当从重处分：

（一）致使土地遭受严重破坏的；

（二）造成财产严重损失的；

（三）影响群众生产、生活，造成恶劣影响或者其他严重后果的。

第十八条　有下列情形之一的，应当从轻处分：

（一）主动交代违反土地管理规定行为的；

（二）保持或者恢复土地原貌的；

（三）主动纠正违反土地管理规定行为，积极落实有关部门整改意见的；

（四）主动退还违法违纪所得或者侵占、挪用的征地补偿安置费等有关费用的；

（五）检举他人重大违反土地管理规定行为，经查证属实的。

主动交代违反土地管理规定行为，并主动采取措施有效避免或者挽回损失的，应当减轻处分。

第十九条　任免机关、监察机关和国土资源行政主管部门建立案件移送制度。

任免机关、监察机关查处的土地违法违纪案件，依法应当由国土资源行政主管部门给予行政处罚的，应当将有关案件材料移送国土资源行政主管部门。国土资源行政主管部门应当依法及时查处，并将处理结果书面告知任免机关、监察机关。

国土资源行政主管部门查处的土地违法案件，依法应当给予处分，且本部门无权处理的，应当在作出行政处罚决定或者其他处理决定后10日内将有关案件材料移送任免机关或者监察机关。任免机关或者监察机关应当依法及时查处，并将处理结果书面告知国土资源行政主管部门。

第二十条　任免机关、监察机关和国土资源行政主管部门移送案件时要做到事实清楚、证据齐全、程序合法、手续完备。

移送的案件材料应当包括以下内容：

（一）本单位有关领导或者主管单位同意移送的意见；

（二）案件的来源及立案材料；

（三）案件调查报告；

（四）有关证据材料；

（五）其他需要移送的材料。

第二十一条　任免机关、监察机关或者国土资源行政主管部门应当移送而不移送案件的，由其上一级机关责令其移送。

第二十二条　有违反土地管理规定行为，应当给予党纪处分的，移送党的纪律检查机关处理；涉嫌犯罪的，移送司法机关依法追究刑事责任。

第二十三条　本办法由监察部、人力资源和社会保障部、国土资源部负责解释。

第二十四条　本办法自2008年6月1日起施行。

违反规定插手干预工程建设领域行为处分规定

2010年7月8日监察部、人力资源和社会保障部令第22号公布施行

第一条　为进一步促进行政机关公务员廉洁从政，规范工程建设秩序，惩处违反规定插手干预工程建设领域行为，确保工程建设项目安全、廉洁、高效运行，根据《中华人民共和国行政监察法》、《中华人民共和国公务员法》和《行政机关公务员处分条例》等有关法律、行政法规，制定本规定。

第二条　本规定适用于副科级以上行政机关公务员。

第三条　本规定所称违反规定插手干预工程建设领域行为，是指行政机关公务员违反法律、法规、规章或者行政机关的决定、命令，利用职权或者职务上的影响，向相关部门、单位或者有关人员以指定、授意、暗示等方式提出要求，影响工程建设正常开展或者干扰正常监管、执法活动的行为。

第四条　违反规定插手干预工程建设项目决策，有下列情形之一，索贿受贿、为自己或者他人谋取私利的，给予记过或者记大过处分；情节较重的，给予降级或者撤职处分；情节严重的，给予开除处分：

（一）要求有关部门允许未经审批、核准或者备案的工程建设项目进行建设的；

（二）要求建设单位对未经审批、核准或者备案的工程建设项目进行建设的；

（三）要求有关部门审批或者核准违反产业政策、发展规划、市场准入标准以及未通过节能评估和审查、环境影响评价审批等不符合有关规定的工程建设项目的；

（四）要求有关部门或者单位违反技术标准和有关规定，规划、设计项目方案的；

（五）违反规定以会议或者集体讨论决定方式安排工程建设有关事项的；

（六）有其他违反规定插手干预工程建设项目决策行为的。

第五条　违反规定插手干预工程建设项目招标投标活动，有下列情形之一，索贿受贿、为自己或者他人谋取私利的，给予记过或者记大过处分；情节较重的，给予降级或者撤职处分；情节严重的，给予开除处分：

（一）要求有关部门对依法应当招标的工程建设项目不招标，或者依法应当公开招标的工程建设项目实行邀请招标的；

（二）要求有关部门或者单位将依法必须进行招标的工程建设项目化整为零，或者假借保密工程、抢险救灾等特殊工程的名义规避招标的；

（三）为招标人指定招标代理机构并办理招标事宜的；

（四）影响工程建设项目投标人资格的确定或者评标、中标结果的；

（五）有其他违反规定插手干预工程建设项目招标投标活动行为的。

第六条　违反规定插手干预土地使用权、矿业权审批和出让，有下列情形之一，索贿受贿、为自己或者他人谋取私利的，给予记过或者记大过处分；情节较重的，给予降级或者撤职处分；情节严重的，给予开除处分：

（一）要求有关部门对应当实行招标拍卖挂牌出让的土地使用权采用划拨、协议方式供地的；

（二）要求有关部门或者单位采用合作开发、招商引资、历史遗留问题等名义或者使用先行立项、先行选址定点确定用地者等手段规避招标拍卖挂牌出让的；

（三）影响土地使用权招标拍卖挂牌出让活动中竞买人的确定或者招标拍卖挂牌出让结果的；

（四）土地使用权出让金确定后，要求有关部门违反规定批准减免、缓缴土地使用权出让金的；

（五）要求有关部门为不符合供地政策的工程建设项目批准土地，或者为不具备发放国有土地使用证书条件的工程建设项目发放国有土地使用证书的；

（六）要求有关部门违反规定审批或者出让探矿权、采矿权的；

（七）有其他违反规定插手干预土地使用权、矿业权审批和出让行为的。

第七条　违反规定插手干预城乡规划管理活动，有下列情形之一，索贿受贿、为自己或者他人谋取私利的，给予记过或者记大过处分；情节较重的，给予降级或者撤职处分；情节严重的，给予开除处分：

（一）要求有关部门违反规定改变城乡规划的；

（二）要求有关部门违反规定批准调整土地用途、容积率等规划设计条件的；

（三）有其他违反规定插手干预城乡规划管理活动行为的。

第八条　违反规定插手干预房地产开发与经营活动，有下列情形之一，索贿受贿、为自己或者他人谋取私利的，给予记过或者记大过处分；情节较重的，给予降级或者撤职处分；情节严重的，给予开除处分：

（一）要求有关部门同意不具备房地产开发资质或者资质等级不相符的企业从事房地产开发与经营活动的；

（二）要求有关部门为不符合商品房预售条件的开发项目发放商品房预售许可证的；

（三）对未经验收或者验收不合格的房地产开发项目，要求有关部门允许其交付使用的；

（四）有其他违反规定插手干预房地产开发用地、立项、规划、建设和销售等行为的。

第九条　违反规定插手干预工程建设实施和工程质量监督管理，有下列情形之一，索贿受贿、为自己或者他人谋取私利的，给予记过或者记大过处分；情节较重的，给予降级或者撤职处分；情节严重的，给予开除处分：

（一）要求建设单位或者勘察、设计、施工等单位转包、违法分包工程建设项目，或者指定生产商、供应商、服务商的；

（二）要求试验检测单位弄虚作假的；

（三）要求项目单位违反规定压缩工期、赶进度，导致发生工程质量事故或者严重工程质量问题的；

（四）在对工程建设实施和工程质量进行监督管理过程中，对有关行政监管部门或者中介机构施加影响，导致发生工程质量事故或者严重工程质量问题的；

（五）有其他违反规定插手干预工程建设实施和工程质量监督管理行为的。

第十条　违反规定插手干预工程建设安全生产，有下列情形之一，索贿受贿、为自己或者他人谋取私利的，给予记过或者记大过处分；情节较重的，给予降级或者撤职处分；情节严重的，给予开除处分。

（一）要求有关部门为不具备安全生产条件的单位发放安全生产许可证的；

（二）对有关行政监管部门进行的工程建设安全生产监督管理活动施加影响，导致发生生产安全事故的；

（三）有其他违反规定插手干预工程建设安全生产行为的。

第十一条　违反规定插手干预工程建设环境保护工作，有下列情形之一，索贿受贿、为自己或者他人谋取私利的，给予记过或者记大过处分；情节较重的，给予降级或者撤职处分；情节严重的，给予开除处分：

（一）要求有关部门降低建设项目环境影响评价等级、拆分审批、超越审批权限审批环境影响评价文件的；

（二）对有关行政监管部门进行的环境保护监督检查活动施加影响，导致建设项目中防治污染或者防治生态破坏的设施不能与工程建设项目主体工程同时设计、同时施工、同时投产使用的；

（三）有其他违反规定插手干预工程建设环境保护工作行为的。

第十二条　违反规定插手干预工程建设项目物资采购和资金安排使用管理，有下列情形之一，索贿受贿、为自己或者他人谋取私利的，给予记过或者记大过处分；情节较重的，给予降级或者撤职处分；情节严重的，给予开除处分：

（一）要求有关部门违反招标投标法和政府采购法的有关规定，进行物资采购的；

（二）要求有关部门对不符合预算要求、工程进度需要的工程建设项目支付资金，或者对符合预算要求、工程进度需要的工程建设项目不及时支付资金的；

（三）有其他违反规定插手干预物资采购和资金安排使用管理行为的。

第十三条 有本规定第四条至第十二条行为之一，虽未索贿受贿、为自己或者他人谋取私利，但给国家和人民利益以及公共财产造成较大损失，或者给本地区、本部门造成严重不良影响的，给予记过或者记大过处分；情节较重的，给予降级或者撤职处分；情节严重的，给予开除处分。

第十四条 利用职权或者职务上的影响，干预有关部门对工程建设领域中的违法违规行为进行查处的，给予记过或者记大过处分；情节较重的，给予降级或者撤职处分；情节严重的，给予开除处分。

第十五条 受到处分的人员对处分决定不服的，依照《中华人民共和国行政监察法》、《中华人民共和国公务员法》、《行政机关公务员处分条例》等有关规定，可以申请复核或者申诉。

第十六条 有违反规定插手干预工程建设领域行为，应当给予党纪处分的，移送党的纪律检查机关处理；涉嫌犯罪的，移送司法机关依法追究刑事责任。

第十七条 下列人员有本规定第四条至第十四条行为之一的，依照本规定给予处分：

（一）法律、法规授权的具有公共事务管理职能的组织以及国家行政机关依法委托的组织中副科级或者相当于副科级以上工作人员；

（二）企业、事业单位、社会团体中由行政机关任命的副科级或者相当于副科级以上人员。

第十八条 本规定由监察部、人力资源社会保障部负责解释。

第十九条 本规定自公布之日起施行。

·党规党纪·

党员领导干部违反规定插手干预工程建设领域行为适用《中国共产党纪律处分条例》若干问题的解释

中央纪委2010年5月7日印发

为进一步促进党员领导干部廉洁从政，规范工程建设秩序，惩处党员领导干部违反规定插手干预工程建设领域行为，确保工程建设项目安全、廉洁、高效运行，现对党员领导干部违反规定插手干预工程建设领域行为适用《中国共产党纪律处分条例》若干问题解释如下。

一、党和国家机关中副科级以上党员领导干部，有违反规定插手干预工程建设领域行为的，依照本解释处理。

人民团体、事业单位中相当于副科级以上党员领导干部，国有和国有控股企业（含国有和国有控股金融企业）及其分支机构领导人员中的党员，有违反规定插手干预工程建设领域行为的，适用本解释。

二、本解释所称违反规定插手干预工程建设领域行为，是指党员领导干部违反法律、法规、规章、政策性规定或者议事规则，利用职权或者职务上的影响，向相关部门、单位或者有关人员以指定、授意、暗示等方式提出要求，影响工程建设正常开展或者干扰正常监管、执法活动的行为。

三、违反规定插手干预工程建设项目决策，有下列情形之一，谋取私利的，依照本解释第十二条处理：

（一）要求有关部门允许未经审批、核准或者备案的工程建设项目进行建设的；

（二）要求建设单位对未经审批、核准或者备案的工程建设项目进行建设的；

（三）要求有关部门审批或者核准违反产业政策、发展规划、市场准入标准以及未通过节能评估和审查、环境影响评价审批等不符合有关规定的工程建设项目的；

（四）要求有关部门或者单位违反技术标准和有关规定，规划、设计项目方案的；

（五）违反规定以会议或者集体讨论决定方式安排工程建设有关事项的；

（六）有其他违反规定插手干预工程建设项目决策行为的。

四、违反规定插手干预工程建设项目招标投标活动，有下列情形之一，谋取私利的，依照本解释第十二条处理：

（一）要求有关部门对依法应当招标的工程建设项目不招标，或者依法应当公开招标的工程建设项目实行邀请招标的；

（二）要求有关部门或者单位将依法必须进行招标的工程建设项目化整为零，或者假借保密工程、抢险救灾等特殊工程的名义规避招标的；

（三）为招标人指定招标代理机构并办理招标事

宜的；

（四）影响工程建设项目投标人资格的确定或者评标、中标结果的；

（五）有其他违反规定插手干预工程建设项目招标投标活动行为的。

五、违反规定插手干预土地使用权、矿业权审批和出让，有下列情形之一，谋取私利的，依照本解释第十二条处理：

（一）要求有关部门对应当实行招标拍卖挂牌出让的土地使用权采用划拨、协议方式供地的；

（二）要求有关部门或者单位采用合作开发、招商引资、历史遗留问题等名义或者使用先行立项、先行选址定点确定用地者等手段规避招标拍卖挂牌出让的；

（三）影响土地使用权招标拍卖挂牌出让活动中竞买人的确定或者招标拍卖挂牌出让结果的；

（四）土地使用权出让金确定后，要求有关部门违反规定批准减免、缓缴土地使用权出让金的；

（五）要求有关部门为不符合供地政策的工程建设项目批准土地，或者为不具备发放国有土地使用证书条件的工程建设项目发放国有土地使用证书的；

（六）要求有关部门违反规定审批或者出让探矿权、采矿权的；

（七）有其他违反规定插手干预土地使用权、矿业权审批和出让行为的。

六、违反规定插手干预城乡规划管理活动，有下列情形之一，谋取私利的，依照本解释第十二条处理：

（一）要求有关部门违反规定改变城乡规划的；

（二）要求有关部门违反规定批准调整土地用途、容积率等规划设计条件的；

（三）有其他违反规定插手干预城乡规划管理活动行为的。

七、违反规定插手干预房地产开发与经营活动，有下列情形之一，谋取私利的，依照本解释第十二条处理：

（一）要求有关部门同意不具备房地产开发资质或者资质等级不相符的企业从事房地产开发与经营活动的；

（二）要求有关部门为不符合商品房预售条件的开发项目发放商品房预售许可证的；

（三）对未经验收或者验收不合格的房地产开发项目，要求有关部门允许其交付使用的；

（四）有其他违反规定插手干预房地产开发用地、立项、规划、建设和销售等行为的。

八、违反规定插手干预工程建设实施和工程质量监督管理，有下列情形之一，谋取私利的，依照本解释第十二条处理：

（一）要求建设单位或者勘察、设计、施工等单位转包、违法分包工程建设项目，或者指定生产商、供应商、服务商的；

（二）要求试验检测单位弄虚作假的；

（三）要求项目单位违反规定压缩工期、赶进度，导致发生工程质量事故或者严重工程质量问题的；

（四）在对工程建设实施和工程质量进行监督管理过程中，对有关行政监管部门或者中介机构施加影响，导致发生工程质量事故或者严重工程质量问题的；

（五）有其他违反规定插手干预工程建设实施和工程质量监督管理行为的。

九、违反规定插手干预工程建设安全生产，有下列情形之一，谋取私利的，依照本解释第十二条处理：

（一）要求有关部门为不具备安全生产条件的单位发放安全生产许可证的；

（二）对有关行政监管部门进行的工程建设安全生产监督管理活动施加影响，导致发生生产安全事故的；

（三）有其他违反规定插手干预工程建设安全生产行为的。

十、违反规定插手干预工程建设环境保护工作，有下列情形之一，谋取私利的，依照本解释第十二条处理：

（一）要求有关部门降低建设项目环境影响评价等级、拆分审批、超越审批权限审批环境影响评价文件的；

（二）对有关行政监管部门进行的环境保护监督检查活动施加影响，导致建设项目中防治污染或者防治生态破坏的设施不能与工程建设项目主体工程同时设计、同时施工、同时投产使用的；

（三）有其他违反规定插手干预工程建设环境保护工作行为的。

十一、违反规定插手干预工程建设项目物资采购和资金安排使用管理，有下列情形之一，谋取私利的，依照本解释第十二条处理：

（一）要求有关部门违反招标投标法和政府采购法的有关规定，进行物资采购的；

（二）要求有关部门对不符合预算要求、工程进度需要的工程建设项目支付资金，或者对符合预算要求、工程进度需要的工程建设项目不及时支付资金的；

（三）有其他违反规定插手干预物资采购和资金安排使用管理行为的。

十二、党员领导干部有本解释第三条至第十一条行为之一，本人索取他人财物，或者收受、变相收受他人财物的，依照《中国共产党纪律处分条例》第八十五条的规定处理。

党员领导干部有本解释第三条至第十一条行为之一，其父母、配偶、子女及其配偶以及其他特定关系人收受对方财物的，追究该党员领导干部的责任，依照《中国共产党纪律处分条例》第七十五条的规定处理。

十三、党员领导干部有本解释第三条至第十一条行为之一，未谋取私利，但给党、国家和人民利益以及公共财产造成较大损失的，依照《中国共产党纪律处分条例》第一百二十七条第二款的规定处理。

党员领导干部有本解释第三条至第十一条行为之一，未谋取私利，也未造成较大损失，但给本地区、本单位造成严重不良影响的，依照《中国共产党纪律处分条例》第一百三十九条的规定处理。

十四、党员领导干部利用职权或者职务上的影响，妨碍有关部门对工程建设领域违纪违法行为进行查处的，依照《中国共产党纪律处分条例》第一百六十三条的规定处理。

十五、本解释自发布之日起施行。中央纪委、监察部2004年2月3日发布的《关于领导干部利用职权违反规定干预和插手建设工程招标投标、经营性土地使用权出让、房地产开发与经营等市场经济活动，为个人和亲友谋取私利的处理规定》同时废止。

（8）国有资产监管

·法律法规·

中华人民共和国企业国有资产法

1. 2008年10月28日第十一届全国人民代表大会常务委员会第五次会议通过
2. 2008年10月28日中华人民共和国主席令第5号公布
3. 自2009年5月1日起施行

目　　录

第一章　总　　则

第一条　**【立法目的】**为了维护国家基本经济制度，巩固和发展国有经济，加强对国有资产的保护，发挥国有经济在国民经济中的主导作用，促进社会主义市场经济发展，制定本法。

第二条　**【定义及适用范围】**本法所称企业国有资产（以下称国有资产），是指国家对企业各种形式的出资所形成的权益。

第三条　**【国有资产权属】**国有资产属于国家所有即全民所有。国务院代表国家行使国有资产所有权。

第四条　**【国有资产出资人代表】**国务院和地方人民政府依照法律、行政法规的规定，分别代表国家对国家出资企业履行出资人职责，享有出资人权益。

国务院确定的关系国民经济命脉和国家安全的大型国家出资企业，重要基础设施和重要自然资源等领域的国家出资企业，由国务院代表国家履行出资人职责。其他的国家出资企业，由地方人民政府代表国家履行出资人职责。

第五条　**【国家出资企业】**本法所称国家出资企业，是指国家出资的国有独资企业、国有独资公司，以及国有资本控股公司、国有资本参股公司。

第六条　**【政企分开、政资分开原则】**国务院和地方人民政府应当按照政企分开、社会公共管理职能与国有资产出资人职能分开、不干预企业依法自主经营的原则，依法履行出资人职责。

第七条　**【国有经济的控制力和主导作用】**国家采取措施，推动国有资本向关系国民经济命脉和国家安全的重要行业和关键领域集中，优化国有经济布局和结构，推进国有企业的改革和发展，提高国有经济的整体素质，增强国有经济的控制力、影响力。

第八条 **【国有资产监管体制】**国家建立健全与社会主义市场经济发展要求相适应的国有资产管理与监督体制，建立健全国有资产保值增值考核和责任追究制度，落实国有资产保值增值责任。

第九条 **【国有资产基础管理制度】**国家建立健全国有资产基础管理制度。具体办法按照国务院的规定制定。

第十条 **【国有资产保护】**国有资产受法律保护，任何单位和个人不得侵害。

第二章 履行出资人职责的机构

第十一条 **【履行出资人职责的机构】**国务院国有资产监督管理机构和地方人民政府按照国务院的规定设立的国有资产监督管理机构，根据本级人民政府的授权，代表本级人民政府对国家出资企业履行出资人职责。

国务院和地方人民政府根据需要，可以授权其他部门、机构代表本级人民政府对国家出资企业履行出资人职责。

代表本级人民政府履行出资人职责的机构、部门，以下统称履行出资人职责的机构。

第十二条 **【履行出资人职责的机构的基本职责】**履行出资人职责的机构代表本级人民政府对国家出资企业依法享有资产收益、参与重大决策和选择管理者等出资人权利。

履行出资人职责的机构依照法律、行政法规的规定，制定或者参与制定国家出资企业的章程。

履行出资人职责的机构对法律、行政法规和本级人民政府规定须经本级人民政府批准的履行出资人职责的重大事项，应当报请本级人民政府批准。

第十三条 **【股东代表】**履行出资人职责的机构委派的股东代表参加国有资本控股公司、国有资本参股公司召开的股东会会议、股东大会会议，应当按照委派机构的指示提出提案、发表意见、行使表决权，并将其履行职责的情况和结果及时报告委派机构。

第十四条 **【履行出资人职责的原则】**履行出资人职责的机构应当依照法律、行政法规以及企业章程履行出资人职责，保障出资人权益，防止国有资产损失。

履行出资人职责的机构应当维护企业作为市场主体依法享有的权利，除依法履行出资人职责外，不得干预企业经营活动。

第十五条 **【履行出资人职责的机构对政府的义务】**履行出资人职责的机构对本级人民政府负责，向本级人民政府报告履行出资人职责的情况，接受本级人民政府的监督和考核，对国有资产的保值增值负责。

履行出资人职责的机构应当按照国家有关规定，定期向本级人民政府报告有关国有资产总量、结构、变动、收益等汇总分析的情况。

第三章 国家出资企业

第十六条 **【国家出资企业的权利】**国家出资企业对其动产、不动产和其他财产依照法律、行政法规以及企业章程享有占有、使用、收益和处分的权利。

国家出资企业依法享有的经营自主权和其他合法权益受法律保护。

第十七条 **【国家出资企业的义务】**国家出资企业从事经营活动，应当遵守法律、行政法规，加强经营管理，提高经济效益，接受人民政府及其有关部门、机构依法实施的管理和监督，接受社会公众的监督，承担社会责任，对出资人负责。

国家出资企业应当依法建立和完善法人治理结构，建立健全内部监督管理和风险控制制度。

第十八条 **【财务管理】**国家出资企业应当依照法律、行政法规和国务院财政部门的规定，建立健全财务、会计制度，设置会计账簿，进行会计核算，依照法律、行政法规以及企业章程的规定向出资人提供真实、完整的财务、会计信息。

国家出资企业应当依照法律、行政法规以及企业章程的规定，向出资人分配利润。

第十九条 **【监事会监督】**国有独资公司、国有资本控股公司和国有资本参股公司依照《中华人民共和国公司法》的规定设立监事会。国有独资企业由履行出资人职责的机构按照国务院的规定委派监事组成监事会。

国家出资企业的监事会依照法律、行政法规以及企业章程的规定，对董事、高级管理人员执行职务的行为进行监督，对企业财务进行监督检查。

第二十条 **【职工民主管理】**国家出资企业依照法律规定，通过职工代表大会或者其他形式，实行民主管理。

第二十一条 **【对所出资企业的监管】**国家出资企业对其所出资企业依法享有资产收益、参与重大决策和选择管理者等出资人权利。

国家出资企业对其所出资企业，应当依照法律、行政法规的规定，通过制定或者参与制定所出资企业的章程，建立权责明确、有效制衡的企业内部监督管理和风险控制制度，维护其出资人权益。

第四章 国家出资企业管理者的选择与考核

第二十二条 **【选择企业管理者】**履行出资人职责的机

构依照法律、行政法规以及企业章程的规定，任免或者建议任免国家出资企业的下列人员：

（一）任免国有独资企业的经理、副经理、财务负责人和其他高级管理人员；

（二）任免国有独资公司的董事长、副董事长、董事、监事会主席和监事；

（三）向国有资本控股公司、国有资本参股公司的股东会、股东大会提出董事、监事人选。

国家出资企业中应当由职工代表出任的董事、监事，依照有关法律、行政法规的规定由职工民主选举产生。

第二十三条 【企业管理者的任职条件】履行出资人职责的机构任命或者建议任命的董事、监事、高级管理人员，应当具备下列条件：

（一）有良好的品行；

（二）有符合职位要求的专业知识和工作能力；

（三）有能够正常履行职责的身体条件；

（四）法律、行政法规规定的其他条件。

董事、监事、高级管理人员在任职期间出现不符合前款规定情形或者出现《中华人民共和国公司法》规定的不得担任公司董事、监事、高级管理人员情形的，履行出资人职责的机构应当依法予以免职或者提出免职建议。

第二十四条 【企业管理者的任职程序】履行出资人职责的机构对拟任命或者建议任命的董事、监事、高级管理人员的人选，应当按照规定的条件和程序进行考察。考察合格的，按照规定的权限和程序任命或者建议任命。

第二十五条 【企业管理者兼职禁止】未经履行出资人职责的机构同意，国有独资企业、国有独资公司的董事、高级管理人员不得在其他企业兼职。未经股东会、股东大会同意，国有资本控股公司、国有资本参股公司的董事、高级管理人员不得在经营同类业务的其他企业兼职。

未经履行出资人职责的机构同意，国有独资公司的董事长不得兼任经理。未经股东会、股东大会同意，国有资本控股公司的董事长不得兼任经理。

董事、高级管理人员不得兼任监事。

第二十六条 【企业管理者的义务】国家出资企业的董事、监事、高级管理人员，应当遵守法律、行政法规以及企业章程，对企业负有忠实义务和勤勉义务，不得利用职权收受贿赂或者取得其他非法收入和不当利益，不得侵占、挪用企业资产，不得超越职权或者违反程序决定企业重大事项，不得有其他侵害国有资产出资人权益的行为。

第二十七条 【企业管理者的考核、奖惩和薪酬】国家建立国家出资企业管理者经营业绩考核制度。履行出资人职责的机构应当对其任命的企业管理者进行年度和任期考核，并依据考核结果决定对企业管理者的奖惩。

履行出资人职责的机构应当按照国家有关规定，确定其任命的国家出资企业管理者的薪酬标准。

第二十八条 【企业管理者经济责任审计】国有独资企业、国有独资公司和国有资本控股公司的主要负责人，应当接受依法进行的任期经济责任审计。

第二十九条 【政府直接任免企业管理者】本法第二十二条第一款第一项、第二项规定的企业管理者，国务院和地方人民政府规定由本级人民政府任免的，依照其规定。履行出资人职责的机构依照本章规定对上述企业管理者进行考核、奖惩并确定其薪酬标准。

第五章 关系国有资产出资人权益的重大事项

第一节 一般规定

第三十条 【重大事项的范围】国家出资企业合并、分立、改制、上市，增加或者减少注册资本，发行债券，进行重大投资，为他人提供大额担保，转让重大财产，进行大额捐赠，分配利润，以及解散、申请破产等重大事项，应当遵守法律、行政法规以及企业章程的规定，不得损害出资人和债权人的权益。

第三十一条 【国有独资企业、公司重大事项的决定之一】国有独资企业、国有独资公司合并、分立，增加或者减少注册资本，发行债券，分配利润，以及解散、申请破产，由履行出资人职责的机构决定。

第三十二条 【国有独资企业、公司重大事项的决定之二】国有独资企业、国有独资公司有本法第三十条所列事项的，除依照本法第三十一条和有关法律、行政法规以及企业章程的规定，由履行出资人职责的机构决定的以外，国有独资企业由企业负责人集体讨论决定，国有独资公司由董事会决定。

第三十三条 【国有资本控股、参股公司重大事项的决定】国有资本控股公司、国有资本参股公司有本法第三十条所列事项的，依照法律、行政法规以及公司章程的规定，由公司股东会、股东大会或者董事会决定。由股东会、股东大会决定的，履行出资人职责的机构委派的股东代表应当依照本法第十三条的规定行使权利。

第三十四条 【应由政府批准的重大事项】重要的国有独资企业、国有独资公司、国有资本控股公司的合并、分立、解散、申请破产以及法律、行政法规和本级人民政府规定应当由履行出资人职责的机构报经本级人民政府批准的重大事项，履行出资人职责的机构在作出决定或者向其委派参加国有资本控股公司股东会会议、股东大会会议的股东代表作出指示前，应当报请本级人民政府批准。

本法所称的重要的国有独资企业、国有独资公司和国有资本控股公司，按照国务院的规定确定。

第三十五条　【政府其他部门的审批】国家出资企业发行债券、投资等事项，有关法律、行政法规规定应当报经人民政府或者人民政府有关部门、机构批准、核准或者备案的，依照其规定。

第三十六条　【风险防范】国家出资企业投资应当符合国家产业政策，并按照国家规定进行可行性研究；与他人交易应当公平、有偿，取得合理对价。

第三十七条　【听取职工意见和建议】国家出资企业的合并、分立、改制、解散、申请破产等重大事项，应当听取企业工会的意见，并通过职工代表大会或者其他形式听取职工的意见和建议。

第三十八条　【所出资企业的重大事项】国有独资企业、国有独资公司、国有资本控股公司对其所出资企业的重大事项参照本章规定履行出资人职责。具体办法由国务院规定。

第二节　企业改制

第三十九条　【企业改制的定义】本法所称企业改制是指：

（一）国有独资企业改为国有独资公司；

（二）国有独资企业、国有独资公司改为国有资本控股公司或者非国有资本控股公司；

（三）国有资本控股公司改为非国有资本控股公司。

第四十条　【企业改制的决定】企业改制应当依照法定程序，由履行出资人职责的机构决定或者由公司股东会、股东大会决定。

重要的国有独资企业、国有独资公司、国有资本控股公司的改制，履行出资人职责的机构在作出决定或者向其委派参加国有资本控股公司股东会会议、股东大会会议的股东代表作出指示前，应当将改制方案报请本级人民政府批准。

第四十一条　【改制方案】企业改制应当制定改制方案，载明改制后的企业组织形式、企业资产和债权债务处理方案、股权变动方案、改制的操作程序、资产评估和财务审计等中介机构的选聘等事项。

企业改制涉及重新安置企业职工的，还应当制定职工安置方案，并经职工代表大会或者职工大会审议通过。

第四十二条　【资产清查、评估和作价】企业改制应当按照规定进行清产核资、财务审计、资产评估，准确界定和核实资产，客观、公正地确定资产的价值。

企业改制涉及以企业的实物、知识产权、土地使用权等非货币财产折算为国有资本出资或者股份的，应当按照规定对折价财产进行评估，以评估确认价格作为确定国有资本出资额或者股份数额的依据。不得将财产低价折股或者有其他损害出资人权益的行为。

第三节　与关联方的交易

第四十三条　【关联方不得利用与企业之间的交易谋取不正当利益】国家出资企业的关联方不得利用与国家出资企业之间的交易，谋取不当利益，损害国家出资企业利益。

本法所称关联方，是指本企业的董事、监事、高级管理人员及其近亲属，以及这些人员所有或者实际控制的企业。

第四十四条　【禁止的关联方交易】国有独资企业、国有独资公司、国有资本控股公司不得无偿向关联方提供资金、商品、服务或者其他资产，不得以不公平的价格与关联方进行交易。

第四十五条　【国有独资企业、公司与其关联方交易的决定】未经履行出资人职责的机构同意，国有独资企业、国有独资公司不得有下列行为：

（一）与关联方订立财产转让、借款的协议；

（二）为关联方提供担保；

（三）与关联方共同出资设立企业，或者向董事、监事、高级管理人员或者其近亲属所有或者实际控制的企业投资。

第四十六条　【国有资本控股公司与其关联方交易的决定】国有资本控股公司、国有资本参股公司与关联方的交易，依照《中华人民共和国公司法》和有关行政法规以及公司章程的规定，由公司股东会、股东大会或者董事会决定。由公司股东会、股东大会决定的，履行出资人职责的机构委派的股东代表，应当依照本法第十三条的规定行使权利。

公司董事会对公司与关联方的交易作出决议时，该交易涉及的董事不得行使表决权，也不得代理其他董事行使表决权。

第四节　资产评估

第四十七条　【应当评估的情形】国有独资企业、国有独资公司和国有资本控股公司合并、分立、改制，转让重大财产，以非货币财产对外投资，清算或者有法律、行政法规以及企业章程规定应当进行资产评估的其他情形的，应当按照规定对有关资产进行评估。

第四十八条　【委托第三方评估】国有独资企业、国有独资公司和国有资本控股公司应当委托依法设立的符合条件的资产评估机构进行资产评估；涉及应当报经履行出资人职责的机构决定的事项的，应当将委托资产评估机构的情况向履行出资人职责的机构报告。

第四十九条　【如实提供评估资料】国有独资企业、国有独资公司、国有资本控股公司及其董事、监事、高级管理人员应当向资产评估机构如实提供有关情况和资料，不得与资产评估机构串通评估作价。

第五十条　【遵守评估准则】资产评估机构及其工作人员受托评估有关资产，应当遵守法律、行政法规以及评估执业准则，独立、客观、公正地对受托评估的资产进行评估。资产评估机构应当对其出具的评估报告负责。

第五节　国有资产转让

第五十一条　【国有资产转让的定义】本法所称国有资产转让，是指依法将国家对企业的出资所形成的权益转移给其他单位或者个人的行为；按照国家规定无偿划转国有资产的除外。

第五十二条　【国有资产转让的宗旨】国有资产转让应当有利于国有经济布局和结构的战略性调整，防止国有资产损失，不得损害交易各方的合法权益。

第五十三条　【国有资产转让的决定】国有资产转让由履行出资人职责的机构决定。履行出资人职责的机构决定转让全部国有资产的，或者转让部分国有资产致使国家对该企业不再具有控股地位的，应当报请本级人民政府批准。

第五十四条　【国有资产转让的原则和方式】国有资产转让应当遵循等价有偿和公开、公平、公正的原则。

除按照国家规定可以直接协议转让的以外，国有资产转让应当在依法设立的产权交易场所公开进行。转让方应当如实披露有关信息，征集受让方；征集产生的受让方为两个以上的，转让应当采用公开竞价的交易方式。

转让上市交易的股份依照《中华人民共和国证券法》的规定进行。

第五十五条　【国有资产转让价格】国有资产转让应当以依法评估的、经履行出资人职责的机构认可或者由履行出资人职责的机构报经本级人民政府核准的价格为依据，合理确定最低转让价格。

第五十六条　【国有资产向管理层转让】法律、行政法规或者国务院国有资产监督管理机构规定可以向本企业的董事、监事、高级管理人员或者其近亲属，或者这些人员所有或者实际控制的企业转让的国有资产，在转让时，上述人员或者企业参与受让的，应当与其他受让参与者平等竞买；转让方应当按照国家有关规定，如实披露有关信息；相关的董事、监事和高级管理人员不得参与转让方案的制定和组织实施的各项工作。

第五十七条　【国有资产向境外投资者转让】国有资产向境外投资者转让的，应当遵守国家有关规定，不得危害国家安全和社会公共利益。

第六章　国有资本经营预算

第五十八条　【国有资本经营预算制度】国家建立健全国有资本经营预算制度，对取得的国有资本收入及其支出实行预算管理。

第五十九条　【国有资本经营预算的收入和支出】国家取得的下列国有资本收入，以及下列收入的支出，应当编制国有资本经营预算：

（一）从国家出资企业分得的利润；

（二）国有资产转让收入；

（三）从国家出资企业取得的清算收入；

（四）其他国有资本收入。

第六十条　【国有资本经营预算的编制原则和批准】国有资本经营预算按年度单独编制，纳入本级人民政府预算，报本级人民代表大会批准。

国有资本经营预算支出按照当年预算收入规模安排，不列赤字。

第六十一条　【国有资本经营预算的编制】国务院和有关地方人民政府财政部门负责国有资本经营预算草案的编制工作，履行出资人职责的机构向财政部门提出由其履行出资人职责的国有资本经营预算建议草案。

第六十二条　【国务院规定具体办法和实施步骤】国有资本经营预算管理的具体办法和实施步骤，由国务院规定，报全国人民代表大会常务委员会备案。

第七章　国有资产监督

第六十三条　【各级人大常委会的监督】各级人民代表大会常务委员会通过听取和审议本级人民政府履行出资人职责的情况和国有资产监督管理情况的专项工作报告，组织对本法实施情况的执法检查等，依法行使监督职权。

第六十四条　【政府的监督】国务院和地方人民政府应

当对其授权履行出资人职责的机构履行职责的情况进行监督。

第六十五条 **【审计机关的监督】**国务院和地方人民政府审计机关依照《中华人民共和国审计法》的规定，对国有资本经营预算的执行情况和属于审计监督对象的国家出资企业进行审计监督。

第六十六条 **【社会监督】**国务院和地方人民政府应当依法向社会公布国有资产状况和国有资产监督管理工作情况，接受社会公众的监督。

任何单位和个人有权对造成国有资产损失的行为进行检举和控告。

第六十七条 **【委托中介机构进行审计监督】**履行出资人职责的机构根据需要，可以委托会计师事务所对国有独资企业、国有独资公司的年度财务会计报告进行审计，或者通过国有资本控股公司的股东会、股东大会决议，由国有资本控股公司聘请会计师事务所对公司的年度财务会计报告进行审计，维护出资人权益。

第八章 法律责任

第六十八条 **【履行出资人职责的机构的法律责任】**履行出资人职责的机构有下列行为之一的，对其直接负责的主管人员和其他直接责任人员依法给予处分：

（一）不按照法定的任职条件，任命或者建议任命国家出资企业管理者的；

（二）侵占、截留、挪用国家出资企业的资金或者应当上缴的国有资本收入的；

（三）违反法定的权限、程序，决定国家出资企业重大事项，造成国有资产损失的；

（四）有其他不依法履行出资人职责的行为，造成国有资产损失的。

第六十九条 **【履行出资人职责的机构的工作人员的法律责任】**履行出资人职责的机构的工作人员玩忽职守、滥用职权、徇私舞弊，尚不构成犯罪的，依法给予处分。

第七十条 **【股东代表的法律责任】**履行出资人职责的机构委派的股东代表未按照委派机构的指示履行职责，造成国有资产损失的，依法承担赔偿责任；属于国家工作人员的，并依法给予处分。

第七十一条 **【企业管理者的法律责任】**国家出资企业的董事、监事、高级管理人员有下列行为之一，造成国有资产损失的，依法承担赔偿责任；属于国家工作人员的，并依法给予处分：

（一）利用职权收受贿赂或者取得其他非法收入和不当利益的；

（二）侵占、挪用企业资产的；

（三）在企业改制、财产转让等过程中，违反法律、行政法规和公平交易规则，将企业财产低价转让、低价折股的；

（四）违反本法规定与本企业进行交易的；

（五）不如实向资产评估机构、会计师事务所提供有关情况和资料，或者与资产评估机构、会计师事务所串通出具虚假资产评估报告、审计报告的；

（六）违反法律、行政法规和企业章程规定的决策程序，决定企业重大事项的；

（七）有其他违反法律、行政法规和企业章程执行职务行为的。

国家出资企业的董事、监事、高级管理人员因前款所列行为取得的收入，依法予以追缴或者归国家出资企业所有。

履行出资人职责的机构任命或者建议任命的董事、监事、高级管理人员有本条第一款所列行为之一，造成国有资产重大损失的，由履行出资人职责的机构依法予以免职或者提出免职建议。

第七十二条 **【交易无效】**在涉及关联方交易、国有资产转让等交易活动中，当事人恶意串通，损害国有资产权益的，该交易行为无效。

第七十三条 **【企业管理者的市场禁入】**国有独资企业、国有独资公司、国有资本控股公司的董事、监事、高级管理人员违反本法规定，造成国有资产重大损失，被免职的，自免职之日起五年内不得担任国有独资企业、国有独资公司、国有资本控股公司的董事、监事、高级管理人员；造成国有资产特别重大损失，或者因贪污、贿赂、侵占财产、挪用财产或者破坏社会主义市场经济秩序被判处刑罚的，终身不得担任国有独资企业、国有独资公司、国有资本控股公司的董事、监事、高级管理人员。

第七十四条 **【中介机构的法律责任】**接受委托对国家出资企业进行资产评估、财务审计的资产评估机构、会计师事务所违反法律、行政法规的规定和执业准则，出具虚假的资产评估报告或者审计报告的，依照有关法律、行政法规的规定追究法律责任。

第七十五条 **【刑事责任】**违反本法规定，构成犯罪的，依法追究刑事责任。

第九章 附 则

第七十六条 **【金融企业国有资产的适用】**金融企业国有资产的管理与监督，法律、行政法规另有规定的，依照其规定。

第七十七条　【施行日期】本法自 2009 年 5 月 1 日起施行。

企业国有资产监督管理暂行条例

1. 2003 年 5 月 27 日国务院令第 378 号公布
2. 根据 2011 年 1 月 8 日国务院令第 588 号《关于废止和修改部分行政法规的决定》第一次修订
3. 根据 2019 年 3 月 2 日国务院令第 709 号《关于修改部分行政法规的决定》第二次修订

第一章　总　　则

第一条　为建立适应社会主义市场经济需要的国有资产监督管理体制,进一步搞好国有企业,推动国有经济布局和结构的战略性调整,发展和壮大国有经济,实现国有资产保值增值,制定本条例。

第二条　国有及国有控股企业、国有参股企业中的国有资产的监督管理,适用本条例。

金融机构中的国有资产的监督管理,不适用本条例。

第三条　本条例所称企业国有资产,是指国家对企业各种形式的投资和投资所形成的权益,以及依法认定为国家所有的其他权益。

第四条　企业国有资产属于国家所有。国家实行由国务院和地方人民政府分别代表国家履行出资人职责,享有所有者权益,权利、义务和责任相统一,管资产和管人、管事相结合的国有资产管理体制。

第五条　国务院代表国家对关系国民经济命脉和国家安全的大型国有及国有控股、国有参股企业,重要基础设施和重要自然资源等领域的国有及国有控股、国有参股企业,履行出资人职责。国务院履行出资人职责的企业,由国务院确定、公布。

省、自治区、直辖市人民政府和设区的市、自治州级人民政府分别代表国家对由国务院履行出资人职责以外的国有及国有控股、国有参股企业,履行出资人职责。其中,省、自治区、直辖市人民政府履行出资人职责的国有及国有控股、国有参股企业,由省、自治区、直辖市人民政府确定、公布,并报国务院国有资产监督管理机构备案;其他由设区的市、自治州级人民政府履行出资人职责的国有及国有控股、国有参股企业,由设区的市、自治州级人民政府确定、公布,并报省、自治区、直辖市人民政府国有资产监督管理机构备案。

国务院,省、自治区、直辖市人民政府,设区的市、自治州级人民政府履行出资人职责的企业,以下统称所出资企业。

第六条　国务院,省、自治区、直辖市人民政府,设区的市、自治州级人民政府,分别设立国有资产监督管理机构。国有资产监督管理机构根据授权,依法履行出资人职责,依法对企业国有资产进行监督管理。

企业国有资产较少的设区的市、自治州,经省、自治区、直辖市人民政府批准,可以不单独设立国有资产监督管理机构。

第七条　各级人民政府应当严格执行国有资产管理法律、法规,坚持政府的社会公共管理职能与国有资产出资人职能分开,坚持政企分开,实行所有权与经营权分离。

国有资产监督管理机构不行使政府的社会公共管理职能,政府其他机构、部门不履行企业国有资产出资人职责。

第八条　国有资产监督管理机构应当依照本条例和其他有关法律、行政法规的规定,建立健全内部监督制度,严格执行法律、行政法规。

第九条　发生战争、严重自然灾害或者其他重大、紧急情况时,国家可以依法统一调用、处置企业国有资产。

第十条　所出资企业及其投资设立的企业,享有有关法律、行政法规规定的企业经营自主权。

国有资产监督管理机构应当支持企业依法自主经营,除履行出资人职责以外,不得干预企业的生产经营活动。

第十一条　所出资企业应当努力提高经济效益,对其经营管理的企业国有资产承担保值增值责任。

所出资企业应当接受国有资产监督管理机构依法实施的监督管理,不得损害企业国有资产所有者和其他出资人的合法权益。

第二章　国有资产监督管理机构

第十二条　国务院国有资产监督管理机构是代表国务院履行出资人职责、负责监督管理企业国有资产的直属特设机构。

省、自治区、直辖市人民政府国有资产监督管理机构,设区的市、自治州级人民政府国有资产监督管理机构是代表本级政府履行出资人职责、负责监督管理企业国有资产的直属特设机构。

上级政府国有资产监督管理机构依法对下级政府的国有资产监督管理工作进行指导和监督。

第十三条　国有资产监督管理机构的主要职责是:

(一)依照《中华人民共和国公司法》等法律、法规，对所出资企业履行出资人职责，维护所有者权益；

（二）指导推进国有及国有控股企业的改革和重组；

（三）依照规定向所出资企业委派监事；

（四）依照法定程序对所出资企业的企业负责人进行任免、考核，并根据考核结果对其进行奖惩；

（五）通过统计、稽核等方式对企业国有资产的保值增值情况进行监管；

（六）履行出资人的其他职责和承办本级政府交办的其他事项。

国务院国有资产监督管理机构除前款规定职责外，可以制定企业国有资产监督管理的规章、制度。

第十四条　国有资产监督管理机构的主要义务是：

（一）推进国有资产合理流动和优化配置，推动国有经济布局和结构的调整；

（二）保持和提高关系国民经济命脉和国家安全领域国有经济的控制力和竞争力，提高国有经济的整体素质；

（三）探索有效的企业国有资产经营体制和方式，加强企业国有资产监督管理工作，促进企业国有资产保值增值，防止企业国有资产流失；

（四）指导和促进国有及国有控股企业建立现代企业制度，完善法人治理结构，推进管理现代化；

（五）尊重、维护国有及国有控股企业经营自主权，依法维护企业合法权益，促进企业依法经营管理，增强企业竞争力；

（六）指导和协调解决国有及国有控股企业改革与发展中的困难和问题。

第十五条　国有资产监督管理机构应当向本级政府报告企业国有资产监督管理工作、国有资产保值增值状况和其他重大事项。

第三章　企业负责人管理

第十六条　国有资产监督管理机构应当建立健全适应现代企业制度要求的企业负责人的选用机制和激励约束机制。

第十七条　国有资产监督管理机构依照有关规定，任免或者建议任免所出资企业的企业负责人：

（一）任免国有独资企业的总经理、副总经理、总会计师及其他企业负责人；

（二）任免国有独资公司的董事长、副董事长、董事，并向其提出总经理、副总经理、总会计师等的任免建议；

（三）依照公司章程，提出向国有控股的公司派出的董事、监事人选，推荐国有控股的公司的董事长、副董事长和监事会主席人选，并向其提出总经理、副总经理、总会计师人选的建议；

（四）依照公司章程，提出向国有参股的公司派出的董事、监事人选。

国务院，省、自治区、直辖市人民政府，设区的市、自治州级人民政府，对所出资企业的企业负责人的任免另有规定的，按照有关规定执行。

第十八条　国有资产监督管理机构应当建立企业负责人经营业绩考核制度，与其任命的企业负责人签订业绩合同，根据业绩合同对企业负责人进行年度考核和任期考核。

第十九条　国有资产监督管理机构应当依照有关规定，确定所出资企业中的国有独资企业、国有独资公司的企业负责人的薪酬；依据考核结果，决定其向所出资企业派出的企业负责人的奖惩。

第四章　企业重大事项管理

第二十条　国有资产监督管理机构负责指导国有及国有控股企业建立现代企业制度，审核批准其所出资企业中的国有独资企业、国有独资公司的重组、股份制改造方案和所出资企业中的国有独资公司的章程。

第二十一条　国有资产监督管理机构依照法定程序决定其所出资企业中的国有独资企业、国有独资公司的分立、合并、破产、解散、增减资本、发行公司债券等重大事项。其中，重要的国有独资企业、国有独资公司分立、合并、破产、解散的，应当由国有资产监督管理机构审核后，报本级人民政府批准。

国有资产监督管理机构依照法定程序审核、决定国防科技工业领域其所出资企业中的国有独资企业、国有独资公司的有关重大事项时，按照国家有关法律、规定执行。

第二十二条　国有资产监督管理机构依照公司法的规定，派出股东代表、董事，参加国有控股的公司、国有参股的公司的股东会、董事会。

国有控股的公司、国有参股的公司的股东会、董事会决定公司的分立、合并、破产、解散、增减资本、发行公司债券、任免企业负责人等重大事项时，国有资产监督管理机构派出的股东代表、董事，应当按照国有资产监督管理机构的指示发表意见、行使表决权。

国有资产监督管理机构派出的股东代表、董事，应当将其履行职责的有关情况及时向国有资产监督管理机构报告。

第二十三条　国有资产监督管理机构决定其所出资企业

的国有股权转让。其中，转让全部国有股权或者转让部分国有股权致使国家不再拥有控股地位的，报本级人民政府批准。

第二十四条 所出资企业投资设立的重要子企业的重大事项，需由所出资企业报国有资产监督管理机构批准的，管理办法由国务院国有资产监督管理机构另行制定，报国务院批准。

第二十五条 国有资产监督管理机构依照国家有关规定组织协调所出资企业中的国有独资企业、国有独资公司的兼并破产工作，并配合有关部门做好企业下岗职工安置等工作。

第二十六条 国有资产监督管理机构依照国家有关规定拟订所出资企业收入分配制度改革的指导意见，调控所出资企业工资分配的总体水平。

第二十七条 所出资企业中的国有独资企业、国有独资公司经国务院批准，可以作为国务院规定的投资公司、控股公司，享有公司法第十二条规定的权利；可以作为国家授权投资的机构，享有公司法第二十条规定的权利。（2011 年 1 月 8 日删除）

第二十八条 国有资产监督管理机构可以对所出资企业中具备条件的国有独资企业、国有独资公司进行国有资产授权经营。

被授权的国有独资企业、国有独资公司对其全资、控股、参股企业中国家投资形成的国有资产依法进行经营、管理和监督。

第二十九条 被授权的国有独资企业、国有独资公司应当建立和完善规范的现代企业制度，并承担企业国有资产的保值增值责任。

第五章 企业国有资产管理

第三十条 国有资产监督管理机构依照国家有关规定，负责企业国有资产的产权界定、产权登记、资产评估监管、清产核资、资产统计、综合评价等基础管理工作。

国有资产监督管理机构协调其所出资企业之间的企业国有资产产权纠纷。

第三十一条 国有资产监督管理机构应当建立企业国有资产产权交易监督管理制度，加强企业国有资产产权交易的监督管理，促进企业国有资产的合理流动，防止企业国有资产流失。

第三十二条 国有资产监督管理机构对其所出资企业的企业国有资产收益依法履行出资人职责；对其所出资企业的重大投融资规划、发展战略和规划，依照国家发展规划和产业政策履行出资人职责。

第三十三条 所出资企业中的国有独资企业、国有独资公司的重大资产处置，需由国有资产监督管理机构批准的，依照有关规定执行。

第六章 企业国有资产监督

第三十四条 国有资产监督管理机构依法对所出资企业财务进行监督，建立和完善国有资产保值增值指标体系，维护国有资产出资人的权益。

第三十五条 国有及国有控股企业应当加强内部监督和风险控制，依照国家有关规定建立健全财务、审计、企业法律顾问和职工民主监督等制度。

第三十六条 所出资企业中的国有独资企业、国有独资公司应当按照规定定期向国有资产监督管理机构报告财务状况、生产经营状况和国有资产保值增值状况。

第七章 法律责任

第三十七条 国有资产监督管理机构不按规定任免或者建议任免所出资企业的企业负责人，或者违法干预所出资企业的生产经营活动，侵犯其合法权益，造成企业国有资产损失或者其他严重后果的，对直接负责的主管人员和其他直接责任人员依法给予行政处分；构成犯罪的，依法追究刑事责任。

第三十八条 所出资企业中的国有独资企业、国有独资公司未按照规定向国有资产监督管理机构报告财务状况、生产经营状况和国有资产保值增值状况的，予以警告；情节严重的，对直接负责的主管人员和其他直接责任人员依法给予纪律处分。

第三十九条 国有及国有控股企业的企业负责人滥用职权、玩忽职守，造成企业国有资产损失的，应负赔偿责任，并对其依法给予纪律处分；构成犯罪的，依法追究刑事责任。

第四十条 对企业国有资产损失负有责任受到撤职以上纪律处分的国有及国有控股企业的企业负责人，5 年内不得担任任何国有及国有控股企业的企业负责人；造成企业国有资产重大损失或者被判处刑罚的，终身不得担任任何国有及国有控股企业的企业负责人。

第八章 附　　则

第四十一条 国有及国有控股企业、国有参股企业的组织形式、组织机构、权利和义务等，依照《中华人民共和国公司法》等法律、行政法规和本条例的规定执行。

第四十二条 国有及国有控股企业、国有参股企业中中国共产党基层组织建设、社会主义精神文明建设和党风廉政建设，依照《中国共产党章程》和有关规定执行。

国有及国有控股企业、国有参股企业中工会组织依照《中华人民共和国工会法》和《中国工会章程》的有关规定执行。

第四十三条　国务院国有资产监督管理机构，省、自治区、直辖市人民政府可以依据本条例制定实施办法。

第四十四条　本条例施行前制定的有关企业国有资产监督管理的行政法规与本条例不一致的，依照本条例的规定执行。

第四十五条　政企尚未分开的单位，应当按照国务院的规定，加快改革，实现政企分开。政企分开后的企业，由国有资产监督管理机构依法履行出资人职责，依法对企业国有资产进行监督管理。

第四十六条　本条例自公布之日起施行。

上市公司国有股权监督管理办法

1. 2018年5月16日国务院国有资产监督管理委员会、财政部、中国证券监督管理委员会令第36号公布

2. 自2018年7月1日起施行

第一章　总　　则

第一条　为规范上市公司国有股权变动行为，推动国有资源优化配置，平等保护各类投资者合法权益，防止国有资产流失，根据《中华人民共和国公司法》、《中华人民共和国证券法》、《中华人民共和国企业国有资产法》、《企业国有资产监督管理暂行条例》等法律法规，制定本办法。

第二条　本办法所称上市公司国有股权变动行为，是指上市公司国有股权持股主体、数量或比例等发生变化的行为，具体包括：国有股东所持上市公司股份通过证券交易系统转让、公开征集转让、非公开协议转让、无偿划转、间接转让、国有股东发行可交换公司债券；国有股东通过证券交易系统增持、协议受让、间接受让、要约收购上市公司股份和认购上市公司发行股票；国有股东所控股上市公司吸收合并、发行证券；国有股东与上市公司进行资产重组等行为。

第三条　本办法所称国有股东是指符合以下情形之一的企业和单位，其证券账户标注“SS”：

（一）政府部门、机构、事业单位、境内国有独资或全资企业；

（二）第一款中所述单位或企业独家持股比例超过50%，或合计持股比例超过50%，且其中之一为第一大股东的境内企业；

（三）第二款中所述企业直接或间接持股的各级境内独资或全资企业。

第四条　上市公司国有股权变动行为应坚持公开、公平、公正原则，遵守国家有关法律、行政法规和规章制度规定，符合国家产业政策和国有经济布局结构调整方向，有利于国有资本保值增值，提高企业核心竞争力。

第五条　上市公司国有股权变动涉及的股份应当权属清晰，不存在受法律法规规定限制的情形。

第六条　上市公司国有股权变动的监督管理由省级以上国有资产监督管理机构负责。省级国有资产监督管理机构报经省级人民政府同意，可以将地市级以下有关上市公司国有股权变动的监督管理交由地市级国有资产监督管理机构负责。省级国有资产监督管理机构需建立相应的监督检查工作机制。

上市公司国有股权变动涉及政府社会公共管理事项的，应当依法报政府有关部门审核。受让方为境外投资者的，应当符合外商投资产业指导目录或负面清单管理的要求，以及外商投资安全审查的规定，涉及该类情形的，各审核主体在接到相关申请后，应就转让行为是否符合吸收外商投资政策向同级商务部门征求意见，具体申报程序由省级以上国有资产监督管理机构商同级商务部门按《关于上市公司国有股向外国投资者及外商投资企业转让申报程序有关问题的通知》（商资字〔2004〕1号）确定的原则制定。

按照法律、行政法规和本级人民政府有关规定，须经本级人民政府批准的上市公司国有股权变动事项，国有资产监督管理机构应当履行报批程序。

第七条　国家出资企业负责管理以下事项：

（一）国有股东通过证券交易系统转让所持上市公司股份，未达到本办法第十二条规定的比例或数量的事项；

（二）国有股东所持上市公司股份在本企业集团内部进行的无偿划转、非公开协议转让事项；

（三）国有控股股东所持上市公司股份公开征集转让、发行可交换公司债券及所控股上市公司发行证券，未导致其持股比例低于合理持股比例的事项；国有参股股东所持上市公司股份公开征集转让、发行可交换公司债券事项；

（四）国有股东通过证券交易系统增持、协议受让、认购上市公司发行股票等未导致上市公司控股权转移的事项；

（五）国有股东与所控股上市公司进行资产重组，不属于中国证监会规定的重大资产重组范围的事项。

第八条 国有控股股东的合理持股比例（与国有控股股东属于同一控制人的，其所持股份的比例应合并计算）由国家出资企业研究确定，并报国有资产监督管理机构备案。

确定合理持股比例的具体办法由省级以上国有资产监督管理机构另行制定。

第九条 国有股东所持上市公司股份变动应在作充分可行性研究的基础上制定方案，严格履行决策、审批程序，规范操作，按照证券监管的相关规定履行信息披露等义务。在上市公司国有股权变动信息披露前，各关联方要严格遵守保密规定。违反保密规定的，应依法依规追究相关人员责任。

第十条 上市公司国有股权变动应当根据证券市场公开交易价格、可比公司股票交易价格、每股净资产值等因素合理定价。

第十一条 国有资产监督管理机构通过上市公司国有股权管理信息系统（以下简称管理信息系统）对上市公司国有股权变动实施统一监管。

国家出资企业应通过管理信息系统，及时、完整、准确将所持上市公司股份变动情况报送国有资产监督管理机构。

其中，按照本办法规定由国家出资企业审核批准的变动事项须通过管理信息系统作备案管理，并取得统一编号的备案表。

第二章 国有股东所持上市公司股份通过证券交易系统转让

第十二条 国有股东通过证券交易系统转让上市公司股份，按照国家出资企业内部决策程序决定，有以下情形之一的，应报国有资产监督管理机构审核批准：

（一）国有控股股东转让上市公司股份可能导致持股比例低于合理持股比例的；

（二）总股本不超过10亿股的上市公司，国有控股股东拟于一个会计年度内累计净转让（累计转让股份扣除累计增持股份后的余额，下同）达到总股本5%及以上的；总股本超过10亿股的上市公司，国有控股股东拟于一个会计年度内累计净转让数量达到5000万股及以上的；

（三）国有参股股东拟于一个会计年度内累计净转让达到上市公司总股本5%及以上的。

第十三条 国家出资企业、国有资产监督管理机构决定或批准国有股东通过证券交易系统转让上市公司股份时，应当审核以下文件：

（一）国有股东转让上市公司股份的内部决策文件；

（二）国有股东转让上市公司股份方案，内容包括但不限于：转让的必要性，国有股东及上市公司基本情况、主要财务数据，拟转让股份权属情况，转让底价及确定依据，转让数量、转让时限等；

（三）上市公司股份转让的可行性研究报告；

（四）国家出资企业、国有资产监督管理机构认为必要的其他文件。

第三章 国有股东所持上市公司股份公开征集转让

第十四条 公开征集转让是指国有股东依法公开披露信息，征集受让方转让上市公司股份的行为。

第十五条 国有股东拟公开征集转让上市公司股份的，在履行内部决策程序后，应书面告知上市公司，由上市公司依法披露，进行提示性公告。国有控股股东公开征集转让上市公司股份可能导致上市公司控股权转移的，应当一并通知上市公司申请停牌。

第十六条 上市公司发布提示性公告后，国有股东应及时将转让方案、可行性研究报告、内部决策文件、拟发布的公开征集信息等内容通过管理信息系统报送国有资产监督管理机构。

第十七条 公开征集信息内容包括但不限于：拟转让股份权属情况、数量，受让方应当具备的资格条件，受让方的选择规则，公开征集期限等。

公开征集信息对受让方的资格条件不得设定指向性或违反公平竞争要求的条款，公开征集期限不得少于10个交易日。

第十八条 国有资产监督管理机构通过管理信息系统对公开征集转让事项出具意见。国有股东在获得国有资产监督管理机构同意意见后书面通知上市公司发布公开征集信息。

第十九条 国有股东收到拟受让方提交的受让申请及受让方案后，应当成立由内部职能部门人员以及法律、财务等独立外部专家组成的工作小组，严格按照已公告的规则选择确定受让方。

第二十条 公开征集转让可能导致上市公司控股权转移的，国有股东应当聘请具有上市公司并购重组财务顾问业务资格的证券公司、证券投资咨询机构或者其他符合条件的财务顾问机构担任财务顾问（以下简称财务顾问）。财务顾问应当具有良好的信誉，近三年内无重大违法违规记录，且与受让方不存在利益关联。

第二十一条　财务顾问应当勤勉尽责，遵守行业规范和职业道德，对上市公司股份的转让方式、转让价格、股份转让对国有股东和上市公司的影响等方面出具专业意见；并对拟受让方进行尽职调查，出具尽职调查报告。尽职调查应当包括但不限于以下内容：

（一）拟受让方受让股份的目的；

（二）拟受让方的经营情况、财务状况、资金实力及是否有重大违法违规记录和不良诚信记录；

（三）拟受让方是否具有及时足额支付转让价款的能力、受让资金的来源及合法性；

（四）拟受让方是否具有促进上市公司持续发展和改善上市公司法人治理结构的能力。

第二十二条　国有股东确定受让方后，应当及时与受让方签订股份转让协议。股份转让协议应当包括但不限于以下内容：

（一）转让方、上市公司、拟受让方的名称、法定代表人及住所；

（二）转让方持股数量、拟转让股份数量及价格；

（三）转让方、受让方的权利和义务；

（四）股份转让价款支付方式及期限；

（五）股份登记过户的条件；

（六）协议生效、变更和解除条件、争议解决方式、违约责任等。

第二十三条　国有股东公开征集转让上市公司股份的价格不得低于下列两者之中的较高者：

（一）提示性公告日前 30 个交易日的每日加权平均价格的算术平均值；

（二）最近一个会计年度上市公司经审计的每股净资产值。

第二十四条　国有股东与受让方签订协议后，属于本办法第七条规定情形的，由国家出资企业审核批准，其他情形由国有资产监督管理机构审核批准。

第二十五条　国家出资企业、国有资产监督管理机构批准国有股东所持上市公司股份公开征集转让时，应当审核以下文件：

（一）受让方的征集及选择情况；

（二）国有股东基本情况、受让方基本情况及上一年度经审计的财务会计报告；

（三）股份转让协议及股份转让价格的定价说明；

（四）受让方与国有股东、上市公司之间在最近 12 个月内股权转让、资产置换、投资等重大情况及债权债务情况；

（五）律师事务所出具的法律意见书；

（六）财务顾问出具的尽职调查报告（适用于上市公司控股权转移的）；

（七）国家出资企业、国有资产监督管理机构认为必要的其他文件。

第二十六条　国有股东应在股份转让协议签订后 5 个工作日内收取不低于转让价款 30% 的保证金，其余价款应在股份过户前全部结清。在全部转让价款支付完毕或交由转让双方共同认可的第三方妥善保管前，不得办理股份过户登记手续。

第二十七条　国有资产监督管理机构关于国有股东公开征集转让上市公司股份的批准文件或国有资产监督管理机构、管理信息系统出具的统一编号的备案表和全部转让价款支付凭证是证券交易所、中国证券登记结算有限责任公司办理上市公司股份过户登记手续的必备文件。

上市公司股份过户前，原则上受让方人员不能提前进入上市公司董事会和经理层，不得干预上市公司正常生产经营。

第四章　国有股东所持上市公司股份非公开协议转让

第二十八条　非公开协议转让是指不公开征集受让方，通过直接签订协议转让上市公司股份的行为。

第二十九条　符合以下情形之一的，国有股东可以非公开协议转让上市公司股份：

（一）上市公司连续两年亏损并存在退市风险或严重财务危机，受让方提出重大资产重组计划及具体时间表的；

（二）企业主业处于关系国家安全、国民经济命脉的重要行业和关键领域，主要承担重大专项任务，对受让方有特殊要求的；

（三）为实施国有资源整合或资产重组，在国有股东、潜在国有股东（经本次国有资源整合或资产重组后成为上市公司国有股东的，以下统称国有股东）之间转让的；

（四）上市公司回购股份涉及国有股东所持股份的；

（五）国有股东因接受要约收购方式转让其所持上市公司股份的；

（六）国有股东因解散、破产、减资、被依法责令关闭等原因转让其所持上市公司股份的；

（七）国有股东以所持上市公司股份出资的。

第三十条 国有股东在履行内部决策程序后，应当及时与受让方签订股份转让协议。涉及上市公司控股权转移的，在转让协议签订前，应按本办法第二十条、第二十一条规定聘请财务顾问，对拟受让方进行尽职调查，出具尽职调查报告。

第三十一条 国有股东与受让方签订协议后，属于本办法第七条规定情形的，由国家出资企业审核批准，其他情形由国有资产监督管理机构审核批准。

第三十二条 国有股东非公开协议转让上市公司股份的价格不得低于下列两者之中的较高者：

（一）提示性公告日前30个交易日的每日加权平均价格的算术平均值；

（二）最近一个会计年度上市公司经审计的每股净资产值。

第三十三条 国有股东非公开协议转让上市公司股份存在下列特殊情形的，可按以下原则确定股份转让价格：

（一）国有股东为实施资源整合或重组上市公司，并在其所持上市公司股份转让完成后全部回购上市公司主业资产的，股份转让价格由国有股东根据中介机构出具的该上市公司股票价格的合理估值结果确定；

（二）为实施国有资源整合或资产重组，在国有股东之间转让且上市公司中的国有权益并不因此减少的，股份转让价格应当根据上市公司股票的每股净资产值、净资产收益率、合理的市盈率等因素合理确定。

第三十四条 国家出资企业、国有资产监督管理机构批准国有股东非公开协议转让上市公司股份时，应当审核以下文件：

（一）国有股东转让上市公司股份的决策文件；

（二）国有股东转让上市公司股份的方案，内容包括但不限于：不公开征集受让方的原因，转让价格及确定依据，转让的数量，转让收入的使用计划等；

（三）国有股东基本情况、受让方基本情况及上一年度经审计的财务会计报告；

（四）可行性研究报告；

（五）股份转让协议；

（六）以非货币资产支付的说明；

（七）拟受让方与国有股东、上市公司之间在最近12个月内股权转让、资产置换、投资等重大情况及债权债务情况；

（八）律师事务所出具的法律意见书；

（九）财务顾问出具的尽职调查报告（适用于上市公司控股权转移的）；

（十）国家出资企业、国有资产监督管理机构认为必要的其他文件。

第三十五条 以现金支付股份转让价款的，转让价款收取按照本办法第二十六条规定办理；以非货币资产支付股份转让价款的，应当符合国家相关规定。

第三十六条 国有资产监督管理机构关于国有股东非公开协议转让上市公司股份的批准文件或国有资产监督管理机构、管理信息系统出具的统一编号的备案表和全部转让价款支付凭证（包括非货币资产的交割凭证）是证券交易所、中国证券登记结算有限责任公司办理上市公司股份过户登记手续的必备文件。

第五章 国有股东所持上市公司股份无偿划转

第三十七条 政府部门、机构、事业单位、国有独资或全资企业之间可以依法无偿划转所持上市公司股份。

第三十八条 国有股东所持上市公司股份无偿划转属于本办法第七条规定情形的，由国家出资企业审核批准，其他情形由国有资产监督管理机构审核批准。

第三十九条 国家出资企业、国有资产监督管理机构批准国有股东所持上市公司股份无偿划转时，应当审核以下文件：

（一）国有股东无偿划转上市公司股份的内部决策文件；

（二）国有股东无偿划转上市公司股份的方案和可行性研究报告；

（三）上市公司股份无偿划转协议；

（四）划转双方基本情况、上一年度经审计的财务会计报告；

（五）划出方债务处置方案及或有负债的解决方案，及主要债权人对无偿划转的无异议函；

（六）划入方未来12个月内对上市公司的重组计划或未来三年发展规划（适用于上市公司控股权转移的）；

（七）律师事务所出具的法律意见书；

（八）国家出资企业、国有资产监督管理机构认为必要的其他文件。

第四十条 国有资产监督管理机构关于国有股东无偿划转上市公司股份的批准文件或国有资产监督管理机构、管理信息系统出具的统一编号的备案表是证券交易所、中国证券登记结算有限责任公司办理股份过户登记手续的必备文件。

第六章　国有股东所持上市公司股份间接转让

第四十一条　本办法所称国有股东所持上市公司股份间接转让是指因国有产权转让或增资扩股等原因导致国有股东不再符合本办法第三条规定情形的行为。

第四十二条　国有股东拟间接转让上市公司股份的，履行内部决策程序后，应书面通知上市公司进行信息披露，涉及国有控股股东的，应当一并通知上市公司申请停牌。

第四十三条　国有股东所持上市公司股份间接转让应当按照本办法第二十三条规定确定其所持上市公司股份价值，上市公司股份价值确定的基准日应与国有股东资产评估的基准日一致，且与国有股东产权直接持有单位对该产权变动决策的日期相差不得超过一个月。

国有产权转让或增资扩股到产权交易机构挂牌时，因上市公司股价发生大幅变化等原因，导致资产评估报告的结论已不能反映交易标的真实价值的，原决策机构应对间接转让行为重新审议。

第四十四条　国有控股股东所持上市公司股份间接转让，应当按本办法第二十条、第二十一条规定聘请财务顾问，对国有产权拟受让方或投资人进行尽职调查，并出具尽职调查报告。

第四十五条　国有股东所持上市公司股份间接转让的，国有股东应在产权转让或增资扩股协议签订后，产权交易机构出具交易凭证前报国有资产监督管理机构审核批准。

第四十六条　国有资产监督管理机构批准国有股东所持上市公司股份间接转让时，应当审核以下文件：

（一）产权转让或增资扩股决策文件、资产评估结果核准、备案文件及可行性研究报告；

（二）经批准的产权转让或增资扩股方案；

（三）受让方或投资人征集、选择情况；

（四）国有产权转让协议或增资扩股协议；

（五）国有股东资产作价金额，包括国有股东所持上市公司股份的作价说明；

（六）受让方或投资人基本情况及上一年度经审计的财务会计报告；

（七）财务顾问出具的尽职调查报告（适用于国有控股股东国有产权变动的）；

（八）律师事务所出具的法律意见书；

（九）国有资产监督管理机构认为必要的其他文件。

第四十七条　国有股东产权转让或增资扩股未构成间接转让的，其资产评估涉及上市公司股份作价按照本办法第四十三条规定确定。

第七章　国有股东发行可交换公司债券

第四十八条　本办法所称国有股东发行可交换公司债券，是指上市公司国有股东依法发行、在一定期限内依据约定条件可以交换成该股东所持特定上市公司股份的公司债券的行为。

第四十九条　国有股东发行的可交换公司债券交换为上市公司每股股份的价格，应不低于债券募集说明书公告日前1个交易日、前20个交易日、前30个交易日该上市公司股票均价中的最高者。

第五十条　国有股东发行的可交换公司债券，其利率应当在参照同期银行贷款利率、银行票据利率、同行业其他企业发行的债券利率，以及标的公司股票每股交换价格、上市公司未来发展前景等因素的前提下，通过市场询价合理确定。

第五十一条　国有股东发行可交换公司债券属于本办法第七条规定情形的，由国家出资企业审核批准，其他情形由国有资产监督管理机构审核批准。

第五十二条　国家出资企业、国有资产监督管理机构批准国有股东发行可交换公司债券时，应当审核以下文件：

（一）国有股东发行可交换公司债券的内部决策文件；

（二）国有股东发行可交换公司债券的方案，内容包括但不限于：国有股东、上市公司基本情况及主要财务数据，预备用于交换的股份数量及保证方式，风险评估论证情况、偿本付息及应对债务风险的具体方案，对国有股东控股地位影响的分析等；

（三）可行性研究报告；

（四）律师事务所出具的法律意见书；

（五）国家出资企业、国有资产监督管理机构认为必要的其他文件。

第八章　国有股东受让上市公司股份

第五十三条　本办法所称国有股东受让上市公司股份行为主要包括国有股东通过证券交易系统增持、协议受让、间接受让、要约收购上市公司股份和认购上市公司发行股票等。

第五十四条　国有股东受让上市公司股份属于本办法第七条规定情形的，由国家出资企业审核批准，其他情形由国有资产监督管理机构审核批准。

第五十五条　国家出资企业、国有资产监督管理机构批

准国有股东受让上市公司股份时,应当审核以下文件:

(一)国有股东受让上市公司股份的内部决策文件;

(二)国有股东受让上市公司股份方案,内容包括但不限于:国有股东及上市公司的基本情况、主要财务数据、价格上限及确定依据、数量及受让时限等;

(三)可行性研究报告;

(四)股份转让协议(适用于协议受让的)、产权转让或增资扩股协议(适用于间接受让的);

(五)财务顾问出具的尽职调查报告和上市公司估值报告(适用于取得控股权的);

(六)律师事务所出具的法律意见书;

(七)国家出资企业、国有资产监督管理机构认为必要的其他文件。

第五十六条 国有股东将其持有的可转换公司债券或可交换公司债券转换、交换成上市公司股票的,通过司法机关强制执行手续取得上市公司股份的,按照相关法律、行政法规及规章制度的规定办理,并在上述行为完成后10个工作日内将相关情况通过管理信息系统按程序报告国有资产监督管理机构。

第九章 国有股东所控股上市公司吸收合并

第五十七条 本办法所称国有股东所控股上市公司吸收合并,是指国有控股上市公司之间或国有控股上市公司与非国有控股上市公司之间的吸收合并。

第五十八条 国有股东所控股上市公司应当聘请财务顾问,对吸收合并的双方进行尽职调查和内部核查,并出具专业意见。

第五十九条 国有股东应指导上市公司根据股票交易价格,并参考可比交易案例,合理确定上市公司换股价格。

第六十条 国有股东应当在上市公司董事会审议吸收合并方案前,将该方案报国有资产监督管理机构审核批准。

第六十一条 国有资产监督管理机构批准国有股东所控股上市公司吸收合并时,应当审核以下文件:

(一)国家出资企业、国有股东的内部决策文件;

(二)国有股东所控股上市公司吸收合并的方案,内容包括但不限于:国有控股股东及上市公司基本情况、换股价格的确定依据、现金选择权安排、吸收合并后的股权结构、债务处置、职工安置、市场应对预案等;

(三)可行性研究报告;

(四)律师事务所出具的法律意见书;

(五)国有资产监督管理机构认为必要的其他文件。

第十章 国有股东所控股上市公司发行证券

第六十二条 本办法所称国有股东所控股上市公司发行证券包括上市公司采用公开方式向原股东配售股份、向不特定对象公开募集股份、采用非公开方式向特定对象发行股份以及发行可转换公司债券等行为。

第六十三条 国有股东所控股上市公司发行证券,应当在股东大会召开前取得批准。属于本办法第七条规定情形的,由国家出资企业审核批准,其他情形报国有资产监督管理机构审核批准。

第六十四条 国家出资企业、国有资产监管机构批准国有股东所控股上市公司发行证券时,应当审核以下文件:

(一)上市公司董事会决议;

(二)国有股东所控股上市公司发行证券的方案,内容包括但不限于:相关国有股东、上市公司基本情况,发行方式、数量、价格,募集资金用途,对国有股东控股地位影响的分析,发行可转换公司债券的风险评估论证情况、偿本付息及应对债务风险的具体方案等;

(三)可行性研究报告;

(四)律师事务所出具的法律意见书;

(五)国家出资企业、国有资产监督管理机构认为必要的其他文件。

第十一章 国有股东与上市公司进行资产重组

第六十五条 本办法所称国有股东与上市公司进行资产重组是指国有股东向上市公司注入、购买或置换资产并涉及国有股东所持上市公司股份发生变化的情形。

第六十六条 国有股东就资产重组事项进行内部决策后,应书面通知上市公司,由上市公司依法披露,并申请股票停牌。在上市公司董事会审议资产重组方案前,应当将可行性研究报告报国家出资企业、国有资产监督管理机构预审核,并由国有资产监督管理机构通过管理信息系统出具意见。

第六十七条 国有股东与上市公司进行资产重组方案经上市公司董事会审议通过后,应当在上市公司股东大会召开前获得相应批准。属于本办法第七条规定情形的,由国家出资企业审核批准,其他情形由国有资产监督管理机构审核批准。

第六十八条 国家出资企业、国有资产监督管理机构批准国有股东与上市公司进行资产重组时,应当审核以下文件:

（一）国有股东决策文件和上市公司董事会决议；

（二）资产重组的方案，内容包括但不限于：资产重组的原因及目的，涉及标的资产范围、业务情况及近三年损益情况、未来盈利预测及其依据，相关资产作价的说明，资产重组对国有股东及上市公司权益、盈利水平和未来发展的影响等；

（三）资产重组涉及相关资产的评估备案表或核准文件；

（四）律师事务所出具的法律意见书；

（五）国家出资企业、国有资产监督管理机构认为必要的其他文件。

第六十九条 国有股东参股的非上市企业参与非国有控股上市公司的资产重组事项由国家出资企业按照内部决策程序自主决定。

第十二章 法律责任

第七十条 在上市公司国有股权变动中，相关方有下列行为之一的，国有资产监督管理机构或国家出资企业应要求终止上市公司股权变动行为，必要时应向人民法院提起诉讼：

（一）不履行相应的内部决策程序、批准程序或者超越权限，擅自变动上市公司国有股权的；

（二）向中介机构提供虚假资料，导致审计、评估结果失真，造成国有资产损失的；

（三）相关方恶意串通，签订显失公平的协议，造成国有资产损失的；

（四）相关方采取欺诈、隐瞒等手段变动上市公司国有股权，造成国有资产损失的；

（五）相关方未在约定期限内履行承诺义务的；

（六）违反上市公司信息披露规定，涉嫌内幕交易的。

第七十一条 违反有关法律、法规或本办法的规定变动上市公司国有股权并造成国有资产损失的，国有资产监督管理机构可以责令国有股东采取措施限期纠正；国有股东、上市公司负有直接责任的主管人员和其他直接责任人员，由国有资产监督管理机构或者相关企业按照权限给予纪律处分，造成国有资产损失的，应负赔偿责任；涉嫌犯罪的，依法移送司法机关处理。

第七十二条 社会中介机构在上市公司国有股权变动的审计、评估、咨询和法律等服务中违规执业的，由国有资产监督管理机构将有关情况通报其行业主管部门，建议给予相应处罚；情节严重的，国有股东三年内不得再委托其开展相关业务。

第七十三条 上市公司国有股权变动批准机构及其有关人员违反有关法律、法规或本办法的规定，擅自批准或者在批准中以权谋私，造成国有资产损失的，由有关部门按照权限给予纪律处分；涉嫌犯罪的，依法移送司法机关处理。

国有资产监督管理机构违反有关法律、法规或本办法的规定审核批准上市公司国有股权变动并造成国有资产损失的，对直接负责的主管人员和其他责任人员给予纪律处分；涉嫌犯罪的，依法移送司法机关处理。

第十三章 附 则

第七十四条 不符合本办法规定的国有股东标准，但政府部门、机构、事业单位和国有独资或全资企业通过投资关系、协议或者其他安排，能够实际支配其行为的境内外企业，证券账户标注为“CS”，所持上市公司股权变动行为参照本办法管理。

第七十五条 政府部门、机构、事业单位及其所属企业持有的上市公司国有股权变动行为，按照现行监管体制，比照本办法管理。

第七十六条 金融、文化类上市公司国有股权的监督管理，国家另有规定的，依照其规定。

第七十七条 国有或国有控股的专门从事证券业务的证券公司及基金管理公司转让、受让上市公司股份的监督管理按照相关规定办理。

第七十八条 国有出资的有限合伙企业不作国有股东认定，其所持上市公司股份的监督管理另行规定。

第七十九条 本办法自2018年7月1日起施行。

国有资产产权界定和产权纠纷处理暂行办法（节录）

1. 1993年11月21日国家国有资产管理局印发
2. 国资法规发〔1993〕68号

第一章 总 则

第一条 为了维护国有资产所有者和其他产权主体的合法权益，明确产权归属，促进社会主义市场经济的发展，制定本办法。

第二条 本办法下列用语的含义：

国有资产。系指国家依法取得和认定的，或者国家以各种形式对企业投资和投资收益、国家向行政事业单位拨款等形成的资产。

产权。系指财产所有权以及与财产所有权有关的经营权、使用权等财产权。不包括债权。

产权界定。系指国家依法划分财产所有权和经营权、使用权等产权归属，明确各类产权主体行使权利的财产范围及管理权限的一种法律行为。

产权纠纷。系指由于财产所有权及经营权、使用权等产权归属不清而发生的争议。

第三条 本办法适用于全部或部分占用国有资产单位的产权界定，全民所有制单位与其他所有制单位之间以及全民所有制单位之间的国有资产产权的界定及产权纠纷的处理。

第四条 产权界定应遵循“谁投资、谁拥有产权”的原则进行。在界定过程中，既要维护国有资产所有者及经营使用者的合法权益，又不得侵犯其他财产所有者的合法权益。

第五条 产权纠纷的处理应本着实事求是、公正、公平的原则依法进行。

第二章 国有资产所有权界定

第六条 中华人民共和国是国有资产所有权的唯一主体，国务院代表国家行使国有资产的所有权，国家对国有资产实行分级分工管理，国有资产分级分工管理主体的区分和变动不是国有资产所有权的分割和转移。

第七条 国家机关及其所属事业单位占有、使用的资产以及政党、人民团体中由国家拨款等形成的资产，界定为国有资产。

第八条 全民所有制企业中的产权界定依下列办法处理：

1. 有权代表国家投资的部门和机构以货币、实物和所有权属于国家的土地使用权、知识产权等向企业投资，形成的国家资本金，界定为国有资产；

2. 全民所有制企业运用国家资本金及在经营中借入的资金等所形成的税后利润经国家批准留给企业作为增加投资的部分以及从税后利润中提取的盈余公积金、公益金和未分配利润等，界定为国有资产；

3. 以全民所有制企业和行政事业单位（以下统称全民单位）担保，完全用国内外借入资金投资创办的或完全由其他单位借款创办的全民所有制企业，其收益积累的净资产，界定为国有资产；

4. 全民所有制企业接受馈赠形成的资产，界定为国有资产；

5. 在实行《企业财务通则》、《企业会计准则》以前，全民所有制企业从留利中提取的职工福利基金、职工奖励基金和“两则”实行后用公益金购建的集体福利设施而相应增加的所有者权益，界定为国有资产；

6. 全民所有制企业中党、团、工会组织等占用企业的财产，不包括以个人缴纳党费、团费、会费以及按国家规定由企业拨付的活动经费等结余购建的资产，界定为国有资产。

第九条 集体所有制企业中国有资产所有权界定依下列办法处理：

1. 全民单位以货币、实物和所有权属于国家的土地使用权、知识产权等独资（包括几个全民单位合资，下同）创办的以集体所有制名义注册登记的企业单位，其资产所有权界定按照本办法第八条的规定办理。但依国家法律、法规规定或协议约定并经国有资产管理部门认定的属于无偿资助的除外。

2. 全民单位用国有资产在非全民单位独资创办的集体企业（以下简称集体企业）中的投资以及按照投资份额应取得的资产收益留给集体企业发展生产的资本金及其权益，界定为国有资产。

3. 集体企业依据国家规定享受税前还贷形成的资产，其中属于国家税收应收未收的税款部分，界定为国有资产；集体企业依据国家规定享受减免税形成的资产，其中列为“国家扶持基金”等投资性的减免税部分界定为国有资产。经国有资产管理部门会同有关部门核定数额后，继续留给集体企业使用，由国家收取资产占用费。上述国有资产的增值部分由于历史原因无法核定的，可以不再追溯产权。

集体企业改组为股份制企业时，改组前税前还贷形成的资产中国家税收应收未收的税款部分和各种减免税形成的资产中列为“国家扶持基金”等投资性的减免税部分界定为国家股，其他减免税部分界定为企业资本公积金。

4. 集体企业使用银行贷款、国家借款等借贷资金形成的资产，全民单位只提供担保的，不界定为国有资产；但履行了连带责任的，全民单位应予追索清偿或经协商转为投资。

第十条 供销、手工业、信用等合作社中由国家拨入的资本金（含资金或者实物）界定为国有资产，经国有资产管理部门会同有关部门核定数额后，继续留给合作社使用，由国家收取资产占用费。上述国有资产的增值部分由于历史原因无法核定的，可以不再追溯产权。

第十一条 集体企业和合作社无偿占用国有土地的，应由国有资产管理部门会同土地管理部门核定其占用土地的面积和价值量，并依法收取土地占用费。

集体企业和合作社改组为股份制企业时，国有土地折价部分，形成的国家股份或其他所有者权益，界定为国家资产。

第十二条　中外合资经营企业中国有资产所有权界定依下列办法处理：

1. 中方以国有资产出资投入的资本总额，包括现金、厂房建筑物、机器设备、场地使用权、无形资产等形成的资产，界定为国有资产；

2. 企业注册资本增加，按双方协议，中方以分得利润向企业再投资或优先购买另一方股份的投资活动中所形成的资产，界定为国有资产；

3. 可分配利润及从税后利润中提取的各项基金中中方按投资比例所占的相应份额，不包括已提取用于职工奖励、福利等分配给个人消费的基金，界定为国有资产；

4. 中方职工的工资差额，界定为国有资产；

5. 企业根据中国法律和有关规定按中方工资总额一定比例提取的中方职工的住房补贴基金，界定为国有资产；

6. 企业清算或完全解散时，馈赠或无偿留给中方继续使用的各项资产，界定为国有资产。

第十三条　中外合作经营企业中国有资产所有权界定参照第十二条规定的原则办理。

第十四条　股份制企业中国有资产所有权界定依下列办法处理：

1. 国家机关或其授权单位向股份制企业投资形成的股份，包括现有已投入企业的国有资产折成的股份，构成股份制企业中的国家股，界定为国有资产；

2. 全民所有制企业向股份制企业投资形成的股份，构成国有法人股，界定为国有资产；

3. 股份制企业公积金、公益金中，全民单位按照投资应占有的份额，界定为国有资产；

4. 股份制企业未分配利润中，全民单位按照投资比例所占的相应份额，界定为国有资产。

第十五条　联营企业中国有资产所有权界定参照第十四条规定的原则办理。

第三章　全民单位之间产权界定

第十六条　各个单位占用的国有资产，应按分级分工管理的原则，分别明确其与中央、地方、部门之间的管理关系，非经有权管理其所有权的人民政府批准或双方约定，并办理产权划转手续，不得变更资产的管理关系。

第十七条　全民单位对国家授予其使用或经营的资产拥有使用权或经营权。除法律、法规另有规定者外，不得在全民单位之间无偿调拨其资产。

第十八条　全民所有制企业之间是平等竞争的法人实体，相互之间可以投资入股，按照“谁投资、谁拥有产权”的原则，企业法人的对外长期投资或入股，属于企业法人的权益，不受非法干预或侵占。

第十九条　依据国家有关规定，企业之间可以实行联营，并享有联营合同规定范围内的财产权利。

第二十条　国家机关投资创办的企业和其他经济实体，应与国家机关脱钩，其产权由国有资产管理部门会同有关部门委托有关机构管理。

第二十一条　国家机关所属事业单位经批准以其占用的国有资产出资创办的企业和其他经济实体，其产权归该单位拥有。

第二十二条　对全民单位由于历史原因或管理问题造成的有关房屋产权和土地使用权关系不清或有争议的，依下列办法处理：

1. 全民单位租用房产管理部门的房产，因各种历史原因全民单位实际上长期占用，并进行过多次投入、改造或翻新，房产结构和面积发生较大变化的，可由双方协商共同拥有产权。

2. 对数家全民单位共同出资或由上级主管部门集资修建的职工宿舍、办公楼等，应在核定各自出资份额的基础上，由出资单位按份共有或共同共有其产权。

3. 对有关全民单位已办理征用手续的土地，但被另一些单位或个人占用，应由原征用土地一方进行产权登记，办理相应法律手续。已被其他单位或个人占用的，按规定实行有偿使用。

4. 全民单位按国家规定以优惠价向职工个人出售住房，凡由于分期付款，或者在产权限制期内，或者由于保留溢值分配权等原因，产权没有完全让渡到个人之前，全民单位对这部分房产应视为共有财产。

第二十三条　对电力、邮电、铁路和城市市政公用事业等部门，按国家规定由行业统一经营管理，可由国有资产管理部门委托行业主管部门根据历史因素及其行业管理特点，对使用单位投入资金形成的资产，依下列办法处理：

1. 使用单位投入资金形成的资产交付这些行业进行统一管理，凡已办理资产划转手续的，均作为管理单位法人资产；凡没有办理资产划转手续的，可根据使用单位与管理单位双方自愿的原则，协商办理资产划转手续或资产代管手续；

2. 对使用单位投入资金形成的资产，未交付这些行业统一管理而归使用单位自己管理的，产权由使用单位拥有；

3. 对由电力部门代管的农电资产，凡已按规定办理有关手续，并经过多次更新改造，技术等级已发生变化，均作为电力企业法人资产；

4. 凡属于上述部门的企业代管其他企业、单位的各项资产，在产权界定或清产核资过程中找不到有关单位协商或办理手续的，经通告在一定期限后，可以视同为无主资产，归国家所有，其产权归代管企业；

5. 对于地方政府以征收的电力建设资金或集资、筹资等用于电力建设形成的资产，凡属于直接投资实行按资分利的，在产权界定中均按投资比例划分投入资本份额；属于有偿使用已经或者将要还本付息的，其产权划归电力企业。

第五章　产权纠纷处理程序

第二十九条　全民所有制单位之间因对国有资产的经营权、使用权等发生争议而产生的纠纷，应在维护国有资产权益的前提下，由当事人协商解决。协商不能解决的，应向同级或共同上一级国有资产管理部门申请调解和裁定，必要时报有权管辖的人民政府裁定，国务院拥有最终裁定权。

第三十条　上述全民单位对国有资产管理部门的裁定不服的，可以在收到裁定书之日起十五日内，向上一级国有资产管理部门申请复议，上一级国有资产管理部门应当自收到复议申请之日起六十日内作出复议决定。

第三十一条　全民所有制单位与其他经济成分之间发生的产权纠纷，由全民单位提出处理意见，经同级国有资产管理部门同意后，与对方当事人协商解决。协商不能解决的，依照司法程序处理。

第六章　法 律 责 任

第三十二条　对违反本办法规定，导致国有资产流失的，由国有资产管理部门会同有关部门（以下简称产权界定主管机关）根据情节轻重，分别给予直接责任人员行政经济的处罚，触犯刑律的，由司法部门予以惩处。

第三十三条　产权界定主管机关的工作人员违反本办法，利用职权谋取私利或者玩忽职守，造成国有资产损失的，国有资产管理部门和有关部门应按照干部管理权限，给予责任人员行政处分，触犯刑律的，提交司法机关处理。

第三十四条　发生属于产权界定范围的情形，国有资产占用单位隐瞒不报或串通作弊，导致国有资产权益受损的，产权界定主管机关可以根据情节轻重，对占用单位的主管人员和直接责任人员给予通报批评、罚款等处罚。发生上款情形，还需补办产权界定手续。

第三十五条　对于违反产权界定及纠纷处理程序，国有资产管理部门可以单独或会同有关部门给予责任人员行政、经济的处罚。

第七章　附　　则

第三十六条　本办法由国家国有资产管理局负责解释。

第三十七条　本办法自公布之日起施行。

关于加强对国有企业改制及国有产权转让监督检查工作的意见（节录）

1. 2004年3月8日国务院国资委纪委、监察部驻国资委监察局印发

2. 国资纪发〔2004〕2号

最近，国务院办公厅转发了《关于规范国有企业改制工作的意见》（以下简称《意见》），国务院国资委和财政部颁布实行了《企业国有产权转让管理暂行办法》（以下简称《办法》）。这两个文件对进一步推进国有企业规范改制，促进企业国有产权有序流转具有重要指导作用。为加强对《意见》和《办法》贯彻执行情况的监督检查，现提出如下意见：

一、明确职责，落实任务。中央企业纪检监察机构要积极配合业务部门，监督检查《意见》和《办法》的贯彻执行情况；着重查处国有企业改制及国有产权转让中的违规违纪行为；完成上级机关及领导交办的有关监督检查工作；了解报告监督检查情况，总结交流工作经验。主要任务是：监督转让进场；检查操作程序；维护国家利益和职工合法权益；查处违规违纪行为；督促追究责任。

二、突出重点，严格检查。中央企业纪检监察机构要围绕国有企业改制和国有产权转让中的重点问题加强监督检查。依据《意见》和《办法》的规定，抓住行为审批，资产、产权定价，进场交易等主要环节，对下列违规违纪行为，进行严肃认真的调查处理：

1. 不按规定在产权交易机构中进行交易；

2. 超越权限，擅自决定企业改制或转让企业国有产权；

3. 弄虚作假，隐匿资产，提供虚假会计资料造成国有资产流失；

4. 营私舞弊，与买方串通低价转让国有资产、产权；

5. 以权谋私，利用改制和产权转让之机，转移、侵占、侵吞国有资产、产权；

6. 严重失职,违规操作,损害国家利益和侵害群众职工合法权益;

7. 非法转移债权债务或者逃避债务清偿责任;

8. 本企业的管理层滥用职权,参与转让国有产权的各个环节,"自卖自买"。

三、追究责任,标本兼治。中央企业纪检监察机构要按照管理权限,认真调查处理违反《意见》和《办法》规定的行为。对违规操作的,要主动配合业务部门予以纠正;对违反党纪政纪的,要给予处分;造成经济损失的,要按有关法规,追究责任人的赔偿责任;对涉嫌犯罪的,要依法移送司法机关处理。要积极研究制定责任追究制度,加大监督力度。

要把加强对国有企业改制和国有产权转让的监督与完善国有资产监管体制、加强学习教育、推进制度创新和落实党风廉政建设责任制结合起来,形成加大源头治理工作的防范体系;对监督检查中发现的问题不仅要认真处理,而且要分析产生问题的原因,总结经验教训,会商有关部门,研究提出进一步规范国有企业改制和国有产权转让的对策和建议,使管资产与管事、管人充分结合,促进现代产权制度的建立和完善,保证国有资产的保值增值。

中央行政事业单位
国有资产管理暂行办法

1. 2009年7月2日国务院机关事务管理局印发

2. 国管资〔2009〕167号

第一章 总 则

第一条 为加强中央行政事业单位国有资产管理,保障机关运转,降低行政成本,建设节约型机关,根据有关法律、法规制定本办法。

第二条 中央行政事业单位(即国务院各部门、各直属事业单位,最高人民法院,最高人民检察院,行政经费在国务院系统的人民团体,以下简称各部门)的国有资产管理,适用本办法。

第三条 中央行政事业单位国有资产管理实行统一制度、分级管理。

国务院机关事务管理局(以下简称国管局)负责中央行政事业单位国有资产管理工作,制订具体制度和办法并组织实施,承担产权界定、清查登记、资产处置工作;管理中央行政事业单位机关和机关服务中心等的国有资产,接受财政部的指导和监督检查。

各部门按规定负责本部门国有资产管理工作,接受国管局的指导和监督检查。

第四条 国管局应当完善中央行政事业单位国有资产管理制度,健全监督机制,推进管理创新,提高国有资产管理水平。

各部门应当认真履行管理职责,建立健全本部门国有资产管理具体制度,明确资产占有、使用单位的管理责任,维护资产安全完整和保值增值。

第五条 中央行政事业单位国有资产管理应当坚持规范、节俭、效能的原则,逐步完善制度标准体系,加强资产配置、使用和处置全过程管理;创新服务方式,推进管理信息化建设,提高管理科学化、规范化、专业化水平,实现资产管理与预算管理、财务管理、政府采购相结合。

第二章 资 产 配 置

第六条 资产配置应当坚持保障需要、节俭适用、节能环保、从严控制的原则。各部门有下列情形之一的,可以申请配置资产:

(一)新增机构或人员编制的;

(二)增加工作职能和任务的;

(三)现有资产按规定处置后需要配置的;

(四)现有资产无法满足工作需要的其他情形。

第七条 国管局根据国家政策和中央行政事业单位实际,制定办公用房、公务用车、办公设备和办公家具等通用资产配置标准;各部门负责制定其他资产配置标准,报国管局备案。

第八条 资产配置标准应当明确资产的数量、价格、性能和最低使用年限等标准,符合履行职能基本需要,严禁铺张浪费,并根据国家政策、经济社会发展和技术进步等因素及时修订完善。

第九条 配置资产应当严格执行标准,无特殊工作需要,不得超标准配置资产。

第十条 资产配置方式主要包括购置、调剂、租赁、受赠等。凡能通过调剂方式解决的,原则上不得购置。

第十一条 通用资产配置实行年度计划管理。各部门根据履行职能和事业发展需要,依据资产配置标准和费用支出标准,综合考虑资产存量状况等因素,提出拟配置资产的品目、数量、用途、投入使用或开工时间,测算经费额度,明确资金来源,制定本部门年度资产配置计划。

第十二条 各部门纳入年度资产配置计划的资产,应当委托集中采购机构代理采购,不得以任何理由规避政府集中采购。

第十三条　其他资产配置事项由各部门依据有关规定和标准进行管理，并在国有资产年度决算报告中反映。

第三章　资产使用和日常管理

第十四条　各部门应当明确国有资产管理机构和人员，健全资产验收、入账、领用、保管、维护维修等内部管理制度，规范工作规程，加强资产日常管理。

第十五条　各部门应当建立健全资产账卡和档案管理制度，建立和完善资产管理信息系统；对新增资产应当及时验收、登记入账，并将资产变动情况录入资产管理信息系统。资产入账凭证是财务处理的依据。

第十六条　中央行政事业单位国有资产账包括固定资产账、无形资产账和对外投资资产账，相关信息应当按规定统一内容和格式，全面真实反映资产的使用管理情况。

第十七条　各部门应当建立资产领用交还制度。工作人员和机构配备资产，须办理领用手续；人员调离（退休）等，应当办理资产交还手续。

第十八条　各部门应当将资产管理责任落实到岗位和人员，防止资产非正常损失和浪费。造成资产非正常损失和浪费的，相关责任人应当承担相应责任。

第十九条　各部门应当加强资产的日常维护保养和维修，确保资产在规定使用期内性能良好。

第二十条　各部门应当每年进行资产全面清查盘点，并按规定调整相关账卡，做到账实、账卡、账账相符。对清查盘点中发现的问题，应当查明原因，说明情况，并在国有资产年度决算报告中反映。

第二十一条　未经批准，各部门不得出租、出借国有资产。出租、出借国有资产应当严格控制，从严审批。

第二十二条　各部门应当对用于对外投资、出租、出借的资产实行专项管理，加强风险控制和收益管理，并在国有资产年度决算报告中反映。

第二十三条　各部门应当加强对专利权、商标权、著作权、非专利技术、商誉等无形资产的管理，依法保护，合理运用。

第二十四条　各部门出现下列情形之一的，应当进行资产清查：

（一）根据国家专项工作要求或实际工作需要，纳入统一组织资产清查范围的；

（二）机构变动（分立、撤销、合并、改制及隶属关系改变）的；

（三）因重大自然灾害等不可抗力造成国有资产严重损失的；

（四）会计信息严重失真或国有资产重大流失的；

（五）按照国家有关规定应当进行资产清查的其他情形。

根据国家专项工作要求进行资产清查的，由国管局统一组织实施；其他资产清查由各部门组织实施，并将清查结果报国管局备案。

第四章　资 产 处 置

第二十五条　符合下列情形之一的资产，应当按本办法规定进行处置：

（一）闲置或超标准配置的；

（二）罚没或按规定应当上缴的；

（三）因机构变动发生占有权、使用权变更的；

（四）达到报废期限或因技术原因不能安全有效使用的；

（五）不符合节能环保要求的；

（六）盘亏、呆账及非正常损失的；

（七）其他依照国家规定需要处置的。

第二十六条　资产处置应当与资产配置、使用和回收利用相结合，逐步建立资产共享、循环利用机制。

第二十七条　资产处置方式包括调剂、捐赠、转让、置换、报损、报废、对外投资等。

第二十八条　资产处置优先选择调剂方式进行；无法调剂的，可通过转让、置换、捐赠等方式处置。资产捐赠应当以支持公益事业或扶持贫困地区发展为目的。

第二十九条　各部门行政单位和参照公务员法管理的单位，不得将国有资产用于对外投资。其他事业单位应当严格控制对外投资，不得利用国家财政拨款、上级补助资金和维持事业正常发展的资产对外投资。

第三十条　国管局负责建立中央行政事业单位国有资产处置平台，各部门应当按规定通过国有资产处置平台处置资产。

第三十一条　资产处置应当严格履行申报审批手续，未经批准不得自行处置。

第三十二条　资产处置的批复是调整资产、财务账目的凭证。各部门应当根据资产处置批复，及时调整资产、财务账目，办理产权变动登记等相关手续。

第三十三条　资产处置收入按政府非税收入和国家有关规定管理。

第三十四条　中央行政事业单位发生机构变动，应当对占有、使用的国有资产进行清查登记，编制清册，提出处理意见，报国管局审核同意后办理处置手续。

第五章　报 告 制 度

第三十五条　中央行政事业单位国有资产管理实行报告

制度,包括年度决算报告、重大事项报告和专项工作报告等。

第三十六条 各部门应当按规定编制国有资产年度决算报告。国有资产年度决算报告应当内容完整、信息真实、数据准确,主要包括:

(一)单位机构人员等基本信息;

(二)流动资产、固定资产、无形资产、对外投资、在建工程资产情况;

(三)资产配置情况,包括资产配置标准、资产配置计划和政府集中采购执行等情况;

(四)对外投资、出租、出借资产专项管理情况;

(五)资产处置情况,包括处置方式、程序、结果等情况;

(六)房屋建筑物、车辆管理和使用情况;

(七)资产清查盘点情况;

(八)其他应当报告的事项。

国有资产年度决算报告经国管局批复后,作为调整资产账目和考核评价、监督检查的依据。

第三十七条 各部门发生下列国有资产管理重大事项,应当报国管局审批:

(一)办公用房等房屋资产的配置、处置,以及出租、出借;

(二)部级干部用车和机关公务用车配置、处置;

(三)机关和机关服务中心等的年度资产配置计划,资产出租、出借,对外投资及单价或批量价值200万元(含)以上的其他资产处置;

(四)重要会议、大型活动资产配置和处置;

(五)其他重大事项。

第三十八条 国管局根据国务院统一部署和国有资产管理工作需要,组织开展专项调查、统计等工作,各部门应当按要求编制专项工作报告。

第三十九条 国管局负责汇总、分析中央行政事业单位国有资产管理有关情况,开展资产管理考核评价工作,定期向财政部报告。

第六章 监督检查与法律责任

第四十条 国管局和各部门按照各自职责监督检查中央行政事业单位国有资产管理工作,并接受财政、审计部门和社会公众的监督。

第四十一条 国管局会同有关部门对资产配置、使用和处置等管理制度执行情况进行重点检查。检查内容主要包括:

(一)资产配置标准、资产配置计划和政府集中采购执行情况;

(二)资产处置方式、程序和收益管理情况;

(三)房屋建筑物、车辆管理和使用情况;

(四)对外投资、出租、出借资产专项管理情况;

(五)其他重大事项。

第四十二条 各部门应当对检查出的问题认真整改,并将整改情况报国管局。

第四十三条 各部门违反本办法规定,有下列情形之一的,由国管局和相关部门责令限期改正,逾期不改的予以通报批评,并按《财政违法行为处罚处分条例》和国家有关规定处理:

(一)超计划、超标准配置资产的;

(二)违反政府采购和招标投标规定配置资产的;

(三)拒绝对长期闲置、低效运转的资产进行调剂处置的;

(四)未履行相关程序擅自处置国有资产的;

(五)不按规定上缴资产处置收入的;

(六)不按规定报送资产报告或报送虚假资产信息的;

(七)为评估机构提供虚假资料、干预评估机构独立执业的;

(八)其他违反本办法的情形。

第四十四条 国管局和各部门国有资产管理机构及工作人员违反本办法规定的,按照《行政机关公务员处分条例》及国家有关规定处理;造成国有资产损失的,依法追究责任。

第七章 附 则

第四十五条 各部门根据本办法制定本部门国有资产管理实施办法,报国管局备案。

第四十六条 中央行政事业单位用地管理,按照《国务院办公厅转发国管局中直管理局关于进一步加强和改进中央单位用地管理工作意见的通知》(国办发〔2006〕84号)及国土资源部、国管局的有关规定执行。

第四十七条 实行企业化管理并执行企业财务会计制度的事业单位,由各部门按照企业国有资产监督管理有关规定进行管理。

第四十八条 本办法由国管局负责解释。

第四十九条 本办法自印发之日起施行。1998年1月8日印发的《中央国家机关国有资产管理暂行办法》(国管财字〔1998〕第7号)、《中央国家机关国有资产基础管理工作制度》(国管财字〔1998〕第22号),2000年2月16日印发的《中央行政事业单位固定资产管理办法》(国管财字〔2000〕32号)同时废止。

国管局关于《中央行政事业单位国有资产管理暂行办法》的补充通知

1. 2023 年 10 月 13 日
2. 国管资〔2023〕266 号

中央国家机关各部门、各单位：

根据《行政事业性国有资产管理条例》和工作实际，现就《中央行政事业单位国有资产管理暂行办法》（国管资〔2009〕167 号，以下简称《办法》）中资产处置事项有关规定补充通知如下：

将《办法》第三十七条“各部门发生下列国有资产管理重大事项，应当报国管局审批”中第三款“……单价或批量价值 200 万元（含）以上的其他资产处置”，修改为“……单价或批量价值 1500 万元（含）以上的其他资产处置”。

请各部门落实主体责任，严格按照《办法》和本通知等规定执行。此前有关规定与本通知不一致的，以本通知为准。

通知自印发之日起施行。执行中的有关问题，请及时向我局反映。

国务院办公厅关于建立国有企业违规经营投资责任追究制度的意见

1. 2016 年 8 月 2 日
2. 国办发〔2016〕63 号

各省、自治区、直辖市人民政府，国务院各部委、各直属机构：

根据《中共中央　国务院关于深化国有企业改革的指导意见》、《国务院办公厅关于加强和改进企业国有资产监督防止国有资产流失的意见》（国办发〔2015〕79 号）等要求，为落实国有资本保值增值责任，完善国有资产监管，防止国有资产流失，经国务院同意，现就建立国有企业违规经营投资责任追究制度提出以下意见。

一、总体要求

（一）指导思想。全面贯彻党的十八大和十八届三中、四中、五中全会精神，按照“五位一体”总体布局和“四个全面”战略布局，牢固树立和贯彻落实创新、协调、绿色、开放、共享的发展理念，深入贯彻习近平总书记系列重要讲话精神，认真落实党中央、国务院决策部署，坚持社会主义市场经济改革方向，按照完善现代企业制度的要求，以提高国有企业运行质量和经济效益为目标，以强化对权力集中、资金密集、资源富集、资产聚集部门和岗位的监督为重点，严格问责、完善机制，构建权责清晰、约束有效的经营投资责任体系，全面推进依法治企，健全协调运转、有效制衡的法人治理结构，提高国有资本效率、增强国有企业活力、防止国有资产流失，实现国有资本保值增值。

（二）基本原则。

1. 依法合规、违规必究。以国家法律法规为准绳，严格执行企业内部管理规定，对违反规定、未履行或未正确履行职责造成国有资产损失以及其他严重不良后果的国有企业经营管理有关人员，严格界定违规经营投资责任，严肃追究问责，实行重大决策终身责任追究制度。

2. 分级组织、分类处理。履行出资人职责的机构和国有企业按照国有资产分级管理要求和干部管理权限，分别组织开展责任追究工作。对违纪违法行为，严格依纪依法处理。

3. 客观公正、责罚适当。在充分调查核实和责任认定的基础上，既考虑量的标准也考虑质的不同，实事求是地确定资产损失程度和责任追究范围，恰当公正地处理相关责任人。

4. 惩教结合、纠建并举。在严肃追究违规经营投资责任的同时，加强案例总结和警示教育，不断完善规章制度，及时堵塞经营管理漏洞，建立问责长效机制，提高国有企业经营管理水平。

（三）主要目标。在 2017 年年底前，国有企业违规经营投资责任追究制度和责任倒查机制基本形成，责任追究的范围、标准、程序和方式清晰规范，责任追究工作实现有章可循。在 2020 年年底前，全面建立覆盖各级履行出资人职责的机构及国有企业的责任追究工作体系，形成职责明确、流程清晰、规范有序的责任追究工作机制，对相关责任人及时追究问责，国有企业经营投资责任意识和责任约束显著增强。

二、责任追究范围

国有企业经营管理有关人员违反国家法律法规和企业内部管理规定，未履行或未正确履行职责致使发生下列情形造成国有资产损失以及其他严重不良后果的，应当追究责任：

（一）集团管控方面。所属子企业发生重大违纪违法问题，造成重大资产损失，影响其持续经营能力或造成严重不良后果；未履行或未正确履行职责致使集团发生较大资产损失，对生产经营、财务状况产生重大影响；对集团重大风险隐患、内控缺陷等问题失察，或虽发现但没有及时报告、处理，造成重大风险等。

（二）购销管理方面。未按照规定订立、履行合同，未履行或未正确履行职责致使合同标的价格明显不公允；交易行为虚假或违规开展“空转”贸易；利用关联交易输送利益；未按照规定进行招标或未执行招标结果；违反规定提供赊销信用、资质、担保（含抵押、质押等）或预付款项，利用业务预付或物资交易等方式变相融资或投资；违规开展商品期货、期权等衍生业务；未按规定对应收款项及时追索或采取有效保全措施等。

（三）工程承包建设方面。未按规定对合同标的进行调查论证，未经授权或超越授权投标，中标价格严重低于成本，造成企业资产损失；违反规定擅自签订或变更合同，合同约定未经严格审查，存在重大疏漏；工程物资未按规定招标；违反规定转包、分包；工程组织管理混乱，致使工程质量不达标，工程成本严重超支；违反合同约定超计价、超进度付款等。

（四）转让产权、上市公司股权和资产方面。未按规定履行决策和审批程序或超越授权范围转让；财务审计和资产评估违反相关规定；组织提供和披露虚假信息，操纵中介机构出具虚假财务审计、资产评估鉴证结果；未按相关规定执行回避制度，造成资产损失；违反相关规定和公开公平交易原则，低价转让企业产权、上市公司股权和资产等。

（五）固定资产投资方面。未按规定进行可行性研究或风险分析；项目概算未经严格审查，严重偏离实际；未按规定履行决策和审批程序擅自投资，造成资产损失；购建项目未按规定招标，干预或操纵招标；外部环境发生重大变化，未按规定及时调整投资方案并采取止损措施；擅自变更工程设计、建设内容；项目管理混乱，致使建设严重拖期、成本明显高于同类项目等。

（六）投资并购方面。投资并购未按规定开展尽职调查，或尽职调查未进行风险分析等，存在重大疏漏；财务审计、资产评估或估值违反相关规定，或投资并购过程中授意、指使中介机构或有关单位出具虚假报告；未按规定履行决策和审批程序，决策未充分考虑重大风险因素，未制定风险防范预案；违规以各种形式为其他合资合作方提供垫资，或通过高溢价并购等手段向关联方输送利益；投资合同、协议及标的企业公司章程中国有权益保护条款缺失，对标的企业管理失控；投资参股后未行使股东权利，发生重大变化未及时采取止损措施；违反合同约定提前支付并购价款等。

（七）改组改制方面。未按规定履行决策和审批程序；未按规定组织开展清产核资、财务审计和资产评估；故意转移、隐匿国有资产或向中介机构提供虚假信息，操纵中介机构出具虚假清产核资、财务审计与资产评估鉴证结果；将国有资产以明显不公允低价折股、出售或无偿分给其他单位或个人；在发展混合所有制经济、实施员工持股计划等改组改制过程中变相套取、私分国有股权；未按规定收取国有资产转让价款；改制后的公司章程中国有权益保护条款缺失等。

（八）资金管理方面。违反决策和审批程序或超越权限批准资金支出；设立“小金库”；违规集资、发行股票（债券）、捐赠、担保、委托理财、拆借资金或开立信用证、办理银行票据；虚列支出套取资金；违规以个人名义留存资金、收支结算、开立银行账户；违规超发、滥发职工薪酬福利；因财务内控缺失，发生侵占、盗取、欺诈等。

（九）风险管理方面。内控及风险管理制度缺失，内控流程存在重大缺陷或内部控制执行不力；对经营投资重大风险未能及时分析、识别、评估、预警和应对；对企业规章制度、经济合同和重要决策的法律审核不到位；过度负债危及企业持续经营，恶意逃废金融债务；瞒报、漏报重大风险及风险损失事件，指使编制虚假财务报告，企业账实严重不符等。

（十）其他违反规定，应当追究责任的情形。

三、资产损失认定

对国有企业经营投资发生的资产损失，应当在调查核实的基础上，依据有关规定认定损失金额及影响。

（一）资产损失包括直接损失和间接损失。直接损失是与相关人员行为有直接因果关系的损失金额及影响。间接损失是由相关人员行为引发或导致的，除直接损失外、能够确认计量的其他损失金额及影响。

（二）资产损失分为一般资产损失、较大资产损失和重大资产损失。涉及违纪违法和犯罪行为查处的损失标准，遵照相关党内法规和国家法律法规的规定执行；涉及其他责任追究处理的，由履行出资人职责的机构和国有企业根据实际情况制定资产损失程度划分标准。

（三）资产损失的金额及影响，可根据司法、行政机关出具的书面文件，具有相应资质的会计师事务所、资产评估机构、律师事务所等中介机构出具的专项审计、评估或鉴证报告，以及企业内部证明材料等进行综合研判认定。相关经营投资虽尚未形成事实损失,经中介机构评估在可预见未来将发生的损失,可以认定为或有资产损失。

四、经营投资责任认定

国有企业经营管理有关人员任职期间违反规定,未履行或未正确履行职责造成国有资产损失以及其他严重不良后果的,应当追究其相应责任;已调任其他岗位或退休的,应当纳入责任追究范围,实行重大决策终身责任追究制度。经营投资责任根据工作职责划分为直接责任、主管责任和领导责任。

(一)直接责任是指相关人员在其工作职责范围内,违反规定,未履行或未正确履行职责,对造成的资产损失或其他不良后果起决定性直接作用时应当承担的责任。

企业负责人存在以下情形的,应当承担直接责任:本人或与他人共同违反国家法律法规和企业内部管理规定;授意、指使、强令、纵容、包庇下属人员违反国家法律法规和企业内部管理规定;未经民主决策、相关会议讨论或文件传签、报审等规定程序,直接决定、批准、组织实施重大经济事项,并造成重大资产损失或其他严重不良后果;主持相关会议讨论或以文件传签等其他方式研究时,在多数人不同意的情况下,直接决定、批准、组织实施重大经济事项,造成重大资产损失或其他严重不良后果;将按有关法律法规制度应作为第一责任人(总负责)的事项、签订的有关目标责任事项或应当履行的其他重要职责,授权(委托)其他领导干部决策且决策不当或决策失误造成重大资产损失或其他严重不良后果;其他失职、渎职和应当承担直接责任的行为。

(二)主管责任是指相关人员在其直接主管(分管)工作职责范围内,违反规定,未履行或未正确履行职责,对造成的资产损失或不良后果应当承担的责任。

(三)领导责任是指主要负责人在其工作职责范围内,违反规定,未履行或未正确履行职责,对造成的资产损失或不良后果应当承担的责任。

五、责任追究处理

(一)根据资产损失程度、问题性质等,对相关责任人采取组织处理、扣减薪酬、禁入限制、纪律处分、移送司法机关等方式处理。

1. 组织处理。包括批评教育、责令书面检查、通报批评、诫勉、停职、调离工作岗位、降职、改任非领导职务、责令辞职、免职等。

2. 扣减薪酬。扣减和追索绩效年薪或任期激励收入,终止或收回中长期激励收益,取消参加中长期激励资格等。

3. 禁入限制。五年内直至终身不得担任国有企业董事、监事、高级管理人员。

4. 纪律处分。由相应的纪检监察机关依法依规查处。

5. 移送司法机关处理。依据国家有关法律规定,移送司法机关依法查处。

以上处理方式可以单独使用,也可以合并使用。

(二)国有企业发生资产损失,经过查证核实和责任认定后,除依据有关规定移送司法机关处理外,应当按以下方式处理:

1. 发生较大资产损失的,对直接责任人和主管责任人给予通报批评、诫勉、停职、调离工作岗位、降职等处理,同时按照以下标准扣减薪酬:扣减和追索责任认定年度50%—100%的绩效年薪、扣减和追索责任认定年度(含)前三年50%—100%的任期激励收入并延期支付绩效年薪,终止尚未行使的中长期激励权益、上缴责任认定年度及前一年度的全部中长期激励收益、五年内不得参加企业新的中长期激励。

对领导责任人给予通报批评、诫勉、停职、调离工作岗位等处理,同时按照以下标准扣减薪酬:扣减和追索责任认定年度30%—70%的绩效年薪、扣减和追索责任认定年度(含)前三年30%—70%的任期激励收入并延期支付绩效年薪,终止尚未行使的中长期激励权益、三年内不得参加企业新的中长期激励。

2. 发生重大资产损失的,对直接责任人和主管责任人给予降职、改任非领导职务、责令辞职、免职和禁入限制等处理,同时按照以下标准扣减薪酬:扣减和追索责任认定年度100%的绩效年薪、扣减和追索责任认定年度(含)前三年100%的任期激励收入并延期支付绩效年薪,终止尚未行使的中长期激励权益、上缴责任认定年度(含)前三年的全部中长期激励收益、不得参加企业新的中长期激励。

对领导责任人给予调离工作岗位、降职、改任非领导职务、责令辞职、免职和禁入限制等处理,同时按照以下标准扣减薪酬:扣减和追索责任认定年度70%—100%的绩效年薪、扣减和追索责任认定年度(含)前三年70%—100%的任期激励收入并延期支付绩效年薪,终止尚未行使的中长期激励权益、上缴责任认定年(含)前三年的全部中长期激励收益、五年内不得参加企业新的中长期激励。

3. 责任人在责任认定年度已不在本企业领取绩效年薪的,按离职前一年度全部绩效年薪及前三年任期激励收入总和计算,参照上述标准追索扣回其薪酬。

4. 对同一事件、同一责任人的薪酬扣减和追索，按照党纪政纪处分、责任追究等扣减薪酬处理的最高标准执行，但不合并使用。

（三）对资产损失频繁发生、金额巨大、后果严重、影响恶劣的，未及时采取措施或措施不力导致资产损失扩大的，以及瞒报、谎报资产损失的，应当从重处理。对及时采取措施减少、挽回损失并消除不良影响的，可以适当从轻处理。

（四）国有企业违规经营投资责任追究处理的具体标准，由各级履行出资人职责的机构根据资产损失程度、应当承担责任等情况，依照本意见制定。

六、责任追究工作的组织实施

（一）开展国有企业违规经营投资责任追究工作，应当遵循以下程序：

1. 受理。资产损失一经发现，应当立即按管辖规定及相关程序报告。受理部门应当对掌握的资产损失线索进行初步核实，属于责任追究范围的，应当及时启动责任追究工作。

2. 调查。受理部门应当按照职责权限及时组织开展调查，核查资产损失及相关业务情况、核实损失金额和损失情形、查清损失原因、认定相应责任、提出整改措施等，必要时可经批准组成联合调查组进行核查，并出具资产损失情况调查报告。

3. 处理。根据调查事实，依照管辖规定移送有关部门，按照管理权限和相关程序对相关责任人追究责任。相关责任人对处理决定有异议的，有权提出申诉，但申诉期间不停止原处理决定的执行。责任追究调查情况及处理结果在一定范围内公开。

4. 整改。发生资产损失的国有企业应当认真总结吸取教训，落实整改措施，堵塞管理漏洞，建立健全防范损失的长效机制。

（二）责任追究工作原则上按照干部管理权限组织开展，一般资产损失由本企业依据相关规定自行开展责任追究工作，上级企业或履行出资人职责的机构认为有必要的，可直接组织开展；达到较大或重大资产损失标准的，应当由上级企业或履行出资人职责的机构开展责任追究工作；多次发生重大资产损失或造成其他严重不良影响、资产损失金额特别巨大且危及企业生存发展的，应当由履行出资人职责的机构开展责任追究工作。

（三）对违反规定，未履行或未正确履行职责造成国有资产损失的董事，除依法承担赔偿责任外，应当依照公司法、公司章程及本意见规定对其进行处理。对重大资产损失负有直接责任的董事，应及时调整或解聘。

（四）经营投资责任调查期间，对相关责任人未支付或兑现的绩效年薪、任期激励收入、中长期激励收益等均应暂停支付或兑现；对有可能影响调查工作顺利开展的相关责任人，可视情采取停职、调离工作岗位、免职等措施。

（五）对发生安全生产、环境污染责任事故和重大不稳定事件的，按照国家有关规定另行处理。

七、工作要求

（一）各级履行出资人职责的机构要明确所出资企业负责人在经营投资活动中须履行的职责，引导其树立责任意识和风险意识，依法经营，廉洁从业，坚持职业操守，履职尽责，规范经营投资决策，维护国有资产安全。国有企业要依据公司法规定完善公司章程，建立健全重大决策评估、决策事项履职记录、决策过错认定等配套制度，细化各类经营投资责任清单，明确岗位职责和履职程序，不断提高经营投资责任管理的规范化、科学化水平。履行出资人职责的机构和国有企业应在有关外聘董事、职业经理人聘任合同中，明确违规经营投资责任追究的原则要求。

（二）各级履行出资人职责的机构和国有企业要按照本意见要求，建立健全违规经营投资责任追究制度，细化经营投资责任追究的原则、范围、依据、启动机制、程序、方式、标准和职责，保障违规经营投资责任追究工作有章可循、规范有序。国有企业违规经营投资责任追究制度应当报履行出资人职责的机构备案。

（三）国有企业要充分发挥党组织、审计、财务、法律、人力资源、巡视、纪检监察等部门的监督作用，形成联合实施、协同联动、规范有序的责任追究工作机制，重要情况和问题及时向履行出资人职责的机构报告。履行出资人职责的机构要加强与外派监事会、巡视组、审计机关、纪检监察机关、司法机关的协同配合，共同做好国有企业违规经营投资责任追究工作。对国有企业违规经营投资等重大违法违纪违规问题应当发现而未发现或敷衍不追、隐匿不报、查处不力的，严格追究企业和履行出资人职责的机构有关人员的失职渎职责任。

（四）各级履行出资人职责的机构和国有企业要做好国有企业违规经营投资责任追究相关制度的宣传解释工作，凝聚社会共识，为深入开展责任追究工作营造良好氛围；要结合对具体案例的调查处理，在适当范围进行总结和通报，探索向社会公开调查处理情况，接受社会监督，充分发挥警示教育作用。

本意见适用于国有及国有控股企业违规经营投资

责任追究工作。金融、文化等国有企业违规经营投资责任追究工作，中央另有规定的依其规定执行。

(9)出差、会议、培训管理

·法律法规·

中央和国家机关差旅费管理办法

1. 2013年12月31日财政部印发
2. 财行〔2013〕531号
3. 自2014年1月1日起施行

第一章　总　　则

第一条　为加强和规范中央和国家机关国内差旅费管理，推进厉行节约反对浪费，根据《党政机关厉行节约反对浪费条例》，制定本办法。

第二条　本办法适用于中央和国家机关，以及参照公务员法管理的事业单位（以下简称中央单位）。

本办法所称中央和国家机关，是指党中央各部门，国务院各部委、各直属机构，全国人大常委会办公厅，全国政协办公厅，最高人民法院，最高人民检察院，各人民团体、各民主党派中央和全国工商联。

第三条　差旅费是指工作人员临时到常驻地以外地区公务出差所发生的城市间交通费、住宿费、伙食补助费和市内交通费。

第四条　中央单位应当建立健全公务出差审批制度。出差必须按规定报经单位有关领导批准，从严控制出差人数和天数；严格差旅费预算管理，控制差旅费支出规模；严禁无实质内容、无明确公务目的的差旅活动，严禁以任何名义和方式变相旅游，严禁异地部门间无实质内容的学习交流和考察调研。

第五条　财政部按照分地区、分级别、分项目的原则制定差旅费标准，并根据经济社会发展水平、市场价格及消费水平变动情况适时调整。

第二章　城市间交通费

第六条　城市间交通费是指工作人员因公到常驻地以外地区出差乘坐火车、轮船、飞机等交通工具所发生的费用。

第七条　出差人员应当按规定等级乘坐交通工具。乘坐交通工具的等级见下表：

交通工具 级别	火车（含高铁、动车、全列软席列车）	轮船（不包括旅游船）	飞机	其他交通工具（不包括出租小汽车）
部级及相当职务人员	火车软席（软座、软卧），高铁/动车商务座，全列软席列车一等软座	一等舱	头等舱	凭据报销
司局级及相当职务人员	火车软席（软座、软卧），高铁/动车一等座，全列软席列车一等软座	二等舱	经济舱	凭据报销
其余人员	火车硬席（硬座、硬卧），高铁/动车二等座、全列软席列车二等软座	三等舱	经济舱	凭据报销

部级及相当职务人员出差，因工作需要，随行一人可乘坐同等级交通工具。

未按规定等级乘坐交通工具的，超支部分由个人自理。

第八条　到出差目的地有多种交通工具可选择时，出差人员在不影响公务、确保安全的前提下，应当选乘经济便捷的交通工具。

第九条　乘坐飞机的，民航发展基金、燃油附加费可以凭据报销。

第十条　乘坐飞机、火车、轮船等交通工具的，每人次可以购买交通意外保险一份。所在单位统一购买交通意外保险的，不再重复购买。

第三章　住　宿　费

第十一条　住宿费是指工作人员因公出差期间入住宾馆（包括饭店、招待所，下同）发生的房租费用。

第十二条　财政部分地区制定住宿费限额标准。各省、自治区、直辖市和计划单列市财政厅（局）根据当地经济社会发展水平、市场价格、消费水平等因素，提出所在市（省会城市、直辖市、计划单列市，下同）的住宿费限额标准报财政部，经财政部统筹研究提出意见反馈地方审核确认后，由财政部统一发布作为中央单位工作人员到相关地区出差的住宿费限额标准。

对于住宿价格季节性变化明显的城市，住宿费限额标准在旺季可适当上浮一定比例，具体规定由财政部另行发布。

第十三条　部级及相当职务人员住普通套间，司局级及以下人员住单间或标准间。

第十四条　出差人员应当在职务级别对应的住宿费标准限额内，选择安全、经济、便捷的宾馆住宿。

第四章　伙食补助费

第十五条　伙食补助费是指对工作人员在因公出差期间给予的伙食补助费用。

第十六条　伙食补助费按出差自然（日历）天数计算，按规定标准包干使用。

第十七条　财政部分地区制定伙食补助费标准。各省、自治区、直辖市和计划单列市财政厅（局）负责根据当地经济社会发展水平、市场价格、消费水平等因素，参照所在市公务接待工作餐、会议用餐等标准提出伙食补助费标准报财政部，经财政部统筹研究提出意见反馈地方审核确认后，由财政部统一发布作为中央单位工作人员到相关地区出差的伙食补助费标准。

第十八条　出差人员应当自行用餐。凡由接待单位统一安排用餐的，应当向接待单位交纳伙食费。

第五章　市内交通费

第十九条　市内交通费是指工作人员因公出差期间发生的市内交通费用。

第二十条　市内交通费按出差自然（日历）天数计算，每人每天80元包干使用。

第二十一条　出差人员由接待单位或其他单位提供交通工具的，应向接待单位或其他单位交纳相关费用。

第六章　报销管理

第二十二条　出差人员应当严格按规定开支差旅费，费用由所在单位承担，不得向下级单位、企业或其他单位转嫁。

第二十三条　城市间交通费按乘坐交通工具的等级凭据报销，订票费、经批准发生的签转或退票费、交通意外保险费凭据报销。

住宿费在标准限额之内凭发票据实报销。

伙食补助费按出差目的地的标准报销，在途期间的伙食补助费按当天最后到达目的地的标准报销。

市内交通费按规定标准报销。

未按规定开支差旅费的，超支部分由个人自理。

第二十四条　工作人员出差结束后应当及时办理报销手续。差旅费报销时应当提供出差审批单、机票、车票、住宿费发票等凭证。

住宿费、机票支出等按规定用公务卡结算。

第二十五条　财务部门应当严格按规定审核差旅费开支，对未经批准出差以及超范围、超标准开支的费用不予报销。

实际发生住宿而无住宿费发票的，不得报销住宿费以及城市间交通费、伙食补助费和市内交通费。

第七章　监督问责

第二十六条　各单位应当加强对本单位工作人员出差活动和经费报销的内控管理，对本单位出差审批制度、差旅费预算及规模控制负责，相关领导、财务人员等对差旅费报销进行审核把关，确保票据来源合法，内容真实完整、合规。对未经批准擅自出差、不按规定开支和报销差旅费的人员进行严肃处理。

一级预算单位应当强化对所属预算单位的监督检查，发现问题及时处理，重大问题向财政部报告。

各单位应当自觉接受审计部门对出差活动及相关经费支出的审计监督。

第二十七条　财政部会同有关部门对中央单位差旅费管理和使用情况进行监督检查。主要内容包括：

（一）单位差旅审批制度是否健全，出差活动是否按规定履行审批手续；

（二）差旅费开支范围和标准是否符合规定；

（三）差旅费报销是否符合规定；

（四）是否向下级单位、企业或其他单位转嫁差旅费；

（五）差旅费管理和使用的其他情况。

第二十八条　出差人员不得向接待单位提出正常公务活动以外的要求，不得在出差期间接受违反规定用公款支付的宴请、游览和非工作需要的参观，不得接受礼品、礼金和土特产品等。

第二十九条　违反本办法规定，有下列行为之一的，依法依规追究相关单位和人员的责任：

（一）单位无出差审批制度或出差审批控制不严的；

（二）虚报冒领差旅费的；

（三）擅自扩大差旅费开支范围和提高开支标准的；

（四）不按规定报销差旅费的；

（五）转嫁差旅费的；

（六）其他违反本办法行为的。

有前款所列行为之一的，由财政部会同有关部门责令改正，违规资金应予追回，并视情况予以通报。对直接责任人和相关负责人，报请其所在单位按规定给予行政处分。涉嫌违法的，移送司法机关处理。

第八章　附　　则

第三十条　工作人员外出参加会议、培训，举办单位统一安排食宿的，会议、培训期间的食宿费和市内交通费由会议、培训举办单位按规定统一开支；往返会议、培训地点的差旅费由所在单位按照规定报销。

第三十一条　不参照公务员法管理的事业单位参照本办法执行。

各单位应当根据本办法，结合本单位实际情况制定具体操作规定。

中国人民解放军和中国人民武装警察部队的差旅费管理办法参照本办法另行规定。

第三十二条　本办法由财政部负责解释。

第三十三条　本办法自2014年1月1日起施行。2006年11月13日发布的《财政部关于印发〈中央国家机关和事业单位差旅费管理办法〉的通知》（财行〔2006〕313号）同时废止，其他有关中央国家机关和事业单位差旅费管理规定与本办法不一致的，按照本办法执行。

关于调整中央和国家机关差旅住宿费标准等有关问题的通知

1．2015年9月30日财政部印发

2．财行〔2015〕497号

党中央有关部门，国务院各部委、各直属机构，全国人大常委会办公厅，全国政协办公厅，高法院，高检院，各人民团体，各民主党派中央，新疆生产建设兵团：

为贯彻落实《党政机关厉行节约反对浪费条例》和差旅费制度关于标准应适时调整的规定，进一步规范和加强中央和国家机关差旅费管理，提高差旅住宿费标准的科学性、有效性，综合考虑近两年全国各地区宾馆（饭店）住宿费价格变动、实际工作需要、淡旺季等因素，经研究决定，自2016年1月1日起调整《中央和国家机关差旅费管理办法》（财行〔2013〕531号）规定的差旅住宿费标准。现就有关事项通知如下：

一、调整北京、上海等11个城市部级干部住宿费标准、7个城市司局级干部住宿费标准和33个城市处级及以下干部住宿费标准，具体标准见附表。

二、拉萨、西宁、哈尔滨、海口、大连、青岛等6个受地理、气候等自然条件限制和季节性热点影响较大的城市试行差旅住宿费淡旺季标准。旺季期间及上浮后标准见附表。

三、调整后的差旅住宿费标准是中央和国家机关工作人员到各省会城市、直辖市、计划单列市出差的住宿费上限标准，各类人员应当坚持勤俭节约原则，根据职级对应的住宿费标准自行选择宾馆住宿（不分房型），在限额标准内据实报销。

中央和国家机关工作人员到各省、自治区、直辖市、计划单列市所辖地、州、市（县）出差执行当地财政部门制定的差旅住宿费标准。各地、州、市（县）差旅住宿费标准未制定公布前，可暂按其省会城市住宿费标准执行。

四、各单位应当严格按照差旅费制度和厉行节约反对浪费的有关规定，加强出差审批管理，从严控制出差人数和天数，严格差旅费预算管理和报销审核，控制差旅费支出规模。对违反差旅费管理规定的行为，有关部门应依法依规追究相关单位和人员的责任。

附件

中央和国家机关国内差旅住宿费标准调整表

单位：元/人·天

序号	地区（城市）	住宿费标准			淡旺季浮动标准建议				
		部级	司局级	其他人员	旺季期间	旺季上浮价 部级	旺季上浮价 司局级	旺季上浮价 其他人员	上浮比例
1	北京市	1100	650	500					
2	天津市	800	480	380					
3	河北省（石家庄）	800	450	350					

续表

序号	地区（城市）	住宿费标准			淡旺季浮动标准建议				
					旺季期间	旺季上浮价			上浮比例
		部级	司局级	其他人员		部级	司局级	其他人员	
4	山西省（太原）	800	480	350					
5	内蒙古（呼和浩特）	800	460	350					
6	辽宁省（沈阳）	800	480	350					
7	大连市	800	490	350	7－9月	960	590	420	20%
8	吉林省（长春）	800	450	350					
9	黑龙江省（哈尔滨）	800	450	350	7－9月	960	540	420	20%
10	上海市	1100	600	500					
11	江苏省（南京）	900	490	380					
12	浙江省（杭州）	900	500	400					
13	宁波市	800	450	350					
14	安徽省（合肥）	800	460	350					
15	福建省（福州）	900	480	380					
16	厦门市	900	500	400					
17	江西省（南昌）	800	470	350					
18	山东省（济南）	800	480	380					
19	青岛市	800	490	380	7－9月	960	590	450	20%
20	河南省（郑州）	900	480	380					
21	湖北省（武汉）	800	480	350					
22	湖南省（长沙）	800	450	350					
23	广东省（广州）	900	550	450					
24	深圳市	900	550	450					
25	广西（南宁）	800	470	350					
26	海南省（海口）	800	500	350	11－2月	1040	650	450	30%
27	重庆市	800	480	370					
28	四川省（成都）	900	470	370					
29	贵州省（贵阳）	800	470	370					
30	云南省（昆明）	900	480	380					
31	西藏（拉萨）	800	500	350	6－9月	1200	750	530	50%
32	陕西省（西安）	800	460	350					
33	甘肃省（兰州）	800	470	350					
34	青海省（西宁）	800	500	350	6－9月	1200	750	530	50%

续表

序号	地区（城市）	住宿费标准			淡旺季浮动标准建议				
					旺季期间	旺季上浮价			上浮比例
		部级	司局级	其他人员		部级	司局级	其他人员	
35	宁夏（银川）	800	470	350					
36	新疆（乌鲁木齐）	800	480	350					

中央和国家机关会议费管理办法

1. 2016年6月29日财政部、国家机关事务管理局、中共中央直属机关事务管理局印发

2. 财行〔2016〕214号

3. 自2016年7月1日起施行

第一章　总　　则

第一条　为进一步加强和规范中央和国家机关会议费管理，精简会议，改进会风，提高会议效率和质量，节约会议经费开支，制定本办法。

第二条　中央和国家机关会议的分类、审批和会议费管理等，适用本办法。

本办法所称中央和国家机关，是指党中央各部门，国务院各部委、各直属机构，全国人大常委会办公厅，全国政协办公厅，最高人民法院，最高人民检察院，各人民团体、各民主党派中央和全国工商联（以下简称各单位）。

第三条　各单位召开会议应当坚持厉行节约、反对浪费、规范简朴、务实高效的原则，严格控制会议数量和规模，规范会议费管理。

第四条　各单位召开的会议实行分类管理、分级审批。

第五条　各单位应当严格会议费预算管理，控制会议费预算规模。会议费预算应当细化到具体会议项目，执行中不得突破。会议费应当纳入部门预算，并单独列示。

第二章　会议分类和审批

第六条　中央和国家机关会议分类如下：

一类会议。是以党中央和国务院名义召开的，要求省、自治区、直辖市、计划单列市或中央部门负责同志参加的会议。

二类会议。是党中央和国务院各部委、各直属机构，最高人民法院，最高人民检察院，各人民团体召开的，要求省、自治区、直辖市、计划单列市有关厅（局）或本系统、直属机构负责同志参加的会议。

三类会议。是党中央和国务院各部委、各直属机构，最高人民法院，最高人民检察院，各人民团体及其所属内设机构召开的，要求省、自治区、直辖市、计划单列市有关厅（局）或本系统机构有关人员参加的会议。

四类会议。是指除上述一、二、三类会议以外的其他业务性会议，包括小型研讨会、座谈会、评审会等。

第七条　中央和国家机关会议按以下程序和要求进行审批：

一类会议。应当由主办单位报经党中央和国务院批准。会议总务、经费预算及费用结算等工作分别由中共中央直属机关事务管理局（以下简称中直管理局）和国家机关事务管理局（以下简称国管局）负责。

二类会议。党中央和国务院各部委、各直属机构，各人民团体应当于每年12月底前，将下一年度会议计划（包括会议名称、召开的理由、主要内容、时间地点、代表人数、工作人员数、所需经费及列支渠道等）送财政部审核会签，按程序经中央办公厅、国务院办公厅审核后报批。各单位召开二类会议原则上每年不超过1次。

三类会议。各单位应当建立会议计划编报和审批制度，年度会议计划（包括会议数量、会议名称、召开的理由、主要内容、时间地点、代表人数、工作人员数、所需经费及列支渠道等）经单位领导办公会或党组（党委）会审批后执行。

四类会议。由单位分管领导审核后列入单位年度会议计划。

年度会议计划一经批准，原则上不得调整。对党中央、国务院交办等确需临时增加的会议，按规定程序报批。

第八条　一类会议会期按照批准文件，根据工作需要从严控制；二、三、四类会议会期均不得超过2天；传达、布置类会议会期不得超过1天。

会议报到和离开时间，一、二、三类会议合计不得超过2天，四类会议合计不得超过1天。

第九条　各单位应当严格控制会议规模。

一类会议参会人员按照批准文件，根据会议性质和主要内容确定，严格限定会议代表和工作人员数量。

二类会议参会人员不得超过300人，其中，工作人员控制在会议代表人数的15%以内；不请省、自治区、直辖市和中央部门主要负责同志、分管负责同志出席。

三类会议参会人员不得超过150人，其中，工作人员控制在会议代表人数的10%以内。

四类会议参会人员视内容而定，一般不得超过50人。

第十条　全国人大常委会办公厅、全国政协办公厅、各民主党派中央和全国工商联的会议分类、审批事项、会期及参会人员等，由上述部门依据法律法规、章程规定，参照第六条至第九条作出规定，并报财政部备案。

第十一条　各单位召开会议应当改进会议形式，充分运用电视电话、网络视频等现代信息技术手段，降低会议成本，提高会议效率。

传达、布置类会议优先采取电视电话、网络视频会议方式召开。电视电话、网络视频会议的主会场和分会场应当控制规模，节约费用支出。

第十二条　不能够采用电视电话、网络视频召开的会议实行定点管理。各单位会议应当到定点会议场所召开，按照协议价格结算费用。未纳入定点范围，价格低于会议综合定额标准的单位内部会议室、礼堂、宾馆、招待所、培训中心，可优先作为本单位或本系统会议场所。

无外地代表且会议规模能够在单位内部会议室安排的会议，原则上在单位内部会议室召开，不安排住宿。

第十三条　参会人员以在京单位为主的会议不得到京外召开。各单位不得到党中央、国务院明令禁止的风景名胜区召开会议。

第三章　会议费开支范围、标准和报销支付

第十四条　会议费开支范围包括会议住宿费、伙食费、会议场地租金、交通费、文件印刷费、医药费等。

前款所称交通费是指用于会议代表接送站，以及会议统一组织的代表考察、调研等发生的交通支出。

会议代表参加会议发生的城市间交通费，按照差旅费管理办法的规定回单位报销。

第十五条　会议费开支实行综合定额控制，各项费用之间可以调剂使用。

会议费综合定额标准如下：

单位：元/人·天

会议类别	住宿费	伙食费	其他费用	合计
一类会议	500	150	110	760
二类会议	400	150	100	650
三、四类会议	340	130	80	550

综合定额标准是会议费开支的上限。各单位应在综合定额标准以内结算报销。

第十六条　一类会议费在部门预算专项经费中列支，二、三、四类会议费原则上在部门预算公用经费中列支。

会议费由会议召开单位承担，不得向参会人员收取，不得以任何方式向下属机构、企事业单位、地方转嫁或摊派。

第十七条　各单位在会议结束后应当及时办理报销手续。会议费报销时应当提供会议审批文件、会议通知及实际参会人员签到表、定点会议场所等会议服务单位提供的费用原始明细单据、电子结算单等凭证。财务部门要严格按规定审核会议费开支，对未列入年度会议计划，以及超范围、超标准开支的经费不予报销。

第十八条　各单位会议费支付，应当严格按照国库集中支付制度和公务卡管理制度的有关规定执行，以银行转账或公务卡方式结算，禁止以现金方式结算。

具备条件的，会议费应当由单位财务部门直接结算。

第四章　会议费公示和年度报告制度

第十九条　各单位应当将非涉密会议的名称、主要内容、参会人数、经费开支等情况在单位内部公示或提供查询，具备条件的应当向社会公开。

第二十条[①]　一级预算单位应当于每年3月底前，将本级和下属预算单位上年度会议计划和执行情况（包括会议名称、主要内容、时间地点、代表人数、工作人员数、经费开支及列支渠道等）汇总后报财政部。党中央各部门同时抄送中直管理局，国务院各部门同时抄送国管局。

---

①　第二十条、第二十一条、第二十二条第四项和第二十五条第四项中“按规定报送会议年度报告”的有关规定已被2019年3月8日《财政部、国家机关事务管理局、中共中央直属机关事务管理局关于停止执行会议年度计划执行情况报告制度的通知》（财行〔2019〕16号）废止。

第二十一条 财政部对各单位报送的会议年度报告进行汇总分析,针对执行中存在的问题,及时完善相关制度。

第五章 管理职责

第二十二条 财政部的主要职责是:

(一)会同国管局、中直管理局等部门制定或修订中央本级会议费管理办法,并对执行情况进行监督检查;

(二)按规定对各单位报送的二类会议计划进行审核会签;

(三)对会议费支付结算实施动态监控;

(四)对各单位报送的会议年度报告进行汇总分析,提出加强管理的措施。

第二十三条 国管局的主要职责是:

(一)配合财政部制定或修订中央和国家机关会议费管理办法;

(二)负责国务院召开的一类会议的总务工作;

(三)配合财政部对国务院各部委、各直属机构会议费执行情况进行监督检查。

第二十四条 中直管理局的主要职责是:

(一)配合财政部制定或修订中央和国家机关会议费管理办法;

(二)负责党中央召开的一类会议的总务工作;

(三)配合财政部对中央各部门会议费执行情况进行监督检查。

第二十五条 各单位的主要职责是:

(一)负责制定本单位会议费管理的实施细则;

(二)负责单位年度会议计划编制和三类、四类会议的审批管理;

(三)负责安排会议预算并按规定管理、使用会议费,做好相应的财务管理和会计核算工作,对内部会议费报销进行审核把关,确保票据来源合法,内容真实、完整、合规;

(四)按规定报送会议年度报告,加强对本单位会议费使用的内控管理。

第六章 监督检查和责任追究

第二十六条 财政部、国管局、中直管理局会同有关部门对各单位会议费管理和使用情况进行监督检查。主要内容包括:

(一)会议计划的编报、审批是否符合规定;

(二)会议费开支范围和开支标准是否符合规定;

(三)会议费报销和支付是否符合规定;

(四)会议会期、规模是否符合规定,会议是否在规定的地点和场所召开;

(五)是否向下属机构、企事业单位或地方转嫁、摊派会议费;

(六)会议费管理和使用的其他情况。

第二十七条 严禁各单位借会议名义组织会餐或安排宴请;严禁套取会议费设立“小金库”;严禁在会议费中列支公务接待费。

各单位应严格执行会议用房标准,不得安排高档套房;会议用餐严格控制菜品种类、数量和份量,安排自助餐,严禁提供高档菜肴,不安排宴请,不上烟酒;会议会场一律不摆花草,不制作背景板,不提供水果。

不得使用会议费购置电脑、复印机、打印机、传真机等固定资产以及开支与本次会议无关的其他费用;不得组织会议代表旅游和与会议无关的参观;严禁组织高消费娱乐、健身活动;严禁以任何名义发放纪念品;不得额外配发洗漱用品。

第二十八条 违反本办法规定,有下列行为之一的,依法依规追究会议举办单位和相关人员的责任:

(一)计划外召开会议的;

(二)以虚报、冒领手段骗取会议费的;

(三)虚报会议人数、天数等进行报销的;

(四)违规扩大会议费开支范围,擅自提高会议费开支标准的;

(五)违规报销与会议无关费用的;

(六)其他违反本办法行为的。

有前款所列行为之一的,由财政部会同有关部门责令改正,追回资金,并经报批后予以通报。对直接负责的主管人员和相关负责人,报请其所在单位按规定给予行政处分。如行为涉嫌违法的,移交司法机关处理。

定点会议场所或单位内部宾馆、招待所、培训中心有关工作人员违反规定的,按照财政部定点会议场所管理的有关规定处理。

第七章 附 则

第二十九条 各单位应当按照本办法规定,结合本单位业务特点和工作需要,制定会议费管理具体规定。

第三十条 党中央、国务院直属事业单位的会议费管理参照本办法执行。中央和国家机关各部门所属事业单位的会议费管理由各部门依据从严从紧原则参照本办法作出具体规定。

第三十一条 本办法由财政部负责解释,自2016年7月1日起施行。《中央和国家机关会议费管理办法》(财行〔2013〕286号)同时废止。

财政部、国管局、中直管理局关于《中央和国家机关会议费管理办法》的补充通知

1. 2023年5月30日
2. 财行〔2023〕86号

党中央有关部门，国务院各部委、各直属机构，全国人大常委会办公厅，全国政协办公厅，最高人民法院，最高人民检察院，各民主党派中央，有关人民团体：

为贯彻落实中央八项规定精神，进一步规范中央和国家机关会议费管理，现就有关事项补充通知如下：

一、本通知适用于中央和国家机关按照《中央和国家机关会议费管理办法》（财行〔2016〕214号，以下简称《办法》）规定召开的一类、二类、三类、四类会议，包括线下会议和线上会议。

线上会议是指采取电视电话、网络视频等方式召开的会议，含线上与线下相结合的会议。

二、会议会期，二、三、四类会议原则上不超过1天半，传达、布置类会议不得超过1天。

会议报到和离开时间，一、二、三类会议合计不得超过1天半，四类会议合计不得超过1天。

三、各单位召开会议，在符合保密和网络信息安全要求的前提下，提倡采用线上会议形式。线上会议的主会场和分会场参会人数合计不得超过《办法》规定的相应会议类别参会人数上限，不请外地同志到主会场参会。

线上会议优先选择单位内部电视电话、电子政务内网视频会商等现有应用系统。单位现有应用系统无法保障的，应当结合工作性质、保密要求等，选择专用系统、运营商服务系统、第三方软件服务系统等。

四、会议费开支范围包括：

（一）线下费用：《办法》规定的住宿费、伙食费、会议场地租金、交通费、文件印刷费、医药费等；

（二）线上费用：能够明确对应具体会议的设备租赁费、线路费、电视电话会议通话费、技术服务费、软件应用费、音视频制作费等。

五、会议费应当按照以下方式进行核算列支：

（一）线下费用按照《办法》有关规定以实际发生的费用项目分项定额标准总额为上限，结合线下实际参会人数、会议时间进行核算。各项费用之间可以调剂使用，未实际发生的费用项目不得参与调剂。

（二）线上费用不纳入《办法》规定的综合定额标准内核算，凭合法票据原则上在单位年度会议费预算内据实列支。

各单位应当按照厉行节约、提高效率的原则，通过市场调研、充分议价，合理选择线上会议应用系统，细化完善本单位线上会议支出标准。

六、各单位在会议结束后应当及时办理会议费报销手续。线下费用按照《办法》有关规定进行报销。线上费用应当提供费用清单和使用相关应用系统所开具的合法票据，签署服务合同的，需一并提供相关合同。

七、各单位应当加强涉密会议安全和保密管理，落实网络安全工作责任制，强化网络安全技术防护措施，选择安全可靠的应用系统，督促系统服务供应商严格落实安全保密责任，加强对运维人员、技术服务人员日常保密教育和监督，定期开展终端设备和涉密场所保密检查，妥善保管会议音视频等材料，切实做好安全保障工作。

八、各单位应当加强对会议内容相近、参会人员范围相同会议的统筹，严格控制各类会议规模，简化办会形式，合理确定参会人员范围，减少参会人员数量，减少陪会。

九、各单位应在《办法》及本通知规定的开支范围和开支标准内从严从紧核定会议费预算，节约会议经费开支。

十、本通知自2023年8月1日起施行。《办法》有关规定与本通知不符的，以本通知为准。

关于规范差旅伙食费和市内交通费收交管理有关事项的通知

1. 2019年7月3日
2. 财办行〔2019〕104号

为进一步贯彻落实中央八项规定精神，严肃财经纪律，根据《党政机关厉行节约反对浪费条例》《党政机关国内公务接待管理规定》《中央和国家机关差旅费管理办法》等规章制度，现就规范差旅伙食费和市内交通费收交管理有关事项通知如下：

一、中央单位出差人员（以下称出差人员）出差期间按规定领取伙食补助费。除确因工作需要由接待单位按规定安排的一次工作餐外，用餐费用自行解决。出差人员需接待单位协助安排用餐的，应当提前告知控制标准，并向伙食提供方交纳伙食费。

在单位内部食堂用餐，有对外收费标准的，出差人员按标准交纳；没有对外收费标准的，早餐按照日伙食补助费标准的20%交纳，午餐、晚餐按照日伙食补助

费标准的40%交纳。在宾馆、饭店等餐饮服务单位用餐的，按照餐饮服务单位收费标准交纳相关费用。

二、出差人员出差期间按规定领取市内交通费。接待单位协助提供交通工具并有收费标准的，出差人员按标准交纳，最高不超过日市内交通费标准；没有收费标准的，每人每半天按照日市内交通费标准的50%交纳。

三、接待单位协助安排用餐、提供交通工具的，出差人员应当索取相应的行政事业单位资金往来结算票据或税务发票等凭证，个人保存备查，不作为报销依据。

四、接待单位应当按规定收取出差人员相关费用，及时出具行政事业单位资金往来结算票据或税务发票；确实无法出具上述凭证的，可出具其他收款凭证。加强收取费用的管理，做好业务台账登记，纳入统一核算，所收费用可作为代收款项用于相关支出或作收入处理。

五、各地区各部门要督促接待单位按照中央八项规定精神和党政机关公务接待管理有关规定，进一步完善内部管理制度，合理制定收费标准，协助安排用餐应当根据出差人员告知的控制标准合理安排。

六、各地要结合本地区实际，制定本地区出差人员差旅伙食费和市内交通费收交管理规定。中央单位可根据本通知要求，制定本单位差旅伙食费和市内交通费交纳、报销具体操作规定。

七、本通知自2019年8月1日起施行。

·党规党纪·

干部教育培训工作条例（节录）

1. 2015年9月10日中共中央政治局常委会会议审议批准，2015年10月14日中共中央发布

2. 2023年8月31日中共中央政治局会议修订，2023年9月19日中共中央发布

第三章　教育培训对象

第十一条　干部有接受教育培训的权利和义务。

第十二条　干部教育培训的对象是全体干部，重点是县处级以上党政领导干部和优秀年轻干部。

第十三条　干部应当根据不同情况参加相应的教育培训：

（一）党的理论教育和党性教育的专题培训；

（二）贯彻落实党和国家重大决策部署的集中轮训；

（三）新录（聘）用的初任培训；

（四）晋升领导职务的任职培训；

（五）提升履职能力的在职培训；

（六）其他培训。

第十四条　省部级、厅局级、县处级党政领导干部和四级调研员及相当层次职级以上公务员，经组织选调，应当每5年参加党校（行政学院）、干部学院等干部教育培训机构脱产培训，以及干部教育培训主管部门认可的其他集中培训，累计不少于3个月或者550学时。提拔担任领导职务的，确因特殊情况在提任前未达到教育培训要求的，应当在提任后1年内完成培训。干部教育培训主管部门应当作出规划，统筹安排。

乡科级党政领导干部和一级主任科员及相当层次职级以下公务员，应当每年参加干部教育培训主管部门认可的集中培训，累计不少于12天或者90学时。

干部应当结合岗位职责参加网络培训，完成规定的学时。

第十五条　干部在参加组织选派的脱产培训期间，一般应当享受在岗同等待遇，一般不承担所在单位的日常工作、出国（境）考察等任务。因特殊情况确需请假的，必须严格履行手续，累计请假时间原则上不得超过总学时的1/7，超过的应予退学。

第十六条　干部个人参加社会化培训，费用一律由本人承担，不得由财政经费和单位经费报销，不得接受任何机构和他人的资助或者变相资助。

第八章　考核与评估

第四十八条　干部教育培训主管部门和干部教育培训机构应当完善干部教育培训考核和激励机制。干部接受教育培训情况应当作为干部考核的内容和任职、晋升的重要依据。

第四十九条　干部教育培训考核的内容包括干部的学习态度和表现，理论、知识掌握程度，党性修养、作风养成和遵规守纪情况，以及解决实际问题的能力等。

干部教育培训考核结果应当按照干部管理权限及时反馈组织人事部门。干部教育培训考核不合格的，年度考核不得确定为优秀等次。

第五十条　干部教育培训考核应当区分不同教育培训方式分别实施。脱产培训的考核，由主办单位和干部教育培训机构实施；网络培训的考核，由主办单位和干部所在单位实施。

干部教育培训主管部门和干部教育培训机构应当健全跟班管理制度，加强对干部学习培训的考核与监督。

第五十一条　干部教育培训实行登记管理。各级干部教育培训主管部门和干部所在单位应当按照干部管理权限，建立完善干部教育培训档案，如实记载干部参加教育培训情况和考核结果。

干部参加脱产培训情况应当记入干部年度考核登记表，参加2个月以上的脱产培训情况应当记入干部任免审批表。

第五十二条　干部教育培训主管部门负责对干部教育培训机构进行评估，也可以委托干部教育培训主管部门认可的机构进行评估。

干部教育培训机构评估的内容包括办学方针、培训质量、师资队伍、组织管理、学风建设、基础设施、经费管理等。

干部教育培训主管部门应当充分运用评估结果，指导干部教育培训机构改进工作。

第五十三条　干部教育培训主办单位负责对干部教育培训班次进行评估。

班次评估的内容包括培训设计、培训实施、培训管理、培训效果等。

评估结果应当作为评价干部教育培训机构办学质量的重要标准，作为确定干部教育培训机构承担培训任务的重要依据。

第五十四条　干部教育培训机构负责对干部教育培训课程进行评估。

课程评估的内容包括教学态度、教学内容、教学方法、教学效果等。

干部教育培训机构应当将评估结果作为指导教学部门和教师改进教学的重要依据。

第九章　纪律与监督

第五十五条　各级党委和政府及其有关工作部门、干部教育培训机构、干部所在单位和干部本人必须严格执行本条例。开展干部教育培训工作情况应当作为领导班子考核、巡视巡察和选人用人专项检查的内容。

第五十六条　干部教育培训主管部门会同有关部门对干部教育培训工作和贯彻执行本条例情况进行监督检查，制止和纠正违反本条例的行为，并对有关责任单位和人员提出处理意见和建议。

第五十七条　干部教育培训主办单位和干部教育培训机构违反本条例和有关规定的，由干部教育培训主管部门或者会同有关部门责令限期整改；逾期不改的，给予通报批评；情节严重的，由有关部门对负有领导责任人员和直接责任人员给予组织处理、党纪政务处分。

第五十八条　从事干部教育培训工作的教师违反本条例和有关规定的，由干部教育培训机构或者有关部门视情节轻重给予批评教育、组织处理、党纪政务处分。

第五十九条　干部因故未按规定参加教育培训或者未达到教育培训要求的，应当及时安排补训。对无正当理由不参加教育培训的，由干部管理部门视情节轻重给予批评教育、组织处理。干部弄虚作假获取培训经历的，由干部管理部门按照有关规定严肃处理。

第六十条　干部参加教育培训期间必须严格遵守学习培训和廉洁自律各项规定。违反本条例和有关规定的，由干部教育培训机构视情节轻重给予约谈提醒、通报批评、责令退学等处理；情节严重的，由有关部门给予组织处理、党纪政务处分。

第十章　附　　则

第六十一条　中国人民解放军和中国人民武装警察部队的干部教育培训规定，由中央军事委员会根据本条例制定。

第六十二条　本条例由中共中央组织部负责解释。

第六十三条　本条例自发布之日起施行。

关于严格规范领导干部参加社会化培训有关事项的通知

中央党的群众路线教育实践活动领导小组、中共中央组织部、教育部2014年7月31日发布

根据《党政机关厉行节约反对浪费条例》《干部教育培训工作条例(试行)》，针对一些领导干部参加“天价培训”“奢侈培训”等高收费社会化培训及出现的问题，现就严格规范党政机关、国有企业、事业单位领导干部(以下简称“领导干部”)参加社会化培训的有关事项通知如下。

一、严禁领导干部参加高收费的培训项目和各类名为学习提高、实为交友联谊的培训项目。已经参加的要立即退出。

二、严禁各级各类干部教育培训机构和各高等学校举办允许领导干部参加的高收费培训项目，或委托其他社会机构举办各类领导干部培训班。

三、领导干部个人参加其他面向社会举办的教育培训项目，包括各种非学历教育、学历教育和在职学位教育等教育培训，必须按照干部管理权限向组织人事部门报告，并说明培训项目的举办机构、项目名称、学习期限和费用等。未经批准不得擅自参加。

四、领导干部个人参加其他非高收费的社会化培训，费用一律由本人承担，不得由财政经费和单位经费报销，不得接受任何机构或他人的资助或变相资助。

五、各级领导干部和各高等学校、各类干部教育培训机构要严格执行上述规定。违反规定的，要追究单位负责人和相关人员的责任，并依照有关规定给予党纪政纪处分。

六、各级组织人事部门要加强对领导干部参加社会化培训的监督管理，切实维护干部培训良好秩序。

各地区各部门各单位接到本通知后，要开展专项清理整顿并纳入教育实践活动整改范围。清理整顿情况请于8月底之前报中央组织部，高等学校的清理整顿情况按隶属关系报教育部。

（10）司法机关工作纪律

·法律法规·

公安机关人民警察纪律条令

1. 2010年4月21日监察部、人力资源和社会保障部、公安部令第20号公布

2. 自2010年6月1日起施行

第一章　总　　则

第一条　为了严明公安机关纪律，规范公安机关人民警察的行为，保证公安机关及其人民警察依法履行职责，根据《中华人民共和国人民警察法》、《中华人民共和国行政监察法》、《中华人民共和国公务员法》、《行政机关公务员处分条例》、《公安机关组织管理条例》等有关法律、行政法规，制定本条令。

第二条　公安机关人民警察应当严格遵守《中华人民共和国人民警察法》、《中华人民共和国公务员法》等法律法规关于公安机关人民警察纪律的规定。公安机关人民警察违法违纪，应当承担纪律责任的，依照本条令给予处分。

法律、行政法规、国务院决定对公安机关人民警察处分另有规定的，从其规定。

第三条　公安机关人民警察违法违纪，应当承担纪律责任的，由任免机关或者监察机关按照管理权限依法给予处分。

公安机关有违法违纪行为，应当追究纪律责任的，对负有责任的领导人员和直接责任人员给予处分。

第四条　对受到处分的公安机关人民警察，应当依照有关规定延期晋升、降低或者取消警衔。

第五条　公安机关人民警察违法违纪涉嫌犯罪的，应当依法追究刑事责任。

第六条　监察机关派驻同级公安机关监察机构可以调查下一级监察机关派驻同级公安机关监察机构管辖范围内的违法违纪案件，必要时也可以调查所辖各级监察机关派驻同级公安机关监察机构管辖范围内的违法违纪案件。

监察机关派驻同级公安机关监察机构经派出它的监察机关批准，可以调查下一级公安机关领导人员的违法违纪案件。

调查结束后，按照人事管理权限，监察机关派驻同级公安机关监察机构应当向处分决定机关提出处分建议，由处分决定机关依法作出处分决定。

第二章　违法违纪行为及其适用的处分

第七条　有下列行为之一的，给予开除处分：

（一）逃往境外或者非法出境、违反规定滞留境外不归的；

（二）参与、包庇或者纵容危害国家安全违法犯罪活动的；

（三）参与、包庇或者纵容黑社会性质组织犯罪活动的；

（四）向犯罪嫌疑人通风报信的；

（五）私放他人出入境的。

第八条　散布有损国家声誉的言论的，给予记大过处分；情节较重的，给予降级或者撤职处分；情节严重的，给予开除处分。

第九条　有下列行为之一的，给予记过或者记大过处分；情节较重的，给予降级或者撤职处分；情节严重的，给予开除处分：

（一）故意违反规定立案、撤销案件、提请逮捕、移送起诉的；

（二）违反规定采取、变更、撤销刑事拘留、取保候审、监视居住等刑事强制措施或者行政拘留的；

（三）非法剥夺、限制他人人身自由的；

（四）非法搜查他人身体、物品、住所或者场所的；

（五）违反规定延长羁押期限或者变相拘禁他人的；

（六）违反规定采取通缉等措施或者擅自使用侦察手段侵犯公民合法权益的。

第十条　有下列行为之一的，给予记过或者记大过处分；情节较重的，给予降级或者撤职处分；情节严重的，给予开除处分：

（一）违反规定为在押人员办理保外就医、所外执行的；

（二）擅自安排在押人员与其亲友会见，私自为在押人员或者其亲友传递物品、信件，造成不良后果的；

（三）指派在押人员看管在押人员的；

（四）私带在押人员离开羁押场所的。

有前款规定行为并从中谋利的，从重处分。

第十一条　体罚、虐待违法犯罪嫌疑人、被监管人员或者其他工作对象的，给予记过或者记大过处分；情节较重的，给予降级或者撤职处分；情节严重的，给予开除处分。

实施或者授意、唆使、强迫他人实施刑讯逼供的，给予撤职处分；造成严重后果的，给予开除处分。

第十二条　有下列行为之一的，给予记过或者记大过处分；情节较重的，给予降级或者撤职处分；情节严重的，给予开除处分：

（一）对依法应当办理的受理案件、立案、撤销案件、提请逮捕、移送起诉等事项，无正当理由不予办理的；

（二）对管辖范围内发生的应当上报的重大治安案件、刑事案件、特大道路交通事故和群体性或者突发性事件等隐瞒不报或者谎报的；

（三）在勘验、检查、鉴定等取证工作中严重失职，造成无辜人员被处理或者违法犯罪人员逃避法律追究的；

（四）因工作失职造成被羁押、监管等人员脱逃、致残、致死或者其他不良后果的；

（五）在值班、备勤、执勤时擅离岗位，造成不良后果的；

（六）不履行办案协作职责造成不良后果的；

（七）在执行任务时临危退缩、临阵脱逃的。

第十三条　有下列行为之一的，给予记过或者记大过处分；情节较重的，给予降级或者撤职处分；情节严重的，给予开除处分：

（一）利用职权干扰执法办案或者强令违法办案的；

（二）利用职权干预经济纠纷或者为他人追债讨债的。

第十四条　有下列行为之一的，给予记过或者记大过处分；情节较重的，给予降级或者撤职处分；情节严重的，给予开除处分：

（一）隐瞒或者伪造案情的；

（二）伪造、变造、隐匿、销毁检举控告材料或者证据材料的；

（三）出具虚假审查或者证明材料、结论的。

第十五条　有下列行为之一的，给予警告或者记过处分；情节较重的，给予记大过或者降级处分；情节严重的，给予撤职处分：

（一）违反规定吊销、暂扣证照或者责令停业整顿的；

（二）违反规定查封、扣押、冻结、没收财物的。

第十六条　有下列行为之一的，给予警告或者记过处分；情节较重的，给予记大过或者降级处分；情节严重的，给予撤职处分：

（一）擅自设定收费项目、提高收费标准的；

（二）违反规定设定罚款项目或者实施罚款的；

（三）违反规定办理户口、身份证、驾驶证、特种行业许可证、护照、机动车行驶证和号牌等证件、牌照以及其他行政许可事项的。

以实施行政事业性收费、罚没的名义收取钱物，不出具任何票据的，给予开除处分。

第十七条　有下列行为之一的，给予记过或者记大过处分；情节较重的，给予降级或者撤职处分；情节严重的，给予开除处分：

（一）投资入股或者变相投资入股矿产、娱乐场所等企业，或者从事其他营利性经营活动的；

（二）受雇于任何组织、个人的；

（三）利用职权推销、指定消防、安保、交通、保险等产品的；

（四）公安机关人民警察的近亲属在该人民警察分管的业务范围内从事可能影响公正执行公务的经营活动，经劝阻其近亲属拒不退出或者本人不服从工作调整的；

（五）违反规定利用或者插手工程招投标、政府采购和人事安排，为本人或者特定关系人谋取不正当利益的；

（六）相互请托为对方的特定关系人在投资入股、经商办企业等方面提供便利，谋取不正当利益的；

（七）出差、开展公务活动由企事业单位、个人接待，或者接受下级公安机关、企事业单位、个人安排出入营业性娱乐场所，参加娱乐活动的；

（八）违反规定收受现金、有价证券、支付凭证、干股的。

第十八条　私分、挪用、非法占有赃款赃物、扣押财物、保证金、无主财物、罚没款物的，给予记过或者记大过处分；情节较重的，给予降级或者撤职处分；情节严重的，给予开除处分。

第十九条　有下列行为之一的，给予警告、记过或者记大过处分；情节较重的，给予降级或者撤职处分；情节严重的，给予开除处分：

（一）拒绝执行上级依法作出的决定、命令，或者在执行任务时不服从指挥的；

（二）违反规定进行人民警察录用、考核、任免、奖惩、调任、转任的。

第二十条　有下列行为之一，造成不良影响的，给予警告处分；情节较重的，给予记过处分；情节严重的，给予记大过处分：

（一）在工作中对群众态度蛮横、行为粗暴、故意刁难或者吃拿卡要的；

（二）不按规定着装，严重损害人民警察形象的；

（三）非因公务着警服进入营业性娱乐场所的。

第二十一条　违反公务用枪管理使用规定的，依照《公安民警违反公务用枪管理使用规定行政处分若干规定》给予处分。

第二十二条　有下列行为之一的，给予警告或者记过处分；情节较重的，给予记大过或者降级处分；情节严重的，给予撤职或者开除处分：

（一）违反警车管理使用规定或者违反规定使用警灯、警报器的；

（二）违反规定转借、赠送、出租、抵押、转卖警用车辆、警车号牌、警械、警服、警用标志和证件的；

（三）违反规定使用警械的。

第二十三条　工作时间饮酒或者在公共场所酗酒滋事的，给予警告、记过或者记大过处分；造成后果的，给予降级或者撤职处分；造成严重后果的，给予开除处分。

携带枪支饮酒、酒后驾驶机动车，造成严重后果的，给予开除处分。

第二十四条　参与、包庇或者纵容违法犯罪活动的，给予警告、记过或者记大过处分；情节较重的，给予降级或者撤职处分；情节严重的，给予开除处分。

吸食、注射毒品或者参与、组织、支持、容留卖淫、嫖娼、色情淫乱活动的，给予开除处分。

参与赌博的，依照《行政机关公务员处分条例》第三十二条规定从重处分。

第二十五条　违反规定使用公安信息网的，给予警告处分；情节较重的，给予记过或者记大过处分；情节严重的，给予降级或者撤职处分。

第三章　附　　则

第二十六条　有本条令规定的违法违纪行为，已不符合人民警察条件、不适合继续在公安机关工作的，可以依照有关规定予以辞退或者限期调离。

第二十七条　处分的程序和不服处分的申诉，依照《中华人民共和国行政监察法》、《中华人民共和国公务员法》、《行政机关公务员处分条例》等有关法律法规的规定办理。

第二十八条　本条令所称公安机关人民警察是指属于公安机关及其直属单位的在编在职的人民警察。

公安机关包括县级以上人民政府公安机关和设在铁道、交通运输、民航、林业、海关部门的公安机构。

第二十九条　公安边防、消防、警卫部队官兵有违法违纪行为，应当给予处分的，依照《中国人民解放军纪律条令》执行；《中国人民解放军纪律条令》没有规定的，参照本条令执行。

第三十条　本条令由监察部、人力资源社会保障部、公安部负责解释。

第三十一条　本条令自2010年6月1日起施行。

人民法院监察工作条例

1. 2013年1月31日最高人民法院修订印发

2. 法发〔2013〕3号

第一章　总　　则

第一条　为了加强人民法院监察工作，严肃人民法院纪律，促进廉政建设，维护司法公正，根据《中华人民共和国公务员法》《中华人民共和国法官法》等法律，参照《中华人民共和国行政监察法》制订本条例。

第二条　人民法院监察部门，是人民法院行使监察职能的专门机构，依照法律和本条例对人民法院及其法官和其他工作人员实施监察。

第三条　人民法院监察部门依照法律和本条例行使职权，不受行政机关、社会团体、个人及人民法院内设其他部门的干涉。

第四条　人民法院监察工作必须坚持实事求是，重证据，重调查研究，在适用法律和纪律上人人平等。

第五条　人民法院监察工作应当实行教育与惩处相结合，严格执行纪律与维护法官和其他工作人员合法权益相结合，监督检查与完善制度、改进工作相结合。

第六条　人民法院监察工作应当坚持依靠群众，监察部门建立举报制度，公民、法人和其他组织对于人民法院及其法官和其他工作人员的违纪违法行为，有权向监察部门提出控告或者检举。

第二章　监察部门和监察人员

第七条　最高人民法院、高级人民法院应当设立监察局。中级人民法院应当设立监察处。

60人以上的基层人民法院应当设立监察科，30人以上不足60人的基层人民法院应当设专职监察员，不足30人的基层人民法院应当设兼职监察员。

第八条　最高人民法院监察局在最高人民法院院长的领导下主管全国法院的监察工作。

地方各级人民法院监察部门、基层人民法院专职或者兼职监察员在本院院长和上级法院监察部门的领导下开展工作，监察业务以上级法院监察部门领导为主。

第九条　最高人民法院、高级人民法院监察局设局长一名，设副局长一至三名；中级、基层人民法院监察处（科）设处（科）长一名，副处（科）长一至二名。

各级人民法院监察部门负责人一般应当从法官或者具有法官任职资格的人员中选任。

地方各级人民法院监察部门负责人、基层人民法院专职或者兼职监察员的任免，在提请决定前，需经上一级人民法院监察部门同意。

第十条　最高人民法院和高级人民法院监察局根据工作需要设立内设机构，负责信访举报、案件查处、监督检查、审务督察、综合调研等工作。中级人民法院可以根据工作需要参照设立。

第十一条　最高人民法院监察局可以设局级监察专员，高级人民法院监察局以及直辖市、副省级城市中级人民法院监察处可以设处级监察专员，其他中级人民法院监察处可以设科级监察专员。

基层人民法院专职监察员应当按照本院中层正职配备，兼职监察员应当由院级副职领导兼任。

各级人民法院应当尽可能选派法官或者具有法官任职资格的人员担任监察专员、专职监察员。

各级人民法院应当在本院审判执行等部门选任专职或者兼职廉政监察员。专职廉政监察员应当由具有部门同级正职或者副职非领导职务的资深法官和其他熟悉部门业务的人员担任，兼职廉政监察员应当由部门副职领导兼任。

专职或者兼职廉政监察员在所在部门主要负责人和本院监察部门的领导下开展工作。

第十二条　监察人员必须忠于职守，秉公执纪，遵纪守法，保守秘密。

第十三条　监察人员滥用职权、徇私舞弊、玩忽职守、泄露秘密的，应当给予纪律处分；构成犯罪的，移送有关机关依法处理。

第三章　监察部门的职责

第十四条　人民法院监察部门的主要职责是：

（一）检查人民法院及其法官和其他工作人员遵守和执行国家法律、法规的情况；

（二）制定和完善人民法院廉政制度，检查人民法院及其法官和其他工作人员执行廉政制度的情况；

（三）受理对人民法院及其法官和其他工作人员违纪违法行为的控告、检举；

（四）调查处理人民法院及其法官和其他工作人员违反审判纪律、执行纪律及其他纪律的行为；

（五）受理法官和其他工作人员不服纪律处分的复议和申诉；

（六）组织协调、检查指导、督察纠正人民法院及其法官和其他工作人员损害群众利益和损害司法公信的不正之风；

（七）组织协调、检查指导预防腐败工作，开展对法官和其他工作人员司法廉洁和遵纪守法的教育。

第十五条　最高人民法院监察局对下列单位、部门和人员实施监察：

（一）本院各部门及其法官和其他工作人员；

（二）高级人民法院及其院长、副院长、副院级领导干部、监察局局长。

第十六条　高级人民法院监察局和中级人民法院监察处对下列单位、部门和人员实施监察：

（一）本院各部门及其法官和其他工作人员；

（二）下一级人民法院及其院长、副院长、副院级领导干部、监察部门主要负责人或者专职监察员。

第十七条　基层人民法院监察科或者专职、兼职监察员对本院各部门及其法官和其他工作人员实施监察。

第十八条　上级人民法院监察部门可以办理下一级人民法院监察部门管辖范围内的监察事项；必要时可以办理所辖各级人民法院监察部门管辖范围内的监察事项。

第四章　监察部门的权限

第十九条　监察部门履行职责，有权要求被监察的单位、部门和人员提供与监察事项有关的文件、资料、案卷材料、财务账目及其他有关材料，进行查阅或者复制；有权要求被监察的单位、部门和人员就监察事项涉及的问题作出解释或者说明；有权责令被监察的单位、部门和人员停止违反法律、法规和纪律的行为。

第二十条 监察部门在调查违反法律、法规和纪律的行为时，可以根据实际情况采取下列措施：

（一）暂予扣留、封存案件涉嫌的有关单位、部门和人员可以证明违反法律、法规和纪律行为的文件、资料、财务账目、案件材料及其他有关材料；

（二）责令案件涉嫌的有关单位、部门和人员在调查期间不得变卖、转移、毁损与案件有关的财物；

（三）经上一级人民法院监察部门批准，可以责令有违反纪律嫌疑的人员在指定的时间、地点就调查事项涉及的问题作出解释和说明，但是不得对其实行拘禁或者变相拘禁；

（四）建议暂停有严重违纪嫌疑的人员执行公务；

（五）经批准，查询案件涉嫌单位和涉嫌人员在银行或者其他金融机构的存款，必要时可以依法采取保全措施，冻结涉嫌人员在银行或者其他金融机构的存款；

（六）向监察事项涉及的单位、部门和人员进行查询；

（七）列席被监察单位、部门与监察事项有关的会议。

采取前款（一）、（二）、（三）、（四）、（五）项措施时，应当制作监察通知书送达有关单位、部门和人员，并对有关财物开列清单。

第二十一条 监察部门根据检查、调查结果，遇有下列情形之一的，可以提出监察建议：

（一）拒不执行法律、法规或者违反法律、法规以及人民法院纪律，应当予以纠正的；

（二）违反人民法院纪律，应当给予警告、记过、记大过、降级、撤职、开除处分的；

（三）录用、任免、奖惩决定明显不适当，应当予以纠正的；

（四）需要完善制度、堵塞漏洞的；

（五）其他需要提出监察建议的。

第二十二条 监察建议应当以人民法院名义下达，并书面送达有关单位、部门和人员。

重要的监察建议应当报上一级人民法院监察部门备案。

有关单位、部门和人员对监察建议应当采纳；对监察建议有异议的，应当自收到监察建议之日起三十日内书面向作出监察建议的人民法院提出。监察部门应当自收到异议之日起三十日内回复。

第二十三条 根据检查、调查结果，对于违反人民法院纪律，应当给予违纪人员纪律处分的，监察部门应当依照纪律处分程序提出纪律处分意见或者提出监察建议。

第五章 监察程序

第二十四条 监察部门按照下列程序进行检查：

（一）根据本院院长或者上级人民法院监察部门的指示或者要求，确定检查事项；

（二）制定检查方案并组织实施，必要时，可组织本院有关部门或者下级人民法院参加检查；

（三）向本院院长或者上级人民法院监察部门报告检查情况；

（四）根据检查结果，提出纪律处分意见或者监察建议。

第二十五条 监察部门按照管辖范围，根据检查发现的问题，或者控告检举的违纪线索，或者有关机关、部门移送的违纪线索，经初步核实，认为有关人员构成违纪应当给予纪律处分的，应当报本院院长批准后立案并组织调查。

重要案件的立案，应当报上一级人民法院监察部门备案。

第二十六条 人民法院监察部门在查办违纪案件时，应当组成案件调查组和审理组，分别进行案件调查和案件审理。参加案件调查的人员，不得参加案件审理。

监察部门人员不足以组成案件调查组和审理组的，可以由监察部门报经本院分管院领导同意后从本院其他部门或者下级人民法院监察部门抽调人员参加案件调查和案件审理。

第二十七条 监察部门对违纪案件调查时，应当全面收集证据，听取被调查人的陈述和辩解。

第二十八条 监察人员与所办理的监察事项有利害关系，或者有其他关系可能影响公正处理案件的，该监察人员应当回避。

第二十九条 监察部门立案调查的案件，应当自立案之日起六个月内结案，因特殊原因需要延长期限的，可以适当延长，但应当报上一级人民法院监察部门备案，说明情况和原因。

第三十条 对于立案调查的案件，经调查认定违纪事实不存在，或者情节轻微、不需要给予纪律处分的，应当按照批准立案的程序予以销案，并告知被调查人。

第三十一条 对于可能给予纪律处分的案件，调查组结束调查后应当交由审理组审理。

第三十二条 审理案件采取听证或者书面审理的方式进行。书面审理案件，应当询问被调查人、听取其陈述和辩解，必要时，也可以与证人核对证言。

第三十三条 对违纪人员的纪律处分按照下列规定进行：

（一）对本院审判委员会委员、庭长、副庭长、审判员、助理审判员和其他工作人员，下一级人民法院院长、副院长、副院级领导干部、监察部门主要负责人、专职监察员，拟给予警告、记过、记大过处分的，由监察部门提出处分意见，报本院院长批准后下达纪律处分决定；拟给予降级、撤职、开除处分的，由监察部门提出处分意见，经本院院长办公会议批准后下达纪律处分决定。纪律处分决定以人民法院名义下达，加盖人民法院印章。

（二）给予违纪人员撤职、开除处分，需要先由本院或者下一级人民法院提请同级人民代表大会罢免职务，或者提请同级人民代表大会常务委员会免去职务或者撤销职务的，应由人民代表大会或者其常委会罢免、免职或者撤销职务后，再执行处分决定。

第三十四条 对违反纪律的人员作出纪律处分后，有关法院人事部门应当办理处分手续，纪律处分决定等有关材料应当归入受处分人员的档案。

第三十五条 对纪律处分决定不服的，受处分人员自收到纪律处分决定之日起三十日内可以向作出纪律处分决定的人民法院申请复议，复议的人民法院应当在三十日内作出复议决定；对复议决定仍不服的，可以在接到复议决定三十日内向作出复议决定的上一级人民法院申诉，上一级人民法院应当在六十日内作出处理决定。

复议和申诉期间，不停止原决定的执行。

第三十六条 上一级人民法院对不服纪律处分决定的申诉，经复查认为原决定不当的，或者上级人民法院认为下级人民法院所作纪律处分决定不当的，可以建议作出原纪律处分决定的人民法院予以变更或者撤销；也可以按照纪律处分程序直接作出变更或者撤销的决定。

上级人民法院的处理决定为最终决定。

第三十七条 对法官纪律处分的权限和程序另有规定的，按照有关规定办理。

第三十八条 对于举报人故意捏造事实，诬告陷害法院工作人员的，建议有关单位给予处理；构成犯罪的，依法移送有关机关追究刑事责任。

第三十九条 被监察的单位、部门和人员违反本条例，有下列行为之一的，由监察部门责令改正，拒不改正的，对责任人依纪给予纪律处分：

（一）隐瞒事实真相，出具伪证或者隐匿、转移、篡改、毁灭证据的；

（二）故意拖延或者拒绝提供与监察事项有关的文件、资料、财务账目及其他有关材料和其他必要情况的；

（三）在调查期间变卖、转移涉嫌财物的；

（四）拒绝就监察部门所提问题作出解释或者说明的；

（五）拒不执行纪律处分决定或者无正当理由拒不采纳监察建议的；

（六）有其他违反本条例规定的行为，情节严重的。

第六章 附　　则

第四十条 本条例由最高人民法院负责解释。

第四十一条 本条例自印发之日起施行。

公安部五条禁令

1. 2003年1月22日公安部印发

2. 公通字〔2003〕4号

3. 自2003年2月1日起施行

一、严禁违反枪支管理使用规定，违者予以纪律处分；造成严重后果的，予以辞退或者开除。

二、严禁携带枪支饮酒，违者予以辞退；造成严重后果的，予以开除。

三、严禁酒后驾驶机动车，违者予以辞退；造成严重后果的，予以开除。

四、严禁在工作时间饮酒，违者予以纪律处分；造成严重后果的，予以辞退或者开除。

五、严禁参与赌博，违者予以辞退；情节严重的，予以开除。

民警违反上述禁令的，对所在单位直接领导、主要领导予以纪律处分。民警违反规定使用枪支致人死亡，或者持枪犯罪的，对所在单位直接领导、主要领导予以撤职；情节恶劣、后果严重的，上一级单位分管领导、主要领导引咎辞职或者予以撤职。

对违反上述禁令的行为，隐瞒不报、压案不查、包庇袒护的，一经发现，从严追究有关领导责任。

本禁令自2003年2月1日起施行。原有规定与本禁令不一致的,以本禁令为准。

·党规党纪·

领导干部干预司法活动、插手具体案件处理的记录、通报和责任追究规定

中共中央办公厅、国务院办公厅2015年3月18日印发

第一条 为贯彻落实《中共中央关于全面推进依法治国若干重大问题的决定》有关要求,防止领导干部干预司法活动、插手具体案件处理,确保司法机关依法独立公正行使职权,根据宪法法律规定,结合司法工作实际,制定本规定。

第二条 各级领导干部应当带头遵守宪法法律,维护司法权威,支持司法机关依法独立公正行使职权。任何领导干部都不得要求司法机关违反法定职责或法定程序处理案件,都不得要求司法机关做有碍司法公正的事情。

第三条 对司法工作负有领导职责的机关,因履行职责需要,可以依照工作程序了解案件情况,组织研究司法政策,统筹协调依法处理工作,督促司法机关依法履行职责,为司法机关创造公正司法的环境,但不得对案件的证据采信、事实认定、司法裁判等作出具体决定。

第四条 司法机关依法独立公正行使职权,不得执行任何领导干部违反法定职责或法定程序、有碍司法公正的要求。

第五条 对领导干部干预司法活动、插手具体案件处理的情况,司法人员应当全面、如实记录,做到全程留痕,有据可查。

以组织名义向司法机关发文发函对案件处理提出要求的,或者领导干部身边工作人员、亲属干预司法活动、插手具体案件处理的,司法人员均应当如实记录并留存相关材料。

第六条 司法人员如实记录领导干部干预司法活动、插手具体案件处理情况的行为,受法律和组织保护。领导干部不得对司法人员打击报复。非因法定事由,非经法定程序,不得将司法人员免职、调离、辞退或者作出降级、撤职、开除等处分。

第七条 司法机关应当每季度对领导干部干预司法活动、插手具体案件处理情况进行汇总分析,报送同级党委政法委和上级司法机关。必要时,可以立即报告。

党委政法委应当及时研究领导干部干预司法活动、插手具体案件处理的情况,报告同级党委,同时抄送纪检监察机关、党委组织部门。干预司法活动、插手具体案件处理的领导干部属于上级党委或者其他党组织管理的,应当向上级党委报告或者向其他党组织通报情况。

第八条 领导干部有下列行为之一的,属于违法干预司法活动,党委政法委按程序报经批准后予以通报,必要时可以向社会公开:

(一)在线索核查、立案、侦查、审查起诉、审判、执行等环节为案件当事人请托说情的;

(二)要求办案人员或办案单位负责人私下会见案件当事人或其辩护人、诉讼代理人、近亲属以及其他与案件有利害关系的人的;

(三)授意、纵容身边工作人员或者亲属为案件当事人请托说情的;

(四)为了地方利益或者部门利益,以听取汇报、开协调会、发文件等形式,超越职权对案件处理提出倾向性意见或者具体要求的;

(五)其他违法干预司法活动、妨碍司法公正的行为。

第九条 领导干部有本规定第八条所列行为之一,造成后果或者恶劣影响的,依照《中国共产党纪律处分条例》、《行政机关公务员处分条例》、《检察人员纪律处分条例(试行)》、《人民法院工作人员处分条例》、《中国人民解放军纪律条令》等规定给予纪律处分;造成冤假错案或者其他严重后果,构成犯罪的,依法追究刑事责任。

领导干部对司法人员进行打击报复的,依照《中国共产党纪律处分条例》、《行政机关公务员处分条例》、《检察人员纪律处分条例(试行)》、《人民法院工作人员处分条例》、《中国人民解放军纪律条令》等规定给予纪律处分;构成犯罪的,依法追究刑事责任。

第十条 司法人员不记录或者不如实记录领导干部干预司法活动、插手具体案件处理情况的,予以警告、通报批评;有两次以上不记录或者不如实记录情形的,依照《中国共产党纪律处分条例》、《行政机关公务员处分条例》、《检察人员纪律处分条例(试行)》、《人民法院工作人员处分条例》、《中国人民解放军纪律条令》等规定给予纪律处分。主管领导授意不记录或者不如实

记录的，依纪依法追究主管领导责任。

第十一条　领导干部干预司法活动、插手具体案件处理的情况，应当纳入党风廉政建设责任制和政绩考核体系，作为考核干部是否遵守法律、依法办事、廉洁自律的重要依据。

第十二条　本规定所称领导干部，是指在各级党的机关、人大机关、行政机关、政协机关、审判机关、检察机关、军事机关以及公司、企业、事业单位、社会团体中具有国家工作人员身份的领导干部。

第十三条　本规定自2015年3月18日起施行。

司法机关内部人员过问案件的记录和责任追究规定

中共中央政法委员会2015年3月29日印发

第一条　为贯彻落实《中共中央关于全面推进依法治国若干重大问题的决定》有关要求，防止司法机关内部人员干预办案，确保公正廉洁司法，根据宪法法律规定，结合司法工作实际，制定本规定。

第二条　司法机关内部人员应当依法履行职责，严格遵守纪律，不得违反规定过问和干预其他人员正在办理的案件，不得违反规定为案件当事人转递涉案材料或者打探案情，不得以任何方式为案件当事人说情打招呼。

第三条　司法机关办案人员应当恪守法律，公正司法，不徇私情。对于司法机关内部人员的干预、说情或者打探案情，应当予以拒绝；对于不依正当程序转递涉案材料或者提出其他要求的，应当告知其依照程序办理。

第四条　司法机关领导干部和上级司法机关工作人员因履行领导、监督职责，需要对正在办理的案件提出指导性意见的，应当依照程序以书面形式提出，口头提出的，由办案人员记录在案。

第五条　其他司法机关的工作人员因履行法定职责需要，向办案人员了解正在办理的案件有关情况的，应当依照法律程序或者工作程序进行。

第六条　对司法机关内部人员过问案件的情况，办案人员应当全面、如实记录，做到全程留痕，有据可查。

第七条　办案人员如实记录司法机关内部人员过问案件的情况，受法律和组织保护。

司法机关内部人员不得对办案人员打击报复。办案人员非因法定事由，非经法定程序，不得被免职、调离、辞退或者给予降级、撤职、开除等处分。

第八条　司法机关纪检监察部门应当及时汇总分析司法机关内部人员过问案件的情况，并依照以下方式对司法机关内部人员违反规定干预办案的线索进行处置：

（一）机关内部人员违反规定干预办案的，由本机关纪检监察部门调查处理；

（二）本机关领导干部违反规定干预办案的，向负有干部管理权限的机关纪检监察部门报告情况；

（三）上级司法人员违反规定干预下级司法机关办案的，向干预人员所在司法机关纪检监察部门报告情况；

（四）其他没有隶属关系的司法机关人员违反规定干预办案的，向干预人员所在司法机关纪检监察部门通报情况。

干预人员所在司法机关纪检监察部门接到报告或者通报后，应当及时调查处理，并将结果通报办案单位所属司法机关纪检监察部门。

第九条　司法机关内部人员有下列行为之一的，属于违反规定干预办案，负有干部管理权限的司法机关按程序报经批准后予以通报，必要时可以向社会公开：

（一）在线索核查、立案、侦查、审查起诉、审判、执行等环节为案件当事人请托说情的；

（二）邀请办案人员私下会见案件当事人或其辩护人、诉讼代理人、近亲属以及其他与案件有利害关系的人的；

（三）违反规定为案件当事人或其辩护人、诉讼代理人、亲属转递涉案材料的；

（四）违反规定为案件当事人或其辩护人、诉讼代理人、亲属打探案情、通风报信的；

（五）其他影响司法人员依法公正处理案件的行为。

第十条　司法机关内部人员有本规定第九条所列行为之一，构成违纪的，依照《中国共产党纪律处分条例》、《行政机关公务员处分条例》、《人民法院工作人员处分条例》、《检察人员纪律处分条例（试行）》、《公安机关人民警察纪律条令》等规定给予纪律处分；构成犯罪的，依法追究刑事责任。

司法机关内部人员对如实记录过问案件情况的办案人员进行打击报复的，依照《中国共产党纪律处分条例》、《行政机关公务员处分条例》、《人民法院工作人员处分条例》、《检察人员纪律处分条例（试行）》、《公安机关人民警察纪律条令》等规定给予纪律处分；构成犯罪的，依法追究刑事责任。

第十一条　办案人员不记录或者不如实记录司法机关内

部人员过问案件情况的，予以警告、通报批评；两次以上不记录或者不如实记录的，依照《中国共产党纪律处分条例》、《行政机关公务员处分条例》、《人民法院工作人员处分条例》、《检察人员纪律处分条例（试行）》、《公安机关人民警察纪律条令》等规定给予纪律处分。主管领导授意不记录或者不如实记录的，依法依纪追究主管领导责任。

第十二条　司法机关内部人员违反规定过问和干预办案的情况和办案人员记录司法机关内部人员过问案件的情况，应当纳入党风廉政建设责任制和政绩考核体系，作为考核干部是否遵守法律、依法办事、廉洁自律的重要依据。

第十三条　本规定所称司法机关内部人员，是指在法院、检察院、公安机关、国家安全机关、司法行政机关工作的人员。

司法机关离退休人员违反规定干预办案的，适用本规定。

第十四条　最高人民法院、最高人民检察院、公安部、国家安全部、司法部应当结合工作实际，制定本规定的实施办法，确保有关规定落到实处。

第十五条　本规定自下发之日起施行。

新时代政法干警“十个严禁”

2022年1月11日中共中央政法委员会、最高人民法院、最高人民检察院、公安部、国家安全部、司法部印发

坚持以习近平新时代中国特色社会主义思想为指导，深入贯彻习近平法治思想，深入贯彻习近平总书记关于加强政法队伍建设的重要指示和训词精神，坚持党的绝对领导，增强“四个意识”、坚定“四个自信”、做到“两个维护”，不断提高政治判断力、政治领悟力、政治执行力，自觉遵守“十个严禁”。

一、严禁搞两面派、做两面人。决不允许违反政治纪律、政治规矩，对党不忠诚不老实，结党营私、搞团团伙伙。

二、严禁有令不行、有禁不止。决不允许贯彻执行党中央决策部署不坚决，做选择、搞变通、打折扣，欺上瞒下、弄虚作假，不遵守请示报告制度。

三、严禁放任错误思潮侵蚀影响。决不允许在大是大非问题上认识模糊、立场摇摆，对西方“宪政”“三权鼎立”“司法独立”等态度暧昧、不敢发声亮剑。

四、严禁不当交往、干预执法司法。决不允许违反“三个规定”，请托说情打招呼，不如实记录报告，不正当接触交往，充当司法掮客。

五、严禁玩忽职守、徇私枉法。决不允许办“关系案”“人情案”“金钱案”，有案不立、压案不查、有罪不究，违规违法办理减刑、假释、暂予监外执行。

六、严禁违规参与营利活动。决不允许违规经商办企业、违规参股借贷，纵容默许配偶、子女及其配偶违规从事经营活动，利用职权或影响力谋取私利。

七、严禁包庇纵容黑恶势力。决不允许对黑恶行为视而不见、听之任之，纵容涉黑涉恶活动，充当“保护伞”。

八、严禁滥用执法司法权。决不允许逐利执法、越权执法、过度执法，滥用侦查措施、强制措施、自由裁量权，插手经济纠纷。

九、严禁不作为乱作为、耍特权抖威风。决不允许漠视群众利益，对待群众简单粗暴、推诿扯皮、吃拿卡要。

十、严禁跑风漏气、失密泄密。决不允许以任何形式泄露党和国家秘密、政法工作秘密、商业秘密和公民个人信息。

凡违反“十个严禁”的，依规依纪依法严肃处理。

6. 生活纪律

·法律法规·

最高人民法院、最高人民检察院关于办理赌博刑事案件具体应用法律若干问题的解释

1. 2005年4月26日最高人民法院审判委员会第1349次会议、2005年5月8日最高人民检察院第十届检察委员会第34次会议通过
2. 2005年5月11日公布
3. 法释〔2005〕3号
4. 自2005年5月13日起施行

为依法惩治赌博犯罪活动,根据刑法的有关规定,现就办理赌博刑事案件具体应用法律的若干问题解释如下:

第一条　以营利为目的,有下列情形之一的,属于刑法第三百零三条规定的"聚众赌博":

(一)组织3人以上赌博,抽头渔利数额累计达到5000元以上的;

(二)组织3人以上赌博,赌资数额累计达到5万元以上的;

(三)组织3人以上赌博,参赌人数累计达到20人以上的;

(四)组织中华人民共和国公民10人以上赴境外赌博,从中收取回扣、介绍费的。

第二条　以营利为目的,在计算机网络上建立赌博网站,或者为赌博网站担任代理,接受投注的,属于刑法第三百零三条规定的"开设赌场"。

第三条　中华人民共和国公民在我国领域外周边地区聚众赌博、开设赌场,以吸引中华人民共和国公民为主要客源,构成赌博罪的,可以依照刑法规定追究刑事责任。

第四条　明知他人实施赌博犯罪活动,而为其提供资金、计算机网络、通讯、费用结算等直接帮助的,以赌博罪的共犯论处。

第五条　实施赌博犯罪,有下列情形之一的,依照刑法第三百零三条的规定从重处罚:

(一)具有国家工作人员身份的;

(二)组织国家工作人员赴境外赌博的;

(三)组织未成年人参与赌博,或者开设赌场吸引未成年人参与赌博的。

第六条　未经国家批准擅自发行、销售彩票,构成犯罪的,依照刑法第二百二十五条第(四)项的规定,以非法经营罪定罪处罚。

第七条　通过赌博或者为国家工作人员赌博提供资金的形式实施行贿、受贿行为,构成犯罪的,依照刑法关于贿赂犯罪的规定定罪处罚。

第八条　赌博犯罪中用作赌注的款物、换取筹码的款物和通过赌博赢取的款物属于赌资。通过计算机网络实施赌博犯罪的,赌资数额可以按照在计算机网络上投注或者赢取的点数乘以每一点实际代表的金额认定。

赌资应当依法予以追缴;赌博用具、赌博违法所得以及赌博犯罪分子所有的专门用于赌博的资金、交通工具、通讯工具等,应当依法予以没收。

第九条　不以营利为目的,进行带有少量财物输赢的娱乐活动,以及提供棋牌室等娱乐场所只收取正常的场所和服务费用的经营行为等,不以赌博论处。

最高人民法院、最高人民检察院、公安部关于办理网络赌博犯罪案件适用法律若干问题的意见

1. 2010年8月31日
2. 公通字〔2010〕40号

各省、自治区、直辖市高级人民法院、人民检察院、公安厅、局,新疆维吾尔自治区高级人民法院生产建设兵团分院、新疆生产建设兵团人民检察院、公安局:

为依法惩治网络赌博犯罪活动,根据《中华人民共和国刑法》、《中华人民共和国刑事诉讼法》和《最高人民法院、最高人民检察院关于办理赌博刑事案件具体应用法律若干问题的解释》等有关规定,结合司法实践,现就办理网络赌博犯罪案件适用法律的若干问题,提出如下意见:

一、关于网上开设赌场犯罪的定罪量刑标准

利用互联网、移动通讯终端等传输赌博视频、数据,组织赌博活动,具有下列情形之一的,属于刑法第三百零三条第二款规定的"开设赌场"行为:

(一)建立赌博网站并接受投注的;

(二)建立赌博网站并提供给他人组织赌博的;

(三)为赌博网站担任代理并接受投注的;

（四）参与赌博网站利润分成的。

实施前款规定的行为，具有下列情形之一的，应当认定为刑法第三百零三条第二款规定的“情节严重”：

（一）抽头渔利数额累计达到三万元以上的；

（二）赌资数额累计达到三十万元以上的；

（三）参赌人数累计达到一百二十人以上的；

（四）建立赌博网站后通过提供给他人组织赌博，违法所得数额在三万元以上的；

（五）参与赌博网站利润分成，违法所得数额在三万元以上的；

（六）为赌博网站招募下级代理，由下级代理接受投注的；

（七）招揽未成年人参与网络赌博的；

（八）其他情节严重的情形。

二、关于网上开设赌场共同犯罪的认定和处罚

明知是赌博网站，而为其提供下列服务或者帮助的，属于开设赌场罪的共同犯罪，依照刑法第三百零三条第二款的规定处罚：

（一）为赌博网站提供互联网接入、服务器托管、网络存储空间、通讯传输通道、投放广告、发展会员、软件开发、技术支持等服务，收取服务费数额在二万元以上的；

（二）为赌博网站提供资金支付结算服务，收取服务费数额在一万元以上或者帮助收取赌资二十万元以上的；

（三）为十个以上赌博网站投放与网址、赔率等信息有关的广告或者为赌博网站投放广告累计一百条以上的。

实施前款规定的行为，数量或者数额达到前款规定标准五倍以上的，应当认定为刑法第三百零三条第二款规定的“情节严重”。

实施本条第一款规定的行为，具有下列情形之一的，应当认定行为人“明知”，但是有证据证明确实不知道的除外：

（一）收到行政主管机关书面等方式的告知后，仍然实施上述行为的；

（二）为赌博网站提供互联网接入、服务器托管、网络存储空间、通讯传输通道、投放广告、软件开发、技术支持、资金支付结算等服务，收取服务费明显异常的；

（三）在执法人员调查时，通过销毁、修改数据、账本等方式故意规避调查或者向犯罪嫌疑人通风报信的；

（四）其他有证据证明行为人明知的。

如果有开设赌场的犯罪嫌疑人尚未到案，但是不影响对已到案共同犯罪嫌疑人、被告人的犯罪事实认定的，可以依法对已到案者定罪处罚。

三、关于网络赌博犯罪的参赌人数、赌资数额和网站代理的认定

赌博网站的会员账号数可以认定为参赌人数，如果查实一个账号多人使用或者多个账号一人使用的，应当按照实际使用的人数计算参赌人数。

赌资数额可以按照在网络上投注或者赢取的点数乘以每一点实际代表的金额认定。

对于将资金直接或间接兑换为虚拟货币、游戏道具等虚拟物品，并用其作为筹码投注的，赌资数额按照购买该虚拟物品所需资金数额或者实际支付资金数额认定。

对于开设赌场犯罪中用于接收、流转赌资的银行账户内的资金，犯罪嫌疑人、被告人不能说明合法来源的，可以认定为赌资。向该银行账户转入、转出资金的银行账户数量可以认定为参赌人数。如果查实一个账户多人使用或多个账户一人使用的，应当按照实际使用的人数计算参赌人数。

有证据证明犯罪嫌疑人在赌博网站上的账号设置有下级账号的，应当认定其为赌博网站的代理。

四、关于网络赌博犯罪案件的管辖

网络赌博犯罪案件的地域管辖，应当坚持以犯罪地管辖为主、被告人居住地管辖为辅的原则。

“犯罪地”包括赌博网站服务器所在地、网络接入地，赌博网站建立者、管理者所在地，以及赌博网站代理人、参赌人实施网络赌博行为地等。

公安机关对侦办跨区域网络赌博犯罪案件的管辖权有争议的，应本着有利于查清犯罪事实、有利于诉讼的原则，认真协商解决。经协商无法达成一致的，报共同的上级公安机关指定管辖。对即将侦查终结的跨省（自治区、直辖市）重大网络赌博案件，必要时可由公安部商最高人民法院和最高人民检察院指定管辖。

为保证及时结案，避免超期羁押，人民检察院对于公安机关提请审查逮捕、移送审查起诉的案件，人民法院对于已进入审判程序的案件，犯罪嫌疑人、被告人及其辩护人提出管辖异议或者办案单位发现没有管辖权的，受案人民检察院、人民法院经审查可以依法报请上级人民检察院、人民法院指定管辖，不再自行移送有管辖权的人民检察院、人民法院。

五、关于电子证据的收集与保全

侦查机关对于能够证明赌博犯罪案件真实情况的

网站页面、上网记录、电子邮件、电子合同、电子交易记录、电子账册等电子数据，应当作为刑事证据予以提取、复制、固定。

侦查人员应当对提取、复制、固定电子数据的过程制作相关文字说明，记录案由、对象、内容以及提取、复制、固定的时间、地点、方法，电子数据的规格、类别、文件格式等，并由提取、复制、固定电子数据的制作人、电子数据的持有人签名或者盖章，附所提取、复制、固定的电子数据一并随案移送。

对于电子数据存储在境外的计算机上的，或者侦查机关从赌博网站提取电子数据时犯罪嫌疑人未到案的，或者电子数据的持有人无法签字或者拒绝签字的，应当由能够证明提取、复制、固定过程的见证人签名或者盖章，记明有关情况。必要时，可对提取、复制、固定有关电子数据的过程拍照或者录像。

最高人民法院、最高人民检察院、公安部关于办理利用赌博机开设赌场案件适用法律若干问题的意见

1. 2014年3月26日
2. 公通字〔2014〕17号

各省、自治区、直辖市高级人民法院，人民检察院，公安厅、局，解放军军事法院、军事检察院，新疆维吾尔自治区高级人民法院生产建设兵团分院，新疆生产建设兵团人民检察院、公安局：

为依法惩治利用具有赌博功能的电子游戏设施设备开设赌场的犯罪活动，根据《中华人民共和国刑法》、《最高人民法院、最高人民检察院关于办理赌博刑事案件具体应用法律若干问题的解释》等有关规定，结合司法实践，现就办理此类案件适用法律问题提出如下意见：

一、关于利用赌博机组织赌博的性质认定

设置具有退币、退分、退钢珠等赌博功能的电子游戏设施设备，并以现金、有价证券等贵重款物作为奖品，或者以回购奖品方式给予他人现金、有价证券等贵重款物（以下简称设置赌博机）组织赌博活动的，应当认定为刑法第三百零三条第二款规定的“开设赌场”行为。

二、关于利用赌博机开设赌场的定罪处罚标准

设置赌博机组织赌博活动，具有下列情形之一的，应当按照刑法第三百零三条第二款规定的开设赌场罪定罪处罚：

（一）设置赌博机10台以上的；

（二）设置赌博机2台以上，容留未成年人赌博的；

（三）在中小学校附近设置赌博机2台以上的；

（四）违法所得累计达到5000元以上的；

（五）赌资数额累计达到5万元以上的；

（六）参赌人数累计达到20人以上的；

（七）因设置赌博机被行政处罚后，两年内再设置赌博机5台以上的；

（八）因赌博、开设赌场犯罪被刑事处罚后，五年内再设置赌博机5台以上的；

（九）其他应当追究刑事责任的情形。

设置赌博机组织赌博活动，具有下列情形之一的，应当认定为刑法第三百零三条第二款规定的“情节严重”：

（一）数量或者数额达到第二条第一款第一项至第六项规定标准六倍以上的；

（二）因设置赌博机被行政处罚后，两年内再设置赌博机30台以上的；

（三）因赌博、开设赌场犯罪被刑事处罚后，五年内再设置赌博机30台以上的；

（四）其他情节严重的情形。

可同时供多人使用的赌博机，台数按照能够独立供一人进行赌博活动的操作基本单元的数量认定。

在两个以上地点设置赌博机，赌博机的数量、违法所得、赌资数额、参赌人数等均合并计算。

三、关于共犯的认定

明知他人利用赌博机开设赌场，具有下列情形之一的，以开设赌场罪的共犯论处：

（一）提供赌博机、资金、场地、技术支持、资金结算服务的；

（二）受雇参与赌场经营管理并分成的；

（三）为开设赌场者组织客源，收取回扣、手续费的；

（四）参与赌场管理并领取高额固定工资的；

（五）提供其他直接帮助的。

四、关于生产、销售赌博机的定罪量刑标准

以提供给他人开设赌场为目的，违反国家规定，非法生产、销售具有退币、退分、退钢珠等赌博功能的电子游戏设施设备或者其专用软件，情节严重的，依照刑法第二百二十五条的规定，以非法经营罪定罪处罚。

实施前款规定的行为，具有下列情形之一的，属于非法经营行为“情节严重”：

（一）个人非法经营数额在五万元以上，或者违法所得数额在一万元以上的；

（二）单位非法经营数额在五十万元以上，或者违法所得数额在十万元以上的；

（三）虽未达到上述数额标准，但两年内因非法生产、销售赌博机行为受过二次以上行政处罚，又进行同种非法经营行为的；

（四）其他情节严重的情形。

具有下列情形之一的，属于非法经营行为“情节特别严重”：

（一）个人非法经营数额在二十五万元以上，或者违法所得数额在五万元以上的；

（二）单位非法经营数额在二百五十万元以上，或者违法所得数额在五十万元以上的。

五、关于赌资的认定

本意见所称赌资包括：

（一）当场查获的用于赌博的款物；

（二）代币、有价证券、赌博积分等实际代表的金额；

（三）在赌博机上投注或赢取的点数实际代表的金额。

六、关于赌博机的认定

对于涉案的赌博机，公安机关应当采取拍照、摄像等方式及时固定证据，并予以认定。对于是否属于赌博机难以确定的，司法机关可以委托地市级以上公安机关出具检验报告。司法机关根据检验报告，并结合案件具体情况作出认定。必要时，人民法院可以依法通知检验人员出庭作出说明。

七、关于宽严相济刑事政策的把握

办理利用赌博机开设赌场的案件，应当贯彻宽严相济刑事政策，重点打击赌场的出资者、经营者。对受雇佣为赌场从事接送参赌人员、望风看场、发牌坐庄、兑换筹码等活动的人员，除参与赌场利润分成或者领取高额固定工资的以外，一般不追究刑事责任，可由公安机关依法给予治安管理处罚。对设置游戏机，单次换取少量奖品的娱乐活动，不以违法犯罪论处。

八、关于国家机关工作人员渎职犯罪的处理

负有查禁赌博活动职责的国家机关工作人员，徇私枉法，包庇、放纵开设赌场违法犯罪活动，或者为违法犯罪分子通风报信、提供便利、帮助犯罪分子逃避处罚，构成犯罪的，依法追究刑事责任。

国家机关工作人员参与利用赌博机开设赌场犯罪的，从重处罚。

·党规党纪·

中央纪委办公厅关于对“利用职权与他人发生性关系”如何理解的答复

1992年1月14日

河北省纪委：

你委冀纪审〔1991〕2号《关于如何认定“利用职权与他人发生性关系”类案件性质的请示》收悉。经中央纪委案件审理室研究并请示中央纪委领导同志同意，现对《中共中央纪律检查委员会关于共产党员违反社会主义道德党纪处分的若干规定（试行）》第十二条规定的“利用职权与他人发生性关系”错误作如下解释：

（一）犯错误的主体必须是党和国家机关、全民所有制或集体所有制事业单位、企业单位、社会团体、街道、农村中工作的党员干部或其他依法从事公务的党员干部，且犯错误主体同对方有直接的或间接的领导与被领导关系，能利用本人职务范围内的权力或者与职务有关的便利条件对对方政治、经济等利益发生影响；

（二）在客观上，犯错误主体以利用职权为对方谋利益或不损害对方利益为条件（不论这种利益是否已经谋取或损害是否已经发生），与对方发生了性关系；

（三）对方由于考虑个人得失等非感情原因，在主观上也有自愿的因素。

中央纪委办公厅关于共产党员接受异性按摩应如何处理的答复

1995年5月22日

各省、自治区、直辖市纪委，中央和国家机关各部委纪检组（纪委），中央纪委各派驻纪检组，中直机关和中央国家机关纪工委，军委纪委：

最近，一些地区和部门来电来函询问，共产党员接受异性按摩应如何处理？经中央纪委领导同志研究，一并答复如下：

一、共产党员不准在以下场所接受全身性或其他色情性的异性按摩。

（一）歌厅、舞厅、夜总会等娱乐场所；

（二）宾馆、饭店等住宿场所；

（三）浴池、桑拿浴室、发廊；

（四）其他非医疗场所。

二、在上述场所接受全身性或其他色情性的异性按摩的，给予党内警告、严重警告或撤销党内职务处分。

三、在上述场所接受异性按摩中与按摩人员发生性关系的，以嫖娼论，依据《中共中央纪律检查委员会对参与嫖娼、卖淫活动的共产党员及有关责任者党纪处分的暂行规定》处理。

在上述场所接受异性按摩中，虽未与按摩人员发生性关系，但有猥亵、侮辱妇女或进行其他流氓活动的，依据《中共中央纪律检查委员会关于共产党员违反社会主义道德党纪处分的若干规定（试行）》第十条的规定，按进行流氓活动定性处理。

中央纪委关于对共产党员参与以财物为媒介的手淫、口淫活动应如何处理的请示的答复

1995年12月21日

中共四川、浙江省纪委：

你们关于共产党员参与以财物为媒介的手淫、口淫活动应如何处理请示收悉。经研究，现答复如下：

对于以财物为媒介发生手淫、口淫行为，公安部已经作出按卖淫嫖娼查处的规定。共产党员参与这些活动，是思想意识极其腐朽堕落，丧失共产党员条件的表现，都应当按照卖淫嫖娼错误给予开除党籍处分。

公安部关于对拨打境外色情电话定性处理的批复

1996年2月14日

河北省公安厅：

你厅《关于对拨打国际色情电话行为如何定性处理的请示》（冀公治〔1995〕284号）收悉。现批复如下：

对盗用他人或单位电话打境外色情电话的以盗窃论处，构成犯罪的，依照1992年12月11日最高人民法院、最高人民检察院《关于办理盗窃案件具体应用法律的若干问题的解释》第一条第四项的规定按盗窃罪追究刑事责任；不构成犯罪的，依照《治安管理处罚条例》第二十三条的规定处罚。对聚众拨打收听境外色情电话，录制并传播色情电话内容，教唆他人拨打色情电话，传播色情电话号码的，以传播淫秽物品论处，情节较轻的，依照《治安管理处罚条例》进行处罚；情节严重，构成犯罪的依法追究刑事责任。对使用自己的电话打境外色情电话，尚不需要处罚的，由公安机关予以训诫或者所在单位、街道给予批评教育。

中央纪委法规室对湖南省纪委关于××包养情妇错误请示函的答复

2000年1月26日

湖南省纪委法规室：

你省纪委关于××包养情妇错误的函收悉。经研究，答复如下：

《中国共产党纪律处分条例（试行）》第一百三十一条所称的“包养情妇”是指，共产党员严重违反社会主义道德和社会公德，在一定时期内以为女方提供足够维持当地一般生活水平的日常生活费用为必要条件，与女方保持较稳定、较秘密的不正当两性关系的行为。其基本特征是：

（一）在一定时期内，为女方提供足够维持当地一般生活水平的日常生活费用。

（二）向女方提供足够维持当地一般生活水平的日常生活费用，是双方维持不正当两性关系的必要条件。

（三）男女双方在一定时期内保持较稳定的、较秘密的不正当两性关系。

公安部关于对同性之间以钱财为媒介的性行为定性处理问题的批复

2001年2月28日

广西壮族自治区公安厅：

你厅《关于对以金钱为媒介的同性之间的性行为如何定性的请示》（桂公传发〔2001〕325号）收悉。现批复如下：

根据《中华人民共和国治安管理处罚条例》和全国人大常委会《关于严禁卖淫嫖娼的决定》的规定，不特定的异性之间或者同性之间以金钱、财物为媒介发生不正当性关系的行为，包括口淫、手淫、鸡奸等行为，都属于卖淫嫖娼行为，对行为人应当依法处理。

自本批复下发之日起,《公安部关于对以营利为目的的手淫、口淫等行为定性处理问题的批复》(公复字〔1995〕6号)同时废止。

中共中央纪委、中共中央组织部关于严肃查处党员和干部参与赌博的通知

2004年9月3日

各省、自治区、直辖市纪委、党委组织部,各副省级城市纪委、党委组织部,中央和国家机关各部委、各人民团体纪检监察机关、组织人事部门,新疆生产建设兵团纪委、党委组织部,部分国有重要骨干企业党组(党委):

赌博是社会一大公害,是党纪国法所不允许的。但是,仍有一些地方和单位党员和干部参与赌博的现象屡禁不止,有的甚至相当严重,在社会上造成恶劣影响。对此,各级党组织必须引起高度重视,采取有力措施,切实加以整治。

一、加强思想政治教育,引导党员和干部增强思想道德修养和法纪观念。一些党员和干部沉溺于赌博,是思想颓废、意志消沉以及法纪观念淡薄的表现。各级党组织一定要充分认识赌博现象的严重危害性,坚持不懈地加强党员、干部队伍的思想政治建设,教育和引导广大党员、干部特别是领导干部认真学习和忠诚实践"三个代表"重要思想,自觉加强主观世界的改造,提高思想政治修养;关心党员、干部的业余生活,教育和引导他们培养积极向上的精神情趣,形成健康文明的生活方式,自觉抵御金钱、物欲的诱惑;加强党的纪律和国家有关法律的学习宣传,教育和引导党员、干部增强法纪意识,自爱、自重、自律,同赌博等歪风邪气作坚决斗争。

二、加大查处力度,对参与赌博的党员和干部依纪依法严肃处理。党员和干部参与赌博现象比较突出的地方和单位,纪检监察机关和组织人事部门要配合公安部门,开展专项检查和整治。对参与赌博活动的党员,要按照《中国共产党纪律处分条例》的有关规定严肃处理,是党员领导干部的,要从重或者加重处分。需要给予行政处分或者其他纪律处分的,参照执行。今后,凡是参与赌博的领导干部,要一律予以免职。典型案件,要在一定范围内进行通报,以警示教育党员和干部。

三、加强管理和监督,坚决制止党员和干部参与赌博。有些地方和单位党员、干部参与赌博的现象所以时有发生,一个重要原因是管理失范、监督不力。各地各部门要切实加强对党员和干部的日常管理和监督,有效防止党员、干部特别是领导干部参与赌博。纪检监察机关和组织人事部门要对党员和干部严格要求、严格管理、严格监督。要经常了解管理范围内党员和干部的思想、工作、作风状况,发现苗头性、倾向性问题,及时提醒告诫,督促改正。开展巡视、考察干部,不仅要了解干部工作时间内的表现,还要注意工作时间以外的表现,力求全面、深入、准确地了解干部。机关党组织要加强与本单位干部所在社区的联系,及时了解他们的有关情况。领导班子成员之间要互相关心、互相帮助,发现有赌博等不良现象,要勇于批评和制止。发挥群众监督的作用,对群众反映的关于党员、干部特别是领导干部参与赌博的问题,要认真调查核实。

四、明确责任,认真落实责任追究制度。领导班子主要负责人要切实负起抓班子带队伍的责任,其他领导成员要抓好对所分管部门和单位领导班子成员的管理和监督,一级抓一级,一级带一级。要认真落实党风廉政建设责任制,凡是对直接管辖范围内发生的党员、干部参与赌博问题不制止、不查处,或者隐瞒不报、压制不查,以及所在地方和单位党员、干部赌博之风屡禁不止的,要严肃追究领导班子主要负责人及其他有关负责人的责任。

纪检监察机关和组织人事部门要密切配合,认真抓好本通知精神的落实。年底前,将查处党员、干部参与赌博案件的情况,向中央纪委和中央组织部写出专题报告。

中央纪委审理室关于审核处理党员参加赌博案件如何把握《中国共产党纪律处分条例》第一百六十二条第二款规定的几点意见

2005年3月31日

为了准确认定党员参加赌博案件的违纪情节,正确执行《中国共产党纪律处分条例》(以下简称《条例》),提高各级纪检监察机关依纪依法办案水平,经研究并结合近年来审核处理党员参加赌博案件的实践,现对《条例》第一百六十二条第二款的规定如何把握提出以下意见:

一、在审核处理党员参加赌博案件中,要注意结合有关司法解释和公安机关的有关规定,正确区分赌博和娱乐活动、赌博行为和赌博犯罪的界限。性质难以把握时,

纪检机关应当征求县级以上公安机关等有关单位的意见。

二、对党员参加赌博赌资巨大、多次在工作时间赌博以及其他造成恶劣影响或者严重后果的，以“情节严重”按照《条例》第一百六十二条第二款的规定处理。

三、对党员领导干部参加赌博的，要按照中央纪委第五次全会的要求和中央纪委、中央组织部《关于严肃查处党员和干部参与赌博的通知》（组通字〔2004〕43号）的精神，一律先予免职，再依据规定处理。

四、党员参加赌博，同时构成其他违纪行为的，应当区分情况，分别按照《条例》第二十五条、第二十六条的规定处理。

中央纪委审理室关于审核认定嫖娼案件有关问题的意见

2005年3月29日

为正确审核认定嫖娼案件，根据《中国共产党纪律处分条例》第三十三条第二款的规定并结合工作实际，就纪检机关审核认定嫖娼案件的有关问题提出以下意见：

一、对公安机关以嫖娼定性并作出行政处罚决定后移送纪检机关追究党纪责任的案件，纪检机关应当对公安机关移送的行政处罚书、案件相关材料或者能够反映案件证据状况的相关材料（如证据目录、案件认定报告等）进行审核。其中经审核无异议的，纪检机关应按有关规定处理；经审核，认定嫖娼的材料没有达到《关于查处党员违纪案件中收集、鉴别、使用证据的具体规定》中所规定的证明标准的，纪检机关应商请公安机关补充材料，如有必要，纪检机关也可以直接补充调查，经上述工作后仍达不到前述证明标准的，不能按嫖娼定性处理。

被处罚人对公安机关认定嫖娼的行政处罚决定不服，提起行政复议或行政诉讼的，纪检机关应在公安机关或人民法院作出生效裁决后，再予处理。

二、纪检机关在查办案件过程中发现党员有涉嫌嫖娼行为的，在定性处理前，应向县级以上公安机关征求意见。公安机关认为构成嫖娼的，纪检机关经审核无误后，应予以认定，其中，需要给予行政处罚的，还应将有关案件材料移送公安机关处理；公安机关经审查认为不构成嫖娼，理由确实充分的，纪检机关应尊重公安机关的意见。

在办理嫖娼案件过程中，纪检机关与公安机关的意见有分歧时，应加强沟通协调，稳妥处理。

关于党员干部带头推动殡葬改革的意见

中共中央办公厅、国务院办公厅2013年12月10日印发

殡葬改革是破千年旧俗、树一代新风的社会改革，关系人民群众切身利益，关系社会主义精神文明建设和生态文明建设，关系党风政风民风。为发挥广大党员、干部带头示范作用，进一步推动殡葬改革，现提出如下意见。

一、深刻认识推动殡葬改革的重要性和紧迫性

新中国成立以来，在老一辈党和国家领导人的积极倡导下，在各级党委和政府大力推动下，广大党员、干部带领群众积极实行火葬，改革土葬，革除丧葬陋俗，树立文明节俭办丧事的新风尚，殡葬改革取得了明显成效。但近年来，一些丧葬陋俗死灰复燃，封建迷信活动重新活跃，突出表现在：火葬区遗体火化率下滑、骨灰装棺再葬问题突出，土葬改革区乱埋乱葬、滥占耕地现象严重，浪费了大量自然资源，破坏了生态环境；重殓厚葬之风盛行，盲目攀比、奢侈浪费现象滋生蔓延，加重了群众负担；少数党员、干部甚至个别领导干部利用丧事活动大操大办、借机敛财，热衷风水迷信，修建大墓豪华墓，损害了党和政府形象，败坏了社会风气。这些现象亟须整治。

党员、干部带头推动殡葬改革，是移风易俗，发扬社会主义新风尚的应尽责任；是推动文明节俭治丧，减轻群众丧葬负担的重要途径；是加强党风政风建设，树立党和政府良好形象的必然要求；是解决人口增长与资源环境矛盾，造福当代和子孙后代，促进经济社会可持续发展的迫切要求。各级党委和政府要充分认识党员、干部带头推动殡葬改革的重要性和紧迫性，进一步统一思想，完善政策措施，逐步形成党员和干部带头、广大群众参与、全社会共同推动的殡葬改革良好局面。

二、充分发挥党员、干部带头作用，积极推动殡葬改革

（一）带头文明节俭办丧事，树立时代风尚。党员、干部应当带头文明治丧，简办丧事。要在殡仪馆或合适场所集中办理丧事活动，自觉遵守公共秩序，尊重他人合法权益，不得在居民区、城区街道、公共场所搭建灵棚。采用佩戴黑纱白花、播放哀乐、发放生平等方式哀悼逝者，自觉抵制迷信低俗活动。除国家另有规定外，党员、干部去世后一般不成立治丧机构，不召开追悼会。举行遗体送别仪式的,要严格控制规模,力求节约简朴。对于逝者生前有丧事从简愿望或要求的,家属、亲友以及所在单位应当予以充分尊重和支持。严禁党员、干部特别是领导干部在丧事活动中大操大办、铺张浪费,严禁借机收敛钱财。

(二)带头火葬和生态安葬,保护生态环境。在人口稠密、耕地较少、交通方便的火葬区,党员、干部去世后必须实行火葬,不得将骨灰装棺再葬,不得超标准建墓立碑。在暂不具备火葬条件的土葬改革区,党员、干部去世后遗体应当在公墓内集中安葬,不得乱埋乱葬。无论是在火葬区还是在土葬改革区,党员、干部都应当带头实行生态安葬,采取骨灰存放、树葬、花葬、草坪葬等节地葬法,积极参与骨灰撒散、海葬或者深埋、不留坟头。鼓励党员、干部去世后捐献器官或遗体。少数民族党员、干部去世后,尊重其民族习俗,按照有关规定予以安葬。

(三)带头文明低碳祭扫,传承先进文化。党员、干部应当带头文明祭奠、低碳祭扫,主动采用敬献鲜花、植树绿化、踏青遥祭、经典诵读等方式缅怀故人,弘扬慎终追远等优秀传统文化,不得在林区、景区等禁火区域焚烧纸钱、燃放鞭炮。积极参与社区公祭、集体共祭、网络祭扫等现代追思活动,带头祭扫先烈,带领群众逐步从注重实地实物祭扫转移到以精神传承为主上来。

(四)带头宣传倡导殡葬改革,弘扬新风正气。党员、干部要积极主动宣传殡葬改革,加强对亲属、朋友和周围群众的教育引导,及时劝阻不良治丧行为,自觉抵制陈规陋俗和封建迷信活动,倡导文明新风。各级领导干部要加强对直系亲属和身边工作人员丧事活动的约束,积极做好思想疏导工作,对不良倾向和苗头性问题,要做到早提醒、早制止、早纠正,决不允许对违法违规殡葬行为听之任之甚至包庇纵容。

三、大力营造有利于殡葬改革的良好环境

(一)加强组织领导,健全工作机制。各级党委和政府要把党员、干部带头推动殡葬改革作为促进社会主义精神文明建设和生态文明建设、保障和改善民生、加强党风政风建设的重要内容,摆上议事日程,建立健全党委领导、政府负责、部门协作、社会参与的工作机制。坚持以党员、干部带头为引领,不断提高人民群众参与殡葬改革的自觉性。组织部门要注意掌握党员、干部治丧情况,加强对党员、干部的教育管理。宣传、文明办等部门要做好殡葬改革宣传引导工作。发展改革、公安、民政、财政、人力资源社会保障、国土资源、工商、林业等部门要各司其职、密切配合,加强基本殡葬服务供给,完善惠民殡葬政策措施,规范殡葬服务市场秩序,督促党员、干部破除丧葬陋俗,加快推动殡葬改革。工会、共青团、妇联等人民团体和基层党组织、村(居)委会以及红白理事会、老年人协会等社会组织要充分发挥作用,广泛动员群众积极参与殡葬改革。

(二)注重统筹规划,提高保障水平。各级党委和政府要立足实际,制定和完善殡葬事业发展规划,明确殡葬改革目标任务和方法步骤,并纳入当地国民经济和社会发展规划。根据人口、耕地、交通等情况,科学划分火葬区和土葬改革区,统筹确定殡葬基础设施数量、布局、规模和功能。加大投入,重点完善殡仪馆、骨灰堂、公益性公墓等基本殡葬公共服务设施,逐步形成布局合理、设施完善、功能齐全、服务便捷的基本殡葬公共服务网络,为推动殡葬改革创造有利条件。

(三)完善法规制度,强化监督管理。加快修订《殡葬管理条例》,健全基本殡葬服务保障、殡葬服务市场监管、丧事活动管理执法等方面制度。进一步健全和规范对乱埋乱葬、违规建墓等行为的行政强制执行制度。积极建立殡葬改革激励引导机制,实行生态安葬奖补等奖励政策。加强监督检查,强化责任追究,对党员、干部尤其是领导干部在丧事活动中的违纪违法行为,要依纪依法严肃查处。

(四)加大宣传力度,做好舆论引导。充分利用各种媒体和传播手段,深入宣传殡葬法规政策,普及科学知识,倡导文明节俭、生态环保、移风易俗的殡葬新风尚。大力宣传党员、干部带头推动殡葬改革的先进典型,传播正能量。充分发挥媒体监督作用,曝光负面案例,努力营造有利于殡葬改革的良好氛围。

各地区各有关部门要按照本意见精神,结合实际制定贯彻落实的具体措施。

中共中央办公厅、国务院办公厅关于领导干部带头在公共场所禁烟有关事项的通知

2013年12月25日

我国《公共场所卫生管理条例实施细则》等对公共场所禁止吸烟作出了明确规定,一些部门和地方也制定了相关规章规定和地方性法规。近年来,通过各方共同努力,公共场所禁烟工作取得积极进展。但也要看到,在公共场所吸烟的现象仍较普遍,特别是少数

领导干部在公共场所吸烟，不仅危害公共环境和公众健康，而且损害党政机关和领导干部形象，造成不良影响。为进一步做好公共场所禁烟控烟工作，经中央领导同志同意，现就领导干部带头在公共场所禁烟有关事项通知如下。

一、各级领导干部要充分认识带头在公共场所禁烟的重要意义，模范遵守公共场所禁烟规定，以实际行动作出表率，自觉维护法规制度权威，自觉维护党政机关和领导干部形象。

二、各级领导干部不得在学校、医院、体育场馆、公共文化场馆、公共交通工具等禁止吸烟的公共场所吸烟，在其他有禁止吸烟标识的公共场所要带头不吸烟。同时，要积极做好禁烟控烟宣传教育和引导工作，督促公共场所经营者设置醒目的禁止吸烟警语和标志，及时劝阻和制止他人违规在公共场所吸烟。

三、各级党政机关公务活动中严禁吸烟。公务活动承办单位不得提供烟草制品，公务活动参加人员不得吸烟、敬烟、劝烟。要严格监督管理，严禁使用或变相使用公款支付烟草消费开支。

四、要把各级党政机关建成无烟机关。机关内部禁止销售或提供烟草制品，禁止烟草广告，公共办公场所禁止吸烟，传达室、会议室、楼道、食堂、洗手间等场所要张贴醒目的禁烟标识。各级党政机关要动员本单位职工控烟，鼓励吸烟职工戒烟。卫生、宣传等有关部门和单位要广泛动员各方力量，深入开展形式多样的禁烟控烟宣传教育活动，在全社会形成禁烟控烟的良好氛围。

五、各级领导干部要主动接受群众监督和舆论监督。各级党政机关要加强监督检查，对违反规定在公共场所吸烟的领导干部，要给予批评教育，造成恶劣影响的，要依纪依法严肃处理。

7. 问责规定

·法律法规·

关于违反信访工作纪律处分暂行规定

2008年6月30日监察部、人力资源和社会保障部、国家信访局令第16号公布施行

第一条 为严格执行处理信访突出问题及群体性事件工作责任制,切实落实领导责任,惩处信访工作违纪行为,维护信访工作秩序,保护信访人合法权益,促进社会和谐稳定,根据《中华人民共和国行政监察法》、《中华人民共和国公务员法》、《信访条例》、《行政机关公务员处分条例》及其他有关法律法规,制定本规定。

第二条 本规定适用于各级行政机关公务员。

第三条 本规定所称违反信访工作纪律,是指违反党和国家有关信访工作的规定的行为。

第四条 本规定所称领导责任,是指有关领导人员在处理信访突出问题及群体性事件时,承担的与领导工作职责相关的责任,分为主要领导责任和重要领导责任。

主要领导责任,是指在其职责范围内,对直接主管的工作不履行或不正确履行职责,对造成的影响或后果负直接领导责任。

重要领导责任,是指在其职责范围内,对应管的工作或参与决策的工作不履行或不正确履行职责,对造成的影响或后果负次要领导责任。

第五条 有下列情形之一的,对负有直接责任者,给予记大过、降级、撤职或者开除处分;负有主要领导责任者,给予记大过、降级或者撤职处分;负有重要领导责任者,给予记过、记大过或者降级处分:

(一)决策违反法律法规和政策,严重损害群众利益,引发信访突出问题或群体性事件的;

(二)主要领导不及时处理重要来信、来访或不及时研究解决信访突出问题,导致矛盾激化,造成严重后果的;

(三)对疑难复杂的信访问题,未按有关规定落实领导专办责任,久拖不决,造成严重后果的。

第六条 有下列情形之一的,对负有直接责任者,给予记大过、降级、撤职或者开除处分;负有主要领导责任者,给予记过、记大过、降级或者撤职处分;负有重要领导责任者,给予警告、记过、记大过或者降级处分:

(一)拒不办理上级机关和信访工作机构交办、督办的重要信访事项,或者编报虚假材料欺骗上级机关,造成严重后果的;

(二)拒不执行有关职能机关提出的支持信访请求意见,引发信访突出问题或群体性事件的;

(三)本地区、单位或部门发生越级集体上访或群体性事件后,未认真落实上级机关的明确处理意见,导致矛盾激化、事态扩大或引发重复越级集体上访,造成较大社会影响的;

(四)不按有关规定落实信访工作机构提出的改进工作、完善政策、给予处分等建议,造成严重后果的;

(五)对可能造成社会影响的重大、紧急信访事项和信访信息,隐瞒、谎报、缓报,或者授意他人隐瞒、谎报、缓报,造成严重后果的。

第七条 有下列情形之一的,对负有直接责任者,给予记过、记大过、降级或者撤职处分;负有主要领导责任者,给予记过、记大过或者降级处分;负有重要领导责任者,给予警告、记过或者记大过处分:

(一)在处理信访事项过程中,工作作风简单粗暴,造成严重后果的;

(二)对信访事项应当受理、登记、转送、交办、答复而未按规定办理或逾期未结,或者应当履行督查督办职责而未履行,造成严重后果的;

(三)在处理信访事项过程中,敷衍塞责、推诿扯皮导致矛盾激化,造成严重后果的;

(四)对重大信访突出问题和群体性事件,应到现场处置而未到现场处置或处置不当,造成严重后果或较大社会影响的。

第八条 有下列情形之一的,对负有直接责任者,给予记大过、降级、撤职或者开除处分;负有主要领导责任者,给予记过、记大过、降级或者撤职处分;负有重要领导责任者,给予警告、记过、记大过或者降级处分:

(一)超越或者滥用职权,侵害公民、法人或者其他组织合法权益,导致信访事项发生,造成严重后果的;

(二)应当作为而不作为,侵害公民、法人或者其他组织合法权益,导致信访事项发生,造成严重后果的;

(三)因故意或重大过失导致认定事实错误,或者适用法律、法规错误,或者违反法定程序,侵害公民、法人或者其他组织合法权益,导致信访事项发生,造成严重后果的。

第九条　违反规定使用警力处置群体性事件，或者滥用警械、强制措施，或者违反规定携带、使用武器的，对负有直接责任者，给予记过、记大过、降级或者撤职处分。造成严重后果的，对负有直接责任者，给予撤职或者开除处分；负有主要领导责任者，给予记过、记大过、降级或者撤职处分；负有重要领导责任者，给予警告、记过、记大过或者降级处分。

第十条　在信访工作中有其他失职、渎职行为，引发信访突出问题或群体性事件的，对负有直接责任者，给予记大过、降级、撤职或者开除处分；负有主要领导责任者，给予记过、记大过、降级或者撤职处分；负有重要领导责任者，给予警告、记过、记大过或者降级处分。

第十一条　有本规定第五条至第十条规定的行为，除给予政纪处分外，对负有领导责任的人员，可同时建议有关机关给予组织处理。

第十二条　有本规定第五条至第十条规定的行为，但未造成较大影响或严重后果的，可以责令作出深刻检查或给予通报批评。

第十三条　对法律、法规授权的具有公共事务管理职能的事业单位中经批准参照《中华人民共和国公务员法》管理的工作人员和其他事业单位中由国家行政机关任命的人员有本规定第五条至第十条规定的行为的，参照本规定执行。

第十四条　本规定由监察部、人力资源和社会保障部、国家信访局负责解释。

第十五条　本规定自公布之日起施行。

统计违法违纪行为处分规定

1. 2009年3月25日监察部、人力资源社会保障部、国家统计局令第18号公布

2. 自2009年5月1日起施行

第一条　为了加强统计工作，提高统计数据的准确性和及时性，惩处和预防统计违法违纪行为，促进统计法律法规的贯彻实施，根据《中华人民共和国统计法》、《中华人民共和国行政监察法》、《中华人民共和国公务员法》、《行政机关公务员处分条例》及其他有关法律、行政法规，制定本规定。

第二条　有统计违法违纪行为的单位中负有责任的领导人员和直接责任人员，以及有统计违法违纪行为的个人，应当承担纪律责任。属于下列人员的（以下统称有关责任人员），由任免机关或者监察机关按照管理权限依法给予处分：

（一）行政机关公务员；

（二）法律、法规授权的具有公共事务管理职能的事业单位中经批准参照《中华人民共和国公务员法》管理的工作人员；

（三）行政机关依法委托的组织中除工勤人员以外的工作人员；

（四）企业、事业单位、社会团体中由行政机关任命的人员。

法律、行政法规、国务院决定和国务院监察机关、国务院人力资源社会保障部门制定的处分规章对统计违法违纪行为的处分另有规定的，从其规定。

第三条　地方、部门以及企业、事业单位、社会团体的领导人员有下列行为之一的，给予记过或者记大过处分；情节较重的，给予降级或者撤职处分；情节严重的，给予开除处分：

（一）自行修改统计资料、编造虚假数据的；

（二）强令、授意本地区、本部门、本单位统计机构、统计人员或者其他有关机构、人员拒报、虚报、瞒报或者篡改统计资料、编造虚假数据的；

（三）对拒绝、抵制篡改统计资料或者对拒绝、抵制编造虚假数据的人员进行打击报复的；

（四）对揭发、检举统计违法违纪行为的人员进行打击报复的。

有前款第（三）项、第（四）项规定行为的，应当从重处分。

第四条　地方、部门以及企业、事业单位、社会团体的领导人员，对本地区、本部门、本单位严重失实的统计数据，应当发现而未发现或者发现后不予纠正，造成不良后果的，给予警告或者记过处分；造成严重后果的，给予记大过或者降级处分；造成特别严重后果的，给予撤职或者开除处分。

第五条　各级人民政府统计机构、有关部门及其工作人员在实施统计调查活动中，有下列行为之一的，对有关责任人员，给予记过或者记大过处分；情节较重的，给予降级或者撤职处分；情节严重的，给予开除处分：

（一）强令、授意统计调查对象虚报、瞒报或者伪造、篡改统计资料的；

（二）参与篡改统计资料、编造虚假数据的。

第六条　各级人民政府统计机构、有关部门及其工作人员在实施统计调查活动中，有下列行为之一的，对有关责任人员，给予警告、记过或者记大过处分；情节较重的，给予降级处分；情节严重的，给予撤职处分：

（一）故意拖延或者拒报统计资料的；

（二）明知统计数据不实，不履行职责调查核实，造成不良后果的。

第七条　统计调查对象中的单位有下列行为之一，情节较重的，对有关责任人员，给予警告、记过或者记大过处分；情节严重的，给予降级或者撤职处分；情节特别严重的，给予开除处分：

（一）虚报、瞒报统计资料的；

（二）伪造、篡改统计资料的；

（三）拒报或者屡次迟报统计资料的；

（四）拒绝提供情况、提供虚假情况或者转移、隐匿、毁弃原始统计记录、统计台账、统计报表以及与统计有关的其他资料的。

第八条　违反国家规定的权限和程序公布统计资料，造成不良后果的，对有关责任人员，给予警告或者记过处分；情节较重的，给予记大过或者降级处分；情节严重的，给予撤职处分。

第九条　有下列行为之一，造成不良后果的，对有关责任人员，给予警告、记过或者记大过处分；情节较重的，给予降级或者撤职处分；情节严重的，给予开除处分：

（一）泄露属于国家秘密的统计资料的；

（二）未经本人同意，泄露统计调查对象个人、家庭资料的；

（三）泄露统计调查中知悉的统计调查对象商业秘密的。

第十条　包庇、纵容统计违法违纪行为的，对有关责任人员，给予记过或者记大过处分；情节较重的，给予降级或者撤职处分；情节严重的，给予开除处分。

第十一条　受到处分的人员对处分决定不服的，依照《中华人民共和国行政监察法》、《中华人民共和国公务员法》、《行政机关公务员处分条例》等有关规定，可以申请复核或者申诉。

第十二条　任免机关、监察机关和人民政府统计机构建立案件移送制度。

任免机关、监察机关查处统计违法违纪案件，认为应当由人民政府统计机构给予行政处罚的，应当将有关案件材料移送人民政府统计机构。人民政府统计机构应当依法及时查处，并将处理结果书面告知任免机关、监察机关。

人民政府统计机构查处统计行政违法案件，认为应当由任免机关或者监察机关给予处分的，应当及时将有关案件材料移送任免机关或者监察机关。任免机关或者监察机关应当依法及时查处，并将处理结果书面告知人民政府统计机构。

第十三条　有统计违法违纪行为，应当给予党纪处分的，移送党的纪律检查机关处理。涉嫌犯罪的，移送司法机关依法追究刑事责任。

第十四条　本规定由监察部、人力资源社会保障部、国家统计局负责解释。

第十五条　本规定自2009年5月1日起施行。

城乡规划违法违纪行为处分办法

1. 2012年12月3日监察部、人力资源和社会保障部、住房和城乡建设部令第29号公布

2. 根据2016年1月18日监察部、人力资源和社会保障部、住房和城乡建设部令第33号《关于修改〈城乡规划违法违纪行为处分办法〉的决定》修正

第一条　为了加强城乡规划管理，惩处城乡规划违法违纪行为，根据《中华人民共和国城乡规划法》、《中华人民共和国行政监察法》、《中华人民共和国公务员法》、《行政机关公务员处分条例》及其他有关法律、行政法规，制定本办法。

第二条　有城乡规划违法违纪行为的单位中负有责任的领导人员和直接责任人员，以及有城乡规划违法违纪行为的个人，应当承担纪律责任。属于下列人员的（以下统称有关责任人员），由任免机关或者监察机关按照管理权限依法给予处分：

（一）行政机关公务员；

（二）法律、法规授权的具有公共事务管理职能的组织中从事公务的人员；

（三）国家行政机关依法委托从事公共事务管理活动的组织中从事公务的人员；

（四）企业、人民团体中由行政机关任命的人员。

事业单位工作人员有本办法规定的城乡规划违法违纪行为的，依照《事业单位工作人员处分暂行规定》执行。

法律、行政法规、国务院决定及国务院监察机关、国务院人力资源社会保障部门制定的处分规章对城乡规划违法违纪行为的处分另有规定的，从其规定。

第三条　地方人民政府有下列行为之一的，对有关责任人员给予记过或者记大过处分；情节较重的，给予降级或者撤职处分；情节严重的，给予开除处分：

（一）依法应当编制城乡规划而未组织编制的；

（二）未按法定程序编制、审批、修改城乡规划的。

第四条　地方人民政府有下列行为之一的，对有关责任人员给予警告、记过或者记大过处分；情节较重的，给予降级或者撤职处分；情节严重的，给予开除处分：

（一）制定或者作出与城乡规划法律、法规、规章和国家有关文件相抵触的规定或者决定，造成不良后果或者经上级机关、有关部门指出仍不改正的；

（二）在城市总体规划、镇总体规划确定的建设用地范围以外设立各类开发区和城市新区的；

（三）违反风景名胜区规划，在风景名胜区内设立各类开发区的；

（四）违反规定以会议或者集体讨论决定方式要求城乡规划主管部门对不符合城乡规划的建设项目发放规划许可的。

第五条　地方人民政府及城乡规划主管部门委托不具有相应资质等级的单位编制城乡规划的，对有关责任人员给予警告或者记过处分；情节较重的，给予记大过或者降级处分；情节严重的，给予撤职处分。

第六条　地方人民政府及其有关主管部门工作人员，利用职权或者职务上的便利，为自己或者他人谋取私利，有下列行为之一的，给予记过或者记大过处分；情节较重的，给予降级或者撤职处分；情节严重的，给予开除处分：

（一）违反法定程序干预控制性详细规划的编制和修改，或者擅自修改控制性详细规划的；

（二）违反规定调整土地用途、容积率等规划条件核发规划许可，或者擅自改变规划许可内容的；

（三）违反规定对违法建设降低标准进行处罚，或者对应当依法拆除的违法建设不予拆除的。

第七条　乡、镇人民政府或者地方人民政府承担城乡规划监督检查职能的部门及其工作人员有下列行为之一的，对有关责任人员给予记过或者记大过处分；情节较重的，给予降级或者撤职处分；情节严重的，给予开除处分：

（一）发现未依法取得规划许可或者违反规划许可的规定在规划区内进行建设的行为不予查处，或者接到举报后不依法处理的；

（二）在规划管理过程中，因严重不负责任致使国家利益遭受损失的。

第八条　地方人民政府城乡规划主管部门及其工作人员在国有建设用地使用权出让合同签订后，违反规定调整土地用途、容积率等规划条件的，对有关责任人员给予警告或者记过处分；情节较重的，给予记大过或者降级处分；情节严重的，给予撤职处分。

第九条　地方人民政府城乡规划主管部门及其工作人员有下列行为之一的，对有关责任人员给予警告处分；情节较重的，给予记过或者记大过处分；情节严重的，给予降级处分：

（一）未依法对经审定的修建性详细规划、建设工程设计方案总平面图予以公布的；

（二）未征求规划地段内利害关系人意见，同意修改修建性详细规划、建设工程设计方案总平面图的。

第十条　县级以上地方人民政府城乡规划主管部门及其工作人员或者由省、自治区、直辖市人民政府确定的镇人民政府及其工作人员有下列行为之一的，对有关责任人员给予警告或者记过处分；情节较重的，给予记大过或者降级处分；情节严重的，给予撤职处分：

（一）违反规划条件核发建设用地规划许可证、建设工程规划许可证的；

（二）超越职权或者对不符合法定条件的申请人核发选址意见书、建设用地规划许可证、建设工程规划许可证、乡村建设规划许可证的；

（三）对符合法定条件的申请人不予核发或者未在法定期限内核发选址意见书、建设用地规划许可证、建设工程规划许可证、乡村建设规划许可证的；

（四）违反规划批准在历史文化街区、名镇、名村核心保护范围内进行新建、扩建活动或者违反规定批准对历史建筑进行迁移、拆除的；

（五）违反基础设施用地的控制界限（黄线）、各类绿地范围的控制线（绿线）、历史文化街区和历史建筑的保护范围界限（紫线）、地表水体保护和控制的地域界限（蓝线）等城乡规划强制性内容的规定核发规划许可的。

第十一条　县人民政府城乡规划主管部门未依法组织编制或者未按照县人民政府所在地镇总体规划的要求编制县人民政府所在地镇的控制性详细规划的，对有关责任人员给予记过或者记大过处分；情节较重的，给予降级或者撤职处分；情节严重的，给予开除处分。

第十二条　城市人民政府城乡规划主管部门未依法组织编制或者未按照城市总体规划的要求编制城市的控制性详细规划的，对有关责任人员给予记过或者记大过处分；情节较重的，给予降级或者撤职处分；情节严重的，给予开除处分。

第十三条　县级以上人民政府有关部门及其工作人员有下列行为之一的，对有关责任人员给予警告或者记过处分；情节较重的，给予记大过或者降级处分；情节严重的，给予撤职处分：

（一）对未依法取得选址意见书的建设项目核发建设项目批准文件的；

（二）未依法在国有土地使用权出让合同中确定规划条件或者改变国有土地使用权出让合同中依法确定的规划条件的；

（三）对未依法取得建设用地规划许可证的建设单位划拨国有土地使用权的；

（四）对未在乡、村庄规划区建设用地范围内取得乡村建设规划许可证的建设单位或者个人办理用地审批手续，造成不良影响的。

第十四条 县级以上地方人民政府及其有关主管部门违反风景名胜区规划，批准在风景名胜区的核心景区内建设宾馆、培训中心、招待所、疗养院以及别墅、住宅等与风景名胜资源保护无关的其他建筑物的，对有关责任人员给予降级或者撤职处分。

第十五条 在国家级风景名胜区内修建缆车、索道等重大建设工程，项目的选址方案未经省级人民政府住房城乡建设主管部门或者直辖市风景名胜区主管部门核准，县级以上地方人民政府有关主管部门擅自核发选址意见书的，对有关责任人员给予警告或者记过处分；情节较重的，给予记大过或者降级处分；情节严重的，给予撤职处分。

第十六条 建设单位及其工作人员有下列行为之一的，对有关责任人员给予警告、记过或者记大过处分；情节较重的，给予降级或者撤职处分；情节严重的，给予开除处分：

（一）未依法取得建设项目规划许可，擅自开工建设的；

（二）未经城乡规划主管部门许可，擅自改变规划条件、设计方案，或者不按照规划要求配建公共设施及配套工程的；

（三）以伪造、欺骗等非法手段获取建设项目规划许可手续的；

（四）未经批准或者未按照批准内容进行临时建设，或者临时建筑物、构筑物超过批准期限不拆除的；

（五）违反历史文化名城、名镇、名村保护规划在历史文化街区、名镇、名村核心保护范围内，破坏传统格局、历史风貌，或者擅自新建、扩建、拆除建筑物、构筑物或者其他设施的；

（六）违反风景名胜区规划在风景名胜区核心景区内建设宾馆、培训中心、招待所、疗养院以及别墅、住宅等与风景名胜资源保护无关的其他建筑物的。

第十七条 受到处分的人员对处分决定不服的，可以依照《中华人民共和国行政监察法》、《中华人民共和国公务员法》、《行政机关公务员处分条例》等有关规定，申请复核或者申诉。

第十八条 任免机关、监察机关和城乡规划主管部门建立案件移送制度。

任免机关或者监察机关查处城乡规划违法违纪案件，认为应当由城乡规划主管部门给予行政处罚的，应当将有关案件材料移送城乡规划主管部门。城乡规划主管部门应当依法及时查处，并将处理结果书面告知任免机关或者监察机关。

城乡规划主管部门查处城乡规划违法案件，认为应当由任免机关或者监察机关给予处分的，应当在作出行政处罚决定或者其他处理决定后，及时将有关案件材料移送任免机关或者监察机关。任免机关或者监察机关应当依法及时查处，并将处理结果书面告知城乡规划主管部门。

第十九条 有城乡规划违法违纪行为，应当给予党纪处分的，移送党的纪律检查机关处理；涉嫌犯罪的，移送司法机关依法追究刑事责任。

第二十条 本办法由监察部、人力资源社会保障部、住房城乡建设部负责解释。

第二十一条 本办法自2013年1月1日起施行。

·党规党纪·

中国共产党问责条例

中共中央2019年8月25日发布

第一条 为了坚持党的领导，加强党的建设，全面从严治党，保证党的路线方针政策和党中央重大决策部署贯彻落实，规范和强化党的问责工作，根据《中国共产党章程》，制定本条例。

第二条 党的问责工作坚持以马克思列宁主义、毛泽东思想、邓小平理论、“三个代表”重要思想、科学发展观、习近平新时代中国特色社会主义思想为指导，增强“四个意识”，坚定“四个自信”，坚决维护习近平总书记党中央的核心、全党的核心地位，坚决维护党中央权威和集中统一领导，围绕统筹推进“五位一体”总体布局和协调推进“四个全面”战略布局，落实管党治党政治责任，督促各级党组织、党的领导干部负责守责尽责，践行忠诚干净担当。

第三条　党的问责工作应当坚持以下原则：

（一）依规依纪、实事求是；

（二）失责必问、问责必严；

（三）权责一致、错责相当；

（四）严管和厚爱结合、激励和约束并重；

（五）惩前毖后、治病救人；

（六）集体决定、分清责任。

第四条　党委（党组）应当履行全面从严治党主体责任，加强对本地区本部门本单位问责工作的领导，追究在党的建设、党的事业中失职失责党组织和党的领导干部的主体责任、监督责任、领导责任。

纪委应当履行监督专责，协助同级党委开展问责工作。纪委派驻（派出）机构按照职责权限开展问责工作。

党的工作机关应当依据职能履行监督职责，实施本机关本系统本领域的问责工作。

第五条　问责对象是党组织、党的领导干部，重点是党委（党组）、党的工作机关及其领导成员，纪委、纪委派驻（派出）机构及其领导成员。

第六条　问责应当分清责任。党组织领导班子在职责范围内负有全面领导责任，领导班子主要负责人和直接主管的班子成员在职责范围内承担主要领导责任，参与决策和工作的班子成员在职责范围内承担重要领导责任。

对党组织问责的，应当同时对该党组织中负有责任的领导班子成员进行问责。

党组织和党的领导干部应当坚持把自己摆进去、把职责摆进去、把工作摆进去，注重从自身找问题、查原因，勇于担当、敢于负责，不得向下级党组织和干部推卸责任。

第七条　党组织、党的领导干部违反党章和其他党内法规，不履行或者不正确履行职责，有下列情形之一，应当予以问责：

（一）党的领导弱化，“四个意识”不强，“两个维护”不力，党的基本理论、基本路线、基本方略没有得到有效贯彻执行，在贯彻新发展理念，推进经济建设、政治建设、文化建设、社会建设、生态文明建设中，出现重大偏差和失误，给党的事业和人民利益造成严重损失，产生恶劣影响的；

（二）党的政治建设抓得不实，在重大原则问题上未能同党中央保持一致，贯彻落实党的路线方针政策和执行党中央重大决策部署不力，不遵守重大事项请示报告制度，有令不行、有禁不止，阳奉阴违、欺上瞒下，团团伙伙、拉帮结派问题突出，党内政治生活不严肃不健康，党的政治建设工作责任制落实不到位，造成严重后果或者恶劣影响的；

（三）党的思想建设缺失，党性教育特别是理想信念宗旨教育流于形式，意识形态工作责任制落实不到位，造成严重后果或者恶劣影响的；

（四）党的组织建设薄弱，党建工作责任制不落实，严重违反民主集中制原则，不执行领导班子议事决策规则，民主生活会、“三会一课”等党的组织生活制度不执行，领导干部报告个人有关事项制度执行不力，党组织软弱涣散，违规选拔任用干部等问题突出，造成恶劣影响的；

（五）党的作风建设松懈，落实中央八项规定及其实施细则精神不力，“四风”问题得不到有效整治，形式主义、官僚主义问题突出，执行党中央决策部署表态多调门高、行动少落实差，脱离实际、脱离群众，拖沓敷衍、推诿扯皮，造成严重后果的；

（六）党的纪律建设抓得不严，维护党的政治纪律、组织纪律、廉洁纪律、群众纪律、工作纪律、生活纪律不力，导致违规违纪行为多发，造成恶劣影响的；

（七）推进党风廉政建设和反腐败斗争不坚决、不扎实，削减存量、遏制增量不力，特别是对不收敛、不收手，问题线索反映集中、群众反映强烈，政治问题和经济问题交织的腐败案件放任不管，造成恶劣影响的；

（八）全面从严治党主体责任、监督责任落实不到位，对公权力的监督制约不力，好人主义盛行，不负责不担当，党内监督乏力，该发现的问题没有发现，发现问题不报告不处置，领导巡视巡察工作不力，落实巡视巡察整改要求走过场、不到位，该问责不问责，造成严重后果的；

（九）履行管理、监督职责不力，职责范围内发生重特大生产安全事故、群体性事件、公共安全事件，或者发生其他严重事故、事件，造成重大损失或者恶劣影响的；

（十）在教育医疗、生态环境保护、食品药品安全、扶贫脱贫、社会保障等涉及人民群众最关心最直接最现实的利益问题上不作为、乱作为、慢作为、假作为，损害和侵占群众利益问题得不到整治，以言代法、以权压法、徇私枉法问题突出，群众身边腐败和作风问题严重，造成恶劣影响的；

（十一）其他应当问责的失职失责情形。

第八条　对党组织的问责，根据危害程度以及具体情况，可以采取以下方式：

（一）检查。责令作出书面检查并切实整改。

（二）通报。责令整改，并在一定范围内通报。

（三）改组。对失职失责，严重违犯党的纪律、本身又不能纠正的，应当予以改组。

对党的领导干部的问责，根据危害程度以及具体情况，可以采取以下方式：

（一）通报。进行严肃批评，责令作出书面检查、切实整改，并在一定范围内通报。

（二）诫勉。以谈话或者书面方式进行诫勉。

（三）组织调整或者组织处理。对失职失责、危害较重，不适宜担任现职的，应当根据情况采取停职检查、调整职务、责令辞职、免职、降职等措施。

（四）纪律处分。对失职失责、危害严重，应当给予纪律处分的，依照《中国共产党纪律处分条例》追究纪律责任。

上述问责方式，可以单独使用，也可以依据规定合并使用。问责方式有影响期的，按照有关规定执行。

第九条　发现有本条例第七条所列问责情形，需要进行问责调查的，有管理权限的党委（党组）、纪委、党的工作机关应当经主要负责人审批，及时启动问责调查程序。其中，纪委、党的工作机关对同级党委直接领导的党组织及其主要负责人启动问责调查，应当报同级党委主要负责人批准。

应当启动问责调查未及时启动的，上级党组织应当责令有管理权限的党组织启动。根据问题性质或者工作需要，上级党组织可以直接启动问责调查，也可以指定其他党组织启动。

对被立案审查的党组织、党的领导干部问责的，不再另行启动问责调查程序。

第十条　启动问责调查后，应当组成调查组，依规依纪依法开展调查，查明党组织、党的领导干部失职失责问题，综合考虑主客观因素，正确区分贯彻执行党中央或者上级决策部署过程中出现的执行不当、执行不力、不执行等不同情况，精准提出处理意见，做到事实清楚、证据确凿、依据充分、责任分明、程序合规、处理恰当，防止问责不力或者问责泛化、简单化。

第十一条　查明调查对象失职失责问题后，调查组应当撰写事实材料，与调查对象见面，听取其陈述和申辩，并记录在案；对合理意见，应当予以采纳。调查对象应当在事实材料上签署意见，对签署不同意见或者拒不签署意见的，调查组应当作出说明或者注明情况。

调查工作结束后，调查组应当集体讨论，形成调查报告，列明调查对象基本情况、调查依据、调查过程，问责事实，调查对象的态度、认识及其申辩，处理意见以及依据，由调查组组长以及有关人员签名后，履行审批手续。

第十二条　问责决定应当由有管理权限的党组织作出。

对同级党委直接领导的党组织，纪委和党的工作机关报经同级党委或者其主要负责人批准，可以采取检查、通报方式进行问责。采取改组方式问责的，按照党章和有关党内法规规定的权限、程序执行。

对同级党委管理的领导干部，纪委和党的工作机关报经同级党委或者其主要负责人批准，可以采取通报、诫勉方式进行问责；提出组织调整或者组织处理的建议。采取纪律处分方式问责的，按照党章和有关党内法规规定的权限、程序执行。

第十三条　问责决定作出后，应当及时向被问责党组织、被问责领导干部及其所在党组织宣布并督促执行。有关问责情况应当向纪委和组织部门通报，纪委应当将问责决定材料归入被问责领导干部廉政档案，组织部门应当将问责决定材料归入被问责领导干部的人事档案，并报上一级组织部门备案；涉及组织调整或者组织处理的，相应手续应当在1个月内办理完毕。

被问责领导干部应当向作出问责决定的党组织写出书面检讨，并在民主生活会、组织生活会或者党的其他会议上作出深刻检查。建立健全问责典型问题通报曝光制度，采取组织调整或者组织处理、纪律处分方式问责的，应当以适当方式公开。

第十四条　被问责党组织、被问责领导干部及其所在党组织应当深刻汲取教训，明确整改措施。作出问责决定的党组织应当加强督促检查，推动以案促改。

第十五条　需要对问责对象作出政务处分或者其他处理的，作出问责决定的党组织应当通报相关单位，相关单位应当及时处理并将结果通报或者报告作出问责决定的党组织。

第十六条　实行终身问责，对失职失责性质恶劣、后果严重的，不论其责任人是否调离转岗、提拔或者退休等，都应当严肃问责。

第十七条　有下列情形之一的，可以不予问责或者免予问责：

（一）在推进改革中因缺乏经验、先行先试出现的失误，尚无明确限制的探索性试验中的失误，为推动发展的无意过失；

（二）在集体决策中对错误决策提出明确反对意见或者保留意见的；

（三）在决策实施中已经履职尽责，但因不可抗力、难以预见等因素造成损失的。

对上级错误决定提出改正或者撤销意见未被采纳，而出现本条例第七条所列问责情形的，依照前款规定处理。上级错误决定明显违法违规的，应当承担相应的责任。

第十八条　有下列情形之一，可以从轻或者减轻问责：

（一）及时采取补救措施，有效挽回损失或者消除不良影响的；

（二）积极配合问责调查工作，主动承担责任的；

（三）党内法规规定的其他从轻、减轻情形。

第十九条　有下列情形之一，应当从重或者加重问责：

（一）对党中央、上级党组织三令五申的指示要求，不执行或者执行不力的；

（二）在接受问责调查和处理中，不如实报告情况，敷衍塞责、推卸责任，或者唆使、默许有关部门和人员弄虚作假，阻扰问责工作的；

（三）党内法规规定的其他从重、加重情形。

第二十条　问责对象对问责决定不服的，可以自收到问责决定之日起1个月内，向作出问责决定的党组织提出书面申诉。作出问责决定的党组织接到书面申诉后，应当在1个月内作出申诉处理决定，并以书面形式告知提出申诉的党组织、领导干部及其所在党组织。

申诉期间，不停止问责决定的执行。

第二十一条　问责决定作出后，发现问责事实认定不清楚、证据不确凿、依据不充分、责任不清晰、程序不合规、处理不恰当，或者存在其他不应当问责、不精准问责情况的，应当及时予以纠正。必要时，上级党组织可以直接纠正或者责令作出问责决定的党组织予以纠正。

党组织、党的领导干部滥用问责，或者在问责工作中严重不负责任，造成不良影响的，应当严肃追究责任。

第二十二条　正确对待被问责干部，对影响期满、表现好的干部，符合条件的，按照干部选拔任用有关规定正常使用。

第二十三条　本条例所涉及的审批权限均指最低审批权限，工作中根据需要可以按照更高层级的审批权限报批。

第二十四条　纪委派驻（派出）机构除执行本条例外，还应当执行党中央以及中央纪委相关规定。

第二十五条　中央军事委员会可以根据本条例制定相关规定。

第二十六条　本条例由中央纪律检查委员会负责解释。

第二十七条　本条例自2019年9月1日起施行。2016年7月8日中共中央印发的《中国共产党问责条例》同时废止。此前发布的有关问责的规定，凡与本条例不一致的，按照本条例执行。

抗震救灾款物管理使用违法违纪行为处分规定

中共中央纪律检查委员会、监察部2008年5月29日印发

为贯彻落实党中央、国务院抗震救灾的重大决策部署，加强对抗震救灾款物管理使用的监督，防止抗震救灾款物管理使用违法违纪行为的发生，严厉惩处违法违纪行为，保证抗震救灾款物及时用于灾民救助和群众基本生活，尽快恢复生产、重建家园，确保抗震救灾工作有力有序有效进行，根据《中国共产党纪律处分条例》等党内法规和《中华人民共和国防震减灾法》、《行政机关公务员处分条例》、《财政违法行为处罚处分条例》等国家法律法规，作如下规定。

一、严格禁止并严肃查处以赈灾、募捐名义诈骗、敛取不义之财行为。

有关机关、企业事业单位、社会团体、城乡基层群众自治组织开展抗震救灾款物的募集活动要严格按照有关规定进行，应当公开名称、地址、银行账号及接收捐赠情况，并将全部捐赠款物及时通过正规渠道送往灾区。对打着赈灾、募捐旗号，非法募捐，诈骗民众钱财，敛取不义之财的，党内给予开除党籍处分，行政给予开除处分。

二、严格禁止并严肃查处截留、挤占或者无故迟滞拨付、发放抗震救灾款物行为。

各地区各部门要加强协作、积极配合，提高抗震救灾款物运行效率和使用效益，不得截留、挤占或者无故迟滞拨付、发放抗震救灾款物。违反规定的，对有关责任人员党内给予严重警告或者撤销党内职务处分，行政给予记大过、降级或者撤职处分；情节严重的，党内给予留党察看或者开除党籍处分，行政给予开除处分。

三、严格禁止并严肃查处虚报、冒领抗震救灾款物行为。

各地区各部门应当如实上报人员伤亡、财产损失等受灾情况，不得虚报灾情或者骗取、冒领抗震救灾款物。违反规定的，对有关责任人员党内给予严重警告或者撤销党内职务处分，行政给予记大过、降级或者撤职处分；情节严重的，党内给予留党察看或者开除党籍处分，行政给予开除处分。

四、严格禁止并严肃查处利用职权为自己、亲友和有关单位徇私发放或者有偿发放抗震救灾款物行为。

各地区各部门在抗震救灾款物分配使用过程中，要规范管理，保证抗震救灾款物的分配使用公平、公正。不得利用职权为自己、亲友和有关单位徇私发放或者有偿发放抗震救灾款物。违反规定的，对有关责任人员党内给予严重警告或者撤销党内职务处分，行政给予记大过、降级或者撤职处分；情节严重的，党内给予留党察看或者开除党籍处分，行政给予开除处分。

五、严格禁止并严肃查处擅自改变抗震救灾款物用途，挪作他用行为。

各地区各部门应当坚持专款专用、专项专用、重点使用、合理分配，定向捐赠的抗震救灾款物要尊重捐赠人的意愿。不得向非灾区拨款；不得用于弥补救灾之外的其他社会救济费的不足；不得擅自扩大抗震救灾款物使用范围，用于地方其他事业费和任何行政经费开支。违反规定的，对有关责任人员党内给予警告、严重警告处分，行政给予记大过或者降级处分；情节严重的，党内给予撤销党内职务、留党察看或者开除党籍处分，行政给予撤职或者开除处分。

挪用抗震救灾款物归个人使用的，党内给予撤销党内职务或者留党察看处分，行政给予降级或者撤职处分；情节严重的，党内给予开除党籍处分，行政给予开除处分。

六、严格禁止并严肃查处擅自变卖抗震救灾物资行为。

对灾区不适用的境内救灾捐赠物资，经捐赠人书面同意，报县级以上地方人民政府民政部门批准后可以变卖。对灾区不适用的境外救灾捐赠物资以及无法取得捐赠人同意的救灾捐赠物资，应当报省级人民政府民政部门批准后变卖。变卖救灾捐赠物资应当由县级以上地方人民政府民政部门依照有关规定统一组织实施。违反规定的，对有关责任人员党内给予警告或者严重警告处分，行政给予警告、记过或者记大过处分；情节严重的，党内给予撤销党内职务或者留党察看处分，行政给予降级或者撤职处分。

变卖抗震救灾捐赠物资所得款项，应当作为抗震救灾捐赠款管理、使用。

七、严格禁止并严肃查处故意违背政府应急救助和灾后重建规划使用抗震救灾款物行为。

各地区各部门对抗震救灾款物要依法管理、合理安排、科学调度，按照政府应急救助和灾后重建规划使用抗震救灾款物。故意违反规定的，对有关责任人员党内给予警告、严重警告处分，行政给予记大过或者降级处分；情节严重的，党内给予撤销党内职务或者留党察看处分，行政给予撤职处分。

八、严格禁止并严肃查处伪造、变造和毁损抗震救灾款物原始登记资料及相关账簿行为。

各地区各部门应当按照规定设立抗震救灾款物账户和登记制度，做到账目清楚、手续完备。不得伪造、变造、私设抗震救灾款物会计账簿或者在非紧急情况下，不登记、不如实登记捐赠款物；不得违反规定填制、取得原始凭证；不得违反规定保管抗震救灾款物原始登记资料，致使其毁损、灭失。违反规定的，对有关责任人员党内给予警告、严重警告或者撤销党内职务处分，行政给予记大过、降级或者撤职处分；情节严重的，党内给予留党察看或者开除党籍处分，行政给予开除处分。

故意毁损、灭失抗震救灾款物原始登记资料及相关账簿的，从重处分。

九、严格禁止并严肃查处隐瞒抗震救灾款物管理使用分配信息，依照规定应当公开而不公开的行为。

各地区各单位要主动公开抗震救灾款物的来源、数量、种类和去向。市、县两级要重点公开抗震救灾款物的管理、使用和分配情况。乡镇要重点公开抗震救灾款物的发放情况。村民委员会、居民委员会要公开发放的对象和原则；公开上级拨来的抗震救灾款物数量；公开得款户、得物户的名单和数量。违反规定的，对有关责任人员党内给予警告或者严重警告处分，行政给予警告、记过或者记大过处分；情节严重的，党内给予撤销党内职务或者留党察看处分，行政给予降级或者撤职处分。

十、严肃查处在抗震救灾款物管理使用中玩忽职守、贻误工作行为。

有关部门和人员在抗震救灾款物管理使用过程中，应当忠于职守、勤勉尽责，不得敷衍塞责、消极懈怠。对疏于管理，致使抗震救灾款物被贪污、挪用、毁损、灭失或者浪费严重的，对有关责任人员党内给予警告或者严重警告处分，行政给予警告、记过或者记大过处分；情节严重的，党内给予撤销党内职务、留党察看或者开除党籍处分，行政给予降级、撤职或者开除处分。

对因失职渎职影响灾民生活或者造成其他严重后果的，加重或者从重处分。

十一、严肃查处贪污、私分抗震救灾款物行为。

经手管理使用抗震救灾款物应当手续完备、专款专用、专人负责、独立核算、账目清楚。对贪污抗震救灾款物的，党内给予撤销党内职务或者留党察看处分，行政给予降级或者撤职处分；情节严重的，党内给予开除党籍处分，行政给予开除处分。

以集体名义将抗震救灾款物私分给个人的，对有关责任人员党内给予撤销党内职务或者留党察看处分，行政给予降级或者撤职处分；情节严重的，党内给予开除党籍处分，行政给予开除处分。

少数人私分抗震救灾款物的，以贪污论。

十二、有违反抗震救灾款物管理使用有关规定行为的单位，其负有责任的领导人员和直接责任人员，以及有违反抗震救灾款物管理使用有关规定行为的个人，应当承担纪律责任。属于下列人员，按照本规定给予党纪政纪处分：

（一）党员；

（二）行政机关公务员；

（三）法律、法规授权的具有公共事务管理职能的组织中除工勤人员以外的工作人员；

（四）行政机关依法委托的组织中除工勤人员以外的工作人员；

（五）企业、事业单位、社会团体中由行政机关任命的人员；

（六）村民委员会、居民委员会的组成人员。

十三、对违反上述规定的单位和个人，要依法依纪从快、从严查处。涉嫌犯罪的，移送司法机关依法处理。对违反上述规定的案件隐瞒不报、压案不查、包庇袒护的，一经发现，严肃追究有关责任人员的责任。

十四、本规定所称抗震救灾款物，是指各级财政投入、拨付的和社会捐赠的用于抗震救灾的资金、物资。

十五、本规定自发布之日起施行。

本规定发布前，有抗震救灾款物管理使用违法违纪行为，造成严重后果或者恶劣影响的，依照本规定处理。

关于实行党政领导干部问责的暂行规定

中共中央办公厅、国务院办公厅 2009 年 6 月 30 日印发

第一章　总　　则

第一条　为加强对党政领导干部的管理和监督，增强党政领导干部的责任意识和大局意识，促进深入贯彻落实科学发展观，提高党的执政能力和执政水平，根据《中国共产党章程》、《党政领导干部选拔任用工作条例》等党内法规和《中华人民共和国公务员法》等国家法律法规，制定本规定。

第二条　本规定适用于中共中央、国务院的工作部门及其内设机构的领导成员；县级以上地方各级党委、政府及其工作部门的领导成员，上列工作部门内设机构的领导成员。

第三条　对党政领导干部实行问责，坚持严格要求、实事求是，权责一致、惩教结合，依靠群众、依法有序的原则。

第四条　党政领导干部受到问责，同时需要追究纪律责任的，依照有关规定给予党纪处分、政务处分或者其他处分；涉嫌犯罪的，移送司法机关依法处理。

第二章　问责的情形、方式及适用

第五条　有下列情形之一的，对党政领导干部实行问责：

（一）决策严重失误，造成重大损失或者恶劣影响的；

（二）因工作失职，致使本地区、本部门、本系统或者本单位发生特别重大事故、事件、案件，或者在较短时间内连续发生重大事故、事件、案件，造成重大损失或者恶劣影响的；

（三）政府职能部门管理、监督不力，在其职责范围内发生特别重大事故、事件、案件，或者在较短时间内连续发生重大事故、事件、案件，造成重大损失或者恶劣影响的；

（四）在行政活动中滥用职权，强令、授意实施违法行政行为，或者不作为，引发群体性事件或者其他重大事件的；

（五）对群体性、突发性事件处置失当，导致事态恶化，造成恶劣影响的；

（六）违反干部选拔任用工作有关规定，导致用人失察、失误，造成恶劣影响的；

（七）其他给国家利益、人民生命财产、公共财产造成重大损失或者恶劣影响等失职行为的。

第六条　本地区、本部门、本系统或者本单位在贯彻落实党风廉政建设责任制方面出现问题的，按照《关于实行党风廉政建设责任制的规定》，追究党政领导干部的责任。

第七条　对党政领导干部实行问责的方式分为：责令公开道歉、停职检查、引咎辞职、责令辞职、免职。

第八条　党政领导干部具有本规定第五条所列情形，并且具有下列情节之一的，应当从重问责：

（一）干扰、阻碍问责调查的；

（二）弄虚作假、隐瞒事实真相的；

（三）对检举人、控告人打击、报复、陷害的；

（四）党内法规和国家法律法规规定的其他从重情节。

第九条　党政领导干部具有本规定第五条所列情形，并且具有下列情节之一的，可以从轻问责：

（一）主动采取措施，有效避免损失或者挽回影响的；

（二）积极配合问责调查，并且主动承担责任的。

第十条　受到问责的党政领导干部，取消当年年度考核评优和评选各类先进的资格。

引咎辞职、责令辞职、免职的党政领导干部，一年内不得重新担任与其原任职务相当的领导职务。

对引咎辞职、责令辞职、免职的党政领导干部，可以根据工作需要以及本人一贯表现、特长等情况，由党委（党组）、政府按照干部管理权限酌情安排适当岗位或者相应工作任务。

引咎辞职、责令辞职、免职的党政领导干部，一年后如果重新担任与其原任职务相当的领导职务，除应当按照干部管理权限履行审批手续外，还应当征求上一级党委组织部门的意见。

第三章　实行问责的程序

第十一条　对党政领导干部实行问责，按照干部管理权限进行。纪检监察机关、组织人事部门按照管理权限履行本规定中的有关职责。

第十二条　对党政领导干部实行问责，依照下列程序进行：

（一）对因检举、控告、处理重大事故事件、查办案件、审计或者其他方式发现的党政领导干部应当问责的线索，纪检监察机关按照权限和程序进行调查后，对需要实行问责的，按照干部管理权限向问责决定机关提出问责建议；

（二）对在干部监督工作中发现的党政领导干部应当问责的线索，组织人事部门按照权限和程序进行调查后，对需要实行问责的，按照干部管理权限向问责决定机关提出问责建议；

（三）问责决定机关可以根据纪检监察机关或者组织人事部门提出的问责建议作出问责决定；

（四）问责决定机关作出问责决定后，由组织人事部门办理相关事宜，或者由问责决定机关责成有关部门办理相关事宜。

第十三条　纪检监察机关、组织人事部门提出问责建议，应当同时向问责决定机关提供有关事实材料和情况说明，以及需要提供的其他材料。

第十四条　作出问责决定前，应当听取被问责的党政领导干部的陈述和申辩，并且记录在案；对其合理意见，应当予以采纳。

第十五条　对于事实清楚、不需要进行问责调查的，问责决定机关可以直接作出问责决定。

第十六条　问责决定机关按照干部管理权限对党政领导干部作出的问责决定，应当经领导班子集体讨论决定。

第十七条　对党政领导干部实行问责，应当制作《党政领导干部问责决定书》。《党政领导干部问责决定书》由负责调查的纪检监察机关或者组织人事部门代问责决定机关草拟。

《党政领导干部问责决定书》应当写明问责事实、问责依据、问责方式、批准机关、生效时间、当事人的申诉期限及受理机关等。作出责令公开道歉决定的，还应当写明公开道歉的方式、范围等。

第十八条　《党政领导干部问责决定书》应当送达被问责的党政领导干部本人及其所在单位。

问责决定机关作出问责决定后，应当派专人与被问责的党政领导干部谈话，做好其思想工作，督促其做好工作交接等后续工作。

第十九条　组织人事部门应当及时将被问责的党政领导干部的有关问责材料归入其个人档案，并且将执行情况报告问责决定机关，回复问责建议机关。

党政领导干部问责情况应当报上一级组织人事部门备案。

第二十条　问责决定一般应当向社会公开。

第二十一条　对经各级人民代表大会及其常务委员会选举或者决定任命的人员实行问责，按照有关法律规定的程序办理。

第二十二条　被问责的党政领导干部对问责决定不服的，可以自接到《党政领导干部问责决定书》之日起15日内，向问责决定机关提出书面申诉。问责决定机关接到书面申诉后，应当在30日内作出申诉处理决定。申诉处理决定应当以书面形式告知申诉人及其所在单位。

第二十三条　被问责的党政领导干部申诉期间，不停止问责决定的执行。

第四章　附　　则

第二十四条　对乡（镇、街道）党政领导成员实行问责，适用本规定。

对县级以上党委、政府直属事业单位以及国有企业、国有金融企业领导人员实行问责，参照本规定执行。

第二十五条　本规定由中央纪委、中央组织部负责解释。

第二十六条　本规定自发布之日起施行。

党政领导干部生态环境损害责任追究办法(试行)

中共中央办公厅、国务院办公厅2015年8月9日印发

第一条　为贯彻落实党的十八大和十八届三中、四中全会精神,加快推进生态文明建设,健全生态文明制度体系,强化党政领导干部生态环境和资源保护职责,根据有关党内法规和国家法律法规,制定本办法。

第二条　本办法适用于县级以上地方各级党委和政府及其有关工作部门的领导成员,中央和国家机关有关工作部门领导成员;上列工作部门的有关机构领导人员。

第三条　地方各级党委和政府对本地区生态环境和资源保护负总责,党委和政府主要领导成员承担主要责任,其他有关领导成员在职责范围内承担相应责任。

中央和国家机关有关工作部门、地方各级党委和政府的有关工作部门及其有关机构领导人员按照职责分别承担相应责任。

第四条　党政领导干部生态环境损害责任追究,坚持依法依规、客观公正、科学认定、权责一致、终身追究的原则。

第五条　有下列情形之一的,应当追究相关地方党委和政府主要领导成员的责任:

(一)贯彻落实中央关于生态文明建设的决策部署不力,致使本地区生态环境和资源问题突出或者任期内生态环境状况明显恶化的;

(二)作出的决策与生态环境和资源方面政策、法律法规相违背的;

(三)违反主体功能区定位或者突破资源环境生态红线、城镇开发边界,不顾资源环境承载能力盲目决策造成严重后果的;

(四)作出的决策严重违反城乡、土地利用、生态环境保护等规划的;

(五)地区和部门之间在生态环境和资源保护协作方面推诿扯皮,主要领导成员不担当、不作为,造成严重后果的;

(六)本地区发生主要领导成员职责范围内的严重环境污染和生态破坏事件,或者对严重环境污染和生态破坏(灾害)事件处置不力的;

(七)对公益诉讼裁决和资源环境保护督察整改要求执行不力的;

(八)其他应当追究责任的情形。

有上述情形的,在追究相关地方党委和政府主要领导成员责任的同时,对其他有关领导成员及相关部门领导成员依据职责分工和履职情况追究相应责任。

第六条　有下列情形之一的,应当追究相关地方党委和政府有关领导成员的责任:

(一)指使、授意或者放任分管部门对不符合主体功能区定位或者生态环境和资源方面政策、法律法规的建设项目审批(核准)、建设或者投产(使用)的;

(二)对分管部门违反生态环境和资源方面政策、法律法规行为监管失察、制止不力甚至包庇纵容的;

(三)未正确履行职责,导致应当依法由政府责令停业、关闭的严重污染环境的企业事业单位或者其他生产经营者未停业、关闭的;

(四)对严重环境污染和生态破坏事件组织查处不力的;

(五)其他应当追究责任的情形。

第七条　有下列情形之一的,应当追究政府有关工作部门领导成员的责任:

(一)制定的规定或者采取的措施与生态环境和资源方面政策、法律法规相违背的;

(二)批准开发利用规划或者进行项目审批(核准)违反生态环境和资源方面政策、法律法规的;

(三)执行生态环境和资源方面政策、法律法规不力,不按规定对执行情况进行监督检查,或者在监督检查中敷衍塞责的;

(四)对发现或者群众举报的严重破坏生态环境和资源的问题,不按规定查处的;

(五)不按规定报告、通报或者公开环境污染和生态破坏(灾害)事件信息的;

(六)对应当移送有关机关处理的生态环境和资源方面的违纪违法案件线索不按规定移送的;

(七)其他应当追究责任的情形。

有上述情形的,在追究政府有关工作部门领导成员责任的同时,对负有责任的有关机构领导人员追究相应责任。

第八条　党政领导干部利用职务影响,有下列情形之一的,应当追究其责任:

(一)限制、干扰、阻碍生态环境和资源监管执法工作的；

（二）干预司法活动，插手生态环境和资源方面具体司法案件处理的；

（三）干预、插手建设项目，致使不符合生态环境和资源方面政策、法律法规的建设项目得以审批（核准）、建设或者投产（使用）的；

（四）指使篡改、伪造生态环境和资源方面调查和监测数据的；

（五）其他应当追究责任的情形。

第九条 党委及其组织部门在地方党政领导班子成员选拔任用工作中，应当按规定将资源消耗、环境保护、生态效益等情况作为考核评价的重要内容，对在生态环境和资源方面造成严重破坏负有责任的干部不得提拔使用或者转任重要职务。

第十条 党政领导干部生态环境损害责任追究形式有：诫勉、责令公开道歉；组织处理，包括调离岗位、引咎辞职、责令辞职、免职、降职等；党纪政纪处分。

组织处理和党纪政纪处分可以单独使用，也可以同时使用。

追责对象涉嫌犯罪的，应当及时移送司法机关依法处理。

第十一条 各级政府负有生态环境和资源保护监管职责的工作部门发现有本办法规定的追责情形的，必须按照职责依法对生态环境和资源损害问题进行调查，在根据调查结果依法作出行政处罚决定或者其他处理决定的同时，对相关党政领导干部应负责任和处理提出建议，按照干部管理权限将有关材料及时移送纪检监察机关或者组织（人事）部门。需要追究党纪政纪责任的，由纪检监察机关按照有关规定办理；需要给予诫勉、责令公开道歉和组织处理的，由组织（人事）部门按照有关规定办理。

负有生态环境和资源保护监管职责的工作部门、纪检监察机关、组织（人事）部门应当建立健全生态环境和资源损害责任追究的沟通协作机制。

司法机关在生态环境和资源损害等案件处理过程中发现有本办法规定的追责情形的，应当向有关纪检监察机关或者组织（人事）部门提出处理建议。

负责作出责任追究决定的机关和部门，一般应当将责任追究决定向社会公开。

第十二条 实行生态环境损害责任终身追究制。对违背科学发展要求、造成生态环境和资源严重破坏的，责任人不论是否已调离、提拔或者退休，都必须严格追责。

第十三条 政府负有生态环境和资源保护监管职责的工作部门、纪检监察机关、组织（人事）部门对发现本办法规定的追责情形应当调查而未调查，应当移送而未移送，应当追责而未追责的，追究有关责任人员的责任。

第十四条 受到责任追究的人员对责任追究决定不服的，可以向作出责任追究决定的机关和部门提出书面申诉。作出责任追究决定的机关和部门应当依据有关规定受理并作出处理。

申诉期间，不停止责任追究决定的执行。

第十五条 受到责任追究的党政领导干部，取消当年年度考核评优和评选各类先进的资格。

受到调离岗位处理的，至少一年内不得提拔；单独受到引咎辞职、责令辞职和免职处理的，至少一年内不得安排职务，至少两年内不得担任高于原任职务层次的职务；受到降职处理的，至少两年内不得提升职务。同时受到党纪政纪处分和组织处理的，按照影响期长的规定执行。

第十六条 乡（镇、街道）党政领导成员的生态环境损害责任追究，参照本办法有关规定执行。

第十七条 各省、自治区、直辖市党委和政府可以依据本办法制定实施细则。国务院负有生态环境和资源保护监管职责的部门应当制定落实本办法的具体制度和措施。

第十八条 本办法由中央组织部、监察部负责解释。

第十九条 本办法自2015年8月9日起施行。

地方党政领导干部安全生产责任制规定

中共中央办公厅、国务院办公厅2018年4月8日印发

第一章　总　　则

第一条 为了加强地方各级党委和政府对安全生产工作的领导，健全落实安全生产责任制，树立安全发展理念，根据《中华人民共和国安全生产法》、《中华人民共和国公务员法》等法律规定和《中共中央、国务院关于推进安全生产领域改革发展的意见》、《中国共产党地方委员会工作条例》、《中国共产党问责条例》等中央有关规定，制定本规定。

第二条 本规定适用于县级以上地方各级党委和政府领导班子成员（以下统称地方党政领导干部）。

县级以上地方各级党委工作机关、政府工作部门及相关机构领导干部，乡镇（街道）党政领导干部，各类开发区管理机构党政领导干部，参照本规定执行。

第三条　实行地方党政领导干部安全生产责任制，必须以习近平新时代中国特色社会主义思想为指导，切实增强政治意识、大局意识、核心意识、看齐意识，牢固树立发展决不能以牺牲安全为代价的红线意识，按照高质量发展要求，坚持安全发展、依法治理，综合运用巡查督查、考核考察、激励惩戒等措施，加强组织领导，强化属地管理，完善体制机制，有效防范安全生产风险，坚决遏制重特大生产安全事故，促使地方各级党政领导干部切实承担起"促一方发展、保一方平安"的政治责任，为统筹推进"五位一体"总体布局和协调推进"四个全面"战略布局营造良好稳定的安全生产环境。

第四条　实行地方党政领导干部安全生产责任制，应当坚持党政同责、一岗双责、齐抓共管、失职追责，坚持管行业必须管安全、管业务必须管安全、管生产经营必须管安全。

地方各级党委和政府主要负责人是本地区安全生产第一责任人，班子其他成员对分管范围内的安全生产工作负领导责任。

第二章　职　　责

第五条　地方各级党委主要负责人安全生产职责主要包括：

（一）认真贯彻执行党中央以及上级党委关于安全生产的决策部署和指示精神，安全生产方针政策、法律法规；

（二）把安全生产纳入党委议事日程和向全会报告工作的内容，及时组织研究解决安全生产重大问题；

（三）把安全生产纳入党委常委会及其成员职责清单，督促落实安全生产"一岗双责"制度；

（四）加强安全生产监管部门领导班子建设、干部队伍建设和机构建设，支持人大、政协监督安全生产工作，统筹协调各方面重视支持安全生产工作；

（五）推动将安全生产纳入经济社会发展全局，纳入国民经济和社会发展考核评价体系，作为衡量经济发展、社会治安综合治理、精神文明建设成效的重要指标和领导干部政绩考核的重要内容；

（六）大力弘扬生命至上、安全第一的思想，强化安全生产宣传教育和舆论引导，将安全生产方针政策和法律法规纳入党委理论学习中心组学习内容和干部培训内容。

第六条　县级以上地方各级政府主要负责人安全生产职责主要包括：

（一）认真贯彻落实党中央、国务院以及上级党委和政府、本级党委关于安全生产的决策部署和指示精神，安全生产方针政策、法律法规；

（二）把安全生产纳入政府重点工作和政府工作报告的重要内容，组织制定安全生产规划并纳入国民经济和社会发展规划，及时组织研究解决安全生产突出问题；

（三）组织制定政府领导干部年度安全生产重点工作责任清单并定期检查考核，在政府有关工作部门"三定"规定中明确安全生产职责；

（四）组织设立安全生产专项资金并列入本级财政预算、与财政收入保持同步增长，加强安全生产基础建设和监管能力建设，保障监管执法必需的人员、经费和车辆等装备；

（五）严格安全准入标准，推动构建安全风险分级管控和隐患排查治理预防工作机制，按照分级属地管理原则明确本地区各类生产经营单位的安全生产监管部门，依法领导和组织生产安全事故应急救援、调查处理及信息公开工作；

（六）领导本地区安全生产委员会工作，统筹协调安全生产工作，推动构建安全生产责任体系，组织开展安全生产巡查、考核等工作，推动加强高素质专业化安全监管执法队伍建设。

第七条　地方各级党委常委会其他成员按照职责分工，协调纪检监察机关和组织、宣传、政法、机构编制等单位支持保障安全生产工作，动员社会各界力量积极参与、支持、监督安全生产工作，抓好分管行业（领域）、部门（单位）的安全生产工作。

第八条　县级以上地方各级政府原则上由担任本级党委常委的政府领导干部分管安全生产工作，其安全生产职责主要包括：

（一）组织制定贯彻落实党中央、国务院以及上级及本级党委和政府关于安全生产决策部署，安全生产方针政策、法律法规的具体措施；

（二）协助党委主要负责人落实党委对安全生产的领导职责，督促落实本级党委关于安全生产的决策部署；

（三）协助政府主要负责人统筹推进本地区安全生产工作，负责领导安全生产委员会日常工作，组织实施安全生产监督检查、巡查、考核等工作，协调解决重点难点问题；

（四）组织实施安全风险分级管控和隐患排查治理预防工作机制建设，指导安全生产专项整治和联合执法行动，组织查处各类违法违规行为；

（五）加强安全生产应急救援体系建设，依法组织或者参与生产安全事故抢险救援和调查处理，组织开展生产安全事故责任追究和整改措施落实情况评估；

（六）统筹推进安全生产社会化服务体系建设、信息化建设、诚信体系建设和教育培训、科技支撑等工作。

第九条 县级以上地方各级政府其他领导干部安全生产职责主要包括：

（一）组织分管行业（领域）、部门（单位）贯彻执行党中央、国务院以及上级及本级党委和政府关于安全生产的决策部署，安全生产方针政策、法律法规；

（二）组织分管行业（领域）、部门（单位）健全和落实安全生产责任制，将安全生产工作与业务工作同时安排部署、同时组织实施、同时监督检查；

（三）指导分管行业（领域）、部门（单位）把安全生产工作纳入相关发展规划和年度工作计划，从行业规划、科技创新、产业政策、法规标准、行政许可、资产管理等方面加强和支持安全生产工作；

（四）统筹推进分管行业（领域）、部门（单位）安全生产工作，每年定期组织分析安全生产形势，及时研究解决安全生产问题，支持有关部门依法履行安全生产工作职责；

（五）组织开展分管行业（领域）、部门（单位）安全生产专项整治、目标管理、应急管理、查处违法违规生产经营行为等工作，推动构建安全风险分级管控和隐患排查治理预防工作机制。

第三章 考核考察

第十条 把地方党政领导干部落实安全生产责任情况纳入党委和政府督查督办重要内容，一并进行督促检查。

第十一条 建立完善地方各级党委和政府安全生产巡查工作制度，加强对下级党委和政府的安全生产巡查，推动安全生产责任措施落实。将巡查结果作为对被巡查地区党委和政府领导班子和有关领导干部考核、奖惩和使用的重要参考。

第十二条 建立完善地方各级党委和政府安全生产责任考核制度，对下级党委和政府安全生产工作情况进行全面评价，将考核结果与有关地方党政领导干部履职评定挂钩。

第十三条 在对地方各级党委和政府领导班子及其成员的年度考核、目标责任考核、绩效考核以及其他考核中，应当考核其落实安全生产责任情况，并将其作为确定考核结果的重要参考。

地方各级党委和政府领导班子及其成员在年度考核中，应当按照“一岗双责”要求，将履行安全生产工作责任情况列入述职内容。

第十四条 党委组织部门在考察地方党政领导干部拟任人选时，应当考察其履行安全生产工作职责情况。

有关部门在推荐、评选地方党政领导干部作为奖励人选时，应当考察其履行安全生产工作职责情况。

第十五条 实行安全生产责任考核情况公开制度。定期采取适当方式公布或者通报地方党政领导干部安全生产工作考核结果。

第四章 表彰奖励

第十六条 对在加强安全生产工作、承担安全生产专项重要工作、参加抢险救护等方面作出显著成绩和重要贡献的地方党政领导干部，上级党委和政府应当按照有关规定给予表彰奖励。

第十七条 对在安全生产工作考核中成绩优秀的地方党政领导干部，上级党委和政府按照有关规定给予记功或者嘉奖。

第五章 责任追究

第十八条 地方党政领导干部在落实安全生产工作责任中存在下列情形之一的，应当按照有关规定进行问责：

（一）履行本规定第二章所规定职责不到位的；

（二）阻挠、干涉安全生产监管执法或者生产安全事故调查处理工作的；

（三）对迟报、漏报、谎报或者瞒报生产安全事故负有领导责任的；

（四）对发生生产安全事故负有领导责任的；

（五）有其他应当问责情形的。

第十九条 对存在本规定第十八条情形的责任人员，应当根据情况采取通报、诫勉、停职检查、调整职务、责令辞职、降职、免职或者处分等方式问责；涉嫌职务违法犯罪的，由监察机关依法调查处置。

第二十条 严格落实安全生产“一票否决”制度，对因发生生产安全事故被追究领导责任的地方党政领导干部，在相关规定时限内，取消考核评优和评选各类先进资格，不得晋升职务、级别或者重用任职。

第二十一条 对工作不力导致生产安全事故人员伤亡和

经济损失扩大,或者造成严重社会影响负有主要领导责任的地方党政领导干部,应当从重追究责任。

第二十二条　对主动采取补救措施,减少生产安全事故损失或者挽回社会不良影响的地方党政领导干部,可以从轻、减轻追究责任。

第二十三条　对职责范围内发生生产安全事故,经查实已经全面履行了本规定第二章所规定职责、法律法规规定有关职责,并全面落实了党委和政府有关工作部署的,不予追究地方有关党政领导干部的领导责任。

第二十四条　地方党政领导干部对发生生产安全事故负有领导责任且失职失责性质恶劣、后果严重的,不论是否已调离转岗、提拔或者退休,都应当严格追究其责任。

第二十五条　实施安全生产责任追究,应当依法依规、实事求是、客观公正,根据岗位职责、履职情况、履职条件等因素合理确定相应责任。

第二十六条　存在本规定第十八条情形应当问责的,由纪检监察机关、组织人事部门和安全生产监管部门按照权限和职责分别负责。

第六章　附　　则

第二十七条　各省、自治区、直辖市党委和政府应当根据本规定制定实施细则。

第二十八条　本规定由应急管理部商中共中央组织部解释。

第二十九条　本规定自2018年4月8日起施行。

中国共产党组织处理规定(试行)

1.　中共中央政治局常委会会议2021年2月23日审议批准
2.　中共中央办公厅2021年3月19日发布

第一条　为了落实全面从严治党要求,规范组织处理工作,根据《中国共产党章程》和有关党内法规,制定本规定。

第二条　组织处理工作坚持以习近平新时代中国特色社会主义思想为指导,贯彻新时代党的建设总要求和新时代党的组织路线,落实从严管理监督要求,严肃处理对党不忠、从政不廉、为官不为、品行不端等问题,督促领导干部不忘初心、牢记使命,始终做到忠诚干净担当。

第三条　本规定所称组织处理,是指党组织对违规违纪违法、失职失责失范的领导干部采取的岗位、职务、职级调整措施,包括停职检查、调整职务、责令辞职、免职、降职。

第四条　组织处理工作坚持以下原则:

(一)全面从严治党、从严管理监督干部;

(二)党委(党组)领导、分级负责;

(三)实事求是、依规依纪依法;

(四)惩前毖后、治病救人。

第五条　本规定适用于各级党的机关、人大机关、行政机关、政协机关、监察机关、审判机关、检察机关以及事业单位、群团组织中担任领导职务的党员干部。

对以上机关、单位中非中共党员领导干部、不担任领导职务的干部,以及国有企业中担任领导职务的人员进行组织处理,参照本规定执行。

第六条　党委(党组)及其组织(人事)部门按照干部管理权限履行组织处理职责。

有关机关、单位在执纪执法、日常管理监督等工作中发现领导干部存在需要进行组织处理的情形,应当向党委(党组)报告,或者向组织(人事)部门提出建议。

第七条　领导干部在政治表现、履行职责、工作作风、遵守组织制度、道德品行等方面,有苗头性、倾向性或者轻微问题,以批评教育、责令检查、诫勉为主,存在以下情形之一且问题严重的,应当受到组织处理:

(一)在重大原则问题上不同党中央保持一致,有违背"四个意识"、"四个自信"、"两个维护"错误言行的;

(二)理想信念动摇,马克思主义信仰缺失,搞封建迷信活动造成不良影响,或者违规参加宗教活动、信奉邪教的;

(三)贯彻落实党的基本理论、基本路线、基本方略和党中央决策部署不力,做选择、打折扣、搞变通,造成不良影响或者严重后果的;

(四)面对大是大非问题、重大矛盾冲突、危机困难,不敢斗争、不愿担当,造成不良影响或者严重后果的;

(五)工作不负责任、不正确履职或者疏于管理,出现重大失误错误或者发生重大生产安全事故、群体性事件、公共安全事件等严重事故、事件的;

(六)工作不作为,敷衍塞责、庸懒散拖,长期完不成任务或者严重贻误工作的;

(七)背弃党的初心使命,群众意识淡薄,对群众反映强烈的问题推诿扯皮,在涉及群众生产、生活等切身利益问题上办事不公、作风不正,甚至损害、侵占群众利益,造成不良影响或者严重后果的;

（八）形式主义、官僚主义问题突出，脱离实际搞劳民伤财的“形象工程”、“政绩工程”，盲目举债，弄虚作假，造成不良影响或者重大损失的；

（九）违反民主集中制原则，个人或者少数人决定重大问题，不执行或者擅自改变集体决定，不顾大局闹无原则纠纷、破坏团结，造成不良影响或者严重后果的；

（十）在选人用人工作中跑风漏气、说情干预、任人唯亲、突击提拔、跑官要官、拉票贿选、违规用人、用人失察失误，造成不良影响或者严重后果的；

（十一）搞团团伙伙、拉帮结派、培植个人势力等非组织活动，破坏所在地方或者单位政治生态的；

（十二）无正当理由拒不服从党组织根据工作需要作出的分配、调动、交流等决定的；

（十三）不执行重大事项请示报告制度产生不良后果，严重违反个人有关事项报告、干部人事档案管理、领导干部出国（境）等管理制度，本人、配偶、子女及其配偶违规经商办企业的；

（十四）诬告陷害、打击报复他人，制造或者散布谣言，阻挠、压制检举控告，造成不良影响或者严重后果的；

（十五）违反中央八项规定精神、廉洁从政有关规定的；

（十六）违背社会公序良俗，造成不良影响或者严重后果的；

（十七）其他应当受到组织处理的情形。

第八条 组织处理可以单独使用，也可以和党纪政务处分合并使用。

第九条 领导干部在推进改革中因缺乏经验、先行先试出现失误，尚无明确限制的探索性试验中出现失误，为推动发展出现无意过失，后果影响不是特别严重的，以及已经履职尽责，但因不可抗力、难以预见等因素造成损失的，可以不予或者免予组织处理。

第十条 组织处理一般按照以下程序进行：

（一）调查核实。组织（人事）部门对领导干部存在的问题以及所应担负的责任进行调查核实，听取有关方面意见，与领导干部本人谈话听取意见。执纪执法等机关已有认定结果的，可以不再进行调查。

（二）提出处理意见。组织（人事）部门根据调查核实情况或者执纪执法等机关认定结果、有关建议，以及领导干部一贯表现、认错悔错改错等情况，综合考虑主客观因素，研究提出组织处理意见报党委（党组）。

（三）研究决定。党委（党组）召开会议集体研究，作出组织处理决定。对双重管理的领导干部，主管方应当就组织处理意见事先征求协管方意见。

（四）宣布实施。组织（人事）部门向受到组织处理的领导干部所在单位和本人书面通知或者宣布组织处理决定，向提出组织处理建议的机关、单位通报处理情况，在1个月内办理受到组织处理的领导干部调整职务、职级、工资以及其他有关待遇的手续。对选举和依法任免的领导干部，按照有关规定履行任免程序。对需要向社会公开的组织处理，按照有关规定予以公开。

第十一条 停职检查期限一般不超过6个月。受到调整职务处理的，1年内不得提拔职务、晋升职级或者进一步使用。受到责令辞职、免职处理的，1年内不得安排领导职务，2年内不得担任高于原职务层次的领导职务或者晋升职级。受到降职处理的，2年内不得提拔职务、晋升职级或者进一步使用。同时受到党纪政务处分和组织处理的，按照影响期长的规定执行。

领导干部受到组织处理的，当年不得评选各类先进。当年年度考核按照以下规定执行：受到调整职务处理的，不得确定为优秀等次；受到责令辞职、免职、降职处理的，只写评语不确定等次。同时受到党纪政务处分和组织处理的，按照对其年度考核结果影响较重的处理处分确定年度考核等次。

对受到责令辞职、免职处理的领导干部，可以根据工作需要以及本人特长，安排适当工作任务。

第十二条 领导干部对组织处理决定不服的，可以在收到组织处理决定后，向作出组织处理决定的党委（党组）提出书面申诉。党委（党组）应当在收到申诉的1个月内作出申诉处理决定，以书面形式告知干部本人以及所在单位。领导干部对申诉处理决定不服的，可以向上级组织（人事）部门提出书面申诉。上级组织（人事）部门应当在2个月内予以办理并作出答复，情况复杂的不超过3个月。

申诉期间，不停止组织处理决定的执行。

第十三条 对领导干部组织处理存在事实认定不清楚、责任界定不准确的，应当重新调查核实。处理不当的，应当及时予以纠正。必要时，上级党委（党组）可以责令作出组织处理决定的党委（党组）予以纠正。

第十四条 组织（人事）部门应当将组织处理决定材料和纠正材料归入本人干部人事档案，根据工作需要抄送有关部门。

第十五条 受到组织处理的领导干部应当认真反省问题，积极整改提高。党组织应当加强对受到组织处理的领导干部日常管理和关心关爱，了解掌握其思想动态和工作状况，有针对性地做好教育引导工作。

第十六条　领导干部受到组织处理，影响期满，表现好且符合有关条件的，按照干部选拔任用等有关规定使用。

第十七条　中央军事委员会可以根据本规定制定相关规定。

第十八条　本规定由中央组织部负责解释。

第十九条　本规定自发布之日起施行。

三、职务犯罪

资料补充栏

1. 贪污贿赂罪

·法律法规·

中华人民共和国刑法(节录)

1. 1979年7月1日第五届全国人民代表大会第二次会议通过
2. 1997年3月14日第八届全国人民代表大会第五次会议修订
3. 根据1998年12月29日第九届全国人民代表大会常务委员会第六次会议通过的《关于惩治骗购外汇、逃汇和非法买卖外汇犯罪的决定》、1999年12月25日第九届全国人民代表大会常务委员会第十三次会议通过的《中华人民共和国刑法修正案》、2001年8月31日第九届全国人民代表大会常务委员会第二十三次会议通过的《中华人民共和国刑法修正案(二)》、2001年12月29日第九届全国人民代表大会常务委员会第二十五次会议通过的《中华人民共和国刑法修正案(三)》、2002年12月28日第九届全国人民代表大会常务委员会第三十一次会议通过的《中华人民共和国刑法修正案(四)》、2005年2月28日第十届全国人民代表大会常务委员会第十四次会议通过的《中华人民共和国刑法修正案(五)》、2006年6月29日第十届全国人民代表大会常务委员会第二十二次会议通过的《中华人民共和国刑法修正案(六)》、2009年2月28日第十一届全国人民代表大会常务委员会第七次会议通过的《中华人民共和国刑法修正案(七)》、2009年8月27日第十一届全国人民代表大会常务委员会第十次会议通过的《关于修改部分法律的决定》、2011年2月25日第十一届全国人民代表大会常务委员会第十九次会议通过的《中华人民共和国刑法修正案(八)》、2015年8月29日第十二届全国人民代表大会常务委员会第十六次会议通过的《中华人民共和国刑法修正案(九)》、2017年11月4日第十二届全国人民代表大会常务委员会第三十次会议通过的《中华人民共和国刑法修正案(十)》、2020年12月26日第十三届全国人民代表大会常务委员会第二十四次会议通过的《中华人民共和国刑法修正案(十一)》和2023年12月29日第十四届全国人民代表大会常务委员会第七次会议通过的《中华人民共和国刑法修正案(十二)》修正

第二编　分　　则

第一百三十一条　【重大飞行事故罪】航空人员违反规章制度,致使发生重大飞行事故,造成严重后果的,处三年以下有期徒刑或者拘役;造成飞机坠毁或者人员死亡的,处三年以上七年以下有期徒刑。

第一百三十二条　【铁路运营安全事故罪】铁路职工违反规章制度,致使发生铁路运营安全事故,造成严重后果的,处三年以下有期徒刑或者拘役;造成特别严重后果的,处三年以上七年以下有期徒刑。

第一百三十四条　【重大责任事故罪】在生产、作业中违反有关安全管理的规定,因而发生重大伤亡事故或者造成其他严重后果的,处三年以下有期徒刑或者拘役;情节特别恶劣的,处三年以上七年以下有期徒刑。

【强令、组织他人违章冒险作业罪】强令他人违章冒险作业,或者明知存在重大事故隐患而不排除,仍冒险组织作业,因而发生重大伤亡事故或者造成其他严重后果的,处五年以下有期徒刑或者拘役;情节特别恶劣的,处五年以上有期徒刑。

第一百三十四条之一　【危险作业罪】在生产、作业中违反有关安全管理的规定,有下列情形之一,具有发生重大伤亡事故或者其他严重后果的现实危险的,处一年以下有期徒刑、拘役或者管制:

(一)关闭、破坏直接关系生产安全的监控、报警、防护、救生设备、设施,或者篡改、隐瞒、销毁其相关数据、信息的;

(二)因存在重大事故隐患被依法责令停产停业、停止施工、停止使用有关设备、设施、场所或者立即采取排除危险的整改措施,而拒不执行的;

(三)涉及安全生产的事项未经依法批准或者许可,擅自从事矿山开采、金属冶炼、建筑施工,以及危险物品生产、经营、储存等高度危险的生产作业活动的。

第一百三十五条　【重大劳动安全事故罪】安全生产设施或者安全生产条件不符合国家规定,因而发生重大伤亡事故或者造成其他严重后果的,对直接负责的主管人员和其他直接责任人员,处三年以下有期徒刑或者拘役;情节特别恶劣的,处三年以上七年以下有期徒刑。

第一百三十五条之一　【大型群众性活动重大安全事故罪】举办大型群众性活动违反安全管理规定,因而发生重大伤亡事故或者造成其他严重后果的,对直接负责的主管人员和其他直接责任人员,处三年以下有期徒刑或者拘役;情节特别恶劣的,处三年以上七年以下有期徒刑。

第一百三十六条　【危险物品肇事罪】违反爆炸性、易燃性、放射性、毒害性、腐蚀性物品的管理规定,在生产、储存、运输、使用中发生重大事故,造成严重后果的,处三年以下有期徒刑或者拘役;后果特别严重的,处三年以上七年以下有期徒刑。

第一百三十七条　【工程重大安全事故罪】建设单位、设计单位、施工单位、工程监理单位违反国家规定，降低工程质量标准，造成重大安全事故的，对直接责任人员，处五年以下有期徒刑或者拘役，并处罚金；后果特别严重的，处五年以上十年以下有期徒刑，并处罚金。

第一百三十八条 【教育设施重大安全事故罪】明知校舍或者教育教学设施有危险，而不采取措施或者不及时报告，致使发生重大伤亡事故的，对直接责任人员，处三年以下有期徒刑或者拘役；后果特别严重的，处三年以上七年以下有期徒刑。

第一百三十九条 【消防责任事故罪】违反消防管理法规，经消防监督机构通知采取改正措施而拒绝执行，造成严重后果的，对直接责任人员，处三年以下有期徒刑或者拘役；后果特别严重的，处三年以上七年以下有期徒刑。

第一百三十九条之一 【不报、谎报安全事故罪】在安全事故发生后，负有报告职责的人员不报或者谎报事故情况，贻误事故抢救，情节严重的，处三年以下有期徒刑或者拘役；情节特别严重的，处三年以上七年以下有期徒刑。

第一百六十三条 【非国家工作人员受贿罪】公司、企业或者其他单位的工作人员，利用职务上的便利，索取他人财物或者非法收受他人财物，为他人谋取利益，数额较大的，处三年以下有期徒刑或者拘役，并处罚金；数额巨大或者有其他严重情节的，处三年以上十年以下有期徒刑，并处罚金；数额特别巨大或者有其他特别严重情节的，处十年以上有期徒刑或者无期徒刑，并处罚金。

公司、企业或者其他单位的工作人员在经济往来中，利用职务上的便利，违反国家规定，收受各种名义的回扣、手续费，归个人所有的，依照前款的规定处罚。

国有公司、企业或者其他国有单位中从事公务的人员和国有公司、企业或者其他国有单位委派到非国有公司、企业以及其他单位从事公务的人员有前两款行为的，依照本法第三百八十五条、第三百八十六条的规定定罪处罚。

第一百六十四条 【对非国家工作人员行贿罪】为谋取不正当利益，给予公司、企业或者其他单位的工作人员以财物，数额较大的，处三年以下有期徒刑或者拘役，并处罚金；数额巨大的，处三年以上十年以下有期徒刑，并处罚金。

【对外国公职人员、国际公共组织官员行贿罪】为谋取不正当商业利益，给予外国公职人员或者国际公共组织官员以财物的，依照前款的规定处罚。

单位犯前两款罪的，对单位判处罚金，并对其直接负责的主管人员和其他直接责任人员，依照第一款的规定处罚。

行贿人在被追诉前主动交待行贿行为的，可以减轻处罚或者免除处罚。

第一百六十五条 【非法经营同类营业罪】国有公司、企业的董事、监事、高级管理人员，利用职务便利，自己经营或者为他人经营与其所任职公司、企业同类的营业，获取非法利益，数额巨大的，处三年以下有期徒刑或者拘役，并处或者单处罚金；数额特别巨大的，处三年以上七年以下有期徒刑，并处罚金。

其他公司、企业的董事、监事、高级管理人员违反法律、行政法规规定，实施前款行为，致使公司、企业利益遭受重大损失的，依照前款的规定处罚。

第一百六十六条 【为亲友非法牟利罪】国有公司、企业、事业单位的工作人员，利用职务便利，有下列情形之一，致使国家利益遭受重大损失的，处三年以下有期徒刑或者拘役，并处或者单处罚金；致使国家利益遭受特别重大损失的，处三年以上七年以下有期徒刑，并处罚金：

（一）将本单位的盈利业务交由自己的亲友进行经营的；

（二）以明显高于市场的价格从自己的亲友经营管理的单位采购商品、接受服务或者以明显低于市场的价格向自己的亲友经营管理的单位销售商品、提供服务的；

（三）从自己的亲友经营管理的单位采购、接受不合格商品、服务的。

其他公司、企业的工作人员违反法律、行政法规规定，实施前款行为，致使公司、企业利益遭受重大损失的，依照前款的规定处罚。

第一百六十七条 【签订、履行合同失职被骗罪】国有公司、企业、事业单位直接负责的主管人员，在签订、履行合同过程中，因严重不负责任被诈骗，致使国家利益遭受重大损失的，处三年以下有期徒刑或者拘役；致使国家利益遭受特别重大损失的，处三年以上七年以下有期徒刑。

第一百六十八条 【国有公司、企业、事业单位人员失职罪；国有公司、企业、事业单位人员滥用职权罪】国有公司、企业的工作人员，由于严重不负责任或者滥用职权，造成国有公司、企业破产或者严重损失，致使国家利益遭受重大损失的，处三年以下有期徒刑或者拘役；致使国家利益遭受特别重大损失的，处三年以上七年以下有期徒刑。

国有事业单位的工作人员有前款行为，致使国家利益遭受重大损失的，依照前款的规定处罚。

国有公司、企业、事业单位的工作人员，徇私舞弊，犯前两款罪的，依照第一款的规定从重处罚。

第一百六十九条 【徇私舞弊低价折股、出售公司、企业资产罪】国有公司、企业或者其上级主管部门直接负责的主管人员，徇私舞弊，将国有资产低价折股或者低价出售，致使国家利益遭受重大损失的，处三年以下有期徒刑或者拘役；致使国家利益遭受特别重大损失的，处三年以上七年以下有期徒刑。

其他公司、企业直接负责的主管人员，徇私舞弊，将公司、企业资产低价折股或者低价出售，致使公司、企业利益遭受重大损失的，依照前款的规定处罚。

第一百六十九条之一 【背信损害上市公司利益罪】上市公司的董事、监事、高级管理人员违背对公司的忠实义务，利用职务便利，操纵上市公司从事下列行为之一，致使上市公司利益遭受重大损失的，处三年以下有期徒刑或者拘役，并处或者单处罚金；致使上市公司利益遭受特别重大损失的，处三年以上七年以下有期徒刑，并处罚金：

（一）无偿向其他单位或者个人提供资金、商品、服务或者其他资产的；

（二）以明显不公平的条件，提供或者接受资金、商品、服务或者其他资产的；

（三）向明显不具有清偿能力的单位或者个人提供资金、商品、服务或者其他资产的；

（四）为明显不具有清偿能力的单位或者个人提供担保，或者无正当理由为其他单位或者个人提供担保的；

（五）无正当理由放弃债权、承担债务的；

（六）采用其他方式损害上市公司利益的。

上市公司的控股股东或者实际控制人，指使上市公司董事、监事、高级管理人员实施前款行为的，依照前款的规定处罚。

犯前款罪的上市公司的控股股东或者实际控制人是单位的，对单位判处罚金，并对其直接负责的主管人员和其他直接责任人员，依照第一款的规定处罚。

第一百七十一条第二款 【金融工作人员购买假币、以假币换取货币罪】银行或者其他金融机构的工作人员购买伪造的货币或者利用职务上的便利，以伪造的货币换取货币的，处三年以上十年以下有期徒刑，并处二万元以上二十万元以下罚金；数额巨大或者有其他严重情节的，处十年以上有期徒刑或者无期徒刑，并处二万元以上二十万元以下罚金或者没收财产；情节较轻的，处三年以下有期徒刑或者拘役，并处或者单处一万元以上十万元以下罚金。

第一百八十条第四款 【利用未公开信息交易罪】证券交易所、期货交易所、证券公司、期货经纪公司、基金管理公司、商业银行、保险公司等金融机构的从业人员以及有关监管部门或者行业协会的工作人员，利用因职务便利获取的内幕信息以外的其他未公开的信息，违反规定，从事与该信息相关的证券、期货交易活动，或者明示、暗示他人从事相关交易活动，情节严重的，依照第一款的规定处罚。

第一百八十一条第二款、第三款 【诱骗投资者买卖证券、期货合约罪】证券交易所、期货交易所、证券公司、期货经纪公司的从业人员，证券业协会、期货业协会或者证券期货监督管理部门的工作人员，故意提供虚假信息或者伪造、变造、销毁交易记录，诱骗投资者买卖证券、期货合约，造成严重后果的，处五年以下有期徒刑或者拘役，并处或者单处一万元以上十万元以下罚金；情节特别恶劣的，处五年以上十年以下有期徒刑，并处二万元以上二十万元以下罚金。

单位犯前两款罪的，对单位判处罚金，并对其直接负责的主管人员和其他直接责任人员，处五年以下有期徒刑或者拘役。

第一百八十三条 【保险公司工作人员虚假理赔的犯罪及处罚】保险公司的工作人员利用职务上的便利，故意编造未曾发生的保险事故进行虚假理赔，骗取保险金归自己所有的，依照本法第二百七十一条的规定定罪处罚。

国有保险公司工作人员和国有保险公司委派到非国有保险公司从事公务的人员有前款行为的，依照本法第三百八十二条、第三百八十三条的规定定罪处罚。

第一百八十四条 【非国家工作人员受贿罪】银行或者其他金融机构的工作人员在金融业务活动中索取他人财物或者非法收受他人财物，为他人谋取利益的，或者违反国家规定，收受各种名义的回扣、手续费，归个人所有的，依照本法第一百六十三条的规定定罪处罚。

【受贿罪】国有金融机构工作人员和国有金融机构委派到非国有金融机构从事公务的人员有前款行为的，依照本法第三百八十五条、第三百八十六条的规定定罪处罚。

第一百八十五条 【挪用资金罪】商业银行、证券交易所、期货交易所、证券公司、期货经纪公司、保险公司或者其他金融机构的工作人员利用职务上的便利，挪用本单位或者客户资金的，依照本法第二百七十二条的规定定罪处罚。

【挪用公款罪】国有商业银行、证券交易所、期货交易所、证券公司、期货经纪公司、保险公司或者其他国有金融机构的工作人员和国有商业银行、证券交易所、期货交易所、证券公司、期货经纪公司、保险公司或者其他国有金融机构委派到前款规定中的非国有机构从事公务的人员有前款行为的，依照本法第三百八十四条的规定定罪处罚。

第一百八十五条之一　【背信运用受托财产罪】商业银行、证券交易所、期货交易所、证券公司、期货经纪公司、保险公司或者其他金融机构，违背受托义务，擅自运用客户资金或者其他委托、信托的财产，情节严重的，对单位判处罚金，并对其直接负责的主管人员和其他直接责任人员，处三年以下有期徒刑或者拘役，并处三万元以上三十万元以下罚金；情节特别严重的，处三年以上十年以下有期徒刑，并处五万元以上五十万元以下罚金。

【违法运用资金罪】社会保障基金管理机构、住房公积金管理机构等公众资金管理机构，以及保险公司、保险资产管理公司、证券投资基金管理公司，违反国家规定运用资金的，对其直接负责的主管人员和其他直接责任人员，依照前款的规定处罚。

第一百八十六条　【违法发放贷款罪】银行或者其他金融机构的工作人员违反国家规定发放贷款，数额巨大或者造成重大损失的，处五年以下有期徒刑或者拘役，并处一万元以上十万元以下罚金；数额特别巨大或者造成特别重大损失的，处五年以上有期徒刑，并处二万元以上二十万元以下罚金。

银行或者其他金融机构的工作人员违反国家规定，向关系人发放贷款的，依照前款的规定从重处罚。

单位犯前两款罪的，对单位判处罚金，并对其直接负责的主管人员和其他直接责任人员，依照前两款的规定处罚。

关系人的范围，依照《中华人民共和国商业银行法》和有关金融法规确定。

第一百八十七条　【吸收客户资金不入账罪】银行或者其他金融机构的工作人员吸收客户资金不入帐，数额巨大或者造成重大损失的，处五年以下有期徒刑或者拘役，并处二万元以上二十万元以下罚金；数额特别巨大或者造成特别重大损失的，处五年以上有期徒刑，并处五万元以上五十万元以下罚金。

单位犯前款罪的，对单位判处罚金，并对其直接负责的主管人员和其他直接责任人员，依照前款的规定处罚。

第一百八十八条　【违规出具金融票证罪】银行或者其他金融机构的工作人员违反规定，为他人出具信用证或者其他保函、票据、存单、资信证明，情节严重的，处五年以下有期徒刑或者拘役；情节特别严重的，处五年以上有期徒刑。

单位犯前款罪的，对单位判处罚金，并对其直接负责的主管人员和其他直接责任人员，依照前款的规定处罚。

第一百八十九条　【对违法票据承兑、付款、保证罪】银行或者其他金融机构的工作人员在票据业务中，对违反票据法规定的票据予以承兑、付款或者保证，造成重大损失的，处五年以下有期徒刑或者拘役；造成特别重大损失的，处五年以上有期徒刑。

单位犯前款罪的，对单位判处罚金，并对其直接负责的主管人员和其他直接责任人员，依照前款的规定处罚。

第二百二十八条　【非法转让、倒卖土地使用权罪】以牟利为目的，违反土地管理法规，非法转让、倒卖土地使用权，情节严重的，处三年以下有期徒刑或者拘役，并处或者单处非法转让、倒卖土地使用权价额百分之五以上百分之二十以下罚金；情节特别严重的，处三年以上七年以下有期徒刑，并处非法转让、倒卖土地使用权价额百分之五以上百分之二十以下罚金。

第二百三十八条　【非法拘禁罪】非法拘禁他人或者以其他方法非法剥夺他人人身自由的，处三年以下有期徒刑、拘役、管制或者剥夺政治权利。具有殴打、侮辱情节的，从重处罚。

【非法拘禁罪；故意伤害罪；故意杀人罪】犯前款罪，致人重伤的，处三年以上十年以下有期徒刑；致人死亡的，处十年以上有期徒刑。使用暴力致人伤残、死亡的，依照本法第二百三十四条、第二百三十二条的规定定罪处罚。

为索取债务非法扣押、拘禁他人的，依照前两款的规定处罚。

国家机关工作人员利用职权犯前三款罪的，依照前三款的规定从重处罚。

第二百四十五条　【非法搜查罪；非法侵入住宅罪】非法搜查他人身体、住宅，或者非法侵入他人住宅的，处三年以下有期徒刑或者拘役。

司法工作人员滥用职权，犯前款罪的，从重处罚。

第二百四十七条　【刑讯逼供罪；暴力取证罪；故意伤害罪；故意杀人罪】司法工作人员对犯罪嫌疑人、被告人实行刑讯逼供或者使用暴力逼取证人证言的，处三年以下有期徒刑或者拘役。致人伤残、死亡的，依照本法第二百三十四条、第二百三十二条的规定定罪从重处罚。

第二百四十八条　【虐待被监管人罪;故意伤害罪;故意杀人罪】监狱、拘留所、看守所等监管机构的监管人员对被监管人进行殴打或者体罚虐待,情节严重的,处三年以下有期徒刑或者拘役;情节特别严重的,处三年以上十年以下有期徒刑。致人伤残、死亡的,依照本法第二百三十四条、第二百三十二条的规定定罪从重处罚。

监管人员指使被监管人殴打或者体罚虐待其他被监管人的,依照前款的规定处罚。

第二百五十一条　【非法剥夺公民宗教信仰自由罪;侵犯少数民族风俗习惯罪】国家机关工作人员非法剥夺公民的宗教信仰自由和侵犯少数民族风俗习惯,情节严重的,处二年以下有期徒刑或者拘役。

第二百五十三条第一款　【私自开拆、隐匿、毁弃邮件、电报罪】邮政工作人员私自开拆或者隐匿、毁弃邮件、电报的,处二年以下有期徒刑或者拘役。

第二百五十四条　【报复陷害罪】国家机关工作人员滥用职权、假公济私,对控告人、申诉人、批评人、举报人实行报复陷害的,处二年以下有期徒刑或者拘役;情节严重的,处二年以上七年以下有期徒刑。

第二百五十五条　【打击报复会计、统计人员罪】公司、企业、事业单位、机关、团体的领导人,对依法履行职责、抵制违反会计法、统计法行为的会计、统计人员实行打击报复,情节恶劣的,处三年以下有期徒刑或者拘役。

第二百五十六条　【破坏选举罪】在选举各级人民代表大会代表和国家机关领导人员时,以暴力、威胁、欺骗、贿赂、伪造选举文件、虚报选举票数等手段破坏选举或者妨害选民和代表自由行使选举权和被选举权,情节严重的,处三年以下有期徒刑、拘役或者剥夺政治权利。

第二百七十一条　【职务侵占罪】公司、企业或者其他单位的工作人员,利用职务上的便利,将本单位财物非法占为己有,数额较大的,处三年以下有期徒刑或者拘役,并处罚金;数额巨大的,处三年以上十年以下有期徒刑,并处罚金;数额特别巨大的,处十年以上有期徒刑或者无期徒刑,并处罚金。

【贪污罪】国有公司、企业或者其他国有单位中从事公务的人员和国有公司、企业或者其他国有单位委派到非国有公司、企业以及其他单位从事公务的人员有前款行为的,依照本法第三百八十二条、第三百八十三条的规定定罪处罚。

第二百七十二条　【挪用资金罪】公司、企业或者其他单位的工作人员,利用职务上的便利,挪用本单位资金归个人使用或者借贷给他人,数额较大、超过三个月未还的,或者虽未超过三个月,但数额较大、进行营利活动的,或者进行非法活动的,处三年以下有期徒刑或者拘役;挪用本单位资金数额巨大的,处三年以上七年以下有期徒刑;数额特别巨大的,处七年以上有期徒刑。

【挪用公款罪】国有公司、企业或者其他国有单位中从事公务的人员和国有公司、企业或者其他国有单位委派到非国有公司、企业以及其他单位从事公务的人员有前款行为的,依照本法第三百八十四条的规定定罪处罚。

有第一款行为,在提起公诉前将挪用的资金退还的,可以从轻或者减轻处罚。其中,犯罪较轻的,可以减轻或者免除处罚。

第二百七十三条　【挪用特定款物罪】挪用用于救灾、抢险、防汛、优抚、扶贫、移民、救济款物,情节严重,致使国家和人民群众利益遭受重大损害的,对直接责任人员,处三年以下有期徒刑或者拘役;情节特别严重的,处三年以上七年以下有期徒刑。

第三百零四条　【故意延误投递邮件罪】邮政工作人员严重不负责任,故意延误投递邮件,致使公共财产、国家和人民利益遭受重大损失的,处二年以下有期徒刑或者拘役。

第三百零八条之一　【泄露不应公开的案件信息罪】司法工作人员、辩护人、诉讼代理人或者其他诉讼参与人,泄露依法不公开审理的案件中不应当公开的信息,造成信息公开传播或者其他严重后果的,处三年以下有期徒刑、拘役或者管制,并处或者单处罚金。

【故意泄露国家秘密罪;过失泄露国家秘密罪】有前款行为,泄露国家秘密的,依照本法第三百九十八条的规定定罪处罚。

【披露、报道不应公开的案件信息罪】公开披露、报道第一款规定的案件信息,情节严重的,依照第一款的规定处罚。

单位犯前款罪的,对单位判处罚金,并对其直接负责的主管人员和其他直接责任人员,依照第一款的规定处罚。

第三百七十四条　【接送不合格兵员罪】在征兵工作中徇私舞弊,接送不合格兵员,情节严重的,处三年以下有期徒刑或者拘役;造成特别严重后果的,处三年以上七年以下有期徒刑。

第八章　贪污贿赂罪

第三百八十二条　【贪污罪】国家工作人员利用职务上的便利,侵吞、窃取、骗取或者以其他手段非法占有公共财物的,是贪污罪。

受国家机关、国有公司、企业、事业单位、人民团体委托管理、经营国有财产的人员，利用职务上的便利，侵吞、窃取、骗取或者以其他手段非法占有国有财物的，以贪污论。

与前两款所列人员勾结，伙同贪污的，以共犯论处。

第三百八十三条　【对贪污罪的处罚规定】对犯贪污罪的，根据情节轻重，分别依照下列规定处罚：

（一）贪污数额较大或者有其他较重情节的，处三年以下有期徒刑或者拘役，并处罚金。

（二）贪污数额巨大或者有其他严重情节的，处三年以上十年以下有期徒刑，并处罚金或者没收财产。

（三）贪污数额特别巨大或者有其他特别严重情节的，处十年以上有期徒刑或者无期徒刑，并处罚金或者没收财产；数额特别巨大，并使国家和人民利益遭受特别重大损失的，处无期徒刑或者死刑，并处没收财产。

对多次贪污未经处理的，按照累计贪污数额处罚。

犯第一款罪，在提起公诉前如实供述自己罪行、真诚悔罪、积极退赃，避免、减少损害结果的发生，有第一项规定情形的，可以从轻、减轻或者免除处罚；有第二项、第三项规定情形的，可以从轻处罚。

犯第一款罪，有第三项规定情形被判处死刑缓期执行的，人民法院根据犯罪情节等情况可以同时决定在其死刑缓期执行二年期满依法减为无期徒刑后，终身监禁，不得减刑、假释。

第三百八十四条　【挪用公款罪】国家工作人员利用职务上的便利，挪用公款归个人使用，进行非法活动的，或者挪用公款数额较大、进行营利活动的，或者挪用公款数额较大、超过三个月未还的，是挪用公款罪，处五年以下有期徒刑或者拘役；情节严重的，处五年以上有期徒刑。挪用公款数额巨大不退还的，处十年以上有期徒刑或者无期徒刑。

挪用用于救灾、抢险、防汛、优抚、扶贫、移民、救济款物归个人使用的，从重处罚。

第三百八十五条　【受贿罪】国家工作人员利用职务上的便利，索取他人财物的，或者非法收受他人财物，为他人谋取利益的，是受贿罪。

国家工作人员在经济往来中，违反国家规定，收受各种名义的回扣、手续费，归个人所有的，以受贿论处。

第三百八十六条　【对受贿罪的处罚规定】对犯受贿罪的，根据受贿所得数额及情节，依照本法第三百八十三条的规定处罚。索贿的从重处罚。

第三百八十七条　【单位受贿罪】国家机关、国有公司、企业、事业单位、人民团体，索取、非法收受他人财物，为他人谋取利益，情节严重的，对单位判处罚金，并对其直接负责的主管人员和其他直接责任人员，处三年以下有期徒刑或者拘役；情节特别严重的，处三年以上十年以下有期徒刑。

前款所列单位，在经济往来中，在帐外暗中收受各种名义的回扣、手续费的，以受贿论，依照前款的规定处罚。

第三百八十八条　【受贿罪】国家工作人员利用本人职权或者地位形成的便利条件，通过其他国家工作人员职务上的行为，为请托人谋取不正当利益，索取请托人财物或者收受请托人财物的，以受贿论处。

第三百八十八条之一　【利用影响力受贿罪】国家工作人员的近亲属或者其他与该国家工作人员关系密切的人，通过该国家工作人员职务上的行为，或者利用该国家工作人员职权或者地位形成的便利条件，通过其他国家工作人员职务上的行为，为请托人谋取不正当利益，索取请托人财物或者收受请托人财物，数额较大或者有其他较重情节的，处三年以下有期徒刑或者拘役，并处罚金；数额巨大或者有其他严重情节的，处三年以上七年以下有期徒刑，并处罚金；数额特别巨大或者有其他特别严重情节的，处七年以上有期徒刑，并处罚金或者没收财产。

离职的国家工作人员或者其近亲属以及其他与其关系密切的人，利用该离职的国家工作人员原职权或者地位形成的便利条件实施前款行为的，依照前款的规定定罪处罚。

第三百八十九条　【行贿罪】为谋取不正当利益，给予国家工作人员以财物的，是行贿罪。

在经济往来中，违反国家规定，给予国家工作人员以财物，数额较大的，或者违反国家规定，给予国家工作人员以各种名义的回扣、手续费的，以行贿论处。

因被勒索给予国家工作人员以财物，没有获得不正当利益的，不是行贿。

第三百九十条　【行贿罪的处罚规定】对犯行贿罪的，处三年以下有期徒刑或者拘役，并处罚金；因行贿谋取不正当利益，情节严重的，或者使国家利益遭受重大损失的，处三年以上十年以下有期徒刑，并处罚金；情节特别严重的，或者使国家利益遭受特别重大损失的，处十年以上有期徒刑或者无期徒刑，并处罚金或者没收财产。

有下列情形之一的，从重处罚：

（一）多次行贿或者向多人行贿的；

（二）国家工作人员行贿的；

（三）在国家重点工程、重大项目中行贿的；

（四）为谋取职务、职级晋升、调整行贿的；

（五）对监察、行政执法、司法工作人员行贿的；

（六）在生态环境、财政金融、安全生产、食品药品、防灾救灾、社会保障、教育、医疗等领域行贿，实施违法犯罪活动的；

（七）将违法所得用于行贿的。

行贿人在被追诉前主动交待行贿行为的，可以从轻或者减轻处罚。其中，犯罪较轻的，对调查突破、侦破重大案件起关键作用的，或者有重大立功表现的，可以减轻或者免除处罚。

第三百九十条之一　【对有影响力的人行贿罪】为谋取不正当利益，向国家工作人员的近亲属或者其他与该国家工作人员关系密切的人，或者向离职的国家工作人员或者其近亲属以及其他与其关系密切的人行贿的，处三年以下有期徒刑或者拘役，并处罚金；情节严重的，或者使国家利益遭受重大损失的，处三年以上七年以下有期徒刑，并处罚金；情节特别严重的，或者使国家利益遭受特别重大损失的，处七年以上十年以下有期徒刑，并处罚金。

单位犯前款罪的，对单位判处罚金，并对其直接负责的主管人员和其他直接责任人员，处三年以下有期徒刑或者拘役，并处罚金。

第三百九十一条　【对单位行贿罪】为谋取不正当利益，给予国家机关、国有公司、企业、事业单位、人民团体以财物的，或者在经济往来中，违反国家规定，给予各种名义的回扣、手续费的，处三年以下有期徒刑或者拘役，并处罚金；情节严重的，处三年以上七年以下有期徒刑，并处罚金。

单位犯前款罪的，对单位判处罚金，并对其直接负责的主管人员和其他直接责任人员，依照前款的规定处罚。

第三百九十二条　【介绍贿赂罪】向国家工作人员介绍贿赂，情节严重的，处三年以下有期徒刑或者拘役，并处罚金。

介绍贿赂人在被追诉前主动交待介绍贿赂行为的，可以减轻处罚或者免除处罚。

第三百九十三条　【单位行贿罪】单位为谋取不正当利益而行贿，或者违反国家规定，给予国家工作人员以回扣、手续费，情节严重的，对单位判处罚金，并对其直接负责的主管人员和其他直接责任人员，处三年以下有期徒刑或者拘役，并处罚金；情节特别严重的，处三年以上十年以下有期徒刑，并处罚金。因行贿取得的违法所得归个人所有的，依照本法第三百八十九条、第三百九十条的规定定罪处罚。

第三百九十四条　【贪污罪】国家工作人员在国内公务活动或者对外交往中接受礼物，依照国家规定应当交公而不交公，数额较大的，依照本法第三百八十二条、第三百八十三条的规定定罪处罚。

第三百九十五条　【巨额财产来源不明罪】国家工作人员的财产、支出明显超过合法收入，差额巨大的，可以责令该国家工作人员说明来源，不能说明来源的，差额部分以非法所得论，处五年以下有期徒刑或者拘役；差额特别巨大的，处五年以上十年以下有期徒刑。财产的差额部分予以追缴。

【隐瞒境外存款罪】国家工作人员在境外的存款，应当依照国家规定申报。数额较大、隐瞒不报的，处二年以下有期徒刑或者拘役；情节较轻的，由其所在单位或者上级主管机关酌情给予行政处分。

第三百九十六条　【私分国有资产罪】国家机关、国有公司、企业、事业单位、人民团体，违反国家规定，以单位名义将国有资产集体私分给个人，数额较大的，对其直接负责的主管人员和其他直接责任人员，处三年以下有期徒刑或者拘役，并处或者单处罚金；数额巨大的，处三年以上七年以下有期徒刑，并处罚金。

【私分罚没财物罪】司法机关、行政执法机关违反国家规定，将应当上缴国家的罚没财物，以单位名义集体私分给个人的，依照前款的规定处罚。

第九章　渎　职　罪

第三百九十七条　【滥用职权罪；玩忽职守罪】国家机关工作人员滥用职权或者玩忽职守，致使公共财产、国家和人民利益遭受重大损失的，处三年以下有期徒刑或者拘役；情节特别严重的，处三年以上七年以下有期徒刑。本法另有规定的，依照规定。

国家机关工作人员徇私舞弊，犯前款罪的，处五年以下有期徒刑或者拘役；情节特别严重的，处五年以上十年以下有期徒刑。本法另有规定的，依照规定。

第三百九十八条　【故意泄露国家秘密罪；过失泄露国家秘密罪】国家机关工作人员违反保守国家秘密法的规定，故意或者过失泄露国家秘密，情节严重的，处三年以下有期徒刑或者拘役；情节特别严重的，处三年以上七年以下有期徒刑。

非国家机关工作人员犯前款罪的，依照前款的规定酌情处罚。

第三百九十九条　【徇私枉法罪】司法工作人员徇私枉法、徇情枉法，对明知是无罪的人而使他受追诉、对明知是有罪的人而故意包庇不使他受追诉，或者在刑事审判活动中故意违背事实和法律作枉法裁判的，处五年以下有期徒刑或者拘役；情节严重的，处五年以上十年以下有期徒刑；情节特别严重的，处十年以上有期徒刑。

【民事、行政枉法裁判罪】在民事、行政审判活动中故意违背事实和法律作枉法裁判，情节严重的，处五年以下有期徒刑或者拘役；情节特别严重的，处五年以上十年以下有期徒刑。

【执行判决、裁定失职罪；执行判决、裁定滥用职权罪】在执行判决、裁定活动中，严重不负责任或者滥用职权，不依法采取诉讼保全措施、不履行法定执行职责，或者违法采取诉讼保全措施、强制执行措施，致使当事人或者其他人的利益遭受重大损失的，处五年以下有期徒刑或者拘役；致使当事人或者其他人的利益遭受特别重大损失的，处五年以上十年以下有期徒刑。

司法工作人员收受贿赂，有前三款行为的，同时又构成本法第三百八十五条规定之罪的，依照处罚较重的规定定罪处罚。

第三百九十九条之一 **【枉法仲裁罪】**依法承担仲裁职责的人员，在仲裁活动中故意违背事实和法律作枉法裁决，情节严重的，处三年以下有期徒刑或者拘役；情节特别严重的，处三年以上七年以下有期徒刑。

第四百条 **【私放在押人员罪】**司法工作人员私放在押的犯罪嫌疑人、被告人或者罪犯的，处五年以下有期徒刑或者拘役；情节严重的，处五年以上十年以下有期徒刑；情节特别严重的，处十年以上有期徒刑。

【失职致使在押人员脱逃罪】司法工作人员由于严重不负责任，致使在押的犯罪嫌疑人、被告人或者罪犯脱逃，造成严重后果的，处三年以下有期徒刑或者拘役；造成特别严重后果的，处三年以上十年以下有期徒刑。

第四百零一条 **【徇私舞弊减刑、假释、暂予监外执行罪】**司法工作人员徇私舞弊，对不符合减刑、假释、暂予监外执行条件的罪犯，予以减刑、假释或者暂予监外执行的，处三年以下有期徒刑或者拘役；情节严重的，处三年以上七年以下有期徒刑。

第四百零二条 **【徇私舞弊不移交刑事案件罪】**行政执法人员徇私舞弊，对依法应当移交司法机关追究刑事责任的不移交，情节严重的，处三年以下有期徒刑或者拘役；造成严重后果的，处三年以上七年以下有期徒刑。

第四百零三条 **【滥用管理公司、证券职权罪】**国家有关主管部门的国家机关工作人员，徇私舞弊，滥用职权，对不符合法律规定条件的公司设立、登记申请或者股票、债券发行、上市申请，予以批准或者登记，致使公共财产、国家和人民利益遭受重大损失的，处五年以下有期徒刑或者拘役。

上级部门强令登记机关及其工作人员实施前款行为的，对其直接负责的主管人员，依照前款的规定处罚。

第四百零四条 **【徇私舞弊不征、少征税款罪】**税务机关的工作人员徇私舞弊，不征或者少征应征税款，致使国家税收遭受重大损失的，处五年以下有期徒刑或者拘役；造成特别重大损失的，处五年以上有期徒刑。

第四百零五条 **【徇私舞弊发售发票、抵扣税款、出口退税罪】**税务机关的工作人员违反法律、行政法规的规定，在办理发售发票、抵扣税款、出口退税工作中，徇私舞弊，致使国家利益遭受重大损失的，处五年以下有期徒刑或者拘役；致使国家利益遭受特别重大损失的，处五年以上有期徒刑。

【违法提供出口退税凭证罪】其他国家机关工作人员违反国家规定，在提供出口货物报关单、出口收汇核销单等出口退税凭证的工作中，徇私舞弊，致使国家利益遭受重大损失的，依照前款的规定处罚。

第四百零六条 **【国家机关工作人员签订、履行合同失职被骗罪】**国家机关工作人员在签订、履行合同过程中，因严重不负责任被诈骗，致使国家利益遭受重大损失的，处三年以下有期徒刑或者拘役；致使国家利益遭受特别重大损失的，处三年以上七年以下有期徒刑。

第四百零七条 **【违法发放林木采伐许可证罪】**林业主管部门的工作人员违反森林法的规定，超过批准的年采伐限额发放林木采伐许可证或者违反规定滥发林木采伐许可证，情节严重，致使森林遭受严重破坏的，处三年以下有期徒刑或者拘役。

第四百零八条 **【环境监管失职罪】**负有环境保护监督管理职责的国家机关工作人员严重不负责任，导致发生重大环境污染事故，致使公私财产遭受重大损失或者造成人身伤亡的严重后果的，处三年以下有期徒刑或者拘役。

第四百零八条之一 **【食品、药品监管渎职罪】**负有食品药品安全监督管理职责的国家机关工作人员，滥用职权或者玩忽职守，有下列情形之一，造成严重后果或者有其他严重情节的，处五年以下有期徒刑或者拘役；造成特别严重后果或者有其他特别严重情节的，处五年以上十年以下有期徒刑：

（一）瞒报、谎报食品安全事故、药品安全事件的；

（二）对发现的严重食品药品安全违法行为未按规定查处的；

（三）在药品和特殊食品审批审评过程中，对不符合条件的申请准予许可的；

（四）依法应当移交司法机关追究刑事责任不移交的；

（五）有其他滥用职权或者玩忽职守行为的。

徇私舞弊犯前款罪的，从重处罚。

第四百零九条 **【传染病防治失职罪】**从事传染病防治的政府卫生行政部门的工作人员严重不负责任，导致传染病传播或者流行，情节严重的，处三年以下有期徒刑或者拘役。

第四百一十条 **【非法批准征收、征用、占用土地罪；非法低价出让国有土地使用权罪】**国家机关工作人员徇私舞弊，违反土地管理法规，滥用职权，非法批准征收、征用、占用土地，或者非法低价出让国有土地使用权，情节严重的，处三年以下有期徒刑或者拘役；致使国家或者集体利益遭受特别重大损失的，处三年以上七年以下有期徒刑。

第四百一十一条 **【放纵走私罪】**海关工作人员徇私舞弊，放纵走私，情节严重的，处五年以下有期徒刑或者拘役；情节特别严重的，处五年以上有期徒刑。

第四百一十二条 **【商检徇私舞弊罪】**国家商检部门、商检机构的工作人员徇私舞弊，伪造检验结果的，处五年以下有期徒刑或者拘役；造成严重后果的，处五年以上十年以下有期徒刑。

【商检失职罪】前款所列人员严重不负责任，对应当检验的物品不检验，或者延误检验出证、错误出证，致使国家利益遭受重大损失的，处三年以下有期徒刑或者拘役。

第四百一十三条 **【动植物检疫徇私舞弊罪】**动植物检疫机关的检疫人员徇私舞弊，伪造检疫结果的，处五年以下有期徒刑或者拘役；造成严重后果的，处五年以上十年以下有期徒刑。

【动植物检疫失职罪】前款所列人员严重不负责任，对应当检疫的检疫物不检疫，或者延误检疫出证、错误出证，致使国家利益遭受重大损失的，处三年以下有期徒刑或者拘役。

第四百一十四条 **【放纵制售伪劣商品犯罪行为罪】**对生产、销售伪劣商品犯罪行为负有追究责任的国家机关工作人员，徇私舞弊，不履行法律规定的追究职责，情节严重的，处五年以下有期徒刑或者拘役。

第四百一十五条 **【办理偷越国（边）境人员出入境证件罪；放行偷越国（边）境人员罪】**负责办理护照、签证以及其他出入境证件的国家机关工作人员，对明知是企图偷越国（边）境的人员，予以办理出入境证件的，或者边防、海关等国家机关工作人员，对明知是偷越国（边）境的人员，予以放行的，处三年以下有期徒刑或者拘役；情节严重的，处三年以上七年以下有期徒刑。

第四百一十六条 **【不解救被拐卖、绑架妇女、儿童罪】**对被拐卖、绑架的妇女、儿童负有解救职责的国家机关工作人员，接到被拐卖、绑架的妇女、儿童及其家属的解救要求或者接到其他人的举报，而对被拐卖、绑架的妇女、儿童不进行解救，造成严重后果的，处五年以下有期徒刑或者拘役。

【阻碍解救被拐卖、绑架妇女、儿童罪】负有解救职责的国家机关工作人员利用职务阻碍解救的，处二年以上七年以下有期徒刑；情节较轻的，处二年以下有期徒刑或者拘役。

第四百一十七条 **【帮助犯罪分子逃避处罚罪】**有查禁犯罪活动职责的国家机关工作人员，向犯罪分子通风报信、提供便利，帮助犯罪分子逃避处罚的，处三年以下有期徒刑或者拘役；情节严重的，处三年以上十年以下有期徒刑。

第四百一十八条 **【招收公务员、学生徇私舞弊罪】**国家机关工作人员在招收公务员、学生工作中徇私舞弊，情节严重的，处三年以下有期徒刑或者拘役。

第四百一十九条 **【失职造成珍贵文物损毁、流失罪】**国家机关工作人员严重不负责任，造成珍贵文物损毁或者流失，后果严重的，处三年以下有期徒刑或者拘役。

全国人民代表大会常务委员会
关于《中华人民共和国刑法》
第九十三条第二款的解释

1. *2000年4月29日第九届全国人民代表大会常务委员会第十五次会议通过*
2. *根据2009年8月27日第十一届全国人民代表大会常务委员会第十次会议《关于修改部分法律的决定》修正*

全国人民代表大会常务委员会讨论了村民委员会等村基层组织人员在从事哪些工作时属于刑法第九十三条第二款规定的“其他依照法律从事公务的人员”，解释如下：

村民委员会等村基层组织人员协助人民政府从事下列行政管理工作，属于刑法第九十三条第二款规定的“其他依照法律从事公务的人员”：

（一）救灾、抢险、防汛、优抚、扶贫、移民、救济款物的管理；

（二）社会捐助公益事业款物的管理；

（三）国有土地的经营和管理；

（四）土地征收、征用补偿费用的管理；

（五）代征、代缴税款；

（六）有关计划生育、户籍、征兵工作；

（七）协助人民政府从事的其他行政管理工作。

村民委员会等村基层组织人员从事前款规定的公务，利用职务上的便利，非法占有公共财物、挪用公款、索取他人财物或者非法收受他人财物，构成犯罪的，适用刑法第三百八十二条和第三百八十三条贪污罪、第三百八十四条挪用公款罪、第三百八十五条和第三百八十六条受贿罪的规定。

现予公告。

全国人民代表大会常务委员会关于《中华人民共和国刑法》第三百八十四条第一款的解释

2002年4月28日第九届全国人民代表大会常务委员会第二十七次会议通过

全国人民代表大会常务委员会讨论了刑法第三百八十四条第一款规定的国家工作人员利用职务上的便利，挪用公款"归个人使用"的含义问题，解释如下：

有下列情形之一的，属于挪用公款"归个人使用"：

（一）将公款供本人、亲友或者其他自然人使用的；

（二）以个人名义将公款供其他单位使用的；

（三）个人决定以单位名义将公款供其他单位使用，谋取个人利益的。

现予公告。

最高人民检察院关于挪用国库券如何定性问题的批复

1. 1997年10月13日

2. 高检发释字〔1997〕5号

宁夏回族自治区人民检察院：

你院宁检发字〔1997〕43号《关于国库券等有价证券是否可以成为挪用公款罪所侵犯的对象以及以国库券抵押贷款的行为如何定性等问题的请示》收悉。关于挪用国库券如何定性的问题，经研究，批复如下：

国家工作人员利用职务上的便利，挪用公有或本单位的国库券的行为以挪用公款论；符合刑法第384条、第272条第2款规定的情形构成犯罪的，按挪用公款罪追究刑事责任。

最高人民法院关于审理挪用公款案件具体应用法律若干问题的解释

1. 1998年4月6日最高人民法院审判委员会第972次会议通过

2. 1998年4月29日公布

3. 法释〔1998〕9号

4. 自1998年5月9日起施行

为依法惩处挪用公款犯罪，根据刑法的有关规定，现对办理挪用公款案件具体应用法律的若干问题解释如下：

第一条 刑法第三百八十四条规定的"挪用公款归个人使用"，包括挪用者本人使用或者给他人使用。

挪用公款给私有公司、私有企业使用的，属于挪用公款归个人使用。

第二条 对挪用公款罪，应区分三种不同情况予以认定：

（一）挪用公款归个人使用，数额较大、超过三个月未还的，构成挪用公款罪。

挪用正在生息或者需要支付利息的公款归个人使用，数额较大，超过三个月但在案发前全部归还本金的，可以从轻处罚或者免除处罚。给国家、集体造成的利息损失应予追缴。挪用公款数额巨大，超过三个月，案发前全部归还的，可以酌情从轻处罚。

（二）挪用公款数额较大，归个人进行营利活动的，构成挪用公款罪，不受挪用时间和是否归还的限制。在案发前部分或者全部归还本息的，可以从轻处罚；情节轻微的，可以免除处罚。

挪用公款存入银行、用于集资、购买股票、国债等，属于挪用公款进行营利活动。所获取的利息、收益等违法所得，应当追缴，但不计入挪用公款的数额。

（三）挪用公款归个人使用，进行赌博、走私等非法活动的，构成挪用公款罪，不受"数额较大"和挪用时间的限制。

挪用公款给他人使用，不知道使用人用公款进行营利活动或者用于非法活动，数额较大、超过三个月未还的，构成挪用公款罪；明知使用人用于营利活动或者非法活动的，应当认定为挪用人挪用公款进行营利活动或者非法活动。

第三条 挪用公款归个人使用，"数额较大、进行营利活动的"，或者"数额较大、超过三个月未还的"，以挪用公款一万元至三万元为"数额较大"的起点,以挪用公款十五万元至二十万元为"数额巨大"的起点。挪用公款"情节严重",是指挪用公款数额巨大,或者数额虽未达到巨大,但挪用公款手段恶劣;多次挪用公款;因挪用公款严重影响生产、经营,造成严重损失等情形。

"挪用公款归个人使用,进行非法活动的",以挪用公款五千元至一万元为追究刑事责任的数额起点。挪用公款五万元至十万元以上的,属于挪用公款归个人使用,进行非法活动"情节严重"的情形之一。挪用公款归个人使用,进行非法活动,情节严重的其他情形,按照本条第一款的规定执行。

各高级人民法院可以根据本地实际情况,按照本解释规定的数额幅度,确定本地区执行的具体数额标准,并报最高人民法院备案。

挪用救灾、抢险、防汛、优抚、扶贫、移民、救济款物归个人使用的数额标准,参照挪用公款归个人使用进行非法活动的数额标准。

第四条 多次挪用公款不还,挪用公款数额累计计算;多次挪用公款,并以后次挪用的公款归还前次挪用的公款,挪用公款数额以案发时未还的实际数额认定。

第五条 "挪用公款数额巨大不退还的",是指挪用公款数额巨大,因客观原因在一审宣判前不能退还的。

第六条 携带挪用的公款潜逃的,依照刑法第三百八十二条、第三百八十三条的规定定罪处罚。

第七条 因挪用公款索取、收受贿赂构成犯罪的,依照数罪并罚的规定处罚。

挪用公款进行非法活动构成其他犯罪的,依照数罪并罚的规定处罚。

第八条 挪用公款给他人使用,使用人与挪用人共谋,指使或者参与策划取得挪用款的,以挪用公款罪的共犯定罪处罚。

最高人民检察院关于人民检察院直接受理立案侦查案件立案标准的规定(试行)

1. 1999年8月6日最高人民检察院第九届检察委员会第四十一次会议通过

2. 1999年9月9日公布

3. 高检发释字〔1999〕2号

根据《中华人民共和国刑法》、《中华人民共和国刑事诉讼法》和其他法律的有关规定,对人民检察院直接受理立案侦查案件的立案标准规定如下:

一、贪污贿赂犯罪案件

(一)贪污案(第382条、第383条,第183条第2款,第271条第2款,第394条)

贪污罪是指国家工作人员利用职务上的便利,侵吞、窃取、骗取或者以其他手段非法占有公共财物的行为。

"利用职务上的便利"是指利用职务上主管、管理、经手公共财物的权力及方便条件。

受国家机关、国有公司、企业、事业单位、人民团体委托管理、经营国有财产的人员,利用职务上的便利,侵吞、窃取、骗取或者以其他手段非法占有国有财物的,以贪污罪追究其刑事责任。

"受委托管理、经营国有财产"是指因承包、租赁、聘用等而管理、经营国有财产。

国有保险公司的工作人员和国有保险公司委派到非国有保险公司从事公务的人员利用职务上的便利,故意编造未曾发生的保险事故进行虚假理赔,骗取保险金归自己所有的,以贪污罪追究刑事责任。

国有公司、企业或者其他国有单位中从事公务的人员和国有公司、企业或者其他国有单位委派到非国有公司、企业以及其他非国有单位从事公务的人员,利用职务上的便利,将本单位财物非法占为己有的,以贪污罪追究刑事责任。

国家工作人员在国内公务活动或者对外交往中接受礼物,依照国家规定应当交公而不交公,数额较大的,以贪污罪追究刑事责任。

涉嫌下列情形之一的,应予立案:

1. 个人贪污数额在5千元以上的;

2. 个人贪污数额不满5千元,但具有贪污救灾、抢险、防汛、防疫、优抚、扶贫、移民、救济款物及募捐款物、赃款赃物、罚没款物、暂扣款物,以及贪污手段恶劣、毁灭证据、转移赃物等情节的。

(二)挪用公款案(第384条,第185条第2款,第272条第2款)

挪用公款罪是指国家工作人员利用职务上的便利,挪用公款归个人使用,进行非法活动的,或者挪用公款数额较大、进行营利活动的,或者挪用公款数额较大、超过三个月未还的行为。

国有金融机构工作人员和国有金融机构委派到非国有金融机构从事公务的人员,利用职务上的便利,挪用本单位或者客户资金的,以挪用公款罪追究刑事责任。

国有公司、企业或者其他国有单位中从事公务的人员和国有公司、企业或者其他国有单位委派到非国有公司、企业以及其他单位从事公务的人员，利用职务上的便利，挪用本单位资金归个人使用或者借贷给他人，数额较大，超过三个月未还的，或者虽未超过三个月，但数额较大，进行营利活动的，或者进行非法活动的，以挪用公款罪追究刑事责任。

涉嫌下列情形之一的，应予立案：

1. 挪用公款归个人使用，数额在5千元至1万元以上，进行非法活动的；

2. 挪用公款数额在1万元至3万元以上，归个人进行营利活动的；

3. 挪用公款归个人使用，数额在1万元至3万元以上，超过3个月未还的。

各省级人民检察院可以根据本地实际情况，在上述数额幅度内，确定本地区执行的具体数额标准，并报最高人民检察院备案。

"挪用公款归个人使用"，既包括挪用者本人使用，也包括给他人使用。

多次挪用公款不还的，挪用公款数额累计计算；多次挪用公款并以后次挪用的公款归还前次挪用的公款，挪用公款数额以案发时未还的数额认定。

挪用公款给其他个人使用的案件，使用人与挪用人共谋，指使或者参与策划取得挪用款的，对使用人以挪用公款罪的共犯追究刑事责任。

（三）受贿案（第385条、第386条，第388条，第163条第3款，第184条第2款）

受贿罪是指国家工作人员利用职务上的便利，索取他人财物的，或者非法收受他人财物，为他人谋取利益的行为。

"利用职务上的便利"，是指利用本人职务范围内的权力，即自己职务上主管、负责或者承办某项公共事务的职权及其所形成的便利条件。

索取他人财物的，不论是否"为他人谋取利益"，均可构成受贿罪。非法收受他人财物的，必须同时具备"为他人谋取利益"的条件，才能构成受贿罪。但是为他人谋取的利益是否正当，为他人谋取的利益是否实现，不影响受贿罪的认定。

国家工作人员在经济往来中，违反国家规定，收受各种名义的回扣、手续费，归个人所有的，以受贿罪追究刑事责任。

国有公司、企业中从事公务的人员和国有公司、企业委派到非国有公司、企业从事公务的人员利用职务上的便利，索取他人财物或者非法收受他人财物，为他人谋取利益，或者在经济往来中，违反国家规定，收受各种名义的回扣、手续费，归个人所有的，以受贿罪追究刑事责任。

国有金融机构工作人员和国有金融机构委派到非国有金融机构从事公务的人员在金融业务活动中索取他人财物或者非法收受他人财物，为他人谋取利益的，或者违反国家规定，收受各种名义的回扣、手续费归个人所有的，以受贿罪追究刑事责任。

国家工作人员利用本人职权或者地位形成的便利条件，通过其他国家工作人员职务上的行为，为请托人谋取不正当利益，索取请托人财物或者收受请托人财物的，以受贿罪追究刑事责任。

涉嫌下列情形之一的，应予立案：

1. 个人受贿数额在5千元以上的；

2. 个人受贿数额不满5千元，但具有下列情形之一的：

（1）因受贿行为而使国家或者社会利益遭受重大损失的；

（2）故意刁难、要挟有关单位、个人，造成恶劣影响的；

（3）强行索取财物的。

（四）单位受贿案（第387条）

单位受贿罪是指国家机关、国有公司、企业、事业单位、人民团体，索取、非法收受他人财物，为他人谋取利益，情节严重的行为。

索取他人财物或者非法收受他人财物，必须同时具备为他人谋取利益的条件，且是情节严重的行为，才能构成单位受贿罪。

国家机关、国有公司、企业、事业单位、人民团体，在经济往来中，在帐外暗中收受各种名义的回扣、手续费的，以单位受贿罪追究刑事责任。

涉嫌下列情形之一的，应予立案：

1. 单位受贿数额在10万元以上的；

2. 单位受贿数额不满10万元，但具有下列情形之一的：

（1）故意刁难、要挟有关单位、个人，造成恶劣影响的；

（2）强行索取财物的；

（3）致使国家或者社会利益遭受重大损失的。

（五）行贿案（第389条、第390条）

行贿罪是指为谋取不正当利益，给予国家工作人员以财物的行为。

在经济往来中，违反国家规定，给予国家工作人员以财物，数额较大的，或者违反国家规定，给予国家工作人员以各种名义的回扣、手续费的，以行贿罪追究刑事责任。

涉嫌下列情形之一的，应予立案：

1. 行贿数额在1万元以上的；

2. 行贿数额不满1万元，但具有下列情形之一的：

(1)为谋取非法利益而行贿的；

(2)向3人以上行贿的；

(3)向党政领导、司法工作人员、行政执法人员行贿的；

(4)致使国家或者社会利益遭受重大损失的。

因被勒索给予国家工作人员以财物，已获得不正当利益的，以行贿罪追究刑事责任。

(六)对单位行贿案(第391条)

对单位行贿罪是指为谋取不正当利益，给予国家机关、国有公司、企业、事业单位、人民团体以财物，或者在经济往来中，违反国家规定，给予上述单位各种名义的回扣、手续费的行为。

涉嫌下列情形之一的，应予立案：

1. 个人行贿数额在10万元以上、单位行贿数额在20万元以上的；

2. 个人行贿数额不满10万元、单位行贿数额在10万元以上不满20万元，但具有下列情形之一的：

(1)为谋取非法利益而行贿的；

(2)向3个以上单位行贿的；

(3)向党政机关、司法机关、行政执法机关行贿的；

(4)致使国家或者社会利益遭受重大损失的。

(七)介绍贿赂案(第392条)

介绍贿赂罪是指向国家工作人员介绍贿赂，情节严重的行为。

"介绍贿赂"是指在行贿人与受贿人之间沟通关系、撮合条件，使贿赂行为得以实现的行为。

涉嫌下列情形之一的，应予立案：

1. 介绍个人向国家工作人员行贿，数额在2万元以上的；介绍单位向国家工作人员行贿，数额在20万元以上的；

2. 介绍贿赂数额不满上述标准，但具有下列情形之一的：

(1)为使行贿人获取非法利益而介绍贿赂的；

(2)3次以上或者为3人以上介绍贿赂的；

(3)向党政领导、司法工作人员、行政执法人员介绍贿赂的；

(4)致使国家或者社会利益遭受重大损失的。

(八)单位行贿案(第393条)

单位行贿罪是指公司、企业、事业单位、机关、团体为谋取不正当利益而行贿，或者违反国家规定，给予国家工作人员以回扣、手续费，情节严重的行为。

涉嫌下列情形之一的，应予立案：

1. 单位行贿数额在20万元以上的；

2. 单位为谋取不正当利益而行贿，数额在10万元以上不满20万元，但具有下列情形之一的：

(1)为谋取非法利益而行贿的；

(2)向3人以上行贿的；

(3)向党政领导、司法工作人员、行政执法人员行贿的；

(4)致使国家或者社会利益遭受重大损失的。

因行贿取得的违法所得归个人所有的，依照本规定关于个人行贿的规定立案，追究其刑事责任。

(九)巨额财产来源不明案(第395条第1款)

巨额财产来源不明罪是指国家工作人员的财产或者支出明显超出合法收入，差额巨大，而本人又不能说明其来源是合法的行为。

涉嫌巨额财产来源不明，数额在30万元以上的，应予立案。

(十)隐瞒境外存款案(第395条第2款)

隐瞒境外存款罪是指国家工作人员违反国家规定，故意隐瞒不报在境外的存款，数额较大的行为。

涉嫌隐瞒境外存款，折合人民币数额在30万元以上的，应予立案。

(十一)私分国有资产案(第396条第1款)

私分国有资产罪是指国家机关、国有公司、企业、事业单位、人民团体，违反国家规定，以单位名义将国有资产集体私分给个人，数额较大的行为。

涉嫌私分国有资产，累计数额在10万元以上的，应予立案。

(十二)私分罚没财物案(第396条第2款)

私分罚没财物罪是指司法机关、行政执法机关违反国家规定，将应当上缴国家的罚没财物，以单位名义集体私分给个人的行为。

涉嫌私分罚没财物，累计数额在10万元以上，应予立案。

二、渎职犯罪案件

(一)滥用职权案(第397条)

滥用职权罪是指国家机关工作人员超越职权，违法决定、处理其无权决定、处理的事项，或者违反规定处理公务，致使公共财产、国家和人民利益遭受重大损失的行为。

涉嫌下列情形之一的，应予立案：

1. 造成死亡 1 人以上，或者重伤 2 人以上，或者轻伤 5 人以上的；

2. 造成直接经济损失 20 万元以上的；

3. 造成有关公司、企业等单位停产、严重亏损、破产的；

4. 严重损害国家声誉，或者造成恶劣社会影响的；

5. 其他致使公共财产、国家和人民利益遭受重大损失的情形；

6. 徇私舞弊，具有上述情形之一的。

（二）玩忽职守案（第 397 条）

玩忽职守罪是指国家机关工作人员严重不负责任，不履行或者不认真履行职责，致使公共财产、国家和人民利益遭受重大损失的行为。

涉嫌下列情形之一的，应予立案：

1. 造成死亡 1 人以上，或者重伤 3 人以上，或者轻伤 10 人以上的；

2. 造成直接经济损失 30 万元以上的，或者直接经济损失不满 30 万元，但间接经济损失超过 100 万元的；

3. 徇私舞弊，造成直接经济损失 20 万元以上的；

4. 造成有关公司、企业等单位停产、严重亏损、破产的；

5. 严重损害国家声誉，或者造成恶劣社会影响的；

6. 海关、外汇管理部门的工作人员严重不负责任，造成巨额外汇被骗或者逃汇的；

7. 其他致使公共财产、国家和人民利益遭受重大损失的情形；

8. 徇私舞弊，具有上述情形之一的。

（三）故意泄露国家秘密案（第 398 条）

故意泄露国家秘密罪是指国家机关工作人员或者非国家机关工作人员违反保守国家秘密法，故意使国家秘密被不应知悉者知悉，或者故意使国家秘密超出了限定的接触范围，情节严重的行为。

国家机关工作人员涉嫌故意泄露国家秘密行为，具有下列情形之一的，应予立案：

1. 泄露绝密级或机密级国家秘密的；

2. 泄露秘密级国家秘密 3 项以上的；

3. 向公众散布、传播国家秘密的；

4. 泄露国家秘密已造成严重危害后果的；

5. 利用职权指使或者强迫他人违反国家保守秘密法的规定泄露国家秘密的；

6. 以牟取私利为目的泄露国家秘密的；

7. 其他情节严重的情形。

非国家机关工作人员涉嫌故意泄露国家秘密犯罪行为的立案标准参照上述标准执行。

（四）过失泄露国家秘密案（第 398 条）

过失泄露国家秘密罪是指国家机关工作人员或者非国家机关工作人员违反保守国家秘密法，过失泄露国家秘密，或者遗失秘密文件，致使国家秘密被不应知悉者知悉或者超出了限定的接触范围，情节严重的行为。

国家机关工作人员涉嫌过失泄露国家秘密行为，具有下列情形之一的，应予立案：

1. 泄露绝密级国家秘密的；

2. 泄露机密级国家秘密 3 项以上的；

3. 泄露秘密级国家秘密 3 项以上，造成严重危害后果的；

4. 泄露国家秘密或者遗失秘密文件不如实提供有关情况的；

5. 其他情节严重的情形。

非国家机关工作人员涉嫌过失泄露国家秘密犯罪行为的立案标准参照上述标准执行。

（五）枉法追诉、裁判案（第 399 条）

枉法追诉、裁判罪是指司法工作人员徇私枉法、徇情枉法，对明知是无罪的人而使他受追诉、对明知是有罪的人而故意包庇不使他受追诉，或者在刑事审判活动中故意违背事实和法律作枉法裁判的行为。

涉嫌下列情形之一的，应予立案：

1. 对明知是无罪的人，采取伪造、隐匿、毁灭证据或者其他隐瞒事实、违背法律的手段，以追究刑事责任为目的进行立案、侦查（含采取强制措施）、起诉、审判的；

2. 对明知是有罪的人，即对明知有犯罪事实需要追究刑事责任的人，采取伪造、隐匿、毁灭证据或者其他隐瞒事实、违背法律的手段，故意包庇使其不受立案、侦查（含采取强制措施）、起诉、审判的；

3. 在立案后，故意违背事实和法律，应该采取强制措施而不采取强制措施，或者虽然采取强制措施，但无正当理由中断侦查或者超过法定期限不采取任何措施，实际放任不管，以及违法撤销、变更强制措施，致使犯罪嫌疑人、被告人实际脱离司法机关侦控的；

4. 在刑事审判活动中故意违背事实和法律,作出枉法判决、裁定,即有罪判无罪、无罪判有罪,或者重罪轻判、轻罪重判的;

5. 其他枉法追诉、不追诉、枉法裁判行为。

(六)民事、行政枉法裁判案(第399条)

民事、行政枉法裁判罪是指审判人员在民事、行政审判活动中,故意违背事实和法律作枉法裁判,情节严重的行为。

涉嫌下列情形之一的,应予立案:

1. 枉法裁判,致使公民财产损失或者法人或者其他组织财产损失重大的;

2. 枉法裁判,引起当事人及其亲属自杀、伤残、精神失常的;

3. 伪造有关材料、证据,制造假案枉法裁判的;

4. 串通当事人制造伪证,毁灭证据或者篡改庭审笔录而枉法裁判的;

5. 其他情节严重的情形。

(七)私放在押人员案(第400条第1款)

私放在押人员罪是指司法工作人员私放在押(包括在羁押场所和押解途中)的犯罪嫌疑人、被告人或者罪犯的行为。

涉嫌下列情形之一的,应予立案:

1. 私自将在押的犯罪嫌疑人、被告人、罪犯放走,或者授意、指使、强迫他人将在押的犯罪嫌疑人、被告人、罪犯放走的;

2. 伪造、变造有关法律文书,以使在押的犯罪嫌疑人、被告人、罪犯脱逃的;

3. 为在押的犯罪嫌疑人、被告人、罪犯通风报信、提供条件,帮助其脱逃的;

4. 其他私放在押的犯罪嫌疑人、被告人、罪犯的行为。

(八)失职致使在押人员脱逃案(第400条第2款)

失职致使在押人员脱逃罪是指司法工作人员由于严重不负责任,不履行或者不认真履行职责,致使在押的犯罪嫌疑人、被告人、罪犯脱逃,造成严重后果的行为。

涉嫌下列情形之一的,应予立案:

1. 致使依法可能判处或者已经判处10年以上有期徒刑、无期徒刑、死刑的犯罪嫌疑人、被告人、罪犯脱逃的;

2. 3次以上致使犯罪嫌疑人、被告人、罪犯脱逃,或者一次致使3名以上犯罪嫌疑人、被告人、罪犯脱逃的;

3. 犯罪嫌疑人、被告人、罪犯脱逃以后,打击报复控告人、检举人、被害人、证人和司法工作人员等,或者继续犯罪,危害社会的;

4. 其他致使在押的犯罪嫌疑人、被告人、罪犯脱逃,造成严重后果的行为。

(九)徇私舞弊减刑、假释、暂予监外执行案(第401条)

徇私舞弊减刑、假释、暂予监外执行罪是指司法工作人员徇私舞弊,对不符合减刑、假释、暂予监外执行条件的罪犯予以减刑、假释、暂予监外执行的行为。

涉嫌下列情形之一的,应予立案:

1. 刑罚执行机关的工作人员对不符合减刑、假释、暂予监外执行条件的罪犯,捏造事实,伪造材料,违法报请减刑、假释、暂予监外执行的;

2. 人民法院和监狱管理机关以及公安机关的工作人员为徇私情、私利,对不符合减刑、假释、暂予监外执行条件的罪犯的减刑、假释、暂予监外执行申请,违法裁定、决定减刑、假释、暂予监外执行的;

3. 不具有报请、裁定或决定减刑、假释、暂予监外执行权的司法工作人员利用职务上的便利,徇私情、私利,伪造有关材料,导致不符合减刑、假释、暂予监外执行条件的罪犯被减刑、假释、暂予监外执行的;

4. 其他违法减刑、假释、暂予监外执行的行为。

(十)徇私舞弊不移交刑事案件案(第402条)

徇私舞弊不移交刑事案件罪是指行政执法人员,徇私情、私利,伪造材料,隐瞒情况,弄虚作假,对依法应当移交司法机关追究刑事责任的刑事案件,不移交司法机关处理,情节严重的行为。

涉嫌下列情形之一的,应予立案:

1. 对依法可能判处3年以上有期徒刑、无期徒刑、死刑的犯罪案件不移交的;

2. 3次以上不移交犯罪案件,或者一次不移交犯罪案件涉及3名以上犯罪嫌疑人的;

3. 司法机关发现并提出意见后,无正当理由仍然不予移交的;

4. 以罚代刑,放纵犯罪嫌疑人,致使犯罪嫌疑人继续进行违法犯罪活动的;

5. 行政执法部门主管领导阻止移交的;

6. 隐瞒、毁灭证据,伪造材料,改变刑事案件性质的;

7. 直接负责的主管人员和其他直接责任人员为牟取本单位私利而不移交刑事案件,情节严重的;

8. 其他情节严重的情形。

(十一)滥用管理公司、证券职权案(第403条)

滥用管理公司、证券职权罪是指工商行政管理、人民银行、证券管理等国家有关主管部门的工作人员徇私舞弊，滥用职权，对不符合法律规定条件的公司设立、登记申请或者股票、债券发行、上市申请予以批准或者登记，致使公共财产、国家和人民利益遭受重大损失的行为，以及上级部门、当地政府强令登记机关及其工作人员实施上述行为的行为。

涉嫌下列情形之一的，应予立案：

1. 工商管理部门的工作人员对不符合法律规定条件的公司设立、登记申请，违法予以批准、登记，严重扰乱市场秩序的；

2. 金融证券管理机构工作人员对不符合法律规定条件的股票、债券发行、上市申请，违法予以批准，严重损害公众利益，或者严重扰乱金融秩序的；

3. 工商管理部门、金融证券管理机构的工作人员对不符合法律规定条件的公司设立、登记申请或者股票、债券发行、上市申请违法予以批准或者登记，致使犯罪行为得逞的；

4. 上级部门强令登记机关及其工作人员实施徇私舞弊，滥用职权，对不符合法律规定条件的公司设立、登记申请或者股票、债券发行、上市申请予以批准或者登记，致使公共财产、国家或者人民利益遭受重大损失的；

5. 其他致使公共财产、国家和人民利益遭受重大损失的情形。

（十二）徇私舞弊不征、少征税款案（第404条）

徇私舞弊不征、少征税款罪是指税务机关工作人员徇私舞弊，不征、少征应征税款，致使国家税收遭受重大损失的行为。

涉嫌下列情形之一的，应予立案：

1. 为徇私情、私利，违反规定，对应当征收的税款擅自决定停征、减征或者免征，或者伪造材料，隐瞒情况，弄虚作假，不征、少征应征税款，致使国家税收损失累计达10万元以上的；

2. 徇私舞弊不征、少征应征税款不满10万元，但具有索取或者收受贿赂或者其他恶劣情节的。

（十三）徇私舞弊发售发票、抵扣税款、出口退税案（第405条第1款）

徇私舞弊发售发票、抵扣税款、出口退税罪是指税务机关工作人员违反法律、行政法规的规定，在办理发售发票、抵扣税款、出口退税工作中徇私舞弊，致使国家利益遭受重大损失的行为。

涉嫌下列情形之一的，应予立案：

1. 为徇私情、私利，违反法律、行政法规的规定，伪造材料，隐瞒情况，弄虚作假，对不应发售的发票予以发售，对不应抵扣的税款予以抵扣，对不应给予出口退税的给予退税，或者擅自决定发售不应发售的发票、抵扣不应抵扣的税款、给予出口退税，致使国家税收损失累计达10万元以上的；

2. 徇私舞弊，致使国家税收损失累计不满10万元，但具有索取、收受贿赂或者其他恶劣情节的。

（十四）违法提供出口退税凭证案（第405条第2款）

违法提供出口退税凭证罪是指海关、商检、外汇管理等国家机关工作人员违反国家规定，在提供出口货物报关单、出口收汇核销单等出口退税凭证的工作中徇私舞弊，致使国家利益遭受重大损失的行为。

涉嫌下列情形之一的，应予立案：

1. 为徇私情、私利，违反国家规定，伪造材料，隐瞒情况，弄虚作假，提供不真实的出口货物报关单、出口收汇核销单等出口退税凭证，致使国家税收损失累计达10万元以上的；

2. 徇私舞弊，致使国家税收损失累计不满10万元，但具有索取、收受贿赂或者其他恶劣情节的。

（十五）国家机关工作人员签订、履行合同失职被骗案（第406条）

国家机关工作人员签订、履行合同失职被骗罪是指国家机关工作人员在签订、履行合同过程中，因严重不负责任，不履行或者不认真履行职责被诈骗，致使国家利益遭受重大损失的行为。

涉嫌下列情形之一的，应予立案：

1. 造成直接经济损失30万元以上的；

2. 其他致使国家利益遭受重大损失的情形。

（十六）违法发放林木采伐许可证案（第407条）

违法发放林木采伐许可证罪是指林业主管部门的工作人员违反森林法的规定，超过批准的年采伐限额发放林木采伐许可证或者违反规定滥发林木采伐许可证，情节严重，致使森林遭受严重破坏的行为。

涉嫌下列情形之一的，应予立案：

1. 发放林木采伐许可证允许采伐数量累计超过批准的年采伐限额，导致林木被伐数量超过10立方米的；

2. 滥发林木采伐许可证，导致林木被滥伐20立方米以上的；

3. 滥发林木采伐许可证，导致珍贵树木被滥伐的；

4. 批准采伐国家禁止采伐的林木，情节恶劣的；

5. 其他情节严重，致使森林遭受严重破坏的情形。

（十七）环境监管失职案（第408条）

环境监管失职罪是指负有环境保护监督管理职责

的国家机关工作人员严重不负责任,不履行或不认真履行环境保护监管职责导致发生重大环境污染事故,致使公私财产遭受重大损失或者造成人身伤亡的严重后果的行为。

涉嫌下列情形之一的,应予立案:

1. 造成直接经济损失30万元以上的;

2. 造成人员死亡1人以上,或者重伤3人以上,或者轻伤10人以上的;

3. 使一定区域内的居民的身心健康受到严重危害的;

4. 其他致使公私财产遭受重大损失或者造成人身伤亡严重后果的情形。

(十八)传染病防治失职案(第409条)

传染病防治失职罪是指从事传染病防治的政府卫生行政部门的工作人员严重不负责任,不履行或者不认真履行传染病防治监管职责导致传染病传播或者流行,情节严重的行为。

涉嫌下列情形之一的,应予立案:

1. 导致甲类传染病传播的;

2. 导致乙类、丙类传染病流行的;

3. 因传染病传播或者流行,造成人员死亡或者残疾的;

4. 因传染病传播或者流行,严重影响正常的生产、生活秩序的;

5. 其他情节严重的情形。

(十九)非法批准征用、占用土地案(第410条)

非法批准征用、占用土地罪是指国家机关工作人员徇私舞弊,违反土地管理法规,滥用职权,非法批准征用、占用土地,情节严重的行为。

涉嫌下列情形之一的,应予立案:

1. 一次性非法批准征用、占用基本农田0.67公顷(10亩)以上,或者其他耕地2公顷(30亩)以上,或者其他土地3.33公顷(50亩)以上的;

2. 十二个月内非法批准征用、占用土地累计达到上述标准的;

3. 非法批准征用、占用土地数量虽未达到上述标准,但接近上述标准且导致被非法批准征用、占用的土地或者植被遭到严重破坏,或者造成有关单位、个人直接经济损失20万元以上的;

4. 非法批准征用、占用土地,影响群众生产、生活,引起纠纷,造成恶劣影响或者其他严重后果的。

(二十)非法低价出让国有土地使用权案(第410条)

非法低价出让国有土地使用权罪是指国家机关工作人员徇私舞弊,违反土地管理法规,滥用职权,非法低价出让国有土地使用权,情节严重的行为。

涉嫌下列情形之一的,应予立案:

1. 非法低价(包括无偿)出让国有土地使用权2公顷(30亩)以上,并且价格低于规定的最低价格的60%的;

2. 非法低价出让国有土地使用权的数量虽未达到上述标准,但造成国有土地资产流失价值20万元以上或者植被遭到严重破坏的;

3. 非法低价出让国有土地使用权,影响群众生产、生活,引起纠纷,造成恶劣影响或者其他严重后果的。

(二十一)放纵走私案(第411条)

放纵走私罪是指海关工作人员徇私舞弊,放纵走私,情节严重的行为。

涉嫌下列情形之一的,应予立案:

1. 放纵走私犯罪的;

2. 因放纵走私致使国家应收税额损失累计达10万元以上的;

3. 3次以上放纵走私行为或者一次放纵3起以上走私行为的;

4. 因收受贿赂而放纵走私的。

(二十二)商检徇私舞弊案(第412条第1款)

商检徇私舞弊罪是指国家商检部门、商检机构的工作人员徇私舞弊,伪造检验结果的行为。

国家商检部门、商检机构的工作人员涉嫌在商品检验过程中,为徇私情、私利,对报检的商品采取伪造、变造的手段对商检的单证、印章、标志、封识、质量认证标志等作虚假的证明或者出具不真实的结论,包括将送检的合格商品检验为不合格,或者将不合格检验为合格等行为的,应予立案。

(二十三)商检失职案(第412条第2款)

商检失职罪是国家商检部门、商检机构的工作人员严重不负责任,对应当检验的物品不检验,或者延误检验出证、错误出证,致使国家利益遭受重大损失的行为。

涉嫌下列情形之一的,应予立案:

1. 因不检验或者延误检验出证、错误出证,致使依法进出口商品不能进口或者出口,导致合同、订单被取消,或者外商向我方索赔或影响我方向外商索赔,直接经济损失达30万元以上的;

2. 因不检验或者延误检验出证、错误出证,致使不合格商品进口或者出口,严重损害国家和人民利益的;

3. 3次以上不检验或者延误检验出证、错误出证,严重影响国家对外经贸关系或者国家声誉的。

（二十四）动植物检疫徇私舞弊案（第413条第1款）

动植物检疫徇私舞弊罪是指国家检验检疫部门及检验检疫机构中从事动植物检疫工作的人员徇私舞弊，伪造检疫结果的行为。

国家检验检疫部门及检验检疫机构中从事动植物检疫工作的人员涉嫌在动植物检疫过程中，为徇私情、私利，采取伪造、变造的手段对检疫的单证、印章、标志、封识等作虚假的证明或出具不真实的结论，包括将合格检为不合格，或者将不合格检为合格等行为的，应予立案。

（二十五）动植物检疫失职案（第413条第2款）

动植物检疫失职罪是指国家检验检疫部门及检验检疫机构中从事动植物检疫工作的人员严重不负责任，对应当检疫的检疫物不检疫，或者延误检疫出证、错误出证，致使国家利益遭受重大损失的行为。

涉嫌下列情形之一的，应予立案：

1. 因不检疫，或者延误检疫出证、错误出证，致使依法进出口的动植物不能进口或者出口，导致合同、订单被取消，或者外商向我方索赔或影响我方向外商索赔，直接经济损失达30万元以上的；

2. 因不检疫，或者延误检疫出证、错误出证，导致重大疫情发生、传播或者流行的；

3. 因不检疫或者延误检疫出证、错误出证，导致疫情发生，造成人员死亡或者残疾的；

4. 3次以上不检疫，或者延误检疫出证、错误出证，严重影响国家对外经贸关系和国家声誉的。

（二十六）放纵制售伪劣商品犯罪行为案（第414条）

放纵制售伪劣商品犯罪行为罪是指对生产、销售伪劣商品犯罪行为负有追究责任的国家工商行政管理、质量技术监督等机关工作人员徇私舞弊，不履行法律规定的追究职责，情节严重的行为。

涉嫌下列情形之一的，应予立案：

1. 放纵制售假药，有毒、有害食品犯罪行为的；

2. 放纵依法可能判处3年有期徒刑以上刑罚的生产、销售伪劣商品犯罪行为的；

3. 对生产、销售伪劣商品犯罪行为不履行追究职责，致使生产、销售伪劣商品犯罪行为得以继续的；

4. 对生产、销售伪劣商品犯罪行为不履行追究职责，致使国家和人民利益遭受重大损失或者造成恶劣影响的；

5. 3次以上不履行追究职责，或者对3个以上有生产、销售伪劣商品犯罪行为的单位或者个人不履行追究职责的。

（二十七）办理偷越国（边）境人员出入境证件案（第415条）

办理偷越国（边）境人员出入境证件罪是指负责办理护照、签证以及其他出入境证件的国家机关工作人员对明知是企图偷越国（边）境的人员，予以办理出入境证件的行为。

负责办理护照、签证以及其他出入境证件的国家机关工作人员涉嫌在办理护照、签证以及其他出入境证件的过程中，对明知是企图偷越国（边）境的人员而予以办理出入境证件的，应予立案。

（二十八）放行偷越国（边）境人员案（第415条）

放行偷越国（边）境人员罪是指边防、海关等国家机关工作人员对明知是偷越国（边）境的人员予以放行的行为。

边防、海关等国家机关工作人员涉嫌在履行职务过程中，对明知是偷越国（边）境的人员而予以放行的，应予立案。

（二十九）不解救被拐卖、绑架妇女、儿童案（第416条第1款）

不解救被拐卖、绑架妇女、儿童罪是指对被拐卖、绑架的妇女、儿童负有解救职责的公安、司法等国家机关工作人员接到被拐卖、绑架的妇女、儿童及其家属的解救要求或者接到其他人的举报，而对被拐卖、绑架的妇女、儿童不进行解救，造成严重后果的行为。

涉嫌下列情形之一的，应予立案：

1. 因不进行解救，导致被拐卖、绑架的妇女、儿童及其亲属伤残、死亡、精神失常的；

2. 因不进行解救，导致被拐卖、绑架的妇女、儿童被转移、隐匿、转卖，不能及时解救的；

3. 3次以上或者对3名以上被拐卖、绑架的妇女、儿童不进行解救的；

4. 对被拐卖、绑架的妇女、儿童不进行解救，造成恶劣社会影响的。

（三十）阻碍解救被拐卖、绑架妇女、儿童案（第416条第2款）

阻碍解救被拐卖、绑架妇女、儿童罪是指对被拐卖、绑架的妇女、儿童负有解救职责的公安、司法等国家机关工作人员利用职务阻碍解救被拐卖、绑架妇女、儿童的行为。

涉嫌下列情形之一的，应予立案：

1. 利用职权,禁止、阻止或者妨碍有关部门、人员解救被拐卖、绑架的妇女、儿童的;

2. 利用职务上的便利,向拐卖、绑架者或者收买者通风报信,妨碍解救工作正常进行的;

3. 其他利用职务阻碍解救被拐卖、绑架的妇女、儿童的行为。

(三十一)帮助犯罪分子逃避处罚案(第417条)

帮助犯罪分子逃避处罚罪是指有查禁犯罪活动职责的司法及公安、国家安全、海关、税务等国家机关的工作人员向犯罪分子通风报信、提供便利,帮助犯罪分子逃避处罚的行为。

涉嫌下列情形之一的,应予立案:

1. 为使犯罪分子逃避处罚,向犯罪分子及其亲属泄漏有关部门查禁犯罪活动的部署、人员、措施、时间、地点等情况的;

2. 为使犯罪分子逃避处罚,向犯罪分子及其亲属提供交通工具、通讯设备、隐藏处所等便利条件的;

3. 为使犯罪分子逃避处罚,向犯罪分子及其亲属泄漏案情,帮助、指示其隐匿、毁灭、伪造证据及串供、翻供的;

4. 其他向犯罪分子通风报信、提供便利,帮助犯罪分子逃避处罚的行为。

(三十二)招收公务员、学生徇私舞弊案(第418条)

招收公务员、学生徇私舞弊罪是指国家机关工作人员在招收公务员、省级以上教育行政部门组织招收的学生工作中徇私舞弊,情节严重的行为。

涉嫌下列情形之一的,应予立案:

1. 徇私情、私利,利用职务便利,伪造、变造人事、户口档案、考试成绩等,弄虚作假招收公务员、学生的;

2. 徇私情、私利,3次以上招收或者一次招收3名以上不合格的公务员、学生的;

3. 因招收不合格的公务员、学生,导致被排挤的合格人员或者其亲属精神失常或者自杀的;

4. 因徇私舞弊招收公务员、学生,导致该项招收工作重新进行的;

5. 招收不合格的公务员、学生,造成恶劣社会影响的。

(三十三)失职造成珍贵文物损毁、流失案(第419条)

失职造成珍贵文物损毁、流失罪是指国家机关工作人员严重不负责任,造成珍贵文物损毁或者流失,后果严重的行为。

涉嫌下列情形之一的,应予立案:

1. 导致国家一、二、三级文物损毁或者流失的;

2. 导致全国重点文物保护单位或者省级文物保护单位损毁的;

3. 其他后果严重的情形。

三、国家机关工作人员利用职权实施的侵犯公民人身权利、民主权利犯罪案件

(一)国家机关工作人员利用职权实施的非法拘禁案(第238条)

非法拘禁罪是指以拘禁或者其他强制方法非法剥夺他人人身自由的行为。

国家机关工作人员涉嫌利用职权非法拘禁,具有下列情形之一的,应予立案:

1. 非法拘禁持续时间超过24小时的;

2. 3次以上非法拘禁他人,或者一次非法拘禁3人以上的;

3. 非法拘禁他人,并实施捆绑、殴打、侮辱等行为的;

4. 非法拘禁,致人伤残、死亡、精神失常的;

5. 为索取债务非法扣押、拘禁他人,具有上述情形之一的;

6. 司法工作人员对明知是无辜的人而非法拘禁的。

(二)国家机关工作人员利用职权实施的非法搜查案(第245条)

非法搜查罪是指非法搜查他人身体、住宅的行为。

国家机关工作人员涉嫌利用职权非法搜查,具有下列情形之一的,应予立案:

1. 非法搜查他人身体、住宅,手段恶劣的;

2. 非法搜查引起被搜查人精神失常、自杀或者造成财物严重损坏的;

3. 司法工作人员对明知是与涉嫌犯罪无关的人身、场所非法搜查的;

4. 3次以上或者对3人(户)以上进行非法搜查的。

(三)刑讯逼供案(第247条)

刑讯逼供罪是指司法工作人员对犯罪嫌疑人、被告人使用肉刑或者变相肉刑逼取口供的行为。

涉嫌下列情形之一的,应予立案:

1. 手段残忍、影响恶劣的;

2. 致人自杀或者精神失常的;

3. 造成冤、假、错案的;

4. 3次以上或者对3人以上进行刑讯逼供的;

5. 授意、指使、强迫他人刑讯逼供的。

（四）暴力取证案（第247条）

暴力取证罪是指司法工作人员以暴力逼取证人证言、被害人陈述的行为。

涉嫌下列情形之一的，应予立案：

1. 手段残忍、影响恶劣的；

2. 致人自杀或者精神失常的；

3. 造成冤、假、错案的；

4. 3次以上或者对3人以上进行暴力取证的；

5. 授意、指使、强迫他人暴力取证的。

（五）虐待被监管人案（第248条）

虐待被监管人罪是指监狱、拘留所、看守所、拘役所、劳教所等监管机构的监管人员对被监管人进行殴打或者体罚虐待，情节严重的行为。

涉嫌下列情形之一的，应予立案：

1. 造成被监管人轻伤的；

2. 致使被监管人自杀、精神失常或其他严重后果的；

3. 对被监管人3人以上或3次以上实施殴打、体罚虐待的；

4. 手段残忍、影响恶劣的；

5. 指使被监管人殴打、体罚虐待其他被监管人，具有上述情形之一的。

（六）报复陷害案（第254条）

报复陷害罪是指国家机关工作人员滥用职权、假公济私，对控告人、申诉人、批评人、举报人实行打击报复、陷害的行为。

涉嫌下列情形之一的，应予立案：

1. 致使被害人的人身权利、民主权利或者其他合法权利受到严重损害的；

2. 致人精神失常或者自杀的；

3. 手段恶劣、后果严重的。

（七）国家机关工作人员利用职权实施的破坏选举案（第256条）

破坏选举罪是指在选举各级人民代表大会代表和国家机关领导人员时，以暴力、威胁、欺骗、贿赂、伪造选举文件、虚报选举票数或者编造选举结果等手段破坏选举或者妨害选民和代表自由行使选举权和被选举权，情节严重的行为。

国家机关工作人员涉嫌利用职权破坏选举，具有下列情形之一的，应予立案：

1. 以暴力、威胁、欺骗、贿赂等手段，妨害选民、各级人民代表大会代表自由行使选举权和被选举权，致使选举无法正常进行或者选举结果不真实的；

2. 以暴力破坏选举场所或者选举设备，致使选举无法正常进行的；

3. 伪造选举文件，虚报选举票数，产生不真实的选举结果或者强行宣布合法选举无效、非法选举有效的；

4. 聚众冲击选举场所或者故意扰乱选举会场秩序，使选举工作无法进行的。

四、附则

（一）本规定中每个罪案名称后所注明的法律条款系《中华人民共和国刑法》的有关条款。

（二）本规定中有关犯罪数额“不满”，是指接近该数额且已达到该数额的百分之八十以上。

（三）本规定中的“直接经济损失”，是指与行为有直接因果关系而造成的财产损毁、减少的实际价值。“间接经济损失”，是指由直接经济损失引起和牵连的其他损失，包括失去的在正常情况下可能获得的利益和为恢复正常的管理活动或者挽回所造成的损失所支付的各种开支、费用等。

（四）本规定中有关挪用公款罪案中的“非法活动”，既包括犯罪活动，也包括其他违法活动。

（五）本规定中有关贿赂罪案中的“谋取不正当利益”，是指谋取违反法律、法规、国家政策和国务院各部门规章规定的利益，以及谋取违反法律、法规、国家政策和国务院各部门规章规定的帮助或者方便条件。

（六）本规定中有关私分国有资产罪案中的“国有资产”，是指国家依法取得和认定的，或者国家以各种形式对企业投资和投资收益、国家向行政事业单位拨款等形成的资产。

（七）本规定自公布之日起施行。本规定发布前有关人民检察院直接受理立案侦查案件的立案标准，与本规定有重复或者不一致的，适用本规定。

最高人民检察院关于国家工作人员挪用非特定公物能否定罪的请示的批复

1. *2000年3月6日最高人民检察院第九届检察委员会第五十七次会议通过*
2. *2000年3月15日公布*
3. *高检发释字〔2000〕1号*
4. *自2000年3月15日起施行*

山东省人民检察院：

你院鲁检发研字〔1999〕第3号《关于国家工作人员

挪用非特定公物能否定罪的请示》收悉。经研究认为,刑法第384条规定的挪用公款罪中未包括挪用非特定公物归个人使用的行为,对该行为不以挪用公款罪论处。如构成其他犯罪的,依照刑法的相关规定定罪处罚。

此复

最高人民法院关于审理贪污、职务侵占案件如何认定共同犯罪几个问题的解释

1. *2000年6月27日最高人民法院审判委员会第1120次会议通过*
2. *2000年6月30日公布*
3. *法释〔2000〕15号*
4. *自2000年7月8日起施行*

为依法审理贪污或者职务侵占犯罪案件,现就这类案件如何认定共同犯罪问题解释如下:

第一条 行为人与国家工作人员勾结,利用国家工作人员的职务便利,共同侵吞、窃取、骗取或者以其他手段非法占有公共财物的,以贪污罪共犯论处。

第二条 行为人与公司、企业或者其他单位的人员勾结,利用公司、企业或者其他单位人员的职务便利,共同将该单位财物非法占为己有,数额较大的,以职务侵占罪共犯论处。

第三条 公司、企业或者其他单位中,不具有国家工作人员身份的人与国家工作人员勾结,分别利用各自的职务便利,共同将本单位财物非法占为己有的,按照主犯的犯罪性质定罪。

最高人民法院关于国家工作人员利用职务上的便利为他人谋取利益离退休后收受财物行为如何处理问题的批复

1. *2000年6月30日最高人民法院审判委员会第1121次会议通过*
2. *2000年7月13日公布*
3. *法释〔2000〕21号*
4. *自2000年7月21日起施行*

江苏省高级人民法院:

你院苏高法〔1999〕65号《关于国家工作人员在职时为他人谋利,离退休后收受财物是否构成受贿罪的请示》收悉。经研究,答复如下:

国家工作人员利用职务上的便利为请托人谋取利益,并与请托人事先约定,在其离退休后收受请托人财物,构成犯罪的,以受贿罪定罪处罚。

此复

最高人民检察院关于挪用失业保险基金和下岗职工基本生活保障资金的行为适用法律问题的批复

1. *2003年1月13日最高人民检察院第九届检察委员会第118次会议通过*
2. *2003年1月28日公布*
3. *高检发释字〔2003〕1号*
4. *自2003年1月30日起施行*

辽宁省人民检察院:

你院辽检发研字〔2002〕9号《关于挪用职工失业保险金和下岗职工生活保障金是否属于挪用特定款物的请示》收悉。经研究,批复如下:

挪用失业保险基金和下岗职工基本生活保障资金属于挪用救济款物。挪用失业保险基金和下岗职工基本生活保障资金,情节严重,致使国家和人民群众利益遭受重大损害的,对直接责任人员,应当依照刑法第二百七十三条的规定,以挪用特定款物罪追究刑事责任;国家工作人员利用职务上的便利,挪用失业保险基金和下岗职工基本生活保障资金归个人使用,构成犯罪的,应当依照刑法第三百八十四条的规定,以挪用公款罪追究刑事责任。

此复。

最高人民检察院法律政策研究室关于集体性质的乡镇卫生院院长利用职务之便收受他人财物的行为如何适用法律问题的答复

1. *2003年4月2日*
2. *〔2003〕高检研发第9号*

山东省人民检察院研究室:

你院《关于工人身份的乡镇卫生院院长利用职务之便收受贿赂如何适用法律问题的请示》(鲁检发研字〔2001〕第10号)收悉。经研究,答复如下:

经过乡镇政府或者主管行政机关任命的乡镇卫生院院长，在依法从事本区域卫生工作的管理与业务技术指导，承担医疗预防保健服务工作等公务活动时，属于刑法第九十三条第二款规定的其他依照法律从事公务的人员。对其利用职务上的便利，索取他人财物的，或者非法收受他人财物，为他人谋取利益的，应当依照刑法第三百八十五条、第三百八十六条的规定，以受贿罪追究刑事责任。

此复

最高人民检察院法律政策研究室关于国有单位的内设机构能否构成单位受贿罪主体问题的答复

1. 2006年9月12日

2. 〔2006〕高检研发8号

陕西省人民检察院法律政策研究室：

你室《关于国家机关、国有公司、企业、事业单位、人民团体的内设机构能否构成单位受贿罪主体的请示》（陕检研发〔2005〕13号）收悉。经研究，答复如下：

国有单位的内设机构利用其行使职权的便利，索取、非法收受他人财物并归该内设机构所有或者支配，为他人谋取利益，情节严重的，依照刑法第三百八十七条的规定以单位受贿罪追究刑事责任。

上述内设机构在经济往来中，在账外暗中收受各种名义的回扣、手续费的，以受贿论。

此复

最高人民法院、最高人民检察院关于办理受贿刑事案件适用法律若干问题的意见

1. 2007年7月8日

2. 法发〔2007〕22号

为依法惩治受贿犯罪活动，根据刑法有关规定，现就办理受贿刑事案件具体适用法律若干问题，提出以下意见：

一、关于以交易形式收受贿赂问题

国家工作人员利用职务上的便利为请托人谋取利益，以下列交易形式收受请托人财物的，以受贿论处：

（1）以明显低于市场的价格向请托人购买房屋、汽车等物品的；

（2）以明显高于市场的价格向请托人出售房屋、汽车等物品的；

（3）以其他交易形式非法收受请托人财物的。

受贿数额按照交易时当地市场价格与实际支付价格的差额计算。

前款所列市场价格包括商品经营者事先设定的不针对特定人的最低优惠价格。根据商品经营者事先设定的各种优惠交易条件，以优惠价格购买商品的，不属于受贿。

二、关于收受干股问题

干股是指未出资而获得的股份。国家工作人员利用职务上的便利为请托人谋取利益，收受请托人提供的干股的，以受贿论处。进行了股权转让登记，或者相关证据证明股份发生了实际转让的，受贿数额按转让行为时股份价值计算，所分红利按受贿孳息处理。股份未实际转让，以股份分红名义获取利益的，实际获利数额应当认定为受贿数额。

三、关于以开办公司等合作投资名义收受贿赂问题

国家工作人员利用职务上的便利为请托人谋取利益，由请托人出资，“合作”开办公司或者进行其他“合作”投资的，以受贿论处。受贿数额为请托人给国家工作人员的出资额。

国家工作人员利用职务上的便利为请托人谋取利益，以合作开办公司或者其他合作投资的名义获取“利润”，没有实际出资和参与管理、经营的，以受贿论处。

四、关于以委托请托人投资证券、期货或者其他委托理财的名义收受贿赂问题

国家工作人员利用职务上的便利为请托人谋取利益，以委托请托人投资证券、期货或者其他委托理财的名义，未实际出资而获取“收益”，或者虽然实际出资，但获取“收益”明显高于出资应得收益的，以受贿论处。受贿数额，前一情形，以“收益”额计算；后一情形，以“收益”额与出资应得收益额的差额计算。

五、关于以赌博形式收受贿赂的认定问题

根据《最高人民法院、最高人民检察院关于办理赌博刑事案件具体应用法律若干问题的解释》第七条规定，国家工作人员利用职务上的便利为请托人谋取利益，通过赌博方式收受请托人财物的，构成受贿。

实践中应注意区分贿赂与赌博活动、娱乐活动的界限。具体认定时，主要应当结合以下因素进行判断：（1）赌博的背景、场合、时间、次数；（2）赌资来源；

(3)其他赌博参与者有无事先通谋;(4)输赢钱物的具体情况和金额大小。

六、关于特定关系人"挂名"领取薪酬问题

国家工作人员利用职务上的便利为请托人谋取利益,要求或者接受请托人以给特定关系人安排工作为名,使特定关系人不实际工作却获取所谓薪酬的,以受贿论处。

七、关于由特定关系人收受贿赂问题

国家工作人员利用职务上的便利为请托人谋取利益,授意请托人以本意见所列形式,将有关财物给予特定关系人的,以受贿论处。

特定关系人与国家工作人员通谋,共同实施前款行为的,对特定关系人以受贿罪的共犯论处。特定关系人以外的其他人与国家工作人员通谋,由国家工作人员利用职务上的便利为请托人谋取利益,收受请托人财物后双方共同占有的,以受贿罪的共犯论处。

八、关于收受贿赂物品未办理权属变更问题

国家工作人员利用职务上的便利为请托人谋取利益,收受请托人房屋、汽车等物品,未变更权属登记或者借用他人名义办理权属变更登记的,不影响受贿的认定。

认定以房屋、汽车等物品为对象的受贿,应注意与借用的区分。具体认定时,除双方交代或者书面协议之外,主要应当结合以下因素进行判断:(1)有无借用的合理事由;(2)是否实际使用;(3)借用时间的长短;(4)有无归还的条件;(5)有无归还的意思表示及行为。

九、关于收受财物后退还或者上交问题

国家工作人员收受请托人财物后及时退还或者上交的,不是受贿。

国家工作人员受贿后,因自身或者与其受贿有关联的人、事被查处,为掩饰犯罪而退还或者上交的,不影响认定受贿罪。

十、关于在职时为请托人谋利,离职后收受财物问题

国家工作人员利用职务上的便利为请托人谋取利益之前或者之后,约定在其离职后收受请托人财物,并在离职后收受的,以受贿论处。

国家工作人员利用职务上的便利为请托人谋取利益,离职前后连续收受请托人财物的,离职前后收受部分均应计入受贿数额。

十一、关于"特定关系人"的范围

本意见所称"特定关系人",是指与国家工作人员有近亲属、情妇(夫)以及其他共同利益关系的人。

十二、关于正确贯彻宽严相济刑事政策的问题

依照本意见办理受贿刑事案件,要根据刑法关于受贿罪的有关规定和受贿罪权钱交易的本质特征,准确区分罪与非罪、此罪与彼罪的界限,惩处少数,教育多数。在从严惩处受贿犯罪的同时,对于具有自首、立功等情节的,依法从轻、减轻或者免除处罚。

最高人民法院、最高人民检察院
关于办理商业贿赂刑事案件
适用法律若干问题的意见

1. *2008年11月20日*
2. *法发〔2008〕33号*

为依法惩治商业贿赂犯罪,根据刑法有关规定,结合办案工作实际,现就办理商业贿赂刑事案件适用法律的若干问题,提出如下意见:

一、商业贿赂犯罪涉及刑法规定的以下八种罪名:(1)非国家工作人员受贿罪(刑法第一百六十三条);(2)对非国家工作人员行贿罪(刑法第一百六十四条);(3)受贿罪(刑法第三百八十五条);(4)单位受贿罪(刑法第三百八十七条);(5)行贿罪(刑法第三百八十九条);(6)对单位行贿罪(刑法第三百九十一条);(7)介绍贿赂罪(刑法第三百九十二条);(8)单位行贿罪(刑法第三百九十三条)。

二、刑法第一百六十三条、第一百六十四条规定的"其他单位",既包括事业单位、社会团体、村民委员会、居民委员会、村民小组等常设性的组织,也包括为组织体育赛事、文艺演出或者其他正当活动而成立的组委会、筹委会、工程承包队等非常设性的组织。

三、刑法第一百六十三条、第一百六十四条规定的"公司、企业或者其他单位的工作人员",包括国有公司、企业以及其他国有单位中的非国家工作人员。

四、医疗机构中的国家工作人员,在药品、医疗器械、医用卫生材料等医药产品采购活动中,利用职务上的便利,索取销售方财物,或者非法收受销售方财物,为销售方谋取利益,构成犯罪的,依照刑法第三百八十五条的规定,以受贿罪定罪处罚。

医疗机构中的非国家工作人员,有前款行为,数额较大的,依照刑法第一百六十三条的规定,以非国家工作人员受贿罪定罪处罚。

医疗机构中的医务人员,利用开处方的职务便利,

以各种名义非法收受药品、医疗器械、医用卫生材料等医药产品销售方财物，为医药产品销售方谋取利益，数额较大的，依照刑法第一百六十三条的规定，以非国家工作人员受贿罪定罪处罚。

五、学校及其他教育机构中的国家工作人员，在教材、教具、校服或者其他物品的采购等活动中，利用职务上的便利，索取销售方财物，或者非法收受销售方财物，为销售方谋取利益，构成犯罪的，依照刑法第三百八十五条的规定，以受贿罪定罪处罚。

学校及其他教育机构中的非国家工作人员，有前款行为，数额较大的，依照刑法第一百六十三条的规定，以非国家工作人员受贿罪定罪处罚。

学校及其他教育机构中的教师，利用教学活动的职务便利，以各种名义非法收受教材、教具、校服或者其他物品销售方财物，为教材、教具、校服或者其他物品销售方谋取利益，数额较大的，依照刑法第一百六十三条的规定，以非国家工作人员受贿罪定罪处罚。

六、依法组建的评标委员会、竞争性谈判采购中谈判小组、询价采购中询价小组的组成人员，在招标、政府采购等事项的评标或者采购活动中，索取他人财物或者非法收受他人财物，为他人谋取利益，数额较大的，依照刑法第一百六十三条的规定，以非国家工作人员受贿罪定罪处罚。

依法组建的评标委员会、竞争性谈判采购中谈判小组、询价采购中询价小组中国家机关或者其他国有单位的代表有前款行为的，依照刑法第三百八十五条的规定，以受贿罪定罪处罚。

七、商业贿赂中的财物，既包括金钱和实物，也包括可以用金钱计算数额的财产性利益，如提供房屋装修、含有金额的会员卡、代币卡（券）、旅游费用等。具体数额以实际支付的资费为准。

八、收受银行卡的，不论受贿人是否实际取出或者消费，卡内的存款数额一般应全额认定为受贿数额。使用银行卡透支的，如果由给予银行卡的一方承担还款责任，透支数额也应当认定为受贿数额。

九、在行贿犯罪中，“谋取不正当利益”，是指行贿人谋取违反法律、法规、规章或者政策规定的利益，或者要求对方违反法律、法规、规章、政策、行业规范的规定提供帮助或者方便条件。

在招标投标、政府采购等商业活动中，违背公平原则，给予相关人员财物以谋取竞争优势的，属于“谋取不正当利益”。

十、办理商业贿赂犯罪案件，要注意区分贿赂与馈赠的界限。主要应当结合以下因素全面分析、综合判断：（1）发生财物往来的背景，如双方是否存在亲友关系及历史上交往的情形和程度；（2）往来财物的价值；（3）财物往来的缘由、时机和方式，提供财物方对于接受方有无职务上的请托；（4）接受方是否利用职务上的便利为提供方谋取利益。

十一、非国家工作人员与国家工作人员通谋，共同收受他人财物，构成共同犯罪的，根据双方利用职务便利的具体情形分别定罪追究刑事责任：

（1）利用国家工作人员的职务便利为他人谋取利益的，以受贿罪追究刑事责任。

（2）利用非国家工作人员的职务便利为他人谋取利益的，以非国家工作人员受贿罪追究刑事责任。

（3）分别利用各自的职务便利为他人谋取利益的，按照主犯的犯罪性质追究刑事责任，不能分清主从犯的，可以受贿罪追究刑事责任。

关于办理职务犯罪案件认定自首、立功等量刑情节若干问题的意见

1. 2009年3月12日最高人民法院、最高人民检察院印发
2. 法发〔2009〕13号

为依法惩处贪污贿赂、渎职等职务犯罪，根据刑法和相关司法解释的规定，结合办案工作实际，现就办理职务犯罪案件有关自首、立功等量刑情节的认定和处理问题，提出如下意见：

一、关于自首的认定和处理

根据刑法第六十七条第一款的规定，成立自首需同时具备自动投案和如实供述自己的罪行两个要件。犯罪事实或者犯罪分子未被办案机关掌握，或者虽被掌握，但犯罪分子尚未受到调查谈话、讯问，或者未被宣布采取调查措施或者强制措施时，向办案机关投案的，是自动投案。在此期间如实交代自己的主要犯罪事实的，应当认定为自首。

犯罪分子向所在单位等办案机关以外的单位、组织或者有关负责人员投案的，应当视为自动投案。

没有自动投案，在办案机关调查谈话、讯问、采取调查措施或者强制措施期间，犯罪分子如实交代办案机关掌握的线索所针对的事实的，不能认定为自首。

没有自动投案，但具有以下情形之一的，以自首

论：(1)犯罪分子如实交代办案机关未掌握的罪行，与办案机关已掌握的罪行属不同种罪行的；(2)办案机关所掌握线索针对的犯罪事实不成立，在此范围外犯罪分子交代同种罪行的。

单位犯罪案件中，单位集体决定或者单位负责人决定而自动投案，如实交代单位犯罪事实的，或者单位直接负责的主管人员自动投案，如实交代单位犯罪事实的，应当认定为单位自首。单位自首的，直接负责的主管人员和直接责任人员未自动投案，但如实交代自己知道的犯罪事实的，可以视为自首；拒不交代自己知道的犯罪事实或者逃避法律追究的，不应当认定为自首。单位没有自首，直接责任人员自动投案并如实交代自己知道的犯罪事实的，对该直接责任人员应当认定为自首。

对于具有自首情节的犯罪分子，办案机关移送案件时应当予以说明并移交相关证据材料。

对于具有自首情节的犯罪分子，应当根据犯罪的事实、性质、情节和对于社会的危害程度，结合自动投案的动机、阶段、客观环境，交代犯罪事实的完整性、稳定性以及悔罪表现等具体情节，依法决定是否从轻、减轻或者免除处罚以及从轻、减轻处罚的幅度。

二、关于立功的认定和处理

立功必须是犯罪分子本人实施的行为。为使犯罪分子得到从轻处理，犯罪分子的亲友直接向有关机关揭发他人犯罪行为，提供侦破其他案件的重要线索，或者协助司法机关抓捕其他犯罪嫌疑人的，不应当认定为犯罪分子的立功表现。

据以立功的他人罪行材料应当指明具体犯罪事实；据以立功的线索或者协助行为对于侦破案件或者抓捕犯罪嫌疑人要有实际作用。犯罪分子揭发他人犯罪行为时没有指明具体犯罪事实的；揭发的犯罪事实与查实的犯罪事实不具有关联性的；提供的线索或者协助行为对于其他案件的侦破或者其他犯罪嫌疑人的抓捕不具有实际作用的，不能认定为立功表现。

犯罪分子揭发他人犯罪行为，提供侦破其他案件重要线索的，必须经查证属实，才能认定为立功。审查是否构成立功，不仅要审查办案机关的说明材料，还要审查有关事实和证据以及与案件定性处罚相关的法律文书，如立案决定书、逮捕决定书、侦查终结报告、起诉意见书、起诉书或者判决书等。

据以立功的线索、材料来源有下列情形之一的，不能认定为立功：(1)本人通过非法手段或者非法途径获取的；(2)本人因原担任的查禁犯罪等职务获取的；(3)他人违反监管规定向犯罪分子提供的；(4)负有查禁犯罪活动职责的国家机关工作人员或者其他国家工作人员利用职务便利提供的。

犯罪分子检举、揭发的他人犯罪，提供侦破其他案件的重要线索，阻止他人的犯罪活动，或者协助司法机关抓捕的其他犯罪嫌疑人，犯罪嫌疑人、被告人依法可能被判处无期徒刑以上刑罚的，应当认定为有重大立功表现。其中，可能被判处无期徒刑以上刑罚，是指根据犯罪行为的事实、情节可能判处无期徒刑以上刑罚。案件已经判决的，以实际判处的刑罚为准。但是，根据犯罪行为的事实、情节应当判处无期徒刑以上刑罚，因被判刑人有法定情节经依法从轻、减轻处罚后判处有期徒刑的，应当认定为重大立功。

对于具有立功情节的犯罪分子，应当根据犯罪的事实、性质、情节和对于社会的危害程度，结合立功表现所起作用的大小、所破获案件的罪行轻重、所抓获犯罪嫌疑人可能判处的法定刑以及立功的时机等具体情节，依法决定是否从轻、减轻或者免除处罚以及从轻、减轻处罚的幅度。

三、关于如实交代犯罪事实的认定和处理

犯罪分子依法不成立自首，但如实交代犯罪事实，有下列情形之一的，可以酌情从轻处罚：(1)办案机关掌握部分犯罪事实，犯罪分子交代了同种其他犯罪事实的；(2)办案机关掌握的证据不充分，犯罪分子如实交代有助于收集定案证据的。

犯罪分子如实交代犯罪事实，有下列情形之一的，一般应当从轻处罚：(1)办案机关仅掌握小部分犯罪事实，犯罪分子交代了大部分未被掌握的同种犯罪事实的；(2)如实交代对于定案证据的收集有重要作用的。

四、关于赃款赃物追缴等情形的处理

贪污案件中赃款赃物全部或者大部分追缴的，一般应当考虑从轻处罚。

受贿案件中赃款赃物全部或者大部分追缴的，视具体情况可以酌定从轻处罚。

犯罪分子及其亲友主动退赃或者在办案机关追缴赃款赃物过程中积极配合的，在量刑时应当与办案机关查办案件过程中依职权追缴赃款赃物的有所区别。

职务犯罪案件立案后，犯罪分子及其亲友自行挽回的经济损失，司法机关或者犯罪分子所在单位及其上级主管部门挽回的经济损失，或者因客观原因减少的经济损失，不予扣减，但可以作为酌情从轻处罚的情节。

最高人民法院、最高人民检察院关于办理国家出资企业中职务犯罪案件具体应用法律若干问题的意见

1. 2010年11月26日
2. 法发〔2010〕49号

随着企业改制的不断推进，人民法院、人民检察院在办理国家出资企业中的贪污、受贿等职务犯罪案件时遇到了一些新情况、新问题。这些新情况、新问题具有一定的特殊性和复杂性，需要结合企业改制的特定历史条件，依法妥善地进行处理。现根据刑法规定和相关政策精神，就办理此类刑事案件具体应用法律的若干问题，提出以下意见：

一、关于国家出资企业工作人员在改制过程中隐匿公司、企业财产归个人持股的改制后公司、企业所有的行为的处理

国家工作人员或者受国家机关、国有公司、企业、事业单位、人民团体委托管理、经营国有财产的人员利用职务上的便利，在国家出资企业改制过程中故意通过低估资产、隐瞒债权、虚设债务、虚构产权交易等方式隐匿公司、企业财产，转为本人持有股份的改制后公司、企业所有，应当依法追究刑事责任的，依照刑法第三百八十二条、第三百八十三条的规定，以贪污罪定罪处罚。贪污数额一般应当以所隐匿财产全额计算；改制后公司、企业仍有国有股份的，按股份比例扣除归于国有的部分。

所隐匿财产在改制过程中已为行为人实际控制，或者国家出资企业改制已经完成的，以犯罪既遂处理。

第一款规定以外的人员实施该款行为的，依照刑法第二百七十一条的规定，以职务侵占罪定罪处罚；第一款规定以外的人员与第一款规定的人员共同实施该款行为的，以贪污罪的共犯论处。

在企业改制过程中未采取低估资产、隐瞒债权、虚设债务、虚构产权交易等方式故意隐匿公司、企业财产的，一般不应当认定为贪污；造成国家资产重大损失，依法构成刑法第一百六十八条或者第一百六十九条规定的犯罪的，依照该规定定罪处罚。

二、关于国有公司、企业在改制过程中隐匿公司、企业财产归职工集体持股的改制后公司、企业所有的行为的处理

国有公司、企业违反国家规定，在改制过程中隐匿公司、企业财产，转为职工集体持股的改制后公司、企业所有的，对其直接负责的主管人员和其他直接责任人员，依照刑法第三百九十六条第一款的规定，以私分国有资产罪定罪处罚。

改制后的公司、企业中只有改制前公司、企业的管理人员或者少数职工持股，改制前公司、企业的多数职工未持股的，依照本意见第一条的规定，以贪污罪定罪处罚。

三、关于国家出资企业工作人员使用改制公司、企业的资金担保个人贷款，用于购买改制公司、企业股份的行为的处理

国家出资企业的工作人员在公司、企业改制过程中为购买公司、企业股份，利用职务上的便利，将公司、企业的资金或者金融凭证、有价证券等用于个人贷款担保的，依照刑法第二百七十二条或者第三百八十四条的规定，以挪用资金罪或者挪用公款罪定罪处罚。

行为人在改制前的国家出资企业持有股份的，不影响挪用数额的认定，但量刑时应当酌情考虑。

经有关主管部门批准或者按照有关政策规定，国家出资企业的工作人员为购买改制公司、企业股份实施前款行为的，可以视具体情况不作为犯罪处理。

四、关于国家工作人员在企业改制过程中的渎职行为的处理

国家出资企业中的国家工作人员在公司、企业改制或者国有资产处理过程中严重不负责任或者滥用职权，致使国家利益遭受重大损失的，依照刑法第一百六十八条的规定，以国有公司、企业人员失职罪或者国有公司、企业人员滥用职权罪定罪处罚。

国家出资企业中的国家工作人员在公司、企业改制或者国有资产处置过程中徇私舞弊，将国有资产低价折股或者低价出售给其本人未持有股份的公司、企业或者其他个人，致使国家利益遭受重大损失的，依照刑法第一百六十九条的规定，以徇私舞弊低价折股、出售国有资产罪定罪处罚。

国家出资企业中的国家工作人员在公司、企业改制或者国有资产处置过程中徇私舞弊，将国有资产低价折股或者低价出售给特定关系人持有股份或者本人实际控制的公司、企业，致使国家利益遭受重大损失的，依照刑法第三百八十二条、第三百八十三条的规定，以贪污罪定罪处罚。贪污数额以国有资产的损失数额计算。

国家出资企业中的国家工作人员因实施第一款、第二款行为收受贿赂，同时又构成刑法第三百八十五

条规定之罪的，依照处罚较重的规定定罪处罚。

五、关于改制前后主体身体发生变化的犯罪的处理

国家工作人员在国家出资企业改制前利用职务上的便利实施犯罪，在其不再具有国家工作人员身份后又实施同种行为，依法构成不同犯罪的，应当分别定罪，实行数罪并罚。

国家工作人员利用职务上的便利，在国家出资企业改制过程中隐匿公司、企业财产，在其不再具有国家工作人员身份后将所隐匿财产据为己有的，依照刑法第三百八十二条、第三百八十三条的规定，以贪污罪定罪处罚。

国家工作人员在国家出资企业改制过程中利用职务上的便利为请托人谋取利益，事先约定在其不再具有国家工作人员身份后收受请托人财物，或者在身份变化前后连续收受请托人财物的，依照刑法第三百八十五条、第三百八十六条的规定，以受贿罪定罪处罚。

六、关于国家出资企业中国家工作人员的认定

经国家机关、国有公司、企业、事业单位提名、推荐、任命、批准等，在国有控股、参股公司及其分支机构中从事公务的人员，应当认定为国家工作人员。具体的任命机构和程序，不影响国家工作人员的认定。

经国家出资企业中负有管理、监督国有资产职责的组织批准或者研究决定，代表其在国有控股、参股公司及其分支机构中从事组织、领导、监督、经营、管理工作的人员，应当认定为国家工作人员。

国家出资企业中的国家工作人员，在国家出资企业中持有个人股份或者同时接受非国有股东委托的，不影响其国家工作人员身份的认定。

七、关于国家出资企业的界定

本意见所称"国家出资企业"，包括国家出资的国有独资公司、国有独资企业，以及国有资本控股公司、国有资本参股公司。

是否属于国家出资企业不清楚的，应遵循"谁投资、谁拥有产权"的原则进行界定。企业注册登记中的资金来源与实际出资不符的，应根据实际出资情况确定企业的性质。企业实际出资情况不清楚的，可以综合工商注册、分配形式、经营管理等因素确定企业的性质。

八、关于宽严相济刑事政策的具体贯彻

办理国家出资企业中的职务犯罪案件时，要综合考虑历史条件、企业发展、职工就业、社会稳定等因素，注意具体情况具体分析，严格把握犯罪与一般违规行为的区分界限。对于主观恶意明显、社会危害严重、群众反映强烈的严重犯罪，要坚决依法从严惩处；对于特定历史条件下、为了顺利完成企业改制而实施的违反国家政策法律规定的行为，行为人无主观恶意或者主观恶意不明显，情节较轻，危害不大的，可以不作为犯罪处理。

对于国家出资企业中的职务犯罪，要加大经济上的惩罚力度，充分重视财产刑的适用和执行，最大限度地挽回国家和人民利益遭受的损失。不能退赃的，在决定刑罚时，应当作为重要情节予以考虑。

关于办理职务犯罪案件严格适用缓刑、免予刑事处罚若干问题的意见

1. 2012年8月8日最高人民法院、最高人民检察院印发
2. 法发〔2012〕17号

为进一步规范贪污贿赂、渎职等职务犯罪案件缓刑、免予刑事处罚的适用，确保办理职务犯罪案件的法律效果和社会效果，根据刑法有关规定并结合司法工作实际，就职务犯罪案件缓刑、免予刑事处罚的具体适用问题，提出以下意见：

一、严格掌握职务犯罪案件缓刑、免予刑事处罚的适用。职务犯罪案件的刑罚适用直接关系反腐败工作的实际效果。人民法院、人民检察院要深刻认识职务犯罪的严重社会危害性，正确贯彻宽严相济刑事政策，充分发挥刑罚的惩治和预防功能。要在全面把握犯罪事实和量刑情节的基础上严格依照刑法规定的条件适用缓刑、免予刑事处罚，既要考虑从宽情节，又要考虑从严情节；既要做到刑罚与犯罪相当，又要做到刑罚执行方式与犯罪相当，切实避免缓刑、免予刑事处罚不当适用造成的消极影响。

二、具有下列情形之一的职务犯罪分子，一般不适用缓刑或者免予刑事处罚：

（一）不如实供述罪行的；

（二）不予退缴赃款赃物或者将赃款赃物用于非法活动的；

（三）属于共同犯罪中情节严重的主犯的；

（四）犯有数个职务犯罪依法实行并罚或者以一罪处理的；

（五）曾因职务违纪违法行为受过行政处分的；

（六）犯罪涉及的财物属于救灾、抢险、防汛、优

抚、扶贫、移民、救济、防疫等特定款物的；

（七）受贿犯罪中具有索贿情节的；

（八）渎职犯罪中徇私舞弊情节或者滥用职权情节恶劣的；

（九）其他不应适用缓刑、免予刑事处罚的情形。

三、不具有本意见第二条规定的情形，全部退缴赃款赃物，依法判处三年有期徒刑以下刑罚，符合刑法规定的缓刑适用条件的贪污、受贿犯罪分子，可以适用缓刑；符合刑法第三百八十三条第一款第（三）项的规定，依法不需要判处刑罚的，可以免予刑事处罚。

不具有本意见第二条所列情形，挪用公款进行营利活动或者超过三个月未还构成犯罪，一审宣判前已将公款归还，依法判处三年有期徒刑以下刑罚，符合刑法规定的缓刑适用条件的，可以适用缓刑；在案发前已归还，情节轻微，不需要判处刑罚的，可以免予刑事处罚。

四、人民法院审理职务犯罪案件时应当注意听取检察机关、被告人、辩护人提出的量刑意见，分析影响性案件案发前后的社会反映，必要时可以征求案件查办等机关的意见。对于情节恶劣、社会反映强烈的职务犯罪案件，不得适用缓刑、免予刑事处罚。

五、对于具有本意见第二条规定的情形之一，但根据全案事实和量刑情节，检察机关认为确有必要适用缓刑或者免予刑事处罚并据此提出量刑建议的，应经检察委员会讨论决定；审理法院认为确有必要适用缓刑或者免予刑事处罚的，应经审判委员会讨论决定。

最高人民法院、最高人民检察院关于办理贪污贿赂刑事案件适用法律若干问题的解释

1. 2016年3月28日最高人民法院审判委员会第1680次会议、2016年3月25日最高人民检察院第十二届检察委员会第50次会议通过

2. 2016年4月18日公布

3. 法释〔2016〕9号

4. 自2016年4月18日起施行

为依法惩治贪污贿赂犯罪活动，根据刑法有关规定，现就办理贪污贿赂刑事案件适用法律的若干问题解释如下：

第一条　贪污或者受贿数额在三万元以上不满二十万元的，应当认定为刑法第三百八十三条第一款规定的“数额较大”，依法判处三年以下有期徒刑或者拘役，并处罚金。

贪污数额在一万元以上不满三万元，具有下列情形之一的，应当认定为刑法第三百八十三条第一款规定的“其他较重情节”，依法判处三年以下有期徒刑或者拘役，并处罚金：

（一）贪污救灾、抢险、防汛、优抚、扶贫、移民、救济、防疫、社会捐助等特定款物的；

（二）曾因贪污、受贿、挪用公款受过党纪、行政处分的；

（三）曾因故意犯罪受过刑事追究的；

（四）赃款赃物用于非法活动的；

（五）拒不交待赃款赃物去向或者拒不配合追缴工作，致使无法追缴的；

（六）造成恶劣影响或者其他严重后果的。

受贿数额在一万元以上不满三万元，具有前款第二项至第六项规定的情形之一，或者具有下列情形之一的，应当认定为刑法第三百八十三条第一款规定的“其他较重情节”，依法判处三年以下有期徒刑或者拘役，并处罚金：

（一）多次索贿的；

（二）为他人谋取不正当利益，致使公共财产、国家和人民利益遭受损失的；

（三）为他人谋取职务提拔、调整的。

第二条　贪污或者受贿数额在二十万元以上不满三百万元的，应当认定为刑法第三百八十三条第一款规定的“数额巨大”，依法判处三年以上十年以下有期徒刑，并处罚金或者没收财产。

贪污数额在十万元以上不满二十万元，具有本解释第一条第二款规定的情形之一的，应当认定为刑法第三百八十三条第一款规定的“其他严重情节”，依法判处三年以上十年以下有期徒刑，并处罚金或者没收财产。

受贿数额在十万元以上不满二十万元，具有本解释第一条第三款规定的情形之一的，应当认定为刑法第三百八十三条第一款规定的“其他严重情节”，依法判处三年以上十年以下有期徒刑，并处罚金或者没收财产。

第三条　贪污或者受贿数额在三百万元以上的，应当认定为刑法第三百八十三条第一款规定的“数额特别巨大”，依法判处十年以上有期徒刑、无期徒刑或者死刑，并处罚金或者没收财产。

贪污数额在一百五十万元以上不满三百万元，具

有本解释第一条第二款规定的情形之一的，应当认定为刑法第三百八十三条第一款规定的“其他特别严重情节”，依法判处十年以上有期徒刑、无期徒刑或者死刑，并处罚金或者没收财产。

受贿数额在一百五十万元以上不满三百万元，具有本解释第一条第三款规定的情形之一的，应当认定为刑法第三百八十三条第一款规定的“其他特别严重情节”，依法判处十年以上有期徒刑、无期徒刑或者死刑，并处罚金或者没收财产。

第四条 贪污、受贿数额特别巨大，犯罪情节特别严重、社会影响特别恶劣、给国家和人民利益造成特别重大损失的，可以判处死刑。

符合前款规定的情形，但具有自首，立功，如实供述自己罪行、真诚悔罪、积极退赃，或者避免、减少损害结果的发生等情节，不是必须立即执行的，可以判处死刑缓期二年执行。

符合第一款规定情形的，根据犯罪情节等情况可以判处死刑缓期二年执行，同时裁判决定在其死刑缓期执行二年期满依法减为无期徒刑后，终身监禁，不得减刑、假释。

第五条 挪用公款归个人使用，进行非法活动，数额在三万元以上的，应当依照刑法第三百八十四条的规定以挪用公款罪追究刑事责任；数额在三百万元以上的，应当认定为刑法第三百八十四条第一款规定的“数额巨大”。具有下列情形之一的，应当认定为刑法第三百八十四条第一款规定的“情节严重”：

（一）挪用公款数额在一百万元以上的；

（二）挪用救灾、抢险、防汛、优抚、扶贫、移民、救济特定款物，数额在五十万元以上不满一百万元的；

（三）挪用公款不退还，数额在五十万元以上不满一百万元的；

（四）其他严重的情节。

第六条 挪用公款归个人使用，进行营利活动或者超过三个月未还，数额在五万元以上的，应当认定为刑法第三百八十四条第一款规定的“数额较大”；数额在五百万元以上的，应当认定为刑法第三百八十四条第一款规定的“数额巨大”。具有下列情形之一的，应当认定为刑法第三百八十四条第一款规定的“情节严重”：

（一）挪用公款数额在二百万元以上的；

（二）挪用救灾、抢险、防汛、优抚、扶贫、移民、救济特定款物，数额在一百万元以上不满二百万元的；

（三）挪用公款不退还，数额在一百万元以上不满二百万元的；

（四）其他严重的情节。

第七条 为谋取不正当利益，向国家工作人员行贿，数额在三万元以上的，应当依照刑法第三百九十条的规定以行贿罪追究刑事责任。

行贿数额在一万元以上不满三万元，具有下列情形之一的，应当依照刑法第三百九十条的规定以行贿罪追究刑事责任：

（一）向三人以上行贿的；

（二）将违法所得用于行贿的；

（三）通过行贿谋取职务提拔、调整的；

（四）向负有食品、药品、安全生产、环境保护等监督管理职责的国家工作人员行贿，实施非法活动的；

（五）向司法工作人员行贿，影响司法公正的；

（六）造成经济损失数额在五十万元以上不满一百万元的。

第八条 犯行贿罪，具有下列情形之一的，应当认定为刑法第三百九十条第一款规定的“情节严重”：

（一）行贿数额在一百万元以上不满五百万元的；

（二）行贿数额在五十万元以上不满一百万元，并具有本解释第七条第二款第一项至第五项规定的情形之一的；

（三）其他严重的情节。

为谋取不正当利益，向国家工作人员行贿，造成经济损失数额在一百万元以上不满五百万元的，应当认定为刑法第三百九十条第一款规定的“使国家利益遭受重大损失”。

第九条 犯行贿罪，具有下列情形之一的，应当认定为刑法第三百九十条第一款规定的“情节特别严重”：

（一）行贿数额在五百万元以上的；

（二）行贿数额在二百五十万元以上不满五百万元，并具有本解释第七条第二款第一项至第五项规定的情形之一的；

（三）其他特别严重的情节。

为谋取不正当利益，向国家工作人员行贿，造成经济损失数额在五百万元以上的，应当认定为刑法第三百九十条第一款规定的“使国家利益遭受特别重大损失”。

第十条 刑法第三百八十八条之一规定的利用影响力受贿罪的定罪量刑适用标准，参照本解释关于受贿罪的规定执行。

刑法第三百九十条之一规定的对有影响力的人行贿罪的定罪量刑适用标准，参照本解释关于行贿罪的规定执行。

单位对有影响力的人行贿数额在二十万元以上的，应当依照刑法第三百九十条之一的规定以对有影响力的人行贿罪追究刑事责任。

第十一条　刑法第一百六十三条规定的非国家工作人员受贿罪、第二百七十一条规定的职务侵占罪中的“数额较大”“数额巨大”的数额起点，按照本解释关于受贿罪、贪污罪相对应的数额标准规定的二倍、五倍执行。

刑法第二百七十二条规定的挪用资金罪中的“数额较大”“数额巨大”以及“进行非法活动”情形的数额起点，按照本解释关于挪用公款罪“数额较大”“情节严重”以及“进行非法活动”的数额标准规定的二倍执行。

刑法第一百六十四条第一款规定的对非国家工作人员行贿罪中的“数额较大”“数额巨大”的数额起点，按照本解释第七条、第八条第一款关于行贿罪的数额标准规定的二倍执行。

第十二条　贿赂犯罪中的“财物”，包括货币、物品和财产性利益。财产性利益包括可以折算为货币的物质利益如房屋装修、债务免除等，以及需要支付货币的其他利益如会员服务、旅游等。后者的犯罪数额，以实际支付或者应当支付的数额计算。

第十三条　具有下列情形之一的，应当认定为“为他人谋取利益”，构成犯罪的，应当依照刑法关于受贿犯罪的规定定罪处罚：

（一）实际或者承诺为他人谋取利益的；

（二）明知他人有具体请托事项的；

（三）履职时未被请托，但事后基于该履职事由收受他人财物的。

国家工作人员索取、收受具有上下级关系的下属或者具有行政管理关系的被管理人员的财物价值三万元以上，可能影响职权行使的，视为承诺为他人谋取利益。

第十四条　根据行贿犯罪的事实、情节，可能被判处三年有期徒刑以下刑罚的，可以认定为刑法第三百九十条第二款规定的“犯罪较轻”。

根据犯罪的事实、情节，已经或者可能被判处十年有期徒刑以上刑罚的，或者案件在本省、自治区、直辖市或者全国范围内有较大影响的，可以认定为刑法第三百九十条第二款规定的“重大案件”。

具有下列情形之一的，可以认定为刑法第三百九十条第二款规定的“对侦破重大案件起关键作用”：

（一）主动交待办案机关未掌握的重大案件线索的；

（二）主动交待的犯罪线索不属于重大案件的线索，但该线索对于重大案件侦破有重要作用的；

（三）主动交待行贿事实，对于重大案件的证据收集有重要作用的；

（四）主动交待行贿事实，对于重大案件的追逃、追赃有重要作用的。

第十五条　对多次受贿未经处理的，累计计算受贿数额。

国家工作人员利用职务上的便利为请托人谋取利益前后多次收受请托人财物，受请托之前收受的财物数额在一万元以上的，应当一并计入受贿数额。

第十六条　国家工作人员出于贪污、受贿的故意，非法占有公共财物、收受他人财物之后，将赃款赃物用于单位公务支出或者社会捐赠的，不影响贪污罪、受贿罪的认定，但量刑时可以酌情考虑。

特定关系人索取、收受他人财物，国家工作人员知道后未退还或者上交的，应当认定国家工作人员具有受贿故意。

第十七条　国家工作人员利用职务上的便利，收受他人财物，为他人谋取利益，同时构成受贿罪和刑法分则第三章第三节、第九章规定的渎职犯罪的，除刑法另有规定外，以受贿罪和渎职犯罪数罪并罚。

第十八条　贪污贿赂犯罪分子违法所得的一切财物，应当依照刑法第六十四条的规定予以追缴或者责令退赔，对被害人的合法财产应当及时返还。对尚未追缴到案或者尚未足额退赔的违法所得，应当继续追缴或者责令退赔。

第十九条　对贪污罪、受贿罪判处三年以下有期徒刑或者拘役的，应当并处十万元以上五十万元以下的罚金；判处三年以上十年以下有期徒刑的，应当并处二十万元以上犯罪数额二倍以下的罚金或者没收财产；判处十年以上有期徒刑或者无期徒刑的，应当并处五十万元以上犯罪数额二倍以下的罚金或者没收财产。

对刑法规定并处罚金的其他贪污贿赂犯罪，应当在十万元以上犯罪数额二倍以下判处罚金。

第二十条　本解释自2016年4月18日起施行。最高人民法院、最高人民检察院此前发布的司法解释与本解释不一致的，以本解释为准。

2. 渎职罪

·法律法规·

全国人民代表大会常务委员会关于《中华人民共和国刑法》第九章渎职罪主体适用问题的解释

2002年12月28日第九届全国人民代表大会常务委员会第三十一次会议通过

全国人大常委会根据司法实践中遇到的情况，讨论了刑法第九章渎职罪主体的适用问题，解释如下：

在依照法律、法规规定行使国家行政管理职权的组织中从事公务的人员，或者在受国家机关委托代表国家机关行使职权的组织中从事公务的人员，或者虽未列入国家机关人员编制但在国家机关中从事公务的人员，在代表国家机关行使职权时，有渎职行为，构成犯罪的，依照刑法关于渎职罪的规定追究刑事责任。

现予公告。

全国人民代表大会常务委员会关于《中华人民共和国刑法》第二百二十八条、第三百四十二条、第四百一十条的解释

1. *2001年8月31日第九届全国人民代表大会常务委员会第二十三次会议通过*
2. *根据2009年8月27日第十一届全国人民代表大会常务委员会第十一次会议《关于修改部分法律的决定》修正*

全国人民代表大会常务委员会讨论了刑法第二百二十八条、第三百四十二条、第四百一十条规定的"违反土地管理法规"和第四百一十条规定的"非法批准征收、征用、占用土地"的含义问题，解释如下：

刑法第二百二十八条、第三百四十二条、第四百一十条规定的"违反土地管理法规"，是指违反土地管理法、森林法、草原法等法律以及有关行政法规中关于土地管理的规定。

刑法第四百一十条规定的"非法批准征收、征用、占用土地"，是指非法批准征收、征用、占用耕地、林地等农用地以及其他土地。

现予公告。

最高人民检察院关于镇财政所所长是否适用国家机关工作人员的批复

1. *2000年5月4日*
2. *高检发研字〔2000〕9号*

上海市人民检察院：

你院沪检发〔2000〕30号文收悉。经研究，批复如下：

对于属行政执法事业单位的镇财政所中按国家机关在编干部管理的工作人员，在履行政府行政公务活动中，滥用职权或玩忽职守构成犯罪的，应以国家机关工作人员论。

最高人民检察院关于合同制民警能否成为玩忽职守罪主体问题的批复

1. *2000年10月9日*
2. *高检发研字〔2000〕20号*

辽宁省人民检察院：

你院辽检发诉字〔1999〕76号《关于犯罪嫌疑人李海玩忽职守一案的请示》收悉。经研究，批复如下：

根据刑法第九十三条第二款的规定，合同制民警在依法执行公务期间，属其他依照法律从事公务的人员，应以国家机关工作人员论。对合同制民警在依法执行公务活动中的玩忽职守行为，符合刑法第三百九十七条规定的玩忽职守罪构成要件的，依法以玩忽职守罪追究刑事责任。

最高人民检察院关于属工人编制的乡（镇）工商所所长能否依照刑法第397条的规定追究刑事责任问题的批复

1. *2000年10月31日*
2. *高检发研字〔2000〕23号*

江西省人民检察院：

你院赣检研发〔2000〕3号《关于乡（镇）工商所所长

(工人编制)是否属于国家机关工作人员的请示》收悉。经研究,批复如下:

根据刑法第93条第2款的规定,经人事部门任命,但为工人编制的乡(镇)工商所所长,依法履行工商行政管理职责时,属其他依照法律从事公务的人员,应以国家机关工作人员论。如果玩忽职守,致使公共财产、国家和人民利益遭受重大损失,可适用刑法第397条的规定,以玩忽职守罪追究刑事责任。

此复

最高人民检察院关于工人等非监管机关在编监管人员私放在押人员行为和失职致使在押人员脱逃行为适用法律问题的解释

1. 2001年1月2日最高人民检察院第九届检察委员会第七十九次会议通过

2. 2001年3月2日公布

3. 高检发释字〔2001〕2号

4. 自2001年3月2日起施行

为依法办理私放在押人员犯罪案件和失职致使在押人员脱逃犯罪案件,对工人等非监管机关在编监管人员私放在押人员行为和失职致使在押人员脱逃行为如何适用法律问题解释如下:

工人等非监管机关在编监管人员在被监管机关聘用受委托履行监管职责的过程中私放在押人员的,应当依照刑法第四百条第一款的规定,以私放在押人员罪追究刑事责任;由于严重不负责任,致使在押人员脱逃,造成严重后果的,应当依照刑法第四百条第二款的规定,以失职致使在押人员脱逃罪追究刑事责任。

最高人民法院研究室关于对滥用职权致使公共财产、国家和人民利益遭受重大损失如何认定问题的答复

1. 2004年11月22日

2. 法研〔2004〕136号

浙江省高级人民法院:

你院浙〔2004〕194号《关于对滥用职权致使公共财产、国家和人民利益遭受重大损失如何认定的请示》收悉。经研究答复如下:

人民法院在审判过程中,对于行为人滥用职权,致使公共财产、国家和人民利益遭受的损失计算至侦查机关立案之时。立案以后,判决宣告以前追回的损失,作为量刑情节予以考虑。

最高人民检察院关于渎职侵权犯罪案件立案标准的规定

1. 2005年12月29日最高人民检察院第十届检察委员会第四十九次会议通过

2. 2006年7月26日公布

3. 高检发释字〔2006〕2号

4. 自2006年7月26日起施行

根据《中华人民共和国刑法》、《中华人民共和国刑事诉讼法》和其他法律的有关规定,对国家机关工作人员渎职和利用职权实施的侵犯公民人身权利、民主权利犯罪案件的立案标准规定如下:

一、渎职犯罪案件

(一)滥用职权案(第三百九十七条)

滥用职权罪是指国家机关工作人员超越职权,违法决定、处理其无权决定、处理的事项,或者违反规定处理公务,致使公共财产、国家和人民利益遭受重大损失的行为。

涉嫌下列情形之一的,应予立案:

1. 造成死亡一人以上,或者重伤二人以上,或者重伤一人、轻伤三人以上,或者轻伤五人以上的;

2. 导致十人以上严重中毒的;

3. 造成个人财产直接经济损失十万元以上,或者直接经济损失不满十万元,但间接经济损失五十万元以上的;

4. 造成公共财产或者法人、其他组织财产直接经济损失二十万元以上,或者直接经济损失不满二十万元,但间接经济损失一百万元以上的;

5. 虽未达到三、四两项数额标准,但三、四两项合计直接经济损失二十万元以上,或者合计直接经济损失不满二十万元,但合计间接经济损失一百万元以上的;

6. 造成公司、企业等单位停业、停产六个月以上,或者破产的;

7. 弄虚作假,不报、缓报、谎报或者授意、指使、强令他人不报、缓报、谎报情况,导致重特大事故危害结

果继续、扩大,或者致使抢救、调查、处理工作延误的;

8. 严重损害国家声誉,或者造成恶劣社会影响的;

9. 其他致使公共财产、国家和人民利益遭受重大损失的情形。

国家机关工作人员滥用职权,符合刑法第九章所规定的特殊渎职罪构成要件的,按照该特殊规定追究刑事责任;主体不符合刑法第九章所规定的特殊渎职罪的主体要件,但滥用职权涉嫌前款第一项至第九项规定情形之一的,按照刑法第三百九十七条的规定以滥用职权罪追究刑事责任。

(二)玩忽职守案(第三百九十七条)

玩忽职守罪是指国家机关工作人员严重不负责任,不履行或者不认真履行职责,致使公共财产、国家和人民利益遭受重大损失的行为。

涉嫌下列情形之一的,应予立案:

1. 造成死亡一人以上,或者重伤三人以上,或者重伤二人、轻伤四人以上,或者重伤一人、轻伤七人以上,或者轻伤十人以上的;

2. 导致二十人以上严重中毒的;

3. 造成个人财产直接经济损失十五万元以上,或者直接经济损失不满十五万元,但间接经济损失七十五万元以上的;

4. 造成公共财产或者法人、其他组织财产直接经济损失三十万元以上,或者直接经济损失不满三十万元,但间接经济损失一百五十万元以上的;

5. 虽未达到三、四两项数额标准,但三、四两项合计直接经济损失三十万元以上,或者合计直接经济损失不满三十万元,但合计间接经济损失一百五十万元以上的;

6. 造成公司、企业等单位停业、停产一年以上,或者破产的;

7. 海关、外汇管理部门的工作人员严重不负责任,造成一百万美元以上外汇被骗购或者逃汇一千万美元以上的;

8. 严重损害国家声誉,或者造成恶劣社会影响的;

9. 其他致使公共财产、国家和人民利益遭受重大损失的情形。

国家机关工作人员玩忽职守,符合刑法第九章所规定的特殊渎职罪构成要件的,按照该特殊规定追究刑事责任;主体不符合刑法第九章所规定的特殊渎职罪的主体要件,但玩忽职守涉嫌前款第一项至第九项规定情形之一的,按照刑法第三百九十七条的规定以玩忽职守罪追究刑事责任。

(三)故意泄露国家秘密案(第三百九十八条)

故意泄露国家秘密罪是指国家机关工作人员或者非国家机关工作人员违反保守国家秘密法,故意使国家秘密被不应知悉者知悉,或者故意使国家秘密超出了限定的接触范围,情节严重的行为。

涉嫌下列情形之一的,应予立案:

1. 泄露绝密级国家秘密一项(件)以上的;

2. 泄露机密级国家秘密二项(件)以上的;

3. 泄露秘密级国家秘密三项(件)以上的;

4. 向非境外机构、组织、人员泄露国家秘密,造成或者可能造成危害社会稳定、经济发展、国防安全或者其他严重危害后果的;

5. 通过口头、书面或者网络等方式向公众散布、传播国家秘密的;

6. 利用职权指使或者强迫他人违反保守国家秘密法的规定泄露国家秘密的;

7. 以牟取私利为目的泄露国家秘密的;

8. 其他情节严重的情形。

(四)过失泄露国家秘密案(第三百九十八条)

过失泄露国家秘密罪是指国家机关工作人员或者非国家机关工作人员违反保守国家秘密法,过失泄露国家秘密,或者遗失国家秘密载体,致使国家秘密被不应知悉者知悉或者超出了限定的接触范围,情节严重的行为。

涉嫌下列情形之一的,应予立案:

1. 泄露绝密级国家秘密一项(件)以上的;

2. 泄露机密级国家秘密三项(件)以上的;

3. 泄露秘密级国家秘密四项(件)以上的;

4. 违反保密规定,将涉及国家秘密的计算机或者计算机信息系统与互联网相连接,泄露国家秘密的;

5. 泄露国家秘密或者遗失国家秘密载体,隐瞒不报、不如实提供有关情况或者不采取补救措施的;

6. 其他情节严重的情形。

(五)徇私枉法案(第三百九十九条第一款)

徇私枉法罪是指司法工作人员徇私枉法、徇情枉法,对明知是无罪的人而使他受追诉、对明知是有罪的人而故意包庇不使他受追诉,或者在刑事审判活动中故意违背事实和法律作枉法裁判的行为。

涉嫌下列情形之一的,应予立案:

1. 对明知是没有犯罪事实或者其他依法不应当追究刑事责任的人,采取伪造、隐匿、毁灭证据或者其他隐瞒事实、违反法律的手段,以追究刑事责任为目的立案、侦查、起诉、审判的;

2. 对明知是有犯罪事实需要追究刑事责任的人，采取伪造、隐匿、毁灭证据或者其他隐瞒事实、违反法律的手段，故意包庇使其不受立案、侦查、起诉、审判的；

3. 采取伪造、隐匿、毁灭证据或者其他隐瞒事实、违反法律的手段，故意使罪重的人受较轻的追诉，或者使罪轻的人受较重的追诉的；

4. 在立案后，采取伪造、隐匿、毁灭证据或者其他隐瞒事实、违反法律的手段，应当采取强制措施而不采取强制措施，或者虽然采取强制措施，但中断侦查或者超过法定期限不采取任何措施，实际放任不管，以及违法撤销、变更强制措施，致使犯罪嫌疑人、被告人实际脱离司法机关侦控的；

5. 在刑事审判活动中故意违背事实和法律，作出枉法判决、裁定，即有罪判无罪、无罪判有罪，或者重罪轻判、轻罪重判的；

6. 其他徇私枉法应予追究刑事责任的情形。

（六）民事、行政枉法裁判案（第三百九十九条第二款）

民事、行政枉法裁判罪是指司法工作人员在民事、行政审判活动中，故意违背事实和法律作枉法裁判，情节严重的行为。

涉嫌下列情形之一的，应予立案：

1. 枉法裁判，致使当事人或者其近亲属自杀、自残造成重伤、死亡，或者精神失常的；

2. 枉法裁判，造成个人财产直接经济损失十万元以上，或者直接经济损失不满十万元，但间接经济损失五十万元以上的；

3. 枉法裁判，造成法人或者其他组织财产直接经济损失二十万元以上，或者直接经济损失不满二十万元，但间接经济损失一百万元以上的；

4. 伪造、变造有关材料、证据，制造假案枉法裁判的；

5. 串通当事人制造伪证，毁灭证据或者篡改庭审笔录而枉法裁判的；

6. 徇私情、私利，明知是伪造、变造的证据予以采信，或者故意对应当采信的证据不予采信，或者故意违反法定程序，或者故意错误适用法律而枉法裁判的；

7. 其他情节严重的情形。

（七）执行判决、裁定失职案（第三百九十九条第三款）

执行判决、裁定失职罪是指司法工作人员在执行判决、裁定活动中，严重不负责任，不依法采取诉讼保全措施、不履行法定执行职责，或者违法采取保全措施、强制执行措施，致使当事人或者其他人的利益遭受重大损失的行为。

涉嫌下列情形之一的，应予立案：

1. 致使当事人或者其近亲属自杀、自残造成重伤、死亡，或者精神失常的；

2. 造成个人财产直接经济损失十五万元以上，或者直接经济损失不满十五万元，但间接经济损失七十五万元以上的；

3. 造成法人或者其他组织财产直接经济损失三十万元以上，或者直接经济损失不满三十万元，但间接经济损失一百五十万元以上的；

4. 造成公司、企业等单位停业、停产一年以上，或者破产的；

5. 其他致使当事人或者其他人的利益遭受重大损失的情形。

（八）执行判决、裁定滥用职权案（第三百九十九条第三款）

执行判决、裁定滥用职权罪是指司法工作人员在执行判决、裁定活动中，滥用职权，不依法采取诉讼保全措施、不履行法定执行职责，或者违法采取保全措施、强制执行措施，致使当事人或者其他人的利益遭受重大损失的行为。

涉嫌下列情形之一的，应予立案：

1. 致使当事人或者其近亲属自杀、自残造成重伤、死亡，或者精神失常的；

2. 造成个人财产直接经济损失十万元以上，或者直接经济损失不满十万元，但间接经济损失五十万元以上的；

3. 造成法人或者其他组织财产直接经济损失二十万元以上，或者直接经济损失不满二十万元，但间接经济损失一百万元以上的；

4. 造成公司、企业等单位停业、停产六个月以上，或者破产的；

5. 其他致使当事人或者其他人的利益遭受重大损失的情形。

（九）私放在押人员案（第四百条第一款）

私放在押人员罪是指司法工作人员私放在押（包括在羁押场所和押解途中）的犯罪嫌疑人、被告人或者罪犯的行为。

涉嫌下列情形之一的，应予立案：

1. 私自将在押的犯罪嫌疑人、被告人、罪犯放走，或者授意、指使、强迫他人将在押的犯罪嫌疑人、被告人、罪犯放走的；

2. 伪造、变造有关法律文书、证明材料，以使在押的犯罪嫌疑人、被告人、罪犯逃跑或者被释放的；

3. 为私放在押的犯罪嫌疑人、被告人、罪犯，故意向其通风报信、提供条件，致使该在押的犯罪嫌疑人、被告人、罪犯脱逃的；

4. 其他私放在押的犯罪嫌疑人、被告人、罪犯应予追究刑事责任的情形。

（十）失职致使在押人员脱逃案（第四百条第二款）

失职致使在押人员脱逃罪是指司法工作人员由于严重不负责任，不履行或者不认真履行职责，致使在押（包括在羁押场所和押解途中）的犯罪嫌疑人、被告人、罪犯脱逃，造成严重后果的行为。

涉嫌下列情形之一的，应予立案：

1. 致使依法可能判处或者已经判处十年以上有期徒刑、无期徒刑、死刑的犯罪嫌疑人、被告人、罪犯脱逃的；

2. 致使犯罪嫌疑人、被告人、罪犯脱逃三人次以上的；

3. 犯罪嫌疑人、被告人、罪犯脱逃以后，打击报复报案人、控告人、举报人、被害人、证人和司法工作人员等，或者继续犯罪的；

4. 其他致使在押的犯罪嫌疑人、被告人、罪犯脱逃，造成严重后果的情形。

（十一）徇私舞弊减刑、假释、暂予监外执行案（第四百零一条）

徇私舞弊减刑、假释、暂予监外执行罪是指司法工作人员徇私舞弊，对不符合减刑、假释、暂予监外执行条件的罪犯予以减刑、假释、暂予监外执行的行为。

涉嫌下列情形之一的，应予立案：

1. 刑罚执行机关的工作人员对不符合减刑、假释、暂予监外执行条件的罪犯，捏造事实，伪造材料，违法报请减刑、假释、暂予监外执行的；

2. 审判人员对不符合减刑、假释、暂予监外执行条件的罪犯，徇私舞弊，违法裁定减刑、假释或者违法决定暂予监外执行的；

3. 监狱管理机关、公安机关的工作人员对不符合暂予监外执行条件的罪犯，徇私舞弊，违法批准暂予监外执行的；

4. 不具有报请、裁定、决定或者批准减刑、假释、暂予监外执行权的司法工作人员利用职务上的便利，伪造有关材料，导致不符合减刑、假释、暂予监外执行条件的罪犯被减刑、假释、暂予监外执行的；

5. 其他徇私舞弊减刑、假释、暂予监外执行应予追究刑事责任的情形。

（十二）徇私舞弊不移交刑事案件案（第四百零二条）

徇私舞弊不移交刑事案件罪是指工商行政管理、税务、监察等行政执法人员，徇私舞弊，对依法应当移交司法机关追究刑事责任的案件不移交，情节严重的行为。

涉嫌下列情形之一的，应予立案：

1. 对依法可能判处三年以上有期徒刑、无期徒刑、死刑的犯罪案件不移交的；

2. 不移交刑事案件涉及三人次以上的；

3. 司法机关提出意见后，无正当理由仍然不予移交的；

4. 以罚代刑，放纵犯罪嫌疑人，致使犯罪嫌疑人继续进行违法犯罪活动的；

5. 行政执法部门主管领导阻止移交的；

6. 隐瞒、毁灭证据，伪造材料，改变刑事案件性质的；

7. 直接负责的主管人员和其他直接责任人员为牟取本单位私利而不移交刑事案件，情节严重的；

8. 其他情节严重的情形。

（十三）滥用管理公司、证券职权案（第四百零三条）

滥用管理公司、证券职权罪是指工商行政管理、证券管理等国家有关主管部门的工作人员徇私舞弊，滥用职权，对不符合法律规定条件的公司设立、登记申请或者股票、债券发行、上市申请予以批准或者登记，致使公共财产、国家和人民利益遭受重大损失的行为，以及上级部门、当地政府强令登记机关及其工作人员实施上述行为的行为。

涉嫌下列情形之一的，应予立案：

1. 造成直接经济损失五十万元以上的；

2. 工商行政管理部门的工作人员对不符合法律规定条件的公司设立、登记申请，违法予以批准、登记，严重扰乱市场秩序的；

3. 金融证券管理机构的工作人员对不符合法律规定条件的股票、债券发行、上市申请，违法予以批准，严重损害公众利益，或者严重扰乱金融秩序的；

4. 工商行政管理部门、金融证券管理机构的工作人员对不符合法律规定条件的公司设立、登记申请或者股票、债券发行、上市申请违法予以批准或者登记，致使犯罪行为得逞的；

5. 上级部门、当地政府直接负责的主管人员强令登记机关及其工作人员，对不符合法律规定条件的公司设立、登记申请或者股票、债券发行、上市申请予以批准或者登记，致使公共财产、国家和人民利益遭受重大损失的；

6. 其他致使公共财产、国家和人民利益遭受重大损失的情形。

（十四）徇私舞弊不征、少征税款案（第四百零四条）

徇私舞弊不征、少征税款罪是指税务机关工作人员徇私舞弊，不征、少征应征税款，致使国家税收遭受重大损失的行为。

涉嫌下列情形之一的，应予立案：

1. 徇私舞弊不征、少征应征税款，致使国家税收损失累计达十万元以上的；

2. 上级主管部门工作人员指使税务机关工作人员徇私舞弊不征、少征应征税款，致使国家税收损失累计达十万元以上的；

3. 徇私舞弊不征、少征应征税款不满十万元，但具有索取或者收受贿赂或者其他恶劣情节的；

4. 其他致使国家税收遭受重大损失的情形。

（十五）徇私舞弊发售发票、抵扣税款、出口退税案（第四百零五条第一款）

徇私舞弊发售发票、抵扣税款、出口退税罪是指税务机关工作人员违反法律、行政法规的规定，在办理发售发票、抵扣税款、出口退税工作中徇私舞弊，致使国家利益遭受重大损失的行为。

涉嫌下列情形之一的，应予立案：

1. 徇私舞弊，致使国家税收损失累计达十万元以上的；

2. 徇私舞弊，致使国家税收损失累计不满十万元，但发售增值税专用发票二十五份以上或者其他发票五十份以上或者增值税专用发票与其他发票合计五十份以上，或者具有索取、收受贿赂或者其他恶劣情节的；

3. 其他致使国家利益遭受重大损失的情形。

（十六）违法提供出口退税凭证案（第四百零五条第二款）

违法提供出口退税凭证罪是指海关、外汇管理等国家机关工作人员违反国家规定，在提供出口货物报关单、出口收汇核销单等出口退税凭证的工作中徇私舞弊，致使国家利益遭受重大损失的行为。

涉嫌下列情形之一的，应予立案：

1. 徇私舞弊，致使国家税收损失累计达十万元以上的；

2. 徇私舞弊，致使国家税收损失累计不满十万元，但具有索取、收受贿赂或者其他恶劣情节的；

3. 其他致使国家利益遭受重大损失的情形。

（十七）国家机关工作人员签订、履行合同失职被骗案（第四百零六条）

国家机关工作人员签订、履行合同失职被骗罪是指国家机关工作人员在签订、履行合同过程中，因严重不负责任，不履行或者不认真履行职责被诈骗，致使国家利益遭受重大损失的行为。

涉嫌下列情形之一的，应予立案：

1. 造成直接经济损失三十万元以上，或者直接经济损失不满三十万元，但间接经济损失一百五十万元以上的；

2. 其他致使国家利益遭受重大损失的情形。

（十八）违法发放林木采伐许可证案（第四百零七条）

违法发放林木采伐许可证罪是指林业主管部门的工作人员违反森林法的规定，超过批准的年采伐限额发放林木采伐许可证或者违反规定滥发林木采伐许可证，情节严重，致使森林遭受严重破坏的行为。

涉嫌下列情形之一的，应予立案：

1. 发放林木采伐许可证允许采伐数量累计超过批准的年采伐限额，导致林木被超限额采伐十立方米以上的；

2. 滥发林木采伐许可证，导致林木被滥伐二十立方米以上，或者导致幼树被滥伐一千株以上的；

3. 滥发林木采伐许可证，导致防护林、特种用途林被滥伐五立方米以上，或者幼树被滥伐二百株以上的；

4. 滥发林木采伐许可证，导致珍贵树木或者国家重点保护的其他树木被滥伐的；

5. 滥发林木采伐许可证，导致国家禁止采伐的林木被采伐的；

6. 其他情节严重，致使森林遭受严重破坏的情形。

林业主管部门工作人员之外的国家机关工作人员，违反森林法的规定，滥用职权或者玩忽职守，致使林木被滥伐四十立方米以上或者幼树被滥伐两千株以上，或者致使防护林、特种用途林被滥伐十立方米以上或者幼树被滥伐四百株以上，或者致使珍贵树木被采伐、毁坏四立方米或者四株以上，或者致使国家重点保护的其他植物被采伐、毁坏后果严重的，或者致使国家严禁采伐的林木被采伐、毁坏情节恶劣的，按照刑法第三百九十七条的规定以滥用职权罪或者玩忽职守罪追究刑事责任。

（十九）环境监管失职案（第四百零八条）

环境监管失职罪是指负有环境保护监督管理职责的国家机关工作人员严重不负责任，不履行或者不认真履行环境保护监管职责导致发生重大环境污染事故，致使公私财产遭受重大损失或者造成人身伤亡的严重后果的行为。

涉嫌下列情形之一的，应予立案：

1. 造成死亡一人以上，或者重伤三人以上，或者重伤二人、轻伤四人以上，或者重伤一人、轻伤七人以上，或者轻伤十人以上的；

2. 导致三十人以上严重中毒的；

3. 造成个人财产直接经济损失十五万元以上，或者直接经济损失不满十五万元，但间接经济损失七十五万元以上的；

4. 造成公共财产、法人或者其他组织财产直接经济损失三十万元以上，或者直接经济损失不满三十万元，但间接经济损失一百五十万元以上的；

5. 虽未达到三、四两项数额标准，但三、四两项合计直接经济损失三十万元以上，或者合计直接经济损失不满三十万元，但合计间接经济损失一百五十万元以上的；

6. 造成基本农田或者防护林地、特种用途林地十亩以上，或者基本农田以外的耕地五十亩以上，或者其他土地七十亩以上被严重毁坏的；

7. 造成生活饮用水地表水源和地下水源严重污染的；

8. 其他致使公私财产遭受重大损失或者造成人身伤亡严重后果的情形。

（二十）传染病防治失职案（第四百零九条）

传染病防治失职罪是指从事传染病防治的政府卫生行政部门的工作人员严重不负责任，不履行或者不认真履行传染病防治监管职责，导致传染病传播或者流行，情节严重的行为。

涉嫌下列情形之一的，应予立案：

1. 导致甲类传染病传播的；

2. 导致乙类、丙类传染病流行的；

3. 因传染病传播或者流行，造成人员重伤或者死亡的；

4. 因传染病传播或者流行，严重影响正常的生产、生活秩序的；

5. 在国家对突发传染病疫情等灾害采取预防、控制措施后，对发生突发传染病疫情等灾害的地区或者突发传染病病人、病原携带者、疑似突发传染病病人，未按照预防、控制突发传染病疫情等灾害工作规范的要求做好防疫、检疫、隔离、防护、救治等工作，或者采取的预防、控制措施不当，造成传染范围扩大或者疫情、灾情加重的；

6. 在国家对突发传染病疫情等灾害采取预防、控制措施后，隐瞒、缓报、谎报或者授意、指使、强令他人隐瞒、缓报、谎报疫情、灾情，造成传染范围扩大或者疫情、灾情加重的；

7. 在国家对突发传染病疫情等灾害采取预防、控制措施后，拒不执行突发传染病疫情等灾害应急处理指挥机构的决定、命令，造成传染范围扩大或者疫情、灾情加重的；

8. 其他情节严重的情形。

（二十一）非法批准征用、占用土地案（第四百一十条）

非法批准征用、占用土地罪是指国家机关工作人员徇私舞弊，违反土地管理法、森林法、草原法等法律以及有关行政法规中关于土地管理的规定，滥用职权，非法批准征用、占用耕地、林地等农用地以及其他土地，情节严重的行为。

涉嫌下列情形之一的，应予立案：

1. 非法批准征用、占用基本农田十亩以上的；

2. 非法批准征用、占用基本农田以外的耕地三十亩以上的；

3. 非法批准征用、占用其他土地五十亩以上的；

4. 虽未达到上述数量标准，但造成有关单位、个人直接经济损失三十万元以上，或者造成耕地大量毁坏或者植被遭到严重破坏的；

5. 非法批准征用、占用土地，影响群众生产、生活，引起纠纷，造成恶劣影响或者其他严重后果的；

6. 非法批准征用、占用防护林地、特种用途林地分别或者合计十亩以上的；

7. 非法批准征用、占用其他林地二十亩以上的；

8. 非法批准征用、占用林地造成直接经济损失三十万元以上，或者造成防护林地、特种用途林地分别或者合计五亩以上或者其他林地十亩以上毁坏的；

9. 其他情节严重的情形。

（二十二）非法低价出让国有土地使用权案（第四百一十条）

非法低价出让国有土地使用权罪是指国家机关工作人员徇私舞弊，违反土地管理法、森林法、草原法等法律以及有关行政法规中关于土地管理的规定，滥用职权，非法低价出让国有土地使用权，情节严重的行为。

涉嫌下列情形之一的，应予立案：

1. 非法低价出让国有土地三十亩以上，并且出让价额低于国家规定的最低价额标准的百分之六十的；

2. 造成国有土地资产流失价额三十万元以上的；

3. 非法低价出让国有土地使用权，影响群众生产、生活，引起纠纷，造成恶劣影响或者其他严重后果的；

4. 非法低价出让林地合计三十亩以上，并且出让价额低于国家规定的最低价额标准的百分之六十的；

5. 造成国有资产流失三十万元以上的；

6. 其他情节严重的情形。

（二十三）放纵走私案（第四百一十一条）

放纵走私罪是指海关工作人员徇私舞弊，放纵走私，情节严重的行为。

涉嫌下列情形之一的，应予立案：

1. 放纵走私犯罪的；

2. 因放纵走私致使国家应收税额损失累计达十万元以上的；

3. 放纵走私行为三起次以上的；

4. 放纵走私行为，具有索取或者收受贿赂情节的；

5. 其他情节严重的情形。

（二十四）商检徇私舞弊案（第四百一十二条第一款）

商检徇私舞弊罪是指出入境检验检疫机关、检验检疫机构工作人员徇私舞弊，伪造检验结果的行为。

涉嫌下列情形之一的，应予立案：

1. 采取伪造、变造的手段对报检的商品的单证、印章、标志、封识、质量认证标志等作虚假的证明或者出具不真实的证明结论的；

2. 将送检的合格商品检验为不合格，或者将不合格商品检验为合格的；

3. 对明知是不合格的商品，不检验而出具合格检验结果的；

4. 其他伪造检验结果应予追究刑事责任的情形。

（二十五）商检失职案（第四百一十二条第二款）

商检失职罪是指出入境检验检疫机关、检验检疫机构工作人员严重不负责任，对应当检验的物品不检验，或者延误检验出证、错误出证，致使国家利益遭受重大损失的行为。

涉嫌下列情形之一的，应予立案：

1. 致使不合格的食品、药品、医疗器械等商品出入境，严重危害生命健康的；

2. 造成个人财产直接经济损失十五万元以上，或者直接经济损失不满十五万元，但间接经济损失七十五万元以上的；

3. 造成公共财产、法人或者其他组织财产直接经济损失三十万元以上，或者直接经济损失不满三十万元，但间接经济损失一百五十万元以上的；

4. 未经检验，出具合格检验结果，致使国家禁止进口的固体废物、液态废物和气态废物等进入境内的；

5. 不检验或者延误检验出证、错误出证，引起国际经济贸易纠纷，严重影响国家对外经贸关系，或者严重损害国家声誉的；

6. 其他致使国家利益遭受重大损失的情形。

（二十六）动植物检疫徇私舞弊案（第四百一十三条第一款）

动植物检疫徇私舞弊罪是指出入境检验检疫机关、检验检疫机构工作人员徇私舞弊，伪造检疫结果的行为。

涉嫌下列情形之一的，应予立案：

1. 采取伪造、变造的手段对检疫的单证、印章、标志、封识等作虚假的证明或者出具不真实的结论的；

2. 将送检的合格动植物检疫为不合格，或者将不合格动植物检疫为合格的；

3. 对明知是不合格的动植物，不检疫而出具合格检疫结果的；

4. 其他伪造检疫结果应予追究刑事责任的情形。

（二十七）动植物检疫失职案（第四百一十三条第二款）

动植物检疫失职罪是指出入境检验检疫机关、检验检疫机构工作人员严重不负责任，对应当检疫的检疫物不检疫，或者延误检疫出证、错误出证，致使国家利益遭受重大损失的行为。

涉嫌下列情形之一的，应予立案：

1. 导致疫情发生，造成人员重伤或者死亡的；

2. 导致重大疫情发生、传播或者流行的；

3. 造成个人财产直接经济损失十五万元以上，或者直接经济损失不满十五万元，但间接经济损失七十五万元以上的；

4. 造成公共财产或者法人、其他组织财产直接经济损失三十万元以上，或者直接经济损失不满三十万元，但间接经济损失一百五十万元以上的；

5. 不检疫或者延误检疫出证、错误出证，引起国际

经济贸易纠纷,严重影响国家对外经贸关系,或者严重损害国家声誉的;

6.其他致使国家利益遭受重大损失的情形。

(二十八)放纵制售伪劣商品犯罪行为案(第四百一十四条)

放纵制售伪劣商品犯罪行为罪是指对生产、销售伪劣商品犯罪行为负有追究责任的国家机关工作人员徇私舞弊,不履行法律规定的追究职责,情节严重的行为。

涉嫌下列情形之一的,应予立案:

1.放纵生产、销售假药或者有毒、有害食品犯罪行为的;

2.放纵生产、销售伪劣农药、兽药、化肥、种子犯罪行为的;

3.放纵依法可能判处三年有期徒刑以上刑罚的生产、销售伪劣商品犯罪行为的;

4.对生产、销售伪劣商品犯罪行为不履行追究职责,致使生产、销售伪劣商品犯罪行为得以继续的;

5.三次以上不履行追究职责,或者对三个以上有生产、销售伪劣商品犯罪行为的单位或者个人不履行追究职责的;

6.其他情节严重的情形。

(二十九)办理偷越国(边)境人员出入境证件案(第四百一十五条)

办理偷越国(边)境人员出入境证件罪是指负责办理护照、签证以及其他出入境证件的国家机关工作人员,对明知是企图偷越国(边)境的人员,予以办理出入境证件的行为。

负责办理护照、签证以及其他出入境证件的国家机关工作人员涉嫌在办理护照、签证以及其他出入境证件的过程中,对明知是企图偷越国(边)境的人员而予以办理出入境证件的,应予立案。

(三十)放行偷越国(边)境人员案(第四百一十五条)

放行偷越国(边)境人员罪是指边防、海关等国家机关工作人员,对明知是偷越国(边)境的人员予以放行的行为。

边防、海关等国家机关工作人员涉嫌在履行职务过程中,对明知是偷越国(边)境的人员而予以放行的,应予立案。

(三十一)不解救被拐卖、绑架妇女、儿童案(第四百一十六条第一款)

不解救被拐卖、绑架妇女、儿童罪是指对被拐卖、绑架的妇女、儿童负有解救职责的公安、司法等国家机关工作人员接到被拐卖、绑架的妇女、儿童及其家属的解救要求或者接到其他人的举报,而对被拐卖、绑架的妇女、儿童不进行解救,造成严重后果的行为。

涉嫌下列情形之一的,应予立案:

1.导致被拐卖、绑架的妇女、儿童或者其家属重伤、死亡或者精神失常的;

2.导致被拐卖、绑架的妇女、儿童被转移、隐匿、转卖,不能及时进行解救的;

3.对被拐卖、绑架的妇女、儿童不进行解救三人次以上的;

4.对被拐卖、绑架的妇女、儿童不进行解救,造成恶劣社会影响的;

5.其他造成严重后果的情形。

(三十二)阻碍解救被拐卖、绑架妇女、儿童案(第四百一十六条第二款)

阻碍解救被拐卖、绑架妇女、儿童罪是指对被拐卖、绑架的妇女、儿童负有解救职责的公安、司法等国家机关工作人员利用职务阻碍解救被拐卖、绑架的妇女、儿童的行为。

涉嫌下列情形之一的,应予立案:

1.利用职权,禁止、阻止或者妨碍有关部门、人员解救被拐卖、绑架的妇女、儿童的;

2.利用职务上的便利,向拐卖、绑架者或者收买者通风报信,妨碍解救工作正常进行的;

3.其他利用职务阻碍解救被拐卖、绑架的妇女、儿童应予追究刑事责任的情形。

(三十三)帮助犯罪分子逃避处罚案(第四百一十七条)

帮助犯罪分子逃避处罚罪是指有查禁犯罪活动职责的司法及公安、国家安全、海关、税务等国家机关工作人员,向犯罪分子通风报信、提供便利,帮助犯罪分子逃避处罚的行为。

涉嫌下列情形之一的,应予立案:

1.向犯罪分子泄漏有关部门查禁犯罪活动的部署、人员、措施、时间、地点等情况的;

2.向犯罪分子提供钱物、交通工具、通讯设备、隐藏处所等便利条件的;

3.向犯罪分子泄漏案情的;

4.帮助、示意犯罪分子隐匿、毁灭、伪造证据,或者串供、翻供的;

5.其他帮助犯罪分子逃避处罚应予追究刑事责任的情形。

（三十四）招收公务员、学生徇私舞弊案（第四百一十八条）

招收公务员、学生徇私舞弊罪是指国家机关工作人员在招收公务员、省级以上教育行政部门组织招收的学生工作中徇私舞弊，情节严重的行为。

涉嫌下列情形之一的，应予立案：

1. 徇私舞弊，利用职务便利，伪造、变造人事、户口档案、考试成绩或者其他影响招收工作的有关资料，或者明知是伪造、变造的上述材料而予以认可的；

2. 徇私舞弊，利用职务便利，帮助五名以上考生作弊的；

3. 徇私舞弊招收不合格的公务员、学生三人次以上的；

4. 因徇私舞弊招收不合格的公务员、学生，导致被排挤的合格人员或者其近亲属自杀、自残造成重伤、死亡，或者精神失常的；

5. 因徇私舞弊招收公务员、学生，导致该项招收工作重新进行的；

6. 其他情节严重的情形。

（三十五）失职造成珍贵文物损毁、流失案（第四百一十九条）

失职造成珍贵文物损毁、流失罪是指文物行政管理部门、公安机关、工商行政管理部门、海关、城乡建设规划部门等国家机关工作人员严重不负责任，造成珍贵文物损毁或者流失，后果严重的行为。

涉嫌下列情形之一的，应予立案：

1. 导致国家一、二、三级珍贵文物损毁或者流失的；

2. 导致全国重点文物保护单位或者省、自治区、直辖市级文物保护单位损毁的；

3. 其他后果严重的情形。

二、国家机关工作人员利用职权实施的侵犯公民人身权利、民主权利犯罪案件

（一）国家机关工作人员利用职权实施的非法拘禁案（第二百三十八条）

非法拘禁罪是指以拘禁或者其他方法非法剥夺他人人身自由的行为。

国家机关工作人员利用职权非法拘禁，涉嫌下列情形之一的，应予立案：

1. 非法剥夺他人人身自由二十四小时以上的；

2. 非法剥夺他人人身自由，并使用械具或者捆绑等恶劣手段，或者实施殴打、侮辱、虐待行为的；

3. 非法拘禁，造成被拘禁人轻伤、重伤、死亡的；

4. 非法拘禁，情节严重，导致被拘禁人自杀、自残造成重伤、死亡，或者精神失常的；

5. 非法拘禁三人次以上的；

6. 司法工作人员对明知是没有违法犯罪事实的人而非法拘禁的；

7. 其他非法拘禁应予追究刑事责任的情形。

（二）国家机关工作人员利用职权实施的非法搜查案（第二百四十五条）

非法搜查罪是指非法搜查他人身体、住宅的行为。

国家机关工作人员利用职权非法搜查，涉嫌下列情形之一的，应予立案：

1. 非法搜查他人身体、住宅，并实施殴打、侮辱等行为的；

2. 非法搜查，情节严重，导致被搜查人或者其近亲属自杀、自残造成重伤、死亡，或者精神失常的；

3. 非法搜查，造成财物严重损坏的；

4. 非法搜查三人（户）次以上的；

5. 司法工作人员对明知是与涉嫌犯罪无关的人身、住宅非法搜查的；

6. 其他非法搜查应予追究刑事责任的情形。

（三）刑讯逼供案（第二百四十七条）

刑讯逼供罪是指司法工作人员对犯罪嫌疑人、被告人使用肉刑或者变相肉刑逼取口供的行为。

涉嫌下列情形之一的，应予立案：

1. 以殴打、捆绑、违法使用械具等恶劣手段逼取口供的；

2. 以较长时间冻、饿、晒、烤等手段逼取口供，严重损害犯罪嫌疑人、被告人身体健康的；

3. 刑讯逼供造成犯罪嫌疑人、被告人轻伤、重伤、死亡的；

4. 刑讯逼供，情节严重，导致犯罪嫌疑人、被告人自杀、自残造成重伤、死亡，或者精神失常的；

5. 刑讯逼供，造成错案的；

6. 刑讯逼供三人次以上的；

7. 纵容、授意、指使、强迫他人刑讯逼供，具有上述情形之一的；

8. 其他刑讯逼供应予追究刑事责任的情形。

（四）暴力取证案（第二百四十七条）

暴力取证罪是指司法工作人员以暴力逼取证人证言的行为。

涉嫌下列情形之一的，应予立案：

1. 以殴打、捆绑、违法使用械具等恶劣手段逼取证人证言的；

2. 暴力取证造成证人轻伤、重伤、死亡的；

3. 暴力取证，情节严重，导致证人自杀、自残造成重伤、死亡，或者精神失常的；

4. 暴力取证，造成错案的；

5. 暴力取证三人次以上的；

6. 纵容、授意、指使、强迫他人暴力取证，具有上述情形之一的；

7. 其他暴力取证应予追究刑事责任的情形。

（五）虐待被监管人案（第二百四十八条）

虐待被监管人罪是指监狱、拘留所、看守所、拘役所、劳教所等监管机构的监管人员对被监管人进行殴打或者体罚虐待，情节严重的行为。

涉嫌下列情形之一的，应予立案：

1. 以殴打、捆绑、违法使用械具等恶劣手段虐待被监管人的；

2. 以较长时间冻、饿、晒、烤等手段虐待被监管人，严重损害其身体健康的；

3. 虐待造成被监管人轻伤、重伤、死亡的；

4. 虐待被监管人，情节严重，导致被监管人自杀、自残造成重伤、死亡，或者精神失常的；

5. 殴打或者体罚虐待三人次以上的；

6. 指使被监管人殴打、体罚虐待其他被监管人，具有上述情形之一的；

7. 其他情节严重的情形。

（六）报复陷害案（第二百五十四条）

报复陷害罪是指国家机关工作人员滥用职权、假公济私，对控告人、申诉人、批评人、举报人实行报复陷害的行为。

涉嫌下列情形之一的，应予立案：

1. 报复陷害，情节严重，导致控告人、申诉人、批评人、举报人或者其近亲属自杀、自残造成重伤、死亡，或者精神失常的；

2. 致使控告人、申诉人、批评人、举报人或者其近亲属的其他合法权利受到严重损害的；

3. 其他报复陷害应予追究刑事责任的情形。

（七）国家机关工作人员利用职权实施的破坏选举案（第二百五十六条）

破坏选举罪是指在选举各级人民代表大会代表和国家机关领导人员时，以暴力、威胁、欺骗、贿赂、伪造选举文件、虚报选举票数或者编造选举结果等手段破坏选举或者妨害选民和代表自由行使选举权和被选举权，情节严重的行为。

国家机关工作人员利用职权破坏选举，涉嫌下列情形之一的，应予立案：

1. 以暴力、威胁、欺骗、贿赂等手段，妨害选民、各级人民代表大会代表自由行使选举权和被选举权，致使选举无法正常进行，或者选举无效，或者选举结果不真实的；

2. 以暴力破坏选举场所或者选举设备，致使选举无法正常进行的；

3. 伪造选民证、选票等选举文件，虚报选举票数，产生不真实的选举结果或者强行宣布合法选举无效、非法选举有效的；

4. 聚众冲击选举场所或者故意扰乱选举场所秩序，使选举工作无法进行的；

5. 其他情节严重的情形。

三、附则

（一）本规定中每个罪案名称后所注明的法律条款系《中华人民共和国刑法》的有关条款。

（二）本规定所称"以上"包括本数；有关犯罪数额"不满"，是指已达到该数额百分之八十以上的。

（三）本规定中的"国家机关工作人员"，是指在国家机关中从事公务的人员，包括在各级国家权力机关、行政机关、司法机关和军事机关中从事公务的人员。在依照法律、法规规定行使国家行政管理职权的组织中从事公务的人员，或者在受国家机关委托代表国家机关行使职权的组织中从事公务的人员，或者虽未列入国家机关人员编制但在国家机关中从事公务的人员，在代表国家机关行使职权时，视为国家机关工作人员。在乡（镇）以上中国共产党机关、人民政协机关中从事公务的人员，视为国家机关工作人员。

（四）本规定中的"直接经济损失"，是指与行为有直接因果关系而造成的财产损毁、减少的实际价值；"间接经济损失"，是指由直接经济损失引起和牵连的其他损失，包括失去的在正常情况下可以获得的利益和为恢复正常的管理活动或者挽回所造成的损失所支付的各种开支、费用等。

有下列情形之一的，虽然有债权存在，但已无法实现债权的，可以认定为已经造成了经济损失：(1)债务人已经法定程序被宣告破产，且无法清偿债务；(2)债务人潜逃，去向不明；(3)因行为人责任，致使超过诉讼时效；(4)有证据证明债权无法实现的其他情况。

直接经济损失和间接经济损失，是指立案时确已造成的经济损失。移送审查起诉前，犯罪嫌疑人及其亲友自行挽回的经济损失，以及由司法机关或者犯罪嫌疑人所在单位及其上级主管部门挽回的经济损失，不予扣减，但可作为对犯罪嫌疑人从轻处理的情节考虑。

（五）本规定中的"徇私舞弊"，是指国家机关工作人员为徇私情、私利，故意违背事实和法律，伪造材料，隐瞒情况，弄虚作假的行为。

（六）本规定自公布之日起施行。本规定发布前有关人民检察院直接受理立案侦查的国家机关工作人员渎职和利用职权实施的侵犯公民人身权利、民主权利犯罪案件的立案标准，与本规定有重复或者不一致的，适用本规定。

对于本规定施行前发生的国家机关工作人员渎职和利用职权实施的侵犯公民人身权利、民主权利犯罪案件，按照《最高人民法院、最高人民检察院关于适用刑事司法解释时间效力问题的规定》办理。

最高人民检察院关于对林业主管部门工作人员在发放林木采伐许可证之外滥用职权玩忽职守致使森林遭受严重破坏的行为适用法律问题的批复

1. 2007年5月14日最高人民检察院第十届检察委员会第七十七次会议通过
2. 2007年5月16日公布
3. 高检发释字〔2007〕1号
4. 自2007年5月16日起施行

福建省人民检察院：

你院《关于林业主管部门工作人员滥用职权、玩忽职守造成森林资源损毁立案标准问题的请示》（闽检〔2007〕14号）收悉。经研究，批复如下：

林业主管部门工作人员违法发放林木采伐许可证，致使森林遭受严重破坏的，依照刑法第四百零七条的规定，以违法发放林木采伐许可证罪追究刑事责任；以其他方式滥用职权或者玩忽职守，致使森林遭受严重破坏的，依照刑法第三百九十七条的规定，以滥用职权罪或者玩忽职守罪追究刑事责任，立案标准依照《最高人民检察院关于渎职侵权犯罪案件立案标准的规定》第一部分渎职犯罪案件第十八条第三款的规定执行。

此复

最高人民法院、最高人民检察院关于办理渎职刑事案件适用法律若干问题的解释（一）

1. 2012年7月9日最高人民法院审判委员会第1552次会议、2012年9月12日最高人民检察院第十一届检察委员会第79次会议通过
2. 2012年12月7日公布
3. 法释〔2012〕18号
4. 自2013年1月9日起施行

为依法惩治渎职犯罪，根据刑法有关规定，现就办理渎职刑事案件适用法律的若干问题解释如下：

第一条　国家机关工作人员滥用职权或者玩忽职守，具有下列情形之一的，应当认定为刑法第三百九十七条规定的"致使公共财产、国家和人民利益遭受重大损失"：

（一）造成死亡1人以上，或者重伤3人以上，或者轻伤9人以上，或者重伤2人、轻伤3人以上，或者重伤1人、轻伤6人以上的；

（二）造成经济损失30万元以上的；

（三）造成恶劣社会影响的；

（四）其他致使公共财产、国家和人民利益遭受重大损失的情形。

具有下列情形之一的，应当认定为刑法第三百九十七条规定的"情节特别严重"：

（一）造成伤亡达到前款第（一）项规定人数3倍以上的；

（二）造成经济损失150万元以上的；

（三）造成前款规定的损失后果，不报、迟报、谎报或者授意、指使、强令他人不报、迟报、谎报事故情况，致使损失后果持续、扩大或者抢救工作延误的；

（四）造成特别恶劣社会影响的；

（五）其他特别严重的情节。

第二条　国家机关工作人员实施滥用职权或者玩忽职守犯罪行为，触犯刑法分则第九章第三百九十八条至第四百一十九条规定的，依照该规定定罪处罚。

国家机关工作人员滥用职权或者玩忽职守，因不具备徇私舞弊等情形，不符合刑法分则第九章第三百九十八条至第四百一十九条的规定，但依法构成第三百九十七条规定的犯罪的，以滥用职权罪或者玩忽职守罪定罪处罚。

第三条 国家机关工作人员实施渎职犯罪并收受贿赂，同时构成受贿罪的，除刑法另有规定外，以渎职犯罪和受贿罪数罪并罚。

第四条 国家机关工作人员实施渎职行为，放纵他人犯罪或者帮助他人逃避刑事处罚，构成犯罪的，依照渎职罪的规定定罪处罚。

国家机关工作人员与他人共谋，利用其职务行为帮助他人实施其他犯罪行为，同时构成渎职犯罪和共谋实施的其他犯罪共犯的，依照处罚较重的规定定罪处罚。

国家机关工作人员与他人共谋，既利用其职务行为帮助他人实施其他犯罪，又以非职务行为与他人共同实施该其他犯罪行为，同时构成渎职犯罪和其他犯罪的共犯的，依照数罪并罚的规定定罪处罚。

第五条 国家机关负责人员违法决定，或者指使、授意、强令其他国家机关工作人员违法履行职务或者不履行职务，构成刑法分则第九章规定的渎职犯罪的，应当依法追究刑事责任。

以"集体研究"形式实施的渎职犯罪，应当依照刑法分则第九章的规定追究国家机关负有责任的人员的刑事责任。对于具体执行人员，应当在综合认定其行为性质、是否提出反对意见、危害结果大小等情节的基础上决定是否追究刑事责任和应当判处的刑罚。

第六条 以危害结果为条件的渎职犯罪的追诉期限，从危害结果发生之日起计算；有数个危害结果的，从最后一个危害结果发生之日起计算。

第七条 依法或者受委托行使国家行政管理职权的公司、企业、事业单位的工作人员，在行使行政管理职权时滥用职权或者玩忽职守，构成犯罪的，应当依照《全国人民代表大会常务委员会关于〈中华人民共和国刑法〉第九章渎职罪主体适用问题的解释》的规定，适用渎职罪的规定追究刑事责任。

第八条 本解释规定的"经济损失"，是指渎职犯罪或者与渎职犯罪相关联的犯罪立案时已经实际造成的财产损失，包括为挽回渎职犯罪所造成损失而支付的各种开支、费用等。立案后至提起公诉前持续发生的经济损失，应一并计入渎职犯罪造成的经济损失。

债务人经法定程序被宣告破产，债务人潜逃、去向不明，或者因行为人的责任超过诉讼时效等，致使债权已经无法实现的，无法实现的债权部分应当认定为渎职犯罪的经济损失。

渎职犯罪或者与渎职犯罪相关联的犯罪立案后，犯罪分子及其亲友自行挽回的经济损失，司法机关或者犯罪分子所在单位及其上级主管部门挽回的经济损失，或者因客观原因减少的经济损失，不予扣减，但可以作为酌定从轻处罚的情节。

第九条 负有监督管理职责的国家机关工作人员滥用职权或者玩忽职守，致使不符合安全标准的食品、有毒有害食品、假药、劣药等流入社会，对人民群众生命、健康造成严重危害后果的，依照渎职罪的规定从严惩处。

第十条 最高人民法院、最高人民检察院此前发布的司法解释与本解释不一致的，以本解释为准。

·党规党纪·

中央纪委关于对犯有贪污、贿赂错误党纪处分的数额界限问题的请示的答复

1997 年 9 月 1 日

各省、自治区、直辖市纪委，中央和国家机关各部委纪检组（纪委），中央纪委各派驻纪检组，中直机关和中央国家机关纪工委，军委纪委：

《中国共产党纪律处分条例（试行）》（以下简称《条例》）和修订后的《中华人民共和国刑法》（以下简称《刑法》）颁布后，一些地区和部门来电来函请示，《刑法》正式施行后，在实际执纪工作中，对于犯有贪污、贿赂错误的党纪处分的数额界限怎样掌握？经研究，现答复如下：

一、贪污、受贿数额在 5000 元以上的，给予开除党籍处分。贪污、受贿在 5000 元以上，未被判处《刑法》规定的主刑，且具有《条例》第二十六条规定的减轻处分情节的，也可以不开除党籍，须给予留党察看处分；被依法判处《刑法》规定的主刑的，依照《条例》第三十条的规定，一律开除党籍。

二、对于贪污、受贿数额不满 5000 元的党纪处分标准，在中央纪委未作出具体规定之前，由各地区、各部门根据具体情节酌情掌握。

三、处理贪污、贿赂错误规定的违纪金额标准，只是违纪行为社会危害程度的一个方面，在实际执纪工作中，还应考虑其他情节。

四、中央纪委以前颁布的有关规定与本答复相抵触的，1997 年 10 月 1 日后以本答复为准。

中央纪委监察部审理室对山东省纪委审理室《关于对犯有介绍贿赂罪免予刑事处罚的党员的党纪处分如何定性处理的请示》的答复

2001年1月4日

山东省纪委案件审理室：

你室鲁纪审函〔2001〕11号《关于对犯有介绍贿赂罪免予刑事处罚的党员的党纪处分如何定性处理的请示》收悉，经研究，现答复如下：

对犯有介绍贿赂罪被免予刑事处罚的党员如何定性处理的问题，我们倾向同意你们的意见，可根据《中国共产党纪律处分条例（试行）》第二十九条的规定，比照第六十六条第一款处理，并按比照程序报批。

四、处分制度

资料补充栏

1. 党纪处分

·党规党纪·

中国共产党纪律处分条例

1. 2003年12月23日中共中央政治局会议审议批准，2003年12月31日中共中央发布

2. 2023年12月8日中共中央政治局会议第三次修订，2023年12月19日中共中央发布

第一编 总 则

第一章 总体要求和适用范围

第一条 为了维护党章和其他党内法规，严肃党的纪律，纯洁党的组织，保障党员民主权利，教育党员遵纪守法，维护党的团结统一，保证党的理论、路线、方针、政策、决议和国家法律法规的贯彻执行，根据《中国共产党章程》，制定本条例。

第二条 党的纪律建设必须坚持以马克思列宁主义、毛泽东思想、邓小平理论、“三个代表”重要思想、科学发展观、习近平新时代中国特色社会主义思想为指导，坚持和加强党的全面领导，坚决维护习近平总书记党中央的核心、全党的核心地位，坚决维护以习近平同志为核心的党中央权威和集中统一领导，弘扬伟大建党精神，坚持自我革命，贯彻全面从严治党战略方针，落实新时代党的建设总要求，推动解决大党独有难题、健全全面从严治党体系，全面加强党的纪律建设，为以中国式现代化全面推进强国建设、民族复兴伟业提供坚强纪律保障。

第三条 党章是最根本的党内法规，是管党治党的总规矩。党的纪律是党的各级组织和全体党员必须遵守的行为规则。党组织和党员必须坚守初心使命，牢固树立政治意识、大局意识、核心意识、看齐意识，始终坚定道路自信、理论自信、制度自信、文化自信，切实践行正确的权力观、政绩观、事业观，自觉遵守和维护党章，严格执行和维护党的纪律，自觉接受党的纪律约束，模范遵守国家法律法规。

第四条 党的纪律处分工作遵循下列原则：

（一）坚持党要管党、全面从严治党。把严的基调、严的措施、严的氛围长期坚持下去，加强对党的各级组织和全体党员的教育、管理和监督，把纪律挺在前面，抓早抓小、防微杜渐。

（二）党纪面前一律平等。对违犯党纪的党组织和党员必须严肃、公正执行纪律，党内不允许有任何不受纪律约束的党组织和党员。

（三）实事求是。对党组织和党员违犯党纪的行为，应当以事实为依据，以党章、其他党内法规和国家法律法规为准绳，执纪执法贯通，准确认定行为性质，区别不同情况，恰当予以处理。

（四）民主集中制。实施党纪处分，应当按照规定程序经党组织集体讨论决定，不允许任何个人或者少数人擅自决定和批准。上级党组织对违犯党纪的党组织和党员作出的处理决定，下级党组织必须执行。

（五）惩前毖后、治病救人。处理违犯党纪的党组织和党员，应当实行惩戒与教育相结合，做到宽严相济。

第五条 深化运用监督执纪“四种形态”，经常开展批评和自我批评，及时进行谈话提醒、批评教育、责令检查、诫勉，让“红红脸、出出汗”成为常态；党纪轻处分、组织调整成为违纪处理的大多数；党纪重处分、重大职务调整的成为少数；严重违纪涉嫌犯罪追究刑事责任的成为极少数。

第六条 本条例适用于违犯党纪应当受到党纪责任追究的党组织和党员。

第二章 违纪与纪律处分

第七条 党组织和党员违反党章和其他党内法规，违反国家法律法规，违反党和国家政策，违反社会主义道德，危害党、国家和人民利益的行为，依照规定应当给予纪律处理或者处分的，都必须受到追究。

重点查处党的十八大以来不收敛、不收手，问题线索反映集中、群众反映强烈，政治问题和经济问题交织的腐败案件，违反中央八项规定精神的问题。

第八条 对党员的纪律处分种类：

（一）警告；

（二）严重警告；

（三）撤销党内职务；

（四）留党察看；

（五）开除党籍。

第九条 对于违犯党纪的党组织，上级党组织应当责令其作出书面检查或者给予通报批评。对于严重违犯党纪、本身又不能纠正的党组织，上一级党的委员会在查明核实后，根据情节严重的程度，可以予以：

（一）改组；

（二）解散。

第十条 党员受到警告处分一年内、受到严重警告处分一年半内，不得在党内提拔职务或者进一步使用，也不得向党外组织推荐担任高于其原任职务的党外职务或者进一步使用。

第十一条 撤销党内职务处分，是指撤销受处分党员由党内选举或者组织任命的党内职务。对于在党内担任两个以上职务的，党组织在作处分决定时，应当明确是撤销其一切职务还是一个或者几个职务。如果决定撤销其一个职务，必须撤销其担任的最高职务。如果决定撤销其两个以上职务，则必须从其担任的最高职务开始依次撤销。对于在党外组织担任职务的，应当建议党外组织撤销其党外职务。

对于在立案审查中因涉嫌违犯党纪被免职的党员，审查后依照本条例规定应当给予撤销党内职务处分的，应当按照其原任职务给予撤销党内职务处分。对于应当受到撤销党内职务处分，但是本人没有担任党内职务的，应当给予其严重警告处分。同时，在党外组织担任职务的，应当建议党外组织撤销其党外职务。

党员受到撤销党内职务处分，或者依照前款规定受到严重警告处分的，二年内不得在党内担任和向党外组织推荐担任与其原任职务相当或者高于其原任职务的职务。

第十二条 留党察看处分，分为留党察看一年、留党察看二年。对于受到留党察看处分一年的党员，期满后仍不符合恢复党员权利条件的，应当延长一年留党察看期限。留党察看期限最长不得超过二年。

党员受留党察看处分期间，没有表决权、选举权和被选举权。留党察看期间，确有悔改表现的，期满后恢复其党员权利；坚持不改或者又发现其他应当受到党纪处分的违纪行为的，应当开除党籍。

党员受到留党察看处分，其党内职务自然撤销。对于担任党外职务的，应当建议党外组织撤销其党外职务。受到留党察看处分的党员，恢复党员权利后二年内，不得在党内担任和向党外组织推荐担任与其原任职务相当或者高于其原任职务的职务。

第十三条 党员受到开除党籍处分，五年内不得重新入党，也不得推荐担任与其原任职务相当或者高于其原任职务的党外职务。另有规定不准重新入党的，依照规定。

第十四条 党员干部受到党纪处分，需要同时进行组织处理的，党组织应当按照规定给予组织处理。

党的各级代表大会的代表受到留党察看以上处分的，党组织应当终止其代表资格。

第十五条 对于受到改组处理的党组织领导机构成员，除应当受到撤销党内职务以上处分的外，均自然免职。

第十六条 对于受到解散处理的党组织中的党员，应当逐个审查。其中，符合党员条件的，应当重新登记，并参加新的组织过党的生活；不符合党员条件的，应当对其进行教育、限期改正，经教育仍无转变的，予以劝退或者除名；有违纪行为的，依照规定予以追究。

第三章 纪律处分运用规则

第十七条 有下列情形之一的，可以从轻或者减轻处分：

（一）主动交代本人应当受到党纪处分的问题；

（二）在组织谈话函询、初步核实、立案审查过程中，能够配合核实审查工作，如实说明本人违纪违法事实；

（三）检举同案人或者其他人应当受到党纪处分或者法律追究的问题，经查证属实，或者有其他立功表现；

（四）主动挽回损失、消除不良影响或者有效阻止危害结果发生；

（五）主动上交或者退赔违纪所得；

（六）党内法规规定的其他从轻或者减轻处分情形。

第十八条 根据案件的特殊情况，由中央纪委决定或者经省（部）级纪委（不含副省级市纪委）决定并呈报中央纪委批准，对违纪党员也可以在本条例规定的处分幅度以外减轻处分。

第十九条 对于党员违犯党纪应当给予警告或者严重警告处分，但是具有本条例第十七条规定的情形之一或者本条例分则中另有规定的，可以给予批评教育、责令检查、诫勉或者组织处理，免予党纪处分。对违纪党员免予处分，应当作出书面结论。

党员有作风纪律方面的苗头性、倾向性问题或者违犯党纪情节轻微的，可以给予谈话提醒、批评教育、责令检查等，或者予以诫勉，不予党纪处分。

党员行为虽然造成损失或者后果，但不是出于故意或者过失，而是由于不可抗力等原因所引起的，不追究党纪责任。

第二十条 有下列情形之一的，应当从重或者加重处分：

（一）强迫、唆使他人违纪；

（二）拒不上交或者退赔违纪所得；

（三）违纪受处分后又因故意违纪应当受到党纪处分；

（四）违纪受处分后，又被发现其受处分前没有交代的其他应当受到党纪处分的问题；

（五）党内法规规定的其他从重或者加重处分情形。

第二十一条 党员在党纪处分影响期内又受到党纪处分的，其影响期为原处分尚未执行的影响期与新处分影响期之和。

第二十二条 从轻处分,是指在本条例规定的违纪行为应当受到的处分幅度以内,给予较轻的处分。

从重处分,是指在本条例规定的违纪行为应当受到的处分幅度以内,给予较重的处分。

第二十三条 减轻处分,是指在本条例规定的违纪行为应当受到的处分幅度以外,减轻一档给予处分。

加重处分,是指在本条例规定的违纪行为应当受到的处分幅度以外,加重一档给予处分。

本条例规定的只有开除党籍处分一个档次的违纪行为,不适用第一款减轻处分的规定。

第二十四条 一人有本条例规定的两种以上应当受到党纪处分的违纪行为,应当合并处理,按其数种违纪行为中应当受到的最高处分加重一档给予处分;其中一种违纪行为应当受到开除党籍处分的,应当给予开除党籍处分。

第二十五条 一个违纪行为同时触犯本条例两个以上条款的,依照处分较重的条款定性处理。

一个条款规定的违纪构成要件全部包含在另一个条款规定的违纪构成要件中,特别规定与一般规定不一致的,适用特别规定。

第二十六条 二人以上共同故意违纪的,对为首者,从重处分,本条例另有规定的除外;对其他成员,按照其在共同违纪中所起的作用和应负的责任,分别给予处分。

对于经济方面共同违纪的,按照个人参与数额及其所起作用,分别给予处分。对共同违纪的为首者,情节严重的,按照共同违纪的总数额处分。

教唆他人违纪的,应当按照其在共同违纪中所起的作用追究党纪责任。

第二十七条 党组织领导机构集体作出违犯党纪的决定或者实施其他违犯党纪的行为,对具有共同故意的成员,按共同违纪处理;对过失违纪的成员,按照各自在集体违纪中所起的作用和应负的责任分别给予处分。

第四章 对违法犯罪党员的纪律处分

第二十八条 对违法犯罪的党员,应当按照规定给予党纪处分,做到适用纪律和适用法律有机融合,党纪政务等处分相匹配。

第二十九条 党组织在纪律审查中发现党员有贪污贿赂、滥用职权、玩忽职守、权力寻租、利益输送、徇私舞弊、浪费国家资财等违反法律涉嫌犯罪行为的,应当给予撤销党内职务、留党察看或者开除党籍处分。

第三十条 党组织在纪律审查中发现党员有刑法规定的行为,虽不构成犯罪但须追究党纪责任的,或者有其他破坏社会主义市场经济秩序、违反治安管理等违法行为,损害党、国家和人民利益的,应当视具体情节给予警告直至开除党籍处分。

违反国家财经纪律,在公共资金收支、税务管理、国有资产管理、政府采购管理、金融管理、财务会计管理等财经活动中有违法行为的,依照前款规定处理。

党员有嫖娼或者吸食、注射毒品等丧失党员条件,严重败坏党的形象行为的,应当给予开除党籍处分。

第三十一条 党组织在纪律审查中发现党员严重违纪涉嫌违法犯罪的,原则上先作出党纪处分决定,并按照规定由监察机关给予政务处分或者由任免机关(单位)给予处分后,再移送有关国家机关依法处理。

第三十二条 党员被依法留置、逮捕的,党组织应当按照管理权限中止其表决权、选举权和被选举权等党员权利。根据监察机关、司法机关处理结果,可以恢复其党员权利的,应当及时予以恢复。

第三十三条 党员犯罪情节轻微,人民检察院依法作出不起诉决定的,或者人民法院依法作出有罪判决并免予刑事处罚的,应当给予撤销党内职务、留党察看或者开除党籍处分。

党员犯罪,被单处罚金的,依照前款规定处理。

第三十四条 党员犯罪,有下列情形之一的,应当给予开除党籍处分:

(一)因故意犯罪被依法判处刑法规定的主刑(含宣告缓刑);

(二)被单处或者附加剥夺政治权利;

(三)因过失犯罪,被依法判处三年以上(不含三年)有期徒刑。

因过失犯罪被判处三年以下有期徒刑或者被判处管制、拘役的,一般应当开除党籍。对于个别可以不开除党籍的,应当对照处分违纪党员批准权限的规定,报请再上一级党组织批准。

第三十五条 党员依法受到刑事责任追究的,党组织应当根据司法机关的生效判决、裁定、决定及其认定的事实、性质和情节,依照本条例规定给予党纪处分,是公职人员的由监察机关给予相应政务处分或者由任免机关(单位)给予相应处分。

党员依法受到政务处分、任免机关(单位)给予的处分、行政处罚,应当追究党纪责任的,党组织可以根据生效的处分、行政处罚决定认定的事实、性质和情节,经核实后依照规定给予相应党纪处分或者组织处理。其中,党员依法受到撤职以上处分的,应当依照本条例规定给予撤销党内职务以上处分。

党员违反国家法律法规、企事业单位或者其他社会组织的规章制度受到其他处分,应当追究党纪责任的,党组织在对有关方面认定的事实、性质和情节进行核实后,依照规定给予相应党纪处分或者组织处理。

党组织作出党纪处分或者组织处理决定后,监察机关、司法机关、行政机关等依法改变原生效判决、裁定、决定等,对原党纪处分或者组织处理决定产生影响的,党组织应当根据改变后的生效判决、裁定、决定等重新作出相应处理。

第五章　其他规定

第三十六条　预备党员违犯党纪,情节较轻,可以保留预备党员资格的,党组织应当对其批评教育或者延长预备期;情节较重的,应当取消其预备党员资格。

第三十七条　对违纪后下落不明的党员,应当区别情况作出处理:

(一)对有严重违纪行为,应当给予开除党籍处分的,党组织应当作出决定,开除其党籍;

(二)除前项规定的情况外,下落不明时间超过六个月的,党组织应当按照党章规定对其予以除名。

第三十八条　违纪党员在党组织作出处分决定前死亡,或者在死亡之后发现其曾有严重违纪行为,对于应当给予开除党籍处分的,开除其党籍;对于应当给予留党察看以下处分的,作出违犯党纪的书面结论和相应处理。

第三十九条　违纪行为有关责任人员的区分:

(一)直接责任者,是指在其职责范围内,不履行或者不正确履行自己的职责,对造成的损失或者后果起决定性作用的党员或者党员领导干部;

(二)主要领导责任者,是指在其职责范围内,对主管的工作不履行或者不正确履行职责,对造成的损失或者后果负直接领导责任的党员领导干部;

(三)重要领导责任者,是指在其职责范围内,对应管的工作或者参与决定的工作不履行或者不正确履行职责,对造成的损失或者后果负次要领导责任的党员领导干部。

本条例所称领导责任者,包括主要领导责任者和重要领导责任者。

第四十条　本条例所称主动交代,是指涉嫌违纪的党员在组织谈话函询、初步核实前向有关组织交代自己的问题,或者在谈话函询、初步核实和立案审查期间交代组织未掌握的问题。

第四十一条　担任职级、单独职务序列等级的党员干部违犯党纪受到处分,需要对其职级、单独职务序列等级进行调整的,参照本条例关于党外职务的规定执行。

第四十二条　计算经济损失应当计算立案时已经实际造成的全部财产损失,包括为挽回违纪行为所造成损失而支付的各种开支、费用。立案后至处理前持续发生的经济损失,应当一并计算在内。

第四十三条　对于违纪行为所获得的经济利益,应当收缴或者责令退赔。对于主动上交的违纪所得和经济损失赔偿,应当予以接收,并按照规定收缴或者返还有关单位、个人。

对于违纪行为所获得的职务、职级、职称、学历、学位、奖励、资格等其他利益,应当由承办案件的纪检机关或者由其上级纪检机关建议有关组织、部门、单位按照规定予以纠正。

对于依照本条例第三十七条、第三十八条规定处理的党员,经调查确属其实施违纪行为获得的利益,依照本条规定处理。

第四十四条　党纪处分决定作出后,应当在一个月内向受处分党员所在党的基层组织中的全体党员及其本人宣布,是领导班子成员的还应当向所在党组织领导班子宣布,并按照干部管理权限和组织关系将处分决定材料归入受处分者档案;对于受到撤销党内职务以上处分的,还应当在一个月内办理职务、工资、工作及其他有关待遇等相应变更手续;涉及撤销或者调整其党外职务的,应当建议党外组织及时撤销或者调整其党外职务。特殊情况下,经作出或者批准作出处分决定的组织批准,可以适当延长办理期限。办理期限最长不得超过六个月。

第四十五条　执行党纪处分决定的机关或者受处分党员所在单位,应当在六个月内将处分决定的执行情况向作出或者批准处分决定的机关报告。

党员对所受党纪处分不服的,可以依照党章及有关规定提出申诉。

第四十六条　党员因违犯党纪受到处分,影响期满后,党组织无需取消对其的处分。

第四十七条　本条例所称以上、以下,除有特别标明外均含本级、本数。

第四十八条　本条例总则适用于有党纪处分规定的其他党内法规,但是中共中央发布或者批准发布的其他党内法规有特别规定的除外。

第二编　分　　则

第六章　对违反政治纪律行为的处分

第四十九条　在重大原则问题上不同党中央保持一致且有实际言论、行为或者造成不良后果的,给予警告或者严重警告处分;情节较重的,给予撤销党内职务或者留党察看处分；情节严重的，给予开除党籍处分。

第五十条　通过网络、广播、电视、报刊、传单、书籍等，或者利用讲座、论坛、报告会、座谈会等方式，公开发表坚持资产阶级自由化立场、反对四项基本原则，反对党的改革开放决策的文章、演说、宣言、声明等的，给予开除党籍处分。

发布、播出、刊登、出版前款所列文章、演说、宣言、声明等或者为上述行为提供方便条件的，对直接责任者和领导责任者，给予严重警告或者撤销党内职务处分；情节严重的，给予留党察看或者开除党籍处分。

第五十一条　通过网络、广播、电视、报刊、传单、书籍等，或者利用讲座、论坛、报告会、座谈会等方式，有下列行为之一，情节较轻的，给予警告或者严重警告处分；情节较重的，给予撤销党内职务或者留党察看处分；情节严重的，给予开除党籍处分：

（一）公开发表违背四项基本原则，违背、歪曲党的改革开放决策，或者其他有严重政治问题的文章、演说、宣言、声明等；

（二）妄议党中央大政方针，破坏党的集中统一；

（三）丑化党和国家形象，或者诋毁、诬蔑党和国家领导人、英雄模范，或者歪曲党的历史、中华人民共和国历史、人民军队历史。

发布、播出、刊登、出版前款所列内容或者为上述行为提供方便条件的，对直接责任者和领导责任者，给予严重警告或者撤销党内职务处分；情节严重的，给予留党察看或者开除党籍处分。

第五十二条　制作、贩卖、传播第五十条、第五十一条所列内容之一的报刊、书籍、音像制品、电子读物，以及网络文本、图片、音频、视频资料等，情节较轻的，给予警告或者严重警告处分；情节较重的，给予撤销党内职务或者留党察看处分；情节严重的，给予开除党籍处分。

私自携带、寄递第五十条、第五十一条所列内容之一的报刊、书籍、音像制品、电子读物等入出境，情节较重的，给予警告或者严重警告处分；情节严重的，给予撤销党内职务、留党察看或者开除党籍处分。

私自阅看、浏览、收听第五十条、第五十一条所列内容之一的报刊、书籍、音像制品、电子读物，以及网络文本、图片、音频、视频资料等，情节严重的，给予警告、严重警告或者撤销党内职务处分。

第五十三条　在党内组织秘密集团或者组织其他分裂党的活动的，给予开除党籍处分。

参加秘密集团或者参加其他分裂党的活动的，给予留党察看或者开除党籍处分。

第五十四条　在党内搞团团伙伙、结党营私、拉帮结派、政治攀附、培植个人势力等非组织活动，或者通过搞利益交换、为自己营造声势等活动捞取政治资本的，给予严重警告或者撤销党内职务处分；导致本地区、本部门、本单位政治生态恶化的，给予留党察看或者开除党籍处分。

第五十五条　搞投机钻营，结交政治骗子或者被政治骗子利用的，给予严重警告或者撤销党内职务处分；情节严重的，给予留党察看或者开除党籍处分。

充当政治骗子的，给予撤销党内职务、留党察看或者开除党籍处分。

第五十六条　党员领导干部在本人主政的地方或者分管的部门自行其是，搞山头主义，拒不执行党中央确定的大政方针，甚至背着党中央另搞一套的，给予撤销党内职务、留党察看或者开除党籍处分。

贯彻党中央决策部署只表态不落实，或者落实党中央决策部署不坚决，打折扣、搞变通，在政治上造成不良影响或者严重后果的，给予警告或者严重警告处分；情节严重的，给予撤销党内职务、留党察看或者开除党籍处分。

不顾党和国家大局，搞部门或者地方保护主义的，依照前款规定处理。

第五十七条　党员领导干部政绩观错位，违背新发展理念、背离高质量发展要求，给党、国家和人民利益造成较大损失的，给予警告或者严重警告处分；情节较重的，给予撤销党内职务或者留党察看处分；情节严重的，给予开除党籍处分。

搞劳民伤财的“形象工程”、“政绩工程”的，从重或者加重处分。

第五十八条　对党不忠诚不老实，表里不一，阳奉阴违，欺上瞒下，搞两面派，做两面人，在政治上造成不良影响的，给予警告或者严重警告处分；情节较重的，给予撤销党内职务或者留党察看处分；情节严重的，给予开除党籍处分。

第五十九条　制造、散布、传播政治谣言，破坏党的团结统一的，给予警告或者严重警告处分；情节较重的，给予撤销党内职务或者留党察看处分；情节严重的，给予开除党籍处分。

政治品行恶劣，匿名诬告，有意陷害或者制造其他谣言，造成损害或者不良影响的，依照前款规定处理。

第六十条　擅自对应当由党中央决定的重大政策问题作出决定、对外发表主张的，对直接责任者和领导责任者，给予严重警告或者撤销党内职务处分；情节严重的，给予留党察看或者开除党籍处分。

第六十一条　不按照有关规定向组织请示、报告重大事项，对直接责任者和领导责任者，情节较重的，给予警告或者严重警告处分；情节严重的，给予撤销党内职务或者留党察看处分。

第六十二条　干扰巡视巡察工作或者不落实巡视巡察整改要求，对直接责任者和领导责任者，情节较轻的，给予警告或者严重警告处分；情节较重的，给予撤销党内职务或者留党察看处分；情节严重的，给予开除党籍处分。

第六十三条　对抗组织审查，有下列行为之一的，给予警告或者严重警告处分；情节较重的，给予撤销党内职务或者留党察看处分；情节严重的，给予开除党籍处分：

（一）串供或者伪造、销毁、转移、隐匿证据；

（二）阻止他人揭发检举、提供证据材料；

（三）包庇同案人员；

（四）向组织提供虚假情况，掩盖事实；

（五）其他对抗组织审查行为。

第六十四条　组织、参加反对党的基本理论、基本路线、基本方略或者重大方针政策的集会、游行、示威等活动的，或者以组织讲座、论坛、报告会、座谈会等方式，反对党的基本理论、基本路线、基本方略或者重大方针政策，造成严重不良影响的，对策划者、组织者和骨干分子，给予开除党籍处分。

对其他参加人员或者以提供信息、资料、财物、场地等方式支持上述活动者，情节较轻的，给予警告或者严重警告处分；情节较重的，给予撤销党内职务或者留党察看处分；情节严重的，给予开除党籍处分。

对不明真相被裹挟参加，经批评教育后确有悔改表现的，可以免予处分或者不予处分。

未经组织批准参加其他集会、游行、示威等活动，情节较轻的，给予警告或者严重警告处分；情节较重的，给予撤销党内职务或者留党察看处分；情节严重的，给予开除党籍处分。

第六十五条　组织、参加旨在反对党的领导、反对社会主义制度或者敌视政府等组织的，对策划者、组织者和骨干分子，给予开除党籍处分。

对其他参加人员，情节较轻的，给予警告或者严重警告处分；情节较重的，给予撤销党内职务或者留党察看处分；情节严重的，给予开除党籍处分。

第六十六条　组织、参加会道门或者邪教组织的，对策划者、组织者和骨干分子，给予开除党籍处分。

对其他参加人员，情节较轻的，给予警告或者严重警告处分；情节较重的，给予撤销党内职务或者留党察看处分；情节严重的，给予开除党籍处分。

对不明真相的参加人员，经批评教育后确有悔改表现的，可以免予处分或者不予处分。

第六十七条　从事、参与挑拨破坏民族关系制造事端或者参加民族分裂活动的，对策划者、组织者和骨干分子，给予开除党籍处分。

对其他参加人员，情节较轻的，给予警告或者严重警告处分；情节较重的，给予撤销党内职务或者留党察看处分；情节严重的，给予开除党籍处分。

对不明真相被裹挟参加，经批评教育后确有悔改表现的，可以免予处分或者不予处分。

有其他违反党和国家民族政策的行为，情节较轻的，给予警告或者严重警告处分；情节较重的，给予撤销党内职务或者留党察看处分；情节严重的，给予开除党籍处分。

第六十八条　组织、利用宗教活动反对党的理论、路线、方针、政策和决议，破坏民族团结的，对策划者、组织者和骨干分子，给予开除党籍处分。

对其他参加人员，给予撤销党内职务或者留党察看处分；情节严重的，给予开除党籍处分。

对不明真相被裹挟参加，经批评教育后确有悔改表现的，可以免予处分或者不予处分。

有其他违反党和国家宗教政策的行为，情节较轻的，给予警告或者严重警告处分；情节较重的，给予撤销党内职务或者留党察看处分；情节严重的，给予开除党籍处分。

第六十九条　对信仰宗教的党员，应当加强思想教育，要求其限期改正；经党组织帮助教育仍没有转变的，应当劝其退党；劝而不退的，予以除名；参与利用宗教搞煽动活动的，给予开除党籍处分。

第七十条　组织迷信活动的，给予撤销党内职务或者留党察看处分；情节严重的，给予开除党籍处分。

参加迷信活动或者个人搞迷信活动，造成不良影响的，给予警告或者严重警告处分；情节较重的，给予撤销党内职务或者留党察看处分；情节严重的，给予开除党籍处分。

对不明真相的参加人员，经批评教育后确有悔改表现的，可以免予处分或者不予处分。

第七十一条　组织、利用宗族势力对抗党和政府，妨碍党和国家的方针政策以及决策部署的实施，或者破坏党的基层组织建设的，对策划者、组织者和骨干分子，给予开除党籍处分。

对其他参加人员，给予撤销党内职务或者留党察看看处分;情节严重的,给予开除党籍处分。

对不明真相被裹挟参加,经批评教育后确有悔改表现的,可以免予处分或者不予处分。

第七十二条 在国(境)外、外国驻华使(领)馆申请政治避难,或者违纪后逃往国(境)外、外国驻华使(领)馆的,给予开除党籍处分。

在国(境)外公开发表反对党和政府的文章、演说、宣言、声明等的,依照前款规定处理。

故意为上述行为提供方便条件的,给予留党察看或者开除党籍处分。

第七十三条 在涉外活动中,其言行在政治上造成恶劣影响,损害党和国家尊严、利益的,给予撤销党内职务或者留党察看处分;情节严重的,给予开除党籍处分。

第七十四条 不履行全面从严治党主体责任、监督责任或者履行全面从严治党主体责任、监督责任不力,给党组织造成严重损害或者严重不良影响的,对直接责任者和领导责任者,给予警告或者严重警告处分;情节严重的,给予撤销党内职务或者留党察看处分。

第七十五条 党员领导干部对违反政治纪律和政治规矩等错误思想和行为不报告、不抵制、不斗争,放任不管,搞无原则一团和气,造成不良影响的,给予警告或者严重警告处分;情节严重的,给予撤销党内职务或者留党察看处分。

第七十六条 违反党的优良传统和工作惯例等党的规矩,在政治上造成不良影响或者严重后果的,给予警告或者严重警告处分;情节较重的,给予撤销党内职务或者留党察看处分;情节严重的,给予开除党籍处分。

第七章 对违反组织纪律行为的处分

第七十七条 违反民主集中制原则,有下列行为之一的,给予警告或者严重警告处分;情节严重的,给予撤销党内职务或者留党察看处分:

(一)拒不执行或者擅自改变党组织作出的重大决定;

(二)违反议事规则,个人或者少数人决定重大问题;

(三)故意规避集体决策,决定重大事项、重要干部任免、重要项目安排和大额资金使用;

(四)借集体决策名义集体违规。

第七十八条 下级党组织拒不执行或者擅自改变上级党组织决定的,对直接责任者和领导责任者,给予警告或者严重警告处分;情节严重的,给予撤销党内职务或者留党察看处分。

第七十九条 拒不执行党组织的分配、调动、交流等决定的,给予警告、严重警告或者撤销党内职务处分。

在特殊时期或者紧急状况下,拒不执行党组织上述决定的,给予留党察看或者开除党籍处分。

第八十条 在党组织纪律审查中,依法依规负有作证义务的党员拒绝作证或者故意提供虚假情况,情节较重的,给予警告或者严重警告处分;情节严重的,给予撤销党内职务、留党察看或者开除党籍处分。

第八十一条 有下列行为之一,情节较重的,给予警告或者严重警告处分:

(一)违反个人有关事项报告规定,隐瞒不报;

(二)在组织进行谈话函询时,不如实向组织说明问题;

(三)不按要求报告或者不如实报告个人去向;

(四)不如实填报个人档案资料。

有前款第二项规定的行为,同时向组织提供虚假情况、掩盖事实的,依照本条例第六十三条规定处理。

篡改、伪造个人档案资料的,给予严重警告处分;情节严重的,给予撤销党内职务或者留党察看处分。

隐瞒入党前严重错误的,一般应当予以除名;对入党多年且一贯表现好,或者在工作中作出突出贡献的,给予严重警告、撤销党内职务或者留党察看处分。

第八十二条 党员领导干部违反有关规定组织、参加自发成立的老乡会、校友会、战友会等,情节严重的,给予警告、严重警告或者撤销党内职务处分。

第八十三条 有下列行为之一的,给予警告或者严重警告处分;情节较重的,给予撤销党内职务或者留党察看处分;情节严重的,给予开除党籍处分:

(一)在民主推荐、民主测评、组织考察和党内选举中搞拉票、助选等非组织活动;

(二)在法律规定的投票、选举活动中违背组织原则搞非组织活动,组织、怂恿、诱使他人投票、表决;

(三)在选举中进行其他违反党章、其他党内法规和有关章程活动。

搞有组织的拉票贿选,或者用公款拉票贿选的,从重或者加重处分。

第八十四条 在干部选拔任用工作中,有任人唯亲、排斥异己、封官许愿、说情干预、跑官要官、突击提拔或者调整干部等违反干部选拔任用规定行为,对直接责任者和领导责任者,情节较轻的,给予警告或者严重警告处分;情节较重的,给予撤销党内职务或者留党察看处分;情节严重的,给予开除党籍处分。

用人失察失误造成严重后果的,对直接责任者和领导责任者,依照前款规定处理。

第八十五条 在推进领导干部能上能下工作中,搞好人主义，有下列行为之一，对直接责任者和领导责任者，情节较重的，给予警告或者严重警告处分；情节严重的，给予撤销党内职务或者留党察看处分：

（一）以党纪政务等处分规避组织调整；

（二）以组织调整代替党纪政务等处分；

（三）其他避重就轻作出处理行为。

第八十六条　在干部、职工的录用、考核、职务职级晋升、职称评聘、荣誉表彰，授予学术称号和征兵、安置退役军人等工作中，隐瞒、歪曲事实真相，或者利用职权或者职务上的影响违反有关规定为本人或者其他人谋取利益的，给予警告或者严重警告处分；情节较重的，给予撤销党内职务或者留党察看处分；情节严重的，给予开除党籍处分。

弄虚作假，骗取职务、职级、职称、待遇、资格、学历、学位、荣誉、称号或者其他利益的，依照前款规定处理。

第八十七条　侵犯党员的表决权、选举权和被选举权，情节较重的，给予警告或者严重警告处分；情节严重的，给予撤销党内职务处分。

以强迫、威胁、欺骗、拉拢等手段，妨害党员自主行使表决权、选举权和被选举权的，给予撤销党内职务、留党察看或者开除党籍处分。

第八十八条　有下列行为之一的，对直接责任者和领导责任者，给予警告或者严重警告处分；情节较重的，给予撤销党内职务或者留党察看处分；情节严重的，给予开除党籍处分：

（一）对批评、检举、控告进行阻挠、压制，或者将批评、检举、控告材料私自扣压、销毁，或者故意将其泄露给他人；

（二）对党员的申辩、辩护、作证等进行压制，造成不良后果；

（三）压制党员申诉，造成不良后果，或者不按照有关规定处理党员申诉；

（四）其他侵犯党员权利行为，造成不良后果。

对批评人、检举人、控告人、证人及其他人员打击报复的，从重或者加重处分。

第八十九条　违反党章和其他党内法规的规定，采取弄虚作假或者其他手段把不符合党员条件的人发展为党员，或者为非党员出具党员身份证明的，对直接责任者和领导责任者，给予警告或者严重警告处分；情节严重的，给予撤销党内职务处分。

违反有关规定程序发展党员的，对直接责任者和领导责任者，依照前款规定处理。

第九十条　违反有关规定取得外国国籍或者获取国（境）外永久居留资格、长期居留许可的，给予撤销党内职务、留党察看或者开除党籍处分。

第九十一条　违反有关规定办理因私出国（境）证件、前往港澳通行证，或者未经批准出入国（边）境，情节较轻的，给予警告或者严重警告处分；情节较重的，给予撤销党内职务或者留党察看处分；情节严重的，给予开除党籍处分。

虽经批准因私出国（境）但存在擅自变更路线、无正当理由超期未归等超出批准范围出国（境）行为，情节较重的，给予警告或者严重警告处分；情节严重的，给予撤销党内职务处分。

第九十二条　驻外机构或者临时出国（境）团（组）中的党员擅自脱离组织，或者从事外事、机要、军事等工作的党员违反有关规定同国（境）外机构、人员联系和交往的，给予警告、严重警告或者撤销党内职务处分。

第九十三条　驻外机构或者临时出国（境）团（组）中的党员，脱离组织出走时间不满六个月又自动回归的，给予撤销党内职务或者留党察看处分；脱离组织出走时间超过六个月的，按照自行脱党处理，党内予以除名。

故意为他人脱离组织出走提供方便条件的，给予警告、严重警告或者撤销党内职务处分。

第八章　对违反廉洁纪律行为的处分

第九十四条　党员干部必须正确行使人民赋予的权力，清正廉洁，反对特权思想和特权现象，反对任何滥用职权、谋求私利的行为。

利用职权或者职务上的影响为他人谋取利益，本人的配偶、子女及其配偶等亲属和其他特定关系人收受对方财物，情节较重的，给予警告或者严重警告处分；情节严重的，给予撤销党内职务、留党察看或者开除党籍处分。

第九十五条　相互利用职权或者职务上的影响为对方及其配偶、子女及其配偶等亲属、身边工作人员和其他特定关系人谋取利益搞权权交易的，给予警告或者严重警告处分；情节较重的，给予撤销党内职务或者留党察看处分；情节严重的，给予开除党籍处分。

第九十六条　纵容、默许配偶、子女及其配偶等亲属、身边工作人员和其他特定关系人利用党员干部本人职权或者职务上的影响谋取私利，情节较轻的，给予警告或者严重警告处分；情节较重的，给予撤销党内职务或者留党察看处分；情节严重的，给予开除党籍处分。

党员干部的配偶、子女及其配偶等亲属和其他特定关系人不实际工作而获取薪酬或者虽实际工作但领取明显超出同职级标准薪酬，党员干部知情未予纠正的，依照前款规定处理。

第九十七条 收受可能影响公正执行公务的礼品、礼金、消费卡（券）和有价证券、股权、其他金融产品等财物，情节较轻的，给予警告或者严重警告处分；情节较重的，给予撤销党内职务或者留党察看处分；情节严重的，给予开除党籍处分。

收受其他明显超出正常礼尚往来的财物的，依照前款规定处理。

第九十八条 向从事公务的人员及其配偶、子女及其配偶等亲属和其他特定关系人赠送明显超出正常礼尚往来的礼品、礼金、消费卡（券）和有价证券、股权、其他金融产品等财物，情节较重的，给予警告或者严重警告处分；情节严重的，给予撤销党内职务或者留党察看处分。

以讲课费、课题费、咨询费等名义变相送礼的，依照前款规定处理。

第九十九条 借用管理和服务对象的钱款、住房、车辆等，可能影响公正执行公务，情节较重的，给予警告或者严重警告处分；情节严重的，给予撤销党内职务、留党察看或者开除党籍处分。

通过民间借贷等金融活动获取大额回报，可能影响公正执行公务的，依照前款规定处理。

第一百条 利用职权或者职务上的影响操办婚丧喜庆事宜，造成不良影响的，给予警告或者严重警告处分；情节严重的，给予撤销党内职务处分；借机敛财或者有其他侵犯国家、集体和人民利益行为的，从重或者加重处分，直至开除党籍。

第一百零一条 接受、提供可能影响公正执行公务的宴请或者旅游、健身、娱乐等活动安排，情节较重的，给予警告或者严重警告处分；情节严重的，给予撤销党内职务或者留党察看处分。

第一百零二条 违反有关规定取得、持有、实际使用运动健身卡、会所和俱乐部会员卡、高尔夫球卡等各种消费卡（券），或者违反有关规定出入私人会所，情节较重的，给予警告或者严重警告处分；情节严重的，给予撤销党内职务或者留党察看处分。

第一百零三条 违反有关规定从事营利活动，有下列行为之一，情节较轻的，给予警告或者严重警告处分；情节较重的，给予撤销党内职务或者留党察看处分；情节严重的，给予开除党籍处分：

（一）经商办企业；

（二）拥有非上市公司（企业）的股份或者证券；

（三）买卖股票或者进行其他证券投资；

（四）从事有偿中介活动；

（五）在国（境）外注册公司或者投资入股；

（六）其他违反有关规定从事营利活动的行为。

利用参与企业重组改制、定向增发、兼并投资、土地使用权出让等工作中掌握的信息买卖股票，利用职权或者职务上的影响通过购买信托产品、基金等方式非正常获利的，依照前款规定处理。

违反有关规定在经济组织、社会组织等单位中兼职，或者经批准兼职但获取薪酬、奖金、津贴等额外利益的，依照第一款规定处理。

第一百零四条 利用职权或者职务上的影响，为配偶、子女及其配偶等亲属和其他特定关系人在审批监管、资源开发、金融信贷、大宗采购、土地使用权出让、房地产开发、工程招投标以及公共财政收支等方面谋取利益，情节较轻的，给予警告或者严重警告处分；情节较重的，给予撤销党内职务或者留党察看处分；情节严重的，给予开除党籍处分。

利用职权或者职务上的影响，为配偶、子女及其配偶等亲属和其他特定关系人吸收存款、推销金融产品、经营名贵特产类特殊资源等提供帮助谋取利益的，依照前款规定处理。

第一百零五条 离职或者退（离）休后违反有关规定接受原任职务管辖的地区和业务范围内或者与原工作业务直接相关的企业和中介机构等单位的聘用，或者个人从事与原任职务管辖业务或者与原工作业务直接相关的营利活动，情节较轻的，给予警告或者严重警告处分；情节较重的，给予撤销党内职务处分；情节严重的，给予留党察看处分。

党员领导干部离职或者退（离）休后违反有关规定担任上市公司、基金管理公司独立董事、独立监事等职务，情节较轻的，给予警告或者严重警告处分；情节较重的，给予撤销党内职务处分；情节严重的，给予留党察看处分。

第一百零六条 离职或者退（离）休后利用原职权或者职务上的影响，为配偶、子女及其配偶等亲属和其他特定关系人从事经营活动谋取利益，情节较轻的，给予警告或者严重警告处分；情节较重的，给予撤销党内职务或者留党察看处分；情节严重的，给予开除党籍处分。

离职或者退（离）休后利用原职权或者职务上的影响为他人谋取利益，本人的配偶、子女及其配偶等亲属和其他特定关系人收受对方财物，情节较重的，给予警告或者严重警告处分；情节严重的，给予撤销党内职务、留党察看或者开除党籍处分。

第一百零七条 党员领导干部的配偶、子女及其配偶，违反有关规定在该党员领导干部管辖的地区和业务范围内从事可能影响其公正执行公务的经营活动，或者有其他违反经商办企业禁业规定行为的，该党员领导干部应当按照规定予以纠正；拒不纠正的，其本人应当辞去现任职务或者由组织予以调整职务；不辞去现任职务或者不服从组织调整职务的，给予撤销党内职务处分。

第一百零八条 党和国家机关违反有关规定经商办企业的，对直接责任者和领导责任者，给予警告或者严重警告处分；情节严重的，给予撤销党内职务处分。

第一百零九条 党员领导干部违反工作、生活保障制度，在交通、医疗、警卫等方面为本人、配偶、子女及其配偶等亲属、身边工作人员和其他特定关系人谋求特殊待遇，情节较重的，给予警告或者严重警告处分；情节严重的，给予撤销党内职务或者留党察看处分。

第一百一十条 在分配、购买住房中侵犯国家、集体利益，情节较轻的，给予警告或者严重警告处分；情节较重的，给予撤销党内职务或者留党察看处分；情节严重的，给予开除党籍处分。

第一百一十一条 利用职权或者职务上的影响，侵占非本人经管的公私财物，或者以象征性地支付钱款等方式侵占公私财物，或者无偿、象征性地支付报酬接受服务、使用劳务，情节较轻的，给予警告或者严重警告处分；情节较重的，给予撤销党内职务或者留党察看处分；情节严重的，给予开除党籍处分。

利用职权或者职务上的影响，将应当由本人、配偶、子女及其配偶等亲属、身边工作人员和其他特定关系人个人支付的费用，由下属单位、其他单位或者他人支付、报销的，依照前款规定处理。

第一百一十二条 利用职权或者职务上的影响，违反有关规定占用公物归个人使用，时间超过六个月，情节较重的，给予警告或者严重警告处分；情节严重的，给予撤销党内职务处分。

占用公物进行营利活动的，给予警告或者严重警告处分；情节较重的，给予撤销党内职务或者留党察看处分；情节严重的，给予开除党籍处分。

将公物借给他人进行营利活动的，依照前款规定处理。

第一百一十三条 违反有关规定组织、参加用公款支付的宴请、娱乐、健身活动，或者用公款购买赠送或者发放礼品、消费卡（券）等，对直接责任者和领导责任者，情节较轻的，给予警告或者严重警告处分；情节较重的，给予撤销党内职务或者留党察看处分；情节严重的，给予开除党籍处分。

第一百一十四条 违反有关规定自定薪酬或者滥发津贴、补贴、奖金、福利等，对直接责任者和领导责任者，情节较轻的，给予警告或者严重警告处分；情节较重的，给予撤销党内职务或者留党察看处分；情节严重的，给予开除党籍处分。

第一百一十五条 有下列行为之一，对直接责任者和领导责任者，情节较轻的，给予警告或者严重警告处分；情节较重的，给予撤销党内职务或者留党察看处分；情节严重的，给予开除党籍处分：

（一）公款旅游或者以学习培训、考察调研、职工疗养等为名变相公款旅游；

（二）改变公务行程，借机旅游；

（三）参加所管理企业、下属单位组织的考察活动，借机旅游。

以考察、学习、培训、研讨、招商、参展等名义变相用公款出国（境）旅游的，对直接责任者和领导责任者，依照前款规定处理。

第一百一十六条 违反接待管理规定，超标准、超范围接待或者借机大吃大喝，对直接责任者和领导责任者，情节较重的，给予警告或者严重警告处分；情节严重的，给予撤销党内职务处分。

第一百一十七条 违反有关规定配备、购买、更换、装饰、使用公务交通工具或者有其他违反公务交通工具管理规定的行为，对直接责任者和领导责任者，情节较重的，给予警告或者严重警告处分；情节严重的，给予撤销党内职务或者留党察看处分。

第一百一十八条 违反会议活动管理规定，有下列行为之一，对直接责任者和领导责任者，情节较重的，给予警告或者严重警告处分；情节严重的，给予撤销党内职务处分：

（一）到禁止召开会议的风景名胜区开会；

（二）决定或者批准举办各类节会、庆典活动；

（三）其他违反会议活动管理规定行为。

擅自举办评比达标表彰、创建示范活动或者借评比达标表彰、创建示范活动收取费用的，对直接责任者和领导责任者，依照前款规定处理。

第一百一十九条 违反办公用房管理等规定，有下列行为之一，对直接责任者和领导责任者，情节较重的，给予警告或者严重警告处分；情节严重的，给予撤销党内职务处分：

（一）决定或者批准兴建、装修办公楼、培训中心等楼堂馆所；

（二）超标准配备、使用办公用房；

（三）未经批准租用、借用办公用房；

（四）用公款包租、占用客房或者其他场所供个人使用；

（五）其他违反办公用房管理等规定行为。

第一百二十条 搞权色交易或者给予财物搞钱色交易的，给予警告或者严重警告处分；情节较重的，给予撤销党内职务或者留党察看处分；情节严重的，给予开除党籍处分。

第一百二十一条 有其他违反廉洁纪律规定行为的，应当视具体情节给予警告直至开除党籍处分。

第九章 对违反群众纪律行为的处分

第一百二十二条 有下列行为之一，对直接责任者和领导责任者，情节较轻的，给予警告或者严重警告处分；情节较重的，给予撤销党内职务或者留党察看处分；情节严重的，给予开除党籍处分：

（一）超标准、超范围向群众筹资筹劳、摊派费用，加重群众负担；

（二）违反有关规定扣留、收缴群众款物或者处罚群众；

（三）克扣群众财物，或者违反有关规定拖欠群众钱款；

（四）在管理、服务活动中违反有关规定收取费用；

（五）在办理涉及群众事务时刁难群众、吃拿卡要；

（六）其他侵害群众利益行为。

在乡村振兴领域有上述行为的，从重或者加重处分。

第一百二十三条 干涉生产经营自主权，致使群众财产遭受较大损失的，对直接责任者和领导责任者，给予警告或者严重警告处分；情节严重的，给予撤销党内职务或者留党察看处分。

第一百二十四条 在社会保障、社会救助、政策扶持、救灾救济款物分配等事项中优亲厚友、明显有失公平的，给予警告或者严重警告处分；情节较重的，给予撤销党内职务或者留党察看处分；情节严重的，给予开除党籍处分。

第一百二十五条 利用宗族或者黑恶势力等欺压群众，或者纵容涉黑涉恶活动、为黑恶势力充当“保护伞”的，给予撤销党内职务或者留党察看处分；情节严重的，给予开除党籍处分。

第一百二十六条 有下列行为之一，对直接责任者和领导责任者，情节较重的，给予警告或者严重警告处分；情节严重的，给予撤销党内职务或者留党察看处分：

（一）对涉及群众生产、生活等切身利益的问题依照政策或者有关规定能解决而不及时解决，庸懒无为、效率低下，造成不良影响；

（二）对符合政策的群众诉求消极应付、推诿扯皮，损害党群、干群关系；

（三）对待群众态度恶劣、简单粗暴，造成不良影响；

（四）弄虚作假，欺上瞒下，损害群众利益；

（五）其他不作为、乱作为、慢作为、假作为等损害群众利益行为。

第一百二十七条 遇到国家财产和群众生命财产受到严重威胁时，能救而不救，情节较重的，给予警告、严重警告或者撤销党内职务处分；情节严重的，给予留党察看或者开除党籍处分。

第一百二十八条 不按照规定公开党务、政务、厂务、村（居）务等，侵犯群众知情权，对直接责任者和领导责任者，情节较重的，给予警告或者严重警告处分；情节严重的，给予撤销党内职务或者留党察看处分。

第一百二十九条 有其他违反群众纪律规定行为的，应当视具体情节给予警告直至开除党籍处分。

第十章 对违反工作纪律行为的处分

第一百三十条 工作中不负责任或者疏于管理，贯彻执行、检查督促落实上级决策部署不力，给党、国家和人民利益以及公共财产造成较大损失的，对直接责任者和领导责任者，给予警告或者严重警告处分；造成重大损失的，给予撤销党内职务、留党察看或者开除党籍处分。

党员领导干部对于到任前已经存在且属于其职责范围内的问题，消极回避、推卸责任，造成严重损害或者严重不良影响的，依照前款规定处理。

第一百三十一条 工作中不敢斗争、不愿担当，面对重大矛盾冲突、危机困难临阵退缩，造成不良影响或者严重后果的，给予警告或者严重警告处分；情节严重的，给予撤销党内职务、留党察看或者开除党籍处分。

第一百三十二条 有下列行为之一，造成严重损害或者严重不良影响的，对直接责任者和领导责任者，给予警告或者严重警告处分；情节较重的，给予撤销党内职务或者留党察看处分；情节严重的，给予开除党籍处分：

（一）热衷于搞舆论造势、浮在表面；

（二）单纯以会议贯彻会议、以文件落实文件，在实际工作中不见诸行动；

（三）脱离实际，不作深入调查研究，搞随意决策、机械执行；

（四）违反精文减会有关规定搞文山会海；

（五）在督查检查考核等工作中搞层层加码、过度留痕，增加基层工作负担；

（六）工作中其他形式主义、官僚主义行为。

第一百三十三条　在公务活动用餐、单位食堂用餐管理工作中不履行或者不正确履行宣传教育、监督管理职责，导致餐饮浪费，造成严重不良影响的，对直接责任者和领导责任者，给予警告或者严重警告处分；情节严重的，给予撤销党内职务处分。

第一百三十四条　在机构编制工作中，有下列行为之一，造成不良影响或者严重后果的，对直接责任者和领导责任者，给予警告或者严重警告处分；情节较重的，给予撤销党内职务或者留党察看处分；情节严重的，给予开除党籍处分：

（一）擅自超出"三定"规定范围调整职责、设置机构、核定领导职数和配备人员；

（二）违规干预地方机构设置；

（三）其他违反机构编制管理规定行为。

第一百三十五条　在信访工作中，有下列行为之一，造成不良影响或者严重后果的，对直接责任者和领导责任者，给予警告或者严重警告处分；情节较重的，给予撤销党内职务或者留党察看处分；情节严重的，给予开除党籍处分：

（一）不按照规定受理、办理信访事项；

（二）对规模性集体访等处置不力，导致事态扩大；

（三）对党委和政府信访部门提出的改进工作、完善政策等建议重视不够、落实不力，导致问题长期得不到解决；

（四）其他不履行或者不正确履行信访工作职责行为。

不履行或者不正确履行职责，导致信访事项发生，造成不良影响或者严重后果的，对直接责任者和领导责任者，依照前款规定处理。

第一百三十六条　党组织有下列行为之一，对直接责任者和领导责任者，情节较重的，给予警告或者严重警告处分；情节严重的，给予撤销党内职务或者留党察看处分：

（一）党员被立案审查期间，擅自批准其出差、出国（境）、辞职，或者对其交流、提拔职务、晋升职级、进一步使用、奖励，或者办理退休手续；

（二）党员被依法追究刑事责任后，不按照规定给予党纪处分，或者对党员违反国家法律法规的行为，应当给予党纪处分而不处分；

（三）党纪处分决定或者申诉复查决定作出后，不按照规定落实决定中关于被处分人党籍、职务、职级、待遇等事项；

（四）党员受到党纪处分后，不按照干部管理权限和组织关系对受处分党员开展日常教育、管理和监督工作。

第一百三十七条　滥用问责，或者在问责工作中严重不负责任，造成不良影响的，对直接责任者和领导责任者，给予警告或者严重警告处分；情节严重的，给予撤销党内职务处分。

第一百三十八条　因工作不负责任致使所管理的人员叛逃的，对直接责任者和领导责任者，给予警告或者严重警告处分；情节严重的，给予撤销党内职务处分。

因工作不负责任致使所管理的人员出逃、出走，对直接责任者和领导责任者，情节较重的，给予警告或者严重警告处分；情节严重的，给予撤销党内职务处分。

第一百三十九条　进行统计造假，对直接责任者和领导责任者，情节较轻的，给予警告或者严重警告处分；情节较重的，给予撤销党内职务或者留党察看处分；情节严重的，给予开除党籍处分。

对统计造假失察，造成严重后果的，对直接责任者和领导责任者，给予警告或者严重警告处分；情节严重的，给予撤销党内职务、留党察看或者开除党籍处分。

第一百四十条　在上级检查、视察工作或者向上级汇报、报告工作时对应当报告的事项不报告或者不如实报告，造成严重损害或者严重不良影响的，对直接责任者和领导责任者，给予警告或者严重警告处分；情节严重的，给予撤销党内职务或者留党察看处分。

在上级检查、视察工作或者向上级汇报、报告工作时纵容、唆使、暗示、强迫下级说假话、报假情的，从重或者加重处分。

第一百四十一条　违反有关规定干预和插手市场经济活动，有下列行为之一，情节较轻的，给予警告或者严重警告处分；情节较重的，给予撤销党内职务或者留党察看处分；情节严重的，给予开除党籍处分：

（一）干预和插手建设工程项目承发包、土地使用权出让、政府采购、房地产开发与经营、矿产资源开发利用、中介机构服务等活动；

（二）干预和插手国有企业重组改制、兼并、破产、产权交易、清产核资、资产评估、资产转让、重大项目投资以及其他重大经营活动等事项；

（三）干预和插手批办各类行政许可和资金借贷等事项；

（四）干预和插手经济纠纷；

（五）干预和插手集体资金、资产和资源的使用、分配、承包、租赁等事项。

第一百四十二条　违反有关规定干预和插手司法活动、

执纪执法活动，向有关地方或者部门打听案情、打招呼、说情，或者以其他方式对司法活动、执纪执法活动施加影响，情节较轻的，给予严重警告处分；情节较重的，给予撤销党内职务或者留党察看处分；情节严重的，给予开除党籍处分。

违反有关规定干预和插手公共财政资金分配、项目立项评审、功勋荣誉表彰奖励等活动，造成重大损失或者不良影响的，依照前款规定处理。

第一百四十三条 按照有关规定对干预和插手行为负有报告和登记义务的受请托人，不按照规定报告或者登记，情节较重的，给予警告或者严重警告处分；情节严重的，给予撤销党内职务处分。

第一百四十四条 泄露、扩散或者打探、窃取党组织关于干部选拔任用、纪律审查、巡视巡察等尚未公开事项或者其他应当保密的内容的，给予警告或者严重警告处分；情节较重的，给予撤销党内职务或者留党察看处分；情节严重的，给予开除党籍处分。

私自留存涉及党组织关于干部选拔任用、纪律审查、巡视巡察等方面资料，情节较重的，给予警告或者严重警告处分；情节严重的，给予撤销党内职务处分。

第一百四十五条 在考试、录取工作中，有泄露试题、考场舞弊、涂改考卷、违规录取等违反有关规定行为的，给予警告或者严重警告处分；情节较重的，给予撤销党内职务或者留党察看处分；情节严重的，给予开除党籍处分。

第一百四十六条 以不正当方式谋求本人或者其他人用公款出国（境），情节较轻的，给予警告处分；情节较重的，给予严重警告处分；情节严重的，给予撤销党内职务处分。

第一百四十七条 临时出国（境）团（组）或者人员中的党员，擅自延长在国（境）外期限，或者擅自变更路线的，对直接责任者和领导责任者，给予警告或者严重警告处分；情节严重的，给予撤销党内职务处分。

第一百四十八条 驻外机构或者临时出国（境）团（组）中的党员，触犯驻在国家、地区的法律、法令或者不尊重驻在国家、地区的宗教习俗，情节较重的，给予警告或者严重警告处分；情节严重的，给予撤销党内职务、留党察看或者开除党籍处分。

第一百四十九条 在党的纪律检查、组织、宣传、统一战线工作以及机关工作等其他工作中，不履行或者不正确履行职责，造成损失或者不良影响的，应当视具体情节给予警告直至开除党籍处分。

第十一章 对违反生活纪律行为的处分

第一百五十条 生活奢靡、铺张浪费、贪图享乐、追求低级趣味，造成不良影响的，给予警告或者严重警告处分；情节严重的，给予撤销党内职务处分。

第一百五十一条 与他人发生不正当性关系，造成不良影响的，给予警告或者严重警告处分；情节较重的，给予撤销党内职务或者留党察看处分；情节严重的，给予开除党籍处分。

利用职权、教养关系、从属关系或者其他相类似关系与他人发生性关系的，从重处分。

第一百五十二条 党员领导干部不重视家风建设，对配偶、子女及其配偶失管失教，造成不良影响或者严重后果的，给予警告或者严重警告处分；情节严重的，给予撤销党内职务处分。

第一百五十三条 违背社会公序良俗，在公共场所、网络空间有不当言行，造成不良影响的，给予警告或者严重警告处分；情节较重的，给予撤销党内职务或者留党察看处分；情节严重的，给予开除党籍处分。

第一百五十四条 有其他严重违反社会公德、家庭美德行为的，应当视具体情节给予警告直至开除党籍处分。

第三编 附 则

第一百五十五条 各省、自治区、直辖市党委可以根据本条例，结合各自工作的实际情况，制定单项实施规定。

第一百五十六条 中央军事委员会可以根据本条例，结合中国人民解放军和中国人民武装警察部队的实际情况，制定补充规定或者单项规定。

第一百五十七条 本条例由中央纪委负责解释。

第一百五十八条 本条例自2024年1月1日起施行。

本条例施行前，已结案的案件如需进行复查复议，适用当时的规定或者政策。尚未结案的案件，如果行为发生时的规定或者政策不认为是违纪，而本条例认为是违纪的，依照当时的规定或者政策处理；如果行为发生时的规定或者政策认为是违纪的，依照当时的规定或者政策处理，但是如果本条例不认为是违纪或者处理较轻的，依照本条例规定处理。

中国共产党处分违纪党员批准权限和程序规定

1. 2022年9月1日中共中央政治局常委会会议审议批准
2. 2022年9月22日中共中央发布

第一章 总 则

第一条 为了规范处分违纪党员批准权限和程序，根据

《中国共产党章程》和有关党内法规，制定本规定。

第二条 坚持以习近平新时代中国特色社会主义思想为指导，坚持和加强党的全面领导，坚持党要管党，在党中央集中统一领导下，深入贯彻全面从严治党战略方针，严格按照处分违纪党员批准权限和程序实施党纪处分。

第三条 对违纪党员实施党纪处分实行分级负责制。处分违纪党员批准权限主要依据党员组织隶属关系和干部人事管理权限确定，其中系党员干部的，除本规定和有关党内法规规定的特殊情形外，优先依据干部人事管理权限确定。

第四条 对违纪党员实施党纪处分应当坚持党纪面前一律平等、实事求是、民主集中制和惩前毖后、治病救人原则，做到事实清楚、证据确凿、定性准确、处理恰当、手续完备、程序合规。

对违纪党员实施党纪处分应当按照规定程序，经党组织（含纪律检查机关，下同）集体讨论决定，不允许任何个人或者少数人擅自决定和批准。上级党组织对违纪党员作出的处理决定，下级党组织必须执行。

第五条 党纪处分决定自有处分批准权的党组织集体讨论决定之日起生效。

第二章 处分批准权限和程序一般规定

第六条 除本规定和有关党内法规另有规定外，给予各级党委管理的党员警告、严重警告处分，可以由同级纪委审查批准；给予其撤销党内职务、留党察看或者开除党籍处分，须经同级纪委审查同意后报请这一级党委审议批准。

第七条 给予担任两个以上职务（不含党代会代表）的违纪党员党纪处分，按照其中属于最高一级党组织管理的职务履行处分审批程序。

违纪党员所担任的职务中属于最高一级党组织管理的职务有两个以上的，区别下列情形履行处分审批程序：

（一）有一个职务系党的中央或者地方委员会（以下简称地方党委）委员、候补委员的，应当按照该职务对应的处分批准权限履行处分审批程序；

（二）除前项所列情形外，有一个职务系党的中央或者地方纪律检查委员会（以下简称地方纪委）委员的，应当按照该职务对应的处分批准权限履行处分审批程序；

（三）除前两项所列情形外，应当按照违纪党员所担任的最高一级党组织管理的多个职务分别对应的处分批准权限就高履行处分审批程序。

地方党委委员、候补委员或者地方纪委委员在接受审查期间，其所在的地方党委不得免去其上述职务，也不得接受其辞去上述职务的请求。

第八条 违纪党员系地方党委委员、候补委员或者地方纪委委员，同时担任上级党组织管理的职务的，由该上级党组织的同级纪委依照本规定履行处分审批程序。其中，受到撤销党内职务、留党察看或者开除党籍处分的，地方党委、纪委无需履行本规定第十八条第三款规定的追认程序。

第九条 对党员所作处分，需要变更或者撤销的，由原批准处分决定的党组织或者有处分批准权的党组织审批。原批准处分决定的党组织已撤销的，可以由继续行使其职权的党组织办理。

第十条 上级纪委提级审查的，经审理形成处置意见后，可以交由下级纪委履行处分审批程序；也可以经上级纪委常委会审议同意后，直接作出党纪处分决定，其中上级纪委拟给予提级审查的下级地方党委委员、候补委员撤销党内职务、留党察看或者开除党籍处分的，应当报请同级党委常委会审议批准。

上级纪委指定下级纪委审查的，被指定的下级纪委常委会审议后，按照程序将案件材料和处理意见转有监督执纪权限的纪委经审理后履行处分审批程序。

第十一条 对违纪党员免予党纪处分的，按照给予其警告处分的批准权限履行处分审批程序。

第十二条 对于应当受到撤销党内职务处分，但是本人没有担任党内职务的违纪党员，应当给予其严重警告处分，并按照给予其撤销党内职务处分的批准权限履行处分审批程序。

第十三条 对于各级纪委立案审查的党员，需要给予党纪处分的，除特殊情况外，一般由负责审查的纪委经审理后形成关于违纪事实和处分意见的通报材料，经下一级党组织交由被审查人所在党支部党员大会讨论形成决议，并由该下一级党组织报负责审查的纪委履行处分审批程序。被审查人所在党支部系负责审查的纪委下一级党组织的，由负责审查的纪委将关于违纪事实和处分意见的通报材料交由该党支部党员大会讨论形成决议后履行处分审批程序。

对各级纪委监委派出的纪检监察工作委员会（含纪律检查工作委员会，下同）以及未设立纪委的党的基层委员会审查的党员给予党纪处分的，参照前款规定履行处分审批程序。

被审查人所在党支部党员大会讨论给予其党纪处分时，实际到会有表决权的党员人数必须超过全部应到会有表决权的党员的半数，且表决时必须经过全部应到会有表决权的党员过半数赞成，方可形成决议；被审查人有权参加和进行申辩。被审查人应当在党支部党员大会决议上签写意见；拒不签写意见或者因其他原因不能签写意见的，支部委员会（含未设支部委员会的支部书记）应当在决议上注明。

处分决定所依据的事实材料必须同被审查人本人见面，听取其陈述和申辩，并如实记录、及时核实，合理的予以采纳；不予采纳的，应当说明理由。该事实材料应当由被审查人签写意见，对签写不同意见或者拒不签写意见的，应当作出说明或者注明情况。

第十四条 有下列特殊情况之一，县级以上各级党委和纪委可以直接决定给予违纪党员党纪处分：

（一）案情涉密、敏感的；

（二）违纪案件跨地区跨部门跨单位的；

（三）违纪党员系县级以上各级党委管理的党员干部的；

（四）违纪党员所在的基层党组织无法正常履行职责、不正确履行职责或者其负责人同违纪问题有关联的；

（五）违纪党员所在党支部党员大会经讨论无法及时形成决议，或者因可到会有表决权的党员人数未超过全部应到会有表决权的党员半数，不能及时召开党支部党员大会讨论表决的；

（六）县级以上纪委提级审查下级党委（党组）管理的党员的；

（七）党章和有关党内法规规定的其他情况。

除本规定第二十九条、第三十一条、第三十八条第三款另有规定外，给予违纪党员开除党籍处分，须经县级以上纪委审查批准，或者经县级以上纪委审查同意后报请有处分批准权的党组织依照本规定履行处分审批程序。

第十五条 各级纪委拟在给予同级党委管理的党员干部党纪处分的同时，建议给予其组织处理的，应当依照本规定履行处分审批程序，并将组织处理建议通报同级党委组织部门依照规定办理；必要时也可以在书面征求同级党委组织部门意见后，一并报请同级党委审议批准。

第十六条 县级以上纪委依照本规定第十四条第一款规定直接决定给予其审查的党员党纪处分，须报请同级党委或者上级党组织审批的，应当在报批前以纪委办公厅（室）名义书面征求同级党委组织部门和被审查人所在党委（党组）意见。

被审查人所在党组织系接受归口领导、管理，或者接受归口指导、协调或者监督的单位党组织的，前款规定中的被审查人所在党委（党组）是指归口领导、管理单位，或者负有指导、协调或者监督职责的单位党组织。

党组（党委）、党的工作机关、中央和地方党委直属事业单位、由党的工作机关管理的机关以及所在机关党的基层委员会（以下简称机关党委）、机关党的基层纪律检查委员会（以下简称机关纪委）在作出党纪处分决定前，应当征求派驻纪检监察组意见。

第十七条 给予违纪党员党纪处分，依照本规定应当由党委审批的，须经本级纪委常委会（未设常委会的应当召开纪委全体会议，下同）审议通过后于15日内报请这一级党委审议；依照本规定应当由上级党组织审批的，还须经同级党委审议同意后，按照程序于15日内呈报上一级纪委审查批准；党委应当及时审议处分事项，对处分意见分歧较大且确有必要的，也可以先通过召开书记专题会议等形式进行酝酿。

党员严重违纪涉嫌犯罪的，原则上先作出党纪处分决定，再移送司法机关依法处理。案情疑难、复杂，对事实证据、行为性质的认定把握困难或者有重大争议，可能影响党纪处理结果的，或者因留置期限即将届满等原因急需移送司法机关依法处理的，负责审查的纪委监委经本级纪委常委会审议同意后，可以先行移送司法机关，并及时报上一级纪委监委备案；其中给予其党纪处分须报请同级党委或者上级党组织审批的，应当在移送司法机关之日起15日内报请同级党委审议，至迟不晚于司法机关决定提起公诉或者作出不起诉决定前。

给予地方党委委员、候补委员和地方纪委委员、监委委员党纪处分，依照本规定须呈报上级党组织审批的，在报请同级党委审议前，有监督执纪权限的纪委常委会审议通过后，应当于3日内形成书面情况报告与上级纪委沟通；上级纪委应当基于该书面情况报告载明的违纪事实和处分意见进行审核，并及时反馈处理意见。上级纪委受理该案件后，应当认真审核，不受此前已反馈处理意见的限制。

第十八条 经中央委员会全体会议应到会委员三分之二以上的多数赞成，可以对中央政治局在中央委员会全体会议闭会期间先行作出的给予中央委员会委员、候补委员撤销党内职务、留党察看或者开除党籍处分的处理决定予以追认。

经中央纪委全体会议应到会委员三分之二以上的

多数赞成，可以对中央纪委常委会在中央纪委全体会议闭会期间先行作出的给予中央纪委委员撤销党内职务、留党察看或者开除党籍处分的处理决定予以追认。

地方各级党委、纪委全体会议对本级地方党委、纪委常委会在全体会议闭会期间先行作出的给予本级党委委员、候补委员和纪委委员撤销党内职务、留党察看或者开除党籍处分的处理决定予以追认，分别参照前两款规定的程序执行。

追认须待对前三款所涉人员作出党纪处分决定后，在下一次相应中央委员会、中央纪委全体会议或者地方党委、纪委全体会议上进行。

前三款所涉人员严重触犯刑律的，必须开除党籍。中央政治局、地方党委常委会分别依照本规定第二十四条第二项、第二十七条第一款第二项规定作出的给予严重触犯刑律的中央委员会委员、候补委员和地方党委委员、候补委员开除党籍处分的处理决定，无须履行本条第一款、第三款规定的追认程序。

第十九条　各级纪委依照本规定呈报同级党委或者上级党组织批准后作出党纪处分决定的，处分决定执行完毕后，应当按照程序于每季度首月15日前将上一季度的处分决定执行（含处分宣布）情况汇总呈报同级党委或者上级党组织。

第二十条　党组织批准的下列处分事项，应当在作出党纪处分决定后按照下列要求予以备案：

（一）中央纪委批准本规定第三十四条第一项至第三项所涉处分事项后，由中央纪委报党中央备案；

（二）省、自治区、直辖市党委（以下简称省级党委）批准本规定第二十七条第三款所涉处分事项后，由省、自治区、直辖市纪委（以下简称省级纪委）报中央纪委备案；

（三）地方党委批准本规定第二十七条第一款第一项所涉处分事项后，被处分人系按照规定需要报上一级党委备案的在职正职领导干部的，由地方纪委报上一级纪委备案；

（四）地方纪委批准本规定第三十七条第一款第一项至第七项、第三款所涉处分事项后，由地方纪委报同级党委备案；其中本规定第三十七条第一款第三项所涉处分事项还须同时报上一级纪委备案；

（五）党的基层纪律检查委员会（以下简称基层纪委）、党的街道纪检监察工作委员会等审查批准本规定第三十八条第一款、第二款所涉处分事项后，相应报具有审批预备党员权限的同级党的基层委员会（以下简称基层党委）、党的街道工作委员会等备案；

（六）机关党委、机关纪委分别审议批准本规定第三十条第二款、第三十九条所涉处分事项后，相应报党组（党委）、党的工作机关备案；机关纪委审查批准本规定第三十九条所涉处分事项后，还须报机关党委备案。

前款规定中的备案工作，应当由负责报备的党组织于每季度首月15日前，将上一季度对在职党员干部已作出党纪处分决定的案件汇总报相应党组织。

第二十一条　受到留党察看处分的党员，确有悔改表现的，留党察看期满后，由其所在党支部党员大会讨论形成决议，经基层党委审议后层报原作出党纪处分决定的党组织的下一级党委（党组）审议批准。该党委（党组）同意按期恢复党员权利的，作出恢复党员权利决定并抄告原作出党纪处分决定的党组织。基层党委批准给予党员留党察看处分的，恢复党员权利由该基层党委批准，恢复党员权利决定由基层党委或者基层纪委下达。

受到留党察看处分一年的党员，留党察看期满后，原作出党纪处分决定的党组织的下一级党委（党组）审核认为其仍不符合恢复党员权利条件的，经报原作出党纪处分决定的党组织批准，作出延长一年留党察看期限的决定。

党员在留党察看期间，坚持不改或者又发现其他应当受到党纪处分的违纪行为的，应当开除党籍，并由有监督执纪权限的纪律检查机关履行处分审批程序。

受到留党察看处分的党员在留党察看期间转移党员组织关系的，由接收其党员组织关系的党组织分别参照本条第一款至第三款规定恢复其党员权利、延长一年留党察看期限或者给予其开除党籍处分，并抄告原作出党纪处分决定的党组织。

受到留党察看处分的党员所在党支部有本规定第十四条第一款第五项情形的，可以由基层党委直接审议后，依照本条第一款规定程序办理。

受到留党察看处分的党员组织关系隶属于党的工作委员会的，参照前五款规定执行。

第二十二条　党员经过留党察看，恢复党员权利后，又发现其在留党察看期间实施了新的应当受到党纪处分的违纪行为，或者发现其在受到留党察看处分前没有交代的其他应当受到党纪处分的违纪行为的，应当由作出恢复党员权利决定的党组织撤销原决定，由有监督执纪权限的纪律检查机关按照程序给予其开除党籍处分，并抄告原作出党纪处分决定的党组织。

第三章 党中央以及各级党委(党组)处分批准权限

第二十三条 在中央委员会全体会议期间,经中央委员会全体会议应到会委员三分之二以上的多数决定,可以给予中央委员会委员、候补委员撤销党内职务、留党察看或者开除党籍处分。

第二十四条 中央政治局批准下列处分事项:

(一)在中央委员会全体会议闭会期间,先行给予中央委员会委员、候补委员撤销党内职务、留党察看或者开除党籍处分;

(二)给予严重触犯刑律的中央委员会委员、候补委员开除党籍处分。

第二十五条 中央政治局常务委员会批准对有关党的领导干部的处分事项。

第二十六条 在地方党委全体会议期间,给予本级地方党委委员、候补委员撤销党内职务、留党察看或者开除党籍处分的,经地方党委全体会议应到会委员三分之二以上的多数决定,并按照程序呈报上一级纪委常委会审议同意后,由这一级纪委报同级党委常委会审议批准。

在地方党委全体会议闭会期间,地方党委常委会可以先行作出给予本级党委委员、候补委员撤销党内职务、留党察看或者开除党籍处分的处理决定,并依照前款规定履行处分审批程序。

第二十七条 地方党委常委会批准下列处分事项:

(一)给予本级党委讨论决定任免的党员干部撤销党内职务、留党察看或者开除党籍处分;

(二)给予严重触犯刑律的本级党委委员、候补委员开除党籍处分;

(三)给予严重触犯刑律的本级纪委委员开除党籍处分;

(四)给予下一级地方党委委员、候补委员撤销党内职务、留党察看或者开除党籍处分;

(五)给予下一级地方纪委书记、副书记撤销党内职务、留党察看或者开除党籍处分;

(六)党章和有关党内法规规定的其他处分事项。

党的地区委员会和相当于地区委员会的组织,以及设区的市级(不含直辖市的区,下同)以上地方党委在被赋予社会管理权限的开发区、国家级新区等特定地域派出的代表机关,参照前款规定行使处分违纪党员批准权限。

省级党委常委会批准给予省级纪委委员撤销党内职务、留党察看或者开除党籍处分。

新疆维吾尔自治区党委常委会批准给予新疆生产建设兵团党委委员、候补委员撤销党内职务、留党察看或者开除党籍处分。

第二十八条 经负责审查的基层纪委审议并报请,具有审批预备党员权限的基层党委可以批准给予被审查人留党察看以下处分,但被审查人涉及的问题比较重要或者复杂的除外。

党的街道工作委员会和县级地方党委在开发区等特定地域派出的代表机关,参照前款规定行使处分违纪党员批准权限。

第二十九条 基层党委具备下列条件之一,可以依照本规定第十四条规定直接决定给予违纪党员党纪处分,并可以批准给予违纪党员开除党籍处分:

(一)下级党组织具有审批预备党员权限的;

(二)所在党和国家机关机构规格为副厅局级以上的;

(三)上一级党委系设区的市级以上党委的。

第三十条 党组(党委)、党的工作机关根据干部人事管理权限对属于其管理的人员中的党员给予党纪处分,应当按照规定程序集体讨论决定。其中,党组(党委)会议、党的工作机关部(厅、室)务会或者委员会会议必须有三分之二以上成员到会,经超过应到会成员半数赞成为通过。

对未经党组(党委)会议、党的工作机关部(厅、室)务会或者委员会会议讨论决定任免,但属于党组(党委)、党的工作机关管理的人员中的党员给予党纪处分的,也可以由所在机关纪委报机关党委审议批准;给予开除党籍处分的,还须相应报党组(党委)会议、党的工作机关部(厅、室)务会或者委员会会议审议批准。

中央和地方党委直属事业单位、由党的工作机关管理的机关根据干部人事管理权限对属于其管理的人员中的党员给予党纪处分,参照前两款规定行使处分违纪党员批准权限。

中央和地方党委派出的代表机关中,不属于党的工作机关的,除本规定和有关党内法规另有规定外,可以参照党的工作机关行使处分违纪党员批准权限。

第三十一条 党组(党委)、党的工作机关、中央和地方党委直属事业单位、由党的工作机关管理的机关以及本规定第三十条第四款所涉中央和地方党委派出的代表机关,具备下列条件之一,可以依照本规定第十四条规定直接决定给予违纪党员党纪处分,并可以批准给予违纪党员开除党籍处分:

（一）所在单位基层党委具有审批预备党员权限的；

（二）所在党和国家机关机构规格为正县处级以上的；

（三）本级党委系设区的市级以上党委的。

第三十二条　实行党委领导下的行政领导人负责制的事业单位党委根据干部人事管理权限，可以批准给予其管理的人员中的党员党纪处分。

实行行政领导人负责制的事业单位党组织根据干部人事管理权限和党组织在选人用人中的职责作用，经党政主要领导充分沟通后，相应可以批准给予其管理的人员中的党员党纪处分。

事业单位未被赋予干部人事管理权限，由上级党组织统筹管理的，上级党组织可以批准给予该事业单位工作人员中的党员党纪处分。

本条第二款、第三款规定中的党组织，不含党总支和党支部。

第四章　纪律检查机关处分批准权限

第三十三条　在中央纪委全体会议期间，经中央纪委全体会议应到会委员三分之二以上的多数决定，可以作出给予中央纪委委员撤销党内职务、留党察看或者开除党籍处分的处理决定，并待报请中央政治局常务委员会批准后，由中央纪委作出党纪处分决定。

在中央纪委全体会议闭会期间，中央纪委常委会可以先行作出给予中央纪委委员撤销党内职务、留党察看或者开除党籍处分的处理决定，并待报请中央政治局常务委员会批准后，由中央纪委作出党纪处分决定。

第三十四条　中央纪委常委会批准下列处分事项：

（一）给予省部级以下（不含省部级）中管干部以及未明确行政级别的单位中的中管干部警告、严重警告处分；

（二）给予省级党委委员、候补委员警告、严重警告处分；

（三）给予省级纪委常委（不含书记、副书记，下同）、监委委员党纪处分；

（四）党章和有关党内法规规定的其他处分事项。

第三十五条　中央纪委办公会议批准下列处分事项：

（一）给予不是中管干部的中央纪委国家监委机关、直属单位的党员党纪处分；

（二）给予不是中管干部的中央纪委国家监委派驻、派出机构的党员党纪处分；

（三）给予不是中管干部且已离职的中央纪委国家监委机关、直属单位和派驻、派出机构的党员党纪处分。

前款第三项所涉人员违纪行为主要发生在其离职后，且与其离职前在前款所涉单位担任的职务没有关联的，依照本规定第三条规定履行处分审批程序。

第三十六条　在地方纪委全体会议期间，经地方纪委全体会议应到会委员三分之二以上的多数决定，可以作出给予本级纪委委员撤销党内职务、留党察看或者开除党籍处分的处理决定，并待报请本级地方党委常委会审议批准后，由地方纪委作出党纪处分决定，其中系设区的市级以下纪委委员的还须按照程序呈报上一级纪委常委会审查批准。

在地方纪委全体会议闭会期间，地方纪委常委会可以先行作出给予本级纪委委员撤销党内职务、留党察看或者开除党籍处分的处理决定，并依照前款规定履行处分审批程序后，由地方纪委作出党纪处分决定。

第三十七条　地方纪委常委会批准下列处分事项：

（一）给予本级地方党委讨论决定任免的党员干部警告、严重警告处分；

（二）给予未经本级地方党委讨论决定任免、但属于本级地方党委管理的党员干部党纪处分；

（三）给予本级纪委委员警告、严重警告处分；

（四）给予下一级地方党委委员、候补委员警告、严重警告处分；

（五）给予下一级地方纪委书记、副书记警告、严重警告处分；

（六）给予下一级地方纪委常委、监委委员党纪处分；

（七）给予下一级地方纪委委员撤销党内职务、留党察看或者开除党籍处分；

（八）给予本级纪委管理的纪委监委机关、直属单位和派驻、派出机构的党员党纪处分；

（九）党章和有关党内法规规定的其他处分事项。

地区纪委和相当于地区纪委的其他纪律检查机关，以及设区的市级以上地方纪委监委在被赋予社会管理权限的开发区、国家级新区等特定地域派出的纪检监察工作委员会，参照前款规定行使处分违纪党员批准权限。

新疆维吾尔自治区纪委常委会批准给予新疆生产建设兵团党委委员、候补委员警告、严重警告处分，新疆生产建设兵团纪委委员撤销党内职务、留党察看或者开除党籍处分，新疆生产建设兵团纪委常委、监委委员党纪处分。

第三十八条 基层纪委可以批准给予其审查的案件中的被审查人警告、严重警告处分;如果涉及的问题比较重要或者复杂的,应当经同级党委审议同意后,按照程序报有处分批准权的县级以上纪委审查批准。

党的街道纪检监察工作委员会和县级纪委监委在开发区等特定地域派出的纪检监察工作委员会,参照前款规定行使处分违纪党员批准权限。

符合本规定第二十九条规定的基层党委,其同级纪委可以依照本规定第十四条规定直接决定给予违纪党员党纪处分,并可以批准给予违纪党员开除党籍处分。

第三十九条 对未经党组(党委)会议、党的工作机关部(厅、室)务会或者委员会会议讨论决定任免,但属于党组(党委)、党的工作机关管理的人员中的党员给予警告、严重警告处分的,可以由机关纪委审查批准。

第五章 处分批准权限和程序特殊情形

第四十条 违纪党员系实行垂直管理或者实行双重领导并以上级单位领导为主的单位的干部,同时担任地方党委委员、候补委员或者地方纪委委员职务的,由地方纪委依照本规定履行处分审批程序,并将党纪处分决定抄告主管单位党组(党委)。其中,地方纪委立案审查的,应当通过有监督执纪权限的相应派驻纪检监察组或者主管单位内设纪检组织征求主管单位党组(党委)意见后履行处分审批程序。

第四十一条 给予党员组织关系转入援派或者挂职单位,但不改变与原单位人事关系的违纪党员干部党纪处分的,一般应当按照所任原单位职务、职级等对应的干部人事管理权限确定处分批准权限、履行处分审批程序。违纪问题与援派或者挂职期间挂任职务有密切关联的,必要时也可以按照该职务对应的干部人事管理权限确定处分批准权限、履行处分审批程序,但在作出处分决定前,应当按照所任原单位职务、职级等对应的干部人事管理权限征求原单位意见。

给予上级党委委托下级党委管理的党员干部党纪处分的,下级党委、纪委可以依照本规定履行处分审批程序。

第四十二条 给予组织关系转出但尚未被接收的党员党纪处分,由其原所在党组织依照本规定履行处分审批程序。该党组织已撤销的,由继续行使其职权的党组织或者其上一级党组织办理。

给予没有转移组织关系的流动党员和已停止党籍的党员党纪处分,由其组织关系所在党组织依照本规定履行处分审批程序。

第四十三条 给予辞去公职等原因离开公职岗位或者退休的党员干部党纪处分,一般按照其在职时的干部人事管理权限确定处分批准权限、履行处分审批程序。违纪问题发生在离开公职岗位后,且与所任原单位职务、职级等没有关联的,由其组织关系所在党组织依照本规定履行处分审批程序。离开公职岗位后又重新担任公职的,依照本规定第三条规定履行处分审批程序。党纪处分决定作出后,应当抄告违纪党员所在党组织予以执行。

第四十四条 给予党员组织关系转入相应党的街道工作委员会和所辖社区(村)党组织并实行社会化管理的国有企业退休人员党纪处分,按照党员组织隶属关系,由党的街道纪检监察工作委员会审查批准,其中给予撤销党内职务、留党察看或者开除党籍处分的还须报同级党的街道工作委员会审议批准,给予开除党籍处分的还须依照本规定呈报派出党的街道纪检监察工作委员会的地方纪委常委会审查批准。

前款规定的国有企业退休人员,其违纪行为主要发生在在职期间或者与在职期间的职务有密切关联的,有监督执纪权限的相应纪委监委、派驻纪检监察组或者国有企业内设纪检组织审查后认为应当给予党纪处分的,可以按照其退休前的干部人事管理权限确定处分批准权限、履行处分审批程序。党纪处分决定作出后,应当抄告相应党的街道工作委员会、党的街道纪检监察工作委员会予以执行。对于受到留党察看处分的,由党的街道纪检监察工作委员会依照本规定第二十一条第一款至第三款规定的条件,经其所在党支部党员大会讨论形成决议,报请党的街道工作委员会审议同意后,作出恢复其党员权利、延长一年留党察看期限或者给予其开除党籍处分的决定,并抄告原作出党纪处分决定的党组织;其中给予开除党籍处分的还须依照本规定呈报派出党的街道纪检监察工作委员会的地方纪委常委会审查批准。

给予党员组织关系转入相应乡镇(街道)党委和所辖村(社区)党组织并实行社会化管理的国有企业退休人员党纪处分,参照前两款规定执行。

第四十五条 给予以退休方式移交人民政府安置的退役军官中的党员党纪处分,一般可以根据其退役前的职级或者军衔等级(适用于实行军衔主导的军官等级制度改革后的退役军官,下同),由相应的地方纪委常委会审查批准,其中给予撤销党内职务、留党察看或者开除党籍处分的还须报同级地方党委常委会审议批准。

退役前系师职军官(大校军官以及相应职级文职

干部)、团职军官(上校、中校军官以及相应职级文职干部)的,一般应当分别由省级纪委、设区的市级纪委负责履行处分审批程序;系营职以下军官(少校以下军官以及相应职级文职干部)的,由县级纪委负责履行处分审批程序。

第四十六条　给予以逐月领取退役金或者自主择业方式安置且未被停发退役金的退役军官中的党员党纪处分,由其组织关系所在地的县级纪委常委会审查批准,其中拟给予撤销党内职务、留党察看或者开除党籍处分的还须报同级地方党委常委会审议批准。

给予以复员方式退役的退役军官,以及采取以逐月领取退役金、自主就业、退休或者供养方式安置的退役军士中的党员党纪处分,由其组织关系所在党组织依照本规定履行处分审批程序。

第四十七条　本规定第四十五条、第四十六条规定中的退役军官、军士的违纪行为主要发生在服役期间或者与服役期间的职务有密切关联,由军队纪律检查机关审查的,军队纪律检查机关可以依照其退役前的职务对应的处分批准权限履行处分审批程序并作出党纪处分决定,抄告退役军官、军士组织关系所在地县级党委、纪委予以执行。

前款规定中的违纪行为由地方纪律检查机关立案审查的,地方纪律检查机关可以依照本规定第四十五条、第四十六条规定履行处分审批程序。

第四十八条　有监督执纪权限的纪律检查机关审查认为预备党员违犯党纪,情节较轻,可以保留预备党员资格的,可以直接给予其批评教育或者按照程序延长一次预备期;情节较重的,应当按照程序取消其预备党员资格。

延长预备期、取消预备党员资格,由有监督执纪权限的纪律检查机关向预备党员所在党组织提出书面建议,预备党员所在党组织无正当理由应当采纳并交由预备党员所在党支部党员大会讨论形成决议,呈报有审批预备党员权限的基层党委批准后作出处理决定。

预备党员组织关系隶属于党的工作委员会的,参照前款规定执行。

第六章　附　　则

第四十九条　本规定所确定的权限,均系应当遵照的最低权限。

第五十条　本规定所称以上、以下,除有特别标明外均含本级、本数。

第五十一条　本规定所称严重触犯刑律,是指因犯罪被人民法院判处刑罚。

第五十二条　本规定所称履行处分审批程序,是指依照本规定确定的处分批准权限和程序,对处分事宜进行审议、报批并按照程序作出党纪处分决定。

第五十三条　本规定所称有监督执纪权限,是指按照监督执纪工作实行分级负责制的规定,对涉嫌违纪党员有权行使监督执纪职责,有权对其违纪问题予以立案审查,有权对其提出党纪处分建议或者按照程序作出党纪处分决定。

第五十四条　军队处分违纪党员批准权限和程序规定,由中央军委根据本规定制定。

第五十五条　本规定由中央纪委负责解释。

第五十六条　本规定自发布之日起施行。中央纪委1983年7月6日印发的《关于处分违犯党纪的党员批准权限的具体规定》和1987年3月28日印发的《关于修改〈关于处分违犯党纪的党员批准权限的具体规定〉的通知》同时废止。此前有关规定与本规定不一致的,以本规定为准。

中共中央纪委关于规范和明确党员受留党察看处分期满后恢复党员权利等工作程序的通知

2023年6月19日

各省、自治区、直辖市纪委,中央纪委各派驻机构、派出机构,军委纪委,各中管企业、各中管高校纪检机构:

为规范和明确党员受留党察看处分期满后恢复党员权利等工作程序,根据《中国共产党处分违纪党员批准权限和程序规定》(以下简称《规定》)第二十一条、第二十二条等规定,现就有关问题通知如下。

一、关于留党察看期满后恢复党员权利办理程序。受到留党察看处分的党员留党察看期满后,所在党支部应当及时对其在留党察看期间的现实表现情况进行认真考察,经考察认为其符合恢复党员权利条件的,应当制作《关于拟恢复＊＊＊(受到留党察看处分党员)同志党员权利的公示》,在所在单位、党支部(含受处分时所在单位、党支部)予以公示,公示期一般不少于5日;公示期满后,无异议或者经核实异议不成立的,应当召开党支部党员大会讨论恢复其党员权利事宜,本人无正当理由不得缺席会议,并在会上如实汇报其在留党察看期间的思想认识、工作表现、遵纪守法、廉洁自律以及今后打算等方面情况;在党员大会表决时,本人一般应当回避。党支部党员大会讨论形成决议后,应当将党员大会决议等材料层报所在基层党委；基层党委经审议，同意按期恢复其党员权利的，应当层报原作出党纪处分决定的党组织的下一级党委（党组）审议。原作出党纪处分决定的党组织的下一级党委（党组）经征求有监督执纪权限的纪律检查机关意见并审议通过后，认为其符合恢复党员权利条件的，作出《关于恢复＊＊＊（受到留党察看处分党员）同志党员权利的决定》，并按照干部人事管理权限和组织关系归入本人档案、抄告原作出党纪处分决定的党组织；认为其不符合恢复党员权利条件的，依照《规定》第二十一条第二款、第三款处理；但有监督执纪权限的纪律检查机关在反馈意见时明确告知受到留党察看处分的党员有涉嫌违纪问题线索尚未查明的，该党委（党组）应当暂缓审议，不得先行作出决定，有监督执纪权限的纪律检查机关应当在反馈意见之日起 6 个月内查明情况并通报该党委（党组）。受到留党察看处分一年的党员留党察看期满后，拟按程序作出延长一年留党察看期限决定的，参照上述程序办理。

二、关于受到留党察看处分的党员提交恢复党员权利书面申请问题。党员受留党察看处分期满后恢复党员权利工作，由所在党支部在留党察看期满后 1 个月内依职权启动办理程序，经基层党委审议后层报原作出党纪处分决定的党组织的下一级党委（党组）审议批准，其中，受到留党察看处分的党员在留党察看期满后，向所在党支部提交恢复党员权利书面申请的，党支部应当在收到该书面申请后 5 日内启动办理程序。原作出党纪处分决定的党组织及其以下党组织不得仅以受到留党察看处分的党员本人未提交前述书面申请为由，认定其在留党察看期间没有悔改表现；但受到留党察看处分的党员本人在留党察看期间有主动汇报思想、工作和改正错误情况，主动提交前述书面申请情形的，所在党支部在考察时可以作为其是否符合恢复党员权利条件的重要参考。

三、关于作出留党察看处分决定的党的组织与受到留党察看处分的党员所在党支部没有隶属关系问题。依照《规定》由相应党的组织作出留党察看处分决定的，留党察看期满后，参照《规定》第四十四条第二款，由受处分人组织关系所在基层党委设立的基层纪委依照《规定》第二十一条第一款、第二款所列条件，经所在党支部党员大会讨论形成决议，报请基层党委审议同意后，作出恢复其党员权利或者延长一年留党察看期限的决定，并抄告原作出党纪处分决定的党组织。有监督执纪权限的纪律检查机关经审查，认为应当依照《规定》第二十一条第三款规定给予其开除党籍处分的，还须依照《规定》第十四条第二款规定履行报批程序后，由批准给予开除党籍处分的县级以上纪委等相应党的组织作出开除党籍处分决定，并抄告原作出党纪处分决定的党组织。

各级纪律检查机关要准确掌握和落实本通知要求，并协助同级党委督促所辖范围内的党的各级各类组织严格按照权限、程序和规定的条件，对受到留党察看处分的党员作出恢复党员权利、延长一年留党察看期限或者开除党籍处分的决定。对于贯彻执行中遇到的问题，要逐级及时报告中央纪委（径送案件审理室）。

中央纪委对中央直属机关纪委、中央国家机关纪委关于各部委司局级干部的党纪处分是否要报中直机关党委和中央国家机关党委的答复

1987 年 6 月 20 日

中央直属机关纪委、中央国家机关纪委：

中纪发〔1987〕5 号文件《关于修改〈关于处分违犯党纪的党员批准权限的具体规定〉的通知》下发后，你们来电话询问：各部委的司局级干部的党纪处分，是否还要报中直机关党委和中央国家机关党委？现答复如下：

一、对中央直属机关和中央国家机关各部委的司局级干部给予党纪处分，各部委机关党委在征求部委党组的意见后报中直机关党委或中央国家机关党委审批，对其中给予撤销党内职务、留党察看、开除党籍处分的，由中直机关党委或中央国家机关党委报中央纪委备案。

二、设有党委的部，对该部机关司局级干部的党纪处分，经部党委审批后由部机关党委报中央国家机关党委备案，对其中给予撤销党内职务以上处分的，由部党委报中央纪委备案。

三、对于党的关系在部内而又不隶属中直机关党委或中央国家机关党委的部直属单位司局级干部的党纪处分，由部党组（党委）审批，对其中给予撤销党内职务以上处分的，经部党组（党委）审批后报中央纪委备案。

四、中央直属机关、中央国家机关中，凡属需要报中央或

中央纪委审批的案件，仍由各部委机关党委在征求部委党组意见后，报中央直属机关党委或中央国家机关党委审议，提出意见，再报中央纪委。

设党委的部，对需报中央或中央纪委审批的案件，由部党委报中央纪委，同时抄送中央国家机关党委。

中央纪委对中直机关党工委关于处分违纪党员批准权限修改意见的答复

1988年5月13日

中直机关党工委：

对你们提出的修改中直机关党工委处分违纪党员批准权限的问题，现答复如下：

对中直机关各部委司局级党员干部给予党内警告、严重警告处分，由各部委机关党委审批，报中直机关党工委备案。对中直机关各部委司局级党员干部给予撤销党内职务、留党察看、开除党籍处分，由中直机关党工委审批，报中央纪委备案。

中央纪委关于对四川省纪委《关于农村基层党支部没有条件召开支部大会讨论对党员的党纪处分有关问题的请示》的答复

2001年10月26日

四川省纪委：

你们送来的《关于农村基层党支部没有条件召开支部大会讨论对党员的党纪处分有关问题的请示》收悉。经研究，答复如下：

对党员的纪律处分，根据《中国共产党章程》第四十条第一款的规定，必须经过支部大会讨论决定，报党的基层委员会批准；但在特殊情况下，县级和县级以上各级党的委员会和纪律检查委员会有权直接决定给党员以纪律处分。

你们在《请示》中提出，个别村党支部由于农民党员外出务工等原因，致使没有条件召开支部大会，不能按规定形成支部大会决议，无法讨论决定对党员的纪律处分问题，应如何处理？经研究，我们认为，在这种特殊情况下，对违纪党员给予纪律处分，应当由县级党的委员会或纪律检查委员会直接作出处分决定。但处分决定所依据的事实材料和处分决定必须同本人见面、听取本人说明情况和申辩。

中共中央纪委、中共中央组织部、监察部关于维护党的纪律严肃处理党风方面若干突出问题的意见

2005年1月14日

为严格执行领导干部廉洁从政有关规定，切实解决当前党风方面存在的突出问题，在严肃执纪的同时，加大组织处理力度，经中共中央同意，对顶风违纪有以下行为的领导干部，必须严肃处理：

违反规定收送现金、有价证券和支付凭证的，按照组织程序一律先免职，再依据规定处理。

“跑官要官”的，要批评教育，不能提拔重用，在重要岗位上的要予以调整，已得到提拔的要坚决撤下来；对“跑官要官”制止不力造成用人严重失察失误的，要严肃追究责任。

放任、纵容配偶、子女及其配偶和身边工作人员利用领导干部职权和职务影响经商办企业或从事中介活动谋取非法利益的，要辞去现任职务或者由组织责令辞职，并按照规定给予纪律处分。

利用婚丧嫁娶等事宜收钱敛财的，要严肃查处。

参加赌博的，应予以免职，再依据规定处理；到国（境）外赌博的，要从严惩处。

本意见适用于党的机关、人大机关、行政机关、政协机关、审判机关、检察机关、人民团体、事业单位的各级领导干部和国有企业的领导人员。

非法干预查处渎职侵权违法犯罪案件违纪行为适用《中国共产党纪律处分条例》若干问题的解释

中央纪委2012年10月29日印发

为明确相关政策界限，惩处非法干预查处渎职侵权违法犯罪案件违纪行为，现就非法干预查处渎职侵权违法犯罪案件违纪行为适用《中国共产党纪律处分条例》若干问题解释如下。

一、本解释所称非法干预查处渎职侵权违法犯罪案件违纪行为，是指违反法律、法规、规章、政策性规定或者议事规则，利用职权或者职务上的影响，向办案机关或者有关人员以指示、授意等方式提出要求，或者采取其他

方式干扰、阻碍渎职侵权违法犯罪案件依法调查和处理的行为。

二、党和国家机关中的共产党员，有非法干预查处渎职侵权违法犯罪案件违纪行为的，依照本解释处理。

人民团体、事业单位、国有和国有控股企业（含国有和国有控股金融企业）及其分支机构中的共产党员，有非法干预查处渎职侵权违法犯罪案件违纪行为的，参照本解释处理。

三、党组织负责人对本地区本部门本单位发现的渎职侵权违法犯罪案件，隐瞒不报，纵容、袒护，给党、国家和人民利益以及公共财产造成较大损失的，依照《中国共产党纪律处分条例》第一百二十八条的规定处理。

四、有下列情形之一的，对有关责任人员，按照《中国共产党纪律处分条例》第一百四十条的规定处理：

（一）私自扣押、销毁检举控告材料，或者指使他人扣押、销毁检举、控告材料的；

（二）故意将检举人、控告人信息或者检举、控告材料泄露给被检举人、被控告人的；

（三）对检举人、控告人、证人进行阻挠、压制、打击报复，或者指使他人进行阻挠、压制、打击报复的。

五、在执纪、行政执法和司法工作中有下列情形之一的，对有关责任人员，依照《中国共产党纪律处分条例》第一百三十四条的规定处理：

（一）捏造事实、隐瞒真相，袒护、包庇被调查人、犯罪嫌疑人和被告人的；

（二）对依照规定应当移交纪检监察机关或者检察机关的渎职侵权违法犯罪案件不移交的；

（三）拒绝履行勘验、检查、鉴定、认定职责，或者拒绝出具勘验、检查、鉴定、认定报告，或者出具虚假勘验、检查、鉴定、认定报告的。

六、有下列情形之一的，对有关责任人员，依照《中国共产党纪律处分条例》第一百六十三条的规定处理：

（一）采取提供虚假情况说明或者其他违纪违法方式，为被调查人、犯罪嫌疑人、被告人开脱责任，要求从轻、减轻或者免除处罚处分的；

（二）单位负责人为被调查人、犯罪嫌疑人、被告人说情，妨碍办案活动正常进行的；

（三）隐匿、毁灭证据，拒不提供书证、物证、视听资料和电子数据等有关证据材料，或者指令他人隐匿、毁灭证据，拒不提供书证、物证、视听资料和电子数据等有关证据材料的；

（四）煽动、组织他人围攻办案机关和办案人员的；

（五）强行将被调查人员、犯罪嫌疑人和被告人带离办案场所，致使办案活动无法继续进行，或者抢夺、盗窃案件材料的；

（六）在案件查办过程中，以威胁、侵犯人身安全、财产安全或者利用职权在职务晋升、岗位安排、评级考核方面进行刁难、压制、歧视等方式，打击报复办案人员的；

（七）采取威胁、贿赂、许诺给予好处等手段，干扰证人、知情人如实反映情况、提供证据的。

七、违反规定强令终止案件调查处理，或者作出违背事实的处理结论的，对有关责任人员，依照《中国共产党纪律处分条例》第一百三十六条的规定处理。

八、非法干预查处渎职侵权违法犯罪案件的违纪行为，有关责任人员受到党纪追究后，需要给予行政处分或者其他纪律处分，以及涉嫌犯罪的，依照《中国共产党纪律处分条例》第三十二条的规定处理。

九、纪检机关和检察机关在处理非法干预查处渎职侵权违纪违法案件时，应当加强协作配合。

纪检机关对于检察机关移送的非法干预查处渎职侵权违纪违法案件的线索，应当及时调查，作出处理决定，并将处理情况通报移送材料的检察机关。

检察机关对于纪检机关移送的涉嫌渎职侵权违法犯罪案件，应当及时进行审查和处理，并将审查处理结果通报移送材料的纪检机关。

2. 政务处分

·法律法规·

中华人民共和国
公职人员政务处分法

1. 2020年6月20日第十三届全国人民代表大会常务委员会第十九次会议通过
2. 2020年6月20日中华人民共和国主席令第46号公布
3. 自2020年7月1日起施行

目　　录

第一章　总　　则

第一条　【立法目的和依据】为了规范政务处分，加强对所有行使公权力的公职人员的监督，促进公职人员依法履职、秉公用权、廉洁从政从业、坚持道德操守，根据《中华人民共和国监察法》，制定本法。

第二条　【调整范围】本法适用于监察机关对违法的公职人员给予政务处分的活动。

本法第二章、第三章适用于公职人员任免机关、单位对违法的公职人员给予处分。处分的程序、申诉等适用其他法律、行政法规、国务院部门规章和国家有关规定。

本法所称公职人员，是指《中华人民共和国监察法》第十五条规定的人员。

第三条　【政务处分主体】监察机关应当按照管理权限，加强对公职人员的监督，依法给予违法的公职人员政务处分。

公职人员任免机关、单位应当按照管理权限，加强对公职人员的教育、管理、监督，依法给予违法的公职人员处分。

监察机关发现公职人员任免机关、单位应当给予处分而未给予，或者给予的处分违法、不当的，应当及时提出监察建议。

第四条　【政务处分原则】给予公职人员政务处分，坚持党管干部原则，集体讨论决定；坚持法律面前一律平等，以事实为根据，以法律为准绳，给予的政务处分与违法行为的性质、情节、危害程度相当；坚持惩戒与教育相结合，宽严相济。

第五条　【政务处分的基本要求】给予公职人员政务处分，应当事实清楚、证据确凿、定性准确、处理恰当、程序合法、手续完备。

第六条　【非因法定事由、非经法定程序不受政务处分】公职人员依法履行职责受法律保护，非因法定事由、非经法定程序，不受政务处分。

第二章　政务处分的种类和适用

第七条　【政务处分种类】政务处分的种类为：

（一）警告；

（二）记过；

（三）记大过；

（四）降级；

（五）撤职；

（六）开除。

第八条　【政务处分期间】政务处分的期间为：

（一）警告，六个月；

（二）记过，十二个月；

（三）记大过，十八个月；

（四）降级、撤职，二十四个月。

政务处分决定自作出之日起生效，政务处分期自政务处分决定生效之日起计算。

第九条　【共同违法的政务处分】公职人员二人以上共同违法，根据各自在违法行为中所起的作用和应当承担的法律责任，分别给予政务处分。

第十条　【集体违法的政务处分】有关机关、单位、组织集体作出的决定违法或者实施违法行为的，对负有责任的领导人员和直接责任人员中的公职人员依法给予政务处分。

第十一条　【从轻或者减轻政务处分】公职人员有下列情形之一的，可以从轻或者减轻给予政务处分：

（一）主动交代本人应当受到政务处分的违法行为的；

（二）配合调查，如实说明本人违法事实的；

（三）检举他人违纪违法行为，经查证属实的；

（四）主动采取措施，有效避免、挽回损失或者消除不良影响的；

（五）在共同违法行为中起次要或者辅助作用的；

（六）主动上交或者退赔违法所得的；

（七）法律、法规规定的其他从轻或者减轻情节。

第十二条 【减轻、免予或者不予政务处分】公职人员违法行为情节轻微，且具有本法第十一条规定的情形之一的，可以对其进行谈话提醒、批评教育、责令检查或者予以诫勉，免予或者不予政务处分。

公职人员因不明真相被裹挟或者被胁迫参与违法活动，经批评教育后确有悔改表现的，可以减轻、免予或者不予政务处分。

第十三条 【从重给予政务处分】公职人员有下列情形之一的，应当从重给予政务处分：

（一）在政务处分期内再次故意违法，应当受到政务处分的；

（二）阻止他人检举、提供证据的；

（三）串供或者伪造、隐匿、毁灭证据的；

（四）包庇同案人员的；

（五）胁迫、唆使他人实施违法行为的；

（六）拒不上交或者退赔违法所得的；

（七）法律、法规规定的其他从重情节。

第十四条 【犯罪的公职人员政务处分】公职人员犯罪，有下列情形之一的，予以开除：

（一）因故意犯罪被判处管制、拘役或者有期徒刑以上刑罚（含宣告缓刑）的；

（二）因过失犯罪被判处有期徒刑，刑期超过三年的；

（三）因犯罪被单处或者并处剥夺政治权利的。

因过失犯罪被判处管制、拘役或者三年以下有期徒刑的，一般应当予以开除；案件情况特殊，予以撤职更为适当的，可以不予开除，但是应当报请上一级机关批准。

公职人员因犯罪被单处罚金，或者犯罪情节轻微，人民检察院依法作出不起诉决定或者人民法院依法免予刑事处罚的，予以撤职；造成不良影响的，予以开除。

第十五条 【两个以上违法行为的政务处分】公职人员有两个以上违法行为的，应当分别确定政务处分。应当给予两种以上政务处分的，执行其中最重的政务处分；应当给予撤职以下多个相同政务处分的，可以在一个政务处分期以上、多个政务处分期之和以下确定政务处分期，但是最长不得超过四十八个月。

第十六条 【一事不再罚】对公职人员的同一违法行为，监察机关和公职人员任免机关、单位不得重复给予政务处分和处分。

第十七条 【受组织处理的公职人员政务处分】公职人员有违法行为，有关机关依照规定给予组织处理的，监察机关可以同时给予政务处分。

第十八条 【担任领导职务的公职人员政务处分】担任领导职务的公职人员有违法行为，被罢免、撤销、免去或者辞去领导职务的，监察机关可以同时给予政务处分。

第十九条 【公务员及参公管理人员政务处分】公务员以及参照《中华人民共和国公务员法》管理的人员在政务处分期内，不得晋升职务、职级、衔级和级别；其中，被记过、记大过、降级、撤职的，不得晋升工资档次。被撤职的，按照规定降低职务、职级、衔级和级别，同时降低工资和待遇。

第二十条 【管理公共事务组织中从事公务的人员及公办教育等单位中从事管理的人员政务处分】法律、法规授权或者受国家机关依法委托管理公共事务的组织中从事公务的人员，以及公办的教育、科研、文化、医疗卫生、体育等单位中从事管理的人员，在政务处分期内，不得晋升职务、岗位和职员等级、职称；其中，被记过、记大过、降级、撤职的，不得晋升薪酬待遇等级。被撤职的，降低职务、岗位或者职员等级，同时降低薪酬待遇。

第二十一条 【国有企业管理人员政务处分】国有企业管理人员在政务处分期内，不得晋升职务、岗位等级和职称；其中，被记过、记大过、降级、撤职的，不得晋升薪酬待遇等级。被撤职的，降低职务或者岗位等级，同时降低薪酬待遇。

第二十二条 【基层群众性自治组织中从事管理的人员政务处分】基层群众性自治组织中从事管理的人员有违法行为的，监察机关可以予以警告、记过、记大过。

基层群众性自治组织中从事管理的人员受到政务处分的，应当由县级或者乡镇人民政府根据具体情况减发或者扣发补贴、奖金。

第二十三条 【其他依法履行公职的人员政务处分】《中华人民共和国监察法》第十五条第六项规定的人员有违法行为的，监察机关可以予以警告、记过、记大过。情节严重的，由所在单位直接给予或者监察机关建议有关机关、单位给予降低薪酬待遇、调离岗位、解除人事关系或者劳动关系等处理。

《中华人民共和国监察法》第十五条第二项规定的人员，未担任公务员、参照《中华人民共和国公务员法》管理的人员、事业单位工作人员或者国有企业人员职务的，对其违法行为依照前款规定处理。

第二十四条　【受处分公职人员的从业限制】公职人员被开除，或者依照本法第二十三条规定，受到解除人事关系或者劳动关系处理的，不得录用为公务员以及参照《中华人民共和国公务员法》管理的人员。

第二十五条　【涉案财物及其他利益的处置】公职人员违法取得的财物和用于违法行为的本人财物，除依法应当由其他机关没收、追缴或者责令退赔的，由监察机关没收、追缴或者责令退赔；应当退还原所有人或者原持有人的，依法予以退还；属于国家财产或者不应当退还以及无法退还的，上缴国库。

公职人员因违法行为获得的职务、职级、衔级、级别、岗位和职员等级、职称、待遇、资格、学历、学位、荣誉、奖励等其他利益，监察机关应当建议有关机关、单位、组织按规定予以纠正。

第二十六条　【开除的法律后果及解除政务处分规定】公职人员被开除的，自政务处分决定生效之日起，应当解除其与所在机关、单位的人事关系或者劳动关系。

公职人员受到开除以外的政务处分，在政务处分期内有悔改表现，并且没有再发生应当给予政务处分的违法行为的，政务处分期满后自动解除，晋升职务、职级、衔级、级别、岗位和职员等级、职称、薪酬待遇不再受原政务处分影响。但是，解除降级、撤职的，不恢复原职务、职级、衔级、级别、岗位和职员等级、职称、薪酬待遇。

第二十七条　【处理违法但已退休、离职或死亡的公职人员规定】已经退休的公职人员退休前或者退休后有违法行为的，不再给予政务处分，但是可以对其立案调查；依法应当予以降级、撤职、开除的，应当按照规定相应调整其享受的待遇，对其违法取得的财物和用于违法行为的本人财物依照本法第二十五条的规定处理。

已经离职或者死亡的公职人员在履职期间有违法行为的，依照前款规定处理。

第三章　违法行为及其适用的政务处分

第二十八条　【违反政治纪律行为及政务处分】有下列行为之一的，予以记过或者记大过；情节较重的，予以降级或者撤职；情节严重的，予以开除：

（一）散布有损宪法权威、中国共产党领导和国家声誉的言论的；

（二）参加旨在反对宪法、中国共产党领导和国家的集会、游行、示威等活动的；

（三）拒不执行或者变相不执行中国共产党和国家的路线方针政策、重大决策部署的；

（四）参加非法组织、非法活动的；

（五）挑拨、破坏民族关系，或者参加民族分裂活动的；

（六）利用宗教活动破坏民族团结和社会稳定的；

（七）在对外交往中损害国家荣誉和利益的。

有前款第二项、第四项、第五项和第六项行为之一的，对策划者、组织者和骨干分子，予以开除。

公开发表反对宪法确立的国家指导思想，反对中国共产党领导，反对社会主义制度，反对改革开放的文章、演说、宣言、声明等的，予以开除。

第二十九条　【违反请示报告制度、档案管理制度及政务处分】不按照规定请示、报告重大事项，情节较重的，予以警告、记过或者记大过；情节严重的，予以降级或者撤职。

违反个人有关事项报告规定，隐瞒不报，情节较重的，予以警告、记过或者记大过。

篡改、伪造本人档案资料的，予以记过或者记大过；情节严重的，予以降级或者撤职。

第三十条　【违反民主集中制原则等行为及政务处分】有下列行为之一的，予以警告、记过或者记大过；情节严重的，予以降级或者撤职：

（一）违反民主集中制原则，个人或者少数人决定重大事项，或者拒不执行、擅自改变集体作出的重大决定的；

（二）拒不执行或者变相不执行、拖延执行上级依法作出的决定、命令的。

第三十一条　【违规出境、取得外国国籍等行为及政务处分】违反规定出境或者办理因私出境证件的，予以记过或者记大过；情节严重的，予以降级或者撤职。

违反规定取得外国国籍或者获取境外永久居留资格、长期居留许可的，予以撤职或者开除。

第三十二条　【违反干部人事工作规定行为及政务处分】有下列行为之一的，予以警告、记过或者记大过；情节较重的，予以降级或者撤职；情节严重的，予以开除：

（一）在选拔任用、录用、聘用、考核、晋升、评选等干部人事工作中违反有关规定的；

（二）弄虚作假，骗取职务、职级、衔级、级别、岗位和职员等级、职称、待遇、资格、学历、学位、荣誉、奖励或者其他利益的；

（三）对依法行使批评、申诉、控告、检举等权利的行为进行压制或者打击报复的；

（四）诬告陷害，意图使他人受到名誉损害或者责任追究等不良影响的；

（五）以暴力、威胁、贿赂、欺骗等手段破坏选举的。

第三十三条　【贪污贿赂等行为及政务处分】有下列行为之一的，予以警告、记过或者记大过；情节较重的，予以降级或者撤职；情节严重的，予以开除：

（一）贪污贿赂的；

（二）利用职权或者职务上的影响为本人或者他人谋取私利的；

（三）纵容、默许特定关系人利用本人职权或者职务上的影响谋取私利的。

拒不按照规定纠正特定关系人违规任职、兼职或者从事经营活动，且不服从职务调整的，予以撤职。

第三十四条　【影响公正行使公权力等行为及政务处分】收受可能影响公正行使公权力的礼品、礼金、有价证券等财物的，予以警告、记过或者记大过；情节较重的，予以降级或者撤职；情节严重的，予以开除。

向公职人员及其特定关系人赠送可能影响公正行使公权力的礼品、礼金、有价证券等财物，或者接受、提供可能影响公正行使公权力的宴请、旅游、健身、娱乐等活动安排，情节较重的，予以警告、记过或者记大过；情节严重的，予以降级或者撤职。

第三十五条　【违规发放薪酬、津补贴等行为及政务处分】有下列行为之一，情节较重的，予以警告、记过或者记大过；情节严重的，予以降级或者撤职：

（一）违反规定设定、发放薪酬或者津贴、补贴、奖金的；

（二）违反规定，在公务接待、公务交通、会议活动、办公用房以及其他工作生活保障等方面超标准、超范围的；

（三）违反规定公款消费的。

第三十六条　【违规从事营利性活动及违规兼职等行为及政务处分】违反规定从事或者参与营利性活动，或者违反规定兼任职务、领取报酬的，予以警告、记过或者记大过；情节较重的，予以降级或者撤职；情节严重的，予以开除。

第三十七条　【利用宗族或黑恶势力欺压群众等行为及政务处分】利用宗族或者黑恶势力等欺压群众，或者纵容、包庇黑恶势力活动的，予以撤职；情节严重的，予以开除。

第三十八条　【侵犯管理服务对象利益行为及政务处分】有下列行为之一，情节较重的，予以警告、记过或者记大过；情节严重的，予以降级或者撤职：

（一）违反规定向管理服务对象收取、摊派财物的；

（二）在管理服务活动中故意刁难、吃拿卡要的；

（三）在管理服务活动中态度恶劣粗暴，造成不良后果或者影响的；

（四）不按照规定公开工作信息，侵犯管理服务对象知情权，造成不良后果或者影响的；

（五）其他侵犯管理服务对象利益的行为，造成不良后果或者影响的。

有前款第一项、第二项和第五项行为，情节特别严重的，予以开除。

第三十九条　【滥用职权等行为及政务处分】有下列行为之一，造成不良后果或者影响的，予以警告、记过或者记大过；情节较重的，予以降级或者撤职；情节严重的，予以开除：

（一）滥用职权，危害国家利益、社会公共利益或者侵害公民、法人、其他组织合法权益的；

（二）不履行或者不正确履行职责，玩忽职守，贻误工作的；

（三）工作中有形式主义、官僚主义行为的；

（四）工作中有弄虚作假，误导、欺骗行为的；

（五）泄露国家秘密、工作秘密，或者泄露因履行职责掌握的商业秘密、个人隐私的。

第四十条　【违反社会公序良俗、赌博、吸毒等行为及政务处分】有下列行为之一的，予以警告、记过或者记大过；情节较重的，予以降级或者撤职；情节严重的，予以开除：

（一）违背社会公序良俗，在公共场所有不当行为，造成不良影响的；

（二）参与或者支持迷信活动，造成不良影响的；

（三）参与赌博的；

（四）拒不承担赡养、抚养、扶养义务的；

（五）实施家庭暴力，虐待、遗弃家庭成员的；

（六）其他严重违反家庭美德、社会公德的行为。

吸食、注射毒品，组织赌博，组织、支持、参与卖淫、嫖娼、色情淫乱活动的，予以撤职或者开除。

第四十一条　【其他违法行为政务处分的兜底条款】公职人员有其他违法行为，影响公职人员形象，损害国家和人民利益的，可以根据情节轻重给予相应政务处分。

第四章　政务处分的程序

第四十二条　【监察机关收集证据规定】监察机关对涉嫌违法的公职人员进行调查，应当由二名以上工作人员进行。监察机关进行调查时，有权依法向有关单位和个人了解情况，收集、调取证据。有关单位和个人应当如实提供情况。

严禁以威胁、引诱、欺骗及其他非法方式收集证据。以非法方式收集的证据不得作为给予政务处分的依据。

第四十三条 【监察机关告知义务及听取陈述申辩】作出政务处分决定前，监察机关应当将调查认定的违法事实及拟给予政务处分的依据告知被调查人，听取被调查人的陈述和申辩，并对其陈述的事实、理由和证据进行核实，记录在案。被调查人提出的事实、理由和证据成立的，应予采纳。不得因被调查人的申辩而加重政务处分。

第四十四条 【调查终结后的案件处理】调查终结后，监察机关应当根据下列不同情况，分别作出处理：

（一）确有应受政务处分的违法行为的，根据情节轻重，按照政务处分决定权限，履行规定的审批手续后，作出政务处分决定；

（二）违法事实不能成立的，撤销案件；

（三）符合免予、不予政务处分条件的，作出免予、不予政务处分决定；

（四）被调查人涉嫌其他违法或者犯罪行为的，依法移送主管机关处理。

第四十五条 【政务处分决定书】决定给予政务处分的，应当制作政务处分决定书。

政务处分决定书应当载明下列事项：

（一）被处分人的姓名、工作单位和职务；

（二）违法事实和证据；

（三）政务处分的种类和依据；

（四）不服政务处分决定，申请复审、复核的途径和期限；

（五）作出政务处分决定的机关名称和日期。

政务处分决定书应当盖有作出决定的监察机关的印章。

第四十六条 【政务处分决定书的送达宣布】政务处分决定书应当及时送达被处分人和被处分人所在机关、单位，并在一定范围内宣布。

作出政务处分决定后，监察机关应当根据被处分人的具体身份书面告知相关的机关、单位。

第四十七条 【回避制度】参与公职人员违法案件调查、处理的人员有下列情形之一的，应当自行回避，被调查人、检举人及其他有关人员也有权要求其回避：

（一）是被调查人或者检举人的近亲属的；

（二）担任过本案的证人的；

（三）本人或者其近亲属与调查的案件有利害关系的；

（四）可能影响案件公正调查、处理的其他情形。

第四十八条 【回避的决定程序】监察机关负责人的回避，由上级监察机关决定；其他参与违法案件调查、处理人员的回避，由监察机关负责人决定。

监察机关或者上级监察机关发现参与违法案件调查、处理人员有应当回避情形的，可以直接决定该人员回避。

第四十九条 【政务处分与刑事追责及行政处罚的衔接】公职人员依法受到刑事责任追究的，监察机关应当根据司法机关的生效判决、裁定、决定及其认定的事实和情节，依照本法规定给予政务处分。

公职人员依法受到行政处罚，应当给予政务处分的，监察机关可以根据行政处罚决定认定的事实和情节，经立案调查核实后，依照本法给予政务处分。

监察机关根据本条第一款、第二款的规定作出政务处分后，司法机关、行政机关依法改变原生效判决、裁定、决定等，对原政务处分决定产生影响的，监察机关应当根据改变后的判决、裁定、决定等重新作出相应处理。

第五十条 【政务处分的前置程序和通报程序】监察机关对经各级人民代表大会、县级以上各级人民代表大会常务委员会选举或者决定任命的公职人员予以撤职、开除的，应当先依法罢免、撤销或者免去其职务，再依法作出政务处分决定。

监察机关对经中国人民政治协商会议各级委员会全体会议或者其常务委员会选举或者决定任命的公职人员予以撤职、开除的，应当先依章程免去其职务，再依法作出政务处分决定。

监察机关对各级人民代表大会代表、中国人民政治协商会议各级委员会委员给予政务处分的，应当向有关的人民代表大会常务委员会，乡、民族乡、镇的人民代表大会主席团或者中国人民政治协商会议委员会常务委员会通报。

第五十一条 【指定管辖中的政务处分决定主体】下级监察机关根据上级监察机关的指定管辖决定进行调查的案件，调查终结后，对不属于本监察机关管辖范围内的监察对象，应当交有管理权限的监察机关依法作出政务处分决定。

第五十二条 【被立案调查期间的特殊要求】公职人员涉嫌违法，已经被立案调查，不宜继续履行职责的，公职人员任免机关、单位可以决定暂停其履行职务。

公职人员在被立案调查期间，未经监察机关同意，不得出境、辞去公职；被调查公职人员所在机关、单位及上级机关、单位不得对其交流、晋升、奖励、处分或者办理退休手续。

第五十三条 【澄清正名】监察机关在调查中发现公职人员受到不实检举、控告或者诬告陷害，造成不良影响的，应当按照规定及时澄清事实，恢复名誉，消除不良影响。

第五十四条 【政务处分存档及待遇变更】公职人员受到政务处分的，应当将政务处分决定书存入其本人档案。对于受到降级以上政务处分的，应当由人事部门按照管理权限在作出政务处分决定后一个月内办理职务、工资及其他有关待遇等的变更手续；特殊情况下，经批准可以适当延长办理期限，但是最长不得超过六个月。

第五章 复审、复核

第五十五条 【复审复核】公职人员对监察机关作出的涉及本人的政务处分决定不服的，可以依法向作出决定的监察机关申请复审；公职人员对复审决定仍不服的，可以向上一级监察机关申请复核。

监察机关发现本机关或者下级监察机关作出的政务处分决定确有错误的，应当及时予以纠正或者责令下级监察机关及时予以纠正。

第五十六条 【复审复核期间政务处分效力及复审复核不加重处分】复审、复核期间，不停止原政务处分决定的执行。

公职人员不因提出复审、复核而被加重政务处分。

第五十七条 【撤销政务处分决定情形】有下列情形之一的，复审、复核机关应当撤销原政务处分决定，重新作出决定或者责令原作出决定的监察机关重新作出决定：

（一）政务处分所依据的违法事实不清或者证据不足的；

（二）违反法定程序，影响案件公正处理的；

（三）超越职权或者滥用职权作出政务处分决定的。

第五十八条 【变更政务处分决定情形】有下列情形之一的，复审、复核机关应当变更原政务处分决定，或者责令原作出决定的监察机关予以变更：

（一）适用法律、法规确有错误的；

（二）对违法行为的情节认定确有错误的；

（三）政务处分不当的。

第五十九条 【维持政务处分决定情形】复审、复核机关认为政务处分决定认定事实清楚，适用法律正确的，应当予以维持。

第六十条 【撤销、变更政务处分后的职务、待遇等的调整、补偿】公职人员的政务处分决定被变更，需要调整该公职人员的职务、职级、衔级、级别、岗位和职员等级或者薪酬待遇等的，应当按照规定予以调整。政务处分决定被撤销的，应当恢复该公职人员的级别、薪酬待遇，按照原职务、职级、衔级、岗位和职员等级安排相应的职务、职级、衔级、岗位和职员等级，并在原政务处分决定公布范围内为其恢复名誉。没收、追缴财物错误的，应当依法予以返还、赔偿。

公职人员因有本法第五十七条、第五十八条规定的情形被撤销政务处分或者减轻政务处分的，应当对其薪酬待遇受到的损失予以补偿。

第六章 法律责任

第六十一条 【拒不采纳监察建议及处理】有关机关、单位无正当理由拒不采纳监察建议的，由其上级机关、主管部门责令改正，对该机关、单位给予通报批评，对负有责任的领导人员和直接责任人员依法给予处理。

第六十二条 【拒不执行政务处分等情形及处理】有关机关、单位、组织或者人员有下列情形之一的，由其上级机关，主管部门，任免机关、单位或者监察机关责令改正，依法给予处理：

（一）拒不执行政务处分决定的；

（二）拒不配合或者阻碍调查的；

（三）对检举人、证人或者调查人员进行打击报复的；

（四）诬告陷害公职人员的；

（五）其他违反本法规定的情形。

第六十三条 【监察机关滥用职权等行为及处理】监察机关及其工作人员有下列情形之一的，对负有责任的领导人员和直接责任人员依法给予处理：

（一）违反规定处置问题线索的；

（二）窃取、泄露调查工作信息，或者泄露检举事项、检举受理情况以及检举人信息的；

（三）对被调查人或者涉案人员逼供、诱供，或者侮辱、打骂、虐待、体罚或者变相体罚的；

（四）收受被调查人或者涉案人员的财物以及其他利益的；

（五）违反规定处置涉案财物的；

（六）违反规定采取调查措施的；

（七）利用职权或者职务上的影响干预调查工作、

以案谋私的；

（八）违反规定发生办案安全事故，或者发生安全事故后隐瞒不报、报告失实、处置不当的；

（九）违反回避等程序规定，造成不良影响的；

（十）不依法受理和处理公职人员复审、复核的；

（十一）其他滥用职权、玩忽职守、徇私舞弊的行为。

第六十四条 **【刑事责任】**违反本法规定，构成犯罪的，依法追究刑事责任。

第七章 附 则

第六十五条 **【制定具体规定的授权】**国务院及其相关主管部门根据本法的原则和精神，结合事业单位、国有企业等的实际情况，对事业单位、国有企业等的违法的公职人员处分事宜作出具体规定。

第六十六条 **【对中央军委的立法授权】**中央军事委员会可以根据本法制定相关具体规定。

第六十七条 **【时间效力】**本法施行前，已结案的案件如果需要复审、复核，适用当时的规定。尚未结案的案件，如果行为发生时的规定不认为是违法的，适用当时的规定；如果行为发生时的规定认为是违法的，依照当时的规定处理，但是如果本法不认为是违法或者根据本法处理较轻的，适用本法。

第六十八条 **【施行日期】**本法自 2020 年 7 月 1 日起施行。

国有企业管理人员处分条例

1. 2024 年 5 月 21 日国务院令第 781 号公布
2. 自 2024 年 9 月 1 日起施行

第一章 总 则

第一条 为了规范对国有企业管理人员的处分，加强对国有企业管理人员的监督，根据《中华人民共和国公职人员政务处分法》（以下简称公职人员政务处分法）等法律，制定本条例。

第二条 本条例所称国有企业管理人员，是指国家出资企业中的下列公职人员：

（一）在国有独资、全资公司、企业中履行组织、领导、管理、监督等职责的人员；

（二）经党组织或者国家机关，国有独资、全资公司、企业，事业单位提名、推荐、任命、批准等，在国有控股、参股公司及其分支机构中履行组织、领导、管理、监督等职责的人员；

（三）经国家出资企业中负有管理、监督国有资产职责的组织批准或者研究决定，代表其在国有控股、参股公司及其分支机构中从事组织、领导、管理、监督等工作的人员。

国有企业管理人员任免机关、单位（以下简称任免机关、单位）对违法的国有企业管理人员给予处分，适用公职人员政务处分法第二章、第三章和本条例的规定。

第三条 国有企业管理人员处分工作坚持中国共产党的领导，坚持党管干部原则，加强国有企业管理人员队伍建设，推动国有企业高质量发展。

第四条 任免机关、单位加强对国有企业管理人员的教育、管理、监督。给予国有企业管理人员处分，应当坚持公正公平，集体讨论决定；坚持宽严相济，惩戒与教育相结合；坚持法治原则，以事实为根据，以法律为准绳，依法保障国有企业管理人员以及相关人员的合法权益。

第五条 履行出资人职责的机构或者有干部管理权限的部门依照法律、法规和国家有关规定，指导国有企业整合优化监督资源，推动出资人监督与纪检监察监督、巡视监督、审计监督、财会监督、社会监督等相衔接，健全协同高效的监督机制，建立互相配合、互相制约的内部监督管理制度，增强对国有企业及其管理人员监督的系统性、针对性、有效性。

第六条 给予国有企业管理人员处分，应当事实清楚、证据确凿、定性准确、处理恰当、程序合法、手续完备，与其违法行为的性质、情节、危害程度相适应。

第二章 处分的种类和适用

第七条 处分的种类为：

（一）警告；

（二）记过；

（三）记大过；

（四）降级；

（五）撤职；

（六）开除。

第八条 处分的期间为：

（一）警告，6 个月；

（二）记过，12 个月；

（三）记大过，18 个月；

（四）降级、撤职，24 个月。

处分决定自作出之日起生效，处分期自处分决定生效之日起计算。

第九条 国有企业管理人员同时有两个以上需要给予处

分的违法行为的，应当分别确定其处分。应当给予的处分种类不同的，执行其中最重的处分；应当给予撤职以下多个相同种类处分的，可以在一个处分期以上、多个处分期之和以下确定处分期，但是最长不得超过48个月。

第十条　国有企业实施违法行为或者国有企业管理人员集体作出的决定违法，应当追究法律责任的，对负有责任的领导人员和直接责任人员中的国有企业管理人员给予处分。

国有企业管理人员2人以上共同违法，需要给予处分的，按照各自应当承担的责任，分别给予相应的处分。

第十一条　国有企业管理人员有下列情形之一的，可以从轻或者减轻给予处分：

（一）主动交代本人应当受到处分的违法行为；

（二）配合调查，如实说明本人违法事实；

（三）检举他人违法行为，经查证属实；

（四）主动采取措施，有效避免、挽回损失或者消除不良影响；

（五）在共同违法行为中起次要或者辅助作用；

（六）主动上交或者退赔违法所得；

（七）属于推进国有企业改革中因缺乏经验、先行先试出现的失误错误；

（八）法律、法规规定的其他从轻或者减轻情节。

从轻给予处分，是指在本条例规定的违法行为应当受到的处分幅度以内，给予较轻的处分。

减轻给予处分，是指在本条例规定的违法行为应当受到的处分幅度以外，减轻一档给予处分。

第十二条　国有企业管理人员违法行为情节轻微，且具有本条例第十一条第一款规定情形之一的，可以对其进行谈话提醒、批评教育、责令检查或者予以诫勉，免予或者不予处分。

国有企业管理人员因不明真相被裹挟或者被胁迫参与违法活动，经批评教育后确有悔改表现的，可以减轻、免予或者不予处分。

第十三条　国有企业管理人员有下列情形之一的，应当从重给予处分：

（一）在处分期内再次故意违法，应当受到处分；

（二）阻止他人检举、提供证据；

（三）串供或者伪造、隐匿、毁灭证据；

（四）包庇同案人员；

（五）胁迫、唆使他人实施违法行为；

（六）拒不上交或者退赔违法所得；

（七）法律、法规规定的其他从重情节。

从重给予处分，是指在本条例规定的违法行为应当受到的处分幅度以内，给予较重的处分。

第十四条　国有企业管理人员在处分期内，不得晋升职务、岗位等级和职称；其中，被记过、记大过、降级、撤职的，不得晋升薪酬待遇等级。被撤职的，降低职务或者岗位等级，同时降低薪酬待遇。被开除的，用人单位依法解除劳动合同。

第十五条　国有企业管理人员违法取得的财物和用于违法行为的本人财物，除依法应当由有关机关没收、追缴或者责令退赔的外，应当退还原所有人或者原持有人。

国有企业管理人员因违法行为获得的职务、职级、级别、岗位和职员等级、职称、待遇、资格、学历、学位、荣誉、奖励等其他利益，任免机关、单位应当予以纠正或者建议有关机关、单位、组织按规定予以纠正。

第十六条　已经退休的国有企业管理人员退休前或者退休后有违法行为应当受到处分的，不再作出处分决定，但是可以对其立案调查；依法应当给予降级、撤职、开除处分的，应当按照规定相应调整其享受的待遇，对其违法取得的财物和用于违法行为的本人财物依照本条例第十五条的规定处理。

第三章　违法行为及其适用的处分

第十七条　国有企业管理人员有下列行为之一的，依据公职人员政务处分法第二十八条的规定，予以记过或者记大过；情节较重的，予以降级或者撤职；情节严重的，予以开除：

（一）散布有损坚持和完善社会主义基本经济制度的言论；

（二）拒不执行或者变相不执行国有企业改革发展和党的建设有关决策部署；

（三）在对外经济合作、对外援助、对外交流等工作中损害国家安全和国家利益。

公开发表反对宪法确立的国家指导思想，反对中国共产党领导，反对社会主义制度，反对改革开放的文章、演说、宣言、声明等的，予以开除。

第十八条　国有企业管理人员有下列行为之一的，依据公职人员政务处分法第三十条的规定，予以警告、记过或者记大过；情节严重的，予以降级或者撤职：

（一）违反规定的决策程序、职责权限决定国有企业重大决策事项、重要人事任免事项、重大项目安排事项、大额度资金运作事项；

（二）故意规避、干涉、破坏集体决策，个人或者少数人决定国有企业重大决策事项、重要人事任免事项、重大项目安排事项、大额度资金运作事项；

（三）拒不执行或者擅自改变国有企业党委（组）会、股东（大）会、董事会、职工代表大会等集体依法作出的重大决定；

（四）拒不执行或者变相不执行、拖延执行履行出资人职责的机构、行业管理部门等有关部门依法作出的决定。

第十九条　国有企业管理人员有下列行为之一的，依据公职人员政务处分法第三十三条的规定，予以警告、记过或者记大过；情节较重的，予以降级或者撤职；情节严重的，予以开除：

（一）利用职务上的便利，侵吞、窃取、骗取或者以其他手段非法占有、挪用本企业以及关联企业的财物、客户资产等；

（二）利用职务上的便利，索取他人财物或者非法收受他人财物，为他人谋取利益；

（三）为谋取不正当利益，向国家机关、国家出资企业、事业单位、人民团体，或者向国家工作人员、企业或者其他单位的工作人员，外国公职人员、国际公共组织官员行贿；

（四）利用职权或者职务上的影响，违反规定在企业关系国有资产出资人权益的重大事项以及工程建设、资产处置、出版发行、招标投标等活动中为本人或者他人谋取私利；

（五）纵容、默许特定关系人利用本人职权或者职务上的影响，在企业关系国有资产出资人权益的重大事项以及企业经营管理活动中谋取私利；

（六）违反规定，以单位名义将国有资产集体私分给个人。

拒不纠正特定关系人违反规定任职、兼职或者从事经营活动，且不服从职务调整的，予以撤职。

第二十条　国有企业管理人员有下列行为之一，依据公职人员政务处分法第三十五条的规定，情节较重的，予以警告、记过或者记大过；情节严重的，予以降级或者撤职：

（一）超提工资总额或者超发工资，或者在工资总额之外以津贴、补贴、奖金等其他形式设定和发放工资性收入；

（二）未实行工资总额预算管理，或者未按规定履行工资总额备案或者核准程序；

（三）违反规定，自定薪酬、奖励、津贴、补贴和其他福利性货币收入；

（四）在培训活动、办公用房、公务用车、业务招待、差旅费用等方面超过规定的标准、范围；

（五）公款旅游或者以学习培训、考察调研、职工疗养等名义变相公款旅游。

第二十一条　国有企业管理人员有下列行为之一的，依据公职人员政务处分法第三十六条的规定，予以警告、记过或者记大过；情节较重的，予以降级或者撤职；情节严重的，予以开除：

（一）违反规定，个人经商办企业、拥有非上市公司（企业）股份或者证券、从事有偿中介活动、在国（境）外注册公司或者进行投资入股等营利性活动；

（二）利用职务上的便利，为他人经营与所任职企业同类经营的企业；

（三）违反规定，未经批准在本企业所出资企业或者其他企业、事业单位、社会组织、中介机构、国际组织等兼任职务；

（四）经批准兼职，但是违反规定领取薪酬或者获取其他收入；

（五）利用企业内幕信息或者其他未公开的信息、商业秘密、无形资产等谋取私利。

第二十二条　国有企业管理人员在履行提供社会公共服务职责过程中，侵犯服务对象合法权益或者社会公共利益，被监管机构查实并提出处分建议的，依据公职人员政务处分法第三十八条的规定，情节较重的，予以警告、记过或者记大过；情节严重的，予以降级或者撤职；情节特别严重的，予以开除。

第二十三条　国有企业管理人员有下列行为之一，造成国有资产损失或者其他严重不良后果的，依据公职人员政务处分法第三十九条的规定，予以警告、记过或者记大过；情节较重的，予以降级或者撤职；情节严重的，予以开除：

（一）截留、占用、挪用或者拖欠应当上缴国库的预算收入；

（二）违反规定，不履行或者不正确履行经营投资职责；

（三）违反规定，进行关联交易，开展融资性贸易、虚假交易、虚假合资、挂靠经营等活动；

（四）在国家规定期限内不办理或者不如实办理企业国有资产产权登记，或者伪造、涂改、出租、出借、出售国有资产产权登记证（表）；

（五）拒不提供有关信息资料或者编制虚假数据信息，致使国有企业绩效评价结果失真；

（六）掩饰企业真实状况，不如实向会计师事务所、律师事务所、资产评估机构等中介服务机构提供有关情况和资料,或者与会计师事务所、律师事务所、资产评估机构等中介服务机构串通作假。

第二十四条 国有企业管理人员有下列行为之一的,依据公职人员政务处分法第三十九条的规定,予以警告、记过或者记大过;情节较重的,予以降级或者撤职;情节严重的,予以开除:

(一)洗钱或者参与洗钱;

(二)吸收客户资金不入账,非法吸收公众存款或者变相吸收公众存款,违反规定参与或者变相参与民间借贷;

(三)违反规定发放贷款或者对贷款本金减免、停息、减息、缓息、免息、展期等,进行呆账核销,处置不良资产;

(四)违反规定出具金融票证、提供担保,对违法票据予以承兑、付款或者保证;

(五)违背受托义务,擅自运用客户资金或者其他委托、信托的资产;

(六)伪造、变造货币、贵金属、金融票证或者国家发行的有价证券;

(七)伪造、变造、转让、出租、出借金融机构经营许可证或者批准文件,未经批准擅自设立金融机构、发行股票或者债券;

(八)编造并且传播影响证券、期货交易的虚假信息,操纵证券、期货市场,提供虚假信息或者伪造、变造、销毁交易记录,诱骗投资者买卖证券、期货合约;

(九)进行虚假理赔或者参与保险诈骗活动;

(十)窃取、收买或者非法提供他人信用卡信息及其他公民个人信息资料。

第二十五条 国有企业管理人员有下列行为之一,造成不良后果或者影响的,依据公职人员政务处分法第三十九条的规定,予以警告、记过或者记大过;情节较重的,予以降级或者撤职;情节严重的,予以开除:

(一)泄露企业内幕信息或者商业秘密;

(二)伪造、变造、转让、出租、出借行政许可证件、资质证明文件,或者出租、出借国有企业名称或者企业名称中的字号;

(三)违反规定,举借或者变相举借地方政府债务;

(四)在中华人民共和国境外违反规定造成重大工程质量问题、引起重大劳务纠纷或者其他严重后果;

(五)不履行或者不依法履行安全生产管理职责,导致发生生产安全事故;

(六)在工作中有敷衍应付、推诿扯皮,或者片面理解、机械执行党和国家路线方针政策、重大决策部署等形式主义、官僚主义行为;

(七)拒绝、阻挠、拖延依法开展的出资人监督、审计监督、财会监督工作,或者对出资人监督、审计监督、财会监督发现的问题拒不整改、推诿敷衍、虚假整改;

(八)不依法提供有关信息、报送有关报告或者履行信息披露义务,或者配合其他主体从事违法违规行为;

(九)不履行法定职责或者违法行使职权,侵犯劳动者合法权益;

(十)违反规定,拒绝或者延迟支付中小企业款项、农民工工资等;

(十一)授意、指使、强令、纵容、包庇下属人员违反法律法规规定。

第四章 处分的程序

第二十六条 任免机关、单位按照干部管理权限对有公职人员政务处分法和本条例规定违法行为的国有企业管理人员依法给予处分,保障国有企业管理人员以及相关人员的合法权益。

任免机关、单位应当结合国有企业的组织形式、组织机构等实际情况,明确承担国有企业管理人员处分工作的内设部门或者机构(以下称承办部门)及其职责权限、运行机制等。

第二十七条 对涉嫌违法的国有企业管理人员进行调查、处理,应当由2名以上工作人员进行,按照下列程序办理:

(一)经任免机关、单位负责人同意,由承办部门对需要调查处理的问题线索进行初步核实;

(二)经初步核实,承办部门认为该国有企业管理人员涉嫌违反公职人员政务处分法和本条例规定,需要进一步查证的,经任免机关、单位主要负责人批准同意后立案,书面告知被调查的国有企业管理人员本人(以下称被调查人)及其所在单位,并向有管理权限的监察机关通报;

(三)承办部门负责对被调查人的违法行为作进一步调查,收集、查证有关证据材料,向有关单位和人员了解情况,并形成书面调查报告,向任免机关、单位负责人报告,有关单位和个人应当如实提供情况;

(四)承办部门将调查认定的事实以及拟给予处分的依据告知被调查人,听取其陈述和申辩,并对其提出的事实、理由和证据进行核实,记录在案,被调查人提出的事实、理由和证据成立的,应予采纳;

(五)承办部门经审查提出处理建议,按程序报任免机关、单位领导成员集体讨论,作出对被调查人给予处分、免予处分、不予处分或者撤销案件的决定,并向有管理权限的监察机关通报;

(六)任免机关、单位应当自本条第一款第五项决定作出之日起1个月以内,将处分、免予处分、不予处分或者撤销案件的决定以书面形式通知被调查人及其所在单位,并在一定范围内宣布,涉及国家秘密、商业秘密或者个人隐私的,按照国家有关规定办理;

(七)承办部门应当将处分有关决定及执行材料归入被调查人本人档案,同时汇集有关材料形成该处分案件的工作档案。

严禁以威胁、引诱、欺骗等非法方式收集证据。以非法方式收集的证据不得作为给予处分的依据。不得因被调查人的申辩而加重处分。

第二十八条　重大违法案件调查过程中,确有需要的,可以商请有管理权限的监察机关提供必要支持。

违法情形复杂、涉及面广或者造成重大影响,由任免机关、单位调查核实存在困难的,经任免机关、单位负责人同意,可以商请有管理权限的监察机关处理。

第二十九条　给予国有企业管理人员处分,应当自立案之日起6个月内作出决定;案情复杂或者遇有其他特殊情形的,经任免机关、单位主要负责人批准可以适当延长,但是延长期限不得超过6个月。

第三十条　决定给予处分的,应当制作处分决定书。

处分决定书应当载明下列事项:

(一)受到处分的国有企业管理人员(以下称被处分人)的姓名、工作单位和职务;

(二)违法事实和证据;

(三)处分的种类和依据;

(四)不服处分决定,申请复核、申诉的途径和期限;

(五)作出处分决定的机关、单位名称和日期。

处分决定书应当盖有作出决定的机关、单位印章。

第三十一条　参与国有企业管理人员违法案件调查、处理的人员有下列情形之一的,应当自行回避,被调查人、检举人以及其他有关人员可以要求其回避:

(一)是被调查人或者检举人的近亲属;

(二)担任过本案的证人;

(三)本人或者其近亲属与调查的案件有利害关系;

(四)可能影响案件公正调查、处理的其他情形。

任免机关、单位主要负责人的回避,由上一级机关、单位负责人决定;其他参与违法案件调查、处理人员的回避,由任免机关、单位负责人决定。

任免机关、单位发现参与处分工作的人员有应当回避情形的,可以直接决定该人员回避。

第三十二条　国有企业管理人员被依法追究刑事责任的,任免机关、单位应当根据司法机关的生效判决、裁定、决定及其认定的事实和情节,依法给予处分。

国有企业管理人员依法受到行政处罚,应当给予处分的,任免机关、单位可以根据生效的行政处罚决定认定的事实和情节,经核实后依法给予处分。

任免机关、单位根据本条第一款、第二款规定作出处分决定后,司法机关、行政机关依法改变原生效判决、裁定、决定等,对原处分决定产生影响的,任免机关、单位应当根据改变后的判决、裁定、决定等重新作出相应处理。

第三十三条　任免机关、单位对担任各级人民代表大会代表或者中国人民政治协商会议各级委员会委员的国有企业管理人员给予处分的,应当向有关的人民代表大会常务委员会,乡、民族乡、镇的人民代表大会主席团或者中国人民政治协商会议委员会常务委员会通报。

第三十四条　国有企业管理人员涉嫌违法,已经被立案调查,不宜继续履行职责的,任免机关、单位可以决定暂停其履行职务。国有企业管理人员在被立案调查期间,未经决定立案的任免机关、单位同意,不得出境、辞去公职;其任免机关、单位以及上级机关、单位不得对其交流、晋升、奖励或者办理退休手续。

第三十五条　调查中发现国有企业管理人员因依法履行职责遭受不实举报、诬告陷害、侮辱诽谤,造成不良影响的,任免机关、单位应当按照规定及时澄清事实,恢复名誉,消除不良影响。

第三十六条　国有企业管理人员受到降级、撤职、开除处分的,应当在处分决定作出后1个月内,由相应人事部门等按照管理权限办理岗位、职务、工资和其他有关待遇等变更手续,并依法变更或者解除劳动合同;特殊情况下,经任免机关、单位主要负责人批准可以适当延长办理期限,但是最长不得超过6个月。

第三十七条　国有企业管理人员受到开除以外的处分,在受处分期间有悔改表现,并且没有再出现应当给予处分的违法情形的,处分期满后自动解除处分。

处分解除后,考核以及晋升职务、职级、级别、岗位和职员等级、职称、薪酬待遇等级等不再受原处分影响。但是,受到降级、撤职处分的,不恢复受处分前的职务、职级、级别、岗位和职员等级、职称、薪酬待遇等级等。

任免机关、单位应当按照国家有关规定正确对待、合理使用受处分的国有企业管理人员，坚持尊重激励与监督约束并重，营造干事创业的良好环境。

第五章 复核、申诉

第三十八条 被处分人对处分决定不服的，可以自收到处分决定书之日起1个月内，向作出处分决定的任免机关、单位（以下称原处分决定单位）申请复核。原处分决定单位应当自接到复核申请后1个月以内作出复核决定。

被处分人因不可抗拒的事由或者其他正当理由耽误复核申请期限的，在障碍消除后的10个工作日内，可以申请顺延期限；是否准许，由原处分决定单位决定。

第三十九条 被处分人对复核决定仍不服的，可以自收到复核决定之日起1个月内按照管理权限向上一级机关、单位申诉。受理申诉的机关、单位（以下称申诉机关）应当自受理之日起2个月以内作出处理决定；案情复杂的，可以适当延长，但是延长期限最多不超过1个月。

被处分人因不可抗拒的事由或者其他正当理由耽误申诉申请期限的，在障碍消除后的10个工作日内，可以申请顺延期限；是否准许，由申诉机关决定。

第四十条 原处分决定单位接到复核申请、申诉机关受理申诉后，相关承办部门应当成立工作组，调阅原案材料，必要时可以进行调查，收集、查证有关证据材料，向有关单位和人员了解情况。工作组应当集体研究，提出办理意见，按程序报原处分决定单位、申诉机关领导成员集体讨论作出复核、申诉决定，并向有管理权限的监察机关通报。复核、申诉决定应当自作出之日起1个月以内以书面形式通知被处分人及其所在单位，并在一定范围内宣布；涉及国家秘密、商业秘密或者个人隐私的，按照国家有关规定办理。

复核、申诉期间，不停止原处分决定的执行。

国有企业管理人员不因提出复核、申诉而被加重处分。

坚持复核、申诉与原案调查相分离，原案调查、承办人员不得参与复核、申诉。

第四十一条 任免机关、单位发现本机关、本单位或者下级机关、单位作出的处分决定确有错误的，应当及时予以纠正或者责令下级机关、单位及时予以纠正。

监察机关发现任免机关、单位应当给予处分而未给予，或者给予的处分违法、不当，依法提出监察建议的，任免机关、单位应当采纳并将执行情况函告监察机关，不采纳的应当说明理由。

第四十二条 有下列情形之一的，原处分决定单位、申诉机关应当撤销原处分决定，重新作出决定或者由申诉机关责令原处分决定单位重新作出决定：

（一）处分所依据的违法事实不清或者证据不足；

（二）违反本条例规定的程序，影响案件公正处理；

（三）超越职权或者滥用职权作出处分决定。

第四十三条 有下列情形之一的，原处分决定单位、申诉机关应当变更原处分决定，或者由申诉机关责令原处分决定单位予以变更：

（一）适用法律、法规确有错误；

（二）对违法行为的情节认定确有错误；

（三）处分不当。

第四十四条 原处分决定单位、申诉机关认为处分决定认定事实清楚，适用法律正确的，应当予以维持。

第四十五条 国有企业管理人员的处分决定被变更，需要调整该国有企业管理人员的职务、岗位等级、薪酬待遇等级等的，应当按照规定予以调整。国有企业管理人员的处分决定被撤销，需要恢复该国有企业管理人员的职务、岗位等级、薪酬待遇等级等的，应当按照原职务和岗位等级安排相应的职务和岗位，并在原处分决定公布范围内为其恢复名誉。

国有企业管理人员因有本条例第四十二条、第四十三条规定情形被撤销处分或者减轻处分的，应当结合其实际履职、业绩贡献等情况对其薪酬待遇受到的损失予以适当补偿。

维持、变更、撤销处分的决定应当在作出后1个月内按照本条例第二十七条第一款第六项规定予以送达、宣布，并存入被处分人本人档案。

第六章 法律责任

第四十六条 任免机关、单位及其工作人员在国有企业管理人员处分工作中有公职人员政务处分法第六十一条、第六十三条规定情形的，依据公职人员政务处分法的规定对负有责任的领导人员和直接责任人员给予处理。

第四十七条 有关机关、单位、组织或者人员拒不执行处分决定或者有公职人员政务处分法第六十二条规定情形的，由其上级机关、主管部门、履行出资人职责的机构或者任免机关、单位依据公职人员政务处分法的规定给予处理。

第四十八条 相关单位或者个人利用举报等方式歪曲捏

造事实，诬告陷害国有企业管理人员的，应当依法承担法律责任。

第四十九条　违反本条例规定，构成犯罪的，依法追究刑事责任。

第七章　附　　则

第五十条　国家对违法的金融、文化国有企业管理人员追究责任另有规定的，同时适用。

第五十一条　本条例施行前，已经结案的案件如果需要复核、申诉，适用当时的规定。尚未结案的案件，如果行为发生时的规定不认为是违法的，适用当时的规定；如果行为发生时的规定认为是违法的，依照当时的规定处理，但是如果本条例不认为是违法或者根据本条例处理较轻的，适用本条例。

第五十二条　本条例自2024年9月1日起施行。

关于骗购外汇、非法套汇、逃汇、非法买卖外汇等违反外汇管理规定行为的行政处分或者纪律处分暂行规定

1. 1999年1月25日监察部、人事部、中国人民银行、海关总署、国家外汇管理局令第7号发布

2. 根据2011年1月8日国务院令第588号《关于废止和修改部分行政法规的决定》修订

第一条　为了维护国家外汇管理秩序，惩处违反外汇管理规定的行为，防范金融风险，制定本规定。

第二条　本规定适用于国家公务员以及经批准经营外汇业务的金融机构、国有外经贸企业的工作人员。

本规定所称经批准经营外汇业务的金融机构，是指经批准经营外汇业务的中资银行、非银行金融机构及其分支机构。

本规定所称国有外经贸企业，是指国有外贸公司、自营进出口的国有生产企业、有进出口经营权的国有企业和国有资产占控股地位或者主导地位的企业。

第三条　有本规定所列违反外汇管理规定的行为的，除依法给予行政处罚外，对有关责任人员依照本规定给予行政处分或者纪律处分；构成犯罪的，依法追究刑事责任。

第四条　经批准经营外汇业务的金融机构、国有外经贸企业的工作人员，有下列骗购外汇行为之一，数额不满10万美元的，给予留用察看处分；数额在10万美元以上的，给予开除处分。

（一）伪造、变造海关报关单、进口证明、外汇管理部门核准件等凭证和单据的；

（二）使用、买卖伪造、变造的海关报关单、进口证明、外汇管理部门核准件等凭证和单据的；

（三）重复使用海关报关单、进口证明、外汇管理部门核准件等凭证和单据的；

（四）明知用于骗购外汇而提供人民币资金或者其他服务的；

（五）以其他方式骗购外汇的。

单位有前款行为之一的，对负有直接责任的主管人员和其他直接责任人员，依照前款规定给予纪律处分。

第五条　经批准经营外汇业务的金融机构、国有外经贸企业的工作人员，有下列非法套汇行为之一，数额不满10万美元的，给予警告、记过或者记大过处分；数额在10万美元以上不满100万美元的，给予降级或者撤职处分；数额在100万美元以上的，给予留用察看或者开除处分。

（一）违反国家规定，以人民币支付或者以实物偿付应当以外汇支付的进口货款或者其他类似支出的，但是合法的易货贸易除外；

（二）以人民币为他人支付在境内的费用，而由对方给付外汇的；

（三）明知用于非法套汇而提供人民币资金或者其他服务的；

（四）以其他方式非法套汇的。

单位有前款行为之一的，对负有直接责任的主管人员和其他直接责任人员，依照前款规定给予纪律处分。

第六条　经批准经营外汇业务的金融机构、国有外经贸企业的工作人员，有下列逃汇行为之一，数额不满10万美元的，给予撤职处分；数额在10万美元以上不满100万美元的，给予留用察看处分；数额在100万美元以上的，给予开除处分。

（一）违反国家规定，擅自将外汇存放在境外的；

（二）不按照国家规定将外汇卖给外汇指定银行的；

（三）违反国家规定将外汇汇出或者携带出境的；

（四）未经外汇管理部门批准，擅自将外币存款凭证、外币有价证券携带或者邮寄出境的；

（五）明知用于逃汇而提供人民币资金或者其他服务的；

（六）以其他方式逃汇的。

单位有前款行为之一的，对负有直接责任的主管人

员和其他直接责任人员,依照前款规定给予纪律处分。

第七条　经批准经营外汇业务的金融机构、国有外经贸企业的工作人员,以营利为目的,在国家规定的交易场所以外非法买卖外汇,数额不满5万美元或者违法所得不满1万元人民币的,给予撤职处分;数额在5万美元以上不满10万美元或者违法所得在1万元人民币以上不满3万元人民币的,给予留用察看处分;数额在10万美元以上或者违法所得在3万元人民币以上的,给予开除处分。

单位有前款所列行为的,对负有直接责任的主管人员和其他直接责任人员,依照前款规定给予纪律处分。

第八条　国有外经贸企业在代理进口业务中,因过失导致他人骗购外汇或者非法套汇,对负有直接责任的主管人员和其他直接责任人员给予纪律处分,数额不满10万美元的,给予警告、记过或者记大过处分;数额在10万美元以上不满100万美元的,给予降级或者撤职处分;数额在100万美元以上的,给予留用察看或者开除处分。

第九条　经批准经营外汇业务的金融机构在办理结汇、售汇、付汇和开户业务中,因过失导致他人骗购外汇、非法套汇或者逃汇,对负有直接责任的主管人员和其他直接责任人员给予纪律处分,数额不满10万美元的,给予警告、记过或者记大过处分;数额在10万美元以上不满100万美元的,给予降级或者撤职处分;数额在100万美元以上的,给予留用察看或者开除处分。

第十条　国家公务员有本规定所列骗购外汇、非法套汇、逃汇或者非法买卖外汇等违反外汇管理规定行为之一的,给予降级、撤职或者开除处分。

第十一条　海关、外汇管理等部门的国家公务员与骗购外汇、非法套汇、逃汇或者非法买卖外汇的行为人通谋,为其提供便利,或者明知是伪造、变造的凭证和单据而为其提供服务,或者有其他滥用职权、徇私舞弊行为造成他人骗购外汇、非法套汇或者逃汇后果的,给予开除处分。

海关、外汇管理等部门的国家公务员,玩忽职守,造成他人骗购外汇、非法套汇或者逃汇的,给予降级或者撤职处分;情节严重的,给予开除处分。

第十二条　对本单位发生的违反外汇管理规定行为不制止、不查处,情节较重的,对负有直接责任的主管人员给予警告、记过或者记大过处分;情节严重的,给予降级或者撤职处分。

第十三条　国家公务员利用职权,包庇违反外汇管理规定行为,或者有其他妨碍外汇管理执法监督、检查行为的,给予撤职或者开除处分。

经批准经营外汇业务的金融机构、国有外经贸企业的工作人员有前款行为的,给予留用察看或者开除处分。

单位有本条第一款所列行为的,对负有直接责任的主管人员和其他直接责任人员,分别依照前两款规定给予行政处分或者纪律处分。

第十四条　主动交代违反外汇管理规定行为,并退出外汇和违法所得,或者主动采取措施避免损失,或者有立功表现的,可以从轻、减轻或者免予行政处分或者纪律处分。

隐瞒事实真相,或者弄虚作假,出具伪证,或者隐匿、毁灭证据,或者拒绝提供有关文件、资料和证明材料的,应当从重或者加重行政处分或者纪律处分。

第十五条　自营进出口的国有事业单位及其工作人员有本规定所列违反外汇管理规定行为的,参照本规定执行。

第十六条　本规定自发布之日起施行。1996年4月1日《中华人民共和国外汇管理条例》施行后、本规定施行前发生的违反外汇管理规定的行为,尚未处理的,适用本规定。

事业单位工作人员处分规定

1. *2023年11月6日中共中央组织部、人力资源社会保障部印发*
2. *人社部发〔2023〕58号*

第一章　总　　则

第一条　为严明事业单位纪律规矩,规范事业单位工作人员行为,保证事业单位及其工作人员依法履职,根据《中华人民共和国公职人员政务处分法》和《事业单位人事管理条例》,制定本规定。

第二条　事业单位工作人员违规违纪违法,应当承担纪律责任的,依照本规定给予处分。

任免机关、事业单位对事业单位中从事管理的人员给予处分,适用《中华人民共和国公职人员政务处分法》第二章、第三章规定。处分的程序、申诉等适用本规定。

第三条　给予事业单位工作人员处分,应当坚持党管干部、党管人才原则;坚持公正、公平;坚持惩治与教育相结合。

给予事业单位工作人员处分,应当与其违规违纪违法行为的性质、情节、危害程度相适应。

给予事业单位工作人员处分，应当事实清楚、证据确凿、定性准确、处理恰当、程序合法、手续完备。

第二章 处分的种类和适用

第四条 事业单位工作人员处分的种类为：

（一）警告；

（二）记过；

（三）降低岗位等级；

（四）开除。

第五条 事业单位工作人员受处分的期间为：

（一）警告，六个月；

（二）记过，十二个月；

（三）降低岗位等级，二十四个月。

处分决定自作出之日起生效，处分期自处分决定生效之日起计算。

第六条 事业单位工作人员受到警告处分的，在作出处分决定的当年，参加年度考核，不能确定为优秀档次；受到记过处分的当年，受到降低岗位等级处分的当年及第二年，参加年度考核，只写评语，不确定档次。

事业单位工作人员受到降低岗位等级处分的，自处分决定生效之日起降低一个以上岗位和职员等级聘用，按照事业单位收入分配有关规定确定其工资待遇；对同时在管理和专业技术两类岗位任职的事业单位工作人员发生违规违纪违法行为的，给予降低岗位等级处分时，应当同时降低两类岗位的等级，并根据违规违纪违法的情形与岗位性质的关联度确定降低岗位类别的主次。

事业单位工作人员在受处分期间，不得聘用到高于现聘岗位和职员等级。受到开除处分的，自处分决定生效之日起，终止其与事业单位的人事关系。

第七条 事业单位工作人员受到记过以上处分的，在受处分期间不得参加专业技术职称评审或者工勤技能人员职业技能等级认定。

第八条 事业单位工作人员同时有两种以上需要给予处分的行为的，应当分别确定其处分。应当给予的处分种类不同的，执行其中最重的处分；应当给予开除以外多个相同种类处分的，执行该处分，处分期应当按照一个处分期以上、多个处分期之和以下确定，但是最长不得超过四十八个月。

事业单位工作人员在受处分期间受到新的处分的，其处分期为原处分期尚未执行的期限与新处分期限之和，但是最长不得超过四十八个月。

第九条 事业单位工作人员二人以上共同违规违纪违法，需要给予处分的，按照各自应当承担的责任，分别给予相应的处分。

第十条 有下列情形之一的，应当从重处分：

（一）在处分期内再次故意违规违纪违法，应当受到处分的；

（二）在二人以上的共同违规违纪违法行为中起主要作用的；

（三）隐匿、伪造、销毁证据的；

（四）串供或者阻止他人揭发检举、提供证据材料的；

（五）包庇同案人员的；

（六）胁迫、唆使他人实施违规违纪违法行为的；

（七）拒不上交或者退赔违规违纪违法所得的；

（八）法律、法规、规章规定的其他从重情节。

第十一条 有下列情形之一的，可以从轻或者减轻给予处分：

（一）主动交代本人应当受到处分的违规违纪违法行为的；

（二）配合调查，如实说明本人违规违纪违法事实的；

（三）主动采取措施，有效避免、挽回损失或者消除不良影响的；

（四）检举他人违规违纪违法行为，情况属实的；

（五）在共同违规违纪违法行为中起次要或者辅助作用的；

（六）主动上交或者退赔违规违纪违法所得的；

（七）其他从轻或者减轻情节。

第十二条 违规违纪违法行为情节轻微，且具有本规定第十一条的情形之一的，可以对其进行谈话提醒、批评教育、责令检查或者予以诫勉，免予或者不予处分。

事业单位工作人员因不明真相被裹挟或者被胁迫参与违规违纪违法活动，经批评教育后确有悔改表现的，可以减轻、免予或者不予处分。

第十三条 事业单位工作人员违规违纪违法取得的财物和用于违规违纪违法的财物，除依法应当由其他机关没收、追缴或者责令退赔的，由处分决定单位没收、追缴或者责令退赔；应当退还原所有人或者原持有人的，依法予以退还；属于国家财产或者不应当退还以及无法退还的，上缴国库。

第十四条 已经退休的事业单位工作人员退休前或者退休后有违规违纪违法行为应当受到处分的，不再作出处分决定，但是可以对其立案调查；依规依纪依法应当给予降低岗位等级以上处分的，应当按照规定相应调整其享受的待遇。

第十五条 事业单位有违规违纪违法行为,应当追究纪律责任的,依规依纪依法对负有责任的领导人员和直接责任人员给予处分。

第三章 违规违纪违法行为及其适用的处分

第十六条 有下列行为之一的,给予记过处分;情节较重的,给予降低岗位等级处分;情节严重的,给予开除处分:

(一)散布有损宪法权威、中国共产党领导和国家声誉的言论的;

(二)参加旨在反对宪法、中国共产党领导和国家的集会、游行、示威等活动的;

(三)拒不执行或者变相不执行中国共产党和国家的路线方针政策、重大决策部署的;

(四)参加非法组织、非法活动的;

(五)利用宗教活动破坏民族团结和社会稳定的;挑拨、破坏民族关系,或者参加民族分裂活动的;

(六)在对外交往中损害国家荣誉和利益的;

(七)携带含有依法禁止内容的书刊、音像制品、电子出版物进入境内的;

(八)其他违反政治纪律的行为。

有前款第二项、第四项、第五项行为之一的,对策划者、组织者和骨干分子,给予开除处分。

公开发表反对宪法确立的国家指导思想,反对中国共产党领导,反对社会主义制度,反对改革开放的文章、演说、宣言、声明等的,给予开除处分。

第十七条 有下列行为之一的,给予警告或者记过处分;情节较重的,给予降低岗位等级处分;情节严重的,给予开除处分:

(一)采取不正当手段为本人或者他人谋取岗位;

(二)在事业单位选拔任用、公开招聘、考核、培训、回避、奖励、申诉、职称评审等人事管理工作中有违反组织人事纪律行为的;

(三)其他违反组织人事纪律的行为。

篡改、伪造本人档案资料的,给予记过处分;情节严重的,给予降低岗位等级处分。

违反规定出境或者办理因私出境证件的,给予记过处分;情节严重的,给予降低岗位等级处分。

违反规定取得外国国籍或者获取境外永久居留资格、长期居留许可的,给予降低岗位等级以上处分。

第十八条 有下列行为之一的,给予警告或者记过处分;情节较重的,给予降低岗位等级处分;情节严重的,给予开除处分:

(一)在执行国家重要任务、应对公共突发事件中,不服从指挥、调遣或者消极对抗的;

(二)破坏正常工作秩序,给国家或者公共利益造成损失的;

(三)违章指挥、违规操作,致使人民生命财产遭受损失的;

(四)发生重大事故、灾害、事件,擅离职守或者不按规定报告、不采取措施处置或者处置不力的;

(五)在项目评估评审、产品认证、设备检测检验等工作中徇私舞弊,或者违反规定造成不良影响的;

(六)泄露国家秘密,或者泄露因工作掌握的内幕信息、个人隐私,造成不良后果的;

(七)其他违反工作纪律失职渎职的行为。

第十九条 有下列行为之一的,给予警告或者记过处分;情节较重的,给予降低岗位等级处分;情节严重的,给予开除处分:

(一)贪污、索贿、受贿、行贿、介绍贿赂、挪用公款的;

(二)利用工作之便为本人或者他人谋取不正当利益的;

(三)在公务活动或者工作中接受礼品、礼金、各种有价证券、支付凭证的;

(四)利用知悉或者掌握的内幕信息谋取利益的;

(五)用公款旅游或者变相用公款旅游的;

(六)违反国家规定,从事、参与营利性活动或者兼任职务领取报酬的;

(七)其他违反廉洁从业纪律的行为。

第二十条 有下列行为之一的,给予警告或者记过处分;情节较重的,给予降低岗位等级处分;情节严重的,给予开除处分:

(一)违反国家财政收入上缴有关规定的;

(二)违反规定使用、骗取财政资金或者违反规定使用、骗取、隐匿、转移、侵占、挪用社会保险基金的;

(三)擅自设定收费项目或者擅自改变收费项目的范围、标准和对象的;

(四)挥霍、浪费国家资财或者造成国有资产流失的;

(五)违反国有资产管理规定,擅自占有、使用、处置国有资产的;

(六)在招标投标和物资采购工作中违反有关规定,造成不良影响或者损失的;

（七）其他违反财经纪律的行为。

第二十一条　有下列行为之一的，给予警告或者记过处分；情节较重的，给予降低岗位等级处分；情节严重的，给予开除处分：

（一）利用专业技术或者技能实施违规违纪违法行为的；

（二）有抄袭、剽窃、侵吞他人学术成果，伪造、篡改数据文献，或者捏造事实等学术不端行为的；

（三）利用职业身份进行利诱、威胁或者误导，损害他人合法权益的；

（四）利用权威、地位或者掌控的资源，压制不同观点，限制学术自由，造成重大损失或者不良影响的；

（五）在申报岗位、项目、荣誉等过程中弄虚作假的；

（六）工作态度恶劣，造成不良社会影响的；

（七）其他严重违反职业道德的行为。

有前款第一项规定行为的，给予记过以上处分。

第二十二条　有下列行为之一的，给予警告或者记过处分；情节较重的，给予降低岗位等级处分；情节严重的，给予开除处分：

（一）违背社会公序良俗，在公共场所有不当行为，造成不良影响的；

（二）制造、传播违法违禁物品及信息的；

（三）参与赌博活动的；

（四）有实施家庭暴力，虐待、遗弃家庭成员，或者拒不承担赡养、抚养、扶养义务等的；

（五）其他严重违反公共秩序、社会公德的行为。

吸食、注射毒品，组织赌博，组织、支持、参与卖淫、嫖娼、色情淫乱活动的，给予降低岗位等级以上处分。

第二十三条　事业单位工作人员犯罪，有下列情形之一的，给予开除处分：

（一）因故意犯罪被判处管制、拘役或者有期徒刑以上刑罚（含宣告缓刑）的；

（二）因过失犯罪被判处有期徒刑，刑期超过三年的；

（三）因犯罪被单处或者并处剥夺政治权利的。

因过失犯罪被判处管制、拘役或者三年以下有期徒刑的，一般应当给予开除处分；案件情况特殊，给予降低岗位等级处分更为适当的，可以不予开除，但是应当报请事业单位主管部门批准，并报同级事业单位人事综合管理部门备案。

事业单位工作人员因犯罪被单处罚金，或者犯罪情节轻微，人民检察院依法作出不起诉决定或者人民法院依法免予刑事处罚的，给予降低岗位等级处分；造成不良影响的，给予开除处分。

第四章　处分的权限和程序

第二十四条　对事业单位工作人员的处分，按照干部人事管理权限，由事业单位或者事业单位主管部门决定。

开除处分由事业单位主管部门决定，并报同级事业单位人事综合管理部门备案。

对中央和地方直属事业单位工作人员的处分，按照干部人事管理权限，由本单位或者有关部门决定；其中，由本单位作出开除处分决定的，报同级事业单位人事综合管理部门备案。

第二十五条　对事业单位工作人员的处分，按照以下程序办理：

（一）对事业单位工作人员违规违纪违法行为初步调查后，需要进一步查证的，应当按照干部人事管理权限，经事业单位负责人批准或者有关部门同意后立案；

（二）对被调查的事业单位工作人员的违规违纪违法行为作进一步调查，收集、查证有关证据材料，并形成书面调查报告；

（三）将调查认定的事实及拟给予处分的依据告知被调查的事业单位工作人员，听取其陈述和申辩，并对其所提出的事实、理由和证据进行复核，记录在案。被调查的事业单位工作人员提出的事实、理由和证据成立的，应予采信；

（四）按照处分决定权限，作出对该事业单位工作人员给予处分、免予不予处分或者撤销案件的决定；

（五）处分决定单位印发处分决定；

（六）将处分决定以书面形式通知受处分事业单位工作人员本人和有关单位，并在一定范围内宣布；

（七）将处分决定存入受处分事业单位工作人员的档案。

第二十六条　事业单位工作人员已经被立案调查，不宜继续履职的，可以按照干部人事管理权限，由事业单位或者有关部门暂停其职责。

被调查的事业单位工作人员在案件立案调查期间，不得解除聘用合同、出境，所在单位不得对其交流、晋升、奖励或者办理退休手续。

第二十七条　对事业单位工作人员案件进行调查，应当由二名以上办案人员进行；接受调查的单位和个人应当如实提供情况。

以暴力、威胁、引诱、欺骗等非法方式收集的证据不得作为定案的根据。

在调查中发现事业单位工作人员受到不实检举、控告或者诬告陷害，造成不良影响的，应当按照规定及时澄清事实，恢复名誉，消除不良影响。

第二十八条　参与事业单位工作人员案件调查、处理的人员应当回避的，执行《事业单位人事管理回避规定》等有关规定。

第二十九条　给予事业单位工作人员处分，应当自批准立案之日起六个月内作出决定；案情复杂或者遇有其他特殊情形的可以延长，但是办案期限最长不得超过十二个月。

第三十条　处分决定应当包括下列内容：

（一）受处分事业单位工作人员的姓名、工作单位、原所聘岗位（所任职务）名称及等级、职员等级等基本情况；

（二）经查证的违规违纪违法事实；

（三）处分的种类、受处分的期间和依据；

（四）不服处分决定的申诉途径和期限；

（五）处分决定单位的名称、印章和作出决定的日期。

第三十一条　事业单位工作人员受到处分，应当办理岗位、职员等级、工资及其他有关待遇等的变更手续的，由人事部门按照管理权限在作出处分决定后一个月内办理；特殊情况下，经批准可以适当延长办理期限，但是最长不得超过六个月。

第三十二条　事业单位工作人员受开除以外的处分，在受处分期间有悔改表现，并且没有再出现违规违纪违法情形的，处分期满后自动解除处分。

处分解除后，考核及晋升岗位和职员等级、职称、工资待遇按照国家有关规定执行，不再受原处分的影响。但是，受到降低岗位等级处分的，不恢复受处分前的岗位、职员等级、工资待遇；无岗位、职员等级可降而降低薪级工资的，处分解除后，不恢复受处分前的薪级工资。

第三十三条　事业单位工作人员受到开除处分后，事业单位应当及时办理档案和社会保险关系转移手续，具体办法按照有关规定执行。

第五章　复核和申诉

第三十四条　受到处分的事业单位工作人员对处分决定不服的，可以自知道或者应当知道该处分决定之日起三十日内向原处分决定单位申请复核。对复核结果不服的，可以自接到复核决定之日起三十日内，按照《事业单位工作人员申诉规定》等有关规定向原处分决定单位的主管部门或者同级事业单位人事综合管理部门提出申诉。

受到处分的中央和地方直属事业单位工作人员的申诉，按照干部人事管理权限，由同级事业单位人事综合管理部门受理。

第三十五条　原处分决定单位应当自接到复核申请后的三十日内作出复核决定。受理申诉的单位应当自受理之日起六十日内作出处理决定；案情复杂的，可以适当延长，但是延长期限最多不超过三十日。

复核、申诉期间不停止处分的执行。

事业单位工作人员不因提出复核、申诉而被加重处分。

第三十六条　有下列情形之一的，受理处分复核、申诉的单位应当撤销处分决定，重新作出决定或者责令原处分决定单位重新作出决定：

（一）处分所依据的事实不清、证据不足的；

（二）违反规定程序，影响案件公正处理的；

（三）超越职权或者滥用职权作出处分决定的。

第三十七条　有下列情形之一的，受理复核、申诉的单位应当变更处分决定或者责令原处分决定单位变更处分决定：

（一）适用法律、法规、规章错误的；

（二）对违规违纪违法行为的情节认定有误的；

（三）处分不当的。

第三十八条　事业单位工作人员的处分决定被变更，需要调整该工作人员的岗位、职员等级或者工资待遇的，应当按照规定予以调整；事业单位工作人员的处分决定被撤销的，需要恢复该工作人员的岗位、职员等级、工资待遇的，按照原岗位、职员等级安排相应的岗位、职员等级，恢复相应的工资待遇，并在原处分决定公布范围内为其恢复名誉。

被撤销处分或者被减轻处分的事业单位工作人员工资待遇受到损失的，应当予以补偿。没收、追缴财物错误的，应当依规依纪依法予以返还、赔偿。

第六章　附　　则

第三十九条　对事业单位工作人员处分工作中有滥用职权、玩忽职守、徇私舞弊、收受贿赂等违规违纪违法行为的工作人员，按照有关规定给予处分；涉嫌犯罪的，依法追究刑事责任。

第四十条　对机关工勤人员给予处分，参照本规定执行。

第四十一条　教育、科研、文化、医疗卫生、体育等部门，可以依据本规定，结合自身工作的实际情况，与中央事业单位人事综合管理部门联合制定具体办法。

第四十二条　本规定实施前，已经结案的案件如果需要复核、申诉,适用当时的规定。尚未结案的案件,如果行为发生时的规定不认为是违规违纪违法的,适用当时的规定;如果行为发生时的规定认定是违规违纪违法的,依照当时的规定处理,但是如果本规定不认为是违规违纪违法的或者根据本规定处理较轻的,适用本规定。

第四十三条 本规定所称以上、以下,包括本数。

第四十四条 本规定由中共中央组织部、人力资源社会保障部负责解释。

第四十五条 本规定自发布之日起施行。

监察部对被调查人在案件调查中逃跑、藏匿,其违法违纪事实材料未与本人见面能否做出行政处分决定问题的答复

1. 1992年2月1日

2. 监法复字〔1992〕2号

山西省监察厅:

你厅晋监函字〔1991〕第41号来函收悉。经研究,答复如下:

根据《监察机关调查处理政纪案件办法》第三十五条的规定,监察机关认定的违法违纪事实所形成书面材料要与被调查人见面。但在被调查人逃跑、藏匿等特殊情况下,监察机关无法将材料与本人见面时,可以将此情况记录在案,转入审理、处理程序。如其错误属实,确需给予行政处分,可以作出行政处分决定。

人事部关于公务员受到行政处分能否办理退休手续问题的函

1. 1997年7月9日

2. 人函〔1997〕136号

陕西省人事厅:

你厅《关于国家公务员受到行政处分未解除处分前到达退休年龄时能否办理退休手续问题的请示》(陕人报〔1997〕18号)收悉。关于公务员受到行政处分,未解除处分前达到退休年龄,能否办理退休手续的问题,经研究,函复如下:

根据《国家公务员暂行条例》有关规定精神,我们同意你厅意见,即:公务员受到开除以外的行政处分,未解除处分前达到退休年龄的,如符合国家规定的退休条件,应按规定办理退休手续,并享受相应的退休待遇。

人事部、监察部关于解除国家公务员行政处分有关问题的通知

1. 1999年8月23日

2. 人发〔1999〕100号

最近,一些省市要求对国家公务员的行政处分解除问题予以明确。根据《国家公务员暂行条例》的规定,现对解除国家公务员行政处分的有关问题通知如下:

一、解除行政处分,按照谁给予处分,谁负责解除的原则,由批准给予行政处分的国家行政机关负责办理。

二、国家公务员受到开除以外的行政处分已改正错误的,按照《关于国家公务员纪律惩戒有关问题的通知》(人发〔1996〕82号)规定的期限予以解除。规定期限的起始时间,从行政处分决定之日起计算。

改正错误,是指国家公务员在受行政处分期间,没有再犯与受到行政处分的违纪行为同一性质的错误,也没有其他需要给予行政处分的违纪行为。

三、国家公务员在受行政处分期间有特殊贡献,可以提前解除行政处分。提前解除行政处分的时间,不得少于规定的行政处分期限的一半。

特殊贡献,是指国家公务员在受行政处分期间,表现突出,有重大贡献,获得一等功以上奖励的。

四、国家公务员在受行政处分期间,有隐瞒其他严重错误,需要追加行政处分的,行政处分期限合并计算。

在受行政处分期间,受到行政处分的国家公务员又犯错误,需要给予行政处分的,在给予新的行政处分时,加重一档处分,行政处分期限合并计算。

五、监察机关直接批准做出的行政处分,由批准的监察机关解除行政处分。

上级监察机关对下一级监察机关的监察对象直接做出行政处分的,由做出行政处分决定的监察机关解除行政处分。

六、经本级人民政府批准,由监察机关做出行政处分决定的,解除行政处分时,需经本级人民政府批准,由监察机关解除行政处分。

监察机关提出监察建议,由有关行政机关给予行政处分的,由做出行政处分决定的行政机关批准解除行政处分;提前解除行政处分的,须征求提出监察建议

的监察机关同意。

七、解除国家公务员行政处分,应由受行政处分的国家公务员所在单位,根据受行政处分者改正错误的表现,向做出行政处分决定的国家行政机关提出申请。

做出解除行政处分决定的机关,应以书面形式通知有关部门和受行政处分的国家公务员本人。

八、行政机关做出解除行政处分决定,由人事部门按照任免权限,根据有关规定办理手续,并将有关材料归入本人档案。

九、各级国家行政机关做出解除行政处分决定,按有关规定报上一级行政机关备案。

监察机关直接做出行政处分决定,向上级监察机关备案的,解除行政处分时,也应报上级监察机关备案。

监察部关于对河北省监察厅《关于办理解除国家公务员行政处分有关问题的请示》的答复

1. 2000年12月20日

2. 监法复〔2000〕2号

河北省监察厅:

《关于办理解除国家公务员行政处分有关问题的请示》(冀监呈〔2000〕2号)收悉。经征求人事部意见,现答复如下:

一、由人大常委会任命的国家公务员因违纪需要撤销职务时,有两个必经程序:一是由人大常委会依据职权做出撤销职务的决定;二是由国家行政机关对其做出撤职处分决定。根据《中华人民共和国地方各级人民代表大会和地方各级人民政府组织法》的有关规定精神,人大常委会决定撤销其任命的国家公务员的职务,不是行政处分,而是人大常委会任免权的行使,与国家行政机关的行政惩戒权的行使具有完全不同的性质。因此,不存在能否适用《国家公务员暂行条例》和《关于解除国家公务员行政处分有关问题的通知》的问题。而由人大常委会任命的国家公务员受到的撤职处分,如果是行政机关给予国家公务员的行政处分,则应适用《国家公务员暂行条例》和《关于解除国家公务员行政处分有关问题的通知》的有关规定。

二、对于依照公务员制度管理的事业单位中,由国家行政机关任命的人员所受行政处分,应按照《国家公务员暂行条例》和《关于解除国家公务员行政处分有关问题的通知》执行,处分期满后由给予行政处分的部门予以解除。

三、按照人事部、监察部《关于解除国家公务员行政处分有关问题的通知》的有关规定,国家公务员受行政处分期满,其解除处分的时间应自处分期满之日算起,并应在解除处分的决定书上注明时间。

人事部办公厅关于对由县级以上各级人大常委会依据职权做出的撤销职务和企、事业单位中由国家行政机关任命的人员的行政处分能否解除问题的复函

1. 2001年2月14日

2. 人办函〔2001〕15号

监察部法规司:

你司监法函〔2000〕12号函收悉,经研究,函复如下:

一、关于对因有违纪行为由县级以上各级人大常委会依据职权做出的撤销国家公务员职务的决定,能否适用《国家公务员暂行条例》和《关于解除国家公务员行政处分有关问题的通知》的有关规定予以解除的问题

依据《中华人民共和国地方各级人民代表大会和地方各级人民政府组织法》,根据国务院《关于报送国务院审批或备案的行政人员奖励和处分问题的通知》(国发〔1985〕127号)的规定精神,由县级以上地方各级人大常委会依据职权对由人大产生或人大常委会决定任命的国家公务员撤销职务时,从程序上,一是要由人大常委会做出撤销职务的决定;二是要由国家行政机关对其做出行政撤职处分决定。由县级以上各级人大常委会依据职权做出的撤销国家公务员职务的决定是一种任免决定,不是行政处分决定,不存在"解除"的问题。因此也就不存在能否适用《国家公务员暂行条例》和《关于解除国家公务员行政处分有关问题的通知》的问题。而由人大任命的国家公务员受到的行政撤职处分决定,是行政机关给予公务员的行政处分,应适用于《国家公务员暂行条例》和《关于解除国家公务员行政处分有关问题的通知》(人发〔1999〕100号),处分期满后,应按规定予以解除处分。具体办理程序应根据人发〔1999〕100号文规定,"解除处分,按照谁给予处分,谁负责解除的原则,由批准给予处分的国家行政机关负责办理。"

对于河北省唐山市副市长的行政撤职处分决定，应在其处分期满以后，由做出行政处分决定的省政府对其做出解除处分的决定。

二、关于企业、事业单位中由国家行政机关任命的人员所受行政处分能否解除问题

（一）事业单位中实行依照公务员制度管理的事业单位，其由国家行政机关任命人员的行政处分，应按照《国家公务员暂行条例》和《关于解除国家公务员行政处分有关问题的通知》执行，到期后应予以解除。

（二）实行事业单位人事管理制度的事业单位以及企业单位中由国家行政机关任命的人员所受行政处分解除问题。由于其人事管理以及职务设置和工资结构等方面都与行政机关不同，实施处分的办法也不同，因此，不参照《国家公务员暂行条例》和《关于解除国家公务员行政处分有关问题的通知》执行。

三、关于处分解除时间的计算问题

按照人事部《关于国家公务员纪律惩戒有关问题的通知》（人发〔1996〕82号）和《关于解除国家公务员行政处分有关问题的通知》的有关规定，国家公务员受行政处分期满，符合人发〔1999〕100号文规定的解除条件的，应自处分期满之日算起，并应在解除处分的决定书上注明时间。

人事部公务员管理司就国务院直属事业单位工作人员（退休人员）违纪给予行政处分适用何种规定问题给中央纪委案件审理室的答复

2001年8月2日

中央纪委案件审理室：

你室关于国务院直属事业单位工作人员（退休人员）违纪给予行政处分适用何种规定的函（中纪审〔2001〕44号）收悉，经研究，函复如下：

一、关于国务院直属事业单位（干部管理方面参照国家公务员进行管理）的所属工作人员，如若违纪，应当给予行政处分，应适用何种规定的问题

根据《国务院关于印发〈国家公务员制度实施方案〉的通知》（国发〔1993〕78号）的规定，"国务院直属事业单位，根据其职能的不同，分别加以确定。行使政府行政职能的事业单位，列入实施国家公务员制度范围。具有部分行政职能或受行政机关委托承担某些行政职能的事业单位以及不具有行政职能的事业单位，不实行国家公务员制度。"按照此规定，列入实施国家公务员制度范围的国务院直属事业单位属于依照公务员制度管理，因此，国务院直属事业单位在干部管理方面没有参照国家公务员进行管理的提法。所谓依照公务员制度管理，就是完全依照公务员制度即《国家公务员暂行条例》及配套法规进行管理，其所属工作人员违纪，应当按照《国家公务员暂行条例》及其有关规定给予行政处分。

二、上述单位的退休人员，如需给予行政处分，能否按照（或参照）人事部对监察部《关于对离退休的国家公务员所犯错误如何追究其政纪责任的函》的复函中的规定予以办理

依照公务员制度进行管理的国务院直属事业单位的退休人员需要给予行政处分的，可以依照《人事部对〈关于对离退休的国家公务员所犯错误如何追究其政纪责任的函〉的复函》的规定予以办理。

三、关于"做出行政处理决定"，是由监察部门做出，还是由人事部门做出？如果是由监察部门办理的案件，可否由监察部门提出处理建议，由人事部门做出行政处理决定

根据《国家公务员暂行条例》第三十五条："给予国家公务员行政处分，依法分别由任免机关或者行政监察机关决定"的规定，行政处理决定一般由任免机关做出。如果是由监察部门办理的案件，可以由监察部门做出行政处理决定，也可以由监察部门提出建议，由人事部门做出处理决定。

监察部关于对行政处分期限的合并处理及加重处分应当如何执行的答复

1. 2003年3月27日
2. 监法复〔2003〕1号

广东省监察厅：

你厅《关于如何执行〈关于解除国家公务员行政处分有关问题的通知〉第四条的请示》收悉，经研究，并商人事部公务员管理司，现对行政处分期限的合并处理及加重处分应当如何执行的问题答复如下：

一、国家公务员同时有两种以上需要追究行政纪律责任的行为的，应当分别确定所应给予的行政处分。所受行政处分种类不同的，执行最重的行政处分；受撤职以下多个相同种类行政处分的，执行该行政处分，并在该行政处分一个处分期以上，总和处分期以下，决定应当执行的处分期。但是，合并后警告的处分期最高不能超过一年，记过、记大过、降级的处分期最高不能超过二年，撤职的处分期最高不能超过四年。

二、国家公务员在受行政处分期间，发现其以前还有其他违纪行为，需要追加行政处分的，应当先确定以前的违纪行为所应当给予的行政处分，然后依照本答复第一条的规定，决定合并处理后应当执行的行政处分种类和处分期，并把已经执行过的处分期从合并后的处分期中扣除。

三、国家公务员在受行政处分期间，又有新的违纪行为，需要给予行政处分的，应当按照加重处分的规定确定新的行政处分种类。再依照第一条的规定决定应当执行的处分种类，并把前行政处分没有执行完的处分期和后行政处分的处分期合并，决定应当继续执行的处分期。已经执行过的处分期不再从合并后决定应当继续执行的处分期中扣除。

四、加重处分是指对国家公务员的违纪行为在应当受到的行政处分的处分幅度以外，加重一个处分档次给予处分。

五、本答复所称"以上"、"以下"均包含本数。

中共国务院国资委纪委关于可否解除（国有企业）监察对象行政处分问题的复函

1. 2003年10月8日

2. 国资纪委函〔2003〕49号

中国林业国际合作集团公司监察处：

林际集纪〔2003〕3号来函收悉。关于可否解除国有企业行政监察对象行政处分问题，根据《中华人民共和国行政监察法》、《国家公务员暂行条例》的有关规定，国家行政机关任命的国有企业领导人员是行政监察对象，但不属于国家公务员，不适用来函附件中引用的人发〔1996〕82号和人发〔1999〕100号文件精神。劳动人事部劳人劳〔1983〕2号文规定，国有企业的行政监察对象的行政处分适用《企业职工奖惩条例》，而《企业职工奖惩条例》及相关解释又没有解除国有企业行政监察对象行政处分的规定，故不应解除国有企业行政监察对象的行政处分。

人事部办公厅、监察部关于解除国家公务员行政处分有关问题的补充通知

1. 2005年2月4日

2. 国人厅发〔2005〕13号

各省、自治区、直辖市人事厅（局）、监察厅（局），国务院各部委、各直属机构人事部门，监察部各派驻监察局、监察专员办公室：

近一时期，一些省市要求对解除国家公务员行政处分有关问题的政策予以明确。根据《关于解除国家公务员行政处分有关问题的通知》（人发〔1999〕100号）的有关规定，现对解除国家公务员行政处分的有关问题补充通知如下：

一、关于受行政处分人员在受行政处分期间调动工作的，解除行政处分的问题

国家公务员在受行政处分期间，调动到其他行政机关或依照公务员制度管理的事业单位工作的，解除行政处分时，原处分决定机关应出具受处分人员在调动前有关表现的证明材料，由调动后的有关机关按照任免权限办理；调动到其他事业单位和企业工作的，所受行政处分不参照《国家公务员暂行条例》和《关于解除国家公务员行政处分有关问题的通知》予以解除。

依照公务员制度管理的事业单位工作人员，在受行政处分期间有关规定调入行政机关工作是，解除行政处分时，原处分决定机关应出具受处分人员在调动前有关表现的证明材料，由调入后的有关机关按照任免权限办理。

二、关于国家公务员在受行政处分期间退休的，解除行政处分的问题

国家公务员在受行政处分期间退休的，根据人发〔1999〕100号的规定已改正错误的，按照《关于国家公务员纪律惩戒有关问题的通知》（人发〔1996〕82号）规定的期限到期自动解除，在行政处分期间因违纪被查处，需要给予行政处理的，按照《人事部对〈关于对离退休的国家公务员所犯错误如何追究其政纪责任的函〉的复函》（人函〔2001〕27）号的有关规定执行。

三、关于国家公务员在受行政处分期间，其所在单位的隶属关系发生变化后，解除行政处分的问题

国家公务员在受行政处分期间，其所在单位的隶属关系发生变化后，解除行政处分时，由隶属关系变化后的有关机关按照任免权限办理。

依照公务员制度管理的事业单位的工作人员，依照本规定执行。

人民法院工作人员处分条例

1. 2009年12月31日最高人民法院发布
2. 法发〔2009〕61号

第一章　总　　则

第一节　目的、依据、原则和适用范围

第一条　为了规范人民法院工作人员行为，促进人民法院工作人员依法履行职责，确保公正、高效、廉洁司法，根据《中华人民共和国公务员法》和《中华人民共和国法官法》，制定本条例。

第二条　人民法院工作人员因违反法律、法规或者本条例规定，应当承担纪律责任的，依照本条例给予处分。

第三条　人民法院工作人员依法履行职务的行为受法律保护。非因法定事由、非经法定程序，不受处分。

第四条　给予人民法院工作人员处分，应当坚持以下原则：

（一）实事求是，客观公正；

（二）纪律面前人人平等；

（三）处分与违纪行为相适应；

（四）惩处与教育相结合。

第五条　人民法院工作人员违纪违法涉嫌犯罪的，应当移送司法机关处理。

第二节　处分的种类和适用

第六条　处分的种类为：警告、记过、记大过、降级、撤职、开除。

第七条　受处分的期间为：

（一）警告，六个月；

（二）记过，十二个月；

（三）记大过，十八个月；

（四）降级、撤职，二十四个月。

第八条　受处分期间不得晋升职务、级别，其中，受记过、记大过、降级、撤职处分的，不得晋升工资档次；受撤职处分的，应当按照规定降低级别。

第九条　受开除处分的，自处分决定生效之日起，解除与人民法院的人事关系，不得再担任公务员职务。

第十条　同时有两种以上需要给予处分的行为的，应当分别确定其处分种类。应当给予的处分种类不同的，执行其中最重的处分；应当给予撤职以下多个相同种类处分的，执行该处分，并在一个处分期以上、多个处分期之和以下，决定应当执行的处分期。

在受处分期间受到新的处分的，其处分期为原处分期尚未执行的期限与新处分期限之和。

处分期最长不超过四十八个月。

第十一条　二人以上共同违纪违法，需要给予处分的，根据各自应当承担的纪律责任分别给予处分。

人民法院领导班子、有关机构或者审判组织集体作出违纪违法决定或者实施违纪违法行为，依照前款规定处理。

第十二条　有下列情形之一的，应当在本条例分则规定的处分幅度以内从重处分：

（一）在共同违纪违法行为中起主要作用的；

（二）隐匿、伪造、销毁证据的；

（三）串供或者阻止他人揭发检举、提供证据材料的；

（四）包庇同案人员的；

（五）法律、法规和本条例分则中规定的其他从重情节。

第十三条　有下列情形之一的，应当在本条例分则规定的处分幅度以内从轻处分：

（一）主动交待违纪违法行为的；

（二）主动采取措施，有效避免或者挽回损失的；

（三）检举他人重大违纪违法行为，情况属实的；

（四）法律、法规和本条例分则中规定的其他从轻情节。

第十四条　主动交待违纪违法行为，并主动采取措施有效避免或者挽回损失的，应当在本条例分则规定的处分幅度以外降低一个档次给予减轻处分。

应当给予警告处分，又有减轻处分情形的，免予处分。

第十五条　违纪违法行为情节轻微，经过批评教育后改正的，可以免予处分。

第十六条　在人民法院作出处分决定前，已经被依法判处刑罚、罢免、免职或者已经辞去领导职务，依照本条例需要给予处分的，应当根据其违纪违法事实给予处分。

被依法判处刑罚的，一律给予开除处分。

第十七条　人民法院工作人员退休之后违纪违法，或者在任职期间违纪违法、在处分决定作出前已经退休的，不再给予纪律处分；但是，应当给予降级、撤职、开除处分的，应当按照规定相应降低或者取消其享受的待遇。

第十八条 对违纪违法取得的财物和用于违纪违法的财物,应当没收、追缴或者责令退赔。没收、追缴的财物,一律上缴国库。

对违纪违法获得的职务、职称、学历、学位、奖励、资格等,应当建议有关单位、部门按规定予以纠正或者撤销。

第三节 处分的解除、变更和撤销

第十九条 受开除以外处分的,在受处分期间有悔改表现,并且没有再发生违纪违法行为的,处分期满后应当解除处分。

解除处分后,晋升工资档次、级别、职务不再受原处分的影响。但是,解除降级、撤职处分的,不视为恢复原级别、原职务。

第二十条 有下列情形之一的,应当变更或者撤销处分决定:

(一)适用法律、法规或者本条例规定错误的;

(二)对违纪违法行为的事实、情节认定有误的;

(三)处分所依据的违纪违法事实证据不足的;

(四)调查处理违反法定程序,影响案件公正处理的;

(五)作出处分决定超越职权或者滥用职权的;

(六)有其他处分不当情形的。

第二十一条 处分决定被变更,需要调整被处分人员的职务、级别或者工资档次的,应当按照规定予以调整;处分决定被撤销的,应当恢复其级别、工资档次,按照原职务安排相应的职务,并在适当范围内为其恢复名誉。因变更而减轻处分或者被撤销处分人员的工资福利受到损失的,应当予以补偿。

第二章 分 则

第一节 违反政治纪律的行为

第二十二条 散布有损国家声誉的言论,参加旨在反对国家的集会、游行、示威等活动的,给予记大过处分;情节较重的,给予降级或者撤职处分;情节严重的,给予开除处分。

因不明真相被裹挟参加上述活动,经批评教育后确有悔改表现的,可以减轻或者免予处分。

第二十三条 参加非法组织或者参加罢工的,给予记大过处分;情节较重的,给予降级或者撤职处分;情节严重的,给予开除处分。

因不明真相被裹挟参加上述活动,经批评教育后确有悔改表现的,可以减轻或者免予处分。

第二十四条 违反国家的民族宗教政策,造成不良后果的,给予记大过处分;情节较重的,给予降级或者撤职处分;情节严重的,给予开除处分。

因不明真相被裹挟参加上述活动,经批评教育后确有悔改表现的,可以减轻或者免予处分。

第二十五条 在对外交往中损害国家荣誉和利益的,给予记大过处分;情节较重的,给予降级或者撤职处分;情节严重的,给予开除处分。

第二十六条 非法出境,或者违反规定滞留境外不归的,给予记大过处分;情节较重的,给予降级或者撤职处分;情节严重的,给予开除处分。

第二十七条 未经批准获取境外永久居留资格,或者取得外国国籍的,给予记大过处分;情节较重的,给予降级或者撤职处分;情节严重的,给予开除处分。

第二十八条 有其他违反政治纪律行为的,给予警告、记过或者记大过处分;情节较重的,给予降级或者撤职处分;情节严重的,给予开除处分。

第二节 违反办案纪律的行为

第二十九条 违反规定,擅自对应当受理的案件不予受理,或者对不应当受理的案件违法受理的,给予警告、记过或者记大过处分;情节较重的,给予降级或者撤职处分;情节严重的,给予开除处分。

第三十条 违反规定应当回避而不回避,造成不良后果的,给予警告、记过或者记大过处分;情节较重的,给予降级或者撤职处分;情节严重的,给予开除处分。

明知诉讼代理人、辩护人不符合担任代理人、辩护人的规定,仍准许其担任代理人、辩护人,造成不良后果的,给予警告、记过或者记大过处分;情节较重的,给予降级处分;情节严重的,给予撤职处分。

第三十一条 违反规定会见案件当事人及其辩护人、代理人、请托人的,给予警告处分;造成不良后果的,给予记过或者记大过处分。

第三十二条 违反规定为案件当事人推荐、介绍律师或者代理人,或者为律师或者其他人员介绍案件的,给予警告处分;造成不良后果的,给予记过或者记大过处分。

第三十三条 违反规定插手、干预、过问案件,或者为案件当事人通风报信、说情打招呼的,给予警告、记过或者记大过处分;情节较重的,给予降级或者撤职处分;情节严重的,给予开除处分。

第三十四条 依照规定应当调查收集相关证据而故意不予收集,造成不良后果的,给予警告、记过或者记大过处分;情节较重的,给予降级或者撤职处分;情节严重的,给予开除处分。

第三十五条　依照规定应当采取鉴定、勘验、证据保全等措施而故意不采取，造成不良后果的，给予警告、记过或者记大过处分；情节较重的，给予降级或者撤职处分；情节严重的，给予开除处分。

第三十六条　依照规定应当采取财产保全措施或者执行措施而故意不采取，或者依法应当委托有关机构审计、鉴定、评估、拍卖而故意不委托，造成不良后果的，给予警告、记过或者记大过处分；情节较重的，给予降级或者撤职处分；情节严重的，给予开除处分。

第三十七条　违反规定采取或者解除财产保全措施，造成不良后果的，给予警告、记过或者记大过处分；情节较重的，给予降级或者撤职处分；情节严重的，给予开除处分。

第三十八条　故意违反规定选定审计、鉴定、评估、拍卖等中介机构，或者串通、指使相关中介机构在审计、鉴定、评估、拍卖等活动中徇私舞弊、弄虚作假的，给予警告、记过或者记大过处分；情节较重的，给予降级或者撤职处分；情节严重的，给予开除处分。

第三十九条　故意违反规定采取强制措施的，给予警告、记过或者记大过处分；情节较重的，给予降级或者撤职处分；情节严重的，给予开除处分。

第四十条　故意毁弃、篡改、隐匿、伪造、偷换证据或者其他诉讼材料的，给予记大过处分；情节较重的，给予降级或者撤职处分；情节严重的，给予开除处分。

指使、帮助他人作伪证或者阻止他人作证的，给予降级或者撤职处分；情节严重的，给予开除处分。

第四十一条　故意向合议庭、审判委员会隐瞒主要证据、重要情节或者提供虚假情况的，给予警告、记过或者记大过处分；情节较重的，给予降级或者撤职处分；情节严重的，给予开除处分。

第四十二条　故意泄露合议庭、审判委员会评议、讨论案件的具体情况或者其他审判执行工作秘密的，给予记过或者记大过处分；情节较重的，给予降级或者撤职处分；情节严重的，给予开除处分。

第四十三条　故意违背事实和法律枉法裁判的，给予降级或者撤职处分；情节严重的，给予开除处分。

第四十四条　因徇私而违反规定迫使当事人违背真实意愿撤诉、接受调解、达成执行和解协议并损害其利益的，给予警告、记过或者记大过处分；情节较重的，给予降级或者撤职处分；情节严重的，给予开除处分。

第四十五条　故意违反规定采取执行措施，造成案件当事人、案外人或者第三人财产损失的，给予记大过处分；情节较重的，给予降级或者撤职处分；情节严重的，给予开除处分。

第四十六条　故意违反规定对具备执行条件的案件暂缓执行、中止执行、终结执行或者不依法恢复执行，造成不良后果的，给予记大过处分；情节较重的，给予降级或者撤职处分；情节严重的，给予开除处分。

第四十七条　故意违反规定拖延办案的，给予警告、记过或者记大过处分；情节较重的，给予降级或者撤职处分；情节严重的，给予开除处分。

第四十八条　故意拖延或者拒不执行合议庭决议、审判委员会决定以及上级人民法院判决、裁定、决定、命令的，给予警告、记过或者记大过处分；情节较重的，给予降级或者撤职处分；情节严重的，给予开除处分。

第四十九条　私放被羁押人员的，给予记大过处分；情节较重的，给予降级或者撤职处分；情节严重的，给予开除处分。

第五十条　违反规定私自办理案件的，给予警告、记过或者记大过处分；情节较重的，给予降级或者撤职处分；情节严重的，给予开除处分。

内外勾结制造假案的，给予降级、撤职或者开除处分。

第五十一条　伪造诉讼、执行文书，或者故意违背合议庭决议、审判委员会决定制作诉讼、执行文书的，给予记大过处分；情节较重的，给予降级或者撤职处分；情节严重的，给予开除处分。

送达诉讼、执行文书故意不依照规定，造成不良后果的，给予警告、记过或者记大过处分。

第五十二条　违反规定将案卷或者其他诉讼材料借给他人的，给予警告处分；造成不良后果的，给予记过或者记大过处分。

第五十三条　对外地人民法院依法委托的事项拒不办理或者故意拖延办理，造成不良后果的，给予警告、记过或者记大过处分；情节严重的，给予降级或者撤职处分。

阻挠、干扰外地人民法院依法在本地调查取证或者采取相关财产保全措施、执行措施、强制措施的，给予警告、记过或者记大过处分；情节较重的，给予降级或者撤职处分；情节严重的，给予开除处分。

第五十四条　有其他违反办案纪律行为的，给予警告、记过或者记大过处分；情节较重的，给予降级或者撤职处分；情节严重的，给予开除处分。

第三节　违反廉政纪律的行为

第五十五条　利用职务便利，采取侵吞、窃取、骗取等手段非法占有诉讼费、执行款物、罚没款物、案件暂存款、赃款赃物及其孳息等涉案财物或者其他公共财物的，给予记大过处分；情节较重的，给予降级或者撤职处分；情节严重的，给予开除处分。

第五十六条 利用司法职权或者其他职务便利，索取他人财物及其他财产性利益的，或者非法收受他人财物及其他财产性利益，为他人谋取利益的，给予记大过处分；情节较重的，给予降级或者撤职处分；情节严重的，给予开除处分。

利用司法职权或者其他职务便利为他人谋取利益，以低价购买、高价出售、收受干股、合作投资、委托理财、赌博等形式非法收受他人财物，或者以特定关系人"挂名"领取薪酬或者收受财物等形式，非法收受他人财物，或者违反规定收受各种名义的回扣、手续费归个人所有的，依照前款规定处分。

第五十七条 行贿或者介绍贿赂的，给予记过或者记大过处分；情节较重的，给予降级或者撤职处分；情节严重的，给予开除处分。

向审判、执行人员行贿或者介绍贿赂的，依照前款规定从重处分。

第五十八条 挪用诉讼费、执行款物、罚没款物、案件暂存款、赃款赃物及其孳息等涉案财物或者其他公共财物的，给予记过或者记大过处分；情节较重的，给予降级或者撤职处分；情节严重的，给予开除处分。

第五十九条 接受案件当事人、相关中介机构及其委托人的财物、宴请或者其他利益的，给予警告、记过或者记大过处分；情节较重的，给予降级或者撤职处分；情节严重的，给予开除处分。

违反规定向案件当事人、相关中介机构及其委托人借钱、借物的，给予警告、记过或者记大过处分。

第六十条 以单位名义集体截留、使用、私分诉讼费、执行款物、罚没款物、案件暂存款、赃款赃物及其孳息等涉案财物或者其他公共财物的，给予警告、记过或者记大过处分；情节较重的，给予降级或者撤职处分；情节严重的，给予开除处分。

第六十一条 利用司法职权，以单位名义向公民、法人或者其他组织索要赞助或者摊派、收取财物的，给予记过或者记大过处分；情节较重的，给予降级或者撤职处分；情节严重的，给予开除处分。

第六十二条 故意违反规定设置收费项目、扩大收费范围、提高收费标准的，给予警告、记过或者记大过处分；情节较重的，给予降级或者撤职处分；情节严重的，给予开除处分。

第六十三条 违反规定从事或者参与营利性活动，在企业或者其他营利性组织中兼职的，给予记过或者记大过处分；情节较重的，给予降级或者撤职处分；情节严重的，给予开除处分。

第六十四条 利用司法职权或者其他职务便利，为特定关系人谋取不正当利益，或者放任其特定关系人、身边工作人员利用本人职权谋取不正当利益的，给予记过或者记大过处分；情节较重的，给予降级或者撤职处分；情节严重的，给予开除处分。

第六十五条 有其他违反廉政纪律行为的，给予警告、记过或者记大过处分；情节较重的，给予降级或者撤职处分；情节严重的，给予开除处分。

第四节 违反组织人事纪律的行为

第六十六条 违反议事规则，个人或者少数人决定重大事项，或者改变集体作出的重大决定，造成决策错误的，给予警告、记过或者记大过处分；情节较重的，给予降级或者撤职处分；情节严重的，给予开除处分。

第六十七条 故意拖延或者拒不执行上级依法作出的决定、决议的，给予警告、记过或者记大过处分；情节较重的，给予降级或者撤职处分；情节严重的，给予开除处分。

第六十八条 对职责范围内发生的重大事故、事件不按规定报告、处理的，给予记过或者记大过处分；情节较重的，给予降级或者撤职处分；情节严重的，给予开除处分。

第六十九条 对职责范围内发生的违纪违法问题隐瞒不报、压案不查、包庇袒护的，或者对上级交办的违纪违法案件故意拖延或者拒不办理的，给予记大过处分；情节较重的，给予降级或者撤职处分；情节严重的，给予开除处分。

第七十条 压制批评，打击报复，扣压、销毁举报信件，或者向被举报人透露举报情况的，给予记过或者记大过处分；情节较重的，给予降级或者撤职处分；情节严重的，给予开除处分。

第七十一条 在人员录用、招聘、考核、晋升职务、晋升级别、职称评定以及岗位调整等工作中徇私舞弊、弄虚作假的，给予警告、记过或者记大过处分；情节较重的，给予降级或者撤职处分；情节严重的，给予开除处分。

第七十二条 弄虚作假，骗取荣誉，或者谎报学历、学位、职称的，给予警告、记过或者记大过处分；情节较重的，给予降级或者撤职处分；情节严重的，给予开除处分。

第七十三条 拒不执行机关的交流决定，或者在离任、辞职、被辞退时，拒不办理公务交接手续或者拒不接受审计的，给予警告、记过或者记大过处分；情节较重的，给予降级或者撤职处分；情节严重的，给予开除处分。

第七十四条　旷工或者因公外出、请假期满无正当理由逾期不归，造成不良后果的，给予警告、记过或者记大过处分；情节较重的，给予降级或者撤职处分；情节严重的，给予开除处分。

第七十五条　以不正当方式谋求本人或者特定关系人用公款出国，或者擅自延长在国外、境外期限，或者擅自变更路线，造成不良后果的，给予警告、记过或者记大过处分；情节较重的，给予降级或者撤职处分；情节严重的，给予开除处分。

第七十六条　有其他违反组织人事纪律行为的，给予警告、记过或者记大过处分；情节较重的，给予降级或者撤职处分；情节严重的，给予开除处分。

第五节　违反财经纪律的行为

第七十七条　违反规定进行物资采购或者工程项目招投标，造成不良后果的，给予警告、记过或者记大过处分；情节较重的，给予降级或者撤职处分；情节严重的，给予开除处分。

第七十八条　违反规定擅自开设银行账户或者私设“小金库”的，给予警告处分；情节较重的，给予记过或者记大过处分；情节严重的，给予降级或者撤职处分。

第七十九条　伪造、变造、隐匿、毁弃财务账册、会计凭证、财务会计报告的，给予警告、记过或者记大过处分；情节较重的，给予降级或者撤职处分；情节严重的，给予开除处分。

第八十条　违反规定挥霍浪费国家资财的，给予警告处分；情节较重的，给予记过或者记大过处分；情节严重的，给予降级或者撤职处分。

第八十一条　有其他违反财经纪律行为的，给予警告、记过或者记大过处分；情节较重的，给予降级或者撤职处分；情节严重的，给予开除处分。

第六节　失职行为

第八十二条　因过失导致依法应当受理的案件未予受理，或者不应当受理的案件被违法受理，造成不良后果的，给予警告、记过或者记大过处分。

第八十三条　因过失导致错误裁判、错误采取财产保全措施、强制措施、执行措施，或者应当采取财产保全措施、强制措施、执行措施而未采取，造成不良后果的，给予警告、记过或者记大过处分；造成严重后果的，给予降级、撤职或者开除处分。

第八十四条　因过失导致所办案件严重超出规定办理期限，造成严重后果的，给予警告、记过或者记大过处分。

第八十五条　因过失导致被羁押人员脱逃、自伤、自杀或者行凶伤人的，给予记过或者记大过处分；造成严重后果的，给予降级、撤职或者开除处分。

第八十六条　因过失导致诉讼、执行文书内容错误，造成严重后果的，给予警告、记过或者记大过处分。

第八十七条　因过失导致国家秘密、审判执行工作秘密及其他工作秘密、履行职务掌握的商业秘密或者个人隐私被泄露，造成不良后果的，给予警告、记过或者记大过处分；情节较重的，给予降级或者撤职处分；情节严重的，给予开除处分。

第八十八条　因过失导致案卷或者证据材料损毁、丢失的，给予警告、记过或者记大过处分；造成严重后果的，给予降级或者撤职处分。

第八十九条　因过失导致职责范围内发生刑事案件、重大治安案件、重大社会群体性事件或者重大人员伤亡事故的，使公共财产、国家和人民利益遭受重大损失的，给予记过或者记大过处分；情节较重的，给予降级或者撤职处分；情节严重的，给予开除处分。

第九十条　有其他失职行为造成不良后果的，给予警告、记过或者记大过处分；情节较重的，给予降级或者撤职处分；情节严重的，给予开除处分。

第七节　违反管理秩序和社会道德的行为

第九十一条　因工作作风懈怠、工作态度恶劣，造成不良后果的，给予警告、记过或者记大过处分。

第九十二条　故意泄露国家秘密、工作秘密，或者故意泄露因履行职责掌握的商业秘密、个人隐私的，给予记过或者记大过处分；情节较重的，给予降级或者撤职处分；情节严重的，给予开除处分。

第九十三条　弄虚作假，误导、欺骗领导和公众，造成不良后果的，给予警告、记过或者记大过处分；情节较重的，给予降级或者撤职处分；情节严重的，给予开除处分。

第九十四条　因酗酒影响正常工作或者造成其他不良后果的，给予警告、记过或者记大过处分；情节较重的，给予降级、撤职处分；情节严重的，给予开除处分。

第九十五条　违反规定保管、使用枪支、弹药、警械等特殊物品，造成不良后果的，给予警告、记过或者记大过处分；情节较重的，给予降级或者撤职处分；情节严重的，给予开除处分。

第九十六条　违反公务车管理使用规定，发生严重交通事故或者造成其他不良后果的，给予警告、记过或者记大过处分；情节较重的，给予降级或者撤职处分；情节严重的，给予开除处分。

第九十七条　妨碍执行公务或者违反规定干预执行公务

的，给予记过或者记大过处分；情节较重的，给予降级或者撤职处分；情节严重的，给予开除处分。

第九十八条　以殴打、辱骂、体罚、非法拘禁或者诽谤、诬告等方式侵犯他人人身权利的，给予记过或者记大过处分；情节较重的，给予降级或者撤职处分；情节严重的，给予开除处分。

体罚、虐待被羁押人员，或者殴打、辱骂诉讼参与人、涉诉上访人的，依照前款规定从重处分。

第九十九条　与他人通奸，造成不良影响的，给予警告、记过或者记大过处分；情节较重的，给予降级或者撤职处分；情节严重的，给予开除处分。

与所承办案件的当事人或者当事人亲属发生不正当两性关系的，依照前款规定从重处分。

第一百条　重婚或者包养情人的，给予撤职或者开除处分。

第一百零一条　拒不承担赡养、抚养、扶养义务，或者虐待、遗弃家庭成员的，给予警告、记过或者记大过处分；情节较重的，给予降级或者撤职处分；情节严重的，给予开除处分。

第一百零二条　吸食、注射毒品或者参与嫖娼、卖淫、色情淫乱活动的，给予撤职或者开除处分。

第一百零三条　参与赌博的，给予警告或者记过处分；情节较重的，给予记大过或者降级处分；情节严重的，给予撤职或者开除处分。

为赌博活动提供场所或者其他便利条件的，给予警告、记过或者记大过处分；情节较重的，给予降级、撤职处分；情节严重的，给予开除处分。

在工作时间赌博的，给予记过、记大过或者降级处分；屡教不改的，给予撤职或者开除处分。

挪用公款赌博的，给予撤职或者开除处分。

第一百零四条　参与迷信活动，造成不良影响的，给予警告、记过或者记大过处分。

组织迷信活动的，给予降级处分；情节较重的，给予撤职处分；情节严重的，给予开除处分。

第一百零五条　违反规定超计划生育的，给予降级处分；情节较重的，给予撤职处分；情节严重的，给予开除处分。

第一百零六条　有其他违反管理秩序和社会道德行为的，给予警告、记过或者记大过处分；情节较重的，给予降级或者撤职处分；情节严重的，给予开除处分。

第三章　附　　则

第一百零七条　本条例所称"人民法院工作人员"是指人民法院行政编制内的工作人员。

人民法院事业编制工作人员参照本条例执行。

人民法院聘用人员不适用本条例。

第一百零八条　本条例所称"特定关系人"，是指与人民法院工作人员具有近亲属、情人以及其他关系密切的人。

第一百零九条　本条例所称"以上"、"以下"，包含本数。

第一百一十条　本条例由最高人民法院负责解释。

第一百一十一条　本条例自发布之日起施行。最高人民法院此前颁布的《关于人民法院工作人员纪律处分的若干规定（试行）》、《人民法院审判纪律处分办法（试行）》、《人民法院执行工作纪律处分办法（试行）》、《最高人民法院关于严格执行〈中华人民共和国法官法〉有关惩戒制度若干规定》同时废止。

最高人民法院关于适用《人民法院工作人员处分条例》有关问题的答复

1. 2010年4月6日
2. 法〔2010〕148号

湖南省高级人民法院：

你院《关于如何适用〈人民法院工作人员处分条例〉几个问题的请示》收悉。经研究，答复如下：

一、《人民法院工作人员处分条例》（以下简称《条例》）不溯及既往。《条例》发布前已做出处分决定的案件，如需要进行复议复查，适用当时的规定。尚未做出处分决定的案件，如果行为发生时的规定不认为是违纪，而本《条例》认为是违纪的，依照当时的规定处理；如果行为发生时的规定认为是违纪，依照当时的规定处理，但是如果本《条例》不认为是违纪或者处理较轻的，依照本《条例》处理。

二、人民法院工作人员退休以后因违纪违法应当降低或者取消所享受的待遇的，应由其原所在法院监察部门参照《监察部关于对犯错误的已退休国家公务员追究行政纪律责任若干问题的通知》（监发〔2001〕3号）和《监察部关于对犯错误的已退休国家公务员追究行政纪律责任中如何扣减退休金问题的答复》（监法复〔2004〕1号）的精神，向组织人事部门提出监察建议，并由该部门办理有关手续。

三、原属于上级法院监察部门监察对象的法院领导干部退休以后，因违纪违法需要给予降低或者取消所享受待遇的，由上级法院向退休人员原所在法院提出监察建议，并由该法院组织人事部门办理有关手续。

此复。

法官惩戒工作程序规定(试行)

1. 2021年12月8日最高人民法院印发
2. 法〔2021〕319号

第一章 总 则

第一条 为严格落实司法责任制,促进法官依法行使职权,规范法官惩戒工作,根据《中华人民共和国公务员法》《中华人民共和国公职人员政务处分法》《中华人民共和国人民法院组织法》《中华人民共和国法官法》《关于建立法官、检察官惩戒制度的意见(试行)》等规定,结合人民法院工作实际,制定本规定。

第二条 法官惩戒工作应当坚持党管干部原则;坚持遵循司法规律,体现司法职业特点;坚持实事求是、客观公正;坚持严肃追责与依法保护有机统一;坚持责任与过错相适应,惩戒与教育相结合。

第三条 法官依法履行审判职责受法律保护。非因法定事由,非经法定程序,不受追究。

第四条 法官在履行审判职责过程中,故意违反法律法规办理案件,或者因重大过失导致裁判结果错误并造成严重后果,需要予以惩戒的,依照本规定办理。

第五条 认定法官是否违反审判职责,适用《最高人民法院关于完善人民法院司法责任制的若干意见》等有关规定。

第二章 职责和任务

第六条 人民法院按照干部管理权限对法官涉嫌违反审判职责行为进行调查核实,根据法官惩戒委员会的审查意见,依照有关规定作出是否予以惩戒的决定,并给予相应处理。

法官惩戒委员会根据人民法院调查的情况,负责从专业角度审查认定法官是否存在《中华人民共和国法官法》第四十六条第四项、第五项规定的违反审判职责的行为,提出构成故意违反职责、存在重大过失、存在一般过失或者没有违反职责等审查意见。

第七条 人民法院在法官惩戒工作中履行以下职责:

(一)受理反映法官违反审判职责的问题线索;

(二)审查当事法官涉嫌违反审判职责涉及的案件;

(三)对当事法官涉嫌违反审判职责的行为进行调查;

(四)提请法官惩戒委员会审议当事法官是否存在违反审判职责的行为;

(五)派员出席法官惩戒委员会组织的听证,就当事法官违反审判职责的行为和过错进行举证;

(六)根据法官惩戒委员会的审查意见,作出是否予以惩戒的决定,并给予相应处理;

(七)受理当事法官不服惩戒决定的复核和申诉;

(八)其他应由人民法院承担的惩戒职责。

第八条 最高人民法院和省、自治区、直辖市设立法官惩戒委员会。

法官惩戒委员会委员应当从政治素质高、专业能力强、职业操守好的人大代表、政协委员、法学专家、法官、检察官和律师等专业人员中选任。其中,法官委员不少于半数。

第九条 法官惩戒委员会履行以下职责:

(一)制定和修订法官惩戒委员会章程等相关工作规定;

(二)根据调查、听证、审议的情况,审查认定法官是否存在违反审判职责行为,并提出审查意见;

(三)受理当事法官对审查意见的异议申请,并作出决定;

(四)审议决定法官惩戒工作的其他相关事项。

第十条 法官惩戒委员会不直接受理对法官的举报、投诉。如收到对法官的举报、投诉材料,应当根据受理权限,转交有关部门按规定处理。

第十一条 最高人民法院和省、自治区、直辖市法官惩戒委员会的日常工作,由最高人民法院和各高级人民法院承担督察工作的部门分别承担。

第三章 管辖和回避

第十二条 各级人民法院按照干部管理权限,对本院法官违反审判职责的行为进行调查和惩戒。

第十三条 最高人民法院法官惩戒委员会负责审查最高人民法院提请审议的法官是否具有违反审判职责的行为,并提出审查意见。

省、自治区、直辖市法官惩戒委员会负责审查高级人民法院提请审议的法官是否具有违反审判职责的行为,并提出审查意见。

第十四条 法官惩戒委员会委员有下列情形之一的,应当自行回避,当事法官也有权要求其回避:

(一)本人是当事法官或当事法官的近亲属;

(二)本人或者其近亲属与办理的惩戒事项有利害关系;

(三)担任过本调查事项的证人,以及当事法官办理案件的当事人、辩护人或诉讼代理人;

(四)有可能影响惩戒事项公正处理的其他情形。

法官惩戒委员会主任的回避，由法官惩戒委员会全体委员会议决定；副主任和委员的回避，由法官惩戒委员会主任决定。

第十五条 人民法院参与惩戒事项调查、审查人员的回避，依照有关规定办理。对调查人员的回避作出决定前，调查人员不停止对惩戒事项的调查。

第四章 受理和调查

第十六条 各级人民法院机关纪委或承担督察工作的部门按照干部管理权限受理反映法官违反审判职责问题的举报、投诉，以及有关单位、部门移交的相关问题线索。

人民法院在审判监督管理工作中，发现法官可能存在违反审判职责的行为，需要追究违法审判责任的，由办案部门或承担审判管理工作的部门对案件是否存在裁判错误提出初步意见，报请院长批准后移送机关纪委或者承担督察工作的部门审查。

第十七条 人民法院机关纪委或承担督察工作的部门经初步核实，认为有关法官可能存在违反审判职责的行为，需要予以惩戒的，应当报请院长批准后立案，并组织调查。

第十八条 人民法院在对反映法官违反审判职责问题线索进行调查核实过程中，对涉及的案件裁判是否存在错误有争议的，应当报请院长批准，由承担审判监督工作的部门进行审查或者提请审判委员会进行讨论，并提出意见。

经承担审判监督工作的部门或审判委员会审查，认定当事法官办理的案件裁判错误，可能存在违反审判职责行为的，应当启动惩戒程序。

第十九条 法官涉嫌违反审判职责，已经被立案调查，不宜继续履行职责的，报请院长批准，按照管理权限和规定的程序暂时停止其履行职务。

第二十条 人民法院对法官涉嫌违反审判职责行为进行调查的过程中，当事法官享有知情、申请回避、陈述、举证和辩解的权利。调查人员应当如实记录当事法官的陈述、辩解和举证。

第二十一条 调查结束后，经院长批准，按照下列情形分别处理：

（一）没有证据证明当事法官存在违反审判职责行为的，应当撤销案件，并通知当事法官，必要时可在一定范围内予以澄清；

（二）当事法官存在违反审判职责行为，但情节较轻无需给予惩戒处理的，由相关部门进行提醒谈话、批评教育、责令检查，或者予以诫勉；

（三）当事法官存在违反审判职责行为，需要惩戒的，人民法院调查部门应将审查报告移送本院承担督察工作的部门，由承担督察工作的部门制作提请审议意见书，报院长审批后，按照本规定第二十二条规定的程序，提请法官惩戒委员会审议。

提请审议意见书应当列明当事法官的基本情况、调查认定的事实及依据、调查结论及处理意见等内容。

第二十二条 人民法院按以下程序提请法官惩戒委员会审议：

（一）最高人民法院法官违反审判职责的，由最高人民法院提请最高人民法院法官惩戒委员会审议；

（二）高级人民法院法官违反审判职责的，由高级人民法院提请省、自治区、直辖市法官惩戒委员会审议；

（三）中级人民法院、基层人民法院和专门人民法院法官违反审判职责的，层报高级人民法院提请省、自治区、直辖市法官惩戒委员会审议。

上级人民法院认为下级人民法院提请审议的事项不符合相关要求的，可以要求下级人民法院补充完善，或者将提请审议的材料退回下级人民法院。

第五章 听证和审议

第二十三条 法官惩戒委员会受理惩戒事项后，相关人民法院承担督察工作的部门应当做以下准备工作：

（一）受理后五日内将提请审议意见书送达当事法官，并告知当事法官有权查阅、摘抄、复制相关案卷材料及证据，有陈述、举证、辩解和申请回避等权利，以及按时参加听证、遵守相关纪律等义务；

（二）提前三日将会议议程及召开会议的时间、地点通知法官惩戒委员会委员；

（三）听证前三日将听证的时间、地点通知当事法官和相关人民法院调查部门；

（四）根据当事法官和相关人民法院调查部门的申请，通知相关证人参加听证；

（五）做好听证、审议的会议组织工作。

第二十四条 法官惩戒委员会审议惩戒事项，应当有全体委员五分之四以上出席方可召开。

委员因故无法出席的，须经法官惩戒委员会主任批准。

第二十五条 法官惩戒委员会审议惩戒事项时，应当组织听证。当事法官对人民法院调查认定的事实、证据和提请审议意见没有异议，明确表示不参加听证或无故缺席的，可直接进行审议。

因特殊情况，惩戒委员会主任可以决定延期听证。

第二十六条　听证由法官惩戒委员会主任主持，或者由主任委托副主任或其他委员主持，按照下列程序进行：

（一）主持人宣布听证开始；

（二）询问当事法官是否申请回避，并作出决定；

（三）承担督察工作的部门派员宣读提请审议意见书；

（四）调查人员出示当事法官违反审判职责的证据，并就其违反审判职责行为和主观过错进行举证；

（五）当事法官陈述、举证、辩解；

（六）法官惩戒委员会委员可以就惩戒事项涉及的问题进行询问；

（七）调查人员和当事法官分别就事实认定、当事法官是否存在过错及过错性质发表意见；

（八）当事法官最后陈述。

第二十七条　法官惩戒委员会应当在听证后进行审议，并提出审查意见。

审议时，法官惩戒委员会委员应当对证据采信、事实认定、法律法规适用等进行充分讨论，并根据听证的情况独立发表意见。发表意见按照委员、副主任、主任的先后顺序进行。

第二十八条　法官惩戒委员会审议惩戒事项，须经全体委员三分之二以上多数通过，对当事法官是否构成违反审判职责提出审查意见。

经审议，未能形成三分之二以上多数意见的，由人民法院根据审议情况进行补充调查后重新提请审议，或者撤回提请审议事项。

法官惩戒委员会审议其他事项，须经全体委员半数以上同意。

第二十九条　法官惩戒委员会认为惩戒事项需要补充调查的，可以要求相关人民法院补充调查。相关人民法院也可以申请补充调查。

人民法院应当在一个月内补充调查完毕。补充调查以二次为限。

第三十条　人民法院补充调查后，认为应当进行惩戒的，应重新提请法官惩戒委员会审议。

第三十一条　法官惩戒委员会的审查意见应当书面送达当事法官和相关人民法院。

当事法官对审查意见有异议的，可以自收到审查意见书之日起十日内以书面形式通过承担督察工作的部门向法官惩戒委员会提出。

第三十二条　当事法官对审查意见提出异议的，法官惩戒委员会应当对异议及其理由进行审议，并作出书面决定：

（一）认为异议成立的，决定变更原审查意见，作出新的审查意见；

（二）认为异议不成立的，决定维持原审查意见。

异议审查决定应当书面回复当事法官。

第三十三条　法官惩戒委员会审查异议期间，相关人民法院应当暂缓对当事法官作出惩戒决定。

第六章　处理和救济

第三十四条　法官惩戒委员会经审议，认定法官存在故意违反审判职责行为，或者存在重大过失导致案件错误并造成严重后果，应当予以惩戒的，由人民法院根据干部管理权限作出惩戒决定：

（一）给予停职、延期晋升、调离审判执行岗位、退出员额、免职、责令辞职等组织处理；

（二）按照《中华人民共和国公务员法》《中华人民共和国公职人员政务处分法》《中华人民共和国法官法》《人民法院工作人员处分条例》等法律规定给予处分。

上述惩戒方式，可以单独使用，也可以同时使用。

第三十五条　人民法院依据法官惩戒委员会的审查意见作出惩戒决定后，应当以书面形式通知当事法官，并列明理由和依据。

惩戒决定及处理情况，应当归入受惩戒法官的人事档案。

第三十六条　当事法官对惩戒决定不服的，可以自知道惩戒决定之日起三十日内向作出决定的人民法院申请复核。

当事法官对复核结果不服的，可以自接到复核决定之日起十五日内向上一级人民法院提出申诉；也可以不经复核，自知道惩戒决定之日起三十日内直接提出申诉。

第三十七条　人民法院应当自接到复核申请书后的三十日内作出复核决定，并以书面形式告知申请人。

上一级人民法院应当自受理当事法官申诉之日起六十日内作出处理决定；案情复杂的，可以适当延长，但是延长时间不得超过三十日。

复核、申诉期间不停止惩戒决定的执行。

法官不因申请复核、提出申诉而被加重处理。

第三十八条　上一级人民法院经审查，认定惩戒决定有错误的，作出惩戒决定的人民法院应当及时予以纠正。

第三十九条　人民法院应当将惩戒决定及执行情况通报法官惩戒委员会。

第七章　附　　则

第四十条　本规定适用于人民法院履行主体责任，对法官涉嫌违反审判职责的行为进行调查和惩戒。

法官惩戒程序与纪检监察机关对法官涉嫌违反审判职责行为调查处理程序的衔接，按照有关规定办理。

第四十一条　人民法院在办理法官违反审判职责案件过程中，发现法官涉嫌犯罪的，应当及时移送具有管辖权的纪检监察机关或者人民检察院依法处理。

第四十二条　本规定所称法官，是指按照《中华人民共和国法官法》选任并实行员额制管理的法官。

第四十三条　本规定由最高人民法院负责解释。

第四十四条　本规定自印发之日起施行。

人民法院工作人员近亲属禁业清单

2021年10月20日最高人民法院印发

第一条　为认真贯彻党中央关于加强政法队伍建设的部署要求，确保人民法院工作人员廉洁司法、廉洁用权、廉洁齐家，推动全面从严治党、从严治院、从严管理进一步向纵深发展，根据《中国共产党纪律处分条例》《中华人民共和国公职人员政务处分法》《法官法》及中央组织部关于规范经商办企业行为相关规定，按照《关于规范政法干警配偶、子女及其配偶经商办企业行为的通知》要求，制定本清单。

第二条　人民法院工作人员近亲属经商办企业执行以下共同禁业范围：

（一）法院领导干部和审判执行人员的配偶、父母、子女不得担任其所任职法院辖区内律师事务所的合伙人或者设立人；

（二）法院领导干部和审判执行人员的配偶、父母、子女不得在其任职法院辖区内以律师身份担任诉讼代理人、辩护人，或为诉讼案件当事人提供其他有偿法律服务；

（三）法院领导干部的配偶、子女及其配偶不得与领导干部所在法院和管辖单位发生直接经济利益关系；

（四）法院领导干部的配偶、子女及其配偶不得在其任职法院辖区内，担任提供司法拍卖、司法评估等有偿中介或法律服务的营利性组织的设立人、合伙人、投资人、高级管理人员等；

（五）法院领导干部和审判执行人员的配偶、子女及其配偶不得从事其他可能影响其依法公正履职的经商办企业活动。

第三条　法院领导干部和审判执行人员不得利用职权和职务上的影响，为配偶、子女及其配偶和其他特定关系人从事经商办企业活动提供便利和优惠条件，或者为其经商办企业谋取利益。

第四条　最高人民法院厅局级副职以上领导干部的配偶、子女及其配偶除执行第二条、第三条规定的禁业范围外，按照中央组织部《中央单位规范领导干部配偶、子女及其配偶经商办企业行为规定》《最高人民法院领导干部配偶、子女及其配偶经商办企业禁业范围（试行）》等有关规定执行。

省级以下人民法院厅局级副职以上领导干部的配偶、子女及其配偶除执行第二条、第三条规定的禁业范围外，按照中央组织部《关于省区市规范领导干部配偶、子女及其配偶经商办企业行为规定》及各省区市党委组织部有关规定执行。

第五条　本清单所称“法院领导干部”是指各级人民法院的领导班子成员及审判委员会专职委员，“审判执行人员”是指各级人民法院立案、审判、执行、审判监督、国家赔偿等部门的领导班子成员、法官及具备公务员身份的法官助理、执行员、书记员。

第六条　各高级人民法院及新疆维吾尔自治区高级人民法院生产建设兵团分院可以根据本清单，结合本地实际制定具体实施办法。

检察人员纪律处分条例

1. 2004年6月1日通过
2. 2016年10月20日修订

第一章　总　　则

第一节　目的、原则和适用范围

第一条　为了严肃检察纪律，规范检察人员行为，保证检察人员依法履行职责，确保公正廉洁司法，根据《中华人民共和国人民检察院组织法》《中华人民共和国公务员法》《中华人民共和国检察官法》等法律法规，参照《中国共产党纪律处分条例》等党内法规，结合检察机关的实际，制定本条例。

第二条　检察机关的纪律处分工作，应当坚持全面从严治检、实事求是、纪律面前一律平等、处分与违纪行为相适应、惩戒与教育相结合的原则。

第三条　本条例适用于违反纪律或者法律、法规规定应当受到纪律追究的检察人员。

第四条　检察机关及其所属机构、单位、办案组织集体作出违纪决定或者实施违纪行为，对负有直接责任和领导责任的检察人员，依照本条例给予纪律处分。

第五条　检察人员依法履行职责和其他合法权益受法律保护，非因法定事由、非经法定程序，不受纪律处分。

第二节　纪律处分的种类和适用

第六条　对违反纪律的检察人员，应当根据其违纪行为的事实、性质和情节，依照本条例的规定给予纪律处分。

情节轻微，经批评教育确已认识错误的，可以免予处分。

情节显著轻微，不认为构成违纪的，不予处分。

第七条　纪律处分种类：

（一）警告；

（二）记过；

（三）记大过；

（四）降级；

（五）撤职；

（六）开除。

第八条　纪律处分期间分别为：

（一）警告，六个月；

（二）记过，十二个月；

（三）记大过，十八个月；

（四）降级、撤职，二十四个月。

第九条　检察人员在处分期间不得晋升职务、级别。其中，受记过、记大过、降级、撤职处分的，在处分期间不得晋升工资档次。

第十条　受降级处分的，自处分的下个月起降低一个级别。如果受处分人为最低级别的，按降低一个工资档次处理；如果受处分人为最低级别最低档次的，给予记大过处分。

第十一条　受撤职处分的，撤销其所有行政职务。在处分期间不得担任领导职务，自处分的下个月起按降低一个以上的职务层次另行确定非领导职务。办事员应当给予撤职处分的，给予降级处分。

第十二条　受开除处分的，自处分决定生效之日起解除其人事关系，其职务、级别自然撤销，不得再被录用为检察人员。

第十三条　受处分人具有法律职务的，按照有关规定重新确定或者依法罢免、免除法律职务。

受开除处分的，依法罢免或者免除法律职务。

第十四条　一人有本条例规定的两种以上应当受到处分的违纪行为，应当分别确定其处分种类。应当给予的处分种类不同的，执行其中最重的处分；应当给予撤职以下多个相同种类处分的，执行该处分，并在最高处分期间以上，多个处分期间之和以下，决定应当执行的处分期间。

处分期间最长不超过48个月。

第十五条　一个违纪行为同时触犯本条例两个以上条款的，依照处分较重的条款定性处理。

一个条款规定的违纪构成要件全部包含在另一个条款规定的违纪构成要件中，特别规定与一般规定不一致的，适用特别规定。

第十六条　二人以上共同故意违纪的，对起主要作用的，从重处分，本条例另有规定的除外；对其他成员，按照其在共同违纪中所起的作用和应负的责任，分别给予处分。

对于经济方面共同违纪的，按照个人所得数额及其所起的作用，分别给予处分。对起主要作用，情节严重的，按照共同违纪的总数额给予处分。

教唆他人违纪的，应当按照其在共同违纪中所起的作用追究纪律责任。

第十七条　有下列情形之一的，可以从轻或者减轻处分：

（一）主动交代本人应当受到纪律处分的问题的；

（二）检举他人应当受到纪律处分或者法律追究的问题，经查证属实的；

（三）主动挽回损失、消除不良影响或者有效阻止危害结果发生的；

（四）主动上交违纪所得的；

（五）其他立功表现的。

第十八条　有下列情形之一的，应当从重或者加重处分：

（一）在集中整治过程中，不收敛、不收手的；

（二）强迫他人违纪的；

（三）本条例另有规定的。

第十九条　故意违纪受处分后又因故意违纪应当受到纪律处分的，应当从重处分。

第二十条　纪律处分决定作出后，应当在一个月内向受处分人所在单位及其本人宣布，并由干部人事管理部门按照干部管理权限将处分决定材料归入受处分人档案；对于受到降级以上处分的，还应当在一个月内办理职务、工资等相应变更手续。

第二十一条　对于违纪行为所获得的经济利益，应当收缴或者责令退赔。

对于违纪行为所获得的职务、职称、学历、学位、奖励等其他利益，应当建议有关组织、单位、部门按规定予以纠正。

第二十二条　从轻、从重处分，是指在本条例规定的违纪行为应当受到的处分幅度以内，给予较轻或者较重的处分。

减轻、加重处分，是指在本条例规定的违纪行为应当受到的处分幅度以外，减轻或者加重一档给予处分。

本条例规定的只有开除处分一个档次的违纪行为，不适用前款减轻处分的规定。

依照本条例应当给予警告或者记过处分，又有减轻处分情形的，可以免予处分。

第三节　对违法犯罪、违犯党纪检察人员的处分

第二十三条　检察人员有贪污贿赂、渎职侵权等刑法规定的行为涉嫌犯罪的，应当给予撤职或者开除处分。

第二十四条　检察人员有刑法规定的行为，虽不构成犯罪或者不以犯罪论处，但须追究纪律责任的，应当视具体情节给予警告直至开除处分。

第二十五条　检察人员有其他违法行为，须追究纪律责任的，应当视具体情节给予警告直至开除处分。

第二十六条　检察人员受到纪律追究，涉嫌违法犯罪的，应当及时移送有关国家机关依法处理；需要给予党纪处分的，应当向有关党组织提出建议。

第二十七条　因犯罪被判处刑罚的，应当给予开除处分。

因犯罪情节轻微，被人民检察院依法作出不起诉决定的，或者被人民法院免予刑事处罚的，给予降级、撤职或者开除处分。

属于前款规定情形的，应当根据司法机关的生效裁判、决定及其认定的事实、性质和情节，依照本条例规定给予纪律处分。

第二十八条　受到党纪处分或者行政处罚，应当追究纪律责任的，可以根据生效的党纪处分决定、行政处罚决定认定的事实、性质和情节，经核实后依照本条例规定给予纪律处分。

第二十九条　纪律处分决定作出后，党组织、司法机关、行政机关等改变原生效决定、裁判，对原处分决定产生影响的，应当根据改变后的生效决定、裁判重新作出相应处理。

第四节　纪律处分的变更和解除

第三十条　受处分人在处分期间获得三等功以上奖励的，可以缩短处分期间，但缩短后的期间不得少于原处分期间的二分之一。

第三十一条　受处分人在处分期间，发现其另有应当受到纪律处分的违纪行为，应当根据新发现违纪行为的事实、性质、情节和已经作出的处分，重新作出处分决定，处分期间依照本条例第十四条的规定重新计算，已经执行的处分期间应当从重新确定的处分期间中扣除。

受处分人在处分期间又犯应当受到纪律处分的违纪行为，应当依照前款规定重新作出处分决定，处分期间为原处分期间尚未执行的期间与新处分期间之和。

第三十二条　受处分人在处分期间确有悔改表现，处分期满后，经所在单位或者部门提出意见，由处分决定机关作出解除处分的决定。

第三十三条　解除处分决定应当在一个月内书面通知受处分人，并在一定范围内宣布。

解除处分决定应当在作出后的一个月内，由干部人事管理部门归入受处分人档案。

第三十四条　解除降级、撤职处分，不得恢复原职务、级别和工资档次，但以后晋升职务、级别和工资档次不受原处分的影响。

第五节　其他规定

第三十五条　检察人员在纪律处分决定作出前已经退休的，不再给予纪律处分，但是依照本条例应当给予降级以上处分的，按照应当给予的纪律处分相应降低或者取消其享受的待遇。

第三十六条　本条例所称检察人员，是指检察机关具有公务员身份和参照公务员法管理的检察官、检察辅助人员和司法行政人员。

对检察机关所属事业单位中不参照公务员法管理工作人员的纪律处分，适用《事业单位工作人员处分暂行规定》。

第三十七条　本条例所称领导干部，是指人民检察院及所属参公管理事业单位中担任各级领导职务，以及非领导职务的县(处)级以上干部。

第三十八条　本条例所称直接责任者，是指在其职责范围内，不履行或者不正确履行自己的职责，对造成的损失或者后果起决定性作用的检察人员。

本条例所称主要领导责任者，是指在其职责范围内，对直接主管的工作不履行或者不正确履行职责，对造成的损失或者后果负直接领导责任的领导干部。

本条例所称重要领导责任者，是指在其职责范围内，对应管的工作或者参与决定的工作不履行或者不正确履行职责，对造成的损失或者后果负次要领导责

任的领导干部。

本条例所称领导责任者,包括主要领导责任者和重要领导责任者。

第三十九条 检察人员实施违反检察职责的行为应当承担司法责任,需要给予纪律处分的,适用本条例。

第四十条 对检察人员因故意或者重大过失导致案件错误并造成严重后果而追究其纪律责任的,应当遵循谁办案谁负责、谁决定谁负责原则。

检察官有前款行为,应当受到纪律追究的,适用检察官惩戒制度相关规定。

第四十一条 本条例所述"以上"、"以下"均含本数。

第四十二条 本条例总则适用于最高人民检察院制定的其他有纪律处分规定的规范性文件,另有特别规定的除外。

第二章 分 则

第一节 对检察人员违反政治纪律行为的处分

第四十三条 通过信息网络、广播、电视、报刊、书籍、讲座、论坛、报告会、座谈会等方式,公开发表坚持资产阶级自由化立场、反对四项基本原则,反对党的改革开放决策的文章、演说、宣言、声明等的,给予开除处分。

发布、播出、刊登、出版前款所列文章、演说、宣言、声明等或者为上述行为提供方便条件的,对直接责任者和领导责任者,给予记大过或者降级处分;情节严重的,给予撤职或者开除处分。

第四十四条 通过信息网络、广播、电视、报刊、书籍、讲座、论坛、报告会、座谈会等方式,有下列行为之一,情节较轻的,给予警告、记过或者记大过处分;情节较重的,给予降级或者撤职处分;情节严重的,给予开除处分:

(一)公开发表违背四项基本原则,违背、歪曲党的改革开放决策,或者其他有严重政治问题的文章、演说、宣言、声明等的;

(二)妄议中央大政方针,破坏党的集中统一的;

(三)丑化党和国家形象,或者诋毁、诬蔑党和国家领导人,或者歪曲党史、军史的。

发布、播出、刊登、出版前款所列内容或者为上述行为提供方便条件的,对直接责任者和领导责任者,给予记过、记大过或者降级处分;情节严重的,给予撤职或者开除处分。

第四十五条 制作、贩卖、传播本条例第四十三条、第四十四条所列内容之一的书刊、音像制品、电子读物、网络音视频资料等,情节较轻的,给予警告、记过或者记大过处分;情节较重的,给予降级或者撤职处分;情节严重的,给予开除处分。

私自携带、寄递本条例第四十三条、第四十四条所列内容之一的书刊、音像制品、电子读物等人出境,情节较重的,给予警告、记过或者记大过处分;情节严重的,给予降级、撤职或者开除处分。

第四十六条 组织、参加反对党的基本理论、基本路线、基本纲领、基本经验、基本要求或者重大方针政策的集会、游行、示威等活动的,或者以组织讲座、论坛、报告会、座谈会等方式,反对党的基本理论、基本路线、基本纲领、基本经验、基本要求或者重大方针政策,造成严重不良影响的,对策划者、组织者和骨干分子,给予开除处分。

对其他参加人员或者以提供信息、资料、财物、场地等方式支持上述活动者,情节较轻的,给予警告、记过或者记大过处分;情节较重的,给予降级或者撤职处分;情节严重的,给予开除处分。

对不明真相被裹挟参加,经批评教育后确有悔改表现的,可以免予处分或者不予处分。

对未经组织批准参加其他集会、游行、示威等活动,情节较轻的,给予警告、记过或者记大过处分;情节较重的,给予降级或者撤职处分;情节严重的,给予开除处分。

第四十七条 组织、参加旨在反对党的领导、反对社会主义制度或者敌视政府等组织的,对策划者、组织者和骨干分子,给予开除处分。

对其他参加人员,情节较轻的,给予警告、记过或者记大过处分;情节较重的,给予降级或者撤职处分;情节严重的,给予开除处分。

第四十八条 组织、参加会道门或者邪教组织的,对策划者、组织者和骨干分子,给予开除处分。

对其他参加人员,情节较轻的,给予警告、记过或者记大过处分;情节较重的,给予降级或者撤职处分;情节严重的,给予开除处分。

对不明真相的参加人员,经批评教育后确有悔改表现的,可以免予处分或者不予处分。

第四十九条 搞团团伙伙、结党营私、拉帮结派、培植私人势力或者通过搞利益交换、为自己营造声势等活动捞取政治资本的,给予记过、记大过或者降级处分;情节严重的,给予撤职或者开除处分。

第五十条 有下列行为之一的,对直接责任者和领导责任者,给予记过、记大过或者降级处分;情节严重的,给予撤职或者开除处分：

（一）拒不执行党和国家的方针政策以及决策部署的；

（二）故意作出与党和国家的方针政策以及决策部署相违背的决定的；

（三）擅自对应当由中央决定的重大政策问题作出决定和对外发表主张的。

第五十一条 挑拨民族关系制造事端或者参加民族分裂活动的，对策划者、组织者和骨干分子，给予开除处分。

对其他参加人员，情节较轻的，给予警告、记过或者记大过处分；情节较重的，给予降级或者撤职处分；情节严重的，给予开除处分。

对不明真相被裹挟参加，经批评教育后确有悔改表现的，可以免予处分或者不予处分。

有其他违反党和国家民族政策的行为，情节较轻的，给予警告、记过或者记大过处分；情节较重的，给予降级或者撤职处分；情节严重的，给予开除处分。

第五十二条 组织、利用宗教活动反对党的路线、方针、政策和决议，破坏民族团结的，对策划者、组织者和骨干分子，给予撤职或者开除处分。

对其他参加人员，情节较轻的，给予警告、记过或者记大过处分；情节较重的，给予降级或者撤职处分；情节严重的，给予开除处分。

对不明真相被裹挟参加，经批评教育后确有悔改表现的，可以免予处分或者不予处分。

有其他违反国家宗教政策的行为，情节较轻的，给予警告、记过或者记大过处分；情节较重的，给予降级或者撤职处分；情节严重的，给予开除处分。

第五十三条 组织、利用宗族势力对抗党和政府，妨碍党和国家的方针政策以及决策部署的实施，或者破坏党的基层组织建设的，对策划者、组织者和骨干分子，给予撤职或者开除处分。

对其他参加人员，情节较轻的，给予警告、记过或者记大过处分；情节较重的，给予降级或者撤职处分；情节严重的，给予开除处分。

对不明真相被裹挟参加，经批评教育后确有悔改表现的，可以免予处分或者不予处分。

第五十四条 对抗组织调查，有下列行为之一的，给予警告、记过或者记大过处分；情节较重的，给予降级或者撤职处分；情节严重的，给予开除处分：

（一）串供或者伪造、销毁、转移、隐匿证据的；

（二）阻止他人揭发检举、提供证据材料的；

（三）包庇同案人员的；

（四）向组织提供虚假情况，掩盖事实的；

（五）其他对抗组织调查行为的。

第五十五条 组织迷信活动的，给予降级或者撤职处分；情节严重的，给予开除处分。

参加迷信活动，造成不良影响的，给予警告、记过或者记大过处分；情节较重的，给予降级或者撤职处分；情节严重的，给予开除处分。

对不明真相的参加人员，经批评教育后确有悔改表现的，可以免予处分或者不予处分。

第五十六条 在国（境）外、外国驻华使（领）馆申请政治避难，或者违纪后逃往国（境）外、外国驻华使（领）馆的，给予开除处分。

在国（境）外公开发表反对党和政府的文章、演说、宣言、声明等的，依照前款规定处理。

故意为上述行为提供方便条件的，给予撤职或者开除处分。

第五十七条 在涉外活动中，其言行在政治上造成恶劣影响，损害党和国家尊严、利益的，给予降级或者撤职处分；情节严重的，给予开除处分。

第五十八条 领导干部对违反政治纪律和政治规矩等错误思想和行为放任不管，搞无原则一团和气，造成不良影响的，给予警告、记过或者记大过处分；情节严重的，给予降级或者撤职处分。

第五十九条 有其他违反政治纪律和政治规矩行为的，应当视具体情节给予警告直至开除处分。

第二节 对检察人员违反组织纪律行为的处分

第六十条 违反民主集中制原则，拒不执行或者擅自改变组织作出的重大决定，或者违反议事规则，个人或者少数人决定重大问题的，给予警告、记过或者记大过处分；情节严重的，给予降级或者撤职处分。

第六十一条 下级检察机关拒不执行或者擅自改变上级检察机关决定的，对直接责任者和领导责任者，给予警告、记过或者记大过处分；情节严重的，给予降级或者撤职处分。

第六十二条 拒不执行组织的分配、调动、交流等决定的，给予警告、记过、记大过或者降级处分。

在特殊时期或者紧急状况下，拒不执行组织决定的，给予撤职或者开除处分。

第六十三条 离任、辞职或者被辞退时，拒不办理公务交接手续或者拒不接受审计的，给予警告、记过或者记大过处分；情节较重的，给予降级或者撤职处分；情节严重的,给予开除处分。

第六十四条 不按照有关规定或者工作要求,向组织请示报告重大问题、重要事项的,给予警告、记过或者记大过处分;情节严重的,给予降级或者撤职处分。

不按要求报告或者不如实报告个人去向,情节较重的,给予警告、记过或者记大过处分。

第六十五条 有下列行为之一,情节较重的,给予警告、记过或者记大过处分:

(一)违反个人有关事项报告规定,不报告、不如实报告的;

(二)在组织进行谈话、函询时,不如实向组织说明问题的;

(三)不如实填报个人档案资料的。

篡改、伪造个人档案资料的,给予记过或者记大过处分;情节严重的,给予降级或者撤职处分。

第六十六条 领导干部违反有关规定组织、参加自发成立的老乡会、校友会、战友会等,情节严重的,给予警告、记过、记大过或者降级处分。

第六十七条 诬告陷害他人意在使他人受纪律追究的,给予警告、记过或者记大过处分;情节较重的,给予降级或者撤职处分;情节严重的,给予开除处分。

第六十八条 有下列行为之一的,给予警告、记过或者记大过处分;情节较重的,给予降级或者撤职处分;情节严重的,给予开除处分:

(一)对检察人员的批评、检举、控告进行阻挠、压制,或者将批评、检举、控告材料私自扣压、销毁,或者故意将其泄露给他人的;

(二)对检察人员的申辩、辩护、作证等进行压制,造成不良后果的;

(三)压制检察人员申诉,造成不良后果的,或者不按照有关规定处理检察人员申诉的;

(四)其他侵犯检察人员权利行为,造成不良后果的。

对批评人、检举人、控告人、证人及其他人员打击报复的,依照前款规定从重或者加重处分。

单位或者部门有上述行为的,对直接责任者和领导责任者,依照前款规定处理。

第六十九条 有下列行为之一的,给予警告、记过或者记大过处分;情节较重的,给予降级或者撤职处分;情节严重的,给予开除处分:

(一)在民主推荐、民主测评、组织考察和选举中搞拉票、助选等非组织活动的;

(二)在法律规定的投票、选举活动中违背组织原则搞非组织活动,组织、怂恿、诱使他人投票、表决的;

(三)在选举中进行其他违反法律和纪律规定活动的。

第七十条 在干部选拔任用工作中,违反干部选拔任用规定,对直接责任者和领导责任者,情节较轻的,给予警告、记过或者记大过处分;情节较重的,给予降级或者撤职处分;情节严重的,给予开除处分。

用人失察失误造成严重后果的,对直接责任者和领导责任者,依照前款规定处理。

第七十一条 违反有关规定在人员录用、考评考核、职务晋升和职称评定等工作中,隐瞒、歪曲事实真相,或者利用职权、职务上的影响为本人或者他人谋取利益的,给予警告、记过或者记大过处分;情节较重的,给予降级或者撤职处分;情节严重的,给予开除处分。

弄虚作假,骗取职务、职级、职称、待遇、资格、学历、学位、荣誉或者其他利益的,依照前款规定处理。

第七十二条 违反有关规定取得外国国籍或者获取国(境)外永久居留资格、长期居留许可,非法出境,或者违反规定滞留境外不归的,给予开除处分。

第七十三条 违反有关规定办理因私出国(境)证件、港澳通行证、大陆居民来往台湾通行证,或者未经批准出入国(边)境,情节较轻的,给予警告、记过或者记大过处分;情节较重的,给予降级处分;情节严重的,给予撤职处分。

第七十四条 在临时出国(境)团(组)中擅自脱离组织,或者从事外事、机要等工作的检察人员违反有关规定同国(境)外机构、人员联系和交往的,给予警告、记过、记大过、降级或者撤职处分。

第七十五条 在临时出国(境)团(组)中脱离组织出走的,给予撤职或者开除处分。

故意为他人脱离组织出走提供方便条件的,给予记过、记大过、降级或者撤职处分。

第三节 对检察人员违反办案纪律行为的处分

第七十六条 故意伪造、隐匿、损毁举报、控告、申诉材料,包庇被举报人、被控告人,或者对举报人、控告人、申诉人、批评人打击报复的,给予记过或者记大过处分;情节较重的,给予降级或者撤职处分;情节严重的,给予开除处分。

第七十七条 泄露案件秘密,或者为案件当事人及其近亲属、辩护人、诉讼代理人、利害关系人等打探案情、通风报信的,给予记过或者记大过处分;造成严重后果或者恶劣影响的，给予降级、撤职或者开除处分。

第七十八条 擅自处置案件线索、随意初查或者在初查中对被调查对象采取限制人身自由强制性措施的，给予记过或者记大过处分；情节较重的，给予降级或者撤职处分；情节严重的，给予开除处分。

第七十九条 违反有关规定搜查他人身体、住宅，或者侵入他人住宅的，给予记过或者记大过处分；情节较重的，给予降级或者撤职处分；情节严重的，给予开除处分。

第八十条 违反有关规定采取、变更、解除、撤销强制措施的，给予记过或者记大过处分；情节较重的，给予降级或者撤职处分；情节严重的，给予开除处分。

第八十一条 违反有关规定限制、剥夺诉讼参与人人身自由、诉讼权利的，给予警告、记过或者记大过处分；情节较重的，给予降级或者撤职处分；情节严重的，给予开除处分。

第八十二条 违反职务犯罪侦查全程同步录音录像有关规定，情节较重的，给予警告、记过或者记大过处分；情节严重的，给予降级或者撤职处分。

第八十三条 殴打、体罚虐待、侮辱犯罪嫌疑人、被告人及其他人员的，给予记过或者记大过处分；造成严重后果或者恶劣影响的，给予降级、撤职或者开除处分。

第八十四条 采用刑讯逼供等非法方法收集犯罪嫌疑人、被告人供述，或者采用暴力、威胁等非法方法收集证人证言、被害人陈述的，给予记过或者记大过处分；情节较重的，给予降级或者撤职处分；情节严重的，给予开除处分。

第八十五条 故意违背案件事实作出勘验、检查、鉴定意见的，给予降级或者撤职处分；情节严重的，给予开除处分。

第八十六条 违反有关规定，有下列行为之一的，对直接责任者和领导责任者，给予记过或者记大过处分；情节较重的，给予降级或者撤职处分；情节严重的，给予开除处分：

（一）在立案之前查封、扣押、冻结涉案财物的；

（二）超范围查封、扣押、冻结涉案财物的；

（三）不返还、不退还扣押、冻结涉案财物的；

（四）侵吞、挪用、私分、私存、调换、外借、压价收购涉案财物的；

（五）擅自处理扣押、冻结的涉案财物及其孳息的；

（六）故意损毁、丢失涉案财物的；

（七）其他违反涉案财物管理规定的。

第八十七条 违反有关规定阻碍律师依法行使会见权、阅卷权、申请收集调取证据等执业权利，情节较重的，给予警告、记过或者记大过处分；情节严重的，给予降级或者撤职处分。

第八十八条 违反有关规定应当回避而故意不回避，或者拒不服从回避决定，或者对符合回避条件的申请故意不作出回避决定的，给予警告、记过或者记大过处分；情节严重的，给予降级或者撤职处分。

第八十九条 私自会见案件当事人及其近亲属、辩护人、诉讼代理人、利害关系人、中介组织，或者接受上述人员提供的礼品、礼金、消费卡等财物，以及宴请、娱乐、健身、旅游等活动的，给予记过或者记大过处分；情节较重的，给予降级或者撤职处分；情节严重的，给予开除处分。

第九十条 有重大过失，不履行或者不正确履行司法办案职责，造成下列后果之一的，给予警告、记过或者记大过处分；情节较重的，给予降级或者撤职处分；情节严重的，给予开除处分：

（一）认定事实、适用法律出现重大错误，或者案件被错误处理的；

（二）遗漏重要犯罪嫌疑人或者重大罪行的；

（三）错误羁押或者超期羁押犯罪嫌疑人、被告人的；

（四）犯罪嫌疑人、被告人串供、毁证、逃跑的；

（五）涉案人员自杀、自伤、行凶的；

（六）其他严重后果或者恶劣影响的。

第九十一条 负有监督管理职责的检察人员因故意或者重大过失，不履行或者不正确履行监督管理职责，导致司法办案工作出现错误，情节较重的，给予警告、记过或者记大过处分；情节严重的，给予降级或者撤职处分。

第九十二条 故意伪造、隐匿、损毁证据材料、诉讼文书的，给予降级或者撤职处分；情节严重的，给予开除处分。

第九十三条 丢失案卷、案件材料、档案的，给予警告、记过或者记大过处分；情节严重的，给予降级或者撤职处分。

第九十四条 违反有关规定，有下列行为之一的，给予记过或者记大过处分；情节较重的，给予降级或者撤职处分；情节严重的，给予开除处分：

（一）体罚虐待被监管人员的；

（二）私自带人会见被监管人员的；

（三）给被监管人员特殊待遇或者照顾的；

（四）让被监管人员为自己提供劳务的。

第九十五条 违反有关规定对司法机关、行政机关违法行使职权或者不行使职权的行为不履行法律监督职责，造成严重后果或者恶劣影响的，给予警告、记过或者记大过处分；情节严重的，给予降级或者撤职处分。

第九十六条 违反有关规定干预司法办案活动，有下列行为之一的，给予警告或者记过处分；情节较重的，给予记大过或者降级处分；情节严重的，给予撤职处分：

（一）在初查、立案、侦查、审查逮捕、审查起诉、审判、执行等环节为案件当事人请托说情的；

（二）邀请或者要求办案人员私下会见案件当事人或者其辩护人、诉讼代理人、近亲属以及其他与案件有利害关系的人的；

（三）私自为案件当事人及其近亲属、辩护人、诉讼代理人传递涉案材料的；

（四）领导干部授意、纵容身边工作人员或者近亲属为案件当事人请托说情的；

（五）领导干部为了地方利益或者部门利益，以听取汇报、开协调会、发文件等形式，超越职权对案件处理提出倾向性意见或者具体要求的；

（六）其他影响司法人员依法公正处理案件的。

第九十七条 对领导干部违规干预司法办案活动、司法机关内部人员过问案件，两次以上不记录或者不如实记录的，给予警告或者记过处分；情节严重的，给予记大过处分。

授意不记录、不如实记录的，依照前款规定处理。

对如实记录的检察人员打击报复的，依照本条例第六十八条第二款处理。

第九十八条 利用检察权或者借办案之机，借用、占用案件当事人、辩护人、诉讼代理人、利害关系人或者发案单位、证人等的住房、交通工具或者其他财物，或者谋取其他个人利益的，给予警告、记过或者记大过处分；情节较重的，给予降级或者撤职处分；情节严重的，给予开除处分。

利用职权或者职务上的影响，借用、占用企事业单位、社会团体或者个人的住房、交通工具或者其他财物，给予警告、记过或者记大过处分；情节较重的，给予降级或者撤职处分；情节严重的，给予开除处分。

第九十九条 违反办案期限或者有关案件管理程序规定，情节较重的，给予警告、记过或者记大过处分；情节严重的，给予降级或者撤职处分。

第一百条 有其他违反办案纪律规定行为的，应当视具体情节给予警告直至开除处分。

第四节 对检察人员违反廉洁纪律行为的处分

第一百零一条 利用职权或者职务上的影响为他人谋取利益，本人的配偶、子女及其配偶等亲属和其他特定关系人收受对方财物，情节较重的，给予警告、记过或者记大过处分；情节严重的，给予降级、撤职或者开除处分。

第一百零二条 相互利用职权或者职务上的影响为对方及其配偶、子女及其配偶等亲属、身边工作人员和其他特定关系人谋取利益搞权权交易的，给予警告、记过或者记大过处分；情节较重的，给予降级或者撤职处分；情节严重的，给予开除处分。

第一百零三条 纵容、默许配偶、子女及其配偶等亲属和身边工作人员利用本人职权或者职务上的影响谋取私利，情节较轻的，给予警告、记过或者记大过处分；情节较重的，给予降级或者撤职处分；情节严重的，给予开除处分。

检察人员的配偶、子女及其配偶未从事实际工作而获取薪酬或者虽从事实际工作但领取明显超出同职级标准薪酬，检察人员知情未予纠正的，依照前款规定处理。

第一百零四条 收受可能影响公正执行公务的礼品、礼金、消费卡等，情节较轻的，给予警告、记过或者记大过处分；情节较重的，给予降级或者撤职处分；情节严重的，给予开除处分。

收受其他明显超出正常礼尚往来的礼品、礼金、消费卡等的，依照前款规定处理。

第一百零五条 向从事公务的人员及其配偶、子女及其配偶等亲属和其他特定关系人赠送明显超出正常礼尚往来的礼品、礼金、消费卡等，情节较重的，给予警告、记过或者记大过处分；情节严重的，给予降级或者撤职处分。

第一百零六条 利用职权或者职务上的影响操办婚丧喜庆事宜，在社会上造成不良影响的，给予警告、记过或者记大过处分；情节严重的，给予降级或者撤职处分。

在操办婚丧喜庆事宜中，借机敛财或者有其他侵犯国家、集体和人民利益行为的，依照前款规定从重或者加重处分，直至给予开除处分。

第一百零七条 接受可能影响公正执行公务的宴请或者旅游、健身、娱乐等活动安排，情节较重的，给予警告、记过或者记大过处分；情节严重的，给予降级或者撤职处分。

第一百零八条 违反有关规定取得、持有、实际使用运动健身卡、会所和俱乐部会员卡、高尔夫球卡等各种消费卡，或者违反有关规定出入私人会所、夜总会，情节较重的，给予警告、记过或者记大过处分；情节严重的，给予降级或者撤职处分。

第一百零九条 违反有关规定从事营利活动，有下列行为之一，情节较轻的，给予警告、记过或者记大过处分；情节较重的，给予降级或者撤职处分；情节严重的，给予开除处分：

（一）经商办企业的；

（二）拥有非上市公司（企业）的股份或者证券的；

（三）买卖股票或者进行其他证券投资的；

（四）兼任律师、法律顾问、仲裁员等职务，以及从事其他有偿中介活动的；

（五）在国（境）外注册公司或者投资入股的；

（六）其他违反有关规定从事营利活动的。

利用职权或者职务上的影响，为本人配偶、子女及其配偶等亲属和其他特定关系人的经营活动谋取利益的，依照前款规定处理。

违反有关规定在经济实体、社会团体等单位中兼职，或者经批准兼职但获取薪酬、奖金、津贴等额外利益的，依照前款规定处理。

第一百一十条 领导干部的配偶、子女及其配偶，违反有关规定在该领导干部管辖的区域或者业务范围内从事可能影响其公正执行公务的经营活动，或者在该领导干部管辖的区域或者业务范围内的外商独资企业、中外合资企业中担任由外方委派、聘任的高级职务的，该领导干部应当按照规定予以纠正；拒不纠正的，其本人应当辞去现任职务或者由组织予以调整职务；不辞去现任职务或者不服从组织调整职务的，给予撤职处分。

领导干部或者在司法办案岗位工作的检察人员的配偶、子女及其配偶在其本人任职的检察机关管辖区域内从事案件代理、辩护业务的，适用前款规定处理。

第一百一十一条 检察机关违反有关规定经商办企业的，对直接责任者和领导责任者，给予警告、记过或者记大过处分；情节严重的，给予降级或者撤职处分。

第一百一十二条 领导干部违反工作、生活保障制度，在交通、医疗等方面为本人、配偶、子女及其配偶等亲属和其他特定关系人谋求特殊待遇，情节较重的，给予警告、记过或者记大过处分；情节严重的，给予降级或者撤职处分。

第一百一十三条 在分配、购买住房中侵犯国家、集体利益，情节较轻的，给予警告、记过或者记大过处分；情节较重的，给予降级或者撤职处分；情节严重的，给予开除处分。

第一百一十四条 利用职权或者职务上的影响，侵占非本人经管的公私财物，或者以象征性地支付钱款等方式侵占公私财物，或者无偿、象征性地支付报酬接受服务、使用劳务，情节较轻的，给予警告、记过或者记大过处分；情节较重的，给予降级或者撤职处分；情节严重的，给予开除处分。

利用职权或者职务上的影响，将本人、配偶、子女及其配偶等亲属应当由个人支付的费用，由下属单位、其他单位或者他人支付、报销的，依照前款规定处理。

第一百一十五条 利用职权或者职务上的影响，违反有关规定占用公物归个人使用，时间超过六个月，情节较重的，给予警告、记过或者记大过处分；情节严重的，给予降级或者撤职处分。

占用公物进行营利活动的，给予警告、记过或者记大过处分；情节较重的，给予降级或者撤职处分；情节严重的，给予开除处分。

将公物借给他人进行营利活动的，依照前款规定处理。

第一百一十六条 违反有关规定组织、参加用公款支付的宴请、高消费娱乐、健身活动，或者用公款购买赠送、发放礼品，对直接责任者和领导责任者，情节较轻的，给予警告、记过或者记大过处分；情节较重的，给予降级或者撤职处分；情节严重的，给予开除处分。

第一百一十七条 违反有关规定滥发津贴、补贴、奖金等，对直接责任者和领导责任者，情节较轻的，给予警告、记过或者记大过处分；情节较重的，给予降级或者撤职处分；情节严重的，给予开除处分。

第一百一十八条 有下列行为之一，对直接责任者和领导责任者，情节较轻的，给予警告、记过或者记大过处分；情节较重的，给予降级或者撤职处分；情节严重的，给予开除处分：

（一）用公款旅游、借公务差旅之机旅游或者以公务差旅为名变相旅游的；

（二）以考察、学习、培训、研讨、参展等名义变相用公款出国（境）旅游的。

第一百一十九条 违反公务接待管理规定，超标准、超范围接待或者借机大吃大喝，对直接责任者和领导责任者，情节较重的，给予警告、记过或者记大过处分；情节严重的，给予降级或者撤职处分。

第一百二十条 违反有关规定配备、购买、更换、装饰、使用公务用车或者有其他违反公务用车管理规定的行为，对直接责任者和领导责任者，情节较重的，给予警告、记过或者记大过处分;情节严重的,给予降级或者撤职处分。

第一百二十一条 违反会议活动管理规定,有下列行为之一,对直接责任者和领导责任者,情节较重的,给予警告、记过或者记大过处分;情节严重的,给予降级或者撤职处分:

(一)到禁止召开会议的风景名胜区开会的;

(二)决定或者批准举办各类节会、庆典活动的。

擅自举办评比达标表彰活动或者借评比达标表彰活动收取费用的,依照前款规定处理。

第一百二十二条 违反办公用房管理规定,有下列行为之一,对直接责任者和领导责任者,情节较重的,给予警告、记过或者记大过处分;情节严重的,给予降级或者撤职处分:

(一)决定或者批准兴建、装修办公楼、培训中心等楼堂馆所,超标准配备、使用办公用房的;

(二)用公款包租、占用客房或者其他场所供个人使用的。

第一百二十三条 搞权色交易或者给予财物搞钱色交易的,给予记过或者记大过处分;情节较重的,给予降级或者撤职处分;情节严重的,给予开除处分。

第一百二十四条 有其他违反廉洁纪律规定行为的,应当视具体情节给予警告直至开除处分。

第五节 对检察人员违反群众纪律行为的处分

第一百二十五条 在检察工作中违反有关规定向群众收取、摊派费用的,给予警告、记过或者记大过处分;情节严重的,给予降级、撤职或者开除处分。

第一百二十六条 在从事涉及群众事务的工作中,刁难群众、吃拿卡要的,给予警告、记过或者记大过处分;情节严重的,给予降级、撤职或者开除处分。

第一百二十七条 对群众合法诉求消极应付、推诿扯皮,损害检察机关形象,情节较重的,给予警告、记过或者记大过处分;情节严重的,给予降级或者撤职处分。

第一百二十八条 对待群众态度恶劣、简单粗暴,造成不良影响,情节较重的,给予警告、记过或者记大过处分;情节严重的,给予降级或者撤职处分。

第一百二十九条 遇到国家财产和人民群众生命财产受到严重威胁时,能救而不救,情节较重的,给予警告、记过或者记大过处分;情节严重的,给予降级、撤职或者开除处分。

第一百三十条 不按照规定公开检察事务,侵犯群众知情权,对直接责任者和领导责任者,情节较重的,给予警告、记过或者记大过处分;情节严重的,给予降级或者撤职处分。

第一百三十一条 有其他违反群众纪律规定行为的,应当视具体情节给予警告直至开除处分。

第六节 对检察人员违反工作纪律行为的处分

第一百三十二条 在工作中不负责任或者疏于管理,有下列情形之一的,对直接责任者和领导责任者,给予警告、记过或者记大过处分;造成严重后果或者恶劣影响的,给予降级、撤职或者开除处分:

(一)不传达贯彻、不检查督促落实党和国家,以及最高人民检察院的方针政策和决策部署,或者作出违背党和国家,以及最高人民检察院方针政策和决策部署的错误决策的;

(二)本系统和本单位发生公开反对党的基本理论、基本路线、基本纲领、基本经验、基本要求或者党和国家,以及最高人民检察院方针政策和决策部署行为的;

(三)不正确履行职责或者严重不负责任,致使发生重大责任事故,给国家、集体利益和人民群众生命财产造成较大损失的。

第一百三十三条 不履行全面从严治检主体责任或者履行全面从严治检主体责任不力,造成严重后果或者恶劣影响的,对直接责任者和领导责任者,给予警告、记过或者记大过处分;情节严重的,给予降级或者撤职处分。

第一百三十四条 有下列行为之一,对直接责任者和领导责任者,情节较重的,给予警告、记过或者记大过处分;情节严重的,给予降级或者撤职处分:

(一)检察人员违反纪律或者法律、法规规定,应当给予纪律处分而不处分的;

(二)纪律处分决定或者申诉复查决定作出后,不按照规定落实决定中关于受处分人职务、职级、待遇等事项的;

(三)不按照干部管理权限对受处分人开展日常教育、管理和监督工作的。

第一百三十五条 因工作不负责任致使所管理的人员叛逃的,对直接责任者和领导责任者,给予警告、记过或者记大过处分;情节严重的,给予降级或者撤职处分。

因工作不负责任致使所管理的人员出走,对直接责任者和领导责任者,情节较重的,给予警告、记过或者记大过处分;情节严重的,给予降级或者撤职处分。

第一百三十六条　在上级单位检查、视察工作或者向上级单位汇报、报告工作时对应当报告的事项不报告或者不如实报告，造成严重后果或者恶劣影响的，对直接责任者和领导责任者，给予警告、记过或者记大过处分；情节严重的，给予降级或者撤职处分。

第一百三十七条　违反有关规定干预和插手市场经济活动，有下列行为之一，造成不良影响的，给予警告、记过或者记大过处分；情节较重的，给予降级或者撤职处分；情节严重的，给予开除处分：

（一）干预和插手建设工程项目承发包、土地使用权出让、政府采购、房地产开发与经营、矿产资源开发利用、中介机构服务等活动的；

（二）干预和插手国有企业重组改制、兼并、破产、产权交易、清产核资、资产评估、资产转让、重大项目投资以及其他重大经营活动等事项的；

（三）干预和插手经济纠纷的；

（四）干预和插手集体资金、资产和资源的使用、分配、承包、租赁等事项的；

（五）其他违反有关规定干预和插手市场经济活动的。

第一百三十八条　违反有关规定干预和插手执纪执法活动，向有关地方或者部门打招呼、说情，或者以其他方式对执纪执法活动施加影响，情节较轻的，给予记过或者记大过处分；情节较重的，给予降级或者撤职处分；情节严重的，给予开除处分。

违反有关规定干预和插手公共财政资金分配、项目立项评审、奖励表彰等活动，造成严重后果或者恶劣影响的，依照前款规定处理。

第一百三十九条　泄露、扩散、窃取关于干部选拔任用、纪律审查等尚未公开事项或者其他应当保密的信息的，给予警告、记过或者记大过处分；情节较重的，给予降级或者撤职处分；情节严重的，给予开除处分。

第一百四十条　在考试、录取工作中，有泄露试题、考场舞弊、涂改考卷、违规录取等违反有关规定行为的，给予警告、记过或者记大过处分；情节较重的，给予降级或者撤职处分；情节严重的，给予开除处分。

第一百四十一条　以不正当方式谋求本人或者他人用公款出国（境），情节较轻的，给予警告或者记过处分；情节较重的，给予记大过处分；情节严重的，给予降级或者撤职处分。

第一百四十二条　临时出国（境）团（组）或者人员中的检察人员，擅自延长在国（境）外期限，或者擅自变更路线的，对直接责任者和领导责任者，给予警告、记过或者记大过处分；情节严重的，给予降级或者撤职处分。

第一百四十三条　临时出国（境）团（组）中的检察人员，触犯所在国家、地区的法律、法令或者不尊重所在国家、地区的宗教习俗，情节较重的，给予警告、记过或者记大过处分；情节严重的，给予降级、撤职或者开除处分。

第一百四十四条　违反枪支、弹药管理规定，有下列行为之一的，给予记过、记大过或者降级处分；造成严重后果或者恶劣影响的，给予撤职或者开除处分：

（一）擅自携带枪支、弹药进入公共场所的；

（二）将枪支、弹药借给他人使用的；

（三）枪支、弹药丢失、被盗、被骗的；

（四）示枪恫吓他人或者随意鸣枪的；

（五）因管理使用不当，造成枪支走火的。

第一百四十五条　违反有关规定使用、管理警械、警具的，给予警告、记过或者记大过处分；造成严重后果或者恶劣影响的，给予降级、撤职或者开除处分。

第一百四十六条　违反有关规定使用、管理警车的，给予警告、记过或者记大过处分；造成严重后果或者恶劣影响的，给予降级、撤职或者开除处分。

违反有关规定将警车停放在餐饮、休闲娱乐场所和旅游景区，造成不良影响的，应当从重处分。

警车私用造成交通事故并致人重伤、死亡或者重大经济损失的，给予开除处分。

第一百四十七条　违反有关规定，有下列行为之一的，给予警告、记过或者记大过处分；情节严重的，给予降级、撤职或者开除处分：

（一）工作时间或者工作日中午饮酒，经批评教育仍不改正的；

（二）承担司法办案任务时饮酒的；

（三）携带枪支、弹药、档案、案卷、案件材料、秘密文件或者其他涉密载体饮酒的；

（四）佩戴检察标识或者着司法警察制服在公共场所饮酒的；

（五）饮酒后驾驶机动车辆的。

第一百四十八条　旷工或者因公外出、请假期满无正当理由逾期不归，造成不良影响的，给予警告、记过或者记大过处分；情节较重的，给予降级或者撤职处分；情节严重的，给予开除处分。

第一百四十九条　违反有关规定对正在办理的案件公开发表个人意见或者进行评论，造成不良影响的，给予警告、记过或者记大过处分，情节严重的，给予降级或者撤职处分。

第一百五十条　有其他违反工作纪律行为的，应当视具体情节给予警告直至开除处分。

第七节 对检察人员违反生活纪律行为的处分

第一百五十一条 生活奢靡、贪图享乐、追求低级趣味，造成不良影响的，给予警告、记过或者记大过处分；情节严重的，给予降级或者撤职处分。

第一百五十二条 与他人发生不正当性关系，造成不良影响的，给予警告、记过或者记大过处分；情节较重的，给予降级或者撤职处分；情节严重的，给予开除处分。

利用职权、教养关系、从属关系或者其他相类似关系与他人发生性关系的，依照前款规定从重处分。

第一百五十三条 违背社会公序良俗，在公共场所有不当行为，造成不良影响的，给予警告、记过或者记大过处分；情节较重的，给予降级或者撤职处分；情节严重的，给予开除处分。

第一百五十四条 实施、参与或者支持下列行为的，给予撤职或者开除处分：

（一）卖淫、嫖娼、色情淫乱活动的；

（二）吸食、注射毒品的。

组织上述行为的，给予开除处分。

第一百五十五条 参与赌博的，给予警告或者记过处分；情节较重的，给予记大过或者降级处分；情节严重的，给予撤职或者开除处分。

为赌博活动提供场所或者其他方便条件的，给予记过、记大过或者降级处分；情节严重的，给予撤职或者开除处分。

在工作时间赌博的，给予记过、记大过或者降级处分；经批评教育仍不改正的，给予撤职或者开除处分。

组织赌博的，给予撤职或者开除处分。

第一百五十六条 有其他严重违反职业道德、社会公德、家庭美德行为的，应当视具体情节给予警告直至开除处分。

第三章 附　　则

第一百五十七条 本条例由最高人民检察院负责解释。

第一百五十八条 本条例自颁布之日起施行。2007 年 3 月 6 日颁布施行的《检察人员纪律处分条例（试行）》同时废止。

本条例颁布前，已结案的案件需要进行复查、复核的，适用当时的规定。尚未结案的案件，如果行为发生时的规定不认为是违纪，而本条例认为是违纪的，依照当时的规定处理；如果行为发生时的规定认为是违纪的，依照当时的规定处理，但是如果本条例不认为是违纪或者处理较轻的，依照本条例规定处理。

检察人员配偶、子女及其配偶禁业清单

2021 年 9 月 29 日最高人民检察院印发

一、最高人民检察院厅局级及直属单位四级职员以上干部的配偶、子女及其配偶的禁业范围，按照中央关于规范中央单位领导干部配偶、子女及其配偶经商办企业行为的有关规定和最高人民检察院关于领导干部配偶、子女及其配偶经商办企业禁业范围的有关规定执行。

二、地方检察机关厅局副职以上领导干部的配偶、子女及其配偶的禁业范围，按照中央关于规范省区市领导干部配偶、子女及其配偶经商办企业行为的有关规定和本省、自治区、直辖市党委组织部有关规定执行。

三、各级人民检察院领导干部和检察官的配偶、父母、子女不得担任其所任职检察院辖区内律师事务所的合伙人或设立人，不得在其任职检察院辖区内以律师身份担任诉讼代理人、辩护人，或为诉讼案件当事人提供其他有偿法律服务。

四、各级人民检察院领导干部的配偶、子女及其配偶不得与领导干部所在单位和管辖单位发生直接经济关系。

五、各级人民检察院领导干部的配偶、子女及其配偶不得从事其他可能影响其依法公正履职的经商办企业等经营活动。

六、检察人员不得利用职权和职务影响，为配偶、子女及其配偶等近亲属和其他特定关系人从事经商办企业及其他经营活动提供便利和优惠条件，或者为其经商办企业谋取利益。

七、本清单中所称“各级人民检察院领导干部”，指各级人民检察院领导班子成员和检察委员会委员。

·党规党纪·

中央纪委监察部审理室对江苏省纪委审理室《关于地方人大常委会组成人员违纪后如何给予行政处分的请示》的答复

2001 年 2 月 5 日

江苏省纪委案件审理室：

你室两次关于对地方人大常委会组成人员违纪后如何给予行政处分的请示收悉，经研究，并征求全国人大法工委的意见，现答复如下：

关于县级以上地方各级人大常委会组成人员行政处分和处理程序，目前没有规定。《全国人民代表大会常务委员会机关参照试行国家公务员暂行条例实施方案》（中办发〔1997〕4号）规定："全国人大常委会组成人员、全国人大专门委员会成员，实行所在部门的人事管理制度。"根据这一原则，县级以上各级人大常委会组成人员因违纪需要给予警告、记过、记大过和降级处分的，由其行政关系所在的机关决定；需要给予撤职和开除处分的，先由本级人大罢免其常委会组成人员职务，再由其行政关系所在的机关办理相应的行政处分手续。

中组部办公厅《关于党的机关工作者中违纪党员降级、开除公职等行政处分的批准权限、办理程序等问题的答复意见》

2001年3月6日

中纪委办公厅：

中纪办〔2001〕30号函收悉。经研究，就你们提出的党的机关工作者中违纪党员降级、开除公职等行政处分的批准权限、办理程序等问题答复如下：

一、给予党的机关工作者中党员降级、开除公职等行政处分，原则上应按照干部管理权限审查、批准。

二、建议给予党的机关工作者中党员降级、开除公职等行政处分按如下具体程序办理：

1. 在对党的机关工作者中违纪党员的违纪事实核查清楚的基础上，由纪委征求同级党委组织部门对违纪党员行政处分的意见后，提出给予违纪党员的党纪和行政处分的意见；

2. 由纪委将对违纪党员的党纪和行政处分的意见报同级党委进行审批；

3. 根据党委的决定，由纪委负责宣布对违纪党员的党纪和行政处分决定；

4. 对违纪党员的行政处分，由党委组织部门在处分决定宣布之日起2个月内具体实施，并将办理结果通报纪委。

三、如果处分对象是党委工作部门管理的党的机关工作者，由各部门在处分决定宣布后2个月内，办理处分具体事宜，并将办理结果分别报纪委和党委组织部门备案。

公职人员政务处分暂行规定

中央纪委、国家监委2018年4月16日印发

第一条 为了规范监察机关的政务处分工作，促进所有行使公权力的公职人员（以下简称公职人员）依法履职、秉公用权，廉洁从政从业、坚持道德操守，根据《中华人民共和国监察法》，制定本规定。

第二条 公职人员有违法违规行为应当承担法律责任的，在国家有关公职人员政务处分的法律出台前，监察机关可以根据被调查的公职人员的具体身份，依照相关法律、法规、国务院决定和规章对违法行为及其适用处分的规定，给予政务处分。

第三条 监察机关实施政务处分的依据，主要包括《中华人民共和国监察法》《中华人民共和国公务员法》《中华人民共和国法官法》《中华人民共和国检察官法》《中华人民共和国企业国有资产法》《行政机关公务员处分条例》《事业单位人事管理条例》《事业单位工作人员处分暂行规定》《国有企业领导人员廉洁从业若干规定》以及《农村基层干部廉洁履行职责若干规定（试行）》等。

第四条 公职人员依法履行职务的行为受法律保护，非因法定事由，非经法定程序，不受政务处分。

第五条 给予公职人员政务处分，应当坚持法律面前一律平等，实事求是、公平公正，做到事实清楚、证据确凿、定性准确、处理恰当、程序合法、手续完备；坚持民主集中制，集体讨论决定；坚持惩前毖后、治病救人方针，与违法行为的性质、情节、危害程度相适应。

第六条 监察机关对违法的公职人员可以依法作出警告、记过、记大过、降级、撤职、开除等政务处分决定。

公职人员政务处分的期间、政务处分适用规则，可以根据被调查的公职人员的具体身份等情况，适用有关法律、法规、国务院决定和规章。

第七条 公职人员中的中共党员严重违犯党纪涉嫌犯罪的，应当由党组织先做出党纪处分决定，并由监察机关依法给予政务处分后，再依法追究其刑事责任。

非中共党员的公职人员涉嫌犯罪的，应当先由监察机关依法给予政务处分，再依法追究其刑事责任。

公职人员中的中共党员先依法受到行政处罚和刑事责任追究的，党组织、监察机关可以根据生效的行政处罚决定和司法机关的生效判决、裁定、决定及其认定的事实、性质和情节，依纪依法给予党纪、政务处分。

第八条　监察机关对公职人员中的中共党员给予政务处分，一般应当与党纪处分的轻重程度相匹配。其中，受到撤销党内职务、留党察看处分的，如果担任公职，应当依法给予其撤职等政务处分。严重违犯党纪、严重触犯刑律的公职人员必须依法开除公职。

第九条　对基层群众性自治组织、国有企业等单位中从事管理的人员，或者未列入国家机关人员编制的受国家机关依法委托管理公共事务的组织中从事公务的人员、其他依法履行公职的人员，监察机关可以依法采取下列处理措施：

（一）依据《中华人民共和国监察法》采取谈话提醒、批评教育、责令检查、诫勉；

（二）依据本规定第三条有关法规采取警示谈话、通报批评、停职检查、责令辞职。

对前款人员，监察机关可以依法向有关机关、单位提出下列监察建议：

（一）取消当选资格或者担任相应职务资格；

（二）调离岗位、降职、免职、罢免。

上述处理措施可以单独使用，也可以合并使用。

第十条　公职人员受到开除以外的政务处分，在受处分期间有悔改表现，并且没有再发生违法行为的，处分期满后自动解除。

事业单位工作人员在受处分期间有重大立功表现，按照有关规定给予个人记功以上奖励的，经作出处分决定的监察机关批准后，可以提前解除处分。

处分解除后，受处分的公职人员不再受原处分影响。受到降级或者撤职处分的，处分解除不视为恢复原级别、原职务。

第十一条　对公职人员给予政务处分，由监察机关按照管理权限依法作出决定。有下列情形的，应当履行有关手续：

（一）对经各级人民代表大会及其常务委员会选举或者决定任命的公职人员给予撤职、开除处分的，应当先由人民代表大会及其常务委员会依法罢免、撤销或者免去其职务，再由监察机关依法作出处分决定。

（二）对经中国人民政治协商会议各级委员会全体会议及其常务委员会选举或者决定任命的公职人员给予撤职、开除处分的，应当先由政协全体会议及其常务委员会免去其职务后，再由监察机关依法作出处分决定。

（三）对各级人大代表、政协委员给予政务处分，应当向其所在的人大常委会或者政协常委会通报。

（四）对基层群众性自治组织中从事管理的人员给予责令辞职等处理的，由县级监察机关向其所在的基层群众性自治组织及上级管理单位（机构）提出建议。

第十二条　公职人员有违法行为，已经被立案调查，不宜继续履行职责的，监察机关可以决定暂停其履行职务。

被调查的公职人员在被监察机关立案调查期间，不得交流、出境、辞去公职或者办理退休手续。监察机关应当在立案决定书中写明上述要求，并告知被调查人所在单位。

第十三条　监察机关经过调查、审理，决定给予公职人员政务处分或者免予处分的，按照下列程序办理：

（一）将调查认定的事实及拟给予政务处分的依据告知被调查的公职人员，听取其陈述和申辩，并对其陈述的事实、理由和证据进行复核，记录在案。被调查的公职人员提出的事实、理由和证据成立的，应予采信；

（二）按照处分决定权限，履行审批手续后，作出对该公职人员给予处分或者免予处分的决定；

（三）印发政务处分决定；

（四）将政务处分决定送达受处分人和所在单位，并在一定范围内宣布；

（五）对于受到降级以上政务处分的，应当在一个月内办理职务、工资及其他有关待遇等相应变更手续；

（六）将政务处分决定存入受处分公职人员的档案。

政务处分决定的内容和生效日期，参照《行政机关公务员处分条例》有关规定执行。给予开除以外政务处分的，应当在处分决定中写明处分期间。

第十四条　监察机关对本级党委管理的公职人员依法作出政务处分决定后，除依照本规定第十三条送达受处分人所在单位执行外，还应当根据受处分人的具体身份函告相应的机关或者群团组织等单位。

受处分人系民主党派和无党派人士的，同时函告本级党委统战部以及相应的民主党派机关或者相关单位。

第十五条　公职人员受到开除处分后，其本人档案按照国家有关规定转递管理。

第十六条　对公职人员不服政务处分决定的复审、复核，按照《中华人民共和国监察法》的规定办理。变更、撤销政务处分的情形和法律后果，根据受处分的公职人员的具体身份，依照或者参照《行政机关公务员处分条例》《事业单位工作人员处分暂行规定》等规定执行。

第十七条 对公职人员不履行或者不正确履行职责负有管理责任的领导人员，监察机关可以依据或者参照《中国共产党问责条例》《关于实行党政领导干部问责的暂行规定》等规定，按照管理权限对其作出通报批评、诫勉、停职检查、责令辞职等问责决定，或者向有权作出问责决定的机关提出降职、免职等问责建议。

第十八条 有违法行为应当受到政务处分的公职人员，在监察机关作出处分决定前已经退休的，不再给予处分；监察机关可以对其立案调查，依法应当给予降级、撤职、开除处分的，应当按照规定相应降低或者取消其享受的待遇。

有违法行为应当受到政务处分的公职人员，在监察机关作出处分决定前已经辞去公职或者死亡的，不再给予处分，但是监察机关可以立案调查，对其违法取得的财物和用于违法的财物，依照本规定第二十一条处理。

第十九条 公职人员有违法行为的，任免机关、单位可以履行主体责任，依照《中华人民共和国公务员法》等规定，对公职人员给予处分。

对公职人员的同一违法行为，监察机关已经给予政务处分的，任免机关、单位不再给予处分；任免机关、单位已经给予处分的，监察机关不再给予政务处分。

第二十条 下级监察机关根据上级监察机关的指定管辖决定，对不属于本监察机关管辖范围内的监察对象立案调查的，应当按照管理权限交有处分权的监察机关依法作出政务处分决定，或者交由其任免机关、单位给予处分。

第二十一条 公职人员违法取得的财物和用于违法的财物，除依法应当由其他机关没收、追缴或者责令退赔的，由监察机关没收、追缴或者责令退赔。违法取得的财物应当退还原所有人或者原持有人的，予以退还；属于国家财产以及不应当退还或者无法退还原所有人或者原持有人的，上缴国库。

第二十二条 本规定由中央纪律检查委员会、国家监察委员会负责解释。

第二十三条 本规定自发布之日起施行。

下篇　纪检监察办案程序规定

一、监督检查

资料补充栏

1. 党内监督

·党规党纪·

中国共产党党内监督条例

中国共产党第十八届中央委员会第六次全体会议 2016 年 10 月 27 日通过

第一章 总　　则

第一条 为坚持党的领导,加强党的建设,全面从严治党,强化党内监督,保持党的先进性和纯洁性,根据《中国共产党章程》,制定本条例。

第二条 党内监督以马克思列宁主义、毛泽东思想、邓小平理论、“三个代表”重要思想、科学发展观为指导,深入贯彻习近平总书记系列重要讲话精神,围绕统筹推进“五位一体”总体布局和协调推进“四个全面”战略布局,尊崇党章,依规治党,坚持党内监督和人民群众监督相结合,增强党在长期执政条件下自我净化、自我完善、自我革新、自我提高能力,确保党始终成为中国特色社会主义事业的坚强领导核心。

第三条 党内监督没有禁区、没有例外。信任不能代替监督。各级党组织应当把信任激励同严格监督结合起来,促使党的领导干部做到有权必有责、有责要担当,用权受监督、失责必追究。

第四条 党内监督必须贯彻民主集中制,依规依纪进行,强化自上而下的组织监督,改进自下而上的民主监督,发挥同级相互监督作用。坚持惩前毖后、治病救人,抓早抓小、防微杜渐。

第五条 党内监督的任务是确保党章党规党纪在全党有效执行,维护党的团结统一,重点解决党的领导弱化、党的建设缺失、全面从严治党不力,党的观念淡漠、组织涣散、纪律松弛,管党治党宽松软问题,保证党的组织充分履行职能、发挥核心作用,保证全体党员发挥先锋模范作用,保证党的领导干部忠诚干净担当。

党内监督的主要内容是:

(一)遵守党章党规,坚定理想信念,践行党的宗旨,模范遵守宪法法律情况;

(二)维护党中央集中统一领导,牢固树立政治意识、大局意识、核心意识、看齐意识,贯彻落实党的理论和路线方针政策,确保全党令行禁止情况;

(三)坚持民主集中制,严肃党内政治生活,贯彻党员个人服从党的组织,少数服从多数,下级组织服从上级组织,全党各个组织和全体党员服从党的全国代表大会和中央委员会原则情况;

(四)落实全面从严治党责任,严明党的纪律特别是政治纪律和政治规矩,推进党风廉政建设和反腐败工作情况;

(五)落实中央八项规定精神,加强作风建设,密切联系群众,巩固党的执政基础情况;

(六)坚持党的干部标准,树立正确选人用人导向,执行干部选拔任用工作规定情况;

(七)廉洁自律、秉公用权情况;

(八)完成党中央和上级党组织部署的任务情况。

第六条 党内监督的重点对象是党的领导机关和领导干部特别是主要领导干部。

第七条 党内监督必须把纪律挺在前面,运用监督执纪“四种形态”,经常开展批评和自我批评、约谈函询,让“红红脸、出出汗”成为常态;党纪轻处分、组织调整成为违纪处理的大多数;党纪重处分、重大职务调整的成为少数;严重违纪涉嫌违法立案审查的成为极少数。

第八条 党的领导干部应当强化自我约束,经常对照党章检查自己的言行,自觉遵守党内政治生活准则、廉洁自律准则,加强党性修养,陶冶道德情操,永葆共产党人政治本色。

第九条 建立健全党中央统一领导,党委(党组)全面监督,纪律检查机关专责监督,党的工作部门职能监督,党的基层组织日常监督,党员民主监督的党内监督体系。

第二章 党的中央组织的监督

第十条 党的中央委员会、中央政治局、中央政治局常务委员会全面领导党内监督工作。中央委员会全体会议每年听取中央政治局工作报告,监督中央政治局工作,部署加强党内监督的重大任务。

第十一条 中央政治局、中央政治局常务委员会定期研究部署在全党开展学习教育,以整风精神查找问题、纠正偏差;听取和审议全党落实中央八项规定精神情况汇报,加强作风建设情况监督检查;听取中央纪律检查委员会常务委员会工作汇报;听取中央巡视情况汇报,在一届任期内实现中央巡视全覆盖。中央政治局每年召开民主生活会,进行对照检查和党性分析,研究加强自身建设措施。

第十二条 中央委员会成员必须严格遵守党的政治纪律和政治规矩,发现其他成员有违反党章、破坏党的纪律、危害党的团结统一的行为应当坚决抵制，并及时向党中央报告。对中央政治局委员的意见，署真实姓名以书面形式或者其他形式向中央政治局常务委员会或者中央纪律检查委员会常务委员会反映。

第十三条 中央政治局委员应当加强对直接分管部门、地方、领域党组织和领导班子成员的监督，定期同有关地方和部门主要负责人就其履行全面从严治党责任、廉洁自律等情况进行谈话。

第十四条 中央政治局委员应当严格执行中央八项规定，自觉参加双重组织生活，如实向党中央报告个人重要事项。带头树立良好家风，加强对亲属和身边工作人员的教育和约束，严格要求配偶、子女及其配偶不得违规经商办企业，不得违规任职、兼职取酬。

第三章 党委（党组）的监督

第十五条 党委（党组）在党内监督中负主体责任，书记是第一责任人，党委常委会委员（党组成员）和党委委员在职责范围内履行监督职责。党委（党组）履行以下监督职责：

（一）领导本地区本部门本单位党内监督工作，组织实施各项监督制度，抓好督促检查；

（二）加强对同级纪委和所辖范围内纪律检查工作的领导，检查其监督执纪问责工作情况；

（三）对党委常委会委员（党组成员）、党委委员，同级纪委、党的工作部门和直接领导的党组织领导班子及其成员进行监督；

（四）对上级党委、纪委工作提出意见和建议，开展监督。

第十六条 党的工作部门应当严格执行各项监督制度，加强职责范围内党内监督工作，既加强对本部门本单位的内部监督，又强化对本系统的日常监督。

第十七条 党内监督必须加强对党组织主要负责人和关键岗位领导干部的监督，重点监督其政治立场、加强党的建设、从严治党，执行党的决议，公道正派选人用人，责任担当、廉洁自律，落实意识形态工作责任制情况。

上级党组织特别是其主要负责人，对下级党组织主要负责人应当平时多过问、多提醒，发现问题及时纠正。领导班子成员发现班子主要负责人存在问题，应当及时向其提出，必要时可以直接向上级党组织报告。

党组织主要负责人个人有关事项应当在党内一定范围公开，主动接受监督。

第十八条 党委（党组）应当加强对领导干部的日常管理监督，掌握其思想、工作、作风、生活状况。党的领导干部应当经常开展批评和自我批评，敢于正视、深刻剖析、主动改正自己的缺点错误；对同志的缺点错误应当敢于指出，帮助改进。

第十九条 巡视是党内监督的重要方式。中央和省、自治区、直辖市党委一届任期内，对所管理的地方、部门、企事业单位党组织全面巡视。巡视党的组织和党的领导干部尊崇党章、党的领导、党的建设和党的路线方针政策落实情况，履行全面从严治党责任、执行党的纪律、落实中央八项规定精神、党风廉政建设和反腐败工作以及选人用人情况。发现问题、形成震慑，推动改革、促进发展，发挥从严治党利剑作用。

中央巡视工作领导小组应当加强对省、自治区、直辖市党委，中央有关部委，中央国家机关部门党组（党委）巡视工作的领导。省、自治区、直辖市党委应当推动党的市（地、州、盟）和县（市、区、旗）委员会建立巡察制度，使从严治党向基层延伸。

第二十条 严格党的组织生活制度，民主生活会应当经常化，遇到重要或者普遍性问题应当及时召开。民主生活会重在解决突出问题，领导干部应当在会上把群众反映、巡视反馈、组织约谈函询的问题说清楚、谈透彻，开展批评和自我批评，提出整改措施，接受组织监督。上级党组织应当加强对下级领导班子民主生活会的指导和监督，提高民主生活会质量。

第二十一条 坚持党内谈话制度，认真开展提醒谈话、诫勉谈话。发现领导干部有思想、作风、纪律等方面苗头性、倾向性问题的，有关党组织负责人应当及时对其提醒谈话；发现轻微违纪问题的，上级党组织负责人应当对其诫勉谈话，并由本人作出说明或者检讨，经所在党组织主要负责人签字后报上级纪委和组织部门。

第二十二条 严格执行干部考察考核制度，全面考察德、能、勤、绩、廉表现，既重政绩又重政德，重点考察贯彻执行党中央和上级党组织决策部署的表现，履行管党治党责任，在重大原则问题上的立场，对待人民群众的态度，完成急难险重任务的情况。考察考核中党组织主要负责人应当对班子成员实事求是作出评价。考核评语在同本人见面后载入干部档案。落实党组织主要负责人在干部选任、考察、决策等各个环节的责任，对失察失责的应当严肃追究责任。

第二十三条 党的领导干部应当每年在党委常委会（或党组）扩大会议上述责述廉，接受评议。述责述廉重点是执行政治纪律和政治规矩、履行管党治党责任、推进党风廉政建设和反腐败工作以及执行廉洁纪律情况。述责述廉报告应当载入廉洁档案，并在一定范围内公开。

第二十四条 坚持和完善领导干部个人有关事项报告制度，领导干部应当按规定如实报告个人有关事项，及时报告个人及家庭重大情况，事先请示报告离开岗位或者工作所在地等。有关部门应当加强抽查核实。对故意虚报瞒报个人重大事项、篡改伪造个人档案资料的，一律严肃查处。

第二十五条 建立健全党的领导干部插手干预重大事项记录制度，发现利用职务便利违规干预干部选拔任用、工程建设、执纪执法、司法活动等问题，应当及时向上级党组织报告。

第四章 党的纪律检查委员会的监督

第二十六条 党的各级纪律检查委员会是党内监督的专责机关，履行监督执纪问责职责，加强对所辖范围内党组织和领导干部遵守党章党规党纪、贯彻执行党的路线方针政策情况的监督检查，承担下列具体任务：

（一）加强对同级党委特别是常委会委员、党的工作部门和直接领导的党组织、党的领导干部履行职责、行使权力情况的监督；

（二）落实纪律检查工作双重领导体制，执纪审查工作以上级纪委领导为主，线索处置和执纪审查情况在向同级党委报告的同时向上级纪委报告，各级纪委书记、副书记的提名和考察以上级纪委会同组织部门为主；

（三）强化上级纪委对下级纪委的领导，纪委发现同级党委主要领导干部的问题，可以直接向上级纪委报告；下级纪委至少每半年向上级纪委报告 1 次工作，每年向上级纪委进行述职。

第二十七条 纪律检查机关必须把维护党的政治纪律和政治规矩放在首位，坚决纠正和查处上有政策、下有对策，有令不行、有禁不止，口是心非、阳奉阴违，搞团团伙伙、拉帮结派，欺骗组织、对抗组织等行为。

第二十八条 纪委派驻纪检组对派出机关负责，加强对被监督单位领导班子及其成员、其他领导干部的监督，发现问题应当及时向派出机关和被监督单位党组织报告，认真负责调查处置，对需要问责的提出建议。

派出机关应当加强对派驻纪检组工作的领导，定期约谈被监督单位党组织主要负责人、派驻纪检组组长，督促其落实管党治党责任。

派驻纪检组应当带着实际情况和具体问题，定期向派出机关汇报工作，至少每半年会同被监督单位党组织专题研究 1 次党风廉政建设和反腐败工作。对能发现的问题没有发现是失职，发现问题不报告、不处置是渎职，都必须严肃问责。

第二十九条 认真处理信访举报，做好问题线索分类处置，早发现早报告，对社会反映突出、群众评价较差的领导干部情况及时报告，对重要检举事项应当集体研究。定期分析研判信访举报情况，对信访反映的典型性、普遍性问题提出有针对性的处置意见，督促信访举报比较集中的地方和部门查找分析原因并认真整改。

第三十条 严把干部选拔任用“党风廉洁意见回复”关，综合日常工作中掌握的情况，加强分析研判，实事求是评价干部廉洁情况，防止“带病提拔”、“带病上岗”。

第三十一条 接到对干部一般性违纪问题的反映，应当及时找本人核实，谈话提醒、约谈函询，让干部把问题讲清楚。约谈被反映人，可以与其所在党组织主要负责人一同进行；被反映人对函询问题的说明，应当由其所在党组织主要负责人签字后报上级纪委。谈话记录和函询回复应当认真核实，存档备查。没有发现问题的应当了结澄清，对不如实说明情况的给予严肃处理。

第三十二条 依规依纪进行执纪审查，重点审查不收敛不收手，问题线索反映集中、群众反映强烈，现在重要岗位且可能还要提拔使用的领导干部，三类情况同时具备的是重中之重。执纪审查应当查清违纪事实，让审查对象从学习党章入手，从理想信念宗旨、党性原则、作风纪律等方面检查剖析自己，审理报告应当事实清楚、定性准确，反映审查对象思想认识情况。

第三十三条 对违反中央八项规定精神的，严重违纪被立案审查开除党籍的，严重失职失责被问责的，以及发生在群众身边、影响恶劣的不正之风和腐败问题，应当点名道姓通报曝光。

第三十四条 加强对纪律检查机关的监督。发现纪律检查机关及其工作人员有违反纪律问题的，必须严肃处理。各级纪律检查机关必须加强自身建设，健全内控机制，自觉接受党内监督、社会监督、群众监督，确保权力受到严格约束。

第五章 党的基层组织和党员的监督

第三十五条 党的基层组织应当发挥战斗堡垒作用，履行下列监督职责：

（一）严格党的组织生活，开展批评和自我批评，监督党员切实履行义务，保障党员权利不受侵犯；

（二）了解党员、群众对党的工作和党的领导干部的批评和意见，定期向上级党组织反映情况，提出意见和建议；

（三）维护和执行党的纪律，发现党员、干部违反纪律问题及时教育或者处理，问题严重的应当向上级党组织报告。

第三十六条　党员应当本着对党和人民事业高度负责的态度，积极行使党员权利，履行下列监督义务：

（一）加强对党的领导干部的民主监督，及时向党组织反映群众意见和诉求；

（二）在党的会议上有根据地批评党的任何组织和任何党员，揭露和纠正工作中存在的缺点和问题；

（三）参加党组织开展的评议领导干部活动，勇于触及矛盾问题、指出缺点错误，对错误言行敢于较真、敢于斗争；

（四）向党负责地揭发、检举党的任何组织和任何党员违纪违法的事实，坚决反对一切派别活动和小集团活动，同腐败现象作坚决斗争。

第六章　党内监督和外部监督相结合

第三十七条　各级党委应当支持和保证同级人大、政府、监察机关、司法机关等对国家机关及公职人员依法进行监督，人民政协依章程进行民主监督，审计机关依法进行审计监督。有关国家机关发现党的领导干部违反党规党纪、需要党组织处理的，应当及时向有关党组织报告。审计机关发现党的领导干部涉嫌违纪的问题线索，应当向同级党组织报告，必要时向上级党组织报告，并按照规定将问题线索移送相关纪律检查机关处理。

在纪律审查中发现党的领导干部严重违纪涉嫌违法犯罪的，应当先作出党纪处分决定，再移送行政机关、司法机关处理。执法机关和司法机关依法立案查处涉及党的领导干部案件，应当向同级党委、纪委通报；该干部所在党组织应当根据有关规定，中止其相关党员权利；依法受到刑事责任追究，或者虽不构成犯罪但涉嫌违纪的，应当移送纪委依纪处理。

第三十八条　中国共产党同各民主党派长期共存、互相监督、肝胆相照、荣辱与共。各级党组织应当支持民主党派履行监督职能，重视民主党派和无党派人士提出的意见、批评、建议，完善知情、沟通、反馈、落实等机制。

第三十九条　各级党组织和党的领导干部应当认真对待、自觉接受社会监督，利用互联网技术和信息化手段，推动党务公开、拓宽监督渠道，虚心接受群众批评。新闻媒体应当坚持党性和人民性相统一，坚持正确导向，加强舆论监督，对典型案例进行剖析，发挥警示作用。

第七章　整改和保障

第四十条　党组织应当如实记录、集中管理党内监督中发现的问题和线索，及时了解核实，作出相应处理；不属于本级办理范围的应当移送有权限的党组织处理。

第四十一条　党组织对监督中发现的问题应当做到条条要整改、件件有着落。整改结果应当及时报告上级党组织，必要时可以向下级党组织和党员通报，并向社会公开。

对于上级党组织交办以及巡视等移交的违纪问题线索，应当及时处理，并在 3 个月内反馈办理情况。

第四十二条　党委（党组）、纪委（纪检组）应当加强对履行党内监督责任和问题整改落实情况的监督检查，对不履行或者不正确履行党内监督职责，以及纠错、整改不力的，依照《中国共产党纪律处分条例》、《中国共产党问责条例》等规定处理。

第四十三条　党组织应当保障党员知情权和监督权，鼓励和支持党员在党内监督中发挥积极作用。提倡署真实姓名反映违纪事实，党组织应当为检举控告者严格保密，并以适当方式向其反馈办理情况。对干扰妨碍监督、打击报复监督者的，依纪严肃处理。

第四十四条　党组织应当保障监督对象的申辩权、申诉权等相关权利。经调查，监督对象没有不当行为的，应当予以澄清和正名。对以监督为名侮辱、诽谤、诬陷他人的，依纪严肃处理；涉嫌犯罪的移送司法机关处理。监督对象对处理决定不服的，可以依照党章规定提出申诉。有关党组织应当认真复议复查，并作出结论。

第八章　附　　则

第四十五条　中央军事委员会可以根据本条例，制定相关规定。

第四十六条　本条例由中央纪律检查委员会负责解释。

第四十七条　本条例自发布之日起施行。

中国共产党巡视工作条例

1. 2015 年 6 月 26 日中共中央政治局会议审议批准，2015 年 8 月 3 日中共中央发布

2. 2024 年 1 月 31 日中共中央政治局会议第二次修订，2024 年 2 月 8 日中共中央发布

第一章　总　　则

第一条　为了坚持和加强党对巡视工作的全面领导，推进新时代巡视工作高质量发展，根据《中国共产党章程》，制定本条例。

第二条　巡视工作是上级党组织对下级党组织履行党的领导职能责任的政治监督，根本任务是坚决维护习近平总书记党中央的核心、全党的核心地位，坚决维护以习近平同志为核心的党中央权威和集中统一领导。

巡视工作坚持发现问题、形成震慑，推动改革、促进发展的方针。

第三条 巡视工作以马克思列宁主义、毛泽东思想、邓小平理论、“三个代表”重要思想、科学发展观、习近平新时代中国特色社会主义思想为指导，深入贯彻落实习近平总书记关于党的自我革命的重要思想，深刻领悟“两个确立”的决定性意义，增强“四个意识”、坚定“四个自信”、做到“两个维护”，尊崇党章，依规治党，全面贯彻党的巡视工作方针，推进政治监督具体化、精准化、常态化，发挥政治巡视利剑作用，加强巡视整改和成果运用，促进完善党和国家监督体系、健全全面从严治党体系，为深入推进党的自我革命、解决大党独有难题提供有力保障，确保党始终成为中国特色社会主义事业的坚强领导核心。

第四条 巡视工作遵循下列原则：

（一）坚持党中央集中统一领导、分级负责；

（二）坚持围绕中心、服务大局；

（三）坚持人民立场、贯彻群众路线；

（四）坚持问题导向、发扬斗争精神；

（五）坚持实事求是、依规依纪依法。

第二章 组织领导和机构职责

第五条 巡视工作在党中央集中统一领导下，实行党组织分级负责、巡视机构组织实施、纪检监察机关和组织部门协助、有关职能部门支持、被巡视党组织配合、人民群众参与的体制机制。

第六条 党的中央和省、自治区、直辖市委员会实行巡视制度，设立巡视机构，在一届任期内，对所管理的地方、部门、企事业单位党组织实现巡视全覆盖。

中央有关部委、中央国家机关部门党组（党委）和中管金融企业、中管企业、中管高校等党委（党组）根据工作需要，开展巡视工作，设立巡视机构，原则上按照党组织隶属关系和干部管理权限，对下一级单位党组织进行巡视监督。

第七条 开展巡视工作的党组织应当把巡视作为推进全面从严治党、履行全面监督职责的重要抓手，承担巡视工作的主体责任。主要职责是：

（一）贯彻落实党中央关于巡视工作的决策部署和习近平总书记关于巡视工作的重要指示要求；

（二）研究部署巡视工作的重大事项，按照权限制定巡视工作党内法规和规范性文件；

（三）审定巡视工作规划、年度计划和阶段任务安排，统筹谋划推进巡视全覆盖，定期听取巡视工作汇报；

（四）统筹加强巡视整改和成果运用；

（五）统筹构建巡视巡察上下联动工作格局；

（六）发挥巡视综合监督平台作用，推动巡视监督与其他监督贯通协调；

（七）统筹加强巡视机构和干部队伍建设；

（八）研究决定巡视工作其他重要事项。

党组织主要负责人承担巡视工作第一责任人责任。

第八条 开展巡视工作的党组织设立巡视工作领导小组。巡视工作领导小组向同级党组织负责并报告工作。

中央巡视工作领导小组组长由中央纪律检查委员会书记担任，副组长一般由中央组织部部长和中央纪律检查委员会分管日常工作的副书记担任。

省、自治区、直辖市党委巡视工作领导小组组长由同级党的纪律检查委员会书记担任，副组长一般由同级党委组织部部长担任。

中央有关部委、中央国家机关部门党组（党委）和中管金融企业、中管企业、中管高校等党委（党组）巡视工作领导小组组长一般由党组、党委书记（包括不设党组、党委的单位领导班子主要负责人）担任，副组长一般由党组、党委分管有关工作的领导班子成员和纪检监察机构主要负责人担任。

第九条 巡视工作领导小组的主要职责是：

（一）贯彻落实党中央决策部署和同级党组织工作要求；

（二）研究提出巡视工作规划、年度计划和阶段任务安排，组织实施巡视全覆盖；

（三）听取巡视工作领导小组办公室、巡视组工作汇报；

（四）向同级党组织报告巡视工作情况；

（五）在同级党组织领导下，组织开展巡视反馈、通报和移交工作，督促推动有关责任主体落实巡视整改和成果运用责任；

（六）指导下级党组织巡视巡察工作；

（七）推动巡视监督与其他监督贯通协调；

（八）推进巡视干部队伍建设，对巡视组进行管理和监督；

（九）研究处理巡视工作其他重要事项。

第十条 中央巡视工作领导小组办公室是中央巡视工作领导小组的日常办事机构，设在中央纪律检查委员会。

省、自治区、直辖市党委巡视工作领导小组办公室为党委工作部门，承担党委巡视工作领导小组日常工作，设在同级党的纪律检查委员会。

中央有关部委、中央国家机关部门党组（党委）和中管金融企业、中管企业、中管高校等党委（党组）巡视工作领导小组办公室可以单独设立，也可以与内设机构合署办公，应当配备相应专职人员，承担党组、党委巡视工作领导小组日常工作。

第十一条　巡视工作领导小组办公室的主要职责是：

（一）贯彻落实党中央决策部署和同级党组织及其巡视工作领导小组的工作要求，对有关决定事项进行督办；

（二）向巡视工作领导小组报告工作情况和重要事项；

（三）统筹、协调、指导、保障巡视组开展工作；

（四）负责巡视整改和成果运用的统筹协调、跟踪督促、汇总报告；

（五）负责对下级巡视巡察机构进行指导；

（六）负责协调有关机关、部门协助、支持巡视工作，推动建立巡视监督与其他监督贯通协调的具体机制；

（七）负责巡视工作理论研究、政策调研、制度建设、信息化建设等工作；

（八）配合有关部门加强对巡视干部的教育、培训、考核、管理和监督；

（九）负责巡视工作领导小组办公室和巡视组党建工作；

（十）办理巡视工作领导小组交办的其他事项。

第十二条　开展巡视工作的党组织设立巡视组。

巡视组分别设组长、副组长、巡视专员和其他职位。巡视组组长、副组长的具体人选根据每次巡视任务确定并授权。

巡视组应当按照民主集中制原则研究讨论决定重大事项。组长全面负责本组工作，副组长协助组长开展工作。

第十三条　巡视组的主要职责是：

（一）根据同级党组织及其巡视工作领导小组的部署要求开展巡视；

（二）向巡视工作领导小组报告巡视情况，提出意见建议；

（三）向被巡视党组织反馈巡视意见，向纪检监察机关、组织部门和有关单位移交巡视发现的问题和问题线索，参与推动巡视整改和成果运用；

（四）对巡视组干部进行日常教育、管理和监督；

（五）办理巡视工作领导小组交办的其他事项。

第十四条　纪检监察机关、组织部门应当协助同级党组织开展巡视工作，宣传、统战、政法、保密、审计、财政、统计、信访等部门和单位应当支持巡视工作，协同做好人员选派、情况通报、政策咨询、问题研判、措施配合、整改监督、成果运用等工作。

纪检监察机关派驻机构应当依据有关规定，协助驻在单位（含综合监督单位）党组、党委开展巡视工作。

第十五条　被巡视党组织领导班子及其成员应当自觉接受巡视监督，积极配合巡视工作。

党员、干部有义务向巡视组如实反映情况。

第三章　巡视对象和内容

第十六条　中央巡视对象是：

（一）省、自治区、直辖市党委及其领导班子，省、自治区、直辖市人大常委会、政府、政协党组，省、自治区、直辖市高级人民法院、人民检察院党组主要负责人，副省级城市党委和人大常委会、政府、政协党组主要负责人；

（二）中央部委领导班子，中央国家机关部门、人民团体党组（党委）；

（三）中管金融企业、中管企业、中管高校以及其他中管单位党委（党组）；

（四）党中央要求巡视的其他党组织。

第十七条　省、自治区、直辖市党委巡视对象是：

（一）市（地、州、盟）、县（市、区、旗）党委及其领导班子，市（地、州、盟）、县（市、区、旗）人大常委会、政府、政协党组，市（地、州、盟）中级人民法院、人民检察院和县（市、区、旗）人民法院、人民检察院党组主要负责人；

（二）省、自治区、直辖市党委工作部门领导班子，省一级国家机关部门、人民团体党组（党委）；

（三）省、自治区、直辖市管理的国有企业、事业单位党委（党组）；

（四）省、自治区、直辖市党委要求巡视的其他党组织。

第十八条　巡视工作应当紧盯权力和责任加强政治监督，严明政治纪律和政治规矩，重点检查下列情况：

（一）落实党的理论和路线方针政策、党中央重大决策部署特别是贯彻习近平总书记重要讲话和重要指示批示精神的情况，执行党章和其他党内法规、履行职能责任的情况，落实意识形态工作责任制的情况；

（二）落实全面从严治党主体责任和监督责任、推进党风廉政建设和反腐败斗争的情况，领导干部树立和践行正确政绩观、加强作风建设、落实中央八项规定及其实施细则精神、廉洁自律的情况；

（三）落实新时代党的组织路线，贯彻执行民主集中制，加强领导班子和干部人才队伍建设、基层党组织和党员队伍建设的情况；

（四）落实巡视监督以及审计、财会、统计等其他监督发现问题整改的情况；

（五）开展巡视工作的党组织要求了解的其他情况。

第十九条 巡视工作应当加强对被巡视党组织主要负责人的监督，重点检查其对党忠诚、履行全面从严治党第一责任人责任、依规依法履职用权、担当作为、廉洁自律等情况，对反映的重要问题进行深入了解，形成专题材料。

第二十条 开展巡视工作的党组织根据工作需要，采取常规巡视、专项巡视、机动巡视、“回头看”等方式组织开展巡视监督，必要时可以提级巡视。

第四章　工作程序、方式和权限

第二十一条 巡视组开展巡视前，根据工作需要，应当听取同级纪检监察机关和组织、宣传、统战、政法、保密、审计、财政、统计、信访等部门和单位关于被巡视党组织领导班子及其成员的有关情况通报。

第二十二条 巡视组进驻后，应当向被巡视党组织通报巡视任务，按照规定的工作方式和权限，开展巡视了解工作。

巡视组对反映被巡视党组织领导班子及其成员的重要问题和问题线索，应当进行深入了解。

第二十三条 巡视组采取下列方式了解情况：

（一）听取被巡视党组织的工作汇报和有关机关、部门的专题汇报；

（二）与被巡视党组织领导班子成员和其他干部群众进行个别谈话；

（三）受理反映被巡视党组织领导班子及其成员和下一级党组织领导班子主要负责人问题的来信、来电、来访等；

（四）抽查核实领导干部报告个人有关事项的情况；

（五）向有关知情人询问情况；

（六）调阅、复制有关文件、档案、会议记录等资料；

（七）召开座谈会；

（八）列席有关会议；

（九）进行民主测评、问卷调查；

（十）下沉调研了解情况；

（十一）开展专项检查；

（十二）提请有关单位予以协助；

（十三）开展巡视工作的党组织批准的其他方式。

第二十四条 巡视组应当严格执行请示报告制度，对巡视工作中的重要情况和重大问题及时向巡视工作领导小组请示报告。

巡视组依靠被巡视党组织开展工作，不干预被巡视党组织的正常工作，不履行执纪审查的职责。

第二十五条 巡视期间，对干部群众反映强烈、明显违反政策规定并属于被巡视党组织职权范围、能够及时解决的问题，巡视组应当按程序督促被巡视党组织立行立改。

巡视期间，对反映集中的党员、干部涉嫌违纪违法的问题线索，巡视组可以按程序移交有关纪检监察机关及时处置。

第二十六条 巡视组对了解的重要情况和问题，应当形成巡视报告；对普遍性、倾向性问题和体制机制等方面的重大问题，可以形成专题报告。

巡视组对巡视报告、专题报告等反映的问题，应当制作底稿。

巡视组对巡视报告反映的重要问题、提出的整改建议，应当按规定与被巡视党组织主要负责人进行沟通、听取其意见；对巡视报告反映的重要政策性问题，可以与有关职能部门进行沟通、听取其意见。

第二十七条 巡视工作领导小组应当及时听取巡视组的巡视情况汇报，研究提出巡视整改和成果运用的意见建议，报同级党组织决定。

第二十八条 开展巡视工作的党组织应当及时听取巡视工作领导小组有关情况汇报，研究并决定巡视整改和成果运用事项。必要时，可以直接听取巡视组的巡视情况汇报。

第二十九条 经同级党组织同意后，巡视工作领导小组应当及时组织向被巡视党组织领导班子及其主要负责人分别反馈巡视情况，指出问题，有针对性地提出整改意见。

根据同级党组织及其巡视工作领导小组要求，巡视工作领导小组办公室将巡视的有关情况通报有关职能部门及其分管领导。

第三十条 对巡视发现的问题和反映党员、干部涉嫌违纪违法的问题线索，巡视工作领导小组办公室和巡视组依据干部管理权限和职责分工，按程序分别移交纪检监察机关、组织部门或者有关单位。

对巡视发现的普遍性、倾向性问题和体制机制等方面的重大问题，可以采取制发巡视建议书或者其他适当方式，向有关职能部门提出加强监管、健全制度、深化改革等意见建议。

第三十一条　巡视进驻、反馈、整改等情况，应当以适当方式公开，接受党员、干部和人民群众监督。

第五章　巡视整改和成果运用

第三十二条　开展巡视工作的党组织应当加强对巡视整改和成果运用的组织领导，定期听取巡视整改和成果运用情况汇报。

党组织领导班子成员应当结合职责分工，统筹抓好分管领域的巡视整改和成果运用。

第三十三条　被巡视党组织承担巡视整改主体责任，应当把整改作为履行管党治党责任、推动高质量发展的重要抓手，融入日常工作、融入深化改革、融入全面从严治党、融入领导班子和干部队伍建设。

党组织主要负责人承担巡视整改第一责任人责任，领导班子其他成员承担“一岗双责”。

党组织主要负责人和领导班子其他成员有调整的，应当做好巡视整改交接工作，持续落实整改责任。

第三十四条　被巡视党组织应当自收到巡视反馈意见之日起，组织开展为期6个月的集中整改：

（一）研究制定巡视整改方案，建立问题清单、任务清单、责任清单，明确责任人、整改措施和时限；

（二）召开领导班子巡视整改专题民主生活会；

（三）全面抓好巡视反馈问题的整改落实；

（四）认真处置巡视移交的问题线索以及群众反映的信访事项；

（五）对巡视反馈的问题举一反三，健全制度、补齐短板、堵塞漏洞；

（六）向开展巡视工作的党组织的同级纪检监察机关、组织部门、巡视工作领导小组办公室报送集中整改进展情况报告。

集中整改结束后，被巡视党组织应当建立常态化、长效化整改工作机制，对尚未解决的问题持续抓好整改落实，根据工作实际适时报告后续整改情况。

第三十五条　开展巡视工作的党组织的同级纪检监察机关承担巡视整改监督责任，全面监督被巡视党组织落实巡视整改任务。主要职责是：

（一）对被巡视党组织制定的巡视整改方案进行审核把关，列席巡视整改专题民主生活会；

（二）建立巡视整改监督台账，综合运用听取汇报、召开推进会议、专题会商、调研督导、现场检查、开展整改评估、谈话提醒、约谈函询、提出纪检监察建议等方式加强日常监督；

（三）对巡视发现的全面从严治党等方面的突出问题督促推动开展集中整治、专项治理；

（四）依规依纪依法处置巡视移交的问题线索，自收到移交问题线索之日起6个月内，向巡视工作领导小组办公室反馈处置进展情况；

（五）牵头审核被巡视党组织的集中整改进展情况报告；

（六）指导派驻（派出）机构和下级纪检监察机关加强对被巡视党组织落实巡视整改情况的监督；

（七）通过巡视工作领导小组办公室向巡视工作领导小组报送巡视整改监督情况。

纪检监察机关派驻机构应当依据有关规定，将驻在单位（含综合监督单位）党组、党委开展巡视发现问题的整改情况纳入日常监督，推动整改落实。

第三十六条　开展巡视工作的党组织的组织部门结合职责履行巡视整改监督责任，监督被巡视党组织落实巡视整改任务。主要职责是：

（一）参与对被巡视党组织制定的巡视整改方案进行审核把关，列席巡视整改专题民主生活会；

（二）督促被巡视党组织落实新时代党的组织路线方面问题的整改，加强日常监督，对突出问题组织开展集中整治、专项治理；

（三）把巡视整改落实情况纳入被巡视党组织领导班子和领导干部年度考核重要内容，把巡视发现的问题以及整改落实情况作为领导班子建设和干部考核评价、选拔任用、管理监督的重要参考；

（四）对巡视移交的领导班子建设、贯彻执行民主集中制、干部选拔任用、人才队伍建设、基层党组织和党员队伍建设、干部担当作为等方面问题依规处置，自收到移交问题之日起6个月内，向巡视工作领导小组办公室反馈处置进展情况；

（五）审核被巡视党组织的集中整改进展情况报告中涉及新时代党的组织路线方面的内容；

（六）指导下级组织部门加强对被巡视党组织落实巡视整改情况的监督；

（七）通过巡视工作领导小组办公室向巡视工作领导小组报送巡视整改监督情况。

第三十七条　有关职能部门应当结合职责运用巡视成果，针对巡视通报的问题和移交的工作建议，加强调查研究,提出改进措施,推动改革、完善制度、深化治理,并自通报和移交之日起6个月内,向巡视工作领导小组办公室反馈办理进展情况。

第三十八条 巡视机构应当加强对巡视整改和成果运用的统筹督促,推动建立巡视整改会商、评估、问责等机制。

巡视机构应当向同级党组织报告巡视整改和成果运用的综合情况,对整改不到位的突出问题,推动有关机关、部门对有关党组织和责任人严肃问责。

第六章 队伍建设

第三十九条 开展巡视工作的党组织应当加强对巡视干部队伍建设的整体谋划,结合巡视工作特点建立健全制度机制,建设高素质专业化干部队伍。

选优配强巡视组组长、副组长,配备与巡视任务相适应的专职干部,防止照顾性安排。加强巡视干部规范管理,加大教育培训、轮岗交流力度。

重视在巡视岗位发现、培养、锻炼干部,有计划地安排优秀年轻干部、新提拔干部到巡视岗位锻炼,并将参加巡视工作的经历和表现,作为干部考核评价、选拔任用的参考。

第四十条 巡视干部应当具备下列条件:

(一)理想信念坚定,对党忠诚,自觉在思想上政治上行动上同以习近平同志为核心的党中央保持高度一致;

(二)坚持原则,敢于斗争,担当作为,依法办事,公道正派,清正廉洁;

(三)模范遵守党的纪律和国家法律法规,严守党和国家的秘密;

(四)具有履行巡视监督职责的专业知识和较强的发现问题、沟通协调、文字综合等能力;

(五)具有正常履行职责的身体条件和心理素质。

抽调人员参加巡视工作,应当按照上述条件,严把政治关、品行关、能力关、作风关、廉洁关,按程序征求党风廉政意见。

对不适合从事巡视工作的人员,应当及时予以调整。

第四十一条 巡视机构应当加强作风建设和纪律建设,督促巡视干部严守政治纪律和政治规矩,严格落实中央八项规定及其实施细则精神,带头反对形式主义、官僚主义、享乐主义和奢靡之风,严格执行巡视工作纪律,做到忠诚干净担当、敢于善于斗争。

第四十二条 巡视机构、巡视干部应当自觉接受党组织监督、民主监督、群众监督等各方面监督,带头强化自我监督。建立健全内控机制,加强对巡视干部特别是巡视组组长、副组长等关键岗位人员的监督,严格执行回避、保密、重大事项请示报告、作风纪律评估等制度规定,依规依纪依法开展巡视工作。

任何单位和个人对巡视机构、巡视干部的违规违纪违法行为有权提出检举、控告。

第七章 责任追究

第四十三条 开展巡视工作的党组织及其巡视工作领导小组领导巡视工作不力,发生严重问题的,依据有关规定追究有关责任人员的责任。

第四十四条 有关机关、部门和单位违反规定不协助、支持巡视工作,造成严重后果的,依据有关规定追究有关责任人员的责任。

第四十五条 巡视工作人员有下列情形之一的,视情节轻重,依据有关规定给予批评教育、责令检查、诫勉、组织处理或者党纪、政务处分;构成犯罪的,依法追究刑事责任:

(一)对应当发现的重要问题没有发现;

(二)不如实报告巡视情况,隐瞒、歪曲、捏造事实;

(三)私自留存巡视工作资料,泄露与巡视工作有关的国家秘密、工作秘密、商业秘密和个人隐私等未公开信息;

(四)工作中超越权限,造成不良后果;

(五)利用巡视工作的便利谋取私利或者为他人谋取不正当利益;

(六)违反巡视工作纪律的其他行为。

第四十六条 被巡视党组织及其工作人员有下列情形之一的,视情节轻重,依据有关规定对该党组织领导班子主要负责人或者其他有关责任人员,给予批评教育、责令检查、诫勉、组织处理或者党纪、政务处分;构成犯罪的,依法追究刑事责任:

(一)隐瞒不报或者故意向巡视组提供虚假情况;

(二)拒绝或者不按照要求向巡视组提供有关文件资料;

(三)指使、强令有关单位或者人员干扰、阻挠巡视工作,或者诬告、陷害他人;

(四)组织领导巡视整改不力,落实巡视整改要求不到位,敷衍应付、虚假整改;

(五)对反映问题的干部群众进行威胁、打击、报复、陷害;

(六)其他不配合或者干扰巡视工作的情形。

第八章 巡察工作

第四十七条 党的市(地、州、盟)和县(市、区、旗)委员会建立巡察制度,设立巡察机构,在一届任期内,对所管理的党组织实现巡察全覆盖。

其他党组织需要开展巡察工作的,应当通过上级党委(党组)巡视工作领导小组报党委(党组)批准。

第四十八条 市(地、州、盟)党委巡察对象是:党委工作部门领导班子,市一级国家机关部门、人民团体党组(党委),市(地、州、盟)管理的国有企业、事业单位党组织,以及党委要求巡察的其他党组织。

县(市、区、旗)党委巡察对象是:党委工作部门领导班子,县一级国家机关部门、人民团体党组(党委),县(市、区、旗)管理的国有企业、事业单位党组织,所辖的乡镇(街道)、村(社区)党组织,以及党委要求巡察的其他党组织。

第四十九条 巡察工作应当坚守政治监督定位,聚焦党中央决策部署在基层落实情况、群众身边不正之风和腐败问题、基层党组织和党员队伍建设、巡察整改和成果运用等加强监督检查。

第五十条 巡察工作的组织领导和机构职责、工作程序和方式权限、整改和成果运用、队伍建设、责任追究等,参照本条例关于巡视工作的规定,结合实际确定。

第九章 附 则

第五十一条 中国人民解放军和中国人民武装警察部队的党组织实行巡视制度的规定,由中央军委参照本条例制定。

第五十二条 本条例由中央巡视工作领导小组办公室负责解释。

第五十三条 本条例自发布之日起施行。此前发布的其他有关巡视工作的规定,凡与本条例不一致的,按照本条例执行。

中国共产党党务公开条例(试行)

中共中央2017年12月20日印发

第一章 总 则

第一条 为了贯彻落实党的十九大精神,推动全面从严治党向纵深发展,加强和规范党务公开工作,发展党内民主,强化党内监督,使广大党员更好了解和参与党内事务,动员组织人民群众贯彻落实好党的理论和路线方针政策,提高党的执政能力和领导水平,根据《中国共产党章程》,制定本条例。

第二条 本条例所称党务公开,是指党的组织将其实施党的领导活动、加强党的建设工作的有关事务,按规定在党内或者向党外公开。

第三条 本条例适用于党的中央组织、地方组织、基层组织,党的纪律检查机关、工作机关以及其他党的组织。

第四条 党务公开应当遵循以下原则:

(一)坚持正确方向。坚持维护以习近平同志为核心的党中央权威和集中统一领导,认真贯彻落实习近平新时代中国特色社会主义思想,牢固树立"四个意识",坚定"四个自信",把党务公开放到新时代中国特色社会主义的伟大实践中来谋划和推进,把坚持和完善党的领导要求贯彻到党务公开的全过程和各方面。

(二)坚持发扬民主。保障党员民主权利,落实党员知情权、参与权、选举权、监督权,更好调动全党积极性、主动性、创造性,及时回应党员和群众关切,以公开促落实、促监督、促改进。

(三)坚持积极稳妥。注重党务公开与政务公开等的衔接联动,统筹各层级、各领域党务公开工作,一般先党内后党外,分类实施,务求实效。

(四)坚持依规依法。尊崇党章,依规治党,依法办事,科学规范党务公开的内容、范围、程序和方式,增强严肃性、公信度,不断提升党务公开工作制度化、规范化水平。

第五条 建立健全党中央统一领导,地方党委分级负责,各部门各单位各负其责的党务公开工作领导体制。

中央办公厅承担党中央党务公开的具体工作,负责统筹协调和督促指导整个党务公开工作。地方党委办公厅(室)承担本级党委党务公开的具体工作,负责统筹协调和督促指导本地区的党务公开工作。各地区各部门应当加强党务公开工作机构和人员队伍建设。

第六条 党的组织应当根据所承担的职责任务,建立健全党务公开的保密审查、风险评估、信息发布、政策解读、舆论引导、舆情分析、应急处置等工作机制。

第二章 公开的内容和范围

第七条 党的组织贯彻落实党的基本理论、基本路线、基本方略情况,领导经济社会发展情况,落实全面从严治党责任、加强党的建设情况,以及党的组织职能、机构等情况,除涉及党和国家秘密不得公开或者依照有关规定不宜公开的事项外,一般应当公开。

加强对权力运行的制约和监督,让人民监督权力,让权力在阳光下运行。

党务公开不得危及政治安全特别是政权安全、制度安全，以及经济安全、军事安全、文化安全、社会安全、国土安全和国民安全等。

第八条　党的组织应当根据党务与党员和群众的关联程度合理确定公开范围：

（一）领导经济社会发展、涉及人民群众生产生活的党务，向社会公开；

（二）涉及党的建设重大问题或者党员义务权利，需要全体党员普遍知悉和遵守执行的党务，在全党公开；

（三）各地区、各部门、各单位的党务，在本地区、本部门、本单位公开；

（四）涉及特定党的组织、党员和群众切身利益的党务，对特定党的组织、党员和群众公开。

第九条　党的中央组织公开党的理论和路线方针政策，管党治党、治国理政重大决策部署，习近平总书记有关重要讲话、重要指示，党中央重要会议、活动和重要人事任免，党的中央委员会、中央政治局、中央政治局常务委员会加强自身建设等情况。

第十条　党的地方组织应当公开以下内容：

（一）学习贯彻党中央和上级组织决策部署，坚决维护以习近平同志为核心的党中央权威和集中统一领导情况；

（二）本地区经济社会发展部署安排、重大改革事项、重大民生措施等重大决策和推进落实情况，以及重大突发事件应急处置情况；

（三）履行全面从严治党主体责任，坚持贯彻民主集中制原则，严肃党内政治生活，全面负责本地区党的建设情况；

（四）本地区党的重要会议、活动和重要人事任免情况；

（五）党的地方委员会加强自身建设情况；

（六）其他应当公开的党务。

第十一条　党的基层组织应当公开以下内容：

（一）学习贯彻党中央和上级组织决策部署，坚决维护以习近平同志为核心的党中央权威和集中统一领导情况；

（二）任期工作目标、阶段性工作部署、重点工作任务及落实情况；

（三）加强思想政治工作、开展党内学习教育、组织党员教育培训、执行"三会一课"制度等情况；

（四）换届选举、党组织设立、发展党员、民主评议、召开组织生活会、保障党员权利、党费收缴使用管理以及党组织自身建设等情况；

（五）防止和纠正"四风"现象，联系服务党员和群众情况；

（六）落实管党治党政治责任，加强党风廉政建设，对党员作出组织处理和纪律处分情况；

（七）其他应当公开的党务。

第十二条　党的纪律检查机关应当公开以下内容：

（一）学习贯彻党中央大政方针和重大决策部署，坚决维护以习近平同志为核心的党中央权威和集中统一领导，贯彻落实本级党委、上级纪律检查机关工作部署情况；

（二）开展纪律教育、加强纪律建设，维护党章党规党纪情况；

（三）查处违反中央八项规定精神，发生在群众身边、影响恶劣的不正之风和腐败问题情况；

（四）对党员领导干部严重违纪涉嫌违法犯罪进行立案审查、组织审查和给予开除党籍处分情况；

（五）对党员领导干部严重失职失责进行问责情况；

（六）加强纪律检查机关自身建设情况；

（七）其他应当公开的党务。

第十三条　党的工作机关、党委派出机关、党委直属事业单位和党组应当根据本条例第七条第一款规定，结合实际确定公开内容。

党的工作机关和党委直属事业单位应当重点公开落实党委决策部署、开展党的工作情况。

党委派出机关应当重点公开代表党委领导本地区、本领域、本行业、本系统党的工作情况。

党组应当重点公开在本单位发挥领导作用和落实党建工作责任制情况。

第十四条　党的组织应当根据本条例规定的党务公开内容和范围编制党务公开目录，并根据职责任务要求动态调整。党务公开目录应当报党的上一级组织备案，并按照规定在党内或者向社会公开。

中央纪律检查委员会、中央各部门应当加强对本系统本领域党务公开目录编制的指导。

第三章　公开的程序和方式

第十五条　凡列入党务公开目录的事项，有关党的组织应当按照以下程序及时主动公开：

（一）提出。党的组织有关部门研究提出党务公开方案，拟订公开的内容、范围、时间、方式等。

（二）审核。党的组织有关部门进行保密审查，并从必要性、准确性等方面进行审核。

（三）审批。党的组织依照职权对党务公开方案进行审批，超出职权范围的必须按程序报批。

（四）实施。党的组织有关部门按照经批准的方案实施党务公开。

第十六条　党的组织应当根据党务公开的内容和范围，选择适当的公开方式。

在党内公开的，一般采取召开会议、制发文件、编发简报、在局域网发布等方式。向社会公开的，一般采取发布公报、召开新闻发布会、接受采访，在报刊、广播、电视、互联网、新媒体、公开栏发布等方式，优先使用党报党刊、电台电视台、重点新闻网站等党的媒体进行发布。

党的中央纪律检查机关、党中央有关工作机关，县级以上地方党委以及地方纪律检查机关、地方党委有关工作机关应当建立和完善党委新闻发言人制度，逐步建立例行发布制度，及时准确发布重要党务信息。

第十七条　党务公开可以与政务公开、厂务公开、村（居）务公开、公共事业单位办事公开等方面的载体和平台实现资源共享的，应当统筹使用。

有条件的党的组织可以建立统一的党务信息公开平台。

第十八条　注重党务公开相关信息监测反馈，对引起重大舆情反应的，应当及时报告。发现有不真实、不完整、不准确的信息，应当及时加以澄清和引导。

第十九条　建立健全党员旁听党委会议、党的代表大会代表列席党委会议、党内情况通报反映、党内事务咨询、重大决策征求意见、重大事项社会公示和社会听证等制度，发展和用好党务公开新形式，不断拓展党员和群众参与党务公开的广度和深度。

第四章　监督与追责

第二十条　党的组织应当将党务公开工作情况纳入向上一级组织报告工作或者抓党建工作专题报告的重要内容。

第二十一条　党的组织应当将党务公开工作情况作为履行全面从严治党政治责任的重要内容，对下级组织及其主要负责人进行考核。

党的组织应当每年向有关党员和群众通报党务公开情况，并纳入党员民主评议范围，主动听取群众意见。

第二十二条　党的组织应当建立健全党务公开工作督查机制，开展经常性检查和专项督查，专项督查可以与党风廉政建设责任制检查考核、党建工作考核等相结合。督查情况应当在适当范围通报。

第二十三条　对违反本条例规定并造成不良后果的，应当依规依纪追究有关党的组织、党员领导干部和工作人员的责任。

第五章　附　　则

第二十四条　中央军事委员会可以根据本条例，制定有关党务公开规定。

第二十五条　中央纪律检查委员会、中央各部门，各省、自治区、直辖市党委应当根据本条例制定实施细则。

第二十六条　本条例由中央办公厅会同中央组织部解释。

第二十七条　本条例自2017年12月20日起施行。

中国共产党重大事项请示报告条例

中共中央 2019年1月31日印发

第一章　总　　则

第一条　为了加强和规范重大事项请示报告工作，严明党的政治纪律、组织纪律和工作纪律，保证全党全国服从党中央、政令畅通，根据《中国共产党章程》、《关于新形势下党内政治生活的若干准则》等党内法规，制定本条例。

第二条　重大事项请示报告工作以习近平新时代中国特色社会主义思想为指导，坚持和加强党的全面领导，坚持党要管党、全面从严治党，贯彻民主集中制，坚决维护习近平总书记党中央的核心、全党的核心地位，坚决维护党中央权威和集中统一领导，保证全党团结统一和行动一致，确保党始终总揽全局、协调各方。

第三条　本条例适用于下级党组织向上级党组织，以及党员、领导干部向党组织请示报告重大事项相关活动。

本条例所称重大事项，是指超出党组织和党员、领导干部自身职权范围，或者虽在自身职权范围内但关乎全局、影响广泛的重要事情和重要情况，包括党组织贯彻执行党中央决策部署和上级党组织决定、领导经济社会发展事务、落实全面从严治党责任，党员履行义务、行使权利，领导干部行使权力、担负责任的重要事情和重要情况。

本条例所称请示，是指下级党组织向上级党组织，党员、领导干部向党组织就重大事项请求指示或者批准；所称报告，是指下级党组织向上级党组织，党员、领导干部向党组织呈报重要事情和重要情况。

第四条 开展重大事项请示报告工作应当遵循以下原则：

（一）坚持政治导向。树牢"四个意识"，落实"四个服从"，把请示报告作为重要政治纪律和政治规矩，把讲政治要求贯彻到请示报告工作全过程和各方面。

（二）坚持权责明晰。既牢记授权有限，该请示的必须请示，该报告的必须报告；又牢记守土有责，该负责的必须负责，该担当的必须担当。

（三）坚持客观真实。全面如实请示报告工作、反映情况、分析问题、提出建议，既报喜又报忧、既报功又报过、既报结果又报过程。

（四）坚持规范有序。落实依规治党要求，严格按照党章党规规定的主体、范围、程序和方式开展重大事项请示报告工作。

第五条 各地区各部门党组织承担重大事项请示报告工作主体责任，党组织主要负责同志为第一责任人，对请示报告工作负总责。

中央办公厅负责接受办理向党中央请示报告的重大事项，并统筹协调和督促指导各地区各部门向党中央的请示报告工作。地方党委办公厅（室）负责接受办理向本级党委请示报告的重大事项，并统筹协调和督促指导本地区的请示报告工作。

第二章 党组织请示报告主体

第六条 党组织请示报告工作一般应当以组织名义进行，向负有领导或者监督指导职责的上级党组织请示报告。特殊情况下，可以根据工作需要以党组织负责同志名义代表党组织请示报告。

请示报告应当逐级进行，一般不得越级请示报告。特殊情况下，可以按照有关规定直接向更高层级党组织请示报告。

第七条 接受双重领导的单位党组织，应当根据事项性质和内容向负有主要领导职责的上级党组织请示报告，同时抄送另一个上级党组织。特殊情况下，可以不抄送另一个上级党组织。

第八条 接受归口领导、管理的单位党组织，必须服从批准其设立的党组织的领导，向其请示报告工作，并按照有关规定向归口领导、管理单位党组织请示报告。

第九条 接受归口指导、协调或者监督的单位党组织，向上级党组织请示报告一般应当抄送负有指导、协调或者监督职责的单位党组织。

负有指导、协调或者监督职责的单位党组织应当统筹所负责区域、领域、行业、系统内各单位党组织的请示报告工作，归口统一向上级党组织请示报告总体情况、牵头事项完成情况等。

第十条 涉及跨区域、跨领域、跨行业、跨系统的重大事项，应当由有关党组织向共同上级党组织联合请示报告。联合请示报告应当明确牵头党组织。

党政机关联合请示报告的，一般应当将上级党政机关同时列为请示报告对象。

第十一条 根据党内法规制度规定，党的决策议事协调机构和党的工作机关可以在其职权范围内接受下级党组织的请示报告并作出处理。

党组织主要负责同志可以就全面工作或者某些方面工作接受下级党组织请示报告；有关负责同志可以就分管领域工作接受下级党组织请示报告，也可以受党组织或者党组织主要负责同志委托，就全面工作接受下级党组织请示报告。

第三章 党组织请示报告事项

第十二条 涉及党和国家工作全局的重大方针政策，经济、政治、文化、社会、生态文明建设和党的建设中的重大原则和问题，国家安全、港澳台侨、外交、国防、军队等党中央集中统一管理的事项，以及其他只能由党中央领导和决策的重大事项，必须向党中央请示报告。

第十三条 党组织应当向上级党组织请示下列事项：

（一）贯彻落实党中央决策部署和上级党组织决定中的重要情况和问题，需要作出调整的政策措施，需要支持解决的特殊困难；

（二）重大改革措施、重大立法事项、重大体制变动、重大项目推进、重大突发事件、重大机构调整、重要干部任免、重要表彰奖励、重大违纪违法和复杂敏感案件处理等；

（三）明确规定需要请示的重要会议、重要活动、重要文件等；

（四）重大活动、重要政策的宣传报道口径，新闻宣传和意识形态工作中的全局性问题和不易把握的问题；

（五）出台重大创新举措，特别是遇到新情况新问题且无明文规定、需要先行先试，或者创新举措可能与现行规定相冲突、需经授权才能实施的情况；

（六）属于自身职权范围内但事关重大或者特殊敏感的事项；

（七）重大决策时存在较大意见分歧的情况；

（八）跨区域、跨领域、跨行业、跨系统工作中需要上级党组织统筹推进的重大事项；

（九）调整上级党组织文件、会议精神的传达知悉范围，使用上级党组织负责同志未公开的讲话、音像资料等；

（十）其他应当请示的重大事项。

下列事项不必向上级党组织请示：属于自身职权范围内的日常工作；上级党组织就有关问题已经作出明确批复的；事后报告即可的事项等。

第十四条　党组织应当向上级党组织报告下列事项：

（一）学习贯彻习近平新时代中国特色社会主义思想，统筹推进“五位一体”总体布局和协调推进“四个全面”战略布局的重要情况；

（二）党中央以及上级党组织重要会议、重要文件、重大决策部署贯彻落实情况，习近平总书记重要指示批示贯彻落实情况，上级党组织负责同志交办事项的研究办理情况；

（三）加强党的建设，履行全面从严治党责任，包括集中学习教育活动、意识形态工作、党组织设置及隶属关系调整、民主生活会、党风廉政建设、落实中央八项规定精神、党员干部直接联系群众、巡视巡察整改、发现重大违纪违法问题等情况；

（四）全面工作总结和计划；

（五）重大专项工作开展情况；

（六）重大敏感事件、突发事件和群体性事件应对处置情况；

（七）经济社会发展中出现的重要情况和重大舆情；

（八）本地区、本部门、本单位工作中具有在更大范围推广价值的经验做法和意见建议；

（九）其他应当报告的重大事项。

下列事项不必向上级党组织报告：具体事务性工作；没有实质性内容的表态和情况反映等。

第十五条　党组织应当按照有关规定向上级党组织报备下列事项：

（一）党内法规和规范性文件；

（二）领导班子成员分工；

（三）有关干部任免；

（四）党委委员、候补委员职务的辞去、免去或者自动终止；

（五）其他应当报备的重大事项。

第十六条　中央各决策议事协调机构、中央各部门、有关中央国家机关党组（党委）应当对本领域、行业、系统内请示报告的具体事项提出明确要求、加强工作指导。

上级党组织应当从实际出发，对下级党组织请示报告中主题相近、内容关联的同类事项归并整合提出要求，促使请示报告精简务实。

第十七条　党组织应当根据本条例规定的请示报告事项范围和内容，结合上级要求和自身实际，制定请示报告事项清单。

第四章　党组织请示报告程序

第十八条　重大事项请示报告一般应当经党组织领导班子集体研究或者传批审定，由主要负责同志签发或者作出。必要时应当事先报上级党组织分管负责同志同意。

两个以上党组织联合请示报告的，应当协商一致后呈报。未取得一致意见的，应当对有关情况作出说明。

第十九条　向上级党组织请示重大事项，必须事前请示，给上级党组织以充足研判和决策时间。情况紧急来不及请示必须临机处置的，应当按照规定履职尽责，并及时进行后续请示报告。

定期报告按照规定的时间进行。专题报告根据工作进展情况适时进行，学习贯彻上级党组织重要会议和文件精神的专题报告应当注重反映落实见效情况，不得一味求快。对上级党组织交办的重大事项，应当按照时限要求报告。突发性重大事件应当及时报告，并根据事件发展处置情况做好续报工作。

第二十条　提出请示应当阐明请求事项及相关理由。报送请示应当一文一事，不得在报告等非请示性公文中夹带请示事项。

对下级党组织请示的重大事项，受理党组织如需以其名义再向上级党组织请示的，应当认真研究并负责任地提出处理建议，不得只将原文转请示上级党组织。

第二十一条　上级党组织收到请示后，一般由综合部门提出拟办意见报党组织负责同志按照规定批办。

党政机关联合提出的请示，由上级党组织牵头办理。

第二十二条　上级党组织对受理的紧急请示事项应当尽快办理。有明确办理时限要求的应当在规定期限内办理完毕，确有特殊情况无法在规定期限内办理完毕的，应当主动向下级党组织说明情况。

第二十三条　请示的答复一般应当坚持向谁请示由谁答复，特殊情况下受理请示的党组织可以授权党组织有关部门代为答复。

第二十四条　报告应当具有实质性内容和参考价值，有助于上级党组织了解情况、科学决策，力戒空洞无物、评功摆好、搞形式主义。报告应当简明扼要、文风质朴，呈报党中央的综合报告一般在5000字以内，专项报告一般在3000字以内，情况复杂、确有必要详细报告的有关内容可以通过附件反映。

第二十五条　上级党组织收到报告后，应当由综合部门根据工作需要报送党组织负责同志阅示。综合部门可以将主题相同、内容相近的报告统一集中报送，或者摘要形成综合材料后报送。

党组织负责同志对报告作出批示指示的，综合部门应当及时按照要求办理。

第二十六条 上级党组织应当加强对报告的综合分析利用。对于有推广价值的典型经验做法，可以通过适当形式进行宣传；对于共性问题，应当予以重视并研究解决；对于有价值的意见建议，应当认真研究吸收、推动改进工作。

第二十七条 重大事项请示报告工作存在可能影响公正办理情形的，有关人员应当回避。

第五章 党组织请示报告方式

第二十八条 党组织应当根据重大事项类型和缓急程度采用口头、书面方式进行请示报告。

第二十九条 重大事项请示报告适宜简便进行的，可以采用口头方式。对于情况紧急或者重大事项处理尚处于初步酝酿阶段的，可以采用口头方式先行请示报告，后续再以书面方式补充请示报告。

第三十条 口头请示报告视情采用通话、当面、会议等方式。内容较为简单或者情况十分紧急的，可以采用通话方式；内容较为复杂或者情况敏感特殊的，可以采用当面方式；内容较为正式或者涉及主体较多的，可以采用会议方式。

口头请示报告应当做好记录和资料留存，确保有据可查。

第三十一条 非紧急情况、重大事项处理处于相对成熟阶段或者不适宜简便进行的请示报告，应当采用书面方式。

第三十二条 书面报告视情采用正式报告、信息、简报等方式。信息侧重于报告重大突发事件，需要注意的问题、现象和情况等，应当做到及时高效、权威准确。简报侧重于报告某方面工作简要情况。

党组织应当统筹用好书面报告方式，坚持“一事不二报”，一般不得就同一内容使用多种方式重复报告。上级党组织明确要求正式报告的，不得以其他方式代替。

第三十三条 党组织可以利用电话、文件、传真、电报、网络等载体开展请示报告工作。涉密事项应当按照有关保密规定执行。

基层党组织开展请示报告工作可以更加灵活便捷、突出实效。

第六章 党员、领导干部请示报告

第三十四条 党员一般应当向所在党组织请示报告重大事项。领导干部一般应当向所属党组织请示报告重要工作。

党员、领导干部向党组织请示报告个人有关事项，按照有关规定执行。

第三十五条 党员应当向党组织请示下列事项：

（一）从事党组织所分配的工作中的重要问题；

（二）代表党组织发表主张或者作出决定；

（三）按照规定需要请示的涉外工作交往活动；

（四）转移党的组织关系；

（五）其他应当向党组织请示的事项。

第三十六条 党员应当向党组织报告下列事项：

（一）贯彻执行党组织决议以及完成党组织交办工作任务情况；

（二）对党的工作和领导干部的意见建议；

（三）发现党员、领导干部违纪违法线索情况；

（四）流动外出情况；

（五）其他应当向党组织报告的事项。

第三十七条 领导干部应当向党组织请示下列事项：

（一）超出自身职权范围，应当由所在党组织或者上级党组织作出决定的重大事项；

（二）属于自身职权范围但事关重大的问题和情况；

（三）代表党组织对外发表重要意见；

（四）因故无法履职或者离开工作所在地；

（五）其他应当向党组织请示的事项。

第三十八条 领导干部应当向党组织报告下列事项：

（一）学习贯彻习近平新时代中国特色社会主义思想，贯彻落实党中央决策部署和党组织决定中的重要情况和问题；

（二）遵守政治纪律和政治规矩，坚决维护习近平总书记党中央的核心、全党的核心地位，坚决维护党中央权威和集中统一领导情况；

（三）坚持民主集中制，发扬党内民主，正确行使权力，参与集体领导情况；

（四）参加领导班子民主生活会和所在党支部（党小组）组织生活会情况；

（五）履行管党治党责任，加强党风廉政建设和反腐败工作以及遵守廉洁纪律情况；

（六）重大决策失误或者应对突发事件处置失当，纪检监察、巡视巡察和审计中发现重要问题，以及违纪违法情况；

（七）可能影响正常履职的重大疾病等情况；

（八）其他应当向党组织报告的事项。

第三十九条　党员、领导干部按照规定采用口头、书面方式进行请示报告。党组织应当及时办理党员、领导干部的请示事项，必要时可以对报告事项作出研究处理。

第七章　监督与追责

第四十条　党组织应当将重大事项请示报告工作开展情况纳入向上一级党组织报告工作的重要内容。

第四十一条　党组织应当建立健全重大事项请示报告工作督查机制，并将执行请示报告制度情况纳入日常监督和巡视巡察范围。

第四十二条　党组织应当将重大事项请示报告工作情况作为履行全面从严治党政治责任的重要内容，对下级党组织及其主要负责同志进行考核评价。考核评价可以与党风廉政建设责任制检查考核、党建工作考核等相结合，结果应当以适当方式通报。

第四十三条　建立健全纠错机制，对于重大事项请示报告工作中出现的主体不适当、内容不准确、程序不规范、方式不合理等问题，上级党组织应当及时提醒纠正，并将有关情况体现到考评通报中。

第四十四条　实行重大事项请示报告责任追究制度，有下列情形之一的，应当依规依纪追究有关党组织和党员、领导干部以及工作人员的责任，涉嫌违法犯罪的，按照有关法律规定处理：

（一）违反政治纪律和政治规矩，擅自决定应当由党中央决定的重大事项，损害党中央权威和集中统一领导的；

（二）履行领导责任不到位，对重大事项请示报告不重视不部署，工作开展不力的；

（三）违反组织原则，该请示不请示，该报告不报告的；

（四）缺乏责任担当，推诿塞责、上交矛盾、消极作为的；

（五）搞形式主义、官僚主义，请示报告内容不实、信息不准，造成严重后果的；

（六）违反工作要求，不按规定程序和方式请示报告，造成严重后果的；

（七）其他应当追究责任的情形。

第八章　附　　则

第四十五条　各省、自治区、直辖市党委，中央各决策议事协调机构，中央各部门，中央国家机关各部委党组（党委），应当紧密结合工作实际制定具体落实措施。

第四十六条　中央军事委员会可以根据本条例，结合中国人民解放军和中国人民武装警察部队的实际情况，制定相关规定。

第四十七条　本条例由中央办公厅负责解释。

第四十八条　本条例自2019年1月31日起施行。

中国共产党纪律检查机关监督执纪工作规则

中共中央办公厅2018年12月28日印发

第一章　总　　则

第一条　为了加强党对纪律检查和国家监察工作的统一领导，加强党的纪律建设，推进全面从严治党，规范纪检监察机关监督执纪工作，根据《中国共产党章程》和有关法律，结合纪检监察体制改革和监督执纪工作实践，制定本规则。

第二条　坚持以马克思列宁主义、毛泽东思想、邓小平理论、“三个代表”重要思想、科学发展观、习近平新时代中国特色社会主义思想为指导，全面贯彻纪律检查委员会和监察委员会合署办公要求，依规依纪依法严格监督执纪，坚持打铁必须自身硬，把权力关进制度笼子，建设忠诚干净担当的纪检监察干部队伍。

第三条　监督执纪工作应当遵循以下原则：

（一）坚持和加强党的全面领导，牢固树立政治意识、大局意识、核心意识、看齐意识，坚定中国特色社会主义道路自信、理论自信、制度自信、文化自信，坚决维护习近平总书记党中央的核心、全党的核心地位，坚决维护党中央权威和集中统一领导，严守政治纪律和政治规矩，体现监督执纪工作的政治性，构建党统一指挥、全面覆盖、权威高效的监督体系；

（二）坚持纪律检查工作双重领导体制，监督执纪工作以上级纪委领导为主，线索处置、立案审查等在向同级党委报告的同时应当向上级纪委报告；

（三）坚持实事求是，以事实为依据，以党章党规党纪和国家法律法规为准绳，强化监督、严格执纪，把握政策、宽严相济，对主动投案、主动交代问题的宽大处理，对拒不交代、欺瞒组织的从严处理；

（四）坚持信任不能代替监督，执纪者必先守纪，以更高的标准、更严的要求约束自己，严格工作程序，有效管控风险，强化对监督执纪各环节的监督制约，确保监督执纪工作经得起历史和人民的检验。

第四条　坚持惩前毖后、治病救人，把纪律挺在前面，精准有效运用监督执纪“四种形态”，把思想政治工作贯穿监督执纪全过程，严管和厚爱结合，激励和约束并重，注重教育转化，促使党员自觉防止和纠正违纪行为，惩治极少数，教育大多数，实现政治效果、纪法效果和社会效果相统一。

第二章　领导体制

第五条　中央纪律检查委员会在党中央领导下进行工作。地方各级纪律检查委员会和基层纪律检查委员会在同级党的委员会和上级纪律检查委员会双重领导下进行工作。

党委应当定期听取、审议同级纪律检查委员会和监察委员会的工作报告，加强对纪委监委工作的领导、管理和监督。

第六条　党的纪律检查机关和国家监察机关是党和国家自我监督的专责机关，中央纪委和地方各级纪委贯彻党中央关于国家监察工作的决策部署，审议决定监委依法履职中的重要事项，把执纪和执法贯通起来，实现党内监督和国家监察的有机统一。

第七条　监督执纪工作实行分级负责制：

（一）中央纪委国家监委负责监督检查和审查调查中央委员、候补中央委员，中央纪委委员，中央管理的领导干部，党中央工作部门、党中央批准设立的党组（党委），各省、自治区、直辖市党委、纪委等党组织的涉嫌违纪或者职务违法、职务犯罪问题。

（二）地方各级纪委监委负责监督检查和审查调查同级党委委员、候补委员，同级纪委委员，同级党委管理的党员、干部以及监察对象，同级党委工作部门、党委批准设立的党组（党委），下一级党委、纪委等党组织的涉嫌违纪或者职务违法、职务犯罪问题。

（三）基层纪委负责监督检查和审查同级党委管理的党员，同级党委下属的各级党组织的涉嫌违纪问题；未设立纪律检查委员会的党的基层委员会，由该委员会负责监督执纪工作。

地方各级纪委监委依照规定加强对同级党委履行职责、行使权力情况的监督。

第八条　对党的组织关系在地方、干部管理权限在主管部门的党员、干部以及监察对象涉嫌违纪违法问题，应当按照谁主管谁负责的原则进行监督执纪，由设在主管部门、有管辖权的纪检监察机关进行审查调查，主管部门认为有必要的，可以与地方纪检监察机关联合审查调查。地方纪检监察机关接到问题线索反映的，经与主管部门协调，可以对其进行审查调查，也可以与主管部门组成联合审查调查组，审查调查情况及时向对方通报。

第九条　上级纪检监察机关有权指定下级纪检监察机关对其他下级纪检监察机关管辖的党组织和党员、干部以及监察对象涉嫌违纪或者职务违法、职务犯罪问题进行审查调查，必要时也可以直接进行审查调查。上级纪检监察机关可以将其直接管辖的事项指定下级纪检监察机关进行审查调查。

纪检监察机关之间对管辖事项有争议的，由其共同的上级纪检监察机关确定；认为所管辖的事项重大、复杂，需要由上级纪检监察机关管辖的，可以报请上级纪检监察机关管辖。

第十条　纪检监察机关应当严格执行请示报告制度。中央纪委定期向党中央报告工作，研究涉及全局的重大事项、遇有重要问题以及作出立案审查调查决定、给予党纪政务处分等事项应当及时向党中央请示报告，既要报告结果也要报告过程。执行党中央重要决定的情况应当专题报告。

地方各级纪检监察机关对作出立案审查调查决定、给予党纪政务处分等重要事项，应当向同级党委请示汇报并向上级纪委监委报告，形成明确意见后再正式行文请示。遇有重要事项应当及时报告。

纪检监察机关应当坚持民主集中制，对于线索处置、谈话函询、初步核实、立案审查调查、案件审理、处置执行中的重要问题，经集体研究后，报纪检监察机关相关负责人、主要负责人审批。

第十一条　纪检监察机关应当建立监督检查、审查调查、案件监督管理、案件审理相互协调、相互制约的工作机制。市地级以上纪委监委实行监督检查和审查调查部门分设，监督检查部门主要负责联系地区和部门、单位的日常监督检查和对涉嫌一般违纪问题线索处置，审查调查部门主要负责对涉嫌严重违纪或者职务违法、职务犯罪问题线索进行初步核实和立案审查调查；案件监督管理部门负责对监督检查、审查调查工作全过程进行监督管理，案件审理部门负责对需要给予党纪政务处分的案件审核把关。

纪检监察机关在工作中需要协助的，有关组织和机关、单位、个人应当依规依纪依法予以协助。

第十二条　纪检监察机关案件监督管理部门负责对监督执纪工作全过程进行监督管理，做好线索管理、组织协调、监督检查、督促办理、统计分析等工作。党风政风监督部门应当加强对党风政风建设的综合协调，做好督促检查、通报曝光和综合分析等工作。

第三章　监督检查

第十三条　党委(党组)在党内监督中履行主体责任,纪检监察机关履行监督责任,应当将纪律监督、监察监督、巡视监督、派驻监督结合起来,重点检查遵守、执行党章党规党纪和宪法法律法规,坚定理想信念,增强"四个意识",坚定"四个自信",维护习近平总书记核心地位,维护党中央权威和集中统一领导,贯彻执行党和国家的路线方针政策以及重大决策部署,坚持主动作为、真抓实干,落实全面从严治党责任、民主集中制原则、选人用人规定以及中央八项规定精神,巡视巡察整改,依法履职、秉公用权、廉洁从政从业以及恪守社会道德规范等情况,对发现的问题分类处置、督促整改。

第十四条　纪委监委(纪检监察组、纪检监察工委)报请或者会同党委(党组)定期召开专题会议,听取加强党内监督情况专题报告,综合分析所联系的地区、部门、单位政治生态状况,提出加强和改进的意见及工作措施,抓好组织实施和督促检查。

第十五条　纪检监察机关应当结合被监督对象的职责,加强对行使权力情况的日常监督,通过多种方式了解被监督对象的思想、工作、作风、生活情况,发现苗头性、倾向性问题或者轻微违纪问题,应当及时约谈提醒、批评教育、责令检查、诫勉谈话,提高监督的针对性和实效性。

第十六条　纪检监察机关应当畅通来信、来访、来电和网络等举报渠道,建设覆盖纪检监察系统的检举举报平台,及时受理检举控告,发挥党员和群众的监督作用。

第十七条　纪检监察机关应当建立健全党员领导干部廉政档案,主要内容包括:

(一)任免情况、人事档案情况、因不如实报告个人有关事项受到处理的情况等;

(二)巡视巡察、信访、案件监督管理以及其他方面移交的问题线索和处置情况;

(三)开展谈话函询、初步核实、审查调查以及其他工作形成的有关材料;

(四)党风廉政意见回复材料;

(五)其他反映廉政情况的材料。

廉政档案应当动态更新。

第十八条　纪检监察机关应当做好干部选拔任用党风廉政意见回复工作,对反映问题线索认真核查,综合用好巡视巡察等其他监督成果,严把政治关、品行关、作风关、廉洁关。

第十九条　纪检监察机关对监督中发现的突出问题,应当向有关党组织或者单位提出纪律检查建议或者监察建议,通过督促召开专题民主生活会、组织开展专项检查等方式,督查督办,推动整改。

第四章　线索处置

第二十条　纪检监察机关应当加强对问题线索的集中管理、分类处置、定期清理。信访举报部门归口受理同级党委管理的党组织和党员、干部以及监察对象涉嫌违纪或者职务违法、职务犯罪问题的信访举报,统一接收有关纪检监察机关、派驻或者派出机构以及其他单位移交的相关信访举报,移送本机关有关部门,深入分析信访形势,及时反映损害群众最关心、最直接、最现实的利益问题。

巡视巡察工作机构和审计机关、行政执法机关、司法机关等单位发现涉嫌违纪或者职务违法、职务犯罪问题线索,应当及时移交纪检监察机关案件监督管理部门统一办理。

监督检查部门、审查调查部门、干部监督部门发现的相关问题线索,属于本部门受理范围的,应当送案件监督管理部门备案;不属于本部门受理范围的,经审批后移送案件监督管理部门,由其按程序转交相关监督执纪部门办理。

第二十一条　纪检监察机关应当结合问题线索所涉及地区、部门、单位总体情况,综合分析,按照谈话函询、初步核实、暂存待查、予以了结4类方式进行处置。

线索处置不得拖延和积压,处置意见应当在收到问题线索之日起1个月内提出,并制定处置方案,履行审批手续。

第二十二条　纪检监察机关对反映同级党委委员、候补委员,纪委常委、监委委员,以及所辖地区、部门、单位主要负责人的问题线索和线索处置情况,应当及时向上级纪检监察机关报告。

第二十三条　案件监督管理部门对问题线索实行集中管理、动态更新、定期汇总核对,提出分办意见,报纪检监察机关主要负责人批准,按程序移送承办部门。承办部门应当指定专人负责管理问题线索,逐件编号登记、建立管理台账。线索管理处置各环节应当由经手人员签名,全程登记备查。

第二十四条　纪检监察机关应当根据工作需要,定期召开专题会议,听取问题线索综合情况汇报,进行分析研判,对重要检举事项和反映问题集中的领域深入研究,提出处置要求,做到件件有着落。

第二十五条　承办部门应当做好线索处置归档工作,归档材料齐全完整,载明领导批示和处置过程。案件监督管理部门定期汇总、核对问题线索及处置情况，向纪检监察机关主要负责人报告，并向相关部门通报。

第五章　谈话函询

第二十六条　各级党委（党组）和纪检监察机关应当推动加强和规范党内政治生活，经常拿起批评和自我批评的武器，及时开展谈话提醒、约谈函询，促使党员、干部以及监察对象增强党的观念和纪律意识。

第二十七条　纪检监察机关采取谈话函询方式处置问题线索，应当起草谈话函询报批请示，拟订谈话方案和相关工作预案，按程序报批。需要谈话函询下一级党委（党组）主要负责人的，应当报纪检监察机关主要负责人批准，必要时向同级党委主要负责人报告。

第二十八条　谈话应当由纪检监察机关相关负责人或者承办部门负责人进行，可以由被谈话人所在党委（党组）、纪委监委（纪检监察组、纪检监察工委）有关负责人陪同；经批准也可以委托被谈话人所在党委（党组）主要负责人进行。

谈话应当在具备安全保障条件的场所进行。由纪检监察机关谈话的，应当制作谈话笔录，谈话后可以视情况由被谈话人写出书面说明。

第二十九条　纪检监察机关进行函询应当以办公厅（室）名义发函给被反映人，并抄送其所在党委（党组）和派驻纪检监察组主要负责人。被函询人应当在收到函件后15个工作日内写出说明材料，由其所在党委（党组）主要负责人签署意见后发函回复。

被函询人为党委（党组）主要负责人的，或者被函询人所作说明涉及党委（党组）主要负责人的，应当直接发函回复纪检监察机关。

第三十条　承办部门应当在谈话结束或者收到函询回复后1个月内写出情况报告和处置意见，按程序报批。根据不同情形作出相应处理：

（一）反映不实，或者没有证据证明存在问题的，予以采信了结，并向被函询人发函反馈。

（二）问题轻微，不需要追究纪律责任的，采取谈话提醒、批评教育、责令检查、诫勉谈话等方式处理。

（三）反映问题比较具体，但被反映人予以否认且否认理由不充分具体的，或者说明存在明显问题的，一般应当再次谈话或者函询；发现被反映人涉嫌违纪或者职务违法、职务犯罪问题需要追究纪律和法律责任的，应当提出初步核实的建议。

（四）对诬告陷害者，依规依纪依法予以查处。

必要时可以对被反映人谈话函询的说明情况进行抽查核实。

谈话函询材料应当存入廉政档案。

第三十一条　被谈话函询的党员干部应当在民主生活会、组织生活会上就本年度或者上年度谈话函询问题进行说明，讲清组织予以采信了结的情况；存在违纪问题的，应当进行自我批评，作出检讨。

第六章　初步核实

第三十二条　党委（党组）、纪委监委（纪检监察组）应当对具有可查性的涉嫌违纪或者职务违法、职务犯罪问题线索，扎实开展初步核实工作，收集客观性证据，确保真实性和准确性。

第三十三条　纪检监察机关采取初步核实方式处置问题线索，应当制定工作方案，成立核查组，履行审批程序。被核查人为下一级党委（党组）主要负责人的，纪检监察机关应当报同级党委主要负责人批准。

第三十四条　核查组经批准可以采取必要措施收集证据，与相关人员谈话了解情况，要求相关组织作出说明，调取个人有关事项报告，查阅复制文件、账目、档案等资料，查核资产情况和有关信息，进行鉴定勘验。对被核查人及相关人员主动上交的财物，核查组应当予以暂扣。

需要采取技术调查或者限制出境等措施的，纪检监察机关应当严格履行审批手续，交有关机关执行。

第三十五条　初步核实工作结束后，核查组应当撰写初步核实情况报告，列明被核查人基本情况、反映的主要问题、办理依据以及初步核实结果、存在疑点、处理建议，由核查组全体人员签名备查。

承办部门应当综合分析初步核实情况，按照拟立案审查调查、予以了结、谈话提醒、暂存待查，或者移送有关党组织处理等方式提出处置建议。

初步核实情况报告应当报纪检监察机关主要负责人审批，必要时向同级党委主要负责人报告。

第七章　审查调查

第三十六条　党委（党组）应当按照管理权限，加强对党员、干部以及监察对象涉嫌严重违纪或者职务违法、职务犯罪问题审查调查处置工作，定期听取重大案件情况报告，加强反腐败协调机构的机制建设，坚定不移、精准有序惩治腐败。

第三十七条　纪检监察机关经过初步核实，对党员、干部以及监察对象涉嫌违纪或者职务违法、职务犯罪，需要追究纪律或者法律责任的，应当立案审查调查。

凡报请批准立案的，应当已经掌握部分违纪或者职务违法、职务犯罪事实和证据，具备进行审查调查的条件。

第三十八条　对符合立案条件的，承办部门应当起草立案审查调查呈批报告，经纪检监察机关主要负责人审批，报同级党委主要负责人批准，予以立案审查调查。

立案审查调查决定应当向被审查调查人宣布，并向被审查调查人所在党委（党组）主要负责人通报。

第三十九条　对涉嫌严重违纪或者职务违法、职务犯罪人员立案审查调查，纪检监察机关主要负责人应当主持召开由纪检监察机关相关负责人参加的专题会议，研究批准审查调查方案。

纪检监察机关相关负责人批准成立审查调查组，确定审查调查谈话方案、外查方案，审批重要信息查询、涉案财物查扣等事项。

监督检查、审查调查部门主要负责人组织研究提出审查调查谈话方案、外查方案和处置意见建议，审批一般信息查询，对调查取证审核把关。

审查调查组组长应当严格执行审查调查方案，不得擅自更改；以书面形式报告审查调查进展情况，遇有重要事项及时请示。

第四十条　审查调查组可以依照党章党规和监察法，经审批进行谈话、讯问、询问、留置、查询、冻结、搜查、调取、查封、扣押（暂扣、封存）、勘验检查、鉴定，提请有关机关采取技术调查、通缉、限制出境等措施。

承办部门应当建立台账，记录使用措施情况，向案件监督管理部门定期备案。

案件监督管理部门应当核对检查，定期汇总重要措施使用情况并报告纪委监委领导和上一级纪检监察机关，发现违规违纪违法使用措施的，区分不同情况进行处理，防止擅自扩大范围、延长时限。

第四十一条　需要对被审查调查人采取留置措施的，应当依据监察法进行，在24小时内通知其所在单位和家属，并及时向社会公开发布。因可能毁灭、伪造证据，干扰证人作证或者串供等有碍调查情形而不宜通知或者公开的，应当按程序报批并记录在案。有碍调查的情形消失后，应当立即通知被留置人员所在单位和家属。

第四十二条　审查调查工作应当依照规定由两人以上进行，按照规定出示证件，出具书面通知。

第四十三条　立案审查调查方案批准后，应当由纪检监察机关相关负责人或者部门负责人与被审查调查人谈话，宣布立案决定，讲明党的政策和纪律，要求被审查调查人端正态度、配合审查调查。

审查调查应当充分听取被审查调查人陈述，保障其饮食、休息，提供医疗服务，确保安全。严格禁止使用违反党章党规党纪和国家法律的手段，严禁逼供、诱供、侮辱、打骂、虐待、体罚或者变相体罚。

第四十四条　审查调查期间，对被审查调查人以同志相称，安排学习党章党规党纪以及相关法律法规，开展理想信念宗旨教育，通过深入细致的思想政治工作，促使其深刻反省、认识错误、交代问题，写出忏悔反思材料。

第四十五条　外查工作必须严格按照外查方案执行，不得随意扩大审查调查范围、变更审查调查对象和事项，重要事项应当及时请示报告。

外查工作期间，未经批准，监督执纪人员不得单独接触任何涉案人员及其特定关系人，不得擅自采取审查调查措施，不得从事与外查事项无关的活动。

第四十六条　纪检监察机关应当严格依规依纪依法收集、鉴别证据，做到全面、客观，形成相互印证、完整稳定的证据链。

调查取证应当收集原物原件，逐件清点编号，现场登记，由在场人员签字盖章，原物不便搬运、保存或者取得原件确有困难的，可以将原物封存并拍照录像或者调取原件副本、复印件；谈话应当现场制作谈话笔录并由被谈话人阅看后签字。已调取证据必须及时交审查调查组统一保管。

严禁以威胁、引诱、欺骗以及其他违规违纪违法方式收集证据；严禁隐匿、损毁、篡改、伪造证据。

第四十七条　查封、扣押（暂扣、封存）、冻结、移交涉案财物，应当严格履行审批手续。

执行查封、扣押（暂扣、封存）措施，监督执纪人员应当会同原财物持有人或者保管人、见证人，当面逐一拍照、登记、编号，现场填写登记表，由在场人员签名。对价值不明物品应当及时鉴定，专门封存保管。

纪检监察机关应当设立专用账户、专门场所，指定专门人员保管涉案财物，严格履行交接、调取手续，定期对账核实。严禁私自占有、处置涉案财物及其孳息。

第四十八条　对涉嫌严重违纪或者职务违法、职务犯罪问题的审查调查谈话、搜查、查封、扣押（暂扣、封存）涉案财物等重要取证工作应当全过程进行录音录像，并妥善保管，及时归档，案件监督管理部门定期核查。

第四十九条　对涉嫌严重违纪或者职务违法、职务犯罪问题的审查调查，监督执纪人员未经批准并办理相关手续，不得将被审查调查人或者其他重要的谈话、询问对象带离规定的谈话场所，不得在未配置监控设备的场所进行审查调查谈话或者其他重要的谈话、询问，不得在谈话期间关闭录音录像设备。

第五十条 监督检查、审查调查部门主要负责人、分管领导应当定期检查审查调查期间的录音录像、谈话笔录、涉案财物登记资料,发现问题及时纠正并报告。

纪检监察机关相关负责人应当通过调取录音录像等方式,加强对审查调查全过程的监督。

第五十一条 查明涉嫌违纪或者职务违法、职务犯罪问题后,审查调查组应当撰写事实材料,与被审查调查人见面,听取意见。被审查调查人应当在事实材料上签署意见,对签署不同意见或者拒不签署意见的,审查调查组应当作出说明或者注明情况。

审查调查工作结束,审查调查组应当集体讨论,形成审查调查报告,列明被审查调查人基本情况、问题线索来源及审查调查依据、审查调查过程,主要违纪或者职务违法、职务犯罪事实,被审查调查人的态度和认识,处理建议及党纪法律依据,并由审查调查组组长以及有关人员签名。

对审查调查过程中发现的重要问题和意见建议,应当形成专题报告。

第五十二条 审查调查报告以及忏悔反思材料,违纪或者职务违法、职务犯罪事实材料,涉案财物报告等,应当按程序报纪检监察机关主要负责人批准,连同全部证据和程序材料,依照规定移送审理。

审查调查全过程形成的材料应当案结卷成、事毕归档。

第八章 审 理

第五十三条 纪检监察机关应当对涉嫌违纪或者违法、犯罪案件严格依规依纪依法审核把关,提出纪律处理或者处分的意见,做到事实清楚、证据确凿、定性准确、处理恰当、手续完备、程序合规。

纪律处理或者处分必须坚持民主集中制原则,集体讨论决定,不允许任何个人或者少数人决定和批准。

第五十四条 坚持审查调查与审理相分离的原则,审查调查人员不得参与审理。纪检监察机关案件审理部门对涉嫌违纪或者职务违法、职务犯罪问题,依照规定应当给予纪律处理或者处分的案件和复议复查案件进行审核处理。

第五十五条 审理工作按照以下程序进行:

(一)案件审理部门收到审查调查报告后,经审核符合移送条件的予以受理,不符合移送条件的可以暂缓受理或者不予受理。

(二)对于重大、复杂、疑难案件,监督检查、审查调查部门已查清主要违纪或者职务违法、职务犯罪事实并提出倾向性意见的;对涉嫌违纪或者职务违法、职务犯罪行为性质认定分歧较大的,经批准案件审理部门可以提前介入。

(三)案件审理部门受理案件后,应当成立由两人以上组成的审理组,全面审理案卷材料,提出审理意见。

(四)坚持集体审议原则,在民主讨论基础上形成处理意见;对争议较大的应当及时报告,形成一致意见后再作出决定。案件审理部门根据案件审理情况,应当与被审查调查人谈话,核对违纪或者职务违法、职务犯罪事实,听取辩解意见,了解有关情况。

(五)对主要事实不清、证据不足的,经纪检监察机关主要负责人批准,退回监督检查、审查调查部门重新审查调查;需要补充完善证据的,经纪检监察机关相关负责人批准,退回监督检查、审查调查部门补充审查调查。

(六)审理工作结束后应当形成审理报告,内容包括被审查调查人基本情况、审查调查简况、违纪违法或者职务犯罪事实、涉案财物处置、监督检查或者审查调查部门意见、审理意见等。审理报告应当体现党内审查特色,依据《中国共产党纪律处分条例》认定违纪事实性质,分析被审查调查人违反党章、背离党的性质宗旨的错误本质,反映其态度、认识以及思想转变过程。涉嫌职务犯罪需要追究刑事责任的,还应当形成《起诉意见书》,作为审理报告附件。

对给予同级党委委员、候补委员,同级纪委委员、监委委员处分的,在同级党委审议前,应当与上级纪委监委沟通并形成处理意见。

审理工作应当在受理之日起 1 个月内完成,重大复杂案件经批准可以适当延长。

第五十六条 审理报告报经纪检监察机关主要负责人批准后,提请纪委常委会会议审议。需报同级党委审批的,应当在报批前以纪检监察机关办公厅(室)名义征求同级党委组织部门和被审查调查人所在党委(党组)意见。

处分决定作出后,纪检监察机关应当通知受处分党员所在党委(党组),抄送同级党委组织部门,并依照规定在 1 个月内向其所在党的基层组织中的全体党员以及本人宣布。处分决定执行情况应当及时报告。

第五十七条 被审查调查人涉嫌职务犯罪的,应当由案件监督管理部门协调办理移送司法机关事宜。对于采取留置措施的案件,在人民检察院对犯罪嫌疑人先行拘留后,留置措施自动解除。

案件移送司法机关后,审查调查部门应当跟踪了解处理情况，发现问题及时报告，不得违规过问、干预处理工作。

审理工作完成后，对涉及的其他问题线索，经批准应当及时移送有关纪检监察机关处置。

第五十八条 对被审查调查人违规违纪违法所得财物，应当依规依纪依法予以收缴、责令退赔或者登记上交。

对涉嫌职务犯罪所得财物，应当随案移送司法机关。

对经认定不属于违规违纪违法所得的，应当在案件审结后依规依纪依法予以返还，并办理签收手续。

第五十九条 对不服处分决定的申诉，由批准或者决定处分的党委（党组）或者纪检监察机关受理；需要复议复查的，由纪检监察机关相关负责人批准后受理。

申诉办理部门成立复查组，调阅原案案卷，必要时可以进行取证，经集体研究后，提出办理意见，报纪检监察机关相关负责人批准或者纪委常委会会议研究决定，作出复议复查决定。决定应当告知申诉人，抄送相关单位，并在一定范围内宣布。

坚持复议复查与审查审理分离，原案审查、审理人员不得参与复议复查。

复议复查工作应当在3个月内办结。

第九章 监督管理

第六十条 纪检监察机关应当严格依照党内法规和国家法律，在行使权力上慎之又慎，在自我约束上严之又严，强化自我监督，健全内控机制，自觉接受党内监督、社会监督、群众监督，确保权力受到严格约束，坚决防止"灯下黑"。

纪检监察机关应当加强对监督执纪工作的领导，切实履行自身建设主体责任，严格教育、管理、监督，使纪检监察干部成为严守纪律、改进作风、拒腐防变的表率。

第六十一条 纪检监察机关应当严格干部准入制度，严把政治安全关，纪检监察干部必须忠诚坚定、担当尽责、遵纪守法、清正廉洁，具备履行职责的基本条件。

第六十二条 纪检监察机关应当加强党的政治建设、思想建设、组织建设，突出政治功能，强化政治引领。审查调查组有正式党员3人以上的，应当设立临时党支部，加强对审查调查组成员的教育、管理、监督，开展政策理论学习，做好思想政治工作，及时发现问题、进行批评纠正，发挥战斗堡垒作用。

第六十三条 纪检监察机关应当加强干部队伍作风建设，树立依规依法、纪律严明、作风深入、工作扎实、谦虚谨慎、秉公执纪的良好形象，力戒形式主义、官僚主义，力戒特权思想，力戒口大气粗、颐指气使，不断提高思想政治水平和把握政策能力，建设让党放心、人民信赖的纪检监察干部队伍。

第六十四条 对纪检监察干部打听案情、过问案件、说情干预的，受请托人应当向审查调查组组长和监督检查、审查调查部门主要负责人报告并登记备案。

发现审查调查组成员未经批准接触被审查调查人、涉案人员及其特定关系人，或者存在交往情形的，应当及时向审查调查组组长和监督检查、审查调查部门主要负责人直至纪检监察机关主要负责人报告并登记备案。

第六十五条 严格执行回避制度。审查调查审理人员是被审查调查人或者检举人近亲属、本案证人、利害关系人，或者存在其他可能影响公正审查调查审理情形的，不得参与相关审查调查审理工作，应当主动申请回避，被审查调查人、检举人以及其他有关人员也有权要求其回避。选用借调人员、看护人员、审查场所，应当严格执行回避制度。

第六十六条 审查调查组需要借调人员的，一般应当从审查调查人才库选用，由纪检监察机关组织部门办理手续，实行一案一借，不得连续多次借调。加强对借调人员的管理监督，借调结束后由审查调查组写出鉴定。借调单位和党员干部不得干预借调人员岗位调整、职务晋升等事项。

第六十七条 监督执纪人员应当严格执行保密制度，控制审查调查工作事项知悉范围和时间，不准私自留存、隐匿、查阅、摘抄、复制、携带问题线索和涉案资料，严禁泄露审查调查工作情况。

审查调查组成员工作期间，应当使用专用手机、电脑、电子设备和存储介质，实行编号管理，审查调查工作结束后收回检查。

汇报案情、传递审查调查材料应当使用加密设施，携带案卷材料应当专人专车、卷不离身。

第六十八条 纪检监察机关相关涉密人员离岗离职后，应当遵守脱密期管理规定，严格履行保密义务，不得泄露相关秘密。

监督执纪人员辞职、退休3年内，不得从事与纪检监察和司法工作相关联、可能发生利益冲突的职业。

第六十九条 纪检监察机关开展谈话应当做到全程可控。谈话前做好风险评估、医疗保障、安全防范工作以及应对突发事件的预案；谈话中及时研判谈话内容以及案情变化，发现严重职务违法、职务犯罪，依照监察法需要采取留置措施的，应当及时采取留置措施；谈话结束前做好被谈话人思想工作,谈话后按程序与相关单位或者人员交接,并做好跟踪回访等工作。

第七十条　建立健全安全责任制,监督检查、审查调查部门主要负责人和审查调查组组长是审查调查安全第一责任人,审查调查组应当指定专人担任安全员。被审查调查人发生安全事故的,应当在24小时内逐级上报至中央纪委,及时做好舆论引导。

发生严重安全事故的,或者存在严重违规违纪违法行为的,省级纪检监察机关主要负责人应当向中央纪委作出检讨,并予以通报、严肃问责追责。

案件监督管理部门应当组织开展经常性检查和不定期抽查,发现问题及时报告并督促整改。

第七十一条　对纪检监察干部越权接触相关地区、部门、单位党委(党组)负责人,私存线索、跑风漏气、违反安全保密规定,接受请托、干预审查调查、以案谋私、办人情案,侮辱、打骂、虐待、体罚或者变相体罚被审查调查人,以违规违纪违法方式收集证据,截留挪用、侵占私分涉案财物,接受宴请和财物等行为,依规依纪严肃处理;涉嫌职务违法、职务犯罪的,依法追究法律责任。

第七十二条　纪检监察机关在维护监督执纪工作纪律方面失职失责的,予以严肃问责。

第七十三条　对案件处置出现重大失误,纪检监察干部涉嫌严重违纪或者职务违法、职务犯罪的,开展"一案双查",既追究直接责任,还应当严肃追究有关领导人员责任。

建立办案质量责任制,对滥用职权、失职失责造成严重后果的,实行终身问责。

第十章　附　　则

第七十四条　各省(自治区、直辖市)党委、中央和国家机关工委可以根据本规则,结合工作实际,制定实施细则。

中央军事委员会可以根据本规则,制定相关规定。

第七十五条　纪委监委派驻纪检监察组、纪检监察工委除执行本规则外,还应当执行党中央以及中央纪委相关规定。

国有企事业单位纪检监察机构结合实际执行本规则。

第七十六条　本规则由中央纪律检查委员会负责解释。

第七十七条　本规则自2019年1月1日起施行。2017年1月15日中央纪委印发的《中国共产党纪律检查机关监督执纪工作规则(试行)》同时废止。此前发布的其他有关纪检监察机关监督执纪工作的规定,凡与本规则不一致的,按照本规则执行。

中共中央纪律检查委员会关于重申和建立党内监督五项制度的实施办法

经中央批准,中共中央办公厅1997年2月4日转发

为了进一步健全和加强党内监督机制,充分发挥党的纪律检查委员会对党政领导干部,特别是对省(部)级领导干部的监督作用,按照对干部严格要求、严格管理、严格监督的精神,在坚持党的纪律检查委员会现行领导体制的前提下,重申和建立党内监督五项制度,并据此制定以下实施办法。

一、按照党的十三届六中全会通过的《中共中央关于加强党同人民群众联系的决定》的有关精神,中央纪律检查委员会根据工作需要,选派省(部)级干部到地方和部门巡视,其任务是了解省、自治区、直辖市和中央、国家机关部委领导班子及其成员贯彻执行党的路线、方针、政策以及廉政情况,有关情况直接报告中央纪委,中央纪委及时报告党中央。

(一)巡视组由巡视员和工作人员组成。巡视员从已经退离党政领导岗位的正、副省(部)级干部中选派,人选由中央纪委提出名单,征求中央组织部意见,由中央纪委常委会研究确定。工作人员由中央纪委干部室提名,经中央纪委常委批准。

巡视组直接对中央纪委常委会负责。中央纪委负责巡视组的组织、联络、协调和情况综合工作。

(二)巡视组的任务是,了解省、自治区、直辖市和中央机关、国家机关部委领导班子及其成员贯彻执行党的路线、方针、政策以及遵守政治纪律的情况和廉政情况;将巡视情况直接报告中央纪委。重要情况由中央纪委报告中央。

(三)巡视组可列席省、自治区、直辖市党委常委或部委党组(党委)的民主生活会及研究党风廉政建设等有关会议;根据工作需要,直接向省、自治区、直辖市和中央机关、国家机关部委领导班子成员了解情况;召开有关人员参加的座谈会或向有关人员了解情况;查阅会议记录和有关材料。

(四)巡视组执行规定范围内的任务,不干预被巡视地方或部门的工作;不承办案件,不处理具体问题,对所到地方和部门的工作及发现的问题不作个人表态;严格要求自己,带头执行关于领导干部廉洁自律的有关规定;轻车简从,深入实际,联系群众,多方面听取意见,遇有重要情况及时请示、汇报。

二、党的地方和部门的纪委（纪检组）发现同级党委（党组）或它的成员有违反党的纪律的情况，有权进行初步核实，并直接向上级纪律检查委员会报告，任何组织和个人不得干预和阻挠。需要立案检查的，按党章和有关规定报批。纪委（纪检组）遇到此类问题不报告就是失职，严重的要受到追究。

（一）本条规定所称“党委（党组）或它的成员”，是指地方和部门各级党委、党工委，国家机关、人民团体、经济组织、文化组织和其他非党组织中的党组，以及上述党组织中的书记、副书记、常委、委员、党组成员。

（二）纪委（纪检组）发现同级党委（党组）或它的成员有违反党纪的情况，应及时进行研究，作出是否进行初核的决定，并在作出决定后将同级党委（党组）或其成员的违纪情况、是否初核和如何初核的意见以书面形式报告上级纪委，同时报党委（党组）主要领导同志（涉及本人的除外）。

（三）对同级党委（党组）违反党纪的情况，以及对同级党委（党组）成员同时又是上级党委成员违反党纪的情况进行初核，应先向上级纪委报告；对同级党委（党组）的其他成员违反党纪的情况进行初核，在报告上级纪委的同时即可进行。上级纪委接到下级纪委（纪检组）的报告后，应及时研究，并对初核工作给予指示。必要时，上级纪委可以与下级纪委共同进行初核工作。

（四）纪委（纪检组）应按照《中国共产党纪律检查机关案件检查工作条例》（以下称《案件检查工作条例》）规定的程序完成初核工作，并将初核结果和意见书面报告上级纪委。上级纪委应根据初核结果和《案件检查工作条例》等有关规定作出处理。需要立案检查的，按照党章和《案件检查工作条例》规定的程序和权限报批。

三、党的地方和部门的纪委（纪检组）接到对下一级党委（党组）成员的检举和控告，必须报告上一级纪律检查委员会，任何人无权扣压。凡违反的必须追究责任，严肃处理。

（一）本条规定所称“下一级党委（党组）成员”，是指纪委（纪检组）的同级党委领导的下一级党委、党工委的书记、副书记、常委、委员；下一级国家机关、人民团体、经济组织、文化组织和其他非党组织中的党组书记、副书记、党组成员。

下一级纪委（纪检组）、同级党委所属工作部门中不是同级党委（党组）成员的正副职领导干部，适用本条规定。

（二）地方和部门的纪委（纪检组）从各种途径接到的对下一级党委（党组）成员的检举和控告，均需报告上一级纪委，任何组织和个人无权扣压。但是，下列检举和控告可以不报：上一级纪检机关下转交办的；已经上报并且内容重复的；没有任何具体事实和查核线索的；明显不属于违纪行为的。

（三）地方和部门的纪委（纪检组）接到需上报的检举和控告后，应填写《检举控告报表》（格式附后），按月上报上一级纪委。问题比较重大或紧急的，随时上报。对上报的问题，需要进行初步核实和立案检查的，按照《案件检查工作条例》规定的程序进行。

（四）上一级纪委收到《检举控告报表》后，对需要提出办理意见的，应及时提出并告知呈报的纪委（纪检组）。呈报的纪委（纪检组）必须执行，如有不同意见，应向上一级纪委书面申明理由，上一级纪委应及时给予答复。办理结果应报告上一级纪委。

四、凡属地方和部门主要领导干部的提拔任用，党的组织部门在提请党委（党组）讨论决定前，应征求同级纪委（纪检组）的意见。

（一）本条规定所称“地方和部门主要领导干部的提拔任用”，是指提拔任用干部担任党的机关、人大机关、行政机关、政协机关、审判机关、检察机关及群众团体中由同级党委（党组）管理的主要领导职务。

（二）党委拟提拔任用的地方和部门主要领导干部人选，组织部门在考察、酝酿过程中，应征求该干部所在地区或部门纪委（纪检组）的意见，在提请党委（党组）讨论决定前，应征求同级纪委（纪检组）的意见。

（三）纪委（纪检组）应及时向征求意见的组织部门反映已掌握的拟任职人选遵守党纪政纪的情况、廉洁自律情况和抓党风廉政建设的情况。

（四）纪委（纪检组）与组织部门建立联系制度。纪委（纪检组）对日常所了解的干部的前项所列情况，以及群众反映干部的违纪违法问题和查处情况，需向组织部门通报的，要及时通报。

五、各级纪检监察机关领导干部的提名、任免、兼职、调动，各级组织、人事部门必须事先征得上级纪检监察机关的同意。

（一）本条规定所称“各级纪检监察机关领导干部”，是指各级纪委书记、副书记、常委（不设常委的为委员），纪检组正、副组长，监察机关及其派出机构的正、副职负责人。

（二）各级纪检监察机关领导干部的提名、任免和调动，组织、人事部门必须在征得上级纪检监察机关同意后，按照干部管理权限和规定的程序进行。任免或调动通知应报上级纪检监察机关备案。

（三）拟安排纪检监察机关领导干部兼任与纪检监察机关的职责无直接关系的职务（包括常设职务和临时职务）的，组织、人事部门必须事先征得上级纪检监察机关的同意，然后按照干部管理权限和有关规定办理任职手续。任职通知应报上级纪检监察机关备案。

各级党委（党组）、纪委（纪检组）要认真贯彻执行本办法，各级组织、人事部门要积极配合，共同落实好有关加强党内监督的各项制度。凡拒不执行或违反本办法的，干预、阻挠执行本办法的，打击报复执行本办法的有关人员的，均属违纪行为，有关组织和人员应向上级党委、纪委报告，上级党委、纪委应迅速查明情况，责令予以纠正，并按照有关党纪条规追究责任，严肃处理。

本办法由中共中央纪律检查委员会负责解释。

本办法自发布之日起施行。以往发布的有关规定与本办法相抵触的，以本办法为准。

关于党的基层组织实行党务公开的意见

中共中央办公厅 2010 年 9 月 15 日印发

为贯彻落实党的十七大和十七届四中全会精神，切实推进党的基层组织实行党务公开，根据《中国共产党章程》和《中国共产党党内监督条例（试行）》、《中国共产党党员权利保障条例》等党内法规，现提出如下意见。

一、充分认识党的基层组织实行党务公开的重要意义

党内民主是党的生命，党务公开是党内民主的重要内容。党务公开是指党内事务的内容、程序、结果等在一定范围内进行公布。党的基层组织是党全部工作和战斗力的基础。党的基层组织实行党务公开，是深入贯彻落实科学发展观、提高党的执政能力、保持和发展党的先进性的必然要求，是扩大党内基层民主、保障党员民主权利、增强党的基层组织生机活力的客观需要，是实践党的宗旨、密切党群关系、促进基层和谐稳定的有效途径，是加强党内监督、规范权力运行、推进基层党风廉政建设的重要举措，对于加强和改进新形势下党的基层组织建设，以改革创新精神全面推进党的建设新的伟大工程，具有重要意义。各级党组织和广大党员要充分认识党的基层组织实行党务公开的重要性和紧迫性，立足当前、着眼长远，深入推进党的基层组织党务公开。

二、准确把握党的基层组织实行党务公开的指导思想和基本原则

党的基层组织实行党务公开的指导思想是：高举中国特色社会主义伟大旗帜，以邓小平理论和“三个代表”重要思想为指导，深入贯彻落实科学发展观，坚持围绕中心、服务大局，坚持党要管党、从严治党，尊重党员主体地位，推进党内基层民主建设，不断提高党的基层组织的创造力、凝聚力、战斗力，为推动科学发展、促进社会和谐提供有力保证。

党的基层组织实行党务公开，必须坚持以下基本原则：

——发扬民主，广泛参与。以落实党员的知情权、参与权、选举权、表达权、监督权为重点，进一步提高党员对党内事务的参与度，充分发挥党员在党内生活中的主体作用。拓宽党员意见表达渠道，营造党内民主讨论、民主监督环境，调动广大党员的积极性、主动性和创造性。

——积极稳妥，注重实效。坚持自上而下的指导和自下而上的探索相结合，坚持先党内后党外，循序渐进，讲求实效，防止形式主义。党内事务除涉及党和国家秘密等依照规定不宜公开或不能公开的外，都应向党员公开。公开内容应真实、具体，公开形式应多样、便捷，并保证党务公开的时效性和经常性。

——统筹兼顾，改革创新。把党务公开与政务公开、厂务公开、村（居）务公开和公共事业单位办事公开等有机结合起来，相互促进、协调运转。积极适应党内基层民主建设新要求，不断完善公开制度，丰富公开内容，创新公开形式，努力探索党员发挥作用的途径和方式。

——区别情况，分类指导。针对不同类型党的基层组织的特点，确定相应的公开内容和形式，提高党务公开的针对性和有效性。

三、明确党的基层组织实行党务公开的内容、程序和方式

（一）党务公开的内容

1. 党组织决议、决定及执行情况。执行中央方针政策，上级党组织决议、决定和工作部署等情况；本地区本部门本单位重要决策及执行，任期工作目标、阶段性工作部署、工作任务及落实等情况。

2. 党的思想建设情况。本级党组织开展思想政治工作、理论学习计划及落实、党员干部教育培训计划及落实等情况。

3. 党的组织管理情况。本级党组织的设置、主要职责、机构调整、换届选举,党员发展、民主评议、创先争优,党费收缴、管理和使用,党务工作经费管理和使用,党员权利保障等情况。

4. 领导班子建设情况。领导班子职责分工、议事规则和决策程序,执行民主集中制,召开民主生活会,年度考核评价等情况。

5. 干部选任和管理情况。干部选拔任用、轮岗交流、考核奖惩,干部监督制度及执行等情况。

6. 联系和服务党员、群众情况。听取、反映和采纳党员、群众意见和建议,帮助党员、群众解决生产生活实际困难,接待来信来访、排查化解矛盾纠纷,办理涉及党员、群众切身利益重要事项等情况。

7. 党风廉政建设情况。执行廉洁自律规定、落实党内监督制度、推进惩治和预防腐败体系建设、落实党风廉政建设责任制、处理违纪党员等情况。

8. 其他应当公开的事项。

(二)党务公开的程序

1. 制定目录。县(旗)、自治县、不设区的市和市辖区党委分类制定所属党的基层组织党务公开目录,其他党的基层组织党务公开目录由上一级党组织制定,规范公开的内容、范围、方式和时限等。省部级党委(党组)对制定党的基层组织党务公开目录提出指导性意见。

2. 实施公开。党的基层组织党务公开依照目录进行。如有目录外需要公开的事项,基层党组织应制定工作方案,报经制定党务公开目录的党组织审核同意后进行公开。公开的时限应与公开的内容和范围相适应。

3. 收集反馈。党的基层组织应认真收集党员对党务公开情况的意见和建议,及时作出处理或整改,并将结果向党员反馈。

4. 归档管理。党的基层组织对公开的党务信息资料应及时登记归档,并做好管理利用工作。

(三)党务公开的方式

党的基层组织应根据党务公开的内容和范围,通过党内有关会议、文件、简报等方式进行公开。健全党内情况通报制度,及时公布党内信息,畅通党内信息上下互通渠道。开展党内事务问询和党员定期评议等活动。

四、建立健全党的基层组织党务公开工作保障制度

(一)例行公开制度。列入党的基层组织党务公开目录的事项,按规定及时主动公开;暂时不宜公开或不能公开的,报上一级党组织备案。公开事项如需变更、撤销或终止,由制定党务公开目录的党组织批准,报省部级党委(党组)备案后及时公布并作出说明。

(二)依申请公开制度。党员按有关规定向党的基层组织申请公开相关党内事务。对申请的事项,可以公开的,党的基层组织应向申请人公开或在一定范围内公开;暂时不宜公开或不能公开的,及时向申请人说明情况。申请事项及办理情况应报上一级党组织备案。

(三)监督检查制度。上级党组织要加强对党的基层组织党务公开工作的监督检查,推动工作落实。党的基层组织可通过聘请党员作为党务公开监督员等方式,加强对党务公开工作的监督。

(四)考核评价制度。把党的基层组织党务公开工作情况作为党组织及其主要负责人年度工作考核和党建工作考核的重要内容。适时组织党员对党的基层组织党务公开情况进行评议,并及时公布评议结果。对不按规定公开或弄虚作假的,要批评教育,限期整改;情节严重的,要追究有关领导和直接责任人的责任。

五、加强对党的基层组织党务公开工作的组织领导

各级党委(党组)要把党的基层组织党务公开工作列入重要议事日程,切实加强领导。建立由党委(党组)主要领导或分管领导任组长、有关部门和单位负责人参加的党务公开工作领导小组,明确办事机构,统一组织、协调和指导党的基层组织党务公开工作。领导小组成员单位要充分发挥职能作用,加强协调配合,积极开展工作。党的基层组织是本级组织实行党务公开的责任主体,主要负责人是实行党务公开的第一责任人。党的基层组织要从实际出发,积极主动做好党务公开工作。

党的基层组织党务公开是一项新的实践,要积极探索、总结经验,把握工作规律,拓宽工作思路,不断把党务公开工作推向深入。加强宣传教育,提高思想认识,坚持正确舆论导向,发挥典型示范作用,努力营造党务公开的良好氛围。加强调查研究和督促指导,及时解决党务公开实践中存在的困难和问题,为党的基层组织实行党务公开提供必要的工作条件。

党的基层组织对事关本地区本部门本单位经济社会发展、人民群众生产生活和切身利益等重大事项,按规定可以向党外公开的，应列入党务公开目录，通过新闻媒体、党建网站、公示栏等适时公开。

企业、农村、机关、学校、科研院所、街道社区、社会组织和其他单位党的基层组织实行党务公开，适用本意见，并可根据实际制定实施细则。中国人民解放军和中国人民武装警察部队党的基层组织党务公开工作，由总政治部根据本意见精神作出规定。

省、自治区、直辖市党委对县（市、区、旗）巡视工作实施办法

中共中央纪律检查委员会、中共中央组织部2012年8月2日印发

第一条 为加强对县（市、区、旗）（以下简称县）党组织领导班子及其成员的监督，规范省、自治区、直辖市党委对县巡视工作，根据《中国共产党巡视工作条例（试行）》，制定本办法。

第二条 省、自治区、直辖市党委在每届任期内对县至少巡视1次。对较长时间没有巡视或者群众反映问题较多的县应当先行安排巡视。

第三条 对一个县的集中巡视时间一般为1个月左右。根据被巡视县的地域、人口、经济社会发展等实际情况，巡视时间可作适当调整，对问题较多、情况复杂的县可以延长巡视时间。

第四条 对县巡视工作应当和对市（地、州、盟）（以下简称市）巡视工作有机结合。对市及所辖县的巡视工作，可安排同一巡视组，采取市县同步（先县后市或者先市后县）等方式进行。

第五条 省、自治区、直辖市党委巡视工作领导小组（以下简称领导小组）要把对县巡视列入重要议程，审议决定工作规划、计划和方案，听取巡视情况汇报（原则上在每批巡视结束后30个工作日内进行），研究提出巡视成果运用的意见建议，向省、自治区、直辖市党委报告巡视工作情况以及巡视发现的重要问题，研究处理对县巡视工作中的其他重要事项。

第六条 对县巡视的重点是县委书记、县长以及县委、县政府党组领导班子。对群众反映强烈的其他领导干部也应适当进行了解。

第七条 巡视组按照《中国共产党巡视工作条例（试行）》第十二条所列内容进行监督，同时深入了解保障和改善民生、维护社会稳定情况及群众关心、社会关注的热点难点问题和损害群众利益的突出问题。根据不同时期党和国家及省、自治区、直辖市的重点工作与被巡视县的实际情况，巡视内容可以有所侧重。

第八条 巡视组要把发现问题、推动解决问题、促进工作作为开展工作的根本目的，按照《中国共产党巡视工作条例（试行）》第二十条规定的工作方式开展巡视。注重深入乡镇（街道）、村（社区）、企业事业单位等进行走访调研，必要时可进行暗访；拓宽信息来源，广泛收集相关社会舆论、网络舆情和新闻媒体报道等；高度重视群众来信来访，适当扩大谈话范围；科学组织民主测评和问卷调查，从整体上把握干部群众对领导班子及其成员的评价。

第九条 巡视组在巡视期间发现的重要情况和重大问题，要及时向领导小组报告；对群众反映强烈、明显违反规定并且能够及时解决的问题，报经领导小组同意并听取被巡视县所在的市委意见后，向被巡视县党组织或者其主要负责人提出处理意见，并督促及时进行整改。

第十条 巡视了解工作结束后，巡视组要写出巡视报告，并向领导小组汇报。汇报的重点是巡视中了解的重要情况和突出问题，以及提出的意见建议。对干部群众反映、举报领导班子及其成员的重要问题，都要以适当的形式向领导小组有关负责同志汇报。对了解到的影响经济社会发展和党的建设方面的重大问题，或者涉及重大政策调整、体制机制改革方面的问题，要形成专题报告，经领导小组审议同意后报送省、自治区、直辖市党委。

第十一条 巡视报告经领导小组同意后，巡视组要及时向被巡视县领导班子反馈巡视期间了解的情况和问题，有针对性地提出改进意见。反馈前要与被巡视县所在的市委沟通，并将反馈意见抄送该市委。

第十二条 省、自治区、直辖市党委巡视工作领导小组办公室（以下简称巡视办）在对县巡视中要认真履行综合协调、政策研究、制度建设等职责，做好以下工作：

（一）拟定巡视规划和计划；

（二）提前10个工作日将巡视工作安排书面通知被巡视县和其所在的市委；

（三）协调省、市两级相关部门向巡视组通报情况；

（四）协调巡视组进驻、汇报等事宜；

（五）根据领导小组意见审核提交省、自治区、直辖市党委的巡视情况报告；

（六）对巡视工作人员执行巡视工作纪律情况进行监督。

第十三条 巡视反馈结束后，对领导小组决定的事项，巡视办会同巡视组按照有关规定，对有关材料及时进行分类整理和综合分析，分别移交省、市两级纪检监察机关和组织等部门或者被巡视县党组织，适时跟踪督办，并向领导小组报告办理情况。

第十四条 巡视办要会同巡视组对当年巡视县领导班子的情况形成综合分析报告，经领导小组审议同意后报送省、自治区、直辖市党委并抄报中央巡视工作领导小组办公室。

第十五条 被巡视县所在的市委应当积极配合巡视机构开展对县巡视，做好以下工作：

（一）市委主要负责同志及本级纪检监察机关和组织、审计、信访等部门向巡视组介绍被巡视县党组织领导班子及其成员情况；

（二）委派市委领导班子成员参加对县巡视动员、反馈等会议，并对县领导班子配合巡视工作提出要求；

（三）指导和督促被巡视县按照巡视组提出的意见建议制定整改方案，抓好整改落实；

（四）责成有关机关和部门研究本级运用对县巡视成果的措施，并督促落实。

第十六条 被巡视县所在的市委应当成立由市委领导同志负责、市纪委和市委组织部牵头、有关部门参加的巡视工作联络机构，配备相对固定的工作人员，负责与巡视办、巡视组的日常联络工作，办理巡视办、巡视组交办的事宜，协助巡视办、巡视组对被巡视县的整改工作进行督办。

第十七条 被巡视县党组织领导班子应当积极支持配合巡视组，协助做好相关工作。自收到巡视组反馈意见之日起30个工作日内报送整改方案，并在整改方案报送之日起6个月内报送整改情况报告。整改方案、整改情况报告须经巡视组审核，并通过巡视办报领导小组，同时抄报所在的市委。

第十八条 对一年之内接受过巡视的县的党政主要负责人提拔使用或者领导班子换届考察时，省或者市级纪检监察机关和组织部门要听取巡视组意见。巡视期间，对被巡视县领导班子成员进行调整或者决定对其立案调查、组织处理的，省或者市级纪检监察机关和组织部门要及时向巡视组通报。

第十九条 本办法由中央纪委商中央组织部解释。

第二十条 本办法自发布之日起施行。

领导干部自然资源资产离任审计规定（试行）

1. 中共中央2017年9月19日批准

2. 中共中央办公厅、国务院办公厅2017年9月19日发布

第一条 为了加快推进生态文明建设，践行绿色发展理念，促进自然资源资产节约集约利用和生态环境安全，推动领导干部切实履行自然资源资产管理和生态环境保护责任，根据《中共中央、国务院关于加快推进生态文明建设的意见》和《中共中央、国务院关于印发〈生态文明体制改革总体方案〉的通知》以及有关党内法规和国家法律法规，制定本规定。

第二条 领导干部离任时，应当接受自然资源资产离任审计。

审计机关开展领导干部自然资源资产离任审计适用本规定。本规定未明确的，依照《中华人民共和国审计法》、《中华人民共和国审计法实施条例》和其他有关法律法规的规定执行。

第三条 本规定所称领导干部自然资源资产离任审计，是指审计机关依法依规对主要领导干部任职期间履行自然资源资产管理和生态环境保护责任情况进行的审计。

第四条 本规定所称自然资源资产管理和生态环境保护责任，是指主要领导干部任职期间依法依规对本地区、本部门（单位）以及主管业务领域的以下工作应当履行的责任：

（一）土地、水、森林、草原、矿产、海洋等自然资源资产的管理开发利用；

（二）大气、水、土壤等环境保护和环境改善；

（三）森林、草原、荒漠、河流、湖泊、湿地、海洋等生态系统的保护和修复；

（四）其他与自然资源资产管理和生态环境保护相关的事项。

第五条 领导干部自然资源资产离任审计对象包括：

（一）地方各级党委和政府主要领导干部；

（二）各级发展改革、国土资源、环境保护、水利、农业、林业、能源、海洋等承担自然资源资产管理和生态环境保护工作部门（单位）的主要领导干部。

第六条 审计机关应当依照干部管理权限，根据组织部门委托，确定领导干部自然资源资产离任审计计划。

审计机关在组织审计时，应当坚持以开展领导干部自然资源资产离任审计为主，采取独立实施方式，也可以与领导干部经济责任审计统筹实施，由同一审计组一并审计。

第七条 审计机关开展领导干部自然资源资产离任审计应当坚持依法审计、问题导向、客观求实、鼓励创新、推动改革的原则。

第八条 领导干部自然资源资产离任审计内容主要包括：

（一）贯彻执行中央生态文明建设方针政策和决策部署情况；

（二）遵守自然资源资产管理和生态环境保护法律法规情况；

（三）自然资源资产管理和生态环境保护重大决策情况；

（四）完成自然资源资产管理和生态环境保护目标情况；

（五）履行自然资源资产管理和生态环境保护监督责任情况；

（六）组织自然资源资产和生态环境保护相关资金征管用和项目建设运行情况；

（七）履行其他相关责任情况。

审计机关应当充分考虑被审计领导干部所在地区的主体功能定位、自然资源资产禀赋特点、资源环境承载能力等，针对不同类别自然资源资产和重要生态环境保护事项，分别确定审计内容，突出审计重点。

第九条 本规定第八条第一款第一项所称的贯彻执行中央生态文明建设方针政策和决策部署情况，主要包括：

（一）生态文明体制改革相关制度建立以及落实情况；

（二）国家有关自然资源资产和生态环境保护重大战略贯彻落实情况；

（三）生态文明建设领域推进供给侧结构性改革情况。

第十条 本规定第八条第一款第二项所称的遵守自然资源资产管理和生态环境保护法律法规情况，主要包括：

（一）组织制定地方有关规章制度情况；

（二）制定、批准、审批和组织实施自然资源开发利用、生态环境保护规划（计划）中遵守资源环境生态法律法规情况；

（三）相关重大经济活动或者建设项目中遵守资源环境生态法律法规情况。

第十一条 本规定第八条第一款第三项所称的自然资源资产管理和生态环境保护重大决策情况，是指经济社会发展重大决策、资源开发利用和生态环境保护重大事项审批以及规划（计划）的调整情况，主要包括：

（一）落实国家资源生态环境保护相关禁止性、限制性、约束性政策要求情况；

（二）落实主体功能区规划、国土规划、土地利用总体规划、城乡规划等情况；

（三）国家公园等自然保护地自然生态系统保护情况；

（四）落实环境影响评价有关要求情况；

（五）推动重点生态功能区产业准入负面清单落地实施等情况以及效果。

第十二条 本规定第八条第一款第四项所称的完成自然资源资产管理和生态环境保护目标情况，主要包括：

（一）国家确定的自然资源利用、环境治理、环境质量、生态保护等方面约束性指标完成情况；

（二）国家关于大气、水、土壤污染防治等行动计划目标完成情况；

（三）其他纳入国家和地方生态文明建设考核目标完成情况。

第十三条 本规定第八条第一款第五项所称的履行自然资源资产管理和生态环境保护监督责任情况，主要包括：

（一）自然资源资产开发的合法性、管理的有序性、使用的有效性以及生态环境保护状况等情况；

（二）自然资源消耗上限、环境质量底线、生态保护红线等资源环境生态红线管控情况；

（三）资源环境承载能力变化情况以及监测预警机制建立运行情况；

（四）严重损毁自然资源资产和重大生态破坏（灾害）、环境污染事件预防处置情况；

（五）干预环境监测、环境统计以及数据弄虚作假案件处理情况；

（六）对以前年度中央相关督察、国家审计和专项考核检查等发现问题的督促整改情况。

第十四条 本规定第八条第一款第六项所称的组织自然资源资产和生态环境保护相关资金征管用和项目建设运行情况，主要包括：

（一）与自然资源资产和生态环境保护相关税费、政府性基金以及国有自然资源资产有偿使用收入等的征管用情况；

（二）国家以及地方生态环境保护资金投入以及

使用情况；

（三）用能权、排污权、碳排放权、用水权等管理情况；

（四）自然资源开发利用和生态环境保护重点项目、设施建设运营情况以及信息系统建设和信息共享情况。

第十五条　审计机关应当以自然资源资产负债表或者有关部门管理数据资料反映的自然资源资产实物量和生态环境质量状况变化为基础进行审计。

第十六条　审计机关进行领导干部自然资源资产离任审计时，被审计领导干部及其所在地方、部门（单位）和其他相关单位应当依法向审计机关提供与被审计领导干部任职期间履行自然资源资产管理和生态环境保护责任有关的下列资料：

（一）签订的相关目标责任书以及完成情况，上级有关部门（单位）对其考核情况以及相关方面业绩的评估与奖惩情况；

（二）上级党委和政府或者有关部门（单位）进行例行或者专项检查情况及其出具的检查报告、结论性文书，当地党委和政府以及相关部门（单位）的整改情况；

（三）相关会议文件、材料、纪要和记录，相关工作规划（计划）以及执行情况，相关规章制度和重大决策事项的文件和资料等；

（四）财务以及资源环境调查、监测、统计等资料数据（含地理信息数据等电子数据）；

（五）被审计领导干部的述职报告以及对有关情况的说明材料；

（六）审计机关依法要求提供的其他有关资料。

被审计领导干部及其所在地方、部门（单位）和其他相关单位应当对所提供资料的真实性、完整性负责。

第十七条　审计机关应当根据审计查证事实，依照法律法规、国家有关政策规定和生态文明建设考核目标等，充分考虑地域、气候、季节、生长期等自然因素影响，以及环境问题的潜伏性、时滞性、外部性等，针对自然资源资产管理和生态环境保护工作特点，研究建立健全审计评价指标体系，将定性评价与定量评价相结合，对领导干部履行自然资源资产管理和生态环境保护责任情况作出客观公正、实事求是的评价。

审计评价应当与审计内容相统一，评价结论应当有充分的审计证据支持。

第十八条　审计机关应当根据被审计领导干部任职期间所在地区或者主管业务领域自然资源资产管理和生态环境保护情况，结合审计结果，对被审计领导干部任职期间自然资源资产管理和生态环境保护情况变化产生的原因进行综合分析，按照好、较好、一般、较差、差5个等次客观评价被审计领导干部履行自然资源资产管理和生态环境保护责任情况。

各级审计机关可以根据被审计领导干部所在地区或者主管业务领域的实际情况，进一步研究细化审计评价标准。

第十九条　本规定第十八条所称的好，主要是指被审计领导干部任职期间认真履行自然资源资产管理和生态环境保护责任，积极采取措施并取得显著成效，所在地区或者主管业务领域自然资源资产和生态环境得到有效保护或者明显改善，且在审计抽查的约束性指标、相关规划（计划）目标任务和资源环境生态红线管控任务完成情况中，未发现指标、目标、任务完成和数据真实性方面存在问题；所在地区或者主管业务领域未发生严重损毁自然资源资产和重大生态破坏（灾害）、环境污染事件；在第八条规定的其他审计范围内未发现被审计领导干部存在违纪违法违规问题。

第二十条　本规定第十八条所称的较好，主要是指被审计领导干部任职期间履行自然资源资产管理和生态环境保护责任并取得较好成效，所在地区或者主管业务领域自然资源资产和生态环境得到保护或者一定改善，所在地区或者主管业务领域未发生严重损毁自然资源资产和重大生态破坏（灾害）、环境污染事件，但存在以下问题之一的：

（一）在审计抽查的约束性指标、相关规划（计划）目标任务和资源环境生态红线管控任务完成情况中，发现个别地区（部门）在数据真实性方面存在问题；

（二）在第八条规定的其他审计范围内发现被审计领导干部对个别工作监督管理不力，导致所在地区、部门（单位）存在个别、尚未造成严重后果的问题。

第二十一条　本规定第十八条所称的一般，主要是指被审计领导干部任职期间基本履行自然资源资产管理和生态环境保护责任并取得一定成效，所在地区或者主管业务领域未发生严重损毁自然资源和重大生态破坏（灾害）、环境污染事件，但存在以下问题之一的：

（一）在审计抽查的约束性指标、相关规划（计划）目标任务和资源环境生态红线管控任务完成情况中，发现少数指标、目标、任务未完成，一些地区（部门）在数据真实性方面存在问题；

（二）在第八条规定的其他审计范围内发现被审

计领导干部对相关工作监督管理不力,导致所在地区、部门(单位)存在一些局部性、尚未造成严重后果的问题。

第二十二条 本规定第十八条所称的较差,主要是指被审计领导干部任职期间履行一定的自然资源资产管理和生态环境保护责任但取得成效不好,存在以下问题之一的:

(一)被审计领导干部推进相关工作不力,在审计抽查的约束性指标、相关规划(计划)目标和资源环境生态红线管控任务完成情况中,发现较多指标、目标、任务未完成,较多地区(部门)在数据真实性方面存在问题;

(二)较重大履职不到位,造成较严重损毁自然资源和重大生态破坏(灾害)、环境污染事件或者较重大突发环境事件隐患未得到有效治理;

(三)在第八条规定的其他审计范围内发现被审计领导干部有较严重的违纪违法违规行为。

第二十三条 本规定第十八条所称的差,主要是指被审计领导干部任职期间未履行自然资源资产管理和生态环境保护责任,存在以下问题之一的:

(一)被审计领导干部未落实中央生态文明建设方针政策和决策部署,在审计抽查的约束性指标、相关规划(计划)目标和资源环境生态红线管控任务完成情况中,发现多数指标、目标、任务未完成,多数地区(部门)在数据真实性方面存在问题;

(二)重大履职不到位,造成严重损毁自然资源和重大生态破坏(灾害)、环境污染事件或者重大突发环境事件隐患未得到有效治理;

(三)在第八条规定的其他审计范围内发现被审计领导干部有严重的违纪违法违规行为。

第二十四条 审计机关实施领导干部自然资源资产离任审计后,应当向被审计领导干部及其所在地区、部门(单位)出具审计意见。与领导干部经济责任审计统筹实施的审计项目,应当将有关自然资源资产管理和生态环境保护责任方面的情况单独反映,向被审计领导干部及其所在地区、部门(单位)出具审计意见。审计意见应当提交委托审计的组织部门。

第二十五条 审计署应当向党中央、国务院报告领导干部自然资源资产离任审计情况。

地方审计机关应当将领导干部自然资源资产离任审计情况向本级党委和政府报告,同时向上级审计机关报告。

第二十六条 各级党委和政府应当逐步探索和推行领导干部自然资源资产离任审计结果公告制度。

第二十七条 被审计领导干部所在地区、部门(单位)违反国家规定的财政收支、财务收支行为,依法应当给予处理的,由审计机关在法定职权范围内作出审计决定。

第二十八条 对审计发现的人为因素造成严重损毁自然资源资产和破坏生态环境的责任事故等问题线索,需要由有关部门调查处理或者追究相关人员责任的,审计机关应当依纪依法移送有关部门处理。涉及领导干部涉嫌违纪问题线索的,审计机关应当向同级党组织报告,必要时向上级党组织报告,并按照规定将问题线索移送相关纪检监察机关处理。

对审计移送的问题线索,有关部门应当依纪依法认真查处,所涉责任人不论是否已调离转岗、提拔或者退休,都应当按照《中国共产党问责条例》、《党政领导干部生态环境损害责任追究办法(试行)》等实行终身问责,并及时向审计机关反馈查处结果。

第二十九条 被审计领导干部对审计机关出具的领导干部自然资源资产离任审计意见有异议的,可以自收到审计意见之日起30个工作日内向出具审计意见的审计机关申诉,审计机关应当自收到申诉之日起30个工作日内作出复查决定;被审计领导干部对复查决定仍有异议的,可以自收到复查决定之日起30个工作日内向上一级审计机关申请复核,上一级审计机关应当自收到复核申请之日起60个工作日内作出复核决定。

上一级审计机关的复核决定或者审计署的复查决定为审计机关的最终决定。

第三十条 对审计发现的自然资源资产管理和生态环境保护中的典型性、普遍性、倾向性问题和提出的审计建议,有关地区、部门(单位)应当认真研究,及时解决,建立健全有关制度规定。

第三十一条 被审计领导干部及其所在地区、部门(单位),对审计发现的问题应当及时整改。

被审计领导干部所在地区、部门(单位)应当以适当方式向社会公告整改结果。

第三十二条 有关部门和单位应当根据干部管理监督工作的相关要求,将审计结果以及整改情况作为考核、任免、奖惩领导干部的重要依据,并以适当方式将审计结果运用情况反馈审计机关。审计结果以及整改情况材料应当归入被审计领导干部本人档案。

第三十三条 国务院及地方各级政府负有自然资源资产管理和生态环境保护职责的工作部门应当加强部门联

动,尽快建立自然资源资产数据共享平台,并向审计机关开放,为审计提供专业支持和制度保障,支持、配合审计机关开展审计。

第三十四条　县以上地方各级党委和政府应当加强对本地区领导干部自然资源资产离任审计工作的领导,及时听取本级审计机关的审计工作情况汇报并接受、配合上级审计机关审计。

第三十五条　审计机关依法独立实施领导干部自然资源资产离任审计,不受其他行政机关、社会团体和个人的干涉。审计人员依法履行审计监督职责,受法律保护。

任何组织和个人不得拒绝、阻碍审计人员依法执行职务,不得打击报复审计人员。

第三十六条　审计机关和审计人员对审计中知悉的国家秘密、商业秘密,负有保密义务。

第三十七条　领导干部任职期间,根据工作需要,审计机关可以参照本规定对其履行自然资源资产管理和生态环境保护责任情况开展审计。

第三十八条　本规定由审计署负责解释。

第三十九条　本规定自2017年9月19日起施行。

防范和惩治统计造假、弄虚作假督察工作规定

1. 中共中央2018年8月24日批准

2. 中共中央办公厅、国务院办公厅2018年8月24日发布

第一条　为了构建防范和惩治统计造假、弄虚作假督察机制,推动各地区各部门严格执行统计法律法规,确保统计数据真实准确,根据《关于深化统计管理体制改革提高统计数据真实性的意见》、《统计违纪违法责任人处分处理建议办法》等有关规定和《中华人民共和国统计法》、《中华人民共和国统计法实施条例》等法律法规,制定本规定。

第二条　统计督察必须坚持以习近平新时代中国特色社会主义思想为指导,全面贯彻党的十九大和十九届二中、三中全会精神,牢固树立政治意识、大局意识、核心意识、看齐意识,坚持和加强党的全面领导,坚持稳中求进工作总基调,坚持新发展理念,紧扣我国社会主要矛盾变化,按照高质量发展的要求,围绕统筹推进"五位一体"总体布局和协调推进"四个全面"战略布局,聚焦统计法定职责履行、统计违纪违法现象治理、统计数据质量提升,注重实效、突出重点、发现问题、严明纪律,维护统计法律法规权威,推动统计改革发展,为经济社会发展做好统计制度保障。

第三条　根据党中央、国务院授权,国家统计局组织开展统计督察,监督检查各地区各部门贯彻执行党中央、国务院关于统计工作的决策部署和要求、统计法律法规、国家统计政令等情况。

第四条　国家统计局负责统筹、指导、协调、监督统计督察工作,主要职责是制定年度督察计划,批准督察事项,审定督察报告,研究解决督察中存在的重大问题。国家统计局统计执法监督局承担统计督察日常工作。

国家统计局通过组建统计督察组开展统计督察工作,统计督察组设组长、副组长,实行组长负责制,副组长协助组长开展工作。

第五条　统计督察对象是与统计工作相关的各地区、各有关部门。重点是各省、自治区、直辖市党委和政府主要负责同志和与统计工作相关的领导班子成员,必要时可以延伸至市级党委和政府主要负责同志和与统计工作相关的领导班子成员;国务院有关部门主要负责同志和与统计工作相关的领导班子成员;省级统计机构和省级政府有关部门领导班子成员。

第六条　对省级党委和政府、国务院有关部门开展统计督察的内容包括:

(一)贯彻落实党中央、国务院关于统计改革发展各项决策部署,加强对统计工作组织领导,指导重大国情国力调查,推动统计改革发展,研究解决统计建设重大问题等情况;

(二)履行统计法定职责,遵守执行统计法律法规,严守领导干部统计法律底线,依法设立统计机构,维护统计机构和人员依法行使统计职权,保障统计工作条件,支持统计活动依法开展等情况;

(三)建立防范和惩治统计造假、弄虚作假责任制,问责统计违纪违法行为,建立统计违纪违法案件移送机制,追究统计违纪违法责任人责任,发挥统计典型违纪违法案件警示教育作用等情况;

(四)应当督察的其他情况。

对市级及以下党委和政府、地方政府有关部门,可以参照上述规定开展统计督察。

第七条　对各级统计机构、国务院有关部门行使统计职能的内设机构开展统计督察的内容包括:

(一)贯彻落实党中央、国务院关于统计改革发展各项决策部署,完成国家统计调查任务,执行国家统计标准和统计调查制度,组织实施重大国情国力调查等情况;

(二)履行统计法定职责,遵守执行统计法律法规,严守统计机构、统计人员法律底线,依法独立行使

统计职权，依法组织开展统计工作，依法实施和监管统计调查，依法报请审批或者备案统计调查项目及其统计调查制度，落实统计普法责任制等情况；

（三）执行国家统计规则，遵守国家统计政令，遵守统计职业道德，执行统计部门规章和规范性文件，落实各项统计工作部署，组织实施统计改革，加强统计基层基础建设，参与构建新时代现代化统计调查体系，建立统计数据质量控制体系等情况；

（四）落实防范和惩治统计造假、弄虚作假责任制，监督检查统计工作，开展统计执法检查，依法查处统计违法行为，依照有关规定移送统计违纪违法责任人处分处理建议或者违纪违法问题线索，落实统计领域诚信建设制度等情况；

（五）应当督察的其他情况。

对国务院有关部门行使统计职能的内设机构开展统计督察的内容还包括：依法提供统计资料、行政记录，建立统计信息共享机制，贯彻落实统计信息共享要求等情况。

对地方政府有关部门行使统计职能的内设机构，可以参照上述规定开展统计督察。

第八条 统计督察主要采取以下方式进行：

（一）召开有关统计工作座谈会，听取被督察地区、部门遵守执行统计法律法规、履行统计法定职责等情况汇报；

（二）与被督察地区、部门有关领导干部和统计人员进行个别谈话，向知情人员询问有关情况；

（三）设立统计违纪违法举报渠道，受理反映被督察地区、部门以及有关领导干部统计违纪违法行为问题的来信、来电、来访等；

（四）调阅、复制有关统计资料和与统计工作有关的文件、会议记录等材料，进入被督察地区、部门统计机构统计数据处理信息系统进行比对、查询；

（五）进行遵守执行统计法律法规等情况的问卷调查，开展统计执法“双随机”抽查，赴被督察地区、部门进行实地调查了解；

（六）经国家统计局批准的其他方式。

第九条 统计督察工作一般按照以下程序进行：

（一）制定方案。国家统计局根据具体任务组建统计督察组，确定统计督察组组长、副组长、成员，明确督察组及其成员职责。统计督察组根据其职责制定实施方案，明确督察目的、对象、内容、方式、期限等。

（二）实地督察。统计督察组赴有关地区、部门督察前应当先收集了解督察对象有关统计工作的基本情况，并向被督察地区、部门送达统计督察通知书。统计督察组到达后应当向被督察地区、部门通报督察内容，严格按照督察实施方案开展督察。

（三）报告情况。统计督察组实地督察结束后应当在规定时间内形成书面督察报告以及督察意见书，经与督察对象沟通后，向国家统计局报告督察基本情况，反映发现的统计违纪违法问题，提出处理建议。

第十条 国家统计局应当及时听取统计督察组的督察情况汇报，研究提出处理意见。对涉及有关国家工作人员涉嫌统计违纪违法、应当依纪依法给予处分处理的，按照有关规定办理。

第十一条 国家统计局应当及时向被督察地区、部门反馈相关督察情况，指出有关统计工作问题，有针对性地提出整改意见，将督察意见书提供给被督察地区、部门，并将督察报告以及督察意见书移交中央纪委国家监委、中央组织部。其中，对各省、自治区、直辖市党委和政府以及国务院有关部门的督察意见应当报经党中央、国务院同意后再反馈。统计督察情况应当以适当方式向社会公开。

第十二条 被督察地区、部门收到统计督察组反馈意见后，应当对存在的问题认真整改落实，并在3个月内将整改情况反馈国家统计局。国家统计局应当以适当方式监督整改落实情况。

第十三条 督察中发现统计违纪违法问题和线索的，按照《统计违纪违法责任人处分处理建议办法》有关规定办理。

第十四条 国家统计局每年年初应当向党中央、国务院报告上年度统计督察情况。

第十五条 被督察地区、部门应当支持配合统计督察工作。被督察地区、部门领导班子成员应当自觉接受统计督察监督，积极配合统计督察组开展工作。督察涉及的相关人员有义务向统计督察组如实反映情况。

第十六条 被督察地区、部门及其工作人员违反规定不支持配合甚至拒绝、阻碍和干扰统计督察工作的，应当视为包庇、纵容统计违纪违法行为，依照有关规定严肃处理。

第十七条 统计督察组应当坚持实事求是，深入调查研究，全面准确了解情况，客观公正反映问题。

统计督察工作人员应当严格遵守政治纪律、组织纪律、廉洁纪律、工作纪律等有关纪律要求，有下列情形之一的，视情节轻重，给予批评教育、组织处理或者党纪政务处分；涉嫌犯罪的，移送有关机关依法处理：

（一）对统计造假、弄虚作假问题瞒案不报、有案不查、查案不力，不如实报告统计督察情况，甚至隐瞒、歪曲、捏造事实的；

（二）泄露统计督察工作中知悉的国家秘密、商业秘密、个人信息及其工作秘密的；

（三）统计督察工作中超越权限造成不良后果的；

（四）违反中央八项规定精神，或者利用统计督察工作便利，谋取私利或者为他人谋取不正当利益的；

（五）有其他违反统计督察纪律行为的。

第十八条　国家统计局根据本规定制定具体实施办法。

第十九条　本规定由国家统计局负责解释。

第二十条　本规定自2018年8月24日起施行。

党政主要领导干部和国有企事业单位主要领导人员经济责任审计规定

中共中央办公厅、国务院办公厅2019年7月7日印发

第一章　总　　则

第一条　为了坚持和加强党对审计工作的集中统一领导，强化对党政主要领导干部和国有企事业单位主要领导人员（以下统称领导干部）的管理监督，促进领导干部履职尽责、担当作为，确保党中央令行禁止，根据《中华人民共和国审计法》和有关党内法规，制定本规定。

第二条　经济责任审计工作以马克思列宁主义、毛泽东思想、邓小平理论、"三个代表"重要思想、科学发展观、习近平新时代中国特色社会主义思想为指导，增强"四个意识"、坚定"四个自信"、做到"两个维护"，认真落实党中央、国务院决策部署，紧紧围绕统筹推进"五位一体"总体布局和协调推进"四个全面"战略布局，贯彻新发展理念，聚焦经济责任，客观评价，揭示问题，促进经济高质量发展，促进全面深化改革，促进权力规范运行，促进反腐倡廉，推进国家治理体系和治理能力现代化。

第三条　本规定所称经济责任，是指领导干部在任职期间，对其管辖范围内贯彻执行党和国家经济方针政策、决策部署，推动经济和社会事业发展，管理公共资金、国有资产、国有资源，防控重大经济风险等有关经济活动应当履行的职责。

第四条　领导干部经济责任审计对象包括：

（一）地方各级党委、政府、纪检监察机关、法院、检察院的正职领导干部或者主持工作1年以上的副职领导干部；

（二）中央和地方各级党政工作部门、事业单位和人民团体等单位的正职领导干部或者主持工作1年以上的副职领导干部；

（三）国有和国有资本占控股地位或者主导地位的企业（含金融机构，以下统称国有企业）的法定代表人或者不担任法定代表人但实际行使相应职权的主要领导人员；

（四）上级领导干部兼任下级单位正职领导职务且不实际履行经济责任时，实际分管日常工作的副职领导干部；

（五）党中央和县级以上地方党委要求进行经济责任审计的其他主要领导干部。

第五条　领导干部履行经济责任的情况，应当依规依法接受审计监督。

经济责任审计可以在领导干部任职期间进行，也可以在领导干部离任后进行，以任职期间审计为主。

第六条　领导干部的经济责任审计按照干部管理权限确定。遇有干部管理权限与财政财务隶属关系等不一致时，由对领导干部具有干部管理权限的部门与同级审计机关共同确定实施审计的审计机关。

审计署审计长的经济责任审计，按照中央审计委员会的决定组织实施。地方审计机关主要领导干部的经济责任审计，由地方党委与上一级审计机关协商后，由上一级审计机关组织实施。

第七条　审计委员会办公室、审计机关依规依法独立实施经济责任审计，任何组织和个人不得拒绝、阻碍、干涉，不得打击报复审计人员。

对有意设置障碍、推诿拖延的，应当进行批评和通报；造成恶劣影响的，应当严肃问责追责。

第八条　审计委员会办公室、审计机关和审计人员对经济责任审计工作中知悉的国家秘密、商业秘密和个人隐私，负有保密义务。

第九条　各级党委和政府应当保证履行经济责任审计职责所必需的机构、人员和经费。

第二章　组织协调

第十条　各级党委和政府应当加强对经济责任审计工作的领导，建立健全经济责任审计工作联席会议（以下简称联席会议）制度。联席会议由纪检监察机关和组织、机构编制、审计、财政、人力资源社会保障、国有资产监督管理、金融监督管理等部门组成，召集人由审计委员会办公室主任担任。联席会议在同级审计委员会的领导下开展工作。

联席会议下设办公室，与同级审计机关内设的经济责任审计机构合署办公。办公室主任由同级审计机关的副职领导或者相当职务层次领导担任。

第十一条 联席会议主要负责研究拟订有关经济责任审计的制度文件,监督检查经济责任审计工作情况,协调解决经济责任审计工作中出现的问题,推进经济责任审计结果运用,指导下级联席会议的工作,指导和监督部门、单位内部管理领导干部经济责任审计工作,完成审计委员会交办的其他工作。

联席会议办公室负责联席会议的日常工作。

第十二条 经济责任审计应当有计划地进行,根据干部管理监督需要和审计资源等实际情况,对审计对象实行分类管理,科学制定经济责任审计中长期规划和年度审计项目计划,推进领导干部履行经济责任情况审计全覆盖。

第十三条 年度经济责任审计项目计划按照下列程序制定:

(一)审计委员会办公室商同级组织部门提出审计计划安排,组织部门提出领导干部年度审计建议名单;

(二)审计委员会办公室征求同级纪检监察机关等有关单位意见后,纳入审计机关年度审计项目计划;

(三)审计委员会办公室提交同级审计委员会审议决定。

对属于有关主管部门管理的领导干部进行审计的,审计委员会办公室商有关主管部门提出年度审计建议名单,纳入审计机关年度审计项目计划,提交审计委员会审议决定。

第十四条 年度经济责任审计项目计划一经确定不得随意变更。确需调减或者追加的,应当按照原制定程序,报审计委员会批准后实施。

第十五条 被审计领导干部遇有被有关部门采取强制措施、纪律审查、监察调查或者死亡等特殊情况,以及存在其他不宜继续进行经济责任审计情形的,审计委员会办公室商同级纪检监察机关、组织部门等有关单位提出意见,报审计委员会批准后终止审计。

第三章 审计内容

第十六条 经济责任审计应当以领导干部任职期间公共资金、国有资产、国有资源的管理、分配和使用为基础,以领导干部权力运行和责任落实情况为重点,充分考虑领导干部管理监督需要、履职特点和审计资源等因素,依规依法确定审计内容。

第十七条 地方各级党委和政府主要领导干部经济责任审计的内容包括:

(一)贯彻执行党和国家经济方针政策、决策部署情况;

(二)本地区经济社会发展规划和政策措施的制定、执行和效果情况;

(三)重大经济事项的决策、执行和效果情况;

(四)财政财务管理和经济风险防范情况,民生保障和改善情况,生态文明建设项目、资金等管理使用和效益情况,以及在预算管理中执行机构编制管理规定情况;

(五)在经济活动中落实有关党风廉政建设责任和遵守廉洁从政规定情况;

(六)以往审计发现问题的整改情况;

(七)其他需要审计的内容。

第十八条 党政工作部门、纪检监察机关、法院、检察院、事业单位和人民团体等单位主要领导干部经济责任审计的内容包括:

(一)贯彻执行党和国家经济方针政策、决策部署情况;

(二)本部门本单位重要发展规划和政策措施的制定、执行和效果情况;

(三)重大经济事项的决策、执行和效果情况;

(四)财政财务管理和经济风险防范情况,生态文明建设项目、资金等管理使用和效益情况,以及在预算管理中执行机构编制管理规定情况;

(五)在经济活动中落实有关党风廉政建设责任和遵守廉洁从政规定情况;

(六)以往审计发现问题的整改情况;

(七)其他需要审计的内容。

第十九条 国有企业主要领导人员经济责任审计的内容包括:

(一)贯彻执行党和国家经济方针政策、决策部署情况;

(二)企业发展战略规划的制定、执行和效果情况;

(三)重大经济事项的决策、执行和效果情况;

(四)企业法人治理结构的建立、健全和运行情况,内部控制制度的制定和执行情况;

(五)企业财务的真实合法效益情况,风险管控情况,境外资产管理情况,生态环境保护情况;

(六)在经济活动中落实有关党风廉政建设责任和遵守廉洁从业规定情况;

(七)以往审计发现问题的整改情况;

(八)其他需要审计的内容。

第二十条　有关部门和单位、地方党委和政府的主要领导干部由上级领导干部兼任，且实际履行经济责任的，对其进行经济责任审计时，审计内容仅限于该领导干部所兼任职务应当履行的经济责任。

第四章　审 计 实 施

第二十一条　审计委员会办公室、审计机关应当根据年度经济责任审计项目计划，组成审计组并实施审计。

第二十二条　对同一地方党委和政府主要领导干部，以及同一部门、单位2名以上主要领导干部的经济责任审计，可以同步组织实施，分别认定责任。

第二十三条　审计委员会办公室、审计机关应当按照规定，向被审计领导干部及其所在单位或者原任职单位（以下统称所在单位）送达审计通知书，抄送同级纪检监察机关、组织部门等有关单位。

地方审计机关主要领导干部的经济责任审计通知书，由上一级审计机关送达。

第二十四条　实施经济责任审计时，应当召开由审计组主要成员、被审计领导干部及其所在单位有关人员参加的会议，安排审计工作有关事项。联席会议有关成员单位根据工作需要可以派人参加。

审计组应当在被审计单位公示审计项目名称、审计纪律要求和举报电话等内容。

第二十五条　经济责任审计过程中，应当听取被审计领导干部所在单位领导班子成员的意见。

对地方党委和政府主要领导干部的审计，还应当听取同级人大常委会、政协主要负责同志的意见。

审计委员会办公室、审计机关应当听取联席会议有关成员单位的意见，及时了解与被审计领导干部履行经济责任有关的考察考核、群众反映、巡视巡察反馈、组织约谈、函询调查、案件查处结果等情况。

第二十六条　被审计领导干部及其所在单位，以及其他有关单位应当及时、准确、完整地提供与被审计领导干部履行经济责任有关的下列资料：

（一）被审计领导干部经济责任履行情况报告；

（二）工作计划、工作总结、工作报告、会议记录、会议纪要、决议决定、请示、批示、目标责任书、经济合同、考核检查结果、业务档案、机构编制、规章制度、以往审计发现问题整改情况等资料；

（三）财政收支、财务收支相关资料；

（四）与履行职责相关的电子数据和必要的技术文档；

（五）审计所需的其他资料。

第二十七条　被审计领导干部及其所在单位应当对所提供资料的真实性、完整性负责，并作出书面承诺。

第二十八条　经济责任审计应当加强与领导干部自然资源资产离任审计等其他审计的统筹协调，科学配置审计资源，创新审计组织管理，推动大数据等新技术应用，建立健全审计工作信息和结果共享机制，提高审计监督整体效能。

第二十九条　经济责任审计过程中，可以依规依法提请有关部门、单位予以协助。有关部门、单位应当予以支持，并及时提供有关资料和信息。

第三十条　审计组实施审计后，应当向派出审计组的审计委员会办公室、审计机关提交审计报告。

审计报告一般包括被审计领导干部任职期间履行经济责任情况的总体评价、主要业绩、审计发现的主要问题和责任认定、审计建议等内容。

第三十一条　审计委员会办公室、审计机关应当书面征求被审计领导干部及其所在单位对审计组审计报告的意见。

第三十二条　被审计领导干部及其所在单位应当自收到审计组审计报告之日起10个工作日内提出书面意见；10个工作日内未提出书面意见的，视同无异议。

审计组应当针对被审计领导干部及其所在单位提出的书面意见，进一步研究和核实，对审计报告作出必要的修改，连同被审计领导干部及其所在单位的书面意见一并报送审计委员会办公室、审计机关。

第三十三条　审计委员会办公室、审计机关按照规定程序对审计组审计报告进行审定，出具经济责任审计报告；同时出具经济责任审计结果报告，在经济责任审计报告的基础上，简要反映审计结果。

经济责任审计报告和经济责任审计结果报告应当事实清楚、评价客观、责任明确、用词恰当、文字精炼、通俗易懂。

第三十四条　经济责任审计报告、经济责任审计结果报告等审计结论性文书按照规定程序报同级审计委员会，按照干部管理权限送组织部门。根据工作需要，送纪检监察机关等联席会议其他成员单位、有关主管部门。

地方审计机关主要领导干部的经济责任审计结论性文书，由上一级审计机关送有关组织部门。根据工作需要，送有关纪检监察机关。

经济责任审计报告应当送达被审计领导干部及其所在单位。

第三十五条　经济责任审计中发现的重大问题线索，由审计委员会办公室按照规定向审计委员会报告。

应当由纪检监察机关或者有关主管部门处理的问题线索，由审计机关依规依纪依法移送处理。

被审计领导干部所在单位存在的违反国家规定的财政收支、财务收支行为，依法应当给予处理处罚的，由审计机关在法定职权范围内作出审计决定。

第三十六条 经济责任审计项目结束后，审计委员会办公室、审计机关应当组织召开会议，向被审计领导干部及其所在单位领导班子成员等有关人员反馈审计结果和相关情况。联席会议有关成员单位根据工作需要可以派人参加。

第三十七条 被审计领导干部对审计委员会办公室、审计机关出具的经济责任审计报告有异议的，可以自收到审计报告之日起30日内向同级审计委员会办公室申诉。审计委员会办公室应当组成复查工作小组，并要求原审计组人员等回避，自收到申诉之日起90日内提出复查意见，报审计委员会批准后作出复查决定。复查决定为最终决定。

地方审计机关主要领导干部对上一级审计机关出具的经济责任审计报告有异议的，可以自收到审计报告之日起30日内向上一级审计机关申诉。上一级审计机关应当组成复查工作小组，并要求原审计组人员等回避，自收到申诉之日起90日内作出复查决定。复查决定为最终决定。

本条规定的期间的最后一日是法定节假日的，以节假日后的第一个工作日为期间届满日。

第五章 审计评价

第三十八条 审计委员会办公室、审计机关应当根据不同领导职务的职责要求，在审计查证或者认定事实的基础上，综合运用多种方法，坚持定性评价与定量评价相结合，依照有关党内法规、法律法规、政策规定、责任制考核目标等，在审计范围内，对被审计领导干部履行经济责任情况，包括公共资金、国有资产、国有资源的管理、分配和使用中个人遵守廉洁从政（从业）规定等情况，作出客观公正、实事求是的评价。

审计评价应当有充分的审计证据支持，对审计中未涉及的事项不作评价。

第三十九条 对领导干部履行经济责任过程中存在的问题，审计委员会办公室、审计机关应当按照权责一致原则，根据领导干部职责分工，综合考虑相关问题的历史背景、决策过程、性质、后果和领导干部实际所起的作用等情况，界定其应当承担的直接责任或者领导责任。

第四十条 领导干部对履行经济责任过程中的下列行为应当承担直接责任：

（一）直接违反有关党内法规、法律法规、政策规定的；

（二）授意、指使、强令、纵容、包庇下属人员违反有关党内法规、法律法规、政策规定的；

（三）贯彻党和国家经济方针政策、决策部署不坚决不全面不到位，造成公共资金、国有资产、国有资源损失浪费，生态环境破坏，公共利益损害等后果的；

（四）未完成有关法律法规规章、政策措施、目标责任书等规定的领导干部作为第一责任人（负总责）事项，造成公共资金、国有资产、国有资源损失浪费，生态环境破坏，公共利益损害等后果的；

（五）未经民主决策程序或者民主决策时在多数人不同意的情况下，直接决定、批准、组织实施重大经济事项，造成公共资金、国有资产、国有资源损失浪费，生态环境破坏，公共利益损害等后果的；

（六）不履行或者不正确履行职责，对造成的后果起决定性作用的其他行为。

第四十一条 领导干部对履行经济责任过程中的下列行为应当承担领导责任：

（一）民主决策时，在多数人同意的情况下，决定、批准、组织实施重大经济事项，由于决策不当或者决策失误造成公共资金、国有资产、国有资源损失浪费，生态环境破坏，公共利益损害等后果的；

（二）违反部门、单位内部管理规定造成公共资金、国有资产、国有资源损失浪费，生态环境破坏，公共利益损害等后果的；

（三）参与相关决策和工作时，没有发表明确的反对意见，相关决策和工作违反有关党内法规、法律法规、政策规定，或者造成公共资金、国有资产、国有资源损失浪费，生态环境破坏，公共利益损害等后果的；

（四）疏于监管，未及时发现和处理所管辖范围内本级或者下一级地区（部门、单位）违反有关党内法规、法律法规、政策规定的问题，造成公共资金、国有资产、国有资源损失浪费，生态环境破坏，公共利益损害等后果的；

（五）除直接责任外，不履行或者不正确履行职责，对造成的后果应当承担责任的其他行为。

第四十二条 对被审计领导干部以外的其他责任人员，审计委员会办公室、审计机关可以适当方式向有关部门、单位提供相关情况。

第四十三条 审计评价时，应当把领导干部在推进改革中因缺乏经验、先行先试出现的失误和错误，同明知故犯的违纪违法行为区分开来；把上级尚无明确限制的探索性试验中的失误和错误，同上级明令禁止后依然我行我素的违纪违法行为区分开来；把为推动发展的无意过失，同为谋取私利的违纪违法行为区分开来。对领导干部在改革创新中的失误和错误，正确把握事业为上、实事求是、依纪依法、容纠并举等原则，经综合分析研判，可以免责或者从轻定责，鼓励探索创新，支持担当作为，保护领导干部干事创业的积极性、主动性、创造性。

第六章　审计结果运用

第四十四条　各级党委和政府应当建立健全经济责任审计情况通报、责任追究、整改落实、结果公告等结果运用制度，将经济责任审计结果以及整改情况作为考核、任免、奖惩被审计领导干部的重要参考。

经济责任审计结果报告以及审计整改报告应当归入被审计领导干部本人档案。

第四十五条　审计委员会办公室、审计机关应当按照规定以适当方式通报或者公告经济责任审计结果，对审计发现问题的整改情况进行监督检查。

第四十六条　联席会议其他成员单位应当在各自职责范围内运用审计结果：

（一）根据干部管理权限，将审计结果以及整改情况作为考核、任免、奖惩被审计领导干部的重要参考；

（二）对审计发现的问题作出进一步处理；

（三）加强审计发现问题整改落实情况的监督检查；

（四）对审计发现的典型性、普遍性、倾向性问题和提出的审计建议及时进行研究，将其作为采取有关措施、完善有关制度规定的重要参考。

联席会议其他成员单位应当以适当方式及时将审计结果运用情况反馈审计委员会办公室、审计机关。党中央另有规定的，按照有关规定办理。

第四十七条　有关主管部门应当在各自职责范围内运用审计结果：

（一）根据干部管理权限，将审计结果以及整改情况作为考核、任免、奖惩被审计领导干部的重要参考；

（二）对审计移送事项依规依纪依法作出处理处罚；

（三）督促有关部门、单位落实审计决定和整改要求，在对相关行业、单位管理和监督中有效运用审计结果；

（四）对审计发现的典型性、普遍性、倾向性问题和提出的审计建议及时进行研究，并将其作为采取有关措施、完善有关制度规定的重要参考。

有关主管部门应当以适当方式及时将审计结果运用情况反馈审计委员会办公室、审计机关。

第四十八条　被审计领导干部及其所在单位根据审计结果，应当采取以下整改措施：

（一）对审计发现的问题，在规定期限内进行整改，将整改结果书面报告审计委员会办公室、审计机关，以及组织部门或者主管部门；

（二）对审计决定，在规定期限内执行完毕，将执行情况书面报告审计委员会办公室、审计机关；

（三）根据审计发现的问题，落实有关责任人员的责任，采取相应的处理措施；

（四）根据审计建议，采取措施，健全制度，加强管理；

（五）将审计结果以及整改情况纳入所在单位领导班子党风廉政建设责任制检查考核的内容，作为领导班子民主生活会以及领导班子成员述责述廉的重要内容。

第七章　附　　则

第四十九条　审计委员会办公室、审计机关和审计人员，被审计领导干部及其所在单位，以及其他有关单位和个人在经济责任审计中的职责、权限、法律责任等，本规定未作规定的，依照党中央有关规定、《中华人民共和国审计法》、《中华人民共和国审计法实施条例》和其他法律法规执行。

第五十条　有关部门、单位对内部管理领导干部开展经济责任审计参照本规定执行，或者根据本规定制定具体办法。

第五十一条　本规定由中央审计委员会办公室、审计署负责解释。

第五十二条　本规定自2019年7月7日起施行。2010年10月12日中共中央办公厅、国务院办公厅印发的《党政主要领导干部和国有企业领导人员经济责任审计规定》同时废止。

2. 信访举报

·法律法规·

监察机关举报工作办法

1991年12月24日监察部令第3号发布施行

第一章 总 则

第一条 为保障公民依法行使检举、控告的权利，健全举报制度，加强行政监察工作，根据《中华人民共和国行政监察条例》的有关规定，制定本办法。

第二条 公民、法人和其他组织认为国家行政机关及其工作人员和国家行政机关任命的其他人员有违反国家法律、法规、政策和决定、命令以及政纪的行为，依照本办法向监察机关举报。

第三条 县以上各级监察机关设立举报机构（举报中心或举报站、室）负责受理公民、法人和其他组织对国家行政机关及其工作人员和国家行政机关任命的其他人员违反国家法律、法规、政策和决定、命令以及政纪行为的检举、控告。

上级监察机关的举报机构负责指导和协调下级监察机关的举报机构的工作。下级监察机关应向上级监察机关报告举报工作的情况。

第四条 举报工作人员必须忠于职守、廉洁奉公、保守秘密。

第五条 举报工作实行依靠群众、方便群众，接受社会监督，分级负责、归口办理的原则。

第二章 举 报

第六条 举报人可以采用电话、电报、信函、当面举报等方式，也可以委托他人举报。

第七条 举报人应当尽可能据实告知监察机关被举报人的姓名、工作单位、违法违纪事实的具体情节和证据。

对借举报故意捏造事实，诬告陷害他人的或者以举报为名制造事端，干扰监察机关的正常工作的，依照有关规定严肃处理，构成犯罪的，移送司法机关依法处理。

由于对事实了解不全面而发生误告、错告等检举失实的，不适用前款规定。

第八条 监察机关提倡署名举报，对署名举报和匿名举报都要认真对待，妥善处理。

第九条 举报信函和向监察机关递交的举报书面材料，可以用汉字、少数民族文字、盲文或外文书写。

第三章 举报处理

第十条 监察机关设立举报电话并向社会公布电话号码，设立专门的举报接待室，在人口比较集中的地方可以设立举报箱。

第十一条 监察机关接受举报人当面举报，应当分别单独进行，接待人员应当做好笔录，必要时可以录音。

第十二条 监察机关接受电话举报，必须细心接听，询问清楚，如实记录，有条件的可以录音。

第十三条 监察机关对举报信函和提交的书面材料，要逐件拆阅、登记，及时处理。

第十四条 不属于监察机关受理范围的当面或电话举报，应当告知举报人向有处理权的机关反映，并做好解释工作；对于其中的重要问题或紧急事项，可以协助举报人联系受理单位或报告有关领导后再处理。不属于监察机关受理范围的信函举报，转交有处理权的机关处理，并酌情予以回复。其中的重要问题或紧急事项，应当报告有关领导。

第十五条 属于监察机关受理范围的举报，举报机构分别不同情况作如下处理：

（一）对属于本机关管辖的，转交本机关有关职能机构、派出机构办理；其中急待查明、易查易结以及打击报复举报人的，经主管负责人批准，举报机构可以进行初步审查，直至立案调查。

（二）对不属于本机关管辖的，移送有管辖权的监察机关办理。

（三）对重要的举报应当及时向本机关负责人报告。

（四）以其他方式处理。

第十六条 监察机关经过初步审查，认为被举报行为不需要进行政纪处理的，应当作出初步审查报告，并以适当方式回告举报人。

第十七条 经过初步审查，认为需要立案调查的，依照《监察机关调查处理政纪案件办法》的有关规定办理。

第十八条 对上级监察机关交办的举报事项，下级监察机关作出处理后，应当向交办机关报告处理结果。交办机关对报来的处理结果应当认真审核。对处理结果没有异议的，经有关领导批准后，予以了结。对处理结果有异议的，可以提出意见或建议，通知承办机关补充调查或重新处理。承办机关应当在规定的时限内向交办机关报告处理结果。

第四章　保护与奖励

第十九条　向监察机关举报国家行政机关及其工作人员和国家行政机关任命的其他人员违法违纪行为的公民、法人和其他组织，其人身权利、民主权利和其他合法权益受法律保护。

第二十条　监察机关的举报保密制度：

（一）对举报人的姓名、工作单位、家庭住址等有关情况及举报的内容必须严格保密，举报材料列入密件管理。

（二）严禁将举报材料转给被举报单位、被举报人。

（三）接受举报人举报或向举报人核查情况时，应当在做好保密工作、不暴露举报人身份的情况下进行。

（四）宣传报道和对举报有功人员的奖励，除征得举报人的同意外，不得公开举报人的姓名、工作单位。

第二十一条　对违反上述第二十条保密规定的责任人员，依照有关规定严肃处理，构成犯罪的，移送司法机关依法处理。

第二十二条　任何单位和个人不得以任何借口阻拦、压制举报人的举报和打击报复举报人。

第二十三条　对侵害举报人及其亲属、假想举报人及有关的证人和协助办案人员的合法权益的，按打击报复处理。

第二十四条　打击报复举报人的，一经查实，依照有关规定严肃处理，构成犯罪的，移送司法机关依法处理。

第二十五条　举报人因受打击报复而造成人身伤害及名誉、经济损失的，监察机关应当依照《中华人民共和国行政监察条例》第二十四条的规定处理，举报人也可以依法向人民法院起诉，请求损害赔偿。

第二十六条　举报事项经查证属实，使违法违纪者受到应有惩处，并为国家、集体挽回或减少损失的，对举报人可酌情给予奖励，有重大贡献的，要给予重奖。

监察机关奖励举报人所需的经费，由各省、自治区、直辖市监察厅（局）根据当地人民政府的意见，商有关部门作出规定。

第五章　附　　则

第二十七条　外国人、华侨、港澳台胞的来信来访及举报电话应指定专人依照《监察部处理外国人和华侨、港澳台胞来信来访试行办法》的规定处理。

第二十八条　各省、自治区、直辖市监察厅（局）根据本办法，制定实施办法，报监察部备案。

第二十九条　《监察部信访工作暂行办法》、《监察部处理电话举报暂行办法》中的规定与本办法不一致的，依照本办法执行。

第三十条　本办法由监察部负责解释。

第三十一条　本办法自发布之日起施行。

·党规党纪·

信访工作条例

1. 2022年1月24日中共中央政治局会议审议批准

2. 2022年2月25日中共中央、国务院发布

第一章　总　　则

第一条　为了坚持和加强党对信访工作的全面领导，做好新时代信访工作，保持党和政府同人民群众的密切联系，制定本条例。

第二条　本条例适用于各级党的机关、人大机关、行政机关、政协机关、监察机关、审判机关、检察机关以及群团组织、国有企事业单位等开展信访工作。

第三条　信访工作是党的群众工作的重要组成部分，是党和政府了解民情、集中民智、维护民利、凝聚民心的一项重要工作，是各级机关、单位及其领导干部、工作人员接受群众监督、改进工作作风的重要途径。

第四条　信访工作坚持以马克思列宁主义、毛泽东思想、邓小平理论、“三个代表”重要思想、科学发展观、习近平新时代中国特色社会主义思想为指导，贯彻落实习近平总书记关于加强和改进人民信访工作的重要思想，增强“四个意识”、坚定“四个自信”、做到“两个维护”，牢记为民解难、为党分忧的政治责任，坚守人民情怀，坚持底线思维、法治思维，服务党和国家工作大局，维护群众合法权益，化解信访突出问题，促进社会和谐稳定。

第五条　信访工作应当遵循下列原则：

（一）坚持党的全面领导。把党的领导贯彻到信访工作各方面和全过程，确保正确政治方向。

（二）坚持以人民为中心。践行党的群众路线，倾听群众呼声，关心群众疾苦，千方百计为群众排忧解难。

（三）坚持落实信访工作责任。党政同责、一岗双责，属地管理、分级负责，谁主管、谁负责。

（四）坚持依法按政策解决问题。将信访纳入法治化轨道，依法维护群众权益、规范信访秩序。

（五）坚持源头治理化解矛盾。多措并举、综合施策,着力点放在源头预防和前端化解,把可能引发信访问题的矛盾纠纷化解在基层、化解在萌芽状态。

第六条 各级机关、单位应当畅通信访渠道,做好信访工作,认真处理信访事项,倾听人民群众建议、意见和要求,接受人民群众监督,为人民群众服务。

第二章 信访工作体制

第七条 坚持和加强党对信访工作的全面领导,构建党委统一领导、政府组织落实、信访工作联席会议协调、信访部门推动、各方齐抓共管的信访工作格局。

第八条 党中央加强对信访工作的统一领导:

(一)强化政治引领,确立信访工作的政治方向和政治原则,严明政治纪律和政治规矩;

(二)制定信访工作方针政策,研究部署信访工作中事关党和国家工作大局、社会和谐稳定、群众权益保障的重大改革措施;

(三)领导建设一支对党忠诚可靠、恪守为民之责、善做群众工作的高素质专业化信访工作队伍,为信访工作提供组织保证。

第九条 地方党委领导本地区信访工作,贯彻落实党中央关于信访工作的方针政策和决策部署,执行上级党组织关于信访工作的部署要求,统筹信访工作责任体系构建,支持和督促下级党组织做好信访工作。

地方党委常委会应当定期听取信访工作汇报,分析形势,部署任务,研究重大事项,解决突出问题。

第十条 各级政府贯彻落实上级党委和政府以及本级党委关于信访工作的部署要求,科学民主决策、依法履行职责,组织各方力量加强矛盾纠纷排查化解,及时妥善处理信访事项,研究解决政策性、群体性信访突出问题和疑难复杂信访问题。

第十一条 中央信访工作联席会议在党中央、国务院领导下,负责全国信访工作的统筹协调、整体推进、督促落实,履行下列职责:

(一)研究分析全国信访形势,为中央决策提供参考;

(二)督促落实党中央关于信访工作的方针政策和决策部署;

(三)研究信访制度改革和信访法治化建设重大问题和事项;

(四)研究部署重点工作任务,协调指导解决具有普遍性的信访突出问题;

(五)领导组织信访工作责任制落实、督导考核等工作;

(六)指导地方各级信访工作联席会议工作;

(七)承担党中央、国务院交办的其他事项。

中央信访工作联席会议由党中央、国务院领导同志以及有关部门负责同志担任召集人,各成员单位负责同志参加。中央信访工作联席会议办公室设在国家信访局,承担联席会议的日常工作,督促检查联席会议议定事项的落实。

第十二条 中央信访工作联席会议根据工作需要召开全体会议或者工作会议。研究涉及信访工作改革发展的重大问题和重要信访事项的处理意见,应当及时向党中央、国务院请示报告。

中央信访工作联席会议各成员单位应当落实联席会议确定的工作任务和议定事项,及时报送落实情况;及时将本领域重大敏感信访问题提请联席会议研究。

第十三条 地方各级信访工作联席会议在本级党委和政府领导下,负责本地区信访工作的统筹协调、整体推进、督促落实,协调处理发生在本地区的重要信访问题,指导下级信访工作联席会议工作。联席会议召集人一般由党委和政府负责同志担任。

地方党委和政府应当根据信访工作形势任务,及时调整成员单位,健全规章制度,建立健全信访信息分析研判、重大信访问题协调处理、联合督查等工作机制,提升联席会议工作的科学化、制度化、规范化水平。

根据工作需要,乡镇党委和政府、街道党工委和办事处可以建立信访工作联席会议机制,或者明确党政联席会定期研究本地区信访工作,协调处理发生在本地区的重要信访问题。

第十四条 各级党委和政府信访部门是开展信访工作的专门机构,履行下列职责:

(一)受理、转送、交办信访事项;

(二)协调解决重要信访问题;

(三)督促检查重要信访事项的处理和落实;

(四)综合反映信访信息,分析研判信访形势,为党委和政府提供决策参考;

(五)指导本级其他机关、单位和下级的信访工作;

(六)提出改进工作、完善政策和追究责任的建议;

(七)承担本级党委和政府交办的其他事项。

各级党委和政府信访部门以外的其他机关、单位应当根据信访工作形势任务,明确负责信访工作的机构或者人员,参照党委和政府信访部门职责,明确相应的职责。

第十五条 各级党委和政府以外的其他机关、单位应当做好各自职责范围内的信访工作，按照规定及时受理办理信访事项，预防和化解政策性、群体性信访问题，加强对下级机关、单位信访工作的指导。

各级机关、单位应当拓宽社会力量参与信访工作的制度化渠道，发挥群团组织、社会组织和“两代表一委员”、社会工作者等作用，反映群众意见和要求，引导群众依法理性反映诉求、维护权益，推动矛盾纠纷及时有效化解。

乡镇党委和政府、街道党工委和办事处以及村（社区）“两委”应当全面发挥职能作用，坚持和发展新时代“枫桥经验”，积极协调处理化解发生在当地的信访事项和矛盾纠纷，努力做到小事不出村、大事不出镇、矛盾不上交。

第十六条 各级党委和政府应当加强信访部门建设，选优配强领导班子，配备与形势任务相适应的工作力量，建立健全信访督查专员制度，打造高素质专业化信访干部队伍。各级党委和政府信访部门主要负责同志应当由本级党委或者政府副秘书长〔办公厅（室）副主任〕兼任。

各级党校（行政学院）应当将信访工作作为党性教育内容纳入教学培训，加强干部教育培训。

各级机关、单位应当建立健全年轻干部和新录用干部到信访工作岗位锻炼制度。

各级党委和政府应当为信访工作提供必要的支持和保障，所需经费列入本级预算。

第三章 信访事项的提出和受理

第十七条 公民、法人或者其他组织可以采用信息网络、书信、电话、传真、走访等形式，向各级机关、单位反映情况，提出建议、意见或者投诉请求，有关机关、单位应当依规依法处理。

采用前款规定的形式，反映情况，提出建议、意见或者投诉请求的公民、法人或者其他组织，称信访人。

第十八条 各级机关、单位应当向社会公布网络信访渠道、通信地址、咨询投诉电话、信访接待的时间和地点、查询信访事项处理进展以及结果的方式等相关事项，在其信访接待场所或者网站公布与信访工作有关的党内法规和法律、法规、规章，信访事项的处理程序，以及其他为信访人提供便利的相关事项。

各级机关、单位领导干部应当阅办群众来信和网上信访、定期接待群众来访、定期下访，包案化解群众反映强烈的突出问题。

市、县级党委和政府应当建立和完善联合接访工作机制，根据工作需要组织有关机关、单位联合接待，一站式解决信访问题。

任何组织和个人不得打击报复信访人。

第十九条 信访人一般应当采用书面形式提出信访事项，并载明其姓名（名称）、住址和请求、事实、理由。对采用口头形式提出的信访事项，有关机关、单位应当如实记录。

信访人提出信访事项，应当客观真实，对其所提供材料内容的真实性负责，不得捏造、歪曲事实，不得诬告、陷害他人。

信访事项已经受理或者正在办理的，信访人在规定期限内向受理、办理机关、单位的上级机关、单位又提出同一信访事项的，上级机关、单位不予受理。

第二十条 信访人采用走访形式提出信访事项的，应当到有权处理的本级或者上一级机关、单位设立或者指定的接待场所提出。

信访人采用走访形式提出涉及诉讼权利救济的信访事项，应当按照法律法规规定的程序向有关政法部门提出。

多人采用走访形式提出共同的信访事项的，应当推选代表，代表人数不得超过 5 人。

各级机关、单位应当落实属地责任，认真接待处理群众来访，把问题解决在当地，引导信访人就地反映问题。

第二十一条 各级党委和政府应当加强信访工作信息化、智能化建设，依规依法有序推进信访信息系统互联互通、信息共享。

各级机关、单位应当及时将信访事项录入信访信息系统，使网上信访、来信、来访、来电在网上流转，方便信访人查询、评价信访事项办理情况。

第二十二条 各级党委和政府信访部门收到信访事项，应当予以登记，并区分情况，在 15 日内分别按照下列方式处理：

（一）对依照职责属于本级机关、单位或者其工作部门处理决定的，应当转送有权处理的机关、单位；情况重大、紧急的，应当及时提出建议，报请本级党委和政府决定。

（二）涉及下级机关、单位或者其工作人员的，按照“属地管理、分级负责，谁主管、谁负责”的原则，转送有权处理的机关、单位。

（三）对转送信访事项中的重要情况需要反馈办理结果的，可以交由有权处理的机关、单位办理，要求其在指定办理期限内反馈结果，提交办结报告。

各级党委和政府信访部门对收到的涉法涉诉信

件，应当转送同级政法部门依法处理；对走访反映涉诉问题的信访人，应当释法明理，引导其向有关政法部门反映问题。对属于纪检监察机关受理的检举控告类信访事项，应当按照管理权限转送有关纪检监察机关依规依纪依法处理。

第二十三条 党委和政府信访部门以外的其他机关、单位收到信访人直接提出的信访事项，应当予以登记；对属于本机关、单位职权范围的，应当告知信访人接收情况以及处理途径和程序；对属于本系统下级机关、单位职权范围的，应当转送、交办有权处理的机关、单位，并告知信访人转送、交办去向；对不属于本机关、单位或者本系统职权范围的，应当告知信访人向有权处理的机关、单位提出。

对信访人直接提出的信访事项，有关机关、单位能够当场告知的，应当当场书面告知；不能当场告知的，应当自收到信访事项之日起15日内书面告知信访人，但信访人的姓名（名称）、住址不清的除外。

对党委和政府信访部门或者本系统上级机关、单位转送、交办的信访事项，属于本机关、单位职权范围的，有关机关、单位应当自收到之日起15日内书面告知信访人接收情况以及处理途径和程序；不属于本机关、单位或者本系统职权范围的，有关机关、单位应当自收到之日起5个工作日内提出异议，并详细说明理由，经转送、交办的信访部门或者上级机关、单位核实同意后，交还相关材料。

政法部门处理涉及诉讼权利救济事项、纪检监察机关处理检举控告事项的告知按照有关规定执行。

第二十四条 涉及两个或者两个以上机关、单位的信访事项，由所涉及的机关、单位协商受理；受理有争议的，由其共同的上一级机关、单位决定受理机关；受理有争议且没有共同的上一级机关、单位的，由共同的信访工作联席会议协调处理。

应当对信访事项作出处理的机关、单位分立、合并、撤销的，由继续行使其职权的机关、单位受理；职责不清的，由本级党委和政府或者其指定的机关、单位受理。

第二十五条 各级机关、单位对可能造成社会影响的重大、紧急信访事项和信访信息，应当及时报告本级党委和政府，通报相关主管部门和本级信访工作联席会议办公室，在职责范围内依法及时采取措施，防止不良影响的产生、扩大。

地方各级党委和政府信访部门接到重大、紧急信访事项和信访信息，应当向上一级信访部门报告，同时报告国家信访局。

第二十六条 信访人在信访过程中应当遵守法律、法规，不得损害国家、社会、集体的利益和其他公民的合法权利，自觉维护社会公共秩序和信访秩序，不得有下列行为：

（一）在机关、单位办公场所周围、公共场所非法聚集，围堵、冲击机关、单位，拦截公务车辆，或者堵塞、阻断交通；

（二）携带危险物品、管制器具；

（三）侮辱、殴打、威胁机关、单位工作人员，非法限制他人人身自由，或者毁坏财物；

（四）在信访接待场所滞留、滋事，或者将生活不能自理的人弃留在信访接待场所；

（五）煽动、串联、胁迫、以财物诱使、幕后操纵他人信访，或者以信访为名借机敛财；

（六）其他扰乱公共秩序、妨害国家和公共安全的行为。

第四章 信访事项的办理

第二十七条 各级机关、单位及其工作人员应当根据各自职责和有关规定，按照诉求合理的解决问题到位、诉求无理的思想教育到位、生活困难的帮扶救助到位、行为违法的依法处理的要求，依法按政策及时就地解决群众合法合理诉求，维护正常信访秩序。

第二十八条 各级机关、单位及其工作人员办理信访事项，应当恪尽职守、秉公办事，查明事实、分清责任，加强教育疏导，及时妥善处理，不得推诿、敷衍、拖延。

各级机关、单位应当按照诉讼与信访分离制度要求，将涉及民事、行政、刑事等诉讼权利救济的信访事项从普通信访体制中分离出来，由有关政法部门依法处理。

各级机关、单位工作人员与信访事项或者信访人有直接利害关系的，应当回避。

第二十九条 对信访人反映的情况、提出的建议意见类事项，有权处理的机关、单位应当认真研究论证。对科学合理、具有现实可行性的，应当采纳或者部分采纳，并予以回复。

信访人反映的情况、提出的建议意见，对国民经济和社会发展或者对改进工作以及保护社会公共利益有贡献的，应当按照有关规定给予奖励。

各级党委和政府应当健全人民建议征集制度，对涉及国计民生的重要工作，主动听取群众的建议意见。

第三十条 对信访人提出的检举控告类事项，纪检监察机关或者有权处理的机关、单位应当依规依纪依法接收、受理、办理和反馈。

党委和政府信访部门应当按照干部管理权限向组织(人事)部门通报反映干部问题的信访情况,重大情况向党委主要负责同志和分管组织(人事)工作的负责同志报送。组织(人事)部门应当按照干部选拔任用监督的有关规定进行办理。

不得将信访人的检举、揭发材料以及有关情况透露或者转给被检举、揭发的人员或者单位。

第三十一条 对信访人提出的申诉求决类事项,有权处理的机关、单位应当区分情况,分别按照下列方式办理:

(一)应当通过审判机关诉讼程序或者复议程序、检察机关刑事立案程序或者法律监督程序、公安机关法律程序处理的,涉法涉诉信访事项未依法终结的,按照法律法规规定的程序处理。

(二)应当通过仲裁解决的,导入相应程序处理。

(三)可以通过党员申诉、申请复审等解决的,导入相应程序处理。

(四)可以通过行政复议、行政裁决、行政确认、行政许可、行政处罚等行政程序解决的,导入相应程序处理。

(五)属于申请查处违法行为、履行保护人身权或者财产权等合法权益职责的,依法履行或者答复。

(六)不属于以上情形的,应当听取信访人陈述事实和理由,并调查核实,出具信访处理意见书。对重大、复杂、疑难的信访事项,可以举行听证。

第三十二条 信访处理意见书应当载明信访人投诉请求、事实和理由、处理意见及其法律法规依据:

(一)请求事实清楚,符合法律、法规、规章或者其他有关规定的,予以支持;

(二)请求事由合理但缺乏法律依据的,应当作出解释说明;

(三)请求缺乏事实根据或者不符合法律、法规、规章或者其他有关规定的,不予支持。

有权处理的机关、单位作出支持信访请求意见的,应当督促有关机关、单位执行;不予支持的,应当做好信访人的疏导教育工作。

第三十三条 各级机关、单位在处理申诉求决类事项过程中,可以在不违反政策法规强制性规定的情况下,在裁量权范围内,经争议双方当事人同意进行调解;可以引导争议双方当事人自愿和解。经调解、和解达成一致意见的,应当制作调解协议书或者和解协议书。

第三十四条 对本条例第三十一条第六项规定的信访事项应当自受理之日起60日内办结;情况复杂的,经本机关、单位负责人批准,可以适当延长办理期限,但延长期限不得超过30日,并告知信访人延期理由。

第三十五条 信访人对信访处理意见不服的,可以自收到书面答复之日起30日内请求原办理机关、单位的上一级机关、单位复查。收到复查请求的机关、单位应当自收到复查请求之日起30日内提出复查意见,并予以书面答复。

第三十六条 信访人对复查意见不服的,可以自收到书面答复之日起30日内向复查机关、单位的上一级机关、单位请求复核。收到复核请求的机关、单位应当自收到复核请求之日起30日内提出复核意见。

复核机关、单位可以按照本条例第三十一条第六项的规定举行听证,经过听证的复核意见可以依法向社会公示。听证所需时间不计算在前款规定的期限内。

信访人对复核意见不服,仍然以同一事实和理由提出投诉请求的,各级党委和政府信访部门和其他机关、单位不再受理。

第三十七条 各级机关、单位应当坚持社会矛盾纠纷多元预防调处化解,人民调解、行政调解、司法调解联动,综合运用法律、政策、经济、行政等手段和教育、协商、疏导等办法,多措并举化解矛盾纠纷。

各级机关、单位在办理信访事项时,对生活确有困难的信访人,可以告知或者帮助其向有关机关或者机构依法申请社会救助。符合国家司法救助条件的,有关政法部门应当按照规定给予司法救助。

地方党委和政府以及基层党组织和基层单位对信访事项已经复查复核和涉法涉诉信访事项已经依法终结的相关信访人,应当做好疏导教育、矛盾化解、帮扶救助等工作。

第五章 监督和追责

第三十八条 各级党委和政府应当对开展信访工作、落实信访工作责任的情况组织专项督查。

信访工作联席会议及其办公室、党委和政府信访部门应当根据工作需要开展督查,就发现的问题向有关地方和部门进行反馈,重要问题向本级党委和政府报告。

各级党委和政府督查部门应当将疑难复杂信访问题列入督查范围。

第三十九条 各级党委和政府应当以依规依法及时就地解决信访问题为导向,每年对信访工作情况进行考核。考核结果应当在适当范围内通报,并作为对领导班子和有关领导干部综合考核评价的重要参考。

对在信访工作中作出突出成绩和贡献的机关、单位或者个人,可以按照有关规定给予表彰和奖励。

对在信访工作中履职不力、存在严重问题的领导班子和领导干部,视情节轻重,由信访工作联席会议进行约谈、通报、挂牌督办,责令限期整改。

第四十条 党委和政府信访部门发现有关机关、单位存在违反信访工作规定受理、办理信访事项,办理信访事项推诿、敷衍、拖延、弄虚作假或者拒不执行信访处理意见等情形的,应当及时督办,并提出改进工作的建议。

对工作中发现的有关政策性问题,应当及时向本级党委和政府报告,并提出完善政策的建议。

对在信访工作中推诿、敷衍、拖延、弄虚作假造成严重后果的机关、单位及其工作人员,应当向有管理权限的机关、单位提出追究责任的建议。

对信访部门提出的改进工作、完善政策、追究责任的建议,有关机关、单位应当书面反馈采纳情况。

第四十一条 党委和政府信访部门应当编制信访情况年度报告,每年向本级党委和政府、上一级党委和政府信访部门报告。年度报告应当包括下列内容:

(一)信访事项的数据统计、信访事项涉及领域以及被投诉较多的机关、单位;

(二)党委和政府信访部门转送、交办、督办情况;

(三)党委和政府信访部门提出改进工作、完善政策、追究责任建议以及被采纳情况;

(四)其他应当报告的事项。

根据巡视巡察工作需要,党委和政府信访部门应当向巡视巡察机构提供被巡视巡察地区、单位领导班子及其成员和下一级主要负责人有关信访举报,落实信访工作责任制,具有苗头性、倾向性的重要信访问题,需要巡视巡察工作关注的重要信访事项等情况。

第四十二条 因下列情形之一导致信访事项发生,造成严重后果的,对直接负责的主管人员和其他直接责任人员,依规依纪依法严肃处理;构成犯罪的,依法追究刑事责任:

(一)超越或者滥用职权,侵害公民、法人或者其他组织合法权益;

(二)应当作为而不作为,侵害公民、法人或者其他组织合法权益;

(三)适用法律、法规错误或者违反法定程序,侵害公民、法人或者其他组织合法权益;

(四)拒不执行有权处理机关、单位作出的支持信访请求意见。

第四十三条 各级党委和政府信访部门对收到的信访事项应当登记、转送、交办而未按照规定登记、转送、交办,或者应当履行督办职责而未履行的,由其上级机关责令改正;造成严重后果的,对直接负责的主管人员和其他直接责任人员依规依纪依法严肃处理。

第四十四条 负有受理信访事项职责的机关、单位有下列情形之一的,由其上级机关、单位责令改正;造成严重后果的,对直接负责的主管人员和其他直接责任人员依规依纪依法严肃处理:

(一)对收到的信访事项不按照规定登记;

(二)对属于其职权范围的信访事项不予受理;

(三)未在规定期限内书面告知信访人是否受理信访事项。

第四十五条 对信访事项有权处理的机关、单位有下列情形之一的,由其上级机关、单位责令改正;造成严重后果的,对直接负责的主管人员和其他直接责任人员依规依纪依法严肃处理:

(一)推诿、敷衍、拖延信访事项办理或者未在规定期限内办结信访事项;

(二)对事实清楚,符合法律、法规、规章或者其他有关规定的投诉请求未予支持;

(三)对党委和政府信访部门提出的改进工作、完善政策等建议重视不够、落实不力,导致问题长期得不到解决;

(四)其他不履行或者不正确履行信访事项处理职责的情形。

第四十六条 有关机关、单位及其领导干部、工作人员有下列情形之一的,由其上级机关、单位责令改正;造成严重后果的,对直接负责的主管人员和其他直接责任人员依规依纪依法严肃处理;构成犯罪的,依法追究刑事责任:

(一)对待信访人态度恶劣、作风粗暴,损害党群干群关系;

(二)在处理信访事项过程中吃拿卡要、谋取私利;

(三)对规模性集体访、负面舆情等处置不力,导致事态扩大;

(四)对可能造成社会影响的重大、紧急信访事项和信访信息隐瞒、谎报、缓报,或者未依法及时采取必要措施;

(五)将信访人的检举、揭发材料或者有关情况透露、转给被检举、揭发的人员或者单位;

（六）打击报复信访人；

（七）其他违规违纪违法的情形。

第四十七条 信访人违反本条例第二十条、第二十六条规定的，有关机关、单位工作人员应当对其进行劝阻、批评或者教育。

信访人滋事扰序、缠访闹访情节严重，构成违反治安管理行为的，或者违反集会游行示威相关法律法规的，由公安机关依法采取必要的现场处置措施、给予治安管理处罚；构成犯罪的，依法追究刑事责任。

信访人捏造歪曲事实、诬告陷害他人，构成违反治安管理行为的，依法给予治安管理处罚；构成犯罪的，依法追究刑事责任。

第六章 附 则

第四十八条 对外国人、无国籍人、外国组织信访事项的处理，参照本条例执行。

第四十九条 本条例由国家信访局负责解释。

第五十条 本条例自2022年5月1日起施行。

中共中央纪律检查委员会、监察部关于纪检监察机关接待处理集体上访的暂行办法

1996年4月24日印发

第一条 为进一步做好对集体上访的接待和处理工作，维护党政机关、企业事业单位和农村的正常工作、生产、生活秩序，维护社会稳定，依据有关法规，制定本办法。

第二条 纪检监察机关按照党章和宪法的规定，支持、保护群众通过正常渠道、采取正当方式反映情况、揭发问题。对集体上访，要高度重视，认真接待，妥善处理。但不提倡群众采取集体上访的方式反映问题。

第三条 接待和处理集体上访的原则是：坚持实事求是，疏导教育群众，认真查清事实，妥善处理问题，把群众稳定在基层，把问题解决在基层。

第四条 接待和处理集体上访的基本要求是：领导重视，各方配合，主动热情接待，认真听取意见，深入调查研究，尊重客观事实，依据法律和政策处理问题。

第五条 对集体上访反映的问题，凡属于纪检监察机关职责范围的要主动受理；对不属于纪检监察机关职责范围的，应移送有关部门处理。

第六条 人数较多的集体上访，应要求上访人员推选代表反映问题，并动员其他人员尽快返回原地。经动员后仍不愿返回的，应请有关单位、部门来人做好工作，接回上访人员。对人数众多、所反映问题确属严重的集体上访，有关单位、部门领导要亲自出面做工作，认真接待处理。

第七条 对需要几个部门共同处理的集体上访，要主动与有关部门协商，在党委、政府的统一领导和协调下，按照归口办理的原则，有关部门各司其职，协同处理。

第八条 接待部门及工作人员要本着高度负责的精神，认真听取上访人员的陈述，分别情况作出处理：对合理的要求，要尽快解决，暂时解决不了的，要向群众作出解释；对不合理的要求，应作出说明，对经说明后仍坚持无理要求的，应给予批评教育。

第九条 要严格区分利用集体上访为首闹事的分子与受蒙蔽群众的界限，对群众要认真做好说服劝导工作；对煽动群众，为首闹事的分子，要依照有关法律交公安部门严肃处理，是党员干部的，由有关单位给予党纪、政纪处分。

第十条 处理集体上访，要贯彻分级负责原则，就地解决问题。地（市）以上纪检监察机关受理的集体上访揭发的问题，一般交下一级或有关纪检监察机关查处，并要求报告处理结果。问题严重的可派人协助有关单位调查处理。

第十一条 县（市）纪检监察机关受理的集体上访揭发的问题，要直接派人与有关单位、部门共同查处，一般不得下转。如因敷衍塞责、推拖不办而激化矛盾，导致越级上访或重复上访的，应追究有关领导和人员的责任。

第十二条 对上级纪检监察机关交办的集体上访案件，承办单位调查处理后要将处理结果报告交办机关。交办机关对报来的结果要严格把关，认真审理，对事实没有查清、处理不恰当、问题未落实的不能了结。

第十三条 对集体上访反映的问题作出处理后，承办单位要及时在适当范围公布查处结果，征求群众意见。对群众提出的不同意见，要认真研究，确属合理的应予采纳。

第十四条 上级纪检监察机关对交给下级纪检监察机关办理的集体上访揭发的问题，要加强跟踪督办。对重要疑难案件的调查处理，要派人进行具体指导。

第十五条 各级纪检监察机关可根据本地区的实际情况，依据本暂行办法制定实施细则或补充规定。

第十六条 本暂行办法自下发之日起施行。

关于加强纪检监察基层信访举报工作的意见

中共中央纪委办公厅 2003 年 6 月 4 日印发

纪检监察基层信访举报工作(以下简称基层信访举报工作)是指县及县以下基层信访举报工作。基层信访举报工作是纪检监察机关联系群众、获取信息和案件线索的重要渠道,是一项十分重要的基础性工作。加强基层信访举报工作对于密切党同人民群众的血肉联系,推动党风廉政建设和反腐败斗争的深入开展,维护社会稳定有着十分重要的意义。近年来,基层信访举报工作不断进步和发展,取得了可喜的成绩。但随着民主法制的不断加强,党风廉政建设和反腐败斗争的不断深入,基层信访举报工作还不适应新的形势和要求,影响和制约着信访举报工作的深入开展和职能作用的发挥,亟待进一步改进和加强。

一、明确指导思想、基本任务

1. 基层信访举报工作的指导思想是:以邓小平理论和"三个代表"重要思想为指导,坚持与时俱进,执政为民,不断拓宽和畅通信访渠道,维护党员群众的合法权益,认真处理检举控告和申诉,化解矛盾,维护社会稳定,坚持信访举报工作的法制化方向,紧紧依靠人民群众,充分发挥职能作用,为改革、发展、稳定大局服务,为党风廉政建设和反腐败斗争服务。

2. 基层信访举报工作的基本任务是:受理检举、控告和申诉,为查办案件提供线索;提供信访信息,为领导科学决策提供依据;解决信访问题,切实维护和保障信访举报人的合法权益;化解矛盾,消除不安定因素,维护社会稳定。

3. 基层信访举报工作的总体要求是:县一级坚持多办少转,乡镇及街道社区等基层单位只办不转;狠抓初信初访,就地解决信访问题;解决信访问题实行综合治理。

二、加强领导、强化责任

4. 切实加强领导。纪检监察机关对信访举报工作负重要领导责任,要把信访举报工作纳入纪检监察工作总体部署,充分发挥各职能部门的作用。主要负责同志要亲自抓,要有一名副书记(常委、副局长)分管。要定期听取信访举报工作情况汇报,研究、部署工作,并加强检查指导。要及时阅批信访举报件,亲自处理信访问题。对重要的集体访,要亲自接待并组织、协调有关部门认真处理。要负责或参与同被举报人的谈话,负责或指导对疑难信访案件的调查处理。

5. 建立健全信访举报工作制度。要健全举报制度,切实保障基层党员、干部、群众的批评权、检举权、申诉权和控告权等合法权益。要建立信息报送和情况反馈制度,定期向同级党委、政府和上级纪检监察机关报告信访举报工作情况。上级纪检监察机关通报的信访举报情况或交办的信访举报事项,要尽快了解核实并予以反馈。要建立定期分析信访举报情况制度,针对不同情况,采取解决措施。要建立和坚持领导接待群众制度,署实名举报受理回复制度和举报有功奖励制度。要加强管理,对群众信访举报必须逐件登记,逐步建立和完善内部制约监督机制。

6. 加强基础建设。县一级要设立信访室(举报中心),配足配强与工作任务相适应的信访干部,要努力改善办公条件,及时解决存在的困难和问题。乡镇、街道社区、国有控股企业要有专兼职工作人员负责处理信访举报。要加大培训、考核力度,努力提高信访干部的政治素质和业务素质,教育、引导信访干部解放思想、与时俱进、勤政为民,依法开展工作。

三、正确对待和妥善处理群众信访举报

7. 正确认识和对待群众的信访举报行为。要从维护、保障群众民主权利,维护、实现群众根本利益,加强社会主义政治文明的高度来认识和对待群众的信访举报行为,任何组织和个人都不得以各种理由或借口压制、限制群众举报,不准对群众的检举控告和申诉敷衍塞责、对批评意见听而不闻、对群众疾苦视而不见。对群众揭发党和国家机关及其工作人员违法违纪和不正之风问题,应当支持、鼓励。对检举、控告或反映问题属实、部分属实的,要依法依纪实事求是分别予以处理。对失实的,要区分诬告与错告。认定诬告,必须经地、市(含地、市)级以上党委、政府或纪检监察机关批准。对错告的在必要时可由承办机关在一定场合予以澄清,并教育错告者;对诬告的一定要依法依纪严肃处理。要严肃保密纪律,信访举报的内容及举报人的情况不得向无关人员泄露。要保护群众举报,对打击报复举报人的行为要严肃查处。因查办案件确需对匿名举报材料进行文字检验的,必须经地(市)级以上纪检监察机关批准。对上访群众要满腔热情,文明接待,对言辞不当、情绪激烈的,要多做疏导工作。

8. 畅通、拓宽信访举报渠道。要努力营造良好的举报环境,进一步畅通信访举报受理渠道;要畅通解决问题的工作渠道,保证信访举报问题落到实处,以实际

行动取信于民；要畅通双向反馈渠道，上情下达、下情上达，办理结果及时反馈。要拓宽举报渠道，有条件的地方可开通举报网站。

9. 认真办理信访举报事项。对信访举报件务必及时办理，凡属于纪检监察机关受理范围的，要件件有着落、事事有结果。涉及重要情况或问题的，可通过反映情况促使问题得到解决；要发挥纪检监察机关各业务职能部门的作用，整合处理信访举报力量：对急待查明、易查易结及打击报复举报人的问题，要注意发挥行政监察职能，加大直接查办的力度；对思想作风、工作作风、廉洁自律方面的一般问题以及轻微违纪问题，可实施信访监督。对下转的信访举报件要加强督促催办和检查指导，狠抓落实。对中央、省、地级纪检监察机关要求查报结果的，县一级要自办。对信访问题易发、多发或矛盾比较突出的基层单位，县一级要派专人指导，帮助建章立制，限期解决问题。

10. 高度重视、妥善处理群众集体上访。要立足妥善处理单个上访和初信初访，认真解决群众反映的问题。要认真分析集体上访的成因，制定应急预案。一旦出现群众集体上访，要立即组织有关人员迅速赶赴现场，区分不同情况，进行疏导，化解矛盾，尽快平息事态。要妥善处理人民内部矛盾特别是涉及群众切身利益的矛盾。对群众反映强烈的热点问题、倾向性问题，涉及群体利益的问题，可选派群众代表参与调查、核实，协助组织做疏导、化解工作。对重要集体上访，要向同级党委、政府、上级纪检监察机关报告。对越级集体上访，要按照上级机关要求，迅速赶赴现场或接待场所处理，并及时反馈处理结果。要强化目标责任，对因失职渎职造成集体上访影响恶劣的，要追究有关领导、有关部门的责任。对借集体上访而扰乱工作、生产、生活秩序，影响社会稳定的组织者和骨干分子，也要追究责任。

11. 认真对待信访老户。对纪检监察机关受理范围内的要认真分析不能终止信访的原因，凡属处理信访举报措施不力、方法欠妥的要立即纠正，凡属合理的要求要尽快解决；要求过高难以解决的，要做好耐心细致的思想教育工作；对少数无理取闹、影响正常工作秩序的，请有关部门协助处理。对业务范围外的，要宣传有关规定，明确受理单位，引导到有关部门处理。对信访老户，一律建信访档案，掌握反映的问题、解决落实的过程和结果、本人的要求及相关政策规定等。

四、加强信访协调

12. 充分发挥纪委组织协调作用，诚心诚意为群众谋利益。对群众反映强烈的重要问题或合理要求，要格外关注，重点帮助，积极帮助疏通办理渠道。必要时，要加强督办。

13. 依靠党委、政府协调处理问题。要经常向党委、政府反映信访举报情况，争取领导的重视与支持。对同时涉及几个部门的问题，要请示党委、政府，确定牵头和参加单位，共同处理解决。应由纪检监察机关牵头处理的问题，要主动协调有关部门共同研究解决。

14. 加强与职能部门密切合作。要主动通报情况，适时交办任务，并加强检查、督办。要虚心听取职能部门意见，共商解决办法。

15. 强化上下级之间的沟通协商。下级纪检监察机关遇到重要情况和问题要及时请示汇报；上级纪检监察机关要支持基层开展工作，在处理信访问题意见不一致时，应认真听取基层意见并主动与下级机关交换意见，求得共识。

五、加强预测预防，综合治理影响稳定的异常访、集体访

16. 加强宣传、教育、引导。要配合党委、政府对党员、干部进行宣传、教育，增强群众观念、民主意识，勤政为民；要依法行政，依法处理各种矛盾和问题；要科学决策，制定涉及全局和长远发展规划时注意广泛听取群众意见，充分考虑群众承受能力。要采取多种形式，宣传信访举报工作法规，宣传公民在信访举报活动中的权利和义务，教育群众正确行使权力，引导群众归口反映问题，依法信访、逐级信访、署名信访，严格禁止共产党员及国家工作人员煽动、组织、策划、参与集体上访。

17. 加强调查研究和情况分析。要转变作风，主动深入基层、深入群众，了解新形势下信访举报中出现的新情况、新问题，了解党的各项方针、政策在基层的贯彻执行情况，了解群众反映的热点问题，特别要注意集体访、越级访的苗头。要加强综合分析，及时把握信访态势，有针对性地开展工作。

18. 拓宽了解社情民意的渠道。要变群众上访为干部下访，随时掌握群众思想脉搏。要采取设接待站、领导挂牌接访、设点开展咨询、组织下访工作队等形式，千方百计为群众反映情况、解决问题提供便利条件。要和有关部门加强联系，主动收集信息，还可以通过建立联系点、信息点等途径了解情况。

19. 加强信访网络建设。县、乡两级要建立信访工作领导小组，有条件的行政村、街道社区、国有控股企业应设立信访接待场所，聘请信访监督员。信访监督

员要选择党性强、作风正派、有威信的党员、群众来担任。信访监督员的职责是:对党员干部遵纪守法和依法行政的行为进行监督;向有关组织反映情况,特别是一些苗头性问题要及时反映;协助基层组织落实信访问题、做思想政治工作,化解矛盾。要采取措施,使信访网络真正发挥作用。

20. 增强工作的前瞻性。对重大方针、政策、决定出台后和重要节日、重大活动、重要工程的实施等过程中可能出现的不安定因素要进行预测、排查,并采取措施予以防范。

21. 以加强基层民主法制建设为契机,努力从源头上减少信访问题的发生。要协助党委、政府完善决策机制,实行民主决策和民主管理,充分反映民意。要配合有关部门搞好村务公开、厂务公开、政务公开,增加工作透明度和群众知情权。在干部的选拔、任用工作中,要充分发挥群众监督和组织监督的作用。

22. 建立快速反应、快速处理机制。对到纪检监察机关的重大集体访;采取静坐、围堵和冲击党政机关大门、拦截领导汽车等有过激行为的上访;行凶、自杀或携带危险品、爆炸物品上访等紧急、重要情况,在果断处置的同时,务必及时上报有关部门。对群众反映的问题,属于本级纪检监察机关受理范围的,及时作出处理;属于上级管辖的,立即上送;对不属于受理范围的,要尽快移送、疏导到有关部门。对故意扰乱工作秩序、不听劝告的,要立即请公安部门协助处理。

六、加强指导和督促检查

23. 中央、省级纪检监察机关对基层信访举报工作要加强指导。通过部署工作、制定计划、建立制度、建立联系点或跟踪点、总结推广经验、举办培训班、开展理论研究等形式搞好宏观指导。要通过督办案件、协调解决信访问题等方法进行具体指导。

24. 地(市)级纪检监察机关对基层信访举报工作要进行督促检查。检查基层对上级部署工作的落实情况、规章制度的执行情况、信访案件办理情况,检查基层受理的信访举报件的处理情况,检查基层信访机构、人员配备、网络建设情况等,发现问题,及时帮助解决。

25. 实行目标管理。各省要根据实际情况,以提高信访案件按期结案率、初信初访办结率,减少越级信访、重复信访、集体上访为重点,提出切实可行的数量、质量、效率等管理目标,努力把问题解决在基层,把矛盾化解在基层。

关于依纪依法规范纪检监察信访举报工作的若干意见

中共中央纪委办公厅2005年2月1日印发

加强党的执政能力建设,提高依法执政水平,要求纪检监察机关及其工作人员不断提高依法执纪和依法监察的能力。信访举报工作是纪检监察工作的基础性工作,必须把依纪依法的要求贯穿于各个工作环节。根据党内法规和国家法律法规的有关规定,现就进一步规范信访举报工作提出如下意见。

一、规范信访举报工作的指导思想、基本原则和目标

以邓小平理论和“三个代表”重要思想为指导,按照建立健全与社会主义市场经济体制相适应的教育、制度、监督并重的惩治和预防腐败体系的要求,健全制度、规范程序,加强管理、强化监督,提高纪检监察机关依纪依法处理信访举报的能力和水平,切实保障信访举报当事人的合法权利,维护正常的信访秩序,为党风廉政建设和反腐败工作服务,为改革发展稳定的大局服务。

坚持注重制度建设的原则,建立健全法规制度,把信访举报工作纳入制度化、规范化轨道;坚持公开公正的原则,做到处理信访举报的程序依法公开,处理结果客观公正;坚持权利与义务统一的原则,保障信访举报当事人的合法权利不受侵犯,引导他们正确履行义务;坚持严格管理、严格监督的原则,明确职责,严明纪律,对滥用职权和失职渎职的行为实施责任追究。

经过努力,使信访举报工作法规制度基本健全,工作程序更加规范,处理信访举报的能力切实增强,信访举报当事人民主权利得到保障,信访举报环境明显改善。

二、加强制度建设,依纪依法处理信访举报

加强制度建设,必须适应完善社会主义市场经济体制、发展社会主义民主政治和构建社会主义和谐社会的要求,按照党和国家的有关方针政策和法律法规,结合本地区、本单位的实际,制定规章制度和行为规范,注重适时性、可行性和可操作性。

完善信访举报受理制度。各级纪检监察机关要增强政治意识、大局意识和责任意识,认真受理涉及党员、党组织及行政监察对象的检举、控告和申诉。对损害群众切身利益的问题,要认真对待,不得推诿、敷衍。各级纪检监察机关负责人要经常阅处群众来信,定期接待群众来访。地方纪检监察机关应深入基层接待群

众。在确保安全保密的前提下，逐步推广网上举报，拓宽信访举报受理渠道。

完善来信处理制度。建立健全收信登记、送阅审批、转办催办、查办结案、复信回访、立卷归档等规章制度，促进信访举报工作的规范化、程序化。建立健全信息反映制度，加强综合分析，定期向领导机关和有关部门反映苗头性、倾向性问题和群众反映的热点问题。完善处理重要来信的请示、报告制度，避免处理的随意性。对重复来信和人数众多的联名来信，要加强跟踪督办，必要时可直接调查核实。对署实名举报，要按照谁承办、谁答复的原则，以适当方式将处理结果答复举报人，并听取其意见。

建立健全来访接待制度。逐步建立完善首访责任制，坚持哪一级机关接谈、哪一级机关负责的原则，对应由本级纪检监察机关办理的问题，要一办到底，限期将办理结果或办理情况答复来访人；对应由下级办理的问题，要加强催办督办，直至问题妥善处理。建立健全集体访应急处理机制，明确纪检监察机关有关领导、部门的职责，并通过信息通报、召开联席会议等方式，加强与有关单位和部门的协调配合。出现重大集体访时，按照“谁主管、谁负责”和“属地管理”的原则，有关地区、部门和单位的领导及工作人员要立即赶赴现场，积极疏导，妥善处理。要增强预见性，针对群众上访中可能出现的问题制定工作预案。对严重扰乱信访秩序的行为，要采取果断措施予以处置。对重大重复集体访，要分析成因，注意查处少数党员干部可能存在的违纪违法问题。建立定期排查制度，对重点来访人员、集体访苗头和不稳定因素进行排查，及时就地解决。在基层，对影响面较大、反映侵犯群体利益问题的集体访，经批准可吸收群众代表参与调查。

健全举报电话处理制度。耐心接听举报电话，做好记录，重要情况、情节要向举报人复述确认，并按政策规定向举报人作出解释或答复。对紧急、重要的情况要及时向领导报告，并采取措施快速处理。对应由其他部门受理的问题，引导举报人向有关部门反映。

在县和县以下基层单位逐步推行信访举报办事公开制度。通过多种渠道，公布有关法规制度、处理程序，以及其他为信访举报人提供便利的相关事项。对涉及群体性利益以及重大、复杂的信访问题，可通过适当方式将调查结果在一定范围内向信访举报人反馈。必要时可要求有关组织或人员到场说明情况，有条件的可举行听证。通过公开，切实把矛盾化解在基层，把问题解决在基层。

三、保障信访举报当事人的合法权利

保障检举、控告人合法权利。认真贯彻执行《中央纪委、监察部关于保护检举、控告人的规定》。畅通受理、办理、反映、反馈渠道，严禁对检举、控告人压制、歧视、刁难。严禁泄漏检举、控告的有关情况，不得将检举、控告材料及有关情况转给被检举、控告人员或单位。严肃查处侵犯检举、控告人民主权利的行为，对打击报复检举、控告人的要严肃处理。受理机关工作人员应当回避的，要主动提出回避。检举、控告人有正当理由要求有关工作人员回避的，受理机关应作出回避决定。逐步建立和完善奖励制度，对检举、控告重大违纪违法行为的有功人员，应给予奖励。

保障被检举、控告人合法权利。要探索维护被检举、控告人权利的措施和办法，认真对待被检举、控告人的解释或说明，重视被检举、控告人对承办的纪检监察机关及其工作人员违纪行为的检举、控告。对未经调查或正在调查处理的举报内容，不得泄漏和扩散。对经调查未发现被检举、控告人有违纪问题的，必要时可在一定范围内通报情况，澄清是非，消除影响。对诬告者要严格依纪依法予以惩处。

保障申诉渠道畅通。要规范申诉信访的处理办法，对属于本级纪检监察机关直接受理范围的，由本级机关申诉复查部门处理；对不属于本级机关直接受理范围的，移送有权处理的机关。对不符合申诉条件的，应告知申诉人。要建立信访、审理等部门联席会议制度，加强沟通协调，及时研究和处理申诉复查中存在的突出问题，解决疑难、复杂的申诉复查案件。

四、引导群众依法有序进行信访举报

加强信访举报宣传工作。要把这项工作纳入反腐倡廉“大宣教”工作格局之中，统一部署，统筹安排。加强与新闻媒体的联系，通过多种形式宣传信访举报工作的方针政策和法规制度，使广大群众了解纪检监察机关的职责和受理范围、处理信访举报的程序和方法，明确在信访活动中的权利和义务。

引导信访举报人正确行使权利。要引导群众署实名举报、逐级举报。提倡实行双向承诺制度，受理机关承诺依法及时处理信访举报，信访举报人承诺维护信访秩序。对于已经或者依法应当通过诉讼、仲裁、行政复议等法定途径解决的，以及应由其他单位或部门受理的信访问题，要告知信访举报人受理的单位或部门。对少数妨碍信访秩序的，要进行批评教育。对违反治安管理规定的，要协调公安机关依法予以处理。

规范党员、国家机关工作人员的信访举报行为。

党员、国家机关工作人员要按照组织原则和法定程序,负责任地进行检举、控告,实事求是地提出申诉,不得歪曲、捏造事实,诬告陷害。要正确对待组织的处理意见,不得无理纠缠。要维护信访秩序,不得带头参加集体访,严禁煽动、策划、组织集体访。对不听劝导,造成恶劣影响或严重后果的,要依纪依法予以严肃处理。

五、加强对信访举报工作及工作人员的管理和监督

加强内部管理。制定信访举报件内部归口管理办法,逐步实现信访举报件由信访举报部门统一受理、转办和管理。对分流到本机关其他部门的信访举报件,信访举报部门要掌握办理情况,定期汇总分析。建立健全信访案件办理和管理制度,对需要发函或直接查办的信访举报件,严格履行审批程序。定期催办督办信访案件,对重大、疑难案件的催办督办要制订方案,经批准后组织实施。对下级机关呈报的信访案件处理结果要严格审核,必要时可调卷审查或直接调查。对重要信访案件的处理,承办人和呈报单位意见不一致的,要集体研究决定。

加强监督制约。建立健全案件线索集体排查机制,重要案件线索由纪检监察机关的领导人组织纪检监察室、信访室等部门的负责人共同研究处理意见。信访举报部门内部要合理分工,形成受理、办理、督办、审核、结案归档等环节的相互制约机制。信访举报工作人员应定期轮岗。逐步建立外部监督机制,重视群众对不依纪依法办理信访举报的反映,对违纪违法者要严肃处理。上级纪检监察机关要加强对下级机关依纪依法处理信访举报情况的督促检查,及时纠正存在的问题。

严格责任追究。建立健全纪检监察机关主要领导负总责,分管领导、信访举报等部门负责人及其工作人员各负其责的责任制。逐步实行信访举报工作过错追究制,对丢失、隐匿或者擅自销毁信访举报材料的,敷衍塞责、推诿扯皮导致重复信访、集体访或矛盾激化的,泄漏信访举报情况导致案件查处工作受阻或检举、控告人遭到打击报复的,处理重要信访及突发性事件不及时造成严重后果和恶劣影响的,以及有其他失职渎职行为的,要分清责任,依照党纪政纪严肃处理。构成犯罪的,移送司法机关处理。

各级纪检监察机关要高度重视依纪依法规范信访举报工作,切实加强领导,精心组织,周密安排。要结合实际,确定不同阶段的工作重点,分步骤推进。要加强调查研究,掌握新情况,解决新问题,确保依纪依法规范信访举报工作的各项任务和要求落到实处。

党委组织部门信访工作暂行规定

中共中央组织部2006年6月27日印发

第一章 总 则

第一条 为加强和改进党委组织部门信访工作,切实维护党员、干部和群众的合法权益,根据《信访条例》和党委组织部门工作实际,制定本规定。

第二条 本规定所称党委组织部门信访工作是指党委组织部门依据党的路线、方针、政策和组织工作的有关规定,受理和解决党员、干部、群众或者有关组织通过书信、走访、电话、电子邮件、传真等形式提出或反映的有关问题所进行的活动。

党委组织部门信访工作是组织工作的重要组成部分。

第三条 党委组织部门信访工作应当遵循下列原则:

(一)实事求是的原则;

(二)属地管理、分级负责,谁主管、谁负责的原则;

(三)严格按政策办事与做好思想疏导工作相结合的原则;

(四)依法、及时、就地解决问题的原则。

第四条 县级以上党委组织部门应当明确信访工作机构,负责本级党委组织部门的信访工作。信访工作机构可单设,也可与其他内设机构合设。信访工作机构的人员配备要与其工作任务相适应。

党委组织部门应以适当方式向社会公布信访工作机构的通信地址、来访接待的时间和地点、电子信箱、投诉电话等相关信息。

第五条 党委组织部门信访工作的主要职责:

(一)受理、交办、转送信访人提出的信访事项;

(二)承办上级党委组织部门和同级党委交由处理的信访事项;

(三)协助其他部门处理需要本级党委组织部门参与的信访事项;

(四)督促检查信访事项的处理;

(五)研究、分析信访情况,及时向本级党委和上级党委组织部门提出完善政策和改进工作的建议;

(六)对下级党委组织部门的信访工作进行督促检查和指导。

第六条 党委组织部门受理信访事项的范围:

(一)党的组织路线、方针、政策的贯彻执行情况和问题；

（二）对领导班子、领导干部和干部队伍建设有关情况和问题的反映；

（三）党的基层组织建设和党员队伍建设方面的情况和问题；

（四）对组织工作、干部工作、人才工作的询问、意见和建议；

（五）离（退）休干部待遇和管理方面的情况和问题；

（六）对党委组织部门审查和处理结论不服的申诉；

（七）党委组织部门管理权限内的有关人事方面的申诉和要求；

（八）其他应由党委组织部门处理的信访事项。

第二章 信访事项的受理

第七条 党委组织部门收到信访事项，由信访工作机构统一登记并在15日内按下列方式处理：

（一）对属于本级党委组织部门处理的信访事项，转送有关内设机构办理，并书面告知信访人已经受理。

对属于下级党委组织部门处理的信访事项，转交下级党委组织部门。有权处理的部门接到上级部门转交的信访事项后，应当书面告知信访人是否受理。不予受理的，应当说明理由。

（二）对不属于党委组织部门受理的信访事项，转送有关部门处理，并告知信访人向有权处理的部门提出。

（三）对询问组织工作有关政策的，应当书面或口头回复信访人；对组织工作提出意见和建议的，应当书面告知信访人所提意见和建议的处理情况。

（四）对需要其他部门协助处理的信访事项，应当协商有关部门处理。

第八条 对可能造成社会影响的重大、紧急信访事项，应当及时报告本级党委和上级党委组织部门，并在职责范围内及时采取措施，防止不良影响的产生、扩大。

第九条 对采取走访形式提出信访事项的，应告知信访人向有权处理的部门提出。对多人采取走访形式提出共同信访事项的，应告知推选代表，代表人数不得超过5人。

第十条 信访事项在规定期限内已经受理或正在办理，信访人向受理或办理部门的上级机关再提出同一信访事项的，该上级机关不予受理。

信访人在本规定第十六条、第十七条规定的期限内未提出复查、复核请求，或对复核意见不服，仍然以同一事实和理由提出诉求的，党委组织部门不再受理。

第三章 信访事项的办理和督办

第十一条 党委组织部门办理信访事项时，应当坚持原则，严格履行职责，及时组织调查核实，妥善处理，不得推诿、敷衍、拖延。

第十二条 信访事项应当自受理之日起60日内办结，提出信访处理意见。情况复杂的，经本部门负责人批准，可以适当延长办理期限，但延长期限不得超过30日，并告知信访人延期的理由。

第十三条 信访处理意见要事实清楚、定性准确、处理恰当、手续完备。信访处理意见除有保密要求的，应当以书面形式答复信访人。

第十四条 对本级党委组织部门信访工作机构转送内设机构办理的信访事项，有关内设机构要按时反馈办理情况。

第十五条 对上级党委组织部门转送的要求上报信访处理意见的信访事项，经办部门应当逐级上报。上级机关对上报的信访处理意见要严格审核，发现适用政策不当或违反程序的，应当退回经办部门重新办理。

第十六条 信访人对党委组织部门作出的信访处理意见不服的，可以自收到书面答复之日起30日内请求原办理部门的上一级机关复查。收到复查请求的机关应当自收到复查请求之日起30日内提出复查意见，并予以书面答复。

第十七条 信访人对复查意见不服的，可以自收到书面答复之日起30日内向复查机关的上一级机关请求复核。收到复核请求的机关应当自收到复核请求之日起30日内提出复核意见，并予以书面答复。

第十八条 对重大、复杂、疑难的信访事项，可以举行听证。

第十九条 信访人在本规定实施前提出的信访事项尚未办结，或已经办结，信访人又提出新的事实或者理由重新信访的，按照本规定办理。

第二十条 办理机关可对信访处理意见的落实情况进行回访。

第二十一条 有下列情形之一的，应当及时督办，并提出改进意见和建议：

（一）未按本规定受理信访事项的；

（二）未按规定程序和规定期限办理信访事项的；

（三）办理信访事项推诿、敷衍、拖延的；

（四）不执行信访处理意见的；

（五）其他需要督办的情形。

第二十二条　党委组织部门工作人员与信访事项或者信访人有直接利害关系的,应当回避。

第四章　责任追究

第二十三条　因履行职责不当引发信访事项,或隐瞒、缓报重大紧急信访事项和信访信息,造成严重后果的,给予负有直接责任的主管人员和其他直接责任人员党纪政纪处分。

第二十四条　对收到的信访事项未按本规定办理,或在信访事项办理过程中弄虚作假的,由其上级机关责令改正;造成严重后果的,给予负有直接责任的主管人员和其他直接责任人员党纪政纪处分。

第二十五条　将信访人的检举、揭发材料及有关情况透露或者转给被检举、揭发的人员或者单位,或对信访人打击报复的,给予批评教育;情节严重的,给予党纪政纪处分。

第二十六条　对违反《信访条例》第十八条、第二十条规定,扰乱社会公共秩序和信访秩序的,信访工作人员应当对信访人进行劝阻、批评或者教育。经劝阻、批评或者教育无效的,可提请公安机关依法处理。

第二十七条　对违反《信访条例》第十九条规定,捏造歪曲事实、诬告陷害他人的,给予批评教育;情节严重的,可提请公安机关依法处理。

第五章　组织领导

第二十八条　党委组织部门要加强对信访工作的领导,把信访工作列入重要议事日程,建立统一领导、内部协调、各负其责、齐抓共管的信访工作格局。主要负责人要亲自阅批重要来信,接待重要来访,定期听取信访工作汇报,经常分析研究信访形势,及时解决工作中的突出问题。

第二十九条　党委组织部门要加强信访工作制度建设。县级以上党委组织部门应当建立内部信访工作联席会议机制,制定和完善处理信访突出问题及群体性事件、突发事件的工作预案。

第三十条　党委组织部门要加强对下级党委组织部门信访工作的指导,特别是要加强对县级党委组织部门信访工作的指导,提高基层化解矛盾和解决问题的能力。

第三十一条　党委组织部门要重视信访工作机构和队伍建设,加强对信访工作人员的培训,不断提高信访工作人员的政治素质和业务水平。

对在信访工作中做出优异成绩的单位和个人,应当给予奖励和表彰。

第六章　附　　则

第三十二条　省(区、市)党委组织部可以根据本规定制定实施办法。

第三十三条　本规定由中共中央组织部负责解释。

第三十四条　本规定自2006年8月1日起施行。1980年3月3日中共中央组织部发布的《各级党委组织部门处理来信来访工作暂行条例》同时废止。

关于违反信访工作纪律适用《中国共产党纪律处分条例》若干问题的解释

中央纪委2008年7月4日印发

为严格执行处理信访突出问题及群体性事件工作责任制,切实落实领导责任,惩处信访工作违纪行为,维护信访工作秩序,保护信访人合法权益,促进社会和谐稳定,现就信访工作违纪行为适用《中国共产党纪律处分条例》若干问题解释如下。

一、党和国家机关、人民团体、企业、事业单位中对信访工作违纪行为负有领导责任的人员和其他直接责任人员中的共产党员,依照本解释追究责任。

二、本解释所称违反信访工作纪律,是指违反党和国家有关信访工作的规定的行为。

三、本解释所称领导责任,是指有关领导人员在处理信访突出问题及群体性事件时,承担的与领导工作职责相关的责任,分为主要领导责任和重要领导责任。

四、有下列情形之一的,依照《中国共产党纪律处分条例》第一百二十八条规定处理:

(一)决策违反法律法规和政策,严重损害群众利益,引发信访突出问题或群体性事件的;

(二)主要领导不及时处理重要来信、来访或不及时研究解决信访突出问题,导致矛盾激化,造成严重后果的;

(三)对疑难复杂的信访问题,未按有关规定落实领导专办责任,久拖不决,造成严重后果的。

五、有下列情形之一的,依照《中国共产党纪律处分条例》第一百三十一条规定处理:

(一)拒不办理上级机关和信访工作机构交办、督办的重要信访事项,或者编报虚假材料欺骗上级机关,造成严重后果的;

(二)拒不执行有关职能机关提出的支持信访请求意见,引发信访突出问题或群体性事件的;

（三）本地区、单位或部门发生越级集体上访或群体性事件后，未认真落实上级机关的明确处理意见，导致矛盾激化、事态扩大或引发重复越级集体上访，造成较大社会影响的；

（四）不按有关规定落实信访工作机构提出的改进工作、完善政策、给予处分等建议，造成严重后果的。

六、有下列情形之一的，依照《中国共产党纪律处分条例》第一百三十二条规定处理：

（一）在处理信访事项过程中，工作作风简单粗暴，造成严重后果的；

（二）对信访事项应当受理、登记、转送、交办、答复而未按规定办理或逾期未结，或者应当履行督查督办职责而未履行，造成严重后果的；

（三）在处理信访事项过程中，敷衍塞责、推诿扯皮导致矛盾激化，造成严重后果的；

（四）对重大信访突出问题和群体性事件，应到现场处置而未到现场处置或处置不当，造成严重后果或较大社会影响的。

七、有下列情形之一的，依照《中国共产党纪律处分条例》第一百三十四条规定处理：

（一）超越或者滥用职权，侵害公民、法人或者其他组织合法权益，导致信访事项发生，造成严重后果的；

（二）应当作为而不作为，侵害公民、法人或者其他组织合法权益，导致信访事项发生，造成严重后果的；

（三）因故意或重大过失导致认定事实错误，或者适用法律、法规错误，或者违反法定程序，侵害公民、法人或者其他组织合法权益，导致信访事项发生，造成严重后果的。

八、违反规定使用警力处置群体性事件，或者滥用警械、强制措施，或者违反规定携带、使用武器的，依照《中国共产党纪律处分条例》第一百三十六条规定处理。

九、在信访工作中有其他失职、渎职行为，引发信访突出问题或群体性事件的，依照《中国共产党纪律处分条例》第一百二十七条规定处理。

十、有本解释第四条至第九条规定的行为，可同时建议有关机关给予组织处理。

十一、有本解释第四条至第九条规定的行为，但未造成较大影响或严重后果的，可以责令作出深刻检查或给予通报批评。

关于创新群众工作方法解决信访突出问题的意见
（略有删改）

中共中央办公厅、国务院办公厅2013年12月20日印发

近年来，各地区各部门认真贯彻落实中央决策部署，解决了大量群众生产生活中遇到的困难和问题，赢得了群众拥护，凝聚了党心民心。同时应当看到，一些地方和部门还不同程度地存在损害群众利益、伤害群众感情的现象，引发了大量信访问题，尤其是在征地拆迁、劳动和社会保障、教育医疗、企业改制、环境保护等方面的信访问题比较突出，群众反映强烈。为深入贯彻落实党的十八大和十八届三中全会精神，推动信访工作制度改革，解决好人民群众最关心最直接最现实的利益问题，进一步密切党同人民群众的血肉联系，巩固和扩大党的群众路线教育实践活动成果，夯实党执政的群众基础，促进社会和谐稳定，现就创新群众工作方法、解决信访突出问题提出如下意见。

一、着力从源头上预防和减少信访问题发生

（一）加大保障和改善民生力度。将保障和改善民生作为预防和化解矛盾纠纷的基础性工作，更加注重落实好各项民生政策，优先保障民生支出。针对土地征用、房屋拆迁、劳动和社会保障等方面的突出问题，加强顶层设计，完善相关政策，全力推动落实。

（二）提高科学民主决策水平。完善决策机制和程序，增强决策透明度和公众参与度。建立健全人民建议征集制度，鼓励和引导人民群众对党和政府工作献计献策。对与人民群众利益密切相关的决策事项，要通过举行座谈会、听证会、论证会等形式广泛听取意见，充分考虑大多数人的利益。健全重大决策社会稳定风险评估机制，把社会稳定风险评估作为重大决策出台的前置程序和刚性门槛，对决策可能引发的各种风险进行科学预测、综合研判，确定风险等级并制定相应的化解处置预案。在评估中要充分听取信访、维稳、综治等部门的意见。健全决策纠错改正机制，实时跟踪决策实施情况，及时了解利益相关方和社会公众对决策实施的意见和建议，全面评估决策执行效果，适时决定是否对决策予以调整或者停止执行。落实决策责任追究制度，对违反决策规定、出现重大决策失误而造成重大损失或者恶劣影响的，按照谁决策、谁负责的原则，严肃追究决策者的党纪政纪责任，触犯法律的依法

追究其法律责任。

（三）坚持依法办事。各级国家机关及其工作人员要严格按照法定权限和程序行使权力、履行职责。强化各级干部带头学法尊法守法用法意识，提高依法办事能力。依法保障人民群众参与社会治理和公共事务，坚决纠正限制和干涉群众正常信访活动的错误做法。注重运用法治思维和法治方式化解矛盾纠纷，防止以闹求解决、以访谋私利、无理缠访闹访等现象发生。严格落实行政执法责任制，对于不作为、乱作为的，依法追究责任。深化司法体制改革，确保司法公平公正。建立健全冤假错案责任追究制度，实行法官、检察官、人民警察对办案质量终身负责制，严肃查处刑讯逼供、暴力取证、隐匿伪造证据等违法行为，不断提高司法公信力。

（四）改进工作作风。发扬求真务实、真抓实干、密切联系群众的优良作风，深入基层调查研究，解决突出问题。总结推广干部进村入户、送政策送温暖送服务、记民情日记、建民情档案等做法，坚持与群众共同分析研究解决实际问题。坚决反对形式主义、官僚主义、享乐主义和奢靡之风，做到联系群众而不脱离群众、服务群众而不损害群众、解决问题而不引发问题，进一步密切党群干群关系。

二、进一步畅通和规范群众诉求表达渠道

（五）健全公开透明的诉求表达和办理方式。完善民生热线、视频接访、绿色邮政、信访代理等做法，更加重视群众来信尤其是初次来信办理，引导群众更多以书信、电话、传真、视频、电子邮件等形式表达诉求，树立通过上述形式也能有效解决问题的导向。实行网上受理信访制度，大力推行阳光信访，全面推进信访信息化建设，建立网下办理、网上流转的群众信访事项办理程序，实现办理过程和结果可查询、可跟踪、可督办、可评价，增强透明度和公正性；逐步推行信访事项办理群众满意度评价，把办理工作置于群众监督之下，提高信访公信力。

（六）突出领导干部接访下访重点。把领导干部接访下访作为党员干部直接联系群众的一项重要制度，与下基层调查研究、深入联系点、扶贫帮困等结合起来，提高工作实效性。省级领导干部每半年至少1天、市厅级领导干部每季度至少1天、县（市、区、旗）领导干部每月至少1天、乡镇（街道）领导干部每周至少1天到信访接待场所，按照属地管理、分级负责的原则接待群众来访，省、市及其工作部门领导干部一般不接待越级上访。在坚持定点接访的同时，更多采取重点约访、专题接访、带案下访、下基层接访、领导包案等方式，把行政资源集中用于解决重大疑难复杂问题、检验施政得失、完善政策措施、加强督查问效上。

（七）完善联合接访运行方式。按照一站式接待、一条龙办理、一揽子解决的要求，在市、县两级全部实行联合接访，减少群众信访成本，提高工作效率。加强对进驻联合接访场所责任部门的动态管理，做到信访问题突出的责任部门及时进驻，信访问题明显减少的责任部门有序退出；推行律师参与接访、心理咨询疏导和专业社会工作服务等第三方介入的方法，促进问题解决。

（八）引导群众依法逐级反映诉求。深入学习宣传贯彻《信访条例》，加快推进信访工作法治化建设。严格落实《信访条例》关于“属地管理、分级负责，谁主管、谁负责，依法、及时、就地解决问题与疏导教育相结合”的原则，健全依法及时就地解决群众合理诉求机制，进一步强化属地责任，积极引导群众以理性合法方式逐级表达诉求，不支持、不受理越级上访。中央和国家机关来访接待部门对应到而未到省级职能部门反映诉求的，或者省级职能部门正在处理且未超出法定处理期限的，或者信访事项已经依法终结的，不予受理。各地可结合实际制定具体实施办法。依法维护信访秩序，对信访活动中的违法犯罪行为，由公安机关依法处理。

（九）充分发挥法定诉求表达渠道作用。按照涉法涉诉信访工作机制改革的总体要求，严格实行诉讼与信访分离，把涉法涉诉信访纳入法治轨道解决，建立涉法涉诉信访依法终结制度。各级政府信访部门对涉法涉诉事项不予受理，引导信访人依照规定程序向有关政法机关提出，或者及时转同级政法机关依法办理。完善法院、检察院、公安、司法行政机关信访事项受理办理制度，落实便民利民措施，为群众提供便捷高效热情服务。完善诉讼、仲裁、行政复议等法定诉求表达方式，使合理合法诉求通过法律程序得到解决。加强司法能力建设，不断满足人民群众日益增长的司法需求，让人民群众在每一个司法案件中都感受到公平正义。

三、健全解决信访突出问题工作机制

（十）完善信访联席会议制度。强化各级信访联席会议综合协调、组织推动、督导落实等职能作用，形成整合资源、解决信访突出问题的工作合力。根据实际需要，及时调整成员单位组成和专项工作小组设置，进一步明确各自职责任务，建立健全相关工作制度，特别注重从政策层面研究解决带有倾向性、普遍性和合

理性的突出问题。

（十一）健全解决特殊疑难信访问题工作机制。综合运用法律、政策、经济、行政等手段和教育、协商、调解、疏导等办法，认真解决特殊疑难信访问题，做到诉求合理的解决问题到位，诉求无理的思想教育到位，生活困难的帮扶救助到位，行为违法的依法处理。建立信访听证制度，对疑难复杂信访问题进行公开听证，促进息诉息访；规范信访事项复查复核工作，对已审核认定办结的信访事项不再受理；健全信访事项协商会办等制度，明确相关责任，加大化解“三跨三分离”信访事项力度。

（十二）健全统筹督查督办信访事项工作机制。建立健全党委和政府统一领导、信访联席会议组织实施、相关职能部门共同参与的督查督办工作机制，进一步加大解决和化解信访突出问题的力度。对久拖不决、涉及面广、群众反映强烈、社会关注度高的重大疑难信访突出问题，列入党委和政府督查机构督查范围；采取有针对性的方法，加强对重点地区、重点领域、重点问题的跟踪督查和问效。各级党委和政府要支持信访部门开展督查，重视信访部门提出的改进工作、完善政策、给予处分等建议。

（十三）健全科学合理的信访工作考核评价体系。改进和完善考核方式，综合考虑各地区经济社会发展情况、人口数量、地域特点、信访总量、诉求构成、解决问题的质量和效率等因素，合理设置考核项目和指标，不简单以信访数量多少为标准进行考评，推动各地区把工作重点放在预防和解决问题上。坚持量化考核和综合评议、上级评议和群众评议、平时考核和阶段性考核相结合，提高考核的科学性、客观性和可信度。

（十四）健全经常性教育疏导机制。认真研究把握新形势下思想政治工作特点和规律，教育和引导群众正确认识发展中存在的问题，正确处理个人利益和集体利益、局部利益和全局利益、当前利益和长远利益的关系，确立与当前经济社会发展阶段相适应的心理预期，自觉维护改革发展稳定大局。充分运用现代科技手段，通过建立政务微博、民生微信、民情 QQ 群等方式，搭建联系群众、体察民情、回应民意的新平台，提高互联网时代做好群众思想政治工作的能力和水平。

四、全面夯实基层基础

（十五）健全基层组织网络。进一步强化基层基础工作，把更多人力物力财力投向基层，把问题解决在基层，把矛盾化解在基层。创新党组织设置，推动党的组织和工作全覆盖。加强基层服务型党组织建设，提升基层党组织服务群众、做群众工作的能力和水平。建立健全基层民主管理机制，落实党务公开、政务公开、厂务公开、村务公开制度，充分调动群众民主参与、民主管理、民主监督的积极性。进一步加强乡镇（街道）、村（社区）、机关、企事业单位、社会组织党组织建设，建立健全解决问题、化解矛盾的基层综合服务管理平台。

（十六）组织动员社会力量参与。完善党代表、人大代表、政协委员联系群众制度，组织老干部、老党员、老模范、老教师、老军人等参与解决和化解信访突出问题相关工作。发挥工会、共青团、妇联等人民团体优势，做好组织引导服务群众和维护群众权益工作。制定扶持引导政策，通过政府购买服务、提供办公场所等形式，发挥好社会组织的积极作用。建立健全群众参与机制和激励机制，把群众工作触角延伸到家家户户；引导村（社区）制定符合国家法律的村规民约，运用道德、习俗、伦理的力量调节关系、化解纠纷。

（十七）加大社会矛盾纠纷排查化解工作力度。把矛盾纠纷排查化解工作的重心从事后处理转移到事前预防上来，做到发现得早、化解得了、控制得住、处理得好。健全矛盾纠纷预警机制，加强信息汇集分析研判；推行民情分析会、民情恳谈会等做法，充分发挥村（社区）、企事业单位信息员、调解员的作用。全面推行网格化管理模式，完善信访和人民调解、行政调解、司法调解联动工作体系，实现小事不出村、大事不出乡、矛盾不上交。

五、切实加强组织领导

（十八）严格落实信访工作责任。各级党委和政府要把信访工作作为党的群众工作的重要组成部分和送上门来的群众工作，把创新群众工作方法、解决信访突出问题列入重要议事日程，定期研究部署，认真组织推动。落实主要领导负总责、分管领导具体负责、其他领导一岗双责，一级抓一级、层层抓落实的领导体制，为解决和化解信访突出问题提供组织保障。加大问责力度，对损害群众利益、造成信访突出问题的，对群众反映的问题推诿扯皮、不认真解决造成不良影响的，严肃追究责任。

（十九）强化舆论引导。各级党委宣传部门和新闻媒体要高度重视对创新群众工作方法、解决信访突出问题的正面宣传和舆论引导，大力宣传党委和政府为保障和改善民生所付出的艰苦努力、取得的巨大成绩，大力推广解决群众合理诉求、维护群众合法权益的典型经验和做法，发出主流声音，树立正确导向；选择典型案例,向社会曝光无理缠访闹访、违法聚集滋事而依法受到处理的行为。

(二十)加强信访干部队伍建设。各级党委和政府要重视和加强信访干部队伍建设,根据形势任务需要,不断充实信访工作力量。完善后备干部、新提拔干部和中青年干部到信访部门、信访干部到基层一线挂职锻炼制度;选拔群众工作经验丰富的干部到信访部门工作,重视信访干部的使用,深入开展信访干部交流工作,增强信访干部队伍活力,不断提高做好新形势下群众工作、解决信访突出问题的能力。

各地区各部门要按照中央要求,深入研究和准确把握新形势下群众工作的新特点新规律新要求,进一步转变工作作风,努力提高带着责任和感情做好群众工作的能力、提高解决信访突出问题的能力、提高从源头上预防和化解矛盾纠纷的能力,维护群众合法权益,维护社会公平正义,维护社会和谐稳定。

信访工作责任制实施办法

中共中央办公厅、国务院办公厅 2016 年 10 月 8 日印发

第一章 总 则

第一条 为了进一步落实各级党政机关及其领导干部、工作人员信访工作责任,从源头上预防和减少信访问题发生,推动信访问题及时就地解决,依法维护群众合法权益,促进社会和谐稳定,根据国家有关法律法规和中央有关规定,制定本办法。

第二条 本办法所称党政机关,包括党的机关、人大机关、行政机关、政协机关、审判机关、检察机关。

各级党政机关派出机构、直属事业单位以及工会、共青团、妇联等人民团体适用本办法。

国有和国有控股企业参照本办法执行。

第三条 落实信访工作责任制,以邓小平理论、“三个代表”重要思想、科学发展观为指导,深入贯彻习近平总书记系列重要讲话精神,按照“属地管理、分级负责,谁主管、谁负责,依法、及时、就地解决问题与疏导教育相结合”的工作原则,综合运用督查、考核、惩戒等措施,依法规范各级党政机关履行信访工作职责,把信访突出问题处理好,把群众合理合法利益诉求解决好,确保中央关于信访工作决策部署贯彻落实。

第二章 责任内容

第四条 各级党政机关应当将信访工作列入议事日程,定期听取工作汇报、分析信访形势、研究解决工作中的重要问题,从人力物力财力上保证信访工作顺利开展;应当科学、民主决策,依法履行职责,从源头上预防和减少导致信访问题的矛盾和纠纷。

党政机关领导班子主要负责人对本地区、本部门、本系统的信访工作负总责,其他成员根据工作分工,对职权范围内的信访工作负主要领导责任。

各级领导干部应当阅批群众来信和网上信访,定期接待群众来访,协调处理疑难复杂信访问题。

第五条 各级党政机关工作部门对属于本部门职权范围内的信访事项,应当依照有关法律法规规定和程序,及时妥善处理。

垂直管理部门负责本系统的信访工作,应当督促下级部门和单位依法、及时、就地解决信访问题。

第六条 地方各级党委和政府在预防和处理本地区信访问题中负有主体责任,应当加强矛盾纠纷排查化解和信访风险防控预警,针对具体问题明确责任归属,协调督促有关责任部门和单位依法、及时、就地解决,并加强对信访群众的疏导教育。

第七条 各级信访部门应当在党委和政府的统一领导下,协调、指导和监督本地区的信访工作,依照法定程序和诉讼与信访分离制度受理、交办、转送和督办信访事项,协调处理重要信访问题,分析研究信访情况,提出改进工作、完善政策和给予处分的建议。

第八条 各级党政机关工作人员在处理信访事项过程中,应当遵守群众纪律,秉公办事、清正廉洁、保守秘密、热情周到。

第三章 督查考核

第九条 各级党政机关应当将信访工作纳入督查范围,对本地区、本部门、本系统信访工作开展和责任落实情况,每年至少组织开展一次专项督查,并在适当范围内通报督查情况。

第十条 各级党政机关应当以依法、及时、就地解决信访问题为导向,建立健全信访工作考核评价机制,制定科学合理的考核评价标准和指标体系,定期对本地区、本部门、本系统信访工作情况进行考核。考核结果作为对领导班子和领导干部综合考评的重要参考。

各级组织人事部门在干部考察工作中,应当听取信访部门意见,了解掌握领导干部履行信访工作职责情况。

国家信访局负责对各省、自治区、直辖市信访工作情况进行年度考核。对工作成效明显的省、自治区、直辖市予以通报表扬;对问题较多的省、自治区、直辖市,加强工作指导，督促解决存在的问题。

第四章　责任追究

第十一条　各级党政机关及其领导干部、工作人员不履行或者未能正确履行本办法所列责任内容，有下列情形之一的，应当追究责任：

（一）因决策失误、工作失职，损害群众利益，导致信访问题产生，造成严重后果的；

（二）未按照规定受理、交办、转送和督办信访事项，或者不执行信访事项处理意见，严重损害信访群众合法权益的；

（三）违反群众纪律，对应当解决的群众合理合法诉求消极应付、推诿扯皮，或者对待信访群众态度恶劣、简单粗暴，损害党群干群关系，造成严重后果的；

（四）对发生的集体访或者信访负面舆情处置不力，导致事态扩大，造成不良影响的；

（五）对信访部门提出的改进工作、完善政策和给予处分等建议重视不够、落实不力，导致问题长期得不到解决的；

（六）其他应当追究责任的失职失责情形。

对前款规定中涉及的集体责任，领导班子主要负责人和直接主管的负责人承担主要领导责任，参与决策和工作的班子其他成员承担重要领导责任，对错误决策或者行为提出明确反对意见而没有被采纳的，不承担领导责任；涉及的个人责任，具体负责的工作人员承担直接责任，领导班子主要负责人和直接主管的负责人承担领导责任。

第十二条　根据情节轻重，对各级党政机关领导干部、工作人员的责任追究采取通报、诫勉、组织调整或者组织处理、纪律处分的方式进行。上述追责方式，可以单独使用，也可以合并使用。

涉嫌违法犯罪的，按照国家有关法律规定处理。

第十三条　对具有本办法第十一条所列情形、情节较轻的，由有管理权限的党政机关对相关责任人进行通报，限期整改。

第十四条　对受到通报后仍未按期完成整改目标，或者具有本办法第十一条所列情形且危害严重以及影响重大的，由有管理权限的党政机关对相关责任人进行诫勉，督促限期整改。同时，取消该地区、部门和单位本年度评选综合性荣誉称号的资格。

第十五条　对受到诫勉后仍未按期完成整改目标，或者有本办法第十一条所列情形且危害特别严重以及影响特别重大的，由有管理权限的党政机关对相关责任人采取停职检查、调整职务、责令辞职、降职、免职等组织调整或者组织处理措施。

第十六条　对在信访工作中失职失责的相关责任人，应当给予党纪政纪处分的，依纪依法追究责任。

第五章　附　　则

第十七条　各省、自治区、直辖市，中央和国家机关各部门，可以根据本办法制定实施细则。

中央军事委员会可以根据本办法，结合中国人民解放军和中国人民武装警察部队的实际情况，制定具体规定。

第十八条　本办法由国家信访局负责解释。

第十九条　本办法自2016年10月8日起施行。此前发布的有关信访工作责任制的规定，凡与本办法不一致的，按照本办法执行。

二、谈话函询

资料补充栏

·党规党纪·

中央纪委、中央组织部关于对党员领导干部进行诫勉谈话和函询的暂行办法

中共中央办公厅 2005 年 12 月 19 日印发

第一条　为加强和改进对党员领导干部的日常教育和管理,根据《中国共产党党内监督条例(试行)》,制定本办法。

第二条　根据党委(党组)要求,纪律检查机关和组织(人事)部门按照干部管理权限,对党员领导干部进行诫勉谈话和函询。对下一级领导班子成员,根据具体情况,也可以委托其所在党委(党组)的主要负责人进行诫勉谈话。

第三条　党员领导干部有下列情况之一的,应当对其进行诫勉谈话:

(一)不能严格遵守党的政治纪律,贯彻落实党的路线方针政策和上级党组织决议、决定以及工作部署不力;

(二)不认真执行民主集中制,作风专断,或者在领导班子中闹无原则纠纷;

(三)不认真履行职责,给工作造成一定损失;

(四)搞华而不实和脱离实际的"形象工程"、"政绩工程",铺张浪费,造成不良影响;

(五)不严格执行《党政领导干部选拔任用工作条例》,用人失察失误;

(六)不严格执行廉洁自律规定,造成不良影响;

(七)其他需要进行诫勉谈话的情况。

第四条　诫勉谈话时,应当向谈话对象说明谈话原因,认真听取其对有关问题的解释和说明,指出需要注意的问题,并要求其提出改正措施。

第五条　纪律检查机关和组织(人事)部门应当采取适当方式,对诫勉谈话对象存在的主要问题的改正情况进行了解。对于没有改正或者改正不明显的,应当根据党委(党组)的意见,予以批评教育并督促改正,或者作出组织处理。

第六条　纪律检查机关和组织(人事)部门针对群众反映的党员领导干部政治思想、道德品质、廉政勤政、选人用人等方面的问题,也可以用书面形式对被反映的党员领导干部进行函询。

第七条　党员领导干部在收到函询的十五个工作日内,应当实事求是地作出书面回复。如有特殊情况不能如期回复的,应当在规定期限内说明理由。对函询问题未讲清楚的,可再次对其进行函询或者采取其他方式进行了解。对无故不回复的,应当责令其尽快回复。

第八条　对党员领导干部进行诫勉谈话和函询,要严格履行审批程序。一般应当按照干部管理权限,由纪律检查机关或者组织(人事)部门的有关单位提出意见,报本机关或者本部门领导批准。

第九条　党员领导干部接受组织诫勉谈话和函询,要如实回答问题,不得隐瞒、编造、歪曲事实和回避问题,不得无故不回复组织函询,不得对反映问题的人进行追查,更不得打击报复。对违反者,应当进行批评教育,情节严重的给予组织处理或者纪律处分。

第十条　党员领导干部的诫勉谈话记录(需经本人核实)和回复组织函询的材料,由进行诫勉谈话和函询的机关或者部门留存。

第十一条　有关工作人员对党员领导干部进行的诫勉谈话和函询内容要严格保密。对失密、泄密者,按照有关规定处理。

第十二条　非中共党员领导干部,需要进行诫勉谈话和函询的,适用本办法。

第十三条　中国人民解放军和中国人民武装警察部队关于对党员领导干部进行诫勉谈话和函询的办法,由解放军总政治部参照本办法制定。

第十四条　本办法由中央组织部商中央纪委解释。

第十五条　本办法自发布之日起施行。

地方党委委员、纪委委员开展党内询问和质询办法(试行)

中共中央办公厅 2007 年 4 月 22 日印发

第一条　为推动和规范党内询问和质询工作,发挥党的地方委员会委员、纪律检查委员会委员在党内监督中的作用,根据《中国共产党党内监督条例(试行)》有关规定,制定本办法。

第二条　党的地方各级委员会委员、纪律检查委员会委员,对所在委员会全体会议决议、决定执行中存在的问题提出询问和质询,适用本办法。

第三条　党委委员询问和质询的对象是所在党委的常委会、同级纪委,所在党委的工作部门、直属机构、派出机关、派出的巡视机构和所在党委批准成立的党组(党委)。

纪委委员询问和质询的对象是所在纪委的常委会、派出机关、派驻机构。

对常委会进行询问和质询时，可以要求询问和质询事项所涉及的相关党组织和有关部门参与说明、解释或者答复。

第四条　党委委员、纪委委员提出的询问和质询由本级党委、纪委办公厅（室）分别负责受理。询问和质询对象为党委常委会或者纪委常委会的，分别由上一级党委、纪委办公厅（室）受理，其中对省级党委常委会、纪委常委会的询问和质询，分别由中央办公厅和中央纪委办公厅受理。

询问和质询以书面形式提出。

委员单独提出询问和质询；多名委员就同一问题分别提出询问和质询的，一并处理。

提出质询，应当以提出过询问为前提条件。

询问和质询应当按照本办法规定的时限受理和处理，有交通、通信不便等特殊原因的，可以适当延长。

第五条　党委委员、纪委委员提出询问，应当填写《地方党委委员、纪委委员询问书》，送受理部门。

对涉及多个对象的询问，应当分别填写《地方党委委员、纪委委员询问书》。

第六条　党委委员、纪委委员提出的询问应当具备以下要件：

（一）有明确的询问对象；

（二）询问对象执行所在委员会全体会议决议、决定中存在的问题；

（三）署真实姓名。

第七条　受理部门自受理之日起15个工作日内，对符合第六条规定要件的询问，将《地方党委委员、纪委委员询问书》送交询问对象并告知询问人；对不符合第六条规定要件的，告知询问人，可以由其收回询问或者按照规定要件重新提出询问。

第八条　询问对象应当自收到受理部门送交的《地方党委委员、纪委委员询问书》之日起20个工作日内作出书面说明，由其党组织负责人署名后送受理部门。存在询问书所涉及问题的，应当说明具体情况和整改措施；不存在询问书所涉及问题的，应当作出解释。

受理部门收到询问对象所作的书面说明后，应当在5个工作日内送交询问人并留存备案。

第九条　询问人对询问对象所作说明不满意或者询问对象未在规定期限内作出说明的，可以自收到说明或者说明期满之日起填写《地方党委委员、纪委委员质询书》，提出质询。

对涉及多个对象的质询，应当分别填写《地方党委委员、纪委委员质询书》。

第十条　党委委员、纪委委员提出的质询应当具备以下要件：

（一）针对询问对象提出；

（二）针对询问提出的同一问题提出；

（三）有对询问对象所作说明不满意的理由或者询问对象未在规定期限内作出说明；

（四）署真实姓名。

第十一条　受理部门自受理之日起15个工作日内，对符合第十条规定要件的质询，将《地方党委委员、纪委委员质询书》送交质询对象并告知质询人；对不符合第十条规定要件的，告知质询人，可以由其收回质询或者按照规定要件重新提出质询。

第十二条　质询对象应当自收到受理部门送交的《地方党委委员、纪委委员质询书》之日起30个工作日内作出书面答复，由其党组织负责人署名后送受理部门。

受理部门收到质询对象所作的书面答复后，应当在5个工作日内送交质询人并留存备案。

质询对象在规定期限内作出答复确有困难的，可以在到期日之前书面告知受理部门并说明理由，由受理部门决定是否予以适当延长，并将延长期限书面告知质询人。

第十三条　质询人对质询对象作出的书面解释或者答复仍不满意，或者质询对象未在规定期限内作出书面解释或者答复的，质询人可以书面形式向党委常委会、纪委常委会提出或者向上一级党委、纪委反映。

第十四条　对质询人提出或者反映的问题，党委常委会、纪委常委会或者上一级党委、纪委应当及时研究处理。

必要时，可以成立调查组，对有关问题进行核实。

第十五条　询问、质询对象对询问、质询情况及其办理结果，应当在年度工作报告中予以说明。

第十六条　询问、质询对象认为询问、质询事项涉及保密内容的，应当书面说明情况并送受理部门。受理部门认为确应保密的，书面通知询问、质询对象对涉密内容可不作答复。

询问、质询人不得传播在询问、质询中获悉的保密事项或者其他不宜扩散的情况。

第十七条　受理部门拒不受理或者拖延办理询问、质询事项的，由同级党委或者纪委主要负责人对直接负责的主管人员和其他直接责任人员给予批评教育，责令限期改正。

询问和质询对象不办理或者不按期办理，或者不如实答复询问和质询事项的，给予通报批评，责令限期改正；情节严重的，依照《中国共产党纪律处分条例》第六十二条的规定追究主要责任人员的责任。

询问、质询对象打击报复或者有其他侵犯委员询问、质询权的，依照《中国共产党纪律处分条例》第一百四十条的规定追究主要责任人员的责任。

质询人不按照规定程序开展质询、故意刁难、无理纠缠的，给予批评教育；情节严重的，比照《中国共产党纪律处分条例》第六十三条的规定处理。

第十八条 纪律检查机关负责本办法执行情况的监督检查。询问和质询对象是所在纪委常委会的，由上一级纪律检查机关负责该询问和质询事项执行情况的监督检查。

第十九条 各省、自治区、直辖市党委可以根据本办法制定实施细则。

第二十条 本办法由中央纪律检查委员会商中央组织部解释。

第二十一条 本办法自发布之日起施行。

附件一：《地方党委委员、纪委委员询问书》

附件二：《地方党委委员、纪委委员质询书》

附件一

编号：

地方党委委员、纪委委员询问书

（　　年　月　日）

提出询问委员基本情况	姓名	
	工作单位、职务	
	联系方式	
询问对象		
询问问题		
提出询问委员签字		
受理部门审查意见		

备注：1. 表格填写不下可另附材料；
2. 表格一式二份，一份由受理部门留存，一份送交询问对象。

附件二

编号：

地方党委委员、纪委委员质询书

（　　年　月　日）

提出质询委员基本情况	姓名	
	工作单位、职务	
	联系方式	
质询对象		
质询问题		
质询理由		
提出质询委员签字		
受理部门审查意见		

备注：1. 表格填写不下可另附材料；
2. 表格一式二份，一份由受理部门留存，一份送交质询对象。

关于组织人事部门对领导干部进行提醒、函询和诫勉的实施细则

中共中央组织部 2015 年 6 月 28 日印发

第一章　总　　则

第一条 为从严管理监督干部，促进干部自觉践行“三严三实”，根据《中国共产党党内监督条例（试行）》《关于对党员领导干部进行诫勉谈话和函询的暂行办法》等党内法规，制定本细则。

第二条 各级组织人事部门在党委（党组）的领导下，按照干部管理权限，对领导干部进行提醒、函询和诫勉。

第三条 对领导干部进行提醒、函询和诫勉，应当坚持从严要求，把纪律挺在前面，抓早抓小抓苗头，防止小毛病演变成大问题；坚持关心爱护干部，注重平时教育培养，促进干部健康成长。

第二章　提　　醒

第四条 组织人事部门在干部日常管理监督或者党内集中教育活动、领导班子换届、领导班子民主生活会、年

度考核、巡视等工作中,对领导干部的苗头性倾向性问题以及其他需要引起注意的情况,应当及时进行提醒。

第五条　提醒对象由组织人事部门的干部工作机构或者干部监督机构提出建议名单,报本部门负责人批准后确定。

第六条　对领导干部进行提醒,一般采用谈话方式,也可以采用书面方式。

采用谈话方式进行提醒的,一般由组织人事部门负责人作为谈话人,也可以根据提醒对象的具体情况及谈话内容确定适当的谈话人。

采用书面方式进行提醒的,组织人事部门应向提醒对象发送提醒函。

第三章　函　　询

第七条　组织人事部门针对信访、举报及其他途径反映领导干部政治思想、履行职责、工作作风、道德品质、廉政勤政、组织纪律等方面的问题,除进行调查核实的外,一般采用书面方式对被反映的领导干部进行函询了解。

第八条　对领导干部进行函询,由组织人事部门的干部工作机构或者干部监督机构提出意见,报本部门负责人批准后实施。

第九条　对领导干部进行函询,应当向函询对象发送函询通知书。函询对象在收到函询通知书的十五个工作日内,应当实事求是地作出书面回复。如有特殊情况不能如期回复的,应当在规定期限内说明理由。对函询问题没有说明清楚的,可以再次对其进行函询或者采取其他方式进行了解。

第十条　有下列情形之一的,组织人事部门可以委托函询对象所在单位的党委(党组)主要负责人对其进行督促,也可以会同有关单位和部门直接进行调查了解:

(一)无故不按期书面回复的;

(二)两次函询后仍未说明清楚的;

(三)从回复材料中发现存在其他问题的。

第十一条　经函询或者调查了解,函询对象确实存在问题的,应当根据相关规定进行处理。

第十二条　组织人事部门对领导干部回复组织函询的材料应认真审核,并建立函询档案管理制度,对有关材料进行留存。

第四章　诫　　勉

第十三条　领导干部存在下列问题,虽不构成违纪但造成不良影响的,或者虽构成违纪但根据有关规定免予党纪政纪处分的,应当对其进行诫勉:

(一)遵守党的政治纪律、组织纪律不够严格的;

(二)执行民主集中制不够严格,个人决定应由集体决策事项或者在领导班子中闹无原则纠纷的;

(三)执行《党政领导干部选拔任用工作条例》不够严格,用人失察失误的;

(四)法治观念淡薄,不依法履行职责或者妨碍他人依法履行职责的;

(五)违反规定干预市场经济活动的;

(六)不认真落实中央八项规定精神和厉行节约反对浪费规定的;

(七)脱离实际、弄虚作假,损害群众利益和党群干群关系的;

(八)无正当理由不按时报告、不如实报告个人有关事项的;

(九)执行廉洁自律规定不严格的;

(十)纪律松弛、监管不力,对身边工作人员发生严重违纪违法行为负有责任的;

(十一)在巡视、经济责任审计中发现有违规行为的;

(十二)从事有悖社会公德、职业道德、家庭美德活动的;

(十三)其他需要进行诫勉的情形。

第十四条　对领导干部进行诫勉,由组织人事部门提出意见,报同级党委(党组)批准后实施。

第十五条　对领导干部进行诫勉,可以采用谈话方式,也可以采用书面方式。

第十六条　采用谈话方式进行诫勉的,应当根据诫勉对象的职务层次和具体岗位确定适当的谈话人。

(一)对党委(党组)主要负责人进行谈话诫勉,一般应由上一级党委(党组)负责人作为谈话人,也可以由上一级组织人事部门主要负责人作为谈话人。

(二)对党委(党组)领导班子其他成员进行谈话诫勉,一般应委托本级党委(党组)主要负责人作为谈话人,也可以由上一级组织人事部门负责人作为谈话人。

(三)对单位所属机构主要负责人进行谈话诫勉,一般应由本单位党委(党组)负责人作为谈话人。

(四)对单位其他人员进行谈话诫勉,由组织人事部门确定适当的谈话人。

第十七条　采用谈话方式进行诫勉的,谈话人应当实事求是地向诫勉对象说明诫勉的事由,提出有针对性的要求,并明确其提交书面检查的时间。谈话诫勉应当制作谈话记录,载明下列事项:

（一）诫勉对象的基本情况，包括姓名、职务等；
（二）谈话人、记录人的姓名、职务等；
（三）进行谈话诫勉的日期、地点；
（四）进行诫勉的事由；
（五）谈话具体内容。

第十八条 采用书面方式进行诫勉的，组织人事部门应当向诫勉对象发送诫勉书；同时，将诫勉事项告知诫勉对象所在单位党委（党组）主要负责人。诫勉书应当载明下列事项：
（一）诫勉对象的基本情况，包括姓名、职务等；
（二）进行诫勉的事由；
（三）对诫勉对象提出的有针对性的要求；
（四）要求诫勉对象提交书面检查的时间；
（五）进行诫勉的组织人事部门的名称；
（六）制作诫勉书的日期。

第十九条 受到诫勉的领导干部，取消当年年度考核、本任期考核评优和评选各类先进的资格，六个月内不得提拔或者重用。

第二十条 诫勉六个月后，组织人事部门应当采取适当方式，对诫勉对象的改正情况进行了解。对于没有改正或者改正不明显的，根据情节轻重，给予调离岗位、引咎辞职、责令辞职、免职、降职等组织处理。

第二十一条 组织人事部门要建立诫勉档案管理制度，对领导干部的谈话诫勉记录、诫勉书、书面检查材料等进行留存，并将有关情况作为领导干部考核、任免、奖惩的重要依据。

第五章 纪 律

第二十二条 领导干部接受提醒、函询和诫勉时，必须认真对待、如实回答，不得隐瞒、编造、歪曲事实和回避问题；不得追查反映问题人员，更不得打击报复。对违反者，根据情节轻重，给予组织处理；构成违纪违法的，移送有关部门依纪依法处理。

第二十三条 有关工作人员对领导干部进行提醒、函询和诫勉的内容要严格保密。对失密、泄密者，按照有关规定严肃处理。

第二十四条 各级组织人事部门要敢于担当，切实履行干部管理监督职责，积极发挥提醒、函询和诫勉的警示教育作用。对不履行或者不正确履行职责的，要视情节轻重追究责任，严肃处理。

第六章 附 则

第二十五条 本细则由中央组织部负责解释。

第二十六条 本细则自发布之日起施行。

组织人事部门对领导干部函询回复采信反馈办法

中共中央组织部2018年4月23日制定并发布

第一条 为更好发挥函询在领导干部日常管理监督中的作用，坚持严管和厚爱结合、激励和约束并重，根据《关于组织人事部门对领导干部进行提醒、函询和诫勉的实施细则》（中组发〔2015〕12号）等规定，制定本办法。

第二条 函询对象对函询回复的真实性负责。组织人事部门在发送函询通知书的同时发送《函询说明真实性承诺书》，由函询对象签字后，与函询回复一并送交函询的组织人事部门。

第三条 函询对象书面回复组织函询后，对情况说明清楚且没有证据证明存在违规违纪问题的，经组织人事部门负责人批准可予以采信了结。了结情况应当向函询对象发函反馈，反馈函同时抄送其所在地方（单位）党组织主要负责人。

第四条 对函询对象的反馈按照“谁函询谁反馈”的原则，由组织人事部门干部工作机构或者干部监督机构提出意见，报本部门负责人批准后办理。

第五条 采信反馈后又收到相同问题反映且无新的线索的，可不再重复函询。

第六条 在干部考察考核、巡视巡察、审计、案件调查、领导干部个人有关事项报告查核等工作和干部日常管理中，发现函询对象回复存在欺瞒组织行为的，从重处理。

第七条 建立完善函询档案管理制度，采信反馈材料与函询材料一并留存。

第八条 本办法由中央组织部负责解释。

第九条 本办法自2018年4月23日起施行。

附件：1. 函询说明真实性承诺书（参考样式）
　　　2. 函询回复采信反馈函（参考样式）

附件1

函询说明真实性承诺书

________年____月____日，我收到函询通知书（××字〔20××〕××号）。按照要求，我就有关问题作出了书面说明。我郑重承诺，本人对所作说明的真实性负责，并自愿接受组织的监督，如存在不如实说明的情况，愿意接受组织的从重处理。

本人签名：______________

________年____月____日

附件 2

××字〔20××〕××号

函询回复采信反馈函

××同志：

××××年××月××日，函请你就有关问题反映作出书面说明（××字〔20××〕××号）。××月××日，收到报来的书面说明材料。

经研究，对你所作的说明予以采信，函询问题予以了结。

按照规定，函询对象对函询回复的真实性负责，凡是不如实作出说明的，一经发现，从重处理。

××××（落款为作出函询的组织人事部门）

20××年××月××日

抄送：××同志〔函询对象所在地方（单位）党组织主要负责人〕

三、审查调查

资料补充栏

·法律法规·

监察机关调查处理政纪案件办法

1991年11月22日监察部令第1号发布施行

第一章 总 则

第一条 为保证监察机关调查处理政纪案件工作规范化，依法正确、及时地查处政纪案件，根据《中华人民共和国行政监察条例》制定本办法。

第二条 监察机关调查处理国家行政机关及其工作人员和国家行政机关任命的其他人员的政纪案件，适用本办法。

第三条 监察机关依照国家法律、法规和政策调查处理政纪案件，不受其他行政机关、社会团体和个人的干涉。

第四条 调查处理政纪案件，必须以事实为根据，以法律、法规和政策为准绳，在适用法律和政纪上人人平等。

第五条 调查处理政纪案件，坚持行政监察与群众监督相结合，监督与改进工作相结合，惩处与教育相结合的原则。

第六条 调查处理政纪案件，必须做到事实清楚，证据确凿，定性准确，处理恰当，程序合法。

第七条 调查处理政纪案件应当严格遵守国家保密规定。

第二章 立 案

第八条 监察机关按照《中华人民共和国行政监察条例》第三章关于各级监察机关的管辖的规定，分别受理下列涉及国家行政机关及其工作人员和国家行政机关任命的其他人员违法违纪行为的线索和材料：

（一）公民、法人或者其他组织检举、控告的；

（二）上级机关交办的；

（三）有关机关移送的；

（四）行为人自述的；

（五）监察机关发现的。

行为人和检举、控告人口头陈述的，监察机关应制作笔录，经核对无误后，由陈述人签名或者盖章；必要时可以录音。

第九条 受理违法违纪行为的线索和材料，应当填写受理登记表，经监察机关负责人批准后，进行初步审查。

第十条 初步审查后，应当写出初步审查报告，经本机关负责人批准后，分别作出以下处理：

（一）认为违法违纪事实不存在，或者虽有违法违纪事实，但情节显著轻微，不需要给予行政处分的，予以了结；

（二）认为虽有违法违纪事实，不需要给予行政处分，但依法应当由其他行政主管机关予以行政处理的，移送有关主管机关；

（三）认为需要给予刑事处分的，移送司法机关；

（四）认为有违法违纪事实，需要给予行政处分的，予以立案。

第十一条 重要、复杂的案件，监察机关可以会同政府有关部门共同立案。

第十二条 决定立案调查的，应当通知被调查单位及其上级机关或者被调查人及其所在单位。但有碍调查或者无法通知的除外。

第十三条 监察机关对重要案件的立案，应当报本级人民政府和上一级监察机关备案。

接受备案的机关在十五日内未提出异议的，视为同意。接受备案的人民政府与报备案的监察机关意见不一致的，由该监察机关的上一级监察机关决定。

第十四条 政纪案件应当在立案后六个月内结案。因特殊原因需延长办案期限的，应当经办案机关负责人批准，并报上一级监察机关备案，但至迟不得超过一年。上级机关交办的案件，不能如期结案的，应当向交办机关说明理由。

第十五条 监察机关办案人员有下列情形之一的，应当自行回避；被调查人、检举、控告人及与案件有利害关系的公民、法人或者其他组织有权申请其回避：

（一）是案件被调查人或者检举、控告人的近亲属的；

（二）本人或者近亲属与案件有利害关系的；

（三）与案件被调查人或者检举、控告人有其他关系，可能影响对案件公正处理的。

监察机关负责人的回避，由其所在人民政府主管监察工作的负责人或者上一级监察机关负责人决定；其他办案人员的回避，由监察机关的负责人决定。

对办案人员的回避作出决定前，办案人员不能停止对案件的调查。

对驳回申请回避的决定，被调查人、检举、控告人及有关公民、法人或者其他组织可以申请复议一次。

第三章 调 查

第十六条 政纪案件立案后，应当制定调查方案。调查方案主要包括调查人员的组成；应当查明的问题和线索；调查步骤、方法和措施等内容。

第十七条　能够证明案件真实情况的一切事实，都是证据。证据有以下几种：

（一）书证；

（二）物证；

（三）证人证言；

（四）被调查人的陈述和辩解；

（五）视听资料；

（六）鉴定结论；

（七）勘验、检查笔录。

以上证据必须经查证属实，才能作为定案的根据。

第十八条　监察机关应当依法全面、客观地收集证据。对于能够证实被调查人有违法违纪行为或者无违法违纪行为，以及违法违纪行为情节轻重的各种证据都应当收集。

严格禁止以威胁、引诱、欺骗以及其他非法手段收集证据。

第十九条　监察机关有权向有关单位和个人收集、调取证据。调查取证时，调查人员应当出示有关证明文件。调查取证人员不得少于二人。

第二十条　调查取证时，应当问明证人的身份、证人与被调查人之间的关系，并告知证人应当如实提供证据，以及有意作伪证或者隐匿证据应负的法律责任。

第二十一条　询问证人应当个别进行；必要时经证人同意可以录音、录像。

调查人员应当当场制作调查笔录，也可由证人用钢笔、毛笔书写证言，没有书写能力的证人可由他人代为书写，经核对无误后，由其签名或者盖章。如果证人要求对原证作部分或全部更改时，可允许在注明更改原因的情况下另行作证，但不退还原证。

第二十二条　收集证据应当取得原物、原件，如果不能收取原物、原件时，可以拍照、影印、复制，但应注明原物、原件的保存单位或者出处，并由提供原物、原件的单位或个人签名或者盖章。

第二十三条　现场勘验、检查情况，应制作笔录或勘验、检查报告，由参加勘验、检查的人员和见证人签名或者盖章；必要时可以拍照、录像。

第二十四条　对具有专业技术性的证据，可指派或者聘请具有专门知识、技术的人员参加调取；需要进行鉴定的，由鉴定人写出书面结论，并签名或者盖章。

第二十五条　监察机关应当询问被调查人，听取其陈述和辩解。

第二十六条　对有关机关提供、移送的证明材料，监察机关应当进行审查核实。

第二十七条　监察机关在调查中，可以按照《中华人民共和国行政监察条例》第二十一条和第三十三条的规定，采取调查措施。

第二十八条　须暂予扣留、封存可以证明违法违纪行为的文件、物品和非法所得的，应当出示监察通知书，并开列清单。

暂予扣留、封存的时间不得超过办案期限。

第二十九条　按照规定程序，查核被调查人以及与所查案件有直接关系的人员在银行或者其他金融机构的存款的，应当出具查核通知书，并提供存款人的姓名和其他有关情况；暂停支付被调查人以及与所查案件有直接关系的人员在银行或者其他金融机构的存款的，应当出具停止支付通知书，并提供有关证明材料。

经调查如果不需要继续停止支付银行存款的，应当出具解除停止支付通知书。

第三十条　根据需要，责令被调查人和有关人员在规定的时间、地点就有关问题作出解释和说明的，应当出具监察通知书，通知被调查人和有关人员持该书在规定的时间、地点接受询问。

第三十一条　责令被调查人停止正在或者可能损害国家利益和公民合法权益的行为的，应当出具监察通知书，送达被调查人及其所在单位；必要时也可以同时通知其上级主管机关。

第三十二条　建议主管机关暂停有严重违法违纪嫌疑人员的公务活动或者职务的，应制作监察建议书送达主管机关。

第三十三条　监察机关对调查事项涉及管辖范围以外的单位和个人有权进行查询和调查，有关单位和个人应当予以协助。

对应当予以协助、又能够协助而拒不协助的，监察机关可以建议其主管机关给予相应的处理。

第三十四条　监察机关在调查中，确需提请公安机关予以协助时，按照《监察部、公安部关于监察机关在查办案件中公安机关予以协助配合的问题的通知》的规定办理。

第三十五条　监察机关应当将认定的违法违纪事实形成书面材料与被调查人见面，并允许其申辩。必要时应当重新调查或者补充调查。对查证属实的应当采纳。

被调查人应当在见面材料上签署意见并签字或者盖章，也可以另附书面意见。拒绝签署意见或者拒绝签字、盖章的，由调查人员在见面材料上注明，并由被调查人所在单位负责人签署意见。

第三十六条 调查终结后，应当制作案件调查报告。案件调查报告的内容包括：立案依据；违法违纪事实、性质；被调查人和有关人员的责任；被调查人的态度和对见面材料的意见；被调查人所在单位的意见；处理意见；调查人员签字或者盖章；报告时间等。

第四章 审 理

第三十七条 审理部门是监察机关负责政纪案件审理的专门机构，对下列调查终结的政纪案件进行审理：

（一）认为需要给予行政处分的案件；

（二）监察机关负责人认为需要进行审理的其他案件。

第三十八条 审理部门在审理案件时，认为需要对案件进行补充调查或者补办手续的，可以通知调查部门补充调查或者补办手续，经监察机关负责人同意，也可以自行调查或者补办手续。

第三十九条 审理部门应当就案件事实是否清楚、证据是否确凿、定性是否准确、处理意见是否恰当、程序是否合法进行全面审核，并提出审理报告。

第四十条 审理部门经过审理，对下列政纪案件应当提交审理委员会审议：

（一）重要、复杂的案件；

（二）审理部门与调查部门意见不一致的案件；

（三）审理部门认为需要提交审理委员会审议的案件。

第四十一条 审理委员会经审议，可提出如下审议意见：

（一）同意审理部门的审理意见；

（二）改变审理部门的审理意见；

（三）要求重新审理。

第四十二条 审理委员会提出的审议意见，经监察机关负责人审定后实施。重要的监察决定和监察建议应当报经本级政府和上一级监察机关同意。

不需经审理委员会审议的案件，按监察机关负责人审定意见处理。

第五章 处 理

第四十三条 政纪案件调查、审理结束，分别不同情况，以下列方式处理：

（一）有违法违纪事实，需要给予撤职以下行政处分的，作出行政处分的决定；

（二）有违法违纪事实，但情节轻微或者具有减轻情节，不需要给予处分的，经批评教育后作出免予行政处分的决定；

（三）对需要在一定范围内予以通报的违法违纪的单位或者个人，进行内部通报或者公开报道；

（四）违反国家法律、法规的规定取得非法收入，依法应当由监察机关没收、追缴或者责令退赔，以及已经给国家利益和公民的合法权益造成损害，需要采取补救措施的，作出处理决定；

（五）根据《中华人民共和国行政监察条例》第二十三条、第二十四条的规定，提出监察建议；

（六）认为需要由其他机关给予处理的，移送有关机关处理；

（七）违法违纪事实不存在，或者不需要以上述方式处理的，对案件予以撤销。

以上方式可以单独使用，也可以根据需要合并使用。

第四十四条 监察机关作出给予行政处分及其他处理决定或者撤销案件决定的，应当制作监察决定书；监察机关建议给予行政处分及其他处理的，应当制作监察建议书。

监察机关依法决定没收、追缴非法所得的，除应当制作监察决定书外，还应当使用监察机关商同级财政部门制发的专用凭证；责令退赔的，使用监察机关统一制发的凭证。

第四十五条 监察决定书和监察建议书由监察机关直接送达有关部门、单位和人员，也可以留置送达、邮寄送达，或者委托其他监察机关、主管部门代为送达。

送达监察决定书和监察建议书，必须有送达回证，由受送达人在送达回证上记明收到日期、签名或者盖章。受送达人在送达回证上的签收日期为送达日期。邮寄送达，以挂号回执上注明的收件日期为送达日期。受送达人拒收的，不影响决定及建议的执行，并应当由送达人在送达回证上予以说明。

第四十六条 对监察机关作出的行政处分及其他处理决定不服的，按照《监察机关处理不服行政处分申诉的办法》处理；对监察机关作出的给予行政处分及其他处理的建议有异议的，按照《中华人民共和国行政监察条例》第四十条规定处理。

第四十七条 监察机关直接作出行政处分决定的，按照国家人事管理有关规定由人事部门办理有关手续。

受行政处分的人员属于党委管理的，监察机关应当把有关材料抄送所属党委组织部门。

第四十八条 监察机关对政纪案件处理后，应当写出结案报告，报经监察机关负责人同意后结案，并按规定办理立卷、归档、呈报、备案等事项。

第四十九条　被调查人或者其他有关人员妨碍案件查处和执行的，属于国家行政机关工作人员和国家行政机关任命的其他人员，监察机关可以根据情节轻重给予批评教育，建议其主管机关给予行政处分或者直接给予行政处分；属于非国家行政机关工作人员和非国家行政机关任命的人员，监察机关可以将其妨碍案件调查的事实材料移送有关主管机关建议给予处理。

监察人员在查办案件中有违反《中华人民共和国行政监察条例》第四十七条规定行为的，由所在监察机关根据情节轻重给予相应的行政处分。

第六章　附　　则

第五十条　本办法下列概念的含义是：

（一）"近亲属"，包括配偶、父母、子女、兄弟姐妹、祖父母、外祖父母、孙子女、外孙子女。

（二）"重要案件"和"重要、复杂的案件"、"重要的监察决定和监察建议"："重要案件"和"重要、复杂的案件"，是指涉及政府所属部门及其负责人、下一级政府及其负责人的案件，案情复杂、情节严重的案件。就上述案件作出的监察决定和监察建议，为重要的监察决定和监察建议。

（三）"期限"，指监察机关查处政纪案件应当遵守的时间。凡时间计算，均不含当日和在途中时间；遇有法定节假日自然顺延。

第五十一条　本办法由监察部负责解释。

第五十二条　本办法自发布之日起施行。一九八八年五月十一日监察部发布的《中华人民共和国监察机关调查处理政纪案件试行办法》同时废止。

·党规党纪·

中国共产党纪律检查机关控告申诉工作条例

中央纪委1993年8月22日印发

第一章　总　　则

第一条　受理对党员、党组织的检举、控告和党员、党组织的申诉，是党的纪律检查机关的一项重要职责。根据党章的有关规定，制定本条例。

第二条　控告申诉工作是党的纪律检查机关贯彻执行党的群众路线，依靠群众维护党的纪律、促进党风建设的一项重要工作；是保障党内外群众充分行使民主权利，对党组织、党员特别是党员领导干部进行监督的重要渠道；是纪律检查工作的基础性工作。

第三条　纪律检查机关受理检举、控告、申诉的范围是：对党员、党组织违反党章和其他党内法规，违反党的路线、方针、政策和决议，利用职权谋取私利和其他败坏党风行为的检举、控告；党员、党组织对所受党纪处分或纪律检查机关所作的其他处理不服的申诉；其他涉及党纪党风的问题。

第四条　控告申诉工作的指导思想是：贯彻执行党的基本路线，坚持从严治党方针，为党风廉政建设和维护安定团结服务，保证经济建设的顺利进行。

第五条　控告申诉工作的基本原则是：

（一）按照党章和政策规定处理问题。

（二）实事求是，以事实为依据。

（三）贯彻党的民主集中制。

（四）维护当事人的民主权利。

（五）分级负责、分工归口处理检举、控告和申诉。

（六）解决实际问题同思想教育相结合。

第六条　县以上（含县）纪律检查委员会，应建立控告申诉工作部门，配备专职干部，设置接待群众的场所，公布有关的规章制度，为党内外群众提供检举、控告、申诉的必要条件。

第二章　处理检举、控告、申诉的程序和方法

第一节　处理检举、控告的程序

第七条　中央纪律检查委员会收到对中央委员会、中央纪律检查委员会成员违犯党的纪律行为的检举、控告，应进行初步核实，需要立案检查的，报中央委员会批准。中央以下各级纪律检查委员会收到对上述成员的检举、控告，应及时报告中央纪律检查委员会。

第八条　中央以下各级纪律检查委员会收到对同级党的委员会、纪律检查委员会成员违犯党的纪律行为的检举、控告，应进行初步核实，需要立案检查的，报同级党的委员会批准；涉及常务委员的，经报告同级党的委员会后报上级纪律检查委员会批准。

第九条　对第七、第八条所列范围以外的党员干部违犯党的纪律行为的检举、控告，按照干部管理权限，属于哪一级党的委员会管理的党员干部的问题，就由哪一级纪律检查委员会调查处理。重要的问题，应向上级纪律检查委员会报告，上级纪律检查委员会认为需要时可以直接调查处理。

第十条 对一般党员的检举、控告，由该党员所在的党组织调查处理；上级纪律检查委员会认为需要时可以直接调查处理。

第十一条 中央以下各级纪律检查委员会收到对同级党的委员会的检举、控告，必须报上级纪律检查委员会处理。

第十二条 对党员、党组织的检举、控告，需要立案检查的，按照党的纪律检查机关案件检查工作的有关规定办理。不需立案而被检举、控告人确有缺点、错误的，可由承办的纪律检查机关或有关党组织责成被检举、控告人作出检讨或说明，或通过党内生活进行批评教育。

第十三条 对检举、控告的问题作出处理后，由承办的纪律检查机关或有关党组织将处理结果告知检举、控告人，听取其意见。匿名检举的问题，必要时可在适当范围内公布调查处理的结果。

第二节 处理申诉的程序

第十四条 党员、党组织对所受党纪处分不服的申诉，由批准处分的党的委员会或纪律检查委员会承办。原批准处分的党的委员会或纪律检查委员会已经撤销的，由申诉人现在的相当于原批准处分的一级党的委员会或纪律检查委员会承办。

党员、党组织对纪律检查机关所作的其他处理不服的申诉，由作出处理决定的纪律检查机关承办。

第十五条 对党员、党组织的申诉，需要复议、复查的，按照党的纪律检查机关案件审理工作的有关规定办理。不需要复议、复查的，由承办的纪律检查机关或有关党组织对申诉人说明理由，做好工作。

第十六条 经过复议、复查，如果原结论或处理决定是正确的，应作出维持原结论或处理的决定，并报原批准的党的委员会或纪律检查委员会批准结案；需要改变原结论或处理决定的，应作出新的处理决定，并经原批准的党的委员会或纪律检查委员会批准执行。如果复议、复查结论和决定是由原批准的党的委员会或纪律检查委员会作出的，则不必办理上述批准手续。

第十七条 对党员、党组织的申诉，上级纪律检查委员会认为需要时可以直接复议、复查，也可以责成有关的党的委员会或纪律检查委员会复议、复查。

第十八条 对申诉的问题复议、复查后，由承办的党的委员会或纪律检查委员会将处理意见或复议、复查结论同申诉人见面，听取其意见。复议、复查的结论和决定，应交给申诉人一份。

第十九条 申诉人如果对复议、复查结论仍然不服，由批准的党的委员会或纪律检查委员会，将申诉人的意见及复议、复查的结论和有关材料，一并报上一级党的委员会或纪律检查委员会审查决定。

第三节 处理检举、控告和申诉的基本方法

第二十条 对检举、控告、申诉中的重要情况和问题，可采取适当的书面形式，及时向党的有关领导机关、领导同志和有关部门反映。

第二十一条 对本级党的委员会管理的党员干部的检举、控告和本级党的委员会管理的党员干部的申诉，分别由本级纪律检查委员会的案件检查部门和案件审理部门办理。重要的可由本级纪律检查委员会领导批示办理。

第二十二条 涉及下级党的委员会管理的党员干部和一般党员的检举、控告、申诉，按照分级负责的原则，转交下级相应的纪律检查机关或有关党组织办理。重要的可函交下级纪律检查机关或有关党组织调查处理，有的可责成其报告调查处理的结果。

第二十三条 对转交下级纪律检查机关或有关党组织办理的检举、控告和申诉，交办的纪律检查机关可采取检查、催办、参与调查、参与研究处理意见等方法，促使问题及时、正确地得到处理。

第二十四条 对匿名的检举材料，要具体分析，区别对待，慎重处理：没有具体事实的，可不予置理；反映情节轻微的一般问题的，可将问题摘抄给被检举人，责成其作出检讨或说明；反映重要问题的，可先进行初步核实，再确定处理办法；内容反动的，可交公安部门处理。

第三章 受理机关的职责和工作要求

第二十五条 在控告申诉工作中，各级纪律检查机关的责任是：按照规定的范围受理检举、控告和申诉，从中了解党风党纪情况和违纪案件线索；直接办理或向下级纪律检查机关和有关党组织交办检举、控告和申诉；指导和协助下级纪律检查机关做好控告申诉工作。

第二十六条 各级纪律检查委员会的控告申诉工作部门承担处理检举、控告和申诉的日常工作，遵照本级纪律检查委员会的决定和有关规章制度，履行下列职责：

（一）通过处理群众来信和接待群众来访，受理检举、控告和申诉；

（二）向本级纪律检查委员会反映检举、控告和申诉的情况和问题；

（三）承办上级和本级纪律检查委员会交办的检举、控告、申诉和其他事项；

（四）向本级纪律检查委员会有关部门移送或向下级纪律检查机关、有关党组织交办检举、控告和申

诉,向有关部门转办不属于纪律检查机关职责范围的信访问题;

(五)调查研究控告申诉工作情况,拟订控告申诉工作的规章制度,对下级纪律检查机关的控告申诉工作进行业务指导;

(六)协调处理信访问题,疏导上访群众,维护正常的工作秩序和社会秩序。

第二十七条　各级纪律检查机关对受理的检举、控告和申诉,应及时办理,不得延误。对应由上级处理的问题,应迅速报告上级处理;对应由本级处理的问题,本级有关领导或有关部门应及时处理;对应由下级处理的问题,应迅速转交下级处理。

第二十八条　对于上级纪律检查机关要求报告调查处理结果的检举、控告、申诉案件,承办的纪律检查机关或有关党组织一般应在三个月内报告结果;不能如期报告时,要说明理由和办理情况。对于没有要求报告结果的检举、控告、申诉,也应及时调查处理,不得置之不理或敷衍塞责。

第二十九条　向上级纪律检查机关报告检举、控告和申诉案件的处理结果,应当材料齐全。

报告检举、控告案件处理结果的必备材料是:

(一)调查报告和处理结论。

(二)检举、控告人和被检举、控告人对调查处理的意见。在检举、控告人或被检举、控告人提出不同意见时,应附有承办单位对其不同意见的说明。

(三)被检举、控告人有错误,组织上已令其检讨或给予组织处理的,应附有本人检讨或处理决定。

(四)呈报机关的审查意见。

报告申诉案件处理结果的必备材料是:

(一)原处理决定、复议结论或复查报告及结论。

(二)申诉人对复议、复查结论的意见。在申诉人提出不同意见时,应附有承办单位对其不同意见的说明。

(三)呈报机关的审查意见。

第三十条　上级纪律检查委员会对下级纪律检查委员会或有关党组织上报的调查处理结果审核后,对处理正确的要及时结案;对处理不当的,要及时提出意见或建议。上下级纪律检查委员会如果在重要问题上有不同意见,由上级纪律检查委员会决定;如果下级纪律检查委员会的处理确有错误又坚持不改的,上级纪律检查委员会有权改变下级纪律检查委员会对案件所作的决定。

第三十一条　对检举、控告和申诉调查处理完毕后,承办单位、交办单位应按档案工作的规定,及时立卷归档。

第三十二条　维护当事人的合法权利。对检举、控告人及检举、控告内容,应当保密。不准将检举、控告材料转给被检举、控告人;不得对检举、控告、申诉人歧视、刁难、压制。对打击报复检举、控告、申诉人的,必须追究责任,严肃处理。

第三十三条　对如实检举、控告或反映情况的,应予以支持、鼓励。对检举、控告不完全属实的,除对不属实的部分予以解释说明外,对属实的部分应予以处理。对检举、控告不实的,必须分清是错告还是诬告:如属错告,应在一定范围内澄清是非,消除对被错告者造成的影响,并教育错告者;如属诬告,必须对诬告者追究责任,严肃处理。

第三十四条　认定诬告,必须经过地、市级以上(含地、市级)党的委员会或纪律检查委员会批准。

第三十五条　对于党员、党组织对党纪处分或纪律检查机关所作的其他处理不服的申诉,必须按照全错全纠、部分错部分纠、不错不纠的原则,实事求是地处理。凡属冤假错案,不管是哪一级组织、哪一个领导人定的和批的,都要实事求是地纠正。

第三十六条　发现党的组织或负责人对党员或党组织的申诉不认真复议、复查和对冤假错案坚持不纠,对受理的检举、控告不负责任,无故拖延不办,或为违纪者说情开脱,予以包庇的,都要给予批评教育,情节严重的,必须追究责任。

第三十七条　对检举、控告、申诉的问题已经得到正确处理,当事人仍无理纠缠,影响工作秩序的,应当进行批评教育;对不听劝告、屡教不改的,可请公安部门协助处理。

第三十八条　受理机关及其工作人员,在坚持原则、执行政策、秉公执纪、廉洁奉公、遵纪守法、工作作风等方面,必须接受党内外群众的监督。

第三十九条　各级纪律检查机关的领导对重要的检举、控告、申诉,应亲自阅批、接谈,进行处理;要支持承办人员履行职责,保护他们的合法权益不受侵害。

第四章　当事人的权利和义务

第四十条　检举、控告、申诉人在检举、控告、申诉活动中有下列权利:

(一)对党员、党组织违法乱纪的行为有权提出检举、控告。

(二)党员对所受党纪处分或纪律检查机关所作的其他处理不服,有权提出申诉,要求复议、复查。

(三)提出检举、控告、申诉后,在一定期限内得不到答复时,有权向受理机关提出询问,要求给予负责的答复。

（四）有权要求与检举、控告、申诉案情有关或有牵连的承办人员回避。

（五）对受理机关及承办人员的失职行为和其他违纪行为有权提出检举、控告。

（六）因进行检举、控告、申诉，其合法权利受到威胁或侵害时，有权要求受理机关给予保护。

第四十一条 检举、控告、申诉人在检举、控告、申诉活动中，必须履行下列义务：

（一）对所检举、控告、申诉的事实的真实性负责。接受调查、询问时，应如实提供情况和证据。如有诬陷、制造假证行为，须承担纪律责任。

（二）遵守党的纪律和控告申诉工作的有关规定，维护社会秩序和工作秩序。如有违犯，须接受教育、劝告，直至承担纪律责任。

（三）接受党组织的正确处理意见，不得提出党章、制度、政策规定以外的要求。

第四十二条 被检举、控告人在党组织处理对他的检举、控告过程中有下列权利：

（一）对被检举、控告的问题有权进行说明解释。

（二）基层党组织讨论决定对他的党纪处分或其他处理时，有权参加和进行申辩。

（三）有权要求党组织将调查处理结论同本人见面。

（四）对党组织认定本人所犯错误的事实、性质和所作处理决定有不同意见时，有权向上级党组织直至中央提出申诉。

（五）对受理机关及承办人员的失职行为和其他违纪行为有权提出检举、控告。

（六）当合法权利受到威胁或侵害时，有权要求受理机关给予保护。

第四十三条 被检举、控告人在党组织处理对他的检举、控告过程中，必须履行下列义务：

（一）配合党组织查清被检举、控告的问题，如实提供情况和证人，接受检查和询问，主动交代问题。如有隐瞒、诬陷、抗拒等行为，须承担纪律责任。

（二）对所犯错误，必须正确对待，认真检讨，接受处理，不得违反组织决定。

（三）尊重检举、控告人和承办人员的权利和职责，如有利用职权打击报复检举、控告人和承办人员的行为，须承担纪律责任。

第五章 附 则

第四十四条 本条例是党内处理检举、控告、申诉的规则，各级纪律检查机关和党组织必须严格执行。

第四十五条 各省、自治区、直辖市纪律检查委员会，中央直属机关和中央国家机关纪律检查工作委员会，可根据实际情况，制定实施本条例的细则或具体规定，报中共中央纪律检查委员会备案。

第四十六条 中国人民解放军的纪律检查机关的控告申诉工作，可参照本条例另作规定。

第四十七条 本条例由中共中央纪律检查委员会负责解释和修改。

第四十八条 本条例自一九九三年九月一日起施行。其他有关控告申诉工作的规定，如与本条例不一致时，按本条例执行。

纪检监察机关处理检举控告工作规则

1. 中共中央政治局常委会会议 2020 年 1 月 2 日审议批准
2. 中共中央办公厅 2020 年 1 月 21 日发布

第一章 总 则

第一条 为了规范纪检监察机关处理检举控告工作，保障党员、群众行使监督权利，维护党员、干部合法权益，根据《中国共产党章程》、《中国共产党党内监督条例》等党内法规和《中华人民共和国宪法》、《中华人民共和国监察法》等法律，制定本规则。

第二条 坚持以马克思列宁主义、毛泽东思想、邓小平理论、“三个代表”重要思想、科学发展观、习近平新时代中国特色社会主义思想为指导，增强“四个意识”、坚定“四个自信”、做到“两个维护”，深入推进全面从严治党，贯彻纪律检查委员会和监察委员会合署办公要求，依规依纪依法处理检举控告，完善党和国家监督体系，强化对权力运行的制约和监督。

第三条 纪检监察机关应当认真处理检举控告，回应群众关切，发挥党和国家监督专责机关作用，保障党的理论和路线方针政策以及重大决策部署贯彻落实，为党风廉政建设、社会和谐稳定服务。

第四条 任何组织和个人对以下行为，有权向纪检监察机关提出检举控告：

（一）党组织、党员违反政治纪律、组织纪律、廉洁纪律、群众纪律、工作纪律、生活纪律等党的纪律行为；

（二）监察对象不依法履职，违反秉公用权、廉洁从政从业以及道德操守等规定，涉嫌贪污贿赂、滥用职权、玩忽职守、权力寻租、利益输送、徇私舞弊以及浪费国家资财等职务违法、职务犯罪行为；

（三）其他依照规定应当由纪检监察机关处理的违纪违法行为。

第五条 纪检监察机关处理检举控告工作应当遵循以下原则：

（一）实事求是。以事实为依据处理检举控告，鼓励支持检举控告人客观真实地反映情况。

（二）依规依纪依法。按照党章党规党纪和宪法法律以及信访工作有关规定处理检举控告，引导检举控告人依规依法、理性有序地反映问题。

（三）保障合法权利。贯彻“三个区分开来”要求，既保障检举控告人的监督权利，又查处诬告陷害行为，保护党员、干部干事创业积极性。

（四）分级负责、分工处理。按照管理权限受理检举控告，建立信访举报、监督检查、审查调查、案件监督管理等部门相互配合、相互制约的工作机制。

第六条 建设覆盖纪检监察系统的检举举报平台，运用互联网技术和信息化手段，畅通检举控告渠道，规范处理检举控告工作，及时发现问题线索，科学研判政治生态，更好服务群众。

第二章 检举控告的接收和受理

第七条 纪检监察机关应当接收检举控告人通过以下方式提出的检举控告：

（一）向纪检监察机关邮寄信件反映的；

（二）到纪检监察机关指定的接待场所当面反映的；

（三）拨打纪检监察机关检举控告电话反映的；

（四）向纪检监察机关的检举控告网站、微信公众平台、手机客户端等网络举报受理平台发送电子材料反映的；

（五）通过纪检监察机关设立的其他渠道反映的。

对其他机关、部门、单位转送的属于纪检监察机关受理范围的检举控告，应当按规定予以接收。

第八条 县级以上纪检监察机关应当明确承担信访举报工作职责的部门和人员，设置接待群众的场所，公开检举控告地址、电话、网站等信息，公布有关规章制度，归口接收检举控告。

巡视巡察工作机构对收到的检举控告，按有关规定处理。

第九条 纪检监察机关应当负责任地接待来访人员，耐心听取其反映的问题，做好解疑释惑和情绪疏导工作，妥善处理问题。

建立纪检监察干部定期接访制度，有关负责人应当接待重要来访、处理重要信访问题。

第十条 纪检监察机关信访举报部门对属于受理范围的检举控告，应当进行编号登记，按规定录入检举举报平台。

对涉及同级党委管理的党员、干部以及监察对象的检举控告，应当定期梳理汇总，并向本机关主要负责人报告。

第十一条 检举控告工作按照管理权限实行分级受理：

（一）中央纪委国家监委受理反映中央委员、候补中央委员，中央纪委委员，中央管理的领导干部，党中央工作机关、党中央批准设立的党组（党委），各省、自治区、直辖市党委、纪委等涉嫌违纪或者职务违法、职务犯罪问题的检举控告。

（二）地方各级纪委监委受理反映同级党委委员、候补委员，同级纪委委员，同级党委管理的党员、干部以及监察对象，同级党委工作机关、党委批准设立的党组（党委），下一级党委、纪委等涉嫌违纪或者职务违法、职务犯罪问题的检举控告。

（三）基层纪委受理反映同级党委管理的党员，同级党委下属的各级党组织涉嫌违纪问题的检举控告；未设立纪律检查委员会的党的基层委员会，由该委员会受理检举控告。

各级纪委监委按照管理权限受理反映本机关干部涉嫌违纪或者职务违法、职务犯罪问题的检举控告。

第十二条 对反映党的组织关系在地方、干部管理权限在主管部门的党员、干部以及监察对象涉嫌违纪或者职务违法、职务犯罪问题的检举控告，由设在主管部门、有管辖权的纪检监察机关受理。地方纪检监察机关接到检举控告的，经与设在主管部门、有管辖权的纪检监察机关协调，可以按规定受理。

第十三条 纪检监察机关对反映的以下事项，不予受理：

（一）已经或者依法应当通过诉讼、仲裁、行政裁决、行政复议等途径解决的；

（二）依照有关规定，属于其他机关或者单位职责范围的；

（三）仅列举出违纪或者职务违法、职务犯罪行为名称但无实质内容的。

对前款第一项、第二项所列事项，通过来信反映的，应当及时转有关机关或者单位处理；通过来访、来电、网络举报受理平台等方式反映的，应当告知检举控告人依规依法向有权处理的机关或者单位反映。

第三章 检举控告的办理

第十四条 纪检监察机关信访举报部门经筛选，对属于本级受理的初次检举控告，应当移送本机关监督检查部门或者相关部门，并按规定将移送情况通报案件监督管理部门；对于重复检举控告，按规定登记后留存备查，并定期向有关部门通报情况。

承办部门应当指定专人负责管理，逐件登记、建立台账。

第十五条 纪检监察机关信访举报部门收到属于上级纪检监察机关受理的检举控告，应当径送本机关主要负责人，并在收到之日起5个工作日内报送上一级纪检监察机关信访举报部门；收到反映本机关主要负责人问题的检举控告，应当径送上一级纪检监察机关信访举报部门。

对属于上级纪检监察机关受理的检举控告，不得瞒报、漏报、迟报，不得扩大知情范围，不得复制、摘抄检举控告内容，不得将有关信息录入检举举报平台。

第十六条 纪检监察机关信访举报部门收到属于下级纪检监察机关受理的检举控告，应当及时予以转送。

下一级纪检监察机关对转送的检举控告，应当进行登记，在收到之日起5个工作日内完成受理或者转办工作。

第十七条 纪检监察机关监督检查部门应当对收到的检举控告进行认真甄别，对没有实质内容的检举控告或者属于其他纪检监察机关受理的检举控告，在沟通研究、经本机关分管领导批准后，按程序退回信访举报部门处理。

监督检查部门对属于本级受理的检举控告，应当结合日常监督掌握的情况，进行综合分析、适当了解，经集体研究并履行报批程序后，以谈话函询、初步核实、暂存待查、予以了结等方式处置，或者按规定移送审查调查部门处置。

第十八条 纪检监察机关监督检查、审查调查部门应当每季度向信访举报部门反馈已办结的检举控告处理结果。

反馈内容应当包括处置方式、属实情况、向检举控告人反馈情况等。

第十九条 纪检监察机关案件监督管理部门应当加强对检举控告办理情况的监督。信访举报、监督检查、审查调查部门应当定期向案件监督管理部门通报有关情况。

第四章 检查督办

第二十条 纪检监察机关信访举报部门对属于下级纪检监察机关受理的检举控告，有以下情形之一，经本机关分管领导批准，可以发函交办：

（一）在落实党中央决策部署中，存在明显违纪违法问题的；

（二）问题典型、群众反映强烈的；

（三）对检举控告问题久拖不办，造成不良影响的；

（四）其他需要交办的情形。

第二十一条 下级纪检监察机关接到交办的检举控告后，一般应当在3个月内办结，并报送核查处理情况；经本机关主要负责人批准，可以延长3个月，并向上级纪检监察机关报告。特殊情况需要再次延长办理期限的，应当报上级纪检监察机关批准。

第二十二条 对交办的检举控告，有以下情形之一，经交办机关分管领导批准，可以采取发函、听取汇报、审阅案卷、检查督促等方式督办：

（一）超过期限仍未办结的；

（二）组织不力、核查处理不认真，或者推诿敷衍的；

（三）需要补充核查、重新研究处理意见或者补报有关材料的；

（四）其他需要督办的情形。

第二十三条 检举控告承办机关对拟上报的核查处理情况，应当集体审核研究，经本机关主要负责人批准后，报上一级纪检监察机关。

第五章 实名检举控告的处理

第二十四条 检举控告人使用本人真实姓名或者本单位名称，有电话等具体联系方式的，属于实名检举控告。

纪检监察机关信访举报部门可以通过电话、面谈等方式核实是否属于实名检举控告。

第二十五条 纪检监察机关提倡、鼓励实名检举控告，对实名检举控告优先办理、优先处置、给予答复。

第二十六条 纪检监察机关信访举报部门对属于本机关受理的实名检举控告，应当在收到检举控告之日起15个工作日内告知实名检举控告人受理情况。重复检举控告的，不再告知。

第二十七条 承办的监督检查、审查调查部门应当将实名检举控告的处理结果在办结之日起15个工作日内向检举控告人反馈，并记录反馈情况。检举控告人提出异议的，承办部门应当如实记录，并予以说明；提供新的证据材料的，承办部门应当核查处理。

第二十八条 实名检举控告经查证属实，对突破重大案件起到重要作用，或者为国家、集体挽回重大经济损失的，纪检监察机关可以按规定对检举控告人予以奖励。

第二十九条 匿名检举控告，属于受理范围的，纪检监察机关应当按程序受理。

对匿名检举控告材料，不得擅自核查检举控告人的笔迹、网际协议地址(IP地址)等信息。对检举控告人涉嫌诬告陷害等违纪违法行为,确有需要采取上述方式追查其身份的,应当经设区的市级以上纪委监委批准。

第三十条　虽有署名但不是检举控告人真实姓名(单位名称)或者无法验证的检举控告,按照匿名检举控告处理。

第六章　检举控告情况的综合运用

第三十一条　纪检监察机关应当定期研判所辖地区、部门、单位检举控告情况,对反映的典型性、普遍性、苗头性问题提出有针对性的工作建议,形成综合分析报告,报上一级纪检监察机关,必要时向同级党委报告。

纪检监察机关应当根据全面从严治党、党风廉政建设和反腐败工作重点以及检举控告反映的热点问题,开展专题分析。

对问题集中、反映强烈的地区、部门、单位,可以将相关分析情况向有关党组织通报。

第三十二条　纪检监察机关应当根据巡视巡察工作机构要求,及时提供涉及被巡视巡察地区、部门、单位的检举控告情况。

第三十三条　纪检监察机关在开展日常监督工作中应当对检举控告情况进行收集、研判,综合各方面信息,全面掌握被监督单位政治生态情况和被监督对象的思想、工作、作风、生活情况,提高监督的针对性和实效性。

第三十四条　对检举控告较多的地区、部门、单位,纪检监察机关经了解核实后,发现有关党组织或者单位党风廉政建设和履行职责存在问题的,应当向其提出纪律检查建议或者监察建议,并督促整改落实。

第七章　当事人的权利和义务

第三十五条　检举控告人享有以下权利:

(一)对党组织和党员、干部以及监察对象涉嫌违纪违法的行为提出检举控告;

(二)申请与检举控告事项相关的工作人员回避;

(三)对受理机关以及处理检举控告工作人员的失职渎职等违纪违法行为提出检举控告;

(四)因检举控告致其合法权利受到威胁或者侵害的,可以提出保护申请;

(五)检举控告严重违纪违法问题,经查证属实的,按规定获得表扬或者奖励;

(六)党内法规和法律法规规定的其他权利。

第三十六条　检举控告人应当履行以下义务:

(一)如实提供所掌握的全部情况和证据,对检举控告内容的真实性负责,不得夸大、歪曲事实,不得诬告陷害他人;

(二)自觉维护社会公共秩序和信访秩序,不得损害党、国家和人民的利益以及公民个人的合法权利;

(三)接受党组织、单位的正确处理意见,不得提出党内法规和法律法规规定以外的要求;

(四)对反馈的处理结果等情况予以保密;

(五)党内法规和法律法规规定的其他义务。

第三十七条　被检举控告人应当履行以下义务:

(一)正确对待检举控告,有则改之、无则加勉,习惯在受监督和约束的环境中工作生活;

(二)相信组织、依靠组织,配合做好了解核实工作,实事求是说明问题,不得对抗审查调查;

(三)尊重检举控告人和处理检举控告工作人员,不得进行打击报复;

(四)党内法规和法律法规规定的其他义务。

第三十八条　被检举控告人享有以下权利:

(一)对被检举控告的问题作出说明、辩解;

(二)基层党组织讨论决定对自身处理、处分时,可以参加和进行申辩;

(三)申请反馈核查处理结论;

(四)对所受处理、处分不服的,可以申诉或者申请复审;

(五)对受理机关以及处理检举控告工作人员的失职渎职等违纪违法行为提出检举控告;

(六)党内法规和法律法规规定的其他权利。

第八章　诬告陷害行为的查处

第三十九条　采取捏造事实、伪造材料等方式反映问题,意图使他人受到不良政治影响、名誉损失或者责任追究的,属于诬告陷害。

认定诬告陷害,应当经设区的市级以上党委或者纪检监察机关批准。

第四十条　纪检监察机关应当加强对检举控告的分析甄别,注意发现异常检举控告行为,有重点地进行查证。属于诬告陷害的,依规依纪依法严肃处理,或者移交有关机关依法处理。

第四十一条　诬告陷害具有以下情形之一,应当从重处理:

(一)手段恶劣,造成不良影响的;

(二)严重干扰换届选举或者干部选拔任用工作的;

(三)经调查已有明确结论,仍诬告陷害他人的;

（四）强迫、唆使他人诬告陷害的；

（五）其他造成严重后果的。

第四十二条 纪检监察机关应当将查处的诬告陷害典型案件通报曝光。

第四十三条 纪检监察机关对通过诬告陷害获得的职务、职级、职称、学历、学位、奖励、资格等利益，应当建议有关组织、部门、单位按规定予以纠正。

第四十四条 对被诬告陷害的党员、干部以及监察对象，纪检监察机关、所在单位党组织应当开展思想政治工作，谈心谈话、消除顾虑，保护干事创业积极性，推动履职尽责、担当作为。

第四十五条 纪检监察机关应当区分诬告陷害和错告。属于错告的，可以对检举控告人进行教育。

第九章 工作要求和责任

第四十六条 纪检监察机关及其工作人员在处理检举控告工作中，应当强化宗旨意识，改进工作作风，注意工作方法，对于不予受理事项或者不合理诉求做好解释说明，不得自以为是、盛气凌人，不得漠视群众疾苦、对群众利益麻木不仁。

第四十七条 纪检监察机关应当建立健全检举控告保密制度，严格落实保密要求：

（一）对检举控告人的姓名（单位名称）、工作单位、住址等有关情况以及检举控告内容必须严格保密；

（二）严禁将检举控告材料、检举控告人信息转给或者告知被检举控告的组织、人员；

（三）受理检举控告或者开展核查工作，应当在不暴露检举控告人身份的情况下进行；

（四）宣传报道检举控告有功人员，涉及公开其姓名、单位等个人信息的，应当征得本人同意。

第四十八条 处理检举控告工作人员有以下情形之一，应当主动提出回避，当事人有权要求其回避，回避决定由纪检监察机关作出：

（一）本人是被检举控告人或者其近亲属的；

（二）本人或者近亲属与被检举控告问题有利害关系的；

（三）其他可能影响检举控告问题公正处理的情形。

第四十九条 检举控告人及其近亲属的人身、财产安全因检举控告而受到威胁或者侵害，并提出保护申请的，纪检监察机关应当依法、及时提供保护。必要时，纪检监察机关可以商请有关机关予以协助。

被检举控告人有危害人身安全和损害财产、名誉等打击报复行为的，依规依纪依法严肃处理。

第五十条 纪检监察机关核查认定检举控告失实、有必要予以澄清的，经本机关主要负责人批准后，可以采取以下方式予以澄清：

（一）向被检举控告人所在地区、部门、单位党委（党组）主要负责人以及本人发函说明或者当面说明；

（二）向被检举控告人所在地区、部门、单位党委（党组）通报情况；

（三）在一定范围内通报。

第五十一条 对因检举控告失实而受到错误处理、处分的，纪检监察机关应当在职权范围内予以纠正，或者向有权机关提出纠正建议。

第五十二条 纪检监察机关及其工作人员有以下情形之一，依规依纪严肃处理；涉嫌职务违法、职务犯罪的，依法追究法律责任：

（一）私存、扣压、篡改、伪造、撤换、隐匿、遗失或者私自销毁检举控告材料的；

（二）超越权限，擅自处理检举控告材料的；

（三）泄露检举控告人信息或者检举控告内容等，或者将检举控告材料转给被检举控告的组织、人员的；

（四）隐瞒、谎报、未按规定期限上报重大检举控告信息，造成严重后果的；

（五）其他违规违纪违法的情形。

利用检举控告材料谋取个人利益或者为打击报复检举控告人提供便利的，应当从重处理。

第十章 附 则

第五十三条 本规则所称监督检查部门、审查调查部门，指的是纪检监察机关中履行监督检查、审查调查职能的部门和跨部门组建的审查调查组。

第五十四条 对纪检监察机关在监督检查、审查调查中发现的问题线索，审计机关、执法部门、司法机关等单位移交的信访举报以外的问题线索的处理，其他党内法规和法律法规另有规定的，从其规定。

第五十五条 纪委监委派驻（派出）机构和国有企业、高校等企事业单位纪检监察机构除执行本规则外，还应当执行党中央以及中央纪委国家监委相关规定。

第五十六条 中央军事委员会可以根据本规则，制定相关规定。

第五十七条 本规则由中央纪委国家监委负责解释。

第五十八条 本规则自发布之日起施行。此前发布的其他有关纪检监察机关处理检举控告工作的规定，凡与本规则不一致的，按照本规则执行。

关于查处党员违纪案件中收集、鉴别、使用证据的具体规定

中共中央纪委办公厅 1991 年 7 月 23 日印发

第一条　为正确收集、鉴别和使用证据，保证办案质量，正确执行党的纪律，特制定本规定。

第二条　证明案件真实情况的一切事实都是证据。证据包括：

1. 物证，指能够证明案件真实情况的物品和痕迹。

2. 书证，指以其记载的内容证明案件真实情况的文字（包括符号、图画）。

3. 证人证言，指证人就其所了解的案件情况所作的陈述。凡是知道案件真实情况的人都可以作为证人。不能辨别是非的人，不能正确表达的人，不能作证人。

4. 视听材料，指可以将重现的原始声响或形象的录音录像用作证明案件事实的材料。

5. 受侵害人员的陈述，指受违纪行为直接侵害的人员就案件事实情况所作的控告和述说。

6. 受审查党员的陈述，指受审查党员就案件事实所作的交待、申辩和对同案违纪人员的检举、揭发。

7. 鉴定结论，指鉴定人员运用专门知识或技能对办案人员不能解决的专门事项进行科学鉴定后所作出的结论。

8. 勘验、检查笔录，指公安、司法人员对与案件有关的场所、物品及其他证据材料进行勘验、检查时所作的笔录。

9. 现场笔录，指纪律检查人员对案件（非刑事案件）有关的场所进行检查时所作的笔录。

证据必须经过审核属实，才能作为定案的根据。

第三条　收集、鉴别和使用证据必须实事求是，一切从客观实际出发，不得带框框、主观臆断、偏听偏信；必须尊重党员的民主权利和公民的合法权利。任何党员和群众都有向党组织提供自己所知道的案情的义务。严禁使用威胁、引诱、欺骗及其他非法手段收集证据。

第四条　收集违犯党纪案件的证据，由党的纪律检查工作人员或党组织委派的党员负责进行，收集证据必须二人以上。收集证据要及时、客观、全面。

证据的收集主要由案件检查人员进行。案件审理人员在审理案件时，发现证据不足或证据间存在矛盾，一般由报案单位补充调查取证，需要补充个别证据的也可以由案件审理部门补充收集。

第五条　收集物证应尽可能提取原物。物证能随卷保存的即随卷保存，不能提取的原物或不能随卷保存的原物应拍成照片入卷，并注明原物存放何处。

第六条　收集书证采用提取会议记录、介绍信、文件、个人记录、私人信件、日记等方法，并尽可能提取原件。如不能提取原件的，用摘抄或复印的方法提取，但应注明出处、原件保存单位，并应由原件保存单位加盖公章。摘抄或复印会议记录、个人记录、私人日记时，要注意时间的连续性，节录材料不得断章取义。

对可作为书证的原始材料或复制件，党的各级组织不得以任何借口拒绝提供。收集的材料涉及机密事项应履行一定的批准手续。党员有义务向组织提供记载有与案情有关系的工作记录本。

对可作为书证的私人日记、信件等原始材料的收集只能采取动员的方法，不得强行收集，涉及个人隐私的，有关党组织应为其保密。

第七条　凡是知道案件情况的党员和群众，都应及时地、如实地提供证言，不得拒绝作证。党员故意提供虚假情况，情节严重的给予必要的纪律处分。

收集证人证言，不要采取座谈会的形式。证人证言要一人一证，一般情况下一事一证。由证人用钢笔或毛笔书写。没有书写能力的，由他人或调查取证人根据证人的讲述代写，写好后读给证人听，并按证人意见进行修改，然后由证人签字、盖章或按手印。书写证人证言，应把所要证明的事实发生的时间、地点、当事人、原因、情节、手段、结果等书写清楚。调查人员要做好询问笔录，并应由被询问人签字。

对证人证言，应由取证人注明证人工作单位、职务，并由取证人签字。不必由所在单位加盖公章或加注“属实”、“供参考”之类的文字。

证人作证后，如有补充、更正，可另行书写，并说明更正的理由。办案人员应将补充、更正的证人证言与该证人原出具的证言一并归入案卷。

证人作证后，党组织应为其保密。如发现受审查党员及其亲友对证人打击报复，从严处理。

第八条　收集受审查党员的陈述包括：受审查党员对自己所犯错误的交待或申辩；揭发同案违纪人员的材料。

受审查党员应对党忠诚老实，如实向组织交待自己的问题，同时也有依据党章的规定为自己申辩的权利。受审查党员对“处分所依据的事实材料”如提出不同意见，有关党组织应认真研究并作出说明，一并归入案卷。

第九条　纪律检查机关在需要时，可以运用公安机关、人

民检察院、人民法院的鉴定结论、勘验检查笔录等。

从公安机关、人民检察院、人民法院取得证据，按有关规定办理。

纪律检查人员对有作案现场的非刑事案件，应注意对现场作出检查，并作好笔录。

第十条 对受到刑事处罚、政纪处分的党员作党纪处理，必须收集主要证据材料。

第十一条 鉴别证据的任务是：根据各种证据材料的具体特征，逐个进行审查和分析研究，鉴别其真伪，判断其与案件事实有无内在联系，对查明和证实案情有无意义。经过鉴别，确实符合客观实际，与案件事实有内在联系的证据，才能作为定案的依据。

第十二条 鉴别证据，首先鉴别每个证据是否客观真实，是否伪造；是否与案件事实有联系；是原始证据还是传来证据，是直接证据还是间接证据，其来源有无问题，然后，综合分析证明案件的同一事实的各类证据之间有无矛盾；各种证据之间有无内在的联系，要注意时间、条件的变化对证据的影响，要把不同的证据摆到案件发生、发展的过程中去，考虑当时的历史背景，同其他证据联系起来综合分析。

第十三条 对物证的鉴别，要审查是否错误地收集了疑似的物品和痕迹，收集的物证是否伪造，有无栽赃陷害的情况。研究、分析所取物证与案件事实的联系，确定其有无证明作用。

第十四条 对书证的鉴别，要查清其原始制作人，是在何种情况下制作的，是否伪造，节录材料是否断章取义，所记载的内容有无差错，联系其他证据判断所取书证的真实性。

第十五条 对证人证言的鉴别，要注意审查证言的内容与案件事实是否有联系，来源有无问题，是否受到外界不正常因素的干扰，是否属实，证言前后是否一致，有无矛盾。不得采用对质的方法鉴别证言。

第十六条 对受审查党员陈述的鉴别，要审查其交待或申辩前后是否一致，有无矛盾，将交待或申辩与其他证据相对照，看其是否合情合理，是否属实。

第十七条 对视听材料的鉴别，要注意是否伪造，是否被裁剪，是否拼接组合。

第十八条 对受侵害人员陈述的鉴别，要注意受侵害人员感情因素对其陈述真实性的影响。

第十九条 认定案件事实，证据必须确凿。证据经过鉴别，其真实性得到确认后，即成为有效证据，任何人无权涂改或弃毁，有关党组织在移送证据时，不得任意取舍。特别不得舍弃那些经过鉴别证明受审查党员无错的证据。要综合运用证据，证据之间矛盾时，不能仅凭数量多少决定其真实可靠性；认定主要错误事实所依据的证据之间的矛盾不能排除时，不能定案。

第二十条 在没有物证、书证的情况下，仅凭言词证据定案时，必须有两个以上（含两个）证据，才能定案。

第二十一条 没有直接证据而仅凭间接证据定案时，所有间接证据必须查证属实；每个证据与案件事实都有着客观联系；取得的证据必须形成一个完整的证明体系，这个证明体系足以排除其他可能性，才能定案。不能排除其他可能时，不能定案。

第二十二条 仅有受审查党员的交待，没有其他证据，不能定案；受审查党员拒不承认，其他证据确实充分，仍可定案。

第二十三条 本规定由中共中央纪律检查委员会案件审理室负责解释。

第二十四条 本规定自下发之日起施行。

中共中央纪委、监察部、审计署
关于纪检监察机关和审计机关
在查处案件中加强协作配合的通知

2003年8月26日

为了加强纪检监察机关和审计机关在查处案件中的协作配合，充分发挥纪检监察机关和审计机关在查处案件中的职能作用，维护社会主义市场经济秩序，促进党风廉政建设，现将有关事项通知如下：

一、各级纪检监察机关和审计机关应当分别依照党章和其他党内法规、《中华人民共和国行政监察法》和《中华人民共和国审计法》规定的职权范围，充分发挥各自的职能作用，在查处案件工作中互通情况，相互支持，加强协作配合，并可以根据需要召开联席会议研究相关问题，建立相应的沟通、协调机制。

二、纪检监察机关和审计机关共同立案查处的案件，案件查清后，对党纪政纪责任的追究，由纪检监察机关负责；对违反国家规定的财政收支、财务收支行为的审计处理、处罚，由审计机关负责。

三、纪检监察机关在查处案件中，发现有关单位有违反国家规定的财政收支、财务收支行为，属于审计机关管辖范围的，应当将案件线索及时移送审计机关，任何人不得隐瞒或者阻挠。

四、审计机关在审计监督中，发现有关单位和人员有违反党纪政纪的行为，属于纪检监察机关管辖范围的，应当

将案件线索及时移送纪检监察机关，任何人不得隐瞒或者阻挠。

五、纪检监察机关在查处案件中，需要审计机关协助配合的，可以商请审计机关予以协助，审计机关应当予以配合。

六、审计机关在审计监督中，需要纪检监察机关协助配合的，可以商请纪检监察机关予以协助，纪检监察机关应当予以配合。

七、纪检监察机关根据检查、调查结果，认为应当给予审计处理、处罚的，可以向审计机关提出建议或者监察建议。审计机关应当依法及时查处，并将结果书面通知纪检监察机关。

八、审计机关根据审计结果，认为应当追究党纪政纪责任的，可以向纪检监察机关提出建议或者审计建议。纪检监察机关应当依纪依法及时查处，监察机关应将结果书面通知审计机关。

纪检监察机关查办案件涉案财物价格认定工作暂行办法

中央纪委2010年12月10日印发

第一章　总　　则

第一条　为规范纪检监察机关查办案件涉案财物价格认定工作，保证查办案件工作的顺利进行，根据《中国共产党纪律检查机关案件检查工作条例》、《中华人民共和国行政监察法》、《中华人民共和国价格法》等法律法规，制定本办法。

第二条　纪检监察机关查办案件涉案财物价格认定工作，适用本办法。

本办法所称价格认定，是指纪检监察机关在查办案件中，对价格不明、价格有争议的涉案财物，向人民政府价格主管部门设立的价格认证机构（以下简称价格认证机构）提出价格认定，由价格认证机构依法对涉案财物的价格进行测算，并作出认定结论的行为。

本办法所称涉案财物，是指可以证明违纪违法行为的财物和违纪违法所得的财物，包括房地产、金银珠宝、文物、艺术品、家具、电器、交通工具、通信工具、有价证券等。

第三条　纪检监察机关查办案件涉案财物价格认定工作，应当遵循依法、公正、科学、合理、保密的原则，按照规定的程序进行。

第四条　纪检监察机关工作人员和价格认证机构工作人员在价格认定工作中应当遵守保密法律、法规和纪律，不得泄露国家秘密、工作秘密，以及因工作掌握的商业秘密和个人隐私。

第五条　办理价格认定事项的纪检监察机关工作人员和价格认定人员，有下列情形之一的，应当自行回避，案件被调查人以及与价格认定事项有利害关系的公民、法人或者其他组织有权要求其回避：

（一）是被调查人近亲属的；

（二）办理的价格认定事项与本人有利害关系的；

（三）与办理的价格认定事项有其他关系，可能影响价格认定工作公正进行的。

纪检监察机关和价格认证机构发现其所属人员有应当回避的情形，可以直接决定该人员回避。

第二章　提出与受理

第六条　纪检监察机关查办案件，需要进行价格认定的，应当向本级价格认证机构提出协助请求；案件被调查人要求价格认定的，可以向承办案件的纪检监察机关提出。

涉案财物在外地的，承办案件的纪检监察机关可以向涉案财物所在地的纪检监察机关提请协助，并由涉案财物所在地的纪检监察机关向其本级价格认证机构提出并办理相关手续。

纪检监察机关派驻机构查办案件需要进行价格认定的，依照本条第一款、第二款的规定办理。

未设立价格认证机构的乡（镇），其纪委查处案件需要进行价格认定的，应当提请上一级纪检监察机关办理。

第七条　纪检监察机关向价格认证机构提出对涉案财物进行价格认定的，应当出具价格认定协助书以及价格认定所必需的材料。

第八条　在价格认定过程中，需要对涉案财物先行作出技术、质量检测报告的，价格认证机构应当向纪检监察机关提出，纪检监察机关应当委托有关检测机构进行技术、质量检测；必要时，价格认证机构应当积极予以配合。

第九条　价格认证机构接到价格认定协助书和相关材料后，应当予以受理。经审查认为内容不完整的，应及时向纪检监察机关提出，由纪检监察机关予以补充。

第三章　价 格 认 定

第十条　价格认证机构受理协助请求后，应当指派两名以上价格认定人员共同进行价格认定。

第十一条 价格认定人员应当对需要进行价格认定的涉案财物进行勘验。如勘验结果与价格认定协助书所载事项不符,应及时向纪检监察机关提出,由纪检监察机关重新出具价格认定协助书。

第十二条 价格认证机构一般不留存涉案财物。如确需留存,应当征得纪检监察机关同意并办理交接手续。

价格认证机构对留存的涉案财物应当妥善保管,不得调换、灭失和私自使用。价格认定工作结束后,应当将涉案财物退回纪检监察机关。

第十三条 价格认证机构在勘验、调查等价格认定过程中,确需纪检监察机关配合的,纪检监察机关应当配合。

第十四条 价格认定的期限,由纪检监察机关与价格认证机构约定。补充或者重新提取认定材料等,可以由双方商定延长期限。

第十五条 因不可抗力或者其他原因致使价格认定暂时无法进行的,应当中止价格认定;确实无法进行的,应当终止价格认定。

价格认证机构中止或者终止价格认定的,应当向纪检监察机关出具通知书。纪检监察机关提出中止或者终止价格认定的,应当以书面形式通知价格认证机构。

价格认定中止事项消除后,应当恢复价格认定工作。终止价格认定的,价格认证机构应当将全部材料退还纪检监察机关。

第十六条 纪检监察机关增加与原价格认定有关的内容时,可以向原价格认证机构提出补充价格认定。

第十七条 价格认证机构完成价格认定后,应当向纪检监察机关出具价格认定结论书。结论书应载明复核裁定的受理机构。

第四章 重新认定和复核裁定

第十八条 纪检监察机关对价格认定结论有异议的,可以向原价格认证机构提出重新认定,也可以直接向价格认定结论书中告知的复核裁定受理机构提出复核裁定。

对重新认定仍有异议的,应当向复核裁定受理机构提出复核裁定。

第十九条 纪检监察机关对复核裁定结论仍有异议的,可以向国务院价格主管部门设立的价格认证机构再次提出复核裁定。

国务院价格主管部门设立的价格认证机构作出的复核裁定为最终复核裁定。

第二十条 纪检监察机关在收到价格认定、重新认定或者复核裁定结论书后,应当告知案件被调查人。

案件被调查人对结论有异议的,应当在收到结论书之日起3日内向纪检监察机关提出。纪检监察机关根据具体情况决定是否向价格认证机构提出重新认定、复核裁定或者再次复核裁定。

第五章 纪律责任

第二十一条 纪检监察机关及其工作人员违反本办法,构成违纪的,对有关责任人员,依照有关规定给予党纪政纪处分;涉嫌犯罪的,移送司法机关依法处理。

第二十二条 价格认证机构及其工作人员违反本办法,有下列行为之一的,对有关责任人员,依照有关规定给予党纪政纪处分;涉嫌犯罪的,移送司法机关依法处理:

(一)出具虚假价格认定结论的;

(二)违反规定造成价格认定结论严重失实的;

(三)泄露价格认定工作中所掌握的国家秘密、工作秘密、商业秘密和个人隐私,造成不良后果的;

(四)有其他滥用职权、徇私舞弊、玩忽职守行为的。

第六章 附 则

第二十三条 价格认证机构对纪检监察机关查办案件涉案财物进行价格认定不收费,该项经费由同级财政预算安排。

第二十四条 本办法由中央纪委、国家发展改革委、监察部、财政部负责解释。

第二十五条 本办法自发布之日起施行。

四、案件审理

资料补充栏

·法律法规·

监察机关审理政纪案件的暂行办法

1999年1月15日监察部令第8号发布施行

第一条 为保证审理案件工作的质量和效率，正确执行行政纪律，惩处违反行政纪律的行为，根据《中华人民共和国行政监察法》和有关行政法规，结合监察机关案件审理工作的实际制定本办法。

第二条 对调查终结需要给予行政处分或者作出其他处理的案件，都要进行审理。

第三条 各级监察机关要分级负责，严格按照本级监察机关的管辖审理案件。

第四条 审理案件要坚持专人审核、集体审议的原则。

第五条 审理案件要按照事实清楚、证据确凿、定性准确、处理恰当、程序合法的基本要求进行。

第六条 案件审理部门受理下列案件：

（一）本监察机关的案件调查部门移送的调查终结并应由本监察机关决定给予行政处分或作出其他处理的案件；

（二）本监察机关的派出机构呈报的需由本监察机关审批的案件；

（三）本监察机关负责人交办的其他案件。

第七条 本监察机关的案件调查部门移送审理的案件，应具备下列材料：

（一）立案依据；

（二）调查报告；

（三）案件移送单位的意见及其主管领导的指示；

（四）全部证据材料；

（五）被调查人违纪事实见面材料、被调查人对事实见面材料的意见及案件调查部门对其意见的说明；

（六）被调查人所在单位或其主管部门的意见；

（七）其他应当移送审理的材料。

第八条 呈报审批的案件应具备下列材料：

（一）呈报审批的请示；

（二）调查报告；

（三）全部证据材料；

（四）处分决定；

（五）被调查人违纪事实见面材料、被调查人对事实见面材料的意见及案件调查部门对其意见的说明；

（六）其他应当呈报的材料。

第九条 案件审理部门受理案件后，应及时指定承办人办理。一般案件应由两人办理，重要、复杂案件，应由两人以上办理，并确定一人主办。

第十条 承办人在审理中，要审查核实：

（一）被调查人实施的每一违反行政纪律行为的时间、地点、情节、原因及造成的后果；

（二）证据是否确实、充分；

（三）有关人员责任的划分是否准确；

（四）案件调查部门对被调查人违反行政纪律行为性质的认定是否准确，适用法律、法规及提出的处分意见是否恰当；

（五）调查工作是否符合规定的程序和要求；

（六）是否还有其他应认定的违反行政纪律行为。

第十一条 案件审理部门在审理案件过程中，如发现事实不清、证据不足、有关人员责任不明时，应同移送单位交换意见，确需补充调查的，一般应由案件调查部门进行补充调查，必要时案件审理部门也可协同案件调查部门进行补充调查或经分管审理的领导批准后直接补充调查。

第十二条 在审理案件过程中，遇有下列情形之一，可以由案件审理部门负责人提出意见，经分管审理的领导批准后中止审理：

（一）手续不完备，材料不齐全，需由案件移送单位补办手续或补报材料的；

（二）案件的主要事实不清或有关人员责任不明，需由案件移送单位补充调查的；

（三）发现被调查人有新问题或被调查人提出新的辩解，需案件移送单位补报证据或说明的。

第十三条 在审理案件过程中，案件审理部门认为必要时，可以同被调查人核对违反行政纪律事实，听取被调查人的陈述和辩解。

第十四条 审理案件过程中，遇有适用国家法律、法规、政策、地方性法规和规章方面或专业技术方面问题时，应征求有关部门的意见。

第十五条 承办人阅卷后，应将案件审阅情况和初步处理意见提交案件审理部门集体审议并形成审议意见。承办人根据审议意见，草拟审理报告。

第十六条 审理报告经案件审理部门负责人审核后，连同移送或呈报单位报送的有关材料一并呈报本监察机关主管领导。

第十七条 案件经本监察机关作出决定后，案件审理部门负责办理呈报、批复或处分决定等手续。

第十八条　本办法由监察部负责解释。

第十九条　本办法自发布之日起施行。

关于不动产登记机构协助监察机关在涉案财物处理中办理不动产登记工作的通知

1. 2019年12月17日国家监察委员会办公厅、自然资源部办公厅发布

2. 国监办发〔2019〕3号

各省、自治区、直辖市监委、自然资源主管部门，中央纪委国家监委各派出机构，各中管企业纪检监察机构：

为贯彻落实党中央关于深化国家监察体制改革决策部署，依法规范做好不动产登记机构协助监察机关在涉案财物处理中办理不动产登记工作，根据《中华人民共和国监察法》《中华人民共和国物权法》《中华人民共和国城市房地产管理法》《不动产登记暂行条例》等法律法规，现就有关事项通知如下：

一、县级以上监察机关经过调查，对违法取得且已经办理不动产登记或者具备首次登记条件的不动产作出没收、追缴、责令退赔等处理决定后，在执行没收、追缴、责令退赔等决定过程中需要办理不动产转移等登记的，不动产登记机构应当按照监察机关出具的监察文书和协助执行通知书办理。

监察机关对不动产作出的处理决定，应当依法告知被调查人以及不动产权利人。

不动产登记涉及的税费按照国家有关规定收取。

二、监察机关到不动产登记机构办理不动产登记时，应当出具监察文书和协助执行通知书，由两名工作人员持上述文书和本人工作证件办理。根据工作需要，也可以出具委托函，委托财政部门、国有资产管理部门或者其他被授权协助处理涉案财物的单位，由其两名工作人员持本人工作证件、委托函、监察机关出具的监察文书和协助执行通知书办理。

三、中央纪委国家监委各派驻（派出）机构以及中管企业纪检监察机构需要不动产登记机构协助办理不动产登记的，应当依法出具监察文书和协助执行通知书，按照本通知第二条规定的程序办理。

省级以下监察委员会派驻或者派出的监察机构、监察专员根据授权开展调查、处置工作过程中，需要商请不动产登记机构协助办理不动产登记的，应当依法出具监察文书，由该监察委员会审核并出具协助执行通知书，按照本通知第二条规定的程序办理。

四、监察机关需要异地不动产登记机构协助办理不动产登记的，可以直接到异地不动产登记机构办理，也可以出具委托函，委托不动产所在地监察机关办理。具体办理程序按照第二条的规定执行。

五、监察机关对不动产进行处理前，应当先行查询不动产权属情况。处理不动产涉及集体土地和划拨土地的，监察机关应当与自然资源管理部门协商后再行处理。

六、相关不动产已被人民法院、人民检察院、公安机关等其他有权机关查封，并由不动产登记机构办理了查封登记的，监察机关在作出处理决定前应当与上述实施查封的有权机关协商。需要注销查封登记的，应当由实施查封的有权机关按照规定程序办理。

七、相关不动产已办理抵押登记的，监察机关应当依法妥善处理，保障抵押权人合法权益。

八、不动产登记机构在协助监察机关办理不动产登记时，不对监察文书和协助执行通知书进行实体审查。不动产登记机构认为监察机关处理的相关不动产信息错误的，应当依法向监察机关提出书面核查建议，监察机关应当进行认真核查，核查期间中止协助事项。经监察机关核查并出具书面函件确认无误后，不动产登记机构应当予以协助办理。

九、公民、法人或者其他组织对不动产登记机构根据监察机关的监察文书等材料办理的不动产登记行为不服的，可以按规定向相关监察机关申诉、控告或者检举。

公民、法人或者其他组织对登记行为不服申请行政复议的，有关复议机构不予受理，但公民、法人或者其他组织认为登记与有关文书内容不一致的除外。

不动产登记机构根据监察机关的监察文书等材料办理不动产登记，是行政机关根据有权机关的协助执行通知书实施的行为，公民、法人或者其他组织对该行为不服提起行政诉讼的，按照《最高人民法院关于审理房屋登记案件若干问题的规定》（法释〔2010〕15号）第二条规定办理。

十、各级监察机关应当与同级自然资源部门建立沟通协调机制，及时研究解决协作配合过程中的问题。

十一、本通知自2020年1月1日起实施。

罚没财物管理办法

1. 2020年12月17日财政部印发
2. 财税〔2020〕54号

第一章 总 则

第一条 为规范和加强罚没财物管理,防止国家财产损失,保护自然人、法人和非法人组织的合法权益,根据《中华人民共和国预算法》、《罚款决定与罚款收缴分离实施办法》(国务院令第235号)等有关法律、行政法规规定,制定本办法。

第二条 罚没财物移交、保管、处置、收入上缴、预算管理等,适用本办法。

第三条 本办法所称罚没财物,是指执法机关依法对自然人、法人和非法人组织作出行政处罚决定,没收、追缴决定或者法院生效裁定、判决取得的罚款、罚金、违法所得、非法财物,没收的保证金、个人财产等,包括现金、有价票证、有价证券、动产、不动产和其他财产权利等。

本办法所称执法机关,是指各级行政机关、监察机关、审判机关、检察机关,法律法规授权的具有管理公共事务职能的事业单位和组织。

本办法所称罚没收入是指罚款、罚金等现金收入,罚没财物处置收入及其孳息。

第四条 罚没财物管理工作应遵循罚款决定与罚款收缴相分离,执法与保管、处置岗位相分离,罚没收入与经费保障相分离的原则。

第五条 财政部负责制定全国罚没财物管理制度,指导、监督各地区、各部门罚没财物管理工作。中央有关执法机关可以根据本办法,制定本系统罚没财物管理具体实施办法,指导本系统罚没财物管理工作。

地方各级财政部门负责制定罚没财物管理制度,指导、监督本行政区内各有关单位的罚没财物管理工作。

各级执法机关、政府公物仓等单位负责制定本单位罚没财物管理操作规范,并在本单位职责范围内对罚没财物管理履行主体责任。

第二章 移交和保管

第六条 有条件的部门和地区可以设置政府公物仓对罚没物品实行集中管理。未设置政府公物仓的,由执法机关对罚没物品进行管理。

各级执法机关、政府公物仓按照安全、高效、便捷和节约的原则,使用下列罚没仓库存放保管罚没物品:

(一)执法机关罚没物品保管仓库;

(二)政府公物仓库;

(三)通过购买服务等方式选择社会仓库。

第七条 设置政府公物仓的地区,执法机关应当在根据行政处罚决定,没收、追缴决定,法院生效裁定、判决没收物品或者公告期满后,在同级财政部门规定的期限内,将罚没物品及其他必要的证明文件、材料,移送至政府公物仓,并向财政部门备案。

第八条 罚没仓库的保管条件、保管措施、管理方式应当满足防火、防水、防腐、防疫、防盗等基础安全要求,符合被保管罚没物品的特性。应当安装视频监控、防盗报警等安全设备。

第九条 执法机关、政府公物仓应当建立健全罚没物品保管制度,规范业务流程和单据管理,具体包括:

(一)建立台账制度,对接管的罚没物品必须造册、登记,清楚、准确、全面反映罚没物品的主要属性和特点,完整记录从入库到处置全过程。

(二)建立分类保管制度,对不同种类的罚没物品,应当分类保管。对文物、文化艺术品、贵金属、珠宝等贵重罚没物品,应当做到移交、入库、保管、出库全程录音录像,并做好密封工作。

(三)建立安全保卫制度,落实人员责任,确保物品妥善保管。

(四)建立清查盘存制度,做到账实一致,定期向财政部门报告罚没物品管理情况。

第十条 罚没仓库应当凭经执法机关或者政府公物仓按管理职责批准的书面文件或者单证办理出库手续,并在登记的出库清单上列明,由经办人与提货人共同签名确认,确保出库清单与批准文件、出库罚没物品一致。

罚没仓库无正当理由不得妨碍符合出库规定和手续的罚没物品出库。

第十一条 执法机关、政府公物仓应当运用信息化手段,建立来源去向明晰、管理全程可控、全面接受监督的管理信息系统。

执法机关、政府公物仓的管理信息系统,应当逐步与财政部门的非税收入收缴系统等平台对接,实现互联互通和信息共享。

第三章 罚没财物处置

第十二条 罚没财物的处置应当遵循公开、公平、公正原则,依法分类、定期处置,提高处置效率,降低仓储成本和处置成本,实现处置价值最大化。

第十三条　各级执法机关、政府公物仓应当依照法律法规和本级人民政府规定的权限,按照本办法的规定处置罚没财物。

各级财政部门会同有关部门对本级罚没财物处置、收入收缴等进行监督,建立处置审批和备案制度。

财政部各地监管局对属地中央预算单位罚没财物的处置、收入收缴等进行监督。

第十四条　除法律法规另有规定外,容易损毁、灭失、变质、保管困难或者保管费用过高、季节性商品等不宜长期保存的物品,长期不使用容易导致机械性能下降、价值贬损的车辆、船艇、电子产品等物品,以及有效期即将届满的汇票、本票、支票等,在确定为罚没财物前,经权利人同意或者申请,并经执法机关负责人批准,可以依法先行处置;权利人不明确的,可以依法公告,公告期满后仍没有权利人同意或者申请的,可以依法先行处置。先行处置所得款项按照涉案现金管理。

第十五条　罚没物品处置前存在破损、污秽等情形的,在有利于加快处置的情况下,且清理、修复费用低于变卖收入的,可以进行适当清理、修复。

第十六条　执法机关依法取得的罚没物品,除法律、行政法规禁止买卖的物品或者财产权利、按国家规定另行处置外,应当按照国家规定进行公开拍卖。公开拍卖应当符合下列要求:

(一)拍卖活动可以采取现场拍卖方式,鼓励有条件的部门和地区通过互联网和公共资源交易平台进行公开拍卖。

(二)公开拍卖应当委托具有相应拍卖资格的拍卖人进行,拍卖人可以通过摇珠等方式从具备资格条件的范围中选定,必要时可以选择多个拍卖人进行联合拍卖。

(三)罚没物品属于国家有强制安全标准或者涉及人民生命财产安全的,应当委托符合有关规定资格条件的检验检疫机构进行检验检测,不符合安全、卫生、质量或者动植物检疫标准的,不得进行公开拍卖。

(四)根据需要,可以采取"一物一拍"等方式对罚没物品进行拍卖。采用公开拍卖方式处置的,一般应当确定拍卖标的保留价。保留价一般参照价格认定机构或者符合资格条件的资产评估机构作出的评估价确定,也可以参照市场价或者通过互联网询价确定。

(五)公开拍卖发生流拍情形的,再次拍卖的保留价不得低于前次拍卖保留价的80%。发生3次(含)以上流拍情形的,经执法机关商同级财政部门确定后,可以通过互联网平台采取无底价拍卖或者转为其他处置方式。

第十七条　属于国家规定的专卖商品等限制流通的罚没物品,应当交由归口管理单位统一变卖,或者变卖给按规定可以接受该物品的单位。

第十八条　下列罚没物品,应当移交相关主管部门处置:

(一)依法没收的文物,应当移交国家或者省级文物行政管理部门,由其指定的国有博物馆、图书馆等文物收藏单位收藏或者按国家有关规定处置。经国家或者省级文物行政管理部门授权,市、县的文物行政管理部门或者有关国有博物馆、图书馆等文物收藏单位可以具体承办文物接收事宜。

(二)武器、弹药、管制刀具、毒品、毒具、赌具、禁止流通的易燃易爆危险品等,应当移交同级公安部门或者其他有关部门处置,或者经公安部门、其他有关部门同意,由有关执法机关依法处置。

(三)依法没收的野生动植物及其制品,应当交由野生动植物保护主管部门、海洋执法部门或者有关保护区域管理机构按规定处置,或者经有关主管部门同意,交由相关科研机构用于科学研究。

(四)其他应当移交相关主管部门处置的罚没物品。

第十九条　罚没物品难以变卖或者变卖成本大于收入,且具有经济价值或者其他价值的,执法机关应当报送同级财政部门,经同级财政部门同意后,可以赠送有关公益单位用于公益事业;没有捐赠且能够继续使用的,由同级财政部门统一管理。

第二十条　淫秽、反动物品,非法出版物,有毒有害的食品药品及其原材料,危害国家安全以及其他有社会危害性的物品,以及法律法规规定应当销毁的,应当由执法机关予以销毁。

对难以变卖且无经济价值或者其他价值的,可以由执法机关、政府公物仓予以销毁。

属于应销毁的物品经无害化或者合法化处理,丧失原有功能后尚有经济价值的,可以由执法机关、政府公物仓作为废旧物品变卖。

第二十一条　已纳入罚没仓库保管的物品,依法应当退还的,由执法机关、政府公物仓办理退还手续。

第二十二条　依法应当进行权属登记的房产、土地使用权等罚没财产和财产权利,变卖前可以依据行政处罚决定,没收、追缴决定,法院生效裁定、判决进行权属变更,变更后应当按本办法相关规定处置。

权属变更后的承接权属主体可以是执法机关、政府公物仓、同级财政部门或者其他指定机构,但不改变罚没财物的性质,承接单位不得占用、出租、出借。

第二十三条　罚没物品无法直接适用本办法规定处置的,执法机关与同级财政商有关部门后,提出处置方案,报上级财政部门备案。

第四章　罚没收入

第二十四条　罚没收入属于政府非税收入,应当按照国库集中收缴管理有关规定,全额上缴国库,纳入一般公共预算管理。

第二十五条　除依法可以当场收缴的罚款外,作出罚款决定的执法机关应当与收缴罚款的机构分离。

第二十六条　中央与省级罚没收入的划分权限,省以下各级政府间罚没收入的划分权限,按照现行预算管理有关规定确定。法律法规另有规定的,从其规定。

第二十七条　除以下情形外,罚没收入应按照执法机关的财务隶属关系缴入同级国库:

(一)海关、公安、中国海警、市场监管等部门取得的缉私罚没收入全额缴入中央国库。

(二)海关(除缉私外)、国家外汇管理部门、国家邮政部门、通信管理部门、气象管理部门、应急管理部所属煤矿安全监察部门、交通运输部所属海事部门中央本级取得的罚没收入全额缴入中央国库。省以下机构取得的罚没收入,50%缴入中央国库,50%缴入地方国库。

(三)国家烟草专卖部门取得的罚没收入全额缴入地方国库。

(四)应急管理部所属的消防救援部门取得的罚没收入,50%缴入中央国库,50%缴入地方国库。

(五)国家市场监督管理总局所属的反垄断部门与地方反垄断部门联合办理或者委托地方查办的重大案件取得的罚没收入,全额缴入中央国库。

(六)国有企业、事业单位监察机构没收、追缴的违法所得,按照国有企业、事业单位隶属关系全额缴入中央或者地方国库。

(七)中央政法机关交办案件按照有关规定执行。

(八)财政部规定的其他情形。

第二十八条　罚没物品处置收入,可以按扣除处置该罚没物品直接支出后的余额,作为罚没收入上缴;政府预算已经安排罚没物品处置专项经费的,不得扣除处置该罚没物品的直接支出。

前款所称处置罚没物品直接支出包括质量鉴定、评估和必要的修复费用。

第二十九条　罚没收入的缴库,按下列规定执行:

(一)执法机关取得的罚没收入,除当场收缴的罚款和财政部另有规定外,应当在取得之日缴入财政专户或者国库;

(二)执法人员依法当场收缴罚款的,执法机关应当自收到款项之日起2个工作日内缴入财政专户或者国库;

(三)委托拍卖机构拍卖罚没物品取得的变价款,由委托方自收到款项之日起2个工作日内缴入财政专户或者国库。

第三十条　政府预算收入中罚没收入预算为预测性指标,不作为收入任务指标下达。执法机关的办案经费由本级政府预算统筹保障,执法机关经费预算安排不得与该单位任何年度上缴的罚没收入挂钩。

第三十一条　依法退还多缴、错缴等罚没收入,应当按照本级财政部门有关规定办理。

第三十二条　执法机关在罚没财物管理工作中,应当按照规定使用财政部门相关票据。

第三十三条　对向执法机关检举、揭发各类违法案件的人员,经查实后,按照相关规定给予奖励,奖励经费不得从案件罚没收入中列支。

第五章　附　　则

第三十四条　各级财政部门、执法机关、政府公物仓及其工作人员在罚没财物管理、处置工作中,存在违反本办法规定的行为,以及其他滥用职权、玩忽职守、徇私舞弊等违法违纪行为的,按照《中华人民共和国监察法》、《财政违法行为处罚处分条例》等国家有关规定追究相应责任;构成犯罪的,依法追究刑事责任。

第三十五条　执法机关扣押的涉案财物,有关单位、个人向执法机关声明放弃的或者无人认领的财物;党的纪律检查机关依据党内法规收缴的违纪所得以及按规定登记上交的礼品、礼金等财物;党政机关收到的采购、人事等合同违约金;党政机关根据国家赔偿法履行赔偿义务之后向故意或者有重大过失的工作人员、受委托的组织或者个人追偿的赔偿款等,参照罚没财物管理。国家另有规定的除外。

国有企业、事业单位党的纪检机构依据党内法规收缴的违纪所得,以及按规定登记上交的礼品、礼金等财物,按照国有企业、事业单位隶属关系全额缴入中央或者地方国库。

第三十六条　本办法自2021年1月1日起实施。

本办法实施前已经形成的罚没财物,尚未处置的,按照本办法执行。

·党规党纪·

党的纪律检查机关案件审理工作条例

中央纪委 1987 年 7 月 14 日印发

第一章　总　　则

第一条　根据党章和《关于党内政治生活的若干准则》，结合案件审理工作的实践经验，制定本条例。

第二条　案件审理工作，是对违犯党的纪律的案件的审核处理工作，是党的纪律检查工作的重要组成部分，是检查处理党员或党组织违犯党纪案件的重要环节。做好案件审理工作，对于正确地处理违犯党的纪律的案件，维护党的纪律的严肃性，端正党风；对于坚持四项基本原则，保证党的路线、方针、政策、决议的贯彻执行，促进社会主义物质文明和精神文明建设，有着积极的作用。

第三条　审理党员或党组织违犯党的纪律的案件，必须坚持实事求是的原则。以事实为依据，重证据，不主观臆断，不带框框。对于处理错了的案件，一经发现，坚决改正。

第四条　对犯错误的同志，必须坚持“惩前毖后，治病救人”的方针。对他们耐心地进行思想教育，根据其错误，恰当处理，既反对惩办主义，又不得姑息、迁就。

第五条　处理党员或党组织违犯党的纪律的案件，必须坚持严肃慎重、区别对待的原则。违纪必究，严肃处理，不能含糊敷衍。但在处理的时候，必须慎重从事。对具体案件，要具体分析其错误事实、性质、情节和危害，根据不同情况，做不同处理。

第六条　对于违犯党的纪律的党员，必须坚持在党的纪律面前人人平等的原则。不论其职位高低，贡献大小，资历长短，都要严肃查处，决不容许有不受党纪约束的特殊党员。

第七条　对党员或党组织的处分，必须坚持民主集中制的原则，由党委或纪委集体讨论决定。不允许任何个人或少数人决定和批准对党员或党组织的处分。

第八条　审查处理违犯党的纪律的案件的人员，需要回避的，经批准后实行回避。

第二章　任务和职责范围

第九条　案件审理工作的任务是：审查处理党员、党组织违犯党的纪律的案件和复查的案件。实事求是地核对违犯党的纪律的案件的事实材料，审核鉴别证据，根据党的政策和国家的法律法规，分析认定问题的性质，按照党章的规定和党对犯错误党员的一贯政策以及规定的程序，正确地处理违犯党的纪律的党员或党组织。

第十条　职责范围：

（一）审理按照批准权限由本级纪委或同级党委批准的违犯党的纪律的案件；

（二）审理报送上级纪委或党委审批的案件；

（三）审理下级纪委上报的特别重要或复杂的案件；

（四）审理下级纪委对同级党委处理案件的决定有不同意见请求予以复查或复议的案件；

（五）审理下级纪委报来的备案案件；

（六）审理领导同志交办的其他案件；

（七）受理本级党委、纪委及上级党委、纪委批准的案件中党员对所受处分或结论不服的申诉；

（八）调查研究案件审理工作和执行党纪的情况，拟定有关案件审理工作规范化的规定，对下级纪委的审理工作进行业务指导；

（九）为进行党性、党风、党纪教育选择典型案例。

第三章　审理案件的基本要求

第十一条　事实清楚

事实是定案的基础。审理案件，必须将错误事实发生的时间、地点、情节、后果、本人应负的责任，以及产生错误的主客观原因等，审核清楚。如发现事实不清，要责成或协同原报案单位重新查证清楚，要使所认定的错误事实符合客观实际。

第十二条　证据确凿

证据是判断事实的依据。对证据必须认真地进行鉴别，去伪存真。认定错误的事实，一定要有充分的证据。没有证据或证据不充分、不确凿，不能认定。证据充分、确凿，即使犯错误的人拒不承认，也可以认定。

第十三条　定性准确

认定问题的性质，必须在事实清楚、证据确凿的基础上，以党章、《关于党内政治生活的若干准则》、党的方针政策和国家的法律法规为准绳，进行具体分析，是什么性质的问题就定什么性质。性质难以确定的，用写实的办法作出结论。

第十四条　处理恰当

在事实清楚、证据确凿、定性准确的基础上，作出恰当处理。既不要处理过头，又不要姑息迁就。

在任何情况下都不得株连无辜。

第十五条　手续完备

处理案件要严格按照党章规定的手续办理，按照处分党员或党组织的批准权限审批。手续不完备的，原报案单位必须补办。

报请审批的案件，须报以下材料：

(1)处分决定；

(2)错误事实调查报告和主要证据材料；

(3)本人检查材料和对处分决定的意见以及党组织对本人意见的说明；

(4)党的纪律检查委员会或党组织的审查意见。

复查的案件须报：复查或复议报告和主要证据材料；处理决定及有关党组织的意见；本人意见和党组织对本人不同意见的说明；原处分决定和原定案的主要证据材料。

第四章 保障党员的合法权利

第十六条 基层党组织在讨论决定对党员的处分时，如无特殊情况，应通知本人出席会议，允许他在会上为自己申辩，也允许他人为之辩护。

第十七条 党组织对党员所要作出的处分决定和所依据的事实材料必须同本人见面，听取本人说明情况和申辩。当本人对党组织所认定的错误事实有不同意见时，要认真地进行复核，采纳其合理的意见。对事实清楚、证据确凿，本人坚持错误意见或拒不签署意见的，由党组织作出书面说明，并根据事实作出处理决定。需要报上级审批的案件，连同本人意见一并上报。

要切实保障检举人、证明人的权利，检举材料和证人证言，不能给犯错误的人看。

第十八条 党组织作出的处分决定(或结论)，需由本人签字，经上级批准后，连同批复给本人一份，并在适当范围内宣布。

第十九条 处分决定一经批准即执行。如果本人不服提出申诉，有关党组织必须负责及时处理或迅速转递，不得扣压，承办单位不得推诿。对于申诉有理，需要改变的，要实事求是地予以改正；对于错误事实清楚，证据确凿，定性准确，处理恰当，而本人坚持错误和无理要求的，要批评教育；对于无理取闹的，要严肃处理。

第五章 审理案件工作程序

第二十条 凡需经本级党委、纪委决定或批准以及需报上级党委、纪委批准的案件，在正式决定或批准前，必须经过审理部门审理。

第二十一条 审理部门在接到需由本部门审理的案件后，应即指定承办人。除案情简单者外，每个案件应由二人共同承办，特别重大复杂的案件，应组成二人以上的审议组办理。

第二十二条 承办人员按照本条例第三章的基本要求，对案件认真审理，提出审理意见。对于重大或复杂的案件，必要时，对主要事实和证据直接进行复查核实。

第二十三条 审理部门集体审议案件。由承办人员汇报案情和审理意见。汇报案情要言必有据，不得随意扩大或缩小事实。讨论中充分发扬民主，畅所欲言，允许为犯错误者申辩。然后根据会议决定写出审理报告。讨论中如有不同意见，同时上报。

第二十四条 一般情况下，批准机关在审理过程中应派专人与受处分人谈话，认真听取受处分人的意见。同时根据情况对犯错误的党员进行必要的帮助教育。做好谈话记录。

第二十五条 需要征求有关部门意见的案件，在常委审定前进行。

第二十六条 经过审理部门集体审议的案件，将案件审理报告和下级纪委或党委报来的有关材料，一并提请本纪委常委会审批。

第二十七条 经本纪委常委会讨论决定后，按照批准权限，由本纪委批准的案件，立即办理批复手续；需报同级党委或上级党委、纪委审批的案件，及时办理请示手续。在接到同级党委或上级党委、纪委的批复后，及时办理给有关党组织的批复手续。

第二十八条 已经批复或同意备案的案件，及时抄送同级党委组织部门和其他有关部门。给予党员的处分决定中，有向党外组织建议撤销党外职务和给予其他行政处分时，应将处分决定送党外有关组织。

第二十九条 案件办理完结后，由承办人按照规定立卷归档。

第六章 对案件审理工作人员的要求

第三十条 案件审理工作人员应具有的党性原则和工作作风：

(一)要有坚强的党性和高度的责任感，坚持原则，刚正不阿，秉公办案，不徇私情，敢于同一切违反党纪国法的行为作坚决斗争。

(二)坚持实事求是，一切从实际出发，不主观臆断；坚持调查研究，走群众路线，不偏听偏信，善于听取不同意见。

(三)注意总结经验，努力提高工作质量和效率。

(四)模范地遵守党纪国法，严格遵守保密制度，不得向无关人员泄露所办案件的情况。

(五)认真学习党的各项方针政策、党规党法和国家的法律法规，不断提高自己的政治思想水平和政策、业务水平。

第三十一条　本条例是案件审理工作的法规。各级党组织和各级纪委审查处理案件，必须按照本条例办理。

中央纪委、中央组织部关于重申共产党员受到正确的党纪处分改正错误后不履行取消处分手续的通知

1989年7月31日

近年来，有的同志提出了对因违犯党纪受到正确处分的党员，改正错误后应履行取消处分手续的建议。有的党组织也来电话询问此事。根据中央领导同志指示精神，我们对这一问题进行了研究，现将意见通知如下：

在我党历史上，只有党的"七大"至"八大"期间实行过"取消正确的党纪处分"的做法。1945年6月党的"七大"《关于修改党章的报告》中说："对于党员的处分，在该党员从事实上改正错误之后，即取消处分。或者处分错误，处分与事实不符，经证明后，即应取消。"党的"八大"以后，1956年11月，党中央向全党下达了《关于取消党员的处分问题的通知》，通知说："今后，对于那些本来是正确的处分，除对受留党察看处分的党员，经过留党察看期间的考察，如果事实证明他已经改正了错误，应当恢复他的党员权利之外，对于受警告、严重警告和撤销党内职务处分的党员，不再履行取消处分的手续。因为，党给犯错误的党员以纪律处分，其目的是为了'惩前毖后，治病救人'，使他们接受教训，提高思想上的觉悟，在以后的工作中少犯错误或不犯错误。既然一个党员违反了党的纪律，组织上所给予的纪律处分又是正确的，那么，取消本来处分对了的处分，是完全没有必要的。"自此以后，我党对组织上给予党员的正确处分，再未履行过取消处分的手续。

1956年党中央关于对受了正确处分的党员改正错误后不再履行取消处分手续的规定，是正确的，不能改变。一个党员违犯了党的纪律，党组织给予恰当的处分，这是客观存在的历史事实，并不会因为"取消了"就不再存在。以前，即使按照七大党章规定取消了处分的，在填写干部履历表及其他人事表格时，仍需填写何时何地何原因受过何种处分，何时取消了处分。因为个人档案是一个人的历史记录，党组织及有关组织、人事部门需要历史地、全面地了解一个党员干部。

因此，现重申：对因犯错误受到正确的党纪处分的共产党员改正错误后不履行取消处分的手续。

今后，各级党组织和组织、人事部门应认真贯彻执行党对犯错误党员的政策，正确对待犯错误受处分的同志，对于实践证明改正了错误的，应根据他们的政治思想素质和实际工作能力，恰当地使用。

关于中央纪委案件审理室承办的征求意见案件的办理办法

中共中央纪律检查委员会办公厅1991年6月13日印发

第一条　为了明确办案程序，妥善办理征求意见的案件，根据中央纪委《党的纪律检查机关案件审理工作条例》、《关于处分违犯党纪的党员批准权限的具体规定》和《关于修改〈关于处分违犯党纪的党员批准权限的具体规定〉的通知》，制定本办法。

第二条　本办法所指的征求意见案件包括：

1. 报中央或中央纪委批准的案件，在正式报批前，省部级党委（党组）、纪委（纪检组）对案件的错误事实和性质的认定确实把握不准，征求中央纪委审理室意见的。

2. 由省部级党委、纪委批准的重要或复杂的案件，批准机关对案件的错误事实和性质的认定及对违纪党员的处分确实把握不准，征求中央纪委审理室意见的。

3. 由地市级党委、纪委批准的案件，一般不受理。其中特别重要、复杂和社会影响很大的案件，批准机关对案件的错误事实和性质的认定及对违纪党员的处分确实把握不准，报省部级党委、纪委征求意见后，省部级党委、纪委也把握不准，要求进一步征求中央纪委审理室意见的。

4. 由中央纪委纪检室检查的案件，检查工作基本结束，正式移送审理前，有关纪检室在案件的错误事实和性质的认定方面，征求审理室意见的。

5. 中央纪委控告申诉室在案件的错误事实和性质的认定方面，征求审理室意见的。

6. 中央纪委常委交办的其他征求意见案件。

第三条　征求意见案件，须报下列材料：

1. 错误事实调查报告和主要证据材料。

2. 有关纪委或党组织的审查意见。

中央纪委纪检室和控告申诉室所送的案件，要附有案件检查组和有关室对案件审查、处理的意见。

3. 犯错误党员的检查和对错误事实见面材料的意见。

4. 党组织对犯错误党员所提意见的说明。

案件材料不齐全的，有关部门应补报材料。案件材料补齐后，中央纪委审理室再审理。

第四条 中央纪委审理室对征求意见案件必须指定专人认真审理，经室务会集体讨论，提出处理意见。有的案件还要征求中央纪委有关纪检室或控告申诉室的意见。

第五条 中央纪委审理室对征求意见案件按下列原则提出处理意见：

1. 需报中央或中央纪委批准的案件，主要对案件的错误事实和性质的认定提出意见。如省部级党委、纪委已提出具体处分意见，在报批前征求中央纪委审理室意见的，可对处分提出意见。

2. 需由省部级党委、纪委和地市级党委、纪委批准的案件，可对案件的错误事实和性质的认定及对违纪党员的处分提出意见。

3. 由中央纪委纪检室检查的案件，可对案件的错误事实和性质的认定提出意见。

4. 由中央纪委控告申诉室审核的案件，可对案件的错误事实和性质的认定提出意见。

中央纪委审理室对征求意见案件所提的处理意见，仅供征求意见单位党组织参考。

第六条 答复征求意见案件的批准权限和程序：

1. 省部级党委、纪委送来的需由中央或中央纪委批准的案件，中央纪委审理室提出意见报经中央纪委常委会议讨论或分管审理室的常委同意后，由中央纪委审理室答复。采用什么名义，由常委确定。其中，需以中央纪委名义答复的，应由分管审理工作的副书记签批。

2. 省部级党委、纪委送来应由省部级党委、纪委批准的案件，一般由中央纪委审理室审议、答复。必要时报分管审理室的常委同意后答复。

3. 省部级党委、纪委送来应由地市级党委、纪委批准的案件，中央纪委审理室审议后直接答复省部级党委、纪委。

4. 中央纪委有关纪检室或控告申诉室征求意见的案件，审理室审议后直接答复有关室。

5. 中央纪委常委交办的其他征求意见案件，审理室提出意见报经交办常委同意后，以中央纪委案件审理室名义或交办常委指定的名义答复。其中，需以中央纪委名义答复的，应由分管审理工作的副书记签批。

第七条 本办法自 1991 年 7 月 1 日起施行。本办法由中央纪委案件审理室负责解释。

中央纪委关于审理党员违纪案件工作程序的规定

中央纪委 1991 年 7 月 13 日印发

第一章 总 则

第一条 根据《党的纪律检查机关案件审理工作条例》的有关规定，结合审理党员违纪案件工作的经验和实际情况，制定本规定。

第二条 为了保证办案质量，保障党员民主权利，正确执行党的纪律，各级纪律检查机关必须遵照本规定审理案件。

第三条 案件检查结束后，必须移送案件审理部门或专兼职审理人员进行审理。

第四条 审理案件应按照处理违纪案件批准权限的规定，分级负责。

第五条 审理案件的人员是本案的当事人，或者是当事人的近亲属，或者与本案有利害关系的，应当回避，犯错误的党员也有权要求他们回避。审理案件人员的回避须经批准，未经批准之前不得停止对案件的审理。

案件审理部门负责人的回避，由本级纪委分管案件审理工作的常委决定；其他案件审理人员的回避，由审理部门负责人决定。

第二章 违纪案件的受理

第六条 案件审理部门受理下列案件：

（一）下级党委、纪委呈报的需由本级党委、纪委批准的案件；

（二）本级纪律检查部门直接检查的，并需由本级党委、纪委直接决定处理的案件；

（三）需呈报上级党委、纪委审批的案件；

（四）下级党委、纪委呈报的备案案件；

（五）本级纪委负责同志或上级党组织交办的案件；

（六）下级党委、纪委呈报的，原由本级纪委、同级党委及上级党委、纪委批准的案件中的申诉复查案件；

（七）原由下级党委、纪委批准经复查复议后申诉人对复查结论和复查处理决定仍不服，下级党委、纪委呈报请求复核的复查案件；

（八）行政监察机关、公安机关、人民检察院、人民法院移送的需给予党纪处分的案件。其中，需要进一步调查取证的，由受理案件的纪委检查部门或商请移送案件的机关补充调查后移送审理。需要个别调查补充证据的，由受理案件的纪委审理部门调查取证。

第七条　下级党委、纪委呈报上级审批的案件，应具备下列材料：

（一）呈报审批的请示；

（二）处分决定和所依据的错误事实材料；

（三）调查报告和主要证据材料；

（四）有关的各级纪委和党组织的审查意见；

（五）犯错误党员的检查和对处分决定的意见；

（六）党组织对犯错误党员所提意见的说明。

本级纪委检查部门移送的案件，应具备下列材料：

（一）立案依据；

（二）错误事实材料、被检查人对错误事实材料的意见及检查组对其意见的说明；

（三）调查报告和主要证据材料；

（四）被检查人的书面检讨。

行政监察机关、公安机关、人民检察院、人民法院移送的案件，应具备下列材料：

（一）行政监察机关移送的案件应具备处理意见或决定、调查报告、主要证据材料、与本人见面材料、本人意见和有关组织的说明；

（二）公安机关移送的案件应具备行政处罚决定或行政强制措施决定、摘抄或复制的主要证据和本人检查交待等材料；

（三）人民检察院移送的案件应具备免予起诉或不予起诉决定书的副本、侦查终结报告、摘抄或复制的主要证据和本人交待等材料；

（四）人民法院移送的案件应具备起诉书、判决书或裁定书、摘抄或复制的主要证据和本人交待等材料。

第八条　案件审理部门或审理人员，接到下级纪委呈报的案件或本级纪委检查部门移送的案件或行政监察机关、公安机关、人民检察院、人民法院移送的案件后，经审查，符合本规定第六、七条规定的，给予受理。

第三章　违纪案件的审理

第九条　各级纪委审理部门受理案件后，应及时指定承办人办理。除情节简单的案件外，一般应由两人办理，特别重大复杂的案件，应组成两人以上的审议组办理，并确定其中一人主办。

第十条　审理案件，要按照事实清楚，证据确凿，定性准确，处理恰当，手续完备的要求进行审理。

第十一条　承办人对处分决定中所列举的错误事实要认真审核，弄清犯错误党员犯有哪些错误，每一错误发生的时间、地点、起因、情节及造成的后果，有关人员的责任。审核认定的每一错误事实是否都有确凿的证据。犯错误党员对处分决定所依据的错误事实如提出不同意见，有关组织的说明能否将所提问题说明清楚。

第十二条　承办人根据《党章》、《关于党内政治生活的若干准则》、党的政策、党纪处分规定、国家的法律法规和社会主义道德规范，判断处分决定中所认定的错误性质是否准确，所给予的处分是否恰当。

第十三条　在审理过程中，如发现事实不清、证据不足、有关人员责任不明时，应主动听取报案单位的意见，确需补报材料时，应请报案单位补报材料。

第十四条　一般情况下，案件在提请本级纪委常委决定前，应派人与犯错误党员谈话，核对错误事实，听取本人意见。本人如对处分决定和所依据的事实材料提出不同意见，应写出书面材料。没有书写能力的，应由谈话人将其意见整理成书面材料，并交本人签字。

与犯错误党员谈话，应作好谈话记录。

第十五条　案件涉及专业技术问题或具体业务政策、规定的，必要时征求有关部门的意见。

第十六条　承办人审理后，草拟审理报告。报告中应写明错误事实、性质、政策法规依据、报案单位的意见和承办人的意见。

第十七条　承办人办理的案件，要经过案件审理部门室务会议审议。审议时，承办人根据起草的审理报告，如实清楚地汇报。会议要充分发扬民主，认真讨论，提出结论性意见。

第十八条　承办人根据集体审议的结论性意见修改审理报告，经审理部门负责同志审核后，连同报案单位呈报的有关材料一并提请本级纪委常委会审定。

由本级纪委参与检查或过问的案件在报本级纪委常委会审议前，还要征求有关检查部门的意见，需要本级纪委直接决定的案件，经审理部门集体审议后代常委草拟处分决定，连同审理报告一并提请本级纪委常委会审定，如果检查部门有不同意见，应同时上报。

第十九条　常委会决定后，对由本级纪委批准的案件，审理部门即办理批复手续，其中需要向同级党委和上级党委、纪委备案的，同时办理备案手续；对需要由同级党委或上级党委、纪委批准的案件应及时办理报批手续，在接到同级党委或上级党委、纪委的批复后，及时通知犯错误党员所在单位的党组织宣布执行。

第二十条　凡给予党纪处分或免予党纪处分的案件，要按照干部管理权限，将处分决定或免予处分的结论、错误事实调查报告、上级批示、本人检讨及本人对处分决定或免予处分的结论的意见抄送组织部门；如建议给予行政处分的，抄送有关人事部门；如建议司法机关追究刑事责任的，抄送有关司法机关。

第二十一条　办理批复和备案手续后结案。承办人根据有关规定立卷归档。

第二十二条　给予党员的纪律处分，从处分决定批准之日起生效。处分决定和批复给受处分的党员一份。

第四章　复查案件的审理

第二十三条　对党员的申诉，一般情况下，由原来作出处分决定的党组织进行复查或复议；原办案单位如已撤销，由申诉人现在单位复查复议。

第二十四条　对于上级党委、纪委交办复查或复议的案件，下级纪委应及时办理，并报告处理结果。如果决定撤销或改变原处分决定或结论，应作出书面决定，并报请原来批准给予处分的党组织审批。

"文化大革命"前经中央或中央监委批准处理的案件，经过复查或复议需要改变原结论和处分的，报中央纪委审批，由中央纪委报中央备案；原经中央局批准处理的案件，由有关省、自治区、直辖市党委或纪委审批，报中央纪委备案。各地区、各部门处理的，按各地区、各部门的有关规定办理。

第二十五条　报送复查案件，应具备下列材料：

（一）呈报审批的请示；

（二）复查报告和主要证据材料；

（三）复查处理决定及有关党组织的意见；

（四）受处分党员对复查处理决定的意见和党组织对其意见的说明；

（五）原处分决定、错误事实材料、调查报告和主要证据材料。

第二十六条　审理复查案件除按审理违纪案件的要求进行外，还应注意审阅原处理案卷材料。对照原处分决定和证据，审核改变处理的依据是否充分。如果原证据和复查时取得的证据有矛盾，应认真鉴别。

第二十七条　对案件的复查复议决定，经原批准处分的机关批准后，申诉人对复查复议结论仍不服的，原批准处分的机关应将本人申诉和复查复议材料一并报上一级党委或纪委审查决定。一经上级党委、纪委审查决定后，申诉人仍然不服，继续申诉，一般不再受理。

第五章　备案案件的审理

第二十八条　呈报上级纪委备案的案件，应具备下列材料：

（一）呈报备案的报告；

（二）处分决定和所依据的事实材料；

（三）调查报告和主要证据材料；

（四）受处分党员的检查和对处分决定的意见及党组织对其意见的说明；

（五）批准机关的批复。

第二十九条　承办人和审理部门审理备案案件，按本规定第十、十一、十二、十六、十七条的要求进行审理。

第三十条　对下级纪委报来的备案案件，审理部门如同意下级党委、纪委的意见，经有关领导批准后归档。如对下级党委、纪委对案件的处理有不同意见，审理部门将审理报告连同备案材料一并提请本级常委会讨论。常委会如作出改变下级纪委对案件处理的决定，审理部门应将常委会的决定通知下级纪委，请他们重新研究处理。如果所要改变的下级纪委的决定是经过它的同级党委批准的，按本规定第三十二条办理。

第六章　执行监督

第三十一条　各级党委对同级纪委批准的案件，有权调卷审查，对审查结论和处理决定直接作出改变，也可以责成纪委重新审查。

第三十二条　上级党委对下级党委、纪委，上级纪委对下级纪委批准的案件，有权调卷审查，对审查结论和处理决定，直接作出改变，也可以责成下级党委或纪委重新审查。但是，如果上级纪委所要改变的下级纪委的决定是经过它的同级党委批准的，这种改变应尽量经过协商取得一致意见，由这一级党委自行改变；如果不能取得一致意见，应将双方的意见同时报上级党委决定。

第三十三条　上级党委或纪委对违纪案件作出的处理决定，下级党组织必须贯彻执行。如有不同意见，可以向上级党委或纪委提出，但是，当上级党委或纪委没有改变原处理决定时，不得停止执行，对拒不执行的要追究有关人员的责任。

第三十四条　党的地方各级纪委如果对同级党委处理的案件有不同意见，可以请求上一级纪委予以复查。上一级纪委应予受理。

第三十五条　各级党委或纪委对犯错误党员的处分决定中，如有建议给予行政处分的内容，有关部门的党组织应保证其得以贯彻，并将执行情况报告作出决定的党委或纪委。

第三十六条　本规定由中共中央纪律检查委员会负责解释。

第三十七条　本规定自下发之日起施行。

中央纪委关于对犯错误党员免予党纪处分的批准权限问题的答复

1995年1月18日

各省、自治区、直辖市纪委，中央和国家机关各部委纪检组（纪委），中央纪委各派驻纪检组，中直机关和中央国家机关纪工委，军委纪委：

《中国共产党纪律检查机关案件检查工作条例实施细则》第十三条指出：追究党纪责任，是指给予纪律处分和免予纪律处分。但对于犯错误党员免予党纪处分的批准权限问题，中央纪委以前未作明确规定，一些地方和单位的纪检机关感到无章可循，要求予以明确。经研究，现答复如下：

免予党纪处分，其含义是：根据党员违犯党的纪律的具体情况，本应给予较轻的纪律处分，但由于具有可以免予处分的条件，因此，对其免去应给予的纪律处分。对犯错误党员免予处分，要由有关党组织作出书面结论和决定，并按照警告处分的报批程序和审批权限报批。

中央纪委关于对党章第四十条第一款所称的“特殊情况”如何理解的答复

1996年3月5日

各省、自治区、直辖市纪委，中央和国家机关各部委纪检组（纪委），中央纪委各派驻纪检组，中直机关和中央国家机关纪工委，军委纪委：

《中国共产党章程》第四十条第一款规定：“在特殊情况下，县级和县级以上各级党的委员会和纪律检查委员会有权直接决定给党员以纪律处分。”几年来，不断有一些地方和部门的党委、纪委和党员个人来信来电询问，这里所说的“特殊情况”应如何理解。根据这些年来纪检工作的实践，经研究，现答复如下：

这里所说的“特殊情况”，是指以下几种情况：一、确有违纪问题应给予党纪处分的党员，其工作的秘密程度较高，或其违纪问题涉及的秘密程度较高，不宜由基层党组织讨论的；二、确有违纪问题应给予党纪处分的党员，其所在的基层党组织瘫痪，或该基层党组织领导人同违纪问题有直接牵连的；三、已查明某党员确有违纪问题应给予党纪处分，而其所在的基层党组织拒不处理或故意拖延不作处理的；四、确有违纪问题应给予党纪处分的党员，原来所在的基层党组织被撤销或合并，无法由原基层党组织和新单位党组织作出处理的；五、跨地区、跨单位的集团性违纪案件中确实需要由这些地区、单位共同的上级党组织一并作出处理的；六、遇到各种紧急情况，需要迅速作出处理的；七、其他省级或省级以上党组织认为必须直接作出处分决定的情况。

纪检监察机关案件档案管理办法

中共中央纪律检查委员会、监察部、国家档案局1998年7月1日印发

第一章 总 则

第一条 为加强纪检监察机关案件档案的科学化、规范化管理，根据《中华人民共和国档案法》和国家档案工作有关规定，结合纪检监察工作的实际，制定本办法。

第二条 纪检监察机关案件档案是指纪检监察机关在履行纪检监察职责，查处各种违纪案件工作中形成并处理完毕的、具有保存价值的、经过整理立卷系统保管的纪检监察案件材料。

第三条 纪检监察机关应重视机关档案工作机构设置及人员配备，以便更好地对案件档案、机关文书档案及其他门类的档案实行集中统一管理，并加强指导与监督，以确保档案的完整与安全，便于提供利用，为国家积累史料。

第四条 纪检监察机关案件档案工作，在国家档案局统筹规划、组织协调下，由中央纪委、监察部负责领导与指导；省以下各级纪检监察机关案件档案工作由本机关办公厅（室）主管，在业务上接受上级纪检监察机关和同级地方档案行政管理部门的指导和监督。

第二章 案件材料的立卷和归档

第五条 案件材料分为检查（调查）类、审理类和信访类。

第六条 案件材料实行案件承办部门立卷制度，做到谁办案谁立卷，案结卷成。

第七条 案件承办人员应从受理办案开始，注意收集办案全过程形成的材料，结案后及时整理。案件材料若有遗漏或缺损，应附说明。

案件材料以案件为单位整理立卷。两个以上单位合办的案件，主办单位保存原件，协办单位保存复制件或打印件。

第八条 案件材料的归档范围：

1. 办案依据材料：检举、揭发、申诉材料，领导批示，会议决定。

2. 初步核实材料、立案报告。

3. 转办的文字材料。

4. 办案计划或调查方案。

5. 调查报告和证明材料。

6. 有关案件处理的决定材料：会议记录、会议纪要、决定事项通知等。

7. 批复材料：批复通知、监察决定、监察建议、复核决定等。

8. 正式文件的印件、签发稿及主要领导修改的重要文稿。

9. 审理报告。

10. 与当事人见面材料。

11. 结案报告。

12. 与案件有关的通报、报道。

13. 与案件有关的声像材料等。

第九条 案卷材料组合排列应遵循以下原则：

1. 卷内材料原则上应按照实际办案程序依次排列。

2. 可根据案件材料的多少，一案一卷或一案数卷。

3. 证据材料，可按材料所反映的问题或材料的名称等特征分类，每一类再按时间顺序排列。

可按照证据材料的重要程度，将主要证据材料排列在前，旁证材料排列在后。

具体排列方法见《附件1：案件档案卷内排列顺序》。

第十条 案卷应有案卷封皮、卷内目录和备考表。封皮、卷内目录所填内容应与卷内材料相符，并用蓝黑或碳素墨水笔书写，字迹要工整、清晰、规范。

装订的案卷必须依次编写页号。卷内文件无论单面或双面，应统一在有文字的每页材料正面的右上角、背面的左上角填写页号。

备考表应填写卷内需要说明的情况及立卷人和检查人的姓名及立卷日期。

对装订线外有字迹的文件材料或破损的文件材料，以及与本卷材料不可分割的照片、小字条等，要进行加边和托裱；对过大的纸张，要折叠；对文件材料上的金属物要拆除。文件材料不允许有圆珠笔、铅笔、复写字迹及热敏纸。

第十一条 归档的案件材料不论办案时间长短，均应在结案年度归档。案件承办部门应将当年结案后整理完毕的案卷，在次年第二季度移交档案部门。

第十二条 归档的案卷应做到归档文件齐全完整，分类科学；卷内文件排列有序，保持联系；案卷标题简明确切；保管期限划分准确；装订不掉页不压字。

第十三条 归档时由立卷单位编制移交目录一式两份。一份随卷交档案部门，一份留立卷部门备查。

第三章 案件档案的接收和整理

第十四条 机关档案部门要做好案件档案的接收工作。按照案件材料立卷和归档的要求，检查案卷质量，接收符合要求的案卷。

第十五条 接收案卷时，要逐卷清点并履行交接手续。

第十六条 档案部门应将案件档案作为全宗档案的一类进行排列和整理。

案件档案可按年度——组织机构或年度——问题〔检查（调查）案件、审理案件、信访案件〕的方法进行分类。排列方法应保持一致性，不可随意改动。

第十七条 在分类、排列的基础上编制案卷目录等检索工具，为档案的利用创造必要的条件，同时应逐步实现计算机管理。

第四章 案件档案的统计和鉴定

第十八条 档案部门应建立案件档案统计制度。对案件档案收进、移出、利用、销毁等情况，进行及时准确的登记、统计，并定期将库存档案的数量、利用情况报上级纪检监察机关档案工作部门。

第十九条 纪检监察机关应定期对保管期限已满的案件档案进行鉴定。鉴定工作应在机关办公厅（室）主管领导的主持下，由档案部门和有关业务部门组成鉴定小组，逐卷鉴定，提出处理意见。

第二十条 对确无继续保存价值的案件档案应登记造册，经机关主管领导批准后销毁。监销人、经办人应在销毁清册上签字。严禁将待销毁的档案出卖或转移给任何部门和个人。

销毁报告及销毁清册应归入全宗卷保存。

第五章 案件档案的借阅

第二十一条 各级纪检监察机关须建立案件档案的借阅制度，便于档案的利用，确保档案的安全，防止失密。

第二十二条 纪检监察机关内部需要调阅案件档案，必须履行审批手续。

第二十三条 外单位查阅案件档案需持单位介绍信和本人证件，并报本机关主管领导审批后方可查阅。

第二十四条 借阅案件档案，不得涂改、损毁、丢失、伪造。如有上述行为，依照《档案法》有关条款追究法律责任。

第二十五条 经批准抄录、复印的案件档案材料，由档案部门核对无误后，加盖“档案证明专用章”，可与档案原件同效。

第六章 案件档案的保管和移交

第二十六条 纪检监察机关应创造条件设置档案库房，保管案件档案，要配置必要的设备和设施，不断改善库房的保管条件，并逐步采用先进设备，实现档案管理的现代化。

档案库房必须坚固，门窗严密。库房内应保持适当的温湿度，并备有防盗、防火、防光、防有害物等安全设施。库房内不得存放与档案无关的物品。

第二十七条 对于破损、虫蛀、变质、字迹褪色的档案要及时采取措施并进行修复。

第二十八条 随案件材料立卷归档的录音、录像、照片、影片等声像档案及实物档案，应标注制作时间、年代、文字说明、承办单位、制作人、案卷互见号，并按照有关档案管理要求单独存放。

第二十九条 案件档案应随同纪检监察机关的其他档案一起，按期向同级国家综合档案馆移交。

第七章 附 则

第三十条 各级纪检监察机关可根据本办法，结合工作实际，制定实施细则或补充规定。

第三十一条 各级党政机关的派驻或内设纪检监察机构可参照本办法。

第三十二条 本办法由中共中央纪律检查委员会、监察部负责解释。

第三十三条 本办法自发布之日起施行。

附件1

案件档案卷内排列顺序

一、检查(调查)案件档案的卷内排列顺序

(一)主办、协办案件

1. 办案依据：上级的批件，信访简报，检举、揭发、申诉材料及有关领导的批示、会议决定。

2. 初步核实报告。

3. 立案报告。

4. 调查方案或办案计划。

5. 证明材料。

6. 调查报告。

7. 错误事实见面材料。

8. 案件进展情况报告及简报。

9. 调查过程中的往来文书材料。

10. 本级有关案件处理的决定：会议记录、会议纪要、决定事项通知等。

11. 本级下达的批复：批复通知、监察决定、监察建议、复核决定等。

12. 下级对本级批复的执行情况的报告。

13. 承办部门(纪检监察部门)的结案意见。

14. 对案件的通报、报道、反映等材料。

(二)转办、过问要结果案件

1. 办案依据：检举、揭发、申诉材料及有关领导的批示。

2. 批转(过问、催办)下级或有关单位办理的函件及底稿(电话记录稿)。

3. 下级或有关单位上报的案件查处情况报告(主件及附件)。

4. 承办部门对下级案件查处结果的意见。

5. 承办部门的结案报告及领导意见。

(三)核实了解的案件

1. 办案依据：检举、揭发、申诉材料及有关领导的批示。

2. 调查证明材料。

3. 核实情况报告。

4. 承办部门的结案归档意见及领导批示。

二、审理案件档案的卷内排列顺序

(一)审批案件

1. 下级报送或本机关移送的案件处理待审批材料：

(1)下级党组织或行政部门对案件的审查意见及请示；

(2)调查报告及主要证据材料；

(3)本人所在基层党组织或行政部门的处分决定；

(4)本人检查、对处分决定的意见及基层组织对本人意见的说明。

2. 审理报告。

3. 与本人的谈话记录或征求有关部门意见的材料。

4. 本级有关案件处理的决定：会议记录、会议纪要、决定事项通知等。

5. 本级报上级审批的请示。

6. 上级的批复。

7. 本级下达的批复：批复通知、监察决定、监察建议、复核决定等。

8. 下级执行批复情况的报告。

9. 对案件的通报、报道、反映等材料。

（二）备案案件

1. 下级报送的备案材料：

（1）下级对案件处理的批复；

（2）调查报告及主要证据材料；

（3）基层党组织或行政部门的处分决定；

（4）本人检查、对处分决定的意见及基层组织对本人意见的说明。

2. 本级备案报告及领导批示。

三、信访案件档案的卷内排列顺序

（一）办案依据：检举、揭发、控告、申诉材料及有关领导的批示。

（二）批转下级或有关单位办理的函及底稿。

（三）下级或有关单位上报的案件查处结果情况报告（主件及附件）。

（四）承办部门的结案报告或办结意见及领导的批示。

信访部门直接进行检查（调查）和处理的案件档案，卷内排列顺序可参照“检查（调查）案件档案的卷内排列顺序”和“审理案件档案的卷内排列顺序”进行排列。

附件 2

案件档案保管期限的划分原则及对照表

案件档案保管期限划分原则

一、纪检监察机关案件档案的保管期限分为永久、长期、短期三种。长期保管期限为六十年，短期保管期限为十五年。

二、纪检监察机关案件档案的保管期限，应根据案件的办理方式、干部管理权限、案件的查办结果以及社会、党内外影响等因素综合考虑。确定档案的保管期限的基本原则和方法是：

1. 凡属在本机关权限内直接查处的大案要案及有重要影响的典型案件中形成的，有长远利用价值的案件档案，应划为永久保管。

（1）在本级机关管辖区域内有一定影响或发有通报的典型案件。

（2）在审批权限内，经审理给予正式批复处理的审理类案件。

（3）本级机关正式立案调查后，按审批权限需要作出正式处理的检查（调查）类案件。

2. 凡属在相当长的时期内有利用价值的案件档案，应划为长期保管。

（1）本级机关正式立案调查后，不需要作出正式处理的检查（调查）类案件。

（2）本级机关过问、督办或转办，经下级机关正式立案调查并作出正式处理的检查（调查）类案件。

（3）按审批权限，经审理作为备案的审理类案件。

（4）本级机关转办，经下级机关正式立案调查并作出正式处理的信访类案件。

3. 凡属在较短的时间内有利用价值的案件档案，应划为短期保管。

（1）本级机关过问、督办或转办，经下级机关调查不需要作出正式处理的检查（调查）类案件。

（2）本级机关转办，经下级机关调查不需要作出正式处理的信访类案件。

三、复查、复议的申诉案件，比照上一条所列各款的原则、方法，确定档案的保管期限。

四、为了维护案件档案的完整和联系性，纪检监察机关案件档案保管期限的确定，原则上以案件为单位进行。也可以根据具体情况，按照本地区档案管理部门的规定，以卷为单位进行，但案件主要案卷的保管期限应按本办法执行。

案件档案保管期限对照表

一、案件检查（调查）类

1. 纪检监察机关直接检查或复查的主办案件

（1）需履行审批手续作出处理的案件　永久

（2）决定撤销立案的案件　长期

2. 纪检监察机关会同有关单位检查或复查的案件

（1）需履行审批手续作出处理的案件　永久

（2）决定撤销立案的案件　长期

3. 纪检监察机关协同有关单位检查或复查的案件

（1）需履行审批手续作出处理的案件　永久

（2）决定撤销立案的案件　长期

4. 纪检监察机关未正式立案对某一问题进行一般了解或核查的案件

（1）管理权限以内干部的案件　长期

（2）非管理权限干部的案件　短期

5. 纪检监察机关通过批转等间接手段检查或复查某一问题并报来结果的案件

（1）重要的或典型的案件（包括报来的处理结果

需要审理批复或向党内通报的案件) 永久

(2)属管理权限以内的干部、报来的调查结果不需要作出审理批复的案件 长期

(3)属非管理权限干部、报来的调查结果对案件当事人作出正式审批处理的案件 长期

(4)属非管理权限干部、报来的调查结果对案件当事人未作出正式审批处理的案件 短期

二、案件审理类

1. 纪检监察机关审理批复本机关查处的案件 永久

2. 下级纪检监察机关报送的审理批复及审理备案案件 长期

三、信访类

纪检监察机关对群众来信来访所反映的问题批转有关单位进行调查或了解并要求回报结果的案件

1. 属非管理权限干部、报来的调查结果对案件当事人作出正式审批处理的案件 长期

2. 属非管理权限干部、报来的调查结果对案件当事人未作出正式审批处理的案件 短期

党组讨论和决定党员处分事项工作程序规定(试行)

1. 2018年11月29日中共中央批准
2. 2018年11月29日中共中央办公厅发布

第一条 为了贯彻落实党的十九大精神,规范党组讨论和决定党员处分事项,根据《中国共产党章程》等有关规定,结合工作实际,制定本规定。

第二条 党组(包含党组性质党委,下同)应当认真履行全面从严治党主体责任,纪委监委派驻纪检监察组应当认真履行监督责任。坚持党要管党、全面从严治党,坚持党纪面前一律平等,坚持实事求是,坚持惩前毖后、治病救人,强化监督执纪问责,确保案件处理取得良好政治效果、纪法效果和社会效果,确保案件质量经得起历史和人民的检验。

第三条 党组对其管理的党员干部实施党纪处分,应当按照规定程序经党组集体讨论决定,不允许任何个人或者少数人擅自决定和批准。党纪处分决定以党组名义作出并自党组讨论决定之日起生效。

第四条 中央纪委国家监委派驻纪检监察组(以下简称派驻纪检监察组)按照干部管理权限,对驻在部门(含综合监督单位,下同)党组管理的司局级党员干部涉嫌违纪问题进行立案审查和内部审理,经派驻纪检监察组集体研究,提出党纪处分初步建议,与驻在部门党组沟通并取得一致意见后,将案件移送中央和国家机关纪检监察工委(以下简称纪检监察工委)进行审理。

纪检监察工委对移送的案件应当认真履行审核把关和监督制约职能,形成审理报告并反馈派驻纪检监察组,做到事实清楚、证据确凿、定性准确、处理恰当、手续完备、程序合规。

纪检监察工委在审理过程中,应当加强与派驻纪检监察组沟通。派驻纪检监察组原则上应当尊重纪检监察工委的审理意见。如出现分歧,经沟通不能形成一致意见的,由纪检监察工委将双方意见报中央纪委研究决定。

派驻纪检监察组应当加强与有关方面沟通,特别是对驻在部门党组管理的正司局级党员领导干部违纪案件,在驻在部门党组会议召开前,应当与驻在部门党组和中央纪委充分交换意见。

第五条 经纪检监察工委审理后,派驻纪检监察组将党纪处分建议通报驻在部门党组,由党组讨论决定,党纪处分建议与党组的意见不同又不能协商一致的,由中央纪委研究决定。党纪处分决定应当正式通报派驻纪检监察组。

第六条 给予驻在部门的处级及以下党员干部党纪处分,由部门机关党委、机关纪委进行审查和审理,并依据《中国共产党章程》第四十二条规定履行相应程序后,由党组讨论决定。在作出党纪处分决定前,应当征求派驻纪检监察组意见。

根据工作需要,派驻纪检监察组可以直接审查驻在部门的处级及以下党员干部违反党纪的案件。派驻纪检监察组进行审查和审理后,提出党纪处分建议,移交驻在部门机关党委、机关纪委按照规定履行相应程序后,由党组讨论决定。必要时,派驻纪检监察组可以将党纪处分建议直接通报驻在部门党组,由党组讨论决定。

第七条 给予驻在部门党组管理的司局级党员干部党纪处分、给予处级党员干部撤销党内职务及以上党纪处分的,由驻在部门机关纪委在党纪处分决定生效之日起30日内,将党纪处分决定及相关材料报纪检监察工委备案。纪检监察工委对备案材料应当认真审核,发现问题及时反馈并督促解决。

纪检监察工委应当每季度向中央纪委、中央和国家机关工委报送备案监督情况专项报告,必要时可以随时报告。

给予向中央备案的党员干部党纪处分的，驻在部门党组应当按照规定将党纪处分决定通报中央组织部。

第八条　对于党的组织关系在地方、干部管理权限在主管部门党组的党员干部违纪案件，凡由派驻纪检监察组查处的，由主管部门党组讨论决定，并向地方党组织通报处理结果。

对于地方纪委首先发现并立案审查，接受上级纪委指定或者与派驻纪检监察组协商后由地方纪委立案审查的上述案件，应当由地方纪委按照程序作出党纪处分决定，并向主管部门党组通报处理结果。在作出立案审查决定及审查处理过程中，地方纪委应当与主管部门党组和派驻纪检监察组加强沟通协调；经沟通不能形成一致意见的，报共同的上级党委或者纪委研究决定。

第九条　纪检监察工委在中央纪委领导下建立健全对中央和国家机关审查处理违纪案件的质量评查机制，对党组讨论决定、派驻纪检监察组审查处理的案件事实证据、性质认定、处分档次、程序手续等进行监督检查，采取通报、约谈等方式反馈评查结果。

第十条　党的工作机关、直属事业单位领导机构讨论和决定党员处分事项，参照本规定执行。

派驻纪检监察组给予驻在部门党组管理的干部政务处分，参照本规定办理，并以派驻纪检监察组名义作出政务处分决定，或者交由其任免机关、单位给予处分。

第十一条　各省、自治区、直辖市党委和纪检监察工委可以根据本规定精神，结合实际情况制定实施细则。

第十二条　本规定由中央纪委负责解释。

第十三条　本规定自2019年1月1日起施行。此前发布的有关规定与本规定不一致的，按照本规定执行。

五、反腐败国际合作

资料补充栏

·法律法规·

中华人民共和国引渡法

1. 2000年12月28日第九届全国人民代表大会常务委员会第十九次会议通过
2. 2000年12月28日中华人民共和国主席令第42号公布施行

目 录

第一章 总 则

第一条 【立法目的】为了保障引渡的正常进行,加强惩罚犯罪方面的国际合作,保护个人和组织的合法权益,维护国家利益和社会秩序,制定本法。

第二条 【适用范围】中华人民共和国和外国之间的引渡,依照本法进行。

第三条 【引渡合作】中华人民共和国和外国在平等互惠的基础上进行引渡合作。

引渡合作,不得损害中华人民共和国的主权、安全和社会公共利益。

第四条 【联系机关】中华人民共和国和外国之间的引渡,通过外交途径联系。中华人民共和国外交部为指定的进行引渡的联系机关。

引渡条约对联系机关有特别规定的,依照条约规定。

第五条 【强制措施】办理引渡案件,可以根据情况,对被请求引渡人采取引渡拘留、引渡逮捕或者引渡监视居住的强制措施。

第六条 【定义】本法下列用语的含义是:

(一)“被请求引渡人”是指请求国向被请求国请求准予引渡的人;

(二)“被引渡人”是指从被请求国引渡到请求国的人;

(三)“引渡条约”是指中华人民共和国与外国缔结或者共同参加的引渡条约或者载有引渡条款的其他条约。

第二章 向中华人民共和国请求引渡

第一节 引渡的条件

第七条 【准予引渡】外国向中华人民共和国提出的引渡请求必须同时符合下列条件,才能准予引渡:

(一)引渡请求所指的行为,依照中华人民共和国法律和请求国法律均构成犯罪;

(二)为了提起刑事诉讼而请求引渡的,根据中华人民共和国法律和请求国法律,对于引渡请求所指的犯罪均可判处一年以上有期徒刑或者其他更重的刑罚;为了执行刑罚而请求引渡的,在提出引渡请求时,被请求引渡人尚未服完的刑期至少为六个月。

对于引渡请求中符合前款第一项规定的多种犯罪,只要其中有一种犯罪符合前款第二项的规定,就可以对上述各种犯罪准予引渡。

第八条 【应当拒绝引渡】外国向中华人民共和国提出的引渡请求,有下列情形之一的,应当拒绝引渡:

(一)根据中华人民共和国法律,被请求引渡人具有中华人民共和国国籍的;

(二)在收到引渡请求时,中华人民共和国的司法机关对于引渡请求所指的犯罪已经作出生效判决,或者已经终止刑事诉讼程序的;

(三)因政治犯罪而请求引渡的,或者中华人民共和国已经给予被请求引渡人受庇护权利的;

(四)被请求引渡人可能因其种族、宗教、国籍、性别、政治见解或者身份等方面的原因而被提起刑事诉讼或者执行刑罚,或者被请求引渡人在司法程序中可能由于上述原因受到不公正待遇的;

(五)根据中华人民共和国或者请求国法律,引渡请求所指的犯罪纯属军事犯罪的;

(六)根据中华人民共和国或者请求国法律,在收到引渡请求时,由于犯罪已过追诉时效期限或者被请求引渡人已被赦免等原因,不应当追究被请求引渡人的刑事责任的;

(七)被请求引渡人在请求国曾经遭受或者可能遭受酷刑或者其他残忍、不人道或者有辱人格的待遇或者处罚的;

（八）请求国根据缺席判决提出引渡请求的。但请求国承诺在引渡后对被请求引渡人给予在其出庭的情况下进行重新审判机会的除外。

第九条　【可以拒绝引渡】外国向中华人民共和国提出的引渡请求，有下列情形之一的，可以拒绝引渡：

（一）中华人民共和国对于引渡请求所指的犯罪具有刑事管辖权，并且对被请求引渡人正在进行刑事诉讼或者准备提起刑事诉讼的；

（二）由于被请求引渡人的年龄、健康等原因，根据人道主义原则不宜引渡的。

第二节　引渡请求的提出

第十条　【引渡请求的接收机构】请求国的引渡请求应当向中华人民共和国外交部提出。

第十一条　【请求书】请求国请求引渡应当出具请求书，请求书应当载明：

（一）请求机关的名称；

（二）被请求引渡人的姓名、性别、年龄、国籍、身份证件的种类及号码、职业、外表特征、住所地和居住地以及其他有助于辨别其身份和查找该人的情况；

（三）犯罪事实，包括犯罪的时间、地点、行为、结果等；

（四）对犯罪的定罪量刑以及追诉时效方面的法律规定。

第十二条　【材料提供】请求国请求引渡，应当在出具请求书的同时，提供以下材料：

（一）为了提起刑事诉讼而请求引渡的，应当附有逮捕证或者其他具有同等效力的文件的副本；为了执行刑罚而请求引渡的，应当附有发生法律效力的判决书或者裁定书的副本，对于已经执行部分刑罚的，还应当附有已经执行刑期的证明；

（二）必要的犯罪证据或者证据材料。

请求国掌握被请求引渡人照片、指纹以及其他可供确认被请求引渡人的材料的，应当提供。

第十三条　【文件及译本】请求国根据本节提交的引渡请求书或者其他有关文件，应当由请求国的主管机关正式签署或者盖章，并应当附有中文译本或者经中华人民共和国外交部同意使用的其他文字的译本。

第十四条　【请求国的保证】请求国请求引渡，应当作出如下保证：

（一）请求国不对被引渡人在引渡前实施的其他未准予引渡的犯罪追究刑事责任，也不将该人再引渡给第三国。但经中华人民共和国同意，或者被引渡人在其引渡罪行诉讼终结、服刑期满或者提前释放之日起三十日内没有离开请求国，或者离开后又自愿返回的除外；

（二）请求国提出请求后撤销、放弃引渡请求，或者提出引渡请求错误的，由请求国承担因请求引渡对被请求引渡人造成损害的责任。

第十五条　【互惠承诺】在没有引渡条约的情况下，请求国应当作出互惠的承诺。

第三节　对引渡请求的审查

第十六条　【引渡请求的审查】外交部收到请求国提出的引渡请求后，应当对引渡请求书及其所附文件、材料是否符合本法第二章第二节和引渡条约的规定进行审查。

最高人民法院指定的高级人民法院对请求国提出的引渡请求是否符合本法和引渡条约关于引渡条件等规定进行审查并作出裁定。最高人民法院对高级人民法院作出的裁定进行复核。

第十七条　【引渡顺序】对于两个以上国家就同一行为或者不同行为请求引渡同一人的，应当综合考虑中华人民共和国收到引渡请求的先后、中华人民共和国与请求国是否存在引渡条约关系等因素，确定接受引渡请求的优先顺序。

第十八条　【补充材料】外交部对请求国提出的引渡请求进行审查，认为不符合本法第二章第二节和引渡条约的规定的，可以要求请求国在三十日内提供补充材料。经请求国请求，上述期限可以延长十五日。

请求国未在上述期限内提供补充材料的，外交部应当终止该引渡案件。请求国可以对同一犯罪再次提出引渡该人的请求。

第十九条　【材料转交】外交部对请求国提出的引渡请求进行审查，认为符合本法第二章第二节和引渡条约的规定的，应当将引渡请求书及其所附文件和材料转交最高人民法院、最高人民检察院。

第二十条　【法院与公安机关的引渡工作】外国提出正式引渡请求前被请求引渡人已经被引渡拘留的，最高人民法院接到引渡请求书及其所附文件和材料后，应当将引渡请求书及其所附文件和材料及时转交有关高级人民法院进行审查。

外国提出正式引渡请求前被请求引渡人未被引渡拘留的，最高人民法院接到引渡请求书及其所附文件和材料后，通知公安部查找被请求引渡人。公安机关查找到被请求引渡人后，应当根据情况对被请求引渡人予以引渡拘留或者引渡监视居住，由公安部通知最高人民法院。最高人民法院接到公安部的通知后，应当及时将引渡请求书及其所附文件和材料转交有关高级人民法院进行审查。

公安机关经查找后，确认被请求引渡人不在中华人民共和国境内或者查找不到被请求引渡人的，公安部应当及时通知最高人民法院。最高人民法院接到公安部的通知后，应当及时将查找情况通知外交部，由外交部通知请求国。

第二十一条 【检察机关的审查】最高人民检察院经审查，认为对引渡请求所指的犯罪或者被请求引渡人的其他犯罪，应当由我国司法机关追诉，但尚未提起刑事诉讼的，应当自收到引渡请求书及其所附文件和材料之日起一个月内，将准备提起刑事诉讼的意见分别告知最高人民法院和外交部。

第二十二条 【引渡审查的合议庭】高级人民法院根据本法和引渡条约关于引渡条件等有关规定，对请求国的引渡请求进行审查，由审判员三人组成合议庭进行。

第二十三条 【陈述与意见】高级人民法院审查引渡案件，应当听取被请求引渡人的陈述及其委托的中国律师的意见。高级人民法院应当在收到最高人民法院转来的引渡请求书之日起十日内将引渡请求书副本发送被请求引渡人。被请求引渡人应当在收到之日起三十日内提出意见。

第二十四条 【裁定】高级人民法院经审查后，应当分别作出以下裁定：

（一）认为请求国的引渡请求符合本法和引渡条约规定的，应当作出符合引渡条件的裁定。如果被请求引渡人具有本法第四十二条规定的暂缓引渡情形的，裁定中应当予以说明；

（二）认为请求国的引渡请求不符合本法和引渡条约规定的，应当作出不引渡的裁定。

根据请求国的请求，在不影响中华人民共和国领域内正在进行的其他诉讼，不侵害中华人民共和国领域内任何第三人的合法权益的情况下，可以在作出符合引渡条件的裁定的同时，作出移交与案件有关财物的裁定。

第二十五条 【宣读、复核与提出意见】高级人民法院作出符合引渡条件或者不引渡的裁定后，应当向被请求引渡人宣读，并在作出裁定之日起七日内将裁定书连同有关材料报请最高人民法院复核。

被请求引渡人对高级人民法院作出符合引渡条件的裁定不服的，被请求引渡人及其委托的中国律师可以在人民法院向被请求引渡人宣读裁定之日起十日内，向最高人民法院提出意见。

第二十六条 【复核处理】最高人民法院复核高级人民法院的裁定，应当根据下列情形分别处理：

（一）认为高级人民法院作出的裁定符合本法和引渡条约规定的，应当对高级人民法院的裁定予以核准；

（二）认为高级人民法院作出的裁定不符合本法和引渡条约规定的，可以裁定撤销，发回原审人民法院重新审查，也可以直接作出变更的裁定。

第二十七条 【补充材料】人民法院在审查过程中，在必要时，可以通过外交部要求请求国在三十日内提供补充材料。

第二十八条 【送交与送达】最高人民法院作出核准或者变更的裁定后，应当在作出裁定之日起七日内将裁定书送交外交部，并同时送达被请求引渡人。

最高人民法院核准或者作出不引渡裁定的，应当立即通知公安机关解除对被请求引渡人采取的强制措施。

第二十九条 【通知请求国】外交部接到最高人民法院不引渡的裁定后，应当及时通知请求国。

外交部接到最高人民法院符合引渡条件的裁定后，应当报送国务院决定是否引渡。

国务院决定不引渡的，外交部应当及时通知请求国。人民法院应当立即通知公安机关解除对被请求引渡人采取的强制措施。

第四节 为引渡而采取的强制措施

第三十条 【引渡拘留】对于外国正式提出引渡请求前，因紧急情况申请对将被请求引渡的人采取羁押措施的，公安机关可以根据外国的申请采取引渡拘留措施。

前款所指的申请应当通过外交途径或者向公安部书面提出，并应当载明：

（一）本法第十一条、第十四条规定的内容；

（二）已经具有本法第十二条第一项所指材料的说明；

（三）即将正式提出引渡请求的说明。

对于通过外交途径提出申请的，外交部应当及时将该申请转送公安部。对于向公安部提出申请的，公安部应当将申请的有关情况通知外交部。

第三十一条 【引渡拘留的执行与期限】公安机关根据本法第三十条的规定对被请求人采取引渡拘留措施，对于向公安部提出申请的，公安部应当将执行情况及时通知对方，对于通过外交途径提出申请的，公安部将执行情况通知外交部，外交部应当及时通知请求国。通过上述途径通知时，对于被请求人已被引渡拘留的，应当同时告知提出正式引渡请求的期限。

公安机关采取引渡拘留措施后三十日内外交部没有收到外国正式引渡请求的，应当撤销引渡拘留，经该外国请求，上述期限可以延长十五日。

对根据本条第二款撤销引渡拘留的，请求国可以在事后对同一犯罪正式提出引渡该人的请求。

第三十二条　【引渡逮捕与监视居住】高级人民法院收到引渡请求书及其所附文件和材料后，对于不采取引渡逮捕措施可能影响引渡正常进行的，应当及时作出引渡逮捕的决定。对被请求引渡人不采取引渡逮捕措施的，应当及时作出引渡监视居住的决定。

第三十三条　【引渡强制措施的执行机关】引渡拘留、引渡逮捕、引渡监视居住由公安机关执行。

第三十四条　【讯问时限与权利告知】采取引渡强制措施的机关应当在采取引渡强制措施后二十四小时内对被采取引渡强制措施的人进行讯问。

被采取引渡强制措施的人自被采取引渡强制措施之日起，可以聘请中国律师为其提供法律帮助。公安机关在执行引渡强制措施时，应当告知被采取引渡强制措施的人享有上述权利。

第三十五条　【引渡逮捕的例外】对于应当引渡逮捕的被请求引渡人，如果患有严重疾病，或者是正在怀孕、哺乳自己婴儿的妇女，可以采取引渡监视居住措施。

第三十六条　【国务院的引渡决定】国务院作出准予引渡决定后，应当及时通知最高人民法院。如果被请求引渡人尚未被引渡逮捕的，人民法院应当立即决定引渡逮捕。

第三十七条　【撤销与放弃请求】外国撤销、放弃引渡请求的，应当立即解除对被请求引渡人采取的引渡强制措施。

第五节　引渡的执行

第三十八条　【引渡执行机关】引渡由公安机关执行。对于国务院决定准予引渡的，外交部应当及时通知公安部，并通知请求国与公安部约定移交被请求引渡人的时间、地点、方式以及执行引渡有关的其他事宜。

第三十九条　【移交财物】对于根据本法第三十八条的规定执行引渡的，公安机关应当根据人民法院的裁定，向请求国移交与案件有关的财物。

因被请求引渡人死亡、逃脱或者其他原因而无法执行引渡时，也可以向请求国移交上述财物。

第四十条　【移交】请求国自约定的移交之日起十五日内不接收被请求引渡人的，应当视为自动放弃引渡请求。公安机关应当立即释放被请求引渡人，外交部可以不再受理该国对同一犯罪再次提出的引渡该人的请求。

请求国在上述期限内因无法控制的原因不能接收被请求引渡人的，可以申请延长期限，但最长不得超过三十日，也可以根据本法第三十八条的规定重新约定移交事宜。

第四十一条　【重新引渡】被引渡人在请求国的刑事诉讼终结或者服刑完毕之前逃回中华人民共和国的，可以根据请求国再次提出的相同的引渡请求准予重新引渡，无需请求国提交本章第二节规定的文件和材料。

第六节　暂缓引渡和临时引渡

第四十二条　【暂缓引渡】国务院决定准予引渡时，对于中华人民共和国司法机关正在对被请求引渡人由于其他犯罪进行刑事诉讼或者执行刑罚的，可以同时决定暂缓引渡。

第四十三条　【临时引渡】如果暂缓引渡可能给请求国的刑事诉讼造成严重障碍，在不妨碍中华人民共和国领域内正在进行的刑事诉讼，并且请求国保证在完成有关诉讼程序后立即无条件送回被请求引渡人的情况下，可以根据请求国的请求，临时引渡该人。

临时引渡的决定，由国务院征得最高人民法院或者最高人民检察院的同意后作出。

第七节　引渡的过境

第四十四条　【提出过境请求】外国之间进行引渡需要经过中华人民共和国领域的，应当按照本法第四条和本章第二节的有关规定提出过境请求。

过境采用航空运输并且在中华人民共和国领域内没有着陆计划的，不适用前款规定；但发生计划外着陆的，应当依照前款规定提出过境请求。

第四十五条　【过境决定】对于外国提出的过境请求，由外交部根据本法的有关规定进行审查，作出准予过境或者拒绝过境的决定。

准予过境或者拒绝过境的决定应当由外交部通过与收到请求相同的途径通知请求国。

外交部作出准予过境的决定后，应当将该决定及时通知公安部。过境的时间、地点和方式等事宜由公安部决定。

第四十六条　【过境的监督与协助】引渡的过境由过境地的公安机关监督或者协助执行。

公安机关可以根据过境请求国的请求，提供临时羁押场所。

第三章 向外国请求引渡

第四十七条 【请求外国准予引渡或引渡过境】请求外国准予引渡或者引渡过境的，应当由负责办理有关案件的省、自治区或者直辖市的审判、检察、公安、国家安全或者监狱管理机关分别向最高人民法院、最高人民检察院、公安部、国家安全部、司法部提出意见书，并附有关文件和材料及其经证明无误的译文。最高人民法院、最高人民检察院、公安部、国家安全部、司法部分别会同外交部审核同意后，通过外交部向外国提出请求。

第四十八条 【紧急情况】在紧急情况下，可以在向外国正式提出引渡请求前，通过外交途径或者被请求国同意的其他途径，请求外国对有关人员先行采取强制措施。

第四十九条 【文书、文件和材料】引渡、引渡过境或者采取强制措施的请求所需的文书、文件和材料，应当依照引渡条约的规定提出；没有引渡条约或者引渡条约没有规定的，可以参照本法第二章第二节、第四节和第七节的规定提出；被请求国有特殊要求的，在不违反中华人民共和国法律的基本原则的情况下，可以按照被请求国的特殊要求提出。

第五十条 【承诺】被请求国就准予引渡附加条件的，对于不损害中华人民共和国主权、国家利益、公共利益的，可以由外交部代表中华人民共和国政府向被请求国作出承诺。对于限制追诉的承诺，由最高人民检察院决定；对于量刑的承诺，由最高人民法院决定。

在对被引渡人追究刑事责任时，司法机关应当受所作出的承诺的约束。

第五十一条 【接收】公安机关负责接收外国准予引渡的人以及与案件有关的财物。

对于其他部门提出引渡请求的，公安机关在接收被引渡人以及与案件有关的财物后，应当及时转交提出引渡请求的部门；也可以会同有关部门共同接收被引渡人以及与案件有关的财物。

第四章 附　　则

第五十二条 【授权决定】根据本法规定是否引渡由国务院决定的，国务院在必要时，得授权国务院有关部门决定。

第五十三条 【赔偿】请求国提出请求后撤销、放弃引渡请求，或者提出引渡请求错误，给被请求引渡人造成损害，被请求引渡人提出赔偿的，应当向请求国提出。

第五十四条 【费用】办理引渡案件产生的费用，依照请求国和被请求国共同参加、签订的引渡条约或者协议办理。

第五十五条 【施行日期】本法自公布之日起施行。

中华人民共和国国际刑事司法协助法

1. 2018年10月26日第十三届全国人民代表大会常务委员会第六次会议通过

2. 2018年10月26日中华人民共和国主席令第13号公布施行

目　　录

第一章　总　　则

第一条 【立法目的】为了保障国际刑事司法协助的正常进行，加强刑事司法领域的国际合作，有效惩治犯罪，保护个人和组织的合法权益，维护国家利益和社会秩序，制定本法。

第二条　【国际刑事司法协助的概念和范围】本法所称国际刑事司法协助，是指中华人民共和国和外国在刑事案件调查、侦查、起诉、审判和执行等活动中相互提供协助，包括送达文书，调查取证，安排证人作证或者协助调查，查封、扣押、冻结涉案财物，没收、返还违法所得及其他涉案财物，移管被判刑人以及其他协助。

第三条　【国际刑事司法协助的法律依据】中华人民共和国和外国之间开展刑事司法协助，依照本法进行。

执行外国提出的刑事司法协助请求，适用本法、刑事诉讼法及其他相关法律的规定。

对于请求书的签署机关、请求书及所附材料的语言文字、有关办理期限和具体程序等事项，在不违反中华人民共和国法律的基本原则的情况下，可以按照刑事司法协助条约规定或者双方协商办理。

第四条　【国际刑事司法协助的基本原则】中华人民共和国和外国按照平等互惠原则开展国际刑事司法协助。

国际刑事司法协助不得损害中华人民共和国的主权、安全和社会公共利益，不得违反中华人民共和国法律的基本原则。

非经中华人民共和国主管机关同意，外国机构、组织和个人不得在中华人民共和国境内进行本法规定的刑事诉讼活动，中华人民共和国境内的机构、组织和个人不得向外国提供证据材料和本法规定的协助。

第五条　【对外联系机关及其职责】中华人民共和国和外国之间开展刑事司法协助，通过对外联系机关联系。

中华人民共和国司法部等对外联系机关负责提出、接收和转递刑事司法协助请求，处理其他与国际刑事司法协助相关的事务。

【通过外交途径联系】中华人民共和国和外国之间没有刑事司法协助条约的，通过外交途径联系。

第六条　【主管机关、办案机关及其职责】国家监察委员会、最高人民法院、最高人民检察院、公安部、国家安全部等部门是开展国际刑事司法协助的主管机关，按照职责分工，审核向外国提出的刑事司法协助请求，审查处理对外联系机关转递的外国提出的刑事司法协助请求，承担其他与国际刑事司法协助相关的工作。在移管被判刑人案件中，司法部按照职责分工，承担相应的主管机关职责。

办理刑事司法协助相关案件的机关是国际刑事司法协助的办案机关，负责向所属主管机关提交需要向外国提出的刑事司法协助请求、执行所属主管机关交办的外国提出的刑事司法协助请求。

第七条　【经费保障】国家保障开展国际刑事司法协助所需经费。

第八条　【国际刑事司法协助费用的承担】中华人民共和国和外国相互执行刑事司法协助请求产生的费用，有条约规定的，按照条约承担；没有条约或者条约没有规定的，按照平等互惠原则通过协商解决。

第二章　刑事司法协助请求的提出、接收和处理

第一节　向外国请求刑事司法协助

第九条　【请求书的制作、审核同意及提出】办案机关需要向外国请求刑事司法协助的，应当制作刑事司法协助请求书并附相关材料，经所属主管机关审核同意后，由对外联系机关及时向外国提出请求。

第十条　【向外国提出请求书的要求】向外国的刑事司法协助请求书，应当依照刑事司法协助条约的规定提出；没有条约或者条约没有规定的，可以参照本法第十三条的规定提出；被请求国有特殊要求的，在不违反中华人民共和国法律的基本原则的情况下，可以按照被请求国的特殊要求提出。

请求书及所附材料应当以中文制作，并附有被请求国官方文字的译文。

第十一条　【对外国提出附加条件的承诺】被请求国就执行刑事司法协助请求提出附加条件，不损害中华人民共和国的主权、安全和社会公共利益的，可以由外交部作出承诺。被请求国明确表示对外联系机关作出的承诺充分有效的，也可以由对外联系机关作出承诺。对于限制追诉的承诺，由最高人民检察院决定；对于量刑的承诺，由最高人民法院决定。

在对涉案人员追究刑事责任时，有关机关应当受所作出的承诺的约束。

第十二条　【转告执行结果、通报诉讼结果】对外联系机关收到外国的有关通知或者执行结果后，应当及时转交或者转告有关主管机关。

外国就其提供刑事司法协助的案件要求通报诉讼结果的，对外联系机关转交有关主管机关办理。

第二节　向中华人民共和国请求刑事司法协助

第十三条　【请求书需要载明的事项】外国向中华人民共和国提出刑事司法协助请求的，应当依照刑事司法协助条约的规定提出请求书。没有条约或者条约没有规定的，应当在请求书中载明下列事项并附相关材料：

（一）请求机关的名称；

（二）案件性质、涉案人员基本信息及犯罪事实；

（三）本案适用的法律规定；

（四）请求的事项和目的；

（五）请求的事项与案件之间的关联性；

（六）希望请求得以执行的期限；

（七）其他必要的信息或者附加的要求。

在没有刑事司法协助条约的情况下，请求国应当作出互惠的承诺。

请求书及所附材料应当附有中文译文。

第十四条 【拒绝提供刑事司法协助的情形】外国向中华人民共和国提出的刑事司法协助请求，有下列情形之一的，可以拒绝提供协助：

（一）根据中华人民共和国法律，请求针对的行为不构成犯罪；

（二）在收到请求时，在中华人民共和国境内对于请求针对的犯罪正在进行调查、侦查、起诉、审判，已经作出生效判决，终止刑事诉讼程序，或者犯罪已过追诉时效期限；

（三）请求针对的犯罪属于政治犯罪；

（四）请求针对的犯罪纯属军事犯罪；

（五）请求的目的是基于种族、民族、宗教、国籍、性别、政治见解或者身份等方面的原因而进行调查、侦查、起诉、审判、执行刑罚，或者当事人可能由于上述原因受到不公正待遇；

（六）请求的事项与请求协助的案件之间缺乏实质性联系；

（七）其他可以拒绝的情形。

第十五条 【对外联系机关的审查和处理】对外联系机关收到外国提出的刑事司法协助请求，应当对请求书及所附材料进行审查。对于请求书形式和内容符合要求的，应当按照职责分工，将请求书及所附材料转交有关主管机关处理；对于请求书形式和内容不符合要求的，可以要求请求国补充材料或者重新提出请求。

对于刑事司法协助请求明显损害中华人民共和国的主权、安全和社会公共利益的，对外联系机关可以直接拒绝协助。

第十六条 【主管机关的审查和处理】主管机关收到对外联系机关转交的刑事司法协助请求书及所附材料后，应当进行审查，并分别作出以下处理：

（一）根据本法和刑事司法协助条约的规定认为可以协助执行的，作出决定并安排有关办案机关执行；

（二）根据本法第四条、第十四条或者刑事司法协助条约的规定，认为应当全部或者部分拒绝协助的，将请求书及所附材料退回对外联系机关并说明理由；

（三）对执行请求有保密要求或者有其他附加条件的，通过对外联系机关向外国提出，在外国接受条件并且作出书面保证后，决定附条件执行；

（四）需要补充材料的，书面通知对外联系机关要求请求国在合理期限内提供。

执行请求可能妨碍中华人民共和国有关机关正在进行的调查、侦查、起诉、审判或者执行的，主管机关可以决定推迟协助，并将推迟协助的决定和理由书面通知对外联系机关。

外国对执行其请求有保密要求或者特殊程序要求的，在不违反中华人民共和国法律的基本原则的情况下，主管机关可以按照其要求安排执行。

第十七条 【协助的执行】办案机关收到主管机关交办的外国刑事司法协助请求后，应当依法执行，并将执行结果或者妨碍执行的情形及时报告主管机关。

办案机关在执行请求过程中，应当维护当事人和其他相关人员的合法权益，保护个人信息。

第十八条 【证据材料用于其他目的】外国请求将通过刑事司法协助取得的证据材料用于请求针对的案件以外的其他目的的，对外联系机关应当转交主管机关，由主管机关作出是否同意的决定。

第十九条 【转告执行结果、通报诉讼结果】对外联系机关收到主管机关的有关通知或者执行结果后，应当及时转交或者转告请求国。

对于中华人民共和国提供刑事司法协助的案件，主管机关可以通过对外联系机关要求外国通报诉讼结果。

外国通报诉讼结果的，对外联系机关收到相关材料后，应当及时转交或者转告主管机关，涉及对中华人民共和国公民提起刑事诉讼的，还应当通知外交部。

第三章 送达文书

第一节 向外国请求送达文书

第二十条 【送达的文书范围、办理程序】办案机关需要外国协助送达传票、通知书、起诉书、判决书和其他司法文书的，应当制作刑事司法协助请求书并附相关材料，经所属主管机关审核同意后，由对外联系机关及时向外国提出请求。

第二十一条 【请求书需要载明的事项】向外国请求送达文书的，请求书应当载明受送达人的姓名或者名称、送达的地址以及需要告知受送达人的相关权利和义务。

第二节　向中华人民共和国请求送达文书

第二十二条　【送达的文书范围、办理程序】外国可以请求中华人民共和国协助送达传票、通知书、起诉书、判决书和其他司法文书。中华人民共和国协助送达司法文书，不代表对外国司法文书法律效力的承认。

请求协助送达出庭传票的，应当按照有关条约规定的期限提出。没有条约或者条约没有规定的，应当至迟在开庭前三个月提出。

【不协助送达文书的情形】对于要求中华人民共和国公民接受讯问或者作为被告人出庭的传票，中华人民共和国不负有协助送达的义务。

第二十三条　【请求书需要载明的事项】外国向中华人民共和国请求送达文书的，请求书应当载明受送达人的姓名或者名称、送达的地址以及需要告知受送达人的相关权利和义务。

第二十四条　【向外国告知执行结果】负责执行协助送达文书的人民法院或者其他办案机关，应当及时将执行结果通过所属主管机关告知对外联系机关，由对外联系机关告知请求国。除无法送达的情形外，应当附有受送达人签收的送达回执或者其他证明文件。

第四章　调查取证

第一节　向外国请求调查取证

第二十五条　【调查取证的事项范围、办理程序】办案机关需要外国就下列事项协助调查取证的，应当制作刑事司法协助请求书并附相关材料，经所属主管机关审核同意后，由对外联系机关及时向外国提出请求：

（一）查找、辨认有关人员；

（二）查询、核实涉案财物、金融账户信息；

（三）获取并提供有关人员的证言或者陈述；

（四）获取并提供有关文件、记录、电子数据和物品；

（五）获取并提供鉴定意见；

（六）勘验或者检查场所、物品、人身、尸体；

（七）搜查人身、物品、住所和其他有关场所；

（八）其他事项。

请求外国协助调查取证时，办案机关可以同时请求在执行请求时派员到场。

第二十六条　【请求书需要载明的事项】向外国请求调查取证的，请求书及所附材料应当根据需要载明下列事项：

（一）被调查人的姓名、性别、住址、身份信息、联系方式和有助于确认被调查人的其他资料；

（二）需要向被调查人提问的问题；

（三）需要查找、辨认人员的姓名、性别、住址、身份信息、联系方式、外表和行为特征以及有助于查找、辨认的其他资料；

（四）需要查询、核实的涉案财物的权属、地点、特性、外形和数量等具体信息，需要查询、核实的金融账户相关信息；

（五）需要获取的有关文件、记录、电子数据和物品的持有人、地点、特性、外形和数量等具体信息；

（六）需要鉴定的对象的具体信息；

（七）需要勘验或者检查的场所、物品等的具体信息；

（八）需要搜查的对象的具体信息；

（九）有助于执行请求的其他材料。

第二十七条　【向被请求国归还证据材料、物品】被请求国要求归还其提供的证据材料或者物品的，办案机关应当尽快通过对外联系机关归还。

第二节　向中华人民共和国请求调查取证

第二十八条　【调查取证的事项范围、办理程序】外国可以请求中华人民共和国就本法第二十五条第一款规定的事项协助调查取证。

外国向中华人民共和国请求调查取证的，请求书及所附材料应当根据需要载明本法第二十六条规定的事项。

第二十九条　【调查取证时派员到场】外国向中华人民共和国请求调查取证时，可以同时请求在执行请求时派员到场。经同意到场的人员应当遵守中华人民共和国法律，服从主管机关和办案机关的安排。

第三十条　【要求外国保证归还提供的证据材料、物品】办案机关要求请求国保证归还其提供的证据材料或者物品，请求国作出保证的，可以提供。

第五章　安排证人作证或者协助调查

第一节　向外国请求安排证人作证或者协助调查

第三十一条　【安排证人作证或者协助调查的办理程序】办案机关需要外国协助安排证人、鉴定人来中华人民共和国作证或者通过视频、音频作证，或者协助调查的，应当制作刑事司法协助请求书并附相关材料，经所属主管机关审核同意后，由对外联系机关及时向外国提出请求。

第三十二条　【请求书需要载明的事项】向外国请求安排证人、鉴定人作证或者协助调查的，请求书及所附材料应当根据需要载明下列事项：

（一）证人、鉴定人的姓名、性别、住址、身份信息、联系方式和有助于确认证人、鉴定人的其他资料；

（二）作证或者协助调查的目的、必要性、时间和地点等；

（三）证人、鉴定人的权利和义务；

（四）对证人、鉴定人的保护措施；

（五）对证人、鉴定人的补助；

（六）有助于执行请求的其他材料。

第三十三条 【对作证或者协助调查人员的追诉限制】来中华人民共和国作证或者协助调查的证人、鉴定人在离境前，其入境前实施的犯罪不受追诉；除因入境后实施违法犯罪而被采取强制措施的以外，其人身自由不受限制。

证人、鉴定人在条约规定的期限内或者被通知无需继续停留后十五日内没有离境的，前款规定不再适用，但是由于不可抗力或者其他特殊原因未能离境的除外。

第三十四条 【对作证或者协助调查人员的补助】对来中华人民共和国作证或者协助调查的证人、鉴定人，办案机关应当依法给予补助。

第三十五条 【在押人员作证或者协助调查】来中华人民共和国作证或者协助调查的人员系在押人员的，由对外联系机关会同主管机关与被请求国就移交在押人员的相关事项事先达成协议。

主管机关和办案机关应当遵守协议内容，依法对被移交的人员予以羁押，并在作证或者协助调查结束后及时将其送回被请求国。

第二节 向中华人民共和国请求安排证人作证或者协助调查

第三十六条 【安排证人作证或者协助调查的提出】外国可以请求中华人民共和国协助安排证人、鉴定人赴外国作证或者通过视频、音频作证，或者协助调查。

【请求书的内容】外国向中华人民共和国请求安排证人、鉴定人作证或者协助调查的，请求书及所附材料应当根据需要载明本法第三十二条规定的事项。

【对作证或者协助调查人员追诉限制的保证】请求国应当就本法第三十三条第一款规定的内容作出书面保证。

第三十七条 【证人、鉴定人同意作证或者协助调查】证人、鉴定人书面同意作证或者协助调查的，办案机关应当及时将证人、鉴定人的意愿、要求和条件通过所属主管机关通知对外联系机关，由对外联系机关通知请求国。

【视频、音频作证派员到场】安排证人、鉴定人通过视频、音频作证的，主管机关或者办案机关应当派员到场，发现有损害中华人民共和国的主权、安全和社会公共利益以及违反中华人民共和国法律的基本原则的情形的，应当及时制止。

第三十八条 【移交在押人员出国作证或者协助调查】外国请求移交在押人员出国作证或者协助调查，并保证在作证或者协助调查结束后及时将在押人员送回的，对外联系机关应当征求主管机关和在押人员的意见。主管机关和在押人员均同意出国作证或者协助调查的，由对外联系机关会同主管机关与请求国就移交在押人员的相关事项事先达成协议。

【在押人员在外国被羁押的刑期折抵】在押人员在外国被羁押的期限，应当折抵其在中华人民共和国被判处的刑期。

第六章 查封、扣押、冻结涉案财物

第一节 向外国请求查封、扣押、冻结涉案财物

第三十九条 【提出请求的办理程序】办案机关需要外国协助查封、扣押、冻结涉案财物的，应当制作刑事司法协助请求书并附相关材料，经所属主管机关审核同意后，由对外联系机关及时向外国提出请求。

外国对于协助执行中华人民共和国查封、扣押、冻结涉案财物的请求有特殊要求的，在不违反中华人民共和国法律的基本原则的情况下，可以同意。需要由司法机关作出决定的，由人民法院作出。

第四十条 【请求书需要载明的事项】向外国请求查封、扣押、冻结涉案财物的，请求书及所附材料应当根据需要载明下列事项：

（一）需要查封、扣押、冻结的涉案财物的权属证明、名称、特性、外形和数量等；

（二）需要查封、扣押、冻结的涉案财物的地点。资金或者其他金融资产存放在金融机构中的，应当载明金融机构的名称、地址和账户信息；

（三）相关法律文书的副本；

（四）有关查封、扣押、冻结以及利害关系人权利保障的法律规定；

（五）有助于执行请求的其他材料。

第四十一条 【继续、解除查封、扣押、冻结】外国确定的查封、扣押、冻结的期限届满，办案机关需要外国继续

查封、扣押、冻结相关涉案财物的，应当再次向外国提出请求。

办案机关决定解除查封、扣押、冻结的，应当及时通知被请求国。

第二节 向中华人民共和国请求查封、扣押、冻结涉案财物

第四十二条 【请求书需要载明的事项】外国可以请求中华人民共和国协助查封、扣押、冻结在中华人民共和国境内的涉案财物。

外国向中华人民共和国请求查封、扣押、冻结涉案财物的，请求书及所附材料应当根据需要载明本法第四十条规定的事项。

第四十三条 【同意协助的条件】主管机关经审查认为符合下列条件的，可以同意查封、扣押、冻结涉案财物，并安排有关办案机关执行：

（一）查封、扣押、冻结符合中华人民共和国法律规定的条件；

（二）查封、扣押、冻结涉案财物与请求国正在进行的刑事案件的调查、侦查、起诉和审判活动相关；

（三）涉案财物可以被查封、扣押、冻结；

（四）执行请求不影响利害关系人的合法权益；

（五）执行请求不影响中华人民共和国有关机关正在进行的调查、侦查、起诉、审判和执行活动。

【将执行结果告知请求国】办案机关应当及时通过主管机关通知对外联系机关，由对外联系机关将查封、扣押、冻结的结果告知请求国。必要时，办案机关可以对被查封、扣押、冻结的涉案财物依法采取措施进行处理。

第四十四条 【继续、解除查封、扣押、冻结】查封、扣押、冻结的期限届满，外国需要继续查封、扣押、冻结相关涉案财物的，应当再次向对外联系机关提出请求。

外国决定解除查封、扣押、冻结的，对外联系机关应当通过主管机关通知办案机关及时解除。

第四十五条 【对查封、扣押、冻结提出异议的处理和对案件处理提出异议的处理】利害关系人对查封、扣押、冻结有异议，办案机关经审查认为查封、扣押、冻结不符合本法第四十三条第一款规定的条件的，应当报请主管机关决定解除查封、扣押、冻结并通知对外联系机关，由对外联系机关告知请求国；对案件处理提出异议的，办案机关可以通过所属主管机关转送对外联系机关，由对外联系机关向请求国提出。

第四十六条 【因请求国原因导致查封、扣押、冻结不当的赔偿责任】由于请求国的原因导致查封、扣押、冻结不当，对利害关系人的合法权益造成损害的，办案机关可以通过对外联系机关要求请求国承担赔偿责任。

第七章 没收、返还违法所得及其他涉案财物

第一节 向外国请求没收、返还违法所得及其他涉案财物

第四十七条 【提出请求的办理程序】办案机关需要外国协助没收违法所得及其他涉案财物的，应当制作刑事司法协助请求书并附相关材料，经所属主管机关审核同意后，由对外联系机关及时向外国提出请求。

请求外国将违法所得及其他涉案财物返还中华人民共和国或者返还被害人的，可以在向外国提出没收请求时一并提出，也可以单独提出。

外国对于返还被查封、扣押、冻结的违法所得及其他涉案财物有特殊要求的，在不违反中华人民共和国法律的基本原则的情况下，可以同意。需要由司法机关作出决定的，由人民法院作出决定。

第四十八条 【请求书需要载明的事项】向外国请求没收、返还违法所得及其他涉案财物的，请求书及所附材料应当根据需要载明下列事项：

（一）需要没收、返还的违法所得及其他涉案财物的名称、特性、外形和数量等；

（二）需要没收、返还的违法所得及其他涉案财物的地点。资金或者其他金融资产存放在金融机构中的，应当载明金融机构的名称、地址和账户信息；

（三）没收、返还的理由和相关权属证明；

（四）相关法律文书的副本；

（五）有关没收、返还以及利害关系人权利保障的法律规定；

（六）有助于执行请求的其他材料。

第四十九条 【涉案财物的移交、分享】外国协助没收、返还违法所得及其他涉案财物的，由对外联系机关会同主管机关就有关财物的移交问题与外国进行协商。

对于请求外国协助没收、返还违法所得及其他涉案财物，外国提出分享请求的，分享的数额或者比例，由对外联系机关会同主管机关与外国协商确定。

第二节 向中华人民共和国请求没收、返还违法所得及其他涉案财物

第五十条 【外国提出请求的一般规定】外国可以请求中华人民共和国协助没收、返还违法所得及其他涉案财物。

外国向中华人民共和国请求协助没收、返还违法所得及其他涉案财物的，请求书及所附材料应当根据需要载明本法第四十八条规定的事项。

第五十一条 【同意协助没收违法所得及其他涉案财物的条件】主管机关经审查认为符合下列条件的，可以同意协助没收违法所得及其他涉案财物，并安排有关办案机关执行：

（一）没收违法所得及其他涉案财物符合中华人民共和国法律规定的条件；

（二）外国充分保障了利害关系人的相关权利；

（三）在中华人民共和国有可供执行的财物；

（四）请求书及所附材料详细描述了请求针对的财物的权属、名称、特性、外形和数量等信息；

（五）没收在请求国不能执行或者不能完全执行；

（六）主管机关认为应当满足的其他条件。

第五十二条 【可以拒绝协助的情形】外国请求协助没收违法所得及其他涉案财物，有下列情形之一的，可以拒绝提供协助，并说明理由：

（一）中华人民共和国或者第三国司法机关已经对请求针对的财物作出生效裁判，并且已经执行完毕或者正在执行；

（二）请求针对的财物不存在，已经毁损、灭失、变卖或者已经转移导致无法执行，但请求没收变卖物或者转移后的财物的除外；

（三）请求针对的人员在中华人民共和国境内有尚未清偿的债务或者尚未了结的诉讼；

（四）其他可以拒绝的情形。

第五十三条 【外国请求返还违法所得及其他涉案财物】外国请求返还违法所得及其他涉案财物，能够提供确实、充分的证据证明，主管机关经审查认为符合中华人民共和国法律规定的条件的，可以同意并安排有关办案机关执行。返还前，办案机关可以扣除执行请求产生的合理费用。

第五十四条 【外国请求分享违法所得及其他涉案财物】对于外国请求协助没收、返还违法所得及其他涉案财物的，可以由对外联系机关会同主管机关提出分享的请求。分享的数额或者比例，由对外联系机关会同主管机关与外国协商确定。

第八章 移管被判刑人

第一节 向外国移管被判刑人

第五十五条 【外国和中国相互移管被判刑人】外国可以向中华人民共和国请求移管外国籍被判刑人，中华人民共和国可以向外国请求移管外国籍被判刑人。

第五十六条 【向外国移管被判刑人的条件】向外国移管被判刑人应当符合下列条件：

（一）被判刑人是该国国民；

（二）对被判刑人判处刑罚所针对的行为根据该国法律也构成犯罪；

（三）对被判刑人判处刑罚的判决已经发生法律效力；

（四）被判刑人书面同意移管，或者因被判刑人年龄、身体、精神等状况确有必要，经其代理人书面同意移管；

（五）中华人民共和国和该国均同意移管。

有下列情形之一的，可以拒绝移管：

（一）被判刑人被判处死刑缓期执行或者无期徒刑，但请求移管时已经减为有期徒刑的除外；

（二）在请求移管时，被判刑人剩余刑期不足一年；

（三）被判刑人在中华人民共和国境内存在尚未了结的诉讼；

（四）其他不宜移管的情形。

第五十七条 【请求书需要载明的事项】请求向外国移管被判刑人的，请求书及所附材料应当根据需要载明下列事项：

（一）请求机关的名称；

（二）被请求移管的被判刑人的姓名、性别、国籍、身份信息和其他资料；

（三）被判刑人的服刑场所；

（四）请求移管的依据和理由；

（五）被判刑人或者其代理人同意移管的书面声明；

（六）其他事项。

第五十八条 【对被判刑人移管意愿的核实】主管机关应当对被判刑人的移管意愿进行核实。外国请求派员对被判刑人的移管意愿进行核实的，主管机关可以作出安排。

第五十九条 【移管的决定程序】外国向中华人民共和国提出移管被判刑人的请求的，或者主管机关认为需要向外国提出移管被判刑人的请求的，主管机关应当会同相关主管部门，作出是否同意外国请求或者向外国提出请求的决定。作出同意外国移管请求的决定后，对外联系机关应当书面通知请求国和被判刑人。

第六十条 【移管的执行程序】移管被判刑人由主管机

关指定刑罚执行机关执行。移交被判刑人的时间、地点、方式等执行事项，由主管机关与外国协商确定。

第六十一条　【原生效判决的申诉和变更、撤销】被判刑人移管后对原生效判决提出申诉的，应当向中华人民共和国有管辖权的人民法院提出。

人民法院变更或者撤销原生效判决的，应当及时通知外国。

第二节　向中华人民共和国移管被判刑人

第六十二条　【向中国移管被判刑人的条件和程序】中华人民共和国可以向外国请求移管中国籍被判刑人，外国可以请求中华人民共和国移管中国籍被判刑人。移管的具体条件和办理程序，参照本章第一节的有关规定执行。

第六十三条　【先行关押】被判刑人移管回国后，由主管机关指定刑罚执行机关先行关押。

第六十四条　【刑罚转换】人民检察院应当制作刑罚转换申请书并附相关材料，提请刑罚执行机关所在地的中级人民法院作出刑罚转换裁定。

人民法院应当依据外国法院判决认定的事实，根据刑法规定，作出刑罚转换裁定。对于外国法院判处的刑罚性质和期限符合中华人民共和国法律规定的，按照其判处的刑罚和期限予以转换；对于外国法院判处的刑罚性质和期限不符合中华人民共和国法律规定的，按照下列原则确定刑种、刑期：

（一）转换后的刑罚应当尽可能与外国法院判处的刑罚相一致；

（二）转换后的刑罚在性质上或者刑期上不得重于外国法院判处的刑罚，也不得超过中华人民共和国刑法对同类犯罪所规定的最高刑期；

（三）不得将剥夺自由的刑罚转换为财产刑；

（四）转换后的刑罚不受中华人民共和国刑法对同类犯罪所规定的最低刑期的约束。

被判刑人回国服刑前被羁押的，羁押一日折抵转换后的刑期一日。

人民法院作出的刑罚转换裁定，是终审裁定。

第六十五条　【继续执行刑罚和执行变更】刑罚执行机关根据刑罚转换裁定将移管回国的被判刑人收监执行刑罚。刑罚执行以及减刑、假释、暂予监外执行等，依照中华人民共和国法律办理。

第六十六条　【对外国法院判决的申诉】被判刑人移管回国后对外国法院判决的申诉，应当向外国有管辖权的法院提出。

第九章　附　　则

第六十七条　【与国际组织开展司法协助的法律适用】中华人民共和国与有关国际组织开展刑事司法协助，参照本法规定。

第六十八条　【文件和证据材料的公证、认证】向中华人民共和国提出的刑事司法协助请求或者应中华人民共和国请求提供的文件和证据材料，按照条约的规定办理公证和认证事宜。没有条约或者条约没有规定的，按照互惠原则办理。

第六十九条　【刑事司法协助条约的概念】本法所称刑事司法协助条约，是指中华人民共和国与外国缔结或者共同参加的刑事司法协助条约、移管被判刑人条约或者载有刑事司法协助、移管被判刑人条款的其他条约。

第七十条　【施行日期】本法自公布之日起施行。

关于敦促职务犯罪案件境外在逃人员投案自首的公告

2018年8月23日国家监察委员会、最高人民法院、最高人民检察院、公安部、外交部发布

为依法惩治职务犯罪，贯彻落实宽严相济刑事政策，给境外在逃职务犯罪嫌疑人、被告人、罪犯（以下统称“职务犯罪案件境外在逃人员”）以改过自新、争取宽大处理的机会，根据《中华人民共和国刑法》和《中华人民共和国监察法》等有关规定，特公告如下：

一、职务犯罪案件境外在逃人员自本公告发布之日起至2018年12月31日前，向监察机关、公安机关、人民检察院、人民法院或者其所在单位、城乡基层组织等有关单位、组织自动投案，或者通过我国驻外使领馆向监察机关、公安机关、人民检察院、人民法院自动投案，如实供述自己罪行，可以依法从轻或者减轻处罚。其中，有效挽回被害单位、被害人经济损失，积极退赃的，可以减轻处罚；犯罪较轻的，可以免除处罚。

二、职务犯罪案件境外在逃人员委托他人代为表达自动投案意思，或者以书信、电报、电话、邮件等方式表达自动投案意思，后本人回国到案接受办案机关处理的，视为自动投案。

三、鼓励职务犯罪案件境外在逃人员的亲友积极规劝其尽快投案自首。经亲友规劝投案的，或者亲友主动报案后将职务犯罪案件境外在逃人员送去投案的，视为自动投案。

四、职务犯罪案件境外在逃人员具有揭发他人犯罪行为，查证属实的，或者提供重要线索，从而得以侦破其他案件的，或者有积极协助抓捕其他在逃人员等立功表现的，可以依法从轻或者减轻处罚；有重大立功表现的，可以依法减轻或者免除处罚。

五、职务犯罪案件境外在逃人员要认清形势，珍惜机会，尽快投案自首，争取从宽处理。在公告期限内拒不投案自首且随后被引渡或遣返的，监察、司法机关将依法从严惩处。窝藏、包庇、资助职务犯罪案件境外在逃人员，帮助职务犯罪案件境外在逃人员毁灭、伪造证据，掩饰、隐瞒、转移犯罪所得及其收益，构成犯罪的，将依法追究刑事责任。

六、鼓励和保护广大人民群众和海外有关组织、个人积极举报，动员、规劝职务犯罪案件境外在逃人员投案自首。提供职务犯罪案件境外在逃人员藏匿线索，经查证属实的，有关部门将依法对举报人给予奖励，并对举报人的人身安全予以相应保护，对个人信息严格保密。对威胁、报复举报人，构成犯罪的，依法追究刑事责任。

七、境外在逃经济犯罪嫌疑人、被告人、罪犯参照适用本公告。

八、本公告自发布之日起施行。

附 录

中央纪委国家监委执纪执法指导性案例(第一批)

贺某在新冠肺炎疫情防控工作中搞形式主义、官僚主义问题案

(2021 年指导性案例第 1 号,总第 1 号)

【关键词】

违反中央八项规定精神;形式主义、官僚主义;工作纪律

【执纪执法要点】

形式主义、官僚主义与党的优良传统、优良作风背道而驰,为广大干部群众所深恶痛绝。习近平总书记多次就坚决整治形式主义、官僚主义问题作出重要指示批示,强调纠正"四风"不能止步,作风建设永远在路上。2018 年 9 月和 2019 年 6 月,中央纪委办公厅先后印发《关于贯彻落实习近平总书记重要指示精神集中整治形式主义、官僚主义的工作意见》和《关于贯彻习近平总书记重要批示精神深入落实中央八项规定精神的工作意见》;2019 年 6 月,中央纪委国家监委案件审理室专门发出通知,要求在审理报告、处分决定等审理文书中,将形式主义、官僚主义问题在"违反中央八项规定精神"问题中单列表述并处理到位;2021 年 1 月,十九届中央纪委五次全会再次明确提出,要"深化整治形式主义、官僚主义顽瘴痼疾,让求真务实、清正廉洁的新风正气不断充盈"。今年是"十四五"规划开局之年,各级纪检监察机关必须锲而不舍落实中央八项规定及其实施细则精神,针对形式主义、官僚主义问题精准施治,持续释放坚定不移全面从严治党、驰而不息治"四风"树新风的强烈信号,为"十四五"开局起步提供有效保障。

工作中,对于已经造成不良影响和严重后果的形式主义、官僚主义问题,《中国共产党纪律处分条例》和《中华人民共和国公职人员政务处分法》均作出了明确的惩戒性规定;对于虽未造成不良影响和严重后果的其他各种形式主义、官僚主义问题,也必须站在讲政治的高度,运用"第一种形态",做到抓早抓小、防微杜渐。

【基本案情及处理结果】

贺某,中共党员,某县国有农场主要负责人。2020 年 2 月,该县为防控新冠肺炎疫情,给各单位配发了电子测温计、消毒物品等防疫物资,要求安排专人对进出人员和车辆逐一进行查证、测温和登记,对公共区域定期进行消杀,并向单位职工及时下发防疫物资。此后,贺某召开会议传达了相关要求,派人领取了防疫物资、制作了进出人员和车辆登记表,并安排 2 名同志在门岗处值守。贺某认为上述工作已经落实了疫情防控要求,遂不再过问具体落实情况,也未对疫情防控工作实际开展情况进行检查。2 月 20 日晚 7 时前后,该县纪委监委疫情防控监督检查组在实地检查中发现,该农场存在门岗处值守人员脱岗、未在门岗处配备电子测温计和消毒防疫物品、未按规定对人员和车辆进出情况进行检查登记、带班领导对疫情防控工作要求不了解等问题,随即要求进行整改。2 月 21 日,贺某在未认真核实整改情况、也未进行集体研究的情况下,直接签批并向县纪委监委监督检查组报送了《整改报告》,称存在问题已全部整改到位。2 月 26 日下午 5 时前后,监督检查组再次进行实地检查,发现该农场仍然存在未对出入车辆和人员进行检查登记、电子测温计存放在储藏室、门岗处无人值守等问题,导致疫情防控工作存在严重隐患。5 月 16 日,该县纪委经审查,认定贺某作为农场主要负责人,对疫情防控工作仅作一般性安排,未及时督促抓好落实,工作浮在表面、流于形式,造成不良影响和严重隐患,应负主要领导责任,决定给予其党内警告处分。

【指导意义】

1. 关于本案处理过程中两种分歧意见的辨析

认定是否属于形式主义、官僚主义行为,必须要准确把握其实质。在本案处理过程中,形成了如下两种不同意见。

第一种意见认为,贺某作为农场主要负责人,工作中不负责任,疏于管理,贯彻执行、检查督促落实上级决策部署不力,导致疫情防控工作出现严重隐患,应认定为违反工作纪律。

第二种意见认为,贺某作为农场主要负责人,虽然召开会议传达了工作要求、领取了防疫物资、制作了登记表并安排了值守人员,但仅仅是以会议落实会议、以文件落实文件,在实际工作中没有见诸行动,防疫物资未按规定保管使用,所谓的登记表、值守人员和防控措施也都是流于形式,是用形式上的"表面文章"代替扎扎实实的落实,造成严重隐患,应认定为形式主义、官僚主义。

经分析,我们同意第二种意见。形式主义、官僚主义

的特点是“虚”“浮”，不实事求是。从本案所表现出来的现象看，贺某确实存在不正确履行职责的问题；但究其问题本质，则是不担当不作为，工作作风漂浮、不严不实，暴露出贺某政绩观错位、责任心缺失、满足于做表面文章等突出问题，是形式主义、官僚主义问题的典型表现。

2. 关于精准认定形式主义、官僚主义的问题

习近平总书记深刻指出：“形式主义背后是功利主义、实用主义作祟，政绩观错位、责任心缺失，只想当官不想干事，只想出彩不想担责，满足于做表面文章，重显绩不重潜绩，重包装不重实效。官僚主义背后是官本位思想，价值观走偏、权力观扭曲，盲目依赖个人经验和主观判断，严重脱离实际、脱离群众。”我们在认定形式主义、官僚主义问题时，要深入学习领悟习近平总书记重要讲话和重要指示批示精神，善于透过现象，抓住问题本质。

实践中，除《中国共产党纪律处分条例》第一百二十二条列举的情形属于形式主义、官僚主义问题的典型表现形式外，《中国共产党纪律处分条例》第五十条、第一百一十二条、第一百一十三条、第一百一十六条、第一百一十七条、第一百三十三条等条款列举的情形，只要符合形式主义、官僚主义问题的本质特征，均可认定为形式主义、官僚主义。

需要指出的是，一般情况下，如果将违反群众纪律、工作纪律等问题认定为形式主义、官僚主义，应该在纪检监察文书的“违反中央八项规定精神”问题中予以单列表述。但如果依照《中国共产党纪律处分条例》第五十条的规定，将某一问题认定为违反政治纪律，则不宜重复认定为“违反中央八项规定精神”，但在汇总“查处违反中央八项规定精神问题”统计数据时，仍应纳入形式主义、官僚主义问题予以统计。

【相关条款】

《中国共产党纪律处分条例》（2018 年 8 月 18 日）

第一百二十二条　有下列行为之一，造成严重不良影响，对直接责任者和领导责任者，情节较轻的，给予警告或者严重警告处分；情节较重的，给予撤销党内职务或者留党察看处分；情节严重的，给予开除党籍处分：

（一）贯彻党中央决策部署只表态不落实的；

（二）热衷于搞舆论造势、浮在表面的；

（三）单纯以会议贯彻会议、以文件落实文件，在实际工作中不见诸行动的；

（四）工作中有其他形式主义、官僚主义行为的。

《中华人民共和国公职人员政务处分法》（2020 年 6 月 20 日）

第三十九条第（三）项　有下列行为之一，造成不良后果或者影响的，予以警告、记过或者记大过；情节较重的，予以降级或者撤职；情节严重的，予以开除：

（三）工作中有形式主义、官僚主义行为的。

夏某违规操办其子婚庆事宜案

（2021 年指导性案例第 2 号，总第 2 号）

【关键词】

违反中央八项规定精神；违规操办婚丧喜庆事宜；借机敛财；涉案财物处置

【执纪执法要点】

受长期以来形成的历史文化和社会现实等因素影响，在婚丧喜庆之际宴请宾朋，已成为司空见惯的“习惯”和“风气”。实践中，《中国共产党纪律处分条例》和《中华人民共和国公职人员政务处分法》并没有“一刀切”地禁止党员干部操办婚丧喜庆事宜，但一些党员干部却利用职权或者职务上的影响违规操办婚丧喜庆事宜。这类行为容易损害党员干部形象，败坏社会风气，必须保持严的主基调，坚持露头就打，对同时存在借机敛财行为的要从重或者加重处分。在认定和处理此类问题时，既要依据相关规定认定是否存在“利用职权或者职务上的影响”和“在社会上造成不良影响”，并依纪依法对违纪违法所得作出精准处置；又要注意把握执纪执法尺度，明确释放“越往后越严”的强烈信号；还要注意参照当地经济发展水平、民众风俗习惯以及单位同事、周边群众的认知和评价等因素，作出综合分析判断。同时，要重视通过党员干部特别是党员领导干部以身作则、率先垂范，在全面实施乡村振兴战略中，在操办婚丧喜庆事宜上切实推进移风易俗、建设文明乡风，不断改善农民精神风貌，提高乡村社会文明程度。

【基本案情及处理结果】

夏某，中共党员，某乡副乡长。2020 年 9 月，夏某在其子结婚时，邀请该乡政府 5 名下属参加婚宴，收受该 5 名下属所送礼金 2.5 万元。经查，夏某与上述 5 名下属没有礼尚往来。同时，夏某还邀请 25 名亲属参加婚宴，收取礼金 3 万元。夏某受到党内严重警告、政务记大过处分，违规收受的礼金 2.5 万元被收缴。

【指导意义】

1. 关于夏某操办其子婚庆事宜是否构成“利用职权或者职务上的影响”的认定问题

《中国共产党纪律处分条例》第九十一条所规定的“利用职权或者职务上的影响”，既包括利用本人职务上主管、负责、承办某项公共事务的职权，也包括利用职务

上有隶属、制约关系的其他人员的职权，以及行为人与被其利用的人员之间在职务上虽然没有隶属、制约关系，但是行为人利用了本人职权或者地位产生的影响和一定的工作联系。判断是否属于“利用职权或者职务上的影响”，一般来说，应审查核实党员干部是否使用本单位或者下属单位、管理服务对象、业务联系单位的财物、场地、交通工具等物资，是否邀请本单位或者下属单位、管理服务对象、业务联系单位的人员参加，等等。在本案中，夏某作为副乡长，邀请与其没有礼尚往来的5名下属参加其子婚宴并收受礼金2.5万元，可以认定为“利用职权或者职务上的影响”操办婚庆事宜。需要指出的是，夏某还邀请了部分亲属参加婚宴，经审查核实，这些人和夏某之间不存在职务上的隶属、制约关系，不是其管理服务对象，所送礼金数额也没有明显超出正常的礼尚往来水平，对于这部分情节不宜认定为违纪违法。

2. 关于涉案财物的处置问题

根据《中国共产党纪律处分条例》第四十条第一款、《中华人民共和国公职人员政务处分法》第二十五条第一款的规定，在追究党纪责任时，处置涉案财物的主要方式为“收缴”和“责令退赔”；在追究监察责任时，处置涉案财物的主要方式为“没收”、“追缴”和“责令退赔”。其中，追究党纪责任时对违纪所得予以“收缴”，相当于追究监察责任时对违法所得予以“没收”和“追缴”，通常针对的是实施违纪违法行为所获得的财物及其孳息收益。具体而言，一是“没收”是指将违纪违法所得财物强制收归国有，没收的财物一律上缴国库。二是“追缴”是指将违纪违法所得财物予以追回，追缴的财物退回原所有人或原持有人，依法不应退回的则上缴国库。三是“责令退赔”通常针对的是违反规定挥霍浪费国有资产，如公款吃喝、公款旅游以及违反规定乱罚款、乱收费获得的财物等，责令被审查调查人将违纪违法所得的财物予以归还，财物已经被消耗、毁损的，应当用与之价值相当的财物予以赔偿；责令退赔的财物直接退赔原所有人或原持有人，无法退赔的上缴国库。

本案中，纪检监察机关依纪依法收缴了夏某违规收受5名乡干部所送礼金2.5万元。但在实践中，我们发现仍有一些纪检监察机关在涉案财物处置上存在问题。比如，2021年4月，某省纪委监委公开通报的某副县长借其子结婚之机敛财问题的材料显示，该副县长在为其子举办婚礼时，宴请该县部分单位公职人员并违规收受礼金。纪检监察机关在认定该副县长的行为违纪违法后，并未收缴其违纪违法所得，而是要求其将违规收受的礼金全部予以退还。这反映出在当前的执纪执法工作中，对于涉案财物处置还不够精准，各级纪检监察机关应对此引起重视。

3. 关于执纪尺度的把握问题

违规操办婚丧喜庆事宜是违反中央八项规定精神的突出表现之一，党的十八大以来各级纪检监察机关严肃查处此类违纪行为，取得了显著成效。但由于受传统习俗等各种因素的影响，个别党员干部依然心存侥幸、知错犯错、知纪违纪，导致此类问题仍然较为突出，而且出现了化整为零多次操办、“退居幕后”遥控办或者表面循规蹈矩、私下广发通知，“暗度陈仓”违规办等各种隐形变异现象。实践中，有的地方对于到现在仍不收敛、不收手的，根据具体事实、性质和情节，不再仅仅给予严重警告处分，而是作出了免职处理，有的还直接给予党纪政务重处分。上述处理方式有纪法依据。比如，《中国共产党纪律处分条例》第九十一条明确规定，对于此类违纪行为，情节严重的应给予撤销党内职务处分，有借机敛财或者其他侵犯国家、集体和人民利益行为的，从重或加重处分，直至开除党籍。《中华人民共和国公职人员政务处分法》第三十三条明确规定，对于此类违法行为，情节较重的，予以降级或者撤职；情节严重的，予以开除。据此，各级纪检监察机关要始终坚持严的主基调，对顶风违纪、屡教不改、情节恶劣的依纪依法作为“情节严重”的情形给予党纪政务处分或者从重、加重处理，并可以依照规定同时对其采取调整职务、免职等组织处理措施，点名道姓通报曝光，不断释放出整治违反中央八项规定精神问题“越往后越严”的强烈信号，发挥执纪执法工作的警示震慑作用。

【相关条款】

《中国共产党纪律处分条例》(2018年8月18日)

第四条　党的纪律处分工作应当坚持以下原则：

(一)坚持党要管党、全面从严治党。加强对党的各级组织和全体党员的教育、管理和监督，把纪律挺在前面，注重抓早抓小、防微杜渐。

(二)党纪面前一律平等。对违犯党纪的党组织和党员必须严肃、公正执行纪律，党内不允许有任何不受纪律约束的党组织和党员。

(三)实事求是。对党组织和党员违犯党纪的行为，应当以事实为依据，以党章、其他党内法规和国家法律法规为准绳，准确认定违纪性质，区别不同情况，恰当予以处理。

(四)民主集中制。实施党纪处分，应当按照规定程序经党组织集体讨论决定，不允许任何个人或者少数人擅自决定和批准。上级党组织对违犯党纪的党组织和党员作出的处理决定,下级党组织必须执行。

(五)惩前毖后、治病救人。处理违犯党纪的党组织和党员,应当实行惩戒与教育相结合,做到宽严相济。

第二十条　有下列情形之一的,应当从重或者加重处分:

(一)强迫、唆使他人违纪的;

(二)拒不上交或者退赔违纪所得的;

(三)违纪受处分后又因故意违纪应当受到党纪处分的;

(四)违纪受到党纪处分后,又被发现其受处分前的违纪行为应当受到党纪处分的;

(五)本条例另有规定的。

第四十条第一款　对于违纪行为所获得的经济利益,应当收缴或者责令退赔。

第九十一条　利用职权或者职务上的影响操办婚丧喜庆事宜,在社会上造成不良影响的,给予警告或者严重警告处分;情节严重的,给予撤销党内职务处分;借机敛财或者有其他侵犯国家、集体和人民利益行为的,从重或者加重处分,直至开除党籍。

《中华人民共和国公职人员政务处分法》(2020 年 6 月 20 日)

第四条　给予公职人员政务处分,坚持党管干部原则,集体讨论决定;坚持法律面前一律平等,以事实为根据,以法律为准绳,给予的政务处分与违法行为的性质、情节、危害程度相当;坚持惩戒与教育相结合,宽严相济。

第十三条　公职人员有下列情形之一的,应当从重给予政务处分:

(一)在政务处分期内再次故意违法,应当受到政务处分的;

(二)阻止他人检举、提供证据的;

(三)串供或者伪造、隐匿、毁灭证据的;

(四)包庇同案人员的;

(五)胁迫、唆使他人实施违法行为的;

(六)拒不上交或者退赔违法所得的;

(七)法律、法规规定的其他从重情节。

第二十五条第一款　公职人员违法取得的财物和用于违法行为的本人财物,除依法应当由其他机关没收、追缴或者责令退赔的,由监察机关没收、追缴或者责令退赔;应当退还原所有人或者原持有人的,依法予以退还;属于国家财产或者不应当退还以及无法退还的,上缴国库。

第三十三条第一款第(二)项　有下列行为之一的,予以警告、记过或者记大过;情节较重的,予以降级或者撤职;情节严重的,予以开除:

(二)利用职权或者职务上的影响为本人或者他人谋取私利的。

王某组织公款吃喝并违规接受宴请案

(2021 年指导性案例第 3 号,总第 3 号)

【关键词】

违反中央八项规定精神;公款吃喝;接受可能影响公正执行公务的宴请;涉案财物处置

【执纪执法要点】

公款吃喝、违规接受宴请等行为除浪费国家资财或者可能影响公正执行公务外,还严重破坏党风政风和社会风气,损害党和政府的形象。实践中我们发现,有的党员干部虚列开支公款报销违规吃喝费用,这是典型的违反中央八项规定精神隐形变异问题,性质恶劣,应加大查处力度,予以严肃处理。各级纪检监察机关要提高发现问题的能力,加大惩处力度,将严肃处理违规吃喝问题作为纠“四风”、树新风的重点,扭住不放、露头就打,严防反弹回潮、死灰复燃。在涉案财物处置上,则要注重区分不同情况,作出精准处置。

【基本案情及处理结果】

王某,中共党员,某县住房和城乡建设局局长。2021 年 2 月 19 日晚,王某召集本单位 5 名干部在该县某酒店聚餐,要求按照人均 1000 元的标准安排餐饮,所花费的 6000 元以公车加油费、维护保养费等名目列入该局“三公”经费中予以报销。3 月 21 日晚,王某在该县房地产开发商张某经营的日本料理店接受宴请,享受每人定价 1888 元的套餐。王某受到党内严重警告处分,被责令退赔公款吃喝费用 1000 元,被收缴接受可能影响公正执行公务的宴请费用 1888 元。同时,参加公款吃喝的其他 5 名干部受到了批评教育,并被责令退赔相关费用 5000 元。

【指导意义】

1. 关于王某违规吃喝行为的性质认定和处理

本案中,王某的违规吃喝问题主要表现在两个方面:一是按照《中国共产党纪律处分条例》第一百零三条的规定,王某“违反有关规定组织、参加用公款支付的宴请”;二是按照《中国共产党纪律处分条例》第九十二条的规定,王某“接受可能影响公正执行公务的宴请”。实践中,对于这两个问题都应认定为违反中央八项规定精神。在涉案财物处置上,纪检监察机关根据具体案情,在准确认定王某应负担的公款吃喝费用和接受私营企业主宴请时所对应的餐饮费用的基础上,责令王某退赔公款吃喝的相关费用 1000 元,收缴王某接受私营企业主宴请的费用1888元;同时,参加公款吃喝的其他5名干部受到了批评教育,并被责令退赔相关费用。上述处理区分了党员领导干部和普通党员干部在违规吃喝问题中的责任大小,对王某作为党员领导干部的处理力度更重,既体现了执纪工作的精准性,又对其他5名干部起到了教育警示作用,取得了较好的执纪效果。

2. 关于违规吃喝问题中的涉案财物处置

涉案财物处置事关案件质量和处理效果,必须严格依规依纪依法作出精准处置。实践中,纪检监察机关在处理违规吃喝问题的涉案财物时,经常会遇到一些更为复杂的情形,应坚持实事求是原则,区分具体情况,作出精准处置。

一是对于"违反有关规定组织、参加用公款支付的宴请"问题,根据《中国共产党纪律处分条例》第一百零三条的规定,对于公款吃喝行为,无论组织者还是参加者,都构成违纪。以本案为例,王某和其他5名干部都被责令退赔了相关费用。实践中,纪检监察机关应根据案件具体情况,全面审查餐饮清单、报销凭证等书证,并结合相关人员的交代,准确认定参加宴请者所应负担的费用,并依规依纪责令其退赔相关费用。需要指出的是,对于《中国共产党纪律处分条例》第一百零三条规定的"用公款购买赠送或者发放礼品、消费卡(券)等"的问题,或者收受公款购买的礼品、消费卡(券)等的问题,经查证属实后,应按规定责令本单位接受礼品、消费卡(券)等的党员干部予以清退或者折价退赔,对于本单位之外的党员干部收受礼品、消费卡(券)等的应按规定予以清退或者收缴。

二是对于"接受可能影响公正执行公务的宴请"问题,如果接受的是公款支付的宴请,依照《中国共产党纪律处分条例》第二十四条第一款关于"一个违纪行为同时触犯本条例两个以上(含两个)条款的,依照处分较重的条款定性处理"的规定,适用《中国共产党纪律处分条例》第一百零三条之规定予以定性处理。如果接受的是私营企业主、下属等管理服务对象个人支付费用的宴请,且能准确认定被审查人所对应的宴请费用,则应依规依纪予以收缴。同时,对于因时间久远、书证缺失或仅有相关人员交代等原因无法准确区分餐饮费用、且被审查人自愿主动上交相关餐饮费用的情形,实践中可按主动登记上交处理。

【相关条款】

《中国共产党纪律处分条例》(2018年8月18日)

第四十条第一款 对于违纪行为所获得的经济利益,应当收缴或者责令退赔。

第九十二条 接受、提供可能影响公正执行公务的宴请或者旅游、健身、娱乐等活动安排,情节较重的,给予警告或者严重警告处分;情节严重的,给予撤销党内职务或者留党察看处分。

第一百零三条 违反有关规定组织、参加用公款支付的宴请、高消费娱乐、健身活动,或者用公款购买赠送或者发放礼品、消费卡(券)等,对直接责任者和领导责任者,情节较轻的,给予警告或者严重警告处分;情节较重的,给予撤销党内职务或者留党察看处分;情节严重的,给予开除党籍处分。

《中华人民共和国公职人员政务处分法》(2020年6月20日)

第二十五条第一款 公职人员违法取得的财物和用于违法行为的本人财物,除依法应当由其他机关没收、追缴或者责令退赔的,由监察机关没收、追缴或者责令退赔;应当退还原所有人或者原持有人的,依法予以退还;属于国家财产或者不应当退还以及无法退还的,上缴国库。

第三十四条第二款 向公职人员及其特定关系人赠送可能影响公正行使公权力的礼品、礼金、有价证券等财物,或者接受、提供可能影响公正行使公权力的宴请、旅游、健身、娱乐等活动安排,情节较重的,予以警告、记过或者记大过;情节严重的,予以降级或者撤职。

第三十五条第(三)项 有下列行为之一,情节较重的,予以警告、记过或者记大过;情节严重的,予以降级或者撤职:

(三)违反规定公款消费的。

张某退休后违规接受宴请案

(2021年指导性案例第4号,总第4号)

【关键词】

违反中央八项规定精神;退休后接受宴请;可能影响公正执行公务

【执纪执法要点】

吃喝问题绝非小事小节,而是关系党在人民群众心目中形象的"大政治",对退休党员干部也不例外。党的十八大以来,各级纪检监察机关重拳出击,"舌尖上的腐败"得到有效遏制。在持续高压态势下,一些党员领导干部在职期间有所收敛,但在退休后又故态复萌,肆无忌惮接受各种宴请,成为"四风"问题隐形变异的新表现。对于此类问题,一些纪检监察机关在定性处理上产生了分歧,有的认为不宜认定为违纪,有的则认为应从严执纪。我们认为,中央八项规定精神是"长期有效的铁规矩”,党员领导干部无论退休与否,都应该严格遵循党规党纪和中央八项规定精神。各级纪检监察机关要从政治上深刻认识违规吃喝问题的危害性,坚持严的主基调,坚决防反弹回潮、防隐形变异、防疲劳厌战,持续释放整治违反中央八项规定精神问题“越往后越严”的强烈信号。

【基本案情及处理结果】

张某,中共党员,某县生态环境局党组成员、副局长,2018年10月退休。2019年1月以来,张某在春节、端午节、中秋节和生日期间,先后10余次接受该县私营企业主王某、李某、赵某等人(均系张某任生态环境局党组成员、副局长期间的管理服务对象)安排的宴请,并饮用年份茅台酒等高档酒水,食用高档菜肴。2021年3月,张某受到党内警告处分。

【指导意义】

在本案处理过程中,形成了如下两种不同意见。

第一种意见认为,张某已经退休,不再具有公职人员身份,其接受私营企业主的宴请不属于“接受可能影响公正执行公务的宴请”,不宜认定为违纪。

第二种意见认为,张某虽已退休,但仍具有党员身份,特别是曾经担任过领导职务,在当地仍具有一定的影响力,更应带头严于律己,严格遵守党的纪律和中央八项规定精神。张某的退休时间在党的十九大之后,中央对于严格落实中央八项规定精神、毫不松懈纠治“四风”的要求已经非常明确,但其仍然不知敬畏,多次接受退休前管理服务对象的宴请。为严肃党的纪律,应将张某的上述行为认定为违反中央八项规定精神。同时,鉴于张某已经退休,不再具有公职人员身份,可适用《中国共产党纪律处分条例》第一百一十一条(廉洁纪律兜底条款)之规定予以定性处理。

经分析,我们同意第二种意见。我们在工作中发现,有的党员领导干部在退休后放松了纪律约束,认为一旦不再担任公职,就可以不再遵守党规党纪和法律法规,随心所欲地接受宴请,甚至实施违纪违法行为。对此,纪检监察机关要始终坚持严的主基调,对违反中央八项规定精神问题毫不妥协、露头就打,持续释放“越往后越严”的强烈信号。

此外,我们在工作中还发现,一些党员领导干部在退休后不仅违规接受宴请,还收受退休前管理服务对象的礼品礼金,有的甚至借助于“攒饭局”等方式,利用原职权或者地位形成的便利条件,大搞所谓的“居中协调”,通过其他国家工作人员职务上的行为,为请托人谋取不正当利益,索取或者收受请托人数额较大的财物。对于党员领导干部在退休后违规收受礼品礼金的问题,同样应适用《中国共产党纪律处分条例》第一百一十一条(廉洁纪律兜底条款)之规定予以定性处理,并依规依纪收缴其违纪所得;对于涉嫌受贿犯罪或者利用影响力受贿犯罪的,则应适用《中国共产党纪律处分条例》第二十七条这一纪法衔接条款的规定,依纪依法予以严肃处理。

【相关条款】

《中国共产党纪律处分条例》(2018年8月18日)

第二十七条　党组织在纪律审查中发现党员有贪污贿赂、滥用职权、玩忽职守、权力寻租、利益输送、徇私舞弊、浪费国家资财等违反法律涉嫌犯罪行为的,应当给予撤销党内职务、留党察看或者开除党籍处分。

第一百一十一条　有其他违反廉洁纪律规定行为的,应当视具体情节给予警告直至开除党籍处分。

中央纪委国家监委执纪执法指导性案例(第二批)

某区纪委监委环保问责简单泛化案

(2021年指导性案例第5号,总第5号)

【关键词】

问责简单泛化;规范问责;精准问责

【执纪执法要点】

以习近平同志为核心的党中央将问责作为全面从严治党利器,推动失责必问、问责必严成为常态。《中国共产党纪律处分条例》《中国共产党问责条例》等党内法规对问责的主体、程序、情形等作出了明确规定,党中央印发《中国共产党问责条例》的通知也强调“针对实践中出现的问责不力、泛化简单化等问题,着力提高党的问责工作的政治性、精准性、实效性”。各级纪检监察机关要深刻认识到,能否做到规范精准问责,考验的是政治站位、工作作风和执纪执法能力,体现的是党组织的权威和公信。在开展问责工作时,一定要做到调查取证细之又细、定性处理慎之又慎、自我约束严之又严,防止出现问责不力或者问责泛化、简单化等问题,力求取得问责一个、警醒一片、促进一方工作的良好效果。同时,上级纪检监察机关要加强督促指导,及时纠正问责不精准、处理不平衡等问题,确保问责质效。

【基本案情及处理结果】

2021年1月,某省生态环境保护督察组(以下简称督察组)在A市开展环保督察期间,该市B区纪委监委根据督察组移交的问题线索,在未按程序报请区委主要负责人批准的情况下，对A市生态环境局B分局（系B区政府组成部门）党组书记、局长张某等人启动问责调查，共处置问题线索20批90件，问责88人次。其中，B区纪委监委认定，张某对督察组移交、群众反映的2020年5月以来某企业污水扰民、某餐馆油烟污染、某店铺严重噪声污染等问题整治不力，应负领导责任，决定以谈话方式给予其诫勉问责；A市生态环境局B分局时任党组成员、副局长王某分管上述工作，应负领导责任，在1个月内因上述同类事由先后给予其6次问责（通报问责3次、书面诫勉问责1次、党内警告处分1次、免职问责1次）；对于2020年3月以来一直在外脱产学习、未实际协管上述工作的三级主任科员郑某、李某和四级主任科员邓某，仅依据各自岗位职责，决定给予该3人党内严重警告、政务记大过处分。B区纪委监委在给予上述人员处理、处分前，未形成事实材料与其见面核对并听取其陈述和申辩。

此后，省委巡视组在有关专项巡视中发现上述问责存在简单泛化，未履行处理、处分所依据的事实材料应当同本人见面的程序等问题，并移交A市纪委监委处理。A市纪委监委按程序核查后，责令B区纪委监委及时依规依纪依法予以纠正。

【指导意义】

1. 坚决防止和纠正问责不规范、不精准等问题

本案中，B区纪委监委对张某、王某、郑某、李某、邓某等人的问责主要存在以下问题：

一是工作程序不规范。一方面是启动问责调查程序不规范，区纪委监委违反《中国共产党问责条例》第九条第一款之规定，在未报请区委主要负责人批准的情况下，即对A市生态环境局B分局党组书记、局长张某先行启动问责调查。另一方面是处理、处分程序不规范，区纪委监委在给予相关人员处理、处分前，未履行处理、处分所依据的事实材料同本人见面的程序，违反了《中国共产党章程》第四十三条、《中国共产党问责条例》第十一条第一款、《中国共产党党员权利保障条例》第三十五条第二款、《中国共产党纪律检查机关监督执纪工作规则》第五十一条第一款、《中华人民共和国公职人员政务处分法》第四十三条等规定。

二是责任划分不精准。区纪委监委在认定张某、王某2人责任时，笼统定性为“负有领导责任”，未结合各自的岗位职责，准确区分应负主要领导责任还是重要领导责任。

三是问责简单泛化。区纪委监委在1个月内对王某进行了6次“凑数式”问责，对在污染问题发生前即已在外脱产学习、并未实际协管相关工作的郑某、李某、邓某滥用问责，存在重复问责、简单问责、泛化问责的问题，损害了执纪执法的权威性和严肃性。

2. 进一步推动问责工作规范化、精准化

执纪执法工作中，应当规范精准问责，坚决防止出现以下问责泛化、简单化问题：一是在问责对象上，问下不问上，过多指向基层干部；二是在问责程序上，求快不求准，随意简省调查流程；三是在问责处理上，简单粗暴，搞“一刀切”；四是在问责效果上，只问责不管理，依赖问责推动工作。实践中，有的纪检监察机关机械理解和执行上级督办转办件“快查快处”要求，实施问责时责任不明、轻重不分，没有做到因事、因责而异。各级纪检监察机关要充分认识到，严格依规依纪依法规范精准问责，是推动纪检监察工作高质量发展的应有之义和必然要求。纪检监察机关在开展执纪执法工作时，应当严格执行《中国共产党问责条例》等规定，既要查清具体事实、分清责任、严肃问责；又要区别情况、体现政策，做到规范精准问责。实践中，要把握好以下两个方面的核心要求：

一是要坚持实事求是。必须以事实为依据，以纪法为准绳，不得因上级领导作出指示要求或者上级部门提出处理建议，就不进行审查调查、不尊重客观事实，简单机械地按照上级要求或处理建议进行问责，甚至出现生拉硬拽、刻意拔高等问责不规范、不精准情形。问责决定作出后，发现问责事实认定不清楚、证据不确凿、依据不充分、责任不清晰、程序不合规、处理不恰当，或者存在其他不应当问责、不精准问责情况的，应当及时予以纠正，这也是执纪执法工作坚持实事求是原则的具体体现。本案中，B区纪委监委在依规依纪依法纠正上述问责简单泛化问题时，对于不应给予党纪、政务处分的人员，按程序作出了撤销处分的决定；对于不应通报问责的，作出了撤销通报问责的决定，并在原来的通报范围内予以纠正和澄清；对于不应予以诫勉问责的，按照原来采取诫勉问责的方式予以纠正（其中，书面诫勉问责的，按程序作出撤销诫勉问责的决定；以谈话方式给予诫勉问责的，也采取了书面方式予以纠正）；对于诫勉问责已通报同级党委组织部门的，在作出撤销诫勉问责决定时及时通报了该组织部门。

二是要准确认定责任。按照“权责一致、错责相当”的原则，依据纪法规定、岗位职责，精准界定哪些人应负责任、应负什么责任，分清主要领导责任和重要领导责任，区分相关责任人任职期间是履职尽责、还是不履职或不正确履职，避免畸轻畸重、尺度不一。对于没有造成恶劣影响或严重后果，未达到问责程度的，可给予提醒、批评教育等处理，不能简单以问责代替管理。

此外,对于受到问责的党员领导干部提出申诉的办理时限问题,我们认为应当从以下两个方面把握:一是对于采取非纪律处分方式实施问责的,作出问责决定的党组织接到书面申诉后,应当在1个月内作出申诉处理决定,并以书面形式告知提出申诉的领导干部及其所在党组织等单位;二是对于采取纪律处分方式实施问责的,按照党章和有关党内法规规定的权限、程序执行,即应当按照《中国共产党纪律检查机关监督执纪工作规则》第五十九条等规定,在受理申诉后3个月内作出复议复查决定,并告知提出申诉的领导干部及其所在党组织等单位。

【相关条款】

《中国共产党章程》(2017年10月24日)

第四十三条　党组织对党员作出处分决定,应当实事求是地查清事实。处分决定所依据的事实材料和处分决定必须同本人见面,听取本人说明情况和申辩。如果本人对处分决定不服,可以提出申诉,有关党组织必须负责处理或者迅速转递,不得扣压。对于确属坚持错误意见和无理要求的人,要给以批评教育。

《中国共产党纪律处分条例》(2018年8月18日)

第三十七条　违纪行为有关责任人员的区分:

(一)直接责任者,是指在其职责范围内,不履行或者不正确履行自己的职责,对造成的损失或者后果起决定性作用的党员或者党员领导干部。

(二)主要领导责任者,是指在其职责范围内,对直接主管的工作不履行或者不正确履行职责,对造成的损失或者后果负直接领导责任的党员领导干部。

(三)重要领导责任者,是指在其职责范围内,对应管的工作或者参与决定的工作不履行或者不正确履行职责,对造成的损失或者后果负次要领导责任的党员领导干部。

本条例所称领导责任者,包括主要领导责任者和重要领导责任者。

《中国共产党问责条例》(2019年8月25日)

第三条　党的问责工作应当坚持以下原则:

(一)依规依纪、实事求是;

(二)失责必问、问责必严;

(三)权责一致、错责相当;

(四)严管和厚爱结合、激励和约束并重;

(五)惩前毖后、治病救人;

(六)集体决定、分清责任。

第六条第一款　问责应当分清责任。党组织领导班子在职责范围内负有全面领导责任,领导班子主要负责人和直接主管的班子成员在职责范围内承担主要领导责任,参与决策和工作的班子成员在职责范围内承担重要领导责任。

第九条第一款　发现有本条例第七条所列问责情形,需要进行问责调查的,有管理权限的党委(党组)、纪委、党的工作机关应当经主要负责人审批,及时启动问责调查程序。其中,纪委、党的工作机关对同级党委直接领导的党组织及其主要负责人启动问责调查,应当报同级党委主要负责人批准。

第十一条第一款　查明调查对象失职失责问题后,调查组应当撰写事实材料,与调查对象见面,听取其陈述和申辩,并记录在案;对合理意见,应当予以采纳。调查对象应当在事实材料上签署意见,对签署不同意见或者拒不签署意见的,调查组应当作出说明或者注明情况。

第十二条　问责决定应当由有管理权限的党组织作出。

对同级党委直接领导的党组织,纪委和党的工作机关报经同级党委或者其主要负责人批准,可以采取检查、通报方式进行问责。采取改组方式问责的,按照党章和有关党内法规规定的权限、程序执行。

对同级党委管理的领导干部,纪委和党的工作机关报经同级党委或者其主要负责人批准,可以采取通报、诫勉方式进行问责;提出组织调整或者组织处理的建议。采取纪律处分方式问责的,按照党章和有关党内法规规定的权限、程序执行。

第二十条　问责对象对问责决定不服的,可以自收到问责决定之日起1个月内,向作出问责决定的党组织提出书面申诉。作出问责决定的党组织接到书面申诉后,应当在1个月内作出申诉处理决定,并以书面形式告知提出申诉的党组织、领导干部及其所在党组织。

申诉期间,不停止问责决定的执行。

第二十一条第一款　问责决定作出后,发现问责事实认定不清楚、证据不确凿、依据不充分、责任不清晰、程序不合规、处理不恰当,或者存在其他不应当问责、不精准问责情况的,应当及时予以纠正。必要时,上级党组织可以直接纠正或者责令作出问责决定的党组织予以纠正。

《中国共产党党员权利保障条例》(2020年12月25日)

第三十五条第二款　处理、处分所依据的事实材料应当同本人见面。处理、处分的决定应当向本人宣布,并写明党员的申诉权以及受理申诉的组织等内容。事实材料和决定应当由本人签署意见,对签署不同意见或者拒不签署意见的,应当作出说明或者注明情况。

《中国共产党纪律检查机关监督执纪工作规则》(2018年12月28日)

第五十一条第一款　查明涉嫌违纪或者职务违法、

职务犯罪问题后，审查调查组应当撰写事实材料，与被审查调查人见面，听取意见。被审查调查人应当在事实材料上签署意见，对签署不同意见或者拒不签署意见的，审查调查组应当作出说明或者注明情况。

第五十九条 对不服处分决定的申诉，由批准或者决定处分的党委（党组）或者纪检监察机关受理；需要复议复查的，由纪检监察机关相关负责人批准后受理。

申诉办理部门成立复查组，调阅原案案卷，必要时可以进行取证，经集体研究后，提出办理意见，报纪检监察机关相关负责人批准或者纪委常委会会议研究决定，作出复议复查决定。决定应当告知申诉人，抄送相关单位，并在一定范围内宣布。

坚持复议复查与审查审理分离，原案审查、审理人员不得参与复议复查。

复议复查工作应当在3个月内办结。

《中华人民共和国公职人员政务处分法》（2020年6月20日）

第四十三条 作出政务处分决定前，监察机关应当将调查认定的违法事实及拟给予政务处分的依据告知被调查人，听取被调查人的陈述和申辩，并对其陈述的事实、理由和证据进行核实，记录在案。被调查人提出的事实、理由和证据成立的，应予采纳。不得因被调查人的申辩而加重政务处分。

第五十五条第二款 监察机关发现本机关或者下级监察机关作出的政务处分决定确有错误的，应当及时予以纠正或者责令下级监察机关及时予以纠正。

崔某骗领财政惠民惠农补贴资金案

（2021年指导性案例第6号，总第6号）

【关键词】

群众身边腐败；基层群众性自治组织中从事管理的人员；党纪政务处分匹配

【执纪执法要点】

群众身边腐败和不正之风，严重破坏党和政府在群众心目中的形象，蚕食群众获得感幸福感，侵蚀党心民心。习近平总书记在十九届中央纪委五次全会上明确指出，“要持续整治群众身边腐败和作风问题，让群众在反腐‘拍蝇’中增强获得感”、要“紧盯扶贫环保等领域腐败和不正之风，解决好群众的‘急难愁盼’问题，让人民群众感受到公平正义”。执纪执法工作中，对于基层群众性自治组织中从事管理的人员的贪腐问题，纪检监察机关应严格依规依纪依法予以整治处理，坚决纠正漠视和侵害群众利益的问题，注重党纪和政务处分精准匹配，确保执纪执法综合效果。

【基本案情及处理结果】

崔某，中共党员，某乡某村原党支部书记、村民委员会主任。2019年3月至2020年9月，崔某在协助县、乡人民政府发放本村财政惠民惠农补贴资金中的退耕还林还草直补退耕农户资金的过程中，以其女儿的名义，弄虚作假，编造退耕还林还草亩数，骗领财政补贴资金8000元并据为己有。同时，崔某在担任村党支部书记、村民委员会主任期间，借逢年过节之机，收受3名村集体经济合作社成员礼金1.2万元。2021年6月，崔某受到撤销党内职务处分，对其违纪违法所得2万元予以收缴；建议乡人民政府责令其辞去该村村民委员会主任职务，拒不辞职的，依法罢免其村民委员会主任职务，停止发放其补贴、奖金。2021年7月，崔某辞去了该村村民委员会主任职务。

【指导意义】

1. 准确区分个人贪腐与优亲厚友

本案处理过程中，关于崔某收受3名村集体经济合作社成员礼金1.2万元的问题，应当依照《中国共产党纪律处分条例》第八十八条第一款和《中华人民共和国公职人员政务处分法》第三十四条第一款之规定予以定性处理，对此没有争议。但对于崔某骗领8000元财政补贴资金的问题，则形成了如下两种不同意见：

第一种意见认为，崔某利用协助县、乡人民政府从事相关行政管理工作的职务便利，将其女儿虚报为退耕还林还草补贴对象，非法获取了财政惠民惠农补贴资金，应当认定为在发放财政惠民惠农补贴资金工作中优亲厚友，属于违反群众纪律性质。

第二种意见认为，崔某作为基层群众性自治组织中从事管理的人员，利用其协助县、乡人民政府从事相关行政管理工作的职务便利，以其女儿的名义骗领财政惠民惠农补贴资金并占为己有，该行为的最终受益人是崔某自己。因此，崔某的行为构成贪污，属于职务违法，不属于违反群众纪律性质。

经分析，我们同意第二种意见。一是通常来看，“优亲厚友”主要是指一些从事社会保障、政策扶持、扶贫脱贫、救灾救济款物分配等事项的党员在执行公务过程中，不按照民主决策程序办理，不能正确处理亲属、朋友与群众的关系，厚此薄彼，侵害群众利益；不按照规定标准执行，使不该享受的人员享受了相关的待遇，应该享受的人员享受不到或者比规定的标准享受得低，明显不公平、不公正。从本案来看，崔某骗领财政补贴资金行为“优”

“厚”的是自己，也未导致本村应该领取财政资金补贴的人员领取不到或者比规定的标准领取得低，不属于违反群众纪律性质。二是根据2000年4月29日第九届全国人大常委会第十五次会议通过的《关于〈中华人民共和国刑法〉第九十三条第二款的解释》规定，村民委员会等村基层组织人员协助人民政府从事相关行政管理工作时，利用职务上的便利，非法占有公共财物，构成犯罪的，适用刑法第三百八十二条和第三百八十三条。崔某的上述行为虽未达到刑事追诉标准，但本质上属于刑法规定的贪污行为，应当追究其纪律责任和监察责任，按照《中国共产党纪律处分条例》第二十八条和《中华人民共和国公职人员政务处分法》第三十三条第一款第（一）项之规定予以严肃处理。

2. 关于党纪政务处分匹配问题

本案处理过程中，关于对崔某的处分问题，形成了如下两种不同意见：

第一种意见认为，崔某具有党员身份，同时又是基层群众性自治组织中从事管理的人员，其骗领财政惠民惠农补贴资金的行为既涉嫌违反党的纪律又涉嫌职务违法，同时还存在违规收受礼金行为，合并处理应当给予其撤销党内职务、政务记大过处分。

第二种意见认为，结合本案具体情况，应当给予崔某撤销党内职务处分。同时，鉴于《中华人民共和国公职人员政务处分法》第二十二条第一款规定，“基层群众性自治组织中从事管理的人员有违法行为的，监察机关可以予以警告、记过、记大过处分”，未规定可给予降级、撤职、开除处分，因此在给予崔某党纪重处分的同时，无法匹配适用撤职等政务重处分。综合上述情形，可考虑给予崔某撤销党内职务处分；同时建议乡人民政府责令其辞去该村村民委员会主任职务，拒不辞职的，依法罢免其该村村民委员会主任职务。

经分析，我们同意第二种意见。十九届中央纪委五次全会工作报告指出，要持续整治群众身边腐败和不正之风，促进社会公平正义、保障群众合法权益，严肃查处贪污侵占等行为。崔某的行为正是发生在群众身边的贪污侵占腐败行为，本应在给予其党纪重处分的同时，依法给予其撤职等政务重处分。但依照《中华人民共和国公职人员政务处分法》第二十二条规定，对于崔某只能给予警告、记过、记大过等政务轻处分。如按照第一种意见，给予崔某撤销党内职务、政务记大过处分，则会出现党纪重处分匹配政务轻处分的情况，既不符合该违法行为应当给予政务重处分的实际，也影响了执纪执法工作效果。因此，应当在给予崔某撤销党内职务处分的同时，依照《中华人民共和国村民委员会组织法》《农村基层干部廉洁履行职责若干规定（试行）》等规定，建议乡人民政府责令其辞去该村村民委员会主任职务，拒不辞职的，依法予以罢免；同时，由乡人民政府明确其不再享受补贴、奖金，以增强惩戒效果。

实践中，对于具有中共党员身份的公职人员既违纪又违法的行为，在匹配适用党纪、政务处分时，通常按照以下情形把握：

一是应当给予重处分的情形。受到撤销党内职务、留党察看、开除党籍等党纪重处分的，如果仍担任公职，应当依法给予其撤职等政务重处分，即党纪重处分和政务重处分相匹配。对于有严重违法行为的公职人员，依法给予开除处分的，在党纪上应当依纪给予其开除党籍处分。对于严重违反党纪、严重触犯刑律的公职人员，依纪依法给予其开除党籍、开除公职处分，将其涉嫌犯罪问题移送司法机关依法处理。对于基层群众性自治组织中从事管理的人员等不适用政务重处分的公职人员，可不再给予其政务处分，而是依照《中华人民共和国公职人员政务处分法》《农村基层干部廉洁履行职责若干规定（试行）》等规定，作出降低薪酬待遇、调离岗位、解除人事关系或者劳动关系、责令辞职、依法罢免等处理。

二是应当给予轻处分的情形。党纪轻处分是指警告、严重警告，政务轻处分是指警告、记过、记大过、降级。实践中，党纪轻处分和政务轻处分在何种情形下同时适用、何种情形下单独适用，需根据具体案情综合把握。一般而言，在已达到惩戒目的和效果的情况下，在给予党纪轻处分时，可不再同时给予政务轻处分；对于在行政管理工作中发生的违法行为，在给予政务轻处分时，也可不再同时给予党纪轻处分。需要注意的是，如果给予党纪轻处分或政务轻处分的后果存在实质性差异，或者有其他影响案件处理效果的情形，为准确区分责任轻重、体现惩戒效果，可考虑同时给予党纪、政务轻处分。同时适用党纪、政务轻处分的，党内警告处分一般匹配政务记过处分，党内严重警告处分一般匹配政务记大过或者降级处分；但对于本应给予撤销党内职务处分，因本人没有担任党内职务而给予党内严重警告处分的，则应匹配给予其撤职等政务重处分。

3. 关于基层群众性自治组织中从事管理的人员受处分的后续处理问题

我们在工作中发现，对基层群众性自治组织中从事管理的人员的处分，尤其是受到党纪、政务轻处分的，对其职务、利益影响较小，导致违纪违法成本较低，有的人员在受处分后甚至继续违纪违法。目前，《中华人民共和国公职人员政务处分法》《农村基层干部廉洁履行职责若干规定(试行)》等规定对受处分村干部的后续处理规定较为原则,为提升纪律惩戒效果,强化纪律约束,县(市、区、旗)党委、政府应当切实履行主体责任,依照《中华人民共和国公职人员政务处分法》《农村基层干部廉洁履行职责若干规定(试行)》等规定,抓紧建立健全村干部受到党纪政务处分和诫勉等处理后的补贴、奖金减发或者扣发办法,切实提升对村干部的纪律惩戒效果。县(市、区、旗)纪委监委应当协助同级党委做好基层群众性自治组织中从事管理的人员受处分后的相关处理工作,以严肃监督执纪问责,推动全面从严治党不断向基层延伸。比如,山东省日照市莒县纪委监委制定了《关于推行农村干部处分与业绩考核奖励报酬挂钩的办法(试行)》,经报县委同意后,以县委办公室名义印发施行;广东省广州市白云区纪委监委联合区委农村工作办公室和区民政局共同起草了《村社干部处分(处理)决定薪酬执行工作指引》并报经区委同意后,以区委农村工作办公室名义印发施行,这些地方的实践探索可供各地参考借鉴。

【相关条款】

《中国共产党纪律处分条例》(2018 年 8 月 18 日)

第十一条第一款 撤销党内职务处分,是指撤销受处分党员由党内选举或者组织任命的党内职务。对于在党内担任两个以上职务的,党组织在作处分决定时,应当明确是撤销其一切职务还是一个或者几个职务。如果决定撤销其一个职务,必须撤销其担任的最高职务。如果决定撤销其两个以上职务,则必须从其担任的最高职务开始依次撤销。对于在党外组织担任职务的,应当建议党外组织依照规定作出相应处理。

第二十八条 党组织在纪律审查中发现党员有刑法规定的行为,虽不构成犯罪但须追究党纪责任的,或者有其他违法行为,损害党、国家和人民利益的,应当视具体情节给予警告直至开除党籍处分。

第四十条第一款 对于违纪行为所获得的经济利益,应当收缴或者责令退赔。

第八十八条第一款 收受可能影响公正执行公务的礼品、礼金、消费卡和有价证券、股权、其他金融产品等财物,情节较轻的,给予警告或者严重警告处分;情节较重的,给予撤销党内职务或者留党察看处分;情节严重的,给予开除党籍处分。

第一百一十四条 在社会保障、政策扶持、扶贫脱贫、救灾救济款物分配等事项中优亲厚友、明显有失公平的,给予警告或者严重警告处分;情节较重的,给予撤销党内职务或者留党察看处分;情节严重的,给予开除党籍处分。

《中华人民共和国监察法》(2018 年 3 月 20 日)

第十五条第(五)项 监察机关对下列公职人员和有关人员进行监察:

(五)基层群众性自治组织中从事管理的人员。

《中华人民共和国公职人员政务处分法》(2020 年 6 月 20 日)

第二十二条 基层群众性自治组织中从事管理的人员有违法行为的,监察机关可以予以警告、记过、记大过。

基层群众性自治组织中从事管理的人员受到政务处分的,应当由县级或者乡镇人民政府根据具体情况减发或者扣发补贴、奖金。

第二十三条 《中华人民共和国监察法》第十五条第六项规定的人员有违法行为的,监察机关可以予以警告、记过、记大过。情节严重的,由所在单位直接给予或者监察机关建议有关机关、单位给予降低薪酬待遇、调离岗位、解除人事关系或者劳动关系等处理。

《中华人民共和国监察法》第十五条第二项规定的人员,未担任公务员、参照《中华人民共和国公务员法》管理的人员、事业单位工作人员或者国有企业人员职务的,对其违法行为依照前款规定处理。

第二十五条第一款 公职人员违法取得的财物和用于违法行为的本人财物,除依法应当由其他机关没收、追缴或者责令退赔的,由监察机关没收、追缴或者责令退赔;应当退还原所有人或者原持有人的,依法予以退还;属于国家财产或者不应当退还以及无法退还的,上缴国库。

第三十三条第一款第(一)项 有下列行为之一的,予以警告、记过或者记大过;情节较重的,予以降级或者撤职;情节严重的,予以开除:

(一)贪污贿赂的。

第三十四条第一款 收受可能影响公正行使公权力的礼品、礼金、有价证券等财物的,予以警告、记过或者记大过;情节较重的,予以降级或者撤职;情节严重的,予以开除。

《农村基层干部廉洁履行职责若干规定(试行)》(2019 年 4 月 4 日修订)

第二十一条 村党组织领导班子成员有违反本规定第二章所列行为的,视情节轻重,由有关机关、部门依照职责权限给予警示谈话、责令公开检讨、通报批评、停职检查、责令辞职、免职等处理。

应当追究党纪责任的,依照《中国共产党纪律处分条例》给予相应的党纪处分。

涉嫌犯罪的，移送司法机关依法处理。

第二十二条 村民委员会成员有违反本规定第二章所列行为的，视情节轻重，由有关机关、部门依照职责权限给予警示谈话、责令公开检讨、通报批评、取消当选资格等处理或者责令其辞职，拒不辞职的，依照《中华人民共和国村民委员会组织法》的规定予以罢免。

对其中的党员，应当追究党纪责任的，依照《中国共产党纪律处分条例》给予相应的党纪处分。

涉嫌犯罪的，移送司法机关依法处理。

第二十三条 农村基层干部违反本规定获取的不正当经济利益，应当依法予以没收、追缴或者责令退赔；给国家、集体或者村民造成损失的，应当依照有关规定承担赔偿责任。

第二十四条 村党组织领导班子成员和村民委员会成员受到本规定第二十一条、第二十二条处理的，由县（市、区、旗）或者乡镇党委和政府按照规定减发或者扣发绩效补贴（工资）、奖金。

沈某公车私用、私车公养案

（2021 年指导性案例第 7 号，总第 7 号）

【关键词】

公车私用；私车公养；贪污侵占

【执纪执法要点】

随着公车改革的深入推进，各地公车管理制度不断规范，“公车私用”问题得到了有力遏制，但“私车公养”问题开始抬头。“私车公养”问题通常涉案金额不大，但本质是化公为私、贪污侵占的腐败问题，与“公车私用”不同，已经由风变腐。执纪执法工作中，纪检监察机关一方面要坚持严的主基调，对此类问题作出准确认定和严肃处理，以杜绝“车轮上的腐败”，另一方面也要坚持实事求是，对实践中的不同情况认真加以区分，作出精准处置。

【基本案情及处理结果】

沈某，中共党员，某市委组织部常务副部长（正县级）。2018 年 12 月至 2020 年 8 月，沈某在已领取公务交通补贴的情况下，先后多次要求司机驾驶公车接送其打网球、接送其在外省上大学的女儿往返学校与家中等。2020 年 1 月至 2021 年 3 月，沈某利用单位公务加油卡未绑定公车的漏洞，借驾驶公车开展公务之机，多次使用公务加油卡为其 2 辆私车加油，累计花费 5500 元。2021 年 8 月，沈某受到党内严重警告和政务降级处分，违纪违法所得 5500 元予以追缴并返还该市委组织部；同时，给予其调整职务处理。

【指导意义】

1. 准确把握“私车公养”问题的性质认定及处理

实践中，“私车公养”问题存在多种表现形式，如“私油公供”“私车公修”“私票公报”等，每种表现形式又分化出多种不同的违纪违法手段。如“私油公供”可表现为利用管理和使用公车的职务便利，使用公务加油卡为本人的私车加油，或者加完油后以公车的名义在本单位报销，也可表现为将本人使用私车所产生的油费交由下属单位支付、报销等。

“公车私用”违反了中央八项规定精神，应当依照《中国共产党纪律处分条例》第一百零七条和《中华人民共和国公职人员政务处分法》第三十五条第（二）项规定予以处理。“私车公养”行为本质上已不属于作风问题，而是将公款据为己有的贪污侵占、化公为私的腐败行为。对于“私车公养”所涉金额尚未达到刑事追诉标准的，应当依照《中国共产党纪律处分条例》第二十八条、《中华人民共和国公职人员政务处分法》第三十三条第一款第（一）项之规定，追究其纪律责任和监察责任；所涉金额已达到刑事追诉标准，涉嫌职务犯罪的，在依照《中国共产党纪律处分条例》第二十七条、《中华人民共和国公职人员政务处分法》第三十三条第一款第（一）项之规定追究其纪律责任和监察责任的同时，还应当移送司法机关追究其刑事责任。

2. 精准甄别“私车公养”问题

“私车公养”行为构成违纪违法甚至涉嫌职务犯罪，但实践中还存在一些看似“私车公养”行为，却不宜按违纪违法行为认定的情形。比如，在一些边远地区或者交通不便地区，所在单位根据公务出行距离等因素核定了公务交通补贴标准，使用私车执行公务的可按标准用公务加油卡加油；又如，县乡基层工作人员虽按规定领取了公务交通补贴，但因下村入户等超出了保障范围，相关单位可以根据规定对公务交通补贴标准进行适度调整，或者按程序制定公务交通补贴标准并按标准予以计发；再如，对一些重大抢险救灾、事故处理或者突发事件处置等不可预测的特殊事项，临时使用私车开展公务活动，在此过程中产生的用车费用、损耗甚至损毁，可根据相关应急预案，给予适当补偿补助等。

此外，各级党组织要切实履行主体责任，按照中共中央办公厅、国务院办公厅《关于全面推进公务用车制度改革的指导意见》（中办发〔2014〕40 号）和中央公车改革领导小组办公室《关于完善配套政策持续巩固公车改革成果的通知》(发改电〔2016〕757 号)等规定,从实际出发及时解决公车改革中的新情况新问题,有序衔接公务交通补贴等相关政策,主动探索采取多种方式保障公务出行,尤其是县乡基层工作人员的公务出行。比如,支持地方提高公务交通补贴统筹比例,且统筹比例可考虑不设上限,重点保障出行任务重的岗位和人员;在交通不便地区制定相关管理办法,采取按距离远近按次包干发放交通费,等等。同时,各级纪检监察机关应当以强有力的监督措施作为保障,在切实保障公务出行的前提下,避免出现以交通费补助名义变相发放福利等问题。

3. 充分发挥组织处理作用

组织处理是教育干部、管理干部的必备手段,是全面从严治党的重要措施。纪检监察机关在执纪执法工作中,认为被审查调查人不宜担任现职或者有必要先行给予组织处理的,应当按照《中国共产党组织处理规定(试行)》第六条之规定给予其相应组织处理。本案中,沈某作为组工干部,其素质品质直接关系到干部选拔任用工作能否做到公道正派。因此,从加强组工干部建设的角度出发,对沈某同时作出调整职务的组织处理,以充分发挥警示作用,强化组工干部政治纪律和政治规矩教育,确保组工干部在政治上绝对可靠、对党绝对忠诚,进一步涵养政治生态。

【相关条款】

《中国共产党纪律处分条例》(2018 年 8 月 18 日)

第二十七条　党组织在纪律审查中发现党员有贪污贿赂、滥用职权、玩忽职守、权力寻租、利益输送、徇私舞弊、浪费国家资财等违反法律涉嫌犯罪行为的,应当给予撤销党内职务、留党察看或者开除党籍处分。

第二十八条　党组织在纪律审查中发现党员有刑法规定的行为,虽不构成犯罪但须追究党纪责任的,或者有其他违法行为,损害党、国家和人民利益的,应当视具体情节给予警告直至开除党籍处分。

第一百零七条　违反有关规定配备、购买、更换、装饰、使用公务交通工具或者有其他违反公务交通工具管理规定的行为,对直接责任者和领导责任者,情节较重的,给予警告或者严重警告处分;情节严重的,给予撤销党内职务或者留党察看处分。

《中华人民共和国公职人员政务处分法》(2020 年 6 月 20 日)

第三十三条第一款第(一)项　有下列行为之一的,予以警告、记过或者记大过;情节较重的,予以降级或者撤职;情节严重的,予以开除:

(一)贪污贿赂的。

第三十五条第(二)项　有下列行为之一,情节较重的,予以警告、记过或者记大过;情节严重的,予以降级或者撤职:

(二)违反规定,在公务接待、公务交通、会议活动、办公用房以及其他工作生活保障等方面超标准、超范围的。

《中国共产党组织工作条例》(2021 年 5 月 22 日)

第四十一条　组织部门应当强化政治机关意识,带头发扬党的光荣传统和优良作风,带头增强"四个意识"、坚定"四个自信"、做到"两个维护",坚持以党的政治建设为统领,深入推进从严治部、从严律己、从严带队伍,努力建设讲政治、重公道、业务精、作风好的模范部门,让党中央放心、让党员干部人才信赖、让人民群众满意。

加强组工干部队伍建设,强化政治纪律和政治规矩教育,严守组织人事纪律和保密纪律,坚持清正廉洁,着力提升专业化能力,确保政治上绝对可靠、对党绝对忠诚。

《中国共产党组织处理规定(试行)》(2021 年 3 月 19 日)

第六条　党委(党组)及其组织(人事)部门按照干部管理权限履行组织处理职责。

有关机关、单位在执纪执法、日常管理监督等工作中发现领导干部存在需要进行组织处理的情形,应当向党委(党组)报告,或者向组织(人事)部门提出建议。

第七条第(十五)(十七)项　领导干部在政治表现、履行职责、工作作风、遵守组织制度、道德品行等方面,有苗头性、倾向性或者轻微问题,以批评教育、责令检查、诫勉为主,存在以下情形之一且问题严重的,应当受到组织处理:

(十五)违反中央八项规定精神、廉洁从政有关规定的;

(十七)其他应当受到组织处理的情形。

第八条　组织处理可以单独使用,也可以和党纪政务处分合并使用。

《组工干部"十严禁"纪律要求》(2008 年 8 月 22 日)

八、严禁利用职务之便为本人、亲友或特定关系人谋取特殊照顾或私利。

组工干部有违反上述纪律要求的,情节较轻的进行批评教育或诫勉谈话;情节较重的要调离组织部门并依照有关规定给予党纪政纪处分。

中央纪委国家监委执纪执法指导性案例(第三批)

姚某使用“空白公函”报销案

(2022年指导性案例第1号,总第8号)

【关键词】

违反中央八项规定精神;“空白公函”;“吃公函”;由风变腐;贪污侵占

【执纪执法要点】

党的十八大以来,以习近平同志为核心的党中央推进全面从严治党从落实中央八项规定精神破题,党风政风为之焕然一新。纪检监察机关紧盯公款吃喝等突出问题,“舌尖上的腐败”得到有效整肃,但使用“空白公函”“虚假公函”搞违规吃喝,以及“一函多吃”等隐形变异问题开始抬头。使用“空白公函”报销个人费用的行为,本质上是化公为私、贪污侵占的腐败问题,已经由风变腐,必须下大气力予以整治。十九届中央纪委六次全会指出,要持续加固中央八项规定堤坝,严肃整治公务接待中“吃公函”问题。纪检监察机关要自觉做到从政治上看、从政治上抓,深刻认识到不正之风和腐败问题互为表里、同根同源,不正之风滋生掩藏腐败,腐败行为助长加剧不正之风、甚至催生新的作风问题,坚持正风肃纪不可分割,坚持严的主基调不动摇,以反复抓、抓反复的坚韧和执着,切实做到匡正风气、严肃党纪。

【基本案情及处理结果】

姚某,中共党员,A省B市文化市场综合执法支队党总支书记、支队长。2020年12月至2021年3月,姚某等人5次参加该支队组织的超标准公务接待,饮用高档酒水,且每次公务接待均提供高档香烟,共计超标准支出25590元。事后,为处理超标准公务接待费用,经姚某同意,该支队向外单位索要多份“空白公函”,虚构接待事项,将上述费用25590元在本单位报销。2021年7月,姚某使用“空白公函”虚列接待事由和人数,将其私人用餐费用共计4327元在本单位报销。2022年4月,姚某受到党内严重警告、政务记大过处分,违纪违法所得4327元予以责令退赔。同时,责令提供和接受超标准公务接待的姚某等人,按照各自应承担的份额,分别退赔违纪所得共计25590元。

【指导意义】

1.准确认定使用“空白公函”报销个人费用的问题性质

本案处理过程中,关于姚某多次参加超标准公务接待活动、同意使用“空白公函”报销超标准公务接待费用的问题,应当依照《中国共产党纪律处分条例》第一百零六条规定予以定性处理。但对于姚某使用“空白公函”报销个人费用的问题,则形成了如下两种不同意见:

第一种意见认为,姚某用公款支付应由本人承担的费用,应当认定为违反中央八项规定精神,依照《中国共产党纪律处分条例》第一百一十一条规定予以处理。

第二种意见认为,姚某作为本单位主要负责人,利用职务上的便利非法占有公共财物,已经构成贪污,属于职务违法,不应认定为违反中央八项规定精神。

经分析,我们同意第二种意见。姚某作为本单位主要负责人,明知私人用餐费用应由个人承担,仍以非法占有公共财物为目的,利用其担任“一把手”职务上的便利,使用“空白公函”在本单位报销私人用餐费用4327元。姚某的上述行为,不仅侵害了公共财物所有权,也侵害了公职人员的职务廉洁性,其行为本质是化公为私、贪污侵占的腐败问题,已经由风变腐,应予严肃处理。鉴于其贪腐行为尚未达到刑事追诉标准,应当依照《中国共产党纪律处分条例》第二十八条、《中华人民共和国公职人员政务处分法》第三十三条第一款第(一)项规定,追究其纪律责任和监察责任。

2.精准把握“吃公函”问题的主要表现和定性处理

《党政机关厉行节约反对浪费条例》明确规定,对无公函的公务活动不予接待。《党政机关国内公务接待管理规定》明确要求,确因工作需要,接待单位可以安排工作餐一次,并严格控制陪餐人数;接待费报销凭证应当包括财务票据、派出单位公函和接待清单。根据上述规定,“无函不接待”“无函不报销”成为公务接待中的“硬杠杠”。但与此同时,个别党员干部也动起了利用公函“做文章”、搞违规吃喝的“歪心思”。实践中,对于公务接待中“吃公函”问题的定性处理,通常按照以下情形把握:

一是无公函接待,即接待单位对未出具公函的公务活动来访人员予以接待,并使用公款支付接待费用。此类问题违反了《党政机关厉行节约反对浪费条例》第二十条和《党政机关国内公务接待管理规定》第七条第一款关于“无函不接待”的明确规定,属于违反中央八项规定精神,应当依照《中国共产党纪律处分条例》第一百零六条规定予以定性处理,并对所涉及费用予以责令退赔。

二是“一函多吃”,即同一接待单位对出具一份公函的公务活动来访人员,安排多次工作餐。此类问题钻了公务接待活动的“漏洞”,属于违反中央八项规定精神,应当依照《中国共产党纪律处分条例》第一百零六条规定予以定性处理。其中,所涉及的费用除正常接待费用外,其余部分均属于违纪所得,应当责令退赔。

三是通过使用"空白公函"等方式,套取资金违规发放津贴补贴,解决违规接待、公款旅游等费用。一方面,套取资金行为本身违反了《中华人民共和国会计法》《财政违法行为处罚处分条例》等法律法规;另一方面,套取资金用于违规发放津贴补贴,解决违规接待、公款旅游等费用的行为也违反了《党政机关厉行节约反对浪费条例》等规定。鉴于上述两类行为之间具有牵连关系,套取资金的目的是为了解决违规发放津贴补贴、违规接待、公款旅游等违纪行为的费用,执纪执法实践中通常"择一重处理",即按照套取资金后的违纪行为性质,分别适用《中国共产党纪律处分条例》第一百零四条、第一百零五条、第一百零六条等规定予以定性处理。需要指出的是,套取资金后拟用于违规发放津贴补贴、违规接待、公款旅游等违纪行为,但尚未实施即被查处的,因后续的违纪行为并未实际发生,但套取资金行为本身即已违反法律法规规定,按照"择一重处理"原则,可以依照《中国共产党纪律处分条例》第二十八条纪法衔接条款追究纪律责任。对于此类问题中套取的资金,根据是否实际用于违纪行为,相应予以责令退赔或者纠正。

上述3种情形中,需要追究有关人员监察责任的,还应当依照《中华人民共和国公职人员政务处分法》第三十五条规定作出处理。实际套取资金后拟用于违纪违法活动但尚未实施的,可以依照《中华人民共和国公职人员政务处分法》第四十一条规定作出处理。

此外,实践中还发现,有的单位因业务经费紧张等原因,存在利用"空白公函"套取资金用于正常公务支出的情形。我们认为,此类行为看似"情有可原",但依照《中华人民共和国会计法》第九条等规定,实则是违反了财务管理规定,属于违反国家法律法规,可以依照《中国共产党纪律处分条例》第二十八条纪法衔接条款追究纪律责任。需要追究监察责任的,相应依照《中华人民共和国公职人员政务处分法》第四十一条规定作出处理。

3. 严肃追究"吃公函"问题中其他责任人员的纪律责任和监察责任

在"吃公函"问题中,除了违规提供公务接待的责任人员外,还包括被接待方、违规提供"空白公函"等相关责任人。对于这些责任人员,应当根据其具体行为,准确认定性质和责任,予以恰当处理。

一是对接受无公函接待或者超标准、超范围接待的人员,应当认定为违反中央八项规定精神,依照《中国共产党纪律处分条例》第一百零六条规定予以处理,并责令其按照应当承担的份额退赔违纪款。需要追究监察责任的,相应依照《中华人民共和国公职人员政务处分法》第三十五条第(二)项规定作出处理。

二是对违规向其他单位提供"空白公函"的人员,应当区分直接责任者和领导责任者,视具体情节轻重,认定为违反工作纪律,依照《中国共产党纪律处分条例》第一百三十三条规定追究纪律责任。需要追究监察责任的,相应依照《中华人民共和国公职人员政务处分法》第三十九条第(四)项规定作出处理。

【相关条款】

《财政违法行为处罚处分条例》(2011年1月8日修订)

第六条 国家机关及其工作人员有下列违反规定使用、骗取财政资金的行为之一的,责令改正,调整有关会计账目,追回有关财政资金,限期退还违法所得。对单位给予警告或者通报批评。对直接负责的主管人员和其他直接责任人员给予记大过处分;情节较重的,给予降级或者撤职处分;情节严重的,给予开除处分:

(一)以虚报、冒领等手段骗取财政资金;

(二)截留、挪用财政资金;

(三)滞留应当下拨的财政资金;

(四)违反规定扩大开支范围,提高开支标准;

(五)其他违反规定使用、骗取财政资金的行为。

《党政机关厉行节约反对浪费条例》(2013年11月18日)

第二十条 党政机关应当建立公务接待审批控制制度,对无公函的公务活动不予接待,严禁将非公务活动纳入接待范围。

第五十八条第(四)(五)项 有下列情形之一的,追究相关人员的责任:

(四)违反管理规定超标准或者以虚假事项开支的;

(五)利用职务便利假公济私的;

第六十条 违反本条例规定造成浪费的,根据情节轻重,由有关部门依照职责权限给予批评教育、责令作出检查、诫勉谈话、通报批评或者调离岗位、责令辞职、免职、降职等处理。

应当追究党纪政纪责任的,依照《中国共产党纪律处分条例》、《行政机关公务员处分条例》等有关规定给予相应的党纪政纪处分。

涉嫌违法犯罪的,依法追究法律责任。

第六十一条 违反本条例规定获得的经济利益,应当予以收缴或者纠正。

违反本条例规定,用公款支付、报销应由个人支付的费用,应当责令退赔。

《党政机关国内公务接待管理规定》(2013年12月1日)

第五条第二款　公务外出确需接待的,派出单位应当向接待单位发出公函,告知内容、行程和人员。

第七条第一款　接待单位应当根据规定的接待范围,严格接待审批控制,对能够合并的公务接待统筹安排。无公函的公务活动和来访人员一律不予接待。

第十条第一款　接待对象应当按照规定标准自行用餐。确因工作需要,接待单位可以安排工作餐一次,并严格控制陪餐人数。接待对象在10人以内的,陪餐人数不得超过3人;超过10人的,不得超过接待对象人数的三分之一。

第十四条　接待费报销凭证应当包括财务票据、派出单位公函和接待清单。

接待费资金支付应当严格按照国库集中支付制度和公务卡管理有关规定执行。具备条件的地方应当采用银行转账或者公务卡方式结算,不得以现金方式支付。

《中华人民共和国会计法》(2017年11月4日修正)

第九条　各单位必须根据实际发生的经济业务事项进行会计核算,填制会计凭证,登记会计帐簿,编制财务会计报告。

任何单位不得以虚假的经济业务事项或者资料进行会计核算。

《中国共产党纪律处分条例》(2018年8月18日)

第二十八条　党组织在纪律审查中发现党员有刑法规定的行为,虽不构成犯罪但须追究党纪责任的,或者有其他违法行为,损害党、国家和人民利益的,应当视具体情节给予警告直至开除党籍处分。

第四十条第一款　对于违纪行为所获得的经济利益,应当收缴或者责令退赔。

第一百零四条　违反有关规定自定薪酬或者滥发津贴、补贴、奖金等,对直接责任者和领导责任者,情节较轻的,给予警告或者严重警告处分;情节较重的,给予撤销党内职务或者留党察看处分;情节严重的,给予开除党籍处分。

第一百零五条　有下列行为之一,对直接责任者和领导责任者,情节较轻的,给予警告或者严重警告处分;情节较重的,给予撤销党内职务或者留党察看处分;情节严重的,给予开除党籍处分:

(一)公款旅游或者以学习培训、考察调研、职工疗养等为名变相公款旅游的;

(二)改变公务行程,借机旅游的;

(三)参加所管理企业、下属单位组织的考察活动,借机旅游的。

以考察、学习、培训、研讨、招商、参展等名义变相用公款出国(境)旅游的,依照前款规定处理。

第一百零六条　违反公务接待管理规定,超标准、超范围接待或者借机大吃大喝,对直接责任者和领导责任者,情节较重的,给予警告或者严重警告处分;情节严重的,给予撤销党内职务处分。

第一百一十一条　有其他违反廉洁纪律规定行为的,应当视具体情节给予警告直至开除党籍处分。

第一百三十三条　在党的纪律检查、组织、宣传、统一战线工作以及机关工作等其他工作中,不履行或者不正确履行职责,造成损失或者不良影响的,应当视具体情节给予警告直至开除党籍处分。

《中华人民共和国公职人员政务处分法》(2020年6月20日)

第二十五条第一款　公职人员违法取得的财物和用于违法行为的本人财物,除依法应当由其他机关没收、追缴或者责令退赔的,由监察机关没收、追缴或者责令退赔;应当退还原所有人或者原持有人的,依法予以退还;属于国家财产或者不应当退还以及无法退还的,上缴国库。

第三十三条第一款第(一)项　有下列行为之一的,予以警告、记过或者记大过;情节较重的,予以降级或者撤职;情节严重的,予以开除:

(一)贪污贿赂的;

第三十五条　有下列行为之一,情节较重的,予以警告、记过或者记大过;情节严重的,予以降级或者撤职:

(一)违反规定设定、发放薪酬或者津贴、补贴、奖金的;

(二)违反规定,在公务接待、公务交通、会议活动、办公用房以及其他工作生活保障等方面超标准、超范围的;

(三)违反规定公款消费的。

第三十九条第(四)项　有下列行为之一,造成不良后果或者影响的,予以警告、记过或者记大过;情节较重的,予以降级或者撤职;情节严重的,予以开除:

(四)工作中有弄虚作假,误导、欺骗行为的;

第四十一条　公职人员有其他违法行为,影响公职人员形象,损害国家和人民利益的,可以根据情节轻重给予相应政务处分。

吴某违规摊派案

(2022年指导性案例第2号,总第9号)

【关键词】

群众身边腐败和不正之风;摊派;接受“捐赠”

【执纪执法要点】

基层"微腐败"发生在群众身边，群众所受侵害最直接，反映也最强烈。随着党风廉政建设和反腐败斗争的持续深入推进，群众身边腐败和不正之风得到有效遏制，但滋生"微腐败"的土壤尚未彻底铲除，损害群众利益问题仍时有发生。十九届中央纪委六次全会强调，要把严的主基调长期坚持下去，把解决群众身边腐败和不正之风摆在更加突出位置。纪检监察机关在执纪执法工作中，要顺应群众所思所盼，聚焦群众所急所忧，持续整治乱收费、乱罚款、乱摊派等与民争利、扰民渔利、侵害企业合法权益的突出问题，以实际行动维护群众利益，增强人民群众的获得感、幸福感、安全感，让人民群众感受到正风肃纪反腐就在身边。

【基本案情及处理结果】

吴某，中共党员，某乡党委副书记、乡长。2015 年至 2020 年 8 月，吴某以支持乡政府开展工作为由，多次要求辖区内的多家私营企业、个体工商户出资购买桌椅、打印机等办公用品，"捐赠"给乡政府使用，折合共计 22.4 万元。2021 年 8 月，吴某受到党内严重警告、政务降级处分。

【指导意义】

1. 准确认定违规摊派行为

本案处理过程中，关于吴某要求私营企业、个体工商户"捐赠"办公用品的问题，形成了如下两种不同意见：

第一种意见认为，吴某为解决乡政府办公经费不足问题，以支持乡政府开展工作为由，收受辖区内管理服务对象的财物，存在影响公正执行公务的可能性，应当认定为违规受礼，属于违反廉洁纪律。

第二种意见认为，吴某作为乡政府主要负责人，要求辖区内私营企业、个体工商户向乡政府"捐赠"办公用品，增加了群众负担，应当认定为违规摊派，属于违反群众纪律，吴某对此负有直接责任。

经分析，我们同意第二种意见。一是通常来看，无论是收受可能影响公正执行公务的礼品、礼金，还是收受其他明显超出正常礼尚往来的财物，违规受礼者一般都实际占有有关财物，具有个人占有的主观故意。但从本案来看，吴某要求有关私营企业、个体工商户帮助解决办公用品，有关物品亦实际用于单位办公，吴某既不具备个人占有的故意，事实上也未将有关财物据为己有，因此不宜认定吴某违规受礼。二是《中共中央、国务院关于坚决制止乱收费、乱罚款和各种摊派的决定》明确规定，"在国家法律、法规和有关规定之外，要求有关单位或个人无偿地、非自愿地提供财力、物力和人力的行为都是摊派，一律予以禁止"，并强调"不得以赞助、捐赠等为名变相向行政事业单位、企业和个人摊派"；《中共中央、国务院关于治理向企业乱收费、乱罚款和各种摊派等问题的决定》再次重申，"严禁向企业摊派、索要赞助和无偿占用企业的人财物"。本案中，吴某作为乡政府主要负责人，以支持乡政府开展工作为由，要求辖区内多家私营企业、个体工商户"捐赠"办公用品，其行为本质上是将服务群众的义务当作管理群众的特权，将本应由单位承担的费用转移到群众身上，增加了群众负担。吴某的违规摊派行为损害了群众利益，败坏了党和政府的形象，侵蚀了党的执政基础，属于违反群众纪律，应当依照《中国共产党纪律处分条例》第一百一十二条第一款第（六）项和《中华人民共和国公职人员政务处分法》第三十八条第一款第（一）项等规定予以严肃处理。同时，对于违规摊派获取的财物，应由乡政府按原价退赔有关私营企业、个体工商户。

2. 关于违规摊派与接受自愿捐赠的区别

对于以所谓"公事"为由，要求有关私营企业、个体工商户"捐赠"财物的问题，应当透过现象看本质，准确区分违规摊派和接受自愿捐赠，作出精准认定和恰当处置。纪检监察机关在执纪执法过程中，应当充分收集证据材料，综合考虑财物提供者的行为是否主动、意愿是否真实，分析研判涉案财物是否系自愿捐赠。一般而言，被摊派者付出财物时是被动的，且往往对此心怀抵触，属于无奈之举；捐赠人则是出于自身的真实意愿，自愿处置财物。

本案中，吴某先行提出了帮助乡政府购置办公用品的要求，有关私营企业和个体工商户只是被动接受要求，不具有捐赠的主动性。同时，鉴于乡政府对辖区内的私营企业、个体工商户具有行政管理职权，有关私营企业、个体工商户出于现实顾虑，难以拒绝吴某提出的摊派要求，所谓"捐赠"并不真实，关于这一点也有有关私营企业负责人、个体工商户的证言予以印证。据此可以认定，乡政府并非接受自愿捐赠，而是违规摊派，应当追究直接责任人吴某的纪律责任和监察责任。

实践中，纪检监察机关要提高精准执纪执法的能力和水平，根据具体案情作出综合研判和恰当处置，依规依纪依法惩治以接受捐赠为名、行违规摊派之实的违纪违法行为，驰而不息纠治群众身边腐败和不正之风。

【相关条款】

《中共中央、国务院关于坚决制止乱收费、乱罚款和各种摊派的决定》（1990 年 9 月 16 日）

四、坚决禁止各种形式的摊派。国务院一九八八年四月发布的《禁止向企业摊派暂行条例》和一九九〇年二月发出的《关于切实减轻农民负担的通知》,各地区、各部门都要认真执行。党中央、国务院重申:在国家法律、法规和有关规定之外,要求有关单位或个人无偿地、非自愿地提供财力、物力和人力的行为都是摊派,一律予以禁止。任何地方、部门和单位都不准收取上述文件所禁止的费用,不得以赞助、捐赠等为名变相向行政事业单位、企业和个人摊派。企业自愿赞助、捐赠的,只准从企业留利中开支,不得计入成本。刊登广告和订阅报刊杂志,必须坚持自愿的原则,不得用行政手段强行摊派。

《中共中央、国务院关于治理向企业乱收费、乱罚款和各种摊派等问题的决定》(1997年7月7日)

五、严格执行国家规定,坚决做到令行禁止。严禁擅自设立行政事业性收费、罚款、集资、基金项目;严禁擅自提高收取标准,扩大收取范围;严禁向企业摊派、索要赞助和无偿占用企业的人财物;严禁向企业强买强卖,强制企业接受指定服务,从中牟利;严禁在公务活动中通过中介组织对企业进行收费;严禁将应由企业自愿接受的咨询、信息、检测、商业保险等服务变为强制性服务,强行收费;严禁强制企业参加不必要的会议、培训、学术研讨、技术考核、检查评比和学会、协会、研究会等;严禁强行向企业拉广告,强制企业订购书报刊物、音像制品等;严禁机关、事业单位及其工作人员到企业报销各种费用。

《中国共产党纪律处分条例》(2018年8月18日)

第八十八条第一款　收受可能影响公正执行公务的礼品、礼金、消费卡和有价证券、股权、其他金融产品等财物,情节较轻的,给予警告或者严重警告处分;情节较重的,给予撤销党内职务或者留党察看处分;情节严重的,给予开除党籍处分。

第一百一十二条第一款　有下列行为之一,对直接责任者和领导责任者,情节较轻的,给予警告或者严重警告处分;情节较重的,给予撤销党内职务或者留党察看处分;情节严重的,给予开除党籍处分:

(一)超标准、超范围向群众筹资筹劳、摊派费用,加重群众负担的;

(二)违反有关规定扣留、收缴群众款物或者处罚群众的;

(三)克扣群众财物,或者违反有关规定拖欠群众钱款的;

(四)在管理、服务活动中违反有关规定收取费用的;

(五)在办理涉及群众事务时刁难群众、吃拿卡要的;

(六)有其他侵害群众利益行为的。

《中华人民共和国公职人员政务处分法》(2020年6月20日)

第三十四条第一款　收受可能影响公正行使公权力的礼品、礼金、有价证券等财物的,予以警告、记过或者记大过;情节较重的,予以降级或者撤职;情节严重的,予以开除。

第三十八条　有下列行为之一,情节较重的,予以警告、记过或者记大过;情节严重的,予以降级或者撤职:

(一)违反规定向管理服务对象收取、摊派财物的;

(二)在管理服务活动中故意刁难、吃拿卡要的;

(三)在管理服务活动中态度恶劣粗暴,造成不良后果或者影响的;

(四)不按照规定公开工作信息,侵犯管理服务对象知情权,造成不良后果或者影响的;

(五)其他侵犯管理服务对象利益的行为,造成不良后果或者影响的。

有前款第一项、第二项和第五项行为,情节特别严重的,予以开除。

徐某对抗组织审查案

(2022年指导性案例第3号,总第10号)

【关键词】

对抗组织审查;政治纪律;纪法贯通

【执纪执法要点】

对党忠诚是共产党人首要的政治品质。忠诚是纯粹的、无条件的,党员在任何时候都要做到对党忠诚老实,特别是在犯错误后,更应当相信组织、依靠组织,认真反省检讨,积极配合组织查清事实,决不能欺骗组织、对抗审查,妄图以此逃避处理。纪检监察机关要增强政治敏锐性和政治鉴别力,善于发现、准确把握对抗组织审查行为的"对抗性"特征,既不人为拔高,也不姑息纵容,通过精准认定和恰当处置,实现执纪执法政治效果、纪法效果和社会效果相统一。

【基本案情及处理结果】

徐某,中共党员,A省交通运输厅原党组成员、副厅长。2020年10月,徐某接受私营企业主陈某请托,利用职务上的便利为陈某在A省承接道路工程项目提供帮助,收受陈某现金20万元。2021年3月,A省纪委监委接到反映徐某在工程领域以权谋私的匿名举报,经研判认为举报信反映的问题线索较为笼统,可查性不强,决定对徐某进行函询。徐某随即与陈某串供,统一口径声称上述20万元系借款，并伪造了借据、收条，制造了借款、还款假象。此后，徐某在给A省纪委监委的书面回复中，自称因儿子生病住院急需用钱，曾向承接A省道路工程项目的私营企业主陈某借款20万元，已经归还，但并未利用职权帮助陈某承接工程，也没有任何以权谋私的行为，同时主动表示向管理服务对象借款确有不妥，愿意承认错误、接受处理。A省纪委监委收到函询回复后，认为徐某问题较为轻微，对其予以批评教育。2022年1月，A省纪委监委接到反映徐某收受陈某贿赂的信访举报，初步核实后对徐某涉嫌违纪违法问题立案审查调查，查明其收受陈某20万元贿赂的事实。同年5月，徐某受到开除党籍、开除公职处分，其涉嫌受贿犯罪问题被移送检察机关依法审查起诉。

【指导意义】

1. 准确认定对抗组织审查和在组织谈话、函询时不如实说明问题

本案处理过程中，关于徐某与陈某串供、伪造证据的问题，应当认定为对抗组织审查。但对于徐某在接受组织函询时不如实说明问题，将受贿谎称为借款的行为，则形成了如下两种不同意见：

第一种意见认为，徐某身为党员领导干部，在组织函询时不如实说明问题，应当依照《中国共产党纪律处分条例》第七十三条第一款第（二）项规定，认定为违反组织纪律。

第二种意见认为，徐某在回复组织函询时，不是出于畏惧、侥幸心理简单否认问题，而是按照与陈某串供的情况编造事实，提供虚假情况，企图逃避处理。从本质上看，徐某不如实回复组织函询和串供、伪造证据的行为，均基于对抗审查、逃避处理的同一个主观故意，应当一并认定为违反政治纪律，并依照《中国共产党纪律处分条例》第五十六条第（一）项规定予以处理。

经分析，我们同意第二种意见。对抗组织审查行为的关键特征是“对抗性”，本质上反映的是党员对组织不忠诚不老实的政治问题。本案中，徐某为掩盖受贿问题，在与他人串供、伪造证据后才回复函询，明显具有欺骗组织、逃避惩处的主观动机，其行为的“对抗性”特征十分典型，应当认定为违反政治纪律。

实践中，纪检监察机关要注意区分“对抗组织审查”与“在组织谈话、函询时不如实说明问题”两类问题，既要善于从政治上加以甄别判断，也要注意避免简单泛化认定，从“违规”和“有责”两个要素出发，做到实事求是、不枉不纵、精准认定。一方面，要重点核查被审查人是否客观存在串供或者伪造、销毁、转移、隐匿证据等对抗组织审查行为，同时注意查明其在组织谈话、函询时不如实说明问题与其采取的对抗组织审查行为是否密切相关；另一方面，则要注意把握被审查人是否具有刻意误导审查、欺骗对抗组织的主观意图，综合考虑认定行为人是否应当承担相应的纪律责任。

需要注意的是，在违纪违法行为实施后、组织启动审查前，党员采取串供、伪造证据、转移赃款赃物等方式企图掩盖事实、逃避惩处的，鉴于其行为从本质上看是对党不忠诚不老实，欺骗组织、对抗组织、与组织离心离德，应当认定为对抗组织审查。同时，认定对抗组织审查行为应当按照从旧兼从轻的原则，精准适用相应条规。比如，2003年《中国共产党纪律处分条例》将串供、伪造证据等行为规定为从重或者加重处分情节，2015年修订《中国共产党纪律处分条例》（2016年1月1日起施行）时方将上述对抗组织审查行为规定为违反政治纪律。因此，如串供、伪造证据等行为发生在2016年1月1日前，不应当认定为违反政治纪律，而应当作为从重或者加重处分情节予以评价。又如，通过打探巡视巡察消息、提供虚假材料，甚至模拟巡视巡察谈话等方式干扰巡视巡察工作，其行为本质上是为了防止组织发现违纪问题，逃避组织查处，属于对抗组织审查行为。鉴于2018年10月1日起施行的《中国共产党纪律处分条例》第五十五条已将干扰巡视巡察工作规定为独立的违纪行为，如该行为发生或者持续至2018年10月1日后，应当直接认定为干扰巡视巡察工作；如发生在2018年10月1日前，则可以根据行为发生的具体时点、情节严重程度，依照2015年《中国共产党纪律处分条例》第五十七条第（五）项规定，认定为“其他对抗组织审查行为”，或者依照2003年《中国共产党纪律处分条例》第二十四条第（五）项规定作为从重或者加重处分情节予以评价。

2. 在党纪政务处分决定书中规范表述对抗组织审查行为

国家监察体制改革后，纪委与监委合署办公，履行党的纪律检查和国家监察两项职责，要求纪检监察机关自觉将纪律和规矩挺在前面，用纪律和法律两把尺子来衡量违纪违法行为，坚持纪严于法、执纪执法贯通。这就提醒我们注意，一些违犯党纪的行为可能并不同时构成职务违法。比如，阻止他人检举、提供证据，串供或者伪造、隐匿、毁灭证据，包庇同案人员等行为，依照《中国共产党纪律处分条例》第五十六条规定，构成对抗组织审查，违反了党的政治纪律；但依照《中华人民共和国公职人员政务处分法》第十三条规定，上述行为只是在追究监察责任时的法定从重情节，并非独立的可作为政务处分

依据的违法事实。同时，向组织提供虚假情况、掩盖事实的对抗组织审查行为，以及在组织谈话、函询时不如实说明问题的行为，分别违反了党的政治纪律和组织纪律；但依照《中华人民共和国公职人员政务处分法》规定，上述行为既不是独立的违法行为，也不是法定的从重情节，仅属于在追究监察责任时应当考虑和把握的酌定从重情节。这就要求纪检监察机关在制作处分决定文书时，要注意精准表述，体现纪法双施双守的要求。

本案中，徐某被同时给予党纪政务处分。其中，对于徐某对抗组织审查的问题，应当在党纪处分决定书和政务处分决定书中分别作出恰当表述。一是在党纪处分决定书中，应当将徐某对抗组织审查的问题在“违反政治纪律”部分予以认定和表述。二是在政务处分决定书中，不宜将徐某对抗组织审查的问题在“违反政治要求”部分单独列明，而是作为从重处分情节予以说明，可参考如下表述：“徐某采用串供、伪造证据、提供虚假情况掩盖事实等方式妨碍调查，具有从重处分情节。”

由本案引申开来，有的违纪行为虽然同时构成违法，但违纪和违法类型可能并不一一对应。比如，对于参加迷信活动的行为，依照《中国共产党纪律处分条例》第六十三条规定属于“违反政治纪律”；但依照《中华人民共和国公职人员政务处分法》第四十条第一款第(二)项规定，则属于“违反公职人员道德要求”。对于此类情形，可作如下处理：一是具有党员身份的公职人员因参加迷信活动同时受到党纪政务处分的，为确保党纪处分与政务处分顺畅衔接，避免针对同一行为出现不同评价，可对政务处分决定书中的违法行为类型作出调整，即将参加迷信活动问题在“违反政治要求”部分予以认定和表述。二是在仅给予党纪处分或者仅给予政务处分的情况下，则应当依照《中国共产党纪律处分条例》或者《中华人民共和国公职人员政务处分法》相应规定，分别在“违反政治纪律”或者“违反公职人员道德要求”部分予以认定和表述。

【相关条款】

《中国共产党纪律处分条例》(2003 年 12 月 31 日)

第二十四条　有下列情形之一的，可以依照规定从重或者加重处分：

(一)强迫、唆使他人违纪违法的；

(二)串供或者伪造、销毁、隐匿证据的；

(三)阻止他人揭发检举、提供证据材料的；

(四)包庇同案人员或者打击报复批评人、检举人、控告人、证人及其他人员的；

(五)有其他干扰、妨碍组织审查行为的；

(六)本条例分则中另有规定的。

《中国共产党纪律处分条例》(2015 年 10 月 18 日)

第五十七条　对抗组织审查，有下列行为之一的，给予警告或者严重警告处分；情节较重的，给予撤销党内职务或者留党察看处分；情节严重的，给予开除党籍处分：

(一)串供或者伪造、销毁、转移、隐匿证据的；

(二)阻止他人揭发检举、提供证据材料的；

(三)包庇同案人员的；

(四)向组织提供虚假情况，掩盖事实的；

(五)有其他对抗组织审查行为的。

《中国共产党纪律处分条例》(2018 年 8 月 18 日)

第二十七条　党组织在纪律审查中发现党员有贪污贿赂、滥用职权、玩忽职守、权力寻租、利益输送、徇私舞弊、浪费国家资财等违反法律涉嫌犯罪行为的，应当给予撤销党内职务、留党察看或者开除党籍处分。

第五十五条　干扰巡视巡察工作或者不落实巡视巡察整改要求，情节较轻的，给予警告或者严重警告处分；情节较重的，给予撤销党内职务或者留党察看处分；情节严重的，给予开除党籍处分。

第五十六条　对抗组织审查，有下列行为之一的，给予警告或者严重警告处分；情节较重的，给予撤销党内职务或者留党察看处分；情节严重的，给予开除党籍处分：

(一)串供或者伪造、销毁、转移、隐匿证据的；

(二)阻止他人揭发检举、提供证据材料的；

(三)包庇同案人员的；

(四)向组织提供虚假情况，掩盖事实的；

(五)有其他对抗组织审查行为的。

第六十三条　组织迷信活动的，给予撤销党内职务或者留党察看处分；情节严重的，给予开除党籍处分。

参加迷信活动，造成不良影响的，给予警告或者严重警告处分；情节较重的，给予撤销党内职务或者留党察看处分；情节严重的，给予开除党籍处分。

对不明真相的参加人员，经批评教育后确有悔改表现的，可以免予处分或者不予处分。

第七十三条第一款第(二)项　有下列行为之一，情节较重的，给予警告或者严重警告处分：

(二)在组织进行谈话、函询时，不如实向组织说明问题的；

《中华人民共和国公职人员政务处分法》(2020 年 6 月 20 日)

第十三条　公职人员有下列情形之一的，应当从重给予政务处分：

(一)在政务处分期内再次故意违法，应当受到政务处分的；

（二）阻止他人检举、提供证据的；

（三）串供或者伪造、隐匿、毁灭证据的；

（四）包庇同案人员的；

（五）胁迫、唆使他人实施违法行为的；

（六）拒不上交或者退赔违法所得的；

（七）法律、法规规定的其他从重情节。

第三十三条第一款第（一）项　有下列行为之一的，予以警告、记过或者记大过；情节较重的，予以降级或者撤职；情节严重的，予以开除：

（一）贪污贿赂的；

第四十条第一款第（二）项　有下列行为之一的，予以警告、记过或者记大过；情节较重的，予以降级或者撤职；情节严重的，予以开除：

（二）参与或者支持迷信活动，造成不良影响的；

对林某予以容错免责案

（2022年指导性案例第4号，总第11号）

【关键词】

容错纠错；减责免责；“三个区分开来”

【执纪执法要点】

习近平总书记强调，要把干部在推进改革中因缺乏经验、先行先试出现的失误和错误，同明知故犯的违纪违法行为区分开来；把上级尚无明确限制的探索性试验中的失误和错误，同上级明令禁止后依然我行我素的违纪违法行为区分开来；把为推动发展的无意过失，同为谋取私利的违纪违法行为区分开来。十九届中央纪委六次全会指出，要深化“四种形态”运用机制，坚持严管厚爱结合、激励约束并重，落实“三个区分开来”要求。纪检监察机关要精准把握党的政策和策略，区别对待改革探索中的无意过失和蓄意谋私的违纪违法行为，坚持宽严相济、容纠并举，做到纪法约束有硬度、批评教育有力度、组织关怀有温度，最大程度保护和激发广大干部干事创业的积极性、主动性、创造性。

【基本案情及处理结果】

林某，中共党员，A市B区政府党组成员、副区长。2019年9月，A市启动创建全国文明城市、国家卫生城市（以下简称“双创”）工作，林某负责B区背街小巷改造项目。同年10月，B区政府召开“双创”工作领导小组会议，要求背街小巷改造项目必须在10月底前开工建设。为加快推进改造项目，林某主持召开工作会议，研究通过了B区“双创”投资项目（背街小巷改造）小型项目抽签法确定施工单位方案，其中明确规定对于不属于依法必须招标的工程项目，在报名单位通过资格审核后，以公开抽签方式确定施工单位，并随后依据该方案分2批抽签确定了16个项目的施工单位。

2021年8月，有群众举报林某的上述做法违反法律法规规定。A市纪委监委经核查发现，林某采用抽签方式确定施工单位的小型项目，均未达到国家发展和改革委员会《必须招标的工程项目规定》（国家发展改革委2018年第16号令）明确的项目规模标准，依法可以不进行招标；但采用抽签方式采购工程项目，违反了《中华人民共和国政府采购法》《中华人民共和国政府采购法实施条例》关于政府采购方式的规定。考虑到B区“双创”工作有关制度规范尚不健全、背街小巷改造项目工期紧任务重、林某此前并不分管财政和城建等领域、有关业务主管部门未提出明确反对意见等客观情况，加之林某在主观上是为了快速推进工作，更好完成“双创”任务，且未发现林某有借机谋取私利的情形，A市纪委监委在征求A市委组织部和B区委意见后，决定对林某进行谈话提醒，并向B区政府发出监察建议书，督促B区政府规范政府采购工作。林某受到谈话提醒后，及时召开工作会议废止上述方案，规范了工作程序，并在民主生活会上作了深刻检讨。

【指导意义】

1. 精准把握追责问责与容错纠错的关系

追责问责强调约束，要求有责必究。容错纠错侧重激励，重在鼓励干部担当作为。纪检监察机关在开展追责问责工作中，要准确把握追责问责与容错纠错的辩证关系，在查清事实的基础上，精准规范运用“四种形态”，将坚持严的主基调和落实“三个区分开来”结合起来，既防止动辄上纲上线、一味从严处理，又防止纪律规矩松弛、随意任性从宽。

开展容错纠错工作应当严格依照《中国共产党纪律处分条例》《中国共产党问责条例》等有关规定，落实中共中央办公厅《关于进一步激励广大干部新时代新担当新作为的意见》要求，充分考虑行为动机、性质、过程、后果等要素，精准分析研判。一是准确甄别“为公”还是“谋私”。不能简单地看党员干部犯了什么错误，造成什么后果，而要对错误事实进行综合研判，弄清楚主观动机是为了党、国家和人民的利益，还是为了谋取自己或者特定关系人的私利。二是准确区分“工作失误”与“蓄意违规”。要坚持全面、历史、辩证地看待问题，分析错误成因是缺乏经验、改革失误还是我行我素、明知故犯，查明决策程序是集体研究、民主集中还是个人独断、一意孤行，对错误性质作出精准认定。三是准确把握政策界限。要结合动机态度、客观条件、程序方法、性质程度、后果影响、挽回损失等情况，对干部的失误错误进行综合分析。对违纪违法行为必须严肃查处，不该容错的坚决不容，防止混淆问题性质、拿容错当“保护伞”，搞纪律“松绑”，确保容错在纪律红线、法律底线内进行。对苗头性、倾向性问题早发现早纠正，对失误错误及时采取补救措施，帮助干部汲取教训、改进提高。

从本案来看，林某探索采用抽签方式确定施工单位，虽不符合有关规定，但其主观动机是为了加快推进改造项目，做好“双创”工作，既不是明知故犯，也没有借机谋取私利，且在决策程序上经过了集体研究，并非个人独断专行，也没有造成重大损失或严重后果。综合上述因素，林某所犯错误属于“为推动发展的无意过失”，可予以容错。

2. 规范容错纠错工作程序

容错纠错是一项政治性、政策性很强的工作，必须严格依规依纪依法，按照规定权限、规则和程序开展，用规范的程序、科学的机制、健全的流程来保障容错纠错工作的质量，确保处理结果经得起检验。一是对符合容错条件的案件，纪检监察机关应当认真开展调查核实，充分收集证据材料，听取拟追究责任对象和有关单位的意见，查明问题情况、甄别主观动机、判断错误性质；要精准把握追责问责与容错的认定标准和考量因素，在容错认定时加强与组织（人事）部门的沟通，研究判断是否予以容错减责或者免责。二是按照“谁追责问责，谁启动容错”的原则，由负责追责问责的纪检监察机关启动容错程序。同时，责任追究对象及其所在单位党组织认为符合容错条件的，也可以向有关纪检监察机关提出容错申请。

本案处理过程中，A 市纪委监委进行了深入核查，在征求组织部门和林某所在党委意见的基础上，决定对林某予以容错，并在后续工作中向 B 区政府发出监察建议，做到了精准容错、及时纠错。

3. 提升容错纠错工作综合效果

纪检监察机关要准确把握、充分运用党的政策和策略，通过容错纠错工作贯彻惩前毖后、治病救人方针，彰显宽严相济、严管厚爱要求，体现抓早抓小、防微杜渐理念，营造干事创业的良好氛围。一是做好跟踪教育。按照“谁容错、谁回访”的原则，对容错对象进行回访教育，开展谈心谈话，做好跟踪记录，及时了解其思想动态、工作表现和生活情况，帮助干部放下包袱、轻装上阵。二是释放积极信号。对予以容错免责的干部，在考核考察、选拔任用、职级晋升、职称评聘以及评先评优、表彰奖励时一般不受影响，符合条件的要正常使用，以此释放为担当者担当、为负责者负责的鲜明信号。三是及时补齐短板。要把容错纠错工作与完善制度、促进治理贯通起来，推动容纠并举，切实发挥监督保障执行、促进完善发展作用；要督促容错对象认真总结经验教训，及时采取补救措施，防止小失误演变成大错误；要用好纪律检查建议或者监察建议，推动党委、政府及有关职能部门自觉查摆工作方法、制度规定、工作机制等方面存在的问题，及时补短板、强弱项，有效推进工作高质量发展。

【相关条款】

《中华人民共和国政府采购法》（2014 年 8 月 31 日修正）

第二十六条 政府采购采用以下方式：

（一）公开招标；

（二）邀请招标；

（三）竞争性谈判；

（四）单一来源采购；

（五）询价；

（六）国务院政府采购监督管理部门认定的其他采购方式。

公开招标应作为政府采购的主要采购方式。

《中华人民共和国政府采购法实施条例》（2015 年 1 月 30 日）

第二十五条 政府采购工程依法不进行招标的，应当依照政府采购法和本条例规定的竞争性谈判或者单一来源采购方式采购。

《关于新形势下党内政治生活的若干准则》（2016 年 10 月 27 日）

八、坚持正确选人用人导向

建立容错纠错机制，宽容干部在工作中特别是改革创新中的失误。坚持惩前毖后、治病救人，正确对待犯错误的干部，帮助其认识和改正错误。不得混淆干部所犯错误性质或夸大错误程度对干部作出不适当的处理，不得利用干部所犯错误泄私愤、打击报复。

国家发展和改革委员会《必须招标的工程项目规定》（2018 年 3 月 27 日）

第二条 全部或者部分使用国有资金投资或者国家融资的项目包括：

（一）使用预算资金 200 万元人民币以上，并且该资金占投资额 10% 以上的项目；

（二）使用国有企业事业单位资金，并且该资金占控股或者主导地位的项目。

第五条 本规定第二条至第四条规定范围内的项目，其勘察、设计、施工、监理以及与工程建设有关的重要设备、材料等的采购达到下列标准之一的，必须招标：

（一）施工单项合同估算价在400万元人民币以上；

（二）重要设备、材料等货物的采购，单项合同估算价在200万元人民币以上；

（三）勘察、设计、监理等服务的采购，单项合同估算价在100万元人民币以上。

同一项目中可以合并进行的勘察、设计、施工、监理以及与工程建设有关的重要设备、材料等的采购，合同估算价合计达到前款规定标准的，必须招标。

中共中央办公厅《关于进一步激励广大干部新时代新担当新作为的意见》（2018年5月18日）

四、切实为敢于担当的干部撑腰鼓劲。建立健全容错纠错机制，宽容干部在改革创新中的失误错误，把干部在推进改革中因缺乏经验、先行先试出现的失误错误，同明知故犯的违纪违法行为区分开来；把尚无明确限制的探索性试验中的失误错误，同明令禁止后依然我行我素的违纪违法行为区分开来；把为推动发展的无意过失，同为谋取私利的违纪违法行为区分开来。各级党委（党组）及纪检监察机关、组织部门等相关职能部门，要妥善把握事业为上、实事求是、依纪依法、容纠并举等原则，结合动机态度、客观条件、程序方法、性质程度、后果影响以及挽回损失等情况，对干部的失误错误进行综合分析，对该容的大胆容错，不该容的坚决不容。对给予容错的干部，考核考察要客观评价，选拔任用要公正合理。准确把握政策界限，对违纪违法行为必须严肃查处，防止混淆问题性质、拿容错当"保护伞"，搞纪律"松绑"，确保容错在纪律红线、法律底线内进行。坚持有错必纠、有过必改，对苗头性、倾向性问题早发现早纠正，对失误错误及时采取补救措施，帮助干部汲取教训、改进提高，让他们放下包袱、轻装上阵。严肃查处诬告陷害行为，及时为受到不实反映的干部澄清正名、消除顾虑，引导干部争当改革的促进派、实干家，专心致志为党和人民干事创业、建功立业。

《中国共产党纪律处分条例》（2018年8月18日）

第十七条 有下列情形之一的，可以从轻或者减轻处分：

（一）主动交代本人应当受到党纪处分的问题的；

（二）在组织核实、立案审查过程中，能够配合核实审查工作，如实说明本人违纪违法事实的；

（三）检举同案人或者其他人应当受到党纪处分或者法律追究的问题，经查证属实的；

（四）主动挽回损失、消除不良影响或者有效阻止危害结果发生的；

（五）主动上交违纪所得的；

（六）有其他立功表现的。

《中国共产党问责条例》（2019年8月25日）

第十七条 有下列情形之一的，可以不予问责或者免予问责：

（一）在推进改革中因缺乏经验、先行先试出现的失误，尚无明确限制的探索性试验中的失误，为推动发展的无意过失；

（二）在集体决策中对错误决策提出明确反对意见或者保留意见的；

（三）在决策实施中已经履职尽责，但因不可抗力、难以预见等因素造成损失的。

对上级错误决定提出改正或者撤销意见未被采纳，而出现本条例第七条所列问责情形的，依照前款规定处理。上级错误决定明显违法违规的，应当承担相应的责任。

第十八条 有下列情形之一，可以从轻或者减轻问责：

（一）及时采取补救措施，有效挽回损失或者消除不良影响的；

（二）积极配合问责调查工作，主动承担责任的；

（三）党内法规规定的其他从轻、减轻情形。

《国家发展改革委办公厅关于进一步做好〈必须招标的工程项目规定〉和〈必须招标的基础设施和公用事业项目范围规定〉实施工作的通知》（2020年10月19日）

为加强政策指导，进一步做好《必须招标的工程项目规定》（国家发展改革委2018年第16号令，以下简称"16号令"）和《必须招标的基础设施和公用事业项目范围规定》（发改法规规〔2018〕843号，以下简称"843号文"）实施工作，现就有关事项通知如下：

二、规范规模标准以下工程建设项目的采购

16号令第二条至第四条及843号文第二条规定范围的项目，其施工、货物、服务采购的单项合同估算价未达到16号令第五条规定规模标准的，该单项采购由采购人依法自主选择采购方式，任何单位和个人不得违法干涉；其中，涉及政府采购的，按照政府采购法律法规规定执行。国有企业可以结合实际，建立健全规模标准以下工程建设项目采购制度，推进采购活动公开透明。